訳注日本史料

# 寺院法

黒田俊雄〔編〕

集英社刊行

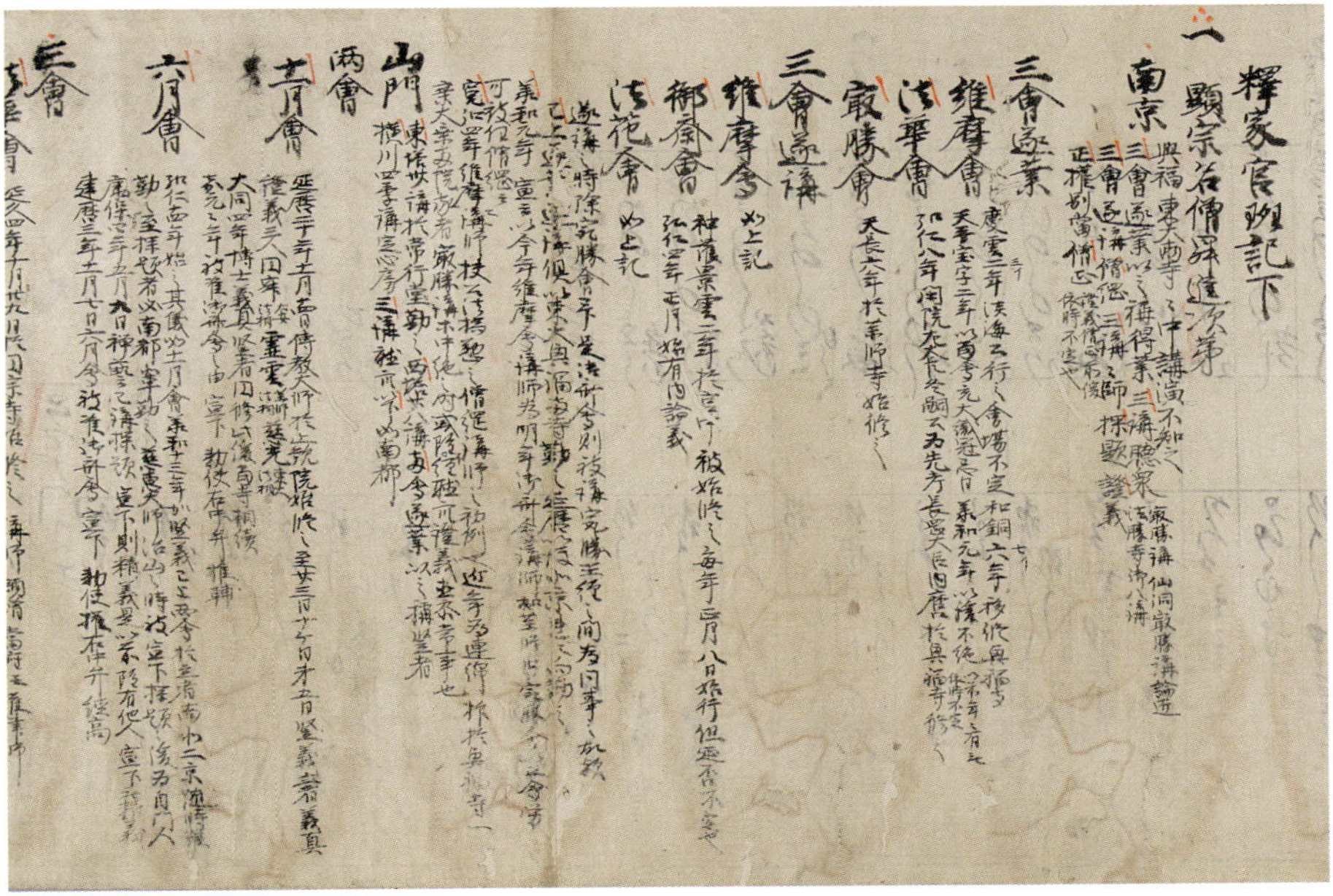

下巻冒頭

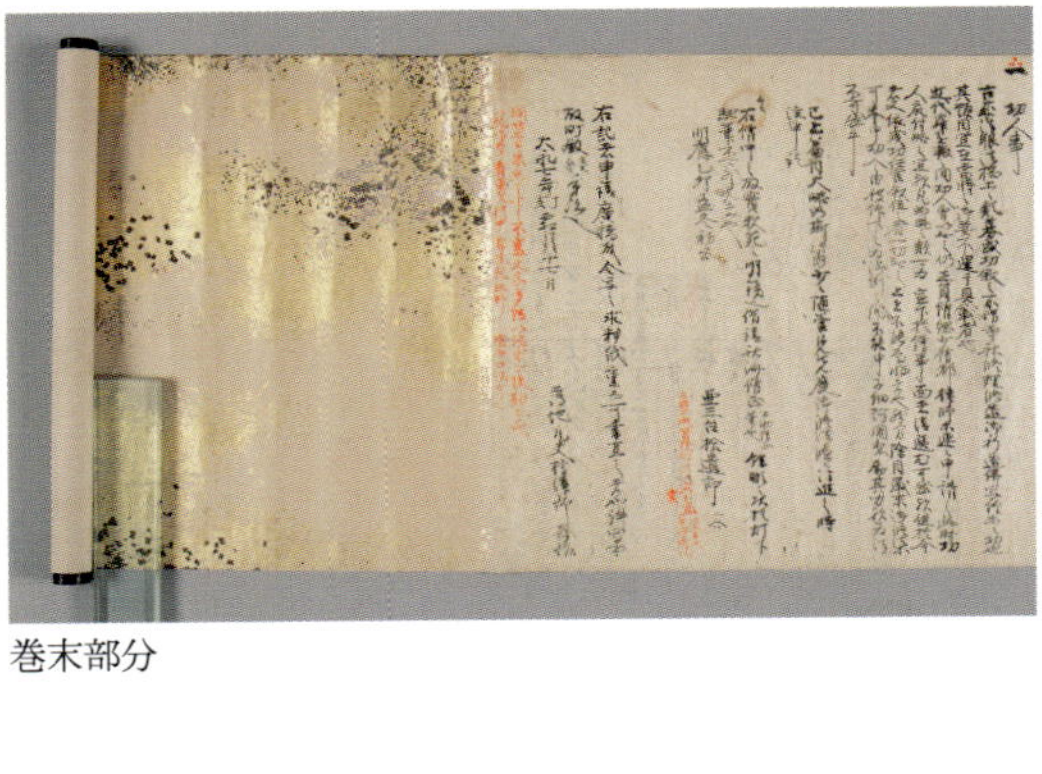

巻末部分

**釈家官班記**（国１）　　文和四年(1355)　　前田育徳会蔵

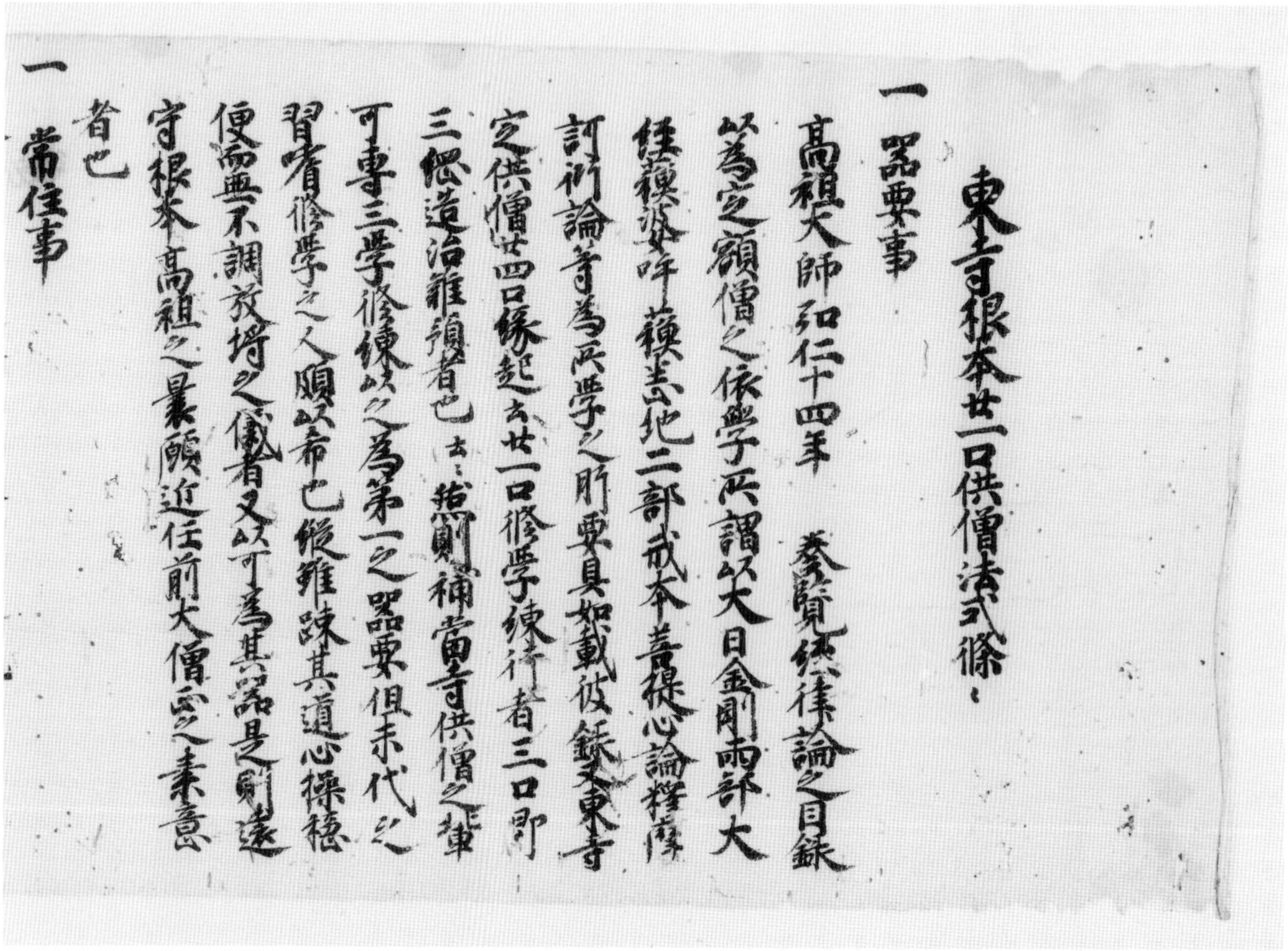

東寺根本廿一口供僧法式条々（真15）巻首部分　　貞和五年(1349)三月　日　　「東寺観智院金剛蔵聖教」二八〇箱二〇号
東寺蔵　写真提供：京都府立総合資料館

# 寺院法　目次

装丁　川上成夫

# 『寺院法』解説



## 『寺院法』とは（総論）

### 一

本書では、中世を中心に寺院法の代表的史料を取りあげた。寺院法には広義・狭義の二つの意味がある。広義の寺院法は寺院に関するすべての法をいうが、狭義の寺院法は「中世寺社ないしその集団が独自に法の主体として成立させた法」を指し、具体的には「各寺社・各集団の成員が遵守すべきものとして成立した、慣習的または成文的な規律・制戒・条文・伝承・法諺」をいう（黒田俊雄『『寺院法』編集準備メモ」一九八七年十一月二十九日）。中世では特に、狭義の寺院法が大きな発達をとげた。それは、中世寺院の構造的あり方と密接に関わっている。

古代や近世においては、寺院に対する国家の統制力が強く、そのため個々の寺院においては、長官（別当・座主・長吏・長者など）と三綱を中心とする集権的な組織運営がなされていた。もちろん、僧団にはインド以来の僧伽の伝統があり、古代寺院においても僧侶たちの一定の自治が認められていたが、それらを寺院の長官が総括する形で運営していた。それに対し中世では、朝廷に対する嗷訴や公請拒否が頻出したように、寺院に対する国家の統制が十全でない。それゆえ、中世寺院はその内部においても、分権的で多元的複合的な構造となっている。軍事指揮権や寺領進退権が寺院長官のもとに収斂されるのではなく、その実権を多様な組織が分有しており、権力の一元化が容易に達成されなかった。その端的な例が、寺院大衆による「衆勘」である。天台座主快修が長寛元年(一一六三)に寺院大衆の「衆勘」をうけたように(以下、延暦寺関係の出典はいずれも『天台座主記』)、朝廷に対して自己主張のできない座主が、寺院大衆の手によって追放された事例は珍しくない。天皇によって任命された天台座主が、寺院大衆の手によって追却されて辞任に追い込まれており、中世寺院にあっては、寺内を上から統制することが容易に実現できていない。

寺内組織も非常に複雑である。延暦寺は寺内組織がもっとも高度に発達したものの一つであるが、寺僧や院家は幾重もの編成原理によって、多元的・重層的に組織されている。中でも基軸となったのが、三塔十六谷の空間的編成である。延暦寺は東塔・西塔・横川の三地域から成り、三塔のそれぞれは谷によって構成された。東塔の五谷(東谷、西谷、南谷、北谷、無動寺谷)、西塔の五谷(東谷、南谷、北谷、南尾谷、北尾谷)、横川の六谷(兜率谷、般若谷、香芳谷、解脱谷、戒心谷、飯室谷)がそれである。そして、堂塔・坊舎を含む院家が集まって谷を構成した。つまり個々の院家の意志は谷の集会で調整され、個々の谷の利害は塔の集会で審議され、さらにその上位の三塔集会が最高の意志決定機関となっていた。これが延暦寺の基本的な編成原理であるが、それだけではない。寺内の僧侶はその身分に応じて学侶と堂衆に分かれており、両者は職能はもとより、坊舎の造りや風呂の順番などで厳しく差別されており、それぞれが三塔で独自の集団を構成していた。さらに平安末から鎌倉時代になると、門跡が大きな力を持つようになる。青蓮院・梶井・妙法院門跡は、貴種を門首にすえて末寺や荘園所職を掌握し、それらを寺内僧侶に宛行いながら、彼らを主従制的に編成していった。こうして鎌倉中後期には、寺領や寺僧の多くがこの三門跡に帰属するようになっている。さらに付け加えれば、彼ら僧侶は受法・入室の師に従う弟子でもあったし、建前とはいえ天台学徒として天台座主の指揮下にもあった。つまり、一人ひとりの僧侶は三塔十六谷の一員であると同時に、学侶・堂衆の身分に帰属し、門跡に服属する門徒、師に従う弟子、そして座主の管轄下にある天台学徒でもあったのである。

　このように中世延暦寺では、三塔十六谷という空間的編成と、学侶と堂衆という身分編成、そして門跡による主従制的編成など、これらが幾重にも折り重なっており、非常に複雑な形で寺内編成が行われた。そして、これらの多様な小集団が意志決定主体として、うごめいている。そうなれば利害調整は容易ではなく、調停に失敗して武力衝突にいたったことも珍しくない。

　寺内における境相論が原因で、天福元年(一二三三)東塔の無動寺谷と南谷が城郭を構えて襲撃しあったような谷同士の抗争。嘉禄二年(一二二六)七月、それぞれの所領である荘園の境相論をきっかけとした東塔と横川の対立、さらに同年十二月、修理用材木をめぐる西塔と横川との城郭を構えての合戦。このような谷同士、塔同士の抗争が頻繁に起きている。また、平安末からは学侶と堂衆の争いが激しくなる。建仁三年(一二〇三)、風呂の順番をめぐる西塔南谷の学侶と堂衆の対立が、一山に飛び火して、全山を巻き込む堂学合戦へと発展した。朝廷は堂衆を鎮圧するため官軍を派遣したが、その戦闘は激しく、官軍の武士だけで三〇〇名もの戦死者を出している(『吾妻鏡』)。このように、学侶と堂衆の身分対立もきびしかった。さらに鎌倉時代になると門跡同士の争いが増えてくる。特に青蓮院と梶井門跡との間では、文永五年(一二六八)、建治三年(一二七七)をはじめ、衝突・合戦が幾度も繰り返された。また門跡の内部においても、青蓮院門跡は鎌倉中期からほぼ一〇〇年にわたって、二派に分かれて激しい対立抗争を繰り返している(平雅行「青蓮院の門跡相論と鎌倉幕府」『延暦寺と中世社会』法藏館、二〇〇四年)。このように延暦寺では、寺内に無数の利害対立を内包していた。

　中世寺院がこのような分散的でアナーキーな組織構造をとったのは、その所領形成のあり方にそもそもの原因がある。所領の獲得が寺院長官の主導によって達成されたのであれば、長官はその経済的果実を寺院大衆に分与しながら、寺内を集権的に統御できたろう。しかし実際はそうではない。特定の僧侶や子院がそれぞれ貴族・武士・土豪と結んで所領寄進をうけて、無秩序に寺領形成を進めてきた。そのため、膨大な数の寺内組織が独自の経済基盤を保持した経営体として群立することとなり、それに対応して数多くの寺内集団が法の制定主体として分立した。所領形成における寺院長官の主導権の弱さが、そのまま長官の寺内統制力の脆弱さにつながり、中世寺院を多元的複合的な構造へと向かわせたのである。

しかし、中世寺院には分権化の方向だけでなく、集権化のモメントも働いていた。他寺・他宗派や他勢力との対立がその契機であり、それに勝ち抜くには満寺の結束が不可欠であった。延暦寺であれば園城寺や興福寺との激しい衝突・抗争があったし、東寺など他の顕密諸宗との対立も存した。さらに、専修念仏・日蓮宗や禅宗への対抗もあれば、国司や守護、荘園領主や地頭とのきびしい利害対立もあったし、何よりも民衆支配を実現するには領主層の連携が不可欠であった。こうした寺外勢力との対抗が、寺内の結集を促している。つまり中世寺院においては、分権化のモメントと集権化のモメントの双方が錯綜して入り乱れており、それが寺院のあり方をいっそう複雑なものにした。

とはいえ、全般的に日本中世においては、国家による寺院統制の弱さ、そして個別寺院における非集権的構造がその特徴であった。その結果、中世寺院のあり方は寺院ごとに多様な姿をとって現れることとなる。大まかな共通点があるものの、相違点も数多く、寺院ごとの個性が非常に強い。これが中世寺院や中世寺院法の理解を、ますます困難なものにしている。

## 二

さて、寺院法は第二次大戦以前の段階では、自治的な会議法の発達という観点から精力的に研究された。牧健二「我が中世の寺院法に於ける僧侶集会」(『法学論叢』一七―四・六、一九二七年)、細川亀市『日本中世寺院法総論』(大岡山書店、一九三三年)、豊田武『日本宗教制度史の研究』(厚生閣、一九三八年、一九七三年改訂版)などがその代表的成果である。ところが戦後歴史学においては、寺院法に対する関心が衰え、必ずしも十全な研究がなされてこなかった。その理由は二つある。第一は旧仏教を古代仏教と措定したこと、そして第二は日本中世を民衆仏教の時代と誤認したことにある。

中世社会の形成主体を在地領主に求める領主制論が盛行した結果、貴族や寺社は古代勢力と位置づけられた。貴族・寺社が中世においてもなお古代的存在であるならば、彼らには質的な変化がないことになる。つまり彼らには、取りあげるべき歴史が存在せず、研究の必要もないというわけだ。しかも中世を民衆仏教の時代と捉える鎌倉新仏教論が蔓延していたため、旧仏教や寺社勢力に対する関心は、いっそう閉ざされることとなった。その結果、中世仏教界の基本的な制度についてすら、共通認識をもてないでいる。たとえば、顕密学僧の登用制度である二会四灌頂は、中世仏教の基礎の基礎ともいうべきシステムであるが、日本仏教史の多くの概説書にはその用語も、説明もみえない。ちなみに吉川弘文館『国史大辞典』では「三大会」の項目で二会に触れているものの、四灌頂については立項も解説もまったくない。

こうした研究のあり方をきびしく批判して、新たな歴史像を模索したのが黒田俊雄である。黒田はまず権門体制論を提唱して、中世国家を公家・武家・寺家の協働による統治機構と捉えた(「中世の国家と天皇」『岩波講座日本歴史6』岩波書店、一九六三年)。従来の歴史学が、武家と公家・寺家との対立関係を強調し、武家が後者を打倒し解体してゆく歴史過程に中世社会の深化をみてきたのに対し、黒田は武家・公家・寺家が相互補完的に協調して百姓支配を実現していると説いた。そして、もしも公家・寺家が中世国家を構成する基幹的存在であるならば、彼らがいつ、どのようにして封建領主に転化していったのかが問われなければならない。こうして黒田は非領主制論を提起して、荘園領主と百姓との支配関係を日本封建制の基軸と捉えるにいたる(『体系日本歴史2　荘園制社会』日本評論社、一九六七年)。従来の研究が貴族・寺社などの荘園領主を古代勢力と捉えてきたのに対して、黒田はそれを中世的な封建権力と捉え直したのである。

また、寺家＝旧仏教が中世封建権力の基本形態の一つであるなら、旧仏教＝顕密仏教こそが中世宗教の基軸と位置づけられなければならない。黒田は顕密体制論を提起して、古代仏教がどのようにして中世的な顕密仏教に生まれ変わっていったのか、その歴史的道程の解明に向かった(「中世における顕密体制の展開」『日本中世の国家と宗教』岩波書店、一九七五年)。これまでの中世仏教史が鎌倉新仏教の成立・発展を中心に叙述してきたのに対し、黒田は古代仏教の中世化とそれが胎む矛盾の展開を基軸にして、中世仏教史を展望している。さらに黒田は寺社勢力を「もうひとつの中世社会」と規定し、その多彩な姿を明らかにするとともに、その研究を日本中世史の重要な課題と措定した(「中世寺社勢力論」『岩波講座日本歴史6』岩波書店、一九七五年」、『寺社勢力』〔岩波新書、一九八〇年〕)。

このように、黒田は武士、在地領主制、農村、新仏教に中世をみていた時代像を批判して、公家・寺家、荘園制、都市、顕密仏教にも中世を認める多面的で包括的な歴史像への転換を提起しつづけた。その黒田が寺院法の重要性を改めて喚起して、その実態解明に向かうのは必然であった。黒田は本書の編纂によって、武士中心史観からの脱却を法制史のレベルにおいても実現しようとしたのである。残念ながら、重篤の病と早すぎる死によって、黒田の生前に本書を完成することは叶わなかったが、私たちはここに黒田の遺志を継いで本書を上梓するものである。*

*『中世法制史料集』第六巻　公家法　公家家法　寺社法(岩波書店、二〇〇五年)の刊行は、黒田の問題提起が法制史の世界でも受けとめられたことを示していよう。

## 三

制定主体からみると、寺院法は大きく三つに分けられる。①外護者である俗人や俗権力が制定したもの、②僧侶・僧侶集団が制定したもの、そして③僧侶・僧侶集団が策定したものを俗人・俗権力が追認する折衷型である。

①俗人・俗権力が制定したものは、(a)朝廷や幕府・守護などの俗権力が制定したものと、(b)檀越が制定したものとに分かれる。前者のうち、朝廷が制定した代表的なものとしては、悪僧・神人の取り締まりを命じた保元新制(国2)をはじめとする公家新制がある。鎌倉幕府が制定した寺院法としては、自由昇進や兵仗を禁じた御成敗式目(国26)や鎌倉幕府追加法(国27〜国38)があり、室町幕府のものには建武式目(国40)や室町幕府追加法(国41〜国44)がある。また、守護が制定したものとしては、正昭院を若狭国真言宗の本寺と位置づけた武田元光正昭院掟書(真71)などがある。

(b)檀越が制定したものとしては、高野大塔での長日不断両界供養法の勤修体制を定めた後白河法皇手印起請(真53)や、東寺鎮守八幡宮の供僧とその財源を定めた足利尊氏御内書(真9)などがある。禅宗寺院では、得宗北条貞時が制定した円覚寺規式(禅3)や、大徳寺住持を宗峰妙超の門弟相承とすることを定めた後醍醐天皇宸翰大徳寺置文(禅5)がこれに該当しよう。これらは俗権力が制定したものと考えることもできるが、内容からして檀越の立場からの寺院法と考えた方がよいだろう。また、賢俊菩提寺規式(真51)は、醍醐寺三宝院の賢俊が本願となって律院を開創し、その組織や勤行を定めたという珍しいものである。賢俊は僧侶とはいえ、菩提寺の寺僧ではない。その点からして、ここでの賢俊の性格も檀越と考えてよい。

②僧侶・僧侶集団が制定したものには、(a)寺院の長官や三綱などの役職者が制定したもの、(b)寺院の開山、寺院・法会の本願が制定したもの、そして(c)多様な僧侶集団が制定したものとに分かれる。

(a)寺院の長官や三綱などの役職者が制定した代表的なものに、天台座主良源起請二十六箇条(天1)がある。これは座主良源と三綱が法会の運営や寺僧の心得を定めたものである。東寺供僧十五口補任状(真5)は、東寺供僧を増設し、それら供僧の諸堂への割り当てを定めた上で供僧を任命したものであり、東寺一長者と凡僧別当および東寺三綱の上座が署判している。黒田庄の出作・新庄からの年貢を百口学生供料に宛てることを定めた東大寺置文(南8)は、東大寺別当および僧綱らによって制定された。また、五師三綱連署紛失義絶問置文(南25)は法隆寺の五師・三綱が制定したし、西大寺敷地四至内検断規式条々(南22)は西大寺長老と綱維によって定められた寺内検断に関する置文である。

中世では本末関係が広く展開したため、本寺が末寺の寺院法を制定した例もある。たとえば、延応元年(一二三九)の金剛峯寺制条(真54)は、金剛峯寺座主を兼任する東寺一長者が、金剛峯寺の寺僧や所領について定めたものである。同様に、出雲国鰐淵寺定書(天6)は本寺であった無動寺検校(青蓮院門首)が末寺の鰐淵寺に発布した規式である。

(b)寺院の開山や、寺院・法会の本願が制定したものも数多い。金剛寺阿観置文(真63)は金剛寺開山である阿観が寺内運営のための基本的な法を定めたものであり、円爾東福寺規式(禅1)は開山の円爾が東福寺の仏事や聖教管理、本寺末寺の住持職などについて制定している。また、瑩山紹瑾永光寺置文(禅4)は永光寺の由来と当寺の宗派内での位置づけを記した文書で、開山である瑩山紹瑾と本願檀主である尼祖忍が署判している。後宇多法皇置文(真50)は大覚寺中興ともいうべき後宇多法皇が、師の禅助の連署を得て大覚寺のあり方を定めたものである。仏事法会に関しては、天台山勧学講起請(天3)がある。これは、慈円が創始し青蓮院門跡が管轄するようになった無動寺勧学講の組織や運営方法を、慈円が策定したものである。

(c)寺内の多様な僧侶集団が制定したものは非常に数多く、バラエティーにとんでいる。その中でも、もっとも重要なのは満寺集会である。観心寺衆議評定事書(真67)は「満寺一同の御集会御評定」での決定であり、東大寺衆議掟書(南16)も「惣寺の衆議」による裁定を成文化したもの、そして延暦寺大講堂衆議条々(天7)は「大講堂における山門三院の集会の議」である。また、金剛峯寺衆徒一味契状(真56)は南朝・北朝からの軍勢催促に苦慮するなか、金剛峯寺が武装中立による寺領保全を宣したものであるが、「満寺一同」の「法令公平の評議」を踏まえ、五一七名の衆徒全員の署判によって制定している。

寺内の小集団による寺院法は、きわめて多様である。たとえば東寺では、東寺根本廿一口供僧法式条々(真15)、東寺学衆中評定式目(真23)、東寺鎮守八幡宮供僧中評定式目(真26)など、寺僧集団ごとに式目を定めているし、北面預法会諸役規式置文(真38)は、西院御影堂で行われる法会での北面預の役目を廿一口供僧方年預が定めたものである。また、供花衆中法度条々重置文(真36)は、東寺夏衆中が定めた供花衆に関する法度である。このほか、東寺西院諸仏事法度事書(真18)、東寺二季談義追加法式(真24)、東寺勧学会新法式(真31)、光明真言講法度条々(真40)のように、仏事・法会の参加メンバーによる規式の制定もみえる。

南都の西大寺は叡尊の入寺によって、従前からの顕密僧(白衣方)と新たに進出した律僧(黒衣方)とが共存することになるが、西大寺白衣寺僧等請文(南20)は、寺務運営の主導権を握っている黒衣方に対し、白衣寺僧が服従を誓約したものである。西大寺流の律宗寺院では、白衣と黒衣の併存がよくみられるのであり、律宗寺院に顕密僧が存続していたことに留意する必要がある。中世寺院では、多様な宗派の僧侶を内部に包含したものも多かった。

中世になると各寺院で門跡が発達するため、門跡による寺院法も登場する。慈円大懺法院条々起請(天2)は、青蓮院門跡の洛中本坊を東山吉水に移建するにあたって、その仏事・組織・財源を定めた置文である。三宝院門跡満済条々置文(真52)は、黒衣の宰相満済が門跡後継者に対し三宝院の運営方法について申し置いている。また、興福寺大乗院評定事書(南4)は、大乗院門主の御所で実施された門跡評定制についての規定であり、構成員や定員、開催方法や定例開催日などを定めている。

門徒集団による法もある。西大寺門徒規式(南18)は、西大寺流の一門諸寺の僧衆について、その威儀・振る舞いを定めており、毎年西大寺で開催される光明真言会の折りに、一門の諸寺衆首が集会して、さまざまな問題を協議することになっている。また、大徳寺の年中行事および経費支給の内容を定めた大徳寺寺務定書(禅11)は、住持・前住など徹翁義亨一門の有力門弟によって制定されたものである。

③俗人・俗権力と、寺僧との協働による折衷型の寺院法も数多い。弘長三年(一二六三)の太政官牒(南2)は、興福寺僧綱大法師らが制定した寺院法を太政官が再確認したものである。また、東寺恒例灌頂の労によって権律師への補任を約した永久元年(一一一三)の太政官牒(真2)は、東寺長者寛助の要請を朝廷が認可したものであり、中世の神護寺のあり方を定めた後白河法皇手印僧文覚起請(真62)は、後白河院が檀越の立場から文覚が制定した寺院法を承認して、その権威付けを行っている。幕府系では、金剛三昧院条々事書幷安堵外題(真55)は、高野山金剛三昧院が院家や荘園のあり方を定めたものを、幕府が関東下知状の形式で安堵している。また宝林寺規式(禅9)は、創建者である播磨・備前守護赤松則祐が檀越の立場から、住持大同啓初とともに、宝林寺の組織や檀那のあり方を定めたものである。

中世社会では成文法以外に、広大な慣習法の世界がひろがっていた。たとえば、「一たび仏界に投ずるの地は永く俗財に帰るの儀なし」(真55)は、中世の慣習法として著名なものである(笠松宏至「仏陀施入之地不可悔返」『日本中世法史論』東京大学出版会、一九七九年)。成文法だけでは、中世寺院法の特徴や仏教界の秩序を捉えることができず、慣習法の世界にも十分な目配りが必要である。釈家官班記(国1)は慣習的に形成された中世の顕密仏教界の秩序をうかがうことができる。また、興福寺軌式(南5)は興福寺が室町幕府に提出したものであるが、別当・門跡・学侶・衆徒・国民・六方衆・堂衆・春日社々司など、慣習的に寺内で形成された僧衆について、その実態を記している。

以上、寺院法について解説してきた。次に、本書各編の編集意図とその構成、および収録した史料の内容と性格について、説明を加えたい。(平)

## 第一編「中世国家と顕密寺院」

本書は寺院が制定主体となった狭義の寺院法を中心に編纂したが、中世仏教界の全体的な秩序や、国家と仏教との関係を理解するには、個別寺院の寺院法だけでは限界がある。そこでまず本編では、近年の研究成果をもとに、中世仏教界の全体的な秩序を概観したい。とはいえ、顕密仏教界の秩序は、上部権力によって統一的に策定されたものではなく、朝廷・幕府と個別寺院の政治的駆け引きのなかで徐々に形成されている。中世仏教界の基本的枠組みを理解するには、慣習的に形成された秩序を十分に踏まえる必要がある。

そこで、第一章では、釈家官班記(国1)を取りあげた。これは青蓮院門跡尊円が、南北朝内乱期に後光厳天皇の命によって撰進したものであるが、中世の僧官位制、顕密僧や貴種の昇進次第などの故実に触れている。延暦寺の立場からという限定はあるものの、中世顕密仏教界の古典的な姿がここに描かれており、中世仏教の制度的な枠組みを概観するには好適な史料である。詳細な補注を付しており、現在の研究の達成を踏まえた理解ができるよう配慮した。

第二章では、朝廷が制定した宗教関連法を取りあげた。1「保元新制」(国2)は悪僧神人の跳梁が国衙支配の危機を招いているとして、寺社勢力の抑制と統制をめざした新制である。寺社領荘園の整理、神人悪僧の濫行停止、寺社の所領規制からなるが、ここで示された方針は、その後の公家新制にも大きな影響を与えた。

次いで、平安末から鎌倉時代の公家新制のうち、宗教に関わる条項を整理・抜粋して提示した。まず2「寺家の興行」は、仏神事の興行(国3〜国6)、一宮や国分寺の興行(国7、国8)、寺社修造の励行(国9、国10)から成る。3「所領規制」は寺社への土地寄進の規制(国11、国13)、末社別宮の建立規制(国12)、寺社領を他に寄進することの禁(国14)である。4「集団規制ほか」は、武家被官となった悪僧が本寺を混乱させることの禁(国15)、僧侶の兵仗禁止(国16)、寺社長官の任期の厳格化(国17、国18)、阿闍梨や正員僧綱に推薦すべき人物の吟味(国19、国20、国22)、顕密僧の戒律遵守(国21)、過差禁制(国23、国24)、殺生禁断(国25)である。

第三章では、幕府法における宗教関連法を取りあげた。まず御成敗式目(国26)では、仏神事興行と、僧徒の自由昇進の禁がある。官位昇進権は朝廷が保持していたため、幕府は御家人と鎌倉の僧侶については、幕府の許可なしに官位昇進することを禁じた。これが自由昇進の禁である。さらに鎌倉幕府追加法から、仏神事興行(国35第1・2・8・9条、国36第1条)、僧侶の兵仗禁止(国27、国33)、破戒念仏の禁止(国28、国29)、供僧・別当の任用(国30、国34、国37、国38)、神人の濫行禁止(国31、国32、国35第3条)、過差禁制(国35第10・28・29・31条)、殺生禁断(国35第11・12条)、顕密僧の戒律遵守(国35第41条)、一宮・国分寺興行(国36第20条)などの条項を採録した。このうち破戒念仏の禁止は朝廷の専修念仏禁止令と連動しているし、兵仗禁止や神人の濫行禁止、過差禁制、殺生禁断、一宮・国分寺興行なども朝廷の政策と重なっている。

東使奏聞条々事書(国39)は、元応元年(一三一九)延暦寺による園城寺焼き討ち、東大寺の神輿入洛、石清水神人の嗷訴などに対処するため、鎌倉幕府が朝廷に使者を派遣して、門跡・僧綱の住山、兵仗禁止などの寺社統制策を奏聞したものである。

室町幕府では、まず建武式目(国40)を取りあげた。ついで建武以来追加より、応安の半済令(国41)、神人濫行の停止(国42)、祠堂銭の徳政免除(国43)を収載した。さらに、天文法華の乱後の日蓮宗停止令(国44)を採録している。なお、本書では浄土宗・浄土真宗や日蓮宗については、朝廷や幕府が出した専修念仏禁止令や日蓮宗の禁遏令で触れるにとどめた。

第四章では天皇護持僧を取りあげた。中世では護持僧が冥界の侍として機能しており、護持僧は天皇だけでなく、院・東宮・中宮・今宮・姫宮にも広がった。武家においても将軍や得宗に護持僧がみえ、中世では護持僧が異様なほどの発達をとげている。なかでも天皇護持僧はもっとも整備されたものであり、そのありようは将軍護持僧などにも影響を与えた。それだけに護持僧の地位をめぐって、宗派間や宗派内で激しい競望が繰り広げられている。このような歴史的重要性、および釈家官班記(国1)に記述がないことから、特に天皇護持僧について一章を割くことにした。

天皇護持僧のうち、正護持僧は三名であり、それぞれ長日不動法・長日如意輪法・長日延命法を担当した。これを三壇御修法と呼ぶが、園城寺僧が不動法を、延暦寺僧が如意輪法を、東密僧が延命法を勤めることが多い。本書では青蓮院道玄と尊助が修した長日如意輪法の史料を掲げ(国45、国46)、補任、請書・支度、修法、財源、結願などの次第について概観した。ついで、醍醐寺座主覚源と定海に護持僧参仕を命じた平安時代の綸旨を採録した(国47、国48)。また、護持僧由来記(国49)は醍醐寺の定海が真言宗の立場から護持僧に関する口伝を集成したものであり、護持僧作法記(国50)も同じく定海が護持僧作法についての口決を抄録したものである。

以下、第二編より個別寺院の寺院法を取りあげるが、このうち東寺に関しては、収録史料が他よりも突出して多い。また、東寺のみ三節に分けるなど、扱いが他の寺院とは異なっている。これには理由がある。本書では東寺を、中世寺院の基本モデルと位置づけた。東寺は、寺院構造をうかがい知ることのできる膨大な資史料が整っているうえ、寺院構造に関する研究がよく進んでいる。他の寺院では内容的に重要な寺院法があっても、関連史料が十分でないため、それが制定された経緯や背景、さらにその後の歴史的影響が不明なことが多い。多くの寺院では、いわば「点としての寺院法」しか分からないのに対し、東寺では寺院法を面として、さらには立体として構造的に捉えることができる。これが東寺と、それ以外との決定的な差である。それゆえ、本書では東寺を中世寺院の基準モデルとして最初に提示し、そのうえで、他の寺院の主要な寺院法を配列した。これによって、中世寺院の個別性と普遍性を把握しやすいよう工夫した。

なお、本書では第二編以降を「真言」「天台」「南都」「禅宗」と区分したが、「真言」「天台」などの統合組織が中世に存在していたわけではない。それゆえ、ここでの区分はあくまで便宜的なものである。(平)

## 第二編「真言」

本編では、真言宗の各寺院の法を集めて、中世の真言宗と真言宗各寺院の構造を示すこととした。真言宗(東密)は、これまでの諸研究が明らかにしているように、中世を通じて宗派に属する寺院全体としてのゆるやかな纏まりを持っていた。鎮護国家の官寺として、また真言密教の根本道場として東寺(教王護国寺)が創建されて以来、王権を支え王権と関わりながら宗勢を拡大し、王権を守護する修法を行う一方で、宗僧を養成する仕組みを整え、貴族から庶民にいたる各階層からの要請を吸い上げながら、仏事の体系を充実させてきたのである。

まず東寺長者は、東寺の寺務を司どると同時に真言宗の貫首の役割をもつ。その長者のもとに、空海以来の血脈に連なる者が、それぞれの拠点となる寺院を介して宗としての連合を形成した。一二世紀になって仁和寺御室が成立して以後、仁和寺御室は長者の上にたつ超越した地位を築いた。こうして真言宗の僧団は、おおよそ仁和寺御室―東寺長者(および東寺長者に就任しうる門主群)―東寺長者に就任しえない門主群および一般僧侶、という構成をとるようになった。彼らが属する各寺院においては、寺院の組織・秩序を維持し、宗教活動を行い続けるため、僧侶および僧侶集団によって様々な寺院法が制定された。制定の主体は、長者以下の役職者から寺内における多様な寺僧集団まで様々であり、さらに寺院外の俗権力との協働によるものもある。またその内容も、寺僧の構成や寺内組織に関わるものから、寺院生活・寺領管理に関わるものまで多岐におよんでいる。これらを読み解き、その背景を考えることによって、真言宗各寺院の構造とそれをとりまく社会との関わりを明らかにしていきたい。(馬田)

### 第一章「東寺」

東寺は、京都市南区にある真言宗寺院で、「東寺百合文書」「東寺文書」「教王護国寺文書」以下、三万通を超える膨大な中世文書だけでなく、子院文書や聖教等が伝えられており、それらの分析によって中世寺院への転生、各種の仏事法会やその財政的な裏付けとなる所領支配の構造研究が進んでおり、寺僧集団によって法が制定される経過についても詳しく跡づけることができる。したがって東寺の事例は、東寺という個別寺院の事例にとどまらず、法が制定される経過から法の背後にある様々な事情が明らかになるという意味で、ひろく中世寺院全般に通じる問題を提供してくれると考えたからである。本書では東寺に関わる史料群を大きく三部に分けた。

第一節「国家と東寺」では、平安時代から江戸時代初期に至るまでの各時期における、政治権力と東寺との関わりを示す史料一〇点を収載した。まず平安時代の史料として、真1〜真3の三点をあげた。太政官符(真1)は、毎年正月の国家的修法であった後七日御修法の創始を勅許したもの。太政官牒(真2)は、東寺結縁灌頂会の勅請化を勅許したものであり、真3の太政官牒は、右の勅請化に伴う基盤組織の拡充策として、東寺定額僧定員の一〇口増設を勅許したもので、真言宗僧団における東寺の位置づけの変化を示している。鎌倉時代中期の史料については、真4と真5の二点をあげた。官宣旨(真4)は、東寺灌頂院御影供の経費負担方法について、真言宗僧綱全体に及ぶ巡役に改めることを勅許したもの。東寺供僧十五口補任状(真5)は、東寺の諸堂における長日行法の発足と連動し、東寺供僧定員を一〇口増設して「十五口」とするもので、朝廷の公認のもと、東寺の供僧組織が充実されつつある状況を示している。鎌倉時代後期の史料については、真6〜真8の三点をあげた。後宇多法皇東寺興隆条々事書(真6)は、東寺における廿一口供僧や学衆などの組織発足の契機となった東寺興隆策六ヵ条を後宇多法皇が誓ったものであり、後宇多法皇庄園敷地施入状(真7)は、右の誓願に基づいて法皇が東寺に四ヵ所の所領を施入したものである。太政官牒(真8)は、後醍醐天皇が東寺に御願寺最勝光院とその所領群を施入した後、新たな東寺興隆策六ヵ条を勅許したもので、これらの施策によって東寺のその後の発展基盤が整えられた。真9、真10は、武家権力の東寺に対する姿勢を示すもので、南北朝期の足利尊氏御内書(真9)は、足利尊氏が東寺鎮守八幡宮に所領を寄進し祈禱の実行を願ったものであり、これをきっかけに鎮守八幡宮供僧方という新たな寺僧組織がうまれる。成立間もない室町幕府の対寺院政策の一端をうかがわせるものといえる。それに対して江戸時代初期の徳川家康黒印状(真10)は、真言教学の振興を図ろうとするものであるが、江戸幕府という世俗権力が寺院の宗教活動そのものにまで指示を及ぼそうとしている状況をうかがうことができる。

第二節「根本法式の成立と展開」は、一三世紀後半以来、東寺において展開する寺僧集団が、集団とその秩序を維持するための条件に関して定めた法を取りあげた。

1「廿一口供僧」

東寺の寺僧集団のなかでも中心的な組織である廿一口供僧（以下、供僧）方に関する法を取りあげた。延応二年（一二四〇）に西院御影堂に五口の供僧が置かれて以降、次第にその員数が増され、十八口の本供僧と三口の新供僧を合わせて廿一口供僧方を構成した。供僧の構成員となるための資格や活動内容については、繰り返し法が定められているが、その最も整備されたものは東寺根本廿一口供僧法式条々（真15）で、供僧の資格や寺内での位置づけ、選任の手続きが定められているだけでなく、制定時の供僧の後に代々の供僧が署判を加えており、根本法式としての内容と形式を備えている。供僧選任の手続きは、東寺十八口供僧置文（真11）において本供僧十八口のものが定められているが、新供僧三口が加わった段階で、本・新供僧の関係について東寺本新供僧連署置文（真13）が定められた。廿一口供僧のうち上位六口が任ぜられる講堂供僧については、伝奏松木宗量奉書（真17）が残されており、その頃、選任方法についてなんらかの問題が生じていたことがわかるが、供僧全体の意向が尊重されようとしていたことは間違いない。供僧の意向は、評定による決定として表明されるが、東寺供僧中評定式目（真14）はその手続きの詳細を定めたものである。さらに供僧が携わる勤行・仏事については、東寺供僧評定事書（真12）、東寺西院諸仏事法度事書（真18）のほか、供僧補任後の拝堂に関連した東寺廿一口供僧連署置文（真19）が作成されている。このほか南北朝期の不安定な状況において相互の扶助を申し合わせた東寺供僧中合力沙汰契約状（真16）を取りあげた。

2「学衆」

学衆は、常住を原則とする廿一口供僧とは異なり、教学が重視され他住の僧も選任された。学衆となるには、談義等の能力（器用）が不可欠であるため、その器用に関する問題が評定の場において繰り返し議論された。東寺学衆規式置文（真20）は、評定の原則を定めたものとしては早い時期のもので、次いでそうした評定の結果を抜き書きして法として運用する東寺学衆方補任式目（真21）、東寺学衆補任法式文書（真22）が作成されている。また評定の原則を定めた東寺学衆中評定式目（真23）は、さきの供僧方の法（真14）に准じて定められたと考えられる。さらに東寺二季談義追加法式（真24）および東寺学衆追加条々置文

（真25）は、伝法会の談義等に関する従前の法に追加するかたちで詳細な運用を定めたものである。

3「鎮守供僧」

鎮守八幡宮供僧（以下、鎮守供僧）は真9に基づいておかれたものである。鎮守供僧は、廿一口供僧と学衆の全員を含んでおり、評定の原則について定めた東寺鎮守八幡宮供僧中評定式目（真26）は、供僧方（真14）や、同じ頃に定められた学衆方の法（真23）とも共通する内容である。東寺鎮守八幡宮供僧連署置文（真27）は、鎮守供僧の選任方法について、足利尊氏御内書（真9）で定められた原則の解釈をめぐるもので、最終的には社頭で行われた鬮によって決着がつけられた。

これらを通してみると、中世東寺における「自治」の姿が浮かび上がってくる。﨟次と器用を重んじて寺僧集団の秩序維持が心がけられており、合意された法に基づく評定の実施と法会の遂行が、「自治」の根幹であったということができる。しかしながら、繰り返しそうした法の修正が図られ、あるいは厳密な運用が申し合わされていることは、寺内の秩序が動揺していることを意味する。東寺が政治権力との関わりを持ち、仏事法会が寺領からの収入に基づいて運営され、寺外からの新たな人材の確保が不可欠である以上、寺院運営が社会状況の変化に対応せざるを得なかったのは当然のことであった。

第三節「寺院生活の規制」では、法を通して、社会変化が寺院生活の様々な側面に反映されている状況をみることとした。

1「寺僧の器用」

まず東寺籠衆法式条々（真28）と東寺勧学会新法式（真31）を取りあげた。参籠に関する原則を定めた真28では参籠の日限を一〇〇〇日としていたが、真31では、それを基本としつつも大きく減った日数でも可としている。時代と共に、寺僧に求める教学の条件を緩和せざるを得なくなっているのである。社会の変化は寺僧となることを希望する者の出自にもあらわれ、東寺交衆器用法式置文（真29）、東寺交衆仁躰俗姓法式（真30）は、様々な縁故を通じて侍品以上の身分を獲得し寺僧となろうとする動きを規制している。流動化した社会状況が寺院内に流れ込もうとするのに対して、それに歯止めをかけようとする意図がうかがわれる。

2「僧坊の規制」

寺僧の私生活に関わる法は、大きく二種類に分かれる。まず寺僧の行動を規制するものとして真32、真33を取りあげた。東寺寺僧規式条々(真32)は、横入りで寺僧を希望する者への居住期間条件を定めた以外は、博奕・兵具・酒宴および女人の出入りを禁止するもの、東寺僧坊法式置文(真33)も基本的にそれを受け継ぐものである。もう一方は僧坊そのものに対して規制を加えようとするものである。東寺諸坊禁制文書(真34)は僧坊を他所に移すことと、僧坊に寺僧以外の者が雑住することを禁じている。東寺僧坊法式条々(真35)も、僧坊での生活や、供僧職の譲与に伴う供料や僧坊の手続きなどを定めており、寺僧集団の秩序の維持が、僧坊とそこにおける寺僧の生活の規制というかたちをとって表れていることがわかる。

3「寺官への規制」

寺僧のもとで寺院運営に携わる寺官に関する法を集めた。供花衆中法度条々重置文(真36)は、院家の青侍が任ぜられる供花衆について、その任免の条件と行動全般を規制するもので、供僧の意向を受けて寺官が定めたと考えられる。公文所法眼浄聡等連署手猿楽禁制請文(真37)は、今後、手猿楽禁止に違反した場合は、供僧により決定された処分を受け入れることを誓ったもの、北面預法会諸役規式置文(真38)は、北面(西院御影堂)で行われる法会ごとに支具物の担当者を定めたものである。これらの規制は、供僧の意向を受け、あるいは供僧の評議によって定められたもので、寺僧と寺官との間にある明確な上下関係を示している。

4「講会の経営」

寺僧集団と講会の具体像を示す法を取りあげた。東寺御影堂三上人定書(真39)は、供僧による法会を支えるため置かれた聖について、その服務を定めたものである。真40〜真42は、寺僧等の追善を目的に組織された光明真言講に関わるものである。光明真言講法度条々(真40)は、講会の運営に関する基本事項を定めたもの、東寺地蔵堂三昧免輿等置文(真41)は、寺僧の葬儀を行うために使用する輿について、「坂」との交渉の結果をまとめたもの、東寺諸経版木式目条々(真42)は、光明講方として管理する諸経版木の取り扱いについて定めたもので、寺内で結成された小集団の構造とその財政的な裏付けが明らかになる。東寺諸合力法式(真43)は、寺僧・寺官の間で行われる経済的な扶助である「合力」の運営方法の変更を定めたもので、通常の宗教活動とは異なる組織のあり方が示されている。東寺若衆掃除方用脚法式(真44)は、若衆掃除方の会計処理を定めたものであるが、年度ごとに事務担当者が交代する寺僧集団の運営方法を知ることができる。

5「荘園経営」

　ここでは寺領荘園の支配に関する法を取りあげた。寺内の宗教活動が基本的に荘園からの収入に支えられている以上、寺僧集団として荘園の維持管理を行うことは避けて通ることはできない。荘園経営に対する努力を示す法は、諸職の補任状や請文、検注や年貢等の散用に関するものまで含めれば膨大な量に及ぶことになるが、ここでは寄進されて間もない荘園に関する法を二つ取りあげた。播磨国矢野庄条々置文(真45)は、供僧・学衆の料所である播磨国矢野庄の支配原則を定めたものであるが、寺僧組織の運営と密接に関わるかたちで荘園支配が構想されていたことがわかる。東寺鎮守八幡宮供僧連署状(真46)は、鎮守八幡宮の修理と供僧の供料確保のため、荘園管理の方法を変更しようというもので、荘園経営が、施設の修理を含めた仏事の実施と一体のものであったことがわかる。

　東寺に関わる法を通して、政治権力との関わりから中世寺院への転生、さらに寺内の様々な寺僧集団のあり方をみたが、以下、さきに述べた真言宗の構造を踏まえ、第二章では仁和寺・大覚寺・醍醐寺と、東寺長者を輩出する寺院を、第三章以下では宗祖空海の廟所であり、かつ修行の場である高野山金剛峯寺から地域寺院までを取りあげ、法を通して真言宗寺院の多様なあり方をみることとする。(馬田)

第二章「仁和寺・大覚寺・醍醐寺」

仁和寺は京都市右京区にある真言宗寺院であり、東密広沢流の拠点である。光孝天皇の御願寺と伝えられ、仁和四年(八八八)に子の宇多天皇が創建した。宇多天皇は譲位後にここで出家して法皇となり、東寺一長者益信から伝法灌頂を受け、ここに入寺した。やがてこの寺の周辺には、四円寺などの歴代天皇御願寺群のほか、数多くの子院が造営されて発展を遂げた。仁和寺の寺務は、法皇の法流を継ぐ有力僧が担い、とりわけ平安時代末期以降には天皇家出身の法親王がおもに管掌し、仁和寺御室と呼ばれるようになった。御室は宗教界最高級の貴種僧として、とりわけ中世前期には院権力の宗教政策を中心となって支えた。中世後期以降にはその影響力が後退するが、法親王を擁する門跡寺院としての高い権威は近世まで存続した。

　本書では中世前期の仁和寺御室に関わる史料を三点収載し

た。兵範記仁安二年条(真47)は、御室が綱所随身特権を得たことについて、綸旨発給の担当蔵人が記した日記記事である。道法法親王起請(真48)は、御室秘伝の孔雀経法本尊等の厳重管理を定めた制誡である。公衡公記弘安十一年条(真49)は、天皇家外戚かつ関東申次として権勢をふるった西園寺実兼公衡父子が密教修法を依頼しようとした際に、御室から干渉を受けた様子を記した公衡自身の日記記事である。いずれも仁和寺御室をめぐる慣習法的秩序のありようを示している。(真木)

大覚寺は京都市右京区において仁和寺の西方に位置する真言宗寺院であり、同じく東密広沢流の拠点である。前身は嵯峨天皇の離宮嵯峨院であり、娘の淳和天皇皇后正子が貞観十八年(八七六)にこれを寺院に改めた。この寺は、宇多法皇が灌頂を授ける道場としたが、やがて興福寺一乗院との関係を深めた後、いったん衰える。しかし鎌倉時代後期に至ると、後宇多法皇がこの寺を中興し、入寺して政務の拠点としたことから発展期を迎え、仁和寺と同様に法親王を擁する門跡寺院となった。ただし大覚寺統との密接な関係は南北朝内乱によって断たれ、南北朝合一の舞台となった後は、足利将軍家や摂関家の出身僧を門主に迎えるようになる。

本書では大覚寺を中興した後宇多法皇に関わる史料を収載した。後宇多法皇置文(真50)は、晩年の法皇が師の禅助とともに大覚寺門主の心得を定めたものであり、大覚寺を継承する実子かつ弟子の性円法親王を意識して書き残したものと考えられる。なお法皇の大覚寺に関する置文については、後宇多法皇御手印御遺告(『大覚寺文書』上)もある。あわせて検討することによって、後宇多法皇の宗教構想の一端をうかがうことができる。(真木)

醍醐寺は京都市伏見区にある真言宗寺院であり、東密小野流の拠点である。貞観十六年(八七四)に聖宝が創建したと伝え、延喜七年(九〇七)醍醐天皇の御願寺となり、以後、鎌倉時代はじめまでに上醍醐・下醍醐に多くの子院が造営された。鎌倉時代末から南北朝時代、朝廷の分裂抗争により醍醐寺も分裂した。三宝院賢俊は足利尊氏の支援をうけて報恩院流の弘真文観を追い落とすとともに、北朝の樹立に貢献した。こうして三宝院は醍醐寺座主を独占するようになり、さらに室町幕府の祈禱方奉行や護持僧管領となって幕府の宗教政策を中心となって支えている。
本書では三宝院賢俊と満済に関わる史料を収載した。賢俊菩提寺規式(真51)と三宝院門跡満済条々置文(真52)である。菩提寺は醍醐寺に隣接する寺院であり、醍醐寺歴代の僧の墓や関係する俗人の遺骨が納められていた。賢俊はこれを律院に改め、所領を寄進してその組織・勤行を定めている。顕密僧が本願となって律宗寺院を開創した事例であり、この時期の律僧と葬送との深いつながりをうかがうことができる。後者は、満済が三宝院門跡を弟子に相続させるに際し、三宝院が勤仕している公家・武家の祈禱、本尊仏具聖教、門跡所職等について書き記したものである。室町時代における門跡の実態をよく示している。(平)

第三章「金剛峯寺」

和歌山県伊都郡高野町大字高野山に所在する金剛峯寺は、次の五段階を経て、江戸時代に至った。(一)八~九世紀、空海の創建にかかる小さな「修禅の一院」の段階。(二)一〇世紀、東寺一長者に金剛峯寺僧職の首座たる座主職を兼摂されて、東寺の末寺的な地位に堕し、また落雷のために伽藍の諸堂塔のほとんどすべてを焼失するなどして、衰微を余儀なくされた段階。(三)一一~一三世紀前半、摂関家・王家の支援によって、中世寺院として再出発し、「真言・南都系の一別所的な存在」として推移する段階。(四)一三世紀後半~一六世紀末、衆徒一同(惣寺)の主導によって、上級権門たる仁和寺・東寺のくびきから事実上、脱し、かつ、強力な周辺権門たる大伝法院との対立・抗争に打ち勝って、紀伊国北東部の一円寺領に君臨する「唯一」の荘園領主としての道を歩む段階。(五)一六世紀末~一七世紀、「天下の菩提所」と自称する日本最大級の「正統」派寺院の座を占めるに至る段階。

金剛峯寺には、『宝簡集』を初めとする厖大な史料群が伝存する。本書には、この中から五点を精選して収録した。すなわち、後白河法皇手印起請(真53)と金剛峯寺制条(真54)は(三)の段階を代表する史料。前者は外護者後白河法皇自らが、後者は山上組織の上位にたつ座主(東寺一長者)が、それぞれ定めた規式である。また、金剛峯寺衆徒一味契状(真56)、高野山禁制(真57)、金剛峯寺小集会衆契状(真58)は(四)の段階で作成された重要史料である。このうち、真56と真58は、ともに「永格」となることをめざして、衆徒一同(もしくはその執行機関たる小集会衆)が定めた置文。真57は、高野山上に立てられた制札の案文で、客引き行為の禁止等のユニークな内容を持っている。

なお、(三)の段階に属する一三世紀前半の高野山は、権力的には、金剛峯寺方、大伝法院方、金剛三昧院方の三極構造から成る山であった。このうち、鎌倉三代将軍源実朝の菩提寺(関東祈願所)であった金剛三昧院にも、多数の史料が伝来する。金剛三昧院条々事書幷安堵外題(真55)は、このうちの最重要史料で、寺家の申請を鎌倉幕府が安堵するという手続きを踏んで成立した金剛三昧院の基本法である。(山陰)

第四章「大伝法院」

大治五年(一一三〇)に覚鑁が創建した伝法院は、長承元年(一一三二)に鳥羽上皇の御願寺大伝法院へと発展し、弘安十一年(一二八八)には居を高野山小田原谷から根来(和歌山県岩出市)に移して、室町時代には根来寺と汎称される大寺院となった。ルイス・フロイスの『日本史』には「仏僧だけで八千人から一万人もいた」と記されている。

根来寺は、天正十三年(一五八五)、羽柴秀吉の紀州攻めによって、大伝法堂・大塔などを残して全山が炎上した。したがって現在、同寺には中世文書がほとんど伝えられていない。このような中にあって、醍醐寺に伝来した根来要書は、大伝法院(根来寺)の創建当初から鎌倉時代前期までの歴史を詳細に知ることができる文字通りの重書である。本書には、その根来要書から、大伝法院方の組織構成が判明する金剛峯寺官符請状(真59)、周辺権門金剛峯寺方との関係を定めた鳥羽院庁下文(真60)、そして仁和寺御室の末寺となる代わりに隆海門流による座主職相伝を認可した太政官符(真61)の三点を選んだ。(山陰)

第五章「文覚と神護寺」

京都市右京区梅ヶ畑高雄町に所在する神護寺は、和気氏の氏寺、高雄山寺を前身とする。天長元年(八二四)に、河内国にあった和気清麻呂創建の神願寺を併合し、寺名も神護国祚真言寺(神護寺)と改めた。

高雄山寺は、最澄が法華経の講義や伝法灌頂を行い、空海が鎮護国家の修法や結縁灌頂を修するなど、平安初期の仏教界をリードする名刹であった。けれども、仁安三年(一一六八)当時には衰微の極にあった。これを一命を賭して再興したのが文覚とその弟子、行慈である。

後白河法皇手印文覚起請（真62）は、神護寺の最重要史料であるとともに、「起請」という文書様式の典型事例として著名である。また前書き部分は、平安時代末期の歴史の一齣を生き生きと語る同時代の証言として貴重である。（山陰）

## 第六章「地域寺院」

### 1「金剛寺」

大阪府河内長野市天野町にある金剛寺は、承安年中（一一七一～一一七五）に、和泉国大鳥郡の出身である僧阿観が、金剛峯寺の別院として高野大師（空海）御影を安置したのに始まる。治承二年（一一七八）に八条女院の祈願所となり、同四年に在地領主源貞弘の私領の寄進を得て、地域寺院として体裁を整えた。院政期末から鎌倉初期にかけて高野山山麓における宗教的高揚のなか、在地出身の住僧の活動を核に、在地有力武士の支援と中央権門の権威を背景に、地域寺院が形成されていく過程がよくわかる寺院である。

開山である阿観死後の鎌倉期においては、学頭を中心に住僧が、仁和寺北院を本寺として、阿観から院主職を譲られた女房との裁判に勝利を得るが、その後院主職は興福寺大乗院門跡が掌握したため、大乗院門跡の支配を受けるに至っている。鎌倉末には後醍醐天皇の帰依も厚く、南北朝期には、南朝の後村上天皇の行在所となった。

「金剛寺文書」は金剛寺所蔵文書のほかに、本寺であった仁和寺が所蔵する「金剛寺文書」写がある。その写の中にはすでに原文書が失われたものも存在する。鎌倉期から南北朝にかけて豊かな内容をもつ「金剛寺文書」の特長を活かし、鎌倉期における寺僧集団の内部規範に関する3点の文書を収録した。

金剛寺阿観置文（真63）は開山阿観が寺院運営に関する基本的な方針を五箇条をもって示したものである。金剛寺が葛城修験の地にあるためか修験行者との交わりを禁ずるなど地域性が現れている。金剛寺学頭以下連署置文（真64）は、稚児の出家年齢、得度したばかり僧の座席の問題など出家得度に関わる三箇条の規範を載せる。金剛寺条目（真65）は検断に関する規定である。この三通の文書の署名者は、僧阿観、学頭ら金剛寺住僧、金剛寺院主興福寺大乗院門跡側近の僧と変化し、法の制定主体を考える上で重要である。（大石）

### 2「観心寺」

大阪府河内長野市寺元に所在する観心寺は、『観心寺勘録縁起資財帳』によれば、空海の高弟実恵の開創で、天長二年(八二五)にその弟子真紹が居住し建立した道場に始まる。創建時期は、実恵が担当した高野山金剛峯寺の建立時期にほぼ重り、高野山金剛峯寺の創建と連動して建立されたとみられる。その後、貞観十一年(八六九)には国家の保護を受ける定額寺に列している。平安期・鎌倉期の観心寺所蔵文書は乏しく、寺院の実態はわかりづらいが、応永十八年(一四一一)の河内守護畠山満家判添え状のある院政期から鎌倉初期にかけての案文から、院政期には鳥羽院・美福門院の祈願所となり、寺領の雑役免除の権利を得る地域の有力寺院であったことがわかる。

一方、「観心寺文書」の大半を占める一四世紀以降の文書からは、中世後期の在地寺院観心寺の実態がよくわかる。膝下の観心寺七郷(観心寺荘)からなる寺領、河内国守護畠山氏による寺領安堵、学侶と禅衆からなる寺僧、学侶衆議による寺院運営、禅衆の山臥道の禁止など、学侶の禅衆への支配とそれに伴う禅衆の学侶への抗争などの特徴がみられる。

本書では「観心寺文書」のなかで相当数にのぼる衆議評定事書のうち、寺僧の組織・活動の規範という視点から内容を厳選し、六点を掲載した。観心寺衆議評定事書(真66)は、法会や神事の出仕に関わるものであり、真67の観心寺衆議評定事書は、寺僧の入寺や不住に関わるもの、真68の観心寺衆議評定事書は、湯屋の運営に関わるもの、真69の観心寺衆議評定事書は、葬送や中陰仏事を行った僧の処遇に関するもの、観心寺学侶連判起請文(真70)は、入峯を行う下僧(禅衆)の学侶への抗争に関するものである。(大石)

### 3 「若狭正昭院」

戦国時代における地域寺院の独特の様相を示すものとして、武田元光正昭院掟書(真71)と武田信豊若狭国真言衆掟書(真72)を収載した。正昭院は福井県小浜市金屋にある萬徳寺の旧寺号であるが、戦国守護武田氏の庇護のもとで、若狭国真言宗本寺の地位を与えられている。本末関係は中世社会の成立期に、地域社会における政治的立場を有利にするため、地方寺院が中央の権門寺院と結ぶなかで形成されたが、戦国時代になると大名領国を単位とする特殊な本末関係が登場する。この代表的事例が真71、真72である。武田氏が一国内の東密系寺院を正昭院を頂点に再編しようとしており、若狭の東密僧には正昭院での加行灌頂が強制された。(平)

## 第三編「天台」

　中世の天台宗には三つの特徴がある。第一に、中世には天台宗という組織は存在していない。天台宗は最澄が延暦七年（七八八）に延暦寺を開創したことに始まり、延暦二十五年に年分度者が認可され、さらに弘仁十三年（八二二）に戒壇の別立が認められて天台宗が独自の教団として成立した。ところが、その後、円仁門下（慈覚大師派）と円珍門下（智証大師派）との対立が次第に激しくなり、正暦四年（九九三）の武力衝突により、智証大師派（寺門派）は比叡山を下りて園城寺を拠点とするようになる。延暦寺と園城寺は激しく対立して武力衝突を繰り返し、中世では天台宗としての組織的な一体性が崩壊している。寺門僧の天台座主就任は形式的にはなお続いたが、永祚元年（九八九）に座主となった余慶から後は、寺門派が天台座主に任命されても、比叡山に登ることなく数日から数ヶ月で辞任したし、文治六年（一一九〇）の公顕を最後に、寺門派が天台座主に就くことはなくなった。また、院政期より寺門僧が延暦寺戒壇ではなく、東大寺戒壇で受戒することも増えており、この点でも天台宗としての一体性が崩壊していることが分かる。こうして天台宗は寺門派と山門派に分裂し、天台座主は天台宗の長官としての意から延暦寺の長官の意に変質した。

　第二に、中世延暦寺では有力門跡の強大化と権限拡大が進行し、それに伴って天台座主の権能が次第に空洞化している。すでに天永二年（一一一一）に「山上の所領は必ずしも座主の沙汰にあらず」と言われているように（『長秋記』天永二年十月五日条）、延暦寺領であっても、天台座主の管轄権が及ばない末寺や荘園が増えている。さらに、悪僧の跳梁に悩んだ朝廷は、平安末より天皇家・摂関家出身の貴種僧を中心にして寺僧を主従制的に編成させて寺内統制を再構築させようとした。その結果、延暦寺は青蓮院・梶井・妙法院といった有力門跡の主導によって運営されるようになり、寺領や寺僧の多くが門跡に組み入れられている。建保二年（一二一四）末寺をめぐって梶井と青蓮院が対立した時、青蓮院門徒が一斉に離山したが、具体的には「東塔四谷六十房、西塔少々、横川四分の三、無動寺全分」が延暦寺を退去しており（『天台座主記』）、門跡による編成が進んでいたことをうかがわせる。天台座主は他門跡の所領や門徒への指揮命令権を有しておらず、延暦寺は実質的に有力門跡の共同統治となっていた。

第三の特徴は台密の隆盛に伴う天台顕教の地位低下である。釈家官班記(国1)が述べるように、延暦寺や園城寺では、唯顕(天台顕教のみ)の僧侶は僧正の位に昇ることができず、法印どまりであった。僧正に補任されるには唯密か、顕密兼学でなければならず、台密を修学しなければ高官にのぼることができなかった。このように天台顕教の低迷が中世天台の大きな特徴である。中世の顕密仏教界では台密は真言宗の範疇に属していたので、中世の延暦寺・園城寺では天台宗よりも真言宗を優遇していたことになる。

さて、本編では天台系ということで、山門と寺門に関わる寺院法を収録した。とはいえ、延暦寺にせよ、園城寺にせよ、焼討・焼亡による史料散佚がはなはだしく、断片的な寺院法しか残存していない。残念ながら、寺院構造の全容とその変化を体系的にたどれるような史料には恵まれない。そこで本編では、天台系の寺院法として特徴的なものをトピック的に採択することにした。

まず、天台座主良源起請二十六箇条(天1)は、中世寺院法の草分けであり、延暦寺の中世的なあり方を規定するものである。智証派との対立が激化しつつあったが、なお天台宗としての一体性を保持していた段階の寺院法である。次に、鎌倉初期に慈円が策定した二つの寺院法を採用した。慈円大懺法院条々起請(天2)は、青蓮院門跡の洛中本坊である大懺法院の運営方法を制定したものであり、天台山勧学講起請(天3)は慈円が創始した無動寺勧学講の運用に関する規定である。特に後者では、東塔・西塔・横川の三塔のありようも随所にうかがえる。また、後世への影響も大きい。無動寺勧学講は南北朝時代に廃絶するものの、ほぼ同時期に東塔院勧学講と西塔院勧学講が創始され、戦国末まで続いた。信長の延暦寺焼き討ちによって中絶したが、享保元年(一七一六)に西塔勧学会が再興されている。

園城寺に関わるものとして、園城寺戒壇をめぐる二通の官宣旨(天4)を取りあげた。長暦三年(一〇三九)園城寺明尊の天台座主就任問題をめぐる紛争で園城寺が戒壇独立を求めて以来、天喜元年(一〇五三)、延久二年(一〇七〇)、永保元年(一〇八一)、長寛元年(一一六三)と、園城寺は繰りかえし戒壇独立を朝廷に懇請した。しかし、延暦寺の激しい抵抗によって、その要請は容易に認可されなかった。ところが、鎌倉中期になると園城寺に有利な政治情勢が整う。京都では後嵯峨院の兄円満院仁助が朝廷で重きをなしていたし、鎌倉では園城寺興隆を悲願とする鶴岡八幡宮別当隆弁が、北条時頼から全幅の信頼を得ていた。こうした政治状況を背景にして、康元二年(一二五七)園城寺はほぼ一〇〇年ぶりに戒壇独立を提起する。園城寺僧の三昧耶戒による受戒を、東大寺・延暦寺戒壇での受戒と並ぶ国家的受戒とすることを後嵯峨院は一度は認定するが、延暦寺の強硬な反対によって撤回を余儀なくされた。戒壇独立問題は延暦寺と園城寺の対立だけでなく、朝廷・幕府の政治的思惑も複雑に絡んでいた。

戒壇独立をめぐる先の紛争が契機となって、延暦寺は文永元年(一二六四)に園城寺を襲撃して全焼させてしまった。これに対する処分の一つが、後嵯峨上皇院宣事書(天5)である。中世の延暦寺では、座主や門跡は日常的に京都に居住しており、延暦寺に行くことは稀であったが、この院宣では寺内統制のため、座主僧綱に住山を命じている。また、天4、天5は、東使奏聞条々事書(国39)とともに、鎌倉幕府の山門政策をうかがわせるものでもある。

中世後期における天台系の寺院法として、出雲国鰐淵寺定書(天6)を採用した。鰐淵寺は島根県出雲市にある天台宗の寺院である。出雲大社と一体となって発展したが、鎌倉初期に延暦寺の無動寺末寺となって寺領を確立した。天6は、本寺である無動寺検校(青蓮院尊道)が末寺の寺院法を制定したものであり、中世における本末関係の実態をうかがう上でも重要である。最後の延暦寺大講堂衆議条々(天7)は、中世延暦寺の伝統を踏まえるとともに、近世的な体制への転換を示すものでもある。延暦寺大講堂で三塔の「大衆群議」により決定したところに中世の大衆自治の伝統がうかがえるが、他方では、寺僧の妻帯を禁じたり、破戒の僧侶の追放を定めているところに、中世延暦寺の終焉を見て取ることができよう。(平)

## 第四編「南都」

「南都」や「南都仏教」という語はよく用いられているが、その内容を厳密に規定するのは案外に難しい。「南都北嶺」という場合、「南都」は「北嶺(=延暦寺)」に対する興福寺という意味になろうが、より広く南都=奈良として使用される場合も多い。この場合も「奈良」とはどの範囲を指すのかは漠然としている。「南都」は一二世紀頃から次第に用いられるようになった。むろん平安京の南に位置する都という平城京を意識してはいただろうが、当然ながらかつての平城京そのままを指すわけでもない。諸寺社が新たな展開を示し、それによって形成されていった新しい地域の呼称として自ずと使用されるようになったと思われ、その範囲を厳格に規定することはいかにも無理があろう。日本の中世寺院はヨーロッパ中世のカトリック世界のように秩序だった系列組織として統合されておらず、それぞれが自律性を保持しながら、さまざまな場面で連携しゆるやかな統合をみせていたことも、この傾向を助長したといえるだろう。

このような中世の南都世界を構成する寺院としては、一二世紀成立の『七大寺日記』『七大寺巡礼私記』が参考になる。そこで取りあげられたのは、東大寺・興福寺・元興寺・大安寺・西大寺・薬師寺・法隆寺であり、これらの寺院が主要なものとして認められよう。本書では、南都世界の中でも一頭抜きん出た存在であった興福寺・東大寺を第一章、第二章でとりあげ、中世において真言律宗の寺院として新たな個性を発揮した西大寺を第三章、そして奈良の都から少し離れた斑鳩の地にありながらも、南都世界に連なりつつ地域寺院として中世的なあり方をよく示す法隆寺を第四章に配した。地理的に少し離れた法隆寺について付言すれば、法隆寺別当は興福寺僧が就任するのが常であったし、南都寺院が共同で出仕する法会にも加わっていた。このような様々な場面で寺院間連携が存在していた以上、当然、南都世界の一員と言える。遠く離れた関東においても北条時頼が「南都法隆寺」と称したことは『関東往還記』に窺える。

これらの各寺院は、いわば寺院間コンソーシアムとでも称しうるような連携を取りつつ南都世界を形成していた。と同時に、各寺院はそれぞれいずれも豊かな個性をもつ自律的存在でもあった。本書に採録した諸史料からもそのことは窺えよう。

(久野)

## 第一章「興福寺」

奈良県奈良市登大路町に所在する興福寺は、天智八年(六六九)、藤原鎌足の妻鏡女王が建立した山階寺に始まる藤原氏の氏寺である。その後飛鳥の厩坂寺を経て、平城京遷都に伴い興福寺として現在地に移った。養老四年(七二〇)に官寺に列せられた。平安時代には、鎌足の忌日法会である興福寺維摩会が宮中御斎会、薬師寺最勝会とともに三会(南都三会)と呼ばれ、僧侶の登竜門となる。また興福寺は春日明神を鎮守神とし、神仏習合をすすめ、院政期には春日社を支配下に置いた。

院政期には従来の三面僧坊に代わって院家が建てられ、貴種・良家の子弟が入寺して、上級貴族勢力の寺内進出が顕著となり、鎌倉初頭には藤原摂関家の貴種相承による一乗院・大乗院の両門跡が確立した。藤原氏の氏寺として勢力を伸張させた興福寺は次第に東大寺を除く七大寺を末寺化し、南都随一の寺院となる。両門跡の存在は、寺内組織にも変化を与え、別当・政所系列の公的な「寺家」組織とは別に、両門跡のもとに院家や寺僧が組織された私的な門流組織が形成された。

院政期の興福寺僧衆は、貴族出身の学侶と在地勢力出身の堂衆の二大身分にわかれ、学侶に従属する立場にあった堂衆が、在地勢力の成長とともに力を増した。また、僧衆の意志決定機関である学侶の衆会は、鎌倉時代において次第に上臈の僧衆が抜け、学侶上臈の別会五師のもと中臈以下で構成される衆徒集会に変化し、在地と結びつきの強い衆徒が一段と勢力を伸張させた。

また、大和では在地勢力が興福寺等の寺院に結集した背景から、国司が鎌倉中期まで補任されながらも、寺僧領不輸の方針から国衙による支配はほとんど行われず、興福寺などの寺院勢力がそれを担っていた。鎌倉幕府においても、興福寺の嗷訴に対して軍事的に介入し、一時的に守護が派遣され謀反人跡に地頭が設置されることもあったが、基本的には守護は設置されず、地頭も存在しなかったとみられる。

室町期には、筒井などの有力な二〇人の官符衆徒(衆中)が、実質的な検断権を行使するようになる。大和平野の南方に拠点をもつ衆徒ではない越智などの在地勢力は、国民(春日社神人)として、衆徒と同じく軍事的行動を行い、衆徒・国民の抗争は、室町幕府権力が介入する機会ともなった。

戦国期には衆徒・国民は従来の寺務(別当)や門跡の支配組織

から逸脱して、室町幕府や他国の武士勢力と連携し、大和の支配を巡ってお互いに競合し浮沈を繰り返し、中世寺院領主興福寺の支配体制は終焉に向かう。

興福寺寺辺新制(南1)は、平安末から鎌倉初期の僧衆が大きく「学衆」「禅衆」から構成され、僧衆内の身分格差について示す好史料である。太政官牒(南2)は、後嵯峨上皇の聖問に対し上奏した興福寺の奏状の内容をもとに下達されたもので、法相と律宗との条項、役僧の能力の条項、七大寺別当や大和国中の支配に関する条項、身分過差の条項など、鎌倉中期の興福寺の期本的な枠組みを知り得る史料である。春日社条々定文(南3)は、藤氏氏長者が春日社の社司・神人・御山等などに関して定めたもので、藤氏と春日社との立場および春日社の実態を知り得る史料である。興福寺大乗院評定事書(南4)は、興福寺内の門跡における評定運営に関する史料である。興福寺軌式(南5)は、興福寺から室町幕府への注進であるが、興福寺僧衆の基本的な身分組織がわかる史料である。興福寺衆徒国民京都編目起請文(南6)は、室町幕府によって召喚させられた興福寺衆徒国民が、その命に対して提出した請文で、幕府の興福寺衆徒国民対策を知りえる史料である。興福寺六方衆集会事書(南7)は、一向一揆を鎮圧した後、六方衆が支配体制の立て直しのために定めたもので、戦国期の民衆の活動とその支配がわかる史料である。(大石)

## 第二章「東大寺」

東大寺は、奈良市雑司町にある華厳宗大本山で、周知の通り、聖武天皇の発願になる奈良時代創建の我が国有数の寺院である。平城京外の東方、若草山山麓の先端部「大山を削って堂を構え」、「国銅を尽くす」大規模な国家的事業によって、前身寺院の金鍾山寺から大きく展開して鎮護国家の中枢官寺となった。その正式名称も「金光明四天王護国之寺」と称す。その後、幾度かの兵火や災害にみまわれながらも修復・改築に努め、一貫して枢要な大寺院でありつづけた。今も東大寺には長い歴史を物語る各時代の遺産が稠密に折り重なっている。なかでも、国宝「東大寺文書」をはじめとする豊富な史料は、古代の官大寺が時代とともに展開していく様子を窺わせる貴重なものである。本書では、平安末から鎌倉期に比重を置き、中世寺院の東大寺で活動した僧侶らの多彩な様相を示すものを選抜して、年代順に配列した。

東大寺置文(南8)は黒田庄の不輸寺領化という荘園史の画期をなすものであるが、これが別当や僧綱等によって百口学生供料とされたことも見逃せない。荘園の歴史と寺内学侶集団のあり方は緊密に連動しており、その関連づけが寺僧集団によって成文化されているのは、まさに東大寺の中世におけるあり方を端的に示すものといえる。

その後、平氏による南都焼討をのりこえて中世東大寺は復興していくが、学侶方の教学面興隆に関わるものとして世親講始行勧進文幷条々事書(南9)、そして再建活動の中心となった大勧進聖重源の行動とその広がりを示すものとして俊乗房重源譲状(南10)を掲げた。

寺内の中心的存在である学侶について、衆議条々起請事書(南11)、東大寺学侶連署起請(南12)は、彼らの基本的な役割である法会出仕などその日常的な性格を語るものとしてとりあげた。前者(南11)は、寺僧による衆議を経たものを年預五師が成文化して「起請」として書き記しており、このような形態の東大寺寺院法としては比較的早いものである。後者(南12)は百口学生供(僧綱・已講・成業・中﨟)五十口学生供(中﨟・方広衆)出仕と供料の問題、学侶集会と院家の動きなど、鎌倉時代における学侶が受給した供料の種類や、それを支える所領支配の様子が概観できる点で貴重である。

凝然戒壇院定置(南13)は東大寺における律宗系に関するもの。鑑真草創になる東大寺戒壇院の中世における姿はさほど知られていないが、この定置からは、治承焼失後、重源・栄西・行勇による復興や、燈油聖西迎上人や円照・凝然らによる中興などが語られており、東大寺における聖や律僧の動きをみるうえで豊富な内容は興味深いものがある。

嘉暦年間の東大寺衆徒評定記録(前欠)(南14)、東大寺政所仰詞幷衆議事書(南15)であるが、前者(南14)は、東大寺における惣寺集会について、その開催時期の定例化や出欠の手続きを定めている。中世の寺院集会に関する具体的な規定法として一つの典型をなすものといえる。後者(南15)は、寺院法が寺家別当と寺僧とのやり取りを通して形成されていく動的なプロセスがうかがえる珍しい史料である。またその内容も寺内の日常的具体的な様子を垣間見せてくれるものであり興味深い。

最後に、中世後期のものから東大寺衆議掟書(執行職定書)(南16)を取りあげた。執行職補任をめぐる相論をうけて、惣寺から示された和与の掟書である。執行職が薬師院と正法院の二院家によって三年交替で勤めるなどの原則が確定され、さらに執行による堂童子の補任についても規定がなされている。寺内職掌と院家相承のあり方を示すものとして貴重である。(久野)

第三章「西大寺」

奈良市西大寺芝町に所在する西大寺は、僧衆の特長から大きく二段階を経て江戸時代に至った。

第一段階は、奈良時代の創建から鎌倉時代の叡尊による中興以前までである。天平宝字八年(七六四)に、孝謙上皇(のち重祚して称徳天皇)が、恵美押勝の乱の平定のために発願し、『西大寺流記資材帳』によれば、創建時は東大寺と相並ぶ壮大な伽藍を誇る寺院であったことがわかる。しかし、平安末期には、大半の寺領は退転して、伽藍も四王堂・塔・食堂のみを残すほどに衰微した。そして少なくとも鎌倉期には、興福寺僧が別当を務め、興福寺支配下の末寺となっていた。

第二段階は、叡尊による西大寺再興以後、江戸時代に至るまでである。この時期の西大寺の特徴は、律僧叡尊の門流が戒律を核とした宗教的実践活動をもって西大寺を再興し、さらにその門流は、鎌倉末から南北朝にかけて全国に末寺を形成するほどに興隆した。新興勢力であった禅宗とともに、従来の顕密に対して当時「禅律」とも呼ばれた。しかし、西大寺律衆は、戒律に重きに置きながら密教を掲げる点で、顕密との兼修禅から次第に純粋禅に移行した禅宗とは異なった。また、西大寺には、叡尊の門流である律衆のほかに、別当に繋がる従来からの寺僧も存在し、後者の存在は、禅僧のみで構成される禅宗寺院と組織面においても顕著な差異となり、西大寺の寺院法にもそれが反映されている。

現存の「西大寺文書」は、西大寺叡尊の門流(律衆)が伝来してきたものであり、現在消滅した寺僧による文書は散逸している。本書では五点を精選して収録した。

西大寺別当乗範置文(南17)は、興福寺僧である西大寺別当乗範が、叡尊に西大寺の運営権をゆだねた文書で、以後、叡尊門流の西大寺運営権掌握の拠り所となる。これをもって寺内における叡尊門流(律衆)の寺僧に対する優位性が確立する。西大寺門徒規式(南18)は西大寺叡尊門流の威儀やふるまい等を示し、戒律に基づいた彼らの活動の実態を知る上で貴重な文書である。西大寺宝生護国院供養法衆密契(南19)は、西大寺律衆と興福寺との間で取り交わされた契約で、本寺興福寺、末寺西大寺が確認されたものである。この契約の背景には西大寺律衆の興隆による本末関係の動揺があったとみられる。西大寺白衣寺僧等請文(南20)は、律衆が西大寺運営権を掌握したのちも、寺僧(律衆の黒衣に対して寺僧は白衣である)はことあるごとに律衆に反発し抗争した。その落居にあたって寺僧から律衆に出された請文である。西大寺新池幷井料米置文(南21)は、叡尊によって開削された新池の管理運営に関する規定であり、また西大寺敷地四至内検断規式条々(南22)は、西大寺敷地の検断の規定である。ともに寺院運営権を掌握する律衆によって定められたものである。中世寺院の池・用水の管理や検断の方法を知る上で重要な文書である。(大石)

第四章「法隆寺」

奈良県生駒郡斑鳩町法隆寺に所在する聖徳宗総本山。法隆寺といえば、世界最古の木造建築で有名であり、貴重な飛鳥文化を多く伝える宝庫であることは周知の通り。その創建をめぐって行われた再建・非再建論争をはじめとして、古代の分野では多くの関心が寄せられてきた。その一方で中世以後の歴史的変遷ということについては、あまり知られてはいない。しかしながら、現存する伽藍境内の大枠や聖徳太子信仰を核とする寺内体制、そして周辺地域との深い関わりなど、法隆寺を長く存続せしめるうえで大きな意味をもつこれらの事柄はいずれも中世において形成されたものであり、この時代は法隆寺にとって大きな画期をなしていた。本書では、こうしたことを念頭に史料を精選した。

法隆寺に伝来する古文書は『法隆寺の至宝　古記録・古文書(昭和資財帳8)』(一九九九年、小学館)によって一挙に概観することが可能となり、本書をなすにあたって大いに参考となった。しかしここに採録されていないものもなお多く存在している。そこで、これまであまり紹介されていなかったものに重点を置き、通史的な変化よりも、中世法隆寺の特徴をよく示すことに比重を置いた。その結果、鎌倉後期から南北朝期のものに集中したが、それはこの時期が中世法隆寺の寺内諸集団にとって基幹となるような規定が多く作られたことの反映でもある。

南北朝期に法隆寺僧によってまとめられた「法隆寺置文契状等大要抄」から多くを採録したが(南23～南26、南28)、これはきわめて貴重なものであるにもかかわらず、従来、一部しか利用されておらず、本格的な紹介がまだなされていないという事情を考慮した。そのなかから法隆寺内の中心的存在である学道衆の規定として法隆寺学道衆起請文（南23）、五師三綱による保証機能のあり方を示すものとして五師三綱連署紛失義絶間置文（南25）、そして興福寺僧が就任するのが常であった法隆寺別当と法隆寺僧らとの関係を窺わせるものとして法隆寺別当拝堂間条々契状（南28）を選抜した。さらに中世法隆寺が地域的な存在であった事を如実に物語る山林管理や東西郷刀祢ら寺辺住人との関わりを示すものとしても、法隆寺寺山制禁間条々起請文（南24）、法隆寺東西両郷刀祢職置文（南26）をとりあげた。

「法隆寺文書」からは、法隆寺を構成する多彩な諸衆に関わるもの、南23が示す学侶の上臈や衆分のほか、唯識講衆や梵音衆・錫杖衆、そして下臈衆で検断を担当する「廿人」などに関するものとして、法隆寺法服米種子置文（南27）、法隆寺三経院唯識講衆規式幷追加（南29）、法隆寺廿人評議条々事書幷追加（南30）を選んだ。と同時に南27は寺院生活とそれをささえる宗教的色彩をおびた利殖活動の規定も、この時代の寺院を考える上で貴重なものである。

中世法隆寺についての本格的な分析は、なお今後に待つところが大きいが、本書で紹介したわずかな史料群からでも、その豊饒な様相が垣間見えることと思われる。（久野）

## 第五編「禅宗」

禅宗は、平安時代末から鎌倉時代にかけて大陸との頻繁な僧侶の往来のもとでもたらされた。このことから、禅宗寺院は、南宋や元における寺院の運営法を積極的に採り入れている。禅宗寺院の運営法や規則は、栄西の『興禅護国論』にみるように、中国禅林で編纂された『禅苑清規』など清規をもとに修行規則や行事が定められた。

しかし、日本において禅宗寺院が次々と造営されると、清規だけにもとづくのではなく、各禅寺がおかれた時代や地域の現状に合致した法が定められ、日本で独自の清規の編纂もなされた。大陸からの伝法を標榜して門派の祖となるような僧は、自らの弟子たちの育成と寺院の継承のためにも次々と法を定めていった。

北条得宗、建武政権、室町幕府と公武の政権側も積極的に禅宗を保護し、顕密と並ぶ宗教勢力として育成していく。この過程で、様々な法が出され、禅宗寺院を保護・統制していった。国家的な権力だけでなく、有力檀越が寺僧と協力して法を定める場合もあった。

本編ではこうした歴史的状況を踏まえて、日本で独自に定められた各寺院の法を中心に集成した。門派の祖となる禅僧が定めたものとしては、臨済宗聖一派の祖、円爾(聖一国師)による円爾東福寺規式(禅1)をあげた。円爾は、公家政権の実力者九条道家によって京都東山に造営された東福寺の長老として迎えられた。この時期、鎌倉では北条得宗によって、渡来僧を開山として建長寺や円覚寺が開かれる。北条得宗による寺院法としては、円覚寺に宛てて出された、北条貞時禅院規式(禅2)、北条貞時円覚寺規式(禅3)がある。また、鎌倉時代末における曹洞宗の地方禅院の法として注目されるものとして能登国永光寺の瑩山紹瑾永光寺置文(禅4)がある。永光寺は瑩山派の中心であり、これは瑩山と檀越の連署で定められている。

建武政権期に後醍醐天皇は、禅宗寺院の国家的な位置付けを進め、その代表的なものとして京都紫野にある大徳寺宛の後醍醐天皇宸翰大徳寺置文(禅5)がある。五山という枠組みを意識したものとして注目される。

初期の室町幕府においては、足利直義が禅林政策を進めていく。直義は北条得宗の例にならいながら詳細な規式を定めた。

これが足利直義円覚寺規式(禅6)、同追加(禅7)である。室町幕府の主導により公家政権の承認を得て、五山・十刹など有力な禅宗寺院全体を法的に位置付けたものとして大日本国禅院諸山座位条々(禅8)が注目される。幕府は同様に五山制度の充実を図り、足利義満の代には僧録を設置(禅12)、さらに五山運営の理念と実際の人事制度を規式として定めた(禅14)。一〇〇〇人、二〇〇〇人の僧侶が在籍し、巨大化した禅林の様をうかがうことができる。五山など大刹の定員は五〇〇人とされた。また、義満は公武の権力を掌握し、五山の中でも九条・一条家の支配下にあった東福寺を実質的に幕府のもとでの五山体制に組み込んだ(禅13)。

五山派地方寺院の法としては播磨国の宝林寺規式(禅9)をあげた。宝林寺は、守護大名赤松氏が造営した寺院であり、住持と檀越の連署によって定められている。こうした守護や守護被官によって造営された禅院は同様の運営がなされたと考えられる。また、中央の五山の法を意識して住持の選任、儀式なども行われている。

五山内に設置された有力な禅僧の塔所は、塔頭として発展していく。塔頭は本来、幕府の認可のもと開設され、一種の寺格ともなったが、多数の禅僧や檀越の望むところであり、次第に増加していった。塔頭は祀られた僧の門派の拠点として位置付けられ、末寺を有した。こうした例として、東福寺天得庵規式(禅10)をあげた。東福寺内の天得庵は、備中国宝福寺などの門徒が拠り所とする塔頭であり、宝福寺は聖一派下天得門派の地方における有力寺院であった。天得庵主には、門派全体のなかから器用の仁が撰ばれ、門派の推挙を受けて就任した。東福寺内に複数ある塔頭は同様に地方の拠点寺院、門派寺院と連携して運営が行われたのである。これは他の五山でも同じような組織構造であった。

五山の制度が確立すると、大徳寺のように林下寺院として、五山の序列から距離を置くものも現れた。大徳寺は宗峰妙超を開山とするが、その弟子のなかでも徹翁義亨の門派を中心に運営がなされた。徹翁は、徳禅寺を開き門派の拠点とすると共に本寺である大徳寺についても詳細な法を定めた。門派僧らが連署して集団運営体制を採った大徳寺の様相をみるものとして大徳寺寺務定書(禅11)をあげた。年中行事や住持以下の給分などが定められ、当時の大徳寺の規模をみることができる。

五山派の寺院は、洛中洛外にも多数造営されるが、京都郊外に位置する寺院の仏殿再建事業と祠堂銭運用の定めとして長福寺仏殿奉加銭法式(禅15)がある。各地で大小の禅院が祠堂銭をもとに活発な金融活動を行っていた。

曹洞宗寺院の法についてみてみると、永平寺、総持寺といった本山級の寺院が鎌倉時代以来、必ずしも求心性を持っていたわけではなく、寺院法についても宗派全体を包含するようなものはない。各地における有力な門派の寺院が中心になって、それぞれの地方で展開していったことが想定される。しかし、戦国時代になると両寺は次第に曹洞宗全体の中心へと地位を上昇してくる。永平寺住持職の規定、安居などを定めた永平寺定書(禅16)があり、永平寺住持職を各地の僧が求めていたことをうかがうことができる。

戦国時代になると禅宗寺院のみならず各宗寺院は葬祭を活発に行い、葬儀が寺院経営の上でも重要なものとなってくる。大徳寺は荼毘所をもち、そこで執行される葬儀において聖、河原者などとの役割分担、納入銭についての取り決めまで整備され、大徳寺涅槃堂式目(禅17)がある。こうした荼毘所の運営は林下寺院のみならず五山でも存在したとみられる。

徳川幕府の成立によって、禅宗では、五山派、大徳寺、妙心寺、永平寺、総持寺に対して法度が出される。それぞれの寺院が歩んできた歴史と運営の実績を踏まえて成文化され、本山として位置付けられた。それぞれの特色を示す五山十刹諸山諸法度(禅18)、妙心寺諸法度(禅19)、永平寺諸法度(禅20)を掲載した。(原田)

# 凡例

一　本書の構成

1　本書は、中世を主たる対象として、寺院組織や寺院生活の規制、所領経営などについて定めた「寺院法」の代表的な史料を集成して刊行するものである。本書全体ならびに各編の構成、史料の採録基準などについては、前掲の解説を参照されたい。

2　原文を右頁に掲げ、これに対応する読み下し文を左頁に掲げた。

3　各史料の原文・読み下し文の冒頭行には、史料番号・史料名・年月日・典拠を示した。史料番号は各編ごとの通し番号とし、各編の略称と番号を合わせて国1、真1のごとく示した。

4　校異注・語句注は、頭注として見開き頁内に収めた。特に補充して解説を要するものや、見開き頁内に収まらないものは、補注として末尾に一括して掲げた。

二　原文

1　史料の翻刻にあたっては、史料ごとに底本を選択し、原本あるいは写真等によって校訂した。

2　底本の明らかな誤りや疑義のある文字、脱字には、その右傍に〔　〕〔　カ〕として正しいと判断される文字を示すか、(ママ)(衍)と注記した。

3　底本の他に対校するべき写本等が存する史料のうち、校異を示す必要があると判断される史料には校異注を付した。その場合、当該文字の左に傍点を付した。

4　平出・闕字等、底本の体裁に意味がある場合はこれに従ったが、底本の姿を忠実に再現することはしていない。

5 欠損および判読不明の文字は□［　　］で示した。
6 追筆・異筆・自署は「　」で示した。
7 文章・文字の抹消・訂正・挿入については、その指示に従って翻刻し、符号は示さない。合点などの符号も示していない。
8 漢字はおおむね通用の旧漢字を用い、読点・並列点・返り点を付した。

## 三　読み下し文

1 読み方は、現代の学界における慣例の読みに従い、現代仮名遣いを用いた。
2 原文に傍注〔　〕〔　カ〕を付したものについては、そのままでは読めないため、傍注に従って読み下し文を示した。
3 漢字は原則として常用漢字を用い、適宜振り仮名を付した。ただし次の文字については、そのまま用いた。

　證　忩　躰　燈　龍

4 原文の二行割書は、〈　〉を付して一行書きに改めた。
5 原文の傍書は、《　》を付して本文中に適宜挿入した。
6 注釈語句には＊を付した。

## 四　頭注・補注

1 各史料の冒頭に史料番号・史料名・典拠を項目として掲げて説明を付した。これについては、読み下し文に＊を付していない。

各史料の冒頭補注となる史料番号項目は、文書の形態的説明や使用した底本の説明をしたものである。史料名項目では、文書内容の梗概、文書形式、当該文書の内容全般に関わる説明を行った。典拠項目では、典拠とした史料集・典籍・史料群の初出箇所で各々の解説を施した。なお、この点に関しては解説もあわせて参照されたい。

2 頭注・補注で「本文史料」としているのは、当該注を付した史料を指す。

3　史料原文を引用する場合、二行割書は〈　〉を付して一行書きに改めた。傍書には《　》を付して本文中に適宜挿入した。また、／線をもって改行位置を示したものもある。

4　史料原文を訂正する必要のある場合は、当該文字の右に傍点を付し、その下に〔　〕で訂正文字を入れた。また、注記には（　）を用いた。

5　引用した史料の略記法は次の通りである。

『群書』二四―一二頁（『群書類従』第二四輯、一二頁）
『続群』二八上―八三頁（『続群書類従』第二八輯上、八三頁）
『続々群』二―五〇九頁（『続々群書類従』第二、五〇九頁）
『大史』五―八―二九〇頁（『大日本史料』第五編之八、二九〇頁）
『大古』東大寺九―八六四号（『大日本古文書』東大寺文書之九、八六四号）
『大正蔵』図像一二―七七頁（『大正新脩大蔵経』図像部第一二巻、七七頁）
『大正蔵』七八―四二八頁（『大正新脩大蔵経』第七八巻、四二八頁）
『平』三〇三号（『平安遺文』三〇三号）
『鎌』三〇九一号（『鎌倉遺文』三〇九一号）
鎌倉幕府追加法一〇九（『中世法制史料集』第一巻鎌倉幕府法、追加法一〇九条）
鎌倉幕府追加法参考補二二（『中世法制史料集』第一巻鎌倉幕府法、参考資料補遺二二条）
室町幕府追加法五三（『中世法制史料集』第二巻室町幕府法、追加法五三条）
公家法三七（『中世法制史料集』第六巻公家法　公家家法　寺社法、公家法三七条）
寺社法九九（『中世法制史料集』第六巻公家法　公家家法　寺社法、寺社法九九条）

6　補注については、各項目の末尾に執筆者名を入れた。

五　史料採録にあたっては、執筆担当者の提案にもとづき、黒田俊雄の監修のもと、執筆メンバー全員の協議の上で決定した。詳細は前掲の解説を参照されたい。なお、原文・読み下し文および注釈部分の執筆分担は次の通りである。このほか、第二編第一章「東寺」、および第四章「大伝法院」の史料選定については、それぞれ富田正弘、山陰加春夫が参加した。

監修…黒田俊雄

第一編「中世国家と顕密寺院」

第一章「釈家官班記」…久野修義・平雅行（全）

第二章「朝廷と寺院」…大石雅章・平雅行（全）

第三章「幕府と寺院」…平雅行（国26～39）馬田綾子（国40～44）

第四章「天皇と護持僧」…平雅行（国45・46）平雅行・橋本初子（国47～50）

第二編「真言」

第一章「東寺」

第一節「国家と東寺」…真木隆行（真1・2・4・6～8）真木隆行・富田正弘（真3・5）馬田綾子・富田正弘（真9）久野修義（真10）

第二節「根本法式の成立と展開」…馬田綾子（全）

第三節「寺院生活の規制」…馬田綾子（真28～38・40～46）馬田綾子・富田正弘（真39）

第二章「仁和寺・大覚寺・醍醐寺」…真木隆行（国47～50）橋本初子・平雅行（国51・52）

第三章「金剛峯寺」…山陰加春夫（真53・54・56～58）平雅行・原田正俊（真55）

第四章「大伝法院」…平雅行（全）

第五章「文覚と神護寺」…久野修義・山陰加春夫（全）
第六章「地域寺院」…大石雅章・平雅行（真63〜70）平雅行（真71・72）
第三編「天台」…佐々木令信・平雅行（天1）平雅行（天2〜7）
第四編「南都」
第一章「興福寺」…大石雅章・久野修義（南1・3〜7）大石雅章・久野修義・平雅行（南2）
第二章「東大寺」…久野修義（全）
第三章「西大寺」…大石雅章・平雅行（全）
第四章「法隆寺」…久野修義（全）
第五編「禅宗」…原田正俊（全）

# 第一編　中世国家と顕密寺院

# 第一章　釈家官班記

国1　釈家官班記　文和四年(一三五五)

一　濫觴事

(中略)

一　僧官相當事

法印大和尚位 僧正　法眼和尚位 大少僧都　法橋上人位 律師、准二三位一、

傳燈大法師位 威儀師、六人　傳燈法師位 従儀師、八人

修行位・誦持位・傳燈満位 准二五位一、　傳燈住位 准二六位一、　傳燈持位 准二七位一、

已上々古、延喜式位記篇云、僧都已上准二三位一、律師准二五位二云々、

法師　底本「大法師」、諸本ニヨリ改ム。

国1　→補1

釈家官班記　青蓮院尊円入道親王(一二九八〜一三五六)の著。文和四年(一三五五)に後光厳天皇の命によって撰進。第1条濫觴事、第2条僧官相当事から第14条功人事まで一四項目からなる。→補2

# 第一章　釈家官班記

## 国1　釈家官班記　文和四年（一三五五）

1 一　濫觴《らんしょう》の事

（中略）

2 一　僧官相当の事

*法印大和尚位〈*僧正〉　法眼《ほうげん》和尚位〈大少*僧都〉　法橋《ほっきょう》上人位〈*律師、三位に准ず〉

伝燈大法師位〈*威儀師、六人〉　*伝燈法師位〈従儀師《じゅうぎし》、八人〉

修行位・誦持位・伝燈満位〈五位に准ず〉

伝燈住位〈六位に准ず〉

*伝燈持位〈七位に准ず〉

已上は*上古。*延喜式位記篇に云わく、「僧都已上は三位に准じ、律師は五位に准ず」と云々。

**1**　出家した親王や准三后の他、僧綱、一身阿闍梨、内供奉の初例を列挙する。

**2**　「僧」侶と「官」人との位階の対応関係（「相当」）。「僧官」ではない。→補3

**法印大和尚位**　僧正の僧位。貞観六年（八六四）に朝廷は僧正・僧都・律師の僧位として、法印大和尚位・法眼和上（尚）位・法橋上人位の三階を設けた。

**僧正**　僧尼を統轄する僧綱の最高位の僧官。推古天皇三十二年（六二四）に僧都とともに設置。のちに大・正・権に分かれた。

**僧都**　僧正に次ぐ僧官。大僧都・少僧都があり、僧尼を統制した。

**律師**　天武天皇十二年（六八三）に設置された僧官。衆僧に戒律を示す師、が原意。

**威儀師**　法会などで威儀を整える役僧。八世紀後半より僧綱所の構成員となり、従儀師とともに法会の執行や公請の伝達など仏教行政の実務を担当した。→補4

**伝燈法師位**　天平宝字四年（七六〇）に設けられた僧位。大法師位の下に、伝燈・修行・誦持の三系列に法師位・満位・住位・入位が設けられたようだが諸説ある。

**伝燈持位**　不詳。持位は入位の誤りか。

**上古**　中古・近代より古い時代を指す時期区分の名称。→補5

**延喜式位記篇**　巻一二の一節。→補6

亀山院御代、被レ定二其法一、

一　僧中禮事

僧正可レ准二参議一、　法印・法務・僧都可レ准二四位殿上人一、

法眼・律師可レ准二同五位一、　凡僧可レ准二同六位一、

諸寺三綱及八幡祠官僧綱可レ准二地下四位諸大夫一、凡僧可レ准二同五位一、但如二日來一五位殿上人、不レ可レ書二上所一、

威儀師可レ准二五位下北面一、　從儀師可レ准二同六位一、

弘安八年十二月日

後醍醐院御代、又被レ定二其法一、

大僧正可レ准二二位大納言一、　僧正可レ准二二位中納言一、　權僧正可レ准二三位參議一、

建武二年正月日　宣旨云々、

一　僧官員數事

弘仁十年官符云

僧正一人　大僧都一人　少僧都二人　律師四人　從儀師八人

3　僧侶と文書をやりとりする際の礼法、書札礼を示す。以下六行は『弘安礼節』の引用。→補1

**亀山院の御代**　亀山天皇(一二四九～一三〇五、在位一二五九～一二七四)は退位直後から弘安十年(一二八七)まで院政を行った。

**参議**　大臣・納言とともに公卿と呼ばれ太政官会議に参加して朝政に従事した。

**法務**　僧綱所の長官として、綱務を統轄し仏教行政を監督する職。鎌倉時代には機能が失われ僧位化していた。→補2

**殿上人**　四位・五位のうち内裏に昇殿し天皇の身辺雑事に奉仕した官人。また蔵人は六位でも職務柄、昇殿を許された。

**凡僧**　僧綱位をもたない僧侶。有職と非職からなる。堂衆は凡僧には含まれない。国35の「凡僧」の項参照。

**諸寺三綱及び**…　諸寺の三綱や石清水神官を勤める者が、僧綱や凡僧の場合の礼

3　一　僧中礼事《*亀山院の御代、その法を定めらる》

僧正〈*参議に準ずべし〉　法印・*法務・僧都〈四位*殿上人に準ずべし〉

法眼《ほうげん》・律師〈同五位に準ずべし〉　*凡僧《ぼんそう》〈同六位に準ずべし〉

*諸寺*三綱《さんごう》及び*八幡祠官〈僧綱は*地下《じげ》の四位諸大夫《しょだいぶ》に準ずべし。凡僧は同五位に準ずべし。*但し日来の如《ごと》く五位殿上人は、*上所《あげどころ》を書くべからず〉

威儀師〈五位の*下北面《げほくめん》に準ずべし〉　従儀師《じゅうぎし》〈同六位に準ずべし〉

弘安八年十二月日

*後醍醐院の御代、またその法を定めらる。

大僧正〈二位大納言に準ずべし〉　僧正〈二位中納言に準ずべし〉　権僧正〈三位参議に準ずべし〉

建武二年正月日　宣旨と云々。

4　一　僧官員数の事

*弘仁十年官符に云わく

僧正〈一人〉　大僧都〈一人〉　少僧都〈二人〉　律師〈四人〉　従儀師《じゅうぎし》〈八人〉

---

式の区別が記されている。→補3

**三綱**　上座・寺主・都維那の三職からなり、寺内の統轄を行った僧侶および役職。→補4

**八幡祠官**　検校・別当など石清水八幡宮を統轄する僧体の神官。

**地下**　昇殿資格をもたない地下官人。殿上人に対する語。

**但し日来の…**　通例のように、五位殿上人から三綱・八幡祠官に書状を出す場合は、上所をつけない。

**上所**　「じょうしょ」ともいう。書状の宛名の上に、「進上」「謹上」などと書くこと、もしくはその語を指す。

**下北面**　院御所の北面に詰めた者のうち五位・六位の侍以下をいう。諸大夫以上を上北面という。

**後醍醐院の御代**　後醍醐天皇(一二八八～一三三九、在位一三一八～一三三九)の統治時代。ただし、建武二年(一三三五)正月の宣旨は同時代史料では確認できない。→補5

**4**　僧官は当初定員が定められていたが、時代の推移とともに、僧綱の数が増加して定員制度が崩壊したことが述べられている。→補6

**弘仁十年官符**　弘仁十年(八一九)十二月二十五日太政官符を指す。ただし同官符では少僧都は一人と規定しており、くい違っている。→補7

法務者、所レ擧徒衆皆連署牒レ官、一任以後不レ得二輙換一者、大納言冬嗣宣、奉レ勅云々、

應徳三年十一月廿一日被レ定僧綱員數

僧正三人　大僧都五人　少僧都八人　律師十四人

此外、平法印四人　法眼五人　法橋十八人

都合五十四人也、

以上、代々例少々勘二注之一、僧正員數、上古三人（大・正・權、）中古四人或五人（大一人・正一人・權三人、）其後八人、（權六人或正二人、）近來、惣數及二十餘人一、於レ今者不レ及二員數沙汰一歟、於二大僧正一者、古來只一人勿論也、僧都・律師等員數、次第加增、中古以來、非二沙汰限一歟、

釋家官班記下

一　顯宗名僧昇進次第

南京（興福・東大兩寺寺中講演不レ知レ之、）

三會遂業（以レ之稱二得業一、）　三講聽衆（最勝講・仙洞最勝講論匠・法勝寺御八講、）

**任**　底本「位」、諸本ニヨリ改ム。

**平**　コノ文字ナキ写本モアリ。

**四**　計算上合致スル「七」トスル写本ハ稀レ。

**南京…**　底本ハ「興福」以下四行ヲ「南京」ノ割注ノ如ク記スモ、意ニヨリテ改ム。

**法務は…**　ここから「者」までは、弘仁十年(八一九)の官符に引用されている僧尼令の任僧綱条にあたる。ただし『釈家官班記』の引用は原意にあわない。→補1

**徒衆**　僧綱を推薦する僧侶。

**冬嗣**　藤原冬嗣(七七五～八二六)。初代の蔵人頭として知られる。通称閑院左大臣。この弘仁十年官符を発するにあたり、上卿として、勅を伝宣した。

**応徳三年…**　→補2

**平法印**　僧正・僧都の僧官をもたない法印。法印前権大僧都のような前官も平法印に含まれる。→補3

**都合五十四人**　計算上では五七人。

**僧正の員数**　僧官のうち僧正だけは鎌倉時代を通じて定員制度を維持しようとした。ここでは僧正の定員が三名であった時代から、定員制が崩壊した現状までの変遷を叙述している。→補4

**今**　『釈家官班記』の撰進は文和四年(一三五

*法務は挙するところの徒衆*、皆連署して官に牒せよ。一任以後は輒《たやす》く換《か》うることを得じ者《てえれば》、大納言*冬嗣宣す、勅を奉《うけたまわ》ると云々。

*応徳三年十一月二十一日に定めらる僧綱員数

僧正〈三人〉　大僧都〈五人〉　少僧都〈八人〉　律師〈十四人〉

この外、*平《ひら》法印〈四人〉　法眼《ほうげん》〈五人〉　法橋《ほっきょう》〈十八人〉

*都合五十四人なり。

以上、代々の例を少々これを勘注す。*僧正の員数、上古は三人〈大・正・権〉、中古は四人或いは五人〈大一人・正一人・権三人〉、その後は八人〈権六人、或いは正二人〉。近来、惣数十余人に及ぶ。*今においては員数の沙汰に及ばざるか。大僧正においては、古来ただ一人勿論なり。僧都・律師等の員数、次第に加増し、中古以来、沙汰の限りに非ざるか。

## 釈家官班記下

5 一　顕宗名僧の昇進次第

*南京《なんきょう》〈興福・東大両寺の*寺中講演はこれを知らず〉

*三会《さんね》遂業《すいごう》〈これを以て*得業《とくごう》と称す〉、*三講聴衆《ちょうじゅ》〈最勝講・仙洞《せんとう》最勝講論匠・法勝寺御八講《みはっこう》〉、

五)。

**5** 寺内法会から竪義・遂講を経て僧正に昇るまで、顕教の「名僧」が昇進してゆく階梯を記したもの。「南京」「山門」「寺門」の三項から成る。「名僧」は朝廷の公請に応じて国家的法会に出仕する「在洛の名僧」をいう。

**南京** 南都(おもに興福寺と東大寺)の顕宗名僧の昇進次第を列挙したもの。

**寺中講演はこれを知らず** 筆者尊円が延暦寺青蓮院門跡であるため、山門については寺内講会から昇進次第を記しているが、興福寺・東大寺については三会遂業以前の寺内における階梯に触れていない。

**三会** 宮中御斎会・興福寺維摩会・薬師寺最勝会をいい、顕教における最高の勅会。これへの出仕が僧侶の昇進に重大な意味をもった。当初は天台宗の僧侶も出仕したが、院政時代に北京(ほっきょう)三会が別立されて山門・寺門がそちらに出仕するようになると、それと区別して南京三会と呼ぶようになった。

**得業** 三会の竪義に得第した僧。→補5

**三講聴衆** 三講は宮中最勝講・仙洞最勝講・法勝寺御八講をいい、院政期に三会の上位に創設された勅会。最勝講・法勝寺八講では聴衆が問者となって質問し、仙洞最勝講では論匠が番論義を行った。

三會遂講、僧綱、三講々師、探題、證義、正權別當、僧正（證義僧正前後、依レ時不定也、）

三會遂業

維摩會

慶雲二年、淡海公行レ之、會場不定、和銅六年、移ニ修興福寺一、天平寶字二年、以ニ當會一充ニ大織冠忌日一、承和元年以後、不ニ斷絶一、以前年々有無、依レ時不定、

法華會

弘仁八年、閑院左大臣冬嗣公、爲ニ先考長岡大臣内麻呂一、於ニ興福寺一修レ之、

最勝會

天長六年、於ニ藥師寺一始ニ修之一、

三會遂講

維摩會

如ニ上記一、

御齋會

二　「三」トスル諸本アリ。

六　「七」トスル諸本アリ。

**三講講師**　三講のうちいずれかの講師を勤めた僧侶。

**探題**　竪義に際し、竪者への試問の論題を選定し、その可否の判定役。竪義での最高の役職。維摩会では一般に精義が判定を行い、探題は出題だけを担当。判定も行うときは兼精義という。→補1

**證義**　三講での最高の役職。講問の進行役を勤めた。

**正権別当**　寺院の長官である正別当と権別当。

**三会遂業**　興福寺維摩会・同法華会・薬師寺最勝会のいずれかの竪義を終えた者。山門の両会遂業に対応。三会遂講とは異なり、三会遂業は三会のうちいずれかの竪義に得第することをいう。

**維摩会**　南都随一の重要な法会。藤原鎌足が維摩経信仰に基づいて創始し、その後、淡海公藤原不比等（六五九～七二〇）が復興。貞観元年（八五九）、維摩会講師を勤めた僧が翌年の御斎会と薬師寺最勝会講師を勤仕し、それを終えた已講を僧綱に登用することが定められ、三会制度が整っ

三会遂講《すいこう》、僧綱、*三講講師《こうじ》、*探題、*證義《しょうぎ》、*正権別当、僧正〈證義と僧正の前後は、時によりて不定なり〉

*三会遂業

*維摩会《ゆいまえ》

慶雲二年、淡海公これを行う。会場は不定。和銅六年に興福寺に移修す。天平宝字二年、当会を以て*大織冠忌日に充《あ》つ。承和元年以後は断絶せず。以前は年々の有無、時によりて不定。

*法華会

弘仁八年、*閑院左大臣冬嗣公は、*先考長岡大臣内麻呂のために興福寺においてこれを修す。

*最勝会

天長六年、薬師寺においてこれを始修す。

*三会遂講

維摩会

上記の如《ごと》し。

*御斎会《ごさいえ》

---

た。→補2

**大織冠忌日**　藤原鎌足(六一四〜六六九)の忌日である十月十六日。維摩会は十月十日に始め十六日を結願日とした。

**法華会**　興福寺法華会は春(二月十六日)と秋(九月晦日〜十月六日)の二回行われているが、ここでは秋の分を指す。藤原冬嗣が創建した南円堂で行われ、結願日は冬嗣の父内麻呂の忌日。→補3

**閑院左大臣冬嗣**　藤原冬嗣(七七五〜八二六)。藤原北家繁栄の基礎を築いた。閑院は二条南、西洞院西にあった冬嗣の邸。

**先考長岡大臣内麻呂**　冬嗣の父、右大臣藤原内麻呂(七五六〜八一二)。先考は亡父をいう。

**最勝会**　薬師寺最勝会。三月七日から十三日まで行われた。南京三会の一。護国経典である金光明最勝王経を講説した。鎌倉時代中期まで行われていたことが確認できるが、南北朝時代には退転していたようである。→補4

**三会遂講**　三会すべてで経典の講説を行う講師を勤めること。これを終えた者を已講といい、僧綱の候補者となった。

**御斎会**　南京三会の一。毎年正月八日から十四日までの七日間、宮中で金光明最勝王経を講説した法会。顕教の国家的法会のなかでも最も重要な位置を占めたが、一四世紀末頃に廃絶した。→補5

神護景雲二年、於二宮中一被レ始二修之一、毎年正月八日始行、但延否不定也、

弘仁四年正月、始有二内論義一、

法華會

如二上記一、

遂講之時、除二最勝會一畢、是御齋會則被レ講二最勝王經一之間、爲二同事一之故歟、

已上、遂業・遂講俱以東大・興福兩寺勤レ之、延暦以後北京連々向勤レ之、承和元年　宣云、以二今年維摩會講師一、明年爲二御齋會講師一、加二藥師寺最勝會一、以二三會勞一可レ被レ任二僧綱一云々、寛弘四年維摩講師、扶公法橋勤レ之、僧綱講師之初例也、近年爲二連綿一、抑於二興福寺一乘・大乘兩院家一者、最勝講等中絶之時、或雖レ不レ經二聽衆一、或雖レ不レ經二講師一、證義直參常事也、

山門

東塔卅講（於二常行堂一勤レ之、）　西塔廿八講、兩會遂業（以レ之稱二竪者一、）

**扶**　「快」トスル諸本アリ。

**勤**　底本「懃」、諸本ニヨリ改ム。以下、同様。

**或雖…師**　底本ナシ、諸本ニヨリ補ウ。

**東塔…**　底本、以下二行ヲ、山門ノ割注トシテ記載スルガ、意ニヨリ改ム。

**内論義**　「うちろんぎ」ともいう。御斎会の結願日に天皇列席のもとで行う問答論義。→補1

**最勝会を除き…**　→補2

**北京**　通例は平安京をいうが、ここでは延暦寺を指す。たとえば貞観十八年(八七六)九月の太政官符で維摩会竪者九名のうち一人を天台宗から招請することを定めている(『類聚三代格』二)。

**承和元年宣**　この宣は確認できない。三会制度の成立は貞観元年正月である。→補3

**扶公**　九五九～一〇三五。右衛門督藤原重扶の子で、右大臣藤原顕忠孫、真喜僧正入室。→補4

**僧綱講師**　僧綱が三会講師を勤めること。通常は三会講師を遂講したのちに僧綱となった。→補5

**一乗大乗両院家**　興福寺の一乗院門跡と大乗院門跡。

神護景雲二年、宮中においてこれを始修せらる。毎年正月八日に始行《しぎょう》す。但し延否は不定なり。弘仁四年正月に始めて*内論義《ないろんぎ》あり。

法華会

上記の如し。

遂講の時は*最勝会を除き畢んぬ。是《こ》れ御斎会は則ち最勝王経を講ぜらるるの間、同事たるの故か。

已上、遂業・遂講は俱《とも》に以て東大・興福両寺これを勤む。延暦以後は*北京《ほっきょう》も連々向かいてこれを勤む。*承和元年　宣に云わく、「今年の維摩会講師を以て、明年の御斎会講師となす。薬師寺最勝会を加え、三会の労を以て僧綱に任ぜらるべし」と云々。寛弘四年の維摩講師《こうじ》は、*扶公法橋《ほっきょう》これを勤む。*僧綱講師の初例なり。近年は連綿たり。抑《そもそ》も興福寺の*一乗・大乗両院家においては、*最勝講等中絶の時、或いは聴衆《ちょうじゅ》を経ずと雖《いえど》も、或いは講師を経ずと雖も、*證義直参《じきさん》するは常の事なり。

*山門

*東塔三十講〈常行堂においてこれを勤む〉、*西塔二十八講、*両会遂業《すいごう》〈これを以て*竪者《りっしゃ》

**最勝講等中絶**　南北朝時代になると、最勝講などの三講は断続的にしか開催できなくなった。本文史料撰進の前後も三講の中止が相次ぎ、最勝講は貞治六年(一三六七)、法勝寺八講は応安元年(一三六八)の開催が最後となる。本文史料第6条の「最勝講」「法勝寺御八講」の項参照。

**證義直参**　三講の證義は聴衆・講師を歴任したうえで就くべき役職だが、三講の中止が相次いだため、本来の階梯を踏む機会が失われた。そのため一乗院・大乗院の門主は、聴衆・講師の経験なしに證義を勤めた。

**山門**　延暦寺顕宗の名僧の昇進次第。東塔三十講・西塔二十八講・横川四季講のいずれかを経て両会遂業し、三講聴衆・三会遂講・僧綱・三講講師・探題・證義・僧正と階梯を踏む。

**東塔三十講**　東塔常行堂で行われた法華三十講。法華経二十八品に開結の無量義経と観普賢経を講じた。↓補6

**西塔二十八講**　西塔常行堂で行われた講会。法華経二十八品を講じた。↓補7

**両会遂業**　延暦寺霜月会または六月会で竪義を勤めること。なお本文史料では両会遂業と横川四季講の順序が逆である。

**竪者**　立者。竪義の受験者または合格者。南都では竪義の合格者を得業という。

横川四季講、定心坊、三講聴衆、以下如二南都一、

両會

十一月會

延暦二十年十一月十四日、傳教大師於二止觀院一始二修之一、至二廿三日一十ケ日、第五日竪義、立者義眞、證義三人圓寂大安、法相、・靈雲藥師、法相、・慈光、東大、法相、大同四年、博士義眞、竪者圓修、此後當寺相續、嘉元元年被レ准二御齋會一之由　宣下、敕使右中辨惟輔、

六月會

弘仁十四年始レ之、其儀如二十一月會一、承和十三年加二竪義一、

已上両會、於二立者一、南北二京隨時雖レ勤レ之、至二探題一者、必南都輩勤レ之、慈惠大師治山之時、被レ宣二下探題一之後、爲二自門人一、康保四年五月九日禪藝已講探題　宣下、則精義、是以前雖レ有二他人　宣下一、無二精義一、建暦三年十一月七日、六月會被レ准二御齋會一　宣下、　敕使權右中辨經高、

**已上**…　底本ハ改行セズ、意ニヨリ改ム。

**横川四季講**　→補1

**三講聴衆以下は**…　三講聴衆より後の昇進次第は南都と同じである。

**十一月会**　→補2

**伝教大師**　最澄（七六七〜八二二）。

**止観院**　一乗止観院、根本中堂のこと。

**竪義**　学徒に課された資格認定試験。

**義真**　→補3

**證義**　竪義の出題と合否判定をした僧。探題に同じ。初期は他寺僧が勤めた。

**円寂・霊雲・慈光**　いずれも不詳。

**博士**　「探題博士」ともいい探題を指す。

**円修**　延暦寺の僧。義真の弟子。→補4

**御斎会**　→補5

**惟輔**　平惟輔（一二七二〜一三三〇）。嘉元元年（一三〇三）八月二十八日に右中弁となる。→補6

**六月会**　最澄の忌日である六月四日に行われた法華十講。康保三年（九六六）広学竪義を設置することが認可された。→補7

**南北二京**　元来は平城京・平安京をいう

と称す〉、*横川《よかわ》四季講〈定心坊〉、*三講聴衆《ちようじゆ》、以下は南都の如し。

両会

*十一月会《しもつきえ》

延暦二十年十一月十四日、*伝教大師、*止観院においてこれを始修す。二十三日に至る十ケ日なり。第五日に*竪義《りゆうぎ》。立者《りつしや》は*義真、*証義は三人、*円寂〈大安、法相〉・*霊雲〈薬師、法相〉・*慈光〈東大、法相〉なり。大同四年は*博士が義真、竪者は*円修なり。この後、当寺相続す。嘉元元年に*御斎会《ごさいえ》に准ぜらるの由　宣下。勅使は右中弁*惟輔なり。

*六月会《みなづきえ》

弘仁十四年にこれを始む。その儀は十一月会の如し。承和十三年に竪義を加う。

已上の両会は、立者においては*南北二京随時にこれを勤むと雖も、*探題に至りては必ず南都の輩これを勤む。*慈恵《じえ》大師治山の時、探題を宣下せらるるの後、*自門の人となる。康保四年五月九日、*禅芸已講《いこう》に探題　宣下。則ち*精義《せいぎ》す。是れ以前は*他人　宣下ありと雖も、精義なし。*建暦三年十一月七日、六月会を御斎会に准ぜらる　宣下。　勅使は権右中弁*経高なり。

が、ここでは南都北嶺の僧侶を指す。初期の両会の竪者は延暦寺僧だけではなく、南都の僧侶も勤めていた。

**探題**　竪義における出題および判定者。

**慈恵大師**　定心房良源(九一二～九八五)。比叡山中興の祖。応和の宗論で名声を博し康保三年に天台座主に就任。藤原摂関家の援助を得て延暦寺を繁栄に導く一方、智証門徒を圧迫した。

**自門の人**　天台宗の僧。禅芸以後は南都僧ではなく、天台僧が両会探題を勤めた。なお禅芸・明尊ら智証門徒が探題となっているので、「自門の人」は慈覚門徒を指すのではなく、天台僧をいう。

**禅芸**　?～九八〇。寺門派の僧、天台顕教の名匠。園城寺長吏を勤めた。↓補8

**精義す**　竪義の問答を精(しら)べ、高い次元から問題点を指導すること。この任にあたるのが證義(精義)である。

**他人宣下あり**…　南都僧に探題の宣下がなされていた時は精義を行わなかった。

**建暦三年十一月七日**　正しくは建保二年(一二一四)五月七日。前掲「六月会」の項参照。

**経高**　平経高(一一八〇～一二五五)。平行範の子。公事に詳しい実務派官人で建暦元年(一二一一)十月十二日権右中弁、建保二年右中弁、元仁元年(一二三四)従三位。『平戸記』の記主。

三會

法華會

延久四年十月廿九日、於二圓宗寺一始二修之一、講師頼增、當座任二權律師一、

大乘會

承暦二年十月六日、於二法勝寺一始レ之、講師暹・歟初日朝座、於二當座一任二權律師一、

最勝會

永保二年二月十九日、於二圓宗寺一始レ之、講師明實、

以上三會也、但承暦年中以二法花會・大乘會一、稱二兩會一、其後雖レ加二最勝會一、爲レ簡二別南京之三會一、猶稱二二會一、山上兩會（六月・十一月）遂業之後、經二三會講師一、任二僧綱一、但依レ人隨レ事、先任二僧綱一之後遂講、其例又多レ之、尊惠大僧都（仁治二年遂二三會講師一、北京僧綱講師初例也、）・靜明權少僧都、（弘長元年遂レ之、）如レ此例爲二連綿一、

**歟**　「教」トスル諸本アリ。

**三会**　北京三会。天台宗の顕教僧が講師となって行われた国家的講会。問者には南都僧も出仕した。

**法華会**　延久四年（一〇七二）に後三条天皇の臨席のもと円宗寺で行われた法華経の論義会。以後、年中行事となった。天台竪義も付属していた。→補1

**円宗寺**　後三条天皇の御願で延久二年に洛西仁和寺辺に創建された寺。初名は円明寺だが翌年改名。二丈金色の毘盧遮那

*三会《さんね》

*法華会

延久四年十月二十九日、*円宗寺においてこれを始修す。講師《こうじ》は*頼増、当座に権律師に任ず。

*大乗会

承暦二年十月六日、*法勝寺においてこれを始む。講師は*暹斅《せんがく》、初日朝座なり。当座において権律師に任ず。

*最勝会

永保二年二月十九日、円宗寺においてこれを始む。講師は*明実なり。

以上、三会なり。但し承暦年中に法花会・大乗会を以て両会と称す。その後、最勝会を加うと雖も、南京《なんきょう》の三会と簡別せんがため、なお二会と称す。山上の両会〈六月・十一月〉遂業《すいごう》の後、三会《さんね》講師《こうじ》を経て僧綱に任ず。但し人により、事に随いて、先《ま》ず僧綱に任ずるの後に遂講すること、その例またこれ多し。*尊恵大僧都〈仁治二年に三会講師を遂ぐ。北京の僧綱講師の初例なり〉・*静明《じょうみょう》権少僧都〈弘長元年にこれを遂ぐ〉。此《かく》の如き例、連綿たり。

像など壮麗を誇り、室町時代まで存続。

**頼増**　一〇二一～一〇七八。園城寺の僧、権律師。天台顕教の碩徳として著名。→補2

**大乗会**　承暦二年(一〇七八)に白河天皇の行幸のもと、法勝寺講堂で行われた講会。五部大乗経を講じ、年中行事となった。→補3

**法勝寺**　京都市岡崎にあった白河天皇の御願寺。六勝寺の中心。承保二年(一〇七五)から造営され、二年後に落慶供養。室町中期まで存続したが応仁の乱で焼亡し、のち近江坂本の西教寺に吸収された。

**暹斅**　一〇三六?～一〇八四。延暦寺の僧。美作守源資定の子。承暦元年に二会講師となり、翌年最初の法勝寺大乗会講師を勤め権律師に補任(『僧綱補任』)。

**最勝会**　後三条天皇は円宗寺創建の時より、法華会・最勝会の開催を企図していた。永保二年(一〇八二)より永式となった。→補4

**明実**　一〇二七～一〇九三。延暦寺の僧、前肥前守藤原通範の子。永保元年に二会講師となり翌年二会の労で律師に補任(『僧綱補任』)。

**尊恵**　一二二三～一二五九。西園寺公経の子、一七歳で延暦寺妙法院門主に就任。→補5

**静明**　生没年不詳、延暦寺俊範の真弟。恵檀両流を究めて行泉房流を開き『論題百条』等を著した学僧。→補6

寺門
竪者・探題無レ之、其外如二餘寺一、雖レ有二所職之號一、一寺之法會非二敕願一之間、不レ及二　敕補任一者也、

一　名僧昇進採用故實
本寺本山之學業經歷之後、以二師範之吹擧一望二申御願之聽衆一也、御願者最勝講・法勝寺御八講・仙洞最勝講也、最勝講・法勝寺御八講之時稱二聽衆一、仙洞最勝講之時號二論匠一、通滿之輩、先參二法勝寺御講或仙洞論匠等一、以二彼勞效一參二最勝講一也、淸花之族幷依レ時預二抽賞一之輩、直被レ召二加最勝講聽衆一、以レ之號二直參一、尤爲二規模一者也、

最勝講
長保四年五月七日壬寅始二行之一、

法勝寺御八講
天承元年被二始行一、白河院御國忌、七月七日、

仙洞最勝講

**効**　希ニ「功」トスル写本アリ。

**寺門**　園城寺の名僧昇進次第。

**所職の号ありと雖も…**　園城寺の十月会では竪義が行われ、竪者・探題がいるが、勅願法会でないため、勅補任されない。

**6**　「在洛の名僧」の昇進に関する先例。本寺の学業を終えた後、聴衆→講師→探題→證義と昇任するため、以下それぞれの選任の故実を記す。名僧に対する語が「山徒」「住侶」。

**本寺本山の学業経歴**　各寺院で制定されている学業を終えること。南都では三会遂業、山門では両会遂業を指す。

**師範の吹挙**　師匠の推薦。→補1

**御願の聴衆**　御願法会の聴衆。→補2

**最勝講**　三講の一。公家最勝講ともいう。毎年五月に宮中で行われた『金光明最勝王経』を講讃する法会。三講のなかでも最も古く中心的位置を占めた。→補3

**法勝寺御八講**　三講の一。白河院（一〇五三～一一二九）のため、七月三日から七日まで法勝寺で行われた法華八講。→補4

**仙洞最勝講**　院最勝講ともいう。院の御前で行った五日十座の『金光明最勝王経』

寺門*
竪者《りっしゃ》・探題これなし。その外は余寺の如し。所職*の号ありと雖《いえど》も、一寺の法会は勅願に非ざるの間、　勅補任に及ばざるものなり。

6 一　名僧の昇進採用の故実

*本寺本山の学業経歴の後に、師範*の吹挙《すいきょ》を以て御願*の聴衆《ちょうじゅ》を望み申すなり。御願とは最勝講*・法勝寺*御《み》八講《はっこう》・*仙洞《せんとう》最勝講なり。最勝講・法勝寺御八講の時は聴衆*と称し、仙洞最勝講の時は論匠と号す。通満*つるの輩は、*先《ま》ず法勝寺御講或いは仙洞論匠等に参り、彼《か》の労効を以て最勝講に参るなり。*清花《せいが》の族《やから》幷びに時によって抽賞《ちゅうしょう》に預かるの輩は、直《ただち》に最勝講聴衆に召し加えらる。これを以て*直参《じきさん》と号す。尤《もっと》も規模*たるものなり。

最勝講
長保四年五月七日壬寅にこれを始行《しぎょう》す。

法勝寺御八講
天承元年に始行せらる〈白河院御*国忌《こき》、七月七日〉。

仙洞最勝講

の講論。永久元年(一一一三)に白河院が始行。後鳥羽院が元久三年(一二〇六)に再開し恒例化された。↓補5

**聴衆**　最勝講・法勝寺八講では講師の講説に対して聴衆が問者となって質問を行い、證義が討論の進行役を勤めた。それに対して、仙洞最勝講では一〇名の講師が講師と問者を勤め、それとは別に二〇名の論匠が番論義を行った。

**通満つるの輩**　本寺での学業を終えた僧。

**先ず法勝寺御講或いは…**　まず法勝寺八講聴衆か、仙洞最勝講の論匠を勤め、その経歴を踏まえた上で最勝講聴衆に出仕をする。

**清花の族**　清華家出身の僧。清華家は摂関家に次ぐ公家の家格で、源氏の久我、藤原閑院流の三条・西園寺・徳大寺・今出川、藤原花山院流の花山院・大炊御門の七家。

**直参**　法勝寺八講の聴衆や仙洞最勝講論匠を経ることなく、直接最勝講聴衆に選任され出仕した者。↓補6

**規模**　名誉、模範。

**国忌**　「こくき」ともいう。天皇の忌日に廃朝廃務して追善の斎会を行うこと。のち皇后などにも広がった。延喜元年(九〇一)光孝天皇国忌より法華八講が行われた。

永久元年七月廿四日被㆑始㆓行之㆒、建永元年以後有㆓番論義㆒、

次賜㆓講師請㆒事

講師請者南北各別之　敕會也、受請以後、勤仕以前稱㆓擬講㆒、勤仕已後號㆓已講㆒也、南京者、宮中金光明會（御齋會事也、）・興福寺維摩會・藥師寺最勝會也、北京者、法勝寺大乘會・圓宗寺法花會・最勝會等也、於㆓北京分㆒者、延暦・園城兩寺隔年勤㆑之、於㆓清選之次第㆒者、年戒之高下、勞績之淺深（諸御願聽衆度數也、）公請之前後等、就㆓兼備之器用㆒、被㆑賜㆓其請㆒、但又一流之正嫡幷花族之胤子等、當時預㆓抽賞㆒之類、越㆓積勞之上首㆒、古今之通規也、緇素之昇進、其儀不㆓相替㆒歟、又南北兩京遂講、互無㆓相論之儀㆒、是則勤仕之敕會各別、本寺之學業等、自㆑元有㆓遲速㆒之故也、又不㆑賜㆓講師請㆒而直昇㆓綱維之位㆒、稱㆑之爲㆓閑道之昇進㆒、此事於㆓南京㆒者、古今堅停㆓止之㆒歟、於㆓北京㆒者、自㆓以往㆒多㆓其例㆒、隨而敕會一向退轉、併皆閑道之昇進也、道之陵遲可㆑謂㆓不便㆒、然後以㆓三會巡㆒、初任㆓僧綱㆒、次第重々轉任々㆓理運㆒、被㆑經㆓御沙汰㆒之條如㆑常、

**義**　「議」トスル諸本アリ。

**績**　底本「讀」、諸本ニヨリ改ム。

**番論義**　元来は御斎会末日に宮中で行った、五番一〇題の問答をいう。後鳥羽院がこれを仙洞最勝講に採用し、最勝講聴衆等の選抜試験とした。七番一四名、一〇番二〇名と論義の番数は不定。前掲「仙洞最勝講」の項参照。

**受請以後**…　講師の請定を受けてから実際にそれを勤仕するまでの期間は、その人物を擬講と呼ぶ。

**南京は**…　以下、南京三会。

**北京は**…　以下、北京三会。

**北京分においては**…　北京三会の講師に関しては、延暦寺と園城寺の僧侶が一年交代で勤仕する。

**清選の次第においては**…　朝廷は①受戒してからの年数、②勅会聴衆など国家的法会への出仕歴、③国家的法会への出仕の前後などに基づいて講師を選任する。

**兼備の器用**　兼ね備えた能力。

**一流の**…　名門流派の嫡弟や清華家出身の僧侶など、特別に褒賞された者が、多年労功を積んだ上位者を越えて講師の請を受けるのも昔からの先例である。

**緇素の昇進**　僧侶の官位昇進と俗官の官位昇進。緇素は黒衣と白衣をいい、僧と

永久元年七月二十四日これを始行せらる。建永元年以後は*番《つがい》論義あり。

次いで講師《こうじ》の請《しょう》を賜《たまわ》る事

講師の請は南北各別の　勅会なり。*受請以後、勤仕《ごんし》以前は擬講《ぎこう》と称す。勤仕已後は已講《いこう》と号するなり。*南京《なんきょう》は、宮中金光明会《こんこうみょうえ》〈御斎会《ごさいえ》の事なり〉・興福寺維摩《ゆいま》会《え》・薬師寺最勝会なり。*北京《ほっきょう》は、法勝寺大乗会・円宗寺法花会・最勝会等なり。*北京分においては、延暦・園城の両寺が隔年にこれを勤む。*清選の次第においては、年戒の高下、労績の浅深〈諸の御願聴衆《ちょうじゅ》の度数なり〉、公請《くじょう》の前後等、*兼備の器用につき、その請を賜らる。但しまた*一流の正嫡并びに花族《かぞく》の胤子等、当時抽賞《ちゅうしょう》に預かるの類は、積労の上首を越ゆること、古今の通規なり。*緇素《しそ》の昇進、その儀相替《あいか》わらざるか。また*南北両京の遂講《すいこう》、互いに相論の儀なし。是《こ》れ則ち勤仕の勅会各別にして、本寺の学業等、元より遅速あるの故なり。また講師の請を賜らずして直《ただち》に*綱維《こうい》の位に昇る、これを称して*閑道《かんどう》の昇進となす。*この事、南京においては古今堅くこれを停止《ちょうじ》するか。北京においては以往よりその例多し。随って*勅会一向に退転《たいてん》せば、併《しか》しながら皆閑道の昇進なり。*道の陵遅、不便《ふびん》と謂《い》うべし。然る後、三会《さんね》の巡《めぐ》りを以て初めて僧綱に任ず。*次第の重々の転任は理運に任せ、御沙汰を経らるるの条、常の如《ごと》し。

俗人を指す。

**南北両京の遂講**…　南都の僧は南京三会の講師を勤め、天台僧は北京三会の講師を勤めているように、勤仕すべき勅会が別であり、また講師に至る学業が南北で異なっているため、三会講師をめぐる南都北嶺間の相論はない。

**綱維の位**　僧綱の位。

**閑道の昇進**　顕教系の僧侶でありながら、貴種出身僧が三会講師を勤める前に僧綱位に上ること。通常は三会遂講の後に僧綱位につく。

**この事…例多し**　南都では閑道の昇進は昔から禁止されているが、天台宗では先例が多い。実際には南都でも実覚法眼（永長元年〔一〇九六〕維摩会講師、右大臣源師房子）・玄覚法眼（保安三年〔一一二二〕、関白師実子）・恵信（保延元年〔一一三五〕、関白忠通子）のように、閑道の昇進は院政時代からみえ鎌倉後期にはかなりの広がりをみせている。筆者尊円は天台宗の復興を企図して、天台の危機を過剰に強調したのだろう。

**勅会…**　南北三会が退転すれば、講師を勤めてから僧綱となることができなくなるので、すべて閑道の昇進となる。

**道の陵遅**　仏法における学道の衰退。

**次第の重々の転任は…**　僧綱初任後の昇進は、道理に従い朝廷が決定をする。

次敕會探題事

公請之名僧、山上之住侶、相交補レ之、至二其器一者、一流譜代之學徒、稽古拔群之秀才、殊爲二其器用一、其徳等同之時者、學道之勞功、年臈之高下、又有二其沙汰一歟、凡當職者、法水之淵源、學道之嶮難也、朝儀更不レ被レ處二聊爾一者也、有二其闕一之時、不レ可レ有二楚忽之沙汰一歟、抑當職往古一人或二人、嘉應・承安之比、被レ定二置三人一之後、法度無レ改、但正員三人之外、有二加任一、有二假探題一、加任者正員無二其闕一之時、或臨時朝奬之族、早速有下可レ補二其闕一之謂上之輩、或獨歩之秀才、暮齡而難レ期二後闕一之類等、爲レ職爲レ人抽賞之至、被レ聽二加任一者也、而近來連綿有二其號一、殆如レ被レ定二置正員於四人一、然間於レ職有二陵遲之難一、爲レ人無二抽賞之勇一、凡加任事、自二承元之比一、始被レ貽二其例一、至二建武之比一、僅七八人歟、爲二邂逅之儀一之條、以レ之可レ足二上察一歟、

次假探題事

正員三人之内、有二禁忌所勞等之故障一之時、爲レ令レ繼二精義之役一、假

**次**　底本、改行セズ、意ニヨリ改ム。
**勞功…道之**　底本ナシ、諸本ニヨリ補ウ。
**者**　底本コノ下ニ「無」アルモ、諸本ナシ、衍字ナラン。
**之**　底本ナシ、諸本ニヨリ補ウ。

**勅会探題の事**　ここでの探題に関する記述は延暦寺探題に限定されたものである。延暦寺両会の探題については『探題次第』(『続群』四上)を参照。
**公請の名僧山上の住侶**…　→補1
**一流譜代の学徒**　名門流派の正嫡の僧。高僧の遺跡を継いでいることも、探題補任の重要な要件であった。
**稽古抜群の秀才**　学問に卓越した僧侶。
**その徳等同の時**　探題候補者の能力に大差なければ、法会の出仕歴や戒臈の上下を考慮して選定する。探題は天台教学を支える中核的存在であるので、経歴・戒臈よりも能力重視で選任された。

次に勅会探題の事*

*公請《くじよう》の名僧、山上の住侶、相交えてこれに補《ふ》す。その器に至りては、一*流譜代の学徒、*稽古《けいこ》抜群の秀才、殊《こと》にその器用たり。*その徳等同《とうどう》の時は、学道の労功、年臈の高下、またその沙汰あるか。およそ当職は、法*水の淵源、学道の嶮難なり。朝儀更*に聊爾《りようじ》に処せられざるものなり。*その闕《けつ》あるの時、楚忽《そこつ》の沙汰あるべからざるか。抑《そもそ》も当職は、往古は一人或いは二人、嘉*応・承安の比《ころ》に三人に定め置かるるの後、法度《はつと》、改まることなし。但し正員三人の外に、加任あり、仮探題あり。加*任は、正員にその闕なきの時、或いは臨時朝奨の族、早速《さつそく》にその闕に補すべきの謂《いわれ》あるの輩、或いは独歩の秀才、暮齢にして後闕を期しがたきの類等、職のため人のため抽賞の至りに、加任を聴《ゆる》さるるものなり。しかるに近*来連綿としてその*号あり。殆《ほとん》ど正員を四人に定め置かるるが如し。然る間、職*において陵遅《りようち》の難あり、人のため抽賞の勇なし。およそ加任の事、承元の比より始めてその例を貽《のこ》され、建武の比に至るまで僅《わず》か七、八人か。*邂逅《かいこう》の儀たるの条、これを以て上察に足るべきか。

次*に仮探題の事

正員三人の内、*禁忌《きんき》所労等の故障あるの時、*精義《せいぎ》の役を継がしめんがため、仮

**法水の淵源学道の嶮難なり**　探題は仏法を支える根幹であり、学道における困難な目標だ。仏法が衆生の煩悩を洗い清めることから、仏の教えを法水といった。

**更に聊爾に**　決していい加減に。

**その闕あるの時**…　探題の欠員が出た時は軽率な選定をすべきでなかろう。

**嘉応承安の比**　嘉応(一一六九〜一一七一)、承安(一一七一〜一一七五)。なお嘉応・承安頃の定員三名の制定は他史料では確認できない。

**加任は正員に**…　→補2

**近来**　建武から『釈家官班記』成立の文和四年(一三五五)に至る時期を指す。

**その号**　加任探題。本来、臨時のものなのに恒常化している。

**職において陵遅の難あり**…　加任探題の恒常化は探題職の衰退をもたらすという問題点があるし、僧侶にとっても特別に補任されたという励みがなくなる。

**邂逅の儀たるの条**　加任探題が希有なこと。

**次に仮探題の事**　内容的には勅会探題の一項目で加任探題と対応する。

**禁忌所労等の故障**　師匠や親族の死による忌服・触穢や病気のため欠席すること。

**精義の役を継がしめんがため**…　正員探題が欠席したとき、精義の役が必要なので仮探題が代官としてそれを勤める。

隨二其役一、隨レ俗謂レ之者、頗代官也、隨而正員出仕之時者、又不レ從二其役一、非器之輩、爲レ假二其名一、望二申此役一者也、追以二此勞一有下轉二正員一之類上、又終以有二退屈之類一、先規兩端也、所詮加任者、不レ待二其闕一被レ加二正員一、抽賞之至也、假探題者、就二一旦之闕一、假令レ償二其役一、不肖之輩、多當二其仁一、近來共以錯亂・參差多レ之、尤任二舊儀一、可レ被レ經二清撰之御沙汰一歟、以上、探題一篇、

先就二延曆寺之規式一注二進之一、南京事條々規式有二差異一歟、依レ爲二重事一、他門之故實無二左右一難レ及二注進一、可レ被レ召二尋本寺之輩一歟、又園城寺雖レ有二所職之號一、一寺之法會非二敕願一之間、當職同不レ及二敕補任一者也、

次證義

其役在二公庭之御願一、公請之先途偏此事也、仍南北四ケ寺之輩互爭レ鋒、朝儀殊清選、可レ被レ盡二篇目一者也、御願講師參勤之度數、爲二第一之功勞一、非二殊非器之輩一者、强無二超越之義一歟、但清花之輩幷密宗勞效之仁等、以二官途一被二超越一

**肖**　底本「屑」、意ニヨリ改ム。
**清**　「精」トスル諸本アリ。
**義**　「儀」トスル諸本アリ。

**非器の輩その名を…**　才学に欠けた僧侶が自らを権威づけるため、仮探題を望むことが多い。
**追ってこの労を以て…**　仮探題を勤めた功績で後に正探題となる者もいる。
**退屈**　元来、仏道修行の厳しさに挫折することをいうが、ここでは昇任の困難さから正探題補任を諦めることをいう。
**加任はその闕を待たずして…**　加任探題は、正探題に欠員が出るのを待つことなく、正員扱いされる。
**抽賞の至り**　褒賞の極致。
**一旦の闕**　禁忌所労の故障のような正探題の一時的欠席。
**償わしむ**　探題の役を埋め合わさせる。
**不肖の輩多くその仁に当たる**　未熟な者が仮探題を勤めることが多い。
**錯乱参差これ多し**　加任探題と仮探題の混同や矛盾が多い。参差は交錯して、くい違っていること。
**他門の故実左右なく…**　他宗派の先例・規則を軽々に報告することはできない。

にその役に随う。俗に随いてこれを謂《い》わば、頗《すこぶ》る代官なり。随って正員出仕の時は、またその役に従わず。*非器の輩、その名を仮《か》らんがため、この役を望み申すものなり。*追ってこの労を以て正員に転ずるの類あり。また終《つい》に以て*退屈の類あり。先規は両端なり。所詮、*加任は、その闕《けつ》を待たずして正員に加えらる、*抽賞の至りなり。仮探題は、*一旦の闕について、仮にその役を*償《つぐな》わしむるも、*不肖の輩、多くその仁に当たる。近来、共に以て*錯乱・参差《しんし》これ多し。尤も旧儀に任せ、清撰の御沙汰を経らるべきか〈以上、探題一篇〉。

先《ま》ず延暦寺の規式につきて、これを注進す。南京《なんきょう》の事、条々の規式、差異あるか。重事たるにより、*他門の故実、左右《そう》なく注進に及びがたし。*本寺の輩を召し尋ねらるべきか。また園城寺は、*所職の号ありと雖《いえど》も、一寺の法会は　勅願に非ざるの間、当職同じく　勅補任に及ばざるものなり。

次に*證義《しょうぎ》

*その役、公庭の御願にあり、*公請《くじょう》の*先途《せんど》は偏《ひとえ》にこの事なり。仍て*南北四ケ寺の輩は互いに*鋒《ほこ》を争う。朝儀、殊に清選し、*篇目を尽くさるべきものなり。*御願講師《こうじ》に参勤の度数を第一の功労となす。*殊《こと》なる非器の輩に非ざれば、強《あなが》ちに超《ちょう》越《えつ》の義なきか。但し清花《せいが》の輩并びに密宗労効の仁等に、*官途を以て超越せらる

**本寺の輩**　南都の僧侶。
**所職の号ありと雖も…**　探題という名の職はあるが、園城寺十月会は勅願法会ではないので、探題は勅補任されない。なお園城寺の探題次第は『三井続燈記』六（『大日本仏教全書』一一一）を参照。
**證義**　論義では、講師の講説に対して聴衆が問者となって質問を行って討論を行うが、證義は議論を整理しながら討論を進め、討論内容を論評する最高の役職。
**その役公庭の御願にあり**　證義は朝廷の御願法会に設けられている。
**公請**　天皇や院・女院らが主催する法会に僧侶が招請されること。
**先途**　目標となるべき最高の役職。
**南北四ケ寺**　興福寺・東大寺・延暦寺・園城寺をいう。
**鋒を争う**　證義の地位を目指して激しく競争する。鋒はほこさき・きっさきの意。
**篇目を尽くさる**　慎重に検討する。篇目は箇条書きで書かれた条項をいう。
**御願講師に参勤の度数を…**　院や天皇御願の法会の講師を経験した回数の多さが、證義選定では最も重視される。
**殊なる非器の輩に非ざれば…**　特に能力が劣っていない限り、講師回数の最も多い者が抜かされることはめったにない。
**官途**　僧正・僧都などの僧侶の官位。

之時、任㆓當座之官次㆒、被㆑仰㆓證義之役㆒常儀也、南京之輩尚申㆓子細㆒事也、其役參勤之次第、多分先參㆓法勝寺御八講㆒、然而又隨㆓機嫌㆒、雖㆑非㆓殊抽賞之器用㆒、最勝講直參之例有㆑之、又南都之兩門主、兩最勝講之外、更不㆑莅㆓他御願㆒、又細々御八講等證義、先有㆓被㆑仰之輩㆒、此條大段此役　敕許之上事也、先爲㆓講師之人數㆒、勤㆓證義之役㆒、稱㆑之號㆓兼講師㆒、極官以後一向勤㆓證誠之役㆒、稱㆑之爲㆓平座㆒、但兼講師及㆓數度㆒之輩、雖㆑不㆑任㆓僧正㆒、勤㆓仕平座㆒其例有㆑之、凡南京者、以㆓唯顯之勞㆒任㆓僧正㆒、北京者、以㆓兼學之勞㆒任㆓僧正㆒之間、於㆓北京唯顯之輩㆒者、無㆓極官之望㆒、故如㆑此輩、公請勤勞拔群之時、預㆓隨分　天憐㆒歟、

一　山徒昇進事

注記〈十﨟〉・竪義〈廿﨟、號㆓竪者㆒〉等之請、山務政之時行㆑之、

有職又隨㆓便宜㆒補㆑之、

僧綱〈座主或門主擧奏、〉上古多敍㆓法橋㆒、近來任㆓權律師㆒、

**申**　底本ナシ、諸本ニヨリ補ウ。
**段**　希ニ「概」トスル写本アリ。
**官**　底本「宮」、諸本ニヨリ改ム。
**故…輩**　底本ナシ、諸本ニヨリ補ウ。
**上**　底本ハココカラ改行スルモ、諸本ニヨリ改ム。

**当座の官次に任せ…**　→補1
**子細を申す**　不服を申し立てる。
**その役参勤の次第**　證義を勤める法会の順序。
**機嫌に随い…**　→補2
**両最勝講**　最勝講と仙洞最勝講。
**他の御願に莅まず**　興福寺の両門跡は、両最勝講以外の御願法会の證義を勤めない。
**細々の…上の事なり**　→補3
**講師の人数として**　講師の一員として。
**兼講師**　一つの法会で講師と證義の双方を勤める僧への呼称。
**極官**　権僧正以上の官位。
**證誠**　證義。
**平座**　権僧正以上の僧が講師を兼ねることなく、證義だけを勤めること。
**僧正**　僧正は正僧正を指す場合と、権僧正・正僧正・大僧正の総称のケースとが

るの時、当座の官次に任せ、證義の役を仰せらるるは常儀なり。南京《なんきょう》の輩、なお子細を申す事なり。その役参勤の次第は、多分に先ず法勝寺の御八講に参る。然るにまた機嫌に随い、殊なる抽賞の器用に非ずと雖《いえど》も、最勝講に直参の例これあり。また南都の両門主は、両最勝講の外、更に他の御願に莅《のぞ》まず。また細々の御八講等の證義《しょうぎ》、先に仰せらるるの輩あり。この条、大段この役　勅許の上の事なり。先ず講師の人数として證義の役を勤む、これを称して兼講師と号す。極官《ごっかん》以後に一向證誡《しょうじょう》の役を勤む、これを称して平座《ひらざ》となす。但し兼講師数度に及ぶの輩は、僧正に任ぜざると雖も、平座を勤仕《ごんし》することその例これあり。およそ南京は唯顕《ゆいけん》の労を以て僧正に任じ、北京は兼学の労を以て僧正に任ずるの間、北京唯顕の輩においては、極官の望なし。故に此《かく》の如きの輩は、公請《くじょう》の勤労抜群の時、随分の　天憐に預かるか。

7 一　山徒昇進の事

注記《ちゅうき》〈十臈〉・竪義《りゅうぎ》〈二十臈、竪者《りっしゃ》と号す〉等の請《しょう》は、山務政の時これを行う。

有職《うしき》は、また便宜《びんぎ》に随いこれを補《ふ》す。

僧綱〈座主或いは門主挙　奏す〉は、上古には多く法橋《ほっきょう》に叙す、近来は権律師に任ず。

ある。この場合は後者。

**南京は…僧正に任じ**　南都の僧は顕教の労だけで僧正に補任される。ここでの南京は興福寺を指す。東大寺の僧は密教兼学の者も多かった。

**兼学の労**　顕教と密教双方の労。

**北京唯顕の輩においては…**　顕教の天台宗だけで朝廷に仕える延暦寺僧は、僧正の望みはない。鎌倉時代の代表的な唯顕の天台僧に澄憲・聖覚がいるが、いずれも法印止まりで、僧正にはなっていない。

**随分の天憐に預かるか**　ひとかたならぬ天皇の憐れみを受けることもあるだろう。具体的には僧正任官を指す。

**7**　延暦寺住侶の昇進について。「山徒」の対概念が「名僧」。

**注記**　論義の問答の内容を筆録する役。

**十臈**　戒臈(出家後の年数)が一〇の僧。

**山務政**　天台座主が執当・三綱・公文らと行う政務の儀式。竪義・注記の請が発せられたほか、所司の転任がなされた。恒例政ともいい、座主に就任して最初の山務政を特に初度政という。→補4

**有職**　内供奉・阿闍梨・已講・擬講・已灌頂の職。僧綱に次ぐ僧職。→補5

**門主**　青蓮院・梶井円融院・妙法院などの門跡の当主。「門首」とも記す。

**挙奏す**　朝廷に推薦し補任を要請する。

次第昇進如レ常、學道經歷之輩、勤二一會六月・十一月講師一、以二其勞一任二律師一也、又法勝寺住學生者、被レ准二公請名僧一之間、或勤二最勝講等之聽衆一、或勤二大乘會以下講師一例多レ之、非修非學之輩、舊儀不レ任二正員僧綱一、近來更不レ及二其沙汰一者也、就中於二大僧都一者、住侶拜任近代之例也、京都僧綱猶以隨分有二淸選一、於二住侶一者、殊就二器用一可レ被二抽任一歟、近來非二其仁一之輩被レ聽レ之歟、官途之陵夷不便々々、

一　貴種昇進次第王子・王孫・攝籙息等類也、

臨時受戒　一身阿闍梨　僧綱或任二少僧都一、或任二大僧都一、

已後昇進如レ常、依レ人隨レ事可レ有二採用一、

臨時受戒事

山門受戒者、弘仁十三年六月十一日可レ傳二菩薩戒一之由、被レ下二官符一、依二先師傳教大師奏狀一、依レ之築二戒壇一行二授戒一、和上座主義眞和尚、是其濫觴也、其後毎年二季四月八日・十一月八日行來于レ今不レ斷絶一、而貴種之人、恆例受戒之時不レ登山一、必臨

**被**　底本ナシ、諸本ニヨリ補ウ。
**々々**　底本「云々」、諸本ニヨリ改ム。
**事**　底本コノ下ニ「者」アリ。
**十一**　「八」トスル諸本アリ。

**学道経歴の輩**　学道を踏んで昇進してゆく僧侶。
**法勝寺住学生**　学頭六を含め三六名から成る法勝寺住僧の所職。興福寺・延暦寺・園城寺出身の僧が補任され、已講・已灌頂に准ずる処遇をうけた。↓補1
**公請の名僧**　公請を中心に活動する延暦寺の僧。住侶・山徒に対する語。
**大乗会**　法勝寺大乗会。北京三会の一。
**非修非学の輩**　修行・学道に携わらない僧。一般に寺官・坊官や仏師・絵師・経師などを指す。彼らはもともと法印・法眼・法橋の「散位の僧綱」に叙されるだけで、僧都・律師のような僧官には補されなかったが、鎌倉時代にはその制約もなくなった。
**正員僧綱**　僧正・僧都・律師の僧官をいう。法印・法眼・法橋の僧位だけをもった散位の僧綱に対する語。↓補2
**住侶**　延暦寺の住山僧。中世の延暦寺僧は、公請中心に活動する「在洛の名僧」

次第の昇進は常の如《ごと》し。*学道経歴の輩は、二会〈六月・十一月〉の講師《こうじ》を勤め、その労を以て律師に任ずるなり。また*法勝寺住学生《じゆうがくしよう》は、*公請《くじよう》の名僧に准ぜらるるの間、或いは最勝講等の聴衆《ちようじゆ》を勤め、或いは*大乗会以下の講師を勤むる例これ多し。*非修非学の輩は、旧儀は*正員僧綱に任ぜず、近来は更にその沙汰に及ばざるものなり。就中《なかんずく》、大僧都においては、*住侶の拝任は近代の例なり。京都の僧綱、なお以て随分に清選あり。*住侶においては、殊《こと》に器用につきて抽任せらるべきか。近来、*その仁に非ざるの輩、これを聴《ゆる》さるるか。*官途の陵夷《りようい》、不便《ふびん》々々。

**8** 一　貴種昇進の次第〈王子・王孫・摂録息等の類なり〉

*臨時受戒　一身《いつしん》阿闍梨　僧綱〈或いは少僧都に任ず、或いは大僧都に任ず〉

已後の昇進は常の如《ごと》し〈人により事に随い、採用あるべし〉。

臨時受戒の事

山門の受戒は、*弘仁十三年六月十一日、*菩薩戒を伝うべきの由、官符を下さる〈先師伝教大師の　奏状による〉。これにより、*戒壇を築き授戒を行う。和上《わじよう》は座主*義真和尚《かしよう》、是《こ》れその濫觴《らんしよう》なり。その後毎年二季〈四月八日・十一月八日〉に行い来《きた》りて、今に断絶せず。しかるに貴種の人は、*恒例受戒の時に登山せず。必ず臨

「京都の僧綱」と、「住侶」「山徒」に分化しており、住侶は格下にみられていた。そのため筆者尊円は住侶の昇進に慎重を期すよう求めている。

**住侶においては殊に…**　山徒については特に能力のある者だけを大僧都に抜擢すべきだろう。

**その仁に非ざるの輩**　不適切な人物。

**官途の陵夷**　僧侶の官位体系の秩序が混乱し、衰えること。

**8**　王家・摂関家・大臣家など顕貴の出自をもつ僧侶の場合の、特別な昇進の様子が以下述べられる。

**臨時受戒**　恒例受戒とは別に設けられた貴種専用の受戒会。

**弘仁十三年…**　延暦寺戒壇の創設を認めたこの官符は、最澄の没後、七日目に出された。→補3

**菩薩戒**　『梵網経』に基づく大乗戒。延暦寺戒壇で授けた円頓戒をいう。

**戒壇**　受戒の儀式を行うためにしつらえた壇。日本には鑑真がもたらした。

**義真**　七八一〜八三三。最澄の訳語として入唐。最澄を助けて天台宗を興隆し、その没後、初代の天台座主(私称)となる。弘仁十四年(八二三)四月十四日に初めて菩薩戒を授けた(『天台座主記』)。

**恒例受戒**　山門で毎年四月八日・十一月八日に行う受戒。

時行ニ受戒一授レ之也、先經ニ　奏聞一被レ下ニ　宣旨一也、某免ニ無度緣責一、可レ令ニ登壇受戒一云々、以レ之稱ニ無度緣宣下一也、皇胤攝籙息等者勿論也、大臣息又非レ無レ例、近則尊教僧正 冷泉相國息、妙法院、 ・慈源僧正等也、

一身阿闍梨事

阿闍梨者、被レ寄ニ置諸寺一、以ニ其闕一補任、所レ被レ下ニ官牒一也、而貴種之人、別而限ニ其身一某可レ授ニ傳法灌頂職位一之由被レ下ニ官符一、以レ之稱ニ一身阿闍梨一、慈忍和尚、 諱尋禪、妙香院座主、九條右大臣息、 天祿四年三月十九日爲ニ一身阿闍梨一、是其濫觴也、是又大臣息等有ニ其例一、遂ニ臨時受戒一之輩、大旨補レ之歟、上古者、明照 中納言敦忠卿子、本院左大臣孫、 ・如源 仁義公子、 近則實助 西園寺入道相國息、 ・尊惠 同 ・尊教、當世之慈嚴等也、抑於ニ此職一者、僧綱前後先例不同也、

僧綱事

皇子

近來直ニ敍親王一、舊儀不レ然、多任ニ權大僧都一、近則圓

**慈…也**　底本ハ割注表記ナルモ、諸本ニヨリ改ム。マタ「慈源」ヲ「慈嚴」トスル写本アリ。
**牒**　「符」「府」トスル写本希ニアリ。
**某**　コノ字ナキ写本希ニアリ。
**明照**　希ニ「信慶」、「信度」トスル写本アリ。
**惠**　底本以外、諸本ノ多クハ「忠」トスル。
**之**　底本「也」、諸本ニヨリ改ム。

**無度縁宣下**　→補1
**尊教**　→補2
**妙法院**　延暦寺の有力門跡の一つ。現在も京都市東山区東山七条付近に所在。新日吉門跡とも称す。
**慈源**　→補3
**一身阿闍梨**　→補4
**阿闍梨**　密教を修得し、伝授できると認定された僧。平安中期には寺院ごとに定員が設けられ、職となっていった。
**貴種の人…**　→補5
**伝法灌頂**　密教の行者に対して阿闍梨位の印可を授ける灌頂の儀式。
**慈忍和尚**　→補6
**妙香院**　→補7
**濫觴**　ものごとの始まり、起源のこと。

時に受戒を行い、これを授くなり。先《ま》ず　奏聞を経、　宣旨を下さるなり。「某、無度縁《どえん》の責めを免《ゆる》し、登壇受戒せしむべし」と云々。これを以て*無度縁宣下と称すなり。皇胤・摂録の息等は勿論なり。大臣の息もまた例なきに非ず。近きは則ち*尊教僧正〈冷泉相国《しょうこく》の息、*妙法院〉・*慈源僧正等なり。

*一身阿闍梨の事

*阿闍梨は、諸寺に寄せ置かれ、その闕《けつ》を以て補任す。官牒を下さるるところなり。しかるに*貴種の人、別してその身を限り、「某に*伝法灌頂《かんじょう》職位を授くべき」の由、官符を下さる。これを以て一身阿闍梨と称す。*慈忍和尚〈諱《いみな》は尋禅、*妙香院座主、九条右大臣の息〉、天禄四年三月十九日に一身阿闍梨とす。是れその*濫《らん》觴《しょう》なり。是れまた大臣の息等その例あり。臨時受戒を遂ぐるの輩は、大旨《おおむね》これに補《ふ》すか。上古は、*明照〈*中納言敦忠卿の子、*本院左大臣の孫〉・*如源〈仁義公の子〉、近きは則ち*実助〈*西園寺入道相国の息〉・*尊恵〈同〉・尊教、*当世の*慈厳《じごん》等なり。抑《そもそ》もこの職においては、*僧綱の前後、先例は不同なり。

僧綱の事

皇子

近来は*親王に直叙す。*旧儀は然らず。多くは権大僧都に任ず。近きは則ち*円

『僧綱補任』や『一身阿闍梨補任次第』(『大日本仏教全書』一一三所収)も尋禅を初例とする。

**明照**　『僧綱補任』にみえず経歴は不詳。

**中納言敦忠**　藤原敦忠(九〇六～九四三)、枇杷中納言と称す。藤原北家本院流。

**本院左大臣**　藤原時平(八七一～九〇九)。

**如源**　→補8

**実助**　延暦寺僧、西園寺公経の子。嘉禎二年(一二三六)に横川長吏となるが、仰木師跡を尊助に譲って翌年隠居した。

**西園寺入道相国**　西園寺公経(一一七一～一二四四)。関東申次、太政大臣。親幕府派の公卿として威勢をほこった。

**尊恵**　→補9

**当世の**　本文史料執筆の文和五年(一三五六)頃。

**慈厳**　一二九八～?。洞院実泰の子、曼殊院院主。後醍醐天皇に近侍し元徳二年(一三三〇)、正平六年(一三五一)に天台座主。

**僧綱の前後**…　一身阿闍梨と僧綱との補任の後先は定まっていない。

**親王に直叙す**　親王宣下をいう。出家前に宣下を受けた者を入道親王、出家後に親王宣下を受けた者を法親王という。

**旧儀は**…　かつては、出家後すぐに親王宣下をして法親王にすることは少なく、権大僧都に補すことが多かった。

**円助**　→補10

助（後嵯峨院御子、圓滿院、）・尊助（土御門院御子、青蓮院、）等也、

皇孫

多分任㆓權少僧都㆒、曾孫王猶有㆓拜除例㆒、當世則守惠僧正（久明親王孫、守邦親王子、）被㆑任畢、法皇御代、頗有㆓御不審㆒、仍仁澄僧正（宗尊親王孫、惟康親王子、）例勘申云、於㆓仁澄㆒者、剰任㆓大僧都㆒畢、然而今望㆓申少僧都㆒、非㆓過分儀㆒之由、申入之間、敕許畢、是又不㆑可㆓必然㆒、依㆑人隨時可㆑有㆓上許㆒也、

攝錄息

直任㆓權少僧都㆒、自他門古來例也、但近代任㆓權大僧都㆒之例有㆑之、行昭僧正（常住院、光明峯寺關白息、）・道照僧正（同、後光明峯寺攝政息、）・經嚴僧正（隨心院、同息、）・嚴鎭僧正（隨心院、一條內大臣息、）等也、又直㆓敍法眼㆒有㆑例、慈鎭和尚（法性寺關白息、青蓮院、）當世兼助僧正（光明照院關白息、如意寺、）是也、於㆓孫子㆒者、少僧都雖㆑有㆓豫義㆒、是又有㆓其例㆒、近則行快僧正（圓明寺關白孫、町相國子、定法寺、）是也、後光明峯寺攝政猶

**云**　底本「之」、諸本ニヨリ改ム。
**許**　「計」トスル諸本アリ。
**攝錄息**　底本前文ヨリ続ケ、項目トセズ、諸本ニヨリ改ム。
**直**　底本ナシ、諸本ニヨリ補ウ。
**照**　底本ホカ「昭」トスル諸本アリ。
**息**　底本ホカ「子」トスル諸本アリ。
**子**　「息」トスル諸本アリ。

**尊助**　一二一七～一二九〇。土御門院の子、青蓮院門主。宝治二年(一二四八)に一身阿闍梨から権大僧都に補され建長四年(一二五二)に親王宣下(『門葉記』一一九)。
**曾孫王**　天皇の曾孫(ひまご)。
**拝除**　前官を除き官職に任命すること。ここでは権少僧都への直叙をいう。
**守恵**　南北朝時代の山門系僧侶。聖恵の跡をついで鎌倉勝長寿院別当となる。
**久明親王**　一二七六～一三二八。後深草天皇の皇子。鎌倉幕府八代将軍。
**守邦親王**　一三〇一～一三三三。久明親王の子息。鎌倉幕府最後の将軍。
**法皇の御代**　光厳院政期(一三三六～一三五一)。
**仁澄**　後嵯峨院の曾孫。源恵の跡をついで鎌倉の勝長寿院別当となる。正和五年(一三一六)に天台座主に補された。

助〈後嵯峨院の御子、円満院〉・*尊助〈土御門院の御子、青蓮院〉等なり。

皇孫

多分は権少僧都に任ず。*曾孫王もなお*拝除《はいじょ》の例あり。当世は則ち*守恵僧正〈*久明親王の孫、*守邦親王の子〉任ぜられ畢んぬ。*法皇の御代、頗《すこぶ》る御不審あり。仍て*仁澄僧正〈*宗尊親王の孫、*惟康親王の子〉の例を勘じ申して*云わく、「仁澄においては、剰《あまつさ》え大僧都に任じ畢んぬ。然るに今少僧都を望み申すは、過分の儀に非ず」の由、申し入るるの間、勅許畢んぬ。是れまた必ずしも然るべからず。人により随時上許あるべきなり。

摂録息

権少僧都に直任するは、自他門、古来の例なり。但し近代は権大僧都に任ずるの例これあり。*行昭僧正〈*常住院、*光明峯寺《こうみょうぶじ》関白の息〉・*道照僧正〈同、*後光明峯寺摂政の息〉・*経厳僧正〈随心院、同息〉・*厳鎮僧正〈随心院、*一条内大臣の息〉等なり。また法眼《ほうげん》に直叙する例あり。*慈鎮和尚〈法性寺関白の息、青蓮院〉、当世の*兼助僧正〈*光明照院関白の息、如意寺〉是れなり。孫子においては、少僧都、*予義ありと雖《いえど》も、是れまたその例あり。近きは則ち*行快僧正〈*円明寺関白の孫、*町相国の子、定法寺〉是れなり。後光明峯寺摂政の猶《ゆう》

**宗尊親王**　一二四二～一二七四。後嵯峨天皇の皇子。最初の親王将軍。
**惟康親王**　一二六四～一三二六。宗尊親王の第一皇子。第七代将軍となる。
**云わく**　以下、尊円の発言。
**行昭**　一二三九～一三〇三。園城寺長吏、熊野三山検校、護持僧。霊験をよくした。
**常住院**　園城寺の有力院家。良尊(一一八九～一二四六)が基礎を固め、九条家出身者によって相承された。
**光明峯寺関白**　九条道家(一一九三～一二五二)。
**道照**　一二八一～一三五五。園城寺長吏、熊野三山検校、護持僧。験力があり二三歳で大僧正となる。
**後光明峯寺摂政**　一条家経(一二四八～一二九三)。
**経厳**　生没年不詳。一条家経の息、随心院門跡。康永二年(一三四三)に東寺一長者。
**厳鎮**　不詳。
**一条内大臣**　一条内実(一二七六～一三〇四)。
**慈鎮**　慈円(一一五五～一二二五)。→補1
**兼助**　一三〇一～?。寺門派の僧侶。覚助の弟子、鎌倉の聖福寺別当。
**光明照院関白**　二条兼基(一二六八～一三三四)。
**予義**　予儀。ためらい躊躇すること。
**行快**　生没年不詳。延暦寺の僧、公什の弟子。乾元二年(一三〇三)に正僧正に補任。
**円明寺関白**　一条実経(一二二三～一二八四)。
**町相国**　一条実家(一二四九～一三一四)。

子也、仍殊加ニ一二詞一、内擧云々、於ニ近年一者、多ニ其例一歟、追可レ尋ニ記之一、

大臣息

通滿直ニ敍法眼一也、於ニ猶子一者、隨ニ本秩一有ニ用捨一歟、

法皇御治天之時、尊玄按察使公敏卿子、前相國猶子、有ニ　勅許一、聖什參議成經卿子、同人猶子、無ニ　勅許一、

以上可レ然之輩任官次第大概如レ此、僧綱後、次第昇進如レ常、抑直ニ敍法眼一之人、或任ニ少僧都一、或任ニ大僧都一攝政孫子大臣息等有レ例、或又不レ經ニ正員一、轉ニ敍法印一有ニ其例一、慈鎭和尚・公圓僧正三條入道左大臣息、等也、直ニ任少僧都一之人、或轉ニ大僧都一、或敍ニ法印一、共多ニ其例一、

大臣孫子

直ニ敍法眼一、多分被レ許レ之、但依レ人可レ有ニ用捨一哉、

以上此等條々大概也、於ニ他門事一者、不ニ存知一之間、



**通滿つれば**…　僧侶となる所定の階梯を終えれば、直ちに法眼となる。
**猶子においては**…　猶子の場合は出身家格によって直叙の許否が分かれる。実例として洞院公賢の猶子二人を挙げる。
**本秩**　猶子となる前の実際の出身家格。
**法皇御治天**　光厳院政期(一三三六〜一三五一)。
**尊玄**　一三二四〜?。東南院大僧正。尊円・

子《し》なり。仍て殊《こと》に一二の詞を加え、内挙すと云々。近年においては、その例多きか。追ってこれを尋ね記すべし。

大臣息

*通《つう》満つれば法眼に直叙するなり。*猶子においては、*本秩《ほんちつ》に随いて用捨あるか。

*法皇御治天の時、*尊玄〈*按察使《あぜち》公敏卿の子、*前相国の猶子〉は　勅許あり、*聖什〈*参議成経卿の子、*同人の猶子〉は　勅許なし。

以上然るべきの輩の任官次第は大概此《かく》の如《ごと》し。僧綱の後、次第の昇進は常の如し。抑《そもそ》も法眼に直叙の人、或いは少僧都に任じ、或いは大僧都に任ず〈摂政の孫子、大臣の息等、例あり〉、或いはまた*正員を経ず、法印に転叙することその例あり。慈鎮和尚・*公円僧正〈*三条入道左大臣の息〉等なり。少僧都に直任の人、或いは大僧都に転じ、或いは法印に叙す、共にその例多し。

大臣の孫子

法眼に直叙するは、多分にこれを許さる。但し人により用捨あるべきや。

以上、これ等の条々は大概なり。*他門の事においては、存知せざるの間、

尊道の側近。法性寺座主、横川長吏、日吉別当などを勤める。

**按察使公敏卿**　権大納言洞院公敏（一二九二～一三五二）。元弘の変で出家。

**前相国**　洞院公賢（一二九一～一三六〇）。公敏の兄で、尊玄の叔父。『園太暦』の筆者。

**聖什**　不詳。

**参議成経卿**　藤原成経（一二九七～一三五一）。貞和四年（一三四八）従三位前参議で出家。

**同人の猶子**　洞院公賢の猶子。

**正員**　僧正・僧都・律師の僧官をいう。

**公円**　一一六八～一二三五。天台座主。寿永二年（一一八三）正月に法眼に直叙され、建仁二年（一二〇二）慈円の勧賞の譲りで法印に叙された。『華頂要略』三二「門跡伝脇門跡」の項により公円の略歴を示せば以下の通り（『天台宗全書』一、一七一～一七三頁）。寿永元年十一月天台座主明雲に従い受戒。建久四年（一一九三）十月二十八日全玄僧正の譲りによって叙法印。正治元年（一一九九）十二月二十三日吉水御坊にて許可を受ける。建仁二年十一月八日叙法印。建保元年（一二一三）正月十一日任権僧正、天台座主に補さる。その後横川検校、法性寺座主、護持僧などを勤め、嘉禎元年（一二三五）仰木坊にて赤痢病により死去。

**三条入道左大臣**　藤原実房（一一四七～一二二五）。

**他門**　天台宗（山門・寺門）以外をいう。

先例等不レ及二注載一者也、可二相尋一也、

一　僧官採擇故實事

大僧正

釋門棟梁、尤爲二規模一、宗長者大旨任レ之、於二東寺一者、爲二一長者一之仁、大略被二登用一、至二山門一者、天台座主淸選異レ他之間、輒無二補任之人一、仍雖レ非二宗長者一可レ然之輩多以令レ任レ之、南都者兩門貫長之外少二蹤跡一、近則範憲年齢九旬、碩才第一、寺務數般、旁傍若無人之器用也、・覺圓後西園寺入道太政大臣息、拔群碩學、寺中威勢殆編二兩門一、凡不レ能二左右一、・隆遍大納言隆親卿子、及二八旬之暮齢一、黏二于病席一、獲麟之極望、垂二天憐一有二恩許一、等被レ任レ之、其子細又異二于他一者也、

僧正

任二權僧正一之輩、次第轉任强非二難義一歟、就二公請之勞等一有二恩許一歟、但修驗之輩、凡卑之類等、雖レ被レ許二極官一、不レ及二次第昇進一歟、重施二效驗等一、又不レ能二左右一者也、

**可…也**　底本・多クノ諸本ナシ。一部写本ニヨリ補ウ。

**之器用**　底本ナシ、諸本ニヨリ補ウ。

**9**　大僧正以下、僧官補任の原則を示す。ここでは僧官の僧正・僧都・律師とともに僧位である法眼・法橋も含んでおり、僧官と僧位の区別がなくなっている。

**大僧正**　僧綱の最上位である僧正のさらに上位のものとして置かれた。天平十七年(七四五)の行基が最初であるが、一般化するのは一〇世紀後半の良源以降。

**規模**　模範、もしくは名誉・面目の意。

**宗の長者**　東寺長者や天台座主など。

**山門に…任ぜしむ**　天台座主は、家柄よりも器量をもとに厳選されるのでなかなか大僧正になれない。そこで、座主以外のふさわしい僧侶が、大僧正に補任されている。

**両門貫長**　興福寺一乗院・大乗院の門主。

**蹤跡**　実例。以下、両門跡以外で大僧正になった実例をあげている。

**範憲**　→補1

**碩才**　広く深く学問を修めた人。碩学。

**寺務数般**　興福寺別当を数回にわたって

先例等は注載するに及ばざるものなり。相尋ぬべきなり。

9 一　僧官採択故実の事

*大僧正

釈門の棟梁、尤《もっと》も*規模たり。*宗の長者は大旨《おおむね》これに任ず。東寺においては、一《いちの》長者《ちょうじゃ》たるの仁、大略登用せらる。*山門に至っては、天台座主の清選、他に異なるの間、輒《たやす》く補任の人なし。仍て宗の長者に非ずと雖《いえど》も、然るべきの輩は多く以てこれに任ぜしむ。南都は*両門貫長の外は*蹤跡《しょうせき》少なし。近きは則ち*範憲〈年齢九旬、*碩才第一、*寺務数般、旁《かたがた》*傍若無人の器用なり〉・*覚円〈*後西園寺入道太政大臣の息、抜群の碩学、*寺中の威勢は殆《ほとん》ど両門に偏《へん》し、およそ左右《そう》能《あた》わず〉・*隆遍〈*大納言隆親卿の子、八旬の暮齢に及び、*病席に*黏《ねば》り、*獲麟《かくりん》の極望、天憐を垂れ恩許あり〉等これに任ぜらる。その子細はまた他に異なるものなり。

*僧正

権僧正に任じるの輩、次第に転任するは強《あなが》ち難義に非ざるか。公請《くじょう》の労等について恩許あるか。但し*修験の輩、*凡卑《ぼんぴ》の類等は、*極官《ごっかん》を許さると雖も、次第の昇進に及ばざるか。重ねて効験《こうけん》等を施さば、また左右能わざるものなり。

勤めたことを指す。
**傍若無人の器用**　並ぶ者がいないほど卓越した能力を備えていること。
**覚円**　→補2
**後西園寺入道**　関東申次、太政大臣を勤めた西園寺実兼(一二四九〜一三二二)。
**寺中の威勢は…**　両門跡が興福寺の威勢を独占していたため、大僧正としての威をふるうことはほとんどできなかった、の意か。
**隆遍**　一二五八〜一三三八。興福寺修南院、後深草天皇の乳父子。文保元年(一三一七)権僧正で別当に就任。『尊卑分脈』は大僧正と記す。
**大納言隆親卿**　四条隆親(一二〇三〜一二七八)。
**病席に…**　病気で臨終の時にあたって願いが聞き届けられ、大僧正となった。
**黏**　「粘」の本字。
**獲麟**　臨終のこと。
**僧正**　僧綱の最上位の官。のち大僧正・僧正・権僧正の三階となる。
**修験の輩**　熊野三山検校や新熊野別当を勤めたような験者(げんざ)を指す。
**凡卑の類**　「貴種の人」に対する語。本条の下文(権大僧都の項)にみえる「俗姓尋常の人」と同じ。
**極官を…**　権僧正となったとしても、特別な功験がなければ、順次の昇進は認められない。極官は権僧正をいう。→補3

權僧正

不レ勤二公請一之輩、拜除雖レ有二其例一、不レ可レ然事也、法皇御治天之時、堅被レ停二止了、尤可レ然歟、抑於二武家祈禱輩一者、雖レ未二公請一、任二彼執奏一被レ登二用之一、

法務

二人有レ之、東寺一長者必爲レ正、權法務諸寺僧隨時補レ之、隨分顯要之職也、山門唯顯之輩補任有レ例、近則靜明・心聰等也、

正官

大僧都

四ケ寺顯密之僧拜除、隨レ時加二于法印權大僧都之上首一也、近則後醍醐院御代、數輩被レ任レ之、多是顯宗名僧也、山門則玄智（兼學）・承憲（唯顯）・光憲（兼學）・仲圓（同）等也、唯密之仁顯澄（大納言資季卿孫、資氏卿子、）同任レ之訖、

法皇御代、大乘院孝覺僧正被レ任レ之歟、

少僧都

**則**　底本「例」、諸本ニヨリ改ム。

**同…訖**　底本ナシ、諸本ニヨリ補ウ。

**法皇御治天**　光厳院の治世時代（一三三六〜一三五二）。『釈家官班記』が作成されたのとほぼ同時代ということになる。

**武家祈禱の輩**　武家護持僧をいう。大田壮一郎「室町殿の宗教構想と武家祈禱」（『ヒストリア』一八八、二〇〇四年）参照。

**彼の執奏に…**　足利将軍家の朝廷への推薦によって権僧正に登用される。

**法務**　僧綱所の長官。綱務を統轄し仏教行政を監督した。本文史料第3条参照。

**正たり**　正法務。権法務に対置される。

**顕要**　地位が高く重要であること。

**山門唯顕**　顕教だけを修学して密教を修さない延暦寺僧。本文史料第6条では北京唯顕の僧侶は権僧正になれないとあり、それを補うために権法務に任じたのだろう。↓補1

**静明**　天台顕教の代表的学者、法印権大僧都。弘安七年（一二八四）の法勝寺八講で「一日法務」に補任（『勘仲記』同年七月六日条）。本文史料第5条参照。

**心聡**　延暦寺の僧。心賀の真弟、徳大寺公能五代の子孫。無動寺常楽院、法印権大僧都。嘉元二年（一三〇四）に六月会講師、

権僧正

公請を勤めざるの輩は、拝除《はいじょ》その例ありと雖も、然るべからざる事なり。*法皇御治天の時、堅く停止《ちょうじ》せられ了んぬ。尤も然るべきか。抑《そもそ》も*武家祈禱の輩においては、未だ公請せずと雖も、*彼《か》の執　奏に任せてこれを登用せらる。

*法務

二人これあり。東寺一長者は、必ず*正たり。権法務は、諸寺の僧、随時これに補《ふ》す。随分*顕要の職なり。*山門唯顕《ゆいけん》の輩の補任、例あり。近きは則ち*静明《じょうみょう》・*心聡等なり。

*正官

大僧都

*四ケ寺顕密の僧、拝除す。時に随い法印権大僧都の上首に加うるなり。近きは則ち　後醍醐院の御代に、数輩これに任ぜらる。多くは是《こ》れ顕宗の名僧なり。山門は則ち*玄智〈*兼学〉・*承憲〈唯顕〉・*光憲〈兼学〉・*仲円〈同〉等なり。唯密の仁は*顕澄〈大納言*資季《すけすえ》卿の孫、*資氏卿の子〉同じくこれに任じ訖んぬ。

少僧都

*法皇の御代、大乗院*孝覚僧正これに任ぜらるるか。

花園天皇に天台宗を教授するなどの碩徳で、正慶元年(一三三二)六月に権法務。

**正官**　以下の大僧都から律師をいう。権官の対概念。古代中世ではこうした正官が史料に登場することは稀である。本文史料からすれば、後醍醐天皇の治世下より行われたようである。

**四ケ寺**　四ヶ大寺である東大寺・興福寺・延暦寺・園城寺を指す。

**玄智**　一二七〇～一三三二。山門尊勝院の祖。静成法印の真弟。明匠の誉れ高く、祇園別当・横川長吏等を歴任。↓補2

**兼学**　顕教・密教双方を修学していること。

**承憲**　生没年不詳。山門安居院流の憲玄法印の真弟。碩学として著名。↓補3

**光憲**　生没年不詳、延暦寺の僧侶。後醍醐天皇の真言談義衆。↓補4

**仲円**　延暦寺の僧、中納言平仲兼の子。青蓮院慈道の側近。元弘元年(一三三一)幕府調伏祈禱で流罪となる。↓補5

**顕澄**　延暦寺の僧、生没年不詳。↓補6

**資季**　一二〇七～一二八九。藤原資家の子。正二位権大納言。尊円の従兄弟にあたる。

**資氏**　?～一三〇六。正四位左中将。

**法皇の御代**　光厳院が治天の時代。

**孝覚**　一三一九～一三六八。興福寺別当、大乗院門主。九条房実の子、己心寺と号す。↓補7

四ケ寺顯密之侶拜除、加二于權官之上一也、後醍醐院御代、雲禪兼學任レ之、抑
南都兩院家代々直二任正少僧都一云々、

律師

同前、後醍醐院御代仲慶兼學任レ之、

權大僧都

俗姓尋常之人、稽古修學之輩、　公請有勞之族、各依二一途之寄一、被二拜除一者也、近代住侶等、猶以令レ任之上者、殆墜レ地了、不便々々、抑先敍二法印一、後任二大僧都一之輩、聊有二寛宥一歟、但於二住侶一者、大略法印之後、大僧都也、是又必不レ然歟、

權少僧都・權律師等

必無二清選沙汰一、顯宗名僧者、就二公請勞一被レ任レ之、密宗輩淺位之時、大略不レ帶二　公請之勞一、依二師匠擧　奏一、可レ有二其沙汰一歟、抑東寺・天台灌頂巡、權律師拜任事者、置而不レ論レ之也、

散位僧綱

**少**　底本ナシ、諸本ニヨリ補ウ。
**清**　「精」トスル諸本アリ。
**宗**　底本「密」、諸本ニヨリ改ム。

**権官**　権律師や権少僧都などを指す。ここでは権少僧都の上位という意味。
**雲禅**　生没年不詳。建武元年（一三三四）二月六日後醍醐中宮新室町院の御産祈の一環として放光仏供養を行っているが、この時は権大僧都（『門葉記』一七二）。
**南都の両院家**　興福寺一乗院・大乗院の両門主。
**仲慶**　一三〇九〜？。山門の僧侶、非参議平行高の子。仲円僧正の弟子。康永三年（一三四四）三月、仙洞での尊勝陀羅尼供養に参仕しているが、この時は既に大僧都となっている（『門葉記』六二）。
**権大僧都**　叙述の構成からみて、この前行には「正官」（三七頁九行目）に対する「権官」の文字が挿入されるべきか。
**俗姓尋常**　出身の家格がそれにふさわしい然るべき人物をいう。

四ケ寺顕密の侶、拝除す。*権官の上に加うるなり。後醍醐院の御代、*雲禅〈兼学〉これに任ず。抑《そもそ》も*南都の両院家は代々正少僧都に直任すと云々。

律師

同前。後醍醐院の御代、*仲慶〈兼学〉これに任ず。

*権大僧都

*俗姓《ぞくしょう》尋常の人、稽古《けいこ》修学の輩、　公請《くじょう》有労の族《やから》は各《おのおの》*一途の寄により、拝除せらるるものなり。*近代は住侶等、なお以て任ぜしむるの上は、殆《ほとん》ど地に墜ち了んぬ。不便《ふびん》々々。*抑も先に法印に叙し、後に大僧都に任ずるの輩、聊《いささ》か寛宥あるか。但し住侶においては、大略法印の後に大僧都なり。是れまた必ずしも然らざるか。

権少僧都・権律師等

必ずしも清選の沙汰なし。顕宗の名僧は、公請の労についてこれに任ぜらる。密宗の輩は、*浅位の時、大略　公請の労を帯びず、師匠の挙　奏により、その沙汰あるべきか。抑も*東寺・天台灌頂《かんじょう》の巡に、権律師拝任の事は、置いてこれを論ぜざるなり。

*散位《さんみ》僧綱

**一途の寄**　ひたむきな努力や功績などのいわれ。

**近代は住侶…**　近年は山門住侶までもが権大僧都に補されたため、権大僧都の権威が下落してしまった。「住侶」は「山徒」と同じ。「在洛の名僧」に対する語。

**抑も先に法印に…**　先に散位僧綱の法印に叙された者は、権大僧都の補任がややたやすくなる。本来、法印は僧正に対応する僧位であったが、官位相当の原則がくずれ、ここでは散位僧綱の法印は権大僧都よりも下位と意識されている。坊官や仏師が散位僧綱の法印に叙されたことと関わりがあろう。

**浅位**　僧綱になる以前で僧官位が低い段階をいう。阿闍梨位など。

**東寺天台灌頂**　後出。本文史料第12条参照。

**散位僧綱**　法印・法眼・法橋の僧綱位だけで、僧正・僧都・律師などの僧官をもたないものをいう。『初例抄』(『群書』二四)には「散位僧綱始」として、法印は石清水八幡宮の聖清(長保五年〔一〇〇三〕三月四日叙)、法眼は遍昭(貞観十一年〔八六九〕二月二十六日叙)、法橋は長意(延喜三年〔九〇三〕五月二十五日叙)をそれぞれあてている。このうち遍昭は直叙であり、天台として最初の散位僧綱であったという(同書「僧正始」項)。

子細同前、此中坊官敍二法印一、尤規模事也、増圓（慈鎭和尚坊官）・覺寛（仁和寺坊官）等其初也、於レ今者爲二流例一、諸門跡坊務之輩、譜代之族、可レ爲二其仁一歟、猥不レ可レ致二擧奏一、輙不レ可レ有二敕許一哉、

直敍法眼

釋門隨分之榮職也、古來僧事興行之時、殊有二清選之沙汰一、堅被レ惜之時者、大臣息乃至孫子等之外、不レ被レ任レ之歟、常儀公達尋常家々花族之類敍來者也、雖レ非二殊清花之家一、二條四條等多二其例一、但多不二吉例一歟、慶融・源承（二人共是爲家卿子、）隆譽（隆名卿子、房名猶子、山門、）等之類也、

法橋

上古可レ然之仁敍レ之例有レ之、覺猷（座主、鳥羽僧正、隆國卿子也、）等也、近則後醍醐院御代、仲慶（行高卿子、仲圓僧正弟子、）敍レ之、

一　勸賞事

**猥**　底本「狼」、諸本ニヨリ改ム。
**事**　底本コノ下ニ「僧」アリ。
**名**　『群書』「良」トス。
**御代**　底本ナシ。諸本ニヨリ補ウ。

**子細同前**　必ずしも清選の沙汰をしない。
**坊官**　房官とも書く。門跡寺院などにあって門主の側近として仕え、その家政を執務する法師。剃髪・僧衣ではあるが帯刀・妻帯・肉食する。
**尤も規模の事**　最高の栄誉である。
**増円**　↓補1
**覚寛**　仁和寺御室の坊官鳴滝家の一員。侍従法橋行賢の子。大弐法印と称す。仁平元年（一一五一）には仁和寺執事別当に補任。
**直叙法眼**　法橋・律師を経ずに、有職から直ちに法眼に叙されること。↓補2
**僧事**　仏教界の人事。↓補3
**堅く惜しまるる**…　人事を厳格に行うときは大臣の子・孫以外は法眼に直叙されない。
**公達尋常の家々**　諸王・皇族、摂関家など立派な家格の家々を指す。

子*細同前。この中《うち》*坊官を法印に叙すは、尤*も規模の事なり。増*円〈慈鎮和尚坊官〉・覚*寛〈仁和寺坊官〉等がその初めなり。今においては流例とす。諸門跡坊務の輩、譜代の族《やから》は、その仁たるべきか。猥《みだ》りに挙奏を致すべからず。輒《たやす》く勅許あるべからざるや。

直*叙法眼《ほうげん》

釈門随分の栄職なり。古来、*僧事《そうじ》興行の時、殊《こと》に清選の沙汰あり。堅*く惜しまるるの時は、大臣の息乃至《ないし》孫子等の外は、これに任ぜられざるか。常儀は公*《きん》達《だち》、尋常の家々、*花族《かぞく》の類を叙し来《きた》るものなり。殊に*清花《せいが》の家に非ずと雖《いえど》も、二*条・四条等、その例は多し。但し多くは吉例ならざるか。慶*融・源承〈二人共是れ為*家卿の子〉、隆*誉〈隆*名卿の子、房*名の猶子《ゆうし》、山門〉等の類なり。

*法橋《ほっきょう》

上古は然るべきの仁、これに叙す例これあり。覚*猷〈座主、鳥羽僧正、隆*国卿の子なり〉等なり。近きは則ち後醍醐院の御代、仲慶〈行*高卿の子、仲円僧正の弟子〉これに叙す。

10 一　勧賞《けんじょう》の事

**花族・清花**　清華家。摂関家に次ぐ高い家格。

**二条四条**　二条家や四条家を指す。二条の例に為家をあげていることから、これは和歌で名高い御子左家のこと。いずれも羽林家である。

**慶融源承**　→補4

**為家卿**　一一九八～一二七五。藤原定家の子。蔵人頭、参議を経、正二位権大納言まで昇進。父同様歌人としても名高い。『続後撰和歌集』『続古今和歌集』を選進し、家集ももつ。法名融覚。

**隆誉**　不詳。→補5

**隆名**　?～一三三三。四条房名の猶子。元亨二年(一三二二)七月非参議正三位で死去。

**房名**　一二二九～一二八八。四条隆親の子。正二位大納言。

**法橋**　ここでは、権律師の官位をもたない散位僧綱の法橋をいう。平安初期、延暦寺は僧綱制から離脱していたので、天台座主を法橋に叙すことが多かった。

**覚猷**　→補6

**隆国卿**　源隆国(一〇〇四～一〇七七)。『宇治拾遺物語』のもとになる説話集の作者として有名。

**行高卿**　平行高(一二九八～?)。従三位非参議となり、建武三年(一三三六)に出家。

**10**　功を賞して、官位や禄物などを与えること。

計　「許」トスル諸本アリ。

神社

八幡　春日　大原野　日吉　祇園　北野　熊野　新熊野

以上諸社行幸御幸、女院后宮等御參詣、寺家賞（検校・別當・權別當・三綱等賜レ之、）社家賞、（祠官加階、）被レ行二御經供養一之時者、御導師預レ賞、熊野山御幸御先達有レ賞、春日社氏長者參詣之時、寺社有レ賞、如二此等一條々、臨二其事一、任二先規一、可レ被レ行レ之也、今大概題目計勒レ之、

佛寺

諸寺行幸御幸以下賞同前、或又修理修造者賞被レ行レ之、

顯宗

說法賞、御導師賞、講師賞（付重講、）公請勞

密宗

御卽位（付御禊・大嘗會、）・御元服・兩社行幸御祈、御堂供養御祈、諸社御祈、御產御祈、皇子降誕御祈、日月蝕御祈、寒御祈、祈雨・止雨・變異御祈、御藥御祈、追討御祈、御修法賞、護持勞、東宮后宮女院

**八幡**…　国2参照。

**新熊野**　後白河法皇が、永暦元年（一一六〇）に御所法住寺殿の近くに熊野神を勧請して造営した新熊野神社。京都市東山区。

**行幸御幸**　天皇や上皇の出行のこと。平安時代中期以降、上皇の場合は御幸というように文字の使い分けをするようになった。↓補1

**祠官**　神社につかえる職。

**御経供養を**…　御願によって写経された経巻の供養を行った場合は、その法要の中心となった導師が賞を与えられる。

**熊野山の御幸**　↓補2

**御先達**　熊野詣での道中の道案内や宿泊の世話をするほか、経供養の導師や奉幣など宗教面での案内も行う人。一一世紀後半頃からみえる。院の場合は熊野三山

神社

*八幡　春日　大原野　日吉　祇園　北野　熊野　*新熊野《いまくまの》

以上の諸社に*行幸御幸、女院后宮等の御参詣には、寺家賞〈検校・別当・権別当・三綱《さんごう》等これを賜《たまわ》る〉、社家賞〈*祠官を加階す〉なり。*御経供養を行わるるの時は、御導師が賞に預かる。*熊野山の御幸は*御先達に賞あり。春日社に*氏長者参詣の時は、*寺社に賞あり。これ等の如《ごと》き条々、*その事に臨み、先規に任せ、これを行わるべきなり。今は大概の題目計《ばか》りこれを勒す。

仏寺

諸寺への行幸御幸以下の賞は同前。或いはまた、修理修造の者への賞、これを行わる。

顕宗

説法の賞、御導師の賞、講師《こうじ》の賞〈付けたり、*重講〉、*公請《くじょう》の労

密宗

御即位〈付けたり、*御禊《ごけい》・大嘗会〉・御元服・*両社行幸の御祈、御堂供養の御祈、諸社御祈、御産御祈、皇子降誕の御祈、*日月蝕の御祈、寒の御祈、祈雨・止雨・*変異の御祈、*御薬《おくすり》の御祈、追討の御祈、御修法の賞、*護持の労、東宮后宮女院

検校が先達を勤めるのが通例。

**氏長者参詣**　藤原氏の氏神春日社には、新たに藤原氏の長となった人物は、参詣するのを常としていた。

**寺社**　興福寺と春日社を指す。

**その事に臨み…**　その時々の状況に応じて、あるいは先例にしたがって遂行されるべきもので、ここでは、その勧賞が行われる場合のおおよそを示した。

**重講**　三会講師の故障に際し、講師経験者が急遽、講師を勤めること。→補3

**公請の労**　南北三会・三講などの勅会に出仕した労をいう。

**御禊大嘗会**　天皇の即位儀礼の一つで、新天皇は即位後の十一月に皇祖神とともに新穀を共食する大礼である大嘗祭を行うが、その直前の十月には賀茂の河原などで御契というみそぎを行っていた。これらの無事遂行を密教僧が祈っていたのである。

**両社行幸**　石清水八幡宮と賀茂社への行幸。大嘗会の翌年に行われる。→補4

**日月蝕の御祈**　→補5

**変異の御祈**　彗星や怪異などに対する祈禱。彗星は天空の秩序を乱すものとして忌まれた。

**御薬の御祈**　天皇の病悩平癒の祈り。薬は病気の意。→補6

**護持の労**　護持僧を勤めた功労。

等護持労、御讀經賞、密宗公請労、御受法賞、密宗修學労、御験者禁裏・仙洞・諸院宮、

諸道

宿曜、佛師、經師各随時有㆓勸賞㆒、

一　辭退替事

辭㆓其官㆒申㆓任同官㆒之例、少々有㆑之、非據之由、古來有㆓其沙汰㆒者也、又僧正法務等辭退之時、申㆓任二人㆒之例有㆑之、但正員二人不㆑申㆑之歟、又辭㆓大僧正㆒申㆓任權僧正㆒之例是多歟、顯宗之人、以㆓講師巡㆒讓㆑人事有㆓其例㆒、山門者祖師良快僧正、以㆓良仙㆒任㆓權少僧都㆒、聖覺法印以㆓詮惠㆒任㆓權律師㆒者也、南都三會同有㆑例云々、可㆑被㆑尋㆑之歟、

一　僧事書連次第

先正員　次散位

大少僧都者、先其官一々書㆑之、或一二並而同時拜任、

**譲**　底本「講」、諸本ニヨリ改ム。

**書連**　『群書』『連書』トス。

**御受法の賞**　天皇に仏教を教授した功労に対する勧賞。→補1

**御験者**　御産・病悩に際し、加持祈禱の秘法を修すことで験をあらわす行者。

**諸道**　道々の輩ともいい、一般的には商工業や呪術芸能者を指す場合が多い。ここでは、彼ら百姓身分の者とは異なり、僧綱位を授けられる三つの職能を挙げている。

**宿曜**　「すくよう」ともいう。占星・暦算により、星宿を加持して災厄をはらう僧形の宿曜師。→補2

**仏師**　仏像を製作する工人・職人。絵仏師と木仏師がある。僧形で、大仏師・小仏師などの組織による集団的製作もあったことが知られている。→補3

**経師**　経典の書写や表装を行う工人・職人。職人歌合では僧形。→補4

**11**　僧官を辞任する替わりとして、弟子などに僧位僧官を与えて昇進させるこ

等護持の労、御読経の賞、密宗公請の労、*御受法の賞、密宗修学の労、*御験者《げんざ》
〈禁裏・仙洞《せんとう》・諸院宮〉
諸道*
*宿曜《しゅくよう》、*仏師、*経師〈各《おのおの》、随時勧賞あり〉

11 一 辞退の替《かえ》の事

その官を辞して、同じ官に申し任ずるの例、少々これあり。非拠の由、古来その沙汰あるものなり。また*僧正・法務等を辞退の時、二人を申し任ずるの例これあり。但し*正員二人はこれを申さざるか。また大僧正を辞し、権僧正を申し任ずるの例是《こ》れ多きか。顕宗の人、*講師《こうじ》の巡を以て人に譲る事その例あり。山門は祖師*良快僧正が*良仙を以て権少僧都に任じ、*聖覚法印は*詮恵を以て権律師に任ずるものなり。*南都三会《さんね》、同じく例ありと云々。これを尋ねらるべきか。

12 一 僧事《そうじ》書き連ねの次第

先に正員　次に散位《さんみ》
大少僧都は、先《ま》ずその官、一々これを書く。或いは一二並びて同時に拝任し、

と。→補5

**僧正法務…申さざるか**　僧正や法務を辞任して、替わりに二名のものを任命する場合は、少なくとも一名は散位僧綱でなければならない。ちなみに、これは必ずしも遵守されていたわけではない。→補6

**正員**　正員僧綱ともいい、僧正・僧都・律師の正・権官を指す。散位僧綱に対する語。本文史料第7条の「正員僧綱」の項参照。

**講師の巡…**　三会講師が僧綱一階分昇進する権利を人に譲ること。ここでは顕教だけにしか触れていないが、密教では勧賞を弟子に譲って昇進させるのは日常的なことである。

**良快**　一一八五～一二四二。九条兼実息。青蓮院門主。第七六世天台座主。

**良仙を以て…**　→補7

**聖覚**　一一六七～一二三五。安居院澄憲の子。天台顕教の代表的学僧。

**詮恵**　不詳。この記事は裏づけがとれない。

**南都三会**　宮中御斎会、興福寺維摩会、薬師寺最勝会を指す。

**12**　僧事聞書に僧綱・阿闍梨、二会四灌頂などの人事の結果を記すときの順序。正員僧綱(僧正・僧都・律師)を記したあとで散位僧綱を記載する。→補8

或二三並而同時有レ例、或又一二三同時有レ例、
律師者、先三會二會巡・東寺灌頂・天台灌頂、顯密共或一二同時昇進、或二三同時拜任、各有二其例一、
勸賞讓等者、隨二讓任之人之位次一書レ之、雖レ非レ讓就二內擧一被レ任之輩同任二擧
　奏之仁座次一書二烈之一、
三會・二會事、顯宗名僧昇進之所注レ之了、
灌頂事者、　敕願結緣灌頂小阿闍梨被レ　宣二下之一也、二年勤仕之後、任二權律師一也、東寺・觀《仁》音院・物《山》持院・尊勝寺《山門・三井寺》・最勝寺《同》、於二此寺所々一被レ修レ之者也、

東寺

承和十一年三月十五日、實惠僧都于レ時長者、於二東寺灌頂院一始二行結緣灌頂一、
永久元年九月廿五日、東寺灌頂小阿闍梨、准二三會講師一可レ有二勸賞一之由　宣下、長者權僧正寬助、募二孔雀經法賞一申二請之一、是則尊勝寺灌頂永被レ付二天台一其替也、

**律師**　底本改行セズ、意ニヨリ改行ス。「勸賞讓」、「三會二會事」、「灌頂事」モ同様。
**寺**　「等」トスル写本アリ。
**灌頂**　底本ナシ、傍注トシテ「灌」ノ小文字ノミ。諸本ニヨリ補ウ。

**律師は…**　律師に同時に昇進した人物の記載順が示される。まず三会二会の已講、ついで灌頂阿闍梨、その他の順となる。
**三会二会**　南都三会と北京三会。
**東寺灌頂天台灌頂**　後掲の勅願灌頂の小阿闍梨をいう。これを勤めた者を已灌頂といい、顕教の已講と同様に勧賞を与えられた。密教僧の僧綱昇進制度の一つ。
**譲任する人の…**　譲や替で律師に任じられた者が複数いた場合は、譲った人の官位の序列に従って記載する。こうした記載順は、その後の座次や昇進にも影響を及ぼすので、慎重な配慮がなされた。
**内挙**　師匠による推薦。
**顕宗名僧昇進の所**　本文史料第5条参照。
**灌頂の事は…**　勅願の結縁灌頂の小阿闍梨を、胎蔵界・金剛界二年で勤めると、僧綱に昇進できる。灌頂は頭に水をそそぎ一定の位を得る密教の儀式。本来はイ

或いは二三並びて同時の例あり。或いはまた一二三同時の例あり。*律師は先に*三会《さんね》二会の巡・*東寺灌頂《かんじょう》・天台灌頂、顕密共に或いは一二同時に昇進し、或いは二三同時に拝任す。各《おのおの》その例あり。勧賞《けんじょう》の譲等は、*譲任する人の位次に随いて、これを書く。譲に非ずと雖《いえど》も、*内挙について任ぜらるるの輩は、同じく挙　奏の仁の座次に任せてこれを書き烈《つら》ぬ。

三会・二会の事、*顕宗名僧昇進の所にこれを注し了んぬ。

*灌頂の事は、　勅願の*結縁《けちえん》灌頂の*小阿闍梨、　宣下せらるるなり。二年勤仕《ごんし》の後に、権律師に任ずるなり。*東寺・観音院《仁》・惣持院《山》・尊勝寺《山門・三井寺》・最勝寺《同》、この寺所々においてこれを修せらるるものなり。

東寺

*承和十一年三月十五日、*実恵僧都〈時に長者〉、東寺灌頂院において、結縁灌頂を始行《しぎょう》す。

*永久元年九月二十五日、東寺灌頂小阿闍梨は、*三会《さんね》講師《こうじ》に准じて勧賞あるべきの由　宣下さる。*長者権僧正寛助、*孔雀経法の賞を募りてこれを申請す。是《こ》れ則ち*尊勝寺灌頂を永く天台に付さるるその替なり。

ンドの即位儀礼であったという。
**結縁灌頂**　人々に仏縁を結ばせる密教の儀式。曼荼羅に花を投げて有縁仏を定める(投華得仏)。
**小阿闍梨**　小灌頂阿闍梨・蓮台阿闍梨とも。灌頂の統轄者である大阿闍梨につぐ重要な役割をはたす役僧。受者に対して、塗香・五股・得仏の印明を授ける。
**東寺観音院**…　→補1
**承和十一年**…　→補2
**実恵僧都**　七六六〜八四七。空海の弟子。東寺を託され長者第二世となった。
**永久元年**…　東寺灌頂が勅願となり、その阿闍梨を勤めた者を僧綱に昇進させる認可がなされた。→補3
**三会講師に准じて**…　東寺灌頂小阿闍梨を南北三会の已講に准じて昇進させる。これを已灌頂という。
**長者権僧正寛助**　一〇五七〜一一二五。東寺長者や東大寺・法勝寺別当を歴任。白河院の信任厚く「法関白」と称された。
**孔雀経法**　孔雀明王を本尊とする修法。祈雨や息災に効験をもつ。同年八月、寛助はこの法で鳥羽天皇の病を癒した。
**尊勝寺灌頂を**…　これまでは尊勝寺の灌頂阿闍梨は東寺・山門・寺門が交代で勤めていた。尊勝寺灌頂を天台の独占とする代わりに、東寺灌頂の勅願化が認められた。真2参照。

惣持院

仁壽元年九月十五日、慈覺大師（于レ時座主、）始二修鎭國灌頂一、

建長元年九月八日、小阿闍梨勤三二年二可三昇進二之由被レ下三　院宣一、

尊勝寺

長治元年三月廿四日、於二尊勝寺一始被レ修二結縁灌頂一（胎）、大阿闍梨覺行親王、賜二勸賞一（仁和寺圓堂院被レ寄二阿闍梨五口一、）小阿闍梨寛智、任二權律師一（當座、）自今以後東寺天台各兩年、准二三會二會一可レ被レ任二僧綱一　宣旨、

永久元年九月廿五日　宣旨、偏天台兩門（延暦・園城）可レ勤レ之云々、仍自今以後東寺不レ勤二此御願一（依二天台衆徒訴一也、）今年大阿闍梨座主法印權大僧都仁豪（山）、小阿闍梨行嚴（山）、

最勝寺

保安三年十二月廿五日、被レ始二行結縁灌頂一、當年尊勝寺大小阿闍梨勤レ之、以後付二尊勝寺大小阿闍梨一可レ行二兩界一之由　宣下云々、大阿闍梨權大僧都公伊寺　・小阿闍梨慶實、（寺、内供奉、）

觀音院

**小阿…進**　底本左傍ニ「ム―惣寺院灌頂、ム―座主尊覺親王　奏」トアリ。

**大阿…**　底本ナシ。諸本ニヨリ補ウ。

**惣持院**　比叡山九院の一つ。東塔西谷にあり、円仁が建立。↓補1

**仁寿元年…**　↓補2

**慈覚大師**　円仁（七九四～八六四）。

**時に座主**　この記事は不正確。円仁が座主になったのは、仁寿四年（八五四）四月のこと。

**鎮国灌頂**　鎮国は鎮護国家の意。↓補3

**建長元年…**　↓補4

**尊勝寺**　堀河天皇の御願で康和四年（一一〇二）に建立。京都市左京区岡崎。

**長治元年…**　↓補5

**覚行**　一〇七五～一一〇五。仁和寺御室三世、中御室。白河天皇皇子。承徳三年（一〇九九）最初の法親王となる。

**仁和寺円堂院**　宇多法皇御願。仁和寺境内東南に建立した念誦堂を中心とする一郭（『本要記』『仁和寺史料』一）。

**寛智**　一〇四六～一一二一。華蔵院律師。大御室性信から伝法灌頂をうける。↓補6

**当座**　その場ですぐさま。権律師の補任がすぐに行われたことを示す。

**東寺天台各両年**　↓補7

*惣持院

*仁寿元年九月十五日、*慈覚大師〈*時に座主〉*鎮国灌頂を始修す。

*建長元年九月八日、小阿闍梨を二年勤め昇進すべきの由、　院宣を下さる。

*尊勝寺

*長治元年三月二十四日、尊勝寺において始めて結縁灌頂〈胎〉を修せらる。大阿闍梨*覚行親王は勧賞《けんじょう》を賜《たまわ》り〈*仁和寺円堂院に阿闍梨五口を寄せらる〉、小阿闍梨*寛智は権律師に任ず〈*当座〉。自今以後、*東寺天台各《おのおの》両年、三会一会に准じて僧綱に任ぜらるべき　宣旨あり。

*永久元年九月二十五日　宣旨、偏《ひとえ》に天台両門〈延暦・園城〉これを勤むべしと云々、仍て自今以後、東寺はこの御願を勤めず〈天台衆徒の訴によるなり〉。今年の大阿闍梨は座主法印権大僧都*仁豪《山》、小阿闍梨は*行厳《山》なり。

*最勝寺

*保安三年十二月二十五日、結縁灌頂を始行《しぎょう》せらる。当年は、尊勝寺の大小阿闍梨がこれを勤む。*以後も尊勝寺の大小阿闍梨に付して*両界を行うべきの由　宣下すと云々。大阿闍梨は権大僧都*公伊〈寺〉・小阿闍梨は*慶実〈寺、*内供奉〉なり。

*観音院

**永久元年**…　尊勝寺結縁灌頂は天台の延暦・園城寺が勤めるものとし、その代替として、東寺灌頂が三会に准じる僧綱昇進の階梯に位置づけられた。真2参照。

**仁豪**　一〇五一～一一二一。山門僧。内大臣藤原能長の子。天永元年(一一一〇)から天台座主。

**行厳**　?～一一三三。山門僧。台密仏頂流の祖。

**最勝寺**　鳥羽天皇御願で元永元年(一一一八)金堂・薬師堂が供養。六勝寺の一つ。寺地は、法勝寺と尊勝寺の間。

**保安三年**…　『初例抄』『濫觴抄』等はいずれも十二月十五日とする。↓補8

**以後も尊勝寺**…　これ以後も、最勝寺の灌頂阿闍梨は、尊勝寺灌頂の大小阿闍梨を宛てる。

**両界**　密教でいう金剛界と胎蔵界。

**公伊**　一〇五三～一一三四。藤原伊房の子。三井四傑の一人(『寺門伝記補録』一八)。

**慶実**　一〇六四～一一四三。円勝寺供僧。保安三(一一二二)・四年と尊勝寺灌頂小阿闍梨を勤め、翌五年正月にその労で権律師となった(『僧綱補任』『寺門伝記補録』一八)。

**内供奉**　内供奉十禅師のこと。

**観音院**　宇多法皇が仁和寺内に設けた御所を敦実親王が受け仏閣としたもの。南御室とも。勅願の結縁灌頂や御室の伝法灌頂受法の場。↓補9

保延六年三月廿五日、於㆓仁和寺觀音院㆒、被㆑始㆓修結緣灌頂㆒、
二品親王 覺法 去年五月春宮降誕之時御祈、孔雀經法賞被㆑申㆓請之㆒、

一　學頭等勞被㆑聽㆓昇進㆒事
延曆寺學頭一・園城寺學頭一等、被㆑任㆓僧綱㆒例也、勸學講一同㆑之、此講者當門跡進止也、慈鎭和尚建久六年九月於㆓無動寺大乘院㆒始㆓行之㆒、承元二年七月廿三日、申㆓給僧綱一人・有職三人㆒、付㆓置此講㆒、去五月法花法賞也、

一　功人事
古來法眼・法橋等之類、募㆓成功㆒敍㆑之、所謂寺社修理修造、御祈造佛寫經等之功也、其題目宜㆑在㆓當時之御要㆒、不㆑遑㆓于具載㆒者也、
近代昇進輙之間、功人曾以無㆑之、仍正員僧綱少僧都・律師等、連々申㆓請之㆒、此時功人尻付略㆑之宜歟、凡如㆑此

**之**　底本ナシ、諸本ニヨリ補ウ。

**保延六年…**　→補1
**覚法**　一〇九一～一一五三。仁和寺御室。白河天皇の第四皇子。高野御室と称された。
**去年五月春宮降誕**　保延五年(一一三九)五月十八日鳥羽第八皇子躰仁親王(後の近衛天皇)の誕生を指す。→補2
**13**　学頭から僧綱昇進の例について。
**学頭**　学僧の頭領。学事を統轄する僧。
**延暦寺学頭一**　山門学頭の一臈。このように寺院側に叙任権を委ねた僧綱を永宣旨僧綱という。→補3
**園城寺学頭一**　→補4
**勧学講一**　勧学講は慈円が建久六年(一一九五)に設立。山門三塔からの先達・講衆一〇〇名が、無動寺大乗院を道場にして講問論義を行った。天3の「僧綱一人有職三人」の項参照。
**当門跡**　編者尊円の青蓮院門跡。
**慈鎮和尚**　慈円(一一五五～一二二五)。
**無動寺大乗院**　比叡山の無動寺谷に、皇嘉門院聖子供養のため兼実の発願によって建久五年に建立された御堂。青蓮院門跡が代々知行した。
**承元二年…**　→補5
**有職**　阿闍梨のこと。

*保延六年三月二十五日、仁和寺観音院において結縁灌頂を始修せらる。二品親王〈*覚法〉は、*去年五月春宮《とうぐう》降誕の時の御祈り、孔雀経法の賞これを申請せらる。

13 一 *学頭等の労で昇進を聴《ゆる》さるる事

*延暦寺学頭一・*園城寺学頭一等、僧綱に任ぜらるる例なり。*勧学講一、これに同じ。この講は*当門跡の進止なり。*慈鎮和尚、建久六年九月、*無動寺大乗院においてこれを始行《しぎょう》す。*承元二年七月二十三日、僧綱一人・*有職《うしき》三人を申し給わりこの講に付け置く〈*去る五月の法花法賞なり〉。

14 一 *功人の事

*古来、法眼《ほうげん》・法橋《ほっきょう》等の類は、*成功《じょうごう》を募りてこれに叙す。所謂《いわゆる》、寺社の修理修造、*御祈の造仏写経等の功なり。その題目、宜《よろ》しく当時の御要にあるべし。具さに載するに遑《いとま》あらざるものなり。

*近代は昇進輙《たやす》きの間、功人は曾《かつ》て以てこれなし。仍て*正員僧綱の少僧都・律師等、連々これを申請す。この時、*功人の尻付《しづけ》これを略すは宜しきか、およそ此《かく》の

**去る五月の法花法**　承元二年(一二〇八)五月六日から、後鳥羽院御所の高陽院にて院のために慈円が助修二〇名を具して行った。なお『大史』四―一〇―九〇頁に関連史料が収載されている。

**14**　成功による昇進・任官の例について。

**功人**　一般には功のある人をいうが、ここでは成功によって昇進を希望する人。

**古来法眼法橋等の…**　平安時代から成功によって法眼や法橋に叙してきた。鎌倉後期になると正員僧綱の成功も登場するようになった。次項参照。

**成功**　朝廷への財政的貢献によって官職を得ること。売官制度の一つ。→補6

**御祈**　院や天皇の御願。

**近代は…申請す**　近年は法眼・法橋への昇進が容易になったために、その成功がなくなり、代わって、それより上位の僧綱位を得るための成功が続いている。

**正員僧綱**　僧正・僧都・律師の正・権官をいう。散位僧綱に対する語。

**功人の尻付…**　法眼・法橋とは異なり、正員僧綱の売官は差し障りがあるので、彼らを成功で補任しても尻付に明記せず、通常の任命であるかのように補任宣下をするのがよい。尻付は成功によって昇進した人物の名前のあとに付して記載される注記のこと。→補7

之類可レ為二　宣下一、於二僧事面一者清選尤可レ然歟、但於レ今者、又依二成功一任官敍位之者、一切無レ之上者、不レ能二是非一者也、然間除目・歳末御修法等可レ擧二申功人一之由、被レ仰下一之、為二流例一之間、不レ能レ申二子細一、阿闍梨勵二其力一歟、為レ法不レ可レ然乎、

已上篇目大略如レ斯、此内少々隨二管見一、先度御修法條々注進之時、注申訖、

如《ごと》きの類は　宣下をなすべし。*僧事《そうじ》面においては、清選尤《もっと》も然るべきか。但し今においては、また*成功による任官叙位の者、一切これなき上は、是非能《あた》わざるものなり。然る間、*除目《じもく》・歳末御修法等、功人を挙げ申すべきの由、これを仰せ下さるるは流例たるの間、子細を申す能わず。*阿闍梨はその力を励ますか。*法として然るべからざるや。

已上の篇目、大略斯《か》くの如し。この内少々は管見に随い、先度、*御修法の条々注進の時、注し申し訖んぬ。

**僧事面に…能わざるものなり**　正員僧綱の人事は精選するのが原則であるが、もはやその成功も止むを得ない。

**成功による…**　成功による法眼法橋の叙任がないので、正員僧綱を対象とする成功も仕方がない、という意味か。

**除目歳末御修法**　除目の無事遂行を祈る御修法と歳末に行われる御修法。

**阿闍梨はその力を…**　除目歳末御修法に出仕する阿闍梨は、供物を成功によって期待できるので力づけられる、の意か。

**法として…**　成功を募集するのは仏法のためには好ましい事ではない。

**御修法の条々**　「御修法条々」(『門葉記』一五四)の奥書に「文和二年正月中旬、書進禁裏之草本也」とあり、これを指すと思われる。

# 第二章　朝廷と寺院

## 1　保元新制

国**2**　後白河天皇宣旨　保元元年(一一五六)閏九月十八日　人車記

保元元年閏九月十八日　宣旨

一　可レ令下下二知諸國司一、且從二停止一、且錄レ狀、言中上神社・佛寺・院宮諸家新立庄園上事

仰、九州之地者一人之有也、王命之外、何施二私威一、而如レ聞、近年或語二取國判一、或稱レ傳二公驗一、不レ經二官奏一恣立二庄園一、論二之朝章一、理不レ可レ然、久壽二年七月廿四日以後、不レ帶二宣旨一、若立二庄園一、且從二停癈〔廢カ〕一、且令二注進一、國宰容隱不二上奏一者、卽解二見任一科二違勅罪一、至二于子孫一永不二敍用一、

一　可レ令下同下二知諸國司一、停中止同社寺・院宮諸家庄園、本免外加納餘田幷

国**2**　→補1

**後白河天皇宣旨**　保元の乱で勝利をおさめた後白河天皇が寺社勢力の抑制方針を示した新制。荘園整理、神人悪僧の濫行停止、所領規制の三項目から成る。後白河天皇(一一二七～一一九二)は久寿二年(一一五五)に即位、保元三年(一一五八)に譲位して以後、院政を行った。→補2

**人車記**　平信範(一一一二～一一八七)の日記。『人車記』の名は信範の偏にちなむ。兵部卿を極官としたので『兵範記』ともいう。全二五巻。→補3

**1**　後白河天皇が即位して後の新立荘園については、すべて天皇が立荘の可否を判断する。

**院宮**　上皇・女院・三后(太皇太后・皇太后・皇后)・中宮・東宮などの総称。

**九州の地は…**　日本全土はすべて天皇の支配下にある。九州は日本全土を指し、中国の夏の禹のとき、中国全土を九つの州にわけた故事による。→補4

**一人**　天子。ここではこの宣旨の発給主体である後白河天皇を指す。

**近年或いは国判を…**　最近、国司と結託して立荘の免判を得たり、また荘園文書を伝持していると称して、正式の手続き

# 第二章　朝廷と寺院

## 1　保元新制

**国2**　後白河天皇宣旨　保元元年(一一五六)閏九月十八日　　人車記

保元元年閏九月十八日　宣旨

1 一　諸国司に下知し、且《かつ》は停止《ちょうじ》に従い、且は状に録して、神社・仏寺・*院宮諸家の新立庄園を言上せしむべき事

仰《おお》す。*九州の地は*一人《いちのひと》の有《も》つところなり。王命の外、何ぞ私威を施さんや。しかるに聞くならく、*近年或いは*国判を語らい取り、或いは*公験《くげん》を伝うと称し、*官奏を経ずして恣《ほしいまま》に庄園を立つ。*これを*朝章に論ずるに、理《ことわり》然るべからず。*久寿二年七月二十四日以後、　宣旨を帯びずして、もし庄園を立てなば、且は停廃に従い、且は注進せしめよ。*国宰、容隠《ようおん》して　上奏せずんば、*即ち見任《げんにん》を解き違勅の罪に科す。*子孫に至るも、永く叙用《じょよう》せざれ。

2 一　同じく諸国司に下知し、同社寺・院宮諸家の庄園は、*本免《ほんめん》の外の*加納《かのう》余田并び

を経ないで勝手に荘園を設けている。

**国判**　奈良・平安時代、国司が文書に認可の文言と署名を加えて公的な効力を付与すること、またはその文書をいう。国司の裁量による国免荘が荘園乱立の一因となっている。

**公験**　朝廷などの公権力が発給した公的な保証文書。

**官奏**　太政官から天皇に奏上し、勅裁を受けること。

**これを朝章に論ずるに**…　朝廷の法令にてらしても、これは理にあわない。

**朝章**　朝廷の定めた法。国家の憲章。

**久寿二年七月二十四日**　後白河天皇が即位した日。後白河天皇が即位して以後の新立荘園については、宣旨によらないものの収公を目指した。

**国宰…上奏せずんば**　国司が、朝廷の許可のない新立荘園を隠し見逃し、上申してこないなら。国宰は国司のこと。

**即ち見任を解き**…　直ちに国司を解任して、違勅の罪を科す。「見」は現と同意。

**子孫に至るも**…　処罰された国司はその末裔にいたるまで、登用しない。

**2**　公田押領と荘民の濫行を禁止する。

**本免**　本免田。荘園領主の領知が認められている田畠。

**加納余田**　荘民の出作行為などによって本免に組み込もうとした田畠。

庄民濫行㆖事

仰、件庄園等、或載㆓官省符㆒、或爲㆓勅免地㆒、四至坪付劵契分明、而世及㆓澆季㆒、人好㆓貪禁〔婪カ〕㆒、號㆓加納㆒、稱㆓出作㆒、本免之外押㆓領公田㆒、暗減㆓率法㆒、對㆓捍官物㆒、蠶食之漸、狼戻之基也、兼亦以㆓在廳官人・郡司・百姓㆒、補㆓庄官㆒定㆓寄人㆒、恣募㆓名田㆒、遁㆓避課役㆒、郡縣之滅亡、乃貢之擁怠、職而由㆑此由（衍）、庄園相共注㆓出加納㆒、停㆓止濫行㆒、令㆑從㆓國務㆒、若庄家寄㆓事於左右㆒、不㆑辨㆓決理非㆒者、國司勒㆑狀、早經㆓言上㆒、隨㆓其狀跡㆒、且停㆓癈〔廢カ〕庄號㆒、且召㆓取庄司㆒、下㆓檢非違使㆒、宜㆑令㆓糺彈㆒、但帶㆓　宣旨幷白川・鳥羽兩院廳下文㆒者、領家進㆓件證文㆒、宜㆑待㆓天裁㆒、

一　可㆘令㆘且下㆓知本社㆒、且諸國司停㆗止諸社神人濫行㆖事

伊勢　石清水　加茂　春日　住吉　日吉　祇園

仰、恆例神事所役惟同、往古神人員數有㆑限、而頃年以降、社司等偏誇㆓神眷㆒、不㆑顧㆓皇猷㆒、恣眈〔耽カ〕㆓賄賂㆒、猥補㆓神人㆒、或號㆓正員㆒、或稱㆓其掖㆒、所部公民、蔑㆓爾國威㆒、

**四至坪付の券契**…　荘域は証拠文書に明らかである。四至は「しし」とも読み、東西南北の四方の境をいう。坪付は田畠一筆ごとの所在や面積の記載。券契は土地などの権利を示す証拠文書をいう。

**澆季**　道義がすたれた世。末法。

**貪婪**　欲が深いこと。

**出作**　荘民が荘園の領域を超えて、国衙領や他の荘園を耕作すること。↓補1

**暗に率法を減じて**…　ひそかに税率を減じて、納めるべき額を国衙に納めない。

**対捍**　逆らうこと。ここでは年貢や税の納入を拒否すること。

**蚕食の漸**…　蚕が桑の葉を食するように次第に公田が侵食され、社会の乱れのもととなる。狼戻は社会秩序を乱すこと。

**在庁官人**　国衙の役人。在地の豪族が補任され国務の実務を行った。

**寄人**　↓補2

**名田に募りて**…　公田などを荘園の名田に含み込んで課役を逃れる。

**郡県の滅亡**…　地方支配が崩壊し年貢(乃貢)が滞る原因はここにある。

に庄民の濫行《らんぎょう》を停止せしむべき事

仰す。件の庄園等、或いは官省符に載せ、或いは勅免地として*四至坪付《しいしつぼつけ》の券契分《ぶん》明《みょう》なり。しかるに世は*澆季《ぎょうき》に及び人は*貪婪《どんらん》を好みて、加納と号し*出作《しゅつさく》と称して、本免の外に公田を押領し、*暗に率法《りっぽう》を減じて官物を*対捍《たいかん》す。*蚕食《さんしょく》の漸、狼戻《ろうれい》の基なり。兼ねてまた*在庁官人・郡司・百姓を以て、庄官に補《ほ》し*寄人に定めて、恣に*名田に募りて課役を遁避す。*郡県の滅亡、乃貢《のうぐ》の擁怠《ようたい》、職《もと》としてこれに由《よ》れり。もし*庄家*庄園と相共に、加納を注し出だし濫行を停止して、国務に従わしめよ。もし庄家が*事を左右《そう》に寄せ、理非を弁決せずんば、国司は状に勒《ろく》し、早く言上を経て、*その状跡に随い、且は庄号を停廃し、且は庄司を召し取り、検非違使に下して宜《よろ》しく糺弾せしむべし。但し　宣旨并びに*白川・鳥羽両院庁下文《くだしぶみ》を帯さば、*領家は件の証文を進め、宜しく*天裁を待つべし。

3

一　且は*本社に下知し、且は諸国司をして諸社神人《じにん》の濫行を停止せしむべき事

伊勢　石清水《いわしみず》　加茂　春日《かすが》　住吉　日吉《ひえ》　祇園

仰す。*恒例の神事は所役惟《これ》同じ。往古の神人は員数限りあり。しかるに頃年《けいねん》より以降《このかた》、社司等は偏《ひとえ》に*神眷《しんけん》に誇り、*皇猷《こうゆう》を顧みずして、恣に賄賂に耽《ふけ》り、猥《みだ》りに神人を補す。*或いは正員《しょういん》と号し、或いはその掖《わき》と称して、所部の公民は国威を蔑爾《べつじ》

**庄園と相共に**　国司が荘園と協力して。

**事を…経て**　荘園側が口実を設けて、国司の命令に従わなければ、国司はその内容を記して朝廷に上申せよ。

**その状跡に随い…**　状況に応じて、荘園を収公したり、荘官を逮捕し検非違使に引き渡して処罰せよ。なお「検非違使を下し」と読めば、検非違使を派遣する意となる。

**白川鳥羽両院庁下文**　白河・鳥羽・後白河院が立荘を認めた荘園は、三代御起請の地として、特別の配慮がなされた。

**領家**　上級の荘園領主である本家に対する語。荘務権をもつ場合が多い。

**天裁**　後白河天皇の裁定。

**3**　国司は伊勢神宮など七社の神人の濫行を禁止し、新加神人を停止せよ。

**本社**　左に記載された伊勢以下の七社を指す。

**恒例の…補す**　恒例の神事の所役は昔から変わっておらず、それに奉仕する神人にも定員がある。ところが最近、七社の社司たちは神威を誇り、朝廷を軽んじてむやみに神人を任命している。

**神眷**　神のめぐみ。

**皇猷**　天皇が国を治めるはかりごと。

**或いは正員と号し…**　公民たちは正員神人とか脇神人と称して、国衙の権威をないがしろにしている。

先格後符、嚴制稠疊、神不レ享二非禮一、豈叶二神慮一哉、早可レ注二進本神人交名幷證文一、至二于新加神人一、永俾二停止一、社司若致二懈緩一、改二補他人一、

一　可レ令下仰二本寺幷國司一、停中止諸寺諸山惡僧濫行上事

興福寺　延暦寺　園城寺　熊野山　金峯山

仰、惡僧凶暴禁遏惟重、而彼三寺兩山夏衆・彼岸衆・先達・寄人等、或號二僧供料一加二增出擧利一、或稱二會頭料一掠二取公私物一、若レ斯之類、寔蕃有レ徒、國之損害莫レ大二於此一、慥加二懲肅一勿レ令二違犯一、不レ拘二制法一之輩、遣二本寺所司一、注二進父母・師主及所縁等一、知不レ錄與同罪、但愁緒不レ可二默止一者、宜下付二本司一經中　奏聞上、

一　可レ令下下二知諸國司一、停中止國中寺社濫行上事

仰、部内寺社皆是國司之最也、頃者或稱二靈祠之末社一、或號二權門之所領一、社者補二數千之神人一、寺者定二巨多之講衆一、各振二己威一打二妨吏務一、頻横二行鄉村一、動責二煩國衙一、

**先格後符**…　これまで出された格や太政官符で、度々神人の濫行を禁じている。

**神は非礼を**…　神は道理にはずれた願いを納受しない。「神不享非礼」は『論語集解』八佾による。

**本神人の**…　本神人の名簿とその証拠となる文書を朝廷に提出せよ。→補1

**4**　国司と寺院が協力して有力五ケ寺の悪僧の取り締まりを命ずる。

**本寺**　左記の三寺二山を指す。特にこれらの悪僧が問題となっていたのであろう。ただし、なぜか東大寺が落ちている。

**熊野山**　熊野三山のこと。和歌山県田辺市本宮町にある熊野坐神社(本宮)、熊野速玉神社(新宮)、熊野夫須美社(那智)の総称。神仏習合がすすみ、平安末には寺院と見なされていた。

**金峯山**　「きんぶせん」とも。奈良県吉野郡吉野町吉野山にある金峯山修験本宗総本山金峯山寺。

**悪僧の凶暴は**…　悪僧の濫行には厳重な取り締まりが行われてきた。→補2

**夏衆彼岸衆**　香花・仏供を調える僧。「学解」を担当した学侶よりも一段低い身分で、「行」を主として修める堂衆・禅衆に属する。

す。*先格後符、厳制稠畳《ちょうじょう》なり。*神は非礼を享《う》けざれば、豈《あに》神慮に叶わんや。早く*本神人の交名《きょうみょう》并びに証文を注進すべし。新加の神人に至りては、永く停止せしめよ。社司もし懈緩《けかん》を致さば、他人に改補《かいほ》せよ。

4 一 *本寺并びに国司に仰せて、諸寺諸山の悪僧の濫行を停止せしむべき事

興福寺　延暦寺　園城寺　*熊野山　*金峯山《きんぷせん》

仰す。*悪僧の凶暴は禁遏《きんあつ》惟重し。しかるに彼《か》の三寺両山の*夏衆《げしゅう》・彼岸衆・*先達《せんだつ》・寄人等は、或いは*僧供料と号して出挙《すいこ》の利を加え増し、或いは会頭料と称して公私の物を掠《かす》め取る。斯《か》くのごときの類は、*寔《まこと》に蕃《しげ》く徒《いたずら》にあり。国の損害、これより大なるはなし。慥《たし》かに*懲粛《ちょうしゅく》を加え、違犯《いほん》せしむる勿《なか》れ。*制法に拘らざるの輩は、本寺の所司を遣わし、父母・師主及び所縁等を注進せよ。*知りて録さざれば与同の罪なり。但し*愁緒黙止《しゅうしょもだ》すべからざれば、宜しく本司に付して、　奏聞を経べし。

5 一 諸国司に下知し、国中寺社の濫行を停止せしむべき事

仰す。*部内の寺社は皆是《こ》れ国司の最なり。*頃者《けいしゃ》、或いは霊祠《れいし》の末社と称し、或いは*権門の所領と号して、社は数千の神人を補し、寺は巨多の講衆を定む。各《おのおの》*己が威を振るいて吏務《りむ》を打ち妨げ、頻《しきり》に郷村に横行して、動《やや》もすれば*国衙を責め煩

**先達**　峰入りなどの修行者を先導する行者。
**僧供料と号し**…　僧侶の供料に宛てるといって高利貸しを行ったり、法会の費用と偽って強引に寄付をだまし取る。
**寔に蕃く徒にあり**　本当に数多い。
**懲粛**　懲らしめ戒める。
**制法に拘らざる**…　この命に従わない者に対しては、本寺の役人を派遣して本人の父母親族と師主などを上申させよ。
**知りて**…　分かっていながら報告しないのは共犯者とみなす。
**愁緒黙止すべからざれば**…　父母・師主・縁者に同情すべき事情があれば、本司を介して朝廷に上申せよ。「本司」は寺院関係者・国司の両方の可能性がある。
**5**　国司は地方寺社の濫行を取り締まれ。
**部内の寺社**…　諸国内の寺社はすべて国司の管理下にある。「最」は統べるの意。
→補3
**頃者**　近ごろ。
**権門**　権勢のある家、または寺社など。
**己が威を振るい**…　地域の寺社が本末関係にある本寺本社の権威を振りかざして国司の統治を妨げ、郷村に横行して国衙の統治を妨害する。
**国衙**　朝廷の地方支配のために各国におかれた機関。国府ともいう。

格律所レ制、罪科不レ輕、自今以後慥從二停止一、若猶致二姧濫一、早注二進交名一、隨二其所行一、任レ法斷決、

一　可レ令下二知諸社司一、注中進社領幷神事用途上事

伊勢　石清水　賀茂　松尾　平野　稲荷　春日　大原野

大神　石上　大和　廣瀬　龍田　住吉　日吉　梅宮

吉田　廣田　祇園　北野　丹生　貴布禰

仰、件諸社封戸庄園、勅免有レ限、貢祭之勤、具載在二在(衍カ)竹帛一、而近代社司等、好立二神領一奪二妨公田一、供二最少之上分一、籠二廣博之四至一、結構之至、尤非二穩便一、不日注二進社領幷用途一、若致二遲怠一、處以二重科一、

一　可レ令下二知諸寺司一、注中進寺領幷佛〔事脱カ〕用途上事

東大寺　興福寺　元興寺　大安寺　藥師寺　西大寺　法隆寺

延暦寺　園城寺　天王寺

仰、件寺、或謂二本願之起請一、或謂二臨時之佛事一、計二宛色數一、施二入田圃一、而所司大衆、爲レ貪二舊領之地利一、趁二求新立之

**格律の制するところ**…　法が禁止しており、その罪は軽いものではない。

**もしなお姧濫を致さば**…　不法行為を止めなければ、本人の名前を上申せよ。

**6**　社領の拡大を止めるため、二十二社に対し、神事に必要な費用と実際の所領とを朝廷に報告せよ。

**神事用途**　神事の遂行に必要な費用。↓補1

**伊勢…貴布禰**　二十二社。国家の重大事や天変地異等の際に朝廷から奉幣を受けた二二の神社。二十二社制は院政期に成立し、中世後期まで維持された。↓補2

**諸社の…竹帛にあり**　二十二社の封戸・荘園は一定数が勅免され、納入すべき供祭も、詳しく文書に記されている。

**竹帛**　文書のこと。中国では紙ができるまで、竹や布に記したことによる。

**最少の上分を供じて**…　僅かばかりの貢進物を神に供えるという名分で、広大な土地を社領に囲い込む。

**結構**　悪だくみ。現在とは異なり、よくない困ったことに用いる。

わす。*格律《きゃくりつ》の制するところ、罪科軽からず。自今以後は、慥かに停止に従え。*もしなお姧濫《かんらん》を致さば、早く交名を注進せよ。その所行に随い、法に任せて断決せん。

6 一 諸社司に下知し、社領幷びに*神事用途を注進せしむべき事

*伊勢　石清水　賀茂　松尾《まつのお》　平野　稲荷　春日　大原野
大神《おおみわ》　石上《いそのかみ》　大和《おおやまと》　広瀬　龍田《たつた》　住吉　日吉　梅宮《うめのみや》
吉田　広田　祇園　北野　丹生《にう》　貴布禰《きぶね》

仰す。件の*諸社の封戸《ふこ》・庄園は、勅免限りあり。貢祭《くさい》の勤めは、具《つぶさ》に載せて*竹帛《ちくはく》にあり。しかるに近代の社司等は、好みて神領を立てて公田を奪い妨げ、*最少の上分を供じて広博の四至を籠《こ》む。*結構の至り、尤《もっと》も穏便に非ず。*不日《ふじつ》、社領幷びに用途を注進せよ。もし遅怠を致さば、処するに重科を以てせん。

7 一 諸寺司に下知し、寺領幷びに*仏事用途を注進せしむべき事

*東大寺　興福寺　元興寺　大安寺　薬師寺　西大寺　法隆寺
延暦寺　園城寺　*天王寺

仰す。件の寺は、或いは*本願の起請と謂《い》い、或いは臨時の仏事と謂い、*色数《しきすう》を計り宛てて田圃を施入す。しかるに所司大衆は、*旧領の地利を貪《むさぼ》らんとし、新立の

**不日**　直ちに。
**7** 大衆による寺領拡大を止めるため、有力一〇ヶ寺は仏事に必要な費用と実際の所領とを朝廷に報告せよ。寺領を仏事に必要な枠内に止めようとした政策。本文史料の「後白河天皇宣旨」の項参照。
**仏事用途**　仏事運営に必要な費用。
**東大寺**…　南都七大寺と天台宗の延暦寺・園城寺、および天王寺が挙がっている。古代以来、国家的仏事を担ってきた寺院である。なお、ここには東寺など真言宗寺院や六勝寺が含まれていない。国家的大寺の内でも、巨大な寺僧集団を擁するところに特徴がある。
**天王寺**　六世紀に創建された寺院。大阪市天王寺区に所在。聖徳太子信仰の活性化のなかで院の信仰を得て、鳥羽院の御幸は一一度、後白河院のそれは一三度に及んだ。文治元年(一一八五)八月二十二日に後白河院は当寺において園城寺公顕僧正から伝法灌頂を受けている(『玉葉』)。
**本願の起請**　法会の開創者が仏事とその財源を定めた置文。これが寺院の年中行事となった。
**色数を計り宛て**…　必要経費を計算して、その額の所領を寄進している。
**旧領の地利を貪らん**…　寺領を自分のものにしたり、新立荘園を獲得しようと奔走している。

庄園㆒、不㆔啻忘㆓戒行㆒、兼亦背㆓憲章㆒、早注㆓進寺領幷用途㆒、目〔自カ〕㆑非㆓聖斷㆒勿㆑掠㆓公地㆒、

藏人頭右大辨平奉

## 2　寺社の興行

**国3**　後鳥羽天皇宣旨第一条　建久二年（一一九一）三月二十八日　三代制符

一　可㆔如法勤㆓行諸社祭祀㆒事

仰、宗廟安則國安、々々則民不㆑亂、因㆑茲國之大事、莫㆑過㆓祭祀㆒、神之冥助、在㆑護㆓國家㆒、而諸國泥㆓幣物之進濟㆒、有司忘㆓條式㆒而怠慢、非㆔啻乖㆓忤　皇憲㆒、抑之亦黷㆓神禁㆒、加之供奉所司不㆑具之時、以㆓一僚下㆒爲㆓諸代官㆒、神事違例、職而此由、就中近年諸官、多以剩任、何闕㆓職掌㆒哉、不㆑致㆓敬於心㆒、與㆑不㆑祭㆑之同、經史明文也、慥任㆓祭式㆒、宜㆑令㆓興行㆒、其中二月祈年祭已下四度祭日、諸社司幷諸國雜掌、各參㆓向神祇官㆒、

**啻に戒行を忘る…**　僧侶として戒律を破るだけではなく、国家の法に背く行為でもある。

**聖断に…**　後白河天皇が裁許しなければ。

**蔵人頭右大弁平**　平範家（一一二四〜一一六一）。保元元年（一一五六）九月に蔵人頭・右中弁となり、翌年非参議従三位。平治元年（一一五九）に出家（『公卿補任』）。

**国3**　→補1

**後鳥羽天皇宣旨**　三六ケ条からなる宣旨の第一条。定められた通り諸社の祭祀を正しく行うよう命じている。後鳥羽天皇（一一八〇〜一二三九）は寿永二年（一一八三）に即位、建久九年（一一九八）に譲位して院政を行い、承久の乱を起こした。本文史料は後白河院政期のものであり、本当の発布主体は後白河法皇である。→補2

**三代制符**　後鳥羽天皇、後堀河天皇、亀山天皇の三代の公家新制を収めたもの。

庄園を趁《はし》り求む。*啻《ただ》に戒行を忘るのみならず、兼ねてまた憲章に背く。早く寺領幷びに用途を注進せよ。*聖断に非ざるよりは、公地を掠《かす》む勿《なか》れ。

*蔵人頭右大弁平　奉《うけたまわ》る

## 2　寺社の興行

**国3**　後鳥羽天皇宣旨第一条　建久二年(一一九一)三月二十八日　三代制符

一　如法《にょほう》に諸社の祭祀を勤行《ごんぎょう》すべき事

仰《おお》す。*宗廟安《そうびょうやす》んずれば則ち国安く、国安んずれば則ち民は乱れず。茲《ここ》により国の大事は、祭祀に過ぎたるはなし。神の冥助は、国家を護《まも》るにあり。しかるに*諸国は幣物の進済に泥《なず》み、有司は条式を忘れて怠慢す。啻《ただ》に　皇憲に*乖忤《かいご》するのみならず、抑《そもそ》もこれまた神禁を黷《けが》す。加之《しかのみならず》、*供奉の所司具《そな》わらざるの時、一僚下を以て諸代官となす。*神事の違例、職《もと》としてこれに由《よ》れり。就中《なかんずく》、*近年の諸官は多く以て剰任す。何ぞ職掌を闕《か》かんや。*敬いを心に致さざるは、これを祭らざると同じきこと、*経史《けいし》の明文なり。慥《たし》かに祭式に任せて、宜《よろ》しく興行せしむべし。その中二月の*祈年祭《としごいのまつり》已下四度の祭日に、諸社司幷びに*諸国雑掌は、各《おのおの》神祇官に参

↓補3

**宗廟安んずれば…**　神々がやすらかなれば国は泰平であり、国が安泰であれば民も乱れない。

**諸国は幣物の…**　諸国は神に捧げる供物の進済を渋り、役人は法令を忘れて勤めを怠る。

**乖忤**　食い違う。あべこべである。

**供奉の所司…**　幣物を供える役人が揃わないときには、その人よりも身分の低い者をその代官にあてる。

**神事の違例…**　神事があるべき姿からはずれるのは、ここに原因がある。

**近年の…闕かんや**　最近の役人は定数以上に任命されており、担当者が欠けるはずがない。

**敬いを…同じきこと**　神を敬う気持ちを心に持たなければ、神を祀ったとしても祀らないことと同じである。

**経史**　儒教の基本図書である四書五経の経書と歴史書。ただし本文の出典は未詳。

**祈年祭已下四度の祭日**　陰暦二月の祈年祭、六月の月次祭、十一月の新嘗祭、十二月の月次祭を指し、国家の重要な恒例神事で神祇官から奉幣がなされた。祈年祭は五穀豊穣を祈願する神事である。

**国雑掌**　在京し、国司のもとで公事用途の調達や納入に携わった役人。↓補4

受二取幣物一、奉レ送二本社一、於二遠國社一者、不レ誤二行程一、取二進請文一、専致二尊崇之禮一、宜レ待二潛通之感一、然則歳災不レ起、時令順レ度者歟、兼又春日・大原野・吉田等三社祭、會參氏人、殊可レ令レ催二參之一、凡恆例祭奠臨時神事、任二度々制符一、兼卅箇日差二定行事官一、如法勤二行之一、具守二先符一、勿レ致二緩怠一、

**国4**　順徳天皇宣旨第二条　建暦二年(一二一二)三月二十二日　玉蘂

一　可三如法勤二行恆例臨時佛事等一事

仰、攘災招福、偏仰二佛陀一、顯教密法、宜レ抽二精勤一、就中八省御齋會、眞言・太元兩法者、講肆之積二薫修一也、春花久傳、密壇之專二精祈一也、夜月無レ傾、既爲二三春最初之御願一、豈非二一歳安寧之上計一乎、而頃年一會兩法施供、尚易レ闕、恆例臨時排備、殆如レ廢、是則所司擁滯、宰吏難濟之所レ致、慥守二先符一、宜レ令二勤行一、

**精**　底本「清」。意ニヨリ改ム。
**致**　底本ナシ。異本ニヨリ補ウ。

**行程を誤らず**　神祇官に到着する日限に遅れずの意か。
**請文**　領収書。幣物を受領した旨を神社が記して朝廷に提出した。
**潜通の感**　神の感応。
**時令は度に順うものか**　時節は自然の定めにより穏やかに推移する。
**春日大原野吉田**　いずれも藤原氏の氏社。奈良の春日社、京都洛西の大原野社、京都神楽岡の吉田社である。→補1
**催し参らしむべし**　藤原氏の人々に出席をうながすべきだ。
**三十箇日に…**　式日の三〇日以前にその神事の担当役人を定めて、定められた通り神事を勤行せよ。
**行事官**　国家的行事を行う際に臨時に設けられた行事所の構成員。上卿・弁・史から成る。→補2

**国4**　→補3
**順徳天皇宣旨**　二一ケ条からなる宣旨の第二条。法式に従って恒例・臨時の仏事を勤行するよう命じたもの。この時の治天の君は後鳥羽院であり、順徳天皇(一一九七～一二四二)はその第三皇子。→補4

向し、幣物を受け取りて、本社に送り奉れ。遠国の社においては、*行程を誤らず、*請文《うけぶみ》を取り進めよ。専《もは》ら尊崇の礼を致し、宜しく*潜通《せんつう》の感を待つべし。然れば則ち歳災は起こらず、*時令は度に順《したが》うものか。兼ねてまた*春日《かすが》・大原野・吉田等の三社の祭は、会参の氏人、殊《こと》にこれを*催し参らしむべし。およそ恒例の祭《さい》奠《てん》、臨時の神事は、度々の制符に任せて、兼ねて*三十箇日に*行事官を差定《さじょう》し、如法にこれを勤行せよ。具《つぶさ》に先符を守り、緩怠《かんたい》を致す勿《なか》れ。

## 国4　順徳天皇宣旨第二条　建暦二年(一二一二)三月二十二日　玉蘂

一　如法《にょほう》に恒例臨時の仏事等を勤行《ごんぎょう》すべき事

仰《おお》す。攘災《じょうさい》招福は偏《ひとえ》に仏陀を仰ぎ、顕教《けんぎょう》密法は宜《よろ》しく精勤を抽《ぬ》きんずべし。就中《なかんずく》、*八省御斎会《ごさいえ》と*真言・*太元《たいげん》両法は、*講肆《こうし》の薫修《くんじゅ》を積むや、春花久しく伝わり、密壇の精祈《せいき》を専《もは》らにするや、夜月《やげつ》傾くことなし。既に*三春最初の御願たり。*豈《あに》一歳安寧の上計に非ずや。しかるに頃年《けいねん》、*一会両法の施供はなお闕《か》け易《やす》く、恒例臨時の*排備《はいび》は殆《ほとん》ど廃するが如し。是《こ》れ則ち*所司擁滞《ようたい》、宰吏難済の致すところなり。慥《たし》かに先符を守り、宜しく勤行せしむべし。

**玉蘂**　関白九条道家の日記。
**八省御斎会**　正月八日から十四日まで、宮中で行われた金光明最勝王経の講説。国1の「御斎会」の項参照。
**真言**　後七日御修法(ごしちにちのみしほ)のこと。正月八日から七日間、宮中真言院で玉体安穏・国家泰平のために修された。→補5
**太元**　太元帥法(たいげんのほう)。「帥」は読まない。正月八日から十四日まで宮中で太元帥明王を本尊にして行われた修法。九世紀中葉より明治維新まで玉体安穏の祈りが行われた。→補6
**講肆の薫修**…　御斎会での金光明最勝王経の講説や後七日御修法・太元帥法の修法が積まれてきたことにより、国家安泰が保たれてきた。「夜月」は秋の夜長の月。「春花」と対応。仏教の祈りのおかげで春の花はいつまでも散らず、秋の夜の月も落ちることがない。
**講肆**　集まって書物を講じること。
**三春**　陰暦の一月・二月・三月を指す。
**豈一歳安寧の**…　正月に行われる一会両法は一年の泰平のための行事である。
**一会両法の施供**　御斎会と後七日御修法・太元帥法の費用。
**排備**　並び整えて準備をすること。
**所司擁滞**…　中央の役人や地方の国司が仏事の費用を滞らせるのが原因である。

**国5**　後堀河天皇宣旨第一条　寛喜三年（一二三一）十一月三日　三代制符

一　可三如法勤二行諸社祭禮年中神事等一事

仰、敬二神道一者、朝端之彝倫、慎二祭禮一者、年中之恆典也、是以春禴秋嘗之禮、守レ期儼レ之、恒例臨時之奠、存レ法供レ之、而頃年以來、有司怠慢不レ致二如在之敬一、動招二非禮之恐一、神事違濫、職而斯由、殊加二督察一、尤可二興行一、其中祈年・月次祭者、前三十日、行事官等奏請二申勅一、諸如法催整、當日諸社司・諸國雜掌等、慥參二神祇官一、請二取幣物一、奉レ送二本社一、各可レ進二請文一、隨二其行程之遠近一、若有二參着之相違一者、國宰怠慢、可レ加二炳誡一、廣瀬・龍田之祠者、大忌・風神之祭、又守二其嚴肅一、殊可二催行一、至德所レ感、通二於神明一、然間寒暑克調、風雨有レ節者歟、春日・大原野・吉田三社祭會參氏人、動致二怠慢一、專加二催促一、凡奉幣使雖レ賜二　宣命一、若不レ參二向社壇一、不レ可レ奉二納幣帛一、宜下就二社司一令二上奏一、被上誡二幣使之不忠一、兼又發遣、自臨二薄暮一者、使畢徒曆レ宿歟、早任二嘉



**恒例臨時之**　底本「烜□幣□」。意ニヨリ改ム。
**敬**　底本虫損。意ニヨリ補ウ。
**職**　底本ナシ。異本ニヨリ補ウ。
**督**　底本虫損。異本ニヨリ補ウ。
**諸**　「儲」ノ誤写カ。
**隨**　底本ナシ。異本ニヨリ補ウ。
**着**　底本「差」。異本ニヨリ改ム。
**宰**　底本「掌」。異本ニヨリ改ム。
**怠**　底本「忘」。異本ニヨリ改ム。
**曆**　「歴」ノ誤写カ。

**国5**　↓補1
**後堀河天皇宣旨**　四二ケ条からなる宣旨の第一条。諸社の祭礼や神事を鄭重に行うよう命じたもの。後堀河天皇（一二一二～一二三四）は後高倉院の息で、承久三年（一二二一）に践祚。本文史料の当時は天皇親政期。
**神道を敬うは…**　神を敬うのは、朝廷の臣下の守るべき道である。神道は神の意、朝端は朝廷に仕える臣下の首位のこと。彝倫は人の常に守るべき道をいう。
**春禴秋嘗**　春秋のまつり。
**如在の敬い**　神が眼前にいるかのように慎み敬うこと。
**神事の違濫…**　神事が乱れる原因はここ

にある。

**祈年月次の祭** 二月の祈年祭と六月・十二月の月次祭。四度祭日(国3の「祈年祭已下四度の祭日」の項)から十一月の新嘗祭が落ちている。

**行事官** 国家的行事を執行する際に臨時に設けられる行事所の役人。

**国雑掌** 在京し国司のもとで公事用途の調達・納入に携わった役人。

**参着の相違**… 神祇官への到着日を違えるならば、それは国司の怠慢である。

**国宰** 国司のこと。

**広瀬龍田の祠** 広瀬は奈良県北葛城郡河合町に所在の広瀬社。若宇加能売命(大忌神とも称す)を主神とする。龍田は奈良県生駒郡三郷町にある龍田社。祭神は風神の天御柱命・国御柱命。大和盆地を潤す河川が一つに落ち合う広瀬の地に穀物神である大忌神を祭り、大和盆地に吹き込む入口にあたる龍田の地に風神を祭って、農作物が風水害にあわずに、豊饒であることを祈った。

**氏人** 藤原氏の人々。この三社は藤原氏の氏社。

**発遣はおのずから**… 奉幣使の派遣が夕暮れになると、使いの宿が必要となって余計な出費がかさむ。

**嘉禄の符** 嘉禄元年(一二二五)に朝廷から出された三六箇条の新制。→補2

**国5** 後堀河天皇宣旨第一条 寛喜三年(一二三一)十一月三日　三代制符

一 如法《にょほう》に諸社の祭礼、年中の神事等を勤行《ごんぎょう》すべき事

仰《おお》す。*神道を敬うは朝端の彝倫《いりん》なり。祭礼を慎むは年中の恒典なり。是《こ》れを以て*春禴秋嘗《しゅんやくしゅうしょう》の礼は、期を守りてこれを儼《つつし》み、恒例臨時の奠《てん》は、法を存じてこれを供す。しかるに頃年《けいねん》より以来《このかた》、有司は怠慢して、*如在《じょさい》の敬いを致さず、動《やや》もすれば非礼の恐れを招く。*神事の違濫《いらん》、職《もと》としてこれに由《よ》れり。殊《こと》に督察を加え、尤《もっと》も興行すべし。その中の*祈年《としごい》・月次《つきなみ》の祭は、前三十日に、*行事官等は奏して勅を請い申し、諸《もろもろ》如法に催し整えよ。当日は諸社司・諸国*雑掌等は、慥《たし》かに神祇官に参り、幣物を請け取りて本社に送り奉り、各《おのおの》請文《うけぶみ》を進むべし。その行程の遠近に随い、もし*参着の相違あらば、*国宰の怠慢なり。炳誡《へいかい》を加うべし。*広瀬・龍《たつ》田《た》の祠は大忌《おおいみ》・風神《かざかみ》の祭なり。またその厳粛を守り、殊に催し行うべし。至徳の感ずるところ、神明に通ず。然る間、寒暑克《よ》く調い、風雨節《せつ》あるものか。春日《かすが》・大原野・吉田三社祭に会参する*氏人は、動もすれば怠慢を致す。専《もは》ら催促を加えよ。およそ奉幣使は　宣命《せんみょう》を賜ると雖《いえど》も、もし社壇に参向せず、幣帛《へいはく》を奉納すべからざれば、宜《よろ》しく社司について上奏せしめ、幣使の不忠を誡めらるべし。兼ねてまた*発遣は、おのずから薄暮《はくぼ》に臨まば、使い畢《おわ》りて徒《いたずら》に宿を稽《かぞ》えるか。早く*嘉

祿之符一、莫レ緩二祭奠之儀一、二季釋奠、毎事陵夷、未明之祭還臨二夜景一、有司之勤殆忘二先規一、諸道之生徒、不レ勤二職掌之役一、紀傳儒士、全無二皆參之儀一、慥加二懲肅一、如法勤行、

**国6**　後堀河天皇宣旨第二条　寛喜三年(一二三一)十一月三日　三代制符

一　可三如法勤二行恆例臨時佛事等一事

仰、國家鎮護者、無レ如二佛教一、福祚安全者、不レ過二法力一、御齋會者、年首御願、古來所レ重也、件用途永宣旨、被レ定二其國一、而乍レ存二例役一、諸國宰動對捍難二所濟一、行事官又不法、然者殊加二監察一、可二整設一、慥隨二當日所須之布施一、勘二合衆僧請取之返抄一、又長日三壇法、施供之物是疎、排備之禮如レ廢、殊致二沙汰一、令レ無二闕失一、圓宗寺最勝會・法花會、法勝寺大乘會幷東寺、觀音院、尊勝・最勝兩寺灌頂以下恆例佛事、守二式日一莫二延怠一、荷前幣物近年麁惡、專任二式條一、宜レ存二本法一、凡諸佛事時、有レ限用途、兼可二催具一、緣レ事諸司、尤可二皆參一、如法興

**事**　底本「年」。異本ニヨリ改ム。
**懲**　底本「微」。異本ニヨリ改ム。
**勤**　諸本ナシ。意ニヨリ補ウ。
**永**　底本虫損。意ニヨリ補ウ。
**宰**　底本「掌」。異本ニヨリ改ム。
**察**　底本「兼」。意ニヨリ改ム。
**排**　底本「挑」。異本ニヨリ改ム。
**禮**　底本「徒」。異本ニヨリ改ム。
**失**　底本「欠」。異本ニヨリ改ム。
**荷**　底本「行」。意ニヨリ改ム。
**兼**　底本「而」。異本ニヨリ改ム。

**二季の釈奠**　二月と八月の最初の丁(ひのと)に大学寮で孔子並びに十哲の像を掛けて祭った儒教祭祀。↓補1
**陵夷**　すたれること。
**諸道の生徒**　大学寮の明経・明法・紀伝(文章)・算の四道の学生。
**紀伝の儒士**　中国の史書や詩文を教授する紀伝道の儒者。
**懲粛**　こらしめいましめること。

**国6**　↓補2
**後堀河天皇宣旨**　四二ケ条からなる宣旨

禄の符に任せ、祭奠《さいてん》の儀を緩《ゆる》む莫《なか》れ。*二季の釈奠《せきてん》は毎事*陵夷《りょうい》す。未明の祭は還って夜景に臨み、有司の勤めは殆《ほとん》ど先規を忘る。*諸道の生徒は職掌の役を勤めず、*紀伝の儒士は全く皆参の儀なし。慥かに*懲粛《ちょうしゅく》を加え、如法に勤行せよ。

**国6**　後堀河天皇宣旨第二条　寛喜三年(一二三一)十一月三日　三代制符

一　如法《にょほう》に恒例臨時の仏事等を勤行《ごんぎょう》すべき事

仰《おお》す。国家の鎮護は、*仏教に如《し》くはなし。*福祚の安全は、法力に過ぎず。御斎会《ごさいえ》は年首の御願にして、古来より重んずるところなり。*件の用途は永宣旨にて、その国を定めらる。しかるに*例役を存じながら、諸国宰は動《やや》もすれば対捍《たいかん》して、所済を難《こば》む。行事官もまた不法なり。然らば殊《こと》に監察を加え、整え設くべし。慥《たし》かに*当日所頒《しょはん》の布施に随い、衆僧請取《うけとり》の返抄と勘合せよ。また*長日《ちょうじつ》三壇法は、*施供《せく》の物、是《こ》れ疎《うと》く、*排備《はいび》の礼、廃するが如し。殊に沙汰を致し、闕失することなからしめよ。*円宗寺最勝会・法花会、法勝寺大乗会、*東寺、観音院、尊勝・最勝両寺灌頂《かんじょう》以下の恒例仏事は、式日を守り、延怠する莫《なか》れ。*荷前《のさき》の幣物は、近年麁悪《そあく》なり。専《もは》ら式条に任せ、宜《よろ》しく本法を存ずべし。およそ諸仏事の時、限りある用途は兼ねて催し具《ぐ》すべし。*事に縁《よ》る諸司は、尤《もっと》も皆参すべし。如法に興

の第二条。恒例臨時の仏事の励行を求めたもの。→補3

**仏教に如く…**　仏教に勝るものはない。

**福祚**　皇位。宝祚。

**件の用途…**　永宣旨によって御斎会の費用を拠出する国が定められている。永宣旨は、恒久の効力をもつ宣旨。

**例役を存じながら…**　恒例の役と知りながら、国司は納入を渋っている。

**当日所頒の布施…**　僧侶に配った布施の額と僧侶が提出した受領書を勘合せよ。

**長日三壇法**　正護持僧三名が天皇の息災を祈って毎日修した秘法。如意輪法・延命法・不動法の三壇を各三座ずつ修した。国45の「護持僧」の項参照。

**施供の物是れ疎く**　修法に必要な物が整わない。

**排備の礼**　建久二年(一一九一)三月二十八日後鳥羽天皇宣旨第九条も「施供之物是乏、排備之礼如廃」とする(「公家法」六〇)。「排備」は整え並べること。

**円宗寺最勝会法花会法勝寺大乗会**　顕教系の勅会である北京三会のこと。→補4

**東寺観音院尊勝最勝両寺灌頂**　勅会となった四つの結縁灌頂。四灌頂。→補5

**荷前**　毎年十二月に初荷を山陵に献上する儀式。鎌倉時代にはほぼ荷前使を発遣する儀式だけとなった。→補6

**事に縁る諸司**　法会に関係する役人。

**亦**　底本「只」。意ニヨリ改ム。
**修**　底本「條」。意ニヨリ改ム。
**弛**　底本「施」。意ニヨリ改ム。
**誡**　底本「誠」。意ニヨリ改ム。

行之儀、一同二諸社祭禮一、

**国7**　後鳥羽天皇宣旨第四条　建久二年（一一九一）三月二十二日　三代制符

一　可レ令三本社修二造諸國一二宮及爲レ宗靈社一事

仰、祠官各貪二彼地利一、不レ知二其社用一、非三啻背二神之鑑誡一、抑亦忘二世之憲法一、自今已後令三其本社致二神用幷造營之勤一、若背二符旨一尚違二制法一者、慥付二釐務於國宰一、令レ營二修補於社家一、但於二國領内靈社等一者、宜下仰二宰吏一任二前格一令上レ修二造之一、明君能生レ法、臣民豈不レ從哉、固張二禁網一、豈弛二嚴機一、兼亦注二進社家之全破一、尋二捜神事之興廢一、

**国8**　後鳥羽天皇宣旨第五条　建久二年（一一九一）三月二十二日　三代制符

一　可レ令三諸國司修二造國分二寺一事

仰、諸國安全之計、誠依二佛力一、二寺修造之勤、只在二宰吏一、々々之勤空絶、佛力之驗亦疎、然間旱水之災競起、

**国7**　↓補1
**後鳥羽天皇宣旨**　一七ケ条からなる宣旨の第四条。諸国一宮・二宮などの修造を当該の神社に命じたもの。この時の治天は後白河法皇である。

行の儀、一《もは》ら諸社の祭礼に同じくせよ。

**国7** 後鳥羽天皇宣旨第四条　建久二年（一一九一）三月二十二日　三代制符

一　*本社をして、*諸国一二宮及び宗《むね》たる霊社を修造せしむべき事

仰《おお》す。*祠官は各《おのおの》彼《か》の地利を貪《むさぼ》りて、その社用を知らず。*啻《ただ》に神の鑑誡に背くのみならず、抑《そもそ》もまた世の憲法を忘る。自今已後はその本社をして、神用幷びに造営の勤めを致さしめよ。*もし符旨に背き、なお制法に違《たが》わば、慥《たし》かに釐務《りむ》を国宰に付して、修補を社家に営ましめよ。但し、*国領内の霊社等においては、宜《よろ》しく宰吏に仰せて、*前格に任せてこれを修造せしむべし。明君よく法を生まば、臣民豈《あに》従わざらんや。*固く禁網《きんもう》を張らば、豈厳機を弛《ゆる》めんや。兼ねてまた*社家の全破を注進して、神事の興廃を尋捜せよ。

**国8** 後鳥羽天皇宣旨第五条　建久二年（一一九一）三月二十二日　三代制符

一　諸国司をして、*国分二寺を修造せしむべき事

仰《おお》す。諸国安全の計は、誠に仏力による。二寺修造の勤めは、ただ宰吏にあり。*宰吏の勤め空《むな》しく絶えて、仏力の験《げん》また疎《おろそ》かなり。然る間、旱水の災い競い起こ

**本社**　当該の神社。

**諸国一二宮**　国の鎮守として国第一位・第二位の神社。→補2
**祠官は各…**　神官が社領を私物化して、それが神事や修造のためのものであることを無視している。

**啻に神の鑑誡に…**　神の戒めに背くだけでなく、王法にも違背している。

**もし符旨に背き…**　もし神社が今後も修造を怠るならば、国司が所領を管理して神社の修造を行え。

**国領内の霊社…**　国領内の主要な神社については、国司に命じて修造させよ。「国領内」が一国内か、国衙領を指すのかは意見が分かれる。

**前格**　以前に出された法令。

**固く禁網を張らば…**　厳格な法令を発布したのだから、それをゆるめる必要はない。「禁網」は法律の意。

**社家の全破…**　神社の破損の有無を上申し、神事の実施状況を尋ね調べよ。

**国8**　→補3
**後鳥羽天皇宣旨**　一七ケ条からなる宣旨の第五条。国司に命じて国分寺・国分尼寺の修造を命じたもの。

**国分二寺**　国分寺と国分尼寺。→補4
**宰吏の勤め…**　国司が修造を怠ったために仏法の霊験が衰えている。

**難**　底本「雖」トシ「難歟」ノ傍書アリ。傍書ニ従イ改ム。
**條**　底本「修」。意ニヨリ改ム。
**司**　底本ナシ。異本ニヨリ補ウ。
**叢**　底本「最依」。意ニヨリ改ム。
**而**　或イハ「兮」ノ誤写カ。
**彼**　底本「被」。意ニヨリ改ム。
**有**　底本「自」。意ニヨリ改ム。

**分いがたし**　民衆の愁いを救えない。「分」は救う。「救患分災」(『左伝』)。
**徒にその豊饒を…**　ただ単に豊作祈願をするよりは、国分二寺の修造をする方が効果的である。
**彼の両寺…**　かの国分寺・国分尼寺がもし国司の管轄下でないならば、その支配権を持つ領家に命じて、この二寺を修造させよ。↓補1
**寺用の陵遅…**　寺院の用途の滞納を調査し、行われなくなった仏事を再興せよ。
**先条**　国7を指す。寺領の支配権を領家から国司に移して、国分二寺を修造させる。
**国9**　↓補2
**順徳天皇宣旨**　二一ケ条からなる宣旨の

黎民之憂難レ分、徒與レ祈二其豐饒一、不レ如レ致二其修造一、但彼兩寺若有下國司不二進止一之所上者、令三其領家修二補之一、兼亦尋二捜寺用之陵遲一、興二行佛事之退轉一、凡造營之後、違犯之科一如二先條一、

**国9**　順徳天皇宣旨第三条・第四条　建暦二年(一二一二)三月二十二日　玉蘂

一　可レ令三有封社司修二造本社一事
一　可レ令三諸寺執務人修二造本寺一事
仰、已上修造之勤、格條炳焉、而社司寺司等、徒貪二社領寺領之利潤一、不レ顧二本社本寺之破壞一、然間、叢祠籬荒而秋露空滴、蘭若檐頽兮春雨不レ留、須下随二小破一且加中修理上、而及二大損一始經二奏聞一、頻申二請別功一、剰爲二己忠一、僞稱レ致二造畢一、偏忘二公平一、論二之政途一、殆招二科條一、慥令三彼司等致二連連修造一、若背二符旨一、尚有二懈怠一者、解二却見任一、撰レ人改補、兼又有二殊功一、宜レ加二褒賞一、但其領不レ幾、其勤難レ及

りて、黎民《れいみん》の憂い、*分《すく》いがたし。*徒《いたずら》にその豊饒《ぶによう》を祈らんよりは、その修造を致すに如《し》かず。但し*彼《か》の両寺、もし国司進止せざるの所あらば、その領家をしてこれを修補せしめよ。兼ねてまた寺*用の陵遅《りようち》を尋捜して、仏事の退転を興行せよ。およそ造営の後、違犯《いほん》の科《とが》は一《もは》ら先*条の如し。

**国9** 順徳天皇宣旨第三条・第四条　建暦二年(一二一二)三月二十二日　玉蘂

一　*有封《うふ》の社司をして、本*社を修造せしむべき事

一　諸寺の執務人をして、本寺を修造せしむべき事

仰《おお》す。已上の修造の勤めは、格*条に炳焉《へいえん》なり。しかるに社司寺司等は、徒《いたずら》に社領寺領の利潤を貪《むさぼ》りて、本社本寺の破壊《はえ》を顧みず。然る間、叢*祠の籬《まがき》は荒れて、秋露空《むな》しく滴《したた》り、蘭若《らんにや》の檐《ひさし》は頽《くず》れて、春雨留まらず。*須《すべから》く小破に随いて*且《かつがつ》修理を加うべし。しかるに大損に及びて始めて奏聞を経、頻《しきり》に別功を申請して、剰《あまつさ》え己が忠となす。偽りて造畢《ぞうひつ》を致すと称して、偏《ひとえ》に公平《くびよう》を忘る。これを政*途に論ずるに、殆《ほとん》ど科条を招く。慥《たし》かに彼《か》の司等をして、連々の修造を致さしめよ。もし符旨に背きなお懈怠《けたい》あらば、*見任《げんにん》を解却《げきやく》し、人を撰びて改補《かいほ》せよ。兼ねてまた殊功あらば、宜《よろ》しく褒賞を加うべし。但しその*領幾《いく》ばくならず、その勤め及びがたく

第三・四条。寺社の執務人にその修造を命じたもの。

**有封の社**　封戸を与えられた格式の高い神社。ただし中世では封戸制度が崩壊しているので、ここでは社領をもつ神社をいう。

**本社を修造**　当該神社の修造。↓補3

**格条に炳焉**　法に明らかである。

**叢祠の籬…**　寺社の垣や庇が荒廃して、雨露をしのぐことができない。「蘭若」は修行する人里離れた場所の意で寺院を指す。「檐」は庇。

**須く小破に…忘る**　小破の度毎に修理すべきなのに、大破となるまで放置し、朝廷に修理費を出させて修理を自分の功績にしたり、完成したと偽って費用をくすねる。治承二年(一一七八)七月十八日太政官符第八条では「随破且修、何致大損、而諸司社寺官長、徒貪所領田園之利潤、不顧本所舎屋之破壊、頽毀之後、初経奏聞、申請別功、致其造営、論之朝章、理不可然」とみえる(公家法二七)。

**且**　そのたびごとに。

**政途に論ずるに**　政道に照らすに。

**見任を解却し**　社司・執務人を解任すること。見任は現任に同じ。

**その領幾ばく…**　その所領が少なく、修造を果たせないならば、破損状況を記して上申せよ。

者、注二損色一、經二言上一、課二別功一、令二造營一、

**国10**　亀山天皇宣旨第一三条　弘長三年(一二六三)八月十三日　公家新制

一　不レ可三諸社諸寺造國徒送二年序一事

仰、雖レ有二經營之名一、更無二土木之實一、寺社無レ益、宰吏不レ忠、只徒貪二一州之土貢一、致二多年之國務一、自今以後、云二新造一云二修理一、早致二不日之勤一、宜レ終二成風之功一、毎年遣二朝使一、加二實檢一、

## 3　所領規制

**国11**　太政官符第一一条　治承二年(一一七八)七月十八日　壬生新写古文書底本

一　應レ停下止諸國人民以二私領一寄中與神人惡僧等上事

右、同宣、奉レ　勅、諸國人民以二公田一稱二私領一、寄二與神人惡僧等一云云、國之滅亡、無レ大二於斯一、宜下任二先符一悉令中停止上者、

**国10**　↓補1

**亀山天皇宣旨**　四一ケ条からなる宣旨の第一三条。造国による寺社修造を適切に行うことを命じている。この時の治天は後嵯峨上皇(一二二〇〜一二七二)である。亀山天皇(一二四九〜一三〇五)は後嵯峨院の息で正元元年(一二五九)に即位した。後に兄の後深草院と対立。後深草の皇統を持明院統、亀山の皇統を大覚寺統と呼ぶ。

**公家新制**　国立公文書館が所蔵する内閣文庫本大乗院文書の一つで、表紙に「公家新制」という表題をもつ。その内容は、康永三年(一三四四)に書写施入された弘長三年(一二六三)八月十三日の亀山天皇四一ケ条宣旨である。

**造国**　特定の寺社の修造を請け負わされた国。その国司を造国司といった。中央財政の逼迫から平安中期以降に登場した制度。↓補2

**経営の名…**　造国司は修造費用を徴収しながら、実際の工事を滞らせている。

**一州**　造国となった国。

んば、損色を注し、言上を経よ。別功を課し、造営せしめん。

**国10** 亀山天皇宣旨第一三条 弘長三年(一二六三)八月十三日　公家新制

一 諸社諸寺の*造国、徒《いたずら》に年序を送るべからざる事

仰《おお》す。*経営の名ありと雖《いえど》も、更に土木の実なし。寺社に益なく、宰吏は忠ならず。ただ徒に*一州の土貢を貪《むさぼ》りて、多年の国務を致す。自今以後は、新造と云い修理と云い、早く*不日《ふじつ》の勤めを致し、宜《よろ》しく*成風の功を終うべし。毎年朝使を遣わして、実検を加えよ。

## 3 所領規制

**国11** 太政官符第一一条 治承二年(一一七八)七月十八日　壬生新写古文書底本

一 応に諸国人民、*私領を以て神人《じにん》悪僧等に寄与するを停止《ちょうじ》すべき事

右、*同じく宣す。勅を奉《うけたまわ》るに、諸国人民は公田を以て私領と称し、神人悪僧等に寄与すと云々。国の滅亡、これより大なるはなし。宜《よろ》しく*先符に任せて、悉《ことごと》く停止せしむべし者《てえり》。

**不日** すみやかに。

**成風の功** 造営・修理をやり遂げること。

**国11** →補3

**太政官符** 全一二ケ条から成る官符の第一一条。悪僧神人への私領寄進を禁じた。

**壬生新写古文書底本** 官務小槻氏の一族である壬生家に伝わった古文書のうちの一部の名称。元禄年間(一六八八～一七〇四)に壬生季連が、平安初期以来の重要な伝来文書二七〇点余りを選んで書写し「新写古文書」と題した。これが流布したため、明治二十一年(一八八八)、宮内省図書寮がその原文書を特定して整理した。これが同底本である。

**私領を以て…** 百姓身分の者が私領を悪僧神人に寄進している。→補4

**同じく宣す** 第一条に「左大臣宣」とあり、左大臣大炊御門経宗(一一一九～一一八九)が上卿となって伝宣した。

**先符** この太政官符第八条「応令有封社司并諸寺別当修造本社本寺事」には、「保元二年十月八日符云」として保元二年(一一五七)令が引用されており(公家法一一七)、先符とはこれを指すと思われる。ただし保元二年十月八日官符は伝存していない。

**国12**　順徳天皇宣旨第五条　建暦二年(一二一二)三月二十二日　玉蘂

一　可レ停三止京畿諸國建二立諸社末社別•宮一事

•仰、近曾愚拙之徒、恣立二仁祠於帝都之際一、知行之輩、屢•祀二末社於神領之中一、雖レ似三敬神之有一レ餘、還渉二•貢祭之不一レ信、加之、就二別宮末社之加增一、致二都鄙•田地之掠領一、敗レ法亂レ紀、莫レ甚二於斯一、自今以後永加二禁遏一、若猶不レ怕二嚴制一、縱雖レ令レ企二奉鎮一、慥從二停廢之儀一、勿レ致二如在之禮一、乖二違皇憲一者、其奈二神鑑一何、於二違犯輩一、任レ法斷定、

**国13**　順徳天皇宣旨第六条　建暦二年(一二一二)三月二十二日　玉蘂

一　可レ停三止諸國吏寄二進國領於神社佛寺一事

•仰、如レ聞、諸國吏或稱二身祈一、或得二人語一、恣以二國領〔公田〕一、寄二進神社佛寺一、非二•啻當時奉寄之志一、剰載二永代免許之字一、新司欲レ停レ之、則本所頻爲下結二愁緒一之源上、當任欲レ免レ之、亦後代定不レ殘三立錐之地一

**宮**　諸本「功」。意ニヨリ改ム。
**仰**　底本「抑」。意ニヨリ改ム。
**祀**　底本「祝」。意ニヨリ改ム。
**貢**　底本「費」。意ニヨリ改ム。
**田**　底本「由」。異本ニヨリ改ム。
**仰**　底本「抑」。意ニヨリ改ム。
**啻**　底本「亦」。意ニヨリ改ム。

**国12**　順徳天皇宣旨第五条　建暦二年(一二一二)三月二十二日　玉蘂

一　京畿諸国に、諸社の末社別宮を建立するを停止《ちょうじ》すべき事

仰《おお》す。*近曾愚拙《ぐせつ》の徒は、恣《ほしいまま》に仁祠を帝都の際に立て、知行の輩は、屢《しばしば》末社を神領の中に祀る。*敬神の余りあるに似ると雖《いえど》も、還って貢祭《くさい》の信ぜざるに渉る。加之《しかのみならず》、別宮末社の加増につき、都鄙《とひ》田地の*掠領《りやくりよう》を致す。法を敗《やぶ》り*紀を乱すこと、これより甚だしきはなし。自今以後は、永く禁遏《きんあつ》を加えよ。もしなお厳制を怕《おそ》れず、縦《たと》い*奉鎮を企てしむと雖も、慥《たし》かに停廃の儀に従い、如在《じょさい》の礼を致す勿《なか》れ。乖《そむ》きて皇憲に違《たが》わば、それ*神鑑を奈何《いかん》せん。違犯《いほん》の輩においては、法に任せて断定せよ。

**国13**　順徳天皇宣旨第六条　建暦二年(一二一二)三月二十二日　玉蘂

一　諸国の吏、国領を神社仏寺に寄進するを停止《ちょうじ》すべき事

仰《おお》す。聞くならく、諸国の吏、或いは*身の祈りと称し、或いは人の語らいを得て、恣《ほしいまま》に国領の公田を以て、神社仏寺に寄進す。*啻《ただ》に当時奉寄の志のみならず、剰《あまつさ》え永代免許の字を載す。*新司これを停《や》めんと欲すれば、則ち本所頻《しきり》に*愁《しゅう》緒《しょ》を結ぶの源となり、当任これを免ぜんと欲すれば、また後代定めて立錐《りっすい》の地も

---

**国12**　↓補1

**順徳天皇宣旨**　二一ケ条からなる宣旨の第五条。祭礼費用や田地押領を抑制するため、末社別宮の建立を禁止したもの。

**近曾**　近頃。

**敬神の余りある…**　敬神のあらわれともみえるが、実際には神を蔑ろにするものである。

**掠領**　不当に奪い取って領有すること。

**紀**　秩序、または「のり」。

**奉鎮を企て…**　末社別宮を祀ろうとする者がいても、それを禁止し、神祀りをさせてはならない。

**神鑑**　神が照覧すること。

**国13**　↓補2

**順徳天皇宣旨**　二一ケ条からなる宣旨の第六条。国司が、国領を寺社に寄進することを禁じたもの。

**身の祈り**　個人的な祈願。

**啻に当時奉寄の…**　自らの在任期間を限っての寄進だけでなく、その寄進状に永代の寄進を約束した文言を載せている。

**新司これを…**　新任国司が前任者の寄進を停止しようとすると、寄進を得た寺社が盛んに反対するし、寄進を認めると、公領はやがて何も残らなくなってしまう。

**愁緒を結ぶの源**　嘆き悲しむ原因。

歟、吏途之法、循良失レ術、聖斷之處、裁報有レ煩、謂其不治、職而斯由、於下不レ帯二勅免一之地上者、宜レ令二國領一、兼又自今以後、永從二停止一、莫レ令二更然一、

**国14**　後宇多天皇宣旨第一条　弘安八年(一二八五)十一月十三日　石清水文書

一　可レ停下止以二寺社領一寄中附他社他寺及人領上事

仰、以下自レ元有二由緒一之寺〔社脱カ〕領上、恣寄二附他社他寺一、緯之輕忽甚不レ可レ然、縱彼領主依二別敬神歸佛一、以二其得分內一雖レ有二割分事一、更不レ可レ成二他社他寺之號一、取二制於土風一者、還有レ煙〔煩カ〕二新符一歟、近以二寛元已後一宜レ為二其鑑誡一、

## 4　集団規制ほか

**国15**　後鳥羽天皇宣旨第二五条　建久二年(一一九一)三月二十八日　三代制符

一　可下停二止凶惡僧徒、離レ寺後屬二武家一、歸二惱本寺一剩□中諸人上

**循**　底本「脩」。異本ニヨリ改ム。
**報**　底本「封」。意ニヨリ改ム。
**□**　諸本ナシ。脱字アルカ。

**吏途の法…**　国司は統治できなくなり、朝廷の裁許も困難となる。
**循良**　法を守って人民を治めること。またはその役人。
**その不治は…**　国の統治がうまくゆかない原因は、国領の寺社寄進にある。
**勅免を帯さざる…**　以前の寄進地は勅許を得ていなければすべて収公する。

**国14**　→補1
**後宇多天皇宣旨**　二〇ケ条からなる宣旨の第一条。寺社領を他寺社や俗人に寄進することを禁止したもの。この時の治天は亀山上皇(一二四九～一三〇五)であり、後宇多天皇(一二六七～一三二四)はその息。→補2
**石清水文書**　石清水八幡宮に所蔵する古

残らざらんか。*吏途の法、*循良《じゆんりよう》の術《すべ》を失い、聖断の処、裁報に煩いあり。謂《お》もえらく*その不治は、職《もと》としてこれに由《よ》れり。*勅免を帯さざるの地においては、宜《よろ》しく国領せしむべし。兼ねてまた自今以後は、永く停止に従え。更に然らしむる莫《なか》れ。

**国14**　後宇多天皇宣旨第一条　弘安八年(一二八五)十一月十三日　石清水文書

一　寺社領を以て、他社他寺及び*人領に寄附するを停止《ちようじ》すべき事
仰《おお》す。元より*由緒あるの寺領を以て、恣《ほしいまま》に他社他寺に寄附するは、*緈《こと》の軽忽《けいこつ》、甚だ然るべからず。縦《たと》い*彼《か》の領主、別しての敬神帰仏により、その得分の内を以て割分の事ありと雖《いえど》も、更に他社他寺の号を成すべからず。*制を土風に取らば、還って新符に煩いあるか。近くは*寛元已後を以て、宜《よろ》しくその鑑誡《かんかい》となすべし。

## 4　集団規制ほか

**国15**　後鳥羽天皇宣旨第二五条　建久二年(一一九一)三月二十八日　三代制符

一　凶悪の僧徒、寺を離れて後に武家に属し、帰りて本寺を悩まし剰《あまつさ》え*諸人を□す

文書。田中家・菊大路(善法寺)家の二家の所蔵文書が中心で、『大日本古文書』(家わけ四)石清水文書六冊として刊行されているが、未刊のものも多い。

**人領**　寺社領に対し、俗人の所領をいう。

**由緒あるの寺領**　正当な謂われのある寺領。「寺領」は事書では「寺社領」となっており、意味的には、社領も含む。

**緈の軽忽**…　大変軽率で誤った行為だ。

**彼の領主**…　その領主が特別な信仰で、自分の得分の一部を他の寺社に寄進することがあったとしても、他の社領・寺領とすることはできない。

**制を土風に取らば**…　法制をその地域の慣習に従ったならば、逆にこの新制の効果を減退させることになるであろう。

**寛元已後**…　後嵯峨院の治世を手本とすべきである。「鑑誡」は誡めとすべき手本。→補3

**国15**　→補4

**後鳥羽天皇宣旨**　三六ケ条からなる宣旨の第二五条。武家被官となった悪僧が、その立場を利用して本寺や諸人を悩ますことを禁じたもの。後の新制には継承されず、治承・寿永内乱後に特有の法令。

**諸人を□する**…　対句からすれば、□には「悩」の類義語が入るだろう。

事

仰、僧徒之行、載在二令條一、而近年凶惡之徒、離レ寺之後、謬屬二武家一、歸惱二本寺一、非三啻破二刑律之所一レ禁、•兼亦忘二科條之所一レ制、自今已後、永加二禁遏一、若有二强犯一者、宜下仰二本寺師主及武家之輩一、檢非違使相共、不日追捕、早經中　上奏上、

**国16**　順徳天皇宣旨第一七条　建暦二年(一二一二)三月二十二日　玉蘂

一　可レ停二止僧侶兵仗一事

•仰、近來僧侶之行、放逸爲レ先、加之觀念是暗、心隔二四禪之夜月一、印契如レ忘、手提二三尺之秋霜一、破戒之罪、責而有レ餘、滅法之因、職而由レ斯、洛中洛外諸寺諸山慥加二嚴誡一、任レ法科斷、

**国17**　亀山天皇宣旨第八条　弘長三年(一二六三)八月十三日　公家新制

一　□〔可カ〕レ令下諸社司定二任限一修造上事

**兼**　底本空白。意ニヨリ補ウ。
**仰**　底本「抑」。意ニヨリ改ム。

**令条**　僧尼令をいう。
**寺を離れて…**　寺院から離脱した悪僧が武家被官となり、その立場を利用して本寺に紛争を起こさせる。→補1
**本寺の師主**　もともとの師匠。
**武家の輩**　悪僧の主人である武士。
**国16**　→補2
**順徳天皇宣旨**　二一ケ条からなる宣旨の第一七条。僧侶の兵仗を禁止したもの。この新制から、悪僧神人の濫行停止(第八条)のほかに僧徒の兵仗禁止が別立された。
**放逸**　勝手気ままな振る舞い。

るを停止《ちょうじ》すべき事
仰《おお》す。僧徒の行いは、載せて*令条にあり。しかるに近年凶悪の徒は、*寺を離れて後に、謬《あやま》りて武家に属し、帰りて本寺を悩ます。啻《ただ》に刑律の禁ずるところを破るのみに非ず、兼ねてまた科条の制するところを忘る。自今已後は永く禁遏《きんあつ》を加えよ。もし強犯あらば、宜《よろ》しく*本寺の師主及び*武家の輩に仰せて、検非違使と相共に不日《ふじつ》追捕し、早く　上奏を経べし。

**国16**　順徳天皇宣旨第一七条　建暦二年(一二一二)三月二十二日　玉蘂

一　僧侶の兵仗を停止《ちょうじ》すべき事
仰《おお》す。近来の僧侶の行いは、*放逸《ほういつ》を先となす。加之《しかのみならず》、*観念は是《こ》れ暗くして、*心は四禅の夜月《やげつ》を隔つ。*印契は忘るるが如くして、手には*三尺の秋霜《しゅうそう》を提《ひさ》ぐ。破戒の罪、責めても余りあり。*滅法の因、職《もと》としてこれに由《よ》れり。*洛中洛外の*諸寺諸山は、慥《たし》かに厳誡を加え、法に任せて科断せよ。

**国17**　亀山天皇宣旨第八条　弘長三年(一二六三)八月十三日　公家新制

一　諸社の司をして、任限を定めて修造せしむべき事

**観念**　仏や浄土などに心を集中してその姿を想い描き念ずる修行。
**心は四禅の…**　悟りへの瞑想を怠っている。四禅は、欲望の世界(欲界)から欲望が消滅した色界へ生ずるための四段階の瞑想をいう。
**印契は忘るる…**　印の結び方も忘れたように、剣を振り回している。印契は印相・密印・手印ともいい、印を結んで諸尊の働き・誓願・功徳などを象徴的に示す所作。行者が印契とともに真言を誦し本尊を念ずれば、即身成仏の境地に達するとされた。
**三尺の秋霜**　長刀のこと。「三尺の秋水」と同じく、秋水のようにとぎすまされた光沢をもつ三尺の刀。→補3
**滅法の因…**　仏法が滅ぶ原因はここにある。
**洛中洛外**　京都とその周辺。洛中辺土。
**諸寺諸山は**　寺院による兵仗禁止の自主規制の強化を求めたものであって、世俗権力による取り締まり強化を謳っていない点に留意。国27の「僧徒の兵仗」、国2の「後白河天皇宣旨」の各項参照。→補4
**国17**　→補5
**亀山天皇宣旨**　四一ケ条からなる宣旨の第八条。神主の任期を定め修造を勧めるよう命じたもの。

仰、神主任限裁〔載カ〕存二格條一、而頃年以來、飽雖レ浴二重任之恩一、更以無二殊功之聞一、其上恣以二神領一各讓二子孫一、稱二別相傳一不レ從二社務一、依レ之神稅減少、冥慮有レ恐、自今以後永可二停止一、兼又一任中有二殊功一者、有二評議一可レ延レ任、

**国18**　亀山天皇宣旨第一一条　弘長三年(一二六三)八月十三日　公家新制

一　可レ令下諸寺執務定二任限一、修中造本寺上事

仰、其任限載二式條一、任中四ケ年若有二殊功一者、向後何無二抽賞一、是則延二任限一可二優恤一、而諸御願寺執務輩、多是稱二公請之勞一、偏只存二俸祿之由一、因レ茲庭除空荒、春苑忘二閼伽之具一、棟甍半破、秋霧代二不斷之香一、若忍二衣鉢之資一、令レ勵二土木之營一、區々之勤、漸々可レ成、

**国19**　後堀河天皇宣旨第二一条　寛喜三年(一二三一)十一月三日　三代制符

**格条**　延暦十七年(七九八)正月二十四日太政官符で神主を六年任期に改めている。→補1

**重任の恩…**　再任の恩を受けながら、神社修造に際だった功績をあげていない。殊功は特別の功績。

**別相伝**　寺社領・公家領などの一部を、格別な理由で私的に相伝することが認められた所領。別当・神主・預所などの執務人が、その地位を利用して一部の所領を別相伝と称して私領化する傾向があり、寺社領や公家領の分解・衰退の原因となった。

**国18**　→補2

**亀山天皇宣旨**　四一ケ条からなる宣旨の第一一条。寺院長官の任期を定めて、修造に励むよう命じたもの。

**執務**　寺院運営の責任者。別当・座主・長者・長吏・検校など、寺院によって名称が異なる。

**式条に載す**　貞観十三年(八七一)九月七日の太政官符には「秩以四年為限、任終可責解由之事已存式文」とある(『類聚三代格』三)。建長五年(一二五三)七月十二日に幕府が遵行した後深草天皇宣旨第三条に

仰《おお》す。神主の任限は載せて格条*に存す。しかるに頃年《けいねん》より以来《このかた》、飽くほどに重任*の恩に浴すと雖《いえど》も、更に以て殊功の聞こえなし。その上、恣《ほしいまま》に神領を以て各《おのおの》子孫に譲り、別相伝*と称して社務に従わず。これにより神税は減少す。冥慮恐れあり。自今以後は、永く停止《ちょうじ》すべし。兼ねてまた一任中に殊功あらば、評議ありて任を延ばすべし。

**国18** 亀山天皇宣旨第一一条　弘長三年(一二六三)八月十三日　公家新制

一　諸寺の執務*をして、任限を定めて本寺を修造せしむべき事

仰《おお》す。その任限は式条*に載す。任中の四ケ年にもし殊功あらば、向後《きょうご》何ぞ抽賞*なからん。是《こ》れ則ち任限を延ばして優恤《ゆうじゅつ》*すべし。しかるに諸御願寺*の執務の輩は、多く是れ公請《くじょう》の労と称して、偏《ひとえ》にただ俸禄の由を存ず。茲《ここ》によって庭除《ていじょ》*は空《むな》しく荒れて、春苑に閼伽《あか》の具《そなえ》を忘れ、棟甍《とうぼう》*は半ば破れて、秋霧、不断の香に代わる。もし衣鉢《えはつ》*の資を忍びて、土木の営みを励ましむれば、区々《くく》*の勤め、漸々に成るべし。

**国19** 後堀河天皇宣旨第二一条　寛喜三年(一二三一)十一月三日　三代制符

も、「可為諸寺執務者、以四ケ年任限事」(公家法二〇三)とある。

**抽賞**　功績に報いて、恩賞を与えること。ここでは執務職の再任をいう。

**優恤**　手厚く哀れみを恵むこと。ここでは功績に報いることをいう。

**諸御願寺の…**　御願寺の別当たちは別当補任を公請の労への報償とみなし、別当としての職務を忘れている。公請の労は、国家的法会に出仕した功績をいう。

**庭除は…忘れ**　境内は荒廃し、花が咲き乱れるばかりで仏前に水を備えることもない。「閼伽」は仏に供える水。

**棟甍は半ば破れて…**　堂舎は半ば倒壊し、香の煙の代わりに霧が立ちこめるばかりだ。

**衣鉢の資を忍びて**　執務人が得分を節約すること。「衣鉢」は僧侶に許された唯一の資財で、袈裟と托鉢の鉢をいう。

**区々の勤め…**　日頃の僅かな努力によっても、次第に修造が達成される。「区々」はわずか、ささいなの意。

**国19**　→補3

**後堀河天皇宣旨**　全四二ケ条からなる宣旨の第二一条。阿闍梨を推挙するにあたっては、僧としての能力を基準にするよう命じたもの。処罰規定も設けているが、実際の処罰例は確認できない。

一　可下簡二法器一擧中補諸寺阿闍梨上事
仰、頃年如二風聞一者、諸寺阿闍梨擧奏之時、不レ擇二智德一、多依二屬請一、自今以後
密宗者、不レ傳二受三部經幷兩部印契一、天台顯宗者、不レ習二學止観等六十卷一之輩、
不レ可レ放二解文一、有二濫行之聞一者、爭可レ昇二持金剛位一、新擧之時殊擇二淨否一、又
寄二事於左右一、輙不レ可二奪補一、募二威於權勢一、濫不レ可二讓補一、若乖二符旨一致二謬擧一
者、放二解文一之人、爭遁二其罪一乎、又預二其擧一之者、早可レ止二闍梨之名一、

**国20**　亀山天皇宣旨第一三条　文永十年(一二七三)九月二十七日　　三代制符

一　可下簡二法器一擧中補諸寺阿闍梨上事
諸寺阿闍梨者、擇二持律淸淨之仁一、令レ擧レ之、以二破戒濫行之質一、不レ望レ之、而頃
年不レ顧二冥鑑之恐一、粗有二謬擧之聞一、殊掄二法器一、可レ放二解文一、若背二符旨一之輩、
可レ處二違　勅之科一、

**密**　底本「蜜」。意ニヨリ改ム。
**印**　底本「卽」。異本ニヨリ改ム。
**旨**　底本「者」。異本ニヨリ改ム。
**冥**　底本「宜」。異本ニヨリ改ム。

**法器**　仏道修行にふさわしい能力を有する人。
**諸寺の阿闍梨**　寺院に置かれた阿闍梨。阿闍梨は、①伝法灌頂をうけて師範の資格を得た密教僧、②密教修法の導師などの意で使われるが、一一世紀になると朝廷が寺院に阿闍梨の定員枠を認めるようになった。その結果、受戒や伝法灌頂をうけていない僧侶も、それに補任されるようになった。天2の「阿闍梨解文」の項参照。
**挙奏**　朝廷に候補者を推挙すること。
**属請による**　能力よりも縁故で推挙している。
**密宗は…**　密教では三部経と両部印契を伝受した僧侶でないと阿闍梨に推挙して

一　*法器を簡《えら》び、*諸寺の阿闍梨《あじゃり》に挙げ補《ほ》すべき事
仰《おお》す。頃年《けいねん》、風聞の如くんば、諸寺の阿闍梨を*挙奏するの時に、智徳を択《えら》ばず、多くは*属請《ぞくしょう》による。自今以後、*密宗は*三部経并びに*両部の印契を伝受せず、*天台顕宗は*止観等六十巻を習学せざるの輩に、*解文《げぶみ》を放つべからず。濫行《らんぎょう》の聞こえあらば、争《いかで》か*持金剛位に昇るべけんや。新挙の時、殊《こと》に*浄否を択べ。また事を左右《そう》に寄せて、輙《たやす》く*奪い補すべからず。威を権勢に募りて、濫《みだ》りに譲り補すべからず。もし符旨に乖《そむ》きて謬挙《びゅうきょ》を致さば、解文を放つの人、争かその罪を遁《のが》れんや。またその挙に預かるの者は、早く闍梨の名を止《とど》むべし。

三代制符

**国20**　亀山天皇宣旨第一三条　文永十年(一二七三)九月二十七日

一　法器を簡《えら》び、諸寺の阿闍梨《あじゃり》に挙げ補《ほ》すべきの事
諸寺の阿闍梨は、持律清浄の仁を択《えら》びて、これを挙げしめ、破戒濫行《らんぎょう》の質を以ては、これを望まず。しかるに頃年《けいねん》、*冥鑑の恐れを顧みず、粗《あらあら》謬挙の聞こえあり。殊《こと》に法器を掄《えら》びて解文《げぶみ》を放つべし。もし符旨に背くの輩は、違勅の科《とが》に処すべし。

はならない。
**三部経**　大日経・金剛頂経・蘇悉地経をいう。密教でとくに重視された。
**両部の印契**　伝法灌頂を受ける以前の四度加行で伝授される印契。両部は金剛界と胎蔵界。
**天台顕宗**　顕教(けんぎょう)である天台宗をいう。顕教の僧侶も寺院の阿闍梨職に補任されたことを示す。
**止観等六十巻**　天台大師智顗(ちぎ)の著作。法華玄義二〇巻、法華文句二〇巻、摩訶止観二〇巻の天台三大部六〇巻をいう。
**解文を放つ**　朝廷に阿闍梨解文を提出して、自分が推薦する僧侶を寺院の阿闍梨職に補任するよう求めること。
**持金剛位**　密教法具を持って法会に参列する阿闍梨位。
**浄否を択べ**　浄行の僧かどうか、よく吟味せよ。国20を参照。
**奪い補す**　前任の阿闍梨を解任して、新挙の僧を阿闍梨に補任する。

**国20**　↓補1
**亀山天皇宣旨**　全二五ケ条の第一三条。諸寺阿闍梨には持戒の僧侶を推挙するよう命じたもの。
**冥鑑**　神仏が衆生の行いをみていること。

**国21**　亀山天皇宣旨第一二条　弘長三年(一二六三)八月十三日　公家新制

一　可三諸寺諸山顯蜜〔密〕僧侶守二戒法一事

仰、佛法之紹隆者偏在二僧寶一、僧寶之住持者偏在二德行一、德行之中持戒爲レ先、而近來頻好二宴飲一、剰蓄二妻妾一、四重猶不レ全、十戒敢不レ禁、非三只黷二亂眞諦一、固亦違二犯國典一、早任二延暦・弘仁・貞觀符一、遍仰二諸寺諸山一、可レ禁二放逸無慙一、但其身雖レ闕二戒律一、能言者國師也、不レ可レ棄レ之、凡如三僧綱召幷別請二之時、採三用淨行二可レ勵二後輩一、

**国22**　亀山天皇宣旨第二〇条　弘長三年(一二六三)八月十三日　公家新制

一　可三正員僧綱撰二其人一事

仰、僧綱可レ抽二德行一、何況於二正員一哉、而近來官・藏人方公事行事所、恣納二律師任料一、頻致二吹擧一云々、自今以後永令二停止一、

**国21**　↓補1

**亀山天皇宣旨**　全四一ケ条の第一二条。顕密僧に対し宴飲妻帯を慎んで、戒律を守るよう命じたもの。

**顕密の僧侶**　顕教と密教の僧侶。国家から正統仏教と認知された天台・真言・南都六宗の僧侶を指す。禅宗など鎌倉新仏教系の僧侶は含まない。

**仏法の紹隆は…**　仏法の繁栄は僧侶の徳行・持戒にかかっている。

**僧宝**　仏教を構成する三宝(仏・法・僧)のうちの僧宝をいい、僧侶のこと。

**宴飲を好み**　弘長元年(一二六一)の関東新制でも「僧坊酒宴幷魚鳥会」を禁じている(追加法三七七、国35)。

**妻妾を蓄う**　平安末より顕密僧の妻帯が一般化し、実子に寺院僧坊を相続させる真弟相続も登場した。国28の「女人を招き寄せ」の項参照。

**四重**　四重禁戒の略。殺生・偸盗(盗み)・邪淫・妄語(嘘をつく)の四つの戒。在家五戒にも含まれる基本的な戒。

**十戒**　大乗戒として『梵網経』などに説かれる十重四十八軽戒のうちの一〇の重い戒をいう。小乗の沙弥や沙弥尼がたもつ十戒や、在家が護るべき十善戒とは異な

**国21**　亀山天皇宣旨第一二条　弘長三年(一二六三)八月十三日　公家新制

一　諸寺諸山の顕*密の僧侶は、戒法を守るべき事

仰《おお》す。*仏法の紹隆は、偏《ひとえ》に*僧宝にあり。僧宝の住持は、偏に徳行にあり。徳行の中、持戒を先となす。しかるに近来は頻《しきり》に*宴飲を好み、剰《あまつさ》え*妻妾を蓄う。*四重《しじゅう》なお全《まった》からず。*十戒も敢《あ》えて禁ぜず。ただに*真諦を黷乱《とくらん》するのみならず、固《もと》よりまた国典に違犯《いぼん》す。早く*延暦・弘仁・貞観の符に任せ、遍《あまね》く諸寺諸山に仰せて、放《ほう》逸無《いつむ》慙《ざん》を禁ずべし。但しその身は戒律を闕《か》くと雖《いえど》も、*能言は国の師なり。これを棄つべからず。およそ*僧綱召《そうごうめし》幷びに*別請《べっしょう》の如きの時に、*浄行を採用して後輩を励ますべし。

**国22**　亀山天皇宣旨第二〇条　弘長三年(一二六三)八月十三日　公家新制

一　*正員《しょういん》僧綱は、その人を撰ぶべき事

仰《おお》す。僧綱は徳行を抽《ぬ》きんずべし。何《いか》に況《いわん》や正員においてをや。しかるに近来、*官・蔵人方の公事の*行事所は、*恣《ほしいまま》に律師の任料を納めて、頻《しきり》に吹挙を致すと云々。自今以後は、永く停止《ちょうじ》せしめよ。

る。→補2
**真諦を黷乱**…　仏法を汚すだけでなく、世俗の国法にも背いている。
**延暦弘仁貞観の符**　→補3
**能言は国の師なり**　破戒の僧侶であっても弁舌に秀でた者は国の師であるから、放逐するには及ばない。最澄が『山家学生式』(六条式)で引用した『止観輔行伝弘決』の文「能言不能行、国之師也」を踏まえた文章である。→補4
**僧綱召**　僧綱に任じること。→補5
**別請**　特別な法会に僧侶を招くこと。
**浄行を採用**　官位昇進や法会の請定の際に持戒の僧侶を優遇すること。

**国22**　→補6
**亀山天皇宣旨**　全四一ケ条の第二〇条。売官が正員僧綱である律師にまで波及してきたのを制止した法令。
**正員僧綱**　正・権の僧正・僧都・律師をいう。法印・法眼・法橋のみを有する散位僧綱に対する語。散位僧綱は寺官や仏師にも与えられ盛んに売官された。国1の「正員僧綱」の項参照。
**官蔵人方**　官方と蔵人方。外廷と内廷。
**行事所**　儀式を執行する機関。→補7
**恣に律師の任料を納めて**…　行事所が任料をとって、希望者を律師に補任するよう盛んに推挙している。

**国23**　順徳天皇宣旨第一四条　建暦二年(一二一二)三月二十二日　玉蘂

一　可レ糺ニ定緇素男女従類員數一事
王臣家雑仕不レ可レ令レ服ニ仕二人一、
騎馬供奉日、公卿已下不レ得レ具ニ當色舎人二人之外一、
僧正
　従僧四口　中童子二人　大童子六人
　法務・興福寺別當・延暦寺座主准レ之、
僧都
　従僧二口　中童子一人　大童子四人
　法印准レ之、
律師
　従僧二口　中童子一人　大童子二人
　法眼・法橋等准レ之、
凡僧
　従僧一口　中童子一人　大童子二人
仰、人心専好ニ驕逸一、僧徒猶有ニ奢侈一、然間忘ニ代代制符一、

**之外**　底本ナシ。異本ニヨリ補ウ。
**口**　底本「人」。意ニヨリ改ム。
**仰**　底本「抑」。意ニヨリ改ム。

**国23**　→補1
**順徳天皇宣旨**　全二一ケ条の第一四条。過差停止のため従者の員数を定めた。
**緇素**　僧俗。
**従類員数**　ハレの日の従者の人数。→補2
**王臣家**　王(親王宣下を得ていない皇子)や大臣になりうる公卿。
**雑仕**　雑役に従事する下級の女官。
**当色**　公事の際、その役職を務めるにあたって決められた色の衣服。
**舎人**　貴人の雑役に従事する従者。
**従僧**　扈従する僧侶。三綱・凡僧から法印クラスにまで及んだ。彼等も身分に応

国23　順徳天皇宣旨第一四条　建暦二年(一二一二)三月二十二日　玉蘂

一　*緇素《しそ》男女の*従類員数を糺《ただ》し定むべき事

*王臣家の*雑仕《ぞうじ》は、二人を服仕せしむべからず。

騎馬供奉の日、公卿已下は*当色の*舎人《とねり》二人の外を具《ぐ》すを得ず。

僧正

*従僧四口　*中童子《ちゅうどうじ》二人　*大《だい》童子六人

*法務・興福寺別当・延暦寺座主はこれに准ず。

僧都

従僧二口　中童子一人　大童子四人

*法印はこれに准ず。

律師

従僧二口　中童子一人　大童子二人

*法眼・法橋等はこれに准ず。

*凡僧《ぼんそう》

従僧一口　中童子一人　大童子二人

仰《おお》す。人心は専《もは》ら*驕逸《きょういつ》を好み、僧徒にもなお奢侈《しゃし》あり。然る間、代々の*制符を忘

じて中童子などを従えた。↓補3

**中童子**　院家に属して供奉・陪膳などを務めた上仕えの童部。大童子よりも身分は上。

**大童子**　院家に属して雑役に従事した垂髪姿の下仕えの所従。世俗の雑色に対応する。

**法務**　僧綱所の長官、仏教行政を監督した。鎌倉時代には機能が失われ僧位化していた。国1の「法務」の項参照。

**法印**　元来は僧正と官位相当であったが、「法印権大僧都」のように平安後期から僧都に対応する僧位として扱われるようになった。

**法眼**　元来は僧都と官位相当だが、ここでは律師に対応する僧階として扱われ、法橋と同列視されている。なおここに挙がっている法印・法眼・法橋は、僧正・僧都・律師の僧綱をもたない散位僧綱を指す。

**凡僧**　僧綱位をもたない学侶身分の僧侶。六位殿上人に相当し有職(うしき)と非職(ひしき)からなる。国35の「凡僧」の項参照。

**驕逸**　おごりほしいままにすること。

**制符**　建久二年(一一九一)三月二十八日の後鳥羽天皇宣旨第一五条(公家法六六)などを指すか。本文史料の「従類員数」の項参照。

調二面々威儀一、有レ法不レ行、不レ如レ無レ法、嚴加二制禁一、勿レ令二違亂一、

**国24**　亀山天皇宣旨第一一条　文永十年(一二七三)九月二十七日　三代制符

一　可レ停二止車乘過差一事

諸司二分、諸衛官人以下不レ可二乘車一、但於二検非違使一者、不レ在二制限一、諸院宮廳官諸家下家司、縦爲二三分一、尚可二停止一、

僧侶車簾、除二法親王并執柄子息一之外、僧正以下可レ停二止五緒一、

黄金物榻、法親王之外、不レ可レ用レ之、

凡僧車不レ可レ打二立緣一、但三會已講、灌頂阿闍梨并勤二御修法一参二最勝講一之輩、不レ在二制限一、此外近年不レ聴二仙籍一之輩、多用二八葉之車一、有下打二立緣一事上、寄二綷於密儀一歟、猶非二禮制一、宜レ令二停止一、

**車**　底本「用」。意ニヨリ改ム。

**国24**　↓補1

**亀山天皇宣旨**　全二五ケ条の第一一条。車に関する過差禁止規定。

**諸司の二分**　諸司の四等官である主典のこと。

**諸衛**　左右近衛府・左右衛門府・左右兵衛府の六衛府をいう。宮中の守衛にあたった。

**検非違使**　京中の治安維持のために左右衛門府から組織された機関。別当は中納言・参議が兼務する左右衛門督から任命された。

**諸院宮庁**　上皇・親王・三后(太皇太后・皇太后・皇后)・女院などの家務を行う機関。

**下家司**　貴族の家務をつかさどる家司のうち六位以下の下級の者。五位以上の別当や家令の上家司に対する語。

**三分**　諸司の三等官である判官のこと。

**法親王并びに執柄の子息を除くの外**　天皇家・摂関家以外の出自の僧侶。↓補2

**僧正**　大・正・権僧正を指す場合と、正

れて、面々の威儀を調う。法ありて行わざれば、法なきに如《し》かず。厳しく制禁を加え、違乱せしむる勿《なか》れ。

**国24**　亀山天皇宣旨第一一条　文永十年(一二七三)九月二十七日　三代制符

一　車乗の過差《かさ》を停止《ちょうじ》すべき事

*諸司の二分、*諸衛の官人以下は乗車すべからず。但し*検非違使においては、制の限りにあらず。*諸院宮庁の官、諸家の*下家司は、縦《たと》い*三分たるとも、なお停止すべし。

僧侶の車の簾《すだれ》は、*法親王幷びに執柄《しっぺい》の子息を除くの外は、*僧正以下、*五緒《いつつお》を停止すべし。

黄《き》金物《かなもの》の*榻《しじ》は、法親王の外、これを用うべからず。

凡僧《ぼんそう》の車は、立縁《たちふち》を打つべからず。但し*三会《さんね》已《い》講《こう》・*灌頂《かんじょう》阿闍梨、幷びに*御修法《みしほ》を勤め*最勝講に参るの輩は、制の限りにあらず。この外、近年*仙籍を聴《ゆる》されざるの輩、多く*八葉の車を用い、立縁を打つことあり。*綷《こと》を密儀に寄するか。なお礼制に非ず。宜《よろ》しく停止せしむべし。

僧正だけをいう場合とがある。ここでは前者か。

**五緒**　牛車の簾。染革の縁を付けた五条の簾。網代(あじろ)車、文車(もんぐるま)、八葉(はちよう)車に用いた。

**榻**　牛をはずした時に、牛車の轅(ながえ)の軛(くびき)を支える机型の台。乗降の際の踏み台ともなる。

**三会已講**　南京三会・北京三会の講師(こうじ)を終えた僧。僧綱に准じた。

**灌頂阿闍梨**　東寺・仁和寺観音院・尊勝寺・最勝寺の結縁灌頂で小阿闍梨を務めた僧。已講に准じ、已灌頂ともいった。

**御修法を勤め**　正月八日から宮中で行われた後七日御修法に参勤した僧侶。ここでは御修法の伴僧を務める凡僧を指す。

**最勝講に参るの輩**　最勝講で講師・聴衆を務める凡僧。東大寺・興福寺・延暦寺・園城寺の成業(じょうごう)から選出された。最勝講は毎年五月に宮中清涼殿で行われた金光明最勝王経を講讃する法会。

**仙籍**　昇殿を許された者。仙とは殿上のこと。

**八葉の車**　八葉の文様を散らした車。堂上・地下・僧など一般に広く利用された。↓補3

**綷を密儀に寄するか**　こっそりと非合法にやっている。

**国25**　後鳥羽天皇宣旨第三十六条　建久二年（一一九一）三月二十八日　三代制符

一　可㆑禁㆓斷殺生幷京中寺社近邊飼㆓鷹鶴㆒事

仰、漁獵鷹鶴之制者、先格後符所㆑禁也、而近年　宣下雖㆑及㆓度々㆒、遵行未㆓全遍㆒、愚拙之民、空離㆓禁□㆒、然間先㆓身後之罪因㆒、於㆓眼前㆒又感㆑報、懺尚可㆑懺、禁又可㆑禁、就中京洛之中、寺社近邊、嚴加㆑禁制止、莫㆑令㆓違犯㆒、但於㆓本社供祭有例之漁獵㆒者、不㆑在㆓制限㆒、凡厥流㆑毒爲㆑漁、燒㆑野獵㆑鹿、非用殺生、永足㆓禁斷㆒、兼又自今已後、正五九月幷八月放生會以前及六齋日、宜㆘停㆓市廛之賣買㆒、全㆗飛流之生命㆖、早下㆓知京畿諸國㆒、宜㆑從㆓禁遏㆒、若尚不㆑拘㆓制法㆒者、慥仰㆓所部官司㆒、任㆑法科斷、

**廛**　底本「厘」。「廛歟」ノ朱書ニヨリ改ム。

**国25**　→補1

**後鳥羽天皇宣旨**　全三六ケ条の第三六条。京中・寺社辺の殺生禁断と六斎日等の魚鳥売買の禁止を命じている。

**京中**　京中の殺生禁断令は私的鷹狩の禁断から分化する形で登場した。古代にはみえないが、延久四年（一〇七二）に京辺狩猟を禁じたのが初見。鎌倉でも域内での鷹飼いが禁じられた。→補2

**寺社近辺**　殺生禁断には時間・空間の浄化機能があると考えられており、寺辺の殺生禁断は天平勝宝四年（七五二）の禁令を初見として繰り返し発布された。→補3

**鷹鶴**　鷹狩は王族の特権であったため、勅許なしに鷹を飼うことは古代以来禁じられた。国35の「鷹狩の事」の項参照。

**禁□**　禁網なら法律の意。愚かな民衆は禁制を守ろうとしない、の意となる。

**身後の罪因を先と…**　堕地獄の罪障となる殺生を優先した結果、その報いを現実にうけている。「身後」は死後、「感ず」は報いが現れるの意。「匪啻身後之罪因、殆多眼前之感報」（公家法三四五）。

**懺いても…**　いくら懺悔しても懺悔しきれない。

## 国25　後鳥羽天皇宣旨第三六条　建久二年(一一九一)三月二十八日　三代制符

一　殺生幷びに*京中・*寺社近辺に*鷹鷂《ようよう》を飼うを禁断すべき事

仰《おお》す。漁猟鷹鷂の制は、先格後符の禁ずるところなり。しかるに近年は　宣下度々に及ぶと雖《いえど》も、遵行《じゅんぎょう》はいまだ全く遍《あまね》からず。愚拙《ぐせつ》の民は、空《むな》しく*禁□を離る。然る間、*身後《しんご》の罪因を先として、眼前においてまた報を感ず。*懺《く》いてもなお懺いるべし。禁じてもまた禁ずべし。就中《なかんずく》、京洛の中、寺社の近辺は厳しく禁を加えて制止し、違犯《いほん》せしむる莫《なか》れ。但し*本社の供祭《くさい》、有例の漁猟においては、制の限りにあらず。およそ厥《そ》れ*毒を流して漁をなし、野を焼いて鹿を猟《か》るは非用の殺生なり。永く禁断するに足る。兼ねてまた自今已後は、*正五九月、幷びに*八月放生会《ほうじょうえ》以前、及び*六斎日《ろくさいにち》は宜《よろ》しく*市廛《してん》の売買を停《とど》め、飛流の生命を全《まっと》うすべし。早く京畿諸国に下知し、宜しく禁遏《きんあつ》に従うべし。もしなお制法に拘わらざれば、慥《たし》かに所部の官司に仰せて、法に任せて科断せよ。

**本社の供祭有例の漁猟**　有力神社の供物として捧げるための漁猟や、先例として認められた漁猟。建暦二年(一二一二)三月二十二日順徳天皇宣旨第一六条の六斎日殺生禁断令では「於伊勢太神宮・賀茂社已下神社有例供祭者、不在制限」(公家法一〇七)とある。国35の「神社の供祭に…」の項参照。

**毒を流して漁…**　流毒による漁猟は元慶六年(八八二)に禁止され、文治四年(一一八八)に鎌倉幕府の要請で流毒・焼狩禁止の宣旨が発せられた。→補4

**正五九月**　三斎月ともいい止悪修善に努めるべき月とされた。中国の民間信仰と仏教が習合して成立。中国・朝鮮では斎月の斎戒や殺生禁断が多く命じられたが、日本では本文史料の魚鳥売買の禁令が唯一の例。国35の「六斎日」の項参照。

**八月放生会以前**　八月一日より八月十五日の石清水八幡宮放生会までの期間。↓補5

**六斎日**　月の八・十四・十五・二十三・二十九・三十日をいい、四天王らが衆生の善悪を監臨するため八斎戒(不殺生戒など八つの戒律)を守って謹慎した。国35の「六斎日」「聖代の格式」の各項参照。

**市廛**　店舗。「全飛流之生命」との文言からすれば、六斎日などに店舗での鳥魚売買が禁じられた。

# 第三章　幕府と寺院

**国26**　御成敗式目　貞永元年（一二三二）八月　日

一　可下修二理神社一專中祭祀上事

右、神者依二人之敬一增レ威、人者依二神之德一添レ運、然則恆例之祭祀不レ致二陵夷一、如在之禮奠勿レ令二怠慢一、因レ玆於二關東御分國々幷庄園一者、地頭神主等各存二其趣一、可レ致二精誠一也、兼又至二有封社一者、任二代々符一、小破之時、且加二修理一、若及二大破一、言二上子細一、隨二于其左右一可レ有二其沙汰一矣、

一　可下修二造寺塔一勤中行佛事等上事

右、寺社雖レ異、崇敬是同、仍修造之功、恆例之勤、宜レ准二先條一、莫レ招二後勘一、但恣貪二寺用一不レ勤二其役一輩者、早可レ令レ改二易彼職一矣、

**国26**　↓補1

**御成敗式目**　北条泰時が制定した鎌倉幕府法。五一箇条から成る。

**1**　神社の修理と祭祀に心を配れ。

**添う**　増す。

**陵夷を致さず**　年中行事となっている祭祀を廃れさせることとなく。

**如在**　「じょさい」とも。眼前に神がいるかのように慎み畏まること。論語に「祭如在、祭神如神在」とある。「疎略にする」の意もあるが、ここでは非。

**礼奠**　神に捧げる供物。

**関東御分の国々幷びに庄園**　一般的には将軍家が知行国主となっている関東御分国、および将軍家が本家・領家として荘務権を掌握している直轄領。石井進は、東国一五ケ国の一宮・国分寺などの寺社の修理造営が幕府の命で実施されていたことを根拠にして、この「関東御分の国々」は将軍の知行国たる関東御分国を指すのではなく、幕府の特殊権限の及ぶ「東国」を指すとしている。そしてモンゴル襲来後、幕府による修理造営が「東国」から全国に拡大していったと論じた（『日本中世国家史の研究』I第三章、岩波書店、一九七〇年）。それに対して、伊藤

# 第三章　幕府と寺院

**国26**　御成敗式目　貞永元年(一二三二)八月　日

1 一　神社を修理し、祭祀を専《もは》らにすべき事

右、神は人の敬いによって威を増し、人は神の徳によって運を*添う。然れば則ち恒例の祭祀、*陵夷《りょうい》を致さず、*如在《にょざい》の*礼奠《れいてん》、怠慢せしむる勿《なか》れ。これによって*関東御分《ごぶん》の国々幷びに庄園においては、地頭・神主等は各《おのおの》その趣を存じ、精誠《せいせい》を致すべきなり。兼ねてまた*有封《うふ》の社《やしろ》に至りては、代々の*符に任せて、*小破の時は且《かつがつ》修理を加え、もし大破に及ばば、子細を言上し、*その左右《そう》に随いてその沙汰あるべし。

2 一　寺塔を修造し、仏事等を勤行《ごんぎょう》すべき事

右、*寺社異なると雖《いえど》も、崇敬《すうぎょう》は是れ同じ、仍て修造の功、恒例の勤めは宜《よろ》しく先条に准ずべし。*後勘《こうかん》を招くこと莫《なか》れ。但し、恣《ほしいまま》に*寺用を貪《むさぼ》り、その役を勤めざる輩《ともがら》は、早く*彼《か》の職《しき》を改易《かいえき》せしむべし。

邦彦は幕府が下総国香取社・常陸国鹿島社といった東国一宮の造営主体でなかった事実を明らかにして、石井説に疑問を呈している。またモンゴル襲来後の全国的な一宮造営への関与も、あくまで国家的検断権の発動という限定的関与に過ぎず、幕府がその造営主体となるのは室町時代になってからであると主張している(「鎌倉幕府の性格に関する一、二の問題」〔『東京都立工業高等専門学校研究報告』一〇、一九七四年〕、同「諸国一宮制の展開」〔『歴史学研究』五〇〇、一九八二年〕)。

**有封の社**　封戸をもつ神社の意であるが、ここでは免田などの社領をもつ神社の意。

**符**　太政官符。

**小破の…加え**　破損が小規模であれば神社側がとりあえず修理を行う。この点は朝廷側の規定と同じである。

**その左右**　幕府の指示・命令。

**2**　寺院の修造と仏事勤行に心を配れ。

**寺社異なる…**　寺と社は名は異なるが、人々が崇拝するという点では同じだ。

**後勘**　後日の批判。

**寺用を貪り**　寺院に宛てるべき財物を私用して。

**彼の職**　別当職・供僧職など、職務怠慢な僧侶が保有する職。

（中略）

一　鎌倉中僧徒恣諍二官位一事

右、依二綱位一亂二臈次一之故、猥求二自由之昇進一、彌添二僧綱之員數一、雖レ爲二宿老有智高僧一、被レ越二少年無才後輩一、卽是且傾二衣鉢之資一、且乖二經教之義一者也、自今以後、不レ蒙二免許一昇進之輩、爲二寺社供僧一者、可レ被レ停二廢彼職一、雖レ爲二御歸依僧一、同以可レ被二停止一、此外禪侶者、遍仰二顧眄之人一、宜レ有二諷諫之誡一、

（後略）

**国27**　関東御教書　文暦二年（一二三五）正月二十七日　侍所沙汰篇

一　僧徒兵仗可レ令二禁遏一事

嚴制已重疊、就中至二山僧武勇一者、承久兵亂之後、殊被二停止一畢、而近年帶二弓箭兵具一、横二行洛中一之僧徒、多以有二其聞一、直奪二留彼物具一者、定又及二喧嘩一歟、於二自今已後一者、早伺二見如レ然之族一、云二京中一、云二邊土一、

**40**　鎌倉の僧侶が幕府の許可なく官位昇進することを禁じる。佐藤進一によれば原式目にはこの条項はなかった。↓補1

**鎌倉中の僧徒**　幕府・御家人が補任権をもっていた鎌倉在住の僧侶。ただし他にも三島・箱根・伊豆山神社や奥州平泉の中尊寺等、幕府が補任権を掌握していた他地域の僧侶にも適用されたろう。

**官位**　顕密僧の僧位僧官。この叙任権は朝廷にあったため、本文史料で幕府僧の自由昇進を禁止した。

**綱位**　顕密僧が有していた僧正・僧都・律師の僧綱（僧官）と法印・法眼・法橋の僧位をいう。

**臈次**　東大寺・延暦寺戒壇で受戒してからの年数（戒臈）を基準とする僧侶の序列。一般に中世寺院は臈次と官位という二つの原理から成っていた。

**自由の**　身勝手な。

**衣鉢の資を傾け**　「えはつ」とも。成功・買官など官位昇進のために、僧侶が資財をつぎ込むこと。元来、僧侶は法衣と食器以外の私財所有を禁じられていたが、中世では私財所有が一般化した。

**免許**　幕府の許可。朝廷に官位昇進を申請する僧侶は幕府の許可を必要とした。↓補2

**御帰依の僧**　将軍が帰依している僧侶。

（中略）

40 一 *鎌倉中の僧徒、恣に*官位を諍《あらそ》う事

右、*綱位《こうい》によって*臈次《ろうじ》を乱すの故に、猥《みだ》りに*自由の昇進を求め、弥《いよいよ》僧綱《そうごう》の員数を添う。宿老有智《うち》の高僧たりと雖《いえど》も、少年無才の後輩に越えらる。即ち是れ且《かつ》は*衣鉢《えはち》の資を傾け、且は経教の義に乖《そむ》くものなり。自今以後、*免許を蒙らずして昇進するの輩、寺社の供僧《くそう》たらば、彼の職を停廃《ちょうはい》せらるべし。*御帰依《おんきえ》の僧たりと雖も、同じく以て停止《ちょうじ》せらるべし。*この外の禅侶は、遍《あまね》く*顧眄《こめん》の人に仰せて、宜《よろ》しく*諷諫《ふうかん》の誡《いまし》めあるべし。

（後略）

**国27** 関東御教書　文暦二年(一二三五)正月二十七日　侍所沙汰篇

一 *僧徒の兵仗《ひょうじょう》、禁遏《きんあつ》せしむべき事

厳制已に重畳《ちょうじょう》なり。就中《なかんずく》、*山僧の武勇に至りては、*承久の兵乱の後、殊《こと》に停止《ちょうじ》せられ畢んぬ。しかるに近年、弓箭《きゅうせん》兵具を帯びて洛中を横行するの僧徒、多く以てその聞こえあり。*直《じか》に彼《か》の物具《もののぐ》を奪い留めなば、定めてまた喧嘩《けんか》に及ぶか。自今已後においては、*早く、*然るが如《ごと》きの族《やから》を伺い見れば、京中と云い、*辺土《へんど》と云

**この外の禅侶**　幕府が直接補任権をもっていない僧侶。足利氏に補任された鶴岡八幡宮両界壇供僧のように、御家人が補任権をもっている顕密僧を指すか。なお「禅侶」には禅僧の意味もあるが、中世の禅僧は官位をもたないので、この場合は非。→補3

**顧眄の人**　「こべん」とも。檀那となって扶持している人。御家人などを指す。

**諷諫**　婉曲に戒めること。

**国27**　→補4

**関東御教書**　鎌倉幕府が六波羅探題に対して、京都における僧侶の武具の取り締まり強化を命じたもの。

**侍所沙汰篇**　室町幕府の法制書「武政軌範」の一編「侍所沙汰篇」と、検断関係の鎌倉・室町幕府法とを併せ編纂したもの。「侍所沙汰篇」が冒頭に引用されているため、それが本書の書名となった。

**僧徒の兵仗**　僧侶の武装。→補5

**山僧**　延暦寺(山門)の僧侶。

**承久の兵乱**　一二二一年の承久の乱。

**直に…**　直接、武家が僧侶の武器を奪ったなら、きっと両者の喧嘩になるだろう。

**早く**　早く注進しろ。

**然るが如きの族**　武器をもった僧侶。

**辺土**　京都の洛外。→補6

見二知出入之所々一、可レ被レ注二申之一、随二交名一觸二達本所一、召二下其身於關東一、可レ有二誡御沙汰一之状、依レ仰執達如レ件、

文暦二年正月廿七日　武蔵守
相模守

駿河守殿
掃部助殿

**国28**　**関東評定事書**　文暦二年(一二三五)七月十四日　新編追加

一　念佛者事　文暦二　七　十四

於二道心堅固輩一者、不レ及二異儀一、而或喰二魚鳥一、招二寄女人一、或結二黨類一、恣好二酒宴一之由、遍有二其聞一、於二件家一者、仰二保々奉行人一、可レ令レ破二却之一、至二其身一者、可レ被レ追二却鎌倉中一也、

**国29**　**関東御教書**　文暦二年(一二三五)七月二十四日　新編追加

**出入りの所々…**　悪僧の立ち回り先を六波羅探題が調査して、幕府に報告せよ。
**交名**　武装した僧侶の名簿・リスト。
**本所に触れ達し**　僧侶が所属している寺社に幕府が身柄の引き渡しを要求して。
**武蔵守**　執権北条泰時(一一八三～一二四二)。
**相模守**　連署北条時房(一一七五～一二四〇)。時政の三男、義時の弟。承久の乱で泰時とともに京都に攻めのぼった。
**駿河守**　六波羅探題北条重時(一一九八～一二六一)。泰時の弟。後に鎌倉に戻って連署となり、女婿の時頼を支えて幕政に重きをなした。伝存する最古の武家家訓である六波羅殿御家訓を残した。
**掃部助**　六波羅探題北条時盛(一一九七～一二七七)。時房の子で、時政の孫にあたる。

**国28**　→補1
**関東評定事書**　破戒の念仏者の住宅破却・追放を命じたもの。鎌倉幕府による専修念仏弾圧の初見史料。
**新編追加**　鎌倉幕府の追加法を集成したもの。室町時代中期に成立。
**念仏者**　念仏を修する者。顕密仏教系の念仏信者と、法然の専修念仏系の念仏信者がいたが、本条は後者を弾圧しようとしたもの。ここでは前者を道心堅固の念仏者とする。→補2
**魚鳥を喰らい**　仏教はもともと肉食を認

い、*出入りの所々を見知し、これを注し申さるべし。*交名《きょうみょう》に随いて*本所に触れ達し、その身を関東に召し下して、誡《いまし》めの御沙汰あるべきの状、仰せによって執達件《くだん》の如し。

文暦二年正月二十七日　*武蔵守
*相模守
*駿河守殿
*掃部助殿

**国28**　関東評定事書　文暦二年(一二三五)七月十四日　新編追加

一　*念仏者の事　文暦二・七・十四

道心《どうしん》堅固の輩《ともがら》においては、異儀に及ばず。しかるに或いは*魚鳥を喰《く》らいて*女人を招き寄せ、或いは党類を結びて恣《ほしいまま》に酒宴を好むの由、遍《あまね》くその聞こえあり。件《くだん》の家においては*保々の奉行人に仰せて、これを破却せしむべし。その身に至りては、*鎌倉中を追却せらるべきなり。

**国29**　関東御教書　文暦二年(一二三五)七月二十四日　新編追加

めていたが、インド社会での肉食タブーの高まりに対応して、三種浄肉論が案出された。これは、自分をもてなすために殺すのを見た肉、またそうしたと聞いた肉、あるいはその可能性の高い肉を食べることを禁じ、それ以外の肉は浄肉として摂取することを認める議論をいう。その後、大乗仏教が起こると、肉食は全面的に禁止された。中国では隋・唐代に浄肉論から肉食禁止へと変化した。日本では当初より肉食が禁止されていたようである。→補3

**女人を招き寄せ**　中世では顕密僧の女犯は珍しくなかったが、一般に念仏者など遁世した者は、より厳しく性的禁欲を守る道心者であるとの観念が流布していた。なお建永の法難の後、専修念仏者の女人誘惑が盛んに喧伝された。→補4

**保々の奉行人**　幕府政所によって統轄された鎌倉市政の直接担当者。京都の保および保官人制度に倣って制定された。本条は保奉行人の初見史料である。

**鎌倉中を追却**　京都でも専修念仏者は洛外追放の処分を受けている。→補5

**国29**　→補6

**関東御教書**　鎌倉幕府が六波羅探題に対し、濫行の念仏者禁止を全国に布達するよう朝廷に要請することを命じたもの。

一　稱二念佛者一着二黒衣一之輩、近年充二滿都鄙一、横二行諸所一、動現二不當濫行一云々、尤可レ被二停廢一候、於二關東一者、隨レ被二仰付一、可レ致二沙汰一候、此事　宣旨雖レ及二度々一、未レ被二對治一、重遍可レ被二　宣下一之由、可レ被レ申二入二條中納言家一之狀、依レ仰執達如レ件、

文暦二年七月廿四日　　武藏守判
相模守

駿河守殿
掃部助殿

**国30**　関東評定事書　暦仁元年(一二三八)十二月七日　新編追加

一　諸堂供僧等、或臨二病患一附二屬非器弟子一、或立二名代一後落二墮世間一、猶貪二其利潤一事　暦仁元　十二　七　兵庫頭定員奉行

右云レ彼云レ此、共以背二佛意一歟、縱雖レ爲二師讓一、不レ可レ被レ免二許非器之輩一、雖レ爲二器量之仁一、不レ可レ被レ用二濫僧之讓一、於二自今以後一者、固守二此炳誡一、撰二法器拔群之人一讓レ之、

**黒衣**　僧侶が着した墨染めの衣。中世では現世祈禱を行う顕密僧が白衣とされ、来世の祈りを行う遁世僧が黒衣とされており、実際の僧服の色とは別に、白・黒が顕密僧・遁世僧を象徴する色と見なされた。

**仰せ付け…**　朝廷から命じられれば東国では禁止するつもりだ。

**宣旨度々に及ぶ**　建永二年(一二〇七)の専修念仏禁止令以来、度々禁令が出された。→補1

**二条中納言家**　二条定高(一一九〇～一二三八)。幕府との交渉を担当。→補2

**申し入れ**　六波羅探題から二条定高に申し入れる。専修念仏禁圧のため再度の禁止令を出すよう、六波羅探題から二条定高を介して朝廷に申し入れる。専修念仏禁止令は朝廷が発布して、幕府がそれを遵行するという関係にあるが、ここでは幕府側が朝廷に発布を要請している。

**国30**　→補3

**関東評定事書**　鎌倉の諸堂供僧職は器量の僧に相続させるよう命じたもの。

一　念仏者と称して*黒衣《こくえ》を着するの輩《ともがら》、近年都鄙《とひ》に充満し、諸所に横行して、動《やや》もすれば不当の濫行《らんぎょう》を現ずと云々。尤も停廃《ちょうはい》せらるべく候。関東においては、*仰せ付けらるるに随いて、沙汰を致すべく候。この事、*宣旨度々に及ぶと雖《いえど》も、いまだ対治せられず。重ねて遍《あまね》く　宣下せらるべきの由、*二条中納言家に*申し入れらるべきの状、仰せによって執達件《くだん》の如《ごと》し。

文暦二年七月二十四日　武蔵守判

相模守

駿河守殿

掃部助殿

**国30**　関東評定事書　暦仁元年(一二三八)十二月七日　新編追加

一　*諸堂の供僧《くそう》等、或いは*病患に臨みて非器《ひき》の弟子に附属《ふしょく》し、或いは*名代《みょうだい》を立てて後に*世間に落堕《らくだ》し、なお*その利潤を貪《むさぼ》る事〈暦仁元・十二・七　*兵庫頭《かみ》定員奉行す〉

右、彼れと云い此れと云い、共に以て仏意に背くか。縦《たと》い師の譲りたりと雖《いえど》も、非器の輩《ともがら》に*免許せらるべからず。器量の仁たりと雖も、*濫僧《らんそう》の譲りを用いらるべからず。自今以後においては、固くこの*炳誡《へいかい》を守り、*法器《ほっき》抜群の人を撰びてこれ

**諸堂**　条文には限定する言葉がないが、鎌倉幕府が管轄する寺院を指す。

**病患に臨み…**　病となった供僧らが、その職を器量のない弟子に譲る。

**名代を立てて**　代理の僧に寺役を勤めさせ。

**世間に落堕**　戒律を破って妻帯するなど、僧侶が俗人並みの生活をすること。

**その利潤**　供僧職などの得分。

**兵庫頭定員**　藤原定員(生没年不詳)。将軍九条頼経の側近で御所奉行を勤めた。伊勢守・但馬守を歴任したが寛元四年(一二四六)五月に逮捕拷問され頼経らの陰謀を自白。これにより頼経は京都に追放され(宮騒動)、定員は出家した。

**免許せらるべからず**　器量のない弟子への相続は認められるべきではない。供僧職は一般に師資相承されたが、ここで一定の制約を課そうとしている。最終的な供僧補任権は幕府にあるが、鶴岡八幡宮のようにそれが別当に委譲されているケースもある。したがって、ここでの免許の主体は幕府とも、別当とも考えられる。

**濫僧**　破戒僧。ここでは戒律を破った師僧を指す。

**炳誡を守り**　供僧ら師匠たる者はこの誡めを守って。

**法器**　僧侶としての器量。

専ニ戒行一、敢不レ可ニ違越一矣、

**国31**　関東御教書　延応元年(一二三九)四月十三日　新編追加

一　諸社神人等、付ニ在京武士宿所一、或振ニ神寳一、或致ニ狼籍一事、動有ニ其聞一、事實者尤不便也、於ニ理訴一者、縦雖レ不ニ濫惡一、何無ニ其沙汰一、至ニ無道寄沙汰一者、永爲レ懲ニ傍輩一、可レ被レ召ニ下張本於關東一也、存ニ此旨一、可レ被ニ申沙汰一之狀如レ件、

延應元年四月十三日　前武藏守判

修理權大夫判

相模守殿

越後守殿

**国32**　関東御教書　延応元年(一二三九)四月二十四日　新編追加

一　諸社神人狼藉事、就ニ甲乙之訴訟一、糺明之後、罪科難レ遁之時、雖レ相ニ觸本所一、不ニ事行一之間、有レ煩ニ于成敗一云々、尤不便也、狼

**国31**　→補1

**関東御教書**　諸社神人による寄沙汰の禁止を六波羅探題に命じたもの。

**神人**　「じんにん」とも。神社の下級神職や寄人(よりうど)。社頭の警備などに当たり、強訴の際には神木・神輿を奉じて発向した。

**在京武士**　広義には大番役などで在京している御家人、狭義には長期間在京して洛中警護に当たる畿内近国の御家人。負債を負った在京武士に貸し手が返済を求めることが困難なため、貸し手が諸社神人に寄沙汰をしたのであろう。

**神宝を振るい**　神人は高利貸し活動なども行っており、返済が滞った場合には債務者の自宅や所領に神木を立て、神宝を振るって返済を迫った。

**理訴においては…**　神人の訴えが正当であるならば、乱暴狼藉を行わずとも、裁許が下るはずだ。

**寄沙汰**　訴訟当事者に代わって、有力な第三者が寄託を受けて裁判を行うこと、またはその第三者が実力で財産の差し押

に譲り、戒行を専《もは》らにして、敢えて違越《いえつ》すべからず。

**国31** 関東御教書　延応元年(一二三九)四月十三日　新編追加

一　諸社の*神人《じにん》等、*在京武士の宿所に付して、或いは*神宝《しんぽう》を振るい、或いは狼藉を致す事、動《やや》もすればその聞こえあり。事実《ことじち》ならば尤も不便《ふびん》なり。*理訴においては、縦《たと》い濫悪せずと雖《いえど》も、何ぞその沙汰なからんや。無道の*寄沙汰《よせざた》に至りては、永く傍輩《ぼうはい》を懲《こ》らしめんがために、張本を関東に召し下さるべきなり。此の旨を存じ、申沙汰せらるべきの状、件《くだん》の如《ごと》し。

延応元年四月十三日　*前武蔵守判　*修理権大夫判

*相模守殿

*越後守殿

**国32** 関東御教書　延応元年(一二三九)四月二十四日　新編追加

一　*諸社神人《じにん》の狼藉の事、甲乙の訴訟につき、*糺明の後、罪科遁《のが》れがたきの時に、*本所に相触《あいふ》ると雖《いえど》も事行《ことゆ》かざるの間、成敗に煩《わずら》いありと云々。尤も不便《ふびん》なり。狼

さえなどを行うこと。この場合は後者を指す。→補2

**前武蔵守**　執権北条泰時(一一八三〜一二四二)。

**修理権大夫**　連署北条時房(一一七五〜一二四〇)。時政の三男、義時の弟。

**相模守**　六波羅探題北条重時(一一九八〜一二六一)。泰時の弟。

**越後守**　六波羅探題北条時盛(一一九七〜一二七七)。時房の子で、時政の孫。

**国32**　→補3

**関東御教書**　六波羅探題の求めに応じて幕府が、神人狼藉を放置する本所に対する対応を明らかにしたもの。

**諸社神人の狼藉の事…**　『吾妻鏡』同日条によって、「成敗に煩いありと云々」までが、六波羅探題が幕府に訴えた内容であることがわかる。寺社権門の非協力によって神人狼藉の取り締まりが実効性をもたないことを六波羅探題が幕府に訴えたのに対して、幕府は評定を開いて本条を決定した。

**糺明の…の時に**　六波羅探題が訴訟を受理して糺明したところ、神人の罪科が明白となった時に。

**本所に相触ると雖も…**　六波羅探題が神人の本所に身柄の引き渡しを要求しても、本所がそれに応じないため、取り締まりがうまく行かない。

藉輩無㆓遁方㆒者、解㆓却其職㆒、随㆑召給㆓其身㆒、可㆑被㆑進㆓關東㆒也、凡三ケ度相觸之後、猶不㆓叙用㆒者、可㆘令㆓注進㆒給㆖、依㆓他事㆒雖㆓訴訟出來㆒、永不㆑可㆑有㆓御沙汰㆒也者、可㆑被㆑存㆓其旨㆒之状、依㆑仰執達如㆑件、

延應元年四月廿四日

前武藏守判

修理權大夫判

相模守殿

越後守殿

**国33**　関東御教書　仁治三年（一二四二）三月三日　新編追加

一　可㆑被㆑止㆓鎌倉中僧徒従類太刀腰刀等㆒事

右、僧徒之所従、常致㆓闘亂㆒、多及㆓殺害㆒云々、武士之郎従、猶以不㆑及㆓如㆑此之狼藉㆒、何況於㆓僧徒之所従㆒乎、是則好而召㆓仕武勇不調之輩㆒、専不㆑加㆓禁遏㆒之故也、於㆓自今以後㆒者、僧徒之兒、共侍、中間、童部、力者法師、横㆓雄劔㆒差㆓腰刀㆒、一向可㆑停㆓止之㆒、若背㆓此制止㆒、及㆓刃傷殺害㆒者、宜㆑被㆑處㆓主人

**その職を解却し…**　本所は罪科の神人を解職して、求めに応じて身柄を武家に引き渡し、幕府に送致すべきである。

**三ケ度相触るる…**　六波羅探題が本所に対して身柄の引き渡しを三度要請して、それでも応じないならば、その本所の名を幕府に報告すべきである。

**他事によって…ざるなり**　他の問題でその本所から幕府に訴えがなされても、幕府はその訴えを受理しない。

**前武蔵守**　執権北条泰時。

**修理権大夫**　連署北条時房。

**相模守**　六波羅探題北条重時。

**越後守**　六波羅探題北条時盛。

**国33**　→補1

**関東御教書**　勝長寿院での乱闘事件をうけて、鎌倉における僧侶に対し、従者の武装を禁止したもの。

**僧徒従類**　僧侶のお供に付き従う従者。

藉の輩《ともがら》、遁る方なくんば、*その職《しき》を解却《げきやく》し、召しに随ってその身を給わり関東に進めらるべきなり。およそ*三ケ度相触るるの後、なお叙用せずんば、注進せしめ給うべし。*他事によって訴訟出来《しゅつたい》すと雖も、永く御沙汰あるべからざるなり者《てえれば》、その旨を存ぜらるべきの状、仰せによって執達件《くだん》の如《ごと》し。

延応元年四月二十四日

*前武蔵守判

*修理権大夫判

*相模守殿

*越後守殿

## 国33　関東御教書　仁治三年(一二四二)三月三日　新編追加

一　鎌倉中の*僧徒従類の太刀《たち》・腰刀等を止《とど》めらるべき事

右、僧徒の所従は、常に*闘乱を致し、多く殺害に及ぶと云々。武士の郎従、なお以て此《かく》の如《ごと》きの狼藉に及ばず。何《いか》に況《いわん》や僧徒の所従においてをや。是れ則ち、好みて*武勇不調の輩《ともがら》を召し仕い、専《もは》ら禁遏《きんあつ》を加えざるの故なり。自今以後においては、僧徒の*児《ちご》・*共侍《ともざむらい》・*中間《ちゅうげん》・*童部《わらわべ》・*力者法師《りきしゃほっし》は、*雄剣を横たえ腰刀を差すこと、一向にこれを停止《ちょうじ》すべし。もしこの制止に背き、刃傷《にんじょう》殺害に及ばば、宜《よろ》しく*主人

具体的には、文中の児・共侍・中間・童部・力者法師を指す。なお鎌倉幕府追加法三六四でも僧侶と稚児の刀剣の随身を禁じている。

**闘乱を致し**　同日付けで勝長寿院別当良信(一一七三～一二五三)に出された鎌倉幕府追加法二〇一では、勝長寿院僧坊での闘乱に言及しており、本条発布の直接的契機が勝長寿院での事件であったらしい。

**武勇不調の輩を召し仕い**　僧侶が従者として武にたけた心操悪しき者を召し使う。

**児**　稚児。晴れの場で上童を勤めた貴族侍身分出身の少年。土谷恵「中世寺院の童と兒」(『中世寺院の社会と芸能』吉川弘文館、二〇〇一年)を参照。

**共侍**　共まわりの侍。公家・武家・寺家でみえる。

**中間**　公家・武家・寺家に仕えた百姓身分の従者。

**童部**　中童子など寺院で雑役に従う童形の従者。壮年・老年の者もいた。

**力者法師**　輿かき、馬の口取りや主人の警護をした法体の従者。寺院だけでなく公家・武家の世界にもみえる。

**雄剣を横たえ**　大剣を差し。

**主人を過怠に処せらるべし**　弟子・従者の監督責任を問うて、主人である僧侶を処分する。

於過怠一、堅存二此旨一、不レ可二違犯一之由、可下令レ相二觸供僧等一給上之旨所レ候也、仍執達如レ件、

仁治三年三月三日　　前武藏守在御判

大御堂執行御房

若宮別當御房

大夫法橋御房　以上三ケ所各別書二下之一、

追仰

件輩劔刀者、仰二付小舍人一、隨二見合一拔二取之一、可レ施二入大佛一之由、被レ仰二下之一、同可レ被レ仰二聞其旨一候也、

**国34**　関東評定事書　仁治三年(一二四二)十二月五日　新編追加

一　鎌倉中諸堂別當職事　仁治　三　十二　五評定

右、於二寺務職一者、以二德闌功積之人一、可レ被二撰補一之處、不レ謂二器量一、不レ顧二若﨟一、恣稱レ有二師範之讓一、管二領一寺一、非三啻招二當時之哢一、甚不レ可レ叶二佛意一、於二自今以後一者、一向停二止讓補之儀一、宜レ依二時儀一矣、

**大御堂**　勝長寿院。源頼朝が父義朝の菩提を弔うために文治元年(一一八五)に建立。南御堂とも言い、戦国時代に廃寺となった。この時の別当は良信。執行は不明。

**若宮別当**　鶴岡八幡宮別当定親(一二〇三～一二六六)。内大臣土御門通親の子で、定豪の弟子。宝治合戦に連座して鶴岡別当を解任され上洛。東大寺別当・東寺一長者を勤めた。

**大夫法橋**　不明。鎌倉の顕密寺院の中核が頼朝御願の鶴岡八幡宮・勝長寿院・永福寺であったことからすれば、この人物は永福寺の関係者であろう。当時の永福寺別当は良瑜権僧正と考えられるので、大夫法橋は良瑜の側近ということになる。

**各別にこれを書き下す**　三寺それぞれに本条を命じた。宛先が並記されているが、実際には各寺ごとに命じられた。

**小舎人**　侍所の下級職員。

**大仏**　鎌倉大仏。寛元元年(一二四三)に浄光房の勧進で木像が造立され、建長四年(一二五二)に金銅で鋳造された。同七年の鎌倉幕府追加法三〇四では人倫売買銭を大仏に寄進するとされている。

**仰せ聞かさるべく**　三寺それぞれの別当から供僧らにお伝えください。

**国34**　→補1

を過怠《かたい》に処せらるべし。堅くこの旨を存じ、違犯《いほん》すべからざるの由、供僧《くそう》等に相《あい》触《ふ》れしめ給うべきの旨、候ところなり。仍て執達件《くだん》の如し。

仁治三年三月三日　　前武蔵守在御判

*大御《おおみ》堂《どう》執行《しぎょう》御房

*若宮別当御房

*大夫法橋御房　以上、三ケ所、*各別《かくべつ》にこれを書き下す。

追って仰す。

件の輩の剣刀は*小舎人《こどねり》に仰せ付けて、見合うに随いてこれを抜き取り、*大仏に施《せ》入《にゅう》すべきの由、これを仰せ下さる。同じくその旨を仰*せ聞かさるべく候なり。

**国34**　関東評定事書　仁治三年(一二四二)十二月五日　　新編追加

一　*鎌倉中の諸堂別当職の事　*仁治三・十二・五評定

右、*寺務職においては、*徳闌《た》け功積《つ》むの人を以て、撰び補《ふ》せらるべきの処、器量を謂わず、*若﨟《じゃくろう》を顧みず、恣《ほしいまま》に師範の譲りありと称して、一寺を管領す。啻《ただ》に*当時の哢《あざけ》りを招くのみならず、甚《はなは》だ仏意に叶うべからず。自今以後においては、一向*譲補《じょうほ》の儀を停止《ちょうじ》し、宜《よろ》しく*時儀《じぎ》によるべし。

**関東評定事書**　鎌倉の諸堂別当職の師資相承を禁止したもの。

**鎌倉中の…**　本条は実際には鎌倉以外の幕府系寺院にも適用された。→補2

**仁治三**　本条の制定日は二月五日、三月三日、三月五日、十二月五日など諸本によって異なる。本年六月十五日に北条泰時が没しており、日付によって泰時段階か、経時段階かに分かれることになる。なお『吾妻鏡』は仁治三年(一二四二)は欠本。

**寺務職**　一寺の執行機関の統率者、別当。

**徳闌け功積むの人**　僧侶としての修行を十分に積んで聖者の風格ある人物。

**若﨟を顧みず**　﨟次が低いのを無視して。

**当時の哢りを招く**　今現在、人々から嘲笑される。「当時」は今をいう。

**譲補の儀**　師資相承。一般に中世寺院では別当職や供僧職が師資相承されることが多かったが、幕府は鎌倉幕府追加法九七(国30)で供僧職の師資相承に制限を加え、本条で別当職の師資相承を否定した。→補3

**時儀**　時宜・時議と同意。貴人の意向、またはその時の状況を指すが、この場合は前者(佐藤進一「時宜」『ことばの文化史』中世1、平凡社、一九八八年)。具体的には将軍の意向をいう。

## 国35　関東新制　弘長元年（一二六一）二月三十日

關東新制條々

一　可三如法勤二行諸社神事等一事

祭、豐年不レ奢、凶年不レ儉、是禮典之所レ定也、而近年神事等、或陵夷背二古儀一、或過差忘二世費一、神慮難レ測、人何有レ益、自今以後、恆例祭祀不レ致二陵夷一、臨時禮奠、勿レ令二過差一、

一　可レ令三有封社司修二造本社一事

有封社者、任二代々符一、小破之時且加二修理一、若及二大破一言二上子細一者、隨二其左右一可レ有二其沙汰一之由、被二定置一畢、而近年社司恣貪二神領之利潤一、不レ顧二社壇之破損一、匪二啻不レ恐二神慮一、專可レ謂レ忘二公平一、自今以後、於レ背二此法一者、可レ被レ改二補其職一、

同年同人

一　可レ令レ停二止神人加增濫行一事

神人者常陪二社頭一、可レ從二神役一、而散二在國々一以好二梟惡一、

式目追加条々

国35　→補1

**関東新制**　弘長元年（一二六一）は辛酉の年に当たるため、鎌倉幕府追加法三三七から三九七までの計六一箇条が同年二月に幕府によって制定された。五月には朝廷も公家新制二一箇条を発布している。延応二年（一二四〇）三月・建長五年（一二五三）九月の関東新制は将軍が発布の主体となっていたのに対し、弘長元年の関東新制は将軍が発布の主体となっておらず、評定衆によって制定され執権・連署の名で発布されている。→補2

**式目追加条々**　陽明文庫所蔵の御成敗式目および追加法の古写本。

**1**　関東御分の神社祭祀は、華美にも粗雑にもならないように心がけよ。

**如法に**　教法で定められた通りに。

**諸社**　関東御分の神社。『吾妻鏡』弘長元年二月二十六日条では、「関東御分寺社、殊可興行仏神事」として第一・二・八・九・一〇の五箇条を挙げている。

**祭は豊年にも…**　祭というものは、豊作の年でも派手にせず、また凶作の年でも控えめにはしないものだ。

**陵夷して古儀に背き**　なおざりとなって古式に違背したり。

**過差にして世費を忘る**　華美に過ぎて経

## 国35 関東新制 弘長元年(一二六一)二月三十日

式目追加条々

関東新制条々

1 一 *如法《にょほう》に*諸社の神事等を勤行《ごんぎょう》すべき事

*祭は豊年にも奢《おご》らず、凶年には倹《つづま》しからず。是れ礼典の定むるところなり。しかるに近年の神事等は、或いは*陵夷《りょうい》して古儀に背き、或いは*過差《かさ》にして世費を忘る。*神慮測《はか》りがたく、人何《なん》ぞ益あらんや。自今以後、恒例の祭祀は*陵夷を致さず、臨時の礼奠《れいてん》は過差せしむる勿《なか》れ。

2 一 *有封《うふ》の社司をして本社を修造せしむべき事

有封の社《やしろ》は、代々の*符に任せて、小破の時は*且《かつがつ》修理を加え、もし大破に及び子細を言上せば、*その左右《そう》に随いてその沙汰あるべきの由、*定め置かれ畢んぬ。しかるに近年の社司は、恣《ほしいまま》に*神領の利潤を貪《むさぼ》りて、社壇の破損を顧みず。啻《ただ》に神慮を恐れざるのみならず、専《もは》ら*公平《くびょう》を忘ると謂うべし。自今以後、この法に背くにおいては、その職《しき》を改補せらるべし。

《同年同人》

3 一 *神人《じにん》の加増・濫行《らんぎょう》を停止《ちょうじ》せしむべき事

神人は常に*社頭に陪《はべ》りて、神役に従うべし。しかるに国々に散在して以て梟悪《きょうあく》を

---

費を無視している。

**神慮測りがたく**　神の意向は人知では分別しがたく。

**陵夷を致さず**　年中行事となっている祭祀は廃れさせることとなく。

**2** 社領のある神社の神官は、適切に神社の修理を行え。

**有封の社司**　封戸をもつ神社の神官の意だが、ここでは免田などの社領をもつ神社の神官の意。

**符**　太政官符。

**且**　とりあえず。

**その左右**　幕府の指示・命令。

**定め置かれ畢んぬ**　御成敗式目の第1条(国26)を指す。

**神領の利潤を…**　所領から上がってくる年貢・公事を私用するばかりで、神社の破損を修理しようともしない。

**公平**　「くひょう」「ぐひょう」とも。公正で偏らないこと。また年貢を指す場合もある。

**3** 神人の新規加増と本神人の濫行を禁じる。

**神人の加増濫行**　神人の加増と濫行取り締まり令は保元の公家新制以来、しばしば出された。幕府は西国の濫行神人の関東召喚を命ずるとともに、東国でも神人の活動に規制を加えている。→補3

**社頭**　社殿の近辺、神前。

充二満所々一以致二狼籍一、自由之企、甚背二物宜一、早於二新加神人一者、削二其名一以随二停止一、至二本補神人一者、忌〔忘カ〕二□〔脱字アルカ〕事一以可レ勤二職掌一、

（中略）

一　可レ令三如法勤二行諸堂年中佛事等一事　奉行人行一

諸堂之勤、恆例有レ限、而供僧等、纔雖レ有二勤修之名一、更無下抽二誠信一之志上、被レ補二其職一之始、雖レ有二法器之清撰一、被レ補二其職一之後、多用二浅臈之代官一、然之間以二尫弱手代一、勤二嚴重御願一、太不レ可レ然、禁忌幷現所労之外者、用二代官一事、一切可レ令レ停二止之一、兼又供料不法未下相積之由、諸堂有二訴訟一云々、云二雑掌一云二寺務一、乍レ知三行有レ限之役所一、何可レ遁二避應輸之濟物一哉、而於二引付一、雖レ有二其沙汰一、猶以不二事行一者、殊可レ有二嚴重之沙汰一之由、重面〔而カ〕々可レ被レ仰三下引付一、此上有二不法雜掌一者、随二奉行人注申一、可レ被レ改二易其職一矣、

一　可レ令三諸堂執務人修二造本尊一事

**自由の企て**　勝手な振る舞い。

**新加の…随い**　定員外で新たに補任された神人は名簿から削除して解任せよ。

**□事を忘れて**　「削其名」と「忘□事」が対句であるため、□には「他」「万」「諸」のような語が入るだろう。

**8**　供料の未払いを誡めるとともに、供僧本人による仏事勤行を命じる。

**諸堂**　鎌倉を中心とする幕府管轄下の寺院諸堂。

**行一**　二階堂行忠（一二二〇～一二九〇）の法名。二階堂行盛の三男。康元元年（一二五六）に北条時頼とともに出家。正元元年（一二五九）に引付衆、文永元年（一二六四）に評定衆、弘安六年（一二八三）から死没するまで政所執事を勤めた。

**諸堂の勤め…**　諸堂の勤めの中でも、恒例となっている年中仏事は特に大切なものである。「限りある」は「大切な、厳重な」の意。

**更に誠信を抽きんずるの志なし**　人並みはずれた真心を以て勤行しようとする気持ちが全くない。

好み、所々に充満して以て狼藉を致す。*自由の企て、甚《はなは》だ物宜《ぶつぎ》に背く。早く*新加の神人においては、その名を削りて以て停止に随い、本補《ほんぽ》の神人に至りては、□*事を忘れて以て職掌《しきしょう》を勤むべし。

(中略)

8 一　如法《にょほう》に*諸堂の年中仏事等を勤行せしむべき事　奉行人*行一

*諸堂の勤め、恒例限《かぎ》りあり。しかるに供僧《くそう》等は、纔《わずか》に勤修《ごんしゅ》の名ありと雖《いえど》も、*更に誠信を抽《ぬ》きんずるの志《こころざし》なし。その職《しき》に補《ふ》さるるの始めは、*法器《ほっき》の清撰ありと雖も、その職に補さるるの後は、多く*浅臈《せんろう》の代官を用う。然るの間、*尫弱《おうじゃく》の手代《てがわり》を以て、厳重の御願《ごがん》を勤む。太《はなは》だ然るべからず。*禁忌《きんき》并びに*現所労《しょろう》の外は、代官を用うる事、一切これを停止せしむべし。兼ねてまた*供料の不法・未下《みげ》相積もるの由、*諸堂訴訟ありと云々。雑掌と云い、*寺務と云い、限りあるの役所を知行しながら、*何ぞ応輪《おうゆ》の済物《さいもつ》を遁避《とんひ》すべけんや。しかるに*引付においてその沙汰ありと雖も、*なお以て事行《ことゆ》かざれば、殊《こと》に厳重の沙汰あるべきの由、重ねて引付に仰せ下さるべし。この上、不法の雑掌あらば、*奉行人の注し申すに随い、その職を改《かい》易《えき》せらるべし。

9 一　諸堂執務の人は*本尊を修造せしむべき事

**法器の清撰**　供僧にふさわしいかどうか器量を十分吟味して人選すること。
**浅臈の代官を用う**　臈次の浅い未熟な僧侶を供僧の代理にして勤行させる。
**尫弱の手代**　頼りない代人。尫弱は一般に威力の弱いことを言い、この場合は祈禱の験力が弱々しいことを指す。
**禁忌**　祈禱を憚らなければならない障り。師匠・親族の服喪の障りや、病悩によって五辛を食した場合、および死穢・産穢などの触穢をいう。
**現所労**　今、病にかかっていること。
**供料の不法未下相積もる**　供僧の得分である供料の未払いが累積している。
**諸堂訴訟あり**　→補1
**寺務**　寺院の長官、別当。
**何ぞ応輪の済物を…**　雑掌や別当はどうして配分すべき供料の下行を怠ろうとするのか。
**引付**　鎌倉幕府の訴訟機関である引付方。
**なお以て事行かざれば**　それでも事態が改善しなければ。
**奉行人**　寺社奉行。鎌倉幕府追加法五四六を参照。
**9**　寺院の別当は適切に修造を行え。
**本尊を修造**　「本尊事」は原文になく、『吾妻鏡』によって補ったが、内容からすれば「本尊」は「本堂」の誤りか。

准二神社修理之條一、可レ有二其沙汰一、

一　文應、奉行政所
佛事間事

堂舍供養之人、報恩追善之家、不レ測二涯分一、多費二家產一、雖レ寄二事於供佛施僧之勤一、猶莫レ不レ成二民庶黎元之煩一、還可レ招二罪根一、更非レ殖二善苗一、偏是住二名聞一之故歟、付レ冥付レ顯、其有二何益一、自今以後、修二佛事一之人、只專二淨信一、宜レ止二過差一、

一　六齋日幷二季彼岸殺生禁斷事

魚鼈之類、禽獸之彙、重レ命逾二山嶽一、愛レ身相二同人倫一、因レ茲罪業之甚、無レ過二殺生一、是以佛敎之禁戒惟重、聖代之格式炳焉也、然則件日々、早禁二漁網於江海一、宜レ停二狩獵於山野一也、自今以後、固守二此制法一、一切可レ隨二停止一、若背二禁遏一、有二違犯之輩一者、可レ加二科罰一之由、可レ被レ仰二諸國守護人幷地頭等一、但至二有レ限神社之供祭一者、非二制禁之限一、

**神社修理の条に准じて**　前掲の本文史料第2条(鎌倉幕府追加法三三八)を指す。

**10**　堂塔供養や追善仏事は簡素にせよ。

**涯分を測らず…**　身の程をわきまえないで、堂舎供養や追善仏事に家の財産をつぎ込んでしまうことが多い。

**事を…招くべし**　仏や僧侶を供養するという高尚な名目で仏事を行っているが、現実にはその費用は民衆の負担となっており、善根を積むというよりは、むしろ罪業を重ねているというべきだ。

**名聞に住する**　世間での名声や評判を得るために体裁をつくろうこと。

**過差**　度を越した華美・贅沢。

**11**　六斎日等の殺生禁断を犯した者を処罰するよう、守護・地頭に命じよ。

*神社修理の条に准じて、その沙汰あるべし。

10 一 仏事間《あいだ》の事

《文応、奉行政所》

堂舎供養の人、報恩追善《ついぜん》の家は、*涯分《がいぶん》を測《はか》らず、多く家産を費やす。事を*供仏施《くぶっせ》僧《そう》の勤めに寄すと雖も、なお民庶黎元《れいげん》の煩《わずら》いと成らざるはなし。還《かえ》って罪根を招くべし。更に善苗《ぜんびょう》を殖《う》うるに非ず。偏《ひとえ》にこれ*名聞《みょうもん》に住《じゅう》するの故か。冥に付け顕に付け、それ何の益あらん。自今以後、仏事を修するの人は、ただ浄信を専らとし、宜《よろ》しく*過差《かさ》を止むべし。

11 一 *六斎日《ろくさいにち》幷びに*二季彼岸《ひがん》の殺生禁断の事

*魚鼈《ぎょべつ》の類、禽獣《きんじゅう》の彙《たぐい》も、命を重んずることは山嶽に逾《こ》え、身を愛することは人倫に相《あい》同じ。これによって、罪業の甚だしきは、殺生に過ぎたるはなし。是れを以て*仏教の禁戒これ重く、*聖代の格式炳焉《へいえん》なり。然れば則ち*件《くだん》の日々は早く*漁網《ぎょもう》を江海《こうかい》に禁じ、宜しく狩猟を山野に停《とど》むべきなり。自今以後は固くこの制法を守り、一切停止に随うべし。もし禁遏《きんあつ》に背き、違犯《いほん》の輩《ともがら》あらば、科罰を加うべきの由、諸国の守護人幷びに地頭等に仰せらるべし。但し、*限りある*神社の供祭《くさい》に至りては、制禁の限りに非ず。

**六斎日** 月の八・十四・十五・二十三・二十九・三十日を指す。六斎日には四天王らが天から下ってきて衆生の善悪を監臨するため、一日一夜、八斎戒(不殺生戒など八つの戒律)を守って謹慎する仏教行事。→補1

**二季彼岸** 春分・秋分の日の前後七日間。日本ではこの期間に仏事を行う独特の風習があり、春分・秋分の日を彼岸の中日という。

**魚鼈** 魚とすっぽん。

**魚鼈の類…** 魚類や禽獣も人間と同様、自分の命を非常に大切にする。

**仏教の禁戒** 不殺生戒。

**聖代の格式** 六斎日殺生禁断令は公家法では天平九年(七三七)から康永三年(一三四四)まで一六回、幕府法では暦仁元年(一二三八)以降、計七回発布された。彼岸の殺生禁断令は公家法では確認できないが、幕府法では計六回発布されている。→補2

**件の日々** 六斎日と二季彼岸。

**漁網を江海に禁じ** 河海での漁労を禁止する。幕府の暦仁元年の六斎日殺生禁断令では専業漁師は免除されていたが、寛元三年(一二四五)令より禁止された。

**限りある** 大切な、厳重な。

**神社の供祭に…** 神社の供物に捧げるための狩猟漁労は、禁制の対象外として許される。→補3

一　鷹狩事〈延應、奉行行一〉
神領供祭之外、可㆓停止㆒之由、御下知先畢、固守㆓此制禁㆒、不㆑可㆓違犯㆒矣、
（中略）
一　物具事
（中略）
僧輿僧正之外、可㆑止㆓外金物㆒、且非㆓僧正法務幷大臣子息㆒之外、僧侶輿簾革不㆑可㆑用㆓遠文五緒㆒、同人之外、輿外連子外金物、簾垂緒組等、可㆑止㆑之、
一　衣裳事〈延應、行方〉
（中略）
僧徒着㆓綾裘袋㆒事、非㆓別仰㆒之外、可㆑停㆓止之㆒、
〈弘長、同〉凡僧不㆑可㆑着㆓綾表袴同奴袴等㆒、

**奉行行一**　二階堂行忠（一二二〇～一二九〇）。
**12**　供祭以外の鷹狩は禁止する。
**鷹狩の事**　鷹狩禁止令は建久六年（一一九五）を初見として、鎌倉幕府は計九度発布した。→補1
**神領供祭の外は…**　神に捧げる供物を得るため神社領の中で行う鷹狩は認めるが、それ以外の放鷹を禁止する。幕府の鷹狩禁令には、当初から供祭の免除規定が付いていたが、供祭一般から神領内の供祭、さらに社官による神領内の供祭へと、免除規定が厳しくなっている。
**御下知**　→補2
**28**　物具に関する身分規定。本条の中略部分で、輿外・連子外の金物・組緒は特別の許可がない限り禁止している。なお本文史料第46条（鎌倉幕府追加法三八二）では鎌倉での乗輿は殿上人と僧侶だけに認められている。
**非ざるの外は**　～以外は。
**僧侶の輿の簾革は…**　寛喜三年（一二三一）十一月の公家新制でも、僧正・法務および大臣以上の子息以外の僧は、車簾の革に遠文五緒を使用することが禁じられた（公家法一六六）。
**遠文**　間隔をあけて一面に配置した文様。それに対し、文様を近くに寄せたも

のを繁文(しげもん)、飛びとびに散らしたものを飛文(とびもん)という。
**五緒**　牛車の簾(すだれ)の一。簾の左右の縁と中央の革緒との間に、革で一条ずつの風帯(ふうたい)を垂れたもの。
**同人の外は**　僧正・法務および大臣子息の僧侶以外は。
**輿外連子外の金物**…　寛喜三年十一月三日の公家新制でも同じ規定がみえる。なお本条中略部分では公卿以上は、連子・金物の規制を免除しており、ここでの僧正・法務および大臣子息の僧に対する免除特権は、ほぼ公卿に準ずる。
**行方**　二階堂行方(?～一二六七)。二階堂行村の子。本条発布時点(一二六一年)で評定衆・引付頭人。
**29**　身分に応じた服装の規定。
**衣裳の事**　御家人・女房らの服飾規定は中略とした。
**裘袋**　参内の時などに着用した礼服で、俗人の直衣(のうし)に相当する。→補3
**凡僧**　一般に僧綱位をもたない僧を指すが、ここではその中でも公請に応ずる学侶身分の僧をいう。→補4
**凡僧は綾の表袴**…　寛喜の公家新制も同じ規定であり、僧正より下位の者の綾の着用自体を禁止している。なお建仁二年(一二〇二)慈円の奏請で、僧侶の奴袴を禁止し表袴の着用を義務づけている。→補5

《延応、*奉行行一》

**12**　一　*鷹狩《たかがり》の事

*神領供祭の外は停止すべきの由、御下知先《ま》ず畢んぬ。固くこの制禁を守り、違犯すべからず。

(中略)

**28**　一　物具《もののぐ》の事

(中略)

僧の輿《こし》は僧正の外、外金物を止むべし。且《かつ》は僧正・法務《ほうむ》并びに大臣子息に非ざるの外は、*僧侶の輿の簾革《れんかく》は*遠文《とおもん》の*五緒《いつつお》を用うべからず。*同人の外は、*輿外《こしがい》・連子《れんじ》外《がい》の金物、簾垂《すだ》れの緒組等、これを止むべし。

《延応、*行方》

**29**　一　*衣裳の事

(中略)

僧徒、綾の*裘袋《きゆうたい》を着す事、別の仰せにあらざるの外は、これを停止すべし。

《弘長、同》

*凡僧《ぼんそう》は綾の表袴《うえのはかま》、同じく奴袴《さしぬき》等を着すべからず。

兒、織物繡絹直垂同裏、公卿子幷孫之外、可レ停二止之一、

（中略）

一　弘長、行方 從類員數事

僧正　從僧三口、中童子二人、大童子四人、　僧都　從僧二口、中童子二人、大童子四人

法印　准二僧都一、　律師　從僧一口、中童子一人、大童子一人、

法眼　法橋　准レ之、　凡僧　從僧一口、中童子一人、大童子一人、

已上、晴日僕從可レ守二此制一、至二于尋常出仕之時一者、不レ可レ及二其員一矣、

（中略）

一　延應、行方 可レ禁二斷僧坊酒宴幷魚鳥會一事

**31**　身分に応じた従者数の規定。

**従類の員数の事**　中略部分は御家人らの従類規定であるため略した。僧侶の従類員数規定は幕府法ではこれが最初であるが、公家法では延喜式をはじめ建久二年（一一九一）三月二十八日（公家法六六）、建暦二年（一二一二）三月二十二日（国23、公家法一〇五）、寛喜三年（一二三一）十一月三日（公家法一六五）、弘長三年（一二六三）八月十三日（公家法二六六）の新制に見える。幕府法固有の特徴は確認できず、全般的に時代が下るにつれて員数が減少している。

児《ちご》の織物繍絹《しゅうけん》の直垂、同じく裏は、公卿の子幷びに孫の外は、これを停止すべし。

（中略）

《弘長、行方》

31　一　*従類の員数の事

（中略）

《弘長、行方》

僧正〈従僧は三口《く》、*中童子《ちゅうどうじ》は二人、*大童子《だいどうじ》は四人〉、

僧都〈従僧は二口、中童子は二人、大童子は四人〉、法印〈僧都に准ず〉、

律師〈従僧は一口、中童子は一人、大童子は一人〉、法眼・法橋〈*これに准ず〉、

凡僧〈従僧は一口、中童子は一人、大童子は一人〉。

已上、*晴日《はれのひ》の僕従はこの制を守るべし。尋常の出仕の時に至りては、その員に及ぶべからず。

（中略）

《延応、行方》

41　一　*僧坊の酒宴幷びに*魚鳥会《ぎょちょうえ》を禁断すべき事

国23の「従類員数」の項参照。

**中童子**　院家に属して供奉・陪膳などを勤めた上仕えの童部。供奉の際は美麗の装束を着した。土谷恵『中世寺院の社会と芸能』（前掲）参照。

**大童子**　院家に属して雑役に従事した童形垂髪姿の下仕えの所従。出家は認められず、老年になっても童姿であった。供奉の際は白張を着用し、世俗の雑色に対応する。

**これに准ず**　律師の従類規定に准じる。

**晴日の僕従…**　これは北京三会・南京三会などの国家的法会への出仕の際の従類規定であって、通常の法会の場合はこれ以下とする。ただし鎌倉での「晴日」が如何なる法会を指すのかは不明。この文言は公家新制に頻出しており、それを踏襲しただけとも考えられる。

**41**　僧坊での酒宴や魚鳥を肴とした宴会を禁じる。

**僧坊の酒宴…**　弘長三年の公家新制（国21）でも、顕密僧が宴飲・妻帯していることを誡めている。ただし、何れも処罰規定が見えない。一方、鎌倉幕府追加法七五（国28）・三八六では魚鳥会・酒宴の念仏者は住宅破却・鎌倉追放と規定しており、破戒の念仏者への処置が異様に厳しい。

**魚鳥会**　魚鳥を肴にした宴会。

成二群飲一及二飽満一、既背二禁戒一、何好二放逸一、加之、俗人児童相交之間、専以二肉物一充二用其肴一云々、太背二物宜一、永可レ令二禁制一也、

（中略）

一　鎌倉中乘輿事

一切可レ停二止之一、但殿上人以上并僧侶者、非二制限一、又雖二御家人等一、年六十以上可レ許レ之矣、

（中略）

一　僧徒裹頭横二行鎌倉中一事

仰二保之奉行人一、可レ令レ禁二制之一矣、

（中略）

以前條々、固守二此旨一、自二來三月廿日一、可レ加二禁制一也、若有二違犯之輩一者、可レ被レ行二罪科一、又奉行人無沙汰不二注申一者、同可レ被レ處二其科一之狀如レ件、

弘長元年二月廿〔卅カ〕日

武藏守平朝臣判

**群飲**　多くの人が集まって酒を飲むこと。

**飽満**　飽きるほど飲み食いすること。

**禁戒に背く**　仏教の戒律に背く。

**俗人児童が相交わる…**　僧坊での宴会に俗人らが参加するため、肉を肴にして酒宴を行っている。この肉が事書の魚鳥会に対応し、肉とは言っても獣肉は避けていたようだ。なお鎌倉時代でも兎・狸・犬の肉を食べることは盛んであったが、藤原俊成は兎を「青侍之食物也、事宜人不食之」と述べており（『明月記』安貞元年〔一二二七〕十二月十日条）、獣肉の忌避が貴族社会から始まったことを示している。

**46**　殿上人と僧侶以外は、鎌倉での輿の使用を禁じる。

**鎌倉中の乗輿の事**　僧侶の輿の過差規定については、本文史料第28条（鎌倉幕府追加法三六四）を参照。

**51**　保奉行人は鎌倉での僧侶の裹頭を取り締まれ。

*群飲を成して*飽満に及ぶは、既に*禁戒に背く。何ぞ放逸《ほういつ》を好まんや。加之《しかのみならず》、*俗人・児童が相交わるの間、専ら肉物を以てその肴《さかな》に充て用うると云々。太《はなは》だ物宜《ぶつぎ》に背く。永く禁制せしむべきなり。

(中略)

46 一 *鎌倉中の乗輿の事

一切これを停止《ちょうじ》すべし。但し、殿上人《てんじょうびと》以上幷びに僧侶は、制の限りにあらず。また御家人等と雖《いえど》も、年六十以上はこれを許すべし。

(中略)

51 一 僧徒、*裹頭《かとう》して鎌倉中を横行する事

*保の奉行人に仰せて、これを禁制せしむべし。

(中略)

以前の条々、固くこの旨を守り、来る*三月二十日より禁制を加うべきなり。もし違犯《いほん》の輩あらば、罪科に行わるべし。また奉行人、*無沙汰にして注し申さざれば、同じくその科《とが》に処せらるべきの状、件《くだん》の如《ごと》し。

弘長元年*二月三十日

*武蔵守平朝臣判

**裹頭** 僧侶が布で頭を包むこと。白の五条袈裟で目鼻だけをだして頭部を包んだ。「裹」は「つつむ」と読む。延暦寺では既に天禄元年(九七〇)に禁止令が発せられており(天1、『平』三〇三号)、幕府法でも鎌倉幕府追加法七四で本条と同内容の規制が行われている。天1の「裹頭」の項参照。

**保の奉行人** 鎌倉の市政を担当した幕府奉行人。幕府政所が統轄した。

**三月二十日** 『吾妻鏡』同日条に「新制事、今日始施行之」とある。

**無沙汰にして…** 奉行人がこの新制の取り締まりをしなかったり、違犯行為の報告を怠ったならば処罰する。

**二月三十日** 原文は二十日。『吾妻鏡』によれば、関東新制のうち鎌倉幕府追加法三六一・三六二は二月二十日の制定だが、それ以外の条項は二十九日に制定されている。また二月二十日に文応から弘長に改元されたが、この詔書は二十六日に鎌倉に届いている。これらのことから新制発布の日付は、三十日の誤りと見るべきだろう。

**武蔵守平朝臣** 執権北条長時(一二二九〜一二六四)。重時の子。宝治元年(一二四七)に六波羅探題、康元元年(一二五六)に時頼が出家したため、時宗の目代として執権に就任したが、実権は時頼が掌握していた。

相模守平朝臣判

新御式目

**国36**　新御式目事書　弘安七年(一二八四)五月二十日

新御式目

弘安七五廿　卅八ヶ條

一　寺社領如レ舊被二沙汰付一、専二神事佛事一、被レ止二新造寺社一、可レ被レ加二古寺社修理一事、

一　御祈禱事、被レ撰二器量仁一、被レ減二人數一、如法被二勤行一、供料無二懈怠一可レ被二下行一事、

(中略)

一　可レ被レ止二僧女口入一事、

(中略)

一　自今已後、被レ止二新造寺社一、可レ被レ興二行諸國々分寺一宮一事、

(中略)

一　念佛者、遁世者、凡下者、鎌倉中騎馬可レ被レ止事、

(後略)

**相模守平朝臣**　連署北条政村(一二〇五～一二七三)。義時の子。康元元年(一二五六)に連署となり、文永元年(一二六四)に執権に就任。時宗が長ずるに及んで職を辞し、連署として時宗を補佐した。

**国36**　↓補1

**新御式目事書**　弘安七年(一二八四)四月四日の北条時宗の没を契機に、安達泰盛の主導で制定された三八箇条の関東新制。↓補2

**新御式目**　鎌倉幕府の追加法を編纂した書物。一四四箇条を収録、うち一箇条のみ室町幕府の追加法。

**1**　寺社の新造を中止し、旧来の寺社の修理を優先すべきだ。

**旧の如く沙汰し付けられ**　寺社領は従来通り安堵し。

**新造の寺社を止められ**　本文史料第20条(鎌倉幕府追加法五一〇)でも寺社新造の停止が謳われており、これが新御式目の一つの特徴となっている。なお円覚寺は二年前の弘安五年十二月に建立された。↓補3

*相模守平朝臣判

新御式目

## 国36 新御式目事書 弘安七年(一二八四)五月二十日

新御式目

弘安七・五・二十 三十八ケ条

1 一 寺社領は*旧《きゅう》の如《ごと》く沙汰し付けられて、神事・仏事を専《もは》らとし、*新造の寺社を止《とど》められて、古寺社に修理を加えらるべき事。

2 一 *御祈禱の事、器量の仁を撰ばれ、人数を減ぜられ、*如法《にょほう》に勤行《ごんぎょう》せられ、供料は懈怠《けたい》なく下行《げぎょう》せらるべき事。

(中略)

8 一 僧・女の*口入《くにゅう》を止めらるべき事。

(中略)

20 一 自今已後、新造の寺社を止められ、諸国の*国分寺・一宮を興行せらるべき事。

(中略)

38 一 念仏者・遁世者・凡下《ぼんげ》は、*鎌倉中の騎馬、止めらるべき事。

(後略)

**2** 将軍祈禱に携わる僧侶の数を減らし、精選すべきだ。

**御祈禱の事** 護持僧・御験者による将軍の護持祈禱や、将軍主催の幕府祈禱について。→補4

**如法に** 教法で定められた通りに。

**8** 僧侶や女性の政治介入を禁ずべきだ。

**口入** 政治的な干渉、口添え。建武式目第8条(国40)でも「権貴幷女性禅律僧」の口入を禁止している。順徳天皇は護持僧が奏事に及ぶことがあっても、叙位除目への口入は認めてはならない、と述べている(『禁秘鈔』)。→補5

**20** 今後は寺社の新造を中止し、諸国の国分寺・一宮を保護すべきだ。

**国分寺一宮** 本条および本文史料第1条(鎌倉幕府追加法四九一)には御成敗式目第1条(国26)の「関東御分国々幷庄園」のような限定がない。石井進はこの法令を根拠に、幕府の諸国寺社の修理造営が東国から全国に拡大したとする国26の「関東御分の国々幷びに荘園」の項参照。→補6

**38** 念仏者や百姓身分の者は鎌倉での騎馬を禁じる。

**鎌倉中の騎馬** 鎌倉幕府追加法三八三でも凡下の輩の鎌倉での騎馬を禁止している。

**国37**　関東下文　弘安七年(一二八四)八月　日　新編追加

一　〔御判有レ之〕領内《御内》寺社別當供僧等事、以二鎌倉常住僧一被レ補之處、恣貪二佛神用一、不レ遂二修造一、令レ懈二怠恆例勤一之條、甚不レ可レ叶二冥慮一、自今以後、件僧徒補二彼職一事、一向可レ令二停止一、但住二其所一、興二隆佛法一、勤二行神事一者非二制限一、次同執務之仁、引二募料田一、小破之時不レ加二修理一、及二大破一後、申二賜公物一、可レ遂二造營一之由申レ之者、可レ令レ改二易所職一之状如レ件、

弘安七年八月　日

**国38**　関東評定事書　弘安八年(一二八五)四月八日　新編追加

一　鶴岡八幡宮幷鎌倉中諸堂供僧事　弘安八　四　八

於二引付一勘二其人一、可レ申二定評定一、其後當奉行可レ申二御寄合一、



**国37**　→補1

**関東下文**　北条貞時が、得宗領における寺社の別当・供僧職に鎌倉の常住僧を任ずることを禁じたもの。

**御判**　得宗北条貞時の袖判。底本には「御判有之」の文言がない。本来は貞時の袖判が据えられていたが、追加法の体裁を整えるために削除したのであろう。

**御内領内**　得宗領を指す。

**恣に仏神の用を貪りて…**　寺社に宛てるべき財物を私用するばかりで、別当は寺社の修理を怠り、供僧らは年中行事となっている仏神事を怠っている。

**件の僧徒**　鎌倉に常住している僧侶。

**その所に住し…**　鎌倉の常住僧であっても、現地に赴任して仏神事を勤めるのであれば、任命してもよい。

**執務の仁…**　修理費に宛てる料田がありながら小破の時に修理せず、大破となってから幕府に修造費を申請して造営しようとする寺社別当は、解任する。

**国38**　→補2

**関東評定事書**　鶴岡八幡や鎌倉諸堂の供僧は、幕府の引付方で候補者を審査し、

評定と得宗邸の寄合の審議を経て決定することを定めた。

**引付** 引付方。幕府の訴訟機関の一つ。

**評定** 執権・連署・評定衆によって構成される幕府の最高の評決機関。得宗専制体制の成立によって形骸化し、その地位を得宗邸での寄合に奪われた。

**御寄合** 得宗の邸宅で行われた会議。北条時頼の頃からみえ、蒙古襲来を契機に幕政を協議する中枢として定着。本条から、鎌倉の供僧補任が、引付・評定で人物選定を行い、得宗の了解を得た上で実施されるようになったことがわかる。『鶴岡八幡宮寺社務職次第』所引の「寛元三年記」によれば、鶴岡・勝長寿院・永福寺の供僧補任の際には、それぞれの別当が候補者の経歴を互いに問い合わせる体制になっており(『群書』四―四九二頁)、鶴岡の場合、鎌倉末に至るまで供僧の補任状は別当が発給している。しかし、本条から選定の実務が別当から引付・評定の場に移ったこと、また得宗が実質的補任権を掌握して別当の権限の空洞化が進展していたことがわかる。なお本条が出された弘安八年(一二八五)段階の得宗は執権北条貞時(一五歳)で、鶴岡八幡宮別当は頼助(執権北条経時の子)である。この七ケ月後に霜月騒動が起きて、安達泰盛一族が滅ぼされた。

## 国37 関東下文 弘安七年(一二八四)八月 日 新編追加

《*御判これあり》

一 《*御内》領内の寺社別当・供僧《くそう》等の事、鎌倉常住の僧を以て補《ふ》さるるの処、*恣《ほしいまま》に仏神の用を貪《むさぼ》りて修造を遂げず、恒例の勤めを懈怠《けたい》せしむるの条、甚《はなは》だ冥慮《めいりょ》に叶うべからず。自今以後は*件《くだん》の僧徒を彼《か》の職《しき》に補すること、一向に停止《ちょうじ》せしむべし。但しその*所に住《じゅう》し、仏法を興隆し神事を勤行《ごんぎょう》せば、制の限りに非ず。次に同じく*執務の仁、料田を引き募《つの》りて、小破の時に修理を加えず、大破に及ぶの後に公物《くもつ》を申し賜《たまわ》りて造営を遂ぐべきの由、これを申さば、所職《しょしき》を改易《かいえき》せしむべきの状、件の如《ごと》し。

弘安七年八月 日

## 国38 関東評定事書 弘安八年(一二八五)四月八日 新編追加

一 鶴岡八幡宮幷びに鎌倉中の諸堂の供僧《くそう》の事 弘安八・四・八

*引付においてその人を勘《かんが》え、*評定で申し定むべし。その後、当奉行、*御寄合《よりあい》に申すべし。

**国39**　東使奏聞条々事書　元応元年(一三一九)閏七月二十八日

文保三年記

東使兩人 行海 賢觀　奏聞條々　元應元　閏七　廿八

一　山僧門主幷上綱以下止二洛陽之經廻一、可レ移二住本山一事、依二公請一雖レ被二召置一、可レ被レ定二日限一、

一　春日社幷日吉社・興福寺・延暦寺等、所領等知行之由緒幷寄附之次第、可レ注二給一事、

一　諸寺諸社訴訟、雖レ帯二理訴一、及二嗷訴幷合戰・放火等一者、永可レ被レ弃二捐一事、

一　非職兵杖〔仗〕一切停止事、

一　南都大乘院一乘院御和與事、

一　諸寺住侶背二寺務一、亂惡張行之時、武家□取事、

一　關所事、關東施行之外、可レ停二止之一、

一　兩社神人等可レ注二賜名帳一事、

**国40**　建武式目　建武三年(一三三六)十一月七日

(前略)

**国39**　↓補1

**東使奏聞条々事書**　戒壇独立をめぐる山門の寺門攻撃、東大寺の神輿入洛、石清水神人の嗷訴等に対処するため、幕府から派遣された使者が寺社統制策を朝廷(後宇多法皇)に奏聞したもの。↓補2

**文保三年記**　興福寺大乗院の関係者が残した日記。同年正月一日から十二月二十六日までの記事を載せる。一部は『群書』二五に収載。

**行海**　二階堂政雄。政所執事行綱の子。能登守・将軍家御厨子所別当を勤め正安三年(一三〇一)に北条貞時に従って出家、正中年中に没(『尊卑分脈』)。嘉元四年(一三〇六)二月にも東使を勤仕(『歴代皇紀』)。

**賢観**　佐々木宗氏(一二六九〜一三二九)。本名は宗信。佐渡守京極満信の子、高氏(道誉)の父。検非違使となり、応長元年(一三一一)北条貞時の死により出家(『尊卑分脈』)。

**上綱**　僧綱をいう。

**洛陽の経廻を止め**…　門跡や僧綱は京都での活動を中止して比叡山に移り住め。住僧統制のため、鎌倉末には門跡僧綱らにしばしば住山命令が出された。↓補3

**公請により**…　国家的仏事のために京都に引き止める時には、滞在期限を定めて

文保三年記

**国39**　東使奏聞条々事書　元応元年(一三一九)閏七月二十八日

東使《とうし》両人〈*行海・*賢観〉奏聞の条々　元応元・閏七・二十八

一　山僧の門主幷びに*上綱《じょうごう》以下は、*洛陽の経廻《けいかい》を止《とど》め、本山に移住すべき事。*公請《くじょう》により召し置かると雖《いえど》も、日限を定めらるべし。

一　春日社幷びに日吉社・興福寺・延暦寺等、所領等の*知行の由緒《ゆいしょ》幷びに寄附の次第を注し給わるべき事。

一　諸寺諸社の訴訟は理訴を帯ぶと雖も、嗷訴《ごうそ》幷びに合戦・放火等に及ばば、永く*棄捐《きえん》せらるべき事。

一　*非職《ひしき》の兵仗《ひょうじょう》は一切停止《ちょうじ》の事。

一　南都*大乗院・一乗院の御和与の事。

一　諸寺の住侶が寺務に背き乱悪張行するの時は、*武家が□取る事。

一　*関所の事、関東施行の外はこれを停止すべし。

一　*両社の神人《じにん》等は*名帳《みょうちょう》を注し賜るべき事。

**国40**　建武式目　建武三年(一三三六)十一月七日

(前略)

おけ。

**知行の由緒…**　寺社領となった経緯を朝廷に注進させるべきだ。保元新制第7条(国2)でも、延暦寺などの所領拡大を抑えるべく寺領と仏事用途の注進を命じている。

**棄捐**　棄てて用いないこと。ここでは訴えを取りあげないこと。

**非職の兵仗は…**　武官以外の武装の禁止。ここでは、延暦寺・興福寺・園城寺・東大寺・醍醐寺・新熊野社に下した兵仗禁止令をいう。

**大乗院一乗院**　興福寺の二大門跡。→補4

**武家**　六波羅探題を指す。座主別当の寺内統制権を六波羅探題がバックアップしている。第一条の住山命令とともに、寺内統制の強化をはかったもの。

**関所の事**　幕府が認めた関所以外は廃止すべきだ。→補5

**両社の神人**　日吉社・春日社の神人。

**名帳**　神人加増を防ぐため、朝廷への神人交名の注進を義務づけている。国2の「本神人の…」の項参照。

**国40**　→補6

**建武式目**　足利尊氏の諮問に答える形をとった上申形式の法令。幕府の所在地選定と一七ケ条の政策指針からなる。

一　可レ被レ止二權貴幷女性禪律僧口入一事

一　可レ被レ誡二公人緩怠一、幷可レ有二精撰一事

此兩條爲二代々制法一、更非二新儀一矣、

（中略）

一　寺社訴訟依レ事可レ有二用捨一事

或振二威猛一、或號二興隆一、又耀二奇瑞一、又稱二御祈一、如レ此之類、尤可レ被レ盡二御沙汰一也、

（後略）

建武以来追加

**国41** 評定事書　応安元年（一三六八）六月十七日

一　寺社本所領事　應安元　六　十七　布施彈正大夫入道昌椿奉二行之一

禁裏　仙洞御料所、寺社一圓佛神領、殿下渡領等、異二于他一之間、曾不レ可レ有二半濟之儀一、固可レ停二止武士之妨一、其外諸國本所領、暫相二分半分一、沙二汰〔付脱〕下地於雜掌一、可レ令レ全二向後知行一、此上若半分之預人、或違二亂雜掌方一、或致二過分掠領一者、一圓被レ付二本所一、至二濫妨人一者、可レ處二罪科一也、將又雖レ有二本家

**8** 権門貴族・女性・禅律僧が政治に介入することを禁じた。
**権貴**　権門貴族。
**禅律僧**　鎌倉中期～南北朝前期、禅僧・律宗僧をあわせて示す場合に用いた語。
**口入**　政治に口をはさみ介入すること。
**9**　奉行人などの怠慢を戒め、同時にその採用は厳選すべきだとした。
**公人**　奉行人クラスの吏僚か。→補1
**代々の制法**　国36参照。
**16** 権門寺社からの訴訟については、充分に審理を尽くすこととした。
**寺社の訴訟**　京都・奈良をはじめとする権門寺社からの訴訟。
**威猛を振るい**　神輿・神木などを用いた強訴を行うこと。
**興隆と号し**　神事・仏事を盛んにし、寺社領を充実させるよう主張すること。
**奇瑞を耀かし**　神慮・冥慮を示す事象が現れたと称すること。
**御祈りと称す**　公家・武家護持の祈禱を行うという名目で。
**御沙汰を尽くさる**　充分な審理を尽くす。事書の「事によって…」に対応し、訴えの内容や理非に随い、認めるべきものと拒否すべきものを判断すること。
**国41**　→補2
**評定事書**　「寺社本所領の事」と題され

8 一 権貴＊幷びに女性・＊禅律僧の＊口入《くにゅう》を止《とど》めらるべき事

9 一 ＊公人の緩怠《かんたい》を誡《いまし》めらるべし。幷びに精撰あるべき事

この両条＊代々の制法たり。更に新儀にあらず。

(中略)

16 一 ＊寺社の訴訟、事によって用捨あるべき事

或いは＊威猛《いみょう》を振るい、或いは＊興隆と号し、または＊奇瑞を耀かし、または＊御祈りと称す。此《かく》の如《ごと》きの類、もっとも＊御沙汰を尽くさるべきなり。

(後略)

建武以来追加

## 国41 評定事書 応安元年(一三六八)六月十七日

一 寺社本所領の事 〈応安元・六・十七 ＊布施弾正大夫入道昌椿これを奉行す〉

＊禁裏 仙洞の御料所・＊寺社一円の仏神領・＊殿下渡領等、他に異なるの間、曾て＊半済の儀あるべからず。固く武士の妨げを停止《ちょうじ》すべし。＊その外諸国の本所領は、しばらく＊半分に相《あい》分け、下地を雑掌に沙汰し付け、向後の知行を全うせしむべし。この上もし＊半分の預かり人、或いは雑掌方に違乱し、或いは＊過分の掠領を致さば、一円に本所に付され、濫妨人に至っては、罪科に処すべきなり。将又《はたまた》＊本家・

る、寺社本所領全般に対する室町幕府の「大法」。半済の適用と除外の原則を確定し、応安半済令と呼ばれる。→補3

**建武以来追加** 御成敗式目の追加として建武以来の法令をまとめたもので、昌平坂学問所旧蔵本を用いた。

**布施弾正大夫入道昌椿** 資連。室町幕府奉行人。この法令を担当した。

**禁裏仙洞の御料所** 天皇・院をはじめとする天皇家領の荘園。

**寺社一円の仏神領** 寺社が一円支配を行っている荘園。→補4

**殿下渡領** 藤原氏の氏長者の地位に伴って伝領される特定荘園。

**半済** 全納に対して半分を納付する(済ます)こと。兵粮等を確保するために、幕府は荘園の年貢等を一律に折半し、半分を荘園領主に、半分を武士に与えた。

**その外諸国の本所領** 天皇家領・殿下渡領を除く公家領荘園。

**半分に相分け…** 既に押領されている荘園は、荘園の土地を二分して半分を領主に返付する。

**半分の預かり人** 半済分の給人。

**過分の掠領** 半済分を超えた押領。

**本家寺社領の号…** 寺社が本家職をもつ荘園であっても、俗人が領家職をもっている荘園については、諸国の本所領に準じて半済を適用する。

寺社領之號一、於二領家人給之地一者、宜レ准二本所領一歟、早守二此旨一、云二一圓之地一、云二半濟之地一、嚴密可レ打二渡于雜掌一矣、

次自二先公御時一、本所一圓知行地事、今更稱二半濟之法一、不レ可二改動一、若令二違犯一者、可レ有二其咎一焉、

次以二本所領一、誤被レ成二御下文一地事、被レ充二行替一之程、先本所與二給人一、各半分可レ爲二知行一、不レ可レ有二守護人之綺一矣、

次月卿雲客知行地頭職事、爲二武恩一被二補任一之上者、難レ混二本所領一、可レ停二止半濟之儀一焉、

## 国42　評定事書　至徳三年(一三八六)八月二十五日　　建武以来追加

一　山門幷諸社神人等事　至徳三　八　廿五　松田丹後守貞秀奉二行之一

山門幷諸社神人等、就二諸事一稱二催促一、率二數多一及二亂入狼藉一事、先々定二置其法一、有二停止一之處、近年猥違亂云々、不レ可レ不レ誡、或忽二當座之耻辱一之間、不レ慮二喧嘩出來一、或爲レ塞二後代之瑕瑾一、不レ顧二所當罪科一乎、政道之違亂、諸人之煩

**先公の御時…**　前年の貞治六年(一三六七)に没した足利義詮の代以来、半済が適用されず一円知行が行われてきた本所領については、半済を適用しない。

**誤りて…地**　敵方もしくは犯科人跡の闕所地等と誤認して、新恩の下文を与えた地。

**替えを充て行わるるの程**　下文を得た武士(給人)に対して替え地を与えるまでの間。

**守護人の綺**　国内の闕所地処分権をもち、かつ幕府の決定を遵行する立場にある守護が当該地の問題に介入すること。

**月卿雲客**　月卿は公卿、すなわち大臣・納言・参議および三位以上の貴族を指し、雲客は殿上人、すなわち四位・五位で昇殿を許された者を指す。

寺社領の号ありと雖《いえど》も、領家・人給の地においては、宜《よろ》しく本所領に准ずべきか。早くこの旨を守り、一円の地と云い、半済の地と云い、厳密に雑掌に打ち渡すべし。

次に*先公の御時より本所一円知行の地の事、今更半済の法と称して、改動すべからず。もし違犯《いぼん》せしめば、その咎あるべし。

次に本所領を以て、*誤りて御下文を成さるる地の事、*替えを充て行わるるの程、先《ま》ず本所と給人と、各《おのおの》半分知行たるべし。*守護人の綺《いろい》あるべからず。

次に*月卿雲客知行の地頭職の事、*武恩として補任せらるるの上は、本所領に混じがたし。半済の儀を停止すべし。

**国42**　評定事書　至徳三年(一三八六)八月二十五日　　建武以来追加

一　*山門幷びに諸社の神人《じにん》等の事〈至徳三・八・二十五　松田丹後守貞秀これを奉行す〉

山門幷びに諸社の神人等、諸事について催促と称し、*数多《すた》を率いて乱入狼藉に及ぶ事、先々*その法を定め置き、停止《ちょうじ》あるの処、近年猥《みだ》りに違乱すと云々。誡《いまし》めざるべからず。或いはたちまち*当座の恥辱に覃《およ》ぶの間、不慮の喧嘩出来《しゅったい》し、或いは後代の瑕瑾《かきん》を塞がんがため、*所当の罪科を顧みざるか。政道の違乱、諸人の煩

**武恩として…停止すべし**　幕府の恩給として与えられたものなので、本所領ではあるが半済を適用しない。

**国42**　→補1

**評定事書**　「山門幷びに諸社の神人等の事」と題され、山門・諸社の神人が、負物催促等のために強制執行することを禁じ、幕府の裁判に服することを命じたもの。

**山門幷びに諸社の神人**　日吉社および京都の諸社の神人。

**数多を…及ぶ事**　負物の催促などの理由で、大勢の神人が住宅に乱入し、殺害刃傷に及ぶ。

**その法**　応安三年(一三七〇)の「山門公人悪行事」(室町幕府追加法一〇五)および応安五年の「諸社神人等訴申喧嘩事」(室町幕府追加法一一三)を指す。→補2

**当座の恥辱…**　その場で相手方を辱めることで喧嘩となり、また催促を行わなかったことで後に自らの落度とされることを避けようと、相応の罪科となることを顧みないで強引な行動に及んでいる。

**所当の罪科**　室町幕府追加法一一三では「解却神職、須処其身於罪科」とあり、神人身分を剝奪した上で、殺害刃傷の罪に応じた罪科に処すものであったことがわかる。

費、職而由レ斷、假〔縦〕雖レ爲二洛民之住所一、可レ有二禁遏一、況於二其仁一哉、所詮不レ經二次第之訴訟一、有二如レ然之企一者、於二本訴一者、雖レ帯二理運一、永可レ被二棄捐一、至二神人一者、任二先例一仰二侍所一、召二捕其身一、可レ有二接樓一矣、

建武以来追加

**国43**　評定事書　康正元年(一四五五)十月二十八日

一　諸宗佛事物事　康正元　十　廿八

於二貳文子祠堂錢一者、任二本帳一、難レ被レ准二徳政法一之旨、被二定置一之處、或限二宗躰一、或論二利平之多少一、申亂之條、太不レ可レ然、所詮任二先度御成敗一、不レ謂二諸宗一、至二貳文子之祠堂錢一者、不レ及二子細一歟、

**国44**　室町幕府奉行人奉書　天文五年(一五三六)閏十月七日

本能寺文書

定

一　日蓮黨衆僧幷集會輩、洛中洛外於二俳徊一者、得二御意一可レ加二成敗一、彼僧令二還俗一、或相二紛他宗一族在レ之者、可レ爲二同罪一、

**縦い洛民の…おいてをや**　強制執行は(禁裏仙洞や卿相雲客でなく)京都住民の住宅であっても禁止すべきで、身柄に及ぶのを禁止するのは当然である。

**次第の訴訟**　手順を踏んで行うべき訴訟。ここでは山門・諸社の神人等に対して、負物催促等についても幕府の裁判に服することが求められている。

**本訴においては…**　山門以下が起こす訴訟については、強制執行の動きがあったならば、仮に正当な根拠に基づくものであっても訴えを認めない。

**先例に任せ**　室町幕府追加法一〇五では「為武家召捕彼輩等、可被処罪科乎」とされ、負物の譴責に伴う「種々悪行」を検挙する権限が幕府にあったことがわかる。侍所の検断では、寺社の境内は不入とされているが、個々の神人に対しては処分が可能であった。

**接楼**　投獄するの意か。

**国43**　→補1

**評定事書**　「諸宗の仏事物の事」と題され、寺が行う金融のうち、利息二文子の祠堂銭を徳政令の適用から除外、すなわち貸借関係を破棄しないこととした。

**弍文子**　一〇〇文につき一ケ月二文の利

費、職《もと》としてこれによれり。*縦《たと》い洛民の住所たりと雖《いえど》も、禁遏《きんあつ》あるべし。況《いわん》やその仁においてをや。所詮、*次第の訴訟を経ず、然るが如《ごと》きの企てあらば、*本訴においては、理運を帯ぶと雖も、永く棄捐《きえん》せらるべし。神人に至っては、*先例に任せ侍所に仰せて、その身を召し捕らえ、*接楼あるべし。

**国43** 評定事書 康正元年(一四五五)十月二十八日 建武以来追加

一 諸宗の仏事物の事 康正元・十・二十八

*弐文子の*祠堂銭においては、*本帳に任せて、徳政の法に准ぜられがたきの旨、定め置かるるの処、*或いは宗躰に限り、或いは利平の多少を論じて、申し乱すの条、太《はなは》だ然るべからず。所詮、*先度の御成敗に任せて、*諸宗を謂《い》わず、弐文子の祠堂銭に至っては、子細に及ばざるか。

**国44** 室町幕府奉行人奉書 天文五年(一五三六)閏十月七日 本能寺文書

定む

一 *日蓮党衆僧幷びに集会《しゅうえ》の輩《ともがら》、洛中洛外を徘徊するにおいては、*御意を得て成敗を加うべし。彼《か》の僧還俗せしめ、或いは他宗に相紛れる族《やから》これあらば、同罪たる

息。当時は五〜六文子の利息が一般的であったが、二文子という比較的低利の貸付は、徳政令の適用から除外された。

**祠堂銭** 死者の冥福を祈り、位牌を安置するため、祠堂の修復を名目に寄進された金銭。これを貸付元本とする金融が行われた。→補2

**本帳に任せて…** 祠堂銭の貸付台帳に記されているものは、徳政令の適用を除外し、貸借関係の継続が認められることが幕府法で定められている。本帳とは祠堂(方)帳のことで、そこに記載されていることが、二文子の利息とともに、徳政令の適用除外の条件であった。

**或いは宗躰に限り…** 祠堂銭の貸付は特定の宗派寺院に限るとしたり、利息が二文子ではないと主張したりして紛争が起こっているのは問題である。

**先度の御成敗** →補3

**諸宗を謂わず…** 禅宗に限らず、二文子の祠堂銭については貸借関係を破棄しない。

**国44** →補4

**室町幕府奉行人奉書** →補5

**本能寺文書** 法華宗本門流総本山の本能寺(京都市中京区)に伝えられた文書。

**日蓮党衆僧幷びに集会の輩** →補6

**御意** 将軍足利義晴の意向。

然上者、彼等於二許容一者、可レ被二罪科一事、

一　日蓮牛玉并推札家事、隣三間可レ被レ行二闕所一事、

一　日蓮衆諸黨諸寺再興停止事、

右條々、有二違犯之輩一者、可レ被レ處二罪科一者也、仍仰下（衍カ）知如レ件、

天文五年閏十月七日

上野介三善朝臣在判

べし。然る上は、*彼等許容するにおいては、罪科せらるべき事。

一 *日蓮牛玉《ごおう》幷びに推札の家の事、隣三間、闕所に行わるべき事。

一 *日蓮衆諸党諸寺の再興停止《ちょうじ》の事。

右の条々、違犯《いほん》の輩あらば、罪科に処せらるべきものなり。仍て下知、件《くだん》の如《ごと》し。

天文五年閏十月七日

上野介*三善朝臣在判

**彼等許容するにおいては**… 法華宗の僧侶および信者を隠匿する者については、彼らと同様に処罰する。

**日蓮牛玉幷びに**… 日蓮宗寺院の牛玉宝印や札を貼り付けている家は、両隣を含めて三軒とも闕所する。日蓮宗の京都での活動が禁じられているため、それを許容する住人にも連帯責任が負わされた。

**日蓮衆諸党諸寺**… 天文法華の乱で没落した洛中二一ケ寺の再建を禁止する。彼らは天文八年(一五三九)に京都への還住を願ったが許されず、同十一年十一月になって帰洛勅許の綸旨が下された(『両山暦譜』)。

**三善朝臣** 飯尾元運。細川晴元の奉行人。

# 第四章　天皇と護持僧

**国45**　長日如意輪法記　正安三年（一三〇一）　門葉記

一　護持僧　宣下事

被㆓綸旨㆒偁、可㆑祗㆓候二間夜居㆒之由、宜㆓遣仰㆒者、

綸旨如㆑此、悉㆑之、經世誠恐頓首謹言、

四月廿九日　　兵部大輔經世奉

進上　法性寺座主前大僧正御房政所

右綸旨經世持㆓參之㆒、

跪請

綸旨一枚

右、可㆑候㆓二間夜居㆒之由、謹所㆑請如㆑件、道―（玄）恐惶謹言、

正安三年四月廿九日　　前大僧正道―（玄）請文

**国45**　↓補1

**長日如意輪法記**　玄勝法印が記した道玄准后の修法記。↓補2

**門葉記**　延暦寺青蓮院門跡の記録。編者は尊円法親王（一二九八〜一三五六）。

**護持僧**　後二条天皇の護持僧。護持僧には三壇御修法を担当する正護持僧と、それ以外の副護持僧（加任護持僧）とがいたが、護持僧補任の綸旨の形式は同じ。三壇御修法は不動法・如意輪法・延命法の三法を指し、それぞれ主に本坊で正護持僧とその伴僧が昼夜祈禱を続けた。不動法を寺門が、如意輪法を山門が、延命法を東密が勤めることが多い。↓補3

**二間夜居**　二間は天皇の寝所である清涼殿夜御殿（よんのおとど）の東隣に隣接する部屋。南北の柱間が二間あるため、そう呼ぶ。護持僧は時にここに詰めて加持

# 第四章　天皇と護持僧

## 国45　長日如意輪法記　正安三年（一三〇一）　門葉記

一　*護持僧　宣下の事

綸旨を被《こうむ》るに偁《いわ》く、「*二間《ふたま》夜居《よい》に祗候《しこう》すべきの由、宜《よろ》しく遣わし仰すべし」者《てえり》、綸旨此《かく》の如《ごと》し。これを悉《つく》せ。*経世誠恐頓首《とんしゅ》謹言。

*四月二十九日　　　兵部大輔《たいふ》経世 奉《うけたまわ》る

進上　*法性寺《ほっしょうじ》座主前大僧正御房《ごぼう》政所

右の綸旨は経世がこれを持参す。

*跪《ひざまず》きて請《う》く

綸旨一枚

右、二間夜居に候《こう》ずべきの由、謹んで請くところ件の如し。道玄恐惶謹言。

正安三年四月二十九日　　　前大僧正道玄請文《うけぶみ》

祈禱を行い、就寝中の天皇を護持した。→補4

**経世**　蔵人藤原経世。中納言坊城経俊の子で、「左大弁、刑部卿、正四下」（『尊卑分脈』）。正安四年（一三〇二）十月十四日の文書に「兵部大輔経世」（『鎌』二一二六一号）、『吉続記』同年十一月一日条に「蔵人大輔経世」とみえる。

**四月二十九日**　後二条天皇は正安三年一月二十一日に受禅、三月二十四日に即位しており、代始めに際して正護持僧を補任した。

**法性寺**　藤原忠平が延長三年（九二五）に建立した氏寺。九条道家が同地に東福寺を建立すると、次第に寺領はそちらに移管され衰退していった。法性寺には座主と別当が置かれ、平安末から座主は青蓮院門跡の管領となった。

**法性寺座主前大僧正**　道玄（一二三七〜一三〇四）。関白二条良実の子で鎌倉後期の延暦寺を代表する台密僧。建治二年（一二七六）と乾元二年（一三〇三）に天台座主となり准三后の宣下を受けた。弘長二年（一二六二）に亀山天皇の副護持僧、建治元年に後宇多天皇の正護持僧、正応元年（一二八八）に伏見天皇の副護持僧、同五年から正護持僧となっており、今回で四代目となる。→補5

**跪きて請く**　本文書は綸旨を受け取り、了解した旨を伝える道玄の請文。

仰云、　綸旨ニ書二年號一之時者、請文ニ令レ略レ之事有レ之、　綸旨ニ不レ載之時者、請文ニ必可レ書也、仍今度如レ此被レ用了云々、敬之時者、姓必書レ之、今度無二其儀一、頗無禮歟云々、

一　御支度事

長日如意輪法支度幷雑具注文、内々被二召進一候、日次治定候者、忩可レ給二御請書一歟之由、所レ候也、恐々謹言、

五月十一日　　　　法印玄勝

謹上　藏人大輔殿

追申

合點物者、可レ被二用意一候、不レ可レ被二沙汰送一候歟之由、同候也、

（中略）

一　助修事

**仰せて云わく**　護持僧宣下および請文についての、道玄の仰せ。

**此の如く用いられ…**　綸旨に年号がなかったので、請文に年号を記した。

**敬の時**　綸旨の奉者が受領者に敬意を払う時は「兵部大輔藤原経世」と必ず姓を記す。今回はそれがなく、無礼であると道玄が批判している。

**御支度の事**　如意輪修法に必要な物品を調える経緯を記した項目。道玄御教書、支度注文、雑具注文から成る。ここでは後二者を省略して補注に回した。

**長日如意輪法支度**　道玄が朝廷に提出した五月十一日付け支度注文。護摩壇・五薬・五香など修法に必要な物品を列挙して、依頼者に支度を要請する。→補1

*仰せて云《い》わく、「 綸旨に年号を書くの時は、請文にこれを略せしむる事、これあり。 綸旨に載せざるの時は、請文に必ず書くべきなり。仍て今度*此の如く用いられ了んぬ」と云々。*敬の時は、姓必ずこれを書く。今度はその儀なし。頗《すこぶ》る無礼かと云々。

一　*御支度《おんしたく》の事

*長日如意輪法支度幷びに*雑具注文は、*内々召し進められ候。*日《ひ》次《なみ》、治定候わば、忩《いそ》ぎ*御請書《おんせいしょ》を給《たま》わるべきかの由、候ところなり。恐々謹言。

五月十一日　　法印*玄勝

謹上　*蔵人大輔殿

追って申す

*合《が》点《てん》の物は用意せらるべく候。沙汰し送らるべからず候かの由、同じく候なり。

（中略）

一　*助修《じょじゅ》の事

**雑具注文**　桶や畳など修法に必要な雑具の手配を依頼する注文。折紙。→補2

**内々召し進められ候**　修法の開始日が決まっていないため、注文も内々提出した。

**日次**　祈禱を始める日にち。

**御請書**　祈禱の依頼文書。承諾書を意味する「請書(うけしょ)」とは異なる。「せいしょ」は今の延暦寺での読み。ここでは、長日如意輪法を某月某日から勤修してほしいという、依頼の綸旨を指す。通常は請書を得てから支度注文を提出するが、今回は修法の開始日が決まっていないため、請書の発給が遅れている。→補3

**玄勝**　左中将藤原基盛の子で道玄の側近。道玄御教書の奉者となっているのは、この修法の壇所奉行だったため。→補4

**蔵人大輔**　前掲の蔵人兵部大輔藤原経世。

**合点の物は用意**…　支度注文に合点の印を付けたものは準備が必要だが、まだ壇所に送ってこなくてもよい、との道玄僧正の意向です。ちなみに支度注文に合点が付されたのは、五宝・五薬・五香・五穀・牛蘇・木蜜・名香の七点。

**助修**　「じょしゅ」とも。大阿闍梨に伴って読経などの諸役を勤める僧侶。伴僧。

六口

法印権大僧都經恵御手代　　玄意　　玄勝奉行、神供

権大僧都隆勝　　法眼潤雅　　権律師賢宗唱禮

承仕二人

堯善　　眞勝

伴僧請書云

自㆓來廿六日㆒可㆑被㆔始行㆒長日如意輪法助修、可㆘令㆔參勤㆒給㆖之由、法性寺座主前大僧正御房所㆑候也、恐々謹言、

六月十九日　　　法印玄勝

謹上　中納言法印御房

追申

於㆓愛宕御房㆒可㆑被㆑行候、七ケ日之間、御手代可㆘令㆔存知㆒給㆖之由、同候也、

請文云

**経恵**　心性院僧正(?〜一三一四)。禅恵法印の弟子で青蓮院門徒。日野氏の出身で、興福寺の円弁法印の子であり、中納言藤原経光の子となる。↓補1

**御手代**　代わりに修法の大阿闍梨を勤めること。手替ともいう。経恵は道玄が大阿闍梨を勤める時は助修を勤め、道玄が他用の時には大阿闍梨を勤仕した。実際には道玄は七月一日の開白初夜のみ大阿闍梨を勤仕したが、翌日の後夜・日中・初夜以降はすべて経恵が大阿闍梨を勤めている。

**玄意**　生没年・出身不詳、宰相法印。六波羅蜜寺別当で道玄の側近。↓補2

**奉行**　壇所奉行。修法の設営・準備に当たる責任者で助修の一人がこれを担当。修法の故実に通じるとともに、供料調達の交渉に当たるなど政治力も必要とした。

**神供**　十二天および鬼神を供養する法。

**隆勝**　生没年・出身不詳、刑部卿僧正。道玄・慈道の側近の青蓮院門徒。↓補3

**潤雅**　生没年・出身不詳、大納言法印。摂津国粟生の菩提寺別当。↓補4

**賢宗**　生没年・出身不詳、兵部卿法印、

六口

法印権大僧都経恵*〈*御手代《おんてがわり》〉　玄意*　玄勝〈奉行*、*神供《じんぐ》〉

権大僧都隆勝*　法眼潤雅*　権律師賢宗*〈*唱礼《しょうらい》〉

*承仕《じょうじ》二人

堯善*　真勝*

*伴僧《ばんそう》の請書《せいしょ》に云わく

*来る二十六日より始行《しぎょう》せらるべき長日如意輪法の助修に、参勤せしめ給うべきの由、法性寺座主前大僧正御房、候ところなり。恐々謹言。

六月十九日　　法印玄勝

謹上　中納言法印*御房

追って申す

*愛宕御房《あたごごぼう》において行わるべく候。七ケ日*の間、御手代、存知せしめ給うべき*の由、同じく候なり。

請文に云わく

青蓮院門徒。→補5

**唱礼**　仏の名号を唱えて礼拝すること。

**承仕**　「しょうじ」とも。寺院の清掃・荘厳・供花などの雑役に従事した下法師。

**堯善**　未詳。関連史料なし。

**真勝**　弘長元年(一二六一)以降、六〇年余り青蓮院に奉仕した中間・承仕。→補6

**伴僧の請書**　伴僧を依頼する次の道玄御教書。壇所奉行が発給した。

**来る二十六日より**　実際には開始日がさらに延期され七月一日から修法が始まった。

**中納言法印**　前掲の経恵法印。

**愛宕御房**　京都八坂にあった道玄の本坊。建長年間に十楽院が焼失したため、道玄は愛宕坊を本拠として祈禱や伝法灌頂を行い、ここで没した(『華頂要略』三)。『門葉記』一〇一に愛宕坊の寝殿指図が見える。なお長日如意輪法はこの愛宕坊の寝殿西四間を道場として実施された。

**七ケ日**　この時の修法はまず一七日(いちしちにち)の間、大阿闍梨一名、助修五〜六名の体制で修法を行い、以後は、簡略化して四名一グループとなり一〇日ずつ交代で祈禱を継続した。→補7

**存知せしめ給う**…　(あなたが手代を勤めることも)了解しておいてほしいとの道玄僧正のご意向です。

自㆓來廿六日㆒可㆑被㆓始行㆒長日如意輪法助修、可㆑令㆓參勤㆒之由、謹承候了、以㆓此旨㆒、可㆘令㆓披露㆒給㆖候、恐々謹言、

六月十九日　　権大僧都經惠

追申

於㆓愛宕殿㆒可㆑被㆑修七ケ日之間、御手代事、同可㆑存㆓其旨㆒候、

**国46**　長日如意輪法記（尊助法親王）　門葉記

大原二品親王

後深草院
建長七年十一月廿九日爲㆓加任護持僧㆒、

同十二月廿二日歳末御修法被㆑行㆑之、

同廿七日運時結願、今夜二間初參、

前驅六人、有職二人、中童子二人、大童子一人、御後二人、

扈從二人、圓源法印、禪雅僧都、

後深草院
正元々年三月廿五日令㆑補㆓天台座主㆒御、前座主法親王尊覺

**披露せしめ給うべく候**　助修の参勤を了解した旨を、玄勝から道玄僧正にお伝えください。

**国46**　↓補1

**長日如意輪法記**　青蓮院の歴代門主が長日如意輪法を修した記録。ここでは尊助法親王の項を抜粋して掲出した。↓補2

**大原二品親王**　尊助（一二一七～一二九〇）、土御門天皇の子。建長四年（一二五二）に親王宣下。四度天台座主を勤め、弘安九年（一二八六）には天王寺別当となり、正応二年（一二八九）に二品に叙された。後深草・亀山・後宇多天皇の護持僧を勤めている。↓補3

**加任護持僧**　後深草天皇の副護持僧。↓補4

**歳末御修法**　年末に天皇の護持のために行う修法。除目御修法とともに通常、加任護持僧が行った。この時の修法は尊助の本坊で行われ、これが彼にとって初めての修法であった。↓補5

**運時結願**　修法は通常七日間実施するが、結願日の日柄が悪い時、結願を早めるなどして修法を終えること。

**二間に初参**　護持僧となって初めて清涼殿の二間に参勤すること。護持僧を継続していても天皇が変われば、改めて二間初参を行う。

**前駆**　貴人を先導する人。寺官・坊官と

来る二十六日より始行せらるべき長日如意輪法の助修に、参勤せしむべきの由、謹んで承《うけたまわ》り候い了んぬ。この旨を以て、*披露せしめ給うべく候。恐々謹言。

六月十九日　　権大僧都経恵

追って申す

愛宕殿において修せらるべき七ケ日の間、御手代の事、同じくその旨を存ずべく候。

門葉記

## 国46　長日如意輪法記（尊助法親王）

《*大原》二品《にほん》親王

《後深草院》建長七年十一月二十九日に*加任《かにん》護持僧となる。

同十二月二十二日に*歳末御修法《みしほ》、これを行わる。

同二十七日に*運時《うんじ》結願す。今夜、*二間《ふたま》に初参《ういざん》す。

*前駆《ぜんく》は六人、*有職《うしき》は二人、*中童子《ちゅうどうじ》は二人、*大《だい》童子は一人、*御後《おんご》は二人。

*扈従《こしょう》は二人〈*円源法印、*禅雅僧都〉。

《後深草院》正元元年三月二十五日に*天台座主に補せしめ御《たま》う。前座主法親王〈*尊覚〉

有職が勤めた。以下、尊助の二間初参に付き従った人員を示す。

**有職**　阿闍梨・内供奉・已講・擬講・已灌頂の職についている僧侶。

**中童子**　院家に属して奉仕をした童部。出家して寺僧となる上童に対し、出家すると寺官・坊官となった。

**大童子**　院家に属して奉仕をした童形垂髪姿の所従。出家は認められない。『貴嶺問答』一一条に「及七旬」大童子がみえている。

**御後**　「御後侍」とも。貴人の後方に付き従った、三綱・坊官など寺官系列の僧。

**扈従**　扈従の僧綱。

**円源法印**　生没年不詳。堀川通具の子。青蓮院門徒。↓補6

**禅雅僧都**　生没年不詳。権中納言源雅具の子で尊助の側近。正元元年（一二五九）の長日如意輪法では壇所奉行を勤めた。↓補7

**天台座主に補せしめ御う**　尊助が座主に補任された。ただし『天台座主記』は三月二十六日とする。

**尊覚**　一二一五～一二六四。順徳天皇の子。承久二年（一二二〇）仁和寺御室の後継者として御室道助のもとに入室。承久の乱でその地位を道深に奪われ安貞元年（一二二七）延暦寺梶井門跡の尊快に入室。建長元年（一二四九）に天台座主、護持僧。

同被ㇾ辭ニ申護持僧一、仍四月十五日被ニ　宣下一、今日被ㇾ奉ㇾ渡ニ御本尊御衣等一、
使（六位長官）　祿物用ニ意之一、一重長官、行事僧沙汰、白布一段、（小使）
自ニ今日一被ㇾ始ニ行御修法一、花志目加任護持僧之時、被ㇾ引ㇾ之畢、相續之間、不ㇾ被ㇾ改ㇾ之、

當今建長七年十一月廿九日、御使藏人宮內大輔宗經、
祿物事、六位參之時、於ニ中門一（堂上）給ㇾ之、房官役云々、白布小使於ニ中門一（堂下）給ㇾ之、中間役云々、等身衣如ㇾ常、
自餘事等、　宣下之時使人祿物事等、大旨如ㇾ此歟云々、

正元々年四月廿五日、被ㇾ始ニ行長日如意輪御修法一、
一　（三條殿）道場南面護摩堂
伴僧六口、承仕一人、行事僧覺季法眼、奉行權大僧都禪雅
不ㇾ及ニ御支度沙汰一之間、伴僧等開白許者鈍色、或淨衣等也、

**同じく護持僧を辞し**　尊覚は座主とともに護持僧を辞任した。
**四月十五日に宣下**　この日に護持僧宣下がなされた。→補1
**御本尊御衣等を渡し**　正護持僧が交代する時は、長日如意輪法の本尊と天皇の着物を返却し、朝廷から新護持僧のもとに届けられた。本尊は新調されることもある。
**御衣**　撫物（なでもの）としての天皇の着物。
**一重長官**…　御衣を届けた六位長官・小使に対して、行事僧が用意をしてそれぞれ一重布・白布一段を禄として与える。
**花志目**　花注連とも記す。修法の開白の翌日に正副護持僧の壇所に引いた。『門葉記』五一―四七六頁によれば、「太九寸五分、長六丈、藁房三、花房二、付之定也」。藁一〇束は近江国伊香立庄の定役であった。尊助は加任護持僧から正護持僧となったので花注連を改めることはし

は*同じく護持僧を辞し申さる。仍て*四月十五日に　宣下せらる。今日、*御本尊・*御《おん》衣《ぞ》等を渡し奉らる。

使〈六位長官〉の禄物、これを用意す。*一重、長官、行事僧の沙汰なり。白布一段〈小使〉。

今日より御修法を始行《しぎょう》せらる。*花志目《はなしめ》は加任護持僧の時に、これを引かれ畢んぬ。相続の間、これを改められず。

*当今《とうぎん》の建長七年十一月二十九日、御使は*蔵人宮内大輔《たいふ》宗経。禄物の事、六位が参るの時は、中門〈堂上〉においてこれを給う。房官の役と云々。白布は小使に中門〈堂下〉においてこれを給う。*中間《ちゅうげん》の役と云々。*等身《とうじん》衣《え》は常の如《ごと》し。

自余の事等、　宣下の時の使人禄物の事等は、大旨《おおむね》、此《かく》の如きかと云々。

正元元年四月二十五日、長日如意輪の御修法を始行せらる。

一　道場《*三条殿》は*南面の護摩堂《ごまどう》

*伴僧《ばんそう》は六口、承仕《じょうじ》は一人、*行事僧は*覚季法眼、*奉行は権大僧都禅雅

御支《おんし》度《たく》の沙汰に及ばざるの間、伴僧等は*開白《かいびゃく》ばかりは*鈍色《どんじき》、或いは*浄衣《じょうえ》等なり。

なかった。

**当今**　後深草天皇。尊助が先の建長七年に副護持僧に補任された時の記事。

**蔵人宮内大輔宗経**　藤原宗経。生没年不詳。藤原経賢の子。→補2

**中間**　公家・武家・寺家に仕えた百姓身分の従者。承仕に相当。

**等身衣**　素絹とも。法衣の一。略服で僧侶の常着。法会には用いない。

**三条殿**　青蓮院門跡の洛中本坊である三条白川坊。

**南面の護摩堂**　三条白川坊の護摩堂。熾盛光堂を指すか。→補3

**伴僧は六口…**　四月二十五日初夜に長日如意輪法を始行した時の体制を示す。

**行事僧**　壇所奉行(学侶)とともに修法の設営に当たる寺官の最高責任者。

**覚季法眼**　生没年・出自不詳。卿法眼と称す。道覚・最守・尊助らに仕えた青蓮院門跡の坊官。→補4

**奉行**　壇所奉行。禅雅は前出。

**開白**　修法を開始する時の儀式。

**鈍色**　日本創案の法衣、浄衣の一。単(ひとえ)の上衣と袴と帯からなり、無紋の絹で仕立てる。「鈍色は俗の狩衣也」(『海人藻芥』)。

**浄衣**　清浄な衣服の総称。特に後七日御修法で着用する生平(すずしひら)絹製の鈍色をいう。

自二後夜時一者付衣、伴僧モ六人ニテアルヘケレトモ、長日事ナル間、サノミハ人数モ其煩アル故ニ、四人ニテ一旬十日ツヽ勤也、即仙洞廻御修法ナトモ、伴僧ハ四人ニテ勤仕也、御手替ハ熾盛光堂供僧、當旬勤レ之、自二後夜一御手替、鋪設等御所方ノヲ取渡畢、大幕ハ行事僧沙汰歟、

神供旬ニ一度、旬始初夜ニ在レ之、伴僧座小文三帖、不レ儲二阿闍梨御座一、伴僧皆參之後、申二案内一入御、直御二登禮盤等一如レ常、御時金ハ出御之間、令レ至二道場一御マテ打レ之、

御表白不レ被レ用レ之、長日相續之故也、

（中略）

御本尊ハヒモノ櫃ニ奉レ入レ之、六臂像如レ常、二鋪、御衣如レ常、安レ之、

御手替ハ發願不レ用レ之、時金ハ毎時打レ之、如レ常、

壇供人供國々・便補保沙汰、顚倒月ハ被レ擧二申功人一、左衛門尉二千疋歟、各一月ニ一人分、法眼同レ之、兵衛尉ハ一月ニ二人、法橋同レ之、近年成功ハ不レ及レ之トモ、

自二　公家一被三定下二之次第

**後夜**　午前四時。修法は初夜（午後八時）に始まり、後夜・日中（正午）の三時に行われた。

**付衣**　略式の法衣。素絹の衣に裳を縫いつけたことから、名づけられた。

**四人にて一旬**…　助修は四人が一組となって一〇日ずつ勤仕する。国45の「七ケ日」の項参照。

**仙洞の廻御修法**　院のために一カ月交代で行われる密教修法。↓補1

**御手替**　尊助に代わって大阿闍梨を勤める僧。尊助は開白の初夜だけを勤仕し、後夜から熾盛光堂供僧が手代を勤めた。

**熾盛光堂**　青蓮院門跡の本堂である大成就院熾盛光堂。慈円が建永元年（一二〇六）に吉水坊に建立。嘉禎三年（一二三七）に慈源が三条白川坊に移建した。↓補2

**御所方**　内裏または院・親王らの居所。ここでは尊助の白川坊御所を指すか。

**大幕**　壇所の周囲に張り巡らせる幕。

**神供**　十二天および鬼神を供養する法。

**小文**　小紋、畳の一種。天皇・院は繧繝縁（うんげんべり）、親王・大臣は大紋の高麗縁（こうらいべり）、公卿・僧綱は小紋の高麗縁を用いた（『海人藻芥』）。

**阿闍梨の御座を**…　阿闍梨は伴僧が揃ってから入室し、直接礼盤にあがるので座を特に儲けない。また阿闍梨が部屋を出てから道場に入るまで鉦を鳴らす。

*後夜《ごや》の時よりは*付衣《ふい》。伴僧も六人にてあるべけれども、長日の事なる間、さのみは人数もその煩いある故に、*四人にて一旬〈十日〉ずつ勤むるなり。即ち*仙洞の廻《めぐり》御修法なども、伴僧は四人にて勤仕なり。*御手替《てがわり》は*熾盛光堂《しじょうこうどう》の供僧《くそう》が当旬これを勤む。後夜より御手替なり。鋪設《ほせつ》等は*御所方のを取り渡し畢んぬ。*大幕《おおまく》は行事僧の沙汰か。

*神供《じんぐ》は旬に一度、旬の始めの初夜にこれあり。伴僧の座は*小文《こもん》三帖。*阿闍梨の御座を儲けず。伴僧皆参の後に案内《あない》を申し、入御《にゅうぎょ》す。直《じか》に礼盤《らいばん》等に御登りすること常の如し。御時金は出御の間、道場に至らしめ御《たま》うまでこれを打つ。

御*表白《ひょうびゃく》はこれを用いられず〈長日相続の故なり〉。

（中略）

御本尊は紐《ひも》の櫃《ひつ》にこれを入れ奉る。*六臂《ろっぴ》像〈常の如し、二鋪《ほ》〉、御衣《おんぞ》〈常の如し〉これを安んず。

御手替は発願にこれを用いず。時金は毎時これを打つ〈常の如し〉。

*壇供人供は国々・*便補保《びんぽのほ》の沙汰なり。*顚倒《てんとう》の月は*功人《こうにん》を挙げ申さる。左衛門尉〈二千疋か〉は各一月に一人分、法眼もこれに同じ。兵衛尉は一月に二人、法橋もこれに同じ。*近年成功《じょうごう》はこれに及ばざれども、　公家より定め下さるるの次第、

**表白**　修法を行う時に趣旨を読み上げること。通常、開白の時に表白を用いる。『門葉記』五〇－四五四頁に例が見える。

**六臂像**　本尊の如意輪像は六臂の絵像。六本の腕で六道を救済する意による。

**壇供人供**　護摩壇の設営に要する費用と、阿闍梨・伴僧の供料および承仕らの食料。→補3

**便補保**　諸国が封物を国内の特定地域を指定して納入させることにした制度および地域。

**顚倒の月は…同じ**　国々・便補保からの納入が滞った月は成功を行い、売官の収入を壇供人供の費用に宛てる。売官は左衛門尉・法眼が二〇〇〇疋＝二〇貫文なので、これが一月分に当たる。→補4

**功人を挙げ申さる**　成功の希望者を推薦すること。

**近年成功はこれに…**　最近の売官は値段が下がってこの額にまで達しないが、公定額は以上の通りである。売官の盛行に伴い価格が下落した。左右衛門尉の公定額は一万疋であったが、実際には宝治元年(一二四七)には七、八〇〇疋で取引されていた(『葉黄記』同年三月十六日条)。朝廷は弘安十年(一二八七)に低額での売官を禁止し、公定額を靫負尉・法眼を一五〇〇疋、兵衛尉・法橋を一〇〇〇疋と定めている(『新抄』同年五月二十四日条)。

如レ此、成功月モ行事僧沙汰ニテ、壇供等ハ下ニ行驅使法師一、國々・便補保ハ請使沙汰也、毎月國々・便補保等、以ニ官家切符一沙汰也、切符ハ來月分ヲハ今月請使向ニ官家一、史長者沙汰也、取ニ切符一付ニ雜掌一云々、燈明同前、

（中略）

一　官切符案 紙廣六寸許ニ切天書レ之、

大月分
行官御祈願事所〔下脱カ〕　周防國辨濟物〔所カ〕

可レ奉レ下ニ米佰貳斛陸斗一事

右、長日如意輪法來月卅ケ日供料、可レ下之狀如レ件、

文永元年七月廿九日　　左史生中原判

左少辨藤原朝臣

左大史小槻宿禰判

行官御祈願事所下　美濃國辨濟所

可レ奉レ下ニ油肆斗參升伍合一事

**駆使法師**　「くじ」「かけし」とも。行事僧・承仕らの命で法会の雑役を行う俗人の小使。「駆使者承仕下役、僧形妻帯人也」(『幸心方聞書』)。

**官家の切符**　翌月分の供料・燈明料の下行を命じた行事所発給の文書。後出。切符は室町時代には為替手形の意となった。

**切符は来月分をば…**　借上などが請使となって官務で来月分の切符を発給してもらい、それを雑掌に提出して請求した。

**史長者**　太政官の史の最上首。大夫史・官務とも。小槻氏がこれを世襲した。

**雑掌**　国雑掌もしくは便補保の雑掌。国

此の如し。成功の月も行事僧の沙汰にて、壇供等は*駆使《くし》法師に下行《げぎょう》す。国々・便補保は請使の沙汰なり。毎月国々・便補保等は、*官家の切符《きっぷ》を以て沙汰するなり。*切符は来月分をば今月の請使が官家〈*史《し》長者の沙汰なり〉に向かい、切符を取りて*雑掌に付すと云々。燈明《とうみょう》も同前なり。

（中略）

一　*官の切符案〈紙は広さ六寸ばかりに切りてこれに書す〉

《*大の月分》

*行官御祈願事所下《くだ》す　*周防国弁済所

米百二斛《こく》六斗を下し奉るべき事

右、長日如意輪法の来月三十ケ日の供料、下すべきの状、件の如し。

文永元年七月二十九日　左史生《ししょう》中原判

*左少弁藤原朝臣

*左大史《だいし》小槻宿禰判

行官御祈願事所下す　美濃国弁済所

*油四斗三升五合を下し奉るべき事

雑掌は国司のもとで年貢・雑役の徴収から納入までの一切の事務を扱った在京の下級官人をいう。国3の「国雑掌」の項参照。

**官の切符案**　行事所発給の切符の案文。前出の「官家の切符」に当たる。最初が壇供人供の切符、次が燈明料の切符。

**大の月**　太陰暦では一月が二十九日の月を小の月、三十日の月を大の月と呼んだ。

**行官御祈願事所**　官の祈禱を行う行事所。行事所は国家行事を実施するために設けられた行政組織で、一般に上卿・弁・史から構成された。官御祈願所は、官務小槻氏を実務上の責任者として運営され、長日如意輪法を管轄した。

**周防国**　本文史料中略部分にある弘長三年(一二六三)三月二十二日官御祈願所注進状によれば、周防国は「近年対捍」、美濃国の燈油料も「近年無故対捍」とある。

**左少弁藤原**　九条高俊(一二三三～一二六六)。藤原定高の孫、忠高の子。弘長二年左少弁、文永二年(一二六五)権右中弁。

**左大史小槻**　小槻有家(?～一二八〇)。小槻通時の子。建長四年(一二五二)兄淳方の死後、左大史・官務となり、壬生官務家の基礎を固める。

**油**　燈明の油。長日如意輪法では毎月四斗五升が計上された。

右、長日如意輪法來月廿九日〔ケ脱カ〕御明料、可レ下之狀如レ件、

弘長三年三月廿九日

左大〔史生カ〕史中原判

右（少辨）ゝゝ

右大（史）ゝゝ

被レ擧ニ申功人一時ハ、注ニ交名於折紙一、先付ニ御祈願辨一、々除目僧事奉行人ニ付テ奏聞也、又自ニ御壇所一、直除目僧事奉行ニ被レ付モアリ、

交名書様

長日如意輪法功人交名

某年某月分

申ニ左衞門尉一

右兵衞尉藤原某

ゝゝゝ

功人事ハ、出世奉行件僧令旨ヲ書天遣レ之、

**弘長三年三月**　弘長三年（一二六三）三月二十二日官御祈願所注進状によれば、美濃国の油は三月分となっており、この文書の三月が二月の書き誤りの可能性がある。

右、長日如意輪法の来月二十九ケ日の御明料《みあかし》、下すべきの状、件の如し。

*弘長三年三月二十九日　　左史生中原判

*右少弁

右大史

功人を挙げ申さる時は、交名《きょうみょう》を折紙に注し、先ず*御祈願の弁に付す。弁は*除目《じもく》・僧事奉行人に付して奏聞するなり。また*御壇所より、直《じか》に除目・僧事奉行に付せらることもあり。

交名の書き様

*長日如意輪法の功人交名

某年某月分

左衛門尉を申す

右兵衛尉藤原某

ゝゝゝ

*功人の事は、*出世奉行の伴僧が*令旨を書きてこれを遣わす。

**右少弁**　藤原経任(一二三三〜一二九七)。藤原為経の子。弘長二年右少弁、文永二年(一二六五)左少弁、同六年参議、建治三年(一二七七)権大納言。

**御祈願の弁**　官御祈願所の弁。一般に行事所の弁を介して成功功人の吹挙が行われた。

**除目僧事奉行**　除目奉行と僧事奉行。それぞれ俗人・僧侶の人事を奉行し、款状(かんじょう、本人の任官希望書)や吹挙状を集積・整理して目録を作成し、それらを院・殿下に進覧した。一般に蔵人・蔵人頭が奉行となった。僧事奉行については海老名尚「『僧事』小考」(『学習院史学』二七、一九八九年)を参照。

**御壇所より直に**　尊助から行事弁を介することなく、直接に。

**長日如意輪法の功人交名**　某月分の長日如意輪法の費用を捻出するために実施する成功の希望者リスト。左衛門尉の官を右兵衛尉藤原某らが希望している。

**功人の事**　成功希望者の吹挙。

**出世奉行の伴僧**　壇所奉行をいう。行事僧が寺官であるのに対し、壇所奉行は学侶であるため出世奉行と呼ぶ。「出世僧綱」「世間者僧綱」のように、寺院世界では学侶を出世、寺官を世間者といった。

**令旨**　尊助法親王の令旨。壇所奉行が奉者となって令旨を発給した。

壇供等事、行事僧辨ニモ官ニモ令ニ問答一事也、

加任護持僧之時、二間御參之間、正御持僧之時、二間御初參無レ之、後加持ニ御參ハ、一月ニ一度ナトハ可レ有歟、然而三月一度ナトハ可レ有歟、後加持御參之時ハ、兼日ニ奉行辨ニ禁裏機嫌ヲ可レ伺之由、以ニ 令旨一問答也、指燭殿上人等ヲモ爲ニ用意一也、

御參之時、伴僧六人、上旬二人、中旬二人、下旬二人、如レ此六人ヲ替々相催也、

念誦加持如レ常、大呪、

道場　長日護摩堂、御持佛堂タル間、熾盛光堂後戸東ヲ道場ニ被レ搆之、

正元二年十一月廿六日御讓位、

同日日中時、如意輪法結願、讀ニ卷數一、御卷數佛布施行事僧沙汰、如レ常、御結願以後、御本尊如レ元奉レ入レ櫃、御衣等・御卷數、被レ奉レ送ニ渡新院御所一畢、同日花志目被レ卷了、西向棟門北ニ被レ卷レ之、行事僧見ニ沙汰之一、

**弁にも官にも問答**　官御祈禱所の行事弁や官務小槻氏と交渉する。

**加任護持僧の時に**…　尊助は建長七年(一二五五)加任護持僧となった時に二間初参を果たしているので、今回、正護持僧に就任しての二間初参は行わない。

**後加持**　「うしろかじ」「護加持」ともいう。修法を終えた後で修する加持。天皇が臨席の時は壇上で、出席なき場合は御所に参向して加持を行った。また天皇が神事などの時は撫物に加持を行う。

**御参**　天皇の御所に参内すること。

**兼日に奉行弁に**…　あらかじめ奉行の行事弁に、天皇の都合を伺うよう、壇所奉行が令旨で交渉をしておく。

**指燭の殿上人等**…　「貴種阿闍梨御修法之時、参入・退出共、以殿上人秉脂燭也、大法等之時者、別而被相催歟」(『門葉記』一五四―四二五頁)とあるように、貴種の大阿闍梨や大法の阿闍梨が参入・退出の時には、殿上人が指燭を掲げるのが慣例であった。こうした準備のため、事前交渉が必要だった。↓補1

**伴僧六人なり**　この長日如意輪法は助修

壇供等の事は、行事僧が*弁にも官にも問答せしむる事なり。

*加任護持僧の時に二間《ふたま》に御参するの間、正御持僧の時に二間の御初参《ごういざん》これなし。*後加持《ごかじ》に*御参するは、一月に一度などはあるべきか、然して三月に一度などはあるべきか。後加持に御参するの時は、*兼日に奉行弁に禁裏の機嫌を伺うべきの由、令旨を以て問答するなり。*指燭《しそく》の殿上人等をも用意のためなり。

御参の時は*伴僧六人なり。上旬に二人、中旬に二人、下旬に二人、此の如く六人を替るがわる相催すなり。

念誦加持〈常の如し〉は*大呪《だいしゅ》。

道場　*長日護摩堂は*御持仏堂たる間、*熾盛光堂《しじょうこうどう》の*後戸《うしろど》の東を道場に拵《こしら》えらる。

*正元二年十一月二十六日に御譲位。

同日の*日中《にっちゅう》の時に如意輪法を結願し、*巻数《かんず》を読む。御巻数・仏布施〈行事僧の沙汰〉は常の如し。御結願以後に御本尊は元の如く櫃《ひつ》に入れ奉り、御衣《おんぞ》等・御巻数は*新院の御所に送り渡し奉られ畢んぬ。同日に花志目《はなしめ》を巻かれ了んぬ〈*西向棟門、北にこれを巻かる。行事僧これを見沙汰す〉。

四名で一旬ずつ勤仕したが、後加持の時は二名を加えて、六名の伴僧で参内する。

**大呪**　文言の長い真言。根本呪・大陀羅尼ともいい、中呪・小呪に対する語。

**長日護摩堂**　青蓮院の三条坊大成就院の護摩堂。前出の「南面の護摩堂」に相当。

**御持仏堂**　尊助の持仏堂。持仏堂は朝夕礼拝する念持仏を安置してある堂。

**熾盛光堂**　大成就院熾盛光堂。前出。

**後戸**　仏殿・本堂の後側にある戸。この空間の聖性をめぐって論争がある。

**正元二年**　正元元年（一二五九）の誤り。後深草天皇が譲位し亀山天皇が受禅したのは正元元年十一月二十六日。護持僧は天皇の退位によって任を終える。↓補2

**日中**　午前一〇時から午後二時。昼夜を晨朝(じんじょう)・日中・日没、初夜・中夜・後夜(ごや)の六時に区分した仏教的時間法の一。

**巻数**　僧が依頼に応じて読誦・念誦した経文陀羅尼の種類・度数や祈禱日数を記して依頼主に送った文書。護持僧の場合、天皇の死闕や在位中の護持僧交代には結願・巻数がなく、譲位の場合のみ結願を行い巻数を進める。↓補3

**新院**　後深草院（一二四三〜一三〇四）。↓補4

**西向棟門**　花注連は西面の棟門に懸け、北向きに巻くのが恒例。

亀山院
文應元年十一月廿七日可レ爲二護持僧一之由、被レ仰二下之一、而奉行人經業懈怠、同十二月三日參申之、然而無二御祈始一之間、如意輪法不レ被レ行レ之、
同四月廿七日被レ始二行如意輪法一、道場熾盛光堂後戸東二間、如二前々一、行事僧法眼覺季、奉行禪雅法印、
御本尊新圖 三鋪奉レ書レ之、六臂、奉レ入レ櫃、　大幕一帖、淨衣七領、白色
　御本尊以下、公家御沙汰、當代始テ被レ行之故也、
（中略）
被レ移二此御修法於他所一事
東二條院御產 初度 御祈、七佛藥師法御參之時、被レ移二如意輪法於今出川殿御壇所一了、其時作法在レ別、爐不レ破レ之渡了、

**国47**　後冷泉天皇綸旨　天喜二年（一〇五四）二月十二日　醍醐寺文書

仰云、從二今夜一可二參仕一者、　綸旨如レ此、隆俊謹言、
「天喜二年」二月十二日　　右近中將（花押）
謹上　醍醐座主御房

**文応元年…**　正元元年（一二五九）の誤り。尊助は後深草の譲位で護持僧の任を終えたが、受禅の翌日に亀山天皇の護持僧となった。
**奉行人経業**　御祈奉行藤原経業（一二三六〜一二九九）。藤原信盛の子。→補1
**懈怠**　怠ること。ここでは経業の参向が遅れたことを指す。
**同十二月三日**　正元元年の誤り。
**参り申す**　藤原経業が尊助のところに参向した。尊助のような貴種の場合、護持僧宣下の綸旨は御祈奉行の蔵人が奉者となって執筆し、自ら勅使として護持僧に届けることになっている。
**御祈り始めなきの間**　祈禱始めの沙汰がなかったので。代始めの護持僧祈禱始めは通常、如意輪・不動・延命の三壇同時に始行した。今回は祈禱始めが遅れ翌年にずれ込んだ。
**同四月二十七日**　文応元年（一二六〇）。
**御本尊は新図**　→補2
**六臂**　六臂（腕が六本）の如意輪観音像。如意輪観音像には二臂四臂六臂十臂十二臂像があるが、六臂像が最も一般的。六臂に六道救済の意をもたせる。
**浄衣七領**　阿闍梨と伴僧六口が着用する七人分の白色の僧服。
**御本尊以下は…**　代始めの祈りであるた

《亀山院》*文応元年十一月二十七日に護持僧たるべきの由、これを仰せ下さる。しかして*奉行人経業が*懈怠《けたい》し、*同十二月三日に参り申す。然るに*御祈り始めなきの間、如意輪法これを行われず。

*同四月二十七日に如意輪法を始行せらる。道場は熾盛光堂の後戸東二間、前々の如し。行事僧は法眼覚季、奉行は禅雅法印なり。

*御本尊は新図〈三鋪《ぽ》これを書き奉る、*六臂、櫃に入れ奉る〉、大幕一帖、*浄衣《じょうえ》七領〈白色〉。

*御本尊以下は公家の御沙汰なり。当代始て行わるるの故なり。

（中略）

この御修法を*他所に移さるる事

*東二条院の*御産〈初度〉御祈、*七仏薬師法に御参の時、如意輪法を今出川殿の御壇所に移され了んぬ。その時の作法は別にあり。爐《ろ》はこれを破らず渡し了んぬ。

**国47**　後冷泉天皇綸旨　天喜二年(一〇五四)二月十二日　醍醐寺文書

仰せて云《い》わく、「今夜より参仕すべし」者《てえり》、綸旨此《かく》の如《ごと》し。隆俊謹んで言《もう》す。

「天喜二年」二月十二日　*右近中将(花押)

謹上　*醍醐座主御房《ごぼう》

---

め、本尊以下は朝廷が調進した。正護持僧が交代する時は本尊を返して、次の護持僧に引き継がれる。

**他所に移さるる事**　長日如意輪法を本坊以外で行った事例。

**東二条院**　後深草天皇の皇后藤原公子(一二三二～一三〇四)。西園寺実氏の娘。康元元年(一二五六)に入内、正元元年に院号宣下。

**御産**　東二条院の御産は弘長二年(一二六二)六月二日(貴子内親王)、文永二年(一二六五)十一月十一日(死産)、同七年九月十八日(遊義門院姈子)の三度。

**七仏薬師法に御参**　↓補3

**国47**　↓補4

**後冷泉天皇綸旨**　醍醐座主覚源に護持僧参仕を命じた素紙の綸旨。古文書の歴史上、綸旨正文の現存する最古のもの。ただし「天喜二年」は後筆。↓補5

**醍醐寺文書**　真51参照。

**右近中将**　源隆俊(一〇二五～一〇七五)、正二位治部卿。源隆国の子。永承元年(一〇四六)左権中将、同六年蔵人頭、康平二年(一〇五九)に参議。

**醍醐座主**　覚源(九九六～一〇六五)。花山法皇の子、宮僧正。仁海より伝法灌頂を受け、深覚から広沢流の印可を受けた。寛仁二年(一〇一八)に醍醐寺座主となり寺務四九年。東寺長者・東大寺別当を歴任。

退言、自二今夜一可下令レ参二始夜居一給上也、隆俊謹言、

**国48**　崇徳天皇綸旨　天承元年(一一三一)二月二日　醍醐寺文書

被二綸言一偁、可レ令レ祗二候夜居一之由、宜二遣仰一者、綸言如レ此、悉レ之、謹言、

「天承元年」二月二日　右中辨顯頼奉

謹上　醍醐僧都御房

**国49**　護持僧由来記　天承元年(一一三一)　醍醐寺文書

一　護持僧事

奉レル護二持帝王一ヲ故ニ、號二護持僧一ト、奉レ護二持國王一ヲ故、名二御持僧一ト、是レ御ノ持僧ト云事也、

中宮・春宮御祈僧ヲハ護持僧ト云ヘシ云々、

我朝最初御持僧ハ弘法大師許也、以二承和元年一ヲ大師奉二詔命一ヲ、於二中務省一ニ始被レ修二後七日御修法一ヲ、此間申二請勘解由司廳一ヲ、建二立眞言院一云々、是御持僧始也、其後天台座主

**夜居**　宿直の僧が夜の間、貴人の側に侍って加持祈禱をすること。

**国48**　→補1

**崇徳天皇綸旨**　醍醐寺定海に護持参仕を命じたもの。「天承元年」は後筆。国49・50はそれに参仕する折りの筆録。

**顕頼**　藤原顕頼(一〇九四～一一四八)。顕隆の子、正二位民部卿。大治二年(一一二七)に右中弁となり、天承元年(一一三一)十二月に参議。

**醍醐僧都**　定海(一〇七四～一一四九)、三宝院流の祖。源顕房の子。勝覚から伝法灌頂を受け永久四年(一一一六)に醍醐寺座主。さらに東大寺別当・東寺長者を歴任し、覚鑁による金剛峯寺支配を退けた。保延四年(一一三八)醍醐寺で初の大僧正となる。なお、「御持僧初参日記」(醍醐寺文書六一函六一号)は、定海が天承元年三月十九日に二間初参をとげた記録。

**国49**　→補2

**護持僧由来記**　定海が真言宗の立場から護持僧に関わる仁海らの口伝を集成した

退きて言す。今夜より*夜居《よい》に参始せしめ給うべきなり。隆俊謹んで言す。

**国48**　崇徳天皇綸旨　天承元年(一一三一)二月二日　醍醐寺文書

綸言を被《こうむ》るに偁《いわ》く、「夜居《よい》に祗候《しこう》せしむべきの由、宜《よろ》しく遣わし仰すべし」者《てえり》、
綸言此《かく》の如《ごと》し。これを悉《つく》せ。謹んで言す。

「天承元年」二月二日　右中弁*顕頼奉《うけたまわ》る

謹上　*醍醐僧都御房《ごぼう》

**国49**　護持僧由来記　天承元年(一一三一)　醍醐寺文書

一　護持僧の事

帝王を護持し奉るが故に、護持僧と号す。国王を護持し奉るが故に、*御持僧と名づく。是れ御の持僧と云《い》う事なり。
*中宮・春宮《とうぐう》の御祈僧をば、護持僧と云うべしと云々。
我が朝、*最初の御持僧は、弘法大師ばかりなり。*承和元年を以て、大師　詔命を奉《うけたまわ》り、中務省において始めて*後七日御修法《ごしちにちのみしほ》を修せらる。この間、*勘解由司庁《かげゆしちょう》を申し請いて、*真言院を建立すと云々。是れ御持僧の始めなり。その後、天台座主

もの。読み下しに際しては写本振り仮名に従わなかった箇所もある。天台宗についての言及には事実に反するものもあり、取り扱いに注意を要する。→補3

**御持僧**　「御」は天子の振る舞いや持ち物につける敬語。「持」は守るの意。国王を守る僧のこと。

**中宮春宮の…**　皇后・皇太子にも護持僧がいた。染殿の后明子の「護持僧には智證大師におはす」(『大鏡』一)。

**最初の御持僧**　東密は最初の護持僧を空海とし、台密は最澄とするが、いずれも歴史的事実ではない。→補4

**承和元年…真言院を建立すと云々**　成尊『真言付法纂要抄』に同文がみえる(『大正蔵』七七―四二一頁)。

**後七日御修法**　空海の上表によって、承和二年(八三五)より始められた修法。毎年正月八日〜十四日に東寺長者を大阿闍梨として宮中真言院で修された。真1の「太政官符」の項参照。

**勘解由司**　勘解由使。

**真言院**　平安京大内裏の西南部にあった修法道場。承和元年の空海の上表により唐の内道場に擬して設けられた。豊楽院の北、中和院の西にあった。五間四面の壇所を中心に、東西に長者坊・護摩堂、北に伴僧宿舎を配した。『年中行事絵巻』六にその道場図がみえる。

ヲ被レ加、雖ニ顯密兼學一スト、非ニ眞言ノ長者一ニ、是天台宗ノ長者也、顯宗御持僧也、

殿上夜居モ顯密相並テ奉レ護ニ持帝王一也、

宮中金光明會《御齋會也》幷眞言院御修法、皆顯密相並ヘル法也、殿上夜居モ顯密相並也、此夜居作法ハ、彼御修法ヲ略テ取ニ肝要一ヲ行レ之、雖レ然、爲ニタルノ神國一故ニ、最先ニ内侍所ヲ上首トシテ二十一社ノ諸神眷屬ヲハ奉請祈念、小野僧正傳ニハ、持ニ香呂一、勸ニ請廿一社一、或不レ斷ニタ香爐煙一ヲ、城邊鎭守諸神等、毎レ夜一社勸請之後ニ、密々ニ祈念云々、後ニ密々祈念ト云ハ、彼法略タル肝要ノ作法也、此内證深祕作法也、當流外名字ヲモ不レ知事也、是最極祕密之習也云々、

後七日御修法ハ、毎年ニ自ニ正月八日一七ケ日夜ノ間修レ之、至ニ十四日夜一ニ、奉レテ向ニ國主一ニ奉ニ加持一シ、此時、大師御所持ノ五股・水精念珠等ヲ持テ參也、

夜居作法ハ毎夜ナルカ故ニ、阿闍梨ノ自ラノ所持ノ五股・水精念珠ヲ持、近來ハ毎夜ナル事モ無歟、

**顕密兼学す…御持僧なり**　天台座主は顕教・密教を兼学しているものの、密教の長者ではなく、顕教である天台宗の長者であるので顕教の護持僧である。天台宗の護持僧は実際には台密修法によって天皇を護持しているが、ここでは台密を無視し天台座主を顕教の僧侶であると揶揄して、東密の優位性を強調している。↓補1

**金光明会**　金光明最勝王経を講説する法会。↓補2

**御斎会**　最高の顕教法会。三会の一つ。毎年正月八日から十四日まで、宮中に六宗の学僧を招いて最勝王経を講じた。

**神国たるの故**…　神国なので天照大神をはじめとする神々を勧請して祈請する。

**内侍所**　内侍所に祀られている天照大神をいう。宮中の温明(うんめい)殿の南半の部屋に、天照大神の御霊代として神鏡を祀っており、賢所(かしこどころ)と呼んだ。北半の部屋に内侍が詰めていたの

を加えらる。*顕密兼学すと雖《いえど》も、真言の長者に非ず。是れ天台宗の長者なり。顕宗の御持僧なり。

殿上の夜居《よい》も、顕密相並びて、帝王を護持し奉るなり。宮中の*金光明会《こんこうみょうえ》《*御斎会《ごさいえ》なり》丼びに真言院の御修法《みしほ》は、みな顕密相並べる法なり。殿上の夜居も、顕密相並ぶなり。この夜居の作法は、彼《か》の御修法を略して、肝要を取りてこれを行う。然りと雖も*神国たるの故に、最先に*内侍所《ないしどころ》を*上首として、*二十一社の諸神眷属《けんぞく》をば*奉請《ぶじょう》し祈念す。*小野僧正伝には、「*香呂《こうろ》を持ちて二十一社を勧請《かんじょう》す。或いは香爐《こうろ》の煙を断やさずして、*城辺の鎮守諸神等を、夜毎に一社勧請するの後に、密々に祈念す」と云々。「後に密々に祈念す」と云うは、彼の法の略たる肝要の作法なり。この*内証は深秘の作法なり。当流の外は名字をも知らざる事なり。是れ最極秘密の習なりと云々。

後七日御修法は、毎年に正月八日より一七ケ日夜の間、これを修す。十四日の夜に至り、国主に向かい奉りて*加持《かじ》し奉る。この時、*大師御所持の*五股《ごこ》・*水精念珠《すいしょうねんじゅ》などを持ちて参るなり。

夜居の作法は、毎夜なるが故に、阿闍梨の自らの所持の五股・水精念珠を持す。*近来は、毎夜なる事もなきか。

で、全体を内侍所と呼ぶようになった。

**上首**　一団のなかで最上位のもの。

**二十一社**　平安中期から朝廷より特に尊崇を受けた神社。伊勢をはじめ畿内の二一社から成り、祈雨・止雨などの奉幣を受けた。一二社・一六社と次第に数をまし、長徳元年(九九五)に二一社。長暦三年(一〇三九)には近江の日吉社が加わって二二社となった。仁海の活動時期の関係で、ここでは二一社となっている。

**奉請**　神仏や本尊を招き請ずること。

**小野僧正伝**　小野僧正仁海(九五一～一〇四六)の伝記。不詳。「小野僧正の古相伝」「小野僧正の所伝」の意か。→補3

**香呂**　香をたくのに用いる器。ここでは仏具の柄(え)のついた柄香炉を指す。

**城辺の鎮守諸神**　二一社の神々。

**内証**　内心の悟り、または悟った真理。

**加持**　後加持とも。修法の終わりに阿闍梨が直接天皇に加持すること。

**大師御所持の…**　『澤鈔』によれば、結願の夜に、阿闍梨は空海が請来した衲衣(のうえ)を着し、恵果から附属された五鈷と両達磨の水精念珠を持って参内する。→補4

**五股**　五鈷杵(しょ)。密教法具。

**水精念珠**　水晶で作られた念珠。

**近来は毎夜…**　近来は護持僧が毎晩夜居することはなくなった。

大師思食様アテ五股・水精數珠等ヲ以テ、奉ニリ加持一御《マシマス》事也、尤五股・水精念珠等可レ持也、近來ノ不レル知ニ子細一ヲ御持僧ハ、如レノ常獨古、例ノ念珠等持ス、是僻事也云々、此作法ハ雖ニ最略一ナリト、深祕作法也、爲レ宗爲レ國、能々可レ習事也、至極法也、

小野僧正仁〔海脱〕
├ 成｜《尊》僧都 ── 義｜《範》僧都 ── 權僧正勝｜〔覺カ〕
└ 覺源宮僧正 ── 定賢法務 ── 權僧正勝｜〔覺カ〕

皆是師資相承之大事也、非ニ長者一之時參ニ御持僧一、更無ニ別事一、

二間夜居ト中宮・東宮護持僧ノ作法、雖ニ同事一ナリト、少異事アルヘシ、可ニ分別一、近來人只同事思ヘリ、

御殿夜居ニハ勸ニ請廿一社一、

中東ニハ廿二、內證モ可レ有ニ存知一歟、

一　香爐火置事

於ニ車中一香呂ヲ取リヨセテ、香ヲ多ク入レ滿テ、火ヲウチ置ク、能々火消ユマシフシタ、メテ、香煙ヲ不レ斷シテ自レ車下ロサレ、置路《ヲキミチ》ノ邊ニシテ、自

**常の如き**…　いつも持っている普通の独鈷や念珠。

**僻事**　間違っていること。

**仁海**　九五一～一〇四六。宮道氏の出身、元杲の弟子。東寺長者・東大寺別当を歴任し山科小野に曼荼羅寺(今の随心院)を創建して小野流を開いた。祈雨にすぐれ雨僧正と称された。

**成尊**　一〇一二～一〇七四。仁海の入室瀉瓶(しゃびょう)灌頂の弟子、小野曼荼羅寺二世、少僧都。東宮時代から後三条天皇の護持僧を勤め、即位灌頂を授けた。延久四年(一〇七二)に東寺一長者。

**義範**　一〇二三～一〇八八。成尊の瀉瓶弟子、少僧都。堀河天皇の誕生祈禱につくし、その護持僧となる。応徳三年(一〇八六)東寺三長者。同門の範俊と祈雨の法験を争った。醍醐に遍智院を開く。

**勝覚**　一〇五七～一一二九。左大臣源俊房の子、権僧正、醍醐三宝院開祖。定賢に入室し、応徳三年に醍醐寺座主となり義範より伝法灌頂を受ける。また範俊からも重受。東大寺別当・東寺長者を歴任。付法弟子の定海(国50筆者)・聖賢・賢覚はそ

れぞれ一流をたて醍醐三流を形成した。なお本文史料が定海の編著であるため、法脈はその師の勝覚で終わっている。著書に『護持僧作法』。→補1

**覚源**　九九九～一〇六五。国47の「醍醐座主」の項参照。仁海より伝法灌頂を受けた。花山法皇の子であるため「宮」と呼ばれた。

**定賢**　一〇二四～一一〇〇。大納言源隆国の子、醍醐法務と称す。法印権大僧都。覚源より伝法灌頂を受け康平五年(一〇六二)に醍醐寺座主。応徳元年に東寺一長者となり同三年に法務を兼ねた。

**師資相承**　師から弟子へと法を伝えてゆくこと。

**長者に非ざる…**　東寺長者でなくても、御持僧に出仕してもよい。

**御殿の夜居**　内裏での二間夜居。

**中東**　中宮・東宮の護持僧。

**香爐の火を置く事**　御持僧のもっとも基本的な、作法の前段階である火の取り扱いについて述べる。

**車中**　出仕する牛車の中。

**火消ゆまじふ…**　火が消えないようによく準備をして。

**置路**　貴人の専用道路。馳道(ちどう)。平安京の大極殿・紫宸殿等の前面などに設けられ、正門から正殿まで盛り土をして造成した。鎌倉鶴岡八幡宮の段葛もその一つ。

大師思《おぼ》しめす様ありて、五股・水精数珠《じゅず》等を以て、加持し奉りましますなり。尤も五股・水精念珠等を持すべきなり。近来の子細を知らざる御持僧は、*常の如《ごと》きの独古《とっこ》、例の念珠等を持す。是れ*僻事《ひがごと》なりと云々。この作法は最略なりと雖も、深秘の作法なり。宗のため国のため、よくよく習うべき事なり。至極の法なり。

小野僧正*仁海《にんがい》 ┬ *成尊《せいぞん》僧都 ── *義範僧都 ── 権僧正*勝覚《しょうかく》
　　　　　　　　　　　　└ *覚源宮《みや》僧正 ── *定賢《じょうけん》法務 ── 権僧正勝覚

皆是れ*師資相承《ししそうじょう》の大事なり。*長者に非ざるの時に御持僧に参ることは、更に別事なし。

二間夜居《ふたまよい》と中宮・東宮護持僧の作法は、同じき事なりと雖も、少しく異なる事あるべし。分別すべし。近来の人はただ同じ事なりと思えり。

*御殿の夜居には二十一社を勧請す。

*中東には二十二、内証も存知あるべきか。

一　*香爐の火を置く事

*車中において香呂を取りよせて、香を多く入れ満《み》てて火をうち置く。よくよく*火消ゆまじふしたためて、香煙を断やさずして車より下ろされ、*置路《おきみち》の辺にして自

ラ香呂ヲ取テ可二趣行一、至二門《モム》ノ前ニ一、調テ二威儀ヲ一参上、同ク持二香爐一也、沈・白檀等香ヲ多ク捻リカクヘシ、三衣袋ニ紙ニ裹テ入ル、也、或人於二門前ニシテ一始テ香呂ニ火ヲ置ク、是從僧役云々、僻事也、不レ可レ用レ之、
小野僧正時、殿上ノ燈爐ノ火ヲ取テ香呂ノ火被レ用、是先例也云々、以外僻事也、殿上ニテ火ノ消タリケル時事也、全以非二先例一、今世ニモ殿上ニテ火消タルコトアラハ可レ然、如レ此事ハ、能々可二存知一者也、

一　夜居守護由來事

守護國界主經云、

哀二愍ストシテ一切ヲ一守二護ス國王ヲ一、若守二護スレハ國王ヲ一、獲二七ノ勝益ヲ一、何等爲レ七ト、所謂、若能守二護ハ國王ヲ一、即是守二護ナリ國之太子ヲ一、若守二護太子ヲ一、即守二護大臣ヲ一、若守二護大臣ヲ一、若守護大臣ヲ、（衍字）即守二護百姓ヲ一、若守二護百姓ヲ一、即守二護庫藏ヲ一、若守二護庫藏ヲ一、即守二護四兵ヲ一、若守二護四兵ヲ一、即守二護隣國ヲ一、若能如レスレハ是、一切皆安ナリ、善男子是故國王

**沈白檀等の香**　焼香に用いる香の種類。密教では一般に仏部に沈香(じんこう)、蓮華部に白檀香、金剛部に丁字(ちょうじ)香、宝部に竜脳(りゅうのう)香、羯磨(かつま)部に薫陸(くんろく)香を区別して用いている。

**三衣**　「さんね」ともいう。古代インドより僧侶が個人所有を許された三種類の衣

ら香呂を取りて趣き行くべし。門の前に至りて、威儀を調えて参上す。同じく香爐を持つなり。*沈《じん》・白檀《びゃくだん》等の香を多く捻りかくべし。*三衣《さんえ》の袋に、紙に裹《つつ》みて入るるなり。或る人は門前にして、始て香呂に火を置く。是れは従僧の役と云々。僻事《ひがごと》なり。これを用うべからず。

*小野僧正の時、殿上の燈爐《とうろ》の火を取りて、香呂の火に用いらる。是れ先例なりと云々。以ての外の僻事なり。*殿上にて火の消えたりける時の事なり。全く以て先例に非ず。今の世にも、殿上にて火消えたることあらば然るべし。此《かく》の如き事は、よくよく存知すべきものなり。

一　*夜居の守護由来の事

*守護国界主《こっかいしゅ》経に云わく、

「一切を哀愍せんとして国王を守護す。もし国王を守護すれば、*七の勝益を獲《え》ると。何等を七となさん。所謂《いわゆる》、もし能《よ》く国王を守護すれば、即ち是れ国の太子を守護するなり。もし太子を守護すれば、即ち大臣を守護す。もし大臣を守護すれば、即ち*百姓を守護す。もし百姓を守護すれば、即ち*庫蔵を守護す。もし庫蔵を守護すれば、即ち*四兵を守護す。もし四兵を守護すれば、即ち*隣国を守護するなり。もし能く是《かく》の如くすれば、一切みな安きなり。善男子よ、是の故に国王

服。→補1

**小野僧正**　仁海。

**殿上にて…ものなり**　殿上で燈爐の火を取って使うのは先例ではなく、火が消えた時に、便宜的に燈爐の火を用いただけだ。

**夜居の守護由来**　護持僧が夜居して国王を護持する理由。国王の守護が万民の幸福につながるとする。

**守護国界主経**　『守護国界主陀羅尼経』一〇巻のこと。国界主(国王)を守護する陀羅尼についての教え。空海が請来した。当該部分の刊本は『大正蔵』一九―五六六頁にあり。この箇所の訓読は意を尽くすため、原文送り仮名の読みを採用しなかったところもある。空海はこの経典を「仏為国王特説此経、摧滅七難、調和四時、護国護家、安己安他、此道秘妙典也」(『性霊集』四)と述べて、弘仁元年(八一〇)十月にその修法を申請している。→補2

**七の勝益**　国王・太子・大臣・百姓・庫蔵・四兵・隣国の七を護り、一切が安穏となるというすぐれた利益。

**百姓**　人民。

**庫蔵**　武器や食料を貯える蔵。

**四兵**　東西南北を守る兵。

**隣国を守護**　隣国から自国を守ることができる。

ハ為《タメ》ニ二諸衆生一ノ、為レナリ日ト、為レナル月ト、為レ燈為レ眼、為レナリ父為レナル母ト、若諸有情、無レ眼無レ燈無レ日無レ月無レ父無ケレハ母モ、身命可レケムヤ存、若無クハ二國王一、不レ可三安二立一文、

請來表云、請下フ歸二本鄕一流中傳海內上、纔見二汝來一恐二命不レ足、今則授二法有レ在、經像功畢、早歸二鄕國一、以奉三國家一流二布天下一、增二蒼生福一、然則四海泰萬人樂、是則報二佛恩一、報二師德一、為レ國忠也、於レ家孝也云々、所レ詮、東寺長者幷知法之人、夜居ニ候テ奉レ守二護帝王一事、大日如來之心肝、高祖大師之膽腑也、能々可三祕藏一者也云々、

## 国50　護持僧作法記　天承元年（一一三一）　醍醐寺文書

夜居作法　委旨在二別紙一、

持二香呂一、勸二請廿一社一、奉レ讀二心經一、

殿上御持僧者往古作法、眞言長者一人、天台座主一人、每レ夜二人相並、

**文**　引用の終わりを示す記号。

**請来表に云わく**　『御請来目録』（『大正蔵』五五―一〇六五頁）で恵果が空海に語った言葉。『御請来目録』は空海が留学先の唐から持ち帰った文物を一覧表にして朝廷に報告したもの。

**本郷**　空海の故郷である日本のこと。

**纔に…恐れき**　私（恵果）はようやく汝（空海）に会えたが、仏法を教授するだけの余命のないことを心配した。

**法のありとしある**　あらゆる仏法の教え。

**経像の功**　長安にあって丹青李真等に両部大曼荼羅を画かせ、鋳博士趙呉等に新しく仏具を造らせ、さらに経生をして、経律論疏を書写させたこと。

**蒼生**　国民のこと。

**四海は泰く…**　国の内外は平和となり、

は諸《もろもろ》の衆生のために、日たるなり。月たるなり。燈たるなり。眼たるなり。父たるなり。母たるなり。もし諸の有情《うじょう》に眼なく、燈なく、日なく、月なく、父なく、母もなければ、身命《しんみょう》存すべけんや。もし国王なくば安立すべからず」〈*文〉。*請来《しょうらい》表に云わく、「*本郷に帰りて海内《かいだい》に流伝することを請う。*纔《わずか》に汝の来たれるを見て、命の足らざることを恐れき。今則ち*法のありとしあるを授く。*経像の功《こう》を畢《お》えぬ。早く郷国に帰りて、以て国家に奉りて天下に流布して、*蒼生《そうせい》の福を増せ。然れば則ち*四海は泰《やす》く、万人楽しまん。是れ則ち仏恩を報じ、師徳を報ず。国のためには忠なり。家においては孝なり」と云々。

詮ずるところ、東寺長者幷びに知法の人が、夜居に候《こう》じて帝王を守護し奉る事は、*大日如来の心肝にして、*高祖大師の*胆腑《たんぷ》なり。よくよく秘蔵すべきものなりと云々。

## **国50**　護持僧作法記　天承元年(一一三一)　醍醐寺文書

夜居《よい》の作法〈委しき旨は*別紙にあり〉

香呂《こうろ》を持ちて、*二十一社を*勧請《かんじょう》す〈*心経を読み奉る〉。

*殿上の御持僧は、往古の作法、*真言長者一人、天台座主一人なり。夜毎に二人相並

人々は安穏となる。これは仏恩に感謝し、師の徳に感謝することである。

**大日如来の心肝**　大日如来の教えの根幹。

**高祖大師**　空海。

**胆腑**　きも。六腑の一。転じて心肝に同じ。

**国50**　国49の冒頭補注参照。

**護持僧作法記**　定海が護持僧に参仕するに際し、護持僧作法についての仁海らの口決を抄録したもの。国49の「護持僧由来記」の項参照。

**別紙**　護持僧由来記(国49)を指すか。

**二十一社**　平安時代中期に始まり、長徳元年(九九五)に二十一社となった朝廷尊崇の神社、特に勅使の派遣が定められていた。

**勧請**　神仏に御出でを願うこと。

**心経**　般若心経。一切の存在は空であるとする大般若経の要点を簡潔に説いた経典。加持祈禱に際しては、道場と尊師の守護・護身の目的をもって読誦される。ここでは諸神の法楽のために読誦する。

**殿上**　御所の天皇の寝室。

**真言長者一人…**　東寺長者と天台座主の二人が毎晩護持僧として夜居を勤めた。ただしこれは歴史的事実とはいいがたい。

不レ斷二香爐火一、城邊鎮守諸神等、毎レ夜一社勸請之後、密々祈念令レ候者也、

已上作法、小野古相傳也、

本記云、小野僧正云、護持僧云々、

又云、不レ斷二香爐煙一云々、

二十二社

| | | |
|---|---|---|
| 伊勢大神宮 | 石清水八幡宮 | 賀茂 |
| 松尾 | 平野 | 稲荷 |
| 春日 | 大原野 | 大神《ヲヽミワ》 |
| 石上《イソノカミ》 | 大和《ヲヽヤマト》 | 廣田（瀬歟） |
| 龍田《タツタ》 | 住吉 | 日吉 |
| 梅宮 | 吉田 | 廣田 |
| 祇園 | 北野 | 丹生《ニフ》 |
| 貴布禰《キフネ》 | | |

二間夜居作法　付御持僧、

びて、香爐《こうろ》の火を断やさず、＊城辺の鎮守諸神等を、夜毎に一社勧請するの後に、
＊密々祈念し候《こう》ぜしむものなり。

已上の作法は、＊小野の古相伝なり。

本記に云《い》わく、＊小野僧正云わく、「護持僧」と云々。

また云わく、「香爐の煙を断やさず」と云々。

＊二十二社

| | | |
|---|---|---|
| 伊勢大神宮 | 石清水八幡宮 | 賀茂 |
| 松尾 | 平野 | 稲荷 |
| 春日 | 大原野 | 大神 |
| 石上 | 大和 | 広瀬 |
| 龍田 | 住吉 | 日吉 |
| 梅宮 | 吉田 | 広田 |
| 祇園 | 北野 | 丹生 |
| 貴布禰 | | |

＊二間夜《ふたまよ》居《い》の作法〈付けたり御持僧〉

**城辺の鎮守諸神等**　二十一社の神々。

**密々祈念**　上島享は『秘鈔』所引の旧記に「王城鎮守諸神等、毎夜一社勧請之、増法楽、密々持念本尊呪、奉祈玉体」とあることから、この時の「祈念」で勧請神の「本尊呪」が念誦されていたと推測する（「日本中世の神観念と国土観」『日本中世社会の形成と王権』名古屋大学出版会、二〇一〇年）。そうだとすれば、二十一社の本地がこの時には決まっていたことになる。

**小野の古相伝**　仁海からの相伝。ちなみに「殿上御持僧…祈念令候者也」は仁海撰『灌頂御願記』（『大日本仏教全書』遊方伝叢書四―四九四頁）にほぼ同文がみえる。

**小野僧正云わく…断やさずと云々**　仁海『灌頂御願記』では、「御持僧」を「護持僧」と書き、「香爐の火」を「香爐の煙」と記している、との意。

**二十二社**　伊勢神宮を筆頭とする二十一社のなかに、長暦三年（一〇三九）近江国日吉社が加わって二十二社体制となった。

**二間**　清涼殿の一室の名称。本来は柱と柱との間の数が二つある部屋という意味。護持僧が祇候する場所。『名目鈔』は「フタノマ」と記す。

法服、平袈裟、持二五股・水精念珠・三衣等一、持二香爐一、不レ斷二香煙一云々、二間ニ參シテ着座、其後取二香呂一ヲ、蹲居シテ勸二請諸神等一ヲ、二十二社ノ諸大明神也、伊勢大神宮ハ内侍所也、内侍所ハ自レ本御殿ニ御セハ、餘ノ廿一社ヲ奉二勸請一トハ云也、或毎レ夜一社勸二請之一云々、兩説也、

勸請諸神頌云、念珠五古〔鈷〕乍レ持、取二香呂一云々、

至心奉請　守二護國界一 或王城鎮守　二十二社　諸大明神
權實二類　各々眷屬　皆來集會　同共加護
護持々々　護持々々　世間所有　諸不吉祥
一切厄難　悉皆能□　玉躰安穩　增二長寶壽一
恆受二快樂一　無邊御願　決定成就　決定圓滿
及以法界　平等利益

卽如レ本居直リテ、扇ノ上ニ香呂幷三衣ヲ置テ、其後奉レ讀二心經七卷許一、

**平袈裟**　平（ひら）は普通の意。袈裟は梵語。僧が衣の上に肩から掛ける布。五条・七条・九条などの種類がある。護持僧の装束が普通の僧服であることを示す。

法服は*平袈裟《ひらけさ》にして、五股《ごこ》・水精念珠《すいしょうねんじゅ》・三衣《さんえ》等を持つ。香爐を持ちて香煙を断やさずと云々。

二間に参じて着座す。その後、香呂を取り*蹲居《そんきょ》して諸神等を勧請す。二十二社の諸大明神なり。

伊勢大神宮は内侍所《ないしどころ》なり。*内侍所は本より御殿に御《おわしま》せば、余の二十一社を勧請し奉るとは云うなり。

或いは夜毎に一社、これを勧請すと云々。*両説なり。

*勧請諸神頌《しょう》に云わく〈念珠・五鈷を持しながら香呂を取ると云々〉、

*至心に奉請《ぶじょう》す、*国界を守護せる二十二社の諸大明神、

*権実《ごんじつ》二類と各々の眷属《けんぞく》、皆来たりて集会《しゅうえ》せよ。同じく共に加護せよ。

護持せよ護持せよ。護持せよ護持せよ。世間の所有《あらゆる》諸の不吉の祥《きざし》、

一切の厄難を、悉く皆*能《よ》く□。*玉躰安穏にして、*宝寿を増長し、

恒《つね》に快楽《けらく》を受けけん。無辺の御願は、決定して成就せよ。決定して円満なれ。

及びて以て*法界《ほうかい》に平等に利益《りやく》せよ。

即ち本《もと》の如《ごと》く*居直りて、扇の上に香呂幷びに三衣を置きて、その後、心経七巻ばか

**蹲踞**　うずくまること。貴人が通行する時、すわって頭を下げた礼の姿勢。

**内侍所は…**　天照大神はもともと御所内の内侍所にいらっしゃるので、その他の二十一社の神々を勧請する。

**両説**　二十一社の諸神を一度にすべて勧請するという説と、毎晩一社ずつ招くという説の二つ。→補1

**勧請諸神頌**　「頌」はほめたたえる言葉の意。神を御所に招く時に神名にその徳を形容して告げる。仏を招く場合の偈(仏偈)と同じ。原典は不詳。

**至心**　まごころ。

**国界を守護せる**　原文傍注によれば、ここは「王城鎮守の」と読む場合もある。

**権実二類**　権(仮り)の神と実の神。仏が権(か)りに神の姿をとって現れた権現神と、本地垂迹の関係にない実類神。後者は悪鬼・悪霊や先祖・動物を神と祀ったものなど。浄土真宗の存覚は「権社ノ霊神」への尊崇を説く一方、「実社ノ邪神」への信仰は厄災を招くだけだと否定している(『諸神本懐集』)。

**能く□**　□には「除」「消」「滅」の語が入るだろう。

**玉躰安穏・宝寿を増長**　天皇の健康と長寿。

**法界**　全世界、全宇宙。あらゆる場所。

**居直り**　蹲踞の姿勢を解く。

奉レ始ニ内侍所一ヲ、日本鎮守諸神等ニ令ニ法楽一、数珠ヲ摺テ祈念、
次念珠ヲワケテ三衣袋ノ上ニ置ク、念珠ノ上ニ五股ヲ横ニ置、
次三密観　次浄三業　次三部被甲　次𑖨〔覧〕字観　次浄地
次浄身　次浄三業　次三部心　次後被甲心　次入佛三昧耶
次法界生　次轉法輪　次擐金剛甲　次大金剛輪　次少金剛輪
次地結　次四方結
次住ニ法界定印一自身本尊等観口傳
次大鉤召　次四明　次不動結界　次虚空網　次火院
次大三摩耶　次佛眼印明　次大日印明　次祕密印明　次本尊印明
次瑜祇經三種印明等　次一字金輪印明　次念誦等如ニ印明次第一、
次念誦畢祈念　其後退出

最極祕密口傳云、
今此法者、後七日法ヲ略シテ行作法也、所レ詮、如意寶珠法也、印明等只以ニ彼次第一
可レ用之也云々、

**内侍所を始め…**　天照大神をはじめ勧請した二十二社諸神の法楽のために般若心経を七回読誦し数珠を摺る。

**三密観**　三吽(さんうん)観とも。行者が吽字(うんじ)を身口意(しんくい)の三業に観じ、一切罪障を滅除する観想。

**浄三業**　ここから護身法が始まる。護身法は修法・読経を始める時、行者の三業を浄めるために結び唱える印相と真言のこと。一般に浄三業と仏部三昧耶・蓮華部三昧耶・金剛部三昧耶の三部三昧耶、と被甲護身の五種から成る。↓補1

**覧字観**　智慧の火である覧字によって、依正(えしょう)二報(外部世界と自らの身心)に偏在する不浄・煩悩を焼除する観法をいう。

**浄地**　国土を清めるために修する観法。

**浄身**　身体を清めるために修する観法。

**入仏三昧耶**　胎蔵界護身法の五種印言の一。入仏三昧耶・法界生・転法輪・擐金剛甲・覧字(らんじ)観の五印明を結誦する。菩提心の種子を衆生の心田に下し(入仏三昧耶)、出胎して仏家に生まれ(法界生)、金剛薩埵(さった)となって仏法を伝習し(転法輪)、精進の甲冑をまと

りを読み奉る。*内侍所を始め奉り、日本の鎮守諸神等に法楽せしめ、数珠を摺《す》りて祈念す。

次に念珠をわけて三衣の袋の上に置く。念珠の上に五股を横に置く。

次に*三密《さんみつ》観、次に*浄三業《じょうさんごう》、次に三部被甲《ひこう》、次に*覧字《らんじ》観、次に*浄地《じょうじ》、次に*浄身《じょうしん》、次に浄三業、次に三部心、次に後被甲心、次に*入仏三昧耶《にゅうぶつさんまや》、次に法界生《ほうかいしょう》、次に転法輪、次に擐金剛甲《かんこんごうこう》、次に*大金剛輪《こんごうりん》、次に少金剛輪、次に*地《じ》結《けつ》、次に四《し》方結《ほうけつ》。

次に*法界定印《ほうかいじょういん》に住し、*自身本尊等の観〈口《く》伝《でん》〉。

次に大鉤召《だいこうちょう》、次に*四明《しみょう》、次に不動結界、次に虚《こ》空網《くうもう》、次に火《か》院《いん》、次に大三摩耶《だいさんまや》、次に*仏眼印明《ぶつげんいんみょう》、次に大日印明、次に秘密印明、次に本尊印明、次に*瑜《ゆ》祇経《ぎきょう》三種印明等、次に*一字《いちじ》金輪《きんりん》印明、次に念誦等〈印明次第の如し〉。

次に念誦畢りて祈念す。その後退出す。

最極秘密の口伝に云わく、

「今この法は、*後七日法を略して行う作法なり。詮ずるところ、*如意《にょい》宝珠《ほうじゅ》法なり。印明等はただ彼《か》の次第を以て用うべきなり」と云々。

って四魔を伏滅し(擐金剛甲)、自他内外の諸障を焼除する(覧字観)。

**大金剛輪**　小金剛輪とともに、金剛輪菩薩の印言。真言の長短により大小と名づけた。

**地結**　密教における結界の五種印明の一。密教では地結・四方結・虚空網・火院・大三摩耶の五種印明を結誦して修法道場を結界する。大壇の四隅に杭を打ち(地結)、四方に垣をめぐらせて(四方結)、上方に網を張り(虚空網)、垣の外を火炎で囲み(火院)、さらにその外に重ねて結界する(大三摩耶)。

**法界定印**　胎蔵大日如来の羯磨印。

**自身本尊等の観**　自身観は法界定印を結んで、自分が大日如来と等同であると観想する法。

**四明**　修法中に召請した本尊と壇上安置の本尊とを一体化させるために結誦する印明。広沢流では四摂と称す。

**仏眼印明**　仏眼仏母の印明。読経の初めにこの印明を結誦して悉地成就を祈る。

**瑜祇経**　金剛峯楼閣一切瑜伽瑜祇経。

**一字金輪印明**　大日如来の印明の一種。

**後七日法**　後七日御修法。

**如意宝珠法**　如意宝珠を本尊として修する最極秘密の法。如意宝珠はすべての願いを叶える不思議な珠。真言宗では空海が恵果から如意宝珠を授かったとする。

內侍所ハ鏡ニテ御ス、又鏡ト月ト同事ト見タリ、內侍所ハ日天子也、日天卽大日、々々卽日月理智也、天照ト國王トハ同位也、先帝ト當帝ト相並御也、宀一內侍所同一躰ト観シテ、阿闍梨心中本ヨリ有ニ宀一一、國主御心本ヨリ有ニ宀一一、一躰平等ニシテ、護ニ持國家一ヲ守ニ護スレハ國界一ヲ、福利無邊ニシテ內外ノ障難摧滅ス、名ニ避蛇奥砂子平等一也云々、能々可ニ存知一、是當流祕說也、更々餘流ニ所レ不レ知也、

後三條院ノ春宮ノ時、成尊僧都護持僧也、御卽位時モ、主上ニ奉レ授事等アリ、是則四海ヲ掌ニ奉、萬民ヲ撫育スヘキ御事也、餘人不レ知事也云々、

天承元年二月二日參ニ御持僧一、仍任ニ口決一粗記レ之、門人之上首嫡弟之外、更々不レ可レ傳レ之、

権少僧都定海五十八

「德治」二年九月十八日、以ニ祖師御自筆本一令ニ書寫一、門流之重寶也、更々不レ可レ及ニ外見一者也、

権律師定位卌九

**内侍所は…**　内侍所の神体は鏡である。

**内侍所は日天子…**　天照大神・大日如来と国王は同体だ。本文史料は大日如来と天照大神の本地垂迹を主張する初期の史料である。

**宀一**　室生寺の山号、転じてここでは如意宝珠の意でも使用。室生の如意宝珠信仰は伊勢で展開され、天照大神信仰と習合。後に御流神道と呼ばれた。→補1

**阿闍梨の心中…**　阿闍梨も国王もその心に宀一があり、両者は一体不二である。

**避蛇**　「ひじゃ」とも読み、「辟蛇」とも記す。浅略には調伏法とし深秘には如意宝珠法とする。この法は堅恵が室生山で修したのが初めといわれ、「二十五箇条御遺告」は東寺長者が朔日毎に室生山でこの法を修せよと述べる。後七日御修法などで用いられた。→補2

**奥砂子平**　如意宝珠法を調伏に転用したもの。『遍口鈔』は「奥砂子平法事、転法輪法也、或降三世、或不動云々、然而転法輪法也師伝也」(『大正蔵』七八―六九七頁)とする。

**当流**　小野流。

**後三条院**　一〇三四〜一〇七三。後朱雀天皇の子。天皇親政の強化に努めた。寛徳二年(一〇四五)に皇太弟となったが、生母が藤原氏出身でないため、藤原頼通に忌避され

*内侍所《ないしどころ》は鏡にて御《おわしま》す。また鏡と月と同事と見たり。*内侍所は日天子なり。日天は即ち大日なり。大日は即ち日月の理智なり。天照《あまてらす》と国王とは同位なり。先帝と当帝と相並び御すなり。*宀一《べんいち》と内侍所とは同じく一躰と観じて、*阿闍梨の心中には本より宀一あり。国主の御心にも本より宀一あり。一躰平等にして、国家を護持し国界を守護すれば、福利は無辺にして、内外の障難は摧滅《さいめつ》す。*避蛇《びゃくじゃ》・*奥砂子平などと名づくなりと云々。よくよく存知すべし。是れは*当流の秘説なり。更々、余流には知らざるところなり。

*後三条院の春宮《とうぐう》の時、*成尊《せいぞん》僧都は護持僧なり。*御即位の時も、主上に授け奉ること等あり。是れ則ち*四海を掌《たなごころ》に奉じ、万民を撫育すべき御事なり。余人の知らざる事なりと云々。

*天承元年二月二日御持僧に参る。仍て口決《くけつ》に任せて粗《あらあら》これを記す。門人の上首、*嫡弟《ちゃくてい》の外には、更々これを伝うべからず。

権少僧都*定海五十八

*徳治二年九月十八日、*祖師御自筆本を以て書写せしむ。門流の重宝なり。更々外見に及ぶべからざるものなり。

権律師*定位三十九

---

た。兄の後冷泉天皇の死没で治暦四年(一〇六八)に即位。

**成尊** 一〇一二〜一〇七四。仁海の瀉瓶灌頂の弟子。後三条天皇の東宮時代から護持僧。延久元年(一〇六九)に代始めの護持僧となり、「護持労」で権律師・少僧都に補任された。

**御即位の時も…** 後三条天皇に成尊が即位灌頂を授けたことをいう。後三条天皇は智拳印を結んで高御座にのぼった。これが即位灌頂の始まりである。→補3

**四海を掌に奉じ** 即位灌頂で授けられる印の一つに四海領掌印がある(「神代秘決」)。

**天承元年…** 一一三一年に定海が護持僧に出仕した(国48)。

**嫡弟** 数ある弟子のなかでも、師の法流と坊を継承した弟子。世俗の嫡子に該当する。

**定海** 一〇七四〜一一四九。国48の「醍醐寺僧都」の項参照。三宝院流の祖。

**徳治二年** 一三〇七年。「徳治」はスリケシの上に別墨別筆で後筆。

**祖師御自筆本** 定海の自筆本。

**定位** 生没年不詳。醍醐寺の僧侶、法印。遍智院宮聖雲(一二七一〜一三一四)の弟子で、聖尊(一三〇四〜一三七〇)の師。兄弟子の定聡法印から永仁年中に伝法灌頂を受け養性坊と『報物集』を伝領した。→補4

# 第二編　真言

# 第一章　東寺

## 第一節　国家と東寺

**真1**　太政官符　承和元年(八三四)十二月二十九日　類聚三代格

太政官符

應㆔毎年令㆓修法㆒事

右、被㆓從二位行大納言兼皇太子傅藤原朝臣三守宣㆒偁、奉㆑勅、宜㆘依㆓大僧都傳燈大法師位空海表㆒、毎年宮中金光明會講經一七日間、擇㆓眞言宗解法僧二七人・沙彌二七人㆒、莊㆓嚴一室㆒、別令㆓修法㆒、同護㆓持國家㆒、共成㆗熟五穀㆖、

承和元年十二月廿九日

**真2**　太政官牒　永久元年(一一一三)十月二十三日　東寺文書

太政官牒　東寺

**真1**　↓補1

**太政官符**　後七日御修法の創始を勅許した太政官符。↓補2

**類聚三代格**　九〜一〇世紀に成立した弘仁格・貞観格・延喜格を内容別に分類編集した法令集。一一世紀頃成立、編者未詳。

**修法**　本尊を安置し壇を構えて修する密教祈禱。ここでは後七日御修法。

**皇太子傅**　皇太子の補佐役。東宮職員のうち最高位。

**藤原朝臣三守**　七八五〜八四〇。藤原武智麻呂(南家)の曾孫。この太政官符の発給責任者(上卿)。

**勅**　仁明天皇(在位八三三〜八五〇)の勅語。

**大僧都伝燈大法師位**　大僧都は僧綱所の二等官。当時は僧綱所の僧位(法印・法眼・法橋)が未成立のため、僧位は伝燈大法師位(伝燈系列のうち最高位)となっている。なお僧位僧官については国1第2条参照。

**空海の表**　空海(七七四〜八三五)の奏状。『性

# 第一章　東寺

## 第一節　国家と東寺

**真1**　太政官符　承和元年(八三四)十二月二十九日　類聚三代格

太政官符す

応《まさ》に毎年*修法《しゅほう》せしむべき事

右、従二位行《ぎょう》大納言兼*皇太子《こうたいし》傅《ふ》*藤原朝臣三守の宣を被《こうむ》るに偁《いわ》く、「*勅を奉《うけたまわ》るに、宜《よろ》しく*大僧都伝燈大法師位*空海の表により、毎年の*宮中金光明会《こんこうみょうえ》講経*一七日《いちしちにち》の間、*真言宗解法僧二《に》七《しち》人・*沙弥二《に》七《しち》人を択び、*一室を*荘厳《しょうごん》し、別して修法せしめ、同じく国家を護持し、共に*五穀を成熟せしむべし」。

承和元年十二月二十九日

**真2**　太政官牒　永久元年(一一一三)十月二十三日　東寺文書

太政官牒《ちょう》す　東寺

霊集』九や『続日本後紀』承和元年(八三四)十二月乙未条に見える。→補3

**宮中金光明会**　宮中御斎会。毎年正月八日～十四日、宮中大極殿で催された護国仏事。金光明最勝王経の読誦講説などが行われた。国1参照。

**一七日の間**　七日間。

**真言宗解法僧二七人**　真言宗の修僧一四人(＝二×七人)。大阿闍梨一人と伴僧一三人からなる。

**沙弥二七人**　大僧(比丘)戒未受の出家者一四人。雑事担当者(のちの大行事・小行事・承仕などか)と考えられるが、当時の実態は不詳。

**一室**　後七日御修法の壇所。やがて宮中真言院の南端中央に建立される(五間四面)。ただし宮中真言院の創建時期は不詳。

**荘厳**　仏具などで壮麗に飾ること。

**五穀**　米・麦・粟など主要穀物の総称。

**真2**　→補4

**太政官牒**　東寺の恒例結縁灌頂会において小灌頂阿闍梨の役を二年(両界)勤めた真言宗僧侶に対し、僧綱昇進の資格を付与することを認めた太政官牒。→補5

**東寺文書**　東寺に伝来した史料群のうち、狭義の「東寺文書」＝御影堂経蔵文書。→補6

應㆘以㆓寺家恆例灌頂勞歷貳年㆒、次第補㆗任權律師職㆖事

右、太政官今日下㆓治部省㆒符偁、得㆓權僧正法印大和尚位寛助今年九月廿二日奏狀㆒偁、謹檢㆓案內㆒、東寺灌頂者、承和聖代、爲㆓鎭護國家㆒所㆑被㆓始修㆒也、多歷㆓年序㆒、久積㆓薰修㆒、五智之水利㆓衆生㆒而普霑、三密之風遍㆓法界㆒而旁扇、誠是朝家泰平之御願、密教興隆之本源也、倩思㆓事情㆒、以㆓本寺之勤㆒被㆑行㆓勸賞㆒者、承前不易之例也、興福寺維摩會講匠補㆓僧綱㆒是也、准㆓件例㆒、不㆑勤㆓尊勝寺灌頂㆒、只以㆓本寺恆例之灌頂㆒爲㆓其勞績㆒、畢㆓兩部㆒之後、守㆓次第㆒被㆓採擇㆒者、自宗專成㆓歡喜之思㆒、他宗又無㆓訴訟之愁㆒、大師記文云、莫㆑令㆘我教法與㆓他宗㆒雜亂㆖者、而尊勝寺灌頂、自他宗相互勤行之間、頗違㆓彼素意㆒、仍於㆓尊勝寺灌頂㆒者、偏被㆑付㆓天台宗㆒尤穩便歟、抑歷㆓三會一會灌頂御修法勞㆒之者、各預㆓勸賞㆒、然則以㆘遂㆓灌頂業㆒之輩㆖、同令㆑勤㆓行御修法㆒、被㆓抽賞㆒者、僧綱之員數不㆑增、諸德之昇進相同歟、僉議之處、誰謂㆓非據㆒乎、大師遺跡、最可㆓重崇㆒、其故者、移㆓靑龍寺㆒以開㆓灌頂堂於東寺㆒、擬㆓內道場㆒以立㆓眞言院於中禁㆒、

**寺家恒例灌頂**　東寺の灌頂院で毎年行われていた結縁灌頂会。

**労歴弐年を**…　小灌頂阿闍梨の役を二年勤めた已灌頂の僧侶を対象とし、僧綱昇進最初の僧官である権律師に補任せよ。

**治部省に下す符**　東寺にはこの太政官符の案文も伝わる(「東寺文書」射二一)。

**寛助**　東寺一長者の仁和寺成就院寛助(一〇五七～一一二五)。↓補1

**今年九月二十二日奏状**　東寺一長者寛助の奏状。↓補2

**東寺灌頂は**…　東寺の恒例結縁灌頂会は、承和十年(八四三)十一月十六日太政官符(『類聚三代格』二)に基づき、国家の鎮護を目的として翌年創始された。

**五智の水は**…　密教の功徳が、東寺恒例結縁灌頂会を通じて広まる。五智は大日如来が具備するという五種の智。三密は身密・口密・意密。

**本寺の勤め**　僧団の根本寺院の法会において、特定所役を勤仕すること。

**興福寺維摩会講匠を**…　興福寺の維摩会で講師の役を勤めた僧侶を僧綱に昇進させる。厳密には、この維摩会を含む南京三会の講師を巡勤する。国1参照。

**尊勝寺灌頂を勤めず**　長治元年(一一〇四)以来、台密(山門・寺門)とともに輪番で実施してきた尊勝寺結縁灌頂会への参加を停止して。国1参照。

応《まさ》に*寺家恒例灌頂《かんじょう》の*労歴弐年を以て、次第に権律師職《ごんのりつししき》に補任すべき事

右、太政官今日*治部省《じぶしょう》に下す符に偁《いわ》く、「権僧正法印大和尚位*寛助《かんじょ》の今年九月二十二日奏状を得るに偁く、『謹んで案内《あない》を検ずるに、*東寺灌頂は、承和《じょうわ》の聖代、鎮護国家のため始修せらるところなり。多く年序を歴《へ》、久しく薫修《くんじゅ》を積む。*五智の水は衆生《しゅじょう》を利して普《あまね》く霑《うるお》し、三蜜の風は法界《ほっかい》に遍《あまね》くして旁《かたがた》扇《あお》ぐ。誠に是《こ》れ朝家泰平の御願、蜜教興隆の本源なり。つらつら事情を思うに、*本寺の勤めを以て勧賞を行わるは、承前不易の例なり。*興福寺維摩会《ゆいまえ》講匠を僧綱に補すが是れなり。件《くだん》の例に准じ、*尊勝寺灌頂を勤めず、ただ本寺恒例の灌頂を以てその労績となし、*両部を畢《つく》すの後、*次第を守りて採択せらるれば、自宗専ら歓喜の思いを成し、他宗また訴訟の愁いなからん。*大師記文に云わく、「我が教法をして他宗と雑乱せしむ莫《なか》れ」者《てえり》。しかるに尊勝寺灌頂は、*自他宗相互に勤行するの間、頗《すこぶ》る*彼の素意に違う。仍て尊勝寺灌頂においては、偏《ひとえ》に天台宗に付《ふ》さるが尤も穏便か。抑《そもそ》も*三会*二会*灌頂*御修法《みしゅほう》の労を歴《ふ》るの者は、各《おのおの》勧賞に預かる。然れば則ち*灌頂の業を遂ぐるの輩を以て、同じく御修法も勤行せしめて、抽賞せらるれば、僧綱の員数は増えず、諸徳の昇進は相同じか。僉議《せんぎ》のところ、誰ぞ*非拠《ひきょ》と謂わんや。*大師遺跡《ゆいせき》は、最も重崇すべし。その故は、*青龍寺《しょうりゅうじ》を移して以て灌頂堂を東寺に開き、*内道場《ないどうじょう》に擬して以て真言院を中禁

**両部を畢す** 金剛界の年と胎蔵界の年の両方で小灌頂阿闍梨の役を勤仕する。

**次第を…採択せらるれば** 已灌頂になった順序に従って、権律師に補任されるならば。

**大師記文** 空海の遺文としてここに引用されているが、典拠は不明。

**自他宗** 東密と台密（山門・寺門）。

**彼の素意** 空海の本来の意志。

**三会** 南京三会。国1参照。

**二会** 北京三会。国1参照。

**灌頂** ここでは尊勝寺結縁灌頂のこと。

**御修法** 勅請の密教修法。

**灌頂の業を…抽賞せらるれば** 東寺の小灌頂阿闍梨を金胎ともに勤め終えた僧侶に、御修法も勤仕させた上で僧綱へ昇進させるならば。

**非拠** 道理に合わないこと。

**大師遺跡** 空海にゆかりの深い場所。ここでは特に東寺や真言院を指す。

**青龍寺を…開き** 唐の長安の青龍寺にあった灌頂道場を模して、東寺に灌頂堂を建立した。青龍寺は、渡唐した空海が受法した寺院。ただし東寺の灌頂堂は、空海の生前には未建立。

**内道場に…** 唐の内道場を模して、宮中に真言院を置いた。内道場は宮廷内の仏教道場。唐の長安では、大明宮の長生殿（『性霊集』四）などに置かれた。

随又、被レ修二後七日御修法等嚴重之儀、甚深之法一也、加之、渡二如意寶珠於皇朝一、
請二善如龍王於神泉一、公家重二其勳功一、人民蒙二其利益一、殊勝之趣、超二過諸宗一、非二
口所一レ宣、非二心所一レ測、望請天恩、因二准傍例一、以二東寺灌頂勞一行二勸賞一、次第被レ
補二權律師職一者、奉レ祈二萬歳千秋之御願一、將レ爲二令法久住之基趾一者、正二位行大
納言兼民部卿太皇大〔太〕后宮大夫源朝臣俊明宣、奉レ　勅、依レ請者、省宜承知、依レ宣
行レ之者、寺宜承知、牒到准レ狀、故牒、

永久元年十月廿三日　修理右宮城判官正五位下行左大史兼算博士播磨介小槻宿禰(花押)牒

正四位下行權右中辨藤原「朝臣」

**真3**　太政官牒　永久元年(一一一三)十一月十九日　東寺文書甲号外

太政官牒　東寺

應レ加二置寺家定額僧拾口一事

右、太政官今日下二治部省一□〔符〕偁、得二權僧正法印大和尚位寬助今月十六日奏狀一偁、
謹檢二舊貫一、東寺供僧等、本官符所レ被レ載

**後七日御修法**　毎年正月八日以降の七日間、宮中真言院において行われた護国修法。空海が創始した。真1参照。

**如意宝珠**　諸願を成就するとされる珠。唐の恵果から空海が授かったものは、大和国室生山に秘蔵したという所伝がある。後七日御修法の際、壇上に安置される東寺の仏舎利は、この如意宝珠と観念的に一体視された。

**皇朝**　日本。

**善如龍王**　神泉苑の泉池に住むとされる龍王。祈雨の修法に際してこれを勧請すれば、雲を呼び雨を降らすとされた。

**神泉**　神泉苑。平安京大内裏の南東隅の南隣にあった広大な園池。当初は天皇の禁苑。やがて祈雨の場としての性格を強めた。

**令法久住の基趾**　仏法を久しく後世に伝える基盤。

**太皇太后**　藤原頼通の娘寛子(一〇三六～一一二七)。もと後冷泉天皇の皇后。やがて皇太后を経て転上。寛子はときの鳥羽天皇から見れば祖父(白河法皇)の伯母にあたる。

に立つ。随いてまた*後七日御修法等厳重の儀、甚深の法を修さるなり。加之《しかのみならず》、*如《にょ》意《い》宝珠《ほうじゅ》を*皇朝に渡し、*善如龍王《ぜんにょりゅうおう》を*神泉に請《しょう》ず。公家はその勲功を重んじ、人民はその利益を蒙る。殊勝の趣、諸宗に超過すること、口に宣《の》ぶるところに非ず、心に測るところに非ず。望み請《こ》うらくは天恩を。傍例に因准し、東寺灌頂の労を以て勧賞を行い、次第に権律師職《ごんのりつしき》に補せられれば、万歳千秋の御願を祈り奉り、将《まさ》に*令法久住《りょうぼうくじゅう》の基趾《きし》たらんとす』者《てえれば》、正二位行《ぎょう》大納言兼民部卿*太皇太后宮大夫*源朝臣俊明宣す。『*勅を奉《うけたまわ》るに、請《こ》うによれ』者《てえれば》、省宜《よろ》しく承知し、宣によりこれを行え」者《てえれば》、寺宜しく承知し、牒到らば状に准ぜよ。故《ことさら》に牒す。

永久元年十月二十三日　　修理右宮城判官正五位下行左大史兼算博士播磨介*小槻宿禰(花押)牒

正四位下行権右中弁*藤原「朝臣」

**真3**　太政官牒　永久元年(一一一三)十一月十九日　　東寺文書甲号外

太政官牒《ちょう》す　東寺

応《まさ》に寺家に*定額僧《じょうがくそう》拾口を加え置くべき事

右、太政官の今日治部省に下す符に偁《いわ》く、「権僧正法印大和尚位*寛助の今月十六日奏状を得るに偁く、『謹んで*旧貫を検ずるに、東寺の*供僧等、*本官符に載せらると

**源朝臣俊明**　一〇四四〜一一一四。醍醐源氏。この太政官符・官牒発給の上卿。

**勅**　鳥羽天皇(在位一一〇七〜一一二三)の勅語。ただし白河法皇(一〇五三〜一一二九)の院政下。

**小槻宿禰**　官務の小槻盛仲(?〜一一二二)。

**藤原朝臣**　藤原実行(一〇八〇〜一一六二)。三条家(清華家の一)の祖。「朝臣」は自署。

**真3**　↓補1

**太政官牒**　東寺定額僧の定員を一〇人分増設した太政官牒。↓補2

**東寺文書甲号外**　広義の「東寺文書」のうち、「東寺百合文書」ゑ函に混入していた史料群の一つ(子院の観智院旧蔵)。「東寺百合文書」とともに京都府(京都府立総合資料館)現蔵。

**定額僧**　定員を公的に定め、寺家の法会や祈禱の勤修にあたる僧。当時の東寺定額僧は太政官が補任。↓補3

**寛助**　東寺一長者の仁和寺成就院寛助(一〇五七〜一一二五)。真2参照。

**旧貫**　旧慣、旧例。

**供僧**　本尊に供奉する僧。ここでは東寺定額僧と東寺阿闍梨の総称。鎌倉中期以降の東寺供僧とは実態が異なる。

**本官符に…**　弘仁十四年(八二三)太政官符(『類聚三代格』二)による創設時の東寺定額僧の定員は五〇人であった。前掲「定額僧」の項参照。

五十口也、後被レ定二廿四口一、所謂定額僧廿一人并三綱也、是則寺大粁少故也、爰寛朝大僧正被レ申二加阿闍梨八人一、又成典僧正同申二加阿闍梨八人一、前後并四十人也、今、寺家繁昌、蜜教興隆、增二寺威儀一、豈非二此時一乎、仍更申二加十人之定額僧一、奉レ修二萬歳之御祈願一、然則滿二住侶之本數一、叶二本官符之旨一、望請天恩、被レ加二置件十人之定額僧一者、彌奉レ祈二朝家泰平之御願一者、正二位行大納言兼民部卿太皇大〔太〕后宮大夫源朝臣俊明宣、奉レ　敕依レ請者、省宜承知、依レ宣行レ之者、寺宜承知、牒到准レ狀、故牒、

永久元年十一月十九日　修理右宮城判官正五位下行左大史兼算博士播磨介小槻宿禰（花押）牒

正四位下行權右中辨藤原「朝臣」

**真4**　官宣旨　嘉禎二年（一二三六）八月二日　東寺文書

左辨官下　東寺

應レ令二門徒僧綱等毎年勤行一灌頂院弘法大師影供事

右、得二彼寺去六月廿七日奏狀一偁、謹稽二舊規一、當

**後に廿四口に…**　のちに東寺定額僧の定員は二四人に縮小された。ただしこの改組時期は不詳。

**三綱**　上座・寺主・都維那からなる寺官。それぞれ権官も存在したが、ここでは正官の三人のみ。

**寺大料少**　東寺の規模に比して経済基盤が少ないこと。「二十五箇条御遺告」第一三条に「本願聖霊元庭速崩未堪造畢、加之未入庄田正税等、寺大料少」とある。

**寛朝大僧正…申し加えられ**　東寺一長者寛朝（九一六〜九九八）が正暦五年（九九四）、阿闍梨職位を定員化する勅許を求め、八人の定員枠が定まった。寛朝は宇多法皇の実

ころは五十口なり。*後に廿四口に定めらる。所謂《いわゆる》定額僧廿一人幷びに*三綱《さんごう》なり。是《こ》れ則ち*寺大料少の故なり。爰《ここ》に*寛朝大僧正、阿闍梨《あじゃり》八人を申し加えられ、また*成典僧正、同じく阿闍梨八人を申し加え、*前後幷《あわ》せて四十人なり。今、寺家繁昌し、蜜教興隆す。寺の威儀を増すこと、豈《あに》この時に非ざらんや。仍て更に十人の定額僧を申し加え、万歳の御祈願を修《しゅ》し奉らん。然れば則ち*住侶の本数を満たし、本官符の旨に叶わん。望み請《こ》うらくは天恩を。件《くだん》の十人の定額僧を加え置かれば、弥《いよいよ》朝家泰平の御願を祈り奉らん』者《てえれば》、正二位行《ぎょう》大納言兼民部卿太皇太后宮大夫*源朝臣俊明宣す。『*勅を奉《うけたまわ》るに請うによれ』者《てえれば》、省宜《よろ》しく承知し、宣によりこれを行え」者《てえれば》、寺宜しく承知し、牒《ちょう》到らば状に准ぜよ。故《ことさら》に牒す。

永久元年十一月十九日　修理右宮城判官正五位下行左大史兼算博士播磨介*小槻宿禰(花押)牒

正四位下行権右中弁*藤原「朝臣」

**真4**　官宣旨　嘉禎二年(一二三六)八月二日　東寺文書

左弁官下す　東寺

応《まさ》に*門徒僧綱等をして毎年勤行せしむべき*灌頂院弘法大師影供《こうぼうだいしえいく》の事

右、彼《か》の寺の去《い》ぬる六月二十七日奏状を得るに偁《いわ》く、「謹んで旧規を稽《かんが》うるに、当

---

孫かつ法孫。→補1

**成典僧正同じく…申し加え**　東寺三長者成典(九五六～一〇四四)が、長元九年(一〇三六)、阿闍梨の定員枠をさらに八人分追加して一六人とした。

**前後幷せて…**　定額僧二一人・三綱三人・阿闍梨一六人、以上の合計で(のべ)四〇人となる。ただし実際には、定額僧と阿闍梨の多くが重複していた。

**住侶の本数を…**　東寺定額僧の当初の定員であった五〇人と一致し、弘仁十四年(八二三)の官符の趣旨が実現する。

**源朝臣俊明**　真2参照。この太政官牒発給の上卿。

**勅**　鳥羽天皇の勅語。真2参照。

**小槻宿禰**　小槻盛仲。真2参照。

**藤原朝臣**　藤原実行。真2参照。「朝臣」は自署。

**真4**　→補2

**官宣旨**　東寺定額僧が巡役で担ってきた東寺灌頂院御影供の執事役(経費調達)を、真言宗僧綱による巡役に改めた官宣旨。→補3

**門徒僧綱**　僧綱の官位を持つ真言宗僧。

**灌頂院弘法大師影供**　東寺灌頂院御影供。東寺の灌頂院において、空海の忌日の三月二十一日に行われていた法会。前掲「官宣旨」の項参照。

寺者、桓武天皇、建二大伽藍於帝都之南一、祈二四海八埏之靜謐一、弘法大師、卜二阿蘭若於佛閣之右一、飾二三密兩部之壇場一、寔惟、國家鎭護之仁祠、佛法繁昌之靈地者也、而大師、天長冬朝、凌二霜雪一而入二孤山一、承和春暮、坐二煙霞一而閟二禪窟一以降、庭松悲而歴レ年、園花憂而依レ舊、公家之賜二謚號一也、雖レ須レ伏二龍象避レ世之恨一、遺弟之致二傷嗟一也、豈唯無二龜獺致レ報之懷一、因レ茲延喜年中、觀賢僧正、不レ堪二遺風之難レ忍、每レ迎二忌景之忽臻一、採二山茗於南澗一、拾二林菓於甲宅一、便就二當寺灌頂之道場一、新奠二大師遺身之眞影一、尊師之儀再盛、如在之禮永存、其後、定額僧等、各守二其巡一、互勤二此役一、慇懃之志隨レ分無レ懈、加之、講堂安居之齋席者、邦家護持之御願也、又爲二彼巡役一、同勤二其執事一、而近來件輩、其身尫弱、其力叵レ覃、或雖レ假二入寺之名一、不レ隨二本寺之役一、或稱レ無二檀那之訪一、不レ抽二蘋禮之誠一、巡役及二闕怠一之時、寺家加二催促一之刻、修練稽古之倫輩、雖レ有レ志離二本寺一、學業器用之僧侶、依レ無レ力去二所職一、然間、每年之勤臨レ期而闕、謂二其云爲一、難レ責二嚴整一、

**大伽藍を…祈り**　桓武天皇（七三七〜八〇六）が平安京の南に東寺を建立して以来、ここで国家の安穏を祈り。四海や八埏は、ともに天下の意。

**阿蘭若を…**　空海が東寺の東側に灌頂院の位置を定めて以来、ここを曼荼羅壇場としてきた。阿蘭若は寂静処、ここでは灌頂院。三密は身密・口密・意密。両部は胎蔵・金剛界。

**天長の冬朝…孤山に入り**　天長九年（八三二）十一月、空海が高野山に隠棲し。

**承和の春暮…より以降**　承和二年（八三五）三月二十一日、空海が入定して以後。

**庭松は…**　悲しみが何年たっても色あせないことの比喩表現。

**公家の…と雖も**　朝廷は空海に謚号を追贈し、哀惜の念を捧げたけれども。延喜二十一年（九二一）十月、醍醐天皇の勅により、亡き空海に「弘法大師」の謚号を追贈。龍象は高僧、ここでは空海。

**遺弟の…**　空海の末流としては、その恩に報いて供物を捧げるべきである。傷嗟は悼み歎くこと。亀には報恩譚が知られ、獺（カワウソ）には「獺祭魚」（『礼記』）と表現される貯食習性がある。

**延喜年中**　延喜十年（九一〇）。

**観賢僧正**　東寺長者観賢（八五三〜九二五）。醍醐寺を開いた聖宝の弟子。三十帖策子問題などをめぐり、東寺を中心とする真言

寺は、桓武天皇、*大伽藍を帝都の南に建て、四海八埏《しかいはちえん》の静謐《せいひつ》を祈り、弘法大師、*阿蘭若《らんにゃ》を仏閣の右に卜《ぼく》し、三密両部の壇場を飾《かざ》る。寔《まこと》に惟《こ》れ、国家鎮護の仁祠《じんし》、仏法繁昌の霊地たるものなり。しかるに大師は、*天長の冬朝、霜雪を凌《しの》ぎて孤山に入り、*承和の春暮、煙霞《えんか》に坐して禅窟《ぜんくつ》を閟《と》ざしてより以降《このかた》、*庭松は悲しみて年を歴《へ》、園花は憂いて旧による。*公家の諡号《しごう》を賜うや、須《すべから》く龍象《りゅうぞう》の世を避くるの恨みを伏すべしと雖《いえど》も、*遺弟の傷嗟《しょうさ》を致すや、豈《あに》ただ亀獺《きだつ》の報を致すの懐《おもい》なからんや。茲《ここ》に因り*延喜年中、*観賢《かんげん》僧正は、遺風の忍びがたきに堪えず、*忌景《きけい》の忽《たちま》ち臻《いた》るを迎うる毎に、山茗《さんめい》を南澗《なんかん》に採り、林菓《りんか》を甲宅《こうたく》に拾い、便《すなわ》ち*当寺灌頂の道場につき、新たに*大師遺身の真影を奠《まつ》る。*尊師の儀は再び盛んにして、如在《じょさい》の礼は永く存す。その後、*定額僧《じょうがくそう》等は、各《おのおの》その巡を守り、互いに*この役を勤む。慇懃《いんぎん》の志は分に随いて懈《おこた》りなし。加之《しかのみならず》、*講堂安居《あんご》の斎席は、邦家護持の御願なり。また*彼《か》の巡役として、同じくその執事を勤む。しかるに近来件《くだん》の輩、*その身は尫弱《おうじゃく》にして、その力は覃《およ》び叵《がた》し。或いは*入寺の名を仮ると雖も、本寺の役に随わず、或いは*檀那の訪《とぶらい》なしと称し、蘋礼《ひんれい》の誠を抽きんでず。巡役闕怠《けったい》に及ぶの時、寺家催促を加うの刻《きざみ》、*修練稽古の倫輩は、志ありと雖も本寺を離れ、学業器用の僧侶は、力なきにより所職を去る。然る間、毎年の勤めは期に臨みて闕《か》く。その*云為《うんい》を謂《おも》うに、厳整《げんせい》を責めがた

宗僧団の再編を推進した。

**忌景の…に拾い**　空海の忌日ごとに、様々な供物を捧げる。忌景は忌日。山茗は山の茶。南澗は南側の谷。林果は林中の実。甲宅は草木が花や芽を発すること。

**当寺灌頂の道場**　東寺の灌頂堂。

**大師遺身の…**　灌頂堂内壁面に描かれた空海の肖像画の前で供養を行う。

**尊師の…**　空海に対する敬意を新たにし、鄭重な供養を永く続けてきた。

**定額僧**　東寺の定額僧。この場合は三綱を含まない。真3参照。

**この役**　御影供の経費を調達する執事役のこと。導師の役ではない。

**講堂安居の斎席**　東寺の安居講。→補1

**彼の巡役**　東寺定額僧による巡役。

**その身は…**　東寺定額僧の財力が乏しく、御影供・安居の両執事役を勤めることが困難になっている。

**入寺**　ここでは東寺定額僧のこと。

**檀那の…**　檀越からの布施がないことを理由に、御影供執事役を負担しない。蘋礼は浮草のように粗末な供物。

**修練稽古の…**　修練や学業に長けた僧侶たちが、負担の重きにたえかねて、東寺の定額僧職を辞任せざるを得ない。

**云為を…**　執事役を勤められない定額僧の言い分や行動から考えると、経費調達の完備を求めづらい。云為は言と行。

遺德衰微職而由レ斯、是則以二過分之兩役一付二定額一之所致也、伏考、本願祖師遷化之日、自門僧綱追福之例、東大寺僧正堂會者、良辨僧正忌日修レ之、延暦寺六月會者、傳教大師遠忌日行レ之、薗城寺十月會者、智證大師入滅之朝勤レ之、自餘之例不レ遑二毛擧一、今之影供其何不レ然乎、訪二彼蹤跡一、最足二因准一、抑又、他門縱無二先規一、專寺豈不二興行一哉、其故如何、我大師者、清涼殿論談之莚、勃䭾放レ光、乾臨閣修法之砌、眞龍現レ皃、祕密效驗、奇異難レ測、而今、門葉各傳二其法藥一、國花香拔二彼群英一、是則、居二銀漢一而酌二法水一之師、出レ自二十善萬乘之餘波一矣、昇二綱維一而挑二惠燈一之輩、忽追二一日九遷之遺塵一焉、竊思二侍輩之聲價一、寧非二曩祖之加被一乎、其恩同二于海嶽一、誰不二報酬一、其勤比二于涓露一、誰致二遁避一、若寄二事於縱横一、無レ故出二故障一者、且永被レ止二公家之致請一、且宜レ被レ放二自門之交衆一、蓋爲下誡二傍輩一肅中後昆上之故也、望請鴻慈、被レ下二綸旨一、以二門徒僧綱等一、爲二毎年巡役一令レ勤二行灌頂院影供一者、後素之眸縱不レ瞬、遙垂二照覽於兜率之月一、

**遺徳の…**　空海の遺徳を偲ぶ御影供の衰退は、これによって生じる。

**本願祖師…追福の例**　開祖の忌日法会に際して、僧綱官位を有する僧侶が追福を担う他寺の例。

**東大寺僧正堂会**　毎年十一月十六日、良弁(六八九〜七七三)の木像を安置する東大寺の僧正堂(開山堂)で実施された華厳講。

**良弁僧正**　東大寺の開山とされる。実際の忌日は閏十一月十六日。

**延暦寺六月会**　毎年六月四日、伝教大師＝最澄(七六七〜八二二)の忌日に延暦寺で実施された法華十講。長講会。国1参照。

**薗城寺十月会**　毎年十月二十九日、智証大師＝円珍(八一四〜八九一)の忌日に園城寺で実施された法華十講。

**蹤跡**　先例。

**他門に…**　たとえ他宗に先例がなかったとしても、東寺の御影供は、真言宗僧綱こそが祖師空海の追福を担うべきである。

**清涼殿論談の…放たしめ**　内裏清涼殿における宗論の場において、空海が即身成仏を果たして見せたという所伝。勃駄は仏陀、ここではその即身成仏後の姿。

**乾臨閣修法の…**　乾臨閣は神泉苑(大内裏南方)内の施設。空海が神泉苑で祈雨を行っていた最中に、龍(善如龍王)が姿を現したという所伝。

し。*遺徳の衰微は職《もと》としてこれに由《よ》れり。是《こ》れ則ち過分の両役を以て、定額に付すの所致なり。伏して考うるに、*本願祖師遷化《せんげ》の日、自門僧綱追福の例、*東大寺僧正堂会は、*良弁《ろうべん》僧正の忌日にこれを修す。*延暦寺六月会《みなづきえ》は、伝教大師遠忌《おんき》の日にこれを行う。*薗城寺十月会は、智証大師入滅の朝にこれを勤む。自余の例は毛挙するに遑《いとま》あらず。今の影供《えいく》はそれ何ぞ然らざらんや。彼《か》の*蹤跡《しょうせき》を訪ぬるに、最も因准するに足る。抑《そもそ》もまた、*他門に縦《たと》い先規なくとも、専寺豈《あに》興行せざらんや。その故は如何。我が大師は、*清涼殿論談の莚に、勃駄《ぼだ》光を放たしめ、*乾臨閣《けんりんかく》修法の砌《みぎり》に、真龍皃《かたち》を現ぜしむ。秘密の効験は、奇異にして測りがたし。しかして今、*門葉は各《おのおの》その法薬を伝え、国花は香りて彼の群芙《ぐんぷ》に抜きんず。是れ則ち、*銀漢《ぎんこう》に居して法水を酌むの師、*十善万乗《じゅうぜんばんじょう》の余波より出《い》ず。*綱維《こうい》に昇りて恵燈を挑《かか》ぐるの輩、忽《たちま》ちに一日九遷の遺塵を追う。窃《ひそか》に*侍輩《じはい》の声価を思うに、寧《いずく》んぞ*曩祖《のうそ》の加被《かび》に非ざらんや。*その恩は海嶽《かいがく》に同じ。誰ぞ報酬せざらん。*その勤めは涓露《けんろ》に比す。誰ぞ遁避を致さん。もし*事を縦横に寄せ、故なく故障を出ださば、且《かつう》は永く*公家の致請を止《とど》められ、且は宜《よろ》しく*自門の交衆《きょうしゅう》より放たるべし。蓋《けだ》し*傍輩《ほうばい》を誡め*後昆《こうこん》を粛《つつし》ましめんがための故なり。望み請うらくは*鴻慈《こうじ》を。*綸旨を下され、門徒僧綱等を以て、毎年の巡役として灌頂院影供を勤行せしめば、*後素の眸《ひとみ》は縦《たと》い瞬《また》かずとも、遥かに照覧を兜率《とそつ》の月

**門葉は…**　空海の末流たちがその密教を継承して国の誉れとなる様子は、他宗派の僧侶よりも際立つ。芙は蓮の花。
**銀漢**　銀河。
**十善万乗**　十善の徳と万乗の富。天皇のこと。
**綱維に…**　綱維は僧綱。一日九遷は異例の昇進、または大いに君主の寵を得ること。遺塵は遺業。真言宗僧綱が異例の昇進を遂げるのは、空海のおかげである。
**侍輩の声価**　真言宗僧綱に関する評判。侍は頼に通じるが、あるいは時輩か。
**曩祖の加被**　祖師空海の加護。
**その恩は…**　祖師空海から受けている恩恵は海や山のように大きい。
**その勤めは…**　御影供執事役は(師恩に比べれば)滴や露ほどに微々たるもの。
**事を縦横に…出ださば**　あれこれと勝手な理由をつけ、さしたる理由なく執事役を逃れようとするならば。故障は差し支え。
**公家の…止められ**　公請を停止し。
**自門の交衆より…**　真言宗の僧団構成員としての身分を剝奪する。→補1
**傍輩**　同僚・同門。
**後昆**　後々の人。
**鴻慈**　大いなる慈悲。
**綸旨**　天皇の勅語。
**後素の眸は…**　→補2

傳丹之脣縱不レ言、定開二微咲於坐禪之雲一、不朽御願與二日月一共懸、長生聖運將二天地一無レ動者、權中納言藤原朝臣定雅宣、奉レ　敕、依レ請者、寺宜承知、依レ宣行レ之、

嘉禎二年八月二日　　大史小槻宿禰(花押)

右中辨藤原朝臣(花押)

東寺文書

**真5**　東寺供僧十五口補任状　建長四年(一二五二)二月　日

東寺

補任　供僧十五口事

講堂三口

法印權大僧都嚴遍

寬耀

定位

金堂三口

權少僧都親杲

に垂れん。*伝丹《でんたん》の脣《くちびる》は縦い言わずとも、定めて微笑《びしょう》を坐禅の雲に開かん。不朽の御願は日月と共に懸かり、長生の聖運は天地と将《とも》に動ずることなからん」者《てえれば》、権中納言*藤原朝臣定雅宣《せん》す。「*勅を奉《うけたまわ》るに、請うによれ」者《てえれば》、寺宜《よろ》しく承知し、宣によりこれを行え。

嘉禎二年八月二日　大史*小槻宿禰（花押）

右中弁*藤原朝臣（花押）

**真5**　東寺供僧十五口補任状　建長四年（一二五二）二月　日　東寺文書

東寺

補任す　供僧十五口の事

*講堂三口

法印権大僧都厳遍

寛耀

定位

*金堂三口

権少僧都親杲

---

**伝丹の脣は…**　丹は赤色。ここでは空海画像の唇の色。また丹には真心の意もある。すなわち、描かれた空海画像の唇は動かないが、兜率天上の空海は、雲間から我々の報恩の振舞を見て微笑んでくれる。

**藤原朝臣定雅**　花山院定雅（一二二八～一二九四）。

**勅**　四条天皇（在位一二三二～一二四二）の勅語。ただし摂政九条道家（一一九三～一二五二）の執政下。

**小槻宿禰**　官務の小槻季継（一一九二～一二四四）。大宮官務家。

**藤原朝臣**　右中弁の九条忠高（一二二三～一二七六）。勧修寺流藤原氏。

**真5**　→補1

**東寺供僧十五口補任状**　東寺供僧の定員を一〇人増設した上で、旧来からの供僧五人と、新補の供僧一〇人の合計一五人分の諸堂配置を定めた補任状。→補2

**講堂三口**　東寺講堂に配置された供僧三人（このうち厳遍は旧供僧五人の一）。

**金堂三口**　東寺金堂に配置された供僧三人（このうち親杲は旧供僧五人の一）。

教親

能禪

灌頂院三口

權律師　圓章

心海

嚴成

食堂三口

阿闍梨　重嚴

信海

長遍

西院三口

阿闍梨　祐遍

仲嚴

房瑜

右、當寺之內住持僧徒、訪二聖代之官符一者五十口、尋二祖師遺命一者廿四口也、增減雖レ異皆定二員數一、其後、或申二置闍梨一、或

教親
能禅
*灌頂院三口
権律師　円章
心海
厳成
*食堂三口
阿闍梨　重厳
信海
長遍
*西院三口
阿闍梨　祐遍
仲厳
房瑜

右、当寺の内の住持僧徒は、*聖代の官符を訪《とぶら》えば五十口、*祖師の遺命を尋ねば二十四口なり。増減異なると雖《いえど》も皆員数を定む。その後、或いは*闍梨を申し置き、或

**灌頂院三口**　東寺灌頂院に配置された供僧三人（このうち円章と心海はそれぞれ旧供僧五人の一）。

**食堂三口**　東寺食堂に配置された供僧三人。

**西院三口**　東寺西院に配置された供僧三人。

**聖代の官符を…五十口**　「聖代の官符」は、ここでは弘仁十四年（八二三）十月十日の太政官符（『類聚三代格』二）を指す。これに規定された東寺定額僧の定員は五〇人。真3「定額僧」の項参照。

**祖師の遺命を…**　「祖師の遺命」は、空海の遺言と認識されていた「二十五箇条御遺告」を指す。ここではその第一三条「東寺定供僧廿四口縁起」。真3「定額僧」の項参照。

**闍梨を申し置き**　正暦五年（九九四）、阿闍梨職位八人の定員枠を設置し、長元九年（一〇三六）には、さらにその定員枠を八人分追加した。その後も、安元二年（一一七六）には東寺の西院に五人分を追加するなど、阿闍梨定員枠は拡大している（『東宝記』八）。真3「寛朝大僧正…申し加えられ」の項参照。

加二補定額一、曩哲之志、興隆非レ一、依レ之、遙繼二數百年之芳躅一、重置二十五口之供僧一、各修二三密之瑜伽一、奉レ祈二萬歳之寶祚一、惠燈挑レ光、法水傳レ潤、寺門中興只在二斯時一者歟、官符未到之間、且可レ勤二仕御願一者、

建長四年二月　日

検校法務大僧正（花押）

長者權僧正

法務法印前大僧都

別當權大僧都（花押）

上座法眼（花押）

寺主大法師

**真6**　後宇多法皇東寺興隆条々事書　徳治三年（一三〇八）　東寺文書

敬白　東寺興隆條々事

一　以二修學僧五十人一住二當寺一、可レ令レ紹二隆眞言教義一事

右、學業雖二不退一、專一夏九旬輪二轉大日經疏・菩提心論・釋摩訶衍論・

**定額を加え補す**　永久元年（一一一三）、東寺定額僧の定員を一〇人分増設した。真3参照。

**曩哲の志…**　先師たちが目指した東寺興隆策は様々である。

**数百年の芳躅**　空海の時代以来の約三〇〇年間、東寺の興隆を策してきた良き先例。

**三密の瑜伽**　身密・口密・意密を通じた本尊との感応。つまり密教の修法。

**万歳の宝祚**　皇位の永続的繁栄。

**官符未到の…**　太政官牒による補任が（本来あるべき姿だが）まだなので、この東寺政所発給の補任状に基づき、早速それぞれ配置の諸堂にて天皇家御願の長日行法を勤仕せよ。天皇は後深草天皇（在位一二四六～一二五九）。ただし後嵯峨上皇（一二二〇～一二七二）の院政下。

**検校法務大僧正**　東寺一長者道乗（一二一五～一二七三）。頼仁親王の子、仁和寺良恵の資。

**長者権僧正**　二長者俊厳（?～一二五四）。随心院親厳の資。

**法務法印前大僧都**　三長者定親（一二〇三～一二六六）。定豪・行遍の資。三論宗にも通じた。

**別当権大僧都**　凡僧別当頼誉（一二一〇～一二八〇）。仁和寺良恵の資、一長者道乗の弟子。のち弘安元年（一二七八）東寺三長者。

いは*定額《じょうがく》を加え補す。*曩哲《のうてつ》の志、興隆一に非ず。これにより、遥かに*数百年の芳躅を継ぎ、重ねて十五口の供僧を置く。各《おのおの》*三密の瑜伽《ゆが》を修し、*万歳の宝祚《ほうそ》を祈り奉らん。恵燈は光を挑《かか》げ、法水は潤いを伝う。寺門の中興はただこの時にあるものか。*官符未到の間、且《かつ》は御願を勤仕すべし者《てえり》。

建長四年二月　日

*検校法務大僧正(花押)

*法務法印前大僧都

*長者権僧正

*別当権大僧都(花押)

*上座法眼(花押)

*寺主大法師

**真6**　後宇多法皇東寺興隆条々事書　徳治三年(一三〇八)　東寺文書

敬白《けいびゃく》す　東寺興隆条々事

一　*修学僧《しゅがくそう》五十人を以て当寺に住せしめ、真言教義を紹隆《しょうりゅう》せしむべき事

右、*学業は不《ふ》退《たい》たりと雖《いえど》も、専ら*一夏九句《いちげ》に*大日経疏《だいにちきょうしょ》・*菩提心論《ぼだいしんろん》・*釈摩訶衍論《しゃくまかえんろん》・

**上座法眼**　東寺三綱の上座、成慶(生没年不詳)。

**寺主大法師**　東寺三綱の寺主、不詳。

**真6**　↓補1

**後宇多法皇東寺興隆条々事書**　後宇多法皇(一二六七〜一三二四)が東寺の興隆を策した六カ条の誓願。日付と署名を欠くが、筆跡は法皇自筆。年代比定は内容と添状による。↓補2

**修学僧五十人を…**　学衆五〇人を東寺に置き、真言宗の教学を振興させる事。

**学業…と雖も**　教学レベルが不退の境地に達していても。

**一夏九旬**　夏安居の期間にあたる九〇日間(四月中旬〜七月中旬)。

**大日経疏**　『大日経』の注釈書。インドから来唐し同経を漢訳した善無畏(六三七〜七三五)が講述し、弟子の一行(六八三〜七二七)が筆録。空海が請来し、東密はこれを重用。

**菩提心論**　空海が『釈摩訶衍論』とともに重要視した論書。密教の立場から菩提心を説く。インドの龍猛(龍樹、生没年不詳)の著とされ、唐の不空(七〇五〜七七四)の漢訳とされるが、唐代成立説あり。

**釈摩訶衍論**　『大乗起信論』の応用的注釈書。龍猛(龍樹)の著とされ、空海もそのように解したが、唐か新羅で成立したとも考えられている。

**高祖制作**　空海の著書。『即身成仏義』『般若心経秘鍵』など。
**講談**　教説を講じて義を談ずること。
**五十人の…僧等**　五〇人の学衆のうち三〇人は、東寺常住の僧侶から選任。
**二十人は…**　五〇人の学衆のうち二〇人は、東寺以外の真言宗諸寺僧から選任。
**本寺**　真言宗の本寺。ここでは東寺。
**その衣食等の資縁**　学衆五〇人の修学に資する衣食住の財源。
**不易の謀**　恒久的な計画。
**止住の僧坊**　学衆五〇人の居住や宿泊に資する僧坊。
**時縁到来せば**　時が熟し良いきっかけを得たならば。縁は間接的原因。

高祖制作等一、可レ令二講談一、其五十人學衆中、三十人當寺常住僧等、二十人者廣渉二高祖門資一、可レ擇二用諸寺一、是則學業及レ廣、崇二重本寺一之意耳、於二其衣食等資緣一者、廻二不易之謀一、可レ定二置之一者也、

一　可レ建二立止住僧坊一事

右、時緣到來者、最前可レ廻二其計一矣、

一　御影堂可レ置二不斷陀羅尼一事

右、以二廿一口供僧結番一、可レ勤二行之一、其供料、以下所二寄置一之寺領上、可レ宛二行之一、

一　可レ寄二置寺邊便宜田地一事

一　可レ定二置修造析所一事

一　鎭守八幡寶前、二季行二眞言竪義一、試二度兩業僧一、以二彼得僧一可レ爲二夏講學衆一事

右、爲二東寺一宗大業一、先必可レ遂、此業爲二成立之基一也、但五十人學衆內、三十人殊擇二其器一爲二常住一、宛二衣食一、二十人夏中止住、其間宛二衣食一、以二五ケ年一爲二功勞一、

*高祖制作等を輪転し、*講談《こうだん》せしむべし。その*五十人の学衆中、三十人は当寺常住の僧等、*二十人は広く高祖《こうそ》の門資《もんし》に渉《わた》り、諸寺より択用すべし。是《こ》れ則ち学業広きに及ぼし、*本寺を崇重せしむの意たるのみ。*その衣食《えじき》等の資縁《しえん》においては、*不《ふ》易《えき》の謀《はかりごと》を廻《めぐ》らし、これを定め置くべきものなり。

一　*止住《しじゅう》の僧坊《そうぼう》を建立《こんりゅう》すべき事

右、*時縁《じえん》到来せば、*最前にその計《はか》いを廻らすべし。

一　*御影堂《みえいどう》に*不断陀羅尼《だらに》を置くべき事

右、*廿一口供僧の結番を以て、これを勤行すべし。その供料は、寄せ置くところの寺領を以て、これを宛行うべし。

一　*寺辺《じへん》の便宜《べんぎ》の田地を寄せ置くべき事

一　*修造料所《しゅうぞうりょうしょ》を定め置くべき事

一　*鎮守八幡《ちんじゅはちまん》の宝前《ほうぜん》にて、二季に真言竪義《しんごんりゅうぎ》を行い、*両業の僧を試度し、彼《か》の得僧を以て夏講学衆となすべき事

右、*東寺一宗の大業として、先ず必ず遂ぐべし。*この業を成立《じょうりゅう》の基《もとい》となすなり。但し、五十人の学衆の内、三十人は殊にその器を択びて常住となし、衣食を宛てよ。二十人は*夏中止住《げちゅう》せしめ、その間衣食を宛てよ。*五ケ年を以て功労となし、

**最前に**　真っ先に。
**御影堂**　東寺の西院御影堂。
**不断陀羅尼**　梵語の呪文を間断なく読誦すること。正和元年(一三一二)以降、御影堂にて長日金剛界行法が修される(『東宝記』六)。
**廿一口供僧**　二一人からなる東寺供僧の組織。この段階ではまだ一八人からなる組織であったが、四年後の正和元年に三人分の増設が実現する。
**寺辺の便宜の田地**　東寺の近辺にある田地。真7参照。
**修造料所**　東寺修造経費を調達する所領。既にこの段階で安芸国が東寺修造料国となっているため、さらなる追加を意図するものであろう。
**鎮守八幡の宝前にて…行い**　東寺の鎮守八幡宮の前で一年に二季、真言宗の竪義を実施。竪義は論義形式の学解試験。
**両業の…**　金剛頂業と胎蔵業それぞれから竪義の受験者を立て、その合格者を夏安居講談の学衆(第一条参照)とする。
**東寺一宗の大業**　真言宗全体にとっての重要な事業。
**この業を…**　東寺での真言竪義を僧侶にとっての立身の基盤とする。
**夏中止住**　夏安居の間のみ東寺に滞在。
**五ケ年を…任じ**　夏安居の学衆を五年勤めた功労に基づき、僧綱に昇進させる。

募ニ任僧綱一、永爲ニ例格一、條々興隆、時至者可ニ遂行一者也、

**真7**　後宇多法皇庄園敷地施入状　正和二年(一三一三)十二月七日　東寺文書

施入　東寺　庄園敷地等

山城國拜師庄

興善院領内也、而立ニ替他所一、永施ニ入當寺一者也、

同國上桂庄

七條院遺領内也、同替ニ他所一、永施ニ入之一、此地爲ニ掃除料所一、人夫等長日可レ召レ之、以ニ年貢一白砂以下毎年無ニ懈怠一相續、可レ致ニ其沙汰一、莫レ令ニ佛庭荒蕪一矣、

播磨國矢野例名

歡喜光院領内也、預所職冬綱相傳地、而依レ爲ニ便宜地一、立ニ替他所一、永所ニ施入一也、

八條院町十三所　注文在レ別、

依レ爲ニ近邊要須一、支ニ配學衆等一、所レ令ニ宛行一也、

右、庄園敷地等、限ニ未來際一、所レ施ニ入當寺一也、方々相傳、更無ニ違

**条々の興隆…**　上述六カ条の東寺興隆策は、時機が到来すれば実現させたい。

**真7**　↓補1

**後宇多法皇庄園敷地施入状**　後宇多法皇(一二六七～一三二四)が所領四カ所を東寺に寄進した施入状。真6の構想と密接に関連する。↓補2

**拝師庄**　京都市南区、東寺の南方にあった散在型荘園。

**興善院**　東寺の東方、九条坊門・東洞院の地にあった寺院。鳥羽上皇の近臣、葉室顕頼(一〇九四～一一四八)が建立。安楽寿院(鳥羽上皇の御願寺)の末寺。

**他所と…**　興善院には替わりとなる別の所領を与え、拝師庄を東寺に寄進する。

**上桂庄**　京都市右京区・西京区、桂川周辺にあった荘園。上野(かみの)庄とも呼ばれた。

**七条院**　高倉天皇の典侍藤原殖子(一一五七～一二二八)。坊門信隆の娘、後鳥羽・後高倉両院の母。

**掃除**　東寺境内の掃除。

**白砂以下**　不詳。白砂は境内の敷砂や立

僧綱に募《つの》り任《にん》じ、永く例格《れいきやく》となせ。*条々の興隆、時至らば遂行すべきものなり。

**真7**　後宇多法皇庄園敷地施入状　正和二年(一三一三)十二月七日　東寺文書

施入す　東寺　庄園敷地等

山城国*拝師庄《はやしのしょう》

興善院領内なり。しかるに*他所と立て替え、永く当寺に施入《せにゅう》するものなり。

同国*上桂庄《かみかつらのしょう》

*七条院遺領の内なり。同じく他所と替え、永くこれを施入す。この地は*掃除料所として、人夫等長日これを召すべし。年貢を以て*白砂以下毎年懈怠なく相続し、その沙汰を致すべし。*仏庭をして荒蕪《こうぶ》せしむ莫《なか》れ。

播磨国*矢野例名《やののれいみょう》

*歓喜光院領の内なり。*預所職は*冬綱相伝の地たり。しかるに便宜の地たるにより、他所と立て替え、永く施入するところなり。

*八条院町十三所　*注文は別にあり。

近辺*要須《ようしゅ》たるにより、*学衆等に支配し、宛て行わしむるところなり。

右、庄園敷地等、未来際《みらいざい》を限り、当寺に施入するところなり。方々の相伝、更に違

砂(たてずな。車の轅「くびき」などをもたせかけるために盛られた砂)の資か。

**仏庭をして…**　東寺の境内を荒らさぬようにせよ。荒蕪は草が乱れ繁るさま。

**矢野例名**　兵庫県相生市にあった矢野庄のうち、別名など別相伝部分を除く範囲。

**歓喜光院**　京都市左京区岡崎にあった美福門院(一一一七〜一一六〇)の御願寺。永治元年(一一四一)落慶。その所領とともに八条院領の中に包摂されて伝領。

**預所職**　ここでは荘園領主のうち本家職の下の領家職の意に近い。荘官としての預所職とは異なる。

**冬綱**　藤原冬綱(生没年不詳)。絵師藤原隆信の子孫。養父の範親から矢野庄例名領家職を伝領。

**八条院町十三所**　京都市下京区・南区、八条通の北側にあった八条院(一一三七〜一二一一)の御所跡・院庁跡や、その周辺に点在した関連施設の跡地一三カ所。これらの土地は、地子を徴収する所領と化していた。

**注文**　八条院町の所在目録。なお、これにあたると見られる年欠の八条院町在所注文(『教王護国寺文書』二五二号)が現存する。

**要須**　必要。

**学衆**　東寺の学衆(伝法会衆)。

亂㆒之地也、爲㆑令㆔蜜教惠命繼㆓龍華三庭㆒、施入既訖、雖㆓長者・執行等㆒非㆓口入限㆒、爲㆓供僧・學衆依怙㆒、爲㆓寺院興隆㆒、而施㆓入之㆒、非㆑爲㆓管領人貪利㆒之故也、以㆓此紹隆力㆒、奉㆑廻㆓國家安全・天下太平㆒也、更非㆑有㆓我人執㆒、供僧・學衆等知㆓此意㆒、以㆓平等慇懃懇念㆒、可㆑祈㆓天長地久㆒者也、我後子孫等中、依㆓傳領號㆒致㆓妨㝵㆒、可㆑背㆓我命㆒、若背㆓我命㆒者、可㆑背㆓三寶冥鑒・大師冥慮㆒、背㆓三寶・大師冥慮㆒者、佛法擁護大日本國神祇等、乃至三界諸天等、可㆑加㆓冥罰㆒者也、雖㆓我國帝皇㆒、雖㆓我後子孫㆒、誰致㆓障難㆒不㆑蒙㆓冥罰㆒者乎、

正和二年十二月七日

高祖傳法末資阿闍梨金剛性

**真8**　太政官牒　正中三年(一三二六)三月十八日　東寺文書

太政官牒　教王護國寺

應㆘以㆓最勝光院㆒永代附㆓當寺㆒、御願致㆗六箇鄭重紹隆㆖事

**恵命**　仏教的な智恵を生命に例えた語。ここでは密教の命脈。

**龍華三庭**　龍華三会。弥勒菩薩が遠い将来に下生して説法するとされる三大会座。

**長者執行等…**　これらの所領経営については、東寺の長者や執行らによる関与を排除する。

**供僧学衆の依怙**　東寺の供僧・学衆の両組織に資する経済基盤。

**管領人の…**　所領の管轄者に利益追求をさせないためである。

**我人の執**　自分か他人かを区別する執着心。我人は自分と他人と。

**平等慇懃の懇念**　分け隔てのない鄭重な真心。

**我が後の…**　私の子孫がこれらの所領を伝領したと称して干渉することがあれば、私の遺命に対する違背とみなす。

**三宝の…**　仏や空海の照覧に背くことになる。三宝は仏・法・僧だが、それらを一体視する同体三宝の捉えかたによっている。

**神祇**　天神や地祇。日本の神々。

**乃至**　…から…まで。

乱なきの地なり。蜜教の*恵命をして*龍華三庭《りゅうげさんてい》に継がしめんがため、施入既に訖《おわ》んぬ。*長者・執行等たりと雖《いえど》も口入の限りに非ず。*供僧・学衆の依怙《えこ》のため、寺院興隆のため、しかしてこれを施入す。*管領人の貪利《たんり》のために非ざるの故なり。この紹隆の力を以て、国家安全・天下太平に廻《え》し奉るなり。更に*我人《われひと》の執あるに非ず。供僧・学衆等この意を知り、*平等慇懃の懇念を以て、天長地久を祈るべきものなり。*我が後の子孫等の中、伝領の号により妨㝵《ぼうがい》を致さば、我が命に背くべし。もし我が命に背かば、*三宝の冥鑑・大師の冥慮に背くべし。三宝・大師の冥慮に背かば、仏法擁護の大日本国*神祇等、*乃至《ないし》*三界諸天等、冥罰を加うべきものなり。我が国の*帝皇たりと雖も、我が後の子孫たりと雖も、誰ぞ障難を致して冥罰を蒙らざるものか。

正和二年十二月七日

*高祖伝法末資阿闍梨*金剛性

**真8** 太政官牒　正中三年(一三二六)三月十八日　東寺文書

太政官牒《ちょう》す　*教王護国寺

応《まさ》に*最勝光院を以て永代に当寺に附し、御願として*六箇鄭重の紹隆を致すべき事

**三界諸天**　須弥山世界の天上界(欲界の六欲天、色界の一八天、無色界の四天)に住する神々。
**帝皇**　天皇。
**高祖伝法末資**　空海の法流をうけた末流の弟子。
**金剛性**　後宇多法皇(一二六七〜一三二四)の法諱(金剛名)。

**真8**　→補1
**太政官牒**　後醍醐天皇(一二八八〜一三三九)が最勝光院とその寺領を東寺へ寄進したことをうけ、東寺側からの申請に基づき、六カ条の東寺紹隆策を推進する旨、公認した太政官牒。→補2
**教王護国寺**　東寺の寺号として、あえてここでは「教王護国寺」の名が使用されている。→補3
**最勝光院を…当寺に附し**　最勝光院の伽藍跡とその所領を含めた全体の管轄権を東寺に寄進し。最勝光院は、後白河法皇の妃の建春門院(平滋子、一一四二〜一一七六)が承安二年(一一七二)に法住寺殿の東南(京都市東山区今熊野付近)に建立した御願寺。建春門院とその子の高倉天皇(一一六一〜一一八一)がともに本願とされる。嘉禄二年(一二二六)火災後に衰退。
**六箇鄭重の紹隆**　六カ条からなる東寺の仏神事興隆策。詳細は後段に見える。

右、太政官今日下㆓治部省㆒符偁、得㆓彼寺所司等去年十二月日奏狀㆒偁、謹考㆓舊貫㆒、去延暦十三年、淴㆓四神相應之勝地㆒、有㆓九重平安之遷都㆒日、當㆓于羅城門之左右㆒、被㆑建㆓金剛刹之基兆㆒、所謂東寺・西寺是也、近則左右二京之鎭守、遠亦東西兩國之衞護者哉、爰高祖遍照金剛、任㆓身於西渤萬里之波㆒、傳㆓法於南天三密之風㆒、靑龍寺和尙委附詞云、授法有㆑在、經像功訖畢、早歸㆓鄕國㆒奉㆓國家㆒、增㆓蒼生福㆒云云、因㆑茲、大同歸朝之後、弘仁馭俗之春、以㆓東寺㆒永爲㆓密教根本庭㆒、不㆑可㆓他宗雜住㆒由、有㆓敕給㆒以來、三國相承道具納㆓寶庫㆒、三藏附屬之舍利安㆓玉壺㆒矣、天長年中、大師建㆓立講堂㆒、安㆓置仁王經曼荼羅㆒、教王護國寺之題號、專指㆓此佛閣㆒者也、大師曰、所㆓請來㆒經法中、有㆓仁王經・守護國界主經・佛母明王經等念誦法門㆒、佛爲㆓國王㆒特說㆓此經㆒、摧㆓滅七難㆒調㆓和四時㆒、護㆑國護㆑家、安㆑己安㆑他、此道祕妙也云云、鎭守八幡大菩薩者、弘仁年中、答㆓高祖之迎請㆒、有㆓神躰之影現㆒、大師、先寫㆓花牋㆒奉㆑納㆓經藏㆒、遂刻㆓木像㆒被㆑安㆓社壇㆒、處處仁祠未㆑聞㆓眞身之來化㆒、國國瑞籬更

**旧貫**　旧慣、旧例。

**去ぬる延暦…是れなり**　延暦十三年(七九四)、平安遷都がなされた頃、羅城門の東西に建立されたのが東寺と西寺である。四神相応は東西南北の景観が最良の地勢にあること。九重は宮城。刹は寺院。基兆は基盤。

**近くは…**　平安京においては東寺と西寺が左京と右京を守護し、ひいてはそれぞれが東国と西国を鎮護する。

**高祖遍照金剛**　宗祖の空海。

**身を…**　空海は、大海を越えて唐に渡り、南天竺伝来の密教を日本へもたらした。西渤は西方の大海。南天は南天竺、金剛薩埵が龍猛に密教を伝授した地とされる。

**青龍寺和尚委附の…云わく**　唐の恵果(七四六～八〇五)が弟子の空海に託した言葉によれば。以下は空海の大同元年(八〇六)上表(『請来目録』)からの引用。

**経像の功**　経典仏像の類の書写や制作。

**蒼生**　万民、人民。

**大同帰朝の…以来**　大同元年に帰国した空海に対し、弘仁十四年(八二三)正月十九日、嵯峨天皇(七八六～八四二)が東寺を与えたとする所伝。馭俗は俗を馭す、あるいは御俗に通ず。嵯峨天皇の在位中という意か。

**三国相承の…納め**　天竺から唐を経て伝

右、太政官の今日治部省《じぶしょう》に下す符に偁《いわ》く、「彼《か》の寺の所司等の去年十二月日奏状を得るに偁《いわ》く、『謹んで*旧貫を考うるに、*去《い》ぬる延暦十三年、四神相応の勝地を温《たず》ね、九重《きゅうちょう》平安の遷都ありし日、羅城門の左右に当たりて金剛刹の基兆《きちょう》を建てらる。所謂《いわゆる》東寺・西寺是《こ》れなり。*近くは則ち左右二京の鎮守、遠くはまた東西両国の衛護たるものかな。爰《ここ》に*高祖遍照金剛《へんじょうこんごう》、*身を西渤万里の波に任せ、法を南天三密の風に伝う。*青龍寺《しょうりゅうじ》和尚委附の詞に云わく、「授法の在るあり。*経像の功訖《つい》に畢《おわ》んぬ。早く郷国に帰りて国家に奉り、*蒼生《そうせい》の福を増せ」と云々。茲《ここ》に因り、*大同帰朝の後、弘仁馭俗《ぎょぞく》の春、東寺を以て永く密教根本の庭となし、他宗雑住すべからざる由、勅給ありてより以来《このかた》、*三国相承の道具を宝庫に納め、*三蔵附属の舎利を玉壺《ぎょくこ》に安んず。*天長年中、大師は講堂を建立し、*仁王経《にんのうきょう》曼荼羅を安置す。教王護国寺の題号は、専らこの仏閣を指すものなり。*大師曰く、「請来するところの経法の中に、仁王経・守護《しゅご》国界主経《こっかいしゅきょう》・仏母明王経《ぶつもみょうおうきょう》等の*念誦《ねんじゅ》の法門《ほうもん》あり。仏は国王のために特にこの経を説く。*七難を摧滅《さいめつ》し四時を調和し、国を護り家を護り、己を安んじ他を安んず。この道の秘妙なり」と云々。*鎮守八幡大菩薩は、弘仁年中、高祖の迎請に答え、神躰の影現あり。*大師は、先ず花牋《かせん》に写して経蔵に納め奉り、遂に木像に刻みて社壇に安んぜらる。*処々の仁祠には未《いま》だ真身の来化《らいげ》を聞かず。国々の瑞籬《ずいり》には更

わった密教法具を東寺の経蔵に納め。

**三蔵附属の**…　金剛智(六七一～七四一)から不空・恵果を経て伝わった仏舎利を、甲乙の二壺に収めて東寺に安置する。三蔵はここでは金剛智の諡号(大弘教三蔵)。

**天長年中**…　天長二年(八二五)、空海が東寺講堂を建立し、仁王経に説く五菩薩・五明王・五方天に五仏・梵天を加えた二一体の仏像(彫刻による立体曼荼羅)を堂内に安置した。

**大師曰く**…　以下は空海の弘仁元年十月二十七日上表(『性霊集』四)からの引用。

**念誦の法門**　真言念誦行をおこなうための経典。法門は仏の教え。

**七難を…調和し**　天変地異や人災を避けて季節の移りかわりを整える。七難は七種の災禍(仁王経では日月失度難や星宿失度難など)。四時は一年の四季。

**鎮守八幡大菩薩は**…　東寺鎮守の八幡神は、弘仁年間(八一〇～八二四)に空海に迎えられて姿を現した(という所伝)。

**大師は**…　空海が八幡神の姿を模写して経蔵に納め、これを基に彫刻した木像神体を鎮守社に安置した(という所伝)。

**処々の仁祠には**…　他の寺院鎮守社では、神が直接来臨した例がなく、他の神社では、仏の化身としての神を神体とした例もない。仁祠は寺院または小社。瑞籬は神社の瑞垣。権者は仏の化身。

非二權者之勸請一、宇佐・石淸水已下、皆有二炎上之災一共無二根本之跡一、於二當社一者、高祖制作之尊像、氷雪燿而如レ昔、大師眞筆之額字、露點殘而未レ消、倩思二一朝安全之勝躅一、寧非三三密加持之威力二哉、凡經有二仁王護國題名一、神有二護國靈驗之尊號一、能護所護函蓋相應者歟、弘仁官符云、以二代代國王一、爲二我寺檀越一、若伽藍興複〔復〕、天下興複〔復〕、伽藍衰幣〔弊〕、天下衰弊、若有二无道之主・邪賊之臣一、若犯違、若破障者、是人、必得下破二辱三世諸佛・一切賢聖一之罪上、十方諸天・率土神明、共起二大禍一、永滅二子孫一、若不二犯違一、敬勤行者、世世累福、子孫繁昌、共出二塵域一、必登二覺岸一云云、又云、東寺者遷都之始、爲二鎭護一柏原先朝所二建立一也、乞察二此狀一、率二僧徒等一讚二楊眞教一、轉レ禍修レ福、鎭二國家一者云云、天暦符云、教王護國寺者、佛法之目足、密宗之玄庭也、不レ准二餘寺一、我朝、以二彼寺一爲二最頂一云云、當寺大札銘云、東寺□〔是〕密教相應之勝地、馬臺鎭國之眼目、歸而敬者、王化照明、花夷大平、怠而不レ崇、朝有二妭害一、國有二災亂一、天下可レ有二大亂一者、東寺先可二荒廢一云云、是

**宇佐石清水已下**…　豊前国宇佐八幡宮や山城国石清水八幡宮など、東寺以外の八幡宮は火災の難に遭遇しているため、いずれにも根本の神像が現存しない。

**当社に…未だ消えず**　東寺の鎮守八幡宮には、空海が彫刻した神像や、同じく空海が染筆した額が、当時と変わらぬ生々しい状態のまま現存する（という所伝）。

**一朝安全の**…　日本がこれまで安穏であったのは、密教修法の効力による。勝躅はすぐれた先例。

**経に**…　仁王経の正式名「仁王護国般若波羅蜜多経」に「護国」の語が含まれる。

**神に**…　八幡神の別名「護国霊験威力神通大菩薩」に「護国」の語が含まれる。

**能護所護の**…　能は動作の主体、所は動作の客体を示す。教王護国寺において、仁王経曼荼羅に配列された講堂の諸仏と、鎮守の八幡神とが、相互に擁護しあいながら、総じて「護国」の主体となる様子が、まるで箱とその蓋とが合致するような絶妙の結びつきをなしている。相応は和合・結合。

**弘仁官符に**…　以下の引用文言は、『東宝記』一に「弘仁三年（八一二）十一月廿七日施入田地符」として見える。しかしその原史料の実在性や成立時期については検

に権者《ごんじゃ》の勧請非ず。*宇佐・石清水已下、皆《みな》炎上の災いありて共に根本の跡なし。*当社においては、高祖制作の尊像、氷雪耀《かがや》きて昔の如し。大師真筆の額字、露点残りて未だ消えず。つらつら*一朝安全の勝躅《しょうちょく》を思うに、寧《いずく》んぞ三密加持の威力に非ざらんや。およそ*経に仁王護国の題名あり。*神に護国霊験の尊号あり。*能護《のうご》所護《しょご》の函蓋《かんがい》相応たるものか。*弘仁官符に云わく、「代々の国王を以て我が寺の檀越となす。もし伽藍興復せば、天下興復す。伽藍衰弊せば、天下衰弊す。もし无道の主・邪賊の臣ありて、もしくは犯違し、もしくは破障せば、是《こ》の人、必ず*三世諸仏・一切*賢聖を破辱するの罪を得、十方諸天・率土神明、共に大禍を起こし、永く子孫を滅ぼさん。もし犯違せず、敬いて勤行せば、世世累福、子孫繁昌、共に*塵域を出《い》でて、必ず*覚岸に登らん」と云々。*また云わく、「東寺は遷都の始め、鎮護のため*柏原先朝の建立するところなり。乞《こ》うらくはこの状を察し、僧徒等を率いて*真教を讃揚し、禍を転じて福を修め、国家を鎮めんことを」者《てえり》と云々。*天暦符に云わく、「教王護国寺は、仏法の*目足、密宗の*玄庭なり。余寺に准ぜず。我が朝、彼の寺を以て最頂となす」と云々。*当寺大札銘に云わく、「東寺は是れ、密教相応の勝地、*馬台鎮国の眼目たり。帰《き》して敬えば、王化照明、花夷大平。怠りて崇《あが》めざれば、朝《ちょう》に*妖害あり、国に災乱あり。天下に大乱あるべくば、東寺先ず荒廃すべし」と云々。是れ、

討を要する。↓補1

**三世**　過去・現在・未来。

**賢聖**　仏教修行の先人のうち、賢人や聖人。賢は凡夫レベルでの善行卓越者。聖は凡夫レベルを超えた聖者。

**塵域**　世間。輪廻転生の世界。

**覚岸**　悟りの境地。

**また云わく…**　以下の引用文言は、『東宝記』一に「弘仁十四年十二月二日符」として見えるが、これについても要検討。前掲「弘仁官符に…」の項参照。

**柏原先朝**　桓武天皇(七三七〜八〇六)。柏原はその陵墓名。

**真教**　真の仏教の教え。

**天暦符に…**　以下の引用文言は、他史料では「天暦勅」としても見える。しかしこの天暦年間(九四七〜九五七)の「符」ないし「勅」についても要検討。前掲「弘仁官符に…」の項参照。

**目足**　最も肝要なもの。

**玄庭**　玄奥・真理・神秘の式場。

**当寺大札銘に…**　以下の引用文言は、他史料では「弘法大師記文」としても見える。しかしこれについても要検討。前掲「弘仁官符に…」の項参照。

**馬台**　日本。

**妖害**　不詳。妖は美婦。つまり女難の意か。あるいは妖とすれば、不思議な災い全般の意か。

**行遍僧正…再興の屓贔を致し**　東寺長者の仁和寺菩提院行遍(一一八一〜一二六四)が延応二年(一二四〇)、東寺再興に尽力し。
**長日の行法**　東寺西院の空海像の前で毎日行われる長日生身供。
**毎月の影供**　東寺西院の空海像の前で毎月二十一日の忌日に行われる御影供。
**宣陽門院**　後白河法皇の皇女覲子(一一八一〜一二五二)。莫大な長講堂領を伝領。東寺に所領を寄進し、その寺内改革を経済面から支えた。
**弓削島**　伊予国弓削島庄。延応元年、宣陽門院が東寺に寄進。
**平野殿**　大和国平野殿庄。暦仁二年(一二三九)、宣陽門院が行遍に施入、やがて東寺領となる。
**新勅旨**　安芸国新勅旨田。仁治三年(一二四二)、宣陽門院が東寺に寄進。
**太良庄**　仁和寺歓喜寿院領若狭国太良庄。仁治元年、仁和寺御室道深(一二〇六〜一二四九)が東寺に権益の一部を寄進。宣陽門院の「料所」との関係は確認できない。
**建長四年…**　建長四年(一二五二)、東寺の供僧が新たに一〇口加わり、合計一五口が五堂舎に配属された。真5参照。
**勅使…**　勅使の平惟忠(一一八七〜一二六三)が東寺に派遣され、供僧たちは威儀を整え、諸堂の長日行法を創始した。苔径は苔むした道、蘿襟は薄ぎぬの襟。

知二此國之爲レ國者、吾寺之爲レ寺故二而已、以レ之、明主必被レ添二紹隆之叡願一、門徒又可レ運二精祈之懇念一者歟、近則行遍僧正、去延應二年、歎二御願之凌廢一致二再興之屓贔一、始二長日之行法一修二毎月之影供一、爰宣陽門院、殊有二御随喜一被レ寄二其料所一畢、弓削嶋・平野殿・新敕旨并太良庄等也、加之、後深草院御代、建長四年、被レ配二置十五口供僧於金堂・講堂・食堂・灌頂院・西院等一、各修二行法一、于時敕使參議平惟忠卿、擺二苔徑一而傳二叡旨於鎭護之場一、淨侶、刷二蘿襟一而餝二法會於祕密之壇一、其後爲二龜山院敕願一、文永年中、被レ置二三口供僧於鎭守一、被レ修二本地法樂於長日一、又於二三長齋月一轉二讀最勝王經一、何況後宇多院、徳治年中、於二當寺一御入壇以來、殊凝二叡願一、被レ染二宸筆二□〔云〕、東寺興隆事、寺領等殊廻二无爲之計一、五十人學徒常住、密教弘通、至二龍花三庭一无二斷絶一之旨、可レ致二興隆沙汰一者也云云、是則眞言僧五十人可レ止二住東寺一之由、承和被レ下二官符一之故歟、依レ之、應長以來、被レ經二再往之沙汰一、被レ寄二八箇之寺領一、所謂、拜師・上桂・矢野・信太・八條院院町拾參箇所、已上御管領庄園等、高屋・平田・三田、已上安藝國別納地、以レ之置二讀師兩三輩一、

この国の国たるは、吾が寺の寺たる故と知るのみ。これを以て、明主は必ず紹隆の叡願を添えられ、門徒はまた精祈の懇念を運《めぐ》らすべきものか。近くは則ち*行遍《ぎょうへん》僧正、去《い》ぬる延応二年、御願の凌廃を歎きて再興の屓贔《きひ》を致し、*長日の行法を始めて*毎月の影供《えいく》を修す。爰《ここ》に*宣陽門院《せんようもんいん》、殊に御随喜ありてその料所を寄せられ畢《おわ》んぬ。*弓削島《ゆげしま》・*平野殿《ひらのどの》・*新勅旨幷《なら》びに*太良庄《たらのしょう》 等なり。加之《しかのみならず》、後深草院の御代、*建長四年、十五口供僧を金堂・講堂・食堂・灌頂院・西院等に配置せられ、各《おのおの》行法を修す。時に*勅使参議平惟忠卿、苔径《たいけい》を擺《はら》いて叡旨を鎮護の場に伝え、浄侶、蘿襟《らきん》を刷《ととの》えて法会を秘密の壇に飾る。その後、亀山院の勅願として、*文永年中、三口供僧を鎮守に置かれ、*本地法楽を長日に修せらる。また三長斎月《さんちょうさいげつ》において最勝王経《さいしょうおうきょう》を転読す。何ぞ況《いわん》や後宇多院、*徳治年中、当寺において御入壇より以来《このかた》、殊に叡願を凝らし、*宸筆を染められて云わく、「東寺興隆の事、寺領等殊に无為の計らいを廻らし、五十人学徒常住し、密教弘通《ぐつう》せよ。*龍花三庭《りゅうげさんてい》に至るまで断絶なきの旨、興隆の沙汰を致すべきものなり」と云々。是れ則ち*真言僧五十人東寺に止住すべきの由、承和に官符を下さるの故か。これにより、*応長より以来《このかた》、再往の沙汰を経られ、八箇の寺領を寄せらる。所謂《いわゆる》、*拝師《はやし》・上桂《かみかつら》・矢野《やの》・信太《しだ》・八条院院町拾参箇所、已上御管領の庄園等、*高屋《たかや》・平田《ひらた》・三田《みた》、已上安芸国別納地たり。これを以て*読師《とくし》両三の輩

**文永年中…置かれ**　文永年間(一二六四～一二七五)、三口の供僧が鎮守八幡宮に新設された。ただし右のうち一口の新設は、弘長三年(一二六三)に遡る。

**本地法楽を…転読す**　毎日の本地供と三長斎月(正・五・九月)の最勝王経転読を創始した。

**徳治年中…以来**　徳治三年(一三〇八)一月、後宇多法皇(一二六七～一三二四)が東寺で東寺一長者禅助から伝法灌頂をうけて以来。

**宸筆を…**　以下に引用される後宇多法皇宸筆文言は、真6や真7と一致しない。

**龍花三庭**　弥勒菩薩が遠い将来に下生して説法するとされる三大会座。

**真言僧五十人…**　以下は弘仁十四年(八二三)十月十日太政官符(『類聚三代格』二)の意訳。つまり承和元年(八三四)の官符ではない。真3参照。

**応長より…**　応長二年＝正和元年(一三一二)以来、再度の検討結果。再往は再度。

**拝師…庄園等**　信太を除く四所領は、正和二年寄進。真7参照。常陸国信太庄は、文保二年(一三一八)寄進。

**高屋…三田**　安芸国の賀茂郡高屋保・山県郡平田村・高田郡三田郷は、元亨二年(一三二二)寄進。東寺勧学会の財源。

**読師両三**　読師は、講師の講経に際し該当個所を読む役。伝法会に三口、勧学会に二口の所見あり(『東宝記』六)。

**学衆廿一口**　東寺の学衆(伝法会衆)と廿一口供僧(既存の一八口に三口加増)。両組織は応長二年(正和元年〔一三一二〕)確立。

**事相教相の…励まし**　密教の講説談義をおこなわせ。応長二年に始行し、正和四年から二季挙行に定着した東寺伝法会。

**三部五部**　胎蔵金剛両界からなる密教。三部は仏部・蓮華部・金剛部からなる胎蔵界の尊格構成。五部はこれに宝部・羯磨部を加える金剛界の尊格構成。

**供僧を…勤め**　供僧三口を西院御影堂に新補し、長日金剛界行法を勤修し。正和元年始行。

**浄侶を…**　鎮守八幡宮での毎月十五日鎮守講の論義を企画した。この始行は伝法会と同じく応長二年だが、望日＝十五日が式日となるのは正和四年以降。

**自宗の…**　真言宗にこれほどの発展をもたらす勅願は稀である。恢弘は拡大。

**仏法は…**　仏法は王権側からの帰依をうけて繁栄し、朝廷の権威は幕府の権勢によって支えられる。

**仁治より以来の大功**　仁治年間(一二四〇～一二四三)以来の大事業。

**都鄙合躰の佳運**　朝廷と幕府の協調体制の繁栄。鄙は都に対する地方、ここでは鎌倉幕府。

**方今**　方(まさ)に今。

**我が后**　ここでは後醍醐天皇。

集㆓學衆廿一口㆒、鎭㆓勵事相教相之談話㆒、偏燿㆔三部五部之教旨㆒、剰添㆓供僧於西院㆒、勤㆓長日行法㆒、崛㆓淨侶於社頭㆒企㆓望日論義㆒、自宗之恢弘、希代之敕願者乎、夫佛法者依㆓王法㆒而昌榮、朝威者以㆓武威㆒而安全也、何況爲㆑被㆑謝㆓仁治以來大功㆒、可㆑奉㆑祈㆓都鄙合躰之佳運㆒之由、含㆓慇懃之叡旨㆒、抽㆓鄭重之懇誠㆒者也、方今我后、外瑩㆓萬機之政理㆒、滂流㆓大化於遐邇㆒、內探㆔三密奥旨㆒、被㆑致㆓紹隆於寺門㆒、且爲㆑資㆓高祖大師之報恩㆒、且爲㆑杲㆓後宇多院之叡願㆒、以㆓最勝光院執務職㆒、限㆓未來際㆒被㆑付㆓當寺㆒之由、裁下既畢、誠是、龍雲虎吹之感、千載一遇之秋也、凡講堂行法者、被㆑始㆓開白於天長之昔㆒、雖㆑貽㆓再興於建長之曆㆒、唯依㆓供新之闕乏㆒、纔替㆓行法於轉經㆒畢、高祖建壇之本意似㆑空、教王護國之寺號如何、若无㆓勤行之實㆒者、豈有㆓擁護之益㆒哉、尤可㆑被㆓興行㆒歟、是一、次於㆓鎭守御神樂㆒者、寛喜年中度度有㆓沙汰㆒、其後又凌怠、然者爲㆓永代毎年之恆規㆒、可㆑被㆑設㆓潢汙行潦之禮奠㆒歟、是二、次於㆓同社頭毎月朔日理趣三昧㆒者、偏爲㆓學徒之私願㆒、久積㆓行業之薫修㆒畢、故被㆑擬㆓敕願㆒、彌欲㆑凝㆓懇念㆒、

を置き、*学衆廿一口を集め、鎮《なが》く*事相教相の談話を励まし、偏《ひとえ》に*三部五部の教旨を耀《かがや》かす。剰《あまつさ》え、*供僧を西院に添えて長日の行法を勤め、*浄侶を社頭に崛《くっ》して望日の論義を企つ。*自宗の恢弘《かいこう》、希代《きだい》の勅願たるものか。それ*仏法は王法によりて昌栄し、朝威は武威を以て安全たるなり。何ぞ況や、*仁治より以来《このかた》の大功に謝せられんがため、*都鄙合躰の佳運を祈り奉るべきの由、慇懃の叡旨を含み、鄭重の懇誠を抽きんづるものなり。*方今《ほうこん》、*我が后《きみ》は、*外には万機の政理を瑩《かがや》かし、滂《さかん》に大化を遐邇《かじ》に流し、*内には三密の奥旨を探り、紹隆を寺門に致さる。*且《かつ》は高祖大師の報恩に資せんがため、且は後宇多院の叡願を杲《あき》らかにせんがため、最勝光院執務《しつむ》職《しき》を以て、未来際を限り当寺に付さるるの由、裁下既に畢《おわ》んぬ。誠に是れ、*龍雲虎吹の感、千載一遇の秋《とき》なり。およそ*講堂の行法は、開白を天長の昔に始められ、再興を建長の暦に貽《のこ》すと雖《いえど》も、唯《ただ》に供料の欠乏により、纔《わずか》に行法を転経に替え畢んぬ。*高祖建壇の本意は空《むな》しきに似て、教王護国の寺号は如何《いかん》。もし勤行の実なくば、豈《あに》擁護の益あらんや。尤《もっと》も興行せらるべきか、是れ一。次いで*鎮守御神楽においては、寛喜年中度々沙汰あり。その後また凌怠す。然れば永代毎年の恒規として、*潢汙《こうお》行潦《こうろう》の礼《れい》奠《てん》を設けらるべきか、是れ二。次いで*同社頭の毎月朔日理《り》趣三昧《しゅざんまい》においては、偏に学徒の私願として、久しく行業の薫修《くんじゅ》を積み畢んぬ。故《ことさら》に勅願に擬され、弥《いよいよ》懇念

**外には…遐邇に流し**　外は仏教以外のこと。多くの政務をこなして徳を遍く及ぼし。

**内には…**　仏教面では密教の教義を深く学び、寺院の発展に寄与している。

**且は…**　空海の恩に報い、後宇多法皇の御願を発展させるため、後醍醐天皇は最勝光院の執務職を東寺に既に寄進した。執務職は所領群を含む全管轄権。

**龍雲虎吹…**　龍と雲、虎と風のように、後醍醐天皇と東寺の両者の意向がおのずから感応した、またとない好機である。

**講堂の…**　講堂修法は天長年間(八二四～八三四)創始後、やがて衰退、建長年間(一二四九～一二五六)に経典転読にかえて再興した。

**高祖建壇の…**　講堂を密教道場とした空海の意向にも、教王護国寺の寺号にもそぐわない。

**鎮守御神楽…凌怠す**　鎮守八幡宮の神楽は、寛喜年間(一二二九～一二三二)に度々実施されたが、これも衰退してしまった。

**潢汙行潦の礼奠**　ささやかな祭祀。「潢汙行潦之水」(『春秋左氏伝』一)。潢汙はたまり水、行潦はたまり流れる雨水。礼奠は祭祀またはその供物。

**同社頭の…凝らさんと欲す**　鎮守八幡宮の毎月一日理趣三昧は、東寺の学僧の私修によって勤仕してきた。これに勅願指定を受けたい。

是三、次於二灌頂院護摩堂一者、舊院御入壇之時、雖レ有二修造之號一、未レ及二本尊之安置一、況於二護摩之行法一乎、早任二舊規一可レ有二其沙汰一歟、是四、次塔婆者、法身制底、國主聖躰也、殊可レ被二尊崇一處、乍レ被レ安二置本尊一、不レ被レ修二行法一、子細同前、是五、次於二西院一勤二修不斷光明眞言一、欲レ奉レ訪二最勝光院本願兩院、高倉院・建春門院之御菩提一、是六、已上六箇條、人法紹隆篇目雖レ多、國家鎭護之要須在レ斯者哉、抑最勝光院者、佛閣礎殘、修二御願於何處一、寺役跡斷、受二法施於誰人一、同院領周防國美和庄、有二近年闕所之號一、爲二諸人拜領之地一歟、永被レ返二附院家一、欲レ被レ寄二當寺一、且移二行彼院淨業一、須レ資二我寺御願一、大師云、弘福寺、是飛鳥淨三原御宇、天武天皇御願也、而天長聖主垂レ敕、永加下東寺可二修治一之由上畢也云云、弘仁官符云、東寺破壞之時、壞二日本國中大小伽藍一、可レ加二修理一云云、倩案二事情一、院家之基兆雖レ全、被レ付二先皇之御願一者、聖代之佳模、當寺之先規也、況多年破壞之寺院乎、何況於下被レ興二斷絶之勤行一、奉上レ餝二本願之追福一乎、望請

**灌頂院護摩堂**　建長四年(一二五二)の焼失後、徳治三年(一三〇八)、後宇多法皇が東寺で伝法灌頂を受けるに際して再建。

**塔婆**　東寺の五重塔。

**法身の制底**　諸仏の真身をあらわす仏塔。制底は仏塔。東寺の塔内は、心柱を大日如来と見たて、この四周に仏像や柱絵を配し、曼荼羅を表現している。

**国主の聖躰**　大日如来そのもの。

**西院**　東寺の西院御影堂。

**不断光明真言**　追善仏事の一つ。忌日の一昼夜、光明真言を輪番で念誦し続ける。高倉院の忌日は正月十四日、その生母の建春門院の忌日は七月八日。

**要須**　須要、必要。

**最勝光院は…**　最勝光院では、伽藍も寺僧組織も廃れたため、御願仏事を勤修できない。

**法施**　三施(財施・法施・無畏施)の一つ。仏事の勤修。

**周防国美和庄**　本来は本家役として、年貢米五〇石と綾比物二重を最勝光院へ上納する庄園(『鎌』二一九〇六九号)。

**近年闕所の…**　近年に没収地とされ、諸人に対する分給地となった。なお当庄については徳治三年四月、後宇多法皇が春日社に寄進し、その残り(兼行方)が最勝光院領となっていた(『鎌』二三二二三三号)。

を凝らさんと欲す、是れ三。次いで*灌頂院護摩堂においては、旧院御入壇の時、修造の号ありと雖も、未だ本尊の安置に及ばず。況や護摩の行法においてをや。早く旧規に任せてその沙汰あるべきか、是れ四。次いで*塔婆《とうば》は、*法身の制底、*国主の聖躰なり。殊に尊崇せらるべきところ、本尊を安置せられながら、行法を修されず。子細は同前たり、是れ五。次いで*西院において*不断光明真言《こうみょうしんごん》を勤修し、最勝光院本願の両院、高倉院・建春門院の御菩提を訪《とぶら》い奉らんと欲す、是れ六。已上六箇条、人法《にんぼう》紹隆の篇目多しと雖《いえど》も、国家鎮護の*要須斯《ようしゅここ》にあるものかな。抑《そもそ》も*最勝光院は、仏閣の礎残《そこな》わるに、御願を何処に修さん。寺役の跡断《た》ゆるに、*法施《ほっせ》を誰人に受けん。同院領*周防国美和庄《みわのしょう》は、*近年闕所《けっしょ》の号あり、諸人拝領の地たるか。永く*院家に返附せられ、当寺に寄せられんと欲す。且《かつう》は*彼の院の浄業を移し行い、須《すべから》く我が寺の御願に資すべし。*大師云わく、「*弘福寺《ぐふくじ》は、是れ*飛鳥浄三原《あすかきよみはら》の御宇《ぎょう》、天武天皇の御願なり。しかるに、*天長聖主は勅を垂れ、永く東寺を修治すべきの由を加え畢んぬなり」と云々。*弘仁官符に云わく、「東寺破壊の時、日本国中の大小伽藍を壊《こぼ》ち、修理に加うべし」と云々。つらつら事情を案ずるに、*院家の基兆《きちょう》は全《まった》しと雖も、*先皇の御願を付さるは、聖代の佳模、当寺の先規なり。況や多年破壊の寺院をや。*何ぞ況や断絶の勤行を興され、本願の追福を飾り奉るにおいてをや。望み請《こ》うらくは

**院家に…**　院家＝最勝光院領に戻し、東寺の所領としてほしい。

**彼の院の…**　最勝光院の御願仏事を東寺で行い、残りの財源を、上述した東寺興隆策に充てたい。

**大師云わく…**　以下は「二十五箇条御遺告」第三条からの引用。大師は空海。

**弘福寺**　大和国川原寺。斉明天皇(?〜六六一)の飛鳥川原宮の跡地を天智天皇(六二六〜六七一)が寺院化したとされ、白鳳期には四大寺の一つであった。平安期には東寺の末寺と化し、一二世紀初頭以降、東寺(一長者)の所領と同質化した。

**飛鳥浄三原の…**　弘福寺の本願を天武天皇(?〜六八六)とする所伝。天武天皇の宮は飛鳥浄御原宮。

**天長聖主**　天長年間(八二四〜八三四)に在位した淳和天皇(在位八二三〜八三三)。

**弘仁官符に…**　以下は前掲所引「弘仁官符」とは別の官符だが、同様に要検討。前掲「弘仁官符に…」の項参照。

**院家の…雖も**　最勝光院の伽藍がたとえ維持されていたとしても。基兆は基礎。

**先皇の…**　先代天皇の御願寺を東寺に寄進することは、弘仁官府や、弘福寺を東寺に付した先例がある(と主張)。

**何ぞ…**　まして断絶していた最勝光院の御願仏事を東寺で復興し、本願を追善するのだから、何の問題もない。

天裁、早給二聖代有道之鳳綸一、永備二方來不朽之龜鑑一者、高祖大師、縱隔二微唉於金剛定之霧一、必垂二照覽於微雲管之月一、花洛柳營、共期二佳運於鶴算萬歲之秋一、事相教相、同繼二紹隆於龍花三會之曉一者、正二位行大納言源朝臣親房宣、奉レ　敕、依レ請者、省宜承知、依レ宣行レ之者、寺宜承知、牒到准レ狀、故牒、

正中三年三月十八日　修理東大寺大佛長官正五位上行左大史兼能登介小槻宿禰（花押）牒

從四位下行權右中辨藤原「朝臣」

**真9**　足利尊氏御内書　暦応二年（一三三九）十月二十七日　　東寺百合文書

當寺鎮守八幡宮不斷大般若經轉讀以下事、就二滿寺之群訴一、雖レ有二其沙汰一、所詮依二朔望勤行之勞績一、所レ令レ撰二補卅口淨侶一（本供僧廿一口、其餘學頭・學衆八口、非供僧中常住一臈）也、早以二山城國久世上下庄土貢一（除二恆例社用一）爲二彼供料一、宜下專二永代相續之行學一、致中普天安全之懇祈上之旨、可レ有二御下知一候、恐々謹言、

曆應二年十月廿七日　　權大納言（花押）

**聖代有道の鳳綸**　聖皇たる後醍醐天皇の正当なる勅許。本文史料のような太政官牒発給を想定。鳳綸は天皇の勅語。
**方来不朽の亀鑑**　将来不変の公験。方来は将来、亀鑑は公験。
**金剛定の霧**　入定中の空海の姿が見えない様を霧に喩えた表現。金剛定は一切の煩悩を断った究竟の境地。
**微雲管の月**　兜率天上の空海が下界を遍く見守る様を雲間の月に喩えた表現。微雲管は雲間から下界を覗く管状の穴か。
**花洛柳営**　花洛は朝廷、柳営は幕府。
**源朝臣親房**　北畠親房（一二九三～一三五四）。後醍醐天皇に重用された廷臣として、また『神皇正統記』の著者として著名。
**勅**　後醍醐天皇の勅語。
**小槻宿禰**　官務の小槻冬直（生没年未詳）。大宮官務家。
**藤原朝臣**　高倉経躬（一二六九～一三三六）。勧修寺流藤原氏の庶流。
**真9**　→補1
**足利尊氏御内書**　鎮守八幡宮の不断大般若経転読以下について、供僧の選任基準を定め、久世上下庄の年貢をその経費に宛てることとした。→補2
**東寺百合文書**　→補3
**鎮守八幡宮**　東寺の南大門を入ってすぐ

天裁を。早く*聖代有道《ゆうどう》の鳳綸を給わり、永く*方来《ほうらい》不朽の亀鑑《きかん》に備えば、高祖大師、縦《たと》い微笑《びしょう》を*金剛定《こんごうじょう》の霧に隔つとも、必ず照覧を*微雲管《みうんかん》の月に垂れん。*花洛柳営、共に佳運を鶴算万歳の秋に期し、事相教相、同じく紹隆を龍花三会の暁に継がん』者《てえれば》、正二位行《ぎょう》大納言*源朝臣親房宣す。『*勅を奉《うけたまわ》るに、請《こ》うによれ』者《てえれば》、省宜《よろ》しく承知し、宣によりこれを行え」者《てえれば》、寺宜しく承知し、牒到らば状に准ぜよ。故《ことさら》に牒す。

正中三年三月十八日　修理東大寺大仏長官正五位上行左大史兼能登介*小槻宿禰（花押）牒

従四位下行権右中弁*藤原「朝臣」

## 真9　足利尊氏御内書　暦応二年（一三三九）十月二十七日　東寺百合文書

当寺*鎮守八幡宮*不断大般若経転読以下の事、*満寺の群訴について、その沙汰ありと雖《いえど》も、所詮、*朔望の勤行の労績によって、*三十口の浄侶〈*本供僧廿一口、その余は*学頭・学衆八口、*非供僧中常住一﨟〉を撰び補せしむるところなり。早く山城国*久世上下庄の土貢〈*恒例の社用を除く〉を以て*彼《か》の供料となし、宜《よろ》しく永代相続の行学を専らにし、普天安全の懇祈を致すべきの旨、御下知あるべく候。恐々謹言。

暦応二年十月二十七日

*権大納言（花押）

の左手にある東寺の鎮守社。→補4

**不断大般若経転読以下**　東寺鎮守八幡宮供僧が八幡宮で武家のために行った長日祈禱。不断大般若経転読と、八幡本地の愛染明王を供養する本地供のこと。

**満寺の群訴**　寺僧全体として幕府に訴える訴状。その訴状は現存しない。

**朔望の勤行**　毎日一日と十五日の勤め。十五日は鎮守講か。

**三十口の浄侶**　定数が三〇人の鎮守八幡宮供僧のこと。

**本供僧廿一口**　廿一口供僧のこと。

**学頭学衆八口**　学衆方を構成する伝法会学頭二人、学衆一六人の計一八人の内から八人を鎮守供僧に選ぶこと。

**非供僧中常住一﨟**　廿一口供僧にまだ任ぜられていない東寺に常住する僧侶の内、﨟次の一番高いもの。

**久世上下庄**　山城国乙訓郡にあった荘園。現在は京都市南区の桂川右岸にあたる。→補5

**恒例の社用を除く**　久世上下庄の年貢の内、放生会などの恒例の運営経費を除いた額。

**彼の供料**　不断大般若経転読と八幡本地供にかかる経費。

**権大納言**　足利尊氏のこと。建武三年（一三三六）に任ぜられ、康永二年（一三四三）に辞退。

**東寺長者僧正御房**　仁和寺真光院成助。本文史料冒頭補注「真9」の項参照。

**真10**　↓補1

**徳川家康黒印状**　徳川家康(一五四二〜一六一六)のいわゆる「勧学令」。真言教学の振興が述べられる。背景に高野山僧頼慶のはたらきかけがあった。↓補2

**東寺高野は…**　東寺と高野山の住僧は相互に人事交流を行い教学を振興する、というものであるが、これは、事実上、東寺に対する高野山住僧の立場を飛躍的に強化することを意味する。

**横入り**　同一宗派の他寺僧が寺の住僧として入ってくること。

**無学の仁…**　きちんと修学していない者が住持となった場合は、その人物をやめさせて教学を学んでいる者に交替させる。なお、本文史料と同日付で発布された醍醐寺諸法度(『御当家令条』)では、「学者之住持」の箇所は「持律之住持」となっている。

**観智院**　鎌倉末の後宇多法皇の密教興隆の御願を機に創建された東寺の子院。代々学僧が住持に任じ、真言教学のための膨大な聖教類が集積されていた。

**一宗の勧学院**　東寺だけではなく、真言宗全体にとって、宗門を学ぶ重要な学

謹上　東寺長者僧正御房

**真10**　徳川家康黒印状　慶長十四年(一六〇九)八月二十八日　東寺文書

定

一　東寺・高野、互以二横入交衆一、可レ有二學問相續一、若無學之仁、於レ汚二學室一者、學者之住持可二入替一之事、

一　觀智院者一宗之勸學院也、然彼經藏・諸聖教無類本儀、尤大切也、不レ殘二一冊一以二目錄一令レ寫、高野納二靑巖寺之經藏一、可レ立二學者之用一之事、

一　可下建二古跡之學室一專中修學上之事、

右、東寺・醍醐眞言教相之所學及二退轉一之由、甚以油斷也、至二無學問一者、寺領之所帶不レ可レ叶、早速可レ有二修學興行一者也、

慶長十四年八月廿八日　(黑印)

東寺年預坊

校、という意味。このように述べることで、観智院の貴重な聖教類を高野山でも享受できるようにしたのであろう。ただし、この条項の実効性は疑問。

**彼の経蔵**　観智院金剛蔵。真11参照。

**無類の本儀**　他に比類のない古来正規のもの。

**高野青巌寺**　高野山内にある学侶方の中心的な寺院。豊臣秀吉発願によって文禄元年(一五九二)造営。その後、徳川家康によって、検校職永代の精舎とされた。元和三年(一六一七)には主殿に家康像を安置。現在の金剛峯寺は、明治二年(一八六九)に青巌寺と行人方の興山寺が合体したもの。

**古跡の学室**　寺内の子院塔頭のうち、古くから碩学が研鑽した由緒をもちながら、衰微していたもの。

**東寺醍醐**　真言教相の退転について東寺と醍醐寺が名指しで指弾され、高野山がここに登場しないことは、本文史料の発布に当たって高野山頼慶の働きかけがあったことによるものか。

**真言教相**　真言宗の教説。「教相」とは儀礼や実践に関する「事相」に対する語。

**無学問に…**　修学をきちんとつとめないような寺坊には知行地を認めない。

**年預坊**　東寺内の子院から選出された寺僧であり、年番で交替しながら寺内運営の中心的な役割を担った。

　　謹上　*東寺長者僧正御房

**真10**　徳川家康黒印状　慶長十四年(一六〇九)八月二十八日　　東寺文書

　定む

一　*東寺・高野は互いに*横入りの交衆を以て学問相続あるべし。もし*無学の仁、学室を汚すにおいては、学者の住持入れ替うべきの事。

一　*観智院は一宗の*勧学院なり。然れば*彼《か》の経蔵・諸聖教は*無類の本儀、尤《もっと》も大切なり。一冊も残さず目録を以て写さしめ、*高野青巌寺の経蔵に納め、学者の用に立つべきの事。

一　*古跡の学室を建て、修学を専らにすべきの事。

右、*東寺・醍醐の*真言教相の所学、退転に及ぶの由、甚《はなは》だ以て油断なり。*無学問に至りては、寺領の所帯叶うべからず。早速に修学興行あるべきものなり。

　　慶長十四年八月二十八日　　(黒印)

　　　東寺*年預坊

# 第二節　根本法式の成立と展開

## 1　廿一口供僧

**真11**　東寺十八口供僧置文　文永九年(一二七二)八月二十三日

東寺観智院金剛蔵聖教

定置　□□〔東寺〕見住供僧幷供料庄々雑掌□□〔職事〕

一　供僧職事

右、任㆘故菩提院前大僧正被㆓申置㆒之素意㆖、更不㆑可㆓他住㆒、堅可㆑悉㆑之、向後自㆓不住之輩㆒出㆓所望㆒之時者、恐㆓權威㆒憚㆓人望㆒、不㆑可㆑不㆓訴申㆒者矣、

一　庄々雑掌職事

右、件雑掌職者、不㆑謂㆓宿老淺﨟㆒、自㆓十八口供僧之中㆒求㆓出器量之輩㆒、可㆑令㆓擧申㆒、然者殘十七口始中終令㆓問答落居㆒之後、可㆑令㆓定補㆒也、於㆘令㆓擧申㆒仁㆖者、更不㆑可㆑出㆓是非之詞㆒、爲㆑令㆑停㆓止方引相論之儀㆒也、兼又爲㆑語㆓付雑掌㆒私曲諛心偏頗矯飾不㆑可㆑有㆑之、一向存㆓公平㆒

**真11**　↓補1

**東寺十八口供僧置文**　東寺十八口の本供僧の補任および供僧供料荘の雑掌の選任について定めたもの。

**東寺観智院金剛蔵聖教**　東寺観智院の聖教蔵(金剛蔵)に伝えられた聖教類。初代住持の杲宝以来、代々の住持学僧が真言教学振興のため聖教典籍を集積していた。現在も三万点以上を数え、「聖教の博物館」と称されるほどの質量を誇る。

**見住**　実際に住んでいること、現住。

**供料**　供僧の活動に関する諸費用。

**庄々雑掌職**　十八口供僧の料所とされた荘園の管理権。↓補2

**供僧職**　講堂・金堂・灌頂院・食堂・西院不動堂・鎮守八幡宮に各三口、計一八口の本供僧。↓補3

**故菩提院前大僧正**　仁和寺菩提院行遍(一一八一～一二六四)。東寺長者に任ぜられ、法務を管掌すると同時に、後白河上皇の皇女宣陽門院の信任を得て東寺再興に尽くした。↓補4

**申し置かるるの素意**　行遍が申し置いた、常住供僧により東寺を再興するという意向。↓補5

**不住の輩より…**　東寺に常住していない僧が供僧職への補任を希望したならば、

# 第二節　根本法式の成立と展開

## 1　廿一口供僧

**真11**　東寺十八口供僧置文　文永九年(一二七二)八月二十三日　東寺観智院金剛蔵聖教

定め置く　東寺*見住供僧幷《なら》びに*供料*庄々雑掌職の事

一　*供僧職の事

右、*故菩提院前大僧正*申し置かるるの素意に任せて、更に他住すべからず。堅くこれを悉《つく》すべし。向後《きょうご》、*不住の輩《ともがら》より所望を出《い》だすの時は、権威を恐れ人望を憚り、訴え申さざるべからざるものなり。

一　庄々雑掌職の事

右、件《くだん》の雑掌職は、*宿老・浅﨟を謂《い》わず、*十八口の供僧の中より、*器量の輩を求め出だし、挙げ申さしむべし。然れば*残り十七口、*始中終《しちゅうじゅう》、*問答落居せしむるの後、定め補せしむべきなり。*挙げ申さしむる仁においては、更に是非の詞を出だすべからず。*方引相論の儀を停止《ちょうじ》せしめんがためなり。兼ねてまた、*雑掌に語らい付さんがため、*私曲・*諛心・*偏頗・*矯飾、これあるべからず。一向に*公平《くひょう》を存

口入人の権威や人望を恐れず、評定の場において必ず指摘するべきである。

**宿老浅﨟を謂わず**　常住寺僧の﨟次の高低にかかわらず。

**十八口の供僧の中より**…　十八口供僧の構成員が適切な人材を探し出し、供僧中に推薦すべきである。

**器量**　器用。その才能・能力があること。ここでは庄々雑掌職にふさわしい能力をいう。

**残り十七口**　一八口の供僧から雑掌を推薦した者を除いた、残り一七口の供僧。

**始中終**　始めから終わりまで。

**問答**　議論、評定。

**挙げ申さしむる仁においては**…　雑掌を推薦した供僧は、その人物についてあれこれの意見を言ってはならない。

**方引相論**　誰かをひいきして議論すること。

**雑掌に語らい付さんがため**　特定の人物を雑掌に就任させるために。

**私曲**　不正な手段で私利をはかること。

**諛心**　へつらいの心。

**偏頗**　片寄って不公平なこと、えこひいき。

**矯飾**　うわべだけを飾ること。

**公平**　平等で片寄らないこと。公平を存ずとは、公平で理性的な立場に立つこと。

可レ成二一味同心之想一也、卽此條菩提院前大僧正素意也、僧侶止住之計略、須レ依二供料之有無一、僧侶住持者、佛法之修行不レ可二失墜一、佛法不レ怠者、王法之衞護豈不二炳焉一乎、一同可レ守二誡之一、定置之狀、如レ件、

文永九年八月廿三日　　阿闍梨章遍

（署名一七名略）

**真12**　東寺供僧評定事書　応長元年(一三一一)十月十一日　東寺百合文書

朝夕不參科事

任二永仁五年二月十日之式目一、除二不參之月一、三ケ月中可レ被二參勤一也、若過二三ケ月一者、可レ被レ勤二仕湯一之旨、應長元年十月十一日重令二治定一畢、

**真13**　東寺本新供僧連署置文　正和二年(一三一三)五月二十四日　東寺百合文書

執筆少納言法印御坊

一　供僧職擧狀事、本・新供僧共可レ爲二一同連署一、

**一味同心**　同じ目的のために力をあわせ、心を一つにすること。ここでは供僧が対等な立場で議論し、雑掌を決定することをいう。

**僧侶止住の計略は…**　僧侶を寺に常住させるには、供料を出す荘園の有無が重要である。

**僧侶住持せば…炳焉ならざらんや**　僧侶の常住が実現するならば、仏法修行が失われることもなく、仏法修行を怠ることがなければ、王法が守られることは明らかである。

**真12**　→補1

**東寺供僧評定事書**　西院で行われる勤行を勤めなかった者に対する罰則を定めた。

**朝夕**　西院で朝夕行われる勤行。

**不参の科**　当番となった日の勤行を勤めなかったことに対する罰則。

**永仁五年二月十日の式目**　西院朝夕の勤行に関して、永仁五年(一二九七)二月十日に定められた式目。「不参の月を除き…湯を勤仕せらるべき」という内容が含まれているが、条文そのものは伝存していな

じ、*一味同心の想いを成すべきなり。即ちこの条、菩提院前大僧正の素意なり。*僧侶止住の計略は、須《すべから》く供料の有無によるべし。*僧侶住持せば仏法の修行、失墜すべからず。仏法怠らずんば、王法の衛護、豈《あに》炳焉ならざらんや。一同これを守り誡むべし。定め置くの状、件《くだん》の如《ごと》し。

文永九年八月二十三日　阿闍梨章遍

（署名一七名略）

**真12**　東寺供僧評定事書　応長元年（一三一一）十月十一日　東寺百合文書

*朝夕*不参の科の事

*永仁五年二月十日の式目に任せて、*不参の月を除き、三ケ月中に参勤せらるべきなり。*もし三ケ月を過ぎなば、*湯を勤仕せらるべきの旨、応長元年十月十一日、重ねて治定せしめ畢んぬ。

**真13**　東寺本新供僧連署置文　正和二年（一三一三）五月二十四日　東寺百合文書

《執筆*少納言法印御坊》

一　*供僧職の挙状の事、*本・新の供僧共に一同の連署たるべし。

---

い。

**不参の月を除き…**　勤行をしなかった月を除いて、それから三カ月以内に当番の代わりを勤めるべきである。

**もし三ケ月を…勤仕せらるべきの旨**　もしも当番の代わりを勤めないまま三カ月が過ぎてしまったならば、代わりに湯役を勤めるべきであるということ。

**湯**　大湯屋における湯役。湯役とは湯をたてる費用（湯料）を負担することで、室町期では一度につき四〇〇文を負担した。↓補2

**真13**　↓補3

**東寺本新供僧連署置文**　新たに新供僧が置かれたのに際して、七カ条にわたって本供僧・新供僧の関係を定めた。

**少納言法印御坊**　置文の執筆者で、この段階では供僧の奉行を務めていた人物と思われるが未詳。

**供僧職の挙状**　供僧職補任の吹挙状。現任の供僧全員が連署した。真15第4条の「連署を…申し請う」の項参照。

**本新の供僧**　延応二年（一二四〇）以来順次設けられてきた一八口の供僧を本供僧といい、正和元年（一三一二）に後宇多上皇によって寄せ置かれた三口の供僧を新供僧という。これらをあわせた二一口の供僧が、廿一口供僧方を構成する。↓補4

一 供養法事、御影堂三口供僧料所、各別上者、不レ可レ混二諸堂一、
一 御影堂朝夕番張事、不レ論二本・新一、可レ任二臈次一、
一 寺役出仕事、追可二治定一、
一 御影堂寄進之地事、於二以前寄進分一者、本供僧、如レ本管領不レ可レ有二相違一、至二向後寄進分一者、本・新可レ為二平均之沙汰一者也、
一 湯事、本・新共可レ為二巡役一、
一 料所事、本・新相互可レ存二各別之義一、

正和二年五月廿四日　内供奉寛雄
阿闍梨、、、
以下連署

**真14** 東寺供僧中評定式目　暦応三年(一三四〇)七月　日　阿刀文書

供僧中評定式目

一 毎月三日・十三日・廿三日為二評定式日一、點二午剋一、為二集會時分一、各可レ有二會合一事、

**供養法**　御影堂舎利塔前で行う金剛界供養法。拝師庄内の地を料所として行われた。
**御影堂三口の供僧**　正和元年(一三一二)に寄せ置かれた新供僧。
**朝夕番張**　御影堂勤行の結番帳。
**本新を論ぜず**…　本供僧・新供僧を区別しないで、臈次に従うべきである。
**以前の寄進分**　新供僧三口が置かれる以前に寄進された土地。御影堂に寄進された所領のうち、一八口の本供僧が管領する散在所領については、建武四年(一三三七)に作成された本寄進田目録があり(「東寺

一　*供養法の事、*御影堂《みえいどう》三口の供僧の料所、各別の上は、諸堂に混ずべからず。
一　御影堂*朝夕番張の事、*本・新を論ぜず、臈次に任すべし。
一　寺役出仕の事、追って治定すべし。
一　御影堂に寄進の地の事、*以前の寄進分においては、*本供僧、本の如《ごと》く管領すること相違あるべからず。向後《きょうご》の寄進分に至っては、*本・新平均の沙汰たるべきものなり。
一　*湯の事、本・新共に、*巡役たるべし。
一　*料所の事、本・新相互に各別の義を存ずべし。

正和二年五月二十四日　*内供奉寛雄
阿闍梨、、、
以下連署

**真14**　東寺供僧中評定式目　暦応三年（一三四〇）七月　日　阿刀文書

供僧中評定式目

一　毎月三日・十三日・二十三日は評定の式日たり。午の尅を点じ、集会の時分として、各《おのおの》会合あるべき事。

百合文書」ワ函八七号・「東寺文書」無号之部二六号)、橋本初子によって全文が翻刻されている(「本寄進田目録の翻刻紹介」『中世東寺と弘法大師信仰』思文閣出版、一九九〇年)。この目録は、前年に光厳上皇より寺領の惣安堵が行われたのに際して作成されたもので、同じ時、「仏事方寄進田幷文書目録」(「東寺百合文書」ヒ函三九号)も作成された。

**本供僧本の如く**…　本供僧がこれまで通り管領すべきである。

**本新平均の沙汰**…　本供僧・新供僧が対等の立場で管領すべきである。

**湯**　大湯屋の湯を立てる湯料の負担。真12参照。

**巡役**　順番にその役を勤めること。

**料所**　供僧供料のための所領。

**内供奉**　有職の一つ。

**真14**　→補1

**東寺供僧中評定式目**　東寺廿一口供僧の評定について、その日程、遅刻と早退、臨時評定、出席免除、および評定の原則等について定めたもの。→補2

**阿刀文書**　阿刀氏は空海の母の生家といわれ、本尊・道具などを預かる執行の職を相伝してきた阿刀家に伝えられた文書。執行職に関わるものを中心に中世・近世の文書と日記からなる。

一　鳴二集會太鼓一之後、香置火二寸之內、各可レ令二參會一、若過二二寸一者、本供僧供
〔物〕□一日分（五升、不レ可レ依二年貢減少一、）於二納所一被レ留レ之、可レ被レ宛二他足一事、

一　若急事等出來之時者、可レ催二臨時評定一、適乍レ令二寺住一、稱レ非二式日一令レ不レ參一
者、其科可レ同二前段一事、

一　於下評議未終之前、令二退出一之輩上者、罪科可レ爲二同前一事、

一　公家武家崛請幷靈所參籠・田舍下向之輩者、可レ被レ免レ之、縱又雖レ非二公請
等一、就二眞俗一有二大切所用一、令二他住一之時、於二五ケ日已上一（若臨時評定者、不レ依二他住日限一、可レ被レ免レ之、）
者、同可レ被レ免レ之、又自身重病幷二親・師匠等所勞危急之時、不レ能二出仕一者、
載二起請之詞一、出二狀於衆中一、可レ望二申免許一事、

一　評議之趣、每事興隆爲レ先、不レ可レ存二私曲一、各成二水魚之思一、不レ可レ有二確執一、
縱雖レ爲二師匠・同朋一、於二非據〔篇〕□一〔者〕□、不レ可レ加二潤色之詞一事、

一　就二是非一、不レ可レ漏〔脫〕二達評定儀一事、

**集会の太鼓**　集会の開始を告げる太鼓。

**香置の火…**　燃えた長さで時間を計るための香が、二寸燃えるまでの間に評定に参会すべきである。

**本供僧**　文永九年(一二七二)までに置かれた一八口の供僧。真11の「供僧職」の項参照。

**年貢の減少に…**　収納額が減少して供僧一人あたりの供物が減っても、一日五升という額は変更しない。

**納所**　年貢の収納や保管、諸方への下行等を行う所職で、東寺寺官が任ぜられた。納所は、国衙や郡に設けられた年

一　*集会の太鼓を鳴らすの後、*香置の火二寸の内に、各参会せしむべし。もし二寸を過ぎなば、*本供僧の供物一日分〈五升、*年貢の減少によるべからず〉、*納所においてこれを留められ、他足に宛てらるべき事。

一　もし急事等出来の時は、臨時の評定を催すべし。適《たまたま》寺住せしめながら式日に非ずと称して不参せしめば、その科は前段に同じたるべき事。

一　*評議未終の前に退出せしむるの輩《ともがら》においては、罪科同前たるべき事。

一　*公家・武家の崛請《くっしょう》幷《なら》びに*霊所参籠・*田舎下向の輩は、これを免ぜらるべし。縦《たと》いまた公請等に非ずと雖《いえど》も、真俗について大切の所用ありて他住せしむるの時、*五ケ日已上〈*もし臨時の評定ならば、他住の日限によらず、これを免ぜらるべし〉においては、同じくこれを免ぜらるべし。また自身の重病幷びに*二親・師匠等の*所労危急の時、出仕能《あた》わずんば、*起請の詞を載せ、状を衆中に出《い》だし、免許を望み申すべき事。

一　評議の趣、毎事興隆を先とし、私曲を存ずべからず。各*水魚の思いを成し、確執あるべからず。縦い師匠・*同朋たりと雖も、*非拠の篇においては、*潤色の詞を加うべからざる事。

一　是非について評定の儀を漏脱すべからざる事。

貢・公事の収納所を意味したが、荘園が拡大するにつれて、東大寺などの荘園領主も納所を置いて、年貢等の出納、輸送、保管を行った。東寺では、菩提院行遍による供僧組織の再興・供僧供料荘の整備とともに設けられた。→補1

**評議未終の前に…**　評定がまだ終わらないうちに退出した者の罰則は、第二条に准じる。

**公家武家の崛請**　朝廷や室町幕府からの祈禱要請。

**霊所参籠**　高野参籠か。

**田舎下向**　公的な職務によって地方へ下向すること。

**五ケ日已上…**　東寺を離れる期間が五日以上に及ぶ場合は、評定への出席が免除される。

**もし臨時の…**　臨時の評定が開かれた場合は、東寺を離れる期間が何日であっても出席が免除される。

**二親**　両親。

**所労危急**　病気で危篤になること。

**起請の詞を…**　出仕できない理由を書いた起請文を衆中に出して欠席の許可を得るべきである。

**水魚の思い**　お互いに信頼すること。

**同朋**　同じ師に仕えている兄弟弟子。

**非拠の篇**　正当な根拠のない事柄。

**潤色の詞**　肩入れするための発言。

右條々、堅守二其法一、敢不レ可二違越一之、若於下背二此法一之輩上者、可レ蒙二大師・三寶・八幡・稲荷等冥罰一之狀、如レ件、

暦應三年七月　日

阿闍梨禪聖

（署名一六名略）

**真15**　東寺根本廿一口供僧法式条々　貞和五年（一三四九）三月　日　東寺観智院金剛蔵聖教

東寺根本廿一口供僧法式條々

一　器要事

高祖大師弘仁十四年　奏覽經律論之目錄、以爲二定額僧之依學一、所謂大日・金剛兩部大經、蘇婆呼・蘇悉地二部戒本、菩提心論・釋摩訶衍論等、爲二所學之肝要一、具如レ載二彼錄一、又東寺定二供僧廿四口一緣起云、廿一口修學練行者、三口卽三綱、造治雜預者也云々、然則補二當寺供僧一之輩、可下專二三學修練一以レ之爲中第一之器要上、但末代之習嗜二修學一之人頗以希也、縱雖レ疎二其道一心操穩便而、無二不調・放埓之儀一者、又以可レ爲二其器一、是則遠守二根本高祖之曩願一、近任二前

**大師**　弘法大師。
**八幡**　東寺の鎮守八幡宮。
**稲荷**　弘法大師と関わりが深い稲荷明神。
**真15**　→補1
**東寺根本廿一口供僧法式条々**　東寺廿一口供僧の選任にあたり、供僧の資格と寺内での位置づけ、および選任の手続きについて定めたもの。作成段階でこの法式が「根本」となることが意識されていた。
**1**　東寺廿一口供僧は仏道に優れた者を原則とするが、末代の今では心がけのよい者を器要と見なす。
**器要**　器用、器量。
**経律論の目録**　真言宗として学ぶべき経律論の三学の文献を書き上げた「真言宗所学経律論目録」。略して「三学録」。東寺でもこれを定額僧の学ぶべき学問と位置づけた。→補2
**大日…釈摩訶衍論等**　いずれも真言密教

右の条々、堅くその法を守り、敢えて違越すべからず。もしこの法に背くの輩《ともがら》においては、*大師・*三宝・*八幡・*稲荷等の冥罰を蒙るべきの状、件《くだん》の如《ごと》し。

暦応三年七月　日　　阿闍梨禅聖

（署名一六名略）

## 真15　東寺根本廿一口供僧法式条々　貞和五年(一三四九)三月　日　東寺観智院金剛蔵聖教

東寺根本廿一口供僧の法式条々

1 一　*器要の事

高祖大師弘仁十四年に　奏覧する*経律論の目録、以て定額僧《じようがくそう》の依学《えがく》となせ。所謂《いわゆる》*大日・金剛両部の大経、蘇婆呼《そばこ》・蘇悉地《そしつじ》二部の戒本、菩提心論・釈摩訶《しやくまか》衍論《えんろん》等、所学の肝要とす。具《つぶさ》には彼《か》の録に載するが如《ごと》し。また、*東寺供僧廿四口を定むるの縁起に云わく、「廿一口は*修学練行の者なり。三口は即ち三綱なり。*造治雑預する者なり」と云々。然ればすなわち当寺供僧に補すの輩《ともがら》、*三学の修練を専らにし、これを以て第一の器要となすべし。但し*末代の習、修学を嗜むの人、頗る以て希《まれ》なり。縦《たと》いその道に疎しと雖《いえど》も、心操穏便にして不調・放埒の儀なくんば、また以てその器たるべし。是《こ》れすなわち遠くは*根本高祖の曩願《のうがん》を守り、近くは*前

の基本経典。→補3

**東寺供僧廿四口を…**　「二十五箇条御遺告」第二三条の「東寺定供僧廿四口縁起」を指す。そこでは官符に定められた定額僧が五〇口であることを記した上で、寺の造立が終わっていないこと、所領が少ないことを理由に改めて二四口を奏じ定めたとある。真3の「定額僧」の項参照。

**修学練行**　『東宝記(影印本)』一三「廿一口定額僧補任永宣旨阿闍梨事」に廿一口は「受両部大法、練行四種護摩」とある。これが寺僧の資質の第一とされた。

**造治雑預**　寺の造営と運営の雑務。三綱については次条参照。

**三学**　仏道を修行する者が修めるべき基本的な修行項目。戒学、定学、慧学をいう。戒学は戒律で身口意の三悪を止め善を修すること、定学は禅定を修めること、慧学は智慧を身につけることをいう。

**末代の習…その器たるべし**　末法の時代では仏道修行にたけた人は少ないので、その点では多少満たなくとも心がけのよい人を供僧の器量と見なす。

**根本高祖の曩願**　空海の願い。曩は以前から、久しいの意。

**前大僧正の素意**　仁和寺菩提院行遍(一一八一〜一二六四)のかねてからの意向。行遍については真11参照。

大僧正之素意一者也、

一　常住事

此條依二高祖　奏請一及二度々官　敕一訖、所謂弘仁十四年十月十日定額官符云、件宗僧等自今以後令レ住二東寺一云々、承和元年十二月廿四日三綱官符、同二年正月廿二日、同廿三日度者官符等、皆載二弘仁符一以爲二先規一者也、而中古當寺荒廢之刻、小野・廣澤・散在之輩纔以二定額之號一、雖レ勤二仕御願一、長日之勤行動及二退轉一、寺門之修治敢無二其實一、然間延應年中菩提院前大僧正深起二再興之大願一、定二置十八口供僧一、正和年中　後宇多院忝凝二無貳之　叡願一、被レ加二三口之供僧一、是則爲レ滿二足御記所レ被レ載修學練行廿一口之員數一也、再興之元由　叡願之旨趣、只以二密教繁榮一爲レ要、偏以二不退常住一爲レ詮、自レ爾以降依正之修營經年無二失墜一、行學之方便累日添二紹隆一、就中頃年洛中擾亂之刻、以二當寺一爲二城墎一、寺門之安否迴二絲髮一、雖レ然長日之御願無二斷絶一、相承之靈物不二紛失一、誠思寺家之安全、偏是供僧常住之力也、前大僧正之素意、　後宇多

2　供僧は東寺内に居住する常住僧であることが条件で、他住する場合は半年を超えると別人を補任する。

**高祖の奏請**　空海が朝廷に対して行った奏請。

**度々の官勅**　以下に引用されている弘仁十四年(八二三)・承和元年(八三四)・同二年の太政官符。

**定額の官符**　東寺の定額僧として「真言宗僧五十人」を置くとした官符。真3参照。

**三綱の官符**　五〇人の定額僧の内から東寺三綱を任ずるとした官符。真3参照。

**度者の官符**　真言宗の年分度者について、金剛頂業・胎蔵業・声明業各一人の計三人とした太政官符。→補1

**皆弘仁の符を…**　承和元年・同二年の官符がいずれも弘仁十四年の官符を引用し、それを先例とした。真3参照。

**中古当寺荒廃**　一一〜一二世紀にかけて東寺が荒廃していたことを指す。→補2

**小野…の号を以て**　小野流・広沢流とそれ以外の寺の僧たちが、東寺の定額僧の名義で。→補3

**長日の勤行**　毎日の勤め。

**寺門の修治**　堂塔等の修理・造営。その

詳細は「東寺年表」(『東寺の歴史と美術 新東宝記』一九九六年)。

**菩提院前大僧正**　仁和寺菩提院行遍。真11参照。

**再興の大願**　行遍は延応二年(一二四〇)に「宣陽門院御願」によって五口の供僧を再興した(『東宝記』六「毎月勤行」)。

**十八口の供僧**　一八口の根本供僧。行遍による五口のほか、建長四年(一二五二)に一〇口、弘長三年(一二六三)に一口、文永年中(一二六四～一二七五)に二口が加えられて一八口の根本供僧が成立した。真5・11参照。

**正和年中…**　正和元年(一三一二)三月二十一日に御宇多上皇によって、最禅、良厳、融舜の三口の供僧が御影堂に置かれた(『東宝記』六、同前)。

**後宇多院**　後宇多上皇(一二六七～一三二四)。

**御記**　第1条でも引用されている「二十五箇条御遺告」の第一三条。

**元由**　原由、物事の基づくところ。

**依正の修営は…**　東寺の堂舎は永年にわたり維持され、法会についても日ごとに盛んになる。依正は仏道修行のよりどころとなる環境、すなわち寺院のこと。

**頃年…城墎となし**　建武政権が分裂し南北朝の内乱が始まって以降、東寺はたびたび足利方の拠点とされた。→補4

**寺門の安否…**　東寺の安全について僅かな可能性を探ってきた。

大僧正の素意に任すものなり。

2 一 常住の事

この条、高祖の　奏請により度々の官　勅に及び訖んぬ。所謂弘仁十四年十月十日の定額の官符に云わく、「件《くだん》の宗僧等、自今以後東寺に住まわしめよ」と云々。承和元年十二月二十四日の三綱の官符、同二年正月二十二日・同二十三日の度者の官符等、皆弘仁の符を載せ、以て先規となすものなり。しかるに中古当寺荒廃の刻、小野・広沢・散在の輩《ともがら》、纔《わずか》に定額の号を以て、御願を勤仕すと雖《いえど》も、長日の勤行は動《やや》もすれば退転に及び、寺門の修治は敢えてその実なし。然る間、延応年中に菩提院前大僧正は深く再興の大願を起こし、十八口の供僧を定め置く。正和年中に　後宇多院は忝《かたじけなく》も無弐の　叡願を凝らし、三口の供僧を加えらる。是れすなわち御記に載せらるるところの修学練行廿一口の員数を満足せんがためなり。再興の元由、　叡願の旨趣、ただ密教の繁栄を以て要となし、偏《ひとえ》に不退の常住を以て詮となす。それより以降、依正の修営は経年失墜なく、行学の方便は累日紹隆を添う。就中《なかんずく》頃年洛中擾乱の刻、当寺を以て城墎となし、寺門の安否、絲髪を廻らす。然りと雖も長日の御願は断絶なく、相承の霊物は紛失せず。誠に思うに寺家の安全は、偏《ひとえ》に是れ供僧常住の力なり。前大僧正の素意、　後宇多

院　叡慮果而顯二于斯時一者歟、向後彌守二常住之法度一、將來須レ存二吾寺之紹構一、然則縱雖レ爲二稽古拔群之仁一、若不レ常二住寺家一者、全非二供僧之器要一、且是度々置文之所レ定也、但有二難レ去子細一令二他住一之時者、任二寺例一不レ可レ過二半年一、若過二半年一者、不レ相二觸本主一可レ擧二補他人一、抑半年他住事、重々有二沙汰一雖レ定二其法一、置文紛失之間、欲レ行二違犯之罪一頗似レ于レ無レ據、仍所レ及二一同連署一也、向後更不レ可レ違二越此法式一矣、

一　讓與事

爲下重二所職一專中常住上、自二再興之最初一、被レ定二讓與之法式一畢、其器如レ載二第一篇一、又高祖御記云、操行宜者非レ蕳〔簡〕二我師人資一、汲引繼二密教性一、設令雖二親弟子一、操意不調者、蕳〔簡〕略不レ可二同共一云々、然則忘二自他之別一、執二察高祖之冥意一、殊撰二其仁一宜レ讓二付之一、若依二不慮之因緣一、不レ及二讓與一之跡、如二元德連署置文一者、自二幼少一養育提撕之弟子、依二師匠不慮之

**吾が寺の紹構を…**　東寺の興隆を心がけるべきである。

**度々の置文**　これまでに定められた常住に関する置文。真11など。

**もし半年を過ぎなば…**　他住が半年を超

院の　叡慮、果して斯《か》くの時に顕るるものか。向後《きょうご》、弥《いよいよ》常住の法度を守り、将来須《すべから》く*吾《わ》が寺の紹構を存ずべし。然ればすなわち縦《たと》い稽古抜群の仁たりと雖《いえど》も、もし寺家に常住せざれば、全く供僧の器要に非ず。且《かつ》は是《こ》れ*度々の置文の定むるところなり。但し去りがたき子細ありて他住せしむるの時は、寺例に任せて半年を過ぐべからず。*もし半年を過ぎなば、本主に相《あい》触れず他人を挙げ補すべし。抑《そもそ》も*半年他住の事、重々沙汰ありてその法を定むと雖も、置文紛失するの間、違犯の罪に行わんと欲するに、頗る拠なきに似たり。仍て一同の連署に及ぶところなり。向後、更にこの法式に違越すべからず。

**3** 一　譲与の事

所職を重ね、常住を専らにせんがため、再興の最初より*譲与の法式を定められ畢んぬ。その器第一篇に載すが如《ごと》し。また*高祖御記に云わく、「操行の宜《よろ》しからん者をば、我が師、人の資を簡ぶに非ず、汲引して密教の性を継がしめよ。設令《たとい》、親しき弟子なりと雖も、操意不調ならば、簡略して同じく共なうべからず」と云々。然ればすなわち自他の別を忘れ、高祖の冥意を執り察して、殊にその仁を撰び、宜しくこれに譲り付すべし。もし不慮の因縁により、譲与に及ばざるの跡は、*元徳連署の置文の如《ごと》くんば「幼少より養育するの*提撕《ていせい》の弟子、*師匠の不慮の

過した場合は、本人に相談することなくその者の代わりに別人を吹挙する。本主はもとの持ち主のことで、ここでは他住している供僧をいう。しかし実際には、真35に見える「半常住」の措置が取られる場合もあった。

**半年他住の事…**　他住を半年に制限することを定めた置文が紛失したために、違反者を罰することができなくなった。

**3**　常住を維持するために供僧職の譲与を認め、それができなかった場合は「元徳連署の置文」に基づいて対処することを定める。

**譲与の法式**　延応二年（一二四〇）に五口の供僧が再興された際に定められた、供僧職の譲与に関する取り決め。伝存していない。

**高祖御記**　「二十五箇条御遺告」の第九条「宿住真言場、欲為師師門徒者、必須以情操為本縁起」に、以下に続く文章がみられる。

**元徳連署の置文**　供僧職の譲与について供僧中として定めた置文。伝存していない。

**提撕の弟子**　師匠の教えを受け導かれた弟子。

**師匠の不慮の…空しくするの条**　師匠の死去によって、供僧職の譲与を受けないままでいるのは。

子細一空レ手之條、頗以不便次第歟、向後若如レ然之時、其仁爲二不退常住心操穩便之器要一者、鑑二察師匠之素意一、可レ聽二所職之相續一也、若又以二弟子號一致二競望一、無二甚深之好一者、更不レ可レ許レ之、須下搜二本主之意趣一有中許不之斟酌上云々、此條不レ可レ有二相違一、但無二其人一者、不退常住之内撰二器要一、可レ擧二補之一、若他住之輩爲二便宜之仁一、事相教相稽古拔群、薰修德行超二于等倫一、令レ常二住寺家一可レ有二廣大利益一者、閣二當住之仁一可レ擧二補之一、是併存二密教紹隆一思二惠命相續一故也、

一　吹擧事

永仁連署置文云、彼供僧依レ得二讓與一申二請連署於供僧中一之時者、付二彼狀於時之奉行一、可レ有二披露一也、然者奉行以二評定一、不レ存二親疎一無二偏頗矯飾一、各可レ致二其沙汰一也云々、而近年不レ付二奉行一不レ遂二評定一讓得之仁、直請二連署一之間、不レ及二是非沙汰一各加署吹二擧之一、所職之零落職而由二于斯一、於二向後一者任二永仁之置文一、遂二一同之評定一、可レ決二判器要之是非一、



**師匠の素意を鑑察し…**　死去した者の意向を推察して、常住でありかつ供僧の器用を持つ弟子に供僧職の相続を許可する。

**本主**　この場合は死去した師匠をいう。

**その人なくんば**　死去した者の弟子のう

ちに、供僧職を譲与すべき適当な人材がない場合は。

**器要** 器用、器量。

**他住の輩便宜の仁**… 他寺の僧であっても器用の面で常住を超え、かつその者が東寺に常住するのであれば、後任の供僧として吹挙する。

**4** 供僧中として新たな供僧を御室宮に吹挙する際は、「永仁連署の置文」に従って評定の場において器用を審議し、そのうえで連署の挙状を作成すべきことを定める。

**永仁連署の置文** 譲与された供僧職の承認手続きを定めた置文。伝存していない。

**連署を…申し請う** 連署の挙状を供僧中に申請する。申請をうけた供僧は、評定の場においてその者の器用を審議し、承認する場合は供僧中として連署の挙状をもって御室宮に申し入れた。御室宮は東寺長者に供僧の補任状を発給するよう命じた。→補1

**時の奉行** その年(あるいはその季節)の供僧方奉行。年預もしくは季奉行。季奉行については真21参照。

**直に連署を請うの間**… 供僧職を譲与された者が、評定の場において器用を審議してもらうことなく、挙状への連署を直接一人一人に申請する。



子細により、手を空しくするの条、頗る以て不便の次第か。向後《きょうご》、もし然るが如きの時、その仁不退常住にして心操穏便の器要たらば、*師匠の素意を鑑察し、所職の相続を聴すべきなり。もしまた弟子の号を以て競望《けいぼう》を致すも、甚深の好なくんば、更にこれを許すべからず。*「須《すべから》く本主の意趣を捜し、許不の斟酌あるべし」と云々。この条、相違あるべからず。但し*その人なくんば、不退常住の内、*器要を撰びてこれを挙げ補すべし。もし*他住の輩《ともがら》便宜の仁にして、事相教相、稽古抜群、薫修徳行、等倫に超え、寺家に常住せしめて広大の利益あるべくんば、当住の仁を閣き、これを挙げ補すべし。是《こ》れ併《しか》しながら密教紹隆を存じ、恵命相続を思う故なり。

**4**

一　吹挙の事

*永仁連署の置文に云わく、「彼《か》の供僧、譲与を得るにより、*連署を供僧中に申し請うの時は、彼の状を*時の奉行に付し、披露あるべきなり。然れば奉行、評定を以て、親疎を存ぜず偏頗・矯飾なく、各《おのおの》その沙汰を致すべきなり」と云々。しかるに近年は、奉行に付さず、評定を遂げず、譲得の仁が、*直に連署を請うの間、是非の沙汰に及ばず、各加署しこれを吹挙す。所職の零落、職《もと》としてこれに由《よ》れり。向後においては、永仁の置文に任せて一同の評定を遂げ、器要の是非を決判

或優二和面一或恐二權威一、勿レ加二芳言一、勿レ貽二所存一、云二心操一云二行儀一、無三殊違失一者、不レ違二法式之旨一取二嚴密請文一、先廻二覽衆中一、然後爲二奉行沙汰一請二連署一、可レ申二入仁和寺御所一、若於下離二衆擧一致二競望一之輩上者、永可レ止二寺家之交衆一矣、

右條々、爲下備二未來之龜鏡一、全中常住之法式上、所レ定如レ斯、各仰二冥之照覽一、敢勿レ令二違越一、若於下令二違越一之輩上者、兩部諸尊、八大高祖、當寺鎭守八幡、稻荷、早廻二冥眷一、速加二治罰一永可レ空二一世之所願一者也、仍一同連署狀、如レ件、

貞和五年三月　日　　大法師「亮眞」

(署名七四名略)

**真16**　東寺供僧中合力沙汰契約状　貞治三年(一三六四)九月　日　阿刀文書

東寺衆中不慮災難等出來時、互有二同心一可レ致二合力沙汰一事

右、近年之式、就二惣別一不慮之横災等、臨レ期所レ失二方角一也、孤露

**和面を優らげ…**　相手に配慮したり権威を恐れたりして、感じのよい事を言ったり、思っている事を言わなかったりしてはならない。

**法式の旨**　「永仁連署の置文」の内容。

**厳密の請文**　供僧職の請文。応永五年(一三九八)、宗仲が供僧中に対して提出した請文は次のようなものである(「東寺百合文書」せ函二一六号)。

(端裏書)
「宗仲僧都供僧職請文〈応永五・九・十七〉」
東寺供僧職請中条々
一　守暦応・貞和置文及貞治〈三・六〉両度連署状之旨、雖一事、不可違越事
一　操意穏便為先、不可致嗷儀非法事
一　可令不退常住事
一　好武勇、不可帯刀杖等事
一　往他宗異門室、不可倍従事
右条々、堅請文之旨不可違背、若雖一事令違犯者、且不日被改替所職、且可蒙大師・八幡御罰者也、仍請文状、如

件、

応永五年九月十七日

権少僧都宗仲(花押)

第一条において、供僧が守るべきものと位置づけられている「暦応・貞和置文」が真14と本文史料である。

**仁和寺御所** 御室(仁和寺)宮。御室宮が東寺長者に命じて供僧の補任状を認めさせる。

**衆挙を離れ…** 供僧中の審議を経た吹挙を得ることなく供僧職の補任を求める者は、補任状が出たとしても寺家の交衆を認めない。

**二世の所願を…** 現世・来世において救済されることはない。

**真16** →補1

**東寺供僧中合力沙汰契約状** 南北朝内乱期において、権力者の交代や戦乱等により東寺供僧に危険が及ぶことについて、互いに助け合うことを誓ったもの。

**近年の式** 近頃の事情。

**惣別** 概して。

**不慮の横災等…** 思いがけない災難に巡り合った時に対応することができない。

**孤露独身の輩** 寺内院家に属さず、手助けしてくれる同宿がいない僧。この段階では東寺寺内の院家はまだ多くはなかった。

すべし。或いは*和面を優らげ或いは権威を恐れ、芳言を加うる勿《なか》れ、所存を貽す勿れ。心操と云い、行儀と云い、殊なる違失なくんば、*法式の旨に違わず、*厳密の請文を取り、先《ま》ず衆中に廻覧し、然る後、奉行の沙汰として連署を請い、*仁和寺御所に申し入るべし。もし*衆挙を離れ競望《けいぼう》を致すの輩《ともがら》においては、永く寺家の交衆を止むべし。

右の条々、未来の亀鏡に備え、常住の法式を全うせんがため、定むるところ斯《か》くの如《ごと》し。各《おのおの》冥の照覧を仰ぎ、敢えて違越せしむ勿れ。もし違越せしむるの輩においては、両部諸尊・八大高祖・当寺鎮守八幡・稲荷、早く冥眷を廻らし、速《すみ》やかに治罰を加え、永く*二世の所願を空しくすべきものなり。仍て一同連署の状、件《くだん》の如し。

貞和五年三月 日

大法師「亮真」

(署名七四名略)

**真16** 東寺供僧中合力沙汰契約状 貞治三年(一三六四)九月 日 阿刀文書

東寺衆中不慮の災難等出来するの時、互いに同心ありて合力沙汰を致すべき事

右、*近年の式、*惣別につき、*不慮の横災等、期に臨み方角を失うところなり。*孤露

獨身之輩若無㆓衆中扶持合力㆒者、依㆓非分之災難㆒、可㆑及㆓生涯㆒之條、不㆑能㆓左右㆒者歟、面々當㆓其身㆒、向後非㆑無㆓怖畏㆒、所詮、此衆中無㆑罪沈㆓其科㆒、不㆑謬失㆓其身㆒之條、爲㆓不便次第㆒之上者、於㆓向後㆒者、殊成㆓一味同心之思㆒、可㆑致㆓扶持合力之沙汰㆒、若存㆓私曲㆒、若得㆓人語㆒、令㆑違㆓變一諾之契約㆒者、且擯㆓出其身㆒、且可㆑蒙㆓大師・八幡冥罰㆒之狀、如㆑件、

貞治三年九月　日　　阿闍梨仁寶

（署名一九名略）

**真17**　伝奏松木宗量奉書　応永十七年（一四一〇）九月十日　　東寺文書

東寺講堂供僧職事、御願異㆑他之處、自㆓他寺㆒輩、動横令㆓競望㆒云々、太不㆑可㆑然、於㆓向後㆒者、以㆓供僧連署狀㆒、定額中器用之輩、可㆑吹㆓擧申入㆒之由、可㆑申旨、內々被㆓仰下㆒候也、恐惶謹言、

應永十七
九月十日　　宗量

長者僧正御坊

**生涯に及ぶ**　命を失う。

**罪なくその科に…失うの条**　罪を犯していないのに罰せられたり命を失うこと。南北朝の内乱期、東寺は朝廷と密接な関わりをもち、また軍勢の陣所として用いられたことから、政治的な変動に伴って寺内の人事が大きな影響をうけることもあった。ここでは一般的な災害に加えて、そうした権力的な問題への対応も想定されている可能性が高い。→補1

**人の語らいを得**　供僧中以外の者と結んで。供僧ではないが、学衆の一人である深源は、貞和二年（一三四六）以来、元応の置文（真45）を根拠に矢野庄給主職への補任を求めて「武家辺」に訴え、武家の奉書を得たという吉川孫太郎・中津川律師（赤松則祐）らの乱入が伝えられている（網野善彦「東寺における自治の発展」『中世東寺と東寺領荘園』東京大学出版会、一九七八年）。この深源は延文二年（一三五七）にも学頭職への補任を求めて、学衆連署の挙状を得ないまま、長者定憲から伝法会学頭に補任され、学衆と激しく対立した

独身の輩《ともがら》、もし衆中の扶持合力なくんば、非分の災難により*生涯に及ぶべきの条、左右能わざるものか。面々その身に当たっては、向後《きょうご》怖畏なきに非ず。所詮、この衆中に*罪なくその科に沈み、謬《あや》まらずしてその身を失うの条、不便の次第たるの上は、向後においては、殊に一味同心の思いを成し、扶持合力の沙汰を致すべし。もし私曲を存じ、もし*人の語らいを得、一諾の契約に違変せしめば、且《かつ》はその身を擯出せしめ、且は大師・八幡の冥罰を蒙るべきの状、件《くだん》の如《ごと》し。

貞治三年九月　日　　阿闍梨仁宝

（署名一九名略）

**真17**　伝奏松木宗量奉書　応永十七年(一四一〇)九月十日　東寺文書

東寺*講堂供僧職の事。御願他に異なるのところ、*他寺よりの輩《ともがら》、動《やや》もすれば横ざまに競望《けいぼう》せしむと云々。太《はなは》だ然るべからず。向後《きょうご》においては、*供僧の連署状を以て、*定額中の器用の輩を*吹挙し申し入るべきの由、申すべき旨、内々に仰せ下され候なり。恐惶謹言。

応永十七九月十日　　*宗量

*長者僧正御坊

（網野前掲論文）。

**真17**　→補2

**伝奏松木宗量奉書**　東寺講堂供僧職の選任方法に関する天皇の内意を伝えたもの。ただし最終決定をみなかった可能性が高い。

**講堂供僧職**　仁王般若秘法を修するため、後醍醐天皇によって正中二年(一三二五)に東寺講堂におかれた供僧。廿一口供僧の上位六口が任ぜられる。→補3

**他寺よりの輩**…　常住していない他寺の僧が、東寺での階梯を経ないで講堂供僧職への吹挙を希望する。→補4

**供僧の連署状**　講堂供僧を推薦する廿一口供僧の連署状。

**定額中の器用の輩**　ここでは廿一口供僧のなかで講堂供僧に次ぐ臈次の僧を指す。

**吹挙し申し入る**…　講堂供僧の候補者を公家側に申し入れるべきだということを、伝奏から東寺側に伝えよと、天皇が内々に仰せ下された。→補5

**宗量**　伝奏の松木宗量(一三七二～一四二八)。のちに宗宣と改名。法名常祐。

**長者僧正御坊**　東寺長者満済(一三七八～一四三五)。一四〇九～一四二一年、一四二六～一四三二年の二度にわたって東寺長者に任じられた。真52参照。

## 真18　東寺西院諸仏事法度事書　永享十年(一四三八)十二月二十四日　東寺百合文書

永享十年十二月廿四日平〔評〕議云、
西院諸佛事々、近年以外遅參・早出繁多之間、且者法會之淩夷、且者冥□之至、旁不レ可レ然、施主涯分勵二微力一、割二立針之地一、令レ寄二附影前一者、爲二亡魂出離一也、然者且大衆合二魚山之聲一諸德共二業力一、可レ被レ專歟之處、近日之式、無二其實一之條、太不レ可レ然、所詮、於二自今已後一者、於二遅參・早出之人躰一者、捧物幷僧膳料支配、可レ被二停止一、其早出者、可レ爲二廻向方便已前一、遅參者調聲人、經題被二讀上一可レ爲二已後一者也、

一　引付載二交名一間事
於二衆中幷三上人一者、此日之儀不レ及二子細一、然近日預已下不レ致二出仕一、乍レ倦二奉公一、無二左右一、捧物幷僧膳料令二受用一之條、且者不レ可レ然、所詮、於二自今已後一者、縦雖レ爲二預已下一、載二引付交名幷參不一、於二不參之輩一者、捧物幷僧膳料支配可レ令二停止一之由、衆儀了、

**真18**　→補1
**東寺西院諸仏事法度事書**　西院で行われる仏事の遅参や早出に関して、捧物や僧膳料の配分を停止すること、預以下も引付に交名と参不を載せ、不参については同じく捧物・僧膳料の配分を停止することを定めた。
**永享十年十二月**…　この日の廿一口供僧の評定の結果を事書形式にまとめたものである。ただし「東寺百合文書」ち函の評定引付は、当日出仕した供僧の名前のみが記され、評定内容の記録はない。
**西院諸仏事**　西院御影堂で行われる様々な仏事。ここでは追善供養などを指す。
**遅参早出繁多**…　遅刻や早退が頻繁に行

われることは、仏事の衰退をもたらすだけでなく、仏神の罰も畏れ多い。□は譴か。→補2

**施主は涯分の…**　仏事の費用を出す人が少ないながらも精一杯の力を尽くし、わずかな土地をさいて大師の御影の前に寄付するのは、死者の往生を願うからである。追善仏事等を目的とした土地寄進については橋本初子「中世東寺の散在仏事料所と伝来の文書について」(『中世東寺と弘法大師信仰』思文閣出版、一九九〇年)。

**魚山**　経文の偈頌(仏徳をほめたたえた文句、げじゅ)に節をつけて読む歌。魏の曹植(そうち)が山東省の魚山で、空中に梵天の音を聞き、その音律を模して梵唄(ぼんばい)を作ったと伝えられることによる。

**支配**　配分すること。

**早出は廻向の…**　早出と遅参の定義を定めたもので、仏事において死者の廻向以前の退出を早出と見なし、調声の人が経題を読み上げて以後の出仕を遅参と見なした。

**引付**　仏事・法会の記録。

**衆中幷びに…然るべからず**　西院仏事について供僧と三聖人が出仕するのは当然であるが、預以下が出仕せずに捧物や僧膳料を受け取っているのは問題である。

## 真18　東寺西院諸仏事法度事書　永享十年(一四三八)十二月二十四日　東寺百合文書

*永享十年十二月二十四日の評議に云わく、

*西院諸仏事の事、近年以ての外、*遅参・早出繁多の間、且《かつ》は法会の凌夷、且は冥□の至り、旁《かたがた》然るべからず。*施主は涯分の微力を励まし、立針の地を割きて、影前に寄附せしむるは、亡魂出離のためなり。然れば且は大衆*魚山の声を合わせ、諸徳業力を共にし、専らにせらるべきかのところ、近日の式、その実なきの条、太《はなは》だ然るべからず。所詮、自今已後においては、遅参・早出の人躰においては、捧物幷《なら》びに僧膳料の*支配を停止せらるべし。その*早出は、廻向の方便の已前たるべし。遅参は、調声の人、経題を読み上げらるる已後たるべきものなり。

一　*引付に交名を載する間の事

*衆中幷びに三上人においては、この日の儀、子細に及ばず。然るに近日、預《あずかり》已下、出仕を致さず、奉公に倦みながら、左右なく捧物幷びに僧膳料を受用せしむるの条、且は然るべからず。所詮、自今已後においては、縦《たと》い預已下たりと雖《いえど》も、引付に交名幷びに参不を載せ、不参の輩《ともがら》においては捧物幷びに僧膳料の支配を停止せしむべきの由、衆儀し了んぬ。

**真19**　東寺廿一口供僧連署置文　文明十六年(一四八四)十二月　日　東寺文書

定置　供僧拝堂事

文明十六年十二月五日評義云、今度彼下行物、如二先規一可レ有二沙汰一之處、一亂以後供僧方得分減少之間、本法可レ被レ出之事、依レ難レ叶、未二拝堂一之仁數輩訴訟之間、拝堂料最下四貫貳百六十文之內、大堂供料貳十疋幷六十五人之下部酒肴料二十疋被レ略レ之畢、然間、不レ言二中綱增減一、不レ論二諸坊之舊例一、永代參貫八百六十文、爲二定足一每年十一月中、逐年百疋宛被レ出レ之、四箇年之中可レ有二究濟一、仍以二此趣一、相二觸執行以下之公人等一之處、此旨承伏申訖、

一　如二往古之規式一、補任以後四箇月中、必可レ被レ遂二拝堂一之事

一　四箇年之內、於レ轉二供僧跡一者、以前拝堂仁所レ殘足、逐年可レ有二究濟一之事

一　供僧仁躰、於二或離寺或他界之跡一者、以前之殘足、可レ被レ捨レ之間事

一　下行物不レ終而離寺之仁還住之時、任二供僧一者可レ被レ出レ之、

**真19**　→補1

**東寺廿一口供僧連署置文**　供僧補任後の拝堂料下行物に関し、応仁の乱後の供僧得分の減少を考慮して置文を定めた。

**拝堂**　新任の僧が諸堂や鎮守を拝礼する就任の儀式。→補2

**文明十六年十二月五日の評議**　その日に行われた廿一口方の評定。→補3

**彼の下行物**　供僧となって拝堂する際に下部等にふるまう費用。

**先規**　長禄二年(一四五八)の規式。この年、「東寺十八口供僧拝堂日数之事」が論じられている(廿一口引付条目大概目安〔「東寺文書」追加之部一四号〕)。

**一乱以後…叶いがたきにより**　応仁の乱以後、荘園等の年貢が減少し供僧の得分も減少したために、乱以前の本法に従って負担することが困難になったので。

**最下**　最低額。

**大堂**　講堂か。

**六十五人の下部**　執行のもとに属して堂舎等の管理と修理に携わるもので、定員は六五人。供僧拝堂の際に酒肴料の下行がなされていた。→補4

**中綱の増減**　『東宝記』七によれば定員は一三人となっているが、確認できる人数は少ない。→補5

**参貫八百六十文…**　(拝堂の費用)三貫八六〇文について、毎年十一月中に一〇〇

疋(一貫文)ずつ支払って四年で完済すべきである。この額は最下の四貫二六〇文から大堂供料二〇疋(二〇〇文)と下部の酒肴料二〇疋を除いた残額である。十一月中とあるのは、収納が行われる秋が供料の配分を受ける頃であるのと、十二月に供僧等の転出が多くみられるためか。

**執行以下の公人**　執行と中綱・職掌。

**往古の規式**　長禄二年の規式で、十八口供僧は補任状到来後、四カ月の間に拝堂すべきこと(廿一口引付条目大概目安)。

**四箇年の内**　拝堂の供料を納入すべき四カ年のうちに。

**供僧の跡に転ずる**…　(離寺・他界によって生じた)供僧の跡に補任された者は、以前に拝堂した前任の供僧が納めるべき残額を、引続き毎年納めるべきである。

**供僧の仁躰**…　供僧が離寺や他界等で供僧職を離れた場合、拝堂の供料の残額があっても本人はそれを納めなくてよい。前項とあわせ、拝堂の供料は現任の供僧が納入すべきだという原則が窺われる。

**下行物終えずして**…　拝堂の供料を納め終えないまま東寺を離れた者が還住した場合、供僧に任ぜられたなら拝堂の供料を納めるべきである。供僧に任じられない場合は、納める必要はないが、何年後であっても供僧に還補されたならば、以前の残額を納めるべきである。

## **真19**　東寺廿一口供僧連署置文　文明十六年(一四八四)十二月　日　東寺文書

定め置く　供僧*拝堂の事

*文明十六年十二月五日の評義に云わく、今度*彼《か》の下行物、*先規の如《ごと》く沙汰あるべきのところ、*一乱以後、供僧方の得分減少するの間、本法に出《い》ださるべきの事、叶いがたきにより、未《いま》だ拝堂せざるの仁、数輩訴訟するの間、拝堂料最下*四貫弐百六十文の内、*大堂の供料弐十疋并《なら》びに*六十五人の下部の酒肴料二十疋、これを略され畢んぬ。然る間、*中綱の増減を言わず、諸坊の旧例を論ぜず、永代に*参貫八百六十文、定足として毎年十一月中に、逐年百疋宛これを出だされ、四箇年の中に究済あるべし。仍てこの趣を以て、*執行以下の公人等に相《あい》触るるのところ、この旨を承伏申し訖んぬ。

一　*往古の規式の如く、補任以後四箇月の中に、必ず拝堂を遂げらるべきの事

一　*四箇年の内に、*供僧の跡に転ずるにおいては、以前拝堂の仁の残るところの足を、逐年に究済あるべきの事

一　*供僧の仁躰、或いは離寺、或いは他界の跡においては、以前の残足、これを捨てらるべき間の事

一　*下行物終えずして、離寺の仁、還住するの時、供僧に任ずるはこれを出ださる

非ニ供僧一之間者、不レ可レ被ニ沙汰一、縦雖レ送ニ年序一、令レ還ニ補供僧一之時者、以前之
殘足、可レ被レ致ニ其沙汰一之事

一　下行物、過ニ十一月中一、於レ有ニ無沙汰一者、以ニ諸供料一、於ニ寺庫一可レ被ニ押止一之
事

右條々、以ニ供僧一同之評義一被レ定訖、敢不レ可ニ違背一、萬一未來之供僧幷執行以下之諸公人等、令レ違ニ犯此旨一者、歎ニ申寺務一、可レ及ニ御沙汰一者也、仍連署之狀、如レ件、

文明十六年十二月　日　　大法師「俊我」

（署名二〇名略）

## 2　学衆

**真20**　東寺学衆規式置文　文保二年（一三一八）四月　日　　東寺百合文書

定置　規式事

一　隱密義評定事、終後其衆外不レ可レ有ニ披露一事

一　不レ依ニ親疎口入一、存ニ公平一、可レ成ニ立評定義一事

べし。供僧に非ざるの間は、沙汰せらるべからず。縦《たと》い年序を送ると雖《いえど》も、供僧に還補せしむるの時は、以前の残足、その沙汰を致さるべきの事

一 *下行物、十一月中を過ぎ、無沙汰あるにおいては、諸供料を以て、*寺庫において押し止めらるべきの事

右の条々、供僧一同の評義を以て定められ訖んぬ。敢えて違背すべからず。万一、未来の供僧并《なら》びに執行以下の諸公人等、この旨に違犯せしめば、寺務に歎き申し、御沙汰に及ぶべきものなり。仍て連署の状、件《くだん》の如《ごと》し。

文明十六年十二月　日　大法師「俊我」

(署名二〇名略)

## 2　学衆

**真20**　東寺学衆規式置文　文保二年(一三一八)四月　日　東寺百合文書

定め置く　規式の事

一 *隠密義の評定の事、終わりて後その衆の外に披露あるべからざる事

一 *親疎の口入《くにゅう》によらず、*公平《くひょう》を存じ、評定の義を成立すべき事

**下行物十一月中を過ぎ…**　拝堂の供料が十一月を過ぎても納入されない場合、供僧得分を天引きして差し押さえるべきである。

**寺庫**　寺家としての収納物を保管する蔵。寺蔵、惣蔵。東寺の蔵については阿諏訪青美『中世後期の東寺にみる寺家経済の構造』(『中世庶民信仰経済の研究』校倉書房、二〇〇四年)参照。

**真20**　→補1

**東寺学衆規式置文**　学衆が評定を行う際の原則を三カ条にまとめた。これは評定の原則としては最も早い時期のものである。

**隠密義の評定**　内容を他者に漏らしてはならない評定。

**親疎の口入**　様々な関係を通じてなされる口添え。

**公平**　平等で片寄らないこと。

一　雖ㇾ為㆓涓塵㆒、依㆓私賄賂㆒、不ㇾ可ㇾ出㆓非據意見㆒事
右、任㆓定置之旨㆒、各不ㇾ可ㇾ有㆓違越㆒、若背㆓此規式㆒者、兩部諸尊・八大祖師、殊當寺三寶・鎮守明神等、必可ㇾ有㆓照罰㆒者也、仍所ㇾ定如ㇾ件、

文保二年四月　日　　阿闍梨「俊業」

（署名七名略）

**真21**　東寺学衆方補任式目　元徳元年(一三二九)十月十一日　東寺百合文書

元徳元年十月十一日評定

本潤惠法印自筆

一　學衆補任事
學頭三人、學衆一﨟、當季奉行上衆一人、以上五人加㆓評儀㆒、隨㆓治定㆒、以㆓學頭之擧狀㆒、可ㇾ申㆓寺務之任符㆒也、

一　學衆器用事
專以㆓當寺常住仁㆒、可ㇾ補ㇾ之、但於㆓稽古拔群㆒者、雖㆓他寺輩㆒仁和・醍醐・大覺寺・高雄・勸修寺・安祥寺可ㇾ補ㇾ之、但當寺常

**涓塵たりと…**　わずかでも賄賂を得て道理に合わない意見を言ってはならない。涓塵はわずかの意。

**真21**　→補1

**東寺学衆方補任式目**　学衆の欠員が生じた際の選任方法について、その手続き、選任基準とその話し合いの原則を定めた。本文史料は、評定の決定事項を評定事書にまとめたものである。評定事書は、評定の記録である評定引付のいわば抜書きにあたり、評定の結果が法として運用されることを求める形式である。

**評定**　学衆(この時は一七人)による話し合い。

**潤恵法印**　当時の学衆の奉行か。彼は学衆の一人として真20に署名している。

**学衆補任**　学衆の欠員補充の手続き。→補2

**学頭三人**　学頭は寺の学事を統括する者

一　*涓塵《けんじん》たりと雖《いえど》も、私の賄賂によって、非拠の意見を出《い》だすべからざる事

右、定め置くの旨に任せて、各《おのおの》違越あるべからず。もしこの規式に背かば、両部諸尊・八大祖師、殊に当寺三宝・鎮守明神等、必ず照罰あるべきものなり。仍て定むるところ件《くだん》の如《ごと》し。

文保二年四月　日　　阿闍梨「俊業」

(署名七名略)

## 真21　東寺学衆方補任式目　元徳元年(一三二九)十月十一日　東寺百合文書

元徳元年十月十一日*評定

《本は*潤恵法印の自筆》

一　*学衆補任の事

*学頭三人・*学衆一﨟・*当季奉行上衆一人、*以上五人、評儀を加え、治定に随い、*学頭の挙状を以て、*寺務の任符を申すべきなり。

一　*学衆器用の事

*専ら当寺常住の仁を以て、これを補すべし。但し*稽古抜群においては、*他寺の輩《ともがら》〈仁和・醍醐・大覚寺・高雄・勧修寺・安祥寺〉と雖《いえど》もこれを補すべし。但し当寺常

で、この場合は伝法会学頭二人と勧学会学頭一人を指す。→補3

**学衆一﨟**　学頭を除いた学衆のなかで最高の﨟次をもつ者。

**当季奉行上衆**　季奉行のなかで﨟次の高い者。奉行は学衆のなかから専任された事務担当者をいい、季節ごとに交代したので季奉行と呼ばれた。→補4

**以上五人**　学頭三人、学衆一﨟(一人)、当季奉行上衆(一人)の五人。

**学頭の挙状**　挙状は諸職を望む者を、しかるべき機関ないしは個人に吹挙する書状をいう。この場合、学頭は五人の話し合いの結論に基づいて、新たな学衆の補任を寺務に要請する吹挙状を書いた。→補5

**寺務の任符**　東寺長者による学衆の補任状。

**学衆器用**　学衆に補任すべき者の才能・能力。

**専ら当寺常住の仁を以て…**　原則として東寺に常住する僧を補任すべきである。

**稽古抜群においては…**　学問能力が群をぬいて優れている者であれば、他寺の僧であっても東寺学衆に補任すべきである。

**他寺の輩**　人的に東寺と関係が深い真言宗寺院である仁和寺、醍醐寺、大覚寺、高雄(神護寺)、勧修寺、安祥寺の僧。

住內、無二器用一者、先以二稽古成立一、爲レ本、兼可レ採二用仁躰幷勞功一者也、

一　評定衆意見事

不レ可レ有二偏頗・矯飾一之由、及二起請文一畢、面々存二公平一、可レ盡二意見一、但器用

評議時者、當季奉行者可二立去一者也、

**真22**　東寺学衆補任法式文書　　東寺百合文書

①東寺学頭幷学衆補任法式　元徳二年（一三三〇）

學衆補任法式

一　春秋二季傳法會學頭職事

一　籠衆學頭二人事

一　學衆事

右、向後爲二永格一、學頭幷學衆一臈・季奉行等加二連署一、隨二擧申一、可レ被二補任一之由、欲〔被脱〕レ下二綸旨於寺務一矣、

②法印道我挙状　元徳二年（一三三〇）七月十六日

**稽古成立を以て本となし…**　学問を充分に積んでいることを第一に考え、あわせて人物と功績を考えるべきである。ここでの稽古は伝法灌頂を意味する可能性があり、その場合は、伝法灌頂を終えた阿闍梨位の者を指すことになる。

**評定衆意見**　第一条で定められた五人による評定。

**起請文**　ここでは、起請文言をもつ真20の東寺学衆規式置文を指す。

**器用評議**　学衆に補任すべき者の能力を議論すること。ここでは第二条の評定を指す。→補1

**立ち去るべきものなり**　評定の場から退席すべきである。季奉行はあくまで事務担当者として出席を認められていたためであろう。

**真22**　→補2

**東寺学衆補任法式文書**　→補3

**①東寺学頭幷学衆補任法式**　伝法会・勧学会学頭および学衆の補任に関して行わ

住の内、器用なくんば、先《ま》ず*稽古成立を以て本となし、兼ねて仁躰幷《なら》びに労功を採用すべきものなり。

一　*評定衆意見の事

偏頗・矯飾あるべからざるの由、*起請文に及び畢んぬ。面々公平《くひょう》を存じ、意見を尽すべし。但し*器用評議の時は、当季奉行は、*立ち去るべきものなり。

東寺百合文書

## 真22　東寺学衆補任法式文書

①東寺学頭幷学衆補任法式　元徳二年(一三三〇)

*学衆補任法式

一　*春秋二季伝法会学頭職の事

一　*籠衆学頭二人の事

一　*学衆の事

右、向後《きょうご》*永格として、*学頭幷《なら》びに*学衆一臈・*季奉行等が連署を加え、挙げ申すに随い、補任せらるべきの由、　*綸旨を寺務に下されんと欲す。

②法印道我挙状　元徳二年(一三三〇)七月十六日

れた評定の結果を抜書きし、それを承認する綸旨を願った。真21・25参照。

**学衆補任**　学頭・学衆に生じた欠員をうめる手続き。

**春秋二季伝法会学頭**　毎年春と秋に行われる伝法会を統括する学頭。当時は一名。建武二年(一三三五)に二名となった。

**籠衆学頭**　勧学会学頭。籠衆とは勧学会に参集する者をいい、その中で臈次の高い二名が勧学会学頭となった。

**学衆**　教学に携わる僧。この当時は一七人。

**永格**　永く従うべき法式。

**学頭幷びに…**　学衆の欠員補充については、学頭三人、学衆一臈、季奉行上衆の計五人が連署した挙状をもって寺務に推薦し、それに従って寺務が学衆を補任すべきである。そのことを認める綸旨を寺務に下してほしい。

**学衆一臈**　学頭を除き、学衆のなかで最高の臈次をもつ者。

**季奉行**　学衆のなかから事務担当者二人を季節ごとに選任したもの。真21参照。

**寺務**　東寺一長者。この時は随心院経厳(本文史料③参照)。

**②法印道我挙状**　①の事書を公家側に伝えるため、道我が上卿に宛てて挙状を認めた。

東寺學頭・學衆等補任事、々書如レ此候、任二申請一、可二補任一之由、被レ下二　綸旨於寺務一候之様、可レ有二申御沙汰一候哉、道我謹言、

元徳二
七月十六日　　法印道我

謹々上　民部卿殿

③九条光経書状　元徳二年(一三三〇)七月二十四日

後宇多院　勅願東寺傳法會以下學頭・學衆等補任事、道我法印狀副二事書一如レ此、得二此意一、可レ致二其沙汰一之由、可レ被レ仰二遣寺務經嚴僧正一之旨、其沙汰候也、謹言、

七月廿四日　　光經

藏人次官殿

④後醍醐天皇綸旨　元徳二年(一三三〇)八月八日

東寺傳法會以下學頭・學衆等補任事、寺家事書如レ此、存二其旨一、可レ被レ致二沙汰一者、依二天氣一言上、如レ件、爲治誠恐頓首謹言、

八月八日　　勘解由次官爲治奉

**事書**　①の法式を指す。

**申し請うに任せて…**　学衆からの申請に従って補任すべきである、という綸旨が寺務に下されるよう、取りはからってほしい。

**法印道我**　大覚寺聖無動院に住し、聖無動院僧正と呼ばれた。一二五一～?。道我は藤原氏の流れをくむ権律師聖誉の子で、彼の兄弟には、鎌倉末期・南北朝期に短期間だけ東寺長者となった僧正栄海、聖護院二品親王の門侶である僧正信業がいる(『尊卑分脈』二)。後宇多上皇の灌頂の際には持花衆の一人として参列し(「後宇多院御灌頂記」『群書』二四)、延慶以後は清閑寺大納言法印と呼ばれた。元弘元年(一三三一)以前に大覚寺聖無動院に住し、聖無動院道我と呼ばれた。歌人でもあり、吉田兼好との交流はよく知られている(冨倉徳次郎『卜部兼好』吉川弘文館、一九六四年)。道我は、東寺の学衆方が整備される過程で活躍し、山城国上桂庄、同拝師庄、播磨国矢野庄、八条院町一三カ所、常陸国信太庄などの学衆方荘園の経営にも深く関わった。網野善彦「聖無動院道我と学衆方荘園」(『中世東寺

東寺学頭・学衆等補任の事、*事書此《かく》の如《ごと》く候。*申し請うに任せて補任すべきの由、綸旨を寺務に下され候の様、申御沙汰あるべく候や。道我謹言。

元徳二七月十六日　　*法印道我

謹々上　*民部卿殿

③九条光経書状　元徳二年（一三三〇）七月二十四日

*後宇多院　勅願の東寺伝法会以下の学頭・学衆等補任の事、*道我法印の状〈事書を副う〉此の如し。*この意を得、その沙汰を致すべきの由、寺務*経厳僧正に仰せ遣わさるべきの旨、その沙汰候なり。謹言。

七月二十四日　　光経

*蔵人次官殿

④後醍醐天皇綸旨　元徳二年（一三三〇）八月八日

東寺伝法会以下の学頭・学衆等補任の事、*寺家の事書此の如し。*その旨を存じ、沙汰を致さるべし、者《てえり》、*天気により言上、件《くだん》の如し。為治誠恐頓首謹言。

八月八日　　勘解由次官為治奉《うけたまわ》る

と東寺領荘園』東京大学出版会、一九七八年）参照。

**民部卿**　九条光経。九条定光（一二五八〜一三二）の息。

**③九条光経書状**　②を受けて、上卿の九条光経が書状を認め、①を蔵人の三条為治に伝達した。

**後宇多院勅願**　春秋二季の伝法会が後宇多院による料所寄進によって始まったことをいう。→補1

**道我法印の状**　②の挙状を指す。

**この意を得…致すべきの由**　道我の意向を踏まえて、補任するように。

**経厳僧正**　東寺長者。聖尋に代わって任じられ、十一月二十一日に拝堂を遂げている。

**蔵人次官**　三条為治。この年二月に任ぜられた。

**④後醍醐天皇綸旨**　②③を受けて、①の事書の内容を承認する綸旨が出された。

**寺家の事書**　①の法式を指す。

**その旨を…致さるべし**　寺家の事書の内容を踏まえて、補任するように。

**天気により言上**　後醍醐天皇の意向を東寺長者経厳に伝える。綸旨を奉じる三条為治よりも長者経厳の方がはるかに身分が高いので「言上」の表現がとられた。

進上　随心院 東寺僧正御房

**真23**　東寺学衆中評定式目　康永三年(一三四四)二月　日　東寺百合文書

東寺學衆中評定式目

一　評定時者、鳴二集會大鼓一之後、置二香火二寸之内、各可レ令二參會一、若過二二寸一者、學衆供料（一度不參分五升）於二納所一留レ之、可レ宛二他足一事

一　雖二他仕之輩一、有二重事沙汰一之時者、可レ催レ之、若於二自由故障一者、罪科可レ為二同前一事

一　於下評議未終之前令二退出一之輩上者、其科可レ為二同前一事

一　勅請・武家崛請并靈所參籠・田舍下向之輩、可レ免レ之事

一　自身重病并二親・師匠所勞危急之時、不レ能二出仕一者、載二誓文之詞一、出二狀於衆中一、可レ申二免許一事

一　亂理不レ可二過言一事

一　灌頂受法并同宿・師弟・兄弟・舅甥等、于二身之所縁一、就二其仁一有二沙汰一之時、可二退座一事

**僧正御房**　東寺長者随心院経厳。

**真23**　↓補1

**東寺学衆中評定式目**　評定の基本原則について定めたもので、廿一口供僧(真14)および鎮守供僧(真26)のものとほぼ同内容である。

**集会の太鼓**　集会の開始を告げる太鼓。

進上　〈東寺《随心院》〉　*僧正御房

**真23**　東寺学衆中評定式目　康永三年（一三四四）二月　日　　東寺百合文書

東寺学衆中評定式目

一　評定の時は、*集会の大鼓を鳴らすの後、*香火を置きて二寸の内に、各《おのおの》参会せしむべし。もし二寸を過ぎなば、*学衆の供料〈一度の不参分に五升〉納所においてこれを留め、他足に宛つべき事

一　*他住の輩《ともがら》と雖《いえど》も、重事の沙汰あるの時は、これを催すべし。もし自由の故障においては、罪科は同前たるべき事

一　*評議未終の前に退出せしむるの輩においては、その科は同前たるべき事

一　*勅請・武家崛請并《なら》びに*霊所参籠・*田舎下向の輩は、これを免ずべき事

一　自身の重病并びに*二親・師匠の*所労危急の時、出仕能《あた》わずんば、*誓文の詞を載せ、状を衆中に出《い》だし、免許を申すべき事

一　乱理過言すべからざる事

一　*灌頂受法并びに同宿・師弟・兄弟・舅甥等の身の所縁において、その仁について沙汰あるの時、退座すべき事

**香火を置きて…**　燃えた長さで時間を計るための香が、二寸燃えるまでの間に評定に参会すべきである。

**学衆の供料…留め**　学衆としての得分から、不参一度につき五升を納所のもとに止め置いて。真14の「納所」の項参照。

**他住の輩**　学衆のうち他寺に本拠を置く者。通常の評定では必ずしも出席を義務づけられてはいないが、重要事項の場合は出席が要請された。

**評議未終の前に…**　評定がまだ終わらないうちに退出した者の罰則は、第一条に准じる。

**勅請武家崛請**　朝廷や武家からの祈禱要請。

**霊所参籠**　高野参籠か。

**田舎下向**　公的な職務によって地方へ下向すること。

**二親**　両親。

**所労危急**　病気で危篤になること。

**誓文の詞を…**　出仕できない理由を書いた起請文を衆中にだして欠席の許可を得るべきである。

**灌頂受法并びに…**　様々な仏縁や俗縁のある縁故者が関係する評定が行われる時は、その者は評定の座を退席すべきである。

**灌頂受法**　伝法灌頂を受けたり授けたりした関係者。

一　評議之趣、毎事興隆爲レ先、不レ可レ存ニ私曲一、各成ニ水魚之思一、不レ可レ有ニ確執一、縱雖レ爲ニ師匠・同朋一、於レ爲ニ非據一者、不レ可レ加ニ潤色之詞一事

一　就ニ是非一、不レ可レ漏ニ〔脱〕達評定之旨趣一事

右條々、堅守ニ法式一、敢不レ可ニ違越一、若於下背ニ此法一之輩上者、可レ蒙ニ　大師・三寶・八幡・稲荷等冥罰・神罰一之狀、如レ件、

康永三年二月　日　　　阿闍梨「義寶」

（署名五二名略）

**真24**　東寺二季談義追加法式　文和二年（一三五三）二月二十七日　　東寺百合文書

追加

東寺二季談義免事

右、近年遠行之輩、談義以後申レ免之條、自由錯亂之基也、於ニ向後一者、曾不レ可レ有ニ許容之儀一、但彼狀會中令ニ到來一者、可レ被レ免レ之、仍置文之狀、如レ件、

文和二年二月廿七日　　　阿闍梨「義寶」

一　評議の趣、毎事興隆を先とし、私曲を存ずべからず。各《おのおの》*水魚の思いを成し、確執あるべからず。縦《たと》い師匠・同朋たりと雖も、非拠たるにおいては、*潤色の詞を加うべからざる事

一　是非について、評定の旨趣を漏脱すべからざる事

右の条々、堅く法式を守り、敢えて違越すべからず。もしこの法に背くの輩《ともがら》においては、大師・三宝・八幡・稲荷等の冥罰・神罰を蒙るべきの状、件《くだん》の如《ごと》し。

康永三年二月　日　　阿闍梨「義宝」

（署名五二名略）

**真24**　東寺二季談義追加法式　文和二年(一三五三)二月二十七日　東寺百合文書

追加す

東寺*二季談義*免の事

右、近年*遠行の輩、*談義以後に免を申すの条、自由錯乱の基なり。向後《きょうご》においては、曾《かつ》て許容の儀あるべからず。但し*彼《か》の状、*会中に到来せしめば、これを免ぜらるべし。仍て置文の状、件の如し。

文和二年二月二十七日　　阿闍梨「義宝」

**水魚の思い**　お互いに信頼すること。
**潤色の詞**　肩入れするための発言。
**真24**　→補1
**東寺二季談義追加法式**　東寺で春秋二季に行われる伝法会の談義について、元徳二年(一三三〇)の法式(真22)に追加して、談義の期間中に遠行を許可する条件を定めた。
**二季談義**　正和四年(一三一五)以来、春秋二季の伝法会において行われる談義。二月と八月(後に十月)に各三〇日間、大日経疏・釈摩訶衍論等の談義を行った。
**免**　義務を免れること。ここでは談義の欠席をいう。
**遠行**　東寺を遠く離れること。高野山に参籠することなどを指す。
**談義以後…**　談義が終わった後で欠席を申し入れるのは、秩序が乱れる原因である。
**彼の状**　免を申請する書類。
**会中**　伝法会の最中。

（署名一七名略）

**真25**　東寺学衆追加条々置文　至徳元年(一三八四)十月　日

東寺観智院金剛蔵聖教

定置　東寺學衆追加條々

一　學衆撰補時、評定衆不參科事

元德二年以㆓　敕裁㆒、被㆑定㆓法式㆒以來、學衆新補時、傳法・勸學兩會學頭幷學衆一臈若一臈兼㆓帶勸學會學頭㆒之時、以㆓次巡臈㆒、爲㆓其人㆒、令㆓會合㆒、遂㆓評定之儀㆒、舊式年尚而近年動稱㆓故障㆒、不㆑滿㆓其衆㆒、及㆓聊爾評儀㆒之條、甚以不㆑可㆑然、於㆓向後㆒者、有㆓所勞等事㆒者、可㆑被㆑出㆓嚴重告文㆒、於㆓自由故障㆒者、可㆑止㆓學衆供料申〔半〕分㆒、是則測㆓　叡念之鄭重㆒、所㆑加㆓來葉之嚴法㆒也、

一　新補學衆初參幷鎭守講遂業等次第事

補任以後、可㆑令㆓初㆓參傳法會幷鎭守講㆒、可㆑着㆓付裳衣㆒、於㆓兩會前後㆒者、宜㆑在㆓任月之時宜㆒、　鎭守講初參之次月、勤㆓仕問役㆒、第三ケ月可㆑參㆓勤講師㆒、但有㆓難㆑去子細㆒申請者、講問前後、宜㆑在㆓其

**真25**　→補1

**東寺学衆追加条々置文**　東寺学衆に関する既存の法に追加して七カ条を定めた。

**1**　学衆の欠員を選んで補任するための評定に出席しなかった者について、病気等による欠席の場合は厳密な起請文を出させ、勝手な事情による欠席の場合は学衆の供料を差し引くこととした。

**評定衆**　ここでは、学衆補任についての話し合いに参加する人員。

**元徳二年の勅裁を以て…**　元徳二年(一三三〇)に後醍醐天皇の承認を得て法を定めて以来、伝法会・勧学会の両学頭および学衆一臈の計四人が候補者の器用について評定を行ってきた。真22参照。

**法式**　真22の東寺学衆補任法式文書を指す。具体的には「学衆新補の時…評定の儀を遂ぐ」がその内容である。

**もし一臈…**　もしも学衆の一臈が勧学会学頭を兼ねているときは、次の臈次の者を当てる。

**旧式**　古い規則。元徳二年の法式を指す。

**年尚しくして…評議に及ぶ**　制定されてから長くたったので、近頃はなにかにつ

けて支障があるとして全員が集まらずに、いい加減な話し合いを行っている。

**厳重の告文**　厳密な起請文。

**叡念の鄭重を測り**…　元徳二年の法式を承認した後醍醐天皇の深い考えを察して、将来のために厳格な規則を加えたものである。

**2**　新たに補任された学衆が伝法会・鎮守講へ初参すべきこと、鎮守講については初参、問役、講師の順に遂業に至ること、およびその問題のありかたについて定めた。→補2

**鎮守講**　毎月十五日に鎮守八幡宮で行われる談義。→補3

**遂業**　法会等の役を勤めること。

**付裳の衣を**…　(伝法会と鎮守講に出席するときは)裳をつけた衣を着用すべきである。→補4

**両会の前後においては**…　伝法会が先か鎮守講が先かという前後関係については、学衆に選任された月の頃合によるべきである。

**問役**　講師に質問する役。問者。

**第三ケ月**　鎮守講に初参した翌々月。

**講師**　講説する役。

**去りがたき子細ありて**…　やむをえない事情があって申請するならば、講師と問役の前後関係についてはその人の希望に従ってかまわない。



（署名一七名略）

**真25**　東寺学衆追加条々置文　至徳元年(一三八四)十月　日　東寺観智院金剛蔵聖教

定め置く　東寺学衆追加の条々

1 一　学衆を撰び補するの時、*評定衆不参の科の事

*元徳二年の　勅裁を以て、*法式を定められてより以来《このかた》、学衆新補の時、伝法・勧学両会の学頭并《なら》びに学衆一臈〈もし*一臈、勧学会学頭を兼帯するの時、次の巡臈を以てその人となす〉会合せしめ、評定の儀を遂ぐ。*旧式年*尚《ひさ》しくして、近年動《やや》もすれば故障と称し、その衆を満たさず、聊爾《りゅうじ》の評儀に及ぶの条、甚《はなは》だ以て然るべからず。向《きょう》後《ご》においては、所労等の事あらば、*厳重の告文を出《い》だささるべし。自由の故障においては、学衆の供料半分を止むべし。是《こ》れすなわち　*叡念の鄭重を測り、来葉の厳法を加うるところなり。

2 一　新補の学衆の初参并びに*鎮守講*遂業等の次第の事

補任以後、伝法会并びに鎮守講に初参せしむべし〈*付裳の衣を着すべし。*両会の前後においては、宜《よろ》しく任月の時宜にあるべし〉。鎮守講に初参するの次月、*問役を勤仕し、*第三ケ月に*講師を参勤すべし〈但し*去りがたき子細ありて申し請わば、講・問の前後は宜しくそ

人所望、若新補及二兩人一者、講問之番任二臈次一互爲可レ勤仕一、講問前後、在二上首意一、於二配文一者、宜レ爲二講師計一、廻文之到來時、可レ注二付之一、於二問題一者、可レ爲二放題一、次御影堂論義事、鎮守講々師參勤之後、可レ勤二仕之一、若遂業以前、爲二當番一者、爲二奉行沙汰一、次巡可レ差二替之一、此一段雖レ爲二往古以來之規式一、依レ不レ載二于置文一、重而所レ加レ之也、

一　遂業時證義者事

依二競學之採用一、整二遂業之嚴儀一之上者、證義者一人必可レ有二出仕一、此條先々雖レ有二沙汰一、動及二闕怠一之間、會儀相二似聊爾一、自今以後、兩學頭內守二巡臈次第一、可レ催レ之、若有二故障一者、以二相博之儀一、可レ被二參勤一矣、

一　二季傳法會不參科事

元德元年置文之旨、依二難レ去子細一、雖レ令二遠行一、猶以及二科怠之沙汰一、閣二萬障一、可レ專二參勤一之條明鏡也、而近年之儀、乍レ住二東山・西郊之近所一、或半月、或一季、不參連綿之間、

**新補両人に及ばば…**　新たに補任された学衆が二人あるならば、講師・問役はそれぞれの臈次に従い、互いに講師・問役を勤めるべきである。

**上首の意**　臈次の高い者の意向。

**配文**　談義で扱う経文。鎮守講では、講師が廻文の中に、扱う経文を書き記すことになっていた。

**廻文**　講会への出席を確認するために回覧する文書。

**問題においては…**　問役が質問する内容については問役の自由に任される。

**御影堂論義の事…**　御影堂における論義は鎮守講の講師を勤めた後で勤めるべきである。

**御影堂論義**　毎月二十一日に西院御影堂で行われる論議。→補1

**もし遂業の以前に…**　（鎮守講の講師を）勤める以前に御影堂論義の役に当たったならば、学衆方奉行の判断で次の順番と交代させるべきである。

**往古より以来の規式**　古くからの決ま

り。この場合の規式は成文化されていない慣習をいう。

**3** 鎮守講には、両学頭のうち必ず一人は證義者として出仕すべきだとした。

**證義者**　法会の論義で、問役・講師の言説を批評する者。

**競学**　競い合って学問すること。

**遂業の厳儀を整う**　遂業に関するおごそかな方法を整備した。

**闕怠**　怠ること。ここでは證義者の欠席をいう。

**会議聊爾に相似たり**　講会の意義がないがしろにされているようなものである。

**相博**　交代すること。

**4** 春秋二季に行われる伝法会について、遠行以外の理由による欠席は認めないこととし、不参の者は日数に応じて供料を差し引くこととした。→補2

**元徳元年の置文**　「去りがたき子細により…参勤を専らにすべき」までがその内容であるが、本文は伝存していない。

**去りがたき子細により…**　やむを得ない理由で遠行することがあっても、それでも怠慢だとして罰している。

**遠行**　東寺を遠く離れること。高野山参籠などをいう。

**東山西郊**　京都の東西の近郊で、東山は醍醐寺吉祥薗院や新熊野、西郊は大覚寺・仁和寺を指すか。

の人の所望にあるべし〉。もし*新補両人に及ばば、講・問の番は臈次に任せ互いになりて勤仕すべし〈講・問の前後は*上首の意にあり〉。*配文においては、宜しく講師の計らいたるべし〈*廻文到来の時、これを注し付すべし〉。*問題においては、放題たるべし。次いで*御影堂論義の事、鎮守講の講師参勤するの後、これを勤仕すべし〈*もし遂業の以前に当番たらば、奉行の沙汰として次巡にこれを差し替うべし〉。この一段、*往古より以来《このかた》の規式たりと雖《いえど》も、置文に載せざるにより、重ねてこれを加うるところなり。

**3** 一　遂業の時、*證義者の事

*競学の採用により、*遂業の厳儀を整うの上は、證義者一人は必ず出仕あるべし。この条、先々沙汰ありと雖も、動《やや》もすれば*闕怠に及ぶの間、*会議聊爾《りょうじ》に相《あい》似たり。自今以後、両学頭の内、巡臈の次第を守り、これを催すべし。もし故障あらば、*相博の儀を以て参勤せらるべし。

**4** 一　二季伝法会に不参の科の事

*元徳元年の置文の旨、*去りがたき子細により*遠行せしむと雖も、なお以て科怠の沙汰に及ぶ。万障を閣《お》き参勤を専らにすべきの条、明鏡なり。しかるに近年の儀、*東山・*西郊の近所に住しながら、或いは半月、或いは一季、不参連綿の間、

會場人令ニ談席一空レ座、
御願之陵夷何事如レ之、於ニ向後一者、遠行之外堅守ニ其法一、各可レ致ニ勤厚一、若依ニ故障一令ニ不參一者、於ニ十箇日一除ニ暇日三ケ日一、者、科替任ニ根本法度一、日別□〔五〕疋可レ留レ之、於ニ十箇日以上一者、以ニ重科之儀一、日別拾疋可レ留レ之、若有ニ不法之輩一、供料不レ満ニ科替一者、至ニ不足分一者、非ニ沙汰限一矣、

一　二季會中試講事

尋ニ當會濫觴一、康永以來爲ニ學衆所役一、毎年雖レ令ニ執行一、五日十座論義、爲レ勸ニ老若平均之競學一、從ニ文和二年一以降、轉ニ論義一、爲ニ試講一、傳法會中黑月十五ケ日之間、學衆・非學衆爲ニ一同沙汰一、所レ專ニ鑽仰一也、依レ之、仁和寺宮有ニ御隨喜一、雖レ被レ寄ニ附捧物料所一、於ニ于今一者、依レ無ニ土貢之實一、未來相續頗以難レ測歟、如ニ近年一者、雖レ列ニ學衆一、稱ニ故障一、不レ加ニ于試講一、初心弱齢之人、僅以令ニ勤厚一間、會儀殆似レ失ニ元由一、自今以後、爲ニ學衆一之仁、殊住ニ紹隆之思一、不レ可レ有ニ對捍之儀一、學業成立之要樞、初心勸榮之勝計、何事如レ之哉、

**御願の陵夷…**　後宇多上皇等の御願衰退の最たるものである。
**勤厚**　懇ろに勤仕すること。
**十箇日…においては**　欠席日数が、暇日である三日分を除いて一〇日以内であれば。
**暇日**　申請によって許可される欠席日数。
**科替**　過料。伝法会不参の代償。

会場の人談席せしむるに座を空しくす。*御願の陵夷、何事かこれに如《し》かん。向後《きょうご》においては、遠行の外は堅くその法を守り、各《おのおの》*勤厚を致すべし。もし故障により不参せしめば、*十箇日〈*暇日三ケ日を除く〉においては、*科替は*根本の法度に任せ、日別に五疋これを*留むべし。十箇日以上においては、重科の儀を以て、日別に拾疋これを*留むべし。もし不法の輩《ともがら》ありて、*供料、科替に満たずんば、不足分に至っては沙汰の限りに非ず。

**5**　一　二季会中の試講の事

*当会の濫觴を尋ぬるに、康永より以来《このかた》、学衆の所役として、毎年執行せしむと雖《いえど》も、五日十座の論義、老若平均の競学を勧めんがため、文和二年より以降、論義に転じて試講となし、伝法会中、*黒月に十五ケ日の間、学衆・非学衆一同の沙汰として*鑽仰を専らにするところなり。これにより*仁和寺宮、御随喜ありて、捧物料所を寄附せらると雖も、今においては*土貢の実なきにより、未来の相続、頗る以て測りがたきか。近年の如《ごと》くんば、学衆に列すと雖も、故障と称し、試講に加わらず、*初心弱齢の人、僅《わずか》に以て勤厚せしむる間、会儀ほとんど*元由を失うに似たり。自今以後、学衆たるの仁、殊に紹隆の思いに住し、対捍の儀あるべからず。*学業成立の要枢、初心勧栄の勝計、何事かこれに如かんや。

**根本の法度**　「元徳元年の置文」のことか。
**留むべし**　供料を下行してはならない。
**供料科替に満たずんば**…　学衆の供料が過料に足りない場合、不足分は問題としない。
**5**　伝法会の最中に行われる試講に出仕しない者が増えたので、対捍してはならないと定めた。
**当会**　伝法会の最中に行われる試講で会中講と呼ばれる。康永年間(一三四二〜一三四五)以来、学衆が五日十座の論義を行っていたが、それに代わってこの試講が始められた。→補1
**黒月**　満月の翌日から月が欠けていく月末までの一五日間のこと。
**鑽仰**　深く研究し尊ぶこと。
**仁和寺宮**　不詳。
**土貢の実なきにより**…　供料があがらないので、会中講を将来にわたって続けるには困難が予想される。
**初心弱齢の人**…　学衆になって間もない者が出仕するだけなので、会中講ほんらいの趣旨がほとんど忘れられた状態である。
**元由**　原由、原因。
**学業成立の要枢**…　教学を積ませるための重要な手だてであり、若齢の者の修学を積ませる最良の方法である。

一　高野參籠之輩傳法會免許事

元徳元年置文限二千日一云々、然其詞髣髴而、旨趣尚以難レ辨、所詮、於二百ケ日已上乃至千日參籠一者、可レ免レ之、於二自餘參籠一者、不レ可レ免レ之、

一　籠衆規式事

千日參籠之行儀、具見二根本置文一、加二其衆一之輩、堅可レ守二彼法式一之處、頃日爲躰、頗不レ拘二嚴旨一歟、自今已後、若令レ違二越置文之旨一者、可レ及二嚴密沙汰一之旨、令レ出二請文於衆中一、彼狀披露之後、可レ治二定其衆一矣、

右條々、根本置文依レ不二委細一、所レ及二追加式目一也、是則且依レ恐二　御願之失墜一、且爲レ專二學道之紹隆一、連署之狀、如レ件、

至徳元年十月　日　　堅濟　救運

（署名一七名略）

6 一　高野参籠の輩、伝法会免許の事

*元徳元年の置文は「千日に限る」と云々。然れども*その詞髣髴として、旨趣なお以て弁じがたし。所詮、百ケ日已上ないし千日の参籠においては、これを免ずべし。自余の参籠においては、これを免ずべからず。

7 一　*籠衆の規式の事

千日参籠の行儀、具《つぶさ》に*根本の置文に見ゆ。その衆に加わるの輩《ともがら》、堅く彼《か》の法式を守るべきのところ、頃日の為躰《ていたらく》、頗る厳旨に拘らざるか。自今已後、もし置文の旨に違越せしめば、厳密の沙汰に及ぶべきの旨、請文を衆中に出《い》ださしめ、彼の状披露するの後、その衆に治定すべし。

右の条々、根本の置文委細ならざるにより、追加の式目に及ぶところなり。是《こ》れすなわち且《かつ》は御願の失墜を恐るるにより、且は学道の紹隆を専らにせんがため、連署の状、件《くだん》の如《ごと》し。

至徳元年十月　日　　堅済　救運

(署名一七名略)

6　伝法会の欠席を免許される高野山参籠は、一〇〇日以上ないしは一〇〇〇日に限ることとした。

**元徳元年の置文**　本文史料第4条参照。「(高野参籠は)千日に限る」がその内容。

**その詞髣髴として…**　その文言の趣旨を実行するのは困難である。実際には、参籠日数の上限だけでなく下限についても定めた。

7　籠衆の法式が厳密に守られなくなってきているので、違越しないという請文を先に出させてから籠衆に決定することとした。

**籠衆**　東寺で千日参籠する者。

**根本の置文**　永和三年(一三七七)に定められた東寺籠衆法式条々(真28)。

## 3　鎮守供僧

**真26**　東寺鎮守八幡宮供僧中評定式目　暦応五年（一三四二）二月　日　東寺百合文書

東寺鎮守八幡宮供□□□□□〔僧中評定式目〕

一　毎月十六日爲二評定式日一、□二□一〔點午剋〕、□□レ□〔各可有〕二會合一事

一　鳴二集會大鼓一之後、香置火二□□□〔寸之内〕、□□レ□〔各可令〕二參會一、若過二一寸一者、可レ爲二□〔不〕□〔參〕一事

一　若□〔急〕事等出來之時者、可レ催二臨時評□〔定〕一、不參子細可レ同二前段一事

一　於下評議未終之前、令二退出一之輩上者、可レ□〔准〕二□〔不〕□〔參〕一事

一　評議之趣、毎事興隆爲レ先、不レ可レ存二私曲一、各成二水魚之思一、不レ可レ有二確執一、縱雖レ爲二師匠・同朋一、於二非據篇一者、不レ可レ加二潤色詞一事

一　依二是非之相論一、不レ可レ及二亂理・惡口・過言一事

一　兄弟・灌頂受法師弟・多年同宿師弟・舅甥、依三兒所縁等、于二身之縁者等一、就二其□〔仁〕一□〔有〕二沙汰一之時、可二退座一事

## 3　鎮守供僧

**真26**　東寺鎮守八幡宮供僧中評定式目　暦応五年(一三四二)二月　日　東寺百合文書

*東寺鎮守八幡宮供僧中評定式目

一　毎月十六日は*評定の式日たり。午の剋を点じ、各《おのおの》会合あるべき事

一　*集会の大鼓を鳴らすの後、*香置の火二寸の内に、各参会せしむべし。もし二寸を過ぎなば、不参たるべき事

一　もし急事等出来の時は、臨時の評定を催すべし。不参の子細は前段に同じたるべき事

一　*評議未終の前に退出せしむるの輩《ともがら》においては、不参に准ずべき事

一　評議の趣、毎事興隆を先とし、私曲を存ずべからず。各*水魚の思いを成し、確執あるべからず。縦《たと》い師匠・*同朋たりと雖《いえど》も、*非拠の篇においては、*潤色の詞を加うべからざる事

一　是非の相論により、乱理・悪口・過言に及ぶべからざる事

一　*兄弟・灌頂受法の師弟・多年同宿の師弟・舅甥、児の所縁等、身の縁者等により、その仁について沙汰あるの時、退座すべき事

**真26**　→補1

**東寺鎮守八幡宮供僧中評定式目**　鎮守八幡宮供僧による評定の原則八ヵ条を定めた。供僧方・学衆方についてもほぼ同じ趣旨の法式が定められている。真14・23参照。

**鎮守八幡宮供僧**　鎮守八幡宮で大般若経転読と本地供を修するためにおかれた三〇口の供僧。真8参照。

**評定の式日**　毎月恒例の評定が開催される日。

**集会の太鼓**　集会の開始を告げる太鼓。

**香置の火…**　燃えた長さで時間を計るための香が、二寸燃えるまでの間に評定に参会すべきである。

**評議未終の前に…**　評定がまだ終わらないうちに退出した者は不参と見なす。

**水魚の思い**　お互いに信頼すること。

**同朋**　同じ師に仕えている兄弟弟子。

**非拠の篇**　根拠のない主張。

**潤色の詞**　肩入れするための発言。

**兄弟灌頂受法…**　様々な俗縁や仏縁がある縁故者が関係する評定がある時は、その者は評定の席を退席すべきである。

一　就二是非一、不レ可レ漏二脱評定之儀一事

右條々、堅守二其法一、敢不レ可二違越一之、若於下背二此法一輩上者、可レ蒙二大師・三寶・八幡大菩薩□□〔冥罰〕神罰一之狀、如レ件、

曆應五年二月　日　　大法師「榮賓」

（署名六九名略）

**真27**　東寺鎮守八幡宮供僧連署置文　観応三年（一三五二）七月十一日　東寺文書

東寺鎮守八幡宮三十口供僧職事

右、就二鎌倉大納言家書狀文章一、加二評定一之處、或依二朔望之勞一、任二其職一之上者、於二供僧學衆一、爭可レ有二用捨之儀一哉、任二臈次一可レ被レ補レ之云々、或如二三十口注一者、廿一口供僧爲レ本、以レ所レ餘、可レ任二學頭・學衆等一云々、料簡渉二兩端一、評議未二一決一、所詮爲レ止二未來確執一、於二當社寳前一取レ鬮、任二神慮一宜レ令二治定一、若背レ鬮於下致二訴訟一之輩上者、早可レ蒙二神罰・冥罰一之旨、依二衆議一連署之狀、如レ件、

觀應三年七月十一日　　阿闍梨「實禪」

**是非について…**　どんな問題であっても評定の内容を漏らしてはならない。

**真27**　→補1

**東寺鎮守八幡宮供僧連署置文**　鎮守八幡宮供僧の補任方法について、臈次による方法と、廿一口供僧を主体とする方法とに意見が分かれ、鬮（くじ）によって結論を出すことになった。社頭で行われた鬮の結果は、臈次に任すというものであった。

**鎮守八幡宮三十口供僧**　建武三年（一三三六）、足利尊氏が山城国久世上下庄地頭職を東寺鎮守八幡宮に寄進することによって、同五年に置かれた三〇口の供僧。

**鎌倉大納言家の書状**　真9に掲げた暦応二年（一三三九）十月二十七日付の足利尊氏御内書。書状のなかに「所詮、依朔望勤行之労績、所令撰補三十口浄侶〈本供僧廿一口、其余学頭学衆八口、非供僧中常住一臈〉」の文言があることが問題となった。

**或いは朔望の…**　ここから「補せらるべしと云々」までが一方の意見に関する記

一　*是非について、評定の儀を漏脱すべからざる事
右の条々、堅くその法を守り、敢えて違越すべからず。もしこの法に背く輩《ともがら》においては、大師・三宝・八幡大菩薩の冥罰・神罰を蒙るべきの状、件《くだん》の如《ごと》し。

暦応五年二月　日　　大法師「栄宝」

（署名六九名略）

## 真27　東寺鎮守八幡宮供僧連署置文　観応三年（一三五二）七月十一日　東寺文書

東寺*鎮守八幡宮三十口供僧職の事

右、*鎌倉大納言家の書状の文章について、評定を加うるのところ、*或いは*朔望の労によりその職に任ずるの上は、*供僧学衆において、争《いかで》か用捨の儀あるべけんや。臈次に任せてこれに補せらるべしと云々。*或いは*三十口に注する如《ごと》くんば、*廿一口供僧を本とし、余るところを以て学頭・学衆等を任ずべしと云々。*料簡両端に渉り、評議未《いま》だ一決せず。所詮、未来の確執を止めんがため、*当社宝前において鬮を取り、*神慮に任せて宜《よろ》しく治定せしむべし。もし*鬮に背き訴訟を致すの輩《ともがら》においては、早く神罰・冥罰を蒙るべきの旨、衆議により、連署の状、件《くだん》の如《ごと》し。

観応三年七月十一日　　阿闍梨「実禅」

述である。

**朔望の労により…任ずるの上は**　月々の法会に携わってきたことによって鎮守八幡宮供僧に補任されるので。朔望は毎月一日と十五日で、ここでは月々、の意に用いられている。

**供僧学衆において…補せらるべし**　廿一口供僧方・学衆方のどちらか一方を軽んじるべきでなく、両方あわせた臈次に従って鎮守八幡宮供僧に補任すべきである。鎮守八幡宮供僧は、廿一口供僧と学衆の双方から補任されたので、このような主張がなされた。

**或いは三十口に…**　ここから「任ずべしと云々」までがもう一方の意見に関する記述である。

**三十口に注する如くんば**　足利尊氏御内書のなかの三〇口の構成に関する注記によれば。

**廿一口供僧を…任ずべし**　まず廿一口供僧を鎮守八幡宮供僧に補任し、それ以外の定員に学頭・学衆等を補任すべきである。

**料簡両端に渉り…**　意見が二つに分かれて、一致をみなかった。

**当社宝前**　東寺鎮守八幡宮の神前。

**神慮に任せて…**　神の意向をあらわす鬮の結果を、評定の結論とすべきである。

**鬮に背き**　鬮の結果に従わないで。

（署名二八名略）

彼鎮守供僧職事、任二諸衆連署狀之旨一、同十七日自二評定席一依二衆命一、定潤法印・禪瑜・亮忠三人參二社頭一、置二鬮於寶前一致二祈精一、則心經三卷同音讀二誦之一、然後以二宮仕一令レ取レ鬮、歸二小子坊一、於二衆座一披見之處、可レ任二﨟次一由鬮也、此上者止二向後確執一、其闕出來之時、本供僧廿一口幷學頭・學衆內、各任二﨟次一可二補任一之由、治定了、

**彼の鎮守供僧職**…　以下の文章は、評定に基づいて行われた鬮の結果について、後日書き記したものである。

**諸衆連署状**　この前に記されている観応三年（一三五二）七月十一日付の鎮守八幡宮供僧連署置文を指す。

**評定の席より**…**社頭に参り**　全体の意見に従って、定潤・禅瑜・亮忠の三人が鎮守供僧評定の場から鎮守八幡宮に出向い

（署名二八名略）

*彼《か》の鎮守供僧職の事、*諸衆連署状の旨に任せて、同十七日、*評定の席より衆命により、定潤法印・禅瑜・亮忠の三人、社頭に参り、鬮を宝前に置き、祈精を致す。すなわち心経三巻、同音にこれを読誦す。然る後、*宮仕を以て鬮を取らしめ、*小子坊に帰り、*衆座において披見するのところ、臈次に任すべき由の鬮なり。この上は、向後《きょうご》の確執を止め、*その闕出来するの時、本供僧廿一口幷《なら》びに学頭・学衆の内、各《おのおの》臈次に任せて補任すべきの由、治定し了んぬ。

た。

**宮仕**　鎮守八幡宮に仕える社官で、執行の配下にある本宮仕六人と、鎮守供僧が補任する新宮仕からなる。→補1

**小子坊**　西院小子坊。小子坊で鎮守供僧方の評定が行われていた。観応三年閏二月に南朝方が入京した際に、光厳・光明・崇光の三上皇および春宮の直仁親王がこの小子坊に一夜逗留した後に八幡を経て賀名生に移されたことから、同年五月六日より武家発願によって五壇法が行われた（『東宝記』五「孔雀経」）。また康暦元年（一三七九）の西院の火災では、不動堂、小子坊、西北二宇の僧坊、西門、唐門、四足門以下が炎上している（『同』三「西院再興次第」）。応永二年（一三九五）に再建の立柱が行われたが、その際に棟行五間であったのが一〇間に改められた。建物は「加東庇一間定、檜皮葺、卯酉屋」とされているから、東西に長く東に一間の庇のあったことがわかる（『東宝記（影印本）』三「当時様」）。現在も西院内に、桁行一二間、梁行八間、入母屋造の建物がある（『東寺の歴史と美術　新東宝記』東京美術、一九九五年）。

**衆座において**…　鎮守八幡宮供僧の評定の場において鬮を開いたところ、臈次に従うべきだとするものであった。

**その闕**　鎮守八幡宮供僧の欠員。

# 第三節　寺院生活の規制

## 1　寺僧の器用

**真28**　東寺籠衆法式条々　永和三年（一三七七）二月　日　東寺観智院金剛蔵聖教

定

東寺籠衆法式條々

参籠日數事

以二千日一限、其間不レ出二寺内一、競二寸陰一可レ専二鑽仰一、但四度次第傳授幷入壇之時、兼定二暇日一相二觸奉行一、可レ令二退出一、將又師匠・二親重病・入滅等之時者、隨二申請一同可レ被レ免レ之、日數以後速令二歸住一、勘二退出之日限一可レ籠二償之一、

参籠所事

於二當所一者、堅可レ禁二兒童・荒僧之來入、弦管・刀杖之蓄一矣、

談義試講時刻事

**真28**　↓補1
**東寺籠衆法式条々**　東寺における参籠の基本的な法式。日数・参籠所・談義試講

# 第三節　寺院生活の規制

## 1　寺僧の器用

**真28**　東寺籠衆法式条々　永和三年(一三七七)二月　日　　東寺観智院金剛蔵聖教

定む

東寺*籠衆の法式条々

*参籠日数の事

千日を以て限りとし、その間寺内を出《い》でず、寸陰を競い、鑽仰を専らにすべし。但し*四度の次第伝授并びに入壇の時、兼ねて暇日を定め、奉行に相《あい》触れ、退出せしむべし。将又《はたまた》師匠・二親の重病・入滅等の時は、申し請うに随い、同じくこれを免ぜらるべし。*日数以後、速《すみ》やかに帰住せしめ、退出の日限を勘えこれを籠り償うべし。

参籠所の事

当所においては、堅く*児童・*荒僧の来入、弦管・刀杖の蓄えを禁ずべし。

*談義試講の時剋の事

時刻・入堂・行儀・北面朝夕御勤について定めた。

**籠衆**　一〇〇〇日間、寺域に籠って勉学に励む僧。勧学会衆。『東宝記』一三に「勧学衆」として次のように記されている。

　元亨二年、最初五人参籠衆也、阿闍梨道誉、禅雅、定玄、良朝、房胤也、其後或四人、若三人、若二人、随時不定也、是依無料所定足也、

一時に二〜四人おり、若い寺僧が志願し、廿一口方の承認を経て認められた。籠衆に補された者は、本文史料を守るという請文を提出しなければならない。真25参照。→補2

**参籠日数**　参籠すべき日数。のちに日数が軽減されることについては真31参照。

**四度の次第伝授**　四度加行(十八道法、金剛界法、胎蔵界法、護摩法、伝法灌頂)を行うために師匠から受ける伝授のこと。

**日数以後**…　暇日として許された日数の終了後はただちに参籠を再開し、その分の日数を補うべきである。

**児童**　稚児のこと。

**荒僧**　荒者(不調法な者)か。あるいは武勇の僧か。

**談義試講**　談義の試講。試講は若輩の僧によるものか。真25参照。

可レ為二毎日巳剋一、但於二談義一者宜レ在二讀師之意一矣、

毎日入堂事

修學之成立者須レ依二佛陀之冥助一、不レ可レ有二闕怠一矣、

行儀事

不レ可レ接二酒宴詠歌之席一、若朋黨一揆令レ誘二引其所一之時、縱雖レ不二庶幾一於レ加二其衆一者、速可レ及二嚴密沙汰一、若自背二法度一雖レ欲レ列二其衆一、各守二此規制一一切不レ可二許容一、縱又雖レ非二興遊之席一、諸人會合之所尤可レ有二斟酌一、就中圍碁・雙六者高祖嚴誡也、同不レ可レ接二其砌一、又非二學頭房一者輙不レ可レ往二外院坊一、於二夜宿一者一向可レ停二止之一、凡毎事准二加行者一可レ守二三業威儀一者也、

北面朝夕御勤事

依附師匠之外、不レ可レ勤二他人代官一、但五箇日已上相博可レ被レ免レ之、

右條々、堅守二彼法一、敢不レ可二違越一、若於二違犯輩一者、雖レ為二同朋・親類一、隨二見聞及二互不レ覆二隱非違一、在二衆座一

毎日巳の剋たるべし。但し談義においては宜《よろ》しく読師の意にあるべし。

毎日*入堂の事

修学の成立は須《すべから》く仏陀の冥助によるべし。闕怠あるべからず。

行儀の事

酒宴詠歌の席に接すべからず。もし*朋党一揆してその所に誘引せしむるの時、縦《たと》い庶幾《こいねが》わずと雖《いえど》も、その衆に加わるにおいては、速《すみ》やかに厳密の沙汰に及ぶべし。もし自《みずか》ら法度に背きその衆に列さんと欲すと雖も、各《おのおの》この規制を守り、一切許容すべからず。縦いまた興遊の席に非ずと雖も、諸人会合するの所は、尤《もっと》も斟酌あるべし。就中《なかんずく》、囲碁・双六は*高祖の厳誡するなり。同じくその砌《みぎり》に接すべからず。また学頭房に非ざれば輙《たやす》く*外院の坊に往くべからず。*夜宿においては一向にこれを停止《ちょうじ》すべし。およそ毎事*加行の者に准じ*三業の威儀を守るべきものなり。

*北面朝夕御勤の事

*依附の師匠の外、他人の代官を勤むべからず。但し*五箇日已上相博せば、これを免ぜらるべし。

右の条々、堅く彼《か》の法を守り、敢えて違越すべからず。もし違犯の輩《ともがら》においては、同朋・親類たりと雖《いえど》も、見聞き及ぶに随い、互いに非違を覆い隠さず、*衆座にあり

**入堂**　不詳。

**朋党一揆して…許容すべからず**　仲間の寺僧が酒宴・詠歌の席に誘った時、自ら希望していなくてもその席に加われば厳しく処分する。また籠衆がそうした席に加わることを希望しても、許してはならない。なお酒宴については、真32・33参照。

**高祖の厳誡するなり**　弘法大師の「二十五箇条御遺告」に定められている。囲碁・双六については第一七に見える。真33参照。

**外院の坊**　西院以外の地域にある僧坊のことか。学頭の房もそこにあった。真33参照。

**夜宿**　外泊すること。

**加行の者**　四度加行を行っている者。

**三業の威儀**　身・口・意の悪業を戒めること。

**北面朝夕御勤**　西院北面の御影堂で朝夕行われる勤行。真12参照。

**依附の師匠**　頼るべき師匠。

**五箇日已上…**　師匠の代わりに五日以上交代することについては認められる。

**衆座にありて…**　学衆の評定の場において事態の軽重に応じて処分を決定する。

令二披露一遂二評定一、依二事輕重一可レ有二其沙汰一、且守二最初張文一、且任二諸衆評議一、所レ定如レ件、

永和三年二月　日

**真29**　東寺交衆器用法式置文　応永八年(一四〇一)十二月　日　東寺百合文書

定置

東寺交衆人躰器用法式事

右、於二一交衆諸寺々僧一仁和・醍醐・大覺寺等者、當寺交衆所望之時、雖レ不レ知二其人躰一、無レ據二于糺明一、於二當寺一得度之輩者、尤可レ淸〔精〕二撰於種族一、凡於二侍以上一者、雖レ非二制之限一、於二寺家惣別之侍等之子一者、一切不レ可レ許二交衆一、雖下於二他寺一有中其例上、當寺事難レ准二諸門跡之儀一歟、爲レ誡二公人以下成二等輩之思一也、將又雖レ爲二他所之侍品一、既於下召二仕于靑侍一垂髪上者、子細可レ爲二同前一、全不レ可レ許二寺僧號一、此條先年及二評儀一、雖レ令二治定一、爲レ備二未來之龜鏡一、重所レ及二連署一也、若背二此旨一、成二違犯之企一者、且八幡大𦬇〔菩薩〕・弘法大師御罰蒙二其身一、

**張文**　規則等を記して掲示したもの。本文史料は後に「永和三年張文」と呼ばれている。ただし今回の法式が「最初張文」を踏まえて定められており、真25の第4・6条に見える「元徳元年置文」がそれに相相当する可能性もある。しかしこれ以後、本文史料が参籠に関する「根本置文」と位置づけられた。

**真29**　→補1

**東寺交衆器用法式置文**　寺僧の資格は侍品以上とする。諸門跡とは異なり、寺家の侍の子は交衆に加えないこととした。

**一交衆**　同等の資格をもつ仲間として、同じ交わりをもつ集団。この場合は真言宗の本寺クラスの寺僧をいう。

**仁和醍醐大覚寺等**　これら代表的な三寺以外では、東寺寺僧への加入資格をもつ寺院は時期により異なっている。真21・32参照。→補2

**当寺交衆**　東寺の寺僧となること。

**その人躰を知らず**…　出身の家柄等を知らなくても、それを吟味する手段はない。出家の際、それぞれの寺で既に吟味が行われているはずなので、東寺として特に吟味する必要はないと考えられた。

**種族を精撰すべし**　東寺で出家・得度す

て披露せしめ評定を遂げ、事の軽重により、その沙汰あるべし。且《かつ》は最初の*張文を守り、且は諸衆の評議に任せ、定むるところ件《くだん》の如《ごと》し。

永和三年二月　日

## 真29　東寺交衆器用法式置文　応永八年(一四〇一)十二月　日　東寺百合文書

定め置く

東寺交衆の人躰器用の法式の事

右、*一交衆の諸寺の寺僧〈*仁和・醍醐・大覚寺等〉においては、*当寺交衆を所望するの時、*その人躰を知らずと雖《いえど》も、糺明するに拠なし。当寺において得度するの輩《ともがら》は、尤《もっと》も*種族を精撰すべし。およそ*侍以上においては、制の限りに非ずと雖も、*寺家惣別の侍等の子においては、一切交衆を許すべからず。*他寺においてその例ありと雖も、当寺の事、諸門跡の儀に准じがたきか。*公人以下、等輩の思いを成すを誡めんがためなり。将又《はたまた》、*他所の侍品たりと雖も、既に*青侍に召し仕う*垂髪においては、子細同前たるべし。全く寺僧の号を許すべからず。この条、*先年評儀に及び、治定せしむと雖も、未来の亀鏡に備えんがため、重ねて連署に及ぶところなり。もしこの旨に背き、違犯の企てを成さば、且《かつ》は八幡大菩薩・弘法大師の御罰をその身に蒙

る際に、その出身の家柄を吟味する必要がある。種族は種姓のことで、氏素性の意。→補3

**侍以上**　六位の侍品以上の者。

**寺家惣別の**…　三綱など寺侍の子が寺僧となることを認めない。侍は凡下に対する語であるが、寺家の侍は凡下身分にあたると考えられていた。→補4

**他寺において**…　仁和寺、醍醐寺、大覚寺などでは、侍の子を交衆に加える例があるが、東寺ではそうした諸門跡の例に倣うわけにはいかない。

**公人以下**…　公人以下の凡下の者が寺僧と同等だと考えないようにするためである。東寺の公人は中綱・職掌を指す。

**他所の侍品**…　他寺では侍品として扱われる身分であっても、東寺において院家の青侍となっている者は交衆を認めない。　青侍は凡下として扱われていた。

**青侍**　公家に仕える身分の低い侍。六位は青い袍(ほう)を着したことからそう呼ばれた。また、未熟の意から若くて身分の低い侍も指す。転じて院家・寺僧に私的に仕える侍をいう。

**垂髪**　出家前の童名で仕えている者。ここでは稚児。青侍として召し使われた垂髪は、寺僧にはなれなかった。

**先年評議**　貞和二年(一三四六)十月の評議。真32第1条参照。

且可レ有二罪科沙汰一之状、如レ件、

應永八年十二月　日

**真30**　東寺交衆仁躰俗姓法式　宝徳元年(一四四九)閏十月二十日　東寺百合文書

定置

當寺交衆仁躰俗姓之事

右、當寺交衆俗姓之事者、自二往古一、堅所レ被レ撰也、於二自今以後一者、猶堅可レ被レ撰二仁躰一者也、所詮、於二待〔侍〕以上一者、非二制之限一、就中、土民・百姓之族幷藝才職人以下之輩、一切不レ可レ叶者也、縦又於二公家・武家一、雖レ爲二猶子號一、子細同前、次雖レ爲二限本〔根〕侍分之者一、至レ成二藝才職人・商人等所作一者、以可レ爲二同前一、次雖レ爲二侍分號一、爲二俗性〔姓〕凡下一者、甚不レ可レ然者也、

一　寺家被管之輩、惣別青侍之子、不レ可レ叶二交衆之儀一、成二等輩之思一故也、

一　無二俗姓一之仁、以二童形之號一、於レ致二一寺之交一者、堅可レ被二停止一

**真30**　↓補1

**東寺交衆仁躰俗姓法式**　寺僧の資格については侍品以上とし、芸才の職人・商人等は除くこととした。↓補2

**交衆**　寺僧としての交わりをもつ集団。

**俗姓**　出自・家柄。

**侍**　六位以上の侍品。

**土民百姓の族…**　侍品に達しない土民百姓や、芸才の職人以下の者は、東寺の交衆をいっさい認めない。芸才の職人は、遊芸や細工を専門とする者のことか。

**猶子の号を…**　侍品に達しない者が公家・武家の猶子の資格で交衆を望んでも、いっさい認めない。院家に同宿する稚児が公家・武家の猶子となって寺僧への加入を求めた事例は真29に掲げているが、それ以外のものとしては、嘉吉三年(一四四三)の愛若丸の事例を挙げることができる(廿一口方評定引付同年十二月二十四日条「東寺百合文書」ち函一四号)。

一　増長院愛若丸、為葉室猶子、可有交衆御免之由所望之間、披露之処、近年侍童引為出世事繁、向後可有停止之旨、以連署、可被定置之、治定了、

この愛若丸は葉室の猶子という資格で増長院厳忠が寺僧加入を吹挙したものであるが、そうした加入要請が「事繁」であるため、今後は停止する法式を定めることが決定されている。ただしその法式そのものについては、本文史料の時期まで確認できない。

**根本は侍分**…　その者の出自が侍品であっても、遊芸や細工、商売に携わっておれば同じく交衆を認めない。

**侍分の号たりと**…　出自が凡下であれば、侍となっていても交衆としては甚だ不適格である。

**寺家被管**　寺僧と個別に被官関係をもっている者。

**惣別**　概して、総じて。

**青侍**　院家・寺僧に私的に仕える侍。

**等輩の思い**　寺僧と同等だと考えること。

**俗姓なきの仁**　出自が凡下の者。

**童形の号**　愛若丸というような、出家する以前の童名。凡下出身の者が、稚児の資格で寺のなかに入ることが問題とされた。

り、且は罪科の沙汰あるべきの状、件《くだん》の如《ごと》し。

応永八年十二月　日

**真30**　東寺交衆仁躰俗姓法式　宝徳元年(一四四九)閏十月二十日　東寺百合文書

定め置く

当寺*交衆の仁躰*俗姓の事

右、当寺交衆の俗姓の事は、往古より堅く撰ばるるところなり。自今以後においては、なお堅く仁躰を撰ばるべきものなり。所詮、*侍以上においては、制の限りに非ず。就中《なかんずく》、*土民・百姓の族幷びに芸才の職人以下の輩《ともがら》は、一切叶うべからざるものなり。縦《たと》いまた公家・武家において、*猶子の号をなすと雖《いえど》も、子細同前。次いで*根本は侍分の者たりと雖も、芸才の職人・商人等の所作を成すに至っては、以て同前たるべし。次いで*侍分の号たりと雖も、俗姓は凡下たらば、甚《はなは》だ然るべからざるものなり。

一　*寺家被管の輩、*惣別*青侍の子、交衆の儀を叶うべからず。*等輩の思いを成すの故なり。

一　*俗姓なきの仁、*童形の号を以て、一寺の交わりを致すにおいては、堅く停止《ちょうじ》せ

者也、

一　無二俗姓一之由、乍レ有二存知一、偽令二同宿一、於下令レ致二交衆之競望一仁上者、可レ被レ伎〔抜〕二一寺交衆一者也、

右條々、堅可レ守二法式之旨一、仍連署之状、如レ件、

寳德元年潤十月廿日　　阿闍梨定清

（署名二四名略）

**真31**　東寺勧学会新法式　天文十一年（一五四二）十月　日　　東寺観智院金剛蔵聖教

定置

勸學會新法式事

當寺籠衆之日數者、從二往古一已降、以二千日一爲レ限、雖レ然、於二末代一者、就二其根機難一レ堪、經曆之人希歟、還而學黨零落之基也、仍今度被レ定二置新法一、所レ令レ減二於日數一也、但於二上根人其志在一レ之者、如二本法一可レ滿二一千日一、中根者七百日、下根者六百日、堅守二此旨一可レ被レ專二競學鑽仰一也、自餘之法度者如二根本一、雖レ爲二一事一不レ可レ有二違越之儀一云々、依二衆儀一所レ定如レ件、

らるべきものなり。

一　俗姓なきの由、存知ありながら、偽って*同宿せしめ、交衆の競望《けいぼう》を致さしむる仁においては、一寺の交衆を抜かるべきものなり。

右の条々、堅く法式の旨を守るべし。仍て連署の状、件《くだん》の如《ごと》し。

宝徳元年閏十月二十日　　阿闍梨定清

（署名二四名略）

**真31**　東寺勧学会新法式　天文十一年(一五四二)十月　日　　東寺観智院金剛蔵聖教

定め置く

*勧学会新法式の事

当寺*籠衆の日数は、往古より已降、千日を以て限りとなす。然りと雖《いえど》も*末代においてはその*根機堪えがたきにつき、*経歴の人は希《まれ》か。*還りて学党零落の基なり。仍て今度新法を定め置かれ、日数を減ぜしむるところなり。但し*上根の人その志これあるにおいては、*本法の如《ごと》く一千日を満たすべし。中根は七百日、下根は六百日、堅くこの旨を守り、競学鑽仰を専らにせらるべきなり。*自余の法度は根本の如く、一事たりと雖《いえど》も違越の儀あるべからずと云々。衆儀により定むるところ件《くだん》の如《ごと》し。

**同宿**　同じ院家に住むこと。

**真31**　→補1

**東寺勧学会新法式**　一〇〇〇日と定められている参籠の日数を改め、一〇〇〇日・七〇〇日・六〇〇日の三種とした。

**勧学会**　一定期間、勧学院の参籠所に参籠して談義試講を行う法会。

**籠衆**　勧学会衆。真25・28参照。

**末代においては**　末世の時代である今では。

**根機**　仏道の教えを聞いて修行しうる能力。機根。

**経歴の人…**　一〇〇〇日の参籠を完遂する人はまれである。

**還りて学党零落の基なり**　現状を放置しておくならば、学僧が衰退していく原因となる。

**上根**　修行に優れた能力をもつ人。中・下と、次第に劣ったものとなる。

**本法**　永和三年(一三七七)に定められた東寺籠衆法式条々を指す。真28参照。

**自余の法度**　根本の法式の内、参籠日数以外の条項。参籠所の事、毎日入堂の事、行儀の事、北面朝夕御勤の事を指す。これらの事柄については、従来の法を踏襲する。

天文十一年十月　日

法印權大僧都堯圓

(署名五名略)

## 2　僧坊の規制

**真32**　東寺寺僧規式条々　貞和二年(一三四六)十月　日　東寺百合文書

定

東寺々僧規式條々

一　横入常住寺僧事

於二仁和寺・醍醐等寺僧一者、一交衆之上者、雖レ不レ簡レ寺、心操難レ知之間、無二左右一不レ可レ入レ之、十二箇月常二住寺家一、無二異失一可レ入レ之、但一流之法燈幷稽古名譽輩者、非二制限一、又於二末寺・邊山寺僧一者、不レ可レ入レ之、但器要拔群之仁、若離二本所居之寺一、競二望寺僧一者、經二廿四ケ月一、可レ入レ之矣、

□〔二〕　博奕事

圍碁・雙六・將棊、不レ論二當寺・他所一、一切可レ停二止之一、若違犯

**真32**　↓補1

**東寺寺僧規式条々**　寺僧への加入制限のほか、僧坊内での生活について、全六カ条の規制を定めた。

天文十一年十月　日

法印権大僧都堯円

（署名五名略）

## 2　僧坊の規制

**真32**　東寺寺僧規式条々　貞和二年(一三四六)十月　日　　東寺百合文書

定む

東寺々僧の規式条々

1 一　横入*の常住*寺僧の事

仁和寺・醍醐等の寺僧においては、一交衆*の上は、寺を簡ばずと雖《いえど》も、心操*知りがたきの間、左右なくこれを入るべからず。十二箇月寺家に常住し、異なる失なくんばこれを入るべし。但し一流の法燈*幷びに稽古名誉*の輩《ともがら》は制の限りに非ず。また末寺*・辺山の寺僧においては、これを入るべからず。但し器要抜群の仁、もし本所居の寺を離れ、寺僧を競望《けいぼう》せば、二十四ケ月*を経て、これを入るべし。

2 一　博奕*の事

囲碁*・双六・将棋は、当寺・他所を論ぜず、一切これを停止《ちょうじ》すべし。もし違犯せ

**1**　醍醐寺・仁和寺クラスの寺からの横入は一二カ月間、それ以外の寺からの横入は二四カ月間、東寺で過ごしてから寺僧への加入を認めた。

**横入**　他寺から移ってきて寺僧となること。

**常住**　東寺を本拠として居住する僧。

**一交衆**　同等の資格をもつ仲間として交わりをもつ集団。この場合は真言宗の本寺クラスの僧。

**心操**　心ばせ。

**一流の法燈**　小野・広沢など、名門の放流に属する僧や、しかるべき法流に属する僧。

**稽古名誉の輩**…　寺僧としての器量に優れた者は、一二カ月間東寺で過ごすという制限を受けない。

**末寺辺山の寺僧**　東寺末寺や高野山などの僧。

**二十四ケ月を経て**　二四カ月の間東寺で過ごしてから。

**2**　博奕の禁止と、その違反者に対する処分を定めた。

**博奕**　博打。金銭・財物などを賭け、賽などで勝負を争うこと。

**囲碁双六将棋**…　囲碁・双六・将棋は東寺の内外にかかわらず一切禁止すべきである。このことから囲碁以下が賭事の対象であったことがわかる。

者、大湯屋湯一箇度、三ケ月中可レ致二其沙汰一、過二約月一者、於二供僧・學衆一者、留二供料一、於二納所一可レ致二一倍沙汰一、於二非供僧一者、一年中可レ留二出仕一耳、

一　兵具事

不レ論二當寺・他所一、於二日晝一者、自不レ可レ帶二兵具一、縱雖二夜陰一、諸衆會合之時者、一切可レ停二止之一、若令二違犯一者、大湯屋湯二ケ度、三ケ月中可レ致二其沙汰一、過二約月一者、可レ停二廢寺僧一也、

一　酒宴事

於二西院内一者、殊可レ禁二制之一、縱密雖レ飲レ之、不レ可レ及二歌舞一、若違犯者、三ケ月中砂三輛、可レ引レ之、過二約月一者、子細可レ准二博奕之法一矣、

一　不レ可レ入二女人一事

西院之小子坊幷僧坊内、不レ可レ入レ之、若背二此法一者、同二博奕之罪科一耳、

一　無レ供出行事

**大湯屋の湯を…**　罰として三カ月以内に、東寺寺内にある大湯屋の湯をたてる費用を一度負担すべきである。湯については真12の「湯」の項参照。

**供僧学衆においては…**　供僧学衆の場合は、彼らに下す供料を留保し、納所が湯相当分の費用の倍額を負担させる。

**納所**　年貢・代銭の収納やその保管、融資・融通等にかかわる役職。ここではそ

ば、*大湯屋の湯を一箇度、三ケ月中にその沙汰を致すべし。約月を過ぎなば、*供僧・学衆においては、供料を留め、*納所において一倍の沙汰を致すべし。*非供僧においては、一年中、出仕を留むべし。

3 一 兵具の事

当寺・他所を論ぜず、*日昼においては、自《みずか》ら兵具を帯すべからず。縦《たと》い夜陰と雖《いえど》も、諸衆会合するの時は、一切これを停止すべし。もし違犯せしめば、大湯屋の湯を二ケ度、三ケ月中にその沙汰を致すべし。*約月を過ぎなば、寺僧を停廃すべきなり。

4 一 酒宴の事

*西院内においては、殊にこれを禁制すべし。縦い密かにこれを飲むと雖も、歌舞に及ぶべからず。もし違犯せば、三ケ月中に*砂三輌これを引くべし。約月を過ぎなば、子細は博奕の法に准ずべし。

5 一 女人を入るべからざる事

*西院の小子坊并びに僧坊内に、これを入るべからず。もしこの法に背かば、博奕の罪科に同じ。

6 一 供なく出行する事

の納所の元で供料が留保されることになっていたのであろう。

**非供僧**　寺僧のなかで廿一口方等の供僧になっていない者。真11の「供僧職」の項参照。

**3**　寺僧が兵具を身につけることを禁止し、その違反者に対する罰則を定めた。

**日昼においては**…　日中、寺僧自身が兵具を帯びてはならない。この場合、従者が兵具を帯びることについては特に言及していない。

**約月を過ぎなば**…　三カ月の期限内に湯を二度たてる費用を負担しなければ、寺僧であることを認めない。兵具に関する罰則は、博奕や酒宴等の罰則よりも重いことに注意する必要がある。

**4**　西院内における寺僧の酒宴を禁止し、その違反者に対する罰則を定めた。

**西院内**　第5条に見えるように、西院内には小子坊や僧坊があった。真33参照。

**砂三輌**…　寺内に撒く白砂を車三輌分、負担すべきである。

**5**　女人の禁止と、その違反者への罰則を定めた。

**西院の小子坊**　評定のほか、法会の際に飲食を行うことができた。真27および真33参照。

**6**　寺僧が供を連れずに出行することを禁じた。

無レ供而不レ可レ出二行他所一、若違犯者、同二酒宴之科儀一矣、

右、堅爲レ守二大師之制誡一、且爲□□人之□□、所レ定二右規式一也、各堅調二自身之威儀一、又無三隱〔而〕□令二違犯一、偏任二佛智之照鑑一、莫レ致二私曲之寛宥一、仍所レ定如レ件、

貞和二年十月　日　　大法師、、

（署名六名略）

**真33**　東寺僧坊法式置文　延文三年（一三五八）三月　日　　東寺百合文書

東寺僧坊法式條々

一　可レ止二圍碁・雙六一事

大師御記云、圍碁・雙六一切停止、若强好二此事一者、都非二吾末世資一、不レ論二刹利種性〔姓〕・蔭子孫一、併悉追放、一切勿レ得二寛宥一云々、嚴誡如レ斯、誰人輕レ之哉、然則於二當寺內院・外院僧坊一者、堅可レ禁二制之一、

一　不レ可レ入二女人一事

**仏智の照鑑に…**　仏の判断に委ね、私的に緩やかな判断をしてはならない。

**真33**　→補1

**東寺僧坊法式置文**　東寺僧坊内の生活規制で、囲碁・双六の禁止、女人入寺の禁止、飲酒の禁止の三カ条からなる。

**1**　御遺告（「二十五箇条御遺告」）を踏ま

供なくて他所に出行すべからず。もし違犯せば、酒宴の科の儀に同じ。
右、堅く大師の制誡を守らんがため、且《かつ》は□人の□□のため、右の規式を定むるところなり。各《おのおの》堅く自身の威儀を調え、また隠れて違犯せしむることなく、偏《ひとえ》に*仏智の照鑑に任せて、私曲の寛宥を致す莫《なか》れ。仍て定むるところ件《くだん》の如《ごと》し。

貞和二年十月　日　　大法師、、

（署名六名略）

## 真33　東寺僧坊法式置文　延文三年（一三五八）三月　日　東寺百合文書

東寺僧坊の法式条々

1 一　囲碁・双六を止むべき事
*大師御記に云わく、「囲碁・双六、一切に停止《ちょうじ》すべし。*もし強《あなが》ちにこの事を好むものは、都《すべ》て吾が末世の資に非ず。*刹利の*種姓・*蔭子孫を論ぜず、併《しか》しながら悉《ことごと》く追放せよ。一切に寛宥することを得ること勿《なか》れ」と云々。*厳誡斯《か》くの如《ごと》し。誰人かこれを軽んぜん。然れば則ち、当寺の*内院・外院の僧坊においては、堅くこれを禁制すべし。

2 一　女人を入るべからざる事

え、東寺僧坊内における囲碁・双六を厳禁した。

**大師御記**　御遺告。「囲碁・双六…」以下の文章は、「可報進後生末世弟子祖師恩縁起第十七」の一部である。

**もし強ちに…**　禁止にもかかわらず囲碁・双六を好む者は、すべて自分の末代の弟子ではない。

**刹利の種姓蔭子孫を論ぜず…**　（その者が）どのような家柄の者であっても、すべて寺家から追放すべきである。

**刹利**　刹帝利（せっていり）の略。古代インドの四姓の一つで王族および士族の階級。クシャトリア。

**種姓**　氏素性。生まれつき属している家柄。

**蔭子孫**　蔭（おん）の対象となる皇族・貴族の子孫。蔭は律令制下の貴族の出世法で、一定以上の皇族・貴族の子・孫が二一歳以上になると自動的に位階を授けられたことをいう。

**厳誡**　厳しい戒め。

**内院外院の僧坊**　内院は寺内の清浄な空間で、ここでは西院の僧坊を指す。外院の僧坊は西院の北部を中心とするそれ以外の地域の僧坊を指すか。第2・3条参照。

**2**　御遺告を踏まえ、僧坊に女人を入れることを厳禁した。

同御記云、不レ可レ入二東寺僧坊女人一縁起第十八、乃至、若有二要言一諸家使至者、立二外戸一速返報却レ之、不レ得レ廻二時剋一云々、遺告尤重、旨趣悉レ文、於二西院小子坊・僧坊并聖僧坊一者、向後堅可レ守二此記一矣、

一　不レ可二飲酒一事

同御記云、不レ可レ飲二僧坊内酒一縁起第十九、乃至、長阿含曰、飲酒有二六種過一等云々、智度論曰、有二卅五種過一等云々、亦梵網經所説甚深也、何況祕密門徒可二酒愛用一哉、依レ之所レ制也、但靑龍寺大師與二并御相弟子内供奉十禪師順曉阿闍梨一共語擬曰、依二大乘開門之法一、治レ病之人許二鹽酒一、依レ之亦圓坐之次呼レ乎〔平〕、不レ得二數用一、若有二必用一、從レ外入二不レ瓶之器一來、副レ茶祕用云々、爰近代此法癈〔廢〕而遺誡如レ无、高聲强言・放逸濫吹、逆レ耳驚レ目、道俗輕賤之基、修學怠墮之源、不レ可レ不レ禁、不レ可レ不レ制、先於二西院小子坊一者、一切可レ停二止之一、於二同院西僧坊并聖僧坊一

**同御記**　大師御記(御遺告)。

**乃至**　中間のものを省略して、何から何に至るまでと物事を述べる語。中略。

**遺告は尤も重く…**　大師の御遺告は、諸家の使いとして来た者でさえ室内に入れずに応答するという畏れおおいもので、法式の趣旨は御遺告の条文に尽きている。

**西院の小子坊**　評定のほか、法会の際に飲食を行うことができた。東寺西院には御影堂・不動堂の他に、小子坊と西の僧坊、聖の僧坊があったことがわかる。小子坊については真27および真32参照。

**聖**　西院の仏具・文書等を管理する三聖人。真39参照。

**3**　御遺告を踏まえ、西院小子坊では飲酒を厳禁したが、西院僧坊、聖の僧坊、外院の僧坊では密かに用いることを許した。

*同御記に云わく、「東寺僧坊に女人を入るべからざる縁起第十八、*乃至、もし要言ありて、諸家の使として至らば、外戸に立てて、速《すみ》やかに返報してこれを却《さ》けよ。時剋を廻らすことを得ず」と云々。*遺告は尤《もっと》も重く、旨趣は文に悉《つく》す。*西院の小子坊・僧坊幷びに*聖の僧坊においては、向後《きょうご》堅くこの記を守るべし。

3　一　飲酒すべからざる事

同御記に云わく、「僧坊の内にして酒を飲むべからざる縁起第十九、乃至、*長阿含に曰く、『飲酒に六種の過《とが》あり』等と云々。*智度論に曰く、『三十五種の過あり』等と云々。また*梵網経の所説、甚深なり。何ぞ況《いわ》んや、*秘密の門徒、酒を愛し用ゆべけんや。これによって制するところなり。但し*青龍寺の大師と幷びに御相《あい》弟子の内供奉十禅師*順暁阿闍梨と共に語らい擬して曰く、『大乗開門の法によって病を治するの人には、*塩酒を許すべし』と。これによってまた、円坐《まどい》の次《ついで》に*平を呼びて*数用することを得ざれ。もし必ず用いることあらば、外より瓶にあらざるの器に入れて来《きた》りて、茶に副えて秘かに用いよ」と云々。ここに近代、この法廃れて遺誡なきが如《ごと》し。高声強言・放逸濫吹、*耳に逆らい目を驚かす。*道俗軽賤の基、修学怠堕の源、禁ぜざるべからず、制さざるべからず。先《ま》ず*西院の小子坊においては、一切これを停止《ちょうじ》すべし。同院西の僧坊幷びに聖の僧坊において

**長阿含**　長阿含経（じょうあごんきょう）。漢訳された原始仏教教典で、中阿含経、雑阿含経、増一阿含経とあわせて四阿含とされる。

**智度論**　大智度論。大論ともいう。大品般若経の釈論。

**梵網経**　梵網経盧舎那仏説菩薩心地戒品（るしゃなぶっせつぼさつしんじかいほん）第一〇巻。

**秘密の門徒**　密教の門徒。

**青龍寺の大師**　恵果（七四六～八〇五）。空海は恵果最晩年の弟子で、金剛界・胎蔵の両部密教を授けられた。

**順暁**　善無畏三蔵の弟子義林より真言秘密の法を学ぶ。鎮国道場大徳阿闍梨と称す。延暦二十四年（八〇五）、還学生として帰国を目前にした最澄は、越州龍興寺において秘密灌頂を受けた。

**塩酒**　塩と酒。ここでは酒を意味する。

**平**　未詳。瓶あるいは平衆の意か。

**数用する**　（酒を）たびたび用いること。

**耳に逆らい…**　聞き苦しく、見苦しい。

**道俗軽賤の基**　僧にも俗人にも軽んじられ賤しめられる原因となる。

**西院の…許すべし**　西院の小子坊は飲酒を一切停止し、西院西の僧坊と聖の僧坊は酒を密かに用いることを認める。小子坊がもっとも清浄に保たれねばならない空間であることがわかる。

者、可レ許二祕用之儀一、次外院僧坊者、一向停止、還而非レ无二斟酌一、但不レ憚二隣坊一、不レ顧二時儀一者、定違二佛儀一、又背二祖意一歟、各守二此旨一、可レ令二謹愼一者也、

右三箇條、任二高祖御記一、堅可レ守二其法一、若於下令二違越一之輩上者、速遂二評定一、隨二事輕重一、可レ有二其沙汰一、爲レ無二將來失墜一、所レ及二衆中連署一也、仍置文之狀、如レ件、

延文三季三月　日　阿闍梨ヽヽ

ヽヽヽ

**真34**　東寺諸坊禁制文書　貞治五年(一三六六)七月　東寺観智院金剛蔵聖教

①東寺長者光済御教書　貞治五年(一三六六)七月二十五日

東寺諸坊以下禁制條々、尤爲二興隆之專一一之上者、衆〔中〕□任二申請之旨一、事書一紙遣レ之、堅守二此旨一、不レ可レ有二違越一之由、長者僧正御房所レ候也、〔恐々〕□□謹言、

貞治五丙午　七月廿五日　別當理性院　法印宗助

謹上　年預法印御房

**外院の僧坊は…**　外院の僧坊で一切禁止すると、逆に勝手に取りはからうことになる。僧坊における飲酒の禁止は事実上不可能となっているので、節度をもって行うよう指示せざるをえない状況が窺われる。

**高祖御記**　大師御記に同じ。

**衆中**　廿一口方の衆中。廿一口方として東寺の寺院生活全般を管轄するので、この法式も廿一口方の評定に基づいて定められたと考えられる。

**真34**　→補1

**東寺諸坊禁制文書**　廿一口方の評議によって合意された法が事書という形式でまとめられ(②)、東寺長者の承認(①の文書および②の袖判)のもとに実行に移された。

は、秘用するの儀を許すべし。次いで*外院の僧坊は、一向に停止せば、還りて斟酌なきに非ず。但し隣坊を憚らず、時儀を顧みざれば、定めて仏儀に違い、また祖意に背くか。各《おのおの》この旨を守り、謹慎せしむべきものなり。

右の三箇条、*高祖御記に任せて、堅くその法を守るべし。もし違越せしむるの輩《ともがら》においては、速《すみ》やかに評定を遂げ、事の軽重に随い、その沙汰あるべし。将来の失墜なからしめんがため、*衆中連署に及ぶところなり。仍て置文の状、件《くだん》の如《ごと》し。

延文三季三月　日　　阿闍梨、、
、、、
、、

**真34**　東寺諸坊禁制文書　貞治五年(一三六六)七月　東寺観智院金剛蔵聖教

①東寺長者光済御教書　貞治五年(一三六六)七月二十五日

*東寺諸坊以下禁制の条々、尤《もっと》も*興隆の専一たるの上は、*衆中申し請くるの旨に任せて、*事書一紙これを遣わす。堅くこの旨を守り、違越あるべからざるの由、*長者僧正御房候ところなり。恐々謹言。

貞治五丙午七月二十五日　《*別当理性院》法印宗助

謹上　*年預法印御房

**①東寺長者光済御教書**　東寺長者光済が、廿一口方からの申請を請けて、事書の内容を承認した。

**東寺諸坊**　寺僧の住む坊舎。院家にあたる。

**興隆の専一**　（寺内の諸坊の維持が）東寺の興隆にとってもっとも大切である。ここから「違越あるべからず」までが長者の意向。

**衆中**　廿一口方の衆中。

**事書**　②を指す。供僧より提出された諸坊禁制条々の原案。①のなかでは、置文の原案が「事書」の語で表現されていることから、富田正弘は長者の証判が求められた時点では、②の文書は「定」の文字のない事書形式のものであったと推測している（富田正弘「中世東寺における法の制定と編纂」『京都府立総合資料館紀要』一六、一九八八年）。

**長者僧正御房**　醍醐寺三宝院光済。真52①参照。

**別当理性院**　東寺の凡僧別当。凡僧別当が東寺長者と寺僧との連絡調整にあたる。理性院は醍醐寺の塔頭で、宗助は光済の弟子。この部分は、上の「丙午」の干支の注記とともに原文書にはなかったはずである。

**年預**　一年間の所務を司る役。廿一口方の年預を指すが、この年の年預は未詳。

②東寺諸坊禁制条々　貞治五年(一三六六)七月　日
三寶院僧正
判 光濟

定《置文》　東寺諸坊禁制條々

一　於二諸坊一無二左右一不レ可レ壊二渡他所一事
於二此條一者、先年經二沙汰一、堅令レ禁二制之一處也、但於二寺内一爲二坊舍一於二移住一者、非レ限レ制事、

一　亂行不法穢僧、雖レ令二讓得一、不レ可二止住一事
於二當寺一者、淨行僧侶止住之砌、遁世異門之輩不レ可二雜住一之地也、仍雖二片時一、於二諸坊一致二管領一不レ可二居住一事、

一　當寺諸坊號二讓與一稱二買得一、雖二寺内一輙渡レ之、又不レ可二壊散一事
凡於二當寺紹隆一者、堅仰二高祖之遺說一、可レ守二先師之素意一也、然一旦諸坊傳持之輩、若依二遁世・落世之儀一、又以二買得・讓得之號一、員外之輩令二自專一、雖二寺内一令レ壊二渡之一、或構二俗仁之住宅一、或不レ可レ成二亂僧之居所一、將又於二諸坊等一、無二左右一不レ可二壊散一事、

**②東寺諸坊禁制条々**　廿一口方の評議によって合意された寺内の諸坊の譲与・買得等に関する禁制。寺僧組織の維持が坊舎の居住規制という形をとって実現されようとしていることを示す。

**定む**　この文書が法(置文・定文)である

②東寺諸坊禁制条々　貞治五年(一三六六)七月　日

《三宝院僧正》判光済

《置文》*定む　東寺諸坊禁制の条々

一　諸坊を左右なく他所に*壊ち渡すべからざる事

この条においては、*先年沙汰を経、堅くこれを禁制せしむるところなり。但し寺内において坊舎となして移住するにおいては、*制の限りに非ざる事。

一　*乱行不法の穢僧、譲得せしむと雖《いえど》も、*止住すべからざる事

当寺においては、浄行の僧侶止住するの砌《みぎり》、*遁世異門の輩《ともがら》は雑住すべからざるの地なり。仍て片時と雖も、諸坊を管領致し居住すべからざる事。

一　当寺の諸坊、譲与と号し、買得と称し、寺内と雖も輙《たやす》くこれを渡し、また壊ち散ずべからざる事

およそ当寺の紹隆においては、堅く高祖の遺説を仰ぎ、先師の素意を守るべきなり。然るに*一旦諸坊を伝持するの輩、もし*遁世・*落世の儀により、また買得・譲得の号を以て、*員外の輩自専せしめ、寺内と雖もこれを壊ち渡さしめ、或いは俗仁の住宅を構え、或いは乱僧の居所と成すべからず。将又《はたまた》諸坊等を左右なく壊ち散ずべからざる事。

ことを示す。富田正弘は、①の御教書において②の文書が「事書」と表現されていることから、承認を求めた時点ではこの「定」の文字がなく、東寺長者の承認を得た段階で袖判が付され、さらにこの「定」の文字が書き加えられて、②が長者によって承認された法であることが示されたと考えている(富田前掲論文)。

**壊ち渡す**　坊舎を解体して他所に移動すること。ここで直接問題となっているのは、寺外への移動である。→補1

**先年沙汰**　諸坊舎の移動禁止について廿一口でなされた評議。いったん法として実行されたらしい。未詳。

**制の限りに非ざる**　禁止するところでない。

**乱行不法の穢僧**　戒律を守らない僧。第三条の「乱僧」も同じ。「二十五箇条御遺告」に「宿住真言場欲為師師門徒者必先須以情操為本縁起第九」がある。

**止住**　一時的に居住すること。

**遁世異門**　東寺門徒を離れること。

**一旦諸坊を伝持するの輩**　師匠から坊舎を譲られた者。

**遁世**　交衆を離れること。

**落世**　妻帯すること。

**員外の輩**　寺僧以外の者。ここでは寺内に寺僧以外の者が居住することが忌避されている。

右條々、堅所レ令二禁制一也、衆中宜守二此制法一不レ可二違越一、若有下背二此旨一之輩上者、衆中加二評儀一撰二傳持之器要一、可レ全二來葉之相承一矣、

貞治五年七月　日

## 真35　東寺僧坊法式条々　貞治六年(一三六七)三月二十一日　阿刀文書

定置條々

一　西院僧坊不レ可レ召二仕尼女一事

一　同僧坊稱二客來一、雖二片時一不レ可レ接二女人一事

一　雖二外院一、於二女人一者、不レ謂二上下一、不レ論二尼女一、夜宿之儀一向可二停止一事

一　供僧常住法度事、任二先々置文一、以二不退常住一可レ爲レ本、但於二遠行仁一者、可レ被レ許二半年日數一、其外有二難レ去□〔之〕子細一令二他住一者、守二半常住法一、勘二每月十五日一、相續之日數縱雖レ爲二次月一、可レ補二入定置日數一、若無二其儀一者、不レ可レ准二常住儀一、且奉行之仁、付二着到一、可レ勘二定日數滿未滿一矣、

**伝持の器要を…**　坊舎(および寺僧の職)を伝えるに値する弟子の資質を判断して、将来も相伝していくべきである。

右の条々、堅く禁制せしむるところなり。衆中宜《よろ》しくこの制法を守り、違越すべからず。もしこの旨に背くの輩《ともがら》あらば、衆中評議を加え、*伝持の器要を撰び、来葉の相承を全うすべきなり。

貞治五年七月　日

**真35**　東寺僧坊法式条々　貞治六年(一三六七)三月二十一日　阿刀文書

定め置く条々

一　*西院の僧坊、尼女を召仕うべからざる事

一　同僧坊、客来と称して、片時と雖《いえど》も女人に接すべからざる事

一　*外院と雖も、女人においては上下を謂《い》わず、尼女を論ぜず、夜宿の儀一向に停《ちょう》止《じ》すべき事

一　供僧常住の法度の事、*先々の置文に任せて、*不退常住を以て本とすべし。但し*遠行の仁においては、半年の日数を許さるべし。その外、去りがたきの子細ありて他住せしめば、*半常住の法を守り、*毎月十五日を勘じ、相《あい》続くの日数は縦《たと》い次月たりと雖《いえど》も、定め置く日数に補い入るべし。もしその儀なくんば、常住の儀に准ずべからず。且《かつ》は*奉行の仁、*着到に付き日数の満未満を勘定すべし。

**真35**　→補1

**東寺僧坊法式条々**　東寺供僧の僧坊での生活、常住・半常住の区別、供僧職の譲与等について定めたもの。僧坊の規制と供僧集団の規制とが一体のものであることがわかる。

**西院の僧坊**　西院には、西の僧坊、聖の僧坊と小子坊があった(真33参照)。

**外院**　東寺寺内のうち西院以外の地域、境内北部一帯を指すか(真33参照)。

**先々の置文**　真32～34を指す。

**不退常住**　常に寺内に住する僧。

**遠行の仁においては…**　高野参籠を行う者は、半年間、東寺を離れてもよい。高野参籠については、真25第6条参照。

**半常住の法**　他住を認める学衆とは異なり、供僧は不退常住を原則とするが、特別の事情があって他住せざるを得ない者については、便宜的な措置として半月間の常住でよい「半常住の法」が認められていた。

**毎月十五日を勘じ…**　月ごとに一五日間を限度として他住を認め、連続して他住している日数は、翌月に及んでいてもその月の他住の日数に含めて計算すべきである。

**奉行の仁**　廿一口方の年預。

**着到**　毎日の法会への出席。

一　令レ讓二與供僧職一之後、萬一隱遁異門輩出來之時、猶依レ分二取泜弱供料一、當職仁、失二御願勤仕羽翼一之條、太以不レ應レ理、向後堅可レ停二止之一、但或爲二交衆寺僧一、有二別儀一而令二讓與一、或老躰至極之間、爲二寺役等一令二讓與一者、非二制限一矣、

一　當寺住坊幷寺邊管領住屋事、任二代々長者嚴制一、向後堅可レ守二其法一矣、

一　於二供僧職讓與一者、已爲二師資之儀一、有二其沙汰一上者、讓得仁可レ專二其追福一、若不儀仁出來之時者、遂二一同評定一、就二其仁躰一可レ有二沙汰一矣、

一　於二東寺近邊管領地一者、可レ停二止三及打一事

右條々、且依二前寺務之嚴制一、且以二一同之衆議一、堅所二定置一也、若令二違越一者、就二所職等一、重可レ有二嚴密之沙汰一矣、

貞治六年三月廿一日　　阿闍梨潤意

（署名二〇名略）

**隱遁異門**　東寺門徒を離れること。

**泜弱の供料を…失う**　（東寺門徒を離れ

一　供僧職を譲与せしむるの後、万一*隠遁異門の輩《ともがら》出来するの時、なお*尫弱《おうじやく》の供料を分かち取るにより、当職の仁、御願勤仕の羽翼を失うの条、太《はなは》だ以て理に応ぜず。向後《きょうご》堅くこれを停止すべし。但し或いは*交衆の寺僧として、別儀ありて譲与せしめ、或いは*老躰至極の間、寺役等のために譲与せしめば、制の限りに非ず。

一　当寺の住坊幷びに寺辺に管領する住屋の事、*代々長者の厳制に任せて、向後堅くその法を守るべし。

一　*供僧職譲与においては、已に師資の儀としてその沙汰ある上は、譲得の仁その追福を専らにすべし。もし*不儀の仁が出来するの時は、一同評定を遂げ、その仁躰について沙汰あるべし。

一　東寺近辺に管領する地においては、*三及打を停止すべき事

右の条々、且は*前の寺務の厳制により、且は一同の衆議を以て、堅く定め置くところなり。もし違越せしめば、所職等について重ねて厳密の沙汰あるべし。

貞治六年三月二十一日　阿闍梨潤意

(署名二〇名略)

た者が)供僧として得ていた供料の一部を留保し続けるために、現任の供僧が法会出仕に困難をきたしている。尫弱とは、僅かなこと。羽翼は、あることをするための助け、補佐。

**交衆の寺僧として…譲与せしめ**　東寺門徒の間で、格別の理由があって供僧職を譲与した場合。

**老躰至極の間…**　老齢になって寺役勤仕がむずかしくなったために、供僧職を譲与した場合は、この制限の限りではない(供料の一部を留保していてもよい)。

**代々長者の厳制**　寺僧住坊等に関する規制は、最終的に東寺長者の管轄に属しており、「代々長者式目等」という表現も見られる。真34冒頭補注参照。

**供僧職譲与**　供僧職譲与については真15に詳しいが、延応二年(一二四〇)に供僧が再興されて以来、師匠から弟子に供僧職を譲る「譲与の法式」が定められていた。

**不儀の仁**　師匠である前供僧の追福等を怠る者。

**三及打**　三毬打(さぎちょう)。正月十五日に青竹を組んで焼く三毬打が、火災の危険から禁止されていたと考えられる。

**前の寺務**　三宝院光済。延文五年(一三六〇)に長者に任ぜられ、この年いったん妙法院定憲と交代するが、翌年復帰し応安七年(一三七四)四月まで在任した。

## 3　寺官への規制

**真36**　供花衆中法度条々重置文　宝徳二年(一四五〇)四月十六日　東寺百合文書

近年供花衆中法度凌夷之間、重所レ被レ定之條目事

一　加二供花衆一之年齡事、於レ預二佛具・本尊等一者、幼少輩太不レ可レ然、於二向後一者、自二十七歳一可レ加二其衆一也、

一　横入輩夏衆所望事、寺住以後、无二殊違失一而過二一夏一者、自二其次夏一、可レ入二其衆一也、但當夏之間、令二寺住一者、設於二七月十三日十四日之間一、雖レ令二入寺一、准レ經二一夏一而、自二翌年之夏一、可レ加レ衆也、

一　横入輩湯所望事、寺住已後經二貳百箇日一後、令レ啓二案内於年預一、又無二殊違失一者、可レ加二湯衆一也、雖レ可レ爲二諸院家青侍之法式一、依レ有二一結衆一、所レ被レ定二置法度於夏衆中一也、

一　供花衆用二衣墨一事

近年若輩等不レ論二年齡一、又不レ蒙二衆免一而、用二衣墨一事、自由之至、尤所レ令二禁遏一也、

**真36**　→補1

**供花衆中法度条々重置文**　供花衆について、年齢制限、横入の輩の夏衆所望、同じく横入の輩の湯所望、供花衆の衣墨着用、不清浄者の処分、堂内への女人出入の禁止、からなる六カ条の法度を定めた。

**供花衆**　夏安居の期間、食堂に昼夜不断で供花を勤行するもので、正和年中に「供僧学衆等坊人浄行青侍法師」、すなわち諸院家の青侍一二人を補任することになった。夏衆がこれを勤める。→補2

**法度凌夷**　応永二十二年(一四一五)五月十七日に定められた、浄不浄・二夏・俗姓に関する三カ条の法が守られなくなってきている。→補3

**1**

**十七歳より…**　年齢が一七歳以上であれば供花衆への加入を認めるべきである。→補4

**2**

**横入の輩**　他寺から東寺に移ってきた者。

**夏衆**　夏安居の衆。毎年四月十五日から

## 3　寺官への規制

**真36**　供花衆中法度条々重置文　宝徳二年(一四五〇)四月十六日　東寺百合文書

近年、*供花衆中の*法度、凌夷するの間、重ねて定めらるるところの条目の事

1 一 供花衆に加うるの年齢の事、仏具・本尊等を預かるにおいては、幼少の輩《ともがら》は太《はなは》だ然るべからず。向後《きょうご》においては、*十七歳よりその衆に加うべきなり。

2 一 *横入の輩、*夏衆所望の事、*寺住以後、殊なる違失なくして一夏を過ぎなば、その次の夏より、その衆に入るべきなり。但し*当夏の間に寺住せしめば、設《たと》い*七月十三日十四日の間に入寺せしむと雖《いえど》も、一夏を経るに准じて、翌年の夏より衆に加うべきなり。

3 一 横入の輩、湯所望の事、寺住已後、弐百箇日を経るの後、案内を*年預に啓せしめ、また殊なる違失なくんば、*湯衆に加うべきなり。*諸院家青侍の法式たるべきと雖も、*一結衆あるにより、法度を夏衆中に定め置かるるところなり。

4 一 供花衆、*衣墨を用うる事

近年、若輩等、年齢を論ぜず、また衆免を蒙らずして衣墨を用うる事、自由の至り、尤《もっと》も禁遏せしむるところなり。

七月十四日までの三ヵ月間、講堂において行われる夏安居の期間に、供花などの定められた奉仕を行う衆。→補5

**寺住以後…**　東寺に住するようになって以降、特に問題なく一夏を過ごしたならば、翌年の夏からは夏衆に入ることができる。この段階では「一夏」が猶予期間となっているが、明徳四年(一三九三)には「二夏」を基準とする法度が夏衆によって定められていた。→補6

**当夏の間に寺住せしめば**　その年の夏に東寺内に住んでおれば。

**七月十三日…と雖も**　夏安居の終わる直前に入寺したとしても。

**3**

**年預**　廿一口方の年預。

**湯衆**　東寺で斎戒沐浴の行が認められている衆。客僧が寺家の湯に入ることは禁止されているが(廿一口方評定引付永享五年(一四三三)四月十八日条(「東寺百合文書」ち函九号))、二〇〇日を経過した横入の僧は、年預の許可があれば湯に入ることが認められた。

**諸院家青侍の…と雖も**　院家の青侍に関する法式に従うべきであるが。

**一結衆あるにより…**　供僧方として夏衆中の法度を定め置くのである。

**4**

**衣墨**　墨染めの衣。

所詮、年満二三十五一、始可レ用レ墨也、其時必可レ經二案内於年預一也、

一　不清淨輩、依二所行令二露顯一、雖レ抜二其衆一、猶令レ安二住寺内一之段、太不レ可レ然、既僞二清僧之名一、奉レ穢二伽藍三寶一之條、其科尤不レ輕、於二向後一者、匪レ抜二其衆一、別而可レ處二罪科一者也、

一　於二堂内一不レ可レ令レ出二入桶女等一事、云二放埒不律之因縁一、云二見聞之憚一、旁以不レ可レ然、自今已後、堅可レ止二女人出入一也、若猶令二違背一者、付二見聞一致二糺明沙汰一、可レ處二罪科一也、

右條々、堅守二法式一、敢不レ可レ令二違越一者、仍衆議如レ件、

寶徳貳年庚午　四月十六日

越後法師良增（花押）

（署名五名略）

**真37**　公文所法眼浄聡等連署手猿楽禁制請文　長禄三年（一四五九）七月　日　東寺百合文書

謹請申　手猿樂之事

右、手猿樂事、近年大方御制禁之處、今月十八日夜於二乗観在所一、沙二汰之一、

**年三十五に満たば…**　三五歳以上の年齢に達しておれば衣墨を着用することができる。三綱が三五歳以上で衣墨着用を認められたものとしては次のような事例がある。

・廿一口方評定引付長禄三年（一四五九）十一月十日条（「東寺百合文書」天地之部三四号）

一　豊後（宝俊）衣墨御免事、披露之処、被定置年齢之処、為卅五歳者、不可有子細云々、

・同引付寛正五年（一四六四）十二月二十日条（「東寺百合文書」ち函一八号）

一　乗観《当年歳四十也》衣墨御免事中候間、披露処、先規様卅五歳ヨリ御免法式之由、康正長六〔禄〕三引付見了、仍御免也、

**5**

**不清浄**　女人と交わるなど、戒律を守らないこと。

**その衆を抜く**　供花衆から除名する。

所詮、*年三十五に満たば、始めて墨を用うべきなり。その時必ず案内を年預に経べきなり。

5 一 *不清浄の輩、所行露顕せしむるにより、その*衆を抜くと雖《いえど》も、なお寺内に安住せしむるの段、太《はなは》だ然るべからず。既に清僧の名を偽り、伽藍三宝を穢し奉るの条、その科尤《もっと》も軽からず。向後《きょうご》においてはその衆を抜くのみにあらず、別して罪科に処すべきものなり。

6 一 *堂内に*桶女等を出入りせしむべからざる事、放埒不律の因縁と云い、見聞の憚りと云い、旁《かたがた》以て然るべからず。自今已後、堅く女人出入りを止むべきなり。もしなお違背せしめば、見聞に付き糺明の沙汰を致し、罪科に処すべきなり。

右の条々、堅く法式を守り、敢《あ》えて違越せしむべからず者《てえり》。仍て*衆議、件《くだん》の如《ごと》し。

宝徳弐年〈庚午〉四月十六日　　越後法師良増(花押)

(署名五名略)

**真37** 公文所法眼浄聡等連署手猿楽禁制請文　長禄三年(一四五九)七月　日　東寺百合文書

謹んで請け申す　*手猿楽の事

右、手猿楽の事、*近年は大方御制禁の処、*今月十八日の夜、*乗観在所においてこれ

6 **堂内** 食堂内。
**桶女** 未詳。水汲み等に携わる女性か。
**衆議** 供僧方の意向に従った夏衆中の衆議。→補1
**真37** →補2
**公文所法眼浄聡等連署手猿楽禁制請文** 東寺寺官らが、寺中猿楽禁止に違反した者に対する諸職没収・寺中追放を受け入れると同時に、境内住人・寺家被官についても同罪たるべきことを誓ったもの。
**手猿楽** 素人または既成の座に属さない猿楽演者の集団。東寺では、鎮守八幡宮の楽頭職に任じられた鳥飼座以外の猿楽をこう呼ぶ場合があった。→補3
**近年は大方御制禁** 最近になっておおむね禁止された。この禁止が徹底したものでなかったことは、それが分明でないことを理由に今回の処分が免除されたことで明らかである。→補4
**今月十八日の夜** この日は、四月十五日から七月十四日まで行われていた夏安居の直後にあたる。
**乗観在所**… 寺内にある乗観祐成の住居で手猿楽が行われた。乗観は三綱層に属して矢野庄や新見庄・太良庄などの代官を務める人物であるが、彼の名前もこの請文の署名者のなかに見える。→補5

然出二來當座喧嘩一之間、則雖レ可レ有二御罪科一、被二猿樂一向停止一之段、不二分明一歟之間、於二今度許一者、預二御宥免一者也、所詮、於二自今以後一者、堅被二停止一畢、若背二此旨一、向後致二沙汰一者、會所仕輩不レ及二是非之御沙汰一、速被レ破二却住屋一、被レ召二放諸職一、至二其身一者、永可レ被二寺中於追放一也、縦雖レ不レ加二判形於此請文一、於二境内住人幷寺家被官之輩一者、可レ爲二同罪一者也、仍爲二未來龜鏡一、請文之狀、如レ件、

長祿參年七月　日

乘珎（花押）

（署名一四名略）

公文所法眼
淨聰（花押）



## 真38　北面預法会諸役規式置文　天文十八年（一五四九）四月二十一日　東寺百合文書

定置

就二法會之支具物一北面預三人可二存知一事

四季之舍利講・涅槃講・佛生講幷佛事方等

一　舍利講正月者 北面之預爲二所役一 三人寄合沙二汰之一、　四月 若狭法橋、

**会所仕る輩は…**　手猿楽の場を提供した者は、諸職を没収し寺中を追放する処分を行う。

**境内住人**　寺領の惣安堵の際に見える東寺境内（八条〜九条、大宮〜朱雀）の在家に居住する住人で、拝師庄や女御田の百姓も含まれる。境内の坊・在家の数は、文安三年（一四四六）では一五二（「東寺執行日記」同年七月二十日条）、文明十八年（一四八六）では一一八（そのうち坊は三〇）となっている（廿一口供僧評定引付同年五月二日条〔「東寺百合文書」ワ函七九号〕）。

**公文所**　廿一口供僧方の公文。廿一口供僧方が寺家を代表する組織であることから、公文も「惣公文」と呼ばれ、署名する際には「公文所」と称した。

を沙汰す。然るに当座に喧嘩出来するの間、則ち御罪科あるべきと雖《いえど》も、猿楽一向に停止《ちょうじ》せらるるの段、分明ならざるかの間、今度許《ばかり》においては御宥免に預かるものなり。所詮、自今以後においては、堅く停止せられ畢んぬ。もしこの旨に背き、向《きょう》後《ご》沙汰を致さば、*会所仕る輩《ともがら》は是非の御沙汰に及ばず、速《すみ》やかに住屋を破却せられ、諸職を召し放たれ、その身に至っては永く寺中を追放せらるべきなり。縦《たと》い判形をこの請文に加えずと雖も、*境内住人幷びに寺家被官の輩においては、同罪たるべきものなり。仍て未来亀鏡のため、請文の状、件《くだん》の如《ごと》し。

長禄参年七月　日　　乗珎(花押)

(署名一四名略)

*《公文所法眼》浄聡(花押)

**真38**　北面預法会諸役規式置文　天文十八年(一五四九)四月二十一日　東寺百合文書

定め置く

法会の*支具物につき*北面預の三人、存知すべき事

四季の*舎利講、*涅槃講・仏生講幷びに*仏事方等

一　舎利講*正月は〈北面の預の所役として、三人寄り合い、これを沙汰す〉、四月は〈若狭法橋〉、

**真38**　→補1

**北面預法会諸役規式置文**　西院御影堂で行われる舎利講以下の法会について、北面預がどのような順番で沙汰するかという原則を廿一口方として定めた。

**支具物**　法会に要する支度道具。

**北面預**　西院北面(御影堂)の堂守。堂舎・本尊の宿直警備・維持管理および法会の承仕を勤める。鎌倉時代は二人、室町時代になって三人となった。この時点では、第一条に見える若狭法橋・乗円・敬定の三人である。

**舎利講**　宣陽門院の願により延応二年(一二四〇)に始められた講会で、三粒の舎利を納めた木造の五重小塔を本尊として、西院御影堂で毎月晦日に行われた(『東宝記』六、毎月勤行)。この置文の時点では、正月・四月・七月・十月の四度となっていた。→補2

**涅槃講仏生講**　涅槃講は毎年二月十五日に、仏生講は四月八日に行われた。→補3

**仏事方**　故人の追善等の仏事。希望する者は、仏事料所を寄進して仏事を依頼した。→補4

**正月は…**　正月(晦日)の舎利講は、北面預全体として、三人が共同で勤める。三人とは若狭法橋、乗円、敬定(玄寿)である。

七月 乗圓、　　十月 敬定、

堅守二臈次一可二沙汰一事、

一　涅槃講幷佛生講者、可レ爲二佛事之順次一事、

一　佛事方四面具備レ之、三人之預、任二順臈次一、自二一臈一次第仁可レ沙二汰之一、若法事令二延引一而後日仁雖レ被レ行レ之、守二前之本臈次一、順番之仁可レ役レ之、又萬一順番之法會闕怠之義在レ之者、可レ爲二其身之不運一者也、仍次之番於可二沙汰一之由、不レ可レ望事、

一　舎利講・涅槃講・佛生講、或延引、或闕怠、可レ順二佛事方之法一事、

一　於二臨時之佛事一者、當番之預、爲二所役一可レ沙二汰之一、不レ可レ爲二本佛事之順次一事、

右、堅守二此旨一、不レ可二違越一、然近年動及二相論一、法會令二延引一之條、以外之曲事也、所詮、以二往古之規式一、所レ被レ定二置法度一也、萬一背二此旨一、違亂之仁在レ之者、可レ被レ處二其科一者也、仍依二衆儀一所レ定如レ件、

七月は〈乗円〉、十月は〈敬定〉。

堅く臈次を守り沙汰すべき事。

一　涅槃講幷びに仏生講は、*仏事の順次たるべき事。

一　仏事方〈*四面の具これを備う〉は三人の預、順の臈次に任せて、一臈より次第にこれを沙汰すべし。もし法事延引せしめて後日にこれを行わると雖《いえど》も、*前の本臈次を守り、順番の仁、これを役《つと》むべし。また万一、*順番の法会、闕怠の義これあらば、その身の不運たるべきものなり。仍て次の番を沙汰すべきの由、望むべからざる事。

一　*舎利講・涅槃講・仏生講、或いは延引、或いは闕怠せば、仏事方の法に順うべき事。

一　臨時の仏事においては、*当番の預、所役としてこれを沙汰すべし。*本仏事の順次たるべからざる事。

右、堅くこの旨を守り、違越すべからず。然るに近年、動《やや》もすれば相論に及び、法会延引せしむるの条、以ての外の曲事なり。所詮、*往古の規式を以て法度を定め置かるるところなり。万一この旨に背き、違乱するの仁これあらば、その科に処せらるべきものなり。仍て衆儀により、定むるところ件《くだん》の如《ごと》し。

**仏事の順次**　（涅槃講・舎利講は）臈次に従って勤めることになっている仏事方の順番に含めて行う。

**四面の具**　未詳。御影堂本尊の四面の文具か。

**前の本臈次を守り**　法事が延引する以前の、もともとの臈次の順番に従って。

**順番の法会**…　当番となった法会が行われないことがあれば、（供料が下行されないため）自身の不運と見なすべきで、次の法会を担当したいと希望してはならない。

**舎利講涅槃講**…　舎利講以下の法会が遅れたり行われなくなった場合は、仏事方と同様の対処をする。

**当番の預**　その日の堂守番に当たっている預。

**本仏事の**…　既に定まっている仏事方の順序に影響を及ぼしてはならない。

**往古の規式**　北面預の寺役についてかつて定められた規式。現存せず。

天文十八年四月廿一日　　年預堯圓（花押）

## 4　講会の経営

**真39**　東寺御影堂三上人定書　仁治三年（一二四二）三月二十一日　高山寺所蔵東寺文書

定置法例事

東寺御影堂三上人中

右法者、自㆓女院御所㆒、所㆑有㆓御寄附㆒御本尊・御佛具幷御寄進状等〔目録者在㆓別紙㆒〕、被㆑預㆓置聖方㆒者也、謂㆓未來際㆒無㆓違失㆒扶㆓持供僧中㆒、爲㆓大師御侍者㆒、朝暮可㆑守㆓護御前㆒、殊御所可㆑專㆓御祈禱㆒云々、仍爲㆓末代龜鏡㆒之狀、如㆑件、

仁治三年三月廿一日　　僧正「行遍」

**真40**　光明真言講法度条々　嘉慶元年（一三八七）十月　日　東寺百合文書

定置

光明眞言講法□□□□〔度條々事〕

**年預**　廿一口方の年預。仏事については廿一口方が管轄するため、本文史料も廿一口方として定めて北面預に制した。

**真39**　→補1

**東寺御影堂三上人定書**　仁和寺菩提院門跡の僧正行遍が東寺御影堂に配置された三聖人の服務を定めた規式。→補2

**高山寺所蔵東寺文書**　高山寺に伝えられている東寺文書（高山寺典籍文書綜合調査団編『高山寺古文書（高山寺資料叢書第四冊）』東京大学出版会、一九七五年）。

**法例**　法令のこと。法式・規式などとも呼ばれた。

**御影堂**　東寺の大師堂。西院御影堂あるいは西院北面とも呼ばれる。→補3

**三上人**　三聖人。西院御影堂に居住し、道内の本尊・道具・聖教・文書などの保管・出納に当たっていた。律僧あるいは禅僧が任じられ、上人・聖人・聖などと呼ばれた。定員は三名。→補4

**女院の御所**　後白河法皇の皇女宣陽門院覲子内親王（一一八一～一二五二）。母は高階栄子。後白河法皇の寵愛を得て、建久二年（一一九一）九歳で女院宣下を受け、翌年、法皇の崩御に伴い長講堂領を相続した。密教への信仰が厚く、菩提院行遍から伝法灌頂を受けて、行遍の仲介で中世東寺の

天文十八年四月二十一日　*年預堯円(花押)

## 4　講会の経営

**真39**　東寺御影堂三上人定書　仁治三年(一二四二)三月二十一日　高山寺所蔵東寺文書

定め置く*法例の事

東寺*御影堂《みえいどう》*三上人《さんしょうにん》中

右の法は、*女院の御所より*御寄附あるところの御本尊・御仏具幷びに*御寄進状等〈目録は別紙にあり〉、*聖方に預け置かるるものなり。未来際と謂い、違失なく*供僧中を扶持し、*大師の御侍者として、朝暮に御前を守護すべし。殊に*御所の御祈禱を専らにすべしと云々。仍て末代の亀鏡たるの状、件《くだん》の如《ごと》し。

仁治三年三月二十一日　僧正「*行遍」

**真40**　光明真言講法度条々　嘉慶元年(一三八七)十月　日　東寺百合文書

定め置く

*光明真言講法度条々の事

興隆に多大な貢献を行った。法名は性円智。

**御寄附あるところの御本尊御仏具**　宣陽門院が行遍を通じて東寺に寄進した本尊道具。→補5

**御寄進状等**　宣陽門院が寄進した荘園の寄進状等。別紙になっているという目録については未詳。→補6

**聖方**　三聖人。

**供僧中を扶持し**　御影堂の管理責任者である供僧中の指示に従って。→補7

**大師の御侍者として…**　入定した空海に仕える侍者として、朝夕の生身供を行うべきである。→補8

**御所の御祈禱**　祖師空海のための祈禱。御所とは御影堂のことか。

**行遍**　一一八一～一二六四。仁和寺僧。菩提院・尊勝院の門跡を継承、法務・東寺一長者・高野山大伝法院院主。「」の部分は彼の自署である。→補9

**真40**　→補10

**光明真言講法度条々**　光明真言講の運営に関し、講衆への対応、講の財政等について六カ条の規制を定めた。

**光明真言講**　二七文字からなる光明真言を唱えることによって死後の往生を願う講会を行う集団。光明講。東寺では一三世紀末頃から始められたらしい。→補11

一　現在張〔帳〕以二出錢一入之輩、死去之時過去張〔帳〕可レ入レ之、於二追善講一者、不レ可レ行レ
之事

一　爲二光明講結衆一者、二親養父□□□□〔母等灌頂〕印可提撕師匠、過去張〔帳〕可レ入レ之、其外
以二出錢十疋一可レ入レ之事

一　光明眞言時、別同音可レ□二□□〔眞〕言百反一事

一　五輪塔板私借用之時、板料一疋分可レ送二奉行方一事

一　世諦經營入衆之輩、順二結衆之儀一、死去之時可レ有二追善講一事

一　年預事、於二當寺常住一者、□〔不〕レ可レ有二自由故障一、至二半常住・非供僧一者、可レ
爲二隨意一歟事

右條々、依二衆議一治定、如レ件、

嘉慶元年十月　日

**真41**　東寺地藏堂三昧免輿等置文　文安二年(一四四五)八月九日　東寺百合文書

定　東寺地藏堂三昧免輿等事

一　此輿幷綱・簾事、免申畢、但輿簾於二一箇度之修理一者、不レ可レ及二一切違亂一
事、

**現在帳**　光明真言講衆の名簿。出銭によって入ることもできた。

**出銭**　光明講の講衆となるには、通常、毎年二〇疋(二〇〇文)を支払う。

**過去帳**　死没した講衆の供養のために作られた名簿。

**追善講…**　出銭によって光明講の講衆となった者については、個別の追善講を行わない。追善講は死者を供養するために行われる仏事。

**結衆**　行動を共にする集団。出銭によって入る者に対して、光明講の中核メンバーを指す。主として寺僧。

**灌頂印可提撕の師匠**　灌頂や印可を授ける師。提撕は後進を指導する者をいう。

**その外は**　結衆以外の講衆が縁故者を過去帳に入れたいと望むならば。

**光明真言の時…**　光明真言講が開かれた時は、講衆は声をそろえて光明真言を一〇〇〇度唱える。

**五輪塔板を…**　康正三年(一四五七)に改定された規定が付箋としてこの箇所に貼り付けられている。↓補1

**五輪塔板**　光明真言を可視的に表現した五輪塔の形を板に刻んだ板木のこと。↓補2

一　*現在帳に*出銭を以て入るの輩《ともがら》、死去の時に*過去帳にこれを入るべし。*追善講においては、これを行うべからざる事
一　光明講*結衆たらば、二親養父母等、*灌頂・印可提撕の師匠は、過去帳にこれを入るべし。*その外は、出銭十疋を以てこれを入るべき事
一　*光明真言の時には、別して同音に真言百反を□□べき事
一　*五輪塔板を*私に借用するの時は、*板料一疋分を奉行方に送るべき事
一　*世諦経営入衆の輩は、結衆の儀に順い、死去の時、追善講あるべき事
一　*年預の事、当寺常住においては、自由の故障あるべからず。*半常住・非供僧に至っては、随意たるべきかの事
右の条々、衆議により治定、件《くだん》の如《ごと》し。
嘉慶元年十月　日

**真41**　東寺地蔵堂三昧免輿等置文　文安二年(一四四五)八月九日　東寺百合文書

定む　東寺*地蔵堂三昧《さんまい》*免輿等の事
一　この輿幷びに*綱・簾の事、免じ申し畢んぬ。但し輿簾は一箇度の修理においては、一切違乱に及ぶべからざる事。

**私に借用**…　塔婆の形木を、光明真言講本来の目的ではなく私的な摺写のために借用する時は、板料として光明講方の奉行に一疋(一〇文)を支払う。
**板料**　塔婆の摺写のために板木を使用する際の使用料。
**世諦経営入衆**　塔摺、茶曳など光明講運営のための雑務を司るために講衆に名前を連ねた者。東寺の寺官。
**年預**　一年間の所務を司る役。光明真言講方の年預(奉行)を指す。
**半常住非供僧**　半常住は寺外に住坊を持ち、月の半分を東寺で過ごす僧(真35参照)。非供僧は、寺内各組織の供僧となっていない寺僧。半常住・非供僧は年預の任を辞退することが認められていた。
**真41**　→補3
**東寺地蔵堂三昧免輿等置文**　東寺が寺僧の葬儀を行うために、京中の葬送を統括していた坂より葬送用の輿の使用を許され、輿の使用方法や坂に対する礼銭の額、雑具の処置等の条件が定められた。
**地蔵堂三昧**　東寺寺僧の葬送を行うために設けられた組織。→補4
**免輿**　坂から継続的な使用を認められた葬送用の輿。それまでは、一度使用した輿はその都度、坂が没収していた。
**綱簾**　葬送用の輿に付属するもの。

一　覆膚付幷炭木・供具、同力者錢、共一度別八百文宛定レ之、
一　於二無縁一者、一度別肆百文宛定レ之、
一　於二此輿一者、不レ可レ出二相國寺・南禪寺、同三聖寺江一候、若萬一、火屋荒垣中、結二馬・鞍・千早・幕等一候者、悉皆坂之沙汰所へ可二渡賜一候、於二此輿一、不レ可レ有下自二寺家一外仁、御乘上候、
右條々、定申上者、不レ可レ有二永代違亂一者也、萬一有二異亂申輩一者、爲二此方一、嚴密加二下知一、可レ處二罪科一者也、仍所レ定如レ件、

文安貳年乙丑八月九日

薩摩(花押)　因幡(花押)　參河(花押)　日向(花押)
下總(花押)　丹後(花押)　和泉(花押)

東寺百合文書

**真42**　東寺諸経板木式目条々　享徳元年(一四五二)十二月　日

定置　板木式目條々事
一　諸經形木之内、各最初一枚、被レ置二光明講奉行坊一、每度、經師所望之時被レ出、奉行人摺寫之間、可レ令二部數於撿知一事、

**覆膚付**　遺体や棺などを覆う布か。荼毘の際に燃やされることになっていた。
**力者銭**　輿を担ぐ二人の非人に施与される銭。覆膚付以下、力者銭までの費用をあわせて、一度の葬儀につき八〇〇文を支払う。三昧方へ下行する八〇〇文の内訳は次のようである(「東寺百合文書」エ函八二(二)号)。
三昧方へ下行足八百文内　三百文炭木代
二百文覆膚付代　百文供具代　二百文〈舁手二人〉
以上八百文也、但直下時者、以此算用相当之分、不可下行者也、彼免状巨細不載間、今注之、覆膚付事者、不焼者二百文代不可出之、

一 *覆膚《はだつけ》付并びに炭木・供具、同じく*力者銭、共に一度別に八百文宛これを定む。
一 *無縁においては、一度別に肆《し》百文宛これを定む。
一 この輿においては、*相国寺・南禅寺、同じく三聖寺へ出《い》だすべからず候。もし万一、*火屋の荒垣中に、*馬・鞍・*千早・幕等を結び候わば、悉《ことごと》く皆*坂の沙汰所へ渡し賜うべく候。この輿においては、*寺家より外の仁、御乗りあるべからず候。
右の条々、定め申す上は、永代違乱あるべからざるものなり。万一、異乱申す輩《ともがら》あらば、この方として、厳密に下知を加え、罪科に処すべきものなり。仍て定むるところ件《くだん》の如《ごと》し。

文安弐年〈乙丑〉八月九日

薩摩(花押)　因幡(花押)　参河(花押)　日向(花押)
下總(花押)　丹後(花押)　和泉(花押)

**真42** 東寺諸経板木式目条々　享徳元年(一四五二)十二月　日　東寺百合文書

定め置く　板木式目条々の事
一 諸経形木《かたぎ》の内、各《おのおの》*最初の一枚は、光明講の奉行坊に置かれ、毎度、経師所望の時に出《い》だされ、奉行人は摺写《しゅうしゃ》の間、部数を検知せしむべき事。

**無縁** 未詳。火葬の後に荒垣等を分かつ無縁寺の可能性もある。
**相国寺南禅寺同じく三聖寺…** 相国寺以下の寺院へは輿を貸与してはならない。これら禅宗寺院の葬儀は坂とは別の管轄に属した可能性がある。
**火屋の荒垣** 火葬を行う荼毘所の周囲に巡らされた、目の粗い垣。免除されるはずの馬・鞍以下の物も、火屋の荒垣に付け置いたならば坂の取り分となる。
**馬鞍** 葬儀の際に用いられた引き馬と鞍。
**千早** 白の裾の長い小忌(おみ)の肩衣。
**坂の沙汰所** 京中の非人を統括する清水坂の執行機関。薩摩以下の七名はその構成員と考えられる。→補1
**寺家より外の仁…** 東寺関係者以外がこの輿を使用してはならない。

**真42** →補2
**東寺諸経板木式目条々** 東寺がもつ諸経の板木の管理と使用法について定めた。
**最初の一枚…** 何枚もの板木のうち、最初の一枚だけは光明講方の奉行が預かっておき、経師が摺写する場合は、奉行が摺写の部数を確認すべきである。各経典は何枚もの板木から構成されるため、その最初の一枚を奉行が管理することによって、板木全体の管理が可能になる。

一　於㆓撿知者之粉骨分㆒者、大日經一部宛五疋、於㆓金剛頂・仁王兩經㆒、各一部宛三疋可ㇾ有㆓下行㆒事、

一　板料之事、於㆓金剛頂・仁王兩經㆒者、一部各二十疋宛、於㆓大日經㆒可ㇾ為㆓一部三十疋㆒事、

一　經師摺寫所望之時者、廿一口方奉行被ㇾ經㆓案内㆒、部數多少被㆓尋定㆒、付㆓往來㆒光明講奉行方可ㇾ被㆓仰送㆒事、

一　板料之事、於㆓光明講奉行方㆒、毎年被㆓勘定㆒、次奉行可ㇾ被ㇾ渡也、以㆓其足㆒漸々可ㇾ有㆓板木興行㆒者也、

右條々、依㆓去九日評定之儀㆒、所㆓定置㆒也、

享徳元年十二月　日

## 真43　東寺諸合力法式　文明元年(一四六九)十一月六日　東寺百合文書

定置　東寺諸合力法式事

右、如㆓諸合力置文㆒者（寶生院・寶光院、貳〔或〕増長院、執行、上綱、）雖ㇾ為㆓或兩季、或三季㆒、依㆓天下大率㆒、諸供料等一向有名無實之間、難ㇾ叶㆓懸足㆒、依ㇾ之可ㇾ被ㇾ取㆓行毎年春一季㆒、（抜㆓闔衆㆒不ㇾ可ㇾ有ㇾ之、）

**粉骨分**　諸経の摺写部数を確認する作業をした光明講方奉行への見返り。

**板料**　経典を摺写する時の板木の使用料。

**大日経**…　金剛頂経・仁王経とあわせて密教の根本経典で、その巻数は大日経は七巻、金剛頂経は三巻(不空訳)、仁王経は二巻となっている。粉骨分・板料ともに大日経が高いのは、その重要さだけでなく経典の巻数にも対応していると考えられる。

**往来**　書面。経典の摺写部数については、廿一口方奉行が書面で光明講奉行に伝達する。光明講奉行はその書面に示された部数通りに摺写がなされたかを検知した。

**板料の事**…　摺写の板料は光明講奉行のもとで毎年集計して次の奉行に引き渡し、それをもとに順次、板木の作り替えを行うべきである。

一　検知者の*粉骨分においては、大日経《だいにちきょう》は一部宛に五疋、金剛頂《こんごうじょう》・仁王《にんのう》両経においては、各一部宛に三疋、下行あるべき事。

一　*板料の事、金剛頂・仁王両経においては、一部各二十疋宛、*大日経においては一部三十疋たるべき事。

一　経師が摺写を所望するの時は、廿一口方奉行に案内を経られ、部数の多少を尋ね定められ、*往来に付して光明講奉行方に仰せ送らるべき事。

一　*板料の事、光明講奉行方において毎年勘定せられ、次の奉行に渡さるべきなり。その足を以て、漸々に板木の興行あるべきものなり。

右の条々、*去る九日の評定の儀によって定め置くところなり。

享徳元年十二月　日

**真43**　東寺諸合力法式　文明元年(一四六九)十一月六日　東寺百合文書

定め置く　東寺諸合力の法式の事

右、*諸合力の置文の如《ごと》くんば〈*宝生院・宝光院、或いは増長院、執行、上綱〉、或いは両季、或いは三季たりと雖《いえど》も、*天下大率により、諸供料等は一向に有名無実の間、*懸足は叶いがたし。これにより毎年春一季に取り行わるべし〈*闔衆を抜くことこれあるべから

**去る九日の評定**　十二月九日に行われた廿一口方の評定。↓補1

**真43**　↓補2

**東寺諸合力法式**　寺僧・寺官の経済的な扶助を行う「合力」の実施について、大乱のため春一季のみとすることを定めた。

**諸合力の置文**　未詳。以下に記された宝生院以下の寺僧に加えて執行や上綱が加わるかたちで合力の置文が定められたようである。毎年二季ないしは三季、「合力」を実施することになっていた。ここでいう「合力」は寺内における頼母子を指している。

**宝生院宝光院…**　宝生院・宝光院および増長院はいずれも東寺の寺僧で、本文史料の時点では、杲覚・堯全および俊忠を指す。なお、宝生院杲覚は十八口方および最勝光院方の、増長院俊忠は不動堂方の奉行である。

**天下大率…取り行わるべし**　戦乱によって寺僧・寺官らの収入となる供料が滞り、懸足の支払いが難しくなったので、毎年春に一度だけ「合力」を行うこととした。天下大率は、応仁元年(一四六七)に始まった応仁・文明の乱を指す。

**懸足**　「合力」の懸け銭。

**闔衆**　闔に当たり「合力」を受けることになった者。

致㆓自餘之法式㆒者、可㆑被㆑任㆓每事置文之旨㆒、萬一猶、於㆓一季懸足難澁之輩㆒者、若爲㆓寺僧㆒者可㆑被㆑擯㆓出交衆㆒、於㆓中居以下之族㆒者、可㆑被㆑追㆓放寺家㆒者也、仍加㆓供僧中一味同心之評儀㆒、所㆓定置㆒如㆑件、

文明元年十一月六日　　祐源（花押）

（署名一六名他欠損部略）

**真44**　東寺若衆掃除方用脚法式　文明二年（一四七〇）十二月　日　　東寺百合文書

定置

就㆓掃除方用脚㆒法式條々事

一　近年、動奉行人預錢立㆓私用㆒、引負分成㆓借物㆒之條、太以不㆑可㆑然、所詮、於㆓自今以後㆒者、算用後三箇日中、用脚悉可㆑被㆑渡㆓次奉行人㆒、萬一雖㆑爲㆓一錢㆒、於㆑有㆓未濟㆒者、爲㆓當奉行㆒衆中致㆓披露㆒、一向可㆑停㆓止若衆中交㆒、同可㆑拔㆓鎭守十三日論義衆幷學賞〔黨〕之衆㆒、隨而於㆓引負之足㆒者、百文別加㆓十文宛潤色㆒、以㆓諸供料㆒堅可㆓押取㆒事、

**寺僧たらば…追放せらるべきものなり**　置文に違反した者に対する罰則は、寺僧の場合は交衆を抜き、中居以下の寺官については寺家追放という、一般的な寺内規制が適用されることになっていた。

**中居**　取り次ぎ等に携わる寺官。

ず〉。自余の法式に致っては、毎事置文の旨に任せらるべし。万一なお、一季の懸足を難渋するの輩《ともがら》においては、もし*寺僧たらば交衆を擯出せらるべし。*中居以下の族においては、寺家を追放せらるべきものなり。仍て供僧中、一味同心の評儀を加え、定め置くところ件《くだん》の如し。

文明元年十一月六日　祐源(花押)

(署名一六名他欠損部略)

**真44**　東寺若衆掃除方用脚法式　文明二年(一四七〇)十二月　日　東寺百合文書

定め置く

*掃除方用脚につき法式条々の事

一　近年、動《やや》もすれば奉行人が*預かり銭を私用に立て、引負い分を借物に成すの条、太《はなは》だ以て然るべからず。所詮、自今以後においては、*算用後三箇日中に、用脚は悉《ことごと》く次の奉行人に渡さるべし。万一、一銭たりと雖《いえど》も、未済あるにおいては、*当奉行として*衆中に披露を致し、一向に若衆中の交りを停止《ちょうじ》すべし。同じく*鎮守十三日論義衆幷びに*学党の衆を抜くべし。随って引負いの足においては、百文別に十文宛の*潤色を加え、*諸供料を以て堅く押し取るべき事。

**真44**　→補1

**東寺若衆掃除方用脚法式**　若衆掃除方の会計について、適切でない処理が行われていたため、三カ条にわたってその対応を定めた。

**掃除方**　寺僧のうち律師以下の者(若衆)が寺内の清掃を分担する掃除方を構成し、独自の評定を行っていた。

**預かり銭を…借物に成す**　奉行人が預かっている公金を私用に流用し、欠損分を奉行人の借物として会計処理すること。

**算用後三箇日…**　その年度の会計を締め算用状を作成してから三日以内に、借物を清算して後任の奉行に引き渡すべきである。

**当奉行として…**　新しい奉行人が前任の奉行人の未済を衆中に披露し、衆中から追放すべきである。

**衆中**　若衆掃除方の衆中。若衆中。

**鎮守十三日論義**　毎月十三日に鎮守八幡宮で行われる若衆中としての論義で、若衆の勉学の場であった。→補2

**学党**　一般的には仏道を学ぶ仲間。論義への出仕を怠ると学党方への出仕が許されなくなった。東寺学衆という意味ではない。

**潤色**　利息。

**諸供料**　若衆掃除方の得分として支払われる供料。

一　算用事、如二往古法式一、二月中必可レ有二沙汰一、仍三箇日以前、算用状可レ渡二次奉行人一、是爲レ令二覺悟一也、若有二无〔無〕沙汰一者、罪科之子細可レ爲二同前一事、

一　先奉行、雖レ爲二一錢一引負有レ之時者、不日可レ致二披露一、若當奉行得二相語一、令二隱密一者、以可レ爲二同罪一事、

右條々、堅可レ守二法式一、雖レ爲二一事一令二違犯一者、梵天・帝尺〔釈〕・四大天王、惣日本國中六十餘州大小神祇、別八幡大菩薩・稲荷五社大明神幷八大高祖御罰可レ蒙レ罷也、仍爲二未來一連暑〔署〕之狀、如レ件、

文明貳年庚寅十二月　日　「栄舜」

（署名一三名略）

## 5　荘園経営

**真45**　播磨国矢野庄条々置文　元応元年（一三一九）七月　日　東寺百合文書

定置　播磨國矢野庄條々

一　算用の事、*往古の法式の如く、二月中に必ず沙汰あるべし。仍て*三箇日以前に、算用状は次の奉行人に渡すべし。是《こ》れは*覚悟せしめんがためなり。もし無沙汰あらば、罪科の子細は同前たるべき事。

一　*先の奉行、一銭たりと雖《いえど》も引負いこれある時は、不日、披露を致すべし。もし*当奉行、相《あい》語らいを得て、隠密せしめば、以て同罪たるべき事。

右の条々、堅く法式を守るべし。一事たりと雖も違犯せしめば、梵天・帝釈・四大天王、惣じては日本国中六十余州の大小神祇、別しては八幡大菩薩・稲荷五社大明神幷びに八大高祖の御罰を罷り蒙るべきなり。仍て未来のために連署の状、件《くだん》の如《ごと》し。

文明弐年〈庚寅〉十二月　日　「栄舜」

（署名一三名略）

東寺百合文書

## 5　荘園経営

### 真45　播磨国矢野庄条々置文　元応元年（一三一九）七月　日

定め置く　播磨国矢野庄の条々

**往古の法式**　未詳。若衆掃除方の算用のうち奉行得分等については、評定の場でたびたび議論されているが、算用の期日については未詳。

**三箇日**　その年度の算用を終えてから三カ日。

**覚悟せしめんがため**　厳密に運用する意識を徹底するために。

**先の奉行…**　前任の奉行による欠損分が少しでもあれば、後任の奉行はすぐさま公表すべきである。

**当奉行相語らいを得て**　いま勤めている後任の奉行が前任の奉行と語らって。

**真45**　→補1

**播磨国矢野庄条々置文**　二度にわたる悪党の侵入を排除した後、供僧・学衆による矢野庄支配の原則を五カ条にわたって定めた。貞和五年（一三四九）にその破棄が決定されている。→補2

一　所務間事、供僧・學衆一﨟相共、一期之間可レ有二管領一、於二今度一者、功労異レ他歟、仍定二此義一也、於二向後一者　若有二轉任上首一者、本人補任以後五箇年之後、可レ被レ交二替上首一也、若又無二上首一者、知行不レ可レ限二五ケ年一者也、若一﨟有二辭退一者、第二﨟可レ有二知行一、本・新供僧守二次第一、宜レ有二知行一者也、若有二年貢犯用一者遂二勘定一、爲二十果内一者、三ケ月中可レ糺二返之一、過二十果一者、六ケ月中可二糺返一、若猶及二難澁一者、不日被レ改二所務職一、於二犯用年貢一者、隨二其分限一、相當程以二一倍之分一、雖レ爲二何ケ年一、可レ被レ押二取供僧・學衆得分一、若得二敵方之語一、或爲二寺家一、致二不忠一之由、有二其聞一者、被レ糺二明實否一、無レ所レ遁者、可レ被レ行二罪科一、所務事、雖レ爲二學衆一、非二當寺常住之輩一者、非二其限一矣、

一　損亡事、被レ申二寺家使者一、可レ有二其沙汰一者也、

一　兵粮米事、惡黨莅レ境事、兼日有二其聞一者、急速以二飛脚一、可レ被レ申二下寺家使一、若爲二火急之事一者　忩致二其沙汰一、追以二雜掌起請文一、可レ有二立用一者也、

**供僧学衆の一﨟相共に…**　供僧の一﨟・学衆の一﨟が共同で、一期の間は矢野庄の所務を司るべきである。一期は存世中の意。

**今度においては**　文保二年(一三一八)から翌年にかけて、支配の確立を目指す寺家とそれに反対する寺田氏の双方が、それぞれ農民を組織して武力衝突し、寺家が勝利したことを指す。その功績によって一期の管領が認められた。

**転任の上首あらば…**　所務を任されている供僧・学衆の一﨟の上位に転任してく

る者があれば、補任されてから五年後に、その上首と所務の職を交替する。
**本新供僧は次第を守り**　本・新供僧ともに、先に記された順序を守って。
**十果**　一〇石。
**所務職**　荘園所領を実質的に管理する職。預所職・給主職ともいう。用例としては預所職が古く給主職が新しいが、給主職の方が得分権的な色彩が強い。
**一倍**　犯用した年貢に、それと同額を加えた量。
**敵方の語らいを得て**　荘内に乱入した寺田一族を始めとする悪党方と内通して。
**学衆たりと雖も…**　学衆の一臈であっても、寺内に常住するものでなければ所務職になれない。
**損亡の事…**　所務職の者が寺家使者の下向を申請し、その上で減免額を定めるべきである。
**兵粮米**　悪党に対抗しようと組織した農民等に支出する兵粮米。
**悪党境に莅む事**　悪党が境界を越えて荘内に侵入しようと企てること。
**もし火急の…**　悪党乱入が火急のことであれば、寺家使の下向が待てないので、雑掌の判断で兵粮米を支出し、その後で起請文を添えて散用を行うべきである。
**雑掌**　この場合は所務職。次条の「雑掌」も同じ。



一　所務の間の事、*供僧・学衆の一臈相共に、一期の間は管領あるべし。*今度においては、功労他に異なるか。仍てこの義を定むなり。向後《きょうご》においては、もし*転任の上首あらば、本人の補任以後五箇年の後、上首に交替せらるべきなり。もしまた上首なくば、知行は五ケ年に限るべからざるものなり。もし一臈辞退あらば、第二臈知行あるべし。*本・新供僧は次第を守り、宜《よろ》しく知行あるべきものなり。もし年貢の犯用あらば勘定を遂げ、*十果の内たらば、三ケ月中にこれを糺返すべし。十果を過ぎなば、六ケ月中に糺返すべし。もしなお難渋に及ばば、不日に*所務職を改められ、犯用の年貢においては、その分限に随い、相当の程を*一倍の分を以て、何ケ年たりと雖《いえど》も、供僧・学衆の得分を押し取らるべし。もし*敵方の語らいを得て、或いは寺家のために不忠を致すの由、その聞こえあらば、実否を糺明せられ、遁るるところなくんば、罪科に行わるべし。所務の事、*学衆たりと雖も、当寺常住の輩《ともがら》に非ずんば、その限りに非ず。
一　*損亡の事、寺家の使者に申され、その沙汰あるべきものなり。
一　*兵粮米の事、*悪党境に莅《のぞ》む事、兼日その聞こえあらば、急速に飛脚を以て、寺家の使を申し下さるべし。*もし火急の事たらば、忩《いそ》ぎその沙汰を致し、追って*雑掌の起請文を以て、立用あるべきものなり。

一　雜掌得分事、於二年貢一者可レ爲二五分一一、於二雜物一者、可レ任二庄家注文旨一、但京上夫任二申請一可レ爲二十人一矣、

一　寺用支配事、供僧・學衆各半分令レ分之後、可レ被レ支二配之一、供僧得分事、當庄年貢十八口各十石可レ被レ支二配之一、若過二十石一者、於二廿一口中一、可レ被レ配二分之一、

學頭得分事、學衆分內三分一可レ相二宛之一、但過二五十石一者、重加二評定一、可レ相二宛他事一矣、

學衆得分事、以二三分二之分一、口別各五石可レ支二配之一、過二五石一者重加二評定一、可二相計一矣、

三聖人・公文幷北面預・門指等得分、同自二惣內一分二出之一、任二寺例一可レ相二計之一、

右條々、所二定置一也、但若有二參差事一者、追加二評定一、可レ有二其沙汰一之狀、如レ件、

元應元年七月　日

阿闍梨「眞聖」

（署名七名略）

**庄家の注文**　年貢以下の額を書き上げた注文。応長二年（一三一二）のものが残っている（「東寺百合文書」テ函一三号）。

**京上夫**　雑掌が使うことができる京上夫。

**寺用支配**　寺家に届けられた年貢等の配分のこと。まず供僧・学衆で折半するこ

一　雑掌得分の事、年貢においては、五分の一たるべし。雑物においては、*庄家の注文の旨に任すべし。但し*京上夫は申し請くるに任せて、十人たるべし。

一　*寺用支配の事、供僧・学衆 各《おのおの》半分に分けしむるの後、これを支配せらるべし。*供僧得分の事、当庄年貢は十八口に各十石これを支配せらるべし。もし十石を過ぎなば、廿一口中において、これを配分せらるべし。

*学頭得分の事、学衆分の内、三分の一これを相宛《あい》つべし。但し五十石を過ぎなば、重ねて評定を加え、他事に相宛つべし。

*学衆得分の事、三分の二の分を以て、口別各五石これを支配すべし。五石を過ぎなば、重ねて評定を加え相計らうべし。

*三聖人・*公文幷びに*北面預・*門指《かどさし》等の得分は、同じく*惣内よりこれを分け出《い》だし、寺例に任せてこれを相計らうべし。

右の条々、定め置くところなり。但しもし*参差《しんし》の事あらば、追って評定を加えその沙汰あるべきの状、件《くだん》の如《ごと》し。

元応元年七月　日　　阿闍梨「真聖」

（署名七名略）

とになっていた。

**供僧得分の事…配分せらるべし**　十八口の本供僧に一〇石ずつ配分し、それを超える分があれば、新供僧を加えた廿一口で配分する。

**学頭得分**　五〇石を上限として、学衆方に配分された額の三分の一を学頭得分とする。

**学衆得分**　残る三分の二を、十六口の学衆で五石ずつ配分する。それを上回る分がある場合は、改めて評定を行って決定する。

**三聖人**　御影堂の聖方。三人いることから三聖人と呼ばれる。御影堂の本尊・仏具だけでなく経蔵に納められた文書を管理し出納に携わった。真39参照。

**公文**　ここでは供僧方・学衆方の公文。公文は各寺僧組織において文書作成や荘園現地からの文書の取り次ぎを担当した。

**北面預**　西院北面すなわち御影堂の堂守。真38参照。

**門指**　(西院の)門の開閉を司る職。ほかに諸荘園への定使などを勤めた。

**惣内より**　全体のなかより。これらの職は供僧・学衆のいずれかに属するのではないため、その得分は全体のなかから支出する。

**参差**　食い違い。

**真46**　東寺鎮守八幡宮供僧連署状　貞治五年(一三六六)十月二十二日　東寺百合文書

久世庄給主職幷上使給事、於二見任一者、如レ元不レ可レ有二相違一、至二向後一者、止二補任之儀一、悉可レ被レ備二公平一、如二當時一者、庄家損亡・未進逐年倍増、將又依三勸進方無二其足一、當社修理偏二此地土貢一也、此外沙汰之祕計、臨時之要脚、隨時用レ之、然間社用減少、僧衆供料公人給分、大略如レ無、依レ之爲二一同評議一、所レ定二置未來法度一也、敢不レ可レ有二違轉改動之儀一、仍連署之狀、如レ件、

貞治五年十月廿二日

阿闍梨「潤意」

(署名二九名略)

**真46**　東寺鎮守八幡宮供僧連署状　貞治五年(一三六六)十月二十二日　東寺百合文書

久世庄給主職并びに上使給の事、*見任においては、元の如《ごと》く相違あるべからず。向《きょう》後《ご》に至っては、*補任の儀を止め、悉《ことごと》く*公平《くひょう》に備えらるべし。*当時の如くんば、庄家の損亡・未進は逐年に倍増し、将又《はたまた》*勧進方は、その足なきにより、当社の修理は、*この地の土貢に偏るなり。この外、*沙汰の秘計、臨時の要脚、随時これを用う。然る間、社用は減少し、僧衆の供料と公人の給分は、大略なきが如し。これにより、一同の評議をなし、未来の法度を定め置くところなり。敢えて違転改動の儀あるべからず。仍て連署の状、件《くだん》の如し。

貞治五年十月二十二日　阿闍梨「潤意」

(署名二九名略)

**真46**　↓補1

**東寺鎮守八幡宮供僧連署状**　上久世庄について、鎮守八幡宮の修理費と供僧供料等を確保するため、給主および上使の補任を停止した。

**見任**　現任。現在、補任されている給主および上使。彼らの給分については従来通りとする。

**補任の儀を止め**…　新たな給主・上使を補任しないこととし、その給分を寺家の収納分とする。

**公平に備えらるべし**　鎮守八幡宮方としての費用に充てるべきである。

**当時の如くんば**　現状では。

**勧進方**　東寺の造営・修理の費用を調達する大勧進。

**この地の土貢に**…　勧進によって鎮守八幡宮修理の費用が確保できないため、上久世庄の年貢が充てられている。

**沙汰の秘計**　幕府等との交渉を円滑に行うための費用。

# 第二章　仁和寺・大覚寺・醍醐寺

**真47**　兵範記　仁安二年(一一六七)十二月十三日条

十三日戊午　秋除目也、(中略)
今日、仁和寺御室、令レ賜二綱所一、此條無二先例一、去久安之比、天台座主㝡雲宮、以二中堂維那一、准二綱所一可レ被二隨身一之由、蒙二宣下一被二相具一、今准二據件例一云々、彼天台也、已爲二別式一、是東寺也、正法務之外、隨二身綱所一、猶可レ有二議定一歟、下官、以二御教書一令レ申了、依二新儀一不レ及二宣下一、且爲二後代一也、

被二綸旨一偁、綱所威従以下、可下令二召従一給上者、
綸旨如レ此、可レ令二上啓一之状、如レ件、

仁安二年十二月十三日　権右中辨

進上　左衛門督僧都御房

**真47**　↓補1

**兵範記仁安二年十二月十三日条**　仁和寺御室の覚性入道親王が、威儀師・従儀師を随身する特権を勅許された際の記事。記主の平信範(一一一二〜一一八七)は、この時の綸旨発給の担当蔵人。↓補2

**仁和寺御室**　仁和寺(京都市右京区)の寺務を兼ねた門跡であり、真言宗広沢流の嫡流を継承した貴種僧。主に法親王(天皇家子弟)が代々就任し、真言宗内外に卓越した権威を誇った。ここでは鳥羽天皇の第五皇子の覚性入道親王(一一二九〜一一六九)。仁和寺は、仁和四年(八八八)に宇多天皇が創建し、天皇は退位後に出家してここに入寺した。仁和寺御室はこの法流を継承し、平安時代末期に確立した。

**綱所を…**　僧綱所の威儀師・従儀師を随身する特権を賜った。綱所は僧綱所の略称だが、中世ではその所司たる威儀師・従儀師を指す場合が多い。本来彼らを随身したのは、長官たる法務であった。

**久安の比**　久安(一一四五〜一一五一)は誤り。正しくは久寿三年＝保元元年(一一五六)十月。

**天台座主最雲宮**　梶井宮最雲(一一〇四〜一一六二)。堀河天皇の第三皇子、仁豪・仁実の弟子。久寿三年(一一五六)に天台座主。保元三年(一一五八)に法親王となる。

**中堂維那**　延暦寺根本中堂の下級寺官。

# 第二章　仁和寺・大覚寺・醍醐寺

**真47**　兵範記　仁安二年(一一六七)十二月十三日条

十三日戊午　秋除目《じもく》なり。(中略)

今日、*仁和寺御室《にんなじおむろ》、*綱所《こうしょ》を賜《たまわ》らしむ。この条先例なし。去《い》ぬる*久安《きゅうあん》の比《ころ》、*天台座主《てんだいざす》最雲宮、*中堂維那《ゆいな》を以て、*綱所に准じ随身せらるべきの由、宣下《せんげ》を蒙り相具さる。今件《くだん》の例に准拠すと云々。*彼《か》れは天台なり。已に別式たり。*是《こ》れは東寺なり。*正法《ほう》務《む》の外、綱所を随身するは、なお議定あるべきか。*下官《げかん》、*御教書《みきょうじょ》を以て申さしめ了《おわ》んぬ。*新儀により宣下《せんげ》に及ばず。且《かつがつ》後代のためなり。

*綸旨《りんじ》を被りて偁《いわ》く、「綱所の*威従《いじゅう》以下、召し従わしめ給うべし」者《てえれば》、綸旨此《かく》の如《ごと》し。上啓《じょうけい》せしむべきの状、件《くだん》の如し。

仁安二年十二月十三日　　　　権右中弁*

進上　*左衛門督僧都御房

**綱所に准じ…**　威儀師・従儀師を随身する様に准じて、最雲が随身する維那にも赤袈裟の着用を許す。↓補3
**彼れは…**　最雲に対する特権付与は、他宗たる天台宗における事例である。
**是れは…**　今回の覚法に対する特権付与は、真言宗における事例である。「東寺」はここでは真言宗・東密の意。
**正法務**　法務(僧綱所の長官)の正官。東寺一長者による法務兼任の恒例化に伴い、二名からなる法務のうちこれを正法務、他方を権法務とする呼称が生じた。
**下官**　私。この日記の記主である平信範が、自らを謙遜して述べた自称。
**御教書**　貴人の意を奉じて側近が発給する奉書形式の文書を指すが、ここでは天皇の意を奉じた綸旨のこと。具体的には、末尾に引用する六条天皇綸旨。
**新儀に…**　異例のことなので、正式な宣下の形をとらず、綸旨の発給に留めた。
**綸旨**　天皇の命令。ここでは文書様式名としての綸旨の意ではない。ときの天皇は六条天皇(一一六四～一一七六、在位一一六五～一一六八)。
**威従**　威儀師と従儀師の略称。
**権右中弁**　平信範(既出)。ときに蔵人頭。
**左衛門督僧都御房**　不詳。覚性側近の仁和寺僧であろう。

**真48**　道法法親王起請　建仁二年(一二〇二)八月八日　　仁和寺文書

起請

門跡相承本尊大孔雀明王、同經壇具等事

敬白、眞言教主大日如來、兩部界會諸尊聖衆、殊別、三世佛母大孔雀明王、三國傳燈諸阿闍梨耶、一宗守護諸天善神等、而言二件靈像妙典一者、高祖大師多年安置之御本尊持經也、代々付屬、嫡々相承、一門專尊重、他人敢不レ窺、其間次第、具見二于去仁平三年御起請文一、其上、爲二遺流一之人、誰違二彼旨一、然而世屬二澆季一、人不二質直一、向後自有下致二濫望一之輩上歟、御本尊、御經壇具、都不レ可レ被レ渡レ之、公家、不レ知二食事由一、縦雖レ有下被二仰下一之旨上、殊可レ　奏二子細一也、起請狀、達二　叡聽一者、何被レ處二違　勅一哉、若乖二此趣一之人、永可レ非二我門徒一矣、金剛天等、必加二證罰一、奴力々々〔努々〕勿二違失一、仍重起請如レ件、

建仁二年八月八日　　沙門(花押)

**真49**　公衡公記　弘安十一年(一二八八)三月二十八日条

**真48**　→補1

**道法法親王起請**　仁和寺御室の道法法親王が、仁和寺御室秘伝の孔雀経法本尊とその経壇具につき、御室以外の僧による借用を禁じた制誡。→補2

**仁和寺文書**　仁和寺に伝来した文書群。本文史料を含む国指定文化財のほか、御経蔵や笈などの膨大な史料群に混在。

**門跡相承の**　仁和寺御室の門流に継承されてきたところの。

**本尊大孔雀明王**　孔雀経法の本尊として、仁和寺喜多院に秘蔵されていた孔雀明王の画像一幅。

**同経**　『仏母大孔雀明王経』(一部三巻)、いわゆる孔雀経。仁和寺喜多院秘蔵本。

**壇具**　修法壇に配置する仏具。構成は修法ごとに異なり、孔雀経法では孔雀の尾羽なども用いる。

**真言教主**　密教の教主。

**両部界会諸尊聖衆**　両界曼荼羅に描かれる一切の諸仏・諸菩薩・諸明王・諸天。

**三世**　過去・現在・未来。

**三国伝燈諸阿闍梨耶**　密教を伝えたインド・中国・日本の祖師たち。

**一宗守護諸天善神**　梵天・帝釈天などの護法善神。一宗は真言宗。

**高祖大師…**　空海が長年携えていた孔雀経法の本尊と孔雀経である。

**代々付属し…**　空海以来直伝してきた。

**真48**　道法法親王起請　建仁二年(一二〇二)八月八日

起請《きしょう》

*門跡相承の本尊*大孔雀明王《だいくじゃくみょうおう》、同*経*壇具等の事

敬白《けいびゃく》す、*真言教主大日如来《だいにちにょらい》、*両部界会《かいえ》諸尊聖衆《しょうじゅ》、殊に別して、*三世仏母《ぶつも》大孔雀明王、*三国伝燈諸阿闍梨耶《あじゃりや》、*一宗守護諸天善神等。しかして件《くだん》の霊像妙典と言うは、*高祖大師《こうそだいし》多年安置の御本尊持経なり。*代々付属し、嫡々相承す。一門専ら尊重し、他人敢えて窺わず。その間の次第、具《つぶさ》に去《い》ぬる*仁平三年御起請の文に見ゆ。その上、*遺流たるの人、誰ぞ彼《か》の旨に違わん。然るに世は*澆季《ぎょうき》に属し、人は質直ならず。向後《きょうご》おのずから*濫望を致すの輩あるか。御本尊、御経壇具は、都《すべ》てこれを渡さるべからず。*公家、事の由《よし》を知ろし食《め》さず、縦《たと》い仰せ下さるの旨ありと雖《いえど》も、殊に子細を　奏すべきなり。*起請の状、　叡聴に達せば、何ぞ違《い》　勅《ちょく》に処せられんや。もしこの趣に乖《そむ》くの人は、永く我が門徒に非ざるべし。*金剛天等《てんどう》、必ず証罰を加えん。努々《ゆめゆめ》違失すること勿《なか》れ。仍て重ねて起請件《くだん》の如し。

建仁二年八月八日　　*沙門(花押)

**真49**　公衡公記　弘安十一年(一二八八)三月二十八日条

**仁平三年御起請**　仁平三年(一一五三)の覚法法親王起請。仁和寺御室秘伝の孔雀経法本尊とその経壇具を喜多院から貸し出すことを禁じた最初の起請。→補3

**遺流たる…**　覚法法親王の法流を継承する者として、その起請の旨に違背してはならない。

**澆季**　末法の世。

**濫望**　道理にはずれた願望。ここでは、孔雀経法本尊などの借用を望むこと。

**公家…旨ありと雖も**　もしも天皇や院が事情を知らず、仁和寺御室秘伝の本尊などを貸出すよう命じてきたとしても。公家は天皇・朝廷。

**起請の状…**　御室代々の起請で禁じている旨を伝えれば、勅命違背の罪に問われることはない。

**金剛天等**　金剛は堅固・摧破の意。天等は天等部、すなわち梵天・帝釈天などの諸天およびその眷属。

**沙門**　仁和寺御室道法法親王(一一六六～一二一四)。後白河天皇の第九皇子、先代御室で実兄にあたる守覚法親王の弟子。

**真49**　→補4

**公衡公記弘安十一年三月二十八日条**　西園寺家における普賢延命法の私請に対し、仁和寺御室の性仁入道親王が一旦抑留した様子を伝える記事。→補5

廿八日（癸丑）　天陰雨下、及レ晩雨止、自二今日一於二北山第一、（南屋寝殿、）七个日、可レ修二普賢延命法一、此事、予、今年重厄之間、旁有二其慎一、仍自二舊冬一、可レ修二此法一之由、思二企之一、自二廿一日一可二始行一之處、臣下修二此法一之條、無二先例一之由、御室頻有二御抑留一、但此法雖レ爲二大法一、於二仁和寺一者、强不レ似レ如二孔雀經法一歟、件法、猶執柄行レ之、治暦二年五月、依二關白所勞一修レ之、（阿闍梨、性信法親王、）承暦四年七月、同前、阿闍梨又同人、此外猶有レ例歟、於二内法之得益一、强不レ可レ論二一人凡人一哉、且内々伺二御氣色一之處、叡慮又如レ此、又嘉禎比、於二西園寺一被レ修二五壇法一、重引二勘例一之處、

（中略）

普賢延命例、

寛治八年二月四日、於二關白第（六條）一被レ修二普賢延命法一、（阿闍梨、法眼經暹、）忠實卿祈也、

康和二年十二月二日、於二播磨守宅一修二普賢延命法一、（一乘房座主仁覺修レ之、）

**北山第**　西園寺公経（一一七一〜一二四四）が京都衣笠山東北麓に営んだ同家の別邸。のち足利義満の居所。鹿苑寺（金閣）の前身。

**普賢延命法**　普賢延命菩薩像を本尊とする密教修法。とりわけ台密の山門派では、四箇大法の一つとして重んじた。

**予**　記主の西園寺公衡（一二六四〜一三一五）。

**重厄**　重い厄年。当時二五歳の公衡にとって、当年は厄年にあたっていた。

**臣下…先例なきの由**　天皇家以外の者の個人的祈願として普賢延命法を私請した先例はない。

**御室**　仁和寺御室の性仁入道親王（一二六七〜一三〇三）。後深草上皇の第四皇子。

**大法**　大壇・護摩壇ほか多壇により大規模に修する最高格式の密教修法。

**孔雀経法**　孔雀明王を本尊とする密教修法。とりわけ東密広沢流が秘伝の大法として尊重した。

**執柄**　摂政・関白の異称。

**治暦二年五月…・承暦四年七月…**　孔雀経法が私請で行われた治暦二年（一〇六六）と承暦四年（一〇八〇）の例。↓補1

**関白**　藤原教通（九九六〜一〇七五）。道長の子、頼通の弟。ただし当時はまだ左大臣であり、二年後の治暦四年に関白就任。

**性信法親王**　仁和寺御室の性信入道親王

二十八日〈癸丑〉天陰雨下《うか》、晩に及び雨止《や》む。今日より*北山第〈南屋寝殿〉において、七ケ日、*普賢延命法《ふげんえんめいほう》を修すべし。この事、*予《よ》、今年*重厄《じゅうやく》の間、旁《かたがた》その慎みあり。仍て旧冬より、この法を修すべきの由、これを思い企つ。二十一日より始行すべきの処、*臣下この法を修すの条、先例なきの由、*御室《おむろ》頻《しきり》に御抑留あり。但しこの法は*大法《だいほう》たりと雖《いえど》も、仁和寺においては、強《あなが》ちに*孔雀経法《くじゃくきょうほう》の如《ごと》きに似ざるか。件《くだん》の法、なお*執柄《しっぺい》これを行う。*治暦二年五月、*関白の所労によりこれを修す〈阿闍梨《あじゃり》、*性信法親王〉。*承暦四年七月、*同前、阿闍梨もまた同人。この外なお例あるか。*内法の得益においては、強ちに*一人《いちじん》か*凡人《ぼんにん》かを論ずべからざるかな。且《かつがつ》内々に*御気色《みけしき》を伺うの処、叡慮もまた此《かく》の如し。また*嘉禎の比《ころ》、*西園寺《さいおんじ》において*五壇法《ごだんほう》を修せらる。*重ねて勘例を引くの処、

（中略）

普賢延命《ふげんえんめい》の例、

寛治八年二月四日、*関白第において普賢延命法〈阿闍梨、法眼*経暹〉を修せらる。*忠実卿の祈なり。

康和二年十二月二日、《六條》*播磨守宅において普賢延命法〈一乗房座主*仁覚これを修す〉を修す。

（一〇〇五～一〇八五）。三条天皇の第四皇子、もと師明親王。仁和寺済信のもとに入室出家。永保三年（一〇八三）直叙二品。

**同前**　関白の病による。ときの関白は藤原頼通の子、藤原師実（一〇四二～一一〇一）。

**内法の得益**　仏法の利益。内法は仏法。

**一人**　天皇。

**凡人**　普通の人。ここでは天皇家以外。

**御気色**…　後深草上皇（一二四三～一三〇四）も私（公衡）の見解に同意してくれた。

**嘉禎の比**…　嘉禎年間（一二三五～一二三八）ではなく、実際には暦仁二年（一二三九）正月に西園寺五大堂で修された五壇法か。↓補2

**西園寺**　西園寺公経が北山第内に建立した寺院。元仁元年（一二二四）供養。のち京都市上京区の現在地に移転（現、浄土宗）。

**五壇法**　五大明王（不動・降三世・軍荼利・大威徳・金剛夜叉）を本尊とする修法。五壇立てだが、大法よりも格下。

**重ねて勘例**…　七仏薬師法私請の六例（中略部分）と普賢延命法私請の四例。

**関白**　藤原師実（既出）。

**経暹**　延暦寺無動寺経暹（?～一一〇四）。

**忠実**　藤原忠実（一〇七八～一一六二）。師実の孫にあたる。ときに権中納言。

**播磨守**　藤原顕季（一〇五五～一一二三）。白河院の乳兄弟であり近臣。善勝寺流の祖。

**仁覚**　天台座主仁覚（一〇四五～一一〇二）。源師房の子、経暹（既出）の弟子。

大治二年二月十三日、於㆓顯隆卿亭三條西洞院㆒、永應阿闍梨、率㆓廿口伴僧㆒修㆓普賢延命法㆒、
嘉禎三年三月十六日、爲㆓攝政祈㆒修㆑之、阿闍梨、寂場院僧正、
以上例、尊教僧正注送也、
凡密教請來之本意、爲㆑全㆓王臣㆒云々、然者不㆑可㆑限㆓執柄大臣納言參議㆒、一人凡人至㆓人民畜生㆒、遍受㆓其益㆒之條、可㆑爲㆓法之本意㆒歟之由、頻有㆓　御氣色㆒、上皇、仍兩三度、自㆓仙洞㆒被㆑申㆓御室㆒、遂有㆓許諾㆒、仁和寺之習、不㆑蒙㆓御室御許㆒者、毎事無㆓自專之儀㆒云々、　仍仰㆓家司經淸㆒奉㆓行此事㆒、又兼日遣㆓請書㆒、
阿闍梨、勝寶院前大僧正道耀、前一長者、故入道太政大臣殿御息、
請書案、延引以前狀也、
自㆓來廿一日㆒、爲㆓皇后宮權大夫殿御祈㆒、可㆑被㆑行㆓普賢延命法㆒候、御勤修候哉之由、西園寺大納言殿可㆑申旨候、以㆓此旨㆒可㆘令㆓披露㆒給㆖、恐々謹言、
三月九日　　內藏權頭經淸奉

**顕隆卿**　藤原顕隆(一〇七二～一一二九)。白河院の近臣、勧修寺流のうち葉室家の祖。ときに権中納言。
**永応**　不詳。延暦寺僧か。
**摂政**　近衛兼経(一二一〇～一二五九)か。嘉禎三年(一二三七)三月十日から摂政。ただし前摂政九条道家(一一九三～一二五二)の可能性もある。
**寂場院僧正**　不詳。延暦寺寂場院行安(西園寺公経の子)か。行安については天5参照。
**尊教僧正**　延暦寺妙法院尊教(一二四八～?)。西園寺実兼の兄、公衡の伯父。のち永仁四年(一二九六)天台座主となるが、延暦寺の寺内紛争や大講堂以下焼亡の責任を問われ、同七年に座主罷免。妙法院門跡も没収される。天5参照。
**御気色**　後深草上皇の意向。上皇は伏見天皇(一二六五～一三一七)の父として院政を行っており、仁和寺御室性仁の父でもあった。また上皇の母の大宮院と后の東二条院は、いずれも西園寺実兼の大叔母にあたる。
**両三度…**　後深草上皇から御室性仁に対する説得が再三なされた結果、ようやく性仁がそれに応じ、普賢延命法の勤修を許可した。仙洞は上皇・法皇の異称。
**仁和寺の…**　仁和寺の習わしでは、何事

大治二年二月十三日、*顕隆卿亭三条西洞院において、*永応阿闍梨、二十口の伴僧を率いて普賢延命法を修す。

嘉禎三年三月十六日、*摂政の祈のためこれを修す〈阿闍梨、*寂場院僧正〉。

以上の例、*尊教僧正注し送るなり。

およそ密教請来《しょうらい》の本意は、王臣を全《まっと》うせんがためと云々。然らば、執柄《しっぺい》大臣納言《なごん》参議にも限るべからず。一人凡人《いちじんぼんにん》より人民畜生に至るまで、遍《あまね》くその益を受くるの条、法の本意たるべきかの由、頻に *御気色〈上皇〉あり。仍て両*三度、仙洞《せんとう》より御室《おむろ》に申され、遂に許諾あり〈*仁和寺の習い、御室の御許を蒙らざれば、毎事自専の儀なしと云々〉。仍て*家司《けいし》経清に仰せてこの事を奉行す。また兼日《けんじつ》に*請書《しょうしょ》を遣わす。

阿闍梨、《勝宝院》前大僧正道*耀《前一長者、*故入道太政大臣殿の御息》。

請書案、

《*延引以前の状なり》来《きた》る二十一日より、*皇后宮権大夫殿の御祈として、普賢延命法を行わるべく候、御勤修候わんやの由、*西園寺大納言殿申すべき旨に候。この旨を以て披露せしめ給うべし。恐々謹言。

三月九日　　　　*内蔵権頭経清〈奉《うけたまわ》る〉

も御室の許可を得なければならず、独断専行してはならない。自専は独断専行。

**家司経清**　藤原経清(生没年不詳)。三善雅衡の子、藤原宗清(西園寺実兼の乳父)の養子。西園寺家の家司。

**請書**　招請の書。仏教法会や祈禱の勤修を僧侶に求める文書。

**道耀**　仁和寺勝宝院道耀(一二三四〜一三〇四)。西園寺実氏の子、実兼の叔父、公衡の大叔父にあたる。勝宝院道勝の実弟かつ弟子、仁和寺御室法助から重受。弘安七年(一二八四)〜翌年まで東寺一長者。

**故入道太政大臣**　西園寺実氏(一一九四〜一二六九)。寛元四年(一二四六)九条道家の失脚によって関東申次となり、後深草・亀山両天皇の外祖父となって権勢をふるった。実兼の祖父、公衡の曾祖父。

**延引以前の状**　仁和寺御室性仁から抑留をうける以前の三月九日に発給済みであった請書。これによれば、本来この修法は、三月二十一日開白を予定していたことがわかる。実際には三月二十八日に開白する。補注「公衡公記弘安十一年三月二十八日条」の項参照。

**皇后宮権大夫**　西園寺公衡(既出)。

**西園寺大納言**　西園寺実兼(一二四九〜一三二二)。公衡の父。西園寺家当主としてこの修法を招請する立場にある。

**内蔵権頭経清**　家司の藤原経清(既出)。

謹上　右衛門督法印御房

## 真50　後宇多法皇置文　元亨四年（一三二四）六月二十三日　神護寺文書

定置　條々事

一　公請事

蜜法傳持、爲二國家鎮護一也、大法祕法、有二 勅請一者、一心無二餘念一、發二鎮國素願一、歸二祖師誓約一、可二勵レ力專一レ志、但門跡微弱、定難レ立二朝要一、仍以二讃岐國年貢五萬疋一、所二宛置一也、檢二納寺庫一、更不レ用二他要一、莫レ擬二恩給一、若五ケ年無二大法公請一者、可レ宛二寺家興隆修造一、造二二宇寺庫一、可レ納二其物一、一宇公請料物、一宇修造料物、更不レ可レ雜二亂之一、修造料物、若過二五年一者、可レ施二貧乏修學者一、努〻無二違越一矣、

一　公請行粧事

不レ可レ好二花美一、不レ可レ亂二禮制一、

前駈二人、有職

**右衛門督法印**　法印権大僧都教勝（生没年不詳）。道耀の側近。この修法では伴僧も勤める。

**真50**　→補1

**後宇多法皇置文**　後宇多法皇（一二六七～一三二四。国14参照）が、大覚寺門主の心得を定めた置文。本文中に見える「我」は法皇のこととみられる。末尾には師の禅助の加署を伴う。大覚寺（京都市右京区）は、貞観十八年（八七六）に淳和天皇の皇后正子が創建したがやがて衰退。これを後宇多法皇が再興し、仁和寺を意識して入寺したことから、真言宗の新たな門跡寺院となる。なおこの二日後に法皇が没した後、新たに門主となるのは、その皇子であり灌頂弟子でもあった性円法親王（一二九二～一三四七）。→補2

**神護寺文書**　神護寺に伝来した文書群。二三巻一幅。重要文化財。神護寺は京都市右京区の高雄山中腹にある真言宗寺院。山麓の仁和寺や大覚寺との関係が深かった。

**公請**　朝廷主催あるいはそれに准じた法会や修法に僧侶を招請すること。勅請。

謹上　*右衛門督法印御房

**真50**　後宇多法皇置文　元亨四年（一三二四）六月二十三日　神護寺文書

定め置く、条々の事

一　*公請《くじょう》の事

蜜法の伝持は、国家鎮護のためなり。*大法《だいほう》秘法、勅請《ちょくしょう》あらば、一心に余念なく、鎮国の素願を発し、祖師の誓約に帰して、力を励まし志を専らにすべし。但し*門跡《もんぜき》微弱たらば、定めて朝要に立ちがたし。仍て*讃岐国年貢五万疋を以て、宛て置くところなり。寺庫に検納し、更に他要に用いず、恩給に擬すこと莫れ。もし*五ケ年に大法の公請なくば、寺家の興隆修造に宛つべし。二宇の寺庫を造り、その物を納むべし。一宇に公請料物、一宇に修造料物、更にこれを雑乱すべからず。*修造料物は、もし五年を過ぎなば、貧乏の修学者に施すべし。努々《ゆめゆめ》違越することなかれ。

一　*公請行粧《ぎょうそう》の事

*花美《かび》を好むべからず。*礼制を乱すべからず。

*前駈《ぜんく》二人〈*有職《うしき》〉、

**大法秘法**　密教修法のうち、普通法に対する語。大法は、大壇護摩壇ほか多壇により大規模に修する最高格式の修法。秘法は、各流派秘伝の修法。

**門跡微弱たらば…**　門跡の経済基盤が貧弱であれば、大法の公請に対応できない。

**讃岐国年貢五万疋**　讃岐国からの年貢銭五〇〇貫文。なお、当時の讃岐国は大覚寺統の院分国。同国多度郡は大覚寺領。→補3

**五ケ年に…**　五年の間に大法の公請がなければ、五年経過した備蓄銭を大覚寺の修造費用にまわしなさい。

**修造料物は…**　修造用に支出されず、さらに五年経過した備蓄銭は、貧しい修学者に分け与えなさい。

**公請行粧**　公請に応じて出仕する際の装い。この条では、大覚寺門主がその前後に引き連れる随行者の行列規模を示す。→補4

**花美**　華美。

**礼制**　礼儀に関する定め。公家新制など。

**前駈**　貴人とその随行者からなる行列において、貴人の前方で騎乗先導する役。

**有職**　僧綱に次ぐ重要な僧階（阿闍梨や三会已講など）を有する僧。凡僧（大法師位以下）のうち、非職に対する語。

後騎一人、
大童子三人、長一人、烈〔列〕二人
隨二晴之樣一、可レ有二人數之加增一歟、略儀又不レ及レ注レ之、
凡先二儉約一、不レ可レ好二花美一、此上儀、可レ隨レ時之、
一　給仕輩事
扈從僧綱事
寺領内諸院家相承之輩、撰二其器一可レ催レ之、各有レ所二定置一、更不レ可レ有二轉變儀一矣、
俗人不レ可レ有二恩給一事
以二佛僧施入之資一、爭可レ擬二世俗妻子一、固禁不レ可二恩給一也、
凡僧事
有職前駈勤仕之輩、仰二諸院家相承輩一、可レ被レ結二番之一、
兒童事
始終法器之輩、出家以前可レ致二奉公一、不レ可レ及二十六歲以上一、非二法器一數輩奉公、不レ可レ致二其費一、

**後騎**　貴人とその随行者からなる行列において、貴人の後方で騎乗随行する役。
**大童子**　成人年齢に達しても童形垂髪のままで雑事に従事する所従。本文史料の割注にあるように、統率者「長」と数輩の「列」童子からなる組織を構成。
**晴の様に…**　出仕する公式儀礼が盛儀であれば、必要に応じて、随行者の人数を右の基準数よりも増やしてよい。
**略儀もまた…**　略儀として出仕する場合も例外とし、その場合の随行者の人数もここに定めない。
**給仕の輩**　大覚寺門主に仕える者。この条では、僧綱(上級僧侶)、俗人、凡僧、童形者、下部について定める。なお、本条の構成をめぐっては、本文史料の冒頭補注「真50」の項参照。
**扈従僧綱**　扈従は、僧俗の貴人に随従する役の一つで高位の者が勤める。貴種僧に従う扈従の場合、僧綱の官位を有する僧侶が勤めた。牛車に乗り、行列全体の最後尾に付き従う。↓補1
**寺領内諸院家…**　大覚寺の諸院家を相承する院主たちの中から適任者を選び、大覚寺門主の扈従役を勤めさせよ。↓補2
**俗人に…**　俗人に対し、恩給として大覚寺領やその所職の一部を分け与えること

*後騎《ごき》一人、
*大童子《だいどうじ》三人〈長一人、列二人〉、
*晴の様に随い、人数の加増あるべきか。*略儀もまたこれを注すに及ばず。
およそ倹約を先とし、花美を好むべからず。この上の儀は、時に随うべし。

一 *給仕《きゅうじ》の輩の事

*扈従《こしょう》僧綱の事

*寺領内諸院家相承《そうしょう》の輩、その器を撰びてこれを催すべし。各《おのおの》定め置くところあり。更に転変の儀あるべからず。

*俗人に恩給あるべからざる事

*仏僧施入の資を以て、争《いか》で世俗の妻子に擬すべけんや。固く禁じて恩給すべからざるなり。

*凡僧の事

*有《う》職前駈《しきぜんく》勤仕の輩は、諸院家相承の輩に仰せて、これに結番せらるべし。

*児童の事

*始終《しじゅう》法器の輩は、出家以前に奉公致すべし。*十六歳以上に及ぶべからず。*法器に非ざる数輩の奉公は、その費えを致すべからず。

を禁じたものか。大覚寺門主には、俗人の「給仕の輩」も仕えるためであろう。あるいは坊官を指すか。

**仏僧施入の**… あたかも妻子を養うかのように、布施物を俗人に恩給してはならない。あるいは、妻子に譲与するかのように、寺領を俗人に恩給してはならない。なお中世の慣習法として、仏に寄進された所領は俗人の手に戻せないという観念があったことが知られている。笠松宏至「仏陀施入之地不可悔返」(『日本中世法史論』東京大学出版会、一九七九年、初出一九七一年)参照。

**凡僧** 僧綱の官位を持たない大法師位以下の僧。

**有職前駈**… 大覚寺門主の前駈役は、諸院家の院主たちが、それぞれの院家に属する有職の僧侶たちに割り当て、輪番で勤めさせよ。

**児童** 大覚寺門主に仕える童形者。

**始終法器の輩**… 密教法流の相承者として将来性を有する幼少者には、出家以前の童形段階から大覚寺で奉公させよ。始終は将来。

**十六歳以上**… 出家予定者については、一六歳までに出家させなさい。↓補3

**法器に非ざる**… 法流相承者となり得ぬ童形者については、奉公の人数を制限し、その関係出費を節約しなさい。

下部事
宛ニ賜寺領年貢一、不レ可ニ轉變一、但牛童、三人外不レ可ニ召仕一、近來雖レ有レ制、牛飼二人之外、向後、當門跡一切可レ停ニ止之一、不レ可レ用ニ俊牛一故也、遣手揚持外、褻時不レ可レ過ニ一人一、

一　賞ニ智行一誡ニ懈怠一事
云ニ練行一云ニ稽古一、随ニ事躰一、可レ有ニ抽賞沙汰一、有ニ不調一有ニ懈怠一、殊可レ被ニ勵誡一矣、所詮、修練勤學、可レ依ニ上之所一レ好、門主殊被レ勵ニ行學兩事一者、誰人不レ從ニ其勸誘一乎、

一　別相傳諸院家領、依ニ門主号一不レ可レ有ニ轉變一事
或依ニ不慮之事一背ニ時宜一、或依ニ愚昧之質一及ニ失錯一、如レ此之類、非レ無ニ其例一、依ニ小過一更不レ可レ及ニ轉變之儀一、殊廻ニ慈愍之賢慮一、可レ被レ扶ニ一流之牢籠一、縱背ニ御意一、雖レ及ニ一旦勘發一、容易不レ可レ被レ轉ニ變相傳院領一矣、

一　相傳由緒寺領、不レ可ニ收公一事
寄附之地、忘ニ其報酬一有ニ收公一、在ニ世俗一猶爲ニ非據一、況哉仏

**三**　底本・譜本「三」。観本・略本「二」。
**揚**　底本・観本「搯」。譜本・略本ニヨリ改ム。
**褻**　底本・観本「藝」。譜本「蓺」。略本ニヨリ改ム。

**下部**　身分の低い雑事従事者。寺院では、三綱・中綱よりも下位の諸堂預や職掌以下を指す。
**寺領年貢を…**　下部に対する年貢の配分は、規定通りに行いなさい。
**牛童**　牛飼童ともいう。牛車の牛を御する童形従者。なお「三人」とせず「二人」と記す諸本あり。文意によって二人と改めるべきか。要検討。→補1
**近来制あり**　当時発布されていた公家新制の条文を窺わせるが、不詳。
**俊牛**　駿牛。体格などが立派で優れた牛。
**遣手揚持**　遣手は牛を操る役。揚持は揚を持ち運ぶ役。揚は、牛車から降りる際には踏台とし、牛からはずした牛車の軛(くびき)を置く台となる。
**褻の時**　非公式の移動時に牛車を利用する際。
**智行を…**　智慧を身につけ、修行を積んだ者を賞し、それらを怠る者を誡めよ。

*下部《しもべ》の事

*寺領年貢を宛て賜い、転変すべからず。但し*牛童《うしわらわ》は、三人の外は召し仕うべからず。*近来制ありと雖《いえど》も、牛飼《うしかい》二人の外、向後《きょうご》、当門跡は一切これを停止《ちょうじ》すべし。*俊牛を用うべからざる故なり。*遣手《やりて》揚持《しじもち》の外、*褻《け》の時は一人も過ぐべからず。

一　*智行《ちぎょう》を賞し懈怠《けたい》を誡むる事

*練行と云い稽古と云い、事の躰に随い、抽賞の沙汰あるべし。*不調ありて懈怠あらば、殊に励誡せらるべし。所詮、修練勤学は、上の好むところによるべし。*門主、殊に*行学の両事を励まれば、誰人ぞその勧誘に従わざらんや。

一　*別相伝《べっそうでん》の諸院家領、門主の号により転変あるべからざる事

或いは不慮の事により*時宜に背き、或いは愚昧《ぐまい》の質により失錯に及ぶ。此《かく》の如《ごと》きの類、その例なきに非ず。小過によりて更に転変の儀に及ぶべからず。殊に慈愍《じびん》の賢慮を廻らし、*一流の牢籠《ろうろう》を扶けらるべし。縦《たと》い御意に背き、一旦の*勘発《かんぽつ》に及ぶと雖も、容易に相伝の院領を転変せらるべからず。

一　*相伝由緒の寺領、収公すべからざる事

*寄附の地、その報酬を忘れて収公あらば、世俗にありてなお非拠《ひきょ》となす。況《いわん》や仏

**練行と云い稽古と云い**　練行は修練や行を指し、密教の実践的な修練を示す。稽古は勤学を指し、教義の修学を示す。
**不調**　行き届かぬこと、不調法。
**門主…**　大覚寺門主自らが模範を示せば、寺僧たちもその勧めに従うはずだから、門主が率先して行と学に励め。
**行学**　行は身・口・意が造作する一切の業。学は戒・定・慧の三学。
**別相伝の…**　大覚寺の院家ごとで独自に相伝される院家領については、大覚寺門主であっても、院家からたやすく没収してはならない。
**時宜**　権力者の意向。
**一流の牢籠を…**　院家に受け継がれた法流の衰退を避けよ。牢籠は、ここでは没落・窮乏。
**勘発**　叱責。ここでは所職改替に及ぶ処罰。
**相伝由緒の…**　大覚寺領のうち、かつての寄進者ゆかりの相伝所職については、その相伝を尊重し、みだりに没収してはならない。
**寄附の地…仏家持戒の処をや**　寄進によって成立した所領の場合、かつての寄進者の留保権益にかかわる所職を、その相伝者から没収する行為は、俗人でさえ道理にそむく。まして戒律を守るべき寺院の場合はなおさらである。

家持戒之處乎、

一　昵近輩、可レ撰二心操一事

不調荒者、不レ可レ近レ之、唯依二近習善惡一、虚名非レ無二其恐一、深可レ愼レ之、

一　不レ可レ近二在俗一事

或有二養育之寄一、或有二親昵之好一、在俗家、女姓宅、更不レ可レ有二光臨一、或后妃女院、若有二由緒一有二參謁一者、不レ移二時剋一可レ退二出之一、或公家仙洞遊興昵近之儀、更不レ可レ有レ之、受法修法等之外、不レ可レ交二在俗一者也、

一　寺恩等、不レ可レ有二轉變一事

或依二時之好意一、或依二人之毀譽一、給恩之地、輕忽不レ可レ有二轉變一、寺領荒癈之基、不レ可レ不レ愼、眞實不忠不義、非二寺僧列一者、非二此限一矣、

一　馬牛、不レ可二好飼一事

牛馬之類、有二代勞之要一、然而、出仕之料、乘用牛二頭、前駈馬二疋、皆立二飼寺外一可レ備二要用一、其外、禽獸之類、雖二幼少門主弟子一、

**禽**　底本「貪」。底本異筆傍注及ビ諸本ニヨリ改ム。

**昵近の輩…**　大覚寺門主の側近には、心がけの良い者を選べ。

**不調の荒者**　行き届かず、思慮分別のない者。

**虚名…**　事実無根の悪評が立つ可能性がある。

**在俗に…**　仏事関係以外の機会に、世俗の人々と接触することは避けよ。ここでは、女性との接触や俗人との遊興を特に禁じている。→補1

**養育の寄**　大覚寺門主が大覚寺に入室する以前の養育者との縁故。乳父乳母との関係。

**親昵の好**　親しい間柄にある者との縁故。

**光臨**　貴人の来訪。ここでは、大覚寺門主が訪問すること。

家持戒の処をや。

一　*昵近《じっきん》の輩、心操を撰ぶべき事

*不調の荒者《あらもの》、これを近づくべからず。ただ近習の善悪により、*虚名《きょめい》その恐れなきに非ず。深くこれを慎むべし。

一　*在俗に近づくべからざる事

或いは*養育の寄《よせ》あり、或いは*親昵《しんじつ》の好《よしみ》あるとも、在俗の家、女姓の宅、更に*光臨あるべからず。或いは*后妃《こうひ》女院、もし由緒ありて参謁あらば、時剋を移さずこれを退出すべし。或いは*公家仙洞《せんとう》の遊興に昵近の儀、更にこれあるべからず。*受法修法等の外、在俗に交わるべからざるものなり。

一　*寺恩等、転変あるべからざる事

或いは時の好意により、或いは人の*毀誉《きよ》により、給恩の地、軽忽《けいこつ》に転変あるべからず。寺領荒廃の基、慎まざるべからず。*真実の不忠不義、寺僧の列に非ざれば、この限りに非ず。

一　*馬牛、好み飼うべからざる事

牛馬の類は、*代労《だいろう》の要あり。然るに、*出仕の料、乗用の牛二頭、前駈の馬二疋、皆《みな》寺外に立飼い要用に備うべし。その外、*禽獣《きんじゅう》の類は、*幼少の門主弟子たりと

**后妃女院**…　后妃や女院など、天皇家関係の女性と対面する機会がある場合、その用事が済めば、直ちにその場から退出せよ。

**公家仙洞の遊興**…　天皇や院の周辺で行われる遊興に参加してはならない。公家は朝廷、仙洞は上皇・法皇の異称。

**受法修法**　仏法の授受や祈禱の勤修。

**寺恩等**…　大覚寺門主が寺僧に対して与えた恩給所領については、たやすく没収してはならない。なお本条に関しては、本来は第五条「一　別相伝…不可有転変事」の次に位置していた可能性もある。本文史料冒頭補注「真50」の項参照。

**毀誉**　毀は悪口。誉は賞賛の意。

**真実の**…　大覚寺門主に対する違背が明白であって、寺僧身分を剝奪すべき者に関しては、その恩給所領を没収しても問題ない。

**馬牛**…　馬や牛などの動物を大覚寺の寺内で飼育してはならない。

**代労**　代理して尽力すること。

**出仕の料**…　出仕のために必要な牛車用の牛二頭や、前駈乗用の馬二頭については、寺外で飼育せよ。

**禽獣**　鳥類と獣類。↓補2

**幼少の門主弟子**　門主の弟子で幼少者。特にここでは、門主の後継者となるような上童などであろう。

不レ可レ養二愛之一、

一　酒宴一切停止事

結界之内、不レ可レ入二酒瓶一、況宴飲之企、雖レ非二沙汰限一、中古以來、非レ無レ例之間、所二誡置一也、雖下未レ及二持戒一之輩上、院内固可レ守二其法一矣、

一　博器、不レ可レ入二界内一事

圍碁雖二律條所レ聽、固可レ禁レ之、況雙六將碁、雖二俗人一、於二界内一不レ可レ作二其戲一矣、

一　管絃事

法會之外、又界内不レ可レ有二此事一、少生、忘二學業一之媒也、高野無二此事一云々、欲二習知一人、於二寺外一可レ習レ之、

一　鞠、小弓事

門主弟子等幼少之時、中古以來、有二先例一歟、於二當門跡一者、更不レ可レ有二此事一、自二幼稚時一、稽古之外、不レ可レ有レ他之故也、

右條々、所二定置一、後資不レ可二違越一、若雖二纖芥一、有二相違事一者、護法善神、金剛蜜迹、五大忿怒明王等、速可レ奪二命根一、我亦

**碁**　底本・観本「碁」。譜本・略本「棊」。

**跡**　底本異筆傍注及ビ諸本ニヨリ補ウ。

**酒宴**…　大覚寺での酒宴は一切禁止する。→補1

**結界の内**　境内として聖域化された範囲。結界地。

**未だ持戒に**…　僧侶ではない俗人であっても、大覚寺に酒瓶を持ち込んではならない。

**博器**　博戯用の器具。ここでは囲碁・双六・将棋を指す。→補2

**囲碁は律条に**…　律令等の法令において囲碁は禁じられていないが、大覚寺では禁止する。僧尼令によれば、「凡僧尼作音楽及博戯者、百日苦使、碁琴不在制限」とあり、博戯の中で「碁」については、僧尼にも禁じられていなかった。

**双六将碁**　双六は盤双六。将碁（ママ）は将棋。

**俗人たりと雖も**…　俗人であっても、大覚寺ではあらゆる博戯を禁止する。ちなみに鎌倉幕府法の弘長元年（一二六一）「関東

雖《いえど》も、これを養愛すべからず。

一 *酒宴は一切停止の事

*結界の内、酒瓶を入るべからず。況や宴飲の企てをや。沙汰の限りに非ずと雖も、中古より以来《このかた》、例なきに非ざるの間、誡め置くところなり。*未だ持戒に及ばざるの輩たりと雖も、院内固くその法を守るべし。

一 *博器《ばくき》、界内に入るべからざる事

*囲碁は律条に聴すところと雖も、固くこれを禁ずべし。況や*双六将碁《すごろくしょうぎ》をや。*俗人たりと雖も、界内においてその戯《たわむれ》を作《な》すべからず。

一 *管弦の事

*法会の外、また界内にこの事あるべからず。*少生、学業を忘るの媒《なかだち》なり。*高野にこの事なしと云々。習い知らんと欲する人は、寺外においてこれを習うべし。

一 *鞠、小弓の事

門主弟子等幼少の時、中古より以来、先例あるか。当門跡においては、更にこの事あるべからず。幼稚の時より、*稽古の外、他あるべからざるの故なり。

右条々、定め置くところ、*後資《こうし》は違越《いおつ》すべからず。もし*繊芥《せんかい》たりと雖も、相違の事あらば、*護法善神、*金剛蜜迹《こんごうみつじゃく》、*五大忿怒《ふんぬ》明王等、速やかに命根を奪うべし。*我また

---

新制条々」第五八条によれば、「博奕」を禁止するが、「囲碁象碁者非制限矣」とし、囲碁や将棋は禁止の対象外とされていた(鎌倉幕府追加法三九四号)。

**管弦** 管楽器(笛・笙など)と弦楽器(箏・琵琶など)。ここではそれらを演奏すること。→補3

**法会の外** 仏事で舞楽を伴う場合を除いては。

**少生**… 管弦の嗜みは、若者が学業を怠るきっかけとなる。

**高野** 紀伊国高野山。金剛峯寺(和歌山県伊都郡高野町)。

**鞠小弓** 鞠は蹴鞠などの鞠遊び。小弓は小さい弓で的を射る遊び。→補4

**稽古** 学問の修学。

**後資** 後嗣の弟子たち。

**繊芥** 細かいごみ、転じてごく僅かなこと。

**護法善神** 仏法を守護する諸天諸神。梵天や帝釈天などを指す。

**金剛蜜迹** いわゆる金剛力士。密迹力士ともいう。金剛杵を執って仏法を守護する鬼神。

**五大忿怒明王** 五大明王。不動・降三世・軍荼利・大威徳・金剛薬叉の五明王。

**我また**… 私(=後宇多法皇)も没後に冥界から監視し、違反者を罰するだろう。

廻二冥鑑一、可二照罰一矣、

元亨四年六月廿三日

金剛佛子〜

前大僧正禪ー 助

**真51**　賢俊菩提寺規式　延文二年(一三五七)七月十八日

醍醐寺文書

定置　菩提寺

一　長老　衆僧六人

行者二人　人工四人 此内山守兼レ之、

一　勤行事

朝夕　理趣三昧、例時如レ常

長日　護摩 長老勤二仕之一、光明眞言、

不斷光明眞言 衆僧可レ引レ時、

毎日

毎月勤事

四日　先師御佛事 前大僧正賢助

**金剛仏子〜**　後宇多法皇(一二六七〜一三二四)。金剛仏子は密教修行者の意。その下には、法皇の法諱「金剛性」、あるいはその梵字名が本来記されていたと考えられるが、書写に際して避諱されている。

**禅助**　後宇多法皇の灌頂の師、仁和寺真光院禅助(一二四七〜一三三〇)。本来は法諱の自署があったとみられるが、書写に際して「助」の字が避諱されている。

**真51**　→補1

**賢俊菩提寺規式**　賢俊が死没前に、菩提寺の組織・勤行および制誡を定めたもの。嫡弟光済筆の案文。賢俊(一二九九〜一三五七)は菩提寺大僧正と号し、日野俊光の子、師は賢助。足利尊氏と結んで北朝の樹立に貢献し東寺長者・醍醐寺座主を歴任。三宝院門跡の基礎を固めた。菩提寺は醍醐寺に隣接して設けられ、平安時代の創建。賢俊が醍醐寺の菩提寺として律僧をすえて再興し、醍醐寺寺僧やその関係者の葬送・追善を行わせた。→補2

**醍醐寺文書**　醍醐寺三宝院に伝来した文書群。総数約一四万点という。醍醐寺は京都市伏見区にある真言宗寺院。東密小野流の拠点。貞観十六年(八七四)に聖宝が

冥鑑を廻らし、照罰すべし。
元亨四年六月二十三日
金剛仏子*――
前大僧正禅助*

## 真51　賢俊菩提寺規式　延文二年(一三五七)七月十八日　醍醐寺文書

定め置く　菩提寺
一　長老*　衆僧六人
行者《あんじゃ》*二人　人工《にんぐ》*四人〈この内、山守*これを兼ぬ〉
一　勤行の事
朝夕　理趣三昧《りしゅざんまい》*、例時《れいじ》*は常の如《ごと》し。
長日*　護摩*〈長老これを勤仕す、光明真言なり〉
不断光明真言*〈衆僧*、時を引くべし〉
毎日
毎月の勤めの事
四日　先師の御仏事〈前大僧正賢助*〉

創建したと伝え、延喜七年(九〇七)醍醐天皇の御願寺となる。上醍醐・下醍醐に多くの子院が造営され、なかでも永久三年(一一一五)勝覚が創建した三宝院は座主房として寺院運営の中核となり、賢俊・満済の時代に門跡としての地位を確立した。

**長老**　禅律寺院の住持。

**行者・人工・山守**　いずれも禅律寺院の下僧。行者は寺院の雑用を行う給仕の少年、人工は力者法師をいう。↓補3

**理趣三昧**　導師が理趣経法を修し職衆が理趣経を読誦する法要。

**例時**　定例の勤行、もしくは例時懺法。後者であれば夕方に行う懺法をいう。↓補4

**長日**　毎日行う勤行。

**護摩**　阿闍梨一人が護摩壇で供物を焼いて本尊に供養する修法。大法・小法とは異なり小壇を別立せず助修もいない。

**不断光明真言**　交代して途切れることなく光明真言を称え続ける仏事。光明真言は死者の追善によく称えられる陀羅尼。

**衆僧時を引く**　不詳。六人の衆僧に光明真言を唱える時間を割り当てる意か。

**賢助**　一二八〇～一三三三。太政大臣洞院公守の子。賢俊の師。通海より伝法灌頂をうけ、定任から三宝院を相承した。正和三年(一三一四)に醍醐寺座主、嘉暦三年(一三二八)に東寺一長者。死没月日は不詳。

十三日　虚空藏講
十九日　遍智院僧正成賢御忌日
　三品禪尼佛事
廿一日　入道大納言殿俊光卿御佛事
　彌勒講
　日　予佛事
十五日・卅日　布薩
　以上御忌日者、駄都供養法、寶篋印陀羅尼七反

一　結界之内、堅禁制事
五辛酒肉定義也、猿樂・田樂以下犯〔拍カ〕人幷管絃等、一切停二止之一、但修二如法經一之時、於二十種供養之儀一者、非二制之限一、女姓夜宿一切可レ停二止之一、雖二權者〔門カ〕一堅可レ申二子細一、
一　僧食幷寺物、雖レ有二借用之仁一、更不レ可レ被二論易一、僧衆一同可レ被レ申二子細一也、
一　若僧衆之中、不和相論等事出來者、長老可レ被二成敗一、於二〔不脱カ〕遵行僧一者、速可レ被二追放一、

**虚空蔵講**　菩提寺の本尊である虚空蔵菩薩の徳を讃嘆する法会。
**遍智院**　義範僧都(一〇二三〜一〇八八)が開創した醍醐寺の院家。
**成賢**　一一六二〜一二三一。中納言藤原成範の子。叔父勝賢の瀉瓶(しゃびょう)の弟子、醍醐寺座主。承久三年(一二二一)に東寺一長者。三宝院流の一派である成賢流の祖。寛喜三年(一二三一)九月十九日に死没。なお、本文史料と同日付で賢俊は「祖師御忌日料所」として「十九日田」を寄進している。本文史料の「賢俊菩提寺規式」の項参照。
**三品禅尼**　不詳。賢俊の母か。
**俊光卿**　権大納言日野俊光(一二六〇〜一三二六)、参議日野資宣の子。賢俊の父。伏見上皇の執権をつとめ持明院統のために活動。嘉暦元年(一三二六)に勅使として関東に赴いたが、五月二十一日に同地で客死した。子に資名・資朝・資明や山門の光恵らがいる。
**弥勒講**　菩提寺には弥勒堂がある。
**予が仏事**　賢俊の月忌仏事。生前なので日付は空欄。賢俊は本文史料から一月後の閏七月十六日に死没した。
**布薩**　十五日と三十日の半月ごとに罪を懺悔する行事。

十三日　虚空蔵講
十九日　遍智院《へんちいん》僧正〈成賢《せいげん》〉御忌日
　　三品《さんぽん》禅尼の仏事
二十一日　入道大納言殿〈俊光卿〉の御仏事
　　弥勒講
　日　予《よ》が仏事
十五日・三十日　布薩《ふさつ》
　　以上の御忌日は駄都《だと》供養法と宝篋印陀羅尼《ほうきょういんだらに》〈七反〉

一　結界の内、堅く禁制の事
五辛《ごしん》酒肉は定義《じょうぎ》なり。猿楽・田楽以下の拍人《はやし》、幷びに管絃《かんげん》等は、一切これを停止《ちょうじ》せよ。但し如法経《にょほうぎょう》を修するの時、十種《じっしゅ》供養の儀においては、制の限りに非ず。女姓の夜宿は一切これを停止すべし。権門と雖《いえど》も堅く子細を申すべし。
一　僧食《そうじき》幷びに寺物は、借用の仁ありと雖も、更に論じ易《か》えるべからず。僧衆一同に子細を申さるべきなり。
一　もし僧衆の中に、不和・相論等の事出来《しゅったい》せば、長老が成敗せらるべし。遵行《じゅんぎょう》せざる僧においては、速やかに追放せらるべし。

**駄都供養法**　仏舎利の供養法。駄都は「だど」ともいい仏舎利のこと。
**宝篋印陀羅尼**　舎利を安置した宝塔を礼拝してこの陀羅尼を読誦すれば罪障消滅の功徳があるという。
**五辛酒肉**…　結界内で五辛酒肉を禁止することは普通のきまりである。五辛は韮(にら)・葱(ねぎ)など臭みの強い五種の野菜。仏教ではこれを嫌った。
**如法経**　法華経の書写供養。逆修や追善によく行われた。
**十種供養**　十種のものを供養する儀式。法華経法師品に説く。十種のなかに伎楽が含まれるため、十種供養での管弦は禁制外とされた。→補1
**女姓の夜宿は**…　女性が菩提寺に宿泊することは禁止する。なお、慶長九年(一六〇四)三月十五日菩提寺出雲起請文では「女人けっかい(結界)」となっていて、夜宿だけでなく女性は門内への参入が一切禁じられている(「醍醐寺文書」一七函一〇七号『大古』醍醐寺一二―二六八〇号」)。
**権門と雖も**…　有力者の女性であっても夜宿は拒否するべきだ。
**論じ易えるべからず**…　不詳。これは僧食と寺物の借用禁止を定めた条項であろう。
**もし僧衆の中に**…　僧衆の不和・相論については長老に成敗権がある。

右條々、大概如レ此、僧衆以下上下堅制誡、成二一味同心之思一、可レ被レ全二寺家佛法一、
仍條々所二定置一如レ件、

延文二年七月十八日

前大僧正判(花押影)

**真52**　三宝院門跡満済条々置文　醍醐寺文書

①満済公武御祈以下条々置文　永享六年(一四三四)三月二十二日

申置條々

一　公家御祈

長日愛染王護摩　供僧三口、料所鳴海庄、

長日佛眼護摩　供僧三口、料所野鞍庄、

一　武家御祈

長日愛染王護摩　供僧三口、料所久世郷、出二相國寺一事在、仍以二舟木庄一爲二料所一、

長日清瀧權現本地供　供僧三口、料所同上、

**前大僧正**　賢俊。

**真52**　↓補1

**三宝院門跡満済条々置文**　満済が三宝院門跡を後継者である義賢に譲与するに際し、三宝院について申し置いた自筆置文。三宝院門跡が勤仕している公家・武家の祈禱、本尊仏具聖教、門跡所職等について書き残した永享六年(一四三四)三月二十二日置文(①)と、他界の直前である永享七年五月二十七日に、満済近習への保護を求めた置文(②)から成る。なお満済(一三七八〜一四三五)は醍醐寺座主・東寺長者、准三宮。権大納言今出川師冬の子で足利義満の猶子。醍醐寺隆源に入室し三宝院門跡となる。将軍義満・義持・義教のもとで公武の祈禱に励み、将軍義教の嗣立では中心的役割を果たした。永享七年六月十三日に死没。↓補2

①

**公家御祈**　朝廷・天皇のための祈禱。さらに書きこみが可能なように、この項目の最後に若干の空白を設けている。

**長日**　毎日。

**愛染王護摩**　息災・調伏等の目的で愛染明王を本尊として修する護摩修法。密教修法は規模・格式によって大法・准大法・小法・護摩・供の五段階に分かれる。

**料所**　仏事等の費用を拠出する所領。

右条々、大概此《かく》の如《ごと》し。僧衆以下は上下堅く制誡し、一味同心の思いを成して、寺家の仏法を全うせらるべし。仍て条々、定め置くところ件の如し。

延文二年七月十八日

*前大僧正判(花押影)

## 真52　三宝院門跡満済条々置文　醍醐寺文書

①満済公武御祈以下条々置文　永享六年(一四三四)三月二十二日

申し置く条々

一　公家*御祈

長日*仏眼護摩〈供僧三口、料所は*野鞍庄《ののくらのしょう》〉

*長日《ちょうじつ》　*愛染王護摩《あいぜんおうごま》〈供僧三口、*料所は*鳴海庄《なるみのしょう》〉

一　*武家御祈

長日愛染王護摩〈供僧三口、料所は*久世郷《くぜのごう》。*相国寺《しょうこくじ》に出《い》だす事あり。仍て*舟木庄《ふなきのしょう》を以て料所とす〉

長日*清瀧《せいりゅう》　権現本地供《ごんげんほんじく》〈供僧三口、料所は同上〉

**鳴海庄**　名古屋市緑区鳴海町にあった尾張国の荘園。内裏祈禱料所で南北朝時代には三宝院の管理下におかれた。

**仏眼護摩**　仏眼仏母尊を本尊として息災・調伏を祈る護摩修法。

**野鞍庄**　摂津国(兵庫県三田市)にあった醍醐寺仏名院領の荘園。→補3

**武家御祈**　幕府・将軍のための祈禱。さらに書きこみが可能なように、この項目の最後に数行文の空白を設けている。

**久世郷**　山城国久世郡にあった三宝院の所領。応永二十六年(一四一九)十一月に足利義持から三宝院に寄進された。

**相国寺**　足利義満が永徳二年(一三八二)に開創した臨済宗寺院。夢窓疎石が勧請開山、弟子の春屋妙葩が実質的な開山。

**舟木庄**　近江国(滋賀県近江八幡市)にあった湖岸の荘園。南北朝時代から三宝院が領有。本文史料の相国寺の件は不詳だが、足利義教は永享七年五月十八日に舟木庄の領有を三宝院に安堵している(「醍醐寺文書」二函八号(五)〔『大古』醍醐寺一一一六号〕)。

**清瀧権現本地供**　清瀧宮で行われた如意輪観音と准胝(じゅんてい)観音の修法。清瀧権現は醍醐寺の鎮守女神。唐の青龍寺守護神であったため、空海が密教護持のため勧請したという。その本地は如意輪観音と准胝観音とされる。

長日八幡本地護摩　於二六條八幡宮一修レ之、供僧六口、料所源氏・千種兩町、
長日天神本地供　於二安樂院一修レ之、供僧三口、料所香庄、
長日愛染王供　自二朔日一至二八日一護摩、自餘以レ供修レ之、
長日不動供　自二十五日一至二廿二日一護摩、自餘以レ供修レ之、
長日藥師供　毎月八日藥師像造立、同開眼供養、以レ之爲二本尊一、
長日馱都供
已上、自身行レ之、公儀指合・病惱之外、更不レ用二手代一、支具料所安食庄、
長日御當年星供　節分御星造立之、自行或手代、

一　本尊・佛具・聖教事　雖レ爲二一尊・一種・一帖一、不レ可二他散一、有レ增不レ可レ減、代々祖師遺戒也、

一　灌頂道具等事　近年、門跡牢籠之間、大略令二粉〔紛〕失一畢、予多年勵二勞功一、沙汰置者也、内外莊嚴具、至二持幡裝束一、不レ可レ出二他所一、

**六条八幡宮**　若宮八幡宮社。京都の東山五条に所在。もとは左女牛（さめうし）西洞院にあった。鎌倉・室町時代を通じて幕府祈禱の中心施設であった。↓補1
**源氏千種両町**　京都市下京区材木町付近にあった六条八幡宮の所領。↓補2
**安楽院**　高倉天神堂ともいう。法身院にあった鎮守堂。法身院は満済の京都での活動拠点であった。↓補3
**香庄**　近江国（滋賀県愛知郡秦荘町）にあった荘園。尊勝寺領であったが文和二年（一三五三）に三宝院領となり、延文三年（一三五八）に足利尊氏から高倉天神堂領に寄進され三宝院が管領した。
**朔日より八日…**　毎月一日から八日までは護摩を焚いて祈禱するが、それ以外の日は供を修した。
**供**　阿闍梨一人が小壇で護摩も焚かずに祈禱する最も簡便な修法。密教修法はその規模から大法、小法、護摩、供に分かれる。
**駄都**　仏舎利のこと。駄都法・駄都供は如意宝珠法・如意宝珠供をいう。
**已上自身これを行う**　以上の祈禱は、満済みずからが阿闍梨となって行う。↓補4

長日八幡本地護摩〈*六条八幡宮においてこれを修す。供僧六口、料所は*源氏・千種《ちぐさ》両町〉
長日天神本地供〈*安楽院においてこれを修す。供僧三口、料所は*香庄《こうのしょう》〉
長日愛染王供〈*朔日より八日に至るまで護摩、自余は*供《く》を以てこれを修す〉
長日不動供〈十五日より二十二日に至るまで護摩、自余は供を以てこれを修す〉
長日薬師供〈毎月八日に薬師像を造立し同じく開眼供養す。これを以て本尊となす〉
長日*駄都《だと》供
*已上、自身これを行う。*公儀の指し合わせ、病悩の外は、更に手代《てがわり》を用いず。
*支具《しぐ》の料所は*安食庄《あじきのしょう》。
*長日御当年星供《とうねんじょうく》〈*節分に御星を造立す。*自行、或いは手代〉

一　本尊・仏具・聖教の事

一尊・一種・一帖たりと雖《いえど》も、*他散すべからず。*増あるも減ずべからず。代々祖師の遺戒《ゆいかい》なり。

一　*灌頂道具等の事

近年、*門跡牢籠《ろうろう》するの間、大略紛失せしめ畢んぬ。*予《よ》、多年労功を励みて沙汰し置くものなり。内外《ないげ》の*荘厳具は、*持幡《じばん》装束に至るまで、他所に出《い》だすべからず。

**公儀の指し合わせ**…　幕府の祈禱と重なった場合か、病気の時以外は代理の僧侶に任せず、満済が自分で修法を行う。
**支具**　修法に必要な支度の道具。
**安食庄**　尾張国春部郡（愛知県西春井郡、春日井市）にあった荘園。康治二年（一一四三）に醍醐寺三宝院領として立荘された。
**長日御当年星供**　将軍のために毎日行う当年星を供養する法。各人の運命を支配する星が本命星、その一年の吉凶に関わる星が当年星である。→補5
**節分**　当年星供では節分の前日に占い、一年の運命を支配する当年星を定めた。
**自行**　満済がみずから行う修法。
**他散すべからず**　本尊・仏具・聖教を門跡外に流出させてはならない。
**増あるも**　「有増」を「あらまし（おおよその意）」と副詞的に読むこともできる。
**灌頂道具**　伝法灌頂に使用する道具。
**門跡牢籠**　光助・定忠二代における三宝院門跡の衰微を指す。→補6
**予多年労功を**…　満済は長年にわたり三宝院門跡の隆盛をはかって灌頂道具などを調えてきた。
**荘厳具**　法儀にふさわしいしつらえをするための道具。
**持幡装束**　道場に入場する時、幡を持って行道に加わる持幡童の衣装。持幡童は多く俗人がつとめた。幡はのぼり。

公儀猶以歎申之、況自餘在所乎、若無ニ傳法具一、傳法軌則不レ可レ在レ之、傳法軌則無レ之者、法流乍可レ令ニ斷絶一歟、法流斷絶者、國家護持亦斷絶歟、任ニ代々祖師柄戒〔炳誡〕一、可レ令レ如レ守ニ眼精一者也、若令ニ違犯一者、護法善神、定爲レ怒給歟、尤可レ愼、々々、

一　門跡所職所帯以下事

所々坊領、代々案〔安〕堵等明鏡也、門跡錯亂時分、支證等多以粉〔紛〕失、予入室之時、鹿苑院殿少々御興行、雖レ然祖師僧正賢俊自筆草案目六之內、只今、當知行分三分一計歟、連々被レ申ニ入公方一、可レ被ニ興行一歟、

當寺《醍醐》座主職・傳法院座主職・六條八幡宮別當并篠村八幡宮・三條八幡宮等別當職、代々門葉相續來者也、醍醐寺座主職事、宮僧正坊以來、以ニ師讓附一被ニ補任一之條、先規也、佳躅也、殊可下令ニ存知一給上、

灌頂院累代稱號門室、異レ他靈場也、勝定院殿御代、依ニ嚴重之御助成一、造功頓速成了、卽此道場而庭儀具支灌

**公儀なお以て…**　幕府に対してさえ、歎いて道具を持ち出すことを認めていない。

**伝法の具なくんば…断絶せんか**　伝法灌頂の道具がなければ灌頂の軌則もなくなり、三宝院流が断絶して国家護持が不可能となる。

**法流ながら**　法流はすべて。

**眼精を守るが如く**　自分のまなこを守るように大切に。

**門跡の所職所帯以下の事**　三宝院が管領する所職所領や院家、門弟坊官について。

**代々の安堵等**　室町将軍の代替りに出された歴代の惣安堵。↓補1

**門跡錯乱の時分**　前条の「門跡牢籠」をいう。

**予が入室の時に**　満済は応永二年(一三九五)十一月一日に一九歳で報恩院隆源のもとに入室した(「五八代記」)。

**鹿苑院殿**　将軍足利義満(一三五八〜一四〇八)。義満は三宝院の新門主満済の扶持を隆源に命じ、満済の入室の際には同車するなど、満済を手厚く保護した。

**賢俊自筆の草案目六**　不詳。↓補2

**賢俊**　(一二九九〜一三五七)。東寺長者・醍醐寺座

*公儀、なお以て歎き申す。況《いわん》や自余の在所をや。もし*伝法の具《ぐ》なくんば、伝法の軌則《きそく》これあるべからず。伝法の軌則これなくんば、*法流ながら断絶せしむべきか。法流断絶せば、国家の護持また断絶せんか。代々祖師の炳誡《へいかい》に任せて、*眼精《がんせい》を守るが如《ごと》くせしむべきものなり。もし違犯せしめば、護法の善神、定めて怒らせ給うか。尤も慎むべし、慎むべし。

一　*門跡の所職所帯以下の事

所々の坊領は、*代々の安堵等に明鏡なり。*門跡錯乱の時分に、支証等多く以て紛失す。*予《よ》が入室の時に、*鹿苑院殿《ろくおんいんどの》少々御興行あり。然りと雖も、祖師僧正*賢俊自筆の草案目六《もくろく》のうち、ただ今、当知行分は三分の一ばかりか。*連々公方《くぼう》に申し入れられ、興行せらるべきか。

当寺《醍醐》座主職・*伝法院座主職・六条八幡宮別当、幷びに*篠村《しのむら》八幡宮・*三条八幡宮等の別当職は、代々門葉が相続し来《きた》るものなり。醍醐寺座主職の事は、*宮僧正坊より以来《このかた》、師の譲附を以て補任せらるの条、先規なり。*佳躅《けいちょく》なり。殊に存知せしめ給うべし。

*灌頂院は累代称号の門室にして、他に異なる霊場なり。*勝定院殿の御代、厳重の御助成により、造功は頓《とみ》に速やかに成り了んぬ。即ちこの道場にて*庭儀《ていぎ》の*具支《ぐし》灌

主。三宝院門跡の基礎を固めた。

**連々公方に…**　新門主義賢は将軍に要請して門跡所領を興行してほしい。

**伝法院**　覚鑁が開創した大伝法院(根来寺)。真59参照。建武三年(一三三六)十二月に賢俊が同座主職に補任されてからは光済・光助・定忠・満済と三宝院門跡が相伝した。

**篠村八幡宮**　京都府亀岡市篠町にある神社。元弘三年(一三三三)四月に足利高氏がここで鎌倉幕府に反旗を翻した。観応二年(一三五一)十月には同別当職が三宝院に安堵されている(「醍醐寺文書」一函二号(一〇)『大古』醍醐寺一―二四号)。

**三条八幡宮**　京都市中京区亀甲屋町にある御所八幡神社。足利尊氏の菩提寺である等持寺の鎮守。↓補3

**宮僧正坊**　覚源(九九九～一〇六五)。花山天皇の子。師明観の譲りで寛仁二年(一〇一八)に醍醐寺座主となり、康平三年(一〇六〇)に弟子の定賢に座主を譲った。

**佳躅**　尊重すべき先例。

**灌頂院**　三宝院の初名であり中心施設。定海が創建し天承元年(一一三一)に鳥羽院の御願寺となる。↓補4

**勝定院殿**　将軍足利義持(一三八六～一四二八)。

**庭儀**　衆僧が庭上を行列して道場に入る儀式。大法会の際に実施。

**具支灌頂**　大日経に説く伝法灌頂。

頂（受者前大僧正義賢）行之日、同三萬疋御合力、着座公卿、堂童子・執蓋・執綱役人（各諸大夫、四位五位）等、悉以同御下知也、如レ此御懇志異レ他、年々結縁灌頂被二再興一、鹿苑院・勝定院兩御代御追修、可レ專レ之、

金剛輪院事、經藏以下造營、如レ形勵二微力一、長日不退御祈于レ今修レ之者也、如二予時一、雖レ爲レ聊、室禮更不レ可レ被レ改レ之者也、

此院領事、近年定置之目六、在二別紙一、予封レ裏了、此院家事、令レ附二屬都々若公一（一條前攝政御息、）此若公事爲二室町殿御猶子一、入室以下、任二予例一、將軍御同車於レ事嚴重、施二眉目一者也、未來法流光美、何事如レ之哉、併大師冥助者歟、予一瞬之後者、若公被二寺住一、行學二門、一向可レ被レ擲二他事一、成立以後者、武門長久精祈、抽二丹誠一、可レ被レ報二謝申山岳御恩一、寺住眞俗門弟・坊人大略如レ無、雖レ爲レ如レ形、不二牢籠一之様、任二計置一、可レ有二御沙汰一、具猶錄レ左之了、

**義賢**　一三九九～一四六八。足利義満の弟である小川満詮の子で、足利義持の猶子。永享二年(一四三〇)十一月に満済から三宝院を譲られて門主となり、同六年四月に満済の譲りで醍醐寺座主となった。満済から醍醐灌頂院で伝法灌頂をうけたのは応永三十二年(一四二五)四月十四日。→補1

**執蓋・執綱**　庭儀行列で傘蓋(さんがい)の長柄を持つのが執蓋。傘蓋が傾かないよう執蓋の左右で綱をとるのが執綱。

**結縁灌頂も再興**　三宝院の結縁灌頂は天承元年(一一三一)十二月十九日より不定期に実施。鎌倉末の火災で中断したが永和二年(一三七六)に再興。その後さらに中断したらしい(『醍醐寺新要録』五六七頁)。

**追修**　冥福を祈る追善仏事。

**金剛輪院**　醍醐寺の院家。満済が金剛輪院の造営を行ったことに関し、『満済准后日記』によれば永享元年十一月二十一日に金剛輪院常御所の立柱上棟を行い、永享六年七月十三日に同御厨所の立柱上棟を行った、とある。

**室礼**　調度や施設などを飾り整えること。「室礼」「補理」はいずれも宛て字。

**近年定め置くの目六**　不詳。

**裏を封じ**　文書内容を保証するために、文書の裏面に花押を書きすえること。

**都々若公**　教済・教賢(一四二六～?)。一条兼良の子、足利義教の猶子。三宝院義賢

頂〈受者は前大僧正*義賢〉を行うの日、同じく三万疋の御合力あり。着座公卿、堂童子・*執蓋《しっかい》・*執綱《しっこう》役人〈各《おのおの》 諸大夫、四位五位〉等も、悉《ことごと》く以て同じき御下知なり。此《かく》の如《ごと》き御懇志は他に異なり、年々の*結縁灌頂も再興せらる。鹿苑院・勝定院両御代の御*追修はこれを専らにすべし。

*金剛輪院の事、経蔵以下の造営は形《かた》の如く微力を励まし、長日不退の御祈は今にこれを修すものなり。予が時の如く、聊《いささ》かたりと雖も、*室礼《しつらい》は更にこれを改めらるべからざるものなり。

この院領の事、*近年定め置くの目六は別紙にあり。予、*裏を封じ了んぬ。この院家の事、*都々若公《わかぎみ》〈*一条前摂政の御息〉に附属せしむ。この若公の事、室町殿御猶子として、*入室以下、予の例に任す。*将軍御同車は事において厳重にして、眉《び》目《もく》を施すものなり。*未来法流の光美、何事かこれに如《し》かんや。*併《しか》しながら*大師の冥助なるものか。*予、一瞬の後は、若公は寺住せられ、*行学《ぎょうがく》の二門、一向に他事を擲《なげう》たるべし。*成立《じょうりゅう》以後は、武門長久の精祈、丹誠を抽《ぬ》きんじて、*山岳の御恩に報謝し申さるべし。寺住の*真俗の門弟・坊人は大略なきが如し。形の如くたりと雖も、牢籠《ろうろう》せざるの様に計らい置くに任せて、御沙汰あるべし。具《つぶさ》にはなお左に録し了んぬ。

の付弟。永享十二年四月に得度するも、伝法灌頂はうけていない(「五八代記」)。得度前であるので幼名を記している。

**一条前摂政**　一条兼良(一四〇二～一四八一)、関白一条経嗣の子。永享四年八月に摂政氏長者となり、十月に辞退。

**入室**　→補2

**将軍御同車**　応永二年の満済の入室では「御猶子儀」として足利義満と同車して法身院に入った。永享三年の都々若公の入室は「将軍御猶子、任予時例、御同車」した(「五八代記」)。

**未来法流の光美…**　義賢の付弟が将軍同車で入室したことは、将来にわたる三宝院の栄誉としてこれ以上のものはない。

**併しながら**　すべて。

**大師**　弘法大師空海。

**予一瞬の後は…**　私が死没した後は若公は醍醐寺に移り住んで、懸命に修学に励みなさい。「一瞬」は死去の婉曲表現。

**行学の二門**　仏道修行と学解。

**成立以後**　一人前になれば。

**山岳の御恩**　若公への将軍の深い御恩。

**真俗の門弟坊人…御沙汰あるべし**　満済の弟子・坊官は醍醐寺にはほとんどいないが、彼らが困窮しないよう計らい定めたので、義賢もそれに従って沙汰してほしい。豪意法眼のように、俗諦の世話をする坊官を「俗」といっているのだろう。

遍智院事、異レ他師迹也、雖レ爲二一宇一、被二建立一之條、尤可レ爲二興隆一歟、
理性院前大僧正宗觀事、元祖以來、異レ他門弟也、然依二不慮子細一、一代院主顯圓
法印、参二(衍)参南方一了、仍被二闕所一、建武歟、祖師菩提寺前大僧正拜領了、其　勅
裁取レ要、
文觀・實助兩僧正幷顯圓法印等跡、可下令二知行一給上候、仍此院家事、以二前大僧
正宗助一、定二置院主一了、古今芳恩又絶倫歟、當代執權事等申付了、
金剛王院事、子細同前、爲二實助僧正跡一拜領了、後菩提寺前大僧正光濟時、以二
光海僧正一爲二彼院主一、灌頂以下受法事、仰二付悉地院法印實然一、爲二光濟僧正計一、
令レ遂二其節一了、眞俗扶助勿論歟、房仲僧正相續奉公上者、彌可レ被レ垂二憐愍一歟、
禪那院僧正賢珍事、予受法灌頂資也、可レ被レ加二眞俗御扶持一、
妙法院僧正賢快事、定曉僧正以來、爲二法流羽翼一、就二内外一不レ存二隔心一

**遍智院**　義範(一〇二三～一〇八八)が開創した院家。建武三年(一三三六)七月に焼亡した。
**理性院**　賢覚(一〇八〇～一一五六)が開創した院家。毎年正月に太元帥法を勤仕した。理性院流は醍醐三流の一。→補1
**宗観**　?～一四〇七。中御門宗泰の子。応永十二年(一四〇五)に宗助より理性院を付属された。永享三年(一四三一)に東寺長者。
**元祖より以来…**　理性院流は元祖賢覚より三宝院の重要な門弟であった。→補2
**顕円**　→補3
**南方に参じ…拝領し了んぬ**　南朝方となって理性院は闕所され賢俊が拝領した。
**勅裁**　文和二年(一三五三)の綸旨。建武とするのは満済の誤認。→補4
**文観**　一二七八～一三五七。関東調伏の祈禱で流罪となるが、後醍醐天皇のもとで醍醐寺座主・東寺長者をつとめた。
**実助**　一二九四～一三五三。北畠親房の弟。覚親に入室して金剛王院を相承。正中二年(一三二五)、建武二年に東寺長者。観応の擾乱で南朝に参仕。
**宗助**　?～一四〇五。賢俊の弟子。→補5
**古今の芳恩…**　理性院に対する三宝院の恩顧は、昔から他に類のないほど深い。
**当代執権の事等…**　理性院宗観には三宝院義賢の執権などを命じている。→補6
**金剛王院**　聖賢(一〇八三～一一四七)が開創し源

*遍智院の事、他に異なる師迹なり。一宇たりと雖も建立せらるるの条、尤も興隆たるべきか。

*理性院《りしょういん》前大僧正*宗観《そうかん》の事、*元祖より以来《このかた》、他に異なる門弟なり。然るに不慮の子細によって、一代院主*顕円法印は*南方に参じ了んぬ。仍て闕所せらる。建武にか、祖師菩提寺前大僧正が拝領し了んぬ。その　*勅裁〈要を取る〉「*文観《もんかん》・*実助両僧正幷びに顕円法印等の跡、知行せしめ給うべく候」。仍てこの院家の事、前大僧正*宗助を以て、院主に定め置き了んぬ。*古今の芳恩また絶倫か。*当代執権の事等、申し付け了んぬ。

*金剛王院の事、子細は同前。実助僧正の跡として拝領し了んぬ。後菩提寺前大僧正〈*光済〉の時、*光海僧正を以て彼の院主となし、灌頂以下受法の事、悉地《しっち》院《いん》法印実然に仰せ付け、光済僧正の計らいとして、その節を遂げしめ了んぬ。*真俗の扶助は勿論《もちろん》か。*房仲僧正が相続して奉公する上は、いよいよ憐愍《れんびん》を垂れらるべきか。

禅那院僧正*賢珍の事、予が受法灌頂の資《し》なり。真俗の御扶持を加えらるべきなり。

*妙法院僧正賢快の事、*定暁僧正より以来、法流の羽翼たり。内外につき隔心を存

運が受け継いだ醍醐寺の子院。この一派は三宝院流・理性院流とともに醍醐三流の一であったが近世に衰微。

**光済**　一三二六～一三七九。大納言日野資明の子。叔父の賢俊より三宝院門跡を嗣いで、醍醐寺座主・東寺長者となった。

**光海**　大覚寺頼宝の灌頂弟子。光済の斡旋で金剛王院の院主となる。のちに頼俊と改名し応永二十四年に東寺二長者。

**真俗の扶助**　金剛王院に対する真諦・俗諦の両面にわたる三宝院門跡の援助。

**房仲僧正が**…　光海から金剛王院を嗣いだ房仲も三宝院に対し引き続き奉公している。房仲は永享九年に東寺寺務。

**賢珍**　満済の弟子。永享十一年三月に義賢が行った仁王経大法の勧賞として東寺二長者となる。禅那院は醍醐寺の院家。

**妙法院僧正賢快**　一三八八～一四三四。満済の弟子。賢長から妙法院を相承。本文史料から三カ月後の永享六年六月に東寺寺務となったが、就任して二日後に死没。

**定暁**　一二五八～一三三七。中納言藤原定高の子。建治三年(一二七七)に三宝院定済より伝法灌頂をうけ、藤原惟信の外護で醍醐寺に妙法院を創建した。

**定暁僧正より以来**…　流祖の定暁以来、妙法院は三宝院流の重要な補佐をしてきた。その詳細は『醍醐寺新要録』妙法院篇「依門弟随諸役事」を参照。

者也、賢快僧正受法宗大事等、對ニ故賢長僧正一致ニ其沙汰一了、雖レ然入壇事、依下
爲レ令レ全ニ一流傳持一、去年對レ予、遂ニ其節一了、
宗濟僧都事、爲ニ理性院附弟一上者、未來事心安、雖レ然晝夜常隨給仕年久、依下
可ニ相計一無中在所上、于レ今打過了、山科內少所、河北月捧等、可レ爲レ如ニ日比一、不ニ
相替一可レ被レ爲ニ不便一者也、
隆濟僧都事、報恩院以下師跡相續了、笠取西庄領家光濟僧正時相計了、香庄神役外、尾州少
所　等、門跡給恩也、予受法以下一事以上、故隆源前大僧正庭馴〔訓カ〕也、芳恩
可レ謂ニ山岳一歟、眞俗異レ他、可レ被レ加ニ御扶持一者也、
賢紹僧都號ニ松橋一、事、一流者也、於ニ印可一者、對レ予遂ニ其節一了、入壇事、依レ無ニ
世緣一、于レ今無ニ沙汰一歟、灌頂事申入者、可レ被ニ免許一、俗諦又可レ被レ加ニ御扶持一、
長濟僧都事、未無ニ計置旨一、妙法院知行內一所、令ニ割分一樣、可レ有ニ御口入一、別
而可レ被レ加ニ御扶持一也、

**賢長僧正**　一三九八～一四三一。醍醐寺妙法院。応永三十四年(一四二七)に東寺長者。↓補1

**去年予に対し…**　永享五年(一四三三)十一月二十日に賢快は満済から両部灌頂を重受した。

**宗済**　一四〇六～一四六四。中納言藤原宗量の子。応永三十年四月に出家受戒、寛正元年(一四六〇)東寺寺務。

**理性院の附弟…**　宗済は理性院宗観の付弟なので将来のことは安心だ。

**山科**　京都市山科区にあった三宝院領山科庄。足利尊氏は観応二年(一三五一)に山科半分の地頭得分を三宝院に宛行った(「醍醐寺文書」一函一号(九)〔『大古』醍醐寺一—一二三号〕)。

**河北の月捧**　禁裏御料である越前国河北庄から毎月支払われる捧物。↓補2

**隆済**　一四〇九～一四七〇。中納言藤原宗量(宗宣)の子、幼名は松賀丸。応永三十一年四月に隆寛付弟として得度し報恩院を相承。康正三年(一四五七)に東寺二長者、文明元年(一四六九)に東寺寺務、翌年死没。

**報恩院**　醍醐寺の院家。水本坊ともいう。成賢(一一六二～一二三一)の極楽坊を憲深(一一九二～一二六三)が報恩院と改めた。報恩院流は、三宝院流の正嫡を自任するなど大きな勢力をもった。

**笠取西庄**　山城国宇治郡上醍醐(宇治市)にあった荘園。東西両荘とも中世では醍

ぜざる者なり。賢快僧正の受法、宗の大事等は、故*賢長僧正に対しその沙汰を致し了んぬ。然りと雖も入壇の事、一流伝持を全うせしめんがため、去年*予《よ》に対し、その節を遂げ了んぬ。

*宗済僧都の事、*理性院の附弟《ふてい》たる上は、未来の事、心安し。然りと雖も昼夜常随の給仕、年久し。相計らうべき在所なきによって、今に打ち過ぎ了んぬ。*山科《やましな》のうち少所、*河北の月捧《げっぽう》等、日比《ひごろ》の如くたるべし。相替わらず不便《ふびん》となさるべき者なり。

*隆済僧都の事、*報恩院以下の師跡、相続し了んぬ。*笠取西庄領家〈光済僧正の時に相計らい了んぬ〉、*香庄《こうのしょう》〈神役の外〉、*尾州少所　等、*門跡の給恩なり。*予、受法以下一事以上、故*隆源前大僧正の庭訓《ていきん》なり。*芳恩は山岳と謂《い》うべきか。真俗他に異なり、御扶持を加えらるべき者なり。

*賢紹僧都〈*松橋と号す〉の事、*一流の者なり。印可《いんか》においては、予に対しその節を遂げ了んぬ。入壇の事、世縁なきによって、今に沙汰なきか。灌頂の事、申し入るれば、免許せらるべし。俗諦《ぞくたい》また御扶持を加えらるべし。

*長済僧都の事、未《いま》だ計らい置く旨なし。妙法院知行のうち一所を割分せしむる様に、*御口入《ごくにゅう》あるべし。別して御扶持を加えらるべきなり。

醐寺領。

**香庄**　近江国(滋賀県愛知郡秦荘町)にあった荘園。高倉天神堂領。

**尾州少所**　「少所」と「等」の間に二文字分空白。満済はさらにほかの地名を書き込むつもりだったのだろう。

**門跡の給恩**　三宝院門跡からの給恩地。

**予受法以下一事以上…**　私(満済)の受法をはじめすべては隆源の教えだ。

**隆源**　一三四二～一四二六。中納言四条隆家の子。貞治三年(一三六四)に経深から報恩院を相承。応永二年に足利義満から満済の補佐を命じられ、入室・受法・灌頂の師となった。応永十九年に東寺寺務。

**芳恩は山岳と…者なり**　報恩院隆源の恩は三宝院門跡にとって非常に大きいので隆済には特別な扶持が必要だ。

**賢紹**　大納言武者小路俊宗の子。応永三十四年九月十七日に満済から印可をうけ、長禄四年(一四六〇)五月二十日に義賢から伝法灌頂をうけた(「五八代記」)。

**松橋**　醍醐寺の子院、無量寿院。元海(一〇九三～一一五六)が開創。松橋流は三宝院流のなかで大きな勢力をもった。

**一流**　三宝院流。

**長済**　一四〇七～?。妙法院賢長の舎弟。永享五年十一月二十一日に満済から伝法灌頂(「五八代記」)。

**御口入**　義賢から妙法院への口添え。

顯濟僧都（號二西南院一、）事、爲二先師實濟僧正遺跡分一、計置者也、給恩地濃州牛洞郷、予自二老母一相二續之一、爲二彼追修一、長日光明眞言供三座、阿彌陀供三座、并六月四日佛事料千疋　八月四日（善乘院佛事料千疋、）沙二汰之一、其外者一圓可レ爲二給恩一旨、兼仰定了、源氏・千種兩町、六條八幡宮長日本地護摩供僧供料并承仕支具以下、悉皆萬疋歟、其外雖レ爲二最少一、爲二給恩一相計了、受法以下不レ可レ有二隔心一、眞俗一方可レ爲二御用人一歟、可レ被レ爲二不便一也、

觀心院事、當流隨一也、當院主房助法印、爲二理性院流稱號一了、（故宗助僧正計也、）仍本尊聖教等、于レ今預二置當院經藏一了、未來院主事、故菅宰相長遠卿息小童、此兩三年入室相計了、得度以後次第受法、可レ被二沙汰一者也、此院領御恩地少々在レ之、不レ可二相替一者也、

愛如意丸事、廳務法眼豪意息、此等一類之中ニハ、愚眼所レ覃、若可レ有二器用一歟、仍殊爲二不便一者也、相計地雖レ爲レ聊、不レ可レ被レ改、可レ被レ付二若公一也、其子細予具直

**顕済**　永享二年（一四三〇）四月に満済の勧賞で法眼に直叙され、同七年二月二十八日に満済から許可（こか）を受けた。↓補1

**西南院**　醍醐寺の院家。

**実済**　（一三三九〜一四〇三）。大納言冷泉公泰の子。賢俊から伝法灌頂をうけ、遍智院・西南院等を譲与された。満済は応永七年（一四〇〇）に実済から伝法灌頂をうけており、満済の師にあたる（「五八代記」）。

**濃州牛洞郷**　美濃国大野郡の三宝院領。

**老母**　満済母は出雲路殿・静雲院と号し、『満済准后日記』応永二十六年六月四日条に死没記事が見える。その後、満済は「籠居中」ということで祈禱を憚っており、七月二十二日条では「五旬之間無為、今日結願、自菩提寺直移住」と述べている。満済の母の中陰仏事が醍醐の菩提寺で行われたことを示している。↓補2

**善乗院**　聖通僧正（一三九七〜一四二七）、応永三十四年八月四日に死没。↓補3

**源氏千種両町…相計らい了んぬ**　両町からの収入のうち、長日本地護摩供の総費用一万疋以外は顕済への給恩とした。

**観心院**　醍醐寺の子院。五重塔の東にあったので塔東坊ともいう。三宝院の門弟であったことは「依為門弟随諸役事」（『醍

*顕済僧都〈*西南院と号す〉の事、先師*実済僧正の遺跡《ゆいせき》分として、計らい置くものなり。給恩地の*濃州牛洞郷《うしぼらのごう》は、予、*老母よりこれを相続す。彼《か》の追修のため、長日光明真言供三座、阿弥陀供三座、并びに六月四日仏事料〈千疋〉、八月四日〈*善乗院仏事料千疋〉これを沙汰せよ。その外は、一円に給恩たるべき旨、兼ねて仰せ定め了んぬ。*源氏・千種《ちぐさ》両町は、六条八幡宮の長日本地《ほんじ》護摩供僧の供料、并びに承仕《じょうじ》支具以下、悉《ことごと》く皆で万疋か。その外は最少たりと雖も、給恩として相計らい了んぬ。受法以下、隔心あるべからず。真俗一方、御用人たるべきか。不便《ふびん》となさるべきなり。

*観心院の事、*当流随一なり。当院主《いんず》の*房助法印は、理性院流の称号をなし了んぬ〈故宗助僧正の計らいなり〉。仍て*本尊聖教等は、今に当院経蔵に預け置き了んぬ。未来院主の事、*故菅宰相《さいしょう》長遠卿息の小童、この両三年、入室相計らい了んぬ。*得度以後、次第の受法、沙汰せらるべき者なり。この院領は御恩の地少々これあり。相替うべからざるものなり。

*愛如意丸の事、*庁務《ちょうむ》法眼*豪意の息なり。*これら一類の中には、*愚眼の覃《およ》ぶところ、もしくは器用あるべきか。仍て殊に不便たる者なり。相計らう地は、聊《いささ》かたりと雖も改めらるべからず。*若公に付さるべきなり。その子細、予、具《つぶさ》に、直《じか》に

醐寺新要録』観心院篇)に詳しい。院主は俊性・房助・賢性・賢誉と相承。

**当流**　三宝院流。

**房助**　不詳。『満済准后日記』に観心院法印として頻出。

**本尊聖教等は…**　院主が理性院流をついだので、観心院の本尊聖教は三宝院の経蔵に預け置いたままだ。

**故菅宰相長遠卿息の小童**　不詳。幼名は婆部(はほ)、永享五年正月一日の満済の正月儀礼に出仕。満済は彼に観心院を継承させようと考えたが、結局、禅那院僧正賢性が相承した。なお菅原長遠(一三六六〜一四三三)は右大弁を経て参議となっている。

**得度以後…**　菅原長遠息の得度から受法までは義賢が面倒をみてほしい。

**愛如意丸**　満済側近の稚児、永享六年正月の将軍参賀に同道し義教から御酌を拝領。永享七年六月の満済の中陰中に出家し豪快二位と名乗った。

**庁務**　門跡の実務を取り仕切る坊官。

**豪意**　三宝院の譜代の坊官。庁務豪仲法印(一三六二〜一四三二)の子、大溪・民部卿と号す。父の死没後に三宝院庁務を相承。

**これら一類**　不詳。稚児、もしくは坊官の稚児を指すか。

**愚眼の覃ぶところ**　私のみるところ。

**若公**　義賢付弟の都々若公(教済)か。

中付了、相計地、尾張國衙内馬場散在・鹽津散在、曾祢庄給主職、舟木庄給主職
豪意法眼後、山科村、號野庄為二御恩一、子細同前、此外心當所在レ之、追可二計置一、
重賀事、重冬入道息實孫歟、自二五歳一進置、晝夜召仕了、久多郷為二給恩一、相計了、
不レ可レ被二改動一、灌頂以下受法、別而被二免許一、相應事、可レ被レ立二御用一、一向
非レ無二器用一者歟、
寺住眞俗門弟坊人、永不レ可レ被レ召二置京門跡一、於二暫時事一者、勿論候哉、
淸書若不レ叶者、以二此草案一、可レ被レ擬二正本一者也、

永享六年三月廿二日

准三宮(花押)

②三宝院満済条々置文　永享七年(一四三五)五月二十七日

豪意法眼譜代也、殊可レ被レ懸二御意一者候歟、
慶壽法印事、梅津庄事、隨分加二扶助一、無為案〔安〕堵候了、重恩

**尾張国衙内馬場散在塩津散在**　尾張国国衙領は禁裏御料であったが、応安七年(一三七四)六月二十四日綸旨などで三宝院に知行が委ねられている(「醍醐寺文書」二三函一〇号『大史』六—四一—二七頁)。馬場・塩津は不詳。↓補1

**曾祢庄**　伊勢国一志郡(松阪市)にあった荘園。天暦二年(九四八)に醍醐寺に勅施入。永享五年(一四三三)の盂蘭盆の費用は「為曾禰庄役、給主庁務法橋」豪意が沙汰している(『満済准后日記』同年七月十三日条)。

**舟木庄**　近江国(近江八幡市)にあった三宝院領の荘園。

**豪意法眼の後**　以上の所領は豪意の死没後に愛如意丸に付せられるべきだ。

**野村**　山城国の山科七郷(京都市山科区)の一。三宝院領。

**重賀**　一四一五〜一四九〇。中性院権僧正、幼名は愛賀。正長二年(一四二九)四月に満済のもとで出家、永享十一年十一月に義賢より伝法灌頂。のちに三宝院政紹や報恩院賢深に伝法灌頂を授けた。醍醐寺の「平民

極官」の初例(「五八代記」)。
**重冬入道**　不詳。
**久多郷**　山城国(京都市左京区久多)にあった山間の荘園。鎌倉末に足利氏領となり室町時代に三宝院に寄進された。
**寺住真俗の…**　醍醐寺にいる弟子や坊人を長い間、洛中法身院にとどめないでほしい。
**京門跡**　満済の洛中の拠点である法身院。→補2
**准三宮**　三宝院満済。→補3

②
**譜代**　代々三宝院に仕える坊官。豪意の父豪仲は三宝院庁務。延文二年(一三五七)七月二十九日賢俊置文でも、朝円法眼を「為門跡普代之坊人、多年勤労之宿老、子共又相積奉公之上者、可被垂憐愍者也」と述べている(「醍醐寺文書」二〇函四七号『大史』六―二一―三二六頁)。
**慶寿法印**　満済に仕えた寺官。梅津宰相法印と称し、修法の行事を勤めたりその奉書で諸門跡と交渉している。満済の稚児の慶寿丸(後の長恵)とは別人である。
**梅津庄**　京都市右京区にあった荘園。近衛家が本家、のちその半分が室町幕府の御料所となる。下級領主権をもつ長福寺・梅宮社・左馬寮領などが錯綜している。慶寿と梅津庄との関係は不詳。



申し付け了んぬ。相計らう地は*尾張国衙内馬場散在・塩津散在、*曾祢《そね》庄給主職、*舟木庄給主職〈*豪意法眼の後〉、山科〈*野村と号す〉庄を御恩となす〈子細同前〉。この外にも心当たりの所、これあり〈追て計らい置くべし〉。

*重賀の事、*重冬入道の息〈実は孫か〉なり。五歳より進め置き、昼夜召し仕い了んぬ。*久多郷《くたのごう》を給恩として相計らい了んぬ。改動せらるべからず。灌頂以下の受法は、別して免許せられよ。相応の事、御用に立てらるべし。一向器用なきに非ざる者か。

*寺住真俗の門弟坊人は、永く*京門跡に召し置かるべからず。暫時の事においては、勿論に候か。

清書、もし叶わざれば、この草案を以て、正本に擬《ぎ》せらるべきものなり。

永享六年三月二十二日

*准三宮(花押)

②三宝院満済条々置文　永享七年(一四三五)五月二十七日

豪意法眼は*譜代《ふだい》なり。殊に御意に懸けらるべき者に候か。

*慶寿法印の事、*梅津庄の事、随分に扶助を加え、無為《むい》に安堵し候い了んぬ。重恩、

定不レ可レ忘存候歟、
經祐法眼事、數代奉公者也、於二其身一ハ非レ器、雖レ無二正躰一、以二憐愍之儀一令二堪忍一了、云二給恩一、云二料所一、如二予時一雖レ爲レ聊、不レ可レ有二轉變一、可レ被二召仕一、
親秀法橋事、子細同前、
孝淳事、爲二故孝賢法眼事一、越前十郷以下、寺用外爲二御恩一可レ被二扶置一、正月十一日御一獻方用脚勿論、當年召二寄寺家一、小家等引渡歟、旁可レ有二御憐愍一者也、
慶圓法眼事、譜代坊人也、不被（マヽ）レ懸二其身御目一、可レ被レ賞譜代也、凡門跡眞俗坊人知行分、轉變各牢籠、因縁坊人牢籠ハ、則門跡衰微也、相構〳〵可レ被レ懸二賢慮一、
門跡大小公事、毎度可レ被レ仰二談眞俗御坊人一、一身御計御越度勿論也、且可レ被レ請二口儀一也、

永享七年五月廿七日　重書加了、淸書難治、先以レ之可レ被レ准二正本一者也、

准三宮(花押)

**経祐法眼**　三宝院に仕える坊官。大蔵卿と号し、豪仲・豪意らとともに三宝院の世間別当五名の一。『満済准后日記』に頻出。武家との交渉などに当たった。
**数代奉公の者**　歴代の三宝院門跡に仕えた者。
**正躰なし**…　出来の悪い不覚者だが、憐憫の心で我慢してきた。
**親秀法橋**　三宝院に仕えた坊官。兵部卿と名乗り、寺主・上座を経て法橋となる。
**孝淳**　三宝院の坊官、按察寺主。
**故孝賢法眼**　不詳。
**越前十郷**　不詳。応安七年(一三七四)十一月三日後円融天皇綸旨では越前・尾張の国衙領の奉行を三宝院光助に安堵している(『大史』六―四一―一三五頁)。
**正月十一日御一献方の用脚**　満済の時代

定めて忘るべからずと存じ候か。

*経祐法眼の事、*数代奉公の者なり。その身においては器に非ず。*正躰なしと雖《いえど》も、憐愍の儀を以て堪忍せしめ了んぬ。給恩と云い、料所と云い、予《よ》が時の如《ごと》く、聊《いささ》かたりと雖も、転変あるべからず召し仕わるべし。

*親秀法橋の事、子細同前。

*孝淳の事、*故孝賢法眼の事のため、*越前十郷以下は、寺用の外を御恩として扶置せらるべし。*正月十一日御一献《ごいっこん》方の用脚は勿論なり。当年寺家に召し寄せ、小家等引き渡すか。旁《かたがた》御憐愍あるべき者なり。

*慶円法眼の事、譜代の坊人なり。その身を御目に懸けられ、賞せらるべき譜代なり。およそ*門跡の真俗坊人は、知行分転変せば各《おのおの》牢籠す。*因縁の坊人の牢籠は、則ち門跡の衰微なり。相構えて相構えて、*賢慮に懸けらるべし。

*門跡の大小公事は、毎度、真俗の御坊人と仰せ談ぜらるべし。一身の御計らいは御越度《おちど》、勿論なり。*且《かつがつ》口儀を請わるべきなり。

永享七年五月二十七日　重ねて書き加え了んぬ。*清書難治《なんじ》なり。先ずこれを以て正本に准ぜらるべきものなり。

*准三宮(花押)

には、正月十一日幕府評定始めのあと、将軍が三宝院に赴いて酒宴を行っている。この費用を指すか。
**慶円法眼**　三宝院に仕えた坊官、若狭法眼。別当につぐ院司を勤める。
**門跡の真俗坊人**　三宝院に仕える出世の弟子と、世間者の坊官。
**因縁の坊人…懸けらるべし**　三宝院と縁の深い坊官たちの困窮は門跡の衰微に直結するので、大事にしてほしい。後の三宝院義尭置文案でも同内容のことが見える。「三宝院門跡満済条々置文」の項参照。
**賢慮に懸け**　義賢が配慮してほしい。
**門跡の大小公事は…**　三宝院にかかわる問題は必ず坊人たちと相談の上で決めてほしい。延文二年(一三五七)七月二十九日賢俊置文でも、坊官の宗快・賢快親子について「多年門跡之大少事、以彼父子、令遵行了」と評し、「相構相談彼等、次第可有其道遺、更不可被背彼等命」と述べており、坊官との相談を不可欠なものと位置づけている(『大史』六―二一―三二六頁)。
**且**　とりあえず。
**清書難治**　この置文を清書することが困難だ。満済は翌月の六月十三日に死没している。
**准三宮**　三宝院満済。

# 第三章　金剛峯寺

**真53**　後白河法皇手印起請　文治三年(一一八七)五月一日　　宝簡集

起請

高野大塔長日不斷兩界供養法條々事

一　長日不斷行法子細事

右、此行法者、不朽之佛事、莫大之善業也、一界別七十二口、兩界合百四十四口、殊所㆑定㆓置供僧㆒也、一日夜間、十二口僧、時々相替、各々可㆑勤、前人起㆑座、後人卽着、縱雖㆓刹那㆒、蓋無㆓其隙㆒、一月結㆓六番㆒、一僧充㆓五度㆒、終而復始、次第連續、多人少勤者、爲㆑令㆓易修㆒也、伏惟、世及㆓季葉㆒、時當㆓末法㆒、出家學道之人雖㆑多、苦修練行之心猶少、朝暮諸行、起居作業、槪爲㆓邪法㆒、不㆑住㆓淨心㆒、因㆑茲、天魔伺㆑隙、波旬得㆑力、衆惡之風常振㆑聲、

**真53**　→補1

**後白河法皇手印起請**　文治三年(一一八七)五月一日から高野山根本大塔において始行する長日不断両界供養法の目的、実施方法、供僧のありよう、費用の捻出先などを、願主である後白河法皇自らが定め置いたもの。→補2

**宝簡集**　高野山金剛峯寺に伝来する最重要史料集(国宝)。→補3

**高野**　ここでは、和歌山県伊都郡高野町大字高野山に所在する金剛峯寺のことを指す。→補4

**高野の大塔**　根本大塔と呼ばれる。金剛峯寺伽藍内、金堂の北東に南面して立つ朱塗り二層の塔。伽藍の中心堂塔の一つとして空海(七七四～八三五)在世中に造営が計画されたが、その完成は貞観(八五九～八七七)の末、弟子の実恵・真然の時代であった。その後、五度の焼失を経て、現在の建物は昭和十二年(一九三七)の再建である。→補5

**長日不断両界供養法**　長い時日にわたっ

# 第三章　金剛峯寺

**真53**　後白河法皇手印起請　文治三年(一一八七)五月一日　宝簡集

起請《きしよう》す

*高野《こうや》の大塔《だいとう》の*長日不断両界供養法《ちようじつふだんりようがいくようぼう》の条々の事

1 一　長日不断行法《ぎようぼう》の子細の事

右、この行法は、不朽の仏事、莫大の善業《ぜんごう》なり。*一界別に七十二口《く》、両界合わせて百四十四口、殊《こと》に*供僧《くぞう》を定め置くところなり。*一日夜間に、十二口の僧、時々相《あい》替わり、各々《おのおの》勤むべし。前人、座を起《た》たば、後人、即ち着《ちやく》せ。縦《たと》い刹那《せつな》と雖《いえど》も、蓋《なん》ぞその隙《すき》なからざらんや。*一月に六番を結び、一僧に五度を充《あ》て、終わりて復《ま》た始め、次第に連続せよ。多人少勤は、易修《いしゆう》せしめんがためなり。伏《ふ》して惟《おも》んみるに、世、*季葉に及び、時、*末法に当たる。出家学道の人多しと雖も、苦修《くしゆ》練行《れんぎよう》の心なお少なし。朝暮の諸行《しよぎよう》、起居の作業《さごう》、概《おおむ》ね邪法をなし、浄心に住さず。茲《ここ》によって、*天魔は隙を伺い、*波旬《はじゆん》は力を得《う》。*衆悪の風は常に声を振るわ

---

**高野の大塔**　(前頁参照の注は省略されていない)

て昼夜間断なく行う、金剛界供養法(金剛界曼荼羅を供養する行法)と胎蔵(界)供養法(胎蔵(界)曼荼羅を供養する行法)。

**1**　末法の時に当たり、生きとし生けるものを救済するために、長日不断の両界供養法を開始する。

**一界別に七十二口**　金剛界供養法、胎蔵供養法それぞれごとに七二人。

**供僧**　特定の仏事に奉仕するために任命された僧侶。

**一日夜間に…**　両界の一日二四時間の行法は、一界につき一二人の供僧が、おのおの二時間ずつ勤める。

**一月に六番…**　一界別七二人の供僧を六グループに分け、各グループは一カ月に五日間ずつ行法を勤める。

**季葉**　末の世。風俗道義などの衰えた時代。

**末法**　仏の教法(教)だけがあって、教法に従って修行する者(行)と修行の果報を得る者(証)がいない時代。日本では、永承七年(一〇五二)から末法の世になると信じられた。

**天魔**　欲界の第六天である他化自在天に住み、仏法を妨害し、人心を悩乱するとされる魔王。

**波旬**　欲界第六天の魔王の名前。

**衆悪**　多くの悪。

業障之海不レ息レ波、都鄙騒擾、貴賤無レ安、悲而可レ悲、誠欲二奈何一、是以長日修二此祕法一、恆時利二彼群生一、善哉、香花之恵薫、須臾無レ絶、鈴杵之梵響、造次普聞、云レ存云レ歿、無レ親無レ疎、悉滅二無始之罪一、皆證二遮那之位一、凡厥結衆、熟察二此理一、一味同心、不レ得二延怠一矣、

一　撰二器量一可レ補二供僧一事

右、此行法者、善根之肝心、眞實之功德也、一山禪徒之中、兩寺住侶之間、撰二其器量一可二定補一、雖二尊貴耆年之人一不レ可レ重、雖二卑賤少壯之輩一不レ可レ輕、只以レ明二兩部之大法一可レ爲レ先、只以レ達二三密之深理一可レ爲レ本、凡厥結衆、熟察二此理一、一味同心、不レ得二阿私一矣、

一　供僧故障代不レ可レ用二非供僧人一事

右、此行法者、甚深之淨願、嚴重之淸祈也、各勵二誠心一、雖レ可二勤行一、或受二重病一、或觸二雜穢一、或及二老耄一、其事不レ得レ止、若自難二參勤一者、互可レ語二供僧一、不レ可レ用二他人一、

**業障**　正道のさわりとなる貪欲(とんよく)・瞋恚(しんに)・愚痴(ぐち)などの悪業(あくごう)。貪欲は非常に欲が深いこと。瞋恚は自分の心に反するものを怒り恨むこと。愚痴は真理を理解する能力がないこと。
**都鄙**　みやこといなか。
**騒擾し**　騒ぎ乱れ。
**恒時に**　平生、ふだんに。
**群生**　すべての生物。この世に生をうけたすべてのもの。
**香花の恵薫**　仏前に供える香と花の智慧の薫り。
**須臾にも**　わずかの間も。
**鈴杵の梵響**　金剛鈴(こんごうれい)の清浄な響き。金剛鈴とは、外道悪魔を破砕する法具である金剛杵(こんごうしょ)の一端に鈴をつけたもの。
**造次にも**　わずかの暇にも。
**存と云い歿と云い**　生者も死者も。
**親となく疎となく**　親しいか疎遠であるかに関係なく。
**無始の罪**　人間に本来具わっている罪。
**遮那の位**　毘盧遮那仏(大日如来)の位。

し、*業障《ごつしょう》の海は波を息《やす》めず。*都鄙《とひ》は*騒擾《そうじょう》し、貴賤は安《やす》んずることなし。悲しみても悲しむべし。誠に奈何《いかん》せんと欲す。是《こ》れを以て長日にこの秘法を修《しゅ》し、*恒時に彼《か》の*群生《ぐんじょう》を利す。善きかな。*香花《こうげ》の恵薫《えくん》は*須臾《しゅゆ》にも絶ゆることなく、*鈴杵《れいしょ》の梵響《ぼんきょう》は*造次にも普《あまね》く聞こゆ。*存と云い、歿《ぼっ》と云い、*親となく、疎となく、悉く*無始《むし》の罪を滅《めっ》し、皆、*遮那《しゃな》の位を証ぜん。*およその結衆、熟《つらつら》この理《ことわり》を察し、一味同心して*延怠することを得《え》ざれ。

2 一 器量を撰び供僧に補《ふ》すべき事

右、この行法は、*善根の肝心《かんじん》、真実の功徳《くどく》なり。一山禅徒の中、*両寺住侶の間、その器量を撰びて定め補すべし。尊貴・*耆年《きねん》の人と雖も、重んずべからず。卑賤・*少壮の輩と雖も、軽んずべからず。ただ*両部の大法《だいほう》に明るきを以て先となすべし。ただ*三密の深理に達するを以て本となすべし。およその結衆、熟この理を察し、一味同心して*阿私することを得ざれ。

3 一 供僧の故障の代わりに非供僧の人を用うべからざる事

右、この行法は、甚深《じんしん》の浄願、厳重の清祈なり。各《おのおの》誠心を励まし、勤行《ごんぎょう》すべきと雖も、或いは重病を受け、或いは*雑穢《ぞうえ》に触れ、或いは*老耄《ろうもう》に及び、*その事止《や》むを得ず、もし自《みずか》ら参勤しがたくんば、互いに供僧を語らうべし。他人を用うべか

**およその結衆…一味同心して** この長日不断両界供養法を執り行う供僧たちは、念を入れて、この条文の道理を了解し、心を一つにして。

**延怠する** 日限を延ばし遅らせる。

**2** 供僧は才能、実力によって選任すべきである。

**善根** 良い結果をもたらすもとになる行為。

**両寺住侶** 金剛峯寺と大伝法院の住僧。↓補1

**耆年の人** 老年の人。

**少壮の輩** 若くて勢いの盛んな者。

**両部の大法** 真言密教の二大法門である金剛界と胎蔵(界)のすぐれた修法。

**三密の深理** 身密と口密と意密の深い道理。身密は手に印を結ぶこと、口密は口で真言を誦すこと、意密は心に本尊を観ずること。

**阿私する** おもねったり私心を働かせる。

**3** 参勤できない供僧の代役に非供僧の人を用いてはいけない。

**雑穢** さまざまな穢れ。

**老耄** 耄は八〇歳の称。年寄り、老人。

**その事止むを得ず…** 自らが仕方のない事由によって出仕できない場合は、他の供僧にかけあって頼み、その供僧を代役に立てるべきである。

所以者何、蘿洞容身之人、松扉留跡之者、雖レ瀉二智水於瓶中一、不レ能レ究二甚深之理一、雖レ翫二觀月於窓前一、猶レ難レ攬二遍照之光一、然則當番之衆、故障之時、爲二補闕之勤一、誂二非器之人一者、可レ背二淸撰之素懷一、已非二愼密之本意一、凡厥結衆、熟察二此理一、一味同心、不レ得二違濫一矣、

一　供僧改補子細事

右、此行法者、相續之精勤、無私之善緣也、隨レ有二死闕一、速可二改補一、兼又故障非二彼三箇條一、不參空及二三箇月一者、敢無二好惡一、早可二改補一、凡厥結衆、熟察二此理一、一味同心、不レ得二忽諸一矣、

一　佛僧供以下用途事

右、此行法者、廣大之福田、淸淨之眞局也、仍以二御領備後國大田庄一、殊所レ令二寄付一也、以二其所出一、充二此用途一、守二聽下文狀一、永不レ可レ有二牢籠一、凡厥結衆、熟察二此理一、一味同心、不レ得二生疑一矣、

以前條々、子細如レ斯、夫高野山者、祕教相應之靈地、名稱普聞之淨域也、

**蘿洞容身の人**　つたかずらのからんだ洞穴に潜んでいる人。

**松扉留跡の者**　松で作ったとびらの中に籠もっている者。「蘿洞容身の人」、「松扉留跡の者」は、ともに山居の出家者を指すか。→補1

**智水を瓶中に瀉ぐ**　清澄な水を徳利の中にそそぐように、仏の智慧を行者の頭にそそぎかけること。

**観月を窓前に…**　月を窓辺からぼんやり眺めるだけでは、世界をあまねく照らす仏の光明を手に取ることができないのと同じだ。

**当番の衆…**　その番に当たっている僧侶にさしつかえができた時に、その不足を補うために、力量のない人を起用するのは、えりすぐりの人を用いるという願主の願いに反する。

**慎密**　心密＝意密の意か。心密とは、心に本尊を観想すること。

**違濫する**　法に違い秩序を乱す。

**4**　供僧の改補は速やかに行うべきである。

**死闕あるに…**　供僧が死亡した場合には、早速に後任人事を行うべきである。

**彼の三箇条**　第3条に見える「重病を受け」「雑穢に触れ」「老耄に及び」の三つの

らず。所以《ゆえん》は何ぞ。*蘿《ら》洞容身《どうようしん》の人、*松扉留跡《しょうひるせき》の者、*智水を瓶中《びょうちゅう》に瀉《そそ》ぐと雖も、甚深の理を究《きわ》むること能《あた》わず。*観月を窓前《そうぜん》に翫《もてあそ》ぶと雖も、なお遍照《へんじょう》の光を攬《と》りがたきがごとし。然ればすなわち、*当番の衆故障の時、補闕《ほけつ》の勤めとして非器の人を誂《あつら》うるは、清撰の素懐に背くべし。已《すで》に*慎密の本意《ほい》に非ず。およその結衆は、熟《つらつら》この理を察し、一味同心して*違濫《いらん》することを得ざれ。

4 一　供僧改補の子細の事

右、この行法は、相続の精勤、無私の善縁なり。*死闕《しけつ》あるに随い、速《すみ》やかに改補すべし。兼ねてまた、故障、*彼の三箇条に非ず、不参、空しく三箇月に及ばば、敢《あ》えて好悪《こうお》なく、早く改補すべし。およその結衆、熟この理を察し、一味同心して*忽諸《こっしょ》することを得ざれ。

5 一　*仏僧供以下の用途の事

右、この行法は、広大の*福田、清浄の*真扃《しんけい》なり。仍て御領*備後国大田庄《おおたのしょう》を以て殊に寄付せしむるところなり。*その所出を以て、この用途に充て、*庁の下文《くだしぶみ》の状を守り、永く*牢籠《ろうろう》することあるべからず。およその結衆、熟この理を察し、一味同心して*生疑《しょうぎ》することを得ざれ。

以前の条々、子細斯《か》くの如《ごと》し。それ高野山は、*秘教相応の霊地、*名称普聞《ふもん》の浄域な

理由。

**彼の三箇条に…**　「重病」「雑穢」「老耄」以外の理由で、欠席が三カ月続いた場合は、その者に対する好き嫌いの感情はさておいて、早く後任人事を行うべきである。

**忽諸する**　軽んずる、ゆるがせにする。

**5**　当該行法の費用は備後国大田庄から上がる年貢でまかなう。

**仏僧供**　仏と僧侶に対する供物。

**福田**　福徳の生ずる田。

**真扃**　本当の入り口。

**備後国大田庄**　現在の広島県世羅郡世羅町に所在する荘園。永万二年(一一六六)に本所＝後白河上皇、預所＝平重衡(一一五七〜一一八五、清盛の五男)の荘園として立券された。→補2

**その所出を…充て**　大田庄から上がる年貢を、根本大塔において始行する長日不断両界供養法の諸費用に充当し。

**庁の下文**　文治二年(一一八六)五月日の後白河院院庁下文(「宝簡集」一―三号)を指す。

**牢籠する**　衰える。

**生疑する**　疑いを生ずる。

**秘教相応の霊地**　真言密教が興隆する霊験あらたかな地。

**名称普聞の浄域**　その名があまねく聞こえている仏の浄土。

大師聖靈入三金剛定二以來、花開葉落、所レ經者三百餘迴之春秋、蔭松藉草、所レ契者五十六億之歳月、紺殿綺閣之棟甍、眼三燿于左右一、晨鐘夕梵之音聲、聞三滿于遠近一、今就三爰有二一大塔一、其勢半三于天一、久修三瑜伽瑜祇之行業一、旁迴三利物利生之方便一、今就三此塔婆一、敬飾三其壇場一、限以三三會之下生一、可レ傳三兩部之上乘一、一印之功力猶三無量一、況於三數輩之勤一哉、一時之供養猶三殊勝一、況於三長日之行一哉、甚深妙因、誰知三邊際一、抑靈地名山雖レ多、佛事善根雖レ廣、各兼祈三現世之福利一、未三偏欣三後生之菩提一、於三當山一者、止住之侶永忘三公請之交一、所修之業併爲三佛土之因一、出離之營、去レ此何行、故於三此處一、殊致三此勤一、臨終正念之宿願、順次往生之懇祈、一向專レ意、曾無三他念一、彼誓度衆生者四弘之初門也、祕密眞言者一實之直道也、倩思三祈願之旨趣一、誰疑三決定之感應一、仰願大師聖靈、伏乞護法天等、知見證明、哀愍聽許、消三滅罪障一、拂三退魔緣一、必以三萬歳一期之終一、速授三四身一性之位一、然則三密薫修、

**大師聖霊**　弘法大師のみたま。なお、弘法大師の諡号勅許は延喜二十一年(九二一)十月二十七日のことである(『日本紀略』同日条)。→補1

**金剛定**　金剛三昧とも言う。菩薩が微細な煩悩を断ずるべく心を一事に集中すること。

**蔭る松・藉き草**　盛んに生い茂る松と草。

**五十六億の歳月**　兜率天に住む弥勒菩薩は、釈迦入滅から数えて五六億七〇〇〇万年の後にこの世に現れ、衆生を救済するために三度にわたって法を説くと言われる、それまでの年月。

**紺殿綺閣**　紺色の宮殿と美しい高殿。紺色の宮殿とは仏寺のこと。

**棟甍**　屋根の棟(むね)を葺くための瓦。

**眼耀し**　光り輝き。

**晨鐘夕梵の音声**　夜明けに鳴る鐘と夕方に聞こえるお経の声。

**瑜伽瑜祇の行業**　真言密教の修法。

**利物利生の方便**　仏・菩薩が衆生に利益を与えるための巧みな手段。

**三会の下生**　五六億の歳月と同義。

**両部の上乗**　真言密教という最上の教え。

**一印の功力**　一つの印を結ぶことによって得られる不思議な力。

り。*大師聖霊《しょうりょう》、*金剛定《こんごうじょう》に入《い》りてより以来《このかた》、花開き葉落ち、経《ふ》るところは三百余迴の春秋、*蔭《しげ》る松、*藉《みだりがわし》き草、契《ちぎ》るところは*五十六億の歳月なり。*紺殿綺閣《こんでんきかく》の*棟甍《とうぼう》は左右に*眼耀し、*晨鐘夕梵《じんじょうゆうぼん》の音声《おんじょう》は遠近に聞こえ満つ。爰《ここ》に一つの大塔あり。その勢は天に半《なか》ばして、久しく*瑜伽瑜祇《ゆがゆぎ》の行業《ぎょうぎょう》を修《しゅ》し、旁《かたがた》*利物利生《りもつりしょう》の方便《ほうべん》を迴《めぐ》らす。今、この塔婆《とうば》について、敬いてその壇場を飾る。限るに*三会《さんね》の下生《げしょう》を以てし、*両部の上乗を伝うべし。*一印の功力《くりき》はなお無量なるがごとし。況《いわん》や数輩の勤めにおいてをや。一時の供養はなお殊勝なるがごとし。況や長日の行においてをや。*甚深の妙因、誰か辺際《へんざい》を知らん。抑《そもそ》も霊地・名山多しと雖も、仏事・善根広しと雖も、*各《おのおの》兼ねて現世の福利を祈り、未《いま》だ偏《ひとえ》に後生《ごしょう》の菩提《ぼだい》を欣《ねが》わず。当山においては、*止住《しじゅう》の侶は永く公請《くじょう》の交わりを忘れ、所修《しょしゅ》の業《ぎょう》は併《しか》しながら仏土の因となる。*出離《しゅつり》の営み、此《ここ》を去らば何《いず》こにか行かん。故にこの処において、殊にこの勤めを致す。*臨終《りんじゅう》正念《しょうねん》の宿願、*順次往生《じゅんじおうじょう》の懇祈、一向に意を専《もは》らにし、曾《かつ》て他念なし。*彼《か》の誓度《せいど》衆《しゅ》生《じょう》は四《し》弘《ぐ》の初門なり。秘密真言は*一実の直道《じきどう》なり。つらつら祈願の旨趣を思うに、誰か*決定《けつじょう》の感応《かんのう》を疑わんや。仰ぎ願わくは大師聖霊、伏して乞うらくは*護法天等、*知見証明《しょうみょう》、哀愍《あいみん》聴許して、罪障を消滅し、*魔縁を払退《ふったい》し、必ず*万歳一期《いちご》の終わりを以て、速やかに*四身一性《しょう》の位を授けられんことを。然ればすなわち三密の*薫修《くんじゅ》、

**甚深の…**　非常に深いすぐれた行為は、限りなく良い果報をもたらす。

**各兼ねて…**　この世の幸福と利益を合わせて祈り、来世の極楽往生を一心に願うことがない。

**止住の侶は…**　居住している僧侶は、長い間、朝廷の法会・講論に召されることなく、そこで行われている仏道修行は、すべて死後に仏の浄土に生まれる原因となる。

**出離の営み**　現世の迷いや欲望から離れて悟りの境地に入るための営為。

**臨終正念**　臨終の時に妄念が起こらないこと。

**順次往生**　来世に極楽浄土に生まれること。

**彼の誓度…**　→補2

**一実の直道**　ただ一つ真実のまっすぐに悟りに達する道。

**決定の感応**　必ず効験・利益があること。

**護法天等**　仏法を守護する鬼神。

**知見証明哀愍聴許して**　事の道理を悟り知り、哀れんで聞き入れること。

**魔縁を払退し**　悪魔に近づく因縁を払いのけ。

**万歳一期**　一生涯。

**四身一性**　四重法身(大日如来)。

**薫修**　徳に感化されて修行を積むこと。

共二二儀一而長久、五箇起請、雖二一事一無二失墜一、冥任二大師之照鑑一、顯盡二叡慮之
慇懃一耳、仍起請如レ件、

文治三年五月一日　　阿闍梨行眞起請

**真54**　金剛峯寺制条　延応元年(一二三九)六月五日　宝簡集

仰下

條々

一　可レ興二隆修學一事

夫學道者福田之始、修練者法水之源、萬善萌レ自レ此、三密成二于茲一、云レ修云レ學、不レ可レ不レ勵、是以高祖大師遙飛二一葉於異域一、忝弘二四曼於本朝一、其源已甚深、其流豈可レ淺乎、而時覃二五濁一、世慵二三學一、不レ限二當山一、尤所二於邑一也、今當二下愚之寺務一、若有二中興之風聞一者、所二庶幾一也、各可レ聚二雪螢一、徒勿レ消二日月一、兼又各同宿少人、可レ被レ續二法命一、幼而不レ學者、長而豈達乎、

**二儀**　天と地。

**大師の照鑑**　弘法大師が智慧の光で照らし見ること。

**叡慮の慇懃**　天子の心が丁寧なこと。

**行真**　後白河上皇の、嘉応元年(一一六九)出家後の法名。

**真54**　→補1

**金剛峯寺制条**　金剛峯寺座主を兼任する東寺一長者(宗家)が、同寺の山上組織(寺家)に対して定めた規式。この文書については、水戸部正夫「高野山の寺院新制」(『瀧川政次郎博士米寿記念論集　律令制の諸問題』汲古書院、一九八四年)の中にすぐれた分析がある。以下の頭注・補注の多くもこれによっている。

*二儀に共《とも》んじて長久ならん。五箇の起請、一事と雖も失墜《しっつい》することなかれ。冥《みょう》には*大師の照鑑《しょうかん》に任せ、顕には　*叡慮の慇懃《いんぎん》を尽くさんのみ。仍て起請すること件《くだん》の如し。

文治三年五月一日　阿闍梨*行真起請

**真54**　金剛峯寺制条　延応元年(一二三九)六月五日　宝簡集

仰せ下す

条々

1 一　修学《しゅがく》を興隆すべき事

それ*学道は福田の始め、修練《しゅれん》は法水の源なり。*万善これより萌《きざ》し、三密茲《ここ》に成る。修と云い学と云い、励まずんばあるべからず。是《ここ》を以て*高祖大師、*遥《はる》かに一葉を異域に飛ばし、忝《かたじけ》なく四曼《しまん》を本朝に弘む。その源已《すで》に甚だ深し。その流豈《あに》浅かるべけんや。しかるに*時、五濁《ごじょく》に覃《およ》び、世、三学を慵《おこた》る。当山に限らず、尤《もっと》も*於邑《おゆう》するところなり。*今、下愚《かぐ》の寺務《じむ》に当たり、もし中興の風聞あらば、庶幾《こいねが》うところなり。*各《おのおの》雪螢《せっけい》を聚《あつ》むべし。徒《いたずら》に日月を消すこと勿《なか》れ。兼ねてまた、各の*同宿少人、*法命を続《つ》がるべし。幼くして学ばずんば、長じて豈《あに》達せんや。

1　学問と修行を盛んにすべきこと。
**学道は**…　仏道を学ぶことは福徳を生ずる仏法僧の始めであり、仏道修行は衆生の煩悩の火を消す仏法の源である。
**万善**…　すべての善事は仏道を学び修業することから起こり始まり、三密瑜伽(即身成仏)は同様に仏道を学び修業することによって成就する。
**高祖大師**　真言宗を創始した高僧である弘法大師空海(七七四〜八三五)。
**遥かに**…　小舟で唐に渡り、真言密教を我が国に将来した。一葉は小舟、四曼は四種曼荼羅(大曼荼羅・三昧耶曼荼羅・法曼荼羅・羯磨曼荼羅)のこと。
**時五濁に**…　時代は末世となり、仏道修行者は学修を怠っている。五濁は末世に発生する五種の災厄。三学は仏道修行者が必ず修めるべき戒学(戒律)・定学(瞑想)・慧学(智慧)。
**於邑する**　悲しんで気がふさぐ。
**今下愚の**…　今、愚かな私が金剛峯寺座主を務めることになったが、同寺再興のうわさを聞くことができるよう、望み願っている。
**各雪螢**…**勿れ**　各自は懸命に学修せよ。むだに時間を消費してはならない。
**同宿少人**　各自と同じ寺に住む幼い修行僧。
**法命**　仏法の使命。

一　可㆑興㆓行寺役㆒事

右、佛事之勤、以㆓如說㆒爲㆑先、末代之法、以㆓略儀㆒爲㆑本、僅雖㆑有㆓法會之名㆒、如㆑無㆓信心之實㆒、就中當山者、世之尊崇、人之信施、更不㆓凌夷㆒、殆過㆓以往㆒、若有㆓虛受之咎㆒、定違㆓如來之敕㆒、凡大小佛事、金堂例時、諸堂勤等、各存㆓鄭重㆒、敢勿㆓凌怠㆒、

一　可㆑勸㆓進聲明業㆒事

夫以、聲明者顯密法則也、無㆓音曲㆒者、難㆑成㆓佛事㆒、繇㆑是、當寺古來專傳㆓此業㆒、今殊可㆑被㆓興隆㆒者也、於㆓恆例巡役㆒者、兼日可㆑習㆑之、於㆓臨時所役㆒者、堪能可㆑勸㆑之、且次第昇進之時、宜㆑爲㆓勞効〔功〕之潤色㆒矣、

一　可㆑停㆓止大衆蜂起幷深更衆會㆒事

右、衆徒之蜂起者、諸寺之所㆑好也、然而、於㆓當山㆒者、靈異無雙之地、瑜加入定之場也、不㆑可㆑准㆓他所㆒、不㆑可㆑企㆓惡行㆒、寺中衆議、日中可㆑足、何强可㆘好㆓深更㆒群㆗集于御社㆖哉、自今以後、一切停止、

**2**　仏事を盛大に行うべきこと。
**寺役**　仏教の儀式。後出の「仏事」「法会」も同義。
**仏事の…本となす**　仏事は如説に(如来の教説そのままに)行うことが大切であるが、末法の今は簡略な儀式が主流である。
**如説**　所定の形式どおりの儀式。
**略儀**　一部を省略した簡略な儀式。
**当山は…**　高野山は、昔以上に繁栄して、世間(の人々)から尊びあがめられ、信者たちから布施を受けている。
**信施**　信者の布施。
**凌夷**　次第に衰えすたれること。
**以往**　むかし。
**もし虚受の…**　実が伴わないのに尊崇や布施を受けることがあったなら、それはきっと仏の命令にそむくことになろう。
**大小仏事…**　→補1
**金堂**　講堂・御願堂・薬師堂とも呼ばれた。金剛峯寺の本堂で、同寺伽藍の中央に南面して立つ。伽藍の中心堂塔の一つとして空海在世中に造営が進められたが、その完成は空海入定後であった。その後、六度の焼失を経て、現在の建物は昭和九年(一九三四)の再建。→補2
**金堂例時**　金剛峯寺金堂で毎日定刻(朝暮)に行う勤行。→補3
**凌怠する**　あなどり怠る。

**2** 一　*寺役を興行すべき事

右、*仏事の勤めは、*如説《にょせつ》を以て先となす。末代の法は、*略儀を以て本となす。僅《わず》かに法会《ほうえ》の名ありと雖《いえど》も、信心《しんじん》の実なきが如《ごと》し。就中《なかんずく》、*当山は、世の尊崇、人の*信施《しんぜ》、更に*凌夷《りょうい》せざること、殆《ほとん》ど*以往に過ぐ。もし*虚受の咎《とが》あらば、定めて如来の勅《みことのり》に違わん。およそ*大小仏事、*金堂例時《こんどうれいじ》、諸堂の勤め等、各鄭重《ていちょう》を存じ、敢《あ》えて*凌怠《りょうたい》すること勿《なか》れ。

**3** 一　*声明《しょうみょう》業を勧進《かんじん》すべき事

それ以《おも》んみれば声明は*顕密の法則《ほっそく》なり。音曲なくんば仏事成りがたし。是《こ》れに繇《よ》りて、当寺古来専《もは》らこの業を伝う。今殊《こと》に興隆せらるべきものなり。*恒例の巡役においては、兼日《けんじつ》これを習うべし。臨時の所役においては、堪能《たんのう》これを勤むべし。

且《かつがつ》*次第昇進の時、宜《よろ》しく労功の潤色をなすべし。

**4** 一　大衆蜂起《たいしゅほうき》幷びに深更の衆会《しゅえ》を停止《ちょうじ》すべき事

右、衆徒の蜂起は、諸寺の好むところなり。然れども、当山においては、*霊異無双《りょういむそう》の地、*瑜伽《ゆが》入定《にゅうじょう》の場なり。他所に准《そう》ずべからず。悪行を企つべからず。寺中の*衆議は日中にて足るべし。何《なん》ぞ強《あなが》ちに深更を好み*御社に群集すべけんや。自今以後、一切停止せよ。

**3**　声明の技芸をさそいすすめるべきこと。

**声明**　仏教儀式で用いる古典声楽。真言や経文などに節をつけて唱える。

**顕密の法則**　顕密八宗(南都六宗・天台宗・真言宗)の決まり事。

**恒例の…勤むべし**　年中行事で順番に当たってくる場合には、期日以前に習っておくこと。臨時の行事の場合には、技量のすぐれた僧が勤めるべきこと。

**次第昇進…**　(恒例の巡役と臨時の所役を滞りなく勤めた僧には)臈次(寺内の席次)昇進の際に、長い間勤めた功績の上に彩り(プラスアルファ)を付加する。

**4**　多数の僧侶がそろって事を起こしたり、深夜に集会を行ったりしてはならない。

**霊異無双の地**　並びなくすぐれた土地。

**瑜伽入定の場**　弘法大師が生身で禅定に入っている場所。

**衆議**　衆会に同じ。多人数の合議、相談。

**御社**　金剛峯寺伽藍の西端に東面して立つ社殿。一〇世紀頃の創建と言われているが未詳。高野山の地主神丹生・高野両大明神を祀る本殿二社、総社一宇、拝殿である山王院などから成る。永正十八年(一五二一)の焼失を経て、現在の建物は天正十一年(一五八三)の再建。→補4

一　可レ禁二斷寺領殺生一事

夫如來之制戒、大小雖レ區、菩薩之重禁、專恐二殺業一、寺領之中、遠國猶可二停止一、山郷之邊、狩獵尤可二禁斷一、速仰二庄務之人々一、可レ觸二廻于所々一、若尚有二其聞一者、可レ被レ處二罪科一者也、

一　可レ制下禁伐二墾路木一幷燒二山野一輩上事

夫伐レ木苅レ草、素雖レ有二其罪一、或隨二便宜一、或任二土風一、可レ斟二酌之一、而墾路者、吾山大道也、一木輙不レ可レ伐、近年已以伐透云々、加之燒二山野一之餘炎、近二堂舍一而多レ恐、兩條同可二禁斷一、

一　可レ停二止寺中衣服等過差一事

右、僧徒之衣財、載而在二經律一、然而邊地之法、謬着二俗服一、末代之習、動好二華美一、就中二袙、二小袖、有文柿小袖、白袈裟、塗足駄、專可二禁過一、唐笠、有職・山籠整二法衣一之時、隨二佛事一之日、不レ在二制限一、定額已下、褻晴共莫レ用レ之、兼又兵具、任二武家之制法一、殊可レ禁二制之一、

**5**　金剛峯寺領荘園内で生き物を殺すことを禁止する。

**菩薩の重禁**　菩薩戒（大乗仏教徒が持すべき戒律）のうちで、特に重要なもの。

**寺領の…禁断すべし**　遠隔地にある荘園でさえ殺生をしてはならない。ましてや高野山周辺の荘園において鳥や獣を捕らえることは厳しく禁ずる。

**庄務の人々…**　寺領の荘官たち。↓補1

**6**　墾路の樹木を伐採したり、山野を焼いて畑にしてはならない。

**墾路**　切り開いた路。ここでは高野山の表参道（後の町石道）を指す。↓補2

**或いは…**　時々の都合やその土地の風俗によって、適当に取り計らうべきである。

5 一　寺領殺生《せっしょう》を禁断すべき事

それ如来の制戒、大小区《まちまち》と雖も、*菩薩の重禁、専ら殺業を恐る。*寺領の中、遠国なお停止すべし。山郷の辺、狩猟尤《もっと》も禁断すべし。速《すみ》やかに*庄務の人々に仰《おお》せて、所々に触れ廻《めぐ》らしむべし。もしなおその聞こえあらば、罪科に処せらるべきものなり。

6 一　*墾路《はりみち》の木を伐《き》り、幷びに山野を焼く輩を制禁すべき事

それ木を伐り草を苅るは、素《もと》よりその罪ありと雖も、*或いは便宜に随い、或いは土風に任せ、これを斟酌《しんしゃく》すべし。しかるに墾路は吾が山の大道なり。一木も輙《たやす》く伐るべからず。近年已に以て伐り透《すか》すと云々。加之《しかのみならず》、山野を焼くの余炎、堂舎に近くして恐れ多し。両条同じく禁断すべし。

7 一　寺中の衣服等の過差《かさ》を停止すべき事

右、*僧徒の衣財、載せて経律にあり。然れども、*辺地の法、謬《あやま》りて俗服を着し、末代の習い、動《やや》もすれば華美を好む。就中、*二袙《あこめ》・*二小袖・*有文柿小袖・白袈裟・*塗足駄、専ら禁遏《きんあつ》すべし。*唐笠《からかさ》は、*有《う》職《しき》・*山籠《さんろう》、法衣を整うの時、仏事に随うの日、制の限りにあらず。*定額已下、*褻《け》・晴《はれ》共にこれを用いること莫《なか》れ。兼ねてまた、兵具は、*武家の制法に任せて、殊にこれを禁制すべし。

**7**　僧侶の衣服等については、分に過ぎた贅沢をしてはならない。また武器を持つことを禁止する。

**僧徒の…**　僧侶の衣服等は仏教の経典と戒律で定められている。

**辺地の…**　片田舎の作法で、間違って世間普通の衣服を着たり、末世の習慣で、ともすれば派手な衣服を好んだりする。

**二袙**　袙は、表(うえ)の衣(きぬ)と肌の衣との間にこめて着る衣のこと。または、男子が下襲(したがさね)の下、単(ひとえ)の上に着る小袖のこと。二袙とはこの袙を二枚重ねて着ることか。

**二小袖**　小袖は、袖を小さく、袖下を丸く縫った衣服のこと。二小袖とは小袖を二枚重ねて着ること。

**有文**　模様のある衣服。

**塗足駄**　漆塗りの足駄。足駄は鼻緒のある履き物の総称。

**唐笠は…莫れ**　唐笠について、阿闍梨・山籠位の僧は、僧服を整える時や法会に出仕する時には用いても良い。入寺位以下の僧侶は一切用いてはならない。

**唐笠**　竹の骨に紙を貼り油を塗った柄のある傘。

**有職・山籠・定額**　→補3

**褻晴**　日常も公式行事の際も。

**武家の制法**　延応元年(一二三九)四月十三日の鎌倉幕府追加法を指す。→補4

一　可レ停二止寺官濫望幷他寺有職及檢校已下任料等一事

右、顯密之學徒次第之昇進、可レ專二功勞一、可レ守二年戒一、朝家之登用已如レ此、當山之採擇豈可レ亂哉、而或求二强緣於京都一、或營二賄賂於日夜一、寺之衰弊、職而由レ斯、自今以後、若付二權門一成レ望者、永不レ可レ有二成敗一、以二獻芹一枉レ理者、都可レ被レ止二其職一、殊非二拔群之名譽一、只守二年戒之次第一、可レ被二登用一者也、於二入寺一者、以二衆分五十人之內一、可レ被レ撰二補之一、又近來恣補二他所之有職一、越列二宿老之上臈一、甚左道也、凡者檢校之外、莫レ補二綱維一、何況、於二所司一尤可レ斷二其望一、不レ拘二制止一者、可レ被レ處二罪過一、抑至二檢校一幷補二寺官一之時、進二任料一事、皆以可レ隨二停止一而已、

以前條々、且任二經律之明文一、且存二章條之道理一、所二定下一也、寺家悉レ之、不レ可二違犯一、以狀、

延應元年六月五日

座主法務僧正法印大和尚位(花押)

**8**　寺官補任をみだりに望んではならない。また寺官就任時に任料を差し出してはいけない。

**寺官**　通常、寺官(広義)は別当・執行・三綱・下所司等を指すが、ここでは、検校・阿闍梨・山籠・入寺・三綱(上座・寺主・都維那)等が該当すると考えられる。なお、金剛峯寺の三綱は、高野山麓の寺家政所(現九度山町慈尊院)構成員で、政所所司とも呼ばれた。政所所司については、平瀬直樹「中世寺院の組織構造と庄園支配」(『日本史研究』二六七、一九八四年)を参照。

**顕密の…**　顕密八宗(南都六宗・天台宗・真言宗)の学問僧の階位昇進は専ら年功によるべきである。

**朝家の…乱すべけんや**　王家の官職昇進は既に年功によって行われている。高野

山金剛峯寺の階位選任もこの原則を守るべきである。

**或いは強縁…これに由る**　権力者との縁故を京都に求めたり、不正な目的で金品を渡したりすることは、寺院を衰微させる元凶である。

**もし権門…止めらるべし**　権力のある家に頼って昇進を望む者は永久に登用しない。また賄賂を贈って道理をゆがめる者は現任の階位を解任する。

**抜群の…**　飛び抜けた名声がない限りは、専ら年功によって昇進させるべきである。

**衆分**　単に大法師(おおいほっし)とも称される。一定の手続きによって金剛峯寺の衆徒に交わる資格を得た僧侶のこと。

**また近来…左道なり**　この頃、自分勝手に他寺の有職(已講・内供・阿闍梨)に補任され、(そのことによって)金剛峯寺の年功を積んだ老僧より上の臈次(席次)を得る僧侶がいる。全く以て邪道である。

**およそは…断つべし**　検校以外の衆徒は、僧綱の位に補任されてはならない。ましてや、寺家政所の所司は、そのような望みさえ抱いてはいけない。

**任料**　官位を得るために支払う代金。

**座主法務僧正法印大和尚位**　東寺一長者兼金剛峯寺座主である仁和寺真乗院覚教(一一六七～一二四二)。

**8**　一　*寺官の濫望、并びに他寺の有職および検校《けんぎょう》已下の任料等を停止《ちょうじ》すべき事

右、*顕密の学徒の次第の昇進、功労を専らにすべし。年戒を守るべし。*朝家の登用、已に此《かく》の如し。当山の採択、豈《あに》乱すべけんや。しかるに、*或いは強縁《ごうえん》を京都に求め、或いは賄賂《わいろ》を日夜に営む。寺の衰弊、職《もと》としてこれに由《よ》る。自今以後、*もし権門に付きて望みを成さば、永く成敗あるべからず。献芹《けんきん》を以て理を枉《ま》ぐれば、都《すべ》てその職を止めらるべし。殊に*抜群の名誉に非ずんば、ただ年戒の次第を守り、登用せらるべきものなり。入寺《にゅうじ》においては、*衆分五十人の内を以て、これを撰び補せらるべし。*また、近来、恣《ほしいまま》に他所の有職に補され、越えて宿老の上臈に列す。甚《はなは》だ左道なり。*およそは検校の外、綱維に補さるること莫《なか》れ。何ぞ況《いわん》や、所司においては尤もその望みを断つべし。制止に拘《かか》わらずんば、罪過に処さるべし。抑《そもそ》も検校に至り、并びに寺官に補さるの時、*任料を進む事、皆以て停止に随うべきのみ。

以前の条々、且《かつう》は経律の明文に任せ、且は章条の道理を存じ、定め下すところなり。寺家これを悉《つく》し、違犯すべからず。以て状す。

延応元年六月五日

*座主法務僧正法印大和尚位(花押)

別當權大僧都法印大和尚位(花押)

**真55**　金剛三昧院条々事書幷安堵外題　弘安四年(一二八一)三月二十一日　金剛三昧院文書

一　金剛三昧院草創子細事

堂二宇 供料 行法　塔二基 供料 行法　護摩堂二宇 供料 護摩
經藏一宇　鐘樓一宇　鎭守社一宇 供料 行法

右高野山者、十方賢聖遊居之砌、八萬經劫古跡之地也、爰高祖遍照金剛、始入二大唐一、傳二祕法於惠果一、終發二大願一、投二三鈷於本朝一以降、或超二凡位一、證二三地發光一、隨機應現之花是鮮、或陪二禁腋〔掖〕一、戴二五智寶冠一、卽身成佛之月忽顯、加之、施二利益於萬方機根一、顯二妙用於一天下内一、如レ此瑞相、不レ可二勝計一、遂爲レ擁二護王法佛法一、則入二金剛定一、遙期二五十六億之運轉一爲二利益一、有緣無緣亦住二大誓願一、久累二四百餘歳之星霜一、凡厥願者、渇仰隨喜之輩、同離二三惡四趣之苦患一、値遇結緣之類、共接二慈尊下生之座席一焉、誠是五濁無雙之悲願、三國第一之靈崛也、是以

**別当権大僧都法印大和尚位**　別当とは金剛峯寺別当の略称で、南北朝時代には山上別当と呼ばれる役職である。この場合の僧名は不詳ながら、仁和寺真乗院覚教側近の人物であったと考えられる。以上の点については、平瀬前掲論文を参照。

**真55**　→補1

**金剛三昧院条々事書幷安堵外題**　金剛三昧院の由緒、各伽藍の内容、荘園について述べた文書。→補2

**金剛三昧院文書**　→補3

**十方賢聖遊居の砌**　あらゆる聖者が修行をする場。「十方」は東・西・南・北・東南・西南・西北・東北と上・下の一〇の方角。「賢聖」は三賢(十住・十行・十廻向)と十聖(初地から第十地までの菩薩)との総称。

**八万経劫**　無数の経典。「八万聖教」のように、八万は無数をいう。

**高祖遍照金剛**　空海(七七四〜八三五)、法号は遍照金剛。入唐して恵果より密教を受法。金剛峯寺を創建し、宮中真言院を開創して後七日御修法を創始した。

**恵果**　七四六〜八〇五。真言宗付法第七祖。不空より密教を学び、唐・長安の青龍寺に住した。弟子の空海・義操が日中の真言宗の中核となった。

**三鈷**　密教法具。三股の金剛杵(しょ)を

*別当権大僧都法印大和尚位(花押)

**真55**　金剛三昧院条々事書并安堵外題　弘安四年(一二八一)三月二十一日　金剛三昧院文書

一　金剛三昧院草創子細の事

堂二宇〈供料、行法《ぎょうぼう》〉　塔二基〈供料、行法〉　護摩堂二宇〈供料、護摩〉

経蔵一宇　鐘楼《しょうろう》一宇　鎮守社一宇〈供料、行法〉

右、高野山は、*十方賢聖遊居《じっぽうけんしょうゆうきょ》の砌《みぎり》、*八万経劫《きょうごう》古跡の地なり。爰《ここ》に*高祖遍照《へんじょう》金剛、始めて大唐に入りて秘法を*恵果《けいか》より伝え、終《つい》に大願を発《お》こして*三鈷《さんこ》を本朝に投げしより以降《このかた》、或いは*凡位を超えて*三地《さんじ》の発光《はっこう》を証《あか》し、随機応現の花是《こ》れ鮮《あざ》やかなり。或いは*禁掖《きんえき》に陪《したが》って*五智の宝冠を戴き、即身成仏《そくしんじょうぶつ》の月を忽《たちま》ちに顕《あら》わす。加之《しかのみならず》、利益《りやく》を万方の機根に施し、*妙用を一天下の内に顕わす。此《かく》の如《ごと》き瑞《ずい》相《そう》、勝《あ》げて計《かぞ》うべからず。遂《つい》に王法・仏法を擁護《ようご》せんがために、則ち*金剛定《こんごうじょう》に入り、遥《はるか》に*五十六億の運転を期して利益をなす。有縁《うえん》・無縁また大誓願に住し、久しく*四百余歳の星霜を累《かさ》ぬ。およその願いというは、渇仰随喜《かつごうずいき》の輩は同じく*三悪四趣の苦患を離れ、値遇結縁《ちぐうけちえん》の類は共に*慈尊下生の座席に接《まじ》わることとなり。誠に是れ五濁無《ごじょくむ》双《そう》の悲願、三国第一の霊崛《れいくつ》なり。是《ここ》を以て、

いう。密教布教の地の教示を求めて、空海が中国で投げた三鈷が高野山で見つかったという伝承に基づく話。→補4

**凡位**　凡夫の位。

**三地**　菩薩の階位十地(じゅうじ)のうちの第三地。無数の妙慧の光を発するため発光地ともいう。

**禁掖に陪って**　宮中で仕えること。

**五智**　大日如来の智慧を五種に分けたもの。法界体性智・大円鏡智・平等性智・妙観察智・成所作智の五をいう。

**妙用**　すぐれた利益、はたらき。

**金剛定に入り**　空海の入定信仰をいう。空海は承和二年(八三五)三月に高野山奥院で没したが、空海は死んだのではなく、五六億七〇〇〇万年後の弥勒の下生を待って生身(いきみ)のまま瞑想しているとの入定信仰が一一世紀初頭に生まれた。これが高野参詣や納骨の思想的源基となる。白井優子『空海伝説の形成と高野山』(同成社、一九八六年)参照。

**五十六億の運転**　弥勒菩薩が下生するまでの五六億年の歳月。

**四百余歳の星霜**　空海が入定してからの年月。

**三悪四趣**　地獄・餓鬼・畜生道の三悪道と、それに阿修羅を加えた四悪趣。

**慈尊下生**　弥勒がこの世に降誕すること。

嵯峨天皇敕二菩薩一曰、朕沒後、死骸不レ留二穢土一云々、繇レ茲以二菩薩加力一、崩御之時、御棺飛二虚空一、

玉體至二高野一、計知、當山永離二穢惡之境界一、實是菩薩之淨土者歟、是故一度踏二此地一之人、必値二三會之下曉一云々、從レ爾以來、遠近親疎、死生貴賤、或存生企二斗〔抖〕藪一、或沒後送二遺骨一、下種結緣續レ踵無レ絕、是以當院本願大蓮上人、申二關東二位家一、早建二當伽藍一、專致二關東武將之祈禱一、始置二不退勤一、奉レ訪二三代將軍之菩提一、是則二位家、雖レ爲二先亡出離之資糧一、兼擬二自身得脫之勝因一、草創志趣、大旨如レ此矣、

一　勸學院可レ爲二當院管領一子細事

右、勸學者、三寶惠命久續二龍華之三會一、四智法水廣流二天下之四海一、且爲レ報二佛祖弘恩一、且爲レ興二菩薩門葉一、此偏佛祖興法素意、菩薩在定本誓也、是以安二置二十五之結衆一、傳二學三十七之祕教一、於二有レ心人一誰不二同心一耶、依レ之、於二當院敷地一者、依二興法隨喜之志一、寺家彰二永施之書一、

**嵯峨天皇**　七八六～八四二。空海は嵯峨天皇より七年前に死没しており、この勅は歴史的事実ではない。嵯峨の棺を高野に飛ばした話も、弘法大師伝に見えない。嵯峨天皇は死没に際して、不毛の地を葬所にして薄葬を行うよう命じ、以後の祭祀を禁じた。

**菩薩**　空海を指す。

**三会の下暁に値う**　弥勒菩薩が下生して行う三度の説法に参会して、救済されること。釈迦が死没して五六億七〇〇〇万年後に、弥勒菩薩が都率天から下ってこの世に生まれ、龍華樹の下で悟りをひらいて三度説法を行い、初会で九六億、二会で九四億、三会で九二億の人々を救済するといわれている。

**抖藪**　煩悩をはらって仏道修行に励むこと。日本では霊地霊山を遊行する意にも用いられ、ここでは高野参詣を指す。

**下種**　「げしゅ」とも。仏となる種を衆生の心中にまくこと。仏法結縁の最初。

**大蓮上人**　安達景盛（?～一二四八）。鎌倉幕府の草創より源頼朝に仕え、建保六年（一二一八）には出羽守となって秋田城を管領。翌年、実朝の死によって出家し、大蓮房覚智と号して金剛三昧院を建立した。執権経時・時頼の外祖父として、その後も幕政で重きをなした。→補1

**関東二位家**　北条政子（一一五六～一二二五）。北

*嵯峨《さが》天皇は*菩薩に勅《みことのり》して曰く、「朕《ちん》没するの後は死骸を穢土《えど》に留《とど》めざれ」と云々。茲《ここ》に繇《よ》って菩薩の加力《かりき》を以て、崩御《ほうぎょ》の時に御棺を虚空に飛ばし、玉体を高野に至らしむ。計り知らん、当山は永く穢悪の境界を離るることを。実《まこと》に是れ菩薩の浄土なるものか。是《こ》の故に一度《ひとたび》この地を踏むの人は、必ず*三会《さんね》の下《げ》暁《ぎょう》に値《あ》うと云々。それより以来《このかた》、遠近親疎、死生貴賤《ししょうきせん》、或いは存生《ぞんしょう》にして*抖藪《とそう》を企て、或いは没後に遺骨を送る。*下種《かしゅ》の結縁、踵《きびす》を続《つ》いで絶ゆることなし。是《ここ》を以て当院本願*大蓮上人《だいれんしょうにん》、*関東二位家に申さく、*早く当伽藍《がらん》を建て、専《もは》ら関東武将の祈禱《きとう》を致し、始めて不退の勤めを置き、*三代将軍の菩提《ぼだい》を訪《とぶら》い奉らん。是れ則ち二位家の*先亡出離《しゅつり》の資糧たりと雖《いえど》も、兼ねて*自身得脱の勝因たらんと擬《ぎ》す。草創の志趣、大旨此《かく》の如し。

一　*勧学院は*当院の管領《かんりょう》たるべき子細の事

右、勧学は、*三宝の恵命《えみょう》を久しく龍華《りゅうげ》の三会に続《つ》ぎ、*四智の法水を広く天下の四海に流す。且《かつう》は仏祖の弘恩に報わんがため、且は*菩薩の門葉を興さんがためなり。これ偏《ひとえ》に仏祖興法の素意、菩薩在定《ざいじょう》の本誓《ほんぜい》なり。是れを以て二十五の結衆を安置し、*三十七の秘教を伝学す。心ある人において、誰か同心せざらんや。これによって、*当院の敷地においては、興法《こうぼう》随喜の志によりて寺家《じけ》永施《えいせ》の書を彰《あら》わ

条時政の娘、将軍源頼朝の正妻、頼家・実朝の母。建保六年に従二位に叙せられた。

**早く当伽藍を建て**…　金剛三昧院は建暦元年に頼朝の菩提を弔うために、政子によって創建され、実朝の没後に安達覚智の進言によって堂塔が造立された(『紀伊続風土記』)。

**三代将軍**　源頼朝・頼家・実朝を指す。

**先亡**　先に亡くなった頼朝たち。

**自身得脱**　政子本人の成仏。

**勧学院**　金剛三昧院住持次第によれば、弘安三年(一二八〇)に金剛三昧院長老となった空法房良俊(寺務七年)の時代に「其間被造敷勧学院・勧修院畢」とある。

**当院**　金剛三昧院をいう。

**三宝の恵命を**…　仏法の命脈を長く弥勒下生の日まで継承し、仏法の利益を広く天下に及ぼす。「四智」は仏の智慧を、大円鏡智・平等性智・妙観察智・成所作智の四つに分けたもの。

**菩薩の門葉**　空海の弟子。

**三十七の秘教**　悟りに至る七種の修行法を三十七道品(三十七菩提分法)といい、密教では金剛界曼荼羅における三七の諸尊をそれに配する。

**当院の敷地に**…　勧学院の敷地は金剛三昧院が永代の寄進状を書き、学僧の止住を三昧院衆徒が保証した。

至二學人止住一者、住二未來安泰之念一、衆徒出二起請之狀一、然則、一山同住二擁護之誓願一、諸人專運二勸助之忠勤一、先叶二高祖本懷一之濫觴、後成二諸佛大願一之計略也、若管領之仁住二名利一者、弘通之願必廢退歟、仍爲二當院之沙汰一、永可レ致二學衆之扶持一了、

一　勸修院同可レ爲二當院沙汰一子細事

右、佛立教相只爲二修行一也、空滯二文字學一、豈免二數寶之譏一哉、故卜二閑寂之地一、以勸二昇進之行一、開二五部之密壇一、安二五口之行人一、專遂二一生頓證之願念一、旁祈二四海靜謐之榮願一、而世屬二末代一人希二上達一、不レ具二五緣一無レ進二道業一、必假二四事一以資二依身一、若無二同心外護之知識一者、豈達二佛道修行之前途一、繇レ茲須任二扶持於當院之管領一、宜レ續二薰習於來際之行業一矣、

一　當院庄園永不レ可レ有二牢籠一子細事

河州新開庄 觀音堂領　　同州讚良庄 護摩堂領
美州大原保 大日堂領　　賀州虎武保 南塔所領

**もし管領の仁…致すべし**　勧学院院主が欲に囚われると、密教興隆の目的が忘れさられるので、勧学院は金剛三昧院が管掌する。
**学衆**　勧学院におかれた二五人の結衆。
**教相**　密教の根本的な教義。事相の対。
**空しく文字の学びに…**　実践を忘れて経典解釈に明け暮れると、宝を無駄にしたとの非難を受けるだろう。
**五部の密壇**　不詳。息災法・増益法・降伏法・愛敬法・鉤召(こうしょう)法の「五種壇法」を指すか。
**五口の行人**　勧修院の供僧五口。
**一生頓証**　ただ一度の生涯で速やかに悟りを開くこと。

し、学人止住に至りては、未来安泰の念に住せしめ、衆徒は起請の状を出《い》だす。然ればすなわち、一山、同じく擁護《ようご》の誓願に住し、諸人、専ら勧助の忠勤を運《めぐ》らすべし。先ずは高祖の本懐《ほんかい》に叶うの濫觴、後には諸仏の大願を成すの計略なり。*もし管領の仁、名利に住さば、弘通《ぐつう》の願、必ず廃退するか。仍て当院の沙汰として、永く*学衆の扶持を致すべし。

一　勧修院《かんしゅいん》も同じく当院の沙汰たるべき子細の事

右、仏立《ぶつりゅう》の*教相は、ただ修行せんがためなり。*空しく文字の学びに滞らば、豈《あに》数宝の譏《そし》りを免《まぬが》れんや。故に閑寂の地を卜《ぼく》して、以て昇進の行《ぎょう》を勧め、*五部の密壇を開きて、*五口《く》の行人《ぎょうにん》を安《やす》んず。専ら*一生頓証《とんしょう》の願念を遂《と》げ、旁《かたがた》四海静謐《せいひつ》の栄願を祈る。しかるに世は末代に属し、人は上達すること希《まれ》なり。*五縁を具さざれば、道業を進むることなし。必ず*四事を仮り、以て*依身《えしん》を資《たす》く。もし*同心外護《げご》の知識なくんば、豈《あに》仏道修行の前途を達せんや。茲《ここ》に繇《よ》って須《すべから》く扶持《ふち》を当院の管領に任せ、宜《よろ》しく薫習《くんじゅ》を来際の行業《ぎょうぎょう》に続《つ》ぐべし。

一　当院の庄園、永く*牢籠《ろうろう》あるべからざる子細の事

*河州新開庄《しんかいのしょう》〈観音堂領〉　*同州讃良庄《さらのしょう》〈護摩堂領〉

*美州大原保《おおはらのほ》〈大日堂領〉　*賀州虎武保《とらたけのほ》〈南塔所領〉

**五縁**　二十五方便のうちの五。持戒清浄、衣食具足、閑居静処、息諸縁務（雑務の停止）、得善知識の五つをいう。

**四事**　僧侶の生活に必要な四種の品。飲食、衣服、臥具、湯薬。

**依身**　身体。心の拠りどころとなる身。

**同心外護の知識**　世俗の者が仏法興隆のために修行僧に奉加・寄進すること。

**牢籠**　現地を実効支配できなくなること。

**河州新開庄**　東大阪市にあった荘園。もと西園寺家領。異国警護のため筑前国粥田庄と相博され金剛三昧院領となったが、弘安九年（一二八六）に西園寺家に返付された。

**同州讃良庄**　河内国讃良郡にあった荘園（四条畷市近辺）。承久の乱で地頭となった安達覚智が、寛喜元年（一二二九）にそれを金剛三昧院（禅定院）に寄進。弘安八年の霜月騒動によって、安達氏旧領として没官されたが、やがて三昧院領として安堵。

**美州大原保**　岡山県英田郡の荘園。嘉禎四年（一二三八）北条政子十三回忌に造立された金剛三昧院大仏殿に足利義氏が寄進。

**賀州虎武保**　伊賀国の保、場所は不詳。承久の乱で地頭となった大井朝光が、宝治二年（一二四八）金剛三昧院多宝塔（南塔）に同職を寄進。

紀州由良庄　大臣家月忌領　　泉州横山庄　二位家月忌領

右、夫一投二佛界一之地、永無下歸二俗財一之儀上、縱雖レ及二末代信者一、誰不レ恐乎、就
中、當院之庄園者、扶持尤廣博也、或聖道僧供、或遁世者供、或無緣供料、或非
人施行、惣山上止住之者、諸國往來之輩、以レ之爲二資緣一、以レ之擬二活計一、遠期二
慈尊三會之曉一、偏營二隨分有緣之行一、所レ宛供物已餘二三千一、面々依怙若闕如者、
各々行法定退轉焉、仍永不レ可二退轉一之由、嚴重被レ始二置之一者也、然而當院本領
筑前國粥田庄者、大蓮上人雖レ被レ諫二申廣博之由一、二位家我且深爲レ訪二諸人菩提一、
且廣欲レ育二遁世無緣一云々、既依二深誓願一令二寄進一給畢、然則、永期二龍華會一雖レ
不レ可二轉變一、異國敵賊之警固者天下一同之大事也、於爰旁以依レ爲二便宜之地一、
被レ立二替河內國新開庄一畢、庄園雖レ不レ及二本領一、濟物依レ無二相違一于今非二人々愁
訴一、謹案二寺社舊例一、庄園轉變之間、依正衰微爰至、所謂當院領尾張國木津次庄
代、伊賀國虎武保是矣、然則、自今以後、於二當院領新開已

**紀州由良庄**　紀伊国海部郡にあった荘園。蓮華王院が本家。嘉禎二年(一二三六)葛山景倫が北条政子と実朝の菩提を弔うため地頭職を金剛三昧院に寄進した。

**大臣家月忌**　将軍実朝の月忌。

**泉州横山庄**　和泉市横山谷にあった荘園。本家が仁和寺、領家が槇尾寺。承久の乱後に地頭職が置かれ、仁治二年(一二四一)佐々木信綱がそれを北条政子菩提の念仏料として金剛三昧院に寄進した。

**一たび仏界に投ずるの地**…　大原保をめぐる相論で、鎌倉幕府は「仏陀施入之地、輒難悔返」として足利家時の知行を停止している(「金剛三昧院文書」六二号)。

**扶持尤も広博**　金剛三昧院の荘園で養わなければならない人が非常に多い。

**聖道僧供・遁世者供**　顕密僧への供料、および禅律僧や遁世上人たちへの供料。

**無縁供料**　高野参詣者への資料。

**非人施行**　粥田庄庄務頼順注進状によれば、粥田庄から運上された年貢は「供僧中□、成勝寺米、一心寺米、非人施行、依運送之多少、支配在之」とある(「金剛三昧院文書」一七四号)。

**活計**　生計をたてること。

**随分有縁の行**　本人の能力に応じた縁のある修行。

**三千に余れり**　三〇〇〇石以上。

*紀州由良庄《ゆらのしょう》〈*大臣家月忌領〉　*泉州横山庄《よこやまのしょう》〈二位家月忌領〉

右、それ*一たび仏界に投ずるの地は永く俗財に帰るの儀なし。縦《たと》い末代の信者に及ぶと雖も、誰か恐れざらんや。就中《なかんずく》、当院の庄園は*扶持《ふち》尤《もっと》も広博なり。或いは*聖道《しょうどう》僧供《そうく》、或いは*遁世者《とんぜしゃ》供《く》、或いは*無縁供料、或いは*非人施行《ひにんせぎょう》。惣じて山上止住《しじゅう》の者、諸国往来の輩は、これを以て資縁となし、これを以て*活計せんと擬《ぎ》して、遠く慈尊三会《じそんさんね》の暁《あかつき》を期し、偏《ひとえ》に*随分有縁《ずいぶんうえん》の行《ぎょう》を営む。宛つるところの供物已《すで》に*三千に余れり。*面々の依怙《えこ》もし闕如《けつじょ》せば、各々《おのおの》の行法《ぎょうぼう》定めて退転せん。仍て永く退転すべからざるの由、厳重にこれを始め置かるものなり。然れども、当院の本領*筑前国粥田庄《かいたのしょう》は、大蓮上人、*広博の由を諫《いさ》め申さると雖も、二位家、「我れは、且《かつう》は深く諸人の菩提《ぼだい》を訪《とぶら》わんがため、且は広く遁世・無縁を育《はぐく》まんと欲す」と云々。既に深き誓願により寄進せしめ給い畢《おわ》んぬ。然ればすなわち、永く龍華《りゅうげ》会を期して転変すべからずと雖も、*異国敵賊の警固は天下一同の大事なり。爰《ここ》に旁《かたがた》以て便宜《べんぎ》の地たるによって、河内国*新開庄に立て替えられ畢んぬ。*庄園は本領に及ばずと雖も、済物《さいもつ》相違なきによって、今に人々愁訴非ず。謹んで寺社の旧例を案ずるに、庄園転変するの間に依正《えしょう》の衰微ここに至る。所謂《いわゆる》当院領*尾張国木《き》津《ず》次庄《しのしょう》の代、伊賀国虎武保これなり。然ればすなわち、自今以後、当院領新開已

**面々の依怙**　人々が頼りにする供料。

**筑前国粥田庄**　鞍手郡(福岡県宮田町辺)にあった荘園。本家は成勝寺。貞応三年(一二二四)に幕府から地頭職・預所職が金剛三昧院に寄進された。粥田庄は鎌倉初期に本庄八〇町、加納六〇〇余町あったが、加納四地域が独立したため、金剛三昧院に寄せられたのは三五〇町余、年貢にしてほぼ二〇〇〇石余りといわれる。舟越康壽「金剛三昧院領粥田庄の研究」(『社会経済史学』七—一、一九三七年)。

**広博の由を諫め申さる**　粥田庄は三昧院領としては広すぎるので、安達景盛は寄進を諫めた。

**異国敵賊**　モンゴルを指す。

**新開庄に立て替え**　粥田庄と新開庄を相博したことを直接示す記事は、他には確認できない。この相博は弘安九年(一二八六)にとり止められた。↓補1

**庄園は…相違なき**　新開庄は粥田庄ほど広くはないが、年貢はきちんと納められている。

**尾張国木津次庄**　愛知県常滑市辺にあった荘園、「枳豆志庄」「枳頭子庄」とも表記。藤氏長者の殿下渡領のうち東北院領。その領有関係は定かではないが、建武四年(一三三七)足利尊氏は「名越遠江入道跡」として本庄を園城寺の造営料に寄進している。のち醍醐寺領となる。

下庄園一者、永止二轉變相博之時儀一、宜レ爲二永代不反之寺領一者矣、

一　以二首座一必可レ補二長老職一子細事

右、寛元二年關東御教書云、當院止住々侶之中、撰二器量一補二彼職一云々、爰以、住侶之中撰二器量仁一將補二首座一、必以二首座一可レ補二長老一者也、夫非二當院住侶一者不レ可レ爲二首座一、非二首座職位一者不レ可レ爲二長老一、寺院興廢者依二住持之仁一、競望濫訴者依二不定之式一乎、是以停二止諸人之希望一可レ全二當院之管領一矣、

一　三院住侶可レ令二存知一子細事

右、內專致二眞言上乘之薰習一、外宜レ剛〔屑〕二興法利生之行儀一、事相教相瑩レ器、自宗他宗極レ底、偏住二和合之心念一、永止二鬪諍之凶害一、夫不和者鬪諍之基也、鬪諍者法滅之源也、仍好二不和一者早須レ出二院中一矣、

一　可レ停二止三院幷庄內狼藉一子細事

右、當院者、將軍數代祈禱之地、武家諸人崇重之砌也、而止住僧侶者、稽

下の庄園においては、永く*転変相博の時儀を止め、宜《よろ》しく永代不反《ふへん》の寺領たるべきものなり。

一　*首座《しゆそ》を以て必ず*長老職《ちようろうしき》に補《ふ》すべき子細の事

右、*寛元二年の関東御教書に云わく、「当院止住の住侶のうち、器量を撰《えら》びて彼《か》の職《しき》に補せ」と云々。爰《ここ》を以て、住侶のうち器量の仁を撰びて将《まさ》に首座に補し、必ず首座を以て長老に補すべきものなり。それ当院の住侶に非ずんば、首座たるべからず。首座の職位《しきい》に非ずんば、長老たるべからず。寺院の興廃は、住持の仁による。*競望《けいぼう》・濫訴《らんそ》は不定《ふじよう》の式によるか。是れを以て諸人の希望を停止《ちようじ》し、当院の管領を全《まつと》うすべし。

一　*三院の住侶存知せしむべき子細の事

右、内に専《もは》ら真言*上乗の薫習《くんじゆ》を致し、外に宜しく興法利生《こうぼうりしよう》の行儀を屑《つと》むべし。事相・教相の器《うつわ》を瑩《みが》き、自宗・他宗の底を極め、偏《ひとえ》に和合の心念に住し、永く闘諍《とうじよう》の凶害を止《とど》めよ。それ不和は闘諍の基《もとい》なり。闘諍は法滅の源なり。仍て不和を好む者は、早く須《すべから》く院中を出ずべし。

一　三院并びに庄内の狼藉を停止すべき子細の事

右、当院は将軍数代祈禱の地、武家諸人崇重の砌《みぎり》なり。しかして止住の僧侶は稽《けい》

**転変相博の時儀**　時々の状況に応じて、荘園を交換するなどして寺領を頻繁に変えること。

**首座**　一般に禅林で修行者の首席にある僧侶。金剛三昧院は初代長老行勇が、師の栄西の素願にしたがい「禅教律可興行」と述べるなど、禅律寺院であった。そのため首座・長老のような、禅律寺院に特徴的な役職名が付けられたのであろう。

**長老職**　禅律寺院の住持。

**寛元二年の関東御教書**　金剛三昧院の住持と粥田庄の荘務権について定めた御教書。ただしこの文書は長老の補任について定めているだけで、首座については言及していない。本文史料は首座の規定を新たに設けた。↓補1

**競望濫訴は…**　住持職をめぐって訴訟や競望が起こるのは、住持の選任方式を定めていないからだろう。

**三院**　金剛三昧院と勧学院・勧修院。

**上乗**　この上もなく優れた教え。最もよい乗り物の意から転じたもの。

古鑽仰之上人、戒儀謹愼之學者也、然夫或云ニ學問一、或云ニ行業一、若有ニ障難一旁以難レ遂、繇レ茲於ニ濫吹輩一者斯佛法怨敵、亦魔軍眷屬、早可ニ召誡一也、國中狼藉武家所レ誡、況於ニ當院狼藉者一乎、然則、云ニ殺生禁斷一、云ニ三院檢斷一、爲ニ院家沙汰一可レ被レ行ニ罪科一、他人全以不レ可ニ相綺一、夫於ニ狼藉一者、不レ簡ニ權門豪家之仁一、不ニ見隱一不ニ聞隱一、速可レ注ニ進交名於武家一矣、

以前條々、記錄如レ斯、抑佛法者必依ニ人法一而施レ驗、人法者又依ニ佛法一而保レ運、然則、天長地久之祕榮者、敬佛歸法之善政也、諸堂薰習之法燈者、遙待ニ三會之曉一、衆僧鑽仰之學行者、遠護ニ萬代之運一、仍勒ニ子細一之狀如レ件、

弘安四年辛巳三月廿一日

金剛三昧院事、寺家任ニ申請一、向後不レ可レ有ニ相違一者、依ニ鎌倉殿仰一、下知如レ件、

相模守平朝臣在判

古《こ》鑽仰《さんぎょう》の上人《しょうにん》、*戒儀謹慎《かいぎきんしん》の学者なり。然るにそれ或いは学問と云い、或いは行業《ぎょう》と云い、もし障難あらば旁以《かたがた》て遂《と》げがたし。茲《ここ》に繇《よ》って濫吹《らんすい》の輩においては、これ仏法の怨敵《おんてき》、また魔軍の眷属《けんぞく》なり。早く召誡《しょうかい》すべきなり。国中の狼藉は武家の誡《いまし》むるところなり。況《いわん》や当院狼藉の者においてをや。然ればすなわち、殺生禁断《せっしょうきんだん》と云い、三院検断《けんだん》と云い、院家《いんげ》の沙汰として罪科に行わるべし。他人は全く以て*相綺《あいいろ》うべからず。それ狼藉においては、*権門豪家《けんもんごうけ》の仁を簡《えら》ばず、見隠さず聞き隠さず、速《すみ》やかに交名《きょうみょう》を武家に注進すべし。

以前の条々、記録すること斯《か》くの如《ごと》し。抑《そもそ》も仏法は必ず人法によりて験を施し、人法はまた仏法によりて運を保つ。然ればすなわち、天長地久の秘栄は敬仏帰法の善政なり。諸堂薫習《くんじゅ》の法燈は遥《はるか》に三会《さんね》の暁《あかつき》を待つ。衆僧鑽仰《さんぎょう》の学行《がくぎょう》は遠く万代の運を護る。仍て子細を勒《ろく》するの状、件《くだん》の如し。

弘安四年〈辛巳〉三月二十一日

相模守平朝臣*在判

金剛三昧院の事、寺家の申請に任せて、向後《きょうご》相違あるべからず者《てえれば》、*鎌倉殿の仰せにより下知件の如し。

**戒儀謹慎**　自らをつつしんで戒律を護持すること。

**相綺う**　干渉する。

**権門豪家の仁を簡ばず**　狼藉の主体が有力者であっても、そのようなことは関わりなく。

**鎌倉殿**　惟康親王(一二六四～一三二六)。将軍宗尊親王の第一皇子。文永三年(一二六六)より正応二年(一二八九)まで将軍。

**平朝臣**　北条時宗(一二五一～一二八四)。執権時頼の子。文永五年から弘安七年(一二八四)の死没まで執権。なお、建治三年(一二七七)四月から弘安七年四月に時宗が死没するまでの間は、連署が不在であった。

**真56**　金剛峯寺衆徒一味契状　貞和四年(一三四八)三月　日　　金剛峯寺文書

「鎧二甲冑一列二軍兵一之條、高祖之照覽、誠其憚多、各抽二天下泰平之懇祈一、宜レ致二寺門繁榮之紹隆一耳、

法務前大僧正(花押)」

定置　金剛峯寺衆徒一味契狀事

條々

一　可レ停二止當山衆徒官軍一事

右、當山者、日域第一之佛土、天下無雙之仙崛也、大師留二全身一、善神垂二應跡一、禪侶則傳二法燈於三會曉一、及二利益於四海外一、然者恆湛二五智之瓶水一、列二兩部之職位一之輩、提二劔戟一而滅二異敵一、鎧二甲冑一致二武藝一乎、是以、好二兵杖〔仗〕一之類、非二佛子一之旨、高祖之遺誡明白之間、明時之制符、先規已度々也、而于レ茲天下擾亂之後、宮武兩家之間、動對二衆徒一催二促官兵一、表二其罰一、施二其威一、豈可レ不レ勉乎、此條啻非二滿山之愁訴一、惣又一宗之瑕瑾也、爲レ世爲レ法、不レ可レ不レ歎、於二自今以後一者、限二盡未來際一、堅守二制禁一、不レ可レ參二官兵一者矣、

**真56**　→補1

**金剛峯寺衆徒一味契状**　南北朝時代の金剛峯寺衆徒一同の行動指針を定めた置文。→補2

**金剛峯寺文書**　→補3

**高祖の照覧**　真言宗の宗祖弘法大師がご覧になること。

**懇祈を抽んじ**　特に丁寧に祈る。

**紹隆**　前代を受け継いで、いよいよ盛んにすること。

**法務前大僧正**　東寺一長者兼金剛峯寺座主である賢俊(一二九九～一三五七)。賢俊は権大納言日野俊光の子。同職には建武三年(一三三六)十二月から観応元年(一三五〇)まで在任。

**1**　金剛峯寺衆徒は、南朝方、北朝方いずれの軍勢にも参加しない。

**官軍**　朝廷の軍隊。ここでは南朝、北朝双方の軍勢を指す。

**日域**　日本の別称。

**仏土**　仏の住む清浄な土地。

**仙崛**　俗界を離れ高くそびえる山。

**大師全身…**　弘法大師は、衆生の救済のために肉身全体をこの地にとどめ、仏法を守護する神々は、元の姿を変えてこの地にあらわれている。

## 真56　金剛峯寺衆徒一味契状　貞和四年(一三四八)三月　日　　金剛峯寺文書

「甲冑《かっちゅう》を鎧《よろ》い軍兵に列《つら》なるの条、*高祖の照覧、誠にその憚《はばか》り多し。各《おのおの》天下泰平の*懇祈を抽《ぬき》んじ、宜《よろ》しく寺門繁栄の*紹隆を致すべきのみ。

*法務《ほうむ》前《さきの》大僧正(花押)」

定め置く　金剛峯寺衆徒《しゅと》一味契状の事

条々

1 一　当山衆徒、*官軍を停止《ちょうじ》すべき事

右、当山は、*日域第一の*仏土、天下無双の*仙崛《せんくつ》なり。*大師、全身を留《とど》め、善神《ぜんじん》、応跡《おうじゃく》を垂《た》る。*禅侶は則ち法燈を*三会《さんね》の暁《あかつき》に伝え、利益《りやく》を*四海の外に及ぼす。然らば恒《つね》に*五智の瓶水《びょうすい》を湛《たた》え、*両部の職位《しきい》に列なるの輩、剣戟《けんげき》を提《さ》げて異敵を滅ぼし、甲冑を鎧いて武芸を致さんや。是《ここ》を以て、*兵仗《へいじょう》を好むの類、仏子に非ざるの旨、*高祖の遺誡《ゆいかい》に明白の間、*明時の制符、先規已《すで》に度々《どど》なり。しかるに茲《ここ》に*天下擾乱《じょうらん》の後、*宮・武両家の間、*動《やや》もすれば衆徒に対し官兵《かんぴょう》を催促し、その罰を表し、その威を施す。豈《あに》勉めざるべけんや。この条、啻《ただ》に満山の愁訴のみに非ず、惣《そう》じてまた一宗の*瑕瑾《かきん》なり。世のため法のため、歎《なげ》かずんばあるべからず。自今以後においては、尽未来際《じんみらいさい》を限り、堅く制禁を守り、官兵に参ずべからず者《てえり》。

**禅侶**　金剛峯寺の僧侶たち。

**三会の暁**　龍華三会のこと。弥勒菩薩が釈迦の涅槃後五六億七〇〇〇万年ののちに、龍華樹の下で成仏し、華林園において三度にわたる衆生済度の大法会を開く、その法会。

**四海**　須弥山を取り囲む四つの大海。須弥山は、仏教の世界観で、世界の中央にそびえると考えられる山。

**五智の瓶水**　伝法・受戒の時に受者の頭頂にそそがれる香水を入れた五個の水瓶の水。

**両部の職位**　金剛界と胎蔵(界)との両界の灌頂を受けた真言密教の阿闍梨(秘法伝授の師僧)の位。

**兵仗を…非ざる**　→補4

**高祖の遺誡**　真言宗の宗祖弘法大師が遺したいましめ。

**明時の…**　よく治まっている時代に、既にしばしば規定が作られている。

**天下擾乱**　南北朝の内乱。

**宮武両家**　宮方(南朝方)と武家方(北朝方)。

**動もすれば…勉めざるべけんや**　なにかにつけ金剛峯寺の衆徒に対して軍勢に加わるように催促し、(もし加わらなければ)懲らしめると威嚇する。どうして加わらないでいることができようか。

**瑕瑾**　きず、恥辱。

一　自㆓宮・武兩家㆒被㆓驅催㆒之時、不參輩雖㆑有㆓罪科沙汰㆒、不㆑可㆓敍用㆒事
右、考㆓治國之興廢㆒、順㆓政道之變化㆒、然者無道化人、損㆑寺損㆑人、是則亂世之基也、雖㆑有㆓罪科之沙汰㆒、不㆑足㆓敍用㆒者矣、

一　當國守護人幷宮方、同國隣里之堺、彼家風、或號㆓闕所㆒奪㆓所職㆒、或領㆓縣邑㆒徵㆓獻芹㆒、是則爲㆔寺領滅亡㆒、御願退轉㆓之上者、於㆓狼戾之輩㆒者、爲㆓滿山一揆一同之沙汰㆒、令㆑追㆓出庄內㆒、永不㆑可㆑免㆓歸住㆒矣、

一　山上之院家・院領、地下之所職・私領田畠等、同可㆑准㆑之、若號㆓給恩㆒、稱㆓相傳㆒、捧㆓疑殆之文書㆒、致㆓土民之煩費㆒之輩、更不㆑可㆓敍用㆒、若及㆓異論㆒者、罪科同前矣、

一　此事、爲㆓滿寺一同之沙汰㆒、致㆓法令公平之評議㆒上者、更不㆑可㆑有㆓別骨張㆒、若依㆓無實讒言㆒、及㆓張本沙汰㆒者、諸衆同心、不㆑可㆑見㆓放之㆒、縱雖㆑蒙㆓當難㆒、不㆑可㆑有㆓改轉㆒事、

一　此沙汰、爲㆓寺家重事㆒之上者、存㆓面々身上之大事㆒、不㆑可㆑致㆓自義確執之評議㆒、

**2**　第1条を堅持することから危惧される「罪科の沙汰」は承認しない。

**治国の…**　国が平和に治まるかどうかは、上に立つ者が物事を的確に処置できるかどうかにかかっている。

**無道の化人**　無慈悲な人間に化けた鬼神。「罪科の沙汰」を行う者を指し示す。

**3**　今後、紀伊国金剛峯寺領荘園内に出来した犯罪人に対する検断は、南朝方・北朝方双方に依頼することなく、「満山一揆一同の沙汰」として自力で行う。

**当国守護人**　貞和四年(一三四八)当時の紀伊国守護(北朝方)は畠山国清(生没年不詳)。

**彼の家風…**　↓補1

**御願退転**　天皇や皇族らの祈願を果たすための法会が中絶すること。

**狼戻の輩**　社会秩序を乱すやから。犯罪人。

**満山一揆一同の沙汰**　↓補2

**庄内を…**　永久に当該荘園領域から追放する。この処置は、その者の社会的地位と結びついた財産を没収するという措置を伴っており、村落成員としての社会的身分を奪い取ることを意味していた。

**4**　高野山上の子院、子院領荘園、膝下荘園内の所職(職務に伴う諸権利)・私有

地についても、第3条の規定に準じた措置を取る。
**給恩**　功労に対する恩賞。
**疑殆の文書**　あやしげな文書。
**土民の煩費を致すの輩**　その土地に住み着いている住民を苦しめる者。
**更に叙用…**　その行為を認めはしない。
**もし異論に…**　抵抗する場合には、第3条の場合と同様に、その者を永久に当該荘園領域から追放する。
**5**　第1～4条の規定は衆徒成員全員がかたよりのない話し合いの結果、決めたものなので、特別な首謀者はいない。
**別の骨張**　特別な首謀者、張本人。
**無実の讒言**　（金剛峯寺内の者の）根拠のない悪口。
**張本の沙汰**　（南朝方または北朝方が）首謀者を断罪しようとすること。
**諸衆同心し…**　衆徒成員全員は心を合わせて、張本人と名指しされた人を守る。
**当難を…**　（南朝方または北朝方から）処罰されたとしても、首謀者はいないという主張は変えない。
**6**　第1～4条の処置は金剛峯寺の重要事項なので、自説をことさらに主張してはならない。
**面々身上…**　それぞれが自分のことのように大切に考えて、話し合いの場では自説に固執してはならない。



**2**　一　宮・武両家より駈《は》せ催さるるの時、不参の輩に罪科の沙汰ありと雖《いえど》も、叙用すべからざる事

右、*治国の興廃を考うるに、政道の変化に順う。然らば*無道の化人《けにん》、寺を損《そこ》ないて人を損なう、是《こ》れ則ち乱世の基《もとい》なり。罪科の沙汰ありと雖も、叙用するに足らず者《てえり》。

**3**　一　*当国守護人并びに宮方は、同国隣里の堺にて、*彼の家風、或いは闕所《けっしょ》と号して所職《しょしき》を奪い、或いは県邑《けんゆう》を領して献芹《けんきん》を徴《はた》る。是れ則ち寺領滅亡、*御願《ごがん》退転たるの上は、*狼戻《ろうれい》の輩においては、*満山一揆《まんざんいっき》一同の沙汰として、*庄内を追い出《い》だしめ、永く帰住を免《ゆる》すべからず。

**4**　一　山上の院家《いんげ》・院領、地下《じげ》の所職・私領田畠等は、同じくこれに准ずべし。もし*給恩と号し、相伝と称して、*疑殆《ぎたい》の文書を捧《ささ》げ、*土民《どみん》の煩費を致すの輩は、*更に叙用すべからず。*もし異論に及ばば、罪科同前。

**5**　一　この事、満寺一同の沙汰として、法令公平《くひょう》の評議を致すの上は、*更に別の骨張《こっちょう》あるべからず。もし*無実の讒言《ざんげん》によって*張本《ちょうほん》の沙汰に及ばば、*諸衆《しょしゅう》同心し、これを見放すべからず。縦《たと》い*当難を蒙《こうむ》ると雖も、改転あるべからざる事。

**6**　一　この沙汰、寺家の重事たるの上は、*面々、身上の大事と存じ、自義確執《かくしゅう》の評議

縱雖レ有二所存一、隨二多分之評議一、不レ可二局執一者矣、

一　先々一味契狀、雖レ被二定置一、時移事去、自然令二廢亡一、不レ及二其沙汰一之間、事之陵夷、所之衰微也、於二此置文一者、正文者納二御影堂一、以二案文一四季祈禱次令二披露一、可レ有二其沙汰一矣、

右、以前條々、爲二諸衆一同評議一所二定置一也、雖レ爲二一箇條一敢不レ可二違失一、若於下背二此旨一輩上者、奉レ始二　梵天・帝尺〔釈〕・四大天王一、惣日本國中大小神祇・王城鎭守諸大明神、殊地主山王兩大明神・十二王子・百廿伴部類眷屬・三地大聖・兩界諸尊・金剛天等・護法善神御治罰、蒙二違犯身上八萬四千毛孔一、現世受二白癩黑癩病患一、感二不レ交レ人果報一、當來墮二無間大城底一、永不レ可レ有二出期一、仍起請契約之狀如レ件、

貞和四年戊子三月　日　預大法師宗遍

行事入寺賢金

年預阿闍梨頼澄

（署名五一七名略）

**縦い所存…**　もし反対意見があったとしても、多数意見に従い、自説にこだわってはならない。

**7**　この置文の正文は御影堂に永久保管し、案文を毎年四回行われる四季祈禱の際に披露せよ。

**時移り…自然廃亡せしめ**　時間が経過し当面の懸案が解決すると、ひとりでにすたれ滅びてしまい。

**陵夷**　物事が次第に衰えすたれること。

**正文は…**　原本は御影堂に永久保管し、写しは毎年四回行われる四季祈禱の際に披露せよ。

**御影堂**　金剛峯寺伽藍内にあり、根本大塔の西に南面して立つ堂舎。空海の高弟実恵(七八六～八四七)の創建にかかるが、永正十八年(一五二一)に初度の火災をこうむった。現在の堂宇は弘化五年(一八四八)に再建されたもの。なお、背後の二階建ての「御蔵」は近世の新設である。↓補1

**四季祈禱**　貞和三年(一三四七)八月に創始された法会。毎年二月・五月・八月・十一月の各一日から四日、金剛峯寺伽藍内の

を致すべからず。縦*い所存ありと雖も、多分《たぶん》の評議に随い、局執《きょくしゅう》すべからず者《てえり》。

7 一 先々の一味契状、定め置かるると雖も、時*移り事去り、自然廃亡《じねんはいもう》せしめ、その沙汰に及ばざるの間、事の陵夷《*りょうい》、所の衰微なり、この置文《おきぶみ》においては、正文《*しょうもん》御《*み》影堂《えどう》に納め、案文《あんもん》を以て四季祈禱《*しきのきとう》の次《つ》いでに披露せしめ、その沙汰あるべし。

右、以前の条々、諸衆一同の評議として定め置くところなり。一箇条たりと雖も、敢《あ》えて違失すべからず。もしこの旨に背く輩においては、梵天・帝釈《たいしゃく》・四大天王を始め奉り、惣《そう》じては日本国中大小神祇・王城鎮守諸大明神、殊《こと》には地主山王《*さんのう》両大明神・十二王子・百二十伴部類眷属《けんぞく》・三地大聖《*さんじだいしょう》・両界《りょうがい》諸尊・金剛天等・護法善神の御治罰を違犯の身上八万四千の毛孔に蒙《こうむ》り、現世には白癩《びゃくらい》・黒癩《こくらい》の病患を受け、人に交わらざるの果報を感じ、当来には無間大城《むげんだいじょう》の底に堕《お》ちて、永く出期《しゅつご》あるべからず。仍て起請契約の状、件《くだん》の如《ごと》し。

貞和四年〈戊子〉三月　日

預《*あずかり》大法師《おおいほっし》宗遍
行事*入寺《にゅうじ》賢金
年預《*ねんによ》阿《あ》闍梨《じゃり》頼澄
(署名五一七名略)

山王院(地主神を祀る御社の拝殿)に山上の子院、南院の不動尊(波切不動)を動座して、高野山上・膝下荘園の平和を祈る法会。現在は夏季の祈りだけが行われている。詳しくは山陰加春夫「南北朝内乱期の領主と農民」(『新編中世高野山史の研究』清文堂出版、二〇一一年)を参照。

**地主山王両大明神**　高野山の地主神である丹生都比売大神と高野御子大神。

**三地大聖**　菩薩が修行の過程に経なければならない五二の階位のうち、下から数えて第四三の段階(第三発光地)にある高位の菩薩。ここでは弘法大師のこと。『今昔物語集』一一「弘法大師渡宋伝真言教帰来語第九」には、「日本ノ沙門(弘法大師)ハ、此レ第三地ノ菩薩也。内ニハ大乗ノ心ヲ具シ、外ニハ小六〔国〕沙門ノ相ヲ示ス」とある(新日本古典文学大系三五―三三三頁)。

**預・行事・年預**　金剛峯寺における諸衆関係の集会評定の幹事。この三役を合わせて「三沙汰人」と呼ぶ。このうちの最上職たる年預は、一年交替で、諸衆関係の文書管理・対外折衝・僧侶統制・法会の沙汰等の責任者となった。詳しくは和多秀乘「中世高野山の僧侶集会制度」(『密教文化』四五・四六、一九五九年)、山陰「日本中世の寺院における文書・帳簿群の保管と機能」(前掲書所収)を参照。

**真57**　高野山禁制　応永二十一年(一四一四)二月二十二日　宝簡集

禁制　條々

一　當山參詣之輩、或任二往古之由緒一、或隨二當寺之所緣一、可レ有二寄宿一之處、於二國々宿々一、廻二祕計一引二旅人一之條、背二寺家之掟一者也、殊備前國三石關所、自二九州・中國一參詣人、語二關守一、以二賄賂一令三誘引二之輩有レ之歟、令二露顯一者可レ處二重科一、就中旅人依二一旦之語一、忘二多年之由緒一、未聞不見之在所令二寄宿一之條、背二先規一間、於二自今以後一者堅可レ停二止事一、

一　對下遠國不レ知二案內一仁上、奧院山地令二沽却一、定二基〔墓〕所一由有二其聞一、於二寺家一前代未聞事也、若其仁躰令二露顯一者、可レ被レ處二重科一事、

一　稱二罪科人一、理不盡於二寺內一令二殺害一之條不レ可レ然、所詮於二向後一者、沙汰所經二案內一、可レ致二其沙汰一事、

右以前條々、任二先規一令二禁制一處也、若於下背二此旨一輩上者、可レ處二重科一之狀如レ件、

預大法師賢秀

真57　→補1

**高野山禁制**　金剛峯寺が、宿坊契約を無視した客引き行為、奥の院の山地を墓所として勝手に売却する行為、そして寺内における道理に合わない殺人を禁じたもの。→補2

**1**　宿坊契約を無視した客引き行為を禁じた条文。

**往古の由緒に任せ**　昔からの来歴に従って。

**当寺の所縁に随いて**　その寺(子院)との関係に応じて。すなわち、宿坊契約に基づいて。

**寄宿**　宿泊。

**秘計を廻らし**　はかりごとを働かし用いて。

**旅人を引く**　客引きをすること。すなわち、高野山上の「往古の由緒」も「当寺の所縁」もない子院方の者が、自坊に泊まるように誘うこと。→補3

**備前国三石**　岡山県備前市三石。→補4

**九州中国…**　九州や中国地方から高野山へ参詣しようとする人を、関所の番人に不正な金品を渡して結託したうえで誘うやからがいるようだ。

**一旦の語らい…寄宿せしむる**　旅人が、一時の誘いに乗って、長年の来歴(慣例)を忘れ、縁もゆかりもない子院に宿泊す

る。

2 所有権や使用権を持たない者が奥の院の山地を墓所として勝手に売却する行為を禁じた条文。

**遠国の案内…墓所を定むる** 所有権や使用権を持たない者が、遠隔地の事情のわからない人に、高野山奥の院の山地を勝手に売却し、その地を墓所に定める。

**奥の院** 高野山東部の約二キロメートルに及ぶ聖域。一の橋、中の橋、御廟橋の三つの橋によって三地域に区分され、最奥に弘法大師廟がある。一一世紀以降に弘法大師の入定留身信仰が広まるにつれて、この領域に盛んに納髪・納骨が行われ、また二〇万基を超える墓石が建立された。

3 寺内における道理に合わない殺人を禁じた条文。本条については、真58の「死罪」の項をあわせて参照。

**罪科人と称し…殺害せしむる** (高野山上の検断行使権を掌握する行人集団が気にくわない人間に対して)犯罪人だと決めつけて、正当な理由もなく寺院内部で死刑を執行すること。

**沙汰所** 金剛峯寺山上組織の最高位にある検校(けんぎょう)、またはその住坊のこと。

**案内を経** 犯罪の次第を報告し、その許可を得たうえで。



## 真57 高野山禁制 応永二十一年(一四一四)二月二十二日

禁制 条々

1 一 当山参詣の輩、或いは*往古の由緒に任せ、或いは*当寺の所縁に随いて、*寄宿あるべきのところに、国々宿々において*秘計を廻《めぐ》らし*旅人を引くの条、寺家《じけ》の掟《おきて》に背《そむ》くものなり。殊《こと》には*備前国三石《みついし》の関所にて、*九州・中国よりの参詣人を、関守《せきもり》を語らい、賄賂《わいろ》を以て誘引せしむるの輩これあるか。露顕せしむれば重科に処すべし。就中《なかんずく》、旅人、*一旦《いったん》の語らいによりて、多年の由緒を忘れ、未聞不見《みもんふけん》の在所へ寄宿せしむるの条、先規に背くの間、自今以後は堅く停止《ちょうじ》すべき事。

2 一 *遠国《おんごく》の案内《あない》を知らざる仁に対して、*奥の院の山地を沽却《こきゃく》せしめ、墓所を定むるの由、その聞こえあり。寺家において、前代未聞の事なり。もしその仁躰、露顕せしむれば、重科に処さるべき事。

3 一 *罪科人と称し、理不尽《りふじん》に寺内において殺害《せつがい》せしむるの条、然るべからず。所詮、向後《きょうご》においては、*沙汰所《さたどころ》へ*案内を経《へ》、その沙汰を致すべき事。

右、以前の条々、先規に任せて禁制せしむるところなり。もしこの旨に背く輩においては、重科に処すべきの状、件《くだん》の如《ごと》し。

預《あずかり》大法師《おおいほっし》賢秀

應永廿一年甲午二月廿二日

行事入寺長敏

年預阿闍梨仙範

**真58**　金剛峯寺小集会衆契状　永享十一年(一四三九)四月　日　宝簡集

今度在庄衆就㆓歸山㆒契狀事

條々

一　六番衆先年德政以後、猥違㆓先規㆒、令㆓悖興㆒之間、自㆓衆徒方㆒廻㆓治罰之計略㆒、任㆓舊儀㆒可㆑行㆓寺家之法度㆒之由、面々雖㆑插㆓心底㆒、或叡山之發向、或爲㆓大和國民等追討㆒、或爲㆑靜㆓關東之逆浪㆒、諸國軍兵在陣之間、依㆓公私之忩劇相續㆒、乍㆑思送㆓年月㆒、然今朝敵速敗北、梟徒悉沒落而、四海靜謐・一天泰平之剋、自㆓公方㆒被㆑下㆓知彼等中㆒之處、悔㆓先非㆒向後每事不㆑可㆑背㆓寺命㆒之旨捧㆓請文㆒、懇望申上者、被㆑散㆓衆徒之鬱憤㆒、可㆑有㆓寛宥之儀㆒之由、爲㆓公方㆒預㆓籌策㆒畢、雖㆑然、自今以後、萬一任㆓雅意㆒致㆓緩怠㆒輩出來者、則可㆑加㆓征罰㆒、其時存㆓面々身上之大事㆒、相互不㆑可㆓見放㆒事、

**真58**　↓補1

**金剛峯寺小集会衆契状**　金剛峯寺諸衆(衆徒方)の執行機関たる小集会衆が、永享五年(一四三三)の「高野動乱」の終息を契機に定めた置文。↓補2

**在庄衆**　永享五年の「高野動乱」ののち、長く離山していた衆徒方の僧侶たちを指す。永享五年十二月日上田入道浄願事書(「又続宝簡集」七一一七号)には、「一高野の事をハ、坊舎も候はぬ程ニ、此供僧(隅田南荘供僧)なども大略さと(里)に候を」云々とある。

**1**　衆徒方が、紀伊国守護畠山氏の斡旋を受け入れて、六番衆の「前科」を赦すことを宣言した条文。

**六番衆**　金剛峯寺行人集団の総称。預中と行人中の二組織からなる。↓補3

**先年の徳政**　正長元年(一四二八)九月に徳政を求めて起こった正長の土一揆のこと。

**悖興せしむ**　台頭すること。

**寺家の法度を行う**　寺院の法律を適用する。または寺家として禁制を加える。ここでは諸衆方が六番衆を処分すること。

**面々**　諸衆一同(衆徒成員全員)。

**心底に挿む**　心の底で思う。

応永二十一年〈甲午〉二月二十二日　行事入寺《にゅうじ》長敏
年預《ねんにょ》阿闍梨《じゃり》仙範

## 真58　金剛峯寺小集会衆契状　永享十一年(一四三九)四月　日　宝簡集

今度、*在庄衆帰山に就き契状の事

条々

1 一　*六番衆《ろくばんしゅう》、*先年の徳政以後、猥《みだ》りに先規に違い、*悖興《ぼっこう》せしむるの間、衆徒方《しゅとがた》より治罰《ちばつ》の計略を廻《めぐ》らし、旧儀に任せて*寺家《じけ》の法度《はっと》を行うべきの由、*面々、*心底に挿《さしはさ》むと雖《いえど》も、或いは*叡山の発向《はっこう》、或いは*大和国民等の追討のために、或いは*関東の逆浪《げきろう》を静めんがために、諸国の軍兵《ぐんぴょう》在陣するの間、公私の*忩劇相《そうげきあい》続くによって、思いながら年月を送る。然るに今、*朝敵、速《すみ》やかに敗北し、*梟徒《きょうと》、悉く没落して、*四海静謐《せいひつ》・一天泰平の剋《きざみ》、*公方《くぼう》より彼等中に下知せらるのところ、先非を悔《く》い、向後《きょうご》毎事、寺命に背くべからざるの旨、*請文《うけぶみ》を捧げ、懇望《こんぼう》申す上は、衆徒の鬱憤《うっぷん》を散《さん》ぜられ、寛宥《かんゆう》の儀あるべきの由、公方として*籌策《ちゅうさく》に預り畢《おわ》んぬ。然りと雖も、自今以後、万一、雅意《がい》に任せて*緩怠《かんたい》を致す輩出来《しゅったい》せば、則ち征罰《せいばつ》を加うべし。その時、*面々身上の大事を存じ、相互に見放すべからざる事。

**叡山の発向**　→補4
**大和国民等の追討**　→補5
**関東の逆浪**　→補6
**忩劇**　事が多くて忙しいこと。ここでは、幕府・守護が諸国の戦闘に忙殺されているため、金剛峯寺での六番衆統制への協力が得られない事情をいう。
**朝敵**　朝廷に敵対する賊。謀反人。ここでは大和および関東の永享の乱に関連して治罰の綸旨が出されたことによるか。
**梟徒**　荒々しく強いともがら。
**四海静謐一天泰平**　世の中がよく治まって平和なこと。
**公方**　室町幕府、または足利将軍を意味する用語であるが、ここでは特に紀伊国守護畠山持国(一三九八〜一四五五)を指す。畠山持国の紀伊国守護在職期間は永享五年九月から同十三年正月である。
**公方より彼等中…**　紀伊国守護から六番衆に対して、衆徒方との和平に応じるよう命令があった。
**請文**　前掲・行人中善観等請文および預中沙汰人覚賢等請文を指す。
**籌策**　はかりごと。
**緩怠を致す**　六番衆が今回の取り決めに背く行為をする。
**面々身上の…**　諸衆一同は、それぞれの身の上に降りかかるかもしれない危険を考えて、互いに見捨ててはならない。

一　於二自他之被官人等一、自然依二喧嘩闘諍一致二殺害一者、不レ及二理非之糺明一、為二主々之沙汰一、令レ誅二戮敵人一、可レ止二人之憤一、且是天下之大法也、當山尤可レ守二此旨一者也、但敵人為レ遁二自身之罪科一、令二遂〔逐〕電一者、聞二出彼之在所一、為二此衆中一可レ行二死罪一、若又有二親子兄弟一者、為二主人之計一可レ□〔刎〕二彼頭一、至レ無二親類一者、不レ嫌二老若一、其主人可レ出二下手人一也、次於二打擲刃傷之事一者、可レ處二等分之罪科一、若於下背二此掟一之仁上者、為二契約之衆中一、可レ致二其沙汰一上者、相共不レ可レ有二私曲一事、

一　□□□〔寺領庄〕官以下、萬事有下背二寺命一之倫上者、為二此衆中身々大事一、無二屓贔〔贔屓〕偏頗之義一、一同可レ處二罪科一事、

一　同百姓等有二佛聖人供所當官物等未進對捍之族一者、可レ致二重科之沙汰一事、

一　此契状、衆中於二院家相續之躰一者、相共加二判形一、永代可レ守二此旨一事、

一　於二此契状一者、正文者納二御影堂一、以二案文一如二四季祈禱之置文一、

2　衆徒方が、永享五年(一四三三)の「高野動乱」を直接の契機として定めた検断法。

**自他の被官人等…**　自己や他人の被官人等が万一、諍いによって人を殺害したならば、理非を問わずに、主人側の処置として、その被官人等(犯人)を死刑に処し、人の怒りを鎮めるべきである。

**敵人**　殺害を行った被官人(犯人)。

**この衆中**　この置文を定めた小集会衆。

**死罪**　→補1

**親子兄弟あらば…出だすべきなり**　もし殺人犯に親子兄弟が居るならば、主人側の処置として、その親族のうちの一人を斬首すべきである。親族が居ない場合、殺人犯の元の主人は、誰でもいいから身代わりを差し出すべきである。「親子兄弟」以下の文章は、殺人犯が逃亡してしまって在所不明である場合の規定か。

**下手人**　自分で手を下して人を殺した者。この場合は、その犯人に見合う者を指すか。

**打擲**　なぐること。

**等分の罪科**　犯人が犯した罪と同等の刑罰。

**契約の衆中**　この置文を定めた小集会

衆。

**私曲**　私心ある不正。

**3**　金剛峯寺領荘園の荘官以下の者が同寺の命令に背いた場合は、小集会衆一同に降りかかった重大事と考えて、公正にその者を罰するべきである。

**4**　3と同様に、年貢・公事を滞納した寺領荘園の百姓等にも重い罰を科すべきである。

**仏聖人供所当官物**　仏聖は仏に供える米飯、人供は僧侶に対する供物。仏聖や人供に充てる年貢・公事。

**5**　小集会衆のうちの院家相続者は、この契状に花押を据えて、永く契状の規定を守るべきである。

**衆中の院家相続の躰**　小集会衆のうちで、院家(子院)の院主(住職)になっている者。→補2

**6**　この置文の正文は御影堂に永久保管し、案文を「四季祈禱置文」と同様に毎年四回行われる四季祈禱の各初日に披露せよ。この第6条については、真56第7条の頭注をあわせて参照。

**御影堂**　金剛峯寺伽藍内にあり、根本大塔の西に南面して立つ堂舎。真56第7条の頭注をあわせて参照。

**四季祈禱**　貞和三年(一三四七)八月に創始された高野山上・膝下荘園の平和を祈る法会。真56第7条の頭注参照。

2　一　*自他の被官人《ひかんにん》等において、自然、喧嘩《けんか》闘諍《とうじょう》により殺害《せつがい》を致さば、理非の糺明《きゅうめい》に及ばず、主々《ぬしぬし》の沙汰として、*敵人を誅戮《ちゅうりく》せしめ、人の憤《いきどお》りを止《とど》むべし。且《かつがっこ》是れ天下の大法なり。当山尤《もっと》もこの旨を守るべきものなり。但し敵人、自身の罪科を遁《のが》れんがために逐電《ちくでん》せしむれば、彼の在所を聞き出《い》だし、*この衆中として*死罪に行うべし。もしまた、*親子兄弟あらば、主人の計らいとして彼の頭を刎《は》ねるべし。親類なきに至りては、老若《ろうにゃ》を嫌《いと》わず、その主人、*下手人《げしゅにん》を出《い》だすべきなり。次に*打擲《ちょうちゃく》刃傷《にんじょう》の事においては、*等分の罪科に処すべし。もしこの掟に背くの仁においては、*契約の衆中として、その沙汰を致すべき上は、相《あい》共に*私曲あるべからざる事。

3　一　寺領庄官以下、万事、寺命に背くの倫《たぐい》あらば、この衆中の身々の大事として、贔屓《ひいき》偏頗《へんぱ》の義なく、一同に罪科に処すべき事。

4　一　同じく百姓等、*仏聖人供《ぶっしょうにんぐ》所当官物《しょとうかんもつ》等の未《み》進対捍《しんたいかん》の族《やから》あらば、重科の沙汰を致すべき事。

5　一　この契状、*衆中の院家《いんげ》相続の躰《てい》においては、相共に判形《はんぎょう》を加え、永代この旨を守るべき事。

6　一　この契状においては、正文《しょうもん》は*御影堂《みえどう》に納め、案文《あんもん》を以て*四季祈禱《しきのきとう》の置文《おきぶみ》の如《ごと》く

毎季初日可レ有二披露一事、

右以前條々、爲二諸衆一同評義一所二定置一也、雖レ爲二一箇條一、敢不レ可二違失一、若於下背二此旨一輩上者、奉レ始二梵天・帝尺〔釈〕・四大天王一、惣日本朝中大小神祇・王城鎮守諸大明神、殊地主山王兩大明神・十二王子・百廿伴部類眷屬、幷高祖大師遍照金剛三地大聖・兩界諸尊・護法善神御治罰、可レ罷二蒙違犯身上八萬四千毛孔一者也、仍起請契約狀如レ件、

永享十一年己未卯月日

預大法師慶賢
行事入寺賢澄
年預阿闍梨鏡範

毎季初日に披露あるべき事。

右、以前の条々、諸衆《しょしゅう》一同の評義として定め置くところなり。一箇条たりと雖も、敢《あ》えて違失すべからず。もしこの旨に背く輩においては、梵天・帝釈《たいしゃく》・四大天王を始め奉り、惣《そう》じては日本朝中大小神祇・王城鎮守諸大明神、殊《こと》には*地主山王《さんのう》両大明神・十二王子・百二十伴部類眷属《けんぞく》、并びに高祖大師遍照金剛*三地大聖《さんじだいしょう》・両界《りょうがい》諸尊・護法善神の御治罰を違犯の身上八万四千の毛孔に罷《まか》り蒙《こうむ》るべきものなり。仍て起請《きしょう》契約の状、件《くだん》の如し。

永亨十一年〈己未〉卯月日

*預《あずかり》大法師《おおほつし》慶賢
*行事入寺《にゅうじ》賢澄
*年預《ねんにょ》阿闍梨《あじゃり》鏡範

**地主山王両大明神**　高野山の地主神である丹生都比売大神と高野御子大神。
**三地大聖**　弘法大師のこと。真56第7条頭注参照。
**預・行事・年預**　金剛峯寺における諸衆関係の集会評定の幹事。真56第7条頭注参照。

# 第四章　大伝法院

**真59**　金剛峯寺官符請状　長承三年（一一三四）六月四日　根来要書

金剛峯寺
　謹請官符事
右、長承三年五月八日官符偁、大〔太〕政官牒金剛峯寺
應下以二大傳法院幷密嚴院一爲二御願所一補中任所司・定額僧等上事
一　大傳法院
座主一人、上座一人、寺主一人、都維那一人、學頭二人、供僧十五人、學衆卅六人、補二山籠一練行衆六人、權學衆七十人之內卅口補二入寺一、夏衆伍十人、久住者六人、預三人、承仕三人、大炊三人、花擿〔摘〕三人
一　密嚴院
院主一人、供僧六人、聖人拾五人、練行衆六人、承仕六人、大炊三人
右、得二院廳去月卅日奏狀一偁、謹檢二案內一、紀州高野山

**真59**　→補1
**金剛峯寺官符請状**　長承三年（一一三四）五月八日官符を金剛峯寺が受領した請取り状。官符は伝わらないが、本文の「　」部分に官符が引用されており、そこから大伝法院・密厳院の組織構成が判明する。
**根来要書**　鎌倉時代に編纂された大伝法院（根来寺）の文書集。
**太政官牒**　太政官が金剛峯寺に宛てた文書。長承三年五月八日官符に同じ。
**大伝法院**　伝法院とも。大治五年（一一三〇）覚鑁が高野山に建立。長承元年に拡張して鳥羽院の御願寺として供養。金剛峯寺と度々衝突したため、弘安十一年（一二八八）に根来に移転。これを中核にして根来寺が成立した。
**密厳院**　八角堂とも。覚鑁が高野山に建立し、弘安十一年に根来に移転。
**御願所**　天皇・院の御願を修する寺。
**定額僧**　寺に常住して御願を修する一定数の僧侶。
**座主**　大伝法院の長官。初代は覚鑁。
**上座・寺主・都維那**　これらを三綱という。寺務を担当した寺官のこと。
**学頭**　覚鑁が修学会・練学会の伝法二会を再興した際に設置した学事の統轄者。根来寺では座主と両学頭を指して三上綱と尊称。供料は日別一斗。→補2
**供僧**　「三尊両界供僧十五人」（大伝法院

# 第四章　大伝法院

**真59**　金剛峯寺官符請状　長承三年(一一三四)六月四日　根来要書

金剛峯寺

　謹んで請《う》く官符の事

右、長承三年五月八日の官符に偁《いわ》く、「*太政官牒《ちょう》す金剛峯寺

応《まさ》に*大伝法院幷びに*密厳院《みつごんいん》を以て*御願所となし、所司・*定額僧《じょうがくそう》等を補任すべき事

一　大伝法院

*座主《ざす》一人、*上座《じょうざ》一人、*寺主《じしゅ》一人、*都維那《ついな》一人、*学頭二人、*供僧十五人、学衆三十

六人〈*山籠《さんろう》に補《ふ》す〉、*練行衆《れんぎょうしゅう》六人、*権学衆七十人、このうち三十口を*入寺《にゅうじ》に補す、

*夏衆《げしゅう》五十人、久住者《くじゅうしゃ》六人、*預《あずかり》三人、*承仕《じょうじ》三人、*大炊《おおい》三人、*花摘《はなつみ》三人

一　密厳院

*院主《いんず》一人、供僧六人、*聖人十五人、練行衆六人、承仕六人、大炊三人

右、*院庁去月三十日の奏状を得るに偁《いわ》く、『謹んで案内《あない》を検ずるに、紀州高野山に

衆徒解案(『平』二八三七号))。供料は一人日別五升。↓補3

**山籠**　高野山の僧階の一。六重階位として阿闍梨・山籠・入寺・三昧・久住者・衆分の六階位があった(『鎌』二一八五九号)。供料は「山籠卅六人、日別各五升」(『平』二八三七号)。覚鑁は大伝法院の山籠・入寺を金剛峯寺のそれの上位としたため、金剛峯寺僧の反発を招いた。↓補4

**練行衆**　一般に精進潔斎して如法に行法を修する僧侶。供料は日別各五升。

**権学衆**　供料は「権学衆卌人、日別一升」(『平』二八三七号)で、入寺の半額。

**入寺**　高野山の僧階の一。供料は「入寺卅人、日別各二升」(『平』二八三七号)。

**夏衆**　一般に堂衆・行人などの下﨟分の僧侶をいう。諸堂の供花などに携わった。

**預**　堂預。密厳院では供料は日別一升。

**承仕・大炊・花摘**　供料は「承仕・大炊等十人、日別各一升」(『平』二八三七号)。承仕は寺院の清掃・荘厳などの雑役に従事した百姓身分の下法師。大炊は仏供の飯炊き、花摘みは供花に従事か。

**院主**　密厳院の長官。供料は日別一斗。

**聖人**　供料は日別各二升。

**院庁去月三十日の奏状**　鳥羽院庁が提出した奏状。『　』部分が奏状の引用。

建二立件両院一、且起二　上皇之叡慮一、且依二覺鑁之勸進一、土木功成、供養先畢、今須下守二傍例一、被上定二置所司・定額僧等一也、注二其員數一而爲二恆例一、二百餘僧中、有二其闕一之時、座主擇二法器一欲レ令二定補一、於二座主職一者、覺鑁門跡之中、以二住山不退・弘法利生之者一、師資相承次第讓補、密嚴院事、同以知行、名雖二兩院一、實是一門之故也、當時不レ申二官符一、後代恐レ亂二院務一、望請、因二准先例一以二件兩院一爲二御願一、永賜二官符一補二任所司幷定額等一、久期二龍花三會之曉月一、奉レ祈二震儀萬年之春秋一者、左大臣宣、奉レ　勅、依レ請者、宜承知依レ宣行レ之、牒到准レ狀、故牒者、謹請如レ件、謹拜、

長承三年六月四日　　　都維那法師

**真60**　鳥羽院庁下文　保延五年(一一三九)七月二十八日　　根来要書

院廳下　金剛峯寺幷大傳法院所司等

仰下　八箇條狀

**上皇**　鳥羽上皇(一一〇三～一一五六)。堀河天皇の子、崇徳・後白河・近衛天皇の父。大治四年(一一二九)より死没まで院政を行い、覚鑁を庇護した。

**覚鑁**　一〇九五～一一四三。新義真言宗の祖。号は正覚房。長承元年(一一三二)に大伝法院・密厳院を建立し、三年に金剛峯寺座主となるが、反発を受けて翌年辞任。↓補1

**供養先に畢んぬ**　両院供養は長承元年十月十七日に鳥羽院・内覧藤原忠実・仁和寺覚法法親王らの出席のもと、東寺長者信証を導師として行われた。↓補2

**その闕**…　所司・定額僧たちに欠員がでると座主が後任の者を選定して補任したい。

**座主職においては**…　座主職は覚鑁門徒の住僧で相続したいの意。ただし実際には鎌倉・室町時代になると、座主職は金剛峯寺との対抗のため、住山寺僧の手を離れ京都の高僧に委ねられた。↓補3

**覚鑁門跡**　一般にいう門跡とは異なり、ここでは覚鑁門流の意。

**密厳院の事**…　密厳院についても大伝法院座主が管理したい。

件《くだん》の両院を建立するは、且《かつ》は　*上皇の叡慮より起こり、且は*覚鑁《かくばん》の勧進によるなり。土木の功成り、*供養先に畢んぬ。今須《すべから》く傍例を守り、所司・定額僧等を定め置かるべきなり。その員数を注して恒例となさん。二百余僧の中にその*闕《けつ》あるの時は、座主が法器を択《えら》びて定め補せしめんと欲す。*座主職においては、*覚鑁門跡の中より、住山不退・弘法利生の者を以て、師資《しし》相承して次第に譲補せん。*密厳院の事、同じく以て知行せん。名は両院と雖《いえど》も、実は是《こ》れ一門の故なり。*当時に官符を申さざれば、後代に院務を乱さんことを恐る。望み請うらくは、先例に因准して件の両院を以て*御願となし、永く官符を賜りて所司并びに定額等を補任し、久しく*龍《りゅう》花《げ》三会《さんね》の暁月を期して、*震儀《しんぎ》万年の春秋を祈り奉らんことを』者《てえれば》、*左大臣宣す、『*勅を奉《うけたまわ》るに請《こ》うによれ』者、宜《よろ》しく承知し、宣によってこれを行え。牒到らば状に准ぜよ。故《ことさら》に牒す」者、謹んで請くること件の如《ごと》し。謹んで拝す。

長承三年六月四日

都維那法師

根来要書

**真60**　鳥羽院庁下文　保延五年(一一三九)七月二十八日

院庁下す　金剛峯寺并びに大伝法院所司等

仰せ下す　八箇条の状

**当時に官符を申さざれば…**　今官符を申請しておかないと、後世に組織運営が乱れるかも知れない。「当時」は今のこと。覚鑁が考案した両院の組織体制を、ここで鳥羽院庁・太政官の承認を取り付けて、その恒久化を図っている。

**御願**　鳥羽上皇の御願寺。ここで崇徳天皇の御願寺にもなったと解することも可能だが、おそらくは非。↓補4

**龍花三会の暁月**　次の仏である弥勒菩薩が五六億七〇〇〇万年後にこの世に現れて説法するその時。

**震儀万年の春秋を祈り奉らん**　永遠の玉体安穏を祈りたいの意。震儀は天子・天皇の身体を言う。

**左大臣**　藤原家忠(一〇六二～一一三六)。関白藤原師実の次男。

**勅**　崇徳天皇の命。

**真60**　↓補5

**鳥羽院庁下文**　大伝法院と金剛峯寺との紛争解決のために鳥羽院庁が下した八カ条の裁定。院使を派遣して本裁許の遵行を図ったが、「叫喚悪言」「陵轢」の騒動が起きている。さらに翌年十二月に金剛峯寺大衆が密厳院を襲撃して、覚鑁らは根来寺に逃れた。ここでは八カ条のうち五カ条を取り上げ、後半三カ条は個別的問題への裁許のため、省略した。

使公文大〔太〕政官吏〔史〕生紀爲貞

一　可㆔永爲㆓大傳法院沙汰㆒聖人陸拾口事

右、件院者、依㆓諸佛本誓㆒、任㆓大師素願㆒、紹隆三寶、崇衆重聖之大伽藍也、有智道心侶、誰不㆓渇仰㆒者、以㆓乘戒㆒調㆑衆、若非㆓聖人㆒、何糺㆓持犯㆒、以㆓智悲㆒利㆑生、若非㆓禪侶㆒、誰能教道、然則件別所聖人、永爲㆓大傳法院之沙汰㆒、以㆓安藝國能美・可部兩庄之年貢㆒、宛㆓供米㆒所㆓運送㆒也、仍送㆓文於彼院㆒、任㆓先例㆒可㆑令㆓下行㆒、敢勿㆑致㆓逗留㆒矣、

一　可㆔永停㆓止大衆騒動幷放火殺害、惱亂禪徒、損亡依怙種々惡行㆒事

右、當山者、大師入定之地、衆聖幽棲之砌也、仍永可㆑停㆓止大衆騒動㆒之由、屢下㆓ 院宣㆒先畢、而一類凶徒多年之間、不㆑恐㆓度々之 綸言㆒、忽致㆓種々喧嘩㆒、或好㆓放火殺害㆒、或致㆓盗賊濫吹㆒、加之觸㆑事惱㆓亂 御願禪徒㆒、任㆑意損㆓亡依怙親族㆒、縦有㆓兩寺之號㆒、早專㆓一味之心㆒、宜㆘

**史生**　中央・地方の諸官司に置かれた下級職員。ここでは院使として派遣。

**聖人六十口**　能美・可部庄の供米を依怙とする六〇人の高野別所の聖人。→補1

**大師**　弘法大師空海。

**紹隆三宝**…　仏法を興隆し修行の僧侶たちを崇重する大寺院である。

**乗戒**　大乗・小乗など真理を悟るための教え(乗)と、悪を除くための戒律。

**聖人**　「禅侶」と対句となっており、ここではともに真の仏道修行者の意。暗に覚鑁を指し、大伝法院による別所聖人の支配を正統化している。

**何ぞ持犯を糺さん**　戒律を守っているかどうか、問い正すことができない。

**智悲**　智恵と慈悲。

**生を利す**　衆生を利益する。

**教道**　教え導くこと。教導に同じ。

**安芸国能美可部両庄**　広島県の豊田郡と安芸郡にあった院領荘園。寛治二年(一〇八八)白河院の高野詣で「三十口之上人」が高野山に置かれ、同五年の参詣でその供米として能美庄の年貢一〇八石が寄進された。さらに大治二年(一一二七)白河・鳥羽院の高野登山の際に、「三十口上人供米」として可部庄の年貢一〇八石が寄進されている(『高野春秋編年輯録』五・六)。本条によってその供米の管理権が金剛峯寺から大伝法院に移管された。

使公文《くもん》は太政官*史生《ししょう》紀為貞

一　永く大伝法院の沙汰たるべき*聖人六十口《く》の事

右、件《くだん》の院は、諸仏の本誓により、*大師の素願に任せ、*紹隆《しょうりゅう》三宝・崇衆重聖《すうしゅちょうしょう》の大伽藍なり。有智道心の侶、誰か渇仰せざる者あらんや。*乗戒《じょうかい》を以て衆を調うること、もし*聖人にあらざれば、*何ぞ持犯を糺さん。*智悲を以て生を*利すること、もし禅侶にあらざれば、誰かよく*教道せん。然《しか》ればすなわち、件の別所聖人は永く大伝法院の沙汰となし、*安芸国能美《のうみ》・可部《かべ》両庄の年貢を以て供米に宛て、運送するところなり。仍て文を*彼《か》の院に送り、先例に任せて*下行《げぎょう》せしむべし。敢えて逗留を致すこと勿《なか》れ。

一　永く*大衆《だいしゅ》騒動并びに放火殺害、悩乱禅徒、損亡依怙《えこ》の種々の悪行を停止すべき
　　事

右、当山は、*大師入定《にゅうじょう》の地、*衆聖幽棲《ゆうせい》の砌《みぎり》なり。仍て永く大衆騒動を停止すべきの由、しばしば　*院宣を下さること先に畢んぬ。しかるに一類の凶徒は、多年の間、度々の　綸言を恐れず、忽《たちま》ち種々の喧嘩を致す。或いは放火殺害を好み、或いは盗賊*濫吹《らんすい》を致す。加之《しかのみならず》、事に触れて　*御願の禅徒を悩乱し、意に任せて*依怙の親族を損亡す。縦《たと》い*両寺の号あれども、早く一味の心を専《もは》らにし、宜しく

**彼の院**　大伝法院。

**下行**　(両庄からの年貢米を大伝法院が聖人たちに)支給・分配すること。

**大衆騒動**　覚鑁の金剛峯寺支配に抵抗する寺僧との紛争。長承三年(一一三四)には反対派の追放と金剛峯寺座主職の兼帯を認められた覚鑁が有利だったが、保延二年(一一三六)六月には同座主職が東寺に返され、反対派の還住も認められた。その結果、同三年正月、同五年正月に両寺騒動が起き、さらにこの後、同六年十二月に金剛峯寺衆徒の襲撃をうけて、覚鑁たちは高野山上を逃れて根来に退く。→補2

**大師入定の地**　空海は亡くなったのではなく、高野山奥院で瞑想しているとの入定信仰が一一世紀初頭から広まった。

**衆聖幽棲の砌**　数多くの聖人たちが俗塵を逃れて隠れ住んでいる場所。

**院宣を下さる**　覚鑁に抵抗する張本の交名注進を命じた長承三年八月二日鳥羽上皇院宣や、反対派の追放を命じた同年九月二十一日鳥羽上皇院宣などを指す。

**濫吹**　秩序を乱すこと。乱暴・狼藉。

**御願の禅徒**　院の御願を修する僧侶。ここでは覚鑁たち大伝法院の僧侶を指す。

**依怙の親族を損亡す**　覚鑁たちが頼りにしている人々に被害を与える。

**両寺の号あれども**　金剛峯寺・大伝法院と寺の名は違っているがの意。

成二和平一停中止濫行上矣、

一　可四同停三止制二止堂塔房舍等敷地幷入堂・沐浴・道路・材木等一事

右、雖レ有二兩寺之號一、已爲二一山之陬一、以二何處一稱二金剛峯寺一、以二幾程一號二大傳法院之限一、制二止土木一乎、洞口巖腹、溪門洞戶、皆是蘭若形勝之砌、蘿襟頭陀之處也、仍於二禪徒堂塔房舍一、宜三恣令二造立一、永莫レ妨二其地一、兼又堂塔之參入、諸院之沐浴、道路往返、材木柴薪、如レ此等之事、同不レ可レ制二止之一、

一　可レ令レ糺下返爲二凶徒一被二押取一御願寺禪徒幷山下依怙一切經幷自餘佛經道具等、領所家地・房舍屋宅・同敷地田畠等種々資財雜物等上事

副下　押取物注文二通

右、禪徒等訴申云、山上山下凶徒之輩、恣所二押取一之世間出世種々物等、已有二其數一、具見二注文等一者、凶徒所行、尤左道也、慥任二注文一、不日可レ令二糺返一也、



**一山の陬**　(高野山という)同じ山を住処としている。

**何処を以て…**　高野山のうち、どこどこが金剛峯寺領であり、どこまでが大伝法院領の境界であるなどと主張して、工事を妨害してはならない。

**洞口巌腹渓門洞戸**　山腹や谷間にある洞穴。山野はいずこも修行の場であり、堂舎の地である。

**蘭若**　人里離れた修行に適した場所、転じて寺院。

**蘿襟**　つた(蘿)でつくった衣のえり。転じて山林修行者。僧侶をいう。

**頭陀**　煩悩を振るい落として仏道修行に励むこと。

**禅徒の…妨ぐること莫れ**　大伝法院の僧侶は堂塔・僧坊を自由に建立してよく、敷地としての利用を妨げてはならないの意。大伝法院に二〇〇名以上の僧侶が登用されたため、堂舎僧坊の造営が活発に行われ、それが金剛峯寺との対立の一因となった。

**堂塔の参入…**　お互い、相手の堂塔や諸院に祈誓・入浴のために出入りしたり、

和平を成し、濫行《らんぎょう》を停止すべし。

一　同じく堂塔房舎等の敷地、幷びに入堂・沐浴・道路・材木等を制止するを停止すべき事

右、両寺の号ありと雖《いえど》も、已に*一山の陬《すみか》たり。*何処《いずこ》を以て金剛峯寺と称し、幾程を以て大伝法院の限りと号して、土木を制止せんや。*洞口巌腹《どうこうがんぷく》、渓門洞戸《どうこ》、皆是《こ》れ*蘭若《らんにゃ》形勝の砌《みぎり》、*蘿襟《らきん》*頭陀《ずだ》の処なり。仍て*禅徒の堂塔房舎においては、宜《よろ》しく恣《ほしいまま》に造立せしむべし。永くその地を妨ぐること莫《なか》れ。兼ねてまた、*堂塔の参入、諸院の沐浴、道路の往返、材木・柴薪《さいしん》、此《かく》の如《ごと》き等の事、同じくこれを制止すべからず。

一　*凶徒のために押し取らるる御願寺禅徒、幷びに山下依怙《えこ》の一切経、幷びに自余の仏経道具等、領所家地・房舎屋宅・同敷地田畠等の種々の資財雑物《ぞうもつ》等を糺返せしむべき事

副《そ》え下す　押取物の注文二通

右、*禅徒等が訴え申して云わく、「*山上山下の凶徒の輩、恣《ほしいまま》に押し取るところの*世間出世の種々の物等、已に*その数あり。具《つぶさ》には注文等に見ゆ」者《てえれば》、凶徒の所行、尤《もっと》も*左道《さとう》なり。慥《たし》かに注文に任せて、*不日《ふじつ》に糺返せしむべきなり。

道路を往還し材木・薪を採取したりすることなどを、妨害してはならないの意。「柴薪」はたきぎのこと。

**凶徒のために押し取らるる**…　大伝法院の僧侶や山麓の庇護者たちの経典仏具や屋舎僧坊および敷地田畠など、金剛峯寺側の凶徒が奪い取った財産を返還すべき問題について。

**禅徒等**　大伝法院側の僧侶たち。

**山上山下の凶徒の輩**　金剛峯寺の悪徒や山麓の土豪などの非道の者。中略した本文史料の第七条目・八条目に「山上山下の凶徒」として、琳賢・俊慶・兼賢・宗賢・宗祐などの僧侶や坂上有澄(さかのうえのありずみ)・時澄・依宗らの名が挙がっている。

**世間出世の種々の物**　事書にみえる「御願寺禅徒」から「種々資財雑物等」を指す。中世寺院では一般に、仏教に直接関わるものを「出世」、所領・坊舎などの寺内雑事を「世間」と呼んだ。また、祈禱に携わる供僧が「出世」であるのに対し、三綱などの坊官を「世間者」といった。天7の「世・出世」の項を参照。

**その数あり**　多数にのぼっている。

**左道**　「さどう」とも。正しくないこと、邪道。古代中国で右を尊んで左を正しくないとしたことに由来する。

**不日に**　すぐさま、早急に。

一　可レ令レ停下止為二石清水宮寺一被二押妨一相賀庄東堺牓示内幷称二神人一駆中仕庄民
等上事
右、密厳院所司等訴申云、庄家立券之後、雖レ歴二年序一、敢無二其妨一、而自二去三年一宮寺使、駆二仕　御願庄民一、押二留聖燈供料一者、以二此旨一遣二尋宮寺一之処、彼別当任清申云、牓示之内、敢不レ成レ妨、但本為二神人一之輩、依二先例一勤二所役一許也者、件庄内神人早可二停止一之由、度々被二　仰下一畢、何尚可レ有二此訴一哉、早可レ令レ停二止彼東堺内妨幷神人等一、莫レ令レ致二重訴一矣、
（中略）
以前条々事、仰下如レ件、使者相共一々致二沙汰一、不レ可二稽失一、若寄二事於左右一、有下不二遵行一輩上者、慥召二具張本一、可レ令二参洛一也、両方所司等、宜承知、依レ件行レ之、故下、

保延五年七月廿八日　　主典代織部正大江朝臣在判
別当大納言兼陸奥出羽按察使藤原朝臣在判

**石清水宮寺**　石清水八幡宮のこと。正式名称は石清水八幡宮護国寺。京都府八幡市男山に所在。伊勢神宮・宇佐八幡宮とともに宗廟とされた。

**相賀庄**　和歌山県橋本市西部にあった荘園。陸奥守女子藤原氏から覚鑁に寄進され、長承二年（一一三三）の太政官牒で密厳院領として立券。東は石清水八幡宮領の隅田庄に接し、西は金剛峯寺領の官省符庄に接した。石清水八幡宮はこののち応保二年（一一六二）にも相賀庄との間で境相論を提起したが、いずれも失敗している。なお保延六年（一一四〇）十二月に金剛峯寺が覚鑁らを襲撃した直接の原因は、相賀庄と官省符庄との境相論であった。→補1

**牓示**　所領の境界に立てられた杭・石・札などのこと。石清水八幡宮領の隅田庄はもともと四至の定めのない免田・寄人型荘園であったため、相賀庄の立券段階から境界をめぐってもめている。相賀庄は妻谷を東堺として立券したが、石清水は妻谷以西も石清水領だと主張している。

**去る三年**　保延三年。この年に石清水が相賀庄を押妨した事実は他史料では確認できない。

**御願の庄民**　鳥羽院の御願を勤仕する費

一　*石清水宮寺のために押妨せらるる*相賀庄《おうがのしょう》東堺の*牓示《ぼうじ》の内、并びに神人《じにん》と称して庄民等を駆仕するを停止せしむべき事

右、密厳院所司等が訴え申して云わく、「庄家立券の後、年序を歴《ふ》ると雖も、敢えてその妨げなし。しかるに去る*三年より宮寺の使は　*御願の庄民を駆仕し、聖《しょう》燈《とう》供料を押し留む」者《てえり》。この旨を以て宮寺に遣わし尋ぬるの処、彼《か》の別当*任清が申して云わく、「牓示の内は敢えて妨げを成さず。但し、本《もと》より神人たるの輩は、先例により所役を勤むるばかりなり」者《てえれば》、*件《くだん》の庄内の神人は早く停止すべきの由、度々仰せ下され畢んぬ。何ぞなお、この訴えあるべけんや。早く彼の東堺の内の妨げ、并びに神人等を停止せしむべし。重訴を致さしむること莫《なか》れ。

（中略）

以前の条々の事、仰せ下すこと件の如し。*使者は相《あい》共に一々沙汰を致し、*稽失《けいしつ》すべからず。もし事を左右《そう》に寄せ、遵行《じゅんぎょう》せざる輩あらば、慥《たし》かに張本を召し具し、参洛せしむべきなり。*両方の所司等は宜《よろ》しく承知し、件によりてこれを行え。故《ことさら》に下す。

保延五年七月二十八日　　主典代織部正大江朝臣在判

*別当大納言兼陸奥出羽按察使*藤原朝臣在判

用をまかなうための荘園民衆。直接的には相賀庄の庄民をいう。

**任清**　一〇八六～一一五一。石清水八幡宮の別当、権大僧都。天台座主仁豪の弟子。天治二年（一一二五）に別当に就任し治二七年。ただし父である石清水検校光清（一〇八四～一一三七）の死没までは光清が寺務をとった。

**件の庄内の神人**　相賀庄内の石清水神人。立庄以前から神人であった者のみ所役を勤仕させていると石清水別当が返答したため、密厳院の要請で相賀庄内の石清水神人の停止命令が朝廷から出された。なお省略した第七条目で「山上山下犯過重畳」と批判されている坂上有澄も、石清水の神人である。

**使者**　院庁から派遣された公文紀為貞。本文史料の冒頭に登場。なお「院御使登山之剋」に金剛峯寺側は「叫喚悪言」を吐いたという（保延五年九月十一日会観怠状起請文案『根来寺の歴史と美術』八六号）。

**稽失**　とどまりうしなうこと。実行できないこと。

**両方の所司**　金剛峯寺と大伝法院の役人。

**別当**　鳥羽院庁の別当。

**藤原朝臣**　藤原実行（一〇八〇～一一六二）。三条家の祖。大納言藤原公実の子。久安六年（一一五〇）に太政大臣。

（署名六名略）

**真61**　太政官符　承安三年（一一七三）三月三日　根来要書

太政官符　紀伊國司

應㆘寄㆓付無品守覺親王㆒令㆗權大僧都法眼和尚位隆海門跡次第相傳讓補㆖高野山大傳法〔院脱カ〕幷密巖院等座主職事

右、得㆓彼隆海去月廿五日解狀㆒偁、謹檢㆓案內㆒、件兩院者、且出㆓　法皇之　叡慮㆒、且依㆓覺鑁之勸進㆒、去長承元年十月十七日土木功成、　上皇臨幸、殊凝㆓　叡信㆒、供養先訖、其後門跡相傳可㆓知行㆒之由、被㆑下㆓　官符　院宣㆒、爰隆海兩寺導行、庄沙汰知行年尚矣、然間依㆓先師之意趣㆒、欲㆑興㆓隆佛法㆒、有㆑志無㆑力、因㆑茲爲㆘募㆓權威㆒守㆗師跡㆖、以㆓當御願寺㆒、永奉㆑寄㆓　法親王家㆒、於㆓座主職㆒者、任㆓長承　官符㆒、隆海門跡譜代相傳、讓㆓補山上寺務、山下庄務㆒、且任㆓　鳥羽　法皇之叡旨㆒、且叶㆓上人覺鑁之本懷㆒、一事無㆓相違㆒致㆓其沙汰㆒、望請天裁、以㆓上件

**真61**　↓補1

**太政官符**　大伝法院が自らを仁和寺御室に寄進し、その末寺となる代わりに隆海門流による座主相伝を認可した官符。

**守覚親王**　一一五〇～一二〇二。後白河院の子、喜多院（北院）御室。覚性から伝法灌頂をうけ嘉応元年（一一六九）に仁和寺御室、嘉応二年に親王宣下。↓補2

**隆海**　一一三〇～一一七七。少納言藤原家隆の子で、関白師通の孫。覚鑁入室の弟子。保延四年（一一三八）に一九歳で大伝法院座主となり、久安二年（一一四六）兼海から伝法灌頂を受け、没年まで大伝法院を主導した。承安五年（一一七五）光明心院の供養導師をつとめた守覚の勧賞で法印に叙された。弟子に覚尋・隆位・行位らがいる。一族の覚尋・覚瑜・教禅がのちに大伝法院座主に就任。

**法皇の叡慮**　鳥羽院の配慮。

**長承元年十月十七日**　鳥羽院らの出席のもと大伝法院と密厳院の供養がこの日に行われた。真59の「供養先に畢んぬ」の項

（署名六名略）

**真61**　太政官符　承安三年（一一七三）三月三日　根来要書

太政官符《ふ》す　紀伊国司
応《まさ》に無品《むほん》*守覚親王に寄付し、権大僧都法眼和尚位*隆海の門跡をして次第に相伝・譲補せしむべき高野山大伝法院幷びに密厳院等の座主職の事
右、彼《か》の隆海の去月二十五日の解状《げじょう》を得るに偁《いわ》く、「謹んで案内《あない》を検ずるに、件《くだん》の両院は、且《かつ》は　*法皇の　叡慮より出で、且は覚鑁《かくばん》の勧進によりて、去る*長承元年十月十七日に土木の功成り、　上皇臨幸せられ、殊に　叡信を凝《こ》らして供養すること先に訖《おわ》んぬ。その後、門跡相伝して知行すべきの由、　*官符　院宣を下さる。爰《ここ》に、*隆海は両寺を導行し、庄を沙汰し知行すること年尚《ひさ》し。然《しか》る間、先師の意趣によりて、仏法を興隆せんと欲するに、志あれども力なし。茲《ここ》に因りて、権威を募《つの》り師跡を守らんがために、*当御願寺を以て、永く　*法親王家に寄せ奉らん。座主職においては、長承の　官符に任せて、*隆海の門跡が譜代に相伝し、*山上の寺務、山下の庄務を譲補せん。且は　鳥羽　法皇の叡旨に任せ、且は上人覚鑁の本懐に叶いて、一事も相違することなく、その沙汰を致さん。望み請《こ》うらくは天裁を。上件の

参照。
**官符院宣を下さる**　真59所引の長承三年（一一三四）五月八日官符と同年四月三十日鳥羽院庁奏状を指す。
**隆海は両寺を導行し…**　隆海は長らく大伝法院・密厳院およびその荘園を知行してきた。時の座主は覚尋。→補3
**当御願寺**　大伝法院と密厳院。
**法親王家**　仁和寺の守覚法親王。隆海は仁和寺釈迦院を拠点に活動しており、仁安三年（一一六八）に守覚が仁和寺観音院で覚性御室から伝法灌頂を受けた際、隆海は讃衆を勤めている。また美福門院・八条院が大伝法院に帰依しており、こうした環境の中で守覚への寄進が実現したのだろう。
**隆海の門跡が譜代に相伝**　長承の官符（真59）では覚鑁門跡の住僧による座主相承が認められたが、ここで隆海門跡の相承が認可されて、覚尋・定尋・行位と隆海門徒に相承された。かつて覚鑁は「住山不退」の僧を座主の条件に定めたが、本文史料ではその条件が抜けている。これが、鎌倉前期より座主職が寺外に流出する遠因となった。→補4
**山上の寺務**　高野山大伝法院の寺務。保延六年の紛争で覚鑁門徒は根来に下ったが、覚鑁の没後の久安三年に和議が成立して高野山に還住した。

兩寺一、爲二仁和寺　法親王家御沙汰一、隆海門跡相傳知行、寺家庄內事、可レ致二其沙汰一之由、被レ仰二下　守〔官〕符一者、久期二龍花三會之曉月一、彌奉レ祈二　震儀萬歲之春秋一者、正二位權大納言兼中宮大夫藤原朝臣隆季宣、奉レ　敕、依レ請者、國宜承知、依レ宣行レ之、符到奉行、

右少辨正五位下平朝臣在判　　修理左京職判官正五位下行左大史槻〔小脱カ〕宿禰在判

承安三年三月三日

両寺を以て、*仁和寺　法親王家の御沙汰となし、隆海の門跡が相伝知行して、寺家・庄内の事、その沙汰を致すべきの由、　官符を仰せ下さるれば、久しく*龍花《りゅうげ》三会《さんね》の暁月を期して、弥《いよいよ》　*震儀万歳の春秋を祈り奉らん」者《てえれば》、正二位権大納言兼中宮大夫*藤原朝臣隆季宣す、「　勅を奉《うけたまわ》るに、請《こ》うによれ」者、国宜《よろ》しく承知し、宣によりてこれを行え。符到らば奉行せよ。

右少弁正五位下*平朝臣在判　　修理左京職判官正五位下行左大史*小槻宿禰在判

承安三年三月三日

**仁和寺法親王家の御沙汰**　仁和寺御室の管轄下とする。鎌倉時代は基本的に御室の支配下にあったが、鎌倉末に大覚寺門跡に移り、さらに建武三年(一三三六)に醍醐寺三宝院の賢俊が大伝法院座主となり、観応元年(一三五〇)には座主職が三宝院門跡の相伝となった。

**龍花三会の暁月**　五六億七〇〇〇万年後に弥勒菩薩がこの世に下生して龍華樹の下で悟りを開き、三度の説法を行う暁。

**震儀万歳の春秋**　天皇の長命。震儀は天皇の身体を言う。

**藤原朝臣隆季**　一一二七～一一八五。藤原家成の子。仁安三年(一一六八)権大納言、承安元年(一一七一)正二位。本文史料では上卿をつとめている。

**平朝臣**　平親宗(一一四三～一一九九)。平時信の子。寿永二年(一一八三)に正四位下参議。

**小槻宿禰**　小槻隆職(一一三五～一一九八)。小槻政重の子。壬生官務家の基礎を固めた。

# 第五章　文覚と神護寺

**真62**　後白河法皇手印文覚起請　元暦二年(一一八五)正月十九日　神護寺文書

神護寺　定置四十五箇條起請文事

夫神護寺者、八幡大菩薩之御願、弘法大師之舊跡也、密教始興二隆此砌一、眞言遍繁二昌此寺一、大師御入定之後、眞濟僧正等御門跡之僧徒相繼居住(ママ)云々、但始被二建立一之次第、可レ見二縁起并日本紀等一、堂塔・僧房・庄園等事、具載二實錄帳一、然而漸迄二于末代一之間、人法共斷絕、堂屋悉破滅、爰文覺悲二聖跡之毀廢一、歎二佛法之凌遲一、且爲レ奉レ報二大師之恩德一、且爲レ利二益一切衆生一、故忽所レ發二興隆之大願一也、仍仁安三季戊子秋比、始參二詣當寺一、普令レ巡二撿處々一畢、後結二一宇之草菴一、即令二居住一云々、而間假造二立三間四面之草堂一、奉レ安二置本佛藥師之三尊等一、又造二納涼殿一奉レ安二置大師之御影一、又造二護摩堂一奉レ安二置不動尊一、又構二兩三宇之菴

**真62**　↓補1

**後白河法皇手印文覚起請**　↓補2

**神護寺文書**　神護寺に伝来する平安末〜戦国期の古文書。総数二八〇点ほどあり南北朝以前のものが多い。

**神護寺**　京都市右京区梅ヶ畑にある真言宗寺院。和気清麻呂が延暦年中に河内国に建立した神願寺と、それまで高尾にあった高尾山寺が合併して、天長元年(八二四)定額寺として成立。本尊の薬師如来立像ほか、伝頼朝肖像など国宝多数。

**それ神護寺は…**　↓補3

**大師御入定**　承和二年(八三五)三月二十一日に弘法大師空海が示寂したことを指す。真言宗では空海は死去したのではなく、高野山の石室内に身体を留めたまま悟りの境地である定に入ったと考えられている。

**真済**　八〇〇〜八六〇。京都左京の人。空海に師事し、空海の高野山隠棲のあと、高尾山寺・宮中真言院を付嘱された。

**御門跡の僧徒相継ぎ**　弘法大師空海の法脈を嗣ぐ者が、代々この寺を管理した。↓補4

**建立せらるるの次第は…**　↓補5

**実録帳**　管理者の交代時に引継ぎなどの

# 第五章　文覚と神護寺

## 真62　後白河法皇手印文覚起請　元暦二年(一一八五)正月十九日　神護寺文書

*神護寺　定め置く四十五箇条の起請の文の事
*それ神護寺は、八幡大菩薩の御願、弘法大師の旧跡なり。密教始めてこの砌《みぎり》より興隆し、真言遍《あまね》くこの寺に繁昌す。*大師御入定《にゅうじょう》の後、*真済《しんぜい》僧正等*御門跡の僧徒相継ぎ居住すと云々〈但し、始めて*建立せらるるの次第は、縁起幷びに日本紀等に見ゆべし。堂塔・僧房・庄園等の事は、具《つぶさ》に*実録帳に載す〉。然《しか》るに漸《ようや》く末代に迄《およ》ぶの間、*人法共に断絶し、堂屋悉く破滅す。爰《ここ》に*文覚、聖跡の*毀癈《きはい》を悲しみ、仏法の*凌遅《りょうち》を歎き、且《かつ》は*大師の恩徳に報い奉らんがため、且は一切衆生を利益《りやく》せんがため、故《ことさら》に忽《たちま》ち興隆の大願を発《お》こすところなり。仍て仁安三年〈戊子〉秋の比《ころ》、始めて当寺に参詣し、普《あまね》く処々を巡検せしめ畢《おわ》んぬ。後に一宇の草菴を結び、即《すなわ》ち*居住せしむと云々。しかる間、仮に*三間四面の草堂を造立し、*本仏薬師の三尊等を安置し奉《たてまつ》り、また*納涼殿を造り、*大師の御影《みえい》を安置し奉る。また護摩堂を造り不動尊を安置し奉り、また両三宇の菴

ため堂舎資財などの現状を記録したもの。承平元年(九三一)の神護寺実録帳の写が現存(『平』二三七号)。堂塔や倉、僧房、雑舎、荘園などを記している。また、実録帳は当時六巻、その他に神護寺縁起帳、神願寺資財帳などもあった。

**人法共に**…　人も仏法も退転・荒廃した。→補6

**文覚**　一一三九～一二〇三。摂津渡辺党の遠藤氏、茂遠の子盛遠と称し上西門院(鳥羽皇女)の北面の武士であったが、出家後は修験の聖として神護寺や東寺の復興に活躍。→補7

**毀癈**　損なわれ廃れていること。

**凌遅**　しだいにおとろえていくこと。

**大師**　弘法大師空海を指す。

**居住せしむと云々**　ここでの「云々」は、伝聞表現ではなく、具体的な詳細については省略するという意。本文史料後出には「以前の次第は具に別記に載す」とあって、別に詳細な記録が存在していたことがわかる。

**三間四面の草堂**　本尊が安置されたことから、これは金堂と思われる。→補8

**本仏薬師の三尊**　国宝の檀像薬師仏とその脇士菩薩二躰。

**納涼殿**　空海が神護寺にいた際、住房としていた納涼房にちなんだ建物。→補9

**大師の御影**　弘法大師空海の肖像。

室一、僧徒少々居住云々、如レ此興隆之大願令レ祈ニ請三寶一之間、經ニ六箇年一畢、爰文覺倩案ニ事情一、佛法者依ニ王法一弘、王法者依ニ佛法一保、自ニ往古一至ニ于今一、離ニ王法之力一外、無レ有ニ佛法流布之義一、就中當寺者、是自レ本以爲ニ鎮護國家之道場一、故昔所レ有之堂舍・佛像者、是

先帝之御願也、古所レ領之封戸・庄園者、是國主之寄進也、然則今更以ニ私力一不レ能ニ興隆一、須以ニ事由一令レ奏ニ達於

吾君一也、仍承安三季癸巳夏比、參ニ上法住寺御所一、爲ニ當寺興隆之依怙一、可レ被レ寄ニ進庄園一之由令ニ奏達一之處、更以無ニ御裁許一、而猶强依ニ訴申一、早可レ罷ニ出御所中一之由、被ニ仰下一事度々也、雖レ然自レ不レ蒙ニ御裁許一之外、縱使雖レ盡ニ一生一、不レ可ニ退出一之由、猶所レ令ニ申上一也、其故者今所ニ訴申一興隆佛法之大願、是非ニ自身之悕〔希〕望一、又非レ爲ニ名聞利養一、近者助ニ支王法一、慰ニ万民之愁嘆一、遠者利ニ益一切衆生一、令レ度ニ生死之苦海一之故也、是則菩提之大願也、雖ニ盡未來際一不レ可ニ退失一也、如レ此令ニ申上一不ニ退出一之處、

**仏法は王法によって…**　仏法と王法がともにあい依りつつ存立するという、中世仏教が主張するあるべき社会秩序観を端的に表現するものとして著名なくだり。

**先帝の御願**　具体的には、淳和天皇(両界曼荼羅・五大堂の御願)や、仁明天皇(宝塔院御願)などを指す。

**封戸庄園**　封戸については確認できないが、承平元年(九三一)の神護寺実録帳写(『平』二三七号)によれば莊園が四〇箇所あったとする次のような記載がある。

一諸国庄々田地幷券契目録

登美庄〈大和国〉　秋篠庄〈同国〉

吉田庄〈河内国〉　高瀬庄〈同国〉

如是四十箇庄諸国有之、

また、このほかに『性霊集』八に所収されている「為弟子僧真體設亡妹七七斎幷奉入伝燈料田願文」には、天長三年(八二六)十月八日をもって「土佐国久満幷田村庄、美作国佐良庄、但馬国石針谷田等」を神護寺伝法料として施入したことを記して

室を構え僧徒少々居住すと云々。此《かく》の如《ごと》くして興隆の大願を三宝に祈請せしむるの間、六箇年を経《へ》畢んぬ。爰《ここ》に文覚、つらつら事情を案ずるに、*仏法は王法によって弘まり、王法は仏法によって保てり。往古より今に至るまで、王法の力を離れての外に、仏法流布の義あることなし。就中《なかんずく》当寺は、是れ本《もと》より以て鎮護国家の道場たり。故に、昔あるところの堂舎・仏像は、是れ*先帝の御願なり。古《いにしえ》領するところの*封戸・庄園は、是れ国主の寄進なり。然《しか》ればすなわち、今更に私力を以て興隆すること能《あた》わず。須《すべから》く事の由を以て吾が君に奏達せしむべきなり。仍て*承安三年〈癸巳〉夏の比《ころ》、*法住寺の御所に参上し、当寺興隆の*依怙《えこ》として庄園を寄進せらるべきの由を奏達せしむるの処、更に以て御裁許なし。しかるになお強《あなが》ちに訴え申すによって、早く御所中より、罷《まか》り出《い》づべきの由、仰せ下さるる事度々なり。然りと雖《いえど》も、*御裁許を蒙《こうむ》らざるよりの外に、縦使《たとい》一生を尽すと雖も、退出すべからざるの由、なお申し上げしむるところなり。その故は、今訴え申すところの興隆仏法の大願は、是れ*自身の希望《けもう》に非ず。また*名《みょう》聞利養《もんりよう》のために非ず。近くは、王法を助け支えて万民の愁嘆を慰め、遠くは、一切衆生を利益《りやく》して生死の苦海を度《わた》らしむるの故なり。是れすなわち菩提の大願なり。*尽未来際《じんみらいさい》と雖も退失すべからざるなり。此の如く申し上げしめて退出せざるの処、

いる（日本古典文学大系七一—三四七頁）。

**承安三年〈癸巳〉夏の比**　承安三年（一一七三）四月二十九日のことである。『玉葉』同日条に、この日の出来事として次のような記事が見える。

高尾聖人文覚参院中、眼前所望千石庄、依無許容、吐種々悪言、殆放言朝家云々、仍北面輩承仰搦捕之凌礫給検非違使云々、是又天魔所為也、

文覚が直接訴えた強硬な様子や、北面武士にとらえられ検非違使に引き渡されたことなど、起請四十五箇条の言うところと見事に合致している。

**法住寺の御所**　京都市東山区にあった後白河院の御所。

**依怙**　たよりにするべきもの。ここでは荘園の寄進という具体的な経済的支援を指す。

**御裁許を…退出すべからざる**　後白河院による認可を受けない限りは、死んでもこの場を立ち去らないだろう。

**自身の希望に非ず**　文覚自身の個人的な望みではない。

**名聞利養**　名誉名声と現実的な利益。これらは凡夫がとらわれる代表的な欲望であり、仏教では煩悩を増すものとされる。

**尽未来際**　未来永劫の意。

以ニ北面之衆幷力者法師等一、種々令ニ䓜礫一之後捕搦、預ニ賜撿非違使信房一畢、其間被レ下ニ

院宣一偁、自今以後、不レ可レ參ニ入御所中一者、可レ令ニ免除一云々、文覺申云、今所ニ訴申一者是无〔無〕上菩提之大願也、此故種々雖レ蒙ニ難レ堪之御勘當一、更以無ニ一念之退心一、縱雖レ盡ニ身命一、不レ可レ退ニ菩薩之行一、更以非レ背ニ王法一之也、然則若被ニ免除一之時者、猶令ニ參上一、可レ訴ニ申大願之由一也、雖レ及ニ死罪・配流一、於ニ此願一者世々生々不レ可ニ退轉一云々、而間於ニ信房之許一經ニ七箇日一之後、被レ預ニ渡右京權大夫源朝臣賴政一畢、仍遂配ニ流伊豆國一、彼使者賴政朝臣之郎等源省也、始レ自下被レ預ニ信房一之日上以後、令レ下ニ向彼國一之間、三十箇日斷レ食也、至ニ三十一日一之時、內心依下祈ニ請佛天一之大願上、卽ニ食物一助ニ身命一、而間或時加ニ打縛一、或時繫ニ杻械一、如レ此種々苦惱、不レ異ニ罪人之値ニ獄率〔卒〕一、雖レ然興隆佛法之願、片時無ニ退轉一、彌奉レ祈ニ聖朝安穩一、一念無ニ怨心一、是又爲ニ无〔無〕上菩提一、存ニ難行・苦

**北面の衆**　院の警備に当たる北面の武士。白河院の時に設置。
**力者法師**　輿かつぎなど力仕事を勤める僧形の下役のもの。
**䓜礫**　凌轢の意。あなどり乱暴すること。
**検非違使信房**　惟宗信房。承安四年(一一七四)から安元三年(一一七七)まで、検非違使左衛門尉であったことが確認できる(『検非違使補任』)。
**院宣**　後白河院の仰せ。古文書学の様式でいうところの院宣とは別。
**無上**　このうえなくすぐれた、最高の。
**御勘当を…**　院によって罪科にされ処罰されようとも、決して自分の意志を退けることはない。
**菩薩の行**　仏法興隆のため神護寺を再興することを指す。
**免除せらるるの時**　御勘当(処罰)が許された時。
**源朝臣頼政**　一一〇四～一一八〇。清和源氏。保元・平治の乱を切り抜け、和歌にもすぐれ従三位まで昇進。治承四年(一一八〇)以仁王とともに平家打倒の兵をいち早く挙げ敗死したことは有名。
**伊豆国**　この当時、伊豆国は頼政が知行国主であった。ちなみに国守は子息仲綱。

*北面の衆幷びに*力者法師等を以て、種々*陵礫《りょうれき》せしむるの後、捕え搦め、*検非違使《けびいし》信房に預け賜い畢《おわ》んぬ。その間

*院宣を下さるるに偁《いわ》く、「自今以後、御所中に参入すべからずんば、免除せしむべし」と云々。文覚申して云わく、「今訴え申すところは、是《こ》れ*無上菩提の大願なり。この故に、種々堪え難きの*御勘当《かんどう》を蒙ると雖《いえど》も、更に以て一念の退心なし。縦《たと》い身命を尽すと雖も、*菩薩の行を退くべからず。更に以て王法に背くに非ざるなり。然《しか》ればすなわち、もし*免除せらるるの時は、なお参上せしめ、大願の由を訴え申すべきなり。死罪・配流《はいる》に及ぶと雖も、この願においては世々生々に退転すべからず」と云々。しかる間、信房の許《もと》において七箇日を経るの後、右京権大夫*源朝臣頼政に預け渡され畢んぬ。仍て遂に*伊豆国に配流す。彼《か》の使者、頼政朝臣の郎等*源省《はぶく》なり。信房に預けらるるの日より始めて以後、彼の国に下向せしむるの間、三十箇日食を断つなり。三十一日に至るの時、内心に仏天に祈請するの大願によって、食物に即《つ》き身命を助く。しかる間、或る時は*打縛《ちょうばく》を加えられ、或る時は*杻械《じんかい》に繋がる。此《かく》の如《ごと》きの種々の苦悩は、罪人の獄卒に値《あ》うに異ならず。然りと雖も、興隆仏法の願は片時も退転なし。弥《いよいよ》

聖朝の安穏を祈り奉《たてまつ》り、一念の怨心《おんしん》もなし。是れまた無上菩提のために、難行・苦

**源省**　摂津の武士団渡辺党の一員。保元の乱のころから頼政軍の配下にあった。『保元物語』『平家物語』にも登場。宇治川での頼政の最期の戦いにも参加。『保元物語』上「主上三条殿ニ行幸ノ事付官軍勢汰ヘノ事」によると、源頼政に「相随フ兵ノハ、渡辺党ニハ、省幡磨次郎、子息授ノ兵衛、ツヅクノ源太、与ノ右馬允、競ノ滝口、丁七唱、清シ、濯ヲ始トシテ、百騎ニハ越ザリケリ」とあって、渡辺党は頼政軍の主要な構成を示しており、さらにその筆頭に源省が位置していた。彼と頼政の関係をよく示している。ところで伊豆へ文覚を護送した源省も、文覚の出自たる遠藤氏も、ともに摂津の武士団渡辺党であった。後に平家打倒の兵を挙げることになる源頼政、伊豆国から蜂起した源頼朝、そして渡辺党の存在、と源平合戦の関係者がそろうことに、この伊豆配流に意味を読みとろうとする見解もある(加地宏江・中原俊章『中世の大阪』松籟社、一九八四年)。ちなみに『源平盛衰記』によると文覚は配流途中、しばらく摂津渡辺に滞在している。

**打縛を加えられ**　縄で縛り上げられること。

**杻械**　杻は未詳であるが、枷杻など首かせや手かせ足かせなどのいましめの械具であろう。

行二之故也、（以前次第具載二別記一、）遂下二着彼國一畢、下着之後、尋二入深山之中一、苅二掃荊棘一、構二一宇之草菴一、所レ令二居住一也、即發レ誓云、不レ被レ免二院勘一之外、一期之間、不レ可レ出二山内一云々、居住之間、一向所レ令レ勤二修太上法皇御寶壽長遠之祈禱一也、是又爲下興二隆當寺一、利中益一切衆生上之故也、配流之後、至二于第六年一漸被レ免二流罪一、遂還二住本寺一、其間時々院參云々、還住之後、至二第五季（壽永元年）十一月廿一日蓮華王院御幸之時一、進二參御堂之内陣一、先年蒙二流罪一之時如レ令二申上一、爲二當寺興隆一、可レ被レ寄二進庄園一之旨、令二訴申一之處、即可レ有二御裁許一之由、被二仰下一畢、於レ是文覺流レ涙成レ悦罷出畢、次年（壽永二季）十月十八日、被レ寄二進紀伊國拺田庄一畢、又宰相中將泰通卿爲レ奉レ資二高倉院御菩提一、令レ寄二進同國神野眞國庄一畢、次季（壽永三年）前兵衛佐源朝臣頼朝、以二丹波國宇都鄉一令レ寄二進當寺傳法料一畢、同年五月十九日

**別記**　具体的には不明ながら、文覚が神護寺に来て以来、配流までの彼自身の難行苦行の様子を物語る記録が別にあったのであろう。なお前出「居住せしむと云々」の項参照。

**彼の国**　配流先である伊豆国を指す。

**院勘を免ぜられざるの外に…**　後白河院の下した罰を許されない限りは、一生涯山を出ることはない。

**一期の間**　一生涯のこと。

**第六年に至り**　配流された承安三年（一一七三）から六年目の治承二年（一一七八）にあたる。

**本寺**　神護寺を指す。

**蓮華王院**　後白河院の御所法住寺殿のなかに、平清盛の功によって長寛二年（一一六四）に建立された。いわゆる「三十三間堂」として有名。京都市東山区に所在。

**先年…**　流罪となった承安三年の時点で要請していた神護寺興隆のための荘園寄進を、この時に再び訴え、今回はその要請を認めるという後白河院の裁可を得た。

**紀伊国拺田庄**　桛田庄とも笠田庄とも書く。和歌山県伊都郡かつらぎ町に所在。紀ノ川沿いのすぐ北辺に位置する。その荘園絵図は代表的なものとして有名。現地には文覚井という灌漑用水路が残る。

行を存ずるの故なり〈以前の次第は具《つぶさ》に*別記に載す〉。遂に*彼《か》の国に下着し畢《おわ》んぬ。下着の後、深山の中に尋ね入り、荊棘《けいきょく》を苅り掃《はら》いて一宇の草菴を構え、居住せしむるところなり。即ち誓いを発《お》こして云わく、

*「院勘を免ぜられざるの外に、*一期《いちご》の間、山内を出《い》づべからず」と云々。居住の間、一向に

太上法皇御宝寿長遠の祈禱を勤修《ごんしゅ》せしむるところなり。是《こ》れまた当寺を興隆し、一切衆生を利益せんがための故なり。配流の後、第*六年に至りて漸く流罪を免ぜられ、遂に*本寺に還住《げんじゅう》す。その間、時々院参すと云々。還住の後、第五年〈寿永元年〉十一月二十一日の*蓮華王院御幸の時に至りて、御堂の内陣に進参し、*先年流罪を蒙《こうむ》るの時に申上せしむるが如く、当寺の興隆のために庄園を寄進せらるべきの旨、訴え申せしむるの処、即ち御裁許あるべきの由、仰せ下され畢んぬ。是《ここ》において文覚、涙を流して悦《よろこ》びを成し罷《まか》り出で畢んぬ。次の年〈寿永二年〉十月十八日に*紀伊国拵田庄《かせだのしょう》を寄進せられ畢んぬ。また*宰相中将泰通卿、*高倉院の御菩提に資《たす》け奉《たてまつ》らんがために、同国*神野真国庄《こうのまくにのしょう》を寄進せしめ畢んぬ。次の年〈寿永三年〉前兵衛佐《さきのひょうえのすけ》*源朝臣頼朝、*丹波国宇都郷《うつごう》を以て当寺伝法料に寄進せしめ畢んぬ。同年五月十九日、

→補1

**宰相中将泰通**　藤原泰通(生没年不詳)。藤原成通猶子。宰相は参議の唐名。この年、彼は参議左中将であった。養和元年(一一八一)十二月から寿永二年(一一八三)正月まで蔵人頭をつとめている(『公卿補任』)。

**高倉院の御菩提**　高倉天皇(一一六一～一一八一、在位一一六八～一一八〇)は、後白河と建春門院の間に誕生。清盛の娘建礼門院徳子を中宮とし、子息安徳を即位させるため譲位。その翌治承五年正月十四日に死去。→補2

**神野真国庄**　和歌山県海草郡紀美野町にある山間の荘園。鳥羽院庁によって康治元年(一一四二)に立券。康治二年の絵図が神護寺に伝来し、研究も多い。鎌倉初期の文覚配流後、神護寺の支配を離れ、その後は高野山領荘園として猿川庄とあわせ「三ヵ荘」として史料に見える。

**源朝臣頼朝**　一一四七～一一九九。鎌倉幕府創始者。源義朝の子。伊豆に配流中に頼朝と文覚が知り合っていたことは『愚管抄』によって確認できる。頼朝の挙兵を文覚が説得したという『平家物語』の伝承もそこから派生したか。→補3

**丹波国宇都郷**　京都市右京区京北に所在。和名抄では「有頭郷」。源頼朝の寄進について関係文書が神護寺に伝来。なお後出「吉富庄」の項も参照。→補4

太上法皇以二吉富庄一一圓令レ寄二進當寺一御畢、彼吉富庄内宇都郷者、故左馬頭源朝臣義朝之私領也、而平治元年之比、彼義朝朝臣謀叛之後、依レ爲二沒官之處一、成二平家之所領一畢、其後故大納言成親卿傳領之間、副二加神吉・八代・熊田・志摩・刑部等郷一、爲二一圓之庄號一所レ令レ寄二進院御願法華堂一也、然而彼頼朝朝臣依二親父之罪過一、雖レ被レ處二流罪一、治承年中之比平家謀叛之尅、奉二爲　朝家一依レ致二忠信一、至二于壽永年中一、被レ免二配流一、蒙二抽賞一之日、依レ爲二相傳之私領一、以二彼宇都郷一所レ令レ寄二進當寺一也、但於下所二副加一之郷々上者、雖レ爲二一圓之庄一、非二相傳之領一、故除レ之者也、然而文覺以二此由一令レ申二

上

法皇一之處、改二彼法華堂之領一、惣以二所レ殘之郷々一、成二一圓之領一、所下令レ寄二進當寺一御上也、又院御領備中國足守庄故散位安倍資良以二私得分一、依レ令レ寄二進當寺之護摩堂一、

法皇聞二食此旨一、副二加御年貢一一圓令二寄進一御畢、但所レ被二副加一御年貢者、文覺別御恩也、而文覺所レ令レ寄二進藥師如來一也、又若狭國西津勝載使之得分、資良以下令二寄進一故上、

**太上法皇**　後白河法皇(一一二七～一一九二)。

**吉富庄**　→補1

**源朝臣義朝**　一一二三～一一六〇。清和源氏、為義嫡男で頼朝の父親。東国に勢力を伸ばし、保元の乱では後白河方につくが、平治の乱で敗退。その翌年東国に落ちるところを殺害される。

**平治元年の比**…　一一五九年の平治の乱を指す。

**故大納言成親卿**　後白河院近臣の藤原成親(一一三八～一一七七)。鹿ヶ谷事件で備前に配流、かの地で殺害される。

**神吉八代熊田志摩刑部等の郷**　宇津庄(吉富本庄)周辺の諸郷。神吉・志摩・刑部はその西南方にあたり現在南丹市八木町に、八代・熊田は東北方向に接し京都市右京区京北周山町付近に比定されている。

**院の御願法華堂**　後白河院の御所に設けられた持仏堂の長講堂を指す。ここでは法華経を長日不断に講読し法華長講弥陀三昧堂とも称したが、それを略して長講堂と呼んだ。膨大な荘園を集積していた事で有名。

**寿永年中に至り**…　頼朝は平治の乱に敗れて伊豆に流罪の身であったが、寿永二年(一一八三)十月九日、罪を許されて本位の従五位下に復している。

**副え加うるところの郷々**　前出の神吉、

*太上法皇、*吉富庄《よしとみのしょう》を以て一円に当寺に寄進せしめ御《たま》い畢《おわ》んぬ。彼《か》の吉富庄内宇都《うつ》郷は、故*左馬頭《さまのかみ》源朝臣義朝の私領なり。しかるに*平治元年の比《ころ》、彼の義朝朝臣謀叛の後、没官《もっかん》の処たるによって、平家の所領と成り畢んぬ。その後、*故大納言成親卿伝領の間、*神吉《かみよし》・八代《やしろ》・熊田《くまた》・志摩・刑部《おさかべ》等の郷を副え加え、一円の庄号をなし*院の御願法華堂に寄進せしむるところなり。然《しか》るに彼の頼朝朝臣、親父の罪過によって流罪に処せらると雖《いえど》も、治承年中の比《ころ》、平家謀叛の尅、朝家の奉為《おんため》に忠信を致すによって、*寿永年中に至りて配流を免ぜらる。抽賞を蒙るの日、相伝の私領たるによって、彼の宇都郷を以て当寺に寄進せしむるところなり。但し、*副え加うるところの郷々においては、一円の庄たりと雖も、相伝の領に非ず。故にこれを除くものなり。然るに文覚、この由を以て
法皇に申し上げしむるの処、彼の法華堂の領を改め、惣じて残るところの郷々を以て*一円の領と成し、当寺に寄進せしめ御うところなり。また院の御領*備中国足守《あしもりの》庄《しょう》は、故散位*安倍資良《あべのすけよし》が私の得分を以て当寺の護摩堂に寄進せしむるによって、*法皇この旨を聞こし食《め》し御年貢を副え加え一円に寄進せしめ御い畢んぬ。但し、副え加えらるるところの御年貢は、*文覚別の御恩なり。しかるに文覚、*薬師如来に寄進せしむるところなり。また、*若狭国西津*勝載使《しょうさいし》の得分、資良寄進せしむるの故を

八代、熊田、志摩、刑部の諸郷。これは吉富庄に含まれてはいても源氏の相伝領ではなかったために除外された。前出「吉富庄」の項参照。

**一円の領と成し…** 源氏旧領部分も後に加えられた諸郷もあわせて神護寺に寄進された。→補2

**備中国足守庄** 岡山市西郊の足守・下足守・上土田に比定。吉備高原の南端部から足守川が平野部に出た所に位置し、条里地割を描く院政期の足守庄絵図は有名。→補3

**安倍資良** 生没年不詳。後白河院庁の主典代として院務を担当。後世、安倍氏による庁務職相伝の祖とされる。この子孫の女性平氏女も貞応元年(一二二二)十二月西津庄預所となっている(「神護寺文書」)。→補4

**法皇** 後白河院のこと。

**文覚別の御恩** 神護寺領としてではなく文覚がその処分権をにぎるものとして別相伝とされたのであろう。

**薬師如来** 上文に見える三間四面の本尊か。

**若狭国西津** 福井県小浜市。小浜とともに国の要津であった。この津を含む海に臨む地域が西津庄として神護寺領とされた。→補5

**勝載使** →補6

如レ本被レ成二定當寺御領一畢、同年〈元暦元季〉八月廿八日
太上法皇、以二大師御自筆金泥兩界曼荼羅一、所下令レ奉レ送二渡當寺之一御上也、次年以
前所レ被レ付二曼荼羅一之播磨國福井庄如レ本令二寄進一御畢、但件曼荼羅者、昔大師御
在世之時、所レ被レ安二置當寺一之根本曼荼羅也、是則
天長皇帝之御願也、然而當寺破滅之比、奉レ移二渡仁和寺一、其後展轉、所レ奉レ移二納
蓮華王院之寶藏一也、於レ是
太上法皇以二壽永年中之比一、令レ奉レ送二渡高野山一御畢、卽彼尅以二件福井庄一所下令レ
寄二進曼荼羅一御上也、然文覺興二隆當寺一、擬レ令レ複〔復〕二舊儀一之日、以二彼曼荼羅一、如レ本
可レ被レ安二置本寺一之由、頻依レ令二訴申一、卽御使遣二於彼山一、所下令レ奉レ迎二渡當寺之一
御上也、雖レ然不レ被レ付二彼福井庄一者也、仍文覺以二彼庄一如レ本可レ被レ付二曼荼羅一之
由、重令二訴申一之處、
法皇有二御承諾一、所下令二寄進一御上也、〈件庄々事等、具載二廳御下文并領家寄文或別日記等一〉是併以二

**同年〈元暦元年〉…**　ここから神護寺にとって根本的な寺宝ともいえる高雄曼荼羅と、その料所福井庄が同寺に寄せられた事が記される。さらに続けて、これらを契機とした起請四十五箇条作成の意図が語られる。→補1

**太上法皇**　後白河院を指す。

**大師御自筆の金泥両界曼荼羅**　弘法大師の真筆とされる、胎蔵界と金剛界の二幅からなる曼荼羅図。いわゆる「高雄曼荼羅」として有名。→補2

**次の年**　元暦二年(一一八五)にあたる。すなわちこの起請が作成された年。

**播磨国福井庄**　兵庫県姫路市の東南部に所在。同市の勝原区・大津区・網干区近辺。→補3

**天長皇帝**　淳和天皇(七八六～八四〇、在位八二三～八三三)を指す。

**仁和寺**　京都市右京区御室にある真言宗寺院。光孝天皇のために宇多天皇が建立。代々皇族が入寺する格の高い門跡寺院。真47参照。

以て、本《もと》の如く当寺御領に成し定められ畢《おわ》んぬ。同年*〈元暦元年〉八月二十八日、*太上法皇、*大師御自筆の金泥《きんでい》両界曼荼羅を以て当寺にこれを送り渡し奉《たてまつ》らしめ御《たま》うところなり。*次の年、以前に曼荼羅に付けらるるところの*播磨国福井庄を本の如く寄進せしめ御い畢んぬ。但し、件《くだん》の曼荼羅は、昔大師御在世の時、当寺に安置せらるるところの根本曼荼羅なり。是《こ》れすなわち、
*天長皇帝の御願なり。然《しか》るに当寺破滅の比《ころ》、*仁和寺に移し渡し奉る。その後展転して、*蓮華王院の宝蔵に移し納め奉るところなり。是《ここ》において*太上法皇、*寿永年中の比《ころ》を以て、高野山に送り渡し奉らしめ御い畢んぬ。即《すなわ》ち彼《か》の尅《きざみ》、件の福井庄を以て曼荼羅に寄進せしめ御うところなり。然るに文覚、当寺を興隆し旧儀に復せしめんと擬するの日、彼の曼荼羅を以て本の如く*本寺に安置せらるべきの由、頻りに訴え申せしむるによって、即ち*御使を*彼の山に遣わし、当寺にこれを迎え渡し奉らしめ御うところなり。然りと雖《いえど》も、彼の福井庄を付けられざるものなり。仍て文覚、彼の庄を以て本の如く、曼荼羅に付けらるべきの由、重ねて訴え申せしむるの処、
法皇御承諾ありて寄進せしめ御うところなり〈*件の庄々の事等、具《つぶさ》に*庁の御下文幷びに*領家の寄文、或いは別の日記等に載す〉。是れ併《しか》しながら

**蓮華王院の宝蔵**　後白河によってたてられた法住寺殿内の蓮華王院に属する宝蔵。宝蔵目録の写が東山御文庫に伝来。京都市東山区三十三間堂の東南方向すぐに宝蔵町という地名が残る。鳥羽の勝光明院とともに院政期王家の代表的な宝蔵とされる。
**太上法皇**　後白河院を指す。
**寿永年中の比**　寿永二年（一一八三）の事と思われる。→補4
**本寺**　神護寺を指す。
**御使**　後白河の命によって高野山に派遣された使者。
**彼の山**　高野山を指す。後白河院によって曼荼羅が高野山から神護寺に渡されるにあたっての状況は、「宝簡集」二五（「高野山文書」、『平』四〇九五・四〇九六号）や、神護寺側の「神護寺文書」九四〜九六号によってその一端を知ることができる。これらによると、実際の作業は「遅引」したり、「重ねて」国司に催促したりしていることが読みとれ、若干の軋轢があったことを思わせる。
**件の庄々の事**…　福井庄や挊田庄以下、神護寺に寄進された荘園の事について具体的な事は、別に文書や日記がある。
**庁の御下文**　後白河院庁下文。
**領家の寄文**　荘園領主の領家からの寄進状。

太上法皇之御恩德一、漸所レ令レ遂二興隆之大願一也、然而末代之僧徒等、恐任二淺劣愚昧之心一、張二行非法一、破二滅佛法一、空失二法皇之鴻恩一、違二背文覺之本懷一者歟、爲レ禁二止彼破滅之因緣一、記二四十五箇條之誡一、所レ令レ申二請太上法皇之御手印一也、仍寺僧等以二此置文一、爲二末代之明鏡一、各愼誡二自身一、或互加二教訓一、可レ令三佛法壽命繼二未來際一也、條々之狀具烈如レ左、

一　寺僧等可二一味同心一事

右、大師御遺誡文云、

于レ時弘仁之年季冬之月、語二諸金剛弟子等一、夫剃レ頭着レ染之類、我大師薄伽梵子、呼二僧伽一、々々梵名、翻云二一味和合一、等レ意云（衍）上下無二諍論一、長幼有二次第一、如二乳水之無一レ別、護二持佛法一、如二鴻雁之有一レ序、利二濟群生一、若能悟解已、卽名二是佛弟子一、若違二斯義一、卽名二魔黨一、佛弟子卽是我弟子、々々々卽是佛弟子、魔黨則非二吾弟子一、我〔吾〕弟子則非二魔弟子一、非二我及佛弟子一

**浅劣愚昧**　思慮が足らず浅はかで愚かなこと。

**鴻恩**　高大な恩恵。

**太上法皇の御手印**　後白河法皇の朱の右手手印が、冒頭部と末尾の日付部分に各一つずつ捺されている。さらに末尾の日付の奥には、手印を加えた旨を記す宸筆も存在する。↓補1

**この置文**　文覚四十五箇条起請を指す。置文は、将来にわたって遵守すべき永続的な規範であり、寺院法の一形態。

**未来際**　未来の果ての意、永遠に。

1　寺僧たちは力を合わせ、心を一つに

太上法皇の御恩徳を以て、漸く興隆の大願を遂げしむるところなり。然《しか》るに末代の僧徒等、恐らくは*浅劣愚昧の心に任せて、非法を張行し仏法を破滅して、空しく法皇の*鴻恩を失い、文覚の本懐に違背するものか。彼の破滅の因縁を禁止せんがために、四十五箇条の誡めを記し、

*太上法皇の御手印を申請せしむるところなり。仍て寺僧等、*この置文を以て末代の明鏡となし、各《おのおの》慎みて自身を誡め、或いは互いに教訓を加えて、仏法の寿命をして*未来際《みらいざい》に継がしむべきなり。条々の状、具《つら》に烈ぬること、左の如し。

1 一 寺僧等、一味同心すべき事

右、*大師の御遺誡《ごゆいかい》の文《もん》に云わく、

「*時に弘仁の年季冬の月、諸《もろもろ》の*金剛の弟子らに語る。それ*頭《こうべ》を剃《そ》り染めたるを着するの類は、我が大師*薄伽梵《ばがぼん》の子なり。*僧伽《そうぎゃ》と呼ぶ。*僧伽は梵名なり。翻じて一味和合と云う。意《こころ》を等しくして上下*諍論《じょうろん》なく、長幼《ちょうゆう》次第あり。*乳水の別なきが如くして仏法を護持し、*鴻雁の序《ついで》あるが如くして群生《ぐんじょう》を利済す。もし能く悟解《ごげ》し已《おわ》るをば、即ち是《こ》れを*仏弟子と名づく。もしこの義に違うをば、即ち*魔党と名づく。仏弟子は即ち是れ*我が弟子なり。我が弟子は即ち是れ仏弟子なり。魔党はすなわち吾が弟子に非ず。吾が弟子はすなわち魔の弟子に非ず。我れおよび仏弟子

すべきである。
**大師の御遺誡** 「承和の遺誡」と通称される、弘法大師空海に仮託された偽作。↓補2
**時に弘仁の年季冬の月** 「承和の遺誡」諸写本に、この部分は存在せず、代わりに文末に「承和元年(八三四)五月二十八日遺誡」とある。季冬は十二月のこと。↓補3
**金剛の弟子** 金剛界曼荼羅に入壇し灌頂を受ける弟子の意で、真言宗の僧徒を指す。
**頭を剃り…の類** 僧侶のこと。
**薄伽梵** 梵語(サンスクリット)バガヴァンの音写で、釈迦の尊称。
**僧伽** 梵語サンガの音写で、仏教教団のこと。
**僧伽は…と云う** 僧伽は梵語で、これを訳すと、一味和合という意味になる。
**諍論** 論じ争うこと。
**乳水の…如くして** 乳と水を分けることができないように一致団結して。
**鴻雁の…** 大きなかり(鴻)と小さなかり(雁)が並び飛ぶのに順序があるように秩序だって、生きとし生ける者に益を与え苦しみから救う。
**仏弟子** 釈迦の弟子。
**魔党** 悪魔のなかま。
**我が弟子** 空海の弟子。

者、所謂旃陀羅惡人、佛法・國家之大賊、々々則現世無二自他之利一、後生即入二無間之獄一、無間重罪之人、諸佛大慈所レ不レ能二覆蔭一、菩薩大悲所レ不レ能二救護一、何況諸天善神、誰人存念、宜汝等二三子等、熟顧二出家之本意一、誰尋二入道之源由一、長兄以二寛仁一調レ衆、幼弟以二恭順一問レ道、不レ得レ謂二賤貴一、一鉢單衣除二煩擾一、三時上堂観二本尊三昧一、五相入觀早證二大悉地一、受〔変〕二五濁之澆風一、勤二三覺之雅訓一、酬二四恩之廣德一、興二三寶之妙道一、此吾願也、自外之訓誡、一如二顯密二教一、莫二違越一、若故違越者、五大忿怒・十大金剛、依レ法檢極〔殛〕、善心長者等、依二内外法律一治擯而已、以レ一知レ十、不二煩多言一、

然則寺僧等各愼守二此旨一、若寺役・佛事之勤、若修學二道之營、或沙彌・小兒之誡、或末寺・庄園之政、都世間・出世善惡二事之沙汰、滿山一味同心、評二定理非一畢、可二政行一也、或付レ自付レ他、大小諸事普互令二觸告一、不レ可レ令レ有二不審一也、若背二此旨一、普不レ令レ觸二寺僧一、獨

**旃陀羅悪人**　旃陀羅のような悪人。旃陀羅は梵語チャンダーラの音写で、インド社会においてアウトカースト(四姓外)と見なされ最も賤視された最下級身分の称。「旃陀羅のような悪人」なる成句は、インド大乗仏教の展開過程において次第に慣用句化した表現である。↓補1

**自他の利**　自利と利他。自らの修行の功徳を自らが得ることと、その功徳を衆生の福利に振り向けること。

**無間の獄**　間断なく苦しみを受ける地獄。

**無間重罪の人**　無間地獄に堕ちる重い罪を犯した人。

**諸天善神**　天部の仏法を守護する神々。

**入道の源由**　仏道に入った理由。

**寛仁**　心が広く情け深いこと。

に非ざるは所謂《いわゆる》*旃陀羅《せんだら》悪人なり。仏法・国家の大賊なり。大賊はすなわち現世には*自他の利なく、後生には即ち*無間《むけん》の獄に入る。*無間重罪の人は、諸仏の大慈も覆蔭《ふくおん》すること能《あた》わざるところ、菩薩の大悲も救護すること能わざるところなり。何に況《いわん》や*諸天善神をや。誰《たれ》の人か存念せん。宜《よろ》しく汝等《なんたち》二三子等、つらつら出家の本意を顧みて、誰も*入道の源由を尋ねよ。長兄は*寛仁《かんじん》を以て衆を調え、幼《ゆう》弟《てい》は*恭順を以て道《どう》を問え。賤貴を謂《い》うこと得ざれ。*一鉢単衣《いっぱちたんね》にして煩擾《はんにょう》を除け。*三時に上堂して本尊の三昧を観じ、*五相入観《にっかん》して早く大悉地《だいしつじ》を証せよ。*五濁《ごじょく》の澆《ぎょう》風《ふう》を変じて三覚の雅訓《がきん》を勤め、*四恩の広徳を酬《むく》いて三宝の妙道を興《こう》ぜん。これ吾が願いなり。*自外の訓誡《きんかい》は一《もはら》顕密二教の如し。違越すること莫《なか》れ。もし故《ことさら》に違越せば、*五大忿怒《ふんぬ》・*十大金剛、法によって*検殛《けんきょく》し、善心の長者等、内外の法律によって*治擯《じひん》せよ而已《まくのみ》。一を以て十を知れ。煩わしく多言せず」。

然《しか》ればすなわち、寺僧等は各慎みてこの旨を守れ。もしくは寺役・仏事の勤め、もしくは修学二道の営み、或いは*沙弥・小児の誡め、或いは末寺・庄園の*政、都《すべ》ての*世間・出世の善悪二事の沙汰、満山一味同心し、理非を評定し畢りて政し行うべきなり。或いは自に付け他に付けて、大小諸事を普《あまね》く互いに触れ告げしめ、不審あらしむべからざるなり。もしこの旨に背いて、普く寺僧に触れしめず独《ひと》り

**恭順**　慎んで命令に従うこと。
**一鉢単衣に…**　質素な生活をして煩わしさを除け。
**三時に上堂…**　晨朝・日中・日没に入堂して、安置している仏と同じ悟りの境地に入れ。
**五相入観…**　金剛界大日如来に対する五段階の観想を行って、すみやかに悟りをひらけ。
**五濁の…**　末世において発生する五種の悪事災害を変えて、自ら悟る(自覚)とともに他を悟らせる(覚他)という仏の教えを実践する。
**四恩の…**　父母・国王・衆生・三宝の広大な恩徳に報い、仏教のすぐれた道を盛んにする。
**自外の訓誡は…**　その他の教えいましめは、すべて顕教と密教のいましめと同じである。
**五大忿怒**　不動・降三世(ごうざんぜ)・軍荼利(ぐんだり)・大威徳・金剛夜叉(やしゃ)の五明王。
**十大金剛**　十護天と総称される仏法の守護神たち。
**検殛**　調べて罰すること。
**治擯**　処罰すること。
**沙弥**　仏門に入ったばかりの小僧。
**政**　所領や人民を治めること。
**世間出世**　俗人の社会と出家者の社会。

令レ行二諸事一、或縱雖レ令レ觸、多分之衆徒、不三承引二之事、獨張政、於二如レ此之輩一者、速可レ令レ擯二出寺内一矣、

一　不レ可レ簡二貴賤一事

右、末代惡世之僧徒、偏貪二着名聞利養一、故不レ顧二佛法之道理一、不レ用二大師之教訓一、或以二種姓高貴之人一定レ主、或以二衣食豊饒之輩一仰レ上、是背二僧侶之法一、永可レ令二禁制一也、早學二釋尊之遺風一、任二大師之教誡一、以二智行一爲二上首一、以二戒臈一可レ爲二次第一矣、

一　簡二察善惡勝劣一、不レ可レ令二雜亂一事

右、不レ辨二善惡勝劣一、妄政二諸事一、是則佛法凌遲之基、國土損亡之源也、故世間・出世共能可レ令二分別一也、一者上下之禮不レ可レ令レ亂、二者師弟之儀不レ可レ令レ失、三者利智精進之人懈怠愚昧之輩、可レ令二簡擇一、四者上根勇鋭之人怯弱下劣之類、可レ令二分別一、五者淨信持戒之人破戒不信之者、可レ有レ差也、六者高貴有德之人鄙賤醜陋之黨、不レ可レ同也、七者正直憲法之人偏頗矯飾之徒、可レ令レ察也、八者良賢英哲之人放埒不當之族、

**多分の…**　大部分の衆徒が承諾しないことを一人で強行する。
**擯出**　寺僧集団から追放すること。
**2**　僧侶の序列は世俗の身分・財によってはならない。
**名聞利養に貪着**　名声や利益を得ることにこだわり執着すること。
**大師の教訓**　弘法大師のおしえ。
**種姓**　家系や家柄のこと。
**智行**　悟りにいたる智慧と行い。
**戒臈**　出家受戒してからの年数。

諸事を行わしめ、或いは縦《たと》い触れしむと雖も、*多分の衆徒が承引せざるの事を独り張政せしむ。此《かく》の如《ごと》きの輩においては、速やかに寺内を*擯出《ひんしゅつ》せしむべし。

2 一 貴賤を簡《えら》ぶべからざる事

右、末代悪世の僧徒は、偏《ひとえ》に*名聞《みようもん》利養に貪着《とんじやく》す。故に仏法の道理を顧みず。*大師の教訓を用いず。或いは*種姓高貴の人を以て主と定め、或いは衣食豊饒の輩を以て上と仰ぐ。是《こ》れ僧侶の法に背く。永く禁制せしむべきなり。早く釈尊の遺風を学び、大師の教誡に任せて、*智行を以て上首となし、*戒臈を以て*次第となすべし。

3 一 善悪*勝劣を*簡察し、雑乱せしむべからざる事

右、善悪勝劣を弁《わきま》えず、*妄《みだ》りに諸事を政《まつりご》つは、是れすなわち仏法*凌遅の基、国土損亡の源なり。故に*世間・出世共によく分別せしむべきなり。一には上下の礼、乱さしむべからず。二には師弟の儀、失わしむべからず。三には*利智精進の人と懈《け》怠愚《たいぐ》昧《まい》の輩とを*簡択《けんちやく》せしむべし。四には*上根勇鋭の人と怯弱《きようじやく》下劣の類とを分別せしむべし。五には*浄信持戒の人と破戒不信の者とに差あるべきなり。六には*高貴有徳の人と鄙賤醜陋《しゅうろう》の党《ともがら》とを同じうすべからざるなり。七には*正直憲法の人と偏頗《へんぱ》矯飾《きょうしょく》の徒《ともがら》とを察せしむべきなり。八には*良賢英哲の人と放埒《ほうらつ》不当の族

**次第となすべし**　順序をさだめるべきである。

**3**　徳の有無や善悪優劣などをふまえて、それぞれふさわしくふるまうべきである。→補1

**勝劣**　すぐれていることと劣っていること。

**簡察**　分別して選ぶこと。

**妄りに諸事を政つ**　人の能力や善悪をふまえないで寺内の運営を行うこと。

**凌遅**　しだいにすたれていくこと。陵遅と同じ。

**世間出世**　荘園所職や布施など寺院を支える経済的な側面と、直接宗教活動にかかわる側面と。

**利智精進の人と…の輩**　鋭敏で智恵があり努力する人と、愚かで怠ける人。

**簡択**　分別して選びわけること。

**上根勇鋭の人と…の類**　機根(素質や能力)にすぐれ、物事を恐れない人と、小心憶病で才能に劣る人。

**浄信持戒の人と…の者**　道心が強く戒律を守る人と、そうでない人。

**高貴有徳の人と…の党**　出自が高く徳のある人と、身分がいやしい人。

**正直憲法の人と…の徒**　正直で公正な人と、偏りうわべだけの人。

**良賢英哲の人と…の族**　賢くすぐれた人と、勝手気ままな人。

可二撰定一也、九者清廉貞潔之人放逸無慙之侶、尤可レ異也、十者積功運勞之人嫉妬違背之仁、不レ可レ等也、於二如レ此徳失一、能究察、審簡擇、於二有徳之人一者、可レ令二尊敬一也、於二無徳之人一者、可レ令二憐愍一也、或又有徳人不レ可レ有二憍慢一也、過失之人可レ勸二勵自心一也、夫賞レ功治レ過者善法自興也、勸レ惡沈レ善者非法不レ止也、此故不レ可レ令レ雜二亂善惡一矣、

一　寺務執行人不レ觸二寺僧一、公私諸事恣不レ可二張行一事

右、若寺中若庄園、世間・出世大小諸事、普令レ觸二住僧一、可レ致二沙汰一也、若不レ觸二寺僧一恣行二偏頗矯飾之政一者、大衆僉議不レ可レ用二非道之下知一、或放逸遊戲令レ懈二怠寺務一之時者、僧徒評定、可二驚誡一矣、

一　住僧等不レ可レ輕二哢寺務執行人一事

右、於レ政二行諸事一者、寺僧等皆可レ隨二執行之人沙汰一也、於乙不レ用下有二道理一之事上輩甲者、早可レ令レ處二罪科一矣、

一　寺務執行人等不レ可レ用二追從・賄賂一事

**清廉貞潔の人と…の侶**　清廉潔白な人と、わがままにふるまい自らを恥じない人。

とを撰定すべきなり。九には*清廉《せいれん》貞潔の人と放逸無慚《ほういつむざん》の侶《ともがら》とを尤《もっと》も異にすべきなり。十には*積功運労の人と嫉妬《しっと》違背の伴《ともがら》とを等しうすべからざるなり。此《かく》の如《ごと》きの徳失においてよく究察し、審らかに*簡択《けんちゃく》せよ。有徳《うとく》の人においては尊敬せしむべきなり。無徳の人においては憐愍《れんびん》せしむべきなり。或いはまた有徳の人は*憍慢あるべからざるなり。過失の人は自心を勧励すべきなり。それ功《いさお》を賞《ほ》め過《あやま》ちを治《なお》さば善法おのずから興るなり。悪を勧め善を沈むれば非法止《や》まざるなり。この故に善悪を雑乱せしむべからず。

4 一 寺務執行の人は、寺僧に触れずして公私の諸事を恣《ほしいまま》に*張行すべからざる事

右、*もしくは寺中の、もしくは庄園の、世間・出世の大小諸事は、普《あまね》く住僧に触れしめ、沙汰を致すべきなり。*もし寺僧に触れずして恣に偏頗矯飾の政《まつりごと》を行わば、大衆僉議して非道の下知を用うべからず。或いは*放逸遊戯して寺務を懈怠せしむるの時は、僧徒評定して驚誡すべし。

5 一 住僧等は、寺務執行の人を*軽哢《けいろう》すべからざる事

右、諸事を*政《ただ》し行うにおいては、寺僧等は皆、執行の人の沙汰に随うべきなり。道理あるの事を用いざる輩においては、早く罪科に処せしむべし。

6 一 寺務執行の人等は追従《ついしょう》・賄賂《わいろ》を用うべからざる事

**積功運労の人と…の伴**　労をいとわず功を積む人と、人をねたみ約束や規則を守らぬ人。

**簡択**　分別して選びわけること。

**憍慢**　おごり人を侮ること。驕慢。

**4**　寺の運営を行う人は、独断で行ってはならない。非道の場合は寺僧らは服従しなくともよい。第5条とセットになる条項。

**張行**　強引に実行すること。

**もしくは寺中の…**　寺内の運営や寺領荘園の支配管理など、宗教的なことでも世俗のことでも、住僧にはかって実施しなければならない。

**もし寺僧に…**　寺僧にはかることなく偏頗な沙汰が行われるときは、寺僧らは集会相談し、従う必要はない。

**放逸遊戯して…**　勝手気ままに遊戯にふけり、きちんと寺務を遂行しないものに対しては、寺僧らは評定のうえ厳重にいましめる事とする。

**5**　寺僧らは寺務執行人を軽侮してはならず、その沙汰に従わねばならない。第4条に対応する。

**軽哢**　軽んじて従わないこと。

**政し行う**　寺院の運営や寺領管理などを行うこと。

**6**　寺務執行人は寺僧荘官百姓からの賄賂追従を用いてはならない。

右、或寺僧之中、或庄官・百姓等、有二邪佞之悕〔希〕望一、於レ致二追従・賄賂一者、返可レ處二罪科一、更不レ可レ用矣、

一　撰二定器量一可レ令レ補二任三綱・供僧等一事

右、正直憲法無二邪佞之心一、敬二重住僧一憐二愍諸人一、以二如レ此之僧侶一可レ令レ補二三綱一也、縦雖レ具二才藝一、於レ帯二不善之心一者、不レ可レ任二彼職一、於二堂舎供僧一者、以二知法精進之人一、可レ令レ補也、縦雖二知法之僧一、於下具二諂曲心一之輩上可レ除レ之矣、

一　不レ問二實否一不レ糺二輕重一妄不レ可レ行二治罰一事

右、於二輕過之人一不レ可レ加二重罰一、於二無實之人一不レ可レ處二罪科一也、早問二定實否一、糺二勘輕重一、隨レ咎可レ行二治罰一矣、

一　不レ可レ同下意背二王法一之輩上事

右、於二當寺一者、王法榮時者共令レ興、王法衰時者共可レ滅也、更不レ可レ用下背二王法一之臣下等之歸依上也、若於下不レ順二王法一忽二諸朝威一之輩上者、雖レ為二年來之檀那・親父骨肉一、永可レ令二違背一也、縦使雖レ被レ破二滅當寺一、更以不レ可二同意一矣、

**邪佞**　不正でよこしまなこと。

**7**　三綱・供僧を補任する際、人柄器量によること。→補1

**三綱**　別当を補佐し寺務を執行する役割を担う僧。通常、上座・寺主・都維那からなる。

**供僧**　供料をうけて、堂舎本尊に供奉し仏事勤行を常とする学僧。

**縦い才芸を**…　力量を備えていても不善の心の者は三綱に任じてはならない。→補2

**知法精進**　真理を知り、ひたすら仏道の実践生活に励むこと。

**諂曲**　自分の意を曲げて、人にへつらうこと。

**8**　罪科懲罰は実否軽重を糺した上で行うこと。→補3

**治罰**　退治し懲罰を加えること。

**9**　王法に背くものの帰依は、たとえ寺が破滅させられようともけっして受けない。ちなみに第27条では、他処の悪徒に同意しないことという条項が見える。

**王法栄うる時は**…　王法と神護寺の興亡は一連のもので同調しているとする認識。東寺や東大寺など、この時期の有力寺院にしばしば見られるもの。東大寺正倉院に伝わっていた銅板勅書の裏側の銘文は「以代代国王、為我寺檀越、若我寺興復、天下興復、若我寺衰弊、天下衰

右、或いは寺僧の中に、或いは庄官・百姓等に*邪佞《じゃねい》の希望ありて、追従・賄賂を致すにおいては、返りて罪科に処すべし。更に用うべからず。

7 一 器量を撰定して、*三綱・*供僧等に補任せしむべき事

右、正直憲法にして邪佞の心なく、住僧を敬重して諸人を憐愍す、此《かく》の如《ごと》きの僧侶を以て三綱に補さしむべきなり。*縦《たと》い才芸を具《そな》うと雖《いえど》も、不善の心を帯ぶるにおいては、彼の職に任ずべからず。堂舎の供僧においては、*知法精進の人を以て補さしむべきなり。縦い知法の僧と雖も、*諂曲《てんごく》の心を具うるの輩においては、これを除くべし。

8 一 実否を問わず軽重を糺さずして、妄《みだ》りに*治罰《じばつ》を行うべからざる事

右、軽過の人に重罰を加うべからず。無実の人を罪科に処すべからざるなり。早く実否を問定し、軽重を糺勘して、咎に随い治罰を行うべし。

9 一 王法に背くの輩に同意すべからざる事

右、当寺においては、*王法栄うる時は共に興らしめ、王法衰うる時は共に滅ぶべきなり。更に王法に背くの臣下等の帰依を用うべからざるなり。もし王法に順《したが》わず*朝威を忽諸《こつしょ》するの輩においては、年来の*檀那・親父骨肉たりと雖も、永く違背せしむべきなり。*縦使《たとい》当寺を破滅せらると雖も、更に以て同意すべからず。

弊」とあり、さらに『東大寺続要録』はその冒頭で「右倩思当寺盛衰、偏由源平興廃」として、保元の乱以来の歴史を回顧し、治承の焼失とその後の再建とを重ね合わせている(『続々群』一一)。また『東宝記』でも冒頭「一、東寺草創事」に続く「一、一朝崇敬事」で「弘仁三年十一月廿七日施入田地符文云、以代々国王、為我寺檀越、若伽藍興復セハ、天下興復シ、伽藍衰弊セハ天下衰弊セン」(『国宝東宝記 原本影印』東京美術、一九八二年)との表現が見え、中世の有力寺院が国家とのかかわりを説明する定型的な文言であった。なおこれらについては久野修義「中世東大寺と聖武天皇」(『日本中世の寺院と社会』塙書房、一九九九年)参照。

**朝威を忽諸する** 朝廷の権威をものともせず、ないがしろにする、という意。治承寿永内乱のさなかにあって、平家をはじめその具体的イメージに事欠くことはなかったであろう。

**檀那** 寺や僧に布施をする人。

**縦使当寺を…** このくだりには、平家による東大寺・興福寺の焼討ちが念頭にあったかもしれない。この事件は治承四年(一一八〇)十二月のことだから、まだ五年も経過していないことになる。なお、この時点でまだ平家は西海にあり、滅んではいない。

一　有㆓大事訴訟㆒之時僧徒引率可㆑令㆑奏㆓　公家㆒事
右、末代大事訴訟出來時者、大衆陣參、可㆑驚㆓天聽㆒也、若不㆑蒙㆓裁許㆒之時者、乍㆑立㆓陣庭㆒可㆑盡㆓一生㆒也、縱使不㆑還㆓本寺㆒雖㆑及㆓死亡㆒、更以㆓私威㆒企㆓合戰㆒、不㆑可㆑決㆓勝負㆒也、或又追㆓從臣下㆒不㆑可㆑致㆓賄賂㆒矣、

一　可㆑令㆑修㆓造堂塔㆒事
右、於㆓堂塔破損㆒者、可㆑令㆑　奏㆓達事由於　公家㆒也、或寺僧等各合力、常加㆓修造㆒、更不㆑可㆑令㆑破㆓壞堂舍等㆒矣、

一　恆例佛事等事
右、法華會・御影供・二季彼岸等、或自㆓　公家㆒所㆑被㆓定置㆒佛事之外、不㆑可㆑行㆓講演等之小佛事㆒矣、

一　住僧中輙不㆑可㆑造㆓立堂塔㆒事
右、自㆓往古㆒所㆓建立㆒之堂塔修造之外、私輙不㆑可㆑建㆓立堂舍等㆒、但信心檀越等於㆑有㆓宿願㆒者、滿山評定可㆑隨㆑宜矣、

一　僧徒不㆑可㆑常㆓住聚落㆒事
右、非㆓寺大事㆒之外、任㆓私心㆒不㆑可㆑住㆓聚落㆒也、但自身

**10**　重大な訴えでも、武力や賄賂を用いず、寺僧集団による直訴を徹底すること。

**陣参**　宮中で公卿らが議定する場である陣に参上すること。

**天聴を驚かす**　天子の耳に入れ、注意を喚起する。

**もし裁許を…**　訴えが聞き入れられないときは、そのまま陣庭にたちつくせ。これは後白河に直談判したかつての文覚自身の姿をほうふつとさせる。

**11**　堂塔の修造は朝廷に要請するが、日常的に寺僧は修造して管理すること。

**堂塔の破損に…**　堂舎や寺塔の営繕について、日常的に小破を修造し、大破の場合は朝廷に要請するというのは、公家新制にもしばしば見られる原則であった。国9参照。

**12**　恒例仏事として定め置いたもの以外は行わない。

**法華会**　法華経を講説する法会。延暦二十一年(八〇二)和気清麻呂の子弘世・真綱が最澄を高雄に招いてはじめ、さらにその後空海とその門徒がとり行った。「高雄法花会」として有名なものであった。

10 一　大事の訴訟あるの時、僧徒引率して　公家に奏さしむべき事
右、末代大事の訴訟出来《しゅったい》の時は、大衆は*陣参して*天聴を驚かすべきなり。もし*裁許を蒙《こうむ》らざるの時は、陣庭に立ち乍《なが》ら一生を尽すべきなり。縦使本寺に還らずして死亡に及ぶと雖も、更に私の威を以て合戦を企て勝負を決すべからざるなり。或いはまた臣下に追従《ついしょう》し賄賂《わいろ》を致すべからず。

11 一　堂塔を修造せしむべき事
右、*堂塔の破損においては、事の由を　公家に　奏達せしむべきなり。或いは寺僧等　各《おのおの》合力して常に修造を加え、更に堂舎等を破壊せしむべからず。

12 一　恒例の仏事等の事
右、*法華会・*御影供・*二季の彼岸等、或いは　公家より定め置かるるところの仏事の外に、講演等の小仏事を行うべからず。

13 一　住僧中は輙《たやす》く堂塔を造立すべからざる事
右、往古より建立するところの堂塔修造の外に、私に輙く堂舎等を建立すべからず。但し信心の檀越等が宿願あるにおいては、満山評定して宜しきに随うべし。

14 一　僧徒は*聚落《しゅうらく》に常住すべからざる事
右、寺の大事に非ざるの外、私心に任せて聚落に住すべからざるなり。但し自身

↓補1

**御影供**　祖師像(ここでは空海)を本尊としてその徳を報恩講讃する法会。神護寺納涼房で行われた。『神護寺略記』(『校刊美術史料』中〔中央公論美術出版、一九七五年〕所載「神護寺資料」二七四頁)には正和三年(一三一四)の後宇多院の神護寺御幸の際、納涼房に参籠し御影供の行に参加したことを記している。

一　於納涼房百ヶ日御影供令行御事
正和三年十二月六日ヨリ当寺御参籠〈曼荼院為御所〉、百日之間毎夜寅一点御幸御影堂、御閼伽水御手自令取之給、於納涼坊御行法在之、御表白祭文即　法皇御製作云々、御共人石見判官入道重如、于時承仕随正〈当堂預〉
同四年三月廿一日御結願日、寺家恒例御影供之次、自　法皇御捧物二百十種被送之、仍満寺々僧参勤畢、同御幸、内陣御坐、廿二日大覚寺殿へ還御也、

また前出「納涼殿」の項も参照。

**二季の彼岸**　春秋の彼岸会。

**13**　寺内に新たに堂塔建立することはならない。特別の場合は満山の評定を経ること。

**14**　僧侶は人里に住んではならない。

**聚落**　集落のこと。

有二大事一之時、普令レ觸二知寺僧一、隨二許否一可レ令二進退一矣、

一　可レ勤二營修學一事

右、於二修學之勤一者、可レ任二大師御記文之旨一也、但忘二自宗一好二顯學一立二名僧一望二説法一、於二如レ此事等一永可レ令二禁斷一矣、

一　不レ可レ改二舊例一事

右、堂塔・佛像等、自レ昔所レ被二定置一之事等、更以不レ可レ令二改易一、若背二此旨一、於下改二舊例一政二新儀一之輩上者、永可レ令二擯出一矣、

一　以二私威一不レ可レ蔑二如住僧一事

右、若帝王之孫、若有德之人、或權門之族、或武勇之輩、恃二自威勢一、凌二蔑住僧一、於二如レ此之輩一者、永不レ可レ令二居住一矣、

一　不レ可レ致二諍論一事

右、若有二僻者一、或致二罵詈一、或加二打縛一之時者、彼所レ被二打罵一人等、如二不輕菩薩一速逃去、可レ訴二申事由於諸僧一

**15**　弘法大師「二十五箇条御遺告」に従い修学すること。

**大師御記文**　弘法大師の「二十五箇条御遺告」。第二条「末代の弟子等に三論・法相を兼学せしむべき縁起」には、究極的真理である密教にすべては帰入するものであるが、なおも本宗たる密教を内にしつつ末学の顕教も兼学せよ、と述べている。

**自宗**　真言密教を指す。

**顕学**　顕教の学文。

**名僧**　公請に応じて貴顕の法会に勤仕し、高い僧位僧官につくような僧侶。ここでは、神護寺僧が名僧の説法を好むというのか、あるいは神護寺僧自身が名僧

が大事あるの時は、普《あまね》く寺僧に触れ知らしめ、許否に随いて進退せしむべし。

**15** 一　修学を勤め営むべき事

右、修学の勤めにおいては、*大師御記文の旨に任すべきなり。但し*自宗を忘れて*顕学を好み、*名僧を立てて説法を望む、此《かく》の如《ごと》きの事等においては永く禁断せしむべし。

**16** 一　旧例を改むべからざる事

右、堂塔・仏像等、昔より定め置かるるところの事等を、更に以て改易《かいえき》せしむべからず。もしこの旨に背き、旧例を改め*新儀を政《ただ》すの輩においては、永く*擯出《ひんしゅつ》せしむべし。

**17** 一　私の威を以て住僧を蔑如《べつじょ》すべからざる事

右、もしくは帝王の孫、もしくは*有徳の人、或いは権門の族《やから》、或いは武勇の輩《ともがら》、自らの威勢を恃《たの》んで、住僧を*凌蔑す。此の如きの輩においては、永く居住せしむべからず。

**18** 一　*諍論《じょうろん》を致すべからざる事

右、もし*僻者《ひがもの》ありて、*或いは罵詈《ばり》を致し、或いは打縛《ちょうばく》を加うるの時は、彼の打罵《ちょうば》せらるるところの人等は、*不軽《ふきょう》菩薩の如く速やかに逃げ去り、事の由を諸僧に訴

---

となって説法するのか、という両様に解しうる。ここでは前者の解釈で読み下した。

**16** 堂塔や安置の仏像について従前の例を改めてはならない。

**新儀を政す**　新しい取り決めや、やり方を実施すること。

**擯出**　寺僧集団から追放すること。

**17** 自らの出自の威力を嵩(かさ)にして住僧を軽んじてはならない。第1・2条と同様、僧伽の論理を重視するものである。

**有徳の人**　一般的に徳のある人をいうが、この場合はとりわけ富裕な人を指すか。

**凌蔑**　あなどりないがしろにすること。

**18** 寺内で争いを行ってはならない。

**諍論**　論じ争うこと。

**僻者**　心のゆがんだ者。

**或いは罵詈を…の時は**　悪口を言って罵ったり、打ちかかってきた時は、の意。

**不軽菩薩**　常不軽菩薩の略。『法華経』「常不軽菩薩品」に登場する。像法時の菩薩で釈迦の前身。増上慢の比丘らに罵られても決して怒らず、木石で打擲されそうなときは「避走」り、常に彼らを礼拝し、皆成仏するだろうと敬った、という。その命終にあたり奇跡がおこって、人々は信伏したとある。

也、於二逃退人一者、如二菩薩一可レ令二歸敬一也、於二打罵輩一者、處二於外道一、早可レ令レ追二却山門一矣、

一　不レ可レ輕二棄根本住僧一事

右、自二幼少之時一居二住當寺一、於二積レ功運レ勞之住僧等一、至二耆年衰邁之時一、依レ不レ叶二當時之所用一、不レ可レ令二沈沒一也、或始令二來住一僧等、我身稱レ具二才能伎藝一、不レ可レ凌二蔑根本住僧一、或有二根本一之住僧、不レ可レ輕二哢新住之僧侶一矣、

一　借二當寺威一不レ可レ押二取他人田園・資財等一事

右、當寺住僧等、借二寺家之威一巧二無道之謀一、不レ可レ掠二取他人之所領・資財等一、若背二此旨一凌二蔑他人一掠二取他財一、於二如レ此輩一者、早可レ令レ追二却山門一矣、

一　不レ可レ同二坐在家人一事

右、濁世之在家人等、不レ敬二三寶一、蔑二如僧侶一者也、是尤佛法凌遲之因緣也、兼又殖二作三途之業因一也、仍寺僧等不レ可レ交二烈世俗之末座一也、但爲二寺家之沙汰一、或爲二有緣之檀那等一、於下交二住在家一之時上者、守二法律之旨一、隨レ宜可二進退一

**帰敬**　帰依し敬うこと。

**外道に処し**　仏法を信仰していない邪教のものと見なす。

**山門より追却**　寺僧の一員としての交わりを許さず、寺外に追放処分とする。ちなみに、寛喜二年（一二三〇）の「山城国神護寺領高雄山絵図」（『日本荘園絵図聚影』二近畿一、東京大学出版会、一九九二年）や『神護寺略記』などによると、神護寺境内に入る実際の門としては「中門」で、「山門」は見えず、この語は神護寺集団の比喩的な表現であろう。なお第36条の「大門」の項も参照のこと。

**19**　根本住僧は敬われなければならない。

**根本住僧**　文覚が神護寺復興にあたった頃からの住僧を指す。↓補1

**功を積み労を運ぶ**　労をいとわず祈禱の功を積むこと。なお第3条では、このような人を嫉妬違背のものと対置していた。

**耆年**　老年、としより。

**衰邁**　年老いて心身が衰えること。

**当時の所用に…**　今の役に立たないということでないがしろにしてはならない、の意。

え申すべきなり。逃げ退く人においては、菩薩の如《ごと》く*帰敬《ききょう》せしむべきなり。打罵の輩においては、*外道《げどう》に処し、早く*山門より追却せしむべし。

19　一　*根本住僧を軽棄すべからざる事

右、幼少の時より当寺に居住し、*功を積み労を運ぶの住僧等を、*耆年《きねん》*衰邁《すいまい》の時に至りて、*当時の所用に叶わざるによって、沈没せしむべからざるなり。或いは始めて来住せしむる僧等、我が身は才能伎芸を具うと称して、根本住僧を*凌蔑すべからず。或いは根本にあるの住僧は、新住の僧侶を軽哢すべからず。

20　一　当寺の威を借りて他人の田園・資財等を押し取るべからざる事

右、当寺の住僧等は、寺家の威を借りて無道の謀《はかりごと》を巧《たく》み、他人の所領・資財等を掠《かす》め取るべからず。もしこの旨に背いて他人を凌蔑し他財を掠取する、此《かく》の如き輩においては、早く*山門より追却せしむべし。

21　一　在家人と同坐すべからざる事

右、*濁世《じょくせ》の*在家人等は、*三宝を敬わず、僧侶を*蔑如するものなり。是《こ》れ尤《もっと》も仏法凌遅《りょうち》の因縁なり。兼ねてまた*三途《さんず》の業因を殖《う》え作るなり。仍て寺僧等は、世俗の末座に*交烈すべからざるなり。但し寺家の沙汰として、或いは*有縁の檀那等のために、在家に交住するの時においては、*法律の旨を守り、宜《よろ》しきに随って*進退す

**凌蔑**　あなどりないがしろにすること。
**20**　神護寺の権威を嵩(かさ)にきて他の所領や資財を押領してはならない。
**山門より追却**　寺僧の一員としての交わりを許さず、寺外に追放処分とする。第18条参照。
**21**　原則的に在家人と同座してはならない。本条項と次項第22条は、当代在家人の仏法に対する姿勢や他所の僧侶を強く批判している。これらの条項からは、神護寺を一種の「別所」として、そこに然るべき王法と仏法の秩序を樹立しようとした文覚の聖としての姿勢、既成の寺院を批判しつつそれとは異なった改革者の立場、というものを読みとることもできようか。
**濁世**　仏法が衰え、乱れた世。末法の世の中。
**在家人**　出家人の対概念。世俗の社会生活をしている人。俗人。
**三宝**　仏法僧を指す。
**蔑如**　ないがしろにして軽んずること。
**三途の業因を…**　死後に地獄・餓鬼・畜生の三悪道に落ちる原因となる。
**交烈**　同じ座に交わり列すること。
**有縁の檀那**　神護寺と機縁のある施者、支援者。
**法律**　仏法の戒律。
**進退**　身を処すること。行動すること。

矣、

一　不レ可レ交二坐他處僧徒一事

右、不レ召二仕　公家一之外、不レ可レ交二坐他處之僧徒一、夫末代之僧侶等不レ守二律儀之法一、偏住二名聞勝他之心一、仍令レ交二坐他處之僧徒一、卽不レ異レ列二世俗一、定有下致二諍論一之事等上歟、故尤可二禁制一矣、

一　不レ可レ用二强縁一事

右、於二寺內・庄園等一、若補二官職一、若任二供僧一、或裁二訴訟一、或行二治罰一、於二如レ此之事一、付二公私之强縁一、於レ令レ觸二申寺僧等一者、大衆同心令二禁斷一、一向不レ可レ用矣、

一　非二寺大事一之外任二私心一不レ可レ帶二刀杖・甲冑等一事

右、不レ蒙二大衆許一之外、若寺中若他處、恣不レ可レ持二兵仗・弓箭等一矣、

一　不レ可レ帶二院々坊々別執一事

右、當寺住僧等於二滿山一成二一房之思一、互令レ觸二大小諸事一、

**22** 他所の僧徒と同座することは原則的に禁止する。

**公家に召仕せざるの外は**　朝廷の公請に応じて法会に出仕する場合の他は、の意。

**律儀**　過失や悪行を抑制すること、善行、の意味で、すなわち戒律を指す。

**名聞勝他**　俗世間での名声を獲得し、他人に勝ろうとすること。

**諍論**　争論すること。これは第18条で規制の対象となっていた。

べし。

22 一 他処の僧徒と交坐《きょうざ》すべからざる事

右、*公家に召仕せざるの外は、他処の僧徒と交坐すべからず。それ末代の僧侶等は*律儀の法を守らず、偏《ひとえ》に*名聞勝他《みょうもんしょうた》の心に住す。仍て他処の僧徒と交坐せしむれば、即ち世俗に列なるに異ならず。定めて*諍論を致すの事等あるか。故に尤も禁制すべし。

23 一 強縁を用うべからざる事

右、寺内・庄園等において、もしくは官職に補し、もしくは供僧に任じ、或いは訴訟を裁き、或いは治罰を行う、此《かく》の如《ごと》きの事において、*公私の強縁に付きて寺僧等に触れ申さしむるにおいては、大衆は同心して禁断せしめ、一向に用うべからず。

24 一 寺の大事に非ざるの外は、私心に任せて刀杖・甲冑等を帯ぶべからざる事

右、*大衆の許しを蒙らざるの外は、もしくは寺中、もしくは他処にて、恣《ほしいまま》に兵《へい》仗《じょう》・弓箭《きゅうせん》等を持つべからず。

25 一 院々坊々の*別執《べっしゅう》を帯ぶべからざる事

右、当寺の住僧等は、満山において一房の思いを成し、互いに大小諸事を触れし

**23** 寺内や荘園の問題で、個人的な強縁を嵩(かさ)にきてはならない。

**公私の…申さしむる**　公私の有力な縁故を背景にして寺僧らに触れる、という意味と、また、公私の有力者にゆだねて寺僧らに触れるという、両様に解釈が可能。

**24** 寺にとって重大な時以外の武装は禁じる。本条項は僧侶の兵仗規制であるが、ここでは、むしろ一定の条件を付しながら神護寺の武装権を認めていることに留意したい。「私心」によるものはだめであるが、「大衆」の許可があれば、寺の大事にあたって武力行使をすることは決して禁じられていない。本文史料が作成された時代状況、すなわち悪僧による武力行使が問題視されていた状況、をふまえ、かかる悪僧批判を企図したものと理解できよう(久野修義「中世寺院と社会・国家」『日本中世の寺院と社会』塙書房、一九九九年)。→補1

**大衆の許しを蒙らざるの外**　大衆が認めた場合は武装し、武力行使することはさしつかえない。第9・10条にうかがえた強い姿勢の規定とも相通じるものがある。

**25** 神護寺全体よりも各院坊個別の事にそれぞれ執心してはならない。

**別執**　それぞれ格別に執心すること。

不レ可レ有二隔別之心一矣、
一　於二寺中一不レ可レ致二殺害一事
右、縦使雖レ有下犯二重過一之輩上、於二寺内一不レ可レ令レ及二死罪一矣、
一　不レ可レ同二意他處之惡徒一事
右、當寺住僧等、若他寺之大衆、若謀叛之惡黨、或强竊二盗等、若付二公私之諸事一致二闘諍一決二勝負一、於二如レ此凶類一更以不レ可二同意一、若於下背二此旨一之輩上者、永可レ令二擯出一矣、
一　當寺住僧他處之弟子等輙不レ可二處分一事
右、聖教幷資財・田園等、輙任二私心一、更不レ可レ令レ處下分住二他處一之弟子幷在家人等上也、但於下有二由緒一所領等上者、可レ除レ之矣、
一　堂舎供僧等所帯恣不レ可レ讓二與弟子等一事
右、依二寺務執行之人幷住僧之評定一、簡二定器量一可レ令二補任一矣、
一　不レ可二酒宴一事
右、當寺住僧等、不レ簡二在家・出家一、交二坐於衆中一、不レ可レ令二酒宴一、

**26**　寺内では死刑も含めて殺害してはならない。本条項は、神護寺が寺中において独自の検断権を保持していたことをうかがわせる。死罪の否定は、僧侶という立場上当然だとも考えられよう。寺院の検断法としてよく知られている西大寺敷地四至内検断規式条々（本書南22）殺害人の規定でも、犯人は追却、所帯没収、住屋破却で、規式条々の後段には「及死罪流刑者、似背戒律之法」と記されていた。しかし、他方で積極的に寺内での死罪を規定した法もある。正平十年（一三五五）三月の鰐淵寺一山連署式目では、「一、寺中条々検断事」として、守護所引渡し、寺中追却とともに寺中で死罪を行う場合の規定ももりこまれている。児童・師匠・

め、隔別の心あるべからず。

**26** 一 寺中において殺害を致すべからざる事
右、縦使《たとい》重過を犯すの輩ありと雖《いえど》も、寺内において死罪に及ばしむべからず。

**27** 一 他処の悪徒に同意すべからざる事
右、当寺の住僧等は、もしくは*他寺の大衆、もしくは謀叛の悪党、或いは*強竊二盗等、もしくは公私の諸事に付きて闘諍を致し勝負を決するもの、此《かく》の如《ごと》きの凶類に更に以て同意すべからず。もしこの旨に背くの輩においては、永く擯出《ひんしゅつ》せしむべし。

**28** 一 当寺の住僧は、他処の弟子等に輙《たやす》く処分すべからざる事
右、*聖教幷びに資財・田園等は、輙く私心に任せて、更に他処に住するの弟子幷びに在家人等に処分せしむべからざるなり。*但し由緒ある所領等においては、これを除くべし。

**29** 一 堂舎*供僧等の所帯は恣《ほしいまま》に弟子等に譲与すべからざる事
右、*寺務執行の人幷びに住僧の評定によって、器量を*簡定し補任せしむべし。

**30** 一 酒宴すべからざる事
右、当寺の住僧等は、*在家・出家を簡《えら》ばず、衆中に交坐し、酒宴せしむべから

主人の殺害や、下輩の者が上位者を殺害した場合や、「寺庫之仏物」や「常住之聖財」を盗んだ場合は死罪とされている（「鰐淵寺文書」）。

**27** 寺外の悪徒や謀反人と行動を共にしてはならない。

**他寺の大衆** →補1

**強竊二盗** 強盗犯や窃盗犯。

**28** 住僧はその資財物を他所のものに譲渡してはならない。→補2

**聖教** 仏教の経典類。

**但し由緒ある…** 伝領や所当物の用途について、特別な規定など由緒があるものは、それに従って処分してもかまわない。

**29** 弟子に供僧職などを譲与するときは、評定による器量の判定を経ること。なお供僧の器量については第7条を参照。

**供僧** 供料をうけて、堂舎本尊に供奉し仏事勤行を常とする学僧。

**寺務執行の人** 神護寺の寺院運営を行う人。第4～6条では寺僧と寺務執行人についての規定が見える。

**簡定** よく考えて選抜すること。

**30** 住僧は酒盛りの宴会をしてはならない。→補3

**在家出家を…** 僧俗の多くの人々とともに一座となって酒宴してはならない。

若於二當寺衆中一、有下令二飲酒一事上時者、可レ用二各器一矣、

一　不レ可レ買二房舍一事

右、寺中房舍互不レ可二買賣一矣、

一　寺中房舍不レ可レ破二渡他處一事

右、雖レ爲二私房舍一、更以不レ可レ破二渡他所一矣、

一　不レ可レ切二破房舍一事

右、有二罪科一之寺僧令レ追二却山門一之時、不レ可レ切二破住房一、依二大衆之評定一、可レ令レ住二餘僧一矣、

一　於二寺中一不レ可二興宴一事

右、於二寺內・房中等一、調琴・吹笛・哥舞・踊躍・誦物・遊戲、如レ此之事永可二禁斷一矣、

一　不レ可レ着二美服一事

右、若召二仕　公家一之時、若勤二仕寺役一之外、更以不レ可レ着二美服一矣、

一　於二寺內一不レ可レ令レ夜二宿女人一事

**各の器を**…　各人がそれぞれ用意した器で飲酒せよ。宴会では素焼きの土師器(かわらけ)を用いて、使い捨てにされることがあり、かわらけは「中世の供宴の意味を象徴する食器」(藤原良章「中世の食器・考」『中世的思惟とその社会』吉川弘文館、一九九七年)であった。

**31**　寺中の房舎を寺内で売買してはならない。以下第33条までの三カ条は、いずれも寺中房舎の移動を制限した規定である。文覚四十五箇条起請においては、寺中房舎の売買や移動は厳しく制限され、その管理も寺僧らの合議によるという原則が示されている。第28・29条では、寺僧個人の聖教資財田園や所帯について、その処分には住僧の評定が必要とされ、寺外流出が厳しく制約されていたことが、同様の性向といえる。ここで示される神護寺の原則は、あくまでも寺僧集団として僧伽の原則を重視するということであり、中世において一般的となっていくような寺僧個々人の私有権については、否定的な立場を堅持している。

ず。もし当寺の衆中において、飲酒せしむる事あるの時は、*各《おのおの》の器を用いるべし。

31 一　房舎を買うべからざる事

右、寺中の房舎は互いに買売すべからず。

32 一　寺中の房舎を他処に*破り渡すべからざる事

右、私の房舎たりと雖も、更に以て他所に破り渡すべからず。

33 一　房舎を切り破るべからざる事

右、罪科あるの寺僧を山門より追却せしむるの時、住房を切り破るべからず。大衆の評定によって、余僧を住せしむべし。

34 一　寺中において興宴すべからざる事

右、寺内・房中等において、*調琴・吹笛・哥舞・踊躍・誦物・遊戯、此《かく》の如《ごと》きの事、永く禁断すべし。

35 一　美服を着すべからざる事

右、もしくは、*公家に召仕するの時、もしくは寺役を勤仕するの外、更に以て美服を着すべからず。

36 一　寺内に女人を夜宿せしむべからざる事

---

**32** 寺中の房舎を寺外に移築してはならない。→補1

**破り渡す**　建造物をいったん破壊してから、その資財を別の場所に運んで、再建する行為をいう。

**33** 罪科跡の住房であっても破却してはならない。追放後は別の僧侶をすまわせる。→補2

**34** 寺中における遊戯などの宴は禁止する。寺中興宴ということについては、僧尼令作音楽条によると「凡僧尼作音楽、及博戯者、百日苦使、碁琴不在制限」とあり、音楽や博奕は禁止されている。ただし碁と琴は禁止されていない。しかし弘法大師の「二十五箇条御遺告」になると、「後生の末世の弟子、祖師の恩を報進すべき縁起一七」では、僧尼令は碁や琴は禁じていないことをわざわざ指摘したうえで、真言宗においてはすべて禁止すべきであるとしている。このような「遊び」は後代の過ちとなるものであり、好む者は我が弟子ではないとしている。

**調琴**　琴を演奏すること。

**35** 華美な衣服を着用してはならない。→補3

**公家に召仕する**　公請によって朝廷で仏事を行うこと。

**36** 寺内に女人を夜宿させてはならない。→補4

右、有二參詣之志一女人等、早旦登山、入堂禮佛之後、卽日可レ下二向大門之外一矣、

一　大門之内不レ可レ持二入魚鳥幷五辛等之類一事

右、件物等永可レ令二禁斷一矣、

一　寺中不レ可レ耕二作後園一事

右、五穀等之類菜料等物、不レ可二蒔殖一矣、

一　於二寺中一可レ禁二斷博奕等一事

右、圍碁・雙六・將碁〔棊〕・蹴鞠等、永可二制止一矣、

一　不レ可レ飼二牛馬・鳥類一事

右、於二寺中一可レ令二禁斷一矣、

一　任レ心高聲不レ可二讀經一事

右、蒙二免除一之持經者之外、高聲不レ可二讀經一矣、

一　不レ可レ令レ住二世間者一事

右、帶二妻子一僧徒不レ可レ常二住寺中一矣、

一　寺中不レ可レ入二呪師・猿樂・田樂等一事

右、佛法修學之砌、如レ此之類無レ益矣、

**参詣の志ある**…　神護寺に参詣する女性は早朝から登山してその日の内に礼拝をすませて大門から出なければならない。

**大門**　神護寺境内と外部との境界を示す。→補1

**37**　寺域における肉食、五辛摂取を禁止する。

**大門**　前条参照。

**五辛**　五種類の辛くて臭気のある蔬菜の事。その種類については諸説があるが、仏教ではニンニク・ニラ・ラッキョウ・ヒル・ネギなどをいうことが多い。これらを食すると淫欲が起こるとされた。

**38**　寺内で農園をもうけ耕作してはならない。

**後園**　家屋に付属する庭や菜園。

**五穀**　米や麦などの主要穀物。

**菜料**　食用にする野菜。

**蒔殖**　野菜などを栽培すること。

**39**　寺内での博奕を禁止する。→補2

**40**　寺中で牛馬・鳥類を飼ってはいけない。→補3

右、*参詣の志ある女人等は、早旦に登山し、入堂礼仏の後、即日に*大門の外に下向すべし。

37 一 *大門の内に魚鳥幷びに*五辛等の類を持ち入るべからざる事

右、件《くだん》の物等は永く禁断せしむべし。

38 一 寺中にて*後園を耕作すべからざる事

右、*五穀等の類、*菜料等の物は、*蒔殖《ししょく》すべからず。

39 一 寺中において博奕等を禁断すべき事

右、囲碁・双六《すごろく》・将棊・蹴鞠《けまり》等、永く制止すべし。

40 一 牛馬・鳥類を飼うべからざる事

右、寺中において禁断せしむべし。

41 一 心に任せて高声《こうしょう》に読経すべからざる事

右、免除を蒙るの*持経者の外は、高声に読経すべからず。

42 一 *世間者を住せしむべからざる事

右、妻子を帯ぶる僧徒は、寺中に常住すべからず。

43 一 寺中に*呪師・*猿楽・*田楽等を入るべからざる事

右、仏法修学《しゅがく》の砌《みぎり》に、此《かく》の如《ごと》きの類は益なし。

**41** 勝手気ままに大声で読経してはならない。↓補4

**持経者**　経典、とりわけ法華経を常に憶持・読誦する者。↓補5

**42** 妻帯者は常住してはならない。

**世間者**　一般的には仏家としての戒律を守らない俗世の人を指すが、ここでは妻帯しているような僧徒を指している。

**43** 寺中での呪師猿楽田楽などを禁じる。↓補6

**呪師**　法会のあと、華麗な衣装をまとい鈴鼓や演舞によって法会の内容を示す者や、その芸能を指す。役僧が勤め行法的色彩の強い法呪師と、寺に属する芸能民が行う猿楽呪師がある。ここでは後者の系統を指すのであろう。

**猿楽**　唐風演芸である散楽から展開し、滑稽な所作を特徴とする雑芸であるが、歌舞、曲芸、奇術、人形遣いなど諸雑芸全般をいう。室町期には能楽へと洗練されていく。一一世紀後半成立したとされる『新猿楽記』は、当時都にはやった猿楽を見物するという設定の往来物であるが、そこでは猿楽の中に呪師も田楽も含められている。

**田楽**　もともとは田植えの囃子など稲作にかかわる神祭りの芸能であったものが、平安後期には、農事と離れた芸能として広く愛好され流行した。

一　當寺根本庄等以二住僧一可レ令レ補二預所職一事

右、有二經文一云、一切俗家不レ得レ受二用三寶財物・田園一、不レ得レ駈二使三寶奴婢・牛畜一、若受用駈使者、破二滅佛法一、破二滅佛法一故國家滅亡云々、然則在家人等妄不レ可レ預二伽藍事一也、恐末代之世俗、犯二用財物一、破二損伽藍一歟、縱使雖レ不レ犯二用一而觸レ事有レ失、必殖二泥梨之因一、云々（ママ）、已上聖德太子之四節之文意、仍於二常住寺僧之中一、簡二定器量一、可レ令二補任一也、但領家寄進之剋、於下有二約束一之庄上者、可レ除レ之矣、

一　諸庄園領家・地主等任二私心一恣不レ可レ改二行庄務一事

右、於二當寺一令レ寄二進庄園一之剋、彼領家并寺僧一味評定、可レ定二置諸事一也、更以於二後代一定置事、不レ可レ令二相違一也、若領家・地主等背二此旨一、懈二怠寺役一、損二亡庄園一改行非法之時者、寺僧等加二制止一、可レ致二憲法之沙汰一也、或又寺僧以二非法一妄不レ可レ改二定領家・地主等一、自餘事等可レ依二先約并道理一也、末代所二寄進一之庄園等、皆可レ依二此

**44**　神護寺領根本荘園の預所は原則として住僧をあてる。↓補1

**根本の庄**　本史料で神護寺領となったいきさつが見える挊田・神野真国・吉富・足守・西津・福井の各荘園を指すものだろう。↓補2

**一切の俗家…**　俗人は三宝(仏法僧)の財産や田園などを享受してはならない。

**四節の文**　推古二十七年(六一九)に聖徳太子が示したという四つの遺願を記す文献。↓補3

**領家寄進の…**　領家が神護寺に所領寄進する際、約束した所については、預所を住僧に限るという原則を適用しない。約束があったのかどうかは確認できないが、たとえば根本荘の一つと見られる若狭国西津庄について、その預所職は寄進者安倍資良の子孫である「平氏女」が補任されたことを記す貞応元年(一二二二)十二月日神護寺下文が残っている(「神護寺文

書」)。この女性は「念浄」という尼かと思われるが、彼女自身も孫などに宝治二年(一二四八)五月二十八日付および建長六年(一二五四)五月二十七日付の譲状を残している(いずれも「神護寺文書」)。また、足守庄についても、預所職かどうか確認はできないが、同様に安倍資良の縁者がなんらかの権利をもっていたようである(前掲建長六年五月二十七日尼念浄譲状)。さらに、史料上確認はむずかしいが、紀伊国桛田庄もその預所は湯浅宗光が勤めていたことが推測されている(高橋修「神護寺領桛田荘の成立」〔『中世武士団と地域社会』清文堂出版、二〇〇〇年〕、また「桛田荘」『きのくに荘園の世界』上〔清文堂出版、二〇〇〇年〕も参照)。ところで文覚と同じ頃、東大寺復興に活躍していた俊乗房重源も、備前国三カ庄のうち南北条方について、造東大寺長官行隆の功績によって立荘できたことから、その預所職は行隆の後家、さらに嫡女に相伝していくことを決めている(建久八年〔一一九七〕六月十五日重源譲状〔『鎌』九二〇号〕)。

**45**　荘園管理は、領家と寺僧一味評定の原則を遵守し、私心による改変をしてはならない。→補4

**後代において…**　将来、ここで定め置いたことに背いてはならない。

**憲法の沙汰**　公正、正当な処置、裁定。

44　一　当寺*根本の庄等は、住僧を以て預所職に補さしむべき事

右、「経文ありて云わく、『*一切の俗家は三宝の財物・田園を受用することを得ず。三宝の奴婢・牛畜を駈使することを得ず。もし受用、駈使せば、仏法を破滅せしめん。仏法を破滅するが故に国家を滅亡せしめん』と云々。然《しか》ればすなわち、在家人等は妄《みだ》りに伽藍の事に預かるべからざるなり。恐らくは末代の世俗は、財物を犯用し、伽藍を破損せんか。縦《たと》い犯用せざると雖も事に触れて失あらん。必ずや泥梨《ないり》の因を殖《ふ》やさん」と云々〈已上は、聖徳太子の*四節の文意なり〉。仍て常住の寺僧の中より器量を簡定して補任せしむべきなり。但し、*領家寄進の剋に約束あるの庄においては、これを除くべし。

45　一　諸庄園の領家・地主等は私心に任せて恣《ほしいまま》に庄務を改行すべからざる事

右、当寺に庄園を寄進せしむるの剋、彼の領家幷びに寺僧は一味に評定して、諸事を定め置くべきなり。更に以て、*後代において定め置く事に相違せしむべからざるなり。もし領家・地主等が、この旨に背きて、寺役を懈怠し、庄園を損亡し、改行非法するの時は、寺僧等、制止を加え、*憲法の沙汰を致すべきなり。或いはまた、寺僧は非法を以て妄りに領家・地主等を改定すべからず。自余の事等は、先約幷びに道理によるべきなり。末代に寄進するところの庄園等も、皆この

例一矣、

以前四十五箇條之起請大略以如レ此、爲二末代之規模一、護二持佛法一故、所レ令レ申二請法皇之御手印一也、寺僧等各守二此旨一、永不レ可二違失一、若於下背二此旨一之輩上者、內鎭守八幡大菩薩幷金剛天等、早令レ加二治罰一、外滿山之僧侶同心簡擇、速可レ令二擯出一也、仍爲レ扶二助後代之凌遲一、所二記置一如レ右、

元曆二季正月十九日

「神護寺勸進僧文覺四十五箇條起請、偏是佛法興隆之願莫大也、隨喜之心忽催、結緣之思尤深、仍爲二後鑑一聊加二手印一也、」

依二聖人之誂一淸二書之一、

正二位行權大納言藤原朝臣忠親

例によるべし。
以前の四十五箇条の起請、大略以て此《かく》の如《ごと》し。*末代の規模となし、仏法を護持するの故に、
法皇の御手印を申請せしむるところなり。寺僧等は各《おのおの》この旨を守り、永く違失すべからず。もしこの旨に背くの輩においては、内には*鎮守八幡大菩薩并びに金剛天等、早く治罰を加えしめ、外には満山の僧侶、同心に*簡択《けんちゃく》して速やかに擯出《ひんしゅつ》せしむべきなり。仍て後代の凌遅を扶助せんがために、記し置くところ右の如し。

元暦二年正月十九日

「*神護寺勧進僧文覚の四十五箇条の起請、偏《ひとえ》に是《こ》れ仏法興隆の願、莫大なり。随喜の心、忽《たちま》ちに催し、結縁《けちえん》の思い、尤《もっと》も深し。仍て後鑑のために聊《いささ》か手印を加うるなり。」

*聖人の誂《あつら》えによって、これを清書す。

正二位行権大納言*藤原朝臣忠親

**末代の規模となし**　後世まで永久の規範として。
**鎮守八幡大菩薩**　神護寺の鎮守、平岡八幡宮。
**簡択**　正邪を選び分けること。
**神護寺勧進僧…**　ここから「手印を加うるなり」までは後白河院の直筆。
**聖人の誂え…**　文覚の依頼によって、この四十五箇条起請を藤原忠親が清書したことを示している。
**藤原朝臣忠親**　一一三一～一一九五。師実の曾孫、権中納言忠宗の子。蔵人頭から参議(長寛二年(一一六四))となり内大臣まで昇った。平清盛にも信任され高倉中宮徳子の中宮権大夫、皇太子の春宮大夫となったほか後白河の院庁別当も勤めている。文治元年(一一八五)には議奏公卿の一員となる。能書家としても有名。『山槐記』『貴嶺問答』の著者でもある。

# 第六章　地域寺院

## 1　金剛寺

**真63**　金剛寺阿観置文　建久二年(一一九一)六月一日　金剛寺文書

定　金剛寺條々置文事

一　不レ可下専二本宗一交中他宗上事

右、眞言祕教卽身成佛之徑路、諸教最頂之祕術、故偏仰二高祖遺記一、不レ可二違失一者也、

一　可レ禁二制入峯脩行一事

右、脩驗行者、専二斗藪行一、輕二住山緣一、故不二和合一之事、定出來歟、仍制二止之一者也、

一　不レ可下非二寺僧一住中持坊舍上事

右、非二寺僧一官〔管〕二領坊室一者、定寺家衰微、異類繁昌者歟、尤任二東寺例一、堅可レ守二此旨一者也、

**真63**　→補1

**金剛寺阿観置文**　金剛寺開山である阿観(一一三六〜一二〇七)が寺内運営のための基本的な法を五ケ条にわたって定めたもの。後の置文にも引用されており、金剛寺における根本の法である。→補2

**金剛寺文書**　金剛寺に伝来した寺院文書。中世文書だけで五〇〇通近くあり南朝史料を多く含む。本寺の仁和寺には金剛寺文書の写があり、その中には金剛寺で失われた文書もみえる。

**金剛寺**　大阪府河内長野市にある真言宗御室派の寺院。天野山三宝院と号す。平安末に阿観が創建し、在地領主の帰依をうけながら発展した。鳥羽上皇の娘八条院の祈願所。南北朝期には後村上天皇の行宮となる。→補3

**本宗**　真言宗。

**即身成仏**　生きながらにして仏の境地に達すること。手に印契を結び、口に真言を唱え、心に仏を念ずるという三密の瑜伽行を極めることによって行者の三密が仏の三密と一体化して即身成仏となる。

**諸教最頂**　仏教の教えの中でも最高の教え。その考えは空海の『十住心論』や『秘蔵宝鑰』の十住心に現れている。

**高祖の遺記**　空海の「二十五箇条御遺告」(偽撰)。第一条「初示成立由縁起第一」では、朝廷から与えられた東寺について

# 第六章　地域寺院

## 1　金剛寺

**真63**　金剛寺阿観置文　建久二年(一一九一)六月一日　　金剛寺文書

定む　*金剛寺条々置文の事

一　*本宗を専《もは》らとして他宗を交うべからざる事

右、真言の秘教は、*即身成仏の径路、*諸教最頂の秘術なり。故に偏《ひとえ》に*高祖の遺記を仰ぎ、違失すべからざるものなり。

一　*入峯《にゅうぶ》修行を禁制すべき事

右、修験の行者は、*斗藪《とそう》の行《ぎょう》を専らにして、*住山の縁を軽んず。故に和合せざるの事、定めて出来《しゅったい》するか。仍てこれを制止するものなり。

一　寺僧にあらずして*坊舎を住持すべからざる事

右、寺僧にあらずして坊室を管領せば、定めて寺家衰微し、*異類繁昌《はんじょう》するものか。尤も*東寺の例に任せ、堅くこの旨を守るべきものなり。

「他人雑住」の「異類地」とすることを禁じている。また第一二条「末代弟子等可令兼学三論法相縁起第十二」は三論・法相宗などの顕教を兼学するよう勧めているが、他方では密教を軽視して「末学」(顕教)を重視することを誡め、器量によっては密教だけでよいとする。→補4

**入峯修行**　修験の行者が呪術力を高めるために山中にはいって行う修行。今では修験道の最も重要な修行形態となっており、吉野山金峯山寺から熊野までの縦走が著名。→補5

**斗藪**　一般に身心を修練して欲望を払う修行をいう。ここでは入峯修行を指す。

**住山の縁を軽んず**　修験者は山林修行を重視するため寺院への帰属意識が希薄となる。金剛寺は役行者によって開かれたという葛城山系にあり、この地域は修験が盛んであった。

**坊舎を住持**　養和二年(一一八二)二月二十二日金剛寺定書写によれば、坊舎の寺外搬出や世間者の常住を禁じ、寺領を非住僧が領知することを禁じている(「金剛寺文書」、『大古』金剛寺拾遺一号)。

**異類**　真言宗以外の僧侶。

**東寺の例**　具体的に特定できない。「二十五箇条御遺告」第一条が、東寺を真言宗のみとし、「他人雑住」の「異類地」とすることを禁じたことと関わるか。

一　不レ可三若衆無レ理打二諸坊一事
右、金剛寺之内、自今以後、不レ可二大衆發向一、但於二兒女沙汰一者、蒙二上仰一可二發處〔向〕一也、
一　可レ令三兒童安二置諸坊一事
右、兒童者、佛家之柱石、僧徒之壽命也、專守二東寺先蹤一、可レ致二其沙汰一者也、
右、所二定置一之狀如レ件、

建久二年六月一日　　金剛資阿觀(花押)

**真64**　金剛寺学頭以下連署置文　延慶三年(一三一〇)十二月二十七日　金剛寺文書

定置　河内國金剛寺條々子細事
一　可レ令三兒童十八歳以後、出家剃髮一事
右、兒童出家剃髮者、諸寺諸山大都十八以後也、當寺亦可レ准レ之、雖レ然或歎二弊衣一之輩、或好二上座一之類、定背二此式日〔目〕一歟、或又依レ有二病患等子細一、季少兒童率爾令二剃髮一歟、雖レ然、守二此式條一、待二十八歳一可レ令レ書三入僧徒一

**若衆**　学侶のうちの若い僧衆。一般に寺内や寺領における検断を担った。
**諸坊を打つ**　寺内の坊を破却すること。
**大衆発向**　僧衆が検断などのために武力を発動すること。若衆の判断による寺内での武力行使を原則的に禁じて、統制を図ったもの。
**児女の沙汰**　稚児や女性に関わる問題。この場合は院主・学頭など寺内中枢の指示によって武力が発動される。なお建暦元年(一二一一)五月日金剛寺定書写(「金剛寺文書」、『大古』金剛寺拾遺一号)によれば、「一、女人住山不可過於三日事」とあり、「右、至女人条者、或御影堂参籠、或親子者病、或病患療治、或仏事参詣、於此外者、設雖母子骨肉経廻、全不可過三日、若於背此旨輩者、任法衆徒可致沙汰矣」として、三日以上滞在している女性は衆徒が強制的に追却することになっていた。
**児童は仏家の柱石…**　将来僧侶となる稚児は、寺院の繁栄を支える柱石であり、僧の教えを嗣ぐ命である。
**東寺の先蹤**　東寺の寺院法を特定することはできないが、「二十五箇条御遺告」第七条「一、食堂仏前召侍大阿闍梨并二十四僧童子等可令習誦五悔縁起第七」で童子教育に触れていることと関わるか。↓

一　*若衆は理なく*諸坊を打つべからざる事
右、金剛寺の内は、自今以後、*大衆発向《はっこう》すべからず。但し、*児女の沙汰においては、上の仰せを蒙りて発向すべきなり。
一　児童《ちご》を諸坊に安置せしむべき事
右、*児童は仏家の柱石、僧徒の寿命なり。専ら*東寺の先蹤《せんしょう》を守り、その沙汰を致すべきものなり。

右、定め置くところの状、件《くだん》の如《ごと》し。

建久二年六月一日　　*金剛資《こんごうし》阿観（花押）

**真64**　金剛寺学頭以下連署置文　延慶三年（一三一〇）十二月二十七日　金剛寺文書

定め置く　河内国金剛寺条々子細の事
一　児童《ちご》は*十八歳以後に出家剃髪《ていはつ》せしむべき事
右、児童の出家剃髪は、諸寺諸山、大都《おおよそ》十八以後なり。当寺もまたこれに准ずべし。然りと雖《いえど》も、或いは*弊衣《へいい》を歎くの輩、或いは上座《かみざ》を好むの類は、定めてこの式目に背くか。或いはまた*病患などの子細あるによって、年少の児童を*率爾《そつじ》に剃髪せしむるか。然りと雖も、この式条を守り、十八歳を待ちて*僧徒に書き入れし

補1
**金剛資**　金剛子に同じ。曼荼羅に入り伝法灌頂を受けた者の通称。「何々金剛」という金剛名を受けるのでいう。資は弟子の意。
**真64**　→補2
**金剛寺学頭以下連署置文**　稚児の出家年齢、得度して交衆したばかりの僧の座次の決め方、若衆による三綱・御代官・学頭の弟子への催促制限の三箇条について定めた置文。
**十八歳以後に出家**　金剛寺では稚児の出家得度を一八歳以後とする。その理由として、一八歳以後とする例が多いことを挙げているが、現実には得度はもう少し早かったようである。→補3
**弊衣を歎くの輩**　寺僧としての身分が低いために粗末な衣服を着なければならないことを嫌がる僧侶。
**病患などの子細…**　師匠が病となるなどの事情があって、坊を継ぐべき稚児を急いで出家させる。
**率爾に**　あわただしく軽率に。
**僧徒に書き入れしむ**　寺僧帳に記載する。交衆を認める通過儀礼が出家得度であり、東大寺・延暦寺戒壇での受戒が意識されていないことに留意したい。地域寺院の実態を示すものであろう。

也、

一　出家剃髪座席上下事

右、出家剃髪座席者、諸寺諸山之例、非レ一也、雖レ然於ニ當寺一者、以ニ一季一爲ニ二分一、於ニ春夏出家之人一者、可レ着ニ秋冬出家之上一、更不レ可レ依ニ承臈〔年〕一、但於ニ春夏出家一者、不レ論ニ出家之前後一、以ニ承臈〔年〕一可レ爲ニ上座一、若行承〔年〕等同者、取ニ孔子一可レ令ニ露〔落〕居一也、又秋冬出家可レ准レ之、

一　若衆蜂起時、三綱・御代官・學頭所同宿、不レ可レ隨ニ其催促一事

右、若衆蜂起事、去嘉禎三承〔年〕院主御下知狀、寛元二年置文之旨、雖ニ嚴密一、敢以不ニ釵〔敍〕用一、動致ニ惡行・狼藉一、所詮、自今以後、於ニ三綱・御代官・學頭所同宿一者、不レ蒙ニ房主聽許一者、猥不レ可レ隨ニ若衆催促一者也、

以前條々、爲レ停ニ止向後狼藉一、所ニ定置一之狀如レ件、

延慶三季庚戌十二月廿七日

傳燈大法師定實在判

（署名三名略）

御代官阿闍梨理惠在判

**出家剃髪の座席上下**　得度したばかりの新発意(しんぽち)の僧侶たちの座席上下の決め方。

**一年を以て二分と**…　その年の出家者を春夏、秋冬と二分し、春夏の出家者は秋冬の出家者の上座に着くこととする。

**年臈によるべからず**　年臈は稚児として金剛寺に入室してからの年数をいうか。稚児としての年臈にかかわらず、春夏の出家者は秋冬の出家者の上座に着くとの意となる。→補1

**春夏出家において**…　春夏の出家者グループ内では、数ケ月程度の出家の前後は考慮せず、稚児としての活動歴の長い者を上座とする。

**行年等同ならば**…　春夏の出家者グループ内で、稚児としての活動歴も同じであれば、どちらが上座に着くかは、くじ引きで決定する。孔子(籤)は神仏の意を占う神聖な行為。

**若衆蜂起**　学侶のなかの若徒が集会すること。阿観置文(真63)第四条の大衆発向の禁止を参照。

**三綱**　上座・寺主・都維那から成る寺務の執行機関。金剛寺では建久二年(一一九一)六月に院主・三綱・供僧六口、権学頭一口、学衆三〇口、夏衆三〇口、預二人、承仕三人の寺院組織が定められた(「金剛寺文書」、『河内長野市史』五―一号)。

むべきなり。

一　*出家剃髪の座席上下の事

右、出家剃髪の座席は、諸寺諸山の例、一にあらざるなり。然りと雖も当寺においては、*一年を以て二分となし、春夏出家の人においては、秋冬出家の上に着すべし。更に*年臈によるべからず。但し、*春夏出家においては、出家の前後を論ぜず、年臈を以て上座たるべし。もし*行年《ぎょうねん》等同ならば、孔子《くじ》を取りて落居せしむべきなり。また秋冬出家もこれに准ずべし。

一　*若衆蜂起の時、*三綱・*御代官・*学頭所の*同宿は、その催促に随うべからざる事

右、若衆蜂起の事は、去る*嘉禎三年の*院主《いんず》御下知状、*寛元二年の置文の旨に*厳密と雖も、敢えて以て叙用《じょよう》せず。動《やや》もすれば悪行・狼藉を致す。所詮、自今以後、三綱・御代官・学頭所の同宿においては、*房主の聴許を蒙らざれば、猥《みだ》りに若衆の催促に随うべからざるものなり。

以前条々、向後の狼藉を停止せんがため、定め置くところの状、件《くだん》の如《ごと》し。

延慶三年〈庚戌〉十二月二十七日　伝燈大法師定実在判

（署名三名略）

御代官阿闍梨理恵在判

**御代官**　院主代官。この当時、金剛寺院主職は興福寺大乗院門跡が兼帯しており、寺僧が院主代官に補任された。→補2

**学頭所**　学頭は金剛寺寺僧の最上位者。元来は二名から成る。住持である院主職が女院女房や大乗院門跡に握られたため、学頭が寺僧のトップとなった。「学頭所」は不詳。ちなみに守護所は守護の主催する政治機構の意のほかに、守護・守護代・又代の職またはその人物を指すという（秋山哲雄『北条氏権力と都市鎌倉』二九六頁、吉川弘文館、二〇〇六年）。

**同宿**　師匠と起居を共にしている弟子。

**嘉禎三年の院主御下知状**　伝存せず。寛元二年（一二四四）二月日金剛寺学頭以下連署置文に引用。後掲「寛元二年の置文」の項参照。

**院主**　真65の「院主所」の項参照。

**寛元二年の置文**　寛元二年二月日金剛寺学頭以下連署置文を指す。大衆集会が混乱を招いているので、穏便な集会の開き方を定めたもの。→補3

**厳密と雖も…**　集会の開催方式はきちんと定められているが、守られていない。

**房主の聴許を…**　三綱・御代官・学頭の弟子は、師匠の許可なしに若衆の催促に応じてはならない。

學頭阿闍梨忍實在判

**真65**　金剛寺条目　元亨四年(一三二四)十月二十四日　金剛寺文書

定置金剛寺條々事

一　犯科人出來之時、有二沒收物一者、隨二員數一、三分一爲二寺門興隆一、可レ被レ寄二附之一、

一　山僧同宿之門弟并所二召仕一所從等犯科出來之時、師匠・主人以下同心所見分明之時者、同科不レ可レ有二子細一、無二同意所存一者、以二嚴重起請文一、可レ披二申之一者也、

一　落書事、向後一向可レ停二止之一、

一　於二寺中一殺害・放火・盜犯等惡行出來時、若其躰不二露顯一者、一山寺僧老若令二會合一、企二社參一、於二寶前一定二日限一、書二嚴重起請文一、可レ呪二咀之一、若有二他行輩一者、歸寺時、如二以前一同可レ致二其沙汰一、支證出來之時者、一山任二實正一、以二起請文一、可レ申二入　院主所一、其時以二御代官・三綱并御使等一、可レ被レ行二所當罪科一者也、

**真65**　↓補1

**金剛寺条目**　寺中で起きた犯罪の処理方法や、院主への訴訟取り次ぎ法など五箇条からなる寺院法。院主である興福寺大乗院門跡慈信(一二五七〜一三二五)の下知状の形式をとって制定されている。慈信については後掲「仰せによって」の項参照。

**1**　犯罪人の財産を没収した時は、その三分の一を金剛寺に寄付する。

**2**　弟子や所従の犯罪について、師匠・主人らの共謀が明白であれば同罪とする。共犯でない場合は起請文を書いて無実であることを誓約する。

**3**　落書によって犯人を特定することを禁止する。なお、落書起請に代わる方法は第4条に定めている。

**落書**　落書起請ともいう。検断権者が犯罪人を特定するために、神仏に誓約した上で犯人の名を匿名で記すよう共同体構成員に強制したもの。中世寺院で行われることが多く、やがて村落や一国規模の落書も行われた。渡辺澄夫「中世社寺を中心とせる落書起請について」(『史学雑誌』五六―二、一九四五年)参照。

**4**　殺害などの犯人が不明の場合は、寺僧全員が丹生社で起請して犯人を呪咀す

学頭阿闍梨忍実在判

金剛寺文書

## 真65 金剛寺条目 元亨四年(一三二四)十月二十四日

定め置く金剛寺条々の事

1 一 犯科人出来《しゅつたい》の時に没収物あらば、員数に随い、三分の一は寺門の興隆のために、これを寄附せらるべし。

2 一 山僧同宿の門弟、并びに召し仕うところの所従等の犯科出来の時は、師匠・主人以下同心の所見分明《ぶんみょう》の時は、同科子細あるべからず。同意の所存なくんば、厳重の起請文を以て、これを披《ひら》き申すべきものなり。

3 一 *落書《らくしょ》の事、向後は一向にこれを停止すべし。

4 一 寺中において殺害・放火・盗犯等の悪行出来の時に、もしその*躰《てい》露顕せざれば、一山の寺僧老若は会合《えごう》せしめて*社参を企て、*宝前において日限を定め、厳重の起請文を書いて、これを呪咀すべし。もし*他行の輩あらば、帰寺の時に、以前の如《ごと》く同じくその沙汰を致すべし。*支証出来の時は、一山は実正に任せて、*起請文を以て、*院主所《いんずしょ》に申し入るべし。その時、*御代官・*三綱《さんごう》并びに*御使等を以て、所当の罪科に行わるべきものなり。

る。犯人の証拠がみつかれば、院主に報告すると、院主代・三綱と院主使が犯人を処罰する。

**その躰** その犯人。

**社参** 丹生・高野の両明神を祀る丹生社に参ること。↓補2

**宝前** 丹生社の神前。

**他行の輩** 高野山などでの修行等の理由で金剛寺にいない僧。金剛寺に戻った時点で、他の僧が行ったように、丹生社の神前で自分の無実を誓約して犯人を呪咀する。

**支証** 犯人であることを示す証拠。

**起請文を以て…** その言い分が真実であることを神に誓約して、誰が犯人であるかを院主に申し入れる。

**院主所** 院主は金剛寺を統轄する住持職。興福寺大乗院門跡慈信が兼帯していた。もともと金剛寺本願である阿観門流から選ばれることになっていたが、それは守られず、八条院女房や大乗院門跡がそれを掌握した。「院主所」は不詳。真64の「学頭所」の項参照。↓補3

**御代官** 院主の代官として任命された金剛寺の寺僧。

**三綱** 三綱の補任権は院主(興福寺大乗院門跡)が掌握していた。

**御使** 院主である興福寺大乗院門跡が派遣した使者。

一　於㆓寺中㆒大小訴訟出來時者、以㆓御代官・三綱擧狀㆒、可㆑申㆓入　院主所㆒、無㆓其儀㆒者、不㆑可㆑及㆓御沙汰㆒、但萬一訴人申分雖㆑爲㆓理運㆒、御代官等抑㆓留申狀㆒而不㆓擧申㆒者、直訴人等可㆓言上㆒者也、

右、條々、爲㆓後代㆒、依㆑仰下知如㆑件、

元亨四年十月廿四日

法橋上人位(花押)

## 2　観心寺

**真66**　観心寺衆議評定事書　応永三年(一三九六)十一月晦日　観心寺文書

應永三年十一月晦日觀心寺衆議曰

一　修正月會出仕不參科事

七ケ日悉可㆑有㆓御出仕㆒、若爲㆓不參㆒者、前六日者一升宛之科米、至㆓七日夜㆒者、新本之寺僧、悉可㆑爲㆓皆參㆒、若不㆑然者、可㆑被㆑處㆓半連之罪科㆒、

**5**　院主代官・三綱の挙状がなければ院主は寺僧の訴訟を受理しない。ただし事情によっては直訴も認める。

**挙状**　下位の者の訴えを上位の者に取り次ぐ文書。

**万一訴人の…**　院主代官らと寺僧との間に対立関係がある場合に配慮して、例外的に直訴も容認している。

**仰せによって**　金剛寺院主である大乗院門跡慈信の命によって。慈信(一二五七～一三二五)は摂政関白一条実経の息。弘安四年(一二八一)を皮切りに興福寺別当に六度就任した。九条家出身の隆信・覚尊と大乗院門跡をめぐって激しく争い、その抗争の余波が興福寺大乗院門跡による金剛寺支配の強化につながった。

**法橋上人**　不詳。大乗院門跡慈信の側近の僧侶。

**真66**　→補1

**観心寺衆議評定事書**　主要行事への不参に対する科料、およびその免除規定を観心寺僧衆が定めたもの。

**観心寺文書**　河内国観心寺が伝存してきた文書群。天長二年(八二五)の観心寺縁起資財帳(国宝)のほか、多くの中世・近世

一　寺中において大小の訴訟出来の時は、御代官・三綱の*挙状を以て、院主所に申し入るべし。その儀なくんば、御沙汰に及ぶべからず。但し*万一、訴人の申し分、理運《りうん》たりと雖《いえど》も、御代官等が申状を抑留して挙げ申さざれば、直《じか》に訴人等言上すべきものなり。

右条々、後代のため、*仰せによって下知、件《くだん》の如し。

元亨四年十月二十四日

*法橋上人位(花押)

## 2　観心寺

**真66**　観心寺衆議評定事書　応永三年(一三九六)十一月晦日　観心寺文書

応永三年十一月晦日、*観心寺の衆議に曰く

一　*修正月会の出仕不参の科《とが》の事

*七ケ日悉《ことごと》く御出仕あるべし。もし不参たらば、*前六日は二升宛の科米なり。*七日夜に至りては、*新本の寺僧、悉く皆参たるべし。もし然らざれば、*半連の罪科に処せらるべし。

文書を蔵する。

**観心寺**　河内長野市寺元にある真言宗寺院。檜尾山と号す。役小角(えんのおづの)が開いた雲心寺に始まると伝え、空海が弘仁六年(八一五)に観心寺と改め、翌年弟子の実恵に附属。貞観十一年(八六九)に定額寺となった。正平十四年(一三五九)に後村上天皇が同寺総持院を行宮とした。

**修正月会**　修正会ともいう。正月に修められる大法会。歳始の行事として、天下泰平・五穀豊穣を祈る。諸国国衙での「金光明最勝王経」の読誦や諸国国分寺での吉祥悔過(けか)が源流。中世になると芸能の比重が大となった。

**七ケ日**　修正会は七ケ日夜の間、行われた。なおこの語の前に「於廿人者」があり、ミセケチとなっている。

**前六日は二升宛の科米**　七日間の内、前六日間の不参については、一日ごとに二升の科米を納める。一石一貫で換算すれば二升は二〇文となる。

**七日夜に至りては…**　最終日の夜は新本の寺僧すべてが出仕しなければならない。不参の科料は半連、五〇文である。

**新本の寺僧**　不詳。

**半連**　連は銭の一くくりで、一連は一〇〇文で半連は五〇文。なお中世では省陌法(せいはくほう)の慣行があり、一連一〇〇文を九七文をもってあてる。

一　修二月之出仕事、寺僧者雖レ爲二一日一、有二不參一者、可レ爲二一升宛之科米一也、
一　於二三月十講之出仕一者皆參、爲二不參一者、毎日可レ被レ處二半連宛之科料一事、
一　九月神事出仕者、從二六日一至二九日一、新本之寺僧悉可レ有二出仕住山一、若雖レ爲二一日一度一、有二不參一者、毎度可レ被レ處二半連宛之科料一而已、
已上條々、雖レ爲二不參一、於二二親・師匠之〔葬〕□家幷現病一者、可レ有二免許一也、
　　應永三年十一月晦日

**真67**　觀心寺衆議評定事書　応永十年(一四〇三)十一月二十二日　観心寺文書

觀心寺滿寺一同御集會御評定云
一　於二老僧入寺一者、爲二勝器要一者、可レ被レ懸レ之事、
一　爲二寺家興隆一、爲二坊作義〔儀〕一者、可レ被レ懸レ之事、
一　爲二不退常住々山一者、同可レ被レ懸レ之事、

**修二月**　修二会・修二月会のこと。インドの正月にあたることから、修正会とともに広く行われた。陰暦の二月一日から二週間行われ、東大寺のお水取りはその代表的なもの。

**寺僧は**　この語の前に「廿人之」がありミセケチ。

**十講**　朝夕二座ずつ五日間行われた法会。法華講の場合は法華経八巻とその開経である無量義経一巻、結経である観普賢経一巻の計一〇巻を講讃。最勝講の場合は金光明最勝王経一〇巻を講問した。なお、この文書の袖に「於法花・最勝二ヶ度講問者、不参科可為二升〈但九日之不参者、如元可為半連之科也〉」との追筆があるが、これは本条の修正と思われる。

**九月の神事**　境内にある当寺鎮守の賀利帝母天宮と牛頭天王西宮での神事をいう。真69の「両社」の項参照。

**二親師匠の葬家…**　両親と師匠の葬送、および本人の病の場合は、不参の科料を免除する。↓補1

**真67**　↓補2

一　修*二月の出仕の事、寺*僧は一日たりと雖《いえど》も不参あらば、二升宛の科米たるべきなり。

一　三月十*講の出仕においては皆参せよ。不参たらば、毎日半連宛の科料に処せらるべき事。

一　九*月の神事の出仕は、六日より九日に至るまで、新本の寺僧は悉く出仕・住山あるべし。もし一日一度たりと雖も、不参あらば、毎度半連宛の科料に処せらるべきのみ。

已上の条々、不参たりと雖も、二*親・師匠の葬家、幷びに現病においては、免許あるべきなり。

応永三年十一月晦日

**真67**　観心寺衆議評定事書　応永十年(一四〇三)十一月二十二日　観心寺文書

観心寺満*寺一同の御集会御評定に云わく

一　老僧の入*寺においては、勝れたる器要たらば、これを懸*《か》けらるべき事。

一　寺家興隆のために、坊*作の儀をなさば、これを懸けらるべき事。

一　不*退常住の住山たらば、同じくこれを懸けらるべき事。

**観心寺衆議評定事書**　観心寺の寺僧(学侶)となる候補者についての規定、および寺僧の住山に関して満山評定で定めた法。

**満寺一同の御集会御評定**　「満山評定」「満衆評定」「惣寺評定」「一山一同集会評定」ともみえ、僧衆一同による評定をいう。ただしこれが寺僧(学侶)への入寺規定であることからすれば、この集会評定に参加したのは学侶だけで、禅衆(下僧)は加わっていないと考えられる。→補3

**入寺**　「寺僧に入る」の略で、観心寺の学侶への交衆を認められること。第三条で「不退常住々山者」の入寺を問題にしたり、ほかにも「久住者」の「昇進」「入寺」を認可した事例があることからすれば、「入寺」は単なる観心寺での居住をいうのではない。→補4

**懸けらるべき事**　衆議評定の審議案件として取り上げること。

**坊作の儀…**　観心寺のために僧坊を造立した者は、入寺の可否を評定にかける。この時期、禅衆の僧坊の建立は禁止されていたが、「於寺家、存興隆以下之忠節之輩」の造立は例外とされた。なお、客僧の坊舎を造立した寺僧は一期の間、年預と諸堂勤行を免除された。→補5

**不退常住の住山**　観心寺を離れることなく居住しつづけた者。久住者。

一　於二若衆入寺一者、撰二大都之器要一お、可レ被レ懸レ之事、

一　於二寺僧住不住一者、不住之寺僧者、可レ為二五十日住山一、若雖レ為二一日一、有二闕日之義〔儀〕一者、四ハリノ畳三帖可レ為二科替一、但於二五十日々数一者、代管〔官〕不レ可レ用、於二寺役代一者、一年中雖レ為二何人一、可レ被レ立レ之、但一人而不レ可レ立二多人之代一、

一　寺僧住不住之校合者、引頭所ニテ可レ有二其沙汰一事、

右、以上條々、固守二此旨一、更不レ可レ有二改動之議一之由、依二衆儀〔議〕一所レ定状如レ件、

應永十年十一月廿二日

**真68**　観心寺衆議評定事書　応永二十六年(一四一九)九月二十六日　観心寺文書

應永廿六年九月廿六日満衆評定曰

一　湯屋興行事、若衆執以如二先日廿四日諚一、可レ被レ沙二汰之一事、

一　風呂者、先々番帳之人數之外、面々加二小法師一、毎月六齋可レ有二沙汰一事、

**若衆の入寺**　若い僧侶を寺僧に加えること。第一条の「老僧の入寺」に対応。観心寺の寺僧は老僧と若衆とから成っていたが、一条・四条に登場する「老僧」「若衆」は寺僧身分の獲得を申請する人々であるので、それとは異なり、「年老いた僧」「若い僧侶」という一般的意味合いであろう。「勝れたる器要」であることを要する老僧に対し、若衆の場合は「大都の器要」と条件が少しゆるやかになっている。

**不住の寺僧**　高野山の参籠、または観心寺周辺の郷に居住の場をもっていたか。

**五十日の住山…**　最低五〇日は観心寺に居住していなければならない。

**四ハリの畳**　不詳。

**科替**　過怠。過料のこと。

**五十日の日数に…**　五〇日の住山中に代役をたてることは認めない。それ以外の時は、法会の出仕など寺僧として勤めなければならない役目に代役をたてることを無制限に認める。

**一人にて…**　一人で何人もの寺役代を引き受けてはならない。法会に支障がでることを懸念しての措置であろう。

**住不住の校合**　住・不住の確認作業。

**引頭**　観心寺において一和尚に次ぐ地位の僧侶。「両引頭之座」「引頭所」「老分上十二人之内、一臈を除、残リ十壱人中老

之座上を引頭・権引頭と中候、都合十三人集議中と申」(「観心寺文書」、『大古』観心寺四七六・五二七・五五六号)とある。

**真68** →補1

**観心寺衆議評定事書**　湯屋興行によって新たに定められた四箇条の運用規定。

**満衆評定**　学侶による満寺一同の評定。

**湯屋興行**　湯屋の経営をきちんとして湯を沸かすことを盛んにすること。心身の汚れをおとすものとして湯屋は、宗教的に重要な意味をもった。→補2

**若衆**　寺僧のうちの若衆。寺僧身分は老僧と若衆とにわかれ、若衆から老僧に昇進した。寺院の武力を担うのが一般的であるが、ここでは湯屋経営が委ねられている。→補3

**先日二十四日の諚**　現存せず、不明。

**番帳**　風呂を焚く日とその費用負担をする当番僧を記した帳面。風呂帳とも。

**小法師**　観心寺で下僧・禅衆と呼ばれた僧を指すか。彼らを加えて風呂を焚く回数を増やした。→補4

**六斎**　月の八・十四・十五・二十三・二十九・三十日の六斎日。この日は鬼神がくだって衆生の善悪を監臨するといわれ、斎戒を守って悪行を慎んだ。六斎日に風呂を焚いて、穢悪を落とそうとしたのだろう。国35の「六斎日」の項参照。

一　*若衆の入寺においては、大都《おおよそ》の器要を撰び、これを懸けらるべき事。

一　寺僧の住・不住においては、*不住の寺僧は、*五十日の住山たるべし。もし一日たりと雖《いえど》も、闕日の儀あらば、*四ハリの畳三帖の*科替《かたい》たるべし。但し、*五十日の日数においては、代官を用いるべからず。寺役代においては、一年中何人たりと雖も、これを立てらるべし。但し、*一人にて多人の代に立つべからず。

一　寺僧の*住・不住の校合は、*引頭所《いんとうしょ》にてその沙汰あるべき事。

右、以上の条々、固くこの旨を守り、更に改動の議あるべからざるの由、衆議によって定むるところの状、件《くだん》の如《ごと》し。

応永十年十一月二十二日

**真68**　観心寺衆議評定事書　応永二十六年(一四一九)九月二十六日　観心寺文書

応永二十六年九月二十六日の*満衆評定に曰く

一　*湯屋興行の事、*若衆が執《と》り以《もち》て、*先日二十四日の諚の如《ごと》く、これを沙汰せらるべき事。

一　風呂は、先々*番帳の人数の外に、面々の*小法師を加えて、毎月*六斎《ろくさい》に沙汰あるべき事。

一　年來載二番帳一處之臨時之風呂者、加二月別六度之數一、可レ被レ結レ帳之事、

一　先年爲二惣寺評定一、被レ定處賴四口者、若衆方被レ出上者、彼湯屋之料足可レ被レ用レ之、於二懸米一者、寺家可レ爲二沙汰一事、

**眞69**　觀心寺衆議評定事書　永享六年(一四三四)七月二十六日　觀心寺文書

永享六年甲寅七月廿六日滿山集會評定曰

凡當山一和尚者、爲二兩社之神主一、毎度祭禮、各於二寶前一被レ讀二説之間、殊以濁穢不淨等深可レ被レ忌之處、近年爲レ躰、或以二賞翫之儀一、請二引導師一、或依二知音之謂一、被レ籠二中陰所一事、大綱輕々敷、有二高難一之上、神慮之恐難レ遁之條、於二向後一者、此段堅可レ被レ停二止之一、同荼毘之共、於二寺内一、非二沙汰之限一、假雖レ爲二壇方一、堅不レ被レ出者、可レ然之旨、爲二後々末代一、依二衆儀〔議〕一之所レ定也、

一　七日僧膳事、自二初七日一至二四七日一之程者、堅可レ被レ忌レ之、惣

**臨時の風呂**　定期以外に沸かすことが定まっていた風呂。今後も六斎日の恒例風呂に加えて当番を定め、風呂を焚くことにした。→補1

**先年惣寺の評定**　この文書は伝存せず不明。「惣寺の評定」は満山衆議評定と同じく学侶方全員による評定。

**頼**　頼子・頼母子とも。中世より登場した相互扶助的な金融組織。複数人で講をつくって懸銭(かけぜに)・懸米を出し合い、くじ引きで講中の一人に配当する。構成員全員にゆきわたるまで、それを繰り返した。真71の「頼子」の項参照。

**真69**　→補2

**観心寺衆議評定事書**　神主でもある観心寺一和尚の葬礼出仕や神主得分に関する規定。葬送への出仕規制が一和尚に限られており、寺僧全体に及ぶものでなかったことに留意したい。地域の真言宗寺院による葬祭への関与を示す史料である。→補3

**一和尚**　学侶の最上位の僧。

**両社**　観心寺境内にある賀利帝母天宮と牛頭天王西宮。なお西宮には八幡・熊野・稲荷・北野・吉野の五社が勧請された東ノ宮等がある。→補4

**読説**　読経や講説。

一　年来番帳に載するところの*臨時の風呂は、月別六度の数に加えて、帳に結ばるべきの事。

一　*先年惣寺の評定として、定めらるるところの*頼《たのもし》四口は、若衆方が出《い》ださるる上は、彼の湯屋の料足に、これを用いらるべし。懸米《かけまい》においては、寺家沙汰をなすべき事。

**真69**　観心寺衆議評定事書　永享六年(一四三四)七月二十六日　観心寺文書

永享六年〈甲寅〉七月二十六日、満山集会の評定に曰く

およそ当山の*一和尚は、*両社の神主たり。毎度の祭礼、各の宝前において*読説せらるるの間、殊に以て濁穢《じょくえ》不浄等は深く忌まるべきの処、近年の躰《てい》たらく、或いは*賞翫の儀を以て*引導師を請《う》け、或いは知音の謂《い》われによって*中陰所に籠《こ》もらるる事、大綱軽々しく高難あるの上、*神慮の恐れ遁《のが》れがたきの条、向後においては、この段堅く停止せらるべし。同じく荼毘《だび》の共《とも》、*寺内においては沙汰の限りにあらず。*假《たと》い壇方たりと雖《いえど》も、堅く出でられざれば然るべきの旨、後々末代のために、衆議によって定むるところなり。

一　*七日の僧膳《そうぜん》の事、*初七日より四七日に至るの程は、堅くこれを忌まるべし。*惣

**賞翫の儀…遁れがたきの条**　檀越から贔屓にされたから引導師を引き受けたり、知り合いであるということから中陰所の籠僧(こもりそう)となるのは、たいへん軽率であり神慮も憚られる。

**引導師**　死者を葬る際に、迷いを去るために死者を導く僧。

**中陰所**　七七日(四十九日)の間、亡者のために法要を営むところ。

**神慮の恐れ…**　触穢の身による神事は神の怒りを招くと考えられた。

**寺内においては**　一和尚が寺僧など寺内関係者の荼毘に付き従うこと。寺内で荼毘の共をするのはよいが、寺外ではだめだ、との解釈もありうる。

**假い壇方たり…然るべき**　たとえ檀那の葬送であっても、一和尚は荼毘に出ないのがよい。

**七日の僧膳**　初七日から七七日の仏事の際に檀那が葬家で出す僧への膳。

**初七日より…**　四七日(二十八日)までは葬家で僧膳をいただくことは禁止する。死のケガレは三〇日とされていたので、その期間内に檀家で僧膳をいただくことを禁じた。

**惣寺平儀の僧膳…**　惣寺全体に僧膳をふるまう時は、壇方はその費用を寺家に送ることとする。ここでも葬家での僧膳を忌避している。

寺平儀之僧膳之時者、自二壇方一料米可レ被レ送レ之、自二五七日一以後者、死骨出二在所一者、可レ有二通屈〔届カ〕一、不レ然者、可レ被レ忌レ之也、四度灌頂加行者、可二同邊一也、

一　神主得分事、惣庄年貢上分米一石八斗内六斗者、不レ依二年之損否一、以二現米一可レ被レ渡レ之、此外本役等、如二已前一、可レ有二知行一之、自二來卯年一始而、現米壹石、自二惣寺年預一可二渡申一也、

年預　祐意(花押)
　　　頼智(花押)

## 真70　観心寺学侶連判起請文　永正二年(一五〇五)三月十四日　観心寺文書

永正二年乙丑三月十四日老若一同之評議曰
今度下僧憑二公方之權威一、可レ令レ入二峯一之由、企二訴詔〔訟〕一、然間、爲二老若一味同心一、服二天罰之神水一、則加二連判一曰、

了海(花押)　照算(花押)　祐盛(花押)

(署名二九名略)

天罰起請文之事

**五七日より…忌まるべきなり**　五七日(三十五日目)以後、遺骨が葬家より出されたとの届けがあれば、葬家で食事をしてもかまわない。そうでない場合は禁止する。一般に人骨は一日のケガレとされていた。

**通屈**　連絡、通知。

**四度灌頂加行**　伝法灌頂を受ける前に、勤めた四種の行法。十八道法・金剛界法・胎蔵界法・護摩法の四つの行法からなるため四度加行と呼んだ。

**同辺たるべきなり**　四度加行中の僧侶は、一和尚と同じく僧膳を忌避しなければならない。同辺は同篇に同じ。四度加行は沐浴潔斎してつとめるものであるため、触穢に留意したのであろう。

**惣庄**　観心寺七郷と寺元郷からなる観心寺庄を指すか。→補1

**上分米**　年貢のうち神仏に奉納する米。

**年の損否によらず**　天候不順による年々の不作にかかわらず。

**来たる卯年**　翌年の永享七年(一四三五)乙卯。

寺平儀の僧膳の時は、壇方より料米これを送るべし。*五七日より以後は、死骨在所を出ずれば、*通屈《つうくつ》あるべし。然らざれば、これを忌まるべきなり。*四度灌頂加行《けぎょう》の者は、*同辺《どうへん》たるべきなり。

一 神主得分の事、*惣庄年貢の*上分米一石八斗のうち六斗は、*年の損否によらず、現米を以て渡さるべし。この外の本役などは、已前の如《ごと》く知行あるべし。*来《きた》る卯年よりはじめて、現米一石、*惣寺年預より渡し申すべきなり。

年預 祐意(花押)

頼智(花押)

**真70** 観心寺学侶連判起請文 永正二年(一五〇五)三月十四日 観心寺文書

永正二年〈乙丑〉三月十四日の老若一同の評議に曰く

今度*下僧は*公方《くぼう》の権威を憑《たの》み、*入峯《にゅうぶ》せしむべきの由、訴訟を企つ。然る間、*老若一味同心をなし、天罰の*神水を服す。則ち連判を加えて曰く。

了海(花押)　照算(花押)　祐盛(花押)

(署名二九名略)

*天罰起請文の事

**惣寺年預** 中世の寺僧集団による自治の中核的役割を担った僧侶。一年交代で寺務をつかさどった。

**真70** →補2

**観心寺学侶連判起請文** 禅衆が山伏活動を認めるよう河内守護代に訴えたのに対し、結束して反対することを誓約した学侶方の起請文。こののち禅衆との対立が嵩じて翌年春には堂舎の破却に至ったため、高野山などの仲介により永正五年(一五〇八)十一月に両者の間で和議が結ばれた(「観心寺文書」、『大古』観心寺五二三号)。

**下僧** 禅衆に対する学侶方の蔑称。学侶より下位とされ、坊号を禁止されたり、住坊造立を規制されたりした。→補3

**公方** 畠山尚順(ひさのぶ、一四七五〜一五二二)。畠山政長の子。明応八年(一四九九)細川政元と天王寺で戦ったが敗れて紀伊に逃れた。翌年、和泉に進出し永正元年より十七年まで守護細川政元に代わって河内を支配した。

**入峯** 山伏としての活動。

**老若** 学侶方の老僧衆と若衆。

**神水を服す** 起請文を焼いた灰を水にとかして飲んで、一味同心を誓約した。

**天罰起請文の事** 以下の文章は熊野の牛王宝印の裏に記されている。

今度有㆓下僧訴詔〔訟〕㆒之由、自㆓　遊佐次郎左衛門尉殿㆒、可㆑令㆓禪徒入峯㆒由被㆓懸申㆒、於㆓此段㆒者、且背㆓國務代々之御判之旨㆒、且亂㆓寺家往代之法度基㆒曲事也、然間、於㆓此一段之儀㆒者、堅可㆑爲㆓老若一味同心㆒、萬一漏㆓衆儀〔議〕㆒、存㆓別心㆒有㆓仁躰㆒者、奉㆑始㆓　梵天帝釋四大天王㆒、三界所有大小神祇、別者當寺觀音・賀利帝・西宮地主權現・勸請五所大明神之御罰、可㆑蒙㆑罷者也、仍起請文如㆑件、

永正二乙丑　三月十四日　　　觀心寺學侶一同

## 3　若狭正昭院

**真71**　武田元光正昭院掟書　享禄五年（一五三二）三月二十一日　　萬徳寺文書

（花押）

遠敷郡正昭院格之事

一　當院門徒諸寺、自然號㆑有㆓不足之儀㆒、改㆓宗旨㆒、代々相傳棄㆓捨法流㆒、餘流興行停止之事、

**遊佐次郎左衛門尉**　畠山尚順の守護代である遊佐順盛（生没年未詳）。

**懸け申さる**　遊佐順盛から観心寺に申し入れがなされた。これに対して、観心寺は永正二年（一五〇五）二月二十一日と二十四日に計二通の申状を提出して反論を加えている（「観心寺文書」、『大古』観心寺二一七・五二二号）。二十一日申状では、遊佐順盛より「山伏道禁制之意趣、預御尋候」と述べる。

**国務代々の御判**　不詳。ただし二月二十四日重申状には「於下僧之儀者、真観寺殿様之御代　遊佐明叟様之御判支証之物、致所持候、則以案文申上候、御両家御和談之砌候間、任御先祖之御判之旨、被聞食別候者、忝可存候」（五二二号）と述べており、畠山満家（真観寺殿）の代にもらった遊佐長護（明叟）の判物を尊重するよう求めている。

**寺家往代の法度**　山臥道（修験道）を禁じる昔からの観心寺の寺法。↓補1

**賀利帝西宮地主権現…**　観心寺の鎮守である賀利帝母天宮や、観心寺西宮の地主権現、および同東宮に勧請された八幡・熊野・稲荷・北野・吉野の五社をいう。真69の「両社」の項を参照。

**真71**　↓補2

**武田元光正昭院掟書**　若狭守護武田氏が

今度、下僧の訴訟あるの由、*遊佐《ゆさ》次郎左衛門尉殿より、禅徒入峯せしむべきの由
*懸《か》け申さる。この段においては、且《かつ》は国務*代々の御判の旨に背き、且は寺家*往代の
法度の基を乱す曲事《くせごと》なり。然る間、この一段の儀においては、堅く老若一味同心を
なすべし。万一衆議を漏らし、別心を存ずる仁躰《にんてい》あらば、
梵天・帝釈・四大天王を始め奉り、三界の所有《あらゆる》大小神祇、別しては当寺観音・*賀《か》
利帝《りてい》・西宮地主権現・勧請五所大明神の御罰を罷り蒙るべきものなり。仍て起請
文、件《くだん》の如《ごと》し。

永正二 乙丑 三月十四日　観心寺学侶一同

## 3 若狭正昭院

**真71** 武田元光正昭院掟書　享禄五年(一五三二)三月二十一日　萬徳寺文書

(花押*)

遠敷郡《おにゅうぐん》*正昭院格の事

1 一 当院の門徒諸寺、*自然《じねん》不足の儀ありと号して宗旨を改め、代々相伝の法流を棄
捨し、余流興行すること停止の事。

正昭院を若狭国真言宗の本寺と位置づけ、諸特権を認めた掟書。→補3

**萬徳寺文書** 若狭国萬徳寺に伝来した文書。戦国時代・江戸時代を中心に二〇〇点近くを伝える。

**花押** 武田元光(一四九四～一五五一)。若狭武田氏は甲斐武田氏の分流で、安芸を本拠としていたが、永享十二年(一四四〇)に一色氏に代わって武田信栄が若狭守護となり、永禄十一年(一五六八)まで若狭を支配した。元光は若狭武田四代元信の子で永正十七年(一五二〇)に若狭守護となった。菩提寺は曹洞宗発心寺。

**正昭院** 萬徳寺の旧寺号。福井県小浜市金屋に所在。もと極楽寺と称し文永二年(一二六五)の若狭国惣田数帳(『鎌』九四二二号)に登場する。縁起によれば、応安年間に安芸国円明寺の覚応がここを拠点に布教。守護武田元信(一四四六～一五二一)の代から保護をうけ、やがて若狭国真言宗本寺の地位を獲得した。元亀年間の戦乱で焼失したが、慶長七年(一六〇二)大覚寺直末となって萬徳寺と改称。小浜藩主京極氏より一〇〇石の寄進をうけた。

**1** 正昭院の門徒や末寺が宗旨替え、法流替えをすることを禁じる。門徒の離脱を俗権力が禁じるのは中世では異例。

**自然不足の儀ありと号して** 万一正昭院に不満があるといって。

一　諸末寺等、本寺可ㇾ爲二進退一、或領主或代官等、本寺不ㇾ經二案内一不ㇾ可二相計一之事、

一　當寺住持縱雖ㇾ爲二若輩又他國之人一、寺僧違背之儀在ㇾ之者、權門勢家寺社雖ㇾ爲二許容一、可ㇾ令二追放一之事、

一　寺僧或客僧、號二學文一乞二棄暇一、他國歷二年月一後還來、不ㇾ及二案内一居二住于他寺一、或當座耽二依怙一、餘寺不ㇾ可二移住一之事、

一　寄宿・棟別・段錢・要錢等、其外臨時課役、從二往古一御免除云々、殊近年　御判在ㇾ之上者、臨二于時一奉行之人、惣寺社次相混之儀在ㇾ之歟、至二自今以後一者、以二此旨一不ㇾ可二申懸一、幷境內地之上可ㇾ爲二同前一事、

一　寄進田畠山林竹木等、先年任二　御判之旨一、領主改易又者沒收名職內、雖ㇾ爲二拔地一不ㇾ可ㇾ有二相違一事、

一　就二當寺造營一賴子、前後共如二契約一可ㇾ終二遂之一、縱一國平均雖ㇾ被ㇾ行二德政一、不ㇾ混二于自餘一興隆興行之上者、不ㇾ可二棄破一之事、

**2**　末寺支配権は正昭院にあるため、領主や代官は正昭院の了解なしに末寺に介入してはならない。

**3**　正昭院の住持は若輩であっても、権門や寺社の意向にかかわらず、命に従わない寺僧を追放してよい。

**追放**　→補1

**4**　正昭院の寺僧や客僧が他国に遊学ののち、正昭院の了解なしに他寺に居住したり、経済的な事情から他寺に移住するのを禁止する。

**客僧**　客として他寺に身を寄せている僧、または修験の僧。寺僧に准ずる扱いをうけた。木食応其も高野山の客僧。

**学文と…年月を歴て**　仏法・芸能の修学のため他国に遊学する許可を得て。

**案内に及ばず**　正昭院の了解なしに。

**当座の依怙**　一時的な利益やわがまま。

**5**　正昭院には段銭等の臨時課役を免除する。他の寺社と一緒にこれらを賦課してはならない。

**寄宿棟別段銭要銭**　幕府および守護大名が賦課した課役。棟別銭と段銭は家屋の棟数、田の面積に応じて賦課した。要銭は武田氏が毎年二度徴収した守護役。寄宿銭は不詳。宿への課税か。

**近年の御判**　大永四年(一五二四)八月に武田元光が正昭院寺務暹応に発給した諸役免除の判物。→補2

2 一 諸末寺等は本寺が進退をなすべし。或いは領主、或いは代官等は、本寺の案内《あない》を経ず、相計らうべからざるの事。

3 一 当寺の住持は縦《たと》い若輩または他国の人たりと雖《いえど》も、寺僧違背の儀これあらば、権門勢家・寺社が許容をなすと雖も、*追放せしむべきの事。

4 一 寺僧或いは*客僧は、*学文《がくもん》と号して暇《いとま》を乞い棄て、他国にて年月を歴《へ》て後に還り来《きた》りて、*案内に及ばず他寺に居住し、或いは*当座の依怙《えこ》に耽《ふけ》りて余寺に移住すべからざるの事。

5 一 *寄宿・棟別・段銭・要銭等、その外の臨時課役は往古より御免除と云々。殊に*近年の　御判これある上は、時に臨みて奉行の人、惣寺社次《なみ》に相混ずるの儀これあるか。自今以後に至りては、この旨を以て申し懸《か》くべからず。幷びに*境内地の上も同前たるべき事。

6 一 寄進の田畠山林竹木等は、*先年の　御判の旨に任せて、領主改易または没収の*名職の内、*抜地たりと雖も相違あるべからざる事。

7 一 当寺造営についての*頼子《たのもし》は、前後とも契約の如《ごと》くこれを終え遂ぐべし。縦い*一国平均に徳政を行わると雖も、自余に混ぜず興隆興行の上は、棄破すべからざるの事。

**境内地の上**… 境内地も課役免除とする。

**6** 正昭院に寄進の田畠山林等は寄進者である国人が改易・没収されても、大永四年の寄進地目録で確認した以上は、正昭院の領知を認める。

**先年の御判** 大永四年八月に武田元光が正昭院の領知を認めた田畠山林の寄進地目録。前掲「近年の御判」の項参照。

**名職** 子孫に継承されるべき家産、もしくは名主職の略。ここでは前者。

**抜地** 本年貢負担のないように、名から抜きとった土地。↓補3

**7** 正昭院造営のための頼母子は徳政令が発布されてもその適用を除外する。

**頼子** 頼・頼母子・憑子・憑支とも。講の構成員が懸銭を出し合い、くじ引きで誰かが受け取り、全員に回るまで繰り返すのが基本型。一三世紀後半から登場し寺社や領主の財源としても活用された。

**一国平均に徳政** 若狭一国の徳政令。前年の享禄四年(一五三一)に三郡百姓の要求で徳政令が発布されたし、天文二十年(一五五一)にも発布された。その詳細がわかる後者では、禅寺の祠堂銭以外は徳政除外を認めていない。特に徳政除外を認めた判物をもらっていても、その効力を否定しており、正昭院の頼母子も徳政除外が認められなかったと思われる。↓補4

一　私以㆓借物㆒、頼子懸錢不㆑可㆑有㆓立用㆒、又私依㆓意趣㆒、人數不㆑可㆑有㆓相違㆒之事、

一　以㆑志施入米錢等、自然借付之儀可㆑在㆑之、天下一同雖㆑被㆑行㆓德政㆒、不㆑可㆑有㆓棄破㆒、次寺僧之內、以㆓人之志㆒令㆓買得㆒、或寄進田畠、可㆑付㆓寺中㆒、他所仁不㆑可㆓寄附㆒事、

右、條々、當國眞言根本之寺、誰不㆑信㆑之哉、御思案之旨、被㆓仰定㆒上者、永代不㆑可㆑有㆓相違㆒、若有㆓違背之族㆒者、堅可㆑被㆑處㆓罪科㆒者也、仍下知如㆑件、

享祿五年三月廿一日　　左衞門尉(花押)

正昭院快暹僧都御房

**真72**　武田信豊若狭国真言衆掟書　弘治三年(一五五七)十一月十日　萬徳寺文書

(花押)

國中諸山寺僧中格之事

一　於㆓正昭院㆒不㆑受㆓法㆒輩、急度可㆑遂㆓加行灌頂㆒、於㆓自餘仕儀㆒不㆑可㆑爲㆑證事、

**8**　頼母子の懸銭を借金で支払ってはならない。また頼母子講の人数を勝手に変更してはならない。

**9**　正昭院に寄進された米銭を元本にした貸し付けには、徳政令を適用しない。また寺僧に寄進された米銭で購入した田畠や、寺僧に寄進された田畠は正昭院のものとせよ。

**当国真言根本の寺**　若狭国真言宗の本寺。「当国真言衆為本寺」「国中真言宗為棟梁」とも言われた(前掲「追放」の項参照)。本末関係は一般に国や地域を越えて展開したが、ここに見えるような大名領国内で完結する本末関係は、戦国時代に形成されたものである。↓補1

**御思案の旨**　武田元光がお考えになったこと。

**左衛門尉**　武田の奉行人である武藤元家

8 一 私の借物を以て、頼子懸銭《かけせん》に立用《りゅうよう》あるべからず。また私の意趣によって、人数の相違あるべからざるの事。

9 一 志《こころざし》を以て施入の米銭等を、自然《じねん》借し付くるの儀これあるべし。天下一同に徳政を行わると雖も、棄破あるべからず。次いで寺僧の内、人の志を以て買得せしめ、或いは寄進の田畠は、寺中に付すべし。他所に寄附すべからざる事。

右、条々、*当国真言根本の寺、誰かこれを信ぜざらんや。*御思案の旨、仰せ定めらるる上は、永代相違あるべからず。もし違背の族《やから》あらば、堅く罪科に処せらるべきものなり。仍て下知、件《くだん》の如し。

享禄五年三月二十一日　*左衛門尉(花押)

正昭院*快暹《かいせん》僧都御房

**真72** 武田信豊若狭国真言衆掟書　弘治三年(一五五七)十一月十日　萬徳寺文書

*(花押)

国中諸山寺僧中の格の事

1 一 正昭院において受法せざる輩は、*急度《きっと》、*加行《けぎょう》灌頂を遂ぐべし。自余の仕儀においては、証となすべからざる事。

(生没年未詳)。

**快暹僧都**　正昭院の住持。経歴の詳細は未詳。大永四年(一五二四)の武田元光寄進地目録には武田家臣の温科一族から快暹への寄進地がみえ(前掲「近年の御判」の項参照)、特に親密であったことを示している。

**真72** →補2

**武田信豊若狭国真言衆掟書**　若狭一国の真言衆に対し、正昭院住持からの伝法灌頂を強制するなど、正昭院による国内真言宗統制を保障した若狭守護の掟書。同日付で内藤国高を奉者とする武田氏奉行人奉書が発給され、国内真言宗諸寺に正昭院への服属を命じている。→補3

**花押**　武田信豊(一五〇五〜一五七六?)。若狭武田氏五代元光の子。天文八年(一五三九)に若狭守護となるが、重臣の反乱や畿内での戦闘に敗れて、武田氏の衰退を招いた。菩提寺は霊雲寺。

**1**　伝法潅頂は正昭院の住持からのもの以外は認めない。

**急度**　必ず、確かに。

**加行灌頂**　加行と灌頂。灌頂は伝法灌頂をいう。加行は前方便ともいい、伝法灌頂の前に準備的に行う行をいう。十八道、金剛界、胎蔵界、護摩の四度加行をいう。

一　於二當院一前々受法輩、代替印可可レ申事、

一　或號レ有二內々不足一捨二法流一、對二當院一無音輩、或不レ糺二宗旨威儀一、佛法不二修行一族、可レ被レ處二過怠一事、

一　於二他國一受法之輩、自然雖レ學二他流一、既於二當國居住一者、就二當院流例一可レ遂二傳受一事、

一　亂行風聞輩於二訴訟申仁一者、可レ有二御褒美一事、

右、條々、各可レ致二信用一、若於二違犯輩一者、任二先年之　御判之旨一、可レ被レ處二罪科一之由、堅被二　仰出一候者也、仍下知如レ件、

弘治參年十一月十日　　筑前守(花押)

**2**　正昭院の住持から伝法灌頂を受けた僧侶も、今の住持から代替わりの印可を改めて受けなければならない。

**印可**　印信許可(いんじんこか)の意といわれ、弟子が法を得たことの証明。密教では弟子に相伝修学を許す許可と同義で使用。正昭院で伝法灌頂を受けた者も、正昭院住持が代わる毎に、新住持から許可を受けることを強制した。真言宗では違例の措置である。

2 一 当院において前々受法の輩は、代替わりの*印可《いんか》を申すべき事。

3 一 或いは内々不足ありと号して法流を捨て、当院に対して*無音《ぶいん》の輩、或いは宗旨の威儀を糺《ただ》さず、仏法を修行せざる族は、過怠に処せらるべき事。

4 一 *他国において受法の輩は、自然《じねん》他流を学ぶと雖《いえど》も、既に当国居住においては、当院の流例につき伝受を遂ぐべき事。

5 一 乱行風聞の輩を訴訟申す仁《じん》においては、御褒美《ごほうび》あるべき事。

右、条々、各《おのおの》信用を致すべし。もし違犯《いほん》の輩においては、*先年の　御判の旨に任せ、罪科に処せらるべきの由、堅く　仰せ出だされ候ものなり。仍て下知、件《くだん》の如《ごと》し。

弘治三年十一月十日　　*筑前守(花押)

**3** 正昭院流に不満をもって法流を捨て去ったり、正昭院流での威儀・修行を行わない僧侶は武田氏が処罰する。

**無音**　挨拶をしないこと。

**4** 他国で伝法灌頂を受けた者も、若狭国に居住する限りは正昭院から伝法灌頂を受けなければならない。

**他国において受法**　京都の東寺・仁和寺・醍醐寺や紀伊の金剛峯寺などで真言宗を学んでくること。本文史料と同日付の武田氏奉行人奉書でも、「国中諸寺真言宗、対正昭院近年致疎略、剰令棄捨法流、他流他国為本企、併法流断絶基」とみえている(前掲「武田信豊若狭国真言衆掟書」の項参照)。武田氏は正昭院を、東寺・仁和寺・醍醐寺・金剛峯寺よりも権威あるものに強引に仕立てようとしたが、その試みが容易に定着しなかった様子がうかがえる。

**5** 破戒の噂のある僧侶を告発した者には、褒美を与える。ここでいう「乱行」が、具体的には一条から四条にあるような、正昭院の正統性を毀損する行動である可能性もある。

**先年の御判**　前掲の享禄五年(一五三二)武田元光正昭院掟書(真71)を指す。

**筑前守**　内藤勝高(生没年未詳)。内藤氏は武田の重臣で「武田ノ四老」の一。内藤惣領家は代々筑前守を官途とした。

# 第三編　天台

天1　天台座主良源起請二十六箇条　天禄元年(九七〇)七月十六日　盧山寺文書

座主權少僧都法眼和尚位良源敬啓

為レ令二法久住一、立二雜制廿六箇條一事

一　停二止舎利會別當會日被物前後所司供等一事

右會、別當初定二色衆一之日、後結二公文一之時、勞二饗堂達・綱維一事幷會日被物・曳物等事、制止先了、今為レ嚴二其禁一、更以立レ制、為レ令三大會永代不一レ絶、年々別當莫レ忘二制旨一、但至二色衆供一、事在二報恩一、非二是禁限一、宜存二儉約一、不レ得二過差一、

一　停三止六月會講師勞二供聽衆・所司一事

右會、為レ奉レ報二大師慈恩一、往昔賢哲所二始行一也、事須下寺家勞二供請僧一、請僧一向講中論經中深義上者也、昔纔酌二空茶一以除二來問者之渇一、聊設二麁膳一以補二威儀僧之疲一、而年來講匠不レ事レ釋二文義一、只營二饗聽衆一、來鉢如レ雲遍二于東西之嶺一、滋味連レ日溢二于主客之

**天1**　↓補1

**天台座主良源起請二十六箇条**　良源が座主就任四年目に布告した制式。↓補2

**盧山寺文書**　京都市上京区の盧山寺が所蔵する文書。盧山寺は良源が開創した与願金剛院を、鎌倉中期に覚瑜が再興。

**良源**　九一二～九八五。応和の宗論で活躍し天台座主となる。摂関家の後援を得て延暦寺の経済基盤を確立し、法会や堂舎の整備に努めた。↓補3

**1**　舎利会別当の負担を軽減するため、被物や所司供を禁じる。

**舎利会**　仏舎利を礼拝供養して、釈尊の恩徳に感謝する法会。延暦寺の舎利会は貞観二年(八六〇)に円仁が創始。わが国舎利会の確実な初見とされる。↓補4

**別当**　法会全般をとりしきる僧。舎利会では通常別当は二人であった。↓補5

**被物**　労をねぎらって与える衣服類。

**前後の所司供**　式日の前後に、別当が堂達・綱維らの役僧に饗応すること。

**別当が初めて…**　別当が事前に舎利会の出仕僧を決めるときや、法会後に次第結果を文書にしたためるとき。

**色衆**　法会の時、梵唄や散華、鳴物その他の諸役をつかさどる僧侶。職衆とも。

**堂達**　法会に際し、式場での伝達など雑務を行う役僧。七僧の一。

**綱維**　上座・寺主・都維那の三綱をい

# 天1　天台座主良源起請二十六箇条　天禄元年(九七〇)七月十六日　盧山寺文書

座主権少僧都法眼和尚位良源*、敬いて啓《もう》す

法をして久住《くじゆう》せしめんがため、雑制《ぞうせい》二十六箇条を立つる事

1 一 *舎利会*別当は、会日の*被物《かずけもの》、*前後の所司《しよし》供《ぐ》等を停止《ちようじ》する事

右の会、*別当が初めて*色衆《しきしゆ》を定むるの日、後に公文に結ぶの時に、*堂達《どうたつ》・*綱維《こうい》を*労饗《ろうきよう》する事、幷びに会日の被物・*曳物《ひきもの》等の事、制止すること先に了りぬ。今、その禁を厳しくせんがために、更に以て制を立つ。大会《だいえ》をして、永代に絶えざらしめんがためなり。年々の別当は、制旨を忘るること莫《なか》れ。但し*色衆の供に至りては、事《こと》報恩にあり。是《こ》れ禁の限りに非ず。宜《よろ》しく倹約を存じ、*過差《かさ》することを得ざれ。

2 一 *六月会《みなづきえ》の*講師《こうじ》は、*聴衆《ちようじゆ》・所司に労供《ろうく》するを停止する事

右の会は *大師《だいし》の慈恩に報い奉らんがために、*往昔《おうじやく》の賢哲が始行せるところなり。事は須《すべから》く寺家が請僧に労供し、請僧《しようそう》は一向に経中の深義を講論すべきものなり。*昔は纔《わずか》に空き茶を酌《く》みて、以て来問者の渇きを除き、聊《いささ》か麁膳《そぜん》を設けて、以て*威儀僧《いぎそう》の疲れを補えり。しかるに*年来の講匠は、文義を釈するを事とせず、ただ聴衆に営饗す。*来鉢《らいはつ》は雲の如《ごと》くして東西の嶺に遍《あまね》く、滋味《じみ》は日を連ねて主客の

う。一般の僧を監督・指導した。

**労饗**　労をねぎらって饗すること。以下に登場する「労供」「営饗」も同意。

**曳物**　別当が色衆に与える引出物。

**色衆の供に…非ず**　別当が色衆に対して饗応するのは、仏恩に報ずる意味をもつので禁止しない。

**過差**　度を越して贅沢なこと。

**2**　月会講師の負担を軽減するため、聴衆たちへの饗応を禁じる。

**六月会**　最澄の忌日の六月四日まで七日間行われた論義法会(法華十講)。→補6

**講師**　仏前の右高座で講説する役僧。

**聴衆**　講師の説法を聴聞し、竪義の問者を勤める役の僧侶。

**大師**　伝教大師最澄(七六七〜八二二)。

**往昔の賢哲が…**　義真・円澄・光定・円仁等の遺弟が弘仁十四年(八二三)最澄一周忌に六月会を始修したことを指す。

**昔は纔に空き茶を…**　昔は、粗茶を出して来訪者の咽の渇きを潤し、粗末な食事を供して法会の進行を差配した僧の疲れをねぎらったものである。

**威儀僧**　法会の際に僧尼の進退動作を指導し、威儀を整える僧。

**年来の講匠**　最近の講師。

**来鉢は雲の如く…**　饗応を求める僧が山内にあふれ、彼らに対して講師が、連日のように贅沢な饗応を行っている。

坊㆒、招㆓衆徳於旅亭㆒、朝朝之饗、松葉忘㆑味、引㆓群賢於私曲㆒、暮暮之勞、茶煙驚㆑濃、三經盡軸之時、七日待明之夕、高徳鳩集、珍膳亂㆓於舌間㆒、名僧鴈行、奇物躍㆓於掌上㆒、今案㆓事情㆒、供佛施僧雖㆔實可㆓隨喜㆒、深山絶嶺猶㆔尚歎㆓過差㆒、況當巡之人、未㆓必有㆒㆑徳、隨㆑事之日、何其無㆑煩乎、仍今調鉢傳送之禮、熟食勞供之營、毎朝之齋莚〔筵〕、六夕之饗會、一切停止、若紙筆茶扇之類、有㆓不㆑求而得㆒者、第五巻席出㆑之、佛前讃歎和聲、布施混色、令㆔其功徳增㆓勝廣多㆒、至㆓于無㆒㆑之、莫㆓故求覔㆒、但恐大會寂而異㆑常、仍寺家欲㆘以㆓微供㆒聊充㆗講亭㆖、又試勸㆓信心之家㆒、將令㆑副㆓加施之志㆒矣、冀也、諸徳當次之賢、唯須㆘説㆓勝義妙經㆒、以增㆗大師之法樂㆖、莫㆘同㆓世間俗士㆒、以營㆗少事之因縁㆖焉、

一　停㆓止同會立義者調鉢・煎茶・威儀供㆒事

右、立義僧、或依㆑巡而昇、或不次而進、若門徒滋廣、相問者多、於㆑事無㆑煩、若單已淸閑、相問

**衆徳を旅亭に招き…**　六月会の期間中、講師は自坊や請僧の宿泊先で、朝夕、贅沢な料理と茶をふるまっている。

**松葉**　粗食のこと。→補1

**茶煙の濃き**　多くの人に茶をもてなしたことを表現している。当時の茶は蒸した茶葉を臼でついて固体にした団茶。それを削り火で焙り、粉にひき甘葛や生姜などとともに煮出して飲んだ。→補2

**三経尽軸の時…**　六月会が終了した日の夕には、請僧に対してより一層贅を尽くした料理がふるまわれ、高価な贈り物がなされている。三経は六月会で講じた無量義経・法華経・観普賢経をいう。

**名僧雁行して…**　雁が列を作って飛ぶように、六月会の衆僧が講師からの贈り物を求めて列をなすこと。

**供仏施僧は…**　仏への供えや僧への施しは喜ばしいことだが、あまりの贅沢は延暦寺(「深山絶嶺」)にふさわしくない。

**当巡の人**　巡によりその年の六月会の講師となった人。

**徳あらず**　裕福ではない。

**調鉢伝送**　僧の食事を用意し送ること。

**熟食**　よく煮たり焼いたりした食物。火食。→補3

**斎筵**　斎食を設け三宝を供養すること。

**六夕の饗会**　法華十講が行われる毎夕に

設けられる饗。
**第五巻の席**　法華十講のうち、『法華経』巻五の提婆達多品を講じる四日目は荘厳な儀式で行われ、五巻日ともいった。
**讃歎**　偈頌で仏徳を讃揚歌歎すること。
**和声**　音声を調和させること。
**恐らくは…欲す**　質素なあまり六月会の参加者が少なくなるのも困るので、延暦寺が講師に若干の援助をする。
**講亭**　講師の坊のこと。
**加施**　加布施(かぶせ)。規定の布施のほかにさらに加え出す布施のこと。↓補4
**諸徳当次の賢**　講師のこと。
**勝義**　出世間の勝れた深妙の理をいう。
**少事の因縁**　饗応接待を行うこと。
**3**　六月会竪者による饗応を禁じる。
**立義者**　竪義者、あるいは竪義・竪者(りっしゃ)とも。探題が選定した一〇の論題に対し、自分の見解(義)をたて、それについての問者の試問に応答する僧。
**煎茶**　本文史料第2条の「茶煙の濃き」の項参照。
**威儀供**　威儀僧を饗応すること。
**不次**　順序通りでなく抜擢されること。
**門徒滋広にして…**　一門の人が多く、竪者となった祝いに駆けつける者が多いと、祝儀が多く集まるので、竪者は威儀僧たちの饗応に恥をかかなくて済む。
**単已清閑**　一人ぼっちで暇なこと。

坊に溢《あふ》る。*衆徳を旅亭に招きて、朝々の饗《あえ》は*松葉の味を忘れ、群賢《ぐんけん》を私曲《しきょく》に引きて、暮々の労は*茶煙《ちゃえん》の濃きに驚く。*三経尽軸《じんじく》の時、七日待明の夕べに、高徳鳩《きゅう》集《しゅ》して珍膳《ちんぜん》は舌間《ぜっかん》に乱れ、*名僧雁行《がんこう》して奇物は掌上に耀《かがや》く。今、事の情を案ずるに、*供仏施僧は実《まこと》に随喜《ずいき》すべしと雖《いえど》も、深山絶嶺はなお過差《かさ》を歎くが猶《ごと》し。況《いわん》や*当巡《とうじゅん》の人は、未だ必ずしも*徳あらず。事に随うの日、何ぞそれ煩いなからんや。仍て今、*調鉢伝送《ちょうはつでんそう》の礼、*熟食労供《じゅくしょくろうく》の営、毎朝の*斎筵《さいえん》、*六夕《ろくせき》の饗会《きょうえ》は、一切停止《ちょうじ》せよ。もし紙筆茶扇の類、求めずして得ることあらば、*第五巻の席にこれを出だせ。仏前に*讃歎《さんだん》*和声《わじょう》し、布施に混色《こんじき》して、その功徳をして増勝広多《ぞうしょうこうた》せしめん。これなきに至りては、ことさらに求め覓《ま》ぐこと莫《なか》れ。但し*恐《おそる》らくは、大会《だいえ》寂にして常に異ならんことを。仍て寺家は微供《びぐ》を以て、聊《いささ》か*講亭に充てんと欲す。また試みに信心の家に勧めて、将《まさ》に*加施《かせ》の志を副《そ》えしめよ。冀《こいねが》わくは、*諸徳当次の賢は、ただ須《すべか》らく*勝義の妙経を説きて、以て大師《だいし》の法楽を増すべし。世間の俗士と同じうして、以て*少事の因縁を営むこと莫れ。

3 一　同会の*立義者《りゅうぎ》は、調鉢・*煎茶《せんちゃ》・*威儀供《いぎく》を停止する事
右、立義の僧は、或いは巡《めぐり》によりて昇り、或いは*不次《ふじ》にして進む。もし*門徒滋広《じこう》にして相問《そうもん》する者多かれば、事において煩うことなし。もし*単已清閑《たんいせいかん》にして相問

者少、臨レ事有レ耻、依レ巡與二不次一、共是一階、有レ耻與レ无レ煩、何其兩別、仍調鉢傳送、煎茶相營、威儀供勞、一切停止、至二廣學竪義一者、既謂二拔萃一、守レ制何同、將レ責二過差一、宜レ存二儉約一、但依二及科之少多一、以定二得果之遲速一、　綸旨雖レ爲二廣學一、寺議不レ限二他生一、志業之龍駒、勿レ疎二於螢雪一、

一　停二止十一月會講師調鉢・煎茶・威儀供一事

右、停止之旨、一同二前條一、但爲二勸學一殊發二道心一、修二內論義一、非二是制限一、即修二此事一者、爲レ賞二彼殊功一、超二預明年立義一之事、安和元年以來之定、立爲二永例一、又講經釋疑、得二善巧一者、令レ遂二後業一、將越二前階一、若欲二早立身一、宜レ勵二其用意一、

一　停二止安居講師調鉢送二供所司一事

右、停止之旨、亦如二前條一、但一夏講演之旨、爲二鎭護國家・成熟年穀一也、事須二講レ文釋レ義、盡レ卷顯レ理者也、而近代講師只思二階業之假名一、不レ存二教理之實義一、禱請

**共に是れ一階**　同じ一階業である。元慶七年(八八三)に朝廷は、国講師の任用条件として試業・複・維摩竪義・夏講・供講の五階業を終えておくよう定めた。六月会竪義はこの維摩会竪義に准じられた。

**両別せん**　両極端に別れるのは不当だ。

**広学竪義**　良源の奏請により、康保三年(九六六)に勅許された叡山六月会の一名の竪義。それに基づき、勅会でなければ置けない探題を設けて同五年の六月会から実施。竪義とは、一〇問について修学僧(竪者)が自己の見解(義)をたて、問者となった学匠が質疑を発してその義を試し、その質疑応答の結果によって最高学匠の探題が及落を判定する行事。→補1

**及科の少多に…**　竪義では一〇問のうち、五問以上の合格で竪義及第となったが、合格した数によって昇進に差がでる。

**寺議は他生を限らず**　不詳。他寺出身の学僧にも門戸を開いていたことをいうか。

**志業の龍駒は…**　仏道を志す学僧たちは、修学を怠ってはならない。

**4**　十一月会講師による饗応を禁じる。

**十一月会**　天台大師智顗(ちぎ)の忌日に行われた法華十講。最澄が延暦十七年(七九八)十一月に始修。霜月会とも。→補2

する者少なくば、事に臨みて恥ずることあり。巡《めぐり》によると不次《ふじ》とは、*共《とも》に是《こ》れ一《いっ》階《かい》なり。恥あると煩いなきと、何ぞそれ*両別《りようべつ》せん。仍て調鉢《ちようはつ》の伝送《でんそう》、煎茶《せんちゃ》の相営、威儀《いぎ》供《く》の労は、一切停止《ちようじ》せよ。*広学竪義《こうがくりゆうぎ》に至りては、既に抜萃《ばっすい》と謂《い》う。制を守ること、何れも同じならん。将《まさ》に過差《かさ》を責めんとすれば、宜《よろ》しく倹約に存すべし。但し*及科《きゆうか》の少多によりて、以て得果《とくか》の遅速を定む。綸旨《りんじ》は広学となすと雖《いえど》も、*寺議《じぎ》は他生《たしよう》を限らず。*志業《しぎよう》の龍駒《りゆうく》は、蛍雪《けいせつ》を疎《うと》んずること勿《なか》れ。

4 一 *十一月会《しもづきえ》の講師《こうじ》は、調鉢・煎茶・威儀供を停止する事

右、停止の旨、一《もはら》に前条に同じなり。但し勧学《かんがく》のために殊《こと》に道心を発《おこ》し、*内論義《ないろんぎ》を修するは、是れ制の限りに非ず。即ち*この事を修する者は、彼の殊功《しゅこう》を賞さんがために、超えて明年の立義《りゆうぎ》に預かるの事、*安和元年以来の定《さだめ》、立てて永例となす。また*講経釈疑に善巧《ぜんぎよう》を得る者は、後業に遂げしめて、将に前階《ぜんかい》を越えよ。もし早《すみ》やかに*立身せんと欲さば、宜しくその用意に励むべし。

5 一 *安居《あんご》の講師は、調鉢を所司に送供《そうく》するを停止する事

右、停止の旨は、また前条の如《ごと》し。但し*一夏講演《いちげこうえん》の旨は、*鎮護国家・成熟《じようじゆく》年穀のためなり。事須《ことすべから》く文を講じ義を釈し、巻を尽《つく》して理《ことわり》を顕《あら》わすべきものなり。しかるに近代の講師は、ただ*階業《かいごう》の仮名《けみよう》を思いて、教理の実義を存せず。*禱請《とうしよう》の

**内論義**　叡山において行われる山内論義のこと。十一月会講師が事前に修学することは認め奨励するが、饗応は禁止する。→補3

**この事を修する者**　十一月会の講師を勤めた者をいうか。または内論義を勤めた者か。その功績で翌年の竪者に抜擢された。

**安和元年以来の定**　不詳。安和元年(九六八)は六月会で広学竪義が始修された年であり、本文史料が出される二年前にあたる。安和元年以来の慣行を、ここで永例とした。

**講経釈疑に善巧を…**　山内の論義などで経典解釈に秀でた者は、十一月会の講師に登用して一階業を進める。

**立身**　僧としての立身栄達を得ること。

**5**　安居の講師が所司に饗応するのを禁じ、修学を督励する。

**安居**　四月から七月の三ケ月間、僧侶が一所で集団生活をし、外出を避けて修行に専念すること。→補4

**一夏講演の旨**　安居に講演を行う目的。

**鎮護国家**　災害消除や外敵調伏などを神仏に祈ることをいう。

**階業の仮名を…**　階業を得るために安居講師を名ばかりで勤めるだけで、仏法を究めようとはしない。

**禱請**　神仏に祈ること。祈請。

之無レ效、譴責而有レ餘、今須下已被二充定一之僧、一向習中學三經文義上、迎節之日、登高之朝、開レ題釋レ文、必窮二貝葉之軸一、解レ義入レ理、不レ失二貫花之心一、外絕二攀緣一、內伏二散亂一、祈二求年穀一、誓二護國家一、凡致二秋稼之如雲一、須レ憑二夏講之披霧一、既停二世俗之美一、盖レ顯二勝義之功一、二諦若雙亡、九旬其何用、

一　停下止衆僧着二木屐一上堂上事

右、衆僧上堂必用二革屣一、戒律所レ指、往昔久存、而近代之僧多着二木履一、事之背二舊跡一、人之忘二古風一、凡其有レ心、誰不二歎念一、仍今立レ制、自レ房詣レ堂、必着二革子一、從レ外入レ內、宜レ用二淨履一、於二佛堂之內一、不レ可レ用二革履一、事載二經律一、亦可二依憑一、若有二違背一、莫レ著二僧座一、宜レ准二沙彌一、

一　應下競二留羯磨物一期日內不レ出レ直者永處中衆斷上事

右、競二留羯磨物一遲出レ直之輩殊可レ咎之由、貞觀元年

**充て定める**　安居講師に選定された。
**三経**　『法華経』『金光明最勝王経』『仁王般若経』の護国三部経をいう。
**迎節の日…**　夏安居をむかえ、高座で経論を講説するに際しては、三経の内容を徹底的に説き明かせ。
**貝葉**　多羅樹(たらじゅ)の葉。インドで仏経を写すのに用いたことから、転じて仏教経典をいう。
**貫花**　経典中の偈頌(げじゅ)。美しい文句を花にたとえた。
**攀縁**　俗事にひかれること。
**秋稼の如雲**　秋の稔りが雲がわくように豊饒であること。
**披霧**　霧が晴れるように、経典の文意を明らかにすること。
**二諦**　出世間の法と世間の法。ここでは「世俗の美」と「勝義の功」をいう。
**九旬**　九〇日。夏安居の三ケ月間。
**6**　木製の履きもので堂に行くことを禁じ、外では革の草履を着用し、堂内では上履きを使うことを定めた。
**木屐**　木製の履きもの。木履ともいう。

効なく、譴責《けんせき》して余りあり。今、須《すべから》く已《すで》に*充て定めらるるの僧は、一向に*三経の文義を習学すべし。*迎節《げいせつ》の日、登高《とうこう》の朝、題を開き文を釈するに、必ず*貝葉《ばいよう》の軸を窮めよ。義を解《と》き理《ことわり》に入るに、*貫花《かんげ》の心を失わざれ。外に*攀縁《はんえん》を絶ち、内には散乱を伏して、年穀を祈求し国家を誓護せよ。およそ*秋稼《しゅうか》の如雲《じょうん》を致さんとすれば、須く夏講の*披霧《ひむ》を憑《たの》むべし。既に世俗の美を停《とど》む。盍《なん》ぞ勝義の功を顕《あら》わさざらんや。*二諦《にたい》もし双《なら》び亡ずれば、*九旬、それ何の用ぞ。

6 一 衆僧は*木屐《ぼくげき》を着して*上堂《じょうどう》するを停止《ちょうじ》する事

右、衆僧の上堂に必ず*革屣《かくし》を用うるは、*戒律の指すところ、往昔《おうじゃく》より久しく存ず。しかるに近代の僧は、多く木履《ぼくり》を着す。事はこれ旧跡《きゅうじゃく》に背き、人はこれ古風を忘る。およそそれ心あらば、誰か*歎念《たんねん》せざらん。仍て今、制を立つ。*房より堂に詣《いた》るは必ず革子《かくし》を着し、外より内に入るは宜《よろ》しく浄履《じょうり》を用うべし。仏堂の内においては、革履《かくり》を用うべからず。事は経律《きょうりつ》に載す。また*依憑《えひょう》すべし。もし違背《いはい》することあらば、僧座《そうのざ》に著くこと莫《なか》れ。宜しく*沙弥《しゃみ》に准ずべし。

7 一 応《まさ》に*羯磨物《こんまもの》を*競い留むるに、期日の内に直《じき》を出ださざれば、*永く衆断《しゅうだん》に処すべき事

右、羯磨物を競い留め、遅れて直を出だすの輩は、殊《こと》に咎《とが》むべきの由、*貞観元年

**上堂** 法会等のため諸堂に行くこと。

**革屣** 革の草履(ぞうり)、革のくつ。革子・革履も同じ。

**戒律の指すところ** 『四分律』や『十誦律』に関連する記述がみえる。→補1

**歎念** なげかわしくおもうこと。

**房より堂に詣るは**… 僧侶が僧房から諸堂に来るまでは、外履き用の革製のはきものをつけ、堂内に入る時にはそれを脱いで上履きに履き替えるべきである。

**依憑** よりどころとすること。

**沙弥** 出家はしているものの受戒をしていないもの。履き物に違犯した者は、法会の場では沙弥に准じた扱いとする。

**7** 羯磨物の競売で落札した者が、期限内に支払わなければ永久追放とする。

**羯磨物** 羯磨は一般に、僧伽の議事運営法や祭式・授戒などの宗教行事を指す。ここでは、僧団運営に資するための物資をいう。これを競売して得た代価を、山内の運営費に充てた。寺内での競売は東大寺でも確認することができる。→補2

**競い留むるに** 落札すること。

**永く衆断に処す** 永久追放に処す。天7の「永断」の項参照。

**貞観元年より**… 貞観元年(八五九)からの制式はいずれも不明。ただし本条後半に、貞観元年十二月十五日の式文がみえる。

以來制式重疊、已八九箇度、重案ニ事情一、僧伽是和敬之名、羯磨是淸淨之法、理須下隨ニ物色之尊卑一、以定中價直之多少上、又先用ニ意料物一而後競買者也、而或爲レ貪ニ物色一、不レ限ニ價直一而競留、假令物色直品一二貫許、貪欲之深、逐レ物意動、不覺而擧ニ二三四鎰一、或爲レ忽ニ傍人一、不レ顧ニ損益一而高擧、其物非レ要、如レ戲而擧、傍有ニ一僧一、其要尤切、仍競擧間、前僧心念、我是其人、彼非ニ等輩一、何相競乎、憍慢之深、不レ顧ニ後損一、下品之物、高直而留、打留之後、貪慢漸息、始悔ニ直高一、或返ニ上本色一、或不レ輸ニ其直一、又復有レ人、不レ用ニ意直物一、只要ニ求其物一、競得之後、无レ力ニ辨濟一、徒送ニ日月一、或及ニ歳年一、於是件物或是大衆料、遲得ニ其分一之僧、致ニ誹謗於堂達一、或是修理料、勸營ニ其僧一之輩令ニ造作而延怠一、事之乖レ理、尤足レ可レ責、今重立レ制、永伏ニ貪慢之心一、慪推ニ價直之品一、縱誤競擧、不レ意而留、更无ニ追悔之心一、亦无ニ變改之色一、

**僧伽は是れ和敬の名…**　僧侶の集団を意味する僧伽とは、心を和らげつつしむ(和敬)との意味である。
**物色の尊卑**　物品の質的な価値の高下。
**価直**　物の値段のこと。
**先に料物を…**　競売に参加する場合は、事前にその費用を準備しておくものだ。
**物色を貪らんがために…**　その品物に執着して、値段を無視して高値で落札してしまう。
**仮令**　仮に想像してみれば。
**直品**　本来の物の値打ち。
**四鎰**　四貫文。「鎰」は銭さしをいう。一、二貫程度の物品に執着して、愚かにも二、三、四貫もの値段で落札する。
**傍の人を忽くさんがため…**　傍らの人と

より以来《このかた》、制式重畳《ちょうじょう》すること、已に八九箇度なり。重ねて事の情を案ずるに、*僧伽《そうぎゃ》は是《こ》れ和敬《わきよう》の名にして、羯磨は是れ清浄《しようじよう》の法なり。理《ことわり》は須《すべから》く*物色《ぶつじき》の尊卑に随いて、以て*価直《かじき》の多少を定むべし。また*先に料物《りようもつ》を用意し、しかして後に競買《けいばい》するものなり。しかるに或いは、*物色を貪らんがために、価直を限らずして競い留む〈*仮令《けりよう》、物色の*直品《じきほん》一二貫ばかりに、貪欲の深くして、物を逐《もと》めて意《こころ》動き、不覚にして二三四*鏹《きよう》を挙ぐ〉。或いは、*傍《かたわら》の人を忽《つ》くさんがために、損益を顧みずして高挙《こうきよ》す〈その物は要に非ず。*戯《たわむれ》の如《ごと》くして挙ぐ。傍に一僧あり。その要、尤も切なり。仍て競い挙ぐるの間、前僧の心に念《おも》う、「我は是れその人なり。彼れは*等輩に非ず。何ぞ相競わんや」と。*憍慢《きようまん》の深くして、後の損を顧みず、下品《げぼん》の物を高直《こうじき》にして留む〉。*打ち留むるの後、*貪慢《どんまん》は漸《よう》く息《や》み、始めて直の高きを悔ゆ。或いは*本色《ほんじき》を返上し、或いはその直を輸《いた》さず。又復《また》人あり、直物を用意せずして、ただその物を要求し、競い得るの後、*弁済《べんさい》に力なく、徒《いたずら》に日月を送り、或いは歳年に及ぶ。是《ここ》に件《くだん》の物は、或いは是れ*大衆《だいしゆ》の料なれば、遅れてその分を得たるの僧は、誹《ひ》謗《ぼう》を*堂達《どうたつ》に致す。或いは是れ*修理《しゆり》の料なれば、勤めて*その僧を営むの輩は、造作をして延怠《えんたい》せしむ。*事《こと》の理に乖《そむ》くこと、尤も責むべきに足る。今、重ねて制を立つ。永く貪慢の心を伏し、慥《たしか》に価直の品《ほん》を推《おしはか》れ。縦《たと》い誤りて競い挙げ、意ならずして留むとも、更に*追悔《ついかい》の心なく、また*変改《へんかい》の色な

張り合って、値をつりあげて落札する。「忽くす」は落としいれること。

**戯の如くして挙ぐ**　必要のない物を遊び半分で値段をつり上げた。

**等輩に…相競わんや**　相手は私よりも格下の者であるので、私と競り合うのはおかしい。

**憍慢**　おごりあなどること。

**打ち留む**　落札する。

**貪慢**　あなどった欲深いむさぼり心。

**本色を返上し…**　返品したり、支払いをしなかったりする。

**弁済**　落札した品物の代価を支払うこと。

**大衆の料**　大衆に宛てられる資財。

**堂達**　一般に法会・受戒などの際に、唄師・散華などの下にあって諸事を行う役僧をいうが、ここでは、財務に関わる僧のことを指すか。

**修理の料**　堂舎の維持・修理のための費用。

**その僧を営むの輩**　不詳。「僧」は誤字か。前後の文脈からすれば、堂舎の修理に当たる者が作業の進行を遅らせてしまう、の意か。

**事の理に乖く…**　道理にはずれており、非難されるべきである。

**追悔**　後悔すること。

**変改**　心がわりすること。

期日之内、必以辨出、其期略見二貞觀元年十二月十五日式文一、今准二彼式一、更定二其期一、五貫以上五日之内、十貫以上七日之内、廿貫以上十日之内、卅貫以上十五日之内、必可二究出一、若有レ背レ式者、准二貞觀・寛平・昌泰・延長・天慶等年年度度制式一、永處二衆斷一、都不二寛宥一、又所司之中、若爲レ濟人未レ出二之直一、稱二已出一者、宜下准二天慶五年七月十二日制式一、將處中勘事上矣、

一　應下闕二布薩法用一者處中三年斷上事

右、布薩是淨住之義、僧伽卽和合之稱、蓮臺爲レ師、其唯垂應之日、木叉爲レ範、豈非二歸眞之時一、是以一華百億佛佛相傳、萬葉三千化化不レ絶、遂使下半月半月、口出二戒光一、刹那刹那、身近中覺位上者哉、然則凡受二菩薩戒一者、每レ至二布薩之日一、必入堂應二聽聞一、況當二其巡次一、被レ差二法用一者、何因致二闕怠一乎、而或見二請書一、不レ加二奉字一、或加二其字一、已闕二見修一、豈只輕二忽寺家之所行一、兼復違二背世尊之嚴制一、

**貞観元年十二月十五日の式文**　伝存せず。

**貞観寛平昌泰延長天慶など年々度々の制式**　いずれも伝存せず。

**都て寛宥せざれ**　永久追放を決して宥免してはならない。「都て」は決して、全くの意。

**天慶五年七月十二日の制式**　伝存せず。

**勘事**　不正な報告をした所司を譴責処分とする。

**8**　布薩の役目を怠った僧侶は処分する。

**布薩**　比丘が半月ごとに集まって半月間の行為を反省し、罪過を告白・懺悔する行事。この時、知法の僧が僧団の規律・罰則を定めた波羅提木叉(ばらだいもくしゃ、戒本)を読み上げる。→補1

**三年の断**　三年間の追放処分、もしくは謹慎処分か。

**浄住**　清浄に住すること。布薩は「浄住」とも漢訳される。

**僧伽**　修行者の集まり、サンガ。僧団の称。

**和合**　僧伽は「和合衆」とも漢訳される。

**蓮台**　仏像の台座。ここでは仏の象徴的表現。古代インドにおける蓮華崇拝が仏教に取り入れられ、仏像も蓮華から生まれでた聖なる神格として表現された。

く、期日の内に必ず以て弁出《べんしゅっ》せよ。その期は略《ほぼ》*貞観元年十二月十五日の式文に見ゆ。今、彼の式に准じ、更にその期を定む。五貫以上は五日の内、十貫以上は七日の内、二十貫以上は十日の内、三十貫以上は十五日の内に、必ず究《きわ》め出だすべし。もし式に背くことあらば、*貞観・寛平・昌泰・延長・天慶など年々度々の制式に准じて、永く衆断《しゅうだん》に処し、*都《かつ》て寛宥《かんゆう》せざれ。また所司の中、もし済《さい》をなす人、未だこの直《じき》を出ださざるに、已《すで》に出だすと称さば、宜《よろ》しく*天慶五年七月十二日の制式に准じて、将《まさ》に*勘事《かんじ》に処すべし。

8

一 応《まさ》に*布薩《ふさつ》の法用を闕《か》かば*三年の断に処すべき事

右、布薩とは是《こ》れ*浄住《じょうじゅう》の義なり。*僧伽《そうぎゃ》とは即ち*和合《わごう》の称にして、*蓮台《れんだい》を師となす。それただ垂応《すいおう》の日は、*木叉《もくさ》を範《はん》となす。豈《あに》*帰真《きしん》の時に非ざるや。是《ここ》を以て*一華《いちげ》百億の仏々相伝え、万葉《まんよう》三千の化《け》々絶えず。遂に半月々々に、口より*戒光《かいこう》を出だし、*刹那《せつな》々々に、身を*覚位《かくい》に近づかしむるものか。然《しか》ればすなわち、およそ*菩《ぼ》薩戒《さつかい》を受くる者は、布薩の日に至る毎に、必ず入堂し応に聴聞すべし。況《いわん》や*その巡次に当たり、法用に差されし者は、何に因《よ》りてか、闕怠《けつたい》を致さんや。しかるに或いは*請書《しょうしょ》を見るに、奉《ほう》の字を加えず。或いはその字を加うれども、已に*見修《げんしゅ》を闕く。豈ただ寺家の所行を*軽忽《きょうこつ》せるのみならず、兼ねてまた世尊《せそん》の厳制に違背《いはい》

**木叉**　僧団の規律である波羅提木叉。

**帰真の時**…　布薩の日は仏の教えに心から帰依する時である。

**一華百億の仏々相伝え**…　毘盧遮那仏を中心とした『華厳経』の蓮華蔵世界の構想をふまえてつくられた『梵網経』(ぼんもうきょう)では、それを蓮華台蔵世界として説く。ここでは、その世界が絶え間なく続き存在していることを説き、その上で、布薩を行うことが、悟りの境地へと近づくためのものであるとする。↓補2

**戒光**　戒の徳をたたえた表現。

**刹那**　最も短い時間の単位。

**覚位**　悟りの境地。

**菩薩戒**　大乗菩薩が受持すべき戒。菩薩戒は、小乗戒を基盤としつつ、その規範性を超えて発露される菩提心を重視するところに特徴がある。ここでは『梵網経』の十重四十八軽戒を指す。

**その巡次に当たり**…　順番で布薩の役僧に当たった僧侶。

**請書**　法要の役に当たったことを通知した文書。これを受け取った僧侶は自分の名前の下に「奉」の字(了承したの意)を書き加えて返した。

**見修を闕く**　実際にその役を勤めていない。

**軽忽**　軽視してなおざりな態度をとる。

自レ今以後、若有二闕怠一、將處二三年斷一、不三曾寛宥二之、但不レ堪二誦戒・梵唄・維那一者、請二堪能之替一、共參二聞誦戒一、莫下依レ出二替人一、以闕中自聽上矣、

一　應下登壇後必參二布薩堂一、兼練中習誦戒・梵唄・維那作法上事

右、經云、若受二菩薩戒一、不レ誦二此戒一者、非二菩薩一非二佛種子一、又云、若佛子護二持禁戒一、行住坐臥、日夜六時、讀二誦此戒一、猶如二金剛一、如下帶二持浮嚢一、欲上度二大海一、又云、若布薩日、新學菩薩半月半月誦二十重卌八輕戒一、一人布薩卽一人誦、若二人三人、乃至百千人亦一人誦、（寺中住僧、多少隨レ數可二布薩一也、）上古賢人、爲レ信二佛語一、讀誦不レ忘、參修无レ闕、近代釋衆、不レ守二制戒一、不二自習學一、亦闕二聽聞一、布薩大道、不レ久將レ絶、釋尊歸寂以來、聖賢相續遷去、像末佛弟子、唯尸羅爲レ師、布薩若絶者、依怙在レ誰乎、大衆諸賢、明察二此旨一、爲レ令三佛法久二住世間一、

**誦戒**　布薩において、波羅提木叉を誦する役の僧。

**梵唄**　曲調を付して経文を諷誦し、また偈頌を唱詠して仏徳を讃歎する役の僧。

**維那**　一般に、僧の雑事を司り、また指授する役の僧。ここでは、布薩の法要に際し、衆僧の進退威儀を司る役の僧を指す。

**堪能の替を請じ**…　当人が役をこなすことができなければ、その代わりに堪能な僧を請じて出仕させ、当人も出席して聴聞すべきである。

**9**　受戒した僧侶は布薩の作法を練習すべきである。

**登壇**　受戒すること。

**布薩堂**　布薩が行われる堂舎。

**経**　『梵網経』のこと。

**もし菩薩戒を受け**…　菩薩戒を受戒しても、その戒を誦すことがなければ、その人は菩薩でもなく、悟りの種子をもたないものである。→補1

**もし仏子禁戒を護持し**…　仏弟子は戒律を守り、常にそれを読誦して、浮き袋を

す。今より以後に、もし闕怠あらば、将に三年の断に処し、曾《かつ》て寛宥せざれ。但し*誦戒《じゅかい》・*梵唄《ぼんばい》・*維那《いな》に堪《た》えざる者は、*堪能《たんのう》の替《かえ》を請じ、共《とも》に参じて誦戒を聞け。替人を出だすによりて、以て自聴《じちょう》を闕《か》くこと莫《なか》れ。

9　一　応《まさ》に*登壇の後は必ず*布薩堂に参じ、兼ねて誦戒・梵唄・維那の作法を練習すべき事

右、*経に云わく、「*もし菩薩戒《ぼさつかい》を受けて、この戒を誦せざれば、菩薩に非ず、仏の種子《しゅし》に非ず」と。また云わく、「*もし仏子《ぶっし》、禁戒を護持し、*行住坐臥《ぎょうじゅうざが》、*日夜六時に、この戒を読誦すること、なお金剛《こんごう》の如《ごと》く、浮嚢《ふのう》を帯持《たいじ》して大海を度《わた》らんと欲するが如くせよ」と。また云わく、「*もし布薩《ふさつ》の日は、新学《しんがく》の菩薩、半月々々に*十重四十八軽戒《じゅうじゅうしじゅうはちきょうかい》を誦すべし。一人の布薩には即ち一人誦し、もし二人三人、乃至《ないし》百千人なるも、また一人誦すべし」と〈寺中の住僧、多少の数に随いて布薩すべきなり〉。上古の賢人は、仏語《ぶつご》を信ぜしがために読誦して忘れず、*参修《さんしゅ》を闕くことなし。近代の釈衆《しゃくしゅ》は、制戒を守らず、自ら習学せず、また聴聞を闕く。布薩の大道、久しからずして将《まさ》に絶えんとす。釈尊帰寂《きじゃく》してより以来《このかた》、聖賢《しょうけん》は相続きて遷《せん》去《きょ》し、*像末の仏弟子はただ*尸羅《しら》を師となす。布薩もし絶えなば、*依怙《えこ》誰《いず》れにあらんや。大衆《だいしゅ》諸賢は明らかにこの旨を察し、仏法をして世間に久住《くじゅう》せしめんがため

もって大海を渡るような揺るぎない心積もりで、それを行うべきである。→補2

**行住坐臥**　人の挙止動作の基本である、歩くこと、止まること、すわること、臥せることをいい、四威儀と総称する。転じて、日常・不断などの意に用いる。

**日夜六時**　読経・法要などを行うために昼夜をそれぞれ三分したもの。昼を晨朝（じんじょう）・日中（にっちゅう）・日没（にちもつ）、夜を初夜（しょや）・中夜（ちゅうや）・後夜（ごや）に区分する。

**もし布薩の日**…　新たに発心して仏道に励もうとする者は、半月ごとの布薩の日に十重四十八軽戒を誦しなさい。一人であれ、多人数であれ、一人の僧が戒を誦す役を勤めるものである。→補3

**十重四十八軽戒**　『梵網経』に説く一〇の重い罪と、四八の軽罪に対する戒律。

**参修**　布薩に出席すること。

**像末**　正法・像法・末法のうち、像法の末の時代、もしくは像法と末法の世を指す。奈良時代には慧思の『立誓願文』にしたがって正法五〇〇年・像法一〇〇〇年説も行われたが、平安時代には正法一〇〇〇年・像法一〇〇〇年説が一般化し、永承七年（一〇五二）に末法に入ると考えられた。

**尸羅**　戒のこと。

**依怙**　頼りにするものごと。

為レ令三自他速證二菩提一、必自常誦習、教二他亦誦習一、其新發意受二戒品一者、始從二登檀〔壇〕之日一、決定令レ讀二誦之一、

一　應レ練二習誦讃・唄・散等法用作法一事

右、修正・二月行道衆、舎利會讃・梵音・錫杖衆、七月十六日、十一月廿四日大師供讃衆・灌頂讃衆、六月・十一月法華會法用第五卷讃歎僧等、不レ練二習其音用作法一、徒然閇レ口、適有二一兩發音者一、不レ受二先達之口傳一、令三見聞者而嘲咲一、就中灌頂夜吉慶讃衆、縱雖三九條悉不二誦盡一、初三條許必可レ誦レ之、而纔誦二初條一、中間絶レ音、以二鐃鈸響一而補二綴之一、傷哉傷哉、大道之陵遲、亦應レ如レ此歟、自レ今以後、各各用心、隨二問明師一、一々習練、況被レ差三充上件諸會色衆一者、既見二請書一之後、行住坐臥、習練讀誦、隨レ事之日、不レ斷二音聲一、令三見聞人發二隨喜意一、（條々讃歎・唄・散花・梵音・錫杖等頌二迎導師一頌二新讃嘆等一耳、）

一　應三傳法講經席必參會聽聞一事

**発意**　発心に同じ。菩提心をおこすこと。

**戒品**　菩薩戒のこと。

**10**　僧侶は誦讃等の法要作法を習練せよ。

**散**　花を散布する散花の役。↓補1

**修正**　正月の始めに旧年の悪を正し、国家の安穏などを祈る法会。

**二月**　修二月会。中国の二月がインドの正月にあたることから行われた。行法は、六時の悔過作法。↓補2

**行道衆**　行道を行う僧。経を読みながら行列して仏像や仏殿の周囲をめぐった。

**讃**　讃衆のこと。仏・菩薩をほめたたえる詩文(讃偈)を唱える役の僧。

**梵音**　梵音衆のこと。散華の後に梵音を唱える僧。「十方所有勝妙華」などの八句を清らかな音声で唱え、三宝に供養する。

**錫杖衆**　錫杖をもち、錫杖の偈を唱え、一節の終わりごとに錫杖をふる役目の僧。讃頌が九節からなる九条錫杖と、九

に、自他をして速《すみ》やかに菩提《ぼだい》を証ぜしめんがために、必ず自ら常に誦習し、他をしてまた誦習せしめよ。それ新たに＊発意《ほっち》して＊戒品《かいほん》を受くる者は、始めて登壇するの日より、決定《けつじょう》してこれを読誦せしめよ。

10 一　応《まさ》に誦讃・唄《ばい》・＊散などの法用作法を練習すべき事

右、＊修正《しゅしょう》・＊二月の＊行道衆《ぎょうどうしゅ》、舎利会の＊讃《さん》・＊梵音《ぼんおん》・＊錫杖衆《しゃくじょうしゅ》、＊七月十六日、十一月二十四日の＊大師供《だいしく》の讃衆・灌頂讃衆《かんじょう》、六月・十一月の法華会《ほっけえ》法用＊第五巻の讃歎僧《さんだん》などは、その＊音用《おんよう》・作法を練習せず、＊徒然《つれづれ》にして口を閉ざす。たまたま＊一両発音《いちりょうほつおん》する者あるも、先達《せんだつ》の口伝《くでん》を受けず、見聞《けんもん》せる者をして嘲咲《ちょうしょう》せしむ。就中《なかんずく》、灌頂の夜の＊吉慶讃衆《きつきょう》は、縦《たと》い九条悉く誦し尽《つく》せずと雖《いえど》も、初めの三条ばかりは、必ずこれを誦すべし。しかるに纔《わずか》に初条を誦し、中間《ちゅうげん》には音絶え、＊鐃鈸《にょうはち》の響きを以てこれを＊補い綴る。傷《いた》ましきかな、傷ましきかな。大道の＊陵遅《りょうち》、また応に此《かく》の如《ごと》くなるべきか。今より以後は各々用心し、明師《みょうし》に随問《ずいもん》して一々習練せよ。況《いわん》や上件《かみくだん》の諸会の色衆《しきしゅう》に差し充てらるる者は、既に請書《しょうしょ》を見るの後、行住坐臥《ぎょうじゅうざが》に習練読誦せよ。事に随うの日には音声《おんじょう》を断やさず、見聞の人をして随喜《ずいき》の意を発《おこ》さしめよ〈条々の讃歎・唄・散花《さんげ》・梵音・錫杖などは、導師を頌《じゅ》し迎えて、＊薪讃嘆《たきぎさんだん》などを頌すのみ〉。

11 一　応に伝法《でんぼう》講経の席には必ず参会聴聞すべき事

---

条の初めの二条と終わり一条を誦す三条錫杖とがある。

**七月十六日**　不詳。盂蘭盆の翌日で、本文史料の制定日でもある。

**大師供の讃衆**　天台大師智顗(ちぎ)の命日(十一月二十四日)に行う大師供において画讃を唱える役目の僧。→補3

**第五巻の讃歎僧**　法華十講の五巻日に行われる行道で薪讃嘆を唱える役目の僧。

**音用**　各々が誦す偈の音程や調子。

**徒然にして…**　法要の場で誦すことができず、ただ口を閉ざしている。

**一両発音する者…**　声をあげて誦す者が一、二名いても、先達から学んでいない。

**吉慶讃衆**　灌頂の夜の法会で、九節からなる吉慶讃(梵讃)を唱える役目の僧。

**鐃鈸**　二種の打楽器である「鐃」と「鈸」。

**補い綴る**　讃誦のとぎれを楽器の音で隠してごまかす。

**陵遅**　ものごとが衰え廃れていくこと。

**薪讃嘆**　「法華経を我が得しことは薪こり菜つみ水くみ仕えてぞ得し」という薪の句のこと。釈尊が前世において阿私仙という仙人に仕え、苦修練行の後、法華経の悟りを得たという物語を謳ったもの。

**11**　伝法や講経の法会には役僧以外の者も広く参会聴聞すべきである。

右、梵網經云、若佛子一切處、有レ講二法毘尼經律一、是新學菩薩、應下持二經律卷一、至二法師所一聽受諮聞〔問〕上、若山林樹下、僧地房中、一切說法處、悉至聽受、諸經論中、多有二此說一、往古釋侶、皆信二此說一、有二講法處一、必往聽聞、而年來傳法之席、講論之場、請僧之外、無二來聽者一、何只背二善逝之制戒一、亦卽失二當來之智因一、味レ道釋氏、熟存二教文一、傳法講經之庭、論義決擇之處、省二捨萬障一、必往聽聞、爲レ護二持佛法一、爲レ成二熟智慧一、不レ得二闕怠一、不レ得二遺忘一、

一　應三年分學生殊擇二法器一事

右、去弘仁九年八月廿七日　大師所制八箇條式云、得業學生、六年成レ業、預二試業例一、又云、凡得業學生、心性違レ法、不レ順二衆制一、申レ官取替云々、今檢二案內一、六年成業、久不二奉行一、難レ可レ復レ舊、至二心性調順才學相備者一、若擇レ之可レ得、不レ擇レ之不レ得、仍一兩年間、非器學生已以返却、又籠山一十二年、

**もし仏子一切処…**　仏弟子は、いかなるところであっても、経律を講じていれば、経律を持参して聴聞すべきである。山林樹下であれ、僧房であれ、一切の説法の場に赴いて聴聞すべきである。十重四十八軽戒のうちの第七軽戒。→補1

**毘尼経律**　『梵網経』をいう。毘尼は律蔵のこと。

**僧地房中**　結界内の寺域や僧坊の中。

**善逝**　よく悟りに到達した人。仏のこと。

**当来の智因**　将来獲得すべき智慧の因。

**道を味わう釈氏**　仏道に生きるもの。

**論義決択の処**　問答義論によって経論の

右、梵網経《ぼんもうきょう》に云わく、「もし*仏子《ぶっし》一切処《いっさいしょ》にて、*毘尼経律《びにきょうりつ》を講法せることあらば、是《こ》の新学《しんがく》の菩薩は、応《まさ》に経律《きょうりつ》の巻を持して法師の所に至り、聴受諮問《ちょうじゅしもん》すべし。もし山林樹下、*僧地《そうち》房中なりとも、一切の説法の処に、悉く至りて聴受せよ」と。諸経論中に、多くこの説あり。往古の釈侶は皆この説を信《う》け、講法の処あらば、必ず往きて聴聞す。しかるに年来、伝法《でんぽう》の席、講論の場には、請僧の外に来聴せる者なし。何ぞただ*善逝《ぜんぜい》の制戒に背くのみならず、また即ち*当来《とうらい》の智因《ちいん》をも失せんや。*道を味わう釈氏《しゃくし》は、熟《つらつら》教文《きょうもん》を存じ、伝法講経の庭、*論義決択《けつじゃく》の処には、万障《ばんしょう》を省捨《しょうしゃ》して、必ず往きて聴聞せよ。仏法を護持せんがため、智慧を成熟《じょうじゅく》せんがため、闕怠《けったい》することを得ざれ。遺忘《いぼう》することを得ざれ。

**12** 一　応に*年分《ねんぶん》の学生《がくしょう》は、殊《こと》に*法器《ほうき》を択《えら》ぶべき事

右、去《さ》ぬる弘仁九年八月二十七日　大師《だいし》所制の*八箇条式に云わく、「*得業《とくごう》の学生は、六年、業を成ずれば、*試業《しごう》の例に預かる」と。また云わく、「およそ得業の学生、心性《しんしょう》法に違し、*衆制に順《したが》わざれば、官に申して取り替えよ」と云々。今、案内《あない》を検ずるに、*六年の成業《じょうごう》は久しく奉行《ぶぎょう》せず、旧に復すべきも難《かた》し。*心性調順にして才学相備うる者に至りては、もしこれを択ばば得べし。これを択ばざれば得ざらん。仍て一両年の間、非器《ひき》の学生は已《すで》に以て返却せり。また*籠山《ろうざん》一十二年

意味を明らかにする論義法会のこと。

**12**　年分度者はその資質をよく吟味して選ぶべきである。

**年分の学生**　毎年一定数許可される得度者。臨時度者の対語。年分・年分度者ともいう。当時、延暦寺には一三名の年分度者が認められていたが、この頃より有名無実化する。→補2

**法器**　仏法を修行するに堪えるだけの能力をもつ人のこと。

**八箇条式**　「勧奨天台宗年分学生式」の第一条目と三条目。弘仁九年(八一八)五月十三日の六条式、および同十年三月十五日の四条式とあわせて、山家学生式と総称。延暦寺で学生を養成するために最澄が制定して、勅許を乞うた。→補3

**得業の学生**　菩薩僧になるために修業する学僧。→補4

**試業の例**　年分度の試験を受ける資格。

**衆制**　叡山内の規則。

**六年の成業は…**　年分度の試験の前に六年間修行させることは長らく実施しておらず、それを実現することは困難である。

**心性…得ざらん**　心ばえがよく、才能もあるような優れた人材は、人を選べば得られるが、選ばなければ得られない。

**籠山一十二年**　叡山内に一二年間籠もって修学・修行すること。→補5

修二習四種三昧一、雖レ在二同式一、當今所レ修、只常行三昧也、件之三昧、殆欲二陵遲一、唯依二試業日不レ擇二學生一也、守レ道賢哲、明察二此由一、得分學生殊撰二法器一、生年十四五以上廿歲以下、容皃無二疵瑕一、心操堪二禪行一者、是所二庶幾一也、

一　不レ可三籠山僧出二內界地際一事 東限二悲田一、南限二般若寺一、西限二水飲一、北限二楞嚴院一、此外不レ可レ出之

右、同前式云、凡得業生、受二大戒一竟一十二年、不レ出二山門一、令三勸〔勤〕修學一、初六年聞慧爲レ正、思修爲レ傍、一日之中、二分內學、一分外學、長講爲レ行、法施爲レ業、後六年思修爲レ正、聞慧爲レ傍、止觀業具令レ修二習四種三昧一、遮那業具令レ修二習三部念誦一、所レ言山門、是結界內際、而近代或越二大原一、或向二小野一、東西南北、出入往來無二忌憚一之類、往々而有レ聞、是卽各各師主不レ守二大師制式一、不レ呵二弟子非法一之所レ致也、自レ今以後、殊立二禁制一、若有下慣レ常出二內界一者上、將以擯出、又

**四種三昧**　天台智顗が止観実修の行儀として、身の動作、口の唱法、意の観心の三面から諸経に基づく懺法類を四種に位置づけた行法。↓補1

**同式**　八条式の第四条。↓補2

**常行三昧**　四種三昧の一。↓補3

**ただ試業の日に…**　得度の試験の際に、学生を選抜することが行われていないからだ。得度課試が形式化していた。

**容貌に疵瑕なく…**　容貌がすぐれ、精神的にも仏道の修業にたえるもの。疵瑕はきずのこと。

**13**　籠山僧が結界を出入りするのを禁じ、改めて一二年の籠山を義務づける。

**内界の地際**　山学山修のための静寂な区域として結界された地のこと。↓補4

**悲田**　東塔東谷にある悲田谷のこと。

**般若寺**　「無動寺ヨリコナタ、朗善和尚御建立処也、後大峯大鬼神被打殺、其時相応加護ヲ生ズ也」(『九院仏閣抄』『群書』二四―五六六頁)。

**水飲**　比叡山の西坂(雲母坂)の途中で、路傍の岩間に水があって飲用となったのが地名の起源(『今昔物語集』一三―八)。

**楞厳院**　横川の首楞厳院。唐から帰朝した円仁が嘉祥元年(八四八)に建立し、聖観音像と毘沙門天像を安置したのに始まる。『山門堂舎記』は「在大寺北、相去八九里」と記す(『群書』二四―四八二頁)。

に*四種三昧《しゅざんまい》を修習《しゅうじゅ》するは、*同式にありと雖《いえど》も、当今《とうこん》修するところはただ*常行《じょうぎょう》三昧なり。件《くだん》の三昧、殆《ほとん》ど陵遅《りょうち》せんと欲す。*ただ試業《しごう》の日に、学生《がくしょう》を択《えら》ばざるによってなり。道を守る賢哲は明らかにこの由を察し、得分の学生は殊《こと》に法器《ほうき》を撰べ。生年十四五以上、二十歳以下にして、*容貌《ようぼう》に疵瑕《しか》なく、心操《しんそう》禅行に堪《た》うる者を、是《こ》れ庶幾《こいねが》うところなり。

**13**　一　籠山《ろうざん》の僧は、*内界の地際を出ずべからざる事〈東は*悲田《ひでん》を限る。南は*般若寺《はんにゃじ》を限る。西は*水飲《みずのみ》を限る。北は*楞厳院《りょうごんいん》を限る。この外に出ずべからず〉

右、*同前の式に云わく、「およそ得業生《とくごうしょう》は、*大戒を受け竟《おわ》りて一十二年、山門を出でず、勤めて修学せしめよ。初めの六年は*聞慧《もんえ》を正《しょう》となし、*思修《ししゅ》を傍《ぼう》となす。一日の中、二分は*内学《ないがく》、一分は*外学《げがく》。*長講《ちょうこう》を行《ぎょう》となし、法施《ほうせ》を業となす。後の六年は思修を正となし、聞慧を傍となす。*止観業《しかんごう》には具《つぶさ》に四種三昧を修習せしめ、*遮那業《しゃなごう》には具に*三部の念誦を修習せしめよ」と。*言うところの山門とは、是れ結《けっ》界《かい》の内際《ないさい》なり。しかるに近代、或いは*大原に越え、或いは*小野に向かう。*東西南北に出入往来して忌憚《きたん》なきの類、往々にして聞こえあり。是れ即ち各々の師主《ししゅ》、大師《だいし》の制式を守らず、弟子の非法を呵《せ》めざるの致すところなり。今より以後は、殊に禁制を立つ。もし*常に慣《なら》いて内界を出ずる者あらば、将《まさ》に以て擯出《ひんしゅつ》せよ。ま

**同前の式**　八条式の第四条。本文史料第12条の「同式」の項参照。
**大戒を受け竟りて**　受戒の儀式を終えて。
**聞慧**　聞くことを中心とした学習。
**思修**　思索（思慧）と禅定の実践（修慧）を中心にした学習。
**内学**　仏教の典籍を学習すること。
**外学**　仏教以外の学問。
**長講を行となし…**　長時の講経と読経を実践する。
**止観業**　摩訶止観を中心とする行業。
**遮那業**　大日経を中心とする密教の行業。
**三部**　遮那・孔雀・守護経の三部。
**言うところの山門…**　八条式で述べている「山門」とは、結界の内側である。
**大原**　比叡山西麓を流れる高野川上流に位置する小盆地の呼称。京都市左京区の北部。比叡山の別所といわれ、三千院・寂光院などが所在。
**小野**　『和名類聚抄』の山城国愛宕郡小野郷。現在の京都市左京区上高野、修学院、一乗寺とその付近の地域であり、この辺りを西坂本と称した。
**東西南北…**　どこかしこを問わず、結界を無視して往来する僧が多数いる。
**常に慣いて…**　これまでのように結界を出る籠山僧は、延暦寺から追放する。

前後六年間、所レ應三修二學聞思修慧一、全守二式文一不レ可二闕怠一、

一　應レ制三若僧着二用禁色衣服一事

右、同前式云、冬夏法服、依二大乘法一、行二檀諸方一、蔽二有待身一、令二業不一レ退、草菴爲レ房、竹葉爲レ座、輕レ生重レ法、令二法久住一、守二護國家一、而今時易世移、不レ守二制式一、室忘二草廬一、衣厭二糞掃一、棟宇構麗、凌レ雲而高、綾羅香薫、隨レ風而聳、山家華美、擧レ世謗訕、抑岑谷僧房、莫レ不レ安二置於佛經一、縱雖二高廣一、猶可レ合レ眼一、冬夏時服、唯趣レ禦二於寒燠一、其用二美好一、誰敢甘心、仍去康保四年立レ制、下二常行堂一了、禁制之旨、具在二彼中一、綾羅錦縠、一切停止、其外之色、新舊麁細、只可レ隨レ有、不レ得二捨レ舊求レ新、厭レ麁欣一レ細、努力努力、不レ可二違失一、

一　應三公私讀經闕坐懈怠者永停二請用一事

右、公私諸家信心檀越、爲レ仰二天台圓教一、爲レ憑二地主威神一、

**前後六年の間に**　最初の六年と、後の六年の計一二年の籠山の間に。

**聞思修慧**　聞慧・思慧・修慧の三慧。

**14**　若い僧は禁色の美服を着用してはならない。

**禁色の衣服**　元来、僧侶は青・黄・赤・白・黒の五つの標準色を避け、まじった色(壊色、えじき)の衣をまとった。→補1

**同前の式**　八条式の第五条。→補2

**冬夏の法服…**　冬と夏の法服については、諸人の布施で身をまとって修業する。

**大乗の法**　大乗の布施は空観に住し、施者・受者・施物に執着しないことをいう。

**檀**　梵語ダーナの音写。布施のこと。

**有待の身**　有為相待の身。生身のこと。

**室は草廬を忘れ…**　粗末な建物と質素な衣で仏道修行に励むことを忘れ、建物や法服に贅を尽くしている。

**糞掃**　初期仏教の修行僧が身にまとっていた衣。捨てられた衣服やぼろで作った。

**綾羅の香薫**　香の薫りが焚き染められた

た*前後六年の間に、応《まさ》に修学すべきところの*聞思《もんし》修慧《しゅえ》は、全く式文を守り闕怠《けったい》すべからず。

14 一 応に若僧《にゃくそう》の*禁色《きんじき》の衣服《えぶく》を着用するを制すべき事

右、同*前の式に云わく、「*冬夏の法服《ほうぶく》は、*大乗の法によりて、*檀《だん》を諸方に行じ、*有待《うたい》の身を蔽《おお》いて、業をして退せざらしむ。草庵を房となし、竹葉《ちくよう》を座となし、生《しょう》を軽んじ法を重んじて、法をして久住《くじゅう》せしめ、国家を守護せん」と。しかるに今、時易《かわ》り世移りて、制式を守らず。*室は草廬《そうろ》を忘れ、衣は*糞掃《ふんぞう》を厭《いと》う。棟宇《とうう》の構麗《こうれい》は雲を凌ぎて高く、*綾羅《りょうら》の香薫《こうくん》は風に随いて聳《そび》ゆ。山家《さんけ》の華美、世を挙《こぞ》りて*謗訕《ぼうせん》す。抑《そもそ》も岑谷《ほうこく》の僧房は、仏経を安置せざるはなし。縦《たと》い高広なると雖《いえど》も、なお*合眼《ごうげん》すべし。冬夏の時服、ただ趣は*寒燠《かんおう》を禦《ふせ》ぐにあり。それ美好を用うるは、誰ぞ敢えて*甘心《かんしん》せん。仍て去《さん》ぬる*康保四年に制を立て、*常行堂《じょうぎょうどう》に下し了りぬ。禁制の旨、具《つぶさ》に彼の中にあり。*綾羅錦縠《きんこく》は一切停止《ちょうじ》せよ。その外の色も、新旧麁《そ》細《さい》、ただ*あるに随うべし。旧を捨てて新を求め、麁を厭いて細を欣《よろこ》ぶことを得ざれ。努力努力《ゆめゆめ》、違失すべからず。

15 一 応に公私の読経に闕坐《けつざ》懈怠《けたい》せる者は、永く請用《しょうよう》を停《とど》むべき事

右、*公私の諸家、信心の檀越《だんおつ》は、*天台の円教《えんぎょう》を仰がんがため、*地主《じしゅ》の威神《いじん》を憑《たの》ま

あやぎぬやうすぎぬの衣。
**謗訕** そしること。
**合眼** 容認すること。叡山の僧房には仏像や経典が安置されているので、僧房の造りが大きくなることは、やむを得ない。
**寒燠** 寒さと暖かさ。
**甘心** 同意すること、認めること。
**康保四年** 不詳。第18条目にも、康保四年(九六七)八月一日の制がみえる。
**常行堂** 四種三昧院の一つ。常行三昧堂・般舟三昧院・仏立三昧院ともいう。円仁が嘉祥元年(八四八)に東塔の常行堂を創建。西塔常行堂は寛平五年(八九三)に建てられ、横川の常行堂は安和元年(九六八)に、冷泉天皇の御願によって良源が建立した。
**綾羅錦縠** 華美な着物。
**あるに随うべし** あるものを用いよ。
**15** 公私の要請に基づく読経を欠席・中座した者は、以後の請用を停止する。
**公私の諸家** 朝廷や貴族など。
**天台の円教** 最もすぐれた天台宗の教え。→補3
**地主の威神** 叡山の地主神である山王七社をいう。大山咋神(東本宮、牛尾神社)・鴨玉依姫神(三宮神社、樹下神社)・大己貴神(西本宮)・田心姫神(宇佐宮)・白山姫神(白山姫神社)がその祭神。

尋二驗佛之堂一、修二讀經之事一、所レ請僧侶、須下各安二住利他道心一、不レ闕二勤於朝暮座一、以専二思於名句文一、顯二經王之奇功一、滿中施主之求願上者也、而或只參二朝座一、不レ參二夕座一、或只遇二發願一、不レ遇二結願一、其心在二假名一、其勤闕二實義一、豈啻疎二忽檀家之懇志一、抑復闕二如普門之慈悲一、事出二山中一、訕及二洛下一、仍今立レ制、晨時・晡時、朝夕勿レ闕、發願・結願、初後全修、若有二故障一、兼示二事由於行事所一、早令二請補一、已入堂後、若一坐闕、若中間退、一切不レ許、若有二違背一、大小法事、都不二請用一、立爲二永例一、

一　應レ禁下制以二破子一送中施山僧上事

右、破子是俗人之旅具、盛二葷腥一之器也、其器已不淨、僧家何受用、而或修二法事一之家、或訪二僧侶一之輩、備二彼雜染之器一、送二此清淨之庭一、以レ食施レ僧、雖レ可レ招二福報一、以レ穢交レ淨、何不レ結二罪根一、加以毀禁之味、在二件器中一、飲レ之與酤、縦有二分別一、輕レ之

**驗仏の堂**　霊験いちじるしい仏が安置されている堂舎。

**請ずるところの僧侶**…　法会に呼ばれた僧侶は、利他の心で朝夕の読経を厳修し、経典の文に心を集中して、法華経のすぐれた功徳を顕現させ、施主の願いが満たされるよう努めるべきである。

**経王**　諸経の中の王。法華経のこと。→補1

**発願**　法会の初めに、誓願の内容を記した願文を表白する開白の座。

**結願**　法会・修法の末日に、願意を結びしめくくる法会の座。

**心は仮名にあり**　名ばかりで実体がなく、心がこもっていない。

**疎忽する**　ないがしろにする。

**普門の慈悲**　仏菩薩がさまざまな姿となって衆生を救おうとする慈悲の心。形ばかりの読経は、依頼者の願いに背くだけ

んがために、*験仏《げんぶつ》の堂を尋ねて読経の事を修す。*請《しよう》ずるところの僧侶は、須《すべから》く各《おのおの》利他の道心に安住して、勤めを朝暮《ちようぼ》の座に闕《か》かさず、以て思いを名句文《みようくもん》に専《もは》らにして、*経王《きようおう》の奇功《きこう》を顕《あら》わし、施主の求願《ぐがん》を満たすべきものなり。しかるに、或いはただ朝座《ちようのざ》に参りて、夕座《ゆうのざ》に参らず。或いはただ*発願《ほつがん》に遇《あ》いて、*結願《けちがん》に遇わず。その心は*仮名《けみよう》にあり、その勤めは実義を闕く。豈《あに》ただに檀家《だんけ》の懇志《こんし》を*疎忽《そこつ》するのみならず、抑《そもそ》もまた*普門《ふもん》の慈悲を闕如せり。事は山中より出でて、訕《そしり》は洛下《らくげ》にまで及ぶ。仍て今、制を立つ。*晨時《じんじ》・晡時《ふじ》、朝夕闕くこと勿《なか》れ。発願・結願、*初後《しよご》全修せよ。*もし故障あらば、兼ねて事の由を*行事所に示し、早《すみ》やかに請補《しようほ》せしめよ。已《すで》に入堂せる後、もしくは*一坐を闕き、もしくは中間《ちゆうげん》にして退くは、一切許さず。もし違背《いはい》あらば、大小の法事に都《かつ》て請用《しようよう》せざれ。立てて永例となす。

**16**　一　応《まさ》に*破子《わりご》を以て山僧に送り施すを禁制すべき事

右、破子とは、是《こ》れ俗人の旅具にして、*葷腥《くんせい》を盛るの器なり。その器は已に不浄なり。僧家何《なん》ぞ受用せん。しかるに或いは法事を修するの家、或いは僧侶を訪《とぶら》うの輩、彼の*雑染《ぞうせん》の器に備え、この清浄《しようじよう》の庭に送る。食を以て僧に施すは、福報を招くべしと雖《いえど》も、穢《けがれ》を以て浄に交うるは、*何ぞ罪根《ざいこん》を結ばざらんや。加以《しかのみならず》、*毀《き》禁《きん》の味、件《くだん》の器中にあり。これを飲まばみな*酤《こ》にして、*縦《たと》い分別あるとも、これ

でなく、一切衆生への利益の心が欠けている。

**晨時晡時**　明け方と夕方。

**初後**　不詳。最初から最後まで、もしくは初夜から後夜までをいうか。

**もし故障あらば…**　法会に出仕できないときは、事情を連絡して、替わりの僧を請じられるようにしなさい。

**行事所**　その仏事の運営に当たっている組織。

**一坐を闕き**　読経の座席にいないこと。

**16**　俗人が酒や破子を延暦寺の僧侶に送り与えるのを禁止する。

**破子**　一種の弁当箱。檜の白木で折箱のように作り、かぶせ蓋をした容器。

**葷腥**　なまぐさもの。肉類や臭いのきつい野菜など。

**雑染の器**　破子のこと。破子に食を備えて僧に施すので、山内が穢れる。「雑染」は善・悪・無記の三つに通じて、一切の煩悩を増長するもの。

**何ぞ罪根を結ばざらんや**　罪業になる。

**毀禁の味**　禁制をやぶった味わい。戒律で禁じられた酒のこと。

**酤**　酒のこと。

**縦い分別あるとも…**　不詳。分別があっても酒の禁戒を軽視すれば、みんな地獄に堕ちる、の意か。別の読みの可能性もある。

與重、同感二泥梨一、是以大師遺誡云、設爲二合藥一、尚不レ許二於山院内用一、況爲レ飲乎、仍去天德年中禁制不レ輕、康保年中、重立二制札於東西坂下一、而放逸之輩、破レ之不レ令二流行一、今重禁制、若有二背レ制偸送レ之者一、相見之人、立處追返、若有二所執一、慥捕二其身一、進二上政所一、況於二瓶類一、大小不レ論、悉可レ返二却之一、

一　應三山院界内放飼牛馬捉二進左右馬寮一事

右、先々賢師、結二戒地於内外一、代々聖帝、遺二御願於東西一、唯爲二三寶龍象安足之處一、豈爲二六畜牛馬放牧之薗一哉、而如レ聞者、或僧好馬愛牛之家、晝恣放二飼於山上界内一、夜密勞二畜於室裏曲中一、是以淸淨之山、還成二雜穢之地一、神仙之窟、更變二糞壤之坊一、醜惡之聲、漸及二天下一、謗訕之響、恐動二地祇一、佛家之陵遲、圓宗之澆薄、見聞道俗、彈指喧聲、自レ今以後一切禁斷、若有二違レ制猶放飼者一、因二准貞觀元年九月十七日官符旨一、必將捉二進左右馬寮一、敢

**泥梨**　地獄。奈落。

**大師の遺誡**　最澄が語った訓戒。→補1

**合薬**　調合した薬。延暦寺では酒は薬としての使用も禁じられた。

**天徳年中**　九五七～九六一年。この禁制は伝わっていない。

**康保年中**　九六四～九六八年。この制札は不詳。

**東西の坂下**　琵琶湖側の東坂本と、平安京側の西坂本。→補2

**流行せしめず**　禁制を浸透させない。

**相見る…進上せよ**　酒や破子を送ろうとする者を発見すれば、その場で追い返せ。制止に従わなければ、その身を捕らえて政所に連行せよ。

**政所**　叡山内の事務をつかさどる組織。

**瓶の類**　酒をいれた器。

**17**　山門の結界内での放牧を禁止し、牛馬は左右馬寮に送致する。

**山院の界内**　山学山修のために結界された地域内のこと。第13条参照。

**左右馬寮**　馬の管理を担当した官司。牧監・別当を通じて御牧を管理し、御牧と兵部省所管牧からの貢馬を、馬寮厩舎・近都牧・寮牧などで飼育した。これらの馬は畿内近国の国飼馬とともに諸行事の料馬や諸衛府・検非違使の乗馬に用いた。

**代々の聖帝…**　歴代の天皇は寺内に多く

を軽んずればみな重く、同じく*泥梨《ないり》を感ず。是《ここ》を以て*大師《だいし》の遺誡《ゆいかい》に云わく、「設《たと》い*合薬《ごうやく》となすも、なお山院の内に用うるを許さず。況《いわん》や飲をなすをや」と。仍て去《さ》ぬる*天徳年中の禁制、軽からず。*康保年中には、重ねて制札《せいさつ》を*東西の坂下《さかもと》に立てり。しかるに放逸《ほういつ》の輩は、これを破りて*流行せしめず。今、重ねて禁制す。もし制に背き偸《ひそ》かにこれを送る者あらば、*相見るの人は、立ち処に追い返せ。もし所執《しょしゅう》あらば、慥《たしか》にその身を捕らえ、*政所《まんどころ》に進上せよ。況や*瓶《びょう》の類においては、大小を論ぜず、悉くこれを返却すべし。

17 一 応《まさ》に*山院の界内《かいだい》に放ち飼える牛馬は、*左右馬寮《めりょう》に捉え進《まい》らすべき事

右、先々の賢師は戒地《かいち》を内外《ないげ》に結び、*代々の聖帝は御願《ごがん》を東西に遺《のこ》して、ただ*三《さん》宝《ぼう》・龍象《りゅうぞう》、安足の処となす。豈《あに》*六畜・牛馬、放牧の薗《その》となさんや。しかるに聞くならく、*或る僧は好馬愛牛の家にして、昼は恣《ほしいまま》に山上の界内に放ち飼い、夜は密《ひそ》かに室裏《しつり》の曲中《きょくちゅう》に労畜《ろうちく》すと。是《ここ》を以て、清浄《しょうじょう》の山は還りて雑穢《ぞうわい》の地と成り、*神仙の窟《くつ》は更に糞壌《ふんじょう》の坊に変ず。醜悪の声は漸《ようや》く天下に及び、謗訕《ぼうせん》の響き、恐るらくは*地祇《じぎ》を動かさんことを。仏家の陵遅《りょうち》、*円宗の澆薄《ぎょうはく》、見聞《けんもん》せる道俗は*弾指喧声《だんしけんしょう》す。今より以後は一切禁断せよ。もし制に違い、なお放ち飼える者あらば、*貞観元年九月十七日の官符の旨に因准《いんじゅん》して、必ず将《まさ》に左右馬寮に捉え進らせ、敢えて

の御願寺を造立した。→補3

**三宝龍象安足の処**　仏法と高僧の安住の場。三宝は仏法、もしくは仏・法・僧をいい、龍象は高僧を指す。

**六畜**　馬・牛・羊・犬・豕・鶏をいう。

**或る僧は好馬愛牛の…**　俗人だけでなく僧侶にも牛馬の飼育をする者がいるようで、昼は山内に放牧し、夜は僧坊の一隅でひそかに飼っている。

**神仙の窟は更に…**　修行して神通力を得た僧の住み家は、馬牛の糞土にまみれてしまった。

**地祇**　日吉の神。結界を牛馬の糞尿でけがしていることを、日吉の神までが怒るかも知れない。

**円宗の澆薄**　天台宗の衰退。「澆」はうすいの意。「澆薄」は中味がうすれて内実がなくなること。

**弾指喧声**　激しく非難すること。

**貞観元年九月十七日の官符**　正しくは太政官牒。伝存しないが、貞観八年(八六六)六月二十一日に朝廷が制した四条式の第三条でも放牧を問題にしており、貞観元年太政官牒を引用している。なお貞観元年の牒では、一度目は教誡し、再犯すれば馬を没収して馬寮に送ることになっていた。また、馬寮に送致した馬を、僧侶が勝手に馬寮と交渉して、それを受け取ることを禁じている。→補4

不二寛宥一之、

一　應レ禁二制裏頭妨法者一事

右、祕レ面而不レ見者、是女人之儀也、男子僧侶、曾不レ可レ然、而年來念佛之堂、講法之處、白日西暮、黑闇迎來之時、裏頭之僧滿二于庭上一、穢履之類入二于堂中一、若制レ之者、吐二麁言一而罵辱、揚二刀杖一而追打、行道之人見而退去、聞法之輩畏而還歸、妨法之盛、莫レ過二於此一、因レ之去康保四年八月一日立レ制、下二常行堂一畢、其後有心之僧、已以順伏、无道之輩、猶未二歸降一、今重立レ制、其修正・二月不斷念佛及內論義堂、處々講說、立義之時、若參修人、若見聞者、必備二衣裳一、莫レ缺二威儀一、藏レ面裏頭、一切停止、若有レ背レ制、行事之人、慥注二其名一、早速言上、隨卽處レ斷、不二曾寬宥一之、

一　應丙尋下捕持二兵仗一出二入僧房一往二來山上一者上進乙公家甲事

右、兵器是在俗武士之所レ持、經卷是出家行人之所レ翫、

**18**　山内の仏事では裏頭しての聴聞を禁止する。

**裏頭**　頭を袈裟などでつつみ顔を隠すこと。悪僧対策として裏頭は禁止されることが多かった。しかし他方では、法会聴聞の際の裏頭は一般に認められていたし、神輿奉迎の際に裏頭を命ずるなど、裏頭を慎みの表現として捉える風潮もあった。法会の場での裏頭を禁じた本条は、悪僧対策の観点から、裏頭に対し違例の厳しさで臨んでいる。↓補1

**面を秘して見せざるは…**　扇などで顔を隠して見せないようにするのは、女人の仕儀である。

**白日西暮し黒闇迎来の時**　日が暮れて、暗くなろうとする時。夕方のこと。

**穢履の類**　けがれた履きものを履いた者たち。本文史料第6条では、堂内では浄履(上履き)に履きかえるよう命じている。

**もしこれを制さば…**　裏頭や穢履での入堂を諫めると、暴言を吐いて罵り、刀杖をふりあげて暴行する。

**行道**　仏の廻りを歩く儀式。

寛宥《かんゆう》せざれ。

18 一 応《まさ》に*裏《か》頭《とう》妨法の者を禁制すべき事

右、*面《おもて》を秘《かく》して見せざるは、是《こ》れ女人《にょにん》の儀なり。男子《なんし》・僧侶、曾《かつ》て然《しか》るべからず。しかるに年来、念仏の堂、講法の処に、*白日西暮《はくじつせいぼ》し黒闇迎来《こくあんげいらい》の時、裏頭の僧は庭上《ていじょう》に満ち、*穢履《わいり》の類、堂中に入る。*もしこれを制さば、麁言《そげん》を吐きて罵辱《ばじょく》し、刀杖《とうじょう》を揚げて追い打つ。*行道《ぎょうどう》の人は見て退去し、*聞法《もんぼう》の輩も畏れて還帰す。妨法の盛んなること、これに過ぎたるはなし。これに因《よ》りて、去《さん》ぬる*康保四年八月一日に制を立て、常行堂《じょうぎょうどう》に下し畢りぬ。その後、有心《うしん》の僧は已《すで》に以て順伏するも、無道の輩はなお未だ*帰降せず。今、重ねて制を立つ。それ*修正《しゅしょう》・二月、*不断《ふだん》念仏《ねんぶつ》及び*内論義《ないろんぎ》の堂、処々の講説、*立義《りゅうぎ》の時に、*もしは参修《さんしゅ》の人、もしは見聞《けんもん》の者は、必ず衣裳を備えて、威儀を欠《か》くこと莫《なか》れ。面を蔵《かく》し裏頭するは、一切停止《ちょうじ》せよ。もし制に背くことあらば、*行事の人は慥《たしか》にその名を注し、早速《そうそく》に言上せよ。随いて即ち断に処し、曾《かつ》て寛宥せざれ。

19 一 応に*兵仗《ひょうじょう》を持ちて僧房に出入りし山上を往来せる者を尋ね捕らえて、*公家《こうけ》に進《まい》らすべき事

右、兵器は是れ、在俗武士の持つところにして、経巻は是れ、出家行人の翫《もてあそ》ぶと

**聞法の輩**　聴聞している僧侶や俗人。

**康保四年八月一日に制を立て**　不詳。康保四年は九六七年。第14条を参照。

**帰降せず**　従わない。

**修正二月**　修正会と修二会。第10条を参照。

**不断念仏**　常行三昧のこと。一定期間、断えることなく阿弥陀仏像の廻りを行道し、声に抑揚をつけて六字の名号を唱え、心に弥陀仏を念ずる法会。比叡の不断念仏は八月十一日から十七日にかけて行われた。→補2

**内論義の堂**　比叡山で山内論義を行っている堂。第4条を参照。

**立義**　第3条の「広学竪義」の項参照。

**もしは参修の人…**　法会に出仕する者も、聴聞する者も、正しく服装を整えるべきだ。

**行事の人**　法会の設営・差配に当たる僧侶。中世では寺官の僧が多く任じられた。

**19**　山上での兵仗を禁止し、違反する者は逮捕して朝廷に引き渡す。座主が指揮する武力以外の武装解除を図った。

**兵仗**　戦闘用の実用的な武器。「へいじょう」ともいう。儀式用の儀礼的な儀仗に対する語であるが、実態に大きな違いはない。国27の「僧徒の兵仗」の項参照。

**公家**　朝廷。

在俗之士、設學二經文一、出家之人、何用二兵具一、就中我山僧、念々修二習圓融无作之教理一、歩々安二住濟度有情之慈悲一、凡其相隨沙彌童子、須下各隨二師主之教訓一、習中法王之慈心上、何因類二十惡放逸之人一、造二三途苦毒之業一、梵網經云、佛子不レ得二以レ瞋報一レ瞋、以レ打報レ打、若殺二父母兄第六親一、不レ得レ加レ報、殺レ生報レ生、不レ順二孝道一、又云、佛子不レ得レ畜二一切刀仗〔杖〕弓箭矛斧鬪戰之具一、乃至殺二父母一、尚不レ加レ報、況殺二一切衆生二云々、而如レ聞者、或僧等結レ黨成レ群、忘レ恩報レ怨、懷中插二著刀劍一、恣出二入僧房一、身上帶二持弓箭一、猥往二還戒地一、傷害任レ意、不レ異二彼屠兒一、暴惡遍レ身猶同二於醉象一、一宗之恥辱、三寶之澆醨、愁吟動レ山、謗毀喧レ世、是則或師長不レ呵二責弟子之惡行一、或弟子不レ隨二順師長之教誡一故也、自レ今以後、殊加二禁遏一、師弟共守二身口之戒律一、日夜常習二賢聖之威儀一、刀杖弓箭、一々永棄、慈悲喜捨、念々專

**在俗の士設い…**　在俗の武士が武器をもつ一方で経典を修学することがあったとしても、僧侶が武器をもつことは許されない。
**我が山の僧…**　延暦寺の僧は、常に天台の教えを修めて、衆生救済の慈悲に生きるものである。
**沙弥童子**　沙弥は得度剃髪して十戒を受けた者。戒壇で受戒して僧侶となる。童子は雑役に従う童形の従者。中童子・大童子などがあり、壮年・老年の者もいた。
**法王の慈心**　仏の慈悲心のこと。
**十悪放逸の人に…**　悪人の真似をして地獄で苦しむような罪業をなぜ犯すのか。十悪は殺生・偸盗・邪淫・妄語・両舌・悪口・綺語・貪欲・瞋恚・邪見をいう。
**三途**　地獄・餓鬼・畜生の三悪道。
**仏子瞋りを以て…**　仏弟子は、怒りに対して怒りで報復してはならず、打たれても打つことで報復してはならない。もし親族を殺されることがあっても、報復してはならない。生命を殺した者に命で報いるのは、孝道にもとることである。『梵網経』四十八軽戒の第二十一軽戒にあたる。↓補1
**六親**　広く親族全体を指す語。
**孝道**　親をうやまいつかえる孝行の道。
**仏子一切の刀杖…**　仏弟子は武器を所持

してはならない。父母をはじめ誰が殺されても報復してはならない。『梵網経』の第十軽戒にあたる。→補2

**乃至**　引用の中略を示す語。

**或る僧等**　抽象的な例示とも、智証門徒を指すとも考えられる。智証門徒との対立が激化していた時期でもある。

**戒地を往還す**　延暦寺の結界の地を出たり入ったりしている。

**屠児**　殺生を生業とする賤民。この頃から仏典に登場する「屠児」と日本の「えとり」とが習合していった。→補3

**酔象**　酒に酔った象。狂暴なもののたとえ。また悪心のたとえ。

**一宗の…喧し**　僧侶の兵仗は天台宗の恥であり、仏法の衰退である。それを謗り愁える声は叡山に満ち、世間にあふれている。→補4

**是れ則ち或いは師長…**　この原因は師匠が弟子を叱らず、弟子が師匠に従わないことにある。

**師弟は…利安せよ**　師と弟子はともに戒律を守り、先達の作法や規律を習い、武器を棄てて利他行に専念し、衆生を利益するべきである。祈願し、衆生を利益するべきである。鎮護国家を祈願し、衆生を利益するべきである。

**慈悲喜捨**　慈は生けるものに楽を与え、悲は苦を抜くこと、喜は他者の楽をねたまず、捨は好き嫌いにより差別しないこと。これをあわせて四無量心と呼ぶ。

ころなり。*在俗の士、設《たと》い経文を学ぶとも、出家の人は何ぞ兵具を用いんや。就中《なかんずく》、*我が山の僧は、念々に円融無作《えんゆうむさ》の教理を修習《しゅうじゅ》し、歩々《ほほ》に済度有情《さいどうじょう》の慈悲に安住す。およそそれ、相随える*沙弥童子《しゃみどうじ》は、須《すべか》らく各《おのおの》師主《しし ゅ》の教訓に随いて、*法王の慈心を習うべし。何に因《よ》りてか、*十悪放逸《じゅうあくほういつ》の人に類して、*三途苦毒《さんずくどく》の業を造らんや。*梵網経《ぼんもうきょう》に云わく、「*仏子《ぶつし》、瞋《いか》りを以て瞋りに報じ、打《だ》を以て打に報ずることを得ざれ。もし父母・兄弟・*六親を殺さるとも、報を加うることを得ざれ。生を殺すに生を報ずるは、*孝道に順《したが》わず」と。また云わく、「*仏子、一切の刀杖・弓箭《きゅうせん》・矛斧《むふ》・闘戦《とうせん》の具を畜《たくわ》うることを得ざれ。*乃至《ないし》、父母を殺さるとも、なお報を加えざれ。況《いわん》や一切衆生を殺すにおいてをや」と云々。しかるに聞くならく、*或る僧等は、党を結びて群を成し、恩を忘れて怨《えん》を報ず。懐中には刀剣を挿著《そうちゃく》して、恣《ほしいまま》に僧房に出入りし、身上には弓箭を帯持《たいじ》して、猥《みだ》りに*戒地《かいち》を往還すと。傷害の意に任すは、彼の*屠児《とに》に異ならず。暴悪の身に遍《あまね》きこと、なお*酔象《すいぞう》に同じ。*一宗の恥辱《ちじょく》、三宝《さんぽう》の澆醨《ぎょうり》なり。愁吟は山を動かし、謗毀《ぼうき》は世に喧《かまびす》し。*是《こ》れ則ち、或いは師長、弟子の悪行を呵責せず、或いは弟子、師長の教誡に随順せざるの故なり。今より以後は、殊《こと》に禁遏《きんあつ》を加えよ。*師弟は共《とも》に身口《しんく》の戒律を守り、日夜、常に賢聖の威儀を習え。刀杖・弓箭は一々に永く棄て、*慈悲喜捨は念々に専

修、誓二護國家一、利二安生界一、若有下不レ順二寺家制式一、不レ受二師友教訓一者上、護法善神、先加二冥罰一、惜道勇士、次捕二現身一、速送二寺家一、將レ進二官底一、

一　禁下制於二山院内一恣行中刑罰上事

右、天長元年五月廿三日廿三箇條制式云、凡佛子以二慈悲一爲レ心、以二柔軟一爲レ語、所以大師存日誡云、我同法一衆不レ得レ打二童子一、又於二院内一不レ得二刑罰一、若不レ得二此意一、不二我同法一、非二佛子一、非二學法人一、今錄二大師語一、告二示後代一、爲レ護二持佛法一、各勿二刑罰一、不レ得三指掌猶打二童子一、若有二違犯一、非二同山衆一、名爲二異類人一云々、又梵網經云、菩薩應下生二一切衆生中、善根无諍之事一、常生中悲心上、而反更於二一切衆生中一、乃至於二非衆生中一、以二惡口一罵辱、加以二手打及以刀仗〔杖〕一、意猶不レ息、前人求レ悔善言懺謝、猶瞋不レ解、是菩薩波羅夷罪、又云、尚不下畜二奴婢一打拍罵辱上、日々起二三業一口罪无量

**護法の善神**　梵天、帝釈天、四天王、十二神将、十六善神、二十八部衆などの仏法を守護する善神。日吉・春日の神など日本の神も含める場合もある。

**惜道の勇士**　仏道の衰えを惜しむ勇士。座主の指揮下にある武力。↓補1

**官底**　公家、朝廷に同じ。

**20**　山内の院家で勝手に刑罰に処すことを禁止する。刑罰権を座主に一元化しようとした条項。

**二十三箇条の制式**　延暦寺禁制式・二十二条式ともいう。最澄死後三年の天長元年(八二四)に、義真らが最澄の遺誡に従って制定。俗別当藤原三守・大伴国道の承認を得て同年七月五日に寺内に公布された。そのうちの一部の条項だけが伝存。ここでは第四条を引用。↓補2

**およそ仏子は…**　仏弟子には慈悲の心と優しい言葉が必要だ。故に伝教大師は、かつて次のように誡められた。「わが仲間の僧は、童子を打ったり、院内で刑罰を行ってはならない。それに従わなければ、仲間でも、仏弟子でもない」と。大師の言葉に従って、今後は刑罰や童子の打擲を禁止する。なお、ここでの最澄の発言は現存著作には確認できない。

**院内**　最澄は弘仁九年(八一八)に、全国の六箇所に宝塔院を建立することを構想す

るとともに、それに次いで叡山内に建立すべき堂舎として、九院（一乗止観院・定心院・総持院・四王院・戒壇院・八部院・山王院・西塔院・浄土院）を挙げている。院内とはこれらを指す。

**指掌**　安易に。

**異類の人**　餓鬼・畜生など種類の異なった生類、または仏弟子でない人。

**菩薩は応に一切衆生の…**　菩薩は争いのない慈悲の心で、衆生の中にあらわれる。しかし反対に、衆生や非衆生に暴言を吐き、手や武器で殴っても心がおさまらず、相手が謝罪してもなお怒りをとかなければ、菩薩の波羅夷罪である。『梵網経』十重戒の第九重戒にあたる。↓補3

**善根無諍の事**　善根は諸善を生み出す根本で、無貪・無瞋・無痴を三善根とする。それら善根にして争いのない状態のこと。

**非衆生**　聖人、もしくは非情のもの。

**波羅夷罪**　戒律の中で最も重い罪。これを犯すと僧団から追放されて再び僧侶となることができない。

**なお奴婢を畜え…**　奴婢を所有して暴言・打擲を加えてはならない。日々、口業による罪過がはかりしれない。『梵網経』四十八軽戒の第二十一軽戒にあたる。↓補4

修して、国家を誓護し生界《しょうかい》を利《り》安《あん》せよ。もし寺家の制式に順わず、師友の教訓を受けざる者あらば、*護法の善神《ぜんじん》、先ず冥罰《みょうばつ》を加え、*惜道《しゃくどう》の勇士、次いで現身を捕らえよ。速《すみ》やかに寺家に送り、将《まさ》に*官底に進《まい》らせよ。

20　一　山院内において、恣《ほしいまま》に刑罰を行うを禁制する事

右、天長元年五月二十三日の*二十三箇条の制式に云わく、「*およそ仏子《ぶっし》は慈悲を以て心となし、柔軟《にゅうなん》を以て語となす。所以《ゆえ》に大師《だいし》は存日《ぞんじつ》に誡《いさ》めて云わく、『我が同法一衆《どうほういっしゅ》は、童子《どうじ》を打つことを得ざれ。また*院内において刑罰することを得ざれ。もしこの意を得ずんば、我が同法ならず、仏子に非ず、学法の人に非ず』と。今、大師の語を録し、後代に告示す。仏法を護持せんがため、各《おのおの》刑罰すること勿《なか》れ。*指掌《ししょう》してなお童子を打つことを得ざれ。もし違犯あらば、同山衆《どうざんしゅ》に非ず。名づけて*異類の人となす」と云々。また梵網経《ぼんもうきょう》に云わく、「*菩薩は、応《まさ》に一切衆生の中に*善根無諍《ぜんこんむじょう》の事を生じ、常に悲心《ひしん》を生ずべし。しかるに反《かえ》りて更に一切衆生の中において、乃至《ないし》、*非衆生の中において、悪口《あっく》を以て罵辱《ばじょく》し、加うるに手打《しゅだ》、及《およ》び刀杖を以てするも、意《こころ》なお息《や》まず。前《さき》の人、悔《くい》を求めて善言にて懺《さん》謝《しゃ》するも、なお瞋《いか》り解《と》かざれば、是《こ》れ菩薩の*波羅夷罪《はらいのつみ》なり」と。また云わく、「*なお奴婢を畜《たくわ》えて、打拍《ちょうはく》・罵辱せざれ。日々に三業《さんごう》を起こして口罪《くざい》無量なり」

云々、而近代山衆、不レ守二大師制式一、不レ順二如來遺戒一、於二山院中一行二刑罰一事、粗有二傳聞一、況打二童子一、已以多々、自レ今以後一切禁斷、若有二闕犯一、將止二交衆一、已名二異類一、何稱二同法一乎、

一　禁二制授戒間成レ亂致レ妨者一事

右、授戒是教レ人永入二佛家之初門一、引レ物直至二道場之中路一、我朝之大事、此宗之興隆、莫レ過二於斯一者也、而提二奬戒者一、惡二律儀人一、爲レ有二私怨一、猥妨二公事一、或列見之次、引出而寃凌、或登壇之間、亂入而鬪逆、事之狼藉、更不レ足レ言、自レ今以後、禁制異レ常、若有レ不レ安、具錄二愁狀一、進二上政所一、隨卽勘糺、若猶習レ舊致二亂逆一者、當寺之僧永處二衆斷一、他寺僧及沙彌童子、慥捕二其身一、將付二檢非違使一、不レ得二阿容一之、

一　應二春秋二季出二房主帳一事

右、同前式云、春秋二時、擧レ院每レ室作二房主帳一、進二上政所一、

**如来の遺戒**　梵網経を指す。

**交衆を止めよ**　出仕を禁じる。

**21**　授戒の場での争いを禁じ、従わない者は永久追放とし、他寺の僧は捕縛して検非違使に引き渡す。

**授戒**　戒を授けて官僧とする儀式。弘仁十三年(八二二)に延暦寺戒壇の設置が認められ、翌年四月より授戒を実施。当初は春だけであったが、受戒者の増加もあって中世では四月と十一月の二季授戒が恒例となった。→補1

**是れ人を教えて…**　授戒は、人を悟りの世界への最初の段階に入らせ、意識を悟りの場への道に至らしめる。

**道場**　仏が悟りに到達した場所。

**奨戒の者**　戒を守ることをすすめる人。

**律儀の人**　戒律を守っている人。

**公事**　授戒の儀式。

**列見の次いで…**　授戒に出仕する者が、列立して威儀を正している際に、その場から引きずり出して乱暴する。

と云々。しかるに近代の山衆は、大師の制式を守らず、*如来の遺戒に順わず。山院中において刑罰を行う事、粗《あらあら》伝え聞くことあり。況《いわん》や童子《どうじ》を打つは、已《すで》に以て多々なり。今より以後は一切禁断せよ。もし闕犯《けっぱん》せることあらば、将《まさ》に*交衆《きょうしゅ》を止めよ。已に異類と名づく。何ぞ同法と称せんや。

21 一 *授戒の間、乱を成し妨げを致す者を禁制する事

右、授戒は*是《こ》れ、人を教えて永く仏家の初門《しょもん》に入らしめ、物を引きて直《ただち》に*道場の中路に至らしむ。我が朝の大事、この宗の興隆は、これに過ぎたるはなきものなり。しかるに*奨戒《しょうかい》の者を提《なげう》ち、*律儀の人を悪《にく》み、私怨《しえん》あるがために、猥《みだ》りに*公事《くじ》を妨ぐ。或いは*列見の次いでに引き出だして冤凌《えんりょう》し、或いは*登壇の間に乱入して闘逆《とうぎゃく》す。事の狼藉《ろうぜき》、更に*言うに足らず。今より以後は、禁制、常に異なるべし。*もし安からざることあらば、具《つぶさ》に愁状に録し、政所《まんどころ》に進上せよ。随いて即ち勘糺《かんきゅう》せん。もしなお旧に習いて乱逆を致さば、当寺の僧は永く衆断《しゅうだん》に処し、*他寺の僧及び沙弥童子《しゃみどうじ》は、慥《たしか》にその身を捕らえ、将に検非違使《けびいし》に付せよ。*阿容《あよう》することを得ざれ。

22 一 応《まさ》に春秋二季に*房主帳《ぼうしゅちょう》を出だすべき事

右、*同前の式に云わく、「春秋の二時に、*院を挙げ室毎に房主帳を作り、政所に

---

**登壇の間に…** 受戒のために戒壇に登壇する場に乱入してきて乱暴する。

**言うに足らず** 言葉にならない程ひどい。

**もし…勘糺せん** トラブルがあるなら暴力に訴えるのではなく、訴状に記して政所に訴えよ。そうすればただちに裁断するだろう。

**他寺の僧及び沙弥童子** 延暦寺戒壇での受戒は他寺にも開かれており、延長五年(九二七)四月の太政官牒では、初日を延暦寺僧、後日を他寺僧の受戒日と定めている。→補2

**阿容する** 見過ごす。

**22** 現住の僧侶の名を記した房主帳を春と秋の二度、政所に提出せよ。

**房主帳** 僧房ごとに提出する叡山の大衆の名簿。なお本文史料第23条を参照。→補3

**同前の式** 天長元年(八二四)五月二十三日の延暦寺禁制式の第一〇条。→補4

**院を挙げ…** 叡山の院は、僧房ごとに所属する人を書き上げた房主帳を作成して、政所に提出しなさい。ただし『天台霞標』等に掲載の同条には「挙院毎室」の語がみえない。なお良源の時代には「東塔帳」「西塔帳」とあるように、住僧帳は東塔院・西塔院の単位で管理されている(『平』四九〇六号)。

其帳各注二法號幷國郡姓名一、不レ漏二大小一、以爲二恆式一、不レ隨二法制一、名爲二浪人一、不レ同二山衆一、豈同レ利乎、而年來不レ守二此式一、不レ出二其帳一、現不レ難レ定、唯由レ之也、從レ今以後、隨レ季注出、不レ得レ違レ期、但如二先式一者、似三近士童子皆可二注上一也、是山衆數少、僧房不レ多之時事乎、當今難レ可二依行一、仍須三只注二出現住僧名一、不レ可二違失一之、

一　應下隨二山王二季御讀經僧見參之數一定中住不上事

右、山王慈悲恩德、猶如二父母師君一、已戴二慈恩一、何不二酬報一、日日轉經、夜夜念誦、唯自房各別廻二向莊嚴之誠一也、東西見住、春秋上堂、是大衆集會、異口同音之勤也、昔依二見面之多少一、以定二其身之住不一也、而去天慶年中、加二修四季一之後、人多懈怠、已希二參修一、非三唯闕二大衆同心之勤一、兼復迷二現住他行之數一、仍今還復二舊例一、以二二季一爲二定量一、當季不參之者、卽以除レ帳、次季參修之時、還以付レ帳、但若臥レ病觸レ穢、或赴二公私請緣一

**国郡姓名**　戸籍に記載されていた国郡姓名。弘仁九年（八一八）六条式には年分度者の「不除籍名、賜加仏子号」とあり、僧籍をつくらず、俗籍に出家者として記入するよう、定めている（『伝教大師全集』一―一二頁）。

**大小を漏らさざれ**　僧侶も沙弥・童子もすべて記帳せよ。

**法制に随わざれば**…　房主帳の記載に応じない者は、延暦寺成員とは認めない。

**現不定めがたき**　叡山に現住しているのか不在なのかが判断できないこと。

**但し先式の如きは**…　天長の禁制では、優婆塞（うばそく）や童子まで記帳するようになっていた。

**近士**　正しくは「近事」。五戒をたもっている在俗の信者。優婆塞。

**23**　山王二季の御読経に出仕した僧侶を住僧と定め、不参者は住僧帳から除く。

**山王**　坂本にある日吉社の別称。日吉社の神が山王とよばれるようになったのは、唐代の天台山国清寺がその地主神「山王元弼真君」を護法神として祀ったことに由来するという。

**見参の数に随いて**…　山王二季の出仕僧を住僧と定める。

**酬報**　日吉山王の恩にむくいること。

進上せよ。その帳には各《おのおの》法号幷びに*国郡姓名を注し、*大小を漏らさざれ。以て恒式となす。*法制に随わざれば、名づけて浪人《ろうにん》となす。同山衆《どうざんしゅ》ならず、豈《あに》利を同じうせんや」と。しかるに年来この式を守らず、その帳を出ださず。*現不《げんふ》定めがたきは、ただこれに由《よ》れるなり。今より以後は、季に随いて注し出だし、期《ご》を違うこと得ざれ。*但し先式の如《ごと》きは、*近士《ごんじ》童子《どうじ》まで皆注し上ぐべきに似れるなり。是《こ》れ山衆の数少なく、僧房多からざるの時のことか。当今《とうこん》、依行《えぎょう》すべきこと難《かた》し。仍て須《すべから》くただ現住せる僧の名を注し出だすべし。違失すべからず。

23　一　応《まさ》に*山王二季の御読経僧《みどきょうそう》、*見参《げんざん》の数に随いて住不を定むべき事

右、山王の慈悲恩徳は、なお父母師君の如し。已《すで》に慈恩を戴《いただ》く。何ぞ*酬報《しゅうほう》せざらんや。日々の転経、夜々の念誦、ただ*自房各別に荘厳《しょうごん》の誠を廻向《えこう》するなり。*東西の見住、春秋の上堂《じょうどう》、是れ*大衆《だいしゅ》の集会《しゅうえ》にして、異口同音の勤めなり。昔は*見面《げんめん》の多少によりて、以てその身の住不を定むるなり。しかるに去《さ》ぬる*天慶年中、*四季に加修するの後、人は多く懈怠《けたい》し、已に参修《さんしゅ》すること希《まれ》なり。ただに大衆同心の勤めを闕《か》くのみに非ず、兼ねてまた現住他行《たこう》の数に迷う。仍て今、還りて旧例に復し、二季を以て定量となす。*当季不参の者は、即ち以て帳より除き、次季参修の時に、還りて以て帳に付す。但し*もし病に臥し*穢《けがれ》に触れ、或いは公私の請縁《しょうえん》に赴

**自房各別に**　延暦寺の僧は日夜、自坊で読経念誦して山王に報謝している。

**東西の見住春秋の上堂**　延暦寺に住んでいるすべての者が、春秋二季の山王御読経に出仕している。

**大衆の集会にして…**　叡山の僧みなが集まって勤める読経である。

**見面の多少…**　春秋法会への参加・不参加で、住山・不住山の判断をしていた。

**天慶年中**　九三八～九四七年。尊意・義海・延昌が座主であった時代。

**四季に加修する**　春秋二季から、春夏秋冬の四季に行うものとした。

**当季不参の者は…**　その季の読経に出仕しなかった者は住僧帳から除き、次季に参勤すれば、改めて帳簿に登録する。本条における春秋二季の読経参不による住僧の把握は、前条の春秋二季の房主帳提出と連動している。→補1

**もし病に臥し…**　様々な事情で山王読経を欠席する者は、三日前までに政所に届けて、それぞれがいる場所で、各自が読経せよ。

**穢に触れ**　『延喜式』臨時祭式49触穢応忌条は死穢を三〇日、出産を七日と定めている。山王への読経なので、触穢への配慮が必要であった。良源自身もこの三年後に触穢で日吉山王の怒りに触れている。→補2

者、三日之前申二送政所一、各於二在所一滿二其卷數一、又楞嚴院僧漸及二二百口一、岑谷嶮遠難レ可二見參一、須下共集二會彼中堂一、各致二精誠一而勤修上、院司執行、注二送見參一、立爲二永例一、

一　停二止舍利會日綱維・堂達參二別當房一事

右、大會事畢、綱維・堂達參二別當房一、其來尙矣、今年會日始以停止、其旨如何、隨二喜善根一、雖レ出二經典一、進二退儀則一、須レ有二縱容一、聞二彼所レ陳、猶少二誠實一、或以レ不二天晴一、稱爲二天晴一、或以レ不二如法一、稱爲二如法一、詞涉二虛妄一、多養二時聞一、況自他共疲勞、各欲レ任二意樂一、而主客相對、進退難レ堪、仍所二停止一也、又六月會第六日、聽衆綱維向二講房一事、准レ之停止、

一　停下止大小綱維觸レ事向二座主房一陳中慶賀上事

右、每年舍利會日、及授戒灌頂事畢之後、綱維共向二座主之房一、陳二慶賀詞一、其來已久、自レ今以後、皆隨二停止一、

**楞厳院の僧は…**　横川楞厳院は遠く離れて不便なので、横川中堂で二季の御読経を行え。院司が読経を執り行い、政所に出仕者を報告せよ。この二年後に横川は東塔帳・西塔帳とは別に横川の「季帳」を別立することを良源に申請し、許可されている。横川の独立は住僧帳の別立という形で果たされており、本条で山王読経の別立を認めたことは、良源が自らの基盤たる横川の独立を主導したことを示している。→補1

**彼の中堂**　横川中堂。首楞厳院とも根本観音堂とも称される。円仁が嘉祥元年(八四八)に一堂を建立し、聖観音像と毘沙門天像を安置したのに始まる。

**院司**　楞厳院を管理する役の僧。

**24**　舎利会が終わった日に綱維らが別当坊に挨拶に行くことを禁止する。

**舎利会**　本文史料第1条参照。

**その来りや尚し**　永い伝統がある。

く者は、三日の前に政所《まんどころ》に申し送り、各《おのおの》在所においてその巻数を満たせ。また*楞厳院《りょうごんいん》の僧は漸《ようや》く二百口に及ぶ。岑谷嶮遠《ほうこくけんおん》にして見参《げんざん》すべきこと難《かた》し。須《すべから》く共《とも》に*彼の中堂に集会《しゅうえ》して、各精誠を致して勤修すべし。*院司執行《しぎょう》して、見参を注し送れ。立てて永例となせ。

24 一　*舎利会の日に、綱維《こうい》・堂達《どうたつ》、別当の房に参ずるを停止《ちょうじ》する事

右、大会《だいえ》の事畢りて、綱維・堂達、別当の房に参ずるは、*その来《きた》りや尚《ひさ》し。今年の会日に、始めて以て停止す。その旨は如何《いかん》。*善根《ぜんこん》を随喜《ずいき》するは、経典に出ずと雖《いえど》も、儀則《ぎそく》を進退するは、須く*縦容《しょうよう》あるべし。彼の陳《の》ぶるところを聞くに、なお誠実を少《か》く。或いは天晴ならざるを以て、称するに天晴となし、或いは如法《にょほう》ならざるを以て、称するに如法となす。*詞は虚《こ》妄《もう》に渉り、多く時間を養う。況《いわん》や自他共《とも》に疲労し、各*意楽《いぎょう》のままならんと欲す。しかるに主客《しゅかく》相対し、進退堪《た》えがたし。仍て停止するところなり。また*六月会《みなづきえ》の第六日に、聴衆《ちょうじゅ》・綱維、*講房に向かう事、これに准じて停止せよ。

25 一　大小の綱維、事に触れて座主の房に向かい、*慶賀を陳ぶるを停止する事

右、毎年の舎利会の日、及び授戒・*灌頂《かんじょう》の事畢りての後に、綱維共に座主の房に向かい、慶賀の詞を陳ぶ、その来りや已《すで》に久し。今より以後は、皆停止に随え。

**善根を随喜するは…**　舎利会のような善根に対し随喜し慶賀を述べることは、経典にもみえるよいことであるが、実際にどうするかは当人の判断に委ねられるべきだ。
**縦容**　ゆるす。大目にみる。
**詞は虚妄に渉り…**　実のない会話で時を浪費するだけだ。
**意楽のまま…**　綱維らも、別当も、舎利会を終えて疲労困憊しており、どちらも早くくつろぎたいと思っている。
**六月会の第六日**　六月会結願の前日である六月三日。最終日には論義がなく、終了後に下京する講師もいるので、結願の前日に聴衆らが挨拶に行ったのだろう。
**講房**　講師が宿泊している僧坊。
**25**　舎利会・授戒・灌頂など、綱維たちが折に触れて座主に慶賀を述べにゆくのは禁止する。
**慶賀**　喜び祝うこと。祝賀。
**灌頂**　延暦寺で行われた結縁灌頂。灌頂には僧侶に阿闍梨位を授けるための伝法灌頂と、俗人のための結縁灌頂がある。その内容は『三宝絵』下(比叡灌頂)に詳しい。また朝廷は貞観八年(八六六)六月二十一日に、延暦寺のために禁制四箇条をたて、その第一条で灌頂への職掌僧の不参を処罰する規定を設けている(『日本三代実録』)。

々々之旨、略如二前條一、但除三新任貫首初行之日二而已、

一 應三大小綱維互守二禮義一事

右、敬レ尊憐レ卑、詳在二經律一、彼一鳥二獸、猶有レ所レ存、況佛家僧門、何無レ所レ守、而近代綱維多忘二禮義一、論二之法律一、理豈可レ然、今須二上中之座、設所行不當一、中下之司、輙不レ可二遮止一、中下之座、設所レ陳可レ咲、上中之司亦不レ可二嘲哢一、各々所レ思一々令レ陳、然後聽二其處分一者也、又大綱是爲二當時之座上一、小綱尤可二敬順一、小綱何必非二後日之師尊一、大綱豈可二輕蔑一、宜下悉二此情一、互守中其節上耳、

以前、雜制趣如二條々一、或是如來之教門、或復先師之遺誡、而遵行之輩已少、乖戻之人更繁、爰舊風漸不レ扇二於寒谿之月一、前跡殆欲レ埋二暮嶺之雲一、若獨歎二於丹心一徒老二台星之下一、恐長恨二於白骨一更經二天使之前一、仍抽二小愚之蓄懷一、謹仰二 大師之明鑑一、東西諸綱、大小共

**新任の貫主初行の日** 新任の座主が始めて行事を行った日。この日の慶賀は認められた。

**26** 綱維たちは互いに礼儀を守って尊重しあうべきである。

**彼の一鳥二獣**… 鳥獣の類でも尊卑の和合を心得ているのだから、仏門にある者も当然弁えるべきである。

**これを法律に**… 仏法や戒律に照らしてみても、正しいわけがない。

停止の旨は、略《ほぼ》前条の如《ごと》し。但し＊新任の貫首《かんしゅ》、初行《しょぎょう》の日を除くのみ。

**26**

一　応《まさ》に大小の綱維《こうい》は互いに礼義を守るべき事

右、尊を敬い卑を憐れむは、詳《つまび》らかに経律《きょうりつ》にあり。＊彼の一鳥二獣も、なお存ずるところあり。況《いわん》や仏家僧門、何ぞ守るところなからんや。しかるに近代の綱維は、多く礼義を忘る。＊これを法律に論ずるに、理《ことわり》豈《あに》然《しか》るべけんや。今、須《すべから》く＊上中の座、設《たと》い所行不当なるべくも、中下《ちゅうげ》の司は輙《たやす》く＊遮止《しゃし》すべからず。中下の座、設い陳《の》ぶるところ咲《わら》うべくも、上中の司はまた嘲哢《ちょうろう》すべからず。＊各々思うところを一々陳べしめ、然る後にその処分を聴《ゆる》すものなり。また＊大綱《たいこう》は是《こ》れ、当時の座上たり。小綱《しょうこう》は、尤も敬順《きょうじゅん》すべし。＊小綱は何ぞ必ずしも後日の師尊に非ざるや。大綱、豈軽蔑すべけんや。宜《よろ》しくこの情を悉《つく》し、互いにその節を守るべきのみ。

以前、雑制《ぞうせい》の趣、条々の如《ごと》し。或いは是れ如来の教門、或いはまた先師の遺誡《ゆいかい》なり。しかるに遵行《じゅんぎょう》の輩は已《すで》に少なく、＊乖戻《かいれい》の人は更に繁《しげ》し。爰《ここ》に＊旧風は漸《ようや》く＊寒谿《かんけい》の月に扇《あお》がず、前跡《ぜんじゃく》は殆《ほとん》ど暮嶺《ぼれい》の雲に埋もれんと欲す。もし独り＊丹心《たんしん》に歎かば、徒《いたずら》に＊台星《たいせい》の下に老い、恐るらくは長く白骨を恨みて、更に＊天使の前に経せんことを。仍て＊小愚の蓄懐《ちくかい》を抽《ぬ》きんじ、謹んで＊大師《だいし》の明鑑《みょうかん》を仰がん。東西の諸綱、大小共《とも》に

**上中…嘲哢すべからず**　上の者の行いが間違っているようでも、下の者は、それをたやすく否定してはならない。また下の者の述べることが可笑しくても、上の者はそれをあざけり笑ってはならない。
**遮止**　否定すること。
**各々思うところ…**　それぞれが考えていることを存分に述べさせた上で、どうするかを決めるべきである。
**大綱は是れ…**　大綱は現在のところ綱維の最上位者である。
**小綱は何ぞ必ずしも…**　身分の低い小綱にも、将来、師として尊ばれる者がいるはずだ。
**乖戻**　そむき、もとること。
**旧風は漸く寒谿の…**　仏の教えや先哲の遺誡は次第に忘れられ、消えようとしている。
**寒谿**　冬の谷川。
**丹心**　まごころ、あかき心。
**台星**　星の名称。紫微星(しびせい)の近くにある三つの星。紫微星が天子を象徴するのに対し、三台星はそれを守る三公にたとえる。
**天使**　不詳。天帝の使い。朝廷の使者。日月のこと。
**小愚の蓄懐**　良源のつもり積もった思い。
**大師の明鑑**　最澄のすぐれた識見。

悉、普示㆓山家之一衆㆒、令㆑豫㆓松門之三輪㆒焉、敬啓、

天祿元年七月十六日

座主權少僧都法眼和尚位「良源」

奉行

上座傳燈大法師位「法儆」

寺主傳燈大法師位「壽連」

都維那傳燈大法師位「聖燈」

悉し、普《あまね》く山家《さんけ》の一衆《いっしゅ》に示して、*松門の*三輪《さんりん》に琢《てん》ぜしめん。敬いて啓《もう》す。

天禄元年七月十六日

座主権少僧都法眼和尚位「良源」

奉行《ぶぎょう》

上座伝燈大法師位「法僘」

寺主伝燈大法師位「寿連」

都維那伝燈大法師位「聖燈」

**松門**　寺院のこと。
**三輪**　施者と受者と施物。または惑と業と苦の連関。もしくは身・口・意の三業をいう。

## 天2　慈円大懴法院条々起請　建永元年(一二〇六)　門葉記

大懴法院條々起請事

一　長日勤行事

右、受二南岳餘流一、朝修二法花三昧一、爲レ讀二誦一乘妙典一也、爲二慈覺末弟一、夕勤二西方懺法一、爲レ唱二念彌陀名號一也、或圖二繪佛像一開眼 密宗勤レ之、 或模二寫經卷一開題、 顯宗勤レ之、 但佛三身功德、經三段分別、卅口供僧之中、撰二定隨分能說一、所二差定一也、佛像十五躰之內、金輪・佛眼・尊勝・不動、密宗開眼之次、讚二嘆功德一、兼行二經供養一也、密宗供僧之中、付二其器量一、同令レ勤レ之、餘十一尊、釋迦・彌陀・藥師・彌勒・普賢・文殊・千手・十一面・地藏・虛空藏・毘沙門 已上 開眼供養法訖、釋佛在二顯教一、則法花經一品、心經・阿彌陀經各一卷、同開題說二義理一也、小月晦日、無量義・觀普賢二經、釋迦佛・毘沙門二尊、供二養一座一令レ滿二一月一也、又朝唱二普賢十願文一、念二尊勝陀羅尼一、夕禮二十二光佛一、讀二千手大呪一、已上每日不退行業、朝暮勤行修善也、 西方懺法行事、有二大懺悔文幷

**釋**　底本「尺」。異本ニヨリ改ム。下同ジ。

**天2**　↓補1

**慈円大懴法院条々起請**　慈円が大懴法院の仏事・組織・財源を定めた置文。

**大懴法院**　青蓮院門跡の洛中本坊である吉水坊の総称。阿弥陀堂と熾盛光堂から成る。阿弥陀堂をいう場合も多く、後には大成就院(熾盛光堂)が洛中本坊の総称となった。↓補2

**1**　大懴法院で毎日行う仏事の定め。

**長日勤行**　毎日の仏事。↓補3

**南岳**　南岳大師恵思(えし、五一五～五七七)。中国天台宗第二祖で、天台智顗(ちぎ)の師。法華三昧を発得し開悟、晩年は南岳衡山(こうざん)に籠もった。

**法花三昧**　法華懴法ともいい、法華経を読誦して罪障を懴悔する二一日間の行法。恵思から伝えられ智顗が組織化した。略儀は日常的に行う。

**一乗妙典**　法華経。大懴法院阿弥陀堂での法華懴法で法華経を一部読誦した。

**慈覚**　慈覚大師円仁(七九四～八六四)。

**西方懴法**　阿弥陀懴法。円仁が称名念仏を中心とする西方懴法の儀則を定めた。大懴法院阿弥陀堂の西方懴法では、称名

## 天2　慈円大懺法院条々起請　建永元年（一二〇六）　門葉記

*大懺法院《だいせんぼういん》条々起請《きしょう》の事

1 一 *長日勤行の事

右、*南岳《なんがく》の余流を受けて、朝《あした》には*法花三昧《ざんまい》を修せよ。*一乗妙典を読誦《どくじゅ》せんがためなり。*慈覚の末弟として、夕べには*西方懺法《せんぼう》を勤めよ。弥陀名号を唱念せんがためなり。或いは仏像を図絵して*開眼し〈密宗これを勤む〉、或いは経巻を模写して*開題す〈顕宗これを勤む〉。但し仏の*三身功徳《さんじん》、経の*三段分別は、*三十口の供僧《くそう》の中より随分の*能説を撰定して、差定《さじょう》するところなり。*仏像十五躰の内、金輪《きんりん》・仏眼《ぶつげん》・尊勝・不動は密宗開眼の次《つ》いでに、功徳を讃嘆《さんだん》し、兼ねて経の供養を行うなり。密宗供僧の中より、その器量に付して、同じくこれを勤めしめ、余の十一尊、釈迦・弥陀・薬師・弥勒・普賢《ふげん》・文殊・千手《せんじゅ》・十一面・地蔵・虚空蔵《こくうぞう》・毘沙門《びしゃもん》〈已上〉の開眼供養法を訖《おえ》よ。*釈仏は顕教《けんぎょう》にあり。則ち法花経一品《ほん》、*心経・阿弥陀経各一巻、同じく開題し義理を説くなり。*小月の晦日《みそか》には無量義・観普賢の二経、釈迦仏・毘沙門の二尊、一座に供養して一月を満《み》てしむるなり。また朝には*普賢の十願文を唱えて尊勝陀羅尼《だらに》を念じ、夕べには*十二光仏を礼して*千手大呪《だいじゅ》を読《どく》す。已上は毎日不退の行業、朝暮勤行の修善《しゅぜん》なり〈西方懺法の行事に、大懺悔《さんげ》文幷《なら》びに



念仏を一〇〇〇遍唱えた。

**開眼・開題**　開眼は新像の仏像を供養する儀式、開題は新写経典を供養する儀式。これ以下が日中作法。

**三身功徳**　仏の三種の身体がもつ功徳。↓補4

**三段分別**　経典の内容を序分・正宗分（しょうじゅうぶん）・流通分（るづうぶん）の三つに分けて解釈すること。序分は総序、正宗分は主要な本論、流通分は後世に教えを伝えるため経典が弟子に与えられたことを記す部分である。

**三十口の供僧**　大懺法院に所属する三〇名の供僧。本文史料の末尾に連署。

**能説**　説法に秀でた僧侶。

**仏像十五躰**　『門葉記』九三「懺法院十五尊釈」では、一日一尊ずつ月二回、十五尊を輪転で開眼行法を修している。

**釈仏**　十五尊の功能を説くこと。

**心経**　般若心経。

**小月の晦日に…**　小月の場合は、法華経は二八品なので、晦日の二十九日に開結二経を講じる。また十五尊も二十九日に釈迦と毘沙門の二尊を併せて供養する。

**普賢の十願文**　普賢菩薩の誓願。↓補5

**十二光仏**　阿弥陀の一二種の光にちなんで讃えた一二種の仏名。↓補6

**千手大呪**　千手観音の根本呪である千手陀羅尼。

是則顯教密教之中、取二簡要一致二勤行一、世流布行法也、上古中古賢愚、齊用レ之、所謂逆修眼前大善、追福沒後拔濟、不レ出二此行事一、未レ聞二餘修善一、定知、叶二正意一者歟、得益、何有二疑殆一哉、就中密教開眼、眞言念誦、加而勤レ之、忘而勿レ廢矣、（五念門讃一、六時之間、爲二初夜・半夜勤一、仍六箇日之中、各一日加二誦之一也、）

本願沙門、不レ捨二和語一、接二撰詞中一、爲レ啓二其態於佛一、愸加二一首於篇一矣、

しものうへにいつるあさ日をかさねつゝ　しめてうれしき普賢道場

一　毎月佛事

右、毎月十五日、集二內衆一勸二外衆一一夜念佛、是各々自行、面々功德也、然而本意在レ濟二度衆生一、廻向存レ鎭二護國家一、（於二此行一者在二別起請文一、具讓レ彼、以不レ載レ之、）晦日有二衆集行法一、（如二布薩一、未二治定一、）廿四日修二山王講演一、有二行法一、有二問答一、具旨趣載二式啓白一而已、此外於二此道場一、本願靑蓮院前大僧正幷鳥羽法皇第七宮月忌・遠忌等佛事、多以勤レ之、



**廢**　底本「癈」。異本ニヨリ改ム。

**五念門**　世親が説いた往生のための五つの行。礼拝・讃嘆・作願・観察・廻向。

**六時**　一日を六等分した晨朝(しんちょう)・日中・日没・初夜・半夜・後夜。

**逆修**　預修ともいう。生前から自身の死後の菩提を願って仏事を行うこと。没後の追福より七倍の功徳があるとされた。

**この行事を…**　逆修・追福で最も功徳のある行は懺法である。発願文には、「図仏写経開眼開題、法華弥陀両箇之三昧、貴賤上下所用、無二無三之作善者也」とある(『門葉記』九一)。

**正意**　仏菩薩の真意。

**本願沙門**　慈円(一一五五〜一二二五)。本願は寺塔造立・法会開創の願主をいう。

**和語**　日本の言葉。漢語に対する。慈円は和語・和歌・仏道を一体と捉えていた(多賀宗隼『慈円の研究』一八三頁、吉川弘文館、一九八〇年)。

**撰詞**　『新古今集』が成ったのは、本文史料前年の元久二年(一二〇五)三月。後鳥羽院の和歌所寄人(よりうど)であった慈円の入集歌数は九二首であり、西行の九四首に次いで多かった。

**霜の上に…**　霜は罪障の暗喩。朝日によって霜が消えるように、普賢経の懺法に

よって罪障が消えることを歌っている。本文史料の和歌は慈円の歌集である『拾玉集』五〇八七〜五〇九九に収載。

**2**　大懺法院で毎月行う仏事の定め。

**毎月の仏事**　→補1

**毎月十五日**　→補2

**内衆・外衆**　内衆は大懺法院の僧侶。外衆は院外の僧や俗人まで含むのだろう。

**是れ…するにあり**　一夜念仏は自分の往生のためだが、その本当の目的は衆生済度と鎮護国家にある。

**別の起請文**　現存せず。

**布薩**　半月に一度、僧侶が集まって行動を反省し懺悔する儀式。

**山王の講演**　大懺法院で行われた山王講。密教修法と顕教の論義で日吉山王を讃えた。→補3

**式の啓白**　現存せず。

**青蓮院**　青蓮院門跡。梶井・妙法院門跡とともに延暦寺を支配した。→補4

**青蓮院前大僧正**　行玄(一〇九七〜一一五五)。関白藤原師実の子で青蓮院門跡の初祖。忌日の十一月五日には懺法院で、月忌には熾盛光堂で曼荼羅供が行われるのが恒例(『門葉記』九四)。→補5

**鳥羽法皇の第七宮**　覚快法親王(一一三四〜一一八一)。青蓮院門跡二世、忌日は十一月六日。ただし中世では青蓮院門徒による恒例の追善は確認できない。

*五念門の讃あり。*六時《ろくじ》の間、初夜《しょや》・半夜の勤めとなす。仍て六箇日の中、各《おのおの》一日これを加え誦《じゅ》すなり〉。是《こ》れ則ち顕教密教の中より、簡要を取りて勤行を致す。世に流布せる行法なり。上古中古の賢愚は、斉《ひと》しくこれを用う。所謂《いわゆる》*逆修《ぎゃくしゅ》眼前の大善、追福《ついふく》没後の抜済は、*この行事を出《い》でず。いまだ余の修善を聞かず。定めて知んぬ、*正意に叶《かな》うものか。得益《とくやく》、何ぞ疑殆《ぎたい》あらんや。就中《なかんずく》密教の開眼には、真言の念誦、加えてこれを勤めよ。忘れて廃する勿《なか》れ。

*本願《ほんがん》沙門は*和語《やまとことば》を捨てず。*撰詞の中に接す。その態《たい》を仏に啓《けい》さんがために、憖《なまじい》に一首を篇に加う。

*霜の上に出づる朝日を重ねつゝ　占めてうれしき普賢道場

**2**

一　*毎月の仏事

右、*毎月十五日に、*内衆を集め*外衆に勧めて一夜念仏せよ。*是れ各々の自行《じぎょう》、面々の功徳なり。然れども本意《ほい》は衆生を済度するにあり。廻向《えこう》は国家を鎮護するに存す〈この行《ぎょう》においては*別の起請文《きしょうもん》にあり。具《つぶさ》には彼に譲る。以てこれを載せず〉。晦日に衆集の行法あり〈*布薩《ふさつ》の如《ごと》し。いまだ治定せず〉。二十四日に*山王の講演を修す。行法あり、問答あり。具なる旨趣は、*式の啓白《けいびゃく》に載す。この外、この道場において、本願*青蓮院前大僧正、幷びに*鳥羽法皇の第七宮の月忌《がっき》・遠忌《おんき》等の仏事、多く以てこ

未三必為二供僧等之勤一、仍不レ能二委記一而已、

月ことになかむる月そくまもなき　ひかりをよものうみにうつして

一　毎年佛事

右、毎年佛事者修二月・佛名・兩箇大法・彌陀護摩・二季彼岸・報恩講會等是也、先春之間、須下勤二修大熾盛光法一、奉上レ祈二太上天皇寶壽長遠、一天四海安穩快善一也、奏二聞吉日良辰一、可レ待二進退勅許一、大法行用不レ能二具記一、次秋九月勤二行法花法一、可レ有二不斷經一、顯宗之人、相交可レ勤レ之、相續阿彌陀護摩七箇日、彼為レ釣二召亡卒怨靈於淨土蓮臺一、密宗已灌頂供僧、結番可レ令レ勤二行之一、次二八兩月晝夜齊等候、可レ有下到二彼岸一之修善上、春季行事者七箇日之間、或勤二行曼荼羅供一、讃二嘆兩部諸尊一、或講二問三部大乘一、可レ叩二四教疑關一矣、中心立二曼荼羅一、供壇等左右置二八講高座一、朝懺法之後、可レ有二朝座問答一、夕例時之前、可レ有二夕座問答一、始四箇日法花八講、次一日仁王經兩卷、次二箇日金光明經四卷、七ケ日之間、毎日二卷、為二朝座夕座一、例時之後、可レ修二曼荼羅供一、々佛施僧之儲、知寺以下、心念在二三寶一身行屬二當院一之

**月ごとに眺むる…**　十五夜の曇りなき満月の光が四方の海をこうこうと照らすように、大懺法院で毎月行われる仏事の功徳は世界に及んでいる。

**3**　大懺法院で毎年行う仏事の定め。

**毎年の仏事**　年中行事の仏事。↓補1

**修二月**　修二月会。二月一日から実施。二月がインドの正月に当たるため、日本でも祝うようになったという。正月晦日に熾盛光堂で修正会が行われ、翌日に大懺法院で修二会が行われた。いずれも建長三年(一二五一)に勅願となる。↓補2

**仏名**　仏名会。懺悔滅罪のため、年末に仏名経を読誦し諸仏の名を唱えた。承和五年(八三八)に宮中仏名会が恒例となり、諸国に広まった。延暦寺では根本中堂や無動寺不動堂・横川法華堂で行われた。

**両箇大法**　大熾盛光法と法華法の二つの大法。熾盛光堂で修された。密教修法は威儀の厳重さから大法・准大法・小法・護摩・供の五種類に分かれる。↓補3

**大熾盛光法**　熾盛光法は熾盛光仏頂を本尊とする修法で、山門四箇大法の一。円仁が唐から伝えた。慈円は大熾盛光法を初めて修し、後鳥羽院の息災のため熾盛光堂の年中行事とした。↓補4

**太上天皇**　後鳥羽院(一一八〇〜一二三九)。

れを勤む。いまだ必ずしも供僧等の勤めとなさず。仍て委しく記す能《あた》わず。

*月ごとに眺むる月ぞ隈《くま》もなき　光を四方《よも》の海にうつして

3 一　*毎年の仏事

右、毎年の仏事は、*修二月・*仏名《ぶつみょう》・*両箇大法・弥陀護摩《ごま》・二季彼岸・報恩講会等、是れなり。先《ま》ず春の間は、須《すべから》く*大熾盛光法《だいしじょうこうほう》を勤修《ごんしゅ》し、*太上天皇の宝寿長遠、一天四海の安穏快善を祈り奉るべきなり。吉日良辰《りょうしん》を奏聞し、進退の勅許を待つべし。大法の*行用《ぎょうゆう》は具に記す能わず。次《つ》いで秋九月には*法花法を勤行し、*不断経あるべし〈顕宗の人は、相交《か》わりてこれを勤むべし〉。相続けて*阿弥陀護摩七箇日、彼《か》の*亡卒怨霊を浄土の蓮台に釣り召さんがためなり〈密宗の已灌頂《いかんじょう》の供僧は、結番《けちばん》してこれを勤行せしむべし〉。次いで二八の両月、*昼夜斉等《せいとう》の候に、彼岸に到るの修善あるべし。春季の行事は七箇日の間、或いは曼荼羅供を勤行して両部諸尊を讃嘆し、或いは*三部大乗を講問して*四教《しきょう》疑関を叩《たた》くべし。中心《ちゅうしん》には曼荼羅を立て、供壇等の左右に八講の高座を置き、朝の懺法の後に朝座《あさざ》の問答あるべし。夕べの*例時《れいじ》の前に夕座《ゆうざ》の問答あるべし。始めの四箇日は法花八講、次の一日は仁王経両巻、次の二箇日は金光明経四巻〈七ケ日の間、毎日二巻、朝座夕座となす〉。例時の後、曼荼羅供を修すべし。*供仏施僧の儲《もうけ》は、*知寺《ちじ》以下、心念三宝《さんぼう》にありて身行《しんぎょう》当院に属するの

**行用**　修法の秘授口伝。衆生利益の行のはたらき、の意もある。

**法花法**　法華経法。観音儀軌等によって法華経を供養する修法。慈円は万民安穏・天下泰平のためにこれを修した。山門では大法、または准大法とされる。→補5

**不断経**　法華法に合わせて絶え間なく法華経を読誦すること。『阿娑縛抄』法華経法によれば、伴僧は「唯可読経、能読輩高声読之」「又不断経可有之」とある(『大日本仏教全書』三七―一一二四頁)。

**阿弥陀護摩**　阿弥陀仏を本尊とする護摩法。大懺法院阿弥陀堂で九月に行われた。

**亡卒怨霊**　崇徳院・藤原忠実を始めとする保元の乱以来の死者の怨霊。→補6

**昼夜斉等の候**　昼と夜の長さが等しくなる二月・八月の彼岸の時期。

**三部大乗**　法華経・仁王般若経・金光明最勝王経の護国三部経のこと。

**四教疑関を叩く**　一代仏説の疑問点を問いただす。→補7

**例時**　決まった時刻に行う勤行。天台宗では夕べの阿弥陀懺法をいう。

**供仏施僧の儲は**…　春季彼岸会の費用は、知寺らが機縁を勘案して青蓮院関係者に負担を割り当てる。→補8

**知寺**　大懺法院の最高責任者たる僧。

人、知レ縁計レ機可レ差二定之一、式目巨細、起請在レ別、秋季行事者六時懺法後夜・日中・初夜法花懺法、晨朝・黄昏・半夜彌陀懺法、不レ亂二威儀一可レ致二勤行一、臨二冬季一可レ修二舍利報恩會一、旨趣在二彼式啓白一、行事又如二例年一、不レ遑二具記一、已上、毎年八箇大善、云レ顯云レ密、宗之大綱也、教之本意也、甚深也、廣大也、誹謗逆縁之人、猶類二調達之記一而已、此外二月一日修二月、十二月下旬佛名等、准二處々例一、不レ能二委記一、

　としをへて君をいのれることの葉は　南無釋迦ほとけ大日如來

一　供僧器量事

右、末代近古用二僧徒一有二四種一、一者顯宗、二者密宗、三者驗者、四者説經師也、顯者已成業、密者已灌頂也、驗者屬レ密、説法者屬レ顯、此外聲明法則受二師傳一、音曲堪能諧二衆聽一、爲二其器一之輩所二撰補一也、又遁二身於山林一、三業四儀穩便之後世者、縁闕事違、有二其望一之者、同可レ補レ之、如レ此徳、不レ帯二一事一之人、屬二强縁一好二横入一、永可レ從二停止一、心行受二于佛法一、勤修祈二於國家一、不レ亂二本願一令レ信二佛敕一之仁、専可レ爲二其器量者一、

**釋**　底本「尺」。異本ニヨリ改ム。
**明**　底本「名」。異本ニヨリ改ム。
**諧**　底本「階」。異本ニヨリ改ム。

**起請別にあり**　春季彼岸会の詳細は別の起請に記した。この起請は現存せず。また大懺法院春秋彼岸会についての記事はこれ以外に確認できない。
**秋季の行事**　秋季彼岸会の仏事。
**舍利報恩会**　舍利を供養する法会。↓補

1
**彼の式の啓白**　現存せず。
**八箇の大善**　修二会・大熾盛光法・春季彼岸会・秋季彼岸会・法華法・阿弥陀護摩・舎利報恩会・仏名会の八つの仏事。
**誹謗逆縁の人…**　逆罪を犯した調達ですら成仏を約されたように、これらの仏事を誹謗する人々も救済されるだろう。
**調達**　提婆達多(だいばだった)。阿難の兄弟とも、釈迦の従兄弟ともいわれた人物。釈迦に従って出家するが、やがて釈迦に敵対し破和合僧・出仏身血・殺阿羅漢の三逆罪を犯した。
**記**　授記ともいう。将来必ず成仏することを仏が予言すること。
**4**　大懺法院供僧の選定基準を定める。
**験者**　加持祈禱によって霊験をあらわす修験の密教僧。後に山臥を指す。鎌倉時

人に、縁を知り機《き》を計りてこれを差定《さじよう》すべし。式目の巨細は、*起請別にあり。*秋季の行事は六時懺法《せんぼう》〈後夜《ごや》・日中・初夜は法花懺法、晨朝《じんじよう》・黄昏《こうこん》・半夜は弥陀懺法〉、威儀を乱さず勤行を致すべし。冬季に臨みては*舎利報恩会を修すべし。旨趣は*彼の式の啓白にあり。行事はまた例年の如し。具に記すに遑《いとま》あらず。已上、毎年*八箇の大善は、顕と云い密と云い、宗の大綱なり、教の本意《ほい》なり。甚深なり。広大なり。*誹謗《ひぼう》逆縁の人も、なお*調達《ちようだつ》の*記《き》に類さん。この外、二月一日の修二月、十二月下旬の仏名等は、処々の例に准じよ。委しく記す能わず。

年を経て君を祈れる言《こと》の葉は　南無《なむ》釈迦ほとけ大日如来

4

一　供僧の器量の事

右、末代近古に僧徒を用うるに四種あり。一は顕宗、二は密宗、三は*験者《げんざ》、四は*説経師なり。顕は*已成業《いじようごう》、密は*已灌頂なり。験は密に属し、説法は顕に属す。この外、*声明《しようみよう》の法則《ほつそく》は師伝を受け、音曲堪能にして衆聴に諧《かな》い、その器たるの輩を撰び補《ふ》すところなり。また身を山林に遁《のが》れ、*三業四儀《さんごうしぎ》穏便の後世者《ごせしや》、縁闕《か》け事違《たが》うも、その望みあるの者は、同じくこれを補すべし。此《かく》の如き徳を一事も帯さざるの人、*強縁《ごうえん》に属し横入りを好むは、永く停止《ちようじ》に従うべし。心行は仏法に受け勤修は国家を祈り、本願を乱さずして*仏勅を信ぜしむるの仁、専らその器量者たる

代の御産や病悩祈禱には密教僧とは別に験者・副験者が請定された。山臥とは異なり、僧綱クラスの高僧である。

**説経師**　澄憲・聖覚の安居院流など唱導説法に秀でた僧。後世では下級の雑芸能民を指すが、ここでは大懺法院供僧の採用基準について述べており、不可。

**已成業**　不詳。竪義を終えた僧侶の意か。一般に五階を修了した得業(とくごう)を成業とも呼んでいる。ただし、三会講師を終えた已講と同義である可能性もある。→補2

**已灌頂**　伝法灌頂を受けた僧侶の意か。一般には勅会四灌頂で小阿闍梨を勤めた僧が権律師に補任されるまでの階位をいう。→補3

**声明の法則**　偈頌(げじゅ)などを歌詠するときの決まり。

**三業四儀**　三業は身業(身体的行動)・口業(表現や発言)・意業(心に思うこと)の三。生活活動のすべてをいう。四儀は四威儀ともいい、行住坐臥の四を指し、日常生活全般にわたる身の処し方をいう。

**三業四儀穏便の…**　事情があって遁世し世に出る機会に恵まれない人物でも、生活態度が戒律に叶っていれば、供僧の希望者は任命する。

**強縁に属し**　権勢者との縁故を利用し。

**仏勅**　仏の言葉や教え。

歎羅漢文云、定満二六通一、智圓二四辨一、内習二三藏一、外達二五明一云々、而以前三者置而不レ論レ之、五明者因明・内明・聲明・醫方・工巧是也、於二此五明一、得二一分一之輩、豈捨レ諸哉、知寺之人未レ決者、訪二一結一可レ撰二補之一而已、

僧ハたゝ道理はかりのみちにいりて　いてにし家におもひかへるな

一　供僧等之中、付二勤行勤否一可レ有二用意一事

右、撰二器量一補二供僧一者、長日行法、臨時佛事、爲レ令レ不レ致二懈怠一也、有二其徳一人者、於二其事一必無レ有二懈倦一、不レ達二其事一人者、又必有レ懈二怠于其事一之故也、而知二勤行之本意一、爲二修善之器量一之人、若猶有二如在一者、可レ知二又非機之人一、仍無レ故不参日數、令二相重一之人、早可レ改二補之一、爲レ優二故障一、已免二許相博幷代官一了、其上猶有二懈怠一、豈非二擯出之器一哉、假令朝暮行法之次、諸衆相議云、當番十箇日之間、一日懈怠者許而無二沙汰一、二日懈怠、四時不參之人、可レ行二咎於僧供一、三日不參、六度無音之人、可レ謝二過於溫室一

**明**　底本「名」。異本ニヨリ改ム。

**歎羅漢の文**　唐円暉の著『倶舎論頌釈疏』の羅漢を讃嘆した文を指すか。羅漢は阿羅漢ともいい、小乗仏教で最高の境地に達した聖者。→補1

**定**　三昧(さんまい)・禅定のこと。心の散乱を静めた瞑想の境地をいう。

**六通**　六神通(じんづう)とも。超人的な六つの能力をいい、神足通・天眼通・天耳通・他心通・宿命通・漏尽通の六。

**四弁**　四無礙弁(しむげべん)の略。仏菩薩の自在で障りのない四種の理解表現能力。法無礙、義無礙、辞無礙、楽説無礙の四。

**三蔵**　仏教典籍の総称。経蔵・律蔵・論蔵の三をいう。蔵は「かご」の意。

**五明**　インドにおける学問の区分。因明(論理学)、内明(教理学)、声明(文法学)、医方明(医学薬学)、工巧明(建築工芸)の五をいう。

**前三**　六通・四弁・三蔵。

**一分を得るの…**　五明のうち一分野でも通達した者は、他分野にも堪能だろう。

**知寺の人…**　補任権を握る知寺が供僧の候補者に迷えば、一結衆と相談して決定せよ。ただし「いまだ決せざれば」は知寺不在の意である可能性もある。

5　勤行を怠る供僧への処分規定。

**器量を撰びて…**　供僧の選定補任の際に器量の僧を吟味したのは、毎日の仏事や臨時仏事を怠ることのないようにするためである。

**その徳ある人…**　一般にその方面に通達した人はそれを怠けることはないが、通暁していない者はそれを怠けがちだ。それゆえ器量の吟味が必要である。

**懈倦**　あきて怠けること。

**如在**　疎略でなおざりにすること。

**非機の人**　非器に同じ。機は衆生をいう。

**故なき不参…**　正当な理由なく幾日も勤行を欠席する者は供僧を解任すべきだ。

**故障を優らげん…**　勤行に出席できないような差し障りが起こるのを配慮して、供僧同士の勤行交替や代理による勤行を認めている。

**相博**　交換・交替。ここでは勤行の当番を他の供僧に代わってもらうこと。

**擯出の器**　供僧から排除すべき人物。

**仮令**　たとえば。

**沙汰することなし**　処分はしない。

**四時不参**　朝夕二日、計四度の欠席。

**咎を僧供に行う**　供料を減額する。

**無音**　連絡がないこと。

**過を温室に謝す**　罰として風呂を沸かす薪の負担をさせる。温室は風呂のこと。

べし。*歎羅漢《たんらかん》の文に云わく、「*定《じょう》は*六通《ろくつう》を満たし、智は四弁*に円《あまね》し。内には三蔵*を習い、外には*五明《ごみょう》に達す」と云々。しかして以て前三*は置きてこれを論ぜず。五明とは因明《いんみょう》・内明《ないみょう》・声明《しょうみょう》・医方《いほう》・工巧《くぎょう》、是れなり。この五明において一分*を得るの輩は、豈《あに》諸を捨てんや。*知事《ちじ》の人、いまだ決せざれば、一結《いっけつ》に訪《とぶら》いてこれを撰び補すべし。

　僧はたゞ道理ばかりの道に入りて　出でにし家に思ひかへるな

5 一　供僧等の中、勤行の勤否に付きて用意あるべき事

右、*器量を撰びて供僧を補すは、長日の行法、臨時の仏事、懈怠《けたい》を致さざらしめんがためなり。*その徳ある人は、その事において必ずしも*懈倦《けかん》あることなし。その事に達せざる人は、また必ずその事に懈怠あるの故なり。しかして勤行の本意を知り、修善の器量たるの人、もしなお*如在《じょさい》あらば、また*非機の人なることを知るべし。仍て*故なき不参の日数、相重ねしむるの人は、早くこれを改補すべし。*故障を優《やわ》らげんがため、已《すで》に*相博《そうばく》幷びに代官を免許し了んぬ。その上なお懈怠あらば、豈*擯出《ひんしゅつ》の器に非ずや。*仮令《けりょう》、朝暮行法の次いでに、諸衆相議《あいぎ》して云わく、「当番十箇日の間、一日の懈怠は許して*沙汰することなし。二日の懈怠、*四時不参の人は、*咎を僧供に行うべし。三日の不参、六度*無音《ぶいん》の人は*過を温室《おんしつ》に謝すべ

云々、而剩四日五日有ニ無音不參之人一者、則不レ及ニ豫議一、可レ補ニ其闕一也、但頓病重病之人、幷俄不レ獲レ止　公請出來之日、代官人他行、可ニ相博一之人心惡義闕不ニ承諾一者、尤以不便、於ニ如レ此之輩一者、爲ニ臨時處分一、不レ可ニ嚴密一、各唯搜ニ眞實之如在一、可レ令レ叶ニ佛陀之知見一也、知寺之人、若令レ張ニ行僻事一者、一衆群議以ニ善言一可ニ誘喩一也、擯出之儀、拘留之條、專守ニ實議一可レ愼ニ僻見一、又議定云、重服葬籠之人者、依ニ禁忌一忌一廻之間、所レ令ニ免除一也、所以者何、僧中之法、葬籠者優ニ請用一、重服者非ニ身咎一、如レ此事、能々議定、莫レ有ニ偏頗一耳、

　　あさかやまあさきこゝろをとりすてゝ　わかなにはつのはなをちらすな

一　僧坊事

右、毎月十箇日當番之間、爲レ勤ニ朝暮行一、參住之輩、又常住人、定ニ其間々一所レ令ニ寄宿一也、東對一宇、北上下地各二宇、皆十間師庇屋也、其中西二宇者爲ニ下寢殿一具一、雖ニ非供僧・同宿之輩一、爲レ隔ニ屋町一、其外三宇之內、於ニ二宇一

**予議に及ばず**…　躊躇することなく、不参の僧を解任して後任を補任すべきだ。

**頓病…すべからず**　突然の病や重病の人、もしくは急に朝廷から法会出席を求められ、代官がおらず、交替を依頼する供僧もいなくて大懺法院の勤行に不参した場合は、特別に寛宥な処分にせよ。

**公請**　朝廷から法会に招請されること。

**真実の如在を捜し**…　各人は真実のありかを慎重に見きわめて、仏の照覧に叶うような処分を行え。

**知寺の人もし僻事を**…　知寺が供僧に不当な処分を行えば、供僧たちは協議の上、それを諫め諭すべきである。

**擯出の儀**…　供僧の追放や資格停止処分は、偏見をなくして真実に従って行え。拘留はここでは供僧の資格を止めることを指すだろう。

**重服**　父母の死に際しての重い服喪。

**葬籠**　葬送によって籠居すること。

**一廻の間免除**　一年間の寺役免除。東寺では「寺家大法者、二親幷灌頂之師匠他界以後者、五ケ月鎮守西院之出仕無之」(「東寺百合文書」ち函二〇号)という。

**請用を優らげ**　法会の出仕を寛宥する。

**あさか山**　浅香山。紅梅の異名。

**わかなにはつの**…　紅梅の初花を散らせ

し」と云々。しかるに剰《あまつさ》え四日五日無音不参の人あらば、則ち*予議に及ばず、その闕《けつ》を補すべきなり。但し*頓病重病の人、并びに俄《にわ》かに止《や》むを獲《え》ざる　*公請出来《くじょうしゅったい》の日に、代官人は他行《たこう》し、相博すべきの人も心悪《あ》しく義闕《か》けて承諾せずんば、尤も以て不便《ふびん》なり。此の如きの輩においては、臨時の処分として、厳密にすべからず。各《おのおの》ただ*真実の如在《じょさい》を捜し、仏陀の知見に叶わしむべきなり。*知寺の人、もし僻事《ひがごと》を張行《ちょうぎょう》せしめば、一衆群議して善言を以て誘い喩《さと》すべきなり。*擯出の儀、拘留の条、専ら実議を守り僻見を慎むべし。また議定《ぎじょう》に云わく、「*重服《じゅうぶく》*葬籠の人は、禁忌《きんき》により忌*一廻《いっかい》の間、免除せしむるところなり。所以《ゆえん》はいかん。僧中の法、葬籠は*請用《しょうよう》を優らげ、重服は身の咎に非ず」。此の如き事、よくよく議定し、偏頗《へんぱ》あること莫《なか》れ。

　　*あさか山あさき心をとり捨て　*わかなにはつの花を散らすな

6一　僧坊の事

右、*毎月十箇日の当番の間、朝暮の行《ぎょう》を勤めんがため*参住するの輩、また常住の人は、その*間々《けんけん》を定めて寄宿せしむるところなり。*東対《ひがしのたい》　一宇、北の上下の地に各二宇、皆《みな》十間の*師庇屋なり。その中に*西の二宇は下寝殿と一具となす。*非供僧・同宿の輩と雖《いえど》も、屋町と隔てんがためなり。その外の三宇の内、二宇におい

てはならないように、自分の名に恥じるようなことをしてはならない。

**6**　大懺法院の僧房に関する諸規定。

**毎月十箇日の当番**　三〇口の供僧が番を組んで、一〇日ずつ朝夕の長日祈禱を担当する。その便宜のために一宇一〇間、計五宇五〇間の僧坊が大懺法院に設けられた。→補1

**参住するの輩**　別に自坊を持っていて当番の期間だけ大懺法院の僧坊に宿泊する僧。

**間々を定め**　後出の「房号を間々に題して」からすれば、僧坊を間仕切りし房号を付けて各人の住居を決めたのだろう。

**東対**　寝殿の東に設けられた対屋(たいのや)。対は寝殿造りにおいて、寝殿の左右・後に相対して建てた別棟の建物。

**師庇屋**　不詳。両側に庇のついた建物か。なお『海人藻芥』は、近年の諸院家が雑舎造りの「モロハヤ(諸羽屋)」で対屋を造っていることを非難している(『群書』二八―一〇七頁)。

**西の二宇**…　五宇僧坊のうち、西の二宇は下寝殿と一体となっている。これが非供僧・同宿の僧坊となった。

**非供僧同宿の輩と**…　供僧でない僧や弟子たちの居住空間も町屋と隔てる必要があるからだ。同宿は、師匠の坊に同居している弟子をいう。

者、更申ニ付成功一、所レ令ニ新造一也、件新古僧坊卅間之中、代旬參住之人、朝夕經廻之輩、皆題ニ房號於間々一、所レ令レ不ニ雜亂一也、供僧之中、於ニ近隣一有ニ住房一之人、不レ好ニ僧房一、於ニ遠所一有ニ住所一之人、所レ令ニ寄宿一也、其中僧綱幷常住之人、以ニ二通一爲ニ一房一、又近隣房舍若有ニ相違一、猶所ニ望僧房一之人出來之時、隨レ宜相互拵ニ出其所一、縮レ廣延レ狹、各不レ可レ存レ煩、凡者雖ニ旬移倫替一、毎レ房人不レ絶者、專可レ爲ニ院家之本意一、而廣好而不ニ常住一、闕ニ當番一用ニ代官一之間、閉門其間多、開門其所少、因レ之舍屋早破壞、鋪設速散失、有レ損有レ煩、無レ要無レ益、縱雖レ不レ捨ニ憒閙一、又勿レ求ニ道場於外一、是則聚洛之中立ニ練若一也、豈非ニ末代之機感一哉、恥レ佛憚レ人、不レ可レ存ニ廢除一而已、

　あくかるゝ人のこゝろをみてもなを　つねにすむべきやとをおしへむ

一　供米等事

右、以ニ平方庄幷坂田新庄一、宛ニ供僧卅口供料一、都合千八十石也、

**廢**　底本「癈」。異本ニヨリ改ム。

**成功を申し付け新造**　売官によって得た財源で二宇の僧坊を新造した。

**新古の僧坊三十間**　下寝殿と一体となった西二宇を除いた三宇僧坊。これが供僧の僧坊となった。

**代旬参住の人**　一〇日ごとに交代で僧坊に寄宿する僧。旬は一〇日の意。一〇日間の当番の期間だけ寄宿したのだろう。

**朝夕経廻の輩**　僧坊に常住している僧。

**二通を以て一房となせ**　僧綱と常住供僧には各自に二坊分を割り当てる。

**近隣の房舎にもし相違…**　大懺法院の近くに住坊があったため僧坊の割り当てを受けなかった供僧が、事情が変わって僧坊を希望すれば、広い僧坊を狭くするなど互いに譲り合って処置せよ。

**旬移り倫替わる…**　一〇日ごとに寄宿する人が変わったとしても、どの坊も常に人が絶えないことが院家を造立した本意

ては更に*成功《じょうごう》を申し付け、新造せしむるところなり。件《くだん》の*新古の僧坊三十間の中、*代旬参住の人、*朝夕経廻《けいかい》の輩は、皆房号を問々に題して、雑乱せざらしむるところなり。供僧の中、近隣において住房あるの人は、僧房を好まず。遠所において住所あるの人は、寄宿せしむるところなり。その中、僧綱幷びに常住の人は、*二通を以て一房となせ。また*近隣の房舎に、もし相違あり、なお僧房を所望するの人出来《しゅつたい》の時は、宜《よろ》しきに随い、相互にその所を拵《こしら》え出だして、広きを縮め狭きを延べて、各《おのおの》煩いを存ずべからず。およそは*旬移り倫《ひと》替わると雖も、房毎に人絶えざれば、専ら院家《いんげ》の本意たるべし。しかるに広きを好みて常住せず、当番を闕きて代官を用うるの間、閉門その間に多く、開門その所に少なし。これによりて舎屋は早く破壊《はえ》し、*鋪設《ふせつ》は速やかに散失す。損あり、煩いあり。要なく、益なし。縦《たと》い*憒閙《けどう》を捨てずと雖も、また道場を外に求むる勿れ。是れ則ち*聚洛《じゅらく》の中に*練若《れんにゃ》を立つるや、豈《あに》末代の*機感《きかん》に非ずや。*仏に恥じ、人に憚りて廃除を存ずべからず。

　あくがるゝ人の心を見てもなを　常に住むべき宿を教へむ

7 一　供米等の事

右、*平方《ひらかた》庄幷びに*坂田新庄を以て、供僧三十口の供料に宛つ。都合千八十石なり

---

に叶うことだ。

**鋪設**　僧坊に設けた設備。

**憒閙**　乱れ騒がしいこと。

**聚洛の中に練若を立つ…**　元来、寺院は閑寂な場に建てるべきものだが、京都という町中に寺院（大懺法院）を建てることが末代の機感なのだ。

**練若**　阿蘭若（あらんにゃ）ともいう。寺院、もしくは人里離れた修行の場のこと。

**機感**　衆生が仏の導きを感受すること、または仏が衆生の資質に応じた対応をすること。

**仏に恥じ人に憚りて…**　末代ではむしろ町中に僧坊を持つことが必要なのだから、それを仏や人に恥じ憚って廃止してはならない。

**7**　供米を拠出する荘園についての定め。

**平方庄**　近江国（滋賀県長浜市）にあった青蓮院門跡の荘園。細江庄ともいう。年貢九〇〇石を供僧供料二五口分に宛てた。

**坂田新庄**　近江国（滋賀県長浜市）にあった青蓮院門跡の荘園。坂田庄本田五〇町のほかに、余田が新たに不輪となったことに伴い、それを新庄として立荘しその年貢一八〇石分を大懺法院の供料五口分に宛てた。詳細は後出。

（各三十六石定、）以二藤嶋用殘米一、宛二上下寺官等供米一、合百六十八石八斗也、件等八木皆付二積船於大津一、遣二使者於彼浦一、可レ令二請取一也、若頗損失之年、有二小減一者、訪二傍例一不レ可レ痛、異損之年供僧等之中、差二遣淸廉使一、相二副寺家使一、可レ散二不審一也、現在之員數可レ分二平均一也、

八の木におもひをつくる人はみな　罪をやくへきしるへなりけり

一　佛聖燈油以下事

右、長日佛供年中用途米、廿七石七斗餘也、燈油一石六斗餘也、（直米廿四石八斗餘也、）件等用途同以二藤嶋所當一、所レ令二下行一也、更不レ可二懈怠一、委細算計、配分目六具在二別紙一、

くもゝ海もつきしとそおもふ君かため　ひろき心のかきりなけれは

一　佛經料物、每日布施等事

右、佛像每月二鋪（尊像十五躰、）年中圖二廿四鋪一、（閏月之年別二鋪、經卷數可レ准二知之一、）經典法花經八軸、開結二經、心經、阿彌陀經也、年中妙經十二部也、心經・阿彌陀經各每月卅卷、年中三百六十卷也、

**各三十六石の定め**　供僧一口分の供料を三六石と定める。供僧は三〇口なので合計一〇八〇石となる。

**藤島**　越前国吉田郡にあった青蓮院門跡領の藤島庄(福井県福井市)。ここからの年貢のうち一〇〇〇石を、慈円創始の勧学講に宛て、残った年貢のうち一六八石余を寺官の供料とした。詳細は後出。

**上下寺官等**　大懺法院の寺官は、知寺のもとに検校・別当・権別当・三綱のほか、預・承仕・花摘・住持・主殿が置かれた。第11条の寺官の項を参照。

**八木**　米の異称。「米」の字を分解すると「八」と「木」となる。

**積み船を大津に…**　平方庄・坂田新庄および越前国藤島庄からの年貢米は、いずれも湖上輸送して船を大津(滋賀県大津市)に着け、大懺法院は使者を大津に派遣してそれを受け取った。大津は古代以来の交通の要衝で、一二世紀には大津の東浦を延暦寺が、西浦を園城寺が支配。

**頗る損失の年…**　かなりの不作の年に年貢の受取額が少し減った場合は、近隣の例を調査してあまり嘆いてはならない。

**異損**　天災などによる収穫量の異常減少。予定収穫量の三割以上の減収をいう。

**差し遣わし**　荘園の現地に派遣して。

**現在の員数を…**　収入の総量が減った場

〈*各《おのおの》三十六石の定め〉。*藤島の用残米を以て、*上下寺官等の供米に宛つ。合わせて百六十八石八斗なり。件らの*八木《はちぼく》は皆*積み船を大津に付けて、使者を彼の浦に遣わして請け取らしむべきなり。もし*頗《すこぶ》る損失の年に小減あらば、傍例を訪《たず》ねて痛むべからず。*異損《いそん》の年は、供僧等の中より清廉《せいれん》の使を*差し遣わし、寺家の使を相副《あいそ》えて不審を散ずべきなり。*現在の員数を平均に分かつべきなり。

八の木に思ひをつくる人はみな　罪を焼くべきしるべなりけり

**8** 一　*仏聖《ぶつしょう》燈油以下の事

右、*長日仏供の年中用途米は、二十七石七斗余りなり。燈油は一石六斗余りなり〈*直米《じきまい》二十四石八斗余りなり〉。件らの用途は、同じく藤島の所当を以て下行《げぎょう》せしむるところなり。更に懈怠《けたい》すべからず。委細の算計、*配分の目六は具には別紙にあり。

雲も海も尽きじとぞ思ふ君がため　広き心の限りなければ

**9** 一　*仏経の料物、毎日の布施等の事

右、仏像は*毎月二鋪《ほ》〈尊像十五躰〉、年中に二十四鋪を図す〈閏月の年は別に二鋪、経巻の数はこれに准知すべし〉。経典は*法花経八軸、*開結《かいけつ》二経、心経、阿弥陀経なり。年中に*妙経十二部なり。*心経・阿弥陀経は各毎月三十巻、年中に三百六十巻なり。

合も、現存の年貢高を平等に分配せよ。

**8** 仏聖燈油の費用と拠出先を定める。

**仏聖燈油**　仏や菩薩を供養するために供える米飯と燈明用の油。

**長日仏供**　仏に毎日供える米飯。一年間で二七石七斗余が使われた。

**直米**　代価として支払われる米。燈明料として年間二四石八斗余の米が支給され、それで一石六斗余の燈油を購入する。

**配分の目六**　現存せず。目六は目録。

**9** 図像写経等の経費とその拠出先。

**仏経の料物**　仏像経典を製作するための費用。

**毎月二鋪〈尊像十五躰〉**　金輪・仏眼・尊勝など十五尊を毎日一躰ずつ図絵供養して、月に二鋪の図像を作成する。

**法花経八軸**　日本で最も流布した鳩摩羅什訳の法華経は八巻二八品から成る。

**開結二経**　無量義経は法華経の序論とされて開経といい、観普賢経は結びということで結経という。

**妙経十二部**　法華経一二部。法華経二八品を毎日一品ずつ写経し、月末に開結二経を写経するので、一ケ月で法華経が一部、年に一二部できあがる(第1条)。

**心経阿弥陀経は…**　般若心経と阿弥陀経は毎日一巻ずつ写経するので、一月で各三〇巻、一年で三六〇巻できあがる。

心經複二卅巻於一軸一、阿彌陀經複二十巻於一軸一、經師料物毎月二石、佛師料物毎月三石也、御衣絹・軸紐等、寺家之沙汰也、件兩箇料物櫻本庄々所役也、毎日導師布施、以二藤嶋呉綿三百六十兩一、所二宛置一也、佛布施小紙、四箇庄所課也、巨細算計同載二別紙一、

　さたむへし經も佛もうつしもて　よわたる人をわたすへしとは

一　阿闍梨解文事

右、當寺阿闍梨解文三口也、件解文者、六波羅二品比丘尼、所レ建二立西八條一之光明心院解文二口也、今一口申加所二寄置一也、彼八條堂、一族赴二西海一之時、自放火燒亡了、其後無レ主無レ實也、而本故前大僧正、全玄 放レ解也、仍其後闕出來之時、奏二事由一放二解文一畢、以二此因縁一申二渡此院一、加二一口一爲二三口一也、且怨靈遺財、尤爲二其便一者歟、件三口阿闍梨、卅口供僧之中、以二非職一和上一、必可レ令二補任一、若皆悉帯二阿闍梨職一、無二可レ任之人一者、猶不レ補二其闕一、可レ相二待非職供僧補任一也、是則佛教々門也、教



**心経は三十巻を…**　写経した般若心経は三〇巻を巻子一軸に表装する。
**経師**　「きょうじ」とも。写経を行う人、または経巻の表装を行う人。
**仏師**　仏像を彫造・図画する工匠。ここでは後者の絵仏師を指す。
**御衣絹軸紐等**　仏画を描く絹や経典を表装する経軸・巻紐など。
**両箇の料物**　経師・仏師に支払う毎月五石、年間六〇石の費用。
**桜本の庄々**　「桜下門跡庄園」(第15条)。
**呉綿**　真綿。「御服綿」とも。↓補1
**四箇庄**　慈円を養育した藤原通季女から相伝した下総国松岡庄・讃岐国支度庄・甲斐国加々美庄・和泉国淡輪庄のこと。
**10**　大懺法院阿闍梨の推薦方法と推薦枠の歴史的経緯。
**阿闍梨解文**　諸寺の阿闍梨職に補任すべき僧侶を推挙した解状。ここでは大懺法院阿闍梨の定員をいう。↓補2

*心経は三十巻を一軸に複《あ》わせ、阿弥陀経は十巻を一軸に複わす。*経師《きょうし》の料物は毎月二石、*仏師の料物は毎月三石なり。*御衣絹・軸紐等は寺家の沙汰なり。件の*両箇の料物は*桜本《さくらもと》の庄々の所役なり。毎日の導師の布施は、藤島の*呉綿三百六十両を以て宛て置くところなり。仏布施の小紙は*四箇庄の所課なり。巨細の算計は同じく別紙に載す。

定むべし経も仏も写しもて　世わたる人を渡すべしとは

10 一　*阿闍梨解文《げぶみ》の事

右、当寺の阿闍梨解文は三口なり。件の解文は、*六波羅二品《にほん》比丘尼が西八条に建立するところの*光明心院の解文、二口なり。いま一口を申し加えて、寄せ置くところなり。彼の八条堂は*一族が西海に赴くの時に、自ら放火して焼亡し了んぬ。その後は主なく実なきなり。しかるに*本《もと》は故前大僧正〈*全玄〉が、解を放つなり。仍てその後、闕《けつ》出来の時は、事の由《よし》を奏して解文を放ち畢んぬ。この因縁を以てこの院に申し渡し、一口を加えて三口となすなり。且《かつ》は*怨霊の遺財、尤もその便《びん》たるものか。件の三口阿闍梨は、三十口供僧の中より*非職《ひしき》一和上を以て、必ず補任せしむべし。*もし皆悉《ことごと》く阿闍梨職を帯し、任ずべきの人なくんば、なおその闕を補さず、非職供僧の補任を相待つべきなり。是れ則ち仏教の教門なり。教は

**六波羅二品比丘尼**　平時子(?～一一八五)。平清盛の妻で宗盛・知盛・重衡らの母。仁安三年(一一六八)に出家し「二位尼」と呼ばれた。寿永二年(一一八三)七月に都落ちし、壇ノ浦で安徳天皇とともに入水。

**光明心院**　平時子が京都の西八条邸に営んだ堂。安元元年(一一七五)三月に堂供養。阿闍梨三口が置かれ、うち二口が延暦寺分、一口が東寺分であった。

**一族が西海に赴く**　平氏の都落ち。↓補3

**本は…なすなり**　光明心院の二口阿闍梨はもともと全玄に吹挙権があり、光明心院の焼亡後も全玄が解文を放った。その関係で慈円はその阿闍梨職を大懺法院に移し、一口を加えて三口とした。

**全玄**　一一一三～一一九二。藤原実明の子で、慈円の師。安徳天皇の誕生・立坊祈禱に従事。のち元暦元年(一一八四)に天台座主。

**怨霊の遺財…**　大懺法院は怨霊成仏を祈る施設であるので、平氏の遺産である阿闍梨職をそこに寄せるのがふさわしい。

**非職一和上**　非職の最上臈の僧侶。凡僧のうち、内供・已講・阿闍梨となった者を有職、それ以外の者を非職といった。

**もし皆…**　三〇供僧がすべて阿闍梨職を保持している場合は、この三口分をほかの寺や院家の僧に流用することなく空席のまま置いておき、非職の供僧が補任されるのを待つべきだ。

在レ内、徒送レ劫、機出レ外、速度脱哉、

たえぬとも又もあふへきしるへゆへ　むなしき獨古に袖なしほりそ

一　寺官等事

右、此院寺官者、供僧卅口之外、以二知寺人一爲レ主、檢校者可レ擧二一門之中上足之人一、別當・權別當者有二同心合力之志一、相二伴此行業一人之中、可レ撰二補貴種之仁一、以二三人寺司一爲二三旬上首一、可レ扶二持行法一歟、爲レ自佛法値遇之本懷也、爲レ他興隆佛法之媒介也、三綱者、上座職兼二行執務并修理別當一、寺主・都維那可レ擇二任器量一、寺官補任最初可レ申二下　院宣一、後々准二法勝寺等之例一、寺家書下爲レ可レ足、預十人、承仕十人、花摘三人、住持三人、主殿二人、以二勤厚器量一、可レ擇二定之一、

つとめありて信施すくなき寺つかさ　佛のくにのぬしとならなん

庄園事

一　平方庄 近江國

件庄者、本日吉新御塔 美福門院御願、鳥羽法皇御建立、 領也、建立之

**徒に劫を送るも…**　仏教の教えが誰を救うこともないまま長い年月を過ごしたとしても、救われるべき衆生が出現すればすぐに済度する。同様に阿闍梨解文が無駄となっても空席にしておけば、それを必要とする非職供僧が出現すれば、すぐに阿闍梨に補任できる。機は衆生の意。

**独古**　「独鈷」とも記す。密教法具の一。柄の双方に一本ずつ剣身が伸びた金剛杵（こんごうしょ）。ほかに三鈷・五鈷もある。

**11**　寺官の役職とその定員。

**供僧三十口の外**　大懺法院の寺官は供僧三〇口とは別に、定員を設ける。

**知寺**　大懺法院の最高責任者。この時の知寺は慈円。

**一門**　青蓮院門跡。

**三人の寺司**　検校・別当・権別当。彼らが一旬（一〇日）ずつ責任者となって大懺法院の仏事を監督する。

**自らの…媒介なり**　検校・別当・権別当

内にありて*徒《いたずら》に劫《ごう》を送るも、機が外に出ずれば速やかに度脱《どだつ》せん。

たえぬともまたも逢ふべきしるべ故　むなしき*独古《とっこ》に袖な絞りそ

11 一　寺官等の事

右、この院の寺官は、*供僧三十口の外なり。*知寺の人を以て主となせ。検校は*一門の中の上足の人を挙すべし。別当・権別当は同心合力の志ありて、この行業に相伴《しょうばん》する人の中より、貴種の仁を撰び補すべし。*三人の寺司を以て三旬の上首となし、行法を扶持すべきか。*自らのためには、仏法値遇《ちぐう》の本懐なり。他のためには、興隆仏法の媒介《ばいかい》なり。*三綱は、上座《じょうざ》職は執務幷びに修理《しゅり》別当を兼ね行い、寺《じ》主《しゅ》・都維那《ついな》は器量を択《えら》び任ずべし。*寺官補任の最初は　院宣を申し下すべし。後々は法勝寺等の例に准じて、寺家書下《かきくだし》にて足るべしとなせ。*預十人、承仕《じょうじ》十人、花摘《はなつみ》三人、住持三人、主殿二人、勤厚の器量を以て、これを択び定むべし。

勤めありて*信施《しんせ》少なき寺つかさ　仏の国の主とならん

庄園の事

12 一　*平方《ひらかた》庄〈近江国〉

件の庄は、もとは*日吉新御塔《しんみとう》〈*美福門院《びふくもん》の御願、鳥羽法皇の御建立〉の領なり。建立の

---

が大懺法院の仏事を監督することは自利・利他の行となる。

**三綱**　上座・寺主・都維那から成り寺院の管理運営に当たった役職。

**寺官補任の…となせ**　寺官を最初に補任するときは権威付けのため院宣で任命してもらうが、以後は寺家が補任状を発給する。

**預十人…主殿二人**　大懺法院の下級寺官。いずれも「下部」に属した。なお、預・承仕・花摘はほかの顕密寺院でも一般的であるが、住持・主殿は珍しい。↓補1

**信施**　お布施。寺官の仕事は多いが収入は少ない、の意。

**12** 供僧の供米を拠出する平方庄について。

**平方庄**　滋賀県長浜市にあった荘園。細江庄ともいう。行玄が日吉新塔に寄進し、領家職を青蓮院門跡が相承した。

**日吉新御塔**　坂本の日吉社頭にあった塔。供僧は三口。青蓮院行玄が供養の導師を勤めてその別当に補任された。↓補2

**美福門院**　鳥羽天皇の皇后藤原得子(一一一七~一一六〇)。藤原長実の娘で、近衛天皇・八条院らの母。永治元年(一一四一)近衛天皇の即位により「国母の皇后」となり、久安五年(一一四九)に院号宣下。

初、青蓮院大僧正、尋二取文書一寄二進之一、付二門跡一所レ令二領知一也、而庄田有二餘分一、百姓等入レ己也云々、今以二清廉使一尋搜之間、經二重々沙汰一、九百石所當、止二萬雑事一令レ徴二納之一、今更宛二行當寺供僧廿五口供米一了、於二御塔寺用一者、切二替藤嶋所當一、以二一郷一爲二塔領一也、

一　坂田庄 同國

件庄者、楞嚴三昧院根本領、彼法花堂禪供料庄也、而年來一圓庄之中、入二國檢一切二渡熟田五十町一、於二餘田所當一者辨二濟國庫一云々、而頃年停二止件國檢一切二宛御祈願米百石一、奉行官掌徴二納之一云々、而今立二替件御祈願米於房領一切經新免一、以二此庄餘田一爲二不輸庄一、所レ宛二置平方庄供米不足一也、件五口分米以二百八十石一爲二新庄年貢一、仍件坂田保於二五十町一者、如二舊例一爲二三昧院領一、以二免除田數一爲二新庄一也、今平方坂田並レ畝之地也、件兩庄同停二止向後違亂一、欲レ炳二誡非分牢籠一而已、

一　藤嶋庄 越前國

**青蓮院大僧正**　行玄(一〇九七～一一五五)。関白藤原師実の子、青蓮院門跡の初代門主。保延四年(一一三八)から死没まで天台座主を勤め、久安六年(一一五〇)比叡山東塔の青蓮院が美福門院の祈願所となった。これが青蓮院門跡の実質的成立である。

**庄田に余分あり…**　本田以外に余田があり、それを百姓たちが私物化している。

**清廉の…了んぬ**　公正な実検使を派遣して荘田を調査し、折衝を経て平方庄の負担を一色年貢九〇〇石と決定した。その全額を大懺法院供僧三〇口のうち二五口の供料に宛てることにする。なお慈円は貞応元年(一二二二)にも平方庄の実検を行って年貢総額を一〇八〇石とし、そのうち新塔寺用を二〇〇石、青蓮院門跡への年貢を六八〇石、預所得分を二〇〇石と定めている(『鎌』二九七〇号)。

**万雑事を止めて**　年貢・公事のうち本庄では公事を廃止し年貢米だけを賦課した。

**御塔寺用**　日吉新塔の仏事や堂舎の維持管理に必要な経費。平方庄の年貢を大懺法院の供料とする代わりに、藤島庄の一郷を新塔領とした。

**13**　供僧の供米を拠出する坂田庄につい

て。

**坂田庄**　滋賀県長浜市にあった荘園。楞厳院庄ともいい平方庄に隣接していた。↓補1

**楞厳三昧院**　比叡山横川にあった院家。青蓮院門跡の中核寺院。講堂・法華堂・常行堂から成り、法華堂には一二口の禅衆が置かれた。↓補2

**禅供**　法華堂禅衆一二口の供料。

**年来一円の庄の…**　坂田庄に不入権はなく、本田五〇町が不輸、それ以外は輸租田であった。

**祈願米百石**　天皇護持僧による長日如意輪法の供米を指すか。そうであれば、官祈願所が坂田保から徴納したのであろう。↓補3

**房領一切経新免**　不詳。

**余田を以て…年貢となせ**　坂田保余田に賦課されていた祈願米を慈円の房領に割り当て、代わりに余田を坂田新庄として立荘し大懺法院供僧五口分の年貢一八〇石を納入する。

**非分の牢籠**　不当な窮乏・衰退。

**14**　寺官の供米等を負担する藤島庄について現在までの経緯を記す。

**藤島庄**　越前国吉田郡(福井市)の九頭竜川中流にあった荘園。平家没官領として源頼朝が平泉寺に寄進し、建久六年(一一九五)に勧学講の料所となった。↓補4

初め、*青蓮院大僧正が、文書を尋ね取りてこれを寄進し、門跡に付して領知せしむるところなり。しかるに*庄田に余分ありて、百姓らが己に入るなりと云々。今、*清廉の使を以て尋ね捜すの間、重々の沙汰を経て、九百石の所当、*万雑事を止めてこれを徴納せしむ。今更に、当寺供僧二十五口の供米に宛《あ》て行《が》い了んぬ。*御塔寺用《じよう》においては、藤島の所当に切り替え、一郷を以て塔領となすなり。

**13**
一　*坂田庄〈同国〉

件の庄は*楞厳三昧院《りようごんざんまい》の根本領にして、彼の法花堂の*禅供料庄なり。しかるに*年来一円の庄の中に国検を入れて熟田五十町を切り渡し、余田の所当においては国庫に弁済すと云々。しかるに頃年《けいねん》、件の国検を停止し、*御祈願米百石を切り宛て、奉行の官掌これを徴納すと云々。しかるに今、件の御祈願米を*房領一切経新免と立て替え、この庄の*余田を以て不輸の庄となして、平方庄の供米不足に宛て置くところなり。件の五口分米の百八十石を以て、新庄の年貢となせ。仍て件の坂田保は、五十町においては旧例の如く三昧院領とし、免除の田数を以て新庄となすなり。今、平方と坂田は畝《うね》を並ぶるの地なり。件の両庄、同じく向後《きようご》の違乱を停止し、*非分の牢籠《ろうろう》を炳誡《へいかい》せんと欲す。

**14**
一　*藤島庄〈越前国〉

件庄者重々子細、甚以委悉也、具記二錄之一可レ貽二後代一而已、先件庄者爲三平氏沒官地二頼朝卿領知之間、以二別願一白山平泉寺所レ令二寄進一也、其後小僧任二天台座主一治山之間、尋二取當庄文書等一、召二寄彼寺住僧一問二子細一、招二取古老百姓一尋二由來一之處、源將軍寄進之時、全不レ知二所當之多少一、平泉寺入レ己之間、更不レ存二滿作之地利一云々、爰小僧久歎二佛法衰微一、苦企二興隆大願一之間、勸學雖レ廻二智慮一用途未レ儲二中心一、然源幕下上洛之時、觸二藤嶋之子細一爲二松門之媒介一、初年平泉寺日供幷所二割置一之寺用之外、責二千石之所濟一、勸二滿山之學徒一、稱二之勸學講一、將軍隨喜出二證文一、公家叡感下二官符一、如レ此之間經二兩年一之後、天魔成レ障治山忽避、將軍再三令レ疑二腹心一、公家一旦不レ納二辭表一、然而化緣之盡期也、法爾之災難也、事與レ願違、送二年月一訖、爰山門凶徒、不日廢二勸學一、旬月經二　奏聞一、其狀云、須下以二別緣勸學料一宛中惣相千僧供上云々、公家聞二食此事一、訪二群卿一及二仗議一之間、卿相彈指慚二愧惡徒一、

**相**　異本「想」。

**平氏没官の地として…**　藤島庄は平重盛領であったが木曾義仲に没収され、さらに源頼朝の手に渡った。謀反の罪で没収された所領を没官領という。

**別願**　頼朝は内乱の平定と一門繁栄のため藤島庄を平泉寺に寄進した。→補1

**白山**　古くから山岳信仰の対象となり、九世紀には加賀・越前・美濃の三馬場(ばんば)が成立。密教と習合するなかで越前馬場に平泉寺が成立した。

**平泉寺**　福井県勝山市にあった天台寺院。鳥羽院の意向で園城寺末寺となったが、仁平二年(一一五二)検校覚宗の没後に延暦寺の末寺となった。→補2

**小僧**　謙譲の自称。慈円を指す。

**天台座主に任じて**　慈円が建久三年(一一九二)十一月二十九日に天台座主となり、同七年十一月二十五日に辞任するまでの事情が述べられている。

**平泉寺が己に入れる…**　藤島庄の年貢のうち七〇〇石が社用に宛てられたが、残る一〇〇〇石余は平泉寺の長吏・寺僧・土民らが私物化していた。→補3

**勧学は智慮を廻らす…**　仏法振興の案は思いうかぶが、財源の目途がたたない。「中心」は心の中のこと。→補4

件の庄は重々の子細、甚《はなは》だ以て委悉《いしつ》なり。具にこれを記録して、後代に貽《のこ》すべし。先ず件の庄は、*平氏没官《もっかん》の地として頼朝卿が領知するの間、*別願を以て*白山《はくさん》*平泉寺《へいせんじ》に寄進せしむるところなり。その後、*小僧《しょうそう》、*天台座主に任じて治山するの間、当庄の文書等を尋ね取り、彼の寺の住僧を召し寄せて子細を問い、古老百姓を招き取りて由来を尋ぬるの処、「源将軍寄進の時、全く所当の多少を知らず、*平泉寺が已に入れるの間、更に満作の地利を存ぜず」と云々。爰《ここ》に小僧、久しく仏法の衰微を歎き、苦《しきり》に興隆の大願を企つるの間、*勧学は智慮を廻《めぐ》らすと雖も、用途はいまだ中心《ちゅうしん》に儲《もう》けず。然るに*源幕下《ばっか》の上洛の時、藤島の子細を触れて*松門の媒介となす。初年に、平泉寺の日供幷びに割《さ》き置くところの寺用の外に、*千石の所済を責めて、満山の学徒に勧む。これを*勧学講《かんがくこう》と称す。将軍は随喜して証文を出だし、公家《こうけ》も叡感ありて官符を下す。此の如きの間、*両年を経るの後に、*天魔障《さわ》りを成して治山忽《たちま》ちにして避《さ》る。*将軍は再三、腹心を疑わしめ、公家も一旦は辞表を納めず。然れども化縁の尽期なり、法爾《ほうに》の災難なり。事と願と違《たが》いて年月を送り訖《おわ》んぬ。爰に*山門の凶徒は、不日《ふじつ》勧学を廃し、旬月　奏聞を経る。その状に云わく、「須く別縁の勧学料を以て、*惣相の千僧供《せんぞうく》に宛つべし」と云々。公家はこの事を聞こし食《め》して、*群卿に訪《たず》ね仗議《じょうぎ》に及ぶの間、卿相は弾指して悪徒を

**源幕下の上洛の時**　東大寺供養に参列するため将軍頼朝が上洛した時。頼朝は建久六年三月から六月下旬まで京都に滞在した。幕下は将軍の唐名。→補5

**松門**　寺院のこと。→補6

**千石の所済を責め**…　平泉寺の寺僧たちが私物化していた藤島庄年貢一〇〇〇石を勧学講の費用に宛てた。

**勧学講**　慈円が建久六年九月二十三日に無動寺大乗院で始行した法会。天3「天台山勧学講起請」参照。

**両年**　建久六年と七年。この両年は勧学講を無事に実施した。

**天魔障りを成し**…　天魔の妨害により座主を辞任した。建久七年十一月、九条兼実が久我通親に敗れて関白を罷免された事件を指す。弟の慈円も座主・法務・権僧正・護持僧を辞して籠居した。→補7

**将軍は再三腹心を**…　→補8

**山門の凶徒は**…　慈円の反対派は建久八年に、藤島庄の年貢を勧学講に宛てることを止め、山上の学徒すべてに恩恵が行き渡るよう、それを千僧供に宛てることを求めて奏聞した。→補9

**惣相**　全体に通じること。→補10

**群卿に訪ね仗議に及ぶ**…　大衆申状を受けて朝廷は、公卿議定を開いて協議したが、久我通親らの反対により、建久八年十二月に大衆の要望を却下した。

才幹吐レ詞停二止謗法一訖、雖レ然座主不レ専二興行一、徒衆猶倦二于講筵一、經二三四箇年一甚以有若亡云々、爰小僧不慮之外押以被レ還二補天台座主職一之時、再拂二客塵於學窓一、頻瑩二鬘珠於衣内一、然猶逆縁甚依レ難レ謝、雖レ遁二繁務一、於二愚質興隆之思一爲レ盡二來際一、經二　奏聞一蒙二　勅許一、使三講演屬二門跡一、令三庄務止二牢籠一、而間更又山門迷亂、堂衆敗散了、當二于此時一、無動寺處狹人少、一夏行法依レ欲二廢退一、以二彼藤嶋用殘米一宛二安居之支縁一、然則堂衆一部之運悲二終於法滅一、學徒萬代之勤勇二始於興隆一、更又補二加瑜伽行法師一、勤二行長日供於内陣一、是皆上皇御祈也、殊奉レ祈二寳壽長遠一、幷二彼此供料一又及二二百果一、仍一夏行法複レ本、殆令レ倍二增昔迹一云々、其後加作新田增二地利一、滿作計略加二員數一、或入二替塔婆之寺用一、或定二置密教之行法一、其中大熾盛光法者、年來思惟之志専雖レ在二惣持院道場一、大師所二鑑見一、於二末代一行事尚難二相應一者歟、月滿卽虧、人盛

**座主は興行を専らにせず**　座主弁雅は勧学講に熱意を示さなかった。弁雅(一一三五〜一二〇一)は座主承仁没後の建久八年(一一九七)五月に座主となり、死没まで在任。
**三四箇年を経て…**　勧学講は建久六年、七年は実施されたが、その後の三、四年は全く衰微した。↓補1
**有若亡**　ないにひとしい。
**天台座主職に還補**　建仁元年(一二〇一)二月、弁雅座主の死没により、慈円は四七歳で後鳥羽の強い要請により再び座主に復帰した。
**客塵**　煩悩。煩悩は塵のように数多く、多処に遍在していることからいう。
**鬘珠**　不詳。曼珠なら文殊菩薩のことなので、智慧の意となる。
**繁務を遁る**　建仁二年(一二〇二)七月の慈円の天台座主辞任を指す。↓補2
**愚質**　慈円を指す謙譲語。
**講演をして門跡…**　勧学講と藤島庄の管理権を青蓮院門跡に付属させた。↓補3
**堂衆敗れ散り**　建仁三年三月に風呂の順番をめぐって堂衆と学侶とが対立。官軍が堂衆を撃破して延暦寺から堂衆を追放

**來際**　異本「未來際」。
**廢**　底本「癈」。異本ニヨリ改ム。
**鑑**　異本「覽」。

し、所領も没収した。→補4
**無動寺**　比叡山東塔無動寺谷にある寺院。貞観七年(八六五)に相応が開創し、行玄より青蓮院門跡が相承した。
**一夏の行法**　四月十五日より七月十五日まで無動寺不動堂で行われた夏安居。不動堂は堂学合戦の戦場となり安居が廃退。慈円がその行法を相続し、藤島庄の年貢一七二石を供料に寄進した。→補5
**長日供**　毎日行われた仏事。ここでは無動寺不動堂での大般若経転読を指す。供僧六人がこれを修した。
**上皇**　後鳥羽院。
**二百果**　二〇〇石。無動寺不動堂の安居供料が一七二石、そこでの長日行法の供米六〇石、これが藤島庄役であった(『門葉記』九〇)。
**加作の新田は地利を増し**…　藤島庄の開発が進んで年貢の収量が増えた。
**塔婆の寺用に入れ替え**　日吉新御塔領平方庄を大懺法院供料に宛て、代わりに藤島庄一郷を新御塔領としたことを指す。
**志専ら惣持院道場に**…　慈円は惣持院で大熾盛光法を行うことを望んだ。嘉祥三年(八五〇)円仁が熾盛光法の道場造立を奏聞、文徳天皇が惣持院造立を勅許し貞観四年東塔西谷に完成。本文史料の時期にも惣持院は現存。→補6
**大師**　慈覚大師円仁。

慚愧《ざんき》せしめ、才幹は詞を吐きて謗法《ほうぼう》を停止し訖んぬ。然りと雖も、*座主は興行を専らにせず、徒衆もなお講筵《こうえん》に倦《う》む。*三四箇年を経て、甚だ以て*有若亡《うじゃくぼう》と云々。爰に小僧、不慮の外に、押して以て*天台座主職に還補せらるるの時、再び*客塵を学窓に払い、頻《しきり》に*曼珠《まんじゅ》を衣内に瑩《みが》く。然るになお逆縁甚だ謝しがたきによって、*繁務を遁ると雖も、*愚質《ぐしつ》興隆の思いにおいては来際を尽くさんがため、　奏聞を経て　勅許を蒙り、*講演をして門跡に属さしめ、庄務をして牢籠《ろうろう》を止めしむ。しかる間、更にまた山門迷乱して、*堂衆《どうしゅう》敗れ散り了んぬ。この時に当たりて、*無動寺は処狭く人少なし。*一夏《いちげ》の行法、廃退せんと欲するにより、彼の藤島の用残米を以て安居《あんご》の支縁に宛つ。然れば則ち、堂衆一部の運は終わりを法滅に悲しみ、学徒万代の勤めは始めを興隆に勇《いさ》む。更にまた瑜伽行《ゆがぎょう》の法師を補し加え、*長日供を内陣に勤行す。是れ皆*上皇の御祈なり。殊に宝寿長遠を祈り奉る。彼れこれの供料を幷《あ》わさば、また*二百果に及ぶ。仍て一夏の行法は本に復し、殆《ほとん》ど昔迹《せきじゃく》に倍増せしむと云々。その後、*加作の新田は地利を増し、満作の計略は員数を加えて、或いは*塔婆の寺用に入れ替え、或いは密教の行法に定め置く。その中に大熾《だいし》盛光法《じょうこうほう》は、年来思惟《しゆい》の*志、専ら惣持院《そうじいん》道場にありと雖も、*大師の鑑見するところ、末代においては行事なお相応しがたきものか。月満つれば即ち虧《か》け、人盛ん

必衰、蓋此謂也、依レ之或始就二平等院本堂一興二行之一、或後於二法勝寺金堂一勤二修之一、而爲レ其建二一院一、付レ彼定二行事一、仍經二用途一宛二人供一、已當庄前後所當及二二千石一、是則諸天與二善心一所レ得之福業也、何空有二受用一哉、是以本山之勸學、當寺之弘教、所當之立用區分、一庄之依怙及レ廣、若向後有二違亂一者、山洛佛法立所滅盡、顯密興行居諸難レ送者歟、請二　公家一宜下鑑二末世一察中後代上、或山門舊領同二平野・大山之二所一、或　院廳御領准二神崎・豐原之兩庄一、成二下起請官符一令レ傳二永代一、申二賜　廳御下文一將レ備二龜鏡一、然則因二　叡情之歸依一久守二鵝王之教一、酬二發願之住持一遙待二鷄足之曉一、大哉、王化者蔓二四海一以澄二濁世之黄河一、善哉、佛力者荷二八埏一而拂二煩惱之黑雲一矣、

　松のかとにかけてもたのむ藤嶋を　あふミのうミにそへてたてつる

一　櫻下門跡庄薗等

甘露寺 在二松崎一　　穴太薗 在二東坂本一　　伊豆山

**平等院本堂**　平等院長吏であった慈円は建仁四年（一二〇四）二月に同本堂で、初めて大熾盛光法を修した（『門葉記』一）。

**法勝寺金堂**　元久二年（一二〇五）二月に慈円は後鳥羽院のため法勝寺金堂で大熾盛光法を修した（『門葉記』一）。

**一院を建て**　大懺法院熾盛光堂（大成就院）を造立し。建永元年（一二〇六）七月十五日に慈円は新造の熾盛光堂で大熾盛光法を修した（『大史』四―九―一四七頁）。

**当庄前後の所当**　藤島庄から納入される年貢。寄進前に平泉寺社用が七〇〇石、別当らが一〇〇〇余石を流用していたが、慈円はそのうち一〇〇〇石を勧学講料とした。建暦二年（一二一二）には藤島庄の年貢総額が四八〇〇石、うち一〇〇〇石が平泉寺分、二八〇〇石が勧学講などの法会料、一〇〇〇石が本家分となっている（『鎌』四六八七号）。

**所当の立用区分…**　藤島庄の年貢は様々な費用に使われ、多くのものがそれを頼りにしている。

**居諸送りがたき**　長く維持できない。「居諸」は月日の意。

**平野**　美濃国平野庄を指すか。↓補1

**大山**　大山寺。鳥取県大山の中腹にある天台宗寺院。平安末より僧兵を擁して勢力を振るった。青蓮院への末寺役は年貢

なれば必ず衰うとは、蓋《けだ》しこの謂《いい》なり。これによって、或いは始めに*平等院本堂についてこれを興行し、或いは後に*法勝寺金堂においてこれを勤修す。しかしてそのために*一院を建て、彼に付して行事を定む。仍て用途を経《はか》りて人供に宛つ。已に*当庄前後の所当は二千石に及ぶ。是れ則ち、諸天と善心との得るところの福業なり。何ぞ空しく受用あらんや。是《ここ》を以て本山の勧学、当寺の弘教は、*所当の立用区分《まちまち》にして、一庄の依怙《えこ》は広きに及ぶ。もし向後、違乱あらば、山洛の仏法は立ちどころに滅尽し、顕密の興行は*居諸《きよしよ》送りがたきものか。　公家に請《こ》うらくは、宜しく末世を鑑《かんが》み、後代を察すべし。或いは山門の旧領、*平野・*大山の二所に同じくし、或いは　院庁の御領、*神崎・*豊原の両庄に准じて、起請の官符を成し下して永代に伝えしめ、　庁の御下文を申し賜《たまわ》りて将に亀鏡《ききけい》に備えんとす。然れば則ち　叡情の帰依《きえ》によって久しく*鵝王《がおう》の教えを守り、発願《ほつがん》の住持に酬《むく》いて遥《はる》かに*鶏足の暁《あかつき》を待たん。大いなるかな、王化は四海に蔓《の》びて、以て濁世《じよくせ》の黄河を澄まさん。善ろしきかな、仏力は*八埏《はちえん》を荷《にな》い、しかして煩悩の黒雲を払わん。

　松の門に懸けても頼む藤島を　近江のうみに添えてたてつる

15 一 *桜下《さくらもと》門跡庄薗等

*甘露寺〈松崎《まつがさき》にあり〉　*穴太《あのう》薗〈東坂本にあり〉　*伊豆山

三〇石と雑物(『鎌』四六八七号)。

**神崎**　肥前国神埼郡にあった荘園。承和三年(八三六)に勅旨田となり、その後、後院領として荘園化された。

**豊原**　備前国邑久(おく)郡にあった荘園。「後院領神崎・豊原」(『玉葉』建久三年(一一九二)二月十八日条)とある。

**鵝王の教え**　仏の教え。仏の手指足指の間に鵞鳥の水かきのような縵網があることから、仏を鵞鳥の王に喩える。

**鶏足の暁**　五六億七〇〇〇万年後の弥勒下生の暁。

**八埏**　国の八方の果て。「四海八埏の泰平」(『太平記』一五)。

**15**　慈円に寄進された桜下門跡領は聖覚一門が相承・知行する。

**桜下門跡**　不詳。康永三年(一三四四)に聖覚の子孫憲守と青蓮院とが「山門東塔南谷桜本房同坊領」を争っている(『大史』六—八—一五二頁)。これを指すか。

**甘露寺**　比叡山西麓の愛宕郡松ヶ崎(京都市左京区)にあった天台寺院。→補2

**穴太薗**　比叡山東麓の東坂本(大津市)にあった御園。→補3

**伊豆山**　静岡県熱海市にある伊豆山神社。走湯(そうとう)権現とも呼ばれた。建保四年(一二一六)走湯山の中堂・法華堂の供養導師を聖覚が勤めている(『大史』四—一四—二二六頁)。

箱根山　　大學寺 伊勢國　　國友庄 近江國
安養寺 丹波國

件庄薗傳領之輩爲二尩弱一之間、毎レ處違亂、爰權少僧都聖覺領掌之後、爲二小僧房領一、仍經二　院奏一達二執政一多以令二落居一了、然而國友庄爲二其本一而未レ被二返付一之間、圖佛寫經用途所レ令二不足一也、所領雖レ似レ有レ員、地利誠有若亡、彼沙汰切畢之後可レ令二一定一歟、件領等可レ令二聖覺僧都門跡永領掌一也、

一　松岡庄 下總國
　國絹五十疋　綿二百兩
一　支度庄 讃岐國
　能米三十石　鹽十石
　炭五十籠 朝暮之勤爲二火桶料一、
一　加々美庄 甲斐國
　布二百段
一　淡輪庄 和泉國

**箱根山**　神奈川県の箱根神社、箱根権現。源頼朝の挙兵に箱根別当行実が協力したこともあり、伊豆山とともに鎌倉幕府の崇敬を受けた。

**大学寺**　不詳。天福二年(一二三四)青蓮院所領目録では「大覚寺」(『鎌』四六八七号)。

**国友庄**　滋賀県長浜市にあった荘園。建長五年(一二五三)の近衛家領目録に「鳥羽院御時、同高陽院(泰子)御祈庄号」とあり、近衛家出身の浄土寺門跡円基・慈禅へと相承された(『鎌』七六三一号)。慈円の力を以てしても、本庄を回復できなかったのは、近衛家領だったことも一因だろう。

**安養寺**　京都府京丹後市弥栄町にある寺院。石上(いしがみ)神社の別当寺。天台

国友庄*〈近江国〉

大学寺*〈伊勢国〉

箱根山*

安養寺*〈丹波国〉

件の庄薗は、伝領の輩が尫弱*《おうじやく》たるの間、処毎《ごと》に違乱す。爰に権少僧都聖覚*《せいかく》が領掌するの後、小僧*の房領となす。仍て　院奏を経て執政に達し、多く以て落居せしめ了んぬ。然れども国友庄はその本たるに、いまだ返付せられざるの間、図仏写経の用途は不足せしむるところなり。所*領は員《かず》あるに似ると雖も、地利は誠に有若亡《うじやくぼう》なり。彼の沙汰の切り畢《おわ》りての後に、一定《いちじょう》せしむべきか。件の領等は聖覚僧都の門跡*をして、永く領掌せしむべきなり。

**16**

一　松岡庄*〈下総国〉

　国絹五十疋　綿二百両

一　支度*《しど》庄〈讃岐国〉

　能米《のうまい》三十石　塩十石

　炭五十籠〈朝暮の勤めの火桶《ひおけ》料たり〉

一　加々美*《かがみ》庄〈甲斐国〉

　布二百段

一　淡輪*《たんのわ》庄〈和泉国〉

宗であったが、江戸時代に曹洞宗となる。

**尫弱たるの間**…　政治力が弱いため、どこもうまく知行できなかった。

**聖覚**　一一六七～一二三五。安居院(あぐい)澄憲の子。唱導に優れた延暦寺の顕教僧で、探題・證義を歴任した。大懺法院の供僧となり、建保二年(一二一四)五月には慈円座主御教書の奉者を勤めている。

**小僧の房領となす**　聖覚は慈円を本家に仰いでこれら荘園の回復を図った。

**所領は…せしむべきか**　所領の数は多いようにみえるが、収入がわずかなため、その配分は国友庄の相論が決着してから決めることにする。

**門跡**　門流・門徒のこと。

**16**　乳母から慈円が相続した荘園年貢は彼女の菩提を弔う仏事にあてる。

**松岡庄**　下総国豊田郡にあった荘園。建暦三年(一二一三)慈円譲状には松岡庄以下四荘園が慈円の別相伝とされている(『鎌』一九七四号)。→補1

**支度庄**　讃岐国寒川郡にあった荘園。志度庄とも。

**加々美庄**　甲斐国巨摩郡にあった荘園。

**淡輪庄**　和泉国日根郡にあった荘園。建長元年には九条良平一族の菩提寺である成恩院検校最源が本家として公文を補任している(『鎌』七一三〇号)。

**不**　底本ナシ。意ニヨリ補ウ。

**大炊**　食物を調理するところ。

**件の四箇所**　先に挙げた松岡庄・支度庄・加々美庄・淡輪庄の四荘園。

**養育の禅尼**　慈円は保元元年(一一五六)二歳で母を亡くし、藤原通季(一〇九〇～一一二八)の娘、中納言藤原経定(一一〇二～一一五六)の妻に養育された。ただし通季の娘姉妹が二人とも経定の室となったため(『尊卑分脈』)、養育の禅尼が姉妹のどちらかは不詳。通季は西園寺公経の曾祖父に当たり、経定の一族も家領の多い富家であった(多賀宗隼『慈円の研究』二八頁、吉川弘文館、一九八〇年)。

**逝去の時**…　養育の禅尼が亡くなる時に、先の四荘園を慈円に譲った。なお妙法院尊守法親王も乳母から荘園を寄進されている(『鎌』四一二三一号)。

**彼の菩提の資粮**　養育の禅尼の成仏を祈る手だて。

**当寺につきて**…　慈円が大懺法院で私的に行っている禅尼の月忌・遠忌の費用に宛てる。

**甄録**　詳しく記録すること。

薪百束 佛供之料、可レ下ニ行大炊一

車輪二両

件四箇所小僧養育禪尼 通季卿女、経定卿室、 相傳領也、逝去之時故所ニ讓與一也、而彼恩難レ報、今廻ニ向三寶一、願以ニ此功德餘薫一、必爲ニ彼菩提之資粮一、件年貢宛下置就ニ當寺一所レ修之私月忌・遠忌等用途上畢、其外細々寺用以レ之可レ支也、

右、一院起請甄錄如レ此、小僧門徒必止ニ住當寺一、堅可レ守ニ此狀一也、

抑建ニ立伽藍一宇一 顯教堂・眞言堂、號ニ之大懺法院一 爲ニ國主御願一、旨趣載ニ縁起一、記ニ置座右一、重亦錄ニ十二箇條起請一、誡ニ未來之廢除一、今取ニ其詮一思レ之、小僧雖ニ智行共闕一、忝爲ニ 上皇護持之仁一、而深思慮云、末代人法破滅者、萬人皆入ニ怨靈之掌一故也、法花經云、惡鬼入ニ其身一云々、諸人迷ニ惑是非一、豈不レ協ニ此眞文一哉、先懺ニ謝件等罪障一、次可レ仰ニ佛神之利生一也、夫佛神利物之道者、待ニ機縁一施ニ利生一

薪《たきぎ》百束〈仏供の料、*大炊《おおい》に下行《げぎょう》すべし〉

車輪二両

*件の四箇所は、小僧*養育の禅尼〈通季《みちすえ》卿の女、経定卿の室〉が相伝の領なり。*逝去の時、故《ことさら》に譲与するところなり。しかるに彼の恩は報じがたし。今、三宝に廻向《えこう》し、願わくばこの功徳の余薫を以て、必ず*彼の菩提の資粮となさん。件の年貢は、*当寺につきて修するところの私の月忌・遠忌等の用途に宛て置き畢んぬ。その外の細々の寺用も、これを以て支うべきなり。

右、一院の起請*甄録《けんろく》此の如し。小僧の門徒は必ず当寺に止住《しじゅう》して、堅くこの状を守るべきなり。

抑《そもそ》も、伽藍二宇〈顕教堂・真言堂、これを大懺法院と号す〉を建立して、*国主の御願となす。旨趣は*縁起に載せ、座右に記し置けり。重ねてまた*十二箇条の起請を録し、末来の廃除を誡む。今*その詮を取りこれを思うに、小僧は智行《ちぎょう》共に闕くと雖も、忝《かたじけな》くも　*上皇護持の仁たり。しかして深く思慮して云わく、末代に*人法《にんぽう》の破滅するは、万人みな*怨霊の掌《たなごころ》に入るの故なり。*法花経に云わく、「悪鬼その身に入る」と云々。*諸人は是非に迷惑す。豈《あに》この真文に協《かな》わざらんや。先ず件らの罪障を懺謝《さんしゃ》し、次いで仏神の利生《りしょう》を仰ぐべきなり。それ*仏神利物《りもつ》の道は、機縁を待ちて利生を

**国主**　後鳥羽院。

**縁起**　慈円が記した「天台勧学講縁起」。ただし現存のものは二年後の承元二年(一二〇八)二月の執筆である。→補1

**十二箇条の起請**　慈円が記した「天台山勧学講起請」(天3)。この時点では一二箇条が起草されていたが、二年後に執筆された時は、七箇条となっている。

**その詮を取り…**　「天台勧学講縁起」と「天台山勧学講起請」の要点を取ると。

**上皇護持の仁**　後鳥羽院の護持僧。→補2

**人法**　世俗の秩序。中世では王法仏法相依論の変種として人法仏法の相依が唱えられた。国王が施す政治を意味する王法と比べると、人法は国土民衆に、より重点を置いた概念である。

**怨霊の掌に入る**　人々が怨霊に支配され、その言うがままになっている。

**法花経に云わく**　『法華経』勧持品に「濁劫悪世中、多有諸恐怖、悪鬼入其身、罵詈毀辱我、我等敬信仏、当著忍辱鎧」とある。

**諸人は…協わざらんや**　人々は正邪の判断もできなくなっており、それは法華経に書いてある通りだ。

**仏神利物の道**　仏や神が衆生を救済する方法。「物」は一切衆生を指し、利物は利生と同じ。

也、教主釋尊之唱レ滅也、盡ニ化度之機縁於五天之境一、山王權現之垂レ跡也、待ニ有縁之大師於一山之間一、然遺法亦縁盡、住持已及レ終、是皆衆生根機在ニ濁世一、罪障之塵勞、滿ニ海內一之故也、爰以修ニ懺悔之方軌一澄ニ機縁之水一、廻ニ滅罪之方便一浮ニ感應之月一也、於戲、先不レ訪ニ怨靈之滅罪一者、次無レ由ニ于生善之勤行一、冀法花彌陀之三昧、早消ニ我國衆罪於除滅之觀一、請止觀遮那之兩教、速照ニ當寺惠日於霜露之上一、然則公家必知ニ食佛法之根源一、勿レ令レ牢ニ籠惠命之衣粮一、僧徒併奉レ祈ニ王家之泰平一、不レ令レ斷ニ絶如來之福田一、修善本意取レ要如レ此、仍勒ニ子細一期ニ來際一之狀、如レ件、

きみかためいのるこゝろをてらさなん　まことはいらぬやまのはの月

已上和歌皆爲ニ裏書一

建永元年　月　日

知寺前大僧正法印大和尚位　　公文　善忠

檢校　　都維那隆舜

**滅**　煩悩が消滅した悟りの境地。

**化度の機縁**　救済すべき衆生。「機縁」は衆生のこと。人からみれば機根、仏からみれば機縁。

**五天**　五天竺の略。インドを東・西・南・北・中の五つに区分した称。

**山王権現の跡を垂る**　日吉山王権現が衆生の救済のために垂迹すること。

**遺法はまた縁尽き…**　釈迦が残した仏法の教えも縁が尽きて、仏法の護持も終わろうとしている。

**衆生の根機…**　末法の世では人間の資質が劣ってゆき、悪業の罪が全国に満ちているためだ。「塵労」は悪業・煩悩の意。

**機縁の水を澄まし**　われわれ衆生の罪障を払い浄め。

**先ず怨霊の滅罪を…**　最初に怨霊を成仏させなければ、仏神の加護を求める作善をしても仕方がない。

**法花弥陀の三昧**　第1条で述べた法華三昧と西方懺法。

**止観遮那の両教**　天台宗の顕教と密教。

**恵日を霜露**　恵日・霜露はそれぞれ仏法と罪障との暗喩。

**恵命の衣粮を牢籠…**　僧侶の経済的基盤を逼迫させてはならない。「恵命」は僧侶のこと。

施すなり。教主釈尊の*滅《めつ》を唱うるや、*化度《けど》の機縁を*五天の境に尽くし、*山王権現の跡を垂るるや、有縁の大師《だいし》を一山の間に待つ。然るに*遺法《ゆいほう》はまた縁尽き、住持は已《すで》に終わりに及ぶ。是れ皆、*衆生の根機、濁世《じょくせ》にありて、罪障の塵労《じんろう》、海内《かいだい》に満つるの故なり。爰に以て、懺悔の方軌《ほうき》を修して*機縁の水を澄まし、滅罪の方便を廻らして感応の月を浮かぶるなり。於戯《ああ》、*先ず怨霊の滅罪を訪《とぶら》わざれば、次の生善の勤行に由《よし》なし。冀《こいねが》わくは、*法花弥陀の三昧《ざんまい》、早く我が国の衆罪を除滅の観に消さんことを。請うらくは、*止観遮那《しゃな》の両教、速やかに当寺の*恵日を霜露《そうろ》の上に照らさんことを。然れば則ち　公家は必ず仏法の根源を知ろし食《め》し、*恵命《えみょう》の衣粮《えりょう》を牢籠せしむること勿れ。僧徒は併《しか》しながら王家の泰平を祈り奉り、如来の福田を断絶せしめざれ。修善の本意、要を取るに此の如し。仍て子細を勒《ろく》し、来際を期するの状、件の如し。

君がため祈る心を照らさなん　誠はいらぬ山の端の月

〈已上の和歌、皆、裏書たり〉

建永元年　月　日

公文　*善忠

*知寺前大僧正法印大和尚位

*都維那*隆舜

*検校

**知寺前大僧正法印大和尚位**　慈円(一一五五～一二二五)。関白藤原忠通の子で九条兼実の同母弟。永万元年(一一六五)に青蓮院覚快に入室し翌々年に出家。初名は道快、やがて慈円と改め寿永元年(一一八二)全玄から伝法灌頂を受けた。元暦元年(一一八四)に鳥羽天皇の護持僧となり、建久三年(一一九二)十一月に権僧正・天台座主に補任。同七年十一月の九条兼実の失脚で座主・護持僧などを辞任して籠居したが、正治二年(一二〇〇)二月に後鳥羽院の祈禱を再開。建仁元年(一二〇一)二月、建暦二年(一二一二)一月、同三年十一月の計四度、座主に補任された。なお本文史料の署名の順序から大懺法院の寺務組織は知寺、検校、別当、権別当、上座、寺主、都維那、公文の序列であったことが分かる。

**善忠**　不詳。

**検校…権別当**　検校・別当・権別当の下に官位・僧名が記されていないのは、任命すべき人物が決まっていなかったためであろう。

**都維那**　後出の上座・寺主とともに寺院の寺務を担当した三綱の一。

**隆舜**　延暦寺の坊官、号は大輔寺主。慈円・真性・尊性の座主拝堂登山に扈従。建暦二年慈円の熾盛光法の行事僧も勤めた。大懺法院に寄進された稲井庄を知行している(『鎌』一九七四号など)。

別當

權別當

上座　增圓

寺主　慶雲

　供僧

法印大和尚位權大僧都成圓

(署名二九名略)

**天3**　天台山勧学講起請　承元二年(一二〇八)二月　門葉記

天台山勸學講起請七箇條

一　定㆓置先達・講衆㆒事

右、先達者、三院之中不㆑憚㆓高位良家㆒、不㆑嫌㆓成業凡卑㆒、或稽古久積年臈稍蘭、或興隆萌㆑心眷㆓顧門徒㆒之輩所㆓撰補㆒也、次講衆者、以㆓未遂業之仁㆒所㆓定置㆒也、賜㆓竪義請㆒訖者、即可㆑補㆑闕也、先達闕出來之時、隨㆑宜可㆑補㆑之而已、或云、出㆓結衆㆒遂㆓竪義㆒之後、未㆑補㆓入于先達㆒

**増円**　一一六六～一二二三。慈円の坊官、初名は覚明、長谷三位法印と称された。栄禅律師の真弟で、藤原頼輔の猶子となる。慈円の修法の行事僧を数多く勤め、承元二年(一二〇八)五月には歓喜光院の寺務に補任された。慈円の信頼が篤く、慈円は「所従之中ニ第一ニ存候者」と評している(『鎌』補五七三号、『大史』四―一二―六九七頁、『続群』三五―七六頁)。

**慶雲**　不詳。

**成円**　生没年不詳。青蓮院門流の僧侶、岡崎実乗院の祖。↓補1

**天3**　↓補2

**天台山勧学講起請**　建久六年(一一九五)に創始された勧学講につき、慈円が改めて組織・運営を定めた置文。↓補3

**1**　勧学講結衆の選任方法と三塔の定員枠を定める。

別当

権別当

上座　増円*

寺主　慶雲*

供僧

法印大和尚位権大僧都成円*

(署名二九名略)

**天3**　天台山勧学講起請　承元二年(一二〇八)二月　門葉記

天台山勧学講起請《かんがくこうきしょう》七箇条

1 一　先達*・講衆*を定め置く事

右、先達は、三院*の中より高位良家*を憚らず、成業《じょうごう》凡卑を嫌わず、或いは稽古《けいこ》久しく積みて年臈稍《やや》蘭《た》け*、或いは興隆心に萌《きざ》して門徒を眷顧《けんこ》*するの輩を、撰び補《ふ》すところなり。次《つ》いで講衆は、未遂業《みすいどう》*の仁を以て定め置くところなり。竪義《りゅうぎ》*の請《しょう》を賜《たま》わり訖《おゆ》れば、即ち闕《けつ》を補すべきなり。先達の闕出来《しゅったい》の時は、宜《よろ》しきに随いこれを補すべし。或いは云《い》わく、「結衆*を出でて竪義を遂ぐるの後、いまだ先達に補し

**先達**　成業以上の僧侶四〇口から成り、人師・顕宗伝法人師ともいう。半数ずつ隔日に勧学講に出仕し、講衆の論義に「口入」して教導した。

**講衆**　未遂業の僧侶六〇口から成る。一〇人ずつ勧学講で講師・問者や番(つがい)論義の論匠を勤めた。

**三院**　東塔(一乗止観院)・西塔(西塔院)・横川(首楞厳院)の三塔をいう。

**高位良家を憚らず…**　身分は凡人から良家まで、官位は成業から高位の僧の間から選任する。成業は竪義を終えた僧侶。

**年臈稍蘭け**　年齢と臈次がかなり高い。

**眷顧する**　目をかける。贔屓にする。

**未遂業の仁**　竪義を終えていない僧。

**竪義の請を賜り訖れば…**　竪義に指名されてそれを遂業したなら。講衆は未遂業の者からなるので、竪義を終えると講衆から離れることになり、その欠員を任命しなければならなくなる。当時、天台竪義には延暦寺六月会・十一月会のほか、円宗寺竪義や法成寺竪義があった。

**結衆**　結衆は講衆を指す場合と、講衆・先達の総称の二つの用例がある。鎌倉中期には前者に収斂していった。

**結衆を出でて…**　竪義を終えて講衆を離れた僧侶は先達に補任されるまでの間、供料がなくなって勉学を止めてしまう。これは勧学の趣旨に反している。

**廢**　底本「癈」。異本ニヨリ改ム。下同ジ。

**結衆は百人を限り…**　結衆を一〇〇人に限定し、先達への補任を長期間待たないといけないのは、第一は勧学が延暦寺全体に行き渡っていないため(できるだけ多くの者を講衆に迎えたいから)であり、第二は勧学講の費用が十分でないからだ。

**未遂業…存ぜんや**　講衆の期間の修学は、師匠のもとでの勉学に及ばないわけがない。講衆は雑用に煩わされることも少ないし、能力の高い僧侶を選任しているのだから、遂業の後に結衆を離れても修学を怠ることはないだろう。

**中間に退大するの声聞**　修行の途中で大乗の菩薩から二乗の声聞に退失した人。

**開権**　開権顕実(かいごんけんじつ)の

之間、離二依怙一•廢二所學一之輩、背二勸學之本意一者歟云々、又或云、結衆限二百人一、補闕待二終身一者、一者勸學不レ遍二于山門一、二者衣鉢不レ足二學窓一、未遂業以前習學、蓋レ及下在二師室一之間上、世事未レ疲、已撰二補法器一、何强存二•廢退一哉云々、其理非レ一、此議尤佳也、彼中間退大之聲聞、終會二開權之席一、最初結緣之禪徒、宜レ待二先達之闕一也、所以同所レ定二補未成業一也、其人數者、東塔先達十八人・講衆廿八人、無動寺先達二人・講衆二人、西塔先達十二人・講衆十八人、横川先達七人・講衆十二人也、向後以二此例一大略爲二其數一而已、

一　先達・講衆撰二器量一可レ補レ闕事

右、我山爲二我山一者、依二止住禪侶一也、禪侶爲二禪侶一者、依二佛法修學一也、又佛法爲二佛法一者、依二修學禪侶一也、禪侶爲二禪侶一者、依レ止二住我山一也、人法處之三事、伊字三點、如二圓融三諦一、因レ茲於二今結衆百人一者、必住山不退輩之中、撰二定器量一可二補入一也、抑峯本尊者、生身佛也、

入らざるの間に、依怙《えこ》を離れて所学を廃するの輩は、勧学の本意《ほい》に背くものか」と云々。また或いは云わく、「*結衆は百人を限り、補闕《ほけつ》は終身を待つとは、一つには勧学が山門に遍《あまね》からず、二つには衣鉢《えはち》が学窓に足らず。*未遂業以前の習学は、蓋《なん》ぞ師室にあるの間に及ばざらんや。世事にいまだ疲れず。已《すで》に法器を撰び補す。何ぞ強《あなが》ちに廃退を存ぜんや」と云々。その理、一《いっ》に非ず。この議、尤も佳なり。彼《か》の中間に退大《たいだい》するの声聞《しょうもん》は、終《つい》に*開権《かいごん》の席に会し、*最初に結縁するの禅徒は、宜しく先達の闕を待つべきなり。所以《ゆえ》に同じく*未成業を定め補するところなり。*その人数は、東塔は先達十八人・講衆二十八人、無動寺は先達二人・講衆二人、西塔は先達十二人・講衆十八人、横川は先達七人・講衆十二人なり。向後《きょうご》は、*この例を以て大略その数となせ。

2 一　先達・講衆は器量を撰び闕を補すべき事

右、*我が山の我が山たるは、止住《しじゅう》の禅侶によってなり。禅侶の禅侶たるは、仏法修学によってなり。また仏法の仏法たるは、修学の禅侶によってなり。禅侶の禅侶たるは、我が山に止住するによってなり。*人法処の三事は、*伊字《いじ》の三点にして*円融三諦《えんにゅうさんだい》の如《ごと》し。これによって、今の*結衆百人においては、必ず住山不退の輩の中より、器量を撰び定めて補し入るべきなり。抑《そもそ》も峯の本尊は、*生身《しょうじん》の仏なり。

略。三乗が仮の教えであり、一乗が真実の教えであることを示すこと。智顗(ちぎ)が法華経の趣旨を説明した言葉。

**最初に結縁するの禅徒**　講衆となり、その後、遂業して講衆を離れた僧侶。

**未成業**　未遂業に同じ。

**その人数**　三塔ごとの先達・講衆の員数。無動寺は東塔に属するが、勧学講の開催地でもあるので別記している。→補1

**この例を以て…**　この員数をほぼ今後の三塔の定員枠とせよ。

**2**　勧学講の結衆は住山不退の器量の僧侶から選任せよ。

**我が山**　比叡山。

**人法処の三事**　僧侶と仏法と修行の場である寺院の三つ。

**伊字の三点**　三つのものが相即不離の関係にあることを示す比喩。悉曇の∴(伊の字)の形が三点から成っていることに由来。

**円融三諦**　天台宗の教理を示す語。空・仮・中の三諦がその立場を保ちながら互いに融合しあって、それぞれの一諦に他の二諦が包含されていることをいう。

**結衆百人**　講衆六〇口・先達四〇口の総称。

**生身の仏**　肉身を備えた仏。衆生済度のためにこの世に化現した仏。

麓山王者、如在神也、所レ學者皆大乘之教法、所レ祈者得ニ長壽一之御願、我山若無ニ佛法修學之僧數一者、爭成ニ就鎭護國家之利益一哉、入ニ此結一之人、深守ニ此起請一、永止ニ住山中一、必修ニ學教法一、努力〳〵、

一　講衆臨時故障時所作事

右、於ニ先達一者、有ニ故障一之時未ニ必參會一、無ニ指所作一不レ妨ニ講莚一之故也、至ニ講衆一者、毎日十人所作有レ限、而有ニ不レ獲レ止障一者、於ニ其分所作一者、結衆之中自ニ上﨟一次第點レ之、雖レ及ニ三四人一可レ存ニ兩日參會一歟、當年配文研學在レ胸、何强有ニ其煩一乎、或又先達下﨟等可レ勤ニ仕闕分一歟、若然者日來習學未ニ必如ニ講衆一、仍兼存ニ第一問者一、可レ除ニ孔子賦之內一、及ニ三四人一者、日々一之問可レ存ニ知之一歟、或又雖レ未レ入ニ結衆一、稽古習學之輩有ニ其所望一者、必遂ニ參勤一、結衆闕出來之最前、以ニ其功勞一可レ被ニ補入一也、若其人數多之時者可レ依ニ度數一、々々相並者可レ任ニ﨟次一、又結衆重參之時者、

**麓の山王**　比叡山の麓にある日吉社。
**如在の神**　今そこに実在する神。
**長寿を得るの御願**　後鳥羽院の寿命長遠を祈っている。
**この結に入るの人**　先達・講衆から成る結衆となった僧侶。
**3**　講衆が出仕できなくなった時の代役の決め方を定める。
**指せる所作なく…**　先達は特定の役目がなく、欠席しても勧学講そのものを妨げるわけではない。「天台勧学講縁起」によれば、先達四〇人は半数ずつ隔日に勧学講に出仕し、講衆が行う問答論義を批評する役割を負っていた。

**毎日十人の所作…**　講衆一〇名の役割は重要である。「所作」は法会での役割。「天台勧学講縁起」などによれば、講衆は一日一〇人ずつ出仕し、鬮(くじ)を引いて講師一人、問者五人、および番論義二組の論匠四人の役目を定めた。あらかじめ定められた論疏について、まず講師が講説し問者五名がそれを批判して講師と問答を行った。ついで番論義では、論匠が一対一で論義をした。まず下﨟が質問して上﨟が応え、次に上﨟が質問して下

*麓《ふもと》の山王は、*如在《じょさい》の神なり。学ぶところは皆《みな》大乗の教法にして、祈るところは長*寿を得るの御願なり。我が山にもし仏法修学の僧数なくんば、争《いかで》か鎮護国家の利《り》益《やく》を成就せんや。*この結《けつ》に入るの人は、深くこの起請を守り、永く山中に止住して、必ず教法を修学せよ。努力《ゆめゆめ》々々。

3　一　講衆が臨時の故障の時の所作の事

右、先達においては、故障あるの時は、いまだ必ずしも参会《さんかい》せず。*指《さ》せる所作なく、講莚《こうえん》を妨げざるの故なり。講衆に至っては、*毎日十人の所作、限りあり。しかれども止《や》むを獲《え》ざる障《さわ》りあらば、*その分の所作においては、結衆の中、上臈より次第にこれを点ぜよ。三四人に及ぶと雖《いえど》も、両日の参会を存ずべきか。*当年の配文、研学は胸にあり。何ぞ強ちにその煩いあらんや。或いはまた、*先達の下臈等が闕分を勤仕《し》すべきか。もし然らば、日来の習学はいまだ必ずしも講衆に如かず。仍て兼ねて第一問者を存じ、孔子《くじ》の賦《くば》りの内より除くべし。*三四人に及ばば、日々の一の問、これを存知すべきか。或いはまた、*いまだ結衆に入らずと雖も、稽古習学の輩にして、その所望あらば、必ず参勤を遂げよ。結衆の闕出来《しゅったい》の最前に、その功労を以て補し入れらるべきなり。もしその人、*数多《あまた》の時は、度数によるべし。度数、相並ばば、臈次に任すべし。また*結衆が重参するの時は、

臈が答える形式をとる。
**その分の所作**…　欠席者が行うはずであった役目は講衆六〇名の上臈から順に割り当てよ。その人物は論義に二日出仕することになる。
**当年の…あらんや**　浄名疏・大経疏などその年に取りあげる論疏はあらかじめ決まっており、準備ができているだろうから、講衆の役目が突然増えても問題はなかろう。
**先達の…除くべし**　欠席者の代わりを先達の下臈が勤めてもよいが、彼らは講衆ほどには事前の準備をしていないので、代役で出仕した場合は鬮から除いて第一問者の役目を勤めさせよ。
**三四人に及ばば**…　先達下臈の担当分が三、四人となれば、先達に毎日の第一問者を勤めさせよ。
**いまだ…入れらるべきなり**　講衆でない修学の者が欠席者の代役を希望したなら、そうさせよ。その人物はその功労で結衆に補任される優先権を得る。
**その人数多の**…　代役を勤めた非結衆の者が多数いる場合は、代役の回数の多い者が結衆補任の優先権を得る。
**結衆が重参するの時**…　講衆が代役のために重参しなければならない時は、欠席者が割り振られていた日にちに出仕しなければならない。

就二谷々院々闕分一、守二其日々一不レ可二相違一、若有二臨時參勤之人一者、不レ可レ依二其處一、但於二補闕之時一者、待二我谷我塔之闕一、專不レ可二雜亂一耳、

一　三塔四谷人數約諸事

右、元初人師四十人之內、圓輔僧都與二覺什僧都一、此兩人者非レ付二其所一、只補二其人一也、此旨則披二露山上一訖、而於二什僧都一者、爲二籠居人一、曾不二出仕一、於二其闕一者又待二如レ此器量一可レ補也、於二輔僧都一者、東塔十八人之內也、如二講衆人數一者、尤可レ付二西谷一也、而彼時於二西谷一無二聖目之人一、限二圓輔一爲二聖目之仁一、仍補二入之一訖、然者彼人闕之時、西谷有二其人一者、尤可レ補レ之、不レ然者又可レ付レ人也、向後事以レ之可二准知一耳、凡谷々院々人數以准知之、先例大概定置訖、雖レ然一向此處無二其人一、彼所有二其人一之時者、專就二器量一可レ有二議定一歟、如レ此未來記難レ載二翰墨一哉、上慢退レ座結衆止レ偏矣、



**谷々院々**　結衆が割り振られた三塔四谷。

**臨時に参勤するの人あらば…**　結衆でない者が代役を勤める場合は、欠席者の所属を無視してよい。「臨時参勤之人」は「結衆重参」と対応しているため、結衆でない代参僧と解した。

**補闕の時においては…**　結衆の欠員補充の時は、代役勤仕の度数や臈次よりも、三塔四谷の定員枠を優先して任命する。

**4**　結衆定員枠の例外規定を定める。

**三塔四谷**　東塔・西塔・横川の三塔と、東谷・西谷・南谷・北谷の東塔四谷。東塔のみ四谷・無動寺ごとに結衆の定員が定められた。第1条の「その人数」の項参照。

**人師**　先達のこと。

**円輔僧都**　生没年不詳。藤原長輔の子。本文史料の段階で現任の探題であった。→補1

**覚什僧都**　一二四六～?、北京三会講師や探題を歴任した顕教僧。本文史料は覚什の活動記録の最下限。「籠居人」との記事も

*谷々院々の闕分につき、その日々を守ること、相違すべからず。もし*臨時に参勤するの人あらば、そのところによるべからず。但し*補闕の時においては、我が谷、我が塔の闕を待ち、専ら雑乱すべからず。

4 一 *三塔四谷の人数約諾《やくだく》の事

右、元初の*人師《にんし》四十人の内、*円輔《えんぽ》僧都と*覚什《かくじゅう》僧都と、この*両人は、その所に付くに非ずして、ただその人を補すなり。この旨、則ち山上に披露し訖《おわ》んぬ。しかるに什僧都においては、籠居人たり。曾《かつ》て出仕せず。その闕においては、また此《かく》の如き器量を待ちて補すべきなり。輔僧都においては、東塔十八人の内なり。*講衆人数の如くんば、尤も西谷に付くべきなり。しかるに彼の時、西谷において*聖目《せいもく》の人なし。円輔に限りて聖目の仁たり。仍てこれを補し入れ訖んぬ。然れば、*彼の人の闕の時は、西谷にその人あらば、尤もこれを補すべし。然らざれば、また人に付くべきなり。向後の事、これを以て准知すべし。およそ谷々院々の人数は、以て准知せよ。先例の大概、定め置き訖んぬ。然りと雖も、一向にこのところにその人なく、彼の所にその人あるの時は、専ら器量につきて議定《ぎじょう》あるべきか。此の如き*未来記は、翰墨《かんぼく》に載せがたきか。*上慢《じょうまん》は座を退き、結衆は偏《かたよ》りを止めよ。

そのことと関わるか。→補2

**両人はその所に付くに非ず**… 円輔と覚什は特別の器量なので、三塔四谷の定員外で補任した。円輔は東塔一八人の定員内に属するが、四谷の配分枠を越えて西谷分で補任した。覚什の後任は全く定員外で任命する。第1条には三塔の先達定員三九名分が挙がっているが、残り一名が覚什の分に当たる。

**講衆人数の如くんば**… 四谷への講衆の定員配分からすれば、先達円輔分は西谷に付けられるべきである。四谷への先達定員は講衆の三分の二となっていた。

**聖目** 囲碁の盤上に記された九つの黒点。囲碁の力量に大差がある時に、この九点の聖目に石を打たせてから勝負をした。転じて、聖目を置かせるほどの卓越した人材の意。

**彼の人の…付くべきなり** 円輔が谷々の定員枠を越えて西谷分で補任されているので、円輔の後任は東塔西谷に優先権を認める。しかし器量の仁がいなければ他所に人材を求める。

**未来記は翰墨に**… このような将来のことはあらかじめ書いておくことがむずかしい。「翰墨」は筆と墨の意。

**上慢** 七慢の一、増上慢の略。悟っていないのに得悟したと思いこむ慢心をいう。

廢　底本「癈」。異本ニヨリ改ム。

**5**　供料・布施の未払いを誡める。

**供料**　先達の供料は人別一五石、講衆は人別五石であった。

**布施**　時期によって違いがあるが、布施は先達・講衆ともに人別に絹一疋・呉綿一〇両、もしくは絹一疋・綿一五両。

**小僧…不審あるか**　私(慈円)の存命中は供料の心配が無用だが、没後が不安だ。

**沙汰人を改定**　→補1

**検校**　勧学講の最高責任者。本文史料の段階では慈円が検校を勤めている。

**房人**　房主・院主・門主に仕える僧侶。顕密僧には学僧と坊官の二系列があった。慈円は坊官の増円法印を重用して荘園などの管理を委ねている。

**6**　怠慢な結衆の解任手続きについて。

**放逸放埒の人**　ここでは比叡山を下りたり、修学をやめてしまった僧侶をいう。

**講場に摂すと…**　勧学講の会場に出向いても、講会で講師・問者・論匠などの役目を満足に果たすことができない。

**此の如きの輩…**　放逸にもかかわらず師匠が教導しなければ、結衆が決議をして検校に罷免を要請し、代わりの僧侶を結衆に補任すべきだ。これ以外の場合は容易に結衆を罷免してはならない。

一　供料・布施不レ可二懈怠一事

右、小僧一期之間不レ可レ及二起請一、冥目之後頗有二不審一歟、若無レ故有二闕怠一之時者、百人結衆　奏二聞　公家一可レ被レ改二定沙汰人一也、檢校房人之中可レ撰二補清廉信心之人一、檢校更以不レ可レ有二抑留一、穴賢〱、發願無レ私、起請有レ理哉、

一　結衆中有二放逸放埒人一者互可二教誡一事

右、入二此結衆一之後、或一向不レ住二山上一、或修學皆廢退、雖レ攝二講場一毎レ座所作有若レ亡、見聞之人皆驚二耳目一、師匠之輩不レ及二教誡一、若如レ此之輩出來者、結衆議定可レ申二檢校一、其時可レ被レ補レ闕也、不レ然之外、輙不レ可レ及二其沙汰一者、

一　依二講會功勞一可レ有二抽賞一事

右、小僧門徒補二座主一之時、内論義之外、専以二此講參勤一可レ爲二規模一、功勞又有二拔群輩一之時者、　奏二聞　公家一、最勝講以下有職講師請、綱維等之望必可二吹擧一也、兼日以二此趣一　奏聞既訖、各勿レ生レ疑、但於二濫望一者

**7** 青蓮院出身の座主は勧学講での功労をもとに結衆を朝廷に吹挙せよ。

**講会の功労** 勧学講での功績。

**抽賞** 優れた人物を選んで賞すること。

**小僧の門徒が…** 私の門弟が天台座主に在任中は、勧学講への参勤を内論義につぐ功労とせよ。

**内論義** 「うちろんぎ」とも。内裏の天皇御前で最勝王経について行った論義。毎年正月八日から行われた御斎会の最終日、十四日に実施。

**規模** 模範となるべき手柄のこと。

**最勝講** 最勝講は三講の一つで、御斎会と並んで顕教法会の中で最高の格式を誇った国家的仏事。

**有職講師の請** 不詳。→補2

**綱維** 僧正・僧都・律師の僧綱と法印・法眼・法橋の位をいう。厳密には綱維は三綱を指し、綱位は僧綱位をいうが、本文史料は学僧を対象に言及しており、綱位と同意で使用されている。

**吹挙** 推薦。勧学講で卓抜な僧侶を、天台座主が国家的法会の役僧に推薦したり、官位の昇進を朝廷に要請すること。

**兼日…勿れ** 勧学講で功労ある僧侶を国家的法会に呼んだり、官位をあげてくれるよう後鳥羽院に申し入れた。結衆は抽賞の件を疑ってはならない。

**濫望** 分をわきまえない望み。

**5** 一 *供料・*布施は懈怠《けたい》すべからざる事

右、*小僧一期《しょうそういちご》の間は、起請に及ぶべからず。冥目の後、頗《すこぶ》る不審あるか。もし故なく闕怠あるの時は、百人の結衆が 公家《こうけ》に 奏聞して、*沙汰人を改定せらるべきなり。*検校の*房人の中より、清廉《せいれん》信心の人を撰び補すべし。検校は、更に以て抑留《よくりゅう》あるべからず。穴賢《あなかしこ》 々々。発願《ほつがん》に私なし。起請に理あるかな。

**6** 一 結衆の中に、*放逸放埒《ほうらつ》の人あらば互いに教誡すべき事

右、この結衆に入るの後、或いは一向に山上に住さず、或いは修学は皆廃退して、*講場に摂すと雖も、座毎の所作はあって亡《な》きが若《ごと》し。見聞の人は皆、耳目《じもく》を驚かすも、師匠の輩は教誡に及ばず。もし*此の如きの輩出来せば、結衆は議定して検校に申すべし。その時、闕を補せらるべきなり。然らざるの外は、輙《たやす》くその沙汰に及ぶべからず者《てえり》。

**7** 一 *講会の功労によって*抽賞《ちゅうしょう》あるべき事

右、*小僧の門徒が座主に補するの時は、*内論義《ないろんぎ》の外は、専らこの講の参勤を以て*規模《きぼ》となすべし。功労また抜群の輩あるの時は、 公家に 奏聞して、*最勝講以下の*有《う》職講師《しきこうじ》の請《しょう》、*綱維《こうい》等の望みを、必ず*吹挙すべきなり。*兼日、この趣を以て奏聞すること既《すで》に訖んぬ。各《おのおの》、疑いを生ずること勿《なか》れ。但し*濫望《らんもう》においては、

宜㆑従㆓停止㆒、努力〳〵、

以前七箇條起請大概如㆑此、百人結衆各住㆓此教誘㆒、堅可㆑被㆓守護㆒之状所㆑定如㆑件、

於戯慶哉、小僧、人身難㆑受、再黷㆓三密一乘之貫首㆒、佛法難㆑遇、永開㆓四教五時之眼目㆒、稲幹喩㆓經文㆒、不㆑恐㆓華報於當來㆒、滿山三寶證明納受而已、

承元二年戊辰二月　日

檢校前大僧正法印大和尚位判

已前起請之中、功勞抽賞事忽有㆓敕許㆒、仍加㆓書件子細㆒者也、

同年五月六日、於㆓賀陽院御所㆒被㆑始㆓修法華法㆒、十三日結願之時、被㆑仰㆓勸賞可㆓追申請㆒也、而同七月廿三日季御讀經結願之日被㆑行㆓僧事㆒之次、以㆓彼勸賞㆒永申㆓給僧綱一人・有職三人㆒、付㆓置此講結衆百人之中㆒也、先達・有職之中、以㆓堯禪㆒敍㆓法橋㆒、同非職之中、以㆓上臈三人㆒尊信・淨教・尊性令㆑補㆓有職㆒

**淨**　異本「靜」。

**人身は受けがたき…**　この世に人間として生を受けるのは容易なことではないのに、私(慈円)は天台座主に二度も任じられたし、仏法に巡りあうことは困難なのに私は釈尊の教えの根本を悟った。

**三密一乗の貫首**　天台座主。慈円は建久三年(一一九二)、建仁元年(一二〇一)、建暦二年(一二一二)、同三年の計四度、天台座主に補された。本文史料の段階では座主を二度経験している。

**四教五時の眼目**　仏法の真髄たる法華経。天台智顗(ちぎ)の教判による。↓補1

**稲幹**　稲の茎。『慈氏菩薩所説大乗経生稲幹喩経』があり、稲茎を経文に喩えることは他でもみえる。

**当来**　未来または来世。

**検校前大僧正法印大和尚位**　慈円。

**同年**　承元二年(一二〇八)。

**賀陽院御所**　「高陽院」とも。京都市中京区にあった後鳥羽院の御所。桓武天皇の皇子賀陽親王の邸宅に発し、その後摂関家の邸となった。この後鳥羽院の御所は元久二年(一二〇五)十二月に完成し、貞応二

宜しく停止《ちょうじ》に従うべし。努力々々。
以前七箇条の起請、大概此の如し。百人の結衆は、各この教誘に住して、堅く守護せらるべきの状、定むるところ件《くだん》の如し。於戯《ああ》、慶《よろこ》ばしきかな、小僧は。*人身《にんじん》は受けがたきも、再び*三密一乗の貫首を黷《けが》し、仏法は遇《あ》いがたきも、永く*四教《しきょう》五時の眼目を開く。*稲幹《いながら》を経文に喩《たと》うるに、華報を*当来《とうらい》に恐れず。満山の三宝《さんぼう》、証明《しょうみょう》納受したまえ。

承元二年〈戊辰〉二月　日

*検校前大僧正法印大和尚位判

已前の起請の中、功労抽賞の事、忽《たちま》ち　勅許あり。仍て件の子細を加え書くものなり。

*同年五月六日、*賀陽《かや》院御所において、*法華法を始修せらる。十三日の結願の時に「*勧賞《けんじょう》は追って申し請《こ》うべし」と仰せらるなり。しかして同七月二十三日、*季御読経《きのみどきょう》結願の日に*僧事を行わるるの次《つ》いでに、彼の勧賞を以て永く*僧綱一人・有職三人を申し給わり、この講の結衆百人の中に付け置くなり。先達・有職の中より、*堯禅を以て法橋に叙し、*同じく非職《ひしき》の中より、上﨟三人〈*尊信・*浄教・*尊性〉を以て有職

年(一二一三)に放火により焼失した。
**法華法**　後鳥羽院の厄難を祓うために慈円が行った修法。増円法眼を行事僧に、二〇口の伴僧で修した(『大史』四―一〇―九〇頁)。山門では法華法は准大法であり、その次第は『阿娑縛抄』七一に詳しい。→補2
**勧賞**　「かんしょう」「げんしょう」とも。功労を賞して官位などを与えること。
**季御読経**　春秋二季に百僧が宮中で大般若経を転読して国家安泰を祈る年中行事。八世紀初頭に始まり九世紀後半に定式化された。この時は七月二十日より実施。
**僧事**　僧侶の人事を決する朝儀。この時は院御所の白河殿で除目・僧事が行われ、「僧正以下五十人許」が昇任された(『猪熊関白記』承元二年七月二十三日条)。
**僧綱一人有職三人**　具体的には法橋一人、阿闍梨三口が勧学講に付された。→補3
**堯禅**　出身・生没年は不詳。文治四年(一一八八)の法勝寺八講聴衆に初参し、建久六年の東大寺供養では左方衲衆を勤め、承元二年に法橋に叙された。
**同じく非職の中**　先達の中の法師位・大法師位の僧侶で有職でない者たち。
**尊信・浄教・尊性**　不詳。

訖、阿闍梨解文者申二置無動寺一訖、本有二四口一、慶命座主奏云々、又全玄正治二年之比、以二如法北斗法勸賞一申二加三口一、今又加二三口一爲二十口一、以二此三口一付二彼講一也、
僧綱者、今補任之人死闕之時又可二申任一、•此例有二東大寺一、以二十僧一一任レ之云々、
又有二天王寺一、以二學頭一可レ被レ補レ之也、以二是等例一所二申請一也、抑自今以後云二綱
維一云二阿闍梨一、臈次與二法器一定有二相論一歟、但入二此結一之後、轉二移先達一之人、强
非二々器一歟、仍後々任二臈次一被レ用尤宜歟、若時議玄隔事出來者、又隨レ宜可レ令二計
補一歟者、

判

式日事

以二十月一日一爲二式日一、無二寒暑之可一レ厭、無二恵業之可一レ障、季節得レ境、仍爲二
式日一、但於二臨時之延促一者、非二兼日之處分一歟、無二指故一者不レ可レ違二亂式日一
者也、



**此**　異本「先」。

**阿闍梨解文**　諸寺に置かれた阿闍梨職に僧の補任を求めた解状をいうが、ここでは阿闍梨の定員枠を指す。

**慶命座主の奏**　慶円座主の誤り。寛弘四

に補せしめ訖んぬ。*阿闍梨解文《げぶみ》は無動寺に申し置き訖んぬ〈本《もと》は四口あり。*慶命座主の奏と云々。また*全玄は正治二年の比《ころ》に、如法北斗法の勧賞を以て三口を申し加う。今また三口を加えて十口となす。この三口を以て彼の講に付くるなり〉。*僧綱は、今補任の人が死闕の時に、また申し任ずべし。*この例は東大寺にあり。十僧の一を以てこれに任ずと云々。また天王寺にあり。学頭を以てこれに補せらるべきなり。是《こ》れらの例を以て、申し請うところなり。抑《そもそ》も自今以後は、綱維と云い阿闍梨と云い、*臈次と法器と定めて相論あるか。但しこの結に入るの後に、先達に転移するの人は、強ちに非器に非ざるか。仍て後々は、臈次に任せて用いらること、尤も宜しきか。もし*時議玄隔《げんかく》のこと出来せば、また宜しきに随い、計らい補せしむべきか者《てえり》。

判*

*式日の事

十月一日を以て式日となせ。寒暑の厭《いと》うべきことなく、*恵業《えごう》の障るべきことなし。季節、境を得《う》。仍て式日となす。但し*臨時の延促においては、兼日の処分に非ざるか。指せる故なくんば、式日を違乱すべからざるものなり。

年(一〇〇七)に慶円の奏聞で阿闍梨四口の設置が無動寺に認可された。→補1

**全玄は正治二年**　慈円の誤り。正治二年(一二〇〇)慈円の如法北斗法の勧賞で阿闍梨三口が無動寺に寄せられた。全玄(一一二三〜一一九二)は既に死没。→補2

**僧綱は今補任の人…**　法橋に叙された僧侶が亡くなれば、朝廷に申請して、先達有職の中から一名を法橋に叙す。

**この例は東大寺にあり**　今のところ他史料では確認できない。

**臈次と…宜しきか**　法橋・阿闍梨への補任を臈次に基づいて行うべきか、器量によって選定すべきかの紛争が将来必ず起こるだろう。しかし講衆から先達となった人物はすべて器量の仁なので、臈次で選定するのがよいだろう。

**時議玄隔**　全く異なった事態。玄隔は「懸隔」に同じ。

**判**　慈円の署判。

**式日の事**　勧学講の開催日について。この条項は本文史料の冒頭に細字で書き加えられている。慈円が後に書き加えたものと判断し、この場所に置いた。

**恵業**　智恵に裏づけられた正しい行い。

**臨時の延促においては…**　事情によって臨時に開催日を早めたり、延期したりするのはあらかじめ定めておくことができない。

**天4**　官宣旨　　華頂要略

①官宣旨　正元二年(一二六〇)正月四日

左辨官下　園城寺

應下當寺沙彌以二三摩耶戒一令上定二法臈一事

右、權大納言藤原朝臣師繼宣、奉レ　敕園城寺沙彌以二三摩耶戒一宜レ令レ定二法臈一者、寺宜承知依レ宣行レ之、

正元二年正月四日　大史小槻宿禰在判有家

中辨藤原朝臣在判光國

②官宣旨　正元二年(一二六〇)正月十九日

右辨官下　園城寺

應レ召二返三摩耶戒官符一事

右、權大納言藤原朝臣師繼宣、奉レ　敕園城寺三摩耶戒宣下已訖、而山門貽二欝訴一朝廷難レ被二默止一、早可レ召二返　官符一之由宜レ令二下知一者、寺宜承知依レ宣行レ之、

**師繼**　底本ナシ。異本ニヨリ補ウ。

**天4**　→補1

**官宣旨**　園城寺戒壇の実質的独立を認めた官宣旨、およびその勅許を撤回した官宣旨。平安後期に延暦寺と園城寺との対立が激化すると、園城寺は延暦寺戒壇での受戒を忌避するようになり、戒壇独立が悲願となった。正嘉元年(一二五七)園城寺がほぼ一〇〇年ぶりに独立問題を提起すると、後嵯峨院の信任の厚い円満院仁助や、鶴岡八幡宮別当隆弁らの強い要請もあって、三昧耶戒(さんやまかい)の受戒を以て戒臈とすることが勅許された。しかし延暦寺の激しい抵抗で、すぐさま勅許は撤回された。→補2

**華頂要略**　延暦寺青蓮院門跡の寺誌。享和三年(一八〇三)に成立。

**①官宣旨**

**沙弥**　正式の比丘になる以前の見習僧。出家得度をすると沙弥となり、東大寺・延暦寺戒壇で受戒して比丘となる。

**三摩耶戒**　三昧耶戒とも書く。一般に真言密教の行者が保つ戒で、伝法灌頂を受ける前に受戒した。園城寺は戒壇の独立か、それとも三昧耶戒を比丘戒として認めるよう求め、朝廷はより穏やかな後者

**天4**　官宣旨　　　華頂要略

①官宣旨　正元二年(一二六〇)正月四日

左弁官下《くだ》す　園城寺

応に当寺*沙弥《しゃみ》は*三摩耶戒《さんまやかい》を以て*法臈《ほうろう》を定めしむべき事

右、権大納言藤原*朝臣師継宣《せん》す、「　勅を奉《うけたまわ》るに、園城寺沙弥は三摩耶戒を以て宜《よろ》しく法臈を定めしむべし」者《てえれば》、寺宜しく承知し、宣によってこれを行え。

正元二年正月四日　　大史小槻*宿禰〈在判有家〉

中弁*藤原朝臣〈在判光国〉

②官宣旨　正元二年(一二六〇)正月十九日

右弁官*下す　園城寺

応に召し返すべき三摩耶戒の官符の事

右、権大納言藤原朝臣師継宣す、「　勅を奉るに、園城寺の三摩耶戒は宣下已《すで》に訖《おわ》んぬ。しかるに*山門は鬱訴《うつそ》を貽《のこ》し　朝廷は黙止《もだ》せられがたし。早く　官符を召し返すべきの由《よし》、宜しく下知せしむべし」者《てえれば》、寺宜しく承知し、宣によってこれを行え。

---

を認可した。→補3

**法臈**　戒臈。東大寺・延暦寺戒壇で受戒してからの年数。元来、夏安居の修了で戒臈を数えたが、中世日本では受戒年から数えたようである。

**藤原朝臣師継**　花山院師継(一二二二〜一二八一)、忠経の子。建長七年(一二五五)に中納言から大納言に転じ、文永八年(一二七一)に内大臣(『公卿補任』)。その日記『妙槐記』によれば、上卿師継、弁日野光国の奉行は後嵯峨院の指名であった。→補4

**小槻宿禰**　官務壬生有家。→補5

**中弁藤原朝臣**　日野光国(一二〇六〜一二七〇)。日野資実の子で、家光の弟。正嘉元年に左中弁、本文史料の翌年に右大弁となり、弘長二年(一二六二)に蔵人頭に任じられた(『弁官補任』『尊卑分脈』)。

**②官宣旨**

**右弁官下す**　官宣旨は平安末より、凶事は右弁官が命ずる形式をとった。ただし凶事か否かによって形式的に右・左弁官と書き分けたのみであり、官職としての左右弁官とは一致しない。本文史料は両通とも左弁官日野光国が取り扱った。

**山門は鬱訴を貽し…**　日吉神輿が入洛するとともに、正月十一日には延暦寺大講堂で集会が行われ、裁許撤回なければ離山と園城寺発向を誓っている。→補6

正元二年正月十九日　　大史小槻宿禰在判有●家

中辨藤原朝臣在判光國

**天5**　後嵯峨上皇院宣事書　文永二年(一二六五)八月二十一日　　華頂要略

同廿一日被レ下二條々　院宣一、

一　可レ被レ賞二修學一事

一　座主以下僧綱可二住山一事

一　行安僧正・尊教法印門跡領可レ爲二座主分附地一事

一　山門領俗中輩不レ可二知行一事

一　山僧不レ可レ召二仕俗輩一事

**天6**　出雲国鰐淵寺定書　応永九年(一四〇二)十月九日　　華頂要略

尊道親王　御袖判

出雲國鰐淵寺衆徒等可二存知一條々事

一　慈鎮和尚以來爲二無動寺末寺一、奉レ仰二御門跡一之上者、雖レ爲二向後一可二御扶助一、若令レ向二背本所一、現二不忠一者、可レ有二罪科一事、

---

**家**　底本「宗」。異本ニヨリ改ム。

**天5**　→補1

**後嵯峨上皇院宣事書**　文永元年(一二六四)五月の延暦寺が園城寺を焼き討ちした。その処分の一環として、幕府の意向で朝廷が発したもの。→補2

**住山**　寺内統制のため座主・僧綱らに山内居住を命じた。彼らは日常的に京都で活動しており、通常は住山していない。

**行安・尊教**　いずれも西園寺家出身。妙法院門跡の補佐役と門主。→補3

**門跡領は…**　妙法院門跡の所領は没収して、天台座主の管理下におく。青蓮院・梶井の門跡没収が解除される一方、妙法院のみ没収が継続された。詳細は不明。

**俗中の輩知行…**　俗人の寺領知行の禁止が本年三月に発布された。→補4

**俗輩を召し仕う**　→補5

**天6**　→補6

正元二年正月十九日　　大史小槻宿禰〈在判有家〉

中弁藤原朝臣〈在判光国〉

**天5**　後嵯峨上皇院宣事書　文永二年(一二六五)八月二十一日　華頂要略

同二十一日、条々の　院宣を下さる。

一　修学を賞せらるべき事

一　座主以下の僧綱は*住山すべき事

一　*行安僧正・*尊教法印の*門跡領は座主の分附地となすべき事

一　山門領は*俗中の輩、知行すべからざる事

一　山僧は*俗輩を召し仕うべからざる事

**天6**　出雲国鰐淵寺定書　応永九年(一四〇二)十月九日　華頂要略

《*尊道親王》御袖判

出雲国*鰐淵寺《がくえんじ》衆徒等、存知すべき条々の事

一　*慈鎮和尚より以来《このかた》、*無動寺の末寺として*御門跡を仰ぎ奉るの上は、向後《きょうご》たりと雖《いえど》も*御扶助すべし。もし*本所に向背せしめ不忠を現ずれば、罪科あるべき事。

**出雲国鰐淵寺定書**　青蓮院門主で無動寺検校である尊道が、末寺の鰐淵寺に発布した定め。本寺が末寺の寺院法を制定したものは残存例があまり多くない。

**尊道親王**　尊道入道親王(一三三二～一四〇三)。後伏見院の子、尊円の弟子。延文元年(一三五六)に青蓮院を相承して、天台座主に四度就任。山門初の一品。→補7

**鰐淵寺**　島根県出雲市にある天台宗寺院。平安後期に修験の地が寺院化し、建暦三年(一二一三)無動寺末寺となり国富郷一〇〇町を寄進されて寺領を確立。別当のもとに南院長吏・北院長吏が置かれた。鰐淵寺別当は鎌倉・南北朝時代は在京の青蓮院門徒が就任したが、室町時代には住僧が就いた。

**慈鎮和尚**　慈円(一一五五～一二二五)。

**無動寺**　比叡山東塔無動寺谷にある寺院、北嶺回峯の根本道場。円仁の弟子相応が開創し元慶六年(八八二)に天台別院となる。本堂の明王院のほか大乗院・南山房などがあった。鎌倉時代から青蓮院門主が無動寺検校を兼帯し、門徒を別当に補した。

**無動寺の末寺**　→補8

**御門跡**　本家である青蓮院門跡。

**御扶助**　青蓮院から鰐淵寺への支援。

**本所に向背せしめ…**　鰐淵寺衆徒が本所無動寺に背く行動をすれば処罰する。

**縁**　底本「緑」。異本ニヨリ改ム。

**守護使の乱入するを停止**　青蓮院が守護不入権を保障・確認している。不入権は建長六年(一二五四)鰐淵寺の要請に応えて守護佐々木泰清がそれを認めた。→補1

**本所役**　末寺役ともいう。末寺である鰐淵寺が本寺の無動寺に納入した所役。建暦三年(一二一三)には莚一〇〇〇枚であった(『鎌』一九七五号)。→補2

**経田を勘落**　寺僧に供料として宛行われていた経田を鰐淵寺惣寺が没収する。

**離山不住の倫…**　鰐淵寺の坊舎や経田が寺外に流出するのを防ぐ措置。第7条も同趣旨。

**児童は法躰以前に…**　出家得度していない稚児に、坊舎経田を相続させるのは禁止する。「鰐淵寺文書」によれば、応永二年(一三九五)二月九日に維円が和田坊の坊舎・敷地・経田を常楽寺勘解由左衛門(常楽寺御所殿)の子息小法師丸に二九貫文で売却している。「たとひ住山なく、さいけ(在家)なりといふとも、小法師丸のはからいとして、きよう(器用)の人にあつけ申さるへく候」とあり、小法師丸が鰐淵寺住僧とならなかった時は、器用の僧侶に和田坊を預けるよう指示してい

一　任二先例一、寺中幷寺領等號二國役一、可レ令レ停二止守護使之亂入一事、

一　於二本所役難澁之輩一者、爲二衆徒沙汰一、令レ勘二落彼經田一、可レ成二佛閣造營料所一之事、

一　本尊聖教等、不レ可レ沽二却他山一事、

一　離山不住倫、令レ領二知坊舍經田一之條、自由至極也、自今已後可二停止一事、

一　兒童法體以前、不レ可レ讓二坊舍經田等一事、

一　坊舍經田令二武家沽却一之條、且背二佛意一、且寺中廢怠之基也、仍云二賣人一、云二買人一、共可レ處二罪科一事、

一　不レ伺二上意一任二雅意一、寺領・別所等、不レ可レ有二武家契約之儀一、若於下背二此旨一之輩上者、可レ被レ處二罪科一事、

一　寺僧等、或憑二權威一、或以二强緣之力一、令レ緩二怠寺中平均公役一者、堅可レ加二炳誡一事、

一　衆徒等評定事訖後、欲レ破二衆會之群議一輩、非分張行也、可レ有二殊沙汰一事、

一　先例に任せて、寺中幷《なら》びに寺領等に、国役と号して*守護使の乱入するを停止《ちょうじ》せしむべき事。

一　*本所役難渋《なんじゅう》の輩においては、衆徒の沙汰として彼《か》の*経田《きょうでん》を勘落《かんらく》せしめ、仏閣造営の料所と成すべき事。

一　本尊聖教等は、他山に沽却《こきゃく》すべからざる事。

一　*離山不住の倫《ひと》、坊舎経田を領知せしむるの条、自由の至極なり。自今已後は停止すべき事。

一　*児童《ちご》は法躰《ほったい》以前に、坊舎経田等を譲るべからざる事。

一　坊舎経田を武家に沽却せしむるの条、且は仏意に背き、且は寺中廃怠の基《もとい》なり。仍て売人と云い、買人と云い、共に罪科に処すべき事。

一　*上意を伺わず雅意に任せて、寺領・別所等、武家契約の儀あるべからず。もしこの旨に背くの輩においては、罪科に処せらるべき事。

一　寺僧等、或いは権威を憑《たの》み、或いは強縁《ごうえん》の力を以て、*寺中平均の公役を緩怠《かんたい》せしめば、堅く炳誡《へいかい》を加うべき事。

一　衆徒等の*評定、事訖《おわ》りて後に、衆会の群議を破らんと欲する輩は、非分の張行なり。殊なる沙汰あるべき事。

る。これは出家以前の武家稚児に、坊舎経田を売却した事例である。また文明十年(一四七八)六月十一日宣祐法印譲状によれば、桜本坊を徳一丸に譲ったが、離坊したため、それを悔返して守栄律師に譲りなおしている。これは、稚児への坊舎相承の事例である。また延徳二年(一四九〇)六月十九日中村重秀譲状によれば、鰐淵寺大蓮坊の坊舎・敷地・寺領は慶俊律師の負物の代として、中村重秀が入手した。そこで子息の鶴寿丸が成人出家するまでは栄宣律師に一期分預けておき、その後は鶴寿丸もしくは子孫・親類中で出家した者に相続させるよう規定している。武家への坊舎沽却の変形である。

**上意を伺わず**…　青蓮院門跡の了解なしに寺領経営を武家に委ねるのは禁止する。鰐淵寺が武家を代官として寺領経営を委ねたものとして、応安七年(一三七四)三月に漆治郷領家方所務代官職を広瀬秀泰に請け負わせた事例がある(『南北朝遺文』中国四国編四〇二七号)。ここでは衆徒との契約によって、年貢三五貫文の納入を条件に請負がなされている。

**寺中平均の公役**　鰐淵寺の寺僧すべてに平等に賦課された役負担。

**評定事訖りて後に**…　評定で決定したことを、後に覆そうとすることを禁止する。→補3

右、於下背二此條々一寺僧等上者、爲二衆徒一可レ追二罰其身一、猶以及二異儀一者、依二注進一、
固可レ加二成敗一也、仍下知如レ件、

應永九年十月九日　　別當權大僧都判

權僧正法印大和尚位判

法印大和尚位判

法眼和尚位判

**天7**　延暦寺大講堂衆議条々　慶長六年(一六〇一)二月　延暦寺横川別当代文書

慶長六年二月日於二大講堂一山門三院集會議曰、
早可レ相下觸爲二寺家目代之沙汰一、當山世・出世之法度院々谷々上條々
一　鎭護國家之丹誠、天下安寧之御祈、自二修正之始一、至二佛名之終一、年中行事於二
三塔九院之佛閣一、嚴密可レ被レ修レ之事、
一　日吉之祭祠、恆例之禮奠、守二舊規一不レ可レ有二怠慢一、日供・常燈於レ致二無沙汰一
者、可レ有レ改二易其社職一事、
一　世務之山領御寄附之上者、自今已後、佛道之修學、不レ可レ有二懈倦一、但隨分雖レ
勵二學功一、不レ堪二器量一而年既過二不惑一者、可レ有二宥免一

**三院**　異本ナシ。
**倦**　異本「怠」。

**注進によって固く成敗を…**　鰐淵寺からの注進によって青蓮院が処分する。この定書違犯の僧侶については、鰐淵寺惣寺に処罰権があり、なお従わない場合は青蓮院が処罰する。
**別当**　不詳。→補1

**天7**　→補2
**延暦寺大講堂衆議条々**　徳川家康が慶長六年(一六〇一)二月三日に寺領三四〇〇石あまりを加増したのを承けて、延暦寺大衆が公儀奉行の了解のもとで新たな寺院法の体系を制定したもの。→補3
**延暦寺横川別当代文書**　山門横川を統轄した別当代の所蔵文書。
**三院**　三塔それぞれの中核である一乗止観院(東塔)、西塔院(西塔)と首楞厳院(横川)をいうが、延暦寺一山の総称でもある。室町時代中期より三院集会や三院執行代が、延暦寺の寺内意志を代表するものとして機能した。
**世出世**　延暦寺の「世間」と「出世間」。世間は寺外の俗世間の意味ではない。中世寺院には祈禱や論義に携わる出世の寺僧のほかに、寺務運営を職掌とする世間の

右、この条々に背くの寺僧等においては、衆徒としてその身を追罰すべし。なお以て異儀に及ばば、*注進によって固く成敗を加うべきなり。仍て下知、件《くだん》の如《ごと》し。

応永九年十月九日　　*別当権大僧都判

権僧正法印大和尚位判

法印大和尚位判

法眼和尚位判

## 天7　延暦寺大講堂衆議条々　慶長六年(一六〇一)二月　延暦寺横川別当代文書

慶長六年二月日、大講堂における山門*三院の集会《しゅうえ》の議に曰く、

早く寺家目代の沙汰として、当山*世《せ》・出世の法度を院々谷々に相触るべき条々

1 一　鎮護国家の丹誠、天下安寧の御祈は、*修正《しゅしょう》の始めより*仏名《ぶつみょう》の終わりに至るまで、年中行事、*三塔九院《くいん》の仏閣において、厳密にこれを修せらるべき事。

2 一　日吉の祭祠、*恒例の礼奠《れいてん》は、旧規を守り怠慢あるべからず。日供・常燈、無沙汰を致すにおいては、その社職を改易あるべき事。

3 一　*世務の山領を御寄附の上は、自今已後、仏道の修学は*懈倦《けかん》あるべからず。但し*随分に学功を励むと雖《いえど》も、器量に堪えずして年既《すで》に*不惑を過ぎなば、宥免あるべ

---

僧(寺官)がいた。一般に寺内雑務を「世間雑事」、それに携わる寺官を「世間者」、門跡に仕える坊官を「世間門人」と呼んだ。第3条「世務之山領」、第12条「世間之談合」も同趣旨の用例。→補4

**1**　恒例の仏事は厳密に勤修する。

**修正**　修正会。天下泰平・玉体安穏・五穀豊穣を祈って行う年始の仏事。

**仏名**　仏名会。仏名経を誦して一年の罪穢を祓い懺悔する年末の仏事。

**三塔九院**　東塔・西塔・横川にあった九つの主な院家。→補5

**2**　恒例の神事は厳密に勤修する。

**恒例の礼奠**　日吉社の神々に幣帛や供物を捧げる恒例の祭祀。

**3**　僧侶は学道に励むべきだ。

**世務の山領を御寄附**　徳川家康が慶長六年に寺領を五〇〇〇石に加増したこと。

**懈倦**　あきて怠けること。

**随分に…立つべし**　天台宗の修学に懸命に励んでも能力のない者は、四〇歳になれば住持と衆中加入を容認する。こうした非学の輩は密教や戒律で身を立てよ。台密中心の中世延暦寺に対し、近世延暦寺は天台宗を基軸とした。学問奨励・戒律遵守が近世寺院法の特徴である。→補6

**不惑**　四〇歳の異称。「四十而不惑」(『論語』)に由来。

歟、然者或行ニ密教一、或可レ立ニ道徳一、於ニ其弟子一者、終日竟夜可レ爲レ專ニ鑽仰之勤一、若不レ隨ニ師匠之諫一者、縱雖レ爲ニ親昵之類身一、房舎之相續、曾以不レ可レ叶、早及ニ義絶一、忽可レ有ニ追放一事、

一　師弟之中一人、爲ニ學衆一者可レ有ニ用捨一歟、師資共於ニ非學一者、兩人同可レ有ニ衆中擯出一事、

一　縱雖レ嗜ニ學道一、其身之行儀不ニ神妙一、不レ恐ニ老宿一、不レ憚ニ師範一、過言狼藉之儀在レ之者、速可レ被レ及ニ永斷一事、

一　今度五千石之領知被レ宛ニ行長袖一事、寔
内府様之尊慮、恩山不レ知ニ其頂一、徳海不レ究ニ其底一、列ニ天台之門葉一人、挹ニ叡岳之末流一輩、以レ何報レ之、以レ何謝レ之、永寺納而致ニ懇祈一可レ抽ニ丹棘一外、無ニ他事一、然者縱雖レ爲ニ一山一衆之内一、房領等或沽却或質驗、堅可レ有ニ禁制一、若違ニ背此掟一者、賣主・買主、置手・取手、倶以可レ被レ處ニ嚴科一事、

一　法命住世事、偏在ニ論談決擇之惠業一、吾神之御本懐是此

**昵**　異本「躬」。

**終日竟夜**　一日中また一晩中。

**親昵の類身**　一族の者。

**義絶**　師弟関係を断つこと。

**4**　師弟の中に一人学道衆がいれば衆中への参加が認められるが、ともに非学であれば衆中から排除する。衆中は学だけでなく、一部に非学がいたことが分かる。

**5**　学道に優れていても、不作法な振舞いをする者は追放する。慶長十三年(一六〇八)比叡山法度第二条では「雖勤学道、其身之行儀於不律者、速可及離山事」とある(『天台座主記』)。

**永断**　慈覚門徒からの永久追放。→補1

きか。然れば或いは密教を行《ぎよう》じ、或いは道徳を立つべし。それ弟子においては、*終日竟夜《きようや》、鑽仰《さんごう》の勤めを専らになすべし。もし師匠の諫《いさ》めに随わざれば、縦《たと》い*親《しん》昵《じつ》の類身たりと雖も、房舎の相続、曾《かつ》て以て叶《かな》うべからず。早く*義絶に及び、忽《たちま》ち追放あるべき事。

4 一　師弟の中に一人、学衆たらば用捨あるべきか。師資共に非学においては、両人同じく衆中擯出《ひんしゅつ》あるべき事。

5 一　縦い学道を嗜《たしな》むと雖も、その身の行儀、神妙ならず、老宿を恐れず、師範を憚らず、過言狼藉の儀これあらば、速やかに*永断に及ばるべき事。

6 一　今度、*五千石の領知を*長袖《ながそで》に宛《あ》て行《が》わるる事、寔《まこと》に*内府様の尊慮なり。*恩山はその頂を知らず、徳海はその底を究めず。天台の門葉に列《つら》なる人、叡岳の末流を挹《く》む輩は、何を以てこれに報ぜんや、何を以てこれを謝さんや。永く寺納して懇祈を致し、*丹棘《たんきよく》を抽《ぬ》きんずべき外は他事なし。然れば縦い一山一衆の内たりと雖も、*房領等を、或いは沽却《こきやく》、或いは質験すること、堅く禁制あるべし。もしこの掟に違背せば、売主・買主、置手・取手、倶《とも》に以て厳科に処せらるべき事。

7 一　*法命《ほうみよう》住世の事は、偏《ひとえ》に論談決択《けつたく》の*恵業《えごう》にあり。*吾が神の御本懐は、是《こ》れこの

**6**　坊領の質入・売却を禁止する。

**五千石の領知**　延暦寺は秀吉時代に上坂本一五〇〇石、葛川村内七三石の領知が認められたが、徳川家康は慶長六年二月に下坂本村三四二七石を新寄進して計五〇〇〇石とした。

**長袖**　長い袖の衣服を常用した公家・僧侶・神官のこと。武士に対する語。ここでは延暦寺の僧徒を指す。

**内府様**　内大臣徳川家康(一五四二～一六一六)。家康は文禄五年(一五九六)五月に内大臣となり、慶長八年二月に右大臣・征夷大将軍に就いた(『公卿補任』)。

**恩山はその頂を…**　内府の恩徳は頂上が分からないほど高く、また底知れず深い。

**丹棘を抽きんず**　まごころを凝らす。丹棘は棘(いばら)の芯が赤いといわれることから、赤心(まごころ)になぞらえる。

**房領等を或いは沽却…**　延暦寺の僧侶同士であっても、房領の売買・質置きは禁止し、売り手・買い手、質の置き主・取り主をともに処罰する。→補2

**7**　論議を重視し勧学講を振興する。

**法命住世の事は…**　仏法がこの世に広まるかどうかは僧侶が行う論議にかかっている。

**恵業**　智恵に裏づけられた行為。

**吾が神**　日吉山王。

道也、加之北野聖廟者、三業相應之白善也云々、春日明神者、萬善之中之第一也云々、歎可レ歎者、學道之陵廢、喜可レ喜者、佛法之紹隆也、然者栗太・兵主之兩勸學講、連々可レ被レ執二立之一事、

付、任二先規一度結衆仁無二參勤一仁、進二人師一儀不レ可レ有レ之事、

一　長講會之論場、前唐院之八講、曩祖之報恩、學徒之規模、何事如レ之耶、糺レ昔可レ爲二一代教之法席一、然者云二冥加一、云二本意一、參勤之結衆、不通旨可レ被レ及二誓談一、如レ此起二舊廢一者、滿山彌琢二稽古之珠一、禪侶悉翫二學窓之月一、尤可レ爲二佛法繁昌之太本一事、

付、縦雖レ被レ任二探職一、鵠退而一篇者可レ被レ歴二前八長講之會座一事、

一　谷々三講之化儀、複二往古一可レ被レ修レ之事、

一　古來山徒之入衆、雖レ有レ之、當時俗方之見聞、佛法退轉之基也、犯二四波羅夷一者、不レ可二同座一旨、高祖之定判也、書云、

**廢**　底本「癈」。異本ニヨリ改ム。
**然者**　底本ナシ。異本ニヨリ補ウ。
**教**　底本異本「放」。意ニヨリ改ム。
**法**　異本「教」。
**前**　底本ナシ。異本ニヨリ補ウ。
**長**　底本ナシ。異本ニヨリ補ウ。

**北野の聖廟**　北野社の祭神の菅原道真。「論義は三業に叶った善業だ」と述べた。
**三業**　身・口・意のはたらき。意業と身業と口業の三をいう。
**栗太兵主の両勧学講**　↓補1
**結衆**　勧学講で論義を行う講衆のこと。
**人師**　顕宗伝法人師・先達ともいう。勧学講で講衆の論義を教導した僧。
**8**　長澄・円仁の忌日八講を振興する。
**長講会**　最澄の忌日(六月四日)に行われた法華十講の論義法会。六月会。天正十七年(一五八九)に再興した。
**前唐院の八講**　円仁忌日の正月十四日に行われた法華八講か。↓補2
**学徒の規模**　学僧としての模範・名誉。
**一代教**　釈迦が一代の間に説いた教え。
**不通の旨**　意味のよく分からない箇所。
**誓談**　清談。俗世間を離れた議論。
**旧廃を起こさば**　廃れたものを再興したならば。
**満山は弥稽古の…**　延暦寺の僧侶たち

道なり。加之《しかのみならず》、*北野の聖廟は、「*三業《さんごう》相応の白善《びゃくぜん》なり」と云々。春日の明神は、「万善の中の第一なり」と云々。歎きても歎くべきは学道の陵廃《りょうはい》、喜びても喜ぶべきは仏法の紹隆なり。然れば*栗太《くりた》・兵主《ひょうず》の両勧学講《かんがくこう》は、連々これを執り立てらるべき事。

付けたり。先規に任せ、一度も*結衆に参勤なき仁は、*人師《にんし》に進む儀、これあるべからざる事。

8 一 *長講会の論場、*前唐院《ぜんとういん》の八講は、曩祖《のうそ》の報恩、*学徒の規模《きぼ》なり。何事かこれに如《し》かんや。昔を糺《ただ》すは*一代教の法席たるべし。然れば冥加と云い、本意《ほい》と云い、参勤の結衆は、*不通の旨を*誓談に及ばるべし。此《かく》の如《ごと》く*旧廃を起こさば、*満山は弥《いよいよ》稽古《けいこ》の珠を琢《みが》き、禅侶は悉《ことごと》く学窓の月を翫《もてあそ》ばん。尤も仏法繁昌の太本たるべき事。

付けたり。縦い*探職に任ぜらると雖も、*鷁退《げきたい》して一篇は前八・長講の会座を歴らるべき事。

9 一 *谷々三講の*化儀《けぎ》は、往古に復し、これを修せらるべき事。

10 一 古来より*山徒の入衆《にっしゅ》はこれありと雖も、*当時、俗方の見聞は仏法退転の基《もとい》なり。*四波羅夷《しはらい》を犯す者と、同座すべからざる旨、*高祖の定判なり。*書に云わく、

は、ますます修行や学問に励むだろう。

**探職**　探題。竪義の出題・判定者。

**鷁退**　後退すること。風に強い鷁(想像上の水鳥)ですら大風で吹き戻される意。探題に任命された後でも、長講会・前唐院八講の講師の経験がなければ、一度はそれを経験すべきだ。

**9**　諸谷の三講を復興する。

**谷々三講**　比叡山の諸谷で実施された講説。詳細は不明。『葉黄記』宝治二年(一二四八)八月十七日条に「山門東塔南谷三講講説」とある。

**化儀**　教化・教導の手段。

**10**　延暦寺僧の妻帯を禁止する。

**山徒の入衆**　妻帯している山徒が寺僧としての成員権を得ること。顕密僧の妻帯は中世では珍しくなかったが、延暦寺では南北朝の頃から、大衆のうち妻帯して山門使節に補任される僧を特に山徒と呼んだ。本文史料の「延暦寺大講堂衆議条々」の項参照。

**当時俗方の見聞**…　今の世間の人々が妻帯僧の交衆を見聞きすれば、延暦寺の衰退につながる。

**四波羅夷**　淫・盗・殺人・妄語の四重罪を指す。戒律のうち最も罪が重く教団追放に処せられた。

**高祖の定判**　不詳。

**書**　『論語』学而篇。

**太閤様**　異本「秀吉公」。
**律**　底本「戒」。異本ニヨリ改ム。

過則勿レ憚レ改云々、此以後妻帯之交衆不レ可レ有二許容一、是又非二今更之儀一、従二太閤様之御時一、粗得二御意一處也、猶以至二當　御代一、募二其筋目一、永々可レ有二停止一、若爾者、吾山者傳二三會下生之曉一、覃二千佛出世之夕一、淸淨持律之苾蒭、令二法久住之靈洞、可レ奉レ仰二諸天之擁護一事、

一　於二淨侶之中一、自然破戒不律之沙汰有レ之者、任二風聞一被レ遂二糺明一、實犯露顯者、卽時可レ被レ放二　覺師之門徒一、若贔屓之倫有レ之者、可レ爲二同罪一事、

一　世間之談合、出世之法度、不レ交二學道衆一、非學計之衆談可レ有二停止一、縦於レ傍雖レ有二議定一、可レ有二棄破一事、

一　頃之若輩、動繼二連署一與二黨類一被レ存二異據一事、太以不レ可レ然、永可レ被レ止レ之、實々不レ能二承引一、重而其企有レ之者、張本人尋搜、急度可レ被レ及二衆拔一事、

一　三千之諸房者、隨自意三昧之道場也、朝暮之勤行肝要也、令二懈怠一僧侶有レ之者、可レ被レ停二止住山一事、

一　御社詣故實之事、僮僕已下不レ可レ失二先規一、但巳剋已前、酉刻已後、

**太閤様の御時より…**　豊臣秀吉の時代に妻帯禁止の意向が伝えられていた。ただし関連史料は今のところ確認できない。
**三会下生の暁**　弥勒菩薩が五六億七〇〇〇万年後に三度の説法を行って人々を救済する時。僧侶の妻帯を誡めると延暦寺は龍華三会まで繁栄する。
**千仏**　賢劫（けんごう）の千仏。既に出現した釈迦までの過去四仏と、将来出現する弥勒など九九六仏を合わせたもの。
**苾蒭**　梵語の音訳で僧侶のこと。
**霊洞**　よく悟り知る人。
**11**　破戒の僧侶は門徒を追放する。
**自然破戒不律の沙汰…**　僧侶に万一破戒の噂があれば調査を行い、それが事実であれば本人を門徒から追放する。「自然」

は万一の意。慶長十三年(一六〇八)の比叡山法度第二条にも「雖勤学道、其身之行儀於不律者、速可及離山事」とある。
**覚師の門徒**　慈覚大師円仁の門徒。
**12** 非学のみの衆談・衆議を禁止し、その決議も無効とする。
**世間の談合**…　寺内俗事についても、仏法に関することでも、非学だけの衆談・衆議は禁止する。本文史料冒頭の「世出世」の項参照。
**傍らにおいて**　不詳。学道衆の衆議の傍らで、の意か。
**13** 若衆が連署状を書き党を結んで寺内運営に反対することを禁じ、張本は衆中から追放する。
**14** 朝夕の勤行を怠る僧侶は住山禁止。
**三千の諸房**　比叡山にある数多くの僧坊。天台宗では「一念三千」など「三千」に一切の現象を象徴させる。三〇〇〇軒の僧坊の意ではない。
**随自意三昧**　法華経の真髄を体得する法華三昧をいう。随自意は仏が真実の本心を吐露したもの。衆生の資質に応じて方便として語られた随他意に対する語。天台宗では法華経を随自意の教えとする。
**15** 日吉社参詣は先例を遵守せよ。
**御社詣**　日吉社への参詣。
**巳刻已前**…　午前一〇時以前と午後六時以降は、夜の例に従い隠形で社参せよ。

「過っては則ち改むるに憚ること勿《なか》れ」と云々。これ以後、妻帯の交衆《きょうしゅう》は許容あるべからず。是れまた今更の儀に非ず。*太閤様の御時より、粗《あらあら》御意を得る処なり。なお以て当　御代に至るも、その筋目を募り、永々停止《ちょうじ》あるべし。もししからば、吾が山は*三会下生《さんねげしょう》の暁《あかつき》に伝わり、*千仏出世の夕べに覃《およ》ばん。清浄持律の*苾蒭《ひっすう》、令法久住の*霊洞は、諸天の擁護を仰ぎ奉るべき事。

11　一　浄侶の中において、*自然《じねん》、破戒不律の沙汰これあらば、風聞に任せて糺明を遂げられ、実犯《じっぽん》露顕せば、即時に　*覚師の門徒を放たるべし。もし贔屓《ひいき》の倫《ひと》これあらば、同罪たるべき事。

12　一　*世間の談合、出世の法度は、学道衆を交えず、非学ばかりの衆談は停止あるべし。縦い*傍らにおいて議定《ぎじょう》ありと雖も、棄破あるべき事。

13　一　このごろの若輩、動《やや》もすれば連署を継いで党類に与《く》みし、異拠を存ぜらるる事、太《はなは》だ以て然るべからず。永くこれを止めらるべし。実々《げにげに》、承引能《あた》わず、重ねてその企てこれあらば、張本の人を尋ね捜し、急度《きっと》衆抜に及ばるべき事。

14　一　*三千の諸房は、*随自意三昧《ずいじいざんまい》の道場なり。朝暮の勤行、肝要なり。懈怠《けたい》せしむる僧侶これあらば、住山を停止せらるべき事。

15　一　*御社詣《もうで》　故実の事、僮僕《どうぼく》已下、先規を失すべからず。但し*巳《み》刻已前、酉刻已後

以二各夜之例一、可レ爲二隱形一事、

一　當山六即七位之界畔、記家之相承不レ珍、然間東坂之往還、有二法門之約束一、如二前々一、着二素絹・袈裟一、用二上藁鞋一可二上下一、但從二卯月一至二七月一帷之間者、可レ爲二白衣種子袈裟一事、

一　房舍建立境内之事、其房江近境可レ有二進退一也、同一谷中山林柴山之事、自他之山混合而一谷之房次仁、可レ被二割付一、一山者新御寄進故事、

一　頃年袈裟之法式、無二正躰一、神明・佛陀之冥意難レ測、所詮如二有來一、僧綱者紫甲、常者紋白之五條、凡僧者靑甲、常者平絹之五條、已講・擬講者櫨甲、常者靑色之五條可レ有二着用一事、

一　黑素絹之事、谷々之意樂雖レ有レ之、今般三院一同而從二十七臈春一、可レ被二入墨一事、

付、縦雖レ爲二十歳之内得度一、以二十一出家一、可レ爲二戒臈之初一事、

一　近年僧綱之戒臈、恣之爲躰、可レ招二他宗之嘲哢一歟、以來者可レ爲二三十臈以上一、花帽子者可レ爲二廿五臈以後一、但遂業之輩者、雖二淺臈一也、

**墨**　底本「黑」。異本ニヨリ改ム。

**16**　東坂往来は定められた装束で行え。

**六即七位の界畔**　六即七位は究極の悟りに至る六段階と、菩薩の七つの位をいう。それにちなんで比叡山の六つの結界を六即七重の結界と称した。↓補1

**記家**　「顕密戒記」(顕教・密教・戒律・記録)のうち記録をつかさどった一学派。延暦寺の故実を天台宗の教義で神秘的に解釈し、記録の探求によって悟りに到達しようとした。平安末の顕真に始まるといわれ、鎌倉末に大成された。

**東坂**　比叡山麓の東坂本。

**素絹**　練らない白の絹糸で製された法衣。「素絹ハ坂衣トテ公界エ不出也、坂ノ上下ノ用」(『群書』二八―五一頁)。

**藁鞋**　『下学集』に「ワランヂ」の訓あり。

**帷**　裏をつけないひとえの衣服、暑衣。四月から七月が夏服の季節であった。

**白衣**　礼服でない略式の僧衣。

**種子袈裟**　真言の種子を縫い込んだ輪袈裟。布を輪形に作り首から垂らした略式の袈裟。

**17**　下坂本村が新たに寄進されたため、山林柴山についての権利関係を破棄し、すべての山を一つにし、その上で坊の序列に従って割り付け直す。

は、各夜の例を以て、隠形《おんぎょう》たるべき事。

16 一 当山は*六即七位《ろくそくしちい》の界畔にして、*記家《きけ》の相承《そうじょう》珍しからず。然る間、*東坂の往還に法門の約束あり。前々の如く、*素絹《そけん》・袈裟を着し、上の*藁鞋《わらじ》を用いて上下すべし。但し、卯月より七月に至る*帷《かたびら》の間は、*白衣《びゃくえ》・*種子《しゅじ》袈裟たるべき事。

17 一 房舎建立の境内の事、その房へ近き境は進退あるべきなり。同じく一谷中の山林柴山の事、自他の山を混合して、一谷の房次《なみ》に割り付けらるべし。一山は新御寄進の故の事。

18 一 *頃年《けいねん》、袈裟の法式《ほっしき》は正躰なく、神明・仏陀の冥意、測《はか》りがたし。所詮、あり来《きた》る如く、僧綱は*紫甲《しこう》、常は*紋白の五条。*凡僧は青甲《しょうこう》、常は*平絹《ひらぎぬ》の五条。*已講・擬《ぎ》講《こう》は櫨甲《ろこう》、常は青色の五条を着用あるべき事。

19 一 *黒素絹の事、谷々の意楽《いぎょう》これありと雖も、今般、三院一同にて十七﨟の春より、入墨せらるべき事。

付けたり。縦い十歳の内の得度たりと雖も、十一の出家を以て戒﨟の初めとなすべき事。

20 一 近年、僧綱の戒﨟、恣《ほしいまま》の為躰《ていたらく》は、他宗の嘲哢を招くべきか。*以来は三十﨟以上たるべし。花帽子《はなぼうし》は二十五﨟以後たるべし。但し*遂業《すいごう》の輩は浅﨟なりと雖も、

**18** 袈裟の乱れを正す。
**頃年** 近ごろ。最近。
**紫甲** 晴儀に着用した七条の甲袈裟の一。甲袈裟は条葉と甲の色や材料を異にした袈裟で、甲の色目の違いによって紫甲・青甲・櫨甲と呼んだ。→補2
**紋白の五条** →補3
**凡僧** 僧綱でない有職・非職の僧侶。
**平絹** 「へいけん」とも。→補4
**已講擬講** 勅会の講師を勤めた者を已講といい、講師に請定されたのみでいまだ遂講していない僧を擬講という。いずれも有職の一つ。通常は凡僧に含める。
**19** 黒素絹の着用は一七﨟の春とする。
**黒素絹** 素絹に入墨した略服の僧衣。黒素絹になると中﨟として房号を許された。延暦寺では良源以来、公的にも素絹を着用したといい、浅﨟は白色、中﨟は薄墨色、極﨟が濃墨色であった(『素絹記』)。のち元禄十五年(一七〇二)に黒素絹の時期を一一﨟の末に改めた。→補5
**20** 僧綱補任は三〇﨟以上、花帽子の着用は二五﨟以上とする。ただし一七﨟以降の黒素絹の者でも遂業すれば、花帽子の着用を認める。僧綱補任権はもともと朝廷にあったが、永宣旨により法印権大僧都までの補任権が延暦寺に譲られた。
**以来は** 今より後は。
**遂業** 竪義を遂げた僧。竪者。

許㆓花帽子㆒儀先例也、然而白素絹之間者、不レ可レ有㆓免除㆒事、
一　若徒遂業之事、不レ顧㆓先徳之舊例㆒、却而似レ輕㆓一宗之先途㆒、但以レ法不レ可レ押レ機、縦雖レ為㆓若年㆒、其志於㆓深重㆒者、被レ遂㆓所立㆒、暫可レ被レ抱㆓谷之披露㆒事、
一　授職開壇年序之事、年非㆓半百㆒者、可レ為㆓聊爾㆒歟、雖レ然時者澆季、機者下根也、大阿闍梨四十歳以後ニ定訖、但於㆓名室㆒者、四十之内、可レ為㆓三十已上㆒事、
一　直綴者非㆓法衣㆒、甲乙人之物也、京都・坂本之間者、可レ有㆓着用㆒、於㆓山上・社頭㆒者、一切不レ可レ用レ之事、
一　於㆓一院三院之衆座㆒、綿帽子・染踏皮・革踏皮可レ有㆓停止㆒、幷於㆓山中・社中㆒、藁之草履・革之草履可レ有㆓禁制㆒、朱傘・塗足駄・緒太可レ被レ用レ之、歩行之粧迄、人々各々可レ被㆓相嗜㆒事、
一　白素絹十七臈之内者、雪沓・塗木履不レ可レ用レ之事、
一　於㆓院内・谷中㆒住侶之徘徊、白衣不レ可レ叶、萬端之行儀可レ被レ務レ本事、
一　満徒外席之作法、今頃以外放埒也、老若互恥而可レ被レ刷㆓威儀㆒、

**抱**　異本「拘」。
**沓**　異本「踏」。
**花帽子**　縹（はなだ）色の帽子。縹帽子・花田帽子とも書く。→補1
**21**　一般に若徒の竪義は控えるべきだ。
**法を以て…**　若徒の遂業を禁ずる規定によって、人（機）を縛ってはならない。
**所立を遂げ**　竪義を遂業し。
**披露を抱え**　披露するのを延期する。
**22**　弟子に伝法灌頂を授けることができるのは四〇歳以上とする。
**授職開壇**　灌頂壇を設けて弟子に伝法灌頂を授けること。伝法の阿闍梨を開壇阿闍梨ともいう。
**半百**　一〇〇の半分、五〇。
**時は澆季…**　時は末法であり、人間（機）の資質が劣っているので、励みにするため四〇歳から開壇を認める。
**名室**　密教で名門の坊。
**23**　叡山・日吉社での直綴着用の禁止。
**直綴**　上衣と裳を直に綴じつけた略儀の僧服。入道した俗人も着用したので「甲乙人之物」といっている。→補2
**社頭**　日吉社の境内。
**24**　衆座での履き物、被り物の規制。
**一院三院の衆座**　東塔・西塔・横川の塔単位、または三塔全体が集まる会座。

*花帽子を許す儀、先例なり。然れども白素絹の間は、免除あるべからざる事。

21 一 若徒遂業の事、先徳の旧例を顧みず、却《かえ》りて一宗の先途を軽んずるに似る。但し*法を以て機《き》を押《おさ》うべからず。縦い若年たりと雖も、その志、深重においては、*所立を遂げられ、暫く谷の*披露を抱えらるべき事。

22 一 *授職開壇の年序の事、年は*半百《はんびやく》に非ざれば、聊爾《りようじ》たるべきか。然りと雖も*時は澆季《ぎようき》、機は下根なり。大阿闍梨は四十歳以後に定め訖《おわ》んぬ。但し*名室においては四十の内、三十已上たるべき事。

23 一 *直綴《じきとつ》は法衣に非ず、甲乙人の物なり。京都・坂本の間は、着用あるべし。山上・*社頭においては、一切これを用うべからざる事。

24 一 一*院三院の衆座において、*綿帽子・染踏皮《そめたび》・*革踏皮《かわたび》は停止あるべし。并《なら》びに*山中・社中において、藁の草履《ぞうり》、革の草履は禁制あるべし。*朱傘《しゆがさ》・*塗足駄《ぬりあしだ》・*緒太《おぶと》、これを用いらるべし。歩行の粧《よそお》い迄、人々各々、*相嗜まるべき事。

25 一 *白素絹十七﨟の内は、*雪沓《ゆきぐつ》・*塗木履《ぬりきぐつ》、これを用うべからざる事。

26 一 院内・谷中における住侶の徘徊は、*白衣叶うべからず。万端の行儀、本を務めらるべき事。

27 一 *満徒外席の作法は、今頃、以ての外に放埒《ほうらつ》なり。老若は互いに恥じて威儀を刷《ととの》

**綿帽子**　衆徒が集まる会座では、花帽子を認められた者以外は帽子の着用を禁じられた。「綿帽子　濫觴可尋、上﨟之僧侶著之也」(『南都僧俗職服記』)。
**革踏皮**　染革や燻革でしたてた足袋。「紫の革踏皮」(『流行言葉』)。
**山中社中に…**　比叡山や日吉社では藁草履など略式の履き物を禁止する。
**朱傘**　地色を朱に染めた長柄のさし傘。法会の導師や貴人にさしかけた。
**塗足駄**　鼻緒のある漆塗りの履き物。→補3
**緒太**　鼻緒の太い草履や下駄。
**相嗜まるべき**　履き物など歩行の装いまで注意して威儀を調えよ。
**25**　白素絹の間の履き物の規制。
**白素絹十七﨟の内**　黒素絹を許されない一七﨟までの浅﨟の期間。底本はこの条項は細字となっている。
**雪沓**　爪籠(つまご)とも。雪道を歩くときに用いる深い藁沓(わらぐつ)。
**塗木履**　「ぬりぽっくり」ともいう。漆で黒く塗った浅履(あさぐつ)。
**26**　山上を白衣で徘徊することの禁止。
**白衣**　上着をつけない略式の僧衣。→補4
**27**　寺外での威儀を整えよ。
**満徒外席の作法**　京都など寺外の法会での延暦寺僧の振る舞い。

長髪之出仕、無骨之起居、高聲之雜談、卑劣之言語、可レ被二停止一、并路次之禮法不レ可レ亂レ之事、

一　近年不レ撰二衆徒之俗姓一事、太不覺之至也、以二卑賤之身一、可レ預二　公請一事、深有二其恐一、向後可レ有二穿鑿一也、若俗立一夜兒可レ有二禁止一、童形之時、祭禮之棧敷入、　神明可レ有二感應一事、

一　顯密之院室相續之事、前々碩徳繼レ踵、代々脈腑殘レ傳、非二器量一者、住持職叵レ叶、以二一院之衆談一、其仁躰可レ被レ定也、但雖レ有二器用一、於二若輩一者、住房不レ可レ然事、

付、修驗之行室、可レ准レ之事、

一　三塔止住之僧徒、增レ月添レ日、成二多人數一訖、灌頂之三戒、其外作善等、如レ元、谷々集來可レ然事、

一　若輩帶二刀杖一事、堅可レ有二停止一、萬壽　神敕有二誰可レ背レ之耶、彌可レ被レ加二炳誡一事、

一　末寺之沙門、號二住山之望一、登山有レ之者、先國元・身躰之分野、具可レ被二立聞一、亦於二此方一漸鑑二其機一、靜可レ有二入

**脈**　底本「一脈」。異本ニヨリ改ム。

**長髪の出仕**　きちんと剃髪しないまま法会に出席すること。

**路次の礼法**　寺外との往還の場での礼儀作法。

**28**　身分の低い者を弟子にするな。

**俗姓を撰ばざる**　稚児を弟子にとる際、その家柄を吟味しないこと。↓補1

**公請**　朝廷の仏事に出仕すること。

**俗立の一夜児**　不詳。童が祭礼の見物に来るのは望ましいが、入室していない稚児が稚児論義などに参加するのは禁止、の意か。

**29**　住持の跡継ぎは一院の衆議で決定。

**碩徳は踵を継ぎ…**　それぞれの院室は名僧を輩出して、優れた伝統を伝えている。

**一院の衆談**　一院は東塔・西塔・横川のそれぞれを指す。顕密寺院の住持職は一

えらるべし。長髪*の出仕、無骨の起居、高声《こうしょう》の雑談《ぞうだん》、卑劣の言語は停止せらるべし。幷びに路次*の礼法はこれを乱すべからざる事。

28 一 近年衆徒の俗姓*を撰ばざる事、太だ不覚の至りなり。卑賤の身を以て、*公請《くじょう》に預かるべき事、深くその恐れあり。向後《きょうご》は穿鑿《せんさく》あるべきなり。もしくは俗立*の一夜児《ちご》は禁止あるべし。童形の時、祭礼の桟敷《さじき》入りは、　神明、感応あるべき事。

29 一 顕密の院室相続の事、前々の碩徳*は踵を継ぎ、代々の脈腑は伝を残す。器量に非ざれば住持職は叶いがたし。一院*の衆談を以て、その仁躰、定めらるべきなり。但し器用ありと雖も、若輩においては、住房*然るべからざる事。

付けたり。修験の行室《あんしつ》もこれに准ずべき事。

30 一 *三塔止住《しじゅう》の僧徒は、月に増し日に添えて、多人数と成り訖んぬ。灌頂*の三戒、その外の作善等は、元の如く、谷々の集来、然るべき事。

31 一 若輩、刀杖を帯ぶる事、堅く停止あるべし。万寿*の　神勅、誰かこれに背くべきことあらんや。弥《いよいよ》炳誡《へいかい》を加えらるべき事。

32 一 末寺の沙門が住山の望と号して、登山することこれあらば、先《ま》ず国元・身躰《しんてい》の分野、具《つぶさ》に立ち聞かるべし。またこの方において、*漸《ようや》くその機を鑑《かんが》み、静かに入

般に先代住持からの相承によったが、本条ではそれを否定して、住持決定権を一院の衆議のもとに置いた。

**住房**　住持となること。

**30** 山内の人数が増えても、重要な儀式や作善では谷ごとに参加せよ。

**三塔止住の僧徒**　比叡山に住する僧侶。その人数の急速な加増ぶりは、徳川家康による延暦寺の再建が順調に進んでいることを示している。

**灌頂の三戒**　不詳。伝法灌頂の際に授けた三昧耶戒(さんまやかい)をいうか。

**31** 若輩の武装を禁止する。中世の顕密寺院では若輩が検断活動に携わることが多く、戦乱の際には宿老の祈禱と若輩の軍忠がしばしば求められた。

**万寿の神勅**　万寿二年(一〇二五)三月に日吉社禰宜に下った託宣。修学の衰微と大衆の兵仗を嘆いた日吉山王が、比叡山を去ることを告げたもの。山王を留めるために同年三月十二日に日吉礼拝講が行われ、年中行事となった。→補2

**32** 末寺の僧侶が住山を望んでやってくれば、本人の身上を詳しく聞いた上、さらに暫くの間、本人の資質をよく見極めてから入衆を許可せよ。「機」は機根・資質を指し、「入衆」「交衆」は延暦寺僧としての成員権を獲得することをいう。

**漸く**　少しずつ。徐々に。

衆一、疎忽之交衆、不レ可レ有レ之事、

一　於二當山之衆中一公事篇出來者、先爲二其谷一、憲法仁可レ有二沙汰一也、爲レ谷難レ決時者、可レ爲二一院之評議一、院內之裁許不二相濟一者、可レ被レ受二三院之衆評一、以二起請文一可レ有二異見一也、不レ能二數篇之屆一、訟二公儀一倫者、早可レ被レ及二衆勘一事、

一　東西之坂、可レ登二牛馬一境目之事、西者限二牛之額一（昔者限二脱俗院一、今者依レ有レ意若レ斯、）東者限二山王馬場末中之鳥居一事、

付、神馬者非二禁法之限一事、

一　日吉之服忌令近年猥由、神慮叵二思議一、山下之氏子非レ爲レ他、如レ例可レ糺之旨、可レ被二申付一事、

一　執行代・別當代、學頭代・一和尚代・衆擧代被レ撰二其器用一、以二衆議一可レ被二相定一事、

一　下方之禮儀并百姓前之所務等、不レ違二大法一、每事可レ被二申付一事、

一　諸谷現房之外、新起二立房舍一之事、來年三月以前可レ被レ建レ之、於二指圖一者、奔走可レ被レ任レ意、最略之分桁行七間、梁行四

**儀**　底本「議」。異本ニヨリ改ム。
**意若斯**　異本「心如此」。
**代**　異本ナシ。
**之**　異本「立」。

**33**　衆中の間で紛争が起これば、その人物が所属する谷が公平な裁決をくだす。谷が決められなければ、所属の一院が裁許する。院内で裁決できなければ、三塔全体から意見をきく。
**公事篇**　紛争・裁判沙汰のこと。
**数篇の届け**…　山内の裁判手続きを無視し、直接公儀に訴える者は衆勘に処す。
**34**　牛馬を入れてもよい境界を定める。
**牛の額**　「比叡山雲母坂を下路の左なり、其形牛(ママ)の額に似たり」(『近江輿地志略』二五)。→補1
**脱俗院**　西坂本の雲母坂の上にあった法華清浄脱俗院。延暦寺の十六院の一で水飲堂ともいった。この水飲の地が古来より叡山の西の結界であった。
**山王の馬場**　東坂本の日吉社の馬場。
**35**　氏人に日吉社服忌令を遵守させよ。
**日吉の服忌令**　服喪・触穢など社参を憚るべき項目とその日数を記したもの。父母の忌が五〇日、服が一三ケ月。死穢が三〇日、産穢が七〇日など。→補2
**神慮思議しがたし**　服忌令の違犯を日吉

衆あるべし。疎忽《そこつ》の交衆《きょうしゅう》、これあるべからざる事。

33 一 当山の衆中において、*公事篇出来《しゅったい》せば、先ずその谷として、憲法に沙汰あるべきなり。谷として決しがたき時は、一院の評議たるべし。院内の裁許、相済まざれば、三院の衆評を受けらるべし。起請文《きしょうもん》を以て異見あるべきなり。*数篇の届け能わず、公儀に訟《うった》うる倫《ひと》は、早く衆勘に及ばるべき事。

34 一 東西の坂、牛馬を登らすべき境目の事。西は*牛の額〈昔は*脱俗院を限る。今は意あるによって、斯くの若《ごと》し〉を限る。東は*山王の馬場、末中の鳥居を限る事。

付けたり。神馬は禁法の限りに非ざる事。

35 一 *日吉の服忌令《ぶっきりょう》、近年猥《みだ》らなる由《よし》、*神慮思議しがたし。山下の氏子は、*他のために非ず。例の如く糺すべきの旨、申し付けらるべき事。

36 一 *執行《しぎょう》代・別当代、*学頭代・*一和尚代・*衆挙代はその器用を撰ばれ、衆議を以て相定めらるべき事。

37 一 *下方の礼儀、并びに*百姓前の所務等は、大法に違《たが》わず、毎事申し付けらるべき事。

38 一 諸谷に現房の外、新たに房舎を起立するの事、*来年三月以前にこれを建てらるべし。*指図においては、奔走、意に任せらるべし。最略の分は*桁行《けたゆき》七間、*梁行《はりゆき》四

山王がどのようにお考えになっているか、想像もできないほど恐ろしい。

**他のために非ず** 日吉社の氏人が服忌令を守るのは、自分のためである。

**36** 三塔諸谷の代表者は衆議で選ぶ。

**執行代別当代** 三塔それぞれの代表者。東塔院執行代・西塔院執行代と横川の楞厳院別当代をいい、三者あわせて三院執行代と総称。室町時代中期より登場し、幕府など俗権力から延暦寺への通達は、基本的に三院執行代に対して行われた。

**学頭代** →補3

**一和尚代** →補4

**衆挙代** →補5

**37** 大法に従い下僧・百姓に所役を賦課せよ。

**下方の礼儀** 公人たち下僧が上方・中方の僧侶に対して尽くすべき礼儀。

**百姓前の所務** 百姓が果たすべき仕事。

**38** 諸谷での新規坊舎造立の規定。

**来年三月** ほぼ一年後の慶長七年(一六〇二)三月。第30条と同様、延暦寺再建が急速に進んでいることを物語る。

**指図においては…** 坊舎をどの程度のものにするか、その設計に関しては、本人の意に任せる。

**桁行・梁行** 建物の桁の長さと梁の長さ。柱と柱の間を一間と数え、妻の方向の間数が桁行、平の方向の間数が梁行。

間、二方之縁者此外也、自レ是爲二減少一者、不レ可レ附二房領一、互可レ有二檢斷一之事、

付、雖二起立一、不レ居二房主一明房、不レ可レ叶事、

一　新造之房舎建手之諍有レ之者、於二其谷法師一者、前仁可レ被レ立レ之、他谷衆・田舎衆之競望者、可レ爲二次々一、若又於二一谷中一、望之族數多有レ之者、可レ爲二先次第一事、

右、一々式目、繼レ絶興レ廢、溫レ古知レ新、大衆之僉議一統之上、所レ極者、經二　公儀奉行之沙汰一、誌定訖、盡二未來際一可レ被レ守二此旨趣一、兼又諸國之門弟、挹レ流尋レ源、聞レ香討レ根、以二本山之法度一、可レ爲二末寺之軌範一而已、

以上

（署名四九名略）



**明**　異本「空」。
**者**　底本ナシ。異本ニヨリ補ウ。
**僉**　異本「群」。

間、二方の縁はこの外なり。*是れより減少さすれば、房領を附すべからず。互いに検断あるべきの事。

付けたり。起立すと雖も、房主を居《す》えざる明房《あきぼう》は、*叶うべからざる事。

39 一 新造の房舎、建手の諍《あらそ》いこれあらば、その谷の法師においては、前にこれを立てらるべし。他谷衆・*田舎衆の競望《けいもう》は、次々たるべし。もしまた一谷中において、望みの族、数多《あまた》これあらば、先次第たるべき事。

右、一々の式目は、絶うるを継いで廃《すた》るるを興し、古きを温《たず》ねて新しきを知る。*大衆の僉議《せんぎ》一統の上、*極《き》むるところは、公儀奉行の沙汰を経て、誌《しる》し定め訖んぬ。未来際を尽くして、この旨趣を守らるべし。兼ねてまた諸国の門弟は、*流れを挹《く》みて源を尋ね、香を聞きて根を討《たず》ねて、本山の法度を以て、末寺の軌範となすべきのみ。

以上

（署名四九名略）

**是れより減少**… 桁行七間、梁行四間より小さな坊舎には房領を宛行わない。

**叶うべからざる事** 房領を宛行わない。

**39** 坊舎新立の希望者が多く、敷地争いがおきれば、その谷所属の僧侶をまず優先し、ついで他谷衆、田舎衆の順序とする。同じ谷で希望者が多ければ、申請の早い者順とする。

**田舎衆** 地方の末寺出身者。第32条を参照。

**大衆の僉議一統**… 三塔集会で大衆が協議して決定し、公儀奉行の検討を経た上で記し定めた。

**極むる** 決める、決定する。

**流れを挹みて**… 影響をうけた者がその根源を尋ねるように、延暦寺の末寺は本山のこの法度を末寺の規範とすべきである。『摩訶止観』「挹流尋源、聞香討根」（『大正蔵』四六—一頁）。

# 第四編　南都

# 第一章　興福寺

**南1**　**興福寺寺辺新制**　治承五年（一一八一）六月　日　　内閣文庫大乗院文書

寺邊新制事

學衆

一　所從事

別當已下僧綱・已講、任二公家新制一、潤色可レ有二其沙汰一、華族成業者所從僧・童合四人、同君達者所從僧・童合三人、

已上、主人着二付衣一之時者、所從童可レ用二白衣一、但成業已下此員數之外、於下相二具修學者一之條上者、非二制限一、

凡人成業所從二人、圓堂已下所從一人、

已上、着二法服一出仕之外、童可〔用脱カ〕二白衣一、但於下着二法服一時上者、可レ用二所從三人一、

一　衣服事

**南1**　↓補1

**興福寺寺辺新制**　公家新制をもとに作成された寺辺新制で、この種のものとしては最初とされる。学衆・禅衆それぞれに対して条文が示されるが、主たる内容は過差の規制。平氏焼打後の被害がなお癒えぬ時期のものであり、法の実効性よりも、発布すること自体に意味があったと思われる。↓補2

**内閣文庫大乗院文書**　内閣文庫は、明治政府が江戸幕府から引き継いだ書籍をもとに、さらに購入などによって内容を充実させ、中央図書館にしようとしたもの。興福寺大乗院門跡の史料もこの過程で収まった。有名な『大乗院寺社雑事記』もこの中に含まれる。一九七一年、国立公文書館建設により、内閣文庫はそちらに吸収された。

**学衆**　教学の研鑽をつむ僧侶。僧綱から円堂衆までを指す。出自は後出の禅衆よ

りも高い。
**1** 学衆に扈従する僧侶・童の人数規定。
**公家新制に任せ**… 公家新制に準拠しつつも、興福寺に当てはまるように手直しして、の意。本文史料が公家新制を受けて制定されたことを示す。その具体的な新制条文は不明だが、近い時期に発布されたものとして治承三年(一一七九)令三二カ条が知られている。
**華族成業** 家柄の良い貴族出身者で研学竪義を終えた学僧。華族は、後には清華家を指すようになる。
**同じく君達** 華族の子弟。まだ竪義をすませておらず成業になっていないもの。
**付衣** 裾を長くした裳の付いた僧衣。『法中装束之事』は「大帷重タルヲ多分付衣ト号歟」と説明している。
**凡人成業** 出自が華族より下位にあたる中下級官人や地方豪族である成業僧。
**円堂** 学衆の一員で、まだ竪義を経ていない中下﨟の者。円堂衆ともいう。他の寺には見えない呼称で、三蔵会・法花会での竪義が北円堂・南円堂で行われたことにちなむものか。→補3
**法服** 寺僧が晴れの場で着用する礼装。貴族の束帯にあたる。
**2** 学衆に対して、過差を規制する服飾規定。

# 第一章　興福寺

## 南1　興福寺寺辺新制　治承五年(一一八一)六月　日　内閣文庫大乗院文書

寺辺新制の事
　学衆*

**1** 一　所従の事
別当已下僧綱・已講、公家新制*に任せ、潤色してその沙汰あるべし。華族成業*《じょうぎょう》は所従の僧・童を合わせて四人、同じく君達*は所従の僧・童を合わせて三人。已上、主人が付衣*《つけころも》を着するの時は、所従童は白衣を用うべし。但し、成業已下この員数の外、修学者を相具するの条においては、制の限りに非ず。

凡人成業*は所従を二人。円堂*已下は所従を一人。

已上、法服*を着する出仕の外、童は白衣を用うべし。但し、法服を着する時においては、所従三人を用うべし。

**2** 一　衣服の事

寺中卅講講衆・論匠幷春日八講論匠等、殊好㆓美服㆒之條、専停㆓止之㆒、講衆等随㆑宜可㆑着㆓狩袴㆒、惣上・中・下﨟不㆑可㆑着㆓過分之美服㆒、又凡人之成業已下不㆑可㆑着㆓二衣㆒、

一　乗物事

於㆓僧綱・已講㆒者、車・輿等常時聴㆑之、但雖㆓僧綱㆒、於㆓寺中㆒者不㆑可㆑乗㆓屋形輿㆒、

成業・五師可㆑禁㆓止乗物㆒、但着㆓法服㆒出仕之時、幷七十已上人者、乗否可㆑随㆑意、

於㆓華族成業幷君達㆒者、着㆓法服・鈍色等㆒交衆時者、乗物可㆑有㆑心、但於㆓寺中㆒者、不㆑可㆑乗㆑輿、

　禪衆

一　所従事

大十師所従一人、小十師已下不㆑可㆑有㆓従僕㆒、但着㆓法服㆒出仕之時、大十師者所従二人、小十師已下者所従一人用㆑之、

一　衣服事

二衣幷有文衣可㆓停止㆒、除㆓大小十師㆒、於㆓律宗・夏衆㆒者、不㆑論㆓晴褻㆒

**寺中三十講**　興福寺の寺内で行われた法華三十講。観禅院三十講や菩提院三十講など（『類聚世要抄』『興福寺年中行事』）。

**論匠**　論義法要に参加し、問答を行う僧衆のこと。

**春日八講**　四月九日、九月四日をそれぞれ初日として五日間、春日社で行われる講経論義。五番の番（つがい）論義が行われた。

**狩袴**　狩衣の下に着用する袴。

**二衣**　袙（あこめ）や袿（うちぎ）を二枚重ねで着ること。

*寺中三十講の講衆・*論匠幷びに*春日八講の論匠等は、殊《こと》に美服を好むの条、専《もは》らこれを停止《ちょうじ》し、講衆等は宜《よろ》しきに随って*狩袴《かりばかま》を着すべし。惣じて上・中・下﨟は過分の美服を着すべからず。また、凡人の成業已下は*二衣《ふたつぎぬ》を着すべからず。

3 一 乗物の事

僧綱・已講においては、車・輿《こし》等は常時これを聴《ゆる》す。但し、僧綱と雖《いえど》も、寺中においては*屋形輿《やかたごし》に乗るべからず。

成業・*五師は乗物を禁止すべし。但し、法服を着して出仕するの時、幷びに七十已上の人は、乗るや否やは意に随うべし。

華族成業幷びに君達においては、法服・*鈍色等を着して交衆《きょうしゅう》するの時は、乗物に心あるべし。但し、寺中においては、輿に乗るべからず。

*禅衆

4 一 所従の事

*大十師は所従を一人、*小十師已下は従僕あるべからず。但し、法服を着して出仕の時、大十師は所従を二人、小十師已下は所従を一人これを用う。

5 一 衣服の事

二衣幷びに*有文衣は停止すべし。大小十師を除き、*律宗・*夏衆においては、*晴褻《はれけ》

**3** 階層別の寺中寺外での車・輿の使用に関する規制。国5の「嘉禄の符」の項参照。

**屋形輿** 家の形をした輿。

**五師** 学侶のうちから選出されて、上首の立場にたつ五人の僧侶。

**鈍色** 僧衣の平服。公家では直衣・狩衣にあたる。

**禅衆** 東西金堂に属した堂衆。堂舎のしつらえや本尊への供花・香水を行った。

**4** 禅衆上位者たる大小十師に扈従する僧侶の人数規定。本文史料第1条に対応する。

**大十師** 通常、戒壇にて授戒儀式を行う三師七証の一〇人をいう。ここでは、興福寺禅衆のうちで、その有資格者という階層を示す。おおむね大法師位にあたり、人数も一〇人というわけではない。

**小十師** 授戒で大十師の補助役をつとめる役僧。ここでは、前項「大十師」同様の階層概念で、伝燈法師位にあたる。

**5** 禅衆に対する服飾・法具などの着用規制。

**有文衣** 模様のある衣服。

**律宗** 戒律の稽古を行うことを宗とする禅衆。

**夏衆** 夏安居に際して、堂内の香水・供花のしつらえなどの行を担った禅衆。

**晴褻** 公式儀礼の場(晴)と日常時(褻)。

不レ可レ着二絹五帖袈裟一、可レ着二布袈裟一也、又塗足駄、三緣尻切、裏無、水精裝束念珠等、永可レ停二止之一、

一　東西金堂修二月造花等過差事

於二造花一者、隨レ堪可レ致二丁寧一、但地盤風流之間、過法之花麗一切停二止之一、於二地盤一者、廣定二二尺一也、

五節棚過差、同以停二止之一、

一　若宮祭田樂裝束花美事

錦、金物、引折、生衣、織指貫等、可レ停二止之一、

同十八日馬場院田樂永可レ停二止之一、

一　中童子・法師原過差事

諸房中童子二衣幷法師原美麗之比太々禮、絹小袖、毛尻切等、永可レ停二止之一、

右、於下背二此新制一之輩上者、永除レ帳擯出、兼可レ追二却國中之一、議定既畢之狀、如レ件、

治承五年六月　日

大法師

**布袈裟**　絹製ではなく、麻などを素材にした質素な袈裟。

**塗足駄**　漆塗りの下駄。天7参照。

**三縁の尻切**　履き物としての尻切は、①かかとの方がない短い草履、あしなか、②底に皮をはった草履、の用例があるが、過差停止という寺辺新制の文脈からすれば②か。「三縁」は不詳。

**裏無**　裏を付けず底が一枚の草履。→補1

**水精装束の念珠**　水晶製の豪華な念珠。

**6**　東西金堂で行われる修二会の際の造花など荘厳具の過差を規制したもの。→補2

**東西金堂**　興福寺の東金堂、西金堂。前

を論ぜず絹の五帖《ごじょう》袈裟を着すべからず。*布袈裟を着すべきなり。また、*塗足駄《ぬりあしだ》、*三縁の尻切《しきれ》、*裏無《うらなし》、*水精装束の念珠等、永くこれを停止すべし。

6 一 *東西金堂修二月の造花等の過差の事
造花においては、堪うるに随って丁寧を致すべし。但し、*地盤*風流の間、過法の花麗は一切これを停止す。地盤においては、広さは二尺に定むるなり。
*五節の棚の過差、同じく以てこれを停止す。

7 一 若宮祭の田楽装束の花美の事
*錦、金物、引折、生衣、織指貫等、これを停止すべし。
同十八日の*馬場院の田楽は永くこれを停止すべし。

8 一 *中童子《ちゅうどうじ》・*法師原の過差の事
諸房の中童子の二衣并びに法師原の美麗の*比太々礼、絹の小袖、*毛の尻切等、永くこれを停止すべし。

右、この新制に背くの輩においては、永く帳より除きて擯出し、兼ねて国中よりこれを追却すべし。議定すでに畢《おわ》るの状、件《くだん》の如《ごと》し。

治承五年六月　日

大法師

---

者は、聖武が元正の病気平癒を願って神亀三年(七二六)に、後者は光明皇后が亡母橘三千代供養のため天平六年(七三四)に造立した。いずれも治承四年(一一八〇)兵火で焼失していた。手斧始は養和二年(一一八二)七月二十三日であった。

**地盤**　御供である造花の瓶や燈呂を置くための台。本条の前掲補注参照。

**風流**　意匠に工夫をこらして美しく雅に飾り立てること、またそのもの。

**五節の棚**　五節供の時、供物を載せる台。嘉禄二年(一二二六)正月南都新制でも「一　五節台事／元久新制云、五節台過差事、同可停止云々」(史料纂集『福智院家文書』一―九六号)とある。

**7**　春日若宮の「おん祭り」で行われる田楽衣装やいでたちの過差を規制。↓補3

**錦金物引折生衣織指貫**…　田楽装束の華美な様子を示す。錦繡や金銀珠玉。

**馬場院の田楽**　九月十七日若宮御祭の翌日、後朝に行われる田楽。馬場院は一鳥居東方の御旅所のあたり。↓補4

**8**　中童子・法師原の衣装の華美を制したもの。

**中童子**　供奉・陪膳などにあたる上仕えの童部。

**法師原**　雑役に従事する下級法師。

**比太々礼**　直垂のこと。

**毛の尻切**　檳榔毛で作った尻切か。

（署名七八名略）
別當法印大和尚位權大僧都信圓

一交了、

**南2**　太政官牒　弘長三年（一二六三）十月十七日　　内閣文庫大乗院文書

太政官牒興福寺
雜事拾陸箇條
一　應㆑興㆓行法相幷律宗㆒事
右、得㆓彼寺僧綱・大法師等去八月十日奏狀㆒偁、佛法傳來遙㆓曆三國㆒、皇朝施行分㆓立八宗㆒、自㆑爾以降、異域賢聖留而弘㆓通之㆒、吾國神祇誓而守㆓護之㆒、能化所化云㆑法云㆑人、機感和合、事皆滿足、而漸及㆓末代之流㆒、異議頻弘正法將廢、良由大道遠而難㆑遵、邪徑近而易㆑踐、少人皆俯從㆓其易㆒、不㆑能㆑力㆓行其難㆒、故廢亡及㆑之、君子徒勞處㆓其難㆒、不㆑能㆑逸㆓居其易㆒、故興隆流㆑之、是知、興廢無㆑門、唯人所㆑召、永被㆑止㆓邪是《見》之小

**寺**　底本虫損。意ニヨリ補ウ。

**信圓**　前掲補注「興福寺寺辺新制」の項参照。

**南2**　→補1

**太政官牒**　弘長三年（一二六三）八月十日の興福寺僧綱大法師等の奏状内容を認めた太政官牒であり、各条文は全文が奏状の引用である。→補2

(署名七八名略)

別当法印大和尚位権大僧都信圓*

一交し了んぬ。

## 南2　太政官牒　弘長三年(一二六三)十月十七日

内閣文庫大乗院文書

太政官牒す興福寺

雑事十六箇条

1 一 応に法相幷びに律宗を興行すべき事

右、*彼《か》の寺の僧綱・大法師等の去る八月十日の奏状を得るに偁《いわ》く、「仏法伝来して*三国を遥暦《ようれき》し、*皇朝施行して*八宗に分立す。それより以降、*異域の賢聖留まりてこれを弘通《くつう》し、吾が国の神祇誓いてこれを守護す。*能化所化《のうけしょけ》、法と云い人と云い、*機感和合して、事皆満足す。しかるに漸《ようや》く*末代の流れに及び、*異議は頻《しきり》に弘まり正法は将に廃せんとす。まことに*大道は遠くして遵いがたく、*邪径は近くして践《ふ》み易し。*少人は皆俯《ふ》してその易《やすき》に従い、その難を力行する能《あた》わず。故に廃亡これに及ぶ。*君子は徒《ただ》に労してその難に処し、その易に逸居する能わず。故に興隆これに流る。是《ここ》に知る、興廃に門なく、唯人の召《まね》くところなり。永く邪見の小

1　慈恩大師によって開かれた学派で、興福寺の教学となっている法相宗、および戒律を宗教的実践として重視する律宗とを興隆せよ。

**彼の寺**　興福寺。

**三国**　天竺(インド)・震旦(中国)・日本の三国を指す。

**皇朝**　日本の朝廷。

**八宗**　天台宗・真言宗と南都六宗(法相宗・三論宗・華厳宗・律宗・倶舎宗・成実宗)。

**異域の賢聖**　大陸から来た高僧。鑑真もその一人。

**能化所化**　能く教化する仏・菩薩と教化される十方衆生。

**機感和合して**　教えを受ける衆生の信心・善根に仏が応え相交わること。

**末代**　末法の時代。

**異議**　誤った教説。異端の教説。

**大道は遠くして**…　さとりの道はあまりにも遥かなので行いがたく。

**邪径は近くして**…　よこしまな道は身近にあって、踏み入れやすい。

**少人は**…　徳のない者は易きに流れて、困難な道を努力して行おうとしない。

**君子は**…　君子は努力して困難にあたって、その易きに安住しないので、興隆することができる。逸居とは、気ままに暮らす意。

位一、宜被ㇾ興二法相等大道一者、守護神明再增二威光一、傳來法命永留二末代一歟者、

一　應ㇾ補二任淨行仁當寺正・權別當幷僧正一事

右、得二同前奏狀一偁、法相宗者釋迦如來、從二佛樹一至二雙林一說二唯識三性甚深法一、大聖慈氏親在二會座一聞二所說一、至二佛滅後九百年一、依二阿僧迦之勸請一、降二瑜闍國之講堂一、放二大光明一、集二有緣衆一、說二彼五部論一、祐二此一宗基一、自ㇾ爾以降、血脈無ㇾ絕、相承繼ㇾ踵、傳二于扶桑一、盛二于來葉一、依ㇾ超二一朝之尊崇於他門一、被ㇾ置二六宗之長官於當寺一之刻、依二諸宗之鬪訴一決二應和之宗論一、法相獨步二論場一、剩重被ㇾ置二權官一、誠是我朝之遺美、可ㇾ謂二釋門之規模一、又僧正者僧徒之極官、紀綱之重職也、非二才智一者不ㇾ可ㇾ掌ㇾ之、非二淨行一者不ㇾ可ㇾ居ㇾ之、而近曾以來謬補二濫僧一、匪二啻先蹤之不宜一、猶爲二後進之比量一、自今以後、永停二止濫行無智之妄授一、可ㇾ被ㇾ抽二修學興隆之淨侶一歟、所以者何、瑜伽論曰、諸愛之中欲愛爲ㇾ最、若能治ㇾ彼餘自然伏、如下制二强力一劣者自伏上

**偁法相宗者釋迦如**　底本虫損。異本ニヨリ補ウ。
**性甚深**　底本虫損。異本ニヨリ補ウ。
**九百年**　底本虫損。異本ニヨリ補ウ。
**伽**　底本「迦」。意ニヨリ改ム。
**治**　底本「持」。意ニヨリ改ム。
**自然伏如**　底本虫損。異本ニヨリ補ウ。

**法命**　慧命と同じ。明らかな智慧。

**2**

**正権別当**　南都六宗の諸大寺の長官。
**仏樹より双林**　釈迦が菩提樹のもとで初めてさとりを開いた時から、沙羅双樹の林での涅槃まで。
**唯識の三性**　法相宗の根本教義。法相宗の存在の三種の見方。→補1
**大聖慈氏**　弥勒菩薩。
**会座にありて**　釈迦の教えを聴く集まりにいて。
**阿僧迦**　古代インドマウリヤ朝第三代アショカ王。
**五部論**　法相宗が所依している瑜伽論・分別瑜伽論・大荘厳論・弁中辺論・金剛般若論など。

位を止《とど》められ、宜《よろ》しく法相等の大道を興されば、守護の神明は再び威光を増し、伝来の*法命は永く末代に留まるか」者。

2 一 応に浄行の仁を当寺の*正・権別当幷びに僧正に補任すべき事

右、同前の奏状を得るに偁く、「法相宗は釈迦如来、*仏樹より双林に至るまで*唯《ゆい》識《しき》の三性甚深《さんしょうじんしん》の法を説く。*大聖慈氏親しく*会座にありて、所説を聞く。仏滅後九百年に至りて、*阿僧迦の勧請により、瑜闍《ゆじゃ》国の講堂に降り、大光明を放つ。有縁の衆を集め、彼の*五部論を説いて、この一宗の基を祐《たす》く。それより以降、血脈は絶えることなく、相承して踵を継ぐ。*扶桑《ふそう》に伝わり*来葉に盛んなり。一朝の尊崇他門に超えるによって、*六宗の長官を当寺に置かるるの刻、*諸宗の鬱訴によって、*応和の宗論を決す。*法相は独り論場を歩む。剰《あまつさ》え重ねて権官を置かる。誠に是《こ》れ我が朝の遺美、*釈門の規模と謂うべし。また僧正は僧徒の極官、紀綱の重職なり。才智に非ざればこれを掌《つかさど》るべからず。浄行に非ざればこれに居るべからず。しかれども近曾以来謬りて濫僧を補す。啻《ただ》に*先蹤の不宜のみに匪《あら》ず、なお後進の比量たり。自今以後、永く濫行無智の妄授を停止《ちょうじ》し、修学興隆の浄侶を抽ぜらるべきか。所以《ゆえん》は何《いかん》。『*瑜伽論』に曰く、「*諸愛の中《うち》、欲愛を最となす。もし能《よ》く彼を治すれば、余は自然に伏す。強力を制すれば、劣はおのずから伏すが如《ごと》

**扶桑**　日本のこと。

**来葉**　後世。

**六宗の長官を…**　南都六宗の諸大寺の別当は朝廷から興福寺僧が任命されることから、このようなことから主張されたのであろう。→補2

**諸宗の鬱訴によって**　南都諸宗が天台宗を訴えたことを指す。

**応和の宗論**　応和三年(九六三)清涼殿において天台宗と南都諸宗との間で交わされた宗義論争。→補3

**法相は独り…**　天台との宗論で南都の一〇人の僧の内、三論宗の観理と華厳宗の安鏡を除いて他の僧八人はすべて法相宗であり、基本的には天台宗と法相宗の宗論となったので法相宗が独りという表現に至ったのであろう。

**釈門の規模**　仏教界の手本。

**先蹤の不宜…**　先例としてまずいだけでなくて、後進からもそしりを受ける。

**瑜伽論**　『瑜伽師地論』の略。作者は弥勒説や無着説がある。玄奘によって漢訳され、一〇〇巻に及ぶ大部の教典である。仏教の根本論書のひとつ。『大正蔵』三〇。ただし、本文史料が引用する文章は見えない。

**諸愛の中…**　最も強い欲望である欲愛を制御できれば、他の欲望は制御できる、という意味。→補4

云々、今案二此文之根一、爲二衆惡之源一、永斷二根源一、可レ誡二末流一歟、□□□制符之以前、自雖レ有二違犯事一、悔二先非一誡二後惡一、宿二身於禪室一、專二思於興隆一者、可レ被二登用一歟者、

一　應レ撰二其器一維摩會講師事

右、得二同前奏狀一偁、件御願者天下無雙之法會、寺中第一之佛事也、濫觴起レ自二齋明之御宇一、權輿盛二于延喜之寶曆一、菅相國之神筆、表白之文、猶鮮、菴羅苑之粧嚴、妙香之薰、遠圖、其會永留二我寺一、其聲已聞二大唐一、以レ應二彼講師之　勅請一、爲二此學侶之先途一、而不レ積二修學鑽仰之功一、有二淺見寡聞之輩一、或屬二强縁一或趁二勢利一、輙應二其撰一、仍依勤二其役一、事之凌遲莫レ不レ從レ斯、自今以後、兼撰二學道成立之仁一、可レ有二推擧　勅請之儀一歟者、

一　應レ令三七大寺別當專二興隆一事

右、得二同前奏狀一偁、件等寺者、佛法肇興之道場、賢聖所依之舊跡也、而今、寺領封戸廢而、爲二權門勢家之庄一、住持僧侶

**之根爲衆惡之**　底本虫損。異本ニヨリ補ウ。
**悔先**　底本虫損。異本ニヨリ補ウ。
**誡後**　底本虫損。異本ニヨリ補ウ。
**當事**　底本虫損。異本ニヨリ補ウ。
**奏狀偁件等寺**　底本虫損。異本ニヨリ補ウ。
**依之**　底本虫損。異本ニヨリ補ウ。
**之**　底本虫損。異本ニヨリ補ウ。

**3**
**維摩会講師**　興福寺維摩会は、宮中御斎会と薬師寺最勝会とあわせ三会(南都三会)と呼ばれ、その講師は僧綱昇進の登竜門となった。↓補1
**濫觴は斉明の御宇**　↓補2
**権輿**　始まり。
**延喜の宝暦**　醍醐天皇の治世(九〇一～九二三)。ただこの時、本文史料が示唆するような維摩会の歴史上の画期があったかは未確認。↓補3
**菅相国の神筆**　↓補4
**表白の文**　法会を行うにあたって、その主旨や縁起を本尊に述べる文。ここでは維摩会表白を指す。↓補5
**菴羅苑の…**　美しく香り高い維摩会の荘厳の様を述べる。菴羅苑はインドのヴァイシャーリーにあった精舎で、釈迦が

し」と云々。今、この文の根を案ずるに、衆悪の源として永く根源を断ち、末流を誡むべきか。□□□制符の以前、おのずから違犯《いぼん》の事ありと雖《いえど》も、先非を悔い後悪を誡め、身を禅室に宿し、思いを興隆に専《もは》らにする者、登用せらるべきか」者。

3 一　応にその器を撰ぶべき維摩会*講師の事

右、同前の奏状を得るに偁く、「件の御願は天下無双の法会、寺中第一の仏事なり。*濫觴《らんしょう》は斉明の御宇より起こり、*権輿《けんよ》は延喜の宝暦に盛んなり。*菅相国の神筆、*表白の文なお鮮やかなり。*菴羅苑《あんらおん》の粧厳、妙香の薫、遠く図す。*その会永く我が寺に留まり、その声已に大唐に聞こゆ。彼の講師の　*勅請に応《こた》うるを以て、この学侶の先途となす。しかれども*修学・鑚仰の功を積まず、浅見・寡聞の輩あり。或いは*強縁に属し、或いは勢利に趨《はし》って、輙《たやす》くその撰に応じ、仍てその役を勤む。*事の凌遅《りょうち》、これに従《よ》らざるはなし。自今以後、兼ねて学道成立の仁を撰び、推挙　勅請の儀あるべきか」者。

4 一　応に*七大寺別当興隆を専らにせしむべき事

右、同前の奏状を得るに偁く、「件等の寺は、*仏法肇興《ちょうこう》の道場、*賢聖所依《しょえ》の旧跡なり。しかるに今、寺領の*封戸廃《すた》れて、権門勢家の庄となる。住持の僧侶

『維摩経』を説いた場所。維摩会表白に類似の表現が見える。前項参照。

**その会永く…**　維摩会は永く興福寺にて実施され、その名声は中国にも伝わっている。「表白の文」の項参照。

**勅請**　勅による公請。本文に後出するように、講師の招請は、興福寺より藤氏長者に推挙があり、その上で長者宣もしくは関白宣によってなされる。→補6

**修学鑚仰の功を積まず**　学僧としての実績をつむことなく。→補7

**強縁に属し**　権勢によって十分な資格のないまま、維摩会講師となること。いわゆる「閑道の昇進」を指す。

**事の凌遅…**　維摩会の廃れる要因はここにある。

**4**　興福寺僧で七大寺別当となった僧はその寺院の興隆に努めなければならない。

**七大寺別当**　→補8

**仏法肇興の道場**　日本で仏教が興った頃からの寺院。

**賢聖所依の旧跡なり**　七大寺は高僧が住した旧跡である。

**封戸**　古代律令制の下で朝廷から上級貴族・寺社に与えられたもので、田租の半分(後には全部)と庸・調が封主のものとなった。寺院の封戸を寺封という。中世ではこれらの封戸は衰退した。

去而、交二他國邊土之塵一、靈像憖殘、夜月侵二白毫之頂一、聖跡空荒、秋露點二青草之頭一、匪二啻堂塔塔(衍カ)樓閣之零落一、已及二寺中郭內之耕作一、悲哉、顯密修學之砌、變二成農夫田夫之業一、早仰二別當等一、宜下令レ修二造牆垣一、被丙停乙止耕作甲歟、兼又倩見二末代寺務之仁一、偏廻二當時威勢之祕計一、蓄二養寺邊・國中之惡黨一、不レ顧二修學・稽古之輩一、爲レ世爲レ寺有レ損有レ害、自今以後、不レ棄二捐惡黨一、不レ扶二持學侶一、不レ加二寺塔修理一、不レ止二壇場耕作一者、早被レ改二易其職一、可レ被レ撰二補其器一歟者、

一　應レ停二止七大寺以下諸寺別當、賣二買其寺領一事

右、得二同前奏狀一偁、可レ令三諸寺執務之人修二造本寺一之趣、格制有レ限、而或不レ及二修理修造之計一、剩沽二却寺役寺用之地一、又或外稱二寄進一、內令二放劵一之由、粗有二其聞一歟、所行之企難レ遁二罪科一、早尋二明其仁一、改二其職一以前可レ被レ糺二返之一、向後止レ之歟者、

一　應レ停二止諸院家領沽却一事

**棄**　底本「奇」。意ニヨリ改ム。
**偁可**　底本虫損。異本ニヨリ補ウ。
**趣格制有限而**　底本虫損。異本ニヨリ補ウ。
**用**　底本虫損。異本ニヨリ補ウ。
**其**　底本虫損。意ニヨリ補ウ。

**霊像は…**　仏像はかろうじて残るが、堂舎が破損して雨ざらしの状況を示す。

**秋露は青草の…**　堂塔が退転し、荒れた境内の様子を語る。

**寺中郭内の耕作に及ぶ**　寺中境内が耕作され田畠化している。七大寺の一カ寺である西大寺では、建長三年(一二五一)の西大寺寺本検注幷目録取帳(「西大寺文書」)写から、当時周辺寺領だけでなく寺中の坪もほとんどが耕作され、その中には一町をこえる田畠の坪も複数存在する。境内地であろうとも盛んに田畠化されていた(大石雅章「中世大和の寺院と在地勢力」『日本中世社会と寺院』清文堂、二〇〇四年)。南17の「寺本の田畠」の項参照。

**顕密修学の砌…**　仏教を修める場所が、

去りて、他国辺土の塵に交わる。*霊像は慭《なまじい》に残り、夜月は白毫の頂を侵す。聖跡は空しく荒れ、*秋露は青草の頭に点ず。啻に堂塔楼閣の零落するのみならず、已に*寺中郭内の耕作に及ぶ。悲しいかな。*顕密修学の砌《みぎり》、農夫田夫の業に変成す。早く別当等に仰せて、宜しく*牆垣《しょうえん》を修造せしめ、*耕作を停止せらるべきか。兼ねてまたつらつら末代の*寺務の仁を見るに、偏《ひとえ》に当時の威勢の秘計を廻らす。*寺辺・国中の悪党を蓄養し、修学・稽古の輩を顧みず。世のため、寺のため、損あり、害あり。自今以後、悪党を棄捐《きえん》せず、学侶を扶持せず、寺塔の修理を加えず、壇場の耕作を止めざれば、早くその職を改易せられ、その器を撰び補せらるべきか」者。

5 一 応に*七大寺以下諸寺別当、その寺領を売買するを停止すべき事

右、同前の奏状を得るに偁く、「*諸寺の執務の人をして、本寺を修造せしむべきの趣、*格制に限りあり、しかれども或いは修理修造の計らいに及ばず、剰え*寺役寺用の地を沽却す。また或いは*外に寄進と称し、内に放券せしむるの由、粗《あらあら》その聞こえあるか。所行の企て罪科遁れがたし。早くその仁を尋ね明らかにし、その職を改める以前に、これを糺《ただ》し返さるべし。向後《きょうご》これを止むか」者。

6 一 応に諸院家領の沽却を停止すべき事

農夫の耕作するところに変わる。→補1

**牆垣を修造…** 寺域を画する垣や塀を修理して境界を画し、耕作を停止すべし。

**耕作を停止** 建長三年の西大寺寺本検注并目録取帳写(「西大寺文書」)には、右京一条三坊六坪・七坪・一〇坪・一一坪・一二坪・一六坪に「弘長二年依 宣旨荒了」という朱書きの追筆がある。弘長二年(一二六二)の寺中耕作停止は現実に機能していた。

**寺務の仁** 別当。

**寺辺国中の悪党…** 大和の有力寺院の別当が、修学者よりも武力を備えた悪党を優遇し、編成している様子が示される。→補2

**5**

**七大寺以下諸寺別当** 東大寺を除く南都の有力諸寺は興福寺の末寺となり、別当は興福寺僧が補任された。

**諸寺の執務の人…** そもそも別当は、寺の修造に努める役職であり、公家法にも定められている。

**格制に限りあり** 格に重視されている。

**寺役寺用の地** 寺役を負担する寺領。

**外に寄進と…放券せしむるの由** 寄進するという形をとって実際には売却すること。「放券」は、土地の券文(証文)を放つことで、売却の意。

**6**

右、得二同前奏狀一偁、件領者起レ自二本主二世之本願一、永爲二常住三寶之施物一、而一代院主恣沽却、因レ茲、時節佛事隨レ日退轉、當寺別院逐レ年衰微、內背二吾寺之冥慮一、外背二本願之素意一、罪業之至、何事如レ之、寺門之滅亡、職而由レ斯、向後一切停止、若猶違犯者、賣買共可レ被二罪科一歟者、

一　應レ停二止遁世別願輩世事口入一事

右、得二同前奏狀一偁、大般若經云、恆樂二寂靜遠離之法一、如レ是菩薩不レ着二俗事一云々、爰當世之間、遁二學道交衆之役一、表二寂靜遠離之相一、口稱二菩薩之行一、心求二勸進之利一、偏廻二內緣强緣之意巧一、頻致二世俗・世事之口入一、難レ測二冥慮一、甚背二人望一、一切可レ被二停止一也者、

一　應レ禁二斷大和國中殺生一事

右、得二同前奏狀一偁、靑丘太賢師曰、世間所レ畏、死苦爲レ窮、損レ他之事、無レ過レ奪レ命云々、是以十重之中、以二殺生一爲レ重、堅守二戒品一、於二當寺進退之地一者、

**輩**　底本「背」。意ニヨリ改ム。
**大**　底本虫損。異本ニヨリ補ウ。

**二世の本願**　現世と後世の願い。
**一代の院主**　一代ごとに選任される院主。その前の永代の「常住三宝の施物」と対比される。↓補1
**本願の素意に背く**　院家領を寄進した本主の願いに背く。
**寺門の滅亡**…　寺の滅亡の原因はここにある。

**7**
**遁世別願の輩**　来世の往生を願って寺から離脱した聖。
**大般若経**　大般若波羅蜜多経のこと。全六〇〇巻。般若経典の集大成。転読儀礼

右、同前の奏状を得るに偁く、「件の領は本主*二世の本願より起こり、永く常住三宝の施物となす。しかるに*一代の院主 恣《ほしいまま》に沽却す。茲《ここ》に因《よ》り、時節の仏事は日に随って退転し、当寺の別院は年を逐って衰微す。内には吾が寺の冥慮《めいりょ》に背き、外には*本願の素意に背く。罪業の至り、何事かこれに如《し》かんや。*寺門の滅亡、職《もと》としてここに由《よ》る。向後一切停止し、もしなお違犯せば、売買共に罪科せらるべきか」者。

7　一　応に*遁世別願の輩、世事口入を停止すべき事

右、同前の奏状を得るに偁く、「『*大般若経』に云わく、「恒《つね》に*寂静遠離《じゃくじょうおんり》の法を楽しむ。是《かく》の如く菩薩は俗事に着せず」と云々。爰《ここ》に当世の間、*学道交衆《きょうしゅう》の役を遁れ、寂静遠離の相を表し、*口に菩薩の行と称し、心に勧進の利を求む。偏に内縁・強縁の*意巧《いぎょう》を廻らし、頻に*世俗・世事の口入を致す。冥慮を測りがたく、甚だ人望に背く。一切停止せらるべきなり」者。

8　一　応に*大和国中の殺生を禁断すべき事

右、同前の奏状を得るに偁く、「*青丘太賢《せいきゅうたいけん》師曰く、「世間畏《おそ》れる所、死の苦しみに窮《きわ》まりたり。他を損するの事、命を奪うに過ぎたるはなし」と云々。是れを以て*十重の中《うち》、殺生を以て重きとなす。堅く戒品《かいほん》を守れ。*当寺進退の地においては、

に用いられ広く普及していた。本文の引用箇所は、巻第五六九「第六分法性品第六」に見える(『大正蔵』七―九三九頁)。

**寂静遠離の法**　世俗の煩悩から解き放され悟りの境地に達するための仏教の教え。

**学道交衆の役**　寺僧の一員として僧侶が寺院で勤めるべき役。

**口に菩薩の行**…　衆生を救済する勧進活動と称しながら、実際は利潤を求める。

**意巧**　工夫やはかりごとをすること。

**世俗世事**　出世間に対して俗の世界やその事柄。また南都では供料の配分や法会の振る舞いも世俗と称した。

**8**

**大和国中**　国中を「くんなか」とすれば大和盆地を指すが、本条項の殺生禁断が、興福寺による大和一国支配権の理念に関わるとすれば、大和一国と解すべきか。

**青丘太賢**　生没年不詳。八世紀、朝鮮新羅の僧。唯識に優れる。著書に『梵網経古迹記』『梵網経菩薩戒本宗要』などがある。本文引用箇所は前者に見える(『大正蔵』四〇―七〇三頁)。

**十重**　『梵網経』の十重四十八軽戒の内の十重禁戒をいう。その第一重戒は殺生戒である。

**当寺進退の地**　興福寺が支配している土地。

可レ被二禁斷一也者、

一　應レ停二止酒宴一事

右、得二同前奏狀一偁、酒者迷二亂正念一、迷二失本心一、放逸之本、過惡之源也、作レ不レ可レ作、言レ不レ可レ言、自醉自飲、猶以爾、況於二群集宴飲一哉者、

一　應レ停三止權威仁押二領甲乙人所帶一事

右、得二同前奏狀一偁、甲乙人或爲レ全二相傳一、以二私領一寄二進權門一、或依レ有二相傳一、帶二文書一令二知行一、而忘二其忠功一、猥被レ成レ妨、又無二指由緒一、偏只押領、是依二貪欲之甚一、不レ辨二理非之道一、爲レ世爲レ人、不レ可レ不レ歎、遺教經云、多欲之人多求レ利、故苦惱亦多、行小欲者、心卽坦然無レ所二憂畏一、不レ知レ足者、雖レ富而貧、恆乏短故、知レ足之人、雖レ貧而富、常安樂故云々、早被レ止二非分多欲之企一、被レ全二理運相承之領一者、忽除二彼苦惱一、定誇二其安樂一歟者、

一　應レ停二止寺門飼レ鴨事

**群集**　底本虫損。異本ニヨリ補ウ。
**押領甲乙人所帶**　底本虫損。異本ニヨリ補ウ。
**坦**　底本「怛」。意ニヨリ改ム。
**乏**　底本「之」。意ニヨリ改ム。

禁断せらるべきなり」者。

9 一 応に酒宴を停止すべき事

右、同前の奏状を得るに偁く、「酒は*正念《しょうねん》を迷乱し、*本心を迷失す。*放逸《ほういつ》の本、過悪の源なり。作《な》すべからざるを作し、言うべからざるを言い、*自ら酔い自ら飲む、なお以てしかなり。況《いわん》や群集の宴飲においておや」者。

10 一 応に権威の仁、甲乙人の所帯を押領するを停止すべき事

右、同前の奏状を得るに偁く、「甲乙人或いは相伝を全うせんがため、私領を以て*権門に寄進し、或いは相伝あるによって、文書を帯び知行せしむ。しかるに*その忠功を忘れ、猥《みだ》りに妨げを成さる。また指したる由緒なく、偏にただ押領す。是れ貪欲の甚だしきによって、理非の道を弁ぜず。世のため人のため、歎かざるべからず。*『遺教経《ゆいきょうぎょう》』に云わく、「多く欲するの人多く利を求む。故に、苦悩また多し、行い小欲ならば、心即ち*坦然《たんぜん》として憂畏《ゆうい》するところなし。足るを知らざれば、富むと雖も貧し。恒に乏短の故なり。足るを知るの人、貧しきと雖も富む。常に安楽の故なり」と云々。早く*非分の多欲の企を止められ、*理運相承の領を全うせられば、忽ち彼の苦悩を除き、定めてその安楽を誇るか」者。

11 一 応に寺門の鴨を飼うを停止すべき事

9 **正念** 邪念を離れ、仏道を念じること。
**本心** 健全なこころのはたらき。
**放逸** 仏道に背く勝手気ままな行い。
**自ら酔い…** 弊害は一人の飲酒でもおこるから、人々が集う酒宴の場合はさらにいっそう問題が生じる。真62第30条参照。

10 **権門** 権勢のある家。
**その忠功を忘れ** 所領の寄進を受けた権門が寄進者の忠節や功績を忘れ、の意。被寄進者が寄進者の所職を侵害する行為は公家新制でもその規制がなされている。弘安八年(一二八五)十一月十三日宣旨第九条、元亨元年(一三二一)四月十七日宣旨第四条など。
**遺教経** 仏垂般涅槃略説教誡経(ぶつすいはつねはんりゃくせつきょうかいきょう)。釈迦が涅槃時に行った最後の教えとされる。本文の引用箇所は『大正蔵』一二―一一一一頁。→補1
**坦然** 心がおだやかでおおらかなさま。底本の「怛然」(だつぜん)はおどろきうれえる、の意。文脈や『大正蔵』により改めた。
**非分** 道理にかなわない。

11 **理運** 道理にかなった。

右、得二同前奏狀一偁、賞二翫禽畜一事、興宴之媒、放逸之態也、在俗猶制レ之、況於二出家一哉、蓮華面經云、有二比丘一畜二養象・馬・駝・驢・牛・羊一、乃至賣買、以自養活、捨レ命之後皆墮二地獄一云々、有要之牛馬猶以誡レ之、況無要之鴨・鳥、豈不レ禁レ之、非二啻學道之妨一、且爲二罪障之源一、云二寺中一云二寺外一、一向可レ停二止之一者、

一　應レ禁二誡寺社御願供料不法一事

右、得二同前奏狀一偁、件諸供者或公家鄭重之御願、或長者慇懃之精勤也、而日日勤行、更雖レ不レ懈、月々供料敢無二下行一、雜掌等乍レ補二莫大之溫職一、抑二留狹少之課役一、先二私利一後二御願一之條、豈叶二本願御素意一哉、論二之政道一不レ遁二罪責一歟、觀佛三昧經云、盜二僧物一者過下殺二八萬四千父母一罪上云々、方等經云、五逆四重我亦能救、盜二僧物一者、我不レ能レ救云々、供料者僧物也、抑留者盜犯也、罪業已重、不レ可レ不レ哀、早云二以前之懈怠一、云二向後之沙汰一、任二員數一可二下行一之由、欲レ預二上裁一、其上若致二對捍一之雜掌

**驢**　底本虫損。異本ニヨリ補ウ。
**後皆**　底本虫損。異本ニヨリ補ウ。
**獄云々有要之**　底本虫損。異本ニヨリ補ウ。
**誡**　底本「誠」。意ニヨリ改ム。
**救**　底本「被」。意ニヨリ改ム。

**禽畜**　鳥や畜生など。
**興宴の媒**　饗宴をもりあげるもの。
**放逸の態**　怠惰、わがまま勝手にふるまうこと。
**蓮華面経**　那連提耶舎(五一七〜五八九)訳。二巻。引用箇所は『大正蔵』一二―一〇七七頁。
**有要の牛馬…禁ぜざらんや**　生活上役立つ牛馬でも飼うことは誡められている。ましてやそうでない鴨・鳥の類は当然禁止される。真62第40条参照。
12 **罪障の源**　成仏するためのさわりとなる。

右、同前の奏状を得るに偁く、「*禽畜を賞翫する事、*興宴の媒《なかだち》、*放逸の態《わざ》なり。在俗なおこれを制す。況や出家においておや。『*蓮華面経《れんげめんきょう》』に云わく、「比丘あり、象・馬・駝・驢・牛・羊を畜養す。乃至《ないし》売買し以て自ら養活す。命を捨つるの後、皆地獄に堕つ」と云々。*有要の牛馬、なお以てこれを誡む。況や無要の鴨・鳥、豈これを禁ぜざらんや。啻に学道の妨げのみに非ず、且《かつ》は*罪障の源たり。寺中と云い、寺外と云い、一向これを停止すべし」者。

12　一　応に寺社御願の供料不法を禁誡すべき事

右、同前の奏状を得るに偁く、「件の諸供は、或いは*公家鄭重《ていちょう》の御願、或いは長者慇懃《いんぎん》の精勤なり。しかるに日々の勤行、更に懈《おこた》らずと雖も、月々の供料、敢えて下行なし。*雑掌《ざつしょう》等*莫大の温職に補しながら、狭少の課役を抑留し、私利を先とし御願を後とするの条、豈*本願の御素意に叶わんや。これを政道に論ずるに罪責を遁れざらんか。『*観仏三昧経』に云わく、「僧物を盗むは、*八万四千父母を殺す罪に過ぐ」と云々。『*方等経』に云わく、「*五逆*四重、我また能く救う。僧物を盗むは我救う能わず」と云々。*供料は僧物なり。抑留は盗犯なり。罪業は已に重し。哀れまざるべからず。早く以前の懈怠《けたい》と云い、向後の沙汰と云い、員数に任せて下行すべきの由、上裁に預からんと欲す。その上もし対捍《たいかん》を致すの雑掌

**公家鄭重の…**　朝廷が願主となった鄭重な法会や、藤原氏の氏長者のための大切な法会。興福寺は藤原氏の氏寺であり、春日明神は氏神であった。

**雑掌**　寺社の御領を管理するために寺社から補任された役人。

**莫大の温職に…先とし**　収益の多い重要な御領の役職に補任されながら、わずかな課役を寺院に納めず、私の利益を優先させる。

**本願の御素意**　寺社に供料を寄進した願主の思い。

**観仏三昧経**　仏説観仏三昧海経、仏の観法の方法や功徳を説く。一〇巻。『大正蔵』一五所収。ただし、本文の引用箇所は同書では確認できない。→補1

**八万四千**　無数を示す。

**方等経**　一般に大乗経典を指すが、ここではどの仏典を指すのかは不明。「観仏三昧経」の項参照。

**五逆**　無限地獄に堕ちる五つの重罪。父を殺すこと。母を殺すこと。阿羅漢(聖者)を殺すこと。仏の身体を傷つけること。教団の和合を乱すこと。

**四重**　四重禁戒の略。殺生・偸盗・邪婬・妄語の四つの戒で、これを犯した僧は追放されるとした。

**供料は…重し**　供料を抑留することは僧物を盗む重い罪業にほかならない。

者速可レ□二易之一者、

一　應下不二毎年退轉一勤行上別當坊三十講事

右、得二同前奏狀一偁、倩案二別當鳌務之要一、無レ如二佛法興隆之計一、爰件講者、當寺規模之勤、學道成立之本也、而末代有レ名無レ實、近年興レ癈繼レ絶、學效成レ林、老若勵レ道、若令二退轉一者、又還衰微歟、永爲二毎年之勤一、不レ可二退轉一之由、忝被レ下二綸旨一、欲レ擬二永格一者、

一　應レ停二止神人寄人加增一事

右、得二同前奏狀一偁、諸社神人・權門寄人、被レ停二止新加一事、制符有レ限歟、然而追レ年、隨レ日、新入加增、各募二威勢・威望之權一、猥遁二神事・佛事之役一、寺社兩方之違例、眞俗二門之障礙也、仍停二止新加一可レ被レ定二員數一者、

一　應下不レ論二權門一宛中催夜荘嚴頭上事

右、得二同前奏狀一偁、兩堂荘嚴者一寺之大營也、而募二諸所之威一、遁二平均之役一毎年闕如、末代彌難治、所詮不レ嫌二古年頭神

**者速可**　底本虫損。異本ニヨリ補ウ。

**易**　底本虫損。異本ニヨリ補ウ。

**勤行別當**　底本虫損。異本ニヨリ補ウ。

**偁兩堂荘**　底本虫損。異本ニヨリ補ウ。

**遁平均之役**　底本虫損。異本ニヨリ補ウ。

**13**

**別当坊三十講**　『法華経』二八品と開経『無量義経』と結経『観普賢経』を合わせて三〇品を講じる法会。→補1

**鳌務の要**　職務の最も大切なこと。

**規模**　模範や面目。

**学道成立**　一人前の学僧となること。

**忝くも綸旨を…**　綸旨を永く効力をもつ追加法の「格」になぞらえる。綸旨は天皇の意を奉じたもので、原則的には一時的

は速やかにこれを□易すべし」者。

13 一 応に毎年退転せず勤行すべき別当*坊三十講の事

右、同前の奏状を得るに偁く、「つらつら別当*釐務《りむ》の要を案ずるに、仏法興隆の計らいに如《し》くはなし。爰に件の講は、当寺規模*の勤め、学道*成立の本なり。しかるに末代名ありて実なし。近年廃《すた》れたるを興し絶えたるを継がば、学効は林と成り、老若は道に励まん。もし退転せしめば、また還《かえ》りて衰微するか。永く毎年の勤めとなし、退転すべからざるの由、*忝《かたじけな》くも綸旨を下され、永格に擬さんと欲す」者。

14 一 応に神人*・寄人《よりゅうど》の加増を停止すべき事

右、同前の奏状を得るに偁く、「諸社の神人・権門の寄人、新加を停止せらるる事、制符*限りあるか。然るに年を追い、日に随い、新入加増し、各威勢・威望の権*を募《つの》り、猥りに神事・仏事の役を遁る。寺社両方の違例、真俗二門の障礙《しょうがい》なり。仍て新加を停止し員数を定めらるべし」者。

15 一 応に権門*を論ぜず夜荘厳頭を宛て催すべき事

右、同前の奏状を得るに偁く、「両堂の荘厳*は、一寺の大営なり。しかるに諸所の威を募り、平均の役を遁れ、毎年闕如す。末代弥《いよいよ》難治なり。所詮古年頭*の神

な効力をもつ文書。そこで永格になぞらえるとの文言を記載したものか。

14

**神人寄人の加増**　定員枠を無視して神人や寄人をむやみに増やしていくこと。国2第3条の「本神人の…」の項参照。

**制符**　太政官符など朝廷の発布した法令。新加神人の停止を定めたものとしては保元元年(一一五六)の後白河天皇宣旨(国2)の第4条が著名。

**権を募り**　権力・権威をもとにして。

15

**権門を論ぜず**　領主が有力者だろうと関係なく、一律の平均役として。

**両堂の荘厳は…**　東金堂と西金堂をふさわしくしつらえ飾ることは、興福寺の大切な営みである。ここでいう頭役は、修二月の両堂夜荘厳の頭役を指す。

**古年頭の神人巫女等を嫌わず**　年始における神人・巫女を区別しないで。神人・巫女は春日社の神人・巫女を指し、郷内・国中の者を対象としていることから、本社の神人・巫女だけでなく、大和に散在する神人(散所神人)・巫女をも対象としたものとみられる。荘園などで神人・巫女という身分をたてに夜荘厳役から逃れるものが多数いたのであろう。なお「古年頭」を神人・巫女と並立する存在として理解する見方もある。↓補2

人・巫女等一、住二郷内一之族孕二國中一之類、不レ漏二一人一、可レ令レ催二勤之一、社司猶
勤レ之、況於二神人已下輩一哉者、

一　應レ停二止衣裳等過差一事

椎鈍衣美絹幷織絹、
裳生絹、
付衣美絹・細美布、
袈裟美絹・織絹、
僧綱表袴織物、
凡皁・凡僧輩袙、
裘袋綾・唐綾、
兒童二衣・二小袖・直垂裏幷紅紫二色袙、
中童子直垂、不レ論二四季一、可レ用二淺黃小袖一、綾・唐綾・紫幷大口、
大童子織物、無二綾紺紫衣一、
力者細美衣袴幷袙、
男女郷民直垂、雖レ為二淺黃一美布・綾・唐綾・紺紫小袖、大口、同

**紺紫**　底本虫損。異本ニヨリ補ウ。
**幷**　底本虫損。異本ニヨリ補ウ。

**国中に孕むの類**　大和の国中に居住する輩。なお国中を大和一国を指すかもしくは平野部のみかは検討を要する。

**16**
**衣裳等の過差**　分に過ぎた贅沢な衣装。本条項に見える過差停止の規定に対応するものとして公家新制の弘長三年(一二六三)八月十三日宣旨第二八条「一　可停止過差緇素上下諸人服飾以下過差事」があり、このうち僧侶に関する事柄は、内容的に

人・巫女等を嫌わず、郷内に住むの族、*国中に孕むの類《たぐい》、一人も漏さず、これを催勤せしむべし。社司もなおこれを勤む、況や神人已下の輩においておや」者。

16 一 応に*衣裳等の過差を停止すべき事

*椎鈍《しいにぶ》衣の美絹并びに*織絹。

*裳《も》の生絹《すずしのきぬ》。

*付衣《つけころも》の美絹・*細美《さいみ》布。

袈裟の美絹・織絹。

僧綱の*表袴《うえはかま》の織物。

*凡卑・*凡僧の輩の*袙《あこめ》。

*裘袋《きゅうたい》の綾・*唐綾《からあや》。

児童の二衣《ふたつぎぬ》・二*小袖・直垂《ひたたれ》の裏并びに紅紫の二色の袙。

*中童子《ちゅうどうじ》の直垂は、四季を論ぜず、*浅黄《あさぎ》の小袖を用うべし。綾・唐綾・紫并びに*大口。

*大童子《だいどうじ》の織物は、綾・紺紫の衣はなし。

*力者《りきしゃ》の細美衣・袴并びに袙。

男女郷民の直垂は、浅黄たりと雖も美布・綾・唐綾、紺紫の小袖、大口、同じく

本条項とも合致する。

**椎鈍衣**　しいどんの衣。薄墨色衣で、椎の葉で染めた色が同じで、凶事の時に用いるものと区別する。鈍色と同じか。

**織絹**　文様が浮きあがるように織った絹織物。

**裳の生絹**　練っていない絹製の裳。裳は僧侶が腰に巻く布。

**付衣**　裾の長い裳付きの法衣。

**細美**　織り目の粗い薄い麻布。

**表袴**　下袴の上に重ねてはく袴。

**凡卑**　貴種や良家の出自でない僧。

**凡僧**　僧綱の位をもたぬ下位の僧侶。

**袙**　装束の内着。

**裘袋**　大裘に代わる衣。本来は法親王・門跡が着用したが、のちには三位以上の僧正も着用した。俗の直衣にあたる。

**唐綾**　中国伝来の綾の類。

**小袖**　袖口を小さく仕立てた衣。古くは肌着であったが、次第に上着となった。

**中童子**　所従として僧侶に上仕えする童。成人の後、出家して法師になることができる。

**浅黄**　うすい青色。浅葱色。

**大口**　表袴の下にはいた口の大きい袴。

**大童子**　童形の所従。中童子と異なり出家して僧侶になることはできなかった。

**力者**　輿舁や馬の口取りなど力仕事に従事する法体の者。力者法師。

**惟**　底本「推」。意ニヨリ改ム。
**當爲擁護**　底本虫損。義浄訳「仏為勝光天子説王法経」（『大正蔵』一五―一二五頁）ニヨリ補ウ。
**龍王歡喜風**　底本虫損。異本ニヨリ補ウ。
**目結**　四角形の文様を散らしたくくり染

薄衣、目結、地白帷、
已上停二止之一、
以前、得二同前奏狀一併、條々上奏如レ右、伏惟佛法者依二王法一以興、王法者依二佛法一以興、二法共興萬邦可レ安歟、爰忝預二千載一遇之聖問一、所レ述二千慮一得之愚短一也、若有レ法不レ行、不レ如レ無レ法、如法被レ行レ之、當寺蓋レ興レ之、傷二其法一者、不レ在二外物一、皆由二權威一、上憚レ之不レ行、下屬レ之不レ用、古來已難レ治、今亦宜レ然、但上知レ之糺レ之、下恐レ之從レ之、最勝王經曰、由二先善業力一、生レ天得レ作レ王、雖レ生在二人世一、尊勝故名レ天、由二諸天護持一、亦得レ名二天子一、三十三天主、分レ力助二人王一、除二滅諸非法一、惡業令レ不レ生、教二有情一修レ善、使レ得レ生二天上一、又□□經曰、我涅槃後、法付二國王・大臣・輔相一、當爲二擁護一、勿レ致二衰損一、若能如レ是依レ教行者、則國中龍王歡喜風調雨順、諸天慶悅豐樂安穩、災橫皆除、率土太平云々、如二此文一者、

薄衣、*目結《めゆい》、*地白《じしろ》の*帷《かたびら》。

已上これを停止す。

以前、同前の奏状を得るに偁く、「条々の上奏は右の如し。伏して惟《おも》んみるに、仏法は王法により以て興る。王法は仏法により以て興る。二法共に興らば万邦安んずべきか。爰に忝くも千載一遇の*聖問に預かり、*千慮一得の愚短を述ぶるところなり。もし法ありて行わざれば、法なきに如かず。如法にこれ行われば、当寺蓋《なん》ぞこれを興さざらん。その法を傷《いた》むは、外物にあらず、皆権威に由る。*上これを憚りて行わずんば、下これに属して用いず。古来已に治めがたし。今また宜しく然るべし。但し上これを知りこれを糺せば、下これを恐れこれに従う。*『最勝王経《さいしょうおうきょう》』に曰く、「*先の善業の力に由り、天に生まれ王と作《な》ることを得。生じて人世《にんせ》にありと雖も、*尊勝の故に、天と名づく。諸天の護持に由り、また天子と名づくことを得。*三十三天の主、力を分《わか》ちて人王を助く。諸《もろもろ》の非法を除滅して、悪業を生ぜざらしめ、*有情を教えて善を修せしめ、天上に生ずることを得しむ」。また『*□□経』に曰く、「我が涅槃の後、法を国王・大臣・*輔相《ほしょう》に付す。当《まさ》に擁護して衰損を致す勿れ。もし能く是の如く教により行わば、則ち国中、竜王歓喜して風調《ととの》い雨順《したが》い、諸天慶悦して豊楽安穏なり。*災横は皆除して、*率土太平なり」と云々。この文の如くんば、

め。

**地白**　白地の織物。

**帷**　裏地を付けない一重の衣。

**聖問**　治天からの諮問。ここでは後嵯峨上皇にあたる。

**千慮一得の愚短**　自らの見解の謙譲表現。多く考えてようやく一つくらい得ることがあるというもの。『史記』淮陰侯伝の「愚者千慮必有一得」による。

**上これを…**　上に立つ者が、法に遵わず実行しないと、下の者はそれをいいことにその法を無視して用いない。

**最勝王経**　金光明最勝王経のこと。代表的な護国経典。本文の引用箇所は「王法正論品第二十」(『大正蔵』一六―四四二頁)から。

**先の善業の力**　前世において行った善業の功徳。

**尊勝**　すぐれて尊いこと。

**三十三天**　六欲天のうち、下から第二の忉利天のこと。帝釈天がここに住む。

**有情**　生きている物。

**□□経**　引用の文章から判断すると、これは義浄訳「仏為勝光天子説王法経」らしく、『大正蔵』一五―一二五頁に当該箇所が見える。

**輔相**　大臣、宰相のこと。

**災横**　災いや邪悪なこと。

**率土**　すべての国の果てまで。

我君以二宿善之力一、得二天子之名一、以二諸天護持之勢一、被レ行二諸惡莫作之法一者、諸天可レ喜、風雨可レ調、災横可レ除、國土可レ平、玉躰彌堅、寶祚猶長者、正二位行大納言藤原朝臣良教宣、奉レ勅依レ奏者、寺宜承知、依レ宣行レ之、牒到准レ状、故牒、

弘長三年十月十七日　修理東大寺大佛長官正五位上行左大史兼能登介小槻宿禰在判牒

従四位下行權中辨兼皇后宮亮藤原朝臣

**南3**　春日社条々定文　弘安元年（一二七八）六月一日　中臣祐賢記

春日社條々制事

一　御供、任二舊例一、巳剋可レ令二備進一、而近年有二懈怠之儀一、尤可レ恐二冥慮一者歟、南北兩郷神人相互可レ隨二其役一、不レ可レ存二如在一事、

一　當番社司等、現病・他行之外、不レ可レ用二代官一、自由故障、無禮之至、不レ可レ然事、

一　當番神人、故障出來之時、以二白人幷幼少小童部等一用二代官一之

**宿善の力**　前世で行った善業の功徳。

**諸悪莫作**　仏の教えのエッセンスである七仏通戒偈の一つで、もろもろの悪をなさぬこと。

**宝祚**　国王の位。

**藤原朝臣良教**　一二二四～一二八七。近衛家庶流。家号は粟田口。亀山・後宇多の笛の師として有名。

**南3**　→補1

**春日社条々定文**　藤氏長者鷹司兼平が定めた定文。内容は社司・神人、御山など、春日社の内部組織とともに春日社を取り巻く社会的な弛緩現象に対する規制。→補2

**中臣祐賢記**　春日社若宮神主中臣祐賢（一二二一～一二八二）の日記。弘長三年（一二六三）、文

我君*宿善の力を以て、天子の名を得、諸天護持の勢いを以て、*諸悪莫作《しょあくまくさ》の法を行わるれば、諸天は喜ぶべし。風雨は調うべし。災横は除くべし。国土は平ぐべし。玉躰は弥《いよいよ》堅く、*宝祚はなお長からん」者。正二位行大納言藤原朝臣*良教《よしのり》宣す。「勅を奉《うけたまわ》るに奏によれ」者。寺宜しく承知し、宣によってこれを行え。牒到らば、状に准ぜよ。故《ことさら》に牒す。

弘長三年十月十七日　修理東大寺大仏長官正五位上行左大史兼能登介小槻宿禰在判牒

従四位下行権中弁兼皇后宮亮藤原朝臣

**南3**　春日社条々定文　弘安元年(一二七八)六月一日　中臣祐賢記

春日社条々制の事

一　*御供《ごく》は、旧例に任せて、*巳の剋に備進せしむべし。しかれども近年懈怠《けたい》の儀あり、尤も冥慮《めいりょ》を恐るべき者か。*南北両郷の神人相互にその役に随うべし。*如在《じょさい》を存ずべからざる事。

一　当番の社司等、現病・他行の外、代官を用うべからず。*自由の故障は無礼の至り、然るべからざる事。

一　当番の神人、*故障出来の時、*白人幷びに幼少の小童部等を以て代官に用うるの

---

永元年(一二六四)、同二年、同三年、同四年、同六年、同九年、同十年、同十二年、建治元年(一二七五)、同三年、同四年、弘安二年(一二七九)、同三年のものが現存する。→補3

**御供**　春日社祭神への日々調進される供物。

**巳の剋**　午前十時。

**南北両郷の神人**　春日社では、神主方・正預方・若宮方が、それぞれ北郷・南郷・若宮の神人を組織していた。春日社参詣道に通じる現在の三条道を境に南郷・北郷と分かれ、江戸時代の「郷帳」では、神主・正預以下の社司の屋敷地が北郷(野田)と南郷(高畑)に記載されている。中世において配下神人の居住地が南郷・北郷に截然と分かれていたかは定かでない。

**如在を…**　疎略にしてはならない。

**自由の故障…**　身勝手な行いで当番を勝手に怠ることは神に対する非礼である。

**故障出来の時**　差し支えが起こったとき。

**白人**　白人神人。神社直属の黄衣神人に対して、各地に散在する世俗的な神人とする説、正員の神人(黄衣神人)に対して脇神人とする説などがある。黄衣を着す黄衣神人に対して白衣を着したともいう。→補4

條、太不レ叶二物宜一、向後可レ令二停止一事、
一　三方神人等、於二寶前一高聲雜談等、狼藉至也、堅可レ令レ禁事、
一　白人幷神人等、隨二其役一之時、持二念珠一、用二高足駄一事、深可レ禁レ之事、
一　白人幷神人以下、於二社頭一酒宴亂舞、懸直垂・折烏帽子等異類異形、白衣・腰刀・博奕等事、上古都以無二其儀一、近年云二白人一、云二神人一、不レ存二故實一、如レ此條々狼藉、太不レ可レ然、永可二停止一事、
一　御山之中、隨二便路一新道及二其數一、依レ之、山林荒蕪之基也、殊可レ禁レ之事、
一　御山枯木・臥木・木葉等、近邊土民、盜二取之一、古老社司等、於二此條々一、神慮深可レ被レ禁也云々、末代殊可レ有二其沙汰一之題目也、仍尋二於下手一、可レ處二重科一事、
一　神鹿殺害事、本寺衆徒、殊有二其沙汰一、然而社家、同隨二出現一、可レ致二其沙汰一搦進輩、可レ被レ行レ賞事、

**三方神人**　春日社の長官は、大中臣氏が務める神主職、中臣氏が務める正預職、中臣氏から別れた千鳥氏が務める若宮神主職からなり、神主方の神人は北郷神人、正預方の神人を南郷神人、若宮神主方の神人は若宮神人とも呼ばれ、併せて三方神人という。これらは黄衣神人である。三方神人をかつては本社神人と解していたが、『中臣祐賢記』には「自衆徒明日出京料ニ、三方神人各一人可差遣之由、御下知候、而本社神人若宮ニハ不候仰、散所ヲ可有御下知候之由申之」(永仁四年(一二九六)四月三日条)とあり、本社神人だけでなく散所神人も三方神人であることがわかる(丹生谷哲一「春日社神人小考」『日本中世の身分と社会』塙書房、一九九三年)。

**宝前**　神仏の前。

**白人幷びに神人等**　白人神人と黄衣神人。

**その役に随うの時…**　神人等が神役を勤める際に、守るべき服飾規定や所作の規定。神人が神役を勤める際の規制や、さらに本文史料次項に示されている社辺での規制などは、延宝八年(一六八〇)の春日社蔵の「春日社法」でも同様になされてい

条、太《はなは》だ物宜《ぶつぎ》に叶わず。向後停止《きょうごちょうじ》せしむべき事。
一 *三方神人等、*宝前において高声雑談など、狼藉の至りなり。堅く禁ぜしむべきの事。
一 *白人幷びに神人等、*その役に随うの時、*念珠を持ち、*高足駄《たかあしだ》を用うる事、深くこれを禁ずべき事。
一 白人幷びに神人以下、社頭において酒宴乱舞、*懸直垂《かけひたたれ》・*折烏帽子《おりえぼし》などの*異類異形、*白衣《びゃくえ》・腰刀・博奕などの事、上古都《すべ》て以てその儀なし。近年白人と云い、神人と云い、故実を存ぜず、此《かく》の如《ごと》き条々の狼藉、太だ然るべからず。永く停止すべき事。
一 *御山の中、便路に随い、新道その数に及ぶ。これにより、山林荒蕪の基《もとい》なり。殊《こと》にこれを禁ずべき事。
一 御山の*枯れ木・*臥木《ふしき》・木の葉など、近辺の土民、これを盗み取る。古老の社司等、この条々において、神慮深く禁ぜらるべきなりと云々。末代殊にその沙汰あるべきの題目なり。仍て*下手《げしゅ》を尋ね、重科に処すべき事。
一 *神鹿《しんろく》殺害の事、*本寺の衆徒《しゅと》、殊にその沙汰あり。然るに社家、同じく出現に随い、その沙汰を致すべし。搦め進むる輩は、賞を行わるべき事。

たことが確認できる(神道大系神社編一三「春日」所収)。
一 神人等勤神役之時、帯刀杖事、古来制禁也、且社家神人共異形而徘徊于神前近辺、及高声之雑話遊乱、或持念珠、又神人等於二鳥居之内著足駄、又於社外乗輿之儀、同禁制也、

**念珠** 数珠。

**高足駄** たかげた。

**懸直垂** 直垂の裾をきちんと袴にはさまず、はおっただけの略儀の着用をいう。→補1

**折烏帽子** 頂きを折りたたんだ烏帽子。立烏帽子が、神人の標識である。

**異類異形** それぞれの身分や格式にふさわしくない、非常識な衣装やいでたち。

**白衣** 黄衣が神人の標識であり、白衣は本来は神人の衣ではなかった。

**御山** 春日社の神山とされた春日山一帯。→補2

**枯れ木…** 近隣の土民が燃料・肥料にするために山に入り採集するのである。

**臥木** 地上に倒れている木。伏木。

**下手** 実際に手を下した者。

**神鹿殺害** 奈良では鹿は春日明神の使いとされて、神鹿と呼ばれた。その殺害は、大犯の一つで死罪とされ、大垣回しの作法でなされた。→補3

**本寺** 興福寺。

一　御供流水、可レ為二清淨一之故、水屋川上速二遂二實檢一、可レ致二清簾(マヽ)之沙汰一事、

一　拜殿巫女、立二屛風一事、私儀也、可レ停二止之一、

一　於二御山中一構二弓傷〔場〕一、或又取二小鳥一事、喧嘩之源、殺生之基、太不レ可レ然、堅可レ制レ之、猶有二其儀一者、可レ處二重科一事、

一　神人有二下狩衣裏等一事、雖レ似レ有二花美之儀一、新儀也、可レ制レ之事、

一　御殿近邊行二不淨一事、殊有二恐々一、社司等之參籠之輩、殊可レ停二止之一事、

一　散鄉神人、簀子宿直事、可レ致二其勤一事、

一　社頭犬出現、為二神鹿一有二其恐一之上、不淨之源也、可二搦捨一事、



**南4**　興福寺大乗院評定事書　正安二年(一三〇〇)九月　日　成簣堂古文書

定　評定不參咎等間〔事カ〕□

一　御供の流水、清浄たるべきの故、*水屋《みずや》の川上速やかに実検を遂げ、清廉の沙汰を致すべき事。

一　*拝殿の巫女、屏風を立つる事、私儀なり。これを停止すべし。

一　御山中において弓場を構え、或いはまた*小鳥を取る事、喧嘩の源、殺生の基、太だ然るべからず。堅くこれを制すべし。なおその儀あらば、重科に処すべき事。

一　神人の下狩衣の裏などあるの事、花美の儀あるに似たりと雖《いえど》も、新儀なり。これを制すべき事。

一　御殿の近辺にて不浄を行う事、殊に恐々あり。社司等の参籠の輩、殊にこれを停止すべき事。

一　*散郷の神人、*簀子《すのこ》宿直の事、その勤めを致すべき事。

一　社頭に犬の出現するは、神鹿のためにその恐れあるの上、不浄の源なり。搦め捨つべき事。

## 南4　興福寺大乗院評定事書　正安二年(一三〇〇)九月　日　成簣堂古文書

定む　評定不参《ふさん》の咎等の間の事

**水屋**　神社参拝に際し、人々が口や手をすすぐ場所。なおここの水屋の川は、春日山中から春日社北側を流れる川で、この水が手水や御供の調進に用いられた。

**拝殿の巫女**　若宮拝殿にいる八乙女巫女。神楽を奏したり託宣をうけたりした。→補1

**小鳥を取る**　『中臣祐賢記』文永十年(一二七三)十月五日条には御山でヤマガラを捕っていることが見える。

**散郷の神人**　本社に常住せず寺辺や大和国内外に散在していた黄衣神人。散所神人、田舎の神人。

**簀子宿直**　簀子は建物の外側に角材を並べて造った濡縁(ぬれえん)のこと。簀子縁・簀子敷ともいう。ここでは建物の簀子に詰める宿直のこと。

**南4**　→補2

**興福寺大乗院評定事書**　大乗院門跡における評定制について定めた諸規定。→補3

**成簣堂古文書**　徳富蘇峰(一八六三～一九五七)が収集した約一〇万点におよぶ成簣堂文庫に含まれる古文書。現在、石川武美記念図書館(旧お茶の水図書館)に蔵されている。

一　評定時剋、以㆓午貝㆒可㆑爲㆓定量〔置カ〕㆒、若過㆑之者、可㆑爲㆓不參咎㆒事、

一　不參三度之內、於㆓現病・遠行㆒者非㆓沙汰之限㆒、但此內雖㆑爲㆓一度㆒、有㆓自由之故障㆒者、可㆑有㆓其科㆒事、

「一　過㆘被㆓定置㆒之時剋㆖、面々於㆑令㆓遲參㆒者、其日評定可㆑被㆑止之事、」

一　評定廻文、前日必可㆑被㆑廻㆑之、若至㆓當日㆒、奉行人并奉取北面之間、有㆓糺明㆒、就㆓無沙汰之仁㆒、可㆑有㆓其科㆒事、但於㆓北面咎㆒者、可㆑爲㆓上之御計㆒、

一　乍㆑令㆑進㆑奉、前日不㆑申㆓故障之由㆒、於㆓不參之輩㆒者、任㆓定置之旨㆒、雖㆑爲㆓一度㆒、可㆑有㆓其咎㆒事、

一　當日評定之奉行人、莅㆓時剋㆒、最前可㆑令㆓參候㆒、若及㆓遲引㆒者、准㆓不參㆒、可㆑有㆓其咎㆒事、依㆓有㆑限之公□〔事カ〕㆒於㆑令㆓遲參㆒者、非㆓沙汰之限㆒、

一　評定衆三人參仕之時者、毎時□〔可〕㆑□〔有〕㆓其沙汰㆒事、但於㆓奉行人㆒者除㆑之、



**評定の時剋**……評定は午刻に開始し、そ

一　評定の時剋、午《うま》の貝を以て定め置きたるべし。もしこれを過ぎなば、不参の咎たるべき事。

一　不参三度の内、現病・遠行においては沙汰の限りに非ず。但しこの内一度たりと雖《いえど》も、自由の故障あらば、その科《とが》あるべき事。

「一　定め置かるるの時剋を過ぎ、面々遅参せしむるにおいては、その日の評定は止《とど》めらるべきの事。」

一　評定の廻文、前日必ずこれを廻さるべし。もし当日に至らば、奉行人并びに奉《ほう》取《とり》の北面の間にて、糺明あり。無沙汰の仁については、その科あるべき事〈但し北面の咎においては、上の御計らいたるべし〉。

一　奉を進ましめながら、前日に故障の由を申さず、不参の輩においては、定め置くの旨に任せ、一度たりと雖も、その咎あるべき事。

一　当日評定の奉行人、時剋に莅《のぞ》み、最前に参候せしむべし。もし遅引に及ばば、不参に准じ、その咎あるべき事〈限りあるの公事によって遅参せしむるにおいては、沙汰の限りに非ず〉。

一　評定衆三人参仕の時は、毎時その沙汰あるべき事〈但し奉行人においてはこれを除く〉。

れに遅れた場合は不参の咎となる。

**午の貝**　午の刻を告げる貝の音。

**自由の故障**　正当な理由もなく、わがまま勝手な差し障りを称すること。

**定め置かるる…**　参仕すべき人々が遅刻した場合は、その日の評定は中止とする。本条項は前後の行間に追記された格好となっている。

**評定の廻文…**　評定の開催を告げる回状は前日には必ず廻すこと。↓補1
**奉行人**　評定衆の下位にあって、ともに評定会議を構成し運営にあたる寺官クラスの門徒僧。

**奉取の北面**　評定開催を告げる回状を持ち廻り、そこに「奉」字を記入してもらうことで参加確認をとる北面。北面は門主に近祗して雑務を担当する職員。

**上の御計らい**　門主の意向。

**奉を進ましめ…**　出席意志を表しながら前日までに理由を告げず不参の者は、それが一度でも咎とする。

**当日評定の奉行人…咎あるべき事**　評定の奉行人は最も早く参加すべきで、遅れた場合は不参とみなして咎とする。

**限りあるの公事…**　大切な公用で遅れる場合は咎とはならない。

**評定衆三人…沙汰あるべき事**　評定衆が三人出仕すれば、評定会議は開催する。↓補2

一　有二評定一之後、奉行人引二付其題目一間、不レ聞二終之一早出之輩、同可レ有二其咎一事、

一　小評定毎月三箇度三日・十三日・廿三日可レ有レ之、訴訟等兼能々有二尋沙汰一、爲レ合二大評定一也、訴訟之題目爲二大事一者、不レ可レ過二一事一、但於二小事一者、不レ可レ限二一事一、可レ爲二大評定准一事、

一　依二綷繁一、雖レ不レ被レ合二小評定一、奉行人盡二涯分之沙汰一者、如二日來一合二廣評定一條、不レ可〔有脱カ〕二相違一事、

一　當日評定奉行人、評定衆三人出仕之後、猶無レ故於レ令二遲參一者、縱雖レ不レ過二其時剋一、可レ有二其咎一事、

右、以前條々、爲二　院家一、爲二論訴一、粗□□記レ之、若背二此旨一、於下令二違犯一仁上者、□下□二□〔任被定〕置一之□〔式カ〕目上、次廣評定□□□□沙汰、若無二其儀一者、當日則面々押而可レ令レ群二集住房一者也、仍所レ定之狀如レ件、

「內山殿御出之後、重被レ記レ之畢、」

正安貳年九月　日

一　*評定あるの後、奉行人その題目を引き付ける間、これを聞き終えず、早出の輩、同じくその咎あるべき事。

一　*小評定は毎月三箇度〈三日・十三日・二十三日〉これあるべし。*訴訟など兼ねてよくよく尋沙汰あり。大評定に合わせんがためなり。*訴訟の題目大事たらば、一事に過ぐべからず。但し小事においては、一事に限るべからず。大評定に准じたるべき事。

一　*綺繁《ことしげ》きにより、小評定に合わされずと雖も、奉行人涯分の沙汰を尽くせば、日来の如《ごと》く、*広評定に合わすの条、相違あるべからざるの事。

一　*当日評定の奉行人は、評定衆三人出仕の後、なお故なく遅参せしむるにおいては、縦《たと》いその時剋を過ぎずと雖も、その咎あるべき事。

右、以前の条々、　*院家のため、論訴のため、粗《あらあら》□□これを記す。もしこの旨に背き、違犯《いぼん》せしむる仁においては、定め*置かるるの式目に任せよ。次いで広評定□□□□沙汰、もしその儀なくんば、当日則ち面々押して住房に群集せしむべきものなり。仍て定むるところの状件《くだん》の如し。

正安二年九月　日

「*内山殿御出の後、重ねてこれを記され畢んぬ。」

**評定あるの後**…　会議終了後、奉行人が評定内容を引付に記載するが、それを最後まで聞いて確認せずに早々に退出するのは咎とする。

**小評定**…　小評定は毎月三度、「三」の日に開催する。

**訴訟など…ためなり**　訴訟案件の場合はあらかじめよく調査しておき大評定で扱う。

**訴訟の題目**…　重大な訴訟は、評定で取り扱うのは一度に一件とする。

**綺繁きにより…と雖も**　議題が多いために小評定で審理できないものでも。

**広評定**　不詳。臨時の大評定か。

**当日評定の奉行人**…　評定奉行人は評定衆三人が出仕した後も、正当な理由なく遅れた場合は、開催時刻を過ぎていない場合でも咎とする。

**院家**　大乗院門跡家。

**置かるる**…　これ以下、料紙の大きさと筆が異なる。

**内山殿**　大乗院門主慈信(一二五七〜一三二五)。父は一条実経。

**南5**　興福寺軌式　貞和四年(一三四八)四月四日　　内閣文庫大乗院文書

興福寺軌式　貞和四年四月四日注二進武家一了

寺　務　不レ論二貴種凡人一、依二器用一被レ恩二補□〔之〕一也、

一乗院　累代別相傳之師跡也、

大乗院　累代別相傳之師跡也、

學　侶　携二學業一不レ取二弓箭一輩也、多分雖レ屬二兩門跡一、非二房人一之類又有レ之、
達二申公家武家一之題目、以二供目代名字一申レ之、

衆　徒　寺中徒黨・若徒黨、以レ之名二兩部一、一任之間四箇年也、悉取二弓箭一輩
也、多分雖レ屬二兩門跡一、自二外様一可レ被二下知一題目有レ之時者、或先被レ
仰二當職之寺務一、或自二最初一□〔被〕レ□〔居ヵ〕二被管之門主一、古來之沙汰、先例兩様
也、然而近年更不レ随二寺務下知一、達二申　公家□〔武〕□〔家〕一□〔者〕、以二別會五師名
字一申レ之、

國　民　悉號二春日社白人神人一、多分兩門跡被管也、可レ被二下知一之題目、不レ依二
寺務一被レ懸二門主一者也、

**南5**　→補1

**興福寺軌式**　興福寺僧衆の基本的身分構成を列記し説明を加えたもので、室町幕府に注進するために作成されたものである。当寺の興福寺僧衆の身分組織がよくわかる史料である。→補2

**寺務**　興福寺別当のこと。

**貴種凡人…**　出自の家柄をとわず器量によって選任される。貴種は尊貴な家柄をいい、ここでは摂関家を指す。

**一乗院・大乗院**　ともに興福寺の門跡。

**累代の別相伝…**　鎌倉期以降、一乗院・大乗院は累代の院主が摂関家藤原氏によって相伝された門跡である。鎌倉末からは、一乗院は近衛家・鷹司家から、大乗院は九条家・一条家から入室するようになる。このように特定の家や門流で格別に相伝されていくのを別相伝と称し、遷替の職と区別している。

**弓箭を取らざる輩**　学侶は武器を扱わない。彼等は原則として、武力集団である衆徒以下とは異なる修学専門であることを示している。→補3

**両門跡**　一乗院門跡と大乗院門跡。

**房人**　門主近くに仕え、その経営にも参画した祇候人。→補4

**供目代**　学侶の発給する文書はこの供目代が署名し、また勅旨坊での学侶評議の

## 南5　興福寺軌式　貞和四年(一三四八)四月四日　内閣文庫大乗院文書

興福寺軌式　貞和四年四月四日武家に注進し了んぬ。

*寺　務　*貴種凡人を論ぜず、器用によりこれに恩補せらるるなり。

*一乗院　*累代の別相伝の師跡なり。

*大乗院　累代の別相伝の師跡なり。

学　侶　学業に携わり*弓箭《きゅうせん》を取らざる輩なり。多分は*両門跡に属すと雖《いえど》も、*房人に非ざるの類《たぐい》またこれあり。公家武家に達し申すの題目、*供目代の名字を以てこれを申す。

*衆　徒　寺中の徒党・若徒党、これを以て両部と名づく。一任の間は四箇年なり。悉く弓箭を取る輩なり。多分は両門跡に属すと雖も、*外様より下知せらるべき題目これある時は、或いは先ず*当職の寺務に仰せられ、或いは最初より被管の門主に居《す》えらるるは、古来の沙汰、*先例両様なり。*然るに近年更に寺務の下知に随わず。　公家武家に達し申するは、*別会五師の名字を以てこれを申す。

*国　民　悉く春日社*白人神人と号す。多分は両門跡被管なり。*下知せらるべきの題目は、寺務によらず、門主に懸けらるるものなり。

決定は「供目代櫃」に納められる(稲葉伸道『中世寺院の権力構造』二三七～二三九頁、岩波書店、一九九七年)。

**衆徒**　本来は大衆と同じく寺僧全体を指すものであったが、文永頃から、学侶・六方の僧衆が分離し、学侶よりは下位身分の、武力を主として担う僧衆を指すようになる(稲葉伸道前掲書二三一～二三四頁)。→補5

**外様より**　朝廷や幕府など興福寺外の権力より。

**当職の寺務**　在任中の興福寺別当。

**先例両様**　これまでの実例では、興福寺別当を介して下知する場合と、衆徒が属している門跡の門主を通じての場合の二ルートがあった。

**然るに近年…これを申す**　衆徒等は、近年では興福寺別当の下知に従わず、集会を行い別会五師書状をもって公武権力に自らの意志を伝えるようになった。

**別会五師**　大衆の集会の代表で、五師の中から選ばれる。→補6

**国民**　春日社神人身分をもつ在地の国人層。衆徒と同様に武力を行使したが、法体の衆徒に対して俗体。→補7

**白人神人**　南3の「白人」の項参照。

**下知せらる…**　国民に対する命令指揮は興福寺別当ではなく、門跡ルートで行われた。

六方　非二兩門跡被管一之類多レ之、學非學相交者也、
兩堂（西金・東金）々家　苦行與二弓箭一兼帶之輩也、雖二被管之類一、强不レ號二兩門跡房人一、
五師　學侶隨一也、補任長者之□□、
三綱　多分兩門跡昵近之候人也、良家（諸大夫、）凡人（侍也、）兩類有レ之、補任之次第同前、
春日社々司氏人　祈禱師之□□而無二兩院家所屬一、恩職補任之次第同前、
職掌　雖レ有二兩院家所屬一强不レ稱二門下一、寺恩補任、寺務衆徒隨レ宜相二□之一、

**南6**　興福寺衆徒国民京都編目起請文　応永二十一年（一四一四）七月八日　寺門事条々聞書

敬白　天罰起請文事

條々

一　大和國住人、云二衆徒一、云二國民一、於二向後一者、不レ伺二京都時儀一者、不レ依二大小事一、永可レ停二止私合戰幷與力之儀一事、

**六方**　戌亥方・丑寅方・辰巳方・未申方と寺外の菩提院方・龍花院（報恩院）方の六方に居住していた僧衆の組織。中・下﨟の僧侶。もともとは修学僧の若衆であったが、この頃は学・非学相交わる存在であった（渡辺澄夫「興福寺六方衆の研究」『増訂畿内庄園の基礎構造』吉川弘文館、一九七〇年）。→補1

**両堂**　西金堂と東金堂。

**五師**　学侶のうちから選出されて、上首の立場にたつ五人の僧侶。

**補任は長者**…　欠損部分があるが、補任手続きが藤氏長者の発給する長者宣によるものであることを意味するのであろう。

**三綱**　上座・寺主・都維那からなり、寺院において実務管理の執行を担う寺僧。

**補任の次第**…　補任する際の手続きは前項の五師と同じである、の意。

**職掌**　一般的にはさまざまな技能によって寺社に仕える職能者を指すが、本文史

六*方　両門跡被管に非ざるの類これ多し。学・非学相交わる者なり。

両*堂《西金・東金》々家　苦行と弓箭と兼帯の輩なり。被管の類と雖も、強いて両門跡房人と号さず。

五*師　学侶の随一なり。補*任は長者の□□。

三*綱　多分は両門跡昵近《じっこん》の候人なり。良家〈諸大夫〉、凡人〈侍なり〉、両類これあり。補*任の次第は同前なり。

春日社々司氏人　祈禱師の□□、しかるに両院家の所属なし。恩職の補任の次第は同前なり。

職*掌　両院家の所属ありと雖も、強いて門下と称さず。寺*恩の補任、寺務・衆《しゅ》徒《と》は宜《よろ》しきに随いこれを相□。

**南6**　興福寺衆徒国民京都編目起請文　応永二十一年(一四一四)七月八日　寺門事条々聞書

敬白　天罰起請文の事

条々

一　大*和国の住人、*衆徒《しゅと》と云い、*国民《こくみん》と云い、向後《きょうご》においては、京*都の時儀《じぎ》を伺わざれば、大小の事によらず、永く私合戦幷びに与力の儀を停止《ちょうじ》すべき事。

料では春日社司氏人の次項に記されていることから、ここでは春日社につかえる神人などを指すと判断される。

**寺恩**　興福寺惣寺によって補任され、その給付を与えられることを意味する。

**南6**　→補2

**興福寺衆徒国民京都編目起請文**　大和武士の興福寺衆徒国民が京都に召還されて幕府より七カ条の命令をうけ、これに対して彼等が提出した起請文。私合戦禁止を主な内容とする。→補3

**寺門事条々聞書**　「雑々聞書」とも称し、応永六年(一三九九)から同二十一年にまでわたる興福寺僧長専五師の日記抜書。三冊。

**大和国の住人…**　衆徒国民ら大和武士の私戦を禁止し、幕府の意向に従うことを命ず。

**衆徒**　興福寺僧となっている大和・南山城の国人層。武力を保持し、神事・法会奉行のほか、寺務領や奈良の検断機能を果たした。筒井氏・古市氏などが有名。南5参照。

**国民**　春日社神人身分をもつ国人層。衆徒と同様に武力を行使したが、法体の衆徒に対して俗体。越智氏・十市氏など。南5参照。

**京都の時儀**　幕府の意向。

一　御下知違背之輩出來之時、被レ加二御退治一之時者、不レ依二親類一、應二御下知一、可レ抽二忠節一事、

一　所々律家・末寺・末山等事、寄二事於左右一、向後不レ可レ致二追捕亂妨一事、

一　衆徒・國民等扶二持置盜賊之族一之間、夜打・强盜・大袋等惡行不二斷絶一、於二自今以後一者、於二露顯惡黨一者、行二死罪一、於二扶持人一者可レ注二進申名字一事、

一　寺社本所領事、向後就レ被レ成二御下知一、可レ止二押妨儀一事、

一　雖レ爲二兩院家御下知一、非二京都御成敗一者、不レ可レ及二合戰一事、

一　相二漏連署一輩、雖レ及二合戰一、不レ可レ及二與同合力一、可レ注二申子細於京都一事、

**南7**　興福寺六方衆集会事書　天文元年（一五三二）八月二十三日　春日大社文書

一　自二來月上旬一五ケ屋參籠之事、相調樣可レ有二調法一事、

一　唐院奉行所之承仕可レ被レ改二易之一事、

**御下知違背の…**　幕府の下知に違反した者を退治するときは、それが親類であっても幕府に従い戦うこと。

**律家末寺末山**　興福寺支配下にあった諸寺社。律家は西大寺・唐招提寺など。

**追捕乱妨**　検断などを名目にした略奪行為を指す。

**大袋**　人さらい。

**露顕の悪党**　悪党として世に知られた者。

**両院家の御下知…**　衆徒国民に対する一乗院・大乗院の軍事指揮権を否定し、幕府の管理下に置く。

**連署に相漏るる輩**　この時、上洛して起請文提出に加わらなかった者。↓補1

**南7**　↓補2

**興福寺六方衆集会事書**　天文元年（一五三二）七月に奈良でおこった一向一揆を鎮圧し

一　*御下知違背の輩出来の時、御退治を加えらるるの時は、親類によらず、御下知に応じて忠節を抽きんずべき事。
一　所々の*律家・末寺・末山などの事、事を左右に寄せ、向後、*追捕乱妨を致すべからざる事。
一　衆徒・国民ら、盗賊の族を扶持置くの間、夜打・強盗・*大袋《おおぶくろ》などの悪行は、断絶せず。自今以後においては、*露顕の悪党においては、死罪に行い、扶持人においては名字を注進し申すべき事。
一　寺社本所領の事。向後御下知を成さるるにつき、押妨の儀を止《とど》むべき事。
一　*両院家の御下知たりと雖《いえど》も、京都の御成敗に非ざれば、合戦に及ぶべからざる事。
一　*連署に相漏るる輩、合戦に及ぶと雖も、与同・合力に及ぶべからず。子細を京都に注し申すべき事。

**南7**　興福寺六方衆集会事書　天文元年（一五三二）八月二十三日　春日大社文書

一　来月上旬より*五ケ屋の参籠の事、相調《ととの》う様*調法あるべき事。
一　*唐院《とういん》奉行所の*承仕《じょうじ》、これを改易せらるべき事。

た後の処理と、支配立て直しのために六方衆が定めた取り決め。→補3

**春日大社文書**　宗教法人春日大社所蔵の古文書。成巻四十巻文書（国重文）と未成巻文書からなる。明治維新以前は興福寺御蔵である唐院に納められていた。一九八一～一九八六年に永島福太郎らの校訂により全六巻として刊行された（吉川弘文館）。

**五ケ屋の参籠の…**　天文一揆勢の乱入によって破壊されたり宝物を取られるなどの被害をうけた本談義屋・西屋（近世の「春日興福寺境内図」〔春日大社蔵〕では西談義屋）・瓦屋（同図では北新談義屋）・上屋（同図では東新談義屋）・新造屋（同図では南新談義屋）について参籠ができるように整える。これら五ケ屋は、二の鳥居の北側の春日社境内地に、一三世紀末から一五世紀初頭に相次いで建立され、興福寺僧が参籠し祈禱勤行した。

**調法**　事がきちんと実現するように整えること。

**唐院**　一四世紀半ば以降、大勧進所として新坊とともに興福寺の修造を担当するようになった寺内の律院。北円堂の西北にあった。

**承仕**　唐院の下級職員。二名いたもようで、田数帳や蔵の米銭の管理などの実務を担当した。

一　一向衆帳〔張〕本郷西脇四五ケ所、永代被レ成二亡庄一、竹木可レ令レ拂事、

一　奈良中帳〔張〕本人被レ付二才覺一、以二注文一官務方江可レ被二申遣一事、

一　新市郷衆奈良地以下六方江被二相納一而、中院已下可レ有二造立一事、

一　自類中今度砌、物忩之働之程、顯現次第可レ有二成敗一事、

一　國衆私反錢幷反米以下可レ有二停止一事、

一　國中新關之事、

一　自類中在二田舎一之衆可レ令二上洛一事、

一　今度一揆之躰、件以下許容堅可レ被二停止一事、

一　自類中在名之衆、此砌、先以可レ有二免除一之事、

一　本來一向衆永代奈良中可レ令レ拂事、

**一向衆張本の郷…**　一向一揆の張本となった郷は亡庄とする。

**西脇**　西脇がどの地域を指すのか、ということで参考になるのは、「続南行雑録」(『続々群』三)の中に筆録されている「大和国中廻文次第」である。これによると、廻文がまわるのは以下の七地域で、それは「上通道」「中通道」「下通道」「平田」「戌亥脇」「西脇〈西山内〉」「東山内〈付山城〉」であった。そして、このうちの「西脇」については以下の地域や人々が属していた。

大安寺　辰市　法華寺　薬師寺〈年預〉超昇寺〈下司〉　琵琶小路　郡山〈辰巳、金刀中〉　宝来　秋篠　法隆寺　山陵　生馬〈根尾俵口、奥中村〉　平群〈馬場嶋角歩ニ桐谷〉　矢田〈中村庄屋〉　鳥見〈今中和田〉　嶋〈曽歩之〉　櫟原　幸前〈下司〉　山田　高山〈奥〉　坂上　魚殿〈庄屋〉

**奈良中の張本人**　一揆の張本人となった奈良の都市民、とりわけ中市の町人がそうであったといわれている。→補1

**才覚**　しかるべき立場にあって見識をそ

一　*一向衆張本の郷、*西脇の四・五ケ所、永代亡庄となさる。竹木払わしむべき事。
一　*奈良中の張本人、*才覚に付けられ、注文を以て*官務方へ申し遣わさるべき事。
一　*新市郷衆の奈良地以下、*六方へ相納められて、*中院《ちゅういん》巳下造立あるべき事。
一　*自類中今度の砌《みぎり》、*物忩《ぶっそう》の働の程、顕現の次第に成敗あるべき事。
一　*国衆の私反銭幷びに反米以下、停止《ちょうじ》あるべき事。
一　*国中の新関の事。
一　自類中*田舎にある衆、上洛せしむべき事。
一　今度一揆の躰、伴以下の許容、堅く停止せらるべき事。
一　自類中在名の衆、この砌、先ず以て免除あるべきの事。
一　*本来一向衆は永代奈良中より払わしむべき事。

なえた人。
**官務方**　官符衆徒の筒井順興。
**新市郷衆の…相納められて**　一揆与同の「新市郷衆」の奈良領を没収する。ここでいう「新市」とは鎌倉末までに成立していた北市（一乗院門跡支配）、南市（大乗院門跡支配）に遅れて、応永二十一年（一四一四）に開設された中市をいう。ここで町人化した郷民が、天文一向一揆の張本とされている。事件後、梟首された人物中に中市雁金屋がいる（「続南行雑録」）。→補2
**六方**　六方衆。
**中院**　現、奈良市中院町にある元興寺極楽坊を指すか（奈良坊目拙解）。
**自類中**　六方衆を指すか。
**物忩の働**　天文一揆に与同して戦闘行為を行ったことを指すか。
**国衆の私反銭**　衆徒国民等が私的に賦課する反銭。大乗院尋尊によれば、一五世紀半ば頃からの新儀狼藉という。→補3
**国中の新関の事**　大和国内に新たな関所を設置して関銭賦課することを禁止。
**田舎**　「奈良中」と区別された外側の地域。その南界は岩井川であった。「岩井河ヨリ南ハ田舎、北ハ奈良也」（『大乗院寺社雑事記』寛正三年〔一四六二〕八月晦日条）。
**本来一向衆は…**　一向宗門徒の奈良中追放。

# 第二章　東大寺

**南8**　東大寺置文　承安五年(一一七五)二月　日　　東南院文書

東大寺
　定置以㆓寺領伊賀國名張郡黒田庄出作并同新庄等所當㆒、永相㆓宛當寺常住學生百口
　供料㆒事
右、件田畠内黒田庄出作者、往古寺領也、所當官物内、便㆓補當寺御封㆒之外、以㆑所㆑残所㆑濟㆓來國庫㆒也、同新庄者、又本雖㆑爲㆓寺領㆒、近來爲㆑國被㆓收公㆒以來、専寺他寺惡僧等互企㆓押領㆒之間、爲㆑寺爲㆑庄、依㆓諠譁不㆒㆑絶、偏停㆓止向後牢籠㆒、爲㆑令㆓無事之寺領㆒、殊入㆓公私之力㆒、所㆑申㆓成一色不輸院廳下文㆒也、於㆑今者、須㆑吐㆓當寺御封㆒、就㆑國猶雖㆑可㆑加㆓其催㆒、頃年國領不㆑幾之間、國若不㆑濟㆑之者、還依㆑可㆑爲㆓斷絶因縁㆒、任㆑舊只以㆓出作所當内㆒、便㆓補御封㆒、

**南8**　→補1

**東大寺置文**　黒田庄出作・新庄の一円不輸寺領化がこの前年末に実現し、その年貢の用途として、出作から御封米と常住百口学生供料、新庄年貢はすべて常住百口学生供料にあてることを定めた。

**東南院文書**　→補2

**寺領**　東大寺領。

**黒田庄出作幷びに同新庄**　三重県名張市一帯に広がる東大寺領荘園。日本における最も有名な荘園の一つ。→補3

**所当**　官物、年貢のこと。

**常住学生百口供料**　東大寺に常住する学侶一〇〇人に支給される供料。いわゆる「新学生供料」にあたる。南12の「本学生供」「新学生供」の項参照。→補4

**件の田畠の…**　このくだりは、前年の承安四年(一一七四)十二月、出作・新庄の不輸を求めた東大寺所司らの解(同年十二月十三日付の後白河院庁下文所引『平』三六六六号)と同文。このほかにも同様の引用箇所は本文史料中に散見する。

**当寺御封に便補**　伊賀国から東大寺に貢納物を与えるかわりに、特定の土地を指定して、そこからの年貢の一定部分を東大寺の収入とする。

**国庫**　国衙(この場合は伊賀国)の倉庫。

# 第二章　東大寺

## 南8　東大寺置文　承安五年(一一七五)二月　日　東南院文書

東大寺

定め置く、寺領*伊賀国名張郡*黒田庄出作幷びに同新庄等の*所当を以て、永く当寺*常住学生百口供料に相宛つる事

右、*件《くだん》の田畠の内、黒田庄出作は、往古より寺領なり。所当官物の内、*当寺御封に便補《びんぽ》の外、残るところを以て、*国庫に済まし来《きた》るところなり。同新庄は、また本《もと》は寺領たりと雖《いえど》も、*近来は国のために収公せられてより以来《このかた》、*専寺他寺の悪僧ら互いに押領を企つるの間、寺として庄として、諠譁絶えざるにより、偏《ひとえ》に向後《きょうご》の*牢籠《ろうろう》を停止《ちょうじ》し無事の寺領にせしめんがため、殊に公私の力を入れ、*一色不輸《いっしきふゆ》の院庁下文を申し成すところなり。*今においては須《すべから》く当寺の御封を吐くべし。国についてなおその催しを加うべきと雖も、*頃年《けいねん》国領幾ばくならざるの間、国もしこれを済まさざれば、還りて断絶の因縁たるべきにより、旧に任せてただ出作所当内を以て御封に便

転じて国衙に所当官物を納入すること。

**近来は国のために収公**　この直前、黒田新庄が伊賀国に収公された事を示す史料は残っていないが、或いは、承安三年十一月多武峰をめぐる南都北嶺の武力衝突の結果、南都諸寺院の荘園が没収された時のことを指すか(『平』三六四三号)。ただ、この地域の支配権をめぐる東大寺と伊賀国司の対立は一一世紀以来繰り返し続いていた。

**専寺**　東大寺のこと。

**牢籠**　経済的に困窮すること。

**一色不輸の院庁下文**　本文史料の前年(承安四年)十二月十三日付の後白河院庁下文をいう。これによって黒田庄出作・新庄の租税・雑役が免除されて不輸荘園となった。

**今においては**…　不輸が認可されたので、今後はそこから御封を調達する。

**頃年国領幾ばくならざる**　近年は伊賀国の公領はわずかしかない。このことについて、たとえば、天治三年(一一二六)に作成された前年分の名張郡検田目録(『平』二〇五八号)でも、既に黒田庄出作が公田面積を上まわっている。平安末期の名張郡については、ほぼ全域を東大寺が支配するまでになっていたとみられている(稲葉伸道「黒田荘」『講座日本荘園史』6、吉川弘文館、一九九三年)。

以ニ所レ残并新庄所當等一、永所レ定ニ宛常住學生百口之供料一也、於ニ公事一者、猶如レ本隨ニ本庄之催促一、可レ令ニ勤仕一、更不レ可レ有ニ新議一者、仍限ニ永代一、所ニ定置一如レ件、

承安五年二月　日

別當法印大和尚位前權大僧都 在御判 顯惠

(署名一〇名略)

**南9**　東大寺世親講始行勧進文并条々事書　　東大寺続要録

①東大寺世親講始行勧進文　建久六年(一一九五)十月　日

勸進

世親講事

右、會之起源出ニ興隆之儀一矣、夫世親大士者、化導被ニ五印一、造論及ニ千部一、大乘・小乘仰ニ之高祖一、中土・邊土思ニ之師範一、寔是佛家之柱石釋門之樞鍵也、所以遺弟廣亘ニ三論・花嚴一、末資遠滔ニ天台・法相一、味道之士・義學之侶、誰不レ戴ニ恩德一哉、而當ニ道樹變色之日一、無ニ報謝竭誠之營一、思而送レ年、歎

**公事においては**…　年貢とは別の、人夫役・宿直役等の労役、さらに種々特産品や加工品などの賦課が公事であるが、この負担は黒田(本)庄の荘官の差配に従う。

**顕恵**　一一二六～一一七五。葉室顕頼息。永万二年(一一六六)七月から東大寺別当を勤め、任中の承安五年(一一七五)二月に疱瘡で死去(『玉葉』)。その子孫も代々東大寺僧で法勝寺執行となっている。

**南9**　→補1

**東大寺世親講始行勧進文并条々事書**　華厳・三論両宗の若﨟学侶による教学研鑽のため、世親講を始行する趣旨をのべた建久六年(一一九五)の勧進文。そしてその四年後、実施した状況をふまえ、以後の規約とするため正治元年(一一九九)にまとめた事書。

**東大寺続要録**　鎌倉時代、一三世紀後半に成立した東大寺僧による寺誌。院政期の『東大寺要録』の続編としてまとめられた。

**①東大寺世親講始行勧進文**

**世親講**　→補2

補し、残すところ并びに新庄所当等を以て、永く常住学生百口の供料に定め宛つるところなり。*公事においては、なお本の如《ごと》く本庄の催促に随い勤仕せしむべし。更に新議あるべからず者《てえり》。仍て永代を限り、定め置くところ件の如し。

承安五年二月　日

別当法印大和尚位前権大僧都 在御判、*顕恵

(署名一〇名略)

## 南9　東大寺世親講始行勧進文并条々事書　　東大寺続要録

①東大寺世親講始行勧進文　建久六年(一一九五)十月　日

勧進

*世親講《せしんこう》の事

右、会の起源は興隆の儀に出づる。それ*世親大士は*化導しては*五印を被り、*造論しては千部に及ぶ。大乗・小乗はこれを高祖と仰ぎ、*中土・辺土はこれを師範と思う。まことに是《こ》れ仏家の柱石、釈門の枢鍵なり。所以《ゆえん》は*遺弟《ゆいてい》広く三論・花厳に亘《わた》り、末資は遠く天台・法相に*滔《はびこ》る。味道の士・義学の侶、誰か恩徳を戴《いただ》かざらんや。しかるに*道樹変色の日に当たり、*報謝竭誠《けっせい》の営みなし。思いて年を送り、歎い

**世親大士**　生没年不詳、五世紀代。古代インドの僧。アビダルマの集大成『倶舎論』を著した倶舎宗の祖であり、また、唯識思想の大成者でもある。→補3

**化導**　衆生を教化し、導いて悟りに至らせること。

**五印**　輪・鐶・宝釧・宝鬘・宝帯。

**造論しては千部**　凝然著『八宗綱要』法相宗の項には世親が「初学小乗、造五百部論、後弘大乗亦造五百部論」とある。すなわち世親は、当初小乗仏教の立場で五〇〇部の論著を、それから大乗仏教の立場に転じてまた五〇〇部を著した、とある。あわせると一〇〇〇部の造論となる。

**中土辺土**　仏法的世界観で先進地とされる唐天竺や、周縁地である日本。

**遺弟広く…**　世親の教えを受け継ぎ、師と仰いだのは、三論宗・華厳宗や天台宗・法相宗に広く及んでいる。すなわち世親が大成した唯識思想は、広く仏法の基礎学でもあったことを物語る。「遺弟」「末資」はいずれも後世の弟子をいう。

**滔る**　広がる意。

**道樹変色の…**　世親の命日にあたっても、真心を尽くして感謝する営みを持つことがない、という意か。

**報謝竭誠**　真心を尽くして感謝すること。

而默止、爰群議云、一寺之間諸宗之中、撰二有志之輩一、展二知恩之筵一、就中々古以來此會粗雖レ有二興行一、善願難レ成、遂使三退失二云々、先聞在レ斯、爾則且不レ耐二報恩之懇念一、且爲レ訪二興隆之勝躅一、毎レ迎二三月五日一、將レ修二一會一矣、講二讀開示悟入之眞文一、以增二內證之威光一、副二談惠毒門論之玄旨一、以賁二外用之莊嚴一、兼又扣二論鼓一而決二雌雄於才藝一、瑩二惠珠一而鬪二優劣於智辨一、若亡二學徒之鑽仰一者、法命爭持哉、既知、如來正法壽漸次淪亡、如レ至レ喉、卽末世之斯時也、後學尤可レ傷矣、仍勸進之狀如レ件、

建久六年十月　日

實勝法師

（署名二六名略）

②東大寺世親講条々事書　正治元年（一一九九）八月六日

條々事

一　興二隆世親講一事

**知恩の筵**　世親の恩を思って謝しながら設ける講会の場。

**中古より以来…先聞ここにあり**　これまで世親講の興行をはかってきたが実現しなかった、と聞いている。「中古」がいつのこととするかは未詳。

**勝躅**　すぐれたあと。

**三月五日**　確認できないが、或いは、この日が世親の命日とされていたか。

**開示悟入の真文**　仏が、衆生に悟りを開かせその道に入らせるために出世したことを記す経典。ここでは『法華経』を指す。

**内証**　心の内での悟り。

**恵毒門論の玄旨**　恵（慧）毒とは、身体の一部に入った毒がやがて全身に広がることになぞらえ、因明による少しの智慧を端緒として、そこから理解を深めていくことをいう。ここでは、端緒としての倶

て黙止す。爰《ここ》に群議して云わく、一寺の間、諸宗の中、有志の輩《ともがら》を撰び、*知恩の筵《むしろ》を展《の》ぶ。就中《なかんずく》*中古より以来《このかた》、この会 粗《あらあら》興行ありと雖《いえど》も、善願成りがたく、遂に退失せしむ、と云々。先聞ここにあり。しかれば則ち、且《かつ》は報恩の懇念に耐えず、且は興隆の*勝躅《しょうちょく》を訪ねんがため、*三月五日を迎える毎に将《まさ》に一会を修さん。*開示悟入の真文《しんもん》を講読し、以て*内証の威光を増し、*恵毒門論の玄旨を副え談じ、以て*外用《げゆう》の荘厳を賁《いきどお》る。兼ねてまた*論鼓を扣《たた》いて雌雄を才芸に決し、恵珠を瑩《みが》いて優劣を智弁に闘う。もし学徒の鑚仰《さんぎょう》なくんば、法命争《いかで》か持さんや。既に知る、*如来正法の寿、漸次淪亡し、喉《のど》に至るが如《ごと》し。即ち末世の斯時《しじ》なり。後学尤《もっと》も傷《いた》むべし。仍て勧進の状件《くだん》の如し。

建久六年十月　日

*実勝法師

(署名二六名略)

②東大寺世親講条々事書　正治元年(一一九九)八月六日

条々の事

1 一　世親講《せしんこう》を興隆する事

舎宗や、その奥義をいっており、具体的には世親が著した『倶舎論』を指している。

**外用**　内なる悟りに基づいてなされる利他の作用や行為をいう。

**論鼓を扣いて…**　世親講では『法華経』や『倶舎論』を学ぶにあたって、論義すなわち対論方式をとることが示されている。宗性が抄写した『世親講聴聞集』は、鎌倉時代前期において実際に行われていた世親講の内容をよく伝えている。それによれば、『法華経』が講者と問者とのあいだで講讃論義の形式でなされ、そのあと『倶舎論』が「副談」されている。こちらは竪義論義のかたちで、七〜一〇番行われていた(平岡定海『東大寺宗性上人之研究並史料』上〔復刻版〕一〇〜二〇頁、臨川書店、一九八八年)ことが知られる。

**如来正法の…斯時なり**　如来の正しい教えが次第に衰え、まさに滅び去り、末世の時がやってこようとしている。

**実勝法師**　署名者は総勢二七名ですべて法師位のもの。大法師は一人もおらず、華厳宗・三論宗の若﨟の僧侶であろう。

**②東大寺世親講条々事書**

**1**　東大寺が兼学道場である由緒を語り、その教学をさかんにするため世親講を興隆すべきことを述べる。

右、當寺者大小二乘並レ窓、權實兩教兼學之地也、所以自二往日一及二當世一、應二公請一之人、勤二大業一之才、多以出二三論之家一、來二於花嚴之室一、是則依二鎭守　八幡之加護一、答二本願　聖皇之叡念一者歟、而近代法侶纔受二諸宗之流一、雖レ借二修學之名一、勤踈二于稽古一、學倦二于鑽仰一、法水去枯竭、惠命將二終盡一、其哀惜之餘、爲レ勸二後學一、一兩之結構、普驅二諸宗一、始儲二此會一、以備二永代之佛事一、專勤二此業一、欲レ積二學道之勞績一、太〔大〕概見二于勸進状一矣、

一　始二行講會一事

右、建久七年春比、欲二始行一之處、自然而延引、漸及二六月比一、別當醍醐僧正入滅、因レ茲冬十月遂二行之一、先爲二日來之沙汰一、奉レ圖二繪世親幷三幅像一、依二衆力難レ及、申二請岳崎法眼一而加二綵色・軸・表紙幷佛臺等一、以二執行法橋尊信住坊一爲二政所房一儲二會場一、講演之次聊遂二開眼一、導師西室得業賴惠、問者實勝有二表白詞一、論匠三雙也、於二小捧物一者寺家沙汰也、別當實壽院僧正兼日被レ下レ之、綾被物一重、開眼布施雜紙四百帖計歟、講衆曳レ之、

**当寺は大小二乗…**　東大寺では大乗・小乗の仏教、また権教・実教を問わず兼学している。
**公請に応ずる**　朝廷からの法会出仕要請にこたえて勤仕すること。
**大業を勤むる**　維摩会に出仕し得業・已講となることをいうか。
**鎮守八幡**　東大寺の鎮守神である手向山八幡。
**本願聖皇**　聖武天皇(七〇一～七五六、在位七二四～七四九)のこと。
**法水は去りて…**　東大寺の仏法が、修学に励む僧侶の減少によって、衰弱し枯渇せんとしている。
**この会**　世親講を指す。
**勧進状**　前出の建久六年(一一九五)十月日付勧進文(本文史料①)を指す。
**2**　第一回目の世親講のもようを記して後代の参考とし、あわせて講衆・先達の員数を定める。

右、*当寺は大小二乗窓を並べ、権実両教兼学の地なり。所以《ゆえん》は往日より当世に及ぶまで*公請《くしょう》に応ずるの人、*大業を勤むるの才、多く以て三論の家に出で、花厳の室に来《きた》る。是《こ》れ則ち*鎮守　八幡の加護によりて、*本願　聖皇の叡念に答うるものか。しかるに近代の法侶は纔《わずか》に諸宗の流れを受け、修学の名を借ると雖《いえど》も、勤めは稽古《けいこ》に疎《うと》み、学びは鑚仰《さんぎょう》に倦《う》む。*法水は去りて枯竭《こけつ》し、恵命《えみょう》は将《まさ》に終尽せんとす。その哀惜の余り、後学に勧めんがために、一両の結構、普《あまね》く諸宗を駈りて、始めて*この会を儲《もう》け、以て永代の仏事に備う。専《もは》らこの業を勤め、学道の労績を積まんと欲す。大概は*勧進状に見ゆ。

2　一　講会を始行する事

右、*建久七年の春比《ころ》、始行せんと欲するの処、自然《じねん》に延引し、漸く六月比に及び、*別当醍醐僧正入滅す。茲《ここ》に因《よ》って冬十月これを遂行す。先《ま》ず日来の沙汰として、世親菩薩三幅像を図絵し奉る。衆力及びがたきにより*岳崎法眼に申し請いて綵色・軸・表紙幷びに仏台等を加う。*執行《しぎょう》法橋〈尊信〉の住坊を以て*政所房とし、会場を儲く。講演の次に聊《いささ》か開眼を遂ぐ。導師は西室得業〈*頼恵〉、問者は*実勝〈表白の詞《ことば》あり〉、*論匠は三双なり。小捧物においては寺家の沙汰なり。*別当宝寿院僧正、*兼日《けんじつ》これを下さる。綾被物《かずけもの》一重、開眼布施雑紙四百帖ばかりか、講衆こ

**建久七年…を遂行す**　前出建久六年勧進文では春三月五日を実施予定日としていたが、実際は冬の十月になった。本文史料の冒頭補注に引用した勧進状の前段の記載から、最初の世親講実施が建久七年であったことが確認できる(『東大寺続要録』仏法篇)。

**別当醍醐僧正**　建久三年から東大寺別当を勤めていた勝賢(一一三八～一一九六)を指す。建久七年六月二十二日没。藤原通憲の子。醍醐寺座主・東寺長者をも歴任。南10の「故東南院々主」の項参照。

**岳崎法眼**　未詳。

**執行**　三綱の上首である上座が勤め、寺務をとる別当を補佐する。

**政所房**　東大寺の寺務をとるためのいわば事務局がおかれた房舎。

**頼恵**　一一六八～一二三五。三論宗、天福二年(一二三四)には第九七世東大寺別当となっている。

**実勝**　この人物は前出の勧進文に署名した若﨟僧の筆頭に見えている。

**論匠は三双**　問答形式で三組行われた。

**別当宝寿院僧正**　勝賢の後任別当にあたる覚成(一一二六～一一九八)。藤原忠雅の子。仁和寺覚法法親王を師とする。東寺長者をも勤める。東大寺別当となったのは建久七年から同九年までのこと。

**兼日**　あらかじめ、先立って。

爲二會座酒肴之用途一、一結衆等有二少分之合力一、雖レ然、爲二執行之私沙汰一、勤二仕執事一之間、以二合力之用途一買二上紙一、以添二曳滿座之講衆一、之外撰二傑出之人一、爲二會座之先達一、即維摩會供奉之已講・成業也、彼大會參勤人之外更不レ用二先達一、且爲二後代一永所二定置一也、惣限二人數一、廣定二講衆卅人・先達十人一、設雖レ有二其器一、數滿之上、不レ可二添入一之由議定了、後代以レ之可レ爲二規模一矣、

一　饗膳及二寺家沙汰一事

右、自二建久八年一、爲二寺家沙汰一勤二饗膳之役一、所レ切二宛諸庄薗一也、惣預二饗膳一者、先達十人・講衆卅人（廣定也、）之外承仕二人、都合四十二前也、但於二人數不足之時一者、饗膳內可レ略之、講衆多少隨レ時不定也、承仕檢レ之、可レ牒二送執行所一、是爲二用意一也矣、

一　講會繁昌事

右、正治元年八月五日別當尊勝院法印始被レ行レ之、別當幷東南院律師着座、西室已講勤二仕論匠之番一給、學徒兼知二講會之嚴重一、

**執行の私沙汰…**　最初の世親講実施にあたって、執行が私的に講運営に関わり酒肴用意をしたので、一結衆による合力分で上紙を買い、講衆にあてた。

**先達**　世親講の中で指導層にあたる学僧で、維摩会の竪者や講師を経験した者に限られた。

**広く講衆…を定め**　最大限の定員として講衆は三〇人、先達は一〇人とした。

**設いその器ありと…**　たとえ能力があったとしても、定員が満たされている時は、世親講の一員に加われない。講衆の補入については、年未詳世親講先達講衆等起請文（東大寺図書館3-3-301）に次のようにある。「講衆出入者、為講衆先達之計、撰器用令補入事」とあって、衆外の干渉は排除すること、時には合点によって決定すること、などが定められており、その成員権については講衆が自主的に持つべきものと考えられていた。

れを曳《ひ》く。会座酒肴の用途として、一結衆等、少分の合力あり。然りと雖も、*執行の私沙汰として、執事を勤仕するの間、合力の用途を以て上紙を買い、以て満座の講衆に添え曳く。この外傑出の人を撰び、会座の*先達となす。即ち維摩会《ゆいまえ》供奉の已講・成業《じようぎよう》なり。彼《か》の大会参勤の人の外は更に先達に用いず。且《かつ》後代のために永く定め置くところなり。惣じて人数を限り、*広く講衆三十人・先達十人を定め、*設《たと》いその器ありと雖も、数満つるの上は、添え入るべからざるの由、議定し了んぬ。後代これを以て規模となすべし。

3　一　饗膳は寺家沙汰に及ぶ事

右、建久八年より寺家沙汰として饗膳の役を勤め、*諸庄薗に切り宛つるところなり。惣じて饗膳に預かる者は、先達十人・講衆三十人〈*広き定めなり〉、この外*承仕二人、都合四十二前なり。但し*人数不足の時においては、饗膳の内を略すべし。講衆の多少は時に随いて不定《ふじよう》なり。承仕これを検《しら》べて執行所に牒送すべし。是れ用意のためなり。

4　一　講会繁昌の事

右、正治元年八月五日、*別当尊勝院法印、始めてこれを行わる。別当幷びに*東南院律師着座し、*西室已講*論匠の番を勤仕し給う。学徒は兼ねて講会の厳重を知

**3**　世親講の先達・講衆・承仕にふるまう饗膳の用途は寺家が負担する。

**諸庄薗に…**　饗膳料用途は東大寺領の諸荘園に配分されて賄った。↓補1

**広き定めなり**　最大限の人数を指す。

**承仕**　寺院内で、堂舎清掃や仏具燈明の用意など雑用を行う法師。

**人数不足の時においては…**　人数が四二人に満たないときは、その欠員分だけ饗膳を減らす、という意か。

**4**　正治元年(一一九九)の世親講には、東大寺別当の尊勝院院主(華厳宗)や東南院院主(三論宗)が立ち会ったほか、西室已講が論匠を勤め、その後には延年の宴、と壮麗に行われたことを記録する。

**別当尊勝院法印**　弁暁(一一三九～一二〇二)、隆助法橋の子。華厳を学び尊勝院の教学を興隆させた人物として知られる。建久十年(一一九九)から建仁二年(一二〇二)まで東大寺別当。

**東南院律師**　東南院院主定範(一一六四～一二三五)。権中納言成範の子。勝賢の弟子。後に東大寺別当・醍醐寺座主を歴任。

**西室已講**　前出の西室得業頼恵と思われる。彼は建久九年に維摩会講師を勤めている(『維摩会講師研学竪義次第』)から、この時は已講である。

**論匠の番**　法華経の番論義を勤めたのである。

**世諦の綺羅を…**　講会の様子は、実際、たいへん美しくすばらしいさまであった。

**延年の会**　寺院で、法会のあとで行われる祝宴。歌舞や劇芸能がなされた。

**散楽**　奈良時代に中国から伝来したといわれる芸能で、軽業・曲芸・物まねなどの芸態であったという。後、猿楽・田楽になるとされる。

**専寺他寺**　東大寺とそれ以外の寺院。

**奘観**　壮観な様子。

**二諦の…**　世諦と真諦、すなわち世俗一般における真実と、出世間における真の真実ということで、論義の内容も現実のしつらえもすばらしいものであった。

**後日の廃亡に…注し加う**　世親講が今後衰えぬように、具体的なもようを記録し、さらに先例とすべき事柄は、今後とも年預が記録していく。これは本文史料が判例・慣習法として今後も継承され書き継がれていくことを予定しているもので、寺院法成り立ちの一つのあり方をよく示すくだりである。本文史料を年預貞辰が規定したとみるべきではない。

**勝事**　後に参考となりうるようなすぐれた事柄。

**年預法師貞辰**　世親講年預であり、世親講の運営や世話を担当した。寺家の年預五師とは別。なお貞辰は建久六年(一一九五)

殊瑩二螢雪一、實是世諦之添二綺羅一也、爲二興隆之濫觴一者歟、入二夜景一論匠了、其後聽聞衆分二兩方一始二延年之會一、兒共者盡二歌舞之曲一、大衆者催二散樂之興一、專寺他寺之大衆奘二觀之一、夜及二深更一集會退散之後、被レ曳二饗膳捧物一、凡二諦之嚴重超二常儀一、爲レ備二後日之廢亡一條々事粗記レ之、若觸二此講一有二勝事一者、早爲二年預之役一、可二注加一之狀如レ件、

正治元年八月六日　　　　　　年預法師貞辰

**南10**　東大寺俊乗房重源譲状　建久八年(一一九七)六月十五日　　　東京大学史料編纂所蔵謄写本

東大寺大和尚南无阿彌陀佛

奉レ讓　東南院々主律師含阿彌陀佛　寺領幷堂舍事

合

寺領庄々

伊賀國阿波・廣瀨・山田有丸庄

〔播〕幡磨國大部庄

（中略）

り、殊に蛍雪を瑩《みが》く。実に是れ*世諦の綺羅《きら》を添うなり。興隆の濫觴《らんしょう》たるものか。
夜景に入りて論匠了んぬ。その後、聴聞衆両方に分かれて*延年《えんねん》の会を始む。児共《ちご》
は歌舞の曲を尽くし、大衆は*散楽の興を催す。*専寺他寺の大衆これを*奘観《しょうかん》す。
夜、深更に及びて集会退散の後、饗膳捧物を曳かる。およそ*二諦の厳重なること
常儀に超ゆ。*後日の廃亡に備えんがために、条々の事粗《あらあら》これを記す。もしこの
講に触れて*勝事あらば、早く年預の役として注し加うべきの状件《くだん》の如《ごと》し。

正治元年八月六日　　*年預法師貞辰

**南10**　東大寺俊乗房重源譲状　建久八年(一一九七)六月十五日　東京大学史料編纂所蔵謄写本

東大寺大和尚*南無阿弥陀仏

譲り奉る　*東南院*院主律師〈含阿弥陀仏〉寺領幷びに堂舎の事

合わせて

寺領庄々

*伊賀国阿波・広瀬・山田有丸庄

播磨国大部《おおべ》庄

(中略)

---

十月日勧進文(本文史料①)の連署中の一員として見える。

**南10**　↓補1

**東大寺俊乗房重源譲状**　晩年の重源が、自らの活動成果であり、また活動拠点ともなった寺領堂舎について、これらを東南院主定範に譲与し、その管理運営法を取り決め仏事退転がないよう定めた。↓補2

**南無阿弥陀仏**　俊乗房重源(一一二一～一二〇六)のこと。↓補3

**東南院**　東大寺内の有力子院。東大寺別当を輩出する。三論・真言の兼学を宗とし創建以来醍醐寺との関係が深い。鎌倉後期以降には貴種が院主となる門跡寺院としての地位を確立した。現在東大寺本坊。↓補4

**院主律師**　東南院院主定範(一一六四～一二三五)。権中納言成範の子。後出する勝賢の弟子であり甥でもある。後に東大寺別当・醍醐寺座主を歴任する。↓補5

**伊賀国阿波…山田有丸庄**　いずれも三重県伊賀盆地の東北部、旧山田郡服部川流域にあった荘園。重源建立の新大仏寺もこの地域に所在。現阿山郡大山田村。これに続き、「播磨国大部庄」以下、(中略)部分も含めて寺領が五筆記されている。いずれも本文中に後出。↓補6

堂舎別所

高野新別所専修往生院

（中略）

右、寺領庄園堂舎別所等者、南無阿彌陀佛偏住㆓弘法利生之思㆒、専致㆓興立之沙汰㆒、而年齢已廻㆓八旬㆒、相㆓待餘命於旦暮㆒之間、爲㆑令㆔始置佛事繼㆓將來㆒、爲㆑令㆔充置相節無㆓闕怠㆒、以㆓件所々㆒奉㆑讓㆓故東南院々主權僧正法印大和尚㆒、卽面々佛事、如㆓阿彌陀佛之沙汰置㆒、遙經㆓後々將來㆒、可㆘令㆑無㆓退轉㆒給㆖之由、誂申之處、忽有㆓老少不定之理㆒、先立令㆓入滅㆒給、今拭㆓前後相違之涙㆒、殘留而失㆓計略㆒、爰權律師含阿彌陀佛爲㆓院家棟梁㆒、令令（ママ）㆑請㆓傳彼遺跡㆒給、故以㆓件庄領堂舍別所等㆒、如㆑奉㆑申㆓付故僧正御房㆒、所㆑奉㆑讓㆓含阿彌陀佛㆒律師定範也、是偏依㆑奉㆑量㆓尊師聖實之遺跡㆒、一向付㆓東南一院之進止㆒、然者雖㆑經㆓代々㆒、院家知行之人相㆓承之㆒、可㆑被㆑致㆓其沙汰㆒、敢莫㆑分㆓渡餘所他門㆒、又莫㆑懸㆓惣寺別當所司三綱之進止㆒、是則可㆑爲㆓向後凌遲之因縁㆒故也、以㆓庄々所當年貢㆒、充㆓色々佛事用途㆒、不㆑違㆓其旨㆒、盡未來際、不㆑可㆘令㆓闕怠㆒

**高野新別所専修往生院**　重源が開いた別所のうち最も早いものとされる。重源は「初め醍醐寺に住み、後に高野山に棲」（文治元年〔一一八五〕重源敬白文）んだ。名称からすると浄土信仰による極楽往生を願う場として設定したものだろう。この別所には数多くの中国からの請来仏具が保管されていた（『南無阿弥陀仏作善集』）。次行の（中略）部分には堂舎や別所が五箇所記されている。→補1

**八旬**　八〇歳の意味。旬は一〇を指す。この時重源は七七歳である。

**充て置く…なからしめんがため**　所定の仏事を実施するための費用として割り当

てた用途が不足しないように。具体的には後出。
**故東南院々主** 本文史料がなった前年、建久七年（一一九六）の六月二十二日に死去した勝賢（一一三八〜一一九六）を指す。↓補2
**老少不定の**… 重源よりも年若い勝賢が先立って死去したことをいう。
**爰に権律師**… 権律師含阿弥陀仏こと定範が勝賢のあとを継いで東南院の院主となったので、重源は改めて勝賢に譲った寺領堂舎を定範に譲り相伝させる。
**故僧正御房** 勝賢のこと。
**尊師聖宝** （八三二〜九〇九）。平安時代前期真言密教の僧侶。東密小野流の祖。醍醐寺開山であるが、修験道についても大峰山を開くなど中興者とされている。また東大寺別当も勤め、東南院の開祖ともされる。醍醐寺や大峰葛城の山林修行、そして東南院など、その事績は重源の足跡とも重なる部分が多い。
**院家知行の人**…**懸けること莫れ** 重源が譲与する寺領堂舎別所について、その支配権は東南院に属することとし、東大寺全体の管理中枢である別当や三綱の権限を排除した。↓補3
**惣寺** 寺内に存在した個別の院家や堂舎、集団に対して、総体としての東大寺を指す。
**凌遅** 衰退し衰えること。

堂舎別所
*高野新別所専修往生院

（中略）

右、寺領庄園堂舎別所等は、南無阿弥陀仏偏《ひとえ》に弘法利生《りしょう》の思いに住し、専《もは》ら興立《こうりゅう》の沙汰を致す。しかして年齢已に*八旬を廻り、余命を旦暮《たんぼ》に相待つの間、始め置く仏事を将来に継がしめんがため、*充て置く相節《そうせち》を闕怠なからしめんがため、件《くだん》の所々を以て*故東南院々主権僧正法印大和尚に譲り奉る。即ち面々仏事、阿弥陀仏の沙汰し置く如《ごと》く、遥《はるか》に後々将来を経《へ》、退転なからしめ給うべきの由、誂《あつら》え申すの処、忽《たちま》ち*老少不定《ふじょう》の理ありて、先立ちて入滅せしめ給う。今前後相違の涙を拭い、残り留まりて計略を失う。*爰《ここ》に権律師含阿弥陀仏、院家の棟梁として彼《か》の遺跡を請け伝えしめ給う。故に件の庄領堂舎別所等を以て、*故僧正御房に申し付け奉る如く、含阿弥陀仏〈律師定範〉に譲り奉るところなり。是《こ》れ偏に*尊師聖宝《しょうぼう》の遺跡と量《はか》り奉るにより、一向東南一院の進止に付く。然《しか》らば代々を経ると雖《いえど》も、*院家知行の人これを相承し、その沙汰を致さるべし。敢えて余所他門に分け渡すこと莫《なか》れ。また*惣寺別当所司三綱の進止に懸けること莫れ。是れ則ち向後《きょうご》*凌遅《りょうち》の因縁たるべき故なり。庄々の所当年貢を以て、色々の仏事用途に充て、その旨に違わず、尽未来際《じんみらいさい》、闕怠

給上、其佛事相節者、大佛殿兩界供養法壇供幷供僧十二口料貳百參拾肆斛、同最勝王經佛供幷講衆三十口料參佰伍拾貳斛捌斗、同不斷供花禪衆二百口料參百陸拾斛、當寺鎭守八幡宮二季御八講用途料佰貳拾斛、戒壇院每年受戒勤行用途陸拾斛、當寺淨土堂佛聖幷不斷念佛衆二十四口料貳佰斛、渡部淨土堂佛聖幷念佛衆佰斛、大佛殿幷供華常燈諸堂燈油用途料參百石、已上都合每年之用途壹仟玖佰貳拾斛捌斗、任二此相節之員數一、無二懈怠一可下令二充行一給上、惣檢二納庄々年貢米於院家之一庫一、不レ指二分何庄年貢、何佛事用途一、只押混次第可下令二下行一給上、抑伊賀庄者、爲二平家沒官之地一前右大將家知行、而依二　後白河院　勅命一、被レ賜二當寺惣大工宋人陳和卿一之日、右大將家同以令レ去二進地頭一給畢、仍和卿一色不輸領掌之間、發二善願一永以寄二付淨土堂領一矣、於二預所職一者、補二大江師盛一也、幡〔播〕磨大部庄者往古寺領也、然而廢到〔倒〕年尙、而南無阿彌陀佛申二後白河院一、充二賜和卿一、卽成二下宣旨一、被レ差二遣官使一改打二四至牓〔膀〕示一、已後專爲二一圓地一、更無二相交之方一、和卿同以寄二付大佛御領一、一向爲二南無阿彌陀佛進止一、仍以二年來同行如阿彌陀佛與觀阿彌陀佛兩人一所レ令レ補二預所職一

**大仏殿両界供養法壇供…**　重源が興隆した諸仏事が示されている。大仏殿・鎮守八幡宮・戒壇院・別所での諸費用と、寺内諸堂の供花・常燈油料に大別される。まさに東大寺仏法の基幹的部分に関わるものである。ただし、以下の数値と総合計は計算が合わない。↓補1

**当寺鎮守八幡宮二季御八講**　東大寺の鎮守(現在の手向山八幡宮)において、春二月と秋九月に行われる法華八講。建久八年(一一九七)二月に現位置にて再建上棟されていた。

**当寺浄土堂**　↓補2

**仏聖**　仏への供え。仏供。

**渡部浄土堂**　摂津国の淀川河口の要津である渡辺津に、重源が設けた別所の中核施設。ここでは迎講が行われ浄土信仰が鼓吹されたが、この渡部別所には二階建の巨大倉庫がある木屋敷地が付置され、水運による物流拠点ともなっていた。

**都合毎年の用途**　本文中で上げられている数値と異なり、総計すると一七二六斛八斗となる。この誤差の理由は未詳。

**惣じて庄々年貢米を…**　↓補3

**抑も伊賀の庄は…補すなり**　阿波・広瀬・山田有丸庄の来歴を語る。平家没官領から陳和卿が領掌し、さらに浄土堂領となった。↓補4

**平家没官の地**　治承寿永の乱の際、平家

せしめ給うべからず。その仏事相節は、*大仏殿両界供養法壇《だんく》供幷びに供僧十二口料二百三十四斛《こく》、同最勝王経仏供幷びに講衆三十口料三百五十二斛八斗、同不断供花禅衆《ぜんしゅう》二百口料三百六十斛、当寺*鎮守八幡宮二季御八講用途料百二十斛、戒壇院毎年受戒勤行用途六十斛、当寺*浄土堂仏聖幷びに不断念仏衆二十四口料二百斛、*渡部《わたなべ》浄土堂仏聖幷びに念仏衆百斛、大仏殿幷びに供華常燈諸堂燈油用途料三百石、已上*都合毎年の用途一千九百二十斛八斗。この相節の員数に任せて、懈怠《けたい》なく充て行わしめ給うべし。*惣じて庄々年貢米を院家の一庫に検納し、何庄の年貢、何仏事の用途と指し分けず、ただ押し混ぜて次第に下行せしめ給うべし。*抑《そもそ》も伊賀の庄は、*平家没官《もっかん》の地として*前右大将家知行す。しかして 後白河院の 勅命により、当寺惣大工宋人*陳和卿《ちんなけい》に賜《たまわ》るの日、右大将家同じく以て地頭を去り進ましめ給い畢んぬ。仍て和卿*一色不輸《いっしきふゆ》領掌の間、善願を発して永く以て浄土堂領に寄付す。預所職においては、*大江師盛を補《ふ》すなり。*播磨大部庄は往古よりの寺領なり。然るに廃倒すること年尚し。しかして南無阿弥陀仏、後白河院に申し、和卿に充て賜う。即ち*宣旨を成し下し、官使を差し遣わされ改めて*四至牓示を打つ。已後専ら一円地として更に相交わるの方なし。和卿同じく以て大仏御領に寄付し、一向*南無阿弥陀仏の進止たり。仍て*年来同行の*如阿弥陀仏と観阿弥陀仏と両人を以て預所職に補せしむとこ

方ゆかりの所領として没収された土地。

**前右大将家**　源頼朝のこと。

**陳和卿**　生没年不詳。宋人鋳物師。商人として年来日本に渡り、たまたま帰国できずにいたところ重源の口利きで大仏鋳造にあたり功があった。後年、鎌倉で実朝に接近し唐船を作らせたが進水できなかった逸話は有名。

**一色不輸**　一種類の負担のみで他は賦課がかからない特別の地。

**大江師盛**　生没年、事績とも不詳であるが、後出の観阿弥陀仏も大江氏であることから、重源の姻戚と考えられている。「如阿弥陀仏と観阿弥陀仏」の項参照。

**播磨大部庄**　→補5

**宣旨**　大部庄の四至を確定した建久三年八月二十五日官宣旨案が「播磨浄土寺文書」に残されている(『鎌』六一一号)。

**四至牓示**　東西南北の境界を定める石もしくは杭などの目印。大部庄は「東限大墓、西限加古川、南限河内村、北限南条」(前掲の建久三年官宣旨案)。

**南無阿弥陀仏**　俊乗房重源のこと。

**年来同行**　重源の周囲に阿弥陀信仰によって結集した仲間や弟子たちで、「同朋」とも称す。彼等は阿弥陀仏号をあたえられ、勧進活動や重源が設定した別所や所領の経営にも関わった。→補6

**如阿弥陀仏と観阿弥陀仏**　→補7

也、抑此庄東北角有二隨分之勝地一、卜二其處一新建二立別所一、號二南無阿彌陀佛〔念脱カ〕別所一、構二立方三間瓦葺堂一宇一、號二淨土堂一、奉レ安二置皆金色阿彌陀丈六立像一、修二佛三昧一、又立二同堂一宇一、號二藥師堂一、奉レ集二居庄内破堂之佛井像八百餘躰一、仍庄東端字鹿野原者、爲二別所敷地之内一、永以奉レ廻二向淨土堂阿彌陀佛一、勵二住僧之力一、致二開發之沙汰一、以二其地利一可レ充二佛聖燈油念佛者用途一之由、所レ加二下知一也、更以不レ可レ被レ懸二庄家本寺之役一、且爲二常々荒野一、無二當時々〔之カ〕時々(衍カ)依怙一地也、周防國椹野庄者、雖レ爲二舊寺領一、顚倒而年久、今以二天平證文一奏二達　公家一之日、任レ舊被レ興二立之一、即被レ糺二四至牒〔牓〕示一畢、以二右衞門尉紀季種一、所レ補二預所職一也、同國宮野庄者、以二南無阿彌陀佛所帶文書一、申二達公家一、充二賜宋人和卿衣食料一、是同雖レ進二付寺領一、當時者、專一事已上和卿之進止也、備前國三ケ庄之内、南北條方者、當寺長官故左大辨行隆之時、依二百事緣一、得二免許之證文一、致二開發沙汰一之間、下二遣巨多奉加米等一、相二充種子農料一、入二能治一畢、思二其由來一故、以二彼後家一爲二預所一、以二即年貢米内參拾石一、毎年所レ令レ分二與之一也、後家一期之後

**抑もこの庄の…**　大部庄の東北角に播磨別所を開設したいきさつを語る。
**浄土堂**　兵庫県小野市の浄土寺に現存。大仏様の代表的建造物で本尊阿弥陀三尊は快慶作。国宝。建久五年(一一九四)十月十五日棟上げ、同八年八月二十三日に供養(『浄土寺縁起』)。
**薬師堂**　同右浄土寺の本堂として現存(国重文)。浄土堂に少し遅れて、建久八年三月二十八日棟上げ。
**庄内破堂**　大部庄内にあった廃寺として広渡廃寺が知られている。
**鹿野原**　現在の「鹿野」よりも東方に広がる段丘上の大部庄「原方」にあたる。
**廻向**　功徳や利益をさしむけること。ここでは新たな荒野開発地を別所の所領とすること。
**庄家本寺の役を…**　鹿野原の開発地は別所の用途にあて、大部庄内として東大寺からの賦課がかからない。
**周防国椹野庄**　周防国吉敷郡の椹野川下流域の荘園。現在の山口市。奈良時代からの東大寺領であったが一〇世紀末には荒廃していた(『平』三七七号)。
**天平の証文**　仁平三年(一一五三)四月二十九日東大寺諸荘園文書目録には椹野庄の文書として天平勝宝六年(七五四)～天平宝字

ろなり。*抑もこの庄の東北角に随分の勝地あり。その処を卜して新たに別所を建立す〈南無阿弥陀仏別所と号す〉。方三間の瓦葺き堂一宇を構え立て、*浄土堂と号す。皆金色の阿弥陀丈六立像を安置し奉り、念仏三昧を修す。また同じく堂一宇を立て、*薬師堂と号す。*庄内破堂の仏菩薩像八百余躰を集め居《す》え奉る。仍て庄の東端字*鹿野原《ろくや》は、別所敷地の内として、永く以て浄土堂阿弥陀仏に*廻向《えこう》し奉り、住僧の力を励まし、開発の沙汰を致す。その地利を以て仏聖燈油念仏者用途に充つべきの由、下知を加うるところなり。更に以て*庄家本寺の役を懸けらるべからず。且《かつ》は常々荒野として、当時の依怙なき地なり。*周防国椹野《ふしの》庄は、旧寺領たりと雖も、顚倒して年久し。*今天平の証文を以て　公家に奏達するの日、旧に任せてこれを興立せられ、即ち四至牓示を糺され畢んぬ。右衛門尉*紀季種を以て、預所職に補すところなり。同*国宮野庄は、南無阿弥陀仏所帯の文書を以て公家に申し達し、宋人和卿の衣食料に充て賜う。是れ同じく寺領に進め付くと雖も、当時は専ら*一事已上和卿の進止なり。*備前国三ケ庄の内、南北条方は*当寺長官故左大弁行隆の時、百事の縁により、免許の証文を得、開発の沙汰を致すの間、巨多の*奉加米《ほうがまい》等を下し遣わし、種子農料に相充て、能治《のうち》を入れ畢んぬ。その由来を思う故に、*彼の後家を以て預所となし、即ち年貢米の内三十石を以て、毎年これを分与せしむるところなり。*後家一期《いちご》の後

五年(七六一)のもの四巻が見えている(『平』二七八三号)。

**紀季種**　紀氏系図に見え、季重孫、季良息。右衛門尉であった。この系図の記載に従えば重源の甥にあたる。

**宮野庄**　椹野川中流域。さきの椹野庄よりも上流に位置する。建久六年九月に立券され陳和卿の衣食料とされた(『鎌』八一五号)。その後、同庄が陳和卿の私領のようになって濫妨が顕著であると、東大寺三綱が訴え、改めて顕密仏事用途にあてるよう院庁下文がだされた(『鎌』一六一三号)。

**一事已上**　すべて。

**備前国三ケ庄**　南北条・長沼・神前を指す。→補1

**当寺長官故左大弁行隆**　造東大寺長官藤原行隆(一一三〇〜一一八七)のこと。彼は弁官・蔵人を歴任した実務官僚の貴族で後白河院近臣であった。南都焼失後の実検使を勤め、文治元年(一一八五)六月以来、造東大寺長官として重源と協力して再建にあたった。→補2

**奉加米等を**…　結縁善根のために仏・神に喜捨した米を種子や農料として下行することで開発を行った。→補3

**彼の後家**　藤原行隆の後家。

**後家一期の後は**　後家が生涯を終えて後は。

者、嫡女左大辨局可レ被二相傳一也、彼局一期之後、可レ令三嫡子盧舍禪師領二掌之一也、次長沼・神前方者、國司故平太〔大〕納言賴盛卿任下所三免除一之廳宣上、遂二開發一後、云レ彼云レ此、兩方共定二寺領一畢、而兩人被レ隱之刻、忽之〔云カ〕二豐原庄之國衙方一雖レ凝〔擬〕レ致二其妨一、後白河法皇御時、言二上事由一之日、被レ召二領家行房去文一、又被レ停二止國衙之濫妨一、其上　法皇崩御之後、重言二上公家一、申二下官使一、糺二定四至牒亦〔牓示〕一畢、於レ今者一切無二旁牢籠一地也、仍以二年來同行得阿彌陀佛與春阿彌陀佛兩人一、所レ補二預所職一也、同國野田庄者、依二　宣旨一開二發大佛燈油田二百六十町一、而散二在諸郷一之間、可レ有二向後之煩一、故返二上件散在田一、立二替野田一保一、卽任二　宣旨之狀一遂二立券一、定二不輸庄一畢、於二預所職一者、以二年來同行重阿彌陀佛一令レ補二任之一、凡寺領庄々之子細、太略如レ斯、委旨見下于所二副進一本券・宣旨・院〔宣脱カ〕等之狀上、於二庄々執務職一者、多年常隨同〔行カ〕之、尤可二憐愍一、或有緣近仕親屬之甚難二捨離一、以二如レ此之輩一所二補任一也、如三在生計量一、閉眼之後、雖二一處一不レ可下令二相違一給上、寺家佛事相節、且守下奉二誂量一之

**国司故平大納言頼盛卿**　平頼盛(一一三一～一一八六)は清盛弟であるが、平家都落ちに同行せず、内乱を切り抜け、所領もいったんは没官されるが、すぐに返却された。栄西の渡宋支援や重源の東大寺再建にもよく協力した。本文史料が記す備前国司になった事実はないが、文治元年(一一八五)六月備前の知行国主となっている。頼盛が備前国知行国主となったことは、『玉葉』文治元年六月三十日条にある。彼は、文治二年六月二日死去するから、長沼神崎方について免除の庁宣が出たというのはこの間のこととなる。ちなみに建久六年(一一九五)五月七日官宣旨案(『鎌』七八九号)ではこの件について、「入道大納言平

は、嫡女左大弁局《つぼね》相伝せらるべきなり。彼の局一期の後、嫡子盧舎禅師これを領掌せしむべきなり。次に長沼・神前方は、*国司故平大納言頼盛卿が免除するところの庁宣に任せて、開発を遂ぐるの後、彼《か》れと云いこれと云い、両方とも寺領に定め畢んぬ。しかるに*両人隠れらるるの刻、忽ちに*豊原庄の国衙方と云いその妨げを致さんと擬すると雖も、　後白河法皇の御時、事の由を言上の日、領家*行房の去文を召され、また国衙の濫妨を停止《ちょうじ》せらる。その上　*法皇崩御の後、重ねて公家に言上し、官使を申し下し、四至牓示を糺し定め畢んぬ。今においては一切旁《かたがた》の牢籠《ろうろう》なき地なり。仍て年来同行の*得阿弥陀仏と春阿弥陀仏との両人を以て、預所職に補するところなり。同国*野田庄は、　*宣旨により大仏燈油田二百六十町を開発す、しかるに諸郷に散在の間、向後の煩いあるべし。故に件の散在田を返上し、野田一保に立て替え、即ち　*宣旨の状に任せて立券を遂げ、不輸庄に定め畢んぬ。預所職においては、年来同行の*重阿弥陀仏を以てこれに補任せしむ。およそ寺領庄々の子細、太略斯《か》くの如し。委しき旨は副進するところの本券・宣旨・院宣等の状に見ゆ。庄々執務職においては、多年常随の同行、尤《もつと》も憐愍《れんびん》すべし。或いは有縁《うえん》近仕親属の甚だ捨離しがたし、此《かく》の如きの輩《ともがら》を以て、補任するところなり。在生の計量の如く、*閉《へい》眼《がん》の後、一処と雖も相違せしめ給うべからず。寺家仏事相節、且は誂《あつら》え量り奉るの

頼盛卿国務知行之時、成結縁之志、被成免除庁宣」と表現している。

**両人**　藤原行隆と平頼盛の両人。

**豊原庄の国衙方**　前掲「備前国三ケ庄」の項参照。

**行房の去文**　行房は藤原行隆の子息で、彼はいったんは妨げを為すが、その後、権利を手放す旨の証文を出した。前掲「備前国三ケ庄」の項参照。

**法皇崩御の後**　後白河法皇が死去したのは建久三年三月十三日。

**得阿弥陀仏と春阿弥陀仏**　重源の同行衆。前者は建仁三年(一二〇三)備前国麦進未進注進状にもその名が見える。また後者は正治二年(一二〇〇)周防国目代であったことがわかる(『鎌』一一六三号)。

**野田庄**　岡山市街地「野田」あたりにあった東大寺領荘園。殿下渡領の鹿田庄に西接していた。→補1

**宣旨により**　建久四年、重源は開発申請を奏聞し、それが勅許されたこと。前掲「野田庄」の項参照。

**宣旨の状**　建久七年十一月三日官宣旨(『鎌』八七九号)を指す。

**重阿弥陀仏**　他に所見なく不詳。ただ本文史料が示すように預所となっている以上、彼も重源の「有縁近仕親属」の一員であったろう。

**閉眼の後**　重源の死後。

旨上、且専二興立之賢慮一、雖二一事二不レ可レ令二退轉一矣、向後若不慮障导〔碍〕出來、庄々有二牢籠一、佛事及二闕怠一之時者、言二上子細於　公家幷鎌倉殿一、可下令レ停二止濫妨一給上、所二充置一寺領、敢無二非據之議一、有心之輩誰致二其妨一乎、所二勤修一佛事、併爲二　聖朝之御願一、奏達之時爭無二　聖斷一乎、仍奉二付屬一之狀如レ件、

建久八年六月十五日

東大寺大和尚在判

**南11**　東大寺衆議条々起請事書　寛喜二年(一二三〇)十月二十七日　東大寺文書

條々起請事

一　以二華嚴會出仕僧綱等一、可レ載二法華會廻請一事

右、花嚴會者、當寺規模之大法會也、而僧綱等、徒□〔稱カ〕二故障一、都不レ被二出仕一之處、於二法華會出仕一者、好而無二□〔懈怠〕一、事之參差、自由之甚也、於二自今以後一者、守二花嚴會出仕之有無一、可レ定二法華會之請一、此事本自可二起請一□、仍深可レ禁二斷之一、當年法華會出仕之仁、明年花嚴會之時、若及二子細一者、披二事次第一、可レ任レ法矣、

**南11**　→補1

**東大寺衆議条々起請事書**　寺僧による衆議を経たものを、年預五師が成文化し「起請」としてまとめた寺院法。このような形態をとる東大寺寺院法として本文史料は早いものである。

**東大寺文書**　→補2

**華厳会出仕の…**　法華会出仕は好みながら、華厳会を軽視する傾向を指摘し、今後、法華会に出仕するものは、必ず華厳会に出仕しておくことを求めている。→補3

**華厳会**　三月十四日大仏殿で行われる華厳経を講讃する法会。請僧は一八〇人にものぼり、舞楽や大行道も伴う華やかで大規模な法会であった。華厳会の大規模で豪華なありさまは、安元三年(一一七七)の華厳会式(『東大寺続要録』)や元弘二年(一三三二)二月華厳会式(「薬師院文書」)にも窺えるところで、ここにはきわめて多数の楽人や舞人が参加し、華やかな行道が行

旨を守り、且は興立の賢慮を専らにし、一事と雖も退転せしむべからず。向後もし不慮の障碍《しょうがい》出来し、庄々牢籠ありて、仏事闕怠に及ぶの時は、子細を　公家幷びに鎌倉殿に言上し、濫妨を停止せしめ給うべし。充て置くところの寺領、敢えて非拠《ひきょ》の議なく、有心《うしん》の輩誰かその妨げを致さんや。勤修するところの仏事、併《しか》しながら　聖朝の御願として　奏達の時、争《いかで》か　聖断なからんや。仍て付属し奉るの状件の如し。

建久八年六月十五日　　東大寺大和尚在判

**南11**　東大寺衆議条々起請事書　寛喜二年(一二三〇)十月二十七日　東大寺文書

条々起請の事

一　*華厳会出仕の僧綱等を以て、*法華会の*廻請《かいじょう》に載すべき事

右、花厳会は*当寺規模の大法会なり。しかるに僧綱等徒《いたずら》に故障と称し、都《すべ》て出仕せられざるの処、法華会出仕においては好みて懈怠《けたい》なし。事の*参差《しんし》、*自由の甚だしきなり。自今以後においては、花厳会出仕の有無を守り、法華会の請を定むべし。この事本《もと》より起請すべし□。仍て深くこれを禁断すべし。*当年法華会出仕の仁は、明年花厳会の時、もし子細に及ばば、*事の次第を抜《ひら》き、法に任すべ

われていたことがわかる。これに講師・読師の華厳経講読、唄・散花・梵音・錫杖の四箇法要と、まさに春の代表的な法会であった。鎌倉末期になる「東大寺年中行事」(「東大寺図書館所蔵ヤ2-220」)には請僧が一八〇人であったことがわかるが、この人数は、般若会とならんで東大寺の法会中、最大規模のものであった。→補4

**法華会**　十二月十日より講堂で五日間行われた法会。他寺僧の参加もあり、講問や竪義の論義が行われる。寺僧昇進の階梯となっていた。→補5

**廻請**　法華会での講師・読師役などの参勤をもとめる通知書。受け取った僧侶は「奉」の文字を書いて、出仕予定僧のもとに順次回覧された。「請定」ともいう。

**当寺規模の**　東大寺にとってきわめて大切な、名誉となる、の意。

**参差**　華厳会と法華会に対する態度にくいちがいのあること。

**自由の甚だし**　大変身勝手なこと。

**当年法華会出仕の仁…**　今年はもう華厳会はおわっているため、本年の法華会出仕を認めることとし、その人物が来年の華厳会出仕に障りをいえば、法に任せて処分する。

**事の次第を抜き**　事情を人々に知らせて。

一　寺中用レ輿事
右、伽藍之内用二乗物一者、戒律之法尤所二禁止一也、而當寺此條無沙汰之間、貴賤尊卑之類、不レ論二佛殿社頭一、乗二包輿一順逆往反、濫吹之根元、放逸之行儀也、但於二僧綱一可レ用二手輿一、其外者永可レ停二止之一、此上不二信用一者、於二他□〔寺カ〕輩一者、即可レ牒二送子細於其本寺一、於二専寺一至下可二成敗一之族上者、随二見懸一、任レ法可レ加二治罰一焉、
以前兩條、依二衆議一起請如レ件、
寛喜二季十月廿七日　　年預五師貞圓（花押）

**南12**　東大寺学侶連署起請　文永六年（一二六九）九月　日　　東大寺文書（成巻文書）

東大寺起請
諸供料不レ可レ過二期限一事
一　大佛殿修正壇供事　五十石鞆田庄役、□〔貢〕定、
右、料庄、近國也、年□□□究納、依二何事一可二遅引一、早正月十五

**寺中に輿を…**　寺中での輿使用について、僧綱の手輿以外は禁止する。治承五年（一一八一）の興福寺学衆新制（南1）参照（嘉禄二年〔一二二六〕にもあり）。
**戒律の法**　具体的にどの戒律条項に基づいているのか未詳。ただ「比丘尼百七十八波逸提法」第百五十九乗乗戒では、比丘尼が無病で乗に乗ることを戒めている（「若比丘尼、無病乗乗行、除時之因縁、波逸提」〔『大正蔵』六二―八五二頁〕）。
**包輿**　屋形の覆いをとりつけた輿か。
**順逆往反**　いったり来たりすること。
**濫吹**　混乱を生じたり、秩序を乱すこと。
**放逸**　わがまま勝手なふるまい。
**手輿**　轅を腰のところで持って運ぶ輿。比較的簡便な乗り物であり、腰輿ともいう。
**信用せずんば**　ここで示された使用規制について、これを信認し従わなければ。
**牒送**　文書を送って通知すること。牒は文書様式の名称で、上下関係がはっきりしない両者間のやりとりに使用される。
**専寺**　東大寺を指す。
**見懸けるに随い**　見付け次第に。
**年預五師**　学侶上層の五師大法師のうち年番者。寺内衆議をうけて執務を担当した。

し。

一　*寺中に輿《こし》を用うる事

右、伽藍の内、乗り物を用うるは、*戒律の法、尤《もっと》も禁止するところなり。しかるに当寺この条無沙汰の間、貴賤尊卑の類《たぐい》、仏殿社頭を論ぜず、*包輿《つつみごし》に乗り*順逆往反す。*濫吹《らんすい》の根元、*放逸《ほういつ》の行儀なり。但し僧綱においては*手輿《たごし》を用うべし。その外は永くこれを停止《ちょうじ》すべし。この上*信用せずんば、他寺の輩《ともがら》においては即ち子細をその本寺に*牒送すべし。*専寺において成敗すべきの族《やから》に至っては、*見懸《みか》けるに随い、法に任せて治罰を加うべし。

以前の両条、衆議により起請、件《くだん》の如《ごと》し。

寛喜二年十月二十七日　　*年預五師貞円(花押)

**南12**　東大寺学侶連署起請　文永六年(一二六九)九月　日　　東大寺文書(成巻文書)

東大寺起請

諸供料の期限を過ぐべからざる事

一　*大仏殿修正壇供《しゅしょうだんく》の事〈五十石、*鞆田《ともだ》庄の役、□定め〉

右、*料庄は近国なり。年貢□□究納、何事によりて遅引すべけん。早く正月十五

**南12**　→補1

**東大寺学侶連署起請**　学侶が受け取るべき供料について、その下行期限を定め、違反があった場合の処罰を規定したもの。鎌倉時代における学侶が受給した供料の種類や、それを支える所領支配の様子を知ることができる。

**東大寺文書(成巻文書)**　東大寺に伝来している「東大寺文書」のうち、明治二十九年(一八九六)、簡単な文書の種類別にまとめて巻物に仕立てられたもの、これを特に「成巻文書」と称している。また、その数量から「百巻文書」ということもある。本文史料はそのうちの第四二巻に含まれている。これらはすべて『大古』東大寺六～九によって公刊されている。

**大仏殿修正壇供**　正月一日から七日まで大仏殿で行われる修正会の際に、壇上に供えられる壇供餅のこと。→補2

**鞆田庄**　伊賀国阿拝郡にあった荘園。東大寺領玉滝杣内の鞆田村から荘園化した。現三重県阿山町。この当時は、寺内有力子院の尊勝院が領家職を保持していた。

**料庄は…究下せらるべし**　修正壇供にあてる費用を負担する鞆田庄は東大寺から近いところにあるのだから、遅れることなく、正月十五日までには支給せよ。

日以前、可レ被二究下一、且年始供料也、忩可レ有二下行一、思二壇供之名稱一、當日可二備
供一、縦〔雖〕□レ為二生料一、可レ守二其儀一、遅引之條、道理豈可レ然哉、過二十五日一、被二對
捍一者、〔取〕□二〔質〕□人一、可レ及二罪科之評定一矣、

一　春秋二季御八講米事　一季別口別二石定、〔大部カ〕□□庄・木本庄・青蓮寺、已上三ケ庄役、

右、供米者、即當日饗膳之料物也、設追レ日雖レ令二下行一、理尤可レ然、但御八講結
日以後八ケ日之内、可レ被二究下一、其條令二遅引一者、質人罪科、勿レ違二先條一矣、

一　鎮西米事　三百五十石、國斗定、寺用所下料米、

右、始レ自二年内一、至二于六月中一、悉可二寺納一者也、以レ之宛二諸會々料一、支二一寺々
用一、尤不レ違二期限一、可レ被二寺納一、雜掌沙汰、有二懈怠一者、質人罪科、同不レ可レ
有レ所レ遁矣、

一　九口講供料事　口別〔五〕□石、寺斗定、以二鎮西米一下二行之一、

右、守二鎮西米下行之例一、六月中可レ被二究下一矣、

一　顯密供米事　口別六石九斗、供料斗定、大部庄・椹野庄・北伊賀庄役、

**究下**　きちんとすべて完済すること。

**下行**　品物などを与え下すこと。

**生料**　現物の素材のまま、或いは銭のままの料物。調理や煮炊きされた熟食と区別される。→補1

**対捍**　取り決めに従わず所役を未納すること。

**質人を取り…**　債務の保証担保として寺内の特定人物の身柄を押さえ、違約の場合はその人物に処罰をあたえる。

**春秋二季の御八講米**　→補2

**一季別口別二石の定め**　春と秋、それぞれ一人あたり二石が下行される。

**大部庄木本庄青蓮寺**　それぞれ、播磨・紀伊・伊賀にあった東大寺の所領。春と秋の御八講各五日間のうち、初日分は木本庄、最終日が青蓮寺、間の三が日が大部庄負担であった。

**饗膳**　もてなしとしてふるまわれる飲食物。

**設い日を追って…**　後日になって米を下行したとしても、式日に用意する饗膳という趣旨にてらして役に立っていないため、意味をなさない。

**結日**　御八講の最終日である結願の日。

**質人罪科**　前条同様に、身代わりとして質人をとり、なおも下行がなければその者に罪科を課す。具体的には後出するような所帯職の改易や、寺帳からの擯出。

日以前に、*究下せらるべし。且《かつ》は年始の供料なり。忩《いそ》ぎ*下行あるべし。壇供の名称を思い、当日に備え供すべし。縦《たと》い*生料《なま》たりと雖《いえど》も、その儀を守るべし。遅引の条、道理豈《あに》然るべけんや。十五日を過ぎ、*対捍《たいかん》せらるれば、*質人を取り、罪科の評定に及ぶべし。

一　*春秋二季の御八講米の事〈*一季別口別二石の定め、*大部庄《おおべ》・木本庄・青蓮寺、已上三ケ庄の役〉

右、供米は、即ち当日*饗膳の料物なり。*設《たと》い日を追って下行せしむと雖も、理尤《もっと》も然るべけんや。但し御八講*結日以後八ケ日の内に、究下せらるべし。その条遅引せしめば、*質人罪科、先条に違う勿《なか》れ。

一　*鎮西米の事〈三百五十石、*国斗《くにます》定め、寺用所下の料米〉

右、*年内より始めて、六月中に至るまでに、悉く寺納すべきものなり。これを以て、諸会の会料に宛て、一寺の寺用を支う。尤も期限に違わず寺納せらるべし。*雑掌の沙汰、懈怠《けたい》あらば、質人罪科、同じく遁るるところあるべからず。

一　*九口講供料の事〈口別五石、*寺斗《てらます》定め、鎮西米を以てこれを下行す〉

右、鎮西米下行の例を守り、六月中に究下せらるべし。

一　*顕密供米の事〈口別六石九斗、供料斗定め、大部庄・*椹野庄《ふしの》・*北伊賀庄の役〉

**鎮西米**　東大寺末寺である筑前観世音寺から運上される年貢米。→補3

**国斗**　中世では枡の大きさは領主や地域ごとに様々であった。これは諸国の国衙で用いられた枡をいう。後出の寺斗より大きかった。「寺斗」の項参照。

**年内より…**　秋の収納時期から翌年の六月末までを期限とする。前掲「鎮西米」の項参照。

**雑掌**　荘園から年貢公事を収納して、寺家に進上する荘官。

**九口講供料**　→補4

**寺斗**　東大寺で使用されていた一斗桝。→補5

**顕密供**　大仏殿において長日に勤行された顕教と密教の勤行供養。前者は最勝王経の講談、後者は両界(金剛界・胎蔵界)供養法。建久年間に重源によって始められた。→補6

**椹野庄**　周防国、椹野川の下流部にあった荘園。現山口県小郡市。荒廃していたのを重源が復興し東大寺領とした、重源譲状(南10)によって、庄務権は東南院にうつり、その後、さらに西室院へとわたっていた。

**北伊賀庄**　伊賀国北部にあった東大寺領荘園。具体的には、阿波広瀬山田有丸庄を指すか。南10の「伊賀国阿波…山田有丸庄」の項参照。

右、六月以前、可レ被二究下一之條、往古之起請也、而依レ有二供料之懈怠一□□□寺僧之住縁、凡本願之昔、天平之古、寄二一萬町之水田一、被レ充二衆僧之供料一、割二分五千戸之御封一、致二諸會興行一、而勅施皆顚倒、御封殆如レ無、學徒失二資縁一、寺院忘二興隆一、而自二中古一以來、諸院家建立之後、有二諸庄之寄附一、覆二一寺之學侶一、而近來別院之庄薗者、追レ年沽却、惣寺供料者、經レ代闕怠、以レ何支二法命一、憑レ誰住二寺門一、若所レ殘供米、於レ有二懈怠一者、學徒之寺住、殆失二其縁一歟、法侶若嬾二寺住一、恵命爭繼二寺院一、顧二佛法之盛衰一、只有二供料之有無一者歟、尤任二往古之起請一、可レ有二嚴密之沙汰一、於レ過二期限一者、質人之罪科、更不レ可レ及二豫儀一矣、

一　本學生供事　口別絹一疋、四丈別五兩二分定、綿十兩、本斤定、已上西部庄役、

右、遙顧二禪林之素意一、爲レ支二學徒之衣服一也、尤年内可レ被二究下一、而嚴寒之比徒過、極熱之天、引二絹綿一之間、防寒之謀、其縁已闕、尤以二年內一、有二下行一、可レ充二學侶之衣服一、若令二違亂一、質人沙汰、以同前、

**住縁**　寺に居住するための手だて。

**本願の昔**　奈良時代、東大寺創建を発願した聖武天皇の頃を指す。↓補1

**一万町の水田…**　聖武天皇が天平時代に一万町の水田と五〇〇〇戸の封戸を東大寺にあてたということは、平安後期以来、東大寺によって喧伝され、定型化された一種の「縁起」。実際は、寺田四〇〇〇町、封戸五〇〇〇戸とされている。

**勅施皆顚倒し…**　聖武天皇勅施入になった水田はすべて退転し、封戸もまた無に等しくなってしまい、東大寺の力が及ばなくなってしまった。

**資縁**　仏道修行を支えるための衣食住の手だて。

**諸院家建立**　東大寺内の有力院家である東南院や尊勝院はいずれも平安時代中期の一〇世紀にその姿を見せるようになる。古代の三面僧房にかわって、寺僧止住の拠点となり、また有力院主を核にして、寺内で独自の組織を形成した。

**別院の庄薗**　東大寺内の院家が庄務権を持つ荘園。寺家を本家として領家職を持つ場合も多いが、別相伝として院家独自

右、六月以前に究下せらるべきの条、往古の起請なり。しかるに供料の懈怠あるによって、寺僧の*住縁□□□。およそ*本願の昔、天平の古《いにしえ》、*一万町の水田を寄せて衆僧の供料に充てられ、五千戸の御封を割き分けて、諸会の興行を致す。しかるに*勅施皆顚倒し、御封殆どなきが如《ごと》し。学徒は*資縁《しえん》を失い、寺院は興隆を忘る。しかるに中古より以来《このかた》、*諸院家建立の後、諸庄の寄附ありて、一寺の学侶を覆う。しかるに近来*別院の庄薗は、年を追いて沽却し、*惣寺の供料は、代を経て闕怠す。*何を以て法命を支えん、誰を憑《たの》みて寺門に住まん。もし残るところの供米、懈怠あるにおいては、学徒の寺住は殆どその縁を失うか。*法侶もし寺住に嬾《う》まば、恵命争か《えみょういかで》寺院に継がん。仏法の盛衰を顧みれば、ただ供料の有無にあるものか。尤も往古の起請に任せ、厳密の沙汰あるべし。期限を過ぎるにおいては、質人の罪科、更に*予儀に及ぶべからず。

一　*本学生供の事〈口別絹一疋、四丈別に五両二分の定め、綿十両、本斤の定め、已上*茜部庄の役〉

右、遥《はるか》に*禅林の素意を顧みれば、学徒の衣服を支えんがためなり。尤も年内に究下せらるべし。しかるに厳寒の比《ころ》は徒《いたずら》に過ぎ、*極熱の天に絹綿を引くの間、防寒の謀《てだて》、その縁を已に闕く。尤も年内を以て、下行ありて学侶の衣服に充つべし。もし違乱せしめば、質人の沙汰、以て同前。

の財産として伝領された。

**惣寺の供料**　寺家全体に関わる宗教活動に対して支給する供料。惣寺とは、東大寺内の個々の院家に対して、寺家全体を指す。

**何を以て法命を…**　供料の下行がなければ、東大寺での仏法、またそれを担う僧侶が存立し得ない。

**法侶もし…**　僧侶が寺院に止住しようとしなくなれば、その寺の仏法は途絶えてしまう。

**予儀に及ぶ…**　全く猶予することなく、直ちに罪科に処す。

**本学生供**　東大寺別当永観が一二世紀初頭の在任時に、摂津国猪名庄・茜部庄を学生供として施入したのが始まり。一〇〇人分の学僧の衣服料にあてられたことから百口学生供ともいう。↓補2

**茜部庄**　岐阜市南部の茜部付近にあった荘園。平安初期に、桓武天皇の勅旨田が施入されたという由緒をもち、一二世紀以来、学僧の衣服料として絹・綿を納入することになっていた。前掲「本学生供」の項参照。

**禅林の素意**　本学生供を始めた禅林寺律師永観のそもそもの意図。

**極熱の天に…**　暑い季節になって学生が絹綿を入手しても、防寒の役には全く立たない。

一　新學生供事　口別二石、庄斗定、黒田新庄幷出作役、

右、彼供米者、學侶之施供也、自二年内一隨二年貢之進濟一、尤可レ令二下行一、等分加分、更不レ可レ過二次年三月一、而近代先二私用一、抑二供米一之條、自由之至、謂而有レ餘、早可二究下一、若過二其期一者、質人罪科、任二起請文一矣、

一　五十學生供米事　口別二石、庄斗定、宮野庄役、

右、於二諸供料一、已被レ興二究下之遲引一、至二五十口一、何可レ拋二凌替之沙汰一、四月講行以前、無二究下之沙汰一者、質人罪科、可レ准二先條一矣、

已上八ケ條、任二貞應起請一、興レ之、

以前八ケ條、記錄如レ斯、凡諸供究下、依レ令二遲引一、庄々懈怠、興レ之、代々起請、崇レ之、仍曁二一寺之評定一、重記二八ケ之篇目一、究下之起限、守二貞應之起請一、質人之罪科、任二寛元之濫觴一、近年或寄二乃貢之違亂一、或稱二雜掌之不調一、下行期限、空馳過、質人罪科、欲レ定之刻、自二本所一可レ延二其期限一之由、被二相觸一、愁申二領狀一之間、沙汰漸凌替、諸供欲二失墜一、

**新学生供**　常住学生百口供料のうち、平安末期以来、黒田庄出作新庄よりあてられるようになったもの。茜部庄の年貢を財源とする本学生供に対してこのように呼んだ。南8の「常住学生百口供料」の項および前掲「本学生供」の項参照。

**黒田新庄幷びに出作**　三重県名張郡一帯に広がる東大寺領荘園。東大寺にとって

一　*新学生供の事〈口別二石、庄斗定め、*黒田新庄幷びに出作の役〉
右、彼《か》の供米は、学侶の*施供なり。年内より年貢の進済に随いて、尤も下行せしむべし。等分に加え分け、更に次年の三月を過ぐべからず。しかるに近代は*私用を先にして、供米を抑《おさ》えるの条、*自由の至り、謂いて余りあり。早く究下すべし。もしその期を過ぎなば、質人罪科、起請文《きしょうもん》に任す。
一　*五十学生供米の事〈口別二石、庄斗定め、*宮野庄の役〉
右、諸供料においては、已に究下の遅引を興さる。五十口に至りて、何ぞ*凌替の沙汰を抛《なげう》つべけん。*四月講行以前に、究下の沙汰なくば、質人罪科先条に准ずべし。

　已上八ケ条、*貞応の起請に任せ、これを興す。

以前の八ケ条、記録すること斯《か》くの如し。およそ諸供の究下、遅引せしむるにより、庄々の懈怠はこれを興し、代々の起請はこれを崇む。仍て一寺の評定に曁《およ》び、重ねて八ケの篇目を記す。究下の起限は、貞応の起請を守り、質人の罪科は、*寛元の濫觴《らんしょう》に任す。近年、或いは*乃貢の違乱に寄せ、或いは雑掌の不調を称し、下行の期限は空しく馳せ過ぐ。質人罪科を定めんと欲するの刻、*本所よりその期限を延ばすべきの由、相触れられ、*慭《なまじい》に*領状を申すの間、沙汰は漸く凌替し、諸供は失墜せ

も、また歴史学上も、最も重要で著名な荘園の一つ。南8参照。
**施供**　援助して施す支給物。
**私用を先にして**　庄務権を握っている院家の得分ばかりを優先して。
**自由**　わがまま勝手なふるまいを言う。
**五十学生供米**　四月十二日に、八幡宮で講経を行う学僧にあてられる供米。↓補1
**宮野庄**　周防国にあった東大寺領荘園。椹野庄の上流部に位置する。重源譲状(南10)参照。
**凌替の沙汰**　供料支給が遅れ、次第に規定通りにゆかず退転していくこと。
**四月講行**　四月十二日に五〇口の学生が行う講経のこと(「東大寺年中行事」)。
**貞応の起請**　貞応年間(一二二二〜一二二四)に定められた下行に関する取り決め。具体的には不明。
**寛元の濫觴**　寛元年間(一二四三〜一二四七)に、初めて行うようになった質人についての処置の先例。具体的な史料については未確認。
**乃貢の違乱**　荘園からの年貢納入が滞ること。
**本所**　供料の財源となっている荘園の領主。庄務権を持つ院家を指す。
**慭に**　無理に、しぶしぶに。
**領状**　申し出に対して承知すること。

寺門之要否、職而可レ由レ斯、於二自今以後一者、雖レ爲二一日一、任二舊儀一、不レ可レ過二期限一、若過二其日一者、質人相待五ヶ日、猶以令二遲引一者、於二質人一者、悉改二所帯職一、可レ擯二出寺帳一者也、時之寺務優恕、領家及二豫儀一者、早可レ止二神事佛事一、質人罪科□□、□〔雑〕掌同可レ致二改補之沙汰一、若又質人之寺恩、被二改易一之後、經二二十ヶ日一、猶無二供料之究□〔下〕一者、可レ被レ避二出庄務職於惣寺一之由、可レ經二 奏聞一、 勅許若令二遲引一者、神事佛事打二止之一、禪徒學徒可二逐電一、都諸供料者、相二懸諸院家一、而插二別院之我執一、不レ顧二供料之懈怠一、然者加二其沙汰一之時者、立二其方衆一、可レ有二評定一、又相二語院僧門弟一、有二遲怠一、其分二供料一、縱雖レ爲二本房一、更莫レ得二其語一、於二院家一無二恩顧一之輩、以二供料一爲二資縁一之處、空依レ隨二其命一、不レ受二用供米一之條、難レ堪之次第也、於二向後一者、此條殊可レ被二停止一、條々起請、云二當時一、云二後代一、於二違背之輩一者、

大佛遮那、脇士四天、護法善神、一切三寶、當寺勸請八幡大菩薩、春日權現、部類眷屬、惣日本國中一切冥道、爲二此狀違背一人、與二災難一、現

**寺門の要否は**…　東大寺がきちんと存立できるか否かは、供料下行がきちんと行われることにかかっている。

**質人相待つこと**…　担保として差し押さえられた質人は、五日間猶予があたえられ、それでもなお下行がない場合は、その未進の身代わりとして罰則をあたえられる。その具体的なもようを示す史料として、永仁元年(一二九三)十月二十六日東大寺衆徒連署起請文(『鎌』一八三九四号)など。

**寺帳を擯出**　寺僧の僧名帳から名前を除くこと。すなわちこれは寺僧としての交わりを断たれる事を意味し、当然寺から

んと欲す。*寺門の要否は、職《もと》としてこれによるべし。自今以後においては、一日たりと雖も、旧儀に任せて、期限を過ぐべからず。もしその日を過ぎなば、*質人相待つこと五ケ日、なお以て遅引せしめば、質人においては、悉く所帯の職を改め、*寺帳を擯出《ひんしゅつ》すべきものなり。*時の寺務優恕し、領家予儀に及ばば、早く神事仏事を止むべし。質人罪科□□、雑掌も同じく*改補の沙汰を致すべし。もしまた*質人の寺恩、改易せらるるの後、二十ケ日を経《へ》、なお供料の究下なくば、*庄務職を惣寺に避り出ださるべきの由、　奏聞を経べし。*勅許もし遅引せしめば、神事仏事これを打止め、*禅徒学徒は逐電すべし。都《すべ》て諸供料は、諸院家に相懸く。しかるに*別院の我執を挿み、供料の懈怠を顧みず。然《しか》ればその沙汰を加うるの時は、*その方の衆を立て、評定あるべし。また、院僧門弟に相語らって、遅怠《ちたい》あらば、その供料を分かつ。縦い本房たりと雖も、更にその語らいを得ること莫《なか》れ。院家において恩顧《おんこ》なきの輩《ともがら》は、供料を以て資縁となすの処、空しくその命に随うにより、供米を受用せざるの条、堪えがたきの次第なり。向後《きょうご》においては、この条、殊に停止《ちょうじ》せらるべし。

条々起請、当時と云い、後代と云い、違背の輩においては、

大仏遮那《しゃな》、脇士四天、護法善神、一切三宝、当寺勧請の八幡大菩薩、春日権現、部類眷属、惣じて日本国中の一切冥道、この状に違背をなす人に、災難を与えよ。*現

の供料も受けられなくなる。→補1

**時の寺務優恕し…及ばば**　その時の東大寺長官である別当が期限遅れを大目に見、また荘園経営にあたっている領家が直ちに処置を講じないならば。

**改補**　職を没収されること。

**質人の寺恩…**　質人がその寺僧職やそれに伴う収入を差し押さえられた後もなお、未進が続く場合が、規定されている。このくだりから、質人が寺恩を受けるような寺僧であった事がわかる。

**庄務職を…避り出ださる**　用途料を負担する庄園の管理権を院家から惣寺へ移動させる。→補2

**勅許**　庄園の支配権を惣寺に移動させるという事に対する朝廷の認可。

**禅徒学徒は…**　通常、禅徒は堂衆を指す場合が多く、そうだとすればこれは堂衆や学侶など満寺僧徒となるが、彼らが寺を離れて山林に交わるような逃散行為をとることをいっている。

**別院の我執を…**　庄務権を持つ院家が、かたくなに自らの利益のみに固執し、供料下行が滞っても考慮しない場合。

**その方の衆を立て**　供料を負担すべき荘園領主である院家の関係者を登用して、の意。

**現当二世**　現世と当来世。すなわち現在の世と、来たるべき来世である未来。

當二世、衆苦連續、而未來永劫、無㆓出離㆒、墮㆓八大地獄之釜㆒、爲㆓三熱火湯之薪㆒、
敬白、

文永六年九月　日　　傳燈法師快算（花押）

（署名一三五名略）

**南13**　凝然戒壇院定置　正和五年（一三一六）九月二十七日　東大寺文書

定置

東大寺戒壇院事

右、東大寺戒壇院者、聖武天皇之御願、鑒眞和尚之建立也、五畿七道之賓、雲集受㆑戒、四方四維之僧、來詣學㆑律、經論二藏、隨㆑縁弘通、定慧兩學、任㆑意修證、寔是、鎭護國家之道場、興隆佛法之仁祠、最上无比、極尊絶倫、然値㆓治承回祿㆒唯遺㆓礎石㆒而已、其後重源上人、造㆓壇上堂㆒、僅行㆓受戒㆒、榮西僧正、造㆓中門幷四面廻廊㆒、庄〔莊〕嚴房法印大勸進時、依㆓西迎上人之勸㆒、造㆓講堂幷東西近〔軒カ〕廊㆒、西迎上人、勸㆓賢順和上㆒、造㆓北僧房一宇二十三間㆒、彼僧都之律師之功、西迎上人造㆓東僧坊五間㆒、實相上人大勸進之時、西僧房五

**出離**　迷いの輪廻から離れて悟りの境地に至ること。

**八大地獄**　八熱地獄ともいう。責め殺されても蘇生してまた責められる等活地獄をはじめ、黒縄・衆合・叫喚・大叫喚・焦熱・大焦熱・無間という八つ。

**三熱**　龍が受けるという三つの苦しみ。①熱風熱沙に身を焼かれる。②暴風によって衣服が奪われる。③金翅鳥に食われてしまう。

**南13**　→補1

**凝然戒壇院定置**　→補2

**東大寺戒壇院**　→補3

**聖武天皇の御願鑑真和尚の建立**　→補4

**五畿七道の賓**　全国各地からやってくる僧。賓は敬うべき客人、の意。

**四方四維**　あらゆる方角からという意味。四維は西北・西南・東南・東北。

**経論の二蔵**　仏の教えを記す「経」とその注釈たる「論」を指す。これらに「律」をあわせた三蔵が仏典の総称となる。

**定慧の両学**　定学とは心を静める禅定の法を学ぶもの。慧学は智慧を身につけるもの。これらと戒学が仏教修行者にとって基本的な三学（戒定慧）とされる。

**治承の回禄**　治承四年（一一八〇）平氏による南都焼討で焼失したことを指す。

当二世に、衆苦連続し、未来永劫に出離なく、八大地獄の釜に堕《お》ち、三熱火湯の薪となららん。敬《つつし》んで白《もう》す。

文永六年九月　日　　伝燈法師快算（花押）

（署名一三五名略）

**南13**　凝然戒壇院定置　正和五年（一三一六）九月二十七日　　東大寺文書

定め置く

東大寺戒壇院の事

右、東大寺戒壇院は、聖武天皇の御願、鑑真和尚の建立なり。五畿七道の賓《ひん》、雲集して戒を受け、四方四維の僧、来《きた》り詣でて律を学ぶ。経論の二蔵は縁に随いて弘《ぐ》通《つう》し、定慧《じょうえ》の両学は意に任せて修証す。寔《まこと》に是《こ》れ、鎮護国家の道場、興隆仏法の仁祠、最上にして無比、極尊にして絶倫。然るに治承の回禄《かいろく》に値《あ》い、ただ礎石を遺《のこ》すのみ。その後、重源上人は壇上の堂を造り、僅《わずか》に受戒を行わる。栄西僧正は中門幷びに四面廻廊を造る。荘厳房法印は大勧進の時、西迎上人の勧めにより、講堂幷びに東西軒廊を造る。西迎上人は賢順和上に勧めて、北僧房一宇二十三間を造る〈彼《か》の僧都の律師の功〉。西迎上人、東僧坊五間を造り、実相上人は大勧進の時、西僧房五

**その後…**　以下、戒壇院における諸堂が整備されていく次第が語られる。→補5

**重源上人は…**　初代の東大寺大勧進重源が、戒壇院の受戒堂を再建することで、わずかながらも受戒が行われた。南10の「東大寺俊乗房重源譲状」の項参照。

**栄西僧正**　一一四一～一二一五。臨済禅をもたらし、建仁寺などの建立で知られるが、兼修禅として密教僧の性格も強い聖でもあった。重源のあとの東大寺大勧進。

**荘厳房法印**　一一六三～一二四一。退耕行勇のこと。栄西の法嗣として建仁寺住持・東大寺大勧進職の後任となる。北条政子ら幕府関係者の帰依も厚く、実朝の菩提を祈る高野山金剛三昧院の開山でもある。

**大勧進**　東大寺大勧進職のこと。東大寺堂舎の営繕整備にあたった。

**西迎上人**　一一六三～一二五六。蓮実。伊勢国の人。出家後、高山寺明恵に随うが、明恵の死後東大寺に移る。大仏殿燈油聖として活躍。→補6

**軒廊**　屋根のある歩廊。廻廊。

**賢順和上**　→補7

**実相上人**　一二二一～一二七七。円照。戒壇院中興開山。代々東大寺学侶の家に生まれ、遁世して禅律僧となる。東大寺大勧進職。門人凝然による伝記『円照上人行状』は鎌倉期の南都世界を窺うに白眉の史料。

間造畢、幷造ニ鐘樓及千手堂一、建長季曆、造ニ食堂幷僧庫一、戒壇一院營已訖、建長二年之曆、實相上人受ニ西迎上人之讓一、中興開山管領講レ律、先師諱圓照實相上人住ニ持寺院一二十七年、自ニ三十一一至ニ五十七一、沙門凝然受ニ圓照上人之讓一、住ニ持寺院一、自ニ去建治三年一至ニ今正和五年丙辰一四十年、此後、餘命長短難レ知、隨ニ命所レ有、存ニ任持事一、凝然他界之後、弟子諱禪爾圓戒房、定置爲ニ住持之仁一、此事往年已定、彼此不レ可ニ改變一、禪爾一期管領之後、凝然弟子諱實圓禪明房、可ニ繼住ニ持寺院一、如レ是次第傳持之相、皆有ニ由緒一、事不ニ雜亂一、凝然入ニ圓照上人門室一之後、受戒・學律・傳法等事、皆稟ニ先師一生長成立、禪爾齡二十一、初入ニ凝然學窓一、自爾已後、學ニ律大部一、學ニ華嚴宗・淨土教一、學ニ諸雜藝一、如ニ是等一事、不レ雜ニ他人一、專從ニ凝然智藝一而生、德滿ニ寰宇一、聲流ニ都鄙一、冰〔出カ〕藍之才、令ニ靑更深一、通受具戒受ニ于先師圓照上人一、別受具戒卽凝然其和上也、既是先師親度弟子、亦凝然親度受學弟子、仍凝然一期管領之後、禪爾繼可レ管ニ領此戒壇院一、實圓禪明房者、亦凝然親度受學弟子也、通受具戒、受ニ于當寺惣和上忍空上

**建長二年の…**　『円照上人行状』によれば、円照が戒壇院に入ったのは建長三年(一二五一)としている。

**凝然**　→補1

**円照上人の譲りを…**　円照は建治三年(一二七七)十月二十二日に遷化した。

**この後余命の…**　この時凝然は七七歳であった。ちなみに彼が他界するのは元亨元年(一三二一)、八二歳の時のこと。

**命のあるところに…**　自分の生存中に後任の戒壇院住持についての人事をきめておく。

**凝然他界の…**　以下の部分で、凝然没後の戒壇院の後継者について定め置かれる。まず禅爾、その死後は実円という次第を決定した。

**禅爾円戒房**　一二五二～一三二五。円照の弟子で、その後凝然に随う。華厳・律に通達し、和泉国久米田寺の住持となる。→補2

**禅爾一期管領の後**　禅爾が住持として生涯を終えた後。本文では実円を指定しているが、『戒壇院住持次第』によると、本

間を造り畢んぬ。并びに鐘楼及び千手堂を造る。建長の季暦、食堂并びに僧庫を造り、戒壇一院の営み已に訖る。*建長二年の暦、実相上人は西迎上人の譲りを受け、中興開山として管領し律を講ず。先師、諱《いみな》は円照実相上人、寺院を住持すること二十七年、三十一より五十七に至る。沙門*凝然《ぎょうねん》は*円照上人の譲りを受け、寺院を住持することと去る建治三年より今正和五年丙辰に至る四十年。*この後余命の長短は知りがたく、*命のあるところに随い任持の事を存ず。*凝然他界の後、弟子、諱は*禅爾《ぜんに》円戒房、定め置きて住持の仁となす。この事往年に已に定む。彼《か》れこれ改変すべからず。*禅爾一期《いちご》管領の後、凝然弟子、諱は*実円禅明房、継ぎて寺院を住持すべし。是の如《ごと》き次第伝持の相、皆由緒あり、事雑乱《ぞうらん》すべからず。凝然は円照上人の門室に入るの後、受戒・学律・伝法等の事、皆*先師に稟《う》けて生長成立す。*禅爾は齢二十一、初めて凝然の学窓に入り、自爾已後は、*律大部を学び華厳宗・浄土教を学び、*諸雑芸を学ぶ。是れ等の如き事、他人を雑えず、専《もは》ら凝然の智芸に従いて生ず。徳は*寰《かん》宇《う》に満ち、声は都《と》鄙《ひ》に流る。*出藍《しゅつらん》の才青にして更に深からしむ。*通受《つうじゅ》具戒は先師円照上人に受け、*別受《べつじゅ》具戒は即ち凝然*その和上なり。既に是れ先師*親度の弟子、また凝然親度の受学弟子なり。仍て凝然一期管領の後、禅爾継ぎてこの戒壇院を管領すべし。実円禅明房は、また凝然親度の受学弟子なり。通受具戒を当寺惣和上*忍空上

無房了心が禅爾のあとを継いでいる。
**実円禅明房**　生没年不詳、凝然の中年以降の弟子と思われるが、彼は凝然の「俗甥」でもあった。多くの凝然の著作が実円のために作られ与えられた。→補3
**先師**　円照上人を指す。
**禅爾は齢二十一**　文永九年（一二七二）にあたる。
**律大部**　南山道宣の律に関する著書『四分律行事鈔』『四分律戒本疏』『随機羯磨疏』などをいう。後出の「三大律部」も同じ。
**諸雑芸**　声明などを指すと思われる。
**寰宇**　天子の統治対象たる世界。国土。
**出藍の才**…　禅爾の器量才能が師匠である凝然を超えることをいう。
**通受具戒**　三聚浄戒（摂律儀戒・摂善法戒・摂衆生戒。それぞれ止悪・修善・利他を示す）の具足戒を受けること。
**別受具戒**　別受とは、三聚浄戒のうち摂律儀戒のみを受けることをいう。
**その和上なり**　禅爾が別受戒を受けたときの戒和上の役を凝然が勤めた。
**親度の弟子**　手ずから授戒した弟子。
**忍空上人**　生没年不詳。駿河国出身。泉涌寺の智鏡や、戒壇院の円照に師事して南北の律を学ぶ。その後小野・広沢流密教も伝受。室生寺を復興し、生馬寺の住持もつとめた。

人一、其別受門、卽凝然其和上也、三大律部・菩薩戒諸章・華嚴圓宗、所有大小諸部章疏・淨土諸文・太子三經疏、及聲明等諸雜藝、能不レ雜二他人一、專稟二凝然一、仍禪爾一期管領之後、實圓比丘繼可レ管二領此戒壇院一、不レ可レ有二他人違亂一、花嚴一宗亦有二氷〔出カ〕藍之德一、當寺講談律學爲レ本、於二定(ママ)惠經論宗法一者、任二時之管領之德一、然圓照上人者、三論・法相・倶舍・律宗・淨土・禪法・花嚴・眞言、諳練極多、无レ不二該通一、沙門凝然雖レ訪二諸宗一、花嚴爲レ本、講律之外、一期談論多在二花嚴一、自餘諸章、時亦兼講、當寺惣宗三論・花嚴專爲二後代所學一、本是八宗兼學之寺、惣通該貫、无レ有レ所レ局、此戒壇院凝然管領之後、專學二花嚴宗一、厥後門人多致二服膺一、昔信空上人有二靈夢告一、善財童子於二戒壇院一、蒔二花嚴宗種一、其後卽凝然來二入當寺一、隨二事花嚴宗貫首僧正諱宗性大德一、學二華嚴宗一、卽弘二之當院一、禪爾・實圓相繼專受二學之一、後代相續、努力勿レ廢、三時共行、二時談義、祖忌檀忌、如レ是行學、專守下開山上人被二定置一之旨上、一事一塵、勿レ令二廢闕一、司二行寺院一、言二其大綱一、唯在二勤學勤行一、和合勇進、

**太子三経疏**　聖徳太子作とされる「三経義疏」。凝然が撰述した「維摩経疏菴羅記」巻一奥書には、彼が二二歳の頃から聖徳太子の三経義疏を修学したことを記している。

**声明等の諸雑芸**　凝然の撰集した著作の中には「音曲秘要抄」など声明に関するものもある。

**惣通該貫**　諸宗すべてに広く通じており、その知識にかたよりがない。

**服膺**　人の戒めや教えをきっちりと受け止め守ること。

**信空上人**　一二三一〜一三一六。西大寺第二世長老。大和国の生まれで叡尊の弟子。法器を属望され、般若寺長老となる。西大寺長老時代に後宇多上皇の威師を勤め、西大寺は、諸国国分寺の末寺化が認可された。諡号は慈真和尚。

**霊夢**　戒壇院に凝然が入り、華厳がさかんになっていくことを示唆する夢。律苑僧宝伝一四の南都東大寺示観国師(凝然)伝には慈真の見た夢を次のように記している。

人に受け、その別受門は即ち凝然がその和上なり。三大律部・菩薩戒諸章・華厳円宗、所有《あらゆる》大小諸部章疏・浄土諸文・*太子三経疏、及び*声明等の諸雑芸、よく他人を雑えず専ら凝然に稟《う》く。仍て禅爾一期管領の後、実円比丘が継ぎてこの戒壇院を管領すべし。他人の違乱あるべからず。花厳一宗もまた出藍の徳あり。当寺の講談は律学を本《もと》とし、定恵の経論宗法においては時の管領の徳に任すべし。然して円照上人は、三論・法相・倶舎・律宗・浄土・禅法・花厳・真言を諳練すること極めて多く、該通せざることなし。沙門凝然は諸宗を訪ぬると雖《いえど》も、花厳を本となす。講律の外、一期の談論は多く花厳にあり。自余の諸章は時にまた兼ねて講ず。当寺の惣宗は三論・花厳、専ら後代の所学となす。本は是れ八宗兼学の寺、*惣通該貫し局するところあることとなし。この戒壇院は凝然管領の後、専ら花厳宗を学ぶ。その後の門人も多く*服膺《ふくよう》を致せ。昔*信空上人に*霊夢の告ありて、*善財童子は戒壇院に花厳宗の種を蒔く。その後即ち凝然が当寺に来入し、花厳宗貫首僧正諱は*宗性《そうしょう》大徳に随事して華厳宗を学び、即ちこれを当院に弘む。禅爾・実円相継ぎて専らこれを受学す。後代相続きて努力《ゆめゆめ》廃すること勿《なか》れ。*三時の共行《ぐうぎょう》、*二時の談義、*祖忌・檀忌、是の如き行学、専ら*開山上人の定め置かるるの旨を守り、一事一塵も廃闕《はいけつ》せしむること勿れ。寺院を司行するその大綱《たいこう》を言わば、ただ勤学勤行にあり。和合勇進して、

先是西大寺慈真和尚夢善財童子植種于戒壇院辺、真問此何種乎、曰華厳種也、既寤意竊怪之、至是乃知、師弘華厳之兆也、

また同書によると、信空が死去した際、羯磨作法を勤めたのは凝然であった。なお『碧山日録』長禄四年（一四六〇）九月一日条にも、この霊夢のことが見えるが、そこでは、華厳の種を蒔いていたのは老農であり、夢を見たのは円照上人とされている。そしてその翌日、円照のもとに少年がやってきて弟子入りしたが、それが凝然であった、という。ここでは凝然と円照の物語に変容していたようである。

**善財童子**　華厳経に登場する菩薩。長者の子として生まれながら発心して求道の旅に出、多くの善知識に会って悟りを開く。説法や絵画の題材としてよく親しまれている。

**宗性**　一二〇二～一二七八。鎌倉時代、東大寺の代表的な華厳宗学僧。膨大な著作を残している。尊勝院主・東大寺別当。

**三時の共行**　三時（晨朝・日中・日没）にともに行う勤行。

**二時の談義**　朝夕に行う談義。

**祖忌檀忌**　中国の律学祖師（道宣・鑑真・元照）や円照の忌日、そして有縁の檀那の忌日法要。→補1

**開山上人**　中興開山の円照を指す。

奉㆑祈㆓天下静謐㆒、護㆓持如來教法㆒、如説修行、利㆓潤衆生㆒、後代住㆓持寺院㆒之人、
可㆑存㆓此志㆒、勿㆑令㆓廢失㆒、仍所㆓定置㆒如㆑件、

正和五年丙戌〔辰〕　九月廿七日　於㆓東大寺戒壇院㆒、定㆓置此式㆒、

沙門凝然 生年七十七　在判

**南14**　東大寺衆徒評定記録　嘉暦三年（一三二八）十一月　日　東大寺文書

（前欠）

廿九日可㆑為㆓式日㆒事、

一　先々大略連日依㆑催㆓集會㆒、或修學之輩無㆑暇㆓于稽古㆒、或公私之用、計會尤多端、仍促㆓連々集會㆒、所㆑定㆓六度法令㆒也、然者彼集會之日可㆑有㆓沙汰㆒之題目、可㆑被㆑究㆓其事㆒、沙汰未㆑盡之以前、惓〔倦〕㆓于長座㆒不㆑可㆑有㆓退散㆒事、

一　毎度集會剋限、念佛堂巳終之大鼓以㆑為㆓定量㆒、各彼大鼓以前有㆓出仕㆒而大鼓鳴者、卽可㆑讀㆓交名㆒、於㆓交名㆒者、始終二ケ度可㆑讀㆑之、二ケ度内不㆑合㆓一度㆒者可㆑為㆓三人合之科㆒、

**南14**　↓補1

**東大寺衆徒評定記録**　東大寺の惣寺集会について、その開催時期の定例化とともに、出欠の際の手続きを定めたもの。中世の寺院集会に関する具体的な規定を定めた法として一典型をなす。↓補2

**二十九日を式日**　前欠部分は集会の開催日を規定したものと判断され、おそらく

は、九、十九、二十九日を含む月六回ということであろう。→補3

**修学の輩…** 学僧らは仏法を学び習う暇がなく、公用私用ともに用向きが集中し多忙となっている。

**計会** いろいろな物事が取り込んで重なること。

**連々の集会を…** 頻繁に実施している集会を月六度に定例化する方向に法で定める。

**集会の日…** 集会に参加した時は、議題について決着がつくまで、長くなったからといって中途で退座してはならない。

**集会の剋限** 集合時刻は、合図の太鼓が鳴り終わると直ちに出席確認がなされるので、それ以前に出仕していなければならない。

**念仏堂** 大仏殿伽藍東方の丘陵上に位置し、重源ゆかりの東大寺別所の一画にあたる。→補4

**巳終わり** 巳の刻は午前九時〜一一時頃。

**交名** 集会に参加することになっている僧名を書き連ねたもの。

**始め…合わざれば** 集会の最初と終わりと二回出席確認をして、そのうちどちらかで出仕の確認ができなかった場合。

**三人合の科** 科酒、すなわち科料として酒を三人にふるまうこと。→補5

天下の静謐《せいひつ》を祈り奉り、如来の教法を護持せよ。如説修行し、衆生を利潤せよ。後代寺院を住持するの人はこの志を存ずべし。廃失せしむ勿れ。仍て定め置くところ件《くだん》の如し。

正和五年〈丙辰〉九月二十七日　東大寺戒壇院においてこの式を定め置く。

沙門凝然〈生年七十七〉在判

## 南14 東大寺衆徒評定記録　嘉暦三年(一三二八)十一月　日　東大寺文書

(前欠)

*二十九日を式日となすべき事。

一 先々は大略連日に集会を催すにより、或いは*修学の輩《ともがら》稽古《けいこ》に暇なく、或いは公私の用*計会尤《もつと》も多端。仍て*連々の集会を促し、六度の法令を定むるところなり。然《しか》らば、彼《か》の*集会の日、沙汰あるべきの題目は、その事を究めらるべし。沙汰未だ尽きざるの以前に、長座に倦《う》みて退散あるべからざる事。

一 毎度*集会の剋限は、*念仏堂*巳《み》終わりの大鼓を定量となすを以て、各《おのおの》彼の大鼓以前に出仕ありて、大鼓が鳴らば即ち*交名を読むべし。交名においては*始め・終わりの二ケ度これを読むべし。二ケ度の内、一度合わざれば、*三人合の科たるべ

不レ合二二度一者、可レ爲二五人合之科一、若相二觸科由一之時、至二次度集會之日一、於下不レ勤二仕科酒一之輩上者、以二三人合半連五人合壹連之分一、先爲二年預沙汰一、可レ有二其經營一、彼人供料下行之時、以二利錢一結解可二押取一事、

一　催二集會一之時、雖レ乞二暇於小綱一、任二雅意一不レ可レ許レ暇、若小綱許レ暇者、速可レ行二小綱於科一、設又令二失念一雖レ許レ暇、於二小綱暇一者、全不レ可二叙用一事、

一　促二集會於六ケ度一之本意、以二餘暇之日時一、成二公私方々之要用一、當二集會之期日一、爲レ成二辨寺門色々之大事一也、然者面々可レ計二會一事等以二餘日一成レ之、於二集會式日一者、除二萬障一可レ儲レ隙、然爲レ遁二集會一、或他行或自餘種々要事等、兼令二造意一、令レ計二會集會式日等一之姧謀、全不レ可レ有事、

一　當二集會日一、有二難レ去之故障一者、顯二其事一、可レ被レ出二嚴重起請文一、設爲二密事一者、雖レ不レ顯二其事一、依二此事一不レ堪二集會出仕一之由、可レ被レ載レ之、又集會出仕之仁、假令二故障出來一

**もし科の由を相触るるの時**　科を償うべき事を通告された時。
**半連**　一連の半分。一連は一貫文とも一

○○文とも考えられるが、この場合は一○○文であろう。↓補1

**先ず年預の沙汰**…　科酒をふるまうべき人物がそれを実行しない場合、まず年預五師が立て替える形で実行し、当人は下行されるべき供料で補塡する。

**利銭を以て結解**　供料で補塡する場合、年預がなりかわって勤仕した分については借銭として扱われ、したがって利子を加えて決済する。

**小綱**　寺家より給分を支給され、法会や集会の実施に際して雑役を勤仕する寺の下役の者。法名を持ち僧体であるが、寺僧とは区別される。↓補2

**雅意**　自分勝手な考え。

**失念せしめ**…　欠席を認める権限がないという規定を忘れ、小綱による許可があったとしても、それは認められない。

**余暇の日時**　集会のない日。

**成弁**　決定すること。

**兼ねて造意せしめ**　あらかじめ、わざと集会の日に合わせて所用をつくり、集会を欠席しようと企むこと。

**設い密事たらば**…　欠席理由が秘密としなければならない場合、その旨を記し、具体的内容は説明しなくともよい。

**俄に故障出来**…　急に差し障りが生じて出席できなくなった場合、起請文を提出して、暇を願い出よ。

し。二度合わざれば、五人合の科たるべし。*もし科の由を相触るるの時、次度の集会の日に至り、科酒《かしゅ》を勤仕せざるの輩においては、三人合は*半連、五人合は一連の分を以て、*先《ま》ず年預の沙汰として、その経営あるべし。彼の人の供料下行の時、*利銭を以て結解《けちげ》し押し取るべき事。

一　集会を催すの時、暇を*小綱《しょうこう》に乞うと雖《いえど》も、*雅意《がい》に任せて暇を許すべからず。もし小綱、暇を許さば、速やかに小綱を科に行うべし。設《たと》いまた*失念せしめ、暇を許すと雖も、小綱の暇においては、全く叙用すべからざる事。

一　集会を六ケ度促すの本意は、*余暇の日時を以て、公私方々の要用を成し、集会の期日に当たりては、寺門色々の大事を*成弁のためなり。然らば面々計会すべき事等は余日を以てこれを成し、集会の式日においては、万障を除き隙を儲《もう》くべし。然らば集会を遁れんがために、或いは他行し、或いは自余種々の要事など、*兼ねて造意せしめ、集会の式日等に計会せしむるの奸謀、全くあるべからざる事。

一　集会の日に当たり去りがたきの故障あらば、その事を顕わして厳重の起請文《きしょうもん》を出さるべし。*設い密事たらば、その事を顕わさずと雖も、この事により集会出仕に堪えざるの由、これを載せらるべし。また集会出仕の仁、*俄に故障出来せしめ

者、以二起請文一可レ被レ乞レ暇、若無二誓文一者、全不レ可レ許レ暇、但爲二急用一者先許レ暇後日必可レ出二起請一事、

一　起請案文事

敬白　天罰起請文事

右、今日依レ有二何子細一、可レ載二其事一難レ罷二出集會一候、可レ蒙二御免一候也、此條若爲レ遁二集會一背二記錄之旨一令レ構二謀略一申二虛言一者、大佛三尊・八幡三所・二月堂觀音罰於可レ罷二蒙某身一之狀如レ件、

某年　月　日　某

任二此案文一可レ被レ書レ之、故障事隨レ躰可レ被レ載レ之、於二不レ顯事一者、如二先段一載レ之、

一　於二集會日一者、小綱兼可レ催レ之、若於下不レ慮被二催漏一之輩上者、雖レ不レ合二始之交名一、可レ無二其咎一、於二彼輩一者、即時重可レ催レ之、蒙レ催之後不レ合二終交名一者、不レ可レ遁レ咎、次雖レ觸二催其住所一、稱二直不レ對二面小綱一、備レ遁二咎由一之條、姧曲也、設雖二面不レ蒙二其催一、

**但し急用たらば**…　起請文を提出して暇をうける余裕がないほどの緊急の場合の

ば、起請文を以て、暇を乞わるべし。もし誓文なくんば、全く暇を許すべからず。*但し、急用たらば、先ず暇を許し、後日必ず起請を出すべき事。

一　*起請案文の事

敬白　天罰起請文の事

右、今日*何の子細《その事を載すべし》あるにより、集会に罷《まか》り出でがたく候。御免を蒙るべく候なり。この条、もし集会を遁れんがために記録の旨に背き、謀略を構えしめ、虚言を申さば、*大仏三尊・*八幡三所・*二月堂観音の罰を某の身に罷り蒙るべきの状件《くだん》の如《ごと》し。

某年　月　日　　某

この案文に任せて、これを書かるべし。*故障の事は、躰に随いこれを載せらるべし。顕わさざる事においては、先段の如くこれを載せよ。

一　集会の日においては、小綱が兼ねてこれを催すべし。*もし不慮に催し漏らさるるの輩においては、*始めの交名に合わずと雖も、その咎なかるべし。彼の輩においては、即時に重ねてこれを催すべし。催しを蒙るの後、*終わりの交名に合わずば、咎を遁るべからず。*次にその住所に触れ催すと雖も、直《ただち》に小綱に対面せずと称して、咎の由を遁れんと備うるの条、奸曲《かんきょく》なり。設い面とその催しを蒙らずと

処置。

**起請案文の事**　前項の規定をうけて集会不参の場合に提出する起請文の雛形。↓補1

**何の子細**　集会の不参の具体的な理由。本文史料の「その事を載すべし」とあるのは、この箇所の傍注である。

**大仏三尊**　大仏殿本尊の盧舎那仏とその左右にある観音菩薩と虚空蔵菩薩。

**八幡三所**　鎮守八幡の三神たる応神・神功・比売神。

**二月堂観音**　二月堂本尊の十一面観音。有名な二月堂の修二会は十一面悔過会であり、また二月堂牛玉宝印は東大寺の起請文料紙としてさかんに用いられた。

**故障の事は**…　出仕できない理由については、それぞれ状況に応じて書き記し、それが密事である場合は、前項の規定にのっとってその旨記載すること。

**もし不慮に催し漏らさるる**　小綱が集会出仕の催促をたまたましなかった場合。

**始めの交名**　集会の合図である太鼓が鳴るとなされる出席確認の名前読み上げ。本文史料の第二条目を参照。

**終わりの交名**　集会の最後に行われる出席確認の名前の読み上げ。

**次にその住所**…　寺僧本人の住房に小綱が出仕催促に赴いても対面せず、そのことを口実とすることは許されない。

相二觸住所一畢、無三出仕一者、同不レ可レ遁レ咎、抑小綱催落之條、依二矯餝一哉、依二忘却一哉、宜下以二起請一明中申之上、若爲二矯餝一者、可レ行レ咎、若令二忘却一者、非二沙汰之限一事、

一　長日八幡宮陀羅尼幷二月堂祈禱勤仕之輩者、彼勤終者、速可レ被レ出二集會一、寄二事於勤一無三出仕一者、不レ可レ遁レ咎、自餘有レ限寺役等可レ准レ之事、

以前條々、堅守二式目一不レ可レ有二違失一、仍依二衆議一所二記錄一之狀如レ件、

嘉曆三年十一月　日

**南15**　東大寺政所仰詞幷衆議事書　　東大寺文書

①東大寺政所仰詞　嘉曆四年(一三二九)四月二十四日

嘉曆四年四月廿四日御披露仰詞

一　北御門東脇敷地事、先年其沙汰候き、東室僧正可レ被レ立二住坊一之由、被レ仰之處、領狀之間、此間在家等可レ被レ退候、爲二寺門一殊可レ被二存

**抑も小綱が…**　小綱が催促しなかったということについて、寺僧が欠席の罪科逃れのための偽りなのか、或いは寺僧が失

雖も、住所に相触れ畢んぬ。出仕なくんば同じく咎を遁るべからず。*抑《そもそ》も小綱が催し落とすの条、*嬌飾《きようしよく》によるか、忘却によるか、宜しく起請を以てこれを明らめ申すべし。もし嬌飾たらば、咎を行うべし。もし忘却せしめば、沙汰の限りに非ざる事。

一　*長日八幡宮陀羅尼《だらに》幷びに二月堂祈禱勤仕の輩は、彼の勤めが終わらば、速やかに集会に出らるべし。事を勤めに寄せて出仕なくんば、咎を遁るべからず。自余の限りある寺役等はこれに准ずべき事。

以前の条々、堅く式目を守り、違失あるべからず。仍て衆議により記録するところの状件《くだん》の如し。

嘉暦三年十一月　日

## 南15　東大寺政所仰詞幷衆議事書　　東大寺文書

### ①東大寺政所仰詞　嘉暦四年(一三二九)四月二十四日

嘉暦四年四月二十四日*御披露仰詞

一　*北御《きたみ》門《かど》東脇敷地の事、先年その沙汰候き。東室僧正住坊を立てらるべきの由、仰せらるるの処、*領状の間、この間在家など退けらるべく候。寺門として殊に存

念したのか。このことの確認は起請によって行われる。

**嬌飾**　偽って取りつくろうこと。

**長日八幡宮陀羅尼**　鎮守八幡宮で毎日行われる陀羅尼供養。

**南15**　東大寺政所仰詞、東大寺衆議事書の二通とも東大寺図書館架蔵の「東大寺文書」によった。→補1

**東大寺政所仰詞幷衆議事書**　東大寺別当からの仰せ条々と、それに対する衆議の側の返事。ここに見えるような両者のやりとりから、寺院法が形成されていく際の一つの道筋が窺える。またその内容には、中世における寺内生活の具体相の一端をかいま見せてくれる。

**①東大寺政所仰詞**

**御披露仰詞**　東大寺別当聖尋(東南院)からの仰せを以下で列挙している。

**北御門東脇敷地の事**　東大寺北御門の東脇に東室僧正(未詳)の住坊をたてるため、在家を退去させることをのべたもの。現在、奈良市北御門町という地名が残る。中世では東大寺七郷の一つに北御門郷があったが、この北御門のあたりから発展したものと思われる。→補2

**領状の間**　東室僧正の申請を東大寺別当が了承したので、という意味。領状は了承すること。

**寺中にて…**　寺内での五辛や肉食、さらに牛馬の放飼いについても禁止している。五辛肉食の禁止については文覚四五箇条起請（真62）の第37条、後者については同第40条および補注を参照。

**五辛**　五種類の辛くて臭気のある蔬菜。その種類については諸説があるが、仏教ではニンニク・ニラ・ラッキョウ・ヒル・ネギなどをいうことが多い。これらを食すると淫欲が起こるとされた。

**公人**　堂宇の維持管理や法会の下役にあたるほか、荘園現地への使者や検断も勤めた。俗名・俗体という点で小綱と異なり、その下位に位置する。寺辺居住の郷民でもあった。南14の「小綱」の項参照。

**彼の下部**　寺僧の世話をする下部。この場合、寺中にて五辛魚類を調達したり牛馬の世話をしたりした者であろう。

**潤色の儀**　うそ偽りでごまかすこと。

**起請文を書かる**　尊敬表現があることから、これは公人ではなく、寺僧に対して書かせたものであり、法令違反のないように誓わせた内容のものであろう。

**直綴**　上衣に裳をつけた僧服。簡便な略儀、或いは中国の俗服だとして僧侶の正式の法服とはみなされないこともしばしばであった。天7の「直綴」の項・「白衣」の項参照。

**逐電の形儀**　慌てふためき出奔する様。

知一候歟矣、

一　寺中五辛魚類等往反并牛馬等放飼之條、不レ可レ然之間、先年被レ定レ法之處、寺僧等背レ法乞取之間、公人等無沙汰之條、不レ可レ然、所詮彼下部等不レ可レ有二潤色之儀一、嚴密可レ被レ書二起請文一、爲二寺僧一又破法之輩在レ之者、可レ被レ處二重科一矣、

一　寺僧、直綴已下逐電形儀、猶不二斷絶一、嚴密可レ有二其沙汰一、白衣門立之儀、又可レ爲二同前一矣、

一　下部等、高足駄等不儀、懸二主人一、嚴密可レ有二其沙汰一矣、

一　農人等、麻已下耕作之儀、全可レ停二止之一矣、

一　寺中商人并銅細工以下之輩、寺中居住事、永可レ停二止之一矣、

一　寺中築地嚴密定二日限一任レ法可レ有二其沙汰一矣、

一　尊慶刄傷事、凡非レ所レ及二言語一、彼刄傷之、（以下欠）

## ②東大寺衆議事書　嘉暦四年（一三二九）四月二十四日

嘉暦四年四月廿四日就二御披露一御返事事書

一　北御門東脇敷地在家可レ被レ退由事、早可二存知一候、

知せらるべく候か。

一　*寺中にて*五辛《ごしん》魚類等の往反并びに牛馬等放し飼いの条、然るべからざるの間、先年法を定めらるるの処、寺僧など法に背き乞い取るの間、*公人《くにん》ら無沙汰の条、然るべからず。所詮、*彼《か》の下部ら、*潤色の儀あるべからず。厳密に*起請文《きしょうもん》を書かるべし。寺僧としてまた破法の輩《ともがら》これあらば、重科に処せらるべし。

一　寺僧、*直綴《じきとつ》已下*逐電の形儀、なお断絶せずんば、厳密にその沙汰あるべし。*白衣門立の儀、また同前たるべし。

一　下部ら、*高足駄《たかあしだ》等の不儀は、*主人に懸けて厳密にその沙汰あるべし。

一　*農人ら、麻已下耕作の儀、全くこれを停止《ちょうじ》すべし。

一　*寺中商人并びに銅細工以下の輩、寺中居住の事、永くこれを停止すべし。

一　*寺中築地厳密に日限を定め、法に任せてその沙汰あるべし。

一　*尊慶刃傷の事、およそ言語の及ぶところに非ず。彼の刃傷の(以下欠)

## ②東大寺衆議事書　嘉暦四年(一三二九)四月二十四日

嘉暦四年四月二十四日*御披露について御返事事書

一　北御門《きたみかど》東脇敷地の在家退かるべき由の事、早く存知すべく候。

**白衣門立**　きちんと法衣を身につけず、外に出ることを指すか。

**高足駄**　歯の高い足駄、いわゆる高下駄のこと。天狗や役行者がはいている。

**主人に懸けて**　下部の不儀に対して主人である寺僧がその咎をうける。

**農人ら…**　農民が寺内で耕作したり麻を栽培することを禁止する。なお真62の第38条でも寺内に農園をもうけ耕作することを禁じている。

**寺中商人并びに銅細工以下の…**　寺中に出入りする商工業者の寺内居住についての規制。「寺中郷民小屋」(嘉暦三年〈一三二八〉十月五日東大寺別当仰詞〔「東大寺文書」1-1-258〕ほか)は下品という認識が当時存在していた。→補1

**寺中築地…**　寺中房舎の築地について、期日を定めてきちんと整備すべきことを告げる。

**尊慶刃傷の…**　寺内における刃傷沙汰の処理という検断沙汰を示すものであるが、この事件に関する具体的なことはよくわからない。

**②東大寺衆議事書**

**御披露について御返事事書**　①に対する惣寺側からの返答。一部を除いて、各条項の内容が仰詞に対応している。おおむね別当からの仰詞が了承されている。

一　寺中五辛魚類等往反幷牛馬放飼等可㆓停止㆒之由、可㆓存知㆒候、
一　寺僧白衣門立幷直綴已下不儀、可㆓停止㆒之由、同可㆓存知㆒候、
一　下部高足駄事、可㆑加㆓嚴制㆒候、
一　寺中商人幷銅細工等居住可㆑止之由事、早可㆑加㆓下知㆒候、
一　寺中築地等、定㆓日限㆒可㆑築由之事、嚴密可㆓相觸㆒候、
一　寺中耕作幷廁等、可㆓停止㆒之由事、可㆑加㆓嚴禁㆒候、

**南16**　東大寺衆議掟書　永正二年（一五〇五）四月十九日　薬師院文書

指示　條々
一　執行職事、就㆓藥師院與正法院相論之儀㆒、惣寺一同之中作而、各參ヶ年宛可㆑被㆓存知㆒之旨所㆓定置㆒也、
一　時日事、以㆓二月廿五日㆒午剋爲㆓期限㆒可㆑被㆑渡㆓請取㆒者也、所謂從㆓當年㆒乙丑迄㆓戊辰年二月廿五日㆒午剋藥師院可㆑爲㆓執行職㆒、又自㆓同期限㆒至㆓辛未年二月廿五日㆒午剋正法院可㆑爲㆓執行職㆒、後々准㆑例爾今此年紀可㆑有㆓沙汰㆒者也、

**寺中にて五辛…**　①にあった起請文を書く事や、重科に処す事などに衆議掟書は全く言及しておらず簡略化した返事となっていることには注意したい。別当の意向に対して寺僧等は選択的な受容を行ったものと判断できよう。

**南16**　東大寺図書館所蔵文書（薬師院1―88）によった。→補1

**東大寺衆議掟書**　執行職補任をめぐる相論をうけて、惣寺から示された和与の掟書。対立する当事者双方にそれぞれ渡された。執行職は薬師院と正法院の二院家が三年交替で勤めることなどの原則が確定され、さらに執行による堂童子の補任についても規定がなされている。→補2

**薬師院文書**　→補3

**執行職の事**　執行は鎌倉初期から見え、寺内所司の上首として寺務をとったが、

一　*寺中にて五辛《ごしん》魚類等の往反幷びに牛馬放し飼い等、停止すべきの由存知すべく候。
一　寺僧白衣門立幷びに直綴《じきとつ》已下の不儀、停止すべきの由同じく存知すべく候。
一　下部高足駄《たかあしだ》の事、厳制を加うべく候。
一　寺中商人幷びに銅細工らの居住、止むべきの由の事、早く下知を加うべく候。
一　寺中築地等、日限を定め築くべき由の事、厳密に相触るべく候。
一　寺中耕作幷びに麻等、停止すべきの由の事、厳禁を加うべく候。

**南16**　東大寺衆議掟書　永正二年(一五〇五)四月十九日　薬師院文書

指し示す　条々
一　*執行職《しぎょうしき》の事、*薬師院と*正法院との相論の儀について、*惣寺一同が中作《な》して、各《おのおの》三ケ年宛存知せらるべきの旨、定め置くところなり。
一　時日の事、*二月二十五日〈午剋〉を以て期限となし、請取を渡さるべきものなり。所謂《いわゆる》*当年〈乙丑〉より戊辰年二月二十五日〈午剋〉まで薬師院執行職たるべし。また*同じ期限より辛未年二月二十五日〈午剋〉に至り、正法院執行職たるべし。後々も例に准じて今この年紀沙汰あるべきものなり。

次第に庶務的な事務を扱う存在となっていた。本条項はその補任方式の基本を定めたもので、本文史料の最も基幹的部分をなす。「東大寺雑集録」七は「執行三綱家者、薬師院正法院両家限也」(『大日本仏教全書』東大寺叢書一)としている。
**薬師院と正法院との相論**　→補4
**薬師院**　東大寺内の子院。庶務的な寺務を司ることをもっぱらにし、代々三綱を勤めた。→補5
**正法院**　薬師院とともに三綱職を勤める東大寺内の子院。近世の「東大寺寺中寺外惣絵図」には、寺内西端、転害門と中之門の中間あたりに「正法院屋敷」が記載されている。東に隣接して「小綱屋敷」も見える。
**惣寺一同が中作して**　惣寺一同が対立する両者の仲介をして、の意。
**二月二十五日**　この日付は、年預五師が任期交代の際に引き継ぐ文書の目録(勘渡帳)の日付とも一致しており、この日は寺内業務について、年度の変わり目にあたっていた。
**当年〈乙丑〉より**…　この掟書が作成された永正二年(一五〇五)より三年間は薬師院が執行職を担当。→補6
**同じ期限より辛未年**　永正五年二月二十五日より永正八年二月二十五日までの三年間にあたる。

一　三綱所數輩被レ座者次第仁三年宛可レ被レ居レ職事、
一　於二當職三ケ年之内闕如事在上之者、爲二權職一其年分可レ有二存知一、自二次年二月廿五日一如レ例全二三ケ年一可レ被レ居二其職一事、
一　就二大佛殿六堂　講堂戒壇院七堂補任之儀一、惣而守レ闕之事者、以二堂童子死去之時日一爲レ本、其時執行職雖二馳過一、爲二先執行職一出二補任狀一、同任料可レ被レ取之條勿論也、以二當堂童子正入之時一不レ可レ被レ爲二任料知行之時一事、
一　自餘補任之儀可レ被レ准レ之者也、
右條々就二今度和與之儀一、爲二惣寺之衆儀〔議〕一所レ置二掟旨一如レ斯、
永正貳年乙丑卯月十九日
年預五師延海（花押）

**三綱所数輩**…　三綱の上首たる上座でなくとも、三綱の一員になった者は、順次三年間の執行職を勤めることができる。従来の執行職と上座が不可分のものというあり方が変更されたことになる。
**権職**　任期三年の間に、死去などによって欠員がでた場合の処置としておかれる仮の職。欠員の生じた年におかれ、その翌年二月から新たに三年任期の執行職がおかれる。
**大仏殿**…　不慮の事態によって大仏殿や講堂以下の堂童子が欠員となった際、その補任と任料についての規定。すなわち堂童子死去の時、直ちに補任が行われ、その時の執行が任料を受け取る。

一　*三綱所数輩、座さるれば次第に三年宛、職に居《す》えられるべき事。
一　当職三ケ年の内に闕如の事これあるにおいては、*権職としてその年分存知あるべし。次年の二月二十五日より例の如《ごと》く三ケ年を全うしその職に居えらるべき事。
一　*大仏殿〈*六堂〉講堂戒壇院*七堂補任の儀について、惣じて闕を守るの事は、*堂《どう》童子《どうじ》死去の時日を以て本《もと》となせ。その時執行職馳せ過ぐと雖《いえど》も、先の*執行職として補任状を出し、同じく*任料を取らるべきの条勿論なり。当堂童子*正入の時を以て任料知行の時となさるるべからざる事。
一　*自余の補任の儀、これに准ぜらるべきものなり。
右条々、今度の*和与の儀について、惣寺の衆議として掟旨を置くところ斯《か》くの如し。
　　永正二年〈乙丑〉卯月十九日　　　　年預五師延海(花押)

**六堂**　大仏殿の堂童子役を勤める六堂職のこと。六人の公人が勤めた。大殿堂童子とも称す。薬師院文書中には、薬師院と正法院が連署でとりまとめた「公人中掟」があるが(薬師院2-271・1)、これは元禄十一年(一六九八)に「古例近例」を考慮し改めてまとめ条文化したものである。そこには大仏殿堂童子の一﨟から六﨟までの月番をはじめ、所役や任免の方式、欠員補充や得分についての規定が見られる。条文中に「六堂」「六堂中」「六堂職」との表現が見え、本文史料の六堂が大仏殿の六人の堂童子であることがわかる。彼等は大殿堂童子とも称し、一﨟から六﨟までの公人が半月ごとに大仏殿に堂童子として勤めていた。
**七堂**　七堂職。堂童子の一種で公人から任じられた。
**堂童子**　寺院で堂塔伽藍ごとに属し、雑役にしたがう俗役のもの。公人から任じられ、﨟次による集団をなしていた。
**執行職として補任状を出し**　↓補1
**任料**　所職に補任される際、補任権者に対して支払われる礼物。
**正入**　正式のメンバーとなること。
**自余の補任の儀**　執行が行う公人など諸職の補任のありかたは、前条の堂童子についての規定に準じることとする。
**和与**　相論の和解。

# 第三章　西大寺

**南17**　西大寺別当乗範置文　弘安元年(一二七八)七月十八日　西大寺文書

條々

一　寺本人夫可レ勤二寺門役一事

右、件人夫者、寺務召仕之條、雖レ爲二流例一、塔婆修造之際、暫令二去進一之處、其功忽成、隨喜尤深、爰陀羅尼堂以下相續、有二其沙汰一云々、人夫之勤又以可レ爲二同前一歟、所詮於レ今者、寺務不レ可レ召二仕彼夫一、一向隨二寺門之所勘一、可レ勤二其役一者也、

一　寺本田畠九町餘一向可レ宛二寺用一事

右、代々別當以二彼年貢一宛二恒例之寺用一、以二其餘剰一爲二寺務之得分一云々、此條用二三寶物一之科、雖レ渉二末庄一、至二此地一殊可レ有二斟酌一者歟、向後止二寺務相綺〔綺〕之儀一、以二有レ限寺用

**南17**　→補1

**西大寺別当乗範置文**　西大寺別当乗範が寺内運営権を叡尊たち律僧に委ねた置文。乗範(一二三一～一二八四)は大納言藤原資季の子息。興福寺竹林院に住し弘安六年(一二八三)に興福寺権別当となった。極官は法印権大僧都。中世の西大寺には、古代からの法相系寺僧と、嘉禎元年(一二三五)に入寺した叡尊によって新たに形成された律僧との二つの僧衆が存在した。前者を寺僧方・白衣方といい、後者を律家方・黒衣方と呼んだ。なおこの置文が永代のものであるかどうかが後に争われた(南22)。→補2

**西大寺文書**　奈良西大寺が所蔵する文書。鎌倉時代を中心に古代から近世にわたる。現存の文書は、律家方の文書であり寺僧方の文書は散逸した。

**1**　寺本人夫を駆使する権限を別当から西大寺に委譲する。

**寺本**　西大寺の寺辺。

**寺門役**　西大寺の所役を指す。

**寺務**　西大寺別当。中世では西大寺別当職の補任権はその本寺である興福寺が掌握しており、別当には西大寺僧ではなく興福寺僧が補された。

**塔婆修造の際に…**　別当が進止権をもつ人夫を、叡尊に委ねて塔婆修造に当たら

せたことを指す。ただしこの時の塔婆修造については『感身学正記』などの他史料では確認できない。おそらくは宝塔院の五重塔の修造をいうか。

**陀羅尼堂以下…同前たるべきか**　塔婆に引き続いて、陀羅尼堂以下の修造も行う計画であるので、人夫も前回と同様にした方がよいだろう。なお陀羅尼堂は、寛元三年(一二四五)に建立された真言堂を指す。→補3

**所詮…勤むべきものなり**　今後は別当が寺本人夫を召し使うのを改め、西大寺律僧の命によって、寺門役を勤めさせることにする。一時的な駆使権の譲渡を改めて、それを恒久的なものとした。

**2**　寺辺田畠からの年貢のうち恒例寺用分を差し引いた残りは、別当得分とするのを止めて、修理料に宛てることにする。

**寺本の田畠**　寺辺の田畠。→補4

**三宝物を用うるの科…**　仏物を流用する罪科。ここでは寺用に宛てられるべき年貢を別当の得分とすることをいう。この罪科は末寺荘園でも同様だが、特に寺辺の田畠には配慮が必要である。

**寺務相綺うの儀**　別当が寺本田畠からの年貢を得分とすること。「綺う」は干渉するの意。

**限りある**　重要な。

# 第三章　西大寺

**南17**　西大寺別当乗範置文　弘安元年(一二七八)七月十八日　　西大寺文書

条々

1 一　寺本*の人夫は寺門*役を勤むべき事

右、件の人夫は、寺務*召し仕うの条、流例たりと雖《いえど》も、塔婆*修造の際に、暫《しばら》く去り進めしむるの処、その功忽《たちま》ちに成り、随喜《ずいき》尤も深し。爰《ここ》に陀羅尼堂*以下も相続きてその沙汰あると云々。人夫の勤めまた以て同前たるべきか。所詮*、今においては、寺務は彼《か》の夫を召し仕うべからず。一向に寺門の所勘に随いて、その役を勤むべきものなり。

2 一　寺本*の田畠九町余は、一向に寺用に宛つべき事

右、代々別当は彼の年貢を以て恒例の寺用に宛て、その余剰を以て寺務の得分となすと云々。この条、三宝物*を用うるの科《とが》は、末庄にまで渉ると雖も、この地に至りては殊に斟酌あるべきものか。向後は寺務*相綺《あいいろ》うの儀を止め、限り*ある寺用

之殘一、可レ被レ宛二修理等料一、但於二毎日佛聖一者、以二諸庄上分一可レ備二進之一、更不レ可レ有二懈怠一矣、

一　同田畠内、自レ本宛二行寺僧一依怙分、不レ可二依違一事

右、件地皆悉寄附之上者、年來爲レ賞二淨行之侶一、以二一町二段之下地一、被レ宛二彼資縁一云々、此條尤可レ謂二興隆一、爲レ寺可レ爲二要樞一者、雖二向後一不レ可レ違二日來之沙汰一乎、

一　可レ令レ停二癈〔廢〕當寺執行職一事

右、彼職強無二相傳之仁一、補二來甲乙之輩一、依レ之動張二行非法一、令レ苦二惱寺僧一、爲二寺門一無二其要一、爲二住侶一多二其煩一云々、付レ案レ之、停癈〔廢〕之條雖レ似レ背二先規一、興隆之前定不レ貽二後謗一歟、早止二件職一、以二其給物一可レ宛二寺修理等一者也、

一　可レ停二止寺僧任料一事

右、寺僧、經二昇三昧・五師等一時、如レ形令レ沙二汰任料一云々、於二所進之分際一雖レ不レ幾、當二無頼之僧侶一爲二大營一歟、向後停二止任料奔走之儀一者、雖レ聊可レ爲二住侶安堵之計一乎、

**仏聖**　仏にささげる米飯。

**諸庄の上分**　荘園からの上分米。神仏にささげるために納められた年貢。

**3**　寺辺田畠のうち、四王金堂浄行衆の供田として宛行ったものについては、改変しない。

**寺僧に宛行う依怙分**　寺僧の活動に資するために宛行われた給分。

**寄附**　別当が西大寺(律家)に寺本田畠の進止権を寄附すること。

**浄行の侶**　西大寺四王金堂に所属する六口の浄行衆(寺僧方)。本文史料を契機に、浄行衆の補任権も別当から律家方に委譲された。↓補1

**一町二段の下地**　西大寺四王金堂浄行衆には一口あたり二段、計一町二段の供田が配分された。

**寺のため要枢たるべくんば…**　西大寺にとって非常に重要なことであれば、今後も従来の沙汰を維持すべきだろう。

**4**　執行職を廃止して、その給与分を寺の修理費に宛てることにする。

**執行職**　別当の支配のもとで検断などを行使して、西大寺を運営した僧職。ただ

の残りを以て、修理等の料に宛てらるべし。但し毎日の*仏聖《ぶっしょう》においては、*諸庄の上分を以てこれを備進すべし。更に懈怠《けたい》あるべからず。

3 一 同田畠の内、本より*寺僧に宛行う依怙《えこ》分は、依違《いい》すべからざる事

右、件の地は皆悉《ことごと》く*寄附するの上は、年来*浄行の侶を賞さんがために、*一町二段の下地を以て、彼の資縁に宛てらると云々。この条、尤も興隆と謂うべし。*寺のため要枢たるべくんば、向後と雖も日来《にちらい》の沙汰に違すべからざるか。

4 一 当寺の*執行《しぎょう》職を停廃せしむべき事

右、彼の職は強いて相伝の仁なく、*甲乙の輩を補し来《きた》る。これにより動《やや》もすれば非法を張行し、寺僧を苦悩せしむ。*寺門のためにその要なく、住侶のためにその煩《わずら》い多しと云々。これに付きこれを案ずるに、*停廃の条は先規に背くに似ると雖も、興隆の前には定めて後謗を貽《のこ》さざるか。早く件の職を止め、その給物を以て寺の修理等に宛つべきものなり。

5 一 *寺僧の任料を停止すべき事

右、寺僧は*三昧《さんまい》・*五師《ごし》等に経昇《へのぼ》る時、形の如《ごと》く任料を沙汰せしむと云々。*所進の分際においては幾《いく》ばくならずと雖も、無頼《むらい》の僧侶に当たりては大営たらんか。向後、任料奔走の儀を停止せば、聊《いささ》かと雖も住侶の安堵の計らいたるべきか。

---

し、執行職の廃止後も執行代は置かれていたようである。→補2

**甲乙の輩**　誰と特定できない様々な者。

**寺門**　西大寺。

**停廃の条は先規に背く…**　執行職の廃止は先例に背くようだが、西大寺興隆のためには後の批判を招かないで済むだろう。

**5**　寺僧が諸職に補任される際に支払う任料を廃止する。諸職補任権を別当から律家に移管するに際しての寺僧方に対する優遇措置である。

**寺僧の任料**　僧職に補任される際に、寺僧が補任権者である別当に支払う銭。この置文を境に、寺僧の僧職の補任権者が別当から律家方に変わった。その代わりに、寺僧方の任料を廃止した。→補3

**三昧**　寺僧方の僧職の一つ。三昧聖ではない。弘安十年(一二八七)六月二十二日西大寺五師供僧三昧等請文(「西大寺文書」一〇三函一〇)では六名の三昧が署名している。南20の「弘安元亨両度の請文」の項参照。

**五師**　寺僧方の僧職の一つ。一般に寺僧自治の中核となった五人の役僧をいう。

**所進の分際において…**　任料を払える者にとっては大した額ではないが、貧しい僧侶には、任料の納入は大変なことだ。「無頼」は「頼り」(資縁)のないこと。

以前五箇條、就㆓興隆之篇目㆒、廻㆓愚頑之風情㆒者也、綷雖㆓輕微㆒志已深重、縱非㆓一寺之至要㆒、盍〔不脱カ〕叶㆓三寶之冥慮㆒矣、律衆等以㆓此趣㆒可㆘令㆑致㆓沙汰㆒給㆖之狀如㆑件、

弘安元年七月十八日　別當法印權大僧都乘範

**南18**　西大寺門徒規式　徳治三年（一三〇八）後八月二十日　西大寺文書

西大寺一門諸寺規式事

條々

一　一門諸寺止作行事、可㆑爲㆓一同㆒事

浄巾説浄事、巾帊之類故、不㆑可㆑作㆑之一、脱出綿延促不定故、不㆑可㆓説浄㆒二、夜衣、不㆑堪㆓常被着㆒故、可㆑爲㆓重物㆒三、用㆑鉢事、可㆑爲㆓中食㆒四、沙彌持衣・加藥等無㆓同類㆒之時、心念可㆑爲㆑之、不㆑可㆑對㆓比丘㆒五、未受具人同宿室相等事、如㆓興正菩薩御時一門契狀㆒六、此外行事不審等、後日評定之時可㆑決㆑之、

一　一門諸寺沙彌、移㆓他門㆒受戒輩、不㆑可㆑許㆓還住㆒事、

**綷は軽微と雖も**…　ここで取り決めた五カ条は、わずかなことに過ぎないが、その志は深いものである。

**一寺の至要に**…　西大寺の根幹に関わることではないものの、置文の趣旨は仏の意志にも叶うものだろう。

**律衆等**…　別当乗範が律家方に対し、この置文にのっとって西大寺の運営を行うように伝えたことを示す。

**南18**　→補1

**西大寺門徒規式**　西大寺一門の威儀・振る舞いについて定めた一八カ条の取り決め。

**止作**　止持（しじ）と作持（さじ）。止持は悪をなさないこと、作持は善を実践すること。ここでは、本条の六項目をいう。

**浄巾**　清潔な布巾（ふきん）。三種あり。①鉢盂を包むもの。②食事時に膝を覆って袈裟の汚れるのをふせぐ蓋膝巾（がいしつきん）。③日常一般に用いる手巾。

**説浄**　浄施ともいう。「浄」は戒律に叶うの意。長衣戒では単三衣以外は布帛でも所持が禁じられたが、浄施による使用は認められた。浄施は形式的に他人に施した形をとった上で所有するもので、対面浄施と展転浄施がある。前者は別の比丘に浄施してそれを預け、その人物の了解を得た上で使用するもの。後者は第三者

以前五箇条、興隆の篇目につき、愚頑の風情《ふぜい》を廻らすものなり。*縡《こと》は軽微と雖も、志は已に深重なり。縦《たと》い*一寺の至要に非ざれども、盍《なん》ぞ三宝の冥慮に叶わざらん。*律衆等、この趣を以て沙汰を致さしめ給うべきの状、件の如《ごと》し。

弘安元年七月十八日　別当法印権大僧都乗範

## 南18　西大寺門徒規式　徳治三年(一三〇八)後八月二十日　西大寺文書

西大寺一門の諸寺規式の事

条々

一　一門の諸寺、*止作《しさ》の行事は、一同たるべき事

*浄巾《じょうきん》*説浄《せつじょう》の事は、*巾帊《きんは》の類なるが故に、これを作《な》すべからず一。*脱出綿《ぬきでわた》は延促不定の故に、説浄すべからず二。*夜の衣は、常の被着に堪えざるが故に、重物たるべし三。鉢を用うる事、*中食《ちゅうじき》たるべし四。沙弥の*持衣・加薬等、同類なきの時は、心念にこれをなすべし。比丘に対すべからず五。*未受具の人の同宿室相等の事は、*興正菩薩の御時の*一門契状の如し六。この外の行事の不審等は、後日に評定の時にこれを決すべし。

一　*一門諸寺の沙弥、他門に移り受戒する輩は、還住《げんじゅう》を許すべからざる事

の比丘に浄施することを宣言した上で自分が保管して使用する。ここでは、浄巾・脱出綿は大したものではないので、説浄の作法を不要とした。

**巾帊**　布きれ。

**脱出綿は延促**…　古着などの古綿で作った物は、耐久期間が不定であるので浄施の対象とはしない。

**夜の衣は常の被着**…　夜衣は普段着にできない粗末な物なので、重ね着をしなさい。

**中食**　正午にとる食事。戒律では正午から翌朝までの食事は禁じられていた。

**持衣加薬**　→補2

**未受具の人**　戒を受けずまだ正式の比丘になっていない人。この項は比丘が未受具の者と同室に三夜同宿することを禁じた『四分律』の与未具者同宿戒に関わる。

**興正菩薩**　叡尊(一二〇一～一二九〇)、号は思円。奈良西大寺を拠点に、密教と戒律を併修する真言律宗を開創。朝廷や幕府の支持を背景にして勧進を行い、寺院復興や殺生禁断の普及につとめた。正安二年(一三〇〇)興正菩薩の号が勅賜された。

**一門契状**　不詳。

**一門諸寺の沙弥**…　西大寺流の沙弥が他宗派で受戒すれば、還住は認めない。客僧の形をとって戻ったとしても、久住はさせない。

縦雖ニ為ㇾ脱ㇾ過稱ニ客僧一、不ㇾ可ニ久住一也、

一　説法可ㇾ離ニ邪命一事

於ニ在家一書ニ如法經一幷僧寺外所々恒例八講導師等、可ㇾ停ニ止之一、又稱ニ私三寶物一、幷為ニ父母活命一不ㇾ可ニ出息一、但除ㇾ惣也、又為ㇾ貪ニ利養一、醫療幷咒術等不ㇾ可ㇾ作ㇾ之、

一　不ㇾ可ㇾ請ニ取相論所領寄進一事

縦雖ㇾ為ニ當知行一、依ㇾ事可ニ斟酌一也、但除ニ兩方和融一、

一　雖ㇾ為ニ白地一、非ニ同件一、不ㇾ可ㇾ遊ニ行俗家一事

但若有ニ難ㇾ避緣事一者、寺之僧評定可ㇾ許ㇾ之也、

一　無ニ同件一不ㇾ可ㇾ居ニ住小寺一事、但除ニ山中閑靜之地一、

一　尼女對面可ㇾ離ニ機嫌一事

必具ニ可信件一、可ニ如法對面一、而尼女在ニ僧坊之緣一、差ニ入頭於長押上簾中一、不ㇾ可ㇾ知ニ內僧伴有無等一事、

一　不ㇾ可ㇾ入ニ輙他部屋一事

**邪命**　不正な手段によるよこしまな生活。「命」は生活のこと。衣食の糧を求めるために説法することを邪命説法という。

**如法経を書し…**　在家の如法経の書写供養や、僧寺以外での恒例法華八講の導師を勤めてはならない。如法経は法華経の書写をいう。恒例法華八講は有力貴族の命日に行われた追善仏事で、法華経八巻を講ずる法会。

**私の三宝物と…**　自分の財産だといったり、父母の生活を支えるためだと称して、個人的に金融活動を行うことを禁じる。

**活命**　生活をすること。命をつなぐこと。

**出息**　利息をとって金や物を貸すこと。

縦《たと》い過《とが》を脱《のが》れんがために、客僧と称すと雖も、久住《くじゅう》すべからざるなり。

一　説法は*邪命《じゃみょう》を離るべき事

在家において*如法経を書し、幷びに僧寺の外の所々恒例の八講導師等は、これを停止すべし。また*私の三宝物と称し、幷びに父母の*活命として、*出息すべからず。但し*惣をば除くなり。また*利養を貪らんがために、医療幷びに呪術等これを作《な》すべからず。

一　*相論の所領寄進を請《う》け取るべからざる事

縦い*当知行たりと雖も、事によって斟酌すべきなり。但し両方の*和融をば除く。

一　*白地《はくち》たりと雖も、同伴《どうはん》非ずんば、俗家には*遊行《ゆぎょう》すべからざる事

但し、もし*避りがたき縁事あらば、寺の僧、評定してこれを許すべきなり。

一　同伴なく小寺に居住すべからざる事

但し、*山中閑静の地をば除く。

一　尼女との対面に*機嫌を離るべき事

必ず*可信の伴《とも》を具し、*如法に対面すべし。しかるに*尼女、僧坊の縁《えん》にありて、頭を*長押《なげし》の上、簾中に差し入れ、内の僧、伴の有無等を知るべからざる事。

一　輙《たやす》く他の部屋に入るべからざる事

**惣**　西大寺総体。僧侶個人の金融活動はいけないが、西大寺が行うことはその限りではない。

**利養を貪らん…**　利得を得るために、医療や呪術を行ってはいけない。

**相論の所領**　領有をめぐって訴訟となっている所領。

**当知行たりと雖も…**　実効支配している場合でも、事情によっては受け取りを控えるべきである。寄沙汰のための寄進を警戒しての措置だろう。

**和融**　和与。和解。

**白地**　にわかに。ただちに。

**遊行**　ここでは、教化のために出かけることをいう。

**避りがたき縁事**　止むをえない事情。

**山中閑静の地をば除く**　幽閑の地では誘惑が少なく、破戒の可能性が低くなるため、一人での居住を認めた。

**機嫌**　他人がそしり嫌うこと。尼女との対面の折りに、あらぬ嫌疑を受けないよう慎重に行動することを求めている。

**可信の伴**　信頼できるお伴。

**如法に**　法に従って。

**尼女僧坊の縁…**　尼女が僧坊の縁から部屋の中をのぞき込んで、僧や伴がいるかどうかを確かめるのはいけないことだ。

**長押**　柱と柱を渡す横に打ち付けた材木。

一　雖レ爲二暫時一、僧坊内不レ可レ收二納穀米一事
厨舎或寺庫之外、可レ禁レ之、謹愼可レ去二毀謗一、縱雖二通結淨地之由存一レ之、毀謗難レ遁故、
一　形同沙彌對二商人等一、手自取二渡錢貨一事
一　客僧來臨時、知客幷坊主外、不レ可三輙差二茶湯一事、縱雖レ爲二常住他坊人一、私結構、可レ停二止之一、
一　乘馬往復之時、至二奈良中一、老病外可二下馬一事
一　爲二見物等一、或脱二法衣一或雜二俗人一之由、有二其聞一、向後可二停止一事
一　離寺離坊時、不レ帶二本所擧狀一者、不レ可二敍用一事
出二擧狀一之時、秀載由緒無レ所レ殘可レ令二存知一也、
一　寺々八齋戒輩可レ停二止直突〔綴〕着用一事
一　不レ經二西大寺評定一、無二左右一不レ可レ請二取小寺一事
一　初心者入寺之事
來二臨寺門一之時、能々簡レ機、爲二法器一者可レ許二入寺一、非二其機〔器〕一者速可二擯遣一、或屬二强縁一或依レ爲二親里一、

**暫時たりと…**　わずかな期間でも僧坊に穀物を収納することを禁じる。あらぬ疑いをかけられることを憚っての措置。
**厨舎**　台所。料理場。
**毀謗**　非難。そしり。
**通結の浄地**　「浄地」は食物を置くところ(『四分律』)。「南都相承行事、多分用通結浄地如何答」(『資行鈔』)(『大正蔵』六二―三二〇頁)。
**形同沙弥**　西大寺流の沙弥・沙弥尼には法同(ほうどう)と形同の二つがある。ともに菩薩戒を受戒しているが、さらに『四分律』の沙弥戒を受戒した者を法同沙弥、そうでない者を形同沙弥と呼んだ。→補1
**知客**　客を接待する役僧。一般には禅宗寺院の役職名。
**私の結構**　勝手に判断して行うこと。
**下馬**　鎌倉では念仏者・遁世者・凡下の騎馬が禁じられている(国36、鎌倉幕府追加法三八三)。一般に律僧は社会的には遁世とみなされていた。
**本所…存知せしむべきなり**　この場合は本人の新たな所属先をいうか。そこが本人を引き受ける旨の挙状を出すに当たっ

一 *暫時たりと雖も、僧坊の内に穀米を収納すべからざる事
*厨舎《ちゅうしゃ》、或いは寺庫の外は、これを禁ずべし。謹み慎みて*毀謗《きぼう》を去るべし。縦い*通結の浄地の由、これを存ずと雖も、毀謗遁《のが》れがたきの故なり。
一 *形同《けいどう》沙弥は、商人等に対し、手ずから銭貨を取り渡す事
一 客僧来臨の時、*知客《しか》幷びに坊主の外は、輒く茶湯を差すべからざる事
縦い常住・他坊の人たりと雖も、*私の結構、これを停止すべし。
一 乗馬往復の時、奈良中に至らば、老病の外は*下馬すべき事
一 見物等のために、或いは法衣を脱ぎ、或いは俗人に雑《まじ》るの由、その聞こえあり。向後停止すべき事
一 離寺離坊の時、*本所の挙状を帯さざれば、叙用すべからざる事
挙状を出だすの時に、*秀載の由緒、残るところなく存知せしむべきなり。
一 寺々の*八斎戒《はっさいかい》の輩は、*直綴《じきとつ》着用を停止すべき事
一 *西大寺の評定を経ず、*左右《そう》なく小寺を請け取るべからざる事
一 初心の者入寺の事
寺門に来臨するの時に、よくよく*機《き》を簡《えら》び、法器たらば入寺を許すべし。その器に非ざれば、速やかに*擯遣すべし。或いは*強縁《ごうえん》に属し、或いは*親里《しんり》たるにより

ては、本人の経歴や離寺の経緯をすべて伝えておくべきである。
**秀載** 不詳。
**八斎戒** 八支近住(はっしごんじゅう)斎戒の略。在家の者が一昼夜、守るべき八つの誡め。不殺生・不偸盗・不淫・不妄語・不飲酒・不塗飾香鬘舞歌観聴・不眠坐高厳麗床・不食非時食をいう。また長期間、斎戒を守る長斎(じょうさい)も行われた。
**八斎戒の輩** 西大寺門徒では、八斎戒を守り、僧衆の下で諸活動をする在家の者を斎戒衆とよんだ。ただし彼らの持斎は長斎であったようである。→補2
**直綴** 上衣に裳を直接綴じつけた裳付きの法服。中国以来、禅宗系統の僧侶に主に用いられたが、略服であるとして延暦寺などはその着用を禁じている(天7の第23条)。ここでは、在家である斎戒衆に法服の着用を禁じて、僧衆との差別化をはかった。
**西大寺の評定** 本寺である西大寺が僧団として、寺寄進の承認を決定する。
**左右なく** 軽率に。
**機** 衆生の宗教的素質。
**擯遣** 追い返す。
**強縁** 権力者との縁故。
**親里** 親もと。生まれ故郷。ここでは一族の意。

無二左右一度レ之間、及二寺勞一事、動有レ之、深可レ有二斟酌一也、

一　毎年光明眞言之次可二評定一事

寺々衆首、必八月十六日來二臨當寺一、十七日集會、惣別難非等可レ有二明沙汰一、衆首若故障時者、可レ被レ立二代官一也、不レ可レ有二等閑一矣、以前條々、一門諸寺一同評定如レ斯、是則爲レ令下住二持諸寺之佛法於永劫一、相中續衆生之依怙於來際上也、但若於二上條々一、爲二興法利生一難治篇目出來者、諸寺會合之時、早加二評儀〔議〕一可レ令二用捨一也、又若非違事出來者、必無二見隱聞隱一、不レ論二當寺・他寺一、披露加二評定一、諫誡雖レ及二兩三度一、霍〔確〕執猶一諾旨違者、既是佛家之車匿、直放二一門風儀一也、所詮一門本末和合、不レ可レ有二是非一、如來正法二部・五部・十八・五百部、隨レ器雖レ有二異見一、皆同得レ道、是則存二生空一理一故也、況於二大乘一者、一執倶空、六道普利、勿レ懷二彼此差別一、及二是非事一哉、若於二本末一乍レ入二一門修行一、

**度する**　得度させる。
**寺の労**　西大寺一門の憂い。
**光明真言**　文永元年(一二六四)九月四日に始められた西大寺の光明真言会。一門の僧が集まって七日間修した。西大寺流の最も重要な法会。光明真言会の際に衆議を行うのは、当初からの慣例。↓補1
**惣別の難非等**…　様々な問題について協議をする。「難非」は咎めや非難の意。
**衆首もし故障**…　支障があって末寺の長老が出席できない時には、代官を出席させよ。
**諸寺の仏法を**…　以上、定めてきたことは、人々の救済の頼りである西大寺流の仏法を永遠に保つためのものである。「依怙」は頼りにするものの意。ここでは「諸寺の仏法」を指す。
**難治の篇目出来**…　以上、定めた条項について具合の悪い問題が生じたならば、諸寺が集まったとき、その条項を維持するかどうかを、評議すべきである。
**非違の事**…　この規式に対する違犯。規式違犯が起きれば隠すことなく披露して、その処置について評定すべきだ。
**諫誡両三度に**…　何度誡めても、自分の意見に固執して規式を守ろうとしないのであれば、その人物はチャンダカと同じ

て、左右なくこれを*度《ど》するの間、*寺の労に及ぶ事、動《やや》もすればこれあり。深く斟酌あるべきなり。

一　毎年*光明真言の次いでに評定すべき事

寺々の衆首は必ず八月十六日に当寺に来臨し、十七日に集会《しゅうえ》して、*惣別の難非《なんぴ》等、明《あき》らめ沙汰あるべし。*衆首もし故障の時は、代官を立てらるべきなり。等閑あるべからず。

以前の条々、一門の諸寺、一同の評定、斯《か》くの如し。是《こ》れ則ち*諸寺の仏法を永劫に住持して、衆生の依怙《えこ》を来際に相続せしめんがためなり。但し、もし上の条々において、興法利生のため*難治の篇目出来《しゅつたい》せば、諸寺会合の時、早く評議を加え用捨せしむべきなり。また、もし*非違の事出来せば、必ず見隠し聞き隠すことなく、当寺・他寺を論ぜず、披露し評定を加えよ。*諫誡、両三度に及ぶと雖も、確執なお一諸の旨に違わば、既に是れ仏家の*車匿《しゃのく》なり。*直《ただち》に一門の風儀を放つなり。所詮、一門本末は和合して、*是非あるべからず。如来の正法《しょうぼう》は*二部・五部・十八・五百部と、器に随いて、異見ありと雖も、皆同じく道を得る。是れ則ち、*生空《しょうくう》の一理を存ずる故なり。況《いわん》や大乗においては、*二執倶《とも》に空なり。*六道普《あまね》く利す。彼此の差別《しゃべつ》を懐《いだ》くこと勿《なか》れ。是非の事に及ばんや。もし本末において一門の修行に入りながら、

だ。「一諸の旨」はこの規式を指す。

**車匿**　釈迦の従者であるチャンダカ。闡陀迦(せんだか)とも音写。釈迦が出家のため都を抜け出したとき、途中まで付き従った。共に出家することを望んだが、許されず帰された。のちに出家するが、傲慢な性格でしばしば教団の規律を乱したという。

**直に一門の風儀を放つ**　西大寺の一門からすぐに追放する。底本「直」の横に「宜」と記す。

**是非あるべからず**　意見の不一致があってはならない。

**二部五部十八五百部**　釈迦滅後に教団が上座部と大衆部の二部に分裂し、さらに五部・一八部に分裂していった。また『大智度論』によれば、仏滅後五〇〇年に小乗の諸派が分立して五〇〇部になるという。「陳述二部五部十八五百諸部乖諍已云問、上列四種異執不同」(『五教章通路記』『大正蔵』七二―四〇八頁)。

**生空の一理**　衆生空の教え。我は空であって実体がないとの教え。

**二執**　我に実体があるとする我執と、事物に実体があるとする法執。

**六道**　衆生が業にしたがって生死を繰り返す六つの迷いの世界。地獄道・餓鬼道・畜生道・修羅道・人間道・天道の六。

致二是非二不レ和、忽滅二興正菩薩難立興顕之戒法密行一、自他共沈二苦趣一事、専可レ依二此不和合一、於二此事一殊可レ有二存知一、若本末寺有二不審事一者、必直對二謁其衆首一、能々相尋、可レ有二明沙汰一、都不レ可レ有二執心一、無二左右一不レ可二是非一、縦雖レ爲二他寺他門一、若生二是非之思一者、一切之佛法皆可レ成二邪法一歟、能々可レ愼レ之、

仍一同評儀〔議〕所二定置一之狀如レ件、

徳治三年戊申後八月廿日、光明眞言次、雖レ爲二修中一、依レ爲二大事一諸寺衆首坊々依止一同定レ之畢、

**南19**　西大寺宝生護国院供養法衆密契　正和五年(一三一六)正月十八日　福智院家文書

約諸

右、興福寺者七伽藍之本寺也、西大寺者七伽藍之一寺也、素列二棟甍於一州之中一、迭同二憂喜於七寺之際一、云二法相一云二戒律一、雖レ似レ異、云二本宗一云二随行一、寧可レ二乎、而近古以來、當寺微弱而依怙共缺矣、興正菩薩雖レ瑩二戒珠一、末資苾蒭難レ轉二法輪一、就中、世及二澆季一、人先二邪枉一、憶二當時之形勢一、推二末

**諸**　異本ハ下ニ「興福寺與西大寺／約諸之狀」トアリ。
**之本寺也**　異本「随一」。
**邪**　異本「雅」。
**憶**　底本「慨」、異本ニヨリ改ム。

**苦趣**　悪趣。六道に同じ。
**左右なく是非すべからず**　軽率に是非の判断をくだしてはならない。
**坊々の依止**　諸坊がたのみにする有力者。「依止」はよりどころの意。
**南19**　↓補1
**西大寺宝生護国院供養法衆密契**　興福寺と西大寺律衆との間で本末関係を確認した契約。↓補2
**福智院家文書**　興福寺大乗院門跡の坊官の後裔である福智院家に伝来した文書群。
**七伽藍の本寺**　南都七大寺の本寺。七大寺は一般に東大寺・興福寺・元興寺・大安寺・西大寺・薬師寺・法隆寺をいう。
**棟甍を一州の中に…**　むながわらを同じ

是非を致し和せずんば、忽ちに興正菩薩の難立興顕の戒法と密行を滅ぼさん。自他共に*苦趣《くしゅ》に沈む事、専《もは》らこの不和合によるべし。この事においては殊に存知あるべし。もし本末の寺に不審の事あらば、必ず直《じか》にその衆首に対謁し、よくよく相尋ね明らめ沙汰あるべし。都《すべ》て執心あるべからず。*左右なく是非すべからず。縦い他寺他門たりと雖も、もし是非の思いを生ぜば、一切の仏法は皆邪法と成るべきか。よくよくこれを慎むべし。仍て一同評議して定め置くところの状、件の如し。

徳治三年〈戊申〉後八月二十日、光明真言の次いでに、修中たりと雖も、大事たるにより、諸寺の衆首、*坊々の依止《えじ》、一同にこれを定め畢んぬ。

**南19**　西大寺宝生護国院供養法衆密契　正和五年(一三一六)正月十八日　福智院家文書

約諾

右、興福寺は*七伽藍の本寺なり。西大寺は七伽藍の一寺なり。素《もと》より*棟甍《とうぼう》を一州の中に列し、迭《たがい》に憂喜を七寺の際《きわ》に同じうす。*法相と云い戒律と云い、異なるに似たりと雖も、*本宗と云い随行と云い、寧《なん》ぞ二なるべきか。しかれども近古より以来《このかた》、当寺は微弱にして*依怙《えこ》共に欠く。*興正菩薩は*戒珠を瑩《みが》くと雖も、*末資苾蒭《ひっすう》は*法輪を転じがたし。就中《なかんずく》、*世は澆季に及び、人は*邪枉《じゃおう》を先とす。*当時の形勢を憶《おも》いて、末

大和国に並べ、憂喜を共にしてきた。

**法相と云い戒律と云い**　興福寺は法相宗を主とし、西大寺は戒律を主とした。

**本宗と云い…**　本宗は主とする宗を指し、随行は本宗以外に修学するものをいう。法相と戒律は異なるようにみえるが、決して別々のものではない、の意。中世の顕密僧は諸宗兼学が一般的であった。

**依怙**　寺院を支える財政的よりどころ。

**興正菩薩**　叡尊(一二〇一〜一二九〇)。正安二年(一三〇〇)に興正菩薩の号が勅賜された。

**戒珠を瑩くと雖も**　戒律を厳格に守って宗教的実践に努めたけれども。

**末資苾蒭**　叡尊の弟子たちを指す。「苾蒭」は僧侶の意。

**法輪を転じがたし**　仏の教えを説くことが難しい。転法輪は教えを説くことを転ずるの意。輪はもともとインド古来の武器であるともいう。戦車を回転させて敵を撃破するように、仏法の教えが衆生の間を回転して煩悩を打ち砕いてゆく。

**世は澆季に及び**　末法の世になって。「澆」はうすいの意で、「澆季」は人情がうすく世の乱れた末世を指す儒教的概念。仏教の末法観と習合して、末法末代の意で使用されるようになった。

**邪枉**　よこしまでゆがんだこと。

**当時**　今、現在。

代之闘亂一、如レ斯、則難レ亞二法燈於龍花三會之曉一、爭傳二利生於龜曆萬年之春一乎、次吾寺之興廢者、爲二貴寺之興廢一、貴寺之治亂者、爲二吾寺之治亂一、有爲二公門一、有爲二武門一、有レ憂者、共憂レ之如二腹心一、有レ喜者、共喜レ之如二頭目一、但莫下以二少瑕一掩中大功上、亦莫下吹二其毛一顯中彼疵上、然者至二于當寺末寺末地一、宜欲下蒙二加護一無中公私妨上、廻二賢慮一、扶中縱横之煩上、仍載二魚網一、將レ爲二龜鏡一、謹勒二子細一、密契如レ件、

正和五年丙辰正月十八日　西大寺寶生護國院供養法衆

第二長老沙門信空、沙門隆賢、沙門良忍、沙門然如、沙門良賢、沙門宣海

**南20**　西大寺白衣寺僧等請文　文和三年（一三五四）八月九日　西大寺文書

謹請申

西大寺白衣寺僧等、對二律家一不レ可レ現二不儀一間事

右、子細者、今度閉門・逐電事、不レ牒二申律家一而任二雅意一及二嗷訴一之條、背二弘安・元亨兩度請文一之由蒙二御愆一、此條誠無レ處二于遁

**乎次**　異本「羨」。
**治**　異本「沈」。
**末寺**　底本ナシ、異本ニヨリ補ウ。
**勒**　底本「勤」、異本ニヨリ改ム。

**法燈を龍花三会…**　仏の教えを、弥勒菩薩の龍華三会まで維持することは困難だ。龍華三会は五六億七〇〇〇万年後に弥勒菩薩が都率天から地上に降り立ち、龍華樹のもとで悟りを開き衆生を救済するために行う三度の説法をいう。
**亀暦**　開闢以来のことを記した科斗（かと）の書。千歳の神亀に乗せて堯帝に献じられたという。ここでは、仏法を永遠の未来に伝えることができない、の意。
**有るいは公門…憂うること**　朝廷・武家のせいで、憂うることが生ずれば一緒に憂える。
**少瑕を以て…**　わずかな欠点をもって大きな貢献を覆い隠してはならない。吹毛の疵（「その毛を吹きて彼の疵を…」）も同意。この文章からすれば両寺の間に隙間が生じたようだが、具体的事件は不明。
**魚網**　文書のこと。
**宝生護国院**　西大寺の中心的堂舎。弘安

代の闘乱を推すに、斯《か》くの如くならば、則ち*法燈を龍花三会《りゅうげさんね》の暁に亜《つ》ぎがたし。争《いかで》か利生《りしょう》を*亀暦《きれき》万年の春に伝えんや。次に吾が寺の興廃は、貴寺の興廃たり。貴寺の治乱は、吾が寺の治乱たり。*有《あ》るいは公門のために、有るいは武門のために、憂いあらば、共にこれを憂うること、腹心の如し。喜びあらば、共にこれを喜ぶこと、頭目の如し。但し、*少瑕を以て大功を掩《おお》う莫《なか》れ。またその毛を吹きて彼《か》の疵を顕わす莫れ。然《しか》れば当寺の末寺末地に至るまで、宜しく加護を蒙りて公私の妨げなく、賢慮を廻らして縦横の煩いを扶《たす》けられんと欲す。仍て*魚網《ぎょもう》に載せ、将に亀鏡《ききょう》となさんとす。謹んで子細を勒《ろく》し、密契すること、件の如し。

正和五年〈丙辰〉正月十八日　《西大寺》*宝生護国院供養法衆

第二長老沙門*信空、沙門*隆賢、沙門良忍、沙門然如、沙門良賢、沙門宣海

**南20**　西大寺白衣寺僧等請文　文和三年(一三五四)八月九日　西大寺文書

謹んで請け申す

*西大寺白衣《びゃくえ》寺僧等、律家に対して不儀を現ずべからざる間の事

右、子細は、今度の*閉門・逐電の事、律家に牒《ちょう》し申さずして、*雅意《がい》に任せ、嗷訴に及ぶの条、*弘安・元亨両度の請文に背くの由、御咎《とが》を蒙る。この条、誠に遁れ

六年(一二六三)に建立され、ここでは曼陀羅供が修された。→補1

**信空**　一二三一～一三一六。慈道房。諡は慈真和上。叡尊の講義を聞いて出家し、般若寺を管した。叡尊の没後、西大寺の第二代長老となる。後宇多上皇に具足戒を授けた。

**隆賢…宣海**　叡尊の直弟子。→補2

**南20**　→補3

**西大寺白衣寺僧等請文**　律家の許可なく検断・嗷訴・閉門を行わない旨を誓った寺僧方の請文。文和三年(一三五四)五月末、盗苗の嫌疑で寺僧が律家下部を殺害した事件が発端。自由検断として寺僧三名が処罰されることになったため、寺僧が反発して閉門籠居した。しかし興福寺が律家を支持したため、寺僧方が全面屈服して請文を提出。三名の寺僧および二親の所帯は没収された。自由検断をめぐってはこれまでも紛争になっていた。→補4

**西大寺白衣寺僧**　西大寺の従来からの寺僧をいう。新興の叡尊の門流である黒衣律僧に対する用語。

**閉門**　門を閉ざし、法会を行わせない行為。寺僧三名の処分に反対して、白衣寺僧が四王院を閉門して籠居逐電した。

**雅意**　我意。自らの意を押し通すこと。

**弘安元亨両度の請文**　→補5

申㆒、殊恐存者也、仍向後可㆓存知㆒條々、

一　於㆓寺邊㆒、云㆓律家行者・下部㆒、云㆓鄉民㆒、稱㆑有㆓其科㆒、不㆑申㆓入別當㆒、不㆑蒙㆓律家許可㆒而、直不㆑可㆑行㆓自由之檢斷㆒事、

一　嗷訴・閉門等事、任㆓弘安請文㆒、輙不㆑可㆑有㆓其儀㆒、且依㆓理訴㆒及㆓此企㆒之時者、必牒㆓申律家㆒蒙㆓御許可㆒之後、可㆑致㆓其沙汰㆒事、

以前條々、自今以後固守㆓此請文㆒、不㆑可㆑有㆘違㆓背申律家㆒之儀㆖、所詮閉門等嗷訴事、弘安請文明鏡之處、依㆘不㆑知㆓案內㆒之若輩等㆖、近來有㆘現㆓不儀㆒之子細㆖、今度學侶及㆓嚴密御沙汰㆒之間、以㆓事次㆒條々委細之請文所㆑捧㆑之也、以前兩度者、雖㆑捧㆓請文於律家㆒、於㆓今度㆒者深爲㆑禁㆓向後之不儀㆒、奉㆑仰㆓學侶於證明㆒、勒㆓委細㆒白衣寺僧等加㆓連署㆒、所㆓請申㆒之狀如㆑件、

文和三年八月九日

公文範盛（花押）

寺主永範（花押）

**行者下部**　寺内に住む律家方の在俗の

申すに処なし。殊に恐れ存ずるものなり。仍て向後存知すべき条々。
一　寺辺において、律家の*行者《あんじゃ》・下部《しもべ》と云い、郷民と云い、その科《とが》ありと称して、*別当に申し入れず、律家の許可を蒙らずして、直《じか》に*自由の検断を行うべからざる事。
一　嗷訴・閉門等の事、弘安の請文に任せて、輙《たやす》くその儀あるべからず。且《かつ》は*理訴により、この企てに及ぶの時は、必ず律家に牒し申し御許可を蒙るの後、その沙汰を致すべき事。
以前、条々、自今以後は固くこの請文を守り、律家に違背申すの儀あるべからず。所詮、閉門などの嗷訴の事、弘安の請文に明鏡の処、*案内《あない》を知らざるの若輩等によって、近来不儀を現ずるの子細あり。今度、*学侶は厳密の御沙汰に及ぶの間、事の次いでを以て、条々委細の請文、これを捧ぐるところなり。以前の両度は請文を律家に捧ぐと雖も、今度においては、深く向後の不儀を禁ぜんがため、*学侶に証明《しょうみょう》を仰ぎ奉る。委細を勒《ろく》し、白衣寺僧等、連署を加え、請け申すところの状、件の如し。

文和三年八月九日　公文範盛(花押)
寺主永範(花押)

者。種々の雑用に従った。

**別当**　西大寺別当。律家が西大寺の運営権を掌握してからも、依然として興福寺僧が西大寺別当に補任された。

**自由の検断**　検断権をもたない寺僧が、勝手に検断を行うこと。「自由」は勝手気ままの意。

**理訴によりこの企てに及ぶ…**　正当な訴訟内容であるため、嗷訴・閉門を行う場合は、律家の許可が必要だ。理訴による嗷訴・閉門は認められていた。

**案内を知らざる…**　事情を知らない若輩の寺僧が、禁じられている閉門・嗷訴を引き起こした。

**学侶は厳密の御沙汰に及ぶの間**　興福寺学侶がきびしい処分をしたので。西大寺の寺僧たちは四王院の門を開くことを条件に、下手人である寺僧三名の処分を免れようとしたが、興福寺学侶はそれを退け、嗷訴の張本琳俊の両職(小目代職・執行職)召し上げと、下手人三名の所帯没収を命じた。

**学侶に証明を仰ぎ**　興福寺学侶に寺僧方の請文の保証を仰ぎ。これによって今後の自由検断や嗷訴・閉門は、律家支配への違背であるだけでなく、興福寺学侶に対する敵対とみなされることになる。「証明」は真実であることを保証することをいう。

五師鏡圓（花押）
（署名二五名略）

**南21**　西大寺新池幷井料米置文　延文四年（一三五九）十一月十日　西大寺文書

（花押）

定置
西大寺新池幷井料米間事

一　彼池之官〔管〕領、向後者、以㆓寺本奉行幷寺僧奉行㆒、可㆑為㆓其仁躰㆒事、

一　諸方之分水平等、不㆑可㆑有㆓偏頗之儀㆒事、

一　分水之時者、為㆓官〔管〕領之計㆒、差㆓器要仁㆒、可㆑令㆑分㆑之、於㆓彼役人㆒、努不㆑可㆑有㆓別相傳之儀㆒、至㆓其給分㆒者、十ケ日之間、毎日一分之水可㆑與㆑之、此外更不㆑可㆑有㆓別給㆒事、

一　井守之仁躰者、於㆓郷民・浄人之中㆒、差㆓器要三四人㆒、可㆑令㆓沙汰㆒、此亦不㆑可㆑有㆓別相傳之儀㆒、於㆓給分㆒者、毎日一分之水、同㆑前

**南21**　↓補1

**西大寺新池幷井料米置文**　叡尊が開創したという西大寺新池について、①管理運営に当たる者の選任方法と給分、②用水の適切な管理と公平な分配、③井料米の負担者と負担額、管理・運営の責任者、およびその使途の決定方式等、を定めたもの。領主がどのように用水管理していたかを具体的に知り得る好史料である。

**花押**　西大寺の第九代長老覚真（一二六六〜一

五師鏡円(花押)

(署名二五名略)

## 南21　西大寺新池幷井料米置文　延文四年(一三五九)十一月十日　西大寺文書

(*花押)

定め置く

*西大寺新池幷びに井料米の間の事

一　彼《か》の池の管領、向後は*寺本奉行、幷びに*寺僧奉行を以て、その仁躰《にんてい》たるべき事。

一　諸方の分水は平等にして、*偏頗《へんぱ》の儀あるべからざる事。

一　分水の時は、*管領の計らいとして、器要の仁を差し、これを分かたしむべし。彼の役人においては、ゆめゆめ*別相伝の儀あるべからず。その給分に至りては、十ケ日の間、毎日*一分の水これを与うべし。この外は更に別給あるべからざる事。

一　*井守の仁躰は、郷民・浄人《じょうにん》の中において、器要三、四人を差し、沙汰せしむべし。これまた別相伝の儀あるべからず。給分においては、毎日一分の水、前と同

三六〇)の花押か。覚真は翌年の延文五年(一三六〇)十月二十五日に死没。

**西大寺新池**　叡尊が開創したといわれる今池。↓補2

**寺本奉行**　寺辺の支配に関わることを担当した律家方の職。↓補3

**寺僧奉行**　律家方の職。寺僧方(白衣方)の窓口で、寺僧のことを扱う職であったとみられる。↓補4

**偏頗**　えこひいき。

**管領の計らい…**　池の管領を務める寺本奉行・寺僧奉行が分水奉行を選んで分水の業務に当たらせる。律家方が分水奉行を任命していることから、分水奉行は寺僧方の僧侶であったと推測される。第七条に「分水奉行」の語がみえる。ただし池管理の給与は分水奉行と井守に認められているだけで、律家の寺本奉行・寺僧奉行には池管領のための特別給は支払われていない。

**別相伝の儀…**　分水奉行の役職を私的に相伝することは認めない。

**一分の水**　不詳。一〇分の一の水か。水が給分となっていることは注目される。

**井守**　池の井関を管理する職。郷民および律家方の俗人の下部である浄人から選ばれた。一般に井司・井守は相伝されることが多かったが、西大寺はそれを禁じている。

可レ與レ之、此外不レ可レ有二別給一、縱雖レ有二多人一、以二毎日一分之水一、其中可レ支二配之一、更不レ可レ有二過分之儀一事、

一　井料米者、段別二升宛之所役也、然而爲二地主一人一、令二沙汰一之條、甚以不レ可レ然、所詮向後者、任二世間之法一、作人一升、地主一升可レ出レ之、地主一圓不レ可レ出之事、

一　彼井料米之官〔管〕領、以二寺本奉行幷寺僧奉行一、可レ爲二其仁躰一事、

一　井料米收納之在所者、以二官物藏一、可レ爲二其納所一、又同以二彼藏之沙汰人幷分水奉行之人一、可レ爲二此米沙汰人一、於二自餘一者、縱雖レ爲二井守一不レ可二相綺〔綺〕一事、

一　井料米之下行、向後者、毎度以二衆議一可レ下二行之一、縱雖レ爲二彼池之修理一、唯爲二奉行一人之計一、自由不レ可レ用レ之、何況於二餘事一哉、此條殊不レ可二違失一事、

右、彼新池者、開山菩薩之御草創、當所要水之井池也、然間且爲レ奉レ助二先師之素意一、且依レ思レ有二將來之失墜一、上件條々、爲二衆議一所二定置一也、堅守二置文之旨趣一、永爲二未來之法式一、愼

**縦い多くの人…**　井守が多人数の場合でも、給分は毎日一分の水を井守たちに分け与える。井守一人ずつの給分が一分なのではなく、全員をあわせた給分が毎日一分の水。

**支配**　配分すること。

**井料米**　用水の維持管理の名目で領主が徴収した米。または灌漑施設の維持管理のため雇用労働者に支給する米をいう。ここでは前者。用水利用者から用水利用料として徴収する場合と、特別に井料田を設定してそこから井料米を生産する場合とがあった。ここでは前者の用水利用料をいい、田一反につき、二升の用水料を西大寺が徴収した。

**世間の法に任せ…出だすべし**　世間一般の法に従って、作人と地主(名主)が反別一升ずつ用水料を支払う。地主にすべてを負担させてはいけない。

**井料米収納の在所は…**　井料米の収納庫は、官物蔵とする。官物蔵は年貢を収納する蔵か。納所はここでは収納庫の意。一般には年貢・公事の収納責任者を付し

じくこれを与うべし。この外に、別給あるべからず。*縦《たと》い多くの人ありと雖も、毎日一分の水を以て、その中よりこれを*支配すべし。更に過分の儀あるべからざる事。

一　*井料米は、段別二升宛ての所役なり。然るに地主一人として、沙汰せしむるの条、甚《はなは》だ以て然るべからず。所詮向後は、*世間の法に任せ、作人一升、地主一升これを出だすべし。地主一円に出だすべからざるの事。

一　彼の井料米の管領は、寺本奉行幷びに寺僧奉行を以て、その仁躰たるべき事。

一　*井料米収納の在所は、官物蔵《くら》を以て、その納所《なっしょ》となすべし。また同じく*彼の蔵の沙汰人幷びに分水奉行の人を以て、この米の沙汰人となすべし。自余においては、縦い*井守たりと雖も、相綺《あいいろ》うべからざる事。

一　*井料米の下行《げぎょう》、向後は、毎度*衆議を以てこれを下行すべし。縦い彼の池の修理のためと雖も、ただ*奉行一人の計らいとして、*自由にこれを用うるべからず。何ぞ況《いわん》や余事に於いておや。この条、殊に違失すべからざる事。

右、彼の新池は、*開山菩薩の御草創、当所要水の井池なり。然る間、且《かつ》は先師の素意を助け奉らんがため、且は*将来の失墜あるを思うにより、上件の条々、衆議として定め置くところなり。堅く*置文の旨趣を守り、永く*未来の法式となさん。慎んで

---

た倉庫をいう。

**彼の蔵の沙汰人**…　官物蔵の役人と分水奉行が井料米の管理人である。「分水奉行」は、第三条にいう「器要の仁」で寺僧である。その点からすれば、蔵の沙汰人は律家であろう。

**井守たりと雖も**…　井守は井料米の管理に関与してはならない。

**井料米の下行**　井料米の支出について。

**衆議**　律家方の衆議をいう。衆議によって定められた本文史料の署名者はすべて律家方であるため、ここでいう「衆議」も、律家方による衆議と考えるべきだろう。

**奉行一人の計らい**　「一人」は人数を示す場合と、単独で(独り)、の意の場合とがある。前者であれば、「奉行」は分水奉行をいうか。後者であれば、管理責任者である寺本奉行・寺僧奉行と分水奉行を指し、彼らだけによる井料米の使用決定を禁じたことになる。

**自由に**　勝手に。

**開山菩薩**　興正菩薩叡尊(一二〇一～一二九〇)。

**将来の失墜あるを思うにより**　将来、新池の維持ができなくなるのを心配して。

**置文の旨趣**　律家の衆議で定めたこの置文の趣旨。→補1

**未来の法式**　将来にもわたる恒久的な法。

可レ遵二行之一、敢不レ可二違失一、若於下背二此旨一之輩上者、重加二評定一、可レ處二所當之罪
科一者也、仍所二定置一之狀如レ件、

延文四年己亥十一月十日　綱維寥源(花押)

(署名九名略)

**南22**　西大寺敷地四至内検断規式条々　貞治六年(一三六七)八月　日　西大寺文書

(花押)

定置

西大寺敷地四至内検斷規式條々

一　殺害事

永追二出其身一、職・所帯悉可二收公一、於二住屋一者、敗〔破〕出可レ燒二拂之一、但當座口論
者、十ケ年已後加二評定一、可レ有二沙汰一也、親類者、可レ懸二六親一也、(六親沙汰者宿意時也、)

一　刄傷事

若依二宿意一者、可レ同二殺罪一、若依二當座口論一者、五ケ年已後

**南22**　↓補1

**西大寺敷地四至内検断規式条々**　律家方が定めた西大寺敷地内における検断についての置文。その条目には殺害・刃傷・悪口・打擲・盗犯等の一般的な犯罪から、沽酒などの経済活動、一向念仏衆などの宗教統制の条目も含まれている。さらに犯人が特定できない場合の無名入文の手続きが詳細に記載されていることは注目される。支配者側としての律家方と統治される側の寺僧方という両僧衆の寺内での立場がよく分かる史料である。

**花押**　堯基和尚(?〜一三六九)の袖判。堯基は第一四代西大寺長老。延文三年(一三五八)十二月二十五日の西大寺領森屋庄置文や、同年十二月の森屋庄年貢支配置文(「西大寺文書」一〇四函五)にも、袖判が

これを遵行《じゆんぎよう》すべし。敢えて違失すべからず。もしこの旨に背くの輩においては、重ねて評定を加え、所当の罪科に処すべきものなり。仍て定め置くところの状、件の如し。

延文四年〈己亥〉十一月十日　綱維寥源(花押)

(署名九名略)

**南22**　西大寺敷地四至内検断規式条々　貞治六年(一三六七)八月　日　西大寺文書

(*花押)

定め置く

西大寺敷地四至《しいし》内の検断規式条々

一　*殺害の事

永くその身を追い出だし、*職・所帯は悉《ことごと》く収公すべし。*住屋においては、破り出だし、これを焼き払うべし。但し*当座の口論は、*十ケ年已後に評定を加え、沙汰あるべきなり。親類は、*六親に懸くべきなり〈六親の沙汰は*宿意の時なり〉。

一　*刃傷《にんじよう》の事

もし宿意によらば、殺罪と同じうすべし。もし当座の口論によらば、五ケ年已後

すえられている。これは西大寺第九代長老覚真和尚のものとみられる。このように南北朝期の西大寺律衆方置文には、西大寺長老の袖判を置くようになっていたようである。

**殺害の事**　御成敗式目一〇条「殺害刃傷罪科事」では、殺人は所帯没収の上、死罪または流刑。ここでは一〇年後に赦免審議を行うところが特徴的であるが、後にこの部分は削除された。↓補2

**職所帯は**…　職務に付随する給分や田畠などの財産は、すべて西大寺律家方に収める。この場合の「公」は領主である西大寺律家方を指す。

**住屋においては**…　犯罪人の屋敷を壊して焼き払う。

**当座の口論**　口論がもとで突発的に起きた殺人事件。

**十ケ年已後に評定**　一〇年以上たってから、追放刑を赦免するかどうかの評定を行う。

**六親に懸く**　長年の恨みによる殺人の場合は、父母など一族も共犯として縁座処分を行う。六親は父・母・兄・弟・妻・子の総称。その範囲は諸説あり、広く親族一般をいう場合もある。

**宿意**　長年の遺恨。かねてからの考え。

**刃傷の事**　御成敗式目一〇条でも、刃傷は殺害と同罪。

可レ有二評定一也、
一　惡口幷打擲事
先追二出其身一、奪二住屋・所帶一之後、經二三ケ年一可レ有二沙汰一也、
一　盜犯事
若於二家內之財寶、田畠之作毛一者、同二殺罪一、可レ有二其沙汰一、若於二山野之竹木、後薗之菓子一者、任二舊例一可レ爲二過料一也、
一　沽酒事
衆惡之根源、嚴重之舊制上者、同二殺盜一可レ致二其沙汰一也、
一　放火事
同二殺盜一可レ致二其沙汰一也、
一　罪科人寄宿事
不レ論二大小一、同二本犯之者一可レ致二其沙汰一也、
一　一向念佛衆事
同二殺盜一可レ致二其沙汰一也、
一　犯二他妻一事

**悪口**　御成敗式目一二条「悪口咎事」では、流罪または召し籠めの処分。
**打擲**　なぐること。御成敗式目一三条「殴人咎事」では、郎従以下の者については「召禁」の処分である。
**家内の財宝…**　盗品が屋内の財産や田畠の作物の場合には、殺害の罪と同じ。
**菓子**　果物をいう。
**過料**　罰金。鎌倉幕府追加法二八四「竊

に評定あるべきなり。
一　*悪口幷びに*打擲《ちょうちゃく》の事
先《ま》ずその身を追い出だし、住屋・所帯を奪うの後、三ケ年を経て沙汰あるべきなり。
一　盗犯の事
もし家内の*財宝、田畠の作毛においては、殺罪と同じくその沙汰あるべし。もし山野の竹木、後薗の*菓子においては、旧例に任せ*過料たるべきなり。
一　*沽酒《こしゅ》の事
衆悪の根源、厳重の旧制の上は、殺盗と同じくその沙汰を致すべきなり。
一　*放火の事
殺盗と同じくその沙汰を致すべきなり。
一　罪科人*寄宿の事
大小を論ぜず、本犯の者と同じくその沙汰を致すべきなり。
一　*一向念仏衆の事
殺盗と同じくその沙汰を致すべきなり。
一　*他妻を犯す事

盗事」では、三〇〇文以下は二倍の罰金、三〇〇文から五〇〇文は罰金二貫文、六〇〇文以上の「重科」は「一身之咎」として処分するとしている。

**沽酒**　酒の売買。天台宗の地方寺院である鰐淵寺の場合は、「寺中酤酒禁制事」として売り手・買い手ともに「一結之過料」(罰金一貫文)としている(『南北朝遺文中国四国編』二七二二号)。西大寺は戒律を重んじているだけに、沽酒の罪科が大変きびしい。

**放火の事**　鎌倉幕府追加法二八五「放火人事」では「准強盗、宜禁遏矣」とある。

**寄宿**　犯罪人に宿を貸して泊めること。一般に盗犯の場合は犯行前夜の寄宿先も共犯とみなされた。

**一向念仏衆**　阿弥陀仏の称名念仏のみを信じる一向専修の念仏者。鎌倉幕府追加法七五「念仏者事」(国28)でも、破戒の念仏者は住宅破却と追放刑に処せられた。国28の「鎌倉中を追却」の項参照。

**他妻**　他人の妻。御成敗式目三四条「密懐他人妻罪科事」では所領の半分没収・出仕停止、または遠流となっている。これが御家人を主に念頭においているのに対し、鎌倉幕府追加法二九二「密懐他人妻罪科事」は名主・百姓の密懐規定である。そして名主の場合は過料二〇貫文、百姓の場合は過料五貫文とする。

先可レ追二出其身一、此上事者、加二評定一可レ有二沙汰一也、

一　舊制違犯事

菩薩和尚以來代々之規式、或付二山野池水一、或付二田畠年貢一、其數非レ一、若違犯之時者、任二其規式一可レ有二沙汰一也、

一　無名入文事 似二落書起請一、

雖二狼藉出來一、若不二露顯一者、以二無名入文一可二治定一也、其次第者、先書手之名字可二注進一、寺僧方者、公文沙汰、僧坊方者、知事沙汰、次於二四王堂一可レ收二納之一、知事・綱維・寺僧奉行、次於二二聖院一可レ被レ披レ之、次於二衆會一加二評定一、可レ有二罪科一也、其書手之分齋〔際〕者、寺僧者可レ爲二上﨟・中﨟一、鄕民者可レ爲二上十人一、淨人者可レ爲二上二十人一、行者々可レ爲二上十人一也、次其入文之文草者、

敬白　天罰起請文事、　右元者、某甲財寶某甲所レ盜也、若不レ知者、都不レ知レ之、　若僞申者、日本國大小神祇、殊春日四所、別當所鎮守石落神・十五所・八幡三所・淸瀧權現・辨〔財〕才天・八王子幷四王御影御罰、

**菩薩和尚より以来**　菩薩和尚は、正安二年(一三〇〇)に興正菩薩号を勅賜された叡尊を指す。ただし叡尊および代々の規式は現存していない。→補1

**無名入文**　無記名での投票。

**落書起請**　神や仏に偽りのなきことを誓った無記名の投票。

**治定**　犯人を特定する。

**名字を注進…**　無名入文を行う人の名前を西大寺律家方へ注進する。白衣寺僧については寺僧方の僧職である公文が担当し、僧坊(律家)方については律家方の僧職である知事がそれを行う。

**四王堂**　寺僧方の拠点である西大寺四王堂。ここで入文を行った。

**知事綱維寺僧奉行**　いずれも律家方の僧職。特に寺僧奉行は白衣寺僧の問題を担当した律僧をいう。

**二聖院**　律家方の長老坊。ここで投票された無名入文を開いた。→補2

**書き手の分際**　入文を投票する人の範囲。寺僧、郷民と律家方の下部である浄人・行者からなる。その中に律僧は含まれていない。書き手として資料を提供する立場と、それをもとに判断する律僧の

立場は明白に異なっている。
**浄人**　寺院で食事の給仕などの雑用に従った在俗の者。
**行者**　雑用に従った律家方の在俗の者。
**某甲**　誰それ。ここに人物の名が入る。
**もし知らざれば…**　犯人を知らない場合は、「都てこれを知らず」(まったく知らない)と書く。
**春日四所**　奈良の春日社。祭神は武甕槌(たけみかずち)命・経津主(ふつぬし)命・天児屋根(あめのこやね)命・比売神の四座からなる。「春日四所明神」と称せられた。
**石落神**　現在は、西大寺東門前に石落神社がある。→補3
**十五所**　西大寺の北にある十五所神社。天照大神をはじめ一五神を祀る。鎌倉時代の西大寺敷地図では北辺三坊六坪に「十五所明神」と記されている。
**八幡三所**　西大寺の鎮守社である八幡神社。本殿は室町時代のもので国重要文化財。明治維新の神仏分離令によって西大寺から独立した。→補4
**清瀧権現**　真言密教の護法神。空海が中国長安の青龍寺の鎮守神を日本に勧請したことに始まるという。
**四王御影**　四王堂にまつられている持国天・多聞天・広目天・増長天の四天王像。



先ずその身を追い出だすべし。この上のことは、評定を加えて沙汰あるべきなり。

一　旧制違犯の事

*菩薩和尚より以来《このかた》、代々の規式は、或いは山野池水に付き、或いは田畠年貢に付き、その数一に非ず。もし違犯の時は、その規式に任せ沙汰あるべきなり。

一　*無名入文《いりぶみ》の事〈*落書《らくしょ》起請に似たり〉

狼藉出来すと雖も、もし露顕せざれば、無名入文を以て*治定《じじょう》すべきなり。その次第は、先ず書き手の*名字を注進すべし〈寺僧方は公文の沙汰、僧坊方は知事の沙汰〉。次に*四王堂において、これを収納すべし〈*知事・綱維・寺僧奉行〉。次に*二聖院において、これを披《ひら》かるべし。次に衆会《しゅうえ》において評定を加え、罪科あるべきなり。その*書き手の分際は、寺僧は上臈・中臈たるべし。郷民は上十人たるべし。*浄人《じょうにん》は上二十人たるべし。*行者《あんじゃ》は上十人たるべきなり。次にその入文の文草は、

敬白　天罰起請文の事

右、元は*某甲の財宝を某甲が盗むところなり〈*もし知らざれば、都《すべ》てこれを知らず〉。もし偽り申さば、日本国の大小神祇、殊には*春日四所、別しては当所鎮守の*石《いし》落《らく》神・*十五所・*八幡三所・*清瀧《せいりゅう》権現・弁財天・八王子并びに*四王御影の御罰

蒙三書手之身一、現世成三白癩・黑癩一、當來可レ墮三三惡道二者也、仍爲三後日一起請文之狀如レ件、落書起請者、嘉元二年雖レ被レ制三斷之一、元亨三年忽被レ行レ之、開制可レ依レ時者也、

狼藉出來者、成三於衆會一、差三器用之仁一僧中一兩、爲三奉行人一可レ令レ沙三汰之一、但犯科人若爲三寺僧・鄕民一者、寺僧奉行相共可レ被三執行一、若爲三行者・淨人一者、知事相共可レ被三執行一矣、

右、件檢斷職律家管領濫觴者、先師菩薩律法中興之刻、別當乘範法印崇敬之餘、以三當寺執行職之檢斷以下一、自レ奉レ寄三附于興正菩薩一以降、既送三百餘歲之星霜一、其間數十代別當更無三違亂一、律家一圓管領來者也、然而近年別當背三乘範之寄附狀一、號三別當方之使者一、可三相綺一之由被レ申之間、去延文元年九月、雖レ被レ成三下安堵　綸旨一、尚以依レ不レ止三其煩一、則經三奏聞一之處、重貞治六年六月、被レ成三下違敕　綸旨一畢、其刻、竝三訴興福寺一之處、以三學侶之群議一、被レ出三永代不易之事書一畢、然者云三相傳一、云三文證一、於レ今者、此檢斷職律家一圓進止之段、永代必定者哉、但狼藉出來之時、欲レ致三檢斷一

**白癩黒癩**　ハンセン病。神罰・仏罰をうけて癩病になるとする。↓補1

**当来**　来世、当来世。

**三悪道**　地獄道・餓鬼道・畜生道。

**嘉元二年**　一三〇四年。

**元亨三年**　一三二三年。殺人狼藉が連続発生し、興福寺の指示で落書起請が行われた。元亨三年十月十九日寺僧方請文(南20の「弘安元亨両度の請文」の項参照)によれば、「西大寺近年依令牢籠、於事不穏便、殺害等狼藉連続之間、自本寺任落書之旨、及厳密之御沙汰、其躰悉令遂・[逐]電候畢」とある。本寺興福寺が落書起請を命じたところ、犯人たちが逐電したという。

**衆会を成し**　律家方の衆会を開催して。

**僧中一両**　律家方の僧侶一、二名。

を、書き手の身に蒙り、現世は*白癩・黒癩となり、*当来には*三悪道《さんまくどう》に堕つべきものなり。仍て後日のため起請文の状、件の如し〈落書起請は、*嘉元二年にこれを制断せらると雖も、*元亨三年には忽《たちま》ちにこれを行わる。開制は時によるべきものなり〉。

狼藉出来せば、*衆会を成し、器用の仁〈*僧中一両〉を差し、奉行人としてこれを沙汰せしむべし。但し犯科人がもし寺僧・郷民たらば、寺僧奉行と相共に執行せらるべし。もし行者・浄人たらば、知事と相共に執行せらるべし。

右、件の*検断職の律家管領の濫觴《らんしょう》は

*先師菩薩が律法中興の刻、*別当乗範法印は崇敬《すうぎょう》の余り、当寺執行《しぎょう》職の検断以下を以て、興正菩薩に寄附し奉りてより以降《このかた》、既に*百余歳の星霜を送る。その間、数十代の別当、更に違乱なし。律家が一円に管領し来《きた》るものなり。然るに近年の別当は*乗範の寄附状に背き、別当方の使者と号し、*相綺《あいいろ》うべきの由申さるるの間、去る延文元年九月、*安堵の　綸旨を成し下さると雖も、なお以て*その煩い止まざるにより て、則ち奏聞を経るの処、重ねて貞治六年六月、違勅の　綸旨を成し下され畢んぬ。その刻、興福寺に並び訴うるの処、*学侶の群議を以て、*永代不易の事書を出だされ畢んぬ。然《しか》れば相伝と云い、文証と云い、今においては、この検断職は律家の一円進止の段、永代必定なるものか。但し、狼藉出来の時に、検断を致さんと欲す

**検断職の律家管領**　律家が西大寺の検断権を掌握していること。↓補2

**先師菩薩**　西大寺律家方の祖師である興正菩薩叡尊(一二〇一～一二九〇)。

**別当乗範**　興福寺僧である西大寺別当乗範法印。

**百余歳の星霜**　乗範による検断権の寄附が弘安元年(一二七八)であるので、実際には九〇年たらず。

**乗範の寄附状に背き**　西大寺別当職は遷替の職であるので、後代の別当は一時的な別当であった乗範の寄附状(南17)に必ずしも拘束される訳ではない。

**相綺う**　律家の検断権に干渉する。

**安堵の綸旨**　延文元年(一三五六)九月十八日の後光厳天皇綸旨によって、西大寺領の検断権が律家の進止であることが確認された。↓補3

**その煩い止まざるに**　なお検断権の侵害が続いていた。延文五年八月西大寺別当与律家検断相論沙汰引付(「西大寺文書」一〇三函一五)が現存しており、延文元年の安堵の綸旨以後も、律家方の検断権が動揺していたことを示している。

**学侶の群議**　興福寺学侶の衆議。

**永代不易の事書**　乗範の置文(南17)では検断権の委譲について「永代」の文言がなかったが、これによって律家への検断権委譲が永代不易であると確定した。

之處、難義〔儀〕非レ一、進及二死罪・流刑一者、似レ背二戒律之法一、退待二自然之冥罰一者、狼藉彌盛也、依レ之遺弟等或任二寄附領掌之素意一、或案二律法久住之大綱一、粗錄二十餘條一、備二當所之龜鏡一者也、仍爲二後代一加二暑〔署〕判一之狀如レ件、

貞治六年丁未八月　日

寥源（花押）

（署名九名略）

るの処、*難儀一に非ず。*進みて死罪・流刑に及ばば、戒律の法に背くに似たり。退きて自然の冥罰を待たば、狼藉は弥《いよいよ》盛んなり。これによりて*遺弟等、或いは*寄附領掌の素意に任せ、或いは律法久住の大綱を案じて、粗《あらあら》十余条を録し、当所の亀鏡に備うるものなり。仍て後代のため署判を加うるの状、件の如し。

貞治六年〈丁未〉八月　日

寥源（花押）

（署名九名略）

**難儀一に非ず**　律家が検断権を行使するには、次に述べるような様々な支障がある。

**進みて死罪流刑に…弥盛んなり**　積極的に犯罪者を死罪・流罪に処すと戒律に背くことになる。だからといって消極的に神罰仏罰に委ねれば狼藉を押さえることができなくなる。

**遺弟等**　私たち叡尊の遺弟たち。長老堯基をはじめ、本文史料を制定した西大寺律僧。

**寄附領掌の素意**　検断権を律家に寄附した乗範の願い。

# 第四章　法隆寺

**南23**　**法隆寺学道衆起請文**　弘長三年(一二六三)三月　日　　法隆寺置文契状等大要抄

①学道衆(衆分)起請文

敬白　天判起請文事　正文綱封藏學侶唐櫃在ㇾ之、

右、當寺住侶者、任㆓十七條憲法㆒守㆓四節文㆒、修學爲ㇾ本正直爲ㇾ宗、可ㇾ執㆓行隨分有道之沙汰㆒之處、或重㆓一旦之會釋㆒違㆓背　聖靈之冥慮㆒或就㆓少分之賄賂㆒不ㇾ顧㆓滿寺之誹謗㆒、況常受㆓用酒希〔肴カ〕㆒令ㇾ張㆓行非據㆒條、甚以非㆓尋常之儀㆒、然者於㆓自今以後㆒修學之輩者、縱雖ㇾ爲㆓重恩親昵之語㆒不ㇾ可ㇾ口㆓入偏頗之沙汰㆒、縱雖ㇾ爲㆓一紙半錢之物㆒爲㆓沙汰㆒不ㇾ可ㇾ穢、就中依㆓矯餝之酒肴㆒令ㇾ張㆓行無道之事㆒之條、殊以不ㇾ可ㇾ有、其上設於㆓公所㆒設於㆓私坊㆒墜㆘倒無㆔輩一同㆓之寄符〔附〕之寺用等公物㆖、稱㆓衆徒㆒構㆓酒肴㆒令㆓受用㆒之由有㆓其聞㆒、於㆓修學一列之衆㆒

**南23**　→補1

**法隆寺学道衆起請文**　起請文の形をとった学侶らの寺院法。外部からの語らいや賄賂による偏頗を否定し、公平な評議による興隆の沙汰を目指す、いわば評定の場における基本的なあり方を定め、さらに、寺中寺外における所行についても取り決めている。いずれも学侶らの基幹的な規範といえる。①衆分と②成業によってそれぞれ作成している。→補2

**法隆寺置文契状等大要抄**　→補3

**①学道衆(衆分)起請文**　衆分が作成した起請文。衆分は法隆寺学侶のうち中﨟の僧侶。大法師位になる以前の僧侶である。後出する成業とあわせて学道衆を構成する。→補4

**正文**　写や控えではない、実際の作成時の文書の原本をいう。

**綱封蔵**　僧綱所(後には三綱)が封印を管理して、開閉に立ち会うことを要した蔵。勅封蔵についで高い格式をもつ。法隆寺西院伽藍の東室・妻室の東に現存。国宝。→補5

**学侶唐櫃**　学侶方に関わる重要文書等を保管していた唐櫃。法隆寺年会五師が毎年交替で引き継ぎ管理した年会櫃とは別に、綱封蔵内に保管されていた。

**十七条の憲法**　聖徳太子が、推古天皇十二年(六〇四)に作成したという憲法十七条。

# 第四章　法隆寺

## 南23　法隆寺学道衆起請文　弘長三年(一二六三)三月　日　法隆寺置文契状等大要抄

①学道衆(衆分)起請文

敬白　天判起請文の事　*正文は*綱封蔵の学侶*唐櫃にこれあり。

右、当寺の住侶は、*十七条の憲法に任せ、*四節の文を守り、修学を本となし正直を宗として、*随分有道の沙汰を執り行うべきの処に、或いは*一旦の会釈を重くして、*聖霊の冥慮に違背し、或いは少分の賄賂に眈《ふけ》って、満寺の誹謗を顧みず。況や常に酒肴を受用し、非拠を張行せしむるの条、甚だ以て尋常の儀に非ず。然らば自今以後において、修学の輩は、縦《たと》い*重恩親昵《しんじつ》の語らいたりと雖も、偏頗の沙汰に口入すべからず。縦い*一紙半銭の物たりと雖も、沙汰のために穢《けが》るべからず。就中《なかんずく》矯飾《きょうしょく》の酒肴により、無道の事を張行せしむるの条、殊に以てあるべからず。その上*設《たと》い公所において、設い私坊において、*三輩一同なきの寄附の寺用等の公物を*墜倒し、衆徒と称し酒肴に構え、受用せしむの由、その聞こえあり。*修学一烈の衆に

儒教・仏教・法家思想がみられ、国家官僚としての規範を定めたものとされる。

**四節の文**　推古天皇二十七年、病床にあった聖徳太子が天皇に対して述べた四カ条の意願。真62の第44条参照。

**随分有道の沙汰**　分限に則った道理ある沙汰。後出する「無道の事」の対概念。

**一旦の会釈**　その場一時の思いつきによる解釈。

**聖霊の冥慮**　聖徳太子の意志。

**重恩親昵の…**　恩義を受けた者や親しい人物に頼まれても、よけいな口出しをしたり偏った沙汰をしてはならない。

**一紙半銭の物…**　どんな僅かな物でも受け取って、沙汰をゆがめるようなことがあってはならない。

**設い公所において…**　金堂・講堂のような寺内の公的な場所で、あるいはまた私的な住房において、諸衆の合意なく寺用物を流用して享受する行為を指す。

**三輩**　「三」が具体的な特定役職の人々を指すのかどうか不詳であるが、さしあたり、寺内の上中下輩の諸衆と解しておく。

**墜倒**　本来の用途から逸脱して用いることで、その意味を衰退、あるいは崩壊させるような行為。

**修学一烈の…**　学道衆は参加してはならないの意。

者都不レ可レ令三共奉二、若付レ惣付レ別付レ寺付レ庄可レ有三評議一之事令三出來一之時者、興隆興行爲レ先、撫民公平爲レ本、致三無想憲法之沙汰一、全不レ可レ蒙三矯餝偏頗之意趣一、是一、次於三當寺一者講衆修學之輩者、殊雖レ可レ爲三尋常一寺中寺外之所行甚以不レ宜之由有三其聞一、然而先於三修學之人一者或如三白衣裸形一帶三兵杖一經三廻寺中於縱横一或帶三大刀弓箭一着三柿染紺染衣裝一令レ發三現市中一之條、都以不レ可レ有レ之事也、但三輩共許時節者非三沙汰之限一歟、若於下不レ恐三內罰外罰一背三上件子細一之輩上者、隨三見合聞得一加三嚴密之沙汰一、先擯三出修學之烈一永不レ可レ令三同座一之由、評定事切畢、若外乍レ加三一同之判行一、內者令レ違三背右之條々一者、奉レ始三 金峯　熊野　立山　白山　春日大明神　幷太子聖靈七堂之三寶鎭守護法等一日本國中之大小神祇之蒙三神罰冥罰一、現世者受三白癩黑癩之病一交三乞勾非人之類一預三難レ忍之苦患一、後生者沈三八寒八熱之底一同三斷善無姓之類一永無三出離之所期一矣、敬所三誓申一如レ件、

弘長三年三月　日　　□□法師ヨリ

**もし惣に付け…を本とし**　全体的なことであれ、個別的なことであれ、また寺家のことや荘園のことについて評議する場合は、仏法興隆を主眼とし、撫民と公平を基本として行うこと。

**撫民公平**　民を哀れみ慈しんで救済することや、偏りがない公正なこと。中国の徳治思想に起源をもつが、これらの徳目は、とりわけ鎌倉中後期以降、あるべき政治上の理念として代表的なものであった。

**無想の憲法の沙汰**　あらゆるはからいや想念を越えて公平正当な評議を行うこと。

**矯飾偏頗**　うわべを飾り立て偏ったこと。

**講衆修学の輩は…**　修学にはげむべき学侶は、特にその行為について正しくなけ

おいては都《すべ》て共奉せしむべからず。もし*惣に付け別に付け、寺に付け庄に付け、評議あるべきの事出来せしむるの時は、興隆興行を先とし*撫民公平を本とし、*無想の憲法の沙汰を致し、全く*矯飾偏頗の意趣を蒙るべからず〈是れ一〉。次に当寺においては、*講衆修学の輩は、殊に尋常たるべきと雖も、寺中寺外の所行甚だ以て宜しからざるの由その聞こえあり。然して先ず修学の人においては、或いは*白衣裸形の如く兵杖を帯して、寺中を縦横に経廻し、或いは大刀弓箭を帯し*柿染め紺染めの衣装を着して*市中に発現せしむるの条、都て以てこれあるべからざる事なり。但し三輩共に許す時節は*沙汰の限りに非ざるか。もし*内罰外罰を恐れず、上件の子細に背くの輩においては、*見合い聞き得に随い、厳密の沙汰を加えて、先ず*修学の烈を擯出《ひんしゅつ》し、永く同座せしむべからざるの由、評定事切れ畢んぬ。*もし外には一同の判行を加えながら、内には右の条々を違背せしめば、　金峯　熊野　立山　白山　春日大明神　幷びに*太子聖霊、七堂の三宝鎮守護法等を始め奉り、日本国中の大小神祇の神罰冥罰を蒙り、現世には白癩黒癩の病を受け*乞匃《きつがい》非人の類に交わり、忍びがたきの苦患に預かり、後生は八寒八熱の底に沈み、*断善無姓の類に同じうし、永く出離の所期なからん。敬って誓い申すところ件の如し。

弘長三年三月　日　　□□法師より

ればならぬのに、寺内寺外での所行がきわめてよくないとの風聞がある、の意。

**白衣裸形の…**　しかるべき寺僧の服装ではなく、異類異形の「悪党」の如き装いによる武装を禁止。

**柿染め紺染め**　柿色や紺色に染めた衣類で、これらは、通常僧侶は身にまとわない。

**市中**　寺外の世俗社会。まちなか。前行にある「寺中」の対語。

**沙汰の限りに非ざるか**　三輩衆が認めたときは、学道衆が武装して経廻することは許される事を意味する。

**内罰外罰**　語彙は不祥。あるいは、神仏の罰や世俗的な罰を指すか。

**見合い聞き得に随い**　見たり聞いたりするごとに。

**修学の…べからざる**　学道衆の一員としての資格をとりあげ、交わりを断つ。

**もし外には…違背せしめば**　表面的には、この起請文の主旨に賛同して署判を加えながら、内心ではその内容にそむけば、の意。

**太子聖霊**　聖徳太子を指す。

**乞匃**　乞食のこと。

**断善無姓の類**　善根が断たれてしまい、無種姓のものとして永久に成仏できない類。無種姓とは、法相宗における五性格別説にいうところの五性の一つ。

已上廿三人ノ衆分ノ連判
在レ之、

②学道衆（成業）起請文

學道衆一同之起請文尤以爲二至要一、早同二彼評議一畢、此上所職競望之時者、爲レ成二今所望一、有レ限之任析之□増二進物一致二末代之瑕瑾一之條□今以後者、雖レ爲二少分一全以不レ可レ有二其議一、若如レ然之事有二其聞一者、更放二一烈一不レ可レ令二同座一、是一、次於下背二前條之子細一令レ張二行矯餝非法一之輩上者、爲二同宿一者令レ追二放坊中一爲二門弟一者可レ令レ議〔義〕二絶之一、若令レ違二背上件子細一者、可レ罷下蒙以前所二載申一之冥罰神罰上之状如レ件、

弘長三年三月　日

政賀大法師ヨリ已上廿一人之成
業連判在レ之、
一臈弘辯
二臈俊憲

已上二十三人の衆分の連判
これあり。

②学道衆(成業)起請文

*学道衆一同の起請文、尤も以て*至要たり。早く*彼の評議に同じ畢んぬ。この上所職競望の時は、今の*所望を成さんがために、限りあるの*任料の□進物を増し末代の*瑕瑾を致すの条、□今以後は、少分たりと雖も全く以てその議あるべからず。もし然る如きの事、その聞こえあらば、更に一烈を放ち同座せしむべからず〈是れ一〉。次に*前条の子細を背きて、矯餝非法を張行せしむの輩においては、*同宿たらば坊中を追放せしめ、門弟たらばこれを義絶せしむべし。もし上件の子細を違背せしめば、*以前に載せ申すところの冥罰神罰を罷り蒙るべきの状、件の如し。

弘長三年三月　日

政賀大法師より已上二十一人の
成業連判これあり。
一臈弘弁
二臈俊憲

**②学道衆(成業)起請文**　衆分が作成した起請文①に合意し、さらに規定以上に料物を増進しての所職競望を戒める。成業は竪義をおえた学侶で、上臈にあたる。衆分の中下臈が「法師」であるのに対して、こちらは「大法師」位をもつ。↓補1

**学道衆一同の起請文**　前項史料①を指す。

**至要**　きわめて重要であること。

**彼の評議**　衆分が作成した学道衆起請文の内容を指す。

**所望を…進物を増し**　所職を得ようとして、規定以上の料足を進物とする行為。

**任料**　所職・官位を得るために支払われる料物。

**瑕瑾**　きず。汚点。

**前条**　任料に関する一件を指す。

**同宿**　同じ房内に居住している兄弟弟子などを指す。

**以前に載せ申す…冥罰神罰**　本文史料①末尾に記された神仏を指す。

**南24**　法隆寺寺山制禁間条々起請文　文永二年(一二六五)閏四月二十六日　法隆寺置文契状等大要抄

敬白　寺山制禁間條々起請文事　正文年會櫃在レ之、

合

一　於二此寺山一者、四十人一同結二番帳一、無二疎略一可レ令レ守二護之一、若有下令レ見二聞山截之輩一事上者、縦雖レ爲二所從一縦雖レ爲二親昵一、全不レ可レ令レ隱二密之一事、

一　山截罪科之法令事、縦雖レ爲二木一本一縦雖レ爲二木葉一把一白晝有二苅取之輩一者、錢三百文可レ出レ之、若又夜中企二別段之結構一、以二斉踞〔斧鋸カ〕等一截二取之一者、錢壹貫文可レ出レ之、若又不レ及二子細一逃隱者、放レ箭可レ射レ之、設雖レ及二刄傷殺害一、更以不レ可レ有二科怠一事、

一　於二此山一者、上下甲乙諸人、縦雖レ爲二片時一、不レ相二觸番衆一、無二左右一令二亂入一事、不レ可レ有レ之、縦雖レ爲二牛馬等一、不慮入之時者、不レ相二觸番衆一而不レ可レ曳二出之一、若背二上件二ケ條之旨一者、可レ行二前條之錢三百文之罪科一事、

一　於二此山一、雖レ爲二何仁之所從一苅取之時者、全不レ可レ恐二威勢一、

---

**南24**　法隆寺所蔵の原本によった。南23と同史料からの引用。↓補1

**法隆寺寺山制禁間条々起請文**　法隆寺寺辺の寺山樹木を保全するため、四〇人の寺僧が番衆となって山守となり、違反者に対する検断や処罰について起請文のかたちをとって規定した。↓補2

**寺山**　法隆寺境内から北へ続く丘陵に占める法隆寺所持の山。寺の伽藍維持のためにも寺山の樹木は「寺之至要物」であった。↓補3

**年会櫃**　年会五師は、五師大法師が毎年交替で任じ、集会評定の中枢となるなど寺家の幹事役を勤めたが、その年会五師が保管管理していた文書櫃。毎年、交替時に新任の年会五師のところに運ばれた。比較的、日常的な寺務運営にかかわる文書が納められていたと思われる。↓補4

**1**　四〇人の番衆を編成して寺山を守護し、樹木伐採する者は親疎を問わず見逃してはならない。

**四十人**　本文史料の正文には、日下奥下

## 南24 法隆寺寺山制禁間条々起請文　文永二年(一二六五)閏四月二十六日　法隆寺置文契状等大要抄

敬白　*寺山制禁の間条々起請文の事　正文は年会*櫃にこれあり。

合

1 一　この寺山においては、*四十人一同、番帳に結び疎略なくこれを守護せしむべし。もし山截《やまきり》の輩を見聞せしむ事あらば、縦《たと》い所従たりと雖も、縦い親昵《しんじつ》たりと雖も、全くこれを隠密せしむべからざる事。

2 一　*山截罪科の法令の事、縦い木一本たりと雖も、縦い木の葉一把たりと雖も、白昼苅り取るの輩あらば、銭三百文これを出だすべし。もしまた夜中に別段の結構を企て斧鋸等を以てこれを截り取らば、銭壱貫文これを出だすべし。もしまた子細に及ばず逃げ隠るれば、箭を放ちこれを射るべし。設《たと》い刃傷殺害に及ぶと雖も、更に以て科怠あるべからざる事。

3 一　この山においては、*上下甲乙諸人、縦い片時たりと雖も、番衆に相触れず左右なく乱入せしむる事これあるべからず。*縦い牛馬等たりと雖も、不慮に入るの時は、番衆に相触れずしてこれを曳き出だすべからず。もし*上件の二ケ条の旨に背かば、前条の銭三百文の罪科に行うべき事。

4 一　この山において、何れの仁の所従たりと雖も、苅り取るの時は、全く威勢を恐

に記されていたという連判者らを指す。本文史料の日下に「末座快賢」と、僧位の記載が無い僧名のみの人物であることからすれば、あるいは番衆は臈次の低い寺僧等であったかもしれない。ただ第1条に「所従たりと雖も」という表現があるから、所従を持ちうる階層の者であったと思われる。

**2** 樹木・木葉の盗採についての処罰規定(白昼三〇〇文、夜間は一貫文)。また守護人は、犯人を刃傷殺害しても罪とはならない。→補5

**山截罪科**　法隆寺の寺山に入って無断で草木・木葉を伐採・採集する罪科。「山盗人」とも称す。

**3** 山入りに際しては、番衆に触れなければならず、違反者は過料三〇〇文。

**上下甲乙諸人**　身分の貴賤、上下にわたる様々な不特定の人々。

**縦い牛馬等…**　牛馬が思いがけず山に入り込んでいったとしても、勝手に引き戻しに寺山に入ってはならない。

**上件の二ケ条**　片時であっても必ず山入りには番衆に告げること、入り込んだ牛馬を引き出す時にも番衆に告げること、の二カ条を指す。

**4** 犯人の主人の威勢によらず、法令に任せて処断し、威勢に任せるような違乱者とは同座しない。→補6

可レ行二法令之罪科一、若此上依二威勢一致二違亂一者、縦雖レ爲二五師成業一縦雖レ爲二平衆一、於二四十人之衆一者、全不レ可レ令二座烈一事、

一　於二此山事一、依二無實一不レ可レ有二損レ人之事一、又若依二實犯一差二定其躰一之後者、縦自二其躰之方一雖レ尋二證人一、全不レ可レ出レ之事、

一　前々號二私山一截二寺山一事、粗有レ之、然者自今以後者、縦雖レ爲二私山一、相二觸番衆一可レ苅レ之、若不レ尒者、可レ行二前段之罪科一事、

一　於二此番衆現病他行之輩一者、可レ立二代官一、若乍レ居二寺中一、空不レ令レ守二護之一者、科酒一瓶可レ出レ之、若自番爲二無沙汰一者、餘番合力可レ致二其沙汰一事、

右條々起請如レ斯、然者自今以後、背二上件條々子細一、於下致二非法之所行一之輩上者、太子聖靈、七堂三寶鎮守龍田大明神等、并金峯熊野春日大明神等、惣日本國中大小神祇、神罰冥罰可レ罷二蒙某身中一之狀如レ件、

文永二年潤四月廿六日　　末座快賢ヨリ已上四十人之連判

**五師成業**　学侶の中枢として年会を輪番で勤める五人の五師大法師や、竪義をおえた学侶上﨟にあたる大法師たち。南23の「②学道衆(成業)起請文」の項参照。

**平衆**　役職についていない平（ヒラ）の衆。ここでは、五師成業と対比されていることから中下﨟の学衆を指すか。鎌倉後期から南北朝期の法隆寺の史料に登場する「平衆」の用例としては、たとえば『嘉元記』延慶三年(一三一〇)の惣社棟上げの記事に、「大工」四人や「音頭」四人に加えて「平衆」がみえ、延文五年(一三六〇)山城国輪東塔供養の布施物の記事では、講師一〇貫文・読師三貫文、「自余平衆」は三〇〇文であったという用例が確認できる。また『寺要日記』では、おもに堂家方について「大(法師)」の位を持たない者を指して平衆という事例が多く散見している。

**四十人の衆に…**　四〇人の番衆は、違乱

るべからず。法令の罪科に行うべし。もしこの上威勢により違乱を致さば、縦い*五師成業たりと雖も、縦い*平衆たりと雖も、*四十人の衆においては全く座烈せしむべからざる事。

5 一 この山の事において、無実により人を損なうの事あるべからず。また*もし実犯によりその躰を差定するの後は、縦い*その躰の方より証人を尋ぬと雖も、全くこれを出だすべからざる事。

6 一 前々*私山と号し寺山を截る事粗《あらあら》これあり。然らば自今以後は、縦い私山たりと雖も、番衆に相触れこれを苅るべし。もし尓《しか》らずんば*前段の罪科に行うべき事。

7 一 この番衆現病他行の輩においては代官を立つべし。もし寺中に居ながら空しくこれを守護せしめずんば、*科酒一瓶これを出だすべし。もし*自番に無沙汰たらば、余番に合力してその沙汰を致すべき事。

右、条々起請斯くの如し。然らば自今以後、上件の条々子細に背き、非法の所行を致すの輩においては、太子聖霊、七堂三宝鎮守の龍田大明神等幷びに金峯・熊野・春日大明神等、惣じて日本国中大小神祇の神罰冥罰を某《それがし》の身中に罷り蒙るべきの状、件の如し。

文永二年潤四月二十六日　　*末座快賢より已上四十人の連判

者と同じ場に座すことを拒絶する。

5 無実により処罰してはならぬ。また実犯人が証人を尋ねてもこれに応じてはならぬ。

**もし実犯により**…　番衆が目撃するなどして、違反者だと認定した時の処置の規定。すなわち、実犯者が尋ねても、その目撃証人などを教えることはせず、番衆一同の連帯を保持するようにしている。

**その躰の…と雖も**　犯人だと目された者が証人を出せといってきても、の意。

6 私の山であっても番衆に告げて刈り取ること。

**私山**　院家や寺僧、房などが別相伝で権利を持っている山を指すか。本条項からは、寺山付近、もしくは寺山の地域内にもこうした場が散在していたらしいことが窺える。

**前段の罪科**　第2条目で規定している罪科を指す。

7 番衆が病気や他出のために都合が悪いときは代官を立てること。寺中にいながら緩怠すれば科酒を課す。

**科酒**　罪科の償いとして振る舞う酒。

**自番に無沙汰**…　自分が守護の番に当たっているときにきちんと守護しなかったならば、他人の番の時に与力する。

**末座**　座次が最末端のもの。一座の中でもっとも臈次の低いもの。

在レ之、交名略レ之、正本ニハ悉
在レ之、

**南25**　五師三綱連署紛失義絶間置文　文永十一年（一二七四）二月二十六日　法隆寺置文契状等大要抄

定置　紛失儀〔義〕絶間事　正文年會櫃在レ之、
右件子細者、於ニ向後候一者、永遠無ニ飯酒等一候時、不レ可レ加ニ判行一候、幷於ニ紛失一
者猶可レ取ニ判断一所也、仍為ニ向後一加ニ五師三綱署判一所之状、如レ件、

文永十一年二月廿六日

都維那師法師判
寺主大法師判
上座大ゝゝ判
三綱
五師
隆盛大法師判
慶盛大ゝゝ判
狀諶大ゝゝ判

**南25**　南23と同史料からの引用。法隆寺

これあり。交名これを略す。正本には悉くこれあり。

**南25**　五師三綱連署紛失義絶間置文　文永十一年(一二七四)二月二十六日　法隆寺置文契状等大要抄

定め置く　*紛失義絶の間の事　*正文は*年会櫃にこれあり。

右、件の子細は、*向後候《きょうご》においては、永遠に*飯酒等なく候時は判行を加うべからず候。幷びに*紛失においては、なお*判料を取るべきところなり。仍て向後のため*五師*三綱署判を加うるところの状、件の如し。

文永十一年二月二十六日

都維那師法師判

寺主大法師判

上座大法師判

三綱

五師

隆盛大法師判

慶盛大法師判

状諶大法師判

所蔵の原本によった。↓補1

**五師三綱連署紛失義絶間置文**　紛失状や義絶状の作成にあたり、証判をもらうためには酒肴の振る舞いや判料が必要であることを規定したもの。↓補2

**紛失義絶の間の事**　紛失状・義絶状作成にあたり、その方法に関する事柄について。

**正文**　写や控えではない、実際の作成時の文書の原本をいう。

**年会櫃**　法隆寺の年会五師が管理していた文書櫃。南24参照。

**向後候においては**　今後、紛失状や義絶状を作成するような場合には。

**飯酒等なく…**　飯や酒の振る舞いがなければ、文書内容を保障する旨の署判は行わない。

**紛失においては**　文書原本が盗難や火災などにより紛失したことを証明する文書(＝紛失状)を作成する場合、の意味。本文史料の規定によると、飯酒のほかに判料も必要。

**判料**　文書内容を保証する署判を記載してもらうための礼銭や費用。

**五師**　学侶の中枢として年会を輪番で勤める五人の大法師。

**三綱**　寺家別当の系列下にあって寺務を管掌する上座・寺主・都維那の三職からなる僧侶。

専慶大〻判
藏圓大〻判

**南26**　法隆寺東西両郷刀祢職置文　正和三年(一三一四)四月二十七日　法隆寺置文契状等大要抄

定置　東西兩郷刀禰職間事　正文年會櫃在㆑之、

合

一　簡㆓定機量之躰㆒、可㆑令㆑補㆓任于刀禰職㆒事

一　以㆓任析貳斛㆒令㆑運㆓上寺庫之沙汰人許㆒、其後可㆘成㆓下補任之狀㆒賜㆖事

一　任㆓三輩一同評定㆒、輙爲㆓少分沙汰㆒、不㆑可㆑補㆓彼職㆒事

右條々更不㆑可㆑令㆓違失㆒、凡雖㆑非㆓刀禰職之機量㆒、或依㆓私之語㆒、或致㆓少分之任析㆒、望㆓於彼職㆒之間、當時之刀禰非㆓指躰㆒爲人數倍々、此條依㆑不㆑可㆑然、改㆓近年評議㆒任㆓先規㆒撰㆓定機量之躰㆒、以㆓任析貳斛㆒可㆑令㆑補㆓任于彼躰㆒、夫殊彼職者細々寺役郷役被㆓免除㆒上者、尤重可㆑重者

**南26**　法隆寺所蔵の原本によった。南23と同史料からの引用。→補1

**法隆寺東西両郷刀祢職置文**　法隆寺東西郷の刀祢職補任のありかたと、その際の任料について定めた規定。

**東西両郷刀祢**　法隆寺寺辺にあった直轄郷である東郷・西郷におかれていた刀祢。刀祢は広義の「寺中」に含まれる構成員である一方、在地の有力者で郷の中心メンバーと考えられ、法隆寺と寺辺郷との間にあって連絡調整に当たった。→補

専慶大法師判
蔵円大法師判

## 南26 法隆寺東西両郷刀祢職置文 正和三年(一三一四)四月二十七日 法隆寺置文契状等大要抄

定め置く *東西両郷刀祢職の間の事 正文は年会櫃にこれあり。

合

一 *機量の躰を簡定し、刀祢職に補任せしむべき事。

一 *任料弐斛を以て、*寺庫の沙汰人の許《もと》に運上せしめ、その後補任の状を成し下し賜うべき事。

一 *三輩一同の評定に任せて、輙《たやす》く*少分の沙汰として、彼の職に補すべからざる事。

右の条々、更に違失せしむべからず。およそ刀祢職の機量に非ずと雖も、或いは私の語らいにより、或いは少分の任料を致し、彼の職を望むの間、*当時の刀祢指したる躰に非ざる為人《ひととなり》数倍々す。この条然るべからざるにより、*近年の評議を改めて、先規に任せて機量の躰を撰定し、任料弐斛を以て、彼の躰に補任せしむべし。それ殊に彼の職は細々の*寺役郷役を免除せらるる上は、尤も重んじても重んずべきもの

2
**機量の躰を…** 器量の有無をよく考慮して刀祢としてふさわしいものを補任せよ。
**任料** 補任に際して支払われる礼物。本文史料は、刀祢の場合二石と規定しているが、実例として確認できるのは暦応二年(一三三九)二月、任料二〇〇文と酒肴代一〇〇文の合計三〇〇文進上というものがある(カタカンナ双紙『法隆寺の至宝』8古記録・古文書、小学館、一九九九年)。→補3
**寺庫の沙汰人** 法隆寺の蔵の出納を管理する寺僧。本文史料を作成した沙汰人覚盛らがこれにあたるのであろう。
**三輩** 「三」が具体的な特定役職の人々を指すのかどうか不詳であるが、さしあたり、寺内の上中下輩の諸衆と解しておく。
**少分の沙汰** 少ない任料で補任すること。
**当時の刀祢…** 今は刀祢としてふさわしくない人物の数が急増している。→補4
**近年の評議** その任にふさわしくない者を、私的な語らいや少ない任料で刀祢に任じる事を指すのであろうが、実際にいかなるものかは不明。
**寺役郷役** 法隆寺から郷民に対して賦課される諸役。→補5

也、仍為レ備二向後龜鏡一記錄之狀如レ件、

正和三年甲寅卯月廿七日

沙汰衆覺盛判

（署名四名略）

**南27**　法隆寺法服米種子置文　正中二年(一三二五)二月　日　法隆寺文書

契定　法服米種子間事

合

一　當年已納之現米都合廿三石七升二合四夕、此内半分十一石五斗三升六合二夕、梵音衆方領レ之、半分十一石五斗三升六合二夕、錫杖衆方領レ之、未進分都合五十七石三斗九升二夕、此内半分廿八石六斗九升五合一夕、梵音衆方領レ之、半分廿八石六斗九升五合一夕、錫杖衆方領レ之畢、但於二未進之躰一者、探仁取天可レ有二配分一事、

一　種子米利々倍々而成上之後、任二施主之意樂一、以二惣寺之評定一、聖靈會料法服可レ被レ新二調之一也、此外者、設雖レ有二何大事一都以不レ可レ有二惣分之借用一事、

**南27**　↓補1

**法隆寺法服米種子置文**　種子米の出挙貸し付けを行い、その利分を用いて聖霊会で着用する法服を整えることとし、そのための種子米管理や未進取り立てなど運用上の取り決めを行った。↓補2

**法隆寺文書**　↓補3

**1**　出挙として貸出す種子米は梵音衆と錫杖衆が折半で領し運用する。

**梵音衆**　もともと法会の場で四箇法要の一である梵音を斉唱する色衆のこと。法隆寺聖霊会では左右各一〇名が参加。本文史料にもあるように、法会以外の場でも集団として機能した。若輩の学衆によって構成された。↓補4

**錫杖衆**　もともと四箇法要のうちの一曲である錫杖を行う色衆。錫杖は、頭部に円鐶をつけた杖で、これを振り鳴らしながら梵唄をとなえた。法隆寺聖霊会では左右各一〇名が出仕した。梵音衆と同様、一つの集団を形成したが、こちらは

なり。仍て向後《きょうご》の亀《き》鏡《けい》に備えんがため、記録の状件の如し。

正和三年〈甲寅〉卯月二十七日　沙汰衆覚盛判

（署名四名略）

**南27**　法隆寺法服米種子置文　正中二年(一三二五)二月　日　法隆寺文書

契定す　法服米種子の間の事

合

1 一　当年已納の現米は、都合二十三石七升二合四夕。この内半分、十一石五斗三升六合二夕は、*梵音衆方がこれを領し、半分十一石五斗三升六合二夕は、*錫杖衆方がこれを領す。未進分は都合五十七石三斗九升二夕。この内半分、二十八石六斗九升五合一夕は、梵音衆方がこれを領し、半分二十八石六斗九升五合一夕は、錫杖衆方これを領し畢んぬ。但し*未進の躰においては、*探《さぐ》りに取りて配分あるべき事。

2 一　種子米の*利々倍々にして成り上るの後、*施主の意楽《いぎょう》に任せて、*惣寺の評定を以て、*聖霊会料の法服これを新調せらるべきなり。*この外は、設《たと》い何の大事あると雖も、都《すべ》て以て*惣分の借用あるべからざる事。

禅衆方が構成した。→補5

**未進の躰においては**…　文意は取りにくいが、未進分を貸与した種子米の返済未回収分と解釈し、その債権を梵音衆分か錫杖衆分かを籤によって決定する、と解しておく。

**探り**　神仏の意向を訊ねるための籤。

**2**　種子米貸し付けによって生じる利子を用いて、聖霊会で着用する法服を新調する。

**利々倍々**　利子がどんどん増大していくこと。

**施主**　寺や僧に物品を施す人。この場合は、種子米興行の趣旨に賛同して米を奉加した人々であろう。本文史料の第4条にも「施主方」がみえ、沙汰人の結解に立ち会うこととなっている。→補6

**施主の意楽**　聖霊会料の法服新調による法会興行をせんとする施主の意向を指す。

**惣寺**　法隆寺の中枢執行部。

**聖霊会料の法服**　聖霊会は聖徳太子忌日の二月二十二日に行われる太子への奉賛法会であるが、その際に着用する礼装の法衣のこと。→補7

**この外は**…　聖霊会料法服新調以外の目的で、種子米の利分を貸し出すようなことがあってはならない。

**惣分**　満寺のこと。

一　於二沙汰人一者、毎年秋初收納以前爲二三輩之評定一、甲衆一人・梵音衆一人、以二合點一可レ被レ詮二其躰一、於二錫杖衆一者、以二自類之評定一、可レ被レ定二機量之躰一也、若依二沙汰人之無沙汰等一、兩藏種子物有名無實之由、有二其聞一者、錫杖衆藏仁梵音衆一人被二副付一、梵音衆藏仁毛錫杖衆一人可レ被二付加一、此偏爲二種子米興行一也、然則治定沙汰人深住二興隆之心一各可レ有二其沙汰一也、又雖レ可レ有二少分之沙汰人得分一、此事御報恩之裝束之析物也、雖レ爲二少分一、沙汰人供分面々有二奉加一者、尤可レ爲二一分之壇主一、寧輕二謝德之忠功一哉、既爲二惣分之評定一、及二勸進一之上者、向後更不レ可レ有二沙汰人供分一事、

一　不レ定二新沙汰〔人脱カ〕一之以前、兩藏之沙汰人、必與二施主方一會合、進・未進之分悉遂二結解一、而其狀可レ有二滿寺披露一事、

一　雖レ爲二少分一、設雖二暫時一、付二惣別一無二質物一全不レ可レ有二下行一、又無足之文書、尤可レ有二禁制一也、又已勤供析者爲二現質之專一一之由、被レ申而、質物仁雖二書入一、供析下行之藏々、或其沙汰人付二公私一被二曳取一之間、所レ殘不レ幾、或供析先立

3　種子米を運用する沙汰人の選出方法や種子米蔵の管理について規定し、沙汰人得分については無給とする。

**甲衆**　法会の際に甲袈裟を着し、讃誦の役をはたす僧侶。梵音衆・錫杖衆とともに聖霊会の色衆。→補1

**合点を以て…**　投票を行って、そこで指名された人物ごとに墨線を記入し（これを合点という）、その数の多いものを沙汰人として選出する。

**自類**　本文史料では「三輩の評定」と対置されており、字義からすると錫杖衆自身の集団を意味するか。ただ、「法隆寺文書」の室町後期の用例では、学衆方を指す場合が多くなっている。ともかくこの時代の用例は少ないためさらに検討が必要。→補2

**両蔵の種子物…聞こえあらば**　梵音衆蔵と錫杖衆蔵に納めている種子米の実際上の数量が欠損しているとの噂があったとき、の意。

**少分の…と雖も**　沙汰人のための役料が少しはあるべきかともいえるが、の意。以下、沙汰人得分を設けないことを記す。

3　一　沙汰人においては、毎年秋初め収納以前に三輩の評定として、*甲衆一人・梵音衆一人、*合点を以てその躰を詮せらるべし。錫杖衆においては*自類の評定を以て、機量の躰を定めらるべきなり。もし沙汰人の無沙汰等により、*両蔵の種子物有名無実の由、その聞こえあらば、錫杖衆蔵に梵音衆一人を副え付けられ、梵音衆蔵にも錫杖衆一人を付け加えらるべし。これ偏《ひとえ》に種子米興行のためなり。然ればすなわち治定の沙汰人は深く興隆の心に住し、各《おのおの》その沙汰あるべきなり。また*少分の沙汰人得分あるべきと雖も、この事は*御報恩の装束の料物なり。少分たりと雖も、沙汰人供分*面々奉加あらば、尤も一分の壇主たるべし。寧《いずくん》ぞ謝徳の忠功を軽んぜんや。既に*惣分の評定として勧進に及ぶの上は、向後《きょうご》更に沙汰人供分あるべからざる事。

4　一　新沙汰人を定めざる以前に、両蔵の沙汰人は必ず施主方と会合し、*進・未進の分悉く*結解を遂げ、しかしてその状を満寺に披露あるべき事。

5　一　少分たりと雖も、設い暫時と雖も、惣別に付けて質物なくば全く*下行あるべからず。また*無足の文書、尤も禁制あるべきなり。また*已勤の供料は*現質の専一たるの由申されて、質物に書き入ると雖も、供料下行の蔵々、或いはその沙汰人が公私に付けて曳き取らるるの間、残るところ幾ばくならず、或いは供料を先立ち

**御報恩の装束**　聖徳太子に対する報恩仏事である聖霊会、ここで着用する法服などの装束。

**面々奉加あらば**…　奉加は寺社や神仏に喜捨することで、ここでは沙汰人が自らの役料分を取得せず、その分を種子米として寄付する行為を指す。

**惣分の評定として勧進**　法隆寺の総意として聖霊会法服新調のために出挙活動を行うこととし、元手として種子米奉加を勧進したことをいうのであろう。

**4**　沙汰人は任期を終える前に、必ず施主方とともに収支決算を行い、満寺に披露する。

**進未進の分**　出挙の種子米が利息とともに返済されたか否か。

**結解を遂げ**　収支決算をとりまとめること。

**5**　確かな質物がないまま、出挙貸出しをしてはならない。→補3

**下行**　種子米を貸出すこと。

**無足の文書**　得分をもたらす見込みがない、資産価値のない証文。

**已勤の供料**　寺役法会を勤仕したことに対して下行される供物。

**現質**　実際の質物という意味にもとれるし、また見質とも表記する債権者の方に実際の質物をわたさない抵当(無占有質)のことともとれる。→補4

有二借用等之子細一、件藏本仁不レ成事、當年之作毛雖レ時多レ之歟、所詮同二無足之文書一、不レ可レ取二質物一者也、又當年之作毛、雖レ似二現質一爲二損否不定一之上、不レ成レ米而苅取事在レ之、同不レ可レ取二質物一、又田畠之劵文、可レ有二禁制一、又舍宅不レ可レ取二質物一、背二今此一ケ條之式一、若有二下行之事一者、不レ別二某口入誰下行一、其藏之沙汰人相共可レ被二懸嘖一、仍不レ經二年數一而急速可レ有二沙汰一事、

一　於二未進之沙汰一者、自二毎年八月中一始至二十一月中一可レ被レ極二呵嘖一、於二寺僧一者、如二上堂米一、爲二末廿人之沙汰一先可レ有二罪科一、自二錫杖衆之沙汰所一者、罪科人名躰令二注進一、可レ被レ送二沙汰衆之邊一、仍有二僉義〔議〕之庭披露一、同可レ有二罪科一也、於二非寺僧一者、兩藏之沙汰人下部一人配二出之一、可レ有二呵嘖一、若令二子細申輩出來一者、爲二滿寺之評定一、可レ有二其沙汰一事、

一　於二質物一者、過二毎年十二月上旬一者、甲乙人之質物、爲二流物一速可レ有二賣買一、若至二十二月中旬以下一、爲二質物賣一之由、有二訴申子細一者、可レ有二滿寺沙汰一、雖レ然、惣分既被レ定二記式一之上

**件の蔵本**…　下行されるべき供料は、公私の所要で蔵から引き出されていたり、当人が既に前借りしていたりして、実際に下行されるかどうか不明であるために、担保とはならない、という意味か。

**当年の作毛は**…　その年の収穫作物は抵当になりそうであるが、作柄が不確定であり、米が稔らないまま刈り取ることがある。

**年数を経ずして**…　未進分の処理をすばやくすること。

て借用等の子細あり。*件の蔵本に成らざる事。当年の作毛は、時と雖もこれ多きか。所詮無足の文書に同じ、質物に取るべからざるものなり。また*当年の作毛は現質に似ると雖も、損否不定たるの上、米成らずして苅り取る事これあり。同じく質物に取るべからず。また田畠の券文は、禁制あるべし。また舎宅も質物に取るべからず。今、この一ケ条の式に背いて、もし下行の事あらば、某《なにがし》の口入、誰の下行を別たず、その蔵の沙汰人相共に懸嘖せらるべし。仍て*年数を経ずして急速に沙汰あるべき事。

6 一 未進の沙汰においては、毎年八月中より始めて十一月中に至り、呵嘖を極めらるべし。*寺僧においては、*上堂米の如く、*末廿人の沙汰として先ず罪科あるべし。錫杖衆の沙汰所よりは、罪科人の名躰を注進せしめ、沙汰衆の辺に送らるべし。仍て僉議の庭に披露ありて、同じく罪科あるべきなり。*非寺僧においては、両蔵の沙汰人が下部一人これを配出し、呵嘖あるべし。もし子細申す輩出来せしめば、満寺の評定として、その沙汰あるべき事。

7 一 質物においては、毎年十二月上旬を過ぎなば、甲乙人の質物、流物として速やかに売買あるべし。もし十二月中旬以下に至り、*質物売りたるの由、訴え申す子細あらば、満寺の沙汰あるべし。然りと雖も、惣分既に*記式を定めらるるの上

**6** 貸付米未進の場合の取り立て時期や罪科についての規定。

**寺僧においては**… 未進者が寺僧の場合は末廿人が罪科を行うが、錫杖衆分の未進の時は、その名を末廿人沙汰衆まで注進し、僉議の上で罪科とす。錫杖衆が堂家方であることから、規定が補足されたのであろう。

**上堂米** 上堂(上御堂)は法隆寺西院伽藍講堂の裏手の北側に位置する。「往古以来、九旬供花、三夏当行之御堂也」(『寺要日記』四月十四日結夏当行事)、「一夏苦行之仏閣、六時供花之梵場」(『法隆寺縁起白拍子』)であった。上堂はこの頃再建されており、おそらくはその際に施主から奉加米をうけ、それを運用して用途に宛てたのであろう。→補1

**末廿人** 学衆方の下臈にあたり、検断を担当した。南30参照。

**非寺僧においては**… 未進者が非寺僧の時は、梵音衆蔵・錫杖衆蔵沙汰人が下部を派遣して責め立てる。

**7** 十二月になっても返却がなければ、質流れとする。

**質物売りたる**… 質主が質物売却を訴えてきても、満寺が対応するのであり、またここで明記した以上、沙汰人が責任を問われることはない。

**記式** 規式に同じ。

者、全不レ可レ及二沙汰人之苦勞一事、
右條々、更不レ可レ有二違約之儀一之狀如レ件、
正中貳季乙丑二月　日
年會五師大法師慶朝
（署名四名略）

**南28**　法隆寺別当拝堂間条々契状　嘉暦三年（一三二八）七月二十八日　法隆寺置文契状等大要抄

契約　別當拜堂間事　正文年會櫃在レ之、
合
一　別當御補任之以後百箇之〔日カ〕中、被レ遂二拜堂節一者、自二往□〔古カ〕一定置規式也、而今度當御寺務憲信法印背二先々例一、馳二過百ケ日一不レ被レ遂二其節一之上者、令二閇門一、於二諸庄薗一者、不レ可レ隨二寺務御所勘一之由、滿寺一同沙汰事、
一　就二此事一、寺僧之中、通二寺務一令二引級一之躰露顯者、永遠可レ令下擯二出於寺帳一改中易諸供上事、
一　於二此題目一、稱レ有二帳〔張〕本一、自二寺務一被レ及二別段之御沙汰一之時者、爲二一味同心一不レ可二見放一、隨レ及レ心諸事可レ令二合力一事、

**南28**　↓補1
**法隆寺別当拝堂間条々契状**　法隆寺の新任別当が就任儀礼である拝堂を、きちんと実施しないため、寺僧等が抗議して一味同心し、閉門および別当の荘園所務の停止を取り決めたもの。↓補2
**別当拝堂**　↓補3
**1**　新別当が就任以後一〇〇日以内に拝堂するという規則を遵守しないために、法隆寺を閉門し、新別当の庄園所務を拒否することを満寺で決定した。
**百箇日中**　原文ではこの箇所は「百箇之中」と記されており、「本ノマヽ也」との傍注がある。本書では意味を取って改めた。
**当御寺務**　このたび就任した法隆寺別当。
**憲信法印**　一二七六～一三四六。興福寺福智院の

は、全く沙汰人の苦労に及ぶべからざる事。
右の条々、更に違約の儀あるべからざるの状、件の如し。

正中二年〈乙丑〉二月　日　　年会五師大法師慶朝

（署名四名略）

**南28**　法隆寺別当拝堂間条々契状　嘉暦三年（一三二八）七月二十八日　法隆寺置文契状等大要抄

契約す　*別当拝堂間の事　正文は年会櫃にこれあり。

合

1　一　別当御補任の以後*百箇日中に拝堂の節を遂げらるるは往古より定め置く規式なり。しかるに今度*当御寺務*憲信法印、先々の例に背き、*百ケ日を馳せ過ぎるもその節を遂げられざるの上は、*閉門せしめ、*諸庄園においては、寺務の御所勘に随うべからざるの由、満寺一同沙汰の事。

2　一　この事について寺僧の中に寺務に通じ*引級《いんきゅう》せしむるの躰《てい》露顕せば、永遠に*寺帳を擯出し*諸供を改易せしむべき事。

3　一　この題目において、張本ありと称し寺務より別段の御沙汰に及ばるるの時は、一味同心として見放すべからず。心に及ぶに随い諸事合力《ごうりき》せしむべき事。

---

僧。修学坊法印。嘉暦三年（一三二八）に別当補任。治六年。正慶元年（一三三二）興福寺権別当を兼任。→補4

**百ケ日を馳せ過ぎる**　憲信が別当に就任したのは嘉暦三年三月八日（「法隆寺文書」ハ函七号）のことであった。四月十三日には印鎰渡があったが、本文史料の七月二十八日の時点で、拝堂はまだ実施していなかった。結局、この後十一月六日にようやく拝堂を行った。

**閉門**　伽藍堂舎の門を閉ざすこと。寺院が、自らの主張を通そうとして行う抗議行動の一つ。『別当記』憲信僧正の項には、「依拝堂遅引七月廿八日閉門在之、十一月六日開門了」とある。

**諸庄園においては…**　法隆寺領の諸荘園について、別当の所務をとどめ、別当得分を停止する。→補5

**2**　満寺一同沙汰に背いて、別当に味方する者の処罰、すなわち寺帳擯出、供料改易を規定。

**引級**　味方をして引き立てること。

**寺帳を擯出**　寺僧名帳から名前を削り、寺僧としての成員権を剝奪すること。

**諸供を改易**　寺僧として下行をうける供料の権利を否定没収されること。

**3**　寺僧等の抗議行動に対して、張本人と目された人物が処罰される事態になった場合でも、一致団結する。

右守二以前條々記錄之旨一、更不レ可レ令二違失一者也、凡當寺者　本願　聖靈太子□〔依カ〕二無垢清淨之光一施二有緣濟度之驗一　御座以降、本朝佛法之興滅幷天下之安寧、偏可レ依二吾寺成衰〔盛〕一之旨、四節文、又御足印分明也、爰被レ補二當寺別當職一之輩者、以二興隆一爲レ先、以二修學一爲レ宗、而當御寺務憲信法印依二　勅裁一恭被レ任二彼職一者、尤有二御自愛一任二法量規式之旨一急被レ遂二拜堂之節一、其後可レ有二御興隆等之儀一處、馳二過定置百ケ日舊規之日限一、剰構二種々一、今案被レ送二數月一違二往例一之上者、爲二向後一永代可レ令二寺門於閇門一、於二諸庄薗一者停二止御所務一之旨、滿寺爲二一味同心一無二偏頗矯餝之儀一、令二一撜〔揆カ〕一之處也、此條凡依二彼一事一令二閇門一之條、非二吾寺之歎一、又可レ爲二天下衰微一之條、不レ可レ待レ言者哉者、早急速被レ遂二拜堂之節一爲レ有二開門之儀一契定趣如レ斯、

若背二此等條々一、　奉レ始二　上宮太子一七堂三寶御罰面々身中可レ蒙レ罷之狀如レ件、

嘉曆三年戊辰七月廿八日

其時唯識講衆連判在也、雖レ有二正本

**聖靈太子**　聖徳太子のこと。

**有縁済度**　仏との因縁を持つ衆生を、迷いの世界から悟りの境地へと導き救済すること。

**本朝仏法の…盛衰によるべき**　日本における仏法の興廃や天下の平安が、法隆寺の盛衰と密接にかかわっているとする認識。中世寺院が主張する論理としてしばしばみえるもの。本文史料が根拠にしている「四節文」や「御足印」に、そのような記載があるわけではない。

**四節文**　聖徳太子が病床にあって推古天皇に応えたという四カ条の意願。四節意

右、以前条々記録の旨を守り、更に違失せしむべからざるものなり。およそ当寺は、本願　*聖霊太子が無垢清浄の光によりて*有縁済度の験を施し　御座《ましまし》てより以降《このかた》、*本朝仏法の興滅幷びに天下の安寧、偏《ひとえ》に吾が寺の盛衰によるべきの旨、*四節文、また*御足印に分明なり。爰《ここ》に当寺別当職に補さるるの輩は、興隆を以て先となし修学を以て宗となす。しかるに当御寺務憲信法印は　勅裁により恭くも彼の職に任ぜらるれば、尤も御自愛ありて*法量規式の旨に任せて、急ぎ拝堂の節を遂げられ、その後御興隆等の儀あるべきところ、定め置く百ケ日旧規の日限を馳せ過ぎ、剰《あまつさ》え種々を構う。今案ずるに数月を送られ往例に違うの上は、向後《きょうご》のため、永代寺門を閉門せしむべし。諸庄園においては御所務を停止するの旨、満寺一味同心として偏頗矯飾の儀なく、*一揆せしむるの処なり。この条およそ*彼の一事により閉門せしむの条、*吾が寺の歎きのみに非ず、また天下衰微たるべきの条、言を待つべからざるものかな。者《てえれば》、早く急速に拝堂の節を遂げられ、開門の儀あらんがため、契定の趣、斯くの如し。

もしこれらの条々に背かば、*上宮太子を始め奉り*七堂三宝の御罰を面々身中に罷り蒙るべきの状、件の如し。

嘉暦三年〈戊辰〉七月二十八日

その時の*唯識講衆連判あるなり。*正本

願文ともいう。真62の第44条参照。

**御足印**　法隆寺東院舎利殿に霊宝として伝えられていた聖徳太子の足跡。衰退があっても、仏法は滅せず、再び法隆寺から興り伝えられていくことを聖徳太子が証したものとされた。→補1

**法量規式**　別当就任後一〇〇日以内に拝堂することを定めた嘉元三年(一三〇五)九月二十八日の満寺群議による法。本文史料の「法隆寺別当拝堂問条々契状」の項参照。

**一揆せしむる**　一致団結すること。

**彼の一事**　別当拝堂が一〇〇日以内に実施されないこと。

**吾が寺の…衰微たるべき**　法隆寺が閉門を行うのは、けっして自分たち一寺の嘆きなのではなく、それは天下が衰微する現れである、と法隆寺と天下の興廃を重ね合わせた主張を行っている。

**上宮太子**　聖徳太子のこと。

**七堂三宝**　七堂伽藍と仏・法・僧。

**唯識講衆**　三経院唯識講衆のこと。僧綱以下学侶からなる。本文史料にあるように「満寺一味同心」の決定を署判作成している。南29の「唯識講衆」の項参照。

**正本に…**　本文史料がもとにした年会櫃に保管されている正文には、唯識講衆の僧名が書き連ねてあるが、本文史料ではその部分の書写を省略したことを記す。

交名二此案文略レ之、

**南29**　法隆寺三経院唯識講衆規式幷追加　延文五年（一三六〇）正月　日　法隆寺文書

定置　三經院唯識講衆等問條々

一　當寺者三寳恢弘之濫觴、四海擁護之靈場也、然間、佳名飛二于一朝一、崇敬亘二萬人一、是併依二佛法之威力一酬二僧寶之資持一者哉、就中法者依レ人而弘、人者依レ法而存、佛法若廢亡者、人法更難レ存、人法若零落者、佛法亦可レ尓歟、爰當院家者、一寺規模之梵宇、二明習學之佛閣、其寄異レ他之上者、於二平民職者之子息一者、設雖レ有二慇懃之競望一、永不レ可レ許レ入二于唯識講衆一、若如レ此之族、黷二寺僧之名字一者、且無二上下之階級一且可レ爲二衆人之嘲哢一者歟、但雖レ爲二卑賤之輩一、若於二拔群之法器幷無雙之才藝一者、入否宜レ任二其時多分之群議一也、又設屬二可レ然之人一雖レ致二父子等之契約一、全不レ可レ入レ之、若令レ敍二用如レ此之支度一者、每レ人慣二此儀一而不レ可レ有二盡期一之上

**南29**　→補1

**法隆寺三経院唯識講衆規式幷追加**　唯識講衆・堂衆の成員資格に関する取り決めと、それについての追加規式。唯識講衆が侍品であること、中綱仕丁の子息は堂衆になれないこと、などがうかがえ、追加規式には、世俗の主従制的関係が入り込むことに対する警戒感が読み取れる。

**三経院**　西院伽藍の廻廊西側にあって、もとは僧房の西室であったが、南端七間が堂に改造され、法華・勝鬘・維摩の三経を講じる場となった。現在の建物は寛喜三年（一二三一）建立のものであり、国宝。

**唯識講衆**　三経院で毎月行われた唯識論の談義法会である唯識講に出仕する講衆。法隆寺学衆による修学の中でもとりわけ重視された。また本文史料から読み取れるように、その成員となるにあたって、平民職者の子息は原則として除外されていた。→補2

**1**　平民職者の出身者は、原則として唯識講衆の一員となれない。

**当寺は…**　法隆寺は仏法を世間に広める根源であり、天下を擁護する霊場であ

に交名あると雖もこの案文これを略す。

## 南29　法隆寺三経院唯識講衆規式幷追加　延文五年(一三六〇)正月　日　　法隆寺文書

定め置く　*三経院*唯識講衆等の間条々

1 一　*当寺は三宝恢弘《かいこう》の濫觴《らんしょう》、四海擁護の霊場なり。然る間、佳名は一朝に飛び、崇敬は万人に亘る。是《こ》れ併《しか》しながら仏法の威力により、僧宝の*資持に酬いるものかな。就中《なかんずく》、*法は人によって弘まり、人は法によって存す。仏法もし廃亡せば、*人法更に存しがたく、人法もし零落せば、仏法もまた尓《しか》あるべきか。爰《ここ》に*当院家は、一寺規模の梵宇、*二明習学の仏閣、*その寄他《よせ》に異なるの上は、*平民職者の子息においては、設《たと》い慇懃《いんぎん》の競望ありと雖も、永く唯識講衆に入るを許すべからず。もし*此《かく》の如きの族、寺僧の名字を黷《けが》さば、且は上下の階級なく、且は衆人の嘲哢《ちょうろう》たるべきものか。但し卑賤の輩たりと雖も、もし*抜群の法器幷びに無双の才芸においては、*入否は宜しくその時の多分の群議に任すべきなり。また設い*然るべきの人に属し、父子等の契約を致すと雖も、全くこれを入るべからず。もし此の如きの支度を叙用せしめば、人毎にこの儀に慣れて*尽期《じんご》あるべからざるの上

る。濫觴は、始まりのこと。

**資持**　しっかりと支え保つの意味か。

**法は人に…**　→補3

**人法**　通常、教えを受ける「人」および「仏陀の教法」との併称とされるが、ここでは、「仏法」と対置した、人間生活の営みや秩序、ひいては寺僧集団のあり方を指す。→補4

**当院家は…の梵宇**　三経院は、法隆寺の中でももっとも中心的な堂舎である、「規模」は面目・名誉とか、模範の意味。

**二明**　→補5

**その寄他に異なる**　その由来や声望は特別なものであり、他と同一視できない。

**平民職者**　後出の「追加」にみえる「侍職」と対置される。百姓・凡下身分。

**此の如きの族…黷さば**　平民職者の子息が寺僧(唯識講衆)の一員となるようなことがあると、の意。

**抜群の法器**　仏法を学び会得するのに十分なすぐれた器量をもつ者。

**入否は宜しく…**　講衆に加えるかどうかは、衆議の多数決によって判断する。

**然るべきの人に…致すと雖も**　然るべき人にわたりを付けその類縁となったり、あるいは猶子となったりして、出自を変更したりする事態を指す。

**尽期あるべからざるの上は**　次々と同様の事態が起こって、きりがないので。

者、定背二制禁之本志一歟、更不レ可レ令レ許二容之一事、

一　於二講衆分一向後不レ可レ用二横入之儀一、若爲二法器之躰一、可レ爲二佛法弘通之師範一者、許否可レ爲二同前一歟事、

一　於二中綱仕丁等子息一者、設可レ入二于堂衆一之由、雖レ令二競望一、永不レ可レ許レ之、此條且公人減少之基、諸輩誹謗之媒也、況又子者住二立于堂上一、親者蹲二踞于地下一、殆令レ致二主従之禮節一之條、不儀不便之至、内典外典之禁也、向後可レ令レ停二止寺僧之儀一事、

右制禁條々、大概如レ此、堅守二此旨一不レ可レ令二違失一、若背下所二定置一之規式上者、奉レ始二　日本國主天照大神一、惣六十餘州大小神祇、別當寺勸請龍田大明神、惣社五所天滿天神、特當寺七堂三寶、本願　上宮太子御罰可レ罷二蒙面面之身中一者也、仍起請文如レ件、

延文五年庚子正月　日

権少僧都実禪(花押)

(署名八十八名略)

**2**　講衆の一員に他寺のものを加えることは、原則的に禁止、特別な法器が認められる者の場合は群議による。

**横入の儀**　法隆寺においてしかるべき学業階梯を積んでいない他寺僧が、メンバーの一員となること。

**許否は同前**　認めるか否かは、その時々の多分の群議による。

**3**　中綱仕丁の子息は堂衆となることはできない。

**中綱**　寺務組織の下にあって実務を執り行う下級僧侶。勾当・都維那・専当をつとめる。妻帯・世襲していたと思われ、しばしば仕丁とともに法隆寺の使者を勤めている。→補1

**仕丁**　寺務組織の末端にあって、寺内のさまざまな雑務力役に従う俗体の者。

**堂衆**　学生とともに寺院を構成する二大集団の一つ。夏衆・禅衆とも称し(中世法隆寺では律宗とも)、本尊や堂舎の供花や閼伽水を整えたり、経典転読など、教学の修学よりも、もっぱら「行」の活動を特徴とした。学生よりも下位に位置づけられ、学生と衝突することもあった。

**公人**　→補2

**子は堂上に…蹲踞し**　法会の場などで、子供は堂舎の上にいるのに、その親は堂にあがれないで地下にひかえているような事態をいう。蹲踞はうずくまって礼を

は、定めて制禁の本志に背くか。更にこれを許容せしむべからざる事。
2 一　講衆分において、向後《きょうご》*横入の儀を用うべからず。もし法器の躰として、仏法弘《ぐ》通《つう》の師範たるべくば、*許否は同前たるべきかの事。
3 一　*中綱*仕丁等の子息においては、設い*堂衆に入るべきの由、競望せしむと雖も、永くこれを許すべからず。この条、且は*公人《くにん》減少の基、諸輩誹謗の媒《なかだち》なり。況やまた*子は堂上に住立し、親は地下に蹲踞《そんきょ》し、殆ど主従の礼節を致さしむるの条、不義不便の至り、*内典外典《げてん》の禁なり。*向後寺僧の儀を停止《ちょうじ》せしむべき事。
右、制禁の条々、大概此の如し。堅くこの旨を守り違失せしむべからず。もし定め置くところの規式に背かば、日本国主天照大神を始め奉り、惣じて六十余州大小神祇、別して当寺勧請の*龍田大明神、*惣社、*五所、*天満天神、特に当寺七堂三宝、本願上宮太子の御罰を面面の身中に罷り蒙るべきものなり。仍て起請文、件の如し。

延文五年〈庚子〉正月　日

*権少僧都実禅(花押)

(署名八十八名略)

する姿勢をとること。

**内典外典**　内典は仏教の経典、外典は、それ以外の儒教などの書籍を指す。

**向後寺僧の儀を停止**　今後、中綱仕丁の子息を堂衆に入れることを禁止する。

**龍田大明神**　大和盆地の西端、河内との連絡口に位置し、風を司る神として国家的な崇敬をうけ、二十二社の一つ(龍田大社、龍田本宮)。法隆寺寺地の占定にあたり、聖徳太子に託宣を下し、それにちなんで寺地近くに勧請され、法隆寺の鎮守となった(龍田神社、龍田新宮)。

**惣社**　西院伽藍内、大講堂の西北に位置する。三〇余所の大明神をまとめたことからこのように称される(『聖徳太子伝私記(古今目録抄)』)。仁平三年(一一五三)十二月に建立(『別当記』)。現在もほぼ同地に「総社」がある。

**五所**　東院鎮守の五所大明神のこと。住吉一所・春日四所からなり、建保六年(一二一八)に造営(『別当記』)。東院伽藍の西南隅にあったことが近世の法隆寺伽藍境内絵図で確認できる。現在は、総社とともに、西院伽藍の大講堂後方西側に鎮座。

**天満天神**　法隆寺の東北にある天満池の近くに鎮座。法隆寺の鎮守の一つで、天慶年中に菅原氏出身の別当湛照が勧請したという。現在の斑鳩神社。

**権少僧都実禅**　→補3

追加

一　於レ有二講衆競望之族一者、以二人躰等一兼日令レ披二露于講衆中一之時、付二眞俗一無二相違一之條、被二許可一之族者、可レ令レ治二定講衆一者也、毎度更不レ可レ有二自由沙汰一也、其後講衆入供等令レ致二沙汰一取二兩沙汰人請取狀一畢、相二副交名一可レ被レ披二露于講衆中一事、

一　於二講衆人躰一者、爲二人所從一之族、雖レ有二競望一更不レ可レ被二許可一也、設雖レ爲二寺僧之子孫一、若有二所從名字一族者、不レ可レ被レ許二可之一、設又雖レ爲二侍職之族一、於二當國中一、若爲二人所從一於下致二奉公一之輩子孫上者、同不レ可レ被レ入二講衆分一也、是則募二主從號一及二合戰等一幷爲二難義〔儀〕子細等一之上者、向後堅可レ被レ守二此旨一事、

明徳三年壬申五月　日　　行忠（花押）

（署名六十二名略）

**南30**　法隆寺廿人評議条々事書幷追加　康応元年（一三八九）三月　日　法隆寺文書

契定　廿人評議條々

**追加**　延文五年正月の講衆規式に加えて明徳三年（一三九二）になされた追加法。

**4**　新たに講衆入りを希望するものに対して、具体的な沙汰の手順を定めた条項。あらかじめ出自人柄を審査のうえで、入供料を納め、その上ではじめて講衆一員として披露された。

**兼日**　前もってあらかじめ。

*追加

4 一 講衆競望の族あるにおいては、人躰等を以て*兼日講衆中に披露せしむるの時、*真俗に付き相違なきの条、許可せらるるの族は、講衆に治定せしむべきものなり。毎度更に自由の沙汰あるべからざるなり。その後*講衆入供等沙汰致さしめ、*両沙汰人の請取状を取り畢んぬ。交名《きょうみょう》を相副え講衆中に披露せらるべき事。

5 一 講衆人躰においては、人の所従たるの族、競望ありと雖も、更に許可せらるべからざるなり。設い寺僧の子孫たりと雖も、もし所従の名字ある族は、これを許可せらるべからず。設いまた*侍職の族たりと雖も、当国中において、もし人の所従として奉公致すの輩の子孫においては、同じく講衆分に入れらるべからざるなり。是れ則ち*主従の号に募り合戦等に及び、并びに難儀の子細等たるの上は、向後堅くこの旨を守らるべき事。

明徳三年〈壬申〉五月 日　行忠(花押)

(署名六十二名略)

**南30** 法隆寺廿人評議条々事書并追加　康応元年(一三八九)三月 日　法隆寺文書

契定す　*廿人評議条々

---

**真俗に付き…なきの条**　出家としての素質や器量、そして世俗の出自など、講衆としてふさわしいかどうか検討すること。

**講衆入供**　講衆に新加入の際、お披露目として振る舞いを行うための諸費用。

**両沙汰人**　二名の綱封蔵沙汰人のこと。年会所のもとにあって、年貢収納や寺庫財の運用などに携わった。下﨟分上首の寺僧がつとめることになっていたようである。

**5**　寺僧の子孫であっても、出自が侍職であっても、人の所従となっているものは講衆の一員とはなれない。

**侍職**　侍品のもの。

**主従の号に…合戦等に及び**　主従関係があることを理由として、合戦に参加するような事態をいっている。

**南30**　→補1

**法隆寺廿人評議条々事書并追加**　寺僧犯科に対する検断行使の規定。また罪科赦免の際の酒肴等の手続きを定めたもの。法隆寺における検断のありかた、またそれを担当したのが「廿人」であったことが窺える。→補2

**廿人**　「末廿人」ともいい、学侶の下﨟分に属する若年の寺僧等。本文史料にあるように寺内の検断を担当した。→補3

一　於二寺僧等一有二犯科子細一時、任レ法速可レ處二其身於罪科一事、

一　若科條赦免之時者、任下所レ被二定置一之法式上、酒肴等沙汰必可レ爲二本式一事、

一　於二酒肴等沙汰一者、縦雖レ有二權門或強縁等口入一、都以不レ可レ及二潤色減少之評定一、次於二彼酒肴一者、令二熟調一之條勿論也、而若臨レ時以二代物一可レ令二沙汰一之由、有二難レ去口入一之時者、參貫文必可レ令レ致二其沙汰一也、三結分全以不レ可レ有二増減一事、

右條々依二評定一如レ斯、若背二此規式旨一者、奉レ始二日本國主天照大神一、惣六十餘州大小神祇、別當寺勸請諸大明神、殊　太子聖靈七堂三寶御罸於面々身中可二罷蒙一者也、仍記錄之狀如レ件、

康應元年己巳三月　日　　順實（花押）

（署名十九名略）

**寺僧らにおいて**…　寺僧が罪科を犯した場合、廿人が検断権を行使する。

**寺僧**　法隆寺の学衆および堂衆(禅衆)。学侶のみを指す場合もあるが、南29の第3条目には、堂衆にしないことを指して「寺僧の儀を停止」と表現していたように、堂衆もまた寺僧に含まれている。また廿人方の堂衆に対する検断行使も前掲「法隆寺廿人評議条々事書并追加」の項の引用史料(「法隆寺文書」ロ函一二六号)で確認できたところである。南北朝期の罪科に関する規定の中では「寺僧」を「郷民」「公人」と対にして言及する例が見受けられる。たとえば、未進や点札抜き取りの非法に対して「於寺僧等者可止出仕、若於郷民公人等者可加罪科也」(文和四年〔一三五五〕七月二十九日評定記録〔甲函一六号〕)など、寺僧の場合は出仕をとどめ、郷民の場合は住屋検封という例が散見する。

**もし科条赦免の**…　罪科を許すときには本来の規定通り厳格に酒肴の振る舞いを行うこと。→補1

**本式たるべき事**　本来の規定通りという意味であるが、具体的にどのような規定を指すかは不詳。

一　寺僧*らにおいて犯科の子細ある時、法に任せて速やかにその身を罪科に処すべき事。
一　もし*科条赦免の時は、定め置かるるところの法式に任せ、酒肴等の沙汰、必ず本式*たるべき事。
一　酒肴等*の沙汰においては、縦《たと》い権門或いは強縁等の口入ありと雖も、都《すべ》て以て潤色*減少の評定に及ぶべからず。次に彼の酒肴においては熟調*せしむるの条勿論なり。しかしてもし時に臨*んで代物を以て沙汰せしむべきの由、去りがたき口入*あるの時は、参貫文必ずその沙汰致さしむべきなり。三結分*全く以て増減あるべからざる事。
右の条々、評定により斯くの如し。もしこの規式の旨に背かば、日本国主天照大神を始め奉り、惣じて六十余州大小神祇、別して当寺勧請諸大明神*、殊に　太子聖霊*七堂三宝*の御罰を面々の身中に罷り蒙るべきものなり。仍て記録の状、件の如し。

康応元年〈己巳〉三月　日

順実*(花押)

(署名十九名略)

**酒肴等の沙汰に…**　権門や俗縁による強力な介入があっても、酒肴振る舞いの規模を減少させてはならない。代物による場合は三貫文とす。
**潤色**　恩恵を施してうわべをかざり取り繕うこと。転じて、ここでは大目にみること。
**熟調**　そのままただちに食事に供せるように調理し、整えた状態にしてあること。「生料」の対語といえよう。↓補2
**時に臨んで**　実際に罪科赦免の酒肴振る舞いを行う段になって。
**去りがたき口入**　無視できない仲介者からの介入。
**三結分**　ひもで一結びにした銭千文が一結であり、それが三つ分ということで、すなわち三貫文。
**当寺勧請諸大明神**　法隆寺鎮守として勧請された諸大明神。龍田大明神や東院鎮守である五所大明神などを指す。
**太子聖霊**　聖徳太子を指す。
**七堂三宝**　七堂伽藍や仏法僧。転じて法隆寺の仏法。
**順実**　この人物を含む署判者二〇名が廿人衆。日下に署判があることからそのうちの最下臈のものと判断される。彼は、応永二年(一三九五)には梵音衆の一員(「法隆寺文書」甲函二四号)としてもその名が確認できる。

# 第五編　禅宗

## 禅1　円爾東福寺規式　弘安三年(一二八〇)六月一日　東福寺文書

東福寺條々事

一　公家・關東御祈禱、如二日來一不レ可レ有二退轉一、

一　本願御家門御祈禱、不レ可レ有二退轉一、

一　圓爾、以二佛鑑禪師叢林規式一、一期遵二行之一、永不レ可レ有二退轉一矣、

一　東福寺長老職事、圓爾門徒中、計二器量人一、代々可二讓與一也、

一　聖教・法衣等、安二置普門院幷常樂庵一、不レ可レ出二于他所一矣、

一　承天寺者、我法房、一期以後、曉首座可レ傳二領寺務一矣、

一　崇福寺事、佛鑑禪師門下、初圻侍者入院 住二平江符〔府〕定恵寺一、 次圓爾歸朝、可レ令レ弘二通禪法一之由、頻受レ命、仍禪師自二書崇福寺之額字一被レ授レ之、爾間、歸朝最前、申二下　敕願宣旨一畢、而僧齋料所依レ無レ之、少卿 經資朝臣、 當時爲二檀那一扶二持之一云々、向後依違事出來之時者、東福寺殊可レ有二其沙汰一者也、

一　水上萬壽寺者、圓爾歸朝以後、第二開山之寺也、檀那歸依、寄二進山林田薗等一、

**禅1**　↓補1

**円爾東福寺規式**　東福寺開山円爾が東福寺の仏事法会・規則・聖教管理・本寺末寺の住持職などについて定めたもの。

**東福寺文書**　↓補2

**東福寺**　京都市東山区にある臨済宗東福寺派の本山。↓補3

**公家関東の御祈禱**　朝廷・鎌倉将軍のための祈禱。↓補4

**本願御家門の御祈禱**　九条家のための祈禱。

**本願御家門**　↓補5

**円爾**　東福寺開山、一二〇二～一二八〇、聖一国師、この門派を聖一派と呼ぶ。↓補6

**仏鑑禅師の叢林規式**　円爾の師、無準師範が径山万寿寺で行っていた禅院規則(清規〔しんぎ〕)。

**仏鑑禅師**　無準師範(一一七七～一二四九)、南宋時代の禅僧、臨済宗楊岐派破庵(ほあん)派に属す。破庵祖光の法を嗣ぎ、径山能仁興聖万寿禅寺の住持となる。理宗より仏鑑禅師号を贈られる。円爾は渡宋して無準師範の法を嗣いだ。↓補7

**東福寺長老職の事**…　東福寺の長老(住持)は代々円爾の弟子の中から能力のある者を選び就任させること。↓補8

**聖教法衣等は**…　円爾が宋より持ち帰っ

## 禅1　円爾東福寺規式　弘安三年（一二八〇）六月一日　東福寺文書

東福寺条々事

一　公家・関東の御祈禱は、日来の如く、退転あるべからず。

一　本願御家門の御祈禱は、退転あるべからず。

一　円爾、仏鑑《ぶっかん》禅師の叢林規式を以て、一期これを遵行す、永く退転あるべからず。

一　東福寺長老職の事は、円爾門徒中、器量の人を計り、代々譲与すべきなり。

一　聖教・法衣等は、普門院并びに常楽庵に安置し、他所に出だすべからず。

一　承天寺《じょうてんじ》は、我法房一期以後、暁首座《しゅそ》、寺務を伝領すべし。

一　崇福寺《そうふくじ》の事は、仏鑑禅師門下、初め圻侍者入院《じゅえん》す〈平江府定恵寺《じょうえじ》に住す〉、次いで、円爾帰朝し禅法を弘通せしむべきの由、頻《しきり》に命を受け、仍て禅師、崇福寺の額字を自書しこれを授けらる。しかる間、帰朝最前、勅願宣旨を申し下し畢んぬ。しかして僧斎料所これなきにより少卿〈経資朝臣〉当時檀那としてこれを扶持すと云々。向後《きょうご》、依違なる事、出来の時は、東福寺は殊にその沙汰あるべきものなり。

一　水上万寿寺は、円爾帰朝以後、第二開山の寺なり。檀那帰依し、山林田薗等を

た典籍、無準師範より与えられた伝法の印である法衣は普門院・常楽庵に収め、他所に出してはならない。

**普門院・常楽庵**　普門院は円爾が起居した建物、常楽庵は円爾の塔所、東福寺開山堂。→補9

**承天寺**　福岡市博多区にある臨済宗東福寺派の寺。円爾が開山で、博多の綱首、謝国明と大宰少弐、武藤氏を檀越とした。諸山、後には十刹に列した。→補10

**我法房**　伝未詳。

**暁首座**　円爾の弟子白雲慧暁のこと。一二二八～一二九七。→補11

**崇福寺**　福岡市博多区にある寺。仁治元年（一二四〇）湛慧が大宰府横岳に創建、円爾が帰国後入寺した。文永九年（一二七二）南浦紹明が入寺し、大応派の拠点となる。現在は、臨済宗大徳寺派。→補12

**圻侍者**　方庵智圻、径山の無準師範のもとで円爾と同時期修行に励んだ。

**定恵寺**　蘇州雙塔寺の西にある寺。

**少卿**　少弐経資（一二二九～一二九二）、大宰少弐、筑前・筑後・豊前・肥前・肥後・対馬の守護。文永・弘安の役の際、対モンゴル合戦の指揮を執った。→補13

**依違なる事…**　決定しがたいことや、相論があれば、東福寺が差配する。

**万寿寺**　佐賀市大和町にある寺、山号水上山。現在は、臨済宗南禅寺派。→補14

雖レ譲二補長老職於覺禪房一、彼逝去之後、以二門弟一補レ之、彼等向後、可レ爲二于東福寺之沙汰一也、

弘安參年六月「一日」

東福寺住持「圓爾」（花押）（朱印）

**禅2**　北条貞時禅院規式　永仁二年（一二九四）正月　日　円覚寺文書

禁制條々事

一　僧衆不レ帶二免丁一事

一　禪律僧侶夜行・他宿事

若有二急用一之時者、爲二長老之計一、可レ差二副人一也、

一　比丘尼幷女人入二僧寺一事

但許二二季彼岸中日・二月十五日・四月八日・七月盂蘭盆兩日一、此外於二禪興寺一者、毎月廿二日、於二圓覺寺一者、毎月初四日可レ入也、

一　四月八日花堂結構事

一　戒臘牌結構事

**覚禅房**　神子栄尊（一一九五～一二七二）。↓補1

**禅2**　↓補2

**北条貞時禅院規式**　↓補3

**円覚寺文書**　↓補4

**僧衆の免丁…**　円覚寺に起居する僧は免丁抄を携帯していなければならない。

**免丁**　禅僧が各地の寺で安居を過ごしたという一種の修行証明書。曹洞宗の瑩山紹瑾の『瑩山清規』においても規定があるが、臨済禅のこの後の寺院法には免丁の規定はみえない。↓補5

**禅律僧侶の…**　禅律僧侶の夜間外出、他所での宿泊を禁じる。もし急用の時は、住持が人を同伴させて許可する。

**禅律僧**　禅僧と律僧のことであるが、鎌倉時代には禅律僧として一括して扱われる場合が多い。

**長老**　住持・和尚に対する敬称。日本の中世では、顕密系寺院の長官を別当と呼ぶのに対し、禅寺・律寺の長を長老と呼んだ。この場合は円覚寺住持を指す。

**二季彼岸の中日**　春秋彼岸の中日。

**二月十五日**　釈迦の命日、涅槃会。この日、中世の禅院では涅槃図を懸け、涅槃経・遺教経を読誦して涅槃会を行った。

寄進す。長老職を*覚禅房に譲補すると雖《いえど》も、彼逝去の後、門弟を以てこれを補せ。彼等向後、東福寺の沙汰たるべきなり。

弘安参年六月「一日」

東福寺住持「円爾」(花押)(朱印)

**禅2**　北条貞時禅院規式　永仁二年(一二九四)正月　日　　円覚寺文書

禁制条々の事

一　*僧衆の*免丁を帯さざる事

一　*禅律僧侶の夜行・他宿の事

もし、急用あるの時は、*長老の許らいとして、人を差し副うべきなり。

一　比丘尼幷びに女人の僧寺に入る事

但し、*二季彼岸の中日・*二月十五日・*四月八日・*七月盂蘭盆両日を許す。この外、*禅興寺においては、*毎月二十二日、*円覚寺においては、*毎月初四日には入るべきなり。

一　四月八日、*花堂結構の事

一　*戒臘牌、結構の事

また、住持は法堂の須弥壇上に登り、上堂説法を行った。降誕会(釈迦の誕生日)・成道会(釈迦が悟りを開いた日)とならび三仏忌と称され重視された。

**四月八日**　釈迦の誕生日。釈迦の生誕を祝う法会が行われ、灌仏会・仏生会・花祭ともいう。禅院でも花亭(花御堂)を設け、香湯を入れた盆内に誕生仏を置く。当日、住持は上堂し、祝香を焚き、大衆は浴仏偈・楞厳咒(りょうごんしゅ)を読誦した(『勅修百丈清規』二)。

**七月盂蘭盆**　七月十四・十五日の盆行事。→補6

**禅興寺**　鎌倉市山ノ内にあった臨済宗寺院。福源山禅興九昌禅寺。→補7

**毎月二十二日**　北条時頼の忌日。弘長三年(一二六三)十一月二十二日没、三七歳。西明寺殿道崇。

**円覚寺**　→補8

**毎月初四日**　北条時宗の忌日。弘安七年(一二八四)四月四日没。三四歳。法光寺殿道杲。

**花堂結構の事**　誕生仏を祀る花御堂を華美に飾ることを禁ず。→補9

**戒臘牌結構の事**　安居が始まる前に戒臘牌を掲示するが、この時に盛大な供養を禁じたものか。

**戒臘牌**　戒臘に従い僧名を書きならべたもの。→補10

一　僧侶横ニ行諸方一採レ花事
一　僧衆去所不ニ分明一出門事
一　延壽堂僧衆出行事
一　僧侶着ニ日本衣一事
一　僧徒入ニ尼寺一事
一　四節往ニ來他寺一作レ禮事
一　僧衆遠行之時送迎事
右條々、於ニ違犯之輩一者、不レ論ニ老少一可レ令レ出レ寺也、若於レ有ニ子細一者、可レ指ニ中其名一之狀如レ件、
永仁二年正月　日　（花押）

**禅3**　北条貞時円覚寺規式　乾元二年（一三〇三）二月十二日　円覚寺文書

圓覺寺制符條々
一　僧衆事
不レ可レ過ニ貳百人一、

**僧侶諸方に**…　僧侶があちこちに出向き仏前に供える花を採ることを禁ず。
**僧衆去所**…　僧衆は寺外に出るときは行き先を明かにしておかねばならない。
**延寿堂の僧衆**…　病気のため延寿堂に起居する僧がむやみに外出することを禁ず。
**延寿堂**　禅院内に設けられた病気の僧のための居所。→補1
**僧侶日本衣を着す**…　円覚寺内の僧侶が平安時代以来の顕密系の法衣を着ることを禁ず。→補2
**尼寺**　中世の禅宗と女性の関わりは大きく、禅宗の尼が多く現れた。円覚寺開山無学祖元のもとには無外如大が参禅、同じく北条時宗の招きで来日した大休正念のもとにも護法寺比丘尼愚仁（「示愚仁大師護法尼」『念大休禅師語録』）の名がみえ、鎌倉の著名な禅僧達の弟子には多くの尼がいたとみられ、尼寺も作られた。この中で有力なものがのちに鎌倉の尼五山と呼ばれ、太平寺・東慶寺・国恩寺・護法寺・禅明寺がある（原田正俊「女人と禅宗」西口順子編『仏と女』吉川弘文館、

一　＊僧侶、諸方に横行し花を採る事
一　＊僧衆、去所分明ならざる出門の事
一　＊延寿堂の僧衆の出行の事
一　＊僧侶、日本衣を着する事
一　僧徒、＊尼寺に入る事
一　＊四節に他寺に往来し、礼を作《な》す事
一　＊僧衆、遠行の時、送迎の事
右条々、違犯《いぼん》の輩においては、老少を論ぜず寺を出だしむべきなり。もし、子細あるにおいては、その名を指し申すべきの状、件の如し。

永仁二年正月　日　（花押）

**禅3**　**北条貞時円覚寺規式**　乾元二年（一三〇三）二月十二日　円覚寺文書

円覚寺制符条々
一　＊僧衆の事
弐百人を過ぐべからず。

一九九七年）。

**四節に他寺に往来**…　四節には各寺の住持の上堂説法などがあり儀式が執り行われるが、これを口実に僧衆が往来し贈答、斎などを設けることを禁じた。**四節**　禅林における結夏（けちげ）・解夏（かいげ）・冬至（とうじ）・年朝（正月）の日。

**僧衆遠行**…　行脚に出る僧や諸国の官寺に赴任する僧の送別、或いは帰寺する僧のために宴席を設けることを禁じた。送別の折には詩会が開かれ詩文が贈られた。五山文学の作品中には数多くの送別詩が作られている。

**禅3**　→補3

**北条貞時円覚寺規式**　乾元二年（嘉元元年〈一三〇三〉）、北条貞時が円覚寺に対して出した規式。永仁二年（一二九四）の規式を補完し北条得宗の禅林政策の基礎となる。円覚寺僧衆の定員、食事の支給、点心の品数、参詣者の従者への接待の禁、小僧喝食の入門制限、行者力者の帯刀を禁ずる規定がある。この後、この規式をふまえ、嘉暦二年（一三二七）十月一日付で、北条高時によっても同様の規式が定められている（「円覚寺文書」七五号）。

**僧衆の事**…　円覚寺に居住する僧侶の定員を二〇〇人とする。→補4

一　粥飯事
臨時打給、一向可レ停二止之一、
一　寺中點心事
不レ可レ過二一種一、
一　寺參時、扈從輩儲事
可レ停二止之一、
一　小僧・喝食入寺事
自今以後、一向可レ停二止之一、但檀那免許、非二禁制之限一、
一　僧徒出門、女人入寺事
固可レ守二先日法一、若違犯者、可レ追二放之一、
一　行者・人工帯刀事
固可レ禁二制之一、若有レ犯者、永可レ追二出之一、
右、所レ定如レ件、

乾元二年二月十二日　　沙彌（花押）

**粥飯**　朝食の粥、昼食の飯。禅院の食事は一般に朝は粥座、昼は斎座、夜は薬石と称する。↓補1
**臨時の…**　食事については、臨時の支給を禁じる。
**打給**　支給・供給すること。
**点心**　定まった食事の前後に少量の食物を食べること。またはその食べ物。唐代には早晨の小食を点心といい、朝食を指すこともあるが、後には昼食前の簡単な食事を指し、麪一椀・羹（野菜などの熱い吸い物）、饅頭六七個・羹一分などが供された（『正法眼蔵』看経）。
**一種を…**　寺中で出す点心は一種類のみ。
**寺参の…**　円覚寺に参詣する貴人の従者

一　*粥飯《しゅくはん》の事
*臨時の*打給は、一向これを停止《ちょうじ》すべし。
一　寺中*点心の事
*一種を過ぐべからず。
一　*寺参の時、*扈従《こじゅう》の輩の*儲の事
これを停止すべし。
一　*小僧・*喝食《かっしき》の入寺の事
自今以後、一向これを停止すべし。但し、檀那の免許は禁制の限りに非ず。
一　*僧徒の出門、女人の入寺の事
固く先日の法を守るべし。もし、違犯《いぼん》せばこれを追放すべし。
一　*行者《あんじゃ》・*人工《にんく》の帯刀の事
固くこれを禁制すべし。もし、犯あらば、永くこれを追い出だすべし。
右、定むるところ、件の如し。

乾元二年二月十二日

沙弥(花押)

に寺から食事などのもてなしをすることを禁ず。

**扈従の輩**　貴人のお供の者達、従者。

**儲**　もてなし、馳走。

**小僧喝食**…　小僧喝食の入寺については、今後一切これを禁じるが、北条得宗の許可があれば認める。

**小僧**　僧となることを志して寺院に起居する少年で、沙弥(しゃみ)戒(不殺生戒などの十戒)を受けた者で沙弥とも称す。剃髪している。中国では沙弥と僧の区別が厳しく、得度して沙弥となり、具足戒を受け大僧となった。日本ではこの区別が曖昧で得度によって僧とされ、法臘を数えている。

**喝食**　喝食行者(かっしきあんじゃ)の略。室町時代には出家前の少年が務めた。→補2

**僧徒の出門**…　僧徒の外出、女人の入寺については、前掲北条貞時の規式に同じ。もし、違犯すれば寺から追放する。

**行者人工の帯刀の事**　行者・人工の帯刀を禁ず。もし違犯があれば、寺から追放する。→補3

**行者**　禅院内で僧侶の下で諸役を務める者。剃髪・有髪、ともにある。禅6参照。

**人工**　禅院内の雑務を担当する俗体の者。禅6参照。

**禅4**　瑩山紹瑾永光寺置文　元応元年(一三一九)十二月八日

能州酒井保洞谷山者、酒勾八郎頼親嫡女平氏女□□□□〔法名祖忍〕清淨寄進之淨處故、紹瑾爲二一生偃息之安樂地一、來際爲二瑩山遺身安置之塔頭所一、是以自身嗣書・先師嗣書・師翁血經・曾祖靈骨・高祖語錄、安二置當山之奧頭一、名二此峰一稱二五老□〔峰カ〕一、然者當山之住持者、五老之塔主也、瑩山門徒中守二嗣法次第一、可二住持興行一、其故者、山僧之遺跡、諸山之內、可二崇重一遺跡也、嗣法人可二住持興行一、縱雖二嗣法人斷絕一、門徒小師中評定和平而、須二住持興隆一者、何他門必之不レ可レ崇二敬五老一故也、依レ之盡未來際、瑩山嗣□〔法カ〕小師、剃頭小師、參學門人、受具受戒、出家在家、諸門弟等一味□〔同〕□〔心〕、以二當山一爲二一大事一、偏奉レ崇二敬五老峰一、專可レ興二行門風一、是則瑩山盡未來際之本望也、佛言、篤信檀越得レ之時、佛法不二斷絕一云々、又云、敬二檀那一可レ如レ佛、戒定慧解、皆依二檀那力一而成就云々、然間瑩山今生佛法修行、依二此檀越信心一成就、故盡未來際以二此本願主子□□〔孫　孫カ〕一、可レ爲二當山大檀越・大恩所一、是故師檀和合而、親昨〔作〕二水魚肶〔昵〕一、來際一如而、可レ致二骨肉思一、

**禅4**　→補1
**瑩山紹瑾永光寺置文**　→補2
**永光寺文書**　→補3
**洞谷山**　永光寺の山号。→補4
**酒勾**　一三世紀半ばまでに武蔵国より能登国に入部した御家人吉見氏の一族。酒井保内中河の地頭。
**祖忍**　黙譜祖忍。「洞谷山」の項参照。
**紹瑾**　→補5
**一生偃息…**　偃息は寝ころんで休むこと。永光寺は、瑩山紹瑾が終生、休息する所で、死後遺骨を安置する塔所の地とする。
**自身の嗣書**　瑩山が、釈迦から道元・徹通義介を経て、正しい仏法を嗣いだことを証する系譜の書。
**先師の嗣書**　徹通義介が道元から受けた嗣書。
**師翁の血経**　孤雲懐奘が自らの血をもって書写した経典。
**曾祖の霊骨**　道元の遺骨。
**高祖の語録**　道元の師、天童如浄の語録。
**五老峰**　「自身の嗣書」から「高祖の語録」までの五種の曹洞宗における宝物を埋めた峰。永光寺の裏山にある。
**当山の住持…興行すべし**　永光寺の住持は五老峰を守る塔主であり、祖師に仕え

るもので、瑩山の弟子のなかから法を嗣いだ順に住持となり、寺を運営すべきである。

**山僧の遺跡…興隆すべきものなり**　瑩山の定めた五老峰を中心とした永光寺は、他の曹洞宗寺院のなかでも敬うべき地であり、瑩山の法を嗣いだ弟子が順次住持となり守り伝え、その弟子たちが亡くなった後も、瑩山の門派の弟子たちが評定して住持となり寺を運営すべきである。

**山僧**　瑩山紹瑾のこと。禅僧が自分を指していう。

**尽未来際**　永遠の未来まで。未来永劫。

**剃頭の小師**　頭髪を剃り授戒し僧とした弟子。小師は弟子のこと。

**参学の門人**　他宗他派の僧で法を聞きに来た僧尼。

**篤信の檀越…**　出典不詳。

**戒定慧解**　修行軌範の「戒律」、心の散乱を防ぎ安静に保つ「禅定」、煩悩を断ち事象の真実を見極める「智慧」を身につける修行者としての必須の修行(三学)と煩悩から解き放たれ自由な境地を得る「解脱」。

**本願主**　平氏女、黙譜祖忍のこと。

**師檀和合**　僧と檀越、ここでは永光寺の僧と祖忍の子孫たちが協力し合うこと。

**水魚の昵**　水と魚のように近しい関係。

**来際一如**　師檀は永遠に一体である。

## 禅4　瑩山紹瑾永光寺置文　元応元年(一三一九)十二月八日　永光寺文書

能州酒井保*洞谷山《とうこくさん》は*酒勾《さかわ》八郎頼親嫡女、平氏女法名*祖忍、清浄寄進の浄処故、*紹《じょう》瑾《きん》、*一生偃息《えんそく》の安楽地とし、来際、瑩山《けいざん》の遺身安置の塔頭《たっちゅう》所とす。是《ここ》を以て*自身の嗣書・*先師の嗣書・*師翁の血経・*曾祖の霊骨・*高祖の語録は当山の奥頭に安置し、この峰を名づけて*五老峰と称す。然れば*当山の住持は、五老の塔主《たっす》なり。瑩山門徒中、嗣法の次第を守り、住持興行すべし。その故は、*山僧の遺跡、諸山の内、崇重すべき遺跡なり。嗣法の人、住持興行すべし。縦《たと》い、嗣法の人、断絶すと雖《いえど》も、門徒小師中は、評定和平して、須《すべか》らく住持興隆すべきものなり。何となれば、他門必ずしもこれ五老を崇敬すべからざる故なり。これによりて*尽未来際、瑩山嗣法の小師、*剃頭の小師、*参学の門人、受具受戒の出家在家の諸門弟等は一味同心して、当山を以て一大事とし、偏《ひとえ》に五老峰を崇敬し奉り、専ら門風を興行すべし。是《こ》れ則ち瑩山が尽未来際の本望なり。仏言わく、「*篤信の檀越これを得る時、仏法断絶せず」と云々。また云わく、「檀那を敬うこと仏の如くすべし。*戒定慧解、皆檀那の力によりて成就す」と云々、然る間、瑩山今生の仏法修行は、この檀越の信心により成就す。故に尽未来際、この*本願主の子子孫孫を以て、当山の大檀越・大恩所となすべし。是の故に*師檀和合して、親しく*水魚の昵を作《な》し、*来際一如にして、骨肉の思

用心如レ此者、實是可レ爲二當山之師檀一、縱使有二難値難遇之事一、必可レ生二和合和睦之思一、以二此置文一爲二當山來際之龜鏡一、爲二住持檀越之眼目一、以二壹通一寫二兩通一、師檀共加二折目判形一、一通納二寺庫一、一通持二檀家一、可レ爲二師檀相互之後證一、檀那之崇敬、此門徒之商議、住持住二持之一、彼檀越之遺二付子孫一、可レ崇二重之一、置文之狀如レ件、

元應元年己未十二月八日

開闢瑩山　紹瑾(花押)

本願檀主平氏女祖忍(花押)

**禅5**　後醍醐天皇宸翰大徳寺置文　元弘三年(一三三三)八月二十四日　大徳寺文書

大德禪寺者、宜レ爲二本朝無雙之禪苑一、安二棲千衆一、令レ祝二萬年一、門弟相承、不レ許二佗門住一、不二是偏狹之情一、爲レ重二法流一、殊染二宸翰一、貽二言於龍華一耳、

元弘三年八月廿四日

宗峯國師禪室

**難値難遇**…　難値難遇は、容易に会いがたいこと。良師に会い、良友に会うことは容易でなく、仏法に出会うことは難しいことの意。ここでは本当の仏法を理解し、めったにない大変な事態があっても、僧と檀越は、お互い親しみ合い争いをなさないこと。

**亀鏡**　模範、かがみ。

**眼目**　主眼点、要点。

**寺庫**　永光寺の文書蔵。

**商議**　相談、評議。

**開闢**　はじまり。ここでは永光寺を開いた開山の意。

**禅5**　→補1

**後醍醐天皇宸翰大徳寺置文**　元弘三年(一三三三)後醍醐天皇により大徳寺に下された置文。当寺の住持は宗峰妙超(大燈国師)の門弟の相承とすることを定めたもの。

**大徳寺文書**　大徳寺本坊に所蔵される文書。中世分については『大日本古文書』家わけ第一七として刊行されている。鎌倉時代末期以降の文書から豊臣秀吉朱印状などの文書が伝来している。花園上皇・後醍醐天皇の開山、宗峰妙超に対する帰依の念は厚く、大徳寺に対する置文は注

いを致すべし。用心此《かく》の如くならば、実に是れ当山の師檀たるべし。縦使《たと》い、*難値難遇の事あるとも、必ず和合和睦の思いを生ずべし。この置文を以て当山来際の*亀鏡となし、住持檀越の*眼目となせ。壱通を以て両通に写し、師檀共に折目に判形を加う。一通は*寺庫に納め、一通は檀家に持し、師檀相互の後証となすべし。檀那の崇敬、この門徒の*商議、住持はこれを住持し、彼の檀越はこれを子孫に遺付し、これを崇重すべし。置文の状、件の如し。

元応元年〈己未〉十二月八日

*開闢瑩山　紹瑾（花押）

本願檀主平氏女祖忍（花押）

**禅5**　後醍醐天皇宸翰大徳寺置文　元弘三年（一三三三）八月二十四日　大徳寺文書

*大徳禅寺は、宜《よろ》しく*本朝無双の禅苑たるべし。千衆を安棲し、万年を祝せしむ。*門弟相承し、佗《た》門の住するを許さず。是《こ》れ偏狭の情ならず、法流を重んぜんがため、殊に宸翰を染め、言を*龍華に貽《のこ》すのみ。

元弘三年八月二十四日

*宗峯国師禅室

目される。後醍醐天皇綸旨は多数出され、大徳寺が重視されていた様をみることができる。寺領荘園関係、大工職関係、これ以後の寺院運営のための規式、衆評記録などが寺院法の上でも注目される。

**大徳禅寺**　京都市北区紫野にある臨済宗大徳寺派の本山。山号は龍宝山。開山は宗峰妙超（一二八二～一三三七）。赤松則村の帰依による小庵から始まると伝え、花園上皇・後醍醐天皇の外護により祈願所とされ、嘉暦元年（一三二六）法堂（はっとう）が完成した。元弘三年、京都に戻った後醍醐天皇により本文史料が出された。→補2

**本朝無双の禅苑**　これをもとに元弘三年十月一日に大徳寺を「五山之其一」としている（「大徳寺文書」一―一四号）。

**門弟相承**…　宗峰妙超の弟子によって住持は相承され、他の門派の僧を入れてはいけない。これは、心が狭く人を受け入れないのではなく、法流の継承を重んじるからである。→補3

**龍華に貽す**　弥勒菩薩が釈迦の滅後、五六億七〇〇〇万年後の未来にこの世に下生し。龍華樹の下で法を説くとされ、ここでは遙か未来までこの置文をのこすということ。

**宗峯国師**　宗峰妙超のこと。本来の国師号は興禅大燈高照正燈国師。

## 禅6　足利直義円覚寺規式　暦応三年(一三四〇)十一月　日　　円覚寺文書

圓覺寺規式條々

一　可レ令レ停二止主賓不和之儀一事

近來或號二一揆一、或稱二門徒一、成レ黨結レ徒、及二寺家違亂一之由、有二其聞一、甚不レ可レ然、俗家猶誡レ之、況於二釋門一哉、向後云二住持一、云二大衆一、若有二所存一者、先於二寺中一、可レ令二和睦一、鬱陶不レ休者、觸二訴官方一、可レ仰二裁斷一、無二左右一有二嗷々之儀一者、糺二決張本一、嚴密可レ被レ處二其科一也焉、

一　僧衆事

不レ顧二本願之素意一、不レ量二寺領之多少一、連々加增之條、無二其謂一、於二當寺一者、可レ爲二三百人一也、但當時見住分雖二用捨一、迄二自然減少之期一、一向可レ令レ停二止掛塔〔搭〕一、定數治定之後、赴〔起〕單以下闕分、非二制之限一矣、

一　職人事

以二公儀一、可レ令レ撰二補之一、一廻未滿之仁、不レ可レ載二名字於床曆一、

**禅6**　→補1

**足利直義円覚寺規式**　→補2

**主賓不和の儀**　住持と大衆の対立。円覚寺内には住持と異なる門派の僧も多数おり、寺家役職者と対立を生じた。

**主賓**　主人と賓客のこと。ここでは、円覚寺住持と一般の僧衆(大衆)の意。禅の修行僧たちは、諸国の禅院をめぐり師を求めたので、往来の僧として客人と見なされたことによる。当時の住持は白雲恵崇。

**一揆**　僧衆が結集して住持や寺中の執行機関である常住に対し要求を突きつけること。

**門徒**　同一の師のもとに連なる人々、門派。禅宗では師資相承の重視から、有力な師のもとに門弟たちが門派を形成した。→補3

**大衆**　禅院で修行する僧の総称。

**鬱陶**　心が晴れないこと。不快。

**官方**　室町幕府禅律方、後には鎌倉府。

**本願**　寺院の創立者(檀越)、開基。ここでは北条時宗。

**当寺に…停止せしむべし**　円覚寺の定員は三〇〇人であるので、現在在寺している分は仕方ないが、自然に減少していくまでは、新たな入門を禁止する。

**掛搭**　搭はかける、のせるの意。衣鉢

## **禅6** 足利直義円覚寺規式　暦応三年(一三四〇)十一月　日　　円覚寺文書

円覚寺規式条々

一　*主賓不和の儀を停止《ちょうじ》せしむべき事

近来、或いは*一揆と号し、或いは*門徒と称し、党を成し徒を結び、寺家違乱に及ぶの由、その聞こえあり。甚だ然るべからず。俗家、なお、これを誡しむ。況《いわん》や釈門においてをや。向後《きょうご》、住持と云い、*大衆と云い、もし所存あらば、先ず、寺中において和睦せしむべし。*鬱陶《うっとう》休まざれば、*官方に触れ訴え、裁断を仰ぐべし。左右なく嗷々の儀あらば、張本を糺決し、厳密にその科に処せらるべきなり。

一　僧衆の事

*本願の素意を顧みず、寺領の多少を量らず、連々加増の条、その謂われなし。*当寺においては、三百人たるべきなり。但し、当時見住分は、用捨すると雖《いえど》も、自然減少の期まで、一向*掛搭《かた》を停止せしむべし。定数治定の後、*起単以下闕分は制の限りに非ず。

一　*職人の事

*公儀を以てこれを撰補せしむべし。*一廻未満の仁は名字を*床暦《しょうれき》に載《の》すべからず。

(いはつ)袋や衣を僧堂の鉤にかけること(『勅修百丈清規』三〈入門〉)。転じて、寺に入門し、その一員となること。錫杖をかける意で掛錫ともいう。

**起単**　単は僧堂において修行者が坐禅・起居する座席のこと。単位ともいう。起単はその単位を起つことで、在住した寺に暇を請い、出ること。

**職人**　住持を補佐する都寺(つうす)・監寺(かんす)・副寺(ふうす)・維那(いのう)・典座(てんぞ)・直歳(しっすい)の六知事、首座(しゅそ)・書記・蔵主(ぞうす)・知客(しか)・浴主(よくす)・庫頭(くじゅう)の六頭首(ちょうしゅ)などの役職。これらの地位を職位ともいう。
→補4

**公儀**　寺内居住の住持経験者、有力院主など上層部の衆議による公平な評定。

**一廻未満…**　一年間の役職の任期を勤めなかった者は、その名を僧籍簿に載せない。職位に着くことは経歴を加算することになるので、僧衆の望むところであったが、その名だけを求め、頻繁に交替を繰り返すことを禁じたもの。本来寺中の職務は基本的には安居ごとに交替したものと考えられる。

**床暦**　僧の戒臘を記した名簿、僧籍簿。寺内の役職の経歴も記入し、人事のための原簿となった。

將又、暖寮已下經營、堅可レ令レ停二止之一、若有二違犯之儀一者、須レ令二出院一也焉、

一　寺領庄務事

住持・寺官加二談議一、撰二補廉直之器用一、無二指過失一者、住持雖二遷替一、輙不レ可レ令レ改二補之一、若亦有二非法之儀一者、且經二寺家裁斷一、且守二官家成敗一、不レ可レ許二諸寺之共住一矣、

一　塔頭事

所望出來者、帶二關東注進一、可レ令レ參二訴京都一、不レ帶二御教書一者、兼不レ可レ及二土木之沙汰一、凡諸塔頭、爲二本寺一及二違亂一之由、有二其聞一、專背二物儀一歟、毎事可レ致二合躰一、若無二其儀一者、可レ處二科條一焉、

一　不レ可レ入二武具於寺中一事

近日隱二置彼具足於寮舎一之由、普以風聞、若然者、縱雖レ爲二巷說一、先差二遣官方使者一、加二點檢一、其實露顯者、子細同前矣、

一　行者・人工狼藉事

**暖寮**　役職に就いた新任の者が、前任者と交替の時に饗応を行うこと。しばしば、贅沢なもてなしとなり、役職に就きたい者が前任者に接待を行い、人事上の不正を招きかねないことから禁止された。

**寺領庄務**　禅院領の荘園を管理し、年貢の収納を行うこと。これにあたる禅院内の僧を庄主(しょうす)と呼んだ。↓補1

**寺官**　幕府より派遣された俗人の奉行。鎌倉幕府以来の禅林統制政策である。

**指したる過失なくば…**　それほどの落度がなければ、本来、荘園の管理者は次々交替する職であるが、解任せず継続させるのがよい。

**官家の成敗**　幕府・鎌倉府の処罰。

**諸寺の共住を許すべからず**　法を犯した者は、日本国内の五山など官寺に列せられた禅寺での生活を許さない。

**塔頭**　本来は高僧の墓所のことで、門派の弟子たちが墓所付近に小庵を構え奉仕したことに始まる。南北朝時代より次第に多く建てられ、室町時代には、五山など大寺院の周辺に建ち並び、寺家を構成する山内の小院群となった。↓補2

**所望出来せば…及ぶべからず**　塔頭を造営したいと思う者は、鎌倉公方からの申し入れ状を持ち室町幕府に申請し、許可を得なければならない。幕府からの御教

書を得ないで塔頭の建設に取りかかってはならない。
**およそ諸塔頭…合躰をいたすべし**　塔頭がいくつも造られることにより、その自立化が進み、本寺との間で争いが起こるが、このことは禅院の本来の運営の取り決めから違反することである。諸事において本寺と諸塔頭は一体のものとして協調してやっていかねばならない。
**物儀**　禅院内の惣寺としての取り決め。
**具足**　武具・甲冑。
**寮舎**　東班や西班の役職者が起居する部屋や建物。
**官方使者**　鎌倉府からの検分の使者。
**行者・人工**　行者は寺中の諸役職僧のもとで雑務にあたる者。中国では得度する前、有髪で寺内に起居する者とされるが、妻帯者もいた。日本では得度・未得度を問わず、寺内の諸雑務を行う者であり、もとは僧になる前の者であった。その後、有髪で門前に居を構え、妻帯する者も多く、近世には世襲で行者を勤めた。人工も同様に寺内の雑務にあたった。行者・人工ともに寺辺の警護を担当したようであるが、南北朝時代義堂周信は行者の帯刀を戒め、「行者は僧の基故」(『空華日用工夫略集』応安元年〔一三六八〕二月三日条)としているので、この頃は行者から僧になる者もあった。

将又《はたまた》、*暖寮《なんりょう》已下の経営は堅くこれを停止せしむべし。もし、違犯《いぼん》の儀あらば、須《すべから》く出院せしむべきなり。

一　*寺領庄務の事

住持・*寺官は談議を加え、廉直《れんちょく》の器用を撰補し、*指したる過失なくば、住持は遷替すと雖も輙《たやす》くこれを改補せしむべからず。もしまた非法の儀あらば、且《かつ》は寺家の裁断を経、且は*官家の成敗を守り、*諸寺の共住を許すべからず。

一　*塔頭《たっちゅう》の事

*所望出来せば、関東の注進を帯し、京都に参り訴えしむべし。御教書を帯さざれば、兼ねて土木の沙汰に及ぶべからず。*およそ諸塔頭、本寺として違乱に及ぶの由、その聞こえあり。専ら*物儀に背くか。毎事合躰をいたすべし。もしその儀なくば、科条に処すべし。

一　武具を寺中に入るべからざる事

近日彼の*具足を*寮舎に隠し置くの由、普く以て風聞す。もし然らば、縦《たと》い巷説たりと雖も、先ず*官方使者を差し遣わし、点検を加え、その実、露顕せば子細同前。

一　*行者《あんじゃ》・*人工《にんく》の狼藉の事

寄二事於寺中警固一、猥帶二弓箭・兵杖一、假二寺家權勢一、張二行非法一、忽二緒〔諸〕衆僧一之由、有二其聞一、慥可レ加二嚴制一、若違犯者、爲レ處二罪科一、宜レ召二渡官方一焉、

右、所レ定如レ件、

暦應三年十一月　日

左兵衛督源朝臣（花押）

**禅7**　足利直義円覚寺規式追加　暦応五年（一三四二）三月　日　円覚寺文書

圓覺寺規式條々　追加分

一　新命長老參隨僧衆付行者・下部等事

彼是不レ可レ過二貳拾人一、於二彼分一者、不レ謂二僧衆之多少一、先可レ免二許掛搭一、但相二加件人數一之後者、至二有レ限僧員一、可レ相二待減少期一之子細、相二同先事書一焉、

一　沙彌・喝食事

僧衆之外、一寺分不レ可レ過二廿人一、子細同前矣、

一　西堂・大耆舊事

**源朝臣**　足利直義（一三〇六〜一三五二）、足利尊氏の弟。室町幕府においては、引付方・安堵方・禅律方を管掌した。

**禅7**　→補1

**足利直義円覚寺規式追加**　足利直義により暦応三年（一三四〇）十一月、円覚寺に出された規式の追加。新任の長老（住持）に従い入寺する僧の人数、沙弥・喝食の定員、役職者の入寺に関わる規定、僧衆の居住、利銭の規制、寺領荘園の経営方法について定めている。

**新命の長老**　新たに住持となるもの。寺中のみならず、寺外からも迎えられることがある。

**参随**　あとに従うこと。随侍すること。

**行者**　寺僧の下で雑役を勤める者。

**彼れ是れ弐拾人を…相待つべき**　新任の住持が伴ってくる僧衆以下の人数は二〇人を過ぎてはいけない。二〇人以内であればすぐに入門を許可する。ただし、その後は、円覚寺僧の定員になるまで減少

事を寺中警固に寄せ、猥《みだ》りに弓箭・兵杖を帯し、寺家の権勢を仮り非法を張行し、衆僧を忽諸《こつしょ》するの由、その聞こえあり。慥《たし》かに厳制を加うべし。もし、違犯せば罪科に処するため、宜《よろ》しく官方に召し渡すべし。

右、定むるところ、件の如し。

暦応三年十一月　日

左兵衛督源朝臣*(花押)

**禅7**　足利直義円覚寺規式追加　暦応五年〔一三四二〕三月　日　円覚寺文書

円覚寺規式条々〈追加分〉

一　*新命の長老に*参随の僧衆〈付けたり*行者《あんじゃ》・下部等〉の事

*彼れ是れ、弐拾人を過ぐべからず。彼の分においては、僧衆の多少を謂わず、先ず*掛搭《かた》を免許すべし。但し、件の人数を相加うるの後は、限りある僧員に至るまで、減少の期を相待つべきの子細、*先の事書に相同じ。

一　*沙弥・*喝食《かつしき》の事

*僧衆の外、一寺分二十人を過ぐべからず。子細同前。

一　*西堂《せいどう》・大*耆旧《ぎきゅう》の事

を待つこと。

**掛搭**　禅宗寺院に入門すること。衣鉢袋(衣や鉢を入れる袋)を僧堂の鉤に掛ける意味からいう。禅6参照。

**先の事書**　暦応三年十一月に出された足利直義円覚寺規式(禅6)第二条を指す。

**沙弥・喝食**　沙弥は出家して十戒を受けた男子。喝食は有髪の者で、本来は喝食行者と称し、食事の際、その進行を告げ唱える役。日本においては、沙弥喝食、或いは沙喝と総称される場合が多く、僧衆の身の回りの世話、行者力者とともに花摘なども行った(『空華日用工夫略集』至徳三年〔一三八六〕四月八日条)。一般に喝食は少年が多く、やがて沙弥となった。禅3の「喝食」の項参照。

**僧衆の外…**　僧衆以外の寺内構成員の定員は二〇人であり、これを超えてはいけない。

**西堂**　中国禅林では寺内居住者の内、他寺の前任住持を西堂、その寺の前任住持を東堂と称したが、日本では五山十刹制度が整備される中で諸山の住持職を得た者を西堂、五山の住持職を得た者を東堂といった。

**耆旧**　耆宿旧徳の意。学徳の優れた老僧。ここでは、諸山以上の官寺の住持職を受けていない、五山の首座や書記などの年輩の僧衆を指すか。

**人数の増減を…**　円覚寺の定員数を問題とせず、西堂・大耆旧の寺住を認める。坐位については、西堂は諸山の住持への任命状の日付順による。その他、五山の老僧達が一堂に会するときには、首座は都寺の上座、書記は監寺の上座に座ること。これは、仏法昌隆のため、教学面に関わる六頭首の功労を重んじる故である。

**参暇**　本来は禅院で所用のある者が、外出し、再び帰院すること。一五日以内に帰ることが原則。この場合は西堂・大耆旧が円覚寺内にもどり住むこと。

**坐位**　座る場所、座席の順序。

**首座**　衆僧の首位にある役職。禅頭・上座・第一座ともいう。六頭首(西班)の第一位。

**都寺**　寺務を統括する役職。本来、監寺が一切の寺務を監督したが、南宋で禅林の拡大により、寺務が繁多となり、監寺が都寺・監寺・副寺に分かれた。六知事(東班)の第一。後に都寺とともに都聞の職がおかれる。荘園管理も含め世俗的な職務を専らとする。

**書記**　本来は禅林内で書状を記す役職。次第に僧階化する。六頭首の第二。

**監寺**　寺務を統括する役職。六知事の第二。

**頭首**　六頭首すなわち西班のこと。

不レ論二人數之增減一、可レ免二參暇一之條同前、次坐位事、於二西堂一者、見二諸山之施行一、宜レ守二彼狀一、其外五山耆舊會合之時者、首座者可レ爲二都寺座上一、書記者可レ爲二監寺座上一、是則爲レ紹二隆佛法一、所レ重二頭首勞功一也焉、

一　僧衆行儀事

近年、諸寺之法則陵遲之上、或號二緣者之在所一、構二居宅於寺外一、致二晝夜之經廻一、或於二寺中一企二利錢借上之計略一由、有二其聞一、佛法衰微之基、不レ可レ不レ誡、縱雖レ爲二風聞之說一、住持・大衆相共、可レ被二禁遏一、若猶有二違犯之聞一者、直仰二官家一、可レ加二嚴制一也矣、

一　寺領庄務事

巨細載二本事書一、宜レ守二其法一、但雲水僧侶累年之所務、不レ可レ然、仍可レ爲二一任參ケ年一、凡於二延役一者、須レ依二其仁之簾〔廉〕否一、將又見任都聞・都官〔管〕、不レ可レ知二行寺領一、爲レ糺二決諸給主之濟否一也焉、

次寺家沙汰事、不レ論二大小事一、於二方丈一可レ加二談議一、無二住持之

*人数の増減を論ぜず、*参暇《さんか》を免《ゆる》すべきの条、同前。次いで*坐位の事。西堂においては諸山の施行を見、宜《よろ》しく彼の状を守るべし。その外、五山の耆旧会合の時は、*首座《しゅそ》は*都寺《つうす》の座上たるべし。*書記は、*監寺《かんす》の座上たるべし。是れ則ち仏法を紹隆せんがため、*頭首《ちょうしゅ》の労功を重んずるところなり。

一　僧衆の行儀の事

近年、*諸寺の法則、陵遅《りょうち》の上、*或いは、縁者の在所と号し、居宅を寺外に構え、昼夜の経廻を致す。或いは、寺中において*利銭借上の計略を企つるの由、その聞こえあり。仏法衰微の基、誡めざるべからず。*縦《たと》い風聞の説たりと雖《いえど》も、住持・大衆は相共に*禁遏《きんあつ》せらるべし、もし、なお違犯《いぼん》の聞こえあらば、直《ただ》ちに*官家を仰ぎ厳制を加うべきなり。

一　寺領庄務の事

巨細は*本の事書に載す。宜しくその法を守るべし。但し、*雲水僧侶、累年の所務は然るべからず。仍て一任参ケ年たるべし。およそ延役においては、須《すべから》くその仁の廉否によるべし。将又《はたまた》、見任《げんにん》の*都聞《つうぶん》・*都管《つがん》は、寺領を知行すべからず。諸給主の済否を糺決せんがためなり。

次いで寺家沙汰の事。大小の事を論ぜず、方丈において談議を加うべし。住持の

**諸寺の法則**　禅宗寺院の決まり。直接には北条貞時以来、円覚寺などへ出された規式を指す。

**或いは縁者…誡めざるべからず**　寺僧が縁者の居宅と称して寺外に居宅を構え、昼夜に行き来したり、或いは、寺内において個人的に金融活動を行うといったことが聞かれるが、これはまさに仏法衰退の基であり、誡めるべきである。

**利銭借上**　金融活動で高利を得ること。

**縦い風聞の説…**　たとえ風聞の類であっても住持と大衆はこれを禁じ、もし規式に違う者があれば、直ちに幕府に届け、厳しく取り締まるべきである。

**禁遏**　とどめる、禁じる。

**官家**　幕府、この場合、直接には鎌倉府。

**本の事書**　暦応三年(一三四〇)十一月に出された足利直義円覚寺規式第四条(禅6)。

**雲水**　円覚寺に起居する修行僧すなわち大衆のこと。修行僧は行雲流水の如く、一所に止まることなく諸方に師を求め行脚することから雲水と称する。

**都聞**　都寺と監寺のあいだの職位、後には都寺の上位に位置し(『禅林備用清規』三、『南禅寺清規』列刹座位図)、寺内の世俗的経営面を司どる東班衆の最上位として力を持った。

**都管**　都監寺の略、都寺のこと(『勅修百丈清規』四)。

承諾一者、敢不レ可レ令二施行一、且於二評定人數一者、宜レ爲二住持之精撰一也矣、

右、守二度々制法一、不レ可レ有二違犯儀一之狀如レ件、

曆應五年三月　日　　　左兵衛督源朝臣（花押）

**禅8**　大日本国禅院諸山座位条々　暦応五年（一三四二）　　扶桑五山記

大日本國禪院諸山座位條々　曆應四年八月廿三日評定、同五年四月廿三日重沙汰、

五山次第

第一　建長寺　南禪寺　兩寺均等之子細見二狀左一、但依二都鄙一改二座位一、

第二　圓覺寺　天龍寺

第三　壽福寺

第四　建仁寺

第五　東福寺　住持家幷本所承諾治定畢、

此外淨智寺　可レ准二五山一、長老幷兩班耆舊名、可レ列二一類之位次一也、

**禅8**　↓補1

**大日本国禅院諸山座位条々**　全国の主要な禅院の序列を室町幕府が決定したもの。

**扶桑五山記**　南宋の五山・十刹の住次、日本の五山・十刹の住次、五山の伽藍・塔頭・住持等の一覧をまとめた書。

**評定**　室町幕府禅律方による評定か。禅律方は足利直義が統轄していた。

**五山**　時の政権により最上位の寺として寺格を与えられた五ヵ寺。後に数は五ヵ寺とは限らない。↓補2

**建長寺**　鎌倉市山ノ内にある寺。開基は北条時頼、開山は蘭渓道隆。建長三年（一二五一）造営開始。現在は、臨済宗建長寺派本山。

**南禅寺**　京都市左京区にある寺。開基は亀山上皇、開山は無関普門。正応四年（一二九一）離宮禅林寺殿を禅寺に改めた。現在は、臨済宗南禅寺派本山。

**両寺均等…**　建長寺・南禅寺の序列は同位であり、後に述べるように、同席する場合は、招かれた方を賓客として上位に置く。

承諾なくんば、敢えて施行せしむべからず。且《かつう》は評定の人数においては、宜しく住持の精撰たるべきなり。

右、度々の制法を守り、違犯の儀あるべからざるの状、件の如し。

暦応五年三月　日

左兵衛督源朝臣(花押)

**禅8**　大日本国禅院諸山座位条々　暦応五年(一三四二)　扶桑五山記

大日本国禅院諸山座位条々〈暦応四年八月二十三日評定*、同五年四月二十三日重沙汰〉

*五山次第

第一　*建長寺　*南禅寺〈*両寺均等の子細、状左に見ゆ。但し都鄙《とひ》により座位を改む〉

第二　*円覚寺　*天龍寺

第三　*寿福寺

第四　*建仁寺

第五　*東福寺〈*住持家幷びに本所の承諾治定し畢んぬ〉

この外、*浄智寺〈*五山に准ずべし。長老幷びに両班耆旧《ぎぎゅう》名、一類の位次に列すべきなり〉

**円覚寺**　鎌倉市山ノ内にある寺。開基は北条時宗。弘安五年(一二八二)完成。現在は、臨済宗円覚寺派の本山。禅2参照。

**天龍寺**　京都市右京区にある寺。夢窓疎石を開山とし、足利尊氏・直義が創建。暦応二年(一三三九)、亀山殿を禅寺とする。現在は、臨済宗天龍寺派本山。

**寿福寺**　鎌倉市扇ガ谷にある寺。開山は明庵栄西、開基は源頼家・北条政子。現在は、臨済宗建長寺派の寺。

**建仁寺**　京都市東山区にある寺。建仁二年(一二〇二)明庵栄西が開山、源頼家が開基。現在は、臨済宗建仁寺派本山。

**東福寺**　京都市東山区にある寺。九条道家を開基とし、嘉禎二年(一二三六)発願、寛元元年(一二四三)宋より帰国した円爾が開山に迎えられた。現在は、臨済宗東福寺派本山。禅1参照。

**住持家幷びに本所**…　円爾を祖とする聖一派ならびに檀越の九条・一条家の承諾を受け五山に列した。

**浄智寺**　鎌倉市山ノ内にある寺。北条宗政の菩提を弔うためその妻と子師時が創建。開山は兀菴普寧(ごったんふねい)(実際は南州宏海)。現在は、臨済宗円覚寺派の寺。

**五山に准ず**…　浄智寺の長老、東班西班の役職者、居住の老僧達の位は五山の席次に列する。

十刹次第

第一　浄妙寺 鎌倉　第二　禪興寺 相陽
第三　聖福寺 築〔筑〕前　第四　萬壽寺 京師
第五　東勝寺 鎌倉　第六　萬壽寺 鎌倉
第七　長樂寺 上野州　第八　眞如寺 京師
第九　安國寺 京師　第十　萬壽寺 豐後州

右、禪家諸山之次第、可レ令ニ沙汰一之由、去年五月十二日、所レ被レ下ニ　院宣武家一也、爰建長寺者、爲ニ往代之敕願一、大刹之最頂也、今更不レ能ニ改動一、南禪寺者、龜山院御建立、濫觴異レ他、且元弘一統之時、可レ爲ニ諸山第一一之由、被レ下ニ　綸旨一訖、今既於レ相ニ續叡願一也、旁難ニ默止一、所詮兩寺可レ爲ニ均等之儀一、會合之時者、隨ニ京都・鎌倉所在一、可レ爲ニ賓主之禮一焉、凡於ニ五山十刹一者、共以可レ守ニ坐位之次第一、都〔鄙脱カ〕散位〔在カ〕之諸山者、云ニ現住一云ニ前住一、宜〔依脱カ〕ニ臈次一矣、次徒弟院事、既有ニ諸〔山脱カ〕之號一、不レ可ニ差別一、仍雖レ爲ニ門徒之吹擧一、非ニ其器一者、不レ及ニ許容一、若亦不レ帶ニ御敬〔教〕書一、猥雖レ致ニ寺務一、敢不レ可レ列ニ十刹十方院坐位一焉、

**十刹**　→補1
**浄妙寺**　鎌倉市浄明寺にある寺。開山は退耕行勇、開基は足利義兼、中興を足利貞氏とする。
**禅興寺**　鎌倉市山ノ内(明月院の西)にあった寺。開基北条時宗、開山蘭渓道隆。北条時頼の最明寺旧跡の復興という。文永五(一二六八)・六年頃創建。禅2参照。
**聖福寺**　福岡市博多区にある寺。開山は明庵栄西。
**万寿寺**　京都市下京区の六条内裏内にあった寺(現在は東山区)。開山は、十地上人覚空(爾一)と東山湛照(慈一宝覚)。
**東勝寺**　鎌倉市葛西ヶ谷(小町)にあった寺。開山は退耕行勇、開基は北条泰時と伝える。
**万寿寺**　鎌倉市長谷にあった寺。現在廃寺。開山無学祖元、開基北条貞時。
**長楽寺**　群馬県太田市世良田町にある寺。臨済宗寺院として始まり近世に天台宗となる。開基は新田義季。開山は栄西の弟子栄朝。
**真如寺**　京都市北区にある臨済宗相国寺派の寺。弘安九年(一二八六)尼僧無外如大が創建した正脈庵を始まりとし、後、高師直が夢窓疎石を請じて真如寺とした。
**安国寺**　京都市中京区四条烏丸にあった寺。現在廃寺。はじめ北禅寺として賀茂

*十刹《じっさつ》次第

第一　浄*妙寺〈鎌倉〉　第二　禅*興寺〈相陽〉
第三　聖*福寺〈筑前〉　第四　万*寿寺〈京師〉
第五　東*勝寺〈鎌倉〉　第六　万*寿寺〈鎌倉〉
第七　長*楽寺〈上野州〉　第八　真*如寺〈京師〉
第九　安*国寺〈京師〉　第十　万*寿寺〈豊後州〉

右、禅家諸山の次第、沙汰せしむべきの由、去年五月十二日、院*宣を武家に下さるるところなり。爰《ここ》に建長寺は、往代の勅願として、大刹の最頂なり。今更に改動能《あた》わず。南禅寺は、亀*山院御建立、濫觴《らんしょう》他に異なる。且《かつう》は元*弘一統の時、諸山第一たるべきの由、綸旨を下され訖んぬ。今既に叡願を相続するにおいてなり。旁《かたがた》、黙止しがたし。所詮、両寺均等の儀たるべし。会合《えごう》の時は、京*都・鎌倉の所在に随い、賓主《ひんしゅ》の礼たるべし。およそ、五山十刹においては、共に以て坐位の次第を守るべし。都鄙《とひ》散在の諸山は、現住と云い、前*住と云い、宜《よろ》しく臈次によるべし。次いで徒*弟院《つちえん》の事、既に諸山の号あり。差別すべからず。仍て門*徒の吹挙たりと雖《いえど》も、その器に非ざれば、許容に及ばず。もしまた、御*教書を帯さず、猥《みだ》りに寺務を致すと雖も、敢えて十*刹十方院《じっぽういん》の坐位に列すべからず。


社境内に建てられたが、康永年間(一三四二～一三四五)に移転。開山は大同妙喆、開基は足利直義。

**万寿寺**　大分市金池町にある寺(もとは同市元町)。近世に現在地に移る。開基大友貞親、開山は博多承天寺の直翁智侃。

**院宣を…**　光厳上皇院宣が武家に下され、五山十刹の位次が決定された。

**亀山院**　亀山上皇(一二四九～一三〇五)。

**元弘一統…**　建武新政にあたり、元弘四年(一三三四)、後醍醐天皇により五山の第一とされた。

**京都鎌倉の所在に…**　五山諸寺の僧が一堂に会するときの席次は場所が京都か鎌倉により、招かれた方を賓客の扱いで上位に置くべきである。

**前住**　五山・十刹・諸山といった官寺の住持経験者。

**徒弟院**　度弟院とも。徒弟院は特定の門派の僧のみが住持を占有する寺。

**門徒の吹挙…**　その寺を継承する門派の推挙を得たとしても、能力のないものは住持となれない。

**御教書…**　諸山の住持で幕府の御教書を受けずに住持を決めるのなら、十刹十方院の住持と同列に扱わない。

**十方院**　門派にとらわれず広く人材を住持に登用する寺。

## 禅9　宝林寺規式　延文二年(一三五七)十一月　日　宝林寺文書

定

寳林寺常住條々事

一　住持職事、不レ選二耆舊前後一、爲二器用一者、可レ被二選請一、次不レ可レ許二容官方擧状一焉、
一　一年兩度秉拂、不レ可レ有二退轉一、假使雖二一人一、可レ有二勤行一矣、
一　於二僧衆一者、不レ可レ過二百人一、此内沙喝十人焉、
一　於二寺務并檢斷以下一者、老僧・耆舊相共可レ有二談合一矣、
一　於二寺門前之屋敷一者、侍品人不レ許二居住一焉、
一　叢林可二勤行一禮數、不レ可二省略一、恐レ使二保社荒涼一也矣、
一　門徒僧衆、或號二徒弟院一、任二雅意一、惱二時住持一之輩者、不レ許二居住一、又長老宜レ依二本分一焉、
一　中居力者貳人、小番一人、諸寮舍免二小人工一人一、但東班都寺・監寺・維那・副寺、西序前後首座・書記・藏主并燒香侍者、單寮而已、
一　蒙堂寮各人中、行者一人、直廳一人焉、

**禅9**　↓補1

**宝林寺規式**　播磨国宝林寺の住持選定から、僧衆の定員、寺務・検断に関する評議の在り方、門前屋敷の住人、寺内諸役職の規定、檀那である赤松家との関係、塔頭の在り方について定められたもの。

**宝林寺文書**　↓補2

**宝林寺**　兵庫県上郡町にある寺。↓補3

**常住**　寺内の執行機関。

**住持職の事**…　住持の選定にあたっては、老僧、臈次の前後をいわず、能力のある人物を選び招くべきである。また、幕府からの推挙でも容認してはいけない。なお、この規定は赤松則祐により貞治六年(一三六七)変更された。

**耆旧**　臈次を重ねた徳の高い僧。一般に老僧、長老を指す。

**一年両度**…　一年間に二回は秉払の儀式を行うこと。たとえ、秉払を行う者が一人でも執行すること。

**秉払**　蔵主・書記・後堂首座・前堂首座の位にある者が、住持に代わって問答に答える儀式。禅18参照。

**僧衆においては**…　宝林寺の僧侶の定員は一〇〇人まで、僧になる前の沙弥・喝食は一〇人とする。

**寺務并びに**…　寺の運営、検断については、老僧耆旧との話し合いによる。

**寺門前の**…　門前の屋敷には侍品の者を

居住させてはいけない。
**叢林勤行すべき**… 禅院内では礼儀・格式を保つべきで、省略してはいけない。仲間意識で寺内の秩序を荒廃させることをおそれる。
**礼数** その人の名声や地位にふさわしい礼儀や待遇。格式。
**保社** 互いに身を守るための結社、仲間、組合、寺院のこと。
**門徒僧衆**… 雪村友梅の門下の僧衆で、寺を自分たちの弟子だけで継承すべきと主張し、他門派の住持を悩ますことがあれば、寺内の居住を許さない。
**中居は力者**… 方丈と庫裏の間にある中居に詰める力者は二人、小番は一人。諸寮舎には小人工を一人置くことを認める。ただし、東班、西班の各職、焼香侍者は個別に寮舎を与えるだけである。
**中居** →補4
**力者** 寺内の下働きをする俗人。
**東班** 寺内の世俗的な経営面に携わる役職。東序ともいう。
**西序** 寺内の修行・教学面に関わる役職。西班ともいう。
**単寮** 僧堂で大衆とともに起居するのではなく、寮舎を与えられること。
**蒙堂** 主要な役職に就いた老僧の居住する堂。
**直庁** 雑用を行う者。

## 禅9 宝林寺規式 延文二年(一三五七)十一月 日 宝林寺文書

定

*宝林寺*常住条々の事

一 *住持職の事、*耆旧《ぎきゅう》前後を選ばず、器用たらば、選び請ぜらるべし。次いで官方の挙状を許容すべからず。

一 *一年両度の*秉払《ひんぽつ》は、退転あるべからず。仮使《たとい》一人と雖《いえど》も勤行あるべし。

一 *僧衆においては、百人を過ぐべからず。この内、沙喝《しゃかつ》は十人。

一 *寺務并びに検断以下においては、老僧・耆旧、相共に談合あるべし。

一 *寺門前の屋敷においては、侍品の人の居住を許さず。

一 *叢林、勤行すべき*礼数は省略すべからず。*保社をして荒涼ならしむるを恐るるなり。

一 *門徒僧衆、或いは徒弟院《つちえん》と号し、雅意に任せて時の住持を悩ますの輩は、居住を許さず。また、長老宜《よろ》しく本分によるべし。

一 *中居は*力者弐人、小番一人、諸寮舎は小人工一人を免《ゆる》す。但し、*東班の都寺《つうす》・監寺《かんす》・維那《いのう》・副寺《ふうす》、*西序の前後首座《しゅそ》・書記・蔵主《ぞうす》并びに焼香侍者は*単寮のみ。

一 *蒙堂《もうどう》寮は、各人中、行者《あんじゃ》一人、*直庁一人。

一　納所職事、可㆑爲㆓常住一人、修造方一人㆒焉、
一　所㆓定置㆒寺領等、不㆑可㆑有㆓改動㆒、若違㆓此旨㆒輩、可㆑爲㆓不孝之子孫㆒者也焉、
一　於㆓檀那㆒者、爲㆓家嫡㆒、可㆑有㆓管領㆒、又爲㆓檀那㆒者、爲㆓當寺開山和尚寶覺禪師門徒㆒、可㆑興㆓寺門㆒也矣、
一　於㆓塔頭㆒者、除㆓寶所庵㆒之外、不㆑許㆓建立㆒焉、

右、所㆓定置㆒式目、凡爲㆓我子孫㆒而相㆓續家門㆒之族、至㆓盡未來際㆒、不㆑可㆑有㆓改動違〔背〕輩之儀㆒、若爲㆓寺家之沙汰㆒、有㆓改動㆒、固可㆑禁㆓制之㆒、若雖㆓少年〔事ヵ〕㆒、於㆓改變之輩㆒者、我永乘㆓佛法大願力㆒、以㆓天眼㆒視㆑之、以㆓金剛杵㆒摧㆓伏爾㆒矣、且可㆑負㆓當寺諸佛・薩埵・土地護法善神之冥慮㆒者也、

已前條々、所㆓定置㆒誡〔誠ヵ〕言、併奉㆑仰㆓三寶龍天之照鑑㆒矣、

延文二丁酉年十一月日

権律師則祐判

住持　啓初判

**納所職の事**…　会計責任者である納所は、日常会計と修造の特別会計担当者と各一人置く。

**定め置く**…　宝林寺に寄進した所領を移動させる者がいたら、これは不孝の子孫である。

**檀那においては**…　宝林寺の檀那は赤松家の嫡流がこれを務め、檀那となれば、開山である雪村友梅の門徒の一員として

一　*納所《なっしょ》職の事は、常住一人、修造方一人たるべし。
一　*定め置くところの寺領等、改動あるべからず。もし、この旨に違うの輩は、不孝の子孫たるべき者なり。
一　*檀那においては、家嫡として管領あるべし。また、檀那たらば、当寺開山和尚*宝覚禅師門徒として、寺門を興すべきなり。
一　*塔頭《たっちゅう》においては、宝所庵を除くの外は、建立を許さず。
右、定め置くところの式目は、およそ我が子孫として家門を相続するの族は、尽未来際に至り改動違背の儀あるべからず。もし寺家の沙汰として改動あらば、固くこれを禁制すべし。もし、少事と雖も改変の輩においては、我、永く仏法の大願力に乗じ、天眼を以てこれを視、*金剛杵を以て爾を摧伏せん。且《かつう》は当寺諸仏・薩埵・土地護法善神の冥慮に負うべきものなり。
已前条々、定め置くところの誠言、併《しか》しながら三宝龍天の照鑑を仰ぎ奉る。

延文二〈丁酉〉年十一月日

権律師則祐*判
住持　啓初*判

寺の興隆を図るべきである。

**宝覚禅師**　宝覚真空禅師、雪村友梅(一二九〇～一三四六)が元の朝廷から受けた禅師号。雪村友梅は臨済宗一山派の禅僧。播磨国法雲寺、宝林寺の開山、京都万寿寺・建仁寺の住持となった。→補1

**塔頭においては…**　宝林寺内の塔頭は宝所庵の他に建立してはいけない。宝所庵は雪村友梅の塔所。後に、雪村・赤松円心・赤松則祐の木像が安置された。

**金剛杵**　もとはインドの武器で、密教で尊重され、諸尊の持物や修法で使用する法具となる。煩悩を打ち砕く菩提心の象徴とされる。

**則祐**　赤松則祐(一三一一～一三七一)、赤松則村(円心)の三男。はじめ出家して延暦寺僧となり権律師妙善と名乗った。父則村・兄範資の死後、播磨国守護職を継承し、備前国守護、一時、摂津国守護にもなる。観応の擾乱の際、幼少の足利義満を保護し、その後も幕府で重用され、禅律方頭人にもなった。禅僧との交流も多く、雪村友梅に帰依した。法号は宝林寺殿自天妙善。

**啓初**　大同啓初(?～一三八八)、雪村友梅の法嗣、宝林寺の開創に関わる。十刹の相模国禅興寺に移り、応安元年(一三六八)彼の地で没する。遺骨は弟子、金仙□選が宝林寺に持ち帰った。

## 禅10　東福寺天得庵規式　応安元年(一三六八)三月十八日　宝福寺文書

天得庵

一　當庵者、井山開山門徒、一會寄宿之地也、為二塔主一人闕如之時者、自二總門徒中一、撰二器用人一、可レ被レ差二置之一、

一　定二人數一事、塔主一人、侍者一人、行者一人、々工二人、以上五人、月別毎人三百、都合一年中拾捌貫、衣物者、行者分三貫、人工二人分三貫、都合六貫、油炭料足、月別三百、一年中都合參貫陸百、修正中節々料足貳貫肆百、總都合參拾貫、以二此内一、一々可二支配一者也、

一　僧・行者・人工之事、可レ為二時塔主之計一云々、

一　上津江庄年貢内伍拾石、為二天得庵分一、可レ納二般若庵一、時坊主并門徒老僧達、加二評定一、運二上一年中受用參拾貫一、殘分可レ為二天得庵造營料足一者也、

一　遠州内田庄（大野忠意禪門寄進分）年貢事、料足到來之時、都鄙之門徒加二評議一、可レ致二修造之功一者也、

一　當庵寄宿僧衆事、不レ可二胡亂止住一、若於下違二塔主之意一輩上者、可レ停二止共住一、若又塔主非法之時者、總門徒訪二都鄙之義一、

**禅10**　→補1

**東福寺天得庵規式**　東福寺塔頭天得庵の運営について天得庵を開いた無夢一清以下、その門徒の僧衆が連署した規式。この文書が伝来した備中国宝福寺は東福寺派の内でも無夢一清門下の僧が地方拠点とした寺院。五山内の塔頭と地方禅院の関係をみることができる史料。→補2

**宝福寺文書**　岡山県総社市にある、臨済宗東福寺派の宝福寺所蔵文書。寺院法関係としては、本文史料の他、宝福寺条々式目、井山門徒連署天得庵入庵定書などがある。『岡山県史』二〇(家わけ史料)所収。

**当庵は…**　天得庵は宝福寺門徒が会する東福寺内の寄宿地であり、天得庵の庵主が欠けた時は、門徒中より器量ある人物を選び塔主とする。天得庵のような塔頭はもともと先師の遺骨を納める塔を中心に形成され、院主は塔主とも称した。

**井山開山門徒**　井山は宝福寺のこと。宝福寺開山は鈍庵慧聡で、もと天台僧、東福寺開山円爾に師事し、第二世として円爾の弟子玉渓慧椿を招いた。第三世にはその弟子、無夢一清が就任した。門徒とはこの法系に連なる僧衆のこと。→補3

## 禅10 東福寺天得庵規式　応安元年(一三六八)三月十八日　宝福寺文書

天得庵

一 *当庵は、*井山《いやま》開山門徒、一会寄宿の地なり。塔主《たっす》たる人闕如の時は、総門徒中より、器用の人を撰び、これを差し置かるべし。

一 人数を定むる事、塔主一人、侍者一人、*行者《あんじゃ》一人、*人工《にんく》二人、以上五人。月別毎人三百、都合一年中拾捌貫。衣物は、行者分三貫、人工二人分三貫、都合六貫。油炭料足は、月別三百、一年中都合参貫陸百。*修正中節々の料足は弐貫肆百。総都合参拾貫、*この内を以て、一々支配すべきものなり。

一 *僧・行者・人工の事、時の塔主の計らいたるべしと云々。

一 *上津江庄年貢の内伍拾石は、天得庵分として、*般若庵に納むべし。時の坊主并びに門徒の老僧達は、評定を加え、一年中受用の参拾貫を運上し、残る分は、天得庵造営料足となすべきものなり。

一 *遠州*内田庄〈大野忠意禅門寄進分〉年貢の事、料足到来の時、都鄙《とひ》の門徒は、評議を加え、修造の功を致すべきものなり。

一 *当庵寄宿の僧衆の事、胡乱《うろん》に止住すべからず。もし、塔主の意に違うの輩においては、共住を停止《ちょうじ》すべし。もしまた、塔主非法の時は、総門徒、都鄙の義を訪

**行者・人工**　禅院内の雑用を担う者。

**修正中節々**　正月の修正会や季節ごとの行事の費用。

**この内を以て…**　この予算内で配分するように。

**僧行者…**　天得庵内の侍者以下の補任・進退権は、そのときの塔主にある。

**上津江庄年貢の内…**　宝福寺領である上津江庄の年貢の内、五〇石は東福寺天得庵分として、無夢一清の隠居所である般若庵に納め、時の院主以下で評定し、年間の経費として三〇貫文を運上し、残りは天得庵の造営費用として般若庵が管理する。

**上津江庄**　岡山県井原市美星町上高末・小田郡矢掛町上高末から下高末に所在した荘園。

**般若庵**　宝福寺内の塔頭。

**遠州内田庄…**　遠江国内田庄の年貢は、京都・地方の門徒が評議し、天得庵の修造費用とする。大野忠意禅門は不詳。

**内田庄**　静岡県菊川市にあった荘園。山門領・園城寺領もあった。

**当庵寄宿…**　寄宿の僧衆については、無用な長期滞在は禁止する。もし、塔主の意に違う者がいたならば、ともに住むことを停止する。塔主の任期は三年であるが、非法の塔主は総門徒の意によって改易することができる。

可レ改二易之一、但塔主之職限二三年一、随意不レ可二進退一者也、
一　庵中動用什物、繪・本尊・聖教・細々家具等、任二目錄之旨一、能々取調、不レ出二庵中一、可レ存二遠大之計一、若有二紛失一者、當住之庵主、可レ補レ之、古語云、護二惜常住一、如レ守二眼睛一、豈虛語哉、可レ存二知此旨一云々、
右、守二條々一、定置法不レ可二違犯一、若越二規繩一之輩者、不レ可レ爲二門徒一、爲二永代一所二定置一如レ件、

應安元年戊申三月十八日

天參(花押)

(署名一八名略)

**禅11**　大徳寺寺務定書　応安元年(一三六八)六月　日　　大徳寺文書

一　修正五ケ日安排事、朔日・三日・五日索麪、五ケ日粥飯宜レ調レ之、以二小宅半分粥飯之土貢之內一、可レ辨レ之也、
一　毎月初一・十一・廿一日戌刻、於二　土地堂春日前一供二飯酒一、大悲

**庵中動用の…補うべし**　天得庵に所在する什物類の絵画・本尊・聖教・家具などは目録をもってよく取り調べ、庵より出してはならない。もし、紛失物があれば、庵主は補塡しなければならない。

**常住を…**　天得庵の公的な空間にある什物を護持することは、目を守るように大事にしなければならない。

**天参**　天参以下、門徒の有力僧、無夢一清、宝福寺住持など一九人の署判。↓補1

**禅11**　↓補2

**大徳寺寺務定書**　大徳寺の年中行事および経費支給の内容を定めたもの。↓補3

ね、これを改易すべし。但し、塔主の職は三年を限り、随意に進退すべからざるものなり。

一 *庵中、動用の什物、絵・本尊・聖教・細々の家具等は、目録の旨に任せ、能々取り調べ、庵中を出ださず、遠大の計らいを存ずべし。もし、紛失あらば、当住の庵主は、これを補うべし。古語に云わく、*常住を護り惜しむこと眼睛を守るが如くせよ、豈《あに》、虚語ならんや、この旨を存知すべしと云々。

右、条々を守り、定め置くの法は違犯《いぼん》すべからず。もし、規縄を越ゆるの輩は、門徒たるべからず。永代として定め置くところ、件の如し。

応安元年〈戊申〉三月十八日　　　　(署名一八名略)

*天参(花押)

**禅11**　大徳寺寺務定書　応安元年(一三六八)六月　日　　大徳寺文書

一 *修正五ケ日*安排《あんばい》の事。朔日・三日・五日の*索麵《さくめん》、五ケ日粥飯《しゅくはん》、宜《よろ》しくこれを調うべし。*小宅半分粥飯の土貢の内を以て、これを弁ずべきなり。

一 毎月初一・十一・二十一日〈戌刻〉、　*土地《どじ》堂*春日前において飯酒を供え、*大悲《だいひ》

**修正**　正月の法会、禅林では三日或いは五日間、修正牌を掲げ大般若経を転読した。

**安排**　処置、調整、手配すること。

**索麵**　小麦粉をこねて糸のように引き伸ばした食品。音便変化でそうめん。

**小宅**　播磨国小宅庄のこと。現在の兵庫県たつの市。→補4

**土地堂**　禅宗寺院で境内を守護する神を祀った堂。寺院によって神は異なる。中国の『幻住庵清規』では、毎月二日・十六日に諷経(ふぎん)がある。

**春日**　春日社、徳禅寺内に勧請された鎮守社。徹翁義亨が一夕春日明神より仏舎利を授かる夢を見、翌日午時、白鹿が門内に来たり、仏殿を三匝し死んでしまった。その倒れた地を掘ると小銀塔があり大日如来の木像と舎利があった。よって鹿を埋め春日社を建立したという(「龍宝山外志」『神社』『龍宝山大徳寺誌』乾所収)。応安元年(一三六八)の正伝庵法度(「徳禅寺文書」)には、徹翁義亨の数度の仏舎利感得や鹿島大明神、春日大明神より感得の宝玉などの話が記され、徹翁義亨の信仰内容をみることができる。

**大悲呪**　唐の伽梵達摩訳「千手千眼観世音菩薩広大円満無礙大悲心陀羅尼経」(一巻)に含まれる陀羅尼、禅宗で朝課諷経など日常に読誦されるもの。

呪一反、消災呪三反、不レ闕可二諷誦一、曾不レ可レ促レ衆者也、

一　四季大般若不レ可二等閑一事、當日可レ為二時點心一、料足同上、

一　佛誕生・佛涅槃・達磨忌供具、御布施事、檀紙一帖宛、料足同上、

一　佛成道供具、御布施幷紅糟事、如二先規一御布施、檀紙一帖、扇一本、料足同上、

一　毎月廿二日開山塔供具、幷四節供具、年忌供備菜、同御布施事、如二先規一旦紙一帖、扇一本、料足同上、

一　住持入院經營事、當日粥飯、

一　住持月奉〔俸〕毎年拾伍石、

一　正傳庵事、御影粥飯、同塔主、御影侍者以下幷人工、毎日粥飯人別一升宛、自二常住方一可レ致二其沙汰一者也、自今以後、盡未來際更不レ可レ有二等閑一云々、

一　堪二忍寺役一之輩、自二常住一夏冬衣可二下行一也、

一　小宅莊主御恩事、兩人ニ別自二惣莊一參結宛、

一　寺家沙汰雜掌御恩者、鑑二其器用一、可レ分二上中下一者也、

一　行者御恩事、上參貫・中貳貫・下壹貫、

**消災呪**　不空訳「仏説熾盛光大威徳消災吉祥陀羅尼経」のなかの呪。

**大般若**　「大般若波羅蜜多経」、日本の禅院では顕密諸宗と同様に祈禱として大般若経の転読を行った。四季は一・五・九月の善月祈禱と歳末の祈禱。

**点心**　簡単な食事。

**仏誕生…**　釈迦の生まれた四月八日の仏生会、釈迦の入滅した二月十五日の涅槃会、達磨の忌日十月五日に行われる達磨忌の法会。

**檀紙**　古くは檀(まゆみ)を原料としたといわれるが、平安時代末以降には楮を原料とした厚手の上質紙。

**仏成道**　釈迦が悟りを開いた(成道)十二月八日に行われる法会。日については諸説あるが宋代に行われたこの日が日本の禅林にもたらされ諸宗に広がった。

**紅糟**　成道会に禅院で食する五穀を混ぜて炊かれた粥。小豆により紅色になることによる。五味粥・臘八粥ともいう。現在は小豆のみの場合が多い。

**毎月二十二日…**　宗峰妙超の忌日は建武

呪《しゅ》一反、*消災呪《しょうさいしゅ》三反、闕《か》かさず諷誦すべし。曾《かつ》て衆を促すべからざるものなり。

一 四季*大般若、等閑すべからざる事。当日、時に*点心をなすべし。料足同上。

一 *仏誕生・仏涅槃・達磨忌供具、御布施の事。*檀紙一帖宛、料足同上。

一 *仏成道供具、御布施幷びに*紅糟の事。先規の如く御布施は、檀紙一帖、扇一本、料足同上。

一 *毎月二十二日の開山塔供具、幷びに*四節供具、年忌供備の菜、同御布施の事。先規の如く旦紙一帖、扇一本、料足同上。

一 *住持入院《じゅえん》経営の事。当日粥飯。

一 *住持の月俸は、毎年拾伍石。

一 *正伝庵の事。*御影粥飯、同塔主《たっす》、御影侍者以下幷びに人工《にんく》、毎日粥飯人別一升宛、常住方よりその沙汰致すべきものなり。自今以後、尽未来際更に等閑あるべからずと云々。

一 *寺役に堪忍の輩は、常住より夏冬の衣、下行すべきなり。

一 小宅*荘主《しょうす》御恩の事。両人に別に惣荘より参結宛《ずつ》。

一 *寺家の沙汰雑掌の御恩は、その器用を鑑《かんが》み、上中下に分かつべきものなり。

一 *行者《あんじゃ》の御恩の事、上は参貫・中は弐貫・下は壱貫。

四年（一三一七）十二月二十二日。これにより毎月二十二日大徳寺方丈の開山塔にお供えをし法会が営まれた。

**四節** 禅林における夏安居の始まる結夏、夏安居の終了する解夏、冬至、年朝（元旦）の日のこと。

**住持入院**… 新しく任命された住持が大徳寺に入る日の準備や食事。

**住持の月俸**… 大徳寺住持に毎月支給された給分。年間では一五石にのぼる。

**正伝庵** 宗峰妙超の法嗣で大徳寺を継いだ徹翁義亨（一二九五～一三六九）の塔所。→補1

**御影粥飯**… 徹翁義亨の像にお供えする粥飯、塔所を守る僧、塔所に仕える侍者、下部には、それぞれ毎日粥飯料として一升宛、常住（大徳寺の執行機関・公の会計）より支給する。

**寺役に**… 寺内の諸役を勤めている僧には常住より夏冬の衣を支給する。

**荘主** 禅院の荘園を管理する僧。大徳寺では毎年、十二月二十二日の宗峰妙超忌日に、住持・東班・西班・老僧・末寺の僧衆等が集まり荘主を任命し、一荘に二名を宛てた。荘主二人は各人、荘園の収入から三貫文、得ることができる。

**寺家の**… 大徳寺の管理・雑務にあたる者は、その能力を計って、給分については上中下の段階に分ける。

**行者** 寺内の雑役を担当する者。

一　凡常住下行檀那施物、一粒一銭不レ可ニ謾〔漫〕賦一、常稽ニ斗升一、須レ正ニ木杓蓋一、於ニ庫藏之開合一者、宜レ為ニ　上方幷兩班頭之御封一者也、

右此條々、有ニ住持和尚
東堂和尚幷兩班・大耆舊等、同心談合而所レ被ニ定置一也、為ニ門流一之輩者、雖ニ一事一勿ニ相拒一也、且寺院事、
先師國師入滅之年、三月十八日夜半、召ニ東堂和尚一、有ニ遺付之子細一、門弟等容易勿ニ違拒一矣、

應安元年六月　日　　宗石(花押)

(署名一一名略)

**禅12**　足利義満御内書　康暦元年(一三七九)十月十日　鹿王院文書

天下僧祿〔錄〕禪家事、殊為ニ佛法紹隆一所レ令レ申也、早可レ有ニ御存知此趣一候、恐惶敬白、

康暦元年十月十日　　右大將(花押)

**およそ常住…**　檀越から布施として受けた物を寺内の執行機関である常住から支給する場合、一粒一銭も無駄に出してはいけない。→補1

**庫蔵の開合…**　蔵の開け閉めは、住持ならびに首座、都寺によって封をすること。

**上方**　住持のこと。

**両班頭**　西班の長である首座、東班の長である都寺。

**東堂和尚**　大徳寺の住持経験者、前住。

**両班**　禅院では寺内の役職を東班(都寺・監寺・副寺・維那・典座・直歳)・西班(首座・書記・蔵主・知浴・知殿・知客)に分けた。

**大耆旧**　老僧のこと。

**先師国師**　宗峰妙超のこと。

**東堂和尚**　ここでは、徹翁義亨のこと。建武四年(一三三七)三月十八日に宗峰妙超から徹翁義亨へ大徳寺が譲られたことを明示し、徹翁義亨門下の大徳寺相承の正当

性を宣言している。本文史料は、徹翁義亭の死去の前年に弟子達一三名の連署で定められている。

**禅12**　→補2

**足利義満御内書**　足利義満が春屋妙葩を禅宗の僧録に任じた文書。足利義満（一三五八～一四〇八）は室町幕府三代将軍。禅林を保護し、相国寺を創建する。

**鹿王院文書**　京都市右京区嵯峨北堀町にある鹿王院所蔵の文書。鹿王院はもと宝幢寺の開山塔で春屋妙葩の塔所をはじまりとする。中世末に宝幢寺が衰退していくことにより鹿王院のみがのこった。鹿王院は春屋門派の拠点として位置づけられていた。宝幢寺は十刹に列した大寺院であり、関係の文書や末寺の文書が、鹿王院に保管される規定であった。文書には、南北朝・室町時代の禅宗の動向をみる上で重要な史料を多数伝えている。中世文書九一五通は鹿王院文書研究会編『鹿王院文書の研究』（思文閣出版、二〇〇〇年）所収。

**僧録**　中国において唐代以降おかれた僧侶を統轄する機関、宋・明代に整備され、この制を室町幕府が日本に取り入れた。日本では五山・十刹・諸山の人事、訴訟の取り次ぎなどの事務にあたった。
→補3



一　*およそ常住下行の檀那施物は、一粒一銭も漫《みだり》に賦《くば》るべからず。常に斗升を稽《はか》り、須《すべから》く木杓の蓋を正すべし。*庫蔵の開合においては、宜しく*上方幷びに*両班頭の御封をなすべきものなり。

右この条々住持和尚

*東堂和尚幷びに*両班・*大耆旧《ぎきゅう》等、同心談合ありて、定め置かるるところなり。門流たるの輩は、一事と雖《いえど》も相拒む勿《なか》れ。且《かつう》は寺院の事、

*先師国師入滅の年、三月十八日夜半、*東堂和尚を召し、遺し付すの子細あり、門弟等、容易に違え拒むこと勿れ。

応安元年六月　日　　宗石（花押）

（署名一二名略）

## 禅12　足利義満御内書　康暦元年（一三七九）十月十日　鹿王院文書

天下*僧録〈禅家〉の事、殊に仏法紹隆のため申せしむるところなり。早くこの趣を御存知あるべく候、恐惶敬白。

康暦元年十月十日　　右大将（花押）

春屋和尚禅室

**禅13**　東福寺訴状　康暦元年(一三七九)十一月晦日　東福寺文書

（花押）

東福寺訴訟條々

一　住持職、任二南禅・天龍法一、自二武家一可レ被レ成二御教書一事

一　兩班被レ止二吹擧一、可レ任二理運一事

一　諸門徒内奏、不レ可レ有二御許容一事

一　普門寺住持職、可レ爲二本寺計一事

一　法性寺八町・寺家被管〔官〕所々、可レ被レ停二止検斷幷課役等一事

右條々、既令レ啓二達大閤〔太〕一訖、無二子細一上者、預二御證明一、可レ備二寺家末代之龜鏡一者也、

康暦元年十一月晦日

**禅14**　足利義満禅院規式　永徳元年(一三八一)十二月十二日　円覚寺文書

諸山條々法式

**春屋和尚**　春屋妙葩のこと、一三一一〜一三八八。鎌倉・南北朝時代の臨済宗の僧。夢窓疎石の俗甥。夢窓疎石のもとで出家、渡来僧の竺仙梵仙・清拙正澄のもとでも学ぶ。夢窓の法を嗣ぎ、その後継者として活動し、天龍寺等の住持となる。足利義満の信任あつく、相国寺の実質の開山となった。→補1

**禅13**　→補2

**東福寺訴状**　東福寺から室町幕府に出された文書で、訴状の形式をとるが、東福寺の住持職の任命方法、諸役職のあり方、普門寺の住持職、門前の検断と課役の免除について定めたもの。東福寺の檀越である九条家の許可を得て、幕府に提出され、足利義満の袖判が据えられている。

**住持職…**　東福寺の住持職はこれまで、鎌倉時代以来の檀越九条家・一条家により任命されてきたが、これ以後は南禅寺・天龍寺と同様に武家の御判御教書に

*春屋和尚禅室

**禅13** 東福寺訴状 康暦元年(一三七九)十一月晦日　　東福寺文書

(花押)

東福寺訴訟条々

一 *住持職は、南禅・天龍の法に任せ、武家より御教書を成さるべき事

一 *両班は、吹挙を止められ、理運に任すべき事

一 諸門徒の*内奏、御許容あるべからざる事

一 *普門寺住持職は、本寺の計らいたるべき事

一 *法性寺八町・寺家被官の所々は、検断幷びに課役等を停止《ちょうじ》せらるべき事

右条々、既に*太閤に啓達せしめ訖んぬ。子細なき上は、*御証明に預かり寺家末代の亀鏡に備うべきものなり。

康暦元年十一月晦日

**禅14** 足利義満禅院規式 永徳元年(一三八一)十二月十二日　　円覚寺文書

諸山条々法式

よって任命する。↓補3

**両班は…** 両班は、禅院内の都聞、首座などの役職を東班と西班とに区分し、その総称。東福寺内の寺僧の役職任命は諸人の推挙によらず、器量により人選すべきである。

**内奏** 東福寺(聖一派)門徒が朝廷に奏上すること。

**普門寺** 東福寺の西隣にあった臨済宗聖一派の寺院。寛元三年(一二四五)九条道家によって建立、円爾が住持となった。室町時代には十刹に列す。現在は廃寺。

**法性寺…** 他権門からの東福寺門前に対する検断、課役賦課を停止する。

**法性寺八町** 東福寺門前の町。法性寺は東福寺創建以前にこの地にあった九条家の寺。

**太閤** 九条経教(一三三一～一四〇〇)、延文三年(一三五八)関白氏長者、応永二年(一三九五)出家、法号は後報恩寺殿。東福寺を管領するのは、九条・一条家の上首。

**御証明** 神判の足利義満による確認を指す。

**禅14** ↓補4

**足利義満禅院規式** 足利義満のもと、管領斯波義将が意を奉じて出した禅院規式。全一六カ条からなり、住持職の選任方法などを定めた。↓補5

一　住持職事、或異朝名匠、或山林有名道人、或爲二公方一以二別儀一勸請、不レ在二制限一、若二七十五以後老西堂一亦同前、直饒其器用、雖レ堪レ可レ任、若捧二權門擧一者、不レ可レ成二公文一、叢林大弊、依二此一事一、故固制レ之、若有二理運並出一者、拈二鬮子一、可レ定レ之、

一　諸家門派下未二出世一者、若得二其人一、擧以續二其燈一也、次大刹長老、同派不レ可二兩立一、三代兒孫、可レ許レ之、若爲二寺家一、有二其底之人一、不レ在レ制之〔限脱カ〕、凡住持先宜レ依二序遷一、莫レ亂二位次一、故奔走計略、始二於茲一者也、

一　入院之時禮儀物、白槌一人分、銀劔一腰、小袖一重、杉原一束之外、諸山幷武家御代官及奉行人引出物、一向可レ停二止之一、

一　住院年紀不レ滿二三夏一、不レ許下以二前住儀一而入牌上矣、況爲二東堂列一、赴二公請一乎、若二住持縁契一者、或三年、或五年、宜レ隨二衆心一矣、

一　入院已前、號二評定一、兩班・耆舊招請事、固制レ之、入院已後

**住持職の事…同前**　円覚寺など五山の住持については、外国の名僧、地方に居住する著名な禅僧、或いは将軍が特別に招いた人物を規制するものではない。七五歳以上の老西堂も同様である。

**西堂**　諸山・十刹の住持職を得た僧。

**直饒いその…**　たとえ器量の人物であっても、権門の推挙をもって入院しようとする者については、公文を出すことはしない。禅院の弊害はこのことによるからである。もし、道理にかなう選出された人物が複数出た場合は、鬮により、選定する。

**公文**　公帖、一般に将軍の御判御教書で住持に任命された。

**諸家門派下…**　諸門派の中で、五山の住持職を得ていないものがいて、適材がいれば、推挙して、住持に任命する。

**出世**　諸山以上の官寺の住持職を得ること。幕府より公帖(公文)を受けた。室町時代には実際に着任するというものより、坐公文という称号付与の形態が一般化し、各寺の住持職が僧階的意味合いを持つようになる。

**大刹の長老…制の限りにあらず**　大寺の住持には同門派の僧が相次いで就任してはならない。師弟関係が三代以上離れて

一　*住持職の事、或いは異朝の名匠、或いは山林有名の道人、或いは公方として別儀を以て勧請するは、制の限りにあらず。七十五以後の老西堂*の若《ごと》きはまた、同前。*直饒《たと》いその器用、任ずべきに堪《た》うると雖《いえど》も、もし権門の挙を捧《ささ》ぐるは、*公文《くもん》を成すべからず。叢林の大弊、この一事による。故に固くこれを制す。もし理運並出あらば、鬮子《きゅうし》を拈《ねん》じ、これを定むべし。

一　*諸家門派下、未だ*出世せざる者に、もしその人を得ば、挙げて以てその燈を続ぐなり。次いで*大刹の長老は同派両立すべからず。三代の児孫は、これを許すべし。もし寺家としてその底の人あらば、制の限りにあらず。*およそ住持は先ず宜《よろ》しく序遷によるべし。位次を乱すこと莫《なか》れ。故《ことさら》に奔走計略するは、茲《ここ》に始まるものなり。

一　*入院《じゅえん》の時の礼儀物は、*白槌《びゃくつい》一人分、銀剣一腰、小袖一重、杉原一束の外、*諸山并びに武家御代官及び奉行人の引出物、一向これを停止《ちょうじ》すべし。

一　*住院の年紀、二夏に満たざれば*前住儀を以て入牌《にっぱい》することを許さず。況《いわん》や*東堂の列として、公請に赴くをや。住持の縁契の若きは、或いは三年、或いは五年、宜しく衆心に随うべし。

一　*入院已前、評定と号して、両班・耆旧《ぎきゅう》を招請の事。固くこれを制す。入院已後

いれば、同門派の僧でもかまわない。

**およそ住持は…乱すこと莫れ**　住持は臘次の順に従い選任すべきであり、位次を乱してはいけない。

**入院の時の礼儀物**　新任住持(新命)の入院儀式の際の引き出物。

**白槌**　白槌師のこと。新住持が入院儀式の際、はじめて法を説く上堂・開堂の折、その人物が正統な法を嗣いだ人物であることを証明する僧。白槌師だけが礼儀物をもらった。↓補1

**諸山**　十刹の下の諸山というよりここでは招待された他の五山などの住持。

**住院の年紀**…　住持としての在任期間が夏安居二回に満たない場合は、その寺の前住として位牌を置くことを許さず、東堂とも呼ばない。官寺の住持の任期は一般に三年二夏、足かけ三年といわれた。↓補2

**前住**　前住号は、「前住円覚」など官寺の住持の経歴を持った人物の名乗りに使われ、後世、僧階の呼称ともなる。

**東堂**　前住職はその寺の東堂に居したことによる。五山の公帖を受けた僧は東堂と呼ばれた。

**入院已前**…　新住持が入院前に両班の僧や老僧などを招いて会合を持つことは禁ずる。耆旧は耆宿老徳、法臘五〇歳以上の老僧。

巡請、子細同前、若於二違法住持一者、不レ可レ有二□□儀一、諸山亦不レ可二列坐一、

一　入院經營、不レ可二華奢一、寺院荒廢、併依二此費一、故固制レ之耳、又爲二住持一止二一切禮儀一、亦其費繁多故也、

一　兩斑〔班〕進退事、兩班四節、侍者八節、若不レ滿二此節一而退者、其同列各不レ可レ行二名字一也、除二長病者一、自二公界一點檢可レ免レ退、

一　近年以來、兩班進退事、或五日、三日、猶甚一日之中、至二于三・五度一之云々、豈百丈、設二叢林一之意哉、所詮不レ可レ爲二前住儀一之上者、子細同前、又可レ止二後進御教書一也、

一　兩班・侍者、不レ擇二器才一、以二權門擧一作レ之、佛法衰微、無レ甚二於此一、頭首不レ問二大小刹一、遂二秉拂一者、可レ賜二住持公文一、否、何以別二東西職一、固可レ窮レ之、

一　近年少年者、作二侍者一云々、叢林陵遲、不レ可レ過レ之、縱雖レ有二名字一、寮主・副寮幷僧堂記等諸役、不レ可レ免レ之、若

**入院の経営**　新住持の入寺儀式の経費・規模。

**両班進退の事**…　東班・西班の役職者は一年、侍者は二年を任期とする。任期に満たず退く者は、職歴と認めない。ただし、長期の病気の者は、寺家より調べ、退任を許す。

**四節**　結夏・解夏・冬至・年朝のこと。

**侍者**　住持に近侍する役職。

**公界**　常住、寺家のこと。

**近年以来**…　近年、両班の役職交替が頻繁であり、五日、三日、さらには一日に三、五度交替するという。これは「百丈清規」の意図に反するもので、前住の称号と同様、短期交替者は経歴と認めな

巡請、子細同前。もし違法の住持においては、□□の儀あるべからず。諸山また、列坐すべからず。

一 *入院の経営は、華奢《かしゃ》すべからず。寺院の荒廃併《しか》しながらこの費《ついえ》による。故に固くこれを制するのみ。また住持として一切の礼儀を止む。またその費繁多の故なり。

一 *両班進退の事、両班は四*節、侍者は八*節、もしこの節を満たずして退かば、その同列、各《おのおの》名字を行うべからざるなり〈長病の者を除く、*公界より点検し、退くを免《ゆる》すべし〉。

一 *近年以来、両班進退の事、或いは五日、三日、なお甚だしきは一日の中に、三・五度に至ると云々。豈《あに》*百丈《はじょう》、*叢林を設けるの意をや。所詮前住の儀たるべからざるの上は、子細同前。また、後進の御教書を止むべきなり。

一 *両班・侍者、器才を択ばず、権門の挙を以てこれを作《な》すは、仏法衰微これより甚だしきはなし。*頭首《ちょうしゅ》は大小の刹を問わず、秉払《ひんぽつ》を遂ぐれば、住持の公文《くもん》を賜うべし、否や、何を以て東西の職を別たんや。固くこれを窮むべし。

一 *近年、少年の者、侍者と作すと云々。叢林の*陵遅《りょうち》、これに過ぐべからず。*縦《たと》い名字ありと雖《いえど》も、寮主・副寮并びに僧堂記等の諸役は、これを免すべからず。も

い。また、こうした人物に対しては、今後、住持としての出世の御教書も出さない。

**百丈** 百丈懐海(七四九〜八一四)、中国唐代の禅僧。禅院の寺院規則すなわち清規(しんぎ)を初めて制定した。これを「百丈清規」という。原本は現存していない。

**叢林** 禅院のこと。僧衆が樹林の如く静寂に一処に住する様をいう。

**両班侍者**… 両班や侍者の器量・才能を選ばず、権門の推挙で決めるのは、仏法の衰微を招くものである。

**頭首は**… 西班の役職にあるものは、大小の寺を問わず、住持に代わって説法する秉払の儀式を遂げると官寺の住職職の公文を受けることができる。だから東班と西班を区別しているのだ。本来、東班・西班は修行僧が職務を分担するもので平等であったが、この頃から、西班は教学面を主担し、東班は世俗・経営面を担当して区別が明確になってきたと考えられる。

**近年少年**… 近年、年少者を侍者にしているのは禅院の衰微の原因となる。

**陵遅** 物事が次第に衰えていくこと。

**縦い名字**… たとえ、年少者が寺に籍を置いていても、寺内の寮舎の主たる僧や副寮、僧堂記などの役職者になることを許してはいけない。

異義者出院、於二向後、十六未満一者、不レ可レ做レ之、次十五未満者、不レ許レ作レ僧、

一　僧衆員數事、大刹五百人、貞治法式定レ之了、然或七、八百人、乃至一千、二千云々、百丈風規、掃レ地可レ知焉、住持固守レ之、可レ減レ衆也、沙彌・喝食常住三十人、經二掛搭一五十人、其餘悉可レ除二名字一、

一　西堂參暇、不レ可レ過二十員一、若修造之寺、猶可レ減レ之、耆舊參暇人數、若無レ闕者、不レ可レ免レ之、固制焉、

一　請暇可レ限二百日一、若一日過二其期一、可レ抽レ單、或歸來參暇、無レ幾、又請暇者、固制レ之、又不レ逢二入院一者、悉可レ抽レ單也、

一　三時諷經、不レ問二耆舊・衆僧一、固點檢、衆僧可レ除二名字一、耆舊不レ可レ有二序遷之儀一也、夫禪宗、以二坐禪一得レ名、懈怠者及二數度一、出院、

一　秉拂禪客、若不レ肯起單去、永不レ可レ免二參暇一、

一　兩班・侍者暖寮、固停二止之一、若犯二禁法一、或寄二事左

**向後…**　今後、一六歳未満のものを侍者や役職に就けてはいけない。また、一五歳未満のものを僧としてはいけない。

**僧衆の員数…知るべし**　円覚寺など大寺院の定員は五〇〇人とする。貞治の法でこれを定めているが、現実には七、八〇〇人、或いは一〇〇〇、二〇〇〇人の僧衆をかかえる寺もある。百丈和尚以来の清規を守る禅院生活はすたれてしまっていることを知るべきである。

**貞治の法式**　貞治七年(一三六八)二月十三日付諸山入院禁制条々があるが、人数規定はない。

**沙弥喝食**　正式な禅僧になる前の少年。

**掛搭**　禅寺に入門すること。ここでは入門して籍を置いている沙弥喝食。

**参暇は…免すべからず**　寺にもどって居住する西堂の人数は一〇人までとする。もし、修造を行っている寺はさらに減員すべし。老僧も欠員がなければ、居住を認めない。

**参暇**　一般に所用で外出していた僧が僧堂に戻ることをいうが、ここでは西堂位で常住に詰める僧のこと。

**請暇は…単を抽くべし**　私用のための外出は一〇〇日以内。もし、一日でも超過すれば僧堂の所属から除名する。

**請暇**　請仮ともいう。私用のため公日を借りる意。私用のため僧が許可を得て外

し、異義の者は出院せよ。*向後《きょうご》、十六未満においては、これを做《な》すべからず。次いで十五未満は、僧と作すを許さず。

一 *僧衆の員数の事、大刹は五百人、*貞治の法式にこれを定め了んぬ。然るに或いは七、八百人、乃至《ないし》は、一千、二千と云々。百丈の風規、地を掃《はら》うと知るべし。住持は固くこれを守り、衆を減らすべきなり。*沙弥・喝食《かつしき》は常住に三十人、*掛塔《かた》を経るは五十人、その余は悉《ことごと》く名字を除くべし。

一 西堂の*参暇《さんか》は、十員を過ぐるべからず。もし、修造の寺はなお、これを減ずべし。耆旧の参暇の人数は、もし、闕《けつ》なくんば、これを免すべからず。固く制す。

一 *請暇《しんか》は、百日を限るべし。もし、一日その期を過ぐれば、*単を抽《ぬ》くべし。或いは帰来の参暇、幾ばくもなく、また、請暇するは、固くこれを制す。また、*入院《じゅえん》に逢わざるは、悉《ことごと》く単を抽くべきなり。

一 *三時諷経《ふぎん》は、耆旧・衆僧を問わず、固く点検し、衆僧は名字を除くべし。耆旧は、序遷の儀あるべからざるなり。それ、禅宗は坐禅を以て名を得る。懈怠の者、数度に及ばば出院せよ。

一 *秉払の禅客、もし、肯《がえ》んぜず起単し去るは、永く参暇を免すべからず。

一 *両班・侍者の*暖寮《なんりょう》は、固くこれを停止す。もし、禁法を犯し、或いは、事を左

---

出すること。

**単** 僧堂における修行者のいる場所。或いは席上の壁に懸けた名を記した札。

**或いは…** 或いは寺に戻り、すぐにまた暇を請うことはかたくこれを禁ずる。また、新住持の入院の時にいないものは、すべて除名する。

**三時諷経は…あるべからざるなり** 日に三度の勤行は老僧、一般の僧を問わず、出頭しているかを点検し、不参の者があれば、僧衆の場合は名簿から除き、老僧の場合は昇進を止める。

**三時諷経** 朝昼晩の勤行、朝課・日中・晩課の読経。→補1

**秉払の禅客…** 秉払の禅客を勤めないで寺を去った場合は、永く寺に戻ることを許さない。

**秉払の禅客** 秉払は住持に代わって払子をとり、法堂で説法すること。禅客はそれに対して問答を仕掛ける役で、侍者の位にある者がこれを勤め、この役を経て昇進した。

**両班侍者の…行うべからず** 両班・侍者の僧たちが集まり接待を受けることは固く禁止する。もし違反し、理由を色々つけて行う者があれば、名を寺僧の名簿に載せない。

**暖寮** 新参の僧が古参の僧に饗応すること。接待。

右一者、不レ可レ行二名字一、専二食物一不レ擇二人材一之弊、併依レ此、故固所二禁制一也矣、凡以上件々、皆出二於住持人情一者也、若二依レ理行一レ之、有二甚難一乎、至竟、過可レ歸二住持一矣、

右條々、以二康永・貞治規式一、重所レ有二其沙汰一也、固守二此法一、不レ可レ違二犯之一狀、依レ仰執達如レ件、

永德元年十二月十二日　　左衞門佐(花押)

**禅15**　長福寺仏殿奉加銭法式　文明十一年(一四七九)十一月二十八日　長福寺文書

定

長福寺佛殿奉加錢法式條々事

一　現質物者衣服之外不レ可二許容一也、

一　利平貳文子毎月晦日無二懈怠一可レ被レ上レ之、若有二無沙汰一者、爲二流質一則可二沽却一、

一　寺門僧衆之外借用不レ可レ叶也、

一　質物取換不レ可レ叶、

**以上の…**　このような事態は、住持の情実によるのであるから、責任は住持にある。

**康永貞治の規式**　暦応五年(一三四二)三月付足利直義円覚寺規式追加のことか(禅7参照)。貞治の規式は前掲「貞治の法式」の項参照。なお、「右条々」以下は異筆。

**左衛門佐**　斯波義将(一三五〇～一四一〇)、室町幕府管領。足利義満を補佐した。

**禅15**　→補1

**長福寺仏殿奉加銭法式**　仏殿造営に際し、祠堂銭運用・寺僧の奉行人任期および得分・寺家入門者の負担に関する規定。→補2

**長福寺文書**　京都市右京区梅津にある長福寺所蔵文書ならびに諸機関・個人などに収蔵される文書群。五山などの官寺とは異なり、京都郊外の梅津庄に根差して規模を拡大していく禅宗寺院の文書群として貴重なもの。天台宗であった時期の承保四年(一〇七七)から、古代・中世文書約一二〇〇点が知られている。石井進編

右に寄するは、名字を行うべからず。食物を専らとし、人材を択ばざるの弊、併《しか》しながらこれによる。故に固く禁制するところなり。およそ*以上の件々、皆、住持の人情に出ずる者なり。理によってこれを行う若きは、甚だ難あるや。至竟《しきょう》、過は住持に帰すべし。

右条々、*康永・貞治の規式を以て、重ねてその沙汰あるところなり。固くこの法を守り、違犯《いぼん》すべからざるの状、仰せによって執達件の如し。

永徳元年十二月十二日　*左衛門佐(花押)

**禅15** 長福寺仏殿奉加銭法式　文明十一年(一四七九)十一月二十八日　長福寺文書

定

*長福寺仏殿*奉加銭法式条々の事

一 *現質物は衣服の外、許容すべからざるなり。

一 *利平弐文子は、毎月晦日に懈怠なくこれを上げらるべし。もし無沙汰あらば、流質として、則ち沽却すべし。

一 *寺門僧衆の外は、借用叶うべからざるなり。

一 *質物取り換えは、叶うべからず。

『長福寺文書の研究』(山川出版社、一九九二年)に本文と解説がまとめられている。

**長福寺**　京都市右京区梅津にある寺院。山号は大梅山。開山は月林道皎(げつりんどうきょう)で、中世には月林門派の寺として継承された。天正二十年(一五九二)に諸山に列せられた。現在は、臨済宗南禅寺派。→補3

**奉加銭**　仏殿造営のために寄進された銭。

**現質物**…　質契約の担保物件は衣服の他は許容しない。現質とは、所領の収穫米や債権のような不確定で未見の質物に対して確実な形のある質物のこと。祠堂銭一般では土地なども質物に含まれるが、本文史料では衣服に限定しているところが注目される。

**利平弐文子**　利子は月に一〇〇文につき二文(月利二パーセント)。禅宗寺院における祠堂銭貸し出しの利子は一般に二文子とされ、室町幕府法でも規定され徳政から保護された。年利の計算は一年を一〇カ月と見なし年利二〇パーセントとされていた。→補4

**寺門僧衆**…　長福寺に所属する僧の他は借用することはできない。

**質物取り換え**…　質入れした品物を取り換えることはできない。

**質物暫借**… 預けた質物を暫く借り出すことはできない。
**奉行両人**… 仏殿奉加銭の管理をする奉行の僧は一年任期とする。
**壱緡** 一〇〇文或いは一貫。この場合、奉行人の一月の手当としては一〇〇文か。
**寺家新参暇**… 長福寺僧として入門する場合は銭一貫文を寺家に納めること。掛搭(かた)は托鉢に使う衣鉢袋を僧堂の鉤にかけることで、転じて安居、入門の意。沙喝は沙弥・喝食(かっしき)のこと。沙弥は出家して十戒を受けた者で、具足戒を受けて正式な僧になる前の者。喝食は本来は喝食行者(あんじゃ)とも呼ばれ、僧のもとで下働きをする者。中世

一　質物暫借不レ可レ叶、
一　奉行兩人限二一回一、
一　月俸人別可レ爲二壹緡一、
一　寺家新參暇僧者掛搭錢壹貫文、沙喝者五百文、佛殿造營之間可レ納レ之、但以後者、如二先規一掛搭錢五百文、沙喝者不レ可レ出レ之也、
一　算用可レ爲二毎年二月晦日一、
一　勘定錢可レ爲二參佰文一、
右、評議之旨、如レ件、
　　時文明十一年己亥十一月二十八日識焉、
　住持
　慈晃(花押)
　　　　(署名八名略)

**禅16**　永平寺定書　永正六年(一五〇九)四月　日　　永平寺文書

　　定　　永平寺
一　寺僧諸行事等不レ可レ闕、但諸寮舎・諸塔頭衆出仕之時者、看

一　*質物暫借は、叶うべからず。
一　*奉行両人は、一回を限る。
一　月俸は、人別、*壱緡たるべし。
一　*寺家新参暇《さんか》の僧は、掛搭《かた》銭壱貫文、沙喝《しやかつ》は五百文、仏殿造営の間、これを納むべし。但し、以後は、先規の如く掛搭銭五百文、沙喝はこれを出だすべからざるなり。
一　*算用は、毎年二月晦日たるべし。
一　*勘定銭は参佰文たるべし。
右、評議の旨、件の如し。
時に文明十一年〈己亥〉十一月二十八日識す。
(署名八名略)
《住持》慈晃(花押)

**禅16**　永平寺定書　永正六年(一五〇九)四月　日　　永平寺文書

定　　永平寺

一　*寺僧は、諸行事等、闕《か》くべからず。但し、諸寮舎・諸塔頭《たっちゅう》衆出仕の時は、看

禅林では両者を沙喝と総称し、童形の者や有髪の者も含まれる。
**算用**…　長福寺における決算は毎年二月晦日に行われた。
**勘定銭**　決算時における計算役の給分か。
**禅16**　→補1
**永平寺定書**　永正六年(一五〇九)に定められた永平寺の寺内規定。諸行事・寮舎・塔頭・寺僧の服務規定・住持職・住持を任命された時の置銭・安居・寺僧の行儀・門前の行者・百姓・番匠に関わる定めなどで、戦国期の永平寺の様相を具体的に示している。→補2
**永平寺文書**　福井県吉田郡永平寺町にある曹洞宗大本山永平寺所蔵の文書。永平寺に関する中世文書はその歴史に比べて少ない。明応四年(一四九五)十二月二十四日付永平寺並諸塔頭霊供田目録、年未詳八月四日付朝倉孝景書状など一五世紀末以降のものが数点伝来している。
**寺僧は諸行事**…　永平寺の僧衆は、永平寺の行事への出席を怠ってはいけない。ただし、寺内の諸寮舎・諸塔頭の僧衆が行事に出ているときは、留守番として寮舎には一人、塔頭には三人を置くべきである。塔頭の僧が他国へ行くときは本寺の許可を受けなければならない。

寮一人、塔頭者二人充、可㆑置㆑之、塔頭衆他國出行之時可㆑遂㆓請暇㆒也、
一　入院居成堅可㆓停止㆒、但就㆓于老耄㆒者、立㆑代可㆑勤㆑之、
一　入院置錢同下行、雖㆑有㆓其定㆒、無㆓器用㆒就㆓于佗事㆒者、可㆑被㆓用舍〔捨〕㆒也、
一　入院置錢者修造奉行中江納而、窺㆓住持㆒可㆓造營㆒、嚴重算用、毎㆓一回㆒、於㆓寺家㆒審細仁可㆑遂㆓勘定㆒也、
一　安居中不㆑可㆑有㆓請暇㆒、但常住用者可㆑遂㆓案内㆒也、
一　寺僧爲㆓白衣㆒寺家幷門外江不㆑可㆑有㆓徘徊㆒也、
一　自㆓山中㆒受用之薪者、可㆑被㆑剪、於㆓寺家近邊㆒不㆑可㆑剪、但於㆓常住造營㆒可㆑有㆓受用㆒也、
一　爲㆓寺僧㆒利錢利米等堅可㆓停止㆒也、
一　隔庵江寺僧出入堅可㆓停止㆒、洗衣則以㆓沙彌㆒可㆑使㆑之、但追善等之時者、無㆑件而不㆑可㆑行也、
一　門前行者・百姓・番匠已下、佗家江不㆑可㆓彼管〔被官〕㆒、幷彼管〔被官〕人居住

**請暇**　私用で公日を借りること。私用で寺を出るための暇を請うこと。
**入院の居成は**…　永平寺に実際に登山せず永平寺住持職を得たり、その称号を得ることを禁ずる。ただし、老僧は代理人を立ててもよい。
**入院の置銭同じく**…　住持職を得たときの任料と諸役への支払いは、定めがあるが、負担する能力がなく、その旨を申請すれば免除する。
**入院の置銭は修造**…　住持職の任料は修造奉行に納め、支出する際は、住持にうかがい、伽藍の造営に充てること。一回毎に厳密に勘定を行うこと。
**安居中**…　安居期間中は暇を請うことを

寮一人、塔頭は三人充、これを置くべし。塔頭衆は、他国出行の時、*請暇《しんか》を遂ぐべきなり。

一 *入院《じゅえん》の居成《いなり》は、堅く停止《ちょうじ》すべし。但し、老耄については、代を立ててこれを勤むべし。

一 *入院の置銭、同じく下行は、その定めありと雖《いえど》も、器用なく侘《わ》び事するについては、用捨せらるべきなり。

一 *入院の置銭は、修造奉行中へ納めて、住持に窺い、造営すべし。厳重に算用し、一回毎に寺家において審細に勘定を遂ぐべきなり。

一 *安居中は請暇あるべからず。但し、*常住の用は案内を遂ぐべきなり。

一 *寺僧は白衣となり、寺家幷びに門外へ徘徊あるべからざるなり。

一 *山中より受用の薪は、剪らるべし。寺家近辺においては、剪るべからず。但し、常住造営においては受用あるべきなり。

一 寺僧として、*利銭利米等は、堅く停止すべきなり。

一 *隔庵へ寺僧出入りは、堅く停止すべし。洗衣は則ち、沙弥を以てこれを使うべし。但し、追善等の時は、伴なくして行くべからざるなり。

一 *門前の行者《あんじゃ》・百姓・番匠已下、佗《た》家へ被官すべからず。幷びに被官人の居住は

禁ずる。ただし、常住の所用で外出する場合は、届け出ること。

**安居** 雨安居のこと、インドにおける雨期三カ月の坐禅修学期間をいう。中国で夏冬の二安居制になった。四月十五日から七月十五日を夏安居、十月十五日から一月十五日を冬安居とする（『興禅護国論』下）。

**常住** 寺内全体の運営を担当する役職の総称。

**寺僧は**… 寺僧は衣の下に着ている白衣のままで門外を徘徊してはならない。

**山中より**… 山で薪を伐ることはよいが、永平寺近辺での伐採は禁ず。ただし常住造営の時はかまわない。

**利銭利米** 寺僧が行う銭や米を人に貸し付ける高利貸し行為。

**隔庵へ寺僧**… 永平寺から離れた寺庵に寺僧が出入りすることを禁じる。衣の洗濯は沙弥を使うこと。ただし追善供養の時は、伴をともなって行くこと。隔庵は不詳だが、本寺から離れた寺庵もしくは尼僧庵のことか。

**門前**… 門前の行者・百姓・番匠などは他家の従者となってはいけない。また、他家の被官人が門前に居住してはいけない。

**行者** 寺内の雑役を担当する者。有髪の場合が多い。

不レ可ニ許容一事、

一　門前行者・百姓・番匠給恩之下地・山林等賣買事、如ニ先規一可ニ停止一也、

一　掃〔除〕地・普請等、諸塔頭・寮舎衆不レ可レ闕レ之、

右條々、如レ件、

永正六年卯月　日

住山(花押)

**禅17**　大徳寺涅槃堂式目　大永五年(一五二五)閏十一月晦日　大徳寺文書

涅槃堂式目

一　不レ依ニ多少一、貳百文之地子常住江可レ出之事、

一　河原者仁貳百文可レ出之事、

一　千本蓮臺寺聖方江參百文仁相定也、但布施者與ニ大衆一同聖江可レ出之事、

一　靈供・點心供具十二合之時者、五百文堂江可レ渡レ之、但布施者與ニ大衆一同可レ出之事、

**門前の行者**…　永平寺から給恩として田地や山林をもらっている行者・百姓・大工は、それらを売買してはいけない。

**禅17**　→補1

**大徳寺涅槃堂式目**　大徳寺に付属する葬礼の場である涅槃堂における葬儀についての規定。→補2

許容すべからざる事。

一 門*前の行者・百姓・番匠は、給恩の下地・山林等売買の事、先規の如く停止すべきなり。

一 掃除・普請等は、諸塔頭・寮舎衆これを闕くべからず。

右条々件の如し。

永正六年卯月　日

住山(花押)

**禅17** 大徳寺涅槃堂式目　大永五年(一五二五)閏十一月晦日　大徳寺文書

*涅《ね》槃堂《はんどう》式目

一 *多少によらず、弐百文の地子、常住へ出だすべきの事。

一 *河原者に弐百文、出だすべきの事。

一 *千本蓮台寺聖方へ参百文に相定むなり。但し、布施は大衆と同じく聖へ出だすべきの事。

一 *霊供《りょうぐ》・点心《てんじん》の供具、十二合の時は、五百文、堂へこれを渡すべし。但し、布施は大衆と同じく出だすべきの事。

**涅槃堂** 本来は禅寺で重病の僧を収容する堂舎のこと。延寿堂・省行堂・無常堂・重病閭(りょ)・将息寮ともいう。後に葬礼を行う場となる。→補3

**多少に…** 涅槃堂で葬礼を行った僧は、布施の多少によらず、大徳寺本坊(常住)へ地子として二〇〇文納めること。→補4

**河原者に…** 涅槃堂での葬儀、引き続く茶毘に関与する河原者には二〇〇文を出すこと。

**河原者** 中世の隷属民の一形態。牛馬の死体処理など「清目」の仕事に従事し、葬送にも関わった。

**千本…** 火葬に携わる蓮台寺支配下の聖へは三〇〇文を支払うことを定める。喪主(施主)からの布施については大徳寺の僧衆と同じく聖方へも出すこと。

**千本蓮台寺** 京都市北区紫野十二坊町にある寺院、現在は真言宗智山派。古くは香隆寺とも称した。当寺周辺は蓮台野と呼ばれ鳥辺野、化野とともに葬送の地として知られた。→補5

**霊供点心の供具…** 葬儀の際に供える御膳などが一二合に及ぶときは、その使用料として五〇〇文を涅槃堂に納め、布施は僧衆と同じく涅槃堂にも出すこと。ただし、喪主からの布施は僧衆と同じように、涅槃堂に出すこと。

**幕の芝打**…　葬儀後、火屋(火葬を行う場)の回りに張り巡らす幕の土に接する下の部分は涅槃堂へ、火屋の回りに巡らす目の粗い垣は死者の輿を担ぐ力者に、火尾(屋の誤りか)は河原者に与える。

**但し**…　僧の読経がない場合は、幕は全部、涅槃堂へ納めること。

**或いは**…　葬儀を紹介した他寺の行者がいても、涅槃堂での儀式には関わってはならない。

**隠密たりと**…　僧侶も招かない簡略な葬儀であっても、大徳寺本坊に届けないで火葬をしてはいけない。子供であっても土葬は禁ずる。

**闍維**　火葬のこと。

**住山**　時の大徳寺住持、古嶽宗亘。

**禅18**　↓補1

**五山十刹諸山法度**　徳川幕府により臨済宗五山派寺院に対して出された法度。禅宗関係の法度については、室町時代以来の南禅寺・天龍寺をはじめとした五山・十刹・諸山とその末寺に対して出されたもの、大徳寺・妙心寺といった非五山の臨済宗寺院(林下・山隣派)に出されたもの、曹洞宗の永平寺・総持寺に対して出されたものの三系統がある。五山系への法度では、基本的に室町時代以来の五山の慣例・先規を遵守することが定めら

一　幕之芝打者堂江荒垣者力者、火尾〔屋カ〕者河原者可レ取レ之、但念誦略之時、幕者堂江可レ取之事、

一　或取持方仁雖二私之行者有一レ之、涅槃堂之一會者、不レ可レ有レ搆事、

一　雖レ爲二隱密一、常住江不レ及二案內一而、不レ可二闍維一、或雖レ爲二小童一、土葬堅禁制之事、

右條々、以二衆評一攸二定置一如レ斯、

大永五年乙酉閏十一月晦日

住山 宗亘判

（署名一一名略）

## 禅18　五山十刹諸山諸法度　元和元年（一六一五）七月　日　金地院文書

五山十刹諸山之諸法度

一　東班西班轉位官資可レ爲レ如二寺法一事、

一　秉拂者叢林之典章、出世之初歩也、近年猥依レ申二下無拂之帖一、秉拂既欲レ及二退轉一、於二向後一者、無拂之帖堅令二停止一

一　*幕の芝打は堂へ、荒垣は力者、火屋は河原者、これを取るべし。但し、*念誦略するの時は、幕は堂へ取るべきの事。

一　*或いは取り持ち方に私の行者《あんじゃ》これありと雖《いえど》も、涅槃堂の一会は、搆えあるべからざる事。

一　*隠密たりと雖も、常住へ案内に及ばずして、*闍維《じゃい》すべからず。或いは小童たりと雖も、土葬は堅く禁制の事。

右条々、衆評を以て定め置く攸《ところ》、斯《かく》の如し。

大永五年〈乙酉〉閏十一月晦日　(署名一一名略)

《住山*》宗亘判

**禅18**　五山十刹諸山諸法度　元和元年(一六一五)七月　日　金地院文書

五山十刹《じっさつ》諸山の諸法度

一　*東班西班の*転位官資は、寺法の如くたるべき事。

一　*秉払《ひんぽつ》は*叢林の典章、*出世の初歩なり。近年、猥《みだ》りに*無払《むほつ》の帖《じょう》を申し下すにより、秉払既に退転に及ばんと欲す。向後《きょうご》においては、無払の帖、堅く停止《ちょうじ》せしむ

れ、僧階昇進に伴う補任料、昇進に必要な秉払の儀式、入院の際の開堂の儀式が定められている。この他、南禅寺を頂点とした五山秩序の確認、勝手な新寺院建立の禁止、五山の碩学料の規定がある。室町時代との大きな相違点としては、相国寺内に置かれていた鹿苑院僧録、蔭涼軒の廃止がある。→補2

**金地院文書**　→補3

**東班西班の…**　東班西班の官資については、従前の寺内規定の通り行え。

**東班西班**　禅院内の役職の総称。東班は都寺・監寺・副寺・維那・典座・直歳、西班は首座・書記・蔵主・知客・知浴・知殿がある。

**転位官資**　役職を昇進するときに払う任料。

**秉払**　住持に代わって払子を秉(と)り、説法を行うこと。諸山以上の官寺の住持職を得るために経なければならない必須の儀式。→補4

**叢林の典章**　五山禅院のきまり、制度。

**出世**　五山など官寺の住持職を得ること。幕府より公帖(公文)を受けた。中世末には実際に着任するというものより、坐公文という称号付与の形態が一般化した。

**無払の帖**　秉払の儀式を経ず、諸山以上の官寺住持の公帖(公文)を得ること。

事、

一　南禪寺者深紫衣、天龍寺者淺紫衣、其外京都鎌倉之五山黃衣、十刹諸山之出世入院開堂儀式等、可レ相二守先規一事、

一　南禪寺者、龜山法皇改二皇居一爲二禪刹一、尊崇異レ他、敕書云、長老職之事、選下器量卓拔才智兼全而、佛法爲二重擔一、勤行爲二志節一之仁上、可二補任一者也、僧者不下必以二貴人一爲上レ尊、乃至雖二吾子孫一、不レ可二以レ勢住持一云々、然近年乍レ在二他山一、忝申二下南禪之帖一、紫衣僧其員過二本寺一、甚以無レ謂、向後本寺之外、猥不レ可二補任一、但耆德碩學之仁、希有雖レ免レ之、稱准二南禪位一、可レ爲二本寺之次座一事、

一　新院建立之時、申二下綸旨奉書一、塔頭披露先規也、然近年爲レ私稱二寺號院號一事、自由之至也、向後令二嚴制一事、

一　庄園方今度指出之上、碩學料相定訖、選二其器用一、一代宛可レ省レ之事、

一　鹿苑・蔭涼之官職者、先代之規範也、當時不レ足二敍用一、毀二破之一訖、自今以後以二五山長老之中、歸依之僧一員一可二兼補一、出世之官

**南禅寺は…五山は黄衣**　→補1

**十刹諸山の…**　十刹諸山に入院開堂する時には先規通りの衣体で臨むこと。

**開堂**　新命(新任)の住職が初めて行う儀式。天皇(中国では皇帝)の聖寿万歳を祈る祝国開堂、祝聖上堂を行い、その後、説法を行う。

**勅書**　本文史料にいう勅書は、永仁七年(一二九九)三月五日付亀山法皇宸翰禅林禅寺祈願文を指す(『南禅寺文書』上、二号文書、一九七二年)。この祈願文の第二条目に

一　長老職事、選器量卓抜才智兼全、而仏法為重擔、勤行為志節之仁、可補任者也、仏日増輝、法輪常転而己・〔已〕、僧者不必以貴人為尊、乃至雖吾子孫、不可以勢住持、恐為傷風敗教之端、深属々々、

とある。なお、この文書は火災による損傷が激しく文字が欠けているため、南禅寺領諸国所々紛失御判物帖(前掲『南禅寺文書』上、一二五号)収載の写しにより文言を補った。また、これによれば、文頭に亀山上皇の「御手印右」、文末に「御手印左」があったとされる。

**長老職の事…**　長老(住持)には、禅僧としての力量があり、才能、智恵ともに兼

事。

一　*南禅寺は深紫衣、天龍寺は浅紫衣、その外京都鎌倉の五山は黄衣《こうえ》、*十刹諸山の出世入院《じゅえん》*開堂の儀式等、先規を相守るべき事。

一　南禅寺は亀山法皇、皇居を改め禅刹となし、尊崇他に異なる。*勅書に云わく、「*長老職の事、器量卓抜、才智兼全にして、仏法を重担となし、勤行を志節となすの仁を選びて補任すべきものなり。僧は必ずしも貴人を以て尊となさず、乃至《ないし》吾が子孫と雖《いえど》も、勢を以て住持すべからず」と云々。然るに*近年他山にありながら恣《ほしいまま》に南禅の帖を申し下す。紫衣僧その員本寺に過ぎ、甚だ以て謂われなし。向後本寺の外猥《みだ》りに補任すべからず。但し、耆《き》徳碩学《とくせきがく》の仁、希有にこれを免すと雖も、称は南禅位に准じ、本寺の次座たるべき事。

一　*新院建立の時、綸旨奉書を申し下し塔頭《たっちゅう》に披露するは先規なり。然るに近年、私として寺号院号を称する事、自由の至りなり。向後厳制せしむる事。

一　*庄園方、今度*指出《さしだし》の上、*碩学料を相定め訖んぬ。その器用を選び、一代宛てこれを省くべき事。

一　*鹿苑《ろくおん》・蔭凉《いんりょう》の官職は、先代の規範なり。当時、叙用するに足らず。これを毀破し訖んぬ。自今以後、五山長老の中、帰依の僧一員を以て兼補すべし。出世の官

ね備え、仏法を担い、心を込めて勤行に励むものを選び任命すべきである。僧は出自によってその尊貴が定まるものではなく、吾が（亀山）の子孫であっても、権勢を頼んで住持職を望んではならない。

**近年**…　近年、南禅寺の末寺、門派以外のものが、盛んに南禅寺住持職の公帖を受け、紫衣を着する僧の数が南禅寺派の紫衣僧以上に存在していることは、謂われなきことで、今後は南禅寺派以外の僧にみだりに公帖を発給することはしない。ただし、学徳のある老僧については、これを許すが、称号として南禅寺住持職に准じ、座次もその下に置く。

**新院建立**…　新寺新院建立の時は、綸旨、奉書を受けて塔頭に披露するのがきまりであるが、近年、勝手に寺号院号を称するものがあり、これを厳禁する。

**庄園**…　各五山領の庄園については、指出に基づき、その内に碩学料を定め、学徳のある僧に、一代限り支給する。

**指出**　検地による寺領目録の提出。

**碩学料**　→補2

**鹿苑蔭凉の官職**…**兼補すべし**　室町時代に僧録が置かれ禅林行政を司った鹿苑僧録とそのもとで実務を担った蔭凉軒についてはこれを廃止し、以後は五山長老のなかから幕府が帰依する僧を一人選び、僧録の任にあたらせる。→補3

資、并入院出仕之儀式等者、如二先規一可二重賞一事、
右條々、爲二寺法相續學文昇進一所二相定一如レ件、

元和元年乙卯七月日　（朱印）

**禅19**　妙心寺諸法度　元和元年（一六一五）七月　日　　妙心寺文書

妙心寺諸法度

一　僧臘轉位幷佛事勤行等、可レ爲レ如二先規寺法一之事、

一　參禪修行、就二善知識一、三十年、費二綿密工夫一、千七百則話頭了畢之上、遍二歷諸老門一、普遂二請益一、眞諦俗諦成就、出世衆望之時、以二諸知識之連署一、於レ被レ言上一者、開堂入院可二許可一、近年猥申二降綸帖一、或僧臘不レ高、或修行未熟之衆、依レ令二出世一、匪三啻汚二官寺一、蒙二衆人嘲一者、甚違二于佛制一、向後有二其企一者、永可レ追二却其身一事、

一　新院建立之時、申二降綸帖一、塔頭披露先規也、然近年爲レ私稱二寺號院號一事、自由之至也、向後令二停止一事、

一　常住領諸塔頭領、如二今度指出一、永可レ有二收納一事、

**禅19**　→補1

**妙心寺諸法度**　徳川幕府によって妙心寺に出された法度。同文のものが大徳寺にも同年月日で出された。参禅修行の期間・内容を定め、綸旨を受けての住持就任・塔頭の造営について規定している。→補2

**妙心寺文書**　京都市右京区花園妙心寺町にある妙心寺所蔵の文書。林下禅の中心的寺院の文書として注目される。

**僧臘転位**　安居を区切りとして数えた僧侶の出家後の年数。その多少によって位次が決まった。近世の妙心寺派では、喝食から臘次により、沙喝・侍者・知客・蔵主・前堂・紫衣の和尚と出世すること。

**参禅**　師を尋ね禅の教えを問い座禅修行すること。

**善知識**　仏教の正しい教えを与えてくれる人。禅宗では悟りを開き、修行者を指導することができる師家のことをいう。

**工夫**　座禅し祖師達の事績・問答をもとにした公案を手がかりとして自らの宗教的見解を模索すること。

**千七百則の話頭**　一七〇〇の公案。景徳

資幷びに入院《じゅえん》出仕の儀式等は、先規の如く重賞すべき事。
右条々、寺法の相続、学文の昇進のため、相定むところ、件の如し。
元和元年〈乙卯〉七月日　（朱印）

**禅19**　妙心寺諸法度　元和元年(一六一五)七月　日　妙心寺文書

妙心寺諸法度

一　*僧臘転位幷びに仏事勤行等、先規寺法の如くたるべきの事。

一　*参禅修行は、*善知識につき三十年、綿密の*工夫を費やし、*千七百則の話頭了畢の上、諸老門を遍歴し、普く*請益を遂げ、*真諦俗諦を成就し、出世衆望の時、諸知識の連署を以て、言上せらるるにおいては、*開堂入院《じゅえん》を許可すべし。*近年猥《みだ》りに*綸帖《りんじょう》を申し降《くだ》し、或いは僧臘高からず、或いは修行未熟の衆、出世せしむるによりては、啻《ただ》に官寺を汚すのみに匪《あら》ず、衆人の嘲《そしり》を蒙《こうむ》るは、甚だ仏制に違う。向《きょう》後《ご》その企てあらば、永くその身を追却すべき事。

一　*新院建立の時は、綸帖を申し降し、塔頭《たっちゅう》に披露するは先規なり。然るに近年、私として寺号院号を称する事、自由の至りなり。向後停止《ちょうじ》せしむる事。

一　常住領、諸塔頭領は、今度の指出《さしだし》の如く、永く収納あるべき事。

元年(一〇〇四)成立の『景徳伝燈録』に載せる祖師の問答の数が一七〇一人であることからこの数が象徴的に使われる。

**請益**　修行者が師に教えを請い、自己を益すること。本来は儒教の言葉(『礼記』)。

**真諦俗諦を**…　真理を獲得し悟りを得、他の僧衆から出世を望まれるような人物は、諸僧の連署により推挙を受けて、綸旨により妙心寺の住持職を得るべきである。

**真諦俗諦**　真諦は真実平等の上からみた理、俗諦は世俗差別の上に立つ理をいう。

**開堂入院**　新任の住持が最初に行う法を説く儀式。ここでは妙心寺住持職を得ること。

**近年**…　近年はみだりに綸旨の下付を申請し、臘次も高くなく、修行も未熟な者が妙心寺住持職を得ている。このことは官寺の名を汚すばかりでなく、人々の嘲りを受ける状況である。→補3

**綸帖**　綸旨による住持職の任命状。

**新院建立**…　新しい塔頭を建立するときは、綸旨が下されるよう申請してから造営すべきで、この手続きは、これまでのきまりである。ところが近年、私に寺号院号を称するものがあり、全く勝手しほうだいであり、今後はこれを禁止する。

一　諸院各塔主、如二先規一可レ爲二輪番一、但雖レ爲二其門派一、或若輩、或不器之衆、可レ除二輪番一事、

右條々、爲二寺法相續一、所二相定一如レ件、

元和元乙卯年七月日　（朱印）

**禅20**　永平寺諸法度　元和元年(一六一五)七月　日　永平寺文書

永平寺諸法度

一　遂二二十年之修行一、致二江湖頭一、經二五年一僧、有二轉衣之望一者、以二嗣法師之推擧狀一、致二登山一、可レ申レ理、從二當寺一就二傳奏一、申二降綸旨一、以二其上一、出世轉衣可レ有二披露一、付非二三十年修行了畢一者、不レ可レ立二法幢一事、

一　出世之戒臘者、可レ爲二綸旨日付次第一事、

一　至二紫衣一者、當寺總持寺爲二當住之仁一者、經二奏聞一、敕許之時可レ有二着用一、兩寺之外一切不レ可二着用一、於二退院一者可レ脫二紫衣一事、

一　開山忌越前一國之諸末寺不レ殘可二出仕一、但遠國者可レ爲二志趣次第一事、

**輪番**　妙心寺塔頭の院主は各門派から各本院へ輪番で勤めた。

**禅20**　↓補1

**永平寺諸法度**　徳川幕府によって永平寺に出された法度。ほぼ同文のものが総持寺に出されている。修行の年限、出世者の位次、紫衣着用者の規定、開山忌の在り方が定められている。↓補2

**二十年…**　二〇年の修行をすませ江湖会で首座を勤め、五年を経、転衣を希望する者は法を嗣いだ師の推薦状を得て、永平寺に登り申請せよ。永平寺より勧修寺家を通じ朝廷に申請し、綸旨を得、転衣し、披露すべし。三〇年の修行が終わらなければ、安居を主催してはならない。

**江湖頭**　諸寺の僧が集まって行われる安居すなわち江湖会の際、首座の任を勤める者。

**転衣**　曹洞宗の僧侶は一般に黒衣を着用したが、修業を積んだのち色衣を着る資格を得ること。この時代には、永平寺に行き一時の住持資格(一夜住持)を認められた後、綸旨を得て色衣を着ることがで

一 諸院の各塔主《たっす》は、先規の如く輪*番たるべし。但し、その門派たりと雖《いえど》も、或いは若輩、或いは不器の衆は、輪番を除くべき事。

右条々、寺法相続のため相定むるところ、件の如し。

元和元乙卯年七月日　（朱印）

**禅20** 永平寺諸法度　元和元年(一六一五)七月　日　永平寺文書

永平寺諸法度

一 *二十年の修行を遂げ、*江湖《ごうこ》頭を致し、五年を経《へ》る僧、*転衣《てんね》の望みあらば、*嗣法師の推挙状を以て、登山を致し、理を申すべし。当寺より*伝奏につき、綸旨を申し降《くだ》し、その上を以て、出世転衣し、披露あるべし。付けたり、三十年修行了畢に非ざれば、*法幢《ほうとう》を立つべからざる事。

一 *出世の戒臘は、綸旨の日付け次第たるべき事。

一 *紫衣に至るは、当寺・*総持寺の当住の仁たらば、奏聞を経、勅許の時、着用あるべし。両寺の外、一切着用すべからず。退院においては、紫衣を脱ぐべき事。

一 *開山忌は、越前一国の諸末寺残らず出仕すべし。但し、遠国は志趣次第たるべき事。

きるようになった。

**嗣法師**　法を嗣いだ師、自分の師。

**伝奏**　永平寺の人事を取り次ぐ公家で、勧修寺家。

**法幢**　安居を主催して法堂の壇上に登り(上堂)説法すること。寺院で説法や法会があるとき旗(幢)を立てることからいう。

**出世の戒臘**　転衣を遂げた者の位次は、綸旨の日付順である。

**紫衣に至るは…**　紫衣を着することができるのは永平寺・総持寺の住持に在任中であって、勅許を得た者だけである。両寺以外の僧は一切着用してはいけない。両寺の住持も任期が終われば着用してはいけない。

**紫衣**　→補3

**総持寺**　永平寺と並ぶ曹洞宗の本山。諸嶽山、もと石川県輪島市門前町にあり、現在は横浜市鶴見区にある。開山は瑩山紹瑾。

**開山忌は…**　永平寺で行われる開山忌には越前一国の末寺僧は全員参加しなければならない。遠国僧についてはその志次第である。

**開山忌**　道元の命日に営まれる法会。道元の没年は建長五年(一二五三)八月二十八日である。現在は御征忌といい、九月二十三日から二十九日の七日間、行われる。

一　日本曹洞下之末派、如㆓先規㆒可㆑守㆓當寺之家訓㆒事、

右、近年法度相亂、往々紫衣・黄衣着用之僧、滿㆓巷衢㆒、違㆓佛制㆒、受㆓人嘲㆒、法道陵夷無㆑甚㆓於此㆒、且爲㆓佛法紹隆㆒、且爲㆓宗門繁榮㆒、相定訖、若於㆓違背之僧徒有㆒㆑之者、可㆑處㆓配流㆒者也、仍如㆑件、

元和元乙卯年七月日　　(朱印)

一　日本曹洞下の末派、先規の如く当寺の家訓を守るべき事。

右、近年法度相乱れ、往々紫衣・*黄衣《こうえ》着用の僧、巷衢《こうく》に満つ。仏制に違い、人の嘲《そしり》を受く。法道の*陵夷《りょうい》これより甚だしきはなし。且《かつ》は仏法紹隆のため、且は宗門繁栄のため、相定め訖んぬ。もし、違背の僧徒これあるにおいては、配流に処すべきものなり。仍て件の如し。

元和元〈乙卯〉年七月日　　（朱印）

**黄衣**　黄色の衣、紫衣に次ぐ衣とされた。

**陵夷**　物事が次第に衰えすたれること。

# 補注

# 第一編　中世国家と顕密寺院

## 第一章　釈家官班記

**国1**(三頁1)『国書総目録』四(岩波書店、一九九六年)によると、『釈家官班記』は四〇種類を超える写本が確認されており、『群書』二四にも収録されるなど、よく知られ広く流布している。しかし、それ故にまた諸本の異同も少なくなく、公刊された活字本についても文意が通りにくい箇所がままみうけられる。そこで、今回はあらためて諸本の比較検討のうえ、本文確定の作業を行った。現在、知られているすべての写本を網羅的に検討できたわけではないが、これまでのところ、もっとも書写年代が古く善本と判断されたのが前田育徳会所蔵の尊経閣文庫本であった(尊経閣文庫は東京駒場にある特殊文庫。加賀藩前田家に伝来した史料を中核とし、前田育徳会が維持・管理している)。そこでこれを底本として、諸本による校訂作業を行った。参考にした諸本については後述の通りであるが、翻刻にあたっては、底本の忠実な再現よりも、文意や内容理解の便宜を尊重して、字配りや行頭の位置なども改変したことをお断りしておく。

　まず、底本とした尊経閣文庫本についてその書誌的情報を示す。巻子本一巻、一六紙。法量は二六・三センチメートル×六二一・六センチメートル。紙背は裏打ち紙があるため十分に判読できないが、永正十七年(一五二〇)十一月一日につくられた永正十八年仮名具注暦と認められる。包紙には「心蓮院書籍之内、釈家官班記一巻」との上書きがあるが、本文冒頭部にも仁和寺の「心蓮院」という単郭朱印が捺されている。これらのことから尊経閣文庫本はかつて仁和寺心蓮院に伝来したものであり、江戸時代に前田家に帰し、現在尊経閣文庫に納められたと判断できる。

　なお奥書記載は次の通り。

本云

右、僧中之故実、釈苑之明鏡也、借請祐済僧正〈公助僧正筆也〉、余暇之次於灯下馳筆、不可外見者也、

　明応乙卯孟冬初五　亜三台拾遺郎〈二合〉

　　(朱)「三条西殿実隆公法名尭空〈内大臣也、号逍遥院〉」

右記者、申請広橋殿令写之、求料紙重而可書直之者也、件写本故町殿〈広光、大納言〉手跡也、

　大永七年〈丁亥〉霜月十七日

　　薄地凡夫権律師奝怡

(朱)「同廿二日朱点已下不審文字多端、以他本可校勘者也、□〔此〕記作者青蓮院門中尊勝院祖師　僧正口説也云々」

　これらの奥書記載によると、尊経閣文庫本は明応乙卯(四年〈一四九五〉)陰暦十月五日に三条西実隆が作成した写本の系譜をひいており、広橋家に申請して大納言町広光(一四四四〜一五〇四)書写本をもとに大永七年(一五二七)に仁和寺心蓮院の奝怡が作成したものであることがわかる。管見ではこれは現存する諸本のなかで最古のもの。

　尊経閣文庫には、『釈家官班記』とは別に「仁和寺心蓮院文書」として中世文書が所蔵されているほか、『日本国現報善悪霊異記』巻下(嘉禎二年〈一二三六〉書写)や鎌倉末書写『吾妻鏡』なども同じく心蓮院旧蔵であったことが知られている。これらの古文書・典籍類が前田家に納められたのは元禄以前と推定されているが、心蓮院旧蔵史料と前田尊経閣文庫の関係については末柄豊「『盲聾記』記主考」(『日本歴史』五八二、一九九六年)が丹念に考証している。

　奥書の記主心蓮院奝怡は医家和気(半井)明重の子で、宏盛法印の弟子。のちに法印となっており、天正七年(一五七九)二月二十一日死去した人物。また仁和寺心蓮院は、『仁和寺史料』一の「仁和寺諸院家記」「仁和寺諸堂記」にみえており、それらによれば、世毫法印(一〇七六〜一一五三)が建立した房に起源をもつ院家で、鳴滝の華蔵院に隣接していたらしい。正和四年(一三一五)には禅

定前大相国二条兼基によって祈願所とされている。さらに『老松堂日本行録』には応永二十七年〔一四二〇〕宋希璟が宿所とした深修庵の西隣にあったこともわかる。江戸時代には仁和寺院家町東地区に所在し、文政年間に地震による被害を受け仁和寺本寺に合併されたという。なお古藤真平「仁和寺の伽藍と諸院家」中（『仁和寺研究』二、二〇〇一年）が簡潔にまとめた記載を行っている。

　ついで、校訂のために参照した諸本について述べる。現在まで調査しえたのは、二六種であり、知られている写本からみれば過半数にすぎず、なお課題を残しているが、おおよその概観はできているのではないかと考えている。さらなるご教示をお願いしたい。その意味では本文史料は中間的な総括ともいうべきものである。

　今回、検討を行った諸本と架蔵レベル番号は以下の通り。

・内閣文庫本（寛政七年〔一七九五〕写）（192-20）
・静嘉堂所蔵本（二巻一冊）（速水房常写一巻）（大塚嘉樹写一巻）
・宮内庁書陵部本（171-5、以下A本とする）
・同（新）（正徳元年〔一七一一〕写、205-335、以下B本とする）
・同（谷）（351-712、以下C本とする）
・同（502-380、以下D本とする）
・同（鷹）（266-818、以下E本とする）
・同（鷹）（正保五年〔一六四八〕写、266-817、以下F本とする）
・岡山大学附属図書館池田家文庫本
・京都大学附属図書館所蔵本（宮内省寄贈本、松岡文庫）
・同（東寺観智院旧蔵、シ-26）
・同（平松文庫　第六門シ-2）
・東京大学総合図書館本（天文二十四年〔一五五五〕写、以下T1本とする）
・同（慶安二年〔一六四九〕写「南葵文庫」本、以下T2本とする）
・同（寛延二年〔一七四九〕写、二巻二冊「古経堂」本、以下T3本）
・同（寛政五年写、以下T4本とする）
・東北大学附属図書館狩野文庫本
・叡山文庫本（山門無動寺本）
・同（真如蔵本）
・神宮文庫本（旧林崎文庫本）
・同（旧御巫文庫）
・龍谷大学学術情報センター所蔵本
・醍醐寺宝蔵一〇三函八〇号

　また、岩波書店『国書総目録』記載のもので、以下は未調査である。

・国会
・慶大幸田
・東大史料（彰考館蔵本写）（尊経蔵本写）
・東大本居
・大阪府石崎（明応四年写）
・岩国（天和三年〔一六八三〕写）
・岩瀬（寛永十三年〔一六三六〕写）（御修法ノ事を付す）（二部）
・島原
・舞鶴
・高野山金剛三昧院（寛政四年写）
・三千院円融蔵
・彰考（文明三年〔一四七一〕兼円校）（初例抄・法中官職考と合）
・多和
・宝菩提院（寛永十八年写）
・無窮神習（一冊）（二冊）
・陽明
・旧下郷（永禄九年〔一五六六〕真祐等写）

　これら諸本について、現在までの知見に基づくという限定付きではあるが、その写本系統をみておこう。奥書部分の比較検討からは、おおよそ三つの基本的な類型に大別できるようである。

　①底本とした尊経閣本のように、明応乙卯（四年）に三条西実隆が青蓮院坊官と思われる祐済僧正から借覧して書写したことを記すもの。ちなみに文中で「筆者公助僧正」とあるのは、三条実量（一四一五～一四七三）息で、山門僧侶、横川長吏を勤めた人物（『尊卑分脈』）。この形式は、尊経

閣本のほかには、宮内庁A本、同E本、東京大学総合図書館T2本、同T3本、東北大学附属図書館狩野文庫本、龍谷大学学術情報センター所蔵本、醍醐寺宝蔵一〇三函八〇号など。また宮内庁A本では、別系統の奥書があるという貼り紙注記をしているが、これは次項②の奥書にあたる内容のもので、ここからも①と②が別系統であったことが判明する。

②尊円親王の禁裏注進本を洞院公賢が写し、さらに持明院持仏堂でもある安楽光院で転写されるなどした後、文明五年に中御門宣胤が書写したもの。

実例として、京都大学附属図書館所蔵平松文庫本釈家官班記上の末尾を次に掲げておく。

此鈔上下、青蓮院二品親王〈尊円〉去年依勅定注進本也、就伝聞所望写之而已、
于時文和五年正月　日
御判〈中園入道太相国〉
以右御本、敬書写之畢、
于時喜〔嘉ヵ〕慶二年仲秋下旬於安楽光院
廊写之矣、　僧正ー実厳
（奥書）
明徳二年五月十五日以右御本、敬書写訖、
　同廿五日朱注等一校畢、
応永廿六年四月五日以右本染筆訖、
文明五載小春之始依貴命染筆、
此本僻字幷不審所々只任本重而
可被用捨乎、　権中納言藤宣胤

この系統が最も広く流布したものと思われる。他には、内閣文庫本、静嘉堂本（二巻一冊）、宮内庁B本、D本、叡山文庫本など。

③三つ目として、②の洞院公賢の写本が南都興福寺に伝来していたもの。たとえば東京大学総合図書館T1本では次のようになっている。

写本云
此抄上下、青蓮院二品親王尊去年依勅定注進本也、就伝聞所望写之而已、
　于時文和五年正月日　　判
又写本云
至徳四年〈丁卯〉四月廿八日書写畢、
　　大法師判
又写本云
以慈恩院之本、書写之、写本落字僻字等在之歟、不審繁多、大概任本写留之、法家之要枢釈門之指南也、可秘蔵之而已、
　于時文明五年〈癸巳〉六月六日
興福寺前別当権僧正兼円〈四十七歳〉
天文二十三年〈甲寅〉十一月日令電覧之条、不顧悪筆書写之訖、法中極秘之抄物、自愛無極、曾以不可許他見者也、
同二十四年〈乙卯〉正月八日写功畢、
翌日〈九日〉加愚校畢、法印大僧都実暁
同年〈乙卯〉九月十七日実慶栄願房令誂之
加一校落字書入之畢、

文明五年、興福寺慈恩院に伝来した写本を前別当兼円が書写したというのが特徴的で、さらに天文二十四年にこれも興福寺僧かと思われる実暁が転写している。山門で作成された『釈家官班記』が南都興福寺でも「法家之要枢、釈門之指南」と認識されていたことは注目される。このタイプはさほど多くはなく、このほかには宮内庁F本、叡山文庫本（真如蔵）のものがある。このうち後者はこのタイプの奥書を記したあとで、さらに異本奥書として「文化本」という②タイプのものを付している。

以上の三タイプを基本型とし、これらの複合併存、逆にきわめて簡単に文和五年に尊円作ということだけを伝えるのみ、というものなども存在している。（久野）

**釈家官班記**（三頁2）　上下二巻からなっており、このうち上巻は、出家した親王や大僧正以下僧綱の濫觴を列挙することから始まり、僧綱の員数や位階制を記す。そして下巻では、南都北嶺の顕密僧の昇進次第や、その階梯とされる国家的法会、僧位僧官について、由緒や概略、先例について説明が施されている。これらは主に朝廷社会にとって必要とされるような寺院社

会の「有職故実」書ともいえるものであり、文和四年(一三五五)に山門の青蓮院宮尊円によってまとめられて禁裏に注進された。この作成のいきさつは前項で引用したような奥書

此鈔上下青蓮院二品親王〈尊円〉去年依
勅定注進本也、就伝聞所望写之而已、
于時文和五年正月　日
御判〈中園入道太相国〉

という記載からもうかがえる。さらに、諸本の中には、下巻の冒頭部に

本表紙云
文和四年八月中旬依　勅註進　禁裏之草本
也、

と記すものもあり(内閣文庫本、静嘉堂所蔵本〔一巻一冊〕、宮内庁B本、京都大学附属図書館所蔵本〔観智院旧蔵〕など)、『釈家官班記』がもともと注進されたのが文和四年の八月中旬であったことがわかる。

こうした性格のために、『釈家官班記』では武家政権とのかかわりや、南都寺院・禅宗寺院、また地域寺院などについて、その情報はあまり盛り込まれておらず、また不正確でもある。その意味で、必ずしも中世の寺院社会の全貌を伝えるものとはなっていない事に注意する必要がある。しかし文和四年という南北朝内乱期のさなかに、山門の立場から示された、中世における王法と仏法の典型的もしくは古典的ともいえるような像がここでは示されており、その概略的な知識を得るという点では、実に有益で比類ない史料といえる。

この著者青蓮院宮尊円は、三度にわたって天台座主を勤めている(元弘元年〔一三三一〕〜正慶元年〔一三三二〕、暦応二年〔一三三九〕〜暦応四年、観応元年〔一三五〇〕〜文和元年〔一三五二〕)。これは元弘の変から観応の擾乱という激動期にあたっている。こうした時期にあって、彼は伏見天皇の第五(もしくは六)皇子という出自からも、つねに持明院統の一員としての性格を色濃く持っている。光厳・光明・崇光ら持明院統の歴代天皇御持僧となったのはその一例であるが、こうした立場から、彼はいやおうなしにこの時期の激動を身をもって体験することを余儀なくされた。後醍醐の起こした元弘の変に際しては、仙洞持明院殿や六波羅殿で後伏見・花園上皇・量仁親王(後の光厳)のそばにあって、六波羅勢のための祈禱や修法を行っており、また、元弘三年五月の六波羅滅亡にあたっては、光厳天皇、後伏見・花園院とともに東国遷御に同行、北条仲時ら数百名の武士が自刃した近江番場宿での惨劇を、彼は目の当たりにすることになる。第三度目の天台座主就任時には正平の一統による座主解任も経験している。そして、『釈家官班記』をまとめた文和四年という時期は、ちょうど持明院統の光厳・光明・崇光院等が南朝方にとらわれの身となって京都を離れ、このため異例の措置を講じて後光厳天皇が即位したすぐ後なのでもあった。

尊円は、御家流青蓮院流の創始者としても著名であるが、その筆道の書『入木抄』は、この後光厳天皇の御読書始めにあたって、習字手本とともに作り進めたものであった。有名な『門葉記』もやはりこの時期に、尊円が門跡代々の御修法の記録を禁裏に進めたものであった。『釈家官班記』の作成もこれらの書物と共通する性格をもっていたことは既述のとおりである。時代背景のもとでみると、『釈家官班記』は内乱の激動期にあって、仏法、とりわけ山門青蓮院流のそれと、王法とのしかるべきあり方を模索して作成された規範の書、有職故実の書という性格があったように思われる。それはちょうど北畠親房が『神皇正統記』や『職原抄』を作成して天皇に供した事実とも響き合うものがあるといえよう。(久野)

**2**(三頁3)　僧位僧官と俗官との対応関係について述べるため、僧位僧官の歴史を含め、概観しておく。

まず僧官についてだが、『日本書紀』によれば、ある僧侶が祖父を斧でなぐった事件をきっかけに推古天皇三十二年(六二四)四月に僧尼を「検校」するため僧正・僧都を設置し、観勒を僧正に、鞍部徳積を僧都に補任した。ついで天武天

皇十二年(六八三)三月には僧尼を如法に「統領」するため、僧正・僧都のほかに律師が設置されて、彼ら僧綱が仏教行政の実務にあたった。平安前期における僧綱の主要な職務は、次の四つであった。①威儀師・従儀師、諸国講読師、諸寺別当・三綱などの役職の選任・補任に携わる。②寺院の資財を管理する。③得度や授戒に関与する。④法会の実施・運営にあたる(土谷恵「平安前期僧綱制の展開」『史艸』二四、一九八三年)。

なお『令集解』喪葬令職事官条の令釈によれば、大宝元年(七〇一)七月四日の勅裁で、僧綱に与える賻物(ふもち)について僧正は正五位に准じ、大少僧都と律師は従五位に准じて給付すると定めたという。また『続日本紀』宝亀四年(七七三)閏十一月辛酉条では、僧綱の賻物を、僧正は従四位に准じ、大少僧都は正五位に准じ、律師は従五位に准じて与えるとしており、『延喜式』治部式15僧綱賻物条もそれを踏襲した。

一方、僧位の成立過程は定かではなく、七世紀末より師位・半位・複位などの僧位がみられた。ところが天平宝字四年(七六〇)に良弁らが

制四位十三階、以抜三学六宗、就其十三階中、三色師位并大法師位准勅授位記式、自外之階准奏授位記式、

と、四位十三階の僧位の制定と、法師位・大法師位を勅授の位記式に准ずるよう奏聞した。勅授の位記は内外五位以上に与えるものであるので、これは法師位以上を俗官の五位以上に准ずることを求めたものである。この奏請に対し、

分置四級、恐致煩労、故其修行位・誦持位、唯用一色、不為数名、若有誦経忘却戒行過失者、待衆人知、然後改正、但師位等級、猶如奏状、

とあるように、四級の分置が煩瑣だとして、修行位と誦持位を一つにすることを条件にして許可した(『類聚三代格』三、天平宝字四年七月二十三日官符)。

これについて石原正明は、四位十三階を大法師位のもとに、①伝燈法師位—伝燈満位—伝燈住位—伝燈入位、②修行法師位—修行満位—修行住位—修行入位、③誦持法師位—誦持満位—誦持住位—誦持入位を置く三色十三階とし、朝廷の判断で誦持の系列四階が削除されて二色九階になったとした(『冠位通考』『百家叢説』三)。

それに対して山田英雄は、四位十三階を賢大法師位のもとに

伝燈大法師位—伝燈法師位—伝燈満位
修学大法師位—修学法師位—修学満位
修行大法師位—修行法師位—修行満位
誦持大法師位—誦持法師位—誦持満位

のように、四系列十二階が設けられたとし、下級の住位・入位は存在していたが、省略されたとする(「古代における僧位」『続日本紀研究』一二二、一九六四年)。なお『日本逸史』延暦十七年(七九八)九月乙卯条によれば、大法師位を俗位の三位に、法師位を四位に、満位を五位に、住位を六位に、入位を七位に、無位僧を俗位の八位に相当させるとの記事がみえ、国史大系『元亨釈書』二三はこれを延暦七年四月とするが、山田らが批判するように、この記事の信憑性は低いだろう。

こうした多様な僧位はやがて整理統合されて、伝燈の系列だけとなっていった。また盛んな昇叙のため僧綱はほとんど大法師位ばかりとなった。そこで貞観六年(八六四)に真雅の奏状によって僧綱の官位が新たに設けられた(『類聚三代格』三)。

太政官符
定僧綱位階事
右、被右大臣宣偁、奉　勅、国典所載僧位之制、本有三階、満位・法師位・大法師位是也、僧綱凡僧同授此階、位号不分高卑無別、論之物意、実不可然、仍彼三階之外、更制法橋上人位・法眼和上位・法印大和尚位等三階、以為律師已上之位、宜法印大和尚位為僧正階、法眼和上位為僧都階、法橋上人位為律師階、
貞観六年二月十六日

既存の大法師位・法師位・満位の三階だけでは僧綱と凡僧との位階の区別が不十分であるた

め、その上に法印大和尚・法眼和上位・法橋上人位の三階を設け、僧正と法印、僧都と法眼、律師と法橋とを官位相当としたのである。

ただし九世紀後半以降、①得度課試が行われなくなる、②寺院資財の監督権が解体するなど、僧綱の機能が縮小されていった。僧綱・諸国講読師の管轄下から離脱することを申請する寺院は、延暦寺をはじめとして九世紀を通じて多かったが、一〇世紀中葉で申請事例が消滅するし、延暦寺は逆に一〇世紀中葉から積極的に僧綱に進出している。これも僧綱の実質的機能が失われた証左である。

こうして僧官の実質が失われてくると、僧位と僧官の区別がなくなってゆき、僧綱の僧位化が進行してゆく。『僧綱補任』(『大日本仏教全書』一二三)によれば、長徳四年(九九八)から勧賞の譲りで律師に補任される事例が登場するし、長元三年(一〇三〇)から「法印大僧都」が現れ、官位相当の原則が崩れている。これも僧綱の僧位化の表れといえる。しかしこれによって僧綱・僧官が無意味になったのではない。朝廷が叙任権を握る僧官位制度は顕密八宗の僧侶を序列化する機能を有しており、これが俗権力による顕密の寺社・僧侶統制の枢要な役割を果たし続けた。こうして中世の僧綱制は僧官位制として維持されることになる。

長保二年(一〇〇〇)からは単独の法橋が常設され、僧位だけで僧官をもたない「散位の僧綱」が登場し、仏師・絵師や三綱・坊官(里僧綱)などがそれに補された。また譲りによる補任や売官も盛んとなり、僧官位の人数が急激に増えていった。さらに一二世紀末には永宣旨僧綱として下級の僧位僧官の補任権が寺院に委譲されるようになり、南北朝期にはこれが地方寺院にまで広がりをみせている。近世では法印・権大僧都までは永宣旨によって門跡が補任し、それより上位は門跡から願い出て勅許をうけるケースが多いが、この制度は戦国期にまでさかのぼるだろう。瀧善成「僧官・僧位・僧職考」(『社会学徒』一〇―八・九、一九三六年)、海老名尚「中世僧綱制の基礎的研究」(『学習院大学文学部研究年報』三九、一九九二年)、小笠原隆一「中世後期の僧位僧官に関する覚書」(『寺院史研究』四、一九九四年)。(平・久野)

**威儀師**(三頁4)　本文史料では威儀師を六名、従儀師を八名としている。『類聚三代格』三の延暦五年(七八六)三月六日太政官符によれば、これまで威儀師の員数に増減があったが、今後は六口を定員にすると定めている。また『同』所載弘仁十年(八一九)十二月二十五日太政官符では、威儀師の定員を六口のままとし、新たに従儀師の定員を八人としている(本文史料第4条の「弘仁十年官符」の項)。彼らは僧綱のもとで仏教行政の実務にあたった。一一世紀中葉に法務が綱務に関与しなくなると、威儀師・従儀師の筆頭者が惣在庁・公文として綱務を担うようになり、僧綱発給文書は彼らだけが署名するようになった。中世で「綱所(ごうしょ)」といえば、彼らを指すことになる。阿部慎によれば、院政期より威儀師・従儀師の人事権や指揮命令権は院に掌握されており、僧綱所は院権力による仏教界の統合を実務面から支えていたという(「中世僧綱所と寺院社会」『日本史研究』五六三、二〇〇九年)。

威儀師・従儀師の定員の変遷は定かでないが、『僧綱補任』の最下限である元暦二年(一一八五)では、大威儀師が二名、威儀師のうち已役が五名、未役が一四名、従儀師のうち已役が四名、未役が九名在任している(『大日本仏教全書』一一一―一〇二頁)。

なお本文史料では掲載を省略したが、『釈家官班記』上は威儀師の登場を、和銅七年(七一四)の興福寺供養の際、左右行事伝燈満位僧勝雲・源操が任じられたことに求めている。しかし、中井真孝は、威儀師が従儀師とともに、僧綱のもとで実務を担当するという機能に着目し、これが僧綱の「佐官」を継承するものととらえ、その「佐官」が天平宝字六年(七六二)までみえることから、『釈家官班記』の記事は、威儀師が、当初は国家的規模の法会や得度受戒の場で、儀式作法を指南する役目として任じられたことの反映だろうとみている。そして、職制として僧尼の戒律を教唆するため常置されたのは行基の大僧正補任後のことであり、天平宝字・天平神護の交わりの佐官廃止後、その職務を継承していったものと考えている(「奈良時代の僧綱」『日本古代の国家と宗教』吉川弘文館、一九八〇年)。(久野・平)

**上古**(三頁5)『釈家官班記』の「上古」がいつの時代を指すのか、これを考えるためその使用例を検討すると、「上古」の用例としてこの他に四例がみられる。

①「一僧官員数事」では、僧正の員数が、大・正・権の三人であった時期を「上古」とし、中古・近来に対置している。『僧綱補任』によれば、大僧正・正僧正・権僧正の三者がそろうのは天元五年(九八二)のことであるが、長和二年(一〇一三)からそれが恒常化して一二世紀初頭まで続いている(本文史料第4条の「僧正の員数」の項参照)。

②「一山徒昇進事」では、山徒が僧綱に補任されるのは「上古」は法橋であったが、「近来」は権律師に任じている、とする。いつの時期を指すかは不明。

③「一貴種昇進次第」の「一身阿闍梨事」では、「上古」の一身阿闍梨の例として、「明照〈中納言敦忠卿子、本院左大臣孫〉・如源〈仁義公子〉」をあげている。明照の一身阿闍梨補任の時期は不明だが、父の藤原敦忠は天慶六年(九四三)に三八歳で死没しているし(『公卿補任』)、如源は治安元年(一〇二一)に四五歳で死没しているので(『僧綱補任』)、「上古」は一〇世紀中葉から末を指すことになる。

④「一僧官採択故実事」の項では、「上古」は然るべき人物を法橋に叙していたとして、鳥羽僧正覚猷を例にあげて、「近則後醍醐院御代」に対置している。覚猷は承暦三年(一〇七九)に法橋に叙されている(『僧綱補任』)。

以上から、本文史料では「上古」を一〇世紀中葉から一二世紀初頭の幅で用いており、特定の時代を指す時期区分とも考えがたい。むしろある種の規範が本来的な形を保っていた時期を指す語として用いられたか、と思われる。(久野・平)

**延喜式位記篇**(三頁6)『延喜式』は延長五年(九二七)に編集が完成した律令以後の施行細則を集めた法典集で、五〇巻からなる。「位記篇」はみあたらないが、巻一二内記式15位記装束条には「但僧都已上准三位、律師准五位」と本文史料と同文の記載があり、本文史料の「位記篇」が「装束位記式」を指すことが分かる。なお巻二一治部式15僧綱賻物条には、僧綱の賻物を僧正は従四位、大小僧都は正五位、律師は従五位に准じるという規定がある。また巻四一弾正式116禁色条では「凡禁色物従破却、但五位已上幷律師已上、録名奏聞、僧尼依法苦使」とある。

以上より『延喜式』においては、律師以上を五位以上と位置づけていたといえる。また土谷恵は位記の形式からみて、貞観六年(八六四)の僧綱位制定の際、僧綱が五位以上の官人と同列に位置づけられたとしている(前掲論文)。(久野・平)

**3**(五頁1)本文史料の当該部分は『弘安礼節』の一節をぬきだしたものと思われる。ただし一般によく用いられる『群書』二七の『弘安礼節』と比較すると、「諸寺三綱及八幡祠官」以下の部分について、やや書き方が異なっている。同書では

諸寺三綱及八幡社官僧綱法橋上人位
可准地下四位諸大夫
凡僧　可准同五位諸大夫、但如日来殿上五位、不可書上所、

となっており、『釈家官班記』諸本の中にも、同様の書き方を行っているものもある(東京大学総合図書館T1~T3本)。本文史料との相違は①本文史料の「八幡祠官」が「八幡社官」となっている。②「法橋上人位」が本文史料では省略されている。石清水の祀官が法橋に叙されることが多かっただけに『弘安礼節』の方が丁寧であるが、実質的な違いはない。③凡僧の位置が異なるが、『群書』本弘安礼節の場合でも、この凡僧は「諸寺三綱及八幡社官」の凡僧を指すと考えら

れるので、実質的意味は変わらない。④「但如日来殿上五位、不可書上所」の部分は、本文史料では諸寺三綱と八幡祀官の全体にかかるのに対し、『群書』本弘安礼節では三綱・祀官の凡僧に対してだけかかる形となっていて、意味内容が変わってくる。なお百瀬今朝雄は国会図書館本の弘安礼節を紹介しており、そこでは

　諸寺三綱及八幡社官
　僧綱可准地下四位諸大夫、凡僧可准同五位諸大夫、但如日来殿上五位、不可有上所、

となっており、本文史料とほぼ同じ記載である(『弘安書札礼の研究』東京大学出版会、二〇〇〇年)。いずれをとるべきか判断に迷うが、とりあえずここでは本文史料のように④の上所規定は僧綱・凡僧の双方にかかると考えておく。

　上所を省略した一例として、石清水八幡宮検校守清に宛てた亀山上皇院宣を次に掲げておく(『鎌』一四九九一号)。

　法眼堯清、以去年当宮　御幸賞、所被任権少僧都也、可被存其旨者、依御気色、執達如件、
　　「弘安六」十一月八日　大宰権帥(花押)
　　八幡宮検校法印御房

奉者である大宰権帥は中御門経任のことであり、この時の官位は正二位前権大納言である(『公卿補任』)。

　弘安礼節の意義や内容については、百瀬前掲書や上島有「草名と自署・花押」(『古文書研究』二四、一九八五年)を参照されたい。(久野・平)

**法務**(五頁2)　もともと「法務」の語は僧綱の職務そのものを意味したが、のちにそれを担当する僧官の役職名となった。九世紀後半に僧綱が名誉職化して人数が増えてゆくと、上位の僧綱二名を法務に補任して彼らに僧綱の職務を委ねるようになった。これ以後、僧綱発給文書に署名するのは基本的に法務だけとなり、一般の僧綱は綱務から離れて僧綱の僧位化がいっそう進んだ。さらに一一世紀中葉になると法務も綱務から離脱し、威儀師・従儀師の筆頭者が惣在庁・公文として綱務を担うようになり、院権力の指揮の下で、仏教行政を担当した(阿部慎「中世僧綱所と寺院社会」『日本史研究』五六三、二〇〇九年)。これによって法務は名目的な栄誉職となった。本文史料にあるように、『弘安礼節』で法務が法印・僧都とともに四位殿上人に相当すると定められたのは、その表れである。

　さて、推古天皇の頃に観勒、奈良時代に鑑真・行信・慈訓などが法務となったという所伝があるが(『初例抄』『僧綱補任抄出』など)、これは確かなものではなく、貞観十四年(八七二)に僧正真雅・大威儀師延寿の二人が法務となってから恒常化したとみられている。

　本文史料第9条では、法務は正法務と権法務の二人で、東寺一長者が正法務を勤め、そのほかの諸寺から権法務が随時任命されたとする。また第1条では、貞観十四年三月十四日に僧正真済が正法務に、権法務に大威儀師延寿がなったのを最初の例として、「自今已後、一長者必為正法務、他寺僧為権法務」と記している。このように『釈家官班記』は東寺長者が正法務、他寺僧が権法務となるシステムが法務の成立当初からのものであると理解している。しかし、これについては、確証があるわけではなく、牛山佳幸が沿革をまとめた貞観年間から院政期までの法務についてみれば、『釈家官班記』のいうような形での正・権法務体制は認められず、東寺長者・天台座主・興福寺別当・園城寺長吏などから二名が法務に選出されており、一〇世紀の終わり頃から、一名は東寺長者が勤めるという体制となっている事が読みとれる。ちなみに牛山は正・権の別は、後世東寺長者が法務を独占するようになってからのものであろうと推測している(「僧綱制の変質と惣在庁・公文制の成立」『古代中世寺院組織の研究』吉川弘文館、一九九〇年)。

　なお、法務は威儀師・従儀師を従えて出仕できるという身分格式上の特権を有していた。そのため鎌倉時代では、権僧正に就任できない僧侶への栄誉として法務の補任が利用されたり、威従を従えて威儀を整えることを望む僧侶たち

に与えられた。前者の例としては、次のようなものがある。北条氏出身の頼助法印権大僧都は弘安八年(一二八五)正月に法務に補任され、翌年四月に権僧正に補されると法務を辞している。また鶴岡八幡宮別当であった定親法印権大僧都も仁治二年(一二四一)十月に法務となり、建長五年(一二五三)八月に権僧正となると十月に法務を辞した(『東寺長者補任』)。

後者の例には次のものがある。青蓮院慈玄大僧正が正応三年(一二九〇)五月の仙洞最勝講證義に請定されると、同日に法務に補任するとの宣下があった。これは院への出仕の威儀を整えるための配慮であろう。最勝講を終えると慈玄は八月に法務を辞退している(『天台座主記』、『門葉記』一二九―一六二頁)。また妙法院尊教は正応元年十二月末に法務に補され、翌年二月にそれを辞したが、三月に後深草院の尊勝陀羅尼供養に請定されると、「補法務之後、初度出仕」ということで法務辞任後であるにもかかわらず綱所を召し具し、「其行粧上下美麗、過差不可記尽」と評されている(『公衡公記』正応二年三月八日条)。『太平記』二四では日野資明大納言が「禅僧トダニ云ツレバ、法務・大僧正・門主・貫頂ノ座ニ均カラン事ヲ思ヘリ」と述べて、禅僧の傲慢ぶりを批判している(日本古典文学大系本三―四一九頁)。その真偽は別として、法務が大僧正や門主・別当などに並ぶ地位として挙げられていることは注目してよい。本文史料第9条では法務は大僧正・僧正・権僧正につぐ地位とされ、「随分顕要之職也」としている。南北朝期に法務の格式が上昇したことをうかがわせる。

なお東寺文書「法務事」(観智院函二八号、京都府立総合資料館蔵)を以下に掲げる。外題は「法務事　権正相並例等　東寺　観智院」、修補奥書は「寛保四甲子年二月七日遂候(ママ)補了／賢賀〈六十一歳〉」である。

法務事

僧正観勒　推古天皇卅二年、兼任僧正幷法務

律師行信　天平十、七、三、兼任律師幷法務

大僧都鑒真　天平勝宝八、五、廿四、兼任大僧都幷法務

少僧都慈訓　同日、兼任僧都幷法務

前大僧都護命　天長四、十一、八、兼任僧正幷法務

已上五人、真雅僧正以前法務也、但未定置正権官之上、任日不詳歟、将又皆不被置綱所以前也、仍以真雅・延寿為始云々、此内於護命者、依大師御上表、為法務、子細具見補任、

権法務相続次第

大威儀師延寿　貞観十四、三、十四任、真雅同日、〈興〉

権律師聖宝　寛平六、十二、廿九任、益信同日、去仁和四延寿死後中絶六ケ年〈東寺、東寺法務同時初例〉

禅安　延寿十二、五、十五任、観賢同日、去六年聖宝転正後中絶六年〈東、東寺同時法務第二度例〉

僧正増命　延長元、五、卅任、去延喜十四禅安死後中絶九年、同日任僧正、天台法務初例〈寺、北京法務始〉

大僧都尊意　天慶元、八、廿九任、去延長元増命則辞後中絶十五年〈山〉

律師仁斅　同廿七日任、試経奉行賞、イ本尊意仁斅同日宣〈承平七十一七行試経事、非法務此宣初例〉

大僧都延昌　天暦十、十二、廿九任、去三年仁斅死後中絶七年〈山〉

権少僧都寛忠　天禄元、月日任、去天暦十延昌則辞後中絶十四年〈東〉

寛朝　貞元二、十、廿任、寛忠死替〈東〉

大僧正良源　天元四、八、十六任、天皇御薬加持賞、寛朝転正替〈山〉

権大僧都元杲　永観二、六、廿二任、去天元四良源辞後中絶三年〈東〉

真喜　永祚元、五、廿八任、元杲辞替、去三月廿三日任権大〻〻〈興〉

権僧正余慶　永祚元、九、廿九補、同十二月廿七任権僧正〈寺〉

大僧正勧修　長保二、四、五任、真喜死替
〈東〉
権少僧都済信　同三、七、十七任、勧修辞替
〈仁〉
大僧都定澄　寛弘八、四、廿一任、済信辞替
深覚　寛仁元、三、十五任、去長和四
定澄死後中絶二年〈東〉
僧正院源　治安三、十二、廿九任、深覚辞替
〈山〉
少僧都仁海　長元々、十二、卅任、院源死替
〈小野〉
大僧正明尊　長久四、十二、廿八任、仁海転
正替〈寺〉
法印権大僧都頼信　延久二、八、廿三任、同
日叙法印、春日行幸別当
賞、去康平二明尊辞後絶
十一年〈興〉
大僧正覚円　承保三、十二、廿九任、頼信死
替〈寺〉
法印権大僧都増誉　寛治三、三、六任、大僧
正覚円譲〈寺〉
大僧正覚信　永久四、五、廿三任、大僧正増
誉死替〈興〉
権僧正行尊　同五、八、十一任、覚円辞替
〈寺〉
増智　長承三、閏十二、五任、大僧正
行尊辞替〈寺〉

大僧正覚猷　保延元、九、廿二任、僧正増智
辞替〈寺〉
僧正忠尋　同二、五、廿八任、度々御願寺供
養導師賞〈山〉
法印権大僧都行玄　同三、八、廿九任〈山〉
大僧正行慶　保元々、三、卅任、大僧正《都
歟》行玄死替〈寺〉
権僧正恵信　同三、十二、廿九任、本名頼恵
〈興〉
大僧正覚忠　永万元、八、十五任
権僧正尋範　仁安二、十、廿任〈興〉
大僧正快修　承安二、正、日補之
僧正覚讃　承安三、正、十二任〈寺〉
明雲　安元二、五、廿七任〈山〉
房覚　治承三、四、廿六任〈寺〉
前権僧正全玄　元暦元、九、廿六任、日吉検
校如説仁王会賞〈山〉
大僧正昌雲　同二、正、十三任〈山〉
前僧正公顕　文治三、八、廿三任、同日任大
僧正、於天王寺太上法皇御灌頂
大阿闍梨賞〈寺〉
僧正全玄　同五、五、廿八還任〈山〉
権僧正実慶　同六、月日任〈寺〉
大僧正信円　建久二、九、廿八任〈興〉
権僧正慈円　同四、三、廿任〈山〉
法印権大僧都実任　同十、月日任〈東〉
権僧正雅縁　建仁二、七、十三任〈興〉

法印権大僧都成宝　同三、八、廿一任〈小野〉
権僧正承円　承元三、五、廿五任〈山〉
前僧正公胤　建暦三、三、廿五任〈寺〉
大僧正長厳　建保四、閏六、廿六任〈東〉
権僧正円基　承久四、二、十三任〈山〉
前僧正覚実　元仁二、三、廿三任〈興〉
僧正実尊　安貞元、十二、廿九任〈山〉
良快　寛喜元、十二、十五任
良尊　同二、正、十四任
権僧正実信　同三、十一、廿八任〈興〉
静忠　嘉禎二、三、十三任〈寺〉
法印権大僧都慈源　同年、六、卅任〈山〉
前僧正円玄　同四、五、廿三任〈山〉
大僧正円浄　同年、八、廿八任〈寺〉
法印聖基　同年、十一、廿二任〈勧〉
僧正慈賢　仁治元、十二、卅任
行遍　同二、四、日任〈仁〉
法印権大僧都定親　同年、十、十六任〈東〉
権僧正親縁　建長五、十一、廿八任
法印権大僧都道融　正嘉元、九、廿二任〈仁〉
権僧正良盛　同二、二、十任〈興〉
僧正慈禅　同年、九、廿七任〈山〉
権僧正道玄　正元々、九、廿七任〈山〉
法印権大僧都定済　同二、三、卅任、権僧正
憲深如法愛染王法賞譲
〈東〉
権僧正頼円　文永四、十、六任〈興〉

道宝　同五、六、廿八任〈勧〉
法印権大僧都道耀　同六、二、廿八任〈仁〉
前大僧正尊信　同七、八、七任〈興〉
隆弁　同八、三、廿六任〈寺〉
権僧正実性　同年、十、十二任
信昭　同十一、正、十七任〈興〉
法印大僧都守助　建治二、四、日任、御室孔雀経法賞譲〈仁〉
前大僧正公豪　弘安四、正、十四任〈山〉
権僧正慈基　同年、三、廿三任〈山〉
法印権大僧都実宝　同年、十二、廿九任、無
注　私云、御室孔雀経法賞譲、而無尻付、間無尻付例有之〈仁〉
頼助　同八、正、十四任〈仁〉
禅助　同九、四、廿三任〈仁〉
前大僧正慈信　同十、十、九任〈興〉
慈実　正応元、五、廿五任
僧正尊教　同年、十二、廿九任〈山〉
法印権大僧都深助　同二、二、廿七任〈仁〉
僧正慈玄　同三、五、二任〈山〉
法印権大僧都実禅　同年、六、十六任〈山〉
守誉　同四、十、日任〈仁〉
前大僧正源恵　同五、十、廿八任〈山〉
法印権大僧都道潤　永仁三、月日任〈寺〉
実超　同五、十二、七任〈山〉
嘉元二、七、一再任、于時前権僧正
法印権大僧都相助　徳治二年十一月十四日補〈仁、太政大臣〉
雲雅　同三年正月廿二日宣〈山、太政大臣〉
賢助　延慶三年二月廿一日宣〈醍、太政大臣〉
大僧正良信　同年十二月卅日宣〈興、殿〉
前大僧正慈順　応長元年八月廿八日宣、還補イ〈山、左大臣〉
僧正性守　文保元、六、廿一宣〈山、太政大臣〉
慈勝　元応二、三、廿六宣〈山、殿〉
権僧正慈厳　同、十二月十八日宣〈山、左大臣〉
僧正桓守　元亨二、五、十五宣〈山、太政大臣〉
法印権大僧都信助　元亨三、四、廿七宣、大覚寺朝覲行幸役人賞、元徳元年月日上表〈仁、太政大臣〉
前大僧正澄助　同四、正、十四宣〈山、殿〉
権僧正聖尋　同、五月九日宣、同正月十四日イ本〈東大、殿〉
前大僧正親源　〈山、内大臣〉
権僧正顕助　嘉暦元、十二、廿四宣〈仁、大夫〉
大僧都尊｜〈雲〉　嘉暦二、閏九、廿八宣〈山、宮〉
法印権大僧都頼寛　同三、六、廿宣〈山、大夫〉
前大僧正良覚　同十一月廿三日宣〈興、殿〉
顕弁　元徳二、五、廿宣〈寺、大夫〉
大僧都尊｜〈澄〉　元徳二、十一、七宣〈山、宮〉
法印権大僧都心聡　正慶元（元弘二）、六、九宣〈山、中将〉
前権僧正実尊　同十日宣〈山、内大臣〉
権法務同時二人連日　宣下例、
心聡法印中間、僧正仲円雖召具威儀、為一日法務、不及　宣下、
自信助法印、至良覚僧正六人、同時二人相並例也、
権法務二人相並之例〈公文従儀師祐春注進之、雖為同本、公文注出之間、故続加之〉、
権大僧都信助　元亨三年四月廿七日　宣下
権僧正聖｜〈尊〉　元亨四年正月十四日　宣下、年月日辞
権僧正顕｜〈助〉　嘉暦元年十二月廿三《四イ》日　宣下、年月日辞
大僧都尊｜〈雲〉　嘉暦二年閏九月廿八日　宣

下、年月日辞
前大僧正良ー〈覚〉嘉暦三年十一月廿三日
宣下、年月日辞
法務信ー〈助〉尚為当職、年月日辞、
イ説元徳元年上表云々
権僧正賢俊　暦応二年正月十四日宣下〈醍〉
実尊　康永元年十一月廿五日宣下、賢
俊僧正替〈山〉
件実尊去正慶元年　宣下之処、件法印(務)
職　先朝御代、被止之間、今依被所望、重
被　宣下之、

（平・久野）

**諸寺三綱及び**…(五頁3)　たとえば石清水八幡宮で別当・検校を勤めた光誉は、石清水行幸の賞として天元二年(九七九)に法橋、永延元年(九八七)に法眼に叙された。同じく別当・検校を勤めた聖清(聖静)も、永延元年に法橋、長徳元年(九九五)に法眼、そして長和五年(一〇一六)に法印というように、いずれも石清水行幸の賞として順次叙された(『僧綱補任』)。『初例抄』は、八幡別当が僧綱に任じられた最初の例として光誉をあげている(『群書』二四―一二頁)。石清水の祀官はこのように、僧官をもたない散位僧綱となることが多かったが、石清水検校光清は天承元年(一一三一)に権大僧都に補されて法印権大僧都となっている。これは石清水祀官が正員僧綱に補された初見例であり、鎌倉時代になるとその例が増えていった。

僧綱位を持つ三綱の例は無数にあるが、たとえば六勝寺三綱を歴任した信縁(一〇八四〜一一三八)は、永久五年(一一一七)に御塔供養の賞で法橋に叙され、大治五年(一一三〇)に新阿弥陀堂供養上座賞で法眼に、さらに法勝寺金泥一切経供養賞で長承三年(一一三四)に法印に叙されている(『僧綱補任』)。このように三綱や坊官で僧綱位をもつ者は「里僧綱」「世間僧綱」「世間者僧綱」と呼ばれた。天7の「出世間」の項参照。（平・久野）

**三綱**(五頁4)　三綱は、インド・中国の僧団で既に寺内統轄にあたる役僧として存在していたが、わが国では『日本書紀』大化元年(六四五)八月条に「寺主」の名がみえるのが早い例とされる。しかし上座・寺主・都維那がそろって確認できるのは大宝令以後のようである。僧尼令の規定によると、三綱の果たすべき役割として、僧尼に対して、その還俗・死亡などによる変更の掌握・届け出、乞食修行など寺外活動の際のチェック、さらには軽微な戒律違反に対する処罰などが、あげられている。このような僧尼集団に対する統轄のほか、法会の勤修・堂舎維持やそれと不可分の寺財管理・寺田経営にも携わった。こうして三綱が対外的にも寺院を代表して意向を伝えることもあったが、それは三綱牒という様式の文書が東大寺文書中にあることでも確認できる。ちなみに辞典類によっては、上座・寺主・(都)維那には、それぞれ、寺衆を領する、事務を司る、寺規をただす、というような役割分担があったかのように説明することもあるが、日本史上の文献記録をみる限り、そのような分担が実際にあったことは確認できない。

一〇世紀の『延喜式』には、三綱の位置づけとして、別当が長官であるのに対して、「任用」に準じるとされ、四年任期であることや、終了時には解由が求められたことがうかがえる(玄蕃式57別当三綱条・58別当長官条)。三綱は、寺院の長官たる別当とともに政所を構成し、寺務全般を統領する執行機関としての役割がさらにはっきりさせられている。そして、このような政所機構は、古代以来の寺院が中世寺院へと転成するにあたって、すなわち寺院が荘園領主化・権門寺院化していくにあたって、具体的な荘園支配や裁判闘争、時には武力行使など、その中心的な役割を担ったとみられる。この結果、別当・三綱からなる政所は寺内中枢として大きな位置を占めた。一一世紀に登場する寺家政所下文はこうした事情をもっともよく反映する文書史料である。また、平安末期に諸大寺に登場する著名な悪僧、東大寺覚仁や興福寺信実、そして延暦寺法薬禅師など、彼らがいずれも三綱であったのは、けっして偶然ではない。

中世になると、こうした別当・三綱の政所組織とは別に、寺内運営にあたって寺僧集団の自治組織が充実し、次第に力を持つようになる。この結果、三綱や別当政所の位置づけは次第に低下し、やがてその権限も縮小され、寺内運営を指導するよりも、具体的な雑務を遂行する存在、あるいはまた寺内の高貴な僧侶の坊官として仕えるという存在となっていく。それは別当・三綱の連署になる東大寺政所下文が鎌倉時代以降になると消滅してしまい、その歴史的役割を終えることに端的にうかがえる。また、東寺についていえば、当初、定額僧の一員に数えられていた三綱が、中世には堂上身分たる寺僧に対する下位身分として、侍品たる寺官という位置づけにすぎなくなってしまう。極官として得られる肩書きも法橋上人位や法眼和尚位など散位僧綱どまりとなってしまう。その遂行すべき実務も東寺では次第に目代―勾当が行うようになっており、三綱はもはや身分称号と化し法会参列の諸役が主なものとなってしまうようである。

　中世寺院の組織をみると、寺僧集会に代表される寺僧の自治組織による運営方式が際だつが、それとともに、一貫して別当のもとで実務を担っていた三綱が構成した寺務方の組織も、やはり寺院を支えており、この二つの大きな系列が中世寺院の構成をなしていた。

　竹内理三「延喜式に於ける寺院」(『律令制と貴族政権』第Ⅱ部、お茶の水書房、一九五八年)、富田正弘「中世東寺の寺官組織について」(『京都府立総合資料館紀要』一三、一九八五年)、永村眞『中世東大寺の組織と経営』(塙書房、一九八九年)、稲葉伸道『中世寺院の権力構造』(岩波書店、一九九七年)、久野修義『日本中世の寺院と社会』(塙書房、一九九九年)参照。(久野)

**後醍醐院の御代**(五頁5)　後代の史料になるが、『諸宗義範』三「僧階」には建武二年(一三三五)正月に制定した俗官相当を次のように記す(『大史』六―二―二六九頁)。

　僧六級准六官位

　　建武二年正月所定

| | |
|---|---|
| 大僧正 | 准二位大納言 |
| 僧正 | 准二位中納言 |
| 権僧正 | 准三位参議 |
| 法印 | 准少将 |
| 法眼 | 准侍従 |
| 法橋 | 准五位諸大夫 |

参考として掲げておく。(平・久野)

**4**(五頁6)　『僧綱補任』によれば、僧綱の定員を律師以上七名と定めた弘仁十年(八一九)の在任数は大僧都一名、少僧都一名、律師六名の計八名で一名オーバーであったが、翌年より数年間は規定通り七名以内に収まっている。応徳三年(一〇八六)には定員が五七名となったが、前官四名を加えてもこの時の実員は五一名であった。ところが寿永二年(一一八三)では僧正七名、大僧都二二名、少僧都二二名、律師三一名、法印三一名、法眼四四名、法橋一一二名の計二六九名であり、さらに前官が一五名いた。僧綱の員数が院政時代に爆発的に増加したことがわかるだろう。

　鎌倉時代には『僧綱補任』が切れて、僧綱の全体像がつかめなくなるが、慈円は『愚管抄』七で次のように述べている(日本古典文学大系八六―三五四頁)。

　僧綱ニハ正員ノ律師百五六十人ニナリヌルニヤ。故院御時(後白河)百法橋ト云テアザミケン事ノヤサシサヨ。僧正、故院御時マデモ五人ニハスギザリキ。当時正僧正一度ニ五人イデキテ十三人マデアルニヤ。前僧正又十余人アルニコソ

正僧正が一三名、前僧正が一〇余名、律師が一五〇～一六〇名に増えている。そして慈円はその一因として、摂関家の子弟で山門・寺門・南都や仁和寺・醍醐寺に入った者が四、五〇人はこえることや、入道親王が増加したことなどを指摘している。寛喜三年(一二三一)二月の四条天皇の誕生祈禱では大規模な勧賞が行われ、尊性の譲りで凡人僧正まで誕生した。それに対し藤原定家は

　法印逐年充満天下、今度僧正又剰加之条、為朝頗不便歟、

と述べている(『明月記』寛喜三年二月十三日

条)。また詳細は不明ながら弘安九年(一二八六)の徳政評定で「僧官員数事」が議題にのぼっているし、翌年も「僧官可被減少事、有御沙汰、被召綱所、但今日不治定歟」とあるように、僧官の削減が亀山院政の政治課題となっている(『勘仲記』弘安九年閏十二月四日条、同十年二月一日条)。

なお僧正の定員については、後掲「僧正の員数」の項参照。(久野・平)

**弘仁十年官符**(五頁7) 弘仁十年(八一九)十二月廿五日太政官符の本文は次のとおり(『類聚三代格』三)。

太政官符

定律師以上員数并従儀師数事

僧正一人 大僧都一人 少僧都一人

律師四人 従儀師八人

右、造式所起請偁、僧尼令云、任僧綱律師以上、必須用徳行能化徒衆、道俗欽仰綱維法務者、所挙徒衆皆連署牒官、一任以後不得輙換者、今案此令、簡任僧綱、直称律師以上、不顕其号及員、仍須具載式條以令補闕者、大納言正三位兼行左近衛大将陸奥出羽按察使藤原朝臣冬嗣宣、奉 勅、宜依件定永為恒例、但威儀師員数者、依去延暦五年三月六日符、

弘仁十年十二月廿五日

この官符によれば、『釈家官班記』と異なり少僧都は一人としている。ちなみに威儀師の員数は延暦五年(七八六)の官符に従い六人ということになる。

このように定員を定めたが、はやくも貞観七年(八六五)には「僧綱十八人」で僧正も二人となっている(『僧綱補任抄出』)。(久野・平)

**法務は…**(七頁1) 本文史料は僧尼令任僧綱条にみえる法務を僧官と誤解したため文意をとりそこなっている。原文は「任僧綱謂律師以上、必須用徳行能化徒衆、道俗欽仰綱維法務者、所挙徒衆皆連署牒官、(中略)一任以後不得輙換」。僧綱には「法務に綱維たらん者を用いるべし」と規定しており、この法務は「仏法法律」の意味である(『令集解』)。したがってそれをよく運用できる者を僧綱にせよ、というのが原意である。(久野)

**応徳三年…**(七頁2) 『僧綱補任抄出』応徳三年(一〇八六)の項によれば、「正員僧綱卅人也、不可過之由宣下、見在僧正三人、大僧都五人、之中法印二人、少僧都八人、律師十四人」「正員卅人、法印四人、法眼五人、法橋十八人、合廿七人見在」とある(『群書』四—五三一頁)。これは本文史料と員数が一致している。「見在」とあるが、『僧綱補任』(『大日本仏教全書』一二三—一四八頁)によれば、この時の実員は前官四名を含め五一名であったので、この数字は現任ではなく、定員と理解すべきだろう。(久野・平)

**平法印**(七頁3) 『初例抄』では平法印から僧正に任じられた例として良源入室で天台座主をも勤めた院源(九五一〜一〇二八)をあげている。彼は寛弘七年(一〇一〇)大僧都を辞退し、その後長和五年(一〇一六)に平法印、そして寛仁三年(一〇一九)に平法印から権僧正になっている。(久野)

**僧正の員数**(七頁4) 本文史料では僧正の定員を①「上古三人〈大・正・権〉」、②「中古四人或五人〈大一人・正一人・権三人〉」で、③そののち「八人〈権六人或正二人〉」となり、④「近来、物数及十余人」び、⑤「今」では定員は考慮されていないとして、五段階に分けている。

『僧綱補任』によれば、僧正が三人揃ったのは天元五年(九八二)のことで、大僧正良源、正僧正寛朝、権僧正尋禅が僧正であった。その後は三名となることはあまりなかったが、長和二年(一〇一三)十二月に大僧正慶円、僧正済信、権僧正明救が補任されると僧正三名体制が恒常化し、それがほぼ一世紀続いた。これが「上古」である。

永久四年(一一一六)五月に園城寺行尊が仁豪を超越して権僧正に補任されると、延暦寺がそれに反対したため、朝廷は止むなく仁豪を権僧正に任じた。その結果、大僧正寛信、僧正寛助、権僧正行尊・仁豪というように僧正が四名となった。そこで朝廷は「依大衆訴、懃副補之、不可為更後例」と、僧正四人を先例としないと述べている(『僧綱補任裏書』『大史』三—一七—三七一頁)。事実、保安二年(一一二一)十二月に仁豪が

没すると再び僧正三名に戻った。天承二年(一一三二)五月に園城寺増智が権僧正に補されると延暦寺大衆がそれに反対し、結局仁豪の例にならって座主忠尋を権僧正に補して僧正四名となった(『天台座主記』)。さらに長承四年(一一三五)には僧正が二名になると二名を補任して四名にしており、この時から大僧正一、僧正一、権僧正二の四名体制が恒常化することになる。永治二年(一一四二)からは『僧綱補任』の記事が断片的になるが、応保二年(一一六二)でも四名体制が維持されている(横内裕人「高山寺旧蔵『究竟僧綱任』」『日本中世の仏教と東アジア』塙書房、二〇〇八年)。これが「中古」である。

　嘉応二年(一一七〇)五月の僧事で興福寺覚珍が権僧正に補されたが、「六僧正希代事也、未曾有云々」とあるように(『玉葉』同年五月二十七日条)、これが最初の六僧正となった。また寿永三年(一一八四)の『僧綱補任』では現任が大僧正一名、僧正二名、権僧正四名の七名となっているし、翌年には大僧正一名、僧正二名、権僧正六名の九名となっている(『僧綱補任残闕』『大日本仏教全書』一一一—八七頁)。鎌倉時代には僧綱や僧正の全体像を把握できる史料が存在しないが、たとえば貞永元年(一二三二)十月の僧事では大僧正一名、僧正二名、権僧正二名の計五名が新たに補任されているし(『大史』五—八—二九〇頁)、嘉元三年(一三〇五)三月の僧事では大僧正一名、僧正二名、権僧正三名の計六名が補されており(『任僧綱土代』『続群』四上—四一〇頁)、僧正の総数が大幅に拡大したのは疑いがない。

　しかし他方では鎌倉時代を通じて朝廷が僧正の定員を意識し続けたのも事実である。たとえば建永元年(一二〇六)後鳥羽院は印性・円忠・承円の三名を権僧正とするために、弟子を二人ずつ昇進させることを条件に真性大僧正、実全・公胤権僧正に辞任を求めて承諾させている(『猪熊関白記』同年十月十六日条)。また建長八年(一二五六)の僧事では、

　僧正有其闕歟、有御尋、綱所申云、当時無其闕、但東南院僧正籠居、仍浄土寺超越加正僧正了、可為闕歟、条々又被尋仰下、僧正即以彼闕被任了、

とあるように(『経俊卿記』同年四月二十七日条)、後嵯峨院・関白鷹司兼平が綱所に対し、僧正の欠員があるかどうかを質問した上で浄土寺慈禅の正僧正の補任を決めている。さらに『任僧綱土代』によれば、嘉元三年(一三〇五)八月の僧事で僧正一名、権僧正三名が補任された時は僧正一名、権僧正二名が辞任しているし、翌年十一月の僧事では大僧正一名、僧正一名が補された代わりに大僧正一名、僧正一名が辞任し、応長元年(一三一一)五月の僧事でも権僧正一名の補任の代わりに権僧正一名が辞しており(『続群』四上—四一一頁)、僧正の定員が鎌倉時代を通じて意識されていたことを示している。

　本文史料で「今」は僧正の員数の沙汰をしていないと記していることからすれば、僧正の定員管理が放棄されたのは南北朝時代になってからとみてよかろう。

　なお嘉禄三年(一二二七)に良快・良尊・仁慶権僧正が正僧正をめぐって争った時、朝廷は「加任」の形で彼ら三名を正僧正に補任した(『明月記』同年三月五日条)。東寺長者や探題が増員される時も「加任」の形をとっており、これが増員の圧力と定数維持との折り合いをつける手段であったのだろう。(平)

**得業**(七頁5)　得業は、一般には所定の修学を終え学僧としての資格をもつ僧侶を指す。寛平二年(八九〇)十一月二十三日太政官符(『類聚三代格』二)では五階(試業・複・維摩竪義・夏講・供講)の修得を得業といい、山門の『山家学生式』では学業修得者をいっている。ただし中世ではおおむね『釈家官班記』が記すような竪義の得第僧をいい、僧侶の学階の一つとして認識されていくようになる。准得業や擬得業が現れることなどは、こうした学階名となっていく傾向を物語るものである。浄土宗・真宗では現在も学階の一つ。(久野)

**探題**(九頁1)　南京三会のほか、延暦寺十一月会・六月会や法成寺で竪義が行われており、そ

れぞれ探題が置かれた。維摩会に探題が登場するのは、延喜十一年(九一一)のことで、興福寺の律師増利が勤めている。だいたい律師クラスの学僧が、藤氏長者宣によって任じられた。万寿二年(一〇二五)からは専寺・他寺の二名の探題となっている。維摩会竪義にあたっては最高の統括者としての地位を占める。次に示すのは長禄二年(一四五八)の専寺探題補任の長者宣である(『大乗院寺社雑事記』長禄二年十二月十九日条)。

　被長者宣偁、維摩会専寺探題、宜令奉仕給者、長者宣如此、仍執達如件、

　　十二月十八日　　右大弁経茂

　謹上　東院僧都御房

堀池春峰「維摩会と閑道の昇進」(『南都仏教史の研究』遺芳篇、法蔵館、二〇〇四年)を参照。(久野)

**維摩会**(九頁2)「この会は、この朝の多くの講会のなかに勝れたる会なれば、震旦にも聞えたり』『本朝に仏法の寿命を継ぎ、王法の礼儀を敬ふことは、ただこの会に限れり。されば公私これをたふとぶこと愚かならずとなむ、語り伝へたるとや」(『今昔物語集』一二—三)とあるように、維摩会は南都随一の大法会である。勅使が派遣され、学僧の登竜門として位置づけられるなど、重要な国家的法会でもあった。『延喜式』玄蕃式11維摩会条には「凡興福寺維摩会、十月十日始、十六日終、其聴衆九月中旬僧綱簡定、先経藤原氏長者定之、…其竪義者、探題試之、及第者即叙満位、省寮共向会庭行事」とあるように、藤原氏の氏寺としての要素と国家的な寺僧管理の要素とを兼ね備えていた。

『釈家官班記』の本文には、維摩会の簡単な経緯が記されているが、これについては異説もある。その起源は斉明二年(六五六)、鎌足が発病した際に百済の尼法明が維摩経を持参してその問疾品を誦したところ、病気が癒え、同四年に山階陶原宅に福亮を招いて講説したことに求められている。維摩経は、病床にある在家人維摩詰とそれを見舞う仏弟子らの問答によって大乗仏教の教理を伝えるもので、この病は仏の教えを知らぬ衆生の状態から来る心の病を指すものであるから、本来的には、実際の病気治療とは無関係なものであったが、現実では、こうした内容にちなんで治病に効果がある経典とうけとられた。

　この法会は、鎌足の死後中断するが、不比等がこれを復興。慶雲二年(七〇五)に病となった不比等は、先業を怠ったからということで、翌三年に「宮城東第」で法会を再興した。鎌足段階の維摩信仰に加えて、藤原氏の創業者の冥福を祈り、功業をたたえるという要素が、ここに加わった。さらに興福寺で維摩会が行われたのは、本文は和銅六年(七一三)としているが、維摩会表白などは和銅七年としている。

　本文史料で、天平宝字二年(七五八)に維摩会が鎌足の忌日にあてられたとしているのも、正確ではない。おそらくはこの前年にあたる天平宝字元年閏八月の仲麻呂上表による維摩会興隆の動きからこのように理解したのであろう。この時、仲麻呂は鎌足の功田一〇〇町を施入して維摩会を盛大に興隆し、鎌足の功業と光明子の英声をたたえようとしたが、このなかで法会を十月十日に始めて鎌足の命日である十月十六日に終えることを記している。しかし慶雲や和銅年間の維摩会も十月に行われており、天平宝字に初めて鎌足の忌日にあわせたと考える必要はないであろう。

　承和元年(八三四)以降、断絶せずということについては、確証を得られない。維摩会表白などでは延暦二十年(八〇一)に維摩会は興福寺で行うこととし、以後断絶せず行われたように記している。ただ、『三会定一記』の講師次第をみると、確かにその歴名は、承和元年以前は断続的で記載もわずかであるのに対し、承和元年からはずっと継続して記載がみられる。

　国家的仏事としての位置づけがなされたのも早く、延暦二十一年正月十三日には正月の御斎会と十月の維摩会には六宗の学僧を等しく請定するようにとの太政官符が出ているし、承和元年正月二十九日の官符では維摩会竪義の得第僧を諸寺の安居講師に請定することが再確認され

ている(『類聚三代格』二)。さらに同六年には維摩会講師を終えた僧侶を翌年の宮中御斎会の講師に請定することを永例と定めた(『続日本後紀』承和六年十二月癸亥条)。

さらに貞観元年(八五九)正月八日には

凡毎年十月興福寺維摩会、屈諸宗僧学業優長果五階者為講師、明年正月大極殿御斎会、以此僧為講師、三月薬師寺最勝会講師、亦同請之、経此三会講師者、依次任僧綱、他皆效此、

のように(『日本三代実録』)、維摩会講師を勤めた僧を引き続き翌年の御斎会講師・薬師寺最勝会講師に請定し、それを終えた者を僧綱に任ずると規定しており、ここに三会制度が整った。

また諸寺で行われた竪義のなかで最も古い伝統と格式を誇ったものが興福寺維摩会と薬師寺最勝会の竪義である。斉衡二年(八五五)八月二十三日官符では、講師の五階を試業・複・維摩竪義・夏講・供講とし、読師の三階を試業・複・維摩竪義と定めて、この五階・三階を経た者を国講読師に補任することが決められているし(『類聚三代格』三)、『延喜式』二一 玄蕃式12竪義条では

凡興福・薬師両寺維摩最勝会竪義及第僧等叙満位、

とある。詳細については高山有紀『中世興福寺維摩会の研究』(勉誠社、一九九七年)を参照されたい。(久野・平)

**法華会**(九頁3) 三会遂業・三会遂講に法華会を加えてよいかは検討を要する。薬師寺最勝会に代わって三会遂講に入るのは鎌倉中期以降のことであるし、興福寺法華会竪義は平安・鎌倉・室町時代を通じて維摩会竪義に登用されるための次第業とされている。本文史料によれば、興福寺法華会は弘仁八年(八一七)に藤原冬嗣が父の菩提を弔うために興福寺で法華八講を行ったのが始まりという。この時期は六国史が欠けているため、確認をとることができないが、『類聚世要抄』所引の法華会旧縁起文も同様の経緯を記している(お茶の水図書館蔵成簣堂文庫)。夕座の法華経講問ののちに竪義が行われた。竪者はもともとは五口であったが、その後加増して平安末には一〇口となり、室町時代には一三口となった。

本文史料が述べるような、興福寺法華会が三会の一つとして、維摩会および薬師寺最勝会と並び称されるようになるのがいつからなのか定かではない。『延喜式』には興福寺法華会に関する記載がなく、少なくとも一〇世紀中葉までは興福寺法華会を三会の一つとする認識は存在しなかった。また後掲「最勝会」の項で述べたように、薬師寺最勝会は延応元年(一二三九)までは行われていたことが確認できるので、薬師寺最勝会に代わって興福寺法華会が三会遂講に組み込まれるのは、それ以降のことである。正応五年(一二九二)の興福寺強訴では、「法華維摩両会」の「大会」遂行のため、「籠居之儀」をとどめて「公請」に応じるよう、伏見天皇の綸旨が出ている。そしてそれに応じて、一乗院門徒からは「大会延怠」をわびて、出仕を誓約する請文が提出された(『勘仲記』正応五年九月二十五・二十九日条)。ここでは法華会が「公請」の「大会」とされており、興福寺法華会が薬師寺最勝会に代わって三会の一つに組み込まれていたことを示唆していよう。

興福寺法華会竪義も、本文史料のように三会遂業と位置づけてよいかは疑問が残る。大日本古記録『中右記』承徳二年(一〇九八)十月十二日条裏書に次のように記す。

方広竪義〈七ケ日、講堂立、十二月八日、人数不限〉、法華会竪義〈南円堂、従九月晦至十月六日、毎日一人〉、慈恩会〔竪脱〕義〈別当房、十一月十三日、三人或五人〉、

已上、専寺之人、研学竪義以前、必所遂也、謂之三階業、

これによれば、興福寺の僧は維摩会研学竪義を行う前に、方広会・法華会・慈恩会の三会の竪義をあらかじめ遂業していなければならなかった。これを三階業といったという(なお史料大成本では「三階業」を「三得業」と読んでいる)。法華会竪義は明らかに維摩会竪義より格下の次

第業とされていた。建久九年（一一九八）の初度竪義条々でも「供目代法花会・慈恩会・三蔵会等竪義清〔請〕書之、持参長吏之許、令加判返賜之」と同様の扱いである（「唐院古文書」『大史』四―五―九四四頁）。また康正二年（一四五六）の維摩会竪者款状では、維摩会竪義を希望する際に、これまでの経歴として方広会・法華会・慈恩会の三竪義を勤めたことを掲げているし、大乗院尋尊も方広会・法華会・慈恩会の三竪義を終えたのちに維摩会研学竪義を遂業している（『大乗院寺社雑事記』康正二年十二月二十六日条、文明二年〔一四七〇〕九月十四日条）。方広会・慈恩会の代わりに三蔵会が入ることもあったが、いずれにせよ、南都世界では法華会竪義は、ほぼ中世を通じて興福寺の寺内法会の扱いをうけており、維摩会と同格の扱いをされることはなかった。竪者の請書も法華会竪義の場合は、

大供

伝燈法師位ゝゝ

右、請定明年法花会竪義者如件

建久九年十二月廿七日

別当法印大和尚位権大僧都ゝゝ

のように興福寺別当が請定しているが（前掲「唐院古文書」）、維摩会竪義の場合は興福寺別当の推挙で藤氏長者宣が出されており、その格差は明らかである。『釈家官班記』の筆者尊円が必ずしも南都の事情に通じていたわけではないだけに、三会遂講・三会遂業の記述については慎重な取り扱いが必要である。

なお春の法華会は、常楽会（涅槃会）に続けて行われるが、これは熱田明神の神託によるもので、そのいきさつは『三宝絵詞』下や『今昔物語集』一二―六にみえる。（久野・平）

**最勝会**（九頁４） 本文史料は天長六年（八二九）の始修とするが、正確ではない。『類聚三代格』二の天長七年九月十四日太政官符によれば、中納言兼中務卿直世王の奏状によって、播磨国賀茂郡の水田七〇町を供料として毎年最勝会を行うことが認められた。実施は翌天長八年からとみてよかろう。ただし薬師寺縁起所収の永保二年（一〇八二）僉議状では次のように記す（『校刊美術史料』中、一四一頁）。天長六年に寺僧の「忠継律師」が中納言王と相談して最勝会の施行を奏聞したところ、翌年三月二十一日に行えとの勅許が出た。その後、一四年間はこの日に行っていたが、承和十一年（八四四）に式日を三月七日に変更するよう宣旨が出された。寛弘七年（一〇一〇）のものとされる薬師寺最勝会表白（宮内庁書陵部蔵、伏函三八二号）でも、「忠継」が薬師寺に大会のないことを嘆き、それを中納言王が聞き入れて天長六年六月二十一日に奏聞し、同年九月十四日の官符で認可されて最勝会が始まったとする。この「忠継」は天長九年に律師となった仲継（？～八四三）で、同年に宣旨によって元興寺から薬師寺東院に移住している（『僧綱補任』、「春花秋月抄」〔『大史』五―四―六一二頁〕）。事情は不明ながら薬師寺では天長六年奏聞、天長七年始修説が伝承されていたようである。

『延喜式』二一玄蕃式10最勝会条に

凡薬師寺最勝会、毎年三月七日始、十三日終、其講師経正月御斎会者、便請之、読師以本寺僧苦修練行者、次第請用、

と記しているように、最勝会は三月七日を式日として実施された。そして維摩会講師が翌年の御斎会・最勝会講師を勤め、それを終えた者を僧綱に任ずることが貞観元年（八五九）に定められ、三会制度が成立した。また『延喜式』一八式部式上76最勝会維摩不参条では

凡可参薬師寺最勝会・興福寺国忌并維摩会王氏・藤原氏、若不参者、五位已上不預新嘗会節、六位已下官奪季禄、

とあり、維摩会では藤原氏、薬師寺最勝会では源氏の氏人の参詣を義務づけている。そして源氏氏人が勅使として最勝会に派遣された（『左経記』寛仁四年〔一〇二〇〕三月十一日条、長元元年〔一〇二八〕三月十二日条、『本朝世紀』久安三年〔一一四七〕三月七日条等）。

竪義に関しては、最勝会の施行を認可した天長七年九月十四日の太政官符で最勝会竪義を国講読師の試とすることが述べられているし、元慶七年（八八三）六月の官符では国講師の五階業（試

業・複・維摩竪義・夏講・供講)、国読師の三階業(試業・複・維摩竪義)での維摩会竪義を最勝会竪義にも準用することが定められており(『類聚三代格』三)、他寺竪義に卓越した地位を付与されている。この竪義には諸寺僧が参加していたため、両寺の特権的地位を確保すべく仁和元年(八八五)九月には維摩会と最勝会には興福寺・薬師寺の竪義僧各一名ずつを加増している(『類聚三代格』二)。

　このように薬師寺最勝会は、一〇世紀末までは維摩会と並ぶ重要儀式として位置づけられていたが、その後は薬師寺とともに、最勝会の地位も低下していった。今のところ、薬師寺最勝会の実施を確認することのできる下限は延応元年(一二三九)である。この年の講師は円憲中納言大僧都、竪義は章賀弁得業であり聴衆一口が法隆寺から出仕したという(『法隆寺別当次第』『続群』四下—八〇九頁)。この後は施行記事を確認できない。貞治元年(一三六二)十月に興福寺は「維摩最勝両会料所近江国豊浦庄」のことを朝廷に訴えており(御挙状幷御書等執筆引付『大史』六—二四—五一一頁)、薬師寺最勝会が退転していた様子がうかがえる。こののち豊浦庄は薬師寺別当領となっている(『政覚大僧正記』文明十八年(一四八六)十月十七日条)。

　本文史料によれば、三会遂業に薬師寺最勝会を入れているが、三会遂講からは最勝会を除外している。他方、第6条「名僧昇進採用故実」の「賜講師請事」では「南京者、宮中金光明会〈御斎会事也〉・興福寺維摩会・薬師寺最勝会也」としており、こちらの記事では三会遂講に最勝会を入れている。鎌倉時代後期から薬師寺最勝会が退転して実施されなくなったため、最勝会の扱いに混乱が生じている。(久野・平)

**御斎会**(九頁5)「御斎会」の語には広義・狭義の二義がある。広義の御斎会は、「周忌御斎会」(『続日本紀』宝亀四年(七七三)七月庚子条)、「先皇七七日御斎会司」(『日本文徳天皇実録』嘉祥三年(八五〇)四月己酉条)、「二七日御斎会」(『同』同年四月壬子条)のように、天皇・太上天皇の追善仏事に対して使われている。「御斎会」の語が「斎会」(僧尼に斎食をふるまう法会)に「御」を付したものであることからすれば、御斎会の原義は天皇が主催する斎会の意であったと思われる。

　狭義の御斎会は、本文史料にあるように、正月八日から宮中で行われた最勝王経斎会をいう。これは当初「正月最勝王経斎会」「最勝王経会」などと呼ばれていたが、貞観元年(八五九)を初見として(『日本三代実録』同年正月八日条)、九世紀中頃から「御斎会」と呼ばれるようになった。『新任弁官抄』が正月御斎会を「年中行事中第一大事也」と述べているように(『群書』七—四二八頁)、年中行事で行われる仏事のなかでも最も枢要な位置を占めていたため、これを「御斎会」と通称するようになったのであろう(以下、御斎会は狭義の意で使用)。

　御斎会の創始については神護景雲元年(七六七)説と二年説の二説ある。本文史料や『今昔物語集』一二—四、さらに『続日本後紀』承和六年(八三九)九月己亥条は

　所以神護景雲二年以還、令諸国国分寺、毎年起正月八日至于十四日、奉読最勝王経幷修吉祥悔過者、為消除不祥、保安国家也、

のように、神護景雲二年より創始されたとする。それに対し、①『続日本紀』神護景雲元年正月己未条の勅で諸国国分寺で一七日の吉祥悔過を行うことを命じている、②同年八月癸巳条の改元の詔では、この年の正月に諸大寺の大法師らを請定して最勝王経の講読と吉祥天悔過を行ったと述べており、吉田一彦はこれらを根拠に神護景雲元年に創始されたとし、翌年正月二十四日の官符で恒例の行事となったとする。

　ただし『日本書紀』持統八年(六九四)五月癸巳条によれば、翌年正月より諸国で毎年、金光明経を読経するよう命じているし、持統十年十二月己巳条では金光明経の読経のため毎年十二月晦日に浄行者一〇人を得度させるよう定めている。史料は断片的ながら、薗田香融らが語るように、諸国金光明会の実施に先だって宮中金光明会が実施されていたとみるべきであり、持統

十年に制定された浄行者の得度も翌年正月の宮中金光明会のためと考えられ、御斎会の前身となる仏事は七世紀末までさかのぼるだろう。

『延喜式』一一玄蕃式1御斎会条によれば、御斎会について次のように記す。

凡毎年起正月八日、迄于十四日、於大極殿設斎、講説金光明最勝王経、請僧卌二口〈講師、読師、呪願各一口、法用四口、聴衆廿五口〉、沙弥卌四口〈講読師従各二口、呪願以下従各一口〉、

御斎会に請定されるのは、講師が一人、読師が一人、呪願師が一人、法用(唄・散華・梵音・錫杖)が四人、そして聴衆が二五人の計三二名と、それに扈従する沙弥三四である。このうち、講師は承和六年(八三九)以降は維摩会講師を終えた僧侶が翌年の御斎会講師を勤めることになっている。また貞観元年には三会制度が整って、維摩会・御斎会・最勝会の講師を勤めた者を僧綱に任ずることが定められた。講師請定の実例を示すと次のようである(『福智院家文書第一』六号)。

僧綱

法眼和尚位覚継

右、依 宣旨、奉請明年宮中金光明会講師、如件、

保延元年十二月一日　従儀師「暹真」

大僧正「覚猷」　威儀師「維厳」

僧正

権僧正

権僧正「定海」

法印権大僧都

このように僧綱によって請定された。また読師は内供奉十禅師か、持律持経で久修練行の僧から選ばれ、聴衆は「六宗学業有聞者」を請定した。内論義の論匠は聴衆のなかから選任されたらしい。

御斎会は院政時代、鎌倉時代においても、枢要な仏事としての位置は変わらなかったが、南北朝時代に入ると戦乱もあって、延引・中止が目立つようになる。実施の詳細が分かる下限は応安四年(一三七一)の御斎会であり、この時は正月十五日から十九日まで行われており、二十日には内論義が挙行されている(『大史』六―三三―二五一頁)。また嘉慶元年(一三八七)には「御斎会始、奉行蔵人侍従兼宣」(『続史愚抄』同年正月八日条)とみえるが、応永十年(一四〇三)には「正月八日丙戌、霽、御斎会」(『吉田日次記』)とあるだけで詳細は不明である。今のところ、これが御斎会に関する記事の下限であり、御斎会は一四世紀末、一五世紀初頭に廃絶したとみてよい。

吉田一彦「御斎会の研究」(『日本古代社会と仏教』吉川弘文館、一九九五年)、海老名尚「宮中仏事に関する覚書」(『学習院大学文学部研究年報』四〇、一九九三年)、薗田香融「国家仏教と社会生活」(『岩波講座日本歴史4』岩波書店、一九七六年)など。(平)

**内論義**(一一頁1)　本文史料がいうように、弘仁四年(八一三)から御斎会の最終日に内論義が行われた。『日本後紀』弘仁四年正月戊辰条には「最勝王経講畢、延高学僧十一人於殿上論義、施御被」とある。

内論義は中世では顕密融合の儀式となった。上川通夫はその時期を一〇世紀中頃と推測している。正月八日より宮中では御斎会と後七日御修法が行われているが、その結願日(十四日)にそれぞれに出仕していた僧侶が天皇の御前に合流して、①加持香水、②八宗奏、③論義を行った。まず①後七日御修法を勤仕してきた阿闍梨が、加持してきた香水を天皇にそそぐ。ついで②論義に参加する八宗の僧侶の名前を「最末律師」が天皇の御前で読み上げる。これを「八宗奏」というが、これは顕密八宗を正統と認定する象徴的な儀礼でもある。中世においても禅律・念仏系の僧侶は御斎会への参仕が認められることはなかった。③金光明最勝王経をめぐる問答を三番もしくは五番行う。この論匠は御斎会聴衆から選定されたようである。また番僧(つがいそう)は「證義」とも呼ばれ(『妙槐記』寛元二年(一二四四)一月十四日条)、論義全体を差配する役割を果たし、興福寺別当が多くこれを勤仕した。

『後七日御修法日記』は多く内論義についても記しており、参考として文治五年(一一八六)のものを掲げておく(『大史』四―二―五三〇頁)。

十四日、戌刻参会堂、次布施堂、呪願勤畢、即参勤加持香水、於閑院内裏有其儀、
　番法印権大僧都覚憲
　一番講師貞敏〈弁忠大法師、覚親大法師〉
　二番〈聖覚大法師、顕尊大法師〉
　二(三ヵ)番〈兼任大法師、相真大法師〉

なお上川通夫「中世寺院社会の構造と国家」(『日本中世仏教形成史論』校倉書房、二〇〇七年)、海老名尚前掲「宮中仏事に関する覚書」を参照。(久野・平)

**最勝会を除き**…(一一頁2)　後掲の講師請の項では南京三会に薬師寺最勝会講師を入れているが、ここでは三会遂講から最勝会を除外し、御斎会の最勝経講説と重なるからだと説明している。鎌倉後期から薬師寺最勝会が退転して実施されなくなったため、尊円の説明に混乱が生じている。(久野・平)

**承和元年宣**(一一頁3)　本文史料は三会制度の成立を承和元年(八三四)の宣によるとするが、この点は疑わしい。本文史料の承和元年の宣は①維摩会講師に翌年の御斎会講師を勤めさせる、②さらに薬師寺最勝会講師を勤めた三会の労で僧綱に補任する、との二つの内容から成る。

　このうち、①維摩会と御斎会との関連については、『続日本後紀』承和六年十二月十五日条に「癸亥、勅、以経于興福寺維摩会講師之僧、宜為宮中最勝会講師、自今以後、永為恒例」とあり、承和六年に維摩会講師の経験者を次年度の御斎会講師とすることが定められている。①の成立は承和元年ではなく、承和六年である。

　②については、『日本三代実録』貞観元年(八五九)正月八日条に「毎年十月興福寺維摩会、屈諸宗僧学業優長果五階者為講師、明年正月大極殿御斎会、以此僧為講師、三月薬師寺最勝会講師、亦同請之、経此三会講師者、依次任僧綱、他皆效此」とあり、薬師寺最勝会も含めた三会講師を勤めた者を僧綱に任ずると定めている。①の成立は承和元年ではなく、貞観元年のことである。

　ちなみに承和元年に着目すれば、承和元年正月二十九日の太政官符で、維摩会竪義の得第僧を諸寺安居講師に登用することが再確認されている程度である(『類聚三代格』二)。尊円の事実誤認とみてよかろう。(久野・平)

**扶公**(一一頁4)　『維摩講師研学竪義次第』寛弘四年(一〇〇七)「講師」の項に法橋上人位扶公の名が確認できる。本文史料異本は「快公」とするが、「快公」の存在は他史料にみえない。長徳三年(九九七)に維摩会竪義、長保五年(一〇〇三)に「元興寺別当能治賞」で法橋に叙された。寛弘四年の維摩会では講師清春が二日目夕座の講説を行っている最中に悶絶して高座から転がり落ちた。そこで三日四日目は出仕の僧綱僧が代役を勤めたが、さらに講師宣旨が出されて、五日目から扶公が講師を勤めることになった。その後、扶公は寛弘八年から興福寺権別当、ついで万寿二年(一〇二五)には同別当に就任しているが、任期中、御塔供養賞で法印に叙されるなど、「別当之能治」が評されており、実務上もなかなか有能な人物であったらしい(『維摩会講師研学竪義次第』『三会定一記』『興福寺別当次第』『僧綱補任』など)。(久野・平)

**僧綱講師**(一一頁5)　扶公の場合は僧綱講師は緊急の特例措置であったが、平安末・鎌倉初期に藤原摂関家などの貴種出身僧が進出するようになると、若年で僧綱に補され(「閑道之昇進」)、その後、形式的に三会講師を勤める例が増えた。(久野・平)

**東塔三十講**(一一頁6)　東塔常行堂での法華三十講であるが、鎌倉時代にはその出仕者三〇名は、八名の学頭による講定(こうさだめ)によって選定されていた。『門葉記』一七八は次のように記している。

　一　講定事
　〈応安次第云〉
　先八学頭著綱所座、定両講事等
　五時講四十二人〈此内御挙六口〉
　三十講三十人〈御挙三口〉

ここから、東塔三十講への出仕者三〇名のうち、天台座主に三名分の推薦枠があったことがわかる。

　鎌倉時代に東塔三十講を経て昇進した事例として、慈玄(一二六〇〜一三〇一)を挙げておく。慈玄は摂関一条実経の息であり、顕密兼修の僧侶であった。『門葉記』一二九によれば、慈玄は文永七年(一二七〇)十二月に一一歳で受戒し、同十年四月に一四歳で東塔三十講を勤仕し、建治元年(一二七五)一六歳で六月会の竪義を遂業した。同年十一月には三講の一つである最勝講の聴衆を勤め、翌年正月に「講師請」をうけ、同三年十二月に一八歳で法勝寺大乗会の講師を勤仕してその場で権律師に補任された。翌年三月には円宗寺最勝会講師を勤め北京二会講師を遂講して法印に叙された。弘安二年(一二七九)には最勝講の一座講師となり、同七年二月には二五歳で「二会巡」により権僧正となり、五月には最勝講の證義を勤めた。正応元年(一二八八)探題宣下をうけて十一月会の探題を勤めたが、「終無精義」と記されている。竪義の出題・判定を行っているが、竪者の返答を批評する精義は行えなかったようだ。顕宗僧としての実力の程度がうかがい知れる。

　慈玄は摂関家出身の貴種であったが、東塔三十講—両会遂業—三講聴衆—二会遂講—僧綱—三講講師—證義—探題と階梯を踏んだことがわかる。(平)

**西塔二十八講**(一一頁7)　『叡岳要記』西塔常行堂の項に「廿八講、五時講、毎年始之」とあり、西塔二十八講が西塔常行堂で行われていたことを示す(『群書』二四—五四五頁)。また『山門堂舎記』西法華堂の項では「或記云、十月三日亥刻、廿八講始行、件香火付仏壇、法花堂・常行堂焼失」とあり、久寿元年(一一五四)十月に西塔の法花堂・常行堂が焼亡した出火原因を、西塔二十八講での香火によるとする(『群書』二四—四八一頁)。
　なお、建武四年(一三三七)正月日栄運法印権大僧都の探題款状は、「二会之遂請〔講ヵ〕、多年一問之重職以下、厥所経歴甄録、在別紙、云功績、云相承、当職競望之内、誰人可成等慢之思哉」と述べ、次の経歴を付して、広学竪義探題への補任を朝廷に要請している(『門葉記』一五〇—四〇九頁)。

　栄運経歴功労
　五時講　廿八講　同講初座一問
　勅使房二ケ度
中間数ケ功労在之略之
　御殿精撰論議〈預叡感〉
　同臨時論議〈同預叡感〉
　法勝寺御八講聴衆　最勝講聴衆
　御斎会聴衆数年　大斎会聴衆数年
　円宗寺御八講多年　細々　公請多年
　山上細々諸講演　谷内多年伝法談義
　右、甄録如斯、
　　建武四年正月
栄運は、西塔五時講—西塔二十八講—(中略)—二会之遂講などの経歴を踏んだうえで、探題への就任を求めている。(平)

**横川四季講**(一三頁1)　天台座主良源が勧学のため、康保年中に延暦寺首楞厳院の定心房で四季講を開創し、康保四年(九六七)から竪義を始めた(史料によっては康保四年を四季講開設の年とする)。四季に五部大乗経を講じることから四季講と呼ばれ、春は三月三日(二月十九日説もあり)から五日一〇座、華厳経を講じる。夏は四月八日から五日間、涅槃経を講じる。秋は九月九日から七日間、法華経と開結二経の法華三十講を行う。冬は十月十日から五日間、大集経・大般若経を隔年で講じた。春と夏には竪義が行われた。ここで行われる竪義は、六月会・十一月会「広学竪義之練習」と位置づけられ、竪者は一季二人ずつ計四名、探題も四名が屈請された。四八名の講衆が講師・聴衆となって論義を行い、六、七年四季講の講匠聴衆を勤仕すると竪義を勤め、それを終えて先達となった(『大史』一—一二—三三頁、『門葉記』九〇—三頁)。
　横川四季講は中世でも引き続き実施されている。建保二年(一二一四)九月、平泉寺の支配権をめぐって梶井の承円座主と青蓮院門跡慈円が対立し、青蓮院門徒が離山した。三塔の講説が退転しかねない状況となったため、承円座主は梶井門徒を新衆に補任して仏事断絶を防いだ。たとえば、四季講執行円能が離山した跡に仙長を補任し、

横川四季講同以補新衆、始自九月廿六日、至十月二日、修之、但於人数者、雖令闕補、或卅余臈、或二三臈之小学生也、人法之魔滅、波旬之所為也、(『天台座主記』一六五頁)

とあるように、講衆についても離山した青蓮院門徒の代わりに、老年・若輩の新衆を補任して四季講を実施している。また『存覚一期記』(龍谷大学善本叢書3、同朋舎)によれば、存覚は嘉元二年(一三〇四)に一五歳で延暦寺で受戒し、翌年より十楽院慈道に仕えて阿闍梨に補され、徳治二年(一三〇七)一八歳夏季に四季講に入り秋季の講師を勤めることになったという。

さらに『門葉記』一五〇には、次の注記款状が収録されている。

誠惶誠恐謹言
請特蒙恩詔因准先例賜注記状
功労
四季講
大乗講
谷内講演
右、謹考案内、依住山研精之労、賜注記請者、治山之善政、山門之芳蹤也、爰祐澄列吾神之愛子、既譜代也、仍□欲蒙恩詔、誰人謂非拠乎、望請恩厳、任申請賜件請者、弥知学業之不空、増奉請御治山長久矣、不耐懇歎之至、誠惶誠恐謹言、
文明五年九月五日　　祐澄

ここで祐澄は四季講などの功労によって、注記の請を賜るよう要請しており、文明五年(一四七三)段階でも、横川四季講が山徒昇進の一階梯として機能していたことを示している。(平)

**十一月会**(一三頁2)　天台大師智顗(ちぎ、五三八～五九七)の忌日に行った法華十講。法華経八巻に開結二経の一〇巻を講論した。

本文史料では、延暦二十年(八〇一)十一月に十一月会と竪義を始行したとするが、成立期の十一月会についてはその詳細は必ずしも明らかではない。最澄伝の根本史料である『叡山大師伝』は次のように記している(『伝教大師全集』五、付録七頁)。最澄は延暦十七年十一月に「十講法会」を始めたが、延暦二十年十一月中旬に南都の「勝猷・奉基・寵忍・賢玉・光証・観敏・慈誥・安福・玄耀等十箇大徳」を一乗止観院に招き、法華三部経一〇巻を一人一巻ずつ講じさせて、最澄と三乗・一乗の議論をしたという。これが十一月会の濫觴であるが、しかし本文史料のいうように、延暦二十年の十一月会に竪義が行われていたかは不明である。本文史料では円寂・霊雲・慈光が證義となって義真の竪義が行われたとするが、この證義三名は最澄が招いた「十箇大徳」と一致しない。しかも義真は当時二一歳で、竪者となるには若年すぎるだろう。最澄の入唐以前の話であり、もしも竪義が行われたとしても公的なものではなかったろう。なお事情は不明ながら、『天台座主記』寛徳元年(一〇四四)条に「自今年霜月会、可行竪義之由　宣下」の記事がある。

鎌倉時代になると、霜月会竪義の史料は比較的豊富にある。貞永元年(一二三二)の霜月会竪義では、横川住侶光審が竪者、良禅法印が探題であったが、一問が終わって「五重之難」「題者精義」の時に、突然竪者光審が高座を降りて衣服を脱ぎ捨てて逐電したため、永勘に処したという(『天台座主記』)。また文永五年(一二六八)八月より青蓮院の尊助座主との対立から梶井門徒が比叡山上を占拠し、山麓の日吉社に本拠をおく青蓮院門徒とにらみ合った。そこへ維那・鎰取が霜月会の請定回章を持参して、山上を回っていたところ、閉籠衆に見つかって暴行された。この事件をうけて、十一月二十一日に実相院の集会が開かれ、「霜月会、開闢以来無退転、今年始退転之条、付物別尤以不便也」とした上で、中断していた霜月会二日分を常行堂で実施することを決している(『天台座主記』)。いずれの事例も、霜月会や同竪義が山内で重要な位置づけを与えられていたことがうかがえる。

なお本文史料では、嘉元元年(一三〇三)に十一月

会に対し准御斎会の宣下があったとの記載があるが、『園太暦』文和元年(一三五二)十二月二日条に「此会(十一月会)、自嘉元元年、始而被立勅使候」とあるし、『続史愚抄』嘉元元年十二月条にも「延暦寺十一月会〈称天台会歟〉自今年被立勅使〈行事弁〉」とある。准御斎会の宣下によって勅使が派遣されるようになったのだろう。この時に十一月会が准御斎会となった理由は定かではないが、同年七月に四天王寺別当忍性が没し、聖護院覚助二品親王をその後任に補したことと関わりがあるのではないか。四天王寺別当職は鎌倉時代を通じて、延暦寺と園城寺との間で激しい相論があったが、両者の争いを鎮めるために、永仁二年(一二九四)律僧の忍性を別当に据えた。今回、忍性死没をうけて寺門派を別当とするため、山門懐柔策として十一月会の准御斎会の宣下、勅使派遣がなされたのではあるまいか。(平)

**義真**(一三頁3)　七八一～八三三。最澄の弟子。訳語僧として最澄とともに入唐し、帰朝後、最澄を助けて延暦寺の興隆を図る。天長元年(八二四)天台座主となり、同九年には天台宗初の維摩会講師を勤めた。(平)

**円修**(一三頁4)　円修は天長九年(八三二)円仁らとともに伝燈満位に叙された(『類聚国史』一八五僧位)。翌年七月に天台宗貫首義真が死没するに際し、義真は「院内雑事」を弟子の円修に「譲授」した。そこで円修は「座主」と号して雑事を差配したが、光定らの反対にあい、結局円修の管領が停止され、円修は大和室生寺に移り住んだ(『天台座主記』『一心戒文』)。(平)

**御斎会**(一三頁5)　毎年正月八日から七日間、宮中天皇御前で行われた金光明最勝王経の講会。国家的法会の中核をなす。永観元年(九八三)円融寺供養を初見として、官人が出仕する国家的法会には「准御斎会」の宣下が出された。(平)

**惟輔**(一三頁6)　一二七二～一三三〇。平信輔と増栄法印女との子。永仁六年(一二九八)に蔵人、正安三年(一三〇一)四月に右少弁、嘉元元年(一三〇三)八月二十八日に右中弁となった。官歴のうえでは、右中弁惟輔が同年霜月会勅使を勤めたとする本文史料と齟齬はない。嘉元三年に蔵人頭、徳治二年(一三〇七)に参議、正和四年(一三一五)に権中納言となり、翌年正二位に叙されて中納言を辞した(『公卿補任』)。(平)

**六月会**(一三頁7)　本文史料では、最澄死没翌年の弘仁十四年(八二三)に六月会が始行されたとする。『叡山大師伝』によれば、同年六月に淳和天皇が「先師忌日料調布八百禱」などを寄進しており(『伝教大師全集』五、付録四五頁)、これをもとにして周忌講会(六月会)が行われたのであろう。朝廷のこの寄付は、最澄没後の延暦寺保護政策の一環である。弘仁十三年六月四日に最澄が死没すると、六月十一日には大乗戒壇の独立が認められ、弘仁十四年二月には桓武天皇建立の天台法華宗であることを考慮して、比叡山寺に延暦寺の寺号が許された。さらに俗別当が任命されて、三月に新制度での年分度者の得度、四月に授戒を実施した。こうした保護政策のなかで、最澄忌日料の寄付が行われた。

なお本文史料では承和十三年(八四六)に六月会竪義を始めたとするが、今のところこちらの方は六国史等で確認できない。康保三年(九六六)に座主良源の申請にしたがい、六月会に広学竪義を設置することが認可された(『大史』一—一一—七六八頁)。この点に関し、『西宮記』九月季御読経の項は、次のように記している。

　康保三年十二月三日、左大臣令延暦寺座主良源申請雑事十箇条之内、広学竪義一人、明年春季御読経、被召預最初闕請者云々、仰云、請阿闍梨之次、預件竪義者云々、

良源の申請によって、春季御読経では阿闍梨の次に広学竪義の竪者を闕請することが決まっており、良源は広学竪義と公請との道筋をつけることに成功した。康保四年四月には

　探題事
　　権少僧都法眼和尚位房算
　右、左大臣宣、奉勅、件僧都宜令行探題事者、
　　康保四年四月廿七日　別当参議左大弁勘解
　　　　　　　　　　　　由長官藤原朝臣

と探題宣下がなされ、竪者も会弘と決まってい

た(『大史』一―一二一―一二九頁)。しかし事情は不明ながら、本文史料にあるように五月九日に探題が禅芸に改補され、竪者も春叡に代えられたが、結局、康保四年には広学竪義が実施されなかった。翌年の安和元年(九六八)六月会で禅芸を探題とし、覚円・春叡(去年分)を竪者として広学竪義が行われた。以後、広学竪義は延暦寺の年中行事のなかでも枢要な位置を占めるようになり、長暦三年(一〇三九)には広学竪義の経験者が初めて天台座主となっており(『天台座主記』教円)、天台僧の昇進ルートとして定着した。

本文史料によれば、建暦三年(一二一三)十一月七日に六月会が准御斎会の宣下を受けたとする。これが認められた背景には延暦寺と清水寺との紛争があった。同年七月に清閑寺と清水寺との間で境相論があり、八月三日には清閑寺本寺の延暦寺衆徒が長楽寺に集結し、防御態勢を整えた清水寺とにらみあった。後鳥羽院は使者を派遣してそれを制止しようとしたが、清水寺は了承したものの山僧は停戦を拒否したため、後鳥羽院は西面や在京武士に命じて長楽寺の山門僧を攻撃させた。僧侶三〇余が戦死、五〇人ばかりが生捕りとなった。延暦寺は流血沙汰に抗議するため、堂舎を閉籠して大衆を離山させた。

苦慮した後鳥羽院は、八月八日、西面武士五名を解官し、三名を使庁に下した。さらに事態を収拾すべく、後鳥羽院は次の院宣を発した(『大史』四―一二―六六一頁)。

院宣云、
　日吉祭可被差遣勅使事
　六月会同可被差遣勅使事
　以学頭一﨟可被任権律師事〈三塔、其内以一﨟、次第可被任之〉
右、三个事、且為貴神明之威光、且為添仏法之護持、限永年可〔所ヵ〕被定置也、是則非衆徒之帰道理、不背勅定之所致乎、此上弥令凝三千徒之懇誠、宜奉祈億兆載之仙算之由、可令下知給者、院宣如此、仍執達如件、
　　八月十一日　　　按察使
　謹上　天台座主権僧正御房

この院宣で六月会への勅使派遣が決し、十二月七日院宣で勅使供給用途料として近江国野洲新庄が延暦寺に付された(『大史』四―一二―九〇八頁)。さらに翌建保二年(一二一四)五月に六月会を准御斎会とする宣下がくだった。これを延暦寺執当に連絡した青蓮院慈円の執事奉書が伝わっている(『大史』四―一三―一一五頁)。

延暦寺六月会宜准御斎会者、
左少弁藤原朝臣長資伝宣、左大臣宣、奉勅、
　建保二年五月七日　修理東大寺大仏長官
　　主殿頭兼左大史小槻宿禰奉、在判
左大臣宣、奉勅、延暦寺六月会宜准御斎会者、
　建保二年五月六日　大炊頭兼大外記筑前
　　守中原朝臣師重奉
六月会、被准公家御願宣旨二通〈官、外記〉遣之、先触廻、永可被納置寺家之由、依和尚御房仰、執達如件、
　五月十日　　前権大僧都聖覚奉
　謹上　執当法眼御房〈定覚〉

そして五月二十七日には勅使権右中弁平経高が派遣されて六月会が始まっている(『大史』四―一三―一二九頁)。本文史料は建暦三年(一二一三)十一月七日に准御斎会の宣下を受けたとするが、勅使供給用途料を寄進した十二月七日院宣と混同したのであろう。

六月会広学竪義を経て昇進した事例として、青蓮院良快(一一八五～一二四二)の経歴を挙げておく。良快は顕密兼修の僧侶で、九条兼実の息であり、慈円から青蓮院門跡を相承した。『門葉記』一二八によれば、良快は建久八年(一一九七)に受戒し正治元年(一一九九)一五歳で六月会広学竪義を遂業した。探題は静厳、一問は聖覚、注記は聖親であり、摂籙の息が遂業するのは延暦寺ではこれが初例であった。正治二年五月に最勝講聴衆、十二月には明年の二会講師の宣下がくだった。ただしそれを勤めたのは建仁三年(一二〇三)一九歳の年で、高座で権律師の宣下を受けた。翌年には最勝講講師を勤め、承元二年(一二〇八)五月には探題宣下をうけ霜月会で探題を勤仕した。摂籙臣の息の探題も初例である。建保六年(一二一八)の最勝講では證義を勤め、寛喜元年(一二二九)に

天台座主となった。貴種であるため、一般の学僧よりも経歴が短縮されているが、両会遂業―三講聴衆―二会遂講―僧綱―三講講師―探題―證義の階梯を踏んでいる。

なお天福元年（一二三三）・弘安十一年（一二八八）の六月会は広橋経光・勘解由小路兼仲が勅使となったため、『民経記』『勘仲記』にその記事が詳しい。そこに六月会聴衆に請定された交名がみえるが、園城寺僧の名もみえており、寺門僧も参加するかたちで運営されていたことがわかる（『民経記』天福元年五月二十七日条、『勘仲記』弘安十一年五月二十五日条）。また文永七年（一二七〇）の六月会竪義では、探題尊経が「内請用」を優先し、病と称して登山しなかったため、大衆が蜂起して尊経の坊を払ったという（『天台座主記』）。広学竪義が重視されていたことがわかる。尾上寛仲『法華大会広学竪義』（延暦寺法華大会事務局、一九八三年）、智山勧学会編『論義の研究』（青史出版、二〇〇〇年）を参照。（平）

**禅芸**（一三頁8）　空恵阿闍梨の弟子で、円珍の孫弟子。応和三年（九六三）に維摩会講師、翌年に延暦寺六月会の専寺探題の宣下をうける。安和元年（九六八）に権律師、天禄元年（九七〇）園城寺長吏に補され治九年。天延二年（九七四）に権少僧都となり、天元二年（九七九）に七八歳または八二歳で死没した（『大史』一―一七―二六三頁）。（平）

**法華会**（一五頁1）　本文史料では円宗寺法華会が延久四年（一〇七二）十月二十九日に始修されたとするが、正しくはこの時に行われたのは最勝会と法華会を併修した最勝法華会であり、十月二十五日から二十九日まで五日一〇座の講会が行われた。円宗寺に両会を置くことは創建の時から後三条天皇が構想していたことであり、延久二年の同寺供養願文には、講堂で「春則講最勝之妙文、宜祈国家於万年、秋又演法花之実語、欲救群類於六道」とあり、春の最勝会、秋の法華会の開設が誓われている（『扶桑略記』同年十二月二十六日条）。また延久四年十月に始修された最勝法華会の表白によれば（国史大系『本朝文集』二一一頁）、

> 延久四年十月二十五日、方択時日之吉曜、先供養法華妙典、五日設斎十座開会、以初冬下旬、今為其始、以一年二季、永定其期、春講最勝之奥義、祈国家之泰平、五穀登熟、万邦歓娯、暦運積年、久理万機、継嗣蛮世、永有四海、秋講法華之妙偈、導六道之群類、各蕩妄執之□、証菩提之果、一味雨霑、業塵早滅、三覚日照、罪霜無遺、抑兹会者尽未来際、不敢断絶、御願之趣、甚深無量、

とあり、春の最勝会では鎮護国家と五穀豊穣を祈り、秋の法華会では六道群類の成仏を祈るため、永代の年中行事とすることを誓っている。この講会には「天台已講」が置かれ、山門と寺門の顕教僧が隔年で講師となり、それを終えると已講となるなど、当初から南京三会に匹敵する講会として設立された。興福寺維摩会を中心とする南京三会が摂関家の主導で行われていたことからすれば、北京三会の創設に後三条天皇の藤原摂関家への対抗を読み取ることも可能である。

なお延久四年の講師は園城寺の頼増、一問を南都興福寺の頼真が勤めた。その際、講師頼増は「大乗根性の日本国に因明論義など不要である」と主張して、因明義の問答を拒絶した。天台座主勝範も頼増の意見を支持したため、結局、因明論義が停止され、頼増は結願の座で権律師に抜擢されたという（『扶桑略記』同年十月二十五日条）。頼増の強引な主張によって北京三会から南都系の因明論義を排除することに成功し、北京三会は天台宗の色彩をいっそう強めることができた。かつて井上光貞は、円宗寺最勝法華会での頼増の因明論義拒絶事件を、院政期天台教団の学問水準の低下を象徴するものと位置づけた（『日本浄土教成立史の研究』一八四頁〔山川出版社、一九五六年〕、『日本古代の国家と仏教』一八五頁〔岩波書店、一九七一年〕）。しかし頼増が豊かな学識に裏づけられた強烈な宗派意識の持ち主であったことを、井上は見落としている（平雅行『日本中世の社会と仏教』一〇八頁、塙書房、一九九二年）。

開設の年の延久四年だけは最勝法華会のかた

ちをとったが、この後は円宗寺法華会となり、『天台二会講師次第』(『京都府立総合資料館紀要』一八)によれば、その講師は延久五年が永豪、承保元年(一〇七四)が斉覚、承保二年が慶朝、承保三年が元範となっている。また『水左記』承暦元年(一〇七七)閏十二月十二日条によれば、この年の円宗寺法華会の講師が山門の暹戦、竪者が寺門の信尊であり、嘉保元年(一〇九四)の法華会では円宗寺探題が頓滅したため竪義が中止になったという(『大史』三—三—六一七頁)。法華会に天台竪義が付属していたことを示している。この法華会竪義の探題を円宗寺探題といい、天台座主の挙で延暦寺探題のなかから撰ばれるのが原則であり、当初は園城寺僧も補任された。ところが長治元年(一一〇四)末に座主の挙のないまま、寺門証観に円宗寺探題の宣下がくだされた。先例に背くとして延暦寺が強訴をしたため、その人事が撤回され、これ以後は寺門僧の探題宣下がなくなったという(『大史』三—七—八九八頁)。またこの頃から法華会は十二月中下旬が式日となっている。

円宗寺法華会は鎌倉後期では正応五年(一二九二)、正和二年(一三一三)に実施されたことが確認できるが(『伏見天皇日記』正応五年二月十九日条、『三井続燈記』二)、その後、円宗寺法華会に関する記録が途絶え断絶したようである。『兼宣公記』応永二十九年(一四二二)二月十四日条に

来十九日可被行円宗寺二会、任例可被致沙汰之状、如件、二月十五日、右中弁判、惣在庁御房、公文従儀師御房、来十九日可被行当寺二会、任例可被致沙汰之状、如件、二月十五日、右中弁宣光、円宗寺執行御房、

とある。円宗寺法華会・最勝会が併修のかたちで一時的に復活したことを示している。今のところ、これが円宗寺の存在を示す最下限の記事でもある。(平)

**頼増**(一五頁2)　仙陽坊権律師(一〇二一〜一〇七八)。清和源氏の出身で、父は経基王の孫の武蔵権守源頼平(頼季)。顕密兼修の僧。台密では明尊大僧正より天喜三年(一〇五五)に伝法灌頂を受ける。顕教では悟円入道親王の弟子となり、碩学として名を馳せ、本文史料にあるように延久四年(一〇七二)の円宗寺最勝法華会で最初の講師を勤めて権律師に補され、翌年には園城寺探題となった。円宗寺最勝法華会では頼増自身の強烈な宗派意識の故に紛議を起こしたが、これ以前にもしばしば騒動を巻き起こしている。長暦三年(一〇三九)法成寺竪義の竪者となった時、頼増は算を箱の外に投げ捨てて回答を拒否した。探題が「この算は源信が作ったものだ」として回答を迫ったところ、頼増は「智証大師の唐院本によれば源信が拠った流布本が誤っていると記してある」とし、あくまで問題が誤っていると主張した。また康平三年(一〇六〇)の平等院での論義でも、番論義の相手が他宗の釈によって論義をしたため、頼増は最後まで回答を拒否したという。なお、頼増は晩年、阿弥陀仏に帰依し、臨終の席で「光明西ヨリ来、衆人見否耶」と語って事切れたという。『三井往生伝』(『続天台宗全書』史伝二)、『三井続燈記』六(『大日本仏教全書』一一一—九九頁)、「園城寺伝法血脈」を参照。(平)

**大乗会**(一五頁3)　法勝寺は承保二年(一〇七五)七月に木作始めが行われ、承暦元年(一〇七七)十二月に白河天皇の行幸のもと、三〇〇口の僧侶で落慶供養が行われた。その堂舎の華麗な様は「髣髴仏界之荘厳」させるものだったという(『法勝寺供養記』(『群書』二四—二四九頁))。そして翌年十月三日、法勝寺講堂で五日一〇講の大乗会が開かれた。大江匡房が作成した大乗会表白は次のように記す(国史大系『本朝文集』二二四頁)。

勅命曰、側聞、究竟大乗、無過華厳・大集・大品・法華・涅槃、蓋是釈迦如来之本懐、智者大師之微言也、仍以紺紙金字、奉写五部大乗百七十八巻、始自承暦二年十月三日吉日良辰、忽排講堂、以修大会、屈四十箇口之聴衆、設五日十講之斎筵、毎日依次講五部経、即以今朝永為式日、須為年事、敢不失墜、名曰大乗会、

ここから、四〇口の聴衆のもとで五部大乗経を

講じるものであったことがわかる。講師には前年閏十二月に円宗寺法華会講師を勤めた暹斅が請定された。彼は法勝寺講堂供僧でもある（『水左記』承暦元年十二月二十六日条、同年閏十二月十二日条）。本文史料は大乗会の始行を十月六日とするが、六日は白河天皇が行幸して講師暹斅を権律師に補任した日であり、十月三日から開催されている。永保三年（一〇八三）十月一日に九重塔供養が行われた事もあり、この年から大乗会の式日は十月二十四日に変更された（『中右記』寛治七年（一〇九三）十月二十日条）。

最初の大乗会では前年の円宗寺法華会講師を請定したが、間もなく法勝寺大乗会が北京三会の中心となり、大乗会の直前に行われる僧名定で三会講師が選定され、その人物が十月の大乗会、十二月の円宗寺法華会、そして翌年二月の円宗寺最勝会の講師を勤めた。たとえば、寛治七年二月の最勝会講師は寺門の済尊阿闍梨、十月の法勝寺大乗会講師は山門の永順、翌年三月の円宗寺最勝会の講師も永順、十月・十二月の大乗会・法華会講師は寺門の増珍阿闍梨が勤仕したことが確認できる（『大史』三―二―八一八頁、三―三―四七・二九二・五四三・六一七頁）。康和五年（一一〇三）の僧名定では

　仗座、被定中大乗会僧名、四十聴衆中威従各二人、但今年講師延暦寺之人也、仍為問者、聴衆之中、多被定薗城寺人也、

とあり、延暦寺僧が講師の場合は聴衆四〇名に寺門の僧侶を多く加える配慮をしている（『中右記』同年十月二十一日条）。鎌倉時代も引き続き実施され、後醍醐天皇は嘉暦二年（一三二七）より連年大乗会の聴聞に出かけている（『続史愚抄』）。南北朝時代に中断し、貞治五年（一三六六）には式日通りの開催を目指したが、結局延引された（『大史』六―二七―五三五頁）。大乗会の再開が確認できるのは応永七年（一四〇〇）であり（『大史』七―四―五五七頁）、これ以後も断続的に実施された。室町幕府は永享七年（一四三五）三月に法勝寺五大堂を修造するなどして、その再建につとめたが（『満済准后日記』）、応仁の乱で法勝寺が炎上したため、その後は近江坂本の日吉神社彼岸所に場所を移し、文明十四年（一四八二）五月まで実施されたことが確認できる（『大史』八―八―一三三頁、八―一四―四〇六頁）。（平）

**最勝会**（一五頁4）　「法華会」の項で述べたように、円宗寺講堂で最勝会を行うことは、円宗寺創建の時からの後三条天皇の悲願であった。後三条が延久五年（一〇七三）五月に死没したこともあって、その開設が遅れたが、本文史料にあるように、永保二年（一〇八二）二月十九日に円宗寺最勝会が開創され、この後、同日から五ヶ日が式日となった。『年中行事秘抄』には、次のように記されている（『群書』六―四九四頁）。

　永保二年以用途、定永宣旨
　永保二年二月十九日、始被行円宗寺最勝会、自後三条院御時、可被行二会之由、有綸旨之故也、慈覚・智証門徒相替為講師、

最勝会の財源を整えた上で実施されたことがわかる。また『初例抄』は

　同寺（円宗寺）最勝会始
　永保二年二月十九日、被始置円宗最勝会、以去年二会講師叡山明実、為講師、先例二会講師、皆当座蒙勧賞、今度不然、無行幸故云々、

と記しており（『群書』二四―二五頁）、前年の二会講師である明実が最勝会の最初の講師となっている。これ以降も円宗寺最勝会の講師は、前年の二会講師が勤仕することが恒例となった。この後、鎌倉時代まで開催されたが、『勘仲記』弘安十年（一二八七）三月二十四日の記事がその下限である。『三井続燈記』二の房仙の項に「正和二年十二月、勤法勝寺大乗会・円宗寺法花会講師、方作已講、五年正月任権律師」と記しており（『大日本仏教全書』一一一―一三三頁）、円宗寺最勝会講師を勤めた記載がみえない。正和二年（一三一三）段階で円宗寺最勝会が退転していたことをうかがわせる。なお「法華会」の項で触れたように、応永二十九年（一四二二）二月に円宗寺二会が一時的に再興された。（平）

**尊恵**（一五頁5）　西園寺公経の子で、嘉禎二年（一二三六）五月に一四歳で登壇受戒し、翌年最勝講

聴衆となる。延応元年(一二三九)に尊性が没すると、わずか一七歳で妙法院門跡を相承して新日吉社別当に補任された。寛元元年(一二四三)に尊源から伝法灌頂をうけたが、正元元年(一二五九)閏十月十三日、三七歳の若さ、僧正の地位で死没している(『大日本史料』五―一一―四六頁、五―一七―七二頁、五―一二―五〇一頁、五―一七―七二頁、『百錬抄』)。本文史料は仁治二年(一二四一)に尊恵が大僧都の地位で北京三会講師を遂講したとする。尊恵は暦仁元年(一二三八)三月の僧事で権大僧都に補されているし(『大史』五―一一―七七五頁)、同年に北京三会講師を勤めたことは『天台三会講師次第』(『京都府立総合資料館紀要』一八)でも確認することができる。(平)

**静明**(一五頁6)　延暦寺で探題・證義を歴任した俊範法印の真弟。父から法輪院を相承し粟田崇徳院御影堂別当職に補されたため、粟田口法印とも呼ばれた。『尊卑分脈』によれば、明超・仁承の二人の子供をもうけている。文暦二年(一二三五)六月会で竪義を希望したのが初見で(『門葉記』一五一)、延応二年(一二四〇)の御斎会聴衆となってからは三講の聴衆・講師を歴任し、弘安三年(一二八〇)には最勝講の證義を勤めた。同七年七月の法勝寺八講證義となった折りには、一日法務に補任され綱所を召し連れて出仕している(『勘仲記』)。青蓮院尊助のもとで「青蓮院出世執権」として活動し、弘長元年(一二六一)市河宮慈助(後嵯峨院の息)の入室では出世奉行として差配した(『門葉記』一〇一)。また後嵯峨院が諸宗碩徳を招いて御前論義を行わせているが、静明も文永八年(一二七一)にそれに請定されたし、建治元年(一二七五)には鎌倉に招請され、北条時頼一三回忌の法華八講の初座講師を勤めている(『円照上人行状』中、『三井続燈記』一・九)。鎌倉では円爾と知己となり、参禅している。生没年は不明であるが、『性類抄』にみえる次の文書が今のところ、最下限の史料である(『続天台宗全書』口決一―三六二頁)。

伝法之仁雖多之、於聖教披見者、維暹律師掌之、可伝法之小童也、更不可有外見之状、如件、

弘安九年四月九日　法印静明在判

内容からして、静明の遺言のようでもある。なお本文史料によれば、静明が権少僧都の地位で弘長元年に三会講師を遂げたという。同年に静明が三会講師を勤めたことは『天台三会講師次第』(『京都府立総合資料館紀要』一八)で確認することができる。またその年に彼が権少僧都であったことは『法勝寺御八講問答記第十四』(『東大寺宗性上人之研究並史料』上二七二頁)でわかり、同年十二月に権大僧都に昇任している(『門葉記』一〇一)。三会遂講による昇進であろう。(平)

**師範の吹挙**(一七頁1)　師範が弟子を最勝講聴衆に吹挙した例として、康安元年(一三六一)の事例を挙げておく(「御挙状等執筆引付」『大史』六―二三―六二七頁)。

最勝講聴衆所望事、孝憲得業款状執進之候、可有申御沙汰之旨、所候也、恐々謹言、

五月十七日　法印公憲

謹上　左大弁宰相殿

これによれば、本人が聴衆請定を求める申請書(款状、かんじょう)を書き、師匠の吹挙状を副えて提出したことがわかる。(平)

**御願の聴衆**(一七頁2)　ここでは三講(最勝講・法勝寺御八講・仙洞最勝講)の聴衆を指す。三講は中世顕教における最高の国家的法会。師匠の吹挙をもとに朝廷が聴衆を選任して請定(しょうじょう、本人への出仕要請)を行った。(平)

**最勝講**(一七頁3)　最勝講は最勝八講ともいい、内裏の天皇御前で『金光明最勝王経』一〇巻を講問する法会である。院が主催する仙洞最勝講と区別して、公家最勝講ともいう。四箇大寺である東大寺・興福寺・延暦寺・園城寺から、證義数名、講師一〇人、聴衆一〇人を精選して、日に朝夕二座、五日間で計一〇座を行った。創始されたのは本文史料にあるように、長保四年(一〇〇二)五月であり、延暦寺の覚慶・観修両大僧正を證義として実施された。この時の講師静昭阿闍梨の講釈は「弁舌之妙、冠絶古今」と

賞賛され、一条天皇からその場で法橋に叙されている(『大史』二―四―六一七頁)。

『初例抄』は最勝講の創始を長保四年としつつも、「或寛弘七年始之云々、実説可尋之」と記し(『群書』二四―二五頁)、『扶桑略記』寛弘七年(一〇一〇)条も「最勝王経御八講、始此時」と寛弘七年始行説を採用している。また『東寺長者補任』の寛弘六年条(異本七年)では最勝講について「先々帝時々被行之、而自今年永為恒例云々」(『続々群』二―五〇九頁)と述べ、国史大系『元亨釈書』二五もこれに従って同六年に「立為式、先代或行、或止、自今為例」とする(三七三頁)。

しかし長保四年五月七日以降の実施記事を検索すると、寛弘二年八月十四日、同三年十月二十五日、同六年六月十九日、同七年三月二十一日、同八年三月二十四日となっており、ついで九年飛んで寛仁四年(一〇二〇)七月二十六日(結願)、さらに一〇年飛んで長元三年(一〇三〇)五月二十六日、同四年四月二十七日、同五年五月十二日(結願)と続いている(『大史』および史料稿本)。一条天皇の長保四年に始まり、三条天皇の時代(一〇一一〜一〇一六)は実施されず、後一条天皇の時代(一〇一六〜一〇三六)の長元年間からほぼ五月に固定化しているようである。これは「最勝講、一条院御時被始行也、(中略)三条院御時不被行歟」との『江談抄』一との記述とも合致する。

そこで寛弘七年始行説や寛弘六年恒例説についてみると、まず、寛弘七年までに最勝講が四度実施されていることからすれば、寛弘七年始行説は成り立たない。次に寛弘六年恒例説であるが、『東寺長者補任』は「先々帝時々被行之」と記している。この「先々帝」は一条天皇であるはずなので、この記事は後一条天皇の時代のものでなければならず、一条天皇の寛弘六年ではありえない。また『元亨釈書』は「先代或行、或止」としているが、「先代」が一条天皇であるはずなので、これまた寛弘六年ではありえない。しかも三条天皇の時代には最勝講が実施されていないこととも矛盾する。

このように史料の記載内容に混乱があるため、明確なことはいえないが、『東寺長者補任』の記事内容と最勝講の実施状況とを勘案すれば、次のようにいえるだろう。最勝講は一条天皇の長保四年に始まったが、当初は不定期であった。それが後一条天皇の長元頃から恒例化され、式日も五月に固定化されるようになった。

三講の中でも特に最勝講が高位に位置づけられていたことは、本文史料に詳しい。まず第一に、最勝講の聴衆は、法勝寺八講聴衆もしくは仙洞最勝講論匠から選任されるのが一般的であった。第二に、最勝講證義は普通、法勝寺八講等の證義経験者から登用された。第三に、興福寺両門跡は公家最勝講・仙洞最勝講以外の御願仏事では證義を勤めなかった。なお寛治六年(一〇九二)の最勝講では結願ののち僧事が行われており、中世ではそれが恒例となった。最勝講が三講のなかでも枢要な位置を占めた要因は、こうした結願日の僧事にもあるだろう。

南北朝時代は貞和二年(一三四六)六月、康安元年(一三六一)六月、貞治二年(一三六三)八月と断続的に行われたが、貞治六年八月の最勝講が最後となった。この時は将軍の勘気によって園城寺が出仕せず、興福寺懐雅・延暦寺慈能を證義として、延暦寺八口、興福寺一〇口、東大寺二口の僧を講師・聴衆に請定して最勝講を実施しようとした。ところが二日目の八月十九日、證義懐雅が参入する際、詰めかけていた山門衆徒を追い払ったことが原因で南北衆徒の乱闘となり、結局、僧侶四名が死亡、一〇〇余名が負傷したばかりか、内裏は触穢となり、後光厳天皇も逃げまどうなかで冠を落とすなど前代未聞の不祥事となった(『大史』六―二三―二四七頁)。結局、朝廷は大衆の参加を禁じて一日遅れで最勝講を再開して何とかつじつまをあわせたが、この事件がきっかけとなって、以後、最勝講は断絶した。

なお三講の歴史的意義については、上島享「中世国家と仏教」(『日本中世社会の形成と王権』名古屋大学出版会、二〇一〇年)を参照。

(平)

**法勝寺御八講**(一七頁4)　法勝寺は承暦元年(一

〇七)に白河天皇によって造立された。白河院が大治四年(一一二九)七月七日に亡くなると、四十九日の法事、および翌年の周忌仏事は法勝寺阿弥陀堂で行われた。白河院は通例のように国忌を置かないよう遺言したが、死没から二年後の天承元年(一一三一)より国忌八講が行われた。これが法勝寺八講であり、園城寺行尊を證義として法勝寺阿弥陀堂で実施している。法勝寺八講は『法華経』八巻と開結二経の計一〇巻を、朝夕二座、五日間で講論するもので、證義一、二名、講師一〇名、聴衆一〇名で実施。證義の進行のもとで講師が一人一巻ずつ講説し、聴衆が問者となってそれに論難を加えて討論した。法華八講は本来、『法華経』八巻を四日八座で行うことをいったが、やがて五日一〇座の論義会も広く八講と呼ぶようになった。この法勝寺八講には延暦寺・園城寺・興福寺・東大寺の顕教僧が請定された。

鎌倉後期になると強訴などによって中止となる例が増え、その時は八講が取りやめられて御経供養のみが行われた。応安元年(一三六八)に行われた法勝寺八講が今のところ、最下限である(『大史』六―二九―四三八頁)。なお東大寺図書館には成立期から文永十一年(一二七四)までの「法勝寺御八講問答記」が伝えられており(『東大寺宗性上人之研究並史料』上)、『南都仏教』七七(一九九九年)はその特集号である。(平)

**仙洞最勝講**(一七頁5)　院最勝講の初例は本文史料にもあるように、永久元年(一一一三)七月二十四日に白河院が始行しており、永縁(興福寺)・証観(澄観、園城寺)・永清(延暦寺)ら一〇僧が出仕して五日一〇座の講問を行った(『大史』三―一四―二二八頁)。ついで鳥羽院が長承元年(一一三二)十一月十四日に実施。忠尋(延暦寺)・証観・隆覚(興福寺)。覚樹(東大寺)ら一〇僧が講師・問者となって数重に及ぶ論難を繰り広げた(『中右記』)。

その後、途絶えたが、後鳥羽院が元久三年(一二〇六)三月に高陽院で実尊らを講師として再開し、以後、恒例となった。さらに後鳥羽院は同年五月二十日に御前で番論義を行わせた。「最勝講聴衆所望之輩等、今夕於院有番論義」(『猪熊関白記』同日条)とあるように、これは同月二十五日から開催される公家最勝講の聴衆を選定するためのものであった。『明月記』同年五月二十三日条によれば、番論義の僧名は次の通りである。

一番　貞玄答弁已講、東大、
　　顕愉問中納言已講、山
二番　円経帥得業、南、範玄子、
　　宣舜問大夫闍梨、寺
三番　覚遍中納言阿闍梨、寺、
　　公性問山、大納言闍梨、円実子
　　　（中略）
十番　公縁中納言得丨、実明子、
　　顕親寺、三位闍、親兼子
御前居衆　雅縁・公胤両僧正、行舜・信憲両
　　法印、円能・聖覚・明禅三僧都、
　　建永元年五月十八日

御前居衆(いしゅ)である雅縁・公胤らが審査官となって、一〇番二〇人の論匠に論義をさせている。その結果、什円・信定・宣舜・憲雅・円聡・聖雅・光円・頼兼の八論匠が二十五日からの最勝講聴衆に請定された(『大史』四―九―二七頁)。

この番論義は翌年から院最勝講に組み込まれ、三日目に行われることとなり、院最勝講の形式が整った。宝治二年(一二四八)五月二日の仙洞最勝講を例にとると、この時は覚遍僧正・宗源法印の二名の證義のもとで、円憲法印・智円法印から宗舜已講まで一〇名の講師が二名ずつペアを組み、朝座・夕座で講師・問者を入れ代わって五日一〇座の論義を行った。さらに三日目には朝夕の講問を終えたのちに、承源已講・円家得業ら二〇名の論匠が一〇番の番論義を行っている。講師・論匠ともに、延暦寺・興福寺・園城寺・東大寺から選ばれており、この年の論匠二〇名のうち一二名は公家最勝講結衆、四名は法勝寺八講結衆で、残る四名が初参であった(『葉黄記』)。

院最勝講は後鳥羽院が再開してのち、承久の

乱で中断したが、宝治二年五月に後嵯峨院が再開した。貞和二年（一三四六）六月に光厳院が持明院殿で行ったのが（『大史』六—九—九五七頁）、今のところ最終例である。（平）

**直参**（一七頁6）　康安元年（一三六一）の最勝講僧名では、聴衆の尋源に「山、未遂業、直参」、経弁に「東、花厳、直参」、円俊に「山、直参、未遂業」の記載がある（「柳原家記録」一五二『大史』六—二三—六二二頁）。また『後愚昧記』貞治六年（一三六七）八月二十日条によれば、最勝講聴衆に参じた一乗院禅師実玄について「未遂講、今度此御講直参初度也」と注記している。（平）

**公請の名僧山上の住侶**…（二一頁1）　探題は在洛の名僧と山上住侶を交える形で朝廷が補任する。一四世紀後半の探題款状によれば、「中古以来」各別の採用となり、建武の騒乱以後は山上二人、京都一人となったという（『門葉記』一五〇）。公請を中心に活動する在洛僧と、延暦寺住山僧とに分化していったことがわかる。（平）

**加任は正員に**…（二一頁2）　加任探題は正探題に欠員がない時に、①朝廷から特別な恩賞をもらった僧で早急に探題に補任する理由のある者、または②抜群の秀才で高齢なため欠員を待つことのできない僧たちを特別に補任する。仮探題が正探題の代官であるのに対し、加任探題は器量の僧を定員外で補任したもの。加任は護持僧や東寺長者にもみえる。（平）

**当座の官次に任せ**…（二五頁1）　清華家出身僧や密教祈禱功験の仁などによって官位で超越された時は、超越された僧を慰めるため、代わりに官位の高い者から證義の役を命じられることは、よくあることだ。（平）

**機嫌に随い**…（二五頁2）　院や天皇の覚えによっては、抜擢するような器でなくても、法勝寺八講證義を勤仕することなく、最勝講の證義に直接登用される場合もある。三講の中でも最勝講が最も格が高かった。（平）

**細々の…上の事なり**（二五頁3）　三講以外の法華八講などのいろんな小規模な法会の證義を先に命じられる者もいる。これに関しては、大抵の場合、證義の役は勅許を得た上で勤めるものである。（平）

**山務政**（二五頁4）　山務政では、注記の補任と、数年分の竪義の請とがなされた。そのほか小寺主の補任や所司転任、国講読師の擬符、准業や西塔院主・祇園別当の人事が行われたこともある。『門葉記』一七八の「政成文書事」では、道円入道親王が先例に論評を加えながら、そのあり方を検討している。なお『門葉記』のこの部分が道円（一三六二～一三八五）の筆になることは、尊道の「延文折紙」「永和臨時政聞書」を「尊師」と記していることから判明する（ただし『大正蔵』は「尊師」を「導師」と誤読）。

ちなみに寛喜元年（一二二九）に座主良快が行った初度政では、「講読師擬符、小寺主一人、竪義者六人〈東塔三人、西塔二人、横川一人〉、注記一人〈東塔〉」が補任されており、尊円は竪者六人は流例であるが、講読師擬符は今では全く行われていない、と記している（『門葉記』一七八—六五一頁）。

山務政聞書の一例として、尊円が暦応四年（一三四一）に行ったと思われる第二度政の折紙案を掲げておく（『門葉記』一七八—六五二頁）。

当年冬

維賀〈西〉、憲順

同五年夏

救海、良印〈西〉

同冬

定実、成守〈西〉

同六年夏

宗賀、顕理〈川〉

同冬

良海、暹芸、慈俊

准業

性済、定禅、源尊、貞賢、教敏

注記

宗兼、潤運、性覚、快英

修理権別当法眼兼澄

上座法眼昌全

権上座法眼尊兼
寺主法橋兼快
権寺主法橋恵全
都維那快全

ここでは三年分の六月会・十一月会の竪者の請と、准業・注記の補任がなされ、所司三綱が署名する形をとっている。（平）

**有職**（二五頁5）　鎌倉初期に成立した『二中歴』には、僧綱職・僧綱位・綱所について、有職について次のように記している。

○有職〈内供伝燈等法師、擬已講〉　闍梨〈伝燈大法師位〉

つまり内供奉十禅師と已講（擬講・已灌頂を含む）と阿闍梨の三者を有職としている。これらが僧綱に次ぐ僧職として成立したのは、一〇世紀末から一一世紀初頭と考えられている。岡野浩二「伝法阿闍梨職位と有職」（『律令国家の政務と儀礼』吉川弘文館、一九九五年）を参照。（平）

**法勝寺住学生**（二七頁1）　『僧綱補任』には基本的に法勝寺住学生が記載されていないが、最末の残闕本のみそれを記している。『大日本仏教全書』一一一所収の『僧綱補任』は寿永三年（一一八四）・元暦二年（一一八五）の記事を収めるが、そこでは①見任僧綱の大僧正・僧正・権僧正・大僧都・少僧都・律師、法印・法眼・法橋、②前僧綱の僧正・権僧正・大僧都・少僧都・律師、③綱所の大威儀師・威儀師・従儀師、④維摩会注記、三会已講・二会已講、東寺已灌頂・天台已灌頂、⑤石清水八幡宮・熊野社の神官僧綱、⑥仏師の散位僧綱のあとに「住学生」として、法勝寺住学生の名簿が記載されている。ちなみに、寿永三年分の記事は次の通りである。

住学生
興福寺
学頭覚憲権大僧都
信兼〈大進房、四十四〉
聖尊〈順観房、五十八、四十三〉
堯延〈越中、五十四、三十八〉
増弁〈法印六、四十七、三十七〉
尊栄〈覚善房、四十六、三十三〉
同範玄前権少僧都
玄秀〈少納言、六十四、五十〉
定彦〈少輔、侍従、六十四、五十〉
清慶〈大輔、五十一、三十七〉
章宣〈少輔、五十、三十六〉
玄隆〈越前卿、四十四、三十〉
延暦寺
同源実権律師
有弁〈竹林房、六十四、五十一〉
雅円〈三位卿、五十、四十〉
章俊〈上徳立、三十四〉
祐範〈四十一、二十九〉
栄雲〈加賀立、三十三、二十〉
同貞覚已講
弁忠〈六十五、四十九〉
慶賀〈伊賀立、四十四〉
相真〈助立、三十二〉
定慶〈上野、四十七〉
性舜〈式部立〉
園城寺
同慶智権律師
叡覚〈陽南房阿闍梨、六十八、五十五〉
隆延〈尾後、六十三、五十三〉
能珍〈少将阿闍梨、四十八〉
伊運〈宮内卿阿闍梨、三十三〉
猷運〈筑前阿闍梨、四月還了、五十〉
同道顕権律師
行秀〈大進、七十五、六十〉
融覚〈長門阿闍梨、六十九、五十五〉
千慶〈戊日（成田）房阿闍梨、四十八〉
証中〈南林房阿闍梨、三十八〉
観海〈助、二十一〉

学頭一に学生五の組み合わせが六組、計三六名から成っており、興福寺・延暦寺・園城寺から同数が選任されている。またその機能からして、ここに補任された僧侶は顕教系（顕密併修も含む）とみてよかろう。（平）

**正員僧綱**（二七頁2）　本文史料第12条「一僧事書連次第」に、「先正員、次散位」と表記されていることから、正員とは散位僧綱に対する概念であることがわかる。「権官」に対しては「正官」

が対する。「正員」が「権官」に対する語でないことは、『門葉記』一二八に次のような用法がみえることからも判断されよう。康治二年(一一四三)十一月、青蓮院行快は日蝕の祈りとして根本中堂において七仏薬師法を修したが、それに対する勧賞として、翌月牛車宣旨を蒙り、加えて「正員僧綱を賜」っている。これは具体的には内供奉教仁が権律師に任じられたことを指しており、権律師が「正員僧綱」に含められていることがわかる。

「正員僧綱」の範囲は次の事例から、より詳細に判明する。横内裕人が紹介した高山寺旧蔵『究竟僧綱任』は応保二年(一一六二)の僧綱有職の歴名帳であるが(『日本中世の仏教と東アジア』塙書房、二〇〇八年)、その配列は次のようになっている。まず大僧正一名、僧正一名、権僧正二名、法印権大僧都三名、権大僧都五名、権少僧都一〇名、権律師一六名の僧名を記したのちに「本正員三十七人也、〈又剰闕無之、惣員三十八人也〉」と注記し、次いで石清水八幡宮の「権大僧都慶清〈正員三十七人之内不可入之由、宣下云々〉」と続き、次いで法印八名、法眼二〇名、法橋三九名、大威儀師一名、前大僧正一名、前権僧正一名、前権少僧都四名、前権律師四名、石清水八幡四名、熊野一〇名、木仏師七名、絵仏師六名、経師一名、そして阿闍梨交名と続いている。

以上からして、正員僧綱とは①基本的に現任の僧正・僧都・律師を指し、そこには権官も含む、②前大僧正のような前官は含めない、③法印・法眼・法橋といった僧位のみを持つ散位の僧綱は含めない、④石清水の神官は僧都に補任されても正員僧綱には含めない、ことがわかる。(平・久野)

**弘仁十三年…**(二七頁3)　本文史料の弘仁十三年(八二二)六月十一日官符は伝存していないが、『類聚三代格』二の弘仁十四年二月二十七日太政官符に、それが引用されている。そのくだりを示せば以下の通り。

伝燈大法師位最澄表偁、夫如来制戒随機不同、衆生発心大小亦別、所以文殊豆盧上座異位、一師十師羯磨格別、望請、天台法花宗年分度者二人、於比叡山毎年春三月 先帝国忌日、依法花経制令得度受戒、仍即一十二年不聴出山、四種三昧令得修練、然則一乗戒定永伝聖朝、山林精進遠勧塵劫、謹副別式謹以上奏者、右大臣宣、奉 勅、宜依来表、(久野)

**無度縁宣下**(二九頁1)　「壬生文書」によれば「貴種人出家受戒之時、先例被下無度縁宣旨」(『大史』四—二—三四〇頁)とある。

『門葉記』一〇一「入室出家受戒記一」より、青蓮院慈玄(一二六〇～一三〇一)の例を挙げておく。慈玄は文永七年(一二七〇)十二月八日に一一歳で出家し、次の無度縁宣下を得た。

沙弥慈玄
権右中弁藤原朝臣光朝伝 宣、権中納言藤原朝臣伊頼宣、奉 勅、件人宜免無度縁責、令登壇受戒者、
文永七年十二月二十四日　修理東大寺大仏長官左大史小槻宿禰有家奉

この宣旨を十二月二十五日に受け取り、二十六日に登壇受戒している。(平)

**尊教**(二九頁2)　一二四八～?。太政大臣西園寺公相の子、天台座主。文応元年(一二六〇)に妙法院門跡を継いで、十二月一日に受戒した(『天台座主記』)。(平)

**慈源**(二九頁3)　一二一九～一二五五。九条道家の息、将軍九条頼経の同母弟、青蓮院門主、天台座主。寛喜二年(一二三〇)八月二十一日に一二歳で登壇受戒。その翌月には一身阿闍梨・権少僧都となった(『華頂要略門主伝』)。(平)

**一身阿闍梨**(二九頁4)　貴種一代限りに認められた特別の阿闍梨職。一般に師匠が申請して太政官牒で補任された。『門葉記』一二七「灌頂七」には、歴代の青蓮院門主を一身阿闍梨に補任した太政官牒が収載されている。一例として、慈源のものを次に掲げる。

太政官牒延暦寺
応授伝法灌頂職位事
権少僧都法眼和尚位慈源
右、太政官今日下治部省符偁、得阿闍梨大僧

正法印大和尚位良快今日奏状偁、謹考旧貫、一身阿闍梨之職位者、諸宗貴種之所受也、択器量兮致挙　奏、降綸旨兮不庭留、件慈源者、大麓之林間、枝葉風馥、巨川之浪上、舟楫流伝、瑜伽壇前禅月、澄而無雲、練行窓裏覚華、薫而有日、謂其碩量、尤堪伝燈、望請天慈、因准先例、以件慈源被授一身阿闍梨職位者、将施一宗之光華、奉祈万乗之聖算者、正三位行権中納言藤原朝臣盛兼宣、奉　勅依請者、省宜承知、依宣行之者、寺宜承知、牒到准状、故牒、

寛喜二年九月廿六日　修理東大寺大仏長官正五位上行左大史兼紀伊守小槻宿禰判牒

正五位上行右中弁藤原朝臣　（平）

**貴種の人**…(二九頁5)　本文史料のこのくだりは、一身阿闍梨とは何かということについて簡潔に要点をおさえた説明となっている。「仁和寺御伝(顕證書写本)」のなか、中御室覚行の項で、彼が寛治六年(一〇九二)に一身阿闍梨宣下を受けたことを記した部分の裏書きとして、以下のような『釈家官班記』の一文を引用している。

一身阿闍梨者、貴種之人、別而限其身、某可授伝法灌頂職位之由、被下官符、以之称一身阿闍梨、妙香院座主慈忍和尚、諱尋禅、九条右大臣息、天禄四年三月十九日、為一身阿闍梨、是濫觴也云々、(『仁和寺史料』二)

『釈家官班記』が、仁和寺において、どのように参照されていたか、その形跡の一端をうかがわせるものである。（久野）

**慈忍和尚**(二九頁6)　尋禅(九四三〜九九〇)、摂関家の祖である藤原師輔の子、天台座主。良源のもとに弟子入りし、延暦寺の貴族化のきっかけをなした。（平）

**妙香院**(二九頁7)　良源が尋禅の坊として建立した妙香坊が発展したもの。横川飯室谷にある。朝廷や摂関家とゆかりの深い御願寺として栄えた。（平）

**如源**(二九頁8)　九七七〜一〇二一。延暦寺僧。内大臣藤原公季(九五六〜一〇二九、仁義公)の子で、尋禅の入室の弟子。長保元年(九九九)に一身阿闍梨となる(『僧綱補任』)。（平）

**尊恵**(二九頁9)　一二三三〜一二五九。西園寺公経の子。嘉禎二年(一二三六)五月に臨時受戒、十一月に一身阿闍梨となる(『新日吉別当次第』)。三年後に尊性の跡をついで妙法院門主となった。（平）

**円助**(二九頁10)　一二三六〜一二八二。園城寺長吏。後嵯峨院皇子。宝治三年(一二四九)正月に円満院で出家し、翌月親王宣下をうけて法親王となった。（平）

**慈鎮**(三二頁1)　本文史料では法眼に直叙された実例、および法眼から法印に転叙した例として、慈円(旧名は道快)があげられているが、この点については、他史料でも確認できる。慈円は永万元年(一一六五)に覚快のもとに一一歳で入室し、仁安二年(一一六七)に白川坊で出家し臨時受戒を遂げた。嘉応二年(一一七〇)八月に一身阿闍梨に補任されると、同年十二月三十日の除目で法眼に直叙された。『玉葉』同日条によれば、

山阿闍梨道快、叙法眼〈七宮公家御祈賞云々〉、是依下官申、所被任也、可謂面目、

とある。また覚快と九条兼実の要請によって、養和元年(一一八一)十一月六日の僧事で慈円は法眼から法印に叙された(『玉葉』、『門葉記』一二八)。（久野・平）

**範憲**(三五頁1)　一二四六〜一三三九。法印尊憲の真弟。乾元元年(一三〇二)を最初に五度にわたり興福寺別当を勤める。大僧正となったのは徳治二年(一三〇七)四月のこと。（久野）

**覚円**(三五頁2)　一二七八〜一三四〇。西園寺公衡の同母弟。興福寺東北院。元応元年(一三一九)、建武三年(一三三六)に興福寺別当を勤めた。後者の時はわずか半年しか在任せず、「終不渡印鎰」であった(『興福寺別当次第』)。大僧正になったのは元応二年。

覚円が本文史料がいうような「抜群の碩学」であったことを示すものとして、「玉英記抄」に次のような記事がみえる。「法相宗第一大事」である「因明秘決」は、一乗院では既に血脈が途絶えているが、大乗院については、故慈信僧正が覚円に伝え、さらにまた大乗院門跡に伝えるようになっていた。ところが、彼の死によってそれ

もできなくなり、伝授の人がなくなってしまったという。法相宗の重要な教学を門跡によって継承することが強く企図されていた当時の状況がうかがえるが、そのなかで、門跡でもない彼にそれを伝えられていたのはやはりその学識によるのであろう(『大史』六―六―一八七頁)。(久野)

**極官を…**(三五頁3)　権僧正のことを極官という例としては、『伏見天皇日記』正応五年(一二九二)二月二十五日条の除目僧事の記事がある。この時、頼助が大僧正を辞退し、そのかわりとして弟子の親玄が権僧正に任じられたが、そこで、次のように記されている。

親玄者頼助之門弟、大僧正辞退替挙申之、曾無公請之労、其身居住関東、超数輩之上臈、昇極官之条、雖不可然、近日之風儀無力事也、

本文史料にもあるように、権僧正は三位参議に相当する。つまりそれ以下の僧官とは大きく隔絶していたと考えられる事から、極官というような表記となったのであろう。(久野)

**山門唯顕**(三七頁1)　正中年間に作成されたとされる「山門記」(『天台宗全書』二四)によれば、「我が山に三道あり」として「顕宗の学道」・「密宗の学道」・「修験道」の三つをあげており、その「顕密修験の三道」は、いずれも公請を勤めるものであり、他の寺にない山門の特長であると記している。ちなみに顕宗の学道も密宗の学道も、「童躰」の時は倶舎三〇巻、天台六〇巻、経論章疏要文を「読覚」し、「出家」後はまず五時講、三〇講を行うという階梯は共通していた。これ以後、顕宗は番論義や立義を経ていくが、密宗では護摩、灌頂など、そのカリキュラムは変化していく。(久野)

**玄智**(三七頁2)　本文史料は、玄智・承憲・光憲・仲円・顕澄の五名が後醍醐天皇の在位期に大僧都となったという。このうち、玄智僧正(一二七〇～一三三一)は山門尊勝院の祖。静成法印の真弟で日野経光の猶子。師主は光円僧都。「玄智於山門英才無双者也」「玄智成敗弁舌、懸河尤足感、似披雲霧望晴天、寔天台之明匠歟」(『花園天皇日記』元応二年〔一三三〇〕九月別記、元亨三年〔一三三三〕九月一日条)といわれた碩徳で、祇園別当・横川長吏・西塔院主等を歴任した。嘉元三年(一三〇五)八月の僧事で法印権大僧都に叙され(『任僧綱土代』〔『続群』四上―四一一頁〕)、嘉暦元年(一三二六)十一月十五日の大成就院結縁灌頂まで「法印」として登場するが(『門葉記』一三七)、元徳二年(一三三〇)三月の後醍醐天皇の山門行幸では日吉社「権別当権僧正玄智」とみえている。本文史料のいうように、大僧都に補任されたとすれば嘉暦元年十一月から元徳二年三月までの期間となる。(平)

**承憲**(三七頁3)　生没年不詳。山門安居院流の憲玄法印の真弟、藤原為世の猶子。もとの名は承明。弘安十一年(一二八八)七月の法勝寺八講で「問者〈承明〉」とみえるのが初見史料で(『勘仲記』同年七月四日条)、建武四年(一三三七)二月八日松石丸紛失状に「法印権大僧都承憲(花押)」と証判をすえているのが今のところ最下限(「鰐淵寺文書」)。なお『庭訓往来諸抄大成扶翼』は玄恵法印の説明として、「承憲法印、澄憲法印、玄恵法印、是を山門の上三綱と称して同時の人なり、何れも碩学秀才の聞えありとぞ」(『大史』六―一三―四七五頁)とする。(平)

**光憲**(三七頁4)　光憲法印権大僧都は生没年不詳、延暦寺の僧。嘉元二年(一三〇四)八月の後深草院葬送での七僧法会に「大法師光憲〈山、三会已講〉」とみえるのが初見で(『公衡公記』別記)、徳治二年(一三〇七)七月の僧事で権律師となった(『任僧綱土代』〔『続群』四上―四一三頁〕)。正中二年(一三三五)九月三日に伏見院八講の講師を勤めたのが、今のところ下限史料(『花園天皇日記』)。花園天皇からは「光憲又稽古者也」「当世名誉者也」と評されている(『花園天皇日記』元応二年〔一三三〇〕三月十一日条、元応二年九月別記)。また元応二年に後醍醐天皇のもとで仁寿殿において行われていた真言談義のメンバーの一人でもある(『門葉記』六八)。(平)

**仲円**(三七頁5)　生没年不詳、延暦寺の僧。中納言平仲兼の子、隆禅法印の弟子。青蓮院慈道の従兄弟にあたり、慈道の側近として活動。

「仲円随分稽古者」と評され(『花園天皇日記』元亨元年〔一三二一〕七月十五日条)、後醍醐天皇の真言談義にも参加。元弘元年(一三三一)五月に幕府調伏祈禱のため弘真文観・恵鎮円観とともに逮捕され流罪となった。今のところ延元元年(一三三六)四月の五壇法に「大　仲円僧正〈山〉」とみえるのが下限史料(「五壇法記」〔東寺文書丙二二号〕)。

　嘉暦三年(一三二八)五月の禁裏五壇法までは法印権大僧都として登場するが、元徳二年(一三三〇)三月の後醍醐天皇山門行幸では「〈前〉権僧正」となっている(『門葉記』三九、『日吉社叡山行幸記』)。本文史料のいうように大僧都に補任されていれば、その間の時期ということになる。平雅行「青蓮院の門跡相論と鎌倉幕府」(『延暦寺と中世社会』法蔵館、二〇〇四年)を参照。(平)

**顕澄**(三七頁6)　鎌倉末・南北朝期の延暦寺の僧侶。『尊卑分脈』は「顕證」とするが誤り。祖父の二条資季が尊円の母方の従兄弟にあたる。徳治二年(一三〇七)十月、青蓮院慈深の登壇受戒で羯磨を勤めたのが初見(『華頂要略』一四)。観応二年(一三五一)七月に青蓮院尊道が行った金輪法では権大僧都としてみえるが、文和二年(一三五三)四月の慈道親王一三回忌如法経では「顕澄大僧都」とある(『門葉記』一五〇・一二八)。大僧都への補任は本文史料成立の直前ということになる。(平)

**孝覚**(三七頁7)　『大乗院日記目録』によれば、孝覚は建武二年(一三三五)十二月十七日に権少僧都として、暦応四年(一三四一)十二月十五日には法印、康永二年(一三四三)八月三日には僧正として登場している。大僧都への補任は暦応四年から康永二年の間であろう。(久野)

**増円**(四一頁1)　一一六六～一二三三。慈円の坊官、もとは覚明、長谷三位法印。栄禅律師の真弟。慈円の所従第一の者として活躍。坊官家長谷家の祖。「華頂要略坊官伝　第五」(『天台宗全書』一四)によれば、増円は坊官の家柄である長谷家の家祖となっている。父は律師栄禅で従三位刑部卿藤原頼輔の猶子となり、本名は覚明(命)。延勝寺執行を勤め、法橋には建久四年(一一九三)七月十一日、翌年十二月二日に法眼、その後、法印になったとしている。これはおそくとも建暦三年(一二一三)正月以前であろう(『明月記』同年正月二十八日条)。坊門信清娘が関東に下向する際、後鳥羽上皇の桟敷をしつらえたり(『明月記』元久元年〔一二〇四〕十二月十日条)、歓喜光院寺務に就任したりもしているが(『同』承元二年〔一二〇八〕五月十七日条)、その活動の本領は青蓮院の家政であった。同四年十月、慈円が朝仁親王にあてた門跡譲与の置文では、勧学講以下の所領や文書について、

　以増円法眼為其沙汰人、悉可有御進止候、所従之中ニ第一ニ存候者也、

とあるように、彼は慈円第一の側近として門跡の家令のごとき存在であった。『門葉記』には慈円の行う数々の祈禱の行事僧として、その支度を行っている姿が散見される(巻一六・二一・二九・四四・七七など)。さらに慈円の次の門主である道覚法親王にもその門室の万事を司る坊官の長(青蓮院雑務、庁務)となっている。その子孫も代々青蓮院の坊官を勤めた。なお、伊藤俊一「青蓮院門跡の形成と坊政所」(『古文書研究』三五、一九九一年)を参照。(久野)

**直叙法眼**(四一頁2)　直叙法眼の事例を若干紹介しておく。内大臣土御門通親の子である定親は安貞元年(一二二七)五月に阿闍梨・已講から法眼に直叙され、寛喜元年(一二二九)十月の僧事で権少僧都となっている(『東寺長者補任』)。また、本文史料第8条の「慈鎮」の項でも示したが、慈円は一身阿闍梨から散位の法眼となり、さらに散位の法印に叙され、その後、建久三年(一一九二)に権僧正・座主に補任されている。慈円は律師・僧都を経ることなく、法眼→法印→権僧正という階梯でスピード出世している。また太政大臣西園寺公経の子である妙法院尊恵は、嘉禎二年(一二三六)五月に受戒すると、十一月には一身阿闍梨となり、翌年五月の僧事で法眼に直叙され、さらに翌年三月の僧事で権大僧都となっている(『大史』五―一一)。(平)

**僧事**(四一頁3)　僧綱補任のことを、古代では「僧綱召」「任僧綱」と称していたが、やがて「僧

事」という語が一般的となっていく。『夕拝備急至要抄』にも「一僧事、〈号僧綱召〉」とあり、また、『釈家官班記』の本文からもうかがえるように僧事とは、主要には僧綱補任の人事を指していた。しかし、中世では、それ以外にも諸寺別当の補任や阿闍梨宣下についても「僧事」に含まれるようになっている。海老名尚によれば、こうした用法の初見は『為房卿記』承暦三年(一〇七九)正月十三日条あたりで、このような用語法の変化はかつては僧綱補任と諸寺別当などの補任の形式が異なっていたものが、同質化してすべて同様に宣下形式をとるようになったからではないか、と推測している(「「僧事」小考」『学習院史学』二七、一九八九年)。(久野)

**慶融源承**(四一頁4) 『尊卑分脈』には、藤原為家の子息として両者ともみえるが、いずれも「法眼」とのみ記し、慶融は仁和寺僧、源承は山門の僧であったとする。このうち、源承は仁治元年(一二四〇)の法勝寺八講聴衆に「源承〈山、十七、新〉」とみえ、一二二四年の誕生であることがわかる(法勝寺御八講問答記『東大寺宗性上人之研究並史料』上)。仁治元年八月の慈賢座主拝堂記までは阿闍梨として登場するが、寛元二年(一二四四)七月二十九日慈源如法経の記事からは「源承法眼」とみえており(『門葉記』一七六・八三)、この間に阿闍梨から法眼に直叙されたことをうかがわせる。(久野・平)

**隆誉**(四一頁5) 鎌倉末には隆誉は複数存在する。なかでも蓋然性の高いのは興福寺と延暦寺の隆誉である。前者は正和四年(一三一五)最勝講講師の辞退に「隆誉法眼〈興〉」とみえる(『公衡公記』正和四年六月十三日条)。後者は文保二年(一三一八)三月の五壇法で忠覚僧正の伴僧に「隆誉法眼」とみえる(「五壇法記」『東寺文書丙二二号』)。(平)

**覚猷**(四一頁6) 一〇五三~一一四〇。園城寺長吏、天台座主。『鳥獣戯画』作者と目されていることで有名。法橋となったのは承暦三年(一〇七九)二七歳の時。法成寺修理の賞で、法眼に転叙するのは永久元年(一一一三)六一歳の時(『僧綱補任』)。覚猷は法橋に任じられる二年前の承暦元年には、阿闍梨に補任されていた。そしてその後法成寺供養賞によって法橋に叙せられ、散位の法橋となったことになる。なお、覚猷の詳細な経歴や活動については、竹居明男「鳥羽僧正覚猷行実」(『古代文化』三四—五、一九八二年)、同「鳥羽僧正覚猷と毘沙門天・護法童子」(『古代文化』三七—五、一九八五年)が丹念にまとめており参考になる。(久野)

**行幸御幸**(四三頁1) 神社への行幸御幸による寺家賞として本文には「検校・別当・権別当」などを列挙しているが、これはおそらくは『釈家官班記』の編者青蓮院尊円にとっても身近な日吉社行幸御幸の場合を念頭に置いているのであろう。日吉社行幸は延久四年(一〇七二)に始まり、以来平安院政期から順徳天皇の頃までは、しばしば見えるが、以後は上皇の御幸が中心となり、行幸は元徳二年(一三三〇)三月の後醍醐天皇によるまで見えなくなる。その間の行幸御幸賞の記載を見ると、だいたい先の三者に対する僧位僧官の付与がなされており、さらに社家賞としては社官に対する一階の昇進が通例となっている。ちなみに最初の日吉社行幸の際の勧賞は、検校座主権大僧都勝範・別当権大僧都覚尋が法印に叙され、社司六人が栄爵をうけている。権別当に対する賞は寛治五年(一〇九一)二月の白河上皇御幸以後のことである(『天台座主記』『扶桑略記』など)。また、尊円在世の時代になされた元徳二年の後醍醐天皇の行幸の際は、検校尊雲法親王勧賞の譲りとして実守が権大僧都に、権別当玄智賞の譲りとして円海が権少僧都に、別当慈厳賞の譲りとして顕澄が権律師に任じられ、さらに禰宜や祝・神主などが、それぞれ「本位に随ひて各一階」を加えられている(『元徳二年三月日吉社并叡山行幸記』『群書』三、および京都大学文学部所蔵本で補訂)。(久野)

**熊野山の御幸**(四三頁2) 延喜七年(九〇七)の宇多上皇の熊野参詣に始まるとされているが、以後は正暦三年(九九二)に花山法皇が那智滝に籠もった例はあるものの、さしたる所見はうかがえない。本格的に熊野御幸が行われるようになるのは、寛治四年(一〇九〇)の白河上皇が園城寺増誉を先達にして行って以後のことであり、この頃から歴代上皇はさかんに熊野御幸をくり返すようになる。とりわけ、白河上皇の一〇回を始め、鳥羽上皇二一回、後白河上皇三五回、後鳥羽上皇二八回は群を抜いており、平安院政期から鎌倉時代前期にはおよそ一〇〇回の熊野御幸が行われた。その回数のみならず、供奉の人員も多く、熊野山へ向かう途中の王子では、種々の法要や神楽を行うなど多彩な儀礼や芸能を伴う大旅行であった。その様子は、藤原定家『後鳥羽院熊野御幸記』などに詳しい。鎌倉後期になると、上皇の熊野詣は減少していく(宮地直一『熊野三山の史的研究』国民信仰研究所、一九五四年、新城常三『新稿社寺参詣の社会経済史的研究』塙書房、一九八二年、宮家準『熊野修験』吉川弘文館、一九九六年など)。(久野)

**重講**(四三頁3) 重講については知られていないので、気のついた例を挙げておく。まず、『東寺長者補任』弘長二年(一二六二)定親の項に「同(寛喜)三年勤御斎会重講」とみえる(『続々群』二)。この定親は既に嘉禄元年(一二二五)に興福寺維摩会講師となり、翌年正月の御斎会で講師を勤めている。ところが、先の記事のように寛喜三年(一二三一)にも御斎会講師を勤めたため、それを「重講」と呼んだのだろう。その間の事情を『維摩会講師研学竪義次第』寛喜二年項は次のように記す(『大史』五―五―八八二頁)。

講師良遍大徳〈年、臈、法相宗、興福寺、丹波入道盛実息、去年十二月宣下〉、栄真辞退之替、不遂御斎会、定親僧都参勤之、

維摩会講師を栄真が辞退したため、良遍が勤仕したが、翌年の御斎会講師は定親が勤めたという。

また『東寺長者補任』弘安元年(一二七八)の道宝の項をみると、そこでも「嘉禎二年勤御斎会重講」とある。道宝は嘉禎元年(一二三五)の御斎会講師を勤めていたが、翌年の御斎会では興福寺の嗷訴により御斎会講師である玄良が不参した。そこで急遽、道宝に講師を勤仕させたのである(『大史』五―九―八一四頁、五―一〇―五五三頁)。さらに「真言付法血脈図」の勧修寺僧正成宝の項によれば「養和元年御斎会重講」とある(湯浅吉美「東寺観智院蔵『真言付法血脈図』の翻刻」『成田山仏教研究所紀要』二九、二〇〇六年)。彼は治承三年(一一七九)の維摩会講師を勤め、翌年正月には御斎会講師を勤仕しているので、詳細は不明ながら成宝も二年連続して御斎会講師を勤めたことになる。以上からすれば、三会講師の故障・不参に際し、講師経験者に急遽講師の依頼をして勤仕させる、これが「重講」なのだろう。(平)

**両社行幸**(四三頁4) 神社への天皇の行幸がみえ始めるのは一〇世紀前半、天慶年間とされ、一〇世紀後半の一条天皇の頃からは、石清水八幡宮・賀茂社行幸は、代始めの儀式として恒例化した。そのほか、春日・平野・大原野・松尾・北野の行幸がみえ、後三条天皇の頃からは、日吉・稲荷・祇園などの行幸もみえる。しかし鎌倉時代後期になると神社行幸は途絶え、後醍醐天皇が一時復興するものの、その後は幕末期まで断絶する(岡田荘司『平安時代の国家と祭祀』続群書類従完成会、一九九四年)。(久野)

**日月蝕の御祈**(四三頁5) 天皇に代表される〈王〉が日蝕や月蝕の妖光をあびることは、その身体にとって不吉である、ひいては社会や政治秩序の危機をもたらすものである、という考えは中世の人々の意識を強くとらえていた。このために日蝕・月蝕に際しては、御所を筵で包むことで玉体を護ったり、あるいは読経や祈禱がなされるのが通例であった(黒田日出男『王の身体・王の肖像』平凡社、一九九三年)。たとえば嘉承元年(一一〇六)十一月一日に天台座主仁源が日蝕祈禱の熾盛光法を修した際、

至卯刻晴天無雲故以 院宣被責仰、於于茲弥被抽丹誠、于時俄陰雲聳掩王城、終日不散、日輪不正現、故王臣万民感法験、

とある(『天台座主記』)。日蝕の祈りとは、天候を変化させて雲や雨をもたらし、日蝕の光が当たらないようにすることを、期待されていた。(久野)

**御薬の御祈**(四三頁6) 「薬」が病気の意味であることについて、以下のような事例がみえる『門葉記』一七〇「修法護摩供等用心」で勤行の故実を記した際、修法で用意すべきものとして赤箭や人参・伏苓など「五薬」をあげて、その語句の説明として「禁裏仙洞等ノ御悩ヲハ御薬ト申也、仍彼ニマカウ間、云五薬也」とある。(久野)

**御受法の賞**(四五頁1) たとえば後宇多天皇は青蓮院道玄から頻繁に受法しており、弘安九年(一二八六)十月には「去年八月主上御伝法賞」として、前大僧正から大僧正に還任されている(『門葉記』一二九)。(平)

**宿曜**(四五頁2) 『二中歴』一三(一能歴)には、宿曜師として法蔵以下二二名の名がみえるが、一〇世紀末から一二世紀に活躍した人物でいずれも僧名である。その肩書きとしては、大僧都・僧都や法印・法眼・法橋など僧綱の官位をもつほか、五師・阿闍梨などになっている。『鶴岡放生会職人歌合』でも、折烏帽子で俗体姿の算道の算おきと左右対になって、宿曜師が僧綱襟の衣に袈裟を付けた僧形で描かれており、その前にはホロスコープのようなものをおいている。ちなみに三二番や七一番の職人歌合には宿曜師は登場しない(『日本の美術』一三二職人尽絵』至文堂、一九七七年)。空海や円仁によってもたらされた宿曜経や、日延がもたらした符天暦をもとに、暦日を定め、星占を行って運勢を予見し、災厄をはらうことを専らにした。彼らは陰陽道や密教とも深くかかわりながら、平安時代後期から室町時代初期まで、さかんに活躍していたという(桃裕行著作集八『暦法の研究』下〔思文閣出版、一九九〇年〕、村山修一『日本陰陽道史総説』〔塙書房、一九八一年〕など)。(久野)

**仏師**(四五頁3) 『初例抄』には「木仏師僧綱例」として定朝が、治安二年(一〇二二)七月十六日に法成寺金堂造仏賞によって法橋に、ついで永承三年(一〇四八)三月二日には興福寺造仏賞によって法眼に転じたことを「外才者」の僧綱に任じた最初としている。さらに法印になった木仏師の最初としては、定朝の弟子長勢が承暦元年(一〇七七)十二月十八日に法勝寺講堂阿弥陀堂造仏賞によって法眼から転じたことをあげている。また、「絵仏師」僧綱の初例は法橋教禅が、法成寺の絵仏を描いた賞として治暦四年(一〇六八)三月二十八日に叙された事例をあげている。この頃から僧綱位をもつ大仏師と、それに従う小仏師という二つの階層がみられようになるが、仏師僧綱の背景には、木寄法の採用に伴って形成される仏師集団を統制する性格も想定されている。このような一一～一二世紀の仏師僧綱については、浅香年木「古代における仏師の生産関係と社会的地位」(『日本古代手工業史の研究』法政大学出版局、一九七一年)が詳しい。

　ちなみに、東大寺再建に活躍した中世の仏師として最も著名な運慶や快慶は、建仁三年(一二〇三)十一月晦日の東大寺総供養の際に、それぞれ勧賞として法印や法橋とされている。(久野)

**経師**(四五頁4) 永仁年間に作成された『普通唱道集』二の世間部では、経師について「紺紙全〔金ヵ〕字之法華経、励自筆而即時書写、黄紙朱軸之大般若、率諸人而一日調巻」(村山修一「公刊普通唱道集」『古代仏教の中世的展開』二〇九頁、法蔵館、一九七六年)とあって、その活動の様子を彷彿とさせる。ところで、経師に対する勧賞として僧綱位が与えられたことに関していえば、『初例抄』は、法橋尋意が大治三年(一一二八)十月二十二日に八幡一切経書写の賞として叙されたことを「経師僧綱初例」としている。(久野)

**11**(四五頁5) 『僧綱補任』によれば長保四年(一〇〇二)七月に覚慶が大僧正を辞して、尋光を権律師に補任している(『大日本仏教全書』一一三)。今のところ、これが辞退の替の初見である。中世ではこれが日常化した。ちなみに『門葉記』一二八「門主行状記」から摘記すると、以下の事例がみえる。

　覚快は永万二年(一一六六)一月に大僧正を辞し、円実阿闍梨を法眼に叙した。慈円は建仁三年(一二〇三)六月に大僧正を辞して法印実円を権僧正に昇進させているし、妙香院良快は寛喜二年（一二三〇）一月に法務を辞して阿闍梨覚仙を権律師にした。慈源は嘉禎四年（一二三八）五月に法務をやめて権少僧都公源を権大僧都にしたし、寛元三年（一二四五）九月には僧正を辞して権律師公暹を権少僧都に、建長三年（一二五一）五月には大僧正を辞して法眼道雲を法印に、源義を権律師に任叙している。浄土寺慈禅は正嘉三年（一二五九）に大僧正をやめて猷増僧都を権大僧都に、親源法眼を権少僧都に任じた。また、慈玄は正応三年（一二九〇）八月に法務辞退の替わりに安居院阿闍梨二口、平等房一口を寄せ、永仁二年（一二九四）十二月に大僧正を辞して権律師栄円を権少僧都にしている。（久野・平）

**僧正法務…申さざるか**（四五頁6）　僧正法務を辞退し、二名を申し任じた例としては、建長三年（一二五一）五月二十六日、無動寺慈源が大僧正を辞し、法眼道雲を法印に叙し、源義を権律師に任じている（『門葉記』一二八、前項「辞退の替」参照）。また正嘉三年（一二五九）に浄土寺慈禅が大僧正を辞し、二名のものをそれぞれ権大僧都・権少僧都に任じた事例がみえる（同上）。正員二人を任じることはないという本文史料と齟齬がみられる。（久野）

**良仙を以て…**（四五頁7）　『天台座主記』七五世天台座主良快の項に次のような記事がみえる。

（寛喜二年）十二月三十日令権律師良仙、任権少僧都〈譲二会講師賞〉、

良快は建仁三年（一二〇三）に天台二会講師を勤めた。しかし摂関家の出身であったため、これによって一階分昇進する権利を行使しないまま、大僧正となった。そこで、寛喜二年（一二三〇）に二会講師の賞を良仙に譲って、良仙を権律師から権少僧都に一階分昇進させたのである。（久野・平）

**12**（四五頁8）　『延喜式』によれば僧綱人事の際には、治部省が作成した「補任帳」を太政官にもたらし、それを参考にして選考がなされた（治部式19補任帳条）。中世になると、昇進を求めた申請書である申文をもとに目録が作成されて、選考の結果は任人折紙や僧事聞書にまとめて記載された。綱所にも、僧綱の人員を示す帳簿は保管されていたもようである（海老名尚「僧事」小考」『学習院史学』二七、一九八九年）。

僧事聞書の比較的詳細な例を挙げると、『三長記』建永元年（一二〇六）五月二十九日条、『平戸記』仁治元年（一二四〇）十二月三十日条、『経俊卿記』建長八年（一二五六）四月二十七日条、『同』正嘉元年（一二五七）九月二十二日条、『勘仲記』弘安十一年（一二八八）三月二十七日条があるほか、『続群』四上に収める『任僧綱土代』は、鎌倉末の僧事聞書を集載したものである。

実例として『経俊卿記』建長八年四月二十七日条を次に掲げる。

大僧正　房意〈御産御験者賞〉
権僧正　真仙〈尊覚法親王七仏薬師法賞譲〉
権大僧都忠海〈前大僧正道乗五壇法中壇賞譲〉
　印宗〈法印仙朝軍荼利法賞譲〉
　良賢〈尊覚法親王不動法賞譲〉
　宗誉〈親縁罷大僧正任之〉
権少僧都公惟〈法印実源大威徳法賞譲〉
　兼伊〈覚仁法親王金剛童子法賞譲〉
　親家　行顕
　宴遍　賢算
　実幸
権律師　教助〈法印隆助金剛夜叉法賞譲〉
　光賢〈権僧正憲深賞御祈賞譲〉
　顕重〈正兼罷権少僧都任之〉　珍高
法　印　頼円〈公請労〉　裔尊
　良忠〈覚仁法親王御験者賞譲〉
　親俊〈准胝法牛王加持賞〉
法　眼　光澄　寛伊〈法印寛海降三世法賞譲〉
　俊慶　堯尊〈御祈功〉
法　橋　快承　善海〈功〉
　心阿〈新日吉社拝殿修理功〉
　全秀〈同功〉
　増暹〈最勝講内蔵寮禄功〉
　朝舜〈内侍所御灯功〉
　珍有〈御祈功〉　円賀〈御祈功〉
威儀師　兼範　経順
従儀師　賢誉

明年東寺灌頂請　能海
明年最勝寺灌頂請　長猷
　建長八年四月廿七日

このほか、僧官の辞退者や寺院への阿闍梨付置などを記す。

　ところで、僧綱名を列挙した史料として直ちに想起されるのは『僧綱補任』であるが、興福寺本の『僧綱補任』(『大日本仏教全書』一一三)の記載順は、『釈家官班記』が示すような記載順にはなっていない。一例を示せば保延二年(一一三六)では、大僧正・僧正・権僧正(二名)・法印権大僧都(三名)・法印大和尚(三名)・権大僧都(三名)・権少僧都(一〇名)・法眼和尚(八名)・権律師(一六名)・法橋上人(一四名)・そのあと前官という順序で、正員と散位が混じりあっている。しかるに、『僧綱補任残闕』(『大日本仏教全書』一一一)の寿永三年(一一八四)元暦二年(一一八五)の記載は、まさしく『釈家官班記』のいう通りの記載順となっている。いずれも「僧綱補任」という書名が与えられているが、両書の資料的な性格が異なっている事を物語るものであり、『僧綱補任残闕』のほうは、僧綱人事に際して直接かかわるような史料であった可能性を推測させる。(久野・平)

**東寺観音院**…(四七頁1)　個々の寺院については後述。このうち東寺灌頂院・仁和寺観音院・尊勝寺・最勝寺での結縁灌頂は特に「四灌頂」と称された(『初例抄』『拾芥抄』『節用集』など)。寛喜三年(一二三一)十一月三日後堀河天皇新制(国6)でも、如法に遂行すべき恒例仏事として、北京三会とともにこの四灌頂が特にあげられている。

　ここには、四灌頂と惣持院灌頂があげられている。後述のように惣持院灌頂については、他の勅願灌頂と同列に扱えるか、はなはだ疑問である。『釈家官班記』に、山門のバイアスがかかっていることを示している。

たとえば四灌頂のうち東寺結縁灌頂については、『東宝記』四(法宝上)に関連史料が集録されているが、その「一結縁灌頂中絶事」をみると、平治の乱の際の中断を紹介しつつも、それに続けて「私云」として編者杲宝(賢宝カ)は、平治の乱で中断した分は翌年に実施されており、結局「保元平治寿永承久度々雖有闘乱、於当会者、曾以無〔无〕中絶〔乃儀脱〕、是則崇法重寺故也」(校異は『東宝記(影印本)』一一による。以下同)と東寺および真言密教の枢要な地位を顕彰している。これなど『東宝記』編者のバイアスがかかっているものといえようが、その『東宝記』がそのあとの部分で次のように記述している。

　而建武三年、征夷将軍〈高氏卿、後為尊字〉従西国発向之剋、(闕字)先朝〈後醍醐院〉臨幸山門、彼卿居住東寺、大略依為戦場、大会忽〔二脱〕令断絶畢、其後康永三年、武家施入料足、大阿闍梨長者賢俊僧正、小灌頂弘雅、建武三年分雖被行入之、後年無〔无〕〔シテ脱〕相続之儀、空所送年序也、寺家雖歎(闕字)公家愁宗家、未以及沙汰、密法之衰微、御願之陵夷、歎〔テ脱〕而有余者歟、

というように、『東宝記』ですら東寺結縁灌頂についての南北朝期の現状については、深刻な事態、すなわち実施されていない状況を告げている。しかしながら、同じ頃に作成された『釈家官班記』には、このような認識は全く示されておらず、尊円が復興すべきと考えたかつての秩序が記されている。『釈家官班記』の記述を利用する際に注意すべき点である。(久野)

**承和十一年**…(四七頁2)　実恵の牒状により承和十年(八四三)十一月十六日、東寺での真言宗伝法職位と結縁灌頂の事が定められ、その翌年春三月十五日から灌頂が始行(『類聚三代格』二「修法灌頂事」)。同様のことは『濫觴抄』『初例抄』にもみえる。また、東寺結縁灌頂に関する史料は『東宝記』四(法宝上)に、基本的な史料は一通り集録されているので便利である。(久野)

**永久元年**…(四七頁3)　『釈家官班記』は永久元年(一一一三)九月二十五日に宣下があったと記しているが、実際のところはこの年九月二十二日に東寺長者寛助が奏状を提出して申請し、それを認可した治部省や東寺あての太政官符や牒が発給されたのは十月二十三日のことであった(東

寺文書射、同楽)。『東宝記』『東寺長者補任』『初例抄』も同様とする。ただし『僧綱補任抄出』下(『大日本仏教全書』一一一)は、『釈家官班記』と同じく九月二十五日宣下としている。なお『大史』三―一四(永久元年九月二十二日条)を参照のこと。

この翌年にあたる『中右記』永久二年九月二十七日条には、この日に東寺灌頂の僧名日時定めがあったことを記している。それによると、これまで東寺の行事であり「公事」ではなかったものが、寛助の要請によって「従去年(永久元年)公家所被行」になったことから、この定めがなされるようになったのだ、と記している。(久野)

**惣持院**(四九頁1) 延暦寺東塔のなかでも重要な位置を占める惣持院は、最澄が法華経宣布の拠点として企画した六所宝塔院の中心、近江宝塔院にあたる。最澄の在世中には実現せず、その意志を受けついだ円仁が法華惣持院として完成させた。文徳天皇の即位に際し、その天子本命道場とし、唐青龍寺の鎮国道場を模して仁寿三年(八五三)から貞観四年(八六二)までの一〇年をかけて創建されたものである(『山門堂舎記』『九院仏閣抄』等)。以後焼失と再建をくりかえすが、現存のものは、一九八七年、比叡山開創一二〇〇年を記念して総落慶供養が行われたもので、在家のための結縁灌頂会も開かれている。なお惣持院灌頂に関する事柄は、次項補注を参照のこと。また藤井恵介『密教建築空間論』第Ⅰ部第3章(中央公論美術出版、一九九八年)もおおいに参考になる。(久野)

**仁寿元年**…(四九頁2) 『釈家官班記』は、仁寿元年(八五一)九月、惣持院で円仁が鎮国灌頂を始めたとしているが、それを裏付ける他史料は『入唐記』くらいである。『入唐記』では、円仁が大阿闍梨として仁寿元年九月十五日に「始修延暦寺灌頂」したとする(『続群』二八下)。佐伯有清『円仁』(吉川弘文館、一九八九年)の巻末年表も仁寿元年に「九月鎮国灌頂を始修す」と記すものの、本文ではこのことについて触れていない。また、『密教大辞典』(法蔵館、一九八三年)の「円仁」項や同書巻末の年表もこの事実を示しているが、「惣持院」での「鎮国灌頂」については、史料によって確認することができない。『慈覚大師伝』(『続群』八下)や『日本三代実録』貞観六年(八六四)正月十四日条の円仁卒伝などをはじめとする伝記でもこのことは見つからない(佐伯有清『慈覚大師伝の研究』吉川弘文館、一九八六年)。

一方『濫觴抄』下などは「天台灌頂」の始まりを、嘉祥元年(八四八)円仁の上表に基づき、翌年五月に始修されたことにあてている。確かに『類聚三代格』二には、円仁の奏状をうけて、延暦寺で灌頂を修すべしという決定を告げる嘉祥元年六月十五日付太政官牒も収められている。そして、この文中には「灌頂鎮国」という文言もみえ、山門における灌頂の開始ということでは、こちらをとるべきであろう。

「仁寿元年」という年次や「惣持院」に注目すると、『叡岳要記』上(『群書』二四)の次の記述が注意される。

東塔縁起云、(中略)仁寿元年初建立摠持院、准大唐青龍寺鎮国道場、為皇帝本命道場、修真言法、興隆仏法云々、

すなわち仁寿元年、青龍寺鎮国道場に准じて惣持院を建立したことが述べられている。嘉祥三年九月には詔によって、まだ未建立の惣持院に一四人の禅師を置いて熾盛光法を修することを決めており、確かに惣持院には皇帝本命道場のごとき役割が与えられていた(『慈覚大師伝』)。「鎮国灌頂」なるものについてここでは明証がないものの、こうした『叡岳要記』のような記事が、ニュアンスを変化させて『釈家官班記』のなかにとりこまれてしまったのではないだろうか。また『釈家官班記』は、この仁寿元年の時点で慈覚大師円仁が天台座主であったとしているが、彼が座主になるのは仁寿四年四月のことであり、これも事実と合わない。以上述べきたった点からみても、『釈家官班記』が述べる仁寿元年の鎮国灌頂については、事実として受けとめることには慎重でなければならない。

ただし、鎌倉中期に成立したとされる『阿娑縛抄』の巻第一一「延暦寺灌頂」や第一一八「延暦寺灌頂行事」(『大正蔵』)などには、これが嘉祥元年に始まること、式日が九月十五日であること、儀式の場が惣持院灌頂堂であることが示され、さらにその「巻数」の例文によれば、これが「鎮国灌頂法」と称されていたこともわかる。一方『門葉記』一二五には、惣持院での結縁灌頂の事例として、覚快が治承元年(一一七七)十一月十七日に、慈源が仁治二年(一二四一)十二月二十四日に大阿闍梨を勤めたものが見受けられる。

先の『叡岳要記』とともにこの『阿娑縛抄』などが示す事例なども、『釈家官班記』には念頭にあったことであろう。

ところで『釈家官班記』がこの「灌頂」の項のなかでいわゆる「四灌頂」とともに惣持院のそれを加えて取り扱っていることには、現実の反映というよりも、尊円の属する山門の立場というものを思わせるものがある。(久野)

**鎮国灌頂**(四九頁3)　これについては、前項補注に示すように、『阿娑縛抄』の延暦寺灌頂のところに散見している。また、同書第一二・一三(『大正蔵』)の尊勝寺と最勝寺の灌頂について記した「両寺灌頂記」のところには、以下のような最勝寺灌頂の巻数が示されている。

最勝寺
奉修　鎮護国家灌頂事
合受灌頂人ム人
道ム人
俗ム人
右謹依　宣旨、任例今月十一日奉修灌頂法事、
昼則修仏性三昧耶戒、夜則修〈胎蔵金剛〉界灌頂事、以其白業専奉誓護
金輪聖王陛下　宝祚長遠之由如件、仍勤〔勒カ〕名字謹奏、
承久三年五月八日
都維那大法師位
寺主大法師位
上座法橋上人位
小灌頂伝燈大法師位定尊
大阿闍梨法印前大僧都忠―(快)

ここでは、最勝寺の結縁灌頂を行うことを「鎮護国家灌頂」を修したとしており、このような勅願の結縁灌頂を、鎮護国家灌頂とも称したことがわかる。なお最勝寺や尊勝寺の灌頂については後出。(久野)

**建長元年**…(四九頁4)　四天王寺別当職が山門から寺門に移った代償として、認可の院宣が出た。本文史料は院宣の日付を九月八日とするが、正しくは建長元年(一二四九)九月六日である。『天台座主記』には次のようにみえる。

院宣
両条
一　日吉社可被加寄阿闍梨十口事
一　惣持院灌頂蓮台阿闍梨、遂二界可被任権律師事
右両条、山門衆徒依天王寺別当事、俄動神輿赴帝闕、忽閉七社権扉、不開諸堂之枢戸、雖出衆徒之鬱憤、猶恐神慮之難測、仍且為貴神威、且為弘仏法、殊運叡襟、所被　宣下也、此上凝三千徒之丹心、可奉祈億兆載之宝祚之由、可令下知給者、
院宣如此、以此旨可洩申入座主宮給之状、如件、
九月六日　中納言為経
謹上　内大臣法印御房

そしてこの院宣と同日に、園城寺円満院仁助を四天王寺別当に補任し、また座主道覚を尊覚に交代させている(『大史』五―三二　一二六八頁)。

なお「兼仲卿記」弘安四年(一二八一)七月裏文書の年月日闕大法師定玄款状によれば、「□(蓮)台阿闍梨可被補権律師之旨、建長之　聖代被下鳳詔」とし、「惣持院結縁灌頂蓮台阿闍梨労」で権律師に補任されることを要請している(『鎌』一三三七六号)。(平)

**長治元年**…(四九頁5)　この日堀河天皇が尊勝寺に行幸し、最初の結縁灌頂(胎蔵界)が行われ、七人の公卿が受灌した。以後、これが恒例となった。『初例抄』下にもほぼ同内容の文章が確認できる。

尊勝寺結縁灌頂始　長治元年三月二十四日、於尊勝寺灌頂堂被始置胎蔵界結縁灌頂、有行幸、大阿闍梨御室、有勧賞、仁和寺円堂院被置阿舎梨五口、当日寛智被補権律師、勤少灌頂云々、自今以後東寺天台各准三会可被任僧綱宣下、

また『中右記』長治元年(一一〇四)三月二十四日条にも

事了被仰下勧賞、阿闍梨寛智任権律師、上座静明任権律師、本寺検校法親王給阿闍梨五人、寄仁和寺円堂之由、右大将仰下、頭弁宣下、

とある。なお『大史』三―七、長治元年三月二十四日条には関係史料が集められている。また、尊勝寺結縁灌頂の指図が『山槐記』治承四年(一一八〇)十二月十四日条にある。(久野)

**寛智**(四九頁6)『中右記』長治元年(一一〇四)三月二十二日条には、この日、仁和寺寛智阿闍梨が最初の尊勝寺結縁灌頂の小灌頂阿闍梨を勤めるよう宣下があったことを伝えているが、そこで彼の人となりについて次のように記している。

件阿闍梨年来於〔日脱ヵ〕華門陣屋、行公家御修法之間、已有此慶、又彼尊勝寺灌頂堂供僧也、寛智者故済延僧都弟子、年五十八、文・〔久ヵ〕学真言之密道、深知両界之奥義、初奉厳重之御願、誠是大師之恩徳歟、

こうして最初の尊勝寺結縁灌頂は大阿闍梨が覚行法親王、小阿闍梨がこの寛智と仁和寺僧のコンビによって遂行されたわけである。(久野)

**東寺天台各両年**(四九頁7)尊勝寺結縁灌頂は、金剛界と胎蔵界を隔年で行い、それをワンセットにして東寺、延暦寺、園城寺がそれぞれ順に二年ずつ灌頂阿闍梨を勤めることとされた。『中右記』長治元年(一一〇四)三月二十四日条によれば、

従今年限永代、毎年三月廿四日為式日可被行結縁灌頂也、今年胎蔵、明年金剛界、以勤此両会小灌頂之人、准三会已講、任次第可被補僧綱者、最前二ヶ年東寺、次二ヶ年延暦寺、次二ヶ年園城寺、三ヶ寺人輪転可勤此事云々、抑依有南北三会、顕宗学徒誠以覚発、至真言道者、漸欲陵遅之処、今始此会、可謂仏法之中興、誠是密教之繁盛之秋也、

とあり、尊勝寺結縁灌頂の詳細がうかがえる。こうして長治元・二年は東寺分として仁和寺覚行・寛智が阿闍梨を勤め、次の二年間は延暦寺僧が勤めている事が確認できる。ところがその次年度の天仁元年(一一〇八)になると、白河上皇は園城寺ではなく東寺僧を灌頂阿闍梨に指名したことから、山門寺門の蜂起を招き、両寺の衆徒は武装して入洛をはかり、事態は大きく紛糾した。結局、この年は東寺僧が、そしてその翌年は園城寺僧が勤めることになった。『中右記』天仁元年四月二日条は

凡此灌頂阿闍梨、本自弘法慈覚智証門徒、次第可被行之義也、今年被破件次第、頗不穏便、又被破者、縦衆徒雖訴申、不可有裁許歟、破次第又有裁許、彼是共為朝威甚以不便也、凡末代法、衆徒所為、人力不可及也、

と、上皇の恣意的な処置を批判するとともに、衆徒らの動きを歎いている。ところで、この事件は尊勝寺灌頂における東寺の位置を低下させることとなり、やがて永久元年(一一一三)には尊勝寺灌頂は天台二門に限定されることになり、東寺にはその代替として東寺灌頂院の結縁灌頂を勅願とするのである。東寺灌頂については真2参照。(久野)

**保安三年…**(四九頁8)『初例抄』下は以下の通りで、『釈家官班記』と類似の表現がみえているが、日付および慶実を大阿闍梨とする点で異なっている。

最勝寺結縁灌頂

保安三十二十五日、於最勝寺灌頂堂被始置胎蔵界結縁灌頂、大阿闍梨慶実、自今以後付尊勝寺灌頂阿舎梨、各可行両界也、

ちなみに『濫觴抄』は大阿闍梨を寛助大僧正にあてている。ところで、鎌倉中期の『阿娑縛抄』(第十二本「両寺灌頂」)では、最勝・尊勝両寺の灌頂について、作者承澄の言として「近代両寺共、及歳末無定日、凌遅故歟」としていることは注目される(『大日本仏教全書』一一一四九

頁)。(久野)

**観音院**(四九頁9)　天暦五年(九五一)敦実親王の沙汰により創建供養。その後寛和元年(九八五)には皇太后宮沙汰、長保三年(一〇〇一)には雅慶によってそれぞれ供養。長保年中に炎上するが、治安二年(一〇二二)上東門院沙汰で供養。元永二年(一一一九)にも炎上するが、保安二年(一一二一)供養(『御室相承記』『仁和寺史料』一、『仁和寺堂舎記』〔同上〕など)。観音院は治安三年性信が法親王として初めて伝法灌頂を受けて以来、代々の法親王が灌頂受法をしたが、また法親王が阿闍梨として貴種の人々に対して行う伝法灌頂も、またこの場で行われていた。

観音院の結縁灌頂は、守覚法親王の手になる仁和寺本紺表紙小双紙三〇〇余帖のうち最大の帖数である四〇帖がその関係の次第書で占められていることからもうかがえるように仁和寺最大の行事であった。その儀礼の様子については、「観音院灌頂次第」等の紺表紙小双紙所収史料や『観音院恒例結縁灌頂記』(『続群』二六上)によって詳細に説明されている。『御室相承記』(『仁和寺史料』一)によれば万寿元年(一〇二四)に大御室性信によって結縁灌頂が行われたのが早い例であるが、『仁和寺年中行事』所引「式部僧都抄」は寛仁年中に始まったが中断したという。ともかく、歴代の法親王にとってもこの法会は重要な意味を持つ儀式となっていた。保延以降、これが勅願法会となることで、仁和寺は、さらに東寺と同様の国家的な法会が行われる場としての位置を確定したともいわれている。

なお、観音院結縁灌頂については、『守覚法親王の儀礼世界』(勉誠社、一九九五年)が守覚法親王による関連史料を集成し、また論考編においても詳細な検討を加えている。(久野)

**保延六年…**(五一頁1)　勅願の観音院結縁灌頂の始行を『史料綜覧』は三月二十二日にかけている。『初例抄』も三月二十二日、『濫觴抄』は三月十五日とさまざまであるが、『御室相承記』(『仁和寺史料』一)の「高野御室」(覚法)項は次のように記す。

観音院初度灌頂御参事〈御年五十〉

保延六年三月廿五日庚子、上卿権中納言宗□〔能〕、参議右宰相中将実衡、弁左中弁顕業、顕業記云、三昧耶戒畢、有御布施、誦経導師覚任律師被物〈参議取之〉、大阿闍梨親王被物〈上卿〉、布施〈予〉、僧綱讃衆〈被物・布施、参議・弁〉、凡僧被物布施〈堂童子〉、覚任記云、大阿闍梨御陪膳賢兼闍梨、僧綱陪膳所司、着法服・平袈裟勤之、凡僧以下役僧勤之、

(久野)

**去年五月春宮降誕**(五一頁2)　『御室相承記』(『仁和寺史料』一)高野御室(覚法)項(四九頁)には次のように記す。

同法(孔雀経法)、保延〔五年脱〕五月十四日癸巳、三位殿(美福門院)御産御祈、十八日壬子、巳時御産気、日中御時以後御産〈皇子、近衛院〉、有叡感、即被引御馬、藤季兼・同季行、御随身敦俊・末俊取之、初夜御結願、中宮大夫忠教仰勧賞、観音院、准東寺永置灌頂一会、以小灌頂阿闍梨任次第、可補僧綱云々、件官符五月廿九日被下云、

孔雀経法者、真言教之奥義、陀羅尼之肝心也、修之必有感応、霊験未墜地矣、覚ー(法)親王驚射山之勅喚餝道場、一七日中効験爰顕、為彼賞、任申請以観音院為御願寺、永置灌頂会、一属東寺灌頂、以彼小阿闍梨互修一界、以其已灌頂労、次第令登用、但至于観音院大阿闍梨者、以法親王・一門長者令修之、是不独施恩賞於親王、兼又令知法験於後代〈已上、省而載之〉、

(久野)

**延暦寺学頭一**(五一頁3)　『天台座主記』第七〇世公円の項には、建暦三年(一二一三)八月十一日付の院宣を引くが、そこでは延暦寺に次の三ヶ条を認可している。

一　日吉祭可被発遣勅使事、
一　六月会可被差遣勅使事、
一　以学頭一﨟可被任権律師事〈三塔之内一﨟、次第可被任之〉、

日吉祭・六月会に勅使を派遣するとともに、学頭の一﨟を権律師に任じることが記されている。これは、根本中堂末清閑寺と清水寺の堺相

論の際、武士によってなされた山門衆徒に対する殺傷・生け捕り事件が、一応の決着をみた時、公卿が議定によって決定したものである。海老名尚は『仲資王記』建保元年(一二一三)八月十一日条に「又毎年可給律師一人」とあることから、これは永宣旨権律師であろうと推測している(「中世僧綱制の基礎的研究」『学習院大学文学部研究年報』三九、一九九三年)。本文史料第5条の「六月会」の項を参照。(久野)

**園城寺学頭一**(五一頁4)　鎌倉時代の園城寺には六人の学頭が置かれていた。たとえば『三井続燈記』八「三学生供事」によれば、「玉置学生供三十六口〈此内正学頭六口〉」「淡路学生供五十七口」「真野学生供五十口」の三つを三学生供としている。そして学生供は「一老僧門、二房主門、三稽古門、四学道門」の四門の次第で補任するが、「於学頭者、不守四門、随闕補之」としている(『大日本仏教全書』一一一―二二八頁)。彼ら学頭は寺内法会の講師・竪者の請定に関わるなど、寺内講会の責任者であった。

園城寺学頭一和尚を僧綱に補任することについては、安元三年(一一七七)三月に園城寺長吏覚忠の申請によって認可されている。「敏満寺文和臨幸記」所引の大史小槻匡遠の永宣旨僧綱先例注進状によれば、次のようである(『大史』六―一六―四四二頁)。

　安元三年三月十六日内給宣旨
園城寺長吏前大僧正法印大和尚位覚忠申、請特蒙天恩、被下宣旨、以当寺六学頭一和尚、限永代叙法橋上〔人脱ヵ〕位事、
　　仰依請

園城寺の六学頭一和尚を法橋上人位に叙すことを認めた宣旨である。また『阿娑縛抄』一九〇「明匠事」の覚忠項にも同様の記事がみえる。このように寺院側に補任権を委ねた僧綱を永宣旨僧綱といい、園城寺のこれが永宣旨僧綱の初見例である(海老名前掲「中世僧綱制の基礎的研究」)。

文治五年(一一八九)に朝廷が四天王寺に対して、学頭一和尚を法橋上人位に叙すことを認めた。その際、「准園城寺例、三学頭之中、以一和尚僧叙法橋上人位、自爾以後立為永格」すことを認可している(『寺門高僧伝』〔『続群』二八上―八三頁〕)。園城寺に認められた永宣旨僧綱が他寺に波及している様子がうかがえる。

なお静林房常久(一一四〇～一二一三)は「為本寺学頭、叙法橋」されており、本文史料がいう学頭一和尚として法橋上人位に叙された例といえる。なお教月房良慶(一一〇七～一一九一)は「正治二年為本寺大学頭、勅叙法眼」、円蔵房長舜(一一四四～一二二六)も「承久之年、為大学頭、勅叙法眼和尚位」されている(いずれも『三井続燈記』一)。永宣旨法橋との関わりは不明であるが、留意されたい。(平)

**承元二年…**(五一頁5)　『釈家官班記』のこのくだりについては、『天台座主記』第六五世慈円の項に次のようにみえている。すなわち「(承元二年)五月六日於高陽院殿修法華法、有賞勧学講人師中一和尚随死闕可叙法橋之由被仰下」「七月二十三日被申置阿闍梨三口於無動寺、以勧学講人師次第可補之由、被　勅宣也」。

また『門葉記』九一 勤行二に所収の「天台山勧学講起請七箇条」末尾に書き加えられたところにも、同様の記載がみえる。先の『天台座主記』の記載よりも具体的にいきさつを把握することができる。

　同年(承元二)五月六日、於賀陽院御所被始修法華法、十三日結願之時被仰勧賞、可追申請也、而七月二十三日季御読経結願之日被行僧事之次、以彼勧賞永申給僧綱一人有識三人、付置此講結衆百人之中也、

これに続けて、堯禅が法橋に、尊信ら非職の上﨟三人が有識に補任されたということも示している。さらに、以後の僧綱補任については、死闕の時に申し任じる事、また天王寺の例に範を取り「以学頭可被補之也」ともしている。おそらくこのような記載に基づいて、『釈家官班記』は学頭から僧綱昇進の例を語るこの項に勧学講も加えたのであろう。(久野)

**成功**(五一頁6)　成功について概観したものとしては、戦前の研究ではあるが、今もなお竹内

理三「成功・栄爵考」(『律令制と貴族政権』Ⅱ、御茶の水書房、一九五八年)が基本的な文献である。国家に対する財力的な奉仕に対する官位官職の付与という問題を、古く奈良時代の贖労より説きおこし、南北朝期、容易に官職が得られるようになり、財源的な面での成功の意義は減退するとの見通しまでが与えられている。『釈家官班記』の本項にみえる「近代昇進輙之間、功人曾以無之」という記載も、このような南北朝期の状況を示すものとして既に引用されている。

ところで、成功は一般的に平安院政期の国司に典型的イメージを求める向きもあるが、近年は鎌倉時代の国家財政に関する諸研究が格段に進展し、成功が鎌倉期の公事用途として不可欠な財源となっていること、しかもその依存度がとりわけ一二三〇年代頃から増加していること、さらにその安易な実施によって官職の価格が低下傾向にあることなどが、明らかにされている(上杉和彦「鎌倉幕府と官職制度」〈『日本中世法体系成立史論』校倉書房、一九九六年〉、白川哲郎「鎌倉期王朝国家の政治機構」〈『日本史研究』三四七、一九九一年〉、同「平安末～鎌倉期の大嘗会用途調達」〈『ヒストリア』一三四、一九九二年〉、本郷恵子『中世公家政権の研究』第2部第1章〈東京大学出版会、一九九八年〉など)。

第一編　五一頁3—6

こうした事柄は、僧位僧官の成功についてもやはり妥当するものであり、『釈家官班記』の成立期に少し先立つ鎌倉期、とりわけ後期において、僧位僧官の成功の所見は際だっている。『伏見天皇日記』正応五年(一二九二)正月二十七日条には

近日依成功、僧俗官宣下繁多、大略連日僧官及十余人、或昨日叙法橋、今日叙法眼、又同日宣下法橋法眼、如此事重畳、太不可然、仍僧俗宣下自今後、仲兼兼仲等両人可申沙汰之由仰之、面々職事宣下之間、狼籍是多之故也、

とある。平仲兼・藤原兼仲の二人はこの時蔵人頭で、この年に相次いで参議となった人物であるが、一三世紀末の僧官俗官ともに成功が盛んな様子、僧綱位のなかでは法眼・法橋が取りざたされていることなどがここから読みとれる。

以下、いくつか鎌倉期における成功による僧綱昇進の実例をあげておこう。

文治二年(一一八六)閏七月、法橋経弘は御修法の費用七〇〇〇疋を進納して法眼になっている。この時九条兼実は「不甘心」であったが、後白河院の意向によって決定したようである(『玉葉』同年閏七月二十二～二十三日条)。

嘉禎四年(一二三八)無動寺本坊で慈源が行った止雨祈りの用途は成功によってなされ、増全が法橋となっている(『門葉記』一五六)。

正元元年(一二五九)尊助が後深草天皇のために行った長日如意輪法では、月々の壇供人供については基本的には便補保によってまかなわれることになっているが、欠如した時には成功でまかなわれている。一月分二〇〇〇匹(マヽ)となっているが、左衛門尉・法眼ならば一人分、兵衛尉・法橋ならば二人分となっている(『門葉記』四九)。

文永五年(一二六八)日吉社二宮五間廻廊が新造されたが、これは野洲新庄の預所得分と「法眼功四人、法橋功一人」によるものであった(『天台座主記』第八五尊助親王の項)。

『門葉記』一七二にみえる「御産祈目録」は、『釈家官班記』の作者尊円の真跡になる部分であるが、元永二年(一一一九)の待賢門院の御産以来、建武年間までの后妃の出産に関わってなされたさまざまな祈禱が記されている。それを通観すると「功」「任官功」「功人」や「成功」によって沙汰されたことが、建保五年(一二一七)を早い例として、乾元二年(一三〇三)、延慶四年(一三一一)、正和二年(一三一三)、嘉暦元年(一三二六)にみえる。成功による法会が、鎌倉後期にさかんであったらしいことが、こんなところからも判断されよう。また、尊円自身にとっても、これはなじみの深いことがらであったことがわかる。

以上、先に示した実例からみても、法眼・法橋の叙任の事例が確かに多く、『釈家官班記』の「古来、法眼法橋の類、成功を募りてこれに叙

す」という記載の確かさを裏付けるものとなっている。

しかしながら、弘長三年(一二六三)八月十三日新制第二〇条には僧綱は徳行の者を任ずべきであるのに最近みだりに律師任料によって推挙がなされているとしてその規制を行っている(日本思想大系『中世政治社会思想』下、国22参照)ことから、法眼法橋のほかにも、律師なども成功による任官があったことも予測されるのであり、また実際に確認もできる。

弘安七年(一二八四)六月道玄が水天供を勤めたときのことであるが、予定の期日になっても支度が整わず、二日ほど遅れて実施の運びとなった。そして、その用途は「近例」によって「任官功」によってなされており、具体的には不明ながら、少僧都の人事が行われたようである(『門葉記』一六一)。さらに尊円自身も関与した事例になるが、彼が阿闍梨を勤めた暦応四年(一三四一)五月の水天供の際、供料は任官功とする事が綸旨によって伝えられ、この結果、権律師良俊が権少僧都になっている(『門葉記』一六一)。

同じく尊円が阿闍梨を勤めた暦応五年正月の除目御修法の場合は、より具体的ないきさつが判明し、はなはだ興味深い。この時修法の実施を求める請書綸旨が三日ほど前日にもたらされると、それに対して、直ちに請文が提出されている。その際に、支度については木工寮が用意すべきであるが、料足がないために成功によるという事が蔵人頭右中将隆持との間で確認されているのである。こうして「功人交名」が「修法木具注文」とともに提出された。そこでは、権少僧都円宣・房秀を法印に、法橋親聡を法眼にということが記されていたが、これに対して朝廷では、功人法眼については勅許がなされたものの、法印については難色が示され、「律師法眼法橋」のうちから推挙することが求められたのである。この後、少しやりとりがあり、一人だけ法印の成功が認められている。そのあと供料分についても功人交名が出され、権少僧都房秀・厳秀が法印に、権律師覚参・良敏が権少僧都に、大法師勇勤が法橋にとの希望が出されているが、この時も「法印事者総以不可叶」とのことであった。以上のことから、法眼法橋の他の正員僧綱についても成功の対象となっていること、またその時でも、成功による法印は一貫して、強い抵抗感があった事などがわかる。

ところで、『勘仲記』弘安十年五月十一日条にみえる成功官職の公定額は、この日関白以下の評定で定められたもので、それは「任官功員数事有評定、近年減少之間、有興行之御沙汰」とあるように、「興行」政策であったが、以前に比べて価格低下は著しく、成功のもつ意味の下落を思わせる。かかる趨勢をうけて竹内理三は、延文三年(一三五八)の除目御修法を最後に成功による修法はほとんど見えなくなると述べている(前掲論文)。ただ延文五年二月十楽院にて南朝方攻撃の武運を祈って尊道法親王が行った文殊八字法の支度は成功によって行われ、これによって朝恵大法師は権律師になっている(『門葉記』一五五)ことが確認でき、貞治六年(一三六七)の除目御修法でも壇供以下の支度は任官功で準備することになっている。その詳細は不明ながら、至徳元年(一三八四)三月の除目御修法では「支物以下近来不被下行、一向為行事僧沙汰歟」(『門葉記』一五九)となっているので、あるいはこの頃には除目御修法の費用を、成功によって遂行することはもはや下火になっていたかとも判断できよう。(久野)

**功人の尻付**…(五一頁7) 実例として、『経俊卿記』正嘉元年(一二五七)九月二十二日条の僧事聞書より、法眼・法橋の部分を抄出しておく。

(法眼) 良親〈宇佐遷宮神宝功〉
了円〈同功〉 明証〈同功〉
珍勝〈御祈功〉 性範
宗真〈御祈功〉
法橋 珍豪〈宇佐遷宮神宝功〉
栄尊〈同功〉 覚俊〈同功〉
忠玄〈同功〉 良信〈同功〉
慶円〈同功〉 定弘〈同功〉
(中略)
智賢〈絵所功〉 俊実

性厳〈長日不動法功〉
実成〈日蝕御祈功〉
頼遍〈浄金剛院惣□〈社ヵ〉功〉
朝海〈櫟谷宗像社遷宮功〉
倫守〈粟田宮築垣功〉
頼承〈木工寮功〉
玄胤〈御祈功〉

以上のうち、尻付に「功」が付された者が成功による叙任である。たとえば、「御祈功」は御祈りの費用拠出を意味しており、実際の祈禱者の場合だと「御祈賞」と記される。（平）

**国2**（五五頁１）　陽明文庫所蔵『人車記』の写真本（陽明叢書記録文書篇『人車記』一、思文閣出版、一九八六年）により、『中世法制史料集』第六巻（岩波書店、二〇〇五年）公家法一～七を参考にした。（大石）

**後白河天皇宣旨**（五五頁２）　本文史料の保元新制が登場した背景には、寺社勢力の活発化がある。平安中期以降、寺社勢力は自らの要求を朝廷に認めさせるために、しばしば強訴を行った。天元四年（九八一）円珍門徒の余慶を法性寺座主に補任したことに対し、円仁門徒が朝廷に強訴したのはその早い事例であるが、強訴が盛んとなるのは院政期に入ってからである。強訴の要因としては、人事をめぐる門徒・寺院間の対立があるが、院政期になると、寺社領や末寺の拡大にともなって、国司や権門寺社間の抗争が増えてくる。

　強訴では、その要求を神仏の意志によるものだと仮構すべく、しばしば神輿・神木が持ち出された。春日神木の動座は、寛仁元年（一〇一七）雷で焼亡した堂塔再建を求めるため、興福寺衆徒が大極殿まで神木を捧げたのが初例である（『大史』二―一一―五三三頁）。神輿動座の最初の事例は、永保二年（一〇八二）熊野社大衆が、新宮社・那智社の神輿を粟田口まで動座したものであるが、これは尾張国館人が熊野大衆を殺害したことが原因となっている（『扶桑略記』同年十月十七日条）。日吉社神輿の動座は、嘉保二年（一〇九五）に美濃国司源義綱の流罪を求めた延暦寺大衆の強訴が初出となっている（『百錬抄』同年十月二十四日条）。このような寺社の強訴に対して、朝廷は神慮を恐れて充分な対応ができなかった。治天の君として君臨した白河院においてさえ、「朕ヵ心ニ随ハヌ者」として「賀茂川ノ水」「双六ノ賽」とともに「山法師」を挙げ（『源平盛衰記』四）、平安末には南都北嶺を中核とする寺社勢力が国政上に大きな影響力を与えるようになっていた。このような状況下で寺社勢力の統制を主眼とした保元新制が出された。

　この新制は七ケ条からなるが、内容的には(a)寺社領荘園の整理（第一・第二条）、(b)神人の員数規制および神人悪僧の濫行停止（第三～第五条）、(c)所領規制（第六・第七条）の三項目から構成されている。(a)荘園整理は、本文史料および建久二年（一一九一）三月二十二日後鳥羽天皇宣旨で、ともに第一・第二条に挙げられており、荘園整理が院政期における新制の重要課題であったことを示している。公家新制でこれが取りあげられた最終例は、本文が不明なものの、嘉禄元年（一二二五）十月二十九日の新制第三一条「可停止自今以後新立庄園事」である（三浦周行「新制の研究」『日本史の研究』新輯一、岩波書店、一九八二年)。鎌倉時代には、荘園整理の必要性が薄れてきたことがわかる。

同様の傾向は、(b)神人の員数規制および神人悪僧の濫行停止の条文にも見られる。神人員数規制については鎌倉時代を通じて維持されるが、悪僧の濫行停止の条文は建暦二年(一二一二)三月二十二日順徳天皇宣旨をもって消滅し、それに代わって、建暦二年新制では新たに僧徒兵仗禁止の条文(国16)が現れ、それが弘長三年(一二六三)八月十三日亀山天皇宣旨に受け継がれる。また、(c)仏神事用途の注進による所領規制の条文も建久二年三月二十二日新制を最後とする。保元新制が目指した寺社抑制策の基幹は、鎌倉初期の新制でほぼその生命を終えることとなる。この時期までに荘園の領有関係がほぼ確定したことが背景にあるだろう。なお兵仗禁止については、国27の「僧徒の兵仗」の項を参照。

さて、これらの新制が統治法としてどこまで機能したのか、その実効性に疑問を呈する研究も登場した(谷口昭「中世国家と公家新制」『古代・中世の政治と文化』思文閣出版、一九九四年)。しかし保元新制の場合、同日付で住吉社に官宣旨が出されている(『続左丞抄』一)。

　左弁官下住吉社
　　雑事　二箇条
一　応停止当社神人等濫行事
　(中略)
一　応早注進当社領幷神事用途事
　(中略)
以前条事如件、社宜承知、依宣行之、事起勅語、敢勿違失、
　保元元年壬九月廿三日　　大史小槻宿禰
右大弁平朝臣在判

また、建久の新制の場合も同日付で鞍馬寺宛に太政官牒が出されている(『演習古文書選　様式編』吉川弘文館、一九七六年)。

太政官牒鞍馬寺
　雑事参箇条
一　応停止諸国人民以私領寄与悪僧幷不経上奏語取国免庁宣事
　(中略)
一　応令注進寺領子細幷佛事用途事
　(中略)
一　応停止悪僧濫行事
　(中略)
以前条事如件、寺宜承知、依宣行之、牒到准状、故牒、
　建久二年三月廿二日　　(署名二名略)

特に、新制を受け取った側の対応を知る上で、建久二年(一一九一)五月十九日西大寺所領荘園注文(『鎌』五三四号)は興味深い。この文書は、西大寺領の荘園個々についてその現状を列記したものであるが、文書の文末に「右、依　宣旨注進如件」とあって、この注進状が宣旨をうけて西大寺側が作成したものであることを示している。では、西大寺に所領注進を求めた宣旨とは何か。この注進状が作成される三ケ月前の三月二十二日に出された建久新制には、南都七大寺など一〇ケ寺に対して、一寺も漏らさず一荘も残さず注進することを命じた条文がある(公家法四一)。注進状に記載された宣旨とは、建久二年三月二十二日後鳥羽天皇宣旨であることはほぼ誤りないであろう。西大寺はこの宣旨にしたがって所領を注進したのである。したがって新制は単に理念的なものに留まるものではなく、現実に法として機能した面があったのである。なおこの注進状によれば、西大寺領荘園の内の二七ケ荘が既に転倒し、また転倒を免れた九ケ荘も「大躰有名無実、或被国領、或被人領、或半分或三分之一也」という状況であり、新制が指摘するような公田の寺田化は西大寺には窺えない。興福寺の末寺化が進行しつつあった他の南都七大寺においても、恐らく西大寺と同様な状況であったと考えられる。したがって寺領の拡大などで南都七大寺を含む十大寺を一律に挙げた新制の条文は、当時の諸寺院の状況を正確に伝えているものではないことも考慮しておく必要がある。(大石)

**人車記**(五五頁3)　筆者平信範は藤原忠実・忠通・基実といった摂関家の家司であり、鳥羽・後白河の院司、六条・高倉天皇の蔵人頭を務め

た人物でもある。清書本(大半が自筆本)は陽明文庫と京都大学に分蔵され、陽明文庫分だけでなく京都大学所蔵分の写真本も『京都大学史料叢書　兵範記』(思文閣出版、一九九〇年)として刊行されている。活字本には史料大成『兵範記』がある。平安末の政治史を検討する上で欠くことのできない重要な史料。(大石)

**九州の地は…**(五五頁4)　日本の全土が天皇の支配下にあるという王土思想は、その起源を遡れば古代律令国家の「天の下しろしめす天皇」観や、「於其国界山河大地、尽大海際属于国王」といった仏教的王権観にまで行き着くが(『大乗本生心地観経』『大正蔵』三―二九七頁)、むしろこの思潮が社会に流布され成熟してゆくのは、律令国家解体以後である。

早い事例としては、空海が弘仁七年(八一六)に高野山をひらく許可を朝廷に求めた際、「経中有誡、山河地水悉是国主之有也、若比丘受用他不許物、即犯盗罪者」と『心地観経』の意を引いている。また貞観五年(八六三)に僧真紹は、藤原関雄の山荘を真言道場(禅林寺)にしようとした際「夫普天之下莫不王地、所作之功徳、皆悉資国王大臣、此則聖教之所明」(『日本三代実録』同年九月六日条)と述べ、王土であるが故に国王のためならば律令(俗家を購入し私に道場にする禁)を犯すことも許されると主張している。また平将門が東国で新皇と称し新たな国家を形成しようとしたとき、朝廷は「抑一天之下、寧非王土、九州之内、誰非公民」と記した天慶三年(九四〇)正月十一日太政官符を発し、王土王民思想によって将門の東国国家を否定している(『本朝文粋』二)。このような王土思想は中世国家の枠組みの形成にも密接に関わった。

保元新制の冒頭に示された王土思想については、石井進や河音能平により、諸荘園本所を超越する公権力、荘園・公領を問わず付加される一国平均役などを基礎づける理念として機能したという指摘がなされている(石井進「院政時代」『講座日本史』東京大学出版会、一九七〇年)、河音能平「王土思想と神仏習合」『中世封建社会の首都と農村』東京大学出版会、一九八四年)。(大石)

**出作**(五七頁1)　諸権門が荘域の拡大をはかる手段に、荘民による出作がある。たとえば東大寺領伊賀国黒田庄では、荘域をめぐる東大寺と国司との相論において、荘民による出作の扱いが争点となった。そして東大寺側は、荘域を超えて荘民が公領に居住しようともその身分から臨時雑役は免除されるべきと主張し、国司側は荘民であろうとも公領に居住する限りは雑役を納めなければならないとした。このように東大寺は百姓の出作を梃子にして所領の拡大をはかり、国司側は居住地の帰属を基準にした論理でそれに応戦した。国司のこのような支配を公郷在家支配という。(大石)

**寄人**(五七頁2)　土地の支配者とは異なる領主と特別な関係を結んだ人。この場合、公領の百姓が荘園領主と人的関係をもつことを指す。百姓の寄人化は、一〇世紀には史料に現れ、とくに公領の荘園化に大きな役割を果たした。寄人の交名が作成され、所当官物は国衙に納めるが、臨時雑役は免除された。ところが本所の威勢を背景に寄人は官物を対捍する傾向にあり、やがて本所による人と土地を一体化した支配が形成される。なお公領だけでなく荘民が他の領主の寄人となる場合も見られ、荘園領主は支配安定のためにしばしばそれを禁じた。(大石)

**本神人の…**(五九頁1)　神人が加増した代表的な事例に、鴨御祖社領摂津国長洲御厨がある。ここは相博によって応徳元年(一〇八四)に鴨社領となったが、その時点での神人は三〇余名であった。ところが国役や検非違使庁役の免除特権を獲得すると、「無使庁妨国務煩間、招居海中網人、語寄携河漁輩、数百家誘居、為供祭人」した結果、元永元年(一一一八)には「神人三百人、其外間人二百人」にも及び、さらに久安三年(一一四七)頃には「数千家」にまでふくれあがっている(『平』二六二八号、『尼崎市史』一)。

本文史料はこうした神人の加増を制止するため、神人交名の注進を命じたものであるが、この政策は鎌倉時代末まで一貫してとられてい

る。建久二年(一一九一)三月二十二日後鳥羽天皇宣旨第六条には

一　可令且下知本社、仰京畿諸国所部官司、
　　停止諸社神人濫行事
仰、伊勢已下神民濫行人数加増、格条所制罪科不軽、而近年諸社司等、云本神人云新加輩、為先賄賂多以加任、然間横行洛中、致出挙違法之責、経廻城外、招濫妨不拘之科、或振桙立榊、或質券懸札、民之受弊無甚於此、各仰其社総官等、於本神人者令注進交名并證文、至于新加輩者褫解其職、宜加禁遏、兼亦社司等若有違犯者、改補其人処以重科、

とあり(公家法三七)、建長五年(一二五三)七月十二日後深草天皇宣旨第四条にも

一　可令停廃諸社新加神人事
仰、諸社之民、人数加増、格条所制、科法不軽、各仰本社惣官等、於本神人者、令注進交名并証文、至新加之輩者、褫解其職、

とみえる(公家法二〇四)。また興福寺に下された弘長三年(一二六三)十月十七日太政官牒の第一四条(南2)や、三浦周行によって条文の事書部分がほぼ復元された嘉禄元年(一二二五)十月二十九日の新制第七条に「可停止諸社神人濫行并人数加増事」とみえ、この条文にもおそらく神人交名の注進の記載があったとみられる(前掲「新制の研究」)。網野善彦は神人交名と証文の提出という神人整理令が、人的支配の面での荘園整理令に当たるもので、朝廷において神人の帰属を確定し、神人等に対しても統治権支配を及ぼそうとしたものであるという(「天皇の支配権と供御人・作手」、「脇田晴子の所論について」『日本中世の非農業民と天皇』岩波書店、一九八四年)。

なお神人の加増・濫行の規制は、関東でも問題となっており、弘長元年の関東新制にみえている(国35の「神人の加増濫行」の項参照)。また鎌倉後期には、神人交名を注進させるよう幕府が朝廷に進言することが多くなっており、元応元年(一三一九)閏七月の東使奏聞条々事書(国39)では、春日社と日吉社の神人交名注進を朝廷に要請しているし、元亨二年(一三二二)十月には幕府は鎮西諸社にも神人交名の注進を命じた(網野善彦『蒙古襲来』四〇三頁、小学館、一九七四年)。また、元亨四年二月には南都北嶺以下の「諸社神人名」については「毎年可被注交〔名脱ヵ〕之由、先度被仰下了」と述べており(鎌倉幕府追加法参考補二一)、神人交名注進を幕府がいっそう徹底していったことが分かる。神人交名帳そのものについては、薩摩国一宮である新田神社文書に元亨三年八月八幡新田宮本神人等交名注進状(『鎌』二八五〇一号)がある。元亨二年の注進命令に応じたものであろう。(大石・平)

**悪僧の凶暴は…**(五九頁2)　強訴の主体として登場する悪僧について、かつては出自の低さや学のなさから寺内昇進を望めない不満分子が徒党を組み武力に走ったものと考えていた。それに対し黒田俊雄は、武力に長けた一部の悪僧という見方を批判した。そして、寺社勢力が中世成立期に百姓層を自らの内部に組み込んでおり、強訴には国衙の支配に抵抗する百姓の意向を汲んだ一種の反権力的性格があるとする。したがって国家権力の走狗として成長を遂げた武士とは宿命的な対立関係にあったとし、従来までの領主制を機軸とする中世社会とは異なる「非領主的展開」(百姓論)による中世史像を提示した(「中世寺社勢力論」『黒田俊雄著作集』三、法蔵館、一九九五年)。一方、久野修義は代表的な悪僧として三綱層の興福寺信実・東大寺覚仁・延暦寺法薬禅師などに注目し、その悪僧的活動を国司から土着した在地領主層が、寺院組織に属しながら領主化をはかる畿内型領主制の展開と位置づけ、黒田俊雄の「非領主的展開」を批判した(「中世寺院と社会・国家」『日本中世の寺院と社会』塙書房、一九九九年)。(大石)

**部内の寺社…**(五九頁3)　井原今朝男は、国衙が国内寺社に免田・得分を保障する一方、寺社に国法会を行わせるシステムが中世を通じて存続したと述べ、これを国衙寺社体制と名づけた(「中世の国衙寺社体制と民衆統合儀礼」『中世一宮制の歴史的展開』下、岩田書院、二〇〇四

年)。その論証過程にはなお留保が必要であり、地域的な偏差や国衙と守護との関係など、なお論ずべき課題も多く残されているが、井原の構想の基本骨格は妥当とみてよかろう。井原はその論文では公家新制に論及していないが、本文史料をはじめとする新制は国衙寺社体制の法的根拠を示すものと位置づけられよう。ただし国衙寺社体制を中世で唯一の国祈禱体制と捉える必要はない。本文史料は権門寺社による本末関係の形成が、国衙寺社体制を危機に陥れていることを示している。その点からすれば、中世の国祈禱体制は国衙寺社体制と権門寺社の本末体制との競合のなかで展開すると、捉えるべきだろう。国衙とは別に、権門寺社の本末関係のネットワークで、地域社会の祈禱を担う動きが院政時代に活発化したが、南北朝期になると遠隔地の末寺支配が崩壊して、その基本は国衙寺社体制に収斂していったと考えられる。(平)

**神事用途**(六一頁1)　神事用途に合わせて社領は設定されていたが、領主化の過程で神事に関わらず私的な寄進によって社領が拡大される傾向にあり、朝廷はしばしば神事用途の明確でない社領を止める政策を実施した。延久荘園整理令の際に石清水八幡宮宛に発給された延久四年(一〇七二)九月五日の太政官符によれば、荘ごとに放生会勅供代・放生会火長陣衆料・放生会料米代・放生会三所大菩薩御服料・十二節御菜料・燈油御菜料・宮雑事料・八幡大菩薩宝前常燈料などの神事用途が逐一書き上げられて神領としての認定の有無が決定されている。この時は三四ケ所の荘園の内、従来通りその領有が認められた荘園は二一ケ荘であり、残りの荘園一三ケ所は否定された。その否定された荘園の多くは、百姓が神人・寄人化し神威を借りて官物を対捍することで実力行使的に神領化したものである(『平』一〇八三号)。神領の拡大については山本信吉「神人の成立」(『神主と神人の社会史』思文閣出版、一九九八年)を参照。(大石)

**伊勢…貴布禰**(六一頁2)　二十二社は国家の大事や天変地異の際にあたっての臨時の奉幣や、恒例の年二回(二月と七月)の祈年穀奉幣を朝廷から受ける中央の神社。所在地を記すと、山城国には賀茂(京都市)・松尾(同)・平野(同)・稲荷(同)・大原野(同)・梅宮(同)・吉田(同)・祇園(同)・北野(同)・貴船(同)・石清水(八幡市)があり、大和国には春日(奈良市)・大神(桜井市)・石上(天理市)・大和(同)・広瀬(奈良県河合町)・龍田(奈良県三郷町)・丹生(奈良県東吉野村)があった。他に摂津国に住吉(大阪市)・広田(西宮市)、近江国に日吉(大津市)、伊勢国に伊勢(伊勢市)が所在していた。一部を除き、都がおかれた山城・大和に集中している。このうち石清水・大原野・吉田・祇園・北野は式外社であり、古代の社格がそのまま引き継がれて二十二社が構成されたわけではない。

『日本紀略』昌泰元年(八九八)五月八日条に「祈雨奉幣十六社」とあるのが十六社の初見であり、九世紀末には伊勢・石清水・賀茂・松尾・平野・稲荷・春日・大原野・大神・石上・大和・住吉・広瀬・龍田・丹生・貴船の十六社への奉幣が成立していた。その後、次第に社数が増加し、吉田・広田・北野・梅宮・祇園が一一世紀初頭までに加えられて二十一社となり、さらに日吉社が加わって二十二社体制が成立する。

その成立時期については、これまでは『二十二社註式』(『群書』二)の長暦三年(一〇三九)八月十八日奉幣記事に「加日吉社為廿二社、日吉社事、可為住吉之次、梅宮上由宣下」とあるのをもって二十二社の成立とみなしてきた。それに対し岡田荘司は、その後も二十一社への奉幣が二十二社奉幣よりも回数が上まわっていること、また『百錬抄』永保元年(一〇八一)十一月十八日条に「春日行幸、奉幣之次、以日吉社永被加廿二社、議此事」とあることから、永保元年に二十二社体制が確立するという。このように二十二社体制は院政期初頭に確立し、中世後期まで維持されたという(岡田荘司「二十二社の成立と公祭制」『平安時代の国家と祭祀』続群書類従完成会、一九九四年)。(大石)

**国3**(六三頁1)　東京大学史料編纂所所蔵の写本『三代制符』を底本とし、公家法五二を参考に

した。底本の他に、国立国会図書館所蔵本・京都大学所蔵本などの写本がある。（大石）

**後鳥羽天皇宣旨**（六二三頁2）　他の新制の条文の内、本文史料の諸社祭祀興行と同様な内容の条文を参考までに挙げておく。まず、①治承二年(一一七八)七月十八日太政官符の第一条がある(公家法二〇)。

一　応任式条令勤行年中諸祭事
右左大臣宣、奉　勅国之大事、莫過祭祀、因茲諸国調庸貢進之日、惣計年中祭物之数可納別蔵、勒其事状、載延長四年五月廿七日符、而近年縁事所司積習常例毎事怠慢、礼奠之庭専背如在、供祭之物多非本色、敬神之道可其然乎、就中祈年祭者、京官外国相分、所奠之神三千余座也、事繁日迫令闕神供云々、自今以後、先祭卅箇日下知諸司、任式勤行者、

ついで、②本文史料の建久二年(一一九一)令がで、③建暦二年(一二一二)三月二十二日順徳天皇宣旨の第一条(公家法九二)、④嘉禄元年(一二二五)十月二十九日後堀河天皇宣旨の第一条(三浦周行前掲「新制の研究」)、⑤寛喜三年(一二三一)十一月三日後堀河天皇宣旨の第一条(国5)と続く。このように、神事興行の条文は、治承二年・建久二年・建暦二年・嘉禄元年・寛喜三年令の第一条に挙げられ、新制の条文の中でも重きを成すものであった。

この神事興行の条文に変化がおきるのは、弘長三年(一二六三)の新制からである。⑥弘長三年八月十三日亀山天皇宣旨の第一条は

一　可興行伊勢幣事
仰、宗廟之礼奠者我朝之粛祇也、於自今以後者、兼被仰諸国司、可進納率分所、臨時奉幣及度々之時、往季相残者、可充催之、徒閣未済国、莫懲〔徴ヵ〕来季、

とあり(公家法二三五)、今までの諸社一般の神事興行にかわって、伊勢への奉幣興行が挙げられ、特定の伊勢神宮への神事興隆を願うものとなっている。この姿勢は⑦文永十年(一二七三)九月二十七日亀山天皇宣旨の第一条にも基本的に継承されている。これらは一三世紀後半に朝廷が、諸社の中でも、とりわけ伊勢神宮を重視する政策を打ち出したことを示している。しかも⑥弘長三年新制の第二条では、「神宮奏状不経一宿、亦不顧機嫌、早可奏聞」とあって(公家法二三六)、神宮の訴訟は日を置かず、時宜を考慮せずに直ちに奏聞せよという特別扱いとなっている。建暦二年新制第七条が「可停止伊勢大神宮以下諸社司進奏状上猶企濫訴事」(公家法九八)と述べたのとは大きな差異がみられる。朝廷の伊勢およびその神事の重視はこの時期の王権、さらにそれを支える神国思想と深く関わり、その点からも注意すべきである。なお、弘長元年二月三十日に出された関東新制の第一条は「可如法勤行諸社神事等事」となっていて(国35)、この関東新制の条文からは、この時期に鎌倉幕府がとりわけ伊勢神宮を重視したとはいえない。（大石）

**三代制符**（六二三頁3）　後鳥羽天皇の建久二年(一一九一)三月二十二日および同年三月二十八日の宣旨、後堀河天皇の寛喜三年(一二三一)十一月三日の宣旨、亀山天皇の文永十年(一二七三)九月二十七日宣旨の四宣旨を収めたもの。三代の宣旨を集録したことから「三代制符」と呼ばれ伝えられてきた。奥書に「文永元年甲子八月十九日、於海住山十輪院結搆軸表紙奉書外題畢　法印宗性」とみえ、編者は東大寺僧宗性と推測される。同様な箇条形式による宣旨(新制)は他にも存在し、何故にこの四宣旨がこのようにまとめられたかは不明である。（大石）

**国雑掌**（六二三頁4）　従来、国雑掌の実質的な活動は平安期までで、中世のそれは古代の遺制と見られていた。しかし、近年はそのような見方は修正され、鎌倉期を通じて朝廷の恒例・臨時の儀式や仏神事、内裏造営などの一国平均役などの賦課の徴収、朝廷への納入に直接関わり、朝廷の財政を支える上で重要な役割を果たしたことが明らかにされつつある(本郷恵子「中世前期の朝廷財政について」〔『中世公家政権の研究』東京大学出版会、一九九八年〕、白川哲郎「鎌倉時代の国雑掌」〔『待兼山論叢』史学篇二七、一九

九三年）。また、建久二年（一一九一）三月二十二日後鳥羽天皇宣旨の第一四条に（公家法四五）、

一　可誡仰諸司諸国不当事
仰、諸司者寄事於諸国之対捍、諸国者致訴於諸司之苛責、年預非法寔繁、雑掌不当尤多、論之格条罪在不宥、然間彼此相譲闕怠公事、長官積習狎慢朝章、加以諸司各有公物、年預動致己用、亦一度公事雖給成功、更不経後日之用、諸国亦有済物、雑掌為先私用、亦重色所済偏以不法、未全致式数之勤、云彼云是不可不誡、自今已後専経公用、莫貪己利、諸司不誡年預之非法、諸国不禁雑掌之不当、若尚以私妨公違制害法者、宜令長官并宰吏処違勅之罪、

とみえ、国雑掌が国の済物を私用に流用する不法がしばしば起こっていたことが窺われる。（大石）

**春日大原野吉田**（六五頁1）　春日社は神護景雲二年（七六八）に春日御蓋山に藤原氏の氏社として創建される。大原野社は長岡京遷都の延暦三年（七八四）に桓武天皇が都城の鎮守のために春日社から勧請し、平安遷都の際に現在地に移った。吉田社は貞観年間（八五九〜八七七）に神楽岡西麓に藤原氏北家魚名流の末裔中納言山蔭が春日社から勧請し創建したものに始まり、寛和二年（九八六）に吉田祭が大原野祭に準じて国家の祭となる。一条兼良の『公事根源』には「奈良の京の時は春日社、長岡の京の時は大原野、いまの平安城の時は吉田社也。帝都ちかき所をしめて、御門をまもり奉らせたまふにや」とあって、宮城を守護する臣下のトップである藤原氏の氏社の機能を綴っている。（大石）

**行事官**（六五頁2）　大嘗祭・伊勢斎王雑事・賀茂斎院雑事、一代一度の仁王会、伊勢神宮の式年遷宮、行幸・御幸、内裏造営などの公事の執行のために臨時に設置される行事所のメンバー。上卿・行事弁・行事史から成る。このうち上卿は正・権中納言以上の公卿から選任され、行事弁は正・権の中・少弁から選任、行事史は大・少史から選任された。国22の「行事所」の項および棚橋光男「行事所」（『中世成立期の法と国家』塙書房、一九八三年）を参照。（大石）

**国4**（六五頁3）　『玉蘂』は原本が存在せず、写本はいずれも近世のものである。ここでは宮内庁書陵部の『玉蘂』写本（庭田本）を底本とし、東洋文庫蔵本・東京大学附属図書館蔵本・東山御文庫蔵本、および公家法九三、今川文雄校訂『玉蘂』（思文閣出版、一九八四年）を参考にした。（大石）

**順徳天皇宣旨**（六五頁4）　他の新制の条文のうち、本文史料の仏事興行と同様な内容の条文を参考までに挙げておく。①治承二年（一一七八）七月十八日太政官符の第二条（公家法一一）、②建久二年（一一九一）三月二十八日後鳥羽天皇宣旨の第九条（公家法六〇）、③本文史料の建暦二年令、④嘉禄元年（一二二五）十月二十九日の後堀河天皇宣旨の第三条（三浦周行前掲「新制の研究」）、⑤寛喜三年（一二三一）十一月三日後堀河天皇宣旨の第二条（国6）、⑥弘長三年（一二六三）八月十三日亀山天皇宣旨の第一〇条（公家法二四四）がある。最後の弘長三年令は次の通りである。

一　可令慥転読諸国最勝王経事
仰、早致如説如法之転読、宜抽無弐無三之丹祈、而近来国分二寺礎石不全者、点便宜之堂舎、可展其梵席、兼又以其国正税、可令充其施供、天下静謐、国中豊稔、職而斯由、更莫令失墜、

このように仏事興行は、神事興行とともに新制の冒頭部分にあげられ、恒例・臨時の仏事を懈怠なく執行することは、国家にとって必須の政策であった。この仏事興行の中でも年始に宮中で行われる八省御斎会がとりわけ重視されており、寛喜三年令まではいずれの新制においてもそのことが明記されている。本文史料では御斎会とともに後七日御修法と太元帥法の名が初めて登場する。（大石）

**真言**（六五頁5）　『延喜式』玄蕃式2御修法条に「真言法、毎年正月起八日、至十四日一七箇日、於真言院修之」とある。後七日御修法は承和元年（八三四）十二月の空海の上奏が認められて始まった。『続遍照発揮性霊集補闕抄』九に収められ

た「宮中真言院正月御修法奏状」は次のように記す(『三教指帰・性霊集』三八七頁)。

宮中真言院正月御修法奏状〈一首、続日本紀第三巻有之〉

承和元年十二月乙未、大僧都伝燈大法師位、空海上奏曰、空海聞、如来説法、有二種趣一浅略趣、二秘密趣、言浅略趣者、諸経中長行偈頌是也、秘密趣者、諸経中陀羅尼是也、浅略趣者、如太素本草等経、論説病源分別薬性、陀羅尼秘法者、如依方合薬服食除病、若対病人披談方経无由療痾、必須當病合薬、依方服食乃得消除疾患、保持性命、然今、所奉講最勝王経、但読其文空談其義、不曾依法画像結壇修行、雖聞演説甘露之義恐闕嘗醍醐之味、伏乞、自今以後、一依経法講経、七日之間、将択解法僧二七人沙弥二七人、別荘厳一室、陳列諸尊像、奠布供具、持誦真言、然則顕密二趣、契如来之本意、随現當福聚、獲諸尊之悲願、

承和元年十二月〈乙未〉勅、依請修之、永為恒例、

密教の陀羅尼による修法の秘密趣は、従来までの経典講読による顕教の浅略趣より優れるもので、真言の御修法が南都僧衆による大極殿での最勝王経を講ずる御斎会よりも優位なものであると、空海はここで主張している。これ以後、後七日御修法は東寺長者が率いて行う真言宗の最重要法会となる。その道場は大内裏に建立された真言院であり、山折哲雄によれば、その位置は毎年新嘗祭を実施する中和院の西に隣接し、また大嘗祭など国家的儀礼を行う晴れの場である八省院(朝堂院)の北側にあり、大内裏の中心部で儀礼世界でも内裏への至近距離にあったという(「後七日御修法と大嘗祭」『国立歴史民俗博物館研究報告』七、一九八五年)。その道場の様子は『年中行事絵巻』六にみえる。(大石)

**太元**(六五頁6)　太元帥法は三論留学僧であった常暁(?~八六六)が中国から伝えたもので、常暁は承和五年(八三八)六月に入唐し、翌年九月に帰朝した。『続日本後紀』承和七年六月丁未条には、

入唐請益僧伝燈大法師位常暁言、山城国宇治郡法琳寺、地勢閑燥足修大法、望請今般自大唐奉請太元帥霊像秘法、安置此処、為修法院、保護国家、不関講読師之摂、許之、

とあり、常暁の要請で、太元帥の霊像秘法を山城の法琳寺(小栗栖寺)に安置し、ここで太元帥法を行うことが認可されている。また仁寿二年(八五二)正月より後七日御修法に準じて毎年宮中常寧殿で修することが認められており、二世寵寿の奏状には

至于仁寿元年十二月廿九日、別賜官符、准真言宗、毎年正月可永修於宮中之由、已載新式、以為国典矣、(中略)始自同二年正月、更以常寧殿、為修法堂、被行件法焉、

とある(太元帥法縁起奏状『大日本仏教全書』一一六―四四一頁)。貞観八年(八六六)より常寧殿から治部省に移され、その後は基本的に天皇の御衣を遣わして正月八日から治部省で実施された。この恒例祈禱がどの程度厳格に実施されていたかは定かでないが、寛平八年(八九六)には正月の太元帥法のため掃部寮が拠出すべき畳・薦が定められているし(太元法勘文『大史』一―二―三八一頁)、『延喜式』玄蕃式3大元帥法条にも「大元帥法、毎年正月起八日、至十四日一七箇日、於省修之」とあり、創成期からほぼ毎年実修されていたとみてよい。

なお佐藤長門は、太元帥法を国王専属の修法にしたこと、また兵革除去を基調とする護国修法にした点で、二世寵寿(?~八八六)の役割を高く評価している。その後も常暁門流の法琳寺別当が勤修していたが、永承元年(一〇四六)に常暁の法流が絶えたため、それ以後は仁海門流など広く小野一門が勤仕するようになる。鎌倉中期より安祥寺がほぼ独占するようになるが、室町時代になると醍醐寺理性院にその地位を奪われ、以後、安祥寺と理性院がその正統を主張しあった。江戸時代には基本的に理性院本坊で勤修されていた。

中世では太元帥法阿闍梨は宣旨で補任され、勅許がなければ私修することは許されなかっ

た。長徳二年(九九六)藤原道長との権力闘争に敗れて内大臣藤原伊周が流罪となるが、その契機となったのは伊周が太元帥法を私修させたことである。配流の宣命にも「私行太元帥法事」が罪状として挙がっている(『大史』二―二―五八七頁、五九一頁)。なお『続史愚抄』元弘三年(一三三三)閏二月条には

依鎌倉命、始行太元法於金蓮院、是為奉降伏先帝云、阿闍梨法印隆雅、七箇日歟、

とあり、鎌倉幕府の崩壊寸前に幕府が安祥寺隆雅に命じて後醍醐調伏のため太元帥法を修させている。なりふり構わぬ幕府の姿をみてとれるが、ただしこの場合は、幕府から治天であった後伏見上皇を介して修させた可能性も残る。

臨時祈禱としては伏賊・勝軍の目的で勤修することが多く、特に著名なのは天慶三年(九四〇)に泰俊が平将門追討の祈禱を行ったもので、間もなく将門が敗れたため、泰俊は勧賞として権律師に任じられている。その後も治承・寿永の内乱や承久の乱、元弘の乱などで祈られ、近代に入ってからは日清・日露戦争や第一次・第二次大戦で勤修されている。また戦国時代には信濃国文永寺(理性院末寺)に太元堂が造立されて太元帥法が行われている。井原今朝男「民衆統合儀礼としての太元帥法」(『中世寺院と民衆』臨川書店、二〇〇四年)、永村眞「修法と聖教」(『中世寺院史料論』吉川弘文館、二〇〇〇年)、住田恵孝「太元帥法の研究」(『密教論叢』二二・二三、一九四二年)、佐藤長門「太元帥法の請来とその展開」(『史学研究集録』一六、一九九一年)、平雅行「鎌倉中期における鎌倉真言派の僧侶」(『待兼山論叢』史学篇四三、二〇〇九年)を参照。鎌倉前期までの太元帥法阿闍梨は「法琳寺別当補任」(『続群』四下―五四九頁)を参照。(平)

**国5**(六七頁1) 東京大学史料編纂所蔵の写本『三代制符』を底本とし、公家法一五一、近衛文書(『大史』五―七―六九頁)を参考にした。(大石)

**嘉禄の符**(六七頁2) 嘉禄の新制は、三浦周行の研究によって三五箇条の事書が明らかとなったが、本文が判明しているのは三箇条のみ。本文史料の「嘉禄の符」は第一条「一 可如法勤行諸社祭祀事」を指すと推測されるが、その本文は不明である。三浦周行「新制の研究」(『日本史の研究』新輯一、岩波書店、一九八二年)を参照。(大石・平)

**二季の釈奠**(六九頁1) 釈奠の励行は建久二年(一一九一)令にもみえる。同年三月二十八日後鳥羽天皇宣旨第五条では、釈奠の励行に一箇条を別立させて述べている(公家法五六)。

一 可如法興行釈奠事

仰、未明之奠、空忘剋限、上丁之礼、殆及翌日、豆籩之備是疎、蘋蘩之儲如廃、有司寛容無心検察、尊師之道、豈以如斯、加之諸道学生不勤職掌、紀伝儒士未全皆参、厳加懲粛、如法催行、

なお、釈奠に関しては弥永貞三「古代の釈奠について」(『日本古代の政治と史料』高科書店、一九八八年)を参照。(平)

**国6**(六九頁2) 国5に同じ。公家法一五二を参考にした。(大石)

**後堀河天皇宣旨**(六九頁3) 本文史料では、特に振興すべき仏事として、御斎会のほかに、護持僧の長日三壇法、北京三会、四灌頂が新たに明記されている。特に三会・四灌頂は院政期に天台僧・真言僧の僧綱昇進のために相次いで創設したもので、これが王権による寺社統制システムとして機能していた。それが費用の滞りから延滞する状況に至っていることは、とくに注目される。(大石)

**円宗寺最勝会法花会法勝寺大乗会**(六九頁4) 一一世紀後半に成立した顕教系の勅会。最勝会は永保二年(一〇八二)、法華会は延久五年(一〇七三)、大乗会は承暦二年(一〇七八)の創設。国1の「最勝会(円宗寺最勝会)」「法華会(円宗寺法華会)」「大乗会」の各項参照。(大石・平)

**東寺観音院尊勝最勝両寺灌頂**(六九頁5) このうち観音院は仁和寺の子院。東寺の結縁灌頂は永久二年(一一一四)、観音院は保延六年(一一四〇)、尊勝寺は長治元年(一一〇四)、最勝寺は保安三年(一一二

二)に勅会となった。国1の「東寺観音院…」「観音院」の項参照。(大石・平)

**荷前**(六九頁6) 建久二年(一一九一)三月二十八日後鳥羽天皇宣旨第一〇条では、荷前の励行に一箇条を別立させて述べている(公家法六一)。

一 可令守式条勤行荷前幣物事
仰、前一日、内侍参向縫殿寮、可奉裏幣物、而近代其物不法、其礼又廃、自今已後、幣物已下専守式条、宜令興行、

(平)

**国7**(七一頁1) 国3に同じ。公家法三五を参考にした。(大石)

**諸国一二宮**(七一頁2) 建久二年(一一九一)三月二十二日後鳥羽天皇宣旨には、諸国の仏神事を担う諸国国分二寺(国8)と諸国一二宮(国7)の修造が挙げられている。国分二寺と対応するかたちで、諸国一二宮による国家的祭祀体制がいつ形成されてくるかはまだ明確になっているわけではない。現在のところ一宮の成立については、一一世紀から一二世紀初頭にかけてであるとされているが、その形成過程も国ごとにそれぞれの地域性を反映して多様なものとなっている。古代以来の伝統をひき信仰圏も一国をはるかに越える規模の有力地域神社(出雲国一宮出雲大社など)と、国衙主導のもとに形成される一宮(尾張国一宮真清田社など)とでは神事の担い手、社官の組織、所領の形態も異なるとみられる。また二十二社が集中する山城国や大和国の一宮である賀茂別雷社・鴨御祖社や大神社は自ら一宮を名乗らず、それが国鎮守一宮として機能していたかは疑問である。二宮については現在のところ確認できない国々もあり、すべての国に一宮と同様に二宮が設置されたかどうかという点についても不明である。諸国一二宮については今後の研究に期待する部分が多いといえよう。このような研究状況ではあるが、本文史料は、少なくとも院政期までには、国々の鎮守として諸国一二宮が形成され、国家の安泰を願う国家権力からもその機能を期待されていたことを示しており、諸国一二宮に関する重要史料である。

なおモンゴル襲来を契機に、国分寺・一宮の興行がクローズアップされてくる。幕府は国分寺・一宮などに異国降伏祈禱を命じたし、弘安徳政でも国分寺・一宮興行令が発布されている。『中世諸国一宮制の基礎的研究』(岩田書院、二〇〇〇年)、相田二郎『蒙古襲来の研究』(吉川弘文館、一九五八年)、井原今朝男「中世の国衙寺社体制と民衆統合儀礼」(『中世一宮制の歴史的展開』下、岩田書院、二〇〇四年)、国36の「国分寺一宮」の項を参照。(大石)

**国8**(七一頁3) 国3に同じ。公家法三六を参考にした。(大石)

**国分二寺**(七一頁4) 国分二寺のうち、尼寺は早く荒廃したものとみられ、国分寺も衰退して一一世紀には大半が実態のないものとみられてきた。しかし追塩千尋によれば、大和を除く六八ケ寺の内、史料的に存続が確認できるものは二二ケ寺あり、さらに最近の考古学的知見を加えれば四三ケ寺に達するという。約三分の二の国分寺が存在したことになる(「平安中後期の国分寺」『国分寺の中世的展開』吉川弘文館、一九九六年)。なお、この場合も存続した個々の国分寺がどのような政治的役割を担っていたのかを検討する必要があろうが、史料の制約により明確でないのが実情である。また西口順子によれば一国安穏のための国分二寺に代わって、平安期には書写山円教寺などのような国内第一の宗教権威を有する地域有力寺院が国衙の寺として成立してくるという(「いわゆる「国衙の寺」について」『日本の社会と宗教』同朋舎出版、一九八一年)。それは、諸国の祈禱体制の中での国分寺の地位低下を促すものとなろう。そのような状況下で、新制の条文にわざわざ国分二寺の修造をかかげたことは注目される。(大石)

**彼の両寺…**(七三頁1) 一〇世紀以降、国分寺のなかには、中央有力寺院や地方有力寺院との間に本末関係を結ぶものが登場する。追塩千尋の研究によれば、本寺となった中央の寺院としては東寺・延暦寺・法勝寺・成勝寺があり、地方有力寺院には観世音寺・安楽寺があり、鎌倉

の円覚寺や伊豆山密厳院などもみえる。これらの国分寺は国司の進止から離れるため、本文史料のように、領家(本寺)による修造を命じたのであろう。また井原今朝男は、薩摩国分寺の領家が菅原氏長者家であったことを明らかにしている。追塩千尋「中世前期国分寺の存在形態」(追塩前掲書所収)、井原今朝男前掲論文を参照。(大石・平)

**国9**(七三頁2)　国4に同じ。公家法九四・九五を参考にした。(大石)

**本社を修造**(七三頁3)　新制に見られる寺社修造に関する条文をあげると、①治承二年(一一七八)七月十八日太政官符の第八条(公家法二七)、②建久二年(一一九一)三月二十二日後鳥羽天皇宣旨の第四・第五条(国7・8)、③建久二年三月二十八日の後鳥羽天皇宣旨の第八条(公家法五九)、④本文史料の建暦二年(一二一二)令の第三・第四条、⑤寛喜三年(一二三一)十一月三日後堀河天皇宣旨の第三・第四条(公家法一五三・一五四)、⑥弘長三年(一二六三)八月十三日亀山天皇宣旨の第八(国17)・第一一(国18)・第一三条(国10)、⑦文永十年(一二七三)九月二十七日亀山天皇宣旨の第二・第三条(公家法三〇八・三〇九)となっている。本文史料にみえる有封社司・諸寺執務人による寺社修造の条文は、以降の新制に引き継がれるが、他方、②建久二年新制の国司による諸国一二宮・国分二寺修造の条文は見えなくなる。⑥弘長三年新制では修造に関する条文が三ケ条におよんでいる。とくに社司が子孫へ「別相伝」として譲ることや、執務が「公請之労」としてその職を俸禄とみなして職務が怠慢となっていることへの対応として、任限を厳しくする政策を打ち出している。そこには当時の朝廷が寺社の修造に積極的に取り組む姿勢が見られる。社司や寺僧による私物化による修造の停滞という朝廷の認識は、同新制において僧のあるべき資質として持戒をことさらに挙げる一因となっているのであろう。このような状況を背景に、寺社の修造においても朝廷は律僧の活動に期待することになるとみられる。(大石)

**国10**(七五頁1)　国立公文書館所蔵の内閣文庫本「公家新制」を底本とした。これは表紙に「公家新制〈四十一箇条、弘長三年〉/康永三年後二月日/法眼和尚位(花押)」と記し、その裏に「施入　別会五師範芸/若雖有取出事、必如本可被返置之」とある。康永三年(一三四四)に範芸が施入したことがわかる。公家法二四七、日本思想大系『中世政治社会思想』下を参考にした。(大石)

**造国**(七五頁2)　朝廷は、中央財政の逼迫により、内裏や寺社などの国家的造営事業の経費を国に割り当てるようになる。造国による堂舎修造の最も早い事例は、天延元年(九七三)二月二十七日に焼亡した薬師寺の修造である。『日本紀略』同年五月三日条に大和・伊賀・美濃・播磨・備中・備後・安芸・周防・讃岐・伊予の一〇ケ国が造国に定められたことが記載され、また『薬師寺縁起』(『大日本仏教全書』一一八―二四二頁)には、大門が大和、中門・回廊三〇間が備前、同三〇間が備後、同二二間が安芸、同一四間・食堂が播磨、経楼が周防、鐘楼・東院房が美濃、東南僧坊が伊予、西南僧坊が讃岐と、造国ごとにそれぞれ修造すべき堂舎を割りふられていたことがみえる(なお『薬師寺縁起』の記述には『日本紀略』との相違がみられ、『薬師寺縁起』の記述ミスであろう)。このような造国による堂舎修造は、永承元年(一〇四六)十二月の興福寺の堂舎焼亡の際にも採用され定着するようになる。この永承の興福寺修造にあたって、造国の国司が神社仏寺院宮王臣家の荘園を論ぜず充て課す宣旨を請い、朝廷から公領だけでなく権門高家の荘園を含めて平均に課す宣旨がだされ、一一世紀後半には一国平均の役として実施されるようになる。一二世紀には造国の制度は、国司が任官や昇進の見返りを期待して堂舎などの造営を請け負う成功へと変質し、ますます盛んとなる。さらに知行国制が成立すると、造営すべき寺院に知行国が与えられるようになる。治承四年(一一八〇)十二月の平重衡の南都攻めによる興福寺・東大寺の焼亡の際の再建にあたって、興福寺の再建は主として堂舎ごとに国々が充てられる従来の造国の制によってなされるが『玉葉』治承五年六月十五日条)、東大寺の再建は東大寺大勧進職に補任された重源の勧進によって行われた。文治二年(一一八六)には周防国が東大寺造営料所として設定され、重源が国務を管領することになる(『玉葉』同年三月二十三日条)。これが寺院知行国の初見である(竹内理三『寺領荘園の研究』第一章「寺院知行国の消長」、一九四二年初版、吉川弘文館より一九八三年再刊)。(大石)

**国11**(七五頁3) 宮内庁書陵部所蔵の「壬生新写古文書底本」の写真版により、国史大系『続左丞抄』第二や公家法三〇、図書寮叢刊『壬生家文書』七、太政官符写(一九六九号)などを参考にした。紙継目三ケ所と文書の冒頭、および署名部分の上下二ケ所に計六の外印が捺されている。本文史料の書出・書止は、次の通り。

太政官符山陰道諸国司
　雑事拾弐箇条
一　応任式条令勤行年中諸祭事
　右、左大臣宣、奉　勅、(中略)
以前条事如件、諸国承知依宣行之、符到奉行、
(署名二名略)
　治承二年七月十八日

(平)

**私領を以て…**(七五頁4) たとえば祇園感神院の行円は、丹波国波々伯部(ははかべ)村の田堵一三名から散在私領(「所領田」)を「加徴米之代」として寄進させて、便補の保・波々伯部保を成立させた(『平』一三九八号、河音能平「院政期における保成立の二つの形態」『中世封建制成立史論』東京大学出版会、一九七一年)。(平)

**国12**(七七頁1) 国4に同じ。公家法九六を参考にした。(大石)

**国13**(七七頁2) 国4に同じ。公家法九七を参考にした。(大石)

**国14**(七九頁1) 石清水八幡宮蔵。東京大学史料編纂所架蔵の「石清水文書」写真帳を底本とし、『大古』石清水一―三一九号、公家法三五〇を参考にした。(大石)

**後宇多天皇宣旨**(七九頁2) この新制では、本文史料のほかにも、寺社領に関する法令が多くみえる。そのうち第二～第四条を挙げておく(公家法三五一～三五三)。

一　諸社諸寺一旦執務人、以彼領称別相伝、及不慮之伝領、如此之地、訴訟出来者、被尋究可被返付寺社事
一　可停止以相論未断之地、寄附寺社幷権門事
一　勅裁地、重不可有沙汰事
　仰、後嵯峨院　聖断究淵源、当時　勅裁覃一二事、無殊子細者、輙不可改判、

(平)

**寛元已後…**(七九頁3) 後嵯峨天皇は仁治三年(一二四二)正月に践祚して親政を行い、寛元四年(一二四六)正月に後深草院に譲位。その後、文永九年(一二七二)二月に死没するまで院政を行った。「寛元已後」とは後嵯峨院の治世を指す。この時の新制第四条でも「後嵯峨院　聖断究淵源、当時　勅裁覃一二事」として(公家法三五三)、その勅裁地の改定を否定しており、後嵯峨院の治世を、理想視する姿勢が窺える。(平)

**国15**(七九頁4) 国3に同じ。公家法七六を参考にした。(大石)

**寺を離れて…**(八一頁1) 御家人出身の僧侶は中世では珍しくないが、鎌倉時代の初期には本文史料にあるように、権門寺院の僧侶が寺を離れて御家人そのものとなった事例が少なくない。以下、こうした武家被官の悪僧の例を紹介しておく。

代表的存在としてまず挙げるべきは、常陸房昌明である。昌明は延暦寺の「西塔北谷法師」であり「元住延暦寺、武勇得其名也」「雖為僧、勇士也」と評された人物である。北条時政の配下で洛中警護にあたっていたが、文治二年(一一八六)五月、和泉に潜伏中の源行家を捕らえ、その功で但馬国大田庄、摂津国土室(はむろ)庄を恩賞として与えられた。同五年に奥州征討に従軍した後、但馬に戻った。承久の乱では朝廷方への参戦を求めてきた院使五名を斬り殺し、幕府方として孤軍奮闘した。その軍功を賞されて但馬

国守護に補任されている。鎌倉中期の但馬守護として登場する大田氏はその子孫と思われる。承久の乱後は延暦寺根本中堂末寺である但馬国進美寺(しんめいじ)に没官した私領畠を寄進している。なお、『吾妻鏡』の記載では文治五年七月十九日条までは「常陸房昌明」であるが、承久三年(一二二一)七月からは「法橋昌明」となっていて、その間に法橋上人位を獲得したことになる。このことは昌明が奥州征討後に延暦寺に戻って、法橋上人位を得たことを示唆している(『吾妻鏡』文治二年三月二十七日条、同年五月二十五日条、同四年六月十七日条、同五年七月十九日条、承久三年七月二十四日条、同年八月十日条、『延慶本平家物語』六末二二「十郎蔵人行家被搦事」、貞応二年卯月但馬守護昌明寄進状案〔『鎌』三〇九一号〕、『兵庫県史』二)。

出羽房雲厳大法師も延暦寺の僧侶である。開発領主の子孫であったため、彼は父より若狭国太良保を相承して公文職に補任され、やがて離山して師匠である顗雲阿闍梨を太良保薬師堂に迎えている。また在庁稲葉時定とのつながりから、若狭の国御家人となっている(網野善彦『中世荘園の様相』塙書房、一九六六年)。

土佐房昌俊も幕府の御家人で、源範頼の平家追討軍に参加した経歴をもつ。文治元年(一一八五)十月に頼朝の命をうけ、八三騎を率いて義経暗殺に向かったが失敗。鞍馬山に逃げ込んだものの、捕らえられて梟首された。御家人たちが尻込みをするなか、「乍為法体」ら義経暗殺を引き受けたことを、頼朝はのちのちまで武士の鑑として誉め称えたという。この昌俊について『参考源平盛衰記』は、大和国住人で奈良法師であったとする。そして、興福寺領大和国針庄の支配をめぐる寺内紛争で西金堂衆方として戦ったが、敗れて土肥実平に預けられ、そのまま頼朝の配下として仕えるようになったとする。ただし『吾妻鏡』によれば、彼の「老母并嬰児等」は下野国にいたうえ、『玉葉』は義経暗殺を「小玉党〈武蔵国住人〉卅騎許」の仕業と記している。昌俊が児玉党など東国武士の出身であった可能性も高い(『吾妻鏡』文治元年十月九日条、同年十月二十六日条、建久二年〔一一九一〕十二月十五日条、『玉葉』文治元年十月十七日条、『参考源平盛衰記』四六)。

一品房昌寛は出身不明。鶴岡八幡宮の造営奉行や長日祈禱の体制整備、伊勢神宮への寄進状の作成など、早くから源頼朝の側近として活躍した。また義経追討や奥州征討では頼朝の使者として朝廷と交渉に当たっている。軍事面では源範頼に従って西海での平家追討に転戦し、奥州征討にも従軍した。崇徳天皇の怨霊鎮撫のため文治二年(一一八六)六月に幕府は崇徳の御願寺である成勝寺の修造を朝廷に申し入れたが、その際に昌寛を成勝寺執行に任じてそれに当たらせている。その娘は将軍源頼家と結婚して、栄実・禅暁を産んだが、二人とも後に謀反の嫌疑をかけられて誅殺された。昌寛は文治五年三月より法橋の官位で記されており、成勝寺執行の功で法橋に叙されたと思われる(『吾妻鏡』養和元年〔一一八一〕七月三日条、文治元年十一月八日条、同五年三月二十二日条)。

義勝房成尋は小野姓横山党の出身で小野成任の子である。出身寺院は不明であるが、石橋山の合戦から頼朝に従っている。文治元年には勝長寿院供養の布施・荘厳具奉行として上洛しているし、同五年の奥州征討では鎌倉留守を命じられた。建久年間には幕府南門造営奉行、後白河一周忌千僧供養奉行を務めるとともに、鎌倉御願寺奉行では永福寺の担当となった。東大寺供養では頼朝に従って上洛している。建久二年には「成尋法橋」とみえ、幕府の奉行人としての活動のなかで法橋に叙されたらしい。息子の中条家長は八田知家の養子となっている(『吾妻鏡』文治元年九月二日条、建久二年正月二十四日条)。

筑前房良心は平忠盛四代の孫で筑前守平時房の子である。出身寺院は不明であるが、平家滅亡の後、囚人として安達盛長に預けられた。僧侶ではあるが、武芸に熟達していたので、安達盛長に従って奥州征討に出陣し軍功をあげて頼朝から厚免されている(『吾妻鏡』文治五年八月十八日条)。

以上が治承・寿永の内乱期に、寺院を離れて御家人となった経歴をもつ僧侶である。南北朝時代では、延暦寺の僧侶であった赤松帥律師則祐が播磨守護となったのが著名である。このほか、幕府御家人出身の僧侶や、軍功をあげた幕府御願寺別当などもいるが、性格が異なるので省略する。(平)

**国16**(八一頁2) 国4に同じ。公家法一〇八を参考にした。(大石)

**三尺の秋霜**(八一頁3) 『平家物語』九「樋口被討罰」に「三尺の剣の光は、秋の霜、腰の間に横だへたり」とある。なお「三尺の剣」については、『史記』『高祖本紀』の「我以布衣、提三尺劔、取天下」を受けて、『和漢朗詠集』「帝王」には「漢高三尺の劔　坐ながら諸侯を制す　張良一巻の書　立ちどころに師傅(しふ)に登る」と、また『曾我物語』一「神代のはじまりの事」には「漢の高祖は、三尺の剣を帯して、諸侯を制したまひき」とある。(大石)

**諸寺諸山は**(八一頁4) 本文史料のように、兵仗禁止の自主規制の強化を求める姿勢は、弘長三年(一二六三)新制でも同様である。同年八月十三日亀山天皇宣旨の第三三条は次の通りである(公家法二六七)。

一　可禁制僧徒兵仗事

仰、為僧宝之身、好兵仗之芸、罪霜惟深、偏横三尺之剣、観月空抛、恣携一張之弓、仰東大・興福・延暦・園城等以下諸寺々務、若有違犯之輩、早令注進交名、宜仰武家加炳誡、

ここでも、まず寺院に取り締まりの強化を求め、それでも従わない人物のリストを寺院に提出させて、六波羅探題が処罰を加えるという段取りになっている。(平)

**国17**(八一頁5) 国10に同じ。公家法二四二を参考にした。(大石)

**格条**(八三頁1) 延暦十七年(七九八)正月二十四日太政官符を引用する貞観十年(八六八)六月二十八日太政官符は、「応任用神主事」「応停官人任諸社神主事」「応令国司定神主考事」の三ケ条からなる。ここでは神主の任期に関わる第一条目のみかかげる(『類聚三代格』一)。

太政官符

一　応任用神主事〈四箇条内〉

右、太政官弘仁十二年正月四日下大和国符偁、彼国解偁、部内名神其社有数、或為農禱歳、或為旱祈雨、至排災害荐有徴応、仮令大和・大神・広瀬・龍田・賀茂・穴師等大神是也、而頃年之間、事乖潔斎、不祥之徴間々不息、本尋所由、黷依神主、太政官延暦十七年正月廿四日下五畿内諸国符偁、奉　勅掃社敬神、銷禍致福、今神主等、一任終身、侮黷不敬、祟咎屢臻、宜自今以後、簡択彼氏中潔清廉貞堪神主者補任、限以六年相替、秩満之代點定言上者、国依符旨選点言上、而或点上之外、被任他人、愚吏商量事背符旨、望請、点上之人一切任用、以尋泊酌之信、且待神聴之声者、右大臣宣、奉　勅依請、

(中略)

以前撰格所起請偁、上件事条遵行有便、伏望下知四畿内及七道諸国者、中納言兼左近衛大将従三位藤原朝臣基経宣、奉　勅依請、

貞観十年六月廿八日

(大石)

**国18**(八三頁2) 国10に同じ。公家法二四五を参考にした。(大石)

**国19**(八三頁3) 国5に同じ。公家法一七一を参考にした。(大石)

**国20**(八五頁1) 国3に同じ。公家法三一九を参考にした。(大石)

**国21**(八七頁1) 国10に同じ。公家法二四六を参考にした。(大石)

**十戒**(八七頁2) 奈良時代以来の小乗の戒である具足戒や十戒に対して、平安時代の最澄によって示された天台宗円頓戒にみられるように、大乗の戒である十重四十八軽戒が中国からもたらされ、以後広く流布するようになる。それは殺戒・盗戒・淫戒・妄語戒・酤酒戒・説四衆過戒・自讃毀他戒・慳惜加毀戒・瞋心不受悔戒・

誘三宝戒からなる。十重四十八軽戒については石田瑞麿『仏典講座　梵網経』(大蔵出版、一九七一年)を参照。(大石)

**延暦弘仁貞観の符**(八七頁3)　『類聚三代格』三に収める、延暦四年(七八五)五月二十五日太政官符の「禁断僧尼出入里舎事」、同十六年二月三日太政官符の「応禁断諸尼競入法華寺事」、同十七年四月十五日太政官符の「応教正僧徒事」、弘仁三年(八一二)七月十日太政官符の「応僧尼之犯依令条勘事」、同九年五月二十九日太政官符の「応許昼日男入尼寺、女入僧寺事」、貞観八年(八六六)六月四日太政官符の「応禁制僧侶飲酒及贈物事」等を指すと考えられる。特に延暦十七年官符には、本文史料と同じ「非只黷乱真諦、固亦違犯国典」の文言がみえる。

桓武天皇は、奈良時代の陋習を改めるために、僧侶に対して取り締まりを強化した。辻善之助によれば寺院僧侶に対する取り締まりの令は、延暦二年から同二十四年までの間に、その主なもので三〇余種を数えるに至り、その内容は、①得度の制、②僧尼の威儀規律に関するもの、③財産の取締、④私寺の禁、からなる(辻善之助『日本仏教史』上世篇、第四章第一節「桓武天皇の教界革新」、岩波書店、一九四四年)。なお、この平安時代初頭の太政官符に現れる「戒律」「律法」は小乗の戒の具足戒などをいい、本文史料の戒とは異なる。(大石)

**能言は国の師なり**(八七頁4)　『山家学生式』(六条式)所引『止観輔行伝弘決』には

能言不能行、国之師也、能行不能言、国之用也、能行能言、国之宝也、三品之内、唯不能言不能行、為国之賊、

とあり(『大正蔵』四六—二七九頁)、①弁舌と行動に秀でた者を国の宝、②弁舌に巧みだが行いに問題のある者を国の師、③行動に秀でているが弁舌が不得手な者を国の用、④弁舌も行いも問題のある者を国の賊としている。(平)

**僧綱召**(八七頁5)　天延二年(九七四)五月十一日の僧綱召は、次のような次第であった。

令蔵人頭伊陟朝臣、仰大納言源朝臣可召僧綱之由、仰云、以寛静為権大僧都、以安鏡為少僧都、以禅芸為権少僧都、以陽生為律師、以安快・湛照等為権律師、大納言令左大弁保光朝臣書之、於陣座付伊陟朝臣令奏聞、々々之後返給、其後参射場、令蔵人説孝奏宣命草、又令奏清書、還着陣座、令参議等向綱所云々、

そしてこれを承けて、五月十三日に新任僧綱が北陣下に参じて「奏　慶」している(『親信卿記』〔『大史』一—一五—四八頁〕)。(平)

**国22**(八七頁6)　国10に同じ。公家法二五四を参考にした。(大石)

**行事所**(八七頁7)　中世に国家的事業を遂行するために太政官内に設置された機関。正月から十二月までの朝廷における年中行事以外にも、臨時の行事にも置かれた。その代表的な行事に、天皇一代一度の仁王会・大嘗会・伊勢斎王雑事、賀茂斎院雑事などがあるが、これ以外にも二〇年一度の伊勢内・外宮の式年遷宮、内裏の造営、行幸・御幸、勅使派遣の臨時の行事などがある。特に年中行事以外の行事は、朝廷の経常費から支出されないため、その度に費用の徴収を行わざるを得ず、大嘗会役・初斎宮野宮役・斎宮群行雑事・同帰京雑事・初斎院雑事・伊勢内宮外宮遷宮雑事・公卿勅使役・行幸雑事・御幸雑事・造内裏役などの名目で、荘園・国衙領(公領)を問わず一国平均役として課せられた。このような費用の徴収などの政務を処理することが行事所の主たる任務となっている。しばしば公事の費用が成功(売位売官)に求められる場合が多く、鎌倉時代にはその傾向が一層強まり、成功による国家的行事の遂行が一般化する。棚橋光男「行事所」(『中世成立期の法と国家』塙書房、一九九三年)、白川哲郎「鎌倉期王朝国家の政治機構」(『日本史研究』三四七、一九九一年)を参照。

本文史料において行事所が任料を財源としていることは、この時の任料が売官と大差がなくなっていることを示すものであろう。と同時に、本文史料は散位僧綱と異なって、正員僧綱を売官することへの抵抗感が存したことを示し

ている。（大石）

**国23**（八九頁1）　国4に同じ。公家法一〇五を参考にした。（大石）

**従類員数**（八九頁2）　従類員数については『延喜式』玄蕃式43従僧条に

　僧正従僧五人・沙弥四人・童子八人、大少僧都各従僧四人・沙弥三人・童子六人、律師各従僧三人・沙弥二人・童子四人、

と定められていた。また永延二年（九八八）六月の太政官符では、僧綱らの従類が「二三十人」を越えているとして、次のように制限した（『朝野群載』一六）。

　僧正各従僧六口・童子十人、僧都各従僧五口・童子八人、律師各従僧四口・童子六人、凡僧各沙弥二人・童子四人、

鎌倉時代になると、本文史料をはじめ公家新制や鎌倉幕府法で、過差停止のため従類員数の規制が盛んに行われた。それをまとめると次のようになる。出典は①建久二年（一一九一）三月二十八日後鳥羽天皇宣旨第一五条（公家法六六）、②建暦二年（一二一二）三月二十二日順徳天皇宣旨第一四条（本文史料）、③寛喜三年（一二三一）十一月三日後堀河天皇宣旨第一五条（公家法一六五）、④弘長元年（一二六一）二月三十日関東新制（鎌倉幕府追加法三六七、国35）、⑤弘長三年八月十三日亀山天皇宣旨第三二条（公家法二六六）、⑥建武元年（一三三四）の「僧中晴行粧倹約事」（『大史』六―一―七九七頁）。また〔四、三、二〕九の数字は〔　〕内は従僧、中童子、大童子の順とし、〔　〕外に合計数を記した。

　まず僧正については、①〔四、四、八〕一六、②〔四、二、六〕一二、③〔三、二、四〕九、④〔三、二、四〕九、⑤〔四、二、四〕一〇、⑥〔四、二、六〕一二。

　僧都については、①〔三、三、六〕一二、②〔二、一、四〕七、③〔二、二、二〕六、④〔二、二、四〕八、⑤〔一、〇、二〕三、⑥大僧都〔二、一、四〕七、少僧都〔一、〇、二〕三。

　法印はすべて僧都と同じだが、⑥は大僧都と少僧都を分けており、法印は大僧都と同数となっている。

　律師については、①〔二、二、四〕八、②〔二、一、二〕五、③〔二、二、二〕六、④〔一、一、一〕三、⑤〔一、〇、一〕二、⑥〔一、〇、二〕三。法眼・法橋はいずれも律師と同数。

　凡僧については、①〔一、二、二〕五、②〔一、一、二〕四、③〔一、一、一〕三、④〔一、一、一〕三、⑤〔一、〇、一〕二、⑥〔一、〇、一〕二。

　全体として鎌倉初期には『延喜式』とあまり人数が違っていないが、鎌倉前中期に従類の人数が抑制され、後期に若干増える傾向がある。また④弘長元年幕府法から律師・法眼・法橋と凡僧の区別がほぼなくなっている。その背景には、弘長三年新制第二〇条（国22）で律師の成功を規制しているように、この頃には正員僧綱である律師までもが売官の対象になっており、もはや律師と凡僧とを区別することがそれほど意味をもたなくなったためであろう。また従類員数が時代を経るにつれて減少してゆく背景としては、鎌倉中期より僧綱位の乱発によって寺院社会で僧綱に就く者が拡大し、従類を整えることが困難となったことも考えられる。

　なお③寛喜三年令での員数規制の背景に、寛喜の大飢饉があった。『民経記』によれば、同年五月の最勝講に際し、飢饉のため従類員数を僧正は〔四、三、四〕一一、僧都は〔二、二、二〕六、律師は〔二、一、二〕五、凡僧は〔一、一、一〕三と定めた。しかし、なお過分であるとして僧正〔四、一、三〕八、僧都〔二、一、二〕五、律師〔二、一、一〕四、凡僧〔一、一、一〕三と改めている（『民経記』寛喜三年五月十四・十五日条）。

　また建長四年（一二五二）七月の法勝寺八講では「證義者行粧、各守新制之儀也」とし、證義であった信承法印前権大僧都と智円の従類が〔三、一、三〕七であったと記している（建長四年法勝寺御八講問答記『東大寺宗性上人之研究並史料』上二五八頁）。一般に證義は僧正に準じているので（公家法五二八）、③寛喜三年令と④弘長元年関東新制との間に、僧正の従類を〔三、一、三〕七とする規定が定められていた可能性

がある。

　このほか嘉元二年（一三〇四）三月後二条天皇宣旨では、僧正従類を〔二、〇、二〕四とし、それ以外の僧綱凡僧については「褻時、童一人、力者三人之外、不可召具之」と定めているものの晴儀の規定はない（公家法四七九）。また正和四年（一三一五）五月には「最勝講倹約条々」として僧正〔二、一、二〕五、法印以下は〔一、〇、一〕二とする「制符」が下されている。そして覚守法印が證義僧正でもないのに〔二、一、二〕五の従類を率いたこと、成澄禅師が中童子二人を具したこと等が「制符」違犯として問題になっている（公家法五二八、『公衡公記』正和四年五月二十二・二十三・二十七日条、同年六月十三日条）。（平・大石）

**従僧**（八九頁3）　出御の行列では従僧たちがさらにそれぞれ中童子などを扈従させているので、非常に大規模なパレードとなった。一例として正嘉元年（一二五七）三月に青蓮院尊助法親王が仙洞尊勝陀羅尼供養の導師として出仕した「御導師御出行列次第」をみてみよう。この行列は次のような構成をとっていた（『門葉記』六一―五二一頁）。

①御力者二人
②前駆一二人〈下﨟為先〉
　凡僧八人
　　最俊〈中童子二人、法師六人〉
　　最耀〈中童子二人、中大童子一人、法師同〉
　　昌快〈中童子二人、法師同〉
　　光助〈中童子二人、大童子一人、法師同〉
　　泰慶〈中童子二人、中大童子一人、法師同〉
　　猷兼〈中童子一人、中大童子一人、法師同〉
　　快基〈大童子二人、法師同〉
　　祐賢〈大童子二人、法師同〉
　僧綱二人
　　堯尊法眼〈中童子二人、大童子一人、法師八人〉
　　覚季法眼〈中大童子二人、大童子一人、法師同〉
　有職二人
　　兼智阿闍梨〈中童子二人、大童子一人、法師八人〉
　　憲家阿闍梨〈同前〉
　　　已上法師原、除笠持定
③御車
　御車副六人、御榻持
④列御童子、御力者
⑤中童子二人
⑥中大童子二人〈各郎等二人、童一人具之〉
⑦上童〈雑色四人、童二人〉
⑧御後
　智暹上座〈中童子二人、大童子一人、舎人二人〉
　定喜上座〈同〉
⑨扈従僧綱
　公証法印
　禅雅少僧都
　　各中童子二人、中大童子一人、牛童三人
　　後騎一人〈童二人、大童子一人〉

この行列では尊円の童子・力者（①④⑤⑥⑦）だけでなく、②前駆、⑧御後、⑨扈従僧綱のそれぞれの人物に中童子・大童子が付き従い、さらに扈従僧綱の後騎にも童が従者として従っている。（平）

**国24**（九一頁1）　国3に同じ。公家法三一七を参考にした。（大石）

**法親王并びに執柄の子息を除くの外**（九一頁2）　本文史料の文永十年（一二七三）九月二十七日亀山天皇宣旨では、第九条にも「可停止法親王并執柄子息外、召仕坊官事」があり（公家法三一五）、天皇家・摂関家出身の僧侶を特権化している。この点からすれば、本文史料の「僧正以下」五緒停止の「僧正」は大・正・権僧正の三者を含むと考えた方がよいだろう。

　なお、本文史料では五緒が許されたのは法親王と執柄の子息だけであったが、寛喜三年（一二三一）十一月三日後堀河天皇宣旨の第一六条では、「非僧正・法務并非大臣已上子息外僧侶、可停止長物見車輿并車簾革、不可用遠文五緒」とあり（公家法一六六）、この段階では僧正・法務と大臣以上の子息に五緒が許されている。弘長元年(一二六一)の関東新制でも、五緒の許可は寛喜三年新制に従っている(鎌倉幕府追加法三六四、国35)。なお、『徒然草』六四段に、

「車の五緒は、必ず人によらず、程につけて、極むる官・位に至りぬれば、乗るものなり」とぞ、或人仰せられし。

とある。(平)

**八葉の車**(九一頁3)　本文史料では殿上人でない者が八葉車に立縁を打つことを禁止しているが、寛喜三年(一二三一)十一月三日後堀河天皇宣旨の第一六条にも「地下四位已下八葉車竊打立縁、任嘉禄制、皆可糺弾」と同様の規定がみえる(公家法一六六)。また『源平盛衰記』四六では、源頼朝が義経の振る舞いを非難した一節に「又立フチ打タル車ニ乗、禁中花色ノ振舞以外ニ過分也」とあり、義経が立縁を打った車で宮中に出入りしたことを批判している。(平)

**国25**(九三頁1)　国3に同じ。公家法八七を参考にした。(大石)

**京中**(九三頁2)　洛中殺生禁断令は古代にはみえない。延久四年(一〇七二)に「私鷹狩」を禁じるなかで「京辺狩猟」を厳禁した次の史料がその初見である(『朝野群載』八)。

太政官符　五畿内諸国司

応禁断御鷹飼外私飼鷹鶻并京辺狩猟事

右、右大臣宣、奉　勅、飼鷹之事、禁制屢下、而近年之間、恣忘制令、私飼鷹鶻、競馳郊野、況乎於京辺、好狩猟之者、招集列卒、殺屠猪鹿、如此之輩、永可禁遏、宜仰五畿内諸国、御鷹飼外、厳令停止者、諸国承知、依宣行之、符到奉行、

(署名略)

延久四年十一月九日

鷹狩はもともと王族にのみ認められた特権であり、朝廷はしばしば私的な鷹狩を禁じてきた。ここではその一環として「京辺狩猟」が付随的に禁じられたのである。大治五年(一一三〇)にも「私飼鷹鶻」と「狩猟」の禁止が「左右京職・検非違使」に命じられ(『朝野群載』一一)、ついで建久二年(一一九一)の本文史料が登場する。

鎌倉後期になると洛中殺生禁断令が明瞭となり、弘長元年(一二六一)の公家新制では

一　可令禁断殺生事

仰、不殺生者十戒之第一、五常之当仁也、世尊之利群類、以十戒為最、明王之撫万民、以五常為本、仍任数代之厳制、可禁六斎之殺生、但於洛中者、縦雖非件日、都以従停止、慥令糺弾、莫緩禁網、神社有限之供祭非制限、

とあるように(公家法二一一)、洛中は六斎日以外も殺生が禁止された。弘安八年(一二八五)新制でも「於京中者縦雖非件日(六斎日)、都以従停止」と洛中の殺生禁断が命じられるとともに、「於洛中飼鷹鶻事」が禁止されている(公家法四二〇・四一八。後藤紀彦「『田中本制符』」『年報中世史研究』五、一九八〇年)。さらに正応元年(一二八八)六月十日伏見天皇宣旨では、洛中近境の範囲を明確にし、「東限東山下、南限赤江〈但除河〉、西限桂川東岸、北限賀茂山」という地域内での殺生禁断を命じている(『鎌』一六六六二号)。その後も洛中殺生禁断令は乾元二年(一三〇三)・元亨元年(一三二一)・康永三年(一三四四)にも確認できる(『鎌』二一三六〇号、『師守記』康永三年六月二十四日条)。

なお、時期は不明だが、鎌倉幕府は「鎌倉中繫鷹事、可停止」と鎌倉での鷹飼いを禁じている(鎌倉幕府追加法七三七)。平雅行「殺生禁断の歴史的展開」(『日本社会の史的構造　古代中世』思文閣出版、一九九七年)を参照。(平)

**寺社近辺**(九三頁3)　慶雲三年(七〇六)に疫病が蔓延した際、朝廷は「令掃浄諸仏寺并神社」を命じたように(『続日本紀』同年閏正月庚戌条)、寺社の清浄確保は災異をふせぐ呪術的効能があると考えられていた。こうしたなかで寺辺殺生禁断令が登場する。これは寺辺二里の殺生を禁じるもので、天平勝宝四年(七五二)・宝亀二年(七七一)・承和八年(八四一)・貞観四年(八六二)と繰り返し発布された(『類聚三代格』一九所収宝亀二年八月十三日官符・貞観四年十二月十一日官符、『類聚国史』一八二)。代表的なものとして宝亀二年の官符を次に掲げておく。

太政官符
　応禁断月六斎日幷寺辺二里内殺生事
右、被内大臣宣偁、奉　勅、前件事条禁制已久、雖逕時序、豈合違越、今聞、京職畿内七道諸国比年曾不遵行、三宝浄区還為漁猟之場、六斎戒日更成屠羊之節、非直穢黷法門、誠亦軽慢朝憲、永言斯事、深乖道理、自今以後厳加禁断、准　勅施行、如有違犯者、必科違勅之罪、
　宝亀二年八月十三日

その後は個別寺院による制禁が中心となったが、中世でも文治四年（一一八八）に寺辺の殺生禁断が命じられたほか（『玉葉』同年七月九日条）、本文史料の建久二年（一一九一）や寛喜三年（一二三一）十一月三日後堀河天皇宣旨第二四条（公家法一七四）でも発布されている。

　社辺殺生禁断も古代から数多い。たとえば春日社では「狩猟之輩、触穢斎場」したため社前と神山での狩猟・伐木を禁止しているし、賀茂社では「遊猟之徒」の「屠割」による神域汚穢が問題となって、四至およびその南辺から「濫僧・屠者」を排除している（『類聚三代格』一所収承和八年（八四一）三月一日官符・承和十一年十一月四日官符・寛平七年（八九五）六月二十六日官符、『延喜式』臨時祭式60神社四至条）。また大和の丹生・川上・雨師神社でも四至内の狩猟で「神地」を汚穢して「咎祟」を招いたことが非難されているし、宇佐八幡宮でも「六斎日寺辺二里」の殺生を禁じている（『平』四五四九号）。（平）

**毒を流して漁…**（九三頁4）　流毒による漁撈は元慶六年（八八二）に権僧正遍照の奏請で禁じられたのが初見。諸国百姓は夏に流毒で漁をして大小の魚虫が全滅しているため、こうした「不仁淫殺」を禁じている（『日本三代実録』同年六月三日条）。中世では鎌倉幕府が文治四年（一一八八）六月に流毒焼狩の禁を布達するよう朝廷に求め、八月に次の宣旨が全国に下された（『吾妻鏡』同年六月十九日条、同年八月三十日条）。

　文治四年八月十七日　宣旨
殺生之誡、厳制重畳、随又去年十二月殊被下糸綸畢、而荒楽之輩、動犯法禁之由有其聞、就中流毒焼狩者、典章所指其罪尤重、非只尽猪鹿之獲、忽逮飛沈之類、内破仏戒、外背聖記、宜仰五畿七道諸国、永令従禁遏、
　　　　蔵人頭右中弁兼忠

その後、本文史料の建久二年新制で禁じられ、弘長三年（一二六三）八月十三日亀山天皇宣旨第四一条にも見えている（公家法二七五）。（平）

**八月放生会以前**（九三頁5）　放生会前の殺生禁断は鎌倉幕府から始まった。文治三年（一一八七）鶴岡八幡宮の最初の放生会に際し、鎌倉幕府が関東荘園等に八月一日から十五日までの殺生禁断を命じたのが初見（『吾妻鏡』同年八月一日条）。幕府は翌年にも東国に二季彼岸と放生会の期間の殺生禁断を命じたし（『吾妻鏡』同四年六月十九日条）、その後も鶴岡放生会前の殺生禁断を繰り返し命じている（『吾妻鏡』建久五年（一一九四）八月一日条、同六年八月一日条）。

　こうした動きは朝廷にも波及して、本文史料のように建久二年（一一九一）に放生会前の魚鳥売買の禁止が登場する。こののち弘安二年（一二七九）には

　自今日（一日）至十八日、被宣下殺生禁断、是別勅願也、諸国諸庄薗平均被仰下、自武家仰守護地頭云々、放生会以前厳重之儀歟、

とあるように、後宇多天皇の勅願で放生会前の殺生禁断が諸国に命じられ、幕府機構を通じてもそれを伝達させた（『勘仲記』同年八月一日条）。同年末には八月一日から十五日までの殺生禁断を毎年護持するよう諸国に布達し、鎌倉幕府もそれに従っている（公家法三四五、鎌倉幕府追加法四八二）。（平）

**国26**（九五頁1）　御成敗式目の原本は伝来していない。ここでは、尊経閣叢刊『御成敗式目』（育徳財団、一九三一年）で複製された前田育徳会所蔵の鶴岡八幡宮相承院旧蔵尊経閣文庫本「御成敗式目」により、『中世法制史料集』第一巻（岩波書店、一九五五年）の「校本御成敗式目」第一条・第二条・第四〇条を参考にした。校異の詳細については『中世法制史料集』を参照されたい。

鶴岡本は加賀藩第四代藩主前田綱紀の採蒐にかかり、表紙には「御成敗式目」とある。また、表紙押紙には「雪下平川加左衛門尉所持、但鶴岡相承院蔵書」と記されており、ここから、本書はもともと鶴岡八幡宮の院家であった相承院の蔵書であったことがわかる。（平）

**40**（九七頁1）　佐藤進一は御成敗式目の配列の検討から、式目三六条以下は原式目になく、後に追加法を編入した段階で原式目を五一箇条から三五箇条に圧縮したとする（「御成敗式目の原形について」『日本中世史論集』岩波書店、一九九〇年）。したがって佐藤説に従えば、僧侶の自由昇進禁止の規定は原式目になく、延応元年（一二三九）の鎌倉幕府追加法一〇九が後に御成敗式目に編入されたことになる。それに対し、河内祥輔は佐藤説に批判的で、当初から現行の式目通りと見るべきだと主張している（「御成敗式目の法形式」『歴史学研究』五〇九、一九八二年）。

本文史料の関連条項としては、鎌倉幕府追加法一〇九に本条と同文の事書が掲載されている。正応元年（一二八八）の鎌倉幕府追加法六一二では

一　鎌倉中僧徒官位事
　恣昇進之条、甚濫吹也、自今以後、不蒙免許任叙者、可被懸其科於師匠、且寺社供僧違犯者、別当可注進也、

のように、別当に自由昇進の報告を義務づけ、自由昇進の場合は、本人だけではなく、師匠まで処罰すると規定している。（平）

**免許**（九七頁2）　幕府僧が朝廷に昇任申請を出す際、幕府の許可を義務づけることによって、幕府は幕府僧への実質的な叙任権を掌握しようとした。式目三九条にあるように、この措置は御家人の場合と同様である。

ただし元暦元年（一一八四）源義経の検非違使・左衛門少尉への無断任官に頼朝が怒った例や、翌年、自由任官した二四名の御家人の東国帰住を禁止した例からわかるように、御家人の自由任官の禁止は幕府成立当初からの政策であったのに対し（『吾妻鏡』元暦元年八月十七日条、文治元年（一一八五）四月十五日条）、幕府僧の自由昇進禁止は、式目以前には確認できない。幕府御願の寺社体制が整備され、京都から多くの高僧が下向してきたこの段階になって、初めて僧侶の自由昇進が問題になるようになったのだろう。ただし御家人とは異なり、自由昇任によって僧侶が幕府から改易された事例を、今のところ確認できていない。また御家人の官位昇任申請への免許状は残存しているが、幕府僧に対する免許文書は伝わっていない。免許を与えた僧侶については、幕府が朝廷に吹挙したのであろう。

なお幕府陰陽師に関しては自由昇進の禁止規定そのものが存在せず（『吾妻鏡』文永二年（一二六五）五月二十三日条、『鎌』一〇六九八号）、御家人・僧侶・陰陽師で幕府の対応が異なっていたようである。ただし房玄法印は室町幕府に久遠寿量院別当職の補任を求めた申状で次のように述べている。自分は「関東将軍家御祈禱結番之人数」の一人である上、

卿上雲客医陰両道等、本来於武家奉公之仁者、及相続優異之御沙汰歟、

のように、僧侶以外にも公卿・医師・陰陽師など鎌倉幕府に仕えていた武家奉公人は、引き続き室町幕府でも特別な計らいがなされていると述べて、自分を久遠寿量院別当職に登用してくれるよう懇請している（平雅行「鎌倉幕府の将軍祈禱に関する一史料」『大阪大学大学院文学研究科紀要』四七、二〇〇七年）。このことは鎌倉末には「武家奉公之仁」＝鎌倉幕府との主従関係が御家人・僧侶・公卿・医師・陰陽師にまで拡大

していたことを推測させる。

　幕府の吹挙の有効性についてであるが、得宗専制段階まではいまだ決定的なものではなかった。例えば仁治二年(一二四一)に将軍九条頼経が道慶を大僧正に吹挙した際、頼経はその「許否」を幕府陰陽師に占わせており、将軍の吹挙が決定的効力をもっていなかったことがわかる(『吾妻鏡』仁治二年正月八日条、同年正月十一日条)。しかし建長四年(一二五二)には宗尊親王の病悩平癒祈禱の勧賞として幕府評定の場で、隆弁を権僧正に補任することを決しているし、正応五年(一二九二)に鶴岡別当頼助(執権北条経時の子)が親玄を権僧正に吹挙した時には、治天の君である伏見天皇は内心反対であったにもかかわらず、昇任が認められている(『吾妻鏡』建長四年九月四日条、『伏見天皇日記』正応五年二月二十六日条)。もはや幕府の吹挙は、治天の君ですら抗しえないものとなっていた。平雅行「鎌倉における顕密仏教の展開」(『日本仏教の形成と展開』法蔵館、二〇〇二年)、海老名尚「『僧事』小考」(『学習院史学』二七、一九八九年)、同「鎌倉の寺院社会における僧位僧官」(福田豊彦編『中世の社会と武力』吉川弘文館、一九九四年)を参照。御家人の官位については、青山幹哉「王朝官職からみる鎌倉幕府の秩序」(『年報中世史研究』一〇、一九八五年)、上杉和彦「鎌倉幕府と官職制度」(『日本中世法体系成立史論』校倉書房、一九九六年)、金子拓「鎌倉幕府・御家人と官位」(『中世武家政権と政治秩序』吉川弘文館、一九九八年)を参照。

　なお文明七年(一四七五)の大内氏掟書第二五条「氷上山興隆寺法度」では

　一　依綱位乱臈次之故、猥求自由之昇進、雖為宿老有智之高僧、被超越少年無才之後輩〈貞永式目内、取要載之〉、所詮当山衆徒官位事、請一山之評議、以連署状、蒙武家御免許、可被転任事、

のように、式目本条を引用して、興隆寺衆徒の官位は「一山の評議」を経て大内氏の免許を受けてから転任すべきであると定めている(『中世法制史料集』三)。ほぼこの頃、大内政弘が興隆寺別当の官位昇進を朝廷に執奏していることからすれば(『晴富宿禰記』文明十一年七月四日条)、幕府と同様、大内氏は分国内僧侶の官位昇進の吹挙権を独占することによって、実質的叙任権を握ったと見てよかろう。小笠原隆一「中世後期の僧位僧官に関する覚書」(『寺院史研究』四、一九九四年)を参照。(平)

**この外の禅侶**(九七頁3)　有力御家人である宇都宮氏が弘安六年(一二八三)に制定した宇都宮家式条第四六条では、「祗候之輩」の「自由之昇進」を禁じるとともに、

　宮中僧徒官位、子細同之、但不乱臈次、可令昇進之条、御式目炳焉之上者、可守之也、

と語っており(『中世法制史料集』三)、宇都宮氏管轄下の僧徒も式目の自由昇進禁止に従うべきことを規定している。(平)

**国27**(九七頁4)　国立公文書館所蔵の内閣文庫本「侍所沙汰篇」の写真版により、『中世法制史料集』第一巻「追加法」七〇を参考にした。(平)

**僧徒の兵仗**(九七頁5)　僧侶の兵仗禁止令は鎌倉時代以前から度々命じられている。既に『僧尼令』第一条では僧尼が兵書を「習読」すれば還俗して科罪すると規定されていたし、天禄元年(九七〇)の延暦寺座主良源置文でも兵仗を帯びて僧坊に出入する僧を逮捕して朝廷に引き渡すとしている(天1、『平』三〇三号)。永延二年(九八八)の太政官符では、「間挿短兵、恐〔恣ヵ〕輝威武、動致闘乱」として従僧童子の人数制限を命じているし(『朝野群載』一六)、永久二年(一一一四)には白河院が「山上帯兵仗輩、依院宣可行罪過之由」を天台座主に命じるとともに、さらに検非違使を派遣して、武装して比叡山に登る者を追捕している(『中右記』同二年七月六日条、同年七月二十六日条)。
　鎌倉時代になると、源頼朝自らが朝廷に「於自今以後者、為頼朝之沙汰、至僧家武具者、任法奪取、可与給於追討朝敵官兵」と奏請したこともあって(『吾妻鏡』元暦元年(一一八四)二月二十五日条)、幕府は積極的な対応をしており、正治元年(一一九九)には中原親能が山門悪僧を逮捕

し、それに対して山門谷々が兵仗禁止を誓っているし(『大史』四―六―六二頁)、安貞二年(一二二八)には六波羅探題が高野山に使者を派遣して、直接僧坊を捜索させて兵具を焼却させており(『鎌』三七九〇号)、寛喜二年(一二三〇)には六波羅探題が、武装した僧徒を数多く逮捕して関東に送致している(『明月記』同年四月二十七日条)。鎌倉幕府追加法一〇二や二〇〇(国33)でも兵仗禁止令を命じたほか、文保三年(一三一九)には延暦寺・興福寺・園城寺・東大寺・醍醐寺・新熊野に兵仗禁止令を出すよう朝廷に要請している(『鎌』二七一九七号)。

朝廷も、建暦二年(一二一二)や弘長三年(一二六三)の新制で僧侶の兵仗を禁ずるとともに、建保三年(一二一五)には諸寺諸山の兵仗禁止を幕府(源実朝)に命じている(『醍醐寺新要録』二二)。ただし兵仗禁止とは言っても、寺内に立ち入って捜索を行うことは稀である。建保三年の場合、朝廷が兵仗禁止を命じる宣旨を将軍実朝に出し、それを受けて実朝は下知状を発給して寺社に送付している。その下知状は残っていないが、大江親広の添状は

宣旨幷将軍家御下知状案如此、仍令進覧候、醍醐内事、無左右加制止之条、其憚候、先可令披露座主僧正御房御辺給候、恐々謹言、

八月十六日　　民部権少輔親広

伊賀律師御房

とあり(『醍醐寺新要録』二二〔『鎌』二一七四号〕)、幕府の軍事出動を匂わせながら寺院側の自主的な取り締まりを求めている。

しかし他方では、僧侶の軍忠を誉め讃えたり、武装を当然とする考え方は中世社会を通じて根強く生きていた。寛平六年(八九四)に「新羅の賊徒」が対馬を攻撃した際、島分寺の上座面均らが押領使に任じられて防戦に活躍したし(『扶桑略記』同年九月五日条)、寛仁三年(一〇一九)には女真族撃退の勲功者として壱岐講師常覚の名が挙がっており、「身雖非在俗、其忠不可隠」と賞賛されている(『小右記』同年六月二十九日条)。

また幕府は寺社権門の兵仗禁止に積極的だったが、しかし他方では幕府のもとには但馬国守護となった常陸房昌明のほか、一品房昌寛・土佐房昌俊・義勝房成尋・筑前房良心・出羽房雲厳のような御家人僧がいた。しかも建保元年の和田合戦では日光山別当の弁覚が弟子・同宿を率いて戦闘に参加しており、それに対して将軍実朝は「為僧徒身、赴戦場、忠節之至、尤被感思食」と誉め讃えて、恩賞として鎮西土黒庄を与えている(『吾妻鏡』建保元年五月十日条)。また頼朝は昌寛を「雖為僧、勇士也」と讃えたし、「乍為法体」義経暗殺を引き受けた昌俊を武士の鑑として誉めている(『吾妻鏡』文治四年〔一一八八〕六月十七日条、建久二年〔一一九一〕十二月十五日条)。こうした点からすれば、幕府の兵仗禁止政策の実態は、明らかにダブルスタンダードであった。しかもこうした御家人僧は鎌倉で活動していただけではない。建久二年令第二五条によれば、武家に属して本寺を悩ます僧徒の活動を非難しており(国15、公家法七六)、御家人僧が寺社勢力の内部にまで逆流していたことを示している(国15の「寺を離れて…」の項参照)。

また中世寺院には検断権が認められていたこともあり、寺院世界では武器の所持や所蔵を当然視していた。文覚の神護寺起請文によれば、「寺の大事」以外に勝手に兵仗を帯びてはならないとし、寺中・他所での兵仗には「大衆」の許可を必要としている(真62、『平』四八九二号)。つまり武装の可否の決定権は寺院大衆にあることになる。しかもこの起請文は後白河院の手印が押されて院の認可のもとに書かれており、大衆の武装決定権は院も了解していた。また守覚法親王が著した『左記』には「真言行者、可持剣也」と記しているし(『大正蔵』七八―六一〇頁)、興福寺念仏衆置文では「念仏所可被儲置弓箭」とあるし(『鎌』八八七号)、海住山寺置文では僧徒の兵具着帯を禁じてはいるものの、強窃盗に対して兵具をとることは認められている(『鎌』四七一六号)。また嘉禎二年(一二三六)に叡尊らが自誓受戒して中世律宗運動を始めた際には、叡尊らの前を円照と聖守が腰に刀を差して乞食を行ったという(『聖誉鈔』〔『大日本仏教全書』一一二

—四七九頁〕)。さらに『渓嵐拾葉集』を著した延暦寺の光宗は、顕密諸宗や歌道・医方などの修学とともに兵法を四名の師匠から学んでいるし(『大正蔵』七六—五〇六頁)、延暦寺の尊性法親王は「偏好兵」んだ人物で、出入りの僧侶も必ず武装した所従を引き連れていたという(『明月記』天福元年〔一二三三〕二月二十日条)。永仁二年〔一二九四〕に延暦寺に登った恵鎮円観によれば、「云房主、云同法、更無勧覚〔学ヵ〕之志、偏専兵法」らにする有り様であった(『五代国師自記』)。

このように、寺院検断権が朝幕から容認されていたこともあって、僧徒の兵仗禁止は十分な成果を挙げていない。しかも南北朝内乱では南北両朝が顕密寺院に軍事動員をかけたため、顕密寺院の武装にさらに拍車をかけ、室町時代には、顕密寺院に対する兵仗禁止令自体が発布されなくなった。また、これまで武装を否定していた禅宗寺院においてすら、刀杖狼藉が問題となるようになっている(室町幕府追加法七六)。中澤克昭「寺院の武力に関する覚書」(『史友』三〇、一九九八年)、衣川仁「中世前期の権門寺院と武力」(『中世寺院勢力論』吉川弘文館、二〇〇七年)、久野修義「中世日本の寺院と戦争」(『戦争と平和の中近世史』青木書店、二〇〇一年)、平雅行「中世寺院の暴力とその正当化」(『九州史学』一四〇、二〇〇五年)。(平)

**辺土**(九七頁6)　朝廷は鎌倉時代に洛中・辺土の殺生禁断令をしばしば発布したが、正応元年〔一二八八〕の伏見天皇宣旨では東は東山の下、南は赤江、西は桂川の東岸、北は賀茂の山の範囲内での殺生を禁じており(『鎌』一六六六二号)、これが辺土の範囲を示すと考えられる。高橋慎一朗「洛中と六波羅」(『中世の都市と武士』吉川弘文館、一九九六年)。(平)

**国28**(九九頁1)　前田育徳会所蔵の尊経閣文庫本「新編追加」の写真版によった。『中世法制史料集』第一巻「追加法」七五を参考にし、校異もそちらに譲った。なお、「新編追加」の本文事書には「一　念仏者事」とあるのみで、本条項が制定された年紀の記載がみえないが、「新編追加」冒頭の目録部分には、本条項について「一　念仏者事〈文暦二　七　十四〉」と記している。(平)

**念仏者**(九九頁2)　興福寺や延暦寺が「念仏者諸宗之通規」「諸宗皆信念仏」と述べているように(『鎌』一五八六・三二三四号)、念仏に対する信仰は顕密仏教でも一般的であった。実際、顕密教学では「未断惑凡夫依念仏力、得往生也」「十悪五逆罪人、度本願力念仏力、得生」のように、五逆十悪の罪人でも念仏によって往生できると説いている(『阿弥陀新十疑』『浄土厳飾抄』〔佐藤哲英『叡山浄土教の研究』資料編、一二三〇・四四四頁、百華苑、一九七九年〕)。そしてその影響は院政時代には確実に世俗社会にも及んでおり、「弥陀の誓ひぞ頼もしき、十悪五逆の人なれど、一度御名を称ふれば、来迎引接疑はず」のような今様すら流布していた(『梁塵秘抄』二)。法然が登場する以前の段階で、念仏を専修する人々も数多く出現していたのである。

しかしこうした称名念仏は、顕密仏教では数ある行業の中で最低レベルの行と位置づけられていた。それに対し法然は、選択本願念仏説を樹立することによって、念仏以外では往生できないことを明らかにし、念仏以外の一切の行為は極楽往生には無縁であると主張した。これが専修念仏である。つまり専修念仏とは念仏を専修することを意味するのではなく、念仏以外の一切の行為の宗教的価値を否定する思想であった。顕密仏教の世界での念仏の専修が、読経写経・造寺造仏などを行いえない人々のための方便であったのと決定的な相違がある。そのため専修念仏の教えは仏法への信頼を損ねるものとされ、建永二年〔一二〇七〕二月に専修念仏禁止令が発布され、四名が死刑、法然・親鸞らが流罪となった。本文史料は、この朝廷の政策を承けて、鎌倉幕府が専修念仏禁止令を発布したものである。

ただし問題が信仰という内面的世界に関わるものだけに、顕密仏教的な念仏信者と、法然流の専修念仏者とを外在的に弁別することは困難である。そこで朝廷は、破戒の念仏信仰者を法然流の専修念仏者と認定して、弾圧の対象とした。もとより魚鳥肉食や女犯は顕密仏教の世界でも日常的に行われていたが、政府はそれを訓戒するだけで処罰していない。ところが本条に見えるように、念仏者の場合は、顕密僧と同じ行為をしているにもかかわらず住宅破却という、異様なほど厳しい処置を受けている。国家的保護を受けている顕密僧の破戒には甘く、民間の念仏者の破戒には極めて厳しい処置をとっている。この奇妙な落差は、政府がこの法令によって破戒を取り締まったのではなく、専修念仏という異端思想を取り締まろうとしたことに起因している。平雅行「建永の法難について」(『日本中世の社会と仏教』塙書房、一九九二年)、同「法然と顕密体制」(『仏教美術研究上野記念財団助成研究会報告書』三八、二〇一一年)を参照。(平)

**魚鳥を喰らい**(九九頁3)　仏教はもともと肉食を認めていた。僧侶が乞食により、いわば残飯を食って生きて行くものである以上、信者から施与された食物が肉かそうでないかは問題にならなかったのである。ところが、インド社会で肉食タブーの風潮が高まってくると、仏法もそれへの対応を余儀なくされ、三種浄肉論を創出して部分的に肉食を禁じ、やがて大乗仏教の段階で全面的な肉食禁止となった。三種浄肉論とは、自分をもてなすために殺すのを見た肉、またそうしたと聞いた肉、あるいはその可能性の高い肉を食べることを禁じ、それ以外の肉は浄肉として摂取することを認める議論をいう。中国では当初は三種浄肉論が一般的であったが、大乗仏典の流入もあって、六世紀の梁代からこれを排する動きが顕在化し、隋・唐時代には僧徒の肉食禁止が一般化した。それに比べると日本では三種浄肉論はほとんど浸透しておらず、当初から僧侶の肉食が禁じられていたようである。ただし神祇信仰では魚鳥を肉食と見なさなかったため、実際には顕密僧の間でも魚鳥会が広く行われていた(鎌倉幕府追加法三七七〔国35第41条〕、弘長三年公家新制第一二条〔国21〕)。下田正弘「『三種の浄肉』再考」(『仏教文化』二五、一九八九年)、諏訪義純『中国中世仏教史研究』(大東出版社、五八頁、一九八八年)、平雅行「日本の肉食慣行と肉食禁忌」(『日本におけるアイデンティティ・周縁・媒介』吉川弘文館、二〇〇〇年)を参照。(平)

**女人を招き寄せ**(九九頁4)　平安末期には顕密僧の女犯妻帯が一般化し、真弟相続(実子相続)が広範に登場している。例えば延暦寺の学匠として著名な安居院澄憲には聖覚ら一〇名の子供がおり、しかもそのうち二人は、故二条天皇の后である高松院(鳥羽上皇女)との間の子であった。また東大寺戒壇院の円照上人の場合、祖父・父ともに仏典に通達した東大寺学僧だったし、叡尊も興福寺学侶の子弟であった。この傾向は鎌倉においても同様で、足利義氏の子である最信法印権大僧都は勝長寿院別当や平泉惣別当に就いたが、その間に子どもをもうけており、その子(今川国氏)が今川氏の祖となっている。また北条泰時の子である公義僧都は円満院円助法親王から伝法灌頂をうけているが、他方では泰茂・泰瑜の二人の子を残している(平雅行「鎌倉山門派の成立と展開」『大阪大学大学院文学研究科紀要』四〇、二〇〇〇年)。

　こうした顕密僧の妻帯は地方寺院ではさらに顕著であり、若狭国鎮守一二宮社務代々系図(『福井県史』資料編九、「若狭彦神社文書」二号)によれば、「常満供僧月静房妻」「常満供僧桑心房妻」のように、国祈禱所の常満供僧と結婚した牟久一族の女性が数多く記載されている。しかもこの社務系図では、「早世之間、無子」「為聖之間、無子」のように、子供のいない僧侶に特別な注記をしており、僧侶とはいえ、もはや妻帯しないのが例外であったようだ。弘長三年(一二六三)の公家新制では、顕密僧が「妻妾を蓄え」ていると批判しているが、具体的処罰規定は見えず、顕密僧の妻帯は実質的に容認されていた(国21、平雅行『親鸞とその時代』九二頁、法藏館、二〇〇一年)。

　なお最初の専修念仏弾圧である建永の法難(一二〇七年)が、安楽・住蓮らによる後鳥羽院女房の無断出家を契機とし、これが「密通」と喧伝されたこともあって、これ以後、専修念仏の人妻密懐が盛んに口にされた。例えば坊門局（後鳥羽院室、源実朝室の姉）の妹が出家した時、藤原定家は「天下淫女競仮屋形扈従狂僧、已為流例耳」と辛辣な評を残している（『明月記』建保元年（一二一三）七月十八日条）。これまで貴族たちは専修念仏と顕密仏教流の念仏専修との区別がつかず、顕密仏教からの専修念仏弾圧要求にも積極的に応えようとしなかったが、やがて専修念仏は人妻と密通する破戒の狂僧とイメージ化されることによって、その異端的相貌を鮮烈に印象づけられ、厳しく弾圧された。

ただし前項でも述べたように、国家的保護を受けていた顕密僧の女犯に処罰規定がなく、民間の念仏者の女犯が住宅破却という厳しい処罰の対象となっているのは、この法令が女犯の取り締まり令ではなく、女犯を指標とする異端宗教の取り締まり令であったことを物語っている。（平）

**鎌倉中を追却**（九九頁5）　嘉禄三年（一二二七）の嘉禄の法難では、隆寛ら三名が流罪、その余党は「尋捜其在所、永可被追却帝土也」（『鎌』三六三一号）との綸旨が出された。これを承けて検非違使別当が四七名の余党の逮捕を命じており、その中には「破却清水家了」「依大殿仰、破却西林寺家了」「破却延年寺家了」のように既に住宅が破却された者も見える（『民経記』嘉禄三年八月三十日条）。こうして京都の専修念仏はほぼ鎮圧された。

またこの時は、朝廷は五畿七道に専修念仏禁止令を通達しただけではなく、山門の要請を承けて、守護・地頭に専修禁遏を命ずるよう幕府に依頼している（『鎌』三六六九号）。そして幕府も「任京都制符、被追放念仏者」と述べており（『鎌』三六七四号）、破戒の念仏者の鎌倉追却がもともと朝廷の専修念仏禁止令に由来するものであったことがわかる。こうした念仏者追放令の淵源は、おそらく建永の法難（一二〇七年）の際に出された「厳制五箇条裁許官符」（『鎌』二四五八号）であったろう（平雅行「建永の法難と『教行信証』後序」『真宗教学研究』三一、二〇一〇年）。

この後も専修念仏の住宅破却・追放処分は続いており、存覚は元亨四年（一三二四）に「もとのごとく本宅に還住して念仏を勤行すべきよし」の裁許を求めて愁訴しているし（『破邪顕正抄』）、正平七年（一三五二）には延暦寺が法華宗と一向衆の住宅破却を行っている（『祇園執行日記』）。また貞治六年（一三六七）の西大寺の検断規式（南25）では、「一向念仏衆」は殺人・盗犯と同じく財産没収の上、追放刑となっている。（平）

**国29**（九九頁6）　前田育徳会所蔵の尊経閣文庫本「新編追加」の写真版によった。『中世法制史料集』第一巻「追加法」九〇を参考にし、校異もそちらに譲った。（平）

**宣旨度々に及ぶ**（一〇一頁1）　専修念仏への弾圧の動きは元久元年（一二〇四）以前から延暦寺を中心に見えていたが、朝廷が弾圧に踏み切ったのは建永二年（一二〇七）二月である。この時、「厳制五箇条裁許官符」が下って安楽・住蓮・善綽・性願の四名が死刑に、法然・親鸞ら八名が流罪となった。この官符は残っていないが、その一節は「誠是可謂天魔障遮之結構、寧亦非仏法弘通之怨讐乎」（『法然上人伝記（九巻伝）』）とあり、専修念仏を仏法弘通を妨げる天魔・怨讐と断じている。つまり専修念仏は仏法ではないと国家によって認定されたのである。この後、建保七年（一二一九）に次の官宣旨が発布された（『鎌』二四五八号）。

左弁官下　綱所
　応下知諸寺執務人、令糾弾専修念仏輩事
右、左大臣宣、奉　勅、専修念仏之行者、諸宗衰微之基也、仍去建永二季春、以厳制五箇条裁許官符、施行先畢、頃者進不恐憲章、退不憚仏勅、或占梵宇、或交聚落、破戒沙門結党於道場、偏以今按、佯為唱仏号、妄作邪音、将蕩放逸人心、見聞満座之処、雖現賢善之形、寂莫破窓之夕、不異流俗之睡、是則非発心之修善、企濫行姦謀也、豈謂仏陀之元意、僧徒之所行乎、宜仰有司、慥令糾弾、若猶違犯之者、罪科之趣一同先符、但莫令道心修行人、以濫仏法違越之者、更非忽弥陀之教説、只令全民氏之法文、兼又諸寺執務之人、五保監行之輩、聞知而不言与同罪、曾不寛宥者、宜承知、依宣旨行之、

建保七季閏二月八日　太史小槻宿禰在判

朝廷はここで、建永の官符に従って専修念仏の取り締まりを強化するよう命じている。後半部は文章が若干乱れているが、道心の念仏者を専修念仏として排斥することのないよう求めている。この後、貞応三年(一二二四)五月に延暦寺が六項目にわたる非を列挙して専修念仏の弾圧を要求して、八月に禁制の宣下が発布された(『鎌』三二二三四号、『皇代暦』)。さらに『選択集』をめぐる定照と隆寛との論争に端を発して、嘉禄三年(一二二七)七月に専修念仏禁止令が発布されて、隆寛・幸西・空阿弥陀仏が流罪、余党四六名が逮捕されて京都を追却された。また天福二年(一二三四)には教雅を遠流に、その余党を洛外追放に処したし、延応二年(一二四〇)には延暦寺が九名の張本とその拠点を列挙して、専修念仏を停止させるよう祇園社を介して犬神人に命じている(『鎌』四六七六・五五七二号)。

なお本文に取り上げた幕府の追加法七五・九〇(国28・29)のほか、弘長の関東新制(鎌倉幕府追加法三八六)でもほぼ同内容の禁制が出ている。また嘉元元年(一三〇三)に「於関東有専修念仏停廃事」とあるように、幕府が専修念仏禁止令を発布している(『存覚一期記』)。この法令そのものは残っていないが、次の史料が「専修寺文書」に伝わっている(『鎌』二二〇六〇号)。

嘉元元年九月日被禁制諸国横行人御教書偁、号一向衆成群之輩、横行諸国之由、有其聞、可被禁制云々、因茲混一向之名言、不論横行不横行之差別、一向専修念仏及滅亡之間、唯善苟依為親鸞上人之遺跡、且為興祖師之本意、且為糺門流之邪正、申披子細、忝預免許之御下知畢、早以此案文、披露于地頭方、如元可被興行之状如件、

嘉元二年十二月十六日　沙門唯善

顕智御房

『存覚一期記』およびこの史料から、第一に幕府が諸国遊行の一向衆の禁制を行ったことがわかる。この禁制は専修念仏禁止令の系譜を引くものではあるが、ここでは具体的な禁止の対象が諸国横行の一向衆へと変化していることが注目される。幕府が禁止した一向衆が浄土真宗を指すのか、一遍系時衆を指すのか、それとも一向俊聖系の時衆を指すのかは判断がむずかしい。しかし今井雅晴は、この禁制を機に一遍の後継者である他阿真教が相模国当麻に定住するようになったと指摘しているし(『中世社会と時宗の研究』第一章第二節、吉川弘文館、一九八五年)、先の史料でも親鸞門流が一向衆の認定を回避しようとしている。一向衆が何を指すのかがわかりにくいのは、幕府の一向衆禁止政策の結果、それぞれの集団が一向衆に認定されることを回避しようとしたことに原因がある。

第二に、親鸞門流もこの禁制で取り締まりの対象となったが、唯善(親鸞の孫)が数百貫にのぼる「巨多之料足」を支払って幕府と交渉して、幕府の安堵を得ている。また元亨元年(一三二一)にも本願寺は、延暦寺妙香院門跡の挙状を得て一向衆と認定しないよう幕府に愁訴している(『鎌』二七七四三号)。専修念仏禁止令は建永・嘉禄の法難までは朝廷が主導して幕府がそれを遵行する関係にあったが、本文で取り上げた文暦二年(一二三五)の関東御教書(国29)では幕府の側が朝廷に専修念仏禁止令の発布を求め、鎌倉後期には幕府が独自に禁止令を発布しており、次第に幕府の主導性が強くなっている。

一方、延暦寺は当初から専修念仏を襲撃・弾圧したが、鎌倉時代を通じて朝廷は「自専之沙汰」(『東寺執行日記』元徳二年(一三三〇)六月二十八日条)を禁じて、専修念仏禁止令を公権力の管理のもとに置こうとした。しかし南北朝以降は朝廷・幕府による専修念仏禁止令の発布は確認できず、弾圧は延暦寺の主導性に委ねられたようだ。このこともあって、専修念仏弾圧を旧仏教による弾圧と言うことが多いが、鎌倉時代は一貫して朝廷・幕府が禁止主体であり、それ以

後の延暦寺の弾圧も、鎌倉時代の専修念仏禁止令が彼らの行動の法的根拠であったことを見落としてはならない。(平)

**二条中納言家**(一〇一頁2) 二条定高(一一九〇〜一二三八)、参議右大弁九条光長の子、兄の民部卿長房の子となる。忠長・経光から改名。建久九年(一一九八)に蔵人・従五位下となり、建仁二年(一二〇二)に近江守に補任されて伊賀守・越後守・肥前守を歴任、承元三年(一二〇九)に義父長房が参議を辞した代わりに右少弁となる。建保元年(一二一三)右大弁・蔵人頭となり建保六年に参議、承久二年(一二二〇)に権中納言となる。寛喜四年(一二三二)に中納言を辞任して正二位に叙されたが、翌年に中納言に復帰した。暦仁元年(一二三八)に病で出家し、同一月二十一日に没した(『大史』五—一一)。承久の乱後に九条道家に重用され、幕府との交渉を担当した(本郷和人『中世朝廷訴訟の研究』東京大学出版会、一九九五年)。本文史料で、幕府が六波羅探題に二条定高を介して朝廷に専修念仏禁止を申し入れるよう命じたのは、実質的な関東申次という定高の職務に由来している。(平)

**国30**(一〇一頁3) 前田育徳会所蔵の尊経閣文庫本「新編追加」の写真版によった。『中世法制史料集』第一巻「追加法」九七を参考にし、校異もそちらに譲った。(平)

**国31**(一〇三頁1) 前田育徳会所蔵の尊経閣文庫本「新編追加」の写真版によった。『中世法制史料集』第一巻「追加法」一〇三を参考にし、校異もそちらに譲った。(平)

**寄沙汰**(一〇三頁2) 寄沙汰には、①訴訟当事者に代わって、有力な第三者が寄託を受けて裁判を行うことと、②寄託を受けた第三者が実力で財産の差し押さえなどを行うこと、の二種があるが、武家・公家ともこれを禁止した(笠松宏至『日本中世法史論』一六六頁、東京大学出版会、一九七九年)。特に山僧の寄沙汰が著名であるが、幕府は本条のように張本の関東召喚を命じたり、鎌倉幕府追加法四〇八では付沙汰をした者と受け取った山僧両者の召し下しを命じており、違例ともいうべき強硬姿勢をとっている。

山僧の寄沙汰の具体例としては、次のものがある。例えば、日指・諸河をめぐる大浦庄との境相論に際し、菅浦百姓が同地の田畠の半分を山門に寄付して訴訟を進めたが、これは①の事例といえる(『鎌』三二一一三号)。また次の事件は②の事例であろう。仁和寺菩提院行遍が得宗被官安東蓮聖から一五〇貫文を借用したまま没したため、仁和寺法助の仲介により、行遍の弟子の了遍・宴遍が借財を返済することとなった。ところが了遍らが返済を遅滞したため、安東蓮聖はこれを「山門悪僧暹尋僧都」に寄付し、それを承けて暹尋は弟子を派遣して越中国石黒庄からの年貢輸送船を堅田浦で点定した。そこで石黒庄側の雑掌は、これを「関東御式条」に背く寄沙汰行為として幕府に訴えている。一方、安東蓮聖は、行遍から借用を依頼された際に、手元に余裕がなかったため山僧(暹尋僧都)から借用したものを行遍に融通したが、数年間返済されなかったので行遍の借書と自分の借書を交換して、山僧に直接取り立てるよう指示しただけだ、と述べている(『鎌』一〇四四九・一〇七九八・一〇八二五号)。事の真偽はともかく、この事実は、山門僧の寄沙汰行為の背後に、彼らの活発な金融活動があったことを物語っており、山僧の立場からすれば寄沙汰が借用取り立ての一環(借り手の債権の取り立て)であった可能性を示唆している。(平)

**国32**(一〇三頁3) 前田育徳会所蔵の尊経閣文庫本「新編追加」の写真版によった。『中世法制史料集』第一巻「追加法」一一三を参考にし、校異もそちらに譲った。(平)

**国33**(一〇五頁1) 前田育徳会所蔵の尊経閣文庫本「新編追加」の写真版によった。『中世法制史料集』第一巻「追加法」二〇〇を参考にし、校異もそちらに譲った。(平)

**国34**(一〇七頁1) 前田育徳会所蔵の尊経閣文庫本「新編追加」の写真版によった。『中世法制史料集』第一巻「追加法」二〇三を参考にし、校異もそちらに譲った。(平)

**鎌倉中の…**(一〇七頁2)　本文史料から二年後の寛元二年(一二四四)に、幕府は次の関東御教書を安達覚智に発している(『鎌』六四〇八号)。

　高野山金剛三昧院寺務・同領筑前国粥田庄間事、当院止住僧侶之中、撰器量補彼職、衆僧一味、可令執行寺務并庄務、但其仁一期之後者、不可附属門弟、又不論臈次、以器量之輩、申事由於関東、可被定補之状、依仰執達如件、

　　寛元二年十一月廿六日　　武蔵守在判

　大蓮御房

ここでは、高野山金剛三昧院の寺務・庄務の師資相承を否定し、器量の候補者を寺家が関東に注進して幕府が補任する、と定めている。このことは、本条の趣旨が鎌倉以外に所在する幕府系寺院にも適用されたことを示している。(平)

**譲補の儀**(一〇七頁3)　本文史料では、鎌倉の諸堂別当職の師資相承を否定して、「時儀」によって決定すると規定しているが、こうした条項が登場する背景として、この頃に鎌倉の顕密仏教界が新たな歴史段階に入っていたことを考慮する必要があろう。鎌倉の顕密仏教は源氏将軍段階で、鶴岡八幡宮寺・勝長寿院・永福寺・大慈寺を建立するなど、将軍御願寺を中心に整備が進められたが、別当・供僧に招請された僧侶についていえば、栄西・忠快など一部の僧を除けばほとんどが中央では無名の僧侶ばかりで、質的な整備が遅れていた。この点の改善がなされるのが、将軍九条頼経の時代である。この時期に、頼経の実家の九条家を介して京都の碩徳高僧が数多く鎌倉に下向し、鎌倉の顕密仏教界は大いに質的な充実をみた。平雅行「将軍九条頼経時代の鎌倉の山門僧」(『日本仏教の史的展開』塙書房、一九九九年)、同「鎌倉における顕密仏教の展開」(『日本仏教の形成と展開』法蔵館、二〇〇二年)、同「鎌倉中期における鎌倉真言派の僧侶」(『待兼山論叢』史学篇四三、二〇〇九年)を参照。

　こうした歴史段階であったため、幕府は暦仁元年(一二三八)の鎌倉幕府追加法九七(国30)で非器の弟子への供僧職の相承を否定し、本条で別当職の師資相承を否定して、新たに京都から下向した高僧たちをそこに据えようとしたのだろう。例えば永福寺別当は、栄西・行勇(一一六三〜一二四一)と相承されてきたが、行勇の後任にはその門徒を補すことなく、安祥寺権僧正良瑜(東密、九条道家の従兄弟)や道慶大僧正(園城寺前長吏、道家の弟)といった九条家一門の高僧を別当に補任している。その意味ではこの一連の政策は、人材の入れ替えと僧侶の質的充実を図るための措置であったと言えるだろう。そして鎌倉幕府追加法九七(国30)が将軍頼経の側近である藤原定員の奉行によって立法され、本条で別当補任権が「時儀」(将軍)にあることを改めて明示したことは、これらが将軍頼経の主導によって推進されたことを示唆している。

　ただし前項で掲出した寛元二年(一二四四)十一月関東御教書では、本条の趣旨が執権北条経時の署判によって、鎌倉以外の金剛三昧院にも拡大適用されている。同年二月に将軍が頼経から六歳の頼嗣に代わっていたことを思えば、別当職の師資相承の否定は、頼経と対立した執権勢力によっても継承されたと見てよかろう。また、弘安八年(一二八五)の鎌倉幕府追加法五七八(国38)によれば、鎌倉の諸堂供僧職は引付・評定で人物選定を行い、得宗の了解を得た上で補任されると規定している。得宗の直接的な補任権が供僧職にまで及んでいること、そして供僧よりも別当の方が重要であったことを考慮するならば、これ以前の段階で幕府系寺院の別当補任権が「時儀」(将軍)から北条得宗に移行していたと判断される。

　最後に、本文史料の実体的有効性について触れておく。鶴岡八幡宮の場合、本文史料の発布以後、師資相承で別当に就任したのは政助(一二九六年)・道珍(一三〇九年)・房海(一三一三年)だけで、隆弁(一二四七年)・頼助(一二八三年)・道瑜(一三〇三年)・信忠(一三一六年)・顕弁(一三二一年)・有助(一三三一年)は前別当の譲りではない。鶴岡二十五坊の供僧職は鎌倉時代を通じてほぼ師資相承原理が生き続けた

が、それとは異なって、別当職の場合は幕府の意向がかなり強く反映されていたことがわかる。また、二階堂永福寺の場合も、本条以降の師資相承による別当就任は親玄から道承への交代時のみである。(平)

**国35**(一〇九頁1) 陽明文庫蔵「式目追加条々」の写真版をもとに、『中世法制史料集』第一巻「追加法」三三七〜三三九、三四四〜三四八、三六四、三六五、三六七、三七七、三八二、三八七を参考にした。校異の詳細もそちらに譲った。(平)

**関東新制**(一〇九頁2) 関東新制は当初は公家新制を承けて発布されていたが、弘長の関東新制は二月に発布され、ついで五月に公家新制が宣下されたように、この時から新制発布の主導権が公家から武家に移っている(稲葉伸道「新制の研究」『史学雑誌』九六―一、一九八七年)。(平)

**神人の加増濫行**(一〇九頁3) 関東での神人については、以下の例がある。建久五年(一一九四)に武蔵国大河戸御厨と伊豆宮神人との間で喧嘩が起こり、源頼朝が調査のため使者を派遣した(『吾妻鏡』同年六月三十日条)。建永二年(一二〇七)に上総国姉前社の住人を鶴岡神人に補した時に、幕府は「募神威結党成群、不可好寄沙汰并無道濫行之由」を仰せ含めている(『吾妻鏡』同年二月十一日条)。また仁治二年(一二四一)には博打を行った鶴岡職掌の解任を幕府評定で決するとともに、「所処甲乙人、号神人多令致煩之由」の噂があるため神人の定数を定めるよう、鶴岡八幡宮に通達している(『吾妻鏡』同年五月二十九日条)。神人の加増や神人濫行は西国ほどではないにしても、関東でも問題になっている。国2の「本神人の…」の項参照。(平)

**諸堂訴訟あり**(一一一頁1) 本文史料では寺務・雑掌による供料未払いを誡めているが、関連する事例としては次のものがある。建長四年(一二五二)雑掌らの「疎略」によって「諸堂寺用供米」が無沙汰となっているのを幕府が誡め、大慈寺については担当奉行と思われる安達義景に対して善処を命じている(鎌倉幕府追加法二七四)。文永元年(一二六四)四月には、本文史料と同様、寺務・雑掌の不法によって「鎌倉中諸堂」の寺用供料が末下となっているのを、引付方で調査するよう幕府が命じている(鎌倉幕府追加法四二一)。実際、奥州平泉の中尊寺衆徒が供米下行の不法を訴えたところ、幕府は別当に懈怠なく下行するよう裁許している(『鎌』一一〇五二号)。弘安七年(一二八四)には幕府は、寄進された所領が別当・神主によって自専されて仏神事興行に使われていないとして引付方に対処するよう命じるとともに、伊豆・宇都宮・三島・熱田六所宮・鶴岡・鹿島・香取・諏訪上下・日光・箱根など「近国諸社」の「修理・御祈禱・訴訟・御寄進所領等」について問題があれば、寺社奉行人が引付方に賦るよう定めている(鎌倉幕府追加法五七三・五四六)。また鎌倉末期になると、「於当社供田者、地頭背下知之時、被付下地於供僧事、有先傍例」とあるように、地頭が供田の所当を未進すれば地頭請を停止して下地を鶴岡八幡宮供僧に引き渡すよう、裁許された例もある(『鎌』二〇七八六号)。永福寺では、供僧厳演が供米未進により下地の「分給」を求めて提訴したのに対し、幕府は元亨二年(一三二二)その要請を退けて地頭に未済分の支払いを命じただけであるが、再度の未進に対しては元徳三年(一三三一)に「下知違背之咎」により下地中分するよう裁許を下している(『鎌』二七九六一・三一五〇〇号)。このほか、やや性格が異なるが、幕府は弘安元年に「鎌倉中御願寺」に関し、寺用に応じて下地を分給するよう命じており、供料の確保に配慮していたことがわかる(鎌倉幕府追加法四八〇)。(平)

**六斎日**(一一三頁1) 六斎日の観念はもともと仏教に起因するものではなく、インドの民間信仰が仏教に取り込まれて中国・朝鮮・日本へと伝わったものである(塚本善隆「印度世俗信仰と中国世俗信仰との習合」『塚本善隆著作集』二、大東出版社、一九七四年)。四天王らが下って衆生の善悪を監臨するため、八・十四・十五・二十三・二十九・三十日の六斎日には僧侶は布薩説戒を、在家は一日一夜の八斎戒を受持して謹慎するよう説かれた。八斎戒とは不殺生・不偸盗・不淫・不妄語・不飲酒・不塗飾香鬘舞歌観聴・不眠坐高厳麗床・不食非時食の八つをいう。なお類似した信仰に、十斎日（六斎日と朔日・十八日・二十四日・二十八日）や三斎月（正月・五月・九月）があるが、日本では中国ほど盛んではない。ただし永保元年（一〇八一）の辛酉改元で「改元以前毎月十斎日」の殺生禁断が宣下されているし（『永昌記』嘉承元年（一一〇六）四月九日条）、三斎月についても、建久二年（一一九一）の公家新制で、三斎月での魚鳥売買の禁止令が登場するほか、徳大寺実基が斎月の殺生禁断を奏請している（『鎌』五二六号、日本思想大系『中世政治社会思想』下、一四四頁）。なお平雅行「殺生禁断の歴史的展開」（『日本社会の史的構造　古代中世』思文閣出版、一九九七年）を参照。（平）

**聖代の格式**（一一三頁2）　六斎日の殺生禁断は律令の雑令に登場するのが初見で、古代から中世にかけて一貫して発布された。六斎日殺生禁断について、朝廷の個別立法は次の通りである。①天平九年（七三七）八月二日に疫病・旱魃に対処するため発布（『続日本紀』）、②天平十三年三月二十四日の国分二寺建立の詔で「漁猟殺生」を禁止（『続日本紀』）、③宝亀二年（七七一）八月十三日に寺辺二里殺生禁断とともに発布（『類聚三代格』官符）、④貞観四年（八六二）十二月十一日に寺辺二里殺生禁断とともに発布（『類聚三代格』官符）、⑤長保三年（一〇〇一）五月十九日に疫病により諸国に発布（『権記』）、⑥寛仁四年（一〇二〇）十二月十九日に疫病により諸国に発布（『左経記』）、⑦治承二年（一一七八）七月十八日の公家新制で発布（公家法二三三）、⑧建暦二年（一二一二）三月二十二日の公家新制で発布（公家法一〇七）、⑨嘉禄元年（一二二五）十月二十九日の公家新制で発布（公家法一三七、三浦周行「新制の研究」『日本史の研究』新輯一、岩波書店、一九八二年）、⑩寛喜三年（一二三一）十一月三日の公家新制で発布（公家法一七四）、⑪弘長元年（一二六一）五月十一日の公家新制で発布（公家法二一二、後藤紀彦「『田中本制符』」『年報中世史研究』五、一九八〇年）、⑫弘長三年八月十三日の公家新制で発布（公家法二七四）、⑬弘安八年（一二八五）の公家新制で発布（公家法四二〇、前掲「『田中本制符』」）、⑭元亨元年（一三二一）四月十七日の公家新制で発布（公家法五六三）、⑮康永三年（一三四四）六月二十四日に武家が奏聞して発布（『師守記』）。このほか、建久二年（一一九一）三月二十八日の公家新制では六斎日・三斎月・放生会前の魚鳥売買禁止令が登場する（国25、公家法八七）。

武家法での殺生禁断令の初見は、文治三年（一一八七）の放生会前殺生禁断であるが（『吾妻鏡』同年八月一日条）、六斎日殺生禁断令については次の通りである。①暦仁元年（一二三八）十二月十八日に発布（『吾妻鏡』）、②寛元三年（一二四五）十二月十六日に鷹狩禁止令とともに諸国に発布（『吾妻鏡』）、③文応元年（一二六〇）五月二十三日に守護・地頭に対して二季彼岸殺生禁断とともに命ず（鎌倉幕府追加法三二六・三二七）、④本文史料の弘長元年（一二六一）二月三十日の関東新制で発布（鎌倉幕府追加法三四七）、⑤弘安年中に彼岸の殺生禁断とともに発布（『鎌』一三一一〇号）、⑥正応三年（一二九〇）に彼岸の殺生禁断とともに発布（鎌倉幕府追加法六二七）、⑦南北朝段階で室町幕府が二季彼岸殺生禁断とともに諸国に下知（室町幕府追加法五三）、の七度確認することができる。

二季彼岸の殺生禁断令は公家法では確認できないが、武家法では⑧文治四年（一一八八）六月十九日に東国に発布（『吾妻鏡』）、⑨正元二年（一二六〇）一月二十三日に発布（『吾妻鏡』）、⑩本文史料の弘長元年（一二六一）二月三十日の関東新制で発布（鎌倉幕府追加法三四七）、⑪弘安年中に発布（『鎌』一三一一〇号）、⑫正応三年（一二九〇）に発布（鎌倉幕府追加法六二七）、⑬南北朝段階で室町幕府が諸国に発布（室町幕府追加法五三）と、六度確認することができる。このほか建仁三年（一二〇三）には、北条政子の計らいで諸国地頭分の狩猟を禁止している（『吾妻鏡』建仁三年十二月十五日条）。（平）

**神社の供祭に**…（一一三頁3）　六斎日もしくは

二季彼岸の殺生禁断令のうち、殺生禁断の除外規定を設けたものに次の例がある。公家法では、前掲⑧建暦二年（一二一二）三月二十二日令（公家法一〇七）に「但於伊勢大神宮・賀茂社巳下神社有例供祭者、不在制限」とあり、伊勢・賀茂社などの恒例供祭が除外されているし、⑩寛喜三年（一二三一）十一月三日令（公家法一七四）でも「但於本社有例之供祭者、不在制限」とあり、⑪弘長元年（一二六一）五月十一日令（公家法二一二）にも供祭の除外規定がみえる。このほか、建久二年（一一九一）三月二十八日の公家新制では京中・寺社辺の殺生禁断の除外規定として、「本社供祭有例之漁猟」を挙げている（国25）。こうした神社供祭の除外規定は実質的には平安時代にまでさかのぼるであろうが、明文化されたのは鎌倉時代に入ってからである。

幕府法では、前掲①暦仁元年（一二三八）十二月十八日令に「但河海漁人、為渡世計者、非制止限」とあり、②寛元三年（一二四五）十二月十六日令では「但於神社有例之供祭者、非制限」とし、本文史料の④弘長元年（一二六一）二月三十日令も神社供祭の除外を規定している。つまり幕府法では最初は六斎日殺生禁断から漁師一般を除外するという緩やかな規定であったが、やがて公家法に倣って漁猟師の活動も禁止して、神社供祭のみへと範囲をより狭めていった。このことは守護・御家人が発した武家法にも影響を与えている。例えば仁治三年（一二四二）の大友氏の「新御成敗状」では、「累代之厳制、関東之御定」に従って六斎日殺生禁断を定めているが、「但於河海者、漁人以之依為渡世之計、被免之者歟」とあるように（鎌倉幕府追加法一七三）、除外規定は幕府法①に従っている。ところが弘安六年（一二八三）の宇都宮家式条第六五条をみると、ここでも「厳制之法」に従って六斎日の殺生を禁じているが、「至于当社頭役分者、不能制止」と述べており（『中世法制史料集』三）、除外規定は供祭型に変化している。両者の違いはその段階での幕府法のありかたの相違に由来している。

さて幕府の殺生禁断令をめぐる具体的相論としては、次のものがある。日吉社領の能登国堀松庄で預所下人が彼岸に出漁したのに対し、地頭は殺生禁断をたてに預所の船を押収して下人を陵轢した。それに対して幕府は文永十年（一二七三）に、預所の船の押収を「狼藉」と判断し地頭に橋一所の架橋を命じている（『鎌』一一四六三号）。また地頭が幕府の弘安の二季彼岸・六斎日殺生禁断令を根拠に賀茂社供祭人を陵轢したのに対して、幕府は③「文応式目」に供祭の除外規定があることから地頭の行動を誡めている（『鎌』二三二一〇号）。地頭が殺生禁断令を梃子にして浦支配権を伸張させようとしている動向がうかがえる。（平）

**鷹狩の事**（一一五頁1）　もともと鷹狩は王権と密接な関わりがあること、また民生の妨げとなることもあって、勅許なしに鷹を飼うことは古代では盛んに禁じられてきた（『類聚三代格』大同三年〔八〇八〕九月二十三日官符など）。平安後期から鎌倉時代でも、①延久四年（一〇七二）十一月九日の官符で「御鷹飼」以外の私的な鷹狩を禁止するとともに京辺狩猟を禁止（『朝野群載』八）、②大治五年（一一三〇）十月七日の官符で京辺での私的な鷹狩や狩猟を禁止（『朝野群載』一一）、③建久二年（一一九一）三月二十八日公家新制で京中や寺社近辺で鷹鶴を飼うことを禁止（国25、公家法八七）、④弘安八年（一二八五）の公家新制で洛中で鷹鶻を飼うことを禁止（公家法四一八、前掲後藤紀彦「『田中本制符』」）、⑤元亨元年（一三二一）四月十七日の公家新制で、釣漁放鷹の殺生は諸国荘園は六斎日に禁止、洛中洛外は一切禁止（公家法五六三）とあるように、洛中洛外殺生禁断令との関わりを中心に禁じられてきた。

幕府法での鷹狩禁制は次のものがみえる。①建久六年（一一九五）九月二十九日に諸国御家人に神社供祭以外の鷹狩を禁止（『吾妻鏡』）、②建暦二年（一二一二）八月十九日に守護地頭等に諏訪社の贄以外の鷹狩を禁止（『吾妻鏡』）、③建保元年（一二一三）十二月七日に諸国守護人らに神社供祭以外の鷹狩を禁止（『吾妻鏡』）、④延応二年（一二四〇）三月十八日に社領内の供祭以外は鷹狩を禁止（鎌倉幕府追加法一三三）、⑤寛元三年（一二四五）十二月十六日に供祭以外の鷹狩を禁止(鎌倉幕府追加法二五一)、⑥建長二年(一二五〇)十一月二十九日に供祭以外の鷹狩を禁止(鎌倉幕府追加法二七一)、⑦弘長元年(一二六一)二月三十日の関東新制で神領供祭以外の鷹狩を禁止(本文史料)、⑧文永三年(一二六六)三月二十八日に社領内で社官が供祭として行うもの以外は鷹狩を禁止(鎌倉幕府追加法四三二)、⑨年月日未詳の鎌倉幕府追加法で、鷹狩禁制を犯した御家人は所領半分を没収、供祭の鷹も神領内で社司が行うもの以外は禁止、諏訪社の場合は信濃一国を免除、鎌倉で鷹を飼うことは禁止(鎌倉幕府追加法七三七)。つまり鷹狩禁止は源頼朝以来の政策であったが、除外規定は当初の神社供祭から、神領内の神社供祭へ(④)、さらに社官による神領内の神社供祭のみへ(⑧)と厳格化されている。(平)

**御下知**(一一五頁2)　事書細注に「延応」とあり、また法令内容も一致することから、延応二年(一二四〇)令(鎌倉幕府追加法一三三)を指すだろう。(平)

**裘袋**(一一五頁3)　寛喜三年(一二三一)十一月三日の公家新制では、綾の裘袋は公請の僧綱のみに許されたが、本条では将軍の許可を得た僧侶だけに限定している。(平)

**凡僧**(一一五頁4)　凡僧は僧綱位をもたない僧を指し、寺僧の凡僧と寺官の凡僧とに分かれる。まず寺僧の凡僧については、建久五年(一一九四)七月の熾盛光法の記事では、一二〇口の伴僧を「僧綱六人」「凡僧六人」「堂衆八人」と三グループに分けて記載しており(『阿娑縛抄』『大日本仏教全書』三七—九四八頁)、ここから寺僧の凡僧には堂衆が含まれず、学侶身分の僧のみを指すことがわかる。学侶の凡僧のうち内供奉(ないぐぶ)・阿闍梨・已講・擬講(ぎこう)・已灌頂(いかんじょう)の職についている者を有職(うしき)、そうでない者を非職(ひしき)と呼んだ。

　寺官の凡僧については、都維那・寺主・上座の三綱が凡僧とされている。正嘉元年(一二五七)の仙洞尊勝陀羅尼供養の記事では、前駆一二人は凡僧八人、僧綱二人、有職二人の構成となっていたが、有職を除く凡僧・僧綱の前駆はいずれも三綱である(『門葉記』六一—五二一頁)。つまり僧綱位をもたない三綱が寺官の凡僧とされていた。

　さて『弘安礼節』によれば、学侶の凡僧を六位殿上人に準じ、寺官の凡僧を地下五位諸大夫に準じている(『群書』二七—三八頁、国1第3条の「僧中礼事」の項参照)。僧綱位をもった諸寺三綱や八幡祠官などの寺官は地下四位諸大夫に準ずるとされているので、学侶の凡僧と寺官の僧綱との上下関係はかなり微妙なことになる。宝治元年(一二四七)八月、青蓮院道覚が二間初参を果たすため内裏に向かった行粧では、二人の有職が「世間者僧綱」の下位に列することに不満を表明している(『門葉記』四九—四二三頁)。つまり学侶の阿闍梨と、寺官の法眼のいずれを上位と認定するかの争いであったが、結局、慈円の時代の例に従って学侶の有職を下位としている。また先の正嘉元年(一二五七)の仙洞尊勝陀羅尼供養の前駆は、「下﨟為先」して並んだが、そこでは①寺官の凡僧八人、②寺官の僧綱二人「堯尊按察法眼」「覚季卿法眼」、③学侶の有職二人「兼智中納言阿闍梨」「憲家大納言阿闍梨」の順で行列しており、寺官の法眼よりも学侶の阿闍梨の方が上位とされている。(平)

**凡僧は綾の表袴**…(一一五頁5)　僧侶の奴袴については、建仁二年(一二〇二)正月の慈円の奏聞によって、「諸寺三綱所司・仏師・経師・従僧・前駆等」以外の僧侶は、褻晴を問わず、また鈍色の場合でも「奴袴下袴」を禁止し、表袴を着用するよう義務づける宣下が出ている(『大史』四—七—三六五頁)。また建長四年(一二五二)四月には尊覚座主の要請によって、日吉祭礼に供奉の所司については、「指貫」を止め表袴を着用することになった(『天台座主記』)。(平)

**国36**(一二二頁1)　国立公文書館所蔵の内閣文庫本「新御式目」の写真版によった。『中世法制史料集』第一巻「追加法」四九一、四九二、四九八、五一〇、五二八を参考にし、校異もそちらに譲った。なお、本書冒頭には「浅草文庫」「和

学講談所」の印記がある。（平）

**新御式目事書**（一二一頁２）　網野善彦はこれを、将軍惟康への意見書の性格をもつとする。また同年には、この「新御式目」三八箇条のほかにも、六月十二日に関東新制一九箇条、八月十七日には「十一ケ条新御式目」、十月二十二日には「御新制三ケ条」など、次々に新制が発布された。網野善彦は一連の新制を、安達泰盛を中心とする「弘安の改革」と評している。網野善彦『蒙古襲来』（小学館、一九七四年）、村井章介『北条時宗と蒙古襲来』（ＮＨＫブックス、二〇〇一年）を参照。（平）

**新造の寺社を止められ**（一二一頁３）　寺社新造停止は弘安七年（一二八四）新御式目の大きな特徴である。源頼朝が鶴岡八幡宮寺（一一八〇年）・勝長寿院（一一八五年）・永福寺（一一九二年）を建立し、実朝が大慈寺（一二一四年）を、九条頼経が明王院（一二三五年）を、執権北条時頼が建長寺（一二五三年）を、時宗が円覚寺（一二八二年）を創建しているが、これ以後は菩提寺の建立はあっても、幕府は巨大寺院の造立を行っていない。むしろ国分寺・一宮興行、神領興行令など既存寺社の修復・興行によってモンゴル襲来という対外的危機を乗り切ろうとしている。同様のことは顕密寺社政策についても言えるだろう。弘安四年には最源が幕府僧として初めて天台座主に就任し、同九年には鶴岡別当頼助が北条氏で初めて権僧正となり翌年には東寺三長者に補任されている。さらに正応五年（一二九二）には鶴岡別当頼助が東大寺別当に、勝長寿院別当源恵（九条頼経の子）が天台座主に補されるなど、この頃から幕府僧の畿内権門寺院への進出が本格化している。北条時頼の時代に幕府は顕密体制の枠外にあった禅律僧の保護育成に力を注いできたが、モンゴル襲来後はその路線をやや修正して、既存の顕密寺社そのものの興行へと向かったのであろう（平雅行「鎌倉における顕密仏教の展開」『日本仏教の形成と展開』法蔵館、二〇〇二年）。

なお弘安七年には、幕府は本文史料の発布後、伊豆・宇都宮・三島・熱田六所宮・鶴岡・鹿島・香取・諏訪上下・日光・箱根など「近国諸社」の「修理・御祈禱・訴訟・御寄進所領等」について問題があれば、寺社奉行人が引付方に賦るよう定めているし、大慈寺・法華堂・新釈迦堂など鎌倉中諸堂の修理と所領についても、引付頭人に責任をもたせている（鎌倉幕府追加法五四六・五七〇）。（平）

**御祈禱の事**（一二一頁４）　鎌倉幕府の将軍護持僧について、制度的実態は不明であるが、僧名についてはある程度のことが判明する。以下、主な関係記事を挙げておく。源頼朝の時代では文覚の弟子の性我（東密）が護持僧としてみえるし（『大史』四―六―五五一頁）、勝円（寺門）も頼朝の護持僧だったらしい（『八幡宮御殿司職次第』『群書』四―四九三頁）。

実朝の段階では建保元年（一二一三）九月十二日に、駒御覧の儀で「今日護持僧」に馬が贈られている（『吾妻鏡』、以下、出典記載のないものは『吾妻鏡』による）。承久元年（一二一九）七月十九日に三寅（九条頼経）が鎌倉に下向してきた時、寛喜（観基、山門）が護持僧として京都から扈従してきているし、安貞元年（一二二七）十二月十三日、頼経の病の回復をうけて護持僧の結番が定められ、上旬は定豪（東密）・頼暁（山門）・宰相律師、中旬は良信（山門）・寛喜・常陸律師、下旬は道禅（寺門）・定清（東密）・蓮月房律師となっている。暦仁元年（一二三八）一月二十八日の頼経の上洛では、護持僧として成源（山門）が扈従し、御験者として公覚（寺門）・隆弁（寺門）・頼暁が付き従っている。なお史料的に難があるが、「醍醐寺文書」に頼経の護持僧補任状案が伝えられている（一函七七号②『鎌』二九四九号）。

仁治元年（一二四〇）四月十日には頼嗣の「御祈衆」に成源・厳海（東密）・珍誉が選任され、彼らに結番させているし、建長四年（一二五二）四月三日に前将軍頼嗣を京都に追放した際、護持僧として成恵（山門）と実遍がそれに随逐した。なお新将軍宗尊が関東に出発する直前の同年三月十六日に、関東御教書で護持僧らに下向無為祈禱を命じ、それぞれが請文を提出している。これは頼嗣の護持僧に宗尊の祈禱を命じたものだろう。宗尊の護持僧で名が判明するのは厳恵(東密)であり(『血脈類集記』〔『真言宗全書』三九―二四六頁〕)、重誉(寺門)もそうであったと思われる(『八幡宮御殿司職次第』)。また弘長三年(一二六三)十一月二十三日、将軍宗尊室の御産では御験者良基(東密)と護持僧尊家(山門)が祈禱を行っている。

将軍惟康の護持僧としては、弘安十年(一二八七)十月に頼助(東密)・公朝(寺門)・源恵(山門)の護持僧三名が変異祈禱を修しているし、そのほかに盛弁(成弁、寺門)がいる(『当社執行次第』〔『群書』四―四九六頁〕)。また正応五年(一二九二)七月三日、親玄(東密)が将軍久明の「御持僧職」を与えられており(『親玄僧正日記』)、円誉(寺門)も久明の護持僧だったろう(『当社執行次第』)。以上からすれば将軍護持僧は天皇護持僧と同様に、東密・山門・寺門の三流から選任されていることがわかる。ただし将軍護持は護持僧だけでなく、御験者や陰陽師まで含めて考察する必要があるだろう。

ちなみに東寺宝菩提院の「関東将軍家御祈禱結番帳案」によれば、元亨三年(一三二三)将軍守邦親王の護持祈禱のため、各月二人ずつ、計二四名の僧侶が結番されている。結番担当の月と人名・宗派は次の通りである。

正月は前大僧正宣覚(東密)、法印権大僧都頼源(東密)/二月は前大僧正顕弁(寺門)、法印権大僧都宣済(宗派不明)/三月は大僧正有助(東密)、法印権大僧都泰瑜(寺門)/四月は前僧正道承(東密)、法印権大僧都顕瑜(寺門)/五月は前僧正房朝(寺門)、法印権大僧都禅秀(東密)/六月は前僧正経助(東密)、法印智円(寺門)/七月は権僧正豪親(東密)、権大僧都房玄(東密)/八月は法印権大僧都永尊(東密)、権大僧都時弁(寺門)/九月は法印権大僧都定然(東密)、権大僧都鑑厳(東密)/十月は法印権大僧都昭弁(寺門)、権大僧都房忠(寺門)/十一月は法印権大僧都公恵(寺門)、権少僧都忠乗(山門)/十二月は法印権大僧都覚伊(寺門)、権少僧都貞昭(寺門)

鎌倉末における鎌倉の顕密仏教の大発展を背景に、こうした祈禱結番衆が編成されて、護持僧とは別に将軍の護持祈禱に従事していた(平雅行「鎌倉幕府の将軍祈禱に関する一史料」『大阪大学大学院文学研究科紀要』四七、二〇〇七年)。

なお鶴岡八幡宮の供僧であった祐親(東密)は「最勝薗寺殿護持僧六人之内」とされており(『鶴岡八幡宮寺供僧次第』〔『鶴岡叢書』三―五二頁〕)、得宗北条貞時にも六人の護持僧がいたことが判明する。(平)

**口入**(一二二頁5)　本文史料では僧侶の口入禁止を定めているが、この当時、僧侶が幕政に介入した実態の詳細は不明である。ただし、文永三年(一二六六)に将軍宗尊が謀議によって失脚したとき、将軍護持僧の厳恵法印と験者良基僧正が逐電している(『吾妻鏡』文永三年六月二十日条、同年六月二十四日条)。弘安七年(一二八四)の北条時光の謀反では満実法師が関与していたし、永仁四年(一二九六)の吉見義世の謀反でも良基僧正が陸奥に流罪となっている(『鎌倉年代記裏書』)。また、禅律僧の禅空は平頼綱の側近で、幕府の権威を背景に朝廷の裁判や人事に盛んに介入していたが、貴族たちの不満もあって正応四年(一二九一)に失脚し、彼が関与した人事や裁判はすべて無効となった。その結果、数百の所領が本主に返付され、また多くの人物が解官されており、禅空の口入のすさまじさを物語っている(『実躬卿記』正応四年五月二十九日条、森幸夫「平頼綱と公家政権」『三浦古文化』五四、一九九四年)。このほか、執権金沢貞顕の兄の顕弁大僧正(鶴岡別当)は「預御吹嘘之輩、不云老少、恣遂真俗之先途」と言われており、世俗でも仏教界でも顕弁の吹挙が大きな力をもったようである(『鎌』三二―二四四二号)。

口入一般の禁止もこの時期、盛んに布達されている。既に御成敗式目三〇条で問注の際に権門の状を執り進めることを禁じているが、弘安七年八月の十一箇条新御式目でも内外の沙汰についての口入を改めて禁じているし(鎌倉幕府追加法五五一)、弘安九・十年にも訴訟への口入を禁止している(鎌倉幕府追加法六〇八・六一〇)。

なお弘安十一年正月に、幕府が朝廷に申し入れた「条々」七箇条の一つに、

一　僧侶女房政事口入事
　一向可被停止歟、

とあり(『公衡公記』同年正月二十日条)、僧侶女房の口入停止は公武の統一的政策となっていることがわかる。室町幕府も、建武式目第8条(国40)で「権貴幷女性禅律僧」の口入を禁止し、長享二年(一四八八)・永正六年(一五〇九)にも訴訟への僧・女・比丘尼の口入を禁止している(室町幕府追加法三〇三・三五四)。(平)

**国分寺一宮**(一二一頁6)　本文史料が発布された弘安七年(一二八四)五月二十日の直前に、次の関東御教書が発せられている(『鎌』一五一九四号)。

薩摩国一宮・国分寺事、往古子細当時次第幷管領仁及免田等、分明可令注申状、依仰執達如件、

弘安七年五月三日　駿河守在判

島津下野前司殿

ここでは薩摩国に対して一宮・国分寺の歴史と現状の報告を求めているが、同日付けで同様の命が紀伊国・長門国にも出されている(鎌倉幕府追加法補七)。このことは幕府が五月三日段階で、全国的な一宮・国分寺興行政策を始動させていたことを示している。なお中世の一宮・国分寺については追塩千尋『国分寺の中世的展開』(吉川弘文館、一九九六年)、『中世諸国一宮制の基礎的研究』(岩田書院、二〇〇〇年)を参照。また国26の「関東御分の国々幷びに庄園」の項参照。(平)

**国37**(一二三頁1)　前田育徳会所蔵の尊経閣文庫本「新編追加」の写真版によった。『中世法制史料集』第一巻「追加法」五六一を参考にし、校異もそちらに譲った。(平)

**国38**(一二三頁2)　前田育徳会所蔵の尊経閣文庫本「新編追加」の写真版により、『中世法制史料集』第一巻「追加法」五七八を参考にした。(平)

**国39**(一二五頁1)　国立公文書館所蔵の内閣文庫本「大乗院文書」のなかの文保三年記(外題は文保元応之記)に所収。原文は同記の写真版により、『鎌』二七一八二号を参考にした。(平)

**東使奏聞条々事書**(一二五頁2)　文保三年(一三一九)四月、園城寺の金堂供養が行われたが、延暦寺はそこでの赤袈裟勅許と勅使派遣に反対していた。一方、園城寺はこの機に乗じて戒壇独立を果たそうとして、四月十八日長乗僧正が金堂供養を行うとともに三昧耶戒の授戒を強行した。驚いた朝廷は園城寺戒壇の破却と長乗僧正の還俗流罪を宣したが、四月二十八日に延暦寺が園城寺を襲撃して、完成したばかりの金堂をはじめ全山を焼き払った。また東大寺は、大覚寺に寄附された兵庫関の回復などを求めて、同年正月十八日に鎮守八幡の神輿を入洛させているし(在洛三年間)、四月五日には石清水八幡宮神人たちが神輿を奉じて入洛しようとするのを社務栄清が阻止して神人を殺害したため、神人が神殿に乱入する事件が起きている(『武家年代記裏書』『花園天皇日記』など)。

本文史料はこのような寺社問題に対処するため、幕府が使者を派遣して、その解決策を朝廷に提案したものである。東使の機能に関しては、森茂暁「『東使』とその役割」(『鎌倉時代の朝幕関係』思文閣出版、一九九一年)を参照されたい。なお文保三年記には、この時の東使奏聞事書を他にも収載しており、参考のため次に掲出する。

関東使者〈二階堂行海、佐々木佐土入道賢観、閏七月廿六日京着畢、同八月十一日奏聞歟〉

奏聞事書云、

一　南都北嶺寺社領、悉可被召目六事
一　嗷訴防制事
一　山門貫首門主幷僧綱衆徒住山事
一　非職兵杖禁制事
一　号無門主凶徒事
一　関所事

嗷訴条々
一　神輿事　　一　神事抑留事
一　神木事　　一　閉籠事
一　寺社焼失事　一　仏寺〔事ヵ〕抑留事
一　合戦事
已上、其(ママ)法而可有其沙汰、
下禁制兵杖寺社等
延暦寺、興福寺、園城寺、東大寺、醍醐寺、
新熊野、東大寺
以下、可被下　院宣事
三井寺張本
聖護院　見蓮房〈弁円〉、卿阿闍梨〈中院住〉、
　甲斐〈倫芸、中院〉
円満院　蓮融房〈行豪、大夫阿闍梨〉
　出雲竪者〈俊泉、南院住〉
　蔵人〈尊朝、南院住〉
　（中略）
張本交名
禅智房〈憲承、梨下〉
円林房〈昌憲、妙法院〉
勝林房〈木有、竹中〉
頓学房〈承長、菩提院〉
南岸院〈澄詮、座主〉
金輪院〈□□、座主〉
妙光房〈源祐、菩提院〉
上林房〈□誉、青蓮院〉
井上房〈直因、青蓮院〉
山本房〈定祐、座主〉
十乗房〈源快、妙法院〉
妙観房〈仙村、菩提院〉
以上十二人
（平）

**洛陽の経廻を止め**…（一二五頁3）　前項補注の引用史料「一　山門貫首門主并僧綱衆徒住山事」に対応する。延暦寺をはじめとする顕密寺院では、高僧たちは公請に応えるため、京都に活動の拠点を置くようになった。例えば延暦寺の座主は就任時の拝堂などを除いては通常は住山しなかったし、僧侶たちも「公請之名僧」「京都公請輩」と「山上之住侶」「山上学徒」とに分離し、両者の間では僧綱位の昇進などで大きな格差が生じていた（『釈家官班記』『門葉記』一五〇）。しかし、鎌倉中後期に寺社の強訴が頻発するようになると、朝廷や幕府は門主・僧綱らによる住僧統制を期待して、彼らに住山を強制するようになった。

　例えば、文永元年（一二六四）五月に戒壇独立問題が原因で延暦寺が園城寺を焼き討ちした際、幕府の要求でたいへん厳しい張本追及が行われたが、その中で同二年八月二十一日に延暦寺に出された後嵯峨上皇の院宣では「一　座主以下僧綱可住山事」が挙がっている（天5）。また延慶二年（一三〇九）に益信への大師号授与問題で東密と山門との間で激しい抗争が行われたが、その過程の延慶四年正月に幕府は「諸門主以下衆徒、在京不可然、悉可住山」（『日吉社叡山行幸記』）と朝廷に奏聞している。

　さらに元亨四年（一三二四）二月末に幕府は強硬な悪党鎮圧令を通告するとともに、「僧侶住山」について「間背制法、有在京之聞、為事実否、可尋申之」と朝廷に申し入れている（鎌倉幕府追加法参考補二二）。そこで三月に朝廷から住山命令が出され、それを承けて延暦寺でも住山するように触れた。その結果、四月二十五日に慈慶僧正がそれに応じて登山したし、五月十二日には尊円も住山している（『妙香院宮御院参引付』〔『続群』三一下―四〇七頁〕）。

　こうした動向の中で、住僧の側から門主僧綱の住山を要求する事例も出てくる。文永五年（一二六八）十一月、延暦寺の青蓮院と梶井門徒とが合戦をしたところ、幕府は座主尊助を解任したばかりか、最仁の梶井門跡と尊助の青蓮院門跡を没収して新座主慈禅の管理下に置かせた。それに対して翌年正月に延暦寺は諸堂諸社・末寺末社を閉門させ、一味神水して強訴に及んだが、その際に衆徒たちは「座主并両門徒官長以下僧綱、不可住京之由」を通告している（『天台座主記』）。これによって山門の公請を不可能にして、朝廷に圧力をかけようとしたのであろう。

　このように鎌倉中後期に住僧統制のため、幕府は門主僧綱らの住山を求めるようになった

が、この法令の淵源は非常に古い。長保元年(九九九)七月の公家新制第五条には、次のようにある(『新抄格勅符抄』)。

一　応重禁制僧俗無故住京及号車宿京舎宅事
右、僧侶出入里舎、既立厳科、而頃年遠離塔寺、多交京師、或高門戸以号車宿、或構堂舎以安仏像、名為禅念之処、実是宴安之淵、是以浄戒之珠難瑩、忍辱之衣易垢、私門漸希誦習之声、蘭若空為放牧之地、既少験於仏法、亦不厳於王法、非加禁遏、何得帰真、同宣、奉　勅、自今以後、無故住京僧侶及車宿等一切禁制、不得更然、若不憚制旨致違犯、処之重科、曾不寛宥、但依公私請、触本寺司出仕之輩、不在此限、

ここでは僧侶の住京と彼らの京宅を禁じているが、その禁止理由は出京した僧侶の破戒と、本寺仏事の衰退にあった。同じ住京禁止とはいえ、その目的は大きく異なっている。さらに本法令の淵源(「僧侶出入里舎、既立厳科」)をたどると、延暦四年(七八五)五月二十五日太政官符などの民間伝道抑制策に行きつく。例えば同官符では「禁断僧尼出入里舎」しているが、その禁止理由は「或私定檀越出入閭巷、或誣称仏験詿誤愚民」すること、つまり僧尼が私的な檀越関係を結んで民衆を妖惑することにあった(『類聚三代格』)。つまり住京禁止令はもともとは民衆意識の管理を目的として立法されたが、平安中期にはそれが僧侶の破戒防止と本寺仏事の興隆のためへと変質し、さらに鎌倉中後期には住僧統制を目的とするものに三転したのである。(平)

**大乗院一乗院**(一二五頁4)　当時の門主は大乗院が覚尊(九条師教の息、一二九五～一三三九)で、尋覚・慈信との門跡相論が落着した直後に当たる。一乗院門主は興福寺別当良覚(近衛家基の息、一二九一～一三三一)。両門跡は永仁年間に軍事衝突したが、本文史料の段階での対立は不詳(稲葉伸道『中世寺院の権力構造』二七四頁〔岩波書店、一九九七年〕、安田次郎『中世の興福寺と大和』〔山川出版社、二〇〇一年〕)。(平)

**関所の事**(一二五頁5)　蒙古襲来以来、幕府はしばしば新関停止令を発布した。嘉暦元年(一三二六)十二月二十九日関東御教書に「於所々関所等、可停止関手河手之由、元応年中被成御教書」(鎌倉幕府追加法参考四三)とある。西国の関所はもともと朝廷の管轄であったため、幕府が申し入れている。

網野善彦によれば、第一次モンゴル襲来を契機として、鎌倉幕府は文永十二年(一二七五)に西国の新関停止令を発布し、それ以後も繰り返し新関停止令を出した(「文永以後新関停止令について」『悪党と海賊』法政大学出版局、一九九五年)。網野は本文史料に触れていないが、氏が語るように西国の関所停廃・設立権がもともと朝廷―天皇の支配権のもとにあったため、本文史料のように、幕府が朝廷に関所停止を申し入れたのであろう。(平)

**国40**(一二五頁6)　前田育徳会所蔵の尊経閣文庫本「建武式目」の写真版によった。これは加賀藩前田家に伝来したもので、現存最古の写本。文明十七年(一四八五)書写(同十三年本転写)。また、『中世法制史料集』第二巻(岩波書店、一九五七年)「建武式目」を参考にし、校異もそちらに譲った。本文史料はその中から、寺社政策に関するものを選んだ。なお建武式目については、同書および日本思想大系『中世政治社会思想』上(岩波書店、一九七二年)の解題参照。また建武式目の評価については「建武政権・室町幕府の評価」(『シンポジウム日本歴史八　南北朝の内乱』学生社、一九七四年)の報告・討論を参照のこと。(馬田)

**公人**(一二七頁1)　「建武式目」冒頭に掲げられた「政道事」の中で「宿老・評定衆・公人等済々焉」とあり、足利尊氏・直義のもとに鎌倉幕府以来の旧評定・引付の構成メンバーが参集していたことが知られる。それらはいずれも正規の職名ではないが、公人はその中では下位に位置づけられていた。(馬田)

**国41**(一二七頁2)　国立公文書館所蔵の内閣文庫本「建武以来追加」の写真版によった。『中世法制史料集』第二巻(岩波書店、一九五七年)「追加法」九七を参考にし、校異もそちらに譲った。

本文史料は、同日付の管領細川頼之の奉書によって、各地の守護に施行が命じられた(室町幕府追加法九六)。

寺社本所領事、依　勅許所被定下也、早分国之所々守事書、厳密令遵行、来月中可被申左右、更不可有緩怠之状、依仰執達如件、

応安元年六月十七日　武蔵守判

佐々木大夫判官入道(氏頼)殿

(馬田)

**評定事書**(一一七頁3)　半済は、武士による荘園侵略を合法化したものと長らく位置づけられてきた(中田薫・三浦周行・今井林太郎ほか)。それに対して島田次郎は、南北朝期の武士の非法・押領、それと相反する寺社本所領保護に関する室町幕府の対応を、兵粮料所設置に関する幕府法の推移から検討した。すなわち観応三年(一三五二)八月、幕府は近江以下八ケ国に対して、当年一作に限って本所領の年貢半分を兵粮料所とする法を定めたが(室町幕府追加法五七)、その後実施される範囲を次第に拡大していった。半済の中には幕府法によらないものも含まれており、文和四年(一三五五)八月には「濫妨国々」では半済、「静謐国」では本所進止とすべき旨が定められた(室町幕府追加法七八)。次いで延文二年(一三五七)九月、五ケ条からなる「寺社本所領条々」を定め、その中で半済については、「寺社一円之地幷　禁裏仙洞勅役料所」は半済除外、以前からの「預地同料所已下」=半済地・兵粮料所についても本所に返付、「戦場之大功」「戦士之要須」についてのみ「先均分下地、至相残分者、追可有其沙汰」とした(室町幕府追加法七九〜八三)。この法は「或不蒙御免、守護人及自由之中分、或充給半済、給主等致過分知行之条、不可違非分乱妨」の文言が示すように(室町幕府追加法八三)、半済・兵粮料所を全面的に制限しようとする幕府の意図が示されたものと評価されている。これらの結果を踏まえて島田は、半済制の成立を、非法と見なされてきた個別的な兵粮領所の設定(=半済)を、限定したかたちで幕府法の中で体制化するものと評価したのである。したがってそれは兵粮料所の無限定な拡大を認めたものではなく、また武士による下地知行権を認めたものではないとした。こうした幕府の政策の帰結として本文史料が位置づけられ、「皇室領・寺社本所一円領・摂関家領および幕府から与えられた公卿の地頭職は、半済の適用から除外し」、あわせて「一般の諸国本所領荘園では、下地中分を全面的に認め、強制的に下地の一方を領家方に返付させる」ものと評価し、下地分割=名別分割の強制にもかかわらず半済制は「荘園体制を保障せんとする」もの、すなわち在地領主の成長に対して制約を加えるものと評価したのである(「半済制度の成立」『日本中世の領主制と村落』上、吉川弘文館、一九八五年)。

南北朝期を荘園制の解体期と位置づける永原慶二は、先の島田の分析について四点にわたって批判した。半済対象地は三国から八国、さらに「一国平均」となっており必ずしも制限される方向にはないこと、半済除外地の性格と比重について島田が特別の検討を加えておらず、その意義を過大に評価していること、逆に、年貢米を半済の対象としていたのが下地分割になったこと、そして半済施行期間が一年一作から無期限へと変化したことから、半済制の成立は在地領主の成長を促進するものだと評価した(「荘園制解体過程における南北朝内乱の位置」『日本中世社会構造の研究』岩波書店、一九七三年)。

笠松宏至は、『シンポジウム日本歴史八　南北朝の内乱』(学生社、一九七四年)の対談「荘園制の転換と領国制の形成」の中で、永原の史料の解釈の問題点を指摘し(次補注参照)、本文史料が「守護や幕府が随時個別的に行なった、いわば半分違法であったような各種の半済類似のもの」を「部分的に排除すると同時に、部分的にはまったく合法化」するものであること、それゆえに勅許が必要であったこと、さらに仏神領保護の性格が強いことを指摘した。これを受けて村井章介は、笠松の史料解釈に対する永原の疑問、すなわち地頭職のある荘園に対する半済適用の可否(前掲

『シンポジウム日本歴史八　南北朝の内乱』対談)について検討し、あわせて笠松が指摘した仏神領保護の側面を研究史的に位置づけようとした(「徳政としての応安半済令」『中世の国家と在地社会』校倉書房、二〇〇五年)。島田は村井の研究を受けて本文史料の目的を「(一)荘園諸職の位階的編成の中核を成す領家職を切り放し、これを半済分として給付することで、軍役を伴う家臣団を創出するとともに、(二)そのことによって他方では一円地はもとより、『諸国本所領』の半済地残り半分の所領の一円化確保を可能とし、徳政令的旧領取り戻し効果の期待まで含め、公家寺社権門領の再編成を行う」ものとした(「荘園制的収取体系の変質と解体」『荘園制と中世村落』吉川弘文館、二〇〇一年)。
(馬田)

**寺社一円の仏神領**(一二七頁4)　一円は、地域的に分割せずに支配する意味と、同一地域における他人の権利を排除する意味と二通りに用いられるが、ここでは後者の意。

永原慶二は本文史料から、半済対象地となるか否かで寺社本所領を大きく二分した。すなわち半済除外地としてa禁裏・仙洞御料所、殿下渡領、b寺社一円仏神領、c本所一円知行地、d月卿雲客知行地頭職、半済対象地としてe諸国本所領、f寺社本所領の号ある領家人給地で、要するに「一円地」すなわち地頭職が設置されていない所領が半済除外地、「非一円地」すなわち地頭職が設置されている所領が半済対象地であるとみなしたのである(永原前掲論文)。それに対して笠松宏至は、二つの点について疑問を呈した。一つは寺社一円領には半済を適用しないと定められているにもかかわらず(b)、非一円の寺社領についての扱いが定められていないこと、二つめは同じく半済を除外されることになっている「本所一円知行地」が付則扱いになっており、かつ「先公(足利義詮)の御時より」と限定されていることである。

笠松の解釈の要点は以下のようである。まず半済を除外される寺社一円仏神領(b)に対置されるのは、寺社本所領の号ある領家人給地(f)であり、「一円」とは地頭職が設置されていないという意味ではなく、fに対して領家人給を排除し、寺社が本家職・領家職をもっているものと解釈すべきであり、また「先公の御時より」と限定されている本所一円知行地(c)も、足利義詮の代から地頭職がおかれていない荘園ではなく、義詮の時代から半済や預け置きを免れて、本所が一円に知行している荘園と解釈すべきだというのである。したがってこの法令が対象としている寺社本所領とは、永原がいうように地頭職が設置されている「非一円地」ではなく、地頭職が設置されていない、永原のいうところの「一円地」であるとしたのである。そしてこの法令の趣旨を、①禁裏等の料所・一円仏神領については現状のいかんを問わず、したがって現実に半済が行われているかどうかにかかわらず、すべて半済を排除する、②本所領および領家人給仏神領、すなわち俗人が知行する所領についてなんらかの侵害が行われている場合は、半分に限定、あるいは半分まで拡大する、③なんらの侵害も行われていないものについては、これまで通りで改動しない、の三点にまとめた。なお永原がこだわってきた地頭職の有無が問題とならないのは、そのような荘園では地頭職が設置されているがゆえに既に軍役を出しているためで、兵粮徴収という名目で半済を適用する根拠はないとしたのである(前掲『シンポジウム日本歴史八　南北朝の内乱』)。

村井章介は笠松の解釈を基本的に踏襲しつつ、永原が笠松に対して行った批判、すなわち地頭職が設置されている荘園における半済の適用を含め、多くの具体例に検討を加えた。村井の論点は多岐にわたるが、本文史料が「一円地」に対する半済を目的としたとする笠松の理解を確認しつつ、地頭職が設置された荘園における半済の適用や、「諸国寺社領においては一円に返付」せられた法として解釈して領家分の返還を求める事例など、その現実の運用については幕府の意図を超えた複雑な動きを指摘した。したがって当初から「大法」とみなされた本文史料は、幕府の方針としては、守護によって実施された一国半済をも否定し、寺社本所領返付を全国に拡大しようとするもので、寺社本所の所領確保の主張に法的根拠を与えるものであったが、現実の運用(施行)は各地の守護に委ねられることになるので、実際的効果は別の問題だとしたのである(村井前掲論文)。(馬田)

**国42**(一一九頁1)　国立公文書館所蔵の内閣文庫本「建武以来追加」の写真版によった。『中世法制史料集』第二巻(岩波書店、一九五七年)「追加法」一四五を参考にし、校異もそちらに譲った。(馬田)

**その法**(一一九頁2)　応安三年(一三七〇)十二月十六日、院の仰詞が幕府に伝えられた(室町幕府追加法一〇五)。

山門公人号負物譴責、成洛中所々之煩、剰不憚　禁裏仙洞咫尺、乱入卿相雲客住宅、致種々悪行之間、被申座主宮、厳密可有誡沙汰、曾不能叙用、弥以狼藉、違　勅之咎難遁歟、於向後者、為武家召捕彼輩等、可被処罪科乎、

この段階で山門公人が洛中において負物の譴責を行っていたこと、その際に様々な紛争を引き起こし、貴族の住宅にまで乱入して悪行を働くことが問題となっていたことがわかる。山門の最高責任者である天台座主を通して悪行の停止が図られたがうまくゆかなかったため、悪行を働いた者については室町幕府の検断に委ねられることになったのである。

佐藤進一は、室町幕府による京都市政権の掌握について、警察(刑事裁判を含む)→治安→民事裁判→商業課税という過程を示した上で、この法令について「叡山隷属者の『洛中所々の煩』を排除し、『種々の悪行』を検挙する権限を、王朝から幕府に与えたものであって、おそらく幕府の洛中警察権は、これによって完結したであろう」と位置づけた(「室町幕府論」『日本中世史論集』岩波書店、一九九〇年)。

その二年後の応安五年(一三七二)十一月十八日、「諸社神人等申喧嘩事」として次の様な法が定められている(室町幕府追加法一一三)。

或帯本訴之理、或依不慮之儀、神人等被殺害刃傷者、尤可有裁許、而近年就所務負物以下、動成奸謀之企、令覃闘殺之時、致訴訟云々、政道之違乱、諸人之煩費也、不可不誡、於如然事者、一向非許容之限之上、解却神職、須処其身於罪科、将又社務出非拠吹嘘者、経　奏聞、改諸職、可被補器用之仁矣、

ここでは、諸社の神人による負物等の催促が殺害刃傷に及ぶような段階になってから、負物返還の訴訟が起こされるという状況が指摘されている。諸社神人の負物譴責の行為そのものは否定されていないが、それに伴って引き起こされる暴力行為を厳しく糾弾し、そうした行為について、神人身分を剝奪した上での処罰が規定されているのである。その意味で、応安三年段階よりも一歩踏み込んだ法であるとともに、負物催促に関して幕府への訴訟による解決が期待されており、幕府が民事裁判権の掌握を実現しつつある状況を見て取ることができる。本文史料はこれらの過程を経た上で、諸社の神人が負物等を譴責することを禁じ、あわせて幕府の裁判に服することを命じたものと評価することができる(佐藤前掲論文)。(馬田)

**国43**(一三一頁1)　国立公文書館所蔵の内閣文庫本「建武以来追加」の写真版によった。『中世法制史料集』第二巻(岩波書店、一九五七年)第二部「追加法」二五六を参考にし、校異もそちらに譲った。(馬田)

**祠堂銭**(一三一頁2)　死者の供養料や堂舎の修理料として蓄えられていた祠堂銭が貸付銭として運用されていたことは、暦応五年(一三四二)三月の足利直義円覚寺規式に「或於寺中、企利銭借上之計略由、有其聞」とあることからもうかがわれるが、そうした行為は「仏法衰微之基」として禁止されていた(禅7参照)。同様の規定は文和三年(一三五四)九月の足利基氏大小禅刹規式条々にもみえるが、「寺中利銭之計略、逐日倍増之由、堕巷説」と述べられているように、先の禁制にもかかわらず寺内貸付がますます盛んになっていたことがわかる(室町幕府追加法七二)。

また応永二六年(一四一九)十月の「山門条々規式」においても、

一　常住銭穀、雖一粒一銭、不可許他借、縦雖官家・諸塔頭・諸東堂、猶禁之、況其下乎、

とあって(室町幕府追加法一六〇)、「常住銭穀」すなわち祠堂銭・祠堂米が寺内だけでなく、「他借」すなわち寺外者に対しても貸付けられていたことがわかる。そうした貸付対象の拡大を背景に、祠堂銭の徳政令適用の可否が問題になったといえる。(馬田)

**先度の御成敗**(一三一頁3)　嘉吉元年(一四四一)・享徳三年(一四五四)十二月十八日の分一徳政令(室町幕府追加法二二一～二三一、二四〇～二四九)のうち二四〇・二四二。

　嘉吉元年の徳政令では次のように定められている(室町幕府追加法二二二・二二三)。

一　諸社神物〈付、神明、熊野講要脚〉事
不可有改動之儀、但不載其社名者、難被信用歟、

一　祠堂銭事〈限弐文子〉
子細同前、但不載祠堂方帳者、難被許容歟、

すなわち伊勢・熊野講の用脚については、社名が明らかであるという条件付きで、利率にかかわらず徳政令の適用を除外し、祠堂銭については二文子の利息でありかつ「祠堂方帳」に記載されているという条件付きで、徳政令の適用を除外することが定められている。

ついで享徳三年十二月十八日の徳政令でも、

一　神物事〈限伊勢・熊野講銭〉
不可有改動之儀、〈但不載両神名者、難被信用歟〉、

一　祠堂銭事〈限弐文子〉
子細同前、〈但不載祠堂帳者、難被許容歟〉、

とあり(室町幕府追加法二四〇・二四二)、永正元年(一五〇四)の徳政令でも、神物について日吉が加わっているほかは、ほぼ同じ文言が見られる(室町幕府追加法三三二・三三五)。(馬田)

**国44**(一三一頁4)　本能寺蔵。東京大学史料編纂所影写本「本能寺文書」乾により、『中世法制史料集』第二巻(岩波書店、一九五七年)「追加法」四八三～四八五、および『本能寺史料』中世編(思文閣出版、二〇〇六年)を参照した。(馬田)

**室町幕府奉行人奉書**(一三一頁5)　天文法華の乱後の京都における法華宗の活動について、僧侶および信者の徘徊禁止、牛玉・札の住居への貼り付け禁止、寺院の再建禁止を定めた。

　天文法華の乱は、天文元年(一五三二)から五年にいたる法華一揆の活動に対する反動として引き起こされた。天文元年八月、堺や奈良など畿内各地で一向一揆が活発に活動したのに対して、近江守護六角定頼や細川晴元配下の柳本信堯に率いられた法華衆が、一向宗の拠点山科本願寺を焼き討ちした。「従江州同合手、京勢三、四万人云々、多分法華衆云々、武士之衆小勢也」とあるように(『二水記』同年八月二十三日条)、京勢は法華宗信者を中心とした軍勢で、かつ「上下京衆日蓮門徒ハ其寺々ニ所属了」とあるように(『経厚法印日記』同日条)、信者たちは寺院ごとのまとまりをもっていた。これ以後、京都では日蓮衆による自治が始まり、「公方様桑実御座以来日蓮宗時、洛中地子銭不致沙汰」(『鹿王院文書』)とされるように、軍事動員の代償としての半済を引き金とする地子銭無沙汰や自検断が行われるとともに、京都周辺の村落に放火したり、富田道場や大坂御坊などへの発向が繰り返された。

　こうした状況について『細川両家記』では「京の法花衆あまりに狼藉共有之間、山法師より法華衆を発向候也」とあり、また『重編応仁記』にも、

京都ニハ、日蓮衆ノ寺々、一向宗ニ打勝テ、近年威勢ヲ振シ余リニ、本山ノ延暦寺ヲ無礼非分ノ企多シ、山門ノ衆徒、是ヲ咎メ、大ニ怒憤ツテ、諸国ノ末寺本山ノ大衆ヲ相語ラヒ、

とあるように、他宗、とりわけ京都に関して大きな権限をもつ山門の反発は強かった。天文五

年二月、一条烏丸の観音堂で説教していた叡山西塔北尾の華王房が、法華宗門徒の松本新左衛門久吉との宗論に敗れたことによって、山門が面目を失った事件(松本問答)が直接のきっかけになったとされるが、叡山では同年六月一日、大講堂において三院衆議が行われ、次の一五ケ条が決定された(阿刀文書)。

(端裏書)「天文五年六月於大講堂三院衆儀
条々〈十五ヶ条〉二枚続」

天文五年六月□於大講堂三院衆儀条々

一　今般日蓮党充満京都而、致悪逆事、言語同断之次第也、如風聞者、洛中九重条里小路号寺構悉掘堀、不受　上意之御沙汰、諸公事令裁許之、地下人等申懸非分之儀、頻廻無数之巧、引入吾党、又対諸宗及狼藉事、是公武御恥辱、為山門之瑕瑾矣、凡吾心者、依有城山一致約束、昔於帝都諸宗之張行有之時者、為当山加炳誡事、上古之嘉例也、今度不加成敗者、洛陽之寺□、悉令断絶、自余之宗徒皆令退散、王城忽成田舎茅屋、頻掟公武者也、所詮被相触諸末寺諸山徒、不日可有発向事、

一　於此儀者、早就　公方様・細川家幷佐々木霜台、可成其届、然者三執行代下向観音寺、可有相談事、

一　南都之両寺・園城寺・豊原・平泉寺・吉野・多武峰、其外京都諸宗以下、何以事書被請同心、出張之砌□時之、可有京着之旨、可被申送事、

一　於定日者、祇園会以後廿日以前、重撰吉日、可被相定事、

一　京上馬商売米、可被停止之旨、先及成敗在之、猶以可被申付、又七口事調法及程、京都入米可被相止事、

一　於今度成敗者、日蓮党之廿一ヶ寺可有破却上者、自余地下人其外他宗之儀、曾以不可有濫妨狼藉、若違犯之族在之者、以三院一味之儀、忽被加誅罰事、

一　於此砌者、山上山下互止諍論、各有入魂万人成水魚之思、可被達本意事、

一　今度於一戦、上致高名輩在之者、不依凡下、一段可被褒美、中下族者、坂本中之万雑公事可被免之事、

一　院々谷々顕密碩徳、被専祈禱大法秘法、可被修之、山上社頭種々懇祈、不可有遅怠事、

一　三院口々被居警護、不審人躰可被撰之、但寄事於左右、申懸不謂子細痛人之儀、可有停止、

一　京都成敗之様躰、重有談合、尚可相定事、

一　東寺・高雄・栂尾・根来・粉河・高野等、何可成語事、

一　末寺末社幷諸山徒、為由緒谷、被歴案内、有返答趣者、後日可有披露事、

一　京都日蓮方江内通人躰有之者、忽可被処厳科、聞出告知者、可被与粉骨事、

一　志賀群在々所々事、為其谷々、可被成催、不属山上所在之者、四至内可相属事、

右十五ケ条

この決議に基づいて三院集会事書が作成され、「退邪類於十方」せしめんことを座主宮より朝廷に奏達すると同時に、幕府に対しては管領を通じて「於洛中寺社警護者、早可被仰付侍所開等闔」きことが申し入れられた(金剛三昧院所蔵天文五年山徒集会議)。さらに、先の決議に見える諸寺諸社に対しても事書が牒送され、山門側の体勢が整った。七月二十二日に始まった合戦は、二十八日にいたって法華宗の二一ケ寺がことごとく焼亡して終わったが、法華宗関係者の多くは堺に逃れその末寺に避難した。本国寺は成就寺に、妙顕寺は妙法寺に、妙蓮寺は法華寺に、妙満寺は照光寺に移って本寺としたのである(辻善之助『日本仏教史』中世篇之四〔岩波書店、一九五〇年〕、西尾和美「『町衆』論再検討の試み」〔『日本史研究』二二九、一九八一年〕、今谷明『天文法華の乱』〔平凡社、一九八九年〕ほか)。(馬田)

**日蓮党衆僧幷びに集会の輩**(一三一頁6)　法華宗の僧侶および信者。「日蓮党」あるいは「日蓮衆」は、寺院ごとにまとまった信者達によって

構成されており、彼等は天文元年（一五三二）八月以来、集会を開いて京都の自治を行っていたとされる。

山科本願寺の焼き討ちに関して、青蓮院の経厚法印は「此口へハ京中ノ日蓮宗、所々尽員出張、上下京衆日蓮門徒ハ其寺々ニ所属了」と、上京・下京の日蓮門徒が寺に属するかたちで編成されていたことを記している（『経厚法印日記』天文元年八月二十三日条）。この日蓮衆はその後、京都周辺のみならず大坂まで出張しているが、同時に京都において自検断を行っていたこともわかる。「日蓮衆召籠人取云々、集会候間、（中略）火付候三人召取、則生涯候了」とあるように、放火人を召し取り、集会の決定に基づいて処刑を行っている（『言継卿記』天文二年二月十八日条）。集会については「法華宗諸檀方衆会衆、別而取権柄輩有之」とあり、「衆会」とも表現されているが（「座中天文記」）、同じ頃、二条北政所の乳母の子である伏見西方寺の僧が、日蓮宗立本寺衆によって捕らえられた。彼が一向宗の僧であることが関わっているようであるが、大炊御門家を通じた助命の工作にもかかわらず処刑されている（『実隆公記』同年二月十四〜十五日条）。三月に入っても「一向宗同意」の僧が殺害されており（「于恒宿禰記」同年三月二日条）、他宗、とりわけ一向宗とのつながりに注意が払われていたことがわかる。叡山大講堂における三院衆議において、法華宗が「対諸宗及狼藉」んだとされるのは（前掲「阿刀文書」三院衆議条々）こうしたことも含められていると考えられる（辻・西尾・今谷前掲のほか、河内将芳『中世京都の民衆と社会』思文閣出版、二〇〇〇年）。（馬田）





**国45**（一三五頁1）『門葉記』四九の「長日如意輪法」一の記事を抜粋した。底本は青蓮院蔵原本の写真版（大阪大学日本史研究室架蔵）を使用し、『大正蔵』図像部一一所載の『門葉記』四九を参考にした。（平）

**長日如意輪法記**（一三五頁2）「玄勝法印記」とも言う。道玄は正安三年（一三〇一）七月から後二条天皇のために長日如意輪法を始修したが、その壇所奉行を勤めた玄勝法印が、修法次第を記録したもの。奥書には「正安四年三月十日、為後日聊記之」とある。護持僧宣下から助修の手配、道場の設営、祈禱費用をめぐる国衙との交渉記事などを収める。なおこの修法は、乾元元年（一三〇二）十二月に道玄から公澄前大僧正に交代するまで続けられた（『門葉記』五三）。（平）

**護持僧**（一三五頁3）護持僧の制度は平安中期にまでさかのぼるが、後三条天皇もしくは堀河天皇の時に三壇御修法の体制が整えられ、中世的な護持僧体制が確立した。三壇は不動法・延命法・如意輪法の三法で、不動法を寺門が、延命法を東密が、如意輪法を山門が担当することが多い。またそれぞれに園城寺長吏・東寺一長者・延暦寺座主が任じられることが多かったが、一致しない場合もあり、それが宗派内紛争の原因ともなった。

「長日」の語の通り、一日三座ずつ毎日続けられるものであったため、最初の一七日祈禱以降は、護持僧本人ではなく手代(手替)によって修されることが多かった。天皇の即位の前後に、まず代始めの護持僧三名が選任されて、彼らによって三壇御修法が始修された。彼らは時に辞任して交代したが、この三壇御修法を担当する僧を正護持僧と言う。天皇在位中の護持僧交代には結願・巻数がないのが特徴である。

　こうした三名の正護持僧に対して、歳末御修法・除目御修法などの臨時祈禱を担当するのが副護持僧(加任護持僧)である。順徳院の『禁秘鈔』では護持僧が近年は六、七人となっているが、五、六人に抑えるべきだと述べている(『群書』二六—三八八頁)。南北朝時代までの護持僧に関しては、『門葉記』五三の「長日如意輪法」五に網羅されており、内閣文庫本「護持僧補任」(一九二函三六四号)も同内容である。なお中世では、天皇以外にも院・東宮・中宮や将軍・得宗などにも護持僧がいたが、史料的制約が大きくその実態は判然としない。湯之上隆「護持僧の成立と歴史的背景」(『日本中世の政治権力と仏教』思文閣出版、二〇〇一年)、堀裕「護持僧と天皇」(『日本国家の史的特質』古代・中世、思文閣出版、一九九七年)を参照。将軍護持僧については国36の「御祈禱の事」の項を参照。(平)

**二間夜居**(一三五頁4)『源氏物語』賢木では「くろききぬなど着て、よゐのそうのやうになり侍らむとすれば」とあり、『枕草子』一二四段にも「はづかしきもの(略)いざときよゐのそう」とみえる。

　なお鎌倉時代の三壇御修法は本坊で行うのが一般的だったが、長日延命法を担当する東寺一長者だけが「多候夜居」(『禁秘鈔』)じたらしい。ただし道玄の場合、後宇多天皇の信任が篤かったこともあり、弘安六年(一二八三)十月、同七年八月、同八年五月、八月と頻繁に内裏で長日如意輪法を実施した(『門葉記』一一九)。道玄の瀉瓶(しゃびょう)の弟子である慈道が正和四年(一三一五)二月に花園天皇護持僧として内裏で長日如意輪法を始修した際、『続史愚抄』同年同月二十七日条は

　自今日行長日如意輪法、抑古来須行宮中、因当親王移道場於禁中云、近曾道玄准后之外、無此事、

と記しており、かつては宮中で修法を実施したが、最近では道玄以外に例がなかったことがわかる。一般には「月一度なとは可参御加持也」(『門葉記』四九)とあるように、本坊で修法を行い、時に伴僧を引き連れて天皇の加持に参内した。また「凡為護持僧者、暴風雷雨之時、猶以馳参之条、先規也」(『門葉記』五〇)のように、天変地異や戦乱に際しては天皇護持のために参内している。(平・橋本)

**法性寺座主前大僧正**(一三五頁5)道玄(一二三七〜一三〇四)は正安二年(一三〇〇)二月に法性寺座主に還補され、翌年九月十日にそれを弟子の慈道親王に譲っているので(『門葉記』一一九)、本文史料(正安三年四月二十九日)の時点で、法性寺座主に在任中であったことが確認できる。

　亀山・後宇多・伏見・後二条天皇の四代護持僧を勤め、僧侶では仁和寺御室法助についで二人目の准后宣下を受けた。初名は最尋、後に道玄を名乗った。建長元年(一二四九)に一三歳で権少僧都、同三年に一身阿闍梨となり翌年に権大僧都に、同六年に法印、正嘉二年(一二五八)権僧正、翌年に権法務、文永十一年(一二七四)正僧正、建治三年(一二七七)に四一歳で大僧正となり、弘安五年(一二八二)牛車宣旨を受け、同九年には大僧正に還補され(初例)、嘉元元年(一三〇三)に御室以外で初の准后となった。

　道玄は五歳で梶井門跡の尊覚法親王に入室したが、それを改め宝治二年(一二四八)に最守僧正(松殿基房の子)のもとで出家した。最守はこの当時、天台座主・青蓮院門跡であった道覚法親王の側近として仕えており、翌年には道玄が道覚から受法を始めていることからすれば、実質的には道玄は道覚の弟子となったと言える。建長元年末に道覚は、①慈源(九条道家の子、道玄の叔父)を義絶して門跡を道玄に譲る、②道玄の成人までは最守が扶持せよ、と遺言した。

しかし朝廷はこの譲状を認めず、青蓮院門跡には慈源が就任し、慈源の失脚後は最守・尊助が青蓮院門跡を継いだ。建長七年に最守から十楽院門跡を相承し、以後ここを拠点に活動した。最守の没後、正嘉二年に青蓮院門跡尊助のもとに入室して補処(ふしょ)としての地位を固め、弘長元年(一二六一)には尊助から、①青蓮院門跡を道玄に譲るが一期の間は尊助が管領する、②道玄は一期の後に門跡を慈助(後嵯峨の子)に譲ることを誓約する、との条件で譲状を得た。ところが、文永五年梶井門徒と青蓮院門徒との衝突合戦で、幕府は座主尊助を解任するとともに、梶井・青蓮院門跡ともに没収して新座主慈禅に預けた。延暦寺の抗議で翌年二月、門跡は返付され、青蓮院門跡に道玄が坐ることになったが、ここでの行き違いが、後に道玄・慈助・慈道たちと尊助・慈実・慈玄・慈深・尊円らとの長く激しい門跡紛争の遠因となる。

建治二年十一月に梶井門跡の澄覚の跡を受けて天台座主となったが、梶井門徒との合戦が勃発し、幕府の意向で弘安元年四月、座主と門跡・正護持僧を辞して西山に籠居した。同五年、再び公請に従えとの亀山院の命で後宇多天皇の加任護持僧に復帰し、牛車宣旨を受けた。鎌倉山門派の中心人物たる源恵(将軍九条頼経の子)を厚遇し、さらに道潤・良斅(りょうこう)の師であるなど、鎌倉末期の鎌倉山門派の発展を背後から支えた。

護持僧については、まず弘長二年二月に亀山天皇の副護持僧となった。ついで、後宇多天皇の場合は文永四年の誕生祈禱から深く関わり、誕生後はその護持僧となり東宮護持僧を経て、即位とともに同十一年後宇多天皇の代始めの護持僧となった。しかし梶井門跡の澄覚が、天台座主であることを根拠に如意輪法の引き渡しを要求したため、道玄は病と称して護持僧を辞任した。建治二年十一月に道玄が座主に就任すると、後宇多天皇の正護持僧となったが、弘安元年の門跡没収で座主・青蓮院門跡を追われて籠居。公請に復帰した同五年二月に加任護持僧、十二月には正護持僧となりしばしば宮中で如意輪法を修した。護持僧の引き渡しを求める座主尊助の要求を拒んでいたが、同九年にそれを譲った。この他、後宇多に対しては在位中から密教を授法しているし、嘉元二年には、院護持僧として身命に代えて祈禱を行い、文字通りこの祈禱のなかで病没した。

伏見天皇については建治二年に東宮護持僧となり、即位後は正応元年(一二八八)七月に加任護持僧となった。そして同五年に園城寺の行昭僧正が正護持僧を辞退すると、その後任となって永仁三年(一二九五)八月まで長日不動法を勤修した。また伏見天皇の即位に際し、関白に即位灌頂を授けたことも重要である。

後二条天皇についても、東宮時代から護持僧を勤めており、正安三年の即位とともに代始めの護持僧となった。乾元元年(一三〇二)十二月に公澄前大僧正と交代している。

この他、正応二年には後深草院から長日仏眼法を依頼されており、後深草院護持僧であったようだし、また将軍として鎌倉に下った久明親王の祈禱も後深草から依頼されている。全般的には道玄は大覚寺統・持明院統の両統に対して奉仕をしているが、後宇多との濃密な関係もあって、どちらかと言えば大覚寺統に重きを置いていたとも言える。しかし、両統の枠を越えた仏教界の重鎮であったところに道玄の位置がある。平雅行「青蓮院の門跡相論と鎌倉幕府」(『延暦寺と中世社会』法蔵館、二〇〇四年)、同「鎌倉山門派の成立と展開」(『大阪大学大学院文学研究科紀要』四〇、二〇〇〇年)を参照。(平)

**長日如意輪法支度**(一三七頁1)　支度注文は一般に、寺官である行事僧と修法を行う阿闍梨との連署となっており、修法に必要な物品を列挙して依頼主に送付する。今回の支度注文は次の通りである。

注進

如意輪御修法七箇日支度

護摩壇一面〈方五尺、高一尺、可有炉桶〉

脇机二前〈長二尺、広一尺七寸、高一尺〉

燈台四本〈高三尺〉

礼版一脚〈方二尺一寸、高七寸、可有半畳〉
五宝〈黄金、白銀、真珠、瑟々、頗梨〉
五薬〈赤箭、人参、伏苓、石菖蒲、天門冬〉
五香〈沈香、白壇、丁子、鬱金、龍脳〉
五穀〈稲穀、大麦、小麦、菉豆、胡麻〉
牛蘇　　　木蜜
名香〈白壇、安悉、沈水、薫陸、鬱金〉
壇供〈如常〉　御明〈如常〉
芥子袋　　仏供覆
壇敷布一端　大幕一帖
浄衣七領〈白色〉
　承仕二人　駆使四人　見丁二人
　浄衣〈如常〉　人供等〈如常〉
右、依　綸旨、大略注進如件、
　正安三年五月十一日　行事法眼和尚位玄忠
　　阿闍梨前大僧正法印大和尚位道―(玄)
　　　　　　　　　　　　　　　　(平)

**雑具注文**(一三七頁2)　この時の雑具注文は次の通りである。
　如意輪法支度外雑具事
幔代　　懸革　　釘等
閼伽棚一基
桶三口〈此内足桶一口、各可有杓〉
長櫃一合
道場畳
　阿闍梨御座一枚
伴僧座三枚

一般に雑具注文は、年月日や送付者の名を記さない折紙形式の文書である。(平)

**御請書**(一三七頁3)　この時の請書は残っていないため、『門葉記』「長日如意輪法」二から、正和四年(一三一五)の慈道法親王への護持僧宣下と長日如意輪法請書、およびそれらに対する慈道の請文を次に示しておく。

被　綸言偁、可令候二間夜居之由、宜遣仰者
綸言如此、以此旨可令申入座主宮給、仍執達
如件、
　　二月十八日　　　　　　　左衛門佐資朝
謹上　大納言法印御房

長日如意輪法、自来廿七日可有御勤修之由、
天気所候也、以此旨、可令申入座主宮給、仍
執達如件、
　　二月廿日　　　　　　　　左衛門佐資朝
謹上　大納言法印御房
　追申
御支度忩可令進給候也、同可令申入給、

謹請
　綸旨
右、可令候二間夜居之由、謹所請如件、
　正和四年二月十八日　　　　慈道〈請文〉
長日如意輪法、自来廿七日可令勤修之由、謹
所請如件、
　　二月廿日　　　　　　　　慈道

一般に請書は門跡執事に宛てて送られるのが常態である(下坂守「中世門跡寺院の歴史的機能」『中世寺院社会の研究』思文閣出版、二〇〇一年)。(平)

**玄勝**(一三七頁4)　生没年不詳。公名は右衛門督。正応元年(一二八八)三月道玄の大僧正辞退の代わりに権律師に任じられ、永仁二年(一二九四)一月に道玄の祈禱の勧賞により権大僧都(『勘仲記』同年同月十四日条)となり、翌年に法印に叙された。青蓮院の道玄・慈道らに仕えた。本文史料の筆者で、今回の修法では壇所奉行を勤めている。これ以外に壇所奉行を勤仕した例としては、正安四年(一三〇二)八月の道潤座主による毎月北斗法、嘉元二年(一三〇四)八月の慈道による金輪法、応長二年(一三一二)正月の慈道の東宮(後醍醐)四季御修法開白の北斗法、正和五年(一三一六)慈厳の道玄一三回忌大成就院結縁灌頂、元応元年(一三一九)六月の慈道による遊義門院一三回忌曼陀羅供などがある。また正和四年二月に慈道が花園天皇護持僧となった時には、長日如意輪法の手代を勤めたし、正和五年・文保二年(一三一八)・元応二年には大成就院の恒例結縁灌頂で大阿闍梨を勤めている(『門葉記』五〇・一三〇・一三七など)。(平)

**経恵**(一三九頁1)　日野氏の出身で、勘解由小

路経光の子となり、養父の官位から中納言を公名とした。『勘仲記』の記主兼仲の義弟に当たる。禅恵法印から心性院を相承した。本願寺存覚の師でもある。正嘉元年(一二五七)に「不動供」を抄出し、文応元年(一二六〇)に大成就院結縁灌頂の讃衆を勤めたのを初見として、『門葉記』には数多くの事績が記録に残っている。また『門葉記』一二三・一三五などには「経恵僧正記」を収めている。正応三年(一二九〇)に法印、嘉元三年(一三〇五)に権僧正となった。弘安五年(一二八二)八月には源恵とともに道玄の七仏薬師法の伴僧を勤めたし、正安三年(一三〇一)道玄が正護持僧として長日如意輪法を始修した際には手代を、乾元二年(一三〇三)の昭訓門院お産祈禱では五壇法の降三世法阿闍梨を勤め、嘉元三年に慈道法親王が初めて大法の普賢延命法を修した時には護摩壇阿闍梨として若き慈道を補佐した。

その後、弟子の光恵とともに鎌倉に赴き徳治二年(一三〇七)一月に勝長寿院で武蔵守北条久時のために冥道供を行っているし、翌年十月二十一日には北条貞時の子・宮寿御前の病のため本坊で冥道供を行っている。同じ徳治二年一月に道潤が明王院北斗堂で祈禱を行っていることからすれば、経恵が勝長寿院別当の地位にあり、病の源恵に代わって道潤の補佐・指南役となっていた可能性が高い。なお弟子の光恵は三宝院賢俊の兄で、鎌倉で幕府祈禱に従事したのち、室町幕府に仕えて武家護持僧となっている(平雅行前掲「鎌倉山門派の成立と展開」)。(平)

**玄意**(一三九頁2)　生没年不詳、出身も不詳で公名は宰相。山門青蓮院の道玄・慈道の側近。弘安元年(一二七八)三月の道玄の仙洞尊勝陀羅尼供養で讃衆に参じたのが初見で、正和四年(一三一五)十月まで活動記録が見える。永仁元年(一二九三)八月の僧事で権大僧都となり(『親玄僧正日記』同年九月十五日条)、やがて法印権大僧都となった。道玄・慈助・道潤・慈道らの伴僧を盛んに勤めている。本文史料に近いところでは、正安三年(一三〇一)八月に道玄が愛宕坊で慈道親王に伝法灌頂を授けた際、経恵・玄勝・潤雅・賢宗らとともに讃衆として出仕している(『門葉記』一二三)。嘉元三年(一三〇五)から徳治二年(一三〇七)にかけて、六波羅蜜寺の燈油料所・美作国林田郷内の清正名および安寧院をめぐって法成寺執行厳基と交渉をしており、この頃に同寺別当であったことがわかる(『鎌』二二三一七・二二三〇五六・二二三〇五七号)。(平)

**隆勝**(一三九頁3)　公名は刑部卿。同時代に幕府祈禱に従事した醍醐寺報恩院の隆勝がいるが、そちらの公名は大納言。正安三年(一三〇一)道玄の長日如意輪法の伴僧に、権大僧都の官位で出仕した本文史料が初見。官位昇進の詳細は不明だが、元応二年(一三二〇)には法印、鎌倉最末期に僧正となる。道玄の瀉瓶の弟子である慈道法親王の側近で、嘉元二年(一三〇四)の五壇法、翌年の普賢延命法などで慈道の伴僧を勤めた。葛川とも関係が深く、元応二年には根本住人に准じて根本浪人一四人への課役を停止するよう、無動寺検校慈道に挙状を提出しているし、建武二年(一三三五)には後醍醐中宮御産のため葛川で不動洛叉念誦と八千枚護摩を行った。正安四年(一三〇二)八月に道潤座主が行った仙洞北斗法の伴僧を勤め、後に鎌倉に下向して嘉暦元年(一三二六)澄助の冥道供の伴僧となっている。建武政権期には先の建武二年御産祈禱のほか、閏十月には慈道が内裏で行った大熾盛光法の伴僧を勤めた。建武政権が崩壊した後の暦応元年(一三三八)十二月には尊道が尊円に入室するのに出仕した(平雅行前掲「鎌倉山門派の成立と展開」)。(平)

**潤雅**(一三九頁4)　活動記録の下限は嘉暦二年(一三二七)で官位は法印権大僧都。道玄・慈道の伴僧として多く出仕。『門葉記』一二六の正和五年(一三一六)の道玄一三回忌の大成就院結縁灌頂の記録から、公名が大納言であることが判明する。一方、勝尾寺文書によれば、徳治二年(一三〇七)四月に摂津国粟生の菩提寺別当職を相承した潤雅僧都の公名も大納言であり、同一人物と見てよかろう(『鎌』二二九五一・二二九五二号)。とすれば、正応元年(一二八八)八月に繁承阿闍梨が潤雅に同寺別当職の譲状を認めたのが潤雅の初見となる(『鎌』一六七四八号)。正和三年から嘉暦二

年まで、ほぼ連年、大成就院の恒例結縁灌頂に参じている(『門葉記』一三七)。(平)

**賢宗**(一三九頁5) 生没年不詳だが、初出は永仁元年(一二九三)、記録の最下限は正中二年(一三二五)、ともに大成就院恒例結縁灌頂の讃衆。正安元年(一二九九)頃に権律師、同四年正月の僧事で道玄の勧賞の譲りで権少僧都に補され(『任僧綱土代』〈『続群』四上―四〇九頁〉)、応長二年(一三一二)以前に権大僧都、正和五年(一三一六)に法印に叙された。慈玄・公什・道玄・慈道・澄助らの修法の伴僧を勤める。また正安二年に後深草院が公什から長講堂で伝法灌頂を受けた時には讃衆を勤仕したし(「仙洞灌頂記」〈『歴代残闕日記』一一―一七三頁〉)、徳治三年(一三〇八)八月に後二条天皇の病のための冷泉殿十壇閻魔天供で一壇を担当したが、天皇は間もなく没した(「内裏冷泉殿七壇閻魔天供記」〈国立歴史民俗博物館蔵田中穣氏旧蔵典籍古文書二五八〉)。(平)

**真勝**(一三九頁6) 生没年不詳。承仕・中間として『門葉記』に数多く登場。弘長元年(一二六一)尊助の如法経に出仕したのが初見で(巻八三)、文永九年(一二七二)・建治二年(一二七六)・正応四年(一二九一)・同六年には慈助の如法経や修法の承仕を勤めた(巻八四・一七・五)。道玄については本文史料のほか、弘安五年(一二八二)三月、八月の修法や乾元二年(一三〇三)・嘉元二年(一三〇四)の大法修法に参じている(巻四〇・一六・五)。さらに慈道法親王が文保二年(一三一八)九月に長日如意輪法を禁裏で開白した時にも、承仕を勤めている(巻五〇)。元亨三年(一三二三)の澄助の如法仏眼法への出仕が活動の下限であり(巻四七)、六〇年以上にわたって青蓮院の承仕として活動したことがわかる。(平)

**七ケ日**(一三九頁7) この時の助修は経恵法印権大僧都・玄意・玄勝・隆勝権大僧都・潤雅法眼・賢宗権律師の六名が担当した。なお一七日(いちしちにち)以後は、道場に次の結番次第が張り出され、四名一グループで一〇日ずつ交代で祈禱を継続している。

長日如意輪法助修結番〈次第不同〉

上旬
中納言法印　左衛門督法印
大納言僧都　兵部卿律師

中旬
宰相法印　二位大僧都
宰相僧都　大納言律師

下旬
兵部卿法印　刑部卿大僧都
大納言法眼　光恵阿闍梨

正安三年七月　日

この出典は『門葉記』四九「長日如意輪法」一。(平)

**国46**(一四一頁1) 『門葉記』四九の「長日如意輪法」一の記事を抜粋した。底本は青蓮院蔵原本の写真版(大阪大学日本史研究室架蔵)を使用し、『大正蔵』図像部一一所載の『阿葉記』四九の翻刻を参考にした。(平)

**長日如意輪法記**(一四一頁2) 本文史料で護持僧の関連史料をあげたが、これに関わる史料に内閣文庫本「護持僧補任」「護持僧記」がある。これは、『門葉記』「長日如意輪法」五・同六・同補一と同内容である。(平)

**大原二品親王**(一四一頁3) 尊助(一二一七～一二九〇)は、大原に本坊を持っていたため大原宮と呼ばれた。貞永元年(一二三二)尊性座主の元に入室し出家受戒。翌年公円前座主から伝法灌頂を受け、実助より仰木門跡を譲られる。その後、十数年、宗教活動が途絶えるが、建長四年(一二五二)に青蓮院門主となった最守僧正の元に改めて入室し(二六歳)、親王宣下を受ける。同六年最守の跡を受けて青蓮院門主となり、同七年に後深草天皇の加任護持僧に、さらに正元元年(一二五九)三月に天台座主・正護持僧となる。翌年、亀山天皇が即位すると引き続き正護持僧となり、牛車宣旨を受ける。弘長三年(一二六三)八月、西塔と横川の紛争で座主を辞任。文永四年(一二六七)七月に座主に還補され再び亀山天皇正護持僧となるが、翌年十二月梶井門徒と青蓮院門徒との合戦により、幕府の意向で座主を解任され青蓮院門跡も没収された。長らく北嵯峨坊に籠居していたが、建治三年(一二七七)再び梶井・青蓮院門徒の衝突合戦が起こって、翌年幕府の意向で道玄が座主・青蓮院門主を解任され、尊助が青蓮院門主に還補された。こうした経緯の中で、尊助は道玄・慈助を義絶して慈実を補処(ふしょ)に定める。弘安七年(一二八四)九月に天台座主となり同九年一月に青蓮院門主を慈実に譲り、六月に後宇多天皇の正護持僧となって長日如意輪法を始修。十月には四天王寺別当に補任されて座主を辞した。正応二年(一二八九)一月に二品に叙され、翌年二月に後深草院の出家の戒師を勤めた。同三月、出家戒師の勧賞で天台座主となったが(四度目)、同十月病で座主を辞し十二月に没した(『門葉記』一二九など)。平雅行前掲「青蓮院の門跡相論と鎌倉幕府」参照。(平)

**加任護持僧**(一四一頁4)　尊助は建長七年(一二五五)に加任護持僧となったが、ここから正護持僧となるまでの尊助の護持僧活動には、本文史料の同年十二月二十二日の歳末御修法の他に、次のものがある。同八年一月十五日の除目御修法(『門葉記』一二九)、正嘉元年(一二五七)十二月二十二日の公家歳末御修法(『門葉記』一五九)、同三年三月十四日の除目御修法(『門葉記』一二九)である。(平)

**歳末御修法**(一四一頁5)　建長七年(一二五五)十二月に尊助が行った歳末御修法は、助修は承兼法印ら二〇口、壇所奉行は実増僧都、行事僧は在円法眼の体制で実施された(『門葉記』一五九)。院・東宮・摂関家でも実施。(平)

**円源法印**(一四一頁6)　内大臣源通親の孫で大納言堀川通具の子。父の官途から公名は大納言。慈源・道覚・尊助に仕えた青蓮院門徒。宝治元年(一二四七)道覚の勧賞の譲りで法印に叙せられ、祇園別当となる。岡崎実乗院に住し建長八年(一二五六)に青蓮院忌日執事を勤めるとともに大僧都を辞した(『尊卑分脈』、『華頂要略』三二―一九八頁、『経俊卿記』同年六月十三日条、『門葉記』一三八・一七〇など)。(平)

**禅雅僧都**(一四一頁7)　権中納言源雅具の子で公名は中納言(『門葉記』六一)。尊助に仕えて助修・壇所奉行を勤めた。正元二年(一二六〇)尊助の勧賞の譲りで法印となり、文永五年(一二六八)尊助から伝法灌頂(重受カ)を受けた。無動寺別当となり、正応元年(一二八八)葛川行者の訴えで改易されたが、間もなく還補されている(『鎌』一六六六五号など)。徳治元年(一三〇六)大成就院の結縁灌頂大阿闍梨を勤めている(『門葉記』一三七)。(平)

**四月十五日に宣下**(一四三頁1)　本文史料は尊助への護持僧宣下を四月十五日とするが、『天台座主記』は尊覚の護持僧辞任と、尊助への護持僧宣下を四月二十五日とする。本文史料によれば、四月二十五日は長日如意輪法が始行された日である。『天台座主記』は護持僧宣下と如意輪法始行を混同したのであろう。(平)

**蔵人宮内大輔宗経**(一四三頁2)　藤原宗経は宝治二年(一二四八)宮内大輔、建長四年(一二五二)蔵人、康元二年(一二五七)宮内卿、文永元年(一二六四)非参議従三位、同九年に出家(『公卿補任』)。(平)

**南面の護摩堂**(一四三頁3)　本文史料にあるように、尊助は「南面の護摩堂」を道場にして、長日如意輪法を修した。ところで尊助は後深草天皇の譲位、亀山天皇の即位に際しても引き続き正護持僧を勤め、長日如意輪法を勤修したが、本文後掲の文応元年(一二六〇)四月二十七日の記事によれば、

　被始行如意輪法、道場熾盛光堂後戸東二間、
　如前々、

とある。以前と同様に「熾盛光堂後戸東二間」を道場にして如意輪法を勤めたとの記載から、これが本文史料の「南面の護摩堂」と一致することがわかる。実際、三条白川坊の熾盛光堂は南面しており、ここから熾盛光堂が「護摩堂」とも呼ばれたことがうかがえる。(平)

**覚季法眼**(一四三頁4)　宝治二年(一二四八)十月の道覚の禁中熾盛光法に坊官の一人として参列したのが初見で(『門葉記』四)、正元二年(一二六〇)正月の青蓮院朝拝では覚季の奉書で寺家所司や社官に出仕を命じている(『門葉記』一七四)。(平)

**仙洞の廻御修法**(一四五頁1)　室町幕府では廻祈禱と称して、一月尊星王法、二月金剛童子法、三月如法大般若法、四月八字文殊法、五月

仁王経法のように、足利義満の北山邸で毎月一七(いちしち)カ日ずつ異なった密教修法を行っていた(今谷明『室町の王権』七八頁、中公新書、一九九〇年、同『室町時代政治史論』一九〇頁、塙書房、二〇〇〇年、柳原敏昭「廻祈禱について」『東北中世史研究会会報』六、一九九三年)。この先駆となるのが、鎌倉時代に行われていた仙洞廻御修法である。その実態は明らかではないが、宝治元年(一二四七)に十楽院僧正最守に「仙洞廻御修法」の参勤を命じた請書は次の通りである(『大史』五―二一―二五八頁)。

被院宣偁、来月長日不動法、引率四口伴僧、
宜令参修給者、院宣如此、成俊恐惶謹言、
宝治元年六月廿四日　宮内少輔成俊〈奉〉
進上　十楽院僧正御房〈政所〉

本文史料では仙洞廻御修法の伴僧は四口で勤仕しているとあるが、ここでも「引率四口伴僧」とあり、一致する。なお最守は宝治二年三月、翌三年一月にも仙洞の廻御修法を勤修している(『門葉記』一一八)。また鎌倉幕府でも「長日愛染王護摩」(『親玄僧正日記』正応五年(一二九二)七月一日条、同六年十一月一日条など)が実施されていた。(平)

**熾盛光堂**(一四五頁2)　三条白川坊は青蓮院門跡に相伝されてきたが、元久二年(一二〇五)慈円はここを後鳥羽院に去り渡した。後鳥羽はそこに最勝四天王院を建立し、慈円は吉水に青蓮院本坊を移してそこに大懺法院を創建した。翌建永元年(一二〇六)には三間三面の熾盛光堂を造立して、大熾盛光法を勤修している。この熾盛光堂は大成就院とも呼ばれている。ところが承久元年(一二一九)に最勝四天王院が大火で焼亡し、翌年には吉水の大成就院も焼亡した。そこで最勝四天王院は五辻殿に移建されて跡地が慈円に返付された。そこで嘉禎三年(一二三七)慈源がその地に三条白川坊を造立し、青蓮院門跡の本所とした。その構成は熾盛光堂・懺法院・懺法堂・小御所・透中門・一五間対屋・一〇間対屋からなり、熾盛光堂が大成就院と呼ばれるなど、吉水坊の名跡がそのまま継承された。同年九月から慈円の追善を目的として大成就院結縁灌頂が恒例となり、懺法院で勤修される青蓮院忌日法要とともに、青蓮院門跡の最も重要な儀式となる。本文史料で尊助が長日如意輪法を行ったのは、この三条白川坊の熾盛光堂であった。なお青蓮院門跡における門跡争いもあって、三条白川坊は一四世紀になると「破壊之体、非言語之所及」といわれるまでに荒廃し(『門葉記』一七六―六三七頁)、門跡本所は十楽院に移った。藤井恵介『密教建築空間論』(二九九頁、中央公論美術出版、一九九八年)に三条白川坊の伽藍配置図を収載している。(平)

**壇供人供**(一四五頁3)　この時の例によれば、大の月の場合、(a)壇供は日別五斗で一カ月分で一五石であった。(b)人供は、①大阿闍梨が日別三斗で一カ月分で九石、②伴僧一口が日別一斗八升で、一カ月分六口で三二石四斗、③承仕一人の食料が日別一升八合で、一カ月分二人で一石八升、④駆使・見丁一人の食料が日別で一升二合で、一カ月分駆使四人見丁二人で二石一斗六升となり、合計するとほぼ六〇石(代銭二〇貫文)が計上されている(『門葉記』四九―四五七頁)。(平)

**顚倒の月は…同じ**(一四五頁4)　三壇御修法で成功を使った具体例に次のものがある。仁治元年(一二四〇)十二月三十日の僧事除書によれば、

(法眼)尊胤〈公家長日不動法功〉
(法橋)空暹〈公家長日延命法功〉
(法橋)宗承〈公家長日不動法功〉

とある(『平戸記』同日条)。三壇御修法のうちの長日不動法と長日延命法の費用を成功でまかなっている。(平)

**指燭の殿上人等…**(一五一頁1)　鎌倉時代後期から室町時代になると、殿上人が脂燭役を勤仕することを忌避するようになる。康正二年(一四五六)十月に実助が行った仏眼法の記録「如法仏眼法愚記」は、次のように記している(『門葉記』四七―四一八頁)。

近年非家礼者、不可取脂燭之由、殿上人堅申之云々、凡上古不論阿闍梨高下、大法阿闍梨御免之上者、殿上人可随役、雖然当世一切無

其儀之由、道玄准后御抄在之、上古以如此、況当時哉、先年門跡仏眼法御参勤之時、非家門家礼之殿上人者、不可取脂燭之由、自伝奏被執申之、雖然不可然之由、堅為門跡被申之間、其以後至去七月安鎮法両度者、無為殿上人取脂燭、門跡猶以如此及沙汰、

道玄の頃(鎌倉後期)から、家門家礼でない殿上人が脂燭役を勤めるのを拒否するようになったのに対し、それを認めない門跡側と軋轢が生じていた様子がうかがえる。(平)

**正元二年**(一五一頁2)　ここでの年紀の食い違いは、写本のミスではなく、本文史料筆者である尊円の誤解に起因している。その結果、次の項目でも年紀を一年誤っている。ちなみに、『門葉記』五一―四六九頁でも「後勘、正元二、十一、廿六譲位、件日如意輪法結願、被奏巻数云々、阿闍梨大原宮也、後深草天皇脱履、亀山院受禅也」とあり、年紀を誤っている。(平)

**巻数**(一五一頁3)　長日三壇御修法では一般に天皇が譲位した時のみ、護持僧の結願沙汰と巻数の奏聞が行われる。次に青蓮院尊道の巻数の雛形を挙げておく(『門葉記』五一「長日如意輪法」三)。

長日如意輪御修法所

奉念

大日如来真言十万三千九百反

護衛本尊真言〻〻〻〻〻〻〻〻

如意輪観音真言一百三万九千反

馬頭明王真言〻〻〻〻〻〻〻〻

延命菩薩真言〻〻〻〻〻〻〻〻

三部諸尊真言十万三千九百反

諸天曜宿真言〻〻〻〻〻〻〻〻

当壇護摩〻〻〻〻〻〻〻〻〻〻

有功成就〻〻〻〻〻〻〻〻〻〻

奉供

大壇供一千五十七ケ度

護摩供三千一百七十七ケ度

神供七十一ケ度

右、謹依　宣旨、自応安元年五月三日、至今年今月今日、幷一千五十七ケ日夜之間、七口僧綱大法師等、特致精誠、勤修上件教法、奉祈

金輪聖主玉体安穏、宝寿長遠之由、如件、仍勒行事謹　奏、

応安四年三月廿三日

阿闍梨座主尊｜(道)親王

尊道は青蓮院行玄の巻数を参考にしてこれを作成している。ただし行玄の場合、近衛天皇が譲位後五日目に没したことに尊道が気づき、不吉であるとして結局この巻数は奏聞しなかった(『門葉記』五一―四六九頁)。(平)

**新院**(一五一頁4)　尊助は正元元年(一二五九)と翌年の後深草院の歳末御修法を勤めており(『門葉記』一二九・一五九)、護持僧辞任後に院の護持僧となったようである。つまり尊助は後深草天皇から亀山天皇への譲位に際し、後深草天皇護持僧を辞任し、改めて亀山天皇護持僧と後深草院護持僧に補任された。(平)

**奉行人経業**(一五三頁1)　正嘉元年(一二五七)蔵人、二年に東宮学士、翌年の亀山天皇の受禅で学士を止め、建治元年(一二七五)非参議従三位(『公卿補任』)。(平)

**御本尊は新図**(一五三頁2)　一般に天皇が代替わりした時は三壇御修法の本尊絵像を新調する。図様には口伝があるため、行事僧が絵仏師に細かい注文をつけて作成させる。(平)

**七仏薬師法に御参**(一五三頁3)　弘長二年(一二六二)五月十日より尊助が東二条院御産の七仏薬師法を今出川殿で修した記録が『門葉記』一五に収載。御産祈禱と併修できるように、長日如意輪法もそちらに移したのだろう。(平)

**国47**(一五三頁4)　醍醐寺蔵。「醍醐寺文書」九三函一号、東京大学史料編纂所架蔵写真帳によった。同写真帳によると、法量は、一紙目が三二・一×五一・〇、二紙目が三二・一×五〇・二(以上、単位はセンチメートル)。なお『大古』醍醐寺四―六四二号は本文史料の写。(橋本)

**後冷泉天皇綸旨**(一五三頁5)　一般に綸旨は宿紙であるのに、本文史料は素紙である。この時代の綸旨は、宣旨で出される政務執行の場合よりも、むしろ天皇家々政の雑務処理に用いられ

た場合が多く、奉者が蔵人頭でない場合には料紙に素紙が用いられた。また、この頃の護持僧は公的なものというよりは、天皇個人にかかる私的な身辺の守護として扱われていた。この時期の『東寺長者補任』『天台座主記』などに護持僧就任の記録が求めがたい所以であろう。（橋本）

**国48**（一五五頁1） 醍醐寺蔵。「醍醐寺文書」九三函二号、東京大学史料編纂所架蔵写真帳によった。同写真帳によると、法量は三二・九×五一・二センチメートル。端裏書に「天承元年二月二日宣下」とある。（橋本）

**国49**（一五五頁2） 醍醐寺蔵。「醍醐寺文書」九三函三号、東京大学史料編纂所架蔵写真帳によった。国49・50ともに四紙の続紙で、天二、地一の墨界あり。紙継目裏に「醍醐寺」の印を斜めに押す。ともに同一筆跡で同一紙に記されており、同型の題籤を持つ。もともと一具とみてよい。国49には「御持僧夜居由来」の端裏書と、「護持僧由来」と記した題籤がある。国50は題籤の表に「護持僧作法」、裏に「徳治二年」と記す。国49・50の覆紙には

　護持僧作法　　一巻
　護持僧由来　　一巻

の表書あり。なお、護持僧文書案（「醍醐寺文書」二六函一六号（二））『大古』醍醐寺一一―二四八〇号）には、「旧記云」として国49冒頭の「護持僧事」から「中宮・春宮御祈僧ヲハ護持僧ト云ヘシ云々」を引用する。（橋本）

**護持僧由来記**（一五五頁3） 本奥書（国50）によれば、天承元年（一一三一）二月に護持僧として参仕した定海権少僧都が記したもの。その「祖師御自筆本」を徳治二年（一三〇七）に醍醐寺定位が書写している。

定海が口決を書きとめた本文史料は、『厚双紙』の出現とほぼ揆を一にしており、定海の弟子元海は口承口伝を旨とした教相・事相の「秘口伝」を切紙に抄記した最初の人物でもある。『厚双紙』がそれである。秘口相承であった護持僧の由来や作法を、このころから文章に書きあらわすようになったのであろう。全体に文章表現・表記が整然さを欠いているのも、このことと無関係ではない。真言宗の護持僧に関するこれらの史料は、教相・事相の両面からして不成熟の感は免れないが、十分知られていないこともあり、ここに採録した。（橋本）

**最初の御持僧**（一五五頁4） 本文史料は最初の護持僧を空海とするが、山門系の「護持僧補任〈青蓮院旧記録〉」（内閣文庫本）は

　延暦十六年四月日以内供奉十禅師最澄〈謚号、伝教大師〉、為公家護持僧、是元初也、

として、最澄を最初の護持僧とする。また国50では、東寺長者と天台座主の二人が毎晩護持僧として夜居を勤めた、と主張している。しかしこれらはいずれも歴史的事実とはいえない。堀裕によれば、護持僧の成立は清和天皇のころからで、「護持僧」の語が確認できるのは一一世紀前半であり、本文史料にみえるような仁海ら東密の主張は、護持僧補任における退勢を立て直すための言説であったとする（「護持僧と天皇」『日本国家の史的特質』古代・中世、思文閣出版、一九九七年）。（平）

**顕密兼学す…御持僧なり**（一五七頁1） 本文史料では天台座主を顕教僧とおとしめて、台密を無視する姿勢をとっているが、同様に、御斎会と後七日御修法になぞらえて、護持僧も顕密相並んで天皇を護持しているとの説明も、事実に反する。（平）

**金光明会**（一五七頁2） 「国王が正法をもって民衆を統治すれば国王は豊楽、諸天禅神が守護する」と説いている金光明最勝王経（一〇巻）の講説は、天武朝以来、護国の法会として全国的に行われた。それは天平十三年（七四一）の国分寺建立に際して、僧寺を「金光明四天王護国之寺」と名づけていることからも伺われる。なお、御斎会・最勝会・最勝講なども、金光明最勝王経に関わって設けられた法会である。（橋本）

**小野僧正伝**（一五七頁3） 小野僧正伝は『国書総目録』にも見当たらず不詳。ただし本文史料は護持僧作法記（国50）に引用の「小野古相伝」と同文。仁海については、白井優子「雨僧正仁海と空海入定伝記」（『空海伝説の形成と高野山』同

成社、一九八六年）、『仁海』（随心院、二〇〇五年）を参照。（橋本）

**大師御所持の…**（一五七頁4）　覚成『澤鈔』の後七日御修法「十四日御結願事」によれば、次のようにある（『大正蔵』七八―四二八頁）。

同夜、大阿闍梨為加持香水、被参内裏、著大師請来之衲衣、持嚢祖付属之五貼、兼又持水精念珠〈両達磨〉、若御物忌之時、被行南殿儀云々、多清冷殿儀也、

また『厚造紙』は

十四日夜参加持香水作法者、著大師御袈裟、並持御五貼水精念珠云云、大僧正云、於御袈裟者初度許可著用、於後後者可著私納依無便也、

として、空海の袈裟の着用は最初の時だけとする（『大正蔵』七八―二八四頁）。なお、『厚造紙』は『厚双紙』『厚草紙』とも表記するが、いずれも元海の同一著書である。（平）

**勝覚**（一五九頁1）　伝記については『五八代記』（『醍醐寺文化財研究所研究紀要』四、一九八二年）を参照。また上島享によって勝覚『護持僧作法』が紹介された（「日本中世の神観念と国土観」『日本中世社会の形成と王権』名古屋大学出版会、二〇一〇年）。これは勝覚が長治元年（一一〇四）と天仁二年（一一〇九）に「師」から伝受されたものの筆録である。上島はその「師」を鳥羽僧正範俊と推測している。上島の推測は妥当であると思われるが、本文史料では定海は師の勝覚の相承系譜に範俊を記載していない。この点、留意が必要である。（平）

**三衣**（一六一頁1）　僧が着用する袈裟は三種類あり、それは僧伽梨（そうぎゃり）と欝多羅僧（うったらそう）と安陀会（あんだえ）の三種類である。三衣は、一般に導師の分は箱に入れ、法会に臨む時に着用する儀式があるが、その他は袋に入れて持ち歩くことになっていた。（橋本）

**守護国界主経**（一六一頁2）　正式には『守護国界主陀羅尼経』、略して『守護国界主経』『守護経』ともいう。空海の入唐請来経等目録表の「新訳経」のなかに、「般若三蔵」の訳経として「守護国界主陀羅尼経一部十巻」を挙げている。そして空海は弘仁元年（八一〇）十月二十七日、嵯峨天皇に上表して、雄山寺（今の神護寺）において、仁王経および守護国界主陀羅尼経と大孔雀明王経の念誦をし、鎮護国家のために修法せんことを請うた（『性霊集』四）。

　奉為国家請修法表　一首

沙門空海言、空海幸沐先帝造雨、遠遊海西、儻得入灌頂道場、授一百余部金剛乗法門、其経也則仏之心肝、国之霊宝、是故大唐開元已来、一人三公親授灌頂、誦持観念、近安四海、遠求菩提、宮中則捨長生殿、為内道場、復毎七日令解念誦僧等、持念修行、城中城外、亦建鎮国念誦道場、仏国風範亦復如是、其所将来経法中、有仁王経・守護国界主経・仏母明王経等念誦法門、仏為国王特説此経、摧滅七難調和四時、護国護家安己安他、此道秘妙典也、空海雖得師授、未能練行、伏望奉為国家、率諸弟子等、於高雄山門、従来月一日起首、至于法力成就、且教且修、亦望於其中間不出住処、不被余妨、雖蜉蝣心体羊犬神識、此思此願、常策心馬、況復覆我載我、仁王之天地、開目開耳、聖帝之医王、欲報欲答罔極無際、伏乞昊天鑑察款誠之心、不任懇誠之至、謹詣闕奉表、陳請以聞、軽触威厳、伏深戦越、

　沙門空海、誠惶誠恐謹言、

弘仁元年十月廿七日　沙門空海上表

そして守護国界主経などの念誦の効能を説き、法力成就まで道場に籠もって修することを上表している。

なお『守護国界主陀羅尼経』一〇巻のうち、第九巻「陀羅尼功徳軌儀品」と第一〇巻「阿闍梨世主受記品」に、この経の中心とみなされた護国思想が説かれている。関連典籍としては『守護国界経釈』（『弘法大師全集』四）があり、小野塚幾澄「守護経と大日経との関係」（『豊山学報』七、一九六一年）、頼富本宏『中国密教の研究』（五四〜七一頁、大東出版社、一九七九年）を参照。（橋本）

**両説**（一六七頁1）　勝覚「伝受記」（『随心院聖

教」二函三五号一)では、「夜居之間、持香呂、不断煙、修諸神鎮座作法、廿一社之内、毎夜一社勧請之、密々祈念之」となっていて、一社ずつ勧請する立場をとる。また上島享が紹介した『華蔵院薄双紙』の「御持僧作法」(「随心院聖教」一六二函一六号四九)には、

次諸神法施

先大神宮、次八幡、次賀茂、次当番神、各心経七巻、各別小音ニ念珠ヲスル、

とある(上島前掲論文)。これまでの両説とは異なり、伊勢・八幡・賀茂と、残る二二社の「当番神」が毎晩勧請されている。(平)

**浄三業**(一六九頁1) 護身法では、まず浄三業で行者の三業を清浄にし、仏部・蓮華部・金剛部の各部に属する諸尊によって三業の加持を受け(三部三昧耶)、最後に慈悲心を甲冑のようにまとって身心を堅固に守護する(被甲護身)と観じて修法の成就を祈る。(平)

**宀一**(一七一頁1) 大和国室生寺では鎌倉中後期に宀一神道、室生山神道が展開した。もともと真言系の神道は、伊勢神道より始まり、その思想的根拠は、天照大神を胎蔵界の大日如来、豊受大神を金剛界の大日如来と考え、外宮・内宮の存在を、金・胎両部曼荼羅の諸仏と諸神の習合する所以を説く、両部神道より起った。

成立の基盤は、神道五部書を源流としている。この一書の成立は、平安時代末期から鎌倉時代の初期にかけてのものと言われているが、両部神道説の発生期も、これに等しい時代と考えられる。

両部神道の教相の書は空海に仮託されてきたが、今では鎌倉時代後期の成立といわれ、神祇諸灌頂の成立に預かって力のあった僧の手になるものとされている。したがって両部神道は鎌倉時代中期には、事相・教相をも含み、宗派的体系を成すに至って、この流派より三輪流神道が生まれた。両部神道の書で、年代のはっきりしている書には、文保二年(一三一八)の奥書を持つ、「三輪大明神縁起」と称される一本がある。これは時に叡尊が唱えた、天照大神と三輪明神同体説である。

この頃、両部神道と醍醐寺の関係を密にした動きをしたものに、通海の『参詣記』(上・下)がある。通海は、伊勢祭主であった大中臣隆通の子といい、法流的には醍醐寺住侶の権律師尊海の資であった。最初、伊勢の神域の大橋御園の蓮華寺の寺務をしていたが、通海はこの蓮華寺を大神宮法楽寺と改称した。現在でも醍醐寺と関係の深い、棚橋法楽寺がこれである。通海は、嘉元三(一三〇五)・四年頃に没したが、思想的には末法思想の克服を目指した。折から蒙古襲来とともにおこってきた当時の国家意識が、伊勢神道より起った両部神道に預かって力があったといわれる。これが公家の間にも行われた思想であったことは、藤原有房の『野守鏡』(永仁三年〔一二九五〕著)にもうかがえる。

こうした風潮のなかから両部神道の理論書『麗気記』が生まれた。そしてこの『麗気記』が、両部神道と弘法大師を結びつけた。まさに『麗気記』は伊勢神道に対して、密教神道の独自性を主張し、その組織化の原点となったともいえる。これが御流神道と称する流派であり、「嵯峨天皇が弘法大師の深意を得てつくられた」と伝承するが、実際には三輪流神道よりやや遅れる。大師流神道の成立は鎌倉時代の後期にあったといわれている。その根拠には、神祇灌頂血脈がある。

金沢文庫所蔵「金沢称名寺神祇灌頂血脈」は、天照大神に始まり、五五番・五六番に「サガノ天皇―弘法大師」が記され、七六番目の円海、七九番目の秀範まで続いている(『神奈川県史』資料編古代・中世三上、四六一五号)。灌頂そのものは、平安時代末より神祇灌頂・即位灌頂が行われ、それが鎌倉時代には御流灌頂に加わった。また伊勢灌頂の発達につれて、日本紀印信や和歌灌頂が出現し、さらに麗気記灌頂までもが、御流神道に加わっている。

就中、円海は弘安八年(一二八五)十一月に高円から伝法灌頂を受け、大和室生寺に住した。永仁二年頃、四天王寺勝曼院真尊から三宝流を受け、嘉元二年室生寺の忍空上人から、仁和寺御

流持明院方の附法を受けている。仁和寺御流(御室御流)の神道は、すべて嵯峨天皇より空海が相承したという血脈の表記がある。秀範は、正和三年(一三一四)頃室生寺円海の門に入った(『金沢文庫古文書』九)のち、文保元年かその翌年に、関東へ下向した。称名寺の剣阿は、この秀範から諸法を受けている。考えてみれば円海の段階で、宀一(室生)に大師流神道の組織化がはかられ、その中心が、ここにいう円海であったのではなかろうか。「宀一山秘記」(建長二年〔一二五〇〕、琴堂文庫本)の奥書によれば、鎌倉時代後期、室生寺の円海は伊勢における三宝院流の中心であった。

伊勢神道から発展してきた密教神道が、室生寺において再組織され、大師流神道の一派となって鎌倉時代後期に、宀一(室生)神道となった根拠に、弘法大師請来の仏舎利信仰がある。

空海は、恵果阿闍梨より能作性の如意宝珠を授かり、日本に帰ってからは、日本の最高の勝地といわれた室生の精進峰に埋めたといわれている。「二十五箇条御遺告」は東寺長者が如意宝珠を護持すべしと定めているが、その如意宝珠はこの宝珠のことであろうか。「室生山御舎利相伝縁起」として伝わる仏舎利相承縁起は、正安四年(乾元元、一三〇二)正月の跋を持っている。

神祇灌頂にあたって、その印信を授ける根拠となった紹文(書)は、今日まで横の大事、竪の大事といわれて、八〇通の印信の形で伝わっている。その中に「極」として「天照大神弘法大師肝要秘事」があるが、これは「二所皇大神宮麗気秘密灌頂印信」ともいわれる。

ここに説かれている、室生流神道が、あたかも、この護持僧作法の奥書に記す如く、鎌倉時代後期、元徳年間に再認識されたものであろう。(橋本)

**避蛇**(一七一頁2)　避蛇法および奥砂子平法については、藤巻和宏「宀一山と如意宝珠法をめぐる東密系口伝の展開」(『むろまち』五、二〇〇一年)を参照。(平)

**御即位の時も…**(一七一頁3)　大江匡房の『後三条院御即位記』(『群書』七―八一頁)には、内大臣源師房の発言として

三条院即位時、自小安殿端笏歩行云々、今度不然、主上此間結手、如大日如来即持拳印、

と紹介しており、後三条天皇が先例のように笏を持つのではなく、智拳印を結んで高御座にのぼったとしている。しかしこの印明を成尊が授けた点については、後世の記事しか存在しなかった。たとえば戦国時代の「即位灌頂印明由来事」(内閣文庫)は、

後三条院治暦四年七月廿一日即位之時、成尊法印〈仁海僧正弟子〉授申主上、仍着御高御座之時、令結｜｜印給之由、見匡房卿記、是濫觴也、

とあり、この智拳印は成尊が授けたものであると述べている。また『公衡公記』弘安十一年(一二八八)三月二十三日条でも、関白二条師忠が伏見天皇に即位灌頂を授けたことに関連して「此事後三条院御時、清(ママ)尊法印〈仁海弟子〉授申之、其後時々有此事、真言師秘事歟」と記している、本文史料は、成尊が後三条天皇に即位灌頂を授けたとする初見史料である。なお即位灌頂および四海領掌印については、上川通夫「中世の即位儀礼と仏教」(『日本中世仏教形成史論』校倉書房、二〇〇七年)、小川剛生「即位灌頂と摂関家」(『二条良基研究』笠間書院、二〇〇五年)、橋本政宣「即位灌頂と二条家」(『東京大学史料編纂所研究紀要』八・九、一九九九年)、松本郁代「中世の即位灌頂と「天皇」」(『中世王権と即位灌頂』森話社、二〇〇五年)、上島享前掲論文を参照。即位法は二条家との関わりが著名であるが、鷹司家出身の寺門僧による即位灌頂については、平雅行「鎌倉寺門派の成立と展開」(『大阪大学大学院文学研究科紀要』四九、二〇〇九年)を参照。(平)

**定位**(一七一頁4)　定位が伝領した『報物集』については、林文子「報物集」(『醍醐寺文化財研究所研究紀要』一四、一九九四年)を参照。また元亨二年(一三二二)九月五日に定聡の遺跡を譲る旨、定運と契状を結んでいる(「醍醐寺文書」二函九六号〔『大古』醍醐寺一―二六六号〕)。(平)

# 第二編 真言

## 第一章 東寺

**真1**（一七五頁1） 『類聚三代格』巻二所収。原本が現存しないため、尊経閣文庫本の影印（『類聚三代格』一、八木書店、二〇〇五年）により、校訂は国史大系本に従った。原本に本来あったはずの宛所・書止文言や弁官・史の署名は、『類聚三代格』編纂時の編集に際して略されている。なお『東寺長者補任』一（『続々群』二）に引用されているものもこれと同文である。『類聚三代格』からの引用であろう。（真木）

**太政官符**（一七五頁2） 本文史料は、後七日御修法の恒例勤修を勅許した承和元年（八三四）十二月二十九日太政官符である。後七日御修法は、毎年正月八日以降の七日間、玉体安穏・鎮護国家・五穀豊穣を祈る恒例の護国修法であり、古代～中世においては宮中真言院を道場とし、勅請方式で行われた。本文史料に基づき、翌年から後七日御修法が勤修されることとなる。この構想の基になった空海（七七四～八三五）上表の全貌は、『続日本後紀』承和元年十二月乙未条に見える（後掲「空海の表」の項参照）。真言宗僧団側では、王権との恒常的な接点として、ひときわこの後七日御修法を重視した。東寺長者がこの修法の大阿闍梨を担当し、修僧一四人（伴僧一三人と大行事一人）をはじめとする要員を率いて勤修した。仏供・油・僧供など必要物品は、国家的な調達によった。

道場となった宮中真言院は、内裏の西方、大極殿の西北の位置にあった。院内の南端中央に五間四面の壇所を構え、母屋東壁に胎蔵界曼荼羅、西壁に金剛界曼荼羅を掲げ、それぞれの前に大壇を併置し、一年交替で一方の大壇を当界壇とした。当界壇上には空海請来の仏舎利群を納める金剛宝塔を安置し、周囲を仏具類で荘厳し、壇の南脇には天皇の御衣を安置した。このほか、母屋北側には五大尊の画像を並べて供具をそなえ、西庇から北庇にかけて息災護摩壇・増益護摩壇・聖天壇を配置し、東庇には十二天の画像を並べて供具をそなえ、堂外南庭には神供所を置き、総じて多壇方式の道場荘厳を行った。

修法の内容に関しては、一二世紀以降に編纂された『御質抄』や『覚禅鈔』など後世の史料によれば、その概要は次のようであった。正月八日以降、毎日三座（初夜・後夜・日中）を七日間、合計二一座の勤修（ただし八日初夜開始の場合、十四日夜までに最終二座分を繰りあげて勤修）を基本構成とし、一座ごとに、まずは大阿闍梨が当界壇前で当界立ての供養法を行う。壇上安置の仏舎利に宝生如来の三昧耶形たる宝珠を観念的に重ね合わせて拝し、さらには大和国室生山にあるという如意宝珠もこれと一体視しながら修したとされる。

大阿闍梨の所作に続いて、伴僧たちが諸仏の真言念誦を行う中、伴僧のうち数輩がそれぞれ息災護摩供・増益護摩供・五大尊供を勤め、座によっては聖天供・十二天供・諸神供も加えて行った。念誦すべき諸仏は、仏眼・大日・薬師・延命・不動・吉祥天・一字金輪などであり、それら諸仏ごとの念誦回数は、七日間で数万～数十万回ずつにものぼった。

また毎日初夜と後夜の座ごとには、右の一連の修法を終えた後、天皇から預かった御衣に対して大阿闍梨が御衣加持を行った。さらに後半三日間（正月十二日～十四日）の九座分は、その場で加持香水も行い、最終日十四日に後七日御修法が結願すると、大阿闍梨は内裏へ移動し、天皇の御前でもこの加持香水を行った。この天皇御前の加持香水は、宮中御斎会の終了後に内裏で行われる内論義の直前に行われた。

このように、多壇方式の修法と真言念誦、そして玉体加持からなる後七日御修法は、九世紀に創始されて以来、時代の推移に対応しながら連綿と続けられた。しかし、一五世紀に一旦衰退期を迎え、康正元年（一四五五）の勤修の後、数年間中断する。その後、長禄四年（一四六〇）に内裏紫宸殿で行われたのを最後に、一六二年間もの中絶期を迎えた。

やがて近世になると、朝儀復興の流れの中、後七日御修法も元和九年(一六二三)に再興された。以来、江戸時代を通じて主に内裏紫宸殿を道場として勤修された。ところが近代に至り、明治四年(一八七一)九月の太政官布告によって宮中仏事が廃されることとなり、後七日御修法も同様に一旦廃止されるに至った。

なお、東寺灌頂院で現在行われている後七日御修法は、本来の勅請方式ではないが、明治十六年に御衣加持を伴う形で再興されたものである。以来、真言宗の僧団側主催にて毎年正月の勤修が続けられ、現在では古義新義諸派の協力によって行われている。(真木)

**空海の表**(一七五頁3)　本文史料には、後七日御修法創始の勅許を求めた空海の上表が部分的に引用されている。この空海上表の全貌については、『続日本後紀』承和元年(八三四)十二月乙未条に見える。

大僧都伝灯大法師位空海上奏曰、空海聞、如来説法有二種趣、一浅略趣、二秘密趣、言浅略趣者、諸経中長行偈頌是也、言秘密趣者、諸経中陀羅尼是也、浅略趣者、如大素本草等経論説病源分別薬性、陀羅尼秘法者、如依方合薬服食除病、若対病人、披談方経、無由療痾、必須当病合薬、依方服食、乃得消除病患、保持性命、然今所奉講最勝王経、但読其文、空談其義、不曽依法画像、結壇修行、雖聞演説甘露之美、恐闕嘗醍醐之味、伏乞、自今以後、一依経法、講経七日之間、特択解法僧二七人・沙弥二七人、別荘厳一室、陳列諸尊像、奠布供具、持誦真言、然則顕密二趣、契如来之本意、現当福聚、獲諸尊之悲願、勅、依請修之、永為恒例、

すなわち空海によれば、毎年正月八日から七日間に勤修されている宮中御斎会は、金光明最勝王経の「浅略趣」を読誦講説するにとどまるものであり、これでは鎮護国家の祈りに即効性がない。そこでかかる顕教法会と並行し、新たに同経の「秘密趣」をふまえた密教修法を勤修することによって鎮護国家の効力を増したい、と主張している。その方法としては、「解法僧」一四人と「沙弥」一四人の構成員で行い、一室の中に「諸尊像」を陳列して供具をそなえ、諸尊の真言念誦を行うものとしている。本文史料に抄出引用された文言は、右の後半に見える。

なお、この空海上表は『性霊集』九にも見えるが、この所収巻は佚文採録巻である。つまりこれは、その割注に「続日本紀第三巻有之」とあるように、右に引用した『続日本後紀』からの転載である。(真木)

**真2**(一七五頁4)　東寺蔵「東寺文書」六芸之部の楽乙一。延応元年(一二三九)宣陽門院庁寄進状とあわせて一巻に装訂されている。続紙二紙。表面には「太政官印」の朱印が三カ所(文頭一、文中一、文末一)捺印されている。翻刻に際しては上島有編著『東寺文書聚英』図版篇(同朋舎出版、一九八五年)所載の写真版を使用した。(真木)

**太政官牒**(一七五頁5)　本文史料は、東寺結縁灌頂会の勅請化を勅許した永久元年(一一一三)十月二十三日太政官牒である。この結果、それまで僧団側を主体としていた招請方式が勅請方式に改められ、その勤修には朝廷の上卿―参議―行事弁以下の官人と僧綱所が関与するようになった。また、この灌頂会の小灌頂阿闍梨の役を二年(両界)勤めた真言宗僧侶に対し、僧綱昇進の資格が付与されることとなった。

このような勤修方式と待遇は、長治元年(一一〇四)に創始された尊勝寺結縁灌頂会で始まり、本来これは密教界の三門派(東密・台密山門派・台密寺門派)によって担われていた。ところが、白河法皇の東密優遇措置に対する台密側の反発が激化したため、紛糾回避策として東密側を分離独立させることとなった(後述)。東寺結縁灌頂会が尊勝寺結縁灌頂会に準拠した待遇を得たのは、このことによる。

そもそも結縁灌頂とは、密教僧の師弟間で行われる伝法灌頂と異なり、広く一般の俗人たちにも参列受修が認められる灌頂儀礼である。平安～鎌倉時代の東寺では、毎年恒例の結縁灌頂

会が寺内の灌頂院で行われ、東寺長者がその大阿闍梨を勤めた。その創始は承和十年（八四三）に遡る。同年十一月十六日太政官符（『類聚三代格』二）には次のように見える。

太政官符
応為国家於東寺定真言宗伝法職位幷修結縁等灌頂事

右、得少僧都伝燈大法師位実恵牒偁、毗盧遮那包括万界、密印真契呑納衆経、唯其教宜有頓有漸、々謂声聞、小乗登壇学処、頓謂菩薩、大士灌頂法門、是詣極之夷途、為入仏之正位、頂謂頭頂、表大行之尊高、灌謂護持、明諸仏之護念、超昇出離、何莫由斯、所冀、毎載春秋二節、百花皆栄、草木結実、当厳浄香花以開覚眼、誘導有識以帰真境、夫於灌頂有結縁有伝法、結縁者謂随時競進者皆授之、伝法者謂簡人待器而方許之、（中略）若諸伝法者可他処結縁灌頂、更受執法者之許可、兼経宗俗別当、随宜令行者、大納言正三位兼行右近衛大将民部卿陸奥出羽按察使藤原朝臣良房宣、奉　勅依請、宜普告諸寺厳加捉搦、若有違犯者、一依養老六年七月十日格科罪、

承和十年十一月十六日

すなわち空海没後、その後継者たる実恵からの申請に基づき、伝法灌頂と結縁灌頂を東寺で修すべきことが太政官符によって定められた。このうち結縁灌頂については、毎年「春秋二節」とし、もしも東寺以外の場所で結縁灌頂を勤修する場合には、東寺長者や俗別当の許可が必要だったことがわかる。

この太政官符をうけて、翌十一年から春秋二季に結縁灌頂会が行われることとなり、その仏供料として宮内省から米や油の配分がなされることとなった。ところが、この大阿闍梨を勤める東寺長者の寺務繁多が問題となり、三年目にあたる同十三年には、春季の灌頂会を廃止してこれを灌頂修法の勤修にかえることとなった。こうして東寺結縁灌頂会は秋季のみの実施に改められた。

東寺結縁灌頂会の儀礼内容に関しては、初期段階のものは史料上判明しないが、一〇世紀以降の後世の史料によれば、その概要は次のようであった。まず当日の午後、東寺灌頂院の南側にある礼堂を道場として三昧耶戒の儀を行う。その後、夜間に同院の北側にある灌頂堂にて灌頂の儀を行う。このうち前者の授戒や後者の供養法を行うのは大阿闍梨たる東寺長者であり、そのほかの所役は大阿闍梨に従う色衆たちが分担した。灌頂の儀に際し、受者たちに対して印明伝授を行うのが小灌頂阿闍梨である。夜が明けると東寺の西院に参集し、そこで後朝儀礼を行った。

一方、上述の尊勝寺結縁灌頂については、平安時代末期に至り、白河上皇の院政下において創始された。その様子を伝える『中右記』長治元年（一一〇四）三月二十四日条には、次のように見える。

従今年限永代、毎年三月廿四日為式日、可被行結縁灌頂也、今年胎蔵、明年金剛界、以勤此両会小灌頂之人、准三会已講、任次第可被補僧綱者、最前二个年東寺、次二个年延暦寺、次二个年薗城寺、三个寺人輪転可勤此事云々、抑依有南北三会、顕宗学徒誠以競発、至真言道者漸欲陵遅之処、今始此会、可謂仏法之中興、誠是密教之繁昌之秋也、

つまりこれ以降、①毎年三月二十四日に尊勝寺結縁灌頂会が勤修されるようになった。②そこでは最初の二年を東寺（＝東密）に勤めさせ、次の二年を延暦寺に勤めさせ、さらに次の二年を園城寺に勤めさせるという輪番制が採用された。③諸役のうち小灌頂阿闍梨の役を二年勤めた已灌頂の僧侶に対しては、三会の講師を巡勤した已講と同様に、僧綱昇進資格を与える。以上のことが決定された。

ところが、天仁元年（一一〇八）の灌頂会が、白河法皇の意向によって東密の担当とされたことにより、園城寺と延暦寺がこれに反発して嗷訴が生じた。天永三年（一一一二）にも同様の嗷訴が生じてさらに紛糾した。こうした確執を回避するため、翌永久元年（一一一三）、ついに東密の勅請結縁灌頂を分離独立させることとなった。具体的に

は、東寺一長者寛助が鳥羽天皇の病気平癒のために行った孔雀経法に対する勧賞として、既存の東寺結縁灌頂会に、尊勝寺灌頂会と同様の待遇を付与することによって実現したのである。

こうして東寺結縁灌頂会が勅請化した結果、上述の通り、その勤修には朝廷の上卿—参議—行事弁以下の官人と僧綱所が関与するようになり、小灌頂阿闍梨の役僧に僧綱昇進権が付与された。このほか、色衆の構成や規模も大幅に改変された。これに伴い、東寺の機構再編も連動し、東寺定額僧の定員が一〇人分増設された。また、本来は九月十五日であった東寺結縁灌頂会の式日については、二年後の永久三年に、十月十三日と定められた。この宣旨のうち、綱所に宛てた弁官宣旨は次の通り(「東寺百合文書」こ函四号)。

権右中弁藤原朝臣伊通伝宣、権中納言源朝臣重資宣、奉　勅、東寺灌頂、宜仰綱所、以毎年十月十三日為式日、永令勤行者、

　永久三年十月七日　右大史中原(花押)奉

また、同内容で行事所に宛てた外記宣旨は次の通り(『東宝記(影印本)』四裏書)。

正三位行権中納言源朝臣重資宣、奉勅、東寺灌頂、以十月十三日、永可為式日之由、宜召仰行事所司者、

　永久三年十月八日　少外記中原親輔奉

ただしこの式日に関しては、次第に遵守されなくなり、日次定が別に行われるようになる。

以上、上川通夫「平安中後期の東寺」(『日本中世仏教形成史論』校倉書房、二〇〇七年)、栗本徳子「白河院と仁和寺」(『金沢文庫研究』二八六、一九九一年)、真木隆行「平安時代の東寺結縁灌頂会」(『山口大学文学会志』五四、二〇〇四年)参照。(真木)

**東寺文書**(一七五頁6)　東寺に伝来した史料群のうち、狭義の「東寺文書」の中核となる御影堂経蔵文書は、近世に同寺西院の霊宝蔵に移管されるまで、同院御影堂の内陣(御影堂経蔵)で厳重に管理されていた。近年では、御宸翰之部(八通、国宝・重要文化財を含む)、六芸之部(礼・楽甲・楽乙・射・御・書・数、五五五通、重要文化財)、千字文之部(天・地・玄・黄など、現存一九通)、五常之部(仁・義・礼・智・信、現存四五通)、幅之部(現存五通)、神泉苑之部(現存二通)などの一一の区分に整理され、全六九八通が東寺(東寺宝物館)に現蔵されている。これら狭義の「東寺文書」のほか、東寺には霊宝蔵や子院(観智院・宝菩提院)に伝わった文書も多数ある。なお同寺宝蔵に伝わった旧蔵文書群の「東寺百合文書」については、真9「東寺百合文書」の項参照。文書群全体に関しては、東寺(教王護国寺)宝物館編『東寺文書十万通の世界　時空を超えて』(同館、一九九七年)、上島有『東寺・東寺文書の研究』(思文閣出版、一九九八年)参照。(真木)

**寛助**(一七七頁1)　仁和寺成就院の寛助(一〇五七〜一一二五)は、白河院政期に活躍した密教僧である。後世、「法師関白」(『十訓抄』)、「法関白」(『尊卑分脈』)と謳われたことで知られる。宇多源氏の源師賢(蔵人頭左中弁)の子であり、仁和寺経範のもとに入室した。承保二年(一〇七五)に阿闍梨となり、承暦四年(一〇八〇)には仁和寺御室性信から伝法灌頂をうけた。やがて僧綱昇進を経て、長治二年(一一〇五)五月には東寺長者への加任を果たした(三長者)。

ちょうどその頃、性信についで仁和寺御室となっていた覚行法親王が同年十一月に没したため、その入室弟子であり実弟でもあった覚法(のち法親王)がその跡を継ぐも、いまだ年少ゆえ、寛助がこれを「扶持」することとなったとされる(『仁和寺御伝』)。天仁二年(一一〇九)には、この新御室の覚法に対して、ときに二長者・仁和寺別当の地位にあった寛助が伝法灌頂を授けた。この寛助が一長者に就任するのは、天永三年(一一一二)のことであり、本文史料の成立はその翌年にあたっている。

寛助の一長者就任期間は、天治二年(一一二五)に没するまでの一三年間に及ぶ。とりわけその過半となる約八年間は、一長者以下が不在であ

り、東寺長者は彼一人であった。ときに寛助は上述の通り仁和寺御室の師であり、その一長者就任期間においては、まさに彼が名実ともに真言宗僧団の頂点を極めていた。

しかも寛助は、真言宗の臨時祈禱の中でも最重要視されていた孔雀経法を頻繁に勤修しており(『東寺長者補任』嘉承二年〔一一〇七〕〜天治元年〔一一二四〕条ほか)、さらには北斗法を大規模化させた大北斗法を創始してこれを勤修したとされ(『覚禅鈔』)、天永四年の延暦寺・興福寺による嗷訴に際しては、その調伏のため大威徳法を勤修した(『東寺長者補任』同年条)。このように寛助は、白河院政下における王権護持スタッフの中で枢要の位置にあったと言える。

なお寛助に関しては、櫛田良洪『覚鑁の研究』(吉川弘文館、一九七五年)、槇道雄「法の関白と院政」(『院近臣の研究』続群書類従完成会、二〇〇一年)参照。(真木)

**今年九月二十二日奏状**(一七七頁2)　本文史料に引用された寛助の奏状については、『東寺要集』一に収載されている。その全貌は次の通り。

「結縁灌頂勧賞賀表等」

請特蒙　天恩因准傍例、依孔雀経御修法勧賞、以東寺恒例灌頂労歴二年、次第被補任

権律師職状

右、謹検案内、東寺灌頂者、承和聖代為鎮護国家所被始修也、(中略)望請　天恩、因准傍例、以東寺灌頂行勧賞、次第被補権律師職者、奉祈百歳千秋之御願、将令法久住之基趾者、仍勒事状謹解、

永久元年九月廿二日

権僧正法印大和尚位寛助

作者文章得業生資光

右の冒頭部分によれば、「孔雀経御修法」に効験のあった寛助が、その勧賞として東寺結縁灌頂会に尊勝寺なみの待遇を求めたことがわかる。また末尾部分によれば、この奏状の文面を起草したのが、ときの文章得業生の藤原資光であったことがわかる。その他のほとんどの部分は、本文史料に引用されている。

なお、『朝野群載』一六にも右の寛助奏状を収載するが、日付を「九月廿一日」とする。(真木)

**真3**(一七九頁1)　京都府立総合資料館蔵。「東寺文書」甲号外一八号(一)によった。天地三一・七センチメートル、横五四・四センチメートル。表面には「太政官印」の朱印が三カ所捺印されている。観智院金剛蔵聖教第六箱にこの文書の案文あり。(富田・真木)

**太政官牒**(一七九頁2)　本文史料は、東寺定額僧定員について一〇人分の増設を定めた永久元年(一一一三)十一月十九日の太政官牒である。

東寺結縁灌頂会は、同年十月二十三日の太政官牒(真2)により、尊勝寺灌頂会並みの待遇を得て勅請化されることとなった。その最初の実修は、同年十二月十七日である(『東寺長者補任』二)。本文史料によれば、東寺一長者の寛助が東寺定額僧定員の増設を申請したのは、この間の十一月であり、それは右の灌頂会の実修を直前に控えていたことと密接に関連する。

一長者寛助が東寺定額僧定員の増設を申請したのが十一月十六日、これを勅許する本文史料の太政官符は、三日後の同月十九日に発給されている。実はこの官符発給の前日にあたる同月十八日に、寛助は、既に右の勅許の内諾を得たためか、新定額僧候補者一〇人を太政官へ推挙、同月二十二日には、その申請通りに太政官牒での補任がなされている。その官牒は次の通り(『東寺長者補任』二)。

太政官牒　東寺

応加補定額僧拾口事

阿闍梨伝燈大法師位行暹〈年捌拾弐、﨟漆拾〉、真言宗東大寺、

阿闍梨伝燈大法師位兼成〈年伍拾漆、﨟肆拾伍〉、真言宗東大寺、

阿闍梨伝燈大法師位定覚〈年肆拾陸、﨟参拾伍〉、真言宗東大寺、

阿闍梨伝燈大法師位観恵〈年伍拾、﨟参拾伍〉、真言宗東大寺、

阿闍梨伝燈大法師位兼意〈年肆拾弐、﨟参拾伍〉、真言宗東大寺、

阿闍梨伝燈大法師位兼覚〈年肆拾陸、臈参拾弐〉、真言宗東大寺、
阿闍梨伝燈大法師位範覚〈年参拾弐、臈弐拾漆〉、真言宗東大寺、
阿闍梨伝燈大法師位永厳〈年肆拾、臈弐拾陸〉、真言宗東大寺、
阿闍梨伝燈大法師位寛信〈年参拾壱、臈拾玖〉、真言宗東大寺、
内供奉十禅師阿闍梨伝燈大法師位覚顕〈年弐拾参、臈拾伍〉、真言宗東大寺、
右、得権僧正法印大和尚位寛助今月十八日奏状偁、謹検案内、随申請被加置諸寺定額僧者、承前之例也、因玆、先日注子細奏聞公家、即依請者、今件禅侶、夏臈已長道法名瑩、然則以件等輩被加補定額者、弥仰宗家繁昌之朝恩、奉祈千秋之宝算者、正二位行大納言兼民部卿太皇大后宮大夫源朝臣俊明宣、奉勅依請者、寺宜承知、依宣行之、牒到准状、故牒、
　永久元年十一月廿二日
　　修理左宮城判官正五位下行左大史兼
　　算博士播磨介小槻宿禰(花押)牒
正四位下行権右中弁藤原朝臣

　こうして一〇人の東寺定額僧が新たに補任された。しかも彼らは、さっそく翌月十七日の東寺結縁灌頂会に色衆として参仕している(『東寺長者補任』三)。このように、彼らをさっそく灌頂会に出仕させるため、定額僧補任を急いだ様子が窺える。なおこの一〇人のうち兼意は、法勝寺・尊勝寺の供僧でもあった。また寛信は尊勝寺阿闍梨であった。すなわち彼らの多くは、尊勝寺結縁灌頂会に関係の深い僧侶と見られ、そのような僧侶たちが東寺に編入されたのである。

　そもそも東寺結縁灌頂会の色衆のうち持金剛衆の役は、東寺定額僧が総出で担うのが原則だったと見られるが、臨時的な支障に伴う寺役欠員の問題は避けられなかった。やがて正暦五年(九九四)に八人分の阿闍梨の定員枠が東寺に置かれ、長元九年(一〇三六)にさらに阿闍梨八人の追加がなされると、東寺定額僧を辞めて阿闍梨位のみを有する僧にも寺役を勤めさせるようになり、寺役の充足に対応させるようになっていた。しかし一二世紀初頭になると、権律師を「准定額僧」として補充する事例があったように(『東寺文書』御七)、阿闍梨を加えただけでは寺役欠員問題に対応しきれなくなっていた。

　一方、灌頂会の色衆のうち讃衆の役は、永久元年以前には、東寺の寺官たちと「末寺」枠の僧侶たちが二〇人ほどで担うものであった。しかし一一世紀末葉になると、讃衆としてのレベルの低さが問題視されるようになっており(『東要記』下)、その解決策も求められていたと見られる。

　永久元年に東寺結縁灌頂会が勅請による勤修に改められると、それに伴って色衆の構成とその選出母体にも変化が生じた。すなわちそれ以前の色衆の総数は四〇余人であったが、永久元年以降は三〇人の規模に限定された。しかもそのうち四口は寺外の威儀師・従儀師が勤めるため、残る色衆は一六人の持金剛衆と一〇人の讃衆に限られるようになる。そしてこの讃衆についても阿闍梨や定額僧が勤めるようになり、寺官や「末寺」枠の参仕が消滅する。以上の変化は、勅請化された灌頂会にふさわしい色衆のありかたが模索された上に、旧来の欠員問題の解消や質的向上がはかられたことによるものと考えられる。上川通夫「平安中後期の東寺」(『日本中世仏教形成史論』校倉書房、二〇〇七年)、真木隆行「中世東寺長者の成立」(『ヒストリア』一七四、二〇〇一年)、同「平安時代の東寺結縁灌頂会」(『山口大学文学会志』五四、二〇〇四年)、同「永久元年の真言宗阿闍梨と東寺定額僧」(『東寺文書と中世の諸相』思文閣出版、二〇一一年)参照。(真木)

**定額僧**(一七九頁3)　東寺定額僧定員については、当初、空海が構想した規模は五〇人であった。『類聚三代格』二所収、弘仁十四年(八二三)十月十日太政官符には次のように見える。
　太政官符
　　真言宗僧五十人

右被右大臣宣偁、奉 勅、件宗僧等、自今以
後、令住東寺、其宗学者、一依大毗盧遮那金
剛頂等二百余巻経、蘇悉地蘇婆呼根本部等一
百七十三巻律、金剛頂、菩提心、釈摩訶衍等
十一巻論等〈経論目録在別〉、若僧有闕者、以
受学一尊法有次第功業僧補之、若無僧者、令
伝法阿闍梨臨時度補之、道是密教、莫令他宗
僧雑任、

　弘仁十四年十月十日

すなわち東寺には五〇人の密教僧を置き、欠員が生じれば、密教の「一尊法」を受学し「次第功業」がある僧を補任補充せよとし、東寺における密教僧専住化の方針を定めた。さらにその一〇余年後に空海は、この方針を東寺の三綱に及ぼしている。『類聚三代格』二所収、承和元年(八三四)十二月二十四日太政官符には次のように見える。

　太政官符
　応以真言宗五十僧内充東寺三綱事、
右大僧都伝燈大法師位空海表偁、謹案太政官
去弘仁十四年十月十日符偁、右大臣宣、奉
勅、自今以後、真言宗僧五十人令住東寺、若
僧有闕者、以受学一尊法、有次第功業僧補
之、道是密教、莫令他宗僧雑住者、伏望、三
綱之外、鎮知事等一切省除、其三綱者、択五
十僧内充用者、従二位行大納言兼皇太子傅藤
原朝臣三守宣、奉
勅、依請、

　承和元年十二月廿四日

このように、東寺の三綱は東寺の五〇僧の中から選任することとなった。こうした東寺僧五〇人の組織がいつ二四人(狭義の定額僧二一人と三綱三人)の組織へと縮小したかについては、必ずしも判然としない。『東宝記』七「一、廿一口定額僧」の項によると、承和四年四月五日僧綱牒を載せ、この時、二四人の僧侶たちが本寺を改め東寺に入ることとなったとする。このように、『東宝記』は右の史料に注目しているが、武内孝善「泰範の生年をめぐる諸問題」(『弘法大師空海の研究』吉川弘文館、二〇〇六年)が明らかにしたように、この史料には不自然な点が多い。

　ただ少なくとも、一〇世紀頃に成立したと推定される「二十五箇条御遺告」の第一三条には、次のように二四人に関する規定が見える。

　一、東寺定供僧廿四口縁起第十三
夫以、件寺定供僧元注官符五十口、今奏定
廿四口、方今伺末代所有志、本願聖霊元庭
速崩未堪造畢、加之未入庄田正税等、寺大
料少、因以奏定、就中廿一口修学練行者、
三口即三綱造治雑預者也、是亦皆用浄行之
人、勿用員外人有犯之僧、但有工巧意操風
流可用修理造作荘厳仏事者、不求浄不浄、
置於非入寺之外権三綱、依之不得猥雑他家
穢僧等、阿闍梨耶得一悟千、

　つまり空海の構想として伝えるところによると、「寺大料少」のゆえに東寺僧の規模を五〇人から二四人へと縮小し、そのうち三綱を除く二一人を「修学練行者」としたという。また、同史料の第一四条では、「修学練行者」と三綱とをあわせて「廿四口定額僧」と呼び、後七日御修法の伴僧は前者の中から、行事一人は後者の三綱から選任するよう定めている。少なくとも一〇世紀段階においては、このような組織になっていたのであろう。

　この二四人のうち、三綱を除く二一人の「修学練行者」こそが狭義の東寺定額僧であり、史料上、「入寺」と呼ばれることも多い。この定額僧は、東寺からの推挙に基づき太政官牒によって補任され、後七日御修法の伴僧や東寺結縁灌頂会の持金剛衆ほか、寺内主要法会の修僧を勤めた。また、一〇世紀以降の実例によれば、彼らは大法師位の僧侶であり、上層は阿闍梨位を有するようになるが、彼らの中に僧綱官位を有する僧はいない。つまりそれは、僧綱昇進を果たすと定額僧職のほうを辞したためと考えられる。この狭義の東寺定額僧の組織が、本文史料によって一〇人分増設され、三一人の規模に拡大する。

　ところが鎌倉時代に入ると、こうした東寺定額僧の組織が次第に廃れ、他方で鎌倉時代中期

には、寺内に五人からなる新たな寺僧組織が発足する。これが東寺供僧の組織である。この新興の寺僧組織は、やがてさらに拡充を遂げ、かつての定額僧の組織にかわって東寺の中核的な寺僧組織となり、鎌倉時代末期には東寺廿一口方供僧として確立する。彼らの多くは僧綱の官位を有するも、僧正や東寺長者まで昇進することの稀な身分階層であった。つまりこの東寺廿一口方供僧は、かつての東寺定額僧とは似て非なる寺僧である。（真木）

**寛朝大僧正…申し加えられ**（一八一頁1）　東寺の阿闍梨は、平安時代を通じて大きく質的変貌を遂げた。そもそも阿闍梨は師範の意であるが、伝法灌頂に際して受者側に授けられる職位の意に転じ、これが密教独自の僧階となった。やがてこの職位が定員化し、寺院や院家ごとにその定員枠が設定されるようになると、その補任は伝法灌頂の受修と必ずしも連関しなくなり、所属寺院の供僧に准じた性格も加わる。しかもこの職位は、密教僧が僧綱の官位を得る前段階の地位となり、顕教僧の三会已講などとともに「有職」と呼ばれるようになる。

このように定員化される以前の阿闍梨位の起源は九世紀に遡る。空海の後継者である実恵の申請に基づき、承和十年（八四三）十一月十六日、次の太政官符によってその最初の原則が定められた（『類聚三代格』二）。

太政官符
　応為国家於東寺定真言宗伝法職位并修結縁等灌頂事
右、得少僧都伝燈大法師位実恵牒偁、（中略）夫於灌頂有結縁有伝法、結縁者謂随時競進者皆授之、伝法者謂簡人待器而方許之、若衆中有稟学両部大法及宗義并五種護摩法等、修練加行堪為師範者、先受阿闍梨位者、覆審試定、録其名簿、別当相署奏聞、然後待報答、令其宗長老阿闍梨於東寺授与伝法職位、凡物必有条貫、若無貫者乱墜、委令当時為法首者令行之、不聴輙爾他処授与伝法位、又受阿闍梨位及学一尊契之法師、准諸宗智者帳、明記其年臘及所居之寺并所学秘法等、加宗俗別当署、牒之所司、不載此牒之類、一切不聴私輙作法、（中略）者、大納言正三位兼行右近衛大将民部卿陸奥出羽按察使藤原朝臣良房宣、奉　勅依請、宜普告諸寺厳加捉搦、若有違犯者、一依養老六年七月十日格科罪、
　　承和十年十一月十六日

すなわち真言宗僧侶の中で「両部大法及宗義并五種護摩法等」を受学して加行を行った阿闍梨有資格者がいるならば、太政官の許可を得た上で、東寺長者が東寺で伝法灌頂を授けることによって阿闍梨位を授与するとある。こうして阿闍梨となった者は、「諸宗智者帳」に准じた名簿に記録され、その私的な修法に規制が加えられる対象となったこともわかる。

こうした初期の東寺阿闍梨は、主に東寺定額僧から昇任するものだったと考えられ、しかもこの段階では定員化されていなかった。ところが一〇世紀末期になると、東寺阿闍梨のありようが変化し、東寺でもその定員化が生じることとなる。正暦五年（九九四）、東寺一長者寛朝（九一六～九九八）が東寺に阿闍梨定員枠を設置するよう申請した際（『東寺要集』二）、その奏状の中で強く意識していたのは、ライバルの台密諸寺院に設定されていた阿闍梨の定員枠とその激増事実であった。この東寺阿闍梨定員化の申請は、翌長徳元年（九九五）にもなされており（『東寺要集』二）、それから程なくして八人分の定員枠が勅許されたと考えられる。さらに東寺では、長元九年（一〇三六）にも八人分の阿闍梨定員枠が増設され（『東寺要集』二）、この間の寛弘四年（一〇〇七）には仁和寺観音院に四人分の阿闍梨定員枠が設定されるなど（『東寺要集』二）、真言宗寺院においても阿闍梨の定員化が進展するようになった。

ただ、一一世紀中葉までの真言宗寺院ごとの阿闍梨定員数を比較すれば、東寺が一六人で最大であり、他の真言宗寺院はまだそれに及ばず、東寺の中核性はその意味においてかろうじて維持されていた。ところが、一一世紀末期以降になると、仁和寺の院家堂塔ごとに設置される阿闍梨定員枠の総計が莫大なものとなり、や

がて東寺のそれを遥かに凌駕するようになる。また、醍醐寺にもたくさんの阿闍梨定員枠が設置されてゆく。こうして真言宗全体、とりわけ仁和寺と醍醐寺の阿闍梨定員枠が肥大化する過程と反比例するかのように、東寺阿闍梨の有していた一宗僧団内部における中核性は、大きく後退することとなる。

　その後の東寺阿闍梨定員枠の増設経緯については、『東宝記』八などによれば、次の通り。

安元二年(一一七六)十月七日、西院五人。
建保四年(一二一六)十二月二十日、灌頂院一人。
嘉禄二年(一二二六)十一月三日、西院三人。
　(右、『東宝記』は安貞元年とするが、「東寺文書」書一所収太政官牒により修正)
寛喜二年(一二三〇)十二月以降、講堂三人。
延応元年(一二三九)五月九日、灌頂院一人。
寛元三年(一二四五)五月九日、金堂五人。
文保元年(一三一七)三月五日、西院三人。

以上、上川通夫「平安中後期の東寺」(『日本中世仏教形成史論』校倉書房、二〇〇七年)、堀裕「『門徒』にみる平安期社会集団と国家」(『日本史研究』三九八、一九九五年)、岡野浩二「僧官身分秩序の形成」(『平安時代の国家と寺院』塙書房、二〇〇九年)、真木隆行「中世東寺長者の成立」(『ヒストリア』一七四、二〇〇一年)参照。
(真木)

**真4**(一八一頁2)　東寺蔵「東寺文書」六芸之部、楽乙二。続紙三紙。翻刻に際しては上島有編著『東寺文書聚英』図版篇(同朋舎出版、一九八五年)所載の写真版を使用した。(真木)

**官宣旨**(一八一頁3)　本文史料は、東寺御影供の執事役を真言宗僧綱による巡役とした嘉禎二年(一二三六)八月二日官宣旨である。

　そもそも東寺御影供の「御影」とは、祖師空海の像を指し、御影供とはその前で勤修する報恩供養法会のことである。東寺では、空海の月忌にあたる毎月二十一日に、御影供が今日も西院で勤修されており、この西院御影供は鎌倉中期になって新たに創始されたものである。これとは別に、かつては灌頂院において、毎年三月二十一日の空海命日に御影供が行われていた。これが本文史料に見える灌頂院御影供である。

　東寺灌頂院御影供の起源は、さらに古く延喜十年(九一〇)に遡る。この年は空海入定後七五年目にあたり、東寺長者観賢によって創始された。この観賢の代には、三十帖策子をめぐる高野山との所在相論に決着がつくなど、真言宗僧団の中枢が東寺中心主義のもとに再統合されたことで知られている。祖師に対する報恩を主眼とする東寺灌頂院御影供も、そうした僧団結集の精神的紐帯の一つとして機能させるべく創始されたと考えられる。

　この灌頂院御影供は、東寺長者のうち一名が、胎蔵・金剛の両界いずれかの方式で毎年交互に行う供養法の大阿闍梨を勤め、他の修僧たちに片壇阿闍梨や導師・讃・祭文師を勤めさせて勤修した。この修僧は東寺定額僧を中心とし、平安中期以降には前定額僧の東寺阿闍梨も加えた約三〇人ほどを招請対象とするものであった(「東寺文書」楽乙八など)。

　儀式次第については、『東長儀』によれば次の通りであった。まず灌頂院の灌頂堂において、東寺長者(=当界阿闍梨)が当界壇の礼盤に着し、片壇阿闍梨が片壇の礼盤に着して前方便を行う。次に祭文師が別置正面の礼盤の前で祭文を読む。次に導師がその礼盤に着し、如来唄・表白・神分・仏名・教化を次第に執り行う。次に東寺長者=当界阿闍梨が五悔または九方便、そして勧請・五大願からなる唄礼を行い、次に前讃を経た後、普供養・三力の唄礼を終え、いよいよ空海をはじめとする祖師たちの御影を以下のように巡拝する。

　修僧たちは、まずは堂内西側壁面に描かれた金剛薩埵・龍猛・龍智・金剛智、そして北側壁面西隅に描かれた不空をそれぞれ巡拝する。ついで東側壁面に描かれた善無畏・一行・恵果、そして空海をそれぞれ巡拝する。最後に北側壁面に描かれた実恵・真雅・真紹もそれぞれ拝す。以上が終わると、後供養・後讃・普供養・祈願・礼仏・廻向・廻向方便を次第に執り行い、両壇から東寺長者と片壇阿闍梨とが復座して、灌頂堂における法会は一旦終了となる。

ひきつづき東寺長者と修僧たちは、灌頂堂の南隣の礼堂へ座を移す。ここで饗膳饗応を受け、捧物を受け取り退出する。

以上の経費については、康和四年(一一〇二)の灌頂院御影供菓子調進廻文(「東寺文書」楽乙八)によれば、仏供米・大堂供米を東寺長者が負担し、土器を凡僧別当が負担し、小甘子・粽・栗以下の「菓子」を東寺阿闍梨と東寺定額僧たちが負担することとなっていた。仁平二年(一一五二)の灌頂院御影供仏供料菓子等調進廻文(「東寺文書」楽乙八)によれば、仏供や菓子類は金剛峯寺・弘福寺以下の末寺と垂水庄などの東寺領に割り当てられている。両様の調達方式が併存していたのか、前者から後者へと変化したものか、いずれかであろう。

このほかの経費として、饗膳料や捧物料があり、これを勤めるのが執事役と呼ばれる。本文史料の嘉禎二年官宣旨以前に、この執事役を勤めていたのは、東寺定額僧たちであった。しかし輪番とはいえ、彼らはそのほかに安居講の執事役も輪番で勤めることとなっており、経済的負担は重かった。しかも東寺定額僧の組織は鎌倉時代に形骸化の一途をたどっていたため、なおさらであった。嘉禎二年の官宣旨によって、東寺灌頂院御影供の執事役が東寺定額僧の巡役から一宗僧綱の巡役へと改定されることとなったのは、東寺定額僧の負担軽減による寺内機構改革と、この東寺灌頂院御影供を通じた一宗規模の精神的紐帯の再編とを同時に志向するものだったと考えられる。

この御影供執事役の負担額については、例えば『東寺長者補任』延慶三年(一三一〇)条や正和元年(一三一二)条には「皆同百疋」とある。この場合は、出仕者全員に一〇〇疋(一貫文)ずつ支給できる総額を負担したということであろう。ただ、同史料の元応元年(一三一九)条には「一重代百疋・布代廿疋」、嘉暦二年(一三二七)条には「長座別当執行二百疋・三綱等百疋」、元弘二年(一三三二)条には「一重代百疋、今度於三綱者絹一疋各被引之、一疋別六十疋也、左道事也」、建武四年(一三三七)条には「当日無布施、但道場方幷御捧物等被沙汰進之」とあり、必ずしも一定していない。ただし総じて見れば、当該期の御影供の経費には「道場方」「御捧物」「布施」の別があり、とりわけ布施に関しては、修僧や執行に対して人別一〇〇~二〇〇疋(一~二貫文)の代銭、三綱に対しては一〇〇疋ないしそれ以下の代銭、以上を負担しなければならなかったようである。これらの総額を窺わせる史料としては、『東寺長者補任』建武五年条に次のように見える。

御影供行之、但無執事、仍闕如之間、臨期自武家三千疋被沙汰進、灌頂院西院八幡宮御捧物等百疋、色衣執行等五十疋、

この年の執事役が闕如となったかわりに、幕府から奉加を受けた銭の総額が、三〇〇〇疋＝三〇貫文であったことがわかる。また、享徳三年(一四五四)からは執事役が二名で分担されるようになる。その執事役について、『東寺長者補任』同年条によれば、「戒光院法印隆増〈上醍醐、歳八十、戒六十五〉、妙観院法印隆遍〈東寺、歳七十、戒六十〉勤之、各三千五百八十疋定之、可為毎年之儀之由、供僧中・寺務仁申定也」とある。つまり合計すれば、七一六〇疋＝七〇貫余の負担であったことになる。

以上から、執事役の僧には、数千疋(＝数十貫文)にものぼる多額の銭の負担が求められていたことがわかる。

その一方、この灌頂院御影供のほかに、本文史料の発給から四年を経た延応二年(一二四〇)三月二十一日、後白河法皇の皇女、宣陽門院の御願によって、上述した毎月二十一日の西院御影供が新たに創始される。こうして二つの御影供が東寺で並行してしばらく勤修されるようになったが、やがて中世後期になると、灌頂院御影供のほうは中断と再興を繰り返して衰退期を迎える。そして空海の七〇〇年忌にあたる天文三年(一五三四)以降、灌頂院御影供は、五〇年ごとに西院で行われる空海の遠忌(曼荼羅供)にその姿を改め、廃絶に至る。

以上、東寺灌頂院御影供や空海遠忌に関して

は、橋本初子「灌頂院御影供と僧綱の勅役」(『中世東寺と弘法大師信仰』思文閣出版、一九九〇年)参照。(真木)

**講堂安居の斎席**(一八三頁1)　東寺の安居については、『東宝記(影印本)』五によれば、

延暦十五年東寺草創以後、毎年修安居講経、聖朝歴代御願也、最初唯講讃最勝王経、平城天皇大同元年〈延暦廿五年也〉勅被加講仁王経、

とあり、延暦年間(七八二～八〇六)創始のようにみえる。しかし『日本後紀』弘仁四年(八一三)正月十九日条によれば、「於東西二寺始行坐夏、其布施供養准諸大寺例」とあり、実際には弘仁四年の創始と考えられる。いずれにせよ、『東宝記(影印本)』五によれば、当初の東寺安居は最勝王経講説のみであったが、空海の申請によって、天長二年(八二五)に守護国界主経の講説を加えることが勅許され、のち元慶五年(八八一)にはさらに法華経の講説が加わった様子がわかる。

『延喜式』治部省玄蕃寮4安居条には、東寺や南都七大寺を含む十五大寺の安居に関する規定がある。それによれば、安居は四月十五日～七月十五日、講師・読師・呪願・散花・唄からなる五人の僧と、三人の沙弥によって執り行われ、講説すべき経典については寺ごとに異なり、東寺では、法華経・最勝王経・仁王経・守護国界主経の講説がなされたことがわかる。

『東宝記(影印本)』五が引用する「源運記」によれば、東寺安居は四月十四日に開始とあり、東寺の講堂において東寺定額僧が講師を勤めるのが本来だが、実際には講代をたてて右の四経典を毎日講讃していたという。そして最終日は七月十四日とあり、この「安居終」においては、「一宗僧綱已灌頂入寺僧等皆参」して臨席する中、講代が講堂の高座に登り、中綱から選ばれた読師以下の法用僧とともに講説の儀が行われた。この後、諸僧は西院へ移動し、胎蔵界供養法を修した後、諸僧に饗膳と捧物がふるまわれた。西院における安居終の儀式次第の詳細については、『東長儀』に見える。ただし『東長儀』が記された段階では、「寺役僧綱」は講堂には臨席しなくなっていたようである。

一方、安居の経費調達に関しては、『延喜式』の規定によれば、他寺では本寺物を用いたのに対し、東寺と西寺においては、官家功徳封物を用いることになっていた。しかし右の『東宝記(影印本)』五「源運記」によれば、「毎日御仏供弁備之、件御仏供御明等、入寺僧順勤仕之、夏之初十四日有饗膳、安居頭人勤仕之也」とある。このように、仏供や燈明が東寺定額僧による「順勤仕」に変化している。これが執事役であろう。その成立は、おそらく官家功徳封物の退転によると考えられる。

この安居執事役は、本文史料から窺えるように、灌頂院御影供の執事役とあわせて東寺定額僧の准役とされ、この両役負担は過重となっていた。そこで本文史料により、灌頂院御影供の執事役のほうは僧綱の准役とし、東寺定額僧の負担から除外することとなった。鎌倉時代に東寺定額僧の組織が形骸化の一途をたどっていたことと考えあわせると、本文史料は、東寺定額僧の組織改革策の一環として見えてくる。

ところが、その後もなお東寺定額僧の組織と東寺安居の衰退に歯止めがかからなかったらしく、弘安八年(一二八五)には、次のような亀山上皇院宣が発せられている(『東宝記(影印本)』五)。

東寺定額僧無其人云々、早撰其人可令勤仕御願、且任被申請、或募巡労、或賞法器、三ケ年一度可被任権律師、永為恒規、宜励後昆者、院宣如此、仍執達如件、

弘安八二月十一日　権中納言具房

謹上　長者前大僧正御房

安居執事永宣旨律師事、院宣遣之候、尤可被納置当寺宝蔵之由、内々候也、恐々謹言、

同十一月廿四日　権律師教守

謹上　修理別当僧都御房

すなわち、東寺定額僧組織の形骸化に伴って東寺安居に支障が生じていたため、安居執事を勤めた東寺定額僧に対し、三年に一度、その労に応じて権律師に昇進させることとしたのであ

る。

ところが、既にこうした本来の定額僧とは別に、新興の供僧組織が一八口に達して発展期を迎えていた。東寺の寺僧組織の主軸はこの供僧組織へと移行しており、右のような永宣旨律師の特権付与は、有効な改革策とはなり得なかったようである。（真木）

**自門の交衆より**…（一八五頁１）　東寺御影供の執事役については、本文史料によって、僧綱官位を有する真言宗僧が輪番で勤めることとなった。さらにこの史料は、東寺御影供の執事役忌避への制裁についても定めており、さしたる理由なく執事役を勤めない僧侶に対して、公請を停止し、真言宗門徒としての交衆から追放すると規定している。

執事役忌避の実例としては、『東宝記（影印本）』五「一、依巡役闕怠、被放大師門徒例事」に、建治二年（一二七六）顕重法印の例、弘安五年（一二八二）厳豪以下の例、嘉元二年（一三〇四）豪遍の例、元亨四年（一三二四）道承僧正の例、元弘三年（一三三三）豪親僧正の例、康応二年（一三九〇）宣有僧正の例、以上六例がある。これらのうち、初見となる建治二年の例に関連して、次の亀山上皇院宣が同史料に引用されている。

東寺御影供事、顕重法印当其巡之上者、猶可懃仕之由、可被相催候、其上申子細者、早可被放門徒之由、院御気色所候也、仍執達如件、

建治二　二月十一日　中納言経俊

謹上　《道融大僧正》長者僧正御房〈顕重申子細問、任宗法印懃仕之〉

この年、執事役を勤めるべき顕重法印がそれに応じなかったため、東寺長者道融が亀山上皇にその旨を訴えたようである。右の院宣は、顕重がなお執事役に応じなければ、「門徒を放たるべし」と命じている。しかし結局のところ、この年の執事役は顕重法印ではなく任宗法印が替わりに勤めている。また、この六年後の弘安五年に執事役忌避問題が再燃した際、亀山上皇院宣には「任先例離門徒可相催次巡」と記されている（『東宝記（影印本）』五）。このことから、建治二年の執事役を勤めなかった顕重法印は、「放門徒」の処罰を受けていたことがわかる。

このように、東寺灌頂院御影供の執事役忌避に対する「放門徒」処罰は、東寺長者からの上奏に基づき、院宣ないし綸旨によってなされ、その代役は次巡の真言宗僧綱に対して命じられたのである。

一方、一旦「放門徒」処罰がなされた場合でも、のちに名誉回復がなされる場合もあった。橋本初子前掲「灌頂院御影供と僧綱の勅役」が明らかにしたところによれば、元亨四年に「放門徒」処罰を受けた道承僧正は、一五年後の暦応二年（一三三九）、かつての無沙汰の釈明をし、出雲国井尻保三分之二方地頭職を東寺に捧げ、仁和寺御室を介して寛宥を求めてきた。そこで広く真言宗の有力門跡・院家にわたる諸問がなされ、結果的には門徒としての「還入」が実現したと見られる。かかる「還入」の例として橋本は、貞治三年（一三六四）宋弁の例、応永十七年（一四一〇）昭賀の例も紹介している。（真木）

**後素の眸は**…（一八五頁２）　後素は「絵事後素」（『論語』）に通じる。絵が最後に素（＝白）を着色することによって完成するように、人格も礼を伴うことにより完成する意。また素は、御影供の本尊となる空海画像の眼の色にもかけている。すなわち、描かれた空海画像の目は動かないが、兜率天に入定中の空海は、我々の礼節の有無を見極めるという文意。（真木）

**真５**（一八七頁１）　東寺蔵の原本によった。「東寺文書」新出之部一四号。本文書は、東京大学史料編纂所の影写本ではヒ一〜三一にあり、本来は「東寺百合文書」ヒ函に伝わっていたものである。しかし一九六七年に京都府が「東寺百合文書」を一括購入した時点では、ヒ函内に不在。のちに東寺の寺内から再発見された。天地三三・六センチメートル、続紙二紙、総長一〇六・二センチメートル。端裏書に「綸旨両頭執事役事」とあるが、本文史料の内容とは合致しない。東寺（教王護国寺）宝物館編『東寺文書十万通の世界　時空を超えて』（同館、一九九七

年)、『東寺百合文書目録』の補遺と釈文」(『(京都府立総合)資料館紀要』二六、一九九八年)参照。(富田・真木)

**東寺供僧十五口補任状**(一八七頁2) 本文史料は、本来五口で構成されていた東寺の供僧を一〇口増設し、合計一五口の供僧について、その所属配置を諸堂ごとに定めた建長四年(一二五二)二月日東寺供僧十五口補任状である。

東寺にこのような供僧の組織が置かれたのは、延応二年(一二四〇)三月二十一日、東寺西院の御影供が発足したことと密接に関連する。この仏事は、後白河法皇の皇女、宣陽門院の御願として、東寺西院に安置された空海の木像の前で毎月二十一日に勤修されるものであり、他にこの御影堂では長日の尊勝陀羅尼や生身供、毎月晦日の舎利講など諸仏事も並行して行われることとなる。このような西院御影堂の諸仏事勤修組織として、まずは五口の供僧が置かれた。『東宝記』七によれば、権少僧都厳遍・権少僧都隆厳・権少僧都親杲・已灌頂円章・阿闍梨心海がこの最初の供僧に就任している。

右の供僧の組織は、一二年後の建長四年に至って、本文史料にあるように一五口の規模へと拡充されることとなる。彼らは、従来通り、西院御影堂の諸仏事を勤修し続ける一方で、各自が配属された五カ所の堂舎において、新たに長日行法をそれぞれ勤修するようにもなった。最上﨟の三口は講堂で供養法、金堂の三口は薬師供、灌頂院の三口は金剛界行法と胎蔵界行法、食堂の三口は千手供、西院不動堂の三口は不動供である(『東宝記』六)。これらの諸堂舎における長日行法は、一長者道乗からの奏聞を経て行われ、同年二月十四日の開白時には参議の平惟忠や院司の高階邦経が奉行として参列していることから(同右)、後嵯峨上皇―後深草天皇の御願として発足したと考えられる。こうして一五口供僧は、単なる西院諸仏事の勤修組織にとどまらず、東寺全体の諸仏事勤修組織へと質的変化を遂げた。

その後、東寺供僧の組織はさらに拡充の一途をたどる。弘長三年(一二六三)には独自に一口を増やし、鎮守八幡宮で八幡本地供を行うようになる。文永九年(一二七二)にはこの鎮守八幡宮供僧を二口増やして三口とし、三長斎月に最勝王経を転読することとなった。こうして供僧は一八口となり、後世「本供僧」と呼ばれる組織を構成する。さらに正和元年(一三一二)三月二十一日には、後宇多法皇の御願として西院御影堂に三口を増設し、長日金剛界行法を行うようになった。以上からなる二一口の供僧たちが、これ以降の寺家を代表する寺院組織を構成することとなるのである。網野善彦『中世東寺と東寺領荘園』(東京大学出版会、一九七八年)、横山和弘「鎌倉中・後期の東寺供僧と仁和寺御室」(『年報中世史研究』二六、二〇〇一年)参照。(真木)

**真6**(一九一頁1) 東寺蔵「東寺文書」御宸翰之部一。続紙二紙、末尾に二月十二日付の後宇多法皇書状の自筆案文が添状案として二紙貼り合わされており、計四紙からなる。翻刻に際しては上島有編著『東寺文書聚英』図版篇(同朋舎出版、一九八五年)所載の写真版を使用した。なお、東寺(教王護国寺)宝物館編『東寺文書十万通の世界　時空を超えて』(同館、一九九七年)参照。(真木)

**後宇多法皇東寺興隆条々事書**(一九一頁2) 本文史料は、徳治三年(一三〇八)正月に東寺で伝法灌頂をうけた後宇多法皇が、その直後に六カ条からなる東寺興隆策の実現を誓ったものである。

なお、本文史料の末尾には、次のような後宇多法皇の書状(控)が貼り合わされている。

灌頂無為果遂之条、生前本懐已満足畢、此上密教修行、弥可専鎮護国家之懇祈、且又武威安全長久運命、併不仮他力可抽丹誠之由、所思給也、

抑東寺興隆、於西院影前啓白条々案文如此、就之条々事書、又遣之、云当時遵行、云未来支証、殊載返事可被申候、今度加行之間、殊凝懇誠之間、有大師冥感之子細等哉、仍所令仰信也、条々無相違者、可為祈禱之最者乎、

二月十二日　(花押)

「東寺案」

右に「東寺興隆、於西院影前啓白条々案文如此」とあるのが本文史料のことを指すと考えられる。また、冒頭において、後宇多法皇が伝法灌頂を無事うけた感慨を記す点から、この書状が徳治三年のものだということが判明する。さらにここでは「武威安全長久運命」を祈り、「云当時遵行、云未来支証、殊載返事可被申候」という文脈から、この書状の宛先は鎌倉幕府だということが窺える。しかも筆跡が後宇多法皇の自筆であり、この書状の末尾に「東寺案」という追筆があることから、この書状が正文ではなく、後宇多法皇が東寺に残した控であったことが窺える。

　さて本文史料では、東寺興隆策が以下の六カ条にわたって記されている。まず第一条では東寺修学僧五〇人構想を示す。そのうち三〇人を東寺常住の学衆とし、残り二〇人を夏安居の期間に他寺から招き寄せようとするものである。第二条では、東寺に僧坊を建立する構想を示す。第三条では、東寺供僧を三口増やして二一口とする構想を示し、彼らの輪番によって御影堂の不断陀羅尼念誦を実施させようとした。第四条では寺辺所領の寄進、第五条では東寺修造料所の設定を約束している。そして第六条では、鎮守八幡社前で二季真言竪義を発足させ、これに合格した僧侶を登用して第一条で述べた修学僧とする構想を示している。さらに末尾においては、この修学僧五年の功労により、僧綱昇進資格を与える旨が記されている。

　右の諸構想のうち、いくつかは応長二年(一三一二)以降に実現していった。まず第一条に関連して、同年には七口の常住学衆が発足し、これが数年のうちに一六口まで拡大する。また第三条に関連して、同年に三口の供僧が西院御影堂に置かれ、廿一口方供僧の組織が確立する。さらに第四条にも関連して、翌正和二年(一三一三)までに山城国拝師庄や八条院町などが東寺に施入される(真7参照)。そして第五条に関連して、東寺修造料所の安芸国衙領では、正和四年に検注が行われ、元応元年(一三一九)には貞応年間以降の新立荘園を国衙領に戻す命令が下ることとなる。

　ところがその一方で、第一条をもう一度検討し直してみると、確かに東寺常住の学衆組織が発足するが、構想通りの三〇口の規模にまでは至らない。さらには第六条で示された登用制度や、末尾に示された僧綱昇進資格についても、やはりそれが実現した形跡が窺えない。

　このように、後宇多法皇が本文史料で提示した東寺興隆策は、その後実際に実現する側面もあるが、逆に実現しない側面も存在する。これらを総体としてどのように評価するか、検討の余地がある。(真木)

**真7**(一九五頁1)　東寺蔵「東寺文書」御宸翰之部二。続紙三紙。本文史料の案文は「東寺文書」御宸翰之部三などにあり。翻刻に際しては上島有編著『東寺文書聚英』図版篇(同朋舎出版、一九八五年)所載の写真版を使用した。(真木)

**後宇多法皇庄園敷地施入状**(一九五頁2)　本文史料は、後宇多法皇が山城国拝師庄・上桂庄・八条院町・播磨国矢野例名の四所領を東寺に寄せた正和二年(一三一三)十二月施入状である。

　この五年前の徳治三年(一三〇八)正月、東寺で伝法灌頂をうけた後宇多法皇は、その直後に六カ条からなる東寺興隆条々置文を記し、東寺興隆策を提示していた(真6参照)。これらの実現に向けて、後宇多法皇はその財源となる所領を次々と東寺に施入してゆく。その嚆矢となったのは、本文史料の前年における山城国拝師庄の施入であった。

　それまで拝師庄は、鳥羽法皇の御願寺であった安楽寿院の末寺、興善院の所領であり、八条院(鳥羽法皇の娘)領の中に包摂されていた。八条院領は、鎌倉時代後期になると大覚寺統に伝わり、後宇多法皇がこれを伝領した。後宇多法皇はこの中から拝師庄を選び、正和元年に発足させた東寺御影堂供僧三口の料所とし、同年に東寺に施入した。翌正和二年の本文史料では、右の施入事実を改めて確認し、さらに山城国上桂庄・八条院町・播磨国矢野例名を東寺に施入した。

山城国上桂庄(京都市右京区・西京区)は、かつて七条院(後白河天皇の妃、後鳥羽・後高倉両院の母)領であった。七条院領は、やがて修明門院(後鳥羽天皇の妻、順徳天皇の母)―善統親王(順徳天皇の子)を経て、後宇多法皇が伝領していた。

播磨国矢野例名(兵庫県相生市)は、矢野庄の例名方の意。矢野庄はかつて美福門院(鳥羽天皇の妻)領であり、娘の八条院に伝領された。この八条院領の伝領経緯は上述の通り。なお、亀山院が伝領していた頃、矢野庄の一部で別名と呼ばれる範囲が南禅寺に寄進されている。例名はこの残りの範囲であり、これが正和二年に東寺へ施入された。

山城国八条院町(京都市下京区・南区)は、八条院の御所や院庁など関連施設の跡地であり、やはりこれも八条院領であった。

以上のほか、後宇多法皇はさらに次の四段階にわたって東寺に所領を施入している。

①文保二年(一三一八)常陸国信太庄の施入

この信太庄も、矢野庄と同じく美福門院領を経て、八条院領となっていた荘園である。この荘園は、安嘉門院―亀山院―後宇多院と伝領し、東寺領となった。

②元応元年(一三一九)東寺修造料国安芸国衙領の回復拡大

安芸国の国衙領については、永仁五年(一二九七)以来、東寺の修造料国となっていた。ただしその管轄権(つまり国務)は、東寺が掌握していたわけではなく、東寺大勧進職に任ぜられた寺外の禅律僧の手にあった。この国衙領のうち、平田村・三田郷・井原村・高屋保は、鎌倉時代後期までに別納化され、国務の管轄外となっていたが、これらを国衙領として回復させることにより、東寺修造の経済基盤を拡大させている。

③元亨元年(一三二一)備前国豆田郷内荒沼の施入

豆田郷(岡山市西大寺松崎)は、建久二年(一一九一)五月十九日、西大寺領荘園注文(『鎌』五三四号)によれば、「豆田庄田畠五十七町」と見える。かつては西大寺領だったと見られるが、この段階で荘園としては「有名无実」とされている。その後の伝領過程については不詳だが、元亨元年十月九日の後宇多法皇院宣(『鎌』二七八七五号、「東寺百合文書」ヤ函一六号)によって、その海岸近くの荒沼が東寺領となった。

④元亨二年安芸国平田村・三田郷・高屋保の施入

上述したように、東寺修造料国の安芸国では、四カ所の別納所領を国衙領として復帰させていた。ところが元亨二年には、そのうち井原村を除く平田村・三田郷・高屋保の三カ所について、再び国衙領から切り離し、東寺勧学会の料所として東寺に施入している。(真木)

**真8**(一九七頁1) 東寺蔵「東寺文書」六芸之部、楽乙四。続紙七紙。表面には九カ所に「太政官印」の朱印がある。また、本文史料の中ほどの「信太」の語を含む行には、行頭に「信太庄事」と記す異筆付箋がある。翻刻に際しては上島有編著『東寺文書聚英』図版篇(同朋舎出版、一九八五年)所載の写真版を使用した。(真木)

**太政官牒**(一九七頁2) 本文史料は、後醍醐天皇が行った東寺への最勝光院執務職の施入をふまえ、これに基づく六カ条の東寺興隆策(①講堂行法の復興、②鎮守八幡宮神楽の復興、③鎮守八幡宮毎月理趣三昧の勅願化による励行、④灌頂院護摩堂における行法始修、⑤塔婆における行法始修、⑥西院における高倉院・建春門院追善理趣三昧の始修)を示したものである。

最勝光院は、承安二年(一一七二)に建立された建春門院(後白河法皇女御、高倉天皇母)の御願寺であり、多くの所領群を有していた。しかし嘉禄二年(一二二六)の火災を契機として衰退し、再建されぬまま、伽藍跡地とその所領群とが後醍醐天皇に伝領していた。最勝光院執務職とは、この伽藍跡地およびその所領群の管轄権を意味する。

最勝光院の所領については、正中二年(一三二五)三月の最勝光院荘園目録(『鎌』二九〇六九号)によれば、播磨国桑原庄・摂津国山辺庄・和泉国堺庄・備前国福岡庄・長田庄・備中国新見庄・讃岐国志度庄・周防国美和庄・肥前国松浦庄・

肥後国神倉庄・筑前国三原庄・越前国志比庄・出雲国大野庄・近江国湯次庄・桧物庄・遠江国原田庄・村櫛庄・信濃国塩田庄・常陸国成田庄・丹波国佐伯庄、以上二〇庄で構成されていた。もちろんそれらの所領はいずれも本家職であり、統治の実質のないものも含まれている。

　本文史料の太政官牒は、これらの所領を含む最勝光院執務職を後醍醐天皇が東寺に施入した事実に対し、公験を与えるものであった。では、後醍醐天皇が東寺にこれを実際に施入したのはいつだったのか。それを示唆する史料として、まず『東宝記（影印本）』七には次のように見える。

一　後醍醐院新補供僧

講堂六口供僧
後醍醐院御代、去正中二年〈乙丑〉正月一日、始行御願、其時供僧房俊僧正・亮禅僧正〈于時法印〉・教厳法印・頼宝法印・厳昌法印・成瑜大僧都也、
護摩供僧三口
同年補任之、了賢僧正〈于時法印〉・親海僧正〈于時権少僧都〉・弘縁法印〈于時権律師〉
以上、被寄附最勝光院執務職、被始置六ヶ御願之随一也、

すなわち、太政官牒に定められた六カ条の御願のうち、第一条に見える「講堂行法」と、第四条に見える「護摩行法」とが、既に前年正月一日から開始されていたことがわかる。しかも、同年二月八日には、次のような後醍醐天皇綸旨が発給されている（「東寺文書」御五、『東寺文書聚英』二一三号）。

「綸旨〈最勝光院御仏事於当寺可被行由事〉」
最勝光院御仏事等、於東寺可被令執行給之由、
天気候也、仍執達如件、
　二月八日　　左中弁資房
謹上　修理別当僧都御房

すなわち、六カ条の御願のうち、第六条に見える最勝光院仏事の東寺への移管が既にこの段階で命じられていたことがわかる。以上をふまえて、上島有「東寺と弘法大師信仰」（『東寺・東寺文書の研究』思文閣出版、一九九八年）は、最勝光院執務職の東寺への施入時期を正中二年正月一日と推定している。上述した最勝光院荘園目録が同年三月に作成されたのも、こうした最勝光院執務職の施入と密接に関係するのかもしれない。

　ところで、後醍醐天皇による倒幕計画が最初に発覚したのは、正中元年九月であった（正中の変）。彼はその失敗後も倒幕を断念せず、幕府調伏祈禱を行わせていた事実が七年後に発覚して元弘の変となる。後醍醐天皇が最勝光院執務職を東寺に施入し、「講堂行法」「護摩行法」を発足させたのは、まさにこの二つの変の間にあたる正中二年であった。最勝光院執務職の東寺への施入に、当時の政治情勢がどのようにかかわっていたか、検討の余地がある。

　一方、本文史料で特筆すべきは、続紙六枚にも及ぶ原本の長大さと、その字句の膨大さである。その要因は、この太政官牒が引用する東寺所司等奏状の字句が膨大だったことによる。

　この東寺所司等奏状は、正中二年十二月に記されたものであった。六カ条からなる東寺興隆策は、この奏状部分に含まれている。したがってこれらの興隆策は、後醍醐天皇の側から提示したというよりも、むしろ東寺の側から提示する興隆策の天皇御願化を求めたものと言える。

　しかもこの奏状の文脈で注目すべきは、朝廷と幕府との友好関係を殊更に強調するものとなっており、後醍醐天皇が水面下でなお抱き続けていたであろう倒幕構想とは矛盾する点である。本文史料の太政官牒は、このような東寺側からの奏状の内容を追認しているに過ぎず、後醍醐天皇の真意をこの史料から抽出するのは困難である。

　なお、右の太政官牒発給から四年を経た元徳二年（一三三〇）正月二十八日、さらに後醍醐天皇は鳥羽院の御願寺、宝荘厳院執務職を東寺に施入する（「東寺百合文書」イ函五一―一号）。この前

後の時期になると、百瀬今朝雄「元徳元年の『中宮御懐妊』」(『弘安書札礼の研究』東京大学出版会、二〇〇〇年)が明らかにしたように、後醍醐天皇による幕府調伏祈禱の噂が幕府関係者の間でも囁かれるようになる。後醍醐天皇の東寺興隆策の全貌については、このような当時の政治情勢との関係において再検討する必要があろう。(真木)

**教王護国寺**(一九七頁3)　東寺の寺号に関しては、「東寺」のほかに「教王護国寺」も使用されてきたことは周知の通りである。ただし中世までの史料で見る限り、「東寺」と記す事例のほうが圧倒的に多く、「教王護国寺」と記す事例は遥かに少ない。

「教王護国寺」号の史料上の初見は、空海の遺書に仮託して一〇世紀に成立したとされる「二十五箇条御遺告」である。その第五条「可号東寺教王護国之寺縁起」には、次のように記されている。

夫以、大唐恵果大師、奉勅青龍寺師師相伝、元名大官道場、然而大興善寺大阿闍梨耶、被勅為秘密之場、改号青龍寺、方今准彼、以東寺可号教王護国寺、額是既奉勅而已、宜可奏此由、

すなわち、空海の師の恵果が住した唐の青龍寺は、もと大官道場という官立寺院であった。この名が「青龍寺」に改められたのは、恵果の師の不空が皇帝の勅を受け、ここを密教寺院としたことによる。そこでこの故実にちなみ、東寺を「教王護国寺」と呼ぶべきである。勅額を賜るようその旨を奏上せよ、と述べている。

ところが、平安時代の史料においては、右の「御遺告」のほかに「教王護国寺」号の使用例が見あたらないことが知られている(佐和隆研『日本密教　その展開と美術』日本放送出版協会、一九六六年)。一方、鈴木良一「東寺と教王護国寺という寺名」(『日本歴史』三四八、一九七七年)は、右の「御遺告」の記事に続く「教王護国寺」号の所見について、鎌倉時代の天福元年(一二三三)十月、醍醐寺聖賢が著した寺誌「東寺事」(『日本彫刻史基礎資料集成　平安時代　重要作品篇一』中央公論美術出版、一九七三年)をあげ、ついで仁治元年(一二四〇)十一月十日の教王護国寺三綱等解をあげる。「教王護国寺」号の使用例が散見するようになるのは、これ以降のことである。

ところで、鎌倉時代の東寺がこの「教王護国寺」号を使用する事例は、自らの鎮護国家の威力を喧伝するような文脈を伴う場合が多い。とりわけそこでは、空海が東寺の講堂の仏像配置を「仁王経曼荼羅」にしたという指摘と関連づけられるようになる。ところが、「教王」という語については、上島有「古代・中世の東寺」(前掲『東寺・東寺文書の研究』所収)が、本来は『金剛頂経』の正式名称『金剛頂一切如来真実摂大乗現証大教王経』と関連するものだったと指摘し、『仁王経』と関連づけられることの多い「教王護国寺」の寺号認識に再検討をせまった。

確かに、東寺講堂の仏像群のうち中央の五仏配列は、『金剛頂経』に依拠している。それにもかかわらず、あえてその西側に立ち並ぶ五大明王像(仁王経曼荼羅)のほうに引きつけて、「教王護国寺」号を解説する認識は、平安時代の「御遺告」段階まで遡れないだろう。すなわち鎌倉時代に至って、「教王護国寺」号のうち「護国」という部分が一人歩きしはじめるとともに、護国修法の仁王経法と東寺の講堂との関係が意識され、結果的にその語義が読み替えられるに至った様子が窺える。(真木)

**弘仁官符に…**(二〇一頁1)　各地の寺院が有する寺院縁起の類には、必ずしも史実とは言えない情報が記される場合もある。ところが、逆にそのような史実の脚色がいつどのように加わったかを解明することによって、脚色が生じた時点での史実や時代背景にせまることも可能である。東寺に関して言えば、「二十五箇条御遺告」をはじめとする空海関連の神話的叙述は、まさにそのような意味での貴重な史料と言える。本文史料の正中三年(一三二六)太政官牒においても、そのような東寺の縁起に類する史料として、以下のA〜Eのような文言が引用されている点で

興味深い。
［A］まずは「弘仁官符」として引用された「以代々国王、為我寺壇越」以下の文言がある。すなわち、弘仁年間(八一〇〜八二四)のこの「官符」によって、代々の国王を東寺の檀越とするとした上で、この東寺が発展すれば天下が繁栄し、逆に荒廃させれば天下に大禍が生じるという呪詛文言を付している。内容は、東大寺に伝わる「聖武天皇勅書銅板裏銘」の文言(松島順正編『正倉院宝物銘文集成』二五一号、吉川弘文館、一九七八年)とよく似ている。これは一〇世紀段階の偽作と考えられていることとも考えあわせると(鈴木景二「聖武天皇勅書銅板と東大寺」『奈良史学』五、一九八七年)、この「弘仁官符」も同様に後世の偽作と考えられる。

この「弘仁官符」全体の写は、「東寺百合文書」て函一号に伝わるが、その筆跡は南北朝期に下る(久野修義「中世東大寺と聖武天皇」『仏教史学研究』三四—一、一九九一年)。従ってその初見史料は、承平二年(九三二)十月二十五日という日付を有する伊勢太神宮司解案となる。ところがこの文書は、勝山清次「東寺領伊勢国川合・大国庄とその文書」(『日本の宗教と文化』同朋舎出版、一九八九年)が明らかにしたように、一一世紀後半に改竄されたものであった。まさにこの改竄時の加筆文言の中に、この「弘仁官符」文言が含まれていたのである。このことから、実際の史料上の初見は一一世紀後半に下ることになる。おそらく東大寺の「聖武天皇勅書銅板裏銘」が一〇世紀に成立して以降、その文言に影響を受けて「弘仁官符」文言が成立した可能性が高い。

ただし、永仁四年(一二九六)十月、東寺現住供僧等連署申状案(『鎌』一九一七六号)が引用していたのは、この「弘仁官符」文言ではなく、むしろ東大寺の「聖武天皇勅書銅板裏銘」と同じ文言であった。このことから、この「弘仁官符」文言が成立した後、ただちに東寺でそれらが定着したわけではなかったことがわかる。

ところが一四世紀初頭になると、この「弘仁官符」文言が再び登場するようになる。例えば文保元年(一三一七)五月の東寺現住僧綱大法師等連署申状(『東寺文書聚英』一三〇号)に見えるように、この「弘仁官符」が後述の史料群とともに頻繁に引用されるようになる。

［B］右の「弘仁官符」に続いて本文史料では、「又(=弘仁官符)云」として、「東寺者遷都之始」以下の文言が引用されている。すなわち、同じく弘仁年間の「官符」によって、東寺における密教の発展を通じて鎮護国家の実現を求めたという文脈のようである。しかし文意は必ずしも明確ではなく、官符文言としてはあまりに稚拙である。やはり後世の偽作である可能性が高い。

この引用文言については、天福元年(一二三三)十月、醍醐寺聖賢が著した寺誌「東寺事」(前掲『日本彫刻史基礎資料集成　平安時代　重要作品篇一』)に所見がある。ここでは、『東寺長者補任』から引用した体裁をとっており、成立時期はさらに遡る可能性があるが、これが頻繁に引用されるようになるのは、やはり上述した文保元年五月の東寺申状以降である。

［C］続いて本文史料には、「天暦符」として、「教王護国寺者、仏法之目足」以下の文言が引用されている。すなわち、天暦年間(九四七〜九五七)の「符」によって、「教王護国寺」=東寺が日本の諸寺院の頂点に位置づけられたと断言する。文意のこのような極端さから考えれば、やはり後世の偽作と見なしてよいだろう。

この引用文言については、正和二年(一三一三)四月の醍醐寺初度陳状(大須観音宝生院大須文庫蔵)が「弘仁勅宣云、我朝以彼寺為最頂云々」と引用するのが初見である。つまり当初は、弘仁年間の勅宣として引用されていたのである。ところがその四年後になると、上述した文保元年五月の東寺申状では、同じ文言が「天暦勅」と呼びかえられ、その後はこの形が定着する。このことから正和年間は、右の引用文言が形成途上にあった様子が窺える。

［D］さらに本文史料には、「大札銘」として、「東寺是密教相応之勝地」以下の文言も引用され

ている。すなわち、この「大札銘」も「弘仁官符」と同様に、東寺の荒廃を未然に防がせるような呪詛文言を含んでいる。『東宝記』一では「大師記文」として引用されていることから、おそらく、空海の置文に仮託して後世に偽作されたものと考えられる。この文言については、正和二年〜同四年の間に作成されたと推定できる醍醐寺所司三綱等重事書(「東寺文書」追加之部三一号)が、その史料上の初見である。その後、上述した文保元年五月の申状には見えないが、少し下って、同年の後宇多法皇院庁下文(『東寺文書聚英』三四号)が引用する同年六月の東寺三綱等解状が、前掲史料群とともにこの文言を「弘法大師記文」として引用している。これ以降、この文言もやはり頻繁に引用されるようになる。

「E」最後に本文史料には、またもや「弘仁官符」として、「東寺破壊之時」以下の文言が引用されている。すなわち、弘仁年間の官符によって、東寺が破壊すれば、日本国中のあらゆる寺院を壊してでも修理せよ、という命令が下ったという。この文意も極端なものであり、やはり後世の偽作であろう。この文言の史料上の初見は、上述した文保元年五月の申状のようである。これ以降、やはりこの文言も頻繁に引用されるようになる。

以上、後世の偽作と考えられるA〜Eの文言については、それぞれ初見時期を異にするものの、鎌倉時代末期に至って集積され、列挙されるようになった点で興味深い。同時期には、後宇多法皇による東寺興隆策が展開するとともに、延暦寺や東大寺との確執が激化していた。こうした時代背景の中で、東寺の自尊意識が急激に高まっていった様子が窺える。真木隆行「鎌倉末期における東寺最頂の論理」(『東寺文書にみる中世社会』東京堂出版、一九九九年)参照。(真木)

**真9**(二〇九頁1)「東寺百合文書」せ函足利将軍家下文一号。京都府立総合資料館蔵。同館の写真帳によった。この文書の端裏書は「鎌倉大納言家消息」、また宛所に「三宝院賢俊僧正房」の押紙があるが、「仁和寺真光院成助」の誤りである。(富田・馬田)

**足利尊氏御内書**(二〇九頁2)　足利尊氏(一三〇五〜一三五八)は室町幕府初代将軍(在職期間は一三三八〜一三五八)。はじめ鎌倉幕府の有力御家人として幕府に仕えていたが、元弘三年(一三三三)後醍醐天皇の倒幕に荷担して六波羅探題を討って功績を挙げ、建武政権の重鎮となった。しかし、その後この政権に不満を抱く武士に担がれ建武三年(一三三六)に建武政権を倒して室町幕府を開設した。在職の前半は自身が武士の統率を任として、統治権的支配権は弟の直義に任せたが、直義の権門や嫡流武士に対する優遇策に不満をもつ庶流武士らに擁されて、直義と対立、観応三年(一三五二)これを討った。以後の幕府政治は嫡子の義詮にゆだねた。

御内書は室町幕府の将軍が出す直状の一つで、御判御教書が公式の手続きを経て出される文書であるのに対し、御内書は臨機に内々に出される便宜的な文書であった。内々であるだけに、将軍と親しい上流公家僧侶ないしは武士のみに与えられた。

足利尊氏は建武三年七月一日、後醍醐天皇との戦いに勝利することを願って、北条氏の旧領山城国久世上下庄の地頭職を放生会以下の経費に充てるために東寺に寄進した。寄進状の正本は不詳であるが、を函をはじめ数通の案文が東寺旧蔵文書に残されている(コ函四号、を函七号ほか)。その後、南北朝の内乱で西岡御家人の真板・久世氏らに当該荘の半済が給され、東寺の年貢収入に支障が生ずるようになった。そこで東寺の寺僧全体として幕府に訴え、本文史料を引き出したものと思われる。その内容は、東寺鎮守八幡宮に三〇口の供僧をおいて武家のために長日祈禱として不断大般若経転読と本地供を行い、以前寄付をした久世上下庄の年貢をもってこの経費に充てるように裁定をしたものである。さらに、三〇口の鎮守八幡宮供僧の選任基準として、廿一口供僧を主体として、これに学衆から八口を加え、なお足りないところは非供僧常住のうち臈次順に任命することを示し、久世庄年貢の使い道についても放生会のような恒例の経費を除いて、専ら不断大般若経転読と本地供に使用するように細かな指示を与え、暗に半済の停止を約束している。この御内書は十一月二日付の東寺長者御教書に副えられて東寺供僧の許に届けられた（「東寺百合文書」ヰ函三二号）。

当寺鎮守八幡宮不断大般若経転読供僧幷料所山城国久世上下庄間事、鎌倉大納言家消息如此、早可令存知給之旨、法務前大僧正御房所候也、仍執達如件、

　暦応二年十一月二日　　法印兼什〈奉〉

謹上　東寺供僧御中

また、この御内書に関連して、十月二十九日付の執事高師直奉書が東寺執行に出されている（「東寺文書」六芸之部数一一―三）。

東寺鎮守八幡宮領山城国久世上下庄当年乃貢〈除恒例社用〉事、不断勤行之供料也、早追去年始行之例、自去七月迄明年、可被支配一廻分、其内於四ヶ月分者、就先日勤修可令下行六口僧衆、至八ヶ月分者、向後人数治定之上者、可被省宛卅口浄侶之状、依仰執達如件、

　暦応二年十月廿九日　　武蔵守（花押）

東寺執行律師御房

この奉書は御内書の内容を確認するとともに、この年の七月から十一月まで長日祈禱を行った六人の供僧に去年の例に倣って供料を配分し、その後の八カ月分は新たな三〇口の供僧に配分するよう細かく指示を与えている。さらに十二月九日付の足利直義下知状をもって、ついに真板仲貞や久世弘経ら京都近郊の御家人らの半済を停止する決定を下している（「東寺文書」六芸之部射六―一）。

東寺八幡宮領山城国久世上下庄雑掌光信申

　去今両年々貢百四十石余事

右、当庄地頭職者、去建武三年七月一日、被寄附当社以降、為放生会以下厳重之料所、致長日御祈禱之処、下司公文等称半済、抑留神用之由、訴申之間、今年十一月十三日、仰金持三郎右衛門尉広信、遣召文之処、如執進公文広世・仲貞・下司広綱等請文者、半済事、建武三年七月十一日、為恩賞宛給之間、任御下文、致其沙汰候之上者、全無抑留儀云云、爰如広世等所帯御下文者、領家職之由所見也、為地頭職内、下司公文争可帯領家職半済御下文哉之由、雑掌雖申之、為軍陣義之間、非巨難之上、西京之甲乙人等、依有軍忠、本所進止之所帯等、猶以為武家之計、平均被宛行畢、適武家被官之広世等勲功之賞、輙叵改動歟、但為先日御寄進地之間、以後日御下文、軽顚倒神領之条、其［無ヵ］理之専一也、然則止当庄半済之儀、於抑留年貢者、任員数可令糺返、至広世等者、可宛給其替之状、下知如件、

　　暦応二年十二月九日

源朝臣（花押）

なお足利尊氏の花押をめぐる議論については、上島有『中世花押の謎を解く　足利将軍家とその花押』（山川出版社、二〇〇四年）を参照。（富田）

**東寺百合文書**（二〇九頁3）　教王護国寺（以下、東寺）に伝来した文書のうち、京都府立総合資料館に所蔵されるものをいう。五代目加賀藩主前田綱紀（松雲公）が寄進した一〇〇の桐箱に納められてきたことから、この名がある。ただし一〇〇函とされるが、実際には九四函で、それぞれの函に「イロハ…」「いろは…」の符号が付されており、片仮名の部はイ・ロ・ハ…セの四六函、平仮名はい・ろ・は…せ・す・京の四八函という構成であった。一九六七年に京都府が一括購入し、総合資料館によって整理が行われたが、その過程で再発見された引付類が「天地之部」とされた。国宝。平仮名の部は東京大学史料編纂所によって『大日本古文書　家わけ第十　東寺文書』として、片仮名の部は京都府立総合資料館によって『東寺百合文書』として刊行されている。

　ところで東寺百合文書は、江戸時代において幾度か大がかりな謄写事業が行われ、その写本

が伝えられている。松平定信による『東寺百合古文書(白河本)』(国立国会図書館蔵)、伴信友による『東寺古文零聚』(小浜市立図書館蔵)で、ほかに藤井貞幹本の系統に属するものとして『東寺文書(阿波国文庫)』(京都大学蔵)、『東寺文書』(内閣文庫蔵)、『東寺文書』(宮内庁書陵部蔵)がある。京都府立総合資料館編のものとしては、『東寺百合文書目録』一～五、『図録東寺百合文書』『続図録東寺百合文書』『続々図録東寺百合文書』『東寺百合文書にみる日本の中世』のほか、一九八四～二〇〇八年まで二三回にわたって開催された東寺百合文書展の図録がある。また文書全体に関しては上島有『東寺・東寺文書の研究』(思文閣出版、一九九八年)がある。(馬田)

**鎮守八幡宮**(二〇九頁4)　明治元年(一八六八)の焼失まで、僧形八幡像一体と女神像二体が神体として祀られていた。平成三年(一九九一)に本殿・拝殿が再建された。中近世の指図によれば、南大門のすぐ西北にあって、伽藍中軸線から西を向いて拝するようになっていたが、現在は灌頂院側からに変更されている(山岸常人「鎮守八幡宮　建築」東寺創建一千二百年記念出版編纂委員会編『新東寶記　東寺の歴史と美術』東京美術、一九九六年)。(富田)

**久世上下庄**(二〇九頁5)　鎌倉時代は北条氏の所領。鎌倉幕府滅亡後、闕所地として室町幕府の所領となり、建武三年(一三三六)七月一日、足利尊氏によって東寺に寄進された。久世庄については上島有『京郊庄園村落の研究』(塙書房、一九七〇年)をはじめとして研究は多いが、その概要については田中倫子「久世荘」(『講座日本荘園史七』近畿地方の荘園Ⅱ、吉川弘文館、一九九五年)、文献リストについては京都府立総合資料館編『東寺百合文書にみる日本の中世』(京都新聞社、一九九八年)参照。(馬田)

**真10**(二一一頁1)　東寺所蔵の「東寺文書」のうち「幅之部」に属す。懸幅状で法量は四一・〇×六一・五センチメートル。日下に徳川家康の黒印がある。「幅之部」は江戸時代中期に懸幅状に仕立てられた東寺什物で、明治二十年(一八八七)の目録によると六点からなっていた。しかしこのうち一点が昭和四十年(一九六五)前後に他出したため現在は五点。本文史料の他は、羽柴秀吉折紙(天正十三年〔一五八五〕十一月二十一日)・豊臣秀吉朱印状(天正十七年十二月朔日)・豊臣秀吉朱印状(天正十九年九月十三日)・徳川家康禁制(慶長五年〔一六〇〇〕九月十六日)と、いずれも中世寺院東寺が近世寺院へと転換して出発する際の基幹的文書がまとめられている。なお、本文や文書データについては、上島有編著『東寺文書聚英』図版篇(同朋舎出版、一九八五年)および上島有『東寺・東寺文書の研究』(思文閣出版、一九九八年)に多くを拠っている。(久野)

**徳川家康黒印状**(二一一頁2)　本文史料は徳川家康によって発せられた「勧学令」と称されるもので、東寺・高野山の相互交流による真言教学振興や、観智院聖教を書写し学問に役立てること、古跡の修学復興など、寺院法度の基調ともいえる教学奨励が強調されている。『大史』一二—六、慶長十四年(一六〇九)八月二十八日条には関連史料がまとめて掲載されており、本文史料と同日付で醍醐寺・高野山・関東真言宗古義諸寺らにも法度が出されたことがわかる。すなわち本文史料は、家康による真言宗寺院政策の一環であったといえる。家康の寺院法度は慶長六年高野山における学侶行人の分離を先駆けとして、後掲する元和元年(一六一五)の真言宗法度に至るが、本文史料は、その間に位置するものである。この法度発布のいきさつについては、つとに辻善之助『日本仏教史』近世篇之二(岩波書店、一九七〇年)が詳細な検討を加えている。辻は、この時家康の信任を得ていた高野山蓮華三昧院・遍照光院頼慶による積極的な働きかけを想定している。すなわち、この法度の背景には、高野山頼慶が、東寺長者・醍醐寺門主三宝院門跡義演に対して、真言宗内のヘゲモニーを獲得しようとした動きがあった。事実、『高野春秋編年輯録』一三「慶長十四年」の項には、

　秋八月廿八日、東寺醍醐山等江下賜勧学之御朱印、是頼慶春来抵駿城、時談真言宗立義

人法共衰微之旨趣也、且又被下置関東真言古義法談所九个条永格之御朱印、

と、頼慶が駿府城の家康のもとに赴いた事が記されている。この勧学令は高野山頼慶に付されたものであり、本文史料中に見える高野山の位置づけも、こうした発布のいきさつが反映されていると考えなければならない。

しかし、この後三宝院義演、さらに高野山でも宝性院政遍が頼慶との対決姿勢を強めて訴えを起こし、翌慶長十五年三月頼慶は敗訴。この結果、頼慶は家康から得ていた黒印を手放して蟄居し、この年十月十三日には死去する。

したがって本文史料の内容が、すべて実効性を持ったと見ることはできない。しかし個別の内容はともかく、すくなくとも教学興隆の強調や、さらには寺内諸衆のありかたについてまで指示する動きは一貫している。このように幕府という世俗権力が、寺内のありかたにまで深く介入してくるという事態は、中世的な寺院自治のあり方と大きく異なるものであった。

こうした幕府による対真言宗政策の一応の帰結を示すと思われるのが、元和元年の真言宗諸法度であった。以下にその内容を掲げる(「醍醐寺文書」三六函五号(一)〔『大史』一二―二二、元和元年七月二十四日条〕より)。

真言宗諸法度

一　従四度加行至授職潅頂、師資授法儀式、并衣体色浅深、可為如先規寺法事、

一　事相教相習学観心、尤可為専要事、

一　修法者護国利民之基也、仍密宗之建立、以之為肝心、弥可抽四海安寧之丹誠事、

一　破戒無慙之比丘、可令衆抜事、

一　諸末寺、相守本寺之法度、若有法流中絶儀者、不求他流、可糺自門濫觴、自由之企於在之者、寺領可改易事、

一　新儀之僧、積廿箇年学問之功、遂住山三ヶ年、其後帰国法談可為一会、但数年住山之仁、有教道器量之誉、任能化之許、可令常法談執行事、

一　於論席、徒誘能化企公事、妨学業事、甚以悪僧也、速可令擯出於其張本事、

一　於紫衣者、殊規模之事也、無勅許僧侶、叨不可着用之事、

一　延喜御宇、所贈賜野山大師之御衣、号桧皮色、或染香衣、或調紫衣、用赤色、然間於香衣者、非密家之棟梁有智之高僧公達者、曾不可着之事、

一　在国之僧、近年猥申下上人号、着用香衣、甚以無其謂、自今以後令停止訖、但有智者之誉輩者、各別之事、

右、可相守此旨、若違背之僧徒於有之者、可処配流者也、仍如件、

元和元年〈乙卯〉七月日　御朱印

(久野)

**真11**(二一三頁1)「東寺観智院金剛蔵聖教」一五〇箱七号。東寺蔵。京都府立総合資料館架蔵の写真帳によった。本文史料には「供僧中置文〈文永九年八月廿三日・弘安元年五月廿一日〉」の端裏書がある。また阿闍梨章遍に続く署名は以下の通りである。

幸遍／宗厳／尭遍／仲厳／能済／信海／已灌頂深兼／権律師行誉／長遍／重厳／権少僧都公厳／、、、／、、、祐遍／権大僧都房瑜／法印権大僧都厳盛／法印権大僧都能禅／法印教親

なお本文史料の後に、弘安元年(一二七八)五月二十一日付の十八口供僧評定引付が抄写されている。(馬田)

**庄々雑掌職**(二一三頁2)　一三世紀末の雑掌は、荘務権確保のための訴訟を展開しつつ、荘園支配を進めていくことが期待されていた。このうち荘園支配の職務については、納所に継承されることになる。真14「納所」の項参照。(馬田)

**供僧職**(二一三頁3)　『東宝記(影印本)』七の「延応以来供僧再興次第」では、次のように記されている。

正中三年三月十八日官符云、行遍僧正、去延応二年、歎御願之陵廃、致再興之負贔、始長日之行法、修毎月之影供、乃至、後深草院御代建長四年、被配置十五口供僧、於金堂・講

堂・食堂・灌頂院・西院等、各修行法、（中略）其後為亀山院　勅願、文永年中被置三口供僧、於鎮守被修本地法楽於長日、又於三長斎月、転読最勝王経、

延応二年（一二四〇）に長日行法と毎月御影供が再興され、建長四年（一二五二）に一五口の供僧が、文永年中にはもう三口の供僧が置かれたことがわかる。そのうち延応二年の再興については、撰者杲宝の意見として次のように記されている。

私云、延応二年三月廿一日、被始置五口供僧、其人者、権少僧都厳遍、隆厳、親杲、已灌頂圓章、阿闍梨心海也、此時未被始諸堂供養法、只於御影堂修三時勤行・御影供・舎利講計也、

すなわち御影堂で三時勤行を修し、毎月の御影供と舎利講を行うだけで、諸堂の供養法はいまだ始められていなかったというのである。

また一五口となった建長四年については、

建長三（マヽ）年二月十四日、加補十口、成十五口、講堂三口、法印権大僧都厳遍、寛耀、定位、金堂三口、権少僧都親杲、教親、能禅、灌頂院三口、権少僧都厳成、権律師圓章、阿闍梨重厳、食堂三口、阿闍梨信海、長遍、祐遍、西院三口、阿闍梨仲厳、行誉、房瑜、

とある（一五口の供僧補任の詳細については真5参照）。しかしもう三口については、

弘長三年、加補一口、於鎮守八幡宮、修長日行法、其人者、権少僧都実幸、
文永年中、加増二口、其人者、深兼〈于時已灌頂〉、能済〈于時阿闍梨〉、

とあり、弘長三年（一二六三）と文永年中の二度にわたって計三口の加増が行われた。これらの一八口が本供僧と呼ばれる。（馬田）

**故菩提院前大僧正**（一一三頁4）　行遍は北院御室守覚の執事別当であった三河法橋任尊の子。仁和寺菩提院行宴の弟子となり、その後、後高野御室道法によって灌頂を授けられた。建暦三年（一二一三）、道法の北斗法結願の賞譲によって権律師となる。この頃には宣陽門院とのつながりを持っていたと考えられ、承久二年（一二二〇）に女院が東寺・室生寺の仏舎利三粒を高野山奥院に施入した際には、行遍が使いに立った（『高野春秋編年輯録』）。その後、菩提院門跡となり、嘉禎二年（一二三六）東寺四長者、暦仁元年（一二三八）権僧正となり、さらに女院に灌頂を授けた賞として翌年には「供僧住寺供料」として大和国平野殿庄を寄進された。同年、御室道深より若狭国太良保預所職に任じられ（「東寺百合文書」り函一〇号）、延応元年（一二三九）十一月、歓喜寿院領太良庄として立券が行われた。さらに翌月には宣陽門院より伊予国弓削島庄が寄進され、行遍が預所として相伝知行することになった。初めて五口の供僧が補任され、西院御影堂において御影供が行われたのは、その翌年のことである。同年（＝仁治元年〔一二四〇〕）、先の太良庄が御室道深より東寺に寄進され、供僧供料庄とされた。

仁治二年四月、法務に補され、灌頂院において関白九条道家に灌頂を授けた。翌年七月、高野山奥院衆徒が伝法院に発向しこれを焼亡させる事件が起こったが、この当時、行遍は伝法院座主であった。翌年、東寺一長者厳海が事件の責任をとって辞任したため、同年三月の御影供は二長者行遍が執り行った。宝治二年（一二四八）三月、行遍は大僧正、一長者（寺務）、法務、さらに四月には護持僧にもなったが、一連の高野山と伝法院の騒動の責任を問われ、伝法院座主のほか一長者・法務を辞した。しかし宣陽門院の死後、後深草・亀山の母である大宮院の信任を得、建長六年（一二五四）、正元元年（一二五九）、弘長二年（一二六二）と、御産のたびごとに東寺西院において仏眼法を修した。正元二年正月に院の御所に掲げられた「年始凶事アリ、国土災難アリ」で始まる落書には、「東寺行遍アリ」と名指しされている（「正元二年院落書」〈『続群』三三上〉）。一方、東寺内においては、供僧との間で供僧供料荘として寄進された諸荘園の荘務権をめぐって対立を続け、文永元年（一二六四）十二月、日来の所労により没した。著書に『参語集』五巻がある。なお行遍については、網野善彦「菩提院行遍と供僧再興」（『中世東寺と東寺領荘園』東京大学出版会、一九七八年）および同「供僧の発展と仁和

寺善提院」(前掲書所収)が詳しい。(馬田)

**申し置かるるの素意**(二一三頁5)　先に掲げた『東宝記(影印本)』七「延応以来供僧再興次第」には、「歎御願之陵廃、致再興之負贔、始長日之行法、修毎月之影供」とあるが、自らの死に際して残された置文には、「庄々事、申下　官符、備永代亀鏡、不混寺家之本領等、不定伝領之仁、一向為見住新補之供僧供料之地、清廉輩可為庄務之仁之旨、定置了」とあって、現住の供僧が供料荘の荘務権を持つことが記されており(年月日未詳東寺供僧使者申詞案(「東寺百合文書」ヨ函二〇四号))、行遍が常住供僧による寺家の再興を目指していたことがわかる。(馬田)

**真12**(二一五頁1)　「東寺百合文書」な函六一号。京都府立総合資料館蔵。同館の写真帳によった。この事書には「□科事〈引付ニ可書案文〉」の端裏書がある。(馬田)

**湯**(二一五頁2)　左京九条一坊十坪(針小路~唐橋、櫛笥~壬生)に湯屋があった。弘安九年(一二八六)年三月十四日に焼失し、正和四年(一三一五)に再建されることになる。したがって応長元年(一三一一)段階ではまだ再建されてはいないが、既に正応二年(一二八九)四月には法印権大僧都房瑜が「自正応二年、至于未来際」るまで「宝篋印陀羅尼七反、光明真言百反、毎沐浴時可勤行」として釜一口を大湯屋に施入しており(「東寺百合文書」ト函一五号)、なんらかの方法で湯がたてられていたことがわかる。

先の釜の寄進の後、徳治元年(一三〇六)には、湯経営の「頭役」について供僧および御影堂の三聖人が巡役として勤め、供僧の頭役の順は臈次に従って結番することが定められている(嘉元四年(一三〇六)供僧方評定引付(「東寺百合文書」ラ函九号))。さらに正和二年に本・新の供僧がそろった段階で、本・新供僧ともに巡役として勤めることが確認されている(真13)。こうした運営方法の整備と平行して湯の費用を負担する料田の確保が進められる。御影堂に配された供僧の一人であった仲厳から永仁七年(一二九九)に寄進された梅小路烏丸の地が「湯田」とされたのをはじめとして、湯料田の寄進が行われる。また東寺領荘園の所職や寺内の所職としても湯料を負担する体制が作られる。なお東寺の湯については首藤善樹「中世東寺の湯結番について」(『日本の社会と宗教』同朋社、一九八一年)、橋本初子「大師信仰と東寺の湯」(『中世東寺と弘法大師信仰』思文閣出版、一九九〇年)参照。(馬田)

**真13**(二一五頁3)　「東寺百合文書」ぬ函一四号。京都府立総合資料館蔵。同館の写真帳によった。(馬田)

**本新の供僧**(二一五頁4)　『東宝記(影印本)』七「延応以来供僧再興次第」では、一八口の本供僧成立の経過(真11の「供僧職」の項参照)に続いて、次のように記している。

正和元年三月廿一日、為後宇多院御願、被置三口供僧於御影堂、其人者、《宮内卿》最禅〈于時律師〉、《宰相》良厳〈于時律師、改名潤恵〉、《刑部卿》融舜〈于時已灌頂、改名弘縁〉也、
以上前後合廿一口、是則為被満修学練行廿一口員数也、

この新供僧三口は、御影堂舎利塔前で金剛界行法を行った。この十八口供僧以来の、補任推挙の手続きや評定法が真15の東寺根本廿一口供僧法式条々にまとめられることになる。(馬田)

**真14**(二一七頁1)　京都国立博物館蔵。写真版によった。本文史料は、「東寺根本廿一口定額僧法式条々〈自貞和五年三月　日以来追々前後入込〉」の端裏書をもつ法式集(「阿刀文書」室町一〇〇)の二通目である。法式集には全部で一五通の文書が筆写されており、その内容は以下の通りである(※は本書で取り上げたもの)。

①貞和五年三月日　東寺根本廿一口定額僧法式条々　※真15
②暦応三年七月日　東寺供僧中評定式目　※本文史料
③貞治三年九月日　東寺供僧中合力沙汰契約状　※真16
④延文三年三月日　東寺僧坊法式条々　※真33
⑤延文五年二月二八日　東寺諸坊并在家等法式
⑥康安元年七月二〇日　東寺諸坊并在家等法式
⑦貞治七年正月二六日　評定事書

⑧(年未詳)正月七日　宝蔵開閉供僧中令役事
⑨(年未詳)四月九日　稲荷祭東寺宝蔵開閉事
⑩貞治六年三月二一日　東寺僧坊法式条々　※真35
⑪貞治五年七月二五日　東寺長者光済御教書　※真34①
⑫(貞治五年七月日)　東寺諸坊禁制条々　※真34②
⑬文和二年一二月八日　護摩供僧補任法式事
⑭正安三年三月九日　定額拝堂料足事
⑮正平一〇年二月二日　東寺城中折角時廿一口供僧可居住西院事

また奥書は次のようである。

宝徳三年二月十八日、於東寺増長院西部屋書写畢、　堯全〈行年卅六〉
又執行栄増相伝之、

すなわちこの法式集は、宝徳三年(一四五一)二月、廿一口供僧の宝光院堯全が、同じく廿一口供僧の増長院厳忠のもっていたものを筆写し、さらにそれが執行栄増以降、阿刀家に伝えられることになったのである。これらのなかには、「東寺百合文書」のなかに案文を含めて伝存していない法式も含まれている。廿一口方に関しては、南北朝期の組織・活動の詳細が明らかでないため、この写しはそれを補うものとして大変貴重である。

ところで本文史料を含む法式のいくつかは、廿一口方の供僧にとって基本的なものと認識されている。例えば応永五年(一三九八)九月に供僧に任じられた西方院宗仲の請文第一条は次のように記されている(「東寺百合文書」せ函二六号)。

守暦応・貞和置文及貞治〈三・六〉両度連署状之旨、雖一事、不可違越事

供僧としてまず守るべきものが、暦応と貞和の置文、すなわち本文史料と貞和五年(一三四九)の根本廿一口供僧法式(真15)および貞治三年(一三六四)・同六年の連署状(真16・35)とされているのである。その意味で本文史料は、以後発展していく廿一口供僧方の出発点ともいえよう。(馬田)

**東寺供僧中評定式目**(一二七頁2)　学衆方・鎮守八幡宮供僧方についても、本文史料とほぼ同内容の法式が定められている(真23・26)。時期的には供僧方のものが最も早いが、三つとも近接した時期に作られており、この段階で寺内各方の集会が、基本的に同じ原則に基づいて行われようとしていたことを示している。(馬田)

**納所**(一二九頁1)　供僧の公文となり、また預所の代官(預所代)として供料荘の実務に携わった真行房定宴は、その晩年の書状の中で「東寺供僧分庄々納所公文職事、今者老耄無云甲斐、罷成候之間、弟子仙浄房円信可申付之由、相存候」と訴えている(文永十年(一二七三)十二月十一日付僧定宴自筆挙状案『教王護国寺文書』八二号」、網野善彦「東寺供僧と供料荘の発展」〈前掲書所収〉)。「庄々納所公文職」の名が示すように、この職は個別の荘園ごとに設けられたものではなく、複数の荘園に関わるものであったことがわかる。正応三年(一二九〇)に大法師真慶を庄々納所公文職に任じた補任状は次のようなものである(「東寺百合文書」ゑ函七号)。

(端裏書)
「公文補任案〈正応三・十・廿〉」
東寺政所下
定補　庄々納所公文職事
大法師真慶
右以人、為彼職、御年貢以下支配事、任先例、可致其沙汰之状如件、勿違失、故以下、
正応参年十月廿日
権少僧都在判

南北朝期になると、京都近郊の諸荘園で納所の活動が知られる。すなわち学衆方の拝師庄では円良・鏡智・祐尊・賢増、最勝光院方の柳原では鏡智・祐尊、植松庄方の植松庄では蕤永・暹快の名が見える(富田正弘「中世東寺の寺官組織について」『京都府立総合資料館紀要』一三、一九八五年)。そのうち円良については、次のような補任状が残されている(「東寺百合文書」ム函二九号)。

下浄円宛文案
下　学衆方納所并公文職事

円良

右以人、所令補任彼職也、任先例、毎事存公平、可致執沙汰者、依衆議、下知如件、

文和四年四月二日

年預大法師 □ 在判

納所はそれぞれの荘園において年貢等の収納・保管を行うと同時に、この補任状に明らかなように、学衆方、最勝光院方、植松方という組織の納所という意味合いをもっていた。その一方で離れた荘園に下向して活動する納所も存在した。貞治六年(一三六七)八月に播磨国矢野庄へ下向する千宝は「為学衆方御恩、付納所、被宛下者也」とされ、彼が納所となったのは「先納所右近太郎者、依為微弱、当庄使節等、不可叶歟」と見なされたためであった(学衆評定引付下同年八月二十八日条(「東寺百合文書」ム函四四号))。彼は供僧方納所にも補任されており、永徳元年(一三八一)十月には「今度依罪科、可被召放所職之由、雖及御沙汰、依歎申、預御優免」として、請文を提出している(「東寺百合文書」み函四六号)。本文史料との関わりでいえば、請文の第二条が注目できる。すなわち

御供料以下々行之時、雖聊於升上之量、不可存私曲事

とあって、納所が諸方面への供料下行に携わっていたことがわかるからである。(馬田)

**真15**(二二二頁1)「東寺観智院金剛蔵聖教」二八〇箱二〇号。京都府立総合資料館架蔵の写真帳によった。この文書には「供僧置文〈貞和五年〉」の端裏書がある。日下から始まる署名はいずれも自署で、以下のごとくである。

大法師「亮真」/大法師「宗助」/権律師「禅聖」/権律師「朝源」/権律師「弘意」/権律師「杲厳」/権律師「朝恵」/権律師「弘雅」/権律師「尭宝」/権律師「厳快」/権律師「寛済」/権律師「行賀」/権律師「亮忠」/権少僧都「杲宝」/権少僧都「真聖」/権少僧都「定潤」/権少僧都「真瑜」/権大僧都「深源」/法印「清我」/法印「厳祐」/法印「俊瑜」/大法師「仁宝」/大法師「厳瑜」/大法師「実成」/大法師「良宝」/大法師「賢宝」/権律師「教深」/権律師「栄宝」/権律師「定伊」/法印権大僧都「仲我」/権少僧都「快俊」/阿闍梨「教遍」/権律師「義宝」

権少僧都「賢耀」/権少僧都「寛杲」/阿闍梨「頼暁」/阿闍梨「寛紹」/阿闍梨「亮俊」/阿闍梨「恵深」/権少僧都「光信」/権大僧都「親運」/大法師「杲淳」/阿闍梨「清俊」/阿闍梨「頼遍」/阿闍梨「禅朝」/法印権大僧都「禅仙」/阿闍梨「俊宗」/阿闍梨「堅済」/阿闍梨「宗承」/阿闍梨「尭清」/阿闍梨「救運」/阿闍梨「頼宝」/阿闍梨「宗融」/阿闍梨「杲清」/阿闍梨「弘経」/権律師「頼玄」/阿闍梨「光瑜」/阿闍梨「賢仲」/阿闍梨「栄暁」/阿闍梨「良秀」/内供奉「興杲」/権少僧都「宗仲」

阿闍梨「清寛」/阿闍梨「重賢」/阿闍梨「宏済」/権律師「宣経」/権大僧都「紹清」/権律師「賢我」/阿闍梨「順清」/阿闍梨「快寿」/阿闍梨「栄杲」/阿闍梨「宗順」/阿闍梨「光演」/阿闍梨「長賢」/権大僧都「杲暁」

署名の列は改行で示したように三段に及ぶが、このうち日下の大法師亮真から法印俊瑜までの二一人が貞和五年(一三四九)当時の供僧である。その後に補任された供僧が誓約の意味で次々に署判を加えていったのであるが、大法師仁宝から法印権大僧都仲我までが一つのまとまりをなしている。このうち仁宝については不詳であるが、続く厳瑜・実成は貞治二年(一三六三)から廿一口供僧となっている。このように供僧の署判はある程度まとまった段階で加えられたと思われる。上段の最後尾が最後で、そこに署判をすえた権大僧都杲暁は応永五年(一三九八)から鎮守供僧となっているが、応永七年に学衆となり、応永十七年からは廿一口供僧にもなっている。その前の長賢は応永十六年七月、鎮守供僧に補任されると同時に廿一口供僧になったと考えられる(富田正弘「中世東寺の寺院組織と文書授受の構造」(『京都府立総合資料館紀要』八、一九八〇年)、同『中世の寺院』(京都府立総合資料館、一九八五年)、同「中世東寺における法の制定と編纂」(『京都府立総合資料館紀要』一六、一九八八年))。(馬田)

**経律論の目録**（二二一頁2） 空海が弘仁十四年(八二三)に朝廷に進めたとされる目録。経は一五〇部二〇〇巻および梵字梵讃四〇巻、律は一五部一七三巻、論は二部一一巻、合計四二四巻を書き連ねている(『定本弘法大師全集』一)。この目録の末尾には「弘仁十四年十月十日、前入唐学法沙門伝燈大法師位空海進」とあり、同日付の太政官符との関係が想定できる。すなわちこの官符は真言宗僧五〇人を東寺に住せしめ、「其宗学者、一依大毗盧遮那金剛頂等二百余巻経、蘇悉地蘇婆呼根本部等一百七十三巻律、金剛頂、菩提心、釈摩訶衍等十一巻論等」として、「経論目録在別」と注記している(『類聚三代格』二)。梵字梵讃を除けば経・律・論の巻数が一致していることから、官符に見える「目録」がこの「経律論の目録」を指していることは間違いない。(馬田)

**大日…釈摩訶衍論等**(二二一頁3) 大日経は正式には『大毘盧遮那成仏神変加持経(だいびるしゃなじょうぶつじんべんかじきょう)』という。金剛頂経は単一の経典ではなく、大日如来が一八の異なった場所で別々の機会に説いた一〇万頌に及ぶ経典の総称で、一般に金剛頂経という場合はその初会にあたる『真実摂経(しんじつしょうきょう)』をいう。蘇婆呼は『蘇婆呼童子請問経(そばこどうじしょうもんきょう)』、蘇悉地は『蘇悉地羯囉経(そしつじきゃらきょう)』で、両者をあわせて「二部の戒本」とし、この二経によって行住坐臥の行をすれば悉地(しっじ、密教の秘法によるさとり)が得やすいとされた。また『菩提心論』は顕密の浅深優劣を判じ即身成仏の意味を示したもの、『釈摩訶衍論』は『大乗起信論(だいじょうきしんろん)』の注釈書で、真言密教を一般の大乗仏教から峻別するための重要な典拠として用いられた。(馬田)

**度者の官符**(二二三頁1) 『東宝記(影印本)』八は「毎年度者三人分業習学事」として承和二年(八三五)年正月二十二日・二十三日の太政官符を収めている。正月二十二日の官符は治部省に下したもので、三人の年分度者について、「金剛頂瑜伽経業一人」「大毗盧遮那成仏経業一人」「声明業一人」としている。二十三日の官符は『類聚三代格』二にも収められており、次の通りである。

太政官符
応度真言宗年分者三人事
一 金剛頂業一人
応学十八道一尊儀軌及守護国界主陀羅尼経一部十巻、
一 胎蔵業一人
応学十八道一尊儀軌及六波羅密経一部十巻、
右二業人、応兼学卅七尊礼懺経一巻、金剛頂発菩提心論一巻、釈尊摩訶衍論一部十巻、
一 声明業一人
応書誦梵字真言大仏頂及随求等陀羅尼、
右一業人、応兼学大孔雀明王経一部三巻、
以前大僧都伝燈大法師位空海表偁、花厳天台律三論法相等七宗之教、皆是先代 聖帝賢臣建立十三大寺、賜十二人年分度者、広入田園利稲、充講説経論料、各令分業習学、是故従昔迄今人法鬱興、師資不絶、今真言一宗、人法新起、流伝年浅、猶漏天恩後学無憑、謹案太政官去弘仁十四年十月十日符偁、右大臣宣、奉 勅、真言僧五十人自今以後令住東寺者、伏望、准彼七宗例蒙賜年分者、従二位行大納言兼皇太子傅藤原朝臣三守宣、奉 勅、如来之教廃一不可、宜准三密法門毎年度三人、
承和二年正月廿三日

(馬田)

**中古当寺荒廃**(二二三頁2) 大治二年(一一二七)の宝蔵の火災で五大尊十二天像以下の宝物が焼失し、仁平三年(一一五三)には西院不動尊の光背が破損した。治承三年(一一七九)六月日の「東寺損色検注帳」には、五間四面の食堂、阿闍梨房、供所、西院、板葺長屋、東面の南八足門・北八足門、車宿、鎮守八幡宮の修理に必要な資材が書き上げられているほか、南面瓦垣二町、南大門、護摩堂および鎮守の瑞垣が「転倒無実」「無実」とさ

れている（「壬生文書」、『平』三八七九号）。このほか講堂の大日如来以下の仏像は康和元年（一〇九九）から長治二年（一一〇五）にかけて修理が行われているし（『東宝記』一「長治年中修理事」）、経蔵については「延久三年十二月、以官使被注損色、転倒之危難去云々、其後遂以転倒了」とされている（『東宝記（影印本）』二「経蔵」）。また灌頂堂は延久元年（一〇六九）九月に大風によって礼堂・護摩堂とともに転倒し、灌頂堂は年内に再建されたが、礼堂・護摩堂の再建は遅れ、建久二年（一一九一）の修理を待たねばならなかった。なお灌頂堂の再建を願った東寺の請状には、東寺荒廃の原因について「寺家本自納物、不足推支用途、千戸封物有名無実、寺内ノ荒廃職此之由也、就中、七間四面講堂一宇、破壊最盛ナリ、殆及転倒」としている（『東宝記（影印本）』二「当院代々修造次第」）。（馬田）

**小野…の号を以て**（一二二三頁3）　小野流は小野随心院（京都市山科区）を、広沢流は広沢池畔の遍照寺（同市右京区）を本拠とし、醍醐三流・勧修寺三流はじめ多くの流派に分かれた。（馬田）

**頃年…城墎となし**（一二二三頁4）　建武三年（一三三六）五月、湊川の戦いで楠木正成を破った足利尊氏は、上洛して本陣を東寺に置き、後醍醐天皇方の軍勢と激しく戦った（「東寺略史」）。また、暦応四年（一三四一）十一月には、兵乱のために所蔵する聖教が焼失している（『東宝記』六「大師御請来聖教」）。こうした状況はその後も続き、とりわけ観応の擾乱による室町幕府の分裂と南朝方の度重なる入京は、東寺周辺を含む洛中南部を荒廃させることになった。東寺領八条院町では、文和四年（一三五五）段階で「依此動乱、或百姓住屋或被壊渡于陣中、或被焼払逢追捕等条、六条以南更無其隠之間、百姓等依難安堵地下、在々処々隠居之作法也」と言われている状況で（『学衆方評定引付同年四月二日条（「東寺百合文書」ム函二九号））、真16が示すように、東寺寺僧にも身体的な危険が及ぶ有様であった。（馬田）

**連署を…申し請う**（一二二七頁1）　文明八年（一四七六）十二月、宗演阿闍梨の吹挙状は次の通りである（「東寺百合文書」イ函一〇六号）。

東寺供僧職事、宗杲僧正所譲与宗演阿闍梨也、任例、為申入
仁和寺宮、連署之状、如件、
文明八年十二月八日阿闍梨「真照」
阿闍梨「祐源」
阿闍梨「頼俊」
阿闍梨「宗承」
阿闍梨「重禅」
権律師「厳信」
権律師「公遍」
権少僧都「俊忠」
権少僧都「融寿」
権少僧都「覚永」
権少僧都「教済」
権少僧都「原永」
権大僧都「宏清」
権大僧都
法印権大僧都「尭杲」
法印権大僧都「宗寿」
法印権大僧都「杲覚」
法印権大僧都「仁然」
法印権大僧都「融覚」

これは宗杲僧正の退任に伴い、供僧職を譲与された宗演阿闍梨が供僧職を引き継ぐ旨を年預（原永）に申し入れ、評定において認められたことを踏まえて、御室宮に補任を申し入れたものである。（馬田）

**真16**（一二二九頁1）　京都国立博物館蔵。写真版によった。史料の全体像については真14冒頭補注参照。阿闍梨仁宝に続く署名は、

阿闍梨厳瑜／〃〃実成／〃〃良宝／権律師教深／〃〃賢宝／〃〃義宝／権少僧都禅聖／〃〃朝源／〃〃杲厳／〃〃〃朝恵／権大僧都亮忠／〃〃興雅／〃〃〃行賀／法印権大僧都真聖／〃〃〃〃源深／〃〃〃清我／〃〃〃定潤／〃〃〃〃真瑜／権僧正仲我

である。（馬田）

**罪なくその科に…失うの条**（一二三一頁1）　鎌倉末～南北朝期にかけて、権力の交代に伴い東寺

長者も頻繁に交代したことはよく知られている。観応元年(一三五〇)年まで東寺長者を勤めていた三宝院賢俊は、足利直冬・桃井直常が入京を企てたため、近江に退いた足利尊氏のもとへ、加持を行うためにしばしば訪れるなど、北朝朝廷と幕府の間で活動している。文和四年(一三五五)三月十二日には「京都大合戦、東寺凶徒入夜没落楯籠八幡云々」とあって、それまで東寺が桃井方の陣所として用いられていたことがわかる(橋本初子「賢俊僧正日記―文和四年―」同年同日条『醍醐寺文化財研究所研究紀要』一三、一九九三年)。ただ東寺をめぐるこうした動向が、寺僧個々人の進退とどのように関わっているのかは明らかでない。(馬田)

**真17**(一三二一頁2) 「東寺文書」御三。東寺蔵。上島有編著『東寺文書聚英』(同朋舎出版、一九八五年)によった。(馬田)

**講堂供僧職**(一三二一頁3) 『東宝記(影印本)』六「諸堂供養」では次のように記されている。

　講堂新供僧〈六口〉

　　後醍醐院御代、被寄附最勝光院執務職、被始置六箇御願、其内講堂定補供僧六口、被修仁王般若秘法、正中二年正月一日、六口供僧皆参〈装束鈍色白裳〉、一﨟房俊僧正供養法開白之〈无言表白、如法徴音〉、根本供僧三口、房俊、高禅、教厳、新加三人、頼宝、厳昌、成瑜、都合六口也、抑於此法阿闍梨者、可被撰其器之処、近年不及採択之沙汰、頗可謂宗零落、尤可被定法哉、

すなわち後醍醐天皇が東寺に最勝光院執務職を寄付した際にたてた「六箇御願」のひとつに、講堂に六口の供僧をおいて仁王般若秘法を修することがあった。この六口の供僧が講堂供僧で、正中二年(一三二五)正月一日に最初の修法が行われた。この講堂供僧と、同時に置かれた長日護摩を修する三口の灌頂院供僧と、あわせて九口の供僧で最勝光院方を構成した。これらの供料は最勝光院執務職およびそれに属する荘園所領(備中国新見庄、遠江国原田庄・村櫛庄、山城国柳原=最勝光院敷地ほか)によってまかなわれている。

　この供僧の補任方法は、廿一口供僧のなかで上﨟より六口を講堂供僧、次の三口を護摩供僧とするもので、東寺常住に限られ他寺に住する者は除外されるのが原則である。またこの講堂供僧に欠員が生じた場合は、護摩供僧の最上﨟の者が補充され、それによって生じた護摩供僧の欠員は残る廿一口供僧のなかの最上﨟がくりあげられることになっていた(富田正弘前掲「中世東寺の寺院組織と文書授受の構造」)。なおこの講堂供僧の設置に伴って、講堂に付されていた三口の本供僧は塔婆に移された(『東宝記』六「諸堂供養〈付〉鎮守理趣三昧事」)。(馬田)

**他寺よりの輩…**(一三二一頁4) 最勝光院方評定引付応永十七年(一四一〇)正月三十日条には「講堂供僧、近年廿一口外致所望、不可然歟」とあり(「東寺百合文書」る函二四号)、この段階で東寺の廿一口供僧以外の他寺の僧が講堂供僧職を望むことが問題とされている。前年に他住である吉祥薗院融然が長年の所願がかなえられて講堂供僧に任ぜられたため、常住の者が反発したのである。融然は至徳元年(一三八四)二月に成聖辞退の替えとして学衆に任ぜられていたが、吉祥薗院の院号が示すように、仁和寺に居を置く僧であった。(馬田)

**吹挙し申し入る…**(一三二一頁5) 他住の者が講堂供僧に任ぜられたことに対して、供僧たちは「向後、所詮、如廿一口供僧、以連署、可申之由、公家可申入由、沙汰候了」と、今後は廿一口供僧の補任と同じく、供僧の連署状で吹挙すべきだと主張し(最勝光院方評定引付応永十七年(一四一〇)正月三十日条「東寺百合文書」る函二四号)、そのことについて公家方と交渉するという決定をくだした。

　先の決定の半年後、最勝光院方では次のような評定がもたれた(同引付六月十五日条)。

一　講堂供僧職補任法式事

　以申状、付長者申入之処、去年吉祥薗院(融然)補任之時者、有先例云々、今又慥沙汰被申、仍申状被返間、寺家所存、又以書状、観智院方(宗海)遣之、此事無□□三

百疋分可遣之由、治定候了、

正月三十日の決定を申状にしたためて東寺長者満済に伝えたところ、融然が講堂供僧に任ぜられたのは、他住の者が任ぜられたという先例を根拠とするものであったとして、満済の態度は供僧の意向を積極的に支持するものではなく、寺家の申状も返されてきた。そこで寺家の所存を改めて観智院宗海を通じて公家側に伝えることとし、あわせて三〇〇疋の礼銭を贈ることにしたのである。その交渉が効を奏したのであろう、今回、「内々」のこととして内諾の意向が伝えられたのである。しかしその年の暮には次のような記事が見られる(同引付十二月二十四日条)。

一 供僧補任法職事(ママ)
付中御門宰相(宣俊)、公家申入候処、無奏達申沙汰、仍一献分三貫文返之、寺務奉書、同披露了、

結局、中御門宣俊を介して奏聞に達しようという試みは成功しなかったらしく、さきに礼銭として贈った三貫文が返却されてきたのである。したがって供僧連署状の吹挙によって講堂供僧を選任するという方式は、成功しなかった可能性が高い。

応永二十六年の最勝光院評定引付(「東寺百合文書」る函三一号)にはその融然の後の欠員補充に関する記事が見られる(同年正月六日条)。

一 講堂供僧職事
彼供僧職吉祥薗院法印〈融然〉闕、増長院法印〈堯清〉依望申之、先三条殿寺務三宝院(満済)被執申、其後奏聞之処、勅許無子細、職事勧修寺左少弁〈経興〉成 綸旨、此趣披露衆中之処、自今月廿一日、講堂供養法可参勤云々、次護摩供僧、紹清法印理運之間、可補之、随而不動堂護摩、今日彼綸旨披露之間、自明日〈七日〉可参勤之由、評儀了、

融然が応永二十五年に没した後の欠員補充は、臈次に従って増長院堯清が希望し、寺務三宝院満済を通して勅許を得たのである。(馬田)

**真18**(二三三頁1) 「東寺百合文書」ア函一九〇号。京都府立総合資料館蔵。同館の写真帳によった。この文書の端裏書は次のようである。

重耀法印筆跡歟〈明応弐〉
西院諸仏事遅参・早出・過怠幷預以下

重耀は永享十年(一四三八)の廿一口供僧の年預で、彼によって記されたと考えられていた事書に、明応二年(一四九三)になって端裏書が付されたのであろう。(馬田)

**遅参早出繁多**…(二三三頁2) 廿一口方評定引付同年九月十四日条によると、八月十四日仏事について、仏土院宗融の早出が問題とされていたことがわかる(「東寺百合文書」ち函一二号)。

一 去八月十四日〈西院〉巳時仏土院〈宗融〉早出之間事
宝厳院禅侶按察律師〈勝清〉来云、去十四日西院巳時事、仏土院早出、其故者、午時大鼓鳴不幾早出之間、於時者、早出之分、引付載之由、令申了、此分又仏土院令申候之処、巳時大鼓打退出無隠之由、被申了、仍両方被申趣披露之処、時事聊雖早速、既大鼓鳴後退出之上者、不可為早出之由、衆儀了、於向後者、預堅被申付、大鼓可被鳴、若預不懃仕其役者、於預者、堅可為罪科之由、衆儀了、

ここでは早出とみなす刻限とともに、太鼓を鳴らす役にある預の職務遂行のあり方も問題とされている。本文史料はこうした傾向への対応と考えられる。(馬田)

**真19**(二三五頁1) 「東寺文書」楽甲二。東寺蔵。上島有編著『東寺文書聚英』(同朋舎出版、一九八五年)によった。大法師「俊我」以下の自署の署名は次の通り。

大法師「杲範」/権律師「融章」/権律師「俊雄」/権律師「栄舜」/権律師「杲明」/権律師「宝紹」/権律師「祐源」/権律師「宗演」/権律師「円忠」/権律師「宗承」/権少僧都「厳信」/権少僧都「慶清」/権大僧都「公遍」/権大僧都「俊忠」/権大僧都「融寿」/権大僧都「覚永」/法印権大僧都「教済」/法印権大僧都「宏清」/法印権大僧都「杲覚」/権僧正「宗寿」

本文史料の関連文書に「東寺供僧拝堂次第」（「阿刀文書」室町一八四）がある。（馬田）

**拝堂**（一三五頁2）　供僧拝堂の詳細は「定額拝堂次第」に見える（「東寺観智院金剛蔵聖教」一八八箱七号）。

（表紙）

「　定額拝堂次第〈私〉　　　観智院　」

定額拝堂次第
先堂荘厳調〈寺司等役之、執行課之〉、後職掌中案内、
次参食堂、
　自北面砌廻于南面、登正面〈着草鞋〉立于正面間戸外、
次三綱進立読官符、
次入堂内〈自正面〉礼本仏、
　先是職掌敷畳、脱草鞋、登立于畳上三拝〈横皮下栱手〉次着草鞋、
次礼聖僧、
　職掌渡敷竹畳礼之、作法如先、
次経南庇着床座、
　脱草鞋着座、
次居本供、
　職掌役之、則徹之、
次唱礼導師就礼盤作法、
次導師進寄礼盤作法、
　拝堂者着座後、呪願、導師着床座〈時分不定歟〉、
次堂達、中綱当堂預歟、迄呪願〈進候于礼盤辺、導師其時分与之〉還立于正面、読諷誦文〈此作法近年以外未練、可有諷諫歟〉、
次作法訖、導師復座、
次呪願、導師退出、
次出西第二間下立砌下、
次礼講堂、
　御前職掌〈二人〉中綱〈二人〉、
　先行自講堂後戸経東砌正面先之、職掌設畳登立于其上三拝〈作法如先〉、
次礼金堂、
　作法如以前、
次於金堂廊北面、拝経蔵、
　先之職掌設畳、
次経同廊東面於其間拝塔婆、
　設畳如前、
次経同廊東面拝二天、
　設畳如前、先東、次西、此畳或敷中央、而拝両方、或各敷、畳於其前所為不同歟、敷両所説宜歟、但於供僧拝堂者、宜任寺司之進退歟、
次拝鎮守、
　於畳上取幣〈或不取之歟〉再拝〈膝突有之〉、
次到灌頂院、
　入後戸〈本儀可尋之〉拝之、畳中央敷之、先礼東、次礼西、次奉礼大師、此礼近年之作法歟、長者拝堂之時、有無両様也、宜随寺司之所為矣、
次出北四足、至西院、奉拝不動、
　此礼又長者拝堂之時有無不定、雖然、定額大略拝之歟、次参北面私念誦、非本式、仍寺司不行之、
次退帰、
（馬田）

**文明十六年十二月五日の評議**（一三五頁3）　供僧職については同年十一月七日付で、厳信は尭杲からの譲りを得て、既に所持していた供僧職を俊我へ譲与することになっており（廿一口方評定引付同年十月二十九日条〔「東寺百合文書」ち函二四号〕）、それと関わって供僧拝堂の下行物について評議がなされた。当初は「毎年仁百五十疋宛、両三年仁可被渡」という方針であったが（同十一月一日条）、拝堂時の松明の有無（同十二月一日条）、供僧の離寺や他界時の扱いが問題とされ（同十二月三日条）、最終的に十二月五日の評議で決着をみた。毎年納められる一〇〇疋で「調仏供燈明等、可随所役之由、可相触執行幷両座之公人等」とされ、具体的には供僧の拝堂時の松明料および供奉する執行や公人の得分とされることになる（同十二月五日条）。また本文史料に見える拝堂下行物の額については、同年十二月六日の評定で再確認され執行方に伝えるべきことが決定された（同十二月六日条）。（馬田）

**六十五人の下部**(二三五頁4)　『東宝記(影印本)』一三「東寺下部等」には、「建長元年実賢僧正拝堂記録」の記事として小所司一〇人、職掌二一人、堂童子二人、諸堂預一二人、木工六人、瓦工三人、壁工二人、鍛冶二人、畳差一人、深草一人、木守二人、供所守一人、湯沸一人、鐘突一人という数字が掲げられているが、南北朝期には諸堂預一〇人、職掌二一人、番職掌二人、大炊一人、木守二人、職事一人、番匠五人、鍛冶一人、畳差一人、鐘突三人、小所司(中綱申請)二人、小所司(職掌等申請)二人、掃除役一人、ほかに「新加」として御影堂預一人、畳差一人、木守一人、維那一人、鍛冶一人、八幡宮々仕六人、西院門指一人とされている。さらに室町期になると『東寺私用集』に諸堂預(北面預三人、講堂預三人、金堂預一人、塔婆預一人、不動堂預一人、灌頂院預一人、鎮守八幡預四人)大炊職一人、宮中真言院少行事一人のほか、夜叉神棚守、宮仕、職事、鐘突、門指等の俗体職、大工、絵師、仏師その他の職人が確認される(富田正弘前掲「中世東寺の寺官組織について」)。(馬田)

**中綱の増減**(二三五頁5)　中綱は辞退、死没の他、罪科による処分で欠員が生じるが、その補充は前任者による譲与や、所望により中綱の子が補任されるという形をとった。したがって彼らのほとんどが妻帯し、諸職を世襲していたことになる。しかしその人数は判明する限りでは一三人ということはない。「東寺執行日記」貞治三年(一三六四)四月八日条にある「東寺中綱職掌交名」によると、中綱は七名で、俊慶(仮名敬音)、円良(浄円)、円宗(真教)、俊盛(敬任)、円慶(定真)、円祐(浄琳)、円守(浄忍)である。また永享五年(一四三三)段階では、賢慶(敬観)、性慶(定順)、賢増(敬実)、重祐(浄円、正行事)、敬乗、性存(定金)の六人である(「同前」永享四年十一月十日条)。(馬田)

**真20**(二三七頁1)　「東寺百合文書」シ函一一号。京都府立総合資料館蔵。同館の写真帳によった。この文書には「学衆評定□規式事」の端裏書がある。また日下の署名はそれぞれ自署で、俊業以下は

　阿闍梨「任忠」/阿闍梨「清我」/阿闍梨/阿闍梨「宗我」/阿闍梨「厳智」/権少僧都「覚誉」/
　権大僧都「潤恵」

となっており、彼らが学衆方を構成していたと考えられる。(馬田)

**真21**(二三九頁1)　「東寺百合文書」シ函一三号。京都府立総合資料館蔵。同館の写真帳によった。なおこの文書には「□衆補任式目案」の端裏書がある。(馬田)

**学衆補任**(二三九頁2)　『東宝記(影印本)』一三では学衆として伝法会衆・勧学会衆を掲げている。まず伝法会衆については、

　応長二年、後宇多院御興隆之最初学衆七口也、阿闍梨覚誉、定教〈後改定潤〉、任忠、俊業、尋源〈後用深字〉、寛雄、寛業是也、其後被加三口、最禅、潤恵、弘縁是也、其後又加四口〈名字可尋之〉成十六口、表十六大菩薩云々、

とあり、応長二年(一三一二)段階では七口の伝法会衆であったのが、その後、徐々に加増され一六口となったことがわかる。一方、勧学会衆については、

　元亨二年、最初五人参籠衆也、阿闍梨道誉、禅雅、定玄、良朝、房胤也、其後或四人、若三人、若二人、随時不定也、是依無料所定足也、

とあり、元亨二年(一三二二)年段階で五口が任ぜられたが、特定の料所が定められていなかったために、その員数は不定だったのである。この料所については『同』六「勧学会談義」に

　安芸国別納之地、高屋余田、三田郷、平田郷御寄附之、雖然、依為有名無実之地、宝荘厳院執務職、　後醍醐院為寺家興隆御寄附、供僧学衆加評定、以一同之衆議相宛当会料足畢、

とあるように、料所は設定されていたものの安定したものではなかったことがわかる。教学については、毎月十五日鎮守講、毎月二十一日論義、八祖の忌日に行われる八祖論義、伝法会中に行われる五日十座論義がある(『東宝記』六「論

義条々」)。網野善彦「東寺学衆と学衆方荘園の成立」(『中世東寺と東寺領荘園』東京大学出版会、一九七八年)参照。(馬田)

**学頭二人**(一二三九頁3) 『東宝記(影印本)』一三「伝法会衆」には次のように記されている。

於学頭職者、正和四年、頼宝法印始補任、春秋両季談義一人兼行之、其後〈頼宝闕替任之〉了賢僧正〈于時法印〉学頭之時、迄建武二年、被加補親海僧正〈于時権大僧都〉両季配分参勤之、

すなわち正和四年(一三一五)に初めて伝法会学頭が置かれた段階では、一人の学頭が春秋二季の伝法会をあわせて司っていた。その後、建武二年(一三三五)までの間にもう一名が置かれ、二名の伝法会学頭が両季を分担して執り行うことになったのである(『東宝記』六「二季伝法会」にも同内容の記事がある)。

一方、勧学会学頭については『東宝記(影印本)』一三「勧学衆」に「元亨二年、最初五人参籠衆也、(中略)当会学頭二人、最初経然、了賢、両法印也」とあり、籠衆と呼ばれた勧学会衆のうち、臈次のもっとも高い二名が務めた。したがって学衆補任に関する評定は、本文史料の段階では伝法会学頭一名、勧学会学頭二名、計三名の学頭が関わることになる。(馬田)

**当季奉行上衆**(一二三九頁4) 季奉行は、正和五年(一三一六)十月に定められた「学衆法式条々」では「季行事」と呼ばれており、「四季各二人、可結番之、於重事者、相触衆中、可加評定」とあって(「東寺観智院金剛蔵聖教」二一三箱一九号)、季節ごとに各二人の行事(奉行)が選任されることになっていた。そのうち臈次の高い者が上衆である。この季奉行は、その後、一年ごとの奉行すなわち年奉行(年行事)となる。(馬田)

**学頭の挙状**(一二三九頁5) 学衆補任の挙状は、例えば次のようなものがある(「東寺百合文書」よ函一四五号)。

東寺
伝法会衆事
大法師杲明
右、真照阿闍梨闕替、以件人、欲被補任彼職矣、
文明十年五月二日　権少僧都「融寿」
権少僧都「教済」
権大僧都「原永」
法印権大僧都「杲覚」
権僧正「宗寿」

学衆は伝法会衆とも呼ばれ、ここに見える杲明は真照が辞退した代わりに学衆に吹挙された者である。学衆の器用を判定する評定は、後掲の補注「器用評議」の項に示したように、伝法会学頭二名、勧学会学頭二名、学衆一臈の計五名で行うことになっており、宗寿以下の五名がその評定を行ったのである。(馬田)

**器用評議**(一二四一頁1) 器用評議(器用評定)が行われる時、評定に参加する者は元徳元年(一三二九)の事書を遵守すべきことを誓約する請文を提出した。貞治三年(一三六四)十一月に行われた評定では、次のような請文が提出されている(「東寺百合文書」シ函二四号)。

(端裏書)
「学衆器用評定起請〈貞治三年十一月十三日〉」
東寺学衆器要評定事
右、任元徳評定之式目、可有其沙汰、更不可有偏頗・矯飾、縦雖為師資・同朋・親昵、非其器者、不可加潤色之詞、又評定之義、不可漏脱、若令違越此旨者、可蒙両部諸尊・八大高祖幷当寺鎮守八幡・稲荷冥罰神罰之状、如件、
貞治三年十一月十三日権律師「教深」
法印権大僧都「全海」
法印権大僧都「頼我」
権僧正「仲我」

この四名のうち、伝法会学頭は仲我・頼我で、勧学会学頭は、仲我(兼帯)・全海である。また教親はこの年の奉行である。ほかに学衆一臈の宣誉が署名すべきであるが、なんらかの事情で評定には参加しなかったらしい。(馬田)

**真22**(一二四一頁2) 「東寺百合文書」シ函一四号。京都府立総合資料館蔵。同館の写真帳によった。この文書の端裏には「〈根本〉最勝王経

一部〈其後〉仁王経〈其後〉守護」と記されている。また「同」シ函一五号は本文史料の①東寺学頭幷学衆補任法式、②法印道我挙状、③九条光経書状からなる案文であるが、この文書には包紙がありそこには「学衆方法式一結〈付籠衆法式幷学衆追加法式〉」の上書がある。（馬田）

**東寺学衆補任法式文書**（二四一頁3）　学頭および学衆の補任に関する評定事書の内容を、聖無動院道我を通じて後醍醐天皇の承認を得るまでの一連の手続きを示したもの。富田正弘「中世東寺における法の制定と編纂」（『京都府立総合資料館紀要』一六、一九八八年）参照。（馬田）

**後宇多院勅願**（二四三頁1）『東宝記（影印本）』六「二季伝法会」では次のように記されている。

《改正和元》応長二年〈壬子〉二月廿一日、依道我僧正〈于時権少僧都〉勧発自性上人〈我宝〉、創令講心経秘鍵、巳剋鎮守八幡宮、未剋西院御影堂、聴衆済々、異門正道所成群也、同廿七日結願畢、

後宇多院有　叡感、被成永代御願所、及料所御沙汰也、《勝鬘院》本妙房、《宇陀》覚頂房、《戒壇院》慈観房等為読師、或四季、或二季、随時参勤、日数多少、始行日次等、依時儀不定也、正和二年五月十一日、《宇陀》覚順上人〈智海〉、令談釈論為談義、本尊法皇御筆、大師御影被安置之畢、同四年〈乙卯〉以頼宝法印〈于時権律師〉被補学頭幷供僧（中略）従其以来為永格、定春秋二季伝法会、毎季卅ケ日、于今令相続者也〈春季二月、秋季八月也、然仁和寺伝法会兼帯学衆多之故、秋季談義被転十月畢〉、学頭最初雖為一人、建武二年、了賢法印学頭之時、親海大僧都加補、自爾以後為二人、次学衆最初七人、次十二人、後十六人、漸々加増畢、

道我が応長二年（一三一二）に行った心経会に感じた御宇多上皇の料所寄進によって、春秋二季の伝法会が始められたことがわかる。（馬田）

**真23**（二四五頁1）「東寺百合文書」ヨ函八八号。京都府立総合資料館蔵。同館の写真帳によった。日下の署名は三段に記されており、義宝以下、

阿闍梨「栄宝」／阿闍梨「定伊」／阿闍梨「禅瑜」／阿闍梨「禅聖」／阿闍梨「弘意」／阿闍梨「杲厳」／阿闍梨「弘雅」／権律師「尭宝」／権律師「行賀」／（貼紙）権少僧都「朝禅」／権律師「杲宝」／権律師「良朝」／権少僧都「頼我」／権少僧都「仲我」／権少僧都「禅喜」／権少僧都「清我」／権大僧都「深源」／法印権大僧都「弘縁」／法印権大僧都「親海」／法印権大僧都「了賢」

までが下段で、中段は奥に向かって

阿闍梨「実成」／阿闍梨「良宝」／阿闍梨「賢宝」／権律師「教深」／権律師「観杲」／権大僧都「寛覚」／法印「宣誉」／法印権大僧都「全海」／権大僧都「道憲」／権大僧都「親運」／権大僧都「信暁」／阿闍梨「頼暁」／権大僧都「成聖」／権大僧都「常全」／権少僧都「教遍」／権律師「頼玄」／権少僧都「宏寿」／権少僧都「性誉」／権律師「隆禅」／阿闍梨「頼遍」／阿闍梨「隆恵」／権律師「俊宗」／阿闍梨「宗海」／阿闍梨「光瑜」／阿闍梨「堅済」／権律師「融然」／阿闍梨「救運」

とあり、さらに上段は

僧正「賢耀」／法印権大僧都「宣承」／阿闍梨「頼寿」／権律師「宗仲」／権少僧都「教祐」

となっており、いずれも自署である。学衆方を構成していた者たちが順次署名していったと考えられる。（馬田）

**真24**（二四七頁1）「東寺百合文書」い函六号。京都府立総合資料館蔵。同館の写真帳によった。この置文には「談義追加法式」という端裏書がある。また文末の署名は日下から順に、

阿闍梨「義宝」／阿闍梨「栄宝」／阿闍梨「禅瑜」／権律師「定伊」／権律師「禅聖」／権律師「弘意」／権律師「杲厳」／権律師「興雅」／権律師「尭宝」／権少僧都「行賀」／権少僧都「杲宝」／権大僧都「朝禅」／権大僧都「頼我」／権大僧都「深源」／法印権大僧都「仲我」／法印権大僧都「弘縁」／法印権大僧都「清我」／前権僧正「親海」

となっており、それぞれが自署である。この一八名が学衆方を構成し、日下の義宝がこの年の

学衆方奉行である。また親海は伝法会学頭である。（馬田）

**真25**（二四九頁1）　「東寺観智院金剛蔵聖教」二一三箱一九号の「東寺置文等総目録」三号文書。東寺蔵。京都府立総合資料館架蔵の写真帳によった。「東寺置文総目録」は戦国期の供僧、宝輪院宗承が編集した学衆方の法式集で、①正和五年(一三一六)置文、②文和二年(一三五三)追加(真24)、③至徳元年(一三八四)置文(本文史料)、④康正二年(一四五六)置文、⑤籠衆法式(真28)、⑥伝法会条々、⑦勧学会条々、⑧鎮守講条々、⑨毎月廿一日論議条々、⑩七祖論議条々、⑪会中講条々、⑫御宇多院御国忌、⑬文殊講条々、⑭新補学衆条々、⑮新補学頭条々、⑯内読師条々⑰学衆奉行条々、⑱評定出仕年齢〈付評定得分〉、⑲算用世諦料、⑳籠衆条々、の二〇の事柄について整理がなされている。本文史料は第一行目に朱筆で「第三　至徳元年置文」と記され、条毎に朱の合点が付されている。文末の署名は日下から順に次のように記され、朱の合点が付されている。

堅済／救運／光瑜／宗海〈已上阿闍梨〉／俊宗／隆恵／頼遍／隆禅／融然〈已上律師〉／教遍／宏寿／頼暁／性誉〈已上少僧都〉／常全／賢宝〈已上大僧都〉／道憲／親運／寛覚／宣誉〈已上法印〉　已上十九人一列処連署也、雖然、宗承私ニ送書ニスル也、後々同之、

（馬田）

**2**（二四九頁2）　本文史料冒頭補注前掲の「東寺置文総目録」⑭新補学衆条々には、新たに補任された学衆に関する取り決めが書き上げられている。本条に関わるものを次に掲げる。

一　遂業論義起請々文案

東寺学衆初任之時、鎮守講遂業論義事、堅守放論義法度、努々不可有潜通之儀、若偽申者、可奉仰　八幡大菩薩幷列祖之照覧者也、

广永廿五年八月　日　　権律師聖清

一　遂業證義者事

永和三年七月十二日引付云、任近年放生会例、於学頭不参者、勧学会学頭一﨟可致證義、若一﨟又有故障者、可催第三﨟云々、

一　新学衆初度所作事

永和五年正月十日引付云、新学衆初度所作事、先勤仕問者、次勤講師事、尤為先規哉、但新学衆同時出現之時、互勤仕両役、仍一人ハ必先講師参勤勿論也、只一人補任之時、先勤講師事、其例少々有之哉云々、

一　康永二年〈庚午〉十月十三日引付云、還補之仁者、無放論義鎮守初参等之儀、但有補任状故、於談義者、初日可為付衣之由、追而有其沙汰也云々、

一　応安六年十二月廿日引付ニ、頼俊僧都〈後改光海僧正云々〉新補学衆、不及初参辞退事有之、近年真海〈于時真照云々〉又以如此矣、

一　応安五年二月廿七日引付云、三月廿一日御影堂論義〈覚勝院学衆辞退跡〉○非御願之上者、雖為鎮守講初度之所作已前、新学衆〈教遍〉可催歟之由、披露之処、治定畢云々〈但取要、宗承私注之、不応理歟、然者任先例、可催十二月之番之由〉、

一　嘉慶二年二月廿三日評定云、学衆初任初度講師事、為放論義之条、往古法度也、然如近比者、動令通于問者歟、遂業之零落何事如之、所詮於後進之仁者、不可有潜通之儀旨、可出誓文状之由、衆儀治定畢、

一　学衆新補之時、先仁既支配之得分不可経返事

文安五年〈戊辰〉十二月廿四日引付云、新学衆補任之時、既以前支配供料、不可責返、去年久世供僧可為准拠之旨治定畢、

（馬田）

**鎮守講**（二四九頁3）　『東宝記（影印本）』六「論義条々」に「毎月十五日鎮守講」として次のように記されている。

応長二年〈壬子〉二月廿六日、鎮守御影堂両所談義以後、於鎮守八幡宮始行論義講、東北廻廊為会場、以東北奥為正道座、以同端為聖リ座ト、講師了賢僧正〈于時律師、此時用厳字〉、問者実順法印〈于時阿闍梨〉、捧物扇百

本、自大覚寺殿被出之、其後毎月勤行、但日次随時不定、正和四年、頼宝法印補任学頭職之以後、以毎月十五日為式日、学衆中或追巡臈、或不参科分令催之〈論義法式具記在別、康永二年九月廿一日、款冬町土貢内割分之、相宛捧物料了〉、

すなわち応長二年（一三一二）二月に鎮守八幡宮の東北廻廊で最初の論義が行われて以後、毎月勤行されてきたこと、当初は日程が定まっていなかったが正和四年（一三一五）に頼宝が学頭に任じられて以後、毎月十五日が式日となったこと、学衆の臈次順に、或いは不参料分として催されてきたことがわかる。また康永二年（一三四三）には款冬町の土貢の一部が捧物の料所とされた。

また本文史料冒頭補注前掲の「東寺置文等総目録」⑧鎮守講条々では、「当会由来幷始行之事」として先の『東宝記』を引用し、料所の記事に続けて以下のように記している。

一　同法式事

応安八年十一月廿七日引付云、

八幡宮論義法式条々〈置文道我僧正筆云々〉

一　時剋可為未剋事

一　講問役之仁、過未剋者、依遅参罪科、可催于次月講師、若過申剋者、令延引相催次臈次仁、同十八日可行之、於不参罪科者、一年中供料留半分、可引勤仕事

一　縦雖非講問役、且為法楽、且存興隆、抛万障可参仕事

一　所作人之外、僧衆不参罪科等、可守先々式事

八祖論義講法式条々

一　講問役不参可准八幡宮例事

一　僧衆不参者、法会之凌廃也、各住報恩之思、可致勤厚事

右条々、堅守法式、不可違越之状、如件、

建武四年十月　日　〈已上聖无動院自筆云々〉

鎮守講出仕事

一　応安八年引付云、二親灌頂師匠之外者、五旬以後、必可出仕之旨、貞和四年〈戊子〉仲我僧都依理性院法印他界籠居之時、経其沙汰畢、

同所作事

雖為重服人可催之旨、貞和三年杲宝僧都・栄宝阿闍梨、依栄海僧正入滅籠居之時、所有其沙汰也、

一　嘉慶三年〈己巳〉正月五日引付云、鎮守講之時、高座登階毎月十五日鐘突所役可取渡由、衆儀了云々、

一　同四月十四日引付云、仰含鐘突之処、不被増得分者、難儀之由申之間、披露之処、毎月十五日分ニ自拝師庄五斗〈下行未定〉分被下之、過分御沙汰也、若猶固辞申者、彼五斗幷毎月一日所役等悉召放、可補別人之由、衆儀了云々、

一　文明十八年十月九日引付云、諸法会集会鐘略之、鎮守講又以同前、但於集会者、仰預可被吹螺、仍鐘突毎度捧物、可被下預之由、衆儀畢、

一　貞和二年引付云、毎月十五日鎮守講捧物支配事、於諸衆布施者、如先日治定、於学頭者、出仕之時者一口分之、一倍可引之、不参之時者不可引之、

一　同捧物事

旧記云、款冬町年貢学衆方分七石八升六合之内〈減分壱斗四升一合七夕二才〉残六石九斗四升五合二夕八才、代銭可依時和市也、此内七百五十文最勝王経布施、百五十文奉行分、百五十文公文分、

一　同支具料事

同記云、拝師庄小行事切田弐段之役、

（馬田）

**付裳の衣を…**（二四九頁4）　付裳と直接関わるものではないが、伝法会装束について、本文史料冒頭補注前掲の「東寺置文等総目録」⑥伝法会条々では、次のような条項を掲げている。

一　聴衆着衣可為単衣事

永和二年〈丙辰〉十月十九日引付云、大慈院僧正〈全海〉遂長者拝堂、如先々於庇間講談之事有之、次学衆装束事、開白許可為付衣

歟之由、雖有其沙汰、当会事、毎事以内々儀、可為本之由、　叡願異于他之上者、不可依一旦之儀、如先々可為単衣等云々、
一　同読師単衣着用不可然事
享徳二年六月十八日引付云、大会学頭単衣着用事、縦先規雖有之、於向後者、可為重衣之由、学頭金勝院江、奉行令参可申之由、衆儀了、

（馬田）

**御影堂論義**（二五一頁1）　『東宝記（影印本）』六「論義条々」では、毎月十五日鎮守講に続けて毎月廿一日論義（御影堂論義）について述べている。

正和五年三月廿一日始行之、為衆中私発願、十六口学衆結番、於御影堂勤行之、康安二年為学衆中沙汰、相宛四箇庄、出捧物了、

とあり、正和五年（一三一六）に学衆中の発願によりこの論義が始められ、康安二年（一三六二）に同じく衆中の沙汰として四カ所の荘園、すなわち院町、拝師庄、上桂庄、矢野庄が捧物の料所に指定されたことがわかる。本文史料冒頭補注前掲の「東寺置文等総目録」⑨毎月廿一日論義条々には、「始行年紀事」として先の『東宝記』の記事を掲げた後、捧物・支具に関して次のように記している。

一　同捧物四ヶ庄配当事
応安八年正月五日引付云、
壱貫文　拝師庄年貢之内除之、
壱貫文　矢野庄年貢之内除之、
四百文　院町地子之内除之、
已上弐貫四百文、如式記者、以去年々貢之内除之、加四銭子利平、令算用支配云々、
一　同支具料之事
玖斗〈拝師庄升定〉拝師庄年貢之内除之、

（馬田）

**4**（二五一頁2）　真22③補注「後宇多院勅願」の項に示したように、応長二年（一三一二）以来、不定期的に行われてきた伝法会は正和四年（一三一五）より春秋二季、三〇日間にわたって行われる方式に改められ、伝法会の学頭も一人から二人に、学衆の人数も七人から一六人へと増加した（『東宝記』六「二季伝法会」）。真24が定められた文和二年（一三五三）の段階で、既に伝法会の欠席が問題とされていたが、本文史料ではさらに細かな事情が明らかとなる。本文史料冒頭補注前掲の「東寺置文等総目録」⑥伝法会条々では、伝法会の遅参や免に関する次のような取り決めを載せている。

一　談義遅参早出事
延文五年十月廿六日引付云、香三分一内不参者、可為遅参、談義不終已前令退出者、可為早出、遅参早出之両条共有之者、可准不参科矣、
一　二季談義聴衆早出時分事
嘉慶二年二月廿三日引付云、陀羅尼始行已後、可退出之旨、同治定訖、
一　印可資葬籠之時、被免許談義事
《貞治元》康安二年引付云、栄宝律師談義免事、為杲宝法印印可弟子葬籠之間、被申御免之処、評定儀云、西方院法印〈仲我〉宝護院法印〈頼我〉為聖無動院〈道我〉印可弟子葬籠之時、於談義者、被免之云々、已為先例之上者、不可有子細、向後可守此法矣云々、
一　雖令籠居葬家、卅ヶ日已後、被許談義出仕事
応安八年四月十日引付云、教深僧都出仕事、三月十日禅舜法眼他界、依有契約之旨、令籠居彼葬家了、而卅ヶ日以後、被許出仕乎否、及其沙汰、去年正月於供僧方如定法式者、非重服者、五旬以後、被許出仕者先規也、然者不依惣寺法度、於談義者、又可有料簡之由、彼僧都申了、仍召法家勘状、就其可有沙汰之旨、於談義所評儀了、
問状詞
令籠居葬家非服者之輩、雖為中陰於卅ヶ日以後者、随所用、遂　勅会出仕哉否事
答人死限卅日之間、非服暇人者、縦雖混喪穢、限已後　勅会出仕之条、理以無疑而已、
防鴨河判官左衛門少尉中原朝臣章忠
法家勘状分明之間、被許出仕了、但来十五日鎮守講事、可為何様哉、重披露之、当堂

事者、雖被守法家勘状、於社頭者猶可有了
簡歟、先可有斟酌之旨沙汰了、
　　已上応安八年引付也、
文安四年引付云、師匠死去三十ヶ日以後、
次談義出仕事、任旧記、着墨帯出仕之条、
可任主之所存、又五旬已後者、任法度、可
有出仕定也、此旨為向後堅可記置之由、衆
儀畢〈宗承私云、右師匠トハ覚寿法印也、
資トハ宗寿僧都也、灌頂之師資也、仍重服
也、可知之〉、
一　康永三年〈甲申〉十一月廿日引付仁、加行
暗誦之時、談義免事有之、
一　観応二年〈辛卯〉二月十九日引付云、両季
不参科事、如置文者、無由両季令不参者、
可出学衆云々、而依所労被免除之上者、不
可有其科云々、仍仲我法印両季被免除了
云々、
一　文和元年〈壬辰〉引付云、在遠国依違例
等、談義免申事、必会中可出状、若不然者
不可然云々、
　此篇目同二年以連署、被定置文了、
一　康正二年〈丙子〉四月十四日引付云、廿一
口年預諸法会近年免許云々、雖然於二季大
会者、如先規御公事等之外者、可為不参旨
衆儀処也、就中於論義者、可被准廿一口方
之諸法事者也云々、
一　《長禄元》康正三年〈丁丑〉四月五日引付
云、高野参詣之輩伝法会免許之事、元徳・
至徳両度之置文限参籠、於参詣者一向無其
沙汰、仍今度宝済〈改教済〉律師参詣之刻、
及評儀、所詮遠行之輩、為免除之規式上
者、准彼可被免之、但可経奉行案内、不可
及免状云々、
一　《真俗記内》寛正四年十一月廿七日評儀
云、大会中物詣并遠行之時、学衆之仁、談
義可有免許哉否事、如元徳元年置文者、難
去依子細遠行之時者、可有免許之旨分明之
上者、遠行之免不可及異論矣、但正和五年
置文云、高野参籠之外自余参籠物詣、不可
有免許云々、所詮向後守此法式、高野参詣
同参籠〈百日以上千日為限〉并依難去子細郷
里下向、同遠行之時、可有免許矣、於自余
之参詣同参籠等者、不可有免許之旨、衆儀
評定畢、
一　《真俗記之内》文明十四年四月四日評儀
云、大会免許事、寛正四年十一月廿七日置
文之旨、高野参詣同参籠并郷里下向同遠行
免許云々、如文言者、郷里下向与遠行両条
免許見タリ、然而如近年科替者、於遠行者
無免許者也、仍如寛正四年引付者、郷里下
向之遠行云々、爾者彼置文筆誤歟、所詮郷
里下向之外仁、不可有遠行之免、但雖為郷
里下向、任度々法式、於会中不出誓言免状
不可有許容之旨、治定畢、
一　《真俗記内》文明十五年十二月十四日評儀
云、於郷里下向者、免許分明也、爾而近年
号免許、累年旧里遠行之輩有之、学校之凌
廃、談席之零落、嘆而有余、所詮自今以
後、於旧里下向者、一期一度可被免之、及
再篇者科怠、如往古一日別五疋宛〈但十ヶ
日已後可為十疋〉之旨、追加畢、
一　《乱中法式》応仁三年〈己丑〉引付云、大会
不参科事、如去年供料内一疋宛云々、又科
替増分十ヶ日已後、又唯可為一疋宛、世上
本復而、徳分為本法者、毎年可被任法令
云々、
一　文和五年九月廿六日引付云、田舎下向学
衆供料、八九両月中供料支配之時、令在国
者、先可置供料於納所云々、
一　延文四年引付云、寛覚僧都申師匠忌中葬
籠之上者、二月談義可被免之云々、此人雖
補学衆未及初参之儀、准仁和寺会堂例、未
参堂以前者、不及供料支配、然者不参歟、
不可免矣云々、
一　貞和五年〈己丑〉二月晦日引付云、供養法
定伊当番之処、為三ヶ日暇日数内不参之
間、次臈次栄宝可勤仕之旨、相触之処、堅
申所存、仍及沙汰〇栄宝勤仕叶理歟、猶申
所存者、可及罪科之由、衆儀畢、
一　応安八年引付云、服暇事、仁和寺伝法会
例、重服輩雖会参、於供養法者、不勤仕之

云々、当寺不守彼法之旨、延文二年〈丁酉〉二月日、頼我僧都依道意僧正入滅、為重服之時、及其沙汰畢云々、

一　延文五年十月廿六日引付云、談義不参分有之者、可寄附試講足云々、

一　永和三年四月廿七日引付云、大会試講捧物、以代物可支配之由事有之、元者料紙云々、

一　同年引付云、初任学衆供料支配事、於談義出仕已前供料者、勘日別五疋宛、如不参供料止之、可加明来試講足也云々、

一　永和四年十二月廿七日引付云、新補学衆供料支配事、所詮雖及種々意見、所落居者、准不参之例、勘参勤之日数、宛毎日五疋分可支配之、但春季一円令参勤之仁、若死去若辞退者、一年中供料半分可下行之、又冬季一円令参勤之仁、可准之、如冬季第三日乃至第五、第六日、又晦日令初参者、勘日数宛毎日五疋分、可支配之、仍先今日評議如此落居了、雖然猶委細追而可有沙汰者也、

一　嘉吉二年九月廿九日引付云、観智院律師談義出仕事、去四月七日補任状雖遣之、依日次悪、自十日令出仕歟、仍七日八日九日三ヶ日、雖帯補任、無出仕之上者、可為不参者也、仍供料事闕之、可被作試講足之由治定了、

（馬田）

**当会**（一二五三頁1）　伝法会会中講については、『東宝記（影印本）』六「論義条々」において、鎮守講、御影堂論義に続く「五日十座論義」として、次のように記している。

康永三年〈甲申〉十月十日、於御影堂始行之、道我僧正入滅之刻、為　後宇多院叡願之由、依有被申置之旨、所及此沙汰也、證義二人〈両学頭〉論義衆十人、内学衆八人、隔年勲仕之、於不足二人者、四人学頭〈伝法会学頭二人、勧学会学頭二人〉令挙門弟等、守護六度両経、隔年講讃之〈結座新写仁王経、開題演説〉以寺領上桂庄一方〈学衆方〉年貢相宛料足、是又依僧正遺言也、但件料足有名無実之間、未来相続頗以難知、勧学無双之勝計也、尤可被加不朽之紹隆者哉、其後文和三年以来、止彼論義、二季伝法会中、黒月十五日令執行試講、是為勧老若満遍之稽学也、

至徳三年〈丙寅〉十月十四日、会中講於北面始行之、證義一人、当季学頭寛覚法印、講師親運法印、問者隆禅律師、毎季以十四日為式日、講経仁王経、配文当季講釈疏釈論也、所作人学衆中、守巡次第勤之、春季八幡法楽、冬季稲荷法楽擬之、捧物拝師庄土貢内、二石相宛之、其外良宝僧都令寄附其足云々、無双興隆未来永々不可失墜者也、

もとは道我の遺言として、康永三年（一三四四）十月、上桂庄の料足によって行われる論義として始まったものであったが、文和三年（一三五四）以来、それに代わって伝法会中の黒月一五日間のうちに試講が行われるようになったとする。伝法会中の試講として行われるようになったのは、本文史料のいう文和二年なのか、『東宝記』のいう文和三年であるのかは検討を要するが、この試講が後に会中講として整備されることになった。本文史料冒頭補注前掲の「東寺置文等総目録」⑪会中講条々では、「始行年紀事」として先の『東宝記』の至徳三年（一三八六）の記事を掲げた後、次のような記録を載せている。

一　同会廻請案〈仁和寺会中講写之云々〉

会中講所『参会未剋云々』

〈読師〉観智院大僧都

〈講師〉大染金剛院法印

〈問者〉按察使律師

右、来十四日会中講依例請定如件、

至徳三年十月　日

一　同捧物料事

〈旧記云〉

壱石〈下行延定、一石三斗六升〉

拝師庄年貢内〈依時和市多少不定〉

壱貫陸拾文　市町地子内

〈百文　公文給　五十文　定使給

残九百拾文内　百伍拾文　文具

弐拾文　門指云々、此儀大ニ不審、

追而可尋決者也云々〉

一　同支具加増事
旧記云、学頭〈加二帖、唄一帖、都合三帖〉
読師二帖　講師二帖　問者一帖　散花一帖
聖三人各一帖〈返引無之〉、預三人各一帖
其外代官仁躰有之者、如本人一帖宛可給
之、若無出仕〈若他行、若蟄居〉不可支配也
云々、

一　同菓子代事
弐百文　春季分　　参佰文　秋季分
〈已上五百文、自廿一口浮足方下行之云々、
秋季五膳之内　奉行一膳　三聖人方二膳
之内、盛リ物三種、学衆方公文方エ下行
之、二膳預方　已上五膳之支配如此云々、
春季三膳之内　一膳聖方　二膳預方　奉
行分無之云々、一膳別ニ八種也、依敬法
預之口説注之訖〉
右菓子代自廿一口浮足方出事、八条五段田
之内一反六十歩年貢地子之内也、此則良宝
法印寄進、光瑜論義〈五十疋〉勧学会試講壱
貫四佰文　已上弐貫四百文、此一具之内也、
一　同料所市町四ヶ所注文〈良宝法印寄進〉
一所　七条坊門櫛笥北頬西角
口五丈五尺　奥九丈三尺
地子五百五十文〈此内加地子ニ市町
百五十文出之〉、
定地子四百文　夏冬弁之、
一所　七条大宮南頬中程
口一丈二尺〈東〉奥八丈一尺
地子三百六十文〈此内加地子卅六文
出之〉、
定地子三百廿四文　夏冬弁之、
一所　同西
口一丈四尺　奥八丈九尺
地子四百廿文〈此内加地子四十二文
出之〉、
定地子三百七十五文　夏冬弁之、
一所　七条櫛笥南頬西角
口二丈五尺　奥十丈
地子七百六十五文〈此内加地子七十
六文出之〉
定地子六百八十文　夏冬弁之、
一所　塩小路櫛笥東頬南角
口二丈六尺　奥十二丈二尺
地子五百文〈此内加地子七十六文出
之〉
定地子四百廿一文　夏冬弁之、
以上定地子弐貫百八十六文
応永二年十二月　日　　注之云々、
一　康応二年十月三日引付云、会中講問者
事、今度依学衆闕十五人之間、以闕為数
者、上八人、下八人、以下八人、一﨟可為
問者、但如此闕者、以末可為闕、然者末七
人之初、可為問者云々、
一　同年正月五日引付云、会中講證義大会学
頭無参勤者、可為勧学会学頭之由、評定治
定畢、可被存知此旨云々、

（馬田）

真26（二五七頁1）「東寺百合文書」ひ函一〇号。京都府立総合資料館蔵。同館の写真帳による。欠損部分は、本文史料を確認した「東寺百合文書」ヤ函九四号により補った。大法師「栄宝」以下の署名は奥に向かって順に、阿闍梨「禅瑜」／阿闍梨「禅□」／阿闍梨「弘意」／阿闍梨「杲厳」／阿闍梨「朝恵」／阿闍梨「弘□〔雅〕」／阿闍梨「尭宝」／権律師「亮忠」／権律師「朝□」／権律師「禅仙」／権律師「厳快」／権律師「寛済」／権律師「行□」／権律師「杲宝」／権律師「良朝」／権律師「頼我」／権律師「仲□」／権律師「空遍」／権律師「定潤」／権少僧都「禅□」／権少僧都「真聖」／権少僧都「清我」／権少僧都「真瑜」／権少僧都「厳□」／権大僧都「深源」／権大僧都「弘縁」／権大僧都「隆□」／法印権大僧都「親海」／法印権大僧都「了賢」／法印「俊□」／阿闍梨「教遍」／阿闍梨「宏寿」／阿闍梨「頼□〔暁〕」／阿闍梨「実成」／阿闍梨「良□〔宝〕」／権律師「教深」／権律師「賢宝」／権律師「義□」／権律師「観杲」／権大僧都「道賢」／権大僧都「親運」／権大僧都「成聖」／権大僧都「寛覚」／法印権大僧都「宣□〔誉〕」／法印権大僧都「全海」／「権少僧都宗海」／「権律師頼寿」／「権律師賢仲」／「権律師杲尭」／「権少僧都宣弘」／「権少僧都賢済」／「権律師良

秀」／「権少僧都堯清」／「権律師義慶」／「阿闍梨賢我」／「権大僧都弘経」／「権少僧都栄暁」／「権少僧都杲忠」／「権大僧都賢済」／「権大僧都融然」／「権大僧都舜賢」／「権大僧都隆禅」／「阿闍梨宣経」／「阿闍梨光清」／「権律師光尊」／「阿闍梨順清」／「阿闍梨快済」／「権律師宗源」／「権少僧都経舜」

となっており、署名はそれぞれ自署である。

署名は全体として三つの部分に分かれる。一つ目は阿闍梨「禅瑜」から法印「俊□」までの三〇名で、本文史料を制定した段階の鎮守供僧の構成員と考えられる。二つ目は阿闍梨「教遍」から法印権大僧都「全海」までで、ある段階でこれら一五名の署名がなされたと考えられる。三つ目はそれ以降のもので、「権少僧都宗海」以下、新たな供僧が加わるごとに自ら位署を書き加えたと考えられる。この連署は応永十一年(一四〇四)から中断し、康正三年(一四五七)に再開された。この時、本文史料を新写して当時の供僧の連署を取って、その後の加判に備えた(「東寺百合文書」ヤ函九四号、富田正弘「中世東寺における法の制定と編纂」『京都府立総合資料館紀要』一六、一九八八年)。(馬田)

**真27**(二五九頁1)　「東寺文書」六芸之部、楽甲二。東寺蔵。上島有編著『東寺文書聚英』(同朋舎出版、一九八五年)によった。この文書の紙面右端に押紙が付されているが、それはもと端裏書で、その文面は「連署状　鎮守八幡宮供僧職末来補任事　観応三・七」である。

また阿闍梨「実禅」に続く署名は以下の通りで、「　」を付した部分は各人の自署である。

阿闍梨「義宝」／阿闍梨「栄宝」／阿闍梨「亮真」／阿闍梨「禅瑜」／権律師「定伊」／権律師「禅聖」／権律師「朝源」／権律師「弘意」／権律師□／権律師「朝恵」／権律師「興雅」／権律師「禅仙」／権律師「厳快」／権少僧都「亮忠」／権少僧都「行賀」／権少僧都□／権大僧都「朝禅」／権大僧都「頼我」／権大僧都「深源」／法印権大僧都「仲我」／法印「真聖」／法印権大僧都「弘縁」／法印権大僧都「清我」／法印「定潤」／法印権大僧都「真瑜」／法印「厳祐」／法印「俊瑜」／前権僧正　(馬田)

**宮仕**(二六一頁1)　本宮仕が六人であることは、『東宝記(影印本)』二三に「八幡宮々仕六人」とあり、また建治三年(一二七七)四月日付の東寺長者道融袖判置文案に、宮仕本給田二反を「宮仕六人請取之」とあることから確認できる(「東寺百合文書」ツ函七(一)号)。この本宮仕は修理別当(執行)と目代によって補任される。それに対して鎮守供僧が成立して以降、新たな法会・所務等の雑務を担うために、鎮守供僧によって補任される新宮仕が置かれた。

　東寺八幡宮供僧政所下
　　当社新宮仕職事
　　　源国継
以人、所補任彼職也、宜従社役敢莫違失、故以下、
　応永七年十二月十三日　公文快舜在判
権少僧都在判

署判は鎮守供僧方の年預(この年は宝輪院宣弘)と公文である(鎮守八幡宮供僧評定引付応永七年(一四〇〇)十二月五日条「東寺百合文書」ワ函一七号)。それに対して請文は次のようである(「東寺百合文書」を函一〇三号)。

(端裏書)
「新宮仕請文〈八条八郎三郎子〉广永卅二・六・十八」
謹請申
　東寺八幡宮新宮仕職事
一　対申上様、不可致狼藉振舞事
一　不可好闘諍々論事
一　宮仕部屋不可預置一服一銭〈南大門前〉茶具足、不懸茶屋煩等事
一　雖非番随召可専社頭奉公事
一　当番之時、傍輩之外不可用代官事
右条々背請文旨、可被召上所職者也、仍請文状如件、
　応永卅二年六月十八日　源末続(花押)

東寺の宮仕については、阿諏訪青美「東寺の宮仕と庶民信仰」『中世庶民信仰経済の研究』校倉書房、二〇〇四年)参照。(馬田)

真28（二六三頁1）　「東寺観智院金剛蔵聖教」一四四箱五号。東寺蔵。京都府立総合資料館架蔵の写真帳によったが、この文書は近世に作成された写しである。また至徳四年（一三八七）六月日付で、ほぼ同文の籠衆方式条々が定められている（「醍醐寺文書」一一二函五三号）。（馬田）

**籠衆**（二六三頁2）　寛正三年（一四六二）に籠衆に補された宗承は次のような請文を提出している（「東寺百合文書」京函一一〇号）。

請申
　東寺籠衆法式条々事
右、守永和三年張文旨、雖為一事、不可違越之儀、云行儀、云競学、毎事可仰学頭并師匠之諷諫、次於八条以北者、雖片時不可立出、就中雖為八条以南、於世間者住宅〈執行・公文所・雑掌等〉者、不可出入、万一依不儀等事、衆中御制止之時、不可忽緒申衆命、此等之趣、不可違犯之旨、所仰　大師八幡大菩薩照覧也、仍請文之状、如件、
　寛正参年二月廿八日　宗承（花押）

「東寺置文等総目録」（「東寺観智院金剛蔵聖教」二一三箱一九号）では、次のような記事を掲げている。

一　〈第廿〉籠衆方条々
　貞和四年正月廿三日引付云、籠衆北面朝夕参勤事、依人誂、不可参勤、若自元、為供僧者、非制限、但籠衆相節闕如之時、師匠加扶持者、於其師匠代官者、可参勤之間、相博事、可為五ヶ日以上、両三ヶ日等不可叶也云々、
一　観广二年十月十三日引付云、籠衆奉行事、於向後者、付学衆奉行、有其沙汰云々、
一　延文五年引付云、度者依所労退出之時、令勧進便宜輩、可令下行相節矣、
一　延文三年引付云、学衆与非衆相並而令所望籠衆者、令補任非衆之条、為興隆歟、且以彼労功、補学衆之也云々、
一　广永十年九月廿日引付云、覚寿阿闍梨准籠衆事有之、頼源阿闍梨例云々、正度者三人満之者、不可有之、若正度者二人、准度者有者、此外正度者不可有之、此外猶委細有之、雖然無用之間略之、
一　广永廿六年十月十二日引付〈仁〉籠衆経廻境之事、四足門ヨリ外へ被博事有之、
一　永享四年四月十二日引付〈仁〉籠衆依病気辞退事有之、
一　定籠衆次第方式〈旧記不見之、当年公尋・瑶遍両人所望之時、尋知分大概如左注〉
先兼日催学衆評定、可有披露日限、依衆儀定日以前、可被出所望状之由、以当番預、若輩之衆令勧策之、仍所望之輩、認状持参学衆奉行許、奉行請取之、以預遣廿一口年預〈但彼持参所者、非学衆年預、廿一口年預也〉、仍催供・学評定、被定之〈宝荘厳院方引付ニ付之〉、是併以三村年貢相宛長日相節故也云々〈以往之儀、必非如此歟、為学衆奉行披露之趣、粗引付ニ見之歟〉、仁躰治定已後、彼所望状、如元学衆奉行〈江〉被返之、仍手文箱納之、請文以下為学衆奉行調之了、
一　所望状案文云〈杉原一重書之、内符無之、表裏有之、謹上無之、宛所廿一口年預也〉、
当時度者経歴之志候、被召加其衆候様、預御披露候者、所仰候、恐々謹言、
　正月廿五日　権律師公尋
　年預法印御房〈于時金勝院（融寿）〉
同諷諫状云〈両人分一紙被載之、杉原一重書之、内符無之、表裏有之、謹上書無之、宛所学衆年預也〉、
公尋律師・瑶遍公、被召加度者其衆候之条、本望之至候、但不儀不調等之子細出来之時者、堅可加炳誡之旨、可預御披露候、恐々謹言、
長享三正月廿九日〈于時妙観院法印〉公遍
三位僧都御房〈于時学衆奉行〉
一　同請文云、
請申
　東寺籠衆法式条々事

右、守永和三年張文之旨、雖為一事、不可有異越之儀、云行儀、云競学、毎事可依学頭幷師匠之諷諫、次於八条以北者、雖為片時不可立出、就中雖為八条以南、於世間者世[住ヵ]宅〈執行・公文所・雑掌等〉者、不可出入矣、万一依不調等、衆中御制止之時、不可忽緒申衆命、此等之趣不可違犯之旨、所仰　大師八幡大菩薩照覧也、仍請文如件、

　長享三年正月廿八日　　公尋

（馬田）

**真29**（二六七頁1）「東寺百合文書」や函四三号。京都府立総合資料館蔵。同館の写真帳によった。（馬田）

**仁和醍醐大覚寺等**（二六七頁2）東寺への横入が認められていたのは、元徳元年（一三二九）の段階では仁和寺・醍醐寺・大覚寺・神護寺・勧修寺・安祥寺であったが（真21）、それ以降については、貞和二年（一三四六）の段階では仁和寺・醍醐寺が（真32）、本文史料では仁和寺以下の三寺が代表例として掲げられているのみである。

　廿一口方評定引付等から東寺寺僧への加入者を検討した伊藤俊一は、応永十二年（一四〇五）から文亀二年（一五〇二）までの四四例を検出している。これら引付等で知られる事例は、なんらかの事情によって寺僧への加入の是非が問題とされた事例である。したがってただちに一般的な傾向を示すものではないことに注意しておく必要があるが、伊藤の整理によると、そのうち寺内の者は一九例で、残りは寺外出身者だとしている（「南北朝～室町時代における東寺「寺僧」集団の変容」『室町期荘園制の研究』塙書房、二〇一〇年）。寺外の者についてその出身寺院が判明する者は、大覚寺三名、勧修寺二名、醍醐寺五名、仁和寺三名、随心院三名、青蓮院一名で、他に随心院の挙状を得て賀茂法幢院の弟子が、また宝泉院快寿の挙状を得て遠国より上洛し宝泉院に同宿していた者が寺僧に加入していたことがわかる。これら事例から判断すると、本文史料はあくまで加入の原則を定めたもので、具体的な問題は個々の事例に則して検討され決定されていたことがわかる。真30・32参照。（馬田）

**種族を精撰すべし**（二六七頁3）種族の精撰については、応永十九年（一四一二）に入寺の是非が議論された長松丸の事例で、本文史料が定める出身身分が問題とされた（廿一口方評定引付同年三月二十八日条「東寺百合文書」天地之部二〇号」）。

　一　長松丸進退事

　　宝厳院重申云、寺家御返事、委細承候了、雖爾、今一度可預披露、彼長松丸外戚事、雖蒙仰、外戚事者、公武共不及其沙汰、何今更可及御沙汰哉、所詮、依為大膳大夫〈重治〉実子契約、望申間、以此分、平被任申請、得度以後、被召加寺僧一分者、可畏入云々、此段、披露之処、歎分、尤雖有其謂、余如此儀重々之段、不可然、雖有其例、権門依或口入・或挙状等、無力、寺家令領状了、其段、且存知事歟、可然者、以無為儀有斟酌者、衆中一同可為本望由、衆儀了、

とあるように、宝厳院賢仲が推挙する長松丸は、廿一口方の評議では外戚、すなわち出身身分が問題とされていた。しかし賢仲はそれについては「外戚事者、公武共不及其沙汰、何今更可及御沙汰哉」と問題視することを避け、代わりに長松丸が久我家諸大夫である重治朝臣と実子の契約を結んでいることを前面に出して、寺僧への加入を求めたのである。評議ではなおも「以無為儀有斟酌者、衆中一同可為本望由」と、加入を躊躇する意見でまとまっていたが、翌日、足利義満の同母弟である小河殿（足利満詮）の奉書が出された（同前、三月二十九日条）。

　一　長松丸事

　　小河殿奉書云、

　　宝厳院同宿候長松丸事、久我家諸大夫重治朝臣、実子分之由申、然者、被成童形、始終者、被加寺僧之様、可有御披露于衆中候、殊御扶持事、無相違候者、可為御本望之由、可申旨候、恐々謹言、

三月廿九日　　《神谷》秀長判

普光院御房（杲暁）

此上之事、無力可令領状之由、衆儀了、衆儀趣、宝厳院令伝達之処、畏入存之由、返事了、凡此事、先年、重々雖有沙汰、于今、置文等不分明之間、今度又、如此事出来歟、所詮、於向後者、堅被停止此儀、可有起請連署之旨、衆儀了、

この奉書によって、長松丸の寺僧への加入を認めざるをえなくなったのであるが、それに際して寺僧への加入条件を定めた置文の不分明さ（不十分さ）が問題とされ、「起請連署」すなわち新たな置文の必要性が確認されることになったのである。（馬田）

**寺家惣別の…**（二六七頁4）　寺家侍の交衆について、応永二十六年（一四一九）には侍身分に属する青侍の寺僧への加入が問題となった（廿一口方評定引付同年二月二十九日条〔「東寺百合文書」ち函三号〕）。

一　増長院同宿童形〈青侍〉得度已後寺僧所望事、自寺務三宝院殿御口入、彼御奉書云、千代寿丸事、依為葉室猶子、始終可為寺僧之由、堯清法印内々申入事候、且為衆中無相違之様、可被計申旨所候也、恐々謹言、

二月廿四日　　賢長

年預法印御房（宝蔵院宝清）

披露之処、衆儀云、凡此事、或先例、或口入、其儀寺家承諾不一、連綿事歟、随而当寺務御事、就内外、毎事寺家憑申上者、兎角任奉書、可有其沙汰歟、但向後事者、堅定法式、可被停止此儀之条、尤可然歟、且又急可申御返事於寺務之旨、衆儀了、就中於未来法式者、急申定寺務、堅可停止之由、治定了、

一　普光院法印〈杲暁〉同宿菊夜叉丸事〈本姓公文定深法眼子、執行栄暁僧都猶子〉

彼法印所望云、件菊夜叉丸事、被准童形、得度之後、被加寺僧者、可畏存也、大方此者事、雖為定深子、於于今者、為執行僧都実子分、所職等相続之用意之間、旁為蒙衆免、申請之由、可披露云々、

此条披露之処、栄暁僧都契約治定之上者、不可有子細歟、但向後事者、依事可有用捨之由、衆儀了、

この時、本文史料によって排除されたはずの寺家侍身分の者の入寺が問題となっている。一件は千代寿丸をめぐるもので、彼は増長院堯清の青侍でありながら葉室長忠の猶子となり、かつ寺務三宝院満済の口入も得ていたのである。この満済の口入が決定的な要因となったのであろう。「就内外、毎事寺家憑申上者、兎角任奉書、可有其沙汰歟」と、満済の政治力に頼ることが多いという現状を踏まえて、その意向を請けるかたちで千代寿丸の加入が認められることになった。ただこの決定はあくまで特例であって、今後の問題については、新たな法式を定めて寺務の口入を禁ずることによって、寺家の侍身分の入寺を禁じようとする合意がなされたのである。

もう一件は菊夜叉丸をめぐるもので、彼は公文定深の子、すなわち寺家の侍身分に属する者である。けれども執行栄暁と実子の契約を結び、諸職相続の用意があるという。この栄暁は、東寺執行の一族でありながら、至徳二年（一三八五）から応永十三年（一四〇六）まで廿一口供僧となっている。菊夜叉丸はその栄暁と実子の契約を結ぶことによって彼の諸職、すなわち寺僧身分に関わる諸職を継承し、寺僧に加入することを願ったのである。したがって侍身分の子とはいえ、供僧職の相続という性格が強い。そのため、評議においても「不可有子細歟」と判断されたのである。しかし、こうしたことが続くならば本文史料のいうところの「公人以下成等輩之思」という事態を招くことになる。そのため「向後事者、依事可有用捨」と、今後このような人物の寺僧加入は認めない方向で話がまとまったのである。（馬田）

**真30**（二六九頁1）　「東寺百合文書」ユ函七八号。京都府立総合資料館蔵。同館の写真帳によった。同編による『東寺百合文書目録』三（吉川弘文館、一九七八年）では「宝生院杲覚等連署交

衆法式請文」の文書名がつけられているが、本書では文意を取って本文史料のように改めた。

この文書には「当寺交衆俗姓法度連署之案」の端裏書がある。また署名は日下から

阿闍梨定清／公遍／原琳／有俊／寛済／隆耀／宗忍／融寿／隆基／覚永／宗雅／宝済／快耀／原永／実宗／覚祐／宗耀／宏清／堯全／宗杲／重增／堯杲／勝清／宗寿／杲覚

となっており、若衆方の全構成員である。そのなかに、本文史料が作成されるきっかけとなった、相論の当事者である宝勝院重増が含まれていることに注意する必要があろう。

若衆方は、権少僧都以下の寺僧で構成される組織で、掃除方とも呼ばれる。この若衆のうち有俊、融寿、覚永、宗雅、快耀、原永、実宗、覚祐、宗耀、宏清、堯全、宗杲、重増、堯杲、勝清、宗寿、杲覚は同時に鎮守八幡宮供僧となっている。さらに有俊、融寿、覚永、宗雅、宏清、宗杲、重増、堯杲、宗寿は廿一口供僧を兼ね、原永、覚祐、堯全、勝清、杲覚は学衆を兼ねている。それ以外の者については、定清、宝済は康正元年(一四五五)から、公遍、隆耀は同二年から、原琳は享徳二年(一四五三)から、それぞれ鎮守八幡宮供僧となっているが、隆基、宗忍、寛済については確認できなかった。(馬田)

**東寺交衆仁躰俗姓法式**(一二六九頁2)　若衆方では、文安六年(一四四九、宝徳元)三月から若衆の条件に関する評議が続けられていたが、本文史料が作成された閏十月より、俗姓のない稚児への対応が問題になっていた。若衆掃除方評定引付宝徳元年閏十月七日条には、

一　就落書是非之趣、可被決歟之由披露之処、如落書並風聞者、宝勝院之児無俗姓条、為秘定(ママ)之間、肝用先湯屋出仕事不可叶(中略)以内々口入無停□者、堅可致御沙汰之由、連署有之畢、

と記されている(「東寺百合文書」ナ函三六号)。東寺の交衆になることを望んでいる宝勝院同宿の稚児(梅千代丸)について、俗姓がない、すなわちその稚児の出自が侍ではないとの落書があったのである。若衆としてはまずその稚児の湯屋への出仕を止めるよう、廿一口方年預の金勝院融覚に対して「内々口入」を求めた。問題の稚児を同宿させている宝勝院重増の説明は次のようである(同前、閏十月十一日条)。

一　大輔僧都返事趣云、如此少児推挙仁申者、於根本之俗姓者、為侍条秘定(ママ)也、雖然町人之為養子間、如此及沙汰候歟、次以根本侍之子細雖可申明、此児始候て、出家得度交衆等之事不定之間、対衆命登角□儀無其詮、可被聞召開之間者、先以湯屋出仕事、可致斟酌候由、有返事由、披露了、

すなわちこの稚児は根本は侍であったが、「町人」の養子となったために俗姓の有無が問題とされるようになったとした上で、この稚児を出家得度させることについては不定であり、衆議に異議をはさむのは詮無いこととして、湯屋出仕の停止を受け入れている。結局、若衆としては「彼俗姓自今以後、以未決之儀、為交衆致得度等風聞有之者、一同堅可有御沙汰之由、重而蓮(ママ)署之掟也」と、その稚児については今後も交衆となることを認めないと決定している(同前、同日条)。本文史料は、ここに見える「重而蓮署之掟」として作成されたのである。

本文史料では、百姓身分の者だけでなく「芸才職人」の入寺が問題とされている。後者については、仮に出自が侍品であっても「芸才職人・商人等所作」をなした場合は交衆を認めないという強い方針が打ち出されている。それはこの梅千代丸が侍品の出自でありながら、「母ハ布売、父者出町ニ、号何屋ト類也」という家から入寺した稚児であったためである(若衆方評定引付宝徳二年七月二十七日条〔「東寺百合文書」け函六号〕)。真29の段階では、寺僧の出自について「侍以上」と定めることで充分であったが、本文史料の段階ではその「侍以上」のあり方が多様化し、かつ流動化したため、さらに詳細な規定が必要になってきたことを示している。

交衆の俗姓については、既に文安元年に観智院の稚児宮寿について問題となっている(「東寺百合文書」や函七七号)。

敬白　起請文事
右子細者、観智院宮寿殿、山名殿方大田垣能登入道之子也、幼稚時親父在国間、預置乳母養育之、然依有契約子細、愚僧取立之、幸依為法器、且存興隆、且為先師代々報恩謝徳、奉令挙達観智院者也、雖然、無其俗姓由披露間、為散寺家之御不審、捧一紙告文、若此旨偽申者、(中略)仍起請文□〔状〕如件、
　文安元年十一月四日権律師覚増敬白(花押)

この稚児宮寿は「契約子細」によって覚増が取り立て、「法器」だとして寺僧となるため観智院に同宿していた。その稚児の俗姓の有無が問題とされたのである。稚児を取り立てた覚増は、彼が山名宗全の被官である太田垣入道の子息、したがって侍の出自であったにもかかわらず、幼少の頃に父親の在国によって乳母に預け置かれたために、俗姓がないと誤解されるようになったのだと説明している。俗姓の有無が、寺僧となる際に重要な問題とされていたのである。

　ところで先の梅千代丸の問題については、本文史料が作成された後になっても決着がつかなかった(廿一口評定引付宝徳元年十二月十三日条〔「東寺百合文書」ち函一五号〕)。

一　就宝勝院児事、自遊佐ミマサカ方申通、梅千代丸乙妻メ弟、四条町養母云々、此子細披露之処、先両三度申間、明日〈十四日〉以雑掌、人数他住之間、披露不事行由、可申遣之由、治定畢、
　　　　　　(以下一二名略)

畠山の被官である遊佐美作守が、梅千代丸は被官の「乙妻(オトメ)」の弟であって、四条町の養母に育てられたこと、さらに「於寺家無俗姓由、有其御沙汰云々、口惜次第候」と申し入れてきたのである(若衆掃除方評定引付宝徳元年十二月十八日条〔「東寺百合文書」ナ函三六号〕)。さらに翌年には畠山大夫からもこの稚児について申し入れがあった(若衆方評定引付宝徳二年七月二十七日条〔「東寺百合文書」け函六号〕)。これに対して若衆中は、宝勝院重増を義絶するという行動をとった(「東寺百合文書」ム函六四号)。

　(全文抹消)
　重増僧都義絶間事
右子細者、重増僧都同宿童形之身上、権家吹挙被申事以外所行也、依之以一味同心之儀、可被絶向之由、衆儀治定之処也、
一　宝勝院公事外者一切不可有出入事
一　同師弟寺役相博幷自他誂事、不可有之事
一　寺中幷諸院家法事会合等事、公事外不可有之事
一　諸奉行合点事、不可有之事
一　彼仁諸坊中経廻不可叶事
一　合力会合不可叶事
若背此旨者(中略)仍起請文之状如件、
　宝徳弐年九月廿一日　　堯賢(花押)

さらに同日付けで公人中の起請文も作成されている(「東寺百合文書」ユ函八一号)。

　(全文抹消)
大輔僧都坊与御若衆中義絶之由、蒙仰候、随而於公人中者、彼御坊中非御公事者、一切不可参入申候、就中付此題目、雖為何事御命可罷随者也、若此旨偽申候者、(中略)仍起請文状如件、
　宝徳弐年九月廿一日　　祐成(花押)
　　　　　　(以下八名略)

これらの起請文が示すように、若衆のみならず公人中まで含めて、重増僧都およびその院家である宝勝院との交わりが断たれたのである。この措置によって梅千代丸の寺僧加入は実現しなかったものと判断されるが、重増に対する義絶が解かれたのは康正二年(一四五六)のことである(「東寺百合文書」ユ函八六号)。

　請申
一　先年同宿仕候梅千代丸、依無俗姓之御沙汰、数年間預老若絶向畢、然而連々懇望間、預御免許之条、本望至候、万一於自今以後、如此等之現不儀候者、不及是非之御沙汰、可預御罪科者也、(中略)
右条々堅守此旨、敢不可違越、(中略)仍請文之状如件、
　康正二年三月廿一日　　重増(花押)

先に掲げた二通の起請文は、いずれも全文が斜線で抹消されているが、それは義絶が解かれたことによるものと考えられる(伊藤俊一「南北朝〜室町時代における東寺「寺僧」集団の変容」『室町期荘園制の研究』塙書房、二〇一〇年)。

なお、長禄四年(一四六〇)にも、金勝院に同宿している俗姓不分明の小僧が、出家し寺僧への加入を求めたことが問題となった。若衆中としては、この小僧を坊内から追い出すと同時に、若衆のうちでこの小僧を扶持した者を義絶する措置をとり、あわせて俗姓のない者の交衆拒否、その計略をめぐらした者を交衆から抜くことを確認している(同年十一月晦日付東寺若衆連署交衆人躰精撰法式請文〔「東寺百合文書」オ函一六八号〕)。社会における身分秩序が流動化するなかで、従来からの秩序にそぐわない層からの寺僧加入の動きに対して、それを拒否し、あくまでも寺内の身分秩序を守ろうとしていたのである。(馬田)

**真31**(二七一頁1)「東寺観智院金剛蔵聖教」二七二箱文一四号。東寺蔵。京都府立総合資料館架蔵の写真帳によった。法印権大僧都堯円に続く署名は、

権律師真永／権少僧都隆慶／権少僧都光深／法印権大僧都亮恵／権僧正宗淳

である。このうち堯円は最勝光院方および鎮守八幡宮方の奉行、亮恵は廿一口方の奉行である。勧学会に関する法式という性格上、学衆方の奉行も署名していたはずであるが、その人物は特定できなかった。なお「東寺観智院金剛蔵聖教」二七二箱文一三号の案文には「籠衆日数可減少之法式案〈天文十一・十月〉」の端裏書があり、日付の右肩に「宝暦四年戌至リ弐百三ヶ年及」の注記がある。(馬田)

**真32**(二七三頁1)学衆評定引付貞和二年十月十四日条(「東寺百合文書」ム函一八号)に収められている。京都府立総合資料館蔵。同館の写真帳によった。「大法師〻〻」に続く署名は、

〻〻〻〻〻／権律師〻〻〻／〻〻〻〻〻／権少僧都〻〻／権大僧都／法印権大僧都〻〻

である。供僧の名前が記されていないので、これらの僧がどのような立場でこの法式を定めたのかは明らかでない。ただ以下に掲げる僧坊の規制は、基本的に寺内全般を統轄する廿一口方で定められていることから、本文史料は学衆方評定引付に収載されているとはいえ、廿一口方によって定められたと考えた方がよいと思われる。なお本文史料は全文が斜線で抹消されている。(馬田)

**真33**(二七七頁1)「東寺百合文書」ほ函三九号。京都府立総合資料館蔵。同館の写真帳によった。この文書には次のような包紙上書と端裏書がある。

(包紙上書)
「西院外院禁制条々〈杲宝法印『自筆』〉」
(端裏書)
「寺中法式事」

なお本文史料は「東寺根本廿一口定額僧法式条々〈自貞和五年三月　日以来追々前後入込〉」の端裏書をもつ法式集(「阿刀文書」室町一〇〇)にも収められている。(馬田)

**真34**(二八一頁1)「東寺観智院金剛蔵聖教」二五七箱文二号。東寺蔵。京都府立総合資料館架蔵の写真帳によった。①②は同一の用紙に筆写され、その奥には次のような東寺長者御教書が付されている。

東寺湯屋坊敷地事、坊舎相続止住之上者、雖不能左右、就為杲厳僧都遺跡、厳瑜僧都猶有敷地管領競望歟、於界内縦雖有由緒、乱僧俗人等不可有自専之思条、代々長者式目等明鏡之上者、宜任古来之法度之旨、可有門葉相承之状如件、

至徳四年三月廿一日《地蔵院僧正》法務《道快》在判

増長院法印御房〈義宝〉

また①②と同じものは、「東寺根本廿一口定額僧法式条々〈自貞和五年三月　日以来追々前後入込〉」の端裏書をもつ法式集(「阿刀文書」室町一〇〇)にも収められている。

本文史料は、事書→証判・長者御教書→定(置文)という、法の制定の一連の経過が明らかになる文書であるが、ここでは②の定(置文)に

関連する内容をもつ前掲の文書があわせて記されていることに注目する必要がある。至徳四年（一三八七）に湯屋坊敷地の坊舎相続をめぐる争いが起こっており、その際に置文第三条で述べられている「俗仁之住宅」「乱僧之居所」の問題が取り上げられたのである。具体的には杲厳僧都の遺跡を厳瑜僧都が競望したのであるが、その厳瑜が俗人・乱僧と何らかの関わりをもっていたのであろう。彼自身が杲厳僧都の遺跡を受け継ぐべき由緒をもっていたらしいことは疑いないが、その由緒よりも寺内の秩序を維持するための論理が重要視されたわけである。その際に「代々長者式目等明鏡」と述べられていることは、本文史料のような僧坊規制が、代々の長者によって承認され続けているものであったことを示している（富田正弘「中世東寺における法の制定と編纂」『京都府立総合資料館紀要』一六、一九八八年）。（馬田）

**壊ち渡す**（二八三頁1）　一般に荘園領主が領内の住宅について一定の居住規制を加えていたことは既に指摘されているが（仲村研「住宅破却について」同志社大学人文科学研究所『紀要』八、一九六四年）、たとえば祇園社領について至徳二年（一三八五）および嘉慶二年（一三八八）に出された禁制で、

一　社領住宅等、不相触社家、留置旅人事
一　壊渡住宅於社領之外事
一　社領内住宅、不相触社家売買事

が命じられている（『八坂神社文書』二二〇三・二二〇四号）。寺僧以外の者に対する坊舎の移動を禁じたこの禁制も、基本的には多くの寺社に共通する規制であったといえるが、東寺の場合、その規制が弘法大師の「二十五箇条御遺告」によって規定された「密教の道場」であるがゆえに、よりストレートな形で表現され、また実行されようとしていたことに特色がある。（馬田）

**真35**（二八五頁1）　京都国立博物館蔵。写真版によった。本文史料を含む史料の全体像については真14冒頭補注参照。阿闍梨潤意に続く署名は、

阿闍梨教遍／〃〃〃寛紹／〃〃〃常全／〃〃
〃頼暁／〃〃〃実成／〃〃〃良宝／権律師教
深／〃〃〃賢宝／権少僧都観杲／〃〃〃賢
耀／〃〃〃禅聖／権大僧都朝源／〃〃〃
慎俊／法印権大僧都亮忠／〃〃〃弘雅／
〃〃〃行賀／〃〃〃真聖／〃〃〃
〃源深／〃〃〃清我／〃〃〃真瑜

の二〇人で、この日の評定が二一人の供僧全員の出席の元に行われていたことがわかる。三月二十一日の御影供が行われたことによるのであろう。（馬田）

**真36**（二八九頁1）　「東寺百合文書」み函六六号。京都府立総合資料館蔵。同館の写真帳によった。法師良増に続く署名は、

《筑前》寺主栄聡（花押）
《上総》上座増祐（花押）
《豊後》上座宝俊（花押）
《豊前》上座長成（花押）
《下野》律師元智（花押）

で、また奥上に異筆で「此条々夏衆中堅存知仕訖」と書かれている。（馬田）

**供花衆**（二八九頁2）　『東宝記（影印本）』一三に「食堂供花衆十二口」として次のように記されている。

根本夏衆尫弱、早僧等不当其器、御宇多院御代正和年中、当寺興隆之刻、以供僧学衆等坊人浄行青侍法師、令補其衆、夏中九旬之間、昼夜不断、供花相続勤行、料所上桂庄内、所避宛給田也、

（馬田）

**法度凌夷**（二八九頁3）　廿一口方評定引付応永二十二年（一四一五）五月十七日条に次のような記事がある（「東寺百合文書」天地之部二一号）。

一　夏衆中申、連署（署、以下同）状事、披露之処、申旨不可有子細、可出条之由、衆議了、

当寺供夏（花）衆法度事、衆中連署趣、披露之処、浄不浄・二夏・俗姓之三ケ条、供僧中存知之由、衆議所候也、仍執達如件、

応永廿二年五月十七日権大僧都（普光院杲暁）判
越前公御房（経誉）

ここでは法度の詳細は不明であるが、内容的に

は本文史料の前提となるものであったはずである。

　永享五年(一四三三)四月、浄慶都維那が夏衆を所望した際、夏衆から供僧に対して、浄慶には不清浄の風聞があるとして、「女人ノ膚ヲフレス」、「魚類不受用仕事」に加えて一七歳であることを、御影堂牛玉宝印を用いた起請文に誓うよう返答してきた。供僧はその返答をおおむね了承したものの、年齢制限については一七歳以前の者を夏衆に入れないことに関する支証が夏衆側にないため、夏衆の使節であった賢増に「十七歳以前不加夏衆由、牛王裏ニ可進懸起請文」とすると同時に、前年に夏衆に加わった賢増の弟子賢融についても「十七歳ニテ夏衆ニ入」ったことについて、同じく起請文の提出を指示した(廿一口方評定引付永享五年四月十八日条〔「東寺百合文書」ち函九号〕)。

　四月二十七日、賢増・賢融の起請文が評定の席で披露された。その際に「為未来夏衆中ヱ条目定法度可置」きだとして、年預が裏を封じ奥に諸奉行が連署した上で、夏衆の奉行(使節)に遣わされることになった。その法度は以下の通りである(同前、五月二日条)。

　　法度云

　近年供花衆中法度凌夷之間、重所被定之条目事

一　加供花衆之年齢事、於預仏具本尊等者、幼少輩太不可然、於向後者、自十七歳可加其衆也、

一　横入輩夏衆所望事、寺住以後、无殊違失而過一夏者、自其次夏、可入其衆也、但当夏之間、令寺住者、設於七月十三日十四日之間、雖令入寺、准経一夏而、自翌年之夏、可加衆也、

一　横入輩湯所望事、寺住已後、経弐百箇日之後、令啓案内於年預、又無殊違失者、可加湯衆也、雖可為諸院家青侍法式、依有一結衆、所被定置法度於夏衆中也、

一　供花衆用衣墨事、近年若輩等不論年齢、又不蒙衆免而用衣墨事、自由之至、尤所令禁遏也、所詮、年満三十五、始可用墨也、其必可経案内於年預也、

一　不清浄輩、依令所行露顕、雖抜其衆、猶令安住寺内之段、太不可然、既偽清僧之名、奉穢伽藍三宝之条、其科尤不軽、於向後者、匪抜其衆、別而可処罪科者也、

一　於堂内、不可令出入桶女等事、云放埒不律之因縁、云見聞之憚、旁以不可然、自今已後、堅可止女人之出入也、若猶令違背者、付見聞、致糺明沙汰、可処罪科也、

右条々、堅守法式、敢不可令違越者、仍衆議如件、

　永享五年〈癸丑〉五月二日　権少僧都宗融

　　権少僧都杲慶

　　権少僧都聖清

　　権少僧都融覚

　　権少僧都快寿

　この置文は「法度陵夷」を理由に重ねて定めたとしているが、本文史料も「重置文」と呼ばれているように、永享五年置文とほぼ同文である。したがってこの供花衆中の法度は、問題が起こったことをきっかけとして、繰り返し確認されるものだったといえよう。(馬田)

**十七歳より…**(二八九頁4)　一七歳という夏衆補任の年齢は永享五年(一四三三)の法度に見られるが、翌永享六年には夏衆の人数不足からその緩和がはかられている(廿一口方評定引付永享六年四月十四日条〔「東寺百合文書」ち函一〇号〕)。

一　夏衆中歎申云、夏衆人数当参四人、以此分御願難勤于斯、　年齢雖為未満、以別断儀、可被補御願歟之由申、衆議云、於十七未満輩、不可加其衆事大方也、雖然、依無人数、御願陵遅之由申間、可被加其衆治定畢、但於向後、堅可被守法度、雖然、又如今人数四人事有之者、雖為未満、可有了簡云々、

今回の措置はあくまで「別儀」という建前であったが、当参の夏衆が四人というような事態が起これば、同様の措置をとることが了承されている。

長禄三年(一四五九)には、逆に年齢を満たしてい

る者があるにもかかわらず、その者をさしおいて年齢に達していない者を加えようとしている事例もある(廿一口方評定引付同年四月十三日条(「東寺百合文書」天地之部三四号))。

一 増祐・聡秀二人来申云、夏衆現任纔五人之間、供花結番等、旁以難儀至極也、然間永玄法師〈三河〉年齢已満之上者、可被加衆歟之由、内々申試之処、於当年者、可有斟酌之由、自正覚院(原永)御返答之間、聡我〈石見、十五歳〉雖未年満可加衆歟、相尋聡快之処、寺家之御儀、無子細者、可入衆之由、返答仕者也、人数不足之上者、以別儀、被召加者、衆中可畏入云々、此趣披露之処、於永玄者、主人既斟酌之由、被申之上者、難及是非歟、仍聡我若為其器用者、可召加也、但当時人数不足之間、別段儀也、其衆及六人者、以年未満輩、不可加人数、更以不可為後例之由、堅可加下知之旨、衆議治定畢、

なお一七歳という年齢は、寺内において成人と見なされる年齢と考えられ、交衆への加入が認められるのも(廿一口方評定引付応永三十一年(一四二四)三月十七日条(「東寺百合文書」く函一一号))、また納所への補任が認められるのも(永享五年閏七月二十六日条(「東寺百合文書」ち函九号))、同じく一七歳である。(馬田)

**夏衆**(二八九頁5) 『東宝記(影印本)』五に「安居講」として「〈年中行事記云〉四月十五日安居始、至七月十四日終」とある。また「私云」として

延暦十五年東寺草創以後、毎年修安居講経、聖朝歴代御願也、最初唯講讃最勝王経、 平城天皇大同元年〈延暦廿五年也〉勅被加講仁王経、大師勅給之後、天長二年建立講堂、於此伽藍、講讃守護経、為毎年恒規、三月十日奏聞、四月八日宣下〈如右戴〉、其後元慶五年、宗叡僧正寺務之時、依陽成皇帝勅、加講法花経、前後講経既及四部、如近代不及毎日講讃、夏中六斎日以講代令勤仕之、如当時講代、供僧中兼帯之、仍法用僧亦衆中参勤之、具ニハ見天慶啓白ノ文、〈如右戴〉、

と概略が述べられている。すなわち延暦十五年(七九六)の東寺草創以来、毎年安居として最勝王経が修されていたが、平城上皇の勅によって仁王経が加えられ、天長二年(八二五)に講堂が建立されて以降、その後、法華経が加えられたという。この講讃は供僧中の「堪能之人」が行うことになっていた。(馬田)

**寺住以後**…(二八九頁6) 明徳五年(一三九四)四月、隆恵僧都青侍の頼金が夏衆を所望した際に、東寺参住後の期間が問題とされた。廿一口評定引付(「東寺百合文書」ち函一号)をもとに、その議論の経過を見てみる。

四月七日条では

一 《隆恵僧都青侍若狭公》頼金夏衆事

去年及重々沙汰、自当年可被加其衆之由、兼約之上者、不可及子細歟、其旨可申含夏衆中云々、

とあって、頼金が夏衆に入ることについては既に前年から議論がなされており、廿一口方としてもこの年から可能だとして、夏衆に指示しようということになっている。しかし夏衆からの返答は異なっていた。同十三日条では、

去年既為衆中被置法度、於横入輩者、当寺参住之後、過二夏、可被補云々、而頼金纔去年一夏歟、仍過当年一夏可被補歟、既背法度之上者、不可被加其衆云々、衆議云、去年就頼金沙汰之時、雖置未来之法度、於頼金者、当其身被置法度之条、不便之由、隆恵僧都申所存之間、以折中儀、自当年可被加之由兼約訖、仍不可混乱于法度、其旨重可加下知云々、

とされ、前年に二夏を基準とする法度を定めたので、一夏しか経ていない頼金の夏衆加入は不可だと夏衆側は主張した。しかし、前年の議論の際に、「未来之法度」を頼金に適用するのは不便だとする隆恵の訴えを承けて、供僧方は「折中儀」として頼金が今年より夏衆に入ることを認めていたのである。そこで頼金の加入が法度を混乱させるものでないことを夏衆中に下知することにした。しかし夏衆側は納得せず、また

前年の兼約についても夏衆中に伝えられていなかったため、年預賢仲は「於頼金者、自当年入衆之条、不可有余儀、於自今以後者、可被守二夏法度」きことを改めて夏衆に伝えた(四月二十八日条)。

　それでもなお問題の決着はつかず、夏衆からは頼金が東寺に参住する以前、播磨の三野寺に住していたときの問題が持ち出され(五月二十七日条)、「既過半夏、々々以後入衆之条、無其例之上者、於当年事者、可被閣之」との申し入れがなされた(六月六日条)。供僧学衆の両奉行が宿老に申し含め、六月二十三日になってようやく夏衆側が了承した(同日条)。以上の経過から、明徳三年に夏衆らによって、「二夏法度」すなわち東寺参住以後に二夏を経、その翌年から夏衆加入を認めるという法度が定められていたことがわかる。それにもかかわらず隆恵の青侍となっていた頼金については、例外的な措置ではあるが一夏を経ただけで夏衆への加入が実現されたのである。(馬田)

**衆議**(二九一頁1)　前掲の永享五年(一四三三)の法度は、供僧の評議で決定し、奥(日下)に諸奉行が署判をすえ、供僧方の年預が裏を封じて夏衆の奉行(使節)に遣わされることになっていた(前掲史料)。したがってその法度は上位者である供僧が、夏衆に対して遵守させるものであったことになる。それに対して今回の法度については、廿一口方評定引付の宝徳二年(一四五〇)四月三日条に次のような記事がある(「東寺百合文書」天地之部二九号)。

　一　夏衆中不清浄事、披露之事、一人者〈筑前〉可強文沙汰、三ケ日之間其失可守、一人〈伊与〉事者、既無其隠間、不及糺明之沙汰、可抜其衆之由、評儀治定、但此子細夏衆中へ申遣、衆中之所存之可相尋、有申子細者、重而可致披露之由、御治定了、

　今回も二名の夏衆の不清浄が問題となり、筑前については起請文を書き三日の間、偽りの証拠となる失の有無を守ることによって真偽を判定すること、伊予については不清浄が確実であるとして、衆を抜くという決定が廿一口方としてなされた。そしてその決定が夏衆に申し遣わされたのである。本文史料は、署判のありかたを見ると夏衆みずからが定めた形式になっているが、内容は永享五年の法度とほぼ同文である。また異筆で「此条々夏衆中堅存知仕訖」記されており、先の経過を考え合わせるならば、供僧の意向を受けて夏衆中として改めて法度を定めたと判断することができる。(馬田)

**真37**(二九一頁2)　「東寺百合文書」イ函一〇〇号。京都府立総合資料館蔵。同館の写真帳によった。なおこの文書には「手猿楽制禁請文〈寺中〉」の端裏書がある。また乗珎以下の署判者は

　清増(花押)／祐深(花押)／玄英(花押)
　祐成(花押)／証英(花押)／祐算(花押)
　祐賢(花押)／聡我(花押)／堯玄(花押)
　元秀(花押)／聡秀(花押)／増祐(花押)
　宝俊(花押)／聡快(花押)

で、いずれも三綱層である。

　同じ案文が、せ函六一号にあるほか、「田中教忠氏所蔵文書」にも目代法眼浄聡と勾当定増連署のほぼ同文の請文がある。(馬田)

**手猿楽**(二九一頁3)　『実隆公記』文明十三年(一四八一)三月十三日条には「今夜於宮御方、昭慶息以下密々有手猿楽、拍子物、有其興」とあり、永正二年(一五〇五)に粟田口で行われた勧進猿楽について記した「粟田口猿楽記」(『群書』一九)では「統領」とされる大和四座(今春・金剛・宝生・観世)に対して「其外おほくにわかれ」た演能者について「いま京洛上下に手猿楽とて、おほくいでき侍るたぐひなるべし」としている。

　東寺寺内における猿楽については、「延文四年記」三月二十九日条に

　於寺内在家、猿楽入夜在之、

とあるのが最初である(『大史』六—二二)。また稲荷法楽において猿楽が催されていたことも知られる(廿一口方評定引付応永十三年(一四〇六)卯月二日条〔「東寺百合文書」天地之部一八号〕)。

　一　寺内猿楽事

《稲荷法楽云々》彼猿楽、中絶以後四十余年云々、而当年若衆可致執沙汰之由、寺内輩被

仰付之処、当年、飢饉以外之間、平可蒙御免之由、歎申、就之、若衆度々此事被仰之処、不随仰之条狼藉也、此上者、自供僧方、所預給水田百姓職、悉可被召上之由、有訴訟之間、其分何様追可有其沙汰之由、評定了、

この猿楽は応永十三年より四〇年以上前から中絶しており、この段階で若衆をもって再興しようとしていた。少なくとも寺内の若衆は猿楽を演じることができたのである。

このほか鎮守八幡宮においても神事猿楽が行われていた。明徳四年(一三九三)二月には、赤松越後守の発願による猿楽七番が鎮守において行われて見物が群集しており(「東宝記草本」紙背明徳四年具注暦)、その後、鳥飼猿楽が鎮守八幡宮と深く関わっていることが知られる(鎮守八幡宮供僧評定引付応永十九年十二月三日条〔「東寺百合文書」ワ函一八号〕)。

猿楽〈鳥飼〉愛幸申、当《道》座事、此間皆々水難之処、近日諸方相語一座立了、然者於鎮守宿願子細候、仍御庭借用可申由望申候、披露之処、可借庭由衆儀了、仍録物事、三百疋可下行之由、衆儀了、

すなわち水難によって離散した鳥飼猿楽が一座を立てるために、鎮守八幡宮に宿願の子細があるとして庭の借用を申し入れたのである。評議の結果、庭の借用を認め、合わせて三〇〇疋の緑物が下行されることになった。摂津の鳥飼猿楽が、鎮守八幡宮との関わりをもちながら座の再興を図ったのである。その後この鳥飼座は、いったんとぎれはするものの鎮守との関わりをもち続け、鎮守楽頭職への補任を望むに至る(同引付永享十三年〔一四四一〕二月十日条〔「東寺百合文書」ワ函五六号〕)。

一　鳥飼大夫鎮守楽頭職補任状事所望申、仍披露処ニ、如此義先規無覚悟、又付諸辺旁々雖非無斟酌、懇切競望申又〔上〕者、別而不可有苦歟、然者可被下補任候之由、衆義畢、

《補任云》東寺鎮守八幡宮神事之楽頭職事、被仰付候、可令存知之旨、衆義所候也、仍執達如件、

永享十三年二月十一日

公文所法眼判

鳥飼愛幸大夫

愛幸大夫はこの補任を得て同月二十五日に楽頭成の猿楽を行い、以後、神事猿楽を奉仕していくことになるが、その結果、他の猿楽は排除されることになる。文安六年(一四四九)には手猿楽が鎮守における法楽を望んだが評議の結果「不可叶」とし(同引付文安六年五月二十五日条〔「東寺百合文書」ワ函六六号〕)、文明十四年にも手猿楽の亀大夫が若衆の口入を得、寺家に立願の子細があるとして法楽を行いたいと望んだが、これも「不可叶」と決している(廿一口評定引付文明十四年九月二十八日条〔「東寺百合文書」天地之部四三号〕)。本文史料の事件は、東寺とその周辺における猿楽の盛行のなかで起こったものとみることができる(森末義彰『鳥飼猿楽』『中世の社寺と芸術』畝傍書房、一九四一年)。(馬田)

**近年は大方御制禁**(二九一頁4)　寺内の猿楽禁止については明確な禁制を見出すことはできないが、次のような事例は知られる(廿一口方評定引付康正二年〔一四五六〕五月二日条〔「東寺百合文書」天地之部三三号〕)。

稲荷祭礼并放生会或猿楽見物之時、承仕以下子共衆分〈仁〉相交令座列条、甚以不可然、於自今以後者、可被堅停止、若猶無斟酌之儀者、別而及御沙汰由、評儀了、

これは猿楽そのものの禁止ではなく、見物の際に承仕以下の子どもが衆分に交わることを禁止する、いわば身分規制である。

寛正四年(一四六三)、手猿楽が再び盛んになり、寺家被官人のなかに猿楽を興行する者が現れたため、廿一口供僧は、公文所・北面預・両納所等を召し出してその禁止を命じている(同引付寛正四年十二月十七日条、二十日条〔「東寺百合文書」天地之部三六号〕)。(馬田)

**乗観在所**…(二九一頁5)　今回の寺内手猿楽をめぐる事件は、廿一口方評定引付によると次の

ような経過をたどっている(「東寺百合文書」天地之部三四号)。すなわち七月十八日夜、乗観の家で行われた手猿楽の席で喧嘩が起こったため、内談として披露したところ「此事近年御制禁之処、背寺命沙汰之、以外次第也」として、請文を提出させることが決まった(長禄三年〔一四五九〕七月二十二日条)。七月二十五日にその請文の草案が検討され「以此分、令清書可有加判」きこと、その請文に判形を加える人数としては「北面預六人、両雑掌、両納所、夏衆六人、已上十六人」とすることが決定され(同日条)、最終的に十二月二十日の評定の席で確認されたのである(同日条)。(馬田)

**真38**(二九三頁1)「東寺百合文書」い函七九号。京都府立総合資料館蔵。同館の写真帳によった。この文書には「北面預〈三人〉依所望置文之状案〈天文十八・四・廿一〉」の端裏書がある。(馬田)

**舎利講**(二九三頁2)『東宝記(影印本)』六「西院御影堂法会条々」に「毎月勤行」の法会として舎利講が掲げられ、「自延応二年始行、四ケ法用式伽陀如常、古老伝云、依《後白河院女宮》宣陽門院仰、用解脱上人式云々」と記されている。舎利講が始められた当初は「解脱上人式」、すなわち貞慶が作った讃如来恩徳・明舎利分布・嘆末世神変・述事理供養・致廻向発の五段式から構成された講式を用いていたこと、『東宝記』が編纂された頃には「四ケ法用式」すなわち梵唄・散華・梵音・錫丈の四編の讃からなる講式が用いられていたことがわかる。「東寺観智院金剛蔵聖教」一三二箱には、延文二年(一三五七)正月二日に観智院杲宝が作り同賢宝が筆写した「舎利講式」が伝えられている。これは貞慶の五段式を三段に抜きだしたもので、「三段式」ないしは「要段抄」と呼ばれる東寺独自の講式である(橋本初子「東寺における舎利会と舎利講」『中世東寺と弘法大師信仰』思文閣出版、一九九〇年)。

文明十五年(一四八三)六月、宗承によって作成された「東寺法会集草案」(「東寺百合文書」ヲ函一〇一号)においても、毎月晦日に行われる法会として舎利講が書き上げられているが、それらは寺領諸荘園の給主役によって営まれることになっており、九月晦日の舎利講が「《今ハ垂水ヨリ》太良庄預所」、十月晦日の舎利講が「無之〈快ー記云、九月十月二ケ月、根本太良庄預所役也、而預所押妨之間無之云々〉」とされ、諸荘園からの年貢が減少・途絶するなかで、舎利講の経営が困難になってきている様子が窺える。その後、料所の荘園が退転したことにより、毎月の実施から四季の実施へと変更された。(馬田)

**涅槃講仏生講**(二九三頁3)『東宝記(影印本)』六の「西院御影堂法会条々」に「毎年勤行」の法会として「涅槃講〈二月十五日〉」と「仏生講〈四月八日〉」が書き上げられているが、「已上二箇法会、始行年紀不分明、可尋之」とされている。「東寺法会集草案」(「東寺百合文書」ヲ函一〇一号)によると、涅槃講については、

捧物　五百文　御所前役
支具　快ー記云、廿一口方除之、根本太良庄除之、
百種　太良庄給主役

とされ、仏生講については、

捧物　五百文　御所前役
支具　自廿一口方除之〈自广永三年如此、元太良庄ニテ除之〉
百種　上野庄役

とされている。(馬田)

**仏事方**(二九三頁4)　仏事の実施とそれに伴う捧物の下行の状況を示す史料として、戦国時代になると仏事方捧物(布施)支配状が大量に残されるようになる。現存の形態は、仏事ごとの収支決算書を日付の順に並べたものとなっているが、それはその年度に作成された文書を整理し編集した結果によるものである。たとえば明応二年(一四九三)分の支配状は

仏事方散用状〈明応二年癸丑分・同三年〈甲寅〉八月廿八日〉勘定畢、

という上書のある上巻紙が付されており、その上巻紙には「支配残分」として仏事ごとの収支の残額が日付順に書き上げられている(『教王護国寺文書』二〇八九号)。これはその年度の収支決

算を示すものといえる。それに続いて個別の仏事の収支が、仏事の日付順に掲げられる。仏事方の支配状は、もともと「正月廿二日仏事支配状」のように単独の仏事の収支を示すものや、複数回の仏事、たとえば「七ケ度仏事支配状」あるいは「去年三ケ度仏事捧物支配状」のように、何箇度分かの仏事の収支をまとめて作成された支配状など様々な形態をとっており、いずれもその時点での廿一口方公文が作成し、紙継目裏花押などによって廿一口方年預の承認を得たものであった。そうした様々な支配状を仏事ごとに切断し、日付順に並べて貼り継ぐという編集作業が行われたのである。こうした作業は、全体としては上巻紙の年度(多くは仏事が行われた翌年)の廿一口方年預の管轄のもとで行われた。(馬田)

**真39**(二九七頁1)　高山寺に伝来する東寺旧蔵文書の一つで未装丁。縦三四・五センチメートル、横五三・五センチメートル。高山寺典籍文書綜合調査団編『高山寺古文書(高山寺資料叢書第四冊)』(第四部高山寺所蔵東寺文書八号、東京大学出版会、一九七五年)によった。(富田)

**東寺御影堂三上人定書**(二九七頁2)　後白河皇女宣陽門院は、菩提院行遍の教導にしたがい密教に深く帰依するところとなったが、その信仰は弘法大師空海に対する祖師信仰の色合いが強かった。したがって、女院が東寺に寄附した所領の年貢は、御影堂における毎日三時の勤行や毎月の御影供と舎利講、あるいは毎日朝暮の生身供の経費に宛てられた。また女院が寄付した小塔や聖教は、すべて御影堂に納められ、そこでの法会に活用されることになる。このように女院を密教の祖師信仰に導いた行遍は、女院と自らが貢献した東寺御影堂の創建と西院御影供の創始を後世に伝えるべく、これらの本尊・道具・聖教・所領寄進の文書を守る三聖人を創設したと言える。ここに菩提院行遍が三聖人の服務規式を制定したねらいがあった。(富田)

**御影堂**(二九七頁3)　東寺大仏師康勝作の弘法大師空海木造(重要文化財)を安置する。延応二年(一二四〇)に西院御影供が始められた時、西院不動堂に置かれていた大師像がその北庇に安置し直されて以後、この北面庇を西院御影堂というようになった。現在の御影堂は康暦二年(一三八〇)の再建で、国宝に指定されている。西院御影堂の興隆については、橋本初子「西院御影供と御影堂の興隆」(『中世東寺と弘法大師信仰』思文閣出版、一九九〇年)に詳しい。(富田)

**三上人**(二九七頁4)　延応二年(一二四〇)三月二十一日付教王護国寺西院御影供始行次第によると、延応二年に西院御影供が始められた時に三聖人が参仕していることから、三聖人はこのときに設置されたものと考えられている。その三人は、求真・貞蓮・智舜であった(「東寺文書」甲号外一八号(四)①)。そこに付された三聖人并西院北面預職系図(同前②)によると、一和尚求真について求真―行観―亮光―教密、二和尚貞蓮については貞蓮―慈月―證達―亮融―真観、三和尚智舜については智舜―覚智―覚深―教覚―心證という系譜が記されている。なお、西院御影供始行次第の全文および三聖人の補任手続きとその系譜については、橋本初子前掲書参照。(富田・馬田)

**御寄附あるところの御本尊御仏具**(二九七頁5)　宣陽門院は延応二年(一二四〇)三月晦日に東寺仏舎利三粒を納入した五重小塔一基を西院に寄付し、毎月晦日の西院舎利講の本尊とした。仁治三年(一二四二)二月十三日には唐本一切経・大般若経・律宗三大部三合が御影堂に寄付されている。また、空海が唐の青龍寺恵果から与えられたという健陀穀子袈裟(けんだこくしけさ)は、仁治二年に行遍が九条道家に灌頂を伝授するに際して、女院が急いで修理し東寺に納めたという。これらのものを指していうのであろう。(富田)

**御寄進状等**(二九七頁6)　宣陽門院の寄付にかかる荘園は、暦仁二年(一二三九)一月の大和国平野殿庄、延応元年(一二三九)十二月の伊予国弓削島庄、仁治三年(一二四二)三月の安芸国後三条院新勅旨田。その寄進状は、平野殿庄が行遍への預け置きであることもあり、案文が「東寺百合文書」

コ函一号に伝えられるほか、弓削島庄が「東寺文書」六芸之部楽乙一巻一号に、勅旨田が「東寺百合文書」こ函三七号に正本が伝存する。また女院の寄付ではないが、行遍が開田院御室道深に働きかけて東寺に寄付させた若狭国太良庄は、寄進後に諸役免除を申請して認められた仁治元年十一月二十日付の官宣旨が同文書マ函四号に残る。(富田)

**供僧中を扶持し**(二九七頁7)　御影堂の本尊・道具・聖教・文書を直接管理するのは三聖人であったが、管理の最終責任は供僧にあり、その出納・処分は供僧の指示で聖が当たったのである。なお、西院には延応二年(一二四〇)の西院御影供の開始の際、厳遍・隆厳・親杲・円章・心海の五口の供僧が任じられた(真11の「供僧職」の項参照)。この供僧については「延応以来供僧再興次第」(『東宝記(影印本)』七)に「私云」として、

　此時未被始諸堂供養法、只於御影堂修三時勤行御影供舎利講計也、

とあって、御影堂で三時勤行を修し、毎月の御影供と舎利講を行うだけで、諸堂の供養法はいまだ始められていなかったとされている。(富田・馬田)

**大師の御侍者として**…(二九七頁8)　空海は承和二年(八三五)三月二十一日に六二歳で没するが、東寺では入定すなわち悟りを開いたものと解して、生き身で東寺と高野山を往反していることになっている。三聖人はいわばこの生き身の空海に対する侍者であり、朝夕に生身供という供膳が行われる。なお、宣陽門院は寛元元年(一二四三)に生身供料として備前国鳥取庄の年貢の内から一三果を寄付するが、寄進の動機は女院の見た「霊夢」であった(同年四月二十二日付宣陽門院令旨案「東寺文書」六芸之部三―一〇)。(富田・馬田)

**行遍**(二九七頁9)　三河法橋任尊の子で、菩提院行宴の弟子となったが、その才を認められて後高野御室道法法親王の許で育てられ、三河僧正と呼ばれた。宣陽門院覲子内親王や太閤九条道家らに伝法灌頂を授けるなど、貴紳の帰依を得て法界に覇をなしたが、金剛峰寺との本末騒動によって法務・長者・座主を止められた。著書に『参語集』五巻がある。真11の「故菩提院前大僧正」の項参照。(富田)

**真40**(二九七頁10)　「東寺百合文書」ヱ函一七四(一)号、京都府立総合資料館蔵。同館の写真帳によった。この文書には表紙があり、「光明真言講法度条々」の外題がある。

　全体は光明講方の文書計四点が一括されており、

(1)光明真言講法度条々置文(本文史料)
(2)光明真言講引付
(3)光明講方過去帳裏書抄
(4)光明講方板木式目条々置文(真42)

からなっており、光明講方の重書をまとめたものと考えられる(橋本初子「中世東寺の光明真言講について」『中世東寺と弘法大師信仰』思文閣出版、一九九〇年)。(馬田)

**光明真言講**(二九七頁11)　光明真言講は、罪障を滅し亡者の往生を願う光明真言信仰の広まりのなかで、一三世紀後半には新たな仏事として行われるようになった。例えば文永四年(一二六七)に叡尊によって始められた西大寺の光明真言会では結縁した人々の供養が行われ、そのためにつくられた「西大寺有恩過去帳」(『西大寺叡尊伝記集成』大谷出版社、一九五六年、のち法蔵館より再刊)には当時の二三〇〇名余の名前が記載されている。鎌倉時代末期に始められたと考えられる東寺の光明真言講(以後、光明講と略称する)においても、生者を記した現在帳と、死者を記した過去帳の供養が行われた。現在帳では、光明講関係者(奉行など)の口入によって講衆に名を連ねた人々が書き上げられ、その裏書きとして加入の年月日や加入の条件等が書かれている(「光明真言現在帳」)。一方、過去帳には、表側に追善供養を行うべき光明講の講衆となった者の名前が順に書き上げられ、それぞれの裏側に死亡年月日・年齢・略歴等が記されている。時代的には南北朝期から江戸時代初期に及んでおり、東寺と関わりをもった様々な人々の名前を見出すことができる(「賜蘆文庫文書」

四二)。またその裏書きを中心とする注記からは、表側に記された人名とともに、当時の光明講の運営の実態をも読みとることも可能であろう(馬田綾子「中世京都の寺院と民衆」『日本史研究』二三五、一九八二年)、橋本初子前掲論文)。(馬田)

**五輪塔板を…**(二九九頁1) この条文の上には次のような付箋が貼られている。

塔婆形木板料事
康正三年〈丁丑〉十月十三日〈引上之〉冬□講
〈時〉□□今以後借用仁、一疋宛可為出
□□

塔婆形木は五輪塔板のことである。付箋に欠損があるため詳しい事情は明らかでないが、康正三年(一四五七)の段階で、真42に定められた諸経板木の使用法に対応するかたちで、五輪塔板を私的に借用した際に、板料として一疋を支払うことが改めて定められたのであろう。(馬田)

**五輪塔板**(二九九頁2) 現在帳の裏書きに「塔摺」とあるのが、この板木を用いて塔の印刷を行う役職と考えられる。光明講椀折敷等目録によると、光明講方としては蓋付きの箱に入った「塔婆形木」二枚を備えており、それは具体的には「八万四千基版」と「曼陀羅版」であった(「東寺百合文書」ヘ函一〇七・一一六号ほか)。(馬田)

**真41**(二九九頁3) 「東寺百合文書」エ函八一号。京都府立総合資料館蔵。同館の写真帳によった。(馬田)

**地蔵堂三昧**(二九九頁4) 東寺では真40が示すように、生前の逆修、死後の追善を目的とする光明真言講を組織していたが、文安二年(一四四五)七月に、寺僧の葬儀を行うために地蔵堂三昧を発足させた(「東寺百合文書」ヲ函一五二号)。

(端裏書)「東寺地蔵堂三昧法式〈文安弐年七月廿八日〉」
東寺地蔵堂三昧法式条々〈文安弐年七月廿八日始之〉
一 奉行人体事
上奉行両人〈金光院・正覚院〉・中居〈慶性〉、此三昧之儀造畢之間、雖為何ヶ年、可有存知之由、七月廿八日評儀一定了、就中光明講方奉行相共ニ可有談合之旨、同衆儀候所也、
一 此三昧入足事
光明講方以料足之内、可有下行之由、評儀治定了、
一 奉行之徳分事
毎年百疋宛、以光明講方要脚、可進之云々、中居〈慶性〉毎年五十疋可下行之、
一 坂免状仕足事
参貫七百文 輿簾綱免分内〈輿免分参貫五百文、綱書付分弐百文、但簾分无之〉
壱貫文 輿簾向後修理一ヶ度免分出之、
壱貫文 仏事免分〈永代免状有之〉
壱貫文 正月四日祝免〈永代分〉
已上坂方分六貫七百文
壱貫五百文内坂奏者日向・越後両人各五百文礼物
口入人〈源五郎〉礼物五百文
参百三十文 綱布一段代〈長弐丈五尺、都合二筋分也〉
都合八貫五百卅文
坂使者両人〈越前弘慶・納所慶性〉
文安弐年〈乙丑〉八月九日注之、
(下略)

地蔵堂三昧の発足は七月二十八日に決定されたが、そのための費用は光明講方から支出され、また光明講方の奉行と連携をとりつつ運営されるようになっていた。さらに地蔵堂三昧を執り行う際に、坂と交渉することによって坂の「免状」が不可欠であったことに注意する必要がある。すなわち本文史料に定められた「輿簾綱免分」および「輿簾向後修理一ヶ度免分」として計四貫七〇〇文のほか、「仏事免分」と「正月四日祝免」としてそれぞれ一貫文の礼銭が支払われているのである。

この「仏事免分」と「正月四日祝免」に関しては次のような免状が残されている(「東寺百合文書」エ函八二(一)号)。

（裏付箋）「坂免状〈二通〉文安二年八月九日」
東寺の地蔵堂免のこしに付仏事料足事
　上林坊より御口入によんて永代さしおき申
　所実也、
一正月に毎年御ゆわいの事、永代さしおき申
　也、
仍為後日免状如件、
　文安二年〈乙丑〉八月九日
　　坂之公文所（花押）
　　沙汰人越後（花押）
　　　日向（花押）

仏事免分は、忌日の仏事の際に非人に施与される米銭が免除されることを意味すると考えられるが、正月四日の祝いというのは明らかでない。あるいは『雍州府志』八「千本」の項に見える「諸寺院共、正月・七月毎年両度、預施米銭於犬神人」とあるうちの、正月に行われる施与を示しているのかもしれない。地蔵堂三昧については「坂非人・葬送」（『部落史史料選集』一、古代・中世編、部落問題研究所、一九八八年）および馬田綾子「中世京都の坂について」（『京都の部落問題』一、部落問題研究所、一九八七年）を参照のこと。（馬田）

**坂の沙汰所**（三〇一頁1）　坂の沙汰所を構成する非人は、国名を名乗っていることから、畿内各地の長吏クラスの非人と考えられる。公文（ないしは公文所）を中心に複数の奉行（ないしは沙汰人）からなっていた。今回、東寺と坂との交渉は、「坂奏者」と東寺側が呼んでいる沙汰人越後・日向との間で行われたが、その口入を行ったのは上林坊（東寺側では源五郎としている）である。彼は「馬借・犬神人年預」と呼ばれており（社家条々抜書『北野社家日記』七）、彼が「犬神人年預」の立場で今回の口入を行ったことがわかる。坂は葬送以外にも、山門の指示で末寺普門寺を警護したり、洛中洛外の法華堂の破却を行ったりしている（三枝暁子「中世犬神人の存在形態」『比叡山と室町幕府』東京大学出版会、二〇一一年）。山門―祇園社―犬神人という京都支配の系列とあわせて、坂の果たす役割を検討する必要があると思われる。（馬田）

**真42**（三〇一頁2）　「東寺百合文書」ヌ函一七四（四）号。京都府立総合資料館蔵。同館の写真帳によった。文書全体の形態は、真40冒頭補注参照。なおこの文書の筆跡は、真40の付箋（「五輪塔を…」の項参照）と同一筆跡である。（馬田）

**去る九日の評定**（三〇三頁1）　この日の廿一口方評定引付には次のように記されている（「東寺百合文書」く函二〇号）。
一　経板木、此間儀以外蘭菊間、於向後光明
　講奉行自然所用事有之者、出検見可被摺云
　々、検見散用分、大日経者五疋、仁王・金
　剛頂両経三疋ツヽ、板料之内ニテ被取云々、
一　板料之事、大日経一部三十疋、仁王経八
　疋、金剛頂経一部十二疋分、増賃タルヘシ
　云々、
すなわち経板木の管理および板料徴収について、光明講方奉行が充分に行えない場合があり、そうした事態への対応をも含めて廿一口方として決定したのが今回の式目だったのである。（馬田）

**真43**（三〇三頁2）　「東寺百合文書」セ函五三号。京都府立総合資料館蔵。同館の写真帳によった。祐源に続く署名も自署で、
頼俊（花押）／宗永（花押）／宗承（花押）／重禅（花押）／厳信（花押）／□□（花押）／□／□□（花押）／□□（花押）／宗杲（花押）／堯□／宗□／杲覚（花押）／仁然（花押）／公禅（花押）／融覚（花押）
で、いずれも寺僧である。（馬田）

**真44**（三〇五頁1）　「東寺百合文書」ユ函一一二号。京都府立総合資料館蔵。同館の写真帳によった。「栄舜」以下の署名は自署で、

「杲明」／「宝俊」／「祐源」／「宗演」／「宗明」／「圓忠」／「頼俊」／「原紹」／「宗承」／「重禅」／「厳信」／「慶清」／「公遍」

である。なお若衆論義方新古法式条目（「東寺文書」追加之部一七号）は、本文史料と同文のものを「就若衆論義方用脚法式条々事」として載せている。（馬田）

**鎮守十三日論義**（三〇五頁2）　若衆論義方新古

法式条目(前掲)では次のような法式を載せており、鎮守講の所作・出仕免許・得分等について細かく定められていることがわかる。

鎮守私論義
定置　法式　条々事
一　支具料毎度一疋事
一　講師布施支配二増分事
一　問者一増分事
一　鬮衆与問者同辺事
一　預一口分可被下事
一　式日可為十三日、若有延引人者、一年中之於捧物不可引事
一　於早出之輩者、当月之供料可留申事
一　所作相博者可有之者、一向誂事不可叶事
一　自然有闕如人者、籠衆幷当奉行以鬮、可致其沙汰事
一　問題事、毎月十三日、次月問題於当座可有披露事
右守於法式之条々、可致其沙汰之旨、如件、
応永廿二年十二月　日
追加条々
一　講問之所作一向於打捨者、学党方出仕一切不可叶者也、於指合方者、可有相博、一向誂事者、不可叶也、但限十二月一ヶ月、無相博仁者、被申案内可被巡行、致過分者、一年中捧物可被留者也、
一　唄散花結番人数事
以上衆半分為唄師、以下半分可為散花師也、若唄散花之輩令遅参、講問役人既令出仕者、当座一臈為唄師、以散花衆一臈可為散花師、但上下半分配雖定唄散花師、令遅参及闕如者、互可被補之、又講問役人兼帯之儀、不可叶也、
一　論義遅参早出時分幷科分事
如鎮守講、被出問題者可為遅参、心経以前有退出者、可為早出、於科分者、当月捧物可留之、
一　加行者遅参早出之事、於被懃初夜時者、同可被免之、但衆中可被申案内者也、
一　御影堂幷光明講時当番之仁、論義方可被免之、但於相博者不可被免之、或時已前已後、寄事於左右、於无出仕輩者、同不可被免之、於遅参早出者、依当時、於当座可有其沙汰、於師匠代官者、可被准自分者也、
右守於法式之条々、可致其沙汰之旨、如件、
文安二年二月　日

さらに文明三年(一四七一)十二月には、「於乱中者元寺恩等」という事態に対応するため、臨時的な措置として「若衆論義方新古法式事」を定めている(前掲「若衆論義方新法式条目」)。(馬田)

**真45**(三〇七頁1)「東寺百合文書」ト函二七号。京都府立総合資料館蔵。同館の写真帳によった。端裏書に「置文〈矢野庄事〉」とある。また「真聖」以下の署名も自署で、

阿闍梨「任忠」／権律師「親海」／権少僧都「宗深」／権大僧都「隆淳」／法印権大僧都「道我」／法印／法印権大僧都「教厳」

である。また案文がよ函一五号にあり、その端裏書は「□野□事」で、紙継目裏ごとに氏名未詳の花押が据えられている。(馬田)

**播磨国矢野庄条々置文**(三〇七頁2)　この置文は、悪党を退けた東寺が本格的な荘園支配を開始しようとする時期に作成されたもので、とりわけ寺内における得分の配分が詳細に定められている。そのことは、供僧・学衆をはじめとする寺家の組織が確立されていく段階の特色をよく示しているといえよう。本文史料に先だって二カ条からなる置文が作成されている(「東寺百合文書」ヒ函三四号)。

(端裏書)「初度」
定置　矢野庄条々事
一　所務間事　供僧・学衆一臈相共、一期之間可有管領、於今度者、功労異他歟、仍所定此義也、於向後者、若有転任、加上首者、本人補任以後五箇年之後、可被交替上首也、若又無上首者、知行不可限五ケ年者也、若一臈有辞退者、第二臈可有知行、本新供僧守次第、宜有知行者也、若忘公平之儀、不法令露顕之時者、不日加評定、被改所職、可指定次下臈次之仁、且又有年貢犯

用等事者、以供僧・学衆得分、雖何ケ年、相当之程可被押取、或悪党対治之料足、或沙汰秘計之用途已下事者、加勘定、随時可有其沙汰者也、所務事、雖為学衆、非当寺常住之輩者、非其限矣、

一　寺用支配事

供僧・学衆各半分内令分之後、可被支配之、供僧得分事、当庄年貢十八口、各十石可被支配之、若過十石者、於廿一口中、可被分配之、

学頭得分事、学衆分三分一、可相宛之、但過五十石者、重加評定、可相宛他事矣、

学衆得分事、以三分二、口別各五石、可支配之、過五石者、重加評定、可相計之、

三聖人得分事、供僧・学衆両方得分内、分出十石八斗、可被分配三人矣、

公文并北面預・門指等得分、同自惣内分出之、任寺例可被相計之、

右条々、所定置之状、如件、

元応元年七月　日　阿闍梨「真聖」
阿闍梨「任忠」
権律師「親海」
権少僧都「宗深」
権大僧都「隆淳」
法印権大僧都「道我」
法印「頼実」
法印権大僧都「教厳」

別に本文史料と関連する某書状案があり(「東寺百合文書」テ函二〇五号)、置文の内容について様々な調整がなされていたことがわかる。その内容は次の通りである。

矢野庄置文案一通給候了、

一　就兵粮米事、悪党莅境云々、今境者当庄境候歟、将又被差何所候乎、次火急事云々、此又悪党已濫入于庄内之時候歟、

一　雑掌得分云々、件雑掌名、称被差衆中候乎、此条為寺家之規式、可為未来之流例候者、為後賢、雑掌号、可有其憚候歟、

一　為悪党対治、若守護方幷国使節、可相語事出来之時者、彼料物等可用何足候乎、此等条々、可為何様候乎、

しかしながらこの置文に定められた原則がすぐさま実行に移されたわけではなかった。寺家が現地を掌握することができるようになったのは、建武政権の成立をきっかけとする、大規模な武力衝突を経て寺田氏を荘内から排除した建武二年(一三三五)のことである。また本文史料に定められた寺用の配分についても、この通りに実施された形跡はみられない。それどころか、所務職をめぐる混乱を収拾する過程でこの置文の有効性が問題とされ、貞和四年(一三四八)二月、それを破棄することが決定されたのである(「学衆方細々引付」「東寺百合文書」ム函二一号)。その意味で本文史料は、寺僧組織が確立される時期に形づくられた、荘園支配の理念を示す素材としてみるべきであろう。(馬田)

**真46**(三一三頁1)「東寺百合文書」ト函五六号。京都府立総合資料館蔵。同館の写真帳によった。潤意に続く署名は

阿闍梨「教遍」/阿闍梨「寛紹」/阿闍梨「常全」/阿闍梨「頼堯」/阿闍梨「実成」/阿闍梨「良宝」/権律師「教深」/権律師「賢宝」/権律師/権少僧都「観杲」/権少僧都/権少僧都「禅聖」/権大僧都「道憲」/権大僧都「朝源」/権大僧都「親運」/権大僧都「成聖」/権大僧都「寛覚」/権大僧都/権大僧都/法印権大僧都「亮忠」/法印権大僧都「弘雅」/法印権大僧都「宣誉」/法印権大僧都「行賀」/法印権大僧都「全海」/法印権大僧都/法印権大僧都「真聖」/法印権大僧都「深源」/法印大僧都「清我」/法印「真瑜」

で、鎮守八幡宮方の供僧がそれぞれ自署している。(馬田)

**真47**（三一五頁1）　『兵範記』（『人車記』）は、兵部卿平信範（一一一二～一一八七）の日記であり、天承二年（一一三二）～元暦元年（一一八四）までの記事が伝存する。ただし本文史料を含む仁安二年（一一六七）十二月条の記事については、自筆本・古写本ともに欠くため、徳大寺史料所収『人車記』近世写本（東京大学史料編纂所蔵）によった。なお本文史料冒頭の中略部分には、この日実施された秋除目・叙位・荷前に関する記事が続く。また、本文史料の末尾には、「裏書云」として、蔵人の源延俊に叙服・公事復帰を命ずる口宣が筆録されている。これらの朝廷人事と関連して、本文史料の綸旨も発令されたのであろう。（真木）

**兵範記仁安二年十二月十三日条**（三一五頁2）

本文史料に関連して、『初例抄』（『群書』二四）には次のように見える。

　惣法務始
　紫金台寺御室覚性、仁安二年十二月十三日、
　初令補惣法務給、

　すなわち『初例抄』は、本文史料に「賜綱所」とあることに基づき、仁和寺御室覚性が「惣法務」に補任されたとみなしている。この見解は後世にも及び、仁和寺御室がこれ以降、法務（僧綱所の長官）の上に位置する「惣法務」なる地位に就任し、これに伴って僧綱所も仁和寺内に移転したとする理解がなされてきた。

　これに対して牛山佳幸は、「賜綱所」とは、僧綱所が仁和寺内に移転したことを意味するのではなく、「綱所を召し具す」とほぼ同義であり、威儀師・従儀師に「御前を勤めさせる」ことを意味する事実を明らかにした。また、覚性を「惣法務」の初例とする旧説に対しては、同時代史料にその所見がないことから、後世の附会として退けた。その上で本文史料については、僧綱所の問題ではなく、仁和寺御室の確立過程の中で捉え直したのである。かかる視点は、海老名尚らによっても基本的には継承されている。

　ただし海老名は、仁和寺御室に対する「惣法務」呼称については、一二世紀前半段階から散見するとし、牛山の想定よりも早い時期に定着したと解している。その背景としてまず注目したのは、覚性の次の御室守覚の代に、次のような宣旨が発給されている事実である（顕証書写本『仁和寺御伝』喜多院御室の項、裏書）。

「綱所宣旨案、三月五日、左大史三善仲康持参之」
　　二品守覚親王
右少弁藤原朝臣長房伝宣、左大臣宣、奉勅、件親王宜聴召仕綱所威従者、
　建久六年二月廿四日　修理東大寺大仏長官
　　　　左大史小槻宿禰隆職

すなわち、本文史料の段階では「宣下」を避け、綸旨によってなされた綱所随身特権の付与が、こうして建久六年（一一九五）には正式な宣旨によって実現した。しかも御室に対する綱所朝拝は、次の御室道法の代以降に確認できるようになる。これらを踏まえて海老名は、御室守覚の代に綱所随身特権が御室の待遇として定着したと捉えている。

　以上のように、本文史料をめぐるかつての評価は大きく見直され、本文史料と建久六年宣旨を通じて、仁和寺御室の新たな待遇が確立すると捉えられるようになった。そこで改めて本文史料を読み直すと、確かに「宣下」を避けた臨時的措置という側面はあるが、次のような点については、ここで改めて注目しておきたい。

　まず第一に、法務ではない僧侶が綱所を前駈として随身した例としては、『初例抄』によれば、正暦五年（九九四）十一月の権少僧都隆円（関白藤原道隆の子）の事例が既にあった。ところが本文史料では、先例としてこの隆円の事例には全く触れず、むしろ天台座主の最雲（堀河天皇の子）が率いる中堂維那を「准綱所」とした一〇年ほど前の事実に触れるのみである。つまり、このたびの覚性に対する待遇は、まずは天台座主最雲に与えた特権との対比で捉えるべきである。

　しかも第二に、右の天台座主最雲に対する特権付与の場合には宣旨でなされ、しかも最雲個

人のみに限らず「天台座主永代事」とされた（後掲「綱所に准じ…」の項参照）。これを先例として意識しながら、覚性に対する措置を正式な宣下で行わなかったのは、その永代化の影響が他の問題に波及することへの躊躇があったからであろう。おそらくその躊躇とは、本文史料が示唆するように、この度の覚性に対する特権内容が、法務を恒常的に兼務する東寺一長者のそれと重なり、ひいては真言宗の宗派内秩序の問題に影響が及ぶと考えられたからであろう。いずれにしても、仁和寺御室の確立過程を捉える上で、本文史料の有する歴史的意義は少なくない。

なお、牛山佳幸『古代中世寺院組織の研究』（吉川弘文館、一九九〇年）、海老名尚「書評 牛山佳幸『古代中世寺院組織の研究』」（『寺院史研究』二、一九九一年）参照。（真木）

**綱所に准じ…**（三一五頁3）　本文史料は、仁和寺御室覚性に対する綱所随身特権の先例として、天台座主最雲が中堂維那を「准綱所」として随身させた宣旨を引いている。『天台座主記』によれば、保元の乱の直後にあたる久寿三年（一一五六）九月の記事中に、次のように見える。

九月廿五日、辞権僧正、（中略）、
自閏九月廿五日、日蝕御祈、於禁中被修七仏薬師法、雖天晴不正見、祈請有感太陽無缺之由、諸道奏聞、勧賞可依請、
十月一日結願之後、蒙牛車　宣旨、又以本寺維那六人、準法務綱掌、著赤袈裟、可騎馬前駈之由、　宣下、是可為天台座主永代事、

すなわち天台座主最雲は、日蝕御祈の勧賞として、牛車宣旨と赤袈裟前駈随身の宣旨を得たことがわかる。後者の具体的内容は、延暦寺根本中堂の維那六人に、威儀師・従儀師が着用する赤袈裟を同様に着用させ、騎馬前駈として彼らを天台座主に随身させてよいとするものであった。しかもそれは「可為天台座主永代事」とあるように、最雲一身に与えられた待遇に留まらず、代々の天台座主に付与されたのである。

ちなみに最雲は堀河天皇の子であり、ときの後白河天皇から見れば、父親の従兄弟にあたる。右の宣下がなされた当時、最雲はまだ前権僧正であったが、やがて保元三年（一一五八）三月一日、同じく日蝕御祈の勧賞として、天台宗で初めての法親王となる。（真木）

**真48**（三一七頁1）　本文史料の原本は、仁和寺が蔵する「孔雀明王同経壇具等相承起請文」一巻四通（重要文化財）のうち二通目である。なお一通目は仁平三年（一一五三）覚法法親王起請、三通目は貞応元年（一二二二）道助法親王起請、四通目は寛元四年（一二四六）道深法親王起請。いずれも仁和寺・京都国立博物館監修『仁和寺大観』（法蔵館、一九九〇年）が図版一〇七として写真を掲載しており、本文史料もこれによった。（真木）

**道法法親王起請**（三一七頁2）　孔雀経法は、『禁秘抄』（『群書』二六下）が「於公家殊御祈者、孔雀経法也」と記すように、朝廷主催の臨時修法として最重要視された。真言宗の大法とされ、本来は東寺長者が勤修するものであった。ところが、真言宗の事相法流が分化するようになると、とりわけ真言宗のうち広沢流と密接に結びつき、さらにはその嫡流を伝える仁和寺御室との関係を深めた。仁和寺御室の性信（一〇〇五～一〇八五）は、この修法を度々修して効力を発揮したとされ、やがては東寺長者がこの修法を勤修する場合にも、御室の許可を要するようになる。こうした孔雀経法と仁和寺御室との密接な関係については、速水侑『平安貴族社会と仏教』（吉川弘文館、一九七五年）、横内裕人「仁和寺御室考」（『史林』七九―四、一九九六年）に詳しい。

このように、仁和寺御室と孔雀経法との関係が密接になると、御室秘伝の本尊・孔雀経・孔雀尾そのものの効能が注目されるようになった。例えば永保二年（一〇八二）七月、東寺一長者信覚が祈雨のため孔雀経法を行ったものの、効果がなかったため、御室性信から秘伝の孔雀経を借りて勤修し直した。すると見事に大雨をもたらしたという（『東宝記』五）。しかし、こうした御室秘伝の孔雀経法本尊などの貸出に関しては、仁和寺御室が強く規制を加えるようになっ

てゆく。『兵範記』仁平三年(一一五三)八月二十一日条には、次のように見える。

廿一日戊寅、於禁中被行孔雀法、仁和寺別当法印寛暁勤修〈御持僧東寺非長者〉、(中略)仁和寺北院御経蔵、大師御本尊御経幷孔雀尾等、此料可被渡与法印之由、自院被申五宮、件御仏等、雖有御付属号、御室御封在御経蔵、輙難開出之由、被執申、仍去頃、被申高野、依譲献五宮、於今者、不能進止之旨、御返答、仍以本房仏経等被行之、

すなわち近衛天皇の病気平癒のため、寛暁(堀河天皇の子)に対して孔雀経法の勤修を命じた際、鳥羽院は、自らの子でもある「五宮」＝御室覚性から、秘伝の本尊・経・孔雀尾を貸出させようとした。ところが覚性は、先代御室覚法(白河院の子)の封ありと称し、鳥羽院からの命令を拒んだのである。

ただしこの貸出拒否の理由について、同史料には次のようにも記されている。

或人云、五宮仰云、蒙御室付属之後、未奉此法、相伝之後、我未勤行、借与他人、為宗為身、尤可用心事也、仍不被奉渡云々、是有謂事云々、

つまり覚性が拒んだのは、実は先代御室の封があったためではなく、まだ覚性自身に孔雀経法勤修の経験がなかったためとする所伝を伝えている。こちらの所伝が真相とみられ、このような経緯が背景となって、本文史料のような規制が形成された可能性も考えられる。

なおその先代御室覚法が、右の記事の二日前にあたる同年八月十九日の日付で書き置いたという同内容の起請が仁和寺に伝存し、当時は信法と名乗っていた覚性もこれに署名を添えている(前掲「真48」の項参照)。本文史料も、この起請を先例として引いている。ところが、この覚法と覚性の署名が見える起請については、年月日記載などに不自然な点がある(後掲「仁平三年御起請」の項参照)。また、覚性のあとをついだ御室守覚(後白河院の子)の起請は伝わらない。これらの点から、仁平三年起請自体には検討の余地があり、上述の所伝を含む『兵範記』の記述との関係が注目される。

また、守覚のあとをついだ御室道法が本文史料を記して以降、道法の後継の御室道助(後鳥羽院の子)も貞応元年(一二二二)に同様の起請を書き置き、さらに後継の御室道深(後高倉院の子)も寛元四年(一二四六)にやはり同様の起請を書き置いている(前掲「真48」の項参照)。歴代御室の起請が本文史料以降に連続する点についても、注目に値する。(真木)

**仁平三年御起請**(三一七頁3)　本文史料が先例としてあげる「仁平三年(一一五三)御起請文」とおぼしき仁和寺御室覚法法親王の起請が、仁和寺に伝存する(前掲「真48」の項参照)。

(手印)
(花押)

立起請
門跡相承本尊大孔雀明王・同経壇具等事

敬白、真言教主大毗盧遮那、胎蔵・金剛両部界会諸尊聖衆、殊大孔雀明王、門跡守護護法諸天、幷付法相承八大師等、而言件仏経者、高祖大師一生持念之御本尊也、其後、相伝遺門如守眼精、写瓶弟子之外、他人敢無奉行之、而昔、門徒人之中一両、従喜多院奉渡此仏経、有奉行事、以其例、寄事於公事、常欲令申請、専一門訴訟也、以何為規模哉、仍於自今以後、縦雖門跡之輩、不奉伝持此仏経人、奉出喜多院不可奉行之、門徒人、且恐仏界之知見、且守起請之遺文、永無違失、敬白、

……(紙継目)……

仁平三季八月十九日　記之、
仏子覚法
「信法」

すなわちこの起請は、覚法が書き置き、袖判の上に手印を押したものである。また、この文書の奥に記された覚法の署名の左側には、別筆にて信法(のちの御室覚性)も署名を寄せている。内容は、本文史料とほぼ近似し、仁和寺御室秘伝の孔雀経法の本尊などが仁和寺の喜多院に納められていた様子もここから窺える。

ところが、この文書の年月日記載のうち、冒頭の「仁平」の二字には追筆のような不自然さがある上、「季八」の二字は挿入符号つきの明らかな追筆である。つまり本来「三月十九日」とあった記載に「仁平」と「季八」の文字を補い、「仁平三季八月十九日」と改めたものと考えられる。しかもこの年月日記載の手前に紙継目があり、覚法の署名はこの奥にあるが、花押は袖のほうにある。つまり紙継目を挟んで署名と花押が別の場所にそれぞれ記されている点にも違和感がないわけではない。

　はたして、右のような作成年月日の変更を示す追筆は、誰の手によるものなのか。そこで改めて本文史料の筆跡と比較すると、覚法起請の追筆年号部分「仁平」の「仁」の筆跡と、道法の記した「建仁」の「仁」の筆跡とが似ている点に気づく。つまり本来の日付「三月十九日」を「仁平三季八月十九日」と書き改めたのは、道法法親王だった可能性がある。いずれにしても、仁平三年起請の成立時期については検討の余地がある。（真木）

**真49**（三一七頁4）　宮内庁書陵部所蔵『管見記』に伝わる自筆本により、史料纂集『公衡公記』を参照した。『公衡公記』は、西園寺公衡（一二六四〜一三一五）の日記である。弘安十一年（一二八八）三月条を含む巻九七は、第一七張目末尾にある三月二十八日条の「大法事可記」までで一旦切断され、翌二十九日条までの間には、北山第における普賢延命法に関する別記（三月二十八日〜四月六日条）が挿入されている。本文史料は、右の別記部分に記された三月二十八日条の中から抄出して採録した。

　なお、本文史料の中略部分には、次のような尊教僧正からの先例報告がある。

天暦十年五月十一日、於九条殿〈右相府〉御第被行七仏薬師法〈阿闍梨慈恵和尚〉

長治二年閏二月十日、於顕季卿宅修同法〈阿闍梨良祐〉

建保四年五月十二日、於関東将軍家修之〈阿闍梨忠快法印〉

延応元年六月四日、於法性寺殿為禅定殿下御悩祈被修之〈阿闍梨天台座主僧正慈源〉

嘉承元年六月廿二日、春宮大夫公―《実》登山、於食堂被修七仏薬師法〈阿闍梨七人〉

大治三年十二月四日、於藤中納言顕隆卿宅修七仏薬師法〈蓮実房修之〉

以上は、いずれも山門派の大法である七仏薬師法を天皇家以外のために修した先例である。（真木）

**公衡公記弘安十一年三月二十八日条**（三一七頁5）　本文史料は、仁和寺御室による修法規制に関する史料である。弘安十一年（一二八八）三月、西園寺家で計画された密教の大法、普賢延命法の勤修をめぐって、仁和寺御室性仁が一旦抑留した様子を伝えている。

　鎌倉時代の西園寺家は、摂関家につぐ家格の清華家の一家であることに加え、朝廷―幕府間の交渉の要となっていた関東申次の任にあり、政界に少なからざる影響力を有したことで知られる。しかも西園寺実氏の娘の大宮院姞子が後深草・亀山の両院を生み、彼女の同母妹の東二条院公子が後深草院の中宮となっていた。彼女たちの甥にあたる西園寺実兼は、治天の君の後深草院と外戚関係にあった。

　このような西園寺実兼の代の弘安十一年、嫡子の公衡が二五歳になったため、厄払いの祈禱が企画された。そこで同年三月九日、実兼は叔父にあたる仁和寺勝宝院道耀（前東寺一長者）に対して普賢延命法の勤修を要請し、三月二十一日から七日間の予定で準備をすすめていた。

　ところが、この普賢延命法が大法の一つであったため、物議を醸すこととなる。大法とは、基本的には勅請によって修すべきものとされ、天皇家以外のために修する場合には特別の勅許を要した。修法の規模も大きく、大壇のほか、護摩壇・聖天壇・十二天壇などの脇壇を伴う複合的な修法であった。

　かかる大法を西園寺家で修する計画に異議を唱えたのが、仁和寺御室性仁であった。この計画を知った性仁は、「臣下修此法之条、無先例」と主張して抑留を行ったのである。そこで西園寺家では、性仁の実父でもある治天の君の後深草院に相談を持ちかけ、その抑留を解除するよう求めた。後深草院もこの意向に理解を示したが、性仁に対する説得は難航した。

一方、西園寺家では、西園寺実兼の実兄（公衡の伯父）にあたる延暦寺妙法院の尊教の協力を得て、大法の私請に関する先例調査をすすめた。その結果、大法としては孔雀経法の二例、七仏薬師法の六例（中略部分）、普賢延命法の四例が判明している。ところが、右の七仏薬師法や普賢延命法は、いずれも台密僧による勤修の先例ばかりである。東密僧による先例としては、御室性信による孔雀経法の二例があがっているが（「治暦二年五月…・承暦四年七月…」の項参照）、いずれも白河院政開始以前の例である。裏をかえせば、院政期以降の東密における大法の管理は、台密よりも徹底していたと言えるだろう。このことは、仁和寺御室の宗派内影響力の大きさと関連すると考えられる。ときの東密において主流派を構成していた仁和寺では、本文史料に「仁和寺之習、不蒙御室御許者、毎事無自専之儀」とあるように、何事も御室の許可が不可欠となっていた様子が判明する。

しかし結局この修法は、後深草院からの再三の説得によって、性仁から許可が降りたため、予定より七日遅れとなった三月二十八日の初夜より、大阿闍梨道耀および伴僧二〇口によって修されることとなった。

『公衡公記』によれば、この普賢延命法は、西園寺家の別第である北山第の南屋寝殿を道場とし、西側から大壇・護摩壇・聖天壇・十二天壇を連ねて行われた。一日三座（初夜・後夜・日中）を繰り返し、四月六日の日中に結願を迎えた。この間、願主当人の公衡は毎日初夜と日中に聴聞した。このほか初日には父親の実兼も聴聞し、さらには、今回の勤修に一旦難色を示した御室性仁をはじめとする仁和寺僧の歴々、そして西園寺家出身の延暦寺妙法院尊教も聴聞の場に参じた。（真木）

**治暦二年五月…・承暦四年七月**…（三一九頁1）

本文史料に見える二つの事例は、いずれも摂関家の求めにより、仁和寺御室性信が孔雀経法を勤修したものであった。これ以降の同様の例があがっていないことから考えれば、白河院政の開始以降、このような孔雀経法私請の例は、少なくとも公式の場から姿を消したとみるべきであろう。

治暦二年（一〇六六）の事例については、『御室相承記』（『仁和寺史料』寺誌編一）に次のように見える。

孔雀経法〈治暦二年五月日、開白〉

二条関白癰瘡発背、医家失治方、仍被修之、而雅忠朝臣仰天伏地撫胸感歎云、癰腫及五寸以上万死之病也、真実霊験不可思議云々、結願日、奉献龍蹄二疋・庄両処〈尾張国堤田庄・阿波国篠原庄〉、

すなわち、ときに左大臣であった藤原教通（九九六〜一〇七五）が、背に巨大な癰瘡を発症し、医者が治療を断念するほどの重症になった。そこで性信が孔雀経法を行ったところ、見事に平癒したという。教通は、この二年後に即位する後三条天皇の関白となる。

また、承暦四年（一〇八〇）の事例についても、『御室相承記』に次のように見える。

同（孔雀経法）法〈同年（承暦四年）七月日〉

於京極大殿亭被行之、修中病悩平癒、第七日相当〔相脱カ〕撲節参内、結願日、被献法服一対・銀横首丼細馬二疋、

すなわち、ときの関白藤原師実（一〇四二〜一一〇一）が病気となったため、性信が同じく孔雀経法を行ったところ、その修中に平癒したという。以上の信憑性はともかく、性信の修法の霊験がまことしやかに伝わっている。（真木）

**嘉禎の比**…（三一九頁2）　暦仁二年（一二三九）正月二十八日、西園寺公経の祈願として、西園寺家別第の北山第内の西園寺五大堂において、五壇法が始行した。天台座主の青蓮院慈源僧正（父は九条道家、母は西園寺公経の娘）が大阿闍梨を勤め、当堂供僧の快雅法印・明弁法印・実瑜法印・寛耀少僧都がそれぞれ脇壇阿闍梨を勤めた。結願は、日次の都合で一日延期、二月五日

の日中に修し終えた。

五壇法は、不動明王を中尊とする五大明王それぞれの壇を連ね、息災・増益・調伏などを祈る修法である。その規模は大きく、多大な効力が期待されたが、大法としては位置づけられておらず、そのため私請の事例は少なくない。ただし、西園寺家による五壇法の私請は、この暦仁二年が史料上の初見のようである。『五壇法日記』(『続群』二六上)、『門葉記』三九(『大正蔵』図像一一)、森茂暁「五壇法修法一覧」(『福岡大学人文論叢』三〇—一、一九九八年)、上野進「室町幕府の顕密寺院政策」(『仏教史学研究』四三—一、二〇〇〇年)参照。(真木)

**真50**(三三三頁1)　本文史料については、正文の伝存が確認できないため、神護寺に伝わる中世段階の案文「後宇多天皇御遺言十二ケ条」(「神護寺文書」第二三巻)を底本とし、近世前期頃の写本とみられる「金剛仏子(後宇多法皇)・真光院禅助連署置文写」(「東寺観智院金剛蔵聖教」一五六箱一七号、以下、観本と略記)、『大覚寺譜』上(『大覚寺文書』下)所収の「後宇多法皇遺勅」(以下、譜本と略記)、『大覚寺門跡略記』(『続群』四下)所収の「十八ケ条規式」(以下、略本と略記)によって校訂した。なお、「東寺観智院金剛蔵聖教」一五六箱には、右の観本のほかに、近世後期に降る写本も伝わる(一二・一三・一八号文書)。

底本は、天地三二・七センチメートル、続紙七紙(総長三六五・四センチメートル)からなる。端裏書に「十二ケ条事」と記すが、実際には全一四条で構成されている(以下、条数はこれによる)。

底本の本文中には、同筆による文字補入や筆なぞりのほか、一部に異筆とみられる墨書の傍注や筆なぞりも混じる。同筆による文字補入については、第一条の「定難」の下に補入記号を入れて「立」を補い、同条の「検納寺庫」の下に補入記号を入れて「更不用他要莫擬恩給」を補う。また、異筆の傍注については、第三条のうち「始」の右傍に「始」、第一〇条の「貪」の右傍に「禽」、第一四条の「当門」と「者」との字間右傍に「跡」と記す。第三条「不可出仕」を「不可召仕」に書き改めたのも、異筆による可能性がある。

底本を含む上述の諸本は、その構成面から、大きく二つの系統に大別することができる。第一は底本・観本・譜本、第二は略本である。両者の主要な相違点としては、①第三条「一　給仕輩事」の次行以降に見える五つの事書の扱い、②第九条「一　寺恩等不可有転変事」の位置、以上をあげることができる。

まず①に関しては、底本など第一系統の場合、それら五つの事書、すなわち「扈従僧綱事」「俗人不可有恩給事」「凡僧事」「児童事」「下部事」が、第三条に内包された枝条項となっている。おそらくこれが本来の姿であろう。ところが略本の場合には、右の五つの事書のうち、「扈従僧綱事」を除く四条分それぞれを、独立条文とする構成にしている。略本が本文史料を「十八ケ条規式」と呼ぶのはこのためである。

また②に関しては、底本など第一系統の場合、第八条「一　不可近在俗事」の次に当該条文を記す。ところが略本の場合には、それよりも前方、「一　別相伝諸院家領依門主号不可転変事」(底本第五条に相当)の次にこれを記す。それぞれの前後の条文と比較すると、略本の方が内容としては自然な並びになっている。かかる違いが生じたのは、あるいは正本に混乱や挿入記号があったためか、あるいは略本が意によって改めたためか、定かではない。

なお、上述の「東寺観智院金剛蔵聖教」一五六箱一八号文書は、観本よりも書写時期が降るが、上述①が底本などの第一系統と共通する反面、②はむしろ略本と共通しており、両系統の特徴をあわせ持つ点において注目に値する。その一方、一二・一三号文書の構成は略本に近いが、底本第七条に相当する一条分「一　昵近輩可撰心繰事」を欠くため、全一七条構成となっている。(真木)

**後宇多法皇置文**(三三三頁2)　大覚寺には本文史料に先行して、後宇多法皇のもう一つの置文「後宇多法皇御手印御遺告」(『大覚寺文書』上)が成立している。本文史料を歴史的に位置づけるに際し、両者の比較検討は欠かせない。個々の条文の比較検討については、当該補注で触れることとし、ここでは全般的な内容の比較から、本文史料の特色を明らかにしておきたい。

「後宇多法皇御手印御遺告」に関しては、自筆本が大覚寺に現存する。その成立時期については、文中で元亨元年(一三二一)十二月の後宇多院政停止に触れていることから、それ以降、没するまでの二年半の間であることは確実である。ただし、冒頭に「弐拾伍箇条状」と記しながらも、実際には二一条目までで終わっており、しかも草稿の如き体裁が随所に散見する事実から、それが未完の置文であった様子を窺わせる。その内容は、後宇多法皇が大覚寺を興隆するに至った経緯を記すところから筆を起こし、大覚寺内部の問題に限らず、他の真言宗諸寺にまで及ぶ包括的なものとなっている。

これに対し、本文史料の内容は、あくまでも大覚寺の内部規定に留まっており、とりわけ大覚寺門主の心得を定める趣旨となっている。従って直接には、後宇多法皇の跡をうけ、新たに大覚寺門主となる性円法親王に伝える遺言として成立した、と考えられる。

性円法親王は、後宇多法皇の第四皇子、後醍醐天皇の同母弟にあたる。貞和三年(一三四七)三月七日死去時の五六才から逆算すると、彼の誕生は正応五年(一二九二)。当初は仁和寺の安井性融法親王のもとに入室し、のちに大覚寺へ転じたとされる(『華頂要略』一四〇)。正和二年(一三一三)正月、父の後宇多法皇から伝法灌頂を授かり、元応二年(一三二〇)には二品に昇叙、本文史料が成立した時点では三三才に達していた。

この性円に対して書き置いたとみられる本文史料には、過差禁止と修学尊重の意識が強く込められている。細川涼一「中世寺院の稚児と男色」(『逸脱の日本中世』ＪＩＣＣ出版局、一九九三年)は、仁和寺において稚児の遊芸が盛んであったのに対し、本文史料の後半部分ではそれを禁じた点に注目している。鎌倉時代後期の両統分立状況の中で、仁和寺の御室には持明院統の皇子が就任していた状況への対抗意識も窺える。本文史料に見える過差禁止と修学尊重の意識は、仁和寺における当時の状況に対する批判的な眼差しとも関連するとみられる。(真木)

**讃岐国年貢五万疋**(三二三頁3)　当時の讃岐国の国衙領は、大覚寺統に伝わる院分国となっていた。後嵯峨法皇からこれを伝領していた亀山法皇は、嘉元三年(一三〇五)七月、「処分状」を記し、後宇多上皇にこれを譲与している(『鎌』二二二八五号)。また同日、亀山法皇は「仏事用途定文」を記し、自らの没後の仏事に関する遺言を残して、その経費を主な遺領伝領者に割り当てている(『鎌』二二二八八号)。これによれば、讃岐国(後宇多上皇伝領)には、最高額の「十万疋」という注記が見える。本文史料に見える五万疋は、ちょうどこの半額に相当する。

やがて出家を遂げた後宇多法皇は、出家の翌年閏八月に「譲状」を記し、讃岐国を含む所領を尊治親王(のちの後醍醐天皇)に譲与するよう定めている(『鎌』二三三六九号)。本文史料に見える五万疋は、後醍醐天皇に割り当てられた形になる、と考えるのが一つの解釈である。

その一方、讃岐国の国衙領のうち、多度郡については、大覚寺領となっていた事実もある。「後宇多法皇御手印御遺告」(『大覚寺文書』上)第一八条には、次のように見える。

一　可興隆善通曼荼羅両寺及誕生院縁起第十八

右、(中略)此寺元是為国衙進止、摂領郷保、疲租税、深〔親〕厳僧正浅位時、聖跡巡礼時、寺僧等寄附之、彼遣弟両三代執務、不及興隆、徒貪地利、仍当国分国便、依我宝聖人勧、先為国衙進止、後別廻紹隆計、為避国衙煩費、以多度一郡割分為大覚寺領、彼門弟末代為断悕望、以荘園所相博也、以此郡為寺領者、報恩之志芳其地故也、彼寺敷地進止処等、後資更不可成妨、以興隆為先、相続教法、修治堂舎、是吾願耳、

すなわち、讃岐国の分国主でもあった後宇多

法皇は、山城国随心院の末寺と化していた讃岐国善通寺と曼荼羅寺を国衙の進止下とした上で、やがてこれら両寺と所在の多度郡全体をまとめて大覚寺領としたことがわかる。この大覚寺領の両寺と多度郡からの上納がどのくらいであったかは定かではないが、本文史料との関連において注目できる。（真木）

**公請行粧**（三三三頁4）　本文史料では、大覚寺門跡が公請のため出仕する際の行列規模について記し、それが過剰にならぬよう誡めている。ただし、場合によっては「人数の加増」や「この上の儀」が容認され、略儀の場合とともにそれらの場合の規模が明文化されていないことから、ここに記す行列規模は、あくまでも通常の公請を想定した基準値を記すに過ぎない。

　南北朝期の大覚寺における有職故実を記した『金剛抄』（『続群』二六下）は、大覚寺門主の行列について次のように記す。

　一　行列事
先駈〈先駈内、御前有職之仁打之、凡下臈者也、然而御前路次奉行故、有職仁乱箱・〔臈ヵ〕次打之〉十二人八人六人四人二人也、人数依時不定也、次御車、次後騎〈当色必召具人数任意〉、次御童子長〈給下白張重衣乗馬〉、次〈染装束〉御中童子〈二人或一人〉、列御童子二人四人、上古及四十余人、依時人数不定、次御力者沙汰者〈衣〉、次列御力者〈衣〉、次御格勤〈直垂〉、人数可依時、次退紅仕丁御雨皮持之、必御車後可候、

すなわち行列構成については、時と場合により、前駈は二人〜一二人の偶数人数のいずれか、後騎は不定、御童子は長一人、御中童子一人〜二人、列御童子二人か四人と述べている。それぞれの増減幅のうち最小規模に注目すれば、それが本文史料の記載とほぼ近似することに気づく。ただし右の史料によれば、これらのほか、御力者・列御力者・御格勤・退紅仕丁も付き従った様子が窺える。

　ところで、右の史料中には「上古及四十余人」という記載が見える。これは再興後まもない大覚寺での先例ではなく、一般的な先例の規模であろう。ちなみに、仁和寺御室の行列の実例として、安元二年（一一七六）三月の御室守覚の行列規模をあげておく。これは、後白河法皇五十歳御賀において、守覚が證誠として出仕した際の記録「法親王供奉御賀儀」（『守覚法親王の儀礼的世界』本文篇2、勉誠社、一九九五年）の一部である。

路頭行列
先小綱十二人〈法勝寺・尊勝寺、各六人〉
次前駈廿人
　房官八人
　非職二人
　有職十人
次御前三綱四人〈両寺、各二人〉
次主人車〈有車副六人〉
次中童子八人
次上童四人〈雑色各六人〉
次侍四人
次大童子
次僧綱五人

すなわち、御室守覚がこの時に率いた行列員数は、小綱・前駈・御前三綱・童子・侍のみで既に五〇人以上にのぼっていた。さらに御室が乗る牛車には車副六人が従い、上童四人にはそれぞれ雑色六人、合計二四人が従っている。行列末尾には、僧綱五人が扈従としてそれぞれ牛車で参列し、各牛車にも、それぞれ従者がつき従っていたことであろう。

　これに対し、本文史料が示す規定は、前駈・後騎・大童子のみの定数ではあるが、合計僅か六人に過ぎない。儀礼的性格や時代が相違するため単純な比較はできないが、本文史料には、大覚寺門主の行列規模をかなり抑制しようとする意図が明瞭に窺える。（真木）

**扈従僧綱**（三三五頁1）　南北朝期の大覚寺における有職故実を記した『金剛抄』（『続群』二六下）には、扈従に関して次のように見える。

　一　扈従事
仁和寺宮御沙汰、清花ノ輩勤之、又或御乳母子親昵、或法流、或付弟等勤之、

ここで「仁和寺宮御沙汰」の例を引いて説明しているのは、大覚寺でもこの先例を踏襲していたためであろう。これによれば、大覚寺門主の扈従は、上級貴族の清華家出身僧が勤めることとなっており、あるいは門主の乳母の関係者、あるいは同じ法流に属するものや門主の弟子であれば、そのような出自身分に達しない僧侶でも勤めることがあったらしい。

また、同じく『金剛抄』には次のように見える。

一　扈従僧綱行粧事
車八葉〈晴時下簾懸之〉僮僕牛飼人数可任之、次大童子長列〈狩衣可依人之所為〉、次後騎一人〈可依人之所為、以下又可依僮僕人之所為〉、装束鈍色白裳〈清花人着生裳〉、表袴、五帖袈裟、念珠、獨古、

このように、主人が乗る牛車の前後とは別に、扈従僧綱が乗る牛車の前後にも、その僮僕牛飼・大童子・後騎などが随行していた様子がわかる。

さらに仁和寺の例ではあるが、扈従の待遇に関して、鎌倉前期の仁和寺御室守覚法親王の著書『御記』(『大正蔵』七八)には次のように見える。

一　扈従事、立阿闍梨之後、毎時承従之役也、随阿闍梨而進儀其所有故実、故実者不立正後、少立阿闍梨右後也、成就院僧正庭訓云云、扈従紫侶令採履事、貴種阿闍梨之外、全不可有其儀也、有職若輩勤扈従事旧例也、但稀例云云、凡扈従輩俗姓高卑事、依阿闍梨俗品可定之也、無左右漫遂其節之条、且阿闍梨後難、且扈従恥辱也、能能可有校量事歟、

このように大阿闍梨につく扈従の場合、従者ながらも待遇を厚くし、大阿闍梨の真後には立たせなかった。その一方で、大阿闍梨が貴種僧でなければ、大阿闍梨の履物を扈従にとらせることはないが、大阿闍梨が貴種僧であれば、扈従に履物をとらせたようである。扈従の待遇は、大阿闍梨との俗姓身分差のバランスによっても左右されたことがわかる。(真木)

**寺領内諸院家**…(三三五頁2)　本文史料によれば、大覚寺門主の扈従については、大覚寺の「院家相承之輩」が勤めることになっていた。しかも後段に見えるように、各院家は、門主の前駈を勤める有職を出すことも求められていたようである。

なお時代が降るが、近世の寺誌『大覚寺譜』によれば、大覚寺では門主のほか、「院家」「出世住侶」「住侶」「坊官」「侍家・格勤」の区別があったことがわかる。まず「院家」に関しては次のように見える。

院家者、為門主之法流相承而令興隆寺院、所建也、古昔又称門跡、仁和・大覚之両寺非他門之比、若仁和寺相応院宮〈恒助〉・当寺大金剛院宮〈深ー(守)〉之類、是皆規模也、故古来執柄之息、住院家之室、曽雖有武門名家之種、皆為公卿猶子而入寺例也、官位大僧正・法務・一長者為極、近年昇進之例、権律師、法眼、少僧都、大僧都〈僧都不経権〉、法印、権僧正、僧正、大僧正、

すなわち「院家」の院主は、門主の法流を相承し、その俗姓身分は基本的に公卿クラスとされ、もし「武門名家之種」出身であったとしても、公卿の猶子となって入室した。しかも昇進は、最終的には大僧正・法務・一長者にまで達するという点から、彼らは大覚寺僧の上層を構成するとともに、広く宗派全体に及ぶ上級僧侶であったと言える。具体的な「院家」の名については、同書の「院家譜」によれば、大金剛院・金剛乗院・宝幢院・覚勝院・大勝院・聖無動院・宝護院・遍明院・大智院・観喜寿院・恵光院・密持院・尊寿院・遍照院・蓮花乗院、以上の一五院をあげている。

次に「出世住侶」に関しては、次のように見える。

出世者、住侶之中撰法器擢准院家、若昔時宝乗院寛淳是也〈永徳二年稟御流於深守親王〉、

つまり「出世住侶」とは、住侶から抜擢され、「院家」に准ぜられた僧侶を指すようである。同書

の「出世住侶譜」によれば、証菩提院・宝乗院・行願院・三蔵院・仏名院・観智院・宝珠院・金剛王院・延寿院・西輪院・定光院・証蓮花院・法界心院などをあげている。また、不壊化身院や五覚院もここに見えるが、やや性格は異なる。

最後に「住侶」に関しては、次のように見える。

住侶者、官位権僧正為極、権律師為当寺永　宣旨、僧都不任正、

つまり「住侶」の昇進については、大覚寺に認められた永宣旨によって権律師に就任し、権少僧都や権大僧都などを経て、上限は権僧正までとしている。

以上の三階層のうち「院家」は、本文史料に見える「諸院家相承之輩」にほぼ対応すると考えられる。（真木）

**十六歳以上**…（三二五頁3）　本文史料は、大覚寺における出家年齢が一六歳以上に達することを禁じ、それまでに出家させるよう求めている。一方、これに先行する「後宇多法皇御手印御遺告」（『大覚寺文書』上）第一一条によれば、後宇多法皇は「出家得度、以十三歳為其期、雖遅莫過十五六歳而已」と記している。出家の適齢を一三歳以降とし、遅くとも一五～一六歳までには出家させるよう求めている。かかる出家年齢の上限規定については、本文史料とほぼ一致する。

他方、鎌倉時代初期の仁和寺御室守覚が記した『右記』（『大正蔵』七八）によれば、「落飾之事、以十七若十九、可定其年限也」とある。つまり仁和寺では、出家年齢が一九歳に達する場合もあったことになる。仁和寺をはじめとする中世門跡寺院の童形者周辺には、華やかな芸能遊戯の世界が存在したことが知られている。後宇多法皇が出家年齢を一六歳以上に遅らせることを禁じたのは、過差禁止や修学専念の論理とも密接に関わるとみられる。（真木）

**牛童**（三二七頁1）　牛童の人数規制に関しては、嘉元二年（一三〇四）三月、後宇多上皇の院政期に発令された制符口宣に、次のように見える（公家法四七九）。

一　上下従類員数事

（中略）

牛童

緇素遣手之外、不可過一人、

ここでは「緇素」、つまり俗人や僧侶に従う牛童について、規定している。遣手のほか、「一人も過ぐべからず」なのか、「一人を過ぐべからず」なのか、本文史料の解釈とあわせて、検討の余地がある。

一方、大覚寺の牛童の実態については、南北朝期の大覚寺における有職故実を記した『金剛抄』（『続群』二六下）からその一端を窺うことができる。その第二二条には次のように見える。

一　御榻事

御牛飼長持之、御牛飼長、下人ニ令持也、

つまり牛飼の「長」は、牛車の榻を持つ責任者だが、実際にはその下人に持ち運ばせていたようである。「長」という語から、牛飼は大童子のように、長と列からなる組織を構成していたらしい。鎌倉末期の大覚寺には、孫弥なる牛飼がいたことが、同じく『金剛抄』に見える。（真木）

**在俗に**…（三二九頁1）　俗人との接触制限、とりわけ女性との接触制限に関しては、「後宇多法皇御手印御遺告」（『大覚寺文書』上）第一二条にも、「非朝廷護持仏法紹隆者、無要而不可交俗人、況男女雑住之宅、容易莫宿住矣」とある。規制の法意は本文史料と共通する。

なお、空海の遺言に仮託された、いわゆる「二十五箇条御遺告」（『定本弘法大師全集』七）第一八条は、東寺の僧房に女人を入れることを禁じていたが、本文史料のように、僧侶が在俗の家に出かけて女性と接する可能性までは想定されていなかった。ところが、鎌倉前期の仁和寺御室が記した『右記』（『大正蔵』七八）には、本文史料と同様の想定がなされている点で興味深い。

一　於浄行侶栖、誘引漢女唐妃之属、不憚乱会之事、間有其聞、是併為仏法僧之怨讐、招火血刀之罪夭者也、教誡之利益不可過此

事、如爾少生等、早可追却寺内也、次称児童乳母、号尊親之侍女、出入隔屋町之段、外見非可然之事、又依有制法、整立埒外出過而通語之条、非神妙、只一向可停止之矣、

つまり、寺院に女性を招き入れて乱会を行うことを禁じ、違反者については寺内から追放すべきだとしている。しかも、自分の乳母や親の侍女だと称して、その家を訪問することさえも禁じている。他の規制では比較的緩やかとも言える仁和寺でさえも、女性との接触については厳しく禁じようとしていたことがわかる。

しかし、右の史料中に「問有其聞」とあるように、そうした禁止の建前の下で、秘かに行われる現実があったからこそ、殊更に禁止が強調された側面もあるだろう。（真木）

**禽獣**（三二九頁2）　本文史料によれば、鳥類や獣類の飼育について、幼少の門主弟子であっても例外なく禁じている。ところが、鎌倉前期の仁和寺御室守覚が記した『右記』（『大正蔵』七八）によれば、鳥獣の中でも鶏と犬の飼育に関しては、容認していたことがわかる。

一　禽獣類飼之事、多分小児所好也、飼小鳥之段雖無大失、一向可停止之、於鶏犬者説之内外典中多説其得、故先鶏有五徳云云、礼記所見也、五徳者仁義礼智信云云、或告其家吉凶云云、又此宗、以白鶏鳴尾為相応物立秘壇中瓶事有之、現処分益時剋告之事大切也、又犬事、遍学三蔵伝記得犬而至聖処云云、又大師、以二犬為高野山使者給、謂大黒小白也〈或大白小黒云云、先徳記有此異〉、此外三国之際施哥〔奇〕異事不遑翰墨、御堂関白自幼少好而飼犬人也、至摂官之時、於門口下車行庭上〈春日御影奉安置之間、自門被下車云云〉、既堂上近付程、秘蔵香班小大老向吶摂政袖引駐之、振放振放進事両般、雖然猶強吶之叱留之時、摂政召寄榻懸腰、留于庭上、然後召博士時、晴問卜筮、晴明有呪咀之筮蠱、其支度埋此也、可見之云云、（中略）如此例証古今所触視聴也、白虎通云、守家獣、理主禽、名此曰鶏犬云云、或鳴兎置之空、或吠牛漢之雲、准南王之古、皆以奇怪之由来也、然鶏犬之外、万鳥百獣更不可免飼者歟、以制一隅之悪可知三端之失、此等条条染心銘骨生涯勿忘、現当巨益不可如之也、

このように仁和寺では、小鳥の飼育を禁じているものの、鶏に関しては五つの徳があるとし、修法に際して尾羽を使用する例や、その鳴き声によって時を知り得る利点をあげ、その飼育を容認している。犬に関しては、「遍学三蔵伝記」や空海の高野山登山の逸話、藤原道長が呪詛を逃れた逸話などをあげ、やはりその飼育を容認している。

これに対して本文史料は、こうした鶏や犬も含めた「禽獣」の寺内飼育を禁じたのであろう。（真木）

**酒宴**…（三三一頁1）　空海の遺言に仮託された、いわゆる「二十五箇条御遺告」（『定本弘法大師全集』七）の第一九条によれば、飲酒に関して次のように見える。

一　不可飲僧房内酒縁起第十九
夫以、酒是治病之珍、風除之宝矣、然而於仏家為大過者也、是以、長阿含経曰、飲酒有六種過等云云、智度論曰、有卅五種過等云云、亦梵網経所説甚深也、何況秘密門徒可酒愛用哉、依之所制也、但青龍寺大師与幷御相弟子内供奉十禅師順暁阿闍梨、共語擬曰、依大乗開門之法、治病之人許塩酒、依之亦円坐之次、呼平不得数用、若有必用、従外入不瓶之器来、副茶秘用云云、

すなわち、僧侶による飲酒は、戒律により禁じられていたはずだが、「大乗開文の法」により、薬用として秘かに飲む限りは容認されていた。ところが、鎌倉前期の仁和寺御室守覚が記した『御記』（『大正蔵』七八）第七・八条には次のように見える。

一　真言行者不可好酒宴乱会也、凡酒是百薬之長、諸病之敵也、雖然酔狂之心如悪象如跳猿、於出世間破威儀之基也、上古先徳殊

以禁制、末世禅侶最可誡者歟、主無賢聖、伴有懈怠、故遇此宴遊者、忘却諸事廃絶已営、就中属桃顔之童、悩棘瞻之党、抱竹葉之青瓶、持鸚鵡之白盃、満寺院之中、跰欄階之下、其式甚以不穏便、但倩案物意、門下輩者多捨栄耀之紅塵、殆入幽閉之緇室、其意可哀者哉、稀救遊会之席、常向勧学之窓、相続印璽之恵命、可為軌範之独位、一向不能制止、然而接放逸之在俗、剰饗欲傾之時、惜興尽莫再召三呼事、相慎而可生暫会也、

一　酒宴之時、諸衆自初不可掛袈裟、同不可持念珠、大御室御式也、尤有甘心一寺可守此旨、

すなわち守覚は、僧侶の多くが「栄耀之紅塵」を捨て「幽閉之緇室」に入らざるを得ない実情に配慮を示し、彼らの修学上の息抜きとして、軽度の酒宴については容認していたことがわかる。しかもその際には、袈裟や念珠を身につけないで参加するよう求め、それが一二世紀後葉の仁和寺御室性信以来の定めであるとしている。

このように、仁和寺では飲酒ばかりか、軽度であれば酒宴さえ容認されていた。実際、仁和寺を舞台とする『徒然草』第五三段の話は、僧侶たちの飲酒の余興で頭に被った足鼎が抜けなくなったという著名な逸話であるが、これはまさに、鎌倉末期の仁和寺における酒宴の様子を物語っている。

これに対して、「後宇多法皇御手印御遺告」(『大覚寺文書』上)第一二条には次のように見える。

一　可禁遏条事縁起第十二
右、修真言行人、始自入仏家、殊誘引可廻入真方便、故幼稚之人、雖少知、随分可励教真俗教文、何暇許放逸乎、(中略)至于飲酒者、高祖引長阿含六種・知[智]度卅五過等、深誡秘蜜徒、若有必用、従外入不瓶之器、副茶秘用云々、是為療病不退修学也、宜弁知本志、依方用薬酒而已、

すなわち後宇多法皇は、真言宗僧侶が修学に専念すべきことを強調した上で、前掲の「二十五箇条御遺告」第一九条の内容に触れながら、薬用秘用以外の飲酒を禁じる原則を再確認している。本文史料の場合にも、「酒瓶」の持ち込みを禁じていることから、「二十五箇条御遺告」が記すように、「不瓶之器」に入れて「秘用」する余地は残されている。「後宇多法皇御手印御遺告」と本文史料の法意はほぼ同様とみてよい。(真木)

**博器**(三三二頁2)　空海の遺言に仮託されて成立した、いわゆる「二十五箇条御遺告」(『定本弘法大師全集』七)の第一七条によれば、博奕に関して次のように見える。

一　可報進後生末世弟子祖師恩縁起第十七
夫以、(中略)亦案僧尼令曰、非有碁琴制限者、然而竊案密教心、此家可令無此事、所以然者、若有未練僧幷童子等、被放此遊、必有後代過、何況囲碁双六、一切停止、若強好此事者、都非吾末世資、不論刹利種性蔭子孫、併悉追放、一切勿得寛宥云云、

このように、僧尼令では容認されていたはずの管弦や囲碁の遊びまでも禁止している。

ところが、鎌倉前期の仁和寺御室守覚が記した『右記』(『大正蔵』七八)の「童形等消息事」によれば、次のように見える。

一　囲碁双六等諸遊芸鞠小弓等事、強不可好之、但一向不知其消息之、還又非、只片端携得而痛不可張行也、就中於双六者、曽以不可操之、大師御制誡其一也、

つまり仁和寺では、囲碁や双六などの諸遊芸に関して、過分な嗜みを禁じているものの、全く無知なのも非としているのである。前掲の「二十五箇条御遺告」の内容を踏まえているにもかかわらず、実際に禁止しているのは双六のみであり、囲碁については過分でない限り容認されていたことがわかる。

これに対して、「後宇多法皇御手印御遺告」(『大覚寺文書』上)第一二条には、次のように見える。

一　可禁遏条事縁起第十二

右、修真言行人、始自入仏家、殊誘引可廻入真方便、故幼稚之人、雖少知、随分可励教真俗教文、何暇許放逸乎、蹴鞠射弓之遊、勝負歌舞之戯、近代粗有其跡、於当門室幼弟者、固可禁此事、況哉入釈門之後、雖有法家不罪之文、琴碁猶不可聴之、有高祖誡故也、

　すなわち真言宗の僧侶は、修学全般に精進すべきであり、遊戯にいそしむ余裕はないはずだとし、大覚寺の幼弟に対して「蹴鞠射弓之遊、勝負歌舞之戯」を禁じている。しかも守覚とは違い、「二十五箇条御遺告」の内容を原則通り踏まえ、「琴碁」つまり管弦や囲碁さえも禁止していた。本文史料でも、やはり囲碁・双六・将棋いずれをも禁止しており、両者の法意はほぼ一貫している。（真木）

**管弦**（三三一頁3）　前掲補注「博器」の項で触れたように、「二十五箇条御遺告」（『定本弘法大師全集』七）第一七条は、真言宗僧侶に対し、僧尼令では容認されていたはずの管弦や囲碁の遊びまでも禁止していた。ところが、鎌倉前期の仁和寺御室守覚が記した『右記』（『大正蔵』七八）の「童形等消息事」によれば、管弦について次のように記している。

　一　管弦音曲等事
　　絃管在左右、若臣知治乱云云、移風易俗莫善於楽云云、然則布政有礼楽之両規、聖君必聴諸音心知乱世治国之憂喜者也、（中略）世間出世之生起中果終隠以音摂之無所不至者也、爰童躰携此芸事、先閣内外深義暫見遊宴逸興、緩心悦耳媒也、若又毀形剃頭之後、声明習学之時、尤大切事歟、

　このように守覚は、管弦をむしろ肯定的に捉えていた。出家以前に管弦を習わせておけば、出家後、僧侶が声明を学ぶ際に役立つというのである。実際に、仁和寺御室周辺における管弦の盛況ぶりに関しては、説話集の『古事談』『古今著聞集』などに散見する逸話から窺うことができる。

　これに対して後宇多法皇は、前掲補注「酒宴…」の項で引用した「後宇多法皇御手印御遺告」（『大覚寺文書』上）第一二条にあるように、「勝負歌舞之戯」「琴碁」を禁じていた。本文史料においても、法会で必要とする場合を除いて、やはり大覚寺の寺域内での管弦を禁止している。（真木）

**鞠小弓**（三三一頁4）　蹴鞠や小弓の遊びに関しては、前掲補注「博器」の項に引用した『右記』（『大正蔵』七八）によると、仁和寺御室守覚は「一向不知其消息之、還又非」とし、囲碁と同様に全面禁止まではしていなかった。

　これに対して後宇多法皇は、やはり前掲補注「酒宴」および「博器」の項でも触れた「後宇多法皇御手印御遺告」（『大覚寺文書』上）第一二条によって、大覚寺内での「蹴鞠射弓之遊」を僧侶のみならず童に対しても全面禁止していた。本文史料でもやはりこれらを禁じており、両者の法意はやはり一貫している。（真木）

**真51**（三三三頁1）　醍醐寺蔵。「醍醐寺文書」一七函一〇六号。京都府立総合資料館架蔵の醍醐寺文書写真集より採録。『大古』醍醐寺一二—一二六七九号の翻刻を参考にした。三紙よりなる続紙。端裏に「当寺規式」とあり、最後尾の余白に「此筆、三宝院大僧正光済祖之御筆カ〈年暦如此相勘者也〉」という付箋がある（『醍醐寺文書聖教目録』二、勉誠出版、二〇〇〇年）。花押影は賢俊に似せているが、『国史大辞典』（吉川弘文館）所載の賢俊のそれらとは著しく形くずれしている。筆跡は他の文書との比較からも、光済の筆であることがわかる。料紙は、文書の冒頭部分が手擦れの皺が著しく、全体に脆弱な感じである。なお「醍醐寺文書」一〇函三七号（『大古』醍醐寺六—一二六一号）は本文史料のうち、第五条目を抜きだした案文である。（橋本）

**賢俊菩提寺規式**（三三三頁2）　三宝院賢俊は延文二年（一三五七）閏七月十六日に五九歳で他界しているので、本文史料が執筆された同年七月十八日は死没のほぼ一月前ということになる。『続伝燈広録』一三によれば、賢俊は死の直前に醍醐座主職を光済に譲って菩提寺に隠居している（『続真言宗全書』三三—四八四頁）。本文史料は

弟子の光済が、菩提寺の規式を知るために書き写したものと考えられる。

　本文史料と同日付で、賢俊は菩提寺に所領を寄進している（「醍醐寺文書」一七函一〇八号〔『大古』醍醐寺一二―二六八一号〕）。その寄進状は次の通りである。

　寄進　菩提寺
一　菩提田　自道上一丁者当知行、今寄進自
　道下一丁也、凡上下共号菩提
　田、一具寺領也、而近年不慮号
　各別相伝之間、得彼相伝、所寄
　進也、
一　十九日田　祖師御忌日料所也、而院家荒
　廃之間、如無御仏事、仍所寄
　進也、則彼御忌日御仏事等、
　可勤行之、不可違冥慮、
一　豊財薗田〈田数注別〉
一　丹後国志楽庄内朝来村年貢内五千疋
右、為当寺仏聖燈油・諸仏事・僧食等、所
寄附也、無比大善也、誰人致其妨、列祖以
下遺骨等納此地、為門葉人莫処聊爾、仍寄
進之状如件、
　延文二年七月十八日
前大僧正（花押）

なお菩提寺の名は、唐の善無畏三蔵が菩提寺で「虚空蔵求聞持法」を訳し、それ以来、唐菩提寺が虚空蔵菩薩の験所となったことにちなむ。

醍醐菩提寺の本尊は虚空蔵菩薩。建立の発願は「願主后云々、可尋」とあり、詳細は不明。康治二年（一一四三）六月一日の定海譲状（「醍醐寺文書」四函六号⑤〔『大古』醍醐寺二―四三九―五号〕）には、末寺として菩提寺が書き上げられ、鎌倉時代中期には「醍醐寺別院」と見える（「同」六函一一号①〔『鎌』九一四四号〕）。南北朝時代に三宝院賢俊が再興し、みずから寺主となった。賢俊が菩提寺僧正と称される所以である。観応三年（一三五二）閏二月十一日の賢俊から安楽光院実済への譲状には、次のように記されている。

　菩提寺事、列祖已下代々巷所也、其外納有縁
無縁貴賤上下遺骨、為訪彼忘恩、令再興之上
者、相構々々如発願、忩可被成僧庵也、世財
等悉施入当所畢、能々可令奉行給候、長老
事、面々相談、可令沙汰居給也、

もともと菩提寺には醍醐寺歴代の僧侶の墓や俗人たちの遺骨が納められていた。そこで賢俊は菩提寺の財源を確保した上で、これを僧寺とし長老を置くことにしたという。光済や満済・政紹・義堯ら三宝院門主の葬送も菩提寺で律僧が執り行っている（以上、出典を挙げていないものは『醍醐寺新要録』菩提寺篇）。（橋本・平）

**行者・人工・山守**（三三三頁3）　一般に禅宗寺院の下僧をいう。菩提寺には泉涌寺系の北京律が入ったため、禅宗風の呼称が流入したのであろう。ただし、行者・人工・山守の実態については、禅宗寺院でも判然としない。まして律宗寺院や菩提寺のそれとなると、ほとんど史料がない。『庭訓往来』（東洋文庫）十月状往では、

禅家者、堂頭和尚・東堂・西堂、（中略）此外
耆旧之諸僧・塔頭坊主・旦過之僧・山主・庵
主・沙弥・喝食・行者・参頭・副参・望参・
供頭・堂司・庫司・炭頭・調菜人工・兄部・
出納・山守・木守・門守・火鈴振等也、

と、禅宗寺院の下僧として「行者」「調菜人工」「山守」を挙げている。またその記事に続けて、

律僧者、長老・知事・典座・沙弥・八齋戒・
人具法師等也、

と、律宗寺院の下僧として「人具（工）法師」を挙げている。『邦訳日葡辞書』（岩波書店、一九八〇年）は「Ningu. ニング（人工）力のある人（力者）」とし、『日本国語大辞典』（小学館、第二版、二〇〇〇年）は

にんく【人工】（「にんぐ」とも）剃髪し、輿をかついだり、馬の口をとったり、また、薙刀などを持って供に立ったりする中間（ちゅうげん）のような者。力者法師。

あんじゃ【行者】（「あん」は「行」の唐宋音）禅宗で、まだ得度しないで、寺のうちにあって諸役に給仕する者。中国では有髪、日本では主として剃髪（ていはつ）した。また、得度・未得度に関係なく、寺院に属して種々の雑用に使われる給仕の少年。行堂（あんどう）。

とする。なお『醍醐寺新要録』菩提寺篇に見える永禄七年(一五六四)の義堯僧正終焉記によれば、長老・衆僧のほかに「行堂」「沙弥」が登場する。たとえば「菩提寺ノ行堂越後法橋・豊前」は燈爐を持ったり、土葬用の鋤を律僧に手渡したりしている。また、

一　御輿舁事、菩提寺沙弥衆奉舁之、先例如此ト云々、今度ハ前春慶〈井ノ坊ノ弟子、于時沙弥〉、後ハ栄秀〈成身院、于時比丘〉、

とある。今回の輿舁は衆僧一臈(井ノ坊)の弟子と成身院に行わせたが、もともとは「菩提寺沙弥衆」がつとめるのが先例であったという。ここに見える「行堂」や「沙弥衆」が行者・人工と何らかの関わりがあると考えられる。(平)

**例時**(三三三頁4)　例時には定例の勤行という一般的な意味と、例時作法・例時懺法を指す場合がある。本文史料の用例が、後者の可能性もあると判断した理由は二点ある。まず、満済中陰記には朝・日中・夕の勤行が記されているが、「夕」のみ、次のように「例時」の項目が入っている。

一　夕〈酉貝定〉、理趣三昧〈如朝〉、次例時〈金剛界如説〉、先礼懺、次尊勝タラ尼〈三反〉、次讃三段、次光明真言百反、諸衆同音、

また義演は「近代式目」の「勤行事」として、「晨朝」「日中」「例時」の勤行内容を記しており、「例時」は

両部礼懺・弥陀大呪・加梨帝呪・弥勒真言・虚空蔵真言・大黒呪・光明真言、次施餓鬼

とする(出典はいずれも『醍醐寺新要録』菩提寺篇)。以上、二つの事例での「例時」の用法はいずれも「例時懺法」の意であり、本文史料の「例時」もその意であるとも考えられる。(平)

**十種供養**(三三五頁1)　十種は花・香・瓔珞(ようらく)・抹香・塗香(ずこう)・焼香・繒蓋(そうがい)・幢幡(どうばん)・衣服・伎楽の十種。なお三宝院門跡満済が母の追善のため永享三年(一四三一)に菩提寺で行った十種供養では、地下の楽人八名が笙(しょう)・篳篥(ひちりき)・笛・羯鼓(かっこ)・太鼓を奏し、禄物一〇〇〇疋をもらっている(『満済准后日記』同年五月二十八日条)。(平)

**真52**(三三七頁1)　醍醐寺蔵。「醍醐寺文書」二五函二〇七号。東京大学史料編纂所架蔵写真帳により、森茂暁『満済』(ミネルヴァ書房、二〇〇四年)の翻刻を参考にした。縦三一・三センチメートル、横五一〇・二センチメートル、一一紙からなる続紙。各紙継ぎ目裏に満済の継ぎ目花押がある。端裏書は「中置条々」、その横に異筆で「永享六年三月廿二日」と記す。『醍醐寺文書聖教目録』二(勉誠出版、二〇〇五年)参照。(橋本)

**三宝院門跡満済条々置文**(三三七頁2)　三宝院は醍醐寺の子院。永久三年(一一一五)に座主勝覚が創建し、天承元年(一一三一)に座主定海が鳥羽院御願で灌頂堂を建立した。当初は灌頂院といったが、定賢・義範・範俊三師の法流を伝えていることに因んで、三宝院と呼ぶようになった。小野三宝院流の拠点。室町時代に賢俊・満済が足利将軍家のあつい帰依をうけて門跡としての地位を確立した。もともとは醍醐寺西大門の北東にあったが、応仁の乱で焼失。豊臣秀吉の支援をうけて再興した金剛輪院を、慶長三年(一五九八)座主義演が三宝院の名に改めたため現在地に移った。江戸時代には当山派修験道の本山となる。

なお大永八年(一五二八)のものと推測されている三宝院義堯置文案は、義堯(一五〇五～一五六四)が本文史料である「法身院准后御置文」「祖師准后御遺書」を踏まえて記したものである。本文史料と密接な関わりがあるので、参考として掲げておく(「醍醐寺文書」一一函六九号『大古』醍醐寺七―一四四二号)。

一　中置条々

一　公武御祈事

一々目録、法身院准后御置文被注之、料所等同前、近年皆以令退転歟、雖為如形、可被再興、殊料所於無相違分者、専可被執行之也、予数年乍領門室、如此之儀于今懈怠、誠非本意者也、

一　本尊・仏具・聖教事、雖為一尊一種一
帖、不可他出也、
一　灌頂道具等事、度々門跡牢籠之間、大略
令粉〔紛〕失歟、涯分励労功、尤可沙汰置者
也、今纔相残処道具以下、穴賢不可出他
所、其子細祖師准后御遺書明白也、誠殊勝
禁言者哉、
一　門跡所職事
所々坊領、代々案〔安〕堵等、少々于今相残
者也、　准后御遺書云、門跡錯乱砌、支証
等多以粉〔紛〕失云々、其後及乱逆度々了、
相残処文書等過半又令粉〔紛〕失歟、連々被
申入　武家、可被興行哉、
一　醍醐寺座主職・伝法院座主職・六条・三
条・篠村等八幡宮別当職、代々門葉相続来
者也、近年所々以外荒癈〔廃〕、就中若宮八
幡事、去大永年中大乱砌、悉以破却、於
御神躰者、奉取出之、暫他所奉安置之畢、
神主令存知之也、世上未一途之間、造栄
〔営〕沙汰于今無之条、旦暮悲歎在之而已、
専被懸　御意可被申沙汰也、
一　灌頂院事、累代称号異他霊場云々、退転
漸歳久、是又可被再興随一也、
一　金剛輪院事、自去大永五年二月十一日如
形雖励造功、一向不及周備、還而招諸人哢
者歟、連々可懸御意、長日不退御祈等、更
以無避〔懈〕怠様、可令計沙汰給、為久修練
行之地、四海安寧一天泰平精祈、可被抽丹
精也、寺住坊人是又如無、雖為如形令堪
忍、寺役勤行等無退転様、可相計給、就中
山上　御影堂七月六日竪義漸久退転、同如
意輪堂自七月七日一七日供花、此十ケ年計
已来無之、可被再興也、山下寺役避〔懈〕怠
以外也、堅可被仰付、霜月自朔日至十五日
鎮守於拝殿談義事、祖師准后異他御願旨
趣、誠甚深也、近年是又退転、別而歎存者
也、尤可有興行也、
一　坊人事
理性院前大僧正宗永不相替可被召仕、同附
弟厳助僧都事、可被立真俗相応御用也、抑
近年良家輩以外興成振舞也、於門中先規
様、准后御日々記等見者也、連々可被改
之、
水本事、予受戒已下悉彼庭訓也、別而可有
御扶助也、同隆深法師事、不相替可為御用
人也、金剛王院事、於心中無如在仁歟、可
被不便歟、
妙法院事、不有御隔心門弟也、故尭済法師
事、宗永僧正舎弟也、不慮早世了、遺跡
事、厳助僧都〔ニ〕中置歟、可然仁躰、早速
被相計可被定置哉、大法師尭雅事、可為観
心院称号処、号松橋事、聊門中有其沙汰
歟、観心院者当流無子細門弟也、然〈於〉当
院主以松橋方為本歟、違順儀哉、子細繁多
也、仍略之、中性院事、相応可被立御用、
代々昵近御坊人也、殊可被不便歟、（中略）
自余出世・坊管〔官〕・侍等、被懸御意可被
召仕也、坊人牢籠、門跡衰微基也、互可被
成水魚思哉、
再治若不沙汰之儀在之者、不可被棄捐此
草案者也、
法印義尭（花押）

これによれば、公武祈禱に関しては、満済が記した料所がすべて退転していると述べている。また灌頂道具や門跡所職に関わる文書も戦乱によって四散しているし、六条八幡宮も大永の戦乱で破却されたとする。総じて、満済の時代に比べて三宝院が疲弊している様子がうかがえる。他方では、満済と同様に「坊人牢籠、門跡衰微基也」と述べて、出世・坊官・侍らの坊人への配慮の必要性を説いている。（橋本・平）

**野鞍庄**（三三七頁3）　摂津国野鞍庄は永暦元年（一一六〇）に美福門院が寄進し、女院の御願で仏厳房聖心が普成仏院（のちの仏名院）を創建した。これは京都の六条以南、佐女牛以北、朱雀以東、坊城以西の一町の地に建てられたもので、今天王寺と称された。もともとは広義の東密系寺院であって、醍醐寺と直接的な関係があったわけではないが、鎌倉末に醍醐地蔵院房玄と香隆寺有助とが仏名院院主職と野鞍庄の管領権をめぐって相論した。そこで有助は建武四年（一三

七)に次の譲状をしたためた(「醍醐寺文書」四函二三号『大古』醍醐寺二―四五五号)。

譲与

仏名院并房舎聖教寺領等事

右、院主職者、有助五代相伝之趣、代々譲状勅裁等明鏡也、当御代又被下安堵　院宣事、仍相副調度文書、所譲与三宝院僧正〈賢俊〉也、但於未来領主者、以日野新黄門息、可為其仁、公家武家長日御祈禱并本願〈聖心〉以来祖師先師之追孝、更不可有如在之儀、殊可有興行之沙汰、如此雖申置、有助一期之間者、毎事不違日来可致管領、為後日亀鏡、契状如件、

建武四年正月廿五日

院主前僧正有助(花押)

有助は、①一期の間は自分が仏名院を管領する、②将来は日野資明の息光済が管領する、③朝幕の祈禱に励み歴代院主の菩提を弔うことを条件に、仏名院の房舎聖教寺領を三宝院賢俊に譲った。その後、有助が死没すると貞和五年(一三四九)に

仏名院并摂津国野鞍庄、任有助僧正譲、領掌不可有相違者、院宣如此、仍執達如件、

貞和五年五月十日　権大納言(花押)

謹上　三宝院僧正御房

とあるように、仏名院と野鞍庄を三宝院賢俊に安堵する光厳上皇の院宣が出された(「醍醐寺文書」九二函九号『大史』六―一二―六五一頁)。

こうして野鞍庄が三宝院の管理下に入ると、野鞍庄は仏名院から切り離されて三宝院領となり、本尊や堂舎も法身院に移されて仏名院は解体された。高橋慎一朗「仏名院と醍醐寺三宝院」(『東京大学史料編纂所研究紀要』六、一九九六年)を参照。(平)

**六条八幡宮**(三三九頁1)　所在地から「六条左女牛(さめうし)八幡社」「六条左女牛若宮」とも呼ばれた。天喜元年(一〇五三)に後冷泉天皇の勅願によって源頼義が勧請したのが始まりという(「二十二社註式」)。文治元年(一一八五)に源頼朝が「故廷尉禅室(源為義)六条御遺跡」に八幡宮を造立し、所領を寄進して、大江広元の弟である季厳阿闍梨を別当に補任した(『吾妻鏡』同年十二月三十日条)。さらに文治三年に放生会を実施しているが、この年に鶴岡八幡宮でも放生会が始行されている。このことは六条八幡宮が、鎌倉幕府にとって東の鶴岡八幡宮に並ぶ施設であったことを示している。以後、室町時代でも八幡宮の放生会は毎年の行事であった。

鎌倉幕府が滅亡すると、足利尊氏(権大納言)は建武五年(一三三八)に

六条八幡宮別当職事、任先例可令致沙汰給、仍執達如件、

建武五年八月十一日　権大納言(花押)

三宝院僧正御房

と三宝院賢俊僧正を別当に補した(「醍醐寺文書」二函二号(一)『大古』醍醐寺一―一五号)。これ以後、六条八幡宮の別当職は三宝院門跡に襲職された。さらに康永四年(一三四五)六月十五日付の後光厳上皇院宣によって、六条八幡宮の社地が確定した(『大史』六―九―一〇八頁)。将軍の社参は恒例の行事となり、応永十七年(一四一〇)に成立した「足利義持参詣図絵巻」(若宮八幡宮蔵)には、社殿等が克明に描かれている。

天正十一年(一五八三)豊臣秀吉の寺社政策で東山に移転、同十六年には方広寺の北に移転させられた。現在の社殿は、承応三年(一六五四)の建立、指図等は「若宮八幡宮文書」に伝来している。なお海老名尚・福田豊彦「『六条八幡宮造営注文』について」(『国立歴史民俗博物館研究紀要』四五、一九九二年)を参照。(橋本)

**源氏千種両町**(三三九頁2)　若宮八幡宮所蔵の永正六年(一五〇九)七月十二日付の室町幕府奉行人奉書によれば、「六条八幡宮日御供同燈油料所、樋口与六条坊門室町西洞院間八町々〈号源氏町・千草町〉」とあり、樋口小路、六条坊門小路、室町小路、西洞院大路で囲まれた地域が源氏町・千種町であったことを示す(『室町幕府文書集成』二五八七号)。また応永二十二年(一四一五)の足利義持寄進状によれば、

寄附

六条八幡宮

源氏町千種町事
右、為長日本地護摩幷法華経読誦料所、所奉寄当宮之状如件、
応永廿二年十二月十四日
内大臣源朝臣(花押)

とあり、本文史料がいうように両町が六条八幡宮の八幡本地の長日護摩料所として寄進されたことを示している(「醍醐寺文書」一函六号(五)『大古』醍醐寺一―八七号)。また田中穣旧蔵の「六条八幡宮文書」には、正長二年(一四二九)三月十二日付源氏・千種両町地子算用状が収められている(国立歴史民俗博物館蔵)。(平・橋本)

**安楽院**(三三九頁3)　『満済准后日記』正月元旦条をみると、応永二十年(一四一三)は「五社・安楽院入堂等如例」、同三十年では「五社・天神堂両社参詣」とあり、安楽院が天神堂であることを示唆する。また後掲の足利将軍の所領安堵目録には、

一　高倉天神別当職
社領近江国愛智郡香庄

とあり(「醍醐寺文書」一函七号(三)『大古』醍醐寺一―一一一号)、本文史料と同様に香庄を料所としており、この安楽院が高倉天神堂であることがわかる。

この天神堂は「土御門高倉天神堂」とも呼ばれているが、法身院の境内の範囲は「洛中敷地十六町々〈北限土御門、南限近衛、西限高倉、東限富小路〉」であったため(『醍醐寺新要録』法身院篇)、高倉天神堂は法身院の境内にあったことになる。事実、『満済准后日記』によれば、「於法身院五社・天神堂、仁王講修之」「於法身院両社〈天神堂・五社〉、仁王経各一部転読了」(永享三年(一四三一)正月十一日条、同年十月二十五日条)とあり、天神堂が法身院にあったことを示している。以上からすれば、安楽院(高倉天神堂)は満済の洛中の拠点であった法身院の子院であり、法身院の鎮守堂であると考えられる。

なお『満済准后日記』によれば、毎月二十五日に天神講が行われており、特に二月と六月には天神講神楽が行われている。服部幸子「中世醍醐寺における法身院と満済に関する一考察」(『仏教土着』法蔵館、二〇〇三年)を参照。(平・橋本)

**已上自身これを行う**(三三九頁4)　長日愛染王護摩から長日天神本地供までは供僧と料所が記されている。このことからすれば、「已上」とは長日愛染王供・長日不動供・長日薬師供・長日駄都供の四供を指すと思われる。安食庄を支具料所とするのも、この四供だろう。(平)

**長日御当年星供**(三三九頁5)　当年星供は属星供(ぞくしょうく)ともいい、当年星に供養して転禍成福を祈った。陰陽道・宿曜道の説が多分に混じった星信仰である。(平)

**門跡牢籠**(三三九頁6)　醍醐寺三宝院は賢俊―光済―光助―定忠―満済へと継承されたが、光助・定忠の時代に三宝院門跡牢籠の時期を迎える。

まず光済(一三二六〜一三七九)は文和二年(一三五三)四月に賢俊から三宝院門跡を譲られた。光済は日野大納言資明の子で賢俊の甥にあたる。「当時権勢、公家武家通達、富貴万福」といわれた人物で、「寺務十余ケ年之間、山上山下堂社院家修理興行」に努めて門跡の発展に尽くした(『愚管記』永和五年(一三七九)閏四月二十二日条、「五八代記」)。しかも五壇法中壇や後七日御修法をつとめるなど、幕府・朝廷の祈禱にも精力的に携わっている。

康暦元年(一三七九)に光済が亡くなると、日野資名の孫、大納言時光の子である光助(一三五一〜一三八九)が三宝院を嗣いだ。しかし光済は光助に伝法灌頂を授けようとはしなかった。光済の存命中にもかかわらず、光助は応安六年(一三七三)に弘顕法印から伝法灌頂を受けている。この点について「五八代記」は次のように記して、その異様さを強調している(『醍醐寺文化財研究所研究紀要』四、一九八二年)。

或記云、光助僧正入光済僧正室、多年雖同宿、不及受法灌頂之沙汰也、光済僧正存日、依彼命、対弘顕法印入壇、諸人奇之、非若年之分、非浅膚之儀、法務大僧正四十有余之仁

也、而何自身不授之、為他師令伝之乎、

「五八代記」は光助・定忠を三宝院門跡から排除しようとする姿勢が色濃く、その取り扱いには注意を要する。事実、「五八代記」が光助の祈禱記事として挙げているのは五壇法参仕の二度だけであるが、「五大成」によれば彼の五壇法参仕は七回に及んでいるし(宮内庁書陵部蔵)、後七日御修法も永徳二年(一三八二)・三年・嘉慶二年(一三八八)の三度勤めており、密教僧として一定の活動を行っている。

では、光済と光助との間に何があったのか。そのことを知るために、まず三宝院の相承についてみておこう。「五八代記」に収載する光済の門跡譲状は次のように記している。

三宝院以下事〈割分外〉、任延文二年先師御譲状之旨、管領不可有相違状如件、

康暦元年閏四月廿一日　前大僧正御判

宝地院法印御房

文中に「延文二年先師御譲状」とあるが、これは延文二年(一三五七)に亡くなった賢俊の譲状を指している。つまり光済(前大僧正)から光助(宝地院法印御房)への門跡相承は賢俊の遺命であった。賢俊は当時わずか六歳の光助に門跡を相承させることを条件にして、光済に門跡を譲っていたのである。

しかも、光助が応安六年十二月に伝法灌頂をうけると、翌年十一月には光助に三宝院門跡の管領を認める綸旨が出されている(『醍醐寺文書』二七函二号(『大史』六―四一―二三五頁))。光済が伝法灌頂を拒絶したのは、門跡の早期引き渡しを求める光助との間で確執があったからかも知れない。

一方、光済亡き後、醍醐一流の頂点に立ったのは理性院宗助である。宗助は三宝院賢俊の弟子であるが、光済の後押しで東密の頂点に登りつめた。応安二年には公請経験がなかったにもかかわらず光済の強い要請で東寺二長者・権僧正に補任されたし、康暦元年に一長者光済が他界すると、光済の「遺命」と称して東寺一長者を懇望し認められている(『東寺長者補任』)。賢俊―光済の流れはむしろ宗助によって継がれようとしていた。至徳元年(一三八四)末に宗助が一長者を退くと、翌年九月宗助は光助に代わって醍醐寺座主となり、その後、九年にわたって宗助が醍醐寺に君臨した。光助の時代、三宝院は醍醐寺の主導性を喪失しかねない状況に追い込まれたのである。宗助が座主となった翌月、光助が賢俊付法の実済から具支灌頂をうけているのは、賢俊との法脈を再確認して退勢を挽回しようとする試みであったろう。

光助が嘉慶三年正月に死没すると、定忠が三宝院を継いだ。定忠は日野大納言忠光の息で、光済の甥にあたる。康暦元年に光済が死没した翌月に賢俊付法の実済から伝法灌頂を受けており、この時点で付弟としての地位が確立していたことを示唆している。『続伝燈広録』一三は定忠を「無才智」と評するが、明徳三年(一三九二)と同五年に後七日御修法を勤めており、『続伝燈広録』の評価は厳しすぎよう。そして、三宝院を嗣いで五年目の明徳五年四月に宗助に代わって醍醐寺座主に任じられた。しかし、在任わずか一年半の応永二年(一三九五)十一月に足利義満より座主・門跡を剝奪され、三宝院門跡からの退去を命じられた。義満との間に何があったのかは不明であるが、代わりに満済が三宝院門跡・醍醐寺座主に任じられた。この時、満済はわずか一八歳、伝法灌頂はおろか受戒すらうけていなかった。この交代劇の異様さがうかがえるだろう。

いずれにしても、光助・定忠の二代は理性院宗助が東密・醍醐寺の主導権を握っており、賢俊が確立した三宝院の特権的地位を失おうとしていた。なお、定忠の退去によって賢俊以来続いてきた日野氏による三宝院継職が途絶えることになる。そして、満済(二条家)―義賢(足利氏)―政深(一条家)―義覚(足利氏)のように、そののちは摂関家と足利氏が三宝院を管領することになる。(橋本・平)

**代々の安堵等**(三四一頁1)　中世では、天皇・上皇や将軍の交替の際に、権門寺院の所領所職に対する代替わりの惣安堵を行って領有権を確

認することが行われた。本文史料にいう「代々安堵」とは、「当門跡領幷醍醐以下方々管領寺社座主別当職等所職・同敷地・所領等」について、幕府から将軍の代替りはじめに出された惣安堵のことである。こうした惣安堵は寺院によっては、寺辺所領から遠隔地庄園までを書き上げたり、寺内の組織、例えば供僧方・学衆方のように分けて、それぞれの所領所職を安堵する場合もあった。

　醍醐寺の場合は、将軍発給の惣安堵の御判御教書と、安堵の対象を書き上げた別紙目録が一緒に伝わっている。例えば足利義教は正長二年(一四二九)三月に将軍になると、

　当門跡領幷醍醐以下方々管領寺社座主別当職等所職・同敷地・所領等〈目録在別紙〉事、任代々相承旨、悉領掌不可有相違候、誠恐敬白、

　　七月廿九日　（花押（義教））

　三宝院殿

という自筆の惣安堵状を発給した(「醍醐寺文書」一函七号(一)〔『大古』醍醐寺一―一一〇号〕)。それとともに、次の別紙目録が付されている(同函七号(三)〔『大古』醍醐寺一―一一一号〕)。

　（花押（義教））

　醍醐寺方管領諸門跡等目録

一　三宝院
院領尾張国安食庄・同国瀬部〈南郷〉・同国々衙・鳴海庄・得重保・丹後国朝来村・同国鹿野庄寺邊田・近江国船木庄・河毛郷・越前国河北庄・丹波国曾地村・参河国衙・山城国山科地頭職・小野庄・久世郷・久多庄・美濃国帷庄・牛洞郷・若狭国須恵野村・肥前国佐嘉庄、

一　宝池院
院領筑後国高良庄・尾張国扠豆志、

一　金剛輪院
院領伊勢国棚橋大神宮法楽寺幷末寺等寺領、

一　遍智院
院領越中国太海・院林両郷・阿波国金丸庄・伊勢国南黒田、

一　安養院
院領筑前国楠橋庄・寺辺屋敷等、

一　菩提寺〈律院〉
寺領宇治郡左馬寮幷寺辺田、

一　鳥羽金剛心院

一　大智院曼荼羅寺

　方々所職

一　醍醐寺座主
寺領伊勢国曾祢庄・越前国牛原四ヶ郷〈丁・井野部・牛原・庄林〉・近江国柏原庄〈供僧中〉・河内国五ヶ庄・山城国笠取庄・肥前国山鹿庄・近江国大野木庄、

一　伝法院座主
寺領〈在別〉、

一　左女牛若宮別当職
社領土左国大野・仲村両郷・尾張国日置庄・筑前国武恒・犬丸方・摂津国山田庄・同国桑津庄・大和国田殿庄・美濃国森部郷・源氏・千種両町、

一　篠村八幡宮別当〔職脱カ〕
社領丹波国篠村庄・同国佐伯庄地頭方・佐々岐・河口・黒岡・光久・葛野新郷・上総国梅左古、

一　三条坊門八幡宮別当職
社領山城国多賀　高畠・摂津国時友・越中国御眼〔服カ〕庄・吉河、

一　高倉天神別当職
社領近江国愛智郡香庄、

一　仏名院
院領摂津国野鞍庄幷敷地、

一　清閑寺法華堂別当職

一　清閑寺大勝院・同南池院

一　鎌倉二位家・右大臣家両法花堂別当職
寺領讃岐国長尾・造田両庄・武蔵国高田郷、

一　但馬国朝倉庄・福元方

一　山城国日尾寺・善縁寺

　　已上

なお、「醍醐寺文書」第一函の現状は、将軍別に編成された巻子装になっている。第二巻は尊

氏、第三巻は義詮、第四巻は義満、第五巻は義持、第六巻は義教、第七巻は義政、第八巻は義稙、第九巻は義輝となっており、それぞれの巻に三宝院門跡あての惣安堵の御判御教書と、別紙目録が収められている。御判御教書が三宝院門跡に宛てられていること、また目録の筆頭が三宝院になっていることは、賢俊・満済の時代に、三宝院が醍醐寺の院家筆頭に立ったことを示唆している。(橋本)

**賢俊自筆の草案目六**(三四一頁2) 三宝院門跡領についての賢俊自筆目録は不明であるが、六条八幡宮については、賢俊自筆の神宝社領目録が伝存している(「醍醐寺文書」二〇函六号『大古』醍醐寺一四―三一七三号)。参考として掲出しておく。

六条新八幡宮宝前
奉納神宝幷社領文書正文等事
一 仏舎利一粒〈東寺〉
以師資相承之霊宝、奉施入之、
納水精五輪塔
一 金泥心経一巻〈鎌倉大納言家自筆〉
一 同経一巻〈左兵衛督〈直義朝臣〉自筆〉
一 銀鞦一口〈横六寸一分、竪五寸七分〉
一 鏑矢一手〈長一丈二尺〉
両種、左兵衛督〈直義朝臣〉依霊夢調進之、使者二階堂山城大夫判官行貞
康永三年〈甲申〉五月一日奉納之
一通 関東右大将家寄進状〈元暦元年六月日、土左国吾河郡事〉
一通 同状〈文治元年十二月卅日、同郡事〉
一通 同状〈文治元年十二月卅日、大和国田殿庄事〉
一通 同状〈文治二年十一月廿六日、筑前国鞍手領事〉
一通 同状〈文治二年十月廿六日、摂津国山田庄事〉
一通 同状〈文治二年十月廿六日、尾張国日置庄事〉
一通 鎌倉大納言家寄進状〈康永二年十月五日、美濃国森部郷事〉
右、納赤唐櫃、所奉納神殿之目録如件、
康永三年八月十五日
別当法務前大僧正(花押)
一 仏舎利一粒〈東寺〉
貞和二年八月十四日神宝披覧之次、重奉納畢、五輪塔入加之、
一 実深僧正施入御舎利袋、奉納此櫃了、
〈貞和二年八月十四日〉
追加納置文書等事
一通 院宣〈別当坊敷地御寄進事〉
一通 同地丈数注文
一通 同地事、武家御消息
以上、貞和三年五月十二日納之了、
又追加文書
一通 綸旨〈土左国大野仲村国衙年〔貢脱ヵ〕御寄進事〉
一通 武家御消息〈同事〉
一通 武家御寄進状〈日向国嶋津庄柏杵院内田地五町、畠弐町事〉
一通 同武州施行案
以上、貞和四年二月九日納之了、
法務(花押)

本史料は二紙から成り、賢俊の継目裏花押が押されている。また端裏貼紙に「祖師御自筆」とある。(平)

**三条八幡宮**(三四一頁3) 等持寺八幡・鎮守八幡宮ともいう。京都の御池通堺町の南東の角に位置し、神功皇后と応神天皇を祀る。社伝によれば、弘安二年(一二七九)後宇多天皇の勅で御所内に勧請され、その後、康永三年(一三四四)に足利尊氏が三条坊門邸(等持寺)に勧請して、新田義貞討伐の戦勝祈願をしたという。貞治六年(一三六七)に足利義詮が三宝院光済を別当に補し(「醍醐寺文書」一函三号(二〇)『大古』醍醐寺一―五二号)、三宝院が管領した。社領は「山城国多賀郷〈号安堵庄〉、同国高畠郷、摂津国時友名、越中国御服庄、同国吉河東西、洛中敷地一所〈鹿

苑院乾方在之〉」(同函一〇号『大古』醍醐寺一一一二三号〕)。応仁の乱により等持寺が廃絶すると、八幡宮だけが残った。その後、天台宗吉祥院が別当を帯職し、天正年間に社殿を造営した。(橋本)

**灌頂院**(三四一頁4)　醍醐寺灌頂院については『満済准后日記』応永三十一年(一四二四)七月十八日条に、その造営事始の記事が見える。

醍醐灌頂院造営事始、巳時沙汰之、此営作事、此両三年工夫、只此一事也、宝池院入壇遅々、併依此堂破壊也、彼千日大行、当年十一月中已可被結願之間、此等子細今月二日以赤松越後守申入間、門跡領両所可入置公用申上者、銭主等有御計可被仰付旨、仰出了、仍今日造作始事モ被計下了、(中略)就之奉行事、門跡中世間出世、無其器用之間、相国寺僧ニ被仰付可被下事如何由、伺申入処、此儀尤可然計也、仍鹿苑院・等持寺両長老ニ被仰付、奉行僧以下事、可計遣云々、仍惣奉行梵瑩都聞、小奉行両人監寺・副寺等也、此等僧、今朝早旦入寺、則材木少々以車上之、事始之儀有之、

この記事から、①灌頂院が破損しているため義賢に対する伝法灌頂が遅れており、満済がここ数年、灌頂院造営のために秘計をこらしてきたこと、②十一月には義賢の行が終わるので、門跡領両所を灌頂院の造営費用に充てることを条件に幕府に造営を申し入れたところ了解されたこと、③造営奉行に禅僧を登用するよう満済が幕府に要請して認められたことがわかる。そして同年十月八日条では「今日、灌頂院棟門立柱、自方々馬到来」とあり、灌頂院の立柱が行われている。

また、本文史料によれば三宝院義賢への伝法灌頂は灌頂院で実施されたと述べている。この伝法灌頂は応永三十二年四月十四日に行われているので(「五八代記」)、九カ月ほどで完成したことになる。なお山岸常人「醍醐寺院家の建築的構成」(『中世寺院の僧団・法会・文書』東京大学出版会、二〇〇四年)は三宝院灌頂堂の指図を紹介している。(平)

**義賢**(三四三頁1)　醍醐灌頂院で行われた義賢への伝法灌頂には「裏辻大納言、葉室中納言、中御門宰相」の三名が参仕した。また

六位一人、執蓋・執綱諸大夫四位二人、五位一人、摂家諸大夫今度等持寺八講中指合間、徳大寺幷西園寺ヨリ召進之了、

とある(『満済准后日記』応永三十二年〔一四二五〕四月十四日条)。(平)

**入室**(三四三頁2)　永享三年(一四三一)十二月二十九日に一条兼良の子の教済(のちに教賢と改名)が三宝院義賢の付弟として入室したが、実はそれ以前に関白近衛忠嗣の次男が三宝院の付弟となることに決まっていた。『満済准后日記』永享三年十一月十九日条に、

陽明右府若公当年七歳、可令治定云々、被任鹿苑院殿御代予入室例、有御同車可被入室旨、被仰出云々、

とあるように、足利義教は①近衛忠嗣息を自分の猶子にすること、②満済の例にしたがって将軍同車で忠嗣息を三宝院に入室させることを約束していた。ところが十二月十一日に義教が室町北小路新第に移徙した際、近衛忠嗣が参賀に来なかったのを咎めて義教はその息の入室を破棄し、急遽、一条兼良の息都々若公を義賢の付弟とすることに決し、満済もそれを諒承した(十二月二十日条)。こうして二十九日に都々若公が満済の例にならって、将軍御同車で義賢のもとに入室することになる。(平)

**理性院**(三四五頁1)　理性院は賢覚法眼が永久三年(一一一五)親父賢円威儀師の住坊に太元帥明王を安置したのが始まりである。賢覚の仮名の理性房から理性院と名付けられた。彼は三宝院を開いた勝覚の法を受けており、賢覚を流祖とする理性院流は醍醐三流の一つにあげられている。理性院は中世では正月に太元帥法を修しているし、聖宝による村上天皇降誕の効験以来、牛玉水による求児作法の秘法が今に伝えられている。現在は三宝院の北東に隣接してあり、真言宗醍醐派の別格本山である。(橋本)

**元祖より以来…**(三四五頁2)　元祖賢覚の時か

ら理性院が三宝院の門弟として奉仕してきたことは、中世三宝院の伝承となっていた。『醍醐寺新要録』理性院篇では「一　元祖以来為門弟事」として、①康治二年(一一四三)に太元阿闍梨をつとめた理性院元祖賢覚が三宝院「定海之門弟」であったこと、②建久三年(一一九二)に太元阿闍梨をつとめた理性院宗厳律師が勝賢の「門弟」であったことなどを、その根拠として挙げている。(平)

**顕円**(三四五頁3)　僧正。兄の道賢から理性院を相承し、観応元年(一三五〇)に仲我に譲った。理性院門跡相承券文案(「醍醐寺文書」一〇函三六号〔『大古』醍醐寺六―一二六〇号〕)によれば、南朝方の理性院門跡は次のような相承をたどっている。まず、顕円は舎兄の道賢法印権大僧都より、貞治四年(一三六五)九月に理性院門跡を譲られた(ただし貞治四年は貞和四年〔一三四八〕の誤記であろう)。その後、観応の擾乱が勃発して顕円は南朝方となったが、病がちであったため観応元年(一三五〇)七月に門跡を西方院仲我に譲った。その後、仲我法印権大僧都は延文三年(一三五八)に賢耀に譲り、さらに永和二年(一三七六)には賢耀から証菩提院光信へ、さらに応永二年(一三九五)に光覚へと相承された。この相承が三宝院賢俊―宗助―宗観の北朝方理性院門跡と対立したのである。(平)

**勅裁**(三四五頁4)　醍醐寺理性院については、三宝院賢俊が文和二年(一三五三)三月および五月に、醍醐寺の文観・実助・顕円の跡の管領を求める申状を北朝や幕府に提出した(「醍醐寺文書」一二函三六号、三七号〔『大古』醍醐寺八―一八一九号、一八二〇号〕)。このうち顕円跡が理性院にあたる。

(端裏書)「闕所申状案〈文和二年三七〉　付奉行斎入」

前大僧正賢―〔俊〕申

醍醐寺々僧小野僧正文観、理性院僧都顕円等跡事、為寺務之上、為本知行之地之間、故申下　綸旨候処、今度闕所事、武家未無被申旨候間、無左右難被下　綸旨之由、公家有可斟酌之上者、可申　公家之由給御返事、欲令申入矣、

追申

寺領等遠所之間、為武士等悉被押領了、然間神事法□〔会〕□□〔已〕令断絶候、随分存承□□、且又為寺家申沙汰之上者、無可争申之仁候、□可得御意候哉、

(包紙ウハ書)「三院家拝領〈賢俊〉申状」

醍醐寺々僧文観僧正、実助僧正、顕円僧都等跡事、可致管領之由預　勅裁之様、申御沙汰候者所仰候、当時寺家之躰、真俗散々式候、可致興行之沙汰之由存候、　勅許無相違候者、以彼跡、如形可被配分寺僧等候之子細、追可注申入候也、且可得御意候哉、恐惶謹言、

五月十二日　前大僧正賢―〔俊〕

謹上　中御門前中納言殿

二通とも案文であるが、これに対して朝廷は後光厳天皇綸旨を出してそれを承認した(『醍醐寺新要録』理性院篇)。

文観・実助両僧正、顕円僧都等跡、可令管領給者、依天気執啓如件、

文和二年五月廿二日　左大弁在判

謹上　三宝院僧正御房

また、「醍醐寺文書」二三函二三号(二)(『大古』醍醐寺一五―三五六六号)に次の後光厳天皇綸旨がある(大蔵卿は中御門宣明)。

文観僧正跡報恩院蓮蔵院事、任先度勅裁、可令全管領給之由　天気所候也、仍上啓如件、

文和二年八月六日　大蔵卿(花押)

謹上　三宝院僧正御房

この端裏には「綸旨〈蓮蔵院報恩院永和二・九・十三、於京都報恩院、光済僧正自文書中撰出之、渡隆源了、仍相副避状者也〉」と記されている。(橋本・平)

**宗助**(三四五頁5)　中納言藤原冬定の子。法務前大僧正。尾張の熱田社座主、鎌倉の明法院別当、醍醐寺座主、東寺長者などを歴任した。「門跡牢籠」の項でも述べたように、宗助は賢俊の弟子であり、光済の強い後押しで応安二年(一

三六九)に東寺二長者となり、康暦元年(一三七九)に三宝院光済が亡くなると東寺寺務となっている。後円融・後小松天皇の護持僧でもあった。
　賢俊が宗助に理性院を預けたことは、『醍醐寺新要録』理性院篇に

一　被居院主御再興事
延文二年菩提寺前大僧正譲与状云、一、宗助僧都事、理性院為闕所、拝領了、而以此仁為院務、沙汰付已経多年了、定不忘此志歟、随而如加行、先着当流云々、但先可着彼自流、自然遂重受、可憑中本院家、殊又可被加扶持者也、

と記されている。(平)

**当代執権の事等**…(三四五頁6)　執権は鎌倉幕府のそれが著名であるが、院にも庶務を管掌する執権が置かれ、鎌倉中期から門跡にも執権が見えてくる。門跡執権の初見は、今のところ『新抄』文永元年(一二六四)十月二十八日条の「参川法眼政尊死去〈四十七〉梶井門徒執権人也」であり、ついで同二年十二月三日の青蓮院慈助の出家受戒記事では出家受戒奉行の一人に「出世、静明〈中納言〉大僧都〈青蓮院出世執権〉」と見えている(『門葉記』一〇一〔『大正蔵』図像一二―七七頁〕)。さらに文永八年の臨時仁王会では四カ大寺の請僧数について、

東大興福両寺仰遣別当許、延暦園城等、任例可申沙汰之由、仰遣執権之仁許、

とあるように(『吉続記』同年八月十日条)、延暦寺と園城寺については綱所から執権のもとに通達がいっており、執権は国制的に認知された職掌となっていた。
　なお院では執事と執権は別であったが(橋本義彦『平安貴族社会の研究』七一頁、吉川弘文館、一九七六年)、青蓮院尊道の「執権隆静法印」は「執事隆静法印」とも見えており(『門葉記』一三〇〔『大正蔵』図像一二―二七二頁、二七三頁〕)、門跡執事と門跡執権は分化していなかったようである。ただし門跡執事の初見はさらに遡る。(平)

**賢長僧正**(三四七頁1)　賢長は応永三十四年(一四二七)に東寺長者に加任され、永享三年(一四三一)六月に病で辞退し八月二日に死没した。さて、賢快は賢長から宗の大事を相承したが、その受法は永享三年六月十七日に急遽行われた。この日に妙法院賢長が危篤となったが、その付弟である「葉室前大納言孫」はまだ「当年九歳」でしかなかったので、成人するまでの補佐役として賢快が選ばれ、賢長から賢快への一流伝受が急遽執り行われたのである。そして「妙法院・岳西院・恩智院等大事、悉申置」いた旨、賢長が満済に述懐している。なお同年八月二日に賢長が死没した時、満済は「老後愁歎、法流衰微、周章失為方了」と慨嘆している(『満済准后日記』)。その後、賢快は永享五年十一月二十日に満済から両部灌頂を重受した(『満済准后日記』)。(平)

**河北の月棒**(三四七頁2)　河北庄は河合庄ともいい、越前国足羽郡川合郷(福井市)の地に成立した皇室領荘園。九頭竜川と日野川の合流地帯の北部に位置するため、河合庄とも、河北庄ともいう。鎌倉時代には仁和寺が管理していたが、南北朝時代に勲功の賞として斯波高経に宛行われた。高経の失脚で没官されて禁裏御料所に戻り、貞治六年(一三六七)に後光厳天皇綸旨により三宝院光済に給された(「醍醐寺文書」一八函四六号〔『大古』醍醐寺一二―二七八二号〕)。左京大夫は安居院行知)。

越前国河北庄、可令知行給之由、天気所候也、仍執啓如件、
　貞治六年正月二十日　左京大夫判
謹上　三宝院僧正御房

さらに同年三月には下地を三宝院に打ち渡すよう、次の足利義詮御判御教書が出された。

禁裏御料所越前国河北庄事、為御室領之由支申云々、太以不可然、根本御室管領之条勿論、但為勲功賞、被宛行道朝(斯波高経)、知行経歳序畢、今度没官之間、被進公家之上、今更不及本所之競望歟、非(ママ)雖申子細厳密、一円沙汰付于三宝院僧正坊雑掌、可執進請取之状如件、
　貞治六年三月五日　(花押(義詮))
雅楽大進入道殿

雑賀縫殿允殿

そして同年四月には両使による遵行状も提出されている(「醍醐寺文書」一函三号(一八)、(一九)『大古』醍醐寺一―五〇号、五一号)。(平)

**顕済**(三四九頁1)　田中穣旧蔵六条八幡宮文書には、次の正長二年(一四二九)満済宛行状を収める(国立歴史民俗博物館蔵)。

美濃国牛洞郷幷六条八幡宮領源氏千種両町〈除長日護摩供料万余疋〉事、為給恩、去年以来相計了、自今以後、為此院家領、令知行、可被専真俗無二之奉公也、

正長二年八月廿八日　(花押)

西南院御坊

本文史料がいうように、満済が西南院顕済に対し、美濃牛洞郷や源氏千種両町を給恩として宛行っている。(平)

**老母**(三四九頁2)　『満済准后日記』によれば、静雲院(満済母)の仏事は毎年六月四日に執り行われ、永享三年(一四三一)には十三回忌ということで追善の結縁灌頂を実施するなど相当大規模な仏事が繰り広げられた。また永享六年六月には

四日〈風雨〉、静雲院作善如年々、自昨朝〈辰時〉一昼夜不断光明真言、今日至卯時、巳初刻理趣三昧初段延経供養在之、唱導理性院僧正、仏事用脚〈千疋〉、牛飼庄役、西南院沙汰也、

とあり、本文史料にあるように、西南院が仏事料一〇〇〇疋を沙汰している。

なお満済が死没した時、満済の墓塔は「御母儀静雲院御墓塔〈宝篋塔婆〉」の南に隣接して立てられている(『醍醐寺新要録』菩提寺篇)。(平)

**善乗院**(三四九頁3)　善乗院聖通について詳細は不明だが、醍醐寺地蔵院の僧侶である。満済母が死没した折りには、満済と同様に善乗院も「籠居」しており(『満済准后日記』応永二十六年(一四一九)七月二日条)、満済の近親者であったことは確かである。本文史料のように、満済が聖通の年忌に配慮しているのも、そのためであろう。『満済准后日記』応永二十二年十月三日条には、「善乗院灌頂要脚進遣了」とあり、聖通の伝法灌頂の費用も満済が負担している。

聖通は応永三十四年八月四日に死没した。『満済准后日記』は次のように記す。

善乗院僧正聖通入滅〈年卅一〉正念云々、於出雲尼衆寺西輪寺帰寂、賢能僧都自去月廿六日看病、終焉事等勧之云々、其子細、今日酉終入寺参申了、今日未剋計云々、

『満済准后日記』によれば、出雲尼衆のなかに満済の妹がいたが、西輪寺については不詳である。聖通の看病に当たった賢能は、満済も診察を受けていた医師であった。

満済の母である静雲院とは異なり、善乗院の年忌供養の記事は多くはない。永享二年(一四三〇)八月のみ、次のように見える。

四日〈雨〉、善乗院僧正年忌如常、於金剛輪院沙汰之、供養法淳基法印、惣寺風呂在之、

『醍醐寺新要録』によれば金剛輪院は三宝院系列の院家に入っているので、善乗院はそれより一段階外郭の子院であったのだろうか。そして、施浴の仏事湯を行っているので、聖通は醍醐寺の交衆であったかもしれない。(橋本・平)

**尾張国衙内馬場散在塩津散在**(三五一頁1)　「醍醐寺文書」の年月日欠「尾張国国衙領段銭注文」によれば、

尾張国々衙反銭事

□(一)、阿津羅　卿殿

□(一)、野宇間　卿殿

(中略)

□(一)、有安　散在、千代寿殿

□(一)、塩津　散在、千代寿殿

□(一)、馬場　散在、定光房

□(一)、三輪郷　散在、目代

と、塩津散在・馬場散在の名が見えている(「醍醐寺文書」一八函一〇九号(『大古』醍醐寺一三―二八五六号))。(平)

**京門跡**(三五一頁2)　『満済准后日記』によれば、「於京都門跡〈法身院〉行者入堂事、更無子細」「御所様渡御法身院門跡」「於京門跡法身院、事始如恒年」「百座愛染供、於京都法身院門跡勤修」とあり、京門跡が法身院であることがわかる(応永三十年(一四二三)二月十三日条、同年六月

十七日条、同三十三年正月二日条、同三十四年六月一日条）。また「京門跡幷醍醐門跡仁王講如常」とあるように、京門跡たる法身院は醍醐寺の三宝院門跡と並列的に捉えられている（正長二年（一四二九）正月八日条）。

『醍醐寺新要録』法身院篇に引いている貞和三年（一三四七）の「光済入壇記」には「於法身院伝法灌頂〈永嘉門院御所跡、鷹司万里小路〉」とあり、宗尊親王の娘である永嘉門院（一二七二～一三二九）の御所跡を南北朝時代に寺院化したと記している。

その場所は広狭があるが、『醍醐寺新要録』所引の「文安六年惣目録」では「洛中敷地十六町々〈北限土御門、南限近衛、西限高倉、東限富小路〉」とし、土御門通りの南、近衛通りの北、高倉通りの東、富小路の西の一六町々の広大な地域が法身院であったとする。

一方、「五八代記」満済項に所引の「隆源僧正記」は「法身院〈土御門万里小路〉」とする。また、「三箇吉事雑記」は「京都〈鷹司万里小路〉法身院御本坊」と記し（「醍醐寺文書」七函九〇号『大古』醍醐寺五―九六四号）、前掲「光済入壇記」も「鷹司万里小路」としており、いずれも法身院をもう少し狭くとっている。服部幸子によれば、法身院の小御所は万里小路に東面していたことが判明しており、法身院の中核施設がその近辺にあったことを物語っている（「中世醍醐寺における法身院と満済に関する一考察」『仏教土着』法蔵館、二〇〇三年）。つまり法身院の全体をいうときと、その中核施設を指す場合とで場所の広狭が生じたと、ここでは解しておく。

「五八代記」によれば、貞和二年（一三四六）閏九月二十一日に成助への許可灌頂を行った「道場法身院」が法身院の初見であるが、暦応五年（一三四二）四月十日には「於万里小路坊、授許可俊性」とある。この「万里小路坊」が今のところ法身院の初見である。なお山岸常人「醍醐寺院家の建築的構成」（『中世寺院の僧団・法会・文書』東京大学出版会、二〇〇四年）は、法身院の指図を紹介している。（橋本・平）

**准三宮**（三五一頁3）　満済に関する論文や研究史については、森茂暁『満済』（ミネルヴァ書房、二〇〇四年）を参照されたい。

なお本文史料の後段で満済は、自分の門弟・坊人に対する配慮を義賢に求めているが、参考として報恩院隆済が記した「法身院准三宮満済御中陰雑記」の主要記事を紹介しておく（『醍醐寺新要録』菩提寺篇）。満済は永享七年（一四三五）六月十三日に金剛輪院学問所で臨終を迎えたが、その場にいたのは宝池院義賢と、禅那院僧正賢珍・妙法院僧都長済・西南院僧都顕済・中将律師頼全・大弐法印隆増・隆済であり、さらに障子の外に理性院僧正宗観・金剛王院僧正房仲らがいた。また「御中陰祗候人数事」として、次の人物の名があがっている。

禅那院僧正〈賢性（賢珍）〉、中性院僧正〈成淳、印可御弟子〉、無量寿僧都〈賢紹〉、西方院僧都〈宗済、忌日仏供勤仕〉、妙法院僧都〈長済〉、隆済僧都、観心院法印〈房助〉、大弐法印〈隆増〉、侍従僧都〈隆仙、毎七御導師幷光明真言護摩等勤仕、アミタ供勤仕〉、大夫僧都〈俊増、薬師供勤仕〉、民部卿僧都〈定瑜、忌日仏供勤仕〉、宮内卿僧都〈憲□、不動供勤仕〉、大弐律師〈定与〉、中将律師〈頼全〉、按察律師〈憲瑜〉、大夫律師〈快助〉、右衛門督律師〈仁忠〉、右衛門督アサリ〈重賀、四度御弟子〉、左衛門督アサリ〈経誉、四度御弟子〉、定承アサリ〈四度御弟子、竪者勤仕〉、有紹アサリ〈四ト御弟子〉、豪賀アサリ〈四度御弟子〉、康演アサリ〈四度御弟子〉、

世間党

愛如意丸〈得度以後、豪快二位、中陰中出家〉、営千代丸〈越前、円存、同上〉、兵部卿法橋〈親秀〉、大蔵卿寺主〈経長、惣奉行〉、治部卿寺主〈長祐〉、按察寺主〈孝淳〉、

已上房官

治部上座〈胤盛、世障奉行〉、三川寺主〈長範〉、信濃寺主〈幸舜〉、

已上御中居党

智アミ、祐アミ、随アミ、営アミ〈愛喜久丸、御中陰中得度〉、

御承仕

常、常弁、常慶、明円、常勝、随心両人世障
　方役人、

満済が本文史料で義賢に対して、配慮を求めた人物のうち、彼の葬送・中陰仏事に参加したのは出世では宗観・房仲・賢珍・宗済・隆済・賢紹・長済・顕済・房助・重賀であり、稚児・坊官では親秀・愛如意丸・孝淳である。逆にこれらへの参加が確認できなかったのは、妙法院僧正賢快・慶寿法印と坊官の豪意・経祐・慶円である。

　正長二年(一四二九)に満済が自分の没後用意をした時、菩提寺側の奉行は長老と印乗・尊聖の三名であり、三宝院側では出世の宗済僧都と世間の豪意法橋がその奉行をつとめている(『満済准后日記』正長二年八月十六日条)。その点からすれば豪意が満済の葬送仏事に関与していないのは、病など特別な事情があったのだろう。(平)

**真53**(三五五頁1)　金剛峯寺蔵。『大古』高野山一—「宝簡集」三四—四三三号を底本とし、「国宝　高野山文書『宝簡集』CD—ROM版」(高野山霊宝館監修、小林写真工業制作、二〇〇四年。以下、『宝簡集』CD—ROM版と略称)で体裁・文言を確認した。

　第二二回高野山大宝蔵展図録『高野山の国宝—壇上伽藍と奥之院—』(高野山霊宝館、二〇〇一年)の図版・解説(井筒信隆執筆)による本文書の書誌データは以下の通り。紙本墨書。縦四三・三センチメートル、横一一五・五センチメートル。全文が後白河法皇(一一二七〜一一九二)の宸筆。各条の事書部分と日付の上(計六箇所)に、同法皇の手印(朱)を一つずつ捺す。(山陰)

**後白河法皇手印起請**(三五五頁2)　建久五年(一一九四)七月七日僧鑁阿起請相折帳(『大古』高野山一—「宝簡集」三五—四三四号)には、

　高野山根本大塔御領備後国大田御庄之庄務執行奉付寺家事
　右件庄者、天下大乱之時、為国家安隠〔穏〕・万民快楽、并　後白河院御臨終正念之御祈禱、去文治二年之夏、於当山根本大塔、遙期三会之暁、長日不断金剛胎蔵両部之大法用途料、御寄進已畢、官符　院宣之状、并手印五箇之御起請文明白也、(中略)鑁阿本自苟モ遁世之身、無別同行、只且為興隆仏法、且為奉報　大師之深恩、且為国家安隠〔穏〕、且為諸人快楽、以所及愚意ノ、令奏聞公家、始行法ヲ許也、件行法、文治三年五月一日、一百四十四人ノ供僧ヲ引率シテ、御使右中弁棟範〈彼時左衛門権佐〉、奉行トシテ所始也、其後年序已経八箇年ヲ、刹那モ無退転、須臾モ無怠事、

とあって、この金剛峯寺根本大塔における長日不断両界供養法は、同寺の勧進沙門鑁阿(?〜一二〇八)の奏聞を受けて、後白河法皇が「為国家安穏・万民快楽、并　後白河院御臨終正念之御祈禱」始行されたものであったことがわかる。

　ちなみに、『吾妻鏡』文治二年(一一八六)七月二十四日条には、「為仙洞御願、為被宥平家怨霊、於高野山、被建立(マヽ)大塔、自去(マヽ)五月一日、被行厳密御仏事」云々、とある。(山陰)

**宝簡集**(三五五頁3)　『宝簡集』は、「宝簡集」五四巻六九二通、「続宝簡集」七五巻八三一通、「又続宝簡集」一四三巻一九七九通の計二七二巻三五〇二通から成る文書集である。これら三宝簡集は、江戸時代に、当時、金剛峯寺御影堂宝蔵に収蔵されていた文書群を、ピックアップしながら、順次、整理・表装したもの。明治三十七(一九〇四)〜四十年に東京帝国大学文科大学史料編纂掛(現東京大学史料編纂所)から『大日本古文書　家わけ第一　高野山文書』全八冊として刊行された。

なお、詳しくは、山陰加春夫「日本中世の寺院における文書・帳簿群の保管と機能」(『新編中世高野山史の研究』清文堂出版、二〇一一年)を参照。(山陰)

**高野**(三五五頁4)　金剛峯寺は、弘仁七年(八一六)に弘法大師空海(七七四〜八三五)が創建した真言宗の寺院である。同寺は、八〜九世紀の間は、承和二年(八三五)に真言宗年分度者三人の設置が認可され、定額寺に列するなど、小さいながらも、日本の仏教界に燦然と輝く存在であった。けれども一〇世紀になると、京都に居住する東寺一長者に金剛峯寺僧職の首座たる座主職を兼摂されて、東寺の末寺的な地位となり、また落雷のために伽藍の諸堂塔のほとんどすべてを焼失するなどして、衰微を余儀なくされた。一一〜一二世紀(摂関・院政期)に至って、摂関家・王家の支援によって、ようやく中世寺院として再出発することができたが、仏教界全体の中での位置付けは、いまだ「真言・南都系の一別所的な存在」であるにすぎなかった。しかし同寺は、特に一三〜一五世紀に渾身の宗教者的・封建領主的営為を行い、そのような努力を通じて、一七世紀には、「天下の菩提所」と自称する日本最大級の「正統」派寺院の座を占めるに至る。

ちなみに、貞和四年(一三四八)三月金剛峯寺衆徒一味契状(真56)によれば、同契状に連署する衆徒(広義の学侶。学衆と非学衆とを含む)の人数は五一七名。この内に、金剛峯寺の山上組織の最高位で、同寺衆徒の中から金剛峯寺座主＝東寺一長者(以下、座主と略称)が任命する検校執行(以下、検校と略号)一人が含まれていることが知られる。また、その検校を初めとする上位の僧四人が僧綱の僧官・僧位を有していることがわかる。

同時期の興福寺の衆徒が一〜二万人(『吉田家日次記』貞治五年(一三六六)八月十二日条〔『大史』六―二七―三六三〜三六五頁〕)、東寺の供僧・学衆が数十名程度であったと推定される―この数十名という数字は、富田正弘「中世東寺の寺院組織と文書授受の構造」(『京都府立総合資料館紀要』八、一九八〇年)を参照して類推したものである―ことからすると、人数的には中規模の大寺院であったと言うことができよう。

ただし、観応三年(一三五二)七月十一日東寺鎮守八幡宮供僧連署置文(「東寺文書」六藝之部・楽甲二〔『東寺文書十万通の世界』六四〜六五頁、東寺宝物館、一九九七年〕)によれば、同置文に連署する鎮守八幡宮供僧は二九名で、このうちの二四人が僧綱の僧官・僧位を有していたことが知られる。この事実と、金剛峯寺について前述した点とを比較するならば、当該時期の金剛峯寺は、衆徒の人数という点においては、東寺よりも断然多いものの、寺院の格式という点においては、まだまだ東寺に遠く及ばなかったとみなすことができよう。

なお、以上の点については、山陰前掲書「序論」をあわせて参照。(山陰)

**高野の大塔**(三五五頁5)　寛永七年(一六三〇)十月金剛峯寺堂塔建立由来書(『大古』高野山三―「続宝簡集」四四―三八一号)には、

　一根本大塔〈高十六丈、百六十尺〉
　　安置胎蔵五仏、(中略)此塔、嵯峨天皇御願、　仁明天皇御宇、起立御供養、此塔者、実恵大徳・真然僧正被下　宣旨造立之、

とあり、創建時の根本大塔は、高さ一六丈(約四八・五メートル)で、本尊大日如来を中心とした胎蔵(界)五仏が安置されていたことがうかがえる。

また同由来書には、つづけて、

　　其後(中略)正歴〔暦〕五年七月六日、為雷火炎上了、
　　(中略)久安五年五月十二日、亦為雷火焼失、
　　(中略)爰　鳥羽院以先年御幸之故、有当今御勧、同五月二十八日、可有大塔造営旨、被下　宣旨了、即奉　宣於備前守平朝臣忠盛、而子息安芸守清盛登山営構経六年、久寿三年造畢、(後略)

とあって、文治三年(一一八七)当時の根本大塔は、平忠盛・清盛父子を造営奉行として久寿三年(一

一五六)に再建されたものであったことがわかる。(山陰)

**両寺住侶**(三五七頁1)　『百錬抄』仁治三年(一二四二)七月十三日条には、

今日申刻、高野伝法院幷僧房等、為奥院悪徒、被焼払云々、仍武士等馳向、是去年七月、伝法院法華三昧之間、為奥院悪党被破損道場、件下手三人或遣配所、或禁獄舎、去正月、奥院遣軍兵乱入大塔、供僧百四十口内、伝法院衆二十口自由令除名帳畢、依此事、両方構城墎、遣官使雖被制止、還及此災、法滅之期歟、為之如何、

とあって、仁治三年正月当時、大塔供僧一四〇口(一四〇余口か)の内訳は、金剛峯寺衆一二〇余口、伝法院衆二〇口であったことがうかがえる。

なお、「奥院悪徒」の詳細は不明であるが、それが金剛峯寺衆側の集団であったことは間違いない。(山陰)

**松扉留跡の者**(三五九頁1)　『本朝文粋』所収の紀長谷雄「山家秋歌」第四首には、

居を山水にトひ心機を息め、人間に是非を駁することを屑しとせず。澗戸を扃し、松扉を掩ふ。秋寒くして只納るるのみ薜蘿の衣。

とある(日本古典文学大系六九―三五一～三五二頁)。(山陰)

**備後国大田庄**(三五九頁2)　大田庄が金剛峯寺根本大塔に寄進されるに至る経緯は、文治二年(一一八六)五月日後白河院院庁下文(『大古』高野山一―「宝簡集」一―三号)所引の同月金剛峯寺沙門鑁阿解状に詳しく記されている。すなわち、同解状において鑁阿は、(1)治承・寿永の内乱下で塗炭の苦しみを味わったすべての存者・亡者の安心・成仏のために、根本大塔において昼夜不断に両界供養法を勤修すべきこと、(2)しかもその利益は、日本国のみならず、あまねく十方界に及ぶべきものであることを切々と訴えている。ここには、仏教通有の「怨親(おんしん)平等」観念、つまり、「大慈悲を本として、敵も味方も平等に愛隣すべきである」という考え方が、脈々と継承されているということができよう。

ちなみに、当該「長日不断両界供養法」が行われる場が平忠盛・清盛父子の再建にかかる金剛峯寺根本大塔であり、かつ、その費用を負担する荘園が平氏没官領であったことは、誠に印象深い。

なお、大田庄については、『国立歴史民俗博物館研究報告』九(一九八六年)、『同』二八(一九九〇年)を、また鑁阿については、和多秀乘「法華房鑁阿について」(『高野山大学論文集』高野山大学、一九九六年)、原田正俊「重源・鑁阿と勧進の思想」(『日本仏教の形成と展開』法蔵館、二〇〇二年)を、それぞれ参照。(山陰)

**大師聖霊**(三六一頁1)　承和二年(八三五)に空海が高野山で入滅してから二、三〇〇年後の摂関・院政期、治安三年(一〇二三)の入道前太政大臣藤原道長の「弘法大師廟堂」参詣を初例として、摂関家・王家の人々が、続々と高野登山を行い、その都度、金剛峯寺に荘園・堂塔・子院を寄進・造立した。一〇世紀に一時、衰微していた高野山であったが、この摂関・院政期に至るや、にわかに活況を呈してきたのである。

摂関家・王家の人々の高野登山をうながしたのは、一一世紀以降、しだいに流布しはじめた入定(にゅうじょう)信仰と高野山信仰であった。

入定信仰とは、弘法大師が今もなお高野山奥の院の御廟内に生身(いきみ)のままでおわされていて、五六億七〇〇〇万年後に弥勒菩薩がこの世に出現されるその時まで、人々を救済し続けている、という信仰のことである。

また高野山信仰とは、「一度参詣高野山、無始罪障道中滅」(『高野山秘記』)という言葉に端的に示されているように、高野山は仏の浄土であり、その地に徒歩で一度でも参詣するならば、人間に最初から備わっているといわれる逃れがたい罪までもが道中で消滅して、清らかな心身になることができる、という信仰のことである。

摂関家・王家の人々は、このような二つの信仰を胸に抱いて、京都から大和路(または和泉

路、または河内路）を経由して高野山麓の高野政所（現伊都郡九度山町慈尊院）に至り、そこから後に町石道と呼ばれる険しい表参道を徒歩でよじ登り、敬虔な気持で山上の弘法大師廟に詣でたのである。一三世紀後半以降になると、庶民の高野参詣が増え始め、高野山上には宿坊となる子院が増加していく。同時に、後に「高野七口」といわれる高野街道群も整備されていく。（山陰）

**彼の誓度**…（三六一頁2） 「衆生無辺誓願度（数かぎりない人々を悟りの彼岸に渡そうという誓願）」は、四弘誓願（しぐせいがん。仏・菩薩がおこす四つの誓願）の最初の入り口である。なお、四弘誓願とは、「衆生無辺誓願度」「煩悩無尽誓願断（尽きることのない煩悩を滅しようという誓願）」「法門無量誓願学（計り知れない仏法の深い教えを学びとろうという誓願）」「仏道無上誓願成（無上の悟りを成就したいという誓願）」の四つ。（山陰）

**真54**（三六三頁1） 金剛峯寺蔵。『大古』高野山二―「宝簡集」五四―六八五号を底本とし、『宝簡集』CD―ROM版で体裁・文言を確認した。

文書の袖に別筆で「八箇条新制〈延応元年／真乗院〉従長者御房当山修学之壁書」とある（もと端裏書か）。また冒頭の「仰下」の右肩に「宗家八ヶ条」との押紙がある。さらに文書奥の「座主法務僧正法印大和尚位」の裏に「真乗院」という注記がある。真乗院とは、延応元年（一二三九）正月に東寺第五八代長者に就任した仁和寺真乗院覚教（一一六七～一二四二、左大臣藤原実房の子）のことである。（山陰）

**大小仏事**…（三六五頁1） 金剛峯寺の年中行事については、水原堯榮『金剛峯寺年中行事』（『水原堯榮全集』七、同朋舎、一九八二年）が詳しい。また現在の同寺年中行事については、矢野建彦・日野西眞定『高野山四季の祈り』（佼成出版社、一九九五年）が好著である。

なお、公刊されている最古の「金剛峯寺年中行事帳」は、和多秀乘が紹介した「西南院本 正応四年金剛峯寺年中行事帳」（『高野山大学論叢』一四、一九七九年）である。（山陰）

**金堂**（三六五頁2） 寛永七年（一六三〇）十月金剛峯寺堂塔建立由来書（『大古』高野山三―「続宝簡集」四四―三八一号）には、

一金堂、大師私願建立之伽藍也、進官、為嵯峨天皇御願、本様八棟作之堂宇也、四面周匝各七間也、七々四十九間、即表都率内院四十九重摩尼殿、四箇度炎上、御仏者取出了、皆是大師御作也、（後略）

とある。ここに見える「御仏」とは、不動明王・普賢延命菩薩・金剛薩埵・虚空蔵菩薩・本尊阿閦如来（秘仏）・金剛王菩薩・降三世明王の七躰のこと。これらはいずれも、昭和元年（一九二六）の火災で、金堂もろとも焼失した。七躰のうち、少なくとも金剛薩埵・金剛王菩薩の二躰は創建時の仏像であったと言われている（田村隆照「高野山の仏教美術」『高野山』法蔵館、一九八四年）。（山陰）

**金堂例時**（三六五頁3） 前掲「西南院本 正応四年金剛峯寺年中行事帳」の正月朔日条には、金堂例時について、

一 朔日、金堂例時、交衆分勤仕之〈自文永八年、結番札有之〉、
先朝例時〈晨朝鐘定〉、先九条錫杖、
次晨朝作法、参堂ノ人、随志ニ、於テ本座勤之、
次理趣経、有行道、音頭随志、
次暮例時、先例懺、次尊勝タラ尼〈三遍〉、讃〈四智、心略、不動〉、廻向方便〈音頭随志、於床勤之云々〉、

とある。（山陰）

**御社**（三六五頁4） 寛永七年（一六三〇）十月金剛峯寺堂塔建立由来書（『大古』高野山三―「続宝簡集」四四―三八一号）には、

一山王院神社〈三宇〉
北丹生大明神 女躰 本地胎蔵大日、
南高野大明神 男躰 本地金剛界大日、
惣社一宇〈十二王子百廿伴、但有此習可詢求云々、男女二躰、但大師御筆〉、
此宝殿、持明院禅信検校之時、承安二年之比、改被造之、拝殿・鐘楼同之、

とあって、本殿二社、総社、拝殿・鐘楼などが承安二年(一一七二)に改造されたことがうかがえる。(山陰)

**庄務の人々**…(三六七頁1)　後の史料ではあるが、建治元年(一二七五)十二月紀伊国神野・真国・猿川三箇庄庄官請文(『大古』高野山七―「又続宝簡集」八六―一五八九号)には、

　請申
　　条々
　(中略)
一殺生禁断事〈殊重　鵜　鷹　狩猟　漁網等也〉
　右殺生者、破戒之中重犯也、仍当山御領殊所被制禁也、而無謹慎之思、跋渉于山河、絶生命之条、太不可然、自今以後、永可停止之、若不拘制法之輩出来者、為寺家御修理、人別可令進納五貫文於寺庫也、但相互不可見隠、不可聞隠、且制止、且可注進其交名於御山、若乍見聞、不致其沙汰者、可為与同罪矣、
　(中略)
以前条々、任山上御評定、永代雖一事不違失、(後略)

とある。

ちなみに、神野・真国・猿川三箇庄は、和歌山県海草郡紀美野町東半部(旧美里町)の大部分を中心荘域とした荘園。もと神野・真国庄と呼ばれ、康治元年(一一四二)に本家職を鳥羽上皇、領家職を権中納言藤原成通とする二荘一体の荘園として確立。承久三年(一二二一)以降、天正十三年(一五八五)に至るまでは、本家職＝王家、領家職＝高野山金剛峯寺とする荘園として存続した。神野・真国・猿川三箇庄と呼ばれるようになるのは一三世紀中頃以後。高野山膝下の代表的な荘園の一つである。同庄については、山陰加春夫「神野・真国荘」(『きのくに荘園の世界』下、清文堂、二〇〇二年)を、まず参照されたい。(山陰)

**墍路**(三六七頁2)　山麓の高野政所(伊都郡九度山町慈尊院)～金剛峯寺伽藍間の一八〇町、および金剛峯寺伽藍～同寺奥の院間の三六町から成る高野山の表参道。白河上皇が高野参詣を行った寛治二年(一〇八八)当時には、既に路傍に町数を記した「卒都婆札」(木製)が立てられていたことが知られる(続史料大成『白河上皇高野御幸記』)。

文永二年(一二六五)高野山遍照光院の覚斅(かくきょう)上人が、これらの「卒都婆札」群を石造にすることを発願。爾来、足掛け二一年かかって、弘安八年(一二八五)に石町卒都婆(町石)群の落成供養が行われた。その時に読み上げられた町石建立供養願文(愛甲昇寛『高野山町石の研究』所引、高野山大学密教文化研究所、一九七三年)には、この大事業の遂行に際して、「都鄙・尊卑」の多くの人々の協賛があったこと、とりわけ朝廷・鎌倉幕府の理解・助成が大きかったこと、なかでも、当時、幕府の重鎮であった安達氏が絶大な支援を惜しまなかったことが述べられている。

これら総数二一六本(高野山麓一八〇本・高野山上三六本)の町石群は、後補のものも含め、昭和五十二年(一九七七)に国指定史跡に指定された。一つ一つの町石は、総高三メートル弱、花崗岩製、一石彫成の堂々たる五輪塔である。

ところで、町石の落成供養が行われてから二八年後の正和二年(一三一三)、この町石道を辿って高野に参詣する一群の人々があった。後宇多法皇(一二六七～一三二四)の一行である。そこで以下、その道中の様子を、『後宇多法皇御幸記』(『続群』四上)から抜粋しておくことにしよう。次に示すのは、その抄出部分の現代語訳である。

正和二年八月のこと、六日に京都を出発された後宇多法皇のご一行は、大坂の四天王寺・住之江などを経て、七日午後一〇時頃に山麓の高野政所に到着された。休息もそこそこに、八日午前二時頃、法皇は草履をおはきになって、早速、高野に向かうけわしい山道に徒歩でいどまれた。この道(町石道)には一町ごとに石の町率都婆が立っているのであるが、法皇は、その一本ごとに立ち止まれ、その一つ一つを丁寧に拝される。それで御幸

はことのほか遅々としてしまった。おりあしく昼間になって雷が鳴り、にわか雨が降ってきて、道はまるで泥水を流したよう。全身ずぶぬれになられた法皇は、鼻底の辻(伊都郡高野町花坂)付近で、とうとう気を失われた。たまりかねたお付きの者が、手でかつぐ輿をおすすめ申し上げたところ、法皇は、つぎのようにおっしゃられた。「高野政所から山上の伽藍に至るまでの道に立っている一八〇本の町率都婆というのは、胎蔵界の一八〇の仏さまを顕わしている。また山上の伽藍〜奥の院間の三七本の町率都婆は、金剛界の三七の仏さまに他ならない。私の多年の宿願は、これらの諸仏を巡り拝することにあるのだ。今、この結界の霊地をあゆむことがなかったら、どうして来世において再び王となることができようか。私は、今、俗世間から浄土に詣でている。一仏を拝するたびに心底から罪垢が消えてゆき、一歩あゆむたびに足下に八葉の蓮台が開けてくる。だから如何なる天候もいとわないし、どれ程の日数がかかってもかまわない」と。—法皇が高野山上の中院御所にお着きになったのは、実に一昼夜のちの九日午前四時頃のことであった。—

法皇が、前述した高野山信仰そのものの気持ちをいだいて、真摯に町石道を登ったことが確かめられよう。同道に立つ五輪塔群の一つ一つに刻まれている種子は、このような信仰を持つ人々を、今もなお見守りつづけているのである。(山陰)

**有職・山籠・定額**(三六七頁3)　承久三年(一二二一)十月晦日権大僧都静遍奉書(『大古』高野山一—「宝簡集」二二—二六九号)には、

一山禅侶之中、有六重階位、所謂阿闍梨、山籠、入寺、三昧、久住者、衆分也、

とあって、承久三年当時、金剛峯寺山上組織の衆徒(広義の学侶。学衆と非学衆を含む)の階級に六種あったことがわかる。

有職とは、一般的には已講・内供・阿闍梨の総称であるが、金剛峯寺山上組織中に已講・内供は存在しないので、専ら阿闍梨位の僧侶を指す。また同寺の山籠とは阿闍梨位浅臈の僧侶のことである。

さらに定額(僧)とは、特定の官寺および准官寺に常住して修行・法会を行うべく置かれた一定数の僧侶のことであるが、金剛峯寺山上組織の場合、それに該当するのは、阿闍梨・山籠・入寺の三階位である。したがって本文史料の「定額已下」とは、実際上、「入寺位以下の僧侶」の意味となる。(山陰)

**武家の制法**(三六七頁4)　延応元年(一二三九)四月十三日の鎌倉幕府追加法とは、次のような内容である(鎌倉幕府追加法一〇二)。ちなみに、文中に見える官職名の人名比定は次の通りである。前武蔵守(北条泰時)、修理権大夫(北条時房)、相摸守(北条重時)、越後守(北条時盛)。

一　僧徒兵杖禁制事、度々被下　綸旨畢、而動違乱之輩出来〈云々〉、尤可有御制止之由、申入所々貫首・別当殿後、猶為自由濫吹者、任法可令致沙汰之状、依仰執達如件、

延応元年四月十三日　前武蔵守　判

修理権大夫判

相模守殿

越後守殿

(山陰)

**真55**(三七一頁1)　金剛三昧院蔵原本により、総本山金剛峯寺編・中田法寿編纂『高野山文書』第二巻、五七号(以下『高』番号のみ)を参考にした。本文書は六巻書と呼ばれる巻子装の文書群の一つで、その第一巻冒頭にある。よって現存のものは写しである。この六巻書は、巻末に

高野山金剛三昧院券書等、納置寺庫、不可輒出之、向後以此校正之案文、可比正文也、

貞和丙戌七月廿三日記之

左兵衛督源朝臣(花押影)(足利直義)

とあり、貞和二年(一三四六)に足利直義の証判を受け、金剛三昧院の重書の校正案文として作成された。作成動機は、重書類は簡単に寺庫から出すべきではなく、また正文が失われるといけないので、この案文を以て正文同様の効力を持た

せるということである。この校正案文には、足利尊氏・義満・義持・義教・義政・義植の花押影がのこる。このことから、もとの校正案文は何らかの理由で失われ、校正案文の写しが遺ったのである。原文書が失われた現在、六巻書が金剛三昧院の重書として注目される。（原田）

**金剛三昧院条々事書幷安堵外題**（三七一頁2）　金剛三昧院創建の目的、各伽藍の性格、荘園について述べ、鎌倉幕府、北条得宗による当寺保護の方針を記し、北条時宗が署判を加えている。

　金剛三昧院は寺伝では、貞応二年（一二二三）、安達景盛（覚智）を奉行とし、北条政子を大檀越に創建されたとする（『高』三八一号）。本文史料は金剛三昧院創建の由来を述べ、まず伽藍は堂二宇、塔二基、護摩堂二宇、経蔵一宇、鐘楼一宇、鎮守社一宇が造営された。現在も鎌倉時代の塔、経蔵が現存する。金剛三昧院、創建の目的は関東武将の祈禱、源家三代将軍の菩提所とされた。金剛三昧院内の勧学院が寺院全体を管理し、勧修院には五口の行人が置かれ五部の修法壇があった。河内国新開庄など六カ所が寄進され、聖道門の僧、遁世僧、無縁供料、非人施行、諸国往来の僧のために幅広く使われることを特色としている。

　また、寺の長は、長老と呼ばれ、その下には首座が置かれた。いずれも、器量の人を選び補任することが定められ、寺僧の勝手な諸職の相伝が禁じられた。教学の上では、真言密教を修するものの、第一世長老には栄西の弟子、行勇が招かれ、歴代長老は禅律僧が入った。しかも、長老・首座といった職制は、宋代の禅林の職名を移入したもので、金剛三昧院は密・禅を兼修する寺であった。創建以後、北条政子はもとより、北条得宗の手厚い庇護を受け、さらに足利尊氏、直義からはじまり室町幕府のもとでも同様に庇護されていたことがわかる。本文史料にあるように武家により検断権を保証され、狼藉の輩はすぐさま武家に注進するよう定められている。高野山のなか、金剛峯寺に接して造られ金剛三昧院はこうした後ろ盾のもと独自の発展をすることができた（原田正俊「高野山金剛三昧院と鎌倉幕府」〔大隅和雄編『仏法の文化史』吉川弘文館、二〇〇三年〕、同「室町幕府と高野山金剛三昧院—禅律系寺院の在り方—」〔中尾堯編『中世の寺院体制と社会』吉川弘文館、二〇〇二年〕）。（原田）

**金剛三昧院文書**（三七一頁3）　金剛三昧院文書は、和歌山県高野山にある金剛三昧院所蔵の文書。これまで総本山金剛峯寺編・中田法寿編纂『高野山文書』第二巻に所収されているものが知られている。中世文書については同書所収のものでほぼ網羅されているが、正文・案文の区別が曖昧であり、取り扱いには注意が必要である。草創期の鎌倉幕府関係の文書から南北朝時代の貞和二年（一三四六）足利直義寄進状まで重要文書のほとんどは、案文でしかのこっておらず、六巻の巻子に仕立ててある。案文も含めると承久三年（一二二一）の関東下知状案が古く、天正十三年（一五八五）木食応其書状まで、中世文書は三〇〇点、伝来している。また、隣接して関係の深い安養院文書一三点が含まれている。この他、近世文書は多数現存している。（原田）

**三鈷**（三七一頁4）　空海の飛行三鈷の伝承は諸書に見える。例えば『弘法大師御伝』「帰朝抛杵」には、

　大同元年八月、帰朝之日、大師泛船之時、祈請発誓云、所学秘教、若有相応地者、我斯三鈷飛到而点着、仍向日本方、投揚之時、遥入雲中、飛帆之後、数遇漂蕩、発一願云、帰朝之日、必増益諸天威光、擁護国家、利済衆生、建立□院、依法修行、善神護念、早達本郷、忽有感応、波濤漸定〈金剛峯寺、依其願所建立也〉、

とあり（『続群』八下—五三四頁）、空海が帰朝の折に、日本のなかで密教流布にふさわしい地を教えてほしいと念じて、三鈷を投げたという。長門本『平家物語』五「厳島之次第之事」では、空海が投げた三鈷が高野山の「三鈷松」にかかったと伝える。また『本朝神仙伝』では空海の投げた三鈷が、東寺と高野山と土佐の室戸岬に落ちた

といい、『真俗雑記』二四は空海の投げた五鈷が「平城陶華芳」に、三鈷が高野山に、独鈷が大和の「雲管峒」にとどまったとする(『弘法大師伝記集覧』一九六頁)。

なお空海の飛行三鈷はのちに浄土宗の嵯峨上人湛空が入手し、建長五年(一二五三)七月にそれを高野山に寄進した(「続宝簡集」七四、『鎌』七五七九号)。(平)

**大蓮上人**(三七三頁1)　「金剛三昧院住持次第」(『高』三七九号)によれば、初代長老行勇、二代隆禅、三代悟暹の「已上三代長老、大蓮上人之時也」とあり、三昧院住持の推挙権を大蓮上人覚智(安達景盛)が掌握していたことがわかる。その後、四代長老栄信は金剛三昧院衆徒の推挙によって幕府から任じられたが、五代真空、六代覚心、七代証忍、八代玄智については「已上四代長老、葛山五郎入道願性房請之」とあって、将軍実朝の遺臣葛山景倫(願生)が「金剛三昧院雑掌職」となって推挙権をもった(『高』九一号)。さらに九代俊慶、一〇代良俊の「已上二代長老、城奥州禅門奉行之時」と記されていて、本文史料の弘安四年(一二八一)段階の長老良俊の時代は安達泰盛が金剛三昧院の担当奉行であった。霜月騒動で安達泰盛が滅ぼされると、北条一族である鶴岡八幡宮別当頼助がそれを管掌している。(平)

**新開庄に立て替え**(三七七頁1)　金剛三昧院領筑前国粥田庄と河内国新開庄との相博を直接示す記事は本文史料以外になく、またこれが「金剛三昧院文書」における新開庄の初出でもある。粥田庄は文永九年(一二七二)十月十六日関東御教書で安堵されているが、その折りの安達泰盛の書状には

　粥田庄被付寺家候下知状一通、令進之候、
　恐々謹言、
　〈文永九年〉
　　十月廿二日　秋田城介在判
　謹上　高野山金剛三昧院衆徒御中

とあり(「金剛三昧院文書」一一七号)、粥田庄の帰属が揺れていたことをうかがわせる。この時期から本文史料の弘安四年(一二八一)の間に異国警護のために新開庄と相博したらしい。ところが弘安九年には、

　河内国新開事、被返本主畢、以筑前国粥田庄、如元可為金剛三昧院領之状、依仰下知如件、
　　弘安九年九月廿八日　相模守(花押)
　　　　　　　　　　　陸奥守(花押)

とあって(三号)、その相博を中止して、新開庄を西園寺家に、また粥田庄を金剛三昧院に返付している。(平)

**寛元二年の関東御教書**(三七九頁1)　本文史料で部分引用されているのは、次の関東御教書である(「金剛三昧院文書」一二四号)。

　高野山金剛三昧院寺務、同領筑前国粥田庄間事、当院止住僧侶之中、撰器量補彼職、衆僧一味可令執行寺務幷庄務、但其仁一期之後者、不可附属門弟、又不論臈次、以器量之輩、申事由於関東、可被定補之状、依仰執達如件、
　　寛元二年十一月廿六日　武蔵守在判
　　大蓮御房

この文書では、金剛三昧院の住持を住僧から選定すること、住持には寺務を門弟に相続させる権利がないことが定められている。また弘安四年(一二八一)の本文史料では、金剛三昧院の住持は首座から任命し、首座は住僧から補任すべきことが定められた。この二つの法令が金剛三昧院の規範となったことは、次の史料からうかがえる(一四七号)。

　金剛三昧院寺務職事、法爾上人雖申子細、所詮如寛元御教書幷弘安下知者、非住侶之中者、不可補彼職云々者、為寺務可被致其沙汰之状、依仰執達如件、
　　嘉元二年二月十九日　相模守在判
　　　　　　　　　　　左京権大夫
　　証道御房

なお、金剛三昧院の歴代住持をみると、鎌倉時代で首座を経ずに住持となったのは、二代隆禅法印、五代真空、八代玄智、一一代慶賢である。また九代長老俊慶について、「当寺久住者、

為衆中一臈而首座也」と記されていて(「金剛三昧院住持次第」(『高』三七九号))、首座は必ずしも「衆中一臈」でなかった。本文史料に「住侶之中撰器量仁、将補首座」とあるように、首座は器量によって選任された。(平)

**真56**(三八三頁1)　金剛峯寺蔵。『大史』六—一一—四三九〜四五九頁を底本とし、東京大学史料編纂所影写本で体裁・文言を確認した。

端裏書に「金剛峯寺衆徒一味契状」とあり、付箋に「人数五百十七人」とある。

この文書は、金剛峯寺「諸衆(衆徒。広義の学侶。学衆と非学衆とを含む)一同評定」による連署置文である。文書の奥に同寺衆徒成員全員五一七名の僧名が階位順、臈次順に記され、それぞれの僧侶が該当箇所に花押を据えている。また文書の袖に時の金剛峯寺座主賢俊の外題が記入されている。文書奥の五一七名の僧侶の階位別人数は次の通り。検校執行法印大和尚位一名、権少僧都法眼和尚位一名、権律師一名、法橋上人位一名、阿闍梨八五名、入寺七二名、前三昧一名、三昧六名、大法師三四九名。その詳細については、山陰加春夫「中世高野山教団組織小考」2(『高野山大学論叢』一九、一九八四年)を参照。(山陰)

**金剛峯寺衆徒一味契状**(三八三頁2)　この置文の第1条では、「高祖の遺誡」およびそれに基づく度々の「明時の制符、先規」を根拠として政治的な中立を宣言し、第2条では、第1条を堅持することから危惧される「宮武両家」からの「罪科の沙汰」の不承認を規定している。つづく第3条では、以後、紀伊国金剛峯寺領荘園内に出来した「狼戻の輩」に対する検断は、「宮・武両家」に依頼することなく、「満山一揆一同の沙汰」として行うべきことを、また第4条では、高野山上の子院、子院領荘園、紀伊国金剛峯寺領荘園内の所職・私領田畠等をめぐる紛争についても、第3条の規定に準じた措置をとるべきことを、それぞれ定めている。この第3、4両条は、第1、2両条とちょうど対を成す形で定められた金剛峯寺の自衛宣言である。第5、6両条では、第1〜4条の諸決定が「満寺一同」が「法令公平の評議」を行った結果、決められたものであること、したがって「別の骨張」がいるはずもないこと、また今後とも「諸衆一同」は「多分の評議」にしたがって事に処していくべきことを定めている。なお、第7条は、この置文の今後の取り扱い方を定めた条文である。金剛峯寺は、以上の条文を「諸衆一同」の評議の結果、決定し、さらにこの置文の袖に、時の金剛峯寺座主賢俊の外題を得て、以後、同置文が「永格」となることを目指した。詳しくは、山陰加春夫「南北朝内乱期の領主と農民」(『新編中世高野山史の研究』清文堂出版、二〇一一年)を参照。(山陰)

**金剛峯寺文書**(三八三頁3)　東京大学史料編纂所には、書名を「高野山文書」とする影写本計一三〇冊が架蔵されている。このうち、第一〜第九六冊は『宝簡集』所収の文書を影写したもの。第九七冊以下は、『宝簡集』未収録の金剛峯寺文書、および同寺各子院文書を影写したものである。第九七冊は、「高野山文書——金剛峯寺乾　九十六」と題され、明治二十一年(一八八八)に影写された五点の文書が収められている。真56はそのうちの一点であり、原本は御影堂に伝来した正文であると考えられる。(山陰)

**兵仗を…非ざる**(三八三頁4)　当該文章そのものを含む「高祖の遺誡」は存在しない。あるいは、「上下無諍論、長幼有次第、如乳水之無別、護持仏法、如鴻鴈之有序、利済群生、若能悟解已、即名是仏弟子、若違斯義、即名魔党」云々と記す、承和元年(八三四)の「遺誡」(『定本弘法大師全集』八—一八一〜一八二頁所引)が、この置文文章作成者の念頭にあったか。(山陰)

**彼の家風…**(三八五頁1)　彼らのやり方は、没収すべき罪科人の財産だといって、職務とそれに伴う諸特権を奪ったり、土地を占拠して、そこから貢納物を徴収したりすることだ。(山陰)

**満山一揆一同の沙汰**(三八五頁2)　まず行人が下向して検断を行い、それで解決しない場合には、行人に加えて衆徒および膝下荘園荘官層が発向し検断を行う、という方式。弘安年間(一二七八〜一三六八)に、既にこのような方式を確認することができる。この点については、山陰前掲「南北朝内乱期の領主と農民」を参照。(山陰)

**御影堂**(三八七頁1) 寛永七年(一六三〇)十月金剛峯寺堂塔建立由来書(『大古』高野山三—「続宝簡集」四四—三八一号)には、

一御影堂、大師御持仏堂也、実恵僧都有営構、被献大師、 御影者真如親王御筆、写生身給、大師之御開眼、

云々とある。(山陰)

**真57**(三八九頁1) 金剛峯寺蔵。『大古』高野山一—「宝簡集」四四—五一四号を底本とし、『宝簡集』CD—ROM版で体裁・文言を確認した。

この文書(案文)の袖には「旅人引制札案文千手院口ニ立ツベシ」との端書があり、本文に送り仮名・返り点が付されている。正文は高野山上の千手院口に立てられた制札であったことが知られる。なお、千手院口とは、高野山のいわゆる登山七口の一つで、黒河口(くろこぐち)などとも呼ばれる。天保九年(一八三八)刊行の『紀伊国名所図会』(大日本名所図会刊行会、一九二一年)三—四には、

黒河口 或は大和口ともいふ。千手院谷にあり。(中略)橋本辺よりの近道なり。此道当山良方(うしとら)の入口にして、黒河村より来ると野平村(のだいらむら)より来ると、粉撞峠(こつきとうげ)にて二路合して、千手院谷に入る。

とある。(山陰)

**高野山禁制**(三八九頁2) 日下に年預・行事・預という金剛峯寺諸衆集会評定の三人の幹事の名が見えることから、この禁制の制定主体は、同寺諸衆(衆徒)であったと考えられる。

なお、当禁制が制定された背景には、鎌倉時代中、末期〜南北朝内乱期以来の、高野山への参詣者の飛躍的な増加に伴う宿坊契約・墓石建立の盛行と、高野山上の検断行使権を掌握する行人集団の台頭があった。(山陰)

**旅人を引く**(三八九頁3) 建徳二年(一三七一)六月二十八日金剛峯寺五番衆一味契状案(「勧学院文書」寺社法九九)には、

一 旅人引事、且為寺家悪名、且為旅人難義(儀)、任先規、可被加治罰、至宿坊者、不論権門勢家、可被破却事、

とあって、建徳二年当時、旅人引きが既に問題になっていたことがわかる。ちなみにこの文書は、高野山上における宿坊制度の成立を示す最古の史料である。(山陰)

**備前国三石**(三八九頁4) 『太平記』七「赤松蜂起事」(角川文庫、一九七五年、二四九〜二五〇頁)には、

去る程に楠が城(千早城)強くして、京都は無勢也と聞へしかば、赤松二郎入道円心、播磨国苔縄(こけなわ)の城より打て出て、山陽・山陰の両道を差塞ぎ、山里(やまのさと)・梨原(なしがはら)の間に陣をとる。爰に備前・備中・備後・安芸・周防の勢共、六波羅の催促に依て上洛しけるが、三石の宿(しゅく)に打集て、山里の勢を追払て通(とをら)んとしけるを(後略)。

とあって、元弘三年(一三三三)二月の赤松円心の挙兵に対抗するために、備前・備中以下の六波羅方の軍勢が三石の宿に集結したことが知られる。この記事からもうかがわれるように、鎌倉時代末期既に三石は、交通の要衝であった。(山陰)

**真58**(三九一頁1) 金剛峯寺蔵。『大古』高野山一—「宝簡集」三七—四四三号を底本とし、『宝簡集』CD—ROM版で体裁・文言を確認した。

本書で底本とした「宝簡集」所収の案文には「永享年中仕置之状」との端裏書がある。また本文に返り点が付されている。当該案文は、本文史料第6条中に「以案文如四季祈禱之置文、毎季初日可有披露事」とある、その「案文」に相当すると考えられる。またこの案文は、元来は金剛峯寺年預の所持する年預櫃に伝来したと推察されるものである。

なお、金剛峯寺御影堂に伝来した「正文」(本文史料第6条参照)自体は伝存しないが、その「正文」の写は高野山西南院にある。当該写本は、元禄元年(一六八八)に西南院住持成信が筆写し

たもので、山陰加春夫「永享五年「高野動乱」の新史料」(『新編中世高野山史の研究』清文堂出版、二〇一一年)にその翻刻と解説がある。この写本によれば、「正文」の奥に金剛峯寺小集会衆一四名の連署があったことが知られる。当該写本に見える連署は以下の通りである。

　蓮上院仙義〈在判〉／十輪院賢能〈同〉／蓮乗院慶忠〈同〉／智庄厳院秀敏〈同〉／大光明院行範〈同〉／釈迦院栄澄〈同〉／勧学院快恵〈同〉／修善院深有〈同〉／持明院行長〈同〉／浄菩提院成雅〈同〉／養智院道成〈同〉／常光院良勝〈同〉／三宝院仙敏〈同〉／花王院宗秀〈同〉。　　(山陰)

**金剛峯寺小集会衆契状**(三九一頁2)　永享五年(一四三三)の「高野動乱」と呼ばれる事件の概要について、高野山検校帳(『大古』高野山七―「又続宝簡集」九四―一六六一号)第一四六代検校長範の項は、次のように記している。

　一　正長元年十一月之比、仙洞(称光天皇ヵ)依御崩御、諸国御徳政之事出来〈云々〉、自其而六番衆、寺家ヘ無窮之致訟訴(訴訟)、万事不随寺命間、永享五年〈癸丑〉七月七日之夜払暁ニ、当国(紀伊国)守護畠山尾張守(満家)依下知、同守護代遊佐之越前守(国継)、伊都・那賀・名草・海人(海部)郡催軍兵、辰一点合戦在之、両方数十人打死了、両方手負不知数、然間、六番衆大乗院放火、本中院坊舎・堂塔、悉焼失了、(中略)数剋有矢軍、申時許ニ終被追失了、其時山民共、尺(釈)迦院放火之、大略小田原、千手院、三宝院マテ焼了、其後所残菴室・道場・坊舎、不残一宇焼了、又壬(閏)七月三日、六番衆率大勢、西院・谷上・南谷ヘ合戦在之、於南谷、山民・行人数十人被打了、左有間、持明院ニ付火、大略焼了、(中略)同年十一月二十四日、遊佐河内守(国盛)被口入和睦之、悉六番衆帰山二十八日也、

　すなわち、右の記事によれば、永享五年七月七日と同年閏七月三日の二度にわたって、高野山上において、金剛峯寺六番衆(行人方)と同寺諸衆(衆徒方)の要請を受けた紀伊国守護軍とが大規模な合戦を行った結果、多数の死傷者が出来し、かつ同山上の坊舎・堂塔等の過半が焼失したという事件であったことがわかる。

　ところで、右の高野山検校帳の記事では、この事件の原因を、「正長の土一揆」に勇気づけられた六番衆の下剋上の振る舞い(「六番衆、寺家ヘ無窮之致訟訴(訴訟)、万事不随寺命」)に求めていることが知られる。けれども、『満済准后日記』三(平安考古会、一九二〇年)永享五年七月十日条、同年七月二十日条には、より直接的な原因が述べられている。つまり、当該両日条には、

　十日晴、(中略)高野与粉河用水相論、自高野可令発向粉河由風聞、仍為制禁、遊佐河内守(国盛)・斎藤因幡守等下遣云々、(中略)

　二十日晴、遊佐河内守来、(中略)高野事先無為、遊佐越前守(国継)未高野ニ罷留、(中略)行人等ハ悉離山了、高野諸坊過半ハ焼失也、二千坊計ハ焼歟云々、大塔・金堂以下簡(肝)要在所無為事、衆徒并遊佐越前等守護勢相共警固故云々、今度之儀、依用水相論、自高野可令発向粉河支度処、雑説出来、衆徒・守護方内談シテ行人ヲ可治罰之由、行人等伝聞ニ依テ、俄ニ衆徒・行人、可及弓矢了、

云々とあって、金剛峯寺領名手荘・粉河寺領丹生屋村の用水相論につき、金剛峯寺が軍勢を粉河に差し向けようとしたために、守護方が高野山に登山してこれを制止した。けれども、金剛峯寺六番衆は、この守護方の高野登山という事態を、同寺衆徒方と守護方とが相謀って自分たちを弾圧するための登山であると伝え聞いて、にわかに衆徒方と六番衆とが合戦に及んだことがわかる。

　以上に引用した二史料から、この永享五年の「高野動乱」という事件の底流には、「正長の土一揆」に勇気づけられた金剛峯寺六番衆の下剋上の運動と、そのような運動の結果、先鋭化した同寺衆徒方・六番衆間の退っ引きならない対立があり、それが「守護方の高野登山」という事態そのものを直接のきっかけにして爆発したこ

とが看取できよう。

なお、前掲高野山検校帳の記事中に、「同年十一月二十四日、遊佐河内守被口入和睦之、悉六番衆帰山二十八日也」とあるが、これは、あくまでも当座の事態収拾でしかなかったようである。衆徒方・六番衆間の正式な和睦と、それを受けての六番衆の正式な帰山は、永享十一年四月のこと。同年三月二十九日に、「預中下知之条々」二五カ条と「行人中江下知之条々」二九カ条とから成る金剛峯寺諸衆評定事書が、守護方を経由して六番衆（預中と行人中）に呈示され、これを受けた行人中・預中は、四月二十二、二十三日に行人中善観等請文、および預中沙汰人覚賢等請文を、おのおの守護方に提出した。本文史料は、これら三通の文書を踏まえて作成されたものである。

なお、元禄四年（一六九一）九月二十七日「永享年中書物写」（「高野山西南院文書」、山陰前掲「永享五年「高野動乱」の新史料」所収）に見える永享十一年三月二十九日金剛峯寺諸衆評定事書、同年四月二十二日行人中善観等請文、同月二十三日預中沙汰人覚賢等請文の全文は、次の通りである。

金剛峯寺諸衆評定事書

永享十一年〈己未〉三月廿九日諸衆評定云

預中下知之条々

一　於山上検断停止之事、
一　於異門者仁号罪科人取一献事、向後可停止之事、
一　谷々僧・念仏者、或号勧進、或名嗽等、懸用脚条、可停止事、
一　新造庵室・道場修造、不可致違乱之事、
一　坊人之院役等、如徳政以前、可致其沙汰事、
一　於壇上諸堂、集会可停止事、
一　如先規、申半以前、不可入湯之事、
一　於山上山下悪党者、如先規、為諸衆一同之評定、出事書、三人沙汰人無判形者、不可其沙汰之事、
一　念仏者之所付道者、不可綺之事、
一　於山上山下之下人者、任遺所可被召仕事、
一　於寺領仁為氏人、其在所不可綺公事之事、
一　山上・山下傍〔牓〕示打、可停止之事、
一　於路次、対衆徒、不可致無礼事、
一　綺山上山下公事、不可致是非之沙汰事、
一　紫絃師子丸草履、可停止之事、
一　勧盃之時、不可叩手之事、
一　請定等仁房之字不可書事、
一　入堂之次第、可為先規之在所之事、
一　絹袈裟、不可懸之事、
一　於寺家、濁酒之売買、可有停止事、
一　於墨唐笠者、可有免除之事、
一　於乗馬事者、先例雖無、今度以別儀所被免除上者、可為随意、但対衆徒・庄官仁下馬致、可存礼儀事、
一　衣之四袖之事、奥院・本仏之外、於先規雖不許之、今度訴訟申間、以別儀、奥院・本仏共四拾人、雖有免除、重而訴訟申条、正預分有御免処也、若此外万一差之者、本仏・奥院以下、悉可止上者、為傍輩、堅可有制禁之事、
一　直綴之事、雖無先例、是又以別儀、本仏・奥院共四十人、所被宥免之也、但四十人之内、本仏・奥院之外者、直綴之上可着袴、若背此旨者、罪科同前、
一　此外万事、不可背寺命之事、

行人中江下知之条々

一　承仕藺次持、堅可停止之事、
一　夏衆六十四人結之、可停止之事、
一　於山上不致検断之事、
一　於異門者仁号罪科人取一献事、於向後可停止事、
一　谷々僧・念仏者、或号勧進、或名嗽等、懸用脚条、可停止事、
一　新造庵室・道場修造、不可致違乱事、
一　坊人院役等、如徳政以前、可致其沙汰之事、
一　於壇上諸堂、集会可停止之事、

一　如先規、中半以前、不可入湯之事、
一　山上・山下悪党者、如先規、為諸衆一同之評定、出事書、三人沙汰人之無判形者、不可致其沙汰事、
一　寺家天野造営、其外寺家大用時者、面付仁可有懸銭之事、
一　長床十人天野下向両度之外、可止乗馬事、
一　於寺領仁為氏人而、其在所不可綺公事之事、
一　綺山上山下公事、不可致是非沙汰之事、
一　念仏者所付道者、不可綺事、
一　山上・山下之傍〔牓〕示打、可傍止之事、
一　於路次、対衆徒、不可致無礼之事、
一　入堂之次第、可為先規在所之事、
一　勧盃之時、不可叩手之事、
一　紫絃師子丸草履、可停止之事、
一　頸巻、可停止之事、
一　諸堂、近年為六番衆計、住〈任歟〉自由開閉条、不可然、向後堅可止之事、
一　於山上山下之下人者、任遺所可被召仕之事、
一　於寺家、濁酒売買、可停止之事、
一　諸堂之番代仁置非交衆者、可停止事、
一　衣之四袖事、無先規上者、向後可停止事、
一　於墨唐笠者、可有免除事、
一　直綴之事、先規雖無之、以別儀、上三十人有免除処也、但直綴之上可着袴、若有免除人数之外、直綴着之者、悉可有停止上者、為傍輩、堅可有制禁事、
一　此外万事、不可背寺命之事、

永享十一年三月廿九日　預大法師慶賢判
行事（入寺脱カ）秀敏判
年預阿闍梨鏡範判

金剛峯寺行人中善観等請文写

行人方請状

先年自寺家条々蒙仰之内、新夏衆・承仕之臈次殊二箇条、雖未事行候、重蒙仰候間、可相随其御意候、向後毎事不可背申寺命候上者、諸衆御帰山候者、可目出候、恐惶謹言、

永享十一年卯月廿三〔二〕日
西院善観判
南谷良忍判
中院道実判
谷上教覚判

進上　越前守殿（在国守護代遊佐国継）

金剛峯寺預中沙汰人覚賢等請文写

先年自寺家条々蒙仰候内、新夏衆・承仕臈次殊二ヶ条、依未事行候、行人中江被仰付候処、無子細候之由、領状申候上者、我々事於向後不可背寺命申候、諸衆御帰山候者、可目出候、恐惶謹言、

永享十一年卯月廿三日
預中沙汰人覚賢判
泉観判
宣覚判
良明判

進上　遊佐越前守殿

ちなみに、永享五年の「高野動乱」については、黒田弘子「中世後期における高野山権力と農民闘争」（『中世惣村史の構造』吉川弘文館、一九八五年）、山陰加春夫「永享五年の「高野動乱」について」（前掲『新編中世高野山史の研究』所収）があり、また『那賀町史』（本文編第三章第四節）や『粉河町史』二（編年史料　中世編）も、この事件に触れている。（山陰）

**六番衆**（三九一頁3）　金剛峯寺の行人集団とは、「諸堂の管理（堂預、鍵預等）や供華点灯をはじめ炊事、給仕等の雑用に従事する」僧侶たちのことである（和多秀乗「中世高野山教団の組織」『日本仏教宗史論集』四〔弘法大師と真言宗〕吉川弘文館、一九八四年）。

近世初頭の光宥撰『高野山真俗興廃之記』（『密宗学報』九八、一九二二年）には、「第六番、扈従僕童之内土民之子族、下法師等也〈今時之行人方、又名世間者〉」とあって、同寺領膝下荘園内の百姓身分の家をその出自としていたことが推察される。（山陰）

**叡山の発向**（三九一頁4）　永享五年（一四三三）七月から同七年二月にかけての延暦寺衆徒の強訴に

対する室町幕府の対応のこと。狭義には永享五年十月および同六年十一月の二度にわたる室町幕府軍の山門攻撃を指す。この永享の山門騒乱については、辻善之助『日本仏教史』六(二五三頁以下、岩波書店、一九七〇年)、下坂守「山門使節制度の成立と展開」(『中世寺院社会の研究』思文閣出版、二〇〇一年)等を参照。(山陰)

**大和国民等の追討**(三九一頁5)　永享元(一四二九)〜十一年の衆徒筒井氏・国民十市氏対国民越智氏・同箸尾氏という大和国内を二分する内乱(いわゆる大和永享の乱)に関連して、同四年十一月以降、数次にわたって行われた室町幕府軍による越智・箸尾両氏等に対する治罰行動のこと。この場合の衆徒とは興福寺譜代の僧躰の地侍層のこと。また国民とは春日社に奉仕する大和の地侍層の称で白衣神人(びゃくえじにん)とも呼ばれた。大和永享の乱については、熱田公「筒井順永とその時代」(『中世寺領荘園と動乱期の社会』思文閣出版、二〇〇四年)、今谷明『日本国王と土民』(集英社、一九九〇年)等を参照。(山陰)

**関東の逆浪**(三九一頁6)　永享十年(一四三八)八月〜翌十一年二月の永享の乱のこと。永享の乱とは、鎌倉公方足利持氏が、室町将軍足利義教および関東管領上杉憲実と対立・抗争し、持氏の自決をもって終結した内乱である。永享の乱については、渡辺世祐『〈関東中心〉足利時代の研究』(第三編第一七章以下、新人物往来社、一九七一年)、伊藤喜良『中世国家と東国・奥羽』(I部三章、校倉書房、一九九九年)等を参照。

なお、補注4〜6で取り上げた永享の山門騒乱、大和永享の乱、永享の乱それぞれの政治史的位置づけについては、山家浩樹「室町時代の政治秩序」(『日本史講座』四、東京大学出版会、二〇〇四年)を参照。(山陰)

**死罪**(三九三頁1)　天治二年(一一二五)七月十三日官省符庄住人等解状(『大古』高野山七—「又続宝簡集」八八—一六二八号)には、

当官省符之例、若有盗犯殺害之輩者、以追却為例、敢不及禁獄者也、

とあって、当時既に形成されていた高野山金剛峯寺の本所法においては、膝下荘園内の犯罪者に対する最高刑が「追却」処分であったことが知られる。そしてこの場合の「追却」処分とは、「現実に住人を庄域から追い出す」という意味を持つとともに、「庄園村落の住人＝成員としての社会的地位とむすびついた」在家＝屋敷・所領田畠を破却・没収することによって「村落成員＝住人としての社会的身分をうばいとってしまうことを意味していた」(河音能平「中世社会成立期の農民問題」『中世封建制成立史論』東京大学出版会、一九七一年)。

このような刑罰の在り方は、高野山上・山下(膝下諸荘園内)ともに、少なくとも文永〜弘安年間(一二六四〜一二八八)まで変わることはなかった。

今、この点を高野山上における刑罰の在り方(または金剛峯寺衆徒方の六番衆に対する統制方法)に限って見れば(以下同様)、たとえば、文永八年(一二七一)七月日金剛峯寺諸衆一同置文案(『大古』高野山一—「宝簡集」三七—四三九号)第三二条には、

一　諸衆下知外、夏衆私不可伐院内・別所坊、(中略)若背制符者、尋探骨帳(張)輩、且加断罪、且可追却山上・山下事、

とあって、(1)高野山上における武力発動の決定権は「諸衆」＝衆徒にあり、その命令によって、「夏衆」＝六番衆が「院内・別所坊」＝山上の検断にあたること、(2)「夏衆」が、「諸衆」の命を受けずに勝手に検断を行った場合には、その「夏衆」を断罪するとともに、山上・山下を追却することが定められていることがわかる。

けれども、右に見たような高野山上における刑罰の在り方(または金剛峯寺衆徒方の六番衆に対する統制方法)は、弘安年間以降、(おそらくは山上における六番衆の台頭を最大の契機にして)漸次、変化していったようである。

第一に、正平十七年(一三六二)八月十日金剛峯寺小集会評定置文(『大古』高野山八—「又続宝簡集」二一六—一八六〇号)には、

一　就出銭取手事、預与承仕令確執□□□〔申之由ヵ〕、有其聞、為事実者、為寺家就

惣別為□□、所詮預・承仕両方共、為主人計、厳重可被加炳識(誡)、其上尚無承引者、速出坊中、不可被召仕之由、可有御連暑(署)事、

一　今度就此事、不拘主人制法、令出坊於預・承仕等者、専為寺敵之上者、於院内・別所、不可加入居扶持、其上扶持令露見者、懸住坊可有罪科事、

一　預・承仕等、不及是非究明、止諸堂開閉、闕番役之条、自由至極也、若令闕如者、両方共永追放山上・山下、并不可免還住事、

一　如此及厳密沙汰之処、両方不令承引、於令引出喧嘩方者、罪科同前、就是非可被絶後訴、其外令下知于諸庄、懸六親可被追放事、

一　就此事、預・承仕等、属縁者、雖相語山下之族、全不依親類骨肉、不可見継、若見継之輩出来者、准悪党、永可令追放庄内之由、可有下知于諸庄、将又於寺辺及合戦者、五番衆以下、召上諸庄々官、即時可被加退治事、

とあって、南北朝時代の高野山上における刑罰の在り方(または金剛峯寺衆徒方の六番衆に対する統制方法)は、次のようなものであったことが知られる。すなわち、〔ア〕まず、「預・承仕」=六番衆個々の「主人」=衆徒の計らいとして個別的な統制を加えること。〔イ〕「主人」の計らいに従わない「預・承仕」については、「主人」はその者を速やかに「坊中」から追い出し、解雇すること(以上、第一条)。〔ウ〕「坊」を出された「預・承仕等」については、その者は「寺敵」であるので、「院内・別所」=山上全域において「入居の扶持」は加えないこと。扶持が露顕した場合、(小集会衆は)その「住坊」を懸けて罰する(第二条)。〔エ〕次に、(〔ア〕~〔ウ〕の措置に承伏せず)なおも不法行為を行う「預」または「承仕」について、(小集会衆は)その者を永久に山上・山下から追放する。さらには、「諸庄」=膝下諸荘園に命じて、六親を懸けて追放するというような措置をもとる(以上、第四条)。〔オ〕「寺敵」と断定された者などが寺辺において合戦に及んだ場合には、五番衆(衆徒若衆)以下が、諸庄の庄官を召し上げて、即時に退治すること(第五条)。この小集会評定置文に見える規定は、全体としては、なお前掲文永八年諸衆一同置文案に記されている制規の延長線上にあるということができよう(たとえば、「追放」処分を最高刑としていることなど)。けれども、⑴衆徒方の執行機関たる小集会衆が高野山上における検断権を掌握していること、⑵五番衆が山上における検断権行使主体として初めて登場していること、⑶六番衆に対する統制方法がたいそう詳細になっていること、などの諸点は注目されるところである。

第二に、応永二十一年(一四一四)二月二十二日高野山禁制(真57)第3条からは、室町時代初期に至るや、高野山上において罪科人と称して理不尽に死罪に処す、という事態が横行していたことがわかる。

第三に、永享四年(一四三二)九月十七日金剛峯寺学侶一味契状(『大古』高野山二—「続宝簡集」二二—三一一号)第七条には、

一　当山止住之修学者、大略遠近無縁之輩也、爰有暴悪邪見之人、或号宿意、或称喧嘩、而害碩学之躰、奪学衆之命、雖知前業之所感、当于時者、不便之至極也、向後如此悪人出来者、為満寺一同沙汰、任諸寺諸山之例、可処罪科事、

とあって、当時、学衆たちを殺傷しようとする勢力があったこと、およびこのような「悪人」については「満寺一同沙汰」として「諸寺諸山之例」に倣って処断すべきことを定め置いていることが知られる。

以上、鎌倉時代中、末期~室町時代初期の高野山上における刑罰の在り方(または金剛峯寺衆徒方の六番衆に対する統制方法)の変遷を例示的に見たが、本文史料第2条の「自他被官人…為此衆中可行死罪」との定めは、右に第二に、第三に、として挙げた、高野山上における不穏な状況と、それに伴う刑罰の変化とを

受けて、決められたものであるということができよう。

ちなみに、永享十一年三月二十九日金剛峯寺諸衆評定事書(前掲)からは、永享五年の「高野動乱」を契機として、六番衆は、山上・山下の「悪党」に対する検断行使権は(然るべき手続きを踏む限りにおいて)従来通り認められたものの、それ以外の高野山上における一般的な検断行使権を剝奪されたことがわかる。他方、長禄三年(一四五九)二月二十三日金剛峯寺学侶評定事書案(『大古』高野山四―「又続宝簡集」三三一―三二六号)には、

一 雖為大犯三箇条、於衆徒之身上者、任先規、可為五番衆之沙汰事

とあって、長禄三年までに、衆徒方に対するすべての検断行使権が五番衆の手に移ったことが知られる。(山陰)

**衆中の院家相続の躰**(三九三頁2) 金剛峯寺小集会衆の多くが特定の院家(子院)住職によって構成されるに至るのは、おそらくは室町時代初期のことと考えられる。本文史料中の「衆中於院家相続之躰者」云々という箇所は、そのことを明示する比較的早い徴証である。この点については、山陰加春夫「金剛峯寺衆徒とその生家」(前掲『新編中世高野山史の研究』所収)を参照。(山陰)



**真59**(三九七頁1) 醍醐寺蔵。「醍醐寺文書」一〇三函六四号(三)。原文書は伝わっていない。醍醐寺本根来要書の影印本である総本山醍醐寺編『根来要書―覚鑁基本史料集成―』(東京美術、一九九四年)を底本とし、根来寺文化研究所編『根来寺の歴史と美術―興教大師覚鑁と大伝法堂丈六三尊像―』(東京美術、一九九七年、以下『根来寺の歴史と美術』とする)の根来要書翻刻を参考にした。根来要書は長久二年(一〇四一)から宝治元年(一二四七)までの文書を収め、醍醐寺本には元応元年(一三一九)、応永三十四年(一四二七)の書写奥書がある。以下、本補注の出典表記では、根来要書史料のうち『平安遺文』未収のものは、『根来寺の歴史と美術』の翻刻番号を記すこととする。(平)

**学頭**(三九七頁2) 「大伝法院学頭補任次第」(「醍醐寺文書」一〇四函二一号〔坂本正仁「醍醐寺所蔵大伝法院関係諸職の補任次第について紹介と翻刻」『豊山教学大会紀要』一六、一九八八年、『根来寺の歴史と美術』影印版〕)の冒頭部分は次の通りである。

「第一」尋賢阿闍梨〈宝乗房、紀伊国在田郡人〉
「第二」教尋大法師〈宝生房、山城国人、三井学徒〉
已上二人、官符以前云々、小伝法院時歟、
又検校阿闍梨良禅〈解脱房〉補学頭云々
官符以後、学頭補任次第
「第二」教尋〈宝生房〉
「第三」信恵〈遙或耀覚房、本願上人舎弟、兼本寺執行〉
「第四、崇徳院御宇」兼海〈浄法房、保延六年三月十八日補、年卅四〉

官符以前、官符以後の学頭が記されているが、この官符とは本文史料所引の長承三年(一一三四)五月八日太政官牒を指す。

なお治承二年(一一七八)六月日大伝法院衆徒解案によれば、「百日伝法大会者、百八人之碩□比肩、一人不闕」とあり(『平』三八三七号)、伝法大会には一〇八名の僧侶が参加したことがわかる。これは恐らく学頭二人、学衆三六人、権学衆七〇の計一〇八名であろう。(平)

**供僧**(三九七頁3) 治承二年(一一七八)六月日大伝法院衆徒解案には大伝法院の長日仏供と人供、および密厳院の長日仏供と人供が記されており(『平』三八三七号)、この段階でのそれぞれの寺内組織がうかがえる。それによれば大伝法院の人供は次の通りである。

三十六石〈座主供、日別一斗〉、卅二石四斗〈三綱、日別各三升〉、二百七十石〈三尊両界供僧十五人、日別各五升〉、六十四石八斗〈仏眼・金輪供僧六人、日別各三升〉、廿一石六斗〈愛染王供、日別六升〉、百八石〈練行衆六

人、日別各五升〉、千百八十八石之内〈七十二石学頭二人、日別各一斗、六百四十八石山籠卅六人、日別各五升、二百二十四石入寺卅人、日別各二升、百四十四石権学衆卅人、日別一升〉、二石〈修正導師呪願等布施〉、六十四石八斗〈神宮寺等供僧合十人、日別各二升〉、七石二斗〈護摩供僧三人、年別各二石四斗〉、二十一石五斗七升〈鎮守講用僧五十六人供料〉、十六石八斗〈虚空蔵堂布薩幷供僧等供〉、百石〈百万反尊勝タラニ衆百五十人、々別各六斗六升〉、

また密厳院の人供は次の通り。

十八石〈座主供、日別一斗五升〉、三十六石〈院主供、日別一斗〉、十八石八斗〈三綱、日別各一升〉、百八石〈両界供僧六人、日別各五升〉、六十四石八斗〈金剛サタ幷不動供僧合六人、日別三升〉、七石二斗〈護摩供僧三人、季別各六斗〉、百八石〈聖人十五人、日別各二升〉、二十一石六斗〈例時衆三人、日別各二升〉、十石八斗〈堂預三人、日別各一升〉、三十六石〈承仕・大炊等十人、日別各一升〉、三石六斗〈所下供、日別一升〉、一石〈修正導師呪願等布施〉、　（平）

**山籠**（三九七頁４）　本文史料から一月たらずの長承三年（一一三四）六月十九日に金剛峯寺山籠入寺三昧衆等解が東寺一長者定海（金剛峯寺座主を兼帯）に提出された（『根来寺の歴史と美術』四七号）。そこでは、「一　請特蒙　恩裁、停止両寺交座、伝法院山籠入寺、不被書本寺交衆一烈札子細愁状」と「一　請特蒙　広恩裁断、為覚鑁上人、制止本寺入堂寺役、永断絶仏事不案愁状」の二カ条が訴えられている。まず前者では「為末寺座主、恣本寺事務・山内執行」と大伝法院座主覚鑁が金剛峯寺の支配権まで掌握したことを非難するとともに

以局〔苟ヵ〕少之輩、為山籠、以幼稚之類、為入寺、故被超越之老僧、懐愁歎隠居、所昇進小僧、住慢挙赴、未感恩、

のように、覚鑁が幼稚の小僧を山籠・入寺に補任したため、超越された老僧との間で確執が起きているとし、金剛峯寺と大伝法院との交座を止めてほしいと求めている。さらに第二条では、覚鑁が大伝法院の山籠・入寺を金剛峯寺のそれより上位としたのに対し、金剛峯寺が反発すると、覚鑁は反対派が堂に入って寺役を勤仕するのを禁止したと非難し、

夫於末寺者、味道之客、自西自東雲集、求法之賓、于朝于夕星繁、或以南北二京客僧、為修学、或以七大諸寺之浪人、為供僧、加之以瑜伽唯識、横談内証教、以中観智論、恣汚法身之法、爰大師御遺告、雖妙法円、非五千之分、雖東寺広、非異類之地云々、以此思之、雖似弘法、返密教滅相也、

と他宗派の僧侶が供僧・学衆に任じられていると批判している。覚鑁が大伝法院という新組織をつくっただけでなく、彼の力が金剛峯寺など既存組織にまで波及したために、激しい軋轢が生じたのである。（平）

**覚鑁**（三九九頁１）　鑁上人、密厳尊者ともいう。肥前国藤津庄の伊佐氏の出身。天永元年（一一一〇）仁和寺で出家し、永久二年（一一一四）東大寺で受戒。保安二年（一一二一）仁和寺成就院で寛助から伝法灌頂を受けた。真言教学振興のために高野山伝法会の再興を発願し、紀伊国石手庄などの施入を受け、鳥羽院の支援のもと長承元年（一一三二）に高野山に大伝法院・密厳院を落成。さらに密教諸流の遍学を志し、院の保護もあって、園城寺の覚猷・醍醐寺定海・勧修寺寛信らから受法し、鳥羽宝蔵の秘書を閲覧。長承三年に院宣により金剛峯寺座主となり、高野山一山を支配。しかし大伝法院を中心とする高野山の再編は、金剛峯寺・東寺・醍醐寺の反発を招いたため、保延元年（一一三五）密厳院に籠居して無言行に入り座主を辞任。保延六年の武力衝突で密厳院が襲撃されたため、根来山に逃れ、そこに円明寺を創建して没した。門弟はその後も金剛峯寺と和議・衝突を繰り返したが、弘安十一年（一二八八）の紛争で完全に決別。ここに覚鑁の系統を新義真言宗という。天文九年（一五四〇）自性大師の勅謚号を下されたが、延暦寺の反対で撤回。元禄三年（一六九〇）に興教大師号を勅賜。覚鑁は密教を

総合した伝法院流を開き、その著『五輪九字明秘釈』では大日如来と阿弥陀仏が同体なることを論じて浄土教を真言密教に包摂。その著作は『興教大師全集』(宝仙寺、一九七七年。初版は一九三五年)、『興教大師著作全集』(真言宗豊山派宗務所興教大師八百五十年御遠忌記念事業委員会、一九九二〜一九九四年)、『興教大師覚鑁写本集成』(法蔵館、一九九七年)として刊行され、伝記は三浦章夫編『興教大師伝記史料全集』(文政堂、一九八九年。初版は一九四二年)に集成。櫛田良洪『覚鑁の研究』(吉川弘文館、一九七五年)、『興教大師覚鑁研究』(春秋社、一九九二年)を参照。(平)

**供養先に畢んぬ**(三九九頁2)　大伝法院・密厳院の供養については、『中右記』長承元年(一一三二)十月二十日条に次の記事がみえている。

戌時許、院従高野還御二条烏丸題宅(ママ)御所〈女院此暁、従仁和寺渡御此御所者〉、去十七日参御高野御所、有御経供養、彼山上臈僧為御導師、以院御封三ケ国被奉宣云々、又□寄阿闍梨三口、院御歩行、大殿(藤原忠実)以輿前行、依仰也、仁和寺覚法親王扈従、次供養新立御堂、信勝法橋為御導師、是一長者也、御共上達部殿上人束帯、大殿独御直衣、次又聖人建立八角堂供養云々〈土左守字(ママ)顕保追参仕者〉、

高野山で鳥羽院の経供養を行った後、「新立御堂」(大伝法院)と「八角堂」(密厳院)の供養を執り行っている。(平)

**座主職においては…**(三九九頁3)　大伝法院座主の歴代については、①『続群』四下、②『興教大師伝記史料全集』七二三頁、③「大伝法院座主補任次第」(「醍醐寺文書」一〇四函二一号〔坂本正仁前掲「醍醐寺所蔵大伝法院関係諸職の補任次第について　紹介と翻刻」、『根来寺の歴史と美術』影印版〕)を参照。また密厳院院主については③を参照。

なお「大伝法院座主補任次第」によれば、覚鑁が大伝法院座主に補任されたのは、長承三年(一一三四)五月八日としており、長承三年五月八日太政官牒(本文史料所引)が発給されたのと同日である。また本文史料では大伝法院座主を覚鑁門徒の住僧で相承するよう申し置いたが、承安三年(一一七三)三月太政官符(真61)では隆海門跡の相承となって「住山不退」の条件が崩れることになる。(平)

**御願**(三九九頁4)　本文史料が太政官の承認を要請したものであることからすれば、ここで、時の天皇である崇徳天皇の御願寺になることを求めたと解することも不可能ではない。しかし長承二年(一一三三)十月二十日太政官符案では(『平』補二一〇号)、

設雖天下一同公役、国内平均所課、永停止一切他所之役、偏可為　院御願寺大伝法院領之由、欲被下　官符

のように、鳥羽院の御願寺として所領への他役免除を覚鑁が申請して認められているし、同年十一月日覚鑁申状でも、相賀庄を「偏為　太上天皇御願寺密厳院領」として一国平均役の免除申請をしている(『平』二二九一号)。しかも永暦二年(一一六一)四月三日大伝法院所司解状によれば「大伝法院者、非啻為前皇之御願、専奉祈　太上天皇之仙算」と述べていて(『平』三一五三号)、「前皇」鳥羽院と「太上天皇」後白河院に触れているだけで崇徳天皇への言及はない。治承二年(一一七八)六月日大伝法院衆徒解案には大伝法院の年中仏事が記されているが、そこでも

一年所積供養法八千六百四十座〈奉為天長地久〉、護摩行法千八十座〈為鳥羽院御菩提〉、臨時恒例供養法六百七十五座〈為鳥羽院菩提、或為四海□□〉、七月二日大曼荼羅供讃衆卅人〈鳥羽院御国忌也〉、理趣経四万□千三百八十五巻〈長日臨時恒例勤、或為聖朝安穏、或為鳥羽院御菩提、或為国土豊饒〉、礼懺一万二千三百六十座〈長日臨時恒例等、廻向如前〉、尊勝陀羅尼一百万遍〈毎年百ヶ日之間奉念之、奉為鳥羽法皇御菩提〉、長日金輪尊勝不動御念誦一百億万遍〈奉為禅定法皇御願円満〉、大日御念誦卅六億万反〈奉為鳥羽院御菩提〉、大日金剛薩埵・尊勝不動愛染王御念誦各十億万遍〈奉為八条院御願円満〉、此外四季

毎月臨時恒例仏事、其数既多、

とあって(『平』三八三七号)、年中仏事のほとんどは鳥羽院の菩提を弔うものである。ほかに「禅定法皇」後白河院と「八条院」の御願仏事がみえるが、崇徳上皇のための仏事は行われていない。この点からすれば、本文史料の「御願」は鳥羽院の御願と判断してよいであろう。（平）

**真60**(三九九頁5)　醍醐寺蔵。「醍醐寺文書」一〇三函六四号(一)。原文書は伝わっていない。前号と同様、醍醐寺本根来要書の影印(『根来要書―覚鑁基本史料集成―』東京美術、一九九四年)を底本とし、『平安遺文』および根来寺文化研究所編『根来寺の歴史と美術―興教大師覚鑁と大伝法堂丈六三尊像―』(東京美術、一九九七年、以下『根来寺の歴史と美術』とする)の翻刻を参考にした。なお本文史料で省略した後半三カ条は次の通りである。

一　可同徒停止相賀庄西堺内高野本庄妨事

右、同所司訴申云、彼本庄抜棄西堺牓示、入検田使、徴取地子者、被尋同本寺之処、抜棄牓示之条、不知子細、入検田使徴地子物等之事〈由歟〉、又以無実者、早加検実(ママ)抜棄牓示者、慥以本庄之住人、如本可打旧跡也、兼又自今以後、可令停止如此妨也、

一　可令早追却濫行人有澄事

右、件有澄山上山下犯過重畳、仍先日雖召其身、依会赦令、且依為神人預給宮寺、不可帰住之由、被仰下畢、而今近日尚居住本所、弥張行悪逆之由、有其聞、縦雖会赦、々後之札尚以繁多也、慥破却住宅、永可払境内勿令致重訴矣、

一　可令仰含子細懲粛悪行、山上山下凶徒琳賢・俊慶・兼賢・宗賢・宗祐・依宗・時澄等事

右、件輩、或称有職、宜凝観念於山林之月、或号所司、盍訪寺務於禅門之威、而各結凶党、恣好暴悪、成其梟帥、致蠹害、偏巧俗塵之姦雄、已為仏界之魔民、実如師〔獅〕々中之小虫、寧非当山内之外道乎、件群類須召誡其身、追却境内也、然而偏発慈悲、令処寛宥、自今以後、不憚　叡旨、猶好悪行者、慥任犯科之法、可加刑罰之重也、

また省略した署名者六名も次の通りである。

権中納言兼大宰権帥藤原朝臣在判

権中納言兼右兵衛督藤原朝臣在判

参議右大弁兼侍従周防権守藤原朝臣在判

大膳大夫兼伊豫守藤原朝臣在判

左中弁兼文章博士備中権守藤原朝臣在判

右小弁兼信濃守藤原朝臣在判

（平）

**聖人六十口**(四〇一頁1)　本文史料との関連は不明だが、これから二カ月後に、覚鑁を訴える奏状に「百口聖人連暑〔署〕」した噂は無実だとする「別所聖人」の「六十人連暑」状が提出されている(『根来寺の歴史と美術』八九号)。参考として次に掲げる。

〈別所聖人連暑〔署〕無実状〉

別所聖人連暑〔署〕無実事

右、正覚房上人、不顧身命、利生為宗、不憚謗難、興法為事、思後世菩提之人、誰不随喜渇仰哉、而今於訴申上人之奏状、百口聖人連暑之由有其聞、於他人者不知実否、於自身者、全以不連暑也、何猜真言紹隆、猥致無実訴詔〔訟〕、豈背　仙院綸旨、更嫌上人沙汰乎、謹解、

保延五年九月十一日　僧信寿

六十人連署

（平）

**大衆騒動**(四〇一頁2)　長承三年(一一三四)五月八日の官符(真59所引)が下されて大伝法院は組織を整えたが、それに対し高野山大衆は長承三年六月十九日金剛峯寺山籠入寺三昧衆等解を提出して覚鑁による金剛峯寺支配に抵抗した(『根来寺の歴史と美術』四七号、真59「山籠」の項)。しかしこうした金剛峯寺側の訴えに対し、同年八月二日鳥羽上皇院宣は「以官符山籠入寺等、可令烈同官座上、永為流例」と述べて覚鑁を全面的に支持するとともに、騒動を企てている「張本交名」の注進を命じたり、反対派の良禅・聖仁・尋賢を勅勘に処した(『根来寺の歴史と美

術』五三号)。良禅らは同年八月二十一日金剛峯寺常住僧等奏状を提出して離山覚悟で抵抗したが(『根来寺の歴史と美術』五五・五六号)、九月二十一日鳥羽上皇院宣は張本の追放を命じたため(『根来寺の歴史と美術』五七号)、反対派は足並みが乱れて、今後は「大衆騒動之悪事」に同心しないとの誓約書を提出して帰山した(長承三年十一月二日慶算起請文案『根来寺の歴史と美術』六三号)。さらに同年十二月には「可永以大伝法院座主、即為金剛峯寺座主、令知行満山事」と、金剛峯寺座主職の兼帯を認める崇徳天皇綸旨と鳥羽上皇院宣が出されて(長承四年二月日覚鑁座主職譲状『根来寺の歴史と美術』七八号)、覚鑁はその地位をいっそう固めた。

しかし同座主職はこれまで東寺長者の兼帯であったため、東寺・醍醐寺など東寺一門の衆徒はこの措置に激しく反発し、東寺長者であった定海は職を辞してそれに抗議した。その結果、保延二年(一一三六)六月、従来通りに金剛峯寺座主職を東寺長者の兼帯とする宣下が出された(『東寺長者補任』『続々群』二―五四二頁)。また同時に、追放されていた良禅・聖仁らの還住が許されたばかりか、良禅は保延三年正月に金剛峯寺検校に補され、保延五年二月に良禅が死没すると、聖仁が跡をついで検校となっている(『高野春秋編年輯録』六)。

こうして覚鑁の反対派が復活してくると、両派の力が拮抗して、

保延三年正月一日修正之剋、両寺衆僧相論出来

保延五年正月廿四日両寺騒動〈鑰等借故也〉

のように、騒動が再発するようになった(又続宝簡集『興教大師伝記史料全集』伝記三六三頁)。本文史料はこうした事態に対処して、両派の対立を沈静化しようとしたものである。しかし反対派は、この院宣を伝えた「院御使」に対して「叫喚悪言」を吐いたり、覚鑁派を「陵礫〔轢〕」するなどの狼藉をはたらいている(保延五年九月十一日会観怠状起請文案『根来寺の歴史と美術』八六号)。そして保延六年十二月八日に金剛峯寺側が大伝法院を襲撃し、八〇余宇の僧坊を破却して覚鑁たちを根来に追い落としたのである(『高野春秋編年輯録』六)。(平)

**相賀庄**(四〇五頁1) 応保二年(一一六二)九月二十六日密厳院政所陳状案は石清水八幡宮との関わりを次のように記す(『平』四八〇五号、二二九一号も参照)。

件相賀庄者、去長承元年冬比 鳥羽院之御時、任本公験等理、堺四至打牓示、可為御願寺密厳院之領由、被下 院宣已畢、仍御使国使相共任御牓〔牒ヵ〕并庁宣等之旨、立券庄領之剋、依文書道理、雖須被打牓士〔示〕、為無人訴、令去妻谷之処、別当権大僧都光清不顧恩情、猥背 院宣、放入私使、抜棄牓示、追補〔捕〕在家、違勅罪科寧有過之哉、依之別当光清蒙 院御勘発、如本立牓示畢、然後注集無実、忝奏聞公家、纔所進上証験者、延久官符案文也、雖限田数、無限四至、況復任胸臆之絵図、快虚偽之陳状、徒費紙筆、不足為証、(中略)爰鳥羽禅定法皇殊凝 叡慮、永為絶向後之牢籠、即下遣官使佐伯国忠、任院庁御下文并国郡立券之道理、以妻谷為東堺、打定牓示、永可為御願寺密厳院領之由、同長承二年十一月十一日重被成下 官符畢、仍官使国忠下向、国使相共、以妻谷為相賀庄東堺、打定牓示畢、

相賀庄の四至牓示を定めて密厳院領として立券せよとの院宣が長承元年(一一三二)冬にくだったので、妻谷を除外して立券した。ところが石清水八幡宮は使者を派遣して牓示を抜き捨て在家を追捕したので、逆に鳥羽院の勅勘をうけて牓示を元に戻した。しかしその後、再び石清水は公験を捧げて妻谷以西も石清水領隅田庄内だと主張した。結局、その主張は容れられず、妻谷を石清水領との東堺として牓示を打てとの太政官符が長承二年十一月にくだされた、とその経緯を述べている。隣庄である隅田庄が四至堺の定めのない免田寄人型荘園であったために、相賀庄は立荘当初から隅田庄と境界紛争を抱えることになる。

その後、本文史料にあるように保延三年(一一三

七)より紛争が再燃し、また応保二年(一一六二)にも境相論が提起されたが、いずれも石清水側の敗訴となったようである。(平)

**真61**(四〇七頁1)　醍醐寺蔵。「醍醐寺文書」一〇三函六四号(一)。原文書は伝わらず。醍醐寺本根来要書の影印本(総本山醍醐寺編『根来要書―覚鑁基本史料集成―』東京美術、一九九四年)を底本とし、根来寺文化研究所編『根来寺の歴史と美術―興教大師覚鑁と大伝法堂丈六三尊像―』(東京美術、一九九七年)の翻刻を参考にした。なお本文の端に「長承《承安歟》官符」との記載がある。(平)

**守覚親王**(四〇七頁2)　守覚法親王は後白河院の子で八条院の養子、建春門院の猶子。喜多院(北院)御室と称した。永暦元年(一一六〇)に出家受戒し、仁安三年(一一六八)覚性法親王から伝法灌頂をうけた。その翌年に覚性が没したため仁和寺御室となる。嘉応二年(一一七〇)に親王宣下をうけ、承安二年(一一七二)六勝寺検校に補された。さらに安元二年(一一七六)には二品に叙され、建久六年(一一九五)に綱所を賜った。御室法流の中興。(平)

**隆海は両寺を導行し**…(四〇七頁3)　本文史料の段階では大伝法院座主は覚尋であり、隆海ではない。「大伝法院座主補任次第」によれば、大伝法院座主は四代隆海が保延四年(一一三八)に補任され、仁安元年(一一六六)には五代実禅に譲られた。嘉応元年(一一六九)に実禅が没すると、「隆海譲」で六代禅信が補され、さらに承安二年(一一七二)十二月に「隆海譲」で七代覚尋が補任された(「醍醐寺文書」一〇四函二一号〔坂本正仁「醍醐寺所蔵大伝法院関係諸職の補任次第について紹介と翻刻」『豊山教学大会紀要』一六、一九八八年〕)。このように隆海は座主職を辞任して後も、大伝法院に対して大きな力を保持していたことがわかる。隆海は京都での活動を中心にしたため、代官的な座主を必要としたのであろう。(平)

**隆海の門跡が譜代に相伝**(四〇七頁4)　隆海のあとの大伝法院五代座主実禅、六代座主禅信はいずれも隆海の弟子ではない。本文史料の直前に座主に就任した七代覚尋が隆海の甥であるとともに入室瀉瓶の弟子である。隆海はこうした一門の力を恒久化させるために、仁和寺御室の権威によって隆海門流による相承をここで確立した。その結果、八代定尋、九代行位と隆海門跡の相承が実現した。なお本文史料で隆海は、隆海門流による大伝法院座主の相承が長承の官符(真59)の趣旨に叶うものだと述べているが、実際にはそれを逸脱している。長承の官符で覚鑁は、①覚鑁門流であること、②高野山に「住山不退」の僧であること、③「弘法利生」の僧であることを、座主の条件として掲げている。しかし、隆海の定めた本文史料では②「住山不退」の項目が抜けていることに留意する必用がある。実際、隆海自身は京都を中心に活動した人物であり、「住山不退」の僧ではない。彼が大伝法院座主職を実禅や禅信に譲らざるを得なかったのは、「住山不退」の条件に抵触したためではなかったか。恐らく隆海は、③「弘法利生」、つまり大伝法院を発展させることを優先して、②「住山不退」の条件をゆるめたのであろう。そしてそれが、大伝法院座主職の寺外流出の遠因となった。

建永元年(一二〇六)にはわずか一七歳の道厳が大伝法院座主に就任しているが、この道厳は後鳥羽院の側近の長厳僧正の子であり、定尋の譲りとされているものの隆海門徒であったかは疑わしい。さらに承久の乱後には、長厳の没官の関連で大伝法院座主職が道厳から非住山の鶴岡八幡宮別当定豪へと移り、さらに行遍・定親・禅助・守助・道耀・了遍などの東寺長者に委ねられた。鎌倉末には大覚寺宮性円を経て、南北朝時代より醍醐寺三宝院門跡に移ってゆくことになる。(平)

**真62**(四一一頁1) 神護寺所蔵。『平』四八九二号、寺社法七(『中世法制史料集』六、岩波書店、二〇〇五年)、『日本名跡叢刊』六〇〔平安 藤原忠親 文覚四十五箇条起請文〕(二玄社、一九八二年)を参考にして本文を作成した。料紙は黄蘗(キハダ)染の厚手の斐紙、これを一九枚はりついだ巻子本で全長一〇九四センチメートル。首部と末尾に後白河法皇の朱の右手印が各一顆捺されている。また、本文書の清書は当時内大臣の能筆家藤原忠親による。国宝。(久野)

**後白河法皇手印文覚起請**(四一一頁2) この史料では四五カ条の制規もさることながら、その前書きの部分(料紙六紙分)も豊富な内容を持っていることでよく知られている。神護寺の縁起由緒をまず語り、その後の同寺の荒廃と文覚による再興、そして後白河院が行った援助や荘園寄進の次第が具体的に記され、同時代の歴史史料としても貴重なものである。かかる後白河の恩徳に対して、末代の僧徒らのありさまは「浅劣愚昧」であり、そこで文覚は置文を作成し、後白河の御手印をも願い、ながく規範として僧徒自身や互いの戒めとするようにした、との内容が示される。このような起請の経緯を記すこと自体が、この四五カ条の制規の正当性を支えるものとなっている。「起請」という語については、一〇~一一世紀以来の制規・制誡という意味をなお引き継いでいるのであろう(早川庄八「起請管見」『日本古代の文書と典籍』吉川弘文館、一九九七年)。ただ、この史料全体の末尾には、違背の際、鎮守八幡大菩薩や金剛天の治罰をうけるという呪詛文言もあり、いわゆる「起請文」の「起請」という意味合いも強く、また「起請」にふさわしい何らかの儀礼や行為が伴っていたことが推測される。しかし中世古文書学でいうところのいわゆる「起請文」の様式(前書き+罰文)には収まりきらない以下のような性格を持つ。すなわち、記主の自己呪詛がなされていないことや、この起請に背く者に対しては神仏の治罰とともに満山の僧侶による擯出が述べられていること、さらに後白河院の手印があること、などである。これらのことからも、この四十五箇条起請は、文覚と後白河院という仏法と王法の共同によって成立した当該時期を代表する寺院法の一つといえる。これについて言及したものは多いが、さしあたり羽下徳彦「領主支配と法」(『岩波講座日本歴史』五、一九七五年)、権平慶子「僧文覚と神護寺再興」(聖心女子大学大学院『文学・史学』一、一九七九年)、上川通夫「後白河院の仏教構想」(『後白河院』吉川弘文館、一九九三年)などが主要なものとしてあげられる。(久野)

**それ神護寺は…**(四一一頁3) 神護寺の由緒を端的に述べた部分である。本文史料にある「八幡大菩薩の御願」とは、奈良時代末期の道鏡による皇位継承事件の際、宇佐八幡大神が和気清麻呂に託宣し、皇位を守り国家安泰のため邪幣を受ける神と対決するには、仏力を得る必要がある、と寺院建立を祈願した事績を示す。また、「弘法大師の旧跡」ということについては、空海が唐から帰国後、高雄に入り、弘仁年間に我国最初の灌頂儀式を行うなど、高雄を拠点に密教興隆につとめた歴史をふまえている。(久野)

**御門跡の僧徒相継ぎ**(四一一頁4) 承平元年(九三一)の神護寺実録帳写(『平』二三七号、以下「承平実録帳」と称す)によると神護寺の別当は、仁和年間から承平まで、峯綜・禅念・修証・寛空・観印・観宿と続いている。(久野)

**建立せらるるの次第は…**(四一一頁5) 本文があげている神護寺建立のいきさつを記す「縁起」「日本紀」のうち、「縁起」とあるのは「神護寺縁起」なるものであろうが、「承平実録帳」にも「神護寺縁起帳 三巻」とあるから、一〇世紀前半には既にまとめられていたことがわかる。また、「日本紀」は官選の正史を指す。鎌倉末期に成立したとされる『神護寺略記』(『校刊美術史料』中、中央公論美術出版、一九七二年所載の「神護寺資料」に拠る。以下同書に拠る場合、「神護寺資料」として所載頁数を記す)にも「日本記云…」との記載が散見している。しかし現存の六国史には神護寺の建立次第を示すような記載は見えない。ただ、『類聚三代格』天長元年(八二四)九月二十七日太政官符には和気真綱の上表が引用されており、これが由緒を語るものとしては最もよくまとまっている。また、この建立由緒は『類聚国史』にも記載されている。(久野)

**人法共に…**(四一一頁6)　近世の「高尾山神護寺縁起」(『大日本仏教全書』寺誌叢書三)は久安五年(一一四九)天災によって金堂・真言堂が類焼したことから退転したというが、実際のところは不明。『平家物語』五「勧進帳」は文覚が再興する以前の神護寺の様子を次のように叙述している。

春は霞に立ちこめられ、秋は霧にまじはり、扉は風に倒れて落葉の下に朽ち、甍は雨露に侵されて、仏壇さらにあらはなり。住持の僧も無ければ、稀に差し入る物とては、月日の光ばかりなり。

また、『神護寺略記』所収の治暦年間(一〇六五〜一〇六九)の関白宣にも、高雄寺の様子について「破壊尤盛、其中塔婆可及顚倒」と記している(「神護寺資料」二六二頁)。(久野)

**文覚**(四一一頁7)　平安末から鎌倉期にかけて活躍した代表的な遁世僧。僧位僧官をもたぬ聖として、山林修行などで修験力を得、あるべき王法仏法の興隆のため活動した。神護寺再興のほか、東寺修造についても、播磨国を修造国として知行し「堂塔に関する限り、荒法師文覚と武家の首長頼朝の寄与によって、東寺は中世寺院への転生を」なしとげた(網野善彦『中世東寺と東寺領荘園』東京大学出版会、一九七八年)とまで評されている。これらの寺院再興の際にも窺えたことであるが、文覚はしばしば後白河や源頼朝という公武権力の首長に接触して政治的行動もみせている。なかでも頼朝に挙兵させるため父義朝の髑髏を見せて説得したという『平家物語』のエピソードはよく知られている。彼の人となりやその修行の様子は『平家物語』五「文覚荒行」に詳しい。なお同時代人の慈円はその著『愚管抄』六で文覚のことを「文覚ハ行ハアレド学ハナキ上人也、アサマシク人ヲノリ悪口ノ者ニテ人ニイハレケリ」ときめつけている。また九条兼実の日記『玉葉』にも「荒聖人」(元暦元年(一一八四)八月二十一日条)とか「非普通之人、為大凶人」(建久四年(一一九三)四月七日条)とあり、相当強烈な個性をもった行動的僧侶であったことはまちがいない。後白河法皇や源頼朝という当代最高の権力者とも正面からわたりあい、内乱の激動期にあって神護寺再興をはじめとする仏法興隆に邁進した。生涯に三度も流罪にあい、最後は鎮西でその一生を終えたという。文覚について触れた論考は数多いが、さしあたり山田昭全『文覚』(吉川弘文館、二〇一〇年)が包括的に論じており、参考文献一覧も豊富で有益である。文覚生没年は同書に拠る。なお後出の「源朝臣頼朝」の項も参照。(久野)

**三間四面の草堂**(四一一頁8)　『神護寺略記』は金堂の規模について次のように記す(「神護寺資料」二六〇頁)。

三間桧皮葺堂一宇〈在四面庇、戸四具〉
五間桧皮葺礼堂一宇〈南面部五具、東西各真戸三具〉

創建当初の形態を示すとされる「承平実録帳」も、その記載から判断するとほぼ同規模であったことがわかる。なお『神護寺最略記』は金堂の再建は文治三年(一一八七)としている(「同」二七九頁)。(久野)

**納涼殿**(四一一頁9)　空海と納涼房については、彼が高尾山にいた時の経験を五言律詩にした「納涼房に雲雷を望む」(『性霊集』一)に、既に窺えるところである。ちなみに本文は次の通り(日本古典文学大系七一—一七八頁)。

雲蒸して谿浅きに似たり　雲渡つて空地の如し　颯颯として風房に満ち　祁祁として雨颸を伴ふ　天光暗くして色無く　楼月待てども至り難し　魑魅媚びて人を殺す　夜深け寐ぬること能くせず

また「承平実録帳」には「五間桧皮葺納涼殿一宇　書壁六間弘法大師筆跡、但雨漏、字不分明」とあって、壁に空海の筆跡が残っていたとされている。

さらに『神護寺略記』が引く仁海作の大師御行状には、空海が神護寺で新造したものとして、灌頂堂・護摩堂・納涼殿・阿闍梨房などをあげている（『神護寺資料』二七〇頁）。応永年間に成った『神護寺規模殊勝之条々』には「御影堂〈弘法大師／号納涼房〉」として、ここにあった大師の御影像は空海が唐に赴いた際、船中で八幡大菩薩が影向し、お互いにその姿を写しあったものとする。また、延慶二年（一三〇九）金剛仏子道深はこの「大師捿息之旧室」である納涼房に理趣経・五鈷鈴・数珠を施入したという（『神護寺資料』二九二頁）が、この少し後の正和三年（一三一四）には、後宇多院はこの納涼房に籠もり御影供の行法を行うなど、空海への信仰にかかわる注目すべき動きが見える（『神護寺略記』〔『同』二七四頁〕）。

ちなみに『神護寺規模殊勝之条々』の「経蔵」の項に「弘法大師影像一枚」をあげているが、これは「仁安三年文覚上人参詣当寺之時、於納涼房辺令影現給」と、空海のみならず、この本文史料に窺える文覚の事績までもが神護寺の伝承世界の中に登場していることがわかる。（久野）

**紀伊国挊田庄**（四一七頁１）　この荘園については、『和歌山地方史研究』三三（一九九七年）が「挊田荘をめぐる諸問題」として特集しており、挊田庄に関する研究状況を概観するのに便利なものとなっている。挊田庄は一二世紀中頃、崇徳院領荘園として成立するが、のち収公されて国衙領となる。そして安元元年（一一七五）以降に後白河御願の蓮華王院領に寄進されるが、そこには現地の領主権を握っていた紀伊の在地領主湯浅宗重の関与があったとも考えられている。湯浅宗重と文覚のかかわりが深いことは、宗重庶子の上覚が文覚の高弟であり、同じく弟子であった明恵も宗重女子の子息である事などから判断される。こうしたことから、この時、院が最初に神護寺に寄進したのがほかならぬ挊田庄であったことや、その舞台が蓮華王院であったことに、湯浅氏と文覚の関係を読みとろうとする見解もある（高橋修「神護寺領桛田荘の成立」『中世武士団と地域社会』清文堂出版、二〇〇〇年）。

挊田庄の絵図は神護寺と荘園現地の宝来山神社に伝来しているが、中世荘園の様子をよく示すものとして、中学高校の歴史教科書にもしばしば掲載され、一般にも周知のものである。近年、この故地における開発が進んでいるが、一九九七年には大規模な石積み遺構が発見され、これを機に、綿密な現地調査を含め、挊田庄についてさまざまな点で研究が進展しており、今後の開発と保存の問題が新たに論議されている（詳細は前掲『和歌山地方史研究』三三、「神護寺領紀伊国桛田荘の一一八五年荘園景観の復元研究」〔二〇一〇～二〇一二科研、代表者海津一郎〕、海津一朗編『紀伊国挊田荘』同成社、二〇一一年も貴重）。ちなみに挊田庄をはじめとするこの時の後白河院による神護寺領諸荘園寄進の問題については、西岡虎之助「神護寺領の成立と統制」（『荘園史の研究』下一、岩波書店、一九六五年）が、もっとも包括的に論じており、古いものではあるが、いまなお研究の出発点に位置する古典的論考となっている。なおこの時、神護寺領となった荘園のうち、挊田庄、神野真国庄、足守庄の絵図がいずれも神護寺に伝来している。また山陰加春夫編『きのくに荘園の世界』上（清文堂出版、二〇〇〇年）が簡潔に説明しており参考になる。（久野）

**高倉院の御菩提**（四一七頁２）　「神護寺文書」の中に寿永元年（一一八二）七月八日藤原泰通寄進状（『平』四〇三六号）があり、高倉院の菩提を弔うために神野真国庄を寄進したという事情が語られている。

紀伊国神野真国庄者、為相伝之家領、帯調度之文書知行年久、而依有心中之所願、以件庄所奉施高尾薬師如来也、是非他、偏為奉訪故高倉仙院御菩提也、但雖有八条院御領之号、指無備進之年貢、只為令無後代之牢籠、当初有令寄進事云々、随又以領家之職令譲寄之者、向後更不可有濫妨之状、如件、

本文史料は寿永二年のこととしており、一年の

差はあるものの、高倉院の菩提を弔うために、この時神野真国庄が神護寺に寄せられたことが裏付けられる。また、この時、神護寺に寄せられたのは領家職で、本家職は八条院にあったこともわかる。(久野)

**源朝臣頼朝**(四一七頁3) 文覚と源頼朝の関係といえば、『平家物語』五「福原院宣」のエピソードがよく知られている。すなわち文覚が伊豆に配流中の頼朝のところにしばしば訪れ、彼に平家打倒の兵を挙げることを勧め、しぶる頼朝に対して文覚は頼朝の父義朝の髑髏を取り出して説得し、さらに福原にまで赴いて平家追討の院宣を手に入れ、とって返して頼朝に渡したという。超人的な行動派文覚の姿をほうふつとさせる。しかし、この『平家物語』のエピソードは、事実と合わぬ点も多いことからそのまま史実と考えることはできない。ただ文覚が後白河法皇と頼朝との間にあって両者の提携を進めたことはひろく認められており、法皇が寿永二年(一一八三)に挊田庄を、そして翌年四月には頼朝が宇都郷をそれぞれ寄進したのもこうした文覚の活躍に対する報賞という性格があったのであろう(上横手雅敬『平家物語の虚構と真実』上〔塙書房、一九九九年〕、五味文彦『平家物語、史と説話』〔平凡社選書、一九八七年〕など)。(久野)

**丹波国宇都郷**(四一七頁4) 源頼朝寄進状(「神護寺文書」、『平』四一五〇号)は次のようなものである。

寄進　神護寺領事
　在丹波国宇都庄壱処者
右件庄者、相伝之所領也、而殊為興隆仏法、限永代所寄進彼寺領也、田畠地利幷万雑公事、併以宛伝法料畢、然者更不〔可脱ヵ〕有他妨、仍寄進如件、
　寿永三年四月八日
　　前右兵衛佐源朝臣(花押)

なお、この文書については上島有「神護寺の源頼朝文書」(『日本史研究』三九〇、一九九五年)が丹念な古文書学的考察を加えている。(久野)

**吉富庄**(四一九頁1) 京都市右京区京北および南丹市園部町・八木町にひろがる山間荘園。源氏旧領の由緒をもつ吉富本庄、後に加えられた神吉など諸郷を指す吉富新庄からなる。神護寺から愛宕山山系を隔てて直線では一〇数キロメートルのところ。

吉富庄の伝領関係について、これまでの研究に基づけば以下のようになろう。

嘉保元年(一〇九四)丹波国有頭(ウツ)郷住人中原親貞によって清和源氏に寄進されるが、源義朝が平治の乱で敗れると、この地は平家領となり、その後平氏と婚姻関係を持つ院近臣藤原成親が伝領した。成親は、この地に神吉、八代、熊田、志摩、刑部などの諸郷を加えて後白河御願の法華堂に寄進した。ここに吉富庄として承安四年(一一七四)に立券された。

その後、源氏旧領部分はその由緒によって頼朝に伝領され、寿永三年(一一八四)彼から神護寺伝法料に寄進(吉富本庄)。一方、その神吉など残余の部分は元暦元年(一一八四)五月後白河院より施入された(吉富新庄)。

また現地に残る古絵図については、仲村研「丹波国吉富荘の古絵図について」(『荘園支配構造の研究』吉川弘文館、一九七八年)、飯沼賢司「丹波国吉富庄と絵図」(『民衆史研究』三〇、一九八六年)などが論じている。(久野)

**一円の領と成し…**(四一九頁2) 後白河院が、法華堂領をあらためて神護寺に吉富庄を一円寄進したことは、以下にあげるような後白河院庁下文(「神護寺文書」、『平』四一七二号)によって具体的に知ることができる。

院庁下　丹波国吉富庄官等
　可早以当庄為神護寺領事
右件庄内、於宇都郷者、依為源氏旧領、前兵衛佐頼朝朝臣申請、所奉寄彼寺也、至于新庄者、有別御願、同所被施入也者、以件郷幷庄、可為神護寺領之状、所仰如件、庄官等宜承知、勿違失、故下、
　元暦元年五月十九日　(署名二〇名略)

(久野)

**備中国足守庄**(四一九頁3) 和名抄郷の賀陽郡足守郷の荘園化したものと考えられているが、

当地は古代以来の豪族賀陽氏の本拠地でもあった。荘内の八幡は、『日本書紀』応神天皇二十二年条に見える行幸に際して吉備の御友別が歓待した葦守八幡宮であろうとされている。この御友別の末裔が賀陽氏で、嘉応元年(一一六九)後白河院への寄進によって足守庄が成立し、このとき足守庄絵図も作成されたと考えられている。同絵図は淡彩で、その景観は条里地割や丘陵、周辺の山塊など現地形とかなり重なり合う。また裏書きには嘉応元年の年紀と荘官・国使・御使の名前が記されている。その後、神護寺に寄進される際、この絵図も神護寺にもたらされたのであろう。この荘園についての研究は、西岡虎之助前掲論文以来数多いが、青山宏夫・山陰加春夫「足守荘絵図現地報告」(『荘園絵図の史料学および解読に関する総合的研究』文部省科学研究費報告書、滋賀大学教育学部、一九八五年)が研究史や現地比定を詳細にまとめている。現地は近年開発が進み変貌が激しくなっているが、それに伴う発掘調査も数回にわたって行われており、荘園遺構の考古学的調査が意識的に行われている。その報告書としては、岡山市教育委員会『足守庄荘園遺構緊急調査　延寿寺跡第二次発掘調査概報』(一九七九年)、『足守庄荘園遺構緊急調査　牓示比定遺構発掘調査概報』(一九八〇年)、『足守庄(足守幼稚園)関連遺跡発掘調査報告』(一九九四年)等があり、最後のものはそれまでの足守庄関連遺跡発掘調査の結果もふまえ、関連文字史料の採録や小字地図、水利系統の調査結果も載せており、研究史もふまえ、この段階での足守庄調査の包括的な性格をもつものとなっている。また調査担当者による調査結果の簡潔なまとめとして、出宮徳尚「備中足守庄荘園遺構の発掘調査」(『中世の考古学』名著出版、一九八三年)、草原孝典「備中国足守庄の開発と条里遺構」(『条里制研究』一一、一九九五年)などもある。(久野)

**安倍資良**(四一九頁4)　本郷恵子「中世前期に於ける下級官人の動向について」(『中世公家政権の研究』東京大学出版会、一九九八年)は、朝廷の下級官人の動向を追跡し、その代表的な存在として、院庁庁務を相伝し請負っていた安倍氏を詳細にとりあげている。弁官局の「官務」、外記局の「局務」の如く、院庁の事務担当の責任者を「庁務」と称するが、後白河院政期の頃から安倍氏は主典代として散見しはじめ、鎌倉初期以降には女院庁も含めた院庁年預の地位を独占するに至る。安倍資良は、後世、安倍氏によるこうした庁務職相伝の祖にあてられる存在であり、安倍氏の歴史の中でも大きな存在であったようである。『兵範記』仁平二年(一一五二)正月六日条に検非違使府生として見えるのが彼の早い登場であるが、翌三年三月に「使宣旨」により左衛門府生となり(『本朝世紀』仁平三年三月二十八日条)、保元三年(一一五八)八月には右衛門少尉に昇進している。ちなみにこれは「希代事」であったという(『山槐記』保元三年八月五日条)。文覚起請の本文には「故散位安倍資良」とあるように、この当時は既に故人となっているが、彼は後白河院のもとで安倍氏として初めて院主典代になり、その職務から院領荘園の管理や文書の発給保存、さらには院での諸行事にあたって物品調達などに携わっていたのであろう。こうしたことから院領荘園である備中足守庄にもなんらかのかかわりをもっていたのだろうが、さらにここでは「私得分」をも得ていたことが本文史料から読みとれる。また、後述の如く、彼は若狭国西津勝載使得分も神護寺に寄進しているが、前述したように資良は検非違使を歴任しており、その職務がらも大きく関係していると思われる。この当時検非違使が路や津、河など流通路を支配していたことが知られているからである(中原俊章『中世公家と地下官人』吉川弘文館、一九八七年)。さらにいえば、備中足守庄の場合についても、このような資良の検非違使という要素、流通への関与ということを考えるべきかもしれない。というのも足守庄は現在は内陸部であるが、かつては足守川を通じて児島の内海に間近につうじており、水運の便も良かった可能性があるからである。京都にむけて運上物を「足守庄船」が運んでいるという記載など

はその事を思わせるものがある(年月日未詳宗全書状「神護寺文書」六六号、『鎌』三三三一号)。(久野)

**若狭国西津**(四一九頁5)　寿永三年(一一八四)四月四日・八日に源頼朝は神護寺と文覚に書状を送り西津庄を神護寺領として確認している(『平』四一四八・四一四九号)。また、西津はしばらく平家領であり、したがって内乱期には平家没官領とされ、このための混乱もあったこともわかる。

元久二年(一二〇五)後鳥羽院の支配するところとなるが、承久の乱後、ふたたび神護寺に返付された。しかしながら実際の支配管理はしだいに地頭の方にうつり、やがては北条氏一門がおさえ、鎌倉末期には得宗領となっていた。若狭国の要津である古津から展開し、製塩もさかんに行われ、また「片荘」として多烏浦・汲部浦も含むなど、中世の日本海に面する海の荘園でもあった(『小浜市史』通史編上など)。(久野)

**勝載使**(四一九頁6)　勝載はこの場合、船への積載を意味し、その積み荷に対する賦課を徴収した国衙在庁ゆかりの役人を意味するのであろう。

中世の国衙はさまざまな「所」を所管していたが、その中に水運に関するものとして船所や勝載所があることが既に知られており、国衙在庁が水上交通や水運を一定程度管轄していたことが指摘されている。こうした「所」は国衙近辺の外港や国津に配されていたと思われるが、早い例としては、大治二年(一一二七)頃のものと思われる「医心方」巻二五紙背文書によって、加賀国国衙に「船所」「勝載所」があったことが確認できる。さらにこの文書ではその勝載料の一部が目代の得分とされていたこともわかる(戸田芳実「院政期北陸の国司と国衙」『初期中世社会史の研究』東京大学出版会、一九九一年、新城常三『中世水運史の研究』序章(塙書房、一九九四年)など)。若狭国西津においてもこのような国衙との関連は想定できよう。また「勝載料」の語義については、相田二郎『中世の関所』(吉川弘文館、一九八三年復刊)四六～四八頁を参照。(久野)

**同年〈元暦元年〉**…(四二一頁1)　元暦元年(一一八四)八月二十八日に両界曼荼羅が、院の命令によって神護寺に寄せられた事については、次のような院宣(『平』四一九八号)が神護寺に残っている。

(端裏書)「右大弁宰相奉」
大師御筆大曼荼羅二鋪奉送之、早如本可奉安置神護寺者、依
院宣執達如件、
「元暦元年」(後書)八月廿八日　(花押)
高雄聖人御房

ちなみにこの院宣は『神護寺略記』にも引用されている(「神護寺資料」二六五頁)。同書やこの文覚四十五箇条起請が示すように、この曼荼羅はかつては神護寺にあったが、同寺が荒廃した時期に仁和寺に移り、さらに王家の宝蔵である蓮華王院宝蔵へ移動、そして寿永二年(一一八三)には高野山にもたらされていたものであった。

『神護寺略記』はこの点について、次のように記載している。

当寺中絶之時者、被奉宿納蓮花王院宝蔵、其後暫奉渡高野山、而後白河院御時奉安置当堂畢、曼荼羅被奉返渡院宣云、(以下既述の院宣を引用)

また、同書によれば、文覚が神護寺再興の際に、弘法大師真筆の根本両界曼荼羅を新写したという記事も掲げている。その際には頼朝が金銀泥を、政子が衣絹を沙汰したという。この新図を灌頂院で利用し、旧図は保管しておいたところ、破損がひどいということで後宇多法皇が延慶二年(一三〇九)に修復を施している(「神護寺資料」二六六頁)。(久野)

**大師御自筆の金泥両界曼荼羅**(四二一頁2)　『大日経』に基づく胎蔵界曼荼羅、『金剛頂経』に基づく金剛界曼荼羅は、それぞれ密教の示す宇宙を体系的に画像で表現したもので、密教儀礼や修法には不可欠のものである。空海が唐から帰国するに際して数点贈られ、日本にもたらされた。このうちの縦一丈六尺(約5メートル)も

ある大型彩色曼荼羅が「根本曼荼羅」といわれるもので、これを手本に作られたのが高雄曼荼羅である。本文史料で言及されているのは、この高雄曼荼羅を指しており、今も神護寺に現存している。これは淳和天皇御願で天長六年(八二九)にたてられた灌頂堂に納めるべく作成されたもので、根本曼荼羅ないしその転写本をもとに制作されたと考えられている。もちろん「大師(空海)御自筆」というのは伝承である。紫綾に金銀泥で描かれ、画像そのものは剥落が著しいが、縦四メートルをこす巨大なもので、そのスケールの大きさと格調の高さで有名(胎蔵界四四八・〇×四〇八・〇センチメートル、金剛界四〇九・〇×三六八・〇センチメートル)。

「承平実録帳」(『平』二三七号)によると

胎蔵界曼荼羅一鋪〈八副〉、金銀泥絵、赤紫綾、裏八葉形錦、縁同、紐幷軸桶尻等
金剛界曼荼羅一鋪〈七副〉、装束同上、天長皇帝御願

と記されている。(久野)

**播磨国福井庄**(四二一頁3) このあと本文中に出てくるように、福井庄は寿永二年(一一八三)以来両界曼荼羅に付されて高野山領となっていた。それが文覚の度々の訴えによって、神護寺にまず両界曼荼羅が戻され、少し遅れて翌元暦二年(一一八五)に、本荘も曼荼羅に付されて神護寺領となったのである。『神護寺略記』は、これを「一播磨国福井庄此曼荼羅付之〈元暦二年正月十九日、院庁御下文在之〉」と記している(「神護寺資料」二一六六頁)。さらに『神護寺規模殊勝之条々』(「同」二一九三〜二一九四頁)もこの下文らしきものを引用している。

院庁下　○爰去年八月廿八日、太上法皇以大師御自筆金泥両界曼荼羅、所令奉送神護寺、任旧奉請渡当寺御也云々、
元暦二年正月十九日主典代織部正兼皇后宮
大属大江朝臣在判
別当大納言源朝臣在判

この日付で院庁下文が発給されたとすると、これはまさに本文史料が作成されたのと同日にあたる。両界曼荼羅と福井庄が神護寺に属したことの大きな意味を思わせるものである。

福井庄関係の史料は、こうした経緯によって神護寺文書に散見するようになるが、文覚とのかかわりでいえば、水利をめぐって北方の大田庄と激しい用水相論を行っていることが注目される。これは大田庄側が荘内の池を田地にしようとしたのに対して、その池の水に頼っていた福井庄側から文覚が抗議したもので、そのことを物語る文覚書状には「あにか妻を、まきとりけるもことわりや、福井の水をぬすむとおもへハ」という相当きわどい悪口を記している(「神護寺文書」七号)。ちなみに『今物語』には文覚の歌として「世の中に地頭盗人なかりせば人の心はのどけからまし」というのもあったという。いずれも文覚のもつ性格の一面をよく伝える歌である。

なお福井庄については、西岡虎之助前掲論文の他に、今井林太郎「神護寺領播磨国福井荘」(『大手前女子大学論集』一〇、一九七六年)、東郷松郎「鎌倉時代における神護寺領福井荘の荘域について」(『播磨国の古社寺と荘園』しんこう出版、一九八八年)、服部英雄『景観にさぐる中世』(新人物往来社、一九九五年)が詳細である。(久野)

**寿永年中の比**(四二一頁4) 寿永二年(一一八三)十月二十二日官宣旨に所引する鑁阿解状が、蓮華王院宝蔵から高野山に両界曼荼羅が移された事情をよく伝えている。この前月に後白河の御願として「四海泰平」のための両部大法が高野山ではじまることとなり、その高野山根本大塔の宝前にこの曼荼羅を安置する事となったのである。こうして長日不断両界供養法が一四四口の僧侶によって実施されることとなった。鑁阿はさらにこの仏事用途のための料所をもとめ、高野山領福井庄が勅事院事国役以下の免除された荘園としてこの官宣旨によって認可されたのである(『平』四一一二号)。鑁阿は「無智無行、非修非学」と自称しつつも、「上求下化」の熱烈な菩薩行を実践する勧進沙門であり、荒野開発や寺領荘園の支配管理につとめ、これらの行為を

通して内乱の時代をこえて仏法興隆に邁進した聖である。この点、文覚とも類似の性格をもつ、内乱期から鎌倉初期の特徴的な僧侶であった。（久野）

**太上法皇の御手印**（四二三頁1）　中世文書に見られる手印については、つとに荻野三七彦「古文書に現われた血の慣習」（『日本中世古文書の研究』荻野三七彦博士還暦記念論文集刊行会、一九六四年）によってその史料博捜がなされており概観できる。この作業結果をふまえて荻野は手印に強い宗教性や呪術的意味を認めている。いっぽう、中田薫は手そのもののもつ法制史上の意味を考察し、手に人格を代表する働きがあることを指摘、拇印・画指とともに手印をとりあげている（「法制史に於ける手の働き」『法制史論集』三―下、岩波書店、一九七一年）。

基本的にはこの両者の研究が中世文書の手印理解の出発点となっており、この四十五箇条起請に後白河法皇の手印があることに、法皇の強い意志を読みとることが一般化している。なお上川通夫は、さらにすすめて「密教的意味あいが強く、血脈相承者たることを文書に刻印」しているのではないかとの仮説を呈している（「後白河院の仏教構想」『後白河院』吉川弘文館、一九九三年）。四十五箇条起請に後白河法皇の手印が捺されたことによって、この規範は文覚の手になるものというよりも、王権による法という性格も付与され、より強い効力をもつこととなったことは間違いない。鎌倉前期において、この起請は「四十五箇条御手印置文」として「永代不朽之　綸言」「大師聖霊之遺言」と評されていたり（定真愁状案〔『高山寺古文書』第三部六六号、東京大学出版会、一九七五年〕）、嘉禎元年（一二三五）に神護寺領に対する大嘗会役が免除されるにあたっても「神護寺御起請文、経内覧候了、後白河院御手印、尤以厳重」とされたこと（「神護寺文書」二七号、『鎌』四八三七号）など、いずれも後白河手印の効果を物語るものであろう。なおこのほかにも後白河法皇の手印のある寺院法として文治三年（一一八七）五月一日高野山大塔に関する五箇条の起請（「宝簡集」二五所載「高野山文書」、『鎌』二三〇号）がある。（久野）

**大師の御遺誡**（四二三頁2）　「承和の遺誡」の古写本には、長元二年（一〇二九）の奥書を有する醍醐寺本、天永三年（一一一二）の奥書のある仁和寺本（『定本弘法大師全集』七、三九一～三九二頁）等がある。また仁和寺済暹が承暦三年（一〇七九）に撰集した『性霊集』九「高雄山寺択任三綱之書」の後半部に全文が引用されている（『定本弘法大師全集』八、一八〇～一八二頁）。けれども、この「承和の遺誡」が空海に仮託された偽作であることは、既に武内孝善「弘法大師遺誡について」（『印度学仏教学研究』三五―二、一九八七年）や和多秀乗「弘法大師空海の遺誡・遺告について」（『印度学仏教学研究』三六―二、一九八八年）等によって明らかになっている。

なお、本文史料第1条は、文書に「承和の遺誡」が全文引用された最初の事例である。（山陰）

**時に弘仁の年季冬の月**（四二三頁3）　以下の「承和の遺誡」引用文の読み下しは、前掲『定本弘法大師全集』八所収の『性霊集』九「高雄山寺択任三綱之書」に付された嘉暦四年（一三二九）の訓点によった。

ちなみに、「于時弘仁之年季冬之月」という部分は、前掲『性霊集』九「高雄山寺択任三綱之書」前半部末尾の文章である。（山陰）

**旃陀羅悪人**（四二五頁1）　『性霊集』の代表的な註釈書である運敞（一六一四～一六九三）著『遍照発揮性霊集便蒙』（『真言宗全書』四二）では、

礼言翻語集云、旃陀羅旧曰悪人、又云旃荼羅、謂瞋、亦云悪持律者、亦云下賤悪人、

と『翻梵語』を参照して、旃陀羅悪人を「悪人」「瞋」「悪持律者」「下賤悪人」と解している。このうちの瞋（瞋恚、しんに）とは、自分の心に反するものを怒り恨むことである。

なお、『「旃陀羅問題」をめぐって』一三～一七頁（真言宗智山派宗務庁、一九九三年）には、次のような見解が載せられている。

インド大乗仏教においてできあがった「旃陀羅」に対する考え方の中には、悪人を旃陀

羅のごとき者として見る人間観がある。それを基調にして、「旃陀羅悪人」(旃陀羅のような悪人)という観念が、日本においても展開したと考えられる。大乗仏教の教理の展開において、「旃陀羅」という語が悪人の譬えとして使われる傾向が強まるにしたがい、次第に「旃陀羅悪人」という常套語が出来上がり、「旃陀羅」観や「悪人」観が「旃陀羅悪人」という常識として固定化してきたのであろう。

　そのような常識的な決まり文句によって『性霊集』巻九でも悪人を表現したといえる。「旃陀羅悪人」という表現は、インド大乗仏教にさかのぼって、批判的に検討を加えられるべき問題である。(中略)

　問題は、インド大乗仏教以来、殺生や瞋恚などという「悪」が「旃陀羅」という特定の社会階級に重ね合わせてイメージされて「旃陀羅悪人」という表現が成り立っていることである。仏教の基本テーゼからすれば、善悪は個人個人の心のあり方において追求されるべきものであった。したがって、「旃陀羅」といった特定の被差別階級に悪のイメージを重ねるという、初期の大乗仏教から『性霊集』巻九にまで連なる思想史的展開が、それ自体批判されるべき体質をもっている。　(山陰)

**3**(四二七頁1)　第1条で一味同心、第2条で貴賤を問わぬとしつつも、ここでは善悪勝劣についてわきまえる事を述べ、「四には上根勇鋭…」とあるように人の機根を区別する姿勢も見える。これは世俗社会にも出家の世界にも共通する善悪の基準を示すもので、第1・2条では出家集団としての「僧伽の論理」による平等性が強調されつつも、この条項では世俗社会をも含めた僧俗に共通する善悪の価値意識、秩序意識が見える。結局は上下や貴賤秩序を尊重することになり、第1・2条とも矛盾しそうではあるが、かかる価値観が、先の僧伽の論理と併存していることに注意したい。これを乱すことは仏法の衰えのみならず、国土の損亡をも招くとしており、文覚起請の秩序観が窺えるだろう。ちなみに専修念仏を批判した貞慶の興福寺奏状では、「近代の人」が「劣を憑みて勝を欺く」傾向を批判し、専修念仏によって「偏に仏力を憑みて涯分を測らざる」傾向が助長されることを指摘している。本文史料の本条項に見える「放逸無慚」や「破戒不信」「偏頗」という表現なども、顕密仏教側から専修念仏に対してしばしば投げかけられた非難でもあった。(久野)

**7**(四三一頁1)　供僧の補任については、さらに嘉禄三年(一二二七)五月日神護寺置文案(『高山寺古文書』第三部六五号)の規定がある。これは寺僧らが評定して定めた八箇条で、その中に次のような条項がある。

　一　不常住寺僧、不可帯供僧等職事

　一　無満山寺僧之評定、無左右不可補任供僧等職事

　　　(中略)

ここで、供僧は常住寺僧であること、そして寺僧集団が人事権を持つことを定めている。

　この置文作成に先だって神護寺では仁和寺僧の神護寺別当宗全と上覚(文覚弟子)を中心とする寺僧等の間で激しい対立があった。その争点中に供僧補任のことが含まれており、宗全が供僧補任に当たって任料を課したのに対して上覚は「当寺供僧補任様、上人御房御本懐に候はず」(「神護寺文書」五九号)と、あくまで文覚の方式を守ろうとした。先の置文はこうした対立の一つの帰結ともいえるものであった。この両者の対立については、仲村研「神護寺上覚房行慈とその周辺」(『荘園支配構造の研究』吉川弘文館、一九七八年)が論じている。(久野)

**縦い才芸を…**(四三一頁2)　三綱を選任するにあたって、「才芸」があっても「不善の心」のものは拒否するという姿勢は、平安院政期に活躍した悪僧がしばしば三綱であって、寺院運営の中枢にいたことが念頭にあったのではないかと思われる。たとえば延暦寺の都維那法薬禅師、興福寺の信実、東大寺の覚仁などが代表的で、信実・覚仁は三綱首座の上座にまでなっている。これら悪僧は武力編成をしており、所領支配や嗷訴、また訴訟弁論の場ですぐれた能力を発揮

し、まさに「才芸」をもって広く活躍していた。文覚起請はこうした寺院運営のあり方を否定するものでもあった。久野修義「中世寺院と社会・国家」（『日本中世の寺院と社会』塙書房、一九九九年）参照。（久野）

**8**（四三一頁3）　この条項を実際に引用した例として「定真愁状案（前後闕）」（『高山寺古文書』第三部六六号）がある。空達房定真は、高山寺方便智院の開基であり、明恵の置文でも高山寺の寺主に名指しされたような有力僧である（『同上』第二部一〇号）。彼は神護寺衆徒の訴訟に同心して加判したことから、その訴訟の張本人と目され、女院令旨によって寺中追却・所帯召上の罪科を蒙ったのである。「女院令旨」とあることから、あるいは北白河院の威を背景にした別当宗全と神護寺衆徒が対立した際の事（この対立については、仲村研前掲「神護寺上覚房行慈とその周辺」参照）であったかも知れないが、確証はない。ともかく定真は一〇才頃から神護寺に居住していたというから、同寺の根本住僧であったと思われ、文治六年（一一九〇）後白河法皇の神護寺御幸にあっては、内陣役人をつとめている（「神護寺文書」一〇号）。こうしたことから張本人とされたのであろう。定真は、衆徒の命令で加判したのみであるとその処置の不当なことを述べ、四十五箇条起請の本条項を引用している。そしてこの起請を指して「永代不朽之　綸旨」「大師聖霊之遺言」と、後白河院・弘法大師空海両者の権威をうたっている。なお前出の「太上法皇の御手印」の項参照。（久野）

**法華会**（四三三頁1）　神護寺の法華会は『三宝絵詞』三月の項に「高雄法花会」としてとりあげられており、一〇世紀、京都の公家の間にもよく知られたものであったことがわかる。同書によれば、特に法華経第五巻を講説する日はとりわけにぎわったようで、「捧物ヲ高雄ノ山ノ花ノ枝ニ付テ、讃歎ヲキヨタキ河ノ波ノコヱニ合セリ。男女来リヲガミテ、ヨロコビタウトブル物ヲノヅカラヲホカリ」（新日本古典文学大系三一―一六八頁）ということであった。また『神護寺規模殊勝之条々』（応永期）には、「一、当寺法花会事」としてまとめた記載がある。ここでは『扶桑略記』から延暦二十一年（八〇二）和気氏が最澄を招いて行った最初の法華会の記事や、「為憲記」として先の『三宝絵詞』の記事を抜粋している。さらに、当初は一日だけであったのが、貞観七年（八六五）に八講として五日になったこと、講讃する経は最澄真筆であることなども記している。またこの記録によれば、安貞二年（一二二八）に興行されて勅願となり、僧衆三〇口を綱所が召し具したことや、建長七年（一二五五）には舞楽を奏した、ということなども見えている（「神護寺資料」二九〇～二九一頁）。（久野）

**根本住僧**（四三七頁1）　本文史料の前書き部分の中で、仁安三年（一一六八）、文覚による神護寺復興の着手を示す部分には、「構両三宇之菴室、僧徒少々居住」と記載されていることから、この頃から文覚と同行の僧侶がいたことがわかる。その中でももっともよく文覚と行動をともにした僧として上覚房行慈があげられる。「神護寺文書」五九号（『鎌』三三二六号）の行慈書状には、

　当寺にハ、故上人御房始て御居住候しにハ、道勝房行慈こそ随逐しまいらせて候しか、後には専覚房阿闍梨も、来住して候き、後々にも此両三人之外、上人御房の御意趣をこゝろえたる人も候はさりき、

と記しており、四十五箇条起請の先の表現を裏付けている。こうした僧侶たちこそ文覚の本懐をもっともよく理解している人物として特別の位置を占める存在であったことも窺える。行慈自身は「（文覚）上人御房いのちをすて、御身ニかへて、当寺御興隆候き、行慈毎度に、同捨身命、配流にをよひ候き」（同上）と文覚とともに配流されたらしい。文覚死後、嘉禄年間に神護寺では仁和寺系の別当宗全と神護寺衆徒の間で対立が起こるが、その混乱をおさめるべく活躍したのが、故上人御房文覚の御本懐に基づく寺内の運営を訴えた上覚であった。上覚こそまさに根本住僧としてふさわしい役割を十二分に発揮したといえる。この時の事情については、仲

村研前掲「神護寺上覚房行慈とその周辺」が分析を加えている。嘉禄三年(一二二七)五月日神護寺置文案八カ条はこうした寺内の紛争をおさめて定められたものと思われるが、それは「為後代、根本宿老・寺僧等、各加判之状如件」と結ばれており(『高山寺古文書』第三部六五号)、根本住僧は根本宿老とも称されていたことや、一般の寺僧と区別された存在であったことが窺えるが、四十五箇条起請の本条項の規定とも相応しているものである。

ところでこの上覚は湯浅宗重の庶子で、有名な明恵上人には叔父にあたっており、その関係で明恵も神護寺にはいっているが、それは養和元年(一一八一)明恵九才の時、文覚による神護寺復興事業が軌道に乗る以前のことであった。したがって外ならぬ明恵も神護寺に居住し続ければ、本条項が示す根本住僧の一員となりうる資格を有していたことになる。ちなみに、明恵が別所として開く高山寺にも根本宿老は存在し、宝治年間には神護寺と高山寺との間で契状が作成されているが、これは「高雄・栂尾両寺根本宿老」が寄り合いをしてまとめられたものであった(『高山寺古文書』第一部六六号)。

このような「根本住僧」のありかたは、中世村落研究でつとに有名な葛川の「根本住人」のありかたと通じるものがあるといってもいいだろう。葛川の根本住人は、新しい中世的な村落秩序の建設者であったがゆえに、その後も葛川住人の間で記憶され、そして伝承される特別な存在であった、という(河音能平「中世社会成立期の農民問題」『中世封建制成立史論』東京大学出版会、一九七一年など)。(久野)

**24**(四三九頁1)　神護寺の兵具禁制については、この後、時代が下ると、次のような兵具禁制院宣に対する請文を提出していることがわかる(「神護寺文書」一四四号)。

(端裏書)「兵具禁制、院宣之請文案文弘長三
　　　　年八」
当寺兵具禁制事、院宣謹以令拝見候畢、早存此旨、殊可令禁遏候、若違乱之輩候者、任被　仰下之旨、可令注進交名之由、住侶一同、謹所請如件、
「弘長三年」
　八月廿六日　　　年預成有
　　　　　　　　　法橋賢芳

これは弘長三年(一二六三)八月十三日の公家新制をうけてのものであろうが、鎌倉中期の弘長の頃になると、大衆認可のもとでの武力行使を想定していた文覚の時代とは異なった状況になっていることがわかる。また、南北朝の内乱時には、後醍醐天皇による尊氏入京に備える事を命じた次のような綸旨が残されている(「神護寺文書」一九二号)。

尊氏以下凶徒、自丹波路、可襲来之由、有其聞、赤坂越警固事、厳密可致其沙汰者、
天気如此、悉之以状、
　五月廿五日　　　左少弁(花押)
　神護寺衆徒中

なお、僧徒兵仗禁止に関する問題については本書国16参照。(久野)

**他寺の大衆**(四四一頁1)　文覚の生きた時代、寺社勢力はしばしば強訴をはじめとして武力を伴う実力行使を行っていた。そして大規模な場合は、しばしば牒状や下文によって末寺荘園はもとより他の寺社に対しても動員の命令や催促を行っている。その実例として比較的この時期に近いものをあげれば、承安三年(一一七三)多武峰の末寺化をめぐって、興福寺と山門が対決した際のものとして、同年十月、興福寺大衆が平等院や石清水八幡宮に牒送して、発向を求めたものがある(『平』三六三九・三六四〇号)。このほか有名なものとしては、建保元年(一二一三)から二年にかけて、南都北嶺の争乱時に発給された動員催促の文書やその請文がまとまって残っている(竹内理三「大衆の動員と戦略」『鎌倉遺文』月報四、一九七三年)が関連史料や代表的論文をあげている。ただしそこで氏があげている『鎌倉遺文』所収の文書番号は誤植があるので注意を要する)。

文覚起請のこの条項は、こうした現実的な背景を持っていたのである。また、本条項でいう

他処の悪徒云々の規定は、第9条の王法に背く輩と同意してはならない、という規定とも通じているのであろう。（久野）

**28**（四四一頁2）　廃仏毀釈によって廃絶してしまった大和の内山永久寺でも同様の規制があった事が、その置文に示されている。文保年間にまとめられた『内山永久寺置文』には、山門住房を他所の人に譲与や沽却することを禁じるという起請が、山僧らによってたびたび作成されている。以下、その例を示す（「内山永久寺置文」『内山永久寺の歴史と美術』史料編、東京美術、一九九四年による）。

・山門住房不可譲他所人、沽却同前事
（元暦元〔一一八四〕年六月日）
・山門房舎不可有他処管領事（元暦元年七月日）
・房舎他所人処分并沽却可止事
（建久二年〔一一九一〕十二月十五日）
・山僧房領資財等、不可附属他所門弟事、若違此制被譲与他人者、没収彼遺領可寄進本堂
（弘安八年〔一二八五〕八月日）

また、河内の金剛寺でも、僧阿観置文に「一、不可非寺僧住持坊舎事／右非寺僧官〔管〕領坊室者、定家寺〔寺家ヵ〕衰微、異類繁昌者歟、尤任東寺例、堅可守此旨者也」（建久二年六月一日）とある（『鎌』五三六号）。非寺僧による坊舎管領は、異類の繁盛と寺家の衰微をもたらすものという認識が示されている。摂津勝尾寺でも寛元五年〔一二四七〕、房舎敷地所領を、住山しないものに譲与することを禁じている。この頃「師跡之荒廃」がかかる行為によってもたらされているとの認識が示されている。そして常住の弟子がいない場合は、「可寄付本尊也」としているのは興味深い。さらに続けて「寺中房舎不論大小、不可壊渡于他所之矣」と四十五箇条起請の第32条と同様の規制も見えている（『鎌』六七九九号）。（久野）

**30**（四四一頁3）　本条項は酒宴を禁じてはいるが、寺僧の飲酒そのものを禁じたわけではない。仏教の戒律によれば、不飲酒は五戒の一つであり、もっとも基本的なものの一つである。また、僧尼令飲酒条でも飲酒食肉服五辛を規制し、違反者に対しては、三〇日の苦使を科している。が、その実施に当たっては、既にいろいろ実際的な運用の工夫がなされている。たとえば僧尼令の同上の条項で、既に疾病の薬分としては認められていたことはその後の動きを示唆するものといえる。また、『令義解』でもこの僧尼令の「飲酒」の解釈については「不至酔乱也」としているように、酔わなければいいわけで全面的な禁酒を行っていない。弘法大師の「二十五箇条御遺告」第一九項も僧房内での飲酒を禁じたものであるが、「但し」と続けて次のようなことを記している。それは青龍寺恵果大師や順暁阿闍梨の説であるが、治療としての酒は許されるということや、酒をどうしても必要とするときは寺外から酒瓶以外の容器に入れて茶とともに密かに用いること、などであった。このように当初から禁酒は厳格に規定されていたわけではなかったもようである。

たとえば天承元年（一一三一）延暦寺六箇条起請（『朝野群載』三）は、次のような説明を行っている。

一　可停止供養間酒盃及数巡事
右五戒之中、飲酒尤重、若破戒、自犯余戒、況飲酒酔乱者、令条之所禁、律議之所制也、誡在内外、誰不率由、但嶺雪入隙之朝、渓霧籠家之夕、若非温酎之防寒、何療宿痾之結気者乎、仍須量戸之浅深、有酒之斟酌、（以下略）

本条項もこのような傾向を継承したものであるが、同様の性格を持つ酒宴規制はこのほかにも多く見られる。たとえば、文暦元年〔一二三四〕十二月二十八日海住山寺禅衆等連署起請文案（『鎌』四七一七号）には「可停止酒宴事」とした条項があるが、「縦雖上戸不可過二坏」などとしており、これも全面的な禁酒を規定したものではない。

さらに東大寺別当定親が建立した新院での「三論談義規式」の中にも、十戒を持すべきとして、飲酒を禁断しているが、これは談義道場でのことであって宿房に帰ってからは沙汰の限り

ではないとしている(『東大寺続要録』仏法篇。かかる持戒遵守の現実的なあり方ということについては、久野修義「中世寺院の僧侶集団」『日本中世の寺院と社会』塙書房、一九九九年)。寺院における禁酒が字義通りに実施されていないことは、中世において酒造業の一つの拠点となったのが、寺院であったというつとに知られた事実からも容易に判断される(小野晃嗣「中世酒造業の発達」『日本産業発達史の研究』法政大学出版局、一九八一年、初出一九三七年)。

ただ、とはいうものの寺僧等の酒に対する認識は、弘長三年(一二六三)興福寺新制十六箇条(太政官牒、本書南2)の中の第9条「一　応停止酒宴事」に記されているような見解が一般的であったと思われる。

さらに戒律を護持する聖や遁世の立場からはとりわけ、このことは当然強く認識されており、この点、保立道久「酒と徳政」(『月間百科』三〇〇、一九八七年)が、叡尊の戒律復興運動に見える禁酒や殺生禁断の動きを弘安徳政と関連づけて説明するのをはじめとして、寺僧の禁酒・沽酒の問題を日本中世の禁欲主義のありかたという広い視点のもとで論じている。

ところで、文覚四十五箇条起請を通覧すると、本条項の飲酒に対する規制のほかに、女人夜宿の禁(第36条)、魚鳥五辛(第37条)はじめさまざまな神護寺の結界清浄を保持しようとする志向性が強く窺える。このことは、この四十五箇条起請が、神護寺を聖の住まう別所としての性格を維持しようとしていた意図を読みとることができよう。時代は下るが、『醍醐寺新要録』一三に三宝院賢俊が定めた菩提寺の掟には「一、結界之内堅禁制事」として五辛酒肉、猿楽田楽や管弦、女人夜宿などを禁じている。これらはいずれも文覚四十五箇条起請と共通する規制である。ちなみに菩提寺は醍醐寺山下にあって、代々の列祖や貴賤上下の遺骨を納める墓寺であった。

こうした神護寺の別所としての性格については、第21条の「在家人と同坐…」の項でも触れた通りであるが、概して文覚の四十五箇条起請には、僧俗を問わずその交わりを強く規制している(第21〜23、27条など)。本条項も出家在家を問わぬ交座酒宴を禁じており、その一例ともいえるだろう。

ところで、ここで禁止している酒宴のイメージとして、安元三年(一一七七)の平家打倒の鹿ヶ谷謀議のような、酒宴に事寄せての政治的談合のようなものも、あるいは念頭にあったのかもしれない。そうだとするならば、このような禁制条項は仏教者の戒律の問題にとどまらぬ、その政治的要素をも窺わせることになる。(久野)

**32**(四四三頁1)　大和海竜王寺制規(貞永元年(一二三二)五月)九カ条のうち第六項は

一　不可移出寺内坊舎於他所事

という規定になっている(『鎌』四三二八号)。これについて「寺内坊舎不出他所者、諸所旧例也、当寺同可守其儀」と述べており、この規定が「諸所旧例」に従ったものだとしている。すなわち寺中房舎を他所に移動させることは、一般的に制約すべきことがらであったと考えられる。この大和海竜王寺制規では、この一文にさらに続けて、別当の呵法濫行に対する抗議として、諸衆一致して他所へ移住する場合のことが記されているが、そこでは「瓦葺僧坊」を除いた「私房」のみを壊渡してよいとしている。寺内には性格の異なった房舎が存在しており、それに応じて寺僧の処分権にも差異があったことが読みとれよう。

寺中房舎に関する規定は、中世においてしばしば見えるところであるが、たとえば、鎌倉末期の東大寺では次のような事例が確認できる。嘉暦三年(一三二八)、東大寺寺中の南上院なる隆玄得業の住房が、隆玄の死後、子息但馬房寛智によって他人に沽却され、その結果、他所にこれが壊渡されてしまった。これは「寺中之制符」に背く行為であるとして、寛智は罪科に処せられている。同時に、その際「彼制法近来違犯之輩在之、於向後者、可被禁遏」事が、改めて別当と年預所との間で確認されている(東大寺図書館蔵「東大寺文書」2-4・2-5など。なお久野修養「鎌倉末～南北朝期における東大寺別当と惣寺」前掲書所収に引用がある)。鎌倉末期の東大寺においても、なお住房の寺外移転が制約されていること、しかし一方でそれが動揺している事態も認められる。(久野)

**33**(四四三頁2)　寺院における検断権の行使として犯人の住房を破却することはよく見られる。たとえば、有名なものとして西大寺敷地四至内検断規式条々(本書南22)があるが、それによれば、殺害犯人は、その身は追却、所帯は収公、そして住屋は「敗〔破〕出可焼払」となっている。こうした検断のあり方は、決して寺院固有のものではなく、広く中世社会において行われたものであった。一般的な住宅破却の問題については、仲村研「住宅破却について」(『荘園支配構造の研究』吉川弘文館、一九七八年)以来、多くの研究があるが、さしあたり近年の動向を示すものとして山本幸司「検断と祓」(『中世を考える　法と訴訟』吉川弘文館、一九九二年)をあげておきたい。

ただ、ここでもう少し寺中房舎に即して見ておくと、鎌倉末期の東大寺の例として次のようなものが見える。正和元年(一三一二)、殺人犯人を探索すべく雨落書(落書起請)が実施されたが、この時は特に重科に処すということで、「縦雖為寺中之房舎、可破却之」(傍線引用者)という連署起請文を、寺僧等は作成している(東大寺図書館蔵「東大寺文書」3-3-28)。やはり寺中の住房を破却することは、相当の重みで受け止められている。ここには、文覚四十五箇条起請第33条と同様の意識を認めていいだろう。

ちなみに、正中三年(一三二六)学侶殺害犯人を探索する雨落書では、犯人が寺僧の場合は、名帳を削り、所職を改替、そして住房を破却することとしている。非寺僧の場合は所領没収・住宅破却・郷内追却であった(東大寺図書館蔵「東大寺文書」3-3-43)。ところが、嘉暦三年(一三二八)寺僧による住房の無断移築が発生し、その処理をするなかで、住房の減少が寺中荒廃の基となるという強い意識のもとで、改めて本人の身は重科にしてもその住房は破却しないこととしている(東大寺図書館蔵「東大寺文書」1-1-258・2-5)。寺中房舎の維持は、寺僧等にとってもおおきな関心事であり、できるだけその維持が図られたことがわかるだろう。

たまたま目に触れた実例として、建武二年(一三三五)、東大寺衆徒に対して「不儀」をなした審円得業は、坊舎破却の罪科を蒙り、その敷地は年預五師の手によって法花堂に寄進されている(京都大学総合博物館蔵「法花堂文書」一—四号)。

ところで、ずっと時代が下った明暦四年(一六五八)二月に定められた金剛寺式十七箇条の中にも、文覚四十五箇条起請の本項と同様の規定を見出すことができる(「金剛寺文書拾遺」一六号、『大古』金剛寺六〇二頁)。

一　不可令破却房舎事
　夫有罪科之寺僧、令追放山門之時、不可破却住房、依衆徒之評定、可令住余僧、

ただ、この十七箇条は、純然たる近世の寺院法というよりも、むしろ中世以来の寺院法に示されていた理念や実際上の規定を、改めてまとめて示したもののようである。しかしながら、ともかく寺内の房舎破却を制限するような意識は、典型的な寺院における一規範として永く存在し続けていたことは窺えるだろう。

ところで、以上のような寺院での様子や本文史料第33条の規定を念頭に置いた時、検断としての住宅破却や焼却行為を、犯罪の穢を祓うものととらえる観点からすれば、いったいどの様に理解できるのか、改めて再考する必要もでてくるようである。(久野)

**35**(四四三頁3)　僧尼令聴着木蘭条に示される衣服の規制によると、僧侶に許されるのは「木蘭、青碧、皂、黄、壊色」であり、それ以外の色のもの、また綾羅錦綺を着用することは禁止されている。

天承元年(一一三一)延暦寺起請六箇条(『朝野群載』三)のうち、「一、可停止僧侶着用美服幷所従童子等過差事」の条項にも、先の僧尼令の条文が引用されている。さらにここでは、この規

定を支える理念として、次のような事が述べられている。

出家之志、捨離栄利、雖生金紫之家、不敢以貴驕人、雖出富貴之地、不敢以宝衒世、唯究顕密教之肝心、旁為現当世之目足、縦着薜襟才用足、則可為諸徳之上首、縦汗藍縷智行備、亦可為衆人之師範、

文覚四十五箇条起請に含まれる本条項が、いかにも伝統的な出家集団としての僧伽の原則に基づいているということがよくわかる。総じて文覚起請四十五箇条のうちの本条項の前後に見える条々は、このような僧侶の法として古典的かつ原則的な条項を、きわめてよく示すものとなっている。(久野)

**36**(四四三頁4) 寺内への女人夜宿ということに関して、僧尼令では、異性を同宿させると一宿で一〇日の苦使、五日以上は三〇日、一〇日以上は一〇〇日の苦使とするとの規定がある(停婦女条)。また、弘法大師「二十五箇条御遺告」第一八項では、東寺の僧房に女人を入れてはならないとしている。女人は万性の基であるものの、仏弟子が「親厚」することは諸悪の根源となる。諸家の使いとして寺にやってきたときは、戸外で立たせたままただちに用件をすませて、早く帰らせるようにといっている。

このような女人の夜宿に対する規制は、仏教戒律の原則に照らしても普遍的な性格を持つところであり、しばしば見られる。次に、典型的な内容を示すと思われるものを掲げる(『鎌』四三二八号)。

一 不可許女人夜宿事
右、小時寄宿尚不可許之、何況於常住哉、不論出家在家、一向可禁制、但礼堂之参宿、信女之参籠非制限、又此外各重病之時、母儀六親等為瞻病来宿事、且暫時也、可開聴之、(中略)
貞永元年五月日

また、近世前期の段階で中世以来の規定をまとめたと思われる金剛寺式十七箇条(『大古』金剛寺文書)の中にも

一 於山内僧院不許寄宿老少女人事
夫参詣之女人、入堂礼仏之後、即日可令下向大門之外、及黄昏遅留事不可然、

とある。いずれも文覚四十五箇条起請の本条項と共通する内容を持つものである。なおこれらはいずれも参詣など宗教的信心に基づく女人の来訪は決して否定しておらず、女性不浄観を背景とするいわゆる「女人結界」とはいちおう区別されるものである。

ところで、この女人夜宿の規制に関して興味深い事例が、内山永久寺について見られる。『内山永久寺置文』や『内山之記』によると、元暦元年(一一八四)六月日、建久二年(一一九一)十二月十五日、建仁二年(一二〇二)十二月十五日と、たびたび仏事聴聞以外の女人諸房出入を規制している。このうち元暦元年は内乱時ということもあり、緊急避難の場合も規制から除外するなど、実際的な規制となっていたもようである。ところが、文応元年(一二六〇)十月二十日、寺内の坂上尊現房住房に盗人が入った際に、同宿の尼公が殺されるという事件が起こった。このため十一月には一山連判起請によって、「山内尼」をことごとく追出すという処置がなされている。この段階における女人規制ということとの現実的困難さ、と同時に何とか規制を維持しようとする寺院の姿勢が窺えるものである。(久野)

**大門**(四四五頁1) 寛喜二年(一二三〇)に描かれた「山城国神護寺領高雄山絵図」(『日本荘園絵図聚影』二 近畿一、東京大学出版会、一九九二年)によると、神護寺の堂塔が立ち並ぶ一画には「中門」こそ描かれているが、大門にあたるものはない。ただこの中門から清滝河をこえて、洛中に向かう道、おそらく現在の周山街道にほぼあたるのだろうが、これを東南方向に下っていくと、途中「三日坂」のところに鳥居が描かれている。そしてこれこそ「大門鳥居」と記されているから、ここが境界となったのだろう。そしてこの場所からさらに下ると神護寺鎮守の平岡八幡宮にいたる。ちなみに神護寺領の東南牓示はさらに山を下りたところに設置されており、平岡八幡宮もその内部に含まれる。(久野)

**39**(四四五頁2)　僧侶の博奕行為については、既に僧尼令において禁じられている。すなわち「凡僧尼作音楽、及博戯者、百日苦使、碁琴不在制限」(作音楽条)とある。これを見ると第39条が禁止している囲碁は、除外されていたことがわかる。『日本霊異記』上一九・『三宝絵』中には囲碁を常に行っていたという囲碁沙弥が登場する。また『懐風藻』には、大宝年中に唐に遣学した弁正法師が囲碁に巧みであり、即位以前の玄宗皇帝に賞せられたという記載が見える。古代では、僧侶の囲碁は博奕一般とは区別される一面をもっていたのであろう。しかし『徒然草』第一一一段には、ある聖の発言として「囲碁・双六好みて明かし暮らす人は、四重五逆にもまされる悪事とぞ思ふ」と記し、「耳にとどまりて、いみじく覚え侍る」としているように、囲碁を特別視することなく双六とならぶ代表的な博奕として論じている。鎌倉期の説話集『古今著聞集』一二「博奕」の項には、一〇話が集められているが、そこで博奕として見えるのは囲碁・双六・七半で、その半数が囲碁に関するものである。囲碁の勝者は「碁手」と称する賭物を手に入れるのが常であったようである。ちなみにこの中には囲碁勝負を行っている僧侶も見える。また同書一六「興言利口」の項「双六の勝負に、隣家の僧越前房のさかしらの差出口を孝道入道、腹に据ゑ兼ねたる事」(五五九話)は、仁和寺内で双六が行われていたときの話であった。

この四十五箇条起請がしばしば依拠したと思われる弘法大師「二十五箇条御遺告」では、その第一七項で末世の弟子も祖師(弘法大師)に報恩せよとあり、仏道に励むことが求められ、その中に博奕の禁止が述べられている。僧尼令では碁や琴は禁止されていないことを指摘しつつも、密教では許されないとしている。未練の僧や童子にこのような遊びが許されることは必ず後代の過をまねくものであるとして、囲碁・双六などは以ての外としている。出自にかかわりなくこうした事を好む者は自分の末世の弟子ではない、とその否定の姿勢はこの文覚起請に通じている。

ところで鎌倉期の東大寺の事例であるが、博奕を業とする栄舜(おそらくは三綱層)は弘安四年(一二八一)義絶されており、さらに翌弘安五年には寺官職を解官されている(正応二年〔一二八九〕七月三十日慶舜起請文〔「東大寺文書」3-3-133、3-3-5〕)。(久野)

**40**(四四五頁3)　本条項と同様の規制としては、海竜王寺制規(貞永元年〔一二三二〕五月)の中に「一、不可長養禁籠鳥井猫牛畜事」という条項がある。そこでは「猫は殺生を好み、牛は在家に似る」からという理由も示されており興味深い。

このほか寺中で牛馬を飼うことを禁じた寺院法は、本書南18をはじめ数多く見えるが、この点について、正平十年(一三五五)三月鰐淵寺一山連署式目は、牛馬を寺中で放つことは「仏庭之草木」を枯らし「僧院之路次」を穢すことになるという理由をあげている(「鰐淵寺文書」)。

ところで、弘長三年(一二六三)の興福寺に対する新制十六箇条(本書南2)の中には「一、応停止寺門飼鴨事」の一項があり、禽畜を賞翫することは「興宴之媒、放逸之態」であり、在俗でも制するものであると決めつけている。さらに「蓮花面経」をひきつつ、自活のための牛馬でさえも堕地獄の因となると誡めており、ましてや無要の鴨鳥など禁ずべきものとしている。僧侶にとって学道の妨げであり、かつ罪障の源であるとして、寺内外を問わず飼育を禁止している。

しかし、僧侶が鳥を飼っている様子は南北朝期に制作された『慕帰絵詞』三などに見える。この絵巻の主人公である宗昭(後の覚如上人)が学ぶ法相宗行寛法印の住房では、その縁側に鳥かごが置かれており、稚児と僧侶が世話をしている情景が描かれている。僧侶の生活スタイルが貴族的になるにつれ、こうした禁令とは裏腹に動物を飼うことはよく見られたことなのであろう。(久野)

**41**(四四五頁4)　仏前における高声規制に関しては、網野善彦「高声と微音」(『ことばの文化史』中世1、平凡社、一九八八年)が豊富な事例を紹介しており、同様の規定がほかにもあったことがよくわかる。網野善彦の理解によれば、高声は、聖なる世界と俗界を結ぶ音声であり、従って境界的な性格を持つものであった。そこで、むやみに高声を発することは禁忌の対象とされ、このことは特に神前仏前では厳しく禁制された、という。その実例として本条項などをあげている。さらに、氏はこうした禁忌が存在する一方で、法然・親鸞・一遍などの浄土系仏教では、「高声」の念仏に積極的な意義が与えられていたことにも注意を向け新旧仏教の違いに留意している。

ただ、最後の点については、興福寺大乗院末の内山永久寺では、毎月一日の恒例として、学衆は「高声尊勝陀羅尼」、禅衆は観音経の転読を勤めることが定められているから(承元二年〔一二〇八〕十二月『内山永久寺置文』所収)、高声の勤行をただちにいわゆる「鎌倉新仏教」特有のものと即断してはなるまい。

ところで『今昔物語集』一五—四一には、読経ではないが、弥陀の念仏をきわめて高声に叫ぶように唱えていた尼が、そのために寺内の僧にうとまれて寺を追い出された、という話が見えているのは興味深い。

また読経について、近年では、唱導、声明などとともに、仏教の法会法要にかかわる音楽的な要素として、その芸能面が注目されるようになっており、かかる技能が鎌倉時代以降になると次第に芸道化していくとの指摘がなされるようになってきている(五味文彦編『芸能の中世』吉川弘文館、二〇〇〇年など)。(久野)

**持経者**(四四五頁5)　かつては阿弥陀聖とならぶ、平安時代以降新たに登場したヒジリとして、その民間仏教者としての側面が強調されてきたが、近年では、持経者の特質である経典暗誦という行為は、古代国家の仏教においても既に認められるところであり、そのことによる呪術力が国家によっても重視されていたことが明らかになった。その意味では古くから持経者は存在していたわけだが、一〇世紀以降になると国家統制の枠を超えた持経者の活躍が目立つようになり、一一・一二世紀には世俗社会への進出も際だつ。また寺院に組織された持経者の例も増加するようになるという(菊地大樹「持経者の原形と中世的展開」『中世仏教の原形と展開』吉川弘文館、二〇〇七年)。本文史料第41条は、当代の代表的な聖である文覚が再興した神護寺において、持経者の存在を示唆するものであり、興味深い。(久野)

**43**(四四五頁6)　第34条で既に歌舞宴曲などの芸能を禁止する条項があったが、それらはいずれも主に貴族社会での遊戯や社交という一面が強いものであった。それに対して、本条項が問題にしている呪師猿楽田楽は、いずれも除魔や予祝などの神事仏事に関係していたり、寺社の法会に奉納されたものというように、その芸能としての由来や性格は、先の第34条で取りあげたものといささか異にしているものである。寺院の法会の場や法会後の延年の場で、呪師猿楽はさかんに見出されるが、それは単なる余興芸能ではなく、法会に不可欠なものとしてあった。かかる呪師猿楽は、寺院を本座の組織者とし、その芸能として成長を見せるようになるが、それはおおむね平安後期から鎌倉期の頃にもとめられている(さしあたり、芸能史研究会編『日本芸能史』2〔法政大学出版局、一九八二年〕、丹生谷哲一『検非違使』〔平凡社、一九八六年〕、山路興造『翁の座』〔平凡社、一九九〇年〕など)。まさに文覚が生きた時代にあたるが、彼は神護寺においては、こうした芸能化遊興化へ傾斜するような仏神事芸能ともいうべきものは、仏法修学には無益であるとして、厳しく対処しているわけである。南都諸大寺や京都の六勝寺や法成寺に、これら呪師猿楽田楽が見いだせることはよく知られており、そこから風流としての展開もいわれているが、かかる寺院社会の行き方とは明らかに異なる寺院を文覚は求めたのである。

ちなみに『宇治拾遺物語』七八話に見える一乗寺僧正増誉(?～一一一六)の姿は、まさしく本文史料で文覚が禁止したような生活ぶりであった。

すなわち増誉の坊は一、二町ばかりの規模であったが、「田楽猿楽などひしめ」くにぎわいをみせていた。さらに彼は呪師の小院という童を寵愛し、身近におくためにわざわざ出家させ、同性愛の対象ともしていたのである。増誉は熊野三山検校を勤め、白河・堀河の護持僧も勤めるなど有験の高僧であったが、その坊には、呪師猿楽田楽がすべてそろって見えている。(久野)

**44**(四四七頁1)　寺院にとって重要な荘園の預所に住僧を宛てるという原則は、ちょうど源平内乱期、高野山領荘園の復興に活躍していた有名な鑁阿が定めた、備後国大田庄の支配方式にも見える。鑁阿は自分は遁世の身であるからとして、荘園経営が軌道にのったところで、荘務権を寺家に譲ることにした。その際、鑁阿は荘務権についていくつかの原則を示しているが、まず荘務権は「検校以下随臈次、三人所令配分」とする。そして、この四人に非道があれば、「衆徒一味同心、停廃彼職、速令補正直人」とした。そして「雖至于未来際、供僧不住山之人、不可執行庄務」と規定している(建久五年〔一一六九〕七月七日備後大田庄相折帳〔『鎌』七二九号〕)。治承寿永内乱期に寺院の復興を目指し多大な活躍をした聖として、鑁阿と文覚との、このような類似は興味深い。

ただし、このような住僧を預所とする原則が、どこまで現実に貫かれるかは、また別個に考察されねばならない。この第44条自体、その末尾に領家との約束がある場合の除外規定があることをはじめ、この後、文覚の流罪、後鳥羽上皇による寺領没収、また神護寺内部での別当宗全と上覚との対立などの状況を思えば、簡単にこうした原則が実現したと見ることは難しい。事実、上覚ら神護寺寺僧による五カ条の訴訟状は別当宗全との対立を物語るものであるが、その中に「於非寺僧者、何故可知行寺領哉、仍為止彼狼籍、令追却寺内、止当時口入事、尤可然候歟」(「神護寺文書」、『鎌』三三二六号)とのくだりが見えている。さらにこうした寺内紛争を克服して、嘉禄三年〔一二二七〕五月には供僧職は常住僧に限ることをはじめとして、年貢寺納の事や得分給物の事などが置文によって定められている(嘉禄三年五月日神護寺置文案〔『高山寺古文書』第三部六五号〕)。寺領支配の理念は、そのままで実現するものではなく、まさに現実的な対抗関係などの状況に左右されたのである。(久野)

**根本の庄**(四四七頁2)　文覚起請で神護寺領となった由緒が示されていた六箇所の荘園は、この後、文治四年〔一一八八〕には役夫工免、嘉禎元年〔一二三五〕には大嘗会役免除の特権がそれぞれ一括して認められている。前者についてはこの六箇所荘園に加えて摂津国守田・紀伊国川上庄が、後者では紀伊国川上庄と神護寺辺が加わり、いずれも八箇所となっている(「神護寺文書」、『鎌』三三三八・四八四五号)。(久野)

**四節の文**(四四七頁3)　推古二十七年〔六一九〕、自らの死期が遠くないことを悟る聖徳太子が、推古天皇に対して示したという遺願については、既に平安時代に作られた『聖徳太子伝暦』推古二十七年の項に「四節文云…」として、長い引用文が見える。それによると、この年、太子は体調を崩しており、諮問を行った推古天皇に対して四つの遺願で返答したという。これを「四節意願」や「遺願」といい、このことを記した文献がここでいう「四節文」であろう。

ところでその四つとは、

①太子が建立した法隆学問・四天王・法興・法起・妙安・菩提・定林寺七カ寺の伽藍を保全していくこと。
②法隆学問寺において毎年九旬、三部の経典を講ずる。
③三宝の財物田園を犯用することの誡め。
④太子が熊凝村に始めた道場を整備拡充して寺院とすること。

であった。本文史料が引用するのは、この③の部分にあたることは明らかであるが、具体的には、次のような内容のものである(『続群』八上―三四頁、傍線引用者)。

三云、慈日仏法、以八蓄興隆、素服受用法則滅、是故仏経曰、一切俗家不得受用三宝財物田園、不得駆使三宝奴婢牛畜、若有受用駆使者、破滅仏法、破滅仏法、故国家滅亡、伏願臣之所建諸寺、陛下并御世天皇厚顧世々相続、都不妄預伽藍事、恐愚矇之侶犯用財物、破損伽藍歟、縦使雖不犯用、而触事有失、必殖泥梨之因、夫流濁无源、下失原上、若代々国皇大臣、背臣之本願、而将臣之子孫後胤為彼統領、令執掌伽藍者、得破滅仏法之咎、其王臣等不令永保官位、子々孫々致瘖瘂病、非時夭死、八部神王以為怨敵、

傍線部に注意すれば、ほぼ同内容であることがわかるが、文覚起請のほうは、「在家人」が管理することに対する規制であることを明示するよう変改し、また「末代の世俗」というような表現が加えられている。

　ちなみに『聖徳太子伝暦』にはこの「四節文」の正本が法隆寺の綱封蔵に納められていたとある。また顕真『古今目録抄』にも「四節文」の名称は見えるが、彼は実見しておらず、「御草本在法隆寺宝蔵云々、可尋見之也」としている。文覚が参照したのも「四節文」そのものではなく、あるいはこのような太子伝を見て、そこからの孫引きであったのだろうか。（久野）

**45**（四四七頁4）　第44・45条の最後の二箇条で荘園の支配管理の原則についての条項が登場し、この史料は全体が結ばれている。これは四十五箇条条文の前書き部分で詳しく神護寺領荘園の来歴が語られていたことと対応するものであろうが、神護寺仏法の護持が、荘園支配と密接不可分にあったことを如実に示すものである。その荘園支配は、あくまでも僧伽の原則に乗っ取るべきという原則が貫かれており、いかにも宗教領主特有の方式を窺うことができよう。（久野）



**真63**（四五一頁1）　金剛寺蔵。東京大学史料編纂所の「金剛寺文書」写真版によった。また『大古』金剛寺三〇号、『河内長野市史』第五巻金剛寺文書一一号（以下、『河内長野市史』五―一一号などと表記）を参考にした。（大石・平）

**金剛寺阿観置文**（四五一頁2）　阿観は平安末の真言僧。和泉国大鳥郡の出身。高野山で出家し、承安年中（一一七一～一一七五）に金剛峯寺の別院として金剛寺を創建した。なお明応七年（一四九八）に記された阿観上人行状（「金剛寺文書」、『河内長野市史』五―一七七号）には次のようにある。

　阿観上人事

和泉国大鳥郡大和氏貞平之息、保延二年〈丙辰〉誕生、幼稚登高野山後、依別願移住当寺、承安二年始行御影供、治承二年〈戊戌〉建立金堂、養和元年〈辛丑〉始行伝法会、承元々年十一月十四日入滅、七十二歳、承安二年ヨリ明応七年〈戊午〉マテ三百二十七年、御影供始行三十六御歳、金堂建立四十二歳、

（大石）

**金剛寺**（四五一頁3）　寺伝によれば、金剛寺の創建を、奈良時代の行基によるとする。しかし建保三年（一二一五）七月の嘉陽門院庁下文（「金剛寺文書」、『河内長野市史』五―一二六号）によれば、

草創以後数年比、依有夢想告、承安年中、為
寺家別院、奉渡安置高野大師御影、御影堂御
影第三伝、幷奉勧請丹生高野両所明神、(中
略)有一堂殿、五間四面、奉安置金剛界大日
丈六像幷両界曼陀羅二鋪各五幅、真言宗八祖
等影十二鋪、幷宝塔一基、奉安置金剛界大日
等身像、

と記されている。つまり、阿観が承安年中(一一七一〜一一七五)に金剛峯寺の別院として金剛寺を建立し、弘法大師の御影を安置して丹生・高野両所明神を勧請したという。また建保三年には、金堂と宝塔が存在し、金堂には本尊金剛界大日如来像、両界曼陀羅を納め、宝塔には等身の金剛界大日如来像が安置されていた。このように平安末から鎌倉初期にかけて、高野山の僧阿観らによって天野谷に別所が設けられ、それを核にして金剛寺が発展し、やがて伽藍を有する真言宗寺院に至ったのである。天野谷の天野の地名も、高野山の地主神である「天野丹生都比売」の天野に由来するものといわれる。また、この地に金剛寺が設けられたのは、阿観の出身地である和泉国大鳥郡から高野山へ登る経路にあたっていたことが一つの理由であると考えられる。

金剛寺の寺領については、養和二年(一一八二)二月二十二日金剛寺定書写(仁和寺所蔵「金剛寺文書」、『大古』金剛寺拾遺一号)の第一条に

一　不可於寺領非住僧者領知事
今此田地山野者、或檀主所領、或住侶私地
也、然限永代、奉施入金剛寺処也、

とあって、金剛寺の寺領が檀越の所領と寺僧私領の寄進によって形成されたことがわかる。私領を寄進した寺僧たちは、阿観と同じく金剛寺周辺の和泉・河内の有力層を出自とする者であったろう。また大檀越となって寺領形成に深く関わったのは河内国錦織郡中西部(長野荘・天野谷・高向荘など)に拠点をおく在地領主源貞弘であった。金剛寺が河内国目代から免田を得た背景には源貞弘の存在があったといわれる。このように、金剛寺は周辺地域(河内・和泉)の在地領主を核にして有力百姓層が中心となって創建されており、中世の畿内周辺における地域寺院の形成過程を具体的に示す事例である。

なお、大檀主であった源貞弘は平氏軍に加わって寿永二年(一一八三)五月、木曾義仲との砺波山合戦(倶利伽羅峠の戦)で討ち死にする。その後、石川源氏源義兼は源貞弘の所領を没収して天野谷地域に勢力を張った。そして金剛寺は、文治四年(一一八八)正月二十九日石川義兼寄進状を得て寺領を安堵された。この寄進状によれば、従来の免田の他に、田畠十余町が新たに加えられて寄進されたことがわかる(「金剛寺文書」、『河内長野市史』五—一〇号)。

金剛寺と中央権門との関係については、既に治承四年(一一八〇)八月日源貞弘寄進状に「禅定仙院之御祈願所」と記されていて、鳥羽上皇の娘八条院の祈願所となっていたことがわかる。また八条院女房である大弐局浄覚の秘計によって、建久二年(一一九一)には天野谷を一円不輸の寺領として認める後白河院庁下文を得、さらにその寺領を阿観の弟子が相承することが確認された(『河内長野市史』五—一号)。川合康「河内国金剛寺の寺領形成とその政治的関係」(『鎌倉幕府成立史の研究』校倉書房、二〇〇四年)を参照。(大石)

**高祖の遺記**(四五一頁4)　空海に仮託された「二十五箇条御遺告」第一条は、次の通りである。

初示成立由縁起第一
夫以吾昔得生在父母家時、(中略)但弘仁帝皇
給以東寺、不勝歓喜、成秘密道場、努力努力
勿令他人雑住、非此狭心、護真謀也、雖円妙
法、非五千分、雖広東寺、非異類地、以何言
之、去弘仁十四年五月十九日以東寺永給預於
少僧、勅使藤原良房公卿也、勅書在別、即為
真言密教庭既畢、師師相伝為道場者也、豈可
非門徒者猥雑哉、

次項で紹介する覚心置文写は、金剛寺に「異類僧徒」を交えない理由として、本条の「雖円妙法、非五千分、雖広東寺、非異類地」の一文を引く。これは朝廷から与えられた東寺を「他人雑住」の「異類地」とすることを禁じたものであ

る。なお弘仁十四年(八二三)十月(十一月)十日太政官符によれば、朝廷は真言宗僧五〇人を東寺に住まわせることを定め、東寺での「他宗僧雑任」を禁じている(国史大系『類聚三代格』二)。また御遺告第一二条は、次のように記す。

一　末代弟子等可令兼学三論法相縁起第十二

夫以真言之道、蜜教之理、同入性故入阿字義也、然而案萬物意、皆在内外、然則以蜜為内、以顕為外、必可兼学、因茲軽本宗、勿重末学、宜知吾心兼学而已、但人任器不堪兼者、将任本業精進修行、

(平)

**入峯修行**(四五一頁5)　入峯禁制については、近世の写であるが次の史料もある(「金剛寺文書」、『河内長野市史』五─二七号)。

(端裏書)「入峯禁制之事　覚心」

夫金剛寺者、三密相応之勝地、両部不二之霊場也、爰高祖告、雖円妙法、非五千分、雖広東寺、非異類地文、是以本願上人、仰大師之遺記、崇明神之誓盟、専学青龍古風、不交異類僧徒、深浴東寺法水、制止山臥道儀、所以然者、呪験行者上慢為職、他宗僧侶本宗為諍、是則不和合之因縁、未来闘諍基也、依之、故上人任阿世耶、金剛寺住侶堅守此旨、不可違失、仍状如件、

建保五年三月八日　金剛資覚心(花押影)

(平)

**東寺の先蹤**(四五三頁1)　本文史料が念頭に置いていると思われる「二十五箇条御遺告」第七条は次の通り。

一　食堂仏前召侍大阿闍梨并二十四僧童子等可令習誦五悔縁起第七

右案大唐青龍寺例、宗徒大阿闍梨之童子并諸名徳達之童子等令会集食堂、僧達一人童達一人、共令習学五悔、毎夜現槧、即闕大衆所得十分之一、充行諸童子等紙墨料、案彼示此而已、但遂不可成出者、雖常住寺内、更強喚不可令此庭列、見器惟品可催之、亦九方便於大阿闍梨前、召集諸徳弟子之内堪能之僧等、毎夕可令習誦、昔大師阿闍梨耶曰、准湌受諸護法天神法味、乍守護場等者、准彼示此、遑他事勿駐自、

(平)

**真64**(四五三頁2)　仁和寺蔵(御経蔵第一四四箱第一二─四号文書)。東京大学史料編纂所の「天野山金剛寺文書」影写本によった。また『大古』金剛寺拾遺六号を参考にした。なお署名者六名のうち、中略した三名は「伝燈大法師弁応〈在判〉／阿闍梨頼詮〈在判〉／阿闍梨実印〈在判〉」である。(大石・平)

**十八歳以後に出家**(四五三頁3)　松尾剛次によれば、弘安七年(一二八四)に高野山石町卒塔婆供養に請定された五一名の僧侶の平均受戒年齢は一五・九歳である(『新版鎌倉新仏教の成立』一五五頁、吉川弘文館、一九八八年)。天台系以外の寺院では出家得度と受戒との間に一、二年空けることも多いため、出家得度の年齢はさらに低くなる。また元暦二年(一一八五)現任僧綱帳より、大僧正から律師まで六七名について調べたところ、受戒年齢は平均一三・一歳であった(『大日本仏教全書』一一一─九六頁)。内訳は、九歳が二名、一〇歳が六名、一一歳が五名、一二歳が一四名、一三歳が一五名、一四歳が一二名、一五歳が六名、一六歳が三名、一七歳が一名、一九歳が三名であった。受戒年齢の計算は、年齢−戒臈+一で算出した。戒臈は受戒の年から数える場合が一般的だが、入室や得度の年から数える場合もある。なお一般に身分出自が高いほど、出家得度の時期が早いようである。(平)

**年臈によるべからず**(四五五頁1)　一般に年臈は戒臈ともいい、受戒した年を一として、その後の年数を加えてゆくものであるが、金剛寺の場合は受戒規定がみえないため、ここではその解釈を採ることができない。また得度の年から年臈を数える事例もあるが、その場合は春夏、秋冬の出家者すべての年臈が同じとなるため、本文史料の解釈として、それも適切でない。そこで、ここでは年臈を稚児としての年臈と解した。(平)

**御代官**(四五五頁2)　鎌倉後期の「金剛寺文書」

に登場する「御代官」が院主代官のことであり、金剛寺院主である大乗院門跡によって任命されていたことについては、市沢哲「鎌倉後期の河内国金剛寺」(『日本中世公家政治史の研究』校倉書房、二〇一一年)を参照されたい。(平)

**寛元二年の置文**(四五五頁3)　参考のため置文の全文を掲げておく(「金剛寺文書」、『河内長野市史』五—四九号)。

□〔定ヵ〕　金剛寺

□〔一〕　大衆集会等事

右、本願置文状云、金剛寺之内、自今□□〔以後〕、不可大衆発向、但於児女沙汰者、蒙上仰可発処也文、又嘉禎三年院主御下知状云、於自今以後者、任置文之状、于上申案内、沙汰人・老僧等ニ不触子細、大衆発起可停止之、但於児女之沙汰者、随此状可致其沙汰也文、本願置文并院主御下知如此、就之案之、号大衆吹唄駆衆之間、或喧嘩、或破損、近年以来相続無絶、又最末座之輩、纔集会不弁是非、妄行事之条、甚以不便事也、自今以後者、任今式条、可致其沙汰也、

一　集会衆分事

右、未灌頂以下、可致集会也、

一　催促事

右、以三人承仕、兼触廻諸房、次鳴鐘可集会也、若□〔無ヵ〕顕露之故障、以懈怠為先不出仕者、可寺帳擯出也、

一　衆議事

右、衆議評定之時、付多分可有其沙汰也、若難治異論出来之時者、沙汰人相綺糺明是非、可停止喧嘩也、

以前条々堅守式条、不可有違失、若於違犯之輩者、供衆講衆ハ可改易其職、若無其職者、可改定師匠職也、又衆議大同行其事之時、於不被行之輩者、同上可改易其職之状如件、

寛元二年二月日　公文大法師

(三綱・両学頭の署名略)

概要を説明しておくと、第一条は集会の方式を制定した理由を述べたもの。第二条は集会の対象を伝法灌頂を受けていない「未灌頂以下」の若衆とする。第三条は開催通知の方法を示したもので、あらかじめ承仕が集会開催の連絡をしておき、鐘の音で集合するものとする。また理由のない欠席は追放処分とした。第四条は多数決で物事を決すること、また議論が紛糾すれば沙汰人が仲裁にはいることなどが定められている。(平)

**真65**(四五七頁1)　金剛寺蔵。東京大学史料編纂所の「金剛寺文書」写真版によった。『大古』金剛寺一一一号、『河内長野市史』五—一〇三号を参考にした。第4条目の紙継目裏に、奥上の法橋上人と同じ花押が付されている。(大石・平)

**社参**(四五七頁2)　建保三年(一二一五)七月日の嘉陽門院庁下文には「依有夢想告、承安年中、為寺家別院、奉渡安置高野大師御影、御影堂御影第三伝、并奉勧請丹生高野両所明神」とあり(「金剛寺文書」、『河内長野市史』五—一二六号)、創建間もない承安年中に、高野山の地主神でもある丹生・高野の両明神が金剛寺に勧請されていたことがわかる。(大石)

**院主所**(四五七頁3)　金剛寺院主の動向をまとめておく(真63の「金剛寺」の項も参照)。阿観は源貞弘と連携して金剛寺の整備を進めたが、源貞弘は砺波山合戦(倶利伽羅峠の戦)で敗死した。そこで貞弘跡を没官した石川源氏源義兼が金剛寺の檀主となった。一方、阿観は八条院女房浄覚の援助で建久二年(一一九一)に寺領天野谷を一円不輸とすることに成功するとともに、八条院の承認のもとで寺内組織の整備を行った。同年六月九日八条院庁牒(『河内長野市史』五—一号)によれば、

如寺家申請、自今以後、早可令定補院主三綱供僧陸口、権学頭壱口、学衆参拾口、夏衆参拾口、預弐人、承仕参人也、於院主職者、阿観門跡之中、以住山不退者、殊択器量為其仁、師資相承譲補之、三綱供僧以下有其闕之時、院主相計、欲令補任者、

とある。ここで、①寺内に院主・三綱・学頭などを設置する、②院主は阿観門流のうち「住山不退者」に師資相承する、③院主は三綱以下の

補任権をもつ、ことが承認された。しかしこの後、②の条項が維持されることはほとんどなかった。

阿観は八条院―浄覚の支援で石川義兼の排除に成功すると、その功から建久八年に浄覚を院主にすえた。浄覚は同十年に院主職を妹の覚阿に譲ったが、承元元年（一二〇七）に阿観が没すると、覚阿と学頭覚心とが院主職をめぐって相論した。「寺辺領確立における功の論理」と「師資相承の論理」との対立である。結局、貞応三年（一二二四）仁和寺御室の裁定によって覚心が勝訴したが、二年後に覚心が没すると、覚阿は宜秋門院―九条道家の口入によって再び院主に復帰した。やがて覚阿は院主職を、春華門院（宜秋門院の娘）女房であった浄阿に譲り、嘉禎三年（一二三七）には浄阿によって金剛寺は九条道家の祈願所に寄進されている。

その後、経緯は不明ながら、院主職は道家の孫たちが門主となっている興福寺大乗院門跡に移った。ところが大乗院門跡では鎌倉時代後期に、道家の子孫である一条家と九条家出身僧との間で門主の座をめぐって激しい抗争が繰り広げられ、そのあおりをうけて、院主（大乗院門跡）による金剛寺支配の強化が図られた。こうして、本文史料にみえるような院主―院主代官・三綱による金剛寺運営が行われるようになった。以上の経緯については、川合康「河内国金剛寺の寺領形成とその政治的関係」（『鎌倉幕府成立史の研究』校倉書房、二〇〇四年）、市沢哲「鎌倉後期の河内国金剛寺」（『日本中世公家政治史の研究』校倉書房、二〇一一年）を参照。また大乗院門跡の紛争については、稲葉伸道「鎌倉末期の興福寺大乗院門主」（同『中世寺院の権力構造』岩波書店、一九九七年）を参照されたい。（平）

**真66**（四五九頁1）　観心寺蔵。『大古』観心寺四六六号を底本とし、『河内長野市史』第四巻中世観心寺文書一五一号（以下、『河内長野市史』四―一五一号などと略記）を参考にした。端裏書に「観心寺々僧四ヶ度出仕参不校合引付」とある。また本文「応永三年十一月晦日観心寺衆議曰」の前の袖に「於法花・最勝二ヶ度講問者、不参科可為二升〈但九日之不参者、如元可為半連之科也〉」との追筆がある。（大石・平）

**二親師匠の葬家**…（四六一頁1）　本文史料では二親・師匠の葬家と現病の場合に、不参が認められたが、文安二年（一四四五）の満寺評定事書（「観心寺文書」、『大古』観心寺五一四号）では、次のように変化した。

文安二年〈乙丑〉仲夏十八日満山一同評定曰、
右、於正二月修正会三季之講演幷臨時之勤行、参否之可有通屈条々
一　寺家之使者指合事
一　高野参籠事
一　現病事
一　於其身難遁禁忌事〈但於引導等随意之禁忌者、不可有免除事〉
守此条々、向後参否之科、可有交合者也、
当年預賢秀（花押）
源可（花押）

現病と禁忌の二つの条件以外に、寺家使者と高野参籠の二条件が新たに加わっている。（大石）

**真67**（四六一頁2）　観心寺蔵。『大古』観心寺四八八号を底本とし、『河内長野市史』四―一五三号を参考にした。「寺僧入寺住山等事書」という端裏書がある。また本文の第四条目と第五条目の間に「一　応永廿年十二月十七日評定云、代官人躰者、不限一方、随便可被立諸方之事」という一ヶ条の追筆がある。（大石・平）

**満寺一同の御集会御評定**（四六一頁3）　満寺集会に禅衆（下僧）が参加していなかったことについては、次の史料でも確認できる。「西座」（禅衆）と「寺家」（衆徒）との抗争が激しくなって観心寺の「破壊」となったため、高野山などの仲介で永正五年（一五〇八）に禅衆と学侶との和与がなされた。その際、「湯屋・風呂・集会・伽藍等可為各々」きことが確認されており（「観心寺文書」、『大古』観心寺五一三号）、寺僧の「集会」と禅衆のそれが別々に行われていたことを示している。（平）

**入寺**（四六一頁4）　満寺評定で入寺の審議を行

ったものに、次の応永二十七年(一四二〇)の事例がある(「観心寺文書」、『大古』観心寺四七六号)。

応永廿七年閏正月十八日満衆評定曰、

一　浄空房入寺事、依眼精見苦、雖有沙汰、為久住者之間、以扶慇之儀、被昇進処也、但灌頂曼荼羅供以下之脇役者、不可叶者也、雖為寺役、於此人躰者、可有免除云々、至于両引頭之座者、造別儀、加阿闍梨之末、於一臈二臈者、可有酙酌旨、所被定也、

一　於向後他来之人躰者、片輪之仁、不可入寺僧者也、

右、条々所定、堅不可有違反者也、仍為後証之状如件、

年預守尊(花押)

祐秀(花押)

浄空房は目が不自由であったが、久住の者であったため特別に寺僧に昇進することを承認し、あわせて寺役の免除規定を定めている。また、今後は他来の身体障害者の入寺を認めないことを確認している。ここでは、①入寺の具体的審議が「満衆評定」で行われたこと、②「入寺」と「入寺僧」が同義で使用されていること、③「久住者」の「入寺」を「昇進」と呼んでいることに留意したい。(大石・平)

**坊作の儀**…(四六一頁5)　応永十五年(一四〇八)二月五日観心寺衆議評定書(「観心寺文書」、『大古』観心寺四八四号)によれば、

当寺禅衆等住坊造立事、於向後者、堅可被停止之、若於寺家、存興隆以下之忠節之輩出来者、臨期可有惣寺之御計者也、

とある。このように、①禅衆(下僧)の住坊建立が禁止されたこと、②「寺家」への「忠節」によって坊作した者については、「惣寺」の「御計」があることを定めている。なお文明三年(一四七一)二月十七日観心寺衆議評定事書によれば、下僧の坊舎の数は一八に制限されていた(同四九八号)。他方、天文二十一年(一五五二)の衆議評定(同五三一号)では、

於向後、客僧衆坊舎立者、其仁躰一期之間、年預并諸堂之勤行、此弐ケ条者令免除畢、

と、客僧の坊舎を造立した寺僧への特権を定めている。(大石・平)

**真68**(四六二頁1)　観心寺蔵。『大古』観心寺四八〇号を底本とし、『河内長野市史』四―一七八号を参考にした。「惣寺事書〈湯屋〉」という端裏書がある。(大石・平)

**湯屋興行**(四六二頁2)　湯屋は中世寺院の宗教的・社会的活動として重要な要素であるが、その運営などはなお十分に解明されているとはいいがたい。観心寺ではその興行は若衆の責任とされたが、中世東寺の大湯屋の場合、その費用負担は供僧全体にかかっていた(真12の「湯」の項参照)。首藤善樹「中世東寺の湯結番について」(『日本の社会と宗教』同朋舎出版、一九八一年)、橋本初子「大師信仰と東寺の湯」(『中世東寺と弘法大師信仰』思文閣出版、一九九〇年)、高橋一樹「中世寺院のくらしを支えるしくみ」(『中世寺院の姿とくらし』山川出版社、二〇〇四年)を参照。(大石)

**若衆**(四六二頁3)　永正二年(一五〇五)三月十四日観心寺学侶連判起請文(真70)によれば「今度下僧憑公方之権威、可令入峯之由、企訴訟、然間、為老若一味同心、服天罰之神水、則加連判曰」とある。ここで「下僧」に対して「老若」の「学侶一同」が「一味同心」することを誓っていることからすれば、若衆が下僧ではなく、老僧とともに観心寺寺僧を構成していたことがわかる。また、この起請文には「学侶一同」として三二名が署名しており、この時期の寺僧の規模を示している。

ただし、正長二年(一四二九)七月二十五日観心寺衆議評定事書(「観心寺文書」、『大古』観心寺四九一号)には、「東西若衆山伏事、一向可被止之者也」とみえる。西座は禅衆(下僧)方であるので(同五二三号)、若衆は学侶方だけでなく、禅衆方にもいたようである。もっとも、現存する観心寺文書は寺僧(学侶)方の文書であるため、ここに登場するほとんどの若衆は、寺僧方の若衆に限られている。

なお、応永三十二年(一四二五)二月七日観心寺衆

議評定事書(同四七三号)には、

一　若衆分者、可被兵具也、寺中下僧等、同
　可被触加之事

とあり、若衆が武力を担っていたことを示している。高野山の場合、衆徒若衆である五番衆が検断に当たっていたことが明らかにされているが、観心寺においても同様であった(和田昭夫「中世高野山の僧侶衆会制度」『密教文化』四五・四六、一九五九年)。また山陰加春夫によれば、この五番衆が大法師位浅臈の僧であることが指摘されている(「金剛峯寺五番衆について」『中世高野山史の研究』清文堂、一九九七年)。応永十四年の観心寺衆徒起請文(同四八七号)には、法印一人、僧都一人、法眼一人、律師一人、権律師二人、阿闍梨六人、大法師一九人が署名している。高野山と同じく、若衆はこの大法師位の僧たちであったと考えられる。ちなみに慶長八年(一六〇三)の観心寺法度では、四度加行をすませていない者は「老僧之座所」に昇ることができない、と定めている(同五四五号)。伝法灌頂をおえて阿闍梨となった者が、若衆から老僧に移ることができたとみてよい。(大石・平)

**小法師**(四六三頁4)　「観心寺文書」によれば、応永二十七年(一四二〇)に「寺中小法師原」が小西見郷・寺元郷の山林を切り取っていると百姓から訴えられた。それに対し惣寺評定は、そこでの切り取りを禁止する一方、今後は「下僧」が百姓から「恥辱」をうけても寺家としては支援しない旨を決定している(『大古』観心寺四七九号)。ここから、「寺中小法師原」と「下僧」が同一であることがわかる。また、文明七年(一四七五)七月二日観心寺下僧等風呂掟書(同四九三号)によれば、

　就下僧等出入、可焼風呂掟事
一　雖風呂帳付、六月内ニ其主有闕事者、不
　　可焼之、
一　雖帳ニ不付、七月以前ニ住山者ハ、可焼
　　之、
　　　(下略)

とあって、既に下僧が風呂を焚くことになっている。本文史料で風呂の番帳に「小法師」を加えることにしていることと、内容的にも一致する。以上から、観心寺の「小法師」は禅衆・下僧であると結論できる。真70の「下僧」の項を参照。(大石・平)

**臨時の風呂**(四六五頁1)　臨時の風呂との関係は不明であるが、観心寺には「功徳風呂」「結縁風呂」と呼ばれるものがあった。天文十六年(一五四七)には次のように定められている(「観心寺文書」、『大古』観心寺五二六号)。

　就功徳風呂定置事
正月四日・同晦日・二月晦日・五月五日・九月八日・十二月之年越同晦日迄者、雖為結縁、四七日迄者不可焼、五七日ニハ可焼、此外功徳風呂在之者、番之風呂相述、功徳風呂可焼者也、
　天文十六年〈丁未〉十二月朔日衆儀

この「功徳風呂」は「四七日」「五七日」の語から推して、亡者の功徳を願って風呂の費用を縁者が出したものであろう。ここでは四七日までの功徳風呂を焚いてはいけない日を定めるとともに、六斎日の恒例の番風呂と功徳風呂が重なった場合は、番風呂を延引して功徳風呂を焚くことにしている。(大石)

**真69**(四六五頁2)　観心寺蔵。『大古』観心寺五一一号を底本とし、『河内長野市史』四―二〇〇号を参考にした。(大石・平)

**観心寺衆議評定事書**(四六五頁3)　真言宗寺院である観心寺の僧が葬礼に関わっていたことを示す史料である。天皇家の葬礼では、文保元年(一三一七)に死没した伏見太上天皇の葬礼を境に、これまで遺骸処理から中陰仏事までのすべてを担っていた天台・真言・南都の顕密高僧の関与が大幅に減退し、中陰仏事のみを担当することになる。そして

　今日有御葬礼事〈山作所深草也、一向上人沙汰云々、御火葬〉、先是昨日浄金剛院長老本道上人参候、於御終焉之所、有御入棺之儀、即奉渡御持仏堂御聴聞所了、

とあるように(『伏見上皇御中陰記』『群書』二九―三三三頁)、浄土宗西山派の浄金剛院長老本道上人が葬送の一切を担当し、これ以後、天皇

家の葬送は念仏・禅・律の遁世僧によって担われることとなった。さらに応安七年(一三七四)に亡くなった後光厳太上天皇の葬礼からは、基本的に泉涌寺が担当することになる。このように鎌倉末を境にして、中陰仏事のみを担当する天台・真言・南都の僧と、葬送を担当する禅・律・念仏の遁世僧という形で葬礼の分業体制が成立した。また、顕密寺院においても、興福寺大乗院門跡や一乗院門跡の葬礼は律宗の寺坊がつかさどり、醍醐寺僧の墓が律僧の菩提寺で営まれるなど、律宗寺院が顕密寺院の墓寺となっている。

　このように鎌倉末より、天台・真言・南都の顕密寺院は死穢の問題から葬送に携わらなくなっている。しかし本文史料は、一五世紀においてもなお地域の真言宗寺院が葬送に携わっていたことを示している。観心寺のように、地域社会に密着して活動していた寺院にとって、地域での葬礼願望が高まるのを受けて、それに対応せざる得なかったのであろう。そこで観心寺においてもケガレの問題とのすりあわせがなされて、本文史料が生まれたのである。一和尚の場合、神事の執行責任があるとともに神主得分が支給されているため、葬祭への関与が規制されているが、この規制は寺僧一般に及ぶものとはされていない。本文史料は地域寺院が果たした社会的機能を考える上でも重要である。大石雅章「顕密体制内における禅・律・念仏の位置」「葬礼にみる仏教儀礼化の発生と展開」「興福寺大乗院門跡と律宗寺院」(いずれも『日本中世社会と寺院』清文堂、二〇〇四年)、細川涼一『中世の律宗寺院と民衆』(吉川弘文館、一九八七年)、松尾剛次「中世都市奈良の四境に建つ律寺」(『中世の都市と非人』法蔵館、一九九八年)、および真51の「賢俊菩提寺規式」の項を参照。(大石)

**両社**(四六五頁4)　応永十六年(一四〇九)三月の観心寺満衆会合起請文の神罰文(「観心寺文書」、『大古』観心寺四八三号)には

　奉始梵天・帝尺・四大天王、三界所有天衆地類、日本皇主伊勢八幡等王城鎮守諸大神祇、殊別当寺鎮護北斗七星賀利帝母天、勧請五所地主権現、惣六十余州余大小神祇、幷伽藍護法大神本願之御治罰お、可蒙違犯之身上、起請如件、

とある。ここに登場する「北斗七星賀利帝母天」と「五所地主権現」が観心寺両社であると思われる。文安二年(一四四五)の起請文でも「当山鎮護北斗七星賀利帝母幷五所明神地主権現」とみえ(同五一五号)、永正二年(一五〇五年)三月の観心寺学侶連判起請文にも「当寺観音・賀利帝・西宮地主権現・勧請五所大明神之御罰」とある(真70)。ちなみに賀利帝母(訶梨帝母)は鬼子母神(きしぼじん)のことで、安産・子育てや仏法の守護神として信仰されたインドの女神である。

　両社の規模については、近世まで時代が下るが、年月日欠観心寺伽藍寺役僧坊法式控(同五五六号)に

一　鎮守賀利帝母天宮、檜皮葺、同拝殿、七間ニ二間、瓦葺、
　(中略)
一　西宮、本社牛頭天王、東ノ宮、八幡・熊野・稲荷・□〔北〕野・吉野五社勧請、柿葺、小社〈□社、□□〉天満天神、
一　同拝殿、二間ニ五間、萱葺、

とみえる。また寛文三年(一六六三)七月二十七日河州錦部郡檜尾山観心寺伽藍寺役院中諸事往古以来式法書(「観心寺文書」東京大学史料編纂所影写本)にも、

一　鎮守賀利帝母社頭檜皮葺　七尺五寸ニ五尺六寸御神躰者毘首羯磨之作、八祖伝来云々、前燈籠一基〈古来有之〉、燈明料者堺宿屋町浄心禅門正保三年〈丙戌〉孟春吉日寄進、
一　同拝殿一宇七間二間瓦葺
　毎朝供養法　一座
　(中略)
一　西宮　本社牛頭天王〈但六尺五寸、五尺七寸〉柿葺
一　東宮〈八幡・熊野・稲荷・高野・吉野、合五社勧請、七尺五寸ニ五尺六寸宮〉、柿

葺、弘法勧請
小宮二社〈弁財天・天満天神〉、中興勧請
同拝殿一宇二間五間、萱葺〈前石燈籠一基〉
毎朝供養法　　一座
右、伽藍毎朝一座充合七座、輪番ニ二人充勤行、

とある。さらにこの史料には年中行事が記載されており、両社に関わる箇所のみ以下に掲げる。

一　毎月惣出仕之事
朔日　西宮　神祇講
八日　西宮　心経講問
十六日　於賀利帝　賀利帝講
廿三日　於賀利帝　心経講問
一　臨時之法事
正月
朔日　於賀利帝　後夜理趣三昧
同初夜　於賀利帝　陀羅尼
二月
同(朔日)初夜　於賀利帝　陀羅尼
三月
三日　於賀利帝　仁王講讃
四月
同(十四日)　於賀利帝　理趣経
陀羅尼　法花講讃
五月
五日　於賀利帝　仁王講讃
六月
十五日　於賀利帝　仁王講讃
九月
六日ヨリ九日　於西宮　朝暮法事有之
同日　於賀利帝　仁王講讃
十六日　於西宮　大般若転読

（大石）

**惣庄**(四六七頁1)　観心寺庄は、観心寺門前の寺元郷と観心寺膝下の七郷からなる。観心寺七郷は、石見川沿いの鳩原郷・太井郷・小深郷・石見川郷・小西見郷の五郷と、天見川沿いの上岩瀬郷・下岩瀬郷の二郷をいう。元弘三年(一三三三)後醍醐天皇による観心寺地頭職の付与(「観心寺文書」、『大古』観心寺三九号)、弘和三年(一三八三)長慶天皇による七郷預所職の付与(同四一号)、応永十四年(一四〇七)将軍足利義持による観心寺七郷の地頭・領家職半分の安堵(同一三〇号)、同二十四年畠山満家による観心寺庄への反銭以下臨時課役並びに検断の免許(同一三六号)、嘉吉三年(一四四三)畠山持国による観心寺庄の下司・公文職の寄進(同一八七号)など、南北朝から室町期にかけ観心寺庄の諸職が観心寺に集まっていた。遠方の荘園がほとんど退転するなか、観心寺は膝下荘園の一円支配を目指し、観心寺庄は観心寺を支える最も重要な所領となった。(大石)

**真70**(四六七頁2)　観心寺蔵。東京大学史料編纂所「観心寺文書」影写本により、『大古』観心寺五二一号、『河内長野市史』四―三七二号を参考にした。なお省略した二九名の署名は次のとおり。「信紹(花押)、俊雄(花押)、実海(花押)／秀算(花押)、鑁海(花押)、弘海／祐海(花押)、堯忠(花押)、宗実(花押)／杲照(花押)、承海(花押)、春海／忠雅(花押)、宥賀(花押)、宥仙(花押)／空鑁(花押)、宥舜(花押)、信海(花押)／良尊(花押)、宥真(花押)、実意(花押)／宥海(花押)、源金(花押)、雄吟／賢忠(花押)、頼成(花押)、竺誉／宥源(花押)、定秀(花押)」。すべて合わせると署名は三二名、そのうち二八名が花押を据えている。(大石・平)

**下僧**(四六七頁3)　学侶に対する禅衆をいう。応永十五年(一四〇八)の観心寺下僧請文は、

観心寺下僧等請文
於寺中止住之輩者、随被仰下之篇目、毎事不可奉背寺家之貴命、若違背輩出来者、当其時、可令追放坊舎給者也、仍為後代亀鑑、禅衆等謹請文、如件、
応永十五年〈戊子〉二月七日
観徳(略押)　一音(略押)　行円(略押)
(以下、二九名の署名略)

とある(「観心寺文書」、『大古』観心寺四九〇号)。この請文にはさらに永正二年(一五〇五)の追筆があり、教善以下一八名が署名を加えている。これによって観心寺の下僧の規模がわかる。

が、特に「下僧」がみずからを「禅衆」と呼んでいたことが留意される。恐らく「下僧」は学侶側からの呼び名であったと思われる。

応永二十二年の観心寺衆議評定では「下僧坊号事、堅被禁制之畢」と、禅衆の坊号が禁じられ坊号を呼んだ者も、呼ばれた者も処罰すると定めている(同四八一号)。

文明三年(一四七一)観心寺衆議評定事書では「於下僧坊者、数十八限之」とあり(同四九八号)、坊数を一八に制限されるなど、学侶方から様々な制限をうけていた。真68の「小法師」の項を参照。(大石)

**寺家往代の法度**(四六九頁1)　観心寺では、昔から入峯禁制、山臥禁制が行われていた。応永十三年(一四〇六)の次の史料(「観心寺文書」、『大古』観心寺四八九号)は、禅衆が山臥禁制に従うことを誓約した早い事例である。

(端裏書)「山臥請文」
山臥道事、当寺従往古、堅為御禁制之上者、向後全不可立其道、不可交其衆、将又就諸篇、可応寺家御命、若有違背之時者、永代被削跡、可預追放之御沙汰、仍為後代亀鏡之状如件、
　応永十三年〈丙戌〉六月廿日　一音(花押)

入峯禁制に従わず山臥と交われば追放処分をうけることを了承している。こうした入峯禁制は金剛寺でも創建当初から行われていた。建久二年(一一九二)阿観置文(真63)では修験者が山林斗藪をもっぱらにして住山を軽んじる点を禁制の理由としてあげている。恐らく観心寺においても、金剛寺と同様の理由で中世初期から山臥道が禁止されていたとみられる。

しかし中世後期になると、金剛寺・観心寺とともに同じ金剛・葛城山系にある根来寺では、山伏的な傾向を強めた行人方が学侶方を圧倒している。実際、『大乗院寺社雑事記』明応元年八月二十二日条に

紀州根比(来)山者、別当三宝院也、東寺末寺、然而山伏共聖護院之下方也、中請綾ケサ可懸之旨、禅徒方支度也、学衆方此子細ヲ申上京都、(中略)聖護院殿成敗不可然事也、

とあるように、行人方の山伏化は、学侶による行人支配という伝統的な寺内秩序を乱し、これまでの本末関係をも損ねる危険性を孕んでいた。根来寺でみられた傾向は、金剛寺にも現れている。明応四年(一四九五)の六月日法橋快延慶俊連署奉書(『「金剛寺文書」、『大古』金剛寺二二八号)によれば、金剛寺西座衆に対し、大峯・葛城両峰の修行を再興するように命じている。これが聖護院系の乗々院(上乗院)奉行の手によって発給されたことは、仁和寺—金剛寺という本末関係のほかに、寺門派聖護院門跡の支配が山伏(下僧)を介して金剛寺内に浸透しはじめていることを示す。下僧は山伏化することによって、学侶とは別の上部権力をいただくことができたのである。それだけに、観心寺においても入峯を求める下僧と、それを禁じようとする学侶の対立は、「寺家悉令破壊畢」(「観心寺文書」、『大古』観心寺三七四号)といった事態を招くほど緊張にみちたものにならざるを得なかった。(大石)

**真71**(四六九頁2)　萬徳寺蔵。本文史料は「萬徳寺文書」写真版(福井県文書館)により、『福井県史』資料編9、『小浜市史』社寺文書編を参考にした。(平)

**武田元光正昭院掟書**(四六九頁3)　本文史料と同日付で武田元光は次の判物を発給している(「萬徳寺文書」三号、『福井県史』資料編9)。

当寺依為無縁所、以思案之旨、寺法之儀条々相定畢、於向後専此旨、弥国家御祈念肝要候、恐々謹言、
　三月廿一日　元光(花押)
正昭院
　御坊

なお、網野善彦は正昭院が駆込寺であったことから、前掲史料の「無縁所」を世俗権力や俗縁から絶縁した平和領域とし、「無縁所」は俗縁を断絶する機能をもつと論じた(『無縁・公界・楽』三二頁、平凡社、一九七八年)。しかし松井輝昭・林文理が批判するように、正昭院は守護公権に支えられた特権寺院である上、前掲史料は

正昭院に特権を付与する根拠として、「無縁所」＝財政基盤の脆弱な寺院だから、と述べているだけである。網野の「無縁所」解釈は強引に過ぎるだろう。また松井が指摘するように、『日葡辞書』が無縁所を「所領もなければ檀徒などもない、孤立無援の寺、あるいは礼拝所」と述べるにもかかわらず、現実に存在した無縁の寺のほとんどはこうした無縁所像から乖離している。その理由は、その寺院が実態として無縁所であることと、権力から無縁所として認定されることとは質が異なるためである。寺院側は自らが財政基盤の脆弱な無縁所であると主張して課役の免除を求めたし、権力側も特定の寺院を無縁所と認定して経済的保護を加えた。権力から無縁所と認定された瞬間から無縁所は無縁所ではなくなるのである。松井輝昭「戦国時代の無縁所について」(『広島県史研究』六、一九八一年)、林文理「戦国期若狭武田氏と寺社」(『戦国期権力と地域社会』吉川弘文館、一九八六年)。(平)

**追放**(四七一頁1)　本文史料では正昭院住持の寺内統制権を武田氏が保障しているが、同様の例は若狭国大飯郡の真言宗中山寺に伝わる正昭院宛て武田信豊判物写でもいえる(「中山寺文書」二一号、『福井県史』資料編9)。

　当院諸寄進買得田畠山林竹木等、除臨時課役、永代知行不可有相違候、仍寺法并門中之格、其外種々条目子細、先々御判之旨、不可相違候、所々田畠之内、或代官、或領主、号名職地類、競望之族出来候共、其綺堅可令停止、山手段別等之類、可為惣寺社次之由、雖有申懸輩、不可有御承引候、代々祈願所契約、依不混自余之儀、為当家住持申合上者、門徒檀那不可有緩怠候、任附法之旨、師資相承之儀肝要候、万一寺僧・同宿・下部・地之者・披官人等、於有科者、此方江不及案内、可有御成敗候、如此於国中真言宗為棟梁間、　仏国寺殿(武田元信)・発心寺殿(武田元光)以御信仰、護身法并諸大事等御相伝候条、被成御寄付、別而御祈禱以下被仰付候、守此旨全寺務、国家御祈念所仰候、恐々謹言、

　八月十六日　　　信豊　御□(判)

正□院　御坊中

ここでは、「寺僧・同宿・下部・地之者・披官人等」の犯罪に対しては、武田氏の了解なしに正昭院が処罰できると明言しており、正昭院住持の寺内統制権を武田氏が全面的にバックアップしている。ここで留意すべきは、武田氏による駆込寺としての特権保障である。「萬徳寺文書」五号(『福井県史』資料編9)には、次の史料がみえる。

　正昭院事、当国真言衆為本寺条、祈願所ニ相定置之間、或闘諍喧嘩、或殺害刃傷、或山海之両賊、其外雖為如何様之重科人、正昭院并宝聚院江走入、就憑儀者、子細申届可為扶助、若彼主人及違乱、欲遂誅罰者、堅申付可令成安堵候、恐々謹言、

　天文十三十二月七日　　信豊(花押)

　　正昭院

　　　御坊

正昭院に駆け込んだ人物については、武田氏の了解を得たならば重罪人でも扶持してよいと述べている。正昭院住持に対する寺内統制権の容認と、駆込寺としての特権保障は、表裏の関係にあるといえる。(平)

**近年の御判**(四七一頁2)　大永四年(一五二四)に武田元光は、同日付で次の判物と寄進地目録を正昭院に発給した(「萬徳寺文書」一・二号、『福井県史』資料編9)。

　若州遠敷郡正照院寄附地事〈目録別紙在之〉、任先例令免除諸役畢、殊臨時課役、山林竹木等伐採条、堅可停止之者、法印暹応永全寺務、可被致祈念之条、如件、

　大永四年八月十六日　(武田元光花押)

　　(武田元光花押)

遠敷郡正照院寄進之地目録事

一　壱段小　　永井豊前守

一　小　　芝田貞秀

一　壱段　　神宮寺杉本坊

一　壱段　　金屋橋沙弥宗行

（中略）

一 百文〈段銭〉　温科山城入道常闇

一 屋敷一所〈光明堂立之〉　永井国基

一 畠壱所　〈金屋〉次郎衛門

（中略）

一 山壱所

一 竹藪壱所

一 壱段〈此下地ハ別而快暹ニ譲与之〉温科宗鑑母寄進之

一 大将軍田〈分米五斗、同快暹ニ譲与之〉温科又六元親寄進之

以上

右、任目録之旨、不可有相違者也、仍下知如件、

大永四年八月十六日　右京進（花押）

（平）

**抜地**（四七一頁3）　福田栄次郎によれば、抜地はその土地を年貢負担の単位である名から抜き取り、本年貢負担がかからないようにした土地。抜地の年貢は残った名耕地に負担させることになる。抜地として売買・寄進が行われれば、その土地の本年貢はその後も売主・寄進主が負担し、買主や被寄進者は本年貢の負担をしないことになる（「江北荘園の在地動向をめぐって」『駿台史学』三八、一九七六年）。（平）

**一国平均に徳政**（四七一頁4）　享禄四年（一五三一）の若狭一国徳政令については、羽賀寺年中行事に「享禄四暦辛卯、三郡百姓等依有愁訴、徳政行畢」とみえるが（「羽賀寺文書」二七号、『福井県史』資料編9）、その内容はほとんど伝わらない。天文二十年（一五五一）に武田氏が発布した徳政令は「徳政之札写」が残っており（「大音正和家文書」二四二号、『福井県史』資料編8）、次の通りである。

定国中徳政之事

一 借銭・借米、不論高利少利、無預状幷御公物等、雖有如何様之契約、可有棄破之事

一 御判頂戴族、雖有如何様之御文言、可有棄破事

一 禅居庵・詞〔祠〕堂之米銭、不可有棄破、但雖為弐文子、詞〔祠〕堂文言不分明者、可有棄破之事

（中略）

一 米之和市算用之高下之時節、申合代者、可准高利、代物兼而当秋以請取申合借物、可有棄破事

一 頼母子之米銭幷諸講米銭之事、同前

一 以口上借物幷塩手米斗、雖為買売之米銭、加利平於約諾者、可有棄破、付塩手米同前

右之条々、於違犯輩者、可被処罪科、万一此外雖有申旨、不可能許容者也、仍下知如件、

天文二拾年十一月七日　式部丞

肥前守

修理亮

この第二条では、徳政免除を確認した武田氏の判物を持っていても無効である旨、記されている。このことからすれば、本文史料第7条にみえる正昭院頼母子の徳政除外、および第9条にみえる寄進の米銭を元手にした貸し付けに対する徳政除外は、いずれも認められなかったと考えるべきだろう。なお『福井県史』通史編2七〇九頁を参照されたい。（平）

**当国真言根本の寺**（四七三頁1）　中世への転換期に成立した本末体制は、南北朝時代より流動化していった。さらに戦国時代になると、これまでになかった新たなタイプの本末関係が登場してくる。これが大名領国を単位とする本末関係である。この代表的事例が本文史料にみえる正昭院の例であり、ここでは正昭院住持による末寺統制権や寺僧統制権を武田氏が全面的にバックアップしており、武田氏が一国内の東密系寺院を正昭院を頂点に再編しようとしたことがわかる。さらに真72の武田信豊若狭国真言衆掟書では、一国全体の真言僧に正昭院での加行灌頂を強制している。正昭院住持の若狭国真言衆に対する統制は、外在的領域だけではなく、灌頂という仏教の内部にまで及んでいる。

大名権力を背景にした、末寺支配の強化は越前でも確認できる。永正十一年（一五一四）に朝倉孝景は坂北郡坪江にある曹洞宗竜沢寺の寺領と末

寺支配権を安堵している(「竜沢寺文書」三一号、『福井県史』資料編4)。また、同じく坂北郡三国の真言宗滝谷寺(たきだんじ)は朝倉氏の祈願所となることによって、末寺住持の補任権を確認されるとともに、永禄七年(一五六四)には開山制定の寺法十七ケ条および追加五ケ条を朝倉義景から承認されている(「滝谷寺文書」九九・一〇〇号、『福井県史』資料編4)。特にこの時に新たに制定された追加法には、次の条項がみえる。

一　開山以来当寺之法流相伝之諸寺、不可成他門事〈付、門中之諸僧、寺内之阿闍梨幷当寺之外、於他寺他国、不可受伝法灌頂等之事〉

一　門中之僧侶、望開壇事、為弘通利益、糺法器、従当寺可許之、末寺之阿闍梨不可許之、況不経当寺之儀而、恣灌頂等不可執行之事

一　寺内之坊主、師弟之契約無之、或死去、或退出之族、於在之者、彼跡可為院家計、同朋幷縁者親類等、惣而不可競望事

ここには、法流相伝の寺の転宗禁止と他寺他国での伝法灌頂の禁止、さらに開壇認可権の独占といった条項が見えている。朝倉氏の権力を背景にして、転派転宗を禁じるとともに、一門の伝法灌頂授与権を独占することによって、末寺に対する統制の強化を図っている様子がうかがえる。(平)

**真72**(四七三頁2)　萬徳寺蔵。「萬徳寺文書」写真版(福井県文書館)により、『福井県史』資料編9、『小浜市史』社寺文書編を参考にした。(平)

**武田信豊若狭国真言衆掟書**(四七三頁3)　本文史料と同日付で、次の奉行人奉書が国内真言宗諸寺に発給された(「萬徳寺文書」七号、『福井県史』資料編9)。

国中諸寺真言宗、対正昭院近年致疎略、剰令棄捨法流、他流他国為本企、併法流断絶基、曲事子細被　思召訖、既当国真言根本之寺、誰不信之哉、云先例、云　御下知、各無別心、尤可被致馳走、於違背之輩者、任先年之　御判之旨、可被処罪科之由、堅被　仰出候也、仍執達如件、

弘治参十一月十日　　勝高(花押)

諸寺衆僧中

武田氏が権力的に正昭院住持による伝法灌頂を国内真言衆に強制しようとしたが、東寺・仁和寺・醍醐寺・金剛峯寺などからの伝法をより権威あるものと考える潮流を容易に断ち切ることができなかった様子がうかがえる。(平)

## 第三編　天台

**天1**（四七九頁1）　良源が自署した原本一巻（重要文化財）が、京都盧山寺に伝えられている。ここでは『一千年遠忌記念　元三慈恵大師の研究』（同朋舎出版、一九八四年）に掲載されている同写真版を底本とし、『平』三〇三号および『大史』一―一三―二〇三頁を参考にした。

表題に「廿六箇条　阿闍梨公筆」、端書に「廿六箇条起請〈慈恵大僧正〉　延暦寺」と記しており、いずれも本文とは異筆である。また、延暦寺印二六三顆が押されている。（佐々木・平）

**天台座主良源起請二十六箇条**（四七九頁2）「慈恵大師二十六箇条起請」「籠山内界式」などともいう。座主就任四年目、堂塔復興などの難事業を遂行する中で、比叡山の集団規律を強化しようとする決意が示されている。講論・法儀時の饗応の過差、服務規定違犯、作法の乱れの矯正や俗界との接触、異形・暴力行為の禁止などからなる。

第1条から5条は、法会での饗応の過差を制する内容をもつ。舎利会における、別当と堂達・綱維との間の饗応（第1条）、六月会や十一月会の講師と聴衆・所司との間における饗応（第2・4条）、六月会の竪義者と威儀僧との間の饗応（第3条）、安居の講師と所司との間の饗応（第5条）が、それぞれ制せられる対象として挙げられている。これらは、当時の叡山における主要な法会が、その法会を主宰する別当や、経典を講説する講師と、法会の進行に役づきで奉仕する僧（堂達・綱維・所司・威儀）との間の、物を媒介とする人格的な結びつきに基づいて運営されていた状況であったことを示している。それは、当時の在俗の世界における主従関係のあり方が、寺院社会に反映したものと考えることもできよう。また、具体的な記述において、「煎茶」による饗応が描かれるなど、文化史的にも興味深い内容をもつ。

第6条から12条にわたる部分は、叡山の僧の破戒にも通じる行為について制したものである。第6条は、法会に出仕する僧の履きものに関する規定であり、第7条は、寺院財政を補塡するための競買に関するトラブルの抑止を命じたものである。従来、あまり注目されてこなかったが、この時期の競売の様子を知ることのできる希有な史料といえる。

続く第8条から11条は、法用儀式についてのものである。第8・9条では、布薩の法用を厳修し、また必ず聴聞すべきことが強調される。叡山僧としての基本を、梵網経による布薩におく基本姿勢がみえる。それに続く第10条では、叡山の諸法会における、讃、梵唄・錫杖・散華などの声明作法の乱れについて指摘し、先達の口伝に随い、練習をすることを求めている。また、第11条では、伝法講経の場があれば必ず聴聞しに行くように求めている。

第12条は、四種三昧の中、常行三昧以外のものが修せられない現状を歎き、年分学生の法器を選ぶことを求めている。

以上、第6条から12条は、叡山僧としての法会・修業を通じての活動内容について、現状の問題点を指摘したものといえよう。その基本は、梵網経における菩薩戒の護持を基本とし、伝法講経の修学、儀式作法の習得を命じ、最澄の八箇条式の内容に基づいた修業を求めることを主な内容とするといえよう。

次に、第13条から21条は、叡山内の僧と、在俗の者との交流によって生じた問題について指摘している。第13条では、叡山の結界を越えて僧侶の交通が自由に行われていることを指弾し、第14条では、僧の装束の華美を諌めている。第15条では、公私の檀越によって請ぜられた僧の懈怠を諌め、第16条では、破戒の食物や酒を俗人が僧に贈ることを禁ずる。また、第17条では、叡山内で牛馬を飼育することを禁じている。これらは、法会を通じ、また日常的にも俗人と叡山内の僧が結びつき、相互に交通していたことを背景とするものであるといえる。

右のことを前提として、第18条以降に、叡山における武力の問題がでてくることになる。従来、良源の二十六箇条起請で最も注目されていたのは、この部分である。第18条では、刀杖を所持した「裏頭妨法」の者が登場する。ここでは、僧としての威儀を欠くものとして処断されるものとされている。さらに第19条では、兵器を所持すること自体が、破戒行為として問題化されている。そこには、「或る僧等は、党を結びて群を成し、恩を忘れて怨を報ず。懐中には刀剣を挿著して、恣に僧房に出入りし、身上には弓箭を帯持して、猥りに戒地を往還すと。傷害の意に任すは、彼の屠児に異ならず。暴悪の身に遍きこと、なお酔象に同じ」というように、当時の状況が生き生きと伝えられている。ここにみられるような、叡山における暴力の横行は、続く第20条の叡山内における刑罰の執行の禁止、第21条の授戒の儀式に際しての私怨に基づく暴力沙汰の禁遏へと展開する。従来注目されてきた、第18条から21条にみえる武力・暴力の横行の問題は、全体を通してみるとき、その前の第13条から17条にかけてみえる、叡山僧と在俗の世間とを結ぶ、日常的な交流・交通の存在というものを前提としてはじめて歴史的に意義付けることが可能となるだろう。

さて、それに続く第22条と23条は、住山僧の把握の問題である。春秋の二季に行われる山王の御読経に参勤する僧をもって見住僧とし、それを僧房ごとに作られる房主帳によって把握する方式が述べられる。最後に、第24から26条では、法会に役づきで奉仕する綱維や堂達と、別当あるいは座主との形式的儀礼を制し、また、綱維間の礼儀秩序の遵守を求める内容となっており、全体がしめくくられている。

以上、二十六箇条起請の内容を紹介したが、そこには、一〇世紀後半という、叡山が一つの権門としての姿を明らかにしてくる時期に、どのような矛盾が山内に現れてきていたのかが、よく表れている。また、権門としての裾野に、在俗の世界との交流・交通が広汎にひろがっていたことも確認することができる。

従来、良源については、(1)有力な檀越を求めていた良源と、一族繁栄のための有力な験者を求めていた藤原師輔とが結びつき、摂関家による経済的なバックアップによって横川の整備がなされていったこと、(2)良源は、師輔の第一〇子の尋禅を弟子とし、後継者とすることで、叡山と摂関家との結合をより強化したことを基本として理解されてきた。それは、摂関期の政治秩序の中に叡山が位置づけられたことを意味するものでもある。

しかし、良源は、そうした世俗との政治的な関係を構築することで、叡山の経済的な基盤を整備する一方、広学竪義を始修するなど、叡山における教学面の整備も積極的に行っている。この良源の二つの面を総体的に理解することが重要であり、本文史料はその意味で非常に貴重な史料である。良源は菩薩戒を遵守することを基本に、教学を振興するために、諸種の法会を整備して作法を修練させ、さらに僧侶間の秩序を是正しようとする姿勢を打ち出している。しかし、良源の目指したものが、いかに困難なものであったかは、本文史料自体の内容に示されている。在俗の世界との広汎な交流・交通の展開がそれである。そしてこれが、その後の延暦寺の歴史のベースとなってゆく。なお、本文史料を概括的に論じたものに、堀大慈「良源の『二十六箇条起請』制定の意義」(『史窓』二五、一九六七年)、尾上寛仲「慈恵大師『廿六条式』と天台宗教団」(『奥田慈應先生喜寿記念仏教思想論集』平楽寺書店、一九七六年)、渡辺恵進「『慈恵大師起請二十六箇条』について」(『一千年遠忌記念　元三慈恵大師の研究』同朋舎出版、一九八四年)、武覚超「慈恵大師のご遺誡」(『天台』一一、一九八六年)などがある。(佐々木)

**良源**(四七九頁3)　延喜十二年(九一二)九月三日、近江国浅井郡に生れる。父は木津氏、母は物部氏。延長元年(九二三)一二歳で比叡山西塔理仙に師事し、同六年に受戒。天暦四年(九五〇)東宮護持僧、同五年阿闍梨。康保元年(九六四)内供奉、同二年権律師。同三年天台座主、律師。安和元年(九六八)楞厳三昧院検校、権少僧都。天禄二年(九七一)権法務。天延元年(九七三)少僧都、同二年権

大僧都、同三年大僧都。貞元二年(九七七)権僧正。天元二年(九七九)僧正、同四年大僧正。寛和元年(九八五)正月三日、横川定心房で没した。生年七四、法臘五八。弟子尋禅の奏請により永延元年(九八七)に諡号慈恵を賜った。

良源は、承平七年(九三七)興福寺維摩会の番(つがい)論義で才能を示し、これが機縁となって藤原忠平・師輔の後援を得た。村上天皇の皇子出産をめぐって祈禱師的位置を獲得。慈覚派の故地横川を整備し、応和三年(九六三)宮中で行われたいわゆる応和の宗論で、名声を高めた。座主就任直後の延暦寺大火を機に、一連の堂舎整備に努めるとともに、弟子尋禅を介して藤原摂関家よりの荘園寄進を受けるなどして経済基盤を確立し、延暦寺の綱紀粛正・修学奨励に努めた。その反面で、権門子弟の優遇による俗化や、智証門徒の圧迫による紛争の惹起、僧兵の組織化なども、繁栄の裏に必然化された。著書に『九品往生義』があり、天禄三年六一歳の時に記した自筆の遺言書『慈恵大師自筆遺告』(国宝、京都廬山寺蔵)が現存する。その遺告には、良源が直接管理する房堂の後継者の指名、諸荘園からの収入の用途区分、法具類の分与、さらに葬儀から追善のことまで記されている。平林盛得『良源』(吉川弘文館、一九七六年)、『一千年遠忌記念　元三慈恵大師の研究』(前掲)などを参照。(佐々木)

**舎利会**(四七九頁4)　円仁が在唐中、長安の諸寺で仏牙会・舎利会を見聞した(『入唐求法巡礼行記』)経験に基づき、帰朝後の貞観二年(八六〇)四月四日に延暦寺舎利会が始修された(『天台座主記』)。『三宝絵』下—一六(新日本古典文学大系三一—一七七頁)によれば、円仁が唐より多くの仏舎利をもたらし、舎利会を同年に始修するとともに、惣持院に伝えたとする。貞観八年に制定された四条式では、その第二条に

禁制供舎利会職掌僧闕怠曰、舎利会者、故座主円仁阿闍梨、誓以護国、合寺衆僧、上中下倶随喜連名、同為檀越、闍梨生前、加署奉行、豈至没後、早致背忘、況是奉酬釈迦之徳、亦乃鎮護朝家之事乎、而頃年差職掌僧、無心助修、永代事業、何不厳制、今須永為公会、世々勤修、其有闕怠之類、一准灌頂、将懲其怠、

とあり、公会として永く後代まで勤修することと定め、懈怠なきよう諌めている(『日本三代実録』貞観八年六月二十一日条)。延喜二年(九〇二)四月一日に宇多法皇が登山し、近江国滋賀郡勅旨田七町を会料として施入する(『日本紀略』)にいたり著名となった。二十六箇条制式が出された天禄元年(九七〇)には、総持院が焼亡しているが、翌年には再建され、舎利会が行われている。それについて、『日本紀略』には、「四月廿五日、庚寅、天台舎利会、幷総持院塔供養、件院去年焼亡之後、座主権少僧都良源建立之、参議以下弁・少納言・殿上侍臣・諸大夫等参集、有音楽」と記している。特に貞元二年(九七七)のものは盛大に行われたようで、『天台座主記』は、

貞元二年〈丁丑〉、四月七日、為遂往日宿念、舎利会事、営作七宝塔二基幷同輿等、新調八部衆装束三十余襲・堂荘厳具、色衆三百五十人、公家賜度者、会日以前、於比叡社頭、預行誠〔試ヵ〕楽、為荘厳地主三聖、利益当国万民也、

と記す(『日本紀略』によると同年三月二十一日)。同年四月二十一日には、京都吉田寺でも舎利会が催され(『日本紀略』)、『天台座主記』には、「次於神楽岳西吉田社北、建立重閣講堂、結構数宇雑舎、行会前習礼、悉如山儀式、是為不攀登山嶽之女人類、礼拝如来舎利、令結仏因也」とある。その後、院源によって、法興院や祇陀林寺でも舎利会を行い、広く庶民にも結縁させたことが『今昔物語集』一二—九にみえる。また藤原道長・頼通・師実など貴族も叡山に詣でて舎利会を行うなど盛行をみるにいたった。舎利会の日時については、「日ハ定レル日モナシ。山ノ花ノサカリナルヲ契レリ」(『三宝絵』下—一六)とされ、『古今和歌集』八(別離歌)には、

雲林院のみこの舎利会に、山に登りてかへりけるに、桜の花のもとにてよめる、

僧正遍昭

山風に　桜ふきまき　乱れなむ　花のまきれに　立とまるへく

幽仙法師

ことならは　君留るへく　匂はなむ　帰すは　花の　憂にやはあらぬ

という歌が詠まれている。(佐々木)

**別当**(四七九頁5)　『三宝絵』下―一六(新日本古典文学大系三一―一七八頁)には、「貞観二年ニ此会ヲ始行ヒテ、惣持院ニツタヘヲケリ。多ノ色衆ヲト丶ノヘタテ、二リノ別当ヲサス事ハナガキコト丶ナレ丶バ、人ノ力ノタフルニシタガフ」とある。法会の時に諸役を勤める諸僧を左右にわけ、それぞれを管掌する二人の別当をたてることが先例となっていたことがわかる。(佐々木)

**六月会**(四七九頁6)　弘仁十四年(八二三)六月に最澄の遺弟らによって始修された。『叡山大師伝』には、「十四年夏六月、浄刹使追尋先師之芳跡、欲創弘通之鴻基、即便与藤伴両別当、倶知識諸有道心者、藉須達之供、充饉男之鉢、馳法輪於実相之路、運含識薩雲之城、遂慈父留薬衆子倶服、如阿難之伝於金口、如憶見之聞於滅後者矣、既而抜伝燈之階、上講複之座、名曰義真、円澄、光定、徳善、徳円、円正、円仁、仁忠、道治、興善、興勝、仁徳、乗台、法門巻数、講師次第具如別也」と記されている(『伝教大師全集』五―付録四六頁)。承和十三年(八四六)の六月会から竪義が加えられ(『釈家官班記』下)、康保三年(九六六)十二月二十六日には、良源の奏上により法華十講に広学竪義を加修することの勅許を得た(『天台座主記』)。同四年は竪者辞退のため行われなかったものの、安和元年(九六八)には覚円を竪者、禅芸を探題として叡山初の広学竪義が行われた(『天台座主記』)。『慈恵大僧正拾遺伝』には「天暦九年、奉仕六月会、講師釈経問答耳目是新、世俗美麗人口自伝、就中九条右大臣家、七箇日之間、毎日給種種菓子、色色盛物等類多倍例年、以勧命、円賀、寛恵、弘延大法師等請称房大行事、或是講師上臈、然而不敢固辞之」とあり(『続天台宗全書』史伝二―二〇四頁)、藤原師輔の後援によって供菓・盛物が豪華となり、上臈の僧を行事につけるなどして法会を盛大にしている。(佐々木)

**松葉**(四八一頁1)　『大法師浄蔵伝』には、「廿五歳、隠居那智山、誓限三年、則瀧下結庵、以果大願遂、則日読蓮経六部、六時修行法、又以縄曳瀧口、満真言洛叉遍、況松葉為食、口無塩酢之味、蘿苔為衣、身無妨風之計、如此苦行、不可称計矣」とみえており(『続々群』三―四六七頁)、調理・調味されていない苦行における食を表現する言葉として「松葉」が使われている。(佐々木)

**茶煙の濃き**(四八一頁2)　当時、僧による饗応として茶がふるまわれていたことは、『扶桑略記』昌泰元年(八九八)十月二十四日条で、宇多上皇の行幸に際して「進発現光寺、礼仏捨綿、別当聖珠大法師捧山果、煎香茶、勧饗侍臣」とみえることからも確認できる。また朝廷で行われていた季御読経では、論義に先立って請僧に茶がふるまわれていたことがみえる。『親信卿記』天禄三年(九七二)八月二十四日条には、「三个日毎夕座、侍臣施煎茶於衆僧〈相加甘葛煎、又厚朴・生薑等、随要施之、紫宸殿所衆・雑色等参上、於件茶者、着於大極殿之時又同、但茶器等見所例也〉」と記され(『大史』一―一四―三九頁)、当時の煎茶の様子がうかがえる。(佐々木)

**熟食**(四八一頁3)　『扶桑略記』康保五年(九六八)条に「此天皇従東宮時有御悩、今〔去ヵ〕年春比、御薬尤劇、于時有香山聖人、只以菓子為食、不用火熟之食、又不洗手、其験殊勝云々、由夢告、有勅侍殿上、王公、卿相送百味美服供養、而数月祇候更無其験、密隠逃去」とみえ、聖として修行する者の食として火熟を用いない物が想定されていたことがわかる。(佐々木)

**加施**(四八一頁4)　加布施については、たとえば応長元年(一三一一)の伝法灌頂支度注文案(「醍醐寺文書」二函一〇四号『鎌』二四四七八号)に次のようにみえる。

一　布施等事〈随意〉

　大阿闍梨

職衆十二人
所作人四口〈各加布施有之〉
僧綱〈加布施有之〉

定められた布施のほかに、さらに与えられる布施が加布施であることを示している。また本文史料では、在俗の信者に布施の寄進をするよう勧めているが、『御堂関白記』寛弘七年(一〇一〇)五月二十八日条には「六月会講師定基許送俸〔捧〕物、縑表衣九領・同裳九腰、帷七十領・紙五百帖・唐笠六十」とあって、貴族が六月会講師に布施を送っている。(佐々木・平)

**広学竪義**(四八三頁1)「広学」の名称は、従来の竪義の論題が宗義に限られたのに対し、広く八宗にわたり論義することによるという。康保三年(九六六)に、良源の奏請によって六月会に広学竪義一名を置くことと、惣持院に阿闍梨三口を加えることが認可された。猪熊信男氏蔵『天台座主記』によれば、その時の宣下は次のようであった(『大史』一―一一―七六八頁)。

左弁官下　延暦寺
応六月会法華会加広学竪義一人事
右、得彼寺座主内供奉十禅師権律師法橋上人位良―去九月十日奏状偁、ゝゝゝ左大臣宣、奉勅依請、但先阿闍梨者、然後請其撰定也、
康保三年十二月廿六日　左少史坂合部宿禰

安和元年(九六八)、最初に行われた広学竪義では、「延暦寺始広学立義、立者覚円、博士禅芸、律師(良源)所立、三観義因明四相違」(『扶桑略記』)とみえ、良源の指示によって、三観義と因明四相違が論義されている。また『続本朝往生伝』覚運の条によれば、覚運が竪義として探題禅芸と論義したとき、良源は精義者として、両者の正邪の判別を行っており、天台座主良源が、広学竪義を総理し、指南運営にあたっていることがうかがえる。寛徳元年(一〇四四)からは十一月(霜月)会でも行われるようになり、以降両法華会竪義は広学竪義として厳修されるようになった。

また、広学竪義が六月会に加えられた翌年の康保四年に、良源は住房の首楞厳院定心房において横川四季講を始め、これを広学竪義を勤めるまでの準備階梯とした。「山門記」には

凡此講者為勧学、慈恵大師康保年中、御始行、立義者為広学立義之練習、同四年夏季始行矣、春季以三月三日為初中後、五ヶ日行之、講経者花厳経〈或六十花厳、或八十花厳〉、夏季以四月八日為初中後、五ヶ日行之、講経涅槃等経、秋季以九月九日為初中後、七ヶ日行之、講法花経・開結二経等卅講、冬季者以十月十日為初中後、五ヶ日行之、講経者大集経・大品経隔年、春夏両季有立義、竪者四人〈一季二人〉、題者四人〈同〉、立義四季在行事、別義也、四季講六七年勤仕而後、勤立義、

とあり(碓井小三郎氏旧蔵、東京大学史料編纂所謄写本二〇一五―四一六)、良源が広学竪義を基点に、叡山内の学業階梯を組織づけようと試みていることがうかがえる。(佐々木・平)

**十一月会**(四八三頁2)『釈家官班記』によれば、延暦二十年(八〇一)十一月十四日から一〇日間止観院において始修され、第五日目に竪義が行われたとする。竪者は義真、証義は大安寺僧円寂、薬師寺僧霊雲、東大寺僧慈光が勤めたとされる。また『叡山大師伝』には、「屈請十箇大徳、講演三部之経典、聴聞六宗之論鼓、是以二十年十一月中旬、於比叡峰一乗止観院、延請勝猷、奉基、寵忍、賢玉、歳光、光証、観敏、慈誥、安福、玄耀等十箇大徳」とある。大同四年(八〇九)には博士(証義)を義真、竪者を円修が勤めて以来、比叡山の僧により勤められるようになり、以後毎年行われた(『釈家官班記』)。(佐々木)

**内論義**(四八三頁3)内論義が行われた史料としては、『天台座主記』第一五権律師延昌の項に「同(応和二)年十一月十一日、於四王院、招請東西諸徳、議定内論義事、同十九日夜行之、断絶之後、経六十年、其後相続不絶」とあるものや、『山門堂舎記』食堂の項の「天元三年造九間四面食堂、七間二面雑舎、行大師供・内論義等」(『群書』二四―四七三頁)とあるものをあげることができる。(佐々木)

**安居**（四八三頁4） インドでは、夏に豪雨があり遊行することが不可能なので、比丘は一定の場所に集合して飲食寝具の供養をうけ、遊行中の罪を懺悔し仏の教誡を互いに研鑽修行しあった。これを雨安居といい、また夏安居、夏籠（げごもり）ともいう。安居の時期は、『四分律行事鈔』によると四月十六日に始め七月十五日に終わり、翌十六日を自恣（じし、互いに罪を指摘しあって懺悔すること）の日としている。その三ケ月間を一夏（いちげ）といい、はじまりを結夏（けつげ）・結制（けっせい）、終わりを解夏（げげ）・解制（げせい）という。『日本書紀』天武天皇十二年（六八三）是夏条に僧尼を招いて宮中で行ったとあるのが文献に見える最初。延暦二十五年（八〇六）には、十五大寺と諸国国分寺において、毎年の安居に最勝王経に仁王般若経を副えて講経することとされ、元慶元年（八七七）には、諸大寺の安居において、法華・最勝・仁王般若経の三部経に加え、各寺の本願経を講ずることとされている（『類聚三代格』）。『延喜式』玄蕃式4安居条に、十五大寺の安居は「起四月十五日、尽七月十五日、分経講説」することとされ、東大寺では法華・最勝・仁王般若・理趣般若・金剛般若経を、弘福寺では法華・最勝・維摩・仁王般若経を、東寺では法華・最勝・仁王般若・守護国界主経を、その他十二大寺では法華・最勝・仁王般若経を講説するものと定めている。『山門堂舎記』首楞厳院の項には「草創以後三百余歳、深守慈覚大師之誓願、□□□□鎮護之祈禱、日々夜々未曾廃退、其中九旬毎迎六斎日之朝、偏奉為聖朝安穏、奉講讃最勝王経、仁王経、法花経、即号安居講者是也」と記されている（『群書』二四―四八三頁）。また、『天台座主記』の増命の項には、中堂における安居について、「喜慶座主伝云、喜慶、延喜六年四月八日以来安居始行、以供花備瑠璃壇、昼夜十二時無懈、至七月十四日結願日、金泥法華経一部書写供養、導師験者相応内供也、説法清美、聞人皆感涙、其後始不断安居、于今不絶、供花無間、講三部長講、読誦法花、問答決疑云々、〈已上伝文〉」と記されている。（佐々木）

**戒律の指すところ**（四八五頁1） 比丘の具足戒二五〇の中『四分律』二一では、百衆学法の第五八として「木屐を著せる者の為に説法すること得ざれ」とあり、第六二に「革履を著けて仏塔中に入ること得ざれ」、第六三に「革履を捉りて仏塔中に入ること得ざれ」とある（『大正蔵』二二―七一〇頁）。また『十誦律』二五には「今より木屐、多羅奢屐、竹屐、竹葉屐、文若屐、婆毘屐を著くるを得ず、若し畜ふれば突吉羅罪なり」とあり（『大正蔵』二三―一八三頁）、戒律の一つとして、木屐を著けないこと、革履をはいたり、持ったりして仏堂内に入らないことが定められていた。（佐々木・平）

**羯磨物**（四八五頁2） 東大寺では五月二日の聖武天皇の国忌御斎会に先立ち、二月二十五日に大衆が食堂に集会して、「以見沽納其直物、勤仕会事」していたという（『平』四六八号）。赤松俊秀は、これを僧らの所用物資である「見沽」を食堂で競売し、それで得た米（「直物」）をもって御斎会を執行したと解し、本文史料当該条にみえる競売が東大寺でも行われていた事例であると述べている。赤松俊秀「東大寺領大和国春日荘について」（『古代中世社会経済史研究』平楽寺書店、一九七二年）を参照。（平）

**布薩**（四八九頁1） 『慈恵大僧正伝』には「天禄二年四月十五日、於楞厳院、始修毎月二度布薩、先是和尚毎日誦習梵網十重四十八軽、至于当日、登高座誦禁戒之間、唱梵網二字、毎日唱一字、戒光出口、容顔赫燦、左右観者以為神異焉」という記述がみえ（『群書』五―五五七頁、『続天台宗全書』史伝二―一九五頁）、良源が布薩を重視し、天禄二年（九七一）より楞厳院において始修したことが確認できる。（佐々木）

**一華百億の仏々相伝え…**（四八九頁2） 『梵網経』上には、蓮華蔵世界について、「我已百阿僧祇劫修行心地、以之為因初捨凡夫成等正覚号為盧舎那、住蓮花台蔵世界海、其台周遍有千葉、一葉一世界為千世界、我化為千釈迦拠千世界、後就一葉世界、復有百億須弥山百億日月百億四天下百億南閻浮提百億菩薩釈迦、坐百億菩提樹

下、各説汝所問菩提薩埵心地、其余九百九十九釈迦、各各現千百億釈迦亦復如是、千花上仏是吾化身、千百億釈迦是千釈迦化身、吾已為本原名為盧舎那仏」と記されており(『大正蔵』二四—九九七頁)、千葉の一つ一つが百億の世界を含む大蓮華の世界で、毘盧舎那仏はその中央の台座に坐して、千の化身の釈迦仏を現し出すものとして描かれる。本文史料もこれを受けたものと考えられる。(佐々木)

**もし菩薩戒を受け**…(四九一頁1)　『梵網経』下には「仏告諸仏子言、有十重波羅提木叉、若受菩薩戒不誦此戒者、非菩薩非仏種子」とある(『大正蔵』二四—一〇〇四頁)。(佐々木)

**もし仏子禁戒を護持し**…(四九一頁2)　『梵網経』下には、「若仏子、護持禁戒、行住坐臥日夜六時読誦是戒、猶如金剛、如帯持浮嚢欲度大海如草繫比丘、常生大乗善信」とある(『大正蔵』二四—一〇〇七頁)。(佐々木)

**もし布薩の日**…(四九一頁3)　『梵網経』下には、「若布薩日新学菩薩、半月半月布薩誦、十重四十八軽戒、時於諸仏菩薩形像前、一人布薩即一人誦、若二人三人乃至百千人亦一人誦、誦者高座、聴者下坐、各各披九条七条五条袈裟、結夏安居一一如法」とある(『大正蔵』二四—一〇〇八頁)。(佐々木)

**散**(四九三頁1)　仏・菩薩の来迎時、あるいは仏・菩薩をほめたたえる時に、天空から花が降ったという経説に由来して、法要の際に花を散布して仏に供養する。(佐々木)

**二月**(四九三頁2)　『三宝絵』下(修二月)には「此月ノ一日ヨリ、モシハ三日、五夜、七夜、山里ノ寺々ノ大ナル行也。ツクリ花ヲイソギ、名香ヲタキ、仏ノ御前ヲカザリ、人ノイルベキヲイル、コト、ツネノ時ノ行ニコトナリ」と記されている(新日本古典文学大系三一—一五四頁)。(佐々木)

**大師供の讃衆**(四九三頁3)　『三宝絵』下(霜月会)には、「十日講ヲハリテソノアクル朝廿四日、大師供ヲオコナフ。霊応図ヲ堂ノ中ニカケテ供養ズ。供物ヲ庭ノマヘヨリオクルニ茶ヲ煎ジ、菓子ヲソナフ。天台ノ昔ニ奉供スルニヲナジ。花ヲサヽゲ、香ヲツタフ。震旦ノ煙ヲ思ヤル。時々鐃鈸ヲウチ、カタヽヽ、画讃ヲトナフ。スベテ天竺、震旦、我国ノ諸道ノ祖師達ヲモ、供ヲソナヘテ同クタテマツル。画賛ハ顔魯公ガ天台大師ヲホメタテマツレル文也。智證大師モロコシヨリ伝ヘタル也」とあり(新日本古典文学大系三一—二二〇頁)、具体的に大師供の法会のあり方をうかがうことができる。ここでの讃衆は、画讃を唱える役の僧である。またその画讃は、七言九〇句よりなる、天台大師智顗画像の讃文である。『山門堂舎記』の食堂の項には、「仁寿四年十一月廿四日慈覚大師依国清寺風、始修天台大師供」とある(『群書』二四—四七三頁)。(佐々木)

**もし仏子一切処**…(四九五頁1)　『梵網経』下に、「若佛子、一切処有講毘尼経律、大宅舎中講法処、是新学菩薩応持経律巻至法師所聴受諮問、若山林樹下僧地房中、一切説法処悉至聴受者、犯軽垢罪」とある(『大正蔵』二四—一〇〇五頁)。(佐々木)

**年分の学生**(四九五頁2)　毎年諸宗・諸大寺に一定数の度者枠を設け、その中でおのおの所定の経論による試験に通った者に官度を許可する制度。その源流は、持統天皇十年(六九六)に、金光明経読誦のために毎年十二月晦日に浄行者一〇人を度したことにみられるが、奈良時代の実態は不明。延暦二十二年(八〇三)に年分度者の学業を三論・法相各五人と定め、さらに大同元年(八〇六)には最澄の上表に基づいて、年分度者を一二名とし、その学業を華厳二人、天台二人、律二人、三論三人(成実一人を含む)、法相三人(倶舎一人を含む)に分けて競学させた(『類聚三代格』延暦二十五年正月二十六日官符)。承和二年(八三五)空海の上表により真言宗に三人が認められた。弘仁十四年(八二三)最澄の上表により、天台宗の年分度者二人は、比叡山で桓武天皇の国忌日に得度させることを認めて以降、宗と寺の固定化が始まり、天長元年(八二四)に高雄寺に一人、仁寿元年(八五一)に海印寺に二人、貞観元年(八五九)に嘉祥寺に三人というように、特定寺院に当てられる「寺分」の年分度者が次第に増加され、その学業や得度期日はそれぞれ異なるものとなった。延暦寺の年分度者は、先の二人に続いて、嘉祥三年(八五〇)十二月十四日官符によって二人が、同年月十六日官符によってさらに二人が加えられた。また、貞観元年八月二十八日官符により、賀茂名神分一人・春日名神分一人が加えられ、仁和三年(八八七)三月二十一日官符により、大比叡名神分一人・小比叡名神分一人が加えられ、九世紀末の段階で、延暦寺には計一〇人の年分度者が認められていた。良源が天台座主であった時期の康保五年(九六八)正月には、楞厳三昧院に三人の年分度者が置かれている(『大史』一―一二一―一六七頁)。(佐々木)

**八箇条式**(四九五頁3)　本文史料は山家学生式のうち八条式の一条目と三条目を要約したもの。原文は次の通り(『伝教大師全集』一―一三頁)。

(第一条)凡天台宗得業学生、数定一十二人者、六年為期、一年闕二人、即可補二人、其試得業生者、天台宗学衆、倶集会学堂、試法華・金光明二部経訓、若得其第、具注籍名、試業之日、申送官、若六年成業、預試業例、若不成業、不預試業例、若有退闕、具注退者名并応補者名、申替官、

(第三条)凡得業学生、心性違法、衆制不順、申送官、依式取替、

天台法華宗の確立を目指した最澄は、叡山に南都から独立した大乗戒による戒壇を設立することを企図した。そこで、弘仁九年(八一八)五月、天台宗に与えられた年分度者の受戒と受戒後の修行・任用などについての規定を立案し、嵯峨天皇の裁許を請い(「六条式」)、同年八月にはそれについての細則を取り決めた「八条式」を奏上し、また翌年三月には、寺院・戒律などに大乗・小乗の別があることを述べ、大乗戒による一向大乗寺の建立を明示した「四条式」を上呈した。特に「四条式」に対しては南都の僧綱たちから反対の声があがり、朝廷も許可しなかったため、最澄は改めて『顕戒論』を著して再反論した。最澄が求めた大乗戒壇の建立については、最澄の死後七日目に勅許された。(佐々木)

**得業の学生**(四九五頁4)　弘仁九年(八一八)五月十五日に最澄が著した「比叡山天台法華院得業学生式」には、叡山の得業学生についての規定が次のようにみえる(『伝教大師全集』一―一二一頁)。

安定止観得業学生九人、長転長講法華金光仁王等経、一日不闕、安定遮那得業学生九人、長転持念遮那孔雀守護等経、十五歳以上、有道心童、二十五以下、有信心者、先取要契、正身手実、列名定位、為得業生、読三部為上、読二部為中、読一部為下等、中道心為上、生中有勇、才功倶秀、依次試業九年、不堪試業者、並解退得出、身意常住叡山、一十二年、随式勤業、国宝国師、及以国用、自他倶利、疾遷六師、永入三徳、

ここでは、止観・遮那業それぞれ九人としているが、八条式では、六人ずつにされた。(佐々木)

**籠山一十二年**(四九五頁5)　『顕戒論』下の「開示住山修学期十二年明拠　四十六」には、「謹案蘇悉地羯羅経中巻云、若作時念誦者、経十二年、縦有重罪、亦皆成就、仮使法不具足、皆得成〈已上経文〉、明知、最下鈍者、経十二年、必得一験、常転常講、期二六歳、念誦護摩、限十二年、然則、仏法有霊験、国家得安寧也」とあり(『伝教大師全集』一―一五三頁)、一二年を限ることの根拠が示されている。(佐々木)

**四種三昧**(四九七頁1)　四種とは、常坐(一行)・常行(念仏)・半行半坐(法華)・非行非坐(覚意)を指す。三昧とは、定・等持とも訳され、心を一境に集中して散乱させない状態を意味する。最澄はこの四種三昧を、天台学生の止観業の科目とした。最澄は弘仁三年(八一二)七月、比叡山に法華三昧堂を造って法華三昧を始修したといい、また後に円仁は、その遺志をついで常行三昧堂を建立した。

『山門堂舎記』の法花堂の項には、「弘仁三年七月上旬、伝教大師建立、実簡浄行衆五六以上始不断香、至于今香煙猶薫、燈火未滅山里之

間、伝燈此火、為常燈之火」とある。また常行三昧院の項には、「此堂四種三昧之其一也、伝教大師弘仁九年七月廿七日、分諸弟子配四種三昧、令慈覚大師経始常坐三昧堂、同年九月土木功畢、自入三昧六年修行、大師承和五年入唐、十五年帰山、新建立常行三昧堂」と記されている(『群書』二四―四七〇頁)。(佐々木)

**同式**(四九七頁2)　八条式の第四条は次の通り(『伝教大師全集』一―一四頁)。

凡此宗得業者、得度年、即令受大戒、受大戒竟、一十二年、不出山門、令勤修学、初六年聞慧為正、思修為傍、一日之中、二分内学、一分外学、長講為行、法施為業、後六年思修為正、聞慧為傍、止観業、具令修習四種三昧、遮那業、具令修習三部念誦、

得業の学生は得度・受戒すると、一二年間、叡山に籠もって四種三昧などを修学すると規定されている。(平)

**常行三昧**(四九七頁3)　『般舟三昧経』に基づく修行方法を止観によって組織づけた行法。九〇日を一期として、阿弥陀仏像のまわりを歩きながら口に念仏を唱え、心に弥陀仏を念ずるもの。比叡山では、円仁が五台山の念仏を伝えた行儀と融合して浄土信仰が普及した。

『山門堂舎記』の常行三昧院の項には、円仁が「仁寿元年移五台山念仏三昧之法、伝授諸弟子等、永期未来際始修弥陀念仏、貞観六年正月十四日子時、慈覚大師遷化、遺言始修本願不断念仏、念仏之軌躅邈矣大哉、昔斯那国法道和尚入定、現身往生極楽国、親聞水鳥樹林念仏之声、和尚出定以伝彼法音流布五台山、慈覚大師入唐求法之時登五台山、一夏之間学其音曲、又伝叡岳、師資之所承不可輙置者也」と記す(『群書』二四―四七一頁)。(佐々木)

**内界の地際**(四九七頁4)　「弘仁九年比叡山寺僧院等之記」では、籠山する僧侶のための結界として「東限比叡山並天之埴、南限登美渓、西限大比叡北峯・小比叡南峯、北限三津浜・横川谷」と記され、初期の状況を知ることができる。また『叡岳要記』上は叡山の結界についての史料を次のようにあげている(『群書』二四―五〇五頁)。伝教大師結界は「東限比叡社并天埴、南限登美渓、西限大比叡峯小比叡南峯、北限三津浜横川谷」、延暦寺と賀茂上下社との堺相論を弁定した弘仁九年(八一八)三月十八日の太政官牒は寺家四至を「西限親林寺〈号下水飲〉、北限楞厳院北渓〈横川谷〉」とする。また仁和元年(八八五)十月十五日の太政官符の四至は「東限江際、南限富谷、西限下水飲、北限楞厳院」とする。(佐々木)

**禁色の衣服**(四九九頁1)　天長元年(八二四)七月五日の延暦寺禁制式の第一条には「凡仏子、衣服色者、不得著五大之色、所以大師存日、告言、我宗出家衆、可衣服著、以唐袈裟色、不許交互異色、准麁細軽重、随所堪耳、故知梵網経壊色、意在於此、依遺教、勒状告知也」とあり(『天台霞標』〔『大日本仏教全書』一二六―五二二頁〕)、最澄の遺教により叡山の僧が唐袈裟色の法服を壊色として著けることとされている。しかしその制式はあまり守られなかったらしく、『日本三代実録』貞観八年(八六六)六月二十一日条の四条式の四条目には、「禁制山僧着美服曰、美麗衣裳、先師所制、故座主円仁闍梨、亦加厳制、而山僧等猶頗有着、雖是親族所与檀越所施、而猶違先式、損山家風、今須一切禁断蘇芳滅紫青赤白橡等之色、専以壊色、為其衣裳、若有違犯者、不預衆例」とみえている。(佐々木)

**同前の式**(四九九頁2)　八条式第五条の原文は、次の通り(『伝教大師全集』一―一四頁)。

凡比叡山一乗止観院、天台宗学生等年分、并自進者、不除本寺名帳、便入近江有食諸寺、令送供料、但冬夏法服、依大乗法、行檀諸方、蔽有待身、令業不退、而今而後、固為常例、草庵為房、竹葉為座、軽生重法、令法久住、守護国家、

(平)

**天台の円教**(四九九頁3)　中国の教相判釈において、究極の教えとみなされたものを円教と名づけた。天台智顗は、すべての経典を内容から三蔵教・通教・別教・円教の四つに分類し、法華経は円教のみを説いたものと位置づけた。台

密では、密教を加えて一大円教とした。(佐々木)

**経王**(五〇一頁1)　『法華経』巻六の薬王菩薩本事品には「又た帝釈の三十三天の中に於て王なるが如く、此の経も亦復た是の如し。諸経の中の王なり」とある(『大正蔵』九―五四頁)。(佐々木)

**大師の遺誡**(五〇三頁1)　『叡山大師伝』は、弘仁十三年(八二二)四月の遺誡として「亦山中同法依仏制戒、不得飲酒、若違此不我同法、亦不仏弟子、早速擯出、不得令践山家界地、若為合薬、莫入山院」(『伝教大師全集』五―附録三九頁)と記す。また承和三年(八三六)に円仁が制した首楞厳院式の第二条には「凡院内一衆、至童子、不得飲酒、若飲酒者、不得交僧」とある(『天台霞標』〈『大日本仏教全書』一二六―五二五頁〉)。(佐々木)

**東西の坂下**(五〇三頁2)　中世の東坂本は、南の穴太(あのう)、北の苗鹿(のうか)などを含む広い地域をいうが、本文史料では、延暦寺・日吉社の門前の地を指している。西坂本は、雲母坂登山口付近一帯の、現在の修学院・一乗寺付近を指す。(佐々木)

**代々の聖帝…**(五〇三頁3)　天禄元年(九七〇)段階までの御願によるものを『山門堂舎記』より列記すると、定心院が仁明天皇、総持院が文徳天皇、随自意堂が清和天皇、安楽院が陽成院、延命院・新延命院が朱雀太上天皇の御願で建立されている。その他、四王院の四天王像は文徳天皇の御願によって鋳造されているし、護念院などは延喜以降代々の御願による仏事を勤仕するとしている。(佐々木)

**貞観元年九月十七日の官符**(五〇三頁4)　四条式の第三条は次の通り(『日本三代実録』貞観八年(八六六)六月二十一日条)。

　禁制寺裏養馬曰、太政官去貞観元年九月十七日牒偁、伽藍之風、潔浄為本、況深山絶頂、豈有損穢乎、今聞、或妄養乗馬、踏汚仏壠、食損庭花、自今以後、莫令更然、若乖此制、有濫犯者、一度教喩、返与其主、再有犯者、須捉其馬送於左右馬寮、而愚昧僧等、猶致違犯、雖捉其馬送於寮家、各有所託、随即返請、寺司徒有送馬之煩、僧徒都無慎制之意、今須捉馬送寮之日、申請上宣、令寮勤守、若其馬主改心懺悔者、寺家申官、令寮返与、若不触寺司、請返之類、勿歯僧中、

文中に貞観元年九月十七日の太政官牒が引用されている。(佐々木)

**裹頭**(五〇五頁1)　『慈恵大僧正伝』(『続天台宗全書』史伝二―一九三頁)によれば、承平七年(九三七)の維摩会に先立つ論義で、良源と義昭が第一番を勤めることになったのに際し、「和尚観論壇席、南都悪僧、裹頭横杖、邀之行路、皆曰、義公者、南都之偉器也、汝何相敵矣、天不可階、蓋此謂歟、若詞語不明、理趣不尽、則将加杖木、令知止足之分、及聞和尚懸河之詞、凶暴之侶、咸跪路畔、投杖叉手、還悔前過」とあり、裹頭横杖の姿で良源に圧力をかける南都の悪僧についての記述がみえている。また寛弘九年(一〇一二)に藤原道長が息子(顕信)の受戒のため比叡山に登ったところ、騎馬での登山が不敬だとして「裹頭法師」が道長一行に飛礫をあびせている(『小右記』寛弘九年(一〇一二)五月二十四日条)。また、鎌倉幕府法の追加法七四、および追加法三八七(国35)では、僧侶が裹頭して鎌倉中を横行することを禁じている。

　しかし裹頭は通常、全面禁止されていたのではない。たとえば天福元年(一二三三)の維摩会では、興福寺政所から次の触文が出されている(『維摩会講師研学竪義次第』〈『大史』五―九―二八五頁〉)。

　今年維摩会異例年之条、満寺定存知歟、裹頭一向被停止了、但於有聴聞志之輩者、於金堂之辺裹頭、自東廾北戸、可被入堂内也、各随便宜、或上階中室之馬道辺、或金堂・廻廊・西室・南小端之程、自此辺可被裹頭也、不可被徘徊金堂前、又不可有勅使・探題・竪義出仕之見物之儀、諸方一向守此式、不可有違乱之旨、依政所仰、奉触之状如件、

　天福元年十月九日　　五師大法師経真

この年は九月に藻壁門院が産死して天下諒闇と

なったため、延年舞を中止するなど異例の措置が講じられたが、大衆の維摩会聴聞は認められた。この触文では、諒闇であるため今回は裏頭を一切禁止すると通告している。しかし全面禁止したのではない。聴聞衆が裏頭する場所や、堂内に入るべき扉を事細かに指示しており、聴聞衆はむしろ裏頭するのが常態であった。今回は諒闇であるため、裏頭姿で堂外を徘徊するのを憚ったために触文が出されたのであって、裏頭一般が常時規制されていたわけではない。事実、『春日権現験記絵』の維摩会の場面では(『続日本の絵巻』一三、五四頁、中央公論社、一九九一年)、聴聞衆が全員裏頭している場景が描かれており、聴聞衆が裏頭するのはむしろ通常のことであった。

同様のことは延暦寺においてもいえる。永久二年(一一一四)延暦寺に改めて兵仗禁止が命じられた際、『中右記』永久二年七月二日条は次のように記している。

只山上非講莚之聴聞外、可被停止裏頭也、山上法師原、裏頭成悪事也、仰云、山上之習、忽不可被制事歟、但成悪事時、可有制歟、

検非違使別当の藤原宗忠が「延暦寺では法会の聴聞以外は裏頭を禁止すべきだ」と進言したところ、白河院は「悪事を行った者たちの裏頭を禁ずるのは当然だが、これまでの慣習もあるのでそれ以外の規制はむずかしいだろう」と返答している。いずれにしても、ここでも聴聞の場での裏頭が当然視されており、延暦寺での裏頭は聴聞以外の場でも相当広く容認されていた。

朝廷で実施された法会についても同様である。延慶四年(一三一一)三月に持明院殿で行われた院尊勝陀羅尼供養では、二年前の供養で混乱があったため、あらかじめ裏頭を禁止することを通告していた。しかし当日、「見聞裏頭之輩」が聴聞させるよう要求して出仕僧の入場を阻んだため、やむなく袈裟で裏頭した者だけは入堂を認めて供養を終えている(『門葉記』六三―五四八頁)。ここでも、院尊勝陀羅尼供養では聴聞衆の裏頭が一般的であったことを示している。なお東大寺は神輿帰座に際して仁和寺の院家に「率門弟等、為裏頭之儀、可令供奉給」と求めており(『鎌』三三七四六号)、裏頭がもともと慎みの表現であったことを示している。(佐々木・平)

**不断念仏**(五〇五頁2)　『三宝絵』下の「比叡不断念仏」には、「仲秋ノ風スヾシキ時、中旬ノ月明ナルホド、十一日ノ暁ヨリ十七日ノ夜ニイタルマデ、不断ニ令行也〈故結願夜修行三七日也、唐ニハ三七日行ト云、我山ニハ三所ニ分テ一七日行也、合三七日也云々〉、身ハ常ニ仏ヲ廻ル。身ノ罪コトヾヽクウセヌラム、口ニハ常経ヲ唱フ、口ノトガ皆キエヌラム、心ハ常ニ仏ヲ念ズ、心ノアヤマチスベテツキヌラム」と記されている(新日本古典文学大系三一―二〇六頁)。(佐々木)

**仏子瞋りを以て…**(五〇七頁1)　『梵網経』下には、「仏言、仏子、不得以瞋報瞋以打報打、若殺父母兄弟六親不得加報、若国主為他人殺者、亦不得加報、殺生報生不順孝道、尚不畜奴婢打拍罵辱、日日起三業口罪無量、況故作七逆之罪、而出家菩薩無慈報讎、乃至六親中故報者、犯軽垢罪」とある(『大正蔵』二四―一〇〇六頁)。(佐々木)

**仏子一切の刀杖…**(五〇七頁2)　『梵網経』下には、「若仏子、不得畜一切刀杖弓箭鉾斧闘戦之具、及悪網羅殺生之器、一切不得畜、而菩薩乃至殺父母尚不加報、況余一切衆生、若故畜一切刀杖者、犯軽垢罪」とある(『大正蔵』二四―一〇〇五頁)。(佐々木)

**屠児**(五〇七頁3)　『倭名類聚鈔』(風間書房本、一〇頁裏)は屠児の和名を「えとり」とし、「屠牛馬肉、取鷹鶏〔鸆ヵ〕餌」る者と解説している。また、『延喜式』臨時祭式61鴨社南辺条は賀茂御祖社の四至および南辺での「濫僧・屠者」の居住を禁止した。こうした屠殺者への差別意識の形成は、仏典にみえる「屠児」と日本の被差別民とを習合させる一方、「屠児」「屠者」「屠膾」といった語を、相手を罵倒する時の暴言として社会に定着させてゆくことになる。三善清行は『意見十二箇条』で、腥膻を食らう濫悪の僧を「屠児」

の如しと非難しているし、本文史料でも良源は兵仗禁止に従わない悪僧を「屠児」に異ならずと難じ、また永延二年(九八八)尾張国郡司百姓たちは国司と「濫悪之子弟郎等」を「屠膾之類」と罵倒している(『平』三三九号)。

なお戸田芳実は、在地領主が武士団という特殊な暴力組織によって百姓を抑圧したことが、武士＝屠児観を百姓側に定着させた要因であると指摘した。それをうけて平雅行は、武士への抵抗が寺社勢力との結びつきの中で達成されたことが、仏教的な武士＝屠児観を民衆的世界に定着させた根本要因であると述べている。戸田芳実「国衙軍制の形成過程」(『初期中世社会史の研究』東京大学出版会、一九九一年)、平雅行「殺生禁断と殺生罪業観」(『周縁文化と身分制』思文閣出版、二〇〇五年)。(平)

**一宗の…喧し**(五〇七頁4)　この様な状況は一〇世紀の前半には、既に確認することができる。『如法経濫觴類聚記』所収の延長四年(九二六)前唐院禁制によれば、

前唐院禁制

不可乱入如法堂状

右、慈覚大師為法界衆生、為鎮護国家、為利益衆生、為住持仏法、為証成菩提、刻造如法之観音像、繕写如法之法華経、安置此堂、誡徒衆言、此是十方諸仏遊行之処、天龍八部栖止之砌也、異諸同法衆、不可以不浄心乱入者、而伝聞、年来常住大衆、往来諸人、任意競入、多致濫吹、自今已後、不論親疎、莫令乱入、各守遺誡、不得忽緒矣、

延長四年三月十九日

別当大法師

とあり(『大史』一―五―八八七頁)、大衆および彼らと結んだ諸人が前唐院に乱入して、狼藉を行っていたことが、問題となっている。また、本文史料が出された当時、武器を所持した僧たちが活動していたことは、『今昔物語集』三一―二四に説話化されている。それは、祇園別当良算と延暦寺との対立をモチーフとしたものであるが、そこには「良算、敢テ事ト不為ズシテ、□ノ公正、平ノ致頼ト云フ兵ノ朗等共ヲ雇寄セテ、楯ヲ儲ケ、軍ヲ調テ待ケル間ニ、座主此ヲ聞テ、弥ヨ嗔テ、西塔ノ平南房ト云フ所ニ住ケル睿荷ト云ケル僧ハ、極タル武芸第一ノ者也、亦彼ノ致頼ガ弟ニ、入禅ト云フ僧有ケリ、□極タル兵也、此ノ二人ヲ祇園ニ遣テ、良算ヲ令追ルニ、此ノ二人、彼ノ所ニ行テ」とみえており、座主の良源が叡山に住む武芸に長けた僧を遣わして、良算を追却する様子が描かれている。このような説話が良源に仮託されて語られた背景には、良源が座主職にあった天元四年(九八一)に、法性寺座主職をめぐって慈覚門徒と智証門徒との対立が起こり、それが後に続く両門徒の対立の発端となったことがある。同年十一月二十九日に智証門徒の余慶が法性寺座主に任じられるが、それに対し「于時慈覚大師門徒云、法性寺座主者、建立太政大臣貞信公以慈覚大師門人而補任之、仍長者四代之間、奏任座主九人、他門不交、而第五長者、当時太政大臣誤違旧蹤、以智証大師門徒余慶奏任第十座主、仍慈覚大師門徒僧綱、阿闍梨等廿二人、諸院、諸寺従僧百六十余人引率、参向関白太政大臣里第、僧徒失礼、有濫吹事」(『扶桑略記』天元四年十二月条)とみえており、後に盛んとなる強訴のかたちがみえはじめている。ここで関白藤原頼忠第に押し寄せ濫吹に及んだ僧徒の姿の背景には、本条で禁制された武器を所持する多数の僧の存在があったと考えられる。(佐々木)

**惜道の勇士**(五〇九頁1)　本文史料では、武装解除に随わない者を捕縛するよう「惜道の勇士」に命じている。この点からすれば、「惜道の勇士」は当然、武装していたと考えるべきであり、座主直属の武力とみることができる。つまり本条は、延暦寺での武力を全面禁止したものではなく、天台座主による武力の一元的掌握を企図したものである。中世の史料で良源はしばしば僧兵の創始者とされているが、それはいわれのないことではない。辻善之助は本文史料をもとに僧兵創始者説を否定したが(「僧兵の起源」『日本仏教史之研究　続編』金港堂書籍、一九三一年)、「惜道の勇士」の存在を辻は見落としてい

る。なお衣川仁「中世前期の権門寺院と武力」(『中世寺院勢力論』吉川弘文館、二〇〇七年)、平雅行「中世寺院の暴力とその正当化」(『九州史学』一四〇、二〇〇五年)を参照されたい。(平)

**二十三箇条の制式**(五〇九頁2) 諸本にみえるが、ここでは『天台霞標』所引の二十二条式の当該条項(第四条)を掲げておく(『大日本仏教全書』一二六―五二二頁)。

凡仏子以慈悲為心、以柔軟為語、所以大師存日告云、我同法一衆、不打童子、又於院内、不得刑罰、若不随意、不我同法、非仏弟子、非学仏法人也、因茲今録大師語、告示後代、為護持仏法、各勿刑罰、不得指掌尚打童子、為有違犯、非同山衆、名為異類之人、異類之人豈同院哉〈第四条〉

現在、伝わっているのは一五箇条のみ。なお本文史料の「二十三箇条」は「二十二箇条」の誤りであった可能性が大である。(平)

**菩薩は応に一切衆生の…**(五〇九頁3) 『梵網経』下には、「若仏子、自瞋教人瞋、瞋因瞋縁瞋法瞋業、而菩薩応生一切衆生中善根無諍之事、常生悲心、而反更於一切衆生中、乃至於非衆生中、以悪口罵辱加以手打、及以刀杖意猶不息、前人求悔善言懺謝、猶瞋不解者、是菩薩波羅夷罪」とある(『大正蔵』二四―一〇〇五頁)。(佐々木)

**なお奴婢を畜え…**(五〇九頁4) 『梵網経』下には、「仏言、仏子、不得以瞋報瞋以打報打、若殺父母兄弟六親不得加報、若国主為他人殺者、亦不得加報、殺生報生不順孝道、尚不畜奴婢打拍罵辱、日日起三業口罪無量、況故作七逆之罪、而出家菩薩無慈報讎、乃至六親中故報者、犯軽垢罪」とある(『大正蔵』二四―一〇〇六頁)。(佐々木)

**授戒**(五一一頁1) 『三宝絵』下(比叡受戒)では、大乗菩薩戒が最澄によって伝えられ、叡山に戒壇院を建てるにいたった次第や、この大乗戒がすぐれていることを、梵網経、心地観経、大智度論などの諸経論を引用して述べている(新日本古典文学大系三一―一八五頁)。また、授戒の期については、寛平七年(八九五)十月二十八日の太政官符に「四月十五日以前定戒日行之」とある(『類聚三代格』)。その後、受戒者が増加したため授戒は二日以上にわたるようになり、一〇世紀には秋の授戒も行われるようになっている。中世では四月八日・十一月八日の二季の授戒が恒例となった。松尾剛次『新版鎌倉新仏教の成立』(吉川弘文館、一九九八年、一二四頁)を参照。(佐々木)

**他寺の僧及び沙弥童子**(五一一頁2) 『叡岳要記』に引く延長五年(九二七)の太政官牒には

太政官牒　延暦寺
右、左大臣宣、奉勅曰、年来延暦寺受戒、当寺他寺相交登壇、論師主上下、或争官符前後雑乱、自今以後、以初日為当寺戒日、以後日為他寺戒日、永不雑乱、立為恒式、
延長五年四月十八日

とあり、受戒の前後の争いを避けるため、初日を延暦寺僧、後日を他寺僧の受戒日と定めている(『群書』二四―五三七頁)。(平)

**房主帳**(五一一頁3) 本文史料では、房主帳による住僧把握が履行されていないことを問題にしている。それまでの叡山僧の把握は、例えば『天台座主記』の延昌の項に「裏書云、延喜元年四月十五日受戒〈年廿二〉、延暦寺入寺帳」とみえるように、受戒後、「入寺帳」に登録される形で行われていたようである。六代座主惟首の場合は、

入寺帳云、惟首、年廿、河内国丹比郡田村郷人也、

と記している(『同』)。(佐々木)

**同前の式**(五一一頁4) 『天台霞標』所引の二十二条式の当該条項は

凡春秋二時、作房主帳、送上政所、其帳各註法号幷国郡姓名、不論大小、以為恒式、不随法制、名為浪人、不同山衆、豈同利哉〈第十条〉、

となっている(『大日本仏教全書』一二六―五二三頁)。(平)

**当季不参の者は…**(五一三頁1) 『慈恵大僧正伝』によれば、天元三年(九八〇)の山王御読経に

は、住僧二七〇〇人のうち七〇〇名が欠席した。そこで良源は欠席した七〇〇名全員を実際に住僧帳から削除している(『続天台宗全書』史伝二―一九六頁)。(佐々木)

**穢に触れ**(五一三頁2)　良源は、天禄四年(九七三)に日吉山王の祟りに対し触穢を無視したとして謝罪の告文を捧げた(『山家要略記』〔『続天台宗全書』神道一―五七頁〕)。それによれば、良源は藤原伊尹の葬送に参加して「死穢」に触れたが、体調をくずして山下の住坊に帰る際に、日吉御祭の最中であるにもかかわらず、軽率にも「触穢」の身で境内に入ってしまった、と陳謝している。なお日吉社服忌令については、『日吉山王記』(『続天台宗全書』神道一―二九三頁)を参照。(平)

**楞厳院の僧は**…(五一五頁1)　天禄三年(九七二)の楞厳三昧院現住僧等解は次の通り(『平』四九〇六号)。

□□□昧院
請被因准西塔院例、割分仏聖・例僧幷廿六人及現住僧分状
八聖
法華経〈如法堂〉、観音、文殊、不動、毘沙門〈□□中□〉、大黒天神、山王、慈覚大師
例僧十八人
長講二人　承事二人〈已上中堂〉
堂童一人〈如法堂〉　真言堂　般若堂　砂碓堂　兜率堂　苗鹿寺〈已上各一人〉
雑色八人
右、謹検案内、西塔院仏聖・例僧幷現住僧、別立季帳、歳年已□、方今此院住僧漸満二百口、爰或付東塔帳、或載西塔帳、触事有煩、仍准西塔可立別帳之由、略承気色了、然則加立例僧帳、亦可准彼例、仍注仏聖・例僧廿六人幷現住僧、言上如件、
天禄三年正月十五日　預法師「慶定」
別当大法師　大預法師
勾当大法師「静安」　知院法師(草名)
「准状
座主権少僧都良源」
「奉行
上座大法師　寺主大法師「祥妙」
都維那　大法師(草名)」

楞厳三昧院の現住僧がようやく二〇〇人に満ちてきたので、かつて西塔が東塔より分離したように、横川も別個に季帳(本文史料第22条の春秋二季の房主帳に相当)をつくることを申請し、許可されている。(佐々木)

**天2**(五二一頁1)　『門葉記』九一「勤行二」に収録。底本には青蓮院原本「門葉記　勤行二」の写真版(大阪大学日本史研究室架蔵)を使用し、近世の青蓮院蔵「門葉記　勤行二」写本の写真版(同架蔵)、尊経閣文庫本「門葉記　勤行二」の写真版および『大正蔵』図像部一一所載の『門葉記』九一、『鎌』一六五九号、『大史』四―一〇―二六三頁の翻刻を参考にした。なお本文史料では末尾の署名部分を省略した。省略部分は次の通りである。このうち祐真までが供僧であり、その後に寺官である預の結番表を掲げる。

権少僧都法眼和尚位円能
権少僧都法眼和尚位良雲
権少僧都法眼和尚位忠快
前権少僧都法眼和尚位聖覚
権少僧都法眼和尚位承信
権少僧都法眼和尚位豪円
法眼和尚位禅隆
前権律師法橋上人位仁宴
権律師法橋上人位隆寛
権律師法橋上人位玄長
権律師法橋上人位能玄
法橋上人位什玄
法橋上人位顕聖
法橋上人位俊胤
二会已講阿闍梨大法師長範
二会已講阿闍梨大法師円尊
阿闍梨大法師慈奘
阿闍梨大法師実印
伝燈大法師静心
阿闍梨大法師快智
阿闍梨大法師聖円

阿闍梨大法師全兼
阿闍梨大法師快雅
阿闍梨大法師晴尋
阿闍梨大法師観心
阿闍梨大法師覚修
阿闍梨大法師〈熾盛光堂〉慈賢
阿闍梨大法師〈熾盛光堂〉成源
阿闍梨大法師〈熾盛光堂〉祐真

懺法院預番〈各可召付承仕一人〉
上旬
良厳　慶尊〈御持仏堂兼行〉　珍暹
中旬
珍賢　慶勝　長命
下旬
頼慶　暹珍　慶賢〈畳差〉　珍増

（平）

**大懺法院**(五二一頁2)　青蓮院門跡の洛中本坊は三条白川坊→吉水坊→三条白川坊→十楽院と変遷している。三条白川坊は白川坊・粟田口松房・粟田御所ともいう。寛慶座主(一〇四四～一一二三)が創立し、弟子の青蓮院行玄に譲られたが、仁平三年(一一五三)十月に焼亡した。鳥羽院の命でその地に再建し、院御所から華麗な調度品を贈るなどして、甘露王院と名づけた。その後、覚快・慈円と伝領されたが、後鳥羽院が最勝四天王院の造立を計画したため、慈円は元久二年(一二〇五)四月に三条白川坊の敷地を後鳥羽院に進上し、洛中本坊を東山大谷の吉水に移建した。これが大懺法院である。同年六月に棟上げが行われ、八月には慈円が移徙し、本文史料である大懺法院条々起請が定められた。そして承元二年(一二〇八)十月二十八日には後鳥羽院の御願寺として大懺法院の供養が行われた(『大史』四—一〇—二五九頁)。

ところで大懺法院の語には広義と狭義の二義がある。慈円が吉水坊を造立してからは、これ以後、青蓮院の洛中本坊は場所を移転することがあっても、顕教堂である阿弥陀堂と真言堂である熾盛光堂の二つから成る点で、その構成の基幹に変化はない。そして前者の顕教堂を大懺法院・懺法院と呼び、後者の熾盛光堂を大成就院と呼んだ(『門葉記』一三一、三条房指図参照)。これが大懺法院・大成就院の狭義の意味であるが、それらは広義においては青蓮院の洛中本坊それ自体の名称でもあった。

たとえば本文史料では、「大懺法院条々起請」として顕教堂・真言堂両堂での仏事を定めているし、「建立伽藍二宇〈顕教堂、真言堂、号之大懺法院〉」と記している。ここでいう「大懺法院」が吉水坊全体を指しているのは明らかであろう。このほか、承元四年正月に行われた慈円の普賢延命法について、『門葉記』二一は

承元四年正月二十二日、於懺法院〈吉水〉熾盛光堂、為院御祈、被修普賢延命法

と記し、『門葉記』一二八は

同(承元)四年正月二十二日、為一院御祈、於大成就院、修普賢延命法

と書いてある。ここでの懺法院も熾盛光堂＝大成就院を包含しており、広義の用例である。また建暦三年(一二一三)二月に慈円が道覚に進めた青蓮院門跡譲状に、無動寺・三昧院・常寿院などと並んで、

大懺法院寄進領
原庄〈国宗〉、稲井庄〈隆舜〉、
福光保〈増円法印〉

とみえるのも、広義の大懺法院の用例である(『華頂要略』『鎌』一九七四号)。ところが青蓮院の洛中本坊を大懺法院と呼ぶ事例はこれを最後に途絶え、代わって広義の大成就院が登場する。建暦三年四月の慈円支配状では、二七〇〇石あまりの財源を、①「山上分」として勧学講などに一六七二石、②「大成就院幷随身行法用途」として一〇九二石を宛てるよう定めている(『華頂要略』『鎌』二〇〇一号)。そして②の細目として「本堂」と「熾盛光堂」が挙がっており、そのうち「本堂」の項目には「御経摺写用途」「修二月用途」や「長日仁王講」「布薩」など顕教仏事が挙がっていて、この「本堂」が顕教堂＝狭義の大懺法院を指すことが分かる。つまりここに登場する「大成就院」は顕教堂・真言堂を包含した洛中

本坊の総称であり、広義の大成就院の用例である。またここで、②「大成就院」が、①「山上分」に対置されているのも、ここでの大成就院が洛中本坊の総称であることを裏付けている。

また天福二年(一二三四)八月の青蓮院門跡領注文では無動寺領・三昧院領・常寿院領などと並んで「大成就院領」が立項され、その寄進所に近江国福光保や摂津国原庄などが挙がっている(『華頂要略』『鎌』四六八七号)。この両所は建暦三年の慈円譲状で「大懺法院寄進領」として掲出されていたものであり、青蓮院の洛中本坊の総称が大懺法院から大成就院に変化したことを如実に示している。

さて、話を吉水坊に戻すと、建保四年(一二一六)三月に吉水坊が焼失したため、四月に熾盛光堂の棟上げ、七月には同堂の築壇がなされ、四足門の棟上げが行われるなど早急な整備がなされた。ところが承久二年(一二二〇)四月十九日に吉水坊は再び焼失し、本尊はとりだしたものの大きな被害をうけた。一方、最勝四天王院は同年十月に三条白川の地から五辻殿に移建され(『百錬抄』)、貞応元年(一二二二)四月にはその土地が慈円に返付された。そこで慈円は同年六月の遺誡で

白川房跡同返給了、早尋常作事畢、可為師跡之本也云々

と、三条白川坊に本拠を移すよう良快に指示している(『門葉記』一二四)。三条白川坊の再建はすぐには実現できなかったが、文暦元年(一二三四)十一月に門跡が良快から慈源に譲られると、父九条道家の権勢をバックにした慈源は嘉禎三年(一二三七)三条白川坊に熾盛光堂・懺法院・小御所・対屋など造立して青蓮院本坊としての体裁を整え、同年九月に慈円十三回忌の結縁灌頂を同所で実施した。こうして青蓮院の洛中本坊は三条白川坊に戻った。

鎌倉末になると三条白川坊の荒廃がめだつようになる。正中二年(一三二五)の大成就院恒例結縁灌頂は「本堂破壊之間、於十楽院被行之」とあるように三条白川坊ではなく、十楽院で行われたし、翌年も同断であった(『門葉記』一三七)。また毎年十一月五日に懺法院で行われていた青蓮院開祖行玄の忌日仏事も、元徳元年(一三二九)には

於懺法院、可被修之処、破損之間、以熾盛光堂胎蔵界道場、被修之、

のように、法会の開催が不可能なほど懺法院の破損が進んでいる。実際、同年二月に座主となった岡崎桓守の「山務記」によれば(『門葉記』一七六)、

於三条坊者、今日以路次之便宜、立車遥見之、破壊之体、非言語之所及、再興之念慮、弥以甚重也、

のように、三条白川坊はみるも無惨な状態となっており、これ以後、三条白川坊の記事はみえなくなる。それに代わって十楽院が洛中本坊として登場する。暦応四年(一三四一)七月に尊道は「十楽院御坊熾盛光堂」で出家したし、貞和三年(一三四七)三月に尊円は大熾盛光法を「本坊」の十楽院で行っている(「尊道親王行状」『大史』六―六―八六七頁)、『門葉記』七)。さらに永和三年(一三七七)に座主となった慈済は宣命を「十楽院大成就院」で受けている(『天台座主記』)。このように青蓮院の洛中本坊は南北朝期に十楽院に移った。事実、『門葉記』一三四「寺院四」十楽院の項によれば、三条白川坊が「顚倒」した後に熾盛光堂や大懺法院などの本尊を十楽院に移したとのことである。

十楽院は天台座主忠尋(一〇六五～一一三八)が洛中大谷に開創した院家である。これが青蓮院と関わるようになるのは、妙法院尊性から十楽院を相続した北山僧正最守(一二一三～一二五六)が青蓮院道覚の弟子となったことによる。十楽院そのものは建長年間に焼失したが、十楽院門跡は最守から道玄、そして慈道と伝えられた。そして慈道は徳治三年(一三〇八)正月に十楽院を造営してそこに移った(『門葉記』一二〇)。慈道と尊円との間で青蓮院門跡をめぐる相論が続いたが、建武二年(一三三五)九月に後醍醐天皇の勅裁で門跡一統がなされて青蓮院門跡は尊円に引き渡された。さらに翌年六月足利尊氏が光厳上皇を奉じて入洛すると慈道は十楽院などの院家をすべて尊円に譲り渡した。こうして十楽院は青蓮院門跡領とな

り、洛中本坊となるのである。藤井恵介「三条白川房の熾盛光堂」(『密教建築空間論』中央公論美術出版、一九九八年)、平雅行「青蓮院の門跡相論と鎌倉幕府」(『延暦寺と中世社会』法蔵館、二〇〇四年)を参照。(平)

**長日勤行**(五二一頁3)『門葉記』一三四「寺院四」所収の承元二年(一二〇八)十月二十四日後鳥羽院の大懺法院供養願文は、次のように記している。

　側聞、多陀阿迦度之和応化也、護王化而為済度之始、古今刹帝利之臥区寓也、崇仏教而立機務之基、(中略)今就其結界内、早立大懺法院、三間四面阿弥陀堂一宇、奉安置周半丈六阿弥陀如来像一軀、等身観世音・弥勒二菩薩像各一軀、(中略)三間三面熾盛光堂一宇、奉安置八尺金銅一字金輪種子、(中略)今此院家素置仏事、阿弥陀堂則朝行法華懺法、其次転読経典一部、夕行西方懺法、其次念満仏号千返、日中奉供養一字金輪・尊勝・仏眼・尺迦・弥陀・薬師等如来、弥勒・普賢延命・文殊・千手・十一面・虚空蔵・地蔵等菩薩、不動明王・毘沙門天王等像矣、展一舗而図十五軀、以一尊而宛十箇日、先令已灌頂之侶別修之開眼之法、更崛弁説之禅襟、聊展讃嘆之斎席、妙法華経一品・阿弥陀経二巻・般若心経一巻、当此稽首之次、同翹開題之誠、是長日之勤也、復次廿四日山王講、晦日衆集行法、是毎月之勤也、復次阿弥陀之護摩七日、定九月而行之、舎利報恩会一日、迎三冬而行之、是毎年之勤也、熾盛光堂則熾盛光・一字金輪・仏眼・薬師・法華等行法、不動護摩等七箇事、是長日之勤也、復次朔日七十天供、晦日山王供、其中間二十八ケ日、薬師・金輪・仏眼・不動等四壇護摩、各七箇日次第勤行、是毎月之勤也、復次始自七日至十三日、限以七日奉供北斗、三日慈恵大僧正講、又毎月之勤也、復次大熾盛光法・々花法等各七ケ日、是毎年之勤也、上件種々善根、偏資弟子延齢益算、兼求国家之安穏泰平、広大之行、甚深之志、非口所宣、非心所測、(中略)令法久住利益無辺、敬白、

　承元二年十月廿四日

本文史料では⑴長日の勤め、⑵毎月の勤め、⑶毎年の勤め、という構成になっているが、この願文では、阿弥陀堂・熾盛光堂のそれぞれについて、長日・毎月・毎年の仏事を分けて記載しており、大懺法院の仏事体系の全容が、より整った形で判明する。これを整理すると、次のようになる。

　①阿弥陀堂の長日の勤めは朝に法華懺法、夕べに西方懺法。日中は十五尊を図絵し、一尊につき一〇日ずつ密教僧が開眼の法を修し、顕教僧は讃嘆と開題を行う。②阿弥陀堂の毎月の勤めは、二十四日の山王講と晦日の衆集行法。③阿弥陀堂の毎年の勤めは九月に阿弥陀護摩、十二月に報恩舎利会。④熾盛光堂の長日の勤めは、熾盛光・一字金輪・仏眼・薬師・法華らの行法、不動護摩らの七箇事。⑤熾盛光堂の毎月の勤めは、朔日に七十天供、晦日に山王供、その間に薬師・金輪・仏眼・不動の四壇護摩を各七日ずつ修す。また毎月七日から北斗供七日間と、毎月三日の慈恵大僧正講を行う。⑥熾盛光堂の毎年の勤めは大熾盛光法・法華法を各七日修す。

　また『門葉記』九三「勤行四」には、次のような懺法院の長日勤行次第が収載されていて、十五尊の輪転の様子がよくうかがえる。

　懺法院勤行次第〈長日〉

　先九条錫杖

　次法華懺法〈頌幷尊勝陀羅尼〉

　次西方懺法〈十二礼、千手陀羅尼、普為五念門如例〉

　次新仏開眼行法〈十五尊輪転〉

　　釈迦〈一日、晦日〉

　　金輪〈二日、十六日〉

　　毘沙門〈三日、二十九日〉

　　尊勝〈四日、十九日〉

　　弥勒〈五日、十六日〉

　　地蔵〈六日、二十四日〉

　　文殊〈七日、二十五日〉

　　薬師〈八日、二十日〉

十一面〈九日、十七日〉
千手〈十日、十八日〉
不動〈十一日、二十三日〉
仏眼〈十二日、二十一日〉
虚空蔵〈十三日、二十二日〉
普賢〈十四日、二十七日〉
阿弥陀〈十五日、二十八日〉
先前方便等　次開眼詞
次表白　次開題
次発願　次四弘
次読経〈自一日始序品読之講之、残両日開結二経講読〉
法花一品　心経　阿弥陀経〈毎日講読〉
次仏釈〈十五尊転輪〉
次経釈〈先心経、次阿弥陀経、次法華経、恵心僧都草用之、世以称方今品釈是也〉
自朔日至二十八日、一品講釈之、開結二経二十九日三十日両日、小月之時、重講釈之、心経・阿弥陀経各一巻、毎日講之、
次発願文　次入行法（以下略）

また観応二年（一三五一）注進の大懺法院長日勤事「新仏開眼行法」によれば（『門葉記』九〇）、十五仏を並列した後、「已上十五尊、毎月各二舗新図之、毎日一體就真言儀軌、則開眼供養」と注記している。さらに法華講の項では「毎月一部八巻開眼等新写之、心阿二経者、毎月三十巻摺写之」と記している。本文史料の段階より、かなり整理された形となっているが、本文史料を理解する上で参考になるだろう。（平）

**三身功徳**（五二二頁4）　三身は法身（ほっしん）・報身（ほうじん）・応身（おうじん）の三で、法身は不変の真理そのもの、応身は衆生救済のために現した身体、報身は両者を統合したもの。三身説にはほかにも法身・応身・化身などがある。（平）

**普賢の十願文**（五二二頁5）　普賢菩薩の誓願をいう。礼敬諸仏、称讃如来、広修供養、懺悔業障、随喜功徳、請転法輪、請仏住世、常随仏学、恒順衆生、普皆廻向の十願。そして虚空が尽き、衆生が尽き、衆生の業が尽き、衆生の煩悩が尽きるまで、この誓願は尽きないと誓っている。華厳経普賢行願品などに説く。（平）

**十二光仏**（五二二頁6）　阿弥陀仏は第十二願の光明無量の願を成就したが、それによって得た光明の徳を讃えて立てた一二種の称号をいう。無量寿経に説かれる。無量光仏、無辺光仏、無碍光仏、無対光仏、焔王光仏、清浄光仏、歓喜光仏、智恵光仏、不断光仏、難思光仏、無称光仏、超日月光仏の一二。時宗では十二光仏の徳を日常生活道具にあてて十二道具とし、これを十二光箱に入れた。（平）

**毎月の仏事**（五二三頁1）　承元二年（一二〇八）十二月二十四日大懺法院供養願文（『門葉記』一二四、第1条の「長日勤行」の項参照）によれば、阿弥陀堂での「毎月之勤」は「廿四日山王講、晦日衆集行法」となっていて、十五日の一夜念仏は入っていない。ただし観応二年（一三五一）注進の大懺法院「毎月勤事」には（『門葉記』九〇）、「十五日、二十五三昧、結衆隔月勤之」とあり、十五日の一夜念仏だけが毎月の仏事とされている。（平）

**毎月十五日**（五二三頁2）　横川首楞厳院の二十五三昧起請に「三五夜、亦念無量寿之夜」とあり（『恵心僧都全集』一）、毎月十五日夜が不断念仏の日と定められている。（平）

**山王の講演**（五二三頁3）　慈円『法華別帖』によれば、承元三年（一二〇九）の頃に「成源律師来臨大懺法院山王講、行法頗授之」（『続天台宗全書』密教三、二八七頁）とあり、大懺法院の供僧であった成源が大懺法院山王講にやってきた折に、慈円が山王壇行法を教授したと述べている。この山王壇につき、慈円は三種類のやり方があると語り、

一者深秘修此法之時、只小壇一壇立テ、十二天壇ナトノ由ニテ可修之、其時ハ十二天・北斗等傍ニ図之様也、則今毎年大懺法院修之様也、

と述べている（『同』二六一頁）。大懺法院の山王講で実施していたのが、小壇一壇だけで行う修法であることが分かる。なお『門葉記』九一によれば、延暦寺では南山坊・法華堂でも山王講を行っている。（平）

**青蓮院**（五二三頁4）　比叡山の東塔南谷にあった琳豪僧都の住坊に由来。ここが美福門院（藤原得子）の祈願所となり阿闍梨五口が置かれて、青蓮院門跡の山上本坊となった。洛中本坊である大成就院は基本的に三条白川坊であったが、一時、吉水坊（一二〇五～一二三七年）に移っている。鎌倉末には三条白川坊が荒廃したため、洛中本坊を十楽院に移した。青蓮院門跡門主の補任は存在せず、無動寺検校職と横川の楞厳三昧院検校職の両職を相承・補任された者を門主とした。門主は行玄―覚快―慈円―良快―慈源―道覚と相承されている。このうち無動寺は雲林院・大和多武峯・越前平泉寺・出雲鰐淵寺・豊後六郷山や近江国伊香立庄といった末寺・荘園を保持しており、楞厳三昧院は鎮西鏡社や近江坂田庄などを領有した。門跡にはこのほか桂林院・常寿院などの院家があった。桂林院は東塔北谷にあった良祐の住坊を母胎とする。良祐が台密の名門三昧流の祖であっただけに、桂林蔵には貴重な聖教が収められていた。常寿院は洛東小野にあった法勝寺の末寺であり、門跡に組み入れられて越前織田庄・遠江保田庄などを管領している。（平）

**青蓮院前大僧正**（五二三頁5）　青蓮院門跡の開祖である行玄については、毎年十一月五日に大懺法院で忌日法要が営まれた。『門葉記』一三八「勤記四」に、宝治二年（一二四八）から文和元年（一三五二）までの記録を載せている。また大成就院熾盛光堂で行われた月忌の曼荼羅供は、慈円が建久八年（一一九七）正月五日に行ったのが最初である。『門葉記』九四「勤行五」に、その修法次第が掲載されている。（平）

**毎年の仏事**（五二五頁1）　観応二年（一三五一）注進の大懺法院「毎年勤事」は、次のように記している（『門葉記』九〇）。

二月一日、修二月
　僧名二十口、法則移本山常行堂
　承元以来、為勅願公卿院司着座
　用途米二十六石三斗二升、藤島庄役、
九月二十五日、八講
　住山者八人、撰碩才屈請、慈鎮和尚報恩
　也、
　布施、綾被物八重、支配門跡領、裏物八
　〈納呉綿、各三十両〉、藤島庄役、
十一月五日、曼荼羅供、新写経供養〈以上、
青蓮院大僧正報恩也〉、
　僧名二十口
　饗膳〈坂田庄役〉、内客〈讃岐国志度庄役〉、
　布施、門徒巡役也〈上紙二十帖、衣袈裟二
　十領、被物二重、裏物二〉、
　壇敷已下云々、

観応二年段階で行われていたのは修二会と慈円・行玄の忌日仏事のみとなっている。本文史料で慈円が制定した年中行事は、その多くが後鳥羽院を祈るものであったため、修二会以外はすべて退転したようである。（平）

**修二月**（五二五頁2）　『門葉記』九二・一三五によれば、大成就院修正会は承元二年（一二〇八）一月に無動寺修正会を移して始めており、翌年二月には常行堂の次第を模して大懺法院修二会が始められた。承久の乱後に断絶したが、建長三年（一二五一）に修正会・修二会および慈円忌日の結縁灌頂とともに勅願となって再興され、院司・上卿が着座するようになる。修二会は常行堂衆を導師として二〇口の僧を請定して行われ、式次第および道場指図は『門葉記』九二を参照。延暦寺に常行堂は数多いが、青蓮院との関わりからすれば、これは横川常行堂とみるべきだろう。なお本文史料では慈円は修二会の詳細について記していないが、大懺法院修二会の始修が本文史料の二年後であったことも、そのことに関わっていよう。（平）

**両箇大法**（五二五頁3）　本文史料の「修二月仏名両箇大法」の一節は、「修二会・仏名会の二大法」の意である可能性も存するが、しかし密教修法の威儀のランクを示す「大法」の語が、修二会・仏名会といった顕教法会に使用されるとは考えにくい。しかも、第1条の「長日勤行」の項に挙げた承元二年（一二〇八）大懺法院供養願文では、熾盛光堂の年中仏事として「大熾盛光法・々花法等各七箇日、是毎年之勤也」と記し

ており、本文史料の「両箇大法」が熾盛光法と法華法を指すことが判明する。

　なお密教修法では壇の威儀や伴僧の数によって、「大法」「准大法」「小法」「護摩」「供」の五段階に分かれる。『門葉記』一五四によれば、「大法」の特徴は①大壇・護摩壇・十二天壇・聖天壇の四壇仕立て、②大幕を二重に引く、③伴僧は二〇口程度、④阿闍梨が参入する時は殿上人が脂燭を掲げる、⑤結願では公卿が布施を取る、と述べている。「准大法」は大壇・護摩壇に小壇を別立するなど、ほぼ大法に準じているが、伴僧は一二口・一〇口・八口程度である。「小法」は護摩壇一面のみで、伴僧は通常六口で晴儀は八口、略儀は四口、伴僧座の後ろに幕は引かない。「護摩」は護摩壇のみで伴僧がなく、時金も後加持もない。「供」は本坊の小壇一面のみで行い、御衣は渡されない、とのことである。また『阿娑縛抄』では「雖何尊法、開四壇者大法也」と述べており、大壇・護摩壇・十二天壇・聖天壇の四壇仕立てのものをすべて大法と呼ぶ、とする（『大日本仏教全書』四〇―一三四〇頁）。なお大熾盛光法のように、四壇のほかにさらに護摩壇を別立することを「開壇」「離壇」「合壇」といい、大壇のみで修する時は「即壇」といった。どの修法が大法となるかは、山門・寺門・東密で異なる。（平）

**大熾盛光法**（五二五頁４）『門葉記』二・一二八および『阿娑縛抄』「熾盛光法日記集」（『大日本仏教全書』三七―九五二頁）によれば、慈円は熾盛光法を合計二一回修しており、その内訳は次の通りである。⑴建久五年（一一九四）七月、天変降雨のため閑院内裏で熾盛光法。⑵建仁二年（一二〇二）十一月、天の赤気により春日殿（京極殿）で熾盛光法。⑶建仁四年二月、後鳥羽院のため平等院本堂で大熾盛光法。⑷元久二年（一二〇五）二月、後鳥羽院のため法勝寺金堂で大熾盛光法。⑸建永元年（一二〇六）七月、後鳥羽院のため新造大熾盛光堂で大熾盛光法。⑹建永二年三月、公家御願により熾盛光堂で大熾盛光法（恒例に）。⑺承元二年（一二〇八）三月、熾盛光堂で恒例の大熾盛光法。⑻承元三年正月、熾盛光堂で恒例の大熾盛光法。⑼承元四年七月、熾盛光堂で恒例の大熾盛光法。⑽承元四年十月、彗星のため熾盛光堂で熾盛光法。⑾建暦元年（一二一一）九月、熾盛光堂で恒例の大熾盛光法。⑿建暦二年正月、後鳥羽院の御慎年のため熾盛光堂で大熾盛光法。⒀建暦二年八月、熾盛光堂で恒例の熾盛光法（常の大法に）。⒁建暦二年十一月、熾盛光法。⒂建暦三年七月、後鳥羽院のため熾盛光堂で熾盛光法。⒃建保二年（一二一四）十一月、後鳥羽院のため熾盛光堂で熾盛光法。⒄建保三年十一月、熾盛光堂で恒例の熾盛光法。⒅建保四年十一月、熾盛光堂で恒例の熾盛光法。⒆建保五年八月、後鳥羽院の病のため熾盛光堂で大熾盛光法、恒例大法の替。⒇建保七年閏二月、後鳥羽院の病のため水無瀬殿で大熾盛光法。(21)承久元年（一二一九）九月、後鳥羽院の病のため熾盛光堂で大熾盛光法。

　慈円の熾盛光法の初修は⑴建久五年七月であり、大熾盛光法の初修は⑶建仁四年二月で、結局、大熾盛光法を一二度、熾盛光法を九度行っている。

　本文史料にもあるように、大懺法院熾盛光堂での大熾盛光法は春の年中行事となっている。熾盛光堂で最初に行われた大熾盛光法は、⑸建永元年七月であり、⑹翌年三月から恒例となった。ただし本文史料で慈円が定めたように、恒例の大熾盛光法が春に実施されたのは最初の三年だけのことであり、以後は七月が⑼⒂、八月が⒀、九月が⑾、十一月が⒁⒃⒄⒅とあるように、秋冬に行われている。

　なお恒例の大熾盛光法は建暦二年八月より「常大法」に格下げとなり、以後は「大」の字がとれて熾盛光法となった。大熾盛光法と熾盛光法の主な相違点は、大熾盛光法では大壇・十二天壇・聖天壇のほかに護摩壇を仏頂壇（息災）・成就仏眼壇（敬愛）・日月五星壇（増益）・息障明王壇（降伏）の四壇仕立てとするが、熾盛光法での護摩壇は一壇だけである。（平）

**法花法**（五二五頁５）『門葉記』一五三・一五四によれば、山門では法華経法を大法もしくは准大法とする。ただし法華経法を「慈鎮和尚於熾盛光堂、為毎年例年被修之、即壇小法儀歟」(『門葉記』一五三)と記している。本文史料が記すように、法華経法が熾盛光堂の年中行事となったことを裏づけているが、しかしそれを「即壇小法儀」としており、法華法を「両箇大法」とする本文史料と齟齬が生じる。ただし慈円『法華別帖』によれば、次のように記す(『続天台宗全書』密教三、二六七頁)。

建立懺法院之後、為毎年勤、如法七ケ日夜、欲令修法花法、仍元久二年十二月八日始之了、件法上中下番三十人之中、密宗之人高位之輩、替替修大壇・護摩壇等、顕宗人為不断読経衆、予開白、此時深思惟此法之間、日来安立之上、行法護摩等行用大略開悟了、

元久二年(一二〇五)十二月の法華法が大懺法院の年中仏事として実施されたことが確認できるが、ここでは密教僧が「大壇・護摩壇等」を交代で勤仕すると記載しており、法華法が大法仕立てで行われたことを示している。当初は大法で実施され、後に小法に略されたのであろう。

また『四帖秘決』によれば、承元三年(一二〇九)頃に慈円は次のように語っている(『同』三八〇頁)。

我ハ自昔為一天泰平、為万民安穏、修法花法、奉為国主如意輪真言、執柄ノタメニハ不空羂索ノ呪ヲ念誦シテ修法花法也、

慈円が法華法を修する目的が、昔から天下泰平・万民安穏のためであったことが分かる。

なお本文史料によれば、この法華経法は九月に行うと記している。実際に大懺法院で行われた、もしくはそこで行われた可能性の高い法華法は、元久二年十二月八日、建永元年(一二〇六)十月十七日、承元三年十二月二十四日、同四年七月四日、建保二年(一二一四)十一月十日、同三年十一月六日、同四年十二月十三日、同五年十二月二十一日の八例を確認することができる(『門葉記』一一八)。これらはいずれも慈円が修したものだが、本文史料のように九月に行われたものは今のところ一例も確認できていない。(平)

**亡卒怨霊**(五二五頁6)『門葉記』九〇・九一・九三に収めた発願文は、大懺法院長日仏事に用いられたものだが、そこでは長日祈禱の意義を次のように説いている(青蓮院本「勤行二」のそれを底本とし、「勤行一」「勤行四」で補訂した)。

発願文

今、御願之旨趣、日々必啓三宝、一々欲得感応、興廃盛衰之道者、仏神利生之門也、漢家王莽・会昌・光武・大宗、本朝安康・武烈・仁賢・顕宗、人皆知善悪、文書所載也、欽明天皇御宇、仏法将来之後、一向以仏法守王法以来、廃帝陽成之悪、延喜天暦之善、誰不弁知之哉、然保元以後、乱世之今、怨霊満一天、亡卒在四海、雖然未聞抜済之徳政、亦無中興之朝議歟、春夢之中紅涙流袖、秋眠之間丹心焼胸、済度彼怨霊、扶助此朝家、唯在仏法之法力、専帰対治之治術、因之図仏写経開眼開題、法華弥陀両箇之三昧、貴賤上下之所用、無二無三之作善者也、就中崇徳院聖霊、知足院怨霊、浮済度之舟於追福之流、祈発願之志於三宝之誓、定叶宗廟社稷之神慮、方為三宝利物之本懐(イ誓)者歟、然則怨霊亡卒之満国、依作善之廻向、捨邪帰正抜苦与楽、仏法王法之失時、以仏神之冥助、転禍為福安穏泰平、祈願無私、已是仏神利生御素意也、冥薫有実、豈非教門方便之誠説哉、仰願十五尊、伏乞三大乗、悲願惟深、感応勿謬而已、

本朝では仏法が伝来してから仏法が王法を守護するようになったが、保元の乱後の乱世のため怨霊が天下に満ちている。しかし、この怨霊を済度して王法を中興させようとする徳政はいまだ行われていない。長日の勤めの図仏写経・開眼開題や法華弥陀懺法は、広く行われている最高の作善である。特に崇徳院と藤原忠実の怨霊の済度が重要である、と述べている。要するに「宥怨霊、治国家、可答此長日之廻向者也」(『門葉記』九〇)、つまり怨霊を済度して国家を鎮護することが、大懺法院での仏事の最大の目的であった。(平)

**四教疑関を叩く**(五二五頁7) 天台宗では一代仏説を、形式面から頓・漸・秘密・不定の化儀

(けぎ)四教に分類し、また内容面から蔵・通・別・円の化法四教に分類している。(平)

**供仏施僧の儲は…**(五二五頁8) この一節は多様な解釈が可能である。ただしこの二季彼岸会と類似した舎利報恩会では、僧正から凡僧までの門徒に対し、庁務が札を賦って財施の進納を求めている。そして門徒らは「兼日所賦之札、注種類副捧物、面々送進之、承仕請取之」っている(『門葉記』九五)。また「舎利報恩会記」(『門葉記』九一)には「又有百宝、又有百味、潤屋之資、施三宝之境、椎潭之味、帰一実之海者也」と記しており、「潤屋」から寄せられた「百宝」「百味」が本文史料の供仏施僧に当たるのだろう。以上から、頭注のように道俗の青蓮院関係者に差定すると解してみた。(平)

**舎利報恩会**(五二七頁1) 十二月に大懺法院阿弥陀堂で行われ、建暦二年(一二一二)後鳥羽院により勅会となった。延暦寺では物持院舎利会も著名。舎利報恩会は建久六年(一一九五)十二月十四日に慈円が本坊で始めたもので、この時の舎利会には関白九条兼実・太政大臣藤原兼房(兼実の同母弟)・内大臣九条良経など兼実一門が参列している(『三長記』)。大懺法院の供養が承元二年(一二〇八)十月に行われると、舎利報恩会は建暦二年十二月七日に後鳥羽院の勅願となり、院司公卿が上卿を勤める朝廷の年中行事となった。十二月二十八日に行われた舎利会には後鳥羽院は出席しなかったが、代わりに慈円の後継者に定められた朝仁親王(九歳、後の道覚入道親王)が渡御しており、仁和寺舎利会に擬した厳重さで公卿に布施取りを行わせようとしている(『大史』四―一二―一二六頁)。この時に菅原為長が後鳥羽院の命で作った願文が『門葉記』九一に伝わっている。

舎利報恩会記　　菅為長卿作

都城風土、水木之勝在東南偏、東南之勝在吉水、々々之勝在西北辺之禅房、即延暦寺座主前大僧正退老之居、第五親王伝可為其主之地也、東有山岳之神秀、仁者之楽於是乎生矣、南有長楽寺、豈非観音利生之仏地、好士来遊之名区哉、西有感神院、列百王鎮護之宗稷、納一切衆生之懇棘、北有白河法皇以来代々賢君明王草創之寺、鐘磬交声功徳有隣、寔知地待其人、天与其主、人地相応、豈不在茲乎、高閣低廊随地勢兮連属十数間矣、名樹異草備庭実兮列千万種矣、何唯梁孝王之菟薗、有曲観有平台、有猿巌有雁池、劉義慶之鶏籠、有妙経有清唄、有法僧有文士而已哉、仏庭則人間之浄妙国土也、経蔵亦釈宮之天禄石渠也、因此形勝謂其肝要、大懺法堂者、安顕宗之仏経、可祈諸人之現当、熾盛光堂者、安密宗之教法、奉祈上皇之寿福、故以此仁祠被准御願、始自供養、無非叡感、誠有年々不朽之法会、有日々不退之精勤、其中舎利報恩会者、濫觴起自深意、講筵亦多霊効、綷載本式、不遑再言、抑供養供具、尽善尽美、法施有百、伎芸有数、三密修行酌青龍寺之流、四教論談闘秋鶖子之智、蕭笛琴箜篌之音、琵琶鐃銅抜之曲、宛然于遇草野、孰与于往西土、一小音之歌頌、尚不空、衆妙音之讃詠、弥無量、詩則雖慣白居易之様、可謂金剛利之説、歌亦模赤人之古什、感文殊之曩篇、以此今生世俗文字之業、狂言綺語之過、翻為当来世々讃仏乗之因、転法輪之縁、蓋此謂也、又有百宝、又有百味、潤屋之資、施三宝之境、椎潭之味、帰一実之海者也、元来雖為太上皇之勤、今日始備大法会之儀、月卿従事風儀増美、一会之繁昌、二世之張本而已、以賁仏神之法楽、以祈我君之御願増益、内証外用之徳、誓護千齢万寿之算、知恩報恩之廻向、先霊後霊之菩提、答此願力、無不円満、時建暦二年十二月日、奉叡旨而記、

都の勝地たる吉水に建てられた大懺法院は、慈円の坊であり朝仁親王が継承すべき地である。東は山、南は長楽寺、西に祇園感神院、北に六勝寺に囲まれた仏地である。顕教の大懺法堂では人々の現当二世を祈り、密教の熾盛光堂では後鳥羽院の寿福を祈っている。数多くの法会が行われているが、この舎利報恩会は善美を尽くした法会である、と述べている。

この後、舎利報恩会は建保三年(一二一五)十二月

十日、同四年十二月二十二日、同五年十二月十二日、同六年十二月十八日、承久元年(一二一九)十二月十八日に行われたが、大懺法院が焼失した同二年には十二月一日に双輪寺で実施されている。さらに翌年は十二月二十九日に新宮で行われたが、承久の乱の影響により、「略儀也、今年以後如此」とあるように勅願でなくなったらしい(『門葉記』一二八)。ただし『門葉記』九五は「慈鎮和尚入滅之後、止御願之儀、以十二月二十五日為式日」と記しており、舎利報恩会が勅願でなくなったのは承久三年説と、嘉禄元年(一二二五)九月の慈円没後説とに分かれる。しかし舎利報恩会が後鳥羽院によって勅願となったこと、また勅願となった舎利会では朝仁親王を中心に儀式が行われていること、承久の乱後には道覚入道親王(朝仁親王)への門跡相承が幕府の反対で潰えたことからすれば、承久三年から勅願でなくなったとみた方がよいだろう。

　その後、青蓮院慈源が嘉禎三年(一二三七)慈円十三回忌に際して、三条白川坊に熾盛光堂や大懺法院を再建するが、その時に舎利報恩会は青蓮院門徒の仏事として再整備された(『門葉記』九五)。また寛元三年(一二四五)十二月二十二日の舎利報恩会には九条道家が臨席している(『門葉記』一一八)。建長年間まで実施されたことが確認できる。(平)

**已成業**(五二七頁2)　今のところ、本文史料以外に「已成業」の語の使用例を確認することができない。頭注では已成業を三会已講と同義である可能性もあると指摘したが、その場合、大きな問題が残る。慈円が記した天台山勧学講起請(天3)の第1条には「未成業」の語がみえており、これは竪義を終えていない僧の意で使われている。また先に紹介した『門葉記』「山上勤行二」の「人師事」の項でも、「已業」「未遂業」「准業」の語がみえており、これらからすれば、已成業はむしろ竪義を終えた僧の意である蓋然性が高い。(平)

**已灌頂**(五二七頁3)　一般に「已灌頂」は勅会四灌頂の小阿闍梨を勤仕した者を指すが、本文史料は、伝法灌頂をうけて阿闍梨となった者の意であると思われる。この語を後者の意味で使用した事例は多くないが、文保元年(一三一七)の河内金剛寺学頭忍実置文案に「金剛寺已灌頂未灌頂坐次上下事」「金剛寺已灌頂衆中以智臈為一和上事」とある(『鎌』二六四一六号)。「已灌頂」が「未灌頂」と対比されていること、また金剛寺のような地域寺院に勅会四灌頂における小阿闍梨の勤修者が「已灌頂衆中」と呼ばれるほど多数いたとは考えられないことからして、ここでの「已灌頂」は伝法灌頂をうけた者の意と解するのが妥当だろう。また、文永元年(一二六四)の大和西大寺光明真言勤行式目の「一　結番事」に「撰已灌頂六人、結六番、昼夜各一時、可令勤修大法」とみえる(『鎌』九一五七号)。已灌頂が六人もいること、また西大寺のような律院に勅会小阿闍梨の勤仕者がいるとは考えにくいことからして、この「已灌頂」の用例も伝法灌頂をうけた者を指していると考えられる。(平)

**歎羅漢の文**(五二九頁1)　もしも『歎羅漢文』が書名であれば不詳。「羅漢を讃嘆した文」の意であれば、唐の円暉『倶舎論頌釈疏』の羅漢を讃えた文を指すだろう。本文史料「定満六通、智円四弁、内習三蔵、外達五明」とほぼ同文の「於無学内、定満六通、智円四弁、内閑三蔵、外達五明、方堪結集」とある(『大正蔵』四一―八一三頁)。(平)

**毎月十箇日の当番**(五三一頁1)　なお後に移建された三条白川坊の絵図によれば、御所の北の東西に一〇間と一五間の対屋が描かれている(『門葉記』一三一)。これが僧坊なのだろう。(平)

**呉綿**(五三七頁1)　建暦三年(一二一三)慈円の所当支配注文によれば、藤島庄の「呉綿千五百両」が勧学講の布施物と定められており(『鎌』二〇〇一号)、人別に「呉綿十両」が布施として与えられている(「勧学講条々　勤行次第」〔『日本教育文庫』学校篇、同文館、一九一一年〕)。また天福二年(一二三四)慈源所領注文によれば、「建暦二年目録定」として、藤島庄からの「御綿三千両」のうち勧学講に一七〇〇両、青蓮院分に一三〇〇〇両となっていた(『鎌』四六八七号)。本文史料での導師の布施は、後者から割かれたものであったのだろう。越前では綿の生産が盛んで、長講堂領の坂井郡坂北庄の年貢は呉綿一万両であったし、志比庄の本家役も「呉綿」であった(『福井県史』通史編2「第五章第一節」、『大史』六―一一―五六頁)。(平)

**阿闍梨解文**(五三七頁2)　阿闍梨には、①出家受戒の師、②伝法灌頂を受けて師範の地位を認められた密教僧、③密教修法などの導師、など多様な意味がある。②の伝法阿闍梨は九世紀前半には官許となり、師範たるにふさわしい人物を俗別当を介して官に吹挙し、太政官牒で認可された。一一世紀になると延暦寺千光院に五口、無動寺に四口、石山寺に三口といったように、寺院や院家ごとに設けられた阿闍梨職の定員が激増して、阿闍梨は僧綱に次ぐ職位となった(岡野浩二「伝法阿闍梨職位と有職」『律令国家の政務と儀礼』吉川弘文館、一九九五年)。この阿闍梨職に僧を補任するよう求めたものが阿闍梨解文である。次に一例を掲げる(「醍醐寺文書」五五八函二号(一)『大史』五―一五―一〇八頁)。

一有職放解文事〈付一身阿闍梨挙状〉

醍醐寺

請殊蒙官裁因准先例、被補阿闍梨琳経死闕替状

伝燈大法師位継賢〈年　臈　〉東大寺　真言宗

右、謹検案内、闍梨職毎有其闕、依寺家之挙奏、被補任者承前之例也、爰彼阿闍梨者、准胝堂三口内也、而今琳経入滅已畢、因茲寺家殊加簡定、継賢専足法器、望請官裁、因准先例、以彼継賢被補件血、将欲勤御願矣、仍勒状謹請処分、

仁治三年九月日　座主僧正法印和尚位〻〻

これは醍醐寺准胝堂阿闍梨三口のうち、一口が琳経阿闍梨の死没によって欠員となったため、その後任として継賢大法師を補任するよう、醍醐寺座主であった実賢僧正が朝廷に要請したものである。

こうした解文は朝廷の僧事奉行のもとに集められて審議され、その結果が僧事聞書として記された。建永元年(一二〇六)五月の僧事聞書をみると、権大僧都に就任した者五名、権少僧都五名、権律師一七名、法印となった者三名、法眼五名、法橋九名のリストに続いて、東寺別当と天台灌頂阿闍梨の名が記され、次いで阿闍梨解文と定額僧が列記されている(『三長記』建永元年五月二十九日条)。そのうち阿闍梨解文の項は次の通りである。

阿闍梨解文

法金剛院〈道法法親王解文〉印暁〈尋修替〉

醍醐寺〈検校権少僧都成賢解文〉

叡覚〈源合替〉

蓮華院〈前大僧正実慶解文〉

浄鑑〈寛乗替〉珍永〈忠兼替〉

千光院〈法印権大僧都円忠解文〉

仲舜〈恒恵替〉

日吉社〈座主法印承円解文〉宗舜〈明光替〉

円城寺南明院〈阿闍梨盛慶解文〉

覚印〈心慶替〉

水精寺〈法眼珍玄解文〉深昭〈尊叡替〉

比叡山〈座主法印承円解文〉良尊

多くの阿闍梨解文が提出されて、認可されている様子がうかがえる。なお建仁二年(一二〇二)五月には、伝法灌頂を受けていない僧侶に対し、阿闍梨解文を放つ(阿闍梨に推挙する)ことを禁じる院宣が仁和寺に発せられており(『大史』四―七―四四九頁)、伝法灌頂と阿闍梨職とが分離する傾向にあったことを示している。(平)

**光明心院**(五三七頁3)　「八条北、壬生東」にあり「一品堂」「八条朱雀堂」とも呼ばれた。平清盛は福原に居住することが多く、西八条邸は主に時子が管理した。承安三年(一一七三)六月に全玄法印が導師となって持仏堂の供養を行ったのが始まりで、同五年三月にはそれを大規模に増築し仁和寺守覚法親王を導師として堂供養を行っている。それには後白河法皇・建春門院・中宮徳子らが臨席しており、度者が与えられるとともに、非常の赦も行われており、膨大な布施

が贈られた。九条兼実は「凡今日事、希代又希代、珍重又珍重也、末世之事、毎事可弾指、莫言々」と感想を述べている（『玉葉』承安三年六月十二日条、同五年三月九日条、『百錬抄』同日条）。またこの時に阿闍梨三口が寄せられた。平清盛が養和元年（一一八一）閏二月四日に没すると、その翌々日に西八条邸が放火で焼亡した。西八条邸はその後、再建されたが、寿永二年（一一八三）平家が木曾義仲に追われて都落ちした際、「六波羅・西八条等舎屋、不残一所、併化灰燼了、一時之間、煙炎満天」（『玉葉』同年七月二十五日条）とあるように、西八条邸も自焼された。本文史料にあるように、この時に光明心院も焼亡したのであろう。

西八条邸は鎌倉幕府の成立後は幕府に没官された。一時、後白河院の要請で去り進めたが、再び幕府に返され、承久の乱後には源実朝の妻（坊門信清女）がここに住していた（『吾妻鏡』文治三年（一一八七）八月二十七日条、同年十月三日条、承久三年（一二二一）八月一日条）。やがて彼女は寛喜三年（一二三一）実朝十三回忌追善のため、この地に遍照心院を建立し仁和寺御室道助を導師として供養を行い、さらに文永九年（一二七二）にはそれを律院に変えている（『大史』五—六—二一二頁、『鎌』一一〇九三・一一一七二号）。これが後の大通寺である。木内正広「鎌倉幕府と都市京都」（『日本史研究』一七五、一九七七年）、高橋昌明「平氏の館について」（『神戸大学史学年報』一三、一九九八年）、高橋慎一朗『中世の都市と武士』七二頁（吉川弘文館、一九九六年）を参照。

なお光明心院が創建された際に、同院には三口の阿闍梨が置かれたが、そのうち二口が延暦寺分、一口が東寺分であった（『大史』四—一三—八三八頁）。本文史料によれば、慈円の師全玄が延暦寺分二口の阿闍梨解文を放っていた因縁から、慈円は光明心院の二口阿闍梨を継承し、それに一口を加えるよう申請して、大懺法院の阿闍梨職を三口としたのである。なお本文史料に供僧として署名した三〇名のうち、「阿闍梨大法師〈熾盛光堂〉慈賢／阿闍梨大法師〈熾盛光堂〉成源／阿闍梨大法師〈熾盛光堂〉祐真」の三名についてのみ、「熾盛光堂」との注記が付されている。これは恐らく大懺法院の三口阿闍梨とは実際には熾盛光堂に付された阿闍梨であって、この三名が大懺法院熾盛光堂（大成就院）の三口阿闍梨であったことを示していよう。なお光明心院の東寺分の阿闍梨一口は、建保四年（一二一六）十二月の太政官符で、道尊の申請に任せ東寺灌頂院に移すことが認められた（『大史』四—一四—一九四頁）。（平）

**預十人…主殿二人**（五三九頁1）　本文史料の末尾に「懺法院預番〈各可召付承仕一人〉」と題して、次のように記されている。

上旬
良厳　慶尊〈御持仏堂兼行〉　珍暹
中旬
珍賢　慶勝　長命
下旬
頼慶　暹珍　慶賢〈畳差〉　珍増

この一〇名の預がそれぞれ承仕一人を伴って、順次、大懺法院の堂舎の管理を行った。『東宝記（影印本）』一三によれば、「東寺下部六十五人内、諸堂預十人」とあり、預が「下部」に属したことを示している。建暦三年（一二一三）慈円の所当支配注文によれば（『鎌』二〇〇一号）、大成就院本堂については、

修理別当三綱勾当等供料　五十石
預六人供料　六十石
鐘槌三人　十石八斗
花摘三人　十石八斗
主殿三人　十石八斗

となっている。また熾盛光堂では「預六人　六十石」「持仏堂承仕二人〈給米各十石〉」とある。本文史料の「預十人、承仕十人、花摘三人、住持三人、主殿二人」とは人数にズレがあるが、寺官たちへの供料・給米の概要が分かる。（平）

**日吉新御塔**（五三九頁2）　坂本御塔ともいい、天慶五年（九四二）に造立供養された日吉根本塔に対し、新御塔と呼ぶ。日吉新御塔は青蓮院行玄が供養の導師を勤めただけでなく、彼が平方庄

(細江庄)を新御塔に寄進したこともあって、行玄が新御堂別当に任じられた。やがて行玄から覚快法親王(青蓮院二世)に譲られ、美福門院は日吉新御塔とその料所の平方庄を青蓮院門跡で相承するよう認めている。しかし覚快が養和元年(一一八一)十一月に没すると、それらは平氏出身の忠快が領掌した。忠快は平教盛の子で清盛の甥に当たる人物であるが、覚快の弟子でもあった。当時二〇歳の若年で、伝法灌頂を受けたばかりであったが、平氏の介入によって強引に忠快に伝領されたのであろう。

忠快が寿永二年(一一八三)七月に平氏一門とともに都落ちすると、五智院の俊堯僧正が新御塔とその所領を領知した。この俊堯は、木曾義仲の吹挙で天台座主となった人物である。しかし翌年一月に義仲が滅ぶと俊堯は座主を追われて、文治二年(一一八六)に没することになる。

そこで日吉新御塔を争ったのが、慈円と全玄であった。全玄が慈円の伝法灌頂の師範で座主であったことから、慈円がそれを辞退し全玄が領知することになった。建久三年(一一九二)全玄は慈円に日吉新御塔別当職を譲り、同七月の宣旨で慈円の相承、および青蓮院門跡での相伝が認可された(『鎌』六〇〇号)。こうして日吉新御塔別当職と細江庄はようやく青蓮院門跡に返った。本文史料の建永元年(一二〇六)段階では慈円が新御塔を領知しており、側近の増円法眼が沙汰人としてそれを管理していたようである(『鎌』補五七三号)。

後鳥羽院の子の朝仁親王(道覚入道親王)は門跡相承を約されて慈円のもとに入室したが、承久の乱の結果、幕府は道覚への門跡相伝を認めず道覚も西山に籠居した。やむなく慈円は嘉禄元年(一二二五)に青蓮院門跡を甥の良快に譲り、一族出身の将軍九条頼経が将来成人した後に、その許可を得て道覚に門跡を譲り直すよう、良快に命じた。そして慈円は籠居している道覚に対し、日吉新御塔別当職と細江庄を与えた(『鎌』二九七〇・三三八二・三三八三号)。こうして新御塔別当職と門跡が再び分離することになる。そして九条家一門の繁栄の中で、青蓮院門跡は良快から一族の慈源(九条道家の子)に譲られ、道覚への門跡返付もいつしか忘れられた。

ところが将軍頼経と執権との対立抗争により、寛元四年(一二四六)頼経が京都に追放され、九条家一門が失脚してゆくと、その中で道覚が復権することになる。道覚は籠居していた西山を出て宝治元年(一二四七)三月に天台座主となり、さらに翌年末には慈源との争いに勝って青蓮院門跡の地位を確保した。こうして日吉新御塔と細江庄は青蓮院門跡と一体化したようにみえるが、実際にはそれらは道覚の別相伝となっていた。これより先、後鳥羽院は道覚母のために水無瀬殿に蓮華寿院を造立したが、道覚は西山に籠居していた時に、これを西山(善峰寺)に移建した。そして、西山蓮華寿院に日吉新御塔と細江庄を付属させ、細江庄の年貢の一部は、後鳥羽院や道覚母の菩提を弔う仏事に宛てることとした。そしてこれらはその後、最守大僧正、さらに道玄准后へと別相伝されており、門跡とは異なった相承がなされている(『鎌』六六一〇・七一五五・七八二三・一一一九〇・一二八七二号)。

さて、日吉新御塔が創建された年が不明であるが、『門葉記』一二八「門主行状一」行玄年譜の保延六年(一一四〇)の項には

同年六月十日、日吉新御塔〈皇后宮御願〉修鎮壇

と記されている。これが日吉新御塔であると思われるが、ただしこの前年七月二十八日に皇后藤原泰子が高陽院となっており、藤原得子(美福門院)は保延五年八月に女御、永治元年(一一四一)十二月二十七日に皇后となっているため、この時期に皇后であったのは崇徳天皇の妃である藤原聖子(皇嘉門院)ということになり、問題が残る。この点、後考を期したい。

なお貞応元年(一二二二)六月の慈円置文、嘉禄元年の慈円譲状によれば、炎上した日吉新御塔の再建に当たっているとのことである(『鎌』二九七〇・三三八三号)。承久の乱による炎上であろう。

『門葉記』九〇の坂本の項には、次のようにみえており、南北朝段階の日吉新御塔の様子を伝えている。

日吉新御塔〈在日吉社頭、鳥羽院御願〉
供僧三口
　供料人別三十石、都合百余石〈加執行分〉
　近江国平方庄役也、
長日法花行法
修正〈正月八日〉
　住山者八人請定、供仏施僧同庄役、

これによれば、長日法華法を行う供僧三口が置かれており、その供料に執行分を併せて一〇〇余石が平方庄から拠出されていた。また延暦寺の住山僧八人を招いて修正会を行っており、その経費も平方庄が負担していた。なお同庄は戦国時代まで青蓮院の支配が確認できるが、一六世紀中葉からは浅井氏が進出している。(平)

**坂田庄**(五四一頁1)　本文史料によれば、近江国坂田庄は楞厳三昧院の根本領であり、特に法華堂の料所と記されているが、その成立事情をうかがわせるものは本文史料以外に存在しない。ただし、康保五年(九六八)楞厳三昧院が実質的に成立した時には、楞厳三昧院と法華堂の供料は近江国正税を宛てるように定められており(『大史』一―一二―一六五頁)、これが荘園化して坂田庄となったのであろう。

　貞応元年(一二二二)の慈円置文によれば、坂田庄は一色年貢一二〇〇石で、そのうち楞厳三昧院の寺用が二〇〇余石、預所得分が二〇〇石、青蓮院への年貢が八〇〇石となっていた。天福二年(一二三四)の慈源所領注文では坂田庄の年貢一二〇〇石のうち、四〇〇石が三昧院の寺用、一〇〇石が御服用途、二〇〇石が預所得分、五〇〇石が門徒の給分となっている(『鎌』二九七〇・四六八七号)。鎌倉後期には青蓮院で毎年行われている行玄の年忌法用の饗膳が坂田庄の負担となっていたし(『門葉記』一三八)、南北朝段階でも、楞厳三昧院の寺用四〇〇石が坂田庄役とされている(『同』九〇)。(平)

**楞厳三昧院**(五四一頁2)　楞厳三昧院は比叡山横川の中堂東側近辺に存した院家である。青蓮院門跡の中核となった院家で、楞厳三昧院検校と無動寺検校職に補任された者を青蓮院門跡の門主とした。楞厳三昧院は七間の講堂、五間の法華堂と五間の常行堂から成り、中世では三昧院に供僧一〇人、法華堂に禅衆一二口、常行堂に堂僧一四人が置かれていた(『門葉記』九〇)。これらのうち創建が最も古いのが法華堂である。天暦八年(九五四)十月、摂関家の祖というべき右大臣藤原師輔が良源とはかって横川に法華三昧堂を創建し、そこに六口の供僧を置いている(『大史』一―一〇―一二三頁)。応和二年(九六二)には師輔の子の藤原伊尹の奏聞で、近江・美濃それぞれ四〇〇〇束の加挙稲が楞厳院法華三昧料として認められた(『大史』一―一一―九八頁)。これを母体として康保五年(九六八)一月、冷泉天皇の御願寺として楞厳三昧院が創建された。同院には十禅師(後の一〇口供僧)と年分度者三人が置かれ、座主良源が検校に補されている。また常行堂が造立されて一四口の堂僧が置かれ、法華堂も六口を加増して一二口とし、それぞれ常行三昧・法華三昧を修させた。そして財源として楞厳三昧院・法華堂の供料は近江国正税から、常行堂の供料は美濃国正税を宛てるよう、定められている(『大史』一―一二―一六五頁)。良源の後、同院検校は尋禅・尋光へと相承され、天永三年(一一一二)に青蓮院行玄が補されてからは青蓮院門跡付属の院家となった。

　本文史料の建永元年(一二〇六)段階の楞厳三昧院検校は真性大僧正(以仁王の子、慈円の弟子)であったが、慈円は青蓮院門跡の本主の立場から、本院根本領である坂田庄について差配している。建保元年(一二一三)七月、慈円との不和が原因で真性が青蓮院を退去すると、真性は楞厳三昧院検校や無動寺検校を辞し、その後任には慈円の挙で門徒の公円・豪円が補任されている(『門葉記』一五一)。門跡の本主としての慈円の力の強さをうかがわせる事例である。

　なお『門葉記』一二八「慈鎮和尚行状」文治三年(一一八七)の項をみると、

　同六月二十四日、申置阿闍梨三口於楞厳院、

以三塔常行堂衆一和尚、補之、

とあり、慈円の申請で三口の阿闍梨が「楞厳院」に置かれている。「楞厳院」は首楞厳院と楞厳三昧院の二つの可能性があるが、『玉葉』前日条に、「三昧院阿闍梨」三口の設置について、九条兼実が後白河院と交渉している記事がみえる。このことから、ここでの三口阿闍梨が首楞厳院ではなく、楞厳三昧院のものであることが判明する。

建保四年、五年の大風で三昧院法華堂は大きく損壊したらしい（『山門堂舎記』『群書』二四―四八八頁）。承久三年（一二二一）末に慈円が体調を崩すと、九条道家は、師輔と良源が師檀契約を結んで楞厳三昧院を造立したおかげで摂関家の繁栄があると述べ、それに倣って慈円のために同院を修理し一堂を新造して慈恵大師像を安置したい、と発願している（『鎌』二八九二号）。しかしこの時には修理が行われなかったようで、道家の義父の西園寺公経が嘉禎年中に観厳僧都（近江守護佐々木一族）に命じてそれを造営させている。さらに公経の孫の大宮院（後嵯峨天皇中宮）の御産祈禱のために、楞厳三昧院本尊の修理がなされており、寛元元年（一二四三）六月に大宮院が皇子（後深草天皇）を出産すると、青蓮院の慈源座主への祈禱勧賞として阿闍梨二口が楞厳三昧院に寄せられた（『大史』五―一六―二八二頁、『天台座主記』）。元徳二年（一三三〇）には、後醍醐天皇の勅裁で坂田庄が楞厳三昧院の造営に宛てられているし（『門葉記』一三八）、『門葉記』九〇には、南北朝段階における三昧院の仏事の詳細がうかがえる。（平）

**祈願米百石**（五四一頁3）　長日如意輪法は天皇を護持する三壇御修法の一つであるが、それに要する費用の一部は近江国に割り当てられており、そのうち一〇〇石が坂田保の負担であった。『門葉記』四九に収める弘長三年（一二六三）三月十八日の官御祈願所注進状には、次のようにみえる。

官御祈願所
　注進　長日如意輪法供米御明月宛国々済否
　　事
　　合
（中略）
近江国米二百石、但馬国油九斗
件国米油、同法十・十一両月々宛料也、近江便補土田〔坂田脱ヵ〕両保也、而坂田〈青蓮院門跡領坂田庄云々〉顚倒之間、十一月用途闕如、於御明者、任月宛御下文者
（中略）
右、如意輪法十二月々宛国、注進如件、
　弘長三年三月廿二日

坂田保の顚倒によって、十一月分の費用が闕如したとの記載からすれば、坂田保が官御祈願所の供米一〇〇石を負担していたことになる。これが本文史料の「祈願米百石」に当たるのではないか。また元応元年（一三一九）比叡社社領注進状によれば、坂田保を「号御祈願所」と記している（『鎌』二七二九五号）。この号は、官御祈願所の便補保であったことに由来するのかも知れない。（平）

**藤島庄**（五四一頁4）　藤島庄が平家没官領となった経緯は、必ずしもよく分からない。内乱期における越前の政治情勢を概観しておくと、平泉寺は平安末に延暦寺と結びながら、地域の権門寺院として発展していったが、それは同時に、当地の有力武士団である河合系斎藤氏が平泉寺に流入して、寺内の覇権を確立する過程でもあった。

さて養和元年（一一八一）九月に木曾義仲を追討するため、平通盛軍が越前から加賀に進撃した時に、平泉寺長吏斉明は突然、平家方から木曾側に寝返った。背後から通盛軍を襲撃したため、平家軍は大敗を喫している。ところが寿永二年（一一八三）四月に、平維盛を将とする追討軍が燧（ひうち）城を攻撃すると、斉明は今度は逆に平氏に内応して源氏を破り、さらに加賀国へと侵攻した。しかし五月の倶利伽羅峠の戦いで大敗し、斉明は木曾義仲に捕らえられ処刑された。義仲は戦勝を祈願して平泉寺に藤島七郷を寄進し、七月に入京したが、翌年一月に関東軍によ

って敗死することになる。

藤島庄が平家没官領とされていたこと、そして「或人云、当庄者小松内府重盛之領也、木曾冠者義仲上洛之時、寄進白山了、木曾追討之後、没収之被寄附山門」(青蓮院本「門葉記」の「山上勤行二」)との記事からすれば、藤島は平重盛から木曾義仲へ、そして義仲を滅ぼした源頼朝に支配権が移ったとみてよかろう。問題は平泉寺と藤島庄との関係がいつまでさかのぼるかであるが、①木曾義仲も、源頼朝も、ともに藤島を平泉寺に寄進していること、②斉明の兄弟に「藤島右衛門尉助延」という藤島を名乗る人物がいたこと、③藤島は「故右衛門尉藤原助近相伝私領」であったが、「平泉寺之逆党」に与したため没収された、との記事が存在することからして(同)、内乱以前から平泉寺が藤島庄と関わりをもっていた可能性も高い。平泉寺における斎藤一族の覇権の確立の背後には、藤島庄の権益があったとも考えられる(竹森靖「北陸における山門領の形成」『北陸社会の歴史的展開』能登印刷出版部、一九九二年)。

いずれにせよ、こうした経緯を経て、藤島庄は勧学講に寄せられた。「門葉記」の「勤行十山上勤行二〈無動寺勧学講〉」に所引の建久六年(一一九五)五月十四日官宣旨および同年五月二十五日前右大将家政所下文は次の通りである。

左弁官下　越前国

応任前右大将源卿家寄進状、永停止　勅事　院事恒例臨時大小国役、為不輸地以有限所当柒百斛、宛田本所長日神供幷寺用等、其外余剰限未来際、定置満山伝法料田、別院当国平泉寺領河南・足羽両郷内字藤嶋別府壱所事

右、謹検案内、件藤嶋神領者、故右衛門尉藤原助近相伝私領也、助近交平家之逆黨、亡加州之戦場、彼領早没収、為前右大将之進止、爰将軍外既施武略、内深帰仏神、仍且為鎮九域之風塵、且為期一門之繁昌、以彼藤嶋領、寄進白山権現長日御供料田、自是以後、永止国役偏支神用、祈願所致歟、敬神令然歟、天下漸致静謐、海内悉及安寧、将軍威風遠扇、民草悉靡、実是神之験也、人之祐也、但尋彼地利、大有余剰云々、仍当時座主大和尚召上彼白山僧、委勘問所出之処、除七百斛之社用、可為一宮弁者、有一千斛余分、尋其散用、或称別当長吏之得分、或号寺僧土民之入己、推之物儀太似過分、若停末寺之大利、令宛本山之小縁者、豈不通神慮哉、又是叶人望耳、即以此旨、仰含彼寺僧之処、伏理従儀承諾已了、迎今年春運上千斛矣、爰比叡山者、境離囂、玄洞留教尺、潤庭無田畠、山脚少領地、弘仁　聖主賜光定之乞食袋以来、偏以十方檀那之施与、用一山三千資縁、然間帰依逝年哀、檀施随日減、因茲容身人既希、故顕密学徒牛毛不幾、修練法侶麟角如無、爰座主大和尚深嘆此事、旁廻計略、聊施資縁、殊不励学徒者、仏法燈滅、今正是時也、件資縁不可求外、彼末寺余分専当此用、仍始自今年永契来際、宛勧学之料米、定興隆之大儀、其法式者、三塔中撰定四十口、為顕宗伝法人師、口別宛廿斛、根本中堂百斛、西塔尺迦堂六十斛、横川中堂四十斛、無動寺不動堂廿斛、当時千果散用大略如此、至後々支配者、可随年々所出、人師多少随時儀採用叶人望、後年所出若有余剰、可以相宛講会饗膳、兼又密宗興隆其義同前、撰秘教之法器、定伝燈之師範、供料員数可同顕宗、件用途当時雖無其足、二宗興法所望如此、凡今所撰者、常住山洞、遍達経尺者、専可為先、縦雖為高才興学、好遊京洛者不足用歟、縦雖為臥雲喰霞、勤疎蛍雪者不叶撰歟、其顕宗人師者勧進学徒、年々分一宗之章疏、面々宜励三余之苦学、契九月中旬設六日論場、弁学之浅深、決才之優劣、同汝南之月旦、待公家之朝奨、至密宗法侶者、補物持院十四禅師、結番行法、其勤為先、兼又六日講演終、当第七日令修如法曼陀羅供、互為導師、各勤讃衆、鑑印明之紕謬、正法則之音韻、察其器量、祥彼勤労、抽而挙御願蓮台、期綱維崇斑、又三塔堂衆各可有勤、或番々参会堂中、内起慈悲心、外出忿怒声、誦陀羅尼、或時々参入仏前、上住求

菩提思、下発利衆生願、致閼伽勤事、超常勤儀過例行、是又仏法之薫修也、豈非　朝廷之祈禱哉、如斯則南天鉄塔風、久扇叡山々中、東辰玉泉之流、長留台洞之底、寧非国家興隆之基跡、大師伝燈本懐乎、兼又将軍施入之願念、仏神帰敬之懇志、弥叶神慮、遙通仏意、家門永栄子孫無衰、抑件別府当時為没官領、雖不聞国役、将来非　勅免地者、恐定有牢籠、望請　天裁、免除大嘗会造内裏造御願寺造気比社詔税使乳牛役等、早賜不輸之官牒、将備来際之証験、忝祈金輪之万歳、遙期銀池之千劫、永弘遮那止観之両業、以継慈尊正覚之三会者、左大臣宣、奉　勅依請者、国宜承知依宣行之、

建久六年五月十四日　大史小槻宿禰在判

右中弁藤原朝臣在判

前右大将家政所下　越前国藤嶋別符

可早任　宣旨状致沙汰事

右、件子細具于　宣旨状、早任状可致沙汰之状、所仰如件、住人宜承勿違失、以下、

建久六年五月廿五日　案主　清原

知家事中原

さらに建仁三年(一二〇三)には勧学講および料所藤島庄の管轄権が天台座主から青蓮院門跡に移管された。次の史料はそれを認可した慈円宛の院宣である(同前)。

被　院宣偁、山門領藤嶋庄者、先度治山之時、頼朝卿寄進之、勤行勧学講、興隆山門仏法、於自今以後者、永付門跡知行彼庄、可令勤行勧学講給、以其余剰、可令修造山門寺院之破壊給、且加私力可致沙汰之由、令申請給、尤所感思食也、依法頽危者、正法難存歟、可令致沙汰給、兼又密宗未及興隆、修造之大功漸成畢、尤可令致沙汰給之由、宜遣仰者

院宣如此、仍言上如件、長房頓首謹言、

建仁三五月十日　左中弁長房奉

進上　大僧正御房

こうして藤島庄は青蓮院領となった。天福二年(一二三四)の慈源所領注文には、無動寺領として次のようにみえる(『鎌』四六八七号)。

藤島庄

所当米四千八百石之内

千石　平泉寺

二千八百石　勧学講已下山上京都御堂用途

千石　本家分

御綿三千両

千七百両　勧学講用途

千三百両　本家御分

已上所出物、建暦二年目録定也、

なお藤島庄領家職には、成源僧正・承兼僧正・良覚僧正・静明法印など、有力な青蓮院門徒が補された。やがて武家御家人出身の教円(教因)律師のような「住侶」も補任されるようになり、正応二年(一二八九)には伊予法眼のような里僧綱の「侍法師」も補任された(「山上勤行二」)。鎌倉時代の最末期には平泉寺が藤島庄を押領し、その後、延暦寺と平泉寺がその領有をめぐって争うことになる。南北朝時代、無動寺勧学講は貞和四年(一三四八)に一時再興されるが、結局、観応二年(一三五一)より延暦寺東塔院の勧学講が創始されて、無動寺勧学講は終焉を迎える。その原因は藤島庄の退転にあるだろう。(平)

**別願**(五四三頁1)　源頼朝が藤島庄を平泉寺に寄進した理由について、「門葉記」原本「山上勤行二」に所引の建久六年(一一九五)五月十四日官宣旨は、次のように記す。

爰将軍外既施武略、内深帰仏神、仍且為鎮九域之風塵、且為期一門之繁昌、以彼藤嶋領、寄進白山権現長日御供料田、自是以後、永止国役偏支神用、祈願所致歟、敬神令然歟、天下漸致静謐、海内悉及安寧、将軍威風遠扇、民草悉靡、実是神之験也、人之祐也、

これによれば、内乱の平定と一門の繁栄が寄進に際しての頼朝の「別願」であったらしい。(平)

**平泉寺**(五四三頁2)　白山への山岳信仰と密教とが習合する中で、九世紀にはその登拝路の起点に三馬場が成立した。加賀馬場の中心は白山本宮と別当寺の白山寺であり、越前馬場は平泉

寺が、そして美濃馬場は長滝寺(ちょうりゅうじ)が中心となった。平安後期になると末代上人が出て、白山宝殿に鰐口や錫杖を奉納して白山信仰の仏教化を進めるとともに、勧進によって鳥羽院に白山信仰を勧めている。それに対し鳥羽院は、大治五年(一一三〇)頃側近である園城寺覚宗を検校に任じて白山平泉寺を執行させた。ほぼ同時期、加賀馬場の白山宮でも、鳥羽院は検校職を新設して側近の信縁を補任している。

しかし久安三年(一一四七)、加賀白山宮は延暦寺の末寺となって国衙・院権力の下から離脱していったし、平泉寺も同年に住僧らが園城寺長吏覚宗の支配の過酷さに反発して、自らを延暦寺の末寺に寄進した。延暦寺は鳥羽院に平泉寺の末寺化を認めるよう迫り、結局「覚宗入滅之後、以白山、可為延暦寺末寺」との院宣を得た(『百錬抄』同年五月四日条)。覚宗は仁平二年(一一五二)に没しているので、この頃に延暦寺の末寺となったのだろう。

平安末になると、有力武士団の寺内流入が顕著となり、河合系斎藤氏や疋田系斎藤氏出身の僧侶が長吏となって平泉寺の実権を握った(浅香年木「北陸道の在地領主層」『治承・寿永の内乱論序説』法政大学出版局、一九八一年)。そして平泉寺は平家・木曾義仲、そして頼朝勢との角逐の中で複雑な歩みをたどった。内乱後、慈円は仏法興隆と平和の回復を祈念して、無動寺大乗院で勧学講を開催するが、慈円は頼朝と交渉して、藤島庄からあがる年貢のうち一〇〇〇石を勧学講に宛てることを認めさせた。

その後、藤島庄や平泉寺長吏職をめぐって梶井門跡と青蓮院門跡との間で紛議が起こり、建保二年(一二一四)には青蓮院門徒が離山する騒ぎとなっている(『天台座主記』)。平泉寺や藤島庄が天台座主の進止なのか、それとも青蓮院の別相伝なのかに紛争の原因があったが、結局、慈円・青蓮院側の主張が通った。しかし文永二年(一二六五)に延暦寺が園城寺を焼き討ちすると、幕府は梶井門跡を没収するとともに、藤島庄と平泉寺の管領権を青蓮院から奪った(『新抄』同年三月十八日条)。この措置は間もなく解除されたが、平泉寺は、やがて延暦寺への重い負担に不満をつのらせ、その支配下から離脱しようとする。藤島庄らを押領して、末寺役の納入も拒絶するようになった(『門葉記』一四二)。さらに南北朝内乱では、藤島庄の領有を条件に北朝側に参戦したが、その回復は容易ではなかったらしい。その後、平泉寺は地域の権門寺院として自立し、戦国期に最盛期を迎える。朝倉氏の保護を受けて大いに繁栄し、四八社・三六堂・六〇〇〇坊を擁したという。しかし天正二年(一五七四)一向一揆に敗れて全山が焼失した。一部は復興されて寛永八年(一六三一)に寛永寺の末寺となったが、明治三年(一八七〇)の神仏分離により白山神社に改めた。平成元年(一九八九)より山内の発掘調査を進めている。(平)

**平泉寺が己に入れる**…(五四三頁3) 平泉寺に寄せられた藤島庄の地利に余剰があったことについて、「天台勧学講縁起」は、「越前国藤島庄者、宛白山権現神膳云々、而彼庄田代有地、未及開発云々」と述べて開発の余地が十分にあったとする。「山上勤行二」所引の建久六年(一一九五)五月十四日官宣旨は、次のように記している。

但尋彼地利、大有余剰云々、仍当時座主大和尚召上彼白山僧、委勘問所出之処、除七百斛之社用、可為一宮弁者、有一千斛余分、尋其散用、或称別当長吏之得分、或号寺僧土民之入己、推之物儀太似過分、若停末寺之大利、令宛本山之小縁者、豈不通神慮哉、又是叶人望耳、即以此旨、仰含彼寺僧之処、伏理従儀承諾畢、迎今年春運上千斛矣、

慈円が白山の僧侶を呼びつけて、藤島庄の年貢配分の状況を問いただしたところ、白山社の社用七〇〇石以外の約一〇〇〇石を別当・長吏や寺僧・土民たちが私物化していたことが判明した。そこで慈円が寺僧を説得して、勧学講の用途としてその一〇〇〇石を運上することとなった、とある。(平)

**勧学は智慮を廻らす**…(五四三頁4) 勧学講を創始しようとした折りの、慈円の問題意識については、「天台勧学講縁起」に詳しい。

夫以、小僧被授当山座主職之後、去建久四五年比、中心思惟云、末代仏法修学道凌遅、誠可然、愚痴闇鈍之人、次第受生之故也、不儲教門方便之説者、争扶末法衰微之法哉、然重生軽法者末代也、不播衣鉢之支、誰能習学仏法、耽財貪宝者当機也、若無田苑之貯、人豈止住当山哉、此謂又不違聖教、所以者何、仏陀者皆受供養以利衆生、衆生亦因檀度以入仏道、是仏教之常途也、末法之正道也、思慮如此、何為其財、

これによれば、座主就任の翌年から慈円は、次のように考えた。「末代には次第に人間の資質が落ちてくる以上、仏法の衰退は必然である。その衰退を食いとめるには方便の援用が不可欠だ。仏法よりも自分の命や財を重視するのが今の時代の人間である以上、経済基盤の確立なしに延暦寺住侶の活性化は不可能だ。仏陀は在家の人々から供養を受けて彼らに利益を与え、在家の人々は仏陀への施しを通じて仏法に結縁すると、聖教に書いてあるのだから、私のこの考えは間違ってはいないし、むしろ末代の正道と言うべきだ」。このように考えたが、その財源に苦慮した、と述べている。末代という時代にふさわしい仏法興隆のあり方を目指す慈円の実践的な問題意識が吐露されている。

また「山上勤行二」所引の建久六年(一一九五)五月十四日官宣旨にも、

弘仁　聖主賜光定之乞食袋以来、偏以十方檀那之施与、用一山三千資縁、然間帰依逝年衰、檀施随日減、因茲容身人既希、故顕密学徒牛毛不幾、修練法侶麟角如無、爰座主大和尚深嘆此事、旁廻計略、聊施資縁、殊不励学徒者、仏法燈滅、今正是時也、件資縁不可求外、彼末寺余分専当此用、

とあり、内乱後の荒廃した延暦寺を再建しようとする慈円の苦衷がみて取れるだろう。(平)

**源幕下の上洛の時**(五四三頁5)　慈円と源頼朝との会談で、藤島庄を勧学講の財源とすることに決まったことは、「天台勧学講縁起」でも

仍将軍住洛之比、談義受用彼所(藤島庄)、則　奏聞　公家申賜官符、支配其用途訖、

と述べている。また「山上勤行二」には「一　右大将家〈頼朝〉与慈鎮和尚御契約事」として慈円と頼朝との贈答歌とともに、次の歌を収めている。

山ニ勧学講ハシメテ、コトナル興隆シケルニ、藤嶋トイフ所ヲ頼朝卿サタシヨスルコトアリケレハ、イヒツカハシケル、此所越前国ニテ白山ノ領ニテナムアリケル、

君ユヘニ　コシチニカヽル　藤シマハ
　ワカタツソマノ　松ノスエマテ

また慈円の歌集『拾玉集』五四八九・五四九〇(『新編国歌大観』三、角川書店)には、

興隆庄藤島事申すとて、こなたかなたにかかるべきなりとつねにそへごとに申さるれば

君ゆゑにこし路にかかる藤浪は
　わがたつそまの松の末まで

返し　　　幕下

墨染のたつそまなれば藤島の
　ひさしき木も松にかかるか

と、頼朝の返歌も収載している。このほか、「山上勤行二」には、藤島別府を勅免地とし、七〇〇石の寺用社用以外はその所出を勧学講の財源に宛てることを認めた建久六年(一一九五)五月十四日官宣旨、および同年五月二十八日将軍家政所下文のほか、別本「愚管抄第七」などを収載する。この別本「愚管抄第七」は現存の『愚管抄』諸本にはみえない記事を載せており、

藤嶋トイフ所、越前国ニ白山ニ将軍ヨセタル所アリケルヲ、頼朝京ニノホリタリケルニ対面シテ、イミシクイヒアハセテ、又コノ勧学講ノ用途ニモヨセサセテ、宣旨ナトマテ申下テ、マツ千石ヲ沙汰シイタシテ、百人ノ結衆ヲ三塔ニムスヒテハシメテヲコナヒケル、

と、慈円が頼朝と意気投合した様子を伝えている。(平)

**松門**(五四三頁6)　「台明寺文書」によれば「松門蘭若之地、忽成聚落、経行座禅之床、速変民烟」(『鎌』七八五二号)とあり、「松門」が「蘭若」(寺院)と同義であることを示している。(平)

**天魔障りを成し**…（五四三頁7）　九条兼実は建久七年（一一九六）十一月、大姫入内問題が背景となって久我通親との抗争に敗れて関白を罷免された。弟の慈円もそれに抗議して座主・法務・権僧正・護持僧を辞して籠居した。代わって近衛基通が関白に、承仁法親王が座主となった（『大史』四―五―三〇六頁）。慈円が公請に復帰するのは、正治二年（一二〇〇）二月の仙洞如法北斗法である（『天台座主記』）。（平）

**将軍は再三腹心を**…（五四三頁8）　『愚管抄』六に「慈円僧正、座主辞シタル事ヲバ、頼朝モ大ニウラミヲコセリ」とある。（平）

**山門の凶徒は**…（五四三頁9）　反勧学講の動きを、慈円は次のように述べている（「天台勧学講縁起」）。

同（建久）七年仲冬之比、世上頗違乱、辞職籠居訖、其後中四箇年両座主治山之間、座主無興隆之思、悪徒住天魔之心、停止勧学講、以彼供料千余石、可曳散千僧供之由、奏聞公家之間、訪群卿及仗議、而賢相不服膺、衆人令弾指、濫訴忽敗、冥応再顕、

藤島庄の年貢を勧学講に宛てても、一部の特権的な学僧が潤うだけであるため、それを千僧供の財源とすることによって住侶すべてに行き渡るようにしたい、というのが、慈円に反対する大衆たちの考えであった。

大衆側が提出した奏聞は知られていないが、愛知県宝生院文書の年月日欠延暦寺大衆法師等申状案は、慈円らを「窃求勧学之用途」と評するなど、反勧学講派の大衆が提出した奏状であることが分かる（『福井県史』資料編2、六四三頁）。残念ながら主要部分が後闕となっているため、その要求内容の全容を捉えることができないが、事書は次の通りである。

請特蒙　天恩、被以当山別院越前国平泉寺藤島領、為不輸免除地、停止以白山社用外地利、且支配四□□学生議（ママ）、普為三千学徒資縁、興隆円宗鎮護国家、兼又召誡刃傷当山所司凶徒子細状

藤島庄を不輸の荘園とし、白山社の社用以外の年貢は叡山の三千学徒全員に行き渡るように配分し、さらに延暦寺所司を傷つけた慈円派「凶徒」の処分を要求している。特に最後の一節は、勧学講をめぐる紛争が寺内の武力衝突にまで発展していたことを示している。このように勧学講をめぐっては、延暦寺内部の意見が大きく分かれていた。『天台座主記』の弁雅座主の項によれば、

同（建久）八年六月十九日以藤島庄可為三千資縁之由　宣下〈座主請　宣命以前也〉
十二月四日以藤島庄、如元可為勧学講用途由　宣下
十二月廿二日修勧学講

とあり、一旦大衆たちの要求が認められたが、半年後に逆転して慈円の要望が通っている。大衆の要望が退けられた要因として、別本「愚管抄第七」は

弁雅カ時、勧学講ヲトヽメテ、ソノ供米ヲ千僧供ニヒカムトイフ大衆ノ申状トテ申ケレト、通親サスカニ、イカテカサル事アラムトテ、アリケレハ（後略）、

と述べており（「勧学講条々」）、九条家の政敵であった久我通親ですら、大衆の意見に同調しなかったらしい。（平）

**惣相**（五四三頁10）　異本は「惣想」とする。「総相」とも記し、全体、およびすべてに共通する普遍的な特質をいう仏教語。本文史料は、「別縁の勧学講」に対し、「惣相の千僧供」と記しており、勧学講が延暦寺の一部の僧侶にのみ関係したのに対し、千僧供は全体に利益が及ぶという意味で、「惣相」の語を使用している。なお『園城寺文書』二（講談社）に南院惣相集会引付（一〇〇号）、南院惣想集会事書（一一七号など）があり、「惣相」「惣想」は南院全体を示す語として使用されている。下坂守『中世寺院社会の研究』（二一五頁、思文閣出版、二〇〇一年）を参照。（平）

**三四箇年を経て**…（五四五頁1）　「天台勧学講縁起」によれば、建久六年（一一九五）の勧学講では「浄名疏」を講じ、七年には「大経疏」を講じたが、次の「四箇年」は「玄義」を講じたものの「供

料闕乏、布施断絶」のありさまだったという。（平）

**繁務を遁る**（五四五頁2）　慈円は建仁二年（一二〇二）七月七日に突然座主を辞任したが、その直接の契機は門跡の後継者であった良尋が、慈円との喧嘩の果てに、七月三日に逐電したことにあった（『大史』四―七―四八二頁）。良尋は九条兼実の息で慈円の甥に当たる人物である。九歳で慈円のもとに入室して、一五年を経た上での失踪であった。ちなみに、次の後継者となった真性（以仁王の子）も建暦三年（一二一三）七月に離房しており、三人目の後継者の道覚（後鳥羽院の子）は承久の乱によって幕府から相承を反対され、結局、四人目の良快（九条兼実の子）が門跡を相承した。（平）

**講演をして門跡…**（五四五頁3）　座主辞任に際し、慈円は弟子の実全を後任座主にすること、そして勧学講・藤島庄の管理権を座主から青蓮院門跡に変更するよう画策し、それに成功した。『猪熊関白記』建仁二年（一二〇二）七月七日条によれば、後鳥羽院が座主の後任問題、および藤島庄の帰属について諸卿に諮問している。院からの折紙は次のようであった。

天台座主慈円辞申所帯、度々雖被仰子細、懇切辞申、仍可被補其替、而真性僧正者、住山年限不幾、実円法印者籠居已久、寺務若無便宜歟、承円法印者、年臈甚浅、可被補実全法印歟、

寺領藤島庄、故前右大将寄進、為座主慈円沙汰、始勧学講充其用途、寺務中絶時、可充千僧供之由、衆徒等雖結構、不遂其事、還任之後、又以勿論、雖去寺務、付件講演於門跡、彼庄同可門跡相伝、被申之、何様可有沙汰哉、

慈円の立場からすれば、弁雅が座主の時に勧学講が衰微したことから、勧学講を維持・発展させるには勧学講と藤島庄を青蓮院門跡に付属することが不可欠と判断したのであろう。そして弟子の実全を座主に据えることによって、その移行をスムースならしめようとした。そこで慈円は、久我通親をはじめ諸権門に賄賂を贈り、また延暦寺の僧侶たちにも米を施与するなど、盛んに裏工作を行って自らの要望を認めさせることに成功した（『大史』四―七―四八五頁）。（平）

**堂衆敗れ散り**（五四五頁4）　建仁三年（一二〇三）の堂学合戦の原因は、堂衆が風呂に入る順を乱したことであった。元来は学侶が先に入り、堂衆は後ということになっていたが、同年三月に西塔釈迦堂衆が順序を破ったため、諍論となった。実全座主が仲介に入ったが、和解に失敗し、五月には堂衆が学侶とは別に風呂を始めた。学侶側はそれを禁じたが、堂衆は承諾せず、八月に両者が城郭を構えて合戦した。十月には堂衆を永久に追放するとの院宣が出され、大内惟義・佐々木定綱・葛西清重らが堂衆の八王子城を攻撃し、それを撃破したが、官軍側も三〇〇名余りの戦死者を出している。十一月には堂衆の逮捕と、所領の没収を命じた院宣が発せられた（『大史』四―七―八七一・八九〇・九三五頁）。堂衆たちはなお木戸庄などを拠点に抵抗したため、翌年一月、七月には近江国守護の佐々木定綱に堂衆の追討が命じられている。元久二年（一二〇五）十月には延暦寺の山上で大火があり、講堂・四王院など多くの堂舎が炎上したが、この火事の原因も堂衆問題にあった（『大史』四―八―二六・一八五・二二四・六四九頁）。元久三年九月にも、琵琶湖周辺で堂衆と官軍とが激しく衝突している（『大史』四―九―二三七頁）。承元五年（一二一一）八月、後鳥羽院は堂衆の勅免とその所領回復の院宣を発した。学侶はそれに反対して神輿を動座させたが、①堂衆の所領は学侶に与える、②惣持院を造営する、③日吉御幸を再開するとの院宣で折れ、九月には後鳥羽院が堂衆を勅免し彼らに公家御祈を勤行させている（『大史』四―一一―一八八・二〇四頁）。（平）

**一夏の行法**（五四五頁5）　『門葉記』九〇の無動寺不動堂安居の項によれば、安居は四月十五日より七月十五日まで「汲五更之花水、備一夏之闕伽」えるもので、夏衆一二人、擬衆三人がそれに当たった。供料は「一七二石、藤島庄役」で

あった。そして次のように記している。

相応和尚昔於根本中堂、修安居行法、慈覚大師感其信心堅固、被授不動法、和尚以件行法、移当寺以来、星霜久積、而去建仁之比、行学相諍、仏法欲滅之刻、以当堂為戦場、慈鎮和尚独入内陣、修此行法、継仏法之恵命、以今供料、限永代所被宛置也、

相応が根本中堂で安居の行法を行ったのがその淵源で、後にその行法を相応は無動寺に移した。ところが建仁の堂学合戦で無動寺が戦場となり、安居の行法が退転しようとしたため、慈円がその行法を継ぐとともに、藤島庄の年貢一七二石をこの供料に宛てることにした、と述べている。(平)

**志専ら惣持院道場に…**(五四五頁6)　『日本三代実録』貞観六年(八六四)正月十四日条(円仁卒伝)によれば、次のように記している。

円仁上奏言、除災致福、熾盛光華佛頂、是為最勝、是故唐朝内道場中、恒修此法、為鎮国基、街西街東諸内供奉持念僧等、互相為番、奉祈宝祚、今須建立持念道場護摩壇、奉為陛下、応修其法、唐国街東青龍寺裏、亦建立皇帝本命道場、令勤修真言秘法、詔曰、朕特発心願、於彼峯建立惣持院、興隆佛法、於是、勅惣持院安置十四僧、永令修法、

つまり嘉祥三年(八五〇)四月に文徳天皇が即位すると、円仁は「唐朝の内道場では熾盛光法を恒例として修しており、青龍寺には皇帝本命道場を建立して密教修法を行わせている。わが国もそれに倣うべきだ」と奏聞し、文徳天皇から惣持院造立の勅許が出されたのである。

ただし惣持院は造立以後、何度も焼失している。本文史料に近い時点では、大治五年(一一三〇)五月や承安二年(一一七二)三月に修造供養が行われている。文治元年(一一八五)七月の大地震で顛倒したが、その後復旧されたらしい(『天台座主記』)。本文史料から五年後の承元五年(一二一一)七月に惣持院が全焼し、幕府の負担などによって再建され、建保六年(一二一八)七月に供養が行われた(『大史』四―一一―一六九頁、『同』四―一四―七二三頁)。このことから、本文史料の建永元年(一二〇六)段階には惣持院が存在していたことになる。

では慈円はなぜ惣持院で大熾盛光法を行わなかったのか。一つ考えられることは壇所の狭さである。創建当時の惣持院では、十四禅師を二番に分けて昼夜修法させたという(佐伯有清『円仁』二一八頁、吉川弘文館、一九八九年)。それに比べると、慈円が案出した大熾盛光法は、阿闍梨に伴僧二〇口の修法であり、大壇のほかに十二天壇・聖天壇と四壇護摩の計七壇仕立てという非常に大規模なものである。そのことからすれば、本文史料の「大師所鑑見、於末代行事尚難相応者歟」とは、惣持院が狭かったことを指しているのではあるまいか。(平)

**平野**(五四七頁1)　延暦寺領美濃国平野庄の成立は定かでないが、保安三年(一一二二)に延暦寺中堂衆が中川御厨を山門領平野庄に加納すべしと訴えており、この時、既に成立していたことが分かる。天治二年(一一二五)には平野庄の在家田畠の検注が行われており、これまでは根本中堂寄人としてその燈明のみを負担していたが、この時から「三塔諸堂・社頭大小諸神」の燈明を備進することになった。嘉応元年(一一六九)十二月に中納言藤原成親の流罪を求めて延暦寺大衆が強訴を行い、成親の配流・召還、平時忠・平信範の配流・召還と朝廷の対応が混乱をみせている。この事件の発端は、成親の知行国である尾張国目代が平野庄神人を凌轢・禁獄したことであった(『天台座主記』『兵範記』)。治承・寿永の内乱の中でも、平野庄から御油を運上している庄民を官兵が暴行・殺害したとして、延暦寺が蜂起している(『玉葉』治承五年(一一八一)正月十一日条)。また『天台座主記』嘉禎元年(一二三五)十二月八日条によれば、毎年十二月に行われている延暦寺の舎利会・一切経会の「禄物」は平野庄の役となっており、本文史料が言うように、ここが「山門旧領」の代表的存在であったことが分かる。

こうしたことからすれば、嘉保二年(一〇九五)十月に延暦寺が神輿を奉じて入京・強訴した事件

も、平野庄が原因であった可能性も高い(『岐阜県史』通史編中世、五五〇頁)。荘園の名は不明だが、ある荘園をめぐる紛争で美濃守源義綱が延暦寺下僧の非道の沙汰を非難して奏聞し、追討の宣旨を得て下僧と合戦した。その中で中堂久住者一名が殺されたため、源義綱の流罪を求めて延暦寺は強訴をしたが、関白師通はその要求をはねつけ、間もなく日吉山王の祟りで師通が急死したという事件である(『大史』三—三—九三〇頁、『同』三—五—三九三頁)。平野庄の庄民がもともとは根本中堂寄人であったこと、そして合戦で戦死した僧侶が中堂久住者であったことは、延暦寺根本中堂と平野庄の庄民との結びつきがこの事件の背景としてあったとみてよかろう。

なお但馬国にも延暦寺領平野庄があるが、史料的初見は鎌倉中期である。文永元年(一二六四)八月に東塔の法華堂と常行堂の造営が行われたが、これは「但馬国平野庄神人奉行力」で造営したものという。また同八年五月に西塔の法華堂・常行堂の造営が計画された時にも、その料所として同庄が挙がっている(いずれも『天台座主記』)。(平)

**甘露寺**(五四七頁2)　松ヶ崎の甘露寺は『京都市の地名』(平凡社)にもみえず、詳細は不明であるが、延暦寺智証門徒の教静権少僧都(九四〇～一〇一八)は「園城寺伝法血脈」などに「甘露寺、松崎」と記されており(『大史』二—一三—三七九頁)、本文史料の甘露寺と一致する。また寛仁元年(一〇一七)十一月、後一条天皇の賀茂社行幸の勧賞として、翌年山城国愛宕(おたき)郡八郷が賀茂社に寄進された時(『同』二—一三—五〇二頁、『同』二—一四—二九四頁)、他の寺社・官衙領や国衙領との境界の確定が必要となったが、その一連の相論の中で、甘露寺も「神郷内田事」について解文を提出している(『小右記』寛仁三年十二月二十一日条)。甘露寺が所在していた松ヶ崎の栗栖(くるすの)郷は賀茂社と隣接していたため、賀茂社との相論となったのであろう。(平)

**穴太薗**(五四七頁3)　平安後期に摂関家領「穴太御園」(『康平記』(『群書』二五)康平五年(一〇六二)正月十三日条)がみえ、鎌倉時代には近衛家領穴太庄が登場するが、本文史料との関係は不詳。戦国末より穴太衆は石工集団として活躍した。(平)

**松岡庄**(五四九頁1)　慈円の乳母藤原通季女から譲られた四荘は、建暦三年(一二一三)二月の慈円の青蓮院門跡領譲状では、

別相伝
　松岡庄　志度庄　加々美庄
　　已上三所、存日之間、送霊山院之外、如形年貢可沙汰也、
　淡輪庄　六郷山　三尾庄

と記されており(『鎌』一九七四号)、これらは慈円の別相伝として門跡領に編入されたことが分かる。天福二年(一二三四)八月に慈源が記した青蓮院門跡所領目録では、この四荘は青蓮院本坊である大成就院への「寄進所」の項目に挙がっている(『鎌』四六八七号)。ただし負担量が本文史料と若干相違している。本文史料(一二〇六年)と門跡所領目録(一二三四年)を比較すると、松岡庄は「国絹五十疋、綿二百両」が「所当国絹七十疋、綿二百両」に、支度庄は「能米三十石、塩十石、炭五十籠」が「所当三十石、炭五十籠」に、加々美庄は「布二百段」から「所当准布三百段」に、淡輪庄は「薪百束、車輪二両」から「所当薪三十束」に変化している。(平)

**縁起**(五五一頁1)　慈円が記した「天台勧学講縁起」を次に掲げておく。中世の青蓮院本「門葉記」の「勧行二」を底本とした。

比叡山延暦寺所修之勧学講者、小僧慈円治山之間、所始置也、竊尋滅度之正像末、倩思遺法之過現当、顕懇念而相語于当学之禅徒、勧子細而欲誡於末学之懈怠、不然者、法之凌遅、弥難助成者歟、因茲手自右筆記縁起、録起請而已、夫以、小僧被授当山座主職之後、去建久四五年之比、中心思惟云、末代仏法修学道凌遅、誠可然、愚痴闇鈍之人、次第受生之故也、不儲教門方便之説者、争扶末法衰微之法哉、然重生軽法者、末代也、不播衣鉢之

支、誰能習学仏法、耽財貪宝者、当機也、若無田苑之貯、人豈止住当山哉、此謂又不違聖教、所以者何、仏陀皆受供養、以利衆生、衆生亦因檀度、以入仏道、是仏教之常途也、末法之正道也、思慮如此、何為其財、于時有右大将軍源朝臣頼朝之者、威勢満一天、守王法崇仏法、施与尋霊所、眷本寺顧末寺、其中越前国藤島庄者、宛白山権現神膳云々、而彼庄田代有地、未及開発云々、仍将軍住洛比談義、受用彼所、則　奏聞　公家、申賜官符支配其用途訖、是全非小僧之力、偏為山王之助者也、則以建久六七両年、遂崛百口学徒、始開七日之講肆、先達四十人隔日二十人参会講場、講衆六十人毎日十人参勤講問、各参会之後、当座以孔子賦定所作次、講師一人、問者五人、番論義二双也、講衆者問答当疏之文理、拭栴延之脣、先達者互吐立破之弁説、諍身子之智、満山大衆随喜見聞之間、全無誹謗之詞、同有讃嘆之称、六箇日如此、至第七日、就三密之軌儀、供両部之諸尊、以無動寺大乗院為其道場、数日聴聞倫、感悦興隆之盛云々、爰同七年仲冬之比、世上頗違乱、辞職籠居訖、其後中四箇年両座主治山之間、座主無興隆之思、悪徒住天魔之心、停止勧学講、以彼供料千余石、可曳散千僧供之由、　奏聞　公家之間、訪群卿及仗議、而賢相不服膺、衆人令弾指、濫訴忽敗、冥応再顕、以彼訴訟知此衰微、可謂勿論歟、其後不慮還補治山之職、如元施行興隆之間、又天魔動山地、忍惟谷、欲罷不能、遮以辞職、而年来興隆之志、以有　叡感、更無　勅許、重　奏聞云、縦雖避惣寺務、欲興隆別勧学、唯随　勅命可専奉行也者、任申請、但於今講会、新任属権臣、一旦成障碍、然猶彼臣亡没之後、重被下　院宣先訖、爰門徒各別之貫首、不用講会之労効、是為一山共許恵業、属興法之器量也、何今三院繁務座主、背勧学之旨趣哉、然而子細及　叡聞、被仰下云、定結衆、三山学侶為先法器云々、依此風聞徒衆謳歌云、結衆百人之勧学、々海底深、懈緩一旦之稽古、古木易折云々、是以満山之中撰定器量〈交名在別〉、其三塔人数〈載起請文〉、一結衆之後、追年配文、研学莫懈倦、再興隆之間、一生所学、住持有本意、是則吾山王感興隆有誠之志、定勧学無緩之計也、次彼衣鉢法式者、先達四十人各配八木十五果、講衆六十人各施饗牙五果、此外三塔・無動寺等別供有三百八十果、惣論之、合一千二百八十果也、又六丈桑孫百十有疋、呉綿千五百両、以之為布施物、以曼荼羅供一日導師幷讃衆六人、同撰請三塔已灌頂之輩、台金隔年供養恭敬、布施短冊大略如例、凡自彼建久六年、至于今年〈承元二年〉十四箇年也、最初年講浄名疏、次大経疏也、是則時々学者、習学久廃、文籍疎遠也、碩徳成議、広学勧人、次四箇年欲停止講会之間、邪魔不勝仏徳、憖披玄義一巻、次々三々巻、終三箇年云々、其間供料闕乏、布施断絶云々、爰小僧還任職之後、興行法之時、始天台章疏、次南岳・章安・妙楽等章疏、次止観一部配三年、次山家章疏自去年講、疏記今年中四巻、明年終三巻、可加観音玄両巻疏歟、次龍樹智論百巻・起信論可終三年歟、次婆娑論三箇年、次成実論一年、其後又還講前々当疏〈以前玄義四年云々、可為三箇年歟、但年々支配可在時議歟〉、可尽未来際、今興隆仏法之方便、愚案之所及、蓋以如此、抑梵網十重之中云、自讃毀他云々、而今他人無興隆之思、我独有弘通之心云々、聞人加謗難歟、然而所思念更非破戒、所以然者、為仏法無信心之人、誠之可取信、於教門知本意之輩、勧之可為本、彼如迹門応仏斥上慢而説二乗成仏、本門報仏誡弥勒而顕一仏久本、是豈其議乎、若不示過去廃除者、誰又励未来之興法哉、人勿誹謗之、仏必納受之、請我山守護山王権現、吾宗伝教大師先徳、哀愍興法之無二、照見利生之有剰、然則天下四海為其静謐、王家三宝因之栄盛、仏事以来際済奈落、僧数無尽期入仏道、殊
太上天皇、久理八埏、競松柏千秋之色、鎮信三宝、並亀鶴万春之齢、五畿七道縦馬於華山、百姓万民養牛於桃林、関門邑里納枡定

枕、于時承元二年〈戊辰〉仲春良辰、為貽後見、大較記之、　(平)

**上皇護持の仁**(五五一頁2)　慈円は元暦元年(一一八四)十二月に後鳥羽天皇の正護持僧となって長日延命法を修し、建久四年(一一九三)一月に長日如意輪法に変わったが、同七年に九条兼実が失脚すると護持僧を辞退した(『門葉記』五三)。『門葉記』一一八によれば座主に還補された建仁元年(一二〇一)二月に護持僧となって長日御修法を始めているが、これは天皇護持僧ではなく、後鳥羽院の護持僧となったことを示している。(平)

**成円**(五五五頁1)　参議葉室成頼の子で毘沙門堂明禅と兄弟。観性・恵淵の弟子で慈円に仕えた。験者として祈禱に活躍し、多武峰別当や西塔院主を歴任、最勝四天王院の供僧でもあった。承元二年(一二〇八)吉水に再建された大懺法院の供養では呪願を勤めている。『門葉記』に筆録が多数収録されている。建保六年(一二一八)が記録の下限である。(平)

**天3**(五五五頁2)　『門葉記』九一「勤行二」に収録。底本には青蓮院原本「門葉記　勤行二」の写真版(大阪大学文学部日本史研究室架蔵)を使用し、近世の青蓮院蔵「門葉記　勤行二」写本、尊経閣文庫本「門葉記　勤行二」写本、および『大正蔵』図像部一一所載の『門葉記』九一、『鎌』一七一六号、『大史』四―九―一〇一四頁、『日本教育文庫』学校篇(同文館、一九一一年)の翻刻を参考にした。

なお「式日事」の一項は本来は冒頭部、「天台山勧学講起請七箇条」の前に記されているが、これは慈円が後日に挿入した項目であるため、本文史料の最後に掲載した。(平)

**天台山勧学講起請**(五五五頁3)　勧学講は、時の座主慈円によって建久六年(一一九五)九月に無動寺大乗院で始行された。『玉葉』同年九月二十三日条には、次のようにみえる。

自今日、座主於無動寺大乗院、被修勧学講、以平泉寺領藤島年貢千石、分給山上ゝ〔之ヵ〕人師等、勧門弟等、行八講〈有竪義・番論義等〉、以抜群者、可挙公請之、可令致竪義注記之請之、第一之仏法興隆也、

開催にこぎつけるまでに、財源となった藤島庄をめぐって慈円と源頼朝との交渉があった(天2第14条の「藤島庄」「源幕下の上洛の時」の項参照)。建久六年・七年は慈円の構想通り勧学講を実施できたが、建久七年十一月に慈円が座主を辞任して籠居すると、新座主弁雅は一部大衆の意見をいれて、藤島庄の年貢を千僧供の財源としようとした。勧学講は天台教学の振興をめざすとはいうものの、他面では青蓮院門跡主導による教学復興という性格をもっていたため、必ずしも満山の支持を得られなかったのである。建久八年末に久我通親らの支持で、再び藤島庄を勧学講の財源とすることに決したものの(天2第14条の「山門の凶徒は…」の項参照)、「座主不専興行、徒衆猶倦于講筵、経三四箇年甚以有若亡云々」というありさまであった(天2第14条)。

正治二年(一二〇〇)二月に慈円が公請に復帰し、さらに翌年二月に天台座主となると、慈円は勧学講の再興に積極的に取り組んだ。そして勧学講および藤島庄の管轄権を天台座主から青蓮院門跡に移管するよう申請して、建仁三年(一二〇三)に認可された(天2第14条の「藤島庄」)。こうして勧学講は青蓮院門跡の責任において運営されることとなった。そして慈円と後鳥羽院とがもっとも親密な関係であった承元二年(一二〇八)二月に慈円は「天台勧学講縁起」と本文史料を執筆・制定して、勧学講の目的と組織・運営について詳細に定めた。「門葉記」の「山上勤行二〈無動寺勧学講〉」によれば、鎌倉後期まで勧学講が維持されていたことが分かる。事実、元徳元年(一三二九)十月に尊実が尊円のもとに入室した折り、尊円は無動寺大乗院の勧学講に出席しており(『門葉記』一〇二―九五頁)、勧学講は鎌倉時代末まで継続して運営されていた。

南北朝内乱では料所である藤島庄の違乱によって勧学講は中断したが、貞和四年(一三四八)十二月に青蓮院尊円がそれを再興した(『門葉記』一三〇・一五九)。しかし料所の問題が解決しなかったためであろう、観応二年(一三五一)十月には

崇光天皇・光厳院の御願で幕府の財源寄進によって延暦寺東塔院で勧学講が行われている。この勧学講の「法則」を青蓮院尊円が執筆していることからすれば(東塔院勧学講法則『大史』六―一五―四九〇頁))、東塔一乗止観院で行われた勧学講が、無動寺勧学講に取って代わったとみてよい。なお尊円の東塔院勧学講法則によれば「崛百口之学侶、設七日之斎会」とあり、一〇〇口の学侶を請定して七日行われたようである。また

尋濫觴訪勝概、建武明時、芝泥之露初降、分江府之郷党於三所、観応聖暦、柳営之風再扇、定叡岳之資儲於三塔、

とあることからすれば、建武段階で後醍醐天皇の寄進で一時、勧学講が再興した可能性もある(ただしこれが後述する湯次講を指す可能性もある)。

一方、嘉元元年(一三〇三)三月より西塔院勧学講が創始された。正応五年(一二九二)に延暦寺の紛争解決や幕府僧源恵の座主就任のために、幕府の提案で近江国栗田郡を西塔に寄進された。これを料所として西塔釈迦院に勧学講を開創したのが、西塔院勧学講である。栗田講・新勧学講とも呼ばれた。無動寺勧学講を範として、三塔から一〇〇口の僧侶を請定し、三月十八日より六日間、論義法会を行った。結衆六〇口のうち、東塔は二六人、西塔は二三人、横川は一一人となっており、また先達(人師)四〇口は東塔が一七人、西塔が一七人、横川が六人となっていた。

また、これらとは別に湯次講(ゆすぎこう)と呼ばれる勧学講も創始された。これは元弘年中に後醍醐天皇の寄進によって西塔で始められたもので、その後中断し、観応二年八月に近江国浅井郡湯次・内保・宮部の三郷を料所として寄進されて再興した。栗田講と同じく、料所の名から湯次講と呼んでいる。これは請僧五〇口で、八月十八日より五日間開催された。

記録が断片的なため、これらの勧学講のその後の実施状況は定かではないが、延暦寺法華会探題職款状に記載された僧侶の経歴をみてゆくと、永正十二年(一五一五)の証覚款状では「東西南院勧覚〔学ヵ〕講」があがっているし、永正十七年朝芸款状では「西塔院勅願御談義衆・同両勧学講」、天文五年(一五三六)閏十月の尭清款状では「西塔院勧学講日参、新勧学講日参、東塔院勧学講参勤」と述べ、永禄十二年(一五六九)慶淳款状では「東西両院勧学講数年」と自らの労功をあげている(『大史』九―五―八一九頁、『同』九―一一―一四三頁、東京大学史料編纂所史料稿本天文五年閏十月十一日条、『大史』一〇―三―一三七頁)。無動寺勧学講は廃絶したものの、それを継承した勧学講は一六世紀にいたっても、なお機能していたことが分かる。しかし元亀二年(一五七一)の信長による叡山焼き討ちによって勧学講は中断した。その後の再建過程で法華大会・広学竪義は復興されたが、勧学講の再興は容易にならなかった。宝永六年(一七〇九)にその再興を求め、勅許を得て享保元年(一七一六)に西塔勧学会として再興された。その後も開催は不定期であったが、明和六年(一七六九)の第八会以降は四年に一度の開催となっている。

なお、慶長六年(一六〇一)の延暦寺大講堂衆議条々(天7)第7条で

然者栗太・兵主之両勧学講、連々可被執立事

とみえるが、この「兵主」の勧学講については不詳である。これまでの勧学講にしばしば料所の名がついていたことからすれば、東塔院勧学講もしくは湯次講を料所にちなんでこう呼んだ可能性もある。ここでいう「兵主」は恐らく近江国野洲郡兵主郷を指すだろう。鎌倉時代の初期からこの地には日吉社領があったが、文和四年(一三五五)正月、南朝によって京都を追われた足利尊氏は延暦寺・坂本に陣をしいて反撃しようとした。その際、延暦寺大衆は「江州国務」と「岩木ノ庄、兵主庄〈以彼春宮供、御料所〉、播磨田ノ庄」の三庄の領有を求め、尊氏はそれを了承している(東洋文庫本『源威集』二六一頁)。また永享三年(一四三一)には

御料所近江国兵主郷内二宮国〔図ヵ〕田職〈等持知行分〉事、於上分米者、厳密可被曳進山

上、至下地者、可被沙汰付等持寺都官雑掌
由、所被仰下也、仍執達如件、
　永享三年十一月七日　大和守
　　　　　　　　　　　加賀守
　山門使節御中

のように、室町幕府奉行人奉書が出されて、兵主郷の二宮国(図ヵ)田職の上分米を延暦寺に進めるよう、山門使節に命じている(『室町幕府文書集成』一六二号)。こうしたことからすれば、「兵主」の勧学講とは、野洲郡兵主郷を料所とする勧学講と考えられる。尾上寛仲「慈鎮和尚の勧学講」(『天台学報』一四、一九七二年)、同「慈鎮和尚の勧学講及び栗太講・湯次講」(『天台学報』一五、一九七三年)、同「享保再興の西塔勧学講」(『印度学仏教学研究』二四―二、一九七六年)、野村君代「勧学講と藤島庄」(『ヒストリア』六一、一九七二年)、田中文英「慈円と勧学講」(『古代中世の社会と国家』清文堂、一九九八年)を参照。(平)

**その人数**(五五七頁1)　勧学講先達と勧学講講衆の定員について、本文史料では、先達は東塔一八人、無動寺二人、西塔一二人、横川七人の計三九人、講衆は東塔二八人、無動寺二人、西塔一八人、横川一二人の計六〇人となっている。同時に執筆された「天台勧学講縁起」によれば、先達四〇人・講衆六〇人としており、先達が一名分少ない。これは第4条にみえるように、覚什僧都の先達への補任が器量によるものであって、この分は今後とも三塔に割り振らないと定めていることと関わる。

さて、「勧学講条々」(『日本教育文庫』学校篇、同文館、一九一一年)によれば、鎌倉中期の段階で、先達の定員は東塔が二〇人、西塔が一二人、横川が八人の計四〇人となっており、東塔のうち南谷が四人、無動寺が二人、東谷が四人、北谷が五人、西谷が五人となっていた。本文史料と比較すれば横川の定員が一口分増えているが、覚什僧都の分が横川に割り振られたのであろう。

講衆の三塔の定員は、鎌倉中期でも本文史料と変化はない。ただし東塔三〇人のうち南谷が六人、無動寺が二人、東谷が六人、北谷が八人、西谷が八人となっており、この数字は恐らく本文史料の段階にまでさかのぼるだろう。

ただし東西両塔が先達を加任したため、弘安年中の実員は定員の四〇口を越えて五〇人となっており、正応二年(一二八九)でも四五人であったため、供料が減少したという(「勧学講条々」)。

なお「勧学講条々」には、先達(人師)を補任した尊円入道親王令旨が掲げられている。

　勧学講人師被補某闕替之由、被仰大学頭了、
　且可被存知者、依　青蓮院二品親王御気色、
　執達如件、
　　九月十九日　　　　権大僧都尊玄
　蓮門坊僧都〈御坊〉
　勧学講人師所被補任也、扶持結衆可被参講場
　給者、依　青蓮院二品親王御気色、執達如
　件、
　　九月十六日　　　　権大僧都慈能
　蓮門坊僧都〈御坊〉

また講衆(結衆)に関しては、次の尊円入道親王令旨が残っている。

　勧学講結衆当谷分、可被挙中者、依　青蓮院
　二品親王御気色、執達如件、
　　九月十六日　　　　権大僧都慈能
　月蔵坊法印〈御房〉

講衆が三塔四谷の吹挙によって任命されたのに対し、先達は青蓮院門主の補任にかかることが分かる。また先達に対して「扶持結衆」して出仕せよと述べており、先達の優位性がここでも確認できる。(平)

**円輔僧都**(五六一頁1)　延暦寺の顕教僧、大僧都。藤原長輔の子で、美福門院の甥に当たる。恵光院永弁の弟子で、寿永三年(一一八四)に権律師となり最勝講などの講師を歴任。建永元年(一二〇六)に探題、翌々年五月に辞しており、本文史料の段階で現任の探題であった。(平)

**覚什僧都**(五六一頁2)　延暦寺の顕教僧で、少僧都。寿永二年(一一八三)に北京三会講師を勤め、文治四年(一一八八)に探題となる。西塔北谷の石泉

院を管領し、北野権別当や祇園権別当を勤めた。弟子には青蓮院良快や性舜法印らがいる。（平）

**沙汰人を改定**（五六三頁1）　覚玄法眼は文永年中に、先達の供料を懈怠したため、「門徒之訴訟」によって藤島庄の荘務を改易されている（「山上勤行二」）。（平）

**有職講師の請**（五六三頁2）　有職は一般に已講・阿闍梨などをいうが、ここでは「最勝講以下有職」とあり、その解釈は不可。最勝講などでの聴衆などの役職を指すとも考えられる。また「最勝講以下講師請、有職・綱維等之望」の誤記とも考えられる。（平）

**四教五時の眼目**（五六五頁1）　智顗は、釈迦一代の経説を教えの形式から頓・漸・秘密・不定の化儀（けぎ）四教に分け、また教理内容から蔵・通・別・円の化法（けほう）四教に分けた。さらに釈迦の説法の順序を華厳・鹿苑・方等（ほうどう）・般若・法華涅槃の五時に分けて、法華経を最勝の教えと主張した。（平）

**法華法**（五六五頁2）　慈円が賀陽院御所で法華法を結願した二日後、承元二年（一二〇八）五月十五日に法勝寺九重塔が焼失した。慈円はこの事実に衝撃を受けるが、やがて「コレハヨキ事ニテ候」「当時ヤケ候ヌルハ御死ノ転ジ候ヌルゾ」と考えるに至った（『愚管抄』日本古典文学大系八六―二九七頁）。つまり死に至るべき後鳥羽院の厄災が、慈円の祈禱によって九重塔の焼失へと軽減されたのであり、塔焼失はむしろ喜ぶべき事だと慈円は考え、後鳥羽院にもそのことを告げた。法華法の勧賞が、延暦寺初の永宣旨法橋の付置という過分なものであったのは、このことと関わっていよう。（平）

**僧綱一人有職三人**（五六五頁3）　『門葉記』一二八の「門主行状一　慈鎮和尚」承元二年（一二〇八）五月の項によれば、法華法の勧賞として「勧学講人師一和上、可叙法橋云々」、「中置阿闍梨三口於無動寺、以勧学講人師、次第可補之云々」とあり、勧学講の先達一和尚を法橋に叙し、非職の先達から順に三名を阿闍梨に補任する権利を獲得したことが分かる。実際、永仁二年（一二九四）正月十四日の僧事では、成瑜が「天台勧学講一」として権律師に補任されている（『勘仲記』）。法橋と権律師とのズレがあるが、『釈家官班記』では「延暦寺学頭一・園城寺学頭一等、被任僧綱例也、勧学講一同之」とあり（国1）、官位のインフレ現象に伴って法橋から僧綱位一階に変化していったのであろう。

　法橋をはじめとする僧官位の叙任権は朝廷にあったが、朝廷は平安末より、下級の僧綱位の叙任権を次第に寺院側に委譲していった。これが永宣旨僧綱であり、本文史料は延暦寺における永宣旨僧綱の初見事例である。永宣旨僧綱の初見は、安元三年（一一七七）覚忠の尊星王法への勧賞として園城寺に与えられたもので、

　安元三年三月十六日、内給宣旨、
　園城寺長吏前大僧正法印大和尚位覚忠申、請特蒙天恩、被下宣旨、以当寺六学頭一和尚、限永代叙法橋上〔人脱〕位事
　仰依請

とあるように、園城寺六学頭の一和尚を恒常的に法橋に叙すことが認められている（『大史』六―一八―四四二頁、『阿娑縛抄』〔『大日本仏教全書』四一―三五六頁〕）。ついで文治五年（一一八九）に、後白河院の四天王寺参籠および千部法華経供養の勧賞として、定恵の申請で四天王寺に永宣旨法橋が認められた（『大史』四―二―六二三頁）。

　太政官牒　四天王寺
　　応准園城寺例、以当寺三学頭第一僧、叙法橋上人位事
　右、太政官今日下治部省符偁、得彼寺検校前権僧正法印大和尚位定恵今月三日奏状偁、臨幸諸寺之日、各以寺司之恩賞、譲住寺僧徒、依請遂要望者、古今之例也、　太上法皇遂百日御参籠、有千部御読経、依御願之新成、賜勧賞於本寺、仍准園城寺例、当寺三学頭之中、以一和尚僧、叙法橋上人位、自爾以後立為永格、検校且尋労功、且簡器量、可令挙奏也、（中略）、望請　天慈、以一和尚僧、被叙法橋上人位者、忽誇綱位之新恩、奉祈　仙算

於無彊者、正二位行権中納言藤原朝臣兼光〔宣脱〕、奉　勅依請者、宣承知依宣行之者、寺宜承知、牒到准状、故牒、

文治五年五月日　修理左宮城判官正五位下

行左大史小槻宿禰在判

右少弁正五位下平朝臣在判

ここでは、三学頭一和尚への永宣旨法橋の認可が、園城寺に准じて許可されるよう申請しているのが注意される。恐らくこれが第二例目であったのだろう。また「検校且尋労功、且簡器量、可令挙奏也」とあることからすれば、三学頭の中から法橋に叙すべき人物を選定し申請する権利は、四天王寺検校にあったことが分かる。本文史料で永宣旨法橋の先例として、「天王寺以学頭、可被補之也」とあるのは、この事例を指している。ただし本文史料にみえる「東大寺以十僧一、任之」は他の史料で確認することができない。この後、永宣旨僧綱は法橋から権律師・権少僧都とその対象を次第に広げてゆき、近世ではおおむね法印権大僧都までが門跡に叙任権が譲与されている。これらについては、永村眞「永宣旨」(『ことばの文化史』中世3、平凡社、一九八九年)、海老名尚「中世僧綱制の基礎的研究」(『学習院大学文学部研究年報』三九、一九九三年)を参照。

なお勧学講に永宣旨法橋が認められる四日前の承元二年五月十六日に、院最勝講で仙洞番論義が行われたが、そこに選定された論匠二〇名のうち、東大寺が三名、興福寺が六名、山門が三名、寺門が八名であり、延暦寺からの出仕者が非常に少なかった。そこで後鳥羽院は延暦寺に次の院宣を下している(『大史』四―一〇―一一一頁)。

延暦寺論匠雖召其器、已少其仁、学徒廃退顕然者歟、住山之輩只営世務、不携修学之所致也、尤可令勧誘給者、依院宣執達如件、

承元二年　　参議藤原光親奉

謹上　天台座主御房

このように後鳥羽院は、延暦寺における修学廃退をきびしく非難している。このことからすれば、勧学講への永宣旨法橋の付置という優遇措置が講じられたのは、修学低迷という延暦寺の現状を改善したいという、後鳥羽院と慈円の思惑が一致したことにも一つの原因があるだろう。(平)

**慶命座主の奏**(五六七頁1)　本文史料では無動寺への阿闍梨設置を、慶命座主の奏聞によると記しているが、『御堂関白記』寛弘四年(一〇〇七)十二月十八日条に「又申大僧都慶円、無動寺置阿闍四人宣旨下」とある。また「平松文書」によれば、同年十二月二十日に無動寺に「永賜四人阿闍梨」との官符が下され、それをうけて慶円大僧都が証誉大法師ら四名を阿闍梨に補任するよう阿闍梨解文を提出し、それを認可する十二月二十五日付け太政官符が発給されている(『大史』二―六―九頁)。このことからすれば、本文史料では「慶命」と「慶円」が混同誤認されたと言えるだろう。

なお慶円(九四四~一〇一九)は藤原連実の子で、喜慶僧都の弟子、三昧座主と号している。寛弘八年に権僧正となり長和三年(一〇一四)に天台座主。時には藤原道長とも対立した。それに対し慶命(九六五~一〇三八)は大宰少弐藤原孝友の子で、遍救の弟子、無動寺座主と号した。後一条天皇の護持僧。藤原道長らの祈禱に従事し、長和元年に法性寺座主、万寿五年(一〇二八)に天台座主となっている。(平)

**全玄は正治二年**(五六七頁2)　本文史料では、正治二年(一二〇〇)の如法北斗法を全玄が修したと記しているが、全玄は八年前に死没しており、この記事内容は誤りである。そこで『門葉記』一二八の「門主行状一　慈鎮和尚」正治二年の項をみると

二月二日、為一院御祈、於二条殿修如法北斗法、同月十二日為同御祈、修金輪法、同廿日被申置阿闍梨三口於無動寺〈北斗法賞〉、

と記しており、阿闍梨三口が無動寺に設けられたのは、正治二年二月の慈円の如法北斗法への勧賞であったことが分かる。しかも『玉葉』同年二月六日条には

僧正(慈円)被示送云、去夜如法北斗法、無為

始行畢、

と記しており、『門葉記』の記事の信憑性は高い。その点からすれば、本文史料の「全玄」は「慈円」の誤りであると結論できよう(ちなみに如法北斗法は二月二日から始行の予定であったが、五日に延引された)。

　如法北斗法の勧賞が阿闍梨三口の付置というかなりの厚遇であったのは、この修法の政治的背景に原因があろう。この修法には、後鳥羽院と慈円との和解の意味がこめられていた。建久七年(一一九六)十一月に九条兼実が久我通親との権力闘争に敗れた結果、兼実は関白を罷免され、中宮任子(兼実の娘)は宮中から退出。兼実の弟の兼房も太政大臣を辞し、嫡子内大臣良経は籠居した。そして慈円も座主・法務・権僧正・護持僧の四箇重職を辞任し、公請を拒否して籠居している。そして慈円が公請を再開した最初の祈禱が、この如法北斗法の勤修であった。正治二年正月二十八日に、久我通親の使いと院使が慈円のもとを訪れて祈禱を依頼しており(『明月記』)、二月十八日には九条良経も籠居をといて後鳥羽院と面謁している(『玉葉』)。如法北斗法の勤修には、後鳥羽院と慈円および九条家一門との宥和の意味がこめられており、阿闍梨三口の付置という勧賞には、公請活動を再開した慈円に対する後鳥羽院の謝意がこもっている。

　なおこの和解の背景には梶原景時の乱があったらしい。正治元年十二月幕府内の内紛によって梶原景時が追放され、翌二年正月二十日に上洛しようとした景時が滅ぼされた。ところが後鳥羽院は梶原景時追討を目的として、二月二日から大聖院で御室道法に転法輪法を勤修させ、二月五日からは院御所で五壇法と慈円の如法北斗法を修させたのである。景時誅殺の報が届いた後に始められたこれらの祈禱は、大江広元らが疑ったように(『吾妻鏡』同年二月二十二日条)、後鳥羽院に別の目的があったのか、それとも残党狩りが京都で続いていただけに、その余党の平定を祈願した祈りであったかは、定かではない。しかしいずれにしても、大きな政治的変動の予感が後鳥羽院と慈円との和解をもたらしたのであろう。(平)

**天4**(五六九頁1)　底本は「華頂要略」一二三の「天台座主記」(京都府立総合資料館蔵)を使用。「天台座主秘記」(宮内庁書陵部蔵)写真版および渋谷慈鎧編『新訂増補天台座主記』(第一書房)を参考にした。(平)

**官宣旨**(五六九頁2)　園城寺戒壇独立は、長暦三年(一〇三九)、天喜元年(一〇五三)、延久二年(一〇七〇)、永保元年(一〇八一)、長寛元年(一一六三)と争われたが、延暦寺の激しい抵抗によって戒壇独立の勅許が出されなかった。それ以後、一〇〇年近くの間、園城寺はこの問題を提起するのを控えてきたが、鎌倉中期にこの問題が再燃した。この時期に園城寺が戒壇独立問題を提起したのは、園城寺に有利な政治情勢が整っていたことにある。朝廷では後嵯峨院の兄円満院仁助が重きをなして、寺社政策はもちろん、政治問題全般にわたって後嵯峨院の相談を受けていた。また、鎌倉では園城寺興隆を悲願とする鶴岡八幡宮別当隆弁が北条時頼の全面的な信頼を得ており、将軍頼経時代とはうってかわって寺門重視が幕府の政策基調となっていた。戒壇独立の要請を聞いた後嵯峨院が「乗勝如此出非拠之訴」と概嘆したように(『経俊卿記』正嘉元年(一二五七)三月二十七日条)、園城寺はこうした政治状況の有利な展開に乗じて、懸案の打開に動いたのである(平雅行「鎌倉幕府と延暦寺」『中世の寺院体制と社会』吉川弘文館、二〇〇二年)。

　今回の戒壇独立の動きは、康元元年(一二五六)に始まるが、後嵯峨院は円満院仁助らに命じてそれを封じていた(『経俊卿記』同二年三月二十七日条)。ところが翌年の康元二年三月、園城寺長吏円助(仁助の弟子、後嵯峨院の子)が戒壇独立の奏状を朝廷に取り次ぐのを拒否すると、それに抗議して園城寺衆徒が離寺退散した。あわてた朝廷は、寺門僧綱が奏状を取り次ぐことで事態を収拾したが、園城寺衆徒が帰寺するのをみた延暦寺は逆に、戒壇勅許が出たと疑って蜂起した。そこで朝廷は、「代々不許之上、今更不可有勅許之由」の院宣を延暦寺に与え(『経俊卿記』康元二年閏三月七日条)、園城寺はそれに抗議し、再び公請を拒否して離寺した。

　同年十月に鎌倉幕府が「山門薗城寺両門確執」問題を協議するため東使を派遣すると(『吾妻鏡』)、事態は再び流動化してゆく。幕府から何らかの約束があったらしく、園城寺大衆は同年末に帰寺したが、朝廷は幕府の圧力に苦慮することになる。当時の園城寺側の要求は、①十月会への勅使派遣、②新羅社への官幣、③戒壇独立または三摩耶戒による法臈の認定であったが、正嘉二年三月六日、後嵯峨院は関東申次西園寺実氏に対し、幕府との再協議を求める院宣を発した(『天台座主記』)。

　園城寺訴訟事、先度可在　聖断之由、被申訖、而如十月会　勅使・新羅祭官幣者、不可承諾之由、兼以風聞候、又至戒壇幷三摩耶戒事者、山門訴訟定可為嗷々候、此上京都御沙汰不可事行、関東被定申候者、衆徒定不申子細歟、何様可候哉之由、可被申関東之由、御気色所〔候脱カ〕也、

十月会勅使や新羅社官幣を認可するだけでは、園城寺は納得しないだろうが、戒壇独立や三摩耶戒を認可すれば、山門の強訴は必至だ。幕府は問題の処理を朝廷に委ねているが、朝廷の対応は完全に手詰まりとなった。もしも幕府が決定したなら寺門も山門も了解するだろうから、この点について、幕府の意向を確かめてほしい、と後嵯峨院は求めている。

　ところがこの院宣が延暦寺側に漏れて山門大衆が蜂起し、四月十七日には日吉神輿三基を入洛させて、三塔堂舎・日吉社はもちろん末寺末社まで閉門してしまった。後嵯峨院がいうように問題の処理を幕府に委ねれば、鶴岡別当隆弁の存在からして、園城寺に有利な裁定が下ることは明白だったからである。やむなく後嵯峨院は四月二十日に、「戒壇・三昧耶戒・新羅明神官幣・十月会　勅使、此四ケ条、可被仰園城寺〔事脱カ〕、其条無実之由、　勅答分明之上、此外裁許可有何事哉」との院宣を発し、園城寺への裁許を完全否定した。延暦寺内では、さらに永代裁許なきことを明言した官符を求める声もあったが、結局、五月一日に神輿を帰座させた(『天台座主記』)。

　これに対して園城寺側は、幕府に使者を送るなどして挽回につとめたが、劣勢はおおうべくもなく、ついに正嘉三年三月、戒壇問題の膠着に抗議して寺門大衆が園城寺唐院を自焼し、離寺退散した(『三井続燈記』九)。円満院仁助も西山に隠棲している。そこで同年六月、幕府は園城寺問題解決のため東使を派遣し、これをうけて後嵯峨院と西園寺実氏・東使が緊密な協議を重ねて、後嵯峨院は幕府への宸筆状をしたためている。その間の事情は『経俊卿記』にみえるが、「委細、故不記之」としているため、決定の具体的内容は不明である。恐らくこの段階で、三摩耶戒勅許に関する基本的な合意が、朝幕間でなされたのであろう。同年九月には三摩耶戒問題のため、鶴岡別当隆弁が上洛したし(『吾妻鏡』正元二年〔一二六〇〕三月一日条)、十二月には関東より「武士数百人」が入洛し、円満院仁助も西山を出て洛中に移っている(史料大成『妙槐記』同年正月四日条)。三摩耶戒を勅許する準備が整えられたのである。こうして本文史料にあるように、正元二年正月四日に三摩耶戒を戒臈と認定する官符が出された。

　なおこの裁許の背景として、前年の正嘉の大飢饉も念頭におかれるべきだろう。『妙槐記』同年正月四日条には次のようにある。

　衆徒等退散、園城寺仏法已以魔滅、去年天下飢饉疫病相加、京中死骨満充、道路難通、智証大師記文已以符合、天下有識多所恐、

ここにいう「智証大師記文」とは園城寺縁起ともいわれ、一一世紀中葉に偽造されたものであるが、中世ではこれが真撰であると信じられていた(勝山清次「寺域支配と偽作の縁起・官符」『ふびと』三七、一九八〇年)。そこでは智証大師円珍が「予之法門」の興隆を国王大臣に委ねることを誓い、もしも王臣が園城寺を忽諸したならば、王法が衰えるばかりか、天神地祇が憤怒して国土が疲弊し疫病が蔓延して「人民屍骨道路成山」となるなど、様々な厄災が降りかかると

予言している(図書寮叢刊『諸寺縁起集』)。そして実際、正嘉の大飢饉のありさまは縁起文に記された通りであった。そのため、「天下有識」たちはこの飢饉疫病の原因を、縁起文が指摘する通り、園城寺の忽諸と寺門門徒の離散にあるのではないかと危惧したのである。その点からすれば、三摩耶戒の勅許は、疫病飢饉を収束させるための徳政としての側面も有していた。(平)

**三摩耶戒**(五六九頁3)　本文史料にもあるように、三摩耶戒での受戒を以て戒臈と認定することは、正元二年(一二六〇)に一度は認められ、すぐさま撤回された。しかし園城寺はこの後、三摩耶戒による授戒を三度強行している。

まず文永元年(一二六四)二月に鶴岡別当隆弁が園城寺別当に就任すると、その直後の三月二十九日に、仙朝権僧正を戒師として園城寺で授戒が行われた。朝廷は仙朝を公請停止処分としたが、憤った延暦寺衆徒は園城寺を襲撃して五月二日に金堂以下の堂舎を焼き払っている(『天台座主記』)。なお仙朝(一二〇二～一二七八)はその後、文永二年七月に亀山天皇皇后の御産祈禱に携わっており(『門葉記』一七二)、彼の公請停止処分が一年余りで解けたことが分かる。また文永四年十二月に隆弁が別当から長吏に昇任すると、後任の別当に仙朝が補任されており(『三井続燈記』四)、隆弁と仙朝との密接な関わりも推測される。

隆弁と仙朝が長吏・別当に就任した翌年の文永五年八月二十二日に、寛乗法印(一二〇六～一二八六)が戒師となって三摩耶戒の授戒を強行した。怒った後嵯峨院は寛乗を勅勘に付すとともに、園城寺張本の逮捕を武家に命じている。延暦寺は仙朝・寛乗をともに流罪にするよう要求したが、仙朝の処分は実施済みであるとして認められず、寛乗のみが遠流となり、隆弁は園城寺長吏を辞した(『天台座主記』)。寛乗の遠流は一七年の長きにわたったという(『三井続燈記』一)。

三度目は、北条一族の顕弁僧正が園城寺別当に補任され上洛した文保三年(一三一九)のことである。同年四月十八日に園城寺の金堂供養が行われることになっていたが、顕弁を迎えたこともあって園城寺は沸き立っており、若衆の蜂起などによって四月上旬から既に園城寺は統御不能の状態に陥っていた。そうしたなかで当日を迎えることになる。『花園天皇日記』同年四月十八日条は、次のように記している。

去夜丑剋許、三井寺衆徒二百人許、帯甲冑至長乗僧正房、迎取行園城寺云々、是為金堂供養戒和上云々、但聖護院・円満院等申、顕弁僧正所不授之受者相残之間、為灌頂所迎取也、但寺門衆徒自称云、金堂供養了、戒壇立了云々、何真何偽未弁者也、

武装した園城寺の僧侶たちが夜明け前に長乗僧正を園城寺に連れて行ったことが分かるが、その目的については情報が錯綜している。円満院などは「顕弁が伝法灌頂を行っていたが、灌頂を受けられない者が残ったので、その続きを行うために長乗を迎えたに過ぎない。沙弥に対する授戒ではない」と主張して事態を穏便に収めようとしている。一方、寺門衆徒たちは「長乗が金堂供養と戒壇での授戒を実施した」と公言している。

これに対し、早くも十九日には、後宇多院によって長乗の還俗と土佐への配流、および園城寺の戒壇や城郭の破却が命じられ、園城寺戒壇は「為永格、雖向後更不可有　勅許」と将来の勅許も否定された(『鎌』二七〇〇七・二七〇一〇号)。長乗(一二四四～一三二三)は寛乗の弟子であるが、こののち元亨元年(一三二一)三月に赦免されているので、流罪期間はほぼ二年ということになる(『三井続燈記』二)。

南北朝内乱の直後には足利尊氏側が戒壇独立を条件に園城寺を味方に引き入れたこともあったが(『太平記』一五)、実際には内乱の過程で延暦寺・東大寺での受戒制度そのものの求心力が低下していったため、やがて戒壇独立は問題にならなくなった。(平)

**藤原朝臣師継**(五六九頁4)　本文史料の官宣旨発給の経緯については、藤原師継の日記『妙槐記』に詳しい。正元二年(一二六〇)正月四日の夜に職事藤原高俊が来訪し、師継に次の口宣を示し

て上卿を勤めるよう求めた。

正元二年正月四日　宣旨
園城寺沙弥三摩耶戒
宜令定法臈
蔵人勘解由次官藤原高俊奉

師継は三摩耶戒の宣下が「希代」の重事であることを認識していたため、自分のような下臈の奉行は適任ではないと渋った。それに対し職事高俊は、「後嵯峨院が上卿として師継を指名し、口宣を直接持参するよう命ぜられた」と答えた。そこで師継が「大臣か、私よりも上臈の大納言が奉行すべきではないか。もしも私が担当するなら弁は誰に勤めさせればよいか」と院に問い合わせたところ、後嵯峨院から「上卿は師継が奉行せよ。弁は光国に命じよ」との返事があった。そこで師継は日野光国に次の状を下した。

口宣一枚
右、早可令下知給之状、如件、
正月四日　権大納言師継
左中弁殿
内々申
此事為重事之間、弁可下誰人哉之由、内々伺申之処、可奉下御辺之由、以女房被仰下候也、今夜不廻時剋、可有下知之由、職事来仰候、可令存其旨給、

また高俊は、後嵯峨院から「宣旨到来者、忩成官符、今夜中可進円満院宮之由」の命を受けており、兄仁助に対する後嵯峨院の配慮がうかがえる。（平）

**小槻宿禰**（五六九頁5）　生没年不詳。小槻隆職の曾孫で、通時の子。後に兄淳方の子となる。建長四年（一二五二）十二月に左大史有家が後嵯峨院庁政所別当に補されている（『尊卑分脈』『鎌』七五〇四号）。（平）

**山門は鬱訴を貽し…**（五六九頁6）　本文史料の勅許が正元二年（一二六〇）正月四日に出されると、延暦寺大衆が蜂起し、五日夜半には日吉七社の神輿を根本中堂に振り上げ、六日に神輿三基を入洛させた（以下、断らない限り『天台座主記』）。洛中には「防禦武士」が「充満」していたが、進入路の予想がはずれたため、八王子・客人神輿は何の抵抗もなく冷泉富小路内裏の西門に振り着けられた。十禅師神輿の方は武士に発見されたため、大炊御門富小路で放棄された。北野・祇園社の神輿も動座され、北野社神輿二基は院御所西門に振り着けられたが、祇園社の神輿は武士の阻止にあって路頭に棄てられた。また延暦寺の三塔諸堂や日吉社および末寺末社が閉門されている。

さらに十一日には山上の催しによって京都・住山僧らが延暦寺大講堂で集会を行い、①官符の撤回がなければ門跡・長者・師匠の制止にかかわらず離山する、②門跡の別を超えて一致協力して訴訟する、③裁許がなければ園城寺を攻撃する、との内容を誓約した。この起請文には、公豪前大僧正・雲快僧正や承兼北野別当・実増祇園別当・経海毘沙門堂別当などの有力者も連署している。

そこで後嵯峨院は十四日に、「山門猶貽欝訴、何不被棄捐哉、以委細之趣、不日可被申合関東、其間暫止火急之結構」めよ、との院宣を発し、山門僧綱に衆徒をなだめるよう命じた。幕府と再協議することを約したものであるが、勅許撤回の意志は示されていない。この院宣を山上に披露するため十七日に信承法印が登山したところ、赤山社に群参祈請しようとする大衆と出会い、大衆の怒りをかった信承は暴行されて逃げ帰っている。北野別当承兼も同じ目的で延暦寺に登ろうとしたが、この話を聞いて西坂本から逃げ帰った。大衆の意向はあくまで勅許撤回であった。また同日、後嵯峨院御所に次の落書が掲げられた（『鎌』八四六二号）。

年始凶事アリ、国土災難アリ
京中武士アリ、政ニ僻事アリ
朝儀偏頗アリ、諸国饑饉アリ
天子二言アリ、（中略）
園城寺ニ戒壇アリ、山訴訟ニ道理アリ
寺法師ニ方人アリ、（中略）
聖運ステニスエニアリ

延暦寺に同情的な人物の手になるものだろう。こうした状況の中で後嵯峨院は官符撤回の意志

を固め、十八日夜に雲快および北野別当承兼らを呼んでそのことを伝えた。翌日夜には次の院宣が発せられている。

園城寺三摩耶戒事、山門欝訴難被黙止、可召返官符之由、被 宣下訖、各早専四明顕密之法、可祈精一天静謐之由、可令下知給者、院宣如此、以此旨可令披露給候、仍執達如件、

正月十九日　治部大輔藤原経業奉

謹上　北野別当法印御房

追申

神輿御帰座事、亦可令申沙汰給之由、同被仰下也、

この院宣をうけて延暦寺は三塔集会で僉議した結果、神輿の帰座を約するとともに、「永代之亀鏡」とするため、官符撤回の宣旨と官符を発給するよう求めることに決した。そこで朝廷は次の宣旨と官宣旨を延暦寺に与え、園城寺には本文史料にある官符撤回の官宣旨を発したのである。

正元二年正月十九日　宣旨

園城寺事、宣下已畢、而山門欝訴朝廷難被黙止、早可召返官符之由、宣下下知、

蔵人治部大輔藤原経業

左弁官下　延暦寺

応召返園城寺三摩耶戒官符事

右、権大納言藤原朝臣師継宣、奉 勅、園城寺三摩耶戒、山門殊貽欝訴、朝廷又難被黙止、早可召返彼 官符之由、重下 宣旨訖、宜令告延暦寺者、寺宜承知、依宣行之、

正元二年正月廿日　大史小槻宿禰在判

中弁藤原朝臣在判

こうして二十一日には神輿が帰座した。一方、園城寺衆徒は同日、金堂で集会を開き、閉門と離山を決している(『深心院関白記』『吾妻鏡』)。こうした京都の情勢は幕府にも伝えられた。幕府は二月三日に、延暦寺の発向を危惧して六波羅探題に園城寺警備を命じている。また三月一日には鶴岡別当隆弁が鎌倉に帰着している(『吾妻鏡』)。この後も園城寺は幕府に何度も働きかけたが、成果をあげることはできなかった。弘長二年(一二六二)六月、鎌倉から入洛した東使が朝廷への執奏を約諾したのを機に、閏七月十四日、両院家および寺門衆徒が園城寺に帰住した(『鎌』八八六九号、『続史愚抄』)。

なお正嘉二年(一二五八)四月の神輿動座に関しては、同年七月に梨本五名、青蓮院五名、妙法院六名の張本召喚が朝廷からなされたが(『天台座主記』)、正元二年正月の強訴に関しては張本の処分が行われなかった。しかし後に四天王寺別当職の園城寺付属や三摩耶戒の授戒強行に怒った延暦寺が文永元年(一二六四)五月に園城寺を焼き討ちすると、翌年八月、鎌倉幕府の要求で日吉権別当雲快と北野社別当承兼らを山門から追却するよう命じられた。処分の理由は、「去比連判宿老及張本過」とあり、正元二年正月十一日の連署起請に雲快らが参加したことが五年後に咎められたのである(『天台座主記』『新抄』)。(平)

**天5**(五七一頁1)　底本は「華頂要略」一二三「天台座主記」(京都府立総合資料館蔵)を使用。「天台座主秘記」(宮内庁書陵部蔵写真版)および渋谷慈鎧編『新訂増補天台座主記』(第一書房)を参考にした。(平)

**後嵯峨上皇院宣事書**(五七一頁2)　本文史料は、文永元年(一二六四)五月に延暦寺が園城寺を全焼させた事件に対する、一連の処分の一環として発布された。この事件の発端は、園城寺戒壇・四天王寺別当職をめぐる延暦寺と園城寺との激しい確執にあった(以下、出典を明示していないものは『天台座主記』による)。正元二年(一二六〇)三摩耶戒を戒臈と認定する官符が出されたが、延暦寺の強訴ですぐに撤回された(天4)。ところが朝廷は、弘長三年(一二六三)十一月に戒壇不認可の見返りとして、四天王寺別当職を園城寺に付属するとの院宣を出した(『五代帝王物語』)。これは四天王寺別当を恒久的に寺門に付属させるものであったため、その反響は大きく、翌年の文永元年に激しい抗議が展開された。まず正月二日には四天王寺が閉門したし、

正月二十五日には山門衆徒が日吉神輿を動座させた。しかし座主最仁は門徒に命じて神輿を復座させ、梶井・青蓮院・妙法院の三門跡に警護させて衆徒の突出を抑え込もうとした（『続史愚抄』）。大衆は三月二十三日に延命院・講堂・四王院・戒壇などを自焼してそれに抗議し、勢いに乗じて神輿を入洛させた。驚いた朝廷は二十七日に、先の院宣を破棄して四天王寺別当職の園城寺付属を撤回した。

憤った園城寺は三月二十九日に仙朝権僧正を戒師として三摩耶戒の授戒を強行した。朝廷は仙朝を公請停止処分とすることで事態を収拾しようとしたが、五月二日、山門衆徒は園城寺に発向して全山を焼き払った。さらに、三別所や関寺まで襲撃炎上させている。そこで朝廷は、まず五月二十四日に四天王寺別当を園城寺に付す院宣を再度発して不快感を示したが（『新抄』）、引き続き南都で強訴が起きたこともあって、園城寺焼き討ちの処分は遅れた。それに対して鎌倉幕府は十二月二十四日、焼き討ちの張本沙汰のため、東使と数百騎の軍勢を上洛させた（『新抄』）。翌文永二年二月には山門・寺門の悪僧に六波羅への出頭を命じ、逐電した悪僧には逮捕を命じる官宣旨が出された（『鎌』九二二五号）。

ついで行われたのが門跡没収である。文永二年三月十八日、幕府からの新たな申し入れで、①天台座主最仁を解任して澄覚を座主に補す、②最仁の梶井門跡領は新座主澄覚が管領する、③上野仰木など尊教の妙法院門跡領は新座主澄覚が管領する、④藤島庄・平泉寺など尊助の青蓮院門跡領を新座主澄覚が管領する、の四点が決まった（『新抄』『歴代皇記』『天台座主記』）。ここで新座主に登用された澄覚（一二一九〜一二八九）は、後鳥羽院の孫で、雅成親王の子に当たる。梶井系とはいえ、全く傍流の人物であり、寛元四年（一二四六）三月に伝法灌頂を受けて以降（『大史』五—二〇—四頁）、文永二年の突然の座主就任まで一切その事績はうかがえない。幕府はこうした傍系の人物を抜擢し、その人物に有力三門跡領を委ねることによって、園城寺発向を阻止しえなかった三門跡の責任をとらせたのである。鎌倉幕府が座主の解任を要求したのは、これが最初であるし、門跡から所領の管領権を奪う処分もこれが初めてであった（平雅行「鎌倉幕府と延暦寺」『中世の寺院体制と社会』〔前掲〕所収、同「青蓮院の門跡相論と鎌倉幕府」『延暦寺と中世社会』法蔵館、二〇〇四年）。『天台座主記』によれば、ついで朝廷は三月二十五日に俗人による寺領知行一般を禁止し、四月十三日には次の禁制を延暦寺に発した。

被下条々制禁云、
一　可令山上坂本禁制兵仗事
一　可停止博奕事
一　不可衆徒召具俗形輩事

また八月十七日には関東飛脚が到来して、「僧正雲快・法印承兼等可被追却山門」ことが申し入れられた（『新抄』）。それを受けて朝廷は、八月二十一日に本文史料とともに雲快・承兼を山門から追却する院宣を発した。三昧耶戒の承認撤回まで戦い抜くとする正元二年一月十一日の連署起請に雲快らが参加したことを咎めたものである。これによって、一連の処分は終わりを告げた。

なお今回の門跡処分がいつまで継続したかは定かではない。しかし門跡処分から五ヶ月後に本文史料のように、尊教の妙法院門跡領の座主管領を改めて通告していることからすれば、青蓮院・梶井門跡に対する処分は、この時までに解除され、妙法院門跡領に対してのみ処分が継続されたとみることができる。文永五年青蓮院と梶井門徒の間で対立が激化した時、朝廷はそれを緩和させるべく、十一月八日に妙法院領の一〇箇荘園を東塔・西塔・横川の三塔に分与しているが（『華頂要略』「門主伝八」）、こうしたことが可能であったのは、妙法院門跡領のみが返付されていなかったためであろう。尊教への門跡返付は、ようやく弘安五年（一二八二）三月に実現しており（『勘仲記』）、丸まる一七年間、妙法院は門跡を「没収」されていたことになる。

同様の門跡没収はこれ以降も繰り返された。

文永五年八月、園城寺寛乗が授戒を強行し延暦寺の訴えで流罪となったが、その直後にそれとは別に門跡間紛争が勃発し、梶井門徒が根本中堂に立て籠もって座主青蓮院尊助に敵対した。十一月十日に両門徒の間で小規模な合戦が起こると、東使が派遣されて十二月に、①座主尊助を解任して慈禅を座主に補任する、②最仁の梶井門跡を「没収」して新座主の管領とする、③尊助の青蓮院門跡を「没収」して新座主の管領とすることが決した。慈禅は浄土寺門跡であるが、青蓮院・梶井・妙法院の三門跡よりは格下の弱小門跡であり、ここでも傍流の人物を座主に据えて有力門跡を管領させる方法を踏襲している。この処置は延暦寺大衆の強訴によって翌年二月に撤回され、梶井・青蓮院の門主を澄覚と道玄に交代させることで落着した。ただし旧門主の尊助と最仁は籠居を命じられたままである。これが第二回の門跡没収である。

建治三年（一二七七）七月から青蓮院と梶井門徒の間で小競り合いが起きた時も、幕府は座主の解任と両門跡の顚倒を強硬に要求した。その結果、翌年四月には、①座主道玄を解任して毘沙門堂公豪を座主に補任する、②青蓮院門跡は道玄から尊助に交代し道玄は籠居する、③澄覚の梶井門跡を没収して浄土寺門跡の慈基がそれを管領する、ことが決まった（『建治三年記』『天台座主記』）。青蓮院に比べ、紛争における梶井門跡の責任をよりきびしく問うたのである。この時の門跡「没収」が解除されたのは、五年後の弘安五年三月のことであった。鎌倉の勝長寿院別当最源を、幕府僧として初めて天台座主に補任する人事と抱き合わせで、門跡返還が実現し、道玄の公請復帰、梶井門跡の澄覚への返付、妙法院門跡の尊教への返付が認められた（『勘仲記』『天台座主記』）。これが三回目の門跡没収である。

妙法院尊教は永仁四年（一二九六）に天台座主となったが、翌年八月から一部の衆徒と対立を深め、同六年九月に合戦となり大講堂をはじめ山内諸堂を焼亡させてしまった。そこで東使が派遣されて、翌年四月に尊教は座主を解任されるとともに、新座主の良助に妙法院門跡が委ねられている（『天台座主記』『日吉社叡山行幸記』）。これが四度目の門跡没収である。このように門跡没収は幕府の要求で、鎌倉後期にしばしば実施された。（平）

**行安・尊教**（五七一頁3）

**行安**　生没年不詳。行安は西園寺公経の子であり、舎兄の実助権大僧都から寂場院を相承し、横川長吏聖増権僧正から康楽寺を相承した（『妙法院史料』五―五二号）。宝治元年（一二四七）九月に姪の大宮院（後嵯峨中宮）の御産祈禱で薬師供の用途負担をしたのが初見（『大史』五―二三―二〇頁）。弘長二年（一二六二）六月には同じく姪の東二条院（後深草皇后）の御産祈禱で験者として活躍し、勧賞として権僧正に補された（『門葉記』一七二）。本文史料では尊教法印とともに所領剝奪処分をうけているが、その経緯は不明。若くして妙法院門跡を継いだ尊教は、この時まだ一七歳であったので、大叔父である行安がその後見役を勤めていたのであろう。文永元年（一二六四）五月の園城寺焼き討ちに対する妙法院門跡としての責任を問われたと思われる。行安の寂場院・康楽寺はともに尊教が相続したが、本文史料以後の行安の事績は不明である。

**尊教**　尊教（一二四九～？）は西園寺実氏の孫で、公相の子。妙法院門跡は尊性法親王によって、青蓮院・梶井門跡と並ぶ有力門跡としての地位を固めた。延応元年（一二三九）に尊性が没すると、西園寺実氏の弟である尊恵（一二三三～一二五九）が高橋宮尊守（一二一〇～一二六〇、土御門院息）を抑えて門跡を相承した。しかし正元元年（一二五九）および翌年に尊恵・尊守が相次いで没したため、同二年に尊教がわずか一二歳で門跡を相承した。文永元年（一二六四）の園城寺焼き討ちの責任を問われて、本文史料にあるように同二年に門跡領を剝奪された。弘安五年（一二八二）にそれが返付されると、再び三門跡の一つとして活動を再開し、同年の四天王寺別当職をめぐる紛争などで寺内統制に努めた。同十一年三月の僧事で正僧正（『勘仲記』）、正応二年（一二八九）五月には大僧正に補された(『実躬卿記』)。

　永仁四年(一二九六)十二月に尊教は天台座主に補され、同六年には後伏見天皇の正護持僧となった。しかし、有力山徒である性算を贔屓にして治山したため、円恵・承玄など一部の衆徒がそれに反発して八王子に閉籠した。同年二月に性算は妙法院門徒とともにそれを攻撃して、円恵・承玄を搦め取って武家に引き渡したが、九月にその弟子たちが性算の坊を襲撃し、合戦のなか大講堂・文殊楼・五仏院や実相院・四王院・戒壇院・法華堂・常行堂などが焼亡してしまった。そこで同七年四月に東使が派遣され、①尊教の座主を解任する、②妙法院門跡は新座主の良助が管領する、③妙法院門跡領は法華堂・常行堂の料所とする、④性算は禁獄のうえ山門から追放することが決まった(『天台座主記』『日吉社叡山行幸記』)。

　しばらくして門跡は尊教に返付されたようで、延慶二年(一三〇九)十月に尊教は門跡を甥の性守(一二六七〜一三二五、西園寺実兼息)に譲与することを約し、正和三年(一三一四)四月の官宣旨でその相承が認可された(『妙法院史料』五—三三・五七号)。性守は正中二年(一三二五)五月に天台座主に就任したが、一月足らずで死没したため、後醍醐天皇の子尊澄(一三一一〜?、宗良親王)が付法と定められて、嘉暦元年(一三二六)四月に尊教のもとに入室し(『続史愚抄』)、同四年七月に尊教が伝法灌頂を授けている(『天台座主記』)。これが尊教の下限記事であり、これによって妙法院門跡はほぼ一〇〇年ぶりに西園寺一族の手を離れることとなった。(平)

**俗中の輩知行…**(五七一頁4)　『天台座主記』によれば朝廷は文永二年(一二六五)三月二十五日に
　諸寺諸山領、月卿雲客已下、無指由緒、多以俗人知行、其程不可然、支寺用可全仏聖之由、一同被　宣下、
と、俗人が寺院所領を知行すること一般を禁止している。仏物互用の罪を避けるためであろう。(平)

**俗輩を召し仕う**(五七一頁5)　元亨四年(一三二四)大覚寺門跡規式にも(真50)、類似の規定がみえる。中世の山門衆徒の坊が、師弟関係のほかに、同族結合や「俗同宿」まで包含するものであったことについては、辻博之「中世山門衆徒の同族結合と里房」(『待兼山論叢』一三、一九七九年)を参照。(平)

**天6**(五七一頁6)　底本は「華頂要略」七二「鰐淵寺」(京都府立総合資料館蔵)を使用。『大日本史料』の青蓮院文書の翻刻(『大史』七—五—六九五頁)、『華頂要略』「門主伝一八」、および曽根研三『鰐淵寺文書の研究』八一号(一九六三年、鰐淵寺文書刊行会)を参考にした。(平)

**尊道親王**(五七一頁7)　尊道入道親王は後伏見院の子、俗名は尊省、号は後青龍院宮。青蓮院尊円の入室瀉瓶弟子。暦応四年(一三四一)に立親王・出家、尊円死没の延文元年(一三五六)に門跡を相承。文和四年(一三五五)・貞治四年(一三六五)・応永二年(一三九五)に天台座主となる。弟子の道円に門跡を譲ったが至徳二年(一三八五)に道円が没したため、青蓮院門主・無動寺検校に還補され死没まで管領した。応永二年に山門初の一品となる。(平)

**無動寺の末寺**(五七一頁8)　鰐淵寺と無動寺との本末関係を示す初見史料は、次の二通の「鰐淵寺文書」である(『鎌』一九七五・一九七六号)。

〔史料1〕
無動寺検校坊政所下　出雲国鰐淵寺
　可能早任国司庁宣状、領知国富一郷経田百町事
右、件経田、以国富一郷百町、可引募由、任　院庁御下文之旨、為一円不輸地、可為無動寺領之由、成国司庁宣畢、於本免百町者、非諸社講経田、一向為寺領、南北長吏各相分五十町、令領知、可奉祈　聖朝安穏之御願、於年貢莚千枚者、無懈怠、可弁備於本寺之状、所仰如件、寺宜承知、依件用之、故以下、
　建暦三年二月　日　　院司法師珍賢
別当法橋上人位
　法橋上人位(花押)

〔史料2〕

下　鰐淵寺
　可早任政所下文状、令領知国富郷経田百町
　　事
　　副下
　　　政所下文
右、件経田於子細者、載于政所御下文、任南北長吏成敗、住僧等各令領知之、御年貢莚伍佰枚、定納伍〔合〕仟迄〔莚〕、任請文之旨、無懈怠可令進済之状、所仰如件、寺宜承知、勿敢違失、故下、
　　建暦三年二月　日　　行事大法師(花押)
　別当阿闍梨(花押)

建暦三年(一二一三)に出雲国国富郷のうち他社の講経田ではない土地一〇〇町を無動寺領とする旨の後鳥羽院庁下文・国司庁宣が出された。それをうけて無動寺検校坊政所・無動寺別当の下文が発給され、①この国富郷一〇〇町を鰐淵寺の南院・北院の住僧が五〇町ずつ領知すること、②鰐淵寺の請文に従って、本寺である無動寺に対し末寺役として年貢莚一〇〇〇枚の納入が義務づけられたことが分かる(伊藤俊一「青蓮院門跡の形成と坊政所」(『古文書研究』三五、一九九一年)、曽根研三前掲書)。

この史料でまず問題になるのは、史料1の発給主体である無動寺検校坊政所がだれの坊政所かという点である。確かに当時、無動寺検校に就いていたのは、慈円の弟子である真性大僧正であった。『華頂要略』一に収める「無動寺検校次第」には、真性が建仁三年(一二〇三)九月に無動寺検校に補され、建保元年(一二一三)七月もしくは二年七月まで在任したと記しているし(『天台宗全書』一―五六八頁)、承元四年(一二一〇)十月の慈円譲状では、無動寺検校・三昧院検校・常寿院別当の「三箇検校別当職、当時宮前大僧正(真性)令補任給畢」と述べている。また建暦三年二月の慈円譲状でも「無動寺・三昧院等検校、宮前大僧正(真性)仁、暫雖宿申之」と語っており(『鎌』補五七三・一九七四号)、史料1・2が発給された段階で真性が無動寺検校に在任していたことは明白である。

しかも真性は建仁三年九月に無動寺検校となった時に、楞厳三昧院検校にも補任されている(『天台宗全書』一―六二頁)。そして「無動寺・三昧院両寺検校職、任相承蒙　勅宣、以之為門首」とあるように(「当門跡相承次第」『天台宗全書』一六―一一二二頁」)、中世ではこの両検校職に補任された者を青蓮院門主と呼んでいた。つまり真性は建仁三年以来、無動寺検校であるだけでなく、青蓮院門主でもあった。

しかし他方ではこの時期に、慈円と真性との間にトラブルが生じていた。真性は以仁王の子で、梶井門跡承仁法親王のもとに入室していたが、建仁二年七月の座主人事で慈円の画策によって選に漏れた。それを契機に、門跡相承を約諾した上で真性は慈円のもとに入室し、建仁三年には天台座主となった。ところが承元二年十月に後鳥羽院の子朝仁親王(後の道覚)が慈円に入室したため、真性の地位は微妙となり、結局、史料1が発給された五ケ月後の七月十六日に真性は離房する。慈円は真性を義絶し両検校職(青蓮院門主)を悔い返して七月二十日に後任の無動寺検校を吹挙した(『門葉記』一五二)。史料1はこうした微妙な状況下で出されている。

しかも、①本文史料は、鰐淵寺が「慈鎮和尚以来、為無動寺末寺」と述べており、無動寺検校であった真性の名は出ていない。②慈円は史料1と同月付けで朝仁親王に青蓮院門跡の譲状を書いており(『鎌』一九七四号)、後鳥羽院と慈円との親密な関係を背景として、国富郷一〇〇町を無動寺に免許する院庁下文が出されている。入室後に親王宣下された例は珍しくはないが、親王宣下された後に入室したのは仁和寺以外ではこれが初例であり、慈円にとって朝仁は違例の貴種であった。③慈円譲状には「無動寺・三昧院等検校、宮前大僧正(真性)仁、暫雖宿申之、若不叶御意候之時者」改易するよう朝仁に語っており、真性には無動寺検校の暫定的な管理権しかなく、その進退権は慈円・朝仁が掌握していた。形の上では青蓮院門主(無動寺検校)は真性であったが、慈円はその本主権を掌握していた。以上からすれば、形式上はともかく、

第三編　五七一頁3―8

史料1の実質的な発給者が慈円であったことは明白である。鰐淵寺の末寺化は慈円と後鳥羽院との政治的協力関係の所産であった。

さらに注目すべきは、史料1の「院司法師珍賢」である。この人物は、寿永二年(一一八三)八月法性寺座主慈円の坊政所下文にも「院司法師珍賢」として名がみえているし、建永元年(一二〇六)の慈円の大懺法院起請では懺法院預番として登場するなど、慈円に極めて近しい人物である(『平』四一〇二号、『鎌』一六五九号)。慈円は真性の坊政所に自らの側近を送り込むことによって、青蓮院(無動寺)の実権を掌握しつづけたのであろう。

史料1でもう一つ問題になるのは、本文史料と同様に、鰐淵寺を無動寺の末寺としていることである。なぜなら、史料1と同年月付けの慈円譲状では、鰐淵寺を楞厳三昧院領としているからである(『鎌』一九七四号)。しかも、建保四年五月十三日付け将軍家政所下文や天福二年(一二三四)八月の青蓮院門跡所領目録でも、鰐淵寺は楞厳三昧院末寺となっており(『鎌』二二三一・四六八七号)、一五世紀の本文史料で再び「無動寺の末寺」として登場することになる。本末関係の成立当初から、鰐淵寺の本寺は無動寺とされたり、横川の楞厳三昧院とされるなど、混乱があった。しかし無動寺検校と楞厳三昧院検校は、いずれも青蓮院門跡が管領する中核的所職である。青蓮院の立場からすれば、鰐淵寺が無動寺領であろうと、楞厳三昧院領であろうと、たいした違いはない。慈円は門跡領収入の配分先をしばしば付け替えているが(天2第12～第14条)、鰐淵寺の本所の移動もその一つかも知れない。(平)

**守護使の乱入するを停止**(五七三頁1)　出雲守護である佐々木泰清は建長六年(一二五四)四月、鰐淵寺の要請に応えて、守護の入部を停止した(『鎌』七七四一号)。それによれば、鰐淵寺は「寺中有一不可、郡使乱入」と述べ、守護使の不入が認められていないことが鰐淵寺の欠陥であり、衰微の原因であると主張して、「国中第一之伽藍」たる鰐淵寺に守護不入権を認めるよう要請している。そこで守護は「出来謀反・殺害以下重犯科人等之時者、於衆徒之沙汰、不日可被召渡於其身守護所者也」と、重罪人の守護所への引き渡しを条件に、「寺中幷鳥居内別所等」への入部を停止した。

その後、正中二年(一三二五)に守護佐々木貞清が、次のようにそれを再確認している(『鎌』二九一一九号)。

鰐淵寺中入部守護使事
右、任去建長六年四月日祖父信濃前司〈于時検非違使〉状、可令停止守護使乱入之、但有限犯科人出来時者、為衆徒沙汰、不日可被召渡守護所之状、如件、
正中二年五月　日
守護人前近江守源朝臣(花押)

また永享十年(一四三八)にはもと青蓮院門主であった将軍足利義教が、青蓮院宛に守護不入を認める次の御判御教書を出している。

出雲国鰐淵寺幷寺領同国国富庄・漆治郷等事、臨時課役・段銭・人夫以下諸公事、所免除也、早為守護使不入之地、可被全管領之状、如件、
永享十年三月十一日　(花押)
青蓮院殿

これをうけて同年三月二十三日付けで管領細川持之の施行状が出され、四月二十三日には出雲守護の遵行状が発給されている。義教の御判御教書が青蓮院宛てに出されていることは、鰐淵寺が守護と交渉してゆく上で、本家青蓮院の政治力がなお有効であったことを示している。本文史料第2条に、「寺中幷寺領等号国役、可令停止守護使之乱入事」とあるのは、鰐淵寺の不入権の維持に青蓮院が積極的に関与することの表明ともいえる。この後も文安三年(一四四六)九月五日管領細川勝元施行状、康正二年(一四五六)十月二十日将軍足利義政御判御教書で、守護使不入が確認されている。

戦国時代に入った永禄五年(一五六二)八月十六日には「直江・国富両所散在田畠等之儀、如先規、為守護不入之地、鰐淵寺可有知行候」と毛利氏

から不入権を安堵されているし、永禄十三年七月二十八日にも同内容の安堵を受けている(出典は「鰐淵寺文書」)。(平)

**本所役**(五七三頁2)　建暦三年(一二一三)二月の無動寺検校坊政所下文(前掲史料1)によれば、鰐淵寺の負担は「年貢莚千枚」であるが、天福二年(一二三四)八月の青蓮院門跡所領目録では鰐淵寺から楞厳三昧院への負担は「所当国莚百五十枚、能米百石」となっている(『鎌』四六八七号)。(平)

**評定事訖りて後に…**(五七三頁3)　正平十年(一三五五)三月の鰐淵寺大衆連署起請文の第四条から七条には、次のようにみえる(『南北朝遺文』中国四国編二七二二号)。

一　評定事、糺衆会之参否、究故障之是非、然後其人、或訴人、或政所、述題目者、先上座有徳之中、可被評定、下臈短才之輩不可進言、但愚者千慮必有一徳云々、然者不論老若、不簡賢愚、一往之意見強非禁制、何況被下各義(議)之時、述所存者定法也、而其時或成卑下、或以偏執閉口巻舌者、還而違乱之基、比興之事也、可知之、

一　評定時、可随多分義事、古書云、三人謀之時、随二人言云々、此事古今之佳例也、諸人可順衆議者也、但雖少分、先達古実之深義、不可棄之、雖多分、若輩今案之浮言難許容者歟、可弁之也、

一　不参之輩、不可破衆会議定事、既於当参評定之衆、猶択多分、豈為不参他行之身、独破大義哉、但先日之評定多誤、後昆之難破顕然者、一同悔之、一同可改之也、

一　無人数評定、可有斟酌事、古実先達相交者、五人已上之談会自許之、非急事者、是尚可斟酌也、但不慮之大事、率爾出来之時者、不可論人数之多少、縦雖為一人、於興隆方者、可有計沙汰者也、

第四条では、評定は基本的に「上座有徳」の僧の間で評定を行うが、「下臈短才之輩」にも一定の発言権を認めている。第五条では評定は多数決で決するが、その安易な運用を誡めて、古老の少数意見を十分尊重するよう求めている。第六条は評定に不参の僧が決定事項を覆すことを否定しており、本文史料と内容的に通じるものがある。第七条では、緊急の場合以外は定数以下の評定を禁止したもの。鰐淵寺は南北朝内乱で北院・南院が両朝にわかれて戦っただけに、評定のあり方に細心の注意を払っている。(平)

**別当**(五七五頁1)　無動寺別当を指すか。無動寺検校坊政所別当、もしくは鰐淵寺別当の可能性もある。(平)

**天7**(五七五頁2)　原本は伝わらない。底本には最も善本と考えられる延暦寺横川別当代文書「山門三十六箇法度条目」(叡山文庫蔵)を使用。双厳院文書「山門三院集会議曰写」(叡山文庫蔵)、東京大学史料編纂所謄写本「山門三十六箇条」(東塔南谷宗蔵坊蔵本)、無動寺文書「山門大講堂衆議条々〈慶長六〉」(叡山文庫蔵)、岡本文書「山門大講堂衆議〈慶長六〉」(叡山文庫蔵)や『新大津市史』別巻翻刻を参考にした。あまりに煩雑なため校異の詳細は記さないが、重要なもののみ異本の校異注を掲げた。

底本は横長本の冊子で、法量は縦一四・七センチメートル、横二一・四センチメートル。表紙は共紙、外題は「〈慶長六年二月〉山門三十六箇法度条目」、内題はなし。また表紙に「首楞厳院記家」と記す。本奥書はなく、異筆で

　厳覚僧正奥書云
正徳元季七月三日、以無動寺宝珠院蔵原本校讎〈宝珠院元名大樹房、第二世栄繁法印時、於江戸改之、是則混大樹幕下故云々〉、第一世栄仙、依有器量、寓住薬樹院、勤執行代故、此原本納大樹房、
　記家大僧都慈徧写之、

と記す。また無動寺本の奥書は

文化五年戊辰三月以当院蔵本、令書写之了、
慶長六年連署本紙、明王堂蔵中在之、
　台嶺法曼院大僧都真超

となっており、双厳院本は

右、無動寺蔵ニ判形之本紙有之、以其本令校合了

と記す。署判の本紙は無動寺明王堂に保管され

ていたようである。東京大学史料編纂所謄写本も連署部分は「原紙折紙」と記しており、本文と連署部分が分離して伝来したことを推測させる。署名部分は、最も原型に近いと思われる無動寺本から、次に掲げる。

探題僧正豪盛判　法印豪円
法印豪隆判　法印仁秀判
法印光栄判　法印賢舜判
已講法印円智判　探題法印雄盛判
法印幸運判　法印実善判
探題法印祐能判　法印重順判
法印貞(イ真)盛判　法印豪(イ亮)盛判
法印賢祐判　法印栄伝判
法印快賢判　法印広秀判
法印円秀判　擬講快舜判
存世　全海判
真慶判　昌永判
行好判　豪隆(イ澄)判
法印豪雄判　探題法印舜慶判
法印弘運判　擬講豪運判
法印尊海判　秀円
法印乗慶判　法印広清判
法印猷賢判　法印清賢判
法印存盛　覚智判
法印良運判　法印光芸判
探題法印豪昇判　法印玄俊判
法印良範判　善祐判
尊栄判　尊祐判
順(イ顕)長判　慶俊
光秀判

以上、四十九人連署(署)、右衆議書奥花押
有之

このうち「探題僧正豪盛」「法印豪雄」「探題法印豪昇」の上欄にそれぞれ異筆で「東塔」「以下西塔」「以下横川」の記載がある。

底本や東京大学史料編纂所謄写本の署名部分は「判」の記載がない。その代わり、底本には人名の傍らに朱筆で注記がある。それを挙げると、「探題僧正豪盛」に「正覚院」、「法印豪円」に「宝積院」、「法印仁秀」に「蓮花院」、「法印光栄」に「東南、極楽房」、「法印賢舜」に「光乗坊、今改観明院」、「法印実善」に「東南、浄教房」、「探題法印雄盛」に「東西、行光房」、「探題法印祐能」に「東南、南光房」、「法印賢祐」に「密厳院」、「法印重順」に「慈光房、不動院、東北、虚明王院、隠居称ゝゝ」、「擬講快舜」に「東西、妙音院」、「全海」に「十乗坊、今改竜珠院」、「真慶」に「白毫院」、「行好」に「惣持房」と注記する。また「豪隆」は「豪澄」とし「玉泉院」と記し、「法印豪雄」は「西北、真乗房、執行」、「探題法印舜慶」は「西北、正観院」、「法印弘運」は「西北、金光院」、「擬講豪運」は「正教房」、「法印尊海」は「西東、楽音房、改地定院、安祥院」、「法印乗慶」は「西南、大泉房」、「覚智」は「西、清鏡房」、「法印良運」は「椛、浄光院」、「法印光芸」は「飯、唯心、長寿院兼雞足院」、「探題法印豪昇」は「恵心院」、「法印玄俊」は「飯、松禅院」、「法印良範」は「解、華蔵院」、「善祐」は「兜、妙音房、今改禅定院、一本戒竜禅院」、「尊栄」は「戒、藤本房」、「尊祐」は「妙音房」、「順長」は「顕長」とし「兜、本住房、今改雞頭院」、「慶俊」は「飯、華徳院」、「光秀」は「飯、長寿院」と注記し、また「法印豪盛」は「法印亮盛」としている。

また東京大学史料編纂所謄写本の署名部分は、葛川明王院の過去帳をもとに、連判衆に坊名・死亡年月等を割注で書き加えている。

卅六箇連判之人数
豪盛〈東谷正覚院、探題権僧正、慶長十五年六月廿九日逝〉
豪円〈東谷習禅院、又南谷宝積坊〉
豪隆〈東谷蓮蔵坊、後住無動寺〉
仁秀〈北谷蓮花院、一記ニ法恩坊任秀、八王子宮再造之願主〉
光栄〈南谷極楽坊〉
賢舜〈北谷虚空蔵尾光乗坊、慶長七、十二月四日逝〉
円智〈西楽院、已講〉
雄盛〈西谷行光坊、探題、慶長十、七月廿四日〉
幸運〈北谷慈護坊、慶長五六ノ間、年月不知、又北谷観行坊、慶安四、九月十八日〉

実善〈浄教坊、寛永六、七月廿五日〉
祐能〈南光坊、探題、慶長七、二月廿八日〉
重順〈北谷明王院、元和二、十月十五日、慶長十二年三月廿六日永断〉
貞盛
亮盛〈北谷虚空蔵尾蓮蔵坊〉
賢祐〈西谷密厳院、寛永八、九月廿九日死〉
栄伝
快賢〈東谷光乗坊、飯室ニモアリ〉
広秀
快舜〈西谷妙音院、擬講〉
円秀
存世
全海〈北谷竜珠院、後移同谷惣持坊〉
真慶〈東谷白毫院〉
昌永
行好〈北谷惣持坊、一代行幸ト云アリ〉
豪澄（ママ）〈南谷松林坊、元和五、七月二日〉
豪雄
舜慶
弘運〈好運ト云ルハ西北谷金光院、寛永五〉
豪運〈西北谷、正教坊、元和元、十二月廿九日〉
尊海〈西東谷、宝幢坊、慶長九、七月廿一日〉
秀円〈西東谷、大智坊〉
乗慶〈西南谷、大泉坊、元和二、四月十四日〉
広清
猷賢
清賢〈東谷実相坊、一代ニアリ、豪盛弟子、盛賢トアリ、承応三年三月五日〉
存盛
覚智
良運
光芸〈飯室唯心院、一代ノ〳〵トアリ、慶長九ノ比死スト〉
豪昇
玄俊〈飯室松禅院、慶長七、十二月十二日〉
良範〈北谷恵光坊、第二世良珍、移横河恵心院、改今名〉
善祐
尊栄〈藤本坊、寛永十五、四月十六日〉
尊祐
順長
慶俊
光秀
〆四十九人
葛河ノ過去帳にて滅日ヲ付候也、
（平）

**延暦寺大講堂衆議条々**（五七五頁3）　本文史料の歴史的背景として、延暦寺の再建過程を記しておく。元亀元年（一五七〇）朝倉義景・浅井長政と織田信長が対陣した際、延暦寺は朝倉・浅井側に協力した。そのため、朝倉との和睦成立後の翌年九月、信長は延暦寺を攻撃し、「山上山下堂舎僧房、不残一宇、悉焼尽」した（辻善之助『日本仏教史』七、『天台座主記』、以下、出典の明示なきものは同書による）。その後、日吉社や本堂の再建の動きがあったが、信長の意向を恐れ、事業はほとんど進まなかった。天正十年（一五八二）六月に信長が本能寺の変で殺害されると、施薬院全宗・観音寺詮舜・探題豪盛・擬講祐能らが中心となって延暦寺の再建を企図した。羽柴秀吉から再建の許可は得られなかったが、同十一年閏正月には「山門三院・日吉社内神体・仏像」の彫刻の勅許が正親町天皇から出され、同十二年五月ついに秀吉は延暦寺の再建を許可した。しかし財源の助成に積極的でなかったため、東塔は豪盛と全宗が本願となり、横川は亮信、西塔は詮舜が中心となって大名・末寺等に勧進して再建に当たった。こうして同十三年二月には一一年ぶりに天台座主が補任され、同十七年九月には法華会、十一月には別請竪義が再興されるなど、寺内の体制もようやく整うに至った。慶長三年（一五九八）に秀吉が死没すると、同五年五月に延暦寺大衆は徳川家康に山門領の加増を嘆願した。家康は同年九月の関ヶ原の戦いに勝利したあと、翌年二月三日に延暦寺の要請に応えて、寺領を秀吉時代の一五七三石から五〇〇〇石に加増する朱印状を発布した。

御寺領之書立

一　千五百石　〈江州志賀郡内〉　上坂本
　是従前御寄進
一　七拾三石　〈同〉　葛川村之内
　是右同断
一　三千四百二十七石　〈同〉下坂本村之内
　是者今度新御寄進
　合五千石
右之分申渡候、全可有御寺納候、御朱印重而
申請、可進候、以上、
　慶長〈丑〉二月三日　加藤喜左衛門正次判
　大久保重兵衛長友判
　彦坂小刑部元正判
山門三院
　御寺中

この新寄進をうけ、同月二十四日の衆議で日吉山王の日供料を定める一方、本文史料の寺院法を制定したのである。新たな収入をどのように配分するかの決定と、近世的な寺内秩序の構築とが同時並行で行われた。寺領はのち一七世紀中期から末にかけて、東照宮に二〇〇石、慈眼大師堂領に五〇石、滋賀院に一〇〇〇石、安楽律院に一〇〇石が寄進されて計六三五〇石となった(『新大津市史』別巻二三六頁)。

　なお本文史料は「山門卅六箇条掟」「山門三十六箇条」などと呼ばれ、署名部分にも「卅六箇連判之人数」と題されているが実際には三九箇条がある(ちなみに『天台座主記』は「三十九条」を制定したと記す)。齟齬の原因は定かではないが、本文史料の最後に「大衆之群議一統之上、所極者、経　公儀奉行之沙汰、誌定訖」とある。この寺院法は大衆が群議した内容を公儀奉行が検討した上で制定されるという経過をたどっており、大衆と奉行とのやりとりの中で条文数が増えた可能性もある。

　『天台座主記』慶長六年二月条は、本文史料の制定について記述するとともに、第10条の妻帯僧の交衆禁止に関わって、中世延暦寺の寺内身分について次のように詳述している。

　同月、一山大衆会集于大講堂、当今世出世制法定三十九条、其中禁山徒妻帯入衆、先是定一山大衆内有衆徒山徒両衆、其山徒与衆徒同位同格、同有山坊里坊、而妻帯常在里坊、一山僧侶階班都有三等、

　上方者

称衆徒者、皆是清浄住学生也、以下経五階凡僧、補阿闍梨・内供奉・竪者・註記・已講・擬講・證義・探題等、任僧綱、為先途、

山徒者、其初皆清浄住学明室也、故与衆徒同格也、中古已来、為妻帯称此山徒、以使于公家武家、為其職、称此使節、此徒有数多、所謂護正院・南岸坊・金輪院・杉生坊・円明院等、

寺家執当者、上代以衆徒清僧、補此職、故与衆徒同格、務山中営事、而中古已来為妻帯、正応四年以　院宣、被付与梶井宮、但右両家在梶井、称堀池寺家、在京都称猪熊寺家、両家互補執当、猪熊方天文年間中絶、堀池寺家于今相続而兼仕梶井殿、代々補延暦寺執当、

天正十七年已来、為彼家相伝職、

四至内、此亦以衆徒補此職、務一山領内雑事為職、天正年中再興後、以公人中槐首者、代補此職、

中方〈称聖名或国名〉

此類称堂衆、多是住学生召仕、侍輩出家清僧者也、其中首七人内、上三人称長講〈一長講・二長講・三長講、補此職准上方、蓄児為弟子〉、次三人称承仕、次一人称呪師、参勤山洛御修法、列衆徒末席、従金剛寿院覚尋僧正座主職時、諸堂社勤行皆堂衆勤之、然動敵学生故、文治・建久間、堂衆蒙　勅勘、令離山後、其勢漸衰、堂社勤行、如元従学生勤之、

所司、山上諸堂各有此職、務堂内諸荘厳等事乎、寺務出行時、役先駆、

維那者、中古已来為妻帯、久寿三年依最雲親王七仏薬師法御祈賞已来、著赤袈裟、座主出行時、騎馬勤先駆為永式、中方息為児者、為上方、

下僧〈昇職称公人、於其中、三塔公人上首、
　称三院別当〉

此輩称法師原、此皆妻帯下法師也、其中擢補諸堂公役者、称此公人、其役名者、

出納〈被物・禄物取出、又納之者也〉、
庫主〈調仏供者也、今云文庫宝蔵番、勤之乎〉
政所〈中堂御常供、調之者也〉
専当〈雖若輩、秉白木八角杖、守諸堂、座主及寺務執当出行時、持杖勤先駆〉
以上、公人所職皆以執当許状、補任此職、公人子参門跡、為御童子者、為中方、為上方事甚稀也、

延暦寺の僧徒には上方・中方・下僧の三身分があり、上方は、①論義や祈禱に携わる清僧の衆徒、②山門使節に補任された山徒(妻帯)、③堂舎造営などを職掌とする寺家執当(妻帯)、④一山領内雑事を担当した四至内から成っていた。中方は、①学生に召し使われた出家の清僧で長講・承仕・呪師などに任じられた堂衆、②堂内荘厳をつかさどる所司、③赤袈裟を着用し騎馬で前駆を勤める維那によって構成された。下僧は妻帯の下法師である法師原で、そのうち執当から出納・庫主・政所・専当に補任された者を公人(くにん)と呼んだ。また中方の子供であっても、稚児となった者は上方になれたし、下僧の公人の子でも、門跡に童子として仕えれば中方になるなど、身分上昇のラインも存していたことが分かる。

その後、慶長十八年に幕府は関東天台宗法度を制定し、天台宗の実権は延暦寺から関東に移ることになる(前掲『新大津市史』別巻)。(平)

**世出世**(五七五頁4)　寺院世界でいう「世間」は寺院外の俗世間を指すのではなく、寺内雑務やそれに携わる坊官・寺官を指していた。たとえば建暦三年(一二一三)二月に慈円が道覚に与えた青蓮院門跡の所領譲進状によれば、慈円は道覚に

一切事、随思食可有御沙汰、世出世人々不可有御憚候、

と述べている(『鎌』一九七四号)。門跡の誰にも(「世出世人々」)気兼ねすることなく、門跡のすべてを差配するよう、進言している。また暦仁二年(一二三九)に慈禅が青蓮院慈源のもとに入室した折り、「世出世御門人」が扈従していたが、そのうち「出世」門人は貞雲法印・聖増長吏法印・隆承法印など一一名であり、「世間」門人(坊官)は性賢法眼・泰承法眼ら四名であった(『門葉記』一〇〇―七四頁)。さらに宝暦八年(一七五八)に輪王寺貫首公啓は厳格な戒律主義を標榜する安楽派を否定して大乗戒に復する決定を行い、さらに同十二年に天台座主になると大乗戒を支持する旨の花押を延暦寺の「世出世役人」すべてに強制している(『天台座主記』)。以上の例では、「世」「世間」「世役人」はいずれも坊官を指している。

「世」「世間」の用例について、もう少し敷衍すると、慈円は前掲史料で道覚に対し、「密宗事」「顕宗事」と「世間雑事」のそれぞれについて道覚を補佐すべき人物を推薦した。そして「世間雑事」では、相談役として道覚乳父の二位法印尊長と、慈円の「所従之中、第一」(『大史』四―一二―六九八頁)の坊官であった増円を推挙している。ここでの「世間雑事」とは門跡における人事や所領管理と考えられ、それに当たるのが「世間」門人であった。また三綱や坊官で僧綱位をもつ者は「世間僧綱二人〈泰胤伊予法眼、性賢中納言法眼〉」「世間者僧綱四人〈綱尊法橋、泰承法眼、性賢法眼、泰胤法眼〉」「里僧綱二人〈性賢法眼、御鼻荒役泰範法橋〉」(『門葉記』一七三―六〇五頁、同一〇〇―七三頁、同一四―一三七頁)のように、「世間僧綱」「世間者僧綱」「里僧綱」と呼ばれて、「出世僧綱」と対比されている。

なお文永二年(一二六五)十二月に後嵯峨院の息・市河宮慈助が出家・受戒・院参の儀を行ったが、それを担当したのは三名の奉行であった(『門葉記』一〇一―七七頁)。

奉行
俗、左兵衛権佐忠世〈平宰相時継卿息〉
出世、静明大僧都〈中納言、青蓮院出世執権〉
世間、房官覚玄法眼〈越中、本寺家三綱、今三条御房々官也、定任法眼真弟子〉

俗奉行が院司の平忠世、出世奉行が北京講師を勤めた静明、そして世間奉行が坊官の覚玄であった。このように、「俗」と「出世」と「世間」が対比されており、寺院世界では「俗」と「世間」は明瞭に区別されていた。(平)

**三塔九院**（五七五頁5） 九院は止観院、定心院、惣持院、四王院、戒壇院、八部院、山王院、西塔院、浄土院をいうが（『九院仏閣抄』）、「九院ヲ没倒シ衆徒ヲ追出シ」（『太平記』一八）のように、延暦寺一山を指す場合もある。ここでは後者。（平）

**随分に…立つべし**（五七五頁6） 慶長十三年（一六〇八）八月に徳川家康は、延暦寺に対し、五〇〇〇石の永代寄進を再確認するとともに、「比叡山法度」七箇条を制定した。その第一条から第三条は次の通りである（『天台座主記』）。

一 山門衆徒不勤学道者、住持不可叶事
　但従再興砌、住山僧並坊舎建立之人一代者、雖為非学、可有用捨事、
一 雖勤学道、其身之行儀於不律者、速可及離山事
一 顕密之名室、為学匠可致相続事

ここでも学道衆でなければ住持を認めないなど、天台宗を修学する学道衆を中心に位置づけている。なお宝永四年（一七〇七）に天台座主公弁が制定した「延暦寺条制」第一条では、

一 凡学仏法者、要須解行具足三学兼備、然而宿種有異、根性不同、或有不能思微究精、而能励事行、獲其功験者、或有不能習坐錬定、而披経論開発性霊者、此則入道多門、倶有勝能、各宜策修、慎勿自棄、

と定めており（『天台霞標』『大日本仏教全書』一二六—七二二頁））、経論の訓詁注釈には不向きでも祈禱に達者な者もいれば、坐禅は苦手でも経論研究に巧みな者もいるため、自棄することのないように説いており、密教僧への配慮をみせている。（平）

**永断**（五七七頁1） 永正十五年（一五一八）九月の延暦寺西塔政所集会では、議定に反して新勧学講給主職を執拗に競望した西塔南谷真潤を非難し、「於彼如蔵坊真潤者、永放覚師之門徒、被処永断畢」（「山門襍記」〈『大史』九—八—一八八頁〉）とある。永断は慈覚大師門徒からの永久追放と同義であることが分かる。また、本文史料底本の署名者のうち、明王院重順は「慶長十二年三月廿六日永断」（東京大学史料編纂所謄写本）となっているし、天禄元年（九七〇）天台座主良源起請二十六箇条（天1）の第7条では、落札した羯磨物の支払いを遅延した者を「永処衆断」している。（平）

**房領等を或いは沽却…**（五七七頁2） 坊領売買禁止については、慶長十三年（一六〇八）八月に家康が定めた「比叡山法度」第六条にもみえ、坊舎・坊領の売買・質券の禁止を規定している。また第五条では、「坊領」とあるように、住持以外の者が坊領を競望することを禁じている。坊・坊領に関わる四条から六条を次に掲げる（『天台座主記』）。

一 為一人二坊三坊抱置、並無主之坊、可為禁止事
一 坊領、其住持外、不可有他競望事
一 坊舎並領知之売買・質券等、一切可為無用事

（平）

**栗太兵主の両勧学講**（五七九頁1） 栗太は栗太講・西塔院勧学講ともいう。正応五年（一二九二）に寄進された近江国栗太郡を料所にして、嘉元元年（一三〇三）より開創され西塔釈迦堂で実施。兵主の勧学講は不詳。近江国野洲郡兵主郷を料所とする勧学講か。ただし勧学講はこの時再興されず、享保元年（一七一六）に西塔勧学会として再興された。天3の「天台山勧学講起請」の項参照。（平）

**前唐院の八講**（五七九頁2） 前唐院は円仁の住坊で、円仁が唐から将来した聖教・法具、および円仁坐像を安置。円珍の唐院と区別するため、前唐院と呼んだ。延暦寺法華会探題職款状に記載された僧侶の経歴をみてゆくと、永正十二年（一五一五）の証覚款状では「前唐院八講・長講会・東西南院勧覚〔学ヵ〕講」があがっているし、天文五年（一五三六）閏十月の堯清款状では「長講会遂業、西塔院勧学講日参、新勧学講日参、東塔院勧学講参勤（中略）前唐院八講十一年」と述べ、永禄十二年（一五六九）慶淳款状では「東西両院勧学講数年、前唐院八講・長講会参勤」と自らの労功をあげている（『大史』九五—八一九頁、東京

大学史料編纂所史料稿本天文五年閏十月十一日条、『大史』一〇—三—一三七頁)。(平)

**六即七位の界畔**…(五八三頁1) 天台宗では悟りに至る六段階を六即といい、①理即(本来的に成仏しているが、それを知らず証得がない)、②名字即(理即を概念として理解する)、③観行即(観心修行して体験する)、④相似即(真の悟りと相似する)、⑤分真即(無明を破し真如を体現する)、⑥究竟即(くきょうそく、完全なる悟り)の六が六即である。延暦寺の記家はこれを比叡山の結界に当てはめて解釈した。たとえば『山門四分記録略記』(『続天台宗全書』神道一、一一五一頁)によれば、①理即結界(凡聖同居結界)は東は比叡山並天之埴、南は登美渓、西は大比叡北峯・小比叡南峯、北は三津渓横川谷、②名字即結界(邪正一如結界)は東は金輪埴、南は得果川、西は神聖影山、北は夜馬渓、③観行即結界(冥薫密益結界)は東は頓悟峯、南は波羅夷谷、西は千種谷、北は蘇陀峯、④相似即結界(好世浄土結界)は東は香興谷、南は長等崛、西は向真院、北は護国院、⑤分真即結界(開方便門結界)は東は随縁不変不二門、南は四生得益道、西は不変随縁而二門、北は一如頓証界、⑥究竟即結界(示真実相結界)は東は補度幽崛、南は上天秀嶂、西は戸羅奇嶽、北は保運澗底としていて、比叡山の六つの結界を六段階に分けて説明している。

七位は『菩薩瓔珞本業経』に説く菩薩の階位。十信(じっしん)・十住(じゅうじゅう)・十行(じゅうぎょう)・十廻向(じゅうえこう)・十地(じゅうじ)・等覚(とうがく)・妙覚(みょうがく)の七。さらに十信などを各一〇に分けると七位が五二位に細分化される。七位と結界との関係は不詳であるが、六即結界に官省符結界を加えた七重結界を指すとも考えられる。弘仁九年(八一八)三月十八日太政官符で、東は江際、南は宜谷、西は下水飲、北は横川谷を延暦寺の四至として認定された。これを官省符結界と呼んでおり、前掲史料では「六即結界、加官省符結界、云七重結界也」とある。また「根本中堂者、結六即七重之界畔」(天正十二年(一五八四)五月延暦寺根本中堂再興勧進疏、『天台霞標』(『大日本仏教全書』一二五—三三九頁))の用例もある。(平)

**紫甲**(五八三頁2) 中世では一般に、僧綱が紫甲、凡僧が青甲、已講が櫨甲(黄甲)を着用した。安元三年(一一七七)の宸筆法華八講の際、藤原兼光は出仕僧の法服について、次のように述べている(『玉葉』同年六月二十一日条)。

僧正香染〈先例或雖僧正、給例法服、然而給香染之例、間存之上、必可着用、仍如此云々〉、僧綱紫甲、凡僧青甲、大略如此、而已講櫨甲之由、見或記、今度同可然歟云々、

宸筆八講のような諸宗僧侶が集まる国家的法会の場でも、甲袈裟については本文史料にみえるように、僧綱の紫甲、凡僧の青甲の着用が一般化していたことが分かる。ただし、已講の櫨甲着用については、この時、どうするかが検討されており、已講の法服の別立がいまだ十分に先例として確立していなかったことを物語っている。醍醐寺隆源(一三四二～一四二六)が著した『法中装束之事』(『大日本仏教全書』七三—五三九頁)では、

一　紫甲青甲事
問、紫甲ハ其體如何、誰人著用乎、
答、地ハ紫ノ綾有紋、ヘリハ黒色ノ綾等、常事也、横皮又不相替、是自律師、至法印僧綱之著用也、青甲ハ地青ク、ヘリ又黒色等如紫甲、横皮又同色、是ハ一向凡僧〈有職・非職〉著用也、又櫨甲トテ已講掛之袈裟有之、地ヲハジノ色ニ染タル也、

とあり、僧綱が紫甲、凡僧が青甲、已講が櫨甲を着用すると記している。室町末の延暦寺について記した『鶱驢嘶余(けんろせいよ)』(『群書』二八—五二一頁)でも、

一　袈裟、衆徒ハ紫行(甲、以下同じ)、青行、櫨行、衲袈裟法事ノ時掛也〈地ト行ト別也〉、皆七条〈若キ御時ハ白シ、香色御門跡バカリ〉、

とあり、衆徒が着用するものとして紫甲・青甲・櫨甲を挙げるとともに、門跡が香甲を着用

すると記している。以上から、僧綱の紫甲、凡僧の青甲、已講の櫨甲の着用が中世を通じて相当広まっていたと言えよう。なお『釈家装束式』は「黄甲　天台家已講著茲」と記しており(『大日本仏教全書』七三―五四五頁)、櫨甲と黄甲が同じものであることが分かる。(平)

**紋白の五条**(五八三頁3)　花鳥などの家紋を白く染め抜いたり刺繡した五条袈裟。袈裟は裁断した布をはぎ合わせて作るが、縦の条数から五条袈裟、七条袈裟などと呼ぶ。『顕密威儀便覧』上(『大日本仏教全書』七三―三三〇頁)に「僧正用緋、法印僧都用紫、律師用青、幼年者用白」とある。(平)

**平絹**(五八三頁4)　平織り(縦糸と横糸を一本おきに交差させて織る普通の織り方)の絹布をいう。絹には長絹・平絹・細絹・素絹の四種があった。(平)

**黒素絹**(五八三頁5)　異本である無動寺本「山門大講堂衆議条々〈慶長六〉」(叡山文庫蔵)によれば、第19条の上に次の貼り紙がある。

一　白素絹之衆十壱臈之暮、大師□出座之節より墨素絹可為着用旨、当月三院歳暮集会之砌、相極者也、

元禄十五年午極月　日

真超写之

元禄十五年(一七〇二)の三院集会で、黒素絹の時期を一七臈の春から一一臈の末に改訂したものである。なお享和二年(一八〇二)三月に寛永寺執当が寺社奉行に提出した「天台宗僧徒経歴選挙衣体之次第」は、「日光山経歴之次第」について次のように述べている(「諸宗階級」)。

一　密教顕教修行之事

右、最初剃髪ゟ、修行之次第階級、山門同様ニ而、相替儀無御座候、尤弟子交衆、山門者十二臈之後、房号黒素絹ニ相成候得共、日光ハ七臈ゟ房号黒素絹相成候、且又顕教修行之内、出世役之修行、無御座候、

延暦寺では一二臈より房号と黒素絹が許されるが、日光では七臈からそれを許しているとしており、関東の方が中臈への昇進が早かったことを示している。

なお平安末の仁和寺御室守覚は「卅以前輩曾不可入墨、卅以後衣少可染墨、其後遂年齢次第、可加添墨彩也」(『醍醐寺新要録』一三二二頁)と述べている。本文史料の延暦寺の場合、黒素絹の最年少は、一一歳(出家)プラス戒臈一七の二八歳となるため、守覚の発言とほぼ一致する。なお守覚は墨入れしてからは、歳をとるにつれて墨色を濃くしてゆくと述べており、興味深い。(平)

**花帽子**(五八五頁1)　本文史料では、花帽子の着用が許されるのは、①二五臈以上の僧、もしくは②一七臈以降の竪者であることを定めているが、無動寺本「山門大講堂衆議条々〈慶長六〉」は本文史料のあとに、貼紙で次の記事を載せている。

於根本中堂三院衆談之事

一　花之帽子之事、如旧儀、於未竪者之人者、可為停止候、縦雖為竪者、十七臈以前者、可有用捨、末寺末山可申伝事、

右、衆議如件、

正保四年　　執行代押

十月八日　　執行代押

別当代押

本文史料と密接な関わりのある追加法ということで、添付されたものだが、正保四年(一六四七)のこの衆議でも②を再確認している。また東叡山末門掟の第七条では

一　紋白花田帽子、先年御定之通、四十未満之内、不可有着用事

とある(『徳川禁令考』二六〇二)。出家が許されるのが一一歳からであるので、本文史料(一一歳+二五臈)よりも規定が厳しくなっている。(平)

**直綴**(五八五頁2)　「山下之路行者、著直綴、此衣者唐土之俗衣也」(『素絹記』)。「直綴　於寺内不著之、旅行遊事隠行等著之」(『南都僧俗職服記』)。(平)

**塗足駄**(五八五頁3)　寛元四年(一二四六)に鞍馬寺の検校・別当は、堂衆が内陣で仏供養を行うこと、および彼らが裏無(裏のついていない簡便

な草履)を着用することを認可した。鞍馬寺の学侶はそれに反対し、本寺である延暦寺に訴えたため、この紛争は青蓮院(検校派)と梶井(鞍馬寺学侶派)門徒との軍事衝突に発展した。これに関し、別当・検校側は「承元、堂衆長絹衣・塗足駄事、雖成敗、無別事、今度事、聖恵竪者結構之由」を朝廷に陳弁した(『葉黄記』寛元四年閏四月八日条)。つまり承元の時(一二〇七～一二一一)に、堂衆に対して長絹衣と塗足駄の着用を許した時には問題がなかったのに、今回紛争となったのは一部の僧侶の謀略によると主張したのである。結局、朝廷は検校の裁許を否定し堂衆の「過差」を禁止する院宣を出して事態を収拾した。この経緯から、鞍馬寺の堂衆が塗足駄・裏無を着用することを認可することが、堂衆に学侶並みの特権を与える「過差」として認識されていたことが分かる。

高野山では延応元年(一二三九)の「寺中衣服等過差」禁令で、「二袙、二小袖、有文柿小袖、白袈裟、塗足駄、専可禁遏、唐笠、有職参籠整法衣之時、随仏事之日、不在制限、定額已下、褻晴共莫用之」(真54)と規定しており、寺中での塗足駄の使用を禁止している。また建長四年(一二五二)の醍醐寺新制は次のように述べている(『醍醐寺新要録』一三〇〇頁)。

有職以下所従童部法師、不可着衣用塗足駄事

右、近来有職以下所従童部等、出家之後者、懃着張衣、猥用塗足駄、無左右存侍法師儀之条、依無旧例、停止之、凡又中間法師着用張衣事、都以停廃之、

有職らの所従の童部法師が張衣や塗足駄を着用するのは侍法師の特権を侵すものだとして、それを禁じている。(平)

**白衣**(五八五頁4)　夏の間、白衣・種子袈裟で坂本と往還することが認められたが(第16条)、山上では白衣で出歩くことは禁じられている。東大寺でも「寺僧白衣門立幷直綴已下不儀可停止」と命じられた(『鎌』三〇五九四号)。(平)

**俗姓を撰ばざる**(五八七頁1)　一般に稚児を弟子にとる際に、家柄の吟味が行われた。その様子は、「興福寺寺僧ノ始終ノ出生尋ヌレハ、氏種姓ヲ簡ヒテ児ソタチニテ入室シ」(紹巴『興福寺和讃』〔永島福太郎『中世文芸の源流』二五三頁、河原書店、一九四八年〕)や、「於当寺得度之輩者、尤可清撰於種族」(「東寺百合文書」や函四三号)との史料にみえる。(平)

**万寿の神勅**(五八七頁2)　日吉礼拝講の縁起は『日吉山王権現記』など諸書にみえるが、ここでは『日吉年中行事幷礼拝講事』(『続天台宗全書』神道一、五一五頁)を中心にその経緯を記しておく。万寿二年(一〇二五)に日吉社頭の木々が枯れる怪異があったため、禰宜祝部希遠(石遠)が参籠して祈念したところ、山王が示現して次のように言った。私はここで長らく仏法を守護してきたが、「伝燈漸衰、興隆稍澆薄、習学修練道、併背大師遺誡、放逸無慙心、全不顧仏天照鑑、加之帯兵杖往反社頭、著甲冑遊行山路、惣戒場作法、法会威儀、併非吾守護本意」。そこで「他所」に移ろうと思うので、「汝、御共可候也」、と。驚いた希遠は、「神勅」を座主院源に話したところ、座主は大衆とともに社参して大念仏を行い、さらに「法味」を捧げるため、三月十二日に大宮権現の宝前で法華八講を行った。この礼拝講によって枯れ木が本復した(山王が留まった)という。

日吉礼拝講は現在にいたるまで厳重に実施されており、この神勅は中近世では相当知れ渡っていたようである。ちなみに、永禄五年(一五六二)の『御礼拝講之記』では神勅の一節は「大衆背大師遺誡、帯兵杖往返社頭、着甲冑遊行山路、法会威儀、吾非守護本意」となっていて、修学の衰微よりは兵仗の問題が前面に出ている(『続群』二下―七九〇頁)。また織田信長の焼き討ち後、天正七年(一五七九)に日吉社禰宜祝部行丸が同社再建勧進の裁許を朝廷に求めた申状でも、神勅の一節をあげて諸神の帰座の必要性を訴えている(『続天台宗全書』神道一、三五六頁)。このように本文史料に近接する時期にも、万寿の神勅への言及が確認できる。なお元仁元年(一二二四)十二月に慈円が日吉十禅師社で法華八講を始めた。これにより、従来からのものを本礼拝講、

慈円が始行したものを新礼拝講と呼ぶ。(平)

**牛の額**(五八九頁1)　慶長十二年(一六〇七)に叡山領に出された三箇条禁制でも、牛の額より上に牛馬を上げることを禁止している。

禁制　叡山領
一　関山村松林木之事不及申、下草以下苅取候事、付、木之根抜取事
一　牛のひたいより上、柴苅取事
一　牛馬、うしのひたいより上へのほせ候事
右条々、堅令停止畢、若於違背之輩者、速可処厳科者也、仍執達如件、
慶長拾弐年二月廿一日　伊賀守源書判

(平)

**日吉の服忌令**(五八九頁2)　仁安三年(一一六八)に日吉社が制定した服忌令では、父母の忌が五〇日、服が一三ケ月、祖父母の忌が三〇日、服が五ケ月、産穢が七〇日、死穢が三〇日、葬山送は一〇日、重服の同火は七日、食穢は鳥が七日、猪鹿が七〇日(同火は七日)、蒜が七〇日である。また永禄五年(一五六二)の日吉礼拝講の服忌令は次の通りである(『続群』二下―七八二頁)。

日吉社　御礼拝講御精進之事
御禁制条々
一　穢気不浄者、一切不可入御門内事
一　重服は同前事
一　月水之女人十ケ日、不可入御殿事
一　礼拝講御参籠七ケ日之間、四足・二足・五辛等、可有禁制事
一　喧嘩刃傷以下之族同前之事
已上
右、条々如件、
永禄五年九月吉日　御精進代樹下

また吉田兼右は、これらに諸社服忌令を参看して、新たに服忌令を制定し朝廷に上申した。それを次に掲げておく。

日吉社礼拝講御神事之事
一　礼拝講之前、二夜三日、御神事たるべき事
一　鳥、礼拝講之前三日以前ゟ、きこしめさるべからざる事
一　魚は礼拝講中、きこしめさるべからず
一　猪鹿猿狐犬、七十日之憚也、此比より太不可然事
一　月水は七日憚也、其月に入て此日限の間、御退出有べき事
一　産穢、卅日憚也
一　重服之人、其月不可致伺公事
一　死穢にふれたる人、卅日不可致伺公事
一　僧衆、当月衣袈裟を憚也
永禄五年九月廿六日　神道長上兼右

なお祝部行丸が天正七年(一五七九)に日吉社再建勧進の裁許を朝廷に求めた申状では、織田信長の統治下ということもあり、日吉社焼亡の原因を朝倉義景による日吉社の触穢に求めている。すなわち、①越前衆の在陣により「雑兵牛馬不浄」が際限なかった、②合戦を逃れて社内に逃げ込んだ町人の中に、「忌服軽重の族、或懐妊産穢月水之女共」が無数にいた、③越前衆による「禽獣肉食調火ノ煙」が社内に充満した、④越前衆が討ち取った織田方の首二〇〇〇を社内で実検した、の四点の触穢を挙げている。そこで日吉山王は、①自ら日吉社を焼亡してこれらの「汚穢」を消滅させた、②越前衆は社頭汚穢の「神罰」をうけて滅ぼされた、③「神明之冥鑑」を無視して夜討・強盗を行っていた「坂本之悪人等」も滅ぼされた、と述べている(『続天台宗全書』神道一、三五六頁)。(平)

**学頭代**(五八九頁3)　「鰐淵寺文書」弘治二年(一五五六)七月十九日山門三院衆議連署状の西塔分によれば、西塔五谷のそれぞれに学頭代が置かれている。(平)

**一和尚代**(五八九頁4)　「鰐淵寺文書」弘治二年五月九日山門横川連署状では、楞厳院別当代と横川六谷の一和尚代六名が連署している。(平)

**衆挙代**(五八九頁5)　不詳。西塔五谷の各代表者を学頭代、横川六谷における各谷の代表者を一和尚代、東塔五谷のそれぞれの代表者を衆挙代と呼んだ可能性もある。(平)

# 第四編　南都

## 第一章　興福寺

**南1**（五九五頁1）　本文は国立公文書館所蔵の内閣文庫大乗院文書の原本写真版に基づき、『平』三九六八号を参考にした。

本文史料では省略したが、署名はいずれも奥下に位置する。奥側から記載順に示せば、以下のようになっている。

別当法印大和尚位権大僧都信円／前権大僧都和尚位／前権少僧都法眼和尚位宗信／前少僧都法眼和尚位／権別当権少僧都法眼和尚位覚・宗〔憲〕／権少僧都和尚位範玄／法眼和尚位／法眼和尚位／法眼和尚位／法眼和尚位／権律師法橋上人位玄弘／権律師法橋上人位［　］／法橋上人位経融／法橋上人位信□／法橋上人位［　］／法橋上人位重慶／法橋上人位覚実／法橋上人位経弘／法橋上人位／法橋上人位／法橋上人位憲範／法橋上人位／法橋上人位教尋／大法師晴秀／大法師尭堪／大法師乗慶／大法師隆英／大法師覚海／大法師覚弁／大法師信宗／大法師覚顕／大法師玄深／大法師晴縁／大法師／大法師／大法師／大法師□□／大法師□□／大法師／大法師有暁／大法師円隆／大法師勤慶／大法師覚高／大法師融観／大法師喜覚／大法師義證／大法師季厳／大法師忠賢／大法師／大法師頼経／大法師覚尋／大法師尋教／大法師／大法師／大法師覚要／大法師／大法師／大法師珍恩／大法師増□／大法師／大法師／大法師尋暁／大法師／大法師宗慶／大法師範有／大法師静賢／大法師実叡／大法師寛清／大法師教寛／大法師／大法師尋忠／大法師尋成／大法師覚乗／大法師信憲／大法師／大法師／大法師／大法師円長／大法師信教／大法師

以上のように、別当僧綱以下、大法師まで八〇名の内五四名が署名していた。

本文史料は、南北朝期の写であり、国立公文書館内閣文庫大乗院旧蔵史料（請求番号「古二二四—四一〇」）である。「国立公文書館デジタルアーカイブズ・システム」に示されている書誌情報によると、縦二八・〇センチメートル　横二一・四センチメートル　紙数一二紙からなる冊子本で、紙背文書をもつ。外題は「康永三年後二月日　寺辺新制治承五年　法眼和尚位（花押）（清玄）」とあり、さらに後補表紙外題には「治承五年寺辺新制」と記されている。

すなわちこれは康永三年（一三四四）に大乗院坊官清玄が書写したものである。このほか、彼が行った書写活動として、「公家新制〈四十一カ条／弘長三年〉」（古二二四—四一一）、「興福寺宣下拾陸箇条事」（古二二四—四一二〔南2〕）、「明法条々勘録」（古二二四—四〇六）があり、成簣堂大乗院文書には「大乗院評定条々記録」（南4）など、多数あることが知られている。康永年間に大乗院において、法制史料をまとめて書写整理する動きがあったことを物語る。こうした事実については佐藤進一「大乗院の評定制」（『年報中世史研究』二、一九七七年）、後藤紀彦「『田中本　制符』」（『年報中世史研究』五、一九八〇年）、稲葉伸道『中世寺院の権力構造』第八章「寺辺新制」（岩波書店、一九九七年）が注目するところとなっている。（久野）

**興福寺寺辺新制**（五九五頁2）　「寺辺新制」として知られる最初のもので、つとに水戸部正男『公家新制の研究』（創文社、一九六一年）が着目したように、公家新制の影響をうけて発布されたものである。本文史料からは、寺僧集団の基本構成として、「学衆」と「禅衆」が確認でき、その階層差もうかがえるなど、当該時期の寺内のあり方を探る上での好素材として注目されてきた。田中稔「侍・凡下考」（『鎌倉幕府御家人制度の研究』吉川弘文館、一九九一年）などがその代表的なもので、ここに見える学衆・禅衆がともに「侍品」で、寺内上層にあたると指摘した。また、本文史料を含め、興福寺寺辺新制全体については、稲葉伸道前掲書第八章「寺辺新制」が概観して論じており、本文史料は、その劈頭に位置している。

ところで、これが発布された治承五年(一一八一)六月という時期は、前年末の平家による南都焼打からようやく再建の動きが具体的化される時期にあたっている。すなわちこの六月十五日に造興福寺行事官や造営料国について定め(『玉葉』)が行われ、陰陽寮に対して造興福寺雑事日事について選申するようにとの宣旨が出され、同月二十日には御寺手斧始(『養和元年記』〔石川武美記念図書館蔵〕)となっている。したがってこの時点では興福寺の寺院としての実態はほとんどなく、本文史料の規定にあるような条項が、ただちに実効性があったとは考えがたい。むしろ興福寺再建の機運の中で、新たな方針として制定すること自体に意味があったとみるべきだろう。そしてここで見られた規定は、その後の元久新制や嘉禄二年(一二二六)南都新制(史料纂集『福智院家文書』一—九六号)に継承されることになる。すなわち本文史料は再建後の興福寺寺僧集団にとっての綱領とでもいうべき一面を有していた。ちなみにこの時の興福寺別当信円は、この年治承五年正月二十九日就任した二九歳で、中世興福寺の体制を強力に推進した人物と評価されている(安田次郎「中世興福寺と菩提山僧正信円」『中世の興福寺と大和』山川出版社、二〇〇一年)。(久野)

**円堂**(五九五頁3)　円堂衆が学衆に含まれ、凡人成業よりも下位にあったらしいことは、本文史料からも十分読み取れる。「円堂(衆)」は興福寺以外では存在が確認できないため、その具体的な性格を把握することは困難であるが、この時期の史料として『玉葉』建久五年(一一九四)七月六日条に、九条兼実が前大僧正信円と興福寺衆徒の動静を談じる中で言及されている。兼実は「所詮自今以後、円堂中﨟許成集会、恣中非拠事等、永可従停止、僧綱已下上中﨟皆悉集会、可申上之由」仰せ、長者宣を発した。ここからは治承寿永内乱の直後、興福寺において円堂中﨟衆が寺内上層部の意向に関わらぬ動きをみせており、それに対して兼実が懸念を持ったことがわかるが、この史料から、円堂衆が学衆の中﨟身分であったらしいことが読み取れる。

また、「興福寺年中行事」(内閣文庫大乗院文書)所収の「建仁元年衆分和布支配事」は、この時の興福寺寺内諸階層とその人数(　)内の数字)について示すが、それは以下のようになっている。

僧正(2)権別当(1)法印(3)大僧都(1)少僧都(2)法眼(5)律師(9)法橋(5)已講(13)成業(67)円堂(231)大十師(75)小十師(?)上座法橋(1)寺主(4)都維那(5)中綱　算主　堂達

円堂は、已講・成業よりあと、禅衆上位層にあたる大十師の前に位置している。

同様に、『類聚世要抄』一二「光明皇后御関日」でも「請僧廿一人兼日請之、僧綱已講得業円堂」と、円堂は得業(成業)の下位と考えられる。さらに『同』一九所収の「暦記」によると安貞三年(一二二九)の維摩会研学竪義に「円堂一﨟」の人物があてられている。以上のことから、円堂衆はまだ竪義を経ていない中﨟以下のもので、それを目指す寺僧等であったと思われる。(久野)

**裏無**(五九九頁1)　本文史料にも見える尻切・裏無について、室町前期の有職故実書として知られる『海人藻芥』(『群書』二八)には次のようにある。

塗足駄、准沓、俗人ハ用尻切、裏無ハ可謂礼非限云々、尻切、俗人ハ月卿雲客、諸大夫用之、僧中、法親王以下、僧綱凡僧以下三綱用之、裏無同前、但於裏無者、夏衆并諸堂預リ用之〈但調法有故実也〉、檳榔毛ノ裏無、兒用之、無職ノ物也、仍親王用之、僧俗有官輩勿用之、

俗人は尻切・裏無を履くことは問題ないが、僧中においては、これらの履き物は、法親王以下、僧綱凡僧という学侶や三綱身分の物が着用すべきものとなっている。ただし、裏無については、夏衆や堂預はかまわないと、これは例外的な取り扱いである。(久野)

**6**(五九九頁2)　東西金堂荘厳に関しては、嘉禄二年(一二二六)正月の南都新制(史料纂集『福智院家文書』一—九六号)にも「一　東西金堂修正修二月造花過差事」があり、本文史料よりも多岐

にわたって細々と具体的な規制が行われている。同文書は元久新制でも同内容の規定があったことを示しているが、そのほかにも、『類聚世要抄』六「東西御堂荘厳事」に次のような記事が見える。すなわち建久二年(一一九一)荘厳頭役にあたった人物が、「近年過差」で負担が甚だしいことを歎いており、このため両堂司らが、地盤寸法の沙汰を種々行い、指南のために春日社御宝前の地盤をもとにしたという。

造花地盤の寸法について、本文史料では「二尺」となっているが、元久新制では長さ二尺五寸、広さ一尺八寸五分であり、さらに、嘉禄二年には広さが二尺二寸であった(史料纂集『福智院家文書』一―九六号)。造花過差がしばしば問題となっていたことがうかがえる。

また東西金堂荘厳の地盤の具体的なことがらについて、『類聚世要抄』六にある次の史料が参考になる。

　御荘厳造花具足以下雑事等〈建永二年〉
　　条々
一　地盤廿九前事〈之中〉
六前〈長三尺　弘二尺三寸　高三寸五分／薫爐二基行事木四本料〉
廿三前〈長二尺五寸　弘一尺八寸五分　高三寸五分／造花廿三瓶料〉
　件地盤去年十二月中旬各所被分遣人々之許也、普通之作法無此儀、且任人意之間、且長短不同有不具之難、且又為造進有煩為仏前無益、仍有此御沙汰也、
一　造花用途具足事
　　美絹(以下略)

地盤は両堂で二九前が用意され、そのうち六前が行事花と薫爐のためであり、残り二三前が造花の瓶のための地盤となっていた。このうち東金堂分が一二、西金堂分が一一であったことは同書の別の箇所に示されている。(久野)

**7**(五九九頁3)　春日社の若宮祭は、現在「春日若宮おん祭り」として、十二月十五日~十八日に行われ、国指定の重要無形民俗となっていることで広く知られている。これは、保延二年(一一三六)興福寺大衆によって始行され、寺僧はもとより武士、楽人らを巻き込んで興福寺による大和一国支配とも関わるものとなっていった。中世では九月十七日に行われ、翌十八日には後朝の田楽や相撲が行われていた。田楽装束のいでたちの豪華さは、今もその籠笠の風流として目にすることができる。

本文史料に見える田楽装束の過差規制は、嘉禄二年(一二二六)南都新制(史料纂集『福智院家文書』一―九六号)にも継承されている。

一　若宮祭間事
田楽装束、唐綾・堅文砂〈顕紋紗〉織物等、水干幷織指貫紅紫二色、一切停止之、錦繡金銀珠玉等之風流、泥絵擣物下袴腰上差等、同以停止之、又宿院国分酒肴等同前、
件条々、治承・建久両代起請如此、尤可為亀鏡、兼所々酒肴、近年殊以過差、尤可定則法、(以下略)

以下、省略部分は「十八日酒肴」「馬長」の規制となっている。治承・建久の起請を継承して過差規制が繰り返されていることが見て取れよう。このうちの治承の起請が、本文史料であろう。なお若宮祭については、多くの研究があるが、比較的近年の代表的成果として、その研究史も含めて安田次郎前掲書第一章が参考になる。(久野)

**馬場院の田楽**(五九九頁4)　本文史料では馬場院の田楽を停止することが定められているが、これに関して、『類聚世要抄』一四「若宮祭」の項に引用されている『菩暦記』寿永二年(一一八三)九月十八日条の記録は注目される。

　後朝田楽御寺炎上以後、載新制満寺一味止之了、而今年為大衆沙汰復本了、

そして、同書に引用される他の暦記を見ても、これ以後の年「(馬場院)田楽如例」との記事は多く見いだすことができる。治承四年(一一八〇)の南都炎上のあとの「新制」=本文史料によって馬場院田楽を止めたが、大衆沙汰としてすぐに復活していたのである。治承五年の寺辺新制があまり実効性がなかったという一証左となろう。ちなみに前項補注で示したように、嘉禄二年(一二

六)の南都新制にも田楽装束の過差規制は継承されていたが、馬場院における田楽については、何も記されていない。(久野)

**南2**(六〇一頁1)　国立公文書館所蔵の内閣文庫大乗院文書の康永三年(一三四四)の写本「興福寺宣下拾陸箇条事」(請求番号「古二四―四一二」)を底本とし、氷室神社所蔵大宮文書に含まれる写本(前後欠)を適宜参照した(東京大学史料編纂所写真帳による)。ちなみに本文史料は、既に稲葉伸道『中世寺院の権力構造』三六〇〜三六五頁(岩波書店、一九九七年)に翻刻されており、参考にした。ただしその判読については見解を異にした箇所が若干存在する。

ところで底本にした内閣文庫本は、後補表紙の中央に「興福寺宣下拾陸箇条事〈弘長三年〉」、その右側に「康永三年　月　日」、左下に「大乗院」と記載されている。原表紙は痛みが激しいが、「康永三年□　日　□福寺宣下拾陸箇條〈弘長三年〉　法眼和尚位(花押)(清玄)」とある。また原表紙の裏には

施入別会五師範藝
櫃無之、仍諸方尋出、令書写之、

との墨書がある。現状は冊子体(縦二九・三センチメートル　横二一・〇センチメートル。「国立公文書館デジタルアーカイブズ・システム」による)で一二丁からなり、紙背文書をもつ。奥書には

以写本一交了、
銘云、
新制　宣下十六箇条〈弘長三、弘初之〉
別会櫃文書也、借請□□恵〈治部卿〉五師
書之了、

とある。これらに関しては、南1の冒頭補注参照。(大石・久野)

**太政官牒**(六〇一頁2)　本文史料については稲葉伸道が発給に至る経過や条文の特徴などの検討を行っている。一般的に公家新制が発布されると、各関係諸機関ごとに、その関係条項のみが同日付で伝達される。しかし、本文史料の場合は、弘長三年(一二六三)八月十三日発布の公家新制を受けて、興福寺に下されたというわけではない。それに先立つ八月十日の興福寺からの奏状を踏まえ、十月十七日にその内容を認めるかたちで発給されたもので、従来の新制伝達の官符と異なる。この興福寺の意見は、本文史料中にもあるように時の治天後嵯峨院の「聖問」をうけてのものであり、その意向に添う形で、興福寺における現実的な状況が反映したものといえる。公家新制にある僧徒兵仗禁止令の条項が本文史料の中に見いだせないことなどは興味深い。なお稲葉は奏状の主体は、興福寺内の学侶を分出した衆徒であるとする(稲葉伸道「公家新制と寺辺新制―興福寺寺辺新制を中心に―」前掲書所収)。(大石・久野)

**唯識の三性**(六〇三頁1)　実体のないものを実体として認識する妄想やそのあり方(遍計所執性)、すべての存在は因縁によって生じるもの(依他起性)、完全なる真実、本性・真如(円成実性)。そしてこれらの三性はそれぞれ自体の存在はなく、空であり無自性である。(大石)

**六宗の長官を…**(六〇三頁2)　長久五年(一〇四四)に興福寺別当に補任された真範は、長暦三年(一〇三九)に元興寺別当となる。天喜三年(一〇五五)興福寺別当に補任された円縁は、長暦四年に西大寺別当・大安寺別当に補任されている(『興福寺別当次第』)。このように一一世紀になると興福寺僧が他の大寺の別当に任命されるようになる。なお東大寺別当には興福寺僧は補任されていない(稲葉伸道「鎌倉期の興福寺寺僧集団について」前掲書所収)。(大石)

**応和の宗論**(六〇三頁3)　応和三年(九六三)八月二十一日から二十五日までの五日間、宮中清涼殿で村上天皇書写の法華経の講筵に南都・北嶺の僧が一〇人ずつ出仕して講師と問者とにわかれて宗論を交わした。特に第二日の夕座の講師法蔵(法相)に対して問者覚慶(天台)が一切皆成を主張したが、法蔵の二乗(声聞・縁覚)不成仏説によって論破され、覚慶に代わって良源が論戦を行って深夜に及んだ。さらに翌日の朝座の講筵に引き継がれ、講師を良源、問者を法蔵が

それぞれつとめた。良源に屈した法蔵は「子の才弁は富楼那に似たり」(国史大系『元亨釈書』四)と良源を賞したという。藤原文範は春日明神に祈願して南都から仲算を見いだし、第五日目からは仲算と良源の間で論戦が戦わされた。結局勝敗はつかなかったが、南都では良源を屈服させた仲算が恩賞を賜り、法相が六宗の長官を賜ることになったという。なお天台では良源が勝利を収めて名声はさらに高まり、翌康保元年(九六四)には内供奉禅師、同三年には天台座主となる。このように応和の相論は南都・天台それぞれ勢力を拡大させることとなった。

【講師と問者の一覧】

| | 講師 | 問者 |
|---|---|---|
| 第一日朝座 | 観理(三論) | 余慶(天台) |
| 夕座 | 安鏡(華厳) | 能恵(天台) |
| 第二日朝座 | 安秀(法相) | 賀秀(天台) |
| 夕座 | 法蔵(法相) | 覚慶(天台) |
| 第三日朝座 | 良源(天台) | 法蔵(法相) |
| 夕座 | 禅愉(天台) | 千到(法相) |
| 第四日朝座 | 智興(天台) | 真喜(法相) |
| 夕座 | 湛昭(法相) | 崇寿(天台) |
| 第五日朝座 | 寿肇(天台) | 仲算(法相) |
| 夕座 | 良源(天台) | 仲算(法相) |

第六日　結座御経供養導師観理

(大石)

**諸愛の中…**(六〇三頁4)　『瑜伽師地論』にあるということの文章は、現行の『大正蔵』版『瑜伽師地論』には見えず、類似の表現として「若能於此遠離染心、於余下劣亦得離染、如制強力余劣自伏」(『大正蔵』三〇—三二九頁)がある。ただ解脱貞慶の『心要鈔』(『同』七一—五四頁)には、以下のようにまさにこの文章の引用がある。

瑜伽論云、諸愛之中欲愛為最、若能治彼余自然伏、如制強力劣者自伏、

(平・久野)

**維摩会講師**(六〇五頁1)　維摩会講師の基本的な資格は、維摩会の竪義を遂業した得業であること、維摩会の聴衆をつとめていることの二点である。講師の選定手順は次の通り。維摩会の結日に、僧綱の聴衆が次年の講師について評定する。その結果を以て興福寺別当が勅使に次年の講師を推挙する。このように講師は興福寺上層部の推挙を得て選出された。なお正式の補任は長者(藤原氏)宣によって行われた。まず興福寺別当の推挙状と講師予定僧の款状(申告書)が藤原氏長者のもとに提出され、それに基づいて招請の長者宣および関白宣が発給された。探題・竪義等の招請も講師とほぼ同様であった(高山有紀『中世興福寺維摩会の研究』〔勉誠社、一九九七年〕、永村眞「法会と文書—興福寺維摩会を通して—」〔『中世寺院史料』吉川弘文館、二〇〇〇年〕)。(大石)

**濫觴は斉明の御宇**(六〇五頁2)　維摩会の起源は、中臣鎌足が尼法明による維摩経読誦によって病気治癒したことを謝して斎会を設けたこととされるが、これは斉明天皇二年(六五六)〜四年の諸説がある。国1の「維摩会」の項参照。(久野)

**延喜の宝暦**(六〇五頁3)　維摩会に際して読み上げられた「維摩会表白」は、維摩会の由緒や歴史が記されているが、そこには「至于延喜三年癸亥、右大将大納言閣下、奉造浄名・文殊両菩薩像、令会庭無所闕也」(『維摩会記』〔『続群』二五下〕)とある。本文史料はあるいはこの事績を念頭に置いたものか。(久野)

**菅相国の神筆**(六〇五頁4)　菅相国は菅原道真(八四五〜九〇三)。相国は太政大臣・左右大臣の唐名。道真は右大臣となるが、大宰府に左遷、配所で没す。死後御霊(天神)として祀られる。書道の三聖の一人。

本文史料の記載によると、菅原道真が興福寺維摩会の表白文を作成したかのようにも読み取れるが、このことは確認できない。ただし道真と興福寺に関連するものとしては、『菅家文草』に「為右大臣(基経)、依故太政大臣遺教、以水田施入興福寺願文」と、良房周忌に基経が興福寺に水田を施入した際の願文を作成している。ところで一条兼良『公事根源』「維摩会」の項を見ると、「此会ハ、カラ国マテモキコエ侍ルトカヤ、北野天神ノ御詩ニモ、名ハ聞三国、会留興

福、朝之為朝、蓋是会力也、トックラセ給ヒケルトナン」(京都大学附属図書館蔵平松文庫蔵、京都大学電子図書館より)とあり、中世には、北野天神道真が維摩会に関する詩文を作成したことが広く伝えられていたことがうかがえる。(久野)

**表白の文**(六〇五頁5) 維摩会表白は、初日の法会開始にあたって講師が読み上げるもので、講師以外の者は見ることを許されなかったという。ここには維摩会や興福寺の由緒縁起やその荘厳の様のすばらしさが謳われ、さらに諸神勧請や廻向の文言が記されている。そのあとに年ごとに取り上げられる維摩経の講説文がつづく。現在三〇点余りの伝来が確認されているという。鎌倉期の維摩会表白として、上田晃円「興福寺の維摩会の成立とその展開」(『南都仏教』四五、一九八〇年)に、建治三年(一二七七)維摩会講師をつとめた宗兼(宗性弟子)筆の「維摩会表白」が、また高山有紀前掲書、山本真吾「宝治元年写尊信筆　維摩会表白　影印・翻刻並びに解説」(『日本音楽史研究』三、二〇〇一年)に宝治元年(一二四七)大乗院尊信が講師を勤仕した際のそれが翻刻解説されている。なお『続群』二五下所収の「維摩会記」は前闕の維摩会表白にほかならない。

ところで本文史料に見える「菴羅苑の粧厳…」の文章は、維摩会表白の以下の箇所に基づいている。すなわち、維摩会のすばらしさを描き、

此日華屋挿雲、自写王舎城之形勝、玉楼映日、更図菴羅苑之粧厳、鴻鐘高響、梵侶聴而駭耳、妙香遠薫、天衆聞而降跡、

とある。

また、興福寺の維摩会が中国にも知られているとの表現も、維摩会表白に「会留興福、声聞大唐」とある。ちなみに、『今昔物語集』一二―三「於山階寺、行維摩会語」にも、維摩会が本朝の中でもすぐれた会なので、「震旦ニモ聞エタリ」とある。さらに前項「菅相国の神筆」にあげたように『公事根源』にも同様の表現があり、このことは広く喧伝されたもようである。ただ本当に中国でも有名であったかは確認できない。(久野)

**勅請**(六〇五頁6) 興福寺維摩会は、藤原鎌足が百済の尼法明のすすめで『維摩経』によって自らの病気を治すによって得た『維摩経』への信仰から、聖朝安穏・社稷無傾のために開始した法会である。維摩会は、鎌足死後一時中断したが、不比等が亡父鎌足の追善供養のために再興したといわれる。したがって藤原氏の法会という伝統から、維摩会の職衆の招請は、藤氏長者宣によってなされる。しかし、法会には勅使が派遣されることからも明らかであるが、国家の法会でもある。(大石)

**修学鑽仰の功を積まず**(六〇五頁7) 維摩会のそれぞれの職衆をつとめるには資格が必要であり、講師の場合は、竪義と聴衆をつとめていなければならなかった。また維摩会の竪義の招請のための条件は、方広会・法華会・慈恩会の竪義をすべて遂業した三得業であった。このように維摩会の職衆となるためには、定められた法会の階梯をつとめなければならなかった。したがって、竪義に招請される僧は、おおむね四〇歳代であった。しかし、貴種・良家の子息が興福寺に入寺するようになると、そのような順序を踏まず、竪義・講師をつとめるようになる。関白藤原師実の子息で一乗院院主玄覚は、永久五年(一一一七)に一九歳で維摩会竪義、保安三年(一一二二)に二四歳で維摩会講師を遂業した。また同子息で大乗院院主尋範は、元永三年(一一二〇)に二〇歳で維摩会竪義、天治三年(一一二六)に二六歳で維摩会講師を遂業した。一方凡人の出自であるが因明の学僧として名高い蔵俊は、久寿二年(一一五五)に五二歳で維摩会竪義をつとめ、講師を遂業したのは、仁安三年(一一六八)の六五歳の時であった。このような貴種・良家を出自とする僧で階梯を踏まない昇進を「閑道の昇進」と呼んだ(堀池春峰「維摩会と閑道の昇進」中世寺院史研究会編『中世寺院史の研究』下、法蔵館、一九八八年)。(大石)

**七大寺別当**(六〇五頁8) 奥書に「天正十三年乙酉九月十六日宥禅房ニ誂写之畢、宗栄擬講年

五十八」とある『尋尊御記』(尊経閣文庫所蔵)は、七大寺について次のように記す。

一　七大寺　〈号南都七大寺是也、上古公家御巡礼及度々畢〉
　東大寺　〈八宗大和国分寺也、四箇第一〉
　興福寺　〈法相宗、四箇第二〉
　元興寺　〈八宗〉
　大安寺　〈八宗〉
　薬師寺　〈法相宗〉
　招提寺　〈律宗〉
　西大寺　〈法相宗〉
一　七大寺　〈別当法相宗、諸御祈禱宣被付興福寺別当、相触諸寺別当者也〉
　興福寺
　薬師寺
　法隆寺〈法相宗〉
　西大寺
　大安寺
　法華寺〈尼寺大和国分寺也〉
　清水寺〈天台宗法相宗〉

室町期にはいわゆる南都七大寺以外にもう一つの七大寺があった。『大乗院寺社雑事記』の寛正五年(一四六四)十二月二十七日条にも「南都七大寺者、東大寺・興福寺・元興寺・薬師寺・大安寺・法隆寺・西大寺是也、興福寺方ニ七大寺別当と云ぅハ、清水寺・法花寺加之、上古公家南都七大寺巡礼ニ下向ハ、東大寺・元興寺加之、招提寺・法花寺ハ十五大寺之内也」と見え、従来の南都七大寺の内から東大寺・元興寺を省き、その代わりに清水寺と法華寺入れた七カ寺が、興福寺方七大寺別当と呼ばれていた。これらの寺院は、興福寺末寺として別当は興福寺僧が補任されていた。省かれた東大寺・元興寺別当は当時興福寺僧でなかったのであろう。康正三年(一四五七)七月に彗星出現による七大寺祈禱の綸旨が関白に出され、それを受けて祈禱命令の長者宣が興福寺別当宛に出された。直ちに興福寺別当から法隆寺別当東北院俊円、薬師寺別当北戒壇院隆雅、法華寺別当勝願院良雅、清水寺別当光明院隆秀、大安寺別当修南院光兼、西大寺別当と院兼円に下知された(『大乗院寺社雑事記』康正三年七月十三日条)。なお、建長五年(一二五三)には大安寺別当に東大寺僧宗性が補任されており、また文永三年(一二六六)にも再任されていることから、本文史料の弘長三年(一二六三)には、大安寺が東大寺末寺であった。このように興福寺方七大寺別当も中世を通じて一定であったわけではない(大石雅章「中世南都律宗寺院と七大寺祈禱」大阪大学文学部日本史研究室編『古代中世の社会と国家』清文堂、一九九九年)。(大石)

**顕密修学の砌**…(六〇七頁1)　中川寺の実範が戒律を再興するために、唐招提寺を訪れた時、当時の唐招提寺について、国史大系『元亨釈書』一三は次のように述べる。

院宇廃替〔退〕僧衆不居、庭廡之間、半為田疇、範(実範)入寺、不見比丘、傍有禿丁、鞭牛耕田、範問曰、真公影堂何在、禿丁指其所、範亦曰、此寺無比丘乎、対曰、我雖不全儀相、嚢少聴四分戒本、範生難遭想、就乞禿丁、便脱犁放牛、洗手畎水、将範向影堂中親授、範已得戒伝、即帰中川寺、

このように唐招提寺の寺僧が寺内で農耕を行っていたという。なおこの寺僧について『唐招提寺解』(『大日本仏教全書』一〇五)は、戒光大徳としている。(大石)

**寺辺国中の悪党**…(六〇七頁2)　鎌倉時代中後期から南北朝期は、「悪党」の活動がめざましく、彼等は時代の体現者と目され、じつに多くの研究が蓄積されている。なかでも大和国悪党については、弘安八年(一二八五)一国規模での落書起請による悪党交名注進状が多数残っていることから、その具体像が豊かに論じられてきた。彼等は在地の有力者、ないし領主階層と思われ、武士ばかりでなく僧名の者もいた。その行為は所当未進・盗人・強盗・博奕・寄沙汰・神鹿殺害・夜田刈など多彩であり、たんなる犯罪者というよりも、体制的な秩序からはみ出し、独自に武力行使によって諸活動を行う存在であった。

建長二年(一二五〇)鎌倉幕府は、大和国悪党のことについて、一乗院大乗院に申し入れても埒があかないから、今後は武士を派遣するようにと六波羅探題に告げている(鎌倉幕府追加法二六八)。この段階で大和国悪党が政治問題化していたこと、さらに有力門跡と大和悪党との間に親密な関係があったことがうかがえる。後者に関しては、本文史料も有力門跡でもあった興福寺別当が、悪党を自らの周辺に組織していたことを示している。

興福寺の武力が大乗院や一乗院のもとに編成されていくさまは、興福寺軌式(南5)からもうかがえる。寺院内における門閥的編成の深まりを示すものであり、門閥間の対立がこうした傾向を助長していた。安田次郎は、正安三年(一三〇一)の春日社乱入と神鏡の強奪事件について分析し、これは永仁年間の門跡間闘乱に利用されながら、その後は、悪党として幕府に摘発された武士等の復讐であったとしている。

こうした寺院における門閥的原理による武力編成のあり方は、興福寺に限らず、南都北嶺の有力寺院では通例のことであった(渡辺澄夫「大和の悪党」〔『増訂畿内庄園の基礎構造』下、吉川弘文館、一九七〇年〕、酒井紀美『中世のうわさ』〔吉川弘文館、一九九七年〕、安田次郎『中世の奈良と興福寺』〔山川出版社、二〇〇一年〕など)。(久野)

**一代の院主**(六〇九頁1) 本文史料は一代限りの院主が、所領を自専して沽却する行為を規制したものである。これは笠松宏至が明らかにした鎌倉後期における徳政、すなわち寺務は遷替の職であり、その別相伝を否定する政策、というものに相通じるものである。笠松はこうした徳政の動きは、弘長から弘安年間に盛行したことも明らかにしている(『日本中世法史論』東京大学出版会、一九七九年)。寺社の執務人による別相伝や所領処分を規制する文言はたしかにこの時期多くの史料に見られるところである。一例のみ示すと、弘安八年(一二八五)、東大寺は顚倒所領を建て直すためにまとまった注進状を作成したが、そのうちで大和国の所々について次のように述べている(「東大寺文書」、『鎌』一五六五〇号)。

右、自一代院主之手、称□領之、国中甲乙人等領知之、無当宗管領之分、於一代院主之沽却者、被返付進本所之例、太多之間、任先例、可被立興之由、

このように一代院主による寺領沽却の動きのひろまり、そしてそれを違法とする意識というものがよくうかがえる。(久野)

**遺教経**(六一一頁1) 本文引用に関わる箇所は以下の通り(『大正蔵』一二—一一一一頁)。

当知多欲之人、多求利故苦悩亦多、少欲之人無求無欲則無此患、直爾少欲尚応修習、何況少欲能生諸善功徳、少欲之人則無諂曲以求人意、亦復不為諸根所牽、行少欲者心則坦然無所憂畏、触事有余常無不足、有少欲者則有涅槃、是名少欲汝等比丘、若欲脱諸苦悩、当観知足、知足之法即是富楽安隠之処、知足之人雖臥地上猶為安楽、不知足者雖処天堂亦不称意、不知足者雖富而貧、知足之人雖貧而富、不知足者常為五欲所牽、為知足者之所憐愍、是名知足、

ここに見る限り、内容は一致するものの表現はすこし異同がある。しかし『梵網経古迹記』(『大正蔵』四〇—七一一頁)の「依勢悪求戒第七」での遺教経の引用箇所を見ると、

如遺教云、多欲之人多求利故苦悩亦多、行少欲者心即坦然、無所憂畏、不知足者雖富而貧、恒乏短故、知足之人雖貧而富、常安楽故、言悪求多求者、為簡非染有義利求、

となっており、本文史料と一致している。これらのことからすると、本文史料における遺教経引用は『梵網経古迹記』の孫引きの可能性もある。(平・久野)

**観仏三昧経**(六一三頁1) 現行の『観仏三昧海経』(『大正蔵』一五)にはこの文が見えず、また前項「遺教経」のように『梵網古迹記』にこの引用が見えるということもない。ただ『梵網経菩薩戒本疏』(『大正蔵』四〇—六一六頁)には、「又方等経華聚菩薩云、五逆四重我亦能救、盗僧物者

我所不救、大集経云、盗僧物者罪同五逆、観仏三昧経云、用僧祇物者過殺八万四千父母等罪」とあり、観仏三昧経と方等経の双方の引用がなされている。したがって本文史料でなされているこれらの引用は、『梵網経菩薩戒本疏』の孫引きの可能性がある。

ただし、『梵網古迹記』(『大正蔵』四〇―七〇四頁)には、「問瑜伽倶舍云劫奪僧物破僧同類、何故大集盗僧物者罪過五逆、方等経云四重五逆我亦能救、盗僧物者我所不救」と、本文史料がいう方等経と同文の引用があるから、本文史料での方等経引用が『梵網古迹記』からの孫引きであった可能性も残る。

しかしながら、さらにいえば、貞観十三年(八七一)八月十七日安祥寺伽藍縁起資財帳(『平』一六四号)中で少僧都法眼恵運が三宝物互用を規制したくだりにも「観仏三昧経云、盗僧鬘物者、過殺八万四千父母等罪、宝梁経云(中略)、方等経云、花聚菩薩云、四重五逆、我亦能救、盗僧物者、我不能救」との表現が見えていた。これは、『法苑珠林』「僧物部第四」の「観仏三昧経云、盗僧鬘物者、過殺八万四千父母等罪、又宝梁経云、寧噉身肉終不得用三宝物、又依方等経、華聚菩薩云、五逆四重我亦能救、盗僧物者、我不能救」(『大正蔵』五三―八四三頁)や、『諸経要集』の「第二盗僧物者、如五分律云、貸僧物不還、計直犯重、又観仏三昧経云、盗僧鬘物者、過殺八万四千父母等罪、又宝梁経云、寧噉身肉終不得用三宝物、又依方等経云、花聚菩薩云、五逆四重我亦能救、盗僧物者我不能救」(『大正蔵』五四―一三〇頁)と一致しており、これらのことに注目すると、僧物互用を規制するにあたり、先のような引用は比較的なじみの深いものでよく知られていたものだったのかもしれない。とすれば、出典を特定の経典に求める必要はないのかもしれない。(平・久野)

**別当坊三十講**(六一五頁1)　具体的な法会の名称を確定することは困難であるが、一三世紀前半頃、興福寺の仏法衰退を歎き、その学道興隆のため方策を示した良遍の『護持正法章』(『日本大蔵経』法相宗章疏二)には、興福寺別当と三十講に関する次のようなくだりが見える。

　我等古寺以三十講、以為規模之学道、学侶競功、文義探玄者、只此事也、仍為代代長吏御営、毎年不退可被勤行之、若難治子細出来時者、権官可被行之、六宗権官者学侶之極位也、(中略)凡一年中三十講二箇度計被修者、一寺学業何如此衰微哉、

興福寺のような由緒ある大寺院は法華三十講が学侶が修学する中で大きな位置を占めていること、そして別当や権別当がその興隆について大きな責務があるとみなされていたことがよく示されている。(久野)

**古年頭の神人巫女等を嫌わず**(六一五頁2)　『中臣祐賢記』の文永六年(一二六九)正月十八日条に、

　春日御社司等謹解　申請　長者殿下政所裁事
　請殊蒙　恩裁、且依先例、且宥神威、被免除本社・散所神人等夜荘厳頭状
　副進　神人解一通
　(以下略)

神人等の解状を受けて、春日社の社官が、神人に課せられた修二月会東西両金堂の夜荘厳役の免除を長者に求めている。春日神人に対して新たに課せられたのであろう。稲葉は神人解状の「於吉野以下諸権門者、未及其催之前、限于当社之神人、蒙水火之責、不便次第也」から、他権門に所属する者に対する賦課よりも、春日神人に対する譴責が急であったことを指摘する(稲葉伸道「公家新制と寺辺新制―興福寺辺新制を中心に」『中世寺院の権力構造』岩波書店、一九九七年)。なお、この春日社の訴訟は、勅定であるため受理されていない。(大石)

**南3**(六二一頁1)　『中臣祐賢記』の建治四年(=弘安元年。一二七八)六月一日条に記される。続史料大成『春日社記録』による。(大石)

**春日社条々定文**(六二一頁2)　本文史料の前段に「一　依当社落書、自　上被仰下条々」と記されている。したがってこの定文は、「上」の仰せによって作成されたものであることがわかる。さて「上」とは誰か。同日条に以下の記事が見え

る。

殿下へ言上案文
若宮古木高張雲形布事、度々雖言上候、于今
無其御沙汰候、(中略)以此旨可令披露給候、
恐々謹言、
　　六月一日　　春日若宮神主祐賢
謹上　宿院御目代殿
如此令中上之処、神主沙汰ニテ、上へ可申上
之由粗聞之間、京上使者ヲハ止了、

このように、「上」は殿下を指し、藤原氏の氏長者である。したがってこの定文は、藤原氏長者の命によるものであった。(大石)

**中臣祐賢記**(六二一頁3)　若宮神主家では、神主が神事日記を記す。春日正預で、若宮創建に際して長承四年(一一三五)に初代神主となった中臣祐房の日記は現存しないが、中臣祐定が抄写した「旧記朽ち損勝出」から一部を知ることができる。祐房の子息で第三代・第五代・第七代の若宮神主を務めた祐重の日記(『中臣祐重記』)は養和二年(一一八二)・寿永二年(一一八三)・同三年・元暦二年(一一八五)・文治二年(一一八六)の一部が現存し一冊に合冊したものとなっている。祐重の子息で第九代若宮神主の中臣祐明の日記(『中臣祐明記』)は建久四年(一一九三)、同八年・九年、承元二年(一二〇八)・三年・四年の三冊の写本が現存する。祐明の子息で第一〇代若宮神主の祐定の日記(『中臣祐定記』)は、安貞三年(一二二九)、寛喜四年(一二三二)、嘉禎二年(一二三六)、同三年、暦仁二年(一二三九)、仁治二年(一二四一)の六冊と、寛元四年(一二四六)の写本が現存する。祐定の子息で第一一代若宮神主の祐賢の日記(『中臣祐賢記』)は頭注に記載した一四冊が現存する。祐賢の子息で第一二代若宮神主の祐春の日記(『中臣祐春記』)は、弘安六年(一二八三)下、弘安十年、正応二年(一二八九)、同三年、同四年九月、同五年十一月・十二月、同六年、永仁三年(一二九五)、同四年、同五年(写本)、同六年下、正安二年(一三〇〇)、同三年、同四年、乾元二年(一三〇三)、嘉元三年(一三〇五)、徳治二年(一三〇七)(写本)、同元年(一三〇八)九月・十月・十一月、同二年十二月、正和二年(一三一三)の二〇冊が現存する。これらは続史料大成『春日社記録』一〜三として刊行されている。このようにすべての若宮神主の日記が残されているのではない。初代若宮神主祐房の後、本社神主大中臣時盛、正預中臣祐清、子息祐重が競望し、正預祐清が第二代若宮神主となる。祐重が第三代を務めた後もしばしば退任・着任を繰り返すように、初期の若宮神主職は遷代の職であった。若主神主が祐房の千鳥家の相伝の職となるのは、建久四年に補任された第七代祐定以後である。したがって現存の春日若宮神主日記は、千鳥家から出た神主の日記のみである。しかし、千鳥家以外の若宮神主職の在任期間が二年から四年程度であり、大半が千鳥家の人であったことからも、この若宮神主日記は平安末から鎌倉時代の春日社の神事・社務はもちろんのこと、当時の大和を知る最重要史料の一つである(前掲続史料大成『春日社記録』一〔永島福太郎解説〕および安田次郎「若宮神主家の成立」〔『中世の興福寺と大和』第一章第三節、山川出版社、二〇〇一年〕)。(大石)

**白人**(六二一頁4)　白人神人について、永島福太郎は、春日社の直属的な神人で、黄衣を着す本宗神人(三方神人・黄衣神人)に対して散在する世俗的な神人とする。大和国内外の春日社領の下司・名主、寄人的な商工人であり、武力をもつ白人神人は国民と呼ばれ、興福寺の衆徒と同様に興福寺の武力を担った(『奈良文化の伝流』〔中央公論社、一九四四年〕、前掲続史料大成『春日社記録』一〔解説〕)。散所の研究をすめた丹生谷哲一は、散所神人は散在の白人神人といわれてきたが、そうではなく黄衣神人で正式の神人身分であると指摘し、白人神人は、神人身分としての基本的資格において欠ける存在とする。神人の不可欠の標識は、黄衣、立烏帽子、神木であり、したがって白人神人は正式の神人でないとする(「春日社神人小考」『日本中世の身分と社会』塙書房、一九九三年)。さらに村岡幹生は正員の黄衣神人に対して、脇神人が白人神人とする(「中世春日社の神人構造」〔『立命館文学』五二一、一九九一年〕、「鎌倉期におけ

る春日社散在神人の動向」(『中京大学教養論叢』三二―二、一九九一年)。このように白人神人は居住場所の問題ではなく、神人内の黄衣(正規)神人との身分格差として理解されつつある。本文史料においても「白人幷神人」(第五・六条)と神人と並列して白人が記載され、白人は正規の神人でないと考えられる。(大石)

**懸直垂**(六二三頁1)　懸直垂を着用していた例として、後白河院の使者鼓判官知康を迎えた木曾義仲のいでたちが知られている。義仲軍による京中狼藉をとどめるため後白河の命を受けてやってきた院使知康に対して、義仲が粗暴な振る舞いを行うが、これは来るべき法住寺合戦へと至る一つのエピソードであった。その義仲のいでたちは、

サシモノ院宣ノ御使ニ、小袴ニ懸直垂、烏帽子ニ手綱ウタセテ、鬢モカヽズシテ

というもので(改訂史籍集覧『参考源平盛衰記』中―三四七二九頁)、小袖のまま、また烏帽子の紐も結ばず、髪もとかさず、そして懸直垂であった。このように懸直垂は、義仲のしどけない、院使を迎えるにふさわしくない非常識な格好であった。(久野)

**御山**(六二三頁2)　春日社の背後につづく御蓋山、さらに春日山一帯は、春日神が当初に鎮座するなど、神聖な神の山であった。中世にはこの山の木が枯れると、それは神が怒りを示して立ち去ることを意味し、神木動座による強訴とともに中世春日神の強い意思表示となった。この神山に対する制限としては、承和八年(八四二)三月一日の太政官符が狩猟伐採を禁止しているのが早い例である(『類聚三代格』一)。

太政官符

応禁制春日神山之内狩猟伐木事

右被中納言従三位兼行左兵衛督陸奥出羽按察使藤原朝臣良房宣偁、春日神山四至灼然、而今聞、狩猟之輩触穢斎場、採樵之人伐損樹木、神明攸咎、恐及国家、宜下知当国厳令禁制者、国宜承知、仰告当郡司幷神宮預、殊加禁制、兼復牓示社前及四至之堺、令人易知、若不遵制旨、猶有違犯者、量状勘当、不得容隠、

しかしながら本文史料からもうかがえるように周辺土民らにとって、この山々は貴重な燃料・肥料・食料を供給する場として、活用されていた。これに対して、とりわけ鎌倉時代中頃、春日山木の枯れる現象を広くアピールするようになると、その聖域性を強め、次第に土民の用益を排除していく傾向があらわになってくる。本文史料もその一こまを示すものである。この点については瀬田勝哉『木の語る中世』(朝日選書、二〇〇〇年)が詳しくふれている。また南24も参照。(久野)

**神鹿殺害**(六二三頁3)　奈良では神鹿の殺害は、僧の殺害や児童の殺害と並んで三カ大犯とされ、死罪とされた(永島福太郎「大垣廻し」『国史学論叢』魚澄先生古稀記念会、一九五九年)。神鹿殺害が重罪として史料に登場する弘安八年(一二八五)と思われる「落書起請文」にも「しるしおく悪人事、まひたにけうしんハうならひに教念、僧身として、シヽヲコロシ、マタカウタウヲシ、ヨロツノヨセさたするミにて候、ソラ事中候ハヽ、カミホトケノハチヲカフリ候へし」(『春日大社文書』三、吉川弘文館、一九八三年)とあって、罪科の筆頭にあげられている。(大石)

**拝殿の巫女**(六二五頁1)　江戸時代の「春日社年中行事」(神道大系神社編一三「春日」)によれば、正月五日に「神供後、於若宮拝殿巫女奏神楽、願主仕丁丸」とあるほか、十一月の若宮祭礼でも「拝殿巫女登床上而奏神楽、踏乱拍子」と、拝殿にて神楽を奏していることがうかがえる。中世の史料としては、『春日権現験記』四に、若宮拝殿の巫女が、神楽を奏したり、神託を受けている様子が描かれている。ひとつは、内大臣三条公教の重病を松林院教縁僧正・公円法橋が春日に祈ったところ、「若宮の拝殿」で舞っていた巫女が、両人に対して神託として、病人が「我をあがめず、尤遺恨」なので命を召し上げるとのべ、実際に病人は事切れた。もうひとつは平安末、徳大寺実定が大納言を辞して一

二、一三年間の逼塞中のこと、しのびで春日参詣をしたが、「若宮の御前にみことも候て神楽のほどなりけるに、御神託宣し給て、このたびまいりたる事。返〻本意なり、かならずこのしるしあらせん」と、拝殿の巫女は神託を告げたという。ちなみに春日社に属する巫女としては、このほかに「奈良巫女」「郷巫女」の存在が知られる(「春日大宮若宮御祭礼図」〔神道大系神社編一三「春日」〕)。(久野)

**南4**(六二五頁2)　本文史料に関しては、荻野三七彦編著『お茶の水図書館蔵成簣堂文庫『大乗院文書』の解題的研究と目録』上(財団法人石川文化事業財団・お茶の水図書館、一九八五年)がその形態など書誌情報について詳細に紹介している(四三二頁〜)。それによると現状は巻子本一巻で、法量は二六・八センチメートル×一二二・八センチメートル。しかし、もとは袋綴冊子本で、紙背には鎌倉末期頃のものと思われる文書がある。また、第二紙以下は料紙の大きさと筆が異なっている。

巻首には「康永二年二月一日　書写之/院家評定条々記録〈正安　元亨〉/法眼和尚位(花押)」とあるが、これは冊子本になっていた時の表紙記載にあたる。

また本文史料の後ろに続いて、「已上、源実法眼筆」「一交了」とある。

そのあと、次のような記載がある。

近年評定衆幷奉行人等、動称所労不及出仕之条、甚不可然、於自今以後者、縦雖書載現病之由於廻文、於人以不存知之所労者、不可被用之事、

次、以前度々不参、縦依公請等事雖遁其咎、結句不参、若称所労之由者、早可付進厳重起請文於奉行人事、

元亨弐年七月十一日有評定、重記之、

此分懐憲法眼筆、裏書也、康永二年正月十日有評定始〈御□〉、

□録毎事可有興行之由、評□□〔定之ヵ〕間、條々為泰尊奉行被記引付畢、綷已厳密、愁有評定一烈之号、為遁咎、同二月一日評定奉行人泰舜法橋出仕間、乞請之、所加書写也、　「一交了」

ここにあるように、元亨二年(一三二二)七月に評定が行われて、さらに事書一ヵ条が追加されたことがわかる。加えて、この史料が書写されたいきさつとして、康永二年(一三四三)の評定始めが関わっていたこともうかがえる。

また南1の冒頭補注でふれたように、この史料も康永年間に興福寺大乗院坊官清玄が書写・施入した法制史料の一つである。

本文史料の翻刻にあたっては石川武美記念図書館所蔵の原本により、荻野前掲書や佐藤進一による史料紹介「大乗院の評定制」(『年報中世史研究』二、一九七七年)を参考に、校訂確認を行った。(久野)

**興福寺大乗院評定事書**(六二五頁3)　鎌倉末期には武家や公家同様に、寺院においても評定制が存在し活動していたことがわかる史料である。この史料については、まず佐藤進一(前掲論文)が注目し、そのあと稲葉伸道「鎌倉末期の興福寺大乗院家の組織」(『中世寺院の権力構造』第七章、岩波書店、一九九七年)の中で、本文史料やその他当該時期の関係史料をもとに大乗院家の評定制について素描している。評定は評定衆と奉行人から構成され、月三回の定例の小評定のほかに、大評定・広評定があり、門主の御所で実施されていた。(久野)

**評定の廻文**…(六二七頁1)　建武五年(一三三八)四月にまとめられた院家雑々跡文(内閣文庫大乗院文書二四箱四一八号)には、この年に発せられた評定廻文の文案が記載されている。

明日〈十七日/午刻〉評定
禅光院
塔内
大納言律師
中納言已講
三位得業
大納言〃〃
上座法眼
大進〃〃
大夫法橋

按察〃〃
蔵人寺主
大進〃〃
大蔵卿〃〃
少納言都維那
因幡寺主
常陸威儀師
懐清
　四月十六日〈奉取宗善、建武五今度御院務
　　初度、以吉日被催云々〉

大納言得業までの六人が評定衆であり、それ以下は奉行人であろう。また廻文を持ち回り「奉取」を行う使者は、日下にその名がある宗善が務めている。（久野）

**評定衆三人…沙汰あるべき事**（六二七頁2）　本文史料の当該条項から、評定衆は三人以上で構成されていたと考えられる。稲葉前掲書には嘉暦三年毎日抄（内閣文庫大乗院文書）をもとにした大乗院評定の一覧表が掲載されているが、その参加者をみると、少ないときで評定衆は三人、多いときは六人が参仕していた。彼等は、いずれも得業以上の僧階をもつ僧侶たちである。（久野）

**南5**（六三一頁1）　国立公文書館所蔵の内閣文庫大乗院文書の写真版によった（請求番号「古二四―四一七」）。表紙に「貞和四年　興福寺軌式〈右武家へ被遣トメ也〉大乗院」とあり、武家に遣わされた写しが大乗院門跡に伝世したものである。冊子本。（大石）

**興福寺軌式**（六三一頁2）　南北朝期の興福寺春日社の組織実態を示す史料として貴重である。特に一般の寺僧と門跡との間に恩顧を蒙るような私的な関係が広く浸透し、大半の僧が両門跡の傘下に属するような傾向にあったことがうかがえる。しかし本文史料から二〇余年後の応安四年（一三七一）の一乗院実玄・大乗院教信との抗争では、学侶・六方が両門主に対して、「両門主之間、以合戦張行之門跡、為敵対可治罰」と述べ、門主の合戦に同意せず、むしろ合戦に及ぶ門主に対しては治罰を加えるとした。このように大半の寺僧が門主の傘下にあるようになっているが、しかし現実には門主を学侶・六方が規制することもあった（安田次郎『中世の興福寺と大和』第三章第三節、山川出版社、二〇〇一年）。（大石）

**弓箭を取らざる輩**（六三一頁3）　文永頃までに大衆（衆徒）から上位の僧が学侶として分出するが、その背景には、上臈・中臈が、学問の研鑽の目的を明確にし、武装集団である下位の衆徒と一線を画する傾向があったことを稲葉伸道は指摘している（『中世寺院の権力構造』二三七頁〜二三九頁、岩波書店、一九九七年）。（大石）

**房人**（六三一頁4）　東大寺東南院門跡を分析した永村眞は、門主との関わり方によって「候人」「坊人」「門徒」の区別があったことを指摘し、前二者が門主に近い立場にあってその経営を支えたとしている（「中世東大寺の「門跡」とその周辺」『史艸』四二、二〇〇一年）。本文史料は学侶の多くが両門跡の門徒に組織されてはいるが、「房人」ほど親密ではないものも存在したことを示す。この時期の具体例として一乗院房人「法眼好宣」なる人物がいる。『太平記』五に登場するが、このとき般若寺に潜伏していた護良親王を追捕に向かった「一乗院の候人」であり、五〇〇余騎もの武力を率いた人物であった。その後貞和元年（一三四五）四月には興福寺学侶によって「狼藉罪科」を訴えられ、勅勘により安芸国に配流、子息好淳も門跡給仕を召し放されている。このときは「門跡房人」と称されていた（『園太暦』同年四月十八日条）。『太平記』の表現を信頼すれば、「候人」と「房人」が区別されていないことになる（『大史』六―八―九五一頁〜、『同』六―九―九四頁〜）。

　なお稲葉伸道前掲書第七章では、鎌倉末期の興福寺大乗院家の組織を分析しており、「門徒」「坊官・侍」「御坊人」の存在を指摘している。このうちの「御坊人」は大和の在地領主であって、本文史料が示す「房人」とは一致しない。むしろ門跡の経営実務を担った「坊官」に近い実態が想定される。ただ本文史料に見える「房人」を「坊官」のこととみなしてよいかはなお検討を要す

る。(久野)

**衆徒**(六三一頁5)　もともとは寺僧全体を指し示す「大衆」と同義であったが、鎌倉時代中期頃から、学侶・衆徒・六方に分化したと考えられている(稲葉伸道前掲書)。本文史料にもあるように武力行使を担当し、いわゆる「僧兵」の中核をなすとされてきた。法体でありながら、在地では荘官職をもつ領主で国人クラスの身分階層と思われる。衆徒のうちから二〇名が「衆中」(官符衆徒・官務衆徒)として興福寺寺中に居住、寺門・春日社の警備や検断、寺務領奉行にあたった。またその機能には、祓えや清めというような呪術的な力も武力とともに保持していたことが注目されている(安田次郎『中世の奈良』吉川弘文館、一九九八年)。

　また『尋尊御記』は官符衆徒について次のように説明している。

一　官符衆徒者悉以寺務披官也、毎事随寺務之命、然而観応以来一寺一円衆徒為両門跡披官被宛行給分等了、仍非寺務自専者也、

　すなわち一四世紀半ばの観応年間に両門跡が激しく武力衝突した頃から、しだいに両門跡による被官化が進行していたことが知られる。本文史料はまさにこのような門跡による編成が進行している時期の史料といえる。応永二十一年(一四一四)頃には、衆徒・国民が五〇氏余り確認でき(『寺門事条々聞書』)、中世後期にめざましい活躍をみせる筒井氏・古市氏は、それぞれ一乗院方・大乗院方の有力な衆徒であった(このほか、泉谷康夫『興福寺』〔吉川弘文館、一九九七年〕、田中慶治「中世後期畿内国人層の動向と家臣団編成」〔『日本史研究』四〇六、一九九六年〕など)。また南6も参照。(久野)

**別会五師**(六三一頁6)　五師の中から毎年二月十五日に選ばれ任期は一年。東大寺では年預五師にあたる。大衆の執行機関的な役割を担った別会所の長として、大衆衆議や政所等の命令を受けて別会所下文を発給する。その宛所は大和国郡刀禰、興福寺領荘園、南都郷民、春日社神人、芸能者等である。また衆徒(学侶)の対外的な窓口として、摂関家氏長者・六波羅探題・春日社との交渉に携わっている。初見は若宮祭が始まった保延二年(一一三六)八月三日の若宮祭御供御幣・流鏑馬埒差定に署名した「別会五師大法師」である。なお衆徒から学侶が分出すると、衆徒衆会の代表は、別会五師から沙汰衆へ変化している。この衆徒沙汰衆の組織が官符衆徒となる(稲葉伸道前掲書二三四～二四三頁)。(大石)

**国民**(六三一頁7)　衆徒・国民と併称されるように、中世興福寺の武力を担った大和の在地武士。国民については、『大乗院寺社雑事記』四三延徳二年(一四九〇)巻末の「南都・寺門・国中間事条々」にある説明がよく知られている。

一　和州国民者号春日白人神人、末社之神主職大略存知者也、不号国人称国民、又両門跡披官人也、越智之一門、布施　高田　万歳　高田(衍ヵ)　片岡　箸尾　吐田以下一乗院家披官也、給分等在之、
　十市　立野　小林　楊本　楢原　長谷川一党以下大乗院披官人、給分等在之、

　すなわち彼等は春日社白人神人で末社の神主職をもっていた。したがって衆徒と異なり俗体である。社会階層としては衆徒とほぼ同一であろうと考えられている。衆徒が大和北部から一部南山城を本拠とするのに対して、国民はどちらかといえば、大和南部に多いとされる。なお南6も参照。(久野)

**六方**(六三二頁1)　本来は事あるときに、堂衆を除く学衆全体を、方角に従って六方に編成したものであった(渡辺澄夫「興福寺学侶・六方について」『増訂畿内庄園の基礎構造』下、吉川弘文館、一九七〇年)。しかし鎌倉末一四世紀初頭には中﨟の学衆によって構成される六方衆が登場する。学侶と衆徒との中間に位置する僧衆組織である。六方衆で評議を開き、その決定を二人の沙汰衆が署名して下知する(稲葉伸道前掲書二四四頁～二四六頁)。もともと強訴などの際に組織された僧衆組織であり、自ら単独で発向するなど武力をもち、検断権などの行使にも関わっていた(森川英純「興福寺領における作

主職の成立と郷村制』『ヒストリア』六六、一九七五年)。(大石)

**南6**(六三三頁2) 冒頭部分に「衆徒国民五十余輩被召上京都、致咭文案、同月(七月)」との表題あり。なおこの点については次項「興福寺衆徒国民京都編目起請文」参照。本文は国立公文書館所蔵の内閣文庫大乗院文書「寺門事条々聞書」(古二二―三六七)から写真版によって校訂した。(久野)

**興福寺衆徒国民京都編目起請文**(六三三頁3)

本文史料は、幕府が衆徒・国民の私合戦を禁ずるために、彼等を京都に召喚して出させた起請文であるが、この前後のいきさつについては、『大史』七―二〇(応永二十一年〔一四一四〕六月二十日の項)に、関連史料がまとめて掲載されており、本文史料の理解に資する。この年、多武峰寺と宇陀の沢氏が合戦、沢氏に越智・十市氏らが加勢したことから大規模な争乱となった。幕府は使者を派遣してなんとか両陣退散を実現させたが、その後、興福寺学侶や官符衆徒等は群議して幕府に事書を提出し、幕府による成敗・沙汰を申し出た。これをうけて幕府は衆徒国民を京都に召喚(六月二十日)。七月上旬、彼等に対して後述のような事書と七カ条からなる篇目を仰せ出した。これをうけて衆徒国民が提出した起請文が本文史料というわけである。

この事書は、中世興福寺が大和の一国支配権掌握のいきさつを伝えるものとして研究史上よく知られたものである。

大和州者、承保之明時、御寄附一国之吏務於興福寺、元暦之往代、重被付守護職畢、是併御帰依之至、令卓礫余社故也、自爾以来、国之検断、相論之題目出来之時者、寺門経其沙汰、猶不事行者、可仰京都御成敗之処、近来之儀、衆徒国民等、携弓矢之輩、不経次第之沙汰、各以合戦、欲達所存之間、日夜之闘諍、更以無断絶之期、僅一毛一滴之戯論、招一寺一国殃禍、是併乍誇神徳、忽忘神恩、住猛悪、任雅意故也、依之先御代、固被停止合戦之処、背憲法仰令忽諸公儀之条、狼藉之至、誡而有余、近年違背輩、雖可被処于厳科、先以被閣之、向後不伺上意、於致合戦之輩者、不論権〔賢ヵ〕不肖、衆徒国民、於其身者、永停止国中之経廻、至所領者、可被居置給人也、抑当国事、為悪行治罰、或補地頭、或召捕廿人之悪党、被処流刑之条、先蹤在之、豈謂新儀御沙汰哉、所詮自今以後事、被注大都之篇目〈在別紙〉趣、可存知者、各載起請詞、進置請文物哉、

平安末期の承保年間に大和国司、鎌倉期初頭の元暦年間に大和守護職が、相次いで興福寺に与えられたとある記述は、伝説の一種ともいうべきもので、決して歴史的事実とはいえない。しかし、こうしたことが応永年間の幕府によって認識されていたという事実は重く、中世大和における興福寺の卓越した立場というものをよく示す。

その上で、近年は興福寺自体の立場を揺るがす程、衆徒国民等は私合戦を繰り返していることを非難している。そこで幕府は彼等に対する規制をはかって命令を発し、それに対する起請文の提出を求めた。

その命令内容が、私合戦禁止を旨とする「大都之篇目〈在別紙〉」であり、これが以下に示した七カ条。これに対して提出された衆徒国民らの起請文が本文史料である。こうした事情から以下に記した篇目と本文史料の文言は、当然ながらよく類似しているのであるが、それでも詳細にみると一部異なった部分もある。衆徒国民の側がある程度の自立性を示したものとして注意すべきであろう。

被出衆徒国民京都篇目案、同月日(七月八日)

篇目

一 相論之題目出来之時者、不嫌大少事、中入京都、可仰成敗、所詮於致合戦之輩者、故戦防戦、共以被払国中、子孫永以可停止南都之経廻、合力人又以可為同前事、

一 御下知違背之輩出来、被加御退治時者、不依親類、応御下知可抽忠節事、

一 所々律家末寺末山事、寄事於左右、致追捕乱妨云々、神敵也、仏敵也、悪行超常

篇、向後致乱吹者、可被加非常之重科事、
一　衆徒国民等、扶持置盗賊族・夜打・強盗・大袋等、以種々悪行為其業云々、於名世悪党者、速可行死罪、於無沙汰之輩者、可為同罪之間、至扶持人可被行所当科、
一　寺社本所領、任雅意不可致押妨事、
一　雖為両院家御下知、非京都御成敗者、不可及合戦事、
一　相漏連署輩、若雖及合戦、更以不為合力、可注進子細於京都事、

さらにこの三ヵ月後の十月には、今度は興福寺学侶・六方衆も京都に召喚して、その非違を糺し起請文を差し出させている（『大史』七―二〇―三八五～三九五頁〔応永二十一年十月四日の項〕）。この時期は、先代義満に次いで将軍義持による幕府の強権的な興福寺対策がうかがえる。しかしこうした幕府の取り組みも、その効果の程はといえば、この一〇数年後、大規模な衆徒国民の争乱である大和永享の乱が勃発したことに明らかなように、もはや彼等の私合戦を制止することはかなわなかった。（久野）

**連署に相漏るる輩**（六三五頁1）　応永二十一年（一四一四）に上洛し、幕府に起請文を提出した衆徒国民は、以下の人々である（『寺門事条々聞書』より）。

官符衆徒
古市　番條　筒井〈戌亥脇〉　飯高　壷阪　井戸〈戌亥脇〉　豊田中坊　小泉　福智堂　龍田〈戌亥脇〉　矢田〈但幼少〉　六条　宝来　岸田　長柄中　杉本東　櫟原〈戌亥脇〉　菅原〈東山内〉　多田〈東山内〉　少歩〈東山内〉　中御門　武蔵〈戌亥脇〉　今市　秋篠北　同所南　山田　平等坊

和州国民交名
越智　十市　片岡　箸尾　布施　万歳　岡
高田　楢原　吐田　倶戸羅　嶋　立野　森屋
筒井　豊田〈吐田庶子〉　梶尾〈楢原ソ子〉　笛堂〈布施ソ子〉　玉手〈越智ソ子〉　坊城〈同〉
鳥屋〈同〉　加留〈同〉　新〈十市ソ子〉　柳本
山田〈東山内〉　福住〈東山内〉　中村〈平田〉
（久野）

**南7**（六三五頁2）　春日大社蔵。『春日大社文書』一（吉川弘文館、一九八一年）一三八号によった。端裏に「六方牒送条々　〈天文元年〈壬辰〉／八月廿三日〉」との記載があり、本文史料は六方集会事書を学侶に牒送したものの案文であることがわかる。（久野）

**興福寺六方衆集会事書**（六三五頁3）　この事書が作成される前提となった、天文元年（一五三二）の大和一向一揆は、細川晴元が本願寺証如に働きかけ、畠山義宣や三好元長を打倒するために蜂起させたもので、畿内一向一揆の始まりといわれている。一揆勢力の動きは、当初の晴元等の意図を越えてさらに展開をみせ、天文元年七月には奈良商人中市雁金屋民部ら一向門徒が興福寺に攻め入り、さらに越智氏の高取城を包囲するに至った。八月になると晴元や筒井順興らによって鎮圧されるが、この間、高畠郷を除いて「奈良中不残一宇被焼払了」（「続南行雑録」所収「二条家記抜萃」〔『続々群』三〕）と、中世都市奈良は大きな被害をうけた。一向一揆が鎮圧されると一揆勢の中心勢力を出した中市は破壊され、一向宗門徒は追放、かわって六方衆が南市（現奈良市南市町）、学侶が高天市（現奈良市高天市町）を開設する。これら一揆後の復興の動きは、近世奈良町へとつづくことになる（永島福太郎『奈良』〔吉川弘文館、一九六三年〕、『奈良市史』通史二など）。（久野）

**奈良中の張本人**（六三七頁1）　「二条家記抜萃」（「続南行雑録」〔『続々群』三〕）には、越智氏が一揆勢を鎮圧してもたらした八〇〇人ほどの首のうち、主要な人物として「奥村玄蕃、中市雁金屋、スガハラ、願了、カササギ又七、与五郎入道、円覚父子、宝院ノ新九郎、油ウリ与七、タカマノ賢丞」等の名前が挙がっている。中市やカササギ（鵲郷）など明らかに奈良都市民らしき人々が含まれている。

また「大乗院御坊中集会引付」天文元年（一五三二）十一月十日の評定記録によると、次のような記載があることを綾村宏が紹介している（『奈良国

立文化財研究所年報一九七八年』)。

一　奈良中油座事、当御門跡御進止之処、今辻郷事、今度土一揆根本在所間、悉以被失条、新座之為御門跡可被仰付条、自余之混乱不可在之、可被成其意得候由、六方学侶以書状被申了、

今辻(今辻子)郷が天文の一向一揆に加担していたことがわかる。この地は奈良油座商人が多く居住していた場であったが、このために、一揆加担者は追放され、新しい油座が設けられたことがわかる。なお次項「新市郷衆の…相納められて」も参照。(久野)

**新市郷衆の…相納められて**(六三七頁2)　一向一揆勢が有していた奈良中の地の没収については、以下のような筒井順昭の書状(『春日大社文書』一—六五号)から判断できる。

先年奈良中一揆下地事、令勘落、学侶相対雖取納候、従当年半分宛、以探割分候、以後更不可有混乱之儀候、随而此下地付、若不慮之申事雖出来候、任元来約諾之旨申合、可有成敗候、更不可如在見叙申候由、可預御披露候、恐々謹言、

八月廿八日　順昭(花押)

供目代御房

天文元年(一五三二)の一向一揆の下地を勘落して官符衆徒筒井氏と興福寺学侶が相対で没収したことがわかる。なお筒井順昭は天文四年に死去した筒井順興の子息である。またこのほかにも、年未詳七月十一日筒井順昭書状(『春日大社文書』一—一六六号)では、「中市落地」を六方衆一両輩が沽却したことを学侶に述べている。中市とあるのは天文一揆の拠点と目された応永二十一年(一四一四)に開設された「新市」だと思われ、六方衆も天文一揆後の張本らの地を没収したことが確認できる。(久野)

**国衆の私反銭**(六三七頁3)　衆徒国民等による私反銭について、『大乗院寺社雑事記』には次のような記述が見える(続史料大成)。

・延徳二年(一四九〇)十二月後付、九—五〇〇頁

一　和州一国中ニ国民等・衆徒輩面々号持分、私反銭反別或二百三百余切懸之間、寺社神事法会料所本年貢□□(退転)、寛正以来新儀也、此外用銭・用米相催事不可勝計、各此悪行御停止有之者、寺門・社中可畏入存、

・延徳四年六月後付、一〇—一七八頁

一　衆徒・国民等嘉吉文安以来奉軽公儀之故、反銭相懸寺社・本所之領云々、下極上至以外緩怠也、於自今以後者、私反銭事一切大小可停止事、

なお安田次郎『中世の興福寺と大和』第二章第二節(山川出版社、二〇〇一年)参照。(久野)

**南8**(六三九頁1)　巻子装。宮内庁正倉院事務所が所蔵する「東南院文書」の第四櫃第四巻に収める。本文史料を含む巻子には「庁宣黒田杣司云々等」との外題が付されており、天養二年(一一四五)から建仁元年(一二〇一)まで八通の文書が収められている。その全体の様子は『大古』東大寺二—五八一号によって知ることができる。また同様の文書案文が「東大寺成巻文書」第九三巻にも存在している(『大古』東大寺九—八六四号)。こちらでは、本文史料について「顕恵法印被寄百学生文」と異筆注記している。

本文史料末尾の(署名一〇名略)の部分は、次のようになっている。

法印大和尚位前権大僧都〈在御判／敏覚〉／権大僧都法眼和尚位〈御判／雅宝〉／法眼和尚位〈在判／寛宝〉／前権律師法橋上人位〈在判／実憲〉／権律師法橋上人位〈在判／明遍〉／法橋上人位〈在判／景雅〉／法橋上人位〈在判／慶宗〉／伝燈大法師位〈在判／樹朗〉／伝燈大法師位〈在判／寛珍〉／伝燈大法師位〈在判／弁暁〉

以上の署名者を通覧すれば、本文史料が、東大寺別当および僧綱らによって作成されたことがわかる。これらの署名はいずれも奥上に記されているが、最後の伝燈大法師三名については紙

背にわたっている。ただしその部分は墨斜線で抹消され、改めて本文書の奥に別紙を貼りついで書き写されている。ちなみにその部分の筆跡は他の部分と異なっている。

　なお、本文史料については岡山大学文学部日本史資料室架蔵写真帳をもとにして、『平』三六七四号や、先にあげた『大古』を参考にして確認作業を行った。（久野）

**東南院文書**（六三九頁2）　明治初年に東大寺から皇室に献納され、現在は正倉院に収蔵されている。巻子一二〇巻、約一〇〇〇点。とりわけ奈良・平安時代のものを多く含む。「東南院文書」は、現在の東大寺本坊経庫にあたる東南院経庫に所在していた文書。もと上司油倉にあった印蔵文書を主とする。印蔵文書がここに収められたのは、江戸時代の正徳四年（一七一四）、大破していた印蔵が東南院に移築されたことによる。（久野）

**黒田庄出作幷びに同新庄**（六三九頁3）　黒田庄は、古代、板蝿杣という東大寺に用材を出す杣であったものが、荘園に発展したものである。東大寺にとっても中核的な荘園の一つであったが、この荘園に関しては実に多数の研究があり、中世史研究の上でもきわめて重要な荘園である。黒田庄成立の基盤として、杣工らの開発によって形成された耕地・村落の存在があり、その動きは次第に名張川対岸を越えた東側へも出作によって拡大していった。杣工を支配下におく東大寺は、それをテコに領有権を主張し、周辺の公田部分も次第に荘園に取り込んでいった。このため国衙と東大寺の間では長期にわたって対決が繰り返される。天喜四年（一〇五六）に東大寺領として成立した黒田庄（本庄）が二五町余りであったのに対して、このような出作新庄は三〇〇町をこえるまでになり、これらの広大な地域について、東大寺領荘園としての不輸寺領化が平安末期に実現した。まず、承安二年（一一七二）に国司庁宣によって（『平』三六一七号）、そしてその二年後の同四年十二月十三日には後白河院庁下文によって（『平』三六六六号）、認可がなされた。この結果、名張郡一帯を占める黒田庄（本庄・出作・新庄）が一応の完成をみた。本文史料はこれをうけて、その所当分の用途を決定したものである。この時、新たに百口学生供料とすることがうたわれたことが注目される。かつて国衙におさめていた部分は、こうして東大寺学侶の得分となった。この荘園に関する研究業績は、有名な石母田正『中世的世界の形成』（『石母田正著作集』五、岩波書店、一九八八年）をはじめとして膨大なものがあるが、その代表的なものについては稲葉伸道「黒田荘」（『講座日本荘園史』6、吉川弘文館、一九九三年）が文献を掲げている。（久野）

**常住学生百口供料**（六三九頁4）　黒田庄出作新庄からの供料を「新学生供料」とするのは、既に康和四年（一一〇二）、茜部庄から百口学侶衣服料として絹綿があてられていたからで、こちらを「本学生供」と称したのに対してであろう。建仁元年（一二〇一）伊賀国在庁官人らも「於百学生供者、雖新儀、彼寺已以此為百人之依怙」と述べており、新儀ながらとしつつ認めている（建仁元年三月日伊賀国在庁官人解案『鎌』一一九一号）。『東大寺続要録』所収の建保二年（一二一四）五月日の所当注文によると、「出作新庄二百七十余町」とあって「御封者、立用杣工食料、所残所出者、為百学生供用途之」（『鎌』二一〇七号）、つまり封米分は杣工の食料となり、その残りは常住学生一〇〇口の供料であった。先の建仁元年の史料によると、御封米が三三〇石、学生供料三六〇石となっているから、学生一人につき三石の勘定になる。これは文永六年（一二六九）九月日の史料（南12）でも確認できる。

　黒田出作新庄と新学生供については、建仁元年東大寺僧綱大法師等（建仁元年四月日東大寺僧綱学侶等解案『大古』東大寺九―八六四号）が次のように述べている。

　法印顕恵寺務之時、彼封戸便補之残、且触国司取免除之庁宣、且経院奏蒙不輸之裁定、今所進証文等子細顕然歟、即卜毎年五箇日之良辰、必展般若十六会之講席、分一会於朝暮之両座、惣卅二座之講席也、毎座問答決疑莫下

〔不ヵ〕尽幽旨、従此講結願之翼〔翌ヵ〕日、又点三箇日、以六十口僧徒、転読□〔三〕部之大般若経、捧所生恵業、偏奉祈 国家之御願、為致此両方之講読、召請百口之学徒、以件免除之所当、承安五年被割宛其供料以降、星霜屢廻、漸及卅年畢、

この史料は、伊賀国が造興福寺料所に宛てられようとした際に、それを止めるために後鳥羽院庁に働きかけたものであるが、東大寺別当顕恵の代のこととして、本文史料が示す内容のことが言及されている。また一〇〇口の学生は、毎年五日間「良辰」を卜して大般若経三二座の講経を行い、その結願日翌日からは六〇口が三日間の大般若転読に従事したことが記されている。この召請九二口分がこの一〇〇口学生であり、僧綱・已講・成業以下中臈までの学侶がつとめたのである。東大寺の中心的な荘園の成立と、その用途として学生供料の設定は不可分のものであった。(久野)

**南9**(六四一頁1)『東大寺続要録』(鎌倉時代成立)仏法篇の劈頭に、この本文史料が所収されている。ここでは底本として、東大寺図書館蔵の室町時代後期の同書写本によった。

　また、本文引用史料の前段には次のような記載が付されている。

　一　世親講始行事

　　建久七年一寺之法侶両宗之碩才、為仏法住持、為鑽仰稽古、各相議始斯講、具見于勧進文記録状矣、

『東大寺続要録』仏法篇には、この「世親講始行事」に続けて東南院問題講や大乗義章三十講など、鎌倉時代前・中期、東大寺で興行された各種の講や談義について、その由緒や規定などの条々が記されている。この時期の東大寺において、学侶等が行ったさまざまな教学復興のための努力がよく窺える。なお刊本としては『続々群』一一、筒井寛秀監修『東大寺続要録』(国書刊行会、二〇一三年)に所収。

先の引用文中に「両宗之碩才」とあったが、この両宗が華厳宗・三論宗を指すことは、『東大寺続要録』仏法篇の「一　三季講始行事」に「右去建久七年之冬比、華厳三論之明匠、始行世親講、紹隆倶舎宗」とあることからも確認できる。なお、ここで省略した二六名は次の通りである。

顕運〃〃(法師、以下同じ)　観慶〃〃　尭慶
〃〃　延真〃〃　聖実〃〃　貞辰〃〃　信弁
〃〃　縁永〃〃　教玄〃〃　顕覚〃〃　円慶
〃〃　宴信〃〃　尊詮〃〃　増玄〃〃　弁盛
〃〃　弁修〃〃　重行〃〃　円聴〃〃　貞禅
〃〃　順教〃〃　乗信〃〃　恵賢〃〃　義海
〃〃　樹慶〃〃　定慶〃〃　覚澄〃〃

(久野)

**世親講**(六四一頁2)　鎌倉時代前期の東大寺では、平家による焼討後の復興のための営みがさまざまな形でなされていた。俊乗房重源を中心にした堂舎再建のほか、教学面についてみれば、各種の講や談義の興行がなされていたことが目に付く。そのもようは『東大寺続要録』仏法篇に詳しいが、なかでも世親講はその代表的なものであった。仏教の基礎学ともいうべき『倶舎論』を著し、さらに唯識思想の大成者として、上座・大乗仏教にわたって重要な著述を残した世親、彼にちなんだこの講談は、『倶舎論』と『法華経』を論議形式で修学するもので、維摩会出仕を経験した先達から、若い学僧が学ぶ貴重な場であった。とりわけ本文史料からも読みとれるように、華厳・三論両宗の若い学僧たちが、主体的に勧進文を作成し、結衆して運営にあたったことは注目される。さらに貞永元年(一二三二)には三季講も始めて、法命を継ごうとしている(『東大寺続要録』仏法篇)。この点、同じような勧学講でありながらも、山門において承元二年(一二〇八)慈円が始めた天台勧学講は、上首慈円の強い指導力のもとで始まっており、この東大寺世親講とはその趣を大きく異にしている(天3参照)。

　世親講衆は集団自治による運営という性格が強く、その補入も講衆の合議によっていた(「東大寺文書」3-3-301)。また文永年間には、「非道僧綱」を訴える訴訟をおこし、本寺逐電も行

うが、その際に作成された連署起請文は「東大寺文書」におけるこの種の文書の初見史料として知られている。また世親講衆は世親講田という彼ら独自の田地を所有し、経済活動を行っていた。

　鎌倉末期には、こうした世親講や世親講衆のあり方は変容して、次第にその独立性を失っていったとみられ、教学のための法会として倶舎三十講に吸収されていく。これらについては、永村眞『中世東大寺の組織と経営』第三章第三節（塙書房、一九八九年）が詳細に論じている。また、平岡定海「中世寺院における講について」（『日本歴史』一四五、一九六〇年）も世親講について言及している。

　鎌倉後期の「東大寺年中行事」（東大寺図書館所蔵薬師院2-220）によると、六月二十五日に世親講が行われているが、これは江戸時代においてもかわりなかった事が確認できる。（久野）

**世親大士**（六四一頁3）　バスバンドゥ、天親とも記し、無着の弟。ガンダーラ国プルシャプラ（現在のパキスタン、ペシャワール）にバラモンの子として誕生。上座部仏教の出家者として出発し『倶舎論』をまとめる。後に兄の影響もあり大乗仏教の立場に転じ、唯識思想の大成者となった。その主著『唯識三十頌』は法相宗におけるもっとも根本の書とされる。玄奘がまとめて訳出した『成唯識論』は、この注釈書である。興福寺にある無着・世親像の彫刻は鎌倉期の肖像彫刻の傑作としてよく知られている。（久野）

**諸庄薗に…**（六四七頁1）　鎌倉後期の状況を示す「東大寺年中行事」十二月の「倶舎三十講」の項に次のような朱書きの注記がある。

　世親講饗膳事、如三十講庄々営之、

すなわち世親講の饗膳料が倶舎三十講のそれと同様になされたことがわかる。具体的には伊賀国笠間・薦生・北伊賀庄々・黒田の各荘園。そして大和国では薬園・清澄・櫟・雑役・長屋・飛騨の各荘園。そして山城国賀茂庄である。

　また世親講の用途としてはこのほか出仕者にあたえられる捧物があり、こちらは美濃国大井庄が雑紙一〇〇束（一〇〇〇帖）を負担した。しかしこれらの用途も鎌倉後期には、十分に機能しなくなり、新たな対応が迫られることになる。（久野）

**南10**（六四九頁1）　東京大学史料編纂所謄写本によった。ちなみに同書の奥書には

　右俊乗房重源譲状
　大和国奈良市水門町稲垣二徳蔵本、明治四十年五月謄写

との識語がある。もととなった原本については、現在伝来しておらず、確認できなかった。謄写本によったということもあり、本文史料には、一部文意の確定しにくいところや誤字脱字らしき部分も散見する。したがって、この史料については今後ともさらに検討を要すべき部分があることに留意されたい。（久野）

**東大寺俊乗房重源譲状**（六四九頁2）　治承四年（一一八〇）十二月の平家焼討によって大きな被害を蒙った東大寺は、直ちに再建事業が始められるが、これはたんなる一寺院の再建にとどまらぬ王法仏法体制の再構築をも目指す大社会事業でもあった。その事業遂行の中心にあって、人的・物的資財の集積から編成、そして運用にわたって活躍したのが重源である。本文史料の譲状からは、その重源の多岐にわたる活動の物質的基礎—それはまた重源の活動の成果でもある—や、彼の活動拠点、などを端的に概観することができる。ところで、彼のもとに結集された人的組織は、本来的には東大寺再建のためのものであり、大がかりではあっても臨時的な組織であった。本文史料にあたる譲状がしたためられた建久八年（一一九七）六月には、既に、源頼朝の軍隊も立ちあった事で有名な建久六年三月の東大寺供養も終えており、大仏殿など主要部分についてはその再建事業もおおむねめどが立っていた時期である。老齢の重源にとっては、自らが編成した人的集団＝勧進聖ら同行衆の集団を、東大寺内においてどのように組織化し定着させるか、ということが大きな課題となっていた。このような観点からみたとき、本文史料は、重源が構想した体制を維持展開させていく

ため、彼自身が制定した置文の寺院法という性格を認めることができよう。また重源は、譲状作成にあわせて、大仏殿における顕密供の始修と、そのための荘園設定、および東南院による庄務権把握について、朝廷からの認可も得ていた(建久七年二月七日官宣旨案「古文書纂」)。なお関連論文は数多いが、近年、この譲状を正面から取り上げて分析している代表的なものとして、永村眞『中世東大寺の組織と経営』第二章(塙書房、一九八九年)、中尾堯『中世の勧進聖と舎利信仰』第一章六(吉川弘文館、二〇〇一年)、小原嘉記「〈重源遺産〉その後」(『日本史研究』五六六、二〇〇九年)、大山喬平『日本中世のムラと神々』第一章五(岩波書店、二〇一二年)などがある。(久野)

**南無阿弥陀仏**(六四九頁3)　俊乗房重源については膨大な研究成果があるが、それは丹念な関係史料の収集を行った『俊乗房重源史料集成』(『奈良国立文化財研究所史料』四、一九六五年)や小林剛『俊乗房重源の研究』(有隣堂、一九七一年)によって基礎づけられたところが大きく、今もまず立ち帰るべき基本的な成果となっている。重源に関しては、彼の活動の広さを反映して狭義の文献史学にとどまらず、建築史・美術史・宗教史など諸分野にわたって膨大な研究蓄積がある。その主要な文献については、『日本名僧論集』五(吉川弘文館、一九八三年)に見えているが、それ以後の研究状況については、前項補注の諸論考のほか、四日市市立博物館特別展図録『重源上人　東大寺復興にささげた情熱と美』(一九九七年)の参考文献一覧、五味文彦『大仏再建』(講談社、一九九五年)、堀池春峰「大仏上人重源の悲願　東大寺再建」(『仁王像大修理』朝日新聞社、一九九七年)、中尾堯編『旅の勧進聖　重源』(吉川弘文館、二〇〇四年)、奈良国立博物館図録『大勧進　重源』(二〇〇六年)、GBS実行委員会編『論集　鎌倉期の東大寺復興』(法蔵館、二〇〇七年)、横内裕人『日本中世の仏教と東アジア』(塙書房、二〇〇八年)、上横手雅敬『権力と仏教の中世史』(法蔵館、二〇〇九年)、久野修義『重源と栄西』(山川出版社、二〇一一年)が参考となろう。

重源の出自については、おおむね紀氏系図にある紀長谷雄の末裔、滝口右馬允紀季重の子であろうとされる。このような武官の家柄という出自は彼と同時期に活躍した有名な文覚や西行と共通するものでまことに興味深い。重源の前半生については史料が少なくあまり明瞭ではないが、一三歳で醍醐寺に出家、以後、四国諸山や大峰葛城などで山林修行を行ったとされ、醍醐寺僧としてその法流は金剛王院権大僧都源運の弟子であったらしい(『醍醐寺新要録』一一)。仁平二年(一一五二)以来、数回、醍醐寺円光院の理趣三昧衆を勤めたことが見え、さらに年次は不明であるが下醍醐栢杜堂の造営を行っている。学僧というよりも、実践的な活動を行うタイプの宗教者であった。また、これら醍醐の堂舎はいずれも有力公卿を輩出した村上源氏との深い関わりが指摘されており、後年の重源の東大寺再建活動や東南院との関係を考える上でも、醍醐寺時代に既に村上源氏との関係が見いだせることはきわめて注目される事柄である。

重源の活動する姿が明瞭になるのは治承寿永内乱期以降であるが、その直前の安元二年(一一七六)、高野山延寿院にあった鐘銘には「勧進入唐三度聖人重源」と自称しており、既に重源が渡宋によって、宋代仏教や造営技法などの大陸文化を摂取していたことが想定され、彼の活動を考える上で見逃せない。加えてそこには当然具体的な人脈が伴っていたはずであり、これらの条件が東大寺再建事業にあたって大いに威力を発揮した。こうして養和元年(一一八一)からその生涯にわたって大勧進聖人として勧進活動と東大寺再建事業に従事するのである。文治元年(一一八五)には大仏開眼にこぎつけ、さらに建久元年(一一九〇)には大仏殿、同六年には中門が上棟され、この年の三月には後白河院や源頼朝も参列した盛大な供養が行われた。その後、戒壇院や南大門も再建されると、建仁三年(一二〇三)、総供養が行われ、ここに東大寺再建事業は一応の区切りがつけられた。その後は、寺僧等による三面僧房・講堂再建の要望をしりぞけ、重源は塔再建にのぞむ。しかしこの完成をみることなく、彼は生涯をおえた。八六歳であった。これ以後は、代々の大勧進がこの事業を引き継いでいくことになる。

ところで重源が「南無阿弥陀仏」と自称し、さらに同行衆に阿弥陀仏の名号を付したことについては、石田尚豊「重源の阿弥陀名号」（前掲『日本名僧論集』五所収、初出一九六一年）の専論がある。（久野）

**東南院**（六四九頁4）　創建は延喜四年（九〇四）、時の東大寺別当道義律師が佐伯院の氏寺香積寺を東大寺に移築し、さらに聖宝が招じられて開創された。三論・真言宗の本所となり、以来、東南院主は代々東大寺別当を輩出する有力院家となった。第九代院主覚樹（一一三九没）以来、第一二代道慶（一一八九没）まではすべて村上源氏の出身者で占められており、いっぽう醍醐寺も村上源氏と関わりは深いことから、醍醐寺僧として出発した重源と東大寺や東南院との関係を考えるうえで、村上源氏の存在は注目される。

東南院も平家の焼討で焼失するが、ここは寛治二年（一〇八八）白河上皇が御幸の際に宿所として以来、上皇・天皇の御所となっていたから、建久元年（一一九〇）の大仏殿上棟での後白河御幸をひかえて「速疾の営作」（『東大寺続要録』諸院篇東南院）がなされた。ちなみに建久六年の東大寺供養では源頼朝の宿所となった。

重源はこの東南院に自らの活動成果を集約してここを拠点とすべく構想したらしいことが、本文史料の譲状から窺える。しかし、このような重源の意思は、後の歴史展開の中では順調に実現するということはなかったようである。この点に関しては小原嘉記前掲「〈重源遺産〉その後」が詳しい。（久野）

**院主律師**（六四九頁5）　藤原通憲（信西入道）の子孫には高名な僧侶が多数輩出したことでよく知られているが、この定範は権中納言成範の息、すなわち信西入道の孫に当たる。叔父勝賢や実兄成賢から醍醐寺で密教を附法されている。建久六年（一一九五）三月に律師となっているが、これは勝賢がこの時東大寺供養で呪願師を勤めた賞を譲られたものである。本文史料にあるように、定範は勝賢死没により、重源から寺領別所を譲られたが、正治二年（一二〇〇）にはこのうちの播磨別所において、浄土寺薬師堂の供養導師を勤めている（「浄土寺縁起」『兵庫県史』史料編中世4）。翌年には、院主として東南院問題講をはじめ仏法興隆に意を払っている（『東大寺続要録』）。そして建保元年（一二一三）からは東大寺別当、承久元年（一二一九）からは醍醐寺座主となった。元仁二年（一二二五）二月に急逝。醍醐寺桜会の童舞練習に入興していた翌日、手水の間に中風の発作であったという（『明月記』）。ちなみにこの醍醐寺桜会童舞にとって、定範と、その師勝賢が大きな位置を占めることについては土谷恵『中世寺院の社会と芸能』（吉川弘文館、二〇〇一年）に詳しい。（久野）

**伊賀国阿波…山田有丸庄**（六四九頁6）　本文史料であげられている寺領は、伊賀国阿波・広瀬・山田有丸庄、播磨国大部庄、周防国椹野庄、同国宮野庄、備前国南北条長沼神前庄、同国野田庄、の六筆で、これらはいずれも重源の活動の成果であり、また同時に活動の基盤ともなるものであった。これらの個々の所領について、その伝来の由緒や支配管理方式が、重源によって規定されていることが、本文史料から読みとれる。（久野）

**高野新別所専修往生院**（六五一頁1）　堂舎別所については以下の六カ所が、それぞれ付属する堂宇本尊などとあわせて記されている。

高野新別所専修往生院
　本堂一宇
　三重塔一基
　食堂一宇
　湯屋一宇
東大寺鐘楼岡浄土堂一宇〈方六間、瓦葺〉
　安置丈六仏菩薩像十躰
　一切経二部〈唐本、日本々〉
　仏舎利
鐘楼谷別所

三間湯屋一宇〈鉄常湯船一口〉
食堂一宇〈五間二面、瓦葺〉
安置等身皆金色救世観音像一躰
供所屋一宇〈七間三面、板葺〉
木津木屋敷
二階九間二面倉一宇
五間二面雑舎一宇
渡部別所幷木屋敷地
浄土堂一宇〈方三間一宇、瓦葺〉
安置丈六皆金色阿弥陀三尊像
仏舎利
鐘仮屋少々
二階九間二面倉一宇
湯屋二宇〈一宇無差大湯屋、在大釜
　一宇別所小湯屋、在湯船〉
播磨大部庄内別所
浄土堂一宇〈方三間、瓦葺〉
安置立像皆金色阿弥陀三尊丈六像
仏舎利
鐘
薬師堂一宇
安置旧仏八百余躰

これら「堂舎別所」は重源の宗教的のみならず経済的活動の拠点でもあった。前項の寺領とあわせてこれら双方が、本文史料である建久八年(一一九七)の譲状作成段階における重源の財産であり、また活動の成果であった(大山喬平前掲書)。この後に作成されることになる有名な『南無阿弥陀仏作善集』は、彼の生涯にわたる作善行為をまとめ上げたものであるから、別所の数などはさらに増加している。(久野)

**故東南院々主**(六五一頁2)　勝賢は保元の乱後、政治の実権をふるった藤原通憲(信西)の息。兄弟に安居院澄憲や高野山明遍などがいる。醍醐寺三宝院実運に伝法灌頂をうけ、三宝院嫡流であった。醍醐座主や東寺二長者を歴任。孔雀経法などによる祈雨でしばしば効験をあらわした。その後、建久三年(一一九二)からは東大寺別当を勤め、重源の東大寺再建事業をも積極的に支援、同六年三月の東大寺供養では呪願師を勤めている。一方、文治五年(一一八九)第一二代院主道慶より東南院を引き継いでいた。ただ、勝賢は東南院の法脈に直接連なるものではなくこの交替には異例な一面があった。藤井恵介「俊乗房重源と権僧正勝賢」(『南都仏教』四七、一九八一年)は、ここに重源の関与を想定している。勝賢が重源に先立って死去したために、その寺領別所を譲与されることになった後任の東南院主定範は、勝賢の甥にあたる。定範のほか、勝賢の附法弟子としては守覚法親王や醍醐寺成賢、勧修寺成宝などが知られている。(久野)

**院家知行の人…懸けること莫れ**(六五一頁3)　本文史料で示されたような重源の構想、すなわち東南院という東大寺内でも由緒ある院家を、聖宝の遺跡として位置づけ、醍醐の法流をひく真言密教や修験の性格をもつ聖たちの拠点とすること、そしてそのためにも東大寺惣寺による管理支配を排除し、重源や同行衆による自立的な拠点としようとしたこと、こうした構想は彼の死後、継承されることはなかった。本文史料に登場する寺領は、いずれも東南院による安定した支配は実現せず、幾多の変転をとげている。また勧進集団が果たしていた営繕機能も勧進所という寺内造営機関として油倉に吸収されていく。ただし東南院は三論と真言を兼学するところの東大寺別当を輩出する有力院家として存続していく事になる。なお、この点については小原嘉記前掲論文が詳しい。(久野)

**大仏殿両界供養法壇供…**(六五三頁1)　ここで定められた仏事用途について、鎌倉後期においても見いだせるものもある(南12参照)。特に注目されるのは、重源が大仏殿に関わるものとしてあげている三つの項目「両界供養法壇供幷供僧」「最勝王経仏供幷講衆」「不断供花禅衆」である。先の二つが学侶、最後の一つが禅衆に関わるもので、また前者二つはそれぞれ密教・顕教の仏事である。

　重源が再建した大仏殿は、奈良時代の創建時と異なり、密教的要素が付加されて顕密あわせた構造となっていた。すなわち盧舎那仏を左右からはさむ位置に「金剛界堂」「胎蔵界堂」が設けられていたことが、藤井恵介によって明らかにされ(「弘安七年東大寺大仏殿図について」『密教建築空間論』中央公論美術出版、一九九八年)、それをうけて横内裕人「南都と密教」(『日本中世の仏教と東アジア』塙書房、二〇〇八年)は、これこそが『南無阿弥陀仏作善集』に見える東大寺「両界堂二宇」にほかならず、ここには両界曼陀羅と真言八祖像が安置され、長日供養が行われていたとした。これが「大仏殿両界供養法」であり、盧舎那仏は真言教主大日如来としての性格も重ね合わせられた、という。こうした密教的仏事とともに、次の「最勝王経仏供幷講衆」が「長日最勝御読経」(『南無阿弥陀仏作善集』)にあたるが、これら二つをあわせた「顕密供」が大仏殿において連日勤行されたわけである。横内裕人は、この点に注目して「鎌倉再建の大仏殿は、一体としての顕密仏教を可視的に体現」するものと評している(前掲論文)。なお南12の「顕密供」の項参照。(久野)

**当寺浄土堂**(六五三頁2)　東大寺鐘楼岡にある浄土堂。大仏殿の東側の丘上に位置し、重源の開設した東大寺別所の中核施設であり東大寺における重源の拠点。

　浄土堂の施設については本文史料の中略部分で「東大寺鐘楼岡・鐘楼谷別所」および「木津木屋敷一処」に詳細に記されている(前掲補注「高野新別所専修往生院」の項参照)。ここに見える鐘楼岡・鐘楼谷・木津木屋敷こそが東大寺別所であり、重源の東大寺における活動拠点として勧進所も置かれていたと思われる。「東大寺寺中寺外惣絵図」(東大寺図書館蔵)には現在の俊乗堂のあたりに「浄土堂」の礎石が描かれているが、このほか鐘楼岡には、重源のあとを継いで第二代大勧進となった栄西が再建した鐘楼のほか念仏堂・俊乗堂・行基堂が位置し、東大寺大仏殿周辺とはすこし異なった雰囲気をもつ地域となっている。鐘楼谷はその北側にあたる。

　またこの浄土堂は、平家方の武将阿波民部大夫重能が阿波国に建立したもので、平家の罪業を救うべく、九体の丈六仏像とともに東大寺に移築したものであったという(『南無阿弥陀仏作善集』)。この浄土堂をめぐっては、源平内乱期のさまざまな人脈「聖・女院・武者」が窺えるが、これらについては、五味文彦「東大寺浄土堂の背景」(『院政期社会の研究』山川出版社、一九八四年)が詳しい。(久野)

**惣じて庄々年貢米を…**(六五三頁3)　各荘園からの年貢は東南院倉に一括され、そこから必要に応じて支出するという財政原則が示されている。

　ここで示された財政支出の原則は、東南院による権限の独占と東大寺惣寺の介入を拒否することであり、また、個々の年貢米徴収にあっては、その用途や費目を問題にせず、東南院倉において一括され、個別の性格をもたずすべて一元化された、いわば米一般として運用されている。中世の年貢や公事の徴集が、さまざまな用途・費目のもとでなされていたことを思うとき、重源のこの方式はきわめて異例なものといえる。これも勧進聖によって集められた財物は、俗世からの諸関係を断ち切り、「無縁」のものとして神仏のものになる、という考えがあったのかも知れない。ちなみに『南無阿弥陀仏作善集』には「当寺ニ六ヶ所ノ庄薗ヲ申シ寄セテ仏聖燈油・人供・会式等ノ用途ヲ宛置ク」と記されている。また大山喬平は、この部分の評価として、重源は「自分が退いた後の、将来にわたる東南院家による六つの庄園の管理と、その年貢運用における財政権の独立をはかったもの」ととらえている。さらに、大山は、播磨国大部庄や周防国椹野庄などが東南院領として安定した支配管理を実現していない事実も指摘しており、このような方式が重源死後、うまく機能しなかったらしいことを述べている(前掲書)。(久野)

**抑も伊賀の庄は…補すなり**(六五三頁4)　本文史料が語る伊賀国における所領の来歴について、大山喬平前掲書が簡潔にまとめている。大山によると、平家没官領として源頼朝により地頭が補任されていたが、後白河院が地頭停廃の院宣を伝え、頼朝がこれに応じて停廃し、さらに後白河はこの地を不輸とする下文を発したのである(建久九年〔一一九八〕六月日東大寺三綱大法師等愁状〔「竜松院文書」〕)。

この後建仁元年(一二〇一)伊賀国在庁官人は、これら伊賀国の東大寺領が新立押領の荘園であるとして、東大寺と争っている(『鎌』一一九一・一一九六号)。(久野)

**播磨大部庄**(六五三頁5)　兵庫県小野市に所在。庄内の中心には天竺様建築と快慶作阿弥陀三尊で名高い浄土寺があり、重源の手による別所開設と庄園開発が、密接に関わるものであったことを実地に示すものとして有名。「原方」「里方」からなるが、重源による開発の場は、前者であったとされる。浄土寺はこの東端にあって庄域を見下ろす位置にあった。

東大寺領大部庄は、国衙領大部郷を久安三年(一一四七)に垂水・粟生・赤穂庄と交換することで成立した。しかしその後国衙によって収公され、また源平内乱期には平家没官領として扱われたもようであり、東大寺による実効的支配は及ばなかった。この状況を打開したのが東大寺再建の動きで、大部庄は陳和卿に、さらに陳和卿から東大寺大仏へ寄附したことで、建久三年(一一九二)には久安の旧例に任せて四至確定された。この間、現地では重源がこの地に播磨別所を設定し、浄土堂・薬師堂を建立して荒野開発を進めていたのであり、これが東大寺領化にあたっても大きく寄与した。その意味でもこの地は、別所という宗教的な場の設定が、荒野開発から所領化という動きと不可分であったことをよく物語る。現地、浄土寺周辺にはいまも重源の開発伝承が残されている。ただし重源は、東大寺惣寺からある程度自立した別所の位置づけを行おうとしていたことも本文史料から窺える。なお大部庄については、『小野市史』一、『同』四によってまとめられている。ただ特に同庄の開発の状況については、『荘園を読む・歩く』(京都大学文学部博物館図録七、一九九六年)が簡潔でわかりやすい。これは約一〇年に及ぶ現況調査『播磨国大部荘現況調査報告書』一〜七(小野市教育委員会、一九九一〜一九九八年)のエッセンスともいうべきものとなっている。(久野)

**年来同行**(六五三頁6)　重源のもとに結集した同行衆、そして鋳物師・石工など技術者集団、これらの人的集団こそ、東大寺再建事業を中枢で担った存在であった。「東大寺造立供養記」(『群書』二四)には寿永二年(一一八三)の段階で「大勧進聖人以下、同朋五十余人」とある。また、阿弥陀仏名号をもつ同行衆については石田尚豊前掲「重源の阿弥陀名号」が詳細な検討を加えている。(久野)

**如阿弥陀仏と観阿弥陀仏**(六五三頁7)　重源に随う勧進聖である同行衆。この両人は建久四年(一一九三)以来造営料国として重源の支配下にあった備前国の国衙領についても関与している。すなわち、如阿弥陀仏は宇甘郷、観阿弥陀仏は伊福郷について収納沙汰を行っていた。また如阿弥陀仏は伊賀の新大仏寺の仏頭の内記にも重源と名を連ねている。一方、観阿弥陀仏については播磨浄土寺の第二世として「浄土寺開祖伝」などに詳しい。それによれば、彼は俗姓大江氏であり、一六歳の時に平等院能円によって剃髪をうけ真言を学んだという。注目すべきは、彼は洛陽の人であり、重源の甥であったということで、このことから、伊賀国の荘園の預所となった大江師盛も同じような一族であったと推測される。仁治三年(一二四二)七八歳で没したというから、重源よりは四四歳年少であった。いち早く重源に随って勧進活動を行い、重源の同行衆の中でも最も有力な人物であった(石田尚豊前掲論文など)。本文史料後出の得阿弥陀仏・春阿弥陀仏らも同様で、彼ら同行衆の姿は、本文史料のほかに、東大寺の造営料国であった備前や周防の国衙関係の文書にも登場する。とりわけ建仁二年(一二〇二)三月日備前国麦進未進幷納所所下散用状(『南無阿弥陀仏作善集』紙背文書)は豊富な記載をもつ。(久野)

**備前国三ケ庄**(六五五頁1)　岡山県の吉井川河口近くの東岸に位置する荘園。もともと代表的な王家領荘園豊原庄南部の半不輸の地であったが、河口に近く潮損のため不熟荒野が多いところであった。重源はここを奉加米銭を種子農料として投下することで潮堤を築いて開発をすすめたのである。このいきさつは、建久六年(一一九五)五月七日官宣旨案(『鎌』七八九号)に詳しいが、この文書の前欠部分が京都大学総合博物館蔵「東大寺文書」九九号であり、両者をあわせるとこの三カ庄の状況がよくわかる。この時立券された四至をみると、「東限公領包松保　西限大河金岡庄　南限邑久郷并海　北限豊原御庄并公領長沼保」とあって、すぐ南には海に接していたばかりではなく、西には大河(＝吉井川)が流れていた。河口にあって海と川の接点にあったことがわかる。そしてこの吉井川を溯ると、東大寺瓦を焼成していた万富瓦窯にも接続するわけである。こうした交通の要衝に荘園が設定されていたことは注目される。ちなみに後出する同じ備前国の野田庄は旭川の河口近くに位置していた。

　次に「備前国三ケ庄」の内訳を見ると、

見作田畠　田九七町一段二〇代　畠四三町八段二〇代　(合計は一四〇町九段四〇代)

　南北条　五四町四段二〇代

　長沼保　七五町三段〇五代

　神崎村　一一町二段一五代

三ヶ所内無主荒野　一三五町

山〈神崎并職部山〉　海〈南北条并神崎南堺〉

河〈東河〉　塩浜〈神崎内〉

　追加　邑久郷内吉塔〈塩浜少々〉

山、河、海、塩浜を所領内に含む複合的な庄園であったこと、荒野の比重が大きいことが窺える(前掲「東大寺文書」九九号)。

　この地を重源は奉加米銭を資本として、潮堤による干拓開発をすすめたのである。まさにこの地は重源によってなされた開発の一典型であったといえる(なお久野修義編著『京都大学文学部博物館の古文書六　東大寺文書』〔思文閣出版、一九九〇年〕、「治承・寿永の内乱と重源の活動」〔『図説岡山県の歴史』河出書房新社、一九九〇年〕)。

　しかしながら、嘉禄元年(一二二五)十一月五日付の東南院家領の書上げにはこれら備前三カ庄は見えておらず、重源の開発の成果は彼の思うようには継承されなかった(『東大寺続要録』諸院篇)。ところで、近年備前三カ庄や豊原庄については、中世荘園の複合的なあり方を示すモデルの好例として、高橋一樹によって取り上げられている(「中世庄園の形成と「加納」」『中世荘園制と鎌倉幕府』塙書房、二〇〇四年)。なお、『邑久町史』史料編上、『同』通史編も参考になる。(久野)

**当寺長官故左大弁行隆**(六五五頁2)　藤原行隆は、『平家物語』三「行隆沙汰」として一節たてられていることでもよく知られた人物である。ここでは意想外にも清盛によって引きたてられて左少弁になり、それまでの不遇から脱したことが語られている。後白河院の近臣も勤めるなど実務派の能吏であった。重源が東大寺の再建事業に関わるようになったのも、行隆を介して後白河院と接触できたからだともいわれている。行隆は「帰依甚深、同心無二」(『東大寺造立供養記』)の人物であったといい、実際に、重源は建久六年(一一九五)の解状で行隆のことを「為当寺(東大寺)長官、自回禄之時、依被奉行造仏造堂、殊以住寺、朝悲仏像灰燼之姿、専造仏修復之思、夕発斉〔済〕度衆生之願、廻興絶継廃之計」とその仕事ぶりをたたえている(建久六年五月七日官宣旨案『鎌』七八九号)。さらに行隆の息子も重源の弟子となっているし、本文史料にあるように備前国三カ庄の成立にも大きく寄与しており、行隆死後もその妻子と重源との関係は保たれていた。このように行隆と重源には、単に職務的な関係にとどまらぬ親密なものがあったといえる。(久野)

**奉加米等を**…(六五五頁3)　このことについて、重源は別の文書ではもう少し具体的に記している。すなわち「潮損不熟の荒野」であった南北条・長沼・神崎の田畠の開発は

　運下若干奉加米銭等、宛用種子農料、築固潮堤、初令致荒野開発之勤畢、

という（建久六年〔一一九五〕五月七日官宣旨案〔『鎌』七八九号〕）。なお前掲「備前国三ヶ庄」の項参照。（久野）

**野田庄**（六五七頁1）　前出の備前三カ庄とともに、重源の活躍によって東大寺領荘園となった。そのいきさつは『東大寺続要録』に収められた建久七年（一一九六）十一月三日官宣旨・建久九年十二月日後鳥羽院庁下文に詳細である（『鎌』八七九・一〇二三号）。建久四年、重源は東大寺大仏殿燈油田とするために備前荒野開発を申請し、一両年のうちに二六〇町を開発したが、これは諸郷散在していて不便であるということで、一円地をもとめて野田保と交換した。建久七年のことであった。そしてその二年後の同九年には後鳥羽院庁下文によって立券され、国使不入勅事院事大小国役免除が認められたのである。その際の四至は「東限鹿田庄　西限公領三野新郷并大安寺庄　南限公領三野新郷并新堤保北限公領伊福郷」であり、有名な殿下渡領鹿田庄に西接し、西側には大安寺庄が見えるが、これらはいずれも沿岸部の所領であり、また鹿田庄は岡山平野を貫流する旭川の西岸にあったことが知られているから、野田庄も河口近くに位置する荘園であったことが判断できる。これは前出の備前三カ庄の立地とも類似するものであり、興味深い。（久野）

**南11**（六五九頁1）　東大寺図書館収蔵の「東大寺文書」（未成巻文書）10-28によった。縦三二・六センチメートル横五二・六センチメートル。端裏書として「一ヶ条起請文　法華会出仕僧綱并寺□□〔中用〕興問□〔事〕、□〔寛〕喜二年十月廿七日　貞円」との記載がある。（久野）

**東大寺文書**（六五九頁2）　「東大寺文書」は、寺外流出文書も含めると、およそ二万点にものぼるといわれ、質量とも日本有数の中世文書群である。さらにその数倍の近世文書も東大寺図書館に収蔵されている。このうち同館にある明治時代に成巻された一〇〇巻（九七九通）と未成巻八五一六通は、一九九八年国宝に指定された。中世文書の一括国宝指定としては「東寺百合文書」に次ぐ。その内容は、奈良時代のものも含まれているが、平安・鎌倉時代の古文書が他に類例を見ないほど多く、しかも当初の姿をよくとどめるものも多数あって、きわめて貴重である。『大日本古文書　家分け文書』として順次刊行中。「東大寺文書」について、その全体的な概略を知るには、さしあたり奈良国立博物館図録『特別展　東大寺文書の世界』一九九九年のほか、堀池春峰監修／綾村宏・永村眞・湯山賢一編集『東大寺文書を読む』（思文閣出版、二〇〇一年）、久野修義編著『京都大学文学部博物館の古文書六　東大寺文書』（思文閣出版、一九九〇年）、横内裕人「東大寺図書館と収蔵史料」（『古文書研究』五九、二〇〇四年）、遠藤基郎「中世東大寺文書を俯瞰する」（『年報三田中世史研究』一八、二〇一一年）などがある。（久野）

**華厳会出仕の…**（六五九頁3）　華厳会出仕に消極的で法花会には積極的、という寺僧等の行為が対照的である理由としては、両者の法会形態、また寺内での位置づけの差異が考えられている。すなわち、華厳会が講経であるのに対して法花会は論義という法要形態であるが、論義は寺僧等の昇進にとって節目をなす重要な意味を持っていたのである。平安時代末頃から、貴族等によってしばしば法華八講が行われるが、これは学僧を招請して行われた論義会であり、ここで認められることは寺僧の昇進や栄達のために大変重要であった。興福寺維摩会が南都の学僧にとって大きな意味を持っていたことは周知のことであるが、維摩会出仕以前に、東大寺内においては、得度後の倶舎三十講、ついで法花会遂業が、学僧として昇進していくための大きな節目となっていた（永村眞『中世東大寺の組織と経営』〔塙書房、一九八九年〕、前掲『特別展　東大寺文書の世界』、前掲『東大寺文書を読む』など）。したがって、このような法会の性格に原因がある以上、本文史料でなされている規定の有効性については疑問があり、事実、鎌倉末期の嘉暦三年（一三二八）にいたっても、華厳会の「会参諸僧」や「見物衆徒」が追年懈怠している状況が問題視され、不参の寺僧に対する罰則規定が定められている。すなわち、不参懈怠のものに対しては、供料下行を差し押さえることや、不参の理由釈明については三月中に行うこととされた（嘉暦三年六月二十九日東大寺衆徒評定記録〔「東大寺文書」10‐315〕）。この史料に先立つ正中二年（一三二五）、僧英寛の華厳会不出仕についての起請文が残っているが、その日付をみると卯月九日となっており、しかもその理由としては「忘却之至」で「他行」していたからという。自分はけっして「出仕不仕ノタメニ不令他行候」と述べているが、こんなところにもいかにも華厳会が軽んじられていたのではないか、と思わせるものがある（「東大寺文書」3‐3‐139）。このほかにも、この頃の寺僧起請文には華厳会不参を述べたものが数点残っている。そこでは、風邪（3‐3‐221）「折節持病」（3‐3‐227）「持病」（京都大学総合博物館蔵「東大寺文書」一四八号）などが理由となっており、なかには「依痔之所労、長座難治」（3‐3‐96）などと具体的なものもあって興味深い。（久野）

**華厳会**（六五九頁4）　本文史料に「当寺規模の大法会」とあるが、また「当寺鄭重之仏事、十二大会之規模也」（嘉禎四年〔一二三八〕四月東大寺三綱等申状〔「東大寺文書」10‐308〕）とあるように、中世東大寺の代表的な法会「十二大会」の中でもとりわけ重視されていたようである。東大寺は八宗兼学の寺ではあるが、なかでも華厳宗は枢要なものとなっていたから、その経典である華厳経の講讃法会、すなわち華厳会は当然重要なものとされた。「天平始行之道儀」（嘉暦三年〔一三二八〕六月二十九日東大寺衆徒評定記録〔「東大寺文書」10‐315〕）とあるようにその起源は奈良時代にもとめられており、『今昔物語』では大仏開眼供養の際の鯖買の翁の説話を華厳会の起源としている。しかしながら、古代における華厳会開始のいきさつは明確ではなく、ただ、平安時代にはたしかに東大寺の諸法会の中でも春の代表的なものと認められていた。『東大寺要録』諸会章には「春開華厳大会」とあるし、『延喜式』でも華厳会に官人が楽人を率いて参加することが記されている。「建久御巡礼記」の東大寺の項でも唯一取り上げている恒例法会は、この華厳会であった（『校刊美術史料』上）。その用途を調達するものとして、東大寺領荘園の中でも著名な美濃国大井庄があり、大井庄はこの華厳会と法華会料の用途を負担していた。このほかに、一一世紀後半には華厳会免田が成立するが、これは大和における東大寺の代表的な雑役免荘園でもあった。（久野）

**法華会**（六五九頁5）　天平十八年（七四六）、すなわち東大寺創建以前の段階で良弁僧正が公家に奏上して羂索院に始めたのが起源とされる。別名、桜会ともあるように、早い時期には春三月十六日に勤行されていたようである（『東大寺要録』諸会章・雑事章）。天喜年間になされた東大寺での主張によると、「件会（法花会）者、本願聖皇為興隆仏法鎮護国家、新下勅宣、始自天平十八年為御寺大会」（天喜二年〔一〇五四〕二月廿三日官宣旨案〔『平』七一一号〕）となっており、天平十八年開始という点では一致するものの、その性格づけは本願聖武の勅願を重視するものとなっており、若干異なっている。ここでの主張は、大井茜部庄収公の危機に対して本願聖武勅施入を主張しつつ寺領荘園支配をうち立てようとする東大寺側の新たな由緒の主張であった。中世の史料では東大寺法花会は、通常、十二月の十日から五日間の実施となっており、奈良時代以来の法花会との確実な関連を確かめることは難しい。

鎌倉時代になると東大寺の代表的な法会は「十二大会」と称されるが、法花会は華厳会とならんで、とりわけ東大寺の代表的なものであった。鎌倉時代の東大寺の法会とその用途負担のもようをまとめて記した「東大寺年中行事」（東大寺図書館所蔵ヤ2‐220）によって参加者をみると、四十聴衆として、東大寺二七口のほかに、興福寺七口、薬師寺二口、法隆寺一口、綱所三口と他寺僧も多く参加していたことがわかる。南北朝期に成立した法隆寺『寺要日記』によると「文永六年〈己巳〉十二月十日東大寺法花会初テ諸寺ヲ請ジテ如維摩会行之、法隆寺一口被請始出仕」と、このような他寺僧をも交えた法花会の興隆が、維摩会になぞらえたものであり、それが文永六年（一二六九）であったことを示している。

また、先の「東大寺年中行事」によると、講師は東大寺僧が二カ年、そして興福寺僧は一カ年と順次交替で勤めることとなっており、読師は東大寺の法花堂中門堂の堂衆が勤めた。このほか五師、三綱、論匠衆、読経僧が職衆として見え、そして、四人の竪者も見えている。法花会では法華経の竪義論義が実施されていたのであり、この法会は寺僧昇進の一階梯と位置づけられていたのである。「東大寺雑集録」七（『大日本仏教全書』東大寺叢書一）にはこの法花会遂業したものが、東大寺における成業・得業である事を記している。すなわち法花会は非成業（中﨟）から成業へ昇進する節目となる法会なのであった。（久野）

**南12**（六六一頁1）　東大寺図書館蔵の原文書をもとにして、『大古』東大寺七―三一四号を参考に確認を行った。料紙は斐紙一〇紙からなり、縦三三・〇センチメートル横五〇〇・四センチメートル。また「造東大寺印」という印文の朱印が三五顆捺されている（奈良国立博物館図録『特別展　東大寺文書の世界』一九九九年、前掲『大古』の注記などによる）。

また、末尾の省略した署判者についていえば、上段には、

権少僧都法眼和尚位聖然（花押）／権律師法橋上人位勝延（花押）／法橋上人位宗覚（花押）

を先頭に、以下、

伝燈大法師位恵玄（花押）／伝燈大法師位貞遍（花押）／伝燈大法師位光慶（花押）／伝燈大法師位玄渕（花押）／伝燈大法師位頼全（花押）／伝燈大法師位頼真（花押）／伝燈大法師位瞻尊（花押）／伝燈大法師位信禅（花押）／伝燈大法師位信盛（花押）／伝燈大法師位俊尊（花押）／伝燈大法師位俊慶（花押）／伝燈大法師位頼尊（花押）／伝燈大法師位範承（花押）／伝燈大法師位貞盛／伝燈大法師位宗俊（花押）／伝燈大法師位栄兼（花押）／伝燈大法師位円盛（花押）／伝燈大法師位定快（花押）／伝燈大法師位義慶（花押）／伝燈大法師位顕誉（花押）／伝燈大法師位良舜（花押）／伝燈大法師位快舜（花押）／伝燈大法師位重舜（花押）／伝燈大法師位信遍（花押）／伝燈大法師位良暁（花押）／伝燈大法師位経舜（花押）／伝燈大法師位道舜（花押）／伝燈大法師位賢舜（花押）／伝燈大法師位貞叡／伝燈大法師位賢清（花押）／伝燈大法師位慶成（花押）／伝燈大法師位宗明（花押）／伝燈大法師位聖守（花押）／伝燈大法師位快円（花押）／伝燈大法師位定春（花押）

以上、三八名（内二名は花押が記されていない）である。ついで下段には伝燈法師九八名（内二九名は花押が無し）の名が見えている。文書の奥から記すと

伝燈法師良禅（花押）／伝燈法師性尊（花押）／伝燈法師成詮（花押）／伝燈法師玄暁（花押）／伝燈法師良□〔俊〕／伝燈法師寛尊（花押）／伝燈法師隆実（花押）／伝燈法師範宗（花押）／伝燈法師光勝（花押）／伝燈法師重深（花押）／伝燈法師宗円（花押）／伝燈法師真覚（花押）／伝燈法師信舜（花押）／伝燈法師覚恵（花押）／伝燈法師定円（花押）／伝燈法師幸源（花押）／伝燈法師道恵（花押）／伝燈法師頼玄（花押）／伝燈法師盛舜（花押）／伝燈法師慶宝（花押）／伝燈法師順忍／伝燈法師正玄／伝燈法師勢範／伝燈法師慶円（花押）／伝燈法師春信／伝燈法師玄清（花押）／伝燈法師宣快／伝燈法師叡舜（花押）／伝燈法師頼重／伝燈法師良玄（花押）／伝燈法師定延（花押）／伝燈法師印操（花押）／伝燈法師仁円（花押）／伝燈法師実弁（花押）／伝燈法師定意（花押）／伝燈法師堯舜／伝燈法師宗実（花押）／伝燈法師祐賢／伝燈法師慶尊（花押）／伝燈法師尊厳（花押）／伝燈法師猷尊（花押）／伝燈法師実樹（花押）／伝燈法師良重（花押）／伝燈法師玄舜／伝燈法師実舜（花押）／伝燈法師明舜／伝燈法師祐舜（花押）／伝燈法師実胤／伝燈法師重俊（花押）／伝燈法師善弘／伝燈法師貞賢（花押）／伝燈法師貞算／伝燈法師定俊／伝燈法師良叡（花押）／伝燈

法師定詮／伝燈法師重親(花押)／伝燈法師快暁(花押)／伝燈法師寛秀／伝燈法師親勝(花押)／伝燈法師顕実(花押)／伝燈法師宣舜(花押)／伝燈法師尊顕／伝燈法師教舜(花押)／伝燈法師実承／伝燈法師賢恵(花押)／伝燈法師頼乗(花押)／伝燈法師隆寛(花押)／伝燈法師定芸(花押)／伝燈法師良寛(花押)／伝燈法師親尊(花押)／伝燈法師良秀／伝燈法師親舜／伝燈法師栄能(花押)／伝燈法師盛承／伝燈法師覚禅(花押)／伝燈法師宗信(花押)／伝燈法師盛玄(花押)／伝燈法師長芸(花押)／伝燈法師性芸(花押)／伝燈法師宗算(花押)／伝燈法師貞実／伝燈法師定寛／伝燈法師貞守／伝燈法師信快／伝燈法師性舜／伝燈法師宗寛／伝燈法師重縁／伝燈法師叡算(花押)／伝燈法師延覚(花押)／伝燈法師快尊(花押)／伝燈法師定舜(花押)／伝燈法師慶実(花押)／伝燈法師親慶(花押)／伝燈法師縁宗(花押)／伝燈法師良顕(花押)／伝燈法師叡尊(花押)／伝燈法師玄親(花押)／伝燈法師快算(花押)

以上、総計一三六名の学侶の名前を確認することができる。ちなみにこの当時の東大寺別当定済、そしてその寺務政所を構成した三綱の名などは、この中には登場していない。(久野)

**大仏殿修正壇供**(六六一頁2) 鎌倉後期における東大寺の年中行事と、その用途を負担した所領を書き上げた「東大寺年中行事」(東大寺図書館所蔵ヤ2-220)によれば、正月一日のところに以下のような記載が見られる。

大仏殿修正七箇夜〈楽人毎夜参勤之、壇供鞆田庄役、所下跡文在之〉

ところで、建仁元年(一二〇一)、伊賀国が造興福寺料に宛てられようとした時、東大寺僧綱大法師等は後鳥羽院庁にはたらきかけ、伊賀国が東大寺にとっていかに重要な存在であるかを、東大寺の国家的な位置付けとともに主張している。その中で、特に言及されているのが、百口学生の供料とこの大仏殿修正壇供なのであり、これらは「皆無非要枢之寺用」であると強調している(『大古』東大寺九―八六四号)。(久野)

**生料**(六六三頁1) 「東大寺文書」にある文永十年(一二七三)四月十日付の起請文は、近年倶舎三十講の饗が、雑掌の対捍や庄家の損亡を理由にして、「熟食」を調進せず、「生料」となっていることを非難し、今後、このようなことがあれば講経を停止することをのべている(「東大寺文書」3-3-238、『鎌』一一二三九号)。ここにあるように生料は、焼いたり煮炊きした熟食と区別されている。また、法隆寺の「金堂間私日記」(『法隆寺史料集成』二、ワコー美術出版、一九八三年)には、永仁六年(一二九八)六月晦日講の引物が「人別二連」であったが、これを指して「生料今度初歟」とし、後日の評定では、今後は「二種肴毛立、其上二連」とすることが議されている。この事から「二連」という銭の場合も生料と称されていたことがわかる。「現ナマ」の「ナマ」に通じるものであろうか。

ところで、現在、法隆寺では、毎年三月二十二日から二十四日まで聖徳太子御忌である「お会式」が行われるが、その期間中、聖霊院にしつらえられた御膳棚には「生御膳」が飾られる(高田良信『法隆寺の四季と行事』小学館、一九九五年)。そこには、人参・大根・うど・色麩などが入っているのだが、この「生御膳」なども、或いは中世の「生料」を今に伝えているものなのかもしれない。(久野)

**春秋二季の御八講米**(六六三頁2) 春は二月二十日から五日間、秋は九月二十日から五日間、東大寺鎮守八幡宮で法華八講が行われ、その出仕者に下行された供米。

建久八年(一一九七)六月十五日重源譲状(南10)の中では「鎮守八幡宮二季御八講用途料百二十斛」となっており、重源によって整備された法会であった。また「東大寺年中行事」(前掲)に当該条項を見ると以下のようになっている。

(二月)廿日八幡宮御八講五ヶ日被行之〈請僧百人加三綱定、鈍色五帖、但三綱初日第二日法服五帖〉

僧供初日木本庄〈八升八合定〉中三ヶ日大部庄〈六斗同升定〉 第五日青蓮寺〈六升〉五ヶ日口別七斗四升

(朱)「第三日論匠在之、季頭捧物同日在
之」
(九月)廿日　八幡宮御八講五ヶ日行之
供料〈初日木本庄二斗六升三合〈八合斗定〉、中三ヶ日大部庄六斗〈同斗定〉第五日青蓮寺六升〈同斗定〉　合口別九斗二升三合歟〉

建保二年(一二一四)五月日注進状(『東大寺続要録』寺領章)をみると、紀伊国について唯一あがっているのが木本庄で、

木本庄田数不能注進
鎮守八幡宮二季八講料米幷彼岸僧供等弁備之外、不及他事、鎮主相承令知行也、

ということであった。(久野)

**鎮西米**(六六三頁3)　天智天皇によって創建され、天下三戒壇の一つであった観世音寺は、古代国家の枢要な寺院として、九州随一の存在であった。しかし、平安末期になって寺勢は衰退し、保安元年(一一二〇)、東大寺の末寺となることによって、中世寺院としての新たな展開をみせていく。末寺化の際には、多くの関係文書の案文が作成され、東大寺に進上されたため、同寺関係の史料が多く「東大寺文書」の中に伝わることとなった。末寺観世音寺からは、大治四年(一一二九)には一五一八石二升八合が運上されている(『平』二一四〇号)が、一定しておらず、寛喜三年(一二三一)の東大寺衆徒らの言によると「或年者七八百石、或時者五六百石」であったという。それも「治承乱逆以後」は有名無実となり、建久六年(一一九五)、東大寺別当勝賢の時、改めて四〇〇石に定量化され、勝賢没後は三五〇石となったという。また、この寛喜三年までに年貢究済の期限は六月中とすることが「一寺共同起請已訖」とされていた。ほかならぬこの寛喜三年になる東大寺衆徒申状土代(「東大寺文書」1-16-9、『鎌』四一六九号)はそれが守られなかったことから、観世音寺別当の人事権と観世音寺領の進止権を東大寺別当のもとに置くことを奏上したものである。本文史料にもあるような、鎮西米三五〇石で六月期限ということは、このように鎌倉前期以来のものであった。

なお建保二年(一二一四)五月日東大寺の寺領注進状(『東大寺続要録』寺領章)には観世音寺について

寺領田数不能注進〈四封四庄〉
本寺年貢三百五十石

とあり、また「東大寺年中行事」(前掲)中にも鎮西米が各種の法会の費用に充てられていることが確認できる。(久野)

**九口講供料**(六六三頁4)　鎮守八幡宮・大仏殿・政所坊の三カ所で、各三人ずつの学僧が行う仁王経転読に対する供料。

「東大寺年中行事」(前掲)は十二月晦日までの年中行事用途を記した後、「此外所下等」としてまずあげるのが、この九口講供料であった。

二十七石　九口講供料〈八幡宮三口、大仏殿三口、政所坊三口、已上、僧綱已講、転読仁王経、供料各三石宛定也〉

本文史料の文永段階では口別供料が五石であったのが、「東大寺年中行事」の正安年間には三石に減少している。

この九人の僧侶たちは、東大寺別当が就任するごとに任命されたらしく、新別当の初任吉書記録の際に登場している。たとえば仁治二年(一二四一)正月二十日新熊野法印定親吉書日記(「薬師院文書」)には

一　九口講衆事
栄源律師　樹詮得業　乗玄〻〻
光暁〻〻　蔵円〻〻　貞円五師
定慶擬講　宴永得業　慶賢五師
　已上如元無違乱、

となっており、九人の僧侶が新任の別当のもとでも、もとの如く継続して講衆とされている(『鎌』五七二二号)。(久野)

**寺斗**(六六三頁5)　「東大寺年中行事」(前掲)は、東大寺の執行が、年中行事の遂行にあたって、その職務上、知っておくべき事柄についてまとめた手控えという性格を持つが、事実、この中には「一所下存知事」という項目が末尾近くに存在している。そして、そこには枡の換算比

率が記載されていた。たとえば「国斗一石ハ寺斗延一石八斗也」とあり、国斗での一石は寺斗に換算すると一石八斗にもなるということがわかる。すなわち国斗は寺斗の一・八倍もの大きさの容量があったことが知れるのである。ただし、これ以外の所では、国斗と寺斗は一・二〜一・三倍ともしている。ともかく国斗の方が寺斗よりも大きかった事だけは共通している。中世において様々な大きさの桝が用いられたことについては、この分野の古典的研究である宝月圭吾『中世量制史の研究』(吉川弘文館、一九六一年)に詳しいが、東大寺においても、実に様々な桝があった。納入桝や下行桝、さらに納入桝も料所ごとに種々の大きさがあり、寺内ではその換算も行われていた(永村眞『中世東大寺の組織と経営』第四章第一節、塙書房、一九八九年)。また、中世の桝について近年の成果として稲葉継陽「中世社会の年貢収納桝」(『戦国時代の荘園制と村落』校倉書房、一九九八年)がある。(久野)

**顕密供**(六六三頁6)　大仏殿で行われる顕密供については、たとえば『東大寺造立供養記』(『群書』二四)によると次のようなものであった。大仏殿内にて「真言十二口之浄侶」が日々「両部之法」を勤行し(A)、そして「顕宗三十人之碩徳」が長日最勝王経を講談(B)。こうして聖朝安穏、宝祚長遠、武家泰平、関東繁昌、四海安寧、万民快楽が祈念された。さらに浄行二〇〇人が供花(C)に携わった。この供花や両部大法は建久七年(一一九六)に始まったという。これらは、先に本文史料であげた重源譲状(南10)に記されていた「大仏殿両界供養法壇供并供僧十二口料」(A)、「同最勝王経仏供并講衆三十供料」(B)、「同不断供花禅衆二百口料」(C)と合致し対応していることがよくわかる。また、「東大寺年中行事」(前掲)によれば

　一　大仏殿長日最勝講事
　　講衆三十人〈此内二十九口僧綱已講成業勤之、今一口中﨟一﨟勤之、已上三十人〉
　　密十二人　当寺九口、今三口末寺、光明山・笠置寺・崇敬寺
　　供料口別六石九斗〈大部庄、北伊賀庄、椹野庄等所下、東南院料斗定〉

とあって、先の記載と合わせてみれば、Aは東大寺から九人、残りの三人が末寺から一人ずつであったことがわかる。またBの三〇人は、二九人が僧綱已講成業という上﨟僧で、あと一名が中﨟僧の一﨟であったこともわかる。さらに供料を負担する三カ所の所領は、東南院桝が用いられていたらしいことも知れよう。

　そしてこの法会については、重源が成し遂げた東大寺大仏殿の再建というものの宗教的内実が、金剛界・胎蔵界と真言八祖という密教的要素と、奈良時代以来の護国の四天王と最勝王経の長日御読経という顕教を組み合わせたものであり、まさに顕密仏教の具体化でもあった(南10の「大仏殿両界供養法壇供…」の項参照)。(久野)

**本願の昔**(六六五頁1)　東大寺は一一・一二世紀、寺領荘園の支配を整備していく時期になると、さかんに本願聖武天皇との関わりという由緒を持ち出す。それは必ずしも史実とはいえず、むしろ、この時期、中世寺院として東大寺が転生していくにあたり、新たに生成してきた東大寺の自己認識であり、中世的縁起とでもいうべきものであった。聖武天皇は本願聖霊として、東大寺の荘園支配を正当化するための一つのよりどころとなった。おおむね、このような趨勢は一〇世紀頃に始まり、一一世紀半ばになるとはっきりとした形をなす。そして、鎌倉期になると、今度は、聖武天皇に加えて良弁・婆羅門・行基もあわせて言及され、いわゆる「四聖」の縁起へと連なってゆく。本文史料にも見えているが、本願聖霊聖武天皇が行ったという一万町水田・五〇〇〇戸封戸の施入というのも、このような縁起形成の一環であった(久野修義「中世東大寺と聖武天皇」『日本中世の寺院と社会』塙書房、一九九九年)。(久野)

**本学生供**(六六五頁2)　本学生供の起源については、大治五年(一一三〇)三月十三日東大寺諸荘文書并絵図目録(『平』二一五六・二一五七号)には

「一通　猪名・茜部両庄被寄学生供文〈禅林寺律師（永観）御任〉」とあって、東大寺別当永観の任中（一一〇〇～一一〇三）に立てられたことがわかる。

永治元年（一一四一）の東大寺側の言い分によれば、茜部庄の年貢を学徒一〇〇人の衣装料としたのは、天平十九年（七四七）三月二十八日聖武天皇勅施入になる「学問僧等衣服料」の「絁二百疋」が停廃したため、そのかわりであったという（永治元年十月二十九日東大寺牒案『平』二四五二号）。中世東大寺は寺領支配の由緒にしばしば聖武天皇との関係を持ち出すが、これもその一例といえる。ともかくこのような「本願勅施入」の重要な由緒を持つ荘園ということで、さらに中世を通じて絹・綿を年貢として負担させたのである。くわえて平安末期の承安五年（一一七五）、黒田庄の出作新庄から米が供料として宛てられるようになると（南8）、こちらを新学生供と称し、以前からの供料を本学生供といった。「東大寺年中行事」（前掲）には、これらの学生供について、次のような記載が見える。

一　百口学生供事
　供僧　僧綱・已講・成業・中臈入之
　　本学生供料〈茜部庄役口別美絹一疋綿両
　　　所下也、此外等分加分米築
　　　瀬庄所下也〉
　新学生供料
　　米一石三斗　大豆七斗〈八合升定〉
　　出作新庄両庄役〈新庄三分一、出作三
　　　分二下行之〉
一　五十学生供
　供僧　中臈・方広衆等
　　供料宮野庄役〈元者雖為二石、近年一石
　　　下之〉

なお南8の「常住学生百口供料」の項参照のこと。（久野）

**五十学生供米**（六六七頁1）　前項（「本学生供」の項）に示したように「東大寺年中行事」には百口学生が僧綱・已講・成業・中臈からなっているのに対して、五十学生供は中臈とその下位に位置づけられる方広衆というように、前者に比して相対的に浅臈・低位の僧からなっている。「東大寺年中行事」四月十二日のところにある「五十供講経被行之」とあるのが、五十供学生の事と思われる。本文史料に四月を下行の期限としているのは、このような行事日程が関係していよう。貞永元年（一二三二）、宮野庄の預所上野法眼覚厳は沙汰の趣が「未曾有」であるとして年預所によって改易され、かわって顕弘が任命されている。この時、新預所顕弘は毎年四月上旬を期限にして一〇五石五斗并饗膳用途を進めるという請文を提出している（『鎌』四三二〇・四三二一号）。四月上旬という期日はまさに四月十二日の講経日を意識してのことであろう。（久野）

**寺帳を擯出**（六六九頁1）　中世東大寺の寺僧は、一般に僧団の一員として大衆・衆徒と称されるように衆に交わりつつ、教学研鑽や法会遂行を行った。そこで、彼等は寺僧帳や名帳に記載され、文字通り「名字」を交えたのである。これに基づいて法会の出仕や供料の下行なども行われた。したがって寺帳から擯出されることは所職の改替と同様の意味を持ったのである。法会や集会に出仕して寺役をつとめ、かわって寺恩をうけるという、こうした寺僧としての基本的なあり方が否定されること、これがまさに「寺帳を擯出」、また「名字を削る」、という事であった（永村眞前掲『中世東大寺の組織と経営』、久野修義「中世寺院の僧侶集団」〈前掲『日本中世の寺院と社会』〉など）。（久野）

**庄務職を…避り出だささる**（六六九頁2）　本文史料は、学侶に対する供料下行の期限遵守という事に大きな眼目がある。というのも、それを困難にする状況があったからである。具体的に鎌倉期の庄務権の保持者を、ここであげられている所領についてみれば

伊賀国鞆田庄（尊勝院）、播磨国大部庄（東南院もしくは西室院）、紀伊国木本庄（西室院）、伊賀国青蓮寺（直務）、周防国椹野庄（東南院・西室）、伊賀国北伊賀庄（尊勝院）、美濃国茜部庄（直務）、伊賀国黒田新庄（尊勝院）同出作（東南院）、周防国宮野庄（東南院）

すなわち、ここに見えるように供料の財源となる荘園の経営を行っている領家・給主というのは、ほとんどが院家であり、彼等の動向に大きく影響されていたのである。院家は寺家の内部に含まれながらも独自の経営と組織をもち、その所領経営についても自律的に行った。俊乗房重源が東南院定範へあてた譲状では、「一向付東南一院之進止、然者雖経代々、院家知行之人相承之、可被致其沙汰、敢莫分渡余所他門、又莫懸惣寺別当所司三綱之進止」(南10)というような、寺内における別相伝の原理がみられた。こうして、いわば東大寺全体を代表するような公的存在である寺家や惣寺に対して、私的な門流・門閥としての院家が形成されていた。かかる門流の立場が強くなると、惣寺としての立場や活動が困難になる、本文史料はこのような状況をよく示すものである。こうした動向を受けて、鎌倉後期には、次第に庄務権が院家から惣寺へと移動していくことが、稲葉伸道によって指摘されている(『中世寺院の権力構造』第一章、岩波書店、一九九七年)。本文史料に示された、供料下行の違背に対する罰則としての庄務権移動という対処は、こうした庄務権移動の正当性を支える論理を如実に示すものであった。(久野)

**南13**(六七一頁1)　軸装一巻　二七・二センチメートル×一二四・〇センチメートル　東大寺図書館蔵(貴104-807-1)後補紙端裏に「戒壇院定置〈凝然〉」とあり、本文の奥には次のような記述がある。

于時長享元年〈丁未〉十二月三日於賀州軽海郷金剛仙寺、右件旧記令拝見之間、且思先師上人掟旨、且為末葉愚輩傾志、乍率爾写留者也、

東大寺戒壇院比丘叡義〈生年四十六〉

本文史料で底本としたのは、このように室町期の写であるが、ただ冒頭一紙分のみについては、凝然自筆のものが掛軸装にされて残っており(「東大寺宝庫文書」八八)、その部分については同文書を参考にした。

なお堀池春峰監修/綾村宏・永村眞・湯山賢一編集『東大寺文書を読む』(思文閣出版、二〇〇一年)にこの文書全体の写真・釈文、および佐伯俊源による簡潔な解説がある。(久野)

**凝然戒壇院定置**(六七一頁2)　戒壇院住持の凝然が大仏殿修正壇供戒壇院の由緒を語り、自らの死後について、その後継者を定めるとともに、戒壇院において勤めるべき行学について記し置いたもの。

凝然(一二四〇〜一三二一)については後掲の「凝然」の項参照。本文史料は、円照のあとを継いで戒壇院中興第二世となった凝然が、老齢をむかえてその後継者選定にあたり作成したものであるが、戒壇院中興の歴史を概観した上で、中興者円照上人の法流につらなる師資相承の原理を重視し、そして華厳・律を中核にした諸宗兼学のあり方を維持することを求めたものである。中世の東大寺戒壇院のあり方を見る上でもきわめて貴重な資料である。(久野)

**東大寺戒壇院**(六七一頁3)　東大寺内の一画に設けられた戒律の道場。僧侶が受戒する戒壇が設けてあった。

鑑真が天平勝宝六年(七五四)四月大仏殿前にて臨時の戒壇を設けて行った授戒は仏教界が念願していた日本における最初の本格的な受戒であった。この鑑真の来日を機に、翌年十月、常設の受戒道場として戒壇堂が建立された。その後、講堂・僧坊・回廊・中門・食堂などが順次整備され、この場所は戒壇院として独立した寺院のような一郭を形成した。その後、治承四年(一一八〇)の兵火にあうが、鎌倉期の戒律復興運動の中で徐々に再興整備される。とりわけ凝然の師にあたる円照は戒壇院再興開山と評される。この間のいきさつについては本文史料や『円照上人行状』(東大寺教学部編『東大寺円照上人行状』東大寺図書館、一九九七年)がよく伝えている。中世の戒壇院のもようは「戒壇院古図」や、凝然作「梵網疏戒本日珠抄」の紙背に見える戒壇院僧坊指図によって窺うことができる(奈良国立文化財研究所『奈良時代僧坊の研究』〔一九五七年〕、『奈良六大寺大観』九〔東大寺一〕〔岩波書

店、一九七〇年)。その後、文安三年(一四四六)、永禄十年(一五六七)に火災にあい、現在の戒壇堂は享保十八年(一七三三)に復旧されたものである。有名な天平時代の四天王塑像も、本来の戒壇院にあったものではない。なお、GBS実行委員会編『論集　日本仏教史における東大寺戒壇院』(法蔵館、二〇〇八年)によって近年の研究状況を知ることができる。(久野)

**聖武天皇の御願鑑真和尚の建立**(六七一頁4)　聖武天皇(七〇一～七五六、在位七二四～七四九)は東大寺大仏殿前で、唐から来日した鑑真(六八八～七六三)から受戒。そのすぐ後、戒壇院建立の宣旨が発せられ、天平勝宝七年(七五五)十月には供養が遂げられた、という。(久野)

**その後…**(六七一頁5)　この定置を作成した凝然の別の著作『円照上人行状』(前掲)には、本史料と関連深い記述が見られる。いま同書によって戒壇院再建のいきさつを摘記すれば、以下のようになる。まず重源が、「建久八年丁巳、造立戒壇金堂」とあって、彼はまず受戒堂のみを再建。これについて重源の作善目録にあたる『南無阿弥陀仏作善集』は、「一　東大寺」の中で「戒壇院一宇〈五間四面〉」と表現している。ついで重源のあとを継いで大勧進となった栄西が「金堂之回廊幷中門」を造り、さらに荘厳房法印行勇は「講堂幷両方廊宇」を造る。この行勇の造立については、西迎房蓮実の熱意ある勧誘によるところが大きかったようである。ついで三面僧坊再建についても西迎房は尽力し、興福寺良詮大徳(賢順和上)に成功をすすめることでそれを実現した。ちなみに戒壇院中興の祖とされる円照を戒壇院に招いたのも西迎上人蓮実であった。西迎上人は東大寺大仏の燈油聖としての活躍も知られているが、このように東大寺戒壇院復興の立役者として活躍していた。(久野)

**西迎上人**(六七一頁6)　東大寺燈油聖の始祖とされ、大仏殿燈油・石壇の勧進につとめたほか、円照を招き戒壇院の再興にも活躍した。本史料の筆者凝然は彼の功績をたたえ「西迎上人行状」(東大寺図書館蔵)を作成している。また、同じく凝然作の『円照上人行状』上(前掲)にも詳しい(「賢順和上」の項参照)。凝然は西迎の死後、燈油聖をつとめた信聖が辞任を申し出たとき、彼に対して西迎の意志を継ぎ、大仏燈油の興行をはかるよう書状をしたためている(『凝然大徳事績梗概』四四頁(東大寺教学部、一九七一年)、永村眞『中世東大寺の組織と経営』五五九頁(塙書房、一九八九年))。(久野)

**賢順和上**(六七一頁7)　興福寺西金堂衆良詮。賢順は房号。西迎上人の勧めで成功によって戒壇院北僧坊を建立。これによって僧綱位(権律師)に昇った。戒壇第九二代和上。

『円照上人行状』上(前掲)には、賢順が戒壇院僧坊の造営にあたった事情について、西迎上人の力が大きかったと、次のように記している。

講堂已北有三面僧房、北室二十三間、東西両房各是七間、唯有礎石、亦未建立、実公(西迎上人蓮実)奔馳四方、欲建立之、興福寺西金堂衆有良詮大徳、房号賢順、実公勧彼令昇綱位、遂経奏聞、即達所望、詮公昇僧綱位、忽造北室、是律師之功也、雖望正律師位、而久絶不行、無有勅許、仍寛元々年癸卯、任権律師、于後寛元四年丙午任権少僧都、(略)雖是詮公(良詮)成功、遂造営事、偏是蓮実上人之力、

(久野)

**凝然**(六七三頁1)　凝然(一二四〇～一三二一)については、『凝然国師年譜』(大屋徳城編、一九二二年)、『凝然大徳事績梗概』(東大寺教学部、一九七一年)がまとめられており、その生涯や足跡をたどる上で大変参考になる。特に後者には各年次における史料とともに、参考資料として凝然著作の本奥書が付されており、役に立つ。それらを参考にすると、凝然が生まれたのは、延応二年(一二四〇)伊予国越智郡高橋郷(現愛媛県今治市)で藤原氏であったという。後になっても伊予国に私有田九反を持っていたことが確認でき(『凝然大徳事績梗概』三九頁)、また、凝然の弟子として多くの著述を譲得することになる実円禅明房が彼の甥であることからすれば、伊予国における在地の有力な一族の出身であったと思われる。凝然は、当初、山門で菩薩戒を受け

ているが、後に南都に転じ、一八歳で東大寺戒壇院にて別受戒、そして二〇歳で円照から具足戒を受けている。円照の教禅律一体の学風を継承し、そのあとを継いで長く戒壇院長老をつとめた。このほか法然門下の九品寺長西からは浄土、真空や聖守から真言密教、そして本文史料にもあるように華厳を宗性から学んでおり、まさに彼はその有名な著『八宗綱要』を著すにふさわしく幅広い教学を身につけていた。その学識は、応長元年(一三一一)『三国仏法伝通縁起』にもよく窺える。ちなみにこの書物は後宇多法皇にも進覧された。凝然は徳治二年(一三〇七)十一月二十一日後宇多法皇の戒壇院受戒の戒師でもあり(『凝然大徳事績梗概』六七頁)、延慶四年(一三一一)には舎利講式を後宇多に進覧するなど、厚い信任を受けている(『同』七七頁)。なお島地大等『日本佛教教学史』(明治書院、一九三三年)は、凝然について、その博学ぶりや、諸宗に寛容な態度を特筆しており、独自の思想というよりも「日本の一大著述家」という点に彼の特質を見出している(前掲書四〇八頁)。確かにその著作は膨大であり、その数は一二〇〇余巻にのぼるともいわれ、晩年に至っても「老眼を拭い」ながらのその熱意は衰えることはなかった。先にあげた著作のほかにも、もとより華厳部・律部が中心ではあるが、浄土法門源流抄や三経義疏の注釈、声明類に関するものなど膨大である。(久野)

**禅爾円戒房**(六七三頁2)　禅爾の略歴については、凝然が正安四年(一三〇二)に著した『円照上人行状』(前掲)によって簡潔に知ることができる。同書には円照受戒弟子を列挙した部分があるが、それによれば禅爾が凝然のもとに来て学んだのが文永九年(一二七二)の事であることがわかる。また彼は、凝然の上足の弟子と高い評価が与えられている。

『円照上人行状』巻下

円戒房中一、後改禅爾北洛人也、十九落髪、就大乗院琳海大徳、帰入律門、年二十一住金山院、随于凝然、創学華厳、俊爽叡敏義解縦横、至二十三、随照和上(円照)受具足戒、与有海同壇、即文永九年甲戌四月也、次住戒壇院、律蔵華厳、研精積功、次住賀州無量寿福寺、為衆講敷華厳宗諸章等、後移住泉州久米田寺、彼寺者本行基菩薩草創建立之所也、(略)尊公(顕尊上人)譲之(久米田寺長老職)禅爾、檀那帰宗、荘厳世諦、講宣華厳、弘敷律蔵、多生学者、頻出智人、随真言院聖然上人、伝受密蔵、好修坐禅、法行甚昌、説法開導、遠近皆帰、華厳・律蔵、秉持弘伝、乃凝然之上足門人也、

このほか、正応五年(一二九二)凝然は、禅爾を「識性敏貞、学解多功」として華厳の一〇軸の聖教を与えており(『凝然大徳事績梗概』〔前掲五二頁〕)、凝然がこの禅爾を嘱望していたことが窺える。凝然が後継者としたのも当然といえる。事実、彼は円照・凝然のあと第三世戒壇院長老となった。また、弘安六年(一二八三)には先の伝記にもあるように禅爾は顕尊のあとを継いで和泉国久米田寺長老となっているが、その在任中の活動もめざましい。勧進活動により久米田池の大規模な修築を実施したほか、教学興隆にも大いにつとめている。東国における華厳教学確立者と評価される金沢称名寺湛睿はその門下であり、禅爾は東国華厳教学生成の歴史にも大きく寄与した(『本朝高僧伝』、『岸和田市史』二)。(久野)

**実円禅明房**(六七三頁3)　凝然著作の本奥書にはしばしば実円の名前が登場するが、そこで彼のことを「俗甥法子実円」(『華厳法界義鏡』上、『凝然大徳事績梗概』〔前掲五五頁〕)としている。このほかにも多くの著作が実円に与えられていることがその奥書からわかる。たとえば、徳治二年(一三〇七)から延慶二年(一三〇九)にかけて著述された『華厳探玄記洞幽鈔』一二〇は実円禅明房の懇請によって、彼のために老眼を拭いつつ述作されたものであった。このほかにも奥書から同様のことが判明するものとして、『華厳五教章通路記』『華厳法界義鏡』『梵網戒本疏日珠鈔』など多数にのぼっている(以上いずれも『凝然大徳事績梗概』に

は、実円宛の凝然書状も数点採録されている。（久野）

**祖忌檀忌**（六七五頁1）　本文史料にあるこれら忌日法要について、少し時期が降るが、東大寺図書館に架蔵される「東大寺戒壇院年中行事」（第二七函三四号）の記載が、その具体的な内容を示している。本書を翻刻・紹介した横内裕人は、これが一五世紀後半に成立したものであるとしたうえで、ここに記載されている法会として、中国祖師（唐の南山律師道宣、鑑真和尚、北宋の大智律師元照）や円照以来の歴代戒壇院長老、および有縁僧俗の忌日法要が記載されることを特記している。同書に追記されている文明二年（一四七〇）二月四日付の年中行事規式によると、「長老忌」には理趣三昧、檀那忌には無言行法が行われていた。さらにこのほかに羅漢供が寺辺郷住民の忌日に催されている（横内裕人「「東大寺戒壇院年中行事」に見る中世戒壇院の諸相」〔科学研究費補助金基盤研究成果報告書『東大寺所蔵聖教文書の調査研究』研究代表者綾村宏、奈良文化財研究所、二〇〇五年〕、のち横内『日本中世の仏教と東アジア』〔塙書房、二〇〇八年〕）。（久野）

**南14**（六七七頁1）　本文史料には、同筆による訂正挿入の箇所がみられることから、これは案文（土代）だと判断される。二枚の料紙からなり、その右上端部が紙継によって綴じられている。文章が途中から始まっているので、この前にも別紙があったらしいが、現在不明。法量は縦三二・八センチメートル、横（二紙分の総計）九二・六センチメートル（奈良国立文化財研究所編『東大寺文書目録』二〔一九七九年〕による）。「東大寺文書」2-2として東大寺図書館蔵。（久野）

**東大寺衆徒評定記録**（六七七頁2）　衆徒評定記録は、衆議によって定められた決定事項を成文化したものであるが、このような様式による寺院集会を規定した本文史料は、中世寺院における会議法の一典型として、つとに中村直勝「僧団会議法の一齣」（『桑原博士還暦記念　東洋史論叢』弘文堂、一九三〇年）が取り上げて検討を加えて以来、よく知られているものである。ここに示された、開催日の定例化や、出仕・欠席の際の作法、無断欠席に対する罰則規定、さらに不参の際に提出する起請文の雛形など、いずれも寺僧等自らの手で定められ、そして自らを律した集団規範として、中世寺院における寺僧自治のありかたを考えるうえで、まことに豊かな素材を提供している。

　ところで、この規定が成立したいきさつだが、この評定記録が作成された嘉暦三年（一三二八）十一月という時期に注目してみると、これはちょうど東大寺別当と年預所との間で、頻繁にやりとりがなされていた時期でもあった。たとえば、この年の八月から十一月までのわずか三ヵ月の間に、両者間での直接のやりとりを示す文書が、三〇点以上も確認できる。そしてその中には、本文史料と密接に関わる次のような史料が含まれているのである（「東大寺文書」1-1-258）。

　すなわち、まず東大寺別当からの仰詞として、

> 嘉暦三年十月五日
> 寺門衆会間事、毎月六ヵ度定式日可有衆会評定、取整中間五ヶ日之状事、終日之間可被結束、則於可被申寺務之篇目者、件日々可被参申、此両条如此雖被定、急事出来之時者、雖為何日、不嫌昼夜、可有其沙汰也、然者彼式日除寺門故障之日、早可被定注進候哉矣、
> （その他の条項は省略）

そして、この別当からの仰せに対して、年預五師を世話役とする惣寺の側は、次のように言っている（「東大寺文書」2-5）。

> 就嘉暦三年十月五日仰詞、同六日衆議条々
> 一惣寺集会毎月六ヵ度事、任被仰出之旨、可有其沙汰候、日次等能々治定後、可令進事書、又衆議評定之趣、毎度記申詞可参申之条、不可子細候、

これら二つの史料が述べている毎月六度の「惣寺集会」についての諸規定こそ、まさしく本文史料につながるものであろう。つまり本文史

料に見える諸規定は、別当との頻繁なやりとりの中で形成されたらしいことがわかる。特に集会の実施を月六度としたことは、別当からの提案であったことが窺える。このような提案をうけて、寺僧等の側では、さらに出仕や欠席についての具体的な規定を独自に定めたわけである。つまり中世寺院における寺僧の自治というものも、決して単純な一枚岩であったのではなく、時には緊張や対立をもはらんだであろう構造の中で、形成されてきたことを思わせる(なお久野修義「鎌倉末~南北朝期における東大寺別当と惣寺」『日本中世の寺院と社会』塙書房、一九九九年)。さらに、本文史料から窺える集会の定例化のようす、出欠の手続きや罰則規定の整備をみると、この惣寺集会というものが、絵巻物などで広く親しまれている「僧兵」の集団的示威行動や蜂起というイメージと大きく隔たっていることがわかるだろう。惣寺集会はけっして満寺大衆蜂起というものではなく、むしろ一定のメンバーによる集団的な寺院運営のあり方の恒常化された姿を示すものといえよう。

　ところで、ここに窺える欠席の際の起請文提出や、無断欠席に対する罰則としての科酒ということは、この時初めて定められたというわけではなく、以前から既に行われていた事柄でもあった。一例を示せば本文史料が作成されるすこし以前の時期、正中二年(一三二五)の東大寺満寺評定記録(「東大寺文書」1-12-100、堀池春峰監修/綾村宏・永村眞・湯山賢一編集『東大寺文書を読む』五〇~五一頁〔思文閣出版、二〇〇一年〕)がある。これは大部庄の公文職相論に関しての沙汰人集会に関するものであるが、この中に次のような規定がある。

(略)自今以後、催集会之時、於見病他行等之仁者、可被出厳重之起請文、至自由之故障者、即事可行五人合之咎、若有難渋之儀者、抑最初下行之供料、為年預沙汰、可被勤仕其科怠也、而若寄事於左右、有不参之輩人数減少事雖在之、集会及三分二者有沙汰(略)

すなわち、欠席の際には起請文を出すこと、正当な理由なく欠席した場合には「五人合之咎」という科酒を負担させ、それもしないときは供料から差し引かれることなどが窺える。さらに加えて定数を三分の二とすることなども見えている。

　本文史料は、このように寺内運営について既に行われていた様々の前例をふまえ、それをうけて改めてここで成文化がなされているという一面をもっていたのであろう。なお「三人合の科」「半連」「起請案文の事」の各項も参照。(久野)

**二十九日を式日**(六七七頁3)　本文史料が月六回集会を規定していることは、史料中に「六度法令」とか「促集会於六ヶ度」とあることからも確実である。本文史料にあるように「先々大略連日依催集会」という煩いをさけ、定例化したのであるが、これは前項補注「東大寺衆徒評定記録」で示したように、別当の側からの要請でもあった。本文史料は鎌倉後期における寺僧集会の興隆を窺わせるが、その一方で、後出するように欠席の際の作法が事細かに規定されていることに、寺僧等が集会を懈怠する傾向があった事も読みとれよう。建武二年(一三三五)四月の東大寺衆徒等起請文案は、満寺老若が集会を催された時には、自由等閑することなく出仕することをわざわざ起請したものである(「東大寺文書」1-1-327)。この点、法会の出仕の場合と同様であった(南11参照)。

　この後、貞治七年(一三六八)二月二十九日満寺評定記録では、定例の集会を毎月三日・十二日・二十三日の三回とし、急用があったときは臨時の集会を持つこととしている。さらに欠席の際の罰則も本文史料の場合よりも緩められている(『大古』東大寺九―八五四号)。以後、月三度ということは定着したらしく、新旧の年預五師が引継ぐ文書目録にあたる勘渡帳には、「一通　毎月三ヶ日集会記録」(応永三年〔一三九六〕分、「東大寺文書」3-11-15など)や「一通　毎月三ヶ日集会記録／二通　同集会記録」(応永十年分、「東大寺文書」8-13など)というのが散見している。

ちなみに、東大寺以外の例でいえば、暦応三年(一三四〇)の東寺供僧中評定式目(真14)では、集会は毎月三・十三・二十三日の月三度午刻としており、高野山では、徳治三年(一三〇八)に、「大集会」は毎月十・二十・二十八日の三度としている(「高野山文書」、『又続宝簡集』、『鎌』二三四二九号)など、月三度という例は多い。(久野)

**念仏堂**(六七七頁4)　現存する念仏堂は、東大寺大仏殿伽藍の東方の丘陵上に、鐘楼・俊乗堂・行基堂とともにあって一郭を形成している。念仏堂は方三間の鎌倉中期建立の建物で、本尊は嘉禎三年(一二三七)銘をもつ地蔵菩薩である。「東大寺中寺外物絵図」(東大寺図書館蔵)では、この建物は地蔵堂となっている。さらにその西北の現俊乗堂の位置には、浄土堂の跡が描かれている。この浄土堂とは重源が形成した東大寺別所の中核であったと考えられる施設で、永禄十年(一五六七)の兵火で焼失するが、こちらを指して念仏堂と称した史料もあり、或いは、本文史料でいう念仏堂というのは、こちらを指すのかもしれない。ところで、重源譲状(南10)の中略部分にはこの浄土堂が「鐘楼岡」にあり、さらに「鐘楼谷別所」も同様に東南院定範に譲られているが、この鐘楼とは、その後、第二代大勧進栄西によって建立された現存の鐘楼である。本文史料が示すように念仏堂の太鼓が集会の時を告げ、そのごく近くには鐘楼もあるわけで、これらを考え合わせると、大仏殿伽藍の東方にあった、東大寺別所に由来するこの一画は、音による人々への合図を行うことで、いわば寺内の時間を管理するという役割を持つ場でもあったといえよう。(久野)

**三人合の科**(六七七頁5)　本文史料では集会に遅刻・早退の場合は三人合、不出の場合は五人合の科となっている。これが科酒であることは、既に中村直勝前掲論文も指摘するところであるが、たとえば貞和五年(一三四九)閏六月十五日東大寺衆議記録(「東大寺文書」1-8-35)や貞治七年(一三六八)二月二十九日満寺評定記録(『大古』東大寺九—八五四号)などの「五人合之科酒」との表記があることからわかる。

このうち前者は次のようなものである。

記録　河上庄年貢沙汰集会料事
右、夏中御共并籠衆閏月相折米忽及闕如、又等分之供料減少之間、廻交名唱集会之処、或無進奉、或不及于請暇、大略依為自由之難渋、無評定之条、云当時云未来似忘興隆、云公平云私用、豈非損失乎、所詮於現病他行者、翻牛玉之裏、可被出誓文於衆中、至臨期之指合者、自身有出仕可請暇、不然者、準五人合之科酒押一連而可入立闕分之公平之旨、依衆議記録如件、
貞和五年閏六月十五日年預五師頼昭

集会欠席の場合は牛玉宝印による起請文を提出することが見え、無断欠席の場合、五人合の科酒ということが見える。なお正中二年(一三二五)十一月三日の大部庄公文職相論に関する評定記録でも、現病他行の時は起請文提出、無断欠席は五人合の科と、同様の規定であった。ところが、貞治七年二月二十九日満寺評定記録(『大古』東大寺九—八五四号)の場合は、集会がここでは月三回となったことは既述したが、罰則についても、不参三回で五人合の科酒と緩やかになっている。

こうした罰則としての科酒は集会不参のみならず、寺僧の法会不参の際にも集会の場合に先行して広く見られるものであった。法会と集会出仕は、中世寺院を構成する寺僧等にとって不可欠な奉公なのであった。(久野)

**半連**(六七九頁1)　本文史料にもあるように、五人合の科は一連に相応していたわけであるが、「東大寺文書」中にある別の史料では、五人合が一〇疋に匹敵していることを示す例がある。この点、既に中村直勝「僧団会議法の一齣」(前掲)も指摘するところであるが、たとえば鎮守八幡宮の延文五年(一三六〇)五月の寺門安全般若心経祈禱の場合、不参の罰則は、「五人合の科」(3-9-181)とあるものが、応永三十二年(一四二五)閏六月の祈禱の場合は「拾疋」となっている(3-9-200)。このほかにも「東大寺文書」(3-9-

34・84・158〜161・207・208・213・220・268など)に、このような例が見えている。以上から、五人合の科酒＝一連＝一〇疋＝一〇〇文と考えられよう。

　また、酒代ということで見た場合、本文史料によると、一連は五人分の酒代に相当することになっていた。これを、試みに一五世紀の記録でみると、酒一斗がおおよそ一〇〇〜二〇〇文となっている(京都大学近世物価史研究会『一五〜一七世紀における物価変動の研究』読史会、一九六二年)。五人分の酒が、一石ということはないだろうから、一連は一貫文ではありえず、ここからも一連は一〇〇文＝一〇疋と判断されよう。

　「東大寺文書」をみると、不参の罰則規定ということは、集会の場合よりも法会についての場合が先行するようで、だいたい鎌倉時代の後期、弘安年間頃から五人合の科というのが見え始めるようである。また、室町期になると、科酒よりも科料銭による罰則のほうが次第に多くなる傾向もあるようである。(久野)

**小綱**(六七九頁2)　本文史料に見える如く、集会が開催される際、小綱は寺僧のところに赴き出仕への催しを勤めとしている。寺内においてこのような雑役を行う一方で、寺家の下級職員たる公人の上位にあって、公人とともに、荘園の現地にも使者として派遣されている。具体的な人名として、良慶(嘉禎四年〔一二三八〕八月四日東大寺年預所下文案〔『鎌』五二九二号〕)や了賢・珍尊(正中二年〔一三二五〕三月日〔『鎌』二九〇七〇号〕)、一﨟小綱珍賢(康永二年〔一三四三〕四月十二日〔「東大寺文書」3-10-788〕)といったような人物が確認できるが、いずれも法名となっており、公人が俗名であるのと対照的である。また小綱が着用する衣装については、貞治七年(一三六八)二月二十九日東大寺満寺評定記録(『大古』東大寺九—八五四号)によると、集会や法会などの奉公出仕にあって、墨染直垂を着用してはならず、白色の「衣袴」を着用することと定められている。あくまでも寺僧とは区別された存在なのであった。ちなみに同史料によれば、小綱の得分として鎮西米から人別四石が下行され(ただしこの時点では顚倒)、また大和国福田庄の初出半分が小綱給であったことがわかる。さらにこの人別下行が四石となったことについて、「東大寺年中行事」(東大寺図書館所蔵薬師院2-220)に次のような記載が見える。

　私云、於小綱給者、有絹〈小袖一領分〉以大井庄桑絹被下行来之処、近年有名無実之間、歎申候、仍鎮西米一石各被下行之、仍加本給米三石定人別各四石下之当時所下分廿四石也、

　つまりもともとは人別三石の本給米と大井庄からの小袖一領分の絹が小綱に支給されていたが、後者が無実化したためにその補塡として米一石を増したというわけである。ちなみに「東大寺年中行事」に「一　給米所下事」としてあげられているのは、小綱六人のほかは、楽人、舞人、勾当、仕丁、堂童子、出納、承仕などであった。

　また、嘉元二年(一三〇四)正月十四日に作成された有徳人交名注進状(「東大寺文書」6-18)には、寺辺に居住する有徳人として神人・公人とともに小綱も見えている。

　なお小綱や公人については、稲葉伸道『中世寺院の権力構造』第九章(岩波書店、一九九七年)や永村眞『中世東大寺の組織と経営』第三章第一節(塙書房、一九八九年)にまとまった記述がなされている。(久野)

**起請案文の事**(六八一頁1)　不参の際に提出する起請文として、法会の場合についてのものを南11(「華厳会出仕の…」の項参照)で紹介したが、集会についても、実例として次のようなものが残っている。

敬白　天判□
右、件元者六月□九日□
集会可罷出処、於談□
令勤仕之間、無隙不□
虚言構申候者、奉始大仏四王□
八幡三所惣六十余州□
罰可蒙快春身状如件、
嘉元二年六月廿四日　快春敬白(花押)

（「東大寺文書」3-3-254）

敬白　天判起請文事
右事元者、今月廿四日御集会亡（ママ）却候之間、不出罷候、若虚言令申候者、奉始日本国中大小諸神、殊二月堂観自在尊神罰冥罰可罷蒙永俊之身之状、如件、
嘉元二年六月廿七日永俊（花押）

敬白　天判起請文事
右件元者、今月廿五日集会可罷出候之□、有集会之事、不令存知候、若申□言候者、奉始大仏四王八幡三所春日権現、殊二月堂大聖観自在尊、惣日本国中大小神祇冥衆神罰冥罰可罷蒙顕有身之状、如件、
嘉元二年六月廿七日顕有（花押）

（「東大寺文書」3-3-192）

嘉元二年（一三〇四）年六月という日付からわかるように、いずれも本文史料でその雛形が規定される以前のものであるが、形式や内容は既におおよそできあがっている事がわかる。ただ、以上の起請文はいずれも集会実施された後にだされた起請文であり、本文史料にあるように、あらかじめ提出することが企図されているものとは、この点異なっている。（久野）

**南15**（六八三頁1）　東大寺図書館蔵の「東大寺文書」で、架蔵のラベル番号は前者が2-84、後者が2-83。法量はそれぞれ縦三〇・七センチメートル×横四二・三センチメートル（後欠）、縦二九・〇センチメートル×横四〇・〇センチメートルである（奈良国立文化財研究所編『東大寺文書目録』三（一九七九年）による）。本文史料のような東大寺別当政所仰詞とそれに対する惣寺申詞、という往復文書では、前者のほうが少し大きい料紙を使用するのが通例となっている。また筆跡から作成者は東南院奉行僧春増であることがわかる。ちなみにこの当時の東大寺別当は東南院聖尋である。対する衆議事書の筆記者は年預五師清寛。春増筆跡については久野修義『日本中世の寺院と社会』二四八頁（塙書房、一九九九年）参照。（久野）

**北御門東脇敷地の事**（六八三頁2）　東大寺の各門前には、それぞれ寺辺郷が形成されていた。その端緒はおおむね一一・一二世紀頃に求められるが、主要には、東大寺の西側にあたる国分門・中御門・転害門に近接して発達したと考えられる。北辺にあたる東大寺郷として確認できるのが北御門郷であるが、東大寺の北側にはただ一つの門、北大門のみがあり、そこから周辺に展開したものであろう。北御門東脇の地については、仁平元年（一一五一）、僧教厳が東大寺北御門東辺の敷地五間を藤原姉子の屋一宇と相博したことを示す史料がある。そこに見える四至記載によれば、「限東類地、限西南京房領、限南大垣跡、限北田際」となっており、東大寺大垣に北接していたこと、その大垣は倒壊していたことがわかる。またその周辺にも房領が存在しており、僧教厳自身も、僧慶行から買得して住房を建立していた（『平』二七三一号）。すなわち一二世紀半ばには、既に寺辺に房領や住屋が形成されていたことがわかる。その後、鎌倉期以降のものとして、「北御門総門東脇字常土」の水田についての証文が「東大寺成巻文書」に散見している（六二巻四九八、六五巻五一九、六二巻四八〇、六一巻四七五など）。本文史料にもあるように、鎌倉末期には北御門東脇敷地に房舎建立のために在家退去が企図されており、いわばこのような在家規制が必要とされるほどの展開が寺辺において見えることがわかる。ちなみに南北朝期のものと推定される折紙「北御門在家人交名」（「東大寺文書」3-12-239）も存在している。ところで、近世前期のものと考えられている「東大寺寺中寺外物絵図」（東大寺図書館蔵）によると、北御門にあたる北大門は礎石が描かれており、もはや建造物はなかったもようである。その東北に接しては五劫阿弥陀堂が位置し、南東部は「在家」と記すいくつかの区画が、西側は道路に沿って簡単な小屋がならんでいるのが読みとれる。（久野）

**寺中商人并びに銅細工以下の…**（六八五頁1）
『東大寺続要録』拝堂編に見える「拝堂用意記」には、別当就任儀式に際し、寺僧等とともに饗や

緑物にあずかる「諸職」として、木工・鍛冶・葺工・上下職掌・絵仏師・木仏師・経師・瓦工・檜皮工・主典・銅細工…などが列挙されている。東大寺の活動を支えるための様々な手工業活動を行う俗人らも、広い意味での東大寺の構成メンバーとして存在しており、その中に銅細工がいたことも確認できる。しかしその居住については、寺僧と異なる規制を受けていたわけである。本文史料に先立つことおよそ半年前に、東大寺別当の仰詞として「寺中郷民小屋等事、云出入之行儀、云住宅之下品、殊可有其沙汰候哉矣」(嘉暦三年〔一三二八〕十月五日東大寺別当仰詞「東大寺文書」1-1-258)と、下品であるということで、郷民等の小屋の破却が述べられている。これに対して、惣寺の側でも「寺中郷民小屋并寺中空地事、尤可有其沙汰」(「東大寺文書」2-5)と歩調を合わせている。こうした寺内整備にあって、寺僧の住房については、寺外への移築は厳しく制限され、またかりに検断沙汰の対象となった場合でも、本人の身は重科としてもその房舎は破却しないこととしていた(「東大寺文書」1-1-258、「同」2-5)。なお、寺中房舎の他所移転に関する規制については、文覚起請(真62)の第32・33条およびその補注を参照のこと。(久野)

**南16**(六八七頁1) 東大寺図書館蔵。料紙は二紙からなり、縦二七・一センチメートル×横八八・三センチメートル(奈良国立文化財研究所編『東大寺文書目録』五〔一九八二年〕による)。なお本文史料には次のような端裏書が見える。

(上破損)卯月十九日寺門ヨリ被送執行職之指旨

(久野)

**東大寺衆議掟書**(六八七頁2) 本文史料は執行職定書で、執行職の補任をめぐって争っていた薬師院・正法院双方に対して、相論の決着をつけるものとして本文史料が作成され、与えられた。このことは、本文史料に副えられていたと思われる同日付の書状からも確認できる(年預五師秀海書状「薬師院文書」1-87)。

尚々掟旨□弥両院方へ以別紙可被申付之由候

当寺執行□大夫上座与正法院相論之儀、太以不可然候、於自今已後者、三ヵ年宛交之、依寺家仰可有存知之旨、寺門之集儀候也、恐々謹言、

「永正二乙酉」卯月十九日秀海(花押)

越智殿

一部虫損があるが、内容から見ても、明らかに惣寺を代表して年預五師から与えられた本文史料の添状であることがわかる。すなわち執行職相論が薬師院の大夫上座(叡実)と正法院との間で争われ、「寺家仰」をうけた「寺門の集儀(衆議)」結果が伝えられている。今後は三カ年交替にすることが告げられており、尚々書の部分には、「両院方」へ別紙が渡されたことが明記されている。この「別紙」にあたる薬師院方の分こそが、まさに本文史料であると判断できる。これは特定院家による一つの職が家職化されていく趨勢をよく示すもので、こうした動きは近世にも繋がっていくのである。

ところで、先の年預五師延海書状の宛先が大和の有力国人「越智殿」宛となっているのは、この相論において薬師院の後援者として越智氏の存在があったことによるものと思われる。実は、相論の相手にあたる正法院には、筒井成身院が控えていたのである。この点については後出の「薬師院と正法院との相論」の項を参照。この当時、大和では、明応八年(一四九九)、永正三年(一五〇六)と赤沢宗益の侵攻があり、かかる細川政権の圧力に抗して、大和の国人衆徒の和睦が実現していた(明応八年十月、永正二年正月から二月)。長年の筒井・越智の対抗という図式がこのように変容しつつあったことも、和与をうながした一条件であったともいえよう。と同時に、寺内所職をめぐる相論と、それを決着づけた規範の制定が、寺院内の自律的機能のみによって実現したのではなく、越智・筒井氏など寺外有力国衆の動向が深く関わっていたらしいことは、この時代の動向を示すものとして注目されるところである。(久野)

**薬師院文書**(六八七頁3) 東大寺子院であった

薬師院の住持薬師院家に伝わった文書。第二次大戦後、東大寺所蔵となり、現在東大寺図書館に架蔵されている。平安時代から近世にまでいたる文書群。薬師院は執行職を勤める院家であったことから、その業務に関係した収取下行などさまざまな寺内実務に関する史料が豊富に含まれている。なお奈良国立文化財研究所編『東大寺文書目録』五(一九八二年)に、経典類を除いた目録があり、その全容を窺うことができる。(久野)

**薬師院と正法院との相論**(六八七頁4)　この相論については、薬師院側の関連史料がさらに存在しており、そのいきさつを知ることができる。一つは、永正二年(一五〇五)三月二十六日の大夫上座叡実申状案(「薬師院文書」1-86)で、残念ながら前欠であるが、この相論の際、薬師院側が行った主張を惣寺に対して申し出た当事者の証言である。ちなみに叡実は薬師院住職で、代々三綱を勤めた家系であるが、永正元年三月二十七日に法橋、同五年六月三十日に法眼、そして同六年九月五日には法印となっている(「東大寺雑集録」七『大日本仏教全書』東大寺叢書一―二七四頁)。さらに、本文史料の掟書が出された数年後に、同じく薬師院叡実は二度にわたって、「東大寺執行日記」に、後代の者のためにこの相論のいきさつを記しまとめている(「薬師院文書」2-109、「同」2-111)。

それらによると、どうやら叡実の親であった執行快実が死去した後、後任の執行職について正宝(法)院中將寺主守芸が競望したもようである。ところが、守芸は疫病で死去してしまう。これは叡実にいわせれば「神罰」ということである。この結果、いったんは叡実が執行となるが、その後また守芸の子息大進公寺主寛盛も執行職補任を求めてきた。こうした正法院の動きは、大和の有名衆徒筒井成身院の威勢を借りたものでもあった。これに対して薬師院方は、筒井のライバルでもあった越智弾正忠に頼ることになる。しかし結局のところは、寺門による折中の儀ということで、執行職は三年ごとの廻職とし、執行職には叡実が就任することになった。執行とはなったものの、結果として叡実の主張は容れられなかった。叡実方の主張は、執行は三綱の上首にあたる上座が永代勤め上げるというものだったからである。

このように薬師院叡実にとってこの和与は決して満足のいくものではなく、叡実は憤懣やるかたない思いを吐露している。それが「薬師院文書」の中にある「東大寺執行所日記」の記載で、「永正五年神無月比書出之　先執行大夫法眼(花押)」という奥書があり、三年の執行任期をおえた叡実が、後代のためにその口惜しき次第を記し置いたのである(「薬師院文書」2-109)。ここでは正法院の動きに対して、聖武天皇以来の三綱の掟旨を破る恣の沙汰ときめつけ、しかし結局時に従う習いなれば無力とも言っている。正法院の寺主が疫病で死去したことについても「神罰」といい、さらに「彼正宝院方ノ家ノ行末ヲ心ヲカケテ可見之」とうそぶくのである。

これと同様のことは、「薬師院文書」2-111の「東大寺執行方日記」にも見える。これらの執行日記はいずれも執行の実務遂行のための手引き書のような性格を持つものであり、その一部にこのような執行職補任に関するいきさつが記されている。両者を比較すると、「薬師院文書」2-111の史料の方が、先の執行日記に比べて、簡潔にまとめられているようであり、今はこちらから本文史料に関わる箇所を以下に引用しておこう。

一　東大寺執行職之事、於三綱中衆等一臈一期持之処、正宝院守芸寺主《中將寺主》筒井成身院ヘ罷出、以彼威勢拙者理運之職之処、寺門衆相語令違乱、則其罰哉、守芸寺主二月朔日ニ役〔疫カ〕病七日煩テ令死去、其子寛盛〈大進公寺主〉猶以企違乱之間、寺門無力折中之儀ヲ以テ三カ年宛ニ仲人之、則両方ヘ折中之判状一通ツヽ被遣之了、然者於向後コレヨリ已後ハ、三綱中之衆等多少之儀ニヨラス、三カ年ツヽ執行職各〃可存知者也、近比於拙者叡実法印不便至極也、此分ニ成下モ併越智弾正忠以威光、当寺

〈被中参之通、せメヲ是程迄モ成行者也、
寺門之衆等恐悦次第也、
執行職三ヵ年持之記
〈初度〉
一　自乙丑歳初而叡実法印存知〈戊辰之二月廿五日至迄、午剋ニ至迄也〉
〈初度〉
一　自戊辰二月廿五日初而寛盛寺主〈正法院寺主辛未之二月廿五日迄被存知也〉
〈第二度目〉
一　自辛未之二月廿五日ヨリ叡実法印存知之
〈甲戌二月廿五日至迄也〉
〈第二度目〉
一　自甲戌二月廿五日寛盛寺主存知之〈丁丑之二月廿五日ニ至迄〉
　如此各々三ヵ年宛其職可相承三綱中多少之儀ニヨラス可存知之也、則寺門之評定之判状明鏡也、別紙ニ在之、次職之相替之時、二月廿五日午剋ニ彼執行職可有御存知之由、渡状相認遣之者也、

(久野)

**薬師院**(六八七頁5)　東大寺の院家として薬師院の名称そのものは既に平安時代から確認できるが、それがそのまま継続していたのではなく、三綱を代々勤めるような性格をもつ院家としては鎌倉中期以降の成立だと考えられている(永村眞『中世東大寺の組織と経営』一三九頁〜、塙書房、一九八九年)。その頃は三綱職は必ずしも薬師院、或いは正法院に限定されていたわけではないが、中世を通じて次第にそのようになっていき、本文史料で示されたような原則に行き着く。薬師院の大夫上座叡実の申状には薬師院の者が代々執行を勤めた人物として「実舜法眼・朝深法眼・朝舜法眼・□□法眼・実済法眼・慶英法眼・快実法印・叡実上座」(永正二年〔一五〇五〕三月二十六日付大夫上座叡実申状案〔「薬師院文書」1-86〕)と記している。このうち実済法眼は、応永十二年(一四〇五)頃執行職であったこと、また□□法眼とあるのは、朝舜法眼息の朝増であろうことが永享十一年(一四三九)「東大寺執行所日記」(「薬師院文書」2-107)から判明する。朝増法眼は「東大寺年中行事」末尾の記載から貞和二年(一三四六)に執行であったことが確認できるから、この記載によるならば、およそ鎌倉後期くらいから代々執行職であったといえようか。ちなみに「東大寺雑集録」(『大日本仏教全書』寺誌叢書一)を編んだ薬師院実祐もこの子孫にあたる。

　ところで、薬師院の所在地であるが、近世の「東大寺中寺外物絵図」(東大寺図書館蔵)には薬師院についての記載は見えない。近代では昭和三十年(一九五五)代まで、東大寺境内の南西端近く、戒壇院の南方、北水門村あたりに所在していたことが知られている。ところが、「山科勧修寺文書」中には近世の「薬師院屋敷畠絵図」が含まれており、それによれば、津(鼓)坂道をはさんで四聖坊の北に薬師院があったことが確認できる。さらにその津坂道の中には「宮」も記載されており、おそらくこれは「東大寺寺中寺外物絵図」の記載する「奥高社」にあたるものと思われる。だとすれば、薬師院は「東大寺寺中寺外物絵図」では「役人家」と表記されている場所にあたることになり、既述の北水門村とは大きく異なっている。まだ確認できていないが、いつかの時点で移転をみたのであろう。(久野)

**当年〈乙丑〉より**…(六八七頁6)　東大寺執行職の年限について、薬師院叡実の書き残した「東大寺執行日記」にはこの頃の執行職の任期について、永正二年〈乙丑〉二月二十五日から永正五年〈戊辰〉二月二十五日まで薬師院叡実法印、同日より永正八年〈辛未〉二月二十五日まで正法院寛盛寺主、次に再び薬師院叡実法印が永正十一年〈甲戌〉二月二十五日まで、さらにその後は永正十四年〈丁丑〉二月二十五日まで正法院寛盛寺主、というように三年ごとに薬師院叡実と正法院寛盛が二度ずつ勤めたことを記録しており、本文史料の掟が遵守されたことが確認できる(「薬師院文書」2-109、「同」2-111)。前掲「薬師院と正法院との相論」の項参照。(久野)

**執行職として補任状を出し**(六八九頁1)　「薬師院文書」の中には、執行上座の単署判になる

以下のような公文所補任状案が納められている（「薬師院文書」1-69）。

東大寺公文所
　補任　戒壇院堂童子職事
　　清成
右以人所補任彼職也、寺家宜承知敢勿違失、
仍補任之状如件、
　　延徳二年〈庚戌〉閏八月七日
執行法眼和尚位在判

東大寺公文所
　補任　講堂〃童子職事
　　清家
右以人所補任彼職也、寺家宜承知敢勿違失、
仍補任之状如件、
　　文明十六年九月十日
執行上座法眼在判

堂童子をはじめとする公人などの諸職の補任は執行が行い、任料は執行のもとに差し出されたが、その一端については、永享十一年（一四三九）「東大寺執行所日記」（「薬師院文書」2-107）の中に「諸職補任事」として次のような所職と任料が記載されている。

両勾当（各三貫文）・小綱（七〇〇文）・公人（一〇〇文）・主典（三〇〇文）・大仏堂司（三石）・講堂（五石）・六堂（一〇石）・大炊（五石）・戒壇（五貫文）・七堂（一貫文）・塔（一貫文）

同様の記載は、永正四年（一五〇七）「東大寺執行方日記」（「薬師院文書」2-111）にも「諸職補任成分」として見えるところである。さらに近世のことであるが、寛永期から明和元年（一七六四）にいたる「公人方日記抜書」が執行方で作成されており、そこでも公人職や堂童子職補任についての記録が散見する。ちなみにその中に前項「六堂」で触れた「七堂職」「六堂職」補任のことも見え、「六堂」が「大（仏）殿堂童子職」であることも確認できる（「東大寺雑集録」一〇『大日本仏教全書』東大寺叢書一）。（久野）



**南17**（六九一頁1）　西大寺蔵。「西大寺文書」一〇一函二四―六。大阪大学文学部日本史研究室が架蔵する「西大寺文書」写真版によった。文書の端裏には「別当竹林院法印当寺興隆条々事」と記されている。（大石・平）

**西大寺別当乗範置文**（六九一頁2）　この置文の関連史料として、同日に叡尊に宛てた別当乗範書状（「西大寺文書」一〇一函一三）と、翌日付の小別当源範添状（一〇一函二四―一）が伝存している。前者は『鎌倉遺文』に翻刻されているため（『鎌』一三一一四号）詳細は省くが、特に次の一節が注意される。

抑此条々、永代不失墜之条、雖心中之所願候、居遷替之職、載永代之詞候条、不叶物儀候之間、於其筆者猶予候、但興隆者、為国家為寺門殊忠候、一代之寄付、輙不違変事候歟、後任別当縦雖嫌乗範不肖、争不恐冥顕之罪科候哉、然者、雖不載永代之言詞、定不及未来之牢籠候歟、

ここで乗範は、この置文が永続することを願っているが、西大寺別当が遷替の職であるため、置文に「永代」の語を書き載せるのをためらった、と述べている。しかし国家のため、西大寺のためになることであり、仏意にも叶うことなので、「永代之詞」を書き載せずとも、後任の別

当はこれを改変することはあるまい、と叡尊に語っている。この点が後に別当との間で問題となり、貞治六年(一三六七)に永代とすることで決着をみた(南22)。本文史料を理解する上で重要な点であるため、留意されたい。なお源範添状は次の通りである。

(端書)「小別当教賢房得業状」
　此状者、自筆にて候也
当寺条々事、別当御房直被進状候、可令執進上給候、委細旨以参入之次、可言上候、恐惶謹言、
　《弘安元年》七月十九日　　源範
　随覚御房
（平）

**陀羅尼堂以下…同前たるべきか**(六九一頁3)　西大寺諸堂のうち、四王堂・塔・食堂(当時、弥勒堂と呼ぶ)などは叡尊の入寺以前から存続していた。叡尊が入寺してから再興した堂塔には真言堂(寛元三年〔一二四五〕建立、現本堂の前身か)、僧堂(宝治元年〔一二四七〕頃の建立)、宝生護国院(両界曼陀羅を納めるため建治四年〔一二七八〕から建立をはじめて弘安六年〔一二八三〕に完成)、護摩堂(弘安元年建立)などがあった。なお陀羅尼堂は光明真言会の道場であった真言堂を指すものとみられる。(大石)

**寺本の田畠**(六九一頁4)　建長三年(一二五一)西大寺寺本検注並目録取帳写(『鎌』七三九八号)は、西大寺寺辺の田畠を一筆ごとに条坊別に書きあげている。その規模は四〇町をこえる。当時条坊を隔てる大路などを浸食して一町をこえる田畠を有する坊もあらわれており、西大寺周辺では平安末から鎌倉期にかけて、寺領の拡大が積極的に進められていた。本文史料にみえる「寺本田畠九町余」とは、おそらく本来の寺辺領の規模を指すと思われる。大石雅章「中世大和の寺院と在地勢力」(『日本中世社会と寺院』清文堂、二〇〇四年)を参照。(大石)

**浄行の侶**(六九三頁1)　ここに登場する西大寺四王金堂浄行衆については、「西大寺文書」に弘安五年(一二八二)の六通の補任状案(一〇一函二五―七、二五―九)と嘉元三年(一三〇五)の一通の補任状正文(一〇一函二五―一一)がある。そのうち前者の二点と後者の一点を次に掲げておく。

補任　西大寺四王金堂六口浄行職事
　僧鏡俊
　　供田弐段内
　　　一段　一条北辺二坊七坪
　　　一段　北辺三坊四坪
右、以人所補彼職也、其身為浄行、止住当寺之間、不可有相違、依宝塔院和合衆僧之議定、所補如件、
　弘安五年六月日　知僧事比丘禅覚在判
　　　　　　　　年預比丘　隆賢在判
衆首沙門〈某〉

補任　西大寺四王金堂六口浄行職事
　僧善慶
　　供田弐段内
　　　一段　一条二坊十坪
　　　一段　北辺二坊七坪
右、以人所補彼職也、其身為浄行、止住当寺之間、不可有相違、依宝塔院和合衆僧之議定、所補如件、
　弘安五年六月日　知僧事比丘禅覚在判
　　　　　　　　年預比丘　隆賢在判
衆首沙門〈某〉

補任　西大寺四王金堂六口浄行職事
　僧覚性
　　供田弐段内
　　　一段　一条二坊十坪
　　　一段　北辺三坊四坪
右、以人所補彼職也、其身為浄行、止住当寺之間、不可有相違、依宝塔院和合衆僧之議定、所補如件、
　嘉元三年閏十二月日　知僧事比丘(花押)
衆首沙門「信空」(異筆)

このように、六口の浄行僧は二段ずつの供田を得た。この供田はいずれも北辺と一条にあり、その場所を鎌倉期の「西大寺敷地図」に落とすと、寺辺の寺領内にあることが確かめられる。弘安五年(一二八二)に補任された浄行僧六人は、弘

安元年・弘安五年・弘安八年の西大寺当行衆交名注進状(一〇一函二五)にもみえており、彼らは西大寺当行衆でもあった。この当行衆は白衣当行衆ともいわれ、寺僧方の僧から成っていた。そのことからすれば、浄行職もまた寺僧方の僧職であったといえる。

一方、補任状によれば、この浄行職の補任は宝塔院和合衆の議定によって決定されている。この「宝塔院和合衆」とは叡尊門流である律家方の僧衆を指す。また補任状の署名者も知僧事比丘・年預比丘・衆首沙門とあるように、律家方の役僧および長老となっている。つまり寺僧方の浄行職の補任権を律家方が掌握していたのである。律家方が寺僧方の補任権を掌握した時期がいつなのかを史料的に特定することはできないが、西大寺運営権が別当から叡尊に寄進された本文史料を境にして、浄行職補任権も別当から律家方に移ったものとみられる。

ただし、当行衆の場合、律家方による補任状が発給される以前に、当行衆が推挙状を律家方に提出している(一〇一函二五―二)。

注進　西大寺当行供事
右、僧長秀〈春慶房〉成口候之上、当時者無乱行之風聞浄行候、以此躰可被補其闕候、仍注進如件、
弘安二年〈己卯〉二月十二日　実永(花押)
重禅(花押)
善慶(花押)
慶春(花押)
実算(花押)

ここに署名している実永・重禅ら五名はいずれも、当行衆である。当行衆による吹挙―律家方による補任というあり方は、浄行職の場合においても、同様ではなかったかと考えられる。(大石)

**執行職**(六九三頁2)　文和三年(一三五四)の次郎入道殺害事件に端を発した寺僧方と律家方との抗争では、寺僧方の中心人物であった菅原琳俊武蔵坊は小目代・執行代の職にあった。本文史料では、別当乗範の意向によって執行職の廃止を決めているが、そののちも執行代は置かれていたのである。この執行代菅原琳俊は西大寺の南にある菅原村出身の寺僧とみられ、西大寺々官物庄給等之未進注文には「武蔵坊分」があり、その中の田畠には他の作人と混じって「当作」が含まれ、田畠経営にも関わっていた有力寺僧と思われる。執行代は寺主・公文とともに寺僧方沙汰人といわれ、この寺僧方沙汰人はときには寺主・公文と上座代を指す場合もあり、西大寺では上座代と同じような僧職であったとみられる。このように執行代は、寺僧の束ね役として従来の執行と同じく有力寺僧が補任されていたようである。(大石)

**寺僧の任料**(六九三頁3)「西大寺文書」では寺僧方の僧職として、上座代・執行代・寺主・公文・小目代・五師・供僧・三昧・当行などを確認することができる。中世では一般に任料は補任権に付随する得分であった。ところが西大寺の場合、寺僧方僧職の補任権が弘安年間(一二七八～一二八七)に別当から律家方に移行している。一例として、寺主の補任状(「西大寺文書」一〇一函二四―五)を挙げておこう。

(端裏書)「寺主補任状案〈菩薩御代〉」
《菩薩御代》
補任　西大寺々主職事
僧敬順
右人、任相伝之道理、所補彼職也、任先例可従寺役之状、依衆僧之議定、所補如件、
弘安二年三月日　知事比丘頼〔禅〕覚在判
年預比丘　隆賢在判
衆首沙門〈某〉

ここにみえる「衆僧之議定」とは、宝塔院衆僧の議定を指しており、律家方をいう。また律家方の僧職の者が署名している。つまり寺僧方の寺主職の補任権を律家方が握っているのである。このように乗範の置文(本文史料)以後、律家方が寺僧方の僧職の補任権を所持することとなる。それに伴い任料の取得権も別当から律家方に移行することになるが、別当乗範は補任権の委譲にあたって任料そのものを廃止して、寺僧方への配慮を示したのであろう。後代の史料で

あるが、応安六年(一三七三)正月十二日西大寺寺僧起請文(一〇一函二四―一〇)には、

弘安年中、被止寺務方之任料候之以後、被扶尫弱之住侶等之愁歎候之条、満寺之安堵、此事候由、評定申候、

とあって、寺僧方も任料廃止を歓迎する意向を示している。なお、本文史料の「浄行の侶」の項も参照。(大石・平)

**南18**(六九五頁1) 西大寺蔵。正文は伝存せず。「西大寺文書」一〇三函二〇に案文(一巻)があり、大阪大学文学部日本史研究室架蔵の写真版「西大寺文書」によった。この巻末には、

此本於南都唐院書改之、古本破損文字等難見之間、為興隆、拭老眼書之者也、
天正九年〈辛巳〉八月九日　於唐院書之、右筆
西大寺護国院住高承〈生六十七、通四十七、別卅三〉

と記されている。また、巻物の見返しには、

奉修補　　綱維密尭
延宝六年五月日

とある。ここから本文史料は天正九年(一五八一)に書写されたもので、延宝六年(一六七八)に修理されて、現在の巻子の形状になったことがわかる。

なお本文史料に続けて、これ以後の光明真言会の折に評議によって定められた規式が書き継がれている。追加規式は、①延元元年(一三三六)九月一日、②観応三年(一三五二)八月十七日、③延文三年(一三五八)八月二十三日、④康安二年(一三六二)八月十一日、⑤応安三年(一三七〇)八月四日、⑥年月日欠の六点である。参考として、これらの規式を次に掲げておく。

①
一　在家如法経制禁事
准西大寺規式、若有大利益之時者、可有通屈也、
一　不論親疎、不可籠僧事
一　験者陀羅尼、堅可禁之事
但、於有恩急縁者、臨時可相計也、
以前三ケ条、以同廿五日集会之次、所被追加也、
延元々年九月一日　　綱維玄誉

②
追加
一　於当寺敷地等、有相論出来之時者、以両方支證、於当寺加評定、任理非可有裁断、訴論之輩、若属当時南都之強縁、及口入者、縦雖為利運之訴詔、永奇捐之、可被付一方者也、当寺如此、諸末寺可准之也、
一　当寺幷諸末寺之訴詔、属南都幷国々強縁、有沙汰之時者、加僧衆評定、可被出当寺、吹挙若無其儀、直致其沙汰者、永不可為門徒之儀者也、　右、以前二箇条題目、近年動有其誤之間、以観応三年八月十七日衆会之次、被追加所也、　観応三年〈壬辰〉
八月十七日　　綱維公基

③
追加
光明真言修中所持之扇、逐年々増結構、丹青交色、金銀諍輝之条、徒費功労、偏招誹謗者也、違戒律之制、且者背穏徒之儀、仍去暦応四年評定時、可為無文地紙之由、本末諸寺披露之処、近年以金銀泥薄、画雲霞風情之条、併非制之本致、剰僧侶之巨難、所詮画図幷泥薄共以可禁制之由、重所加評定也、
延文三年〈戊戌〉八月廿三日　　綱維聖尊

④
追加
一　本末諸寺僧衆、光明真言参勤之本旨、修中慎三業、可専勤行之処、号社参物詣、或五人或十人、令徘徊寺門之辺間、及諸人之誹謗之条、不可然、向後停止物詣之儀、自番他番可勤事、
康安二年八月十一日以衆会之次、被加此制畢、

⑤
追加
諸寺衆首光明真言参勤間条々事
一　寺々衆首、閣万事、率僧衆可参勤事
一　衆首若老病計会、若遠行闕如之時者、可被進可信之代官事
一　寺々執行仏事法会、或彼岸勤行等、若為

光明真言中者、於大会之前後、可被勤行事
一　開縁之外、縦詫余事、無参勤者、可停止
授戒探等事
右、条々子細者、諸寺僧衆、近年殊依無参勤、大会逐年陵夷、啻匪背本末之芳昵、是偏為律法衰微、纔雖有参勤、或未練之若比丘、或弱齢少沙弥之間、背法会之掟、招道俗之謗、仍加評定、所定置之状、如件、
応安三年〈庚戌〉八月四日　綱維高堪

⑥
追加
一　唐傘色単皮、金物念珠、被停止之畢、但於金物念珠者、限光明真言出仕歟、至余時者、非制之限歟、
一　諸寺行者下部帯白太刀白刀、令参大会之条、不可然之間、永被停止所也、諸寺衆首存其旨、可被加下知之旨、被定法畢、堅可被守此制者也、
以上

①延元元年の追加規式第二条は籠僧を禁止する条項である。西大寺律衆は一般に葬送にたけた僧衆と考えられているだけに、籠僧の禁止規定は注目される。また②観応三年の規式は、個人の僧が強縁と直に結ぶことに対しての規制である。上皇、北条氏、興福寺等の諸権門や地域の有力者の支援を得て諸末寺を形成していった西大寺律衆の特質や南北朝という時期をよく反映した条文である。⑤応安三年の規式では、末寺が光明真言会に参加しなくなっているといっており、鎌倉中期より爆発的な発展をとげてきた西大寺流にかげりのみえたことを示している。(大石・平)

**持衣加薬**(六九五頁2)　『資行鈔』には、「記注、十誦持衣加薬云云、持衣者二衣篇云、四分但云受持、若疑捨已更受、有而不受吉、而無説文、今依十誦、以受持相類故〈文〉、加薬者、問鈔四薬篇状時薬口法段云、諸部令加不出其文、今者義立也〈文〉、同記云諸律無文有事故須義立〈文〉、余二薬無示所出、如何云十誦持衣加薬哉、答、披注羯磨云、律本無口受法、准十誦及論制令口受〈文〉、業疏第四上釈此経文無指證文、但次上文云、正加受用十誦、四分諸受文皆欠〈文〉、今付之按彼律只無非時法、余悉有哉、将但有制作加口法文、無正詞句哉、如何、答、勘之未得受文、能能可勘彼律正文、但四分於四薬顕手受無開口文、其旨見注羯磨、十誦云口受故、且云十誦持衣加薬等歟」とある(『大正蔵』六二―二九五頁)。(平)

**形同沙弥**(六九九頁1)　弘安三年(一二八〇)に造立された興正菩薩叡尊坐像の胎内納入文書の中に、叡尊から菩薩戒を授けられた「授菩薩戒弟子交名」二巻がある。その内の一巻は、出家五衆である比丘・沙弥(法同沙弥)・比丘尼・式叉摩尼・沙弥尼(法同沙弥尼)の交名であり、もう一巻は形同沙弥・形同沙弥尼のみの交名である。形同沙弥・形同沙弥尼は出家五衆に入らない沙弥・沙弥尼であり、西大寺律衆では法同沙弥・法同沙弥尼と明らかに区別されていた。ここに記載された形同沙弥の実厳房隆円は四八歳であり、證円房敬尊は四一歳である。このように高齢な形同沙弥が存在することは、彼らが比丘へと進む存在ではなく、一生、形同沙弥として過ごす沙弥であったと考えられ、その点で法同沙弥と異なっていた。弘安三年には形同沙弥は西大寺に五五名いたようであり、西大寺の世俗部門を担当し、寺院経営の実働部隊であった。

なお、箕輪顕量によれば、叡尊一門では五戒をまもる有髪の者を「近事」、八斎戒を恒常的にまもる有髪の者を「近住(ごんじゅう)」、十重戒を受けて剃髪した者を「形同沙弥」、十戒をたもって剃髪した者を「法同沙弥」、二百五十戒をまもる剃髪の者を「苾蒭」と呼んだという。箕輪顕量「叡尊門侶集団における構成員の階層」(『中世初期南都戒律復興の研究』法蔵館、一九九九年)、松尾剛次「西大寺叡尊像に納入された『授菩薩戒弟子交名』と『近住男女交名』」(『日本中世の禅と律』吉川弘文館、二〇〇三年)を参照。(大石)

**八斎戒の輩**(六九九頁2)　西大寺流では諸寺のもとに、僧衆以外に斎戒衆・在家衆が組織され

ていった。興正菩薩叡尊坐像（西大寺蔵）の胎内に納められた西大寺西僧房造営同心合力奉加帳をみると、弘安三年（一二八〇）西大寺西僧坊の建立に協力・奉加した人々がわかる。それによれば、法華寺の場合、尼衆だけでなく、法華寺のもとにいた斎戒衆・在家衆も奉加をしている。またここに登場する斎戒衆は、同じ胎内文書である近住男女交名にも現れている。つまり斎戒衆は「近住」の身分であり、寺院に属し、その雑用に携わった俗人とみられる。

これに対して細川涼一は、叡尊とともに自誓受戒を行った有厳が比丘の身分を棄てて斎戒衆となり、唐招提寺僧衆の墓寺である西方院を創設したことを指摘する。そして斎戒衆の成立によって、精霊回向を担当する比丘衆と、遺骸処理に携わる斎戒衆という分業体制が唐招提寺律衆の中に成立し、律衆が葬送に積極的に関われるようになったという（『中世の律衆寺院と民衆』吉川弘文館、一九八七年）。（大石）

**光明真言**（七〇一頁1）　文永元年（一二六四）九月四日に光明真言会が始修された。この法会は末寺の僧が万事を抛って本寺に集まり、昼夜不断で七日間行われるものである。これ以後も毎年催され、現在においても西大寺の最も重要な法会となっている。『西大勅諡興正菩薩行実年譜』（奈良国立文化財研究所監修『西大寺叡尊伝記集成』法蔵館、一九七七年）には、文永二年九月四日の西大寺光明真言会願文が収められており、「営此別行、為永代作善、出家五衆八斎戒輩、并比衆等之恩所当寺之大檀那、為期再会於浄仏土、所載名字過去帳也」とある。過去帳に名を載せてもらえば、浄土に往生できるというものであった。光明真言会に対する民衆の期待も大きく、西大寺三宝料田畠目録（前掲『西大寺叡尊伝記集成』）によれば、文永以後に光明真言会料への寄進が増大している。西大寺の財政基盤を確立する上においても、光明真言会の創始は重要な画期となった。

なお、光明真言会の細則を定めた西大寺毎年七日七夜不断光明真言勤行式（前掲『西大寺叡尊伝記集成』）の日付部分に「文永元年〈甲子〉九月十八日、任衆僧之議定記之」とあるように、最初の光明真言会が終わった後の衆議で勤行式が定められた。また、

同（文永）三年〈丙寅〉九月廿二日、依重衆議、同加添削畢、
文永六年光明真言以後恒例衆議云、（後略）
文永七年〈庚午〉閏九月光明真言後恒例衆議云、（後略）
文永十年九月光明真言後例集会議云、（後略）
建治元年光明真言後集会議云、（後略）
弘安二年光明真言後衆議云、（後略）

とあるように（前掲『西大寺叡尊伝記集成』二五八頁）、光明真言会のあとで集会議定が行われるのは恒例となっていた。（大石・平）

**南19**（七〇三頁1）　正文は伝存していない。花園大学福智院家文書研究会編『福智院家古文書』四九号写真版（花園大学、一九七九年）の案文により、これを底本とした。同翻刻、および史料纂集『福智院家文書』一―一〇七号・一一三号（続群書類従完成会、二〇〇五年）、および「西大寺文書」の案文二通（一〇三函二三、一〇五函一〇五）を参考にした。写本系統は底本とそれ以外のものとに大別されるため、異本との校異を示した。なお異本の書き出しは、

約諾　興福寺与西大寺
　約諾之状

となっている。（大石・平）

**西大寺宝生護国院供養法衆密契**（七〇三頁2）　叡尊の門流である西大寺律衆と興福寺との間で取り交わされた契約で、興福寺が本寺で、西大寺がその末寺であることを確認している。鎌倉時代の西大寺は既に興福寺の末寺となっており、西大寺別当には興福寺僧が補任されていた。新たに登場した叡尊らの律衆（黒衣方）は、西大寺寺僧（白衣方）とは異なり、あくまで遁世僧（聖）の身分であって、興福寺を本寺とする本末関係には直接関わらない僧衆であった。ところが西大寺別当がその管轄権を律衆に寄進したため、律衆運営の西大寺が出現することになった。さらに叡尊・忍性の活動により朝廷・幕府

の厚き帰依を受け、永仁六年(一二九八)には西大寺をはじめとする西大寺流律衆寺院三四ヵ寺が関東祈禱所となり、一四世紀前半には全国規模で末寺を形成する程にその勢力は巨大化していった。

しかし西大寺では検断権の行使をめぐって寺僧(白衣方)との間でしばしば摩擦が生じており、律衆は興福寺の支援によってそれを押さえ込んでいた。興福寺は西大寺律衆の後見的機能を果たしていたといえる。また興福寺を中心とする南都七大寺の国家祈禱は、西大寺では依然として白衣方が担っていた。興福寺を本寺とする体制から西大寺は基本的に離脱することはできなかった。本文史料を作成した直接の動機は不明であるが、こうした背景のなかで、興福寺と西大寺律衆とが本末関係を再確認したのである。

本文史料は西大寺律衆が興福寺に宛てたものであるが、「福智院家文書」および「西大寺文書」には一日遅れで興福寺学侶が西大寺に宛てた密契案も存在する。

　　密契
右、当寺者、為六宗之長、跨諸教、貴寺者、瑩衆戒之玉、先利生、宗之越〔イ趣〕雖異、禁之理宜然、就中云七箇之伽藍者、為吾朝之霊場、是以有膠漆之交、無水魚之思哉、方今任密契之旨、報承諾之詞、早守貴寺之契状、可令当寺〔イ之〕鑑誡、故貴寺之訴、為吾寺之訴、吾寺之歎、為貴寺之歎、以少瑕不可掩其功、以一悪不可忘其善、加之、雖至于〔イ貴寺之〕末寺末地、致加護、無公私之妨、尽微力、止縦横之煩、芥城設傾、斯契不変、劫石設礫、此約不改〔イ変、悛〕、依学侶評定、一諾状如件、
　　正和五年正月十九日　　供目代英舜

「西大寺文書」(一〇三函一三、一〇五函一〇五)の密契案を〔イ〕として示した。なお同文書の端裏書には「学侶方契状」とある。

興福寺・西大寺律衆それぞれから出された二つの密契の署名者に注目すると、西大寺は律衆の長老信空ら主だった六名が署名しているのに対し、興福寺側は供目代一人が署名するにとどまっている。興福寺と西大寺律衆の序列関係が反映されているといえるだろう。(大石)

**宝生護国院**(七〇五頁1)　宝生護国院は弘安元年(一二七八)より建設が始められた。『感身学正記』(前掲『西大寺叡尊伝記集成』)同年条に

　二月九日、於宝生護国院鍬始、四月廿四日、石居、廿八日、柱立

とある。弘安六年二月条には

　十八日、宝生護国院上棟、廿日奉供養曼荼羅供、職衆廿人〈細々事、如奉行人道俊比丘・性海比丘記〉

とあり、さらに十二月十日条には「御幸於宝生護国院」と記されている。亀山上皇をここに迎えたことは、①宝生護国院が六年近くかかって完成したこと、②宝生護国院が西大寺律衆の中核的伽藍であったことを物語っている。

造立の目的については、『同』建治三年(一二七七)条に

　十月、奉採色両界曼荼羅畢、十一月十五日、奉懸四王堂南面、修曼荼羅供、此時彼禅尼(笠間禅尼)摂取房拝見道場、不相応、発建立堂舎之願、年内施入財〔材〕木之直物、

と述べており、両界曼陀羅を修するために建立されたものであった。この曼陀羅は「高祖大師(空海)在唐御時、青龍寺和尚(恵果)奉令図絵相伝大師、尤可奉崇重」といわれた「高雄九幅曼荼羅」を写したものである。叡尊が「造御堂(曼荼羅堂)条今生有願、果遂尤難測」と語っているように(『同』建治二年閏三月二十三日条)、曼陀羅堂の建立は叡尊の悲願の一つであった。

西大寺中曼陀羅図(西大寺蔵)は徳治二年(一三〇七)から明応三年(一四九四)の間の西大寺の景観を伝えるとみられるが、そこには南大門の北東に四間三間の堂として宝生護国院が記載されている。本文史料にあるように、叡尊の死後、その門流である律衆たちが自らを「宝生護国院供養法衆」と名乗っていることは、自分たちを真言僧衆として位置づけようとしたことを示すものであり、注目される。小林剛「西大寺における

興正菩薩叡尊の事蹟」（『仏教芸術』六二、一九六六年）、『奈良六大寺大観』一四〔西大寺〕（岩波書店、一九七三年）を参照。（大石）

**隆賢…宣海**（七〇五頁2）　隆賢は浄賢房。本覚房良忍は山城浄住寺長老。道禅房良賢は八幡大乗院長老。然如は賢覚房。浄覚房宣海は良賢とともに叡尊の葬礼で引導を勤めた。（大石）

**南20**（七〇五頁3）　西大寺蔵。「西大寺文書」一〇三函一一。大阪大学文学部日本史研究室架蔵の写真版「西大寺文書」による。一〇三函一〇の案文を参考にした。署判者は不明ながら継ぎ目裏花押がすえられている。なお省略した署名者は次の通り。「五師兼覚（花押）／五師幸春／五師覚瑜（花押）／五師堯俊（花押）／供僧賢範（花押）／源春（花押）／尋重（花押）／実海（花押）／貞経（花押）／道春（花押）／頼覚（花押）／道昭（花押）／頼有（花押）／性尊（花押）／継実（花押）／輔実（花押）／蓮実（花押）／重算（花押）／快実（花押）／継算（花押）／永胤（花押）／覚実（花押）／頼乗（花押）／琳昭（花押）／定俊（花押）」。（大石・平）

**西大寺白衣寺僧等請文**（七〇五頁4）　弘安元年（一二七八）西大寺別当乗範によって、検断権をはじめとする西大寺執行権が叡尊に寄進され（南17）、これ以後、西大寺では別当に代わって律家方が寺院運営を行うことになる。その結果、別当のもとで検断権を実質的に担っていた寺僧方は、これ以後、律家の命に従って検断活動を行うこととなった。しかしその後も寺僧方の「自由検断」が収まることはなく、律家方と寺僧方の抗争が頻発したが、その度ごとに寺僧方が律家方に請文を提出して落着した。律家方が勝利した背景には、興福寺の意向が働いていた。この文和三年（一三五四）の事件については、その経過を詳細に書き留めた「引付」があり、既に田中稔によって研究がなされている。

　この事件は、寺僧が西大寺寺辺で次郎入道を殺害したことが発端となった。次郎入道は以前律家の下部であったが、「苅麦・盗薪」の犯人とみなされ、律家方により寺内を追放された。ところが、再び勤蔵法師によって雇われ、その命によって夜中に苗を持っていたため、寺僧によって殺害された。中世では盗苗を防ぐため、夜の作業は禁止されていた。さらに寺僧は勤蔵法師にも検断を行使しようとして賄賂を要求した。しかしこの報告を受けた律家は、寺僧によるこのような自由検断は認めないとして、寺僧と厳しく対立した。そして西大寺別当（興福寺僧）の面前で両者が問答に及んだ結果、陳弁に窮した寺僧方が敗れ、殺害張本の三人は罪科に処せられることになった。しかし寺僧方はそれに納得せず、四王堂を閉門して籠居逐電する行為にでた。そこで別当と律家とが話し合って、興福寺学侶方の沙汰として寺僧を罪科に処すことにした。寺僧方もそれを受け入れて、本文史料の請文を律家方に提出した。

　このように、寺僧の自由検断に対しては、律家方だけでは対応できず、興福寺権力に依拠して対処せざるをえなかった。文明五年（一四七三）七月四日の西大寺律家方への「西大寺防禦」に関する請文では、寺僧方の寺主・目代・公文とならんで山陵殿・宝来殿・秋篠殿という西大寺寺辺の興福寺衆徒が署名していることからも、有力寺僧が西大寺寺辺の衆徒クラスの出自であることが推測される（『西大寺旧記』奈良県立奈良図書館所蔵史料三）。在地と密着した寺僧の特質から、寺僧にとって「盗苗」の問題は見過ごすことができず、殺害に及んだものとも考えられる。田中稔「西大寺における「律家」と「寺僧」」（『中世史料論考』吉川弘文館、一九九三年）、大石雅章「中世大和の寺院と在地勢力」（『日本中世社会と寺院』清文堂、二〇〇四年）を参照。（大石）

**弘安元亨両度の請文**（七〇五頁5）　弘安十年（一二八七）六月二十二日西大寺五師供僧三昧等請文、同年六月二十三日西大寺当行衆請文、元亨三年（一三二三）十月十九日三綱五師供僧等請文をいう。いずれも寺僧方から、律家方に提出されたもの。

　弘安十年六月二十二日請文案が「西大寺文書」一〇三函一〇にあり、同二十三日請文案は一〇三函七と一〇三函一〇にあり、元亨三年十月十九日の請文案が一〇三函七にみえる。それを示すと、次の通りである。

謹申
　西大寺五師供僧三昧等申請子細事
右、件条者、聊有子細、申入事由於僧坊之処、若衆等不承御返事、無左右被閉門之沙汰之条、無勿躰次第也、所詮、於自今以後者、大小事、一向奉申談僧坊、乳水和合可加沙汰、更任雅意不可被沙汰、若不拘制、此事出来之時者、不論老若、早加治罰、可放衆一列、仍為後代亀鏡、勒事状、各加署判之状如件、
　弘安十年六月廿二日　　三昧堯円判
（ほか三昧五名、公文一名、寺主一名、供僧一名、五師五名の署名略）

（端裏書）「当行十人連署之状〈弘安十六廿三日〉」
謹申
　西大寺当行衆等請申子細事
右、件条者、聊有子細、自惣寺申入事由於僧房之処、無何被引惣、若衆等不承御返事、無左右閉門之沙汰、同意仕事、御勘気之条、其恐不少、所詮自今以後、於当行十人者、不可如此沙汰同意仕、一向可随僧房御命、若此一列中、不拘制法張行之輩出来者、当行等加治罰、可放一列中、仍為後代亀鏡、勒事状、各加署判之状、如件、
　弘安十年六月廿三日　　専賢判
（署名九名略）

（端裏書）「西大寺々僧連署状案〈元亨三十月十三〉」
西大寺近年依令牢籠、於事不穏便、殺害等狼藉連続之間、自本寺任落書之旨、及厳密之御沙汰、其躰悉令遂〔逐〕電候畢、残衆等自元、存無為之上者、云以前、云向後、都無不和所存候、所詮自今以後、雖為何事、一事已上可奉随長老以下衆僧命者也、又対僧中之時、或号両院家、或募別当、不可有違背之儀、仍為備末来之亀鏡、現住寺僧等、各所加署如件、
　元亨三年十月十九日　　寺主現舜在判
（署名二九名略）

元亨三年の請文では、本寺興福寺（西大寺別当か）から落書による犯人確定を行うよう指示が出ている。このように、律家が西大寺の運営権を掌握した後も、別当の影響力がなくなったわけではない。むしろ隠然たる力を維持していたとみるべきで、寺僧も別当の権威を借りて、律家に随わない事もあったようである。「西大寺文書」にはこれ以外にも、明徳元年（一三九〇）九月六日の寺僧方の自由検断についての請文正文（一〇三函一一）が存在する。（大石）

**南21**（七〇九頁1）　西大寺蔵。「西大寺文書」一〇三函一三。東京大学史料編纂所影写本「西大寺文書」四による。『大史』六―一二―八五八頁、および宝月圭吾『中世灌漑史の研究』九一頁（吉川弘文館、一九八三年復刊）の翻刻を参考にした。なお署名部分は次のようになっている。
　延文四年〈己亥〉十一月十日　綱維寥源（花押）
　　信皎（花押）
　英心　淳宣（花押）
　玄誉（花押）　実如（花押）
　清算（花押）　信尊（花押）
　堯基（花押）　円如（花押）
また寥源の裏花押が三箇所すえられている。
（大石・平）

**西大寺新池**（七〇九頁2）　新池については、本文史料に「開山菩薩之御草創」とあり、興正菩薩叡尊の建造とされる。西大寺蔵の西大寺秋篠寺相論絵図には、西大寺境内の西北西のところに「興正菩薩興行池」という池がある。この相論絵図は、西大寺と秋篠寺との秋篠山（戌亥山）の領有をめぐる相論の際に、正和五年（一三一六）の秋篠寺悪党の狼藉場所を示すために西大寺が作成したものである。両寺の西方に広がるこの新池を含めた山間部地域が相論の対象となっていた。なお西大寺は、嘉元元年（一三〇三）に秋篠山（戌亥山）が西大寺領である院宣・太政官符を得ているが、抗争はその後も続いた。同相論について

は秋篠寺側が作成した正安四年(一三〇二)の秋篠寺西大寺相論絵図(東京大学文学部蔵)が存在し、その絵図には秋篠寺に近接するところに、赤皮田池と今池の二つの池が一つの谷に並んで描かれ、谷の奥にある今池の周囲の野山は当論所として朱線で囲まれている。同時期に西大寺側が作成した西大寺領之図(東京大学文学部蔵)にも二つの池が描かれ、今池に当たる池には「興正菩薩御興行之池」との注記があり、今池は新池にあたることがわかる(『奈良六大寺大観』一四〔西大寺〕〔岩波書店、一九七三年〕、『西大寺古絵図の世界』〔東京大学出版会、二〇〇五年〕)。(大石)

**寺本奉行**(七〇九頁3)　宝月圭吾は「寺本奉行」を「寺の本奉行」と読んで、西大寺の本奉行と解した(前掲書九二頁)。しかし延文元年(一三五六)西大寺契状案(「西大寺文書」二〇三函一二)には、次のようにある。

　菅原琳俊〈武蔵房〉対西大寺、条々現不儀之間、於学侶方訴申之処、中人種々被歎申、捧委細請文、十二通文書書之間、閣沙汰了、此上者、付此題目、設寺僧等雖有訴申旨、向後更不可有叙用之儀、就中自別当方、被仰旨雖在之、既今落居上者、更不可有同□〔心〕合力沙汰也、若又背請文旨者、重訴学侶、可申行厳蜜之重科者也、仍為後日、契状如件、
　　延文元年四月十一日　綱維円空在判
　　　　　　　　　寺本奉行淳宣在判
　　　　　　　　　寺僧奉行円如在判

この契状の署名者に「寺本奉行淳宣」がみえ、寺本奉行が役職名であることが分かる。しかもこの淳宣は、律家方が取り決めた貞治六年(一三六七)八月西大寺敷地四至内検断規式条々(南22)にも署名しており、律僧である。つまり、寺本奉行は律家方の役職であった。その職務内容については明確にはできないが、西大寺寺中寺辺の田畠を記載した建長三年(一二五一)の検注弁目録取帳(『鎌』七三九八号)が「西大寺々本検注弁目録取帳」と呼ばれていることから、寺本は西大寺の「寺のもと」＝寺中寺辺を指すと考えられ、寺本奉行は「寺のもとに関わる奉行」であったといえる。(大石)

**寺僧奉行**(七〇九頁4)　延文元年(一三五六)西大寺契状案(前項参照)の署名者に「寺僧奉行円如」がみえ、この円如も貞治六年(一三六七)八月西大寺敷地四至内検断規式条々(南22)に署名しており、やはり律家方の僧であった。文和三年(一三五四)寺僧方が律家方下部であった次郎入道を殺害した事件において、寺僧方の公文代覚賢房・寺主代対馬房が、寺僧奉行のもとにきて、「次郎入道本盗犯之上、今又盗苗、重犯者之間、為若輩之沙汰、打殺候了」と報告していることから(「西大寺文書」二〇三函一〇)、寺僧奉行は寺僧方に関わることを扱う律家方の役職であったとみられる。(大石)

**置文の旨趣**(七一一頁1)　律家方の寺本奉行と寺僧奉行が新池を管領し、井料米の支出にも律家の衆議による了解が必要とされるなど、西大寺新池と井料米は律家方の支配下に置かれた。寺僧方についていえば、律家から分水奉行に任命されて、その監督下で分水や井料米収取の実務に携わった。寺僧が分水奉行に任命された背景には、郷民が井守に選任されたのと同じく、寺僧らが寺辺周辺に出自を持ち、農耕などに深く関わる階層であり、現地の事情に精通していたためとみられる。律家方は在地の支配に当たっては、このような寺僧・郷民の能力に依拠しなければならなかった。そのため、このような置文を作成し、彼らを統制しながら、用水管理を行った。(大石)

**南22**(七一三頁1)　西大寺蔵。「西大寺文書」一〇三函一八。大阪大学文学部日本史研究室架蔵の写真版「西大寺文書」による。『大史』六―二八―七四四頁の翻刻を参考にした。なお、省略した署判者は、「信皎(花押)／英俊(花押)／淳宣(花押)／性印(花押)／思徳(花押)／興泉(花押)／円如(花押)／英宣(花押)／信海」の九名である。また本文史料に引き続いて、明徳元年(一三九〇)九月の「追加」条項が記載されている。本文史料の「殺害の事」の項参照。(大石・平)

**殺害の事**(七一三頁2)　本文史料のあとに明徳

元年(一三九〇)の置文(『西大寺文書』一〇三函一八)が追加された。

追加

殺害人事

右、於当座口論者、十ケ年以後加評定、可有沙汰之由、依被定置之、動其煩出来之間、所詮於向後者、不論当座宿意、生涯之間、永不可有免許之由、重加評定、所定置之状、如件、

明徳元年〈庚午〉九月日　綱維英源(花押)

(署名一四名略)

このように、殺害人の赦免審議の条項が削除され、すべて永久追放となっている。(平)

**菩薩和尚より以来**(七一七頁1)　叡尊や律家が西大寺敷地の山野池水・田畠年貢などについて規式を定めることが可能となるのは、西大寺別当乗範から管轄権の委譲をうけた弘安元年(一二七八)を上限とするだろう。(平)

**二聖院**(七一七頁2)　二聖院は当寺十六坊近来之次第(『西大寺関係史料』一、奈良国立文化財研究所、一九六八年)の巻頭にみえる。以下その箇所をあげておく。

一　二聖院　長老坊之事也

六代以前之長老高実和尚者、転法輪三条殿にて候はば、其御代〈ニ〉長老坊を御新造候、御円寂之後、御弟子数人候へ共、一向不被存、惣分へ上被申候、寺家より奉行両人被出置、支配にて候、長老遷化之時者、代々何も此通候、

この史料から、当時二聖院が律衆の長老坊であったことが知られる。ここに登場する高実和尚は、西大寺代々長老名(前掲『西大寺関係史料』一所収)によれば、西大寺第三七代長老でその没年は享禄五年(一五三二)である。なお明徳二年(一三九一)の『西大寺諸国末寺帳』や永享八年(一四三六)の『西大寺坊々寄宿諸末寺帳』の表紙には、表題とともに「二聖院」と記されており、後者の奥書にも「西大寺二聖院常住物也」とある。長老坊二聖院が末寺帳を管轄していたことを示している。(大石)

**石落神**(七一七頁3)　建長三年(一二五一)西大寺寺本検注幷目録取帳写(『鎌』七三九八号)の「右京一条三坊三坪」に「一反　石落神敷地」とみえ、中世から現在のように四王院の東側にあったことがわかる。なお、鎌倉時代の西大寺敷地図では「右京一条三坊三坪」は寺中(境内)ではなく寺領となっており、境内内の神社ではない。またその由来については『西大勅諡興正菩薩行実年譜』(奈良国立文化財研究所監修『西大寺叡尊伝記集成』法蔵館、一九七七年)の仁治三年(一二四二)条に「有一老翁、来西大寺求受菩薩戒、竟即授薬方、曰此方甚神妙、能治沈痾、向後用此、宜救自他病苦、菩薩問曰翁是何人、老翁答曰我是少彦名命石落神也言訖、忽而不見、菩薩為奇異思、而調合之、以与病者、莫不平癒、遂構施薬院、広施病僧及無便医療者、而令服用、又東門辺択地建社、以祭彼神」とあり、江戸時代西大寺で製造・販売された豊心丹は、石落神によって叡尊に教えられたものとする。しかしこの『行実年譜』は元禄年間(一六八八〜一七〇四)に京都浄住寺の僧慈光が編集したものであり、『感身学正記』にはこの記事は見えない。のちに形成された説話であろう。(大石)

**八幡三所**(七一七頁4)　長承三年(一一三四)五月二十五日検注帳(『平』二三〇二号)によれば、一条四坊五坪に「八幡宮敷地」とある。(大石)

**白癩黒癩**(七一九頁1)　中世では、ハンセン病である白癩・黒癩が、神罰・仏罰を蒙った業病と認識され、単なる病気とはみなされなかった。『今昔物語集』二〇—三五には癩にかかった比叡山の僧の話が載せられている。

今は昔、比叡の山の東塔に心懐という僧ありけり。(中略)しかる間、白癩という病ひつきて、親と契れりし乳母も、穢れなむとて寄らしめず。されば行くべき方なくて、清水坂本の庵に行きて住みけり。そこにても、さる片輪者の中にもにくまれて、三日ばかりありて死にけり。これ、他にあらず、いつくしき法会を妨げ、わが身卑しくしてやむごとなき僧を嫉妬せるによりて、現報を新たに感ぜるなり。(下略)

心懐がかかった白癩の病は嫉妬への報いとされ、比叡山にとどまることができず、非人の集住地であった清水坂に下っている。このように、癩者は非人として扱われ、またその中でも最も不浄な者として疎まれた。

鎌倉時代には、本文史料のように起請文の罰文の中に白癩・黒癩の語が盛んに登場する。その最も早い事例は、東大寺再興の大勧進重源が播磨国大部庄に宛てた建久三年(一一九二)九月二十七日下文である(『鎌』六一二号)。このように中世では白癩・黒癩が、仏罰を蒙った業病として認識され、そのような業病観を社会に定着させ、民衆の起請の罰文に利用するまでに至る。

叡尊の自叙伝『感身学正記』には、非人施行の記述がしばしばみられ、またその高弟である忍性も北山十八間戸を造営して癩者を収容したことは著名である。このように西大寺律衆は非人との関わりが深い僧集団であり、非人施行が西大寺律衆の宗教活動の一つの特徴となっている。その西大寺律衆が非人とりわけ癩者に対して、神罰・仏罰の証として扱っていることは彼らの宗教活動を理解する上で無視し得ないものである。癩者など非人への施行活動は、人道から堕ちて三悪道で苦しむ衆生と同様に、もはや現世において人の境遇を喪失した衆生(非人)への宗教的はたらきかけであったともいえなくはない。このような非人への施行が文殊会として実施された。いっぽう西大寺律衆には、聖朝安穏・玉体安穏を期待する文殊信仰がある。文殊会を介して非人施行と国家鎮護が表裏の関係にあったといえる。細川涼一「叡尊・忍性の慈善救済」(『中世の身分制と非人』日本エディタースクール出版部、一九九四年)、大石雅章「非人救済と聖朝安穏」(『日本中世社会と寺院』清文堂、二〇〇四年)、平雅行「殺生禁断と殺生罪業観」(『周縁文化と身分制』思文閣出版、二〇〇五年)を参照。(大石)

**検断職の律家管領**(七一九頁2)　狼藉が出来すると、律家で構成される衆会で二人の担当奉行が撰ばれ、犯科人が寺僧・郷民であるならば、律家方の寺僧担当奉行である寺僧奉行が相伴って執行し、律家方の行者・浄人である場合には、律家方の知事が相伴って執行することになっており、執行奉行はすべて律家方からなる。このように検断権は完全に律家方の管領となっていた。律家方の検断権のもとでは寺僧は郷民と全く同じ立場であった。そのためしばしば寺僧方による自由検断がおこった。なお、この検断規式の対象者には検断権を行使する律僧が含まれていないようである。律僧が狼藉を行った場合の処理の仕方が全く記載されていないからである。(大石)

**安堵の綸旨**(七一九頁3)　延文元年(一三五六)九月十八日後光厳天皇綸旨案を指すとみられる。裁許に関わる一連の文書を次に掲げる(「西大寺文書」、『大史』六―一〇―七九七頁)。

西大寺敷地四至之内、幷戌亥山谷々田畠等検断事、玄真上人任申請旨、被申綸旨候条、不可有子細候、且元亨勅裁分明歟、得其意、申沙汰候哉、恐々謹言、

《延文元丙申》六月十六日　範宗

西大寺長老上人御坊

当寺敷地戌亥山等四至内検断事、度々執申公家候了、而無相違被申綸旨候条、尤神妙候、此上事、向後定不可有子細候哉、恐々謹言、

八月十二日　範宗

西大寺長老上人御坊

当寺敷地戌亥山谷々田畠四至内等検断事、止方々煩、寺家可令進止候由、天気所候也、仍執達如件、

《延文元丙申》九月十八日　左中弁時光

西大寺長老上人御坊

小目代・執行代の武蔵房琳俊は、文和三年(一三五四)次郎入道に対する寺僧方の自由検断に端を発した抗争の中心人物であったが、再び延文元年に律家方から不法狼藉で訴えられ、律家方と寺僧方の対立が表面化した。結局、延文元年の事件も律家方が興福寺学侶方へ訴えることにより、落着することとなる。(大石)

**南23**（七二三頁1）　法隆寺所蔵の原本によった。本文史料をおさめる「法隆寺置文契状等大要抄」（後出補注参照）冒頭部にある目次によると、本文史料は「学道衆置文三通〈振舞事二通、三蔵会竪者事一通〉」とされる中に含まれているものである。このうち「三蔵会竪者事一通」とあるのは、同史料本文所載の文永五年（一二六八）十二月二十二日三蔵会竪義者契状を指していることが明瞭であるが、残る「振舞事二通」とは、本文史料の①②の二点を指すのではない。じつは本文史料①②の二点とは別に、同書には弘安元年（一二七八）三月二十八日学道衆条々置文（次項補注に全文引用）が載せられており、こちらと本文史料①②とが「振舞事二通」にあたるのである。すなわち本文史料の二点は、一通とみなされていたわけである。本文史料が作成された当初の原型は不明であるが、おそらくは、まず学道衆の衆分が起請文を作成、二三名が署判し（本文史料①）、その後に、上位集団である学侶の成業衆が書き継いで、それにあたる二一名が署判したのであろう（本文史料②）。したがってもともとの文書は料紙を継いだ長いものであったと思われ、筆跡の様子などを知ることはもはやできないが、さまざまな筆跡の学道衆四四名の署判が書き連ねられ、学侶唐櫃に大切に保管されていたのであろう。（久野）

**法隆寺学道衆起請文**（七二三頁2）　本文史料中に記載があるように、この文書の正文は学侶唐櫃内に納められて綱封蔵に保管されていた。そしてこの文書は、前項でも指摘したように「学道衆置文三通〈振舞事二通、三蔵会竪者事一通〉」としてまとめられたうちの一通であり、おそらく、これらは法隆寺学道衆にとって基本的な取り決めをなした規範として尊重されていたのであろう。

かかる基本的ともいえるような内容の学道衆置文が弘長三年（一二六三）三月という時点で作成されていることは興味深いものがある。というのも、この頃は新制発布の上でめざましい動きが集中して見てとれるからである。たとえば次のようなものがたちどころに列挙できる。

・弘長元年二月三十日関東新制六一カ条→国35
・弘長元年五月十一日宣旨二一カ条
・弘長三年四月三十日神祇官下文一八カ条
・弘長三年八月十三日宣旨四一カ条→国17・18・21・22
・弘長三年十月十七日興福寺宛太政官牒写一六カ条→南2

弘長元年から三年にかけて、公武政権ともに重要な新制を発布しており、これらは新制の歴史の中でも画期をなすものであった。稲葉伸道はこうした新制を徳政との関連でとらえているが（「新制の研究」『史学雑誌』九六―一、一九八七年）、確かに本文史料でも「撫民公平」や「無想の憲法」による「興隆興行」という文言がみえ、冒頭に十七条憲法や四節意願文など聖徳太子にちなんだ規範をもちだすなど、まさに、この時代の徳政の風潮を感じさせるものがある。さらにその内容についても、弘長三年の公家新制と共通する性格がうかがえる（賄賂を問題視すること〔第九・二一条〕、僧綱や国司の人事における任料による推挙の停止〔第一九・二〇条〕、僧徒兵仗禁止〔第三三条〕など）。

学侶集団の基本的な規範として撫民理念を打ち出し、それによる仏法興行を目指す動きは、この時期に大きく盛り上がっていた徳政の機運と共通するものであった。興福寺寺辺新制である太政官牒（南2）が興福寺奏状すなわち興福寺の「意見」をうけて出されたものであったように、南都の寺院においても徳政や正法興行の動きは盛り上がっていた。そしてそれは寺内集団の再編秩序化の動きを伴っていたことであろう。この前後の時期、法隆寺では円照上人をはじめとする律僧等のめざましい動きがあったし、公家徳政の中心人物ともいうべき後嵯峨院が法隆寺など南都諸寺へ御幸したのも弘長元年のことであった。寺院法もこの時代の徳政興行という一面を示すものといえよう。

こうした興行の動きは弘長年間にとどまるこ

となく一三世紀後半にまで及んでいたことであろう。

そのことを示唆するのが、ほかならぬ「法隆寺置文契状等大要抄」所載の「学道衆置文三通」であるが、このうちの「振舞事」を規定したという二通のうち、本文史料以外のもう一通の置文について、その内容を以下にあげておく。

被定置　学道衆条々事〈正文綱封蔵学侶唐櫃在之〉

一　学道衆博奕、先年雖被制禁之、近年又博奕之躰、数輩有其聞、此条云他門之聞云寺中之謗、不可不禁、然者向後博奕之躰者、学道衆永不可令烈座之由、事切畢、

一　於学道衆者、縦他人之語縦雖為身上之大事、帯武具不可望戦場之由、先年有其沙汰之処、近年粗有其聞、向後全不可有其議、縦雖非合戦之儀、帯弓箭兵杖等、遠近往還之条、殊以不可然、同可被停止之、但於寺中之喧嘩幷盗人沙汰之境節者、非沙汰之限歟、

一　学道衆中、粗被経廻于国中之和市之由、不可然之旨、前日有其沙汰之条、子細同前、而此条同以不可拘禁制、有其振舞之条、其〔甚ヵ〕以非穏便、自今以後可被停止之、

右、件三ヶ条事、先年雖有其沙汰、近年又依有其聞、殊更及于厳密之沙汰、若於不均〔拘ヵ〕制法之輩者、学道衆永不可令座烈之旨、所及于連署之状如件、

弘安元年三月二十八日　　　専縁已上

一臈以下四十一人連判在之

以上のように、学道衆の博奕・武装・国中和市経廻に対する制約が定められている。学道衆にとって基本的な振る舞いに関する規範であるが、同時にこの時期の法隆寺周辺の様子もうかがわせ興味深い内容である。（久野）

**法隆寺置文契状等大要抄**（七二三頁3）　法隆寺所蔵。袋綴一冊、縦二七・七センチメートル、横一九・九センチメートル。墨付き四一丁に後補表紙を前後に付け全四三紙からなる。後補奥書によれば、明治十九年（一八八六）七月に、法隆寺管主千早定朝が寺内の中院に伝来していた本書を補修して、法隆寺の宝庫に寄付したものという。ちなみにちょうど同じ頃、千早定朝はこれも中院伝来の「官符宣記」を、同様に修復し表紙を補い宝庫に納めている。東京大学史料編纂所謄写本「官符宣記」の奥書によれば、修史局星野恒が法隆寺に史料採訪に訪れたのは、その直後の同年十月のことであった。このような時期的な接近は、修史局の調査活動と、千早定朝の修復作業との間に何らかの関連があることを思わせる。

本書は、年会櫃や綱封蔵学侶唐櫃に保管してあった法隆寺における置文や契状など重要な規範類を書写編集したものである。文書の年紀をみると、文治五年（一一八九）から暦応三年（一三四〇）にわたっており、ほとんどが鎌倉期のもので総数三〇数通の文書がおさめられている。裏打ち補修のために十分な確認はできないが、紙背文書中には貞治二年（一三六三）という年紀がみえており、本書のおよその作成年代をうかがわせている。

所載された置文類の内容については、本書の巻頭部分にある目次に以下の一九項目があげられており、そこからおおよそ知ることができよう。

・龍田三十講幷夷祭用途置文
・五師三綱置文〈紛失状義絶状可有判料事〉→南25
・上宮王院供僧置文〈新補供田事〉
・禅宗大成戒師成置文
・禅宗大臈次座帯事契状
・両郷刀祢請文〈付諍論可有科料事〉
・公文〈良玄〉請文〈満寺不可有悪口事／勝義堂不可為出仕事〉
・興福寺金堂供養共奉事〈長者宣等〉
・東大門脇築垣六本〈為鵤庄之役事〉
・寺山守護〈置文一通／起請一通〉→南24（起請）
・花山阿伽井水之解状〈一通／服庄請文二通〉
・同花山近年被付禅徒契状〈二通〉
・寺務御拝堂日限契状〈二通〉→南28

・甲衆錫杖袈裟興福寺送文案〈一通〉
・賓頭盧庄坪付等〈四通〉
・学道衆置文三通〈振舞事二通／三蔵会竪者事一通〉→南23(振舞事)
・三経講衆契状二通〈一通者供料事〉
・両郷刀祢成任料置文一通→南26
・四節供為両会禄物置文一通

以上を記した後に、目次には記載されていないが、本書編纂の際に参考にしたと思われる年会櫃文書目録注進状(年紀未詳)と、もっとも年紀が下る暦応三年三月日上宮王院舎利絵伝両預補任規式が付け加えられている。このように法隆寺の別当や五師三綱、学侶、禅宗、講衆をはじめとする諸階層、そして周辺郷民の刀祢に関するもの、宗教行事や集会、そして所領関連についても言及されており、まさに鎌倉時代の法隆寺における重書群といってもよく、きわめて貴重なものである。

本書は『法隆寺の至宝』昭和資財帳8古記録・古文書(小学館、一九九九年)にも収録されておらず、いままでは、その一部が『太子町史』三(一九八九年)で紹介されたにすぎない。鎌倉期における法隆寺の様子を示す貴重で良質な文書集であるが、本書が編纂された南北朝期は、『寺要日記』『嘉元記』『法隆寺縁起白拍子』『別当記』などをはじめとする中世法隆寺を語る上で基本となるさまざまな寺誌記録類がまとめられた時期でもあり、あわせて注目されることがらである。(久野)

**①学道衆(衆分)起請文**(七二三頁4)　本文史料にあるように学道衆の置文は、②成業二一人と①衆分二三人という大きな二つのグループによって構成されており、「学侶唐櫃」に納められていた。つまり、学侶＝学道衆(成業＋衆分)ということになる。成業は大法師位をもつ学侶上臈であり、衆分は中臈にあたる。建武五年(一三三八)、法隆寺での強盗事件に対して、寺家の構成メンバーは検断勧賞金を負担したことがあったが、それによると、成業以上は各一五〇文、中臈は各一〇〇文、下臈分以下寺僧は各五〇文であった。さらにこのほか刀祢・番匠・大工や東西両郷の郷民も負担していた(『嘉元記』)。この記事からもわかるように寺僧はおおむね上・中・下の三階層に大別できた。一六世紀のものだが、衆分成敗引付(「法隆寺文書」甲函一〇五号)や下臈分集会引付(「同」甲函一〇八号)という冊子が伝来しており、中臈＝衆分、下臈がそれぞれ独自の集会組織をもって活動していた様子が窺える。

それぞれ独自の組織ではあっても、下臈から中臈へは慈恩会竪義、中臈から成業へは勝鬘会竪義を勤めることによって昇進の階梯は整序されており、この点で僧侶集団としての原則は維持されていた。

ところで「衆分」の語は明らかに下臈と区別できる史料が多いが、時に下臈分も含む中下臈を意味する用例も存在する。南北朝期成立の『寺要日記』には「中臈以下衆分」とする表現が散見しており、その中には下臈を含む場合も確認できる。この点注意する必要がある。法隆寺学侶をはじめとする寺僧集団については、さしあたり、間中定泉・高田良信『法隆寺』(学生社、一九七四年)、林幹彌『太子信仰の研究』(吉川弘文館、一九八〇年)、山岸常人「南北朝期法隆寺の僧団と社会」(『中世寺院の僧団・法会・文書』東京大学出版会、二〇〇四年)など。なお南23の「②学道衆(成業)起請文」の項、南27の「梵音衆」の項・「錫杖衆」の項、南30の「廿人」の項も参照。(久野)

**綱封蔵**(七二三頁5)　法隆寺境内の東室・妻室の東側、食堂・細殿の南に、南北棟に立つ高床造の建物。桁行九間、梁間三間からなり、全長は二三メートルをこえ、高さ約一一メートルの大きさを誇る。吹抜となっている三間をはさんで、北倉と南倉にわかれており、いわゆる双倉の本来的な形式を伝えるものとして貴重。天平十九年(七四七)の法隆寺伽藍縁起并流記資財帳には「倉漆口」が記載され、そのうち二口が双倉となっているが、現存の綱封蔵は平安前期に建てられたと考えられており、これとは異なる。一二世紀の初頭、定真が法隆寺別当任中(康和三年〔一二〇二〕～天仁二年〔一二〇九〕に「綱封蔵顛倒已畢」のために宝物を双蔵に移したことが、『別当記』に記されており、ここでいう双蔵が現在の綱封蔵と考えられている。現存する綱封蔵の南方から東方には、かつて三〇余りもの倉が建ち並んでいたが、鎌倉中期『聖徳太子伝私記(古今目録抄)』の段階ではわずかに二つを残すのみとなっていたらしい。聖徳太子ゆかりの宝物をはじめとして、法衣の際の法服などがここに納められていた。

なお良訓『古今一陽集』には「綱封蔵之事」として綱封蔵に関する事項がまとめられており便利。(久野)

②**学道衆(成業)起請文**(七二七頁1)　成業となるには竪義論義が不可欠であるが、これについて、『別当記』の範円項には

建保二(朱注、元)年〈癸酉〉勝鬘会竪義始行、竪義者厳慶尊仏房得業　成業名此時始　講師聖融五師

とあって、建暦二年(一二一二)に範円が始めた勝鬘会に、この年竪義論義が加えられ、ここから法隆寺において「成業」の名が始まったとしている。『寺要日記』勝鬘会の項にも同様の記事を引用している。なお、『法隆寺縁起白拍子』は竪義開始を建保二年(一二一四)としており、『大史』四―一三も建保二年是歳条に掲載している(三八九頁)。『別当記』が記載する干支〈癸酉〉は建保元年(ただし改元前なので建暦三年)にあたることや、同書にはその翌年度以降の講師名も列挙しており、史料の信頼性が高いと判断されるので、とりあえず建保元年に勝鬘会が始まったものとしておきたい。

『寺要日記』によれば、竪義論義は勝鬘会のほかに、二月の三蔵会、十一月の慈恩会、十二月の方広会などで確認できる。このうち三蔵会では「中﨟竪義」と記されており、中﨟僧となるための竪義で、慈恩会竪義も同様であった。この事は少し時代が降る南北朝期の史料「法隆寺衙伍師年会所旧記〔五師所方評定引付〕」貞治六年(一三六七)正月二十三日の講衆評定として次のような記載があることからも確認できる。

当寺中﨟昇進者、毎年慈恩会一人遂其節之条往例也、而中古一年中〈慈恩・三蔵会〉二人遂其業之間、若輩人数令減少之条、不可然歟、仍云旧例、云時儀、自今以後、毎年慈恩会一人可被遂件節之旨、但人数令増之時者、宜時儀歟、依評定記録如件、

(「法隆寺文書」甲函一六号、なお林幹彌前掲書二六八頁も参照)

このように当初は慈恩会竪義のみであったものから、やがて三蔵会・慈恩会竪義が中﨟昇進のための関門となっていたことが読み取れ、それがこの時以降、再び慈恩会のみにしたというわけである。

竪義による学侶昇進のシステムが法隆寺においていつ頃から始まったかは、必ずしも明示されていないが、先の勝鬘会竪義が建保元年始行であったこと、そして慈恩会の場合も建保四年やはり範円別当の時代(『別当記』)であったこと、しかも「成業」の名が勝鬘会竪義開始とともに使用されるようになったという先の記事を勘案すれば、おおむね一三世紀初頭、この法隆寺別当範円の頃が大きな画期であったと認められるのではないだろうか。

なお本文史料にもあるように成業は弘長三年段階で二一名であったが、この人数はおおむね中世を通じて大差なく、たとえば、永享年間から天文年間まで断続的に残っている上宮王院修正月会免田餅支配状(「法隆寺文書」ハ函一七～四二号)をみても、おおむね約二〇名で推移している事が確認できる。(久野)

**南24**(七二九頁1)　法隆寺所蔵の原本によった。本文史料を含む「法隆寺置文契状等大要抄」の冒頭目次部分には「寺山守護〈置文一通、起請一通〉」とあり、このうちの「起請一通」が本文史料に該当する(「置文一通」については次項参照)。正文は年会櫃に納められていたとの注記が本文史料中にみえるが、現在は確認できない。また正文には四〇人の番衆となった人々の署判が記されていたもようであるが、末座の人物である快賢以外、その具体的な人名は不明で

ある。（久野）

**法隆寺寺山制禁間条々起請文**（七二九頁2）　前項に示したように、「法隆寺置文契状等大要抄」には本文史料にあたる寺山守護の起請文以外に寺山守護の置文も存在していたが、それは以下のようなものである。

定置　寺山樹木等守護事〈正文年会櫃在之〉
右彼樹木《山林》者寺之至要物也、而年々雖令禁制、動有盗伐之輩、然者自今已後ハ随見係聞及可令禁遏、縦為刃傷、守護人等ニ不可有罪過、何況於打擲蹂躪哉勿論也、尚重不可不誡之由、衆儀評定了、仍為後証拠注置文之状如件、
宝治二年二月十五日　維那師成真
（以下所司五師らの署判略）

宝治二年（一二四八）の段階で、既に寺山での樹木盗伐が年々の禁制にもかかわらず深刻化しており、また守護人が犯人に対して刃傷に及んでも罪科に問われないことも決められている。本文史料はこの方向性をさらに継承したものであり、四〇人を番編成して山林の守護にあたるとともに、その罪科について整備するなど、改めて寺山守護を徹底したものだといえる。

また「法隆寺置文契状等大要抄」には寺山制禁と同様に、「花山閼伽井水之解状〈一通、服庄請文二通〉、同花山近年被返付禅徒契状二通」と、法隆寺の「花山」に関するものも採録されている。その内訳は以下の通り。

⑴文治五年（一一八九）五月日法隆寺夏衆解幷別当外題
⑵承元五年（一二一一）閏正月七日服之郷民等請文
⑶承元五年（一二一一）閏正月八日蓮迎花山木請文
⑷正慶二年（一三三三）二月日花山樹木守護契約状
⑸正慶二年（一三三三）二月日花山樹木守護契状事書

花山は堂家が仏供の花や閼伽水を取る場所と考えられるが、文治五年段階で、既にその近辺で田堵による開発がすすみ、樹木伐採がなされていたことから、夏衆等が要請して規制がなされている。以下⑵⑶は付近の住民等が花山での伐採を一切行わないことを述べたもの。⑷⑸は、花山沙汰の権限を改めて堂家に返預し、それを機に樹木守護のための規定を整備したものである。こうした周辺住民の動きを規制した樹木守護の動きは、まさに先の寺山の場合と一致するものであり、さらにこれは、この時期、法隆寺に限ったものではなかった。

瀬田勝哉『木の語る中世』（朝日選書、二〇〇〇年）によると、一二・一三世紀の開発の進行の中で寺院は自らの周辺山林を維持しようとしているが、一方では「仏神の荘厳」の論理を持ち出し、他方では、具体的な山林規制を行っている。その後者の実例として、山城国田原の禅定寺の事例があげられている。この禅定寺の寺山禁制は永仁四年（一二九六）十二月のもので、檜・椙は小木でも盗み切った者は鎌やヨキ没収と過料三〇〇文、また松・椎・樅も伐採禁。「松ハツリ」（松の削り取り）も禁止、さらに柴刈りも禁止するなど樹種ごとに細かな規制を行っている。そして堂の住僧が山守をすることとし、鎌やヨキをもって山内に入る者がいれば、見付け次第に没収する、ともしている（『禅定寺文書』〔吉川弘文館、一九七九年〕所収二七号文書）。さらに奈良の春日山でも、たとえば弘安元年（一二七八）、「御山」で「近辺土民」が枯木・伏木・木葉をとったら重科に処すとしており、加えて小鳥を取ることや山内を通行することまでも厳しく規制している（南3）。瀬田勝哉は、「春日山木枯槁」という怪異が史料上問題とされる最初が文暦二年（一二三五）であったことにも着目して、一三世紀には春日山の聖域化が次第にすすんだとみている。周辺の人々に対する厳しい用益排除はこのような寺社の動きと深く関わっていたのである。

法隆寺についても、以上のような動向と同様に動きをなしていたといえる。法隆寺近辺についても、開発の進行や施肥による農業生産の高まりが、山林樹木や木葉・草などに対する必要性を高めており、それがさまざまな問題を引き起こしていたのであろう。（久野）

**寺山**（七二九頁3）　前項に記したように、樹木保護の対象地域として法隆寺には「寺山」と「花

山」があった。これらは、いずれも法隆寺寺辺にあって、伽藍の維持修復の用材のほか、薪や肥料を調達するための貴重な資源でもあった。先述した宝治二年(一二四八)二月十五日の置文には寺山の樹木を「寺之至要物」と述べており、また正慶二年(一三三三)二月日花山樹木守護契約状(前項⑸)も、「両山荒廃」は満寺の歎きであり、「寺後樹林者寺門繁昌也、争無山木守護心哉」とし、昔の如く山木興行して寺社造営要木を全うしようと作成されたものであった。

このように寺山も花山も法隆寺にとって貴重な境内続きの山林であったが、この両者について、『聖徳太子伝私記(古今目録抄)』は次のように記す。

此ノ寺ノ後ニ在山、或ハ近ヲハ名寺山ト、或遠ヲ号花山ト、此ノ花山ハ去コト寺ヲ六七丁ナリ、

すなわち、法隆寺の背後北側に続く山丘陵の近い部分に「寺山」、遠いところに「花山」があった。同書はさらに続けて、花山について記す。

其ノ山ノ中ニ自建久之比儲テ龍池ヲ、奉勧請シ善達龍王ヲ、自リ其以来タ降雨随フ人ノ意ニ、此ノ花山ノ東ノ端也、当テ此ノ龍池ノ丑寅方ニ、一丁之内ニ有閼伽井、当寺夏衆ノ掬後夜水井也、

花山の東端には建久年間に龍池が設けられて善達龍王を勧請し、その結果、この場は降雨のための貴重な聖地ともなっていたのである。加えてここには、夏衆が閼伽水を汲む井もあったこともわかる。前項で示した文治五年(一一八九)の近辺田堵等による樹木伐採が問題となったのは、この付近でのできごとであったろう。このように、花山は宗教性の強い場としてその聖域化が鎌倉初期にさらにすすめられていたのである。

花山と龍池との位置関係に着目すると、この龍池というはおそらく現在の慶花池であり、花山はその西に続く字「龍池(りゅうち)」一帯を指すのであろう。

ちなみに近世では、寺山は「上之堂山」、花山は「龍池山」と史料上にみえるのがそれぞれ該当すると思われる(年未詳辰十一月法隆寺学侶方進退証文覚〔「法隆寺文書」ト函二六号〕)。また、寛政九年(一七九七)「法隆寺総境内之図」では、御朱印千石の内訳として、「境内」一一万六二〇〇坪のほかに、「境内山」九万九九七四坪、「境内天満山」一七八五坪、「境内極楽寺」一万五六四〇坪、「境内墓山」四九〇〇坪、以上、惣坪数二三万八四九九坪が数えられている。ここにみえる「天満山」や「墓山」というのは現在の斑鳩神社から極楽寺およびその周辺の墓地群と思われるから、したがって中世の「寺山」「花山」は、残る「境内山」の中に含まれていたと判断できよう。

(久野)

**年会櫃**(七二九頁4) 年会は五師大法師が毎年輪番で勤めたが、その交替時期は正月二十日で、このとき前任の年会五師から、新任の年会五師のもとに年会櫃が渡された。そしてその使者に対して、新年会五師が酒肴を振る舞うのが常であった。その具体的なもようは、『嘉元記』暦応元年(一三三八)、康永三年(一三四四)、康永四年などの正月二十日の記事に記されている。また『寺要日記』正月二十日の項にも同様の記事がみえる。南23の学道起請文が納められていた「学侶唐櫃」が綱封蔵に保管されていたのに対して、この年会櫃は代々の年会五師の手元に常に置かれていたのである。

その年会櫃に納められていた文書の全貌については、「法隆寺置文契状等大要抄」の中にみえる「年会櫃文書目録注進状」が参考になる。年月日未詳であるが、その内容から確認しうる年紀は嘉禄三年(一二二七)から元弘三年(一三三三)にわたっており、おそらく元弘三年をさほど降らない時期に記されたものと判断できる。この文書目録には、八八項目にわたる文書がざっと一〇巻と一四四通以上がおさめられていた。目録には、たんに「一束」とあって通数が不明のものが二件、「数通」と記すのみで具体的な数量を示さないものがあるから、実数はさらに増える。その内訳をみると、ほかならぬこの「法隆寺置文契状等大要抄」に書写採録されて確認できるものも多いが、置文や契状、起請文、請文、訴状、院宣さらには文書目録など多岐にわたってい

る。法会や行事遂行に関するものや、荘園管理、寺内の所職補任、さらに他寺とのやりとりなど、法隆寺における日常的な諸活動に際してしばしば参照されたであろうものが多い。毎年交替する年会にとって、不可欠のものであった。同様の性格をもつものとして、「東大寺文書」にみえる「勘渡帳」がよく知られている。こちらは年預五師が交替の際に引き継いだ文書目録で、一三世紀末からのものが確認されている。さらにこのほかにも東寺や高野山金剛峯寺などでも同様の文書引き継ぎと保管システムがあったことが知られている。(久野)

**2**(七二九頁5)　法隆寺において、実際に寺山盗伐に対する処罰が行われた事例として、貞和二年(一三四六)十月十二日延宗房なる者が「寺山木売取」のかどで、下臈分より罪科に処されており、年末の十二月二十九日に許されている(『嘉元記』)。また、貞治三年(一三六四)五月、衆議によって「山盗人」に対する科料沙汰が行われており、無沙汰の場合は寺を追い出すことが決められている(「法隆寺衙伍師年会所旧記〔五師所方評定引付〕」〔「法隆寺文書」甲函一六号〕)。

ところで本文史料の本条項には、ひとつには盗みに対する処罰が昼と夜とで異なること、そして次に犯人を刃傷殺害してもかまわないということ、以上、二つの興味深い内容がみえている。まず前者について、同じ盗犯であっても夜中の犯行が、白昼時よりも厳しい罰を課すという事例としては、天正十六年(一五八八)七月十一日近江今堀惣分掟の中に、田・野良の物の盗みをしとめた時、昼ならば一石五斗、夜ならば三石の褒美を与えるとしている(日本思想大系『中世政治社会思想』下)。また瀬田勝哉が紹介している寛永二年(一六二五)京都松尾山の法度には「山松を盗とり京へ売ニ出候ハバ、昼ならば五斗、夜中ならば壱石過料之事」との規定があった(瀬田勝哉『木の語る中世』朝日選書、二〇〇〇年)。ちなみに笠松宏至は、こうした事柄に関連して、夜田を苅る行為自体も厳しく罰する「田舎の習い」があったことを指摘し、そこから「夜」には「昼」と異なるルールがあったことも推定している(笠松宏至「夜討ち」『中世の罪と罰』東京大学出版会、一九八三年)。

次に刃傷もかまわないということについてであるが、このことは、既に法隆寺では宝治二年(一二四八)の置文でもみえていた(本文史料の「法隆寺寺山制禁間条々起請文」の項参照)。しかし興福寺では、さらに早い時期に同様のことがみえる。嘉禎二年(一二三六)正月十日、興福寺衆徒より春日社神主や正預に対して廻文が出されており、春日山の南北の入口をそれぞれ守護することが命じられた。その際、「不被拘制止者」については「任法可射殺」としている(続史料大成『春日社記録』一)。

このような検断の過酷さには、寺辺の山林樹木を保護しようとする宗教領主の強い意志が読み取れよう。(久野)

**4**(七二九頁6)　山盗人の実犯者に対する罪科沙汰に際して、主人や宿主も無関係ではいられなかったであろうことは、次のような史料からも推測できる。

貞治三年五月十八日講衆評定僉、山盗人科料来廿二日以前可致其沙汰、若有無沙汰人躰者、被行于罪科可被追出寺辺者也、若主人等無承引者、懸寄宿可被行罪科旨同評定了、

(「法隆寺衙伍師年会所旧記〔五師所方評定引付〕」〔「法隆寺文書」甲函一六号〕)

今ひとつ内容が明確ではないが、ともかく、実犯者のみならず、「主人」や「宿主」にも罪科が懸けられる場合がある事は読み取れよう。(久野)

**南25**(七三三頁1)　法隆寺所蔵の原本によった。本文史料をおさめる「法隆寺置文契状等大要抄」の冒頭部目次によると、本文史料は「五師三綱置文〈紛失状義絶状可有判料事〉」と命名されており、この史料の眼目が紛失状・義絶状の作成にあたり判料を取ることの規定であったことがよくわかる。(久野)

**五師三綱連署紛失義絶間置文**(七三三頁2)　売券など証文類の保証機能を五師や三綱の加判によってなされた事例は、「法隆寺文書」の中では一一世紀後半以降、確認できる。延久六年(一〇七

四)二月十三日に五師僧長深が法隆寺近在の田地(平群郡八条八里十坪)を売却した際、その売券の奥には、本寺所司が売買を保証するとして上座・寺主・権寺主・都維那・権都維那が花押をすえている(『平』一〇九七号)。また保延三年(一一三七)十二月四日都維那法師維暹田地売券にも、文書奥に上座大法師・寺主大法師が加判(『平』二三七九号)している例がある。

ただ、鎌倉期以降になると、こうした公証人としての機能のみならず、法隆寺の発給文書一般についてみても、五師三綱の連署、特に上座・寺主・都維那という三綱連署になるものはほとんどみえなくなる。「法隆寺文書」の年月日未詳「署判断簡」イ函一四六号～一四九号(『法隆寺の至宝』昭和資財帳8古記録・古文書〔小学館、一九九九年〕)はいずれも鎌倉時代のものらしき五師三綱や三綱連署になる断簡であるが、珍しい事例といえる。その中でもイ函一四九号には「仍所司等加署名」との文言があり、上座以下三綱が花押をすえるなど所司による保証機能を明示するものではある。これらの文書や本文史料は五師三綱連署の文書としては、時代が降った段階の事例であろう。

ところで、五師と判料ということについては、本文史料に直接関わるわけではないが、永和四年(一三七八)八月二十八日の法隆寺五師所方評定記録に次のような記載がみえている。

評定云、就鵤庄名主百姓等所職名田畠等安之時、於有限判料者、以内縁縦雖有歎申事、曾以不可有潤色之儀者也、所詮自今以後令進納件料足於年会方、即五師以下方々可有下行者也、若雖為一人、判料未下者、可被押置件下知状於年会所也、判料究済之後、可被下与安堵之状之旨、依評定記六如件、

(「応安年中以来法隆寺衙日記(五師所方評定引付)」〔「法隆寺文書」甲函一七号〕)

法隆寺領播磨国鵤庄の名主職を安堵してもらうためには、百姓等は年会方にきちんと判料を進納する必要があったことがわかる。(久野)

**南26**(七三五頁1) 法隆寺所蔵の原本によった。本文史料をおさめる「法隆寺置文契状等大要抄」の冒頭部目次によると、本文史料は「両郷刀祢成任料置文一通」と記載されている。

なお署判者の箇所は以下のようになっている。

沙汰衆覚盛判　(日下)
慶朝判
定憲判
舜快判　順慶判

日下にある「沙汰衆覚盛」に続く奥下に署名している四名は、いずれも僧名を記すのみで僧位や職名などは付されていないが、序列はその署判の位置から判断すると、舜快→順慶→定憲→慶朝→覚盛かと思われる。

そこで、署名している五人の僧の性格について以下、すこし推測しておく。まず慶朝は、本文史料の一一年後にあたる正中二年(一三二五)には、年会五師大法師であったことが確認できる(「法隆寺文書」ロ函二二八号)ほか、元弘二年(一三三二)には法隆寺末の常楽寺別当となっている(『嘉元記』)。また『嘉元記』中には「慶朝日記」「慶朝五師日記」からの引用文がしばしば含まれているが、その内容は年会櫃受け渡しに関する記事や、公家祈禱のことなどである。以上のことからみても、慶朝は学侶として上﨟にまでいたった人物であることは明らかである。また、元徳三年(一三三一)の三経講に関する学侶置文の署判者の中には、この「大法師舜快」「大法師慶朝」のほかに、慶朝より上位に「大法師定憲」が、同じく下位に「大法師覚盛」が名を連ねている(「法隆寺置文契状等大要抄」)。すなわち本文史料を作成している寺僧五人のうち四名がいずれも大法師となって名を連ねていることが確認できる。

さらに、本文史料からおよそ三〇年後の康永二年(一三四三)四月、龍田にて六六部の如法経供養が行われたが、その際、七僧供養が法隆寺僧の一﨟から順次七人が出仕して行われた。そのメンバーは、読師覚算、講師湛舜、順慶、定憲、玄快、覚盛、賢盛であった。この中に本文史料を作成した順慶、定憲、覚盛の三人がみえてお

り、彼等も高い﨟次の学侶であったことがわかる(『嘉元記』康永二年四月十日条)。

さらに順慶について、彼は建武四年(一三三七)には得業としてその名がみえ、さらに舎利預も勤めていたことが『嘉元記』で確認できる。ちなみに舎利預は上旬預・中旬預・下旬預の三人からなり、学侶一﨟から勤めることになっていたから、この順慶も学侶の上位にのぼっていたことが裏付けられる。

以上の事柄を勘案すると、本文史料を作成した五人の寺僧は、いずれもこの後に学侶の相当上位にまでのぼった者たちであることが明瞭である。おそらく、本文史料作成の段階では、彼等はまだ中﨟もしくは下﨟の比較的若﨟の学僧たちで、或いは全員が「沙汰衆」であったのではないだろうか。法隆寺の寺辺直轄郷の刀祢職に直接関わるような具体的規定は、若年の学僧たちの名によってまとめられていたのである。

(久野)

**東西両郷刀祢**(七三五頁2)　法隆寺の直轄郷である東郷・西郷については、その直接的な起源は、寺辺にあった「東里」「西里」であり(今も法隆寺境内の東西すぐのところにそれぞれ地名が残っている)、その存在は、一二世紀の初頭には確認できる。すなわち法隆寺別当経尋(天仁二年〔一一〇九〕十一月任、治二一年)の時代に、「西里私畠地子始被徴納之」とあるのが早い例で、また、天永三年(一一一二)四月には「東西里人」が寺僧等とともに心経会に参加している(『別当記』)。この心経会は「寺中寺外」に疫病流行したことから、興福寺の例にならって行疫神を勧請し、般若心経を摺写したものである。この心経会はその後、正月中に行われる年中行事の一つとなり、東西両郷はその際に竹切役をつとめ、酒の振る舞いをうけている(『寺要日記』)。

興福寺や東大寺においても、寺辺に四面郷としての「里」が一一・一二世紀に確認されており、それが鎌倉時代には郷に再編されたという指摘がなされているが(安田次郎『中世の奈良』吉川弘文館、一九九八年など)、法隆寺の場合もこれとほぼ同様の動きがあったと考えられる。

刀祢については一〇世紀段階で在地の保証刀祢の姿が法隆寺の付近でも確認できるが(『平』二六四号)、鎌倉時代以降に登場する東西両郷刀祢との系譜関係について、その確実なところはなお不明といわねばならない。

こうした中世寺院の寺辺郷やその刀祢の性格について、中世における自治的郷の先駆をなすものとして、いちはやく積極的な評価を与えたのが清水三男であったことはよく知られている(『日本中世の村落』〔著作集二、校倉書房、一九七四年〕、『中世荘園の基本構造』〔著作集三、校倉書房、一九七五年〕)。戦後、この観点は林屋辰三郎によって継承され、ほかならぬこの南北朝期の法隆寺と東西両郷について、林屋は経済的・文化的な様々な側面から密接な関係のあったことを描き出し、これら寺辺郷が広義の「寺中」に含まれたこと、そしてこれらが中世法隆寺の存続維持にとってきわめて大きな役割を果たした事などを明らかにした(「南北朝時代の法隆寺と東西両郷」『中世文化の基調』東京大学出版会、一九五三年)。刀祢にはかかる自治的な寺辺郷村落の長老的な位置づけが与えられている。林屋のこの仕事は、それ以後のこの方面の研究を基礎づける大きな意味を持つものであった。

細川涼一は、法隆寺=宗教領主による支配という観点から、寺辺における検断や被差別民、さらに葬送など、林屋が充分に言及していなかった部分に眼を向け、新たな分析を行っている。ただ、両郷の刀祢について、その基本的な部分は林屋説を継承している(「中世の法隆寺と寺辺民衆」『中世の身分制と非人』日本エディタースクール出版部、一九九四年」、「戦国時代の法隆寺と門前検断」『中世寺院の風景』新曜社、一九九七年」など)。他方、高橋典幸は法隆寺との関係もさることながら、両郷と龍田社との関係にも注意を払うべきとして、刀祢に法隆寺「寺中」を越える側面のあったことを指摘している(「中世法隆寺と龍田社」『遙かなる中世』一六、一九九七年)。

ともかく、法隆寺辺郷の刀祢は、いずれもこのように村落自治の中心をなすものととらえられており、法隆寺との連絡にも当たった存在とみられているが、本文史料からうかがえるように、明らかに、刀祢は法隆寺に対して任料を提供することで補任される「職」であり、いわば法隆寺の職掌人に含まれるような性格を色濃く持っていたといわねばならない。その意味では、法隆寺の番匠・鍛冶・塗師などと同様の一面を持っている。刀祢は一般郷民のような寺役・郷役の負担を免れるという特権を認められ、そのかわりに法隆寺の職掌人としての活動を行っていたのである。ただ本文史料中にもあるように、課役逃れのために刀祢の人数が倍増していることが問題視されている状況があることから考えると、刀祢がたんなる忠実な法隆寺職掌人にとどまらなかったこともまた確かであろう。

『寺要日記』によると、八月二十四日には、東郷では常楽寺祭、西郷では上堂祭が行われており、おそらく両郷の郷民はこれら常楽寺、上堂の結衆として、その祭礼を行っていたと考えられる。さらに、そのほか法隆寺の鎮守神龍田神社の祭礼の際には、近隣近郷の村々とともに、御輿供奉や猿楽田楽を勤仕するなど、共通の祭祀圏を形づくっていた。

両郷における刀祢の人数や負担寺役については本文史料の「当時の刀祢…」の項、および「寺役郷役」の項を参照。(久野)

**任料**(七三五頁3)　本文史料では刀祢の任料は二石と規定されていたが、このほかの法隆寺における諸職階について、どれほどの任料が必要だったかということは、鎌倉末〜南北朝期の状況が『嘉元記』に散見している。アトランダムに抜き出すと、以下のようになっている(括弧内は任料の額)。成業(二〇石)、舎利預(八石)、金堂預(三石)、絵殿預(一石五斗、もしくは三石)、大(堂方の大法師一〇石)、戒師(五石)など。

もちろん、これはほんの一部であり、寺内の様々な諸職につくには、基本的に任料とお披露目としての酒肴の振る舞いが必要とされていた。任料は任命権者の別当・小別当らの収入になったほか、本文史料のように寺庫に納められて、様々な用途に転用されたと思われる。たとえば刀祢任料について、『嘉元記』には次のような既述がある。

延文五年〈庚子〉十一月二十日常楽寺市ノ祭、於市場夷前在之、楽頭中小路座、薬師田楽、奈良之新座田楽一円ニ参勤、如法殊勝、禄物三貫文給了、料足ハ市ヲ勧或ハ刀祢任料少分加舎利供養少分〈四百五十文〉取加定云々、

刀祢任料が、常楽寺市に際して催された田楽の禄物の一部に転用されている。ちなみに常楽寺市は、この前年に法隆寺が主導して立てた新市であった。その経緯については高田陽介「常楽寺市場の開設」(『遙かなる中世』一六、一九九七年)が詳細。(久野)

**当時の刀祢…**(七三五頁4)　本文史料の記載からは、東西両郷の刀祢の人数については、特に定数といったものはなく、随時変動していたであろうことが読み取れる。

林屋辰三郎は前掲論文中で、『嘉元記』の「常楽寺別当入供事」すなわち常楽寺別当就任時の振る舞いについて記した記事に着目し、建武二年(一三三五)三月二十九日慶祐が別当就任の時、米が「刀祢〈五人〉職事〈一人〉六人中」へ振る舞われたとあることから、刀祢の人数は五人で、職事は郷内の庶務担当と解釈し、両郷各五人による合議による郷自治を推測した(前掲書一一五頁)。林屋の理解によると東西両郷で一〇人という事になるが、しかし史料上確認できる両郷刀祢の人数はまったくさまざまである。

まず比較的早い事例としては、寛喜二年(一二三〇)東院夢殿棟札の裏面に、「一、刀祢」として「大介七郎刀祢　宗才才　承介」と、ここでは三名の名がみえる。しかし「法隆寺置文契状等大要抄」所収の弘安九年(一二八六)十一月請文では、東郷刀祢二人、西郷刀祢三人による連署であり、ここでは東西両郷合わせて刀祢は五人とい

うことになる。

以下、南北朝期の建武四年正月十二日金堂御行餅下行注文によると、ここでは「刀祢十四人〈一枚宛〉」と一四人の刀祢に一枚ずつの餅が与えられている（「吉祥御願御行旧記」〔『法隆寺史料集成』二、ワコー美術出版、一九八三年〕）。この南北朝期から室町時代になると、こうした引出物分配史料などによって刀祢の人数を推測させる史料がふえてくる。それらをみると、少ない場合は五名（永正四年〔一五〇七〕正月十八日上宮王院修正月会免田餅支配状〔「法隆寺文書」ハ函二七号〕）、多い場合には三〇人（永和二年〔一三七六〕七月十七日寺務拝堂大僧供曳帳〔「同」ハ函一〇九号〕）と、全く不定であり、東西両郷の刀祢には特に定員が定まってはいなかったと思われる。（久野）

**寺役郷役**（七三五頁5）　東西両郷に科された諸役としては、法隆寺の年中行事遂行のための役負担がある。こころみに『寺要日記』をみれば、正月心経会の幡立てのために竹切り役、正月十四日金堂修正会中の「牛玉湯」を沸かす際の「焼木」の取り集め（貞和二年〔一三四六〕からは家別一〇文となる。「吉祥御願御行旧記」〔前掲『法隆寺史料集成』二〕）、正月十六日上宮王院修正月の夜荘厳役、七月十三日大掃除では境内の一部の掃除を担当したりしていた。

このほか法隆寺の検断活動にあたって、直接現地に発向し、住屋焼き払いなどに携わることもあった（『嘉元記』延慶二年〔一三〇九〕十二月十四日条、延文二年〔一三五七〕三月九日条など）。さらに軍役負担のような場合もある。暦応二年〔一三三九〕興福寺牒をうけた軍勢催促をうけて、法隆寺より公文手四人・下﨟分二人・堂家五人が武装して発向したが、両郷からはこれに随行する下人一一人と馬が召し出されていた。

このほか法隆寺ならびに寺辺における共同の作業として、池の築造や祈雨などの行事、そして龍田社や天満社などの祭礼の遂行もあった。臨時賦課としては、建武五年〔一三三八〕寺中の強盗殺人犯の頸切り用途銭のような場合がある。これは、被害者の遺跡からのほか、成業以上は人別一五〇文、中﨟分は一〇〇文、下﨟分以下の寺僧は五〇文、刀祢番匠大工は五〇文、そして両郷は家別三〇文などであった（『嘉元記』）。このほか、戦国期のものになるが、両郷棟別銭賦課を物語る史料が残っている（永禄六年〔一五六三〕坊別寺僧別庵室客僧別収納支配算用状〔「法隆寺文書」ロ函一八四号〕、天正五年〔一五七七〕東郷棟別帳〔「同」ヘ函二二号〕など）。（久野）

**南27**（七三七頁1）　法隆寺蔵「法隆寺文書」ロ函二二八号。奈良文化財研究所の写真帳をもとにして、京都大学文学部蔵の影写本、『法隆寺の至宝』昭和資財帳8古記録・古文書（小学館、一九九九年）を参考にした。同書によると、法量は二九・一センチメートル×一四五・九センチメートルであり、四紙としている。

端裏に「法服米置文案」とある。現状では見あたらないが、京都大学文学部所蔵「法隆寺文書」影写本によると、本文史料には「衆分記」と記した貼紙があったことがわかる。ちなみに次項で触れる貞治六年〔一三六七〕十二月日梵音衆法服米沙汰規式評定記録土代（「法隆寺文書」ロ函二二三号）についても同様に「衆分記」の貼紙がかつて存在していた。このような事は、応永二十二年〔一四一五〕二月二十一日順禅房罪科評定記録（「法隆寺文書」ロ函二二九号）でもおこっている。

ところで本文史料の署判者部分については、以下の通り。

正中二年〈乙丑〉二月　日　年会五師大法師慶朝
五師大法師賢盛
五師大法師湛舜
五師大法師信乗
五師大法師慶賀

（久野）

**法隆寺法服米種子置文**（七三七頁2）　中世法隆寺の金融活動としては、林屋辰三郎「南北朝時代の法隆寺と東西両郷」（『中世文化の基調』東京大学出版会、一九五三年）や竹内理三「中世寺院の出挙」（『歴史地理』七三―一、一九三九年）の先駆的研究によってよく知られている。平安末期の寛治四年〔一〇九〇〕には法隆寺三綱による出挙活動が確認でき(『平』一二八九号)、鎌倉時代になると、本文史料が示すように、利子運用による法会運営が多く確認できる。本文史料の第2条にあるように、聖霊会法服が利子による新調がはかられている。このほかに「勝鬘会米」(嘉禎四年〔一二三八〕、「法隆寺文書」イ函一一八号)、「三経院勧学米」(弘安七年〔一二八四〕、「同」イ函一二七号)、「上宮王院種子米」(応安五年〔一三七二〕、「同」ヘ函二号)なども宗教活動や営繕のためのファンドとなったものであろう。これらの米銭は、本文史料中にも「施主の意楽」と「惣寺の評定」とあるように、施入者の結縁喜捨と、寺家による組織的運用を原則としていた。そしてその具体的運用は法会出仕の色(職)衆である梵音衆・錫杖衆、そこから選出された沙汰人が担ったことが本文史料から読み取れる。

しかし、貞治六年(一三六七)には聖霊会法服種子米の未進が多く運用に困難があったらしく、貸し出し基準を見直すとともに、梵音衆がもっぱら取り沙汰をすることとなっている(貞治六年十二月日梵音衆法服米沙汰規式評定記録土代(「法隆寺文書」ロ函一二三号)。ちょうど同じ頃勝鬘会の法服種子米についても、「利々増進の沙汰」を「廿人中」が行うことが満寺評定で決定されている(「同」ロ函一二五号)。梵音衆とこの「廿人中」は、いずれも学侶下臈の若輩衆であり、ほぼ重なる人々と思われ、こうした若輩衆の役割が寺内で一段と増進した。この事を具体的に物語るかのように貞治六年からはじまる「勝鬘会聴衆法服米下行帳」(「同」甲函二〇号)・「綱封蔵沙汰人収納算用帳」(「同」甲函一一号)が法隆寺に伝わっている。(久野)

**法隆寺文書**(七三七頁3)　南都の各寺院文書と同様に、明治の混乱期に寺外に流出したものも多いが、その一方で、寺内各所でそれぞれ伝来していた文書を法隆寺公物として集約し、鵤文庫というかたちで補修・成巻のうえ函に収納するなど整備の努力もなされてきた。これが現在の「法隆寺文書」の主要部分を占めている。また「古田券」など、いったんは流出したが、ふたたび法隆寺に戻ったものもある。その整理と目録化の作業は、昭和五年(一九三〇)頃からおよそ一〇年間、法隆寺国宝保存事業部嘱託の荻野三七彦によって行われ、さらに戦後には、奈良国立文化財研究所が再調査を行った。こうした整理調査作業の成果は、『法隆寺の至宝』昭和資財帳8古記録・古文書(小学館、一九九九年)によって、その概略を知ることが可能となっている。同書には古記録一二九点(内中世九三点)、古文書四九三六点(内中世一五五六点)の合計五〇六五点について、その目録が掲載されている。しかしながら、これとても法隆寺に伝来する文書すべてを網羅したものではなく、現在なお整理作業は継続中であり、その全容を知ることはなお困難である。おそらく近世までの古文書の数量は、上記の目録の数量に数倍するであろうと思われる。(久野)

**梵音衆**(七三七頁4)　本来的には法会の場で梵音という声明を担当する集団で、錫杖衆と同様の四箇法要を担う職衆を指す。法隆寺聖霊会では梵音衆も錫杖衆も左右各一〇名ずつ合計二〇名が出仕した。この役割を基本的属性としながらも、中世法隆寺に登場する梵音衆・錫杖衆は、寺僧のうちの若輩を中心とした特定の階層的集団を形成していた。梵音衆は学侶方の下臈分にあたり「末廿人」「廿人衆」とほぼ重なる人々であったと考えられる。応永二年(一三九五)聖霊会梵音衆役人等日記(「法隆寺文書」甲函一六号)や応永十四年上堂供養日記(「同」甲函一三号、『法隆寺史料集成』九〔ワコー美術出版、一九八四年〕)にみえる梵音衆は、ほぼ同時期の「廿人衆」(「同」ロ函一二二号、一二七号)と重なるのである。彼等は聖霊会での出仕以外に、法会遂行のための本文史料から窺えるような、管理蔵を持ち種子米運用にあたっていたが、それ以外にも、検断権行使の場に登場する。さらに時代が下った一六世紀になると梵音衆集会評定曳付が伝わっており、彼等が独自の集会組織を以て多彩な活動をしていたことがわかる(「同」甲函一一四号、また林幹彌『太子信仰の研究』〔吉川弘文館、一九八〇年〕)。

こうした独自集団としての梵音衆の初見と思われるのが、『嘉元記』正中二年（一三二五）の「九人十一人合戦事」という記事である。この年二月「若輩〈梵音衆〉十一人衆有武者之蜂起」て、「九人衆」の張本三人を罪科にしたが、「九人方武者」が入寺して自許し、逆に十一人方の張本を罪科にし、そこから両者の間で合戦に至ったというものである。結局、成業以下老僧らが中に入って「若輩確執」を和与させたことで事件はおさまったという。

本文史料とほぼ同時期の事件であり、おそらくこの頃から法隆寺内で梵音衆などの独自集団化による機能遂行が進行したと思われる。なお次項「錫杖衆」、南30の「廿人」の項も参照。（久野）

**錫杖衆**（七三七頁5）　梵音衆と同様に、本来的には法会の場で、梵唄を唱えながら錫杖を振って音をたてる職衆の名称であるが、中世法隆寺においては梵音衆の場合と同様に、特定の階層的な集団をなしていたと思われる。梵音衆がおおむね学衆下﨟であったのに対して、錫杖衆は堂方の平堂衆からなっていたと思われる（「法隆寺文書」ロ函二四〇号、二四一号）。本文史料第3条から窺えるように、聖霊会種子米沙汰人の選出方式が異なっているのもこうした差異によると思われる。戦国期における錫杖衆の様子は文明七年（一四七五）から慶長十六年（一六一一）にわたる錫杖衆追加（「法隆寺文書」甲函七九号）によって窺うことができる。この史料については、天正九年（一五八一）までについて林幹彌前掲『太子信仰の研究』（四〇〇頁〜）が丹念な史料の翻刻と紹介を行っている。（久野）

**施主**（七三七頁6）　ここでの施主は一般の人々というよりも法隆寺寺中の人々、寺僧らが主要な部分をなしていたと考える。たとえば、永和四年（一三七八）十月日廿人沙汰条々事書（「法隆寺文書」ロ函二二四号）は法服種子米に関する規式であるが、その中で次のような表現がある。

古寺僧已存未来之興行、慇宛置彼資貯之上者、今住侶争忘往昔之懇志、可令失此料脚哉、

永和四年現在の「今住侶」が、古の寺僧が自分たちの資貯を興行のために宛て置いた、おそらく種子米を奉加拠出したことを示しているのであろう。

また法隆寺寺僧宗樹の場合、学衆下﨟から中﨟になる頃、自らの「世財」を抛って勝鬘会法服種子米の元手に寄進したほか（「法隆寺文書」ロ函二二五号）、応安五年（一三七二）には上宮王院種子米五石を施主として寄進している（「同」ヘ函二号）。

寺僧らにとっては、私有地における勧農や法会出仕に不可欠な法服借用などに運用される事になる種子米奉加は、一種の互助的な機能という一面をもっていたのであろう。（久野）

**聖霊会料の法服**（七三七頁7）　聖霊会は聖徳太子を奉賛する斎会で、太子の忌日二月二十二日に行われる、法隆寺にとってもっとも重要な法会の一つである。明治以降は三月に実施されるようになり、現在では、毎年行われる「小会式」と、そして一〇年に一度の大規模な「御会式」＝聖霊会、という形態で実施されている。東院から西院伽藍への華やかな行道や舞楽など、当日の境内は大いににぎわいを見せる。南北朝期の法隆寺を謡い語る『法隆寺縁起白拍子』でも、聖霊会は勝鬘会とならんで法隆寺の代表的法会としてとり上げられ、その荘厳のさまは極楽世界になぞらえられている。しかしその濫觴は、あまり明確ではない。一般には東院を建立した行信によって天平二十年（七四八）にはじめられ、道詮が貞観年間に再興したといわれ、聖武天皇の勅願とされることもあるが、その実態ははっきりせず、明瞭となるのは、平安時代後期以来の太子信仰の高まりに伴う時期のことであった。聖霊会で東院から西院伽藍へ行道する聖徳太子七歳像ができるのが治暦五年（一〇六九）であり、西院伽藍で太子を祀る聖霊院が完成するのが保安二年（一一二一）、そしてこの頃から鎌倉期には東院伽藍の整備がすすめられ、こうした動きと軌を一にして聖霊会も興隆されたのであろう。正治元年（一一九九）には源頼朝が聖霊会幡を寄進したと

されるのも見逃せない(『別当記』)。

聖霊会の用途については、免田があったことは確認できるものの(「法隆寺東院縁起」、『別当記』)、特定荘園が付されていたかどうかははっきりせず、本文史料が示すような種子米の利分運用という出挙金融活動や、正中二年(一三二五)紫甲四帖の施主となった善忍房大、嘉暦三年(一三二八)聖霊会蛮絵装束の新調に寄与した勧進活動などが大きな位置を占めていたと思われる(『別当記』能寛僧都項、実聡僧正項)。

こうした寺僧等の奉加は聖霊会出仕にあたっての装束借用と不可分であったらしいことが、『嘉元記』貞治二年(一三六三)のところにある次のような記事からも読み取れる。

一 聖霊会行事装束事

於此種子物、依無三綱奉加、装束出来之後モ、行事此装束不被当、而近年此種子物ニ有奉加之間、延文六年〈辛未〉歳聖霊会時、始テ行事装束惣寺ヨリ被配之内、一具ハ袍裳下行、一具ハ損料ヲ惣寺ヨリ沙汰シテ行事私ノ沙汰也、彼損料五百文参百文之異説〈在之〉、仍其時梵音衆沙汰人善宗房ニ慶祐相尋之処、法服損料五百文ト有ル分明之日記ヲ被出タル間、五百文之条令治定畢、

種子物に奉加することが、聖霊会行事装束を借用するための条件となっていること。借用にあたっては、その損料を負担すること。そして梵音衆が実際上の管理をしている様子などが読み取れよう。中世における寺院の法会遂行のあり方をうかがわせる興味深い事例である。なお前出の「法隆寺法服米種子置文」の項も参照のこと。(久野)

**甲衆**(七三九頁1) 「法隆寺良訓補忘集」(『続々群』一一)にみえる宝徳二年(一四五〇)の聖霊会色衆請定によると、左方には講師以下、衲衆九名・甲衆一〇名・梵音衆一〇名・錫杖衆一〇名が、そして右方には読師以下、衲衆・甲衆・梵音衆・錫杖衆が同人数だけ記載されている。僧位に着目すると、衲衆は僧綱位および大法師であるが、甲衆以下はすべて法師となっていることから、中下﨟の僧侶がその任にあたっていたことがわかる。

ちなみに、同書には明応七年(一四九八)二月龍田会請定もみえ、人数は少なくなっているが、参列の衲衆・甲衆・梵音衆・錫杖衆の僧位は同様である。(久野)

**自類**(七三九頁2) 「法隆寺文書」を概観すると、本文史料の時代の用例は見あたらないが、一六世紀のものになると「自類」の用例がいくつか散見している。その正確な内容の確定はできていないが、次に例示するように、堂衆(律宗)と区別して「自類」と称する例が多く、さらに、堂衆よりも上位者とみなされ、しばしば武力行為を随伴している集団であったようである。だとすれば、学侶下﨟分を指すようにも思われる。

とりあえず、いくつかの用例を示しておく。

永禄六年(一五六三)七月二十三日付の坊別寺僧別庵室客僧別収納支配算用状(「法隆寺文書」ロ函一八四号)をみると、まず文書の冒頭に坊別一貫文・寺僧別二〇〇文・庵室三〇〇文・客僧別一〇〇文、とまず記し、そのあとで実際の進納分を集計している。それによると、内訳は、次の通りになっている。

坊別・寺僧別〈自類〉・律宗方寺僧別・倉切銭・庵室・庵室客僧・東郷棟別・西郷棟別

すなわち、「寺僧別」というのが、「自類」と「律宗方(=禅衆方)」とからなっていることがわかる。このことからすれば「自類」が学衆方を指すかとも考えられる。

さらに次の二つの規式をみると、自類には武装性が色濃く伴っており、また堂衆と対置されながら、より優越的な地位にあったらしいことが読み取れる。

契定　下﨟分之間規式条々

一 補自類之闕乏、兼救諸人之急難者、本願太子之叡志、観音大士之悲願也、仍随器量之堪否、普可令勧善懲悪事

(略)

一 自類異類行儀散動、自然悪相其外於懈怠子細者、無猶予可被相催事

（略）

一　於自類中坊舎者、必番之僧可被召仕者也、女人夜宿事、堅令禁制畢、於衆徒者、非沙汰之限、

（署名は「一﨟定誉」「最末信紹」外八四人の僧名が三段にわたっている。）

（大永三年〔一五二三〕十月日下﨟分規式幷追加〔「法隆寺文書」ロ函二三五号〕）

契定　於寺辺闘諍口論等事

（略）

一　自類中而殺害之非法在之者、不依理非寺町・〔帳カ〕擯出罪科可被処、於令死去之躰者、可為平罪科、但死去之躰之所為有糺明宜有成敗歟、

一　同自類中刃傷事、於先手之躰者、廿一ヵ年可被処、於相手之仁者、若同令刃傷者可為同罪、（略）

一　自類而堂衆を令殺害者、可為平罪科、於相手堂衆者、同以可処平罪科、但有子細糺明其軽重可被定者也、

一　堂衆而自類を令殺害者、不依理非可為重科之上、猶高札ニ可被載、至員数者、多少当其時可被相計之、於相手之自類者、依子細可有其科怠者也、同堂衆而自類を令刃傷者、其成敗可為同辺事、

一　自類而客僧少者令殺害者、可為平罪科也、令死去躰可為同科、但依理非可有軽重、次同刃傷之咎、其成敗可為同篇者也、

一　自然自類を令殺害族を出相討止輩者不依異類郷民等、必十貫文可在勧賞也、同異類を令殺害族如此之儀在之者、五貫文可在勧賞者也、

（以下略）

（大永七年寺辺闘争口論等規式〔「法隆寺文書」ロ函二三八号〕）

「自類」が「異類」「郷民」と区別され、さらに自類と堂衆の争いの際の処罰の軽重や、勧賞額などから、明らかに「自類」は堂衆よりも上位にある。

ただし、以上のように自類の用例を示す史料をみても、やはり自分たちの集団を指して「自類」と称している可能性は残るし、しかも一六世紀のものに集中しているから、上記と異なるたとえば作成主体による史料や、本文史料の如き鎌倉時代末についての用例をさらに検討する必要があろう。（久野）

**5**（七三九頁3）　本文史料では、質物として認められないものをいくつか指摘していた。では、実際に質物としてどのようなものがあったか、いくつか一四世紀の実例を、聖霊会法服種子米の例に限らず示しておく。

たとえば、「法隆寺衙伍師年会所旧記（五師所方評定引付）」（「法隆寺文書」甲函一六号）の中に次のような文書が写されている。

借申　出挙米

合十二石二斗者〈庄納定〉

右件米者石別ニ加六斗宛利分、可令弁進者也、但質物者、当庄重書一巻数十一枚先手注入置所也、若有無沙汰者、珍南北両庄之御年貢ヲ本利相当分雖為何ヶ年、可被押知行候、将又此米者、法隆寺為聖霊会料足自寺門被申間、面々加判形奉借所也、仍借文之如件、

元弘三年二月十一日　　定使在判

預所代在判　下司在判

下司在判

出挙米の質物に珍南北庄の庄園重書一巻があてられている。

また勝鬘会法服種子米については、貞治六年（一三六七）から康応二年（一三九〇）にわたって、年々の沙汰人によって収支を記した帳面が残されている。そこにみえる質物を適宜抜き出すと以下のようである。

布小袖　五帖袈裟　布子　券文　ツホ　大刀　重衣　ツムキノ小袖　トノイ物ノワタ　アサギノヒタゝレ

（「勝鬘会聴衆法服米下行帳」〔「法隆寺文書」甲函二〇号〕）

衣類が多いようであるが、壺や大刀などもみえている。（久野）

**現質**（七三九頁4）　中田薫「日本中世の不動産

質」(『法制史論集』二、岩波書店、一九三八年)以来、見質は入質と区別されて無占有質(抵当)とするのが通例で、見質＝現質と見なされることが多い。ただ「法隆寺文書」の中には法服種子米を「現質」「現質物」のないまま下行することがしばしば問題とされており、また前項補注にもあるような質物の記載からすると、現質というのは実際の質物そのもの、現物としての質物を意味すると思われる。

次に、現質(物)なきままの種子米下行を誡める応永二十二年(一四一五)十二月十日評定記録追加を掲げる(「法隆寺文書」ロ函二二九号)。

追加

右就法服米倉種子米近年出挙下行時、無現質物而自由有下行、忽種子物等令失墜条、大会退転基也、所詮於向後無現質物而有出挙下行者、時沙汰人ニ有懸沙汰、如掟可被処罪科者也、謂雖有現質下行米不相当者、同不被懸沙汰人、又十二月十日以前、先沙汰人方被渡倉時、無現米歟現質歟者、当沙汰人更々不可有請取、事由当沙汰人必厳重起請文可被捧者也、(以下略)　（久野）

**上堂米**(七四一頁1)　上堂の再建は、応長元年(一三一一)七月四日に手斧始があり、文保二年(一三一八)に御堂が造立され、そして元亨四年(一三二四)には本仏が講堂から戻されている(『寺要日記』『嘉元記』『別当記』など)。まさしく本文史料が作成された時期にあたっているのである。ただこの再建事業と上堂米とが、たとえば施主や結縁の奉加米などというように直接関係があったかどうか、それは確認できないが、ともかく上堂においても種子米運用が行われていたことは、次のような「応安年中以来法隆寺衙日記(五師所方評定引付)」(「法隆寺文書」甲函一七号)の永和二年(一三七六)の評定によって知ることができる。

同(永和)二年〈丙辰〉七月十日評定云、為勝鬘会〈去年之勤分〉聴衆之供料幷三経講之供料下行、為預所方沙汰、令借用上御堂種子米之内三十三石二斗七升六合〈丁衆供、三経講供〉合定即令下行之畢、而彼御堂供養明年春必可被遂之旨、評定在之、然則閣余事来秋以鵤庄年貢最前収納内、加斗別壱升宛利平、必可令返弁者也、仍記録之状如件、

勝鬘会聴衆や三経講の供料に下行すべき米が不足したために、「上御堂種子米」を借用して転用し、返済には鵤庄の年貢から利子を加えて行うことが決められている。上御堂種子米が寺内法会遂行のための、融資の役割を果たしていたことがわかる。(久野)

**南28**(七四三頁1)　法隆寺所蔵の原本によった。本文史料をおさめる「法隆寺置文契状等大要抄」の冒頭部目次には、「寺務御拝堂日限契状〈二通〉」と記載されており、そのうちの一通が本文史料である。他の一通は嘉元三年(一三〇五)九月二十八日法隆寺満寺群議契状で、こちらが、寺務の拝堂を補任以後一〇〇箇日以内に実施することを初めて定めたもの。その具体的な内容は、次項を参照。

さらに同書には、上記二通のあとに、一四世紀初頭頃の拝堂事例をいくつか記し、別当拝堂に関する先例資料として役立てるようにしている。すなわち以下のような事例である。

尊公院(公寿)が再任時(嘉元二年)の拝堂は半役であった。

西南院実聡法印は、徳治三年(一三〇八)七月三日初任で、拝堂を実施したのは八月二十二日。予定では吉日にあたる八月二十一日だったが雨のために延引。

修南院隆遍の初任時は正和四年(一三一五)十二月八日に宣下。小別当継尹行専房得業は十二月二十八日に拝堂。ただこちらは月迫ということで深慮による「探」で居拝堂としたが、今後はあってはならぬ。大別当の拝堂は四月二十八日であるが、こちらも大病のために居拝堂の儀とした。用途は一〇三貫七〇〇文。

良寛法印の再任時(元亨元年〔一三二一〕)拝堂は半役を子細なく勤仕した。(久野)

**法隆寺別当拝堂間条々契状**(七四三頁2)　中世法隆寺における拝堂をめぐる全般的な事柄については、次項「別当拝堂」で概観することとし、ここでは本文史料が作成された事情について補

足する。

嘉暦三年(一三二八)に法隆寺別当に就任した憲信が、就任後一〇〇日たっても別当就任儀礼である拝堂を行わなかったため、寺僧等が法隆寺を閉門するという実力行使にでて抗議の意を示し、寺僧等の一揆を誓ったのが本文史料である。一〇〇日以内に拝堂を行う事を定めた規定は、嘉元三年(一三〇五)の次の史料で、これも本文史料とともに「法隆寺置文契状等大要抄」におさめられている。全文は次のようなものである。

契定　御寺務拝堂日限間事〈正文年会櫃在之〉
右子細者、寺家初任拝堂之日限不定間、或寺務補任而雖令一(マヽ)収納、依改補空不被遂拝堂之節、或雖無改補之儀、依拝堂延引、随勝鬘大会亦不被勤行、是則大会陵怠之源何事如此、所詮於向後者、別当補任以後百ヶ日之内、可被令遂其節、若過其期日、早可奉違背、更々不可有改変之儀、仍為後代、為満寺一同群儀、兼日所記勒之状如件、

嘉元三年〈乙巳〉九月廿八日在庁法橋良玄判
公文寺主覚実判
都維那法師覚胤判
所司
信玄大法師判
快厳大法師判
尭範大法師判
弉算大法師判
弁与大法師判

この規定は、前年の嘉元二年十二月に就任した公寿が拝堂を行わなかった時のもので、所司と五師大法師が署判をしている。公寿は、この後、十月六日に拝堂を行った。

本文史料は、ここで定められた規定が守られていないことに対して寺僧等が抗議したものであった。憲信の場合も、この抗議をうけて、十一月六日に拝堂を行い、それによって法隆寺の閉門が解かれたことが確認できる。

ところで就任後一〇〇日ということであるが、現在知りうる法隆寺別当の拝堂事例をみると、一一世紀から一五世紀初頭まで二四例中、わずか六例のみであり、一〇〇日以内に新別当が拝堂を実施するというのは、相当厳しい規定ということができる。また、それがどれほど定着したか疑問である。一〇〇日という日数如何という問題よりも、ここからは、一四世紀初頭における別当と法隆寺寺僧との関係をどのようなものとすべきか、という問題をめぐっておこった一つの緊張関係の表現であったと思われる。(久野)

**別当拝堂**(七四三頁3)　法隆寺別当の就任時の一連の動きについては、「法隆寺別当補任寺役次第」(東京国立博物館蔵、『法隆寺史料集成』三〔ワコー美術出版、一九八五年〕に影印)のほか、「寺務御拝堂事」(「法隆寺文書」甲函一三号)、「寺務御拝堂注文」(「同」甲函一四号、『法隆寺史料集成』九〔ワコー美術出版、一九八四年〕に影印)など、いずれも南北朝期に作成された拝堂関連の記録が伝来しており、比較的詳細に知る事ができる。これらの史料には鎌倉〜南北朝期における様々な実例が記録に留められているが、このほかにも拝堂関係の文書史料は「法隆寺文書」中に散見している(『法隆寺の至宝』8古記録・古文書〔小学館、一九九九年〕)。

この時代、法隆寺別当はすべて興福寺僧で法隆寺外に住していたことが前提となる。彼等はおおむね興福寺権別当クラスの僧侶であり、朝廷や公家の法会にしばしば出仕するような立場にあった。

新任別当が決定すると、新任の別当補任を知らせる使者が別当下向より前に入寺する(「前使」)。その使者は興福寺の東西金堂衆など、興福寺側の関係者であった。その前使は、三日間にわたって法隆寺の在庁公文や三綱から振る舞いを受ける。

そのあと、「印鎰渡」とか「印鎰対面式」と称する吉書の儀礼がある。これは法隆寺から在庁上座・公文寺主・中綱・堂童子・仕丁(箱持ち)らが新別当の坊に赴き、そこで公文の執筆した吉書に、同じく法隆寺から持参した印鎰箱から鉄印を取り出し、新別当が御判をすえるというもの。

ついで新任の小別当が法隆寺に赴いて拝堂が行われ、その後、日をあらためて別当の拝堂（小別当の拝堂に対して、別当の場合は「御拝堂」と表記する場合が多い）が行われる。当日は南大門で在庁公文のほか裏頭大衆に迎えられ、新別当は入寺し、惣社に赴き、神拝奉幣をしたあと、講堂、金堂、そして東院の順で拝堂儀礼を行う。そのあと聖霊院にて「参賀作法」が行われる。聖霊院の外陣に新別当が南面して着座し、そこに法隆寺の寺僧等が、まず三綱、そして宿老成業、そして中﨟大十師というように順次、参賀にやってくる。そこで、大僧供と称する供料下行の振る舞いが行われ、聖霊院前では延年なども行われた。

法隆寺内に設定された別当坊に宿泊した後、翌日諸堂ごとに布施物の下行がなされ、その一連の儀礼は終了する。

このように拝堂儀礼は、新たに就任した別当が、法隆寺の諸堂や神仏をはじめ寺僧等と、改めてその関係を取り結ぶ重要な儀礼行為であり、多くの供料や布施物や振る舞いがなされたのである。

別当や小別当のほかに、法隆寺では学侶一﨟職になったものも、その就任に際して拝堂を行っていたことが、『嘉元記』によって窺える。ちなみに、それによれば、学侶一﨟の場合は、別当・小別当に比べてより簡略なものとなっており、諸堂巡拝というよりも、主に講堂で拝堂儀式が行われていたもようである。

法隆寺別当の拝堂が、いつ頃から始まったのかはっきりしないが、『別当記』を通覧すると、寛仁四年（一〇二〇）年十二月末に別当宣下された延幹君が、その翌年に拝堂しているのが最も早い事例で、その後、代々の別当が拝堂を行っていることが記されているから、少なくとも一一世紀の初め頃には、別当の拝堂儀礼は行われていたようである。

本文史料からも窺えるように、一四世紀にはいると、こうした別当の拝堂儀礼のあり方は次第に変化をみせてきていたようである。後述するように、嘉元元年（一三〇三）には就任後一〇〇日以内に実施するようにという規定が五師所司らの評定によって規定される事態が生じていたのは、そのあたりの事情を窺わせるが、特に、この頃から、「居拝堂」という事例が急増する。その初見にあたる修南院隆遍（正和四年〔一三一五〕十二月八日別当宣下）の場合、「拝堂者四月廿八日被遂之畢」とされているが、つづけて「是依大病居拝堂儀也」（「法隆寺置文契状等大要抄」）としている。新別当が大病のために居拝堂であったといっていることから、文言からも判断して、居拝堂というのは、別当が法隆寺におもむかないままの、その意味で簡略化された拝堂を意味するものと考えられる。ちなみに、この時、別当拝堂に先立ってなされた小別当拝堂も、十二月二十八日という年末迫った頃でもあり、小別当からの要請をうけて神慮をとり、その結果、居拝堂としたという。先例にはしないということではあったが、実際のところは、これ以後居拝堂はしばしばみうけられた。このような趨勢もあって、本項冒頭で記したような、法隆寺における拝堂関係記録の作成が寺僧等によってなされたのだろうか。

こうした居拝堂という傾向は、法隆寺寺僧等と寺外にいた別当との関係がますます変化していくことを示すものである。貞和元年（一三四五）に就任した範守法印の場合、拝堂の延引から、法隆寺の堂舎閉門、法隆寺領荘園への悪党乱入を招くなど、この種の紛争としては、最も激しい事例であった。

なお、別当拝堂にあたっての事務の職責が一五世紀になると別当系列の公文から、惣寺方の公文目代へ移っていくことが井上聡によって指摘されている（「中世法隆寺における検断権の所在をめぐって」『寺院・徳政・検断』山川出版社、二〇〇四年）。（久野）

**憲信法印**（七四三頁4）　憲信は、すぐれた学僧を輩出したことで有名な藤原通憲の子孫にあたり、興福寺別当尊憲の真弟子（『尊卑分脈』など）。『花園天皇日記』には、元応二年（一三二〇）から正中元年（一三二四）にかけて、法華八講に興福寺僧として出仕し、講師や問者を勤めている事が散見するから(元応二年三月十一日条、三月十三日条、元亨二年(一三二二)八月二十九日条〜九月二日条など)、活動の拠点は京都にあったことがわかる。早稲田大学図書館には特別図書として「康永三年十二月憲信書遺跡条々」という康永三年(一三四四)十二月日付の一七カ条からなる憲信置文が蔵されている。明治三十七年(一九〇四)に東京の吉田琳琅閣より購入したもので、柴辻俊六が『早稲田大学図書館紀要』一六(一九七五年)で紹介している。憲信が晩年にあって、本尊・諸道具・衣装類や所領をゆかりの者たちに譲与することを記したもの。この文書では二親のことを「母」と「先師」と表現しており、憲信が「先師尊憲僧正」の真弟子であったことが裏付けられる。また、憲信から譲与を受けている人物の中に、塔内法印範守がいるが、彼は憲信より三代後の法隆寺別当であり、彼もやはり拝堂の実施をめぐって法隆寺寺僧等と激しく争った事は、前項「別当拝堂」で紹介したとおりである。両者とも同じような事態を引き起こして法隆寺寺僧等と対立しているのは興味深い。(久野)

**諸庄園においては**…(七四三頁5)　拝堂遅延のために新別当と対立が生じ、法隆寺別当の荘園所務を停止した事例としては、貞和元年(一三四五)就任の範守法印の場合も同様であり、この時の経緯は本文史料を理解する上でも参考になる。範守が法隆寺別当に補任されたのは七月十九日であったが、一〇〇日たっても拝堂を延引し、法隆寺寺僧らによる拝堂実施の要請も聞かなかったばかりか、逆に「拝堂随意」との院宣を申し給わったという(『別当記』)。そこで、法隆寺は抗議のために閉門し、諸荘園の別当所務を停止するという、本文史料の場合と全く同様の行動に出た。その後貞和二年の秋、範守法印は、河内国弓削・和泉国珍南・播磨国鵤庄に悪党を引き入れ、当寺の所務を押し取るという実力行使に出たのである。『嘉元記』によれば、和泉国高石新左衛門、河内国宮河八郎らであった。また「吉祥御願御行旧記」(「法隆寺文書」甲函一号)は、その間の事情を次のように記す。

貞和元年範守法印別当補任之後、久無御拝堂之間、堂寺閉門諸庄園抑留之処、別当鵤庄幷珍南北庄ヲ押領シ八木高瀬云悪徒起入部之間物寺年貢一粒一銭モ無収入、不及人ヲ下、寺辺旱魃彼此不吉之次第也トテ有惣寺之評定、

法隆寺では守護に訴えたり、或いは種々の祈禱を行うことで、この乱妨人を追いだした。そして『別当記』『嘉元記』はこの後日談として次のような事をのせている。別当範守は、貞和三年三月二十四日腫物ができて四月十三日に別当を辞任、そして四月二十一日にそのまま他界したという。さらに荘園に乱入した高石新左衛門は、貞和二年の十一月二十一日鵤庄から上洛し自分の住宅に戻ったところを夜討によって打たれ死去。また、その一年後の貞和三年十一月二十一日には、鵤庄に乱入した八木の四郎左衛門が、天王寺で「好色女人相論」のことで傍輩に打たれた事も記している。いずれも、「不思議事也」とあるが、三人とも年や月こそちがえいずれも太子忌日の前日にあたる二十一日に他界しており、まさに「不可思議之御罰也」というわけである。ちなみに、閉門が解かれ開門したのは貞和三年四月二十一日のことであった。

このほか、別当覚懐が観応二年(一三五一)の秋九月十六日に他界し、後任に翌文和元年(一三五二)十月懐賀が就任した際、観応二年分の別当得分の帰属をめぐって、やりとりがあった。法隆寺寺門が寺庫に収納し修理料にしようとしたのに対して、新別当側が難色を示したのである。そこで先例が調べられたが、そのくだりから、別当得分として、鵤庄年貢一〇〇貫文、舎利預・絵殿預・金堂預など諸預補任に対する任料などが主要なものであったらしいことが読み取れる(「寺務御拝堂注文」「法隆寺文書」甲函一四号、前掲『法隆寺史料集成』九)。(久野)

**御足印**(七四五頁1)　鎌倉中期に作成された『聖徳太子伝私記(古今目録抄)』には東院舎利殿にあった宝物として、「次御足印一帖、衆生ニ於尺迦仏法為令知遺法興滅之相、踏留御足之跡ヲ給ヘリ、如天王寺ノ九輪露盤、物引物〈壁代・〈代

ヵ」〉二帖、御足跡左右非一云々」。同書にはまた聖徳太子の誓願として、次のような事柄も記している。すなわち、法隆寺へ手向けることの功徳を述べるとともに、一〇〇〇年後に仏法が衰微しても、また興隆することを、我が国仏法の初発である四天王寺や法隆寺に、前者には塔の露盤に、そして後者法隆寺においては、足跡によって示しておいたという。さらに、そのための資財として厖大な瓦や造木も伽藍下の伏蔵に埋めておいたというのである。すなわち壁代に示された足跡は、たとえ仏法が衰微しても、この寺より再興することを物語るものなのである。このように太子の足跡は法隆寺の宝物とされており、天保七年(一八三六)になった『斑鳩古事便覧』でも「霊宝無銘分」として太子ゆかりの衲袈裟や梵網経などとともに「御足痕」をあげている。同書によれば「末代遺法永伝証」であり「御足長七寸二分」であった。

元禄七年(一六九四)や天保十三年に行われた江戸での出開帳でも、法隆寺の「七種の霊宝」の一つとして、釈迦の御袈裟や梵網経、梓弓などとともに出品され、元禄の時には、将軍綱吉の生母桂昌院から、御足印を納めるための黒漆蒔絵箱が寄進されている。さらに明治八(一八七五)・九年の奈良博覧会でも出展された。その後、明治十一年に献納宝物の一つとして皇室におさめられ、現在は東京国立博物館に蔵されている。

同館編の図録『特別展法隆寺献納宝物』(一九九六年)によって、「御足印」の現状を知ることができる。それによると、天保十三年の『御宝物図絵』では目の粗い織物に人間の両足の足形をかたどった絵図が描かれていたが、現在では淡茶地平絹で絹綿を包んだ小さな座布団のような塊が箱に納められているだけで、足形はおろか、目の粗い裂もほとんど遺っていない」(沢田むつ代)ということである。

なお、明治の法隆寺献納宝物については、前掲図録のほか、高田良信「法隆寺献納宝物の由来」(『伊珂留我』九、一九八八年)が参考になる。(久野)

**南29**(七四七頁1) 法隆寺蔵「法隆寺文書」イ函四一号。現在、巻子本仕立てとなっている。原本により、『法隆寺の至宝』昭和資財帳8古記録・古文書(小学館、一九九九年)を参考にした。同書によると、法量は三〇・八センチメートル×四三六・五センチメートルである。

本文史料は九紙からなる続紙で、延文五年(一三六〇)正月日の規式と、その奥に明徳三年(一三九二)五月の追加を貼り継いでいる。前者の延文五年規式は上下二段にわたって八九名の僧侶の署判がみえる。

まず上段は

権少僧都実禅(花押)

続いて

権律師善恵(花押)／〃〃弁盛(花押)／〃〃〃乗弁(花押)／〃〃慶祐(花押)

の四名が続く。

以下、大法師一八名が署判。

大法師有玄(花押)／大法師重玄(花押)／〃〃〃信弁(花押)／〃〃慶信／〃〃定英(花押)／〃〃実乗(花押)／〃〃忍英(花押)／〃〃舜重／〃〃重懐(花押)／〃〃覚祐(花押)／〃〃宗祐(花押)／〃〃宗実(花押)／〃〃盛範(花押)／〃〃円盛(花押)／〃〃快専(花押)／〃〃慶懐(花押)／〃〃盛舜(花押)／〃〃定弘

ここまでが僧綱・成業＝上﨟と判断される。次に少し余白をあけて、以下に僧名のみ二一名が続く。

盛尊(花押)／朝禅(花押)／仲甚(花押)／弁算(花押)／快憲(花押)／覚弁(花押)／慶実／親舜／慶算(花押)／長乗(花押)／弁英(花押)／印実(花押)／有円／快尊(花押)／慶遍(花押)／有禅(花押)／快実(花押)／幸祐(花押)／英舜／重円(花押)／覚親(花押)

以上が上段。

ついで下段には、文書の奥(左側)より次のような僧名の署判がなされている。

純長(花押)／定寛(花押)／尭祐(花押)／弁円(花押)／懐暁(花押)／清憲(花押)／観海(花押)／舜暁(花押)／有英(花押)／長増／慶覚

(花押)／重耀／快覚(花押)／訓慶(花押)／宗親(花押)／覚胤(花押)／宗穏(花押)／懐豪(花押)／慶秀(花押)／定祐(花押)／尭盛(花押)／長円(花押)／行憲(花押)／頼弁(花押)／実胤／快円(花押)／忍専／慶寛(花押)／寛実(花押)／頼実／英実(花押)／信算(花押)／有実(花押)／実尊(花押)／定秀(花押)／慶忠(花押)／快乗(花押)／快奝(花押)／宗樹(花押)／有真(花押)／清乗(花押)／宗円(花押)／覚運(花押)／慶海(花押)／定算(花押)

の四五名が署判している。

以上総計八九名の名がみえる。

これらの人物の性格については、『寺要日記』十一月仏名大会の項の記事が参考になる。同書には、本文史料と同じ延文五年、仏名大会の際の所作や態度についての「規式起請文」が引用されているが、その法は

末座定算、一﨟権少僧都実禅、寺僧皆連判在之、於新入寺僧者毎年法用定之時、書副彼名字於此状而可令加判也云々、

というものだった。おそらくこの規式も本文史料と同様の人物の署判がなされていたものであろう。そして権少僧都実禅は一﨟であり、定算は末座なのであった。そしてこの規式に署判を据えることは、寺僧の一員たる意味合いをもっていたことがうかがえる。

次に、本文史料の署判者のうち、大法師の肩書きをもたぬ僧名についてであるが、上段の署判者が中﨟分あり、下段の僧侶が下﨟分だと想定しておく。下段の右端にみえる「定算」は、先述の通り「末座」であったが、定算以外にも、下段に名前がみえる僧侶の中には、この頃明らかに下﨟であったことが確認できる人物が何人かいるからである(たとえば、一例だけ示せば、有真・宗円・慶海・定算などの名がみえる応安五年(一三七二)卯月日堂衆内狼籍人罪科沙汰条々幷追加〔「法隆寺文書」ロ函一二六号〕)。

以上から、署判者は上段が一﨟僧綱から成業、ついで中﨟、そして下段は奥から順に下﨟分の寺僧たちであったと判断したい。

次に本文史料の追加規式にあたる明徳三年五月追加に署判している六三名についてみよう。

〔上段〕 源重(花押)

〔中段〕 実耀(花押)／隆尊(花押)／増慶(花押)／経甚／快深(花押)／快舜(花押)／円弘(花押)／良舜(花押)／盛賢(花押)／円懐(花押)／訓覚(花押)／毅訓(花押)／定専(花押)／長済／英奝(花押)／重弘(花押)／隆玄／智心(花押)／弁海(花押)／奝覚(花押)／尊盛(花押)／覚弘／定甚(花押)／秀海(花押)／宗英／快為／覚賀(花押)／快賢(花押)／印賢(花押)／琳英(花押)／慶増

〔下段、奥から〕 有慶(花押)／印慶(花押)／淳芸(花押)／定盛(花押)／英円／恵尊(花押)／順円(花押)／盛秀(花押)／良心(花押)／快毅(花押)／重舜(花押)／定慶(花押)／覚真(花押)／慶範(花押)／良憲(花押)／清円(花押)／忠寿(花押)／懐祐(花押)／賢意(花押)／重俊／真慶／慶英(花押)／訓実(花押)／清祐(花押)／快秀(花押)／順実(花押)／良深(花押)／了弘(花押)／覚乗(花押)／慶芸(花押)／行忠(花押)(日下)

いずれも肩書はなく僧名のみである。

これらの人物の中で筆頭に位置する源重についてみると、この後、応永六年(一三九九)には大法師(「法隆寺文書」イ函一六四号)、応永二十年には権律師(「同」ハ函一六一号、ヘ函四号)に昇進していることが確認できる。一方、さかのぼった応安五年の史料では(「同」ロ函一二六号)、本文史料の延文五年正月規式で最下位にあった定算とともに下﨟分の一員としてその名前がみえ、署判の位置からすると定算よりもさらに下位であった。このような源重の寺内身分の変遷を念頭にして、署判者の人数もあわせて考えると、明徳三年の追加規式に署判をしているのは、法隆寺学侶のうちでも中下﨟分の者たちではなかったかと思われる。(久野)

**唯識講衆**(七四七頁2) 唯識講衆の性格については、林幹彌・山岸常人がそれぞれ異なる見解を示している。まず、林幹彌は、「唯識講衆」を「講衆」と同一とみなし、「講衆幷中﨟」になると

いう史料記載などをもとに、その構成は僧綱・成業・中臈、すなわち学侶の中臈以上のものからなると考えている。さらに法隆寺に多数存在する五師所評定引付（「法隆寺文書」甲函一六号など）が、いずれも「講衆評定云」となっていることから、これら五師所は講衆の執行機関であり、その評議内容から、講衆は寺務一般について決議を行ったと考えた（『太子信仰の研究』吉川弘文館、一九八〇年）。

これに対して、山岸常人「南北朝期法隆寺の僧団と法会」（『中世寺院の僧団・法会・文書』東京大学出版会、二〇〇四年）は、講衆としては、唯識講衆のほかにも、権現講衆などが存在することから、講衆を唯識講衆よりも広い概念でとらえ、「衆」集団の一種とした。そしてかかる「衆」集団は、寺内における身分階層別組織とは異質な、法会遂行など特定の活動を行うために結成される集団であり、階層間にまたがる構成となっていることにその大きな特徴を見た。そして唯識講衆についていえば、これは、三経院にて毎月行われる唯識講を実施するための集団であり、さらに『寺要日記』十月二十三日東院十講の項に

　唄師・散華師、唯識講衆之中、非学道成業以上ヲ奉請、

とあることから、「非学道」＝堂衆が唯識講衆に含まれていると見なし、学衆中臈以上にその構成員を限定する林説を批判している。

両説について、にわかに当否は定めがたいが、山岸説のように解釈すると、なぜ「非学道＝堂衆」と「成業以上」なのか、その事情がよく理解できず、この点の説明が必要だろう。また、本文史料からも窺えるように、講衆の成員資格についての規式は、階層秩序の厳格な維持という傾向が示されており、唯識講衆を山岸説がいうような身分階層別ではない「衆」集団とみなしてよいかどうか、いささか躊躇せざるを得ない。したがって、唯識講衆に堂衆も含めて考えることもなお検討を要するだろう。

しかしながら、他方、林説のように唯識講衆から下臈を排除することも従えない。本文史料に署判をしている上下二段八九人の僧を唯識講衆の成員だということが認められるならば、下段の署判者の中には明らかに下臈分の僧侶が含まれているからである（南29冒頭補注参照）。

したがって、今のところ唯識講衆の集団は、学衆とほぼ重なるととらえておき、彼らが唯識講を重視して行っていたという側面をとらえ、唯識講衆と称したのではないか、と考えておきたい。

唯識講がとりわけ重視されていたことは、次のような史料からも窺える。

　永和元年五月十六日評定云、凡当寺諸講雖繁多、特於唯識講者、為本願御報恩講上者、各闍万障可被勤行之条、不能左右者歟、而近年動寄事於左右、無故令延引之条、匪啻当講之陵遅、難冥慮測者哉、所詮自今以後曾以不可有延引之儀者也、就中於今月唯識講者、必来月撲揚講重可有勤行也、若於有延行披露之躰者、探出其身可止三ヶ月出仕之旨、依評定記六之条如件、

　　　　　　　　　　年会五師有禅

（「応安年中以来法隆寺衙日記（五師所方評定引付）」〔「法隆寺文書」甲函一七号〕）

傍線部が示すように、講は多数存在するが、その中でも、唯識講は本願聖徳太子の意志に基づく、学問寺法隆寺にとってとりわけ重要な活動と見なされ、報恩講という一面ももっていた。こうした意義の大きさから、講衆といえば唯識講衆を意味し、そして学侶はおおむねその一員というような用法や認識をもたらしたのではないだろうか。

ちなみに、天保期の寺誌である「斑鳩古寺便覧」では、法隆寺学問衆の次第として、順次、初学衆・擬講衆・三経衆・倶舎衆とあげ、その「四階級秀出躰」で、唯識論の講釈を勤める者を唯識衆と称した。ちなみに、さらにその上、学行に抜きんでた者は碩学衆といったという。こうした学問衆の呼称からも、唯識の修学が法隆寺学問において大きな位置を占めていたことがわかる（『大日本仏教全書』寺誌叢書一）。（久野）

**法は人に…**（七四七頁３）　本文史料のような「法」と「人」との関係を理解することは、次項「人法」のあり方とも関わって、注目したいことがらである。かかる表現の早いものとして、承保三年（一〇七六）の次のようなものが確認できる。

法ハ依人テ弘マル　人ハ依法ニ穏ヒカナリ
伽藍ノ仏法盛ムカ為ニ　聖王ヲ久ク持チ奉リ
給ヘ　像法已ニ暮レテ　長夜迷ヒヌト思フカ
トモ
聖王ノ丹キ御誠不ス虚シ　法ノ燈ヒ明ニ挑ケ
給マヘルモノヲヤ

（「円宗寺修正の教化」『日本歌謡集成』四〔改訂版〕一八九頁、東京堂、一九六〇年）

また法隆寺についてみれば、弘安元年（一二七八）から開始した東院十講の表白文の冒頭に「夫以、法ハ依テ人弘（ヒロマル）、最可崇（アガム）三学之徒、人ハ依法ニ栄（サカフ）、何ツ不ン興八宗之教」と高らかに宣言しているのが確認できる（『寺要日記』十月東院十講）。ここでいう「法」をひろめた「人」とは、具体的には、聖徳太子による三経の講経であり、その後の行信・道詮・教仁・長賢ら、そして退転後に継承させた五師厳暁など、を指している。これらの事績をうけて、さらに法門の奥旨を談ずべく、上宮古跡の道場を打ち払い、新たに五日十座の講経を行うことで、寺門興復の大本をなし、ひいては伽藍安穏・仏法乃至法界平等利益をもたらすのだと表白文はむすんでいる。表白文が冒頭にいうところの「人」と「法」とは、このような寺僧らによる仏法興隆を指し示しているわけである。（久野）

**人法**（七四七頁４）　仏教用語としての「人法」は「人」・「法」の意味で用いることが多いが、中世史研究でこれまで注目されてきたのは、鎌倉後期頃から悪僧や衆徒等が本所権力に対して用いた用例である。そのもっとも著名なものは近江葛川の行者等が青蓮院に対して述べた「人法之繁昌者為仏法繁昌歟」（文保二年〔一三一八〕四月日葛川行者衆議陳状案〔「葛川明王院史料」四三一号〕）というもので、ここに荘園領主青蓮院の在家制限という古い支配を打破しようとする動きを見いだしたのである（丸山幸彦「庄園領主支配の構造と変質」『日本史研究』七四、一九六四年）。「人法繁昌」や「人法興隆」という言説に、「仏法」によるイデオロギー支配との対抗姿勢を認め、こうした動きは、世俗の営みを重視しつつ人間中心的な現実主義へという趨勢を示すものであり、その意味でもきわめて南北朝内乱という時代風潮をよく表現するものと評価された。くわえて、そこに儒教的な合理主義への動きなども加味することで、全体として時代の動きを聖から俗へという傾向の強まりの一証左とされている（黒田俊雄『蒙古襲来』〔中央公論社、一九六五年〕、今谷明「一四―一五世紀の日本」『岩波講座日本通史』９、岩波書店、一九九四年〕など）。

しかし、本文史料の用例をみる限り、通説の如く仏法と対抗的なものとして人法をとらえることはきわめて困難であり、前項補注のような「人」と「法」との相互依存関係を念頭に置くならば、むしろ仏法と人法は相依関係にあると見なすべきだと思われる。仏法と人法の両者があいまって興隆・繁昌をもたらすという認識のほうが、一般的な用例としてふさわしいと思われ、そのような実例は、一二世紀以降、しばしば確認できる。王法と仏法という関係よりも、人法と仏法の相依論が主張されることにその意義を求めるべきであろう。さらに、そこで述べられる「人法」の語義は、世俗の営みや秩序という用例も一部では存在するが、主要には、僧侶、もしくは僧侶の活動を指すと理解できるもののほうが多いのであり、その用例は幕末まで及んでいる。本文史料はその一例である。日本の中世寺院や仏教は、深く社会に浸透していたが、その際、僧侶という「人」の営みを本位として、その意味で人間中心的な性格を強く持っていたといえよう。それは人と法や、人と神との関係においても存在した。

中世寺院において膨大な量の規式・置文などの寺院法が、衆議に基づいて作られていたことは、こうした事を如実に物語るものであろう

（久野修義「「仏法」と「人法」」『史林』九〇―五、二〇〇七年）、佐藤弘夫『日本中世の国家と仏教』吉川弘文館、一九八七年）。（久野）

**二明**（七四七頁5）　古代インドの五学科区分（五明＝声明・因明・内明・医方明・工巧明）のうち、仏教の哲理を学ぶ「内明」と、論理学たる「因明」の二学を指す。因明は仏教の教理を論証する論理学という基礎学としての性格をもつことから重んじられていた。五明の内でも実践的・実学的な諸学以外の、内明と因明の二学をとりあげることで、学識のある学侶という事が示されたのであろう。様々なタイプの人間を活写したことで有名な『新猿楽記』にも、「天台宗の学生」「大名僧」であった五郎を表現するのに、「因明・内明」に通達し、「内教・外典」を兼学した人物という性格付けがなされていた。（久野）

**中綱**（七四九頁1）　『嘉元記』には、中綱と仕丁がともに行動している事例がしばしば見受けられる。それらをもとに、登場する人名に注意してみると、中綱としては、「京林」（正和四年（一三一五）三月六日条）「京憲」「定京」（康永二年（一三四三）四月十日条）「京憲」「京乗」（貞和三年（一三四七）十一月六日条）らがみえ、仕丁が「四郎」「金剛」（康永二年四月十日条）とか「三郎」「五郎」（貞和三年十一月六条）と、いずれも俗人の名前であるのと対照的である。また中綱の名前にいずれも「京」という文字がつくのも特徴的で、この文字は学侶名としての使用例はほとんどみられない。夢殿の寛喜二年（一二三〇）棟札をみると中綱として名を記す一九名中わずか一人（権専当京増法師）だけであったものが（『奈良六大寺大観〔補訂版〕』五〔法隆寺五、岩波書店、二〇〇一年〕、『法隆寺の至宝』昭和資財帳2東院伽藍・子院・石像品〔小学館、一九九六年〕所収）、永和二年（一三七六）閏七月五日寺務拝堂大僧供曳帳（「法隆寺文書」ハ函一〇八号）に記載されているものになると、「中綱」は「京観・京真・舜京・京念・京珍・京尊」となっておりすべて「京」の文字が共通している。したがって『嘉元記』の事例などとあわせて考えると、鎌倉時代を通じて、このような傾向がすすみ、鎌倉末〜南北朝期には決定的になったのであろう。ちなみに、先の永和二年の史料では、「仕丁」らの名前は、「友貞・実継・行貞・安行・国清・国継・国貞・友清・清継・友実・末継・友光・国安・雑司」らとなっており、明らかに中綱とは異なっている。

　ところで本文史料にあるように、中綱仕丁の子息は堂衆になれなかった。これは、中世東寺でも同様であった。寛正四年（一四六三）五月三日の廿一口方評定引付では、次のようにある。

一　北面預并中綱等子共、被用侍品事、不可然、同可停止事、

このように中綱の子供は、侍品にあたる堂衆や三綱になることはなく、身分的にもそれらより下位の存在であった（富田正弘「中世東寺の寺官組織について」『京都府立総合資料館紀要』一三、一九八五年）。

　法隆寺においても、中綱仕丁は本文史料第1条中にあるような唯識講衆になれない「平民職者」であった。（久野）

**公人**（七四九頁2）　寺内にあってさまざまな公的職掌に従事した下部。本文史料から中綱仕丁が公人に含まれ、堂上が許されていなかったことがわかる。法隆寺の中綱と仕丁がともに「公人」と称されたことは、『嘉元記』にみえる次の記載からも確認できる。これは、延文元年（一三五六）十二月に龍田宮男巫が法隆寺近くの寺領神南庄の悪党によって殺害された事件の後始末をめぐるものである。

同（延文）二年〈丁酉〉三月十五日当国諸社巫神人龍田宮ニ群集シテ、神人殺害之罪科有名無実之上者、神南庄直可有発向云々、当寺ヨリ以公人〈中綱・仕丁〉数ヶ度問答之処、閣理非既令発向之間、

と、「公人」を割注で説明して「中綱・仕丁」と説明している。（久野）

**権少僧都実禅**（七四九頁3）　生没年未詳。このときの法隆寺一﨟で寺僧集団の首座。その活動は、元応二年（一三二〇）から貞治四年（一三六五）までの史料上に確認できる。建武二年（一三三五）には五師大法師であり、年会五師を何度かつとめた後、

権律師、僧都、そして康安二年(一三六二)には法印に至る。三経院御簾造替(延文二年〔一三五七〕夏)、聖霊会料黒漆鼓(延文二年六月)、講堂の賓頭盧厨子の新調(延文五年三月)などを行った(『嘉元記』『法隆寺銘文集成』など)。

**南30**(七五一頁1)　法隆寺蔵「法隆寺文書」ロ函二二七号。原本により、『法隆寺の至宝』昭和資財帳8古文書・古記録(小学館、一九九九年)を参考にした。本文史料など五点の文書が一括して成巻されている。同書では文書名は「廿人評議条々事書幷追加」となっており、法量は三一・〇センチメートル×二三六・八センチメートル、六紙としている。このうちの四紙が本文史料にあたり、残り二紙が「追加」である。

しかし、この「追加」にあたるのは、応永三年(一三九六)二月九日付講衆評定事書であり、法服を他所に貸し出すことの禁止に関する内容となっている。寺門法会のほかに用いたり、他所に貸したりしてはならぬという原則を示しつつ、この時は足利義満の南都下向による受戒ということや、梵音衆が了承したこともあって、特例扱いにする、というもの。署判者は五師所の五人の大法師(叡訓、良俊、円弘、増慶〔年会〕、隆尊)である。内容や署判者の構成から見る限り、これが本文史料「廿人評議事書」に対する「追加」と理解することには疑問があり、もともと別のものが誤って接続されたのではないかと考える。

ところで、本文史料についてみると、端裏に「廿人評議条々」との文言が記されている。また署判者は奥下部分に二〇人の僧名があり、このメンバーが「廿人」の構成員であろう。

具体的には、文書の左奥から日下に向かって順次左記のようになっている。

盛秀(花押)・良心(花押)・快毅(花押)・重舜(花押)・定継(花押)・覚真(花押)・慶範(花押)・良憲(花押)・清円(花押)・忠寿(花押)・快祐(花押)・賢意(花押)・重俊(花押)・印覚・真慶・慶英(花押)・訓実(花押)・清祐(花押)・懐秀・順実(花押)(日下)

ちなみにここで連署している人物は、この六年後の応永二年、多くの者が梵音衆を勤めていたことが確認できるが、その名の配列順序をみても前後に変更はみられず、さらに本文史料の署判者の上位者の名もみえない。これらのことは、署判の順が臈次にしたがっていたことを示唆している(本文史料と共通する人名には傍線を施した)。

一　応永二年〈乙亥〉二箇会執行之、
梵音衆　覚真　慶範　舜憲　清円　忠寿
懐祐　重俊　真慶　慶英　訓実　清祐　懐
秀　順実　尭専　了弘　覚乗　慶芸　円暁
行忠　英憲

(「聖霊会梵音衆役人等日記」〔「法隆寺文書」甲函二二六号〕)　(久野)

**法隆寺廿人評議条々事書幷追加**(七五一頁2)

本文史料は寺僧に対する検断や赦免の際の酒肴規定であるが、これらの内容とよく類似した条々事書が、やはり「廿人」によって、一七年前の応安五年(一三七二)卯月日に作成されている。これは四人の堂衆内狼籍人を「廿人」が罪科に処したものであり、主要部分のみを示せば、次のようなものである(同年卯月日堂衆内狼籍人罪科沙汰条々幷追加〔「法隆寺文書」ロ函二二六号〕)。

定　堂衆内狼籍人〈慶弘・顕実・行祐・宗弁〉
罪科間条々

一　凡学侶禅徒甲乙之礼儀、自古至今、云本寺云辺山、其法式更無乱事、然近年、当寺禅徒等、乱礼法於内外、致狼籍於惣別之余、結句対学侶現不儀□悪口云々、下剋上之至、誡而有余者哉、仍為若輩一同之評議、令処件人躰於罪科訖、雖須処堂家一円科条、供花等之時分聊存故実、且以隠(マヽ)便之儀、先属重犯之輩、致其沙汰者也、然則縦雖及惣分口入子細、曾以不可令叙用之者也、若及強逼之沙汰、面々難議之子細出来之時者、於廿人分者、縦雖及離寺逐電、相互令同心合力、更不可有改変之儀、

一　罪科免許之時者、任傍例四人各々可令致本式酒肴也、全称興隆之足、不可有潤色儀事、

一　乍為廿人之随一、或恐権門口入之威、或□〔得ヵ〕私語、覆評定及異検、背多分之衆議者、速可処同過也、若不拘衆議者、於此衆者、曾以不可令烈座事、

右条々依評定如斯、（略）

応安五年卯月　日　（二〇名僧名署判）

この頃堂衆等が学侶に対して秩序を乱す行為を行ったようであり、それに対して学衆の側が「若輩一同」の評議として、その張本人と目された四人を罪科に処すという事情が読み取れる。第二条が罪科免許の際の酒肴規定であり、第三条が権門などの口入に拘わらないことを述べているが、こうした内容構成は、本文史料の内容ときわめてよく類似している。ここで「若輩一同」とあるのは、史料の文中にもでているように「廿人」を指すと考えられ、事実二〇名の僧名が署判している。すなわちこれは学衆方の若輩たる「廿人」による堂衆検断の事書といえるものである。そしてこれには、次のような「追加」も付されており、「廿人」からの働きかけ（「牒」）を受けて、下臈衆も一揆同心したらしい事情が読み取れる。

追加

就上件罪科之沙汰、自廿人被牒之間、於下臈分即令同心合力処也、已加判形令一揆之上者、向後更不可有改変之儀者也、又条々規式旨一事以上不可令違失之旨、依評定状如件、

かかる内容の史料が存在することを、本文史料とあわせて考えるとき、「廿人」衆が法隆寺の寺僧等に対して検断を行使するような体制は、これ以前から確固たるものとして存在していたのではなく、この時期前後に整備されていったのではないか、ということを思わせる。本文史料はそのあたりの事情を物語るものではないだろうか。ちなみに「廿人」の初見は次項補注でも述べるように正中二年（一三二五）のことである。

なお、法隆寺をめぐる検断権のあり方については、学衆（衆分）検断と公文検断が鎌倉・南北朝期に併存しており、一五世紀になると、次第に前者が、後者の機能を吸収していくことが明らかにされている（井上聡「中世法隆寺における検断権の所在をめぐって」『寺院・徳政・検断』山川出版社、二〇〇四年）。この中で、下臈衆は中臈沙汰衆の関与のもとで、という限定的な位置づけとなっているが、この点、さらに検討が求められるように思う。（久野）

**廿人**（七五一頁3）「末廿人」「廿人衆」ともいい、学衆の若輩下臈分に属する二〇名で構成される。法隆寺の主要な法会である聖霊会・勝鬘会で梵唄を担当する梵音衆でもあると考えられている（林幹彌『太子信仰の研究』第三部第二章、吉川弘文館、一九八〇年）。林幹彌は一六世紀の史料である「梵音衆集会評定引付」を素材に、梵音衆としての性格を具体的に紹介した。鎌倉南北朝期の状況については十分に検討されていないが、この時期、法隆寺内において廿人衆（梵音衆）はそのあり方を整えてくる。今のところ廿人衆の初見と考えられるのは正中二年（一三二五）の法服米種子に関する置文（「法隆寺文書」ロ函二二八号〔南27〕）で、この中で「末廿人」が未進者に対して罪科を行うことが定められている。また、この年「若輩〈梵音衆〉十一人衆」と「九人衆」とが寺内で武力衝突し、互いに相手を罪科に行おうとしている。これは結局「成業以下老僧」が中に入ることで和与となったが（『嘉元記』正中二年二月二十六日条、同年四月六日条）、一一人と九人をあわせると二〇人であり、この「若輩〈梵音衆〉」＝廿人衆が、二手に分かれて争ったものであろう。

このように鎌倉末期の段階で、末廿人衆（梵音衆）は法服米管理に一定の関与を行い、かつ武力を保持し罪科を担当する存在として立ち現れている。

その後、南北朝期にはいると、このような廿人の権限はさらに拡大整備されたもようである。すなわち貞治六年（一三六七）には満寺から法服米種子料について下行などの運用や決算、そして法服管理についても任されており、それまでの未進者に対する処置ということから大きくその権限を拡大している。

永和四年（一三七八）十月の廿人沙汰条々事書（「法

隆寺文書」ロ函二二四号)や康暦元年(一三七九)十月勝鬘会法服料種子米沙汰条々事書(「同」ロ函二二五号)はこうした法服米管理と廿人衆のあり方を整備した内容をもつ規式といえよう(南27の「梵音衆」の項も参照)。

ここから廿人衆のあり方に即して前者の永和四年の条々記録からみると、次のようなことがうかがえる。

毎年廿人集会の場で、法服種子米の下行・収納・散用の帳面が確認され、負物未進者に対しては廿人が罪科を行う。この集会は毎年二月九日にもたれるが、それは同時に廿人一臈が交替する場でもあった。そしてこの条々事書自体も毎年種子米散用の際に読み上げられることにもなっていたのである。永和四年の事書が廿人衆に関する基本規式であること、かつ廿人衆の集団は法服米運用と深く関わるものであったことなどがよくわかる。

いっぽう寺内の検断ということであるが、既述のように法服種子米の負物取り立てに関わるものであったが、法服米に関する権限拡大と同様に、こちらもその権限を広げていったもようである。前項補注で紹介した応安五年(一三七二)堂衆狼籍人罪科条々(「法隆寺文書」ロ函二二六号)や康応元年(一三八九)の本文史料は、こうした寺僧検断の一般規定について整備をはかったものといえるのであり、廿人方は寺内の検断一般を広く担当していく傾向があったのではないだろうか。

『嘉元記』には貞和五年(一三四九)を早い例として、廿人方による罪科沙汰が確認できるが(貞和五年十月三日条、観応元年〔一三五〇〕十月六日条、文和二年〔一三五三〕六月十日条、延文六年〔一三六一〕正月二十八日条など)、同書によれば児がらみの事例が多い。たとえば、文和二年六月の事例は、律学戒師延順房大は児に向かって悪口を吐いた事に対して「為廿人之沙汰罪科畢」というものであった。

廿人衆を軸に、検断のあり方が整備されていくことの背景としては、前項補注で引用した史料にもみえたような、寺内における禅衆方を中心とする「下剋上」の動きがあり、これに対応することが求められていたのではないかと思われる。

ちなみに廿人衆は学侶の下臈分であったが、身分的に固定されていたのではなく、やがて中臈さらには大法師へと昇進していった。たとえば本文史料の署判者中、左奥から二人目の「良心」は、応永二十年(一四一三)には「大法師」となっており(応永二十年十月二十八日小別当拝堂諸役人請定〔「法隆寺文書」ハ函一三一号〕)、さらに応永二十九年には年会五師をも勤めている(「五十人事」〔「同」甲函一五号〕、「五師所方所記引付」〔「同」甲函一〇九号〕)。なお南27の「梵音衆」の項も参照。(久野)

**もし科条赦免の…**(七五三頁1)　罪科を赦免された人物が酒肴を振る舞った事例は、『嘉元記』などで確認することができる。

たとえば延慶三年(一三一〇)六月、龍田西口にて賢定房得業・定松房兄弟が刃傷沙汰を起こし大きな武力紛争になりかけるが、近辺の「一門」の「口入」もあって「同七月十三日戌時計免了、酒肴」とある。また、正和四年(一三一五)七月二十八日、児訴訟があるが罪科人が許されて、「酒肴東院新坊」という。

暦応三年(一三四〇)四月には坊内で打擲事件が発生し、その尋問に際して作成された起請文が不実であったために、その関係者三人が罪科に処された。しかし「後日付歎申」免許され、「三人寄合酒肴」が営まれた。

貞和二年(一三四六)閏九月、悪党の鵤庄入部の際、庄家をうち捨てて落ち上った預所賢範・英祐の二人は諸供改替の罪科とされたが、「同十二月廿九日免許了、酒肴在之」と記されている。

このような罪科免除に伴う酒肴という記事は、このほかにも散見している。以上の例はいずれも実際に酒肴を振る舞ったと思われるが、酒肴料の用途を別の事に転用する場合もあった。たとえば文和四年(一三五五)維那師に選任された禅京房大が「難治之由辞退」したために罪科に処されたが、その後歎き申して罪科免許された。そのとき酒肴用途は「上堂四天壇座修造要」に寄付している。

以上の事例にみえる酒肴料の額や振る舞いの範囲などについて、具体的な事は残念ながら不明である。本文史料では三貫文となってはいるが、それをにわかに確認することはできなかった。ただ、貞治三年(一三六四)三月四日の講衆評定では

今度大多和六郎左衛門尉、翻寺家敵対思、偏可奉寺命之旨頻歎申之間、且以撫民之儀可令免許之旨評定訖、但有限勘料可令致其沙汰、然者於員数者勘料幷酒肴合而可令沙汰進参拾貫文之用途者也、

(「法隆寺衙伍師年会所旧記〔五師所方評定引付〕」〔「法隆寺文書」甲函一六号〕)

と勘料と酒肴が合わせて三〇貫文にものぼっている。これは寺家敵対という重大な事件ということが関係しているかもしれず、ただちに一般化することはむずかしいだろうが、参考のためにあげておく。(久野)

**熟調**(七五三頁2) この語句は辞書類ではあまり見かけないので、この時期の用例をいくつかあげておこう。「応安年中以来法隆寺衙日記(五師所方評定引付)」(「法隆寺文書」甲函一七号)にみえるものであるが、「熟調」が「生料」「代米」と対照的なものとして取り扱われていることが読み取れよう(傍線部は見せ消ち)。

決定が成されていたことがわかる。(久野)

康暦三年〈辛酉〉(一三八一)三月十六日評定云、於中﨟之昇進者、毎年可為二人〈慈恩会、三蔵会〉也、若人数減少之時者、依時可有評定也、仍記録之於世俗者毎度可被熟調之、曾以不可有生料之儀、又自惣分生料事不可有勤沙汰者也、仍記録之状如件、

同(至徳)四年〈丁卯〉(一三八七)九月十四日評定云、付専良房之中﨟遂業、以拾参石〈寺納〉可積之由披露之間、可令熟調之旨、雖及記録、被増員数之間、所令積之也、就中自今年〈丁卯〉至来年未年五ヶ年之間者、以十三石分所望人者、可積之也、五ヶ年以後者、必任規式可被熟調也、依評定記六如件、

応永十一年〈甲申〉(一四〇四)八月十九日評定云、於三経院出仕者、諸忌日之時、老若悉重衣着之条、往古法則也、而近年此法則無正体故、(中略)又於中﨟世俗者、今年慈恩会以後者必可為熟調、依時依人不可及生料沙汰事、

いずれも中﨟昇進の遂業に際しての儀礼に関するものであるが、披露の振る舞いが熟調であるべきことが求められており、「生料」もしくは代米とは区別されている。

また、このほかにも『寺要日記』八月の項の末尾には、東院念仏僧供の饗膳について、損亡の際の処置について、応永二十七・二十八・二十九年の例が記されているが、そこではたとえ百姓の歎きがあっても、「無免熟調経営了」という

# 第五編　禅宗

**禅1**（七五七頁1）　東福寺蔵。東京大学史料編纂所架蔵写真帳を底本にし、『大古』東福寺一―二二号文書を参考とした。現存の形態は軸子、軸装の表題に打附書にて「開山国師壁書」とあり。文書の末尾に円爾自署とみられる日付、名前、花押、円爾の朱文印がある。（原田）

**東福寺文書**（七五七頁2）　京都市東山区にある東福寺所蔵の文書。鎌倉時代初期から江戸時代末までの文書がある。中世文書と近世の主要なもの五九四点は、『大日本古文書』家わけ二〇、東福寺文書一〜五に収められている。この他、活字になっていないものを含め、東京大学史料編纂所架蔵の写真帳によってその全体をみることができる。

文書は開山である円爾の置文など草創期のものから、禁制法度、規式壁書、叢規僧籍、宗旨信仰、寺領荘園などに分類されて軸装、巻子装されている。寺院法に関わる壁書、規式や僧侶の名簿である僧籍などが注目される。（原田）

**東福寺**（七五七頁3）　京都市東山区の南端、月輪山麓に位置する。山号は慧日山。嘉禎二年（一二三六）四月、九条道家（一一九三〜一二五二）は瑞夢により一寺建立を発願（『東福紀年録』）、延応元年（一二三九）越中国東條・河口・曽祢・八代等の保を寄進した（『吾妻鏡』延応元年七月二十五日条）。この寺の名は、「即亜洪基於東大寺、取盛業於興福」（『聖一国師年譜』嘉禎二年条〔『大日本仏教全書』〕）とあるように規模は東大寺につぎ、盛んなる様は興福寺に取るとして両寺から一字を取って東福寺と称した。

寛元元年（一二四三）、宋より帰国し博多崇福寺にいた円爾が上洛、九条道家に迎えられ、東福寺第一世となった。建長四年（一二五二）、道家は伽藍の完成を見ずに死去し、毘沙門谷光明峯寺に葬られた（『聖一国師年譜』。以下、『年譜』と略す）。息子の一条実経が事業を引継ぎ、同七年六月二日、伽藍が整い、円爾が開堂の儀式を行った。

道家の東福寺造営の意図、草創期の規模等は、建長二年十一月の九条道家初度惣処分状（『九条家文書』一―五号）に詳しい。これによれば、天竺・震旦の叢林の風俗を模して一食長斎の衲僧を置くとし、禅門・天台・真言の三法を備えるのはこの寺だけであると自負している。

伽藍は仏殿・法堂・二階楼門・二階鐘楼経蔵・僧堂・衆寮・方丈・庫裏・庫蔵・行者堂・人力堂・五重塔婆・灌頂堂（荘厳蔵院）・経蔵・宝蔵・浴院・東司・南門があり、回廊が廻り、大陸風の禅宗伽藍が立ち並ぶと同時に、密教建築も混在していた。仏殿には五丈の釈迦如来の座像が安置され、新大仏とも称された。

建築様式は禅宗様というより、大仏様が採用され、俊乗房重源のもと東大寺復興に携わった物部為里の一族、為国が関わったとされ、東大寺関係の工匠が招かれたと考えられている（太田博太郎『社寺建築の研究』〔岩波書店、一九八六年〕、中村研「東福寺大工関係の新史料」『中世地域史の研究』〔高科書店、一九八八年〕）。後に円爾は東大寺大勧進職に就任するが、こうした大工集団を膝下に抱えていたことによりその活動も可能になったともいえよう。

東西回廊の壁には禅宗の西天二八祖、震旦六祖、真言八祖、天台六祖等の行状が描かれ、創建時、東福寺の禅・天台・真言の並置の様相を象徴している。

僧衆の構成は、供僧三口（天台宗・密宗）、公界人一〇〇人とされ、公界人のなかには、長老一人・侍者五人・知事（都寺・監寺・副寺・維那・殿主・直歳各一人）・頭首（首座二人・書記一人・蔵主二人・知客一人・浴主一人）・修造司の役職が置かれた。この他、行者・中間・人力計一〇〇人がいた。

寺領は、九条河原菜苑九町・周防国得地上保（杣山あり）・筑前国三奈木庄があげられる。所領は長老が管領し、監寺が毎年相替わり下向、収納するという中国の禅院の方式に倣ったとしている。長老以下の役職はもとより、円爾のもたらした宋朝禅林の運営法を大いに採り入れていることがわかる。

この他、惣社として成就宮がおかれた。周辺には、東福寺創建以前からの由緒をもつ天台、真言宗の寺院もあり、東福寺内における諸宗の複合的な宗教空間をなしていた。阿弥陀堂(最勝金剛院)には、検校として前僧正慈源、供僧三人(山門)が置かれ、円堂(宝光院)には愛染明王が祀られ供僧一八口、東寺僧が配された。

観音堂(普門院)は、東福寺造営時は円爾の居所に宛てられ、別院とされ、また、当初、老僧、病僧の収容施設としての機能も持たされた。

報恩院には七宝多宝塔が安置され、藤原忠通所持で九条家伝来の舎利が納められ、供僧二口(山門一口・寺門一口)が置かれた。

以上の様相から如実に九条道家による東福寺造営の構想をうかがうことができる。もっともこれ以後、円爾の門派は臨済宗聖一派として展開し、寺僧も増加、次第に禅宗色が強まり、諸院も、諸門派僧の塔頭化していった。(原田)

**公家関東の御祈禱**(七五七頁4)　日本の禅林における祈禱法会は、中国禅林で行われていた皇帝の聖寿万安を祈る祝聖(しゅくしん)を始めとし、さらに日本独自の解釈も加わり様々に展開した。

円爾が弘安三年(一二八〇)九月十五日付で一条実経に提出した公家関東大檀那御祈禱等注進文(『東福寺誌』一三九〜一四一頁)によると、東福寺における祈禱の様相は以下のようになる。

毎月一日・十五日には大仏殿において今上皇帝の聖寿万安を祈るとし、天皇のための祈禱を第一に挙げ、毎月八・十八・二十八日には三八念誦といい、「皇風永扇云々」と唱え、念誦・巡堂が行われた。

一日・十五日の布薩会は「公家(朝廷)・関東(鎌倉幕府)・大檀那御家門(九条・一条家)」のために行うとしている。また、毎日朝暮、大仏殿において楞厳呪などが、大檀那御家門のために修され、毎日中の尊勝陀羅尼七返は関東御祈禱とされた。

円爾以来の東福寺の年中行事をまとめたものとしては『慧山古規』(国立公文書館内閣文庫蔵)がある。この書は、文保二年(一三一八)直翁智侃(一二四五〜一三二二)がまとめたもので、一部、建武二年(一三三五)頃までの増補もみられるものの、円爾以来の鎌倉時代の東福寺の年中行事をみる上で重要な史料である。これによれば正月の修正祈禱看経牓には、大檀那禅定殿下、相模太守平朝臣(北条)高時の名が記されており、九条・一条家とともに北条氏への祈禱も行われていたことがわかる。修正会は正月一日から七日まで行われ、大般若経・金剛経・法華経普門品などが読誦された。さらに北条時頼・時宗・高時の忌日供養も年中行事の中に位置づけられており、従来、九条家を檀越とし、公家的兼修禅の寺とされる東福寺は、実態としては北条氏との関係が緊密である。円爾は先の文書の中で「真俗如両軸、師檀譬雙翼」と表現し、祈禱の必要を説いている(原田正俊『日本中世の禅宗と社会』〈吉川弘文館、一九九八年〉、尾崎正善「『慧日山東福禅寺行令規法』について」〈『鶴見大学紀要』三六―四、一九九九年〉)。(原田)

**本願御家門**(七五七頁5)　九条・一条家のこと。東福寺は九条道家の発願で建てられ、以後、東福寺住持の任免権は大檀越として九条・一条家が握り、摂関家御教書で任命された。住持の入寺の際も入寺語録のなかで天皇のための香が焚かれた後、檀那香として九条・一条家いずれかの当主への香が焚かれた。

また、南北朝期、一条経通は東福寺の西班東班の面前で拈鬮(ねんちゅう)し住持を選定して「令旨」を出した例もみえ、その関わり方をうかがうことができる(「玉英記抄」観応三年(一三五二)九月十日条〈『大史』六―一七―一八〇頁〉)。

室町幕府成立後、五山官寺の住持職の叙任権を幕府が掌握すると東福寺の位置は問題となり、応安五年(一三七二)細川頼之は東福寺が幕府法を遵守せず、住持が頻繁に交替したり、寺僧が七〇〇人もいることを指摘し、このような東福寺僧が他の五山僧と会合列座することを禁じるとし、武家の進止下に入ることを要請した(室町幕府追加法一一四・一一五・一一八)。

康暦元年(一三七九)細川頼之が失脚し、春屋妙葩が僧録となり禅林行政を司ると、春屋妙葩は一旦、檀那職を九条家に返し、改めて東福寺から訴訟条々の形で寺法を提出させ、足利義満が袖判を加えた(『大古』東福寺一―五五号〔禅13〕)。これによれば住持職の任免は、南禅寺・天龍寺同様に武家御教書によるとされ、門徒が朝廷へ内奏することを禁じている。

もっとも、これ以後も九条・一条家(後には九条家のみ)からは檀那帖が幕府の公帖と並行して出され、近世にも続く。この一連の形態は東福寺の五山内での特殊な性格として注目される(玉村竹二「公帖考」〔『日本禅宗史論集』下之二、思文閣出版、一九八一年〕、山口隼正「入寺語録の構造と年表」〔『東京大学史料編纂所研究紀要』八、一九九八年〕、原田正俊「春屋妙葩と夢窓派の展開」〔『鹿王院文書の研究』思文閣出版、二〇〇〇年〕)。(原田)

**円爾**(七五七頁6)　一二〇二〜一二八〇、諱は円爾、一時期、弁円とも称した。道号はない。聖一国師。俗姓は平氏、母は税氏。駿河国安倍郡藁科に生まれ、久能山尭弁のもとで修学、承久元年(一二一九)園城寺に入り出家、東大寺で登壇受戒した。

貞応元年(一二二二)、園城寺に戻るが、上野国長楽寺の栄朝の名声を聞き、禅を学ぶため行く。元仁元年(一二二四)久能山で見西阿闍梨から密宗秘印を受ける。嘉禄元年(一二二五)鎌倉寿福寺で大蔵経を閲覧、行勇に参じた。鶴岡八幡の法華八講に出仕し、寺門派の頼憲に詰問しこれを屈した。栄朝の許しを得て渡宋せんとして博多円覚寺で便を待った。これより先、大宰府有智山義学は禅宗を憎み、円爾を害さんとしたが、綱首謝国明の屋敷にかくまわれたという。

嘉禎元年(一二三五)入宋、天童山の痴絶道冲、天竺の栢庭□月、浄慈寺(じんずじ)の笑翁妙堪、霊隠寺(りんにんじ)の石田法薫などに参じ、径山無準師範のもとで法を嗣いだ。後に日本に渡る兀庵普寧(ごったんふねい)などもここにおり、また日本からの参禅者も多かった。

仁治二年(一二四一)帰国に際し、無準師範より宗派図、楊岐派の祖、密庵咸傑(みったんかんけつ)の法衣などを受け、七月に博多に戻った。時に円爾、四〇歳であった。謝国明によって来迎院に迎えられ、湛慧(随乗房)の依頼で大宰府横岳崇福寺、神子栄尊(覚禅房)の依頼で水上万寿寺を開いた。翌年、径山の火災を聞き謝国明の援助を得て用材の板一〇〇〇枚を送る。

寛元元年(一二四三)、大宰府観世音寺の追儺の行事で難にあった湛慧が朝廷に訴え出、二条良実、その父九条道家と関わりができ、法を説き、円爾を推挙した。

円爾は上洛し、九条道家の信を得、僧正を与えようとしたが、円爾はこれを辞し、聖一和尚の号を受けた。二条良実・近衛兼経・西園寺実氏・藻壁門院竴子なども弟子の礼を取った。道家は円爾より禅門大戒、密宗灌頂を受け、禅宗の教えを聞いた。こうして円爾は東福寺の住持として迎えられた。円爾招請の背景には、道家の兄で渡宋経験のある法華山寺の慶政からの薦めもあったのであろう。

後嵯峨天皇や近衛兼経に禅教一致の思想を説く『宗鏡録』を説き、東福寺が完成しないので普門寺(院)を拠点とした。

建長元年(一二四九)北条時頼の請で、弟子一〇人を建長寺に派遣し、蘭渓道隆のもとで叢林の体裁を整えることにも協力した。この年、無本覚心に渡宋を勧めている。

法相宗の良遍、東大寺戒壇院円照などとも交流し南都仏教にも影響を与えた。建長四年五一歳の時、目を患い、この様は頂相でも描かれている。またこの年、九条道家が没した。

建長六年、鎌倉寿福寺に行き、北条時頼に法を説き、禅戒を授けた。また時頼と問答を交わし大悟の要を説き、時頼からは外護を約束され、京都で君臣に禅を説くことを勧められた。

建長七年、一条実経のもと東福寺が落慶、後深草・亀山上皇に大乗戒を授けた。また、一条実経は法華経を書写し、宋の径山正続院に送り奉納している。

翌年、渡宋した無象静照から手紙を受け取っており、無象静照は北条氏一門とされる。北条時頼の請で鎌倉に行き、『大明録』を講じ、幕府の命で建仁寺の住持となった。鎌倉寿福寺では叢林の礼を講じ、宋朝禅林の規式を定着させた。

建仁寺の復興にも努め、仏殿、僧堂、方丈などを旧に復した。

弘長元年(一二六一)から翌年十月頃まで鎌倉に滞在、兀菴普寧の建長寺入寺を賀すとともに北条時頼の得悟を兀菴とともに讃えている。弘長三年十二月二十二日時頼が没し、翌正月、円爾は鎌倉へ行き兀菴が執り行った時頼の追善のための陞座説法の場に列している。

この後、法成寺大殿、四天王寺、尊勝寺の諸堂造営にあたり、東大寺円照の後を受け、東大寺大勧進職に任ぜられた。京都での名声はさらに高まり、亀山・後深草上皇に授戒している。

また、宋より西礀子曇、無学祖元が来日するとその受け入れを行い、鎌倉に送っており、京鎌倉の禅林の整備に尽くした。

弘安二年(一二七九)五月より病に伏し、一条実経、北条時宗の外護を謝している。円爾の臨終が迫ったことにより門弟の内、白雲慧暁、無関普門などは灌頂を望み、これを執り行っている。

弘安三年、五月二十一日付普門院院主職譲状(『大古』東福寺一—一五号)、同日付普門院四至牓示置文(『同』一—一六号)、六月一日付円爾東福寺規式(本文史料)、六月三日付東福寺・普門院・常楽庵規式(『同』一—一八号)を定めている。十月十七日、七九歳で没。(原田)

**仏鑑禅師**(七五七頁7)　無準師範は、来日はしていないが、南宋の禅僧の中でも日本社会への影響力は大きかった。弟子の無学祖元・兀庵普寧は来日し、日本の仏教界に大きな影響を与えた。渡宋した日本僧の多くがそのもとを尋ね、円爾のほか京都北山妙見堂に住した道祐、奥州松島円福寺(瑞巌寺)開山、性才法心(現在の瑞巌寺では法身性西)が法を嗣いだ。

円爾は、東福寺において本文史料中にあるように無準師範のもとで学んだ禅林の規式をもとに東福寺を運営し、本文史料第七条目にみえる崇福寺額字のように無準師範筆の寺号額字・牌字を多数贈られており、博多承天寺の創建時にも寺号・諸堂・牌字がもたらされている。

東福寺には「普説」「巡堂」等の大字の墨蹟が現存、額字・牌字三〇余があった(『大古』東福寺一—二六号)。この他「帰雲」の墨蹟(救世熱海美術館蔵)などもあり、寺号・諸堂などの命名に無準師範の意向が反映されるとともに、牌字は禅林諸行事の際に伽藍内に掲げられるものであり、円爾が本格的な南宋禅林の様式を踏襲しようとしていたことがわかる。

径山寺の住持であった無準師範と円爾との間の書状のやりとりは『年譜』仁治三年(一二四二)・寛元元年(一二四三)・同二年に引用されるとともに「無準師範書状(板渡しの墨蹟)」(東京国立博物館蔵、『日本の美術5墨蹟』〔至文堂、一九六六年〕所収)、「径山寺翰縁都監寺徳敷書状」(長谷川家蔵、田山方南編『禅林墨蹟拾遺』〔思文閣出版、一九七七年〕所収)等が現存し、その頻繁な交流をみることができる。事実、円爾は、無準師範が住する径山の火災の折には用材一〇〇〇枚を送っている。この仲立ちをするのが博多に拠点を置く謝国明ら綱首たちであった。先の無準師範の書状はその礼状であり、径山寺都監寺の書状は用材の到着の経過を示すものである(川添昭二「鎌倉中期の対外関係と博多」『九州史学』八八・八九・九〇合併号、一九八七年)。

また、南北朝以後、聖一派・夢窓派などによって喧伝され、広範に広がる渡唐天神説話では天神菅原道真が禅の教えを聞く相手は、無準師範である。日本の神祇として祀られ、かつ儒家の祖とも仰がれる菅原道真が禅僧によって化度されるというモチーフは当時の禅宗の神・儒を包含する優位性を説くものであるが、その象徴として無準師範の名が出るのは注目される。なお、無準師範の事績の中で明州清涼寺の伽藍神が夢に現れたことを記しており(『続傳燈録』三五)、こうした行実をもとに渡唐天神説話が拡大されたといえよう(原田正俊前掲『日本中世の禅宗と社会』第二部第三章)。(原田)

**東福寺長老職の事**…(七五七頁8)　東福寺の住持には円爾の弟子から選ぶことが定められ、聖一派の者しか住持となることが許されなかった。一般に中国禅林では五山のような官寺は十方刹とされ広く諸派から住持を選ぶことを原則としたが、特定の門派によって住持職を継職する寺を度(徒)弟院(つちえん)といった。日本においても南禅寺・天龍寺・建長寺・円覚寺・建仁寺など五山は基本的に十方刹であることが求められ、朝廷・幕府ともにこの施策をすすめた。

こうしたなか、東福寺は聖一派の度弟院として存在した。この形態は檀越が九条・一条家という特定の公家であること、墳墓をかかえる墳寺であることと相俟って建武政権期には五山としての資格が問われた。これに対し、虎関師錬は、日本においては王家も一姓であり仏法も一流であるべきといい、「門葉累々相承者、蓋象諸王道」と反駁し、後醍醐天皇に認められ一時、五山第二の位を得た(「海蔵和尚紀年録」建武二年(一三三五)条『続群』九下)。

なお、円爾は、弘安三年(一二八〇)六月一日付の本文史料に続き、同年同月三日には東福寺・普門院・常楽庵規式を定め、

一　将来長老職、不論権威高貴、不謂鄙性下賤、撰行学抜群之仁、以門徒評議之状、申入外護大檀那、可定補之事

とし、長老(住持)は身分を問わず行学抜群の者を選び、九条・一条家に申し入れるようにとしている。(原田)

**普門院・常楽庵**(七五七頁9)　普門院は東福寺完成前、円爾が起居した寺、常楽庵は円爾の遺骨を安置する塔所で、東福寺の開山堂である。現在、東福寺山内で通天橋を渡った高所に隣接して建てられている。現存の建物は、文政二年(一八一九)再建の楼閣風の建物が常楽庵で一階には円爾・一条実経の像を安置、二階は伝衣閣と称し円爾が将来したと伝える三国伝来の布袋像を安置する。もとは本文史料本条に定められているように法衣を置いたのであろう。

普門院には本条に定められたように聖教が収められ、宋より円爾将来の膨大な聖教・典籍が存在した。後に円爾の孫弟子にあたる大道一以(一二九二〜一三七〇)が「普門院経論章疏語録儒書等目録」(『大古』東福寺一―一二八号)をまとめその全容をうかがうことができ、顕密禅浄土さらには新註の儒書まであったことがわかる。東福寺の重要文書類には「普門院」鑑蔵朱印が捺されたものが多く伝来し、重要な文書もここに収められたと考えられる。先にみた無準師範筆の額字牌字類も普門院に蔵されていた。

円爾は弘安三年(一二八〇)五月二十一日、普門院の四至牓示を定め、内外典書籍の寺外への持ち出しを禁じ、さらに普門院院主職を「参学三十余年、給仕抜群」の正堂俊顕に譲った(『大古』東福寺一―一五・一六号)。(原田)

**承天寺**(七五七頁10)　『年譜』によれば、仁治三年(一二四二)謝国明が博多東偏(辺)に一寺を建立、円爾を住持として迎えた。これより先、仁治二年、円爾帰国の折には、博多在住の複数の綱首が円爾を来迎院に迎え、普説(説法)を請うたとし、禅宗の日本への伝来を支持する綱首たちと円爾の密接な関係がわかる。承天寺は円爾開山の最初の寺として重視され、宝治二年(一二四八)火災の折には、円爾は京都から駆けつけ、謝国明はこれに感じ入りすぐさま一八宇の堂舎を再建している。

近世の所伝では少弐資頼を「捨地檀越」とするが、実態は不明で、本文史料第七条の崇福寺と少弐氏の関わりからこの伝が生まれたとも考えられるし、少弐氏の博多支配と絡めて考えるものもある(川添昭二前掲論文)。

本文史料にみるように、当寺は円爾が自らの寺とし、没後は高弟である白雲慧暁に譲られた。室町幕府により聖福寺・崇福寺と並び十刹に列せられ、住持の多くが東福寺に出世している。

応永十九年(一四一二)承天寺住持規式(「東福寺文

書」二─五六号)が定められ、門徒の合議により住持を選任することが確認され、他の有力者からの推挙(豪挙)による住持については、博多に来て入寺するとともに五〇貫文を納めるよう、東福寺住持・諸塔頭院主連署のもと定められた。永享二年(一四三〇)同じく住持について、公帖を受けたならば必ず入寺の儀式を行うことを定め、入寺しない者(坐公文)の場合は官銭二〇貫文を出すように規定している(「東福寺文書」一─五七号)。

　承天寺は中世の博多にとって聖福寺と並び門前に町を形成し、都市形成の一つの核であり、門前の通りは主要幹線であった(宮本雅明「空間志向の都市史」『日本都市史入門』I、東京大学出版会、一九八九年)。

　また、一九七五年、韓国木浦市北西海上、新安の海底から発見された沈没船からは「釣寂庵」の名が記載された木簡が四点発見されており、この釣寂庵は承天寺塔頭である。

　この船は、至治三年(元亨三年〔一三二三〕)に慶元(寧波)を発し、日本へ帰る途中で沈んだもので、木簡から荷主は、東福寺・承天寺釣寂庵・筥崎宮・教仙(勧進聖)・道阿弥・秀忍・隋忍・とう二郎・いや二郎などの名がみえ、複数の荷主が出資して交易を行う寄合船であったと考えられる。特に東福寺の名が多く、元応元年(一三一九)東福寺は大火災に遭い、諸堂復興のための勧進船と考えられている(亀井明徳『日本貿易陶磁史の研究』第二部第三章、同朋舎出版、一九八六年)。承天寺は大陸へ往来する禅僧たちの足場でもあり、交易の場でもあったことがわかる。(原田)

**暁首座**(七五七頁11)　白雲慧暁(一二二三〜一二九七)は、鎌倉時代の臨済宗聖一派の禅僧。隠谷子とも称する。貞応二年(一二二三)讃岐国美濃郡に生まれ、幼少にして比叡山の行泉に天台を学ぶ。一七歳で受戒、二五歳のとき泉涌寺明観律師(月翁智鏡)に就いて律を学んだ後、東福寺円爾の弟子となった。文永三年(一二六六)三九歳の時、入宋、諸寺歴参の後、台州瑞巌寺、希叟妙曇(きそうみょうどん)のもとで大悟した。希叟妙曇は円爾の師である無準師範の弟子である。

　白雲慧暁は在宋中、モンゴル兵に捕らえられ処刑されようとした時、四二臂の観音が首に現れ、許されたという。

　至元十六年(弘安二年〔一二七九〕)帰国、草庵を結び隠遁生活を営んだのち、当時、建長寺にいた無学祖元のもとに参じた。

　この他、紀伊国由良興国寺を中心に展開した無本覚心とも交流があったようで、安芸国応開寺で二人が座禅する様は観音にみえたという(『法燈行状』『臥雲日件録抜尤』宝徳元年〔一四四九〕七月二十六日条)。

　円爾より台密蓮華王院流などの伝法灌頂を受け、本文史料にあるように承天寺の後継者とされ、ここに住した。

　正応五年(一二九二)関白九条忠教の請で東福寺第四世住持となり、円爾の法を嗣いだ(円爾没後)。引退後、洛北大宮安居院の地に栗棘庵(りっきょくあん)を結び、永仁五年(一二九七)十二月二十五日没、七〇歳。

　正安元年(一二九九)後伏見天皇より仏照禅師の号を受けた。著述に『仏照禅師語録』二巻、仮名法語『由迷能記』がある。

　徳治三年(一三〇八)栗棘庵は聖寿寺の額を朝廷から受け、至徳年中(一三八四〜一三八七)に東福寺内に新たに栗棘庵をもうけ分骨し、白雲慧暁の塔所とした。後にこの門派を栗棘派といい東福寺聖一派内で重きをなした。伝記として『仏照禅師塔銘』(『続群』九上)がある(玉村竹二『五山禅僧伝記集成』新装版、思文閣出版、二〇〇三年)。(原田)

**崇福寺**(七五七頁12)　福岡市博多区にある臨済宗寺院。現在は大徳寺派。もとは大宰府横岳にあり、仁治元年(一二四〇)湛慧が創建し、翌年、宋より帰国した円爾が迎えられ開堂した。湛慧は、入宋し、無準師範のもとで円爾と同参の徒であり、一足早く帰国し当寺を整備していた。この後、円爾は、湛慧の仲介で二条良実・九条道家に招かれることになる(『年譜』)。

　本文史料では、崇福寺には最初、圻侍者(方庵智圻)が入院していたとされる。この圻侍者は『年譜』仁治二年条にみえる圻侍者と同一人物と考えられ、円爾とともに無準の侍者として側近くいた者である。この記載からみれば円爾とともに日本に渡ったと考えられる。

　承天寺と並び崇福寺が禅刹として繁栄しだすと旧仏教側からの反発が起こり、大宰府有智山の徒が朝廷に訴え、両寺の破壊を企てたが、かえって承天寺・崇福寺は「官寺」とされたという。本文史料にみるように、無準師範は円爾が帝師となることを見越して「勅賜」の文字の入った寺号を揮毫して円爾帰国時に渡したという(『年譜』)。

　文永八年(一二七一)筑前興徳寺から南浦紹明が崇福寺に移り、三三年間ここで過ごした(『円通大応国師塔銘』『続群』九上)。このことにより、崇福寺は聖一派の寺院から大応派の拠点となり、尾張国妙興寺・建長寺天源庵・南禅寺正眼院・大徳寺から年貢が送付されている(「妙興寺文書」二九七号『新編一宮市史』資料編五)。

　本文史料は弘安三年(一二八〇)に出されたものであり、本条では東福寺(聖一派)側の支配権を主張していることが注目される。永享九年(一四三七)以前に諸山、長禄三年(一四五九)以前に十刹に列している。

　慶長五年(一六〇〇)黒田長政により現在地に移され黒田家の菩提寺となった。(原田)

**少卿**(七五七頁13)　一二二九〜一二九二、寛喜元年(一二二九)少弐資能の子として生まれる。大宰少弐、筑前・筑後・豊前・肥前・肥後・対馬国の守護。文永・弘安の役では合戦を指揮し、元寇防塁の築造を進めた。鎮西談義所頭人の一人となり異国警護の重責を担った。その後、北条得宗の鎮西支配が強まり、筑後・豊前・肥前・肥後の守護職を失った(瀬野精一郎『鎮西御家人の研究』〔吉川弘文館、一九七五年〕、川添昭二『九州中世史の研究』〔吉川弘文館、一九八三年〕)。

　崇福寺との関係は、父資能からで、南浦紹明に帰依し、対モンゴル政策をも相談したといわれている(川添前掲書)。崇福寺が大応派の拠点として展開していくのは、少弐氏のこうした外護の結果であろう。

　正応五年(一二九二)八月二日没、六四歳、法名浄恵。(原田)

**万寿寺**(七五七頁14)　佐賀市大和町大字川上字水上にある臨済宗寺院。現在は南禅寺派。神子栄尊を開山とし、仁治元年(一二四〇)の創建という。『年譜』仁治二年条によれば、宋の無準師範のもとで円爾とともに修行していた神子栄尊が、在宋三年で帰国し、水上教院を領し、円爾の帰国を待ちこれを迎えた。寺を禅院に改め、円爾を開山として、神子栄尊は板首(首座)となったとする。本文史料でも円爾開山としており、寺伝では実質の開山として神子栄尊の名があげられている。

　建武二年(一三三五)には、川上神社と政所給田をめぐり争っている(「川上神社文書」)。近世には山門・仏殿・開山堂などが建ち並び、末寺八三カ寺を有した。通称水上のお不動さんと呼ばれる。(原田)

**覚禅房**(七五九頁1)　神子栄尊は、臨済宗聖一派の僧。建久六年(一一九五)筑後国三瀦庄に生まれる。父は京都より鎮西に来た平康頼であるという。同国永勝寺厳林に天台を学び、厳林は栄西の高弟とされる。宇佐神宮で神託を受け上野国長楽寺栄朝のもとに行き禅を学ぶ。

　その後、伊勢神宮を訪れるが、僧の参拝は禁じられているにもかかわらず、神託により持戒持律と法理を悟った僧はよいとの理由で参拝を遂げる。さらに緇衣のまま大峰山にも入った。

　入宋し径山の無準師範のもとに参じ、円爾とともに修行に励んだが、先に帰国した。肥前国水上に寺を構え、円爾の帰国を待ち禅刹とし、万寿寺と名付けた。この他、同国報恩寺・筑前国薦福寺・筑後国朝日寺・豊前国円通寺・妙楽寺を建てた。

　宇佐神宮に詣で、神に授戒し、これにより神師(子)と称するようになったという。弥勒寺に住し、金堂の復興をはかった。

　京都に行き賀茂大明神の帰依を受けたといわ

れ、建長五年(一二五三)左大臣二条道良に招かれ法を説いた。こうした神祇への授戒や化度など、いちはやく地域展開した鎌倉後期の禅僧の典型的な活動例といえよう。この後、豊後に戻り、文永九年(一二七二)十二月二十八日没、七八歳。弟子に享庵宗元・楽山□□・徹叟道映などがいる(「神子禅師行実」『続群』九上)、「神子禅師栄尊大和尚年譜」(同上))。(原田)

**禅2**(七五九頁2) 円覚寺蔵。「円覚寺文書」写真版により、『鎌倉市史』史料篇二の「円覚寺文書」二四号を参照した。(原田)

**北条貞時禅院規式**(七五九頁3) 鎌倉幕府第九代執権北条貞時(一二七一～一三一一)が円覚寺に対して出した禁制条々。円覚寺に住する禅僧達の基本的な生活軌範が示されている。

北条貞時は、厚く禅宗を保護し、法名は最勝園寺殿崇演。墓所は円覚寺仏日庵とした。元亨三年(一三二三)には円覚寺において顕密禅の諸宗の僧を招いた盛大な十三回忌が行われた。(原田)

**円覚寺文書**(七五九頁4) 神奈川県鎌倉市の円覚寺所蔵の文書。中世文書としては、約四〇〇点がある。『鎌倉市史』史料編二所収、『神奈川県史』資料編には編年で収録されている。文書の内容は、大檀越である北条時宗、貞時をはじめ、北条得宗からの書状、下知状、開山である無学祖元の書状など創建期からの文書が現存する。南北朝時代の文書も多く、初期の室町幕府と鎌倉禅林、円覚寺の関係をみる上でも貴重である。

所領・造営料所・寺用米注進状・寄進状など経済関係の文書があり、円覚寺の規模を知ることができる。寺院法関係では、北条得宗から出された規式、足利直義による規式など、禅宗の寺院法を研究する上で注目すべき文書がある。本書所収の北条貞時による規式(禅2・3)、足利直義による規式(禅6・7)、足利義満による規式(禅14)以外にも、弘安九年(一二八六)十二月二十六日付建長寺正続庵定文、嘉暦二年(一三二七)十月一日付北条高時制符条書、文和三年(一三五四)九月二十二日付足利基氏禅刹規式条書、貞治三年(一三六四)正月付円覚寺評定衆連署規式条書など、寺院法としてみるべきものが多い。

なお、寺外に現存する円覚寺文書については、玉村竹二「諸方に散見する円覚寺文書」(『日本禅宗史論集』上、思文閣出版、一九七六年)に詳しい。(原田)

**免丁**(七五九頁5) 南宋では国家が僧侶に免丁銭という税をかけ、寺の種類、僧の位階に応じ、負担を強いていた(諸戸立雄『中国仏教制度史の研究』第三章第四節、平河出版社、一九九〇年)。免丁銭を納める者には、その証明書として免丁抄が出され、何年の安居に誰がどの寺に安居したかが記された。日本では国家が免丁銭を徴収する制はないので、個々の禅僧が、諸寺で安居を過ごした時に、寺から発行されたと考えられる。鎌倉時代に禅宗が南宋の制をまねたなかで、日本では免丁が一種の禅僧としての身分証明書として機能していたとみられる。

南北朝時代に編纂された、曹洞宗の『瑩山清規』では起単すなわち僧堂を出て行脚に出る者は、維那寮で免丁抄少牓頭を請けることとされている。これは他寺に掛搭する時に必要という。瑩山紹瑾は日本国内では一般にこの作法が行われていないが、瑩山の門派ではこれを行うと規定している。(原田)

**七月盂蘭盆**(七五九頁6) 鎌倉時代後期の円覚寺の盆行事の詳細はわからないが、室町時代の禅院ではこの間、盂蘭盆結縁看経が行われ、「首楞厳経」「法華経」「円覚経」「梵網経」「金剛経」「盂蘭盆経」「阿弥陀経」「地蔵本願経」「父母恩重経」「観音経普門品」「般若心経」「楞厳呪」「大悲呪」「尊勝陀羅尼」「宝篋印陀羅尼」「随求陀羅尼」「光明真言」「八句陀羅尼」「一字金輪呪」が読誦された(「諸回向清規式」『大正蔵』八一)。

また、鎌倉時代後期の東福寺の年中行事を記す『慧山古規』(国立公文書館内閣文庫蔵)によれば宋代の儀軌による施餓鬼が行われていることがわかる。

平安時代後期から先祖供養の際に餓鬼への供養も意識されたと考えられるが、禅宗による大陸風の施餓鬼の導入によって盆行事と施餓鬼が密接に結びつくようになる。施餓鬼会では三界万霊・先祖霊の供養が行われ、多くの参詣者があり、室町時代になると七月十五日の建長寺施餓鬼会には鎌倉公方が聴聞に行くことが年中行事化している(「殿中以下年中行事」『続群』二二)。(原田)

**禅興寺**(七五九頁7)　文永五(一二六八)・六年頃の開創。開基は北条時宗、開山は蘭渓道隆。建長寺とともに北条時頼の冥福を祈る寺とされた(中巌円月「密室住禅興江湖疏」)。時頼は弘長三年(一二六三)十一月二十二日に死没しており、毎月二十二日は月忌にあたり、比丘尼・女人の参詣が許された。禅興寺には大休正念・鏡堂覚智などが住し、十刹の一にも列せられた。近世には衰え、明治の始めに廃絶、現在塔頭の明月院のみが残る。(原田)

**円覚寺**(七五九頁8)　神奈川県鎌倉市山ノ内にある臨済宗円覚寺派の本山。瑞鹿山円覚興聖禅寺。室町時代には鎌倉の五山第二位。弘安五年(一二八二)、北条時宗が宋より来日していた無学祖元を開山として創建。当寺造営については無学祖元の帰宋を止めるためと、文永十一年(一二七四)・弘安四年のモンゴル来襲時の敵味方戦死者の追善のためといわれる。将軍家(惟康親王)祈禱所・朝廷の定額寺として位置づけられた。山内の仏日庵は北条時宗・貞時・高時の廟所とされた。(原田)

**花堂結構の事**(七五九頁9)　四月八日の釈迦の誕生日を祝う儀式は降誕会、灌仏会、花祭として知られ、寺院はもとより宮中でも行われた。建久二年(一一九一)三月二十八日宣旨による公家新制(第一六条)においては、宮中における四月八日灌仏会の過差が禁じられている。

これによれば、

　可停止灌仏女房布施風流事
仰、灌仏布施々僧過差、非金銀不飾、自今已後、永停風流、莫致華麗、

とあり、女房たちが布施に付けた風流飾りが華美になることを禁じている。公家新制においては、これ以後、寛喜三年(一二三一)十一月新制にもみえ、『建武年中行事』には、

　今日は、女房の布施ども、所々もてはやさるゝ、色々に結びたる花どもにつけて風りうなどあるなり、近頃は新せいにてふりうなどいとみえず、御殿の母屋御れんをたれて、ひの御座を撤して、其のあとに山形をたてたり、仏の生まれ給ふ儀式を作りて、糸にて滝をおとせり、色々の作り物あり、北の方に机を立てゝ、鉢五つに五色の水を入れらる、

とあり、宮中の灌仏会の華やかさがわかる。

円覚寺における灌仏会についても、禁止事項のなかで指摘される「結構」は花御堂のことだけを指すのではなく、参詣の女人たちによる風流飾りの華美も禁じていると考えられる。(原田)

**戒臘牌**(七五九頁10)　戒臘牌は役職の如何を問わず、具足戒を受けた時からの年次による戒臘に従い僧衆の名を書き貼りだしたもの。『正法眼蔵』(安居)によれば、

　某国某州某山寺、今夏結夏、海衆戒臘如後、
　陳如尊者
　堂頭和尚
　　建保元戒
　　　某甲上座　某甲蔵主
　　　某甲上座　某甲上座
　　建保二戒
　　　某甲西堂　某甲維那
　　　某甲首座　某甲知客
　　　某甲上座　某甲浴主
　　(中略)

とあり、夏安居・雪安居の前に戒臘簿を調べ、維那がこれを作成した。

元代の禅林では、堂司・侍司・衆寮毎に戒臘牌を作り、四月十四日午後にそれぞれ僧堂前上間、法堂下間、寮内にならべられ、その後大衆の供養があった(『敕修百丈清規』七)。(原田)

**延寿堂**(七六一頁1)　病僧が療病のために入る部屋、建物で、延寿院・延寿寮・将息堂・省行堂とも称された。

『禅苑清規』四によれば、宋代の禅院では延寿堂の堂主には「堂主須請寛心耐事、道念周旋安養病僧、善知因果之人」とあるように人格能力

ともに看病に適任の者が任命された。また、堂主は必要な柴炭・米麪・油塩などを調達し、できなければ柴炭・米麪は常住より支給するとしている。堂内では粥飯・湯薬の供給から屎尿の世話まで行われた。療病中も酒・魚・肉・葱薤は禁止された。

病僧が重病になると重病閣に移され、阿弥陀仏を念じて浄土に生ずることを祈らせ、周りの者も磬を打ちこれを助けた。

日本において延寿堂は、臨川寺(「臨川家訓」)、建仁寺(『宗賢卿記』応仁元年(一四六七)四月二十八日条)などにみるように、大寺にはほとんど設置されていた。「臨川家訓」の規定では、病僧として延寿堂に止まるのは二一日以内とされた。

もっとも、塔頭の増加により、大衆が塔頭に起居するようになると、病気の時も各塔頭で療養するようになると考えられる。中世末には延寿堂・涅槃堂・無常堂は療病所から葬礼所・火葬場の称に替わったようである(『鹿苑日録』天正十七年(一五八九)五月二十七日条、『細川家記』慶長十五年(一六一〇)八月条、新村拓『日本医療社会史の研究』第一一章第四節〔法政大学出版局、一九八五年〕)。禅17で採り上げる大徳寺涅槃堂も火葬場の例である。(原田)

**僧侶日本衣を着す**…(七六一頁2)　鎌倉時代に大陸から禅宗をもたらした僧達は大陸風の衣・袈裟をもたらし流布させた。栄西は『興禅護国論』下―八(建立支目門)において「上下表裏、全く大国の法服を用ふべきか、これ少欲少事の儀なり、万事を省くべきのみ」と記し、華美を避け最小限の服として、大陸風の衣体を用いるべきだとした。

事実、栄西は大陸風の大衣を着用していたようで、当時この衣体は衆人の注目するところとなり、批判の対象ともなった。『沙石集』(拾遺八五)では、「イマダ葉上房ノ阿闍梨ト申シケル時、宋朝ニワタリテ、如法ノ衣鉢ヲ受ケ、仏法ヲ伝、帰朝ノ後、寺ヲ建立ノ志御坐ケルニ、天下ニ大風吹テ、損亡ノ事有ケリ、世間ノ人ノ申ケルハ、此風ハ、異国ノ様トテ、大袈裟大衣キタル僧共世間ニ見エ候、彼衣ノ袖ノヒロク、袈裟ノオホキナルガ、風ハフカスルナリ、如此ノ異体ノ仁、都ノ中ヲ、ハラハルベキ也ト」とあり、大陸風の大袖、大袈裟の僧等が都に目立ちだし、大風の原因とされた。さらにはこの問題が公卿僉議にかけられ、洛中追却の宣旨が出されたという。同様の話は『元亨釈書』栄西伝にもある。

宝治元年(一二四七)三月二日付九条道家処分状(「九条家文書」)では、「於衣服者可為長老之最、是宋朝之風俗也」とあり、草創期の東福寺内では一〇〇人置かれた公界僧(禅僧)は大陸風の衣体を採用していた。

このように、大陸からの渡来僧はもとより禅僧等は顕密僧とは異なる衣体を着用し、こうした衣は禅衣と呼ばれ、諸宗へも広がっていった。

形態的には偏衫と裙子が綴じ合わされ一枚の衣となり、袖は鯨尺二尺三寸～五寸に及ぶ。襟は顕密系のような立て襟(僧綱襟)を用いない。また、腰に飾りひもを付し、正式な法会で使用するものを特に道具衣と呼ぶ(井筒雅風『法衣史』増補改訂版、雄山閣出版、一九七七年)。

袈裟は顕密系が五条・七条袈裟を一般とし、正式な法会では横被(おうひ)をまとい、両肩を覆うのに対し、禅宗系では二十五条、九条等の大きな袈裟をかける場合も横被は用いない。禅宗系の袈裟は、形態も異なり、顕密系よりも幅広長大で、横長の裂を左胸で飾り紐によって結び、右肩を出す。

このように、禅宗系の衣体は顕密諸宗と大きく異なり、円覚寺では寺僧に対し、日本衣すなわち顕密系衣体を禁じたのである。草創期の禅院では広く諸宗からの参学者もおり、顕密系、律系の衣体の者も混住していたのが現実であり、こうした条項が設けられたのであろう。(原田)

**禅3**(七六一頁3)　円覚寺蔵。「円覚寺文書」写真版により、『鎌倉市史』史料篇二の「円覚寺文書」三七号を参照した。(原田)

**僧衆の事**…(七六一頁4)　円覚寺僧衆の人数をみていくと、弘安六年(一二八三)九月二十七日付円覚寺年中寺用米注進状(「円覚寺文書」一三号)によれば、僧一〇〇人、行者・人工一〇〇人、承仕・役人二〇人とある。この時点から本文史料の乾元二年(一三〇三)まで二〇年で円覚寺僧の数が倍増していることがわかる。同様に行者や人工の数も増加の傾向であったと想定される。正安三年(一三〇一)八月七日付円覚寺梵鐘陰刻銘(「円覚寺文書」三二号)では本寺僧衆二五〇人とある。

さらに、嘉暦二年(一三二七)十月一日付の北条高時円覚寺規式(「円覚寺文書」七五号)では僧衆の人数は二五〇人までとされる。

室町幕府の時代になると暦応三年(一三四〇)十一月付、足利直義円覚寺規式(禅6)では定員三〇〇人とし、死亡者や他寺へ移る欠員ができても新規の掛搭(入門)を許してはいけないと規定し、僧衆の増加を制限している。鎌倉幕府崩壊後も盛況な鎌倉禅林の様をみることができる。

鎌倉時代における鎌倉とその周辺諸寺院の僧衆の数を知ることができるものとしては、元亨三年(一三二三)「北条貞時十三年忌供養記」がある。この供養に参加した人数として、円覚寺三五〇人、建長寺三八八人、寿福寺二六〇人、浄智寺二二四人、禅興寺九二人、大慶寺八三人、浄妙寺五一人、東勝寺五三人などとなり、京都やその他の地方を合わせ二〇二〇人が数えられる。鎌倉の寺社勢力の中での禅宗寺院の規模の大きさをうかがうことができる。(原田)

**粥飯**(七六二頁1)　禅院においては食事の作法は厳格で、北宋の長蘆宗頤(ちょうろそうい)が崇寧二年(一一〇三)に著した『禅苑清規』には赴粥飯の項があり、また、それ以前の清規を伝える同書所収「百丈規縄頌」には、僧堂において戒臘の位次に従い僧衆が一堂に会し、長板・木魚などの鳴物に従って、鉢の上げ下ろしまで定められ、斎粥二時の食事を摂る様が記されている。また、斎粥二時は均しく遍く僧衆に供され節約がうたわれた。

日本においても道元は「方に法をして食(じき)と等ならしめ令む」といい、食も法性、真如、菩提と同じとして『赴粥飯法』を著した。これによれば、食事の際の一挙手一投足を意味づけ、給仕の者の作法、心得も定めた。

また、食事を作る典座(てんぞ)の職を重視し、食事を作ることは仏道修行そのものであると規定した(『典座教訓』)。

中国禅林の食事規範がどのように日本に展開したのか詳細は不明であるが、道元は嘉禄三年(一二二七)初秋に宋から帰国後、一時期、建仁寺で生活し、そこで見た、いっさい食事を作らず下働きの人を使う典座の僧を痛烈に批判している。おそらく、典座の重視や食事作法の定着は、道元教団や建長寺など渡来僧の指導による鎌倉禅院の登場を待たねばならないのであろう。

嘉暦元年(一三二六)来日した清拙正澄(一二七四〜一三三九)は、北条高時の請で、建長寺・円覚寺の住持となり、さらに南禅寺・建仁寺などにも歴住して、鎌倉・京都で禅宗の寺院法である清規の整備に努めた。清拙正澄の『大鑑清規(南禅寺聴松院本)』によると、斎粥二時に僧堂において食事の際、十仏名を唱え、槌が鳴らされると正面を向いて立つのが本式であるが、日本ではこれが行われていないと批判し、鉢の後片づけなど詳細に大陸の大叢林の風を遵守するよう規定している。清拙正澄による規式の整備は大きな影響力を持ったと考えられる。

斎粥の内容は、弘安六年(一二八三)九月二十七日付円覚寺年中寺用米注進状(「円覚寺文書」一三号)によると「僧百人　三百六十石　人別毎日一升定」「庫裏酢・酒・塩料　三十六石　月別三石、味噌料　四十八石　毎月四石、毎月両度五味粥」とある。日常は米を主とした粥が供され、月に二度五味粥といわれる米麦粟豆(或いは稗黍を混ぜた粥が供されたことがわかる。

五味粥は後には小豆のみを混ぜたもの(紅糟)が主となる。釈迦成道の日、十二月八日には小豆粥が供養された(『敕修百丈清規』七「月分須知」)。

また、義堂周信(一三二五〜一三八八)は永和五年(一三七九〕二月三日、大雪に際し、洛中洛外の人々が寒さに凍えているのを見、寺中における薪の使用を制限し、倹約を命じている。この時、食事の内容についてもふれ、粥に汁(野菜を煮込んだ羹の意)を添えることは日本の風俗であり、大国(宋)では塩・豉・虀を用いるだけだといっている。当時、建長寺では毎日堂中の粥菜のため七文銭をもって胡麻塩を買っていた(『空華日用工夫略集』)。南北朝時代の禅林の食事内容をうかがうものである。

なお、夕方に食する薬石は、大陸においても『入衆日用清規』(嘉定二年〔一二〇九〕)、『敕修百丈清規』二(達磨忌)(至元二年〔一三三六〕刊)にもみえ、一日三食の風があったことがわかる。(原田)

**喝食**(七六三頁2) もとは食事の時にその種別や進め方を衆僧に告げる役の行者。具体的には粥を出すときには「浄粥」、おかわりの時は「再進」、食事が終わったときにはお湯を配るため「香湯浄水」と唱える。禅院における行者は諸種の役僧のもとで雑務を行う者で、中国では得度前の有髪の者を指すが、日本では得度・未得度を問わず、寺内で給仕などの用務に携わる者を意味する。よって沙弥と併記し沙喝と称する場合もある。

室町時代の禅林では、喝食は顕密系寺院の稚児のような存在で、美しく着飾り、有髪で額髪といって額には三角形に髪をそろえ、この様は能の喝食面に写されている。日常は習学、禅僧達の身の回りの用務を勤めるとともに性愛の対象ともなり、五山文学の中には喝食に対する思いをつづる艶詩が多く存在する。こうした存在である故、喝食への贈花が禁じられた(『蔭凉軒日録』長禄四年〔一四六〇〕五月二十六日条)。沙弥・喝食の華美な衣裳も問題となり、一色に制限され、違反者は寺中からの追放が命じられた(『同』寛正五年〔一四六四〕九月二日条)。

また、喝食は一般に少年と解されるが、初期の禅林では謡曲の自然居士に描かれるように大人の喝食も存在したようで、俗体のまま止まり、寺内の用務に携わる者もおり、後世は行者と称されたようである。(原田)

**行者人工の帯刀の事**(七六三頁3) 鎌倉幕府追加法七〇(国27)では、文暦二年〔一二三五〕正月二十七日、執権北条泰時・連署時房の連署で僧徒の兵仗の禁をうたい、とりわけ山門延暦寺僧の武勇を禁じ、洛中・鎌倉で同時にこれを実行し、違犯の輩は鎌倉に召し下せと命じている。仁治三年〔一二四二〕三月三日には鎌倉中、僧徒の従類の太刀・腰刀などの武装を禁じた(同二〇〇〔国33〕)。当時、僧徒の従類の闘乱、殺害事件が多発していた。従類とは稚児・共侍・中間・童部・力者法師を指す。鎌倉ではこれらの武装を発見したら、侍所の下級職員小舎人がこれを没収し、鎌倉大仏に施入するとしている。もっとも、鎌倉においても顕密僧やその従類の武装解除がどの程度実効性があったかは疑問である。

こうした法を受け、禅院規式にもこの条文が入れられ、この後の嘉暦二年〔一三二七〕の北条高時の規式(「円覚寺文書」七五号)にもこの条項はあり、

一 行者・人工帯刀事
固可禁制、且件輩動致諍論、剰及刃傷、僧中沙汰弛紊故歟、早寺家行事、可令進止也、

とあるように、寺中の刃傷沙汰まで存在した。応安元年〔一三六八〕の延暦寺衆徒による「南禅寺対治訴訟」では、禅僧等が武威を誇り「常住之諸僧等、忽黒衣之上帯甲冑、遁世之身恣横利剣云云」と批判している。

応安五年、鎌倉においては建長寺・円覚寺の大覚派と仏光派の抗争は激しいものであり、建長寺の大覚派は、数百の徒党を率いて、伽藍の放火に及んだ。これに対し、室町幕府は張本人の糾明と大覚門徒の諸寺住持・役職への就任を禁じている(室町幕府追加法一一〇・一一一)。

顕密僧と同様、禅僧達の武装は一般化しており、これに対して、室町幕府は禅院の武装を厳しく禁じようとしていたことがわかる。足利義持の代には侍所が直に京都五山に入り武具を没収しており(『看聞日記』応永二十三年〔一四一六〕六月一日条)、禅宗に対しては、顕密諸大寺より

もその禁令を徹底化しようとしていた点は注目される。（原田）

**禅4**（七六五頁1）　永光寺蔵。東京大学史料編纂所架蔵「永光寺文書」写真帳によった。原文書は重要文化財。現状は巻子装で、元応元年（一三一九）十二月八日付瑩山紹瑾永光寺置文・元亨三年（一三二三）三月七日付永光寺四至堺田注文・元亨三年十月九日付永光寺文書注文・元亨三年十月九日付永光寺寄田注文が一巻に仕立てられている。

原文書の文字が不明な部分は『洞谷記』（『曹洞宗全書』宗源下、所収）によって補った。『洞谷記』は瑩山紹瑾の年譜・覚書・後世の関係史料を編集したもので、本文史料の内容理解にも参考となる。

なお、『洞谷記』の古い形態を残す大乗寺本（永享四年〔一四三二〕英龍（就）書写大乗寺所蔵本）には本文史料は掲載されていない。本文史料が所収されているのは、刊本（曹洞宗全書本・常済大師全集本）として流布している『洞谷記』である。刊本はその底本を明らかにしないが、享保三年（一七一八）智燈照玄編の大乗寺本の系統であると考えられる。前者は編年なども未整理状態で、後者は増補整理されたものである。この他、本文史料は永光寺蔵『中興雑記』（寛永十九年〔一六四二〕六月二十三日写）にも所収されている。（原田）

**瑩山紹瑾永光寺置文**（七六五頁2）　瑩山紹瑾が、永光寺開山の由来と当寺の宗派内での位置づけを記した文書。文中の尽未来際の語から「洞谷山尽未来際置文」として知られる。

瑩山紹瑾関係の史料はこれまで真偽の問題で議論があり、本文史料についても、『洞谷記』による尼祖忍の出家年代、瑩山の嗣書他を埋納した五老峰の成立期などと齟齬を来たし、後世の偽作とする説もある（松田文雄「瑩山禅師の尽未来際置文について」『宗学研究』一二、一九七〇年）。もっとも、後述するように、『洞谷記』自体が後世の編纂物であり、現在の流布本は近世初頭に整合的に整えられたにすぎず、この編年記事だけによって本文史料を批判するのにはいささか説得力に欠ける。

また、本文史料が瑩山直筆のものかという議論もこれまであり（井上鋭夫『永光寺史料調査報告書』〔羽咋市教育委員会、二〇〇〇年〕、『羽咋市史』中世・社寺編、村田正志「広福・大乗両寺に於ける曹洞宗伝法文書について」〔『日本歴史』三〇八、一九七四年〕）、本巻子を含め瑩山直筆とされるものには大きく異なる二種の花押がみられ、真偽の問題を複雑にしている。もっとも、花押分析のなかから瑩山が伝法関係の文書と土地関係文書で花押を使い分けているという指摘がなされ、本文史料の評価も正文として再評価されている（林譲「瑩山紹瑾の花押覚書」『加能史料会報』七、一九九四年）。

本文史料の内容は、永光寺開創の由来を述べ、本願祖忍の寄進を称え、永光寺の曹洞宗における位置づけを述べている。（原田）

**永光寺文書**（七六五頁3）　石川県羽咋市永光寺に所蔵される古文書。中世文書は、鎌倉時代末、延慶三年（一三一〇）から戦国時代までの八九点が現存する。近世・近代文書は六五八点を数える。中世文書では、開山である瑩山紹瑾関係の文書六通が重要文化財に指定されている。本文史料はその中の一通。（原田）

**洞谷山**（七六五頁4）　永光寺の山号。中国の洞山良价の家風をしたって名づけられた。石川県羽咋市酒井町に所在。

永光寺は能登国酒井保内中河の地頭、酒勾頼親の娘で、平氏女（黙譜祖忍）が買得した能登国鹿島郡酒井保の山野・田畠を文保二年（一三一八）に瑩山紹瑾に寄進したことにより始まる（「永光寺文書」）。『洞谷記』によれば正和元年（一三一二）平氏女とその夫、海野信直が発心して、瑩山に寄進を申し出、翌年、茅屋を結び、文保元年方丈を建て、瑩山は正式に加賀大乗寺から移った。その後、法堂なども造営され、都寺・首座・侍者などを置き、寺僧も増加した。

元応元年（一三一九）には本文史料が出され、さらに元亨三年（一三二三）には「山僧遺跡寺置文記」（『洞谷記』）が定められ、永光寺をはじめとした諸寺の曹洞宗内の位置づけが行われた。

一　洞谷山者嗣法人人、連続而可住持興行、頗是五老遺跡之際、諸山之中、可崇重事、置文委之、

一　山中円通院者、為瑩山今生祖母、明智優婆夷之所建立也、依幼穉(稚)養育之恩深、而立一院、安観音、為本願主本檀那祖忍大姉、永年偃息行道之道場処、山門住持之門人、為一大事、加修理興行、可哀愍覆護、是則当山之大恩所也、敷地画図幷縁起在別紙、祖忍持之、

一　加州宝応寺者、為瑩山今生慈母懐観大姉、所建立尼寺也、明照姉公、依為彼姪、補最初房主、暫雖告退、以重書寄進状以下田畠等、諸寄進状等、譲与明照姉公者也、向後之房主職者、可為照公計、門徒中可揀器矣、明照以下門徒、比丘尼中、可住持興行也、

一　光孝寺者、当国最初独住所也、門徒宿老中、可独住偃息、令法久住、檀那素意、僧宝勿令断絶矣、如今慶道都寺倚住、文書在洞谷之寺庫、

一　放生寺者、加州第三之僧所、門徒宿老之休息所也、今祖渓都寺門徒中揀宿徳、可令倚住也、於寺院、勿令破壊顚倒、是本願素意也〈文書洞谷寺庫在之〉、

一　加州浄住寺者、本願素意、清浄寄進之僧所閒、任素意、為了閑上座、令修練勤行、如今無涯老門徒相承、而可令住持興行、是本願幷開闢慧観大姉幷紹瑾、加州第二之遺跡也、素意勿令失、

一　大乗寺者、先師開法之加州第一之貴寺也、門徒中可住持遺跡也、今暫雖不如意僧〈法燈下伝燈寺雲良和尚〉止住管領、開山素意、当家興法為望、檀那存正理時者、門徒中尊宿可住持興行、是又永平一二三代之霊骨安置所也、門徒中可再興勤行寺院也、門派可存此旨、

一　總持寺者、当国第三之僧所也、檀那雖未正信、本院主定賢律師、為永代伽藍興隆、為僧所、其志不可捨之、門徒中可住持興行所也、

右八箇寺者、瑩山修練而門徒令相承寺寺也、永代守門風、可修練行持之置文如件、

元亨三癸亥十月九日　洞谷山開山紹瑾御判

この史料は、原文書は永光寺にも伝来しておらず、『中興雑記』(永光寺蔵)、『洞谷記』(流布本・曹洞宗全書本)にのみ収録されたものである。文書の存在、真偽については検討を要するが、瑩山関係の寺院を列挙し、その開創由来、住持職のあり方、具体的な弟子名などを示し、瑩山在世時代の永光寺を中心とした瑩山門派の初期寺院の有り様を示すと考えられる。

後に瑩山紹瑾の弟子たちの中では、加賀大乗寺、永光寺を中心とした明峰素哲の門派と總持寺を中心とした峨山紹碩の門派が対立するが、その頃作成された明峰派の主張としてみても、中世の曹洞宗の実状をうかがうのに重要な史料であり、ここに掲げた。

この史料の第一条では、本文史料と同様に、永光寺の運営について述べ、五老峰を有し、諸山(諸寺)のなかでももっとも崇重すべき寺と位置づけている。第二条では、永光寺内円通院は瑩山の祖母の建立で、本願祖忍にまかせて、尼寺となしている。第三条は加賀国宝応寺は瑩山の母の建立で、瑩山の従姉妹が尼となり住持した。第四条、能登国光孝寺は瑩山門派の宿老が住持となる独住所として、今は慶道都寺がいる。第五条、加賀国放生寺は第三の僧所で、門徒宿老の休息所とし、今は祖渓都寺が門徒中より宿老を選び住持をすべきとされる。第六条、加賀国浄住寺は了閑上座のための修練勤行する寺とし、今は瑩山の弟子、無涯智洪の門徒相承の寺としている。加賀国第二の寺と位置づけている。第七条、加賀国大乗寺は瑩山の師、徹通義介の開いた寺であり、門徒中から住持を出す寺としている。ただ現在は、不如意の僧、臨済宗法燈派の雲良(恭翁運良)が住持となっているとし、檀那が曹洞禅への理解を深めれば、門徒の中から住持が出るべきだとしている。また、大乗寺は道元・孤雲懐奘・徹通義介三代の霊骨

を安置する寺としている。第八条、總持寺は能登国第三の僧所とし、檀那が未だ曹洞禅に完全に帰依しているとはいえないのだが、院主である定賢律師が曹洞禅の寺として寄進したのであるから、その志を受け、門徒中で興行すべしとする。

　このように、瑩山在世中の加賀能登の寺院の現状をつぶさに記し、また、瑩山やその門派にとっても、不本意な状態も詳述され、史料的な価値は高いといえよう。当時の瑩山を中心とした門派には積極的に尼寺を育成していこうという姿勢がみえるし、浄住寺や放生寺のように文書の保管が永光寺の寺庫となっていたりして、文書保管を通じた末寺との関係も注目される。

　さらに問題となるのは、曹洞宗の本山格の寺院として後世知られる大乗寺、總持寺と永光寺の関係である。大乗寺は、道元の孫弟子、徹通義介の開山になるが、徹通義介は師である孤雲懐奘のあと、永平寺住持となるものの、兄弟弟子である義演との間で門派の相論が起こり、永平寺を退き、加賀大乗寺に移った。これがいわゆる永平寺の三代相論である。これ以後、中世末に至るまで、徹通義介、その弟子瑩山紹瑾の門派は永平寺と交渉が少なくなるが、瑩山のもとで次々と地方展開する有力な弟子が出たこともあり、瑩山門派が大勢力となった。特に瑩山の弟子、峨山韶碩は能登国總持寺を中心に、門派を拡大し、その弟子には太(大)源宗真・通幻寂霊・実峰良秀・無端祖環・大徹宗令など、全国展開する弟子たちが生まれ、峨山の門派は總持寺を中心として曹洞宗の門派を形成した。近世曹洞宗の法系のうえで永平寺系七パーセントに対し、總持寺系九三パーセントと圧倒的な勢力を誇った。このため、徳川幕府のもとでの、諸宗寺院本末の確定の時期には、永平寺と並び總持寺法度が下され、曹洞宗においては両本山の体制が宗派内外で認知された(禅20参照)。

　しかしこの体制は一五世紀半ば以降の体制であり、南北朝から室町時代前期までは、總持寺よりも永光寺・大乗寺の方が寺格も高かったと考えられる。永光寺は、本文史料や前掲史料にあるように、瑩山が五老峰を作り、天童如浄、道元以来の正法を受け継ぐ寺として位置づけ、さらに門徒僧の輪住を規定したように曹洞宗の中心寺院として位置づけられていた。前掲史料で總持寺が能登国第三の僧所にされているのはこうした状況を反映してのものである。

　永光寺・總持寺ともに在地の地頭クラスの外護者のもとで出発するとはいえ、その後の展開は異なる。永光寺文書の中から関連史料をみていくと、元弘三年(一三三三)には、護良親王令旨をうけ、倒幕の御願寺とされ、後醍醐天皇の倒幕後はその賞として羽咋郡若部保を寄進されている。

　建武三年(一三三六)になると能登守護吉見頼顕の書下により、将軍家(足利尊氏)の祈願寺とされた。吉見氏ははやくから足利尊氏方につき、系統は異なるとはいえ、永光寺の本願、酒勾氏ともつながりがあった。暦応二年(一三三九)には、光厳上皇院宣、足利直義御教書により、能登国塔婆(後の利生塔)として造営がなされ、その随一とされた。同三年には東寺の舎利が奉納され、室町幕府のもとで永光寺の地位は高まった。

　住持職をめぐっては、瑩山門下の明峰素哲の門派が大乗寺に拠点を置き、また、總持寺は峨山の門派が主導権を握り、永光寺の輪住制は続くものの、瑩山門派の中心とはなりえなかった。

　大乗寺は、観応二年(一三五一)、足利尊氏により祈願寺とされ、歴代将軍の安堵や段銭免除を得ており、一定度の勢力を誇り、応永二十二年(一四一五)には管領畠山氏に訴え出て、永光寺・總持寺は私寺で、大乗寺より下に位置づけられることを確認している(『洞谷記』所収大乗寺訴状)。

　これに対して總持寺は、永光寺と同様の輪住制をしき、本寺としての体裁を整えていく。建武四年、能登守護により、祈禱が命ぜられている。外護者としては、櫛比荘内保村の長氏が寄進をして支えた。總持寺が所在する櫛比荘は、地頭職が最初南禅寺領となり、相国寺造営に伴い、相国寺領となったようで、總持寺の住持就任の折には、相国寺庄主、守護吉見氏が立ち会った。応永六年には足利義満より、祈願寺とされている。總持寺は相国寺との関係を通じて寺格の上昇をはかったと考えられる。また、この間、總持寺を中心とした峨山門下の通幻寂霊は細川頼之の帰依を受け、丹波永沢寺を開いている。永徳二年(一三八二)には、足利義満が英仲法俊を招き丹波円通寺を開き、摂津吹田の護国寺は大徹宗令の弟子、竺仙得仙が開山で、足利義満の保護を受けたともいう。この時期、總持寺派下と室町幕府との積極的な関係がみられる。

本文史料は、前掲史料とあわせ、永平寺・總持寺体制以前の曹洞宗の宗派内秩序を示すものとして注目される(原田正俊「南北朝・室町時代の大乗寺・永光寺・總持寺」『駒澤大学佛教学部論集』三七、二〇〇六年)。(原田)

**紹瑾**(七六五頁5) 瑩山紹瑾(一二六八〜一三二五)、鎌倉時代後期の曹洞宗の僧。道元の弟子、孤雲懐奘(永平寺第二代)のもとで得度、懐奘没後はその弟子、徹通義介(永平寺第三代・大乗寺開山)に学びその法を嗣いだ。徹通の後を請け加賀国大乗寺の住持になり、ついで能登国永光寺・総持寺を開く。その門派瑩山派は中世曹洞宗の主流として全国に展開した。(原田)

**禅5**(七六七頁1) 後醍醐天皇自筆の置文。大徳寺蔵。『大古』大徳寺一―一号。写真については同書所収のものを参照した。縦四六・四センチメートル、横九六センチメートル。軸装。表題には「元弘三年宸翰」とある。(原田)

**大徳禅寺**(七六七頁2) 宗峰妙超(一二八二〜一三三七)を開山とする臨済宗寺院。現在、臨済宗大徳寺派本山。宗峰妙超は播磨国揖西郡小宅の出身、浦上氏の一族という。一一歳で書写山円教寺に入り、修学後、禅宗に関心を持ち京都、鎌倉の禅僧を訪ね、万寿寺の高峰顕日のもとに入門し祝髪受具した。その頃、宋から虚堂智愚(きどうちぐ)の法を嗣いで南浦紹明が帰国、そのもとに行き、京都万寿寺、鎌倉建長寺へ随侍し、南浦の法を嗣いだ。師の死後、京都東山雲居庵に一〇年余り隠棲し、元応元年(一三一九)赤松則村(円心)の外護で、紫野に一寺を構え、これが大徳寺のはじまりである。なお、大徳寺の創建は、応安元年(一三六八)六月の龍宝山大徳禅寺自今以後堅可守護法度条々案(東京大学史料編纂所架蔵写真帳「真珠庵文書」一一)には、「当寺者始無檀那、開山自以一力興行者也」とあることから、赤松氏との関係は後の伝記上の付加とする説もある。

宗峰妙超は元亨三年(一三二三)頃から花園上皇のもとに出入りし、上皇に禅を説き、信任を得た。正中二年(一三二五)、後醍醐天皇が清涼殿において顕密の高僧と禅僧の宗論を行わせ、この時、宗峰妙超は、南禅寺の通翁鏡円の侍者として参加、顕密僧を問答で破り、大いに名声を得た。これにより、正中二年二月二九日花園上皇院宣(『大古』大徳寺一―一二号、以下、『大古』一―一二などと略記)によって大徳寺は御祈願所とされ、同年七月一日後醍醐天皇綸旨(『大古』一―一三)により勅願所となった。嘉暦元年(一三二六)大徳寺に法堂が完成、宗峰妙超が開堂の儀式を行い、禅林としての伽藍を整えた(「大燈国師語録」『大正蔵』八一)。嘉暦四年(元徳元年(一三二九))には鎌倉幕府も祈禱所とし、後醍醐天皇もこれを認めた(『大古』一―四六二)。

元弘三年(一三三三)、配流先の隠岐から京都に戻った後醍醐天皇によって八月二十四日、本文史料が出され、宗峰妙超の門派による大徳寺の相承が認められ、さらに、

龍宝山大徳禅寺、可為五山之其一、可被存知者、天気如此、仍執達如件、
元弘三年十月一日　式部少輔(花押)
宗峯(妙超)上人禅室　(『大古』一―一四)

が出され、大徳寺は五山の一位とされた。また、

大徳禅寺者、聖運廓開之嘉域、南宗単伝之浄場也、修宇起叡情、儀式超祖跡、宜相並南禅第一之上刹、奉祈　聖躬億兆之宝位者、天気如此、仍執達如件、
元弘四年正月二十八日　(『大古』一―一五)

により、南禅寺と同格とし、両寺を五山の第一に置いた。

寺地についても後醍醐天皇綸旨により「東限船岡山東崎、南限安居院大路、西限竹林、北限同山後社」とされ、さらに追加分で東敷地として東西一町三〇丈、南北二町二八丈余が寄進された(『大古』一—四九・五〇)。

この間、播磨国小宅庄三職・信濃国伴野庄・播磨国浦上庄地頭職・紀伊国高家庄等が寄進されている。

建武政権崩壊後、宗峰妙超に帰依していた花園上皇が宸翰置文(『大古』一—二)を下し、

大徳禅寺者、特稟曹渓之正脈、専煽少林之遺風、寔斯叢林之規範者歟、宜比禅苑劫石、伝法席於龍華、一流相承、它門勿住、豈是縦人我之情乎、宗派別涇渭之故也、垂厳誡於将来、勿敢違失矣、

建武四年八月二十六日

興禅大燈国師

と定め、大徳寺の門派相承をあらためて確認した。この後、大徳寺は後醍醐天皇・花園上皇の置文をもとに宗峰妙超の徒弟院として展開する(玉村竹二「大徳寺の歴史」『日本禅宗史論集』下之二、思文閣出版、一九八一年)。(原田)

**門弟相承**…(七六七頁3)　建武四年(一三三七)十二月二十日、宗峰妙超が没する。門弟には徹翁義亨(てっとうぎこう)・関山慧玄・海岸了義・白翁宗雲・了翁・虎渓道壬・満庵宗祐などがいたが、宗峰妙超は示寂に先立ち、徹翁義亨に後事を委嘱した。大徳寺では宗峰妙超を開山とし、徹翁義亨を第一世、第二世令翁と数える(建武四年臘月日宗峰妙超印可状〔東京大学史料編纂所架蔵写真帳「徳禅寺文書」〕)。

徹翁義亨は門弟の組織と寺の経営に手腕を発揮し、寺内に徳禅寺を創建した。その内に生前、自らの塔所として正伝庵をつくり徹翁門派の拠点とし、徹翁の門派から、大徳寺の住持を輩出した(竹貫元勝『日本禅宗史研究』第三章、雄山閣出版、一九九三年)。

徹翁義亨は死の前年、応安元年(一三六八)に大徳寺・徳禅寺の法度(東京大学史料編纂所架蔵写真帳「真珠庵文書」一一)を門弟連署の上、定め自門派の結束を固めた(禅11参照)。応安の大徳寺法度のなかでは、宗峰妙超のもう一人の弟子、関山慧玄は宗峰妙超より義絶されたと記し、宗峰妙超没後の大徳寺内における徹翁派と関山派の対立があらわになっている。これにより、大徳寺住持を徹翁派が独占していこうとする意思が表明されていることがわかる。

もっとも、大徳寺は至徳三年(一三八六)の五山十刹の改定により十刹九位に列せられたことから、十方刹の体は採らなかったものの、宗峰妙超の師、南浦紹明の弟子から派生する諸門派からも住持を受け入れざるを得なかった。よって補任状である公帖は、一時期幕府、朝廷の両方から出されることになり、幕府からの公帖だけで任命される五山以下の官寺僧とは異なる。大徳寺の例は、九条・一条家からと幕府からの公帖を受ける東福寺の在り方と似ている。

永享三年(一四三一)養叟宗頤は大徳寺を弁道所として格下げを幕府に申請し、自門派の独占を計り、叙任権は朝廷だけに求めた。

もっとも、徹翁門派内でも養叟宗頤と大模宗範、養叟宗頤と一休宗純の間でも門派の対立が起こり、罵倒が繰り返された。

室町時代の末になると、細川勝元の命により、妙心寺を中心にした関山派の大徳寺昇住が企てられ、文安元年(一四四四)日峰宗舜が大徳寺に入寺した。永正六年(一五〇九)妙心寺が後柏原天皇の綸旨をうけ、紫衣勅住の出生道場とされるまで、一六人の関山派の住持が大徳寺に入った。(原田)

**禅6**(七六九頁1)　円覚寺蔵。「円覚寺文書」写真版による。『鎌倉市史』史料篇二に「円覚寺文書」一一七号として所収。現在は巻子装。(原田)

**足利直義円覚寺規式**(七六九頁2)　室町幕府が禅院に対して出した本格的な最初の規式。足利直義が出したもので、円覚寺内の僧衆による一揆の禁、定員数、寺内役職者の規定、荘園管理、塔頭の創設規制、寺内に武具を持ち込むことの禁、行者・人工の狼藉の禁を定めている。草創期の室町幕府において、足利直義は安堵

方・引付方(内談方)・禅律方・官途奉行・問注所を統括する立場にあり、こうした禅院に対する規式もその権限のもと発布したと考えられる。この後、暦応五年(一三四二)三月には、追加の規式が出されている(「円覚寺文書」一三二号〔禅7〕)。この文書の紙継目の裏花押は前掲『鎌倉市史』史料篇二においては、美作守康有花押とされているが、松尾剛次の研究により、禅律方頭人藤原有範であることが指摘されている(「室町幕府の禅・律対策」『勧進と破戒の中世史』吉川弘文館、一九九五年)。この一連の規式が禅律方と足利直義によって制定された経過をみることができる。

この時期、直義は禅律系寺院住持職の叙任権も握っていたようで、幕府開創以前ではあるが、建武元年(一三三四)卯月十日、天庵妙受(仏光派、高峰顕日の弟子)を鎌倉万寿寺(高峰顕日開山)の住持に補任している(「丹波安国寺文書」二号『綾部市史』史料編)。また、暦応二年二月二十五日には、高野山金剛三昧院寺務職に円如房玄朝を補任、貞和元年(一三四五)には同じく憲誉房道忍を補任している(「金剛三昧院文書」一四九・一五七号〔総本山金剛峯寺編・中田法寿編纂『高野山文書』二〕)。なお、禅宗の五山以下官寺住持職の補任は足利義詮以降、将軍の御判御教書が一般になり、義満執政の後半以降形式も定型化していく。

この後、鎌倉の禅宗寺院に対する保護・統制の権限は鎌倉府に移行し、文和三年(一三五四)九月二十二日付の大小禅刹規式(「円覚寺文書」一五四号)は足利基氏によって出されている。これによれば、暦応の直義の規式(本文史料)をふまえ、住持の選任方法、建長寺・円覚寺の位次、諸寺西堂の位次、僧衆の行儀、職人(役職者)の任期と選任規定、塔頭の設立法、徒弟院の住持規定、寺中における刀杖狼藉の禁、知事職の荘園運営規定などがさだめられている。(原田)

**門徒**(七六九頁3)　鎌倉時代末以来、鎌倉においては宋代官寺の制にならい様々な門派から住持を出し、短期で交替させる十方住持制が引かれた。大陸においてのこの制度は、一〇世紀、明州景徳寺が十方刹になっているのが早い例で、至道二年(九九六)には天台宗の四明、保恩院が十方刹となり各宗に広がった。十方刹に対し代々の住持を特定の門派から選ぶ寺を度(徒)弟院という。十方刹の制は国家によって積極的に導入され、諸宗に広がった(高雄義堅『宋代仏教史の研究』百華苑、一九七五年)。

日本では北条得宗がこの制をいちはやく採り入れ、建長寺、円覚寺はこの制を採った。しかし、次第に建長寺開山、蘭渓道隆(大覚禅師)門下の大覚派と円覚寺開山、無学祖元(仏光国師)門下の仏光派が二大派閥として台頭し、様々な軋轢を生じることになる。

無学祖元は、円覚寺住持を辞任後、建長寺に移り、弘安九年(一二八六)建長寺で没し、建長寺ではその徳を偲び塔院として正続庵を造った。この頃は、門派を問わず、無学祖元の遺徳を讃え、大覚派の人々もその経営にあたった。

ところが肝心の円覚寺側には開山の塔所がないことになり、円覚寺住持になった夢窓疎石がこれに介入した。夢窓疎石は無学祖元の孫弟子にあたり、仏光派に属し、建長寺の正続院(これ以前、庵より院に改称)を円覚寺に移転させた。当然、建長寺側の抵抗があったとみられるが、後醍醐天皇の綸旨でこれを断行し、円覚寺舎利殿を開山塔頭とした(「円覚寺文書」九五号)。

こうした経過もあり、本文史料が出された頃から、両派の対抗意識が強まり、一揆といった集団的示威行動が目立つようになっていたと考えられる。建長寺内にも仏光派の僧はおり、円覚寺内にも大覚派の僧がいるわけで、時の住持が対抗する派の場合、これに対し、門徒の結束をもって寺務運営に抗したのであろう。

さらに応安年間に入るとこの抗争は激化する。それまで、円覚寺では住持が大覚派から出ると、僧衆が建長寺開山(蘭渓道隆)忌に開山塔(蘭渓道隆の塔所西来庵)に行き諷経すること(渡諷経)が一般化していたが、円覚寺内部でこの渡諷経を廃止する動きが出た。これは、建長寺一山が円覚寺開山(無学祖元)忌に正続院へ渡諷経するわけでなく、不公平との感情によるものである。これに対し応安二年(一三六九)幕府は仲介し、これまでの伝統を生かし、円覚寺僧衆の建長寺西来庵への渡諷経を存続し、返礼に、建長寺僧衆は両寺の大檀越北条氏が祀られる円覚寺仏日庵へ渡諷経をするよう調停した。しかし、大覚派側は、夢窓疎石の影響下の幕府の裁定に従わず、その背景には、先の正続院移転の問題もあり、対立はかえって深まった。

応安二年細川頼之は、足利義満の意を奉じ、建長寺西来庵と円覚寺仏日庵へ相互に渡り諷経するよう裁定、翌年にも重ねて開山忌に相互の諷経に赴き、和合を図るよう命じ、「偏魔障之所為、禅法破滅之瑞相也」と評し、異議を唱えるものには官寺の住持の任命状を出さないとしている(「円覚寺文書」一九四・一九六号)。

応安六年には、こうした対立から、大覚門徒が、数百の徒党を組み放火を企てるといった大事件にまでなり、幕府はこれを処断し大小諸刹の住持、両班から大覚派を追放している(室町幕府追加法一一一、玉村竹二『円覚寺史』〔春秋社、一九六四年〕)。(原田)

**職人**(七六九頁4)　禅林内の諸職は東班・西班にわかれ東班は都寺・監寺・副寺・維那・典座・直歳、西班は首座・書記・蔵主・知客・浴主・庫頭がある。

都寺は寺内の総監の役職で、南宋時代に監寺から分かれその上位に置かれた。監寺(古くは監院)とともに寺内の諸職を統括する。日本では同様の職である都聞職もある。副寺は会計を司る。寺用米の注進、米銭納下帳などの最後には、都寺・監寺・副寺が署判を加えた(「円覚寺文書」一三・一四号)。

維那は、規矩に則り大衆の風紀を取り締まる紀綱職で、人事・進退を管理した。後には法会の際、経巻の冒頭を主唱し法会の進行を司るようになる。

典座は大衆の食事の供給を司る。禅林では典座職は重要とされ、道元が『典座教訓』を作り食事を作ることも弁道であると重視したことは有名である。

直歳は一切の作務を管掌し、寺内の伽藍の修理、什物管理、生産に関わる荘園管理の建物、米搗き小屋などの維持管理、火事、盗賊からの防衛を管した(以上、『敕修百丈清規』四〔東序知事〕)。

首座は、禅頭・上座・座元(ぞげん)・第一座とも称する。衆僧の首位にある僧で、住持に代わって法を説くこともあった。本来は前堂首座・後堂首座・立僧首座・名徳首座があったが、日本では前堂・後堂が一般的。禅院内の法の制定など重要事項は、開山塔頭の院主・寺内の官寺住持経験者・首座・都聞・都寺・維那が評定決定し、文書に署判している(「円覚寺文書」一七五号)。

書記は書状や公式文書、法会の際に読み上げられる疏の起草にあたった。蔵主(知蔵)は経蔵を管理、南宋においては経蔵での経典読誦が法会の一つであり、蔵主はその差配を行ったが、日本では経蔵は単なる輪蔵となり収蔵庫となったため、職分は有名無実化した。知客は檀越をはじめとした賓客や往来の僧の迎接を行った。浴主(知浴・浴司)は風呂の経営を司り、庫頭は副寺の旧称、この役職は東班に移り、知殿が入った。知殿は仏殿の香燈の管理、掃除を監督した。

諸職は本来、叢林生活の役割分担であり、安居ごとに交替をし、大衆が順次勤めるものであったが、次第に重職と軽職の観念が生じ、諸職を階梯として登っていくことになった。東班は世俗に関わることが多いことから、西班の下位に置かれ(暦応五年〔一三四二〕三月足利直義円覚寺規式追加〔禅7〕)、その代わりに東班は経済力を持った。西班の諸職はその内でも主要なものが僧階化し、蔵主・書記・首座へと進みさらに諸山・十刹・五山の官寺住持へと出世していくことになる。

こうした状況もあり、諸職を勤めることは経歴の加算になり、幕府の有力者の推挙を取り付けたり、縁故により諸職を望む者も多く、本文史料での規定のように一年に何人もの交替があり、名ばかりの者が多かったことがわかる。よってこの後も、半年(一季)の任期を守るように文和三年(一三五四)の足利基氏の規式でも重ねて規定している。

なお、大衆の寺内職歴を記す床暦については「円覚寺文書」では永正元年(一五〇四)から始まるものがのこされているが、この床暦は、原簿が焼失したため再編したもので、慶安元年(一六四八)まで書き継がれている(「円覚寺文書」三八七号)。もっとも、この様式は、諸職の就任経歴を示すものというよりも、侍者や知客といった僧階化した諸職名を得た者の名簿となっており、室町時代後期以降の変質した形である。(原田)

**寺領庄務**(七七一頁1)　円覚寺領荘園の概要を示すと、弘安六年(一二八三)七月、北条時宗によって御願寺として位置づけられ、尾張国富田庄・富吉加納・上総国畔蒜庄亀山郷が円覚寺に寄進されている(「円覚寺文書」七号)。富田庄以下は北条得宗が実質の進止権を持っていたが、あらためて同年七月十六日関東下知状を以て将軍惟康親王祈禱所として上記荘園の寄進が確認されている(「円覚寺文書」六号)。円覚寺は正応三年(一二九〇)火災に遭い(『建長寺年代記』『北条九代記』)、北条貞時は尾張国篠木庄を造営料所として寄進し、再建以後は寺領となった。この他、越前国山本庄、武蔵国江戸郷前島村、下総国大須賀保内毛成・草毛両村などがある。寺辺には菜園として正観寺上畠(除正観寺)、小福礼中山上散在小畠があった。

弘安六年九月二十七日付円覚寺年中寺用米注進状(「円覚寺文書」一四号)によれば富田庄からは一四二八石八斗。亀山郷からは一四一石、年貢銭としてそれぞれ一五〇六貫八六八文、六八貫五八〇文が収納され、その規模を知ることができる。この他、円覚寺の経済を支えるものとしては、毎月北条時宗の忌日の大斎料として北条得宗被官、御家人を一二組に番編成し、費用負担をさせていた。

鎌倉幕府滅亡後も、その荘園の多くは安堵され、室町幕府成立後、建武三年(一三三六)には足利尊氏が安堵(「円覚寺文書」一〇二号)、足利直義も翌年尾張国篠木庄以下九カ所の安堵を行っている(「円覚寺文書」一〇七号)。

寺僧達による荘園経営の詳細は不明である。本文史料にみるように一般に庄主と呼ばれる僧が派遣されることが原則であるが、尾張国富田庄の経営は現地の預所によっており、庄主による運営は相模国周辺が主とも考えられる。

庄主に関する規定は、次ぎに掲げる禅7(暦応五年(一三四二)三月足利直義円覚寺規式追加)によると、三カ年を任期とし、任期延長はその人物が廉直かによるとされた。また、現任の都聞・都官(管)は諸給主を監査する役割であるので庄主を兼ねてはいけないとされた。

文和三年(一三五四)足利基氏九月二十二日付大小禅刹規式条々(「円覚寺文書」一五四号)では、住持が遷替の職であるため、寺内のことが不案内で、知事が常住を侵用したり、庄主が年貢を対捍して寺家が闕乏に及んでいるとし、知事は官家(鎌倉府)奉行人に対し、支出、年貢の結解を遂げるよう定めている。(原田)

**塔頭**(七七一頁2)　中国においては高僧が没すると卵形の石塔(卵塔)を建て、それを覆う建物を造り、これを塔院といった。また塔院を管理する僧を守塔比丘、塔主と称した。こうした塔院が営まれるのは特別な僧のみで、さらに一派の祖と仰がれるような著名な僧の塔院を塔頭と称した。その始まりは明かではないが北宋には行われていた。

日本においては、建長寺、円覚寺といった渡来僧が住持となった寺院では有力僧の墓所・塔院としての塔頭ができはじめた。すなわち、蘭渓道隆の建長寺西来庵、無学祖元の建長寺正続庵(院)(後に円覚寺内に移転、前出「門徒」の項参照)である。

弘安九年(一二八六)建長寺住持、葦航道然の定めた建長寺正続庵定文(「円覚寺文書」三一号)によれば、僧一人・行者一人・人工一人が住した。僧への給分は寺内の首座などの単寮への支給と同額とされ、年間三石六斗の支給と考えられる

(「円覚寺文書」一三号)。行者・人工へは各々米三石が常住(惣寺)より出され、これ以外に影供料、燈明料が支給されるが、小規模で質素な様をうかがうことができる。

こうした塔頭は次第に増加の傾向をみせ本文史料が出された暦応三年(一三四〇)までには、大仙庵(第四世桃渓徳悟)・白雲庵(第一〇世東明恵日)・伝宗庵(第一一世南山士雲)・蔵六庵(第二世大休正念)の塔頭の名がみえ、それぞれ、大覚派・曹洞宗宏智(わんし)派・仏源派・聖一派の拠点となっていた。この頃になると規模も次第に大きくなり、門派の僧の共住する場ともなった。

有力な僧の塔頭が成立していく背景には、禅院の住持は任期が約三年と短く、官寺を渡り歩くにしても空白期間が生じ、居所が問題となった。これに対処するため本来は寺内に住持経験者のための寮舎である蒙堂・東堂・西堂が設けられるのであるが、次第に生前から個別の私寮を構え寿塔として、死後ここに葬ることとした。弟子たちも師の生前から身近に仕え、死後は塔を守り、追善を行うという名目で門派の僧が居住し門派の拠点となった。

こうした塔頭、私寮舎が禅林内で問題となるのは、寺家内部は公界の地として誰もが占有するべきでないとされており、大衆も僧堂・衆寮に起居し、常住からの衣食の支給を受け、平等な立場で修道生活を送るのが基本だったためである。しかし、塔頭などが増加すると、寺内の一角を特定の門派が占有することになり、また僧堂・衆寮での共同生活が崩れることになる。また、先にみたように門派の拠点となって門徒間抗争の激化を招くことになり、寺家・幕府ともにこれを規制するところとなった。本文史料にあるように幕府に申請し、許可の御教書を得ることが必要と定められた。

さらに、文和三年(一三五四)鎌倉公方足利基氏は、大小禅刹規式条々を出し、塔頭の新設については、寺家の評定衆、官家(鎌倉府)の奉行人が地形を見知し、一山の風致を損なうことがなければ寺家として注進し、幕府で許可を下すとしている。しかしこうした許可制は、塔頭という一種の格式を備えた寺院の認定にもなり、かえって、各門派が競って塔頭造営を望むところとなる。

一方、塔頭、私房舎、私寮の造営の風潮に反対する禅僧達もおり、応安七年(一三七四)円覚寺内では耆旧(東堂・西堂など官寺住持経験者などで寺内に長く止住する者)が評定を行い、寺内の地を分かち房舎を造り、二代に限り相伝を認めようとした。これに対し、義堂周信は強固に反対し、少室慶芳、東谷圭照といった各門派の有力者を説き、この決定を覆した。義堂の言によれば、こうした風潮が進むと他寺より円覚寺に来る者は身を寄せる場がなくなり、山法師(延暦寺僧)が東坂本に居を構えているのと同じになると嘆いている(『空華日用工夫略集』応安七年十二月十日条)。しかし現実には、この後も塔頭・私寮舎が増え続けていく。

幕府側は、基本姿勢としては塔頭の制限を行い、応安五年足利義満は新造の塔頭の禁止を打ち出す(「円覚寺文書」三一一号)。これは他寺でも同様な法が出されたようで、足利義持も応永二十二年(一四一五)塔頭の新設を禁じている(『南禅寺文書』上、一二五号—四〇、一九七二年)。

現実には、本寺の境内を離れその周辺に塔頭が建ち並ぶことになり、天龍寺のように開山夢窓疎石が開山塔雲居庵、檀那塔多宝院(後醍醐天皇塔所)、金剛院(光厳天皇・後光厳天皇塔所)以外の塔頭の造営を禁じたにもかかわらず、応永欽命絵図(応永三十三年)にみるように天龍寺周辺には一五〇余の寺庵が建ち並び慈済院(無極志玄)、鹿王院(春屋妙葩)など夢窓疎石門下の有力僧による事実上の塔頭が存在した。他寺においても室町時代には概ね、塔頭・寺庵は激増し禅林公界の内に、門派の論理が浸透していくといえよう。

しかし注意しなければならないのが、五山以下官寺内の塔頭の院主は三年任期で門派内から選出されるということである。門派内にさらに有力な派が並立すると順に院主が任命され、地方末寺からの人事の交流も行われた。規模と範囲を縮めながらも遷替の職として塔頭院主の地位は位置づけられ、南禅寺・天龍寺・相国寺などの塔頭の院主は門派の推挙をもとに幕府の任命によった。五山以下官寺の住持が将軍の叙任により住山したことは言うまでもなく、五山を中心とした禅林においてはこうした諸職は遷替であるという基本方針が残った点も重要である。玉村竹二「五山叢林の塔頭に就いて」(『日本禅宗史論集』上、思文閣出版、一九七六年)、川上貢『禅院の建築』(河原書店、一九六八年)、原田正俊『日本中世の禅宗と社会』第二部第四章(吉川弘文館、一九九八年)。(原田)

**禅7**(七七三頁1)　円覚寺蔵。「円覚寺文書」写真版により、『鎌倉市史』史料篇二の「円覚寺文書」一三二号を参照した。巻子装、四紙継ぎ。

本文史料の紙継目の裏花押は、『鎌倉市史』史料篇二では美作守康有とするが、これは、禅律方頭人、藤原有範である(松尾剛次「室町幕府の禅・律対策」『勧進と破戒の中世史』吉川弘文館、一九九五年)。

藤原有範が署判を加えた文書については、前掲松尾論文にその一覧が作成されている。これによれば円覚寺の他、東福寺・南禅寺・臨川寺・天龍寺・大徳寺・妙心寺などの禅宗寺院、さらに、称名寺・備後国浄土寺・鎌倉極楽寺・和泉国教興寺・長門国国分寺などの律宗寺院、高野山金剛三昧院のような禅律系寺院を挙げることができる。

室町幕府禅律方は、禅宗・律宗寺院(寺僧)が少なくとも一方の当事者である訴訟を扱い、規式の作成にも関わった。このほか、「高野山金剛三昧院文書」所収の六巻書(総本山金剛峯寺編・中田法寿編纂『高野山文書』二、五七〜一六二号)のような重書案文の裏を封じている。ただし、この文書は全体が写しであり、現存のものは花押影である。(原田)

**禅8**(七七七頁1)　『扶桑五山記』二所収。『扶桑五山記』は鎌倉市二階堂にある臨済宗円覚寺派、瑞泉寺所蔵本で、玉村竹二校訂『扶桑五山記』(臨川書店、一九八三年)によった。現存の『扶桑五山記』は江戸時代中期の写本で、五冊(五巻)で構成される。

第一冊(巻一)は、「大宋国諸寺位次」と題して、中国の五山・十刹・甲刹の所在地、開山、境内の様相(境致)、五山の歴代住持名を記す。

第二冊(巻二)は、日本の五山・十刹の位次の変遷が記され、諸国の諸山の一覧がある。一部、典拠となる文書写しも含まれる。所在地、開山、境内の様相(境致)が列挙される。続いて五山の仏殿梁銘、境致、諸塔頭(所属門派の記載あり)、住持位次が記され、本冊には南禅寺の部がある。

第三冊(巻三)は、天龍寺、建長寺の部となり、同様の項目順に記載。

第四冊(巻四)は、相国寺、円覚寺、建仁寺の部。

第五冊(巻五)は、寿福寺、東福寺、浄智寺、万寿寺、三聖寺、浄妙寺の部がある。巻末には定山祖禅が貞治六年(一三六七)に撰した『続正法論』を所収する。この書は、禅宗の正統性を主張し、顕密八宗は如来の嫡伝にあらずと非難するもので、山門延暦寺の強訴を招いたことで知られる。

本書の成立は、玉村竹二前掲書解説の考証によれば、記載される各寺の住持の最下限から享保七(一七二二)・八年頃の成立とされる。現存本は宝暦八年(一七五八)知足・指禅人・延慶庵某侍者の三人の筆で、京都嵯峨臨川寺において安居の後、書写したものである。本文史料一行目下には黒印(丸印)があり、印文は「梵秀」で、瑞泉寺僧、梵秀の蔵書印である。

本文史料は近世の編纂物ながら、五山十刹諸山の全体像を把握するのに便利であり、室町時代初頭までの位次改訂に際しての関連文書も含まれ、本文史料の暦応五年(一三四二)の位次決定の内容は、『空華日用工夫略集』永徳二年(一三八二)五月七日条にみるように、先例として重視された。(原田)

**五山**(七七七頁2)　五山十刹の制は、天竺の鹿苑・祇園・竹林・大林・那爛陀の五精舎と、頂塔・牙塔・歯塔・髪塔・爪塔・衣塔・鉢塔・錫塔・瓶塔・輿塔の十塔所を始まりとするという。中国では南宋の時代、寧宗の頃(一一九五〜一二二五在位)、政権を主導した史弥遠の奏上により五山十刹の制が設置された(『宋文憲公全集』二〇)。当初、どういった寺院がこれに列せられたかは不詳であるが、南宋末から元初にかけて十刹の下に甲刹(諸山)が設定され、中国禅林の官寺化、序列化が完成した。『扶桑五山記』によれば、大宋国五山は以下の通りである。

第一杭州臨安府興聖万寿禅寺
第二杭州臨安府北山景徳霊隠(りんにん)禅寺
第三明州慶元府太白山天童景徳禅寺
第四杭州臨安府南山浄慈(じんず)報恩光孝禅寺
第五明州慶元府阿育王山広利禅寺

この後、蔣山太平興国禅寺が第一位に列せられたり、明の太祖によって金陵(建康府)の龍翔集慶禅寺が五山に昇格され天界善世禅寺とされている(今枝愛真『中世禅宗史の研究』東京大学出版会、一九七〇年)。

この改変については、元のカイシャン(武宗)の遺子、トク・テムル(のちの文宗)が一時期、金陵に流され、興国禅寺の住持、曇芳守忠と親しく交わり、即位後、潜邸跡に龍翔集慶寺を建て、両寺が重視されたことと関係するとみられる。龍翔集慶寺の開山は笑隠大訢で、文宗によって杭州中天竺寺より招かれた。笑隠大訢は東陽徳輝とともに『勅修百丈清規』を編纂、中国禅林の清規を一元化し、こうした活動のもと、龍翔集慶寺が重視されていくとみられる(古松崇志「元代江南の禅宗と日本五山」『古典学の現在』V、二〇〇三年)。

日本においては、北条氏によって建長寺、円覚寺などの大禅刹が創建される。北条時頼(一二二七〜一二六三)が建長寺を中国径山に擬して五山の首となした(『建長興国禅寺碑文』)の説もあるが、これは必ずしも制度としての五山十刹制の始まりとは認められない。北条貞時(一二七一〜一三一一)の時期になると正安元年(一二九九)、浄智寺を五山の列に昇じた(『無象和尚行状記』)という記事があることから、建長寺・円覚寺・寿福寺などとならび、寺格としての五山制が成立していたとみられる。

正応四年(一二九一)、亀山上皇が離宮を改め禅寺になし、南禅寺ができると(南禅寺と称するのは正安年間(一二九九〜一三〇二)、徳治二年(一三〇七)、後宇多法皇は、関東に使いを下し南禅寺を五山に準ずる寺とするよう宣下し、北条得宗もこれを了解した(『勅諡南院国師規庵和尚行状』)。

また、延慶元年(一三〇八)北条貞時の申請により、建長寺・円覚寺が定額寺とされた(「円覚寺文書」五〇・五一号)。この時期の公武による禅宗寺院の官寺化の動向をみることができる。

後醍醐天皇によって建武政権が始まると、元弘三年(一三三三)、後醍醐天皇が帰依した、宗峰妙超の住する大徳寺を五山の一とし(『大古』大徳寺一―一四号)、翌元弘四年、南禅寺を十刹から五山第一位に列した(『明極録』住南禅寺語録)。後醍醐天皇は改めて綸旨を出し、大徳寺と南禅寺は相並ぶものとしている(『大古』大徳寺一―一五号)。また、この頃には、建仁寺、東福寺も五山とされていたようである。

東福寺については、建武政権下で、墳寺であることを理由に、五山から排除の言が出る。これは、東福寺が九条・一条家の墓寺としてその家刹とみなされたためである。墳寺の言葉は、中国において、宋代に貴族の墳墓に建てられた私寺を意識してのことと考えられる。これに対して、虎関師錬、雙峰宗源などは、檀越の位の高いこと(檀位)、伽藍の巨大さ(巨構)、歴史の深さ(久創)を挙げて反駁し、五山第二の位次に止まった(『海蔵和尚紀年録』)。もっとも、この頃の諸寺の詳細な順位は不明である。

建武政権崩壊後、室町幕府は後醍醐天皇の冥福を祈るため、光厳上皇の院宣を得て、暦応二年(一三三九)一寺建立を決定、同三年、造営が始まり、同四年、寺号を天龍寺とした。これにより、五山の位次の再編があり、本文史料にあるように暦応四年光厳上皇の院宣を受け、同年八月二十三日、翌五年四月二十三日の評定を経て、五山・十刹の位次を決定した。

第一、建長寺・南禅寺
第二、円覚寺・天龍寺
第三、寿福寺
第四、建仁寺
第五、東福寺
この外、浄智寺

とされ、大徳寺を除外し、天龍寺を五山第二位に位置づけている。また、五山は五カ寺の意ではなく、あくまで寺格を表すものとなっていることがわかる。

延文三年(一三五八)、足利尊氏が没し、義詮の時代になると一部改変があったと考えられ、『扶桑五山記』の本文史料の後に、位次の一覧がある。これを整理すると

第一、建長寺・南禅寺
第二、円覚寺・天龍寺
第三、寿福寺
第四、建仁寺
第五、東福寺・浄智寺・浄妙寺・万寿寺

となり、第五位に鎌倉の浄智寺、浄妙寺、京都の万寿寺が入った。万寿寺については、五山に列してからも、一段低く扱われたようで、これを正すよう幕府が命じている(『花営三代記』応安五年〔一三七二〕九月四日条)。

その後、永和三年(一三七七)八月十日、臨川寺が五山に昇格するが(『花営三代記』)、時の管領細川頼之と対立する春屋妙葩・古剣妙快らは、臨川寺が夢窓派の拠点であったため、五山になると十方刹とされ、住持の採用範囲が諸門派に広がり、臨川寺の一派相承の徒弟院としての特権がなくなることから反対し、十刹に復した。

永徳二年(一三八二)、足利義満によって相国寺が創建されると五山の位次は大きく変わり、義満は義堂周信と相談し、万寿寺を五山から除くように言うが、義堂は古刹である万寿寺を除くより、明の天界寺が五山之上であることにならい、南禅寺を五山の上に位置づけることを献言する(『空華日用工夫略集』至徳三年〔一三八六〕七月十日条)。これにより、以下の文書が出される。

日本禅院諸山座位次第之事
五山之上
南禅寺
五山第一
天龍寺　建長寺
第二
相国寺　円覚寺
第三
建仁寺　寿福寺
第四
東福寺　浄智寺
第五
万寿寺　浄妙寺
右南禅者、為　勅願皇居之間、可為五山之上者也、仍長老・耆旧之位、可為天龍・建長之上、至自余五山者、随京都・鎌倉之所在、相互可為賓主之状如件、
至徳三年七月十日　左大臣(足利義満)御判
南禅寺座位事、可為天下第一五山之上之状如件、
至徳三年七月十日
義堂和尚
(『扶桑五山記』)

このように、足利義満の代には、諸寺の記載順からも、京都優位の五山制度が完成する。この後、義満は絶海中津をはじめとした夢窓派への帰依厚く、十方刹である相国寺の住持の人事を夢窓派中心にし、さらに応永八年(一四〇一)には、天龍寺と相国寺の位次を替え、相国寺を五山第一位に置く。もっとも、義満の死後、禅林政策を正そうとする足利義持は、諸寺の綱紀粛正を行うとともに、相国寺をもとの第二位に戻し、これ以後、先にみた義満期の至徳三年の五山位次が定着する(今枝愛真『中世禅宗史の研究』〔東京大学出版会、一九七〇年〕、高雄義堅前掲書、小川貫弌「宋代の功徳墳寺に就いて」〔『龍谷史壇』二一、一九三八年〕)。(原田)

**十刹**(七七九頁1)　禅宗寺院の内、五山に次ぐ位次に置かれたのが十刹である。十刹は五山とは異なり、京都、鎌倉にとどまらず、諸国の寺々が認定された。史料的には、元弘四年(一三三四)正月二十六日、南禅寺が五山之第一に位置づけ

られる以前に十刹位にあった(『明極録』住南禅寺語録)。また、建武年間に豊後万寿寺を大友氏泰が十刹位に登らせることを願い出ており(『空華集』一三序、万寿玉江唱和偈後序)、鎌倉時代後期には十刹が存在し、建武年間には浄妙寺が十刹第一(『東海一漚集』疏二、江湖請大喜住浄妙疏幷序)、豊後万寿寺もそのなかにあったと考えられるが、その他の諸寺の位次については不明である。

十刹の位次が明らかになるのは、本文史料で、暦応五年〔一三四二〕段階では(以下、『扶桑五山記』による位次の次第は、開山、山号などを省きその順位・寺名・所在地だけを列挙する)、

第一　浄妙寺(鎌倉)　第二　禅興寺(相模)
第三　聖福寺(筑前)　第四　万寿寺(京都)
第五　東勝寺(鎌倉)　第六　万寿寺(鎌倉)
第七　長楽寺(上野)　第八　真如寺(京都)
第九　安国寺(京都)　第十　万寿寺(豊後)

となり、五山と同様、鎌倉優位の設定である。

文和二年〔一三五三〕には臨川寺を徒弟院のまま諸山第一位として十刹に準ずるものとした(「天龍寺文書」一三六号〔原田正俊編『天龍寺文書の研究』思文閣出版、二〇一一年〕)。次の時期の『扶桑五山記』による記述では、

第一　禅興寺(相模)　第二　聖福寺(筑前)
第三　万寿寺(鎌倉)　第四　(東勝寺ヵ)
第五　長楽寺(上野)　第六　真如寺(京都)
第七　安国寺(京都)　第八　万寿寺(豊後)
第九　清見寺(駿河)　第十　臨川寺(京都)

と再編され、鎌倉の浄妙寺、京都の万寿寺が五山に昇格したので、清見寺、臨川寺が加わり、鎌倉万寿寺と東勝寺の位次が交替している。万寿寺が五山になったのは延文三年〔一三五八〕九月二日とされ(「夢窓録考証」〔『大史』六―二二、同日条〕)、この改変は足利義詮の代の変更である。

足利義満の代には足利家の追善と法華八講などの重要な法会の場である等持寺の重視があり、再編成が行われ、康暦二年〔一三八〇〕の改変では(『扶桑五山記』)、

第一　等持寺(京都)　第二　禅興寺(相模)
第三　聖福寺(筑前)　第四　東勝寺(鎌倉)
第五　万寿寺(鎌倉)　第六　長楽寺(上野)
第七　真如寺(京都)　第八　安国寺(京都)
第九　万寿寺(豊後)　第十　清見寺(駿河)

准十刹

第十一　臨川寺(京都)　第十二　宝幢寺(京都)
第十三　瑞泉寺(鎌倉)　第十四　普門寺(京都)
第十五　宝林寺(播磨)　第十六　国清寺(伊豆)

となり、京都優位、等持寺をはじめとした夢窓派の寺院の重視が目立つ。また、一〇ヵ寺という定数にとらわれず、十刹は寺格としての意味を持つようになった。これ以後も改変は続き、臨川寺が十刹の第一に昇格(『空華日用工夫略集』永徳二年〔一三八二〕五月七日条)、春屋妙葩を開山として義満が建てた宝幢寺を等持寺の下、普門寺の上に据える(『鹿王院文書』至徳二年〔一三八五〕十月二十三日足利義満御内書)など、義満による改変があった。

至徳三年の五山の改定に伴い、十刹も変動し、第九位大徳寺、第十位龍翔寺が入る(『龍寳山誌』)。

足利義持期以降、十刹は増加していき、延徳四年〔一四九二〕には四六ヵ寺を数える(『蔭凉軒日録』同年六月二日条)。室町時代末になっても、十刹の格式はのこり、六〇数ヵ寺となった。また、十刹の下に諸山があり、これらはさらに数を増し、江戸時代初期には二三〇余を数えた(今枝愛真前掲書)。(原田)

**禅9**(七八一頁1)　宝林寺蔵。東京大学史料編纂所影写本による。現存するのは案文。『兵庫県史』史料編(中世三)を参照した。(原田)

**宝林寺文書**(七八一頁2)　宝林寺所蔵の文書。当寺は守護赤松氏の帰依をうけ栄えたが、戦国期に衰退したため本文史料と貞治六年〔一三六七〕三月付赤松則祐置文案がのこるだけである。(原田)

**宝林寺**(七八一頁3)　宝林寺は赤松則祐の創建になる寺で、父、赤松則村(円心)の帰依を受けた雪村友梅を勧請開山とする。千種川を望む段丘上に位置し、赤松山と称する。赤松則祐は、貞和年中〔一三四五～一三五〇〕、備前国新田庄中山(岡

山県和気町)に寺地を定め建立したが、火災に遭い、文和四年(一三五五)現在地に移転した。諸山に列し、永徳三年(一三八三)に十刹となった(「雪村和尚行道記」『続群』九下)。

本文史料にあるように、宝林寺は僧一〇〇人を擁する寺で、赤松氏の保護のもと隆盛を誇った。造営にあたっては、播磨国内の東寺領矢野庄など権門諸荘園に人夫役などが懸けられ、守護領国内で臨済宗寺院が特に保護された様相がわかる(公田分学衆方年貢算用状『教王護国寺文書』三九七号など)。

赤松則祐は本文史料を延文二年(一三五七)十一月に住持、大同啓初と連署で定め、諸山として官寺のシステムを採用し、十方住持制をひいた。すなわち雪村友梅の門派以外からも、器量の人材があれば、これを登用するというもので、特定の門派が住持を独占する度(徒)弟院となることを禁じた。しかし、貞治六年(一三六七)には単独で置文を定め(赤松則祐置文案「宝林寺文書」二号)、雪村友梅との関係性を重んじ、則祐の没後は、雪村友梅の弟子たちの中から住持を選定するようにして、宝林寺の徒弟院化を図った。また、赤松嫡流家が雪村門徒であることを求めた。さらに、則祐子孫の遺骨を納める場として、宝林寺内の開山塔所であり、則祐の墓所でもある、宝所庵とした。赤松家における禅院、宝林寺の位置づけがわかる。

次に赤松領国内の禅院についてみておくと、播磨国は鎌倉時代末より、臨済宗東福寺派がはやくに進出した地域であった。赤松円心も当初、東福寺派の禅僧とも交流があったが、建武四年(一三三七)赤穂郡苔縄の地に一寺を開くにあたり、雪村友梅を住持として招き、金華山法雲昌国寺を創建した。雪村は、長らく元に渡り、帰国後、名声を馳せた人物であり、各地の守護大名層からも注目される禅僧であった。将軍家祈願所、諸山に列した。赤松則祐の代には、先述のように宝林寺が開かれ、赤松義則の代には宝林寺は十刹に列せられ、嫡流家の氏寺として位置づけられた。雪村の法弟、蘭州良芳は喜多野行綱に招かれ、神岡郷に金剛寺、大義寺を開き、雪村の弟子、雲渓支山は永良に護聖寺、同じく霊岳宗古は香山に城禅寺を開くなど、雪村門弟の禅院が次々と展開した。赤松貞範は白旗城の麓に栖雲寺を開いた。栖雲寺は惟肖得巌の門派(燄慧派)とされる。また、守護代宇野氏は佐用郡に東福寺派の大朴玄素を招き、円応寺を開いた。円応寺も諸山に列し、播磨国内にはこのほか諸山として安国寺・瑞光寺・法幢寺がある(高坂好『中世播磨と赤松氏』臨川書店、一九九一年)。(原田)

**中居**(七八一頁4)　方丈と庫裏の間にあり、南北朝期には侍者の詰める場所、後には寺内の世俗的運営を司る知事職の下級の者が詰めた場所。中居という語は本来、禅宗伽藍の用語ではなく、中世の貴族の邸宅などで、表向きと奥向きの中間にあって、両者の取り次ぎを行う場であった。禅院では鎌倉時代の建長寺指図に大客殿に隣接し、四間五間の建物がみえる。室町時代の禅院においては一般的な施設となった。門跡寺院などでは中居の語は建物を指すだけでなく、従者の呼称でもあった。鎌倉時代の禅院では侍者の詰める場として考えられ、室町時代になると東班知事の寮舎の一つとなる。しかし、近世における禅院のなかには中居はみられなくなる(川上貢「大坂石山本願寺の殿舎について」『日本中世住宅の研究』新訂、中央公論美術出版、二〇〇二年、永井規男「中世五山における庫院とその変容」『建築史学』三八、二〇〇二年)。(原田)

**宝覚禅師**(七八三頁1)　雪村友梅は、鎌倉・南北朝時代の臨済宗一山派の禅僧。越後国白鳥郷の人、正応三年(一二九〇)に生まれ、幼少にして、鎌倉で渡来僧一山一寧の僧童となり、比叡山で受戒後、建仁寺に掛錫、徳治二年(一三〇七)、元に渡る。若くして、元の士大夫、高僧らと交流し、その才能を認められ、名声を博した。間諜の疑いを受け投獄され、斬首されんとしたとき、無学祖元がかつて唱えた臨剣頌を朗じ、刑を免れた。四川に配流されること一〇年、赦されて長安に戻り、天暦元年(一三二八)南山翠微寺の住持となり、一山一寧の法嗣を称した。元の朝廷より宝覚真空禅師の号を贈られている。

　翌年帰国し、元徳二年(一三三〇)建長寺玉雲庵の塔主になり、信濃の金刺満貞、神為頼などに招かれ、さらに小串範秀により京都西禅寺、大友氏により豊後万寿寺の住持として招かれた。赤松則村(円心)の請により、播磨法雲寺を開き、足利尊氏・直義の懇望で京都万寿寺住持となった。長期の在元経歴とその人徳からか、数多くの守護大名層から招聘を受けた。その後、建仁寺住持となり、五七歳で没した。赤松氏は建仁寺内に大龍庵を造り、雪村の塔所とし、播磨法雲寺大龍庵・宝林寺宝所庵に分骨した。『雪村大和尚行道記』貞和二年(一三四六)十二月二日条(『続群』九下、『大史』六―一〇、玉村竹二『五山禅僧伝記集成』〔新装版、思文閣出版、二〇〇三年〕)。(原田)

**禅10**(七八五頁1)　宝福寺蔵。『岡山県史』二〇(家わけ史料「宝福寺文書」二号)により、写真版で確認した。連署者は上段右より天参(花押)・至秀(花押)・志近(花押)・真雄(花押)・智通(花押)・誉震(花押)・知酬(花押)・将秀(花押)・宝福寺(高庵)芝丘(花押)・(無夢)一清(花押)、下段右より継栄(花押)・継最(花押)・真順(花押)・継照(花押)・自瑑(花押)・自廓(花押)・高郁(花押)・志全・住持復圭(花押)。

　延文六年(一三六一)三月二十三日付井山門徒連署宝福寺条々式目(前掲『岡山県史』二〇所収「宝福寺文書」一号、以下、「宝福寺文書」番号で示す)によれば、無夢一清のあと、高庵芝丘、復圭が宝福寺住持となった。延文六年段階で将秀は永福寺住持、自燦は耆旧で、大義庵主、智通は耆旧で、満足庵主である。誉震は宝福寺首座、自廓は宝福寺都管である。連署の僧衆は、本文史料中にもある都鄙門徒の主要な構成員を示すものといえよう。

　本文史料の冒頭、天得庵の文字上、紙継目などに朱印が八箇所に押され、紙継目裏花押は無夢一清のものである。(原田)

**東福寺天得庵規式**(七八五頁2)　東福寺は開山である円爾により、円爾(聖一国師)の門弟(聖一派)が寺を相続するものと定められ(禅1)、いわゆる徒弟院であった。聖一派は円爾弟子たちから複数の門派に分かれ三聖門派・龍吟門派・栗棘門派・永明門派などがある。各塔頭はその塔に祀られた人物の門下の拠点となり、各塔頭は門派ごとに結束していた。

　東福寺住持には各門派から交替で住持が出るわけで、東福寺教団はこうした門派・塔頭の集合体なのである。また、各塔頭は洛中洛外・地方に末寺を擁し、門派の中心となり、各末寺からみれば本院・本庵が東福寺内に存在した。

　こうした状況は、十方刹として、禅宗各派から住持を選ぶ南禅寺などでも同様で、各塔頭は歴代有力住持門派の結集の場であった。天龍寺なども後世、夢窓疎石門派の徒弟院化するが、各塔頭は夢窓疎石の有力な弟子たちを祖とする門派の拠点であり、所領を持つ塔頭は大規模化していった。本文史料はこうした五山内の塔頭と地方末寺間の組織構造を示すものとして掲載した。(原田)

**井山開山門徒**(七八五頁3)　井山宝福寺は岡山県総社市にある臨済宗東福寺派の寺院。貞永年間(一二三二〜一二三三)の創建とされる。開山は鈍庵慧聡で、鈍庵はもと天台僧であったが、円爾に帰依し、禅僧となり、宝福寺を禅院にあらためた。第二世には円爾の弟子、玉渓慧椿が就任し、約六〇年宝福寺に住し、観応三年(一三五二)二月二十三日同寺で没した。第三世には弟子の無夢一清が就任し、この地域の聖一派の拠点寺院として栄えた。無夢一清は東福寺住持にもなり、東福寺内に天得庵を開き、その門徒の拠点とした(『岡山県史』五、中世Ⅱ)。

　宝福寺は備中国諸山に列し、室町時代には雪舟が得度した寺としても有名。鈍庵の塔頭を満足庵、玉渓の塔頭を霊照庵といい、盛時は五〇余の塔頭を有したという(『備中集成志』)。

　宝福寺の様相は延文六年(一三六一)三月二十三日付の条々式目(「宝福寺文書」一号)に詳しい。

　　　　宝福寺
　　　山門所定置条々式目事

一　当寺専致
公家・武家御祈禱道場也、開山以来所定置勤行、大凡叢林所有之礼儀等、一々不可闕矣、
一　住持職事、本寺・末寺門徒中、選有徳行才智器用之仁、以可召請之、今時多以党類、作長老、以財福、為住持、是皆仏法破滅之因縁也、尤可慎之、
一　寺内山林、甲乙人等致狼藉者、任公家・武家被仰下之旨、宜禁断之、不拘制止者、以彼仁名字、注進公方、可被処罪過云々、
一　寺領田畠等、其煩出来之時、本寺・末寺門徒中、同心談合、可被致其沙汰云々、
一　当寺衆屋未完備、門徒法眷一同、各添気力、運手脚、以可事造営、所謂、荘厳報地、引接衆生、是皆、諸仏出世之本懐也、
一　上津江庄年貢、当於本寺造営僧食等、常位相互融通、以可成就諸事、但此年貢内毎年分伍拾石、以当東福寺天得庵之支用、庄家管領之仁、無懈怠可致其沙汰、当庵者、井山(宝福寺)惣門徒寄身之地也、是故、如此所定置也、向後、管見蠡測之輩、不知仏法興行、門徒繁昌之理、破今朝所定置之法、致他日失所依之憂、不可入衆数云々、
一　満足庵・霊照庵両塔頭、田産微薄之間、為房主僧、難守塔頭、仍分上津江庄年貢内運上、以可助支用云々、
一　行者・人工等、懈怠懶堕、不致奉侯之輩、両班耆旧評定、加治罰、取上給田畠等、退出其身於寺外也、無用之俗人、附相識之僧、取在家之縁、居住寺内、作屋敷田畠等、妨衆議一同、不可許容、若有寺家之所益、有寺家之功労者、宜評定、以可安置之、衆徒存公心、験察之、
右、門徒中、内外堅守此旨、不可違背、若有違背之輩、吾門不許共住、所定之法、如件、

延文六年三月廿三日

　　　　　　　　首座　誉震(花押)
住山(無夢一清)(花押)　両班　書記　乗光(花押)
次住(高庵芝丘)(花押)　都寺　志玉(花押)
　　　　　　　　維那　志劫(花押)
次住(復圭)(花押)　都管　自廓(花押)
　　　　耆旧
父母寺　金竜寺
器哉(花押)　祖心(花押)
善根寺　大義庵
慎絡(花押)　自璨(花押)
守福寺　満足庵
守源(花押)　智通(花押)
稲保寺　修禅寺
空蘊(花押)　明意(花押)
永福寺　賢福庵
将秀(花押)　継玄(花押)
弘誓寺　紹洞庵
高郁(花押)　守益(花押)
隣松庵
継遙(花押)
霊照庵
志篤(花押)

これによれば、宝福寺は公家・武家祈禱の道場とされ、叢林すなわち大規模な禅院の清規に則って運営を行うとしている。宝福寺における仏事は、備陽井山宝福禅寺疏文(「宝福寺文書」四号)にうかがうことができ、足利将軍家を大檀那として、将軍の毎月の誕生祈禱、毎年の正誕生祈禱などが行われている。この他、盂蘭盆会、正月の修正祈禱、本命星祈禱などがある。

住持については、本寺・末寺門徒中から人材を選び招聘するとし、寺内だけで後継住持を選ぶものではなく、広く京都の東福寺内、末寺にいる門徒中の中からの選任が定められた。

第六条には、東福寺内天得庵との関係が規定され、宝福寺領上津江庄年貢の内、毎年五〇石を天得庵分に宛て、天得庵を宝福寺総門徒、寄身の地として位置づけた。本寺である東福寺内に宝福寺門徒の拠点塔頭を置いたのである。

この史料が出された七年後、応安元年(一三六八)に本文史料が出され、東福寺内にある宝福寺門徒の拠点である天得庵に関する規定が整備された。

応安五年五月二十四日の定書(「宝福寺文書」

五号)では、天得庵の塔主となったものが上洛する折には、天得庵分五〇石の内、三石を入庵の礼銭に宛てるよう定めている。また、宝福寺内で般若庵が天得庵の得分を管理したが、永享三年(一四三一)四月八日、般若庵倉方造営物規式(「宝福寺文書」六号)では、五〇石の米の内、三六石が出挙されて運用利益をあげ、残りを夏中の高値の時に売却するなど、周到な運用方針が定められていた。

宝福寺の僧は、本寺である東福寺の荘園、備中国上原郷の支配にも関わり、宝福寺塔頭龍谿院の永広は庄主に任じられている(「九条家文書」一七二〇・一七二一号、以下、番号のみ)。また宝福寺僧の栄松は、永広とともに守護所に赴き、小守護代石川豊前入道道寿などとの交渉にあたっている(一七三二号)。栄松は在地からの借銭にも応じている(一七〇七号)。宝福寺塔頭龍谿院の喝食には、守護被官岩佐の子弟がなっており、寺僧と守護被官との縁戚関係は大事な交渉の窓口になっていたとみられる。このように、室町時代の東福寺にとって、守護被官の押領に悩む荘園支配を円滑にするため、宝福寺僧は重要な役割を担ったのである(石田善人「東福寺領備中国上原郷について」『岡山県史研究』創刊号〜三、一九八一〜一九八三年)。(原田)

**天参**(七八七頁1)　連署者の内、経歴のわかるものをあげる。最奥に署判を加える無夢一清は、俗姓不詳、玉渓慧椿の弟子、嘉元年間(一三〇三〜一三〇六)に入元、金陵保寧寺の古林清茂(くりんせいむ)、百丈山大智寺の東陽徳輝、龍翔集慶寺の笑隠大訢、育王山広利寺の月江正印など元の著名僧のもとに参じ、在元は四七、八年に及び、観応元年(一三五〇)帰国した。宝福寺に住し、山城国普門寺、延文四年(一三五九)には東福寺住持となった。宝福寺に戻り、本文史料など前掲の規式を定め、応安元年(一三六八)東福寺天得庵で没した(玉村竹二『五山禅僧伝記集成』新装版、思文閣出版、二〇〇三年)。

高庵芝丘は備後の人、宝福寺第四世となり、備中国哲多郡神代郷に神応寺を開き、さらに東福寺住持となった。神応寺は諸山に列せられ、高庵の東福寺内の塔所を天応庵という(前掲『岡山県史』五)。(原田)

**禅11**(七八七頁2)　大徳寺蔵。東京大学史料編纂所写真帳により、『大古』大徳寺一―一二三号を参照した。これによれば、紙継目裏毎に継目花押あり。本文史料末尾の署判者は宗石(花押)・性湛(花押)・玄蔡・祖覚(花押)・宗富(花押)・保盛・宗義・宗立・宗忠・宗湯・宗瑞(花押)・前住仁禎・現住道均。

大徳寺では開山宗峰妙超・第一世徹翁義亨・第二世令翁宗雲・第三世愚翁宗碩・第四世虎渓道壬・第五世平泉道均・第六世蔣山仁禎・第七世言外宗忠・第八世卓然宗立とする。署判者の内、宗忠は言外宗忠、宗立は卓然宗立にあたるとみられる。なお、この署判の記載から、蔣山仁禎が平泉道均よりも先に住持になっていたことがわかり、世代が入れ替わる可能性もある。或いはこの時期、平泉道均が再住したのか。(原田)

**大徳寺寺務定書**(七八七頁3)　徹翁義亨は応安二年(一三六九)五月十五日に没するが、その前年応安元年、相次いで大徳寺および自らの門派の拠点寺院である徳禅寺に関わる法度を門弟連署の上、制定した。本文史料と同時に大徳寺には以下のような法度が出され、大徳寺運営の基本法となったとみられる。本文史料の方は簡潔に実務的な項目を列挙しているのが特徴である。

応安元年六月、大徳寺法度案(東京大学史料編纂所架蔵写真帳「真珠庵文書」一一)をみておくと、

　　龍宝山大徳禅寺自今以後
　　堅可守護法度条々

一　当寺者始無檀那、　開山(宗峰妙超)自以一力興行寺也、于時、萩原殿(花園天皇)御対談、次有御所望、被成　勅願寺、其後、　後醍醐院治天之時、又有御所望、開山　勅答云、依萩原殿御所望、先立進　勅願寺畢、重又有　勅問云、萩原殿勅願寺、又当御方勅願寺、御治天已御両流也、勅願寺又御両流之勅願寺、専殊勝也、和尚

勿辞此趣、内々奏萩原殿、就御承諾、又自是為　後醍醐院勅願寺、被染下御両流之勅願寺異他宸翰畢、然者、云開山自力興行之寺功、云正法荷担宗匠之原徳、不可準他寺、宜重開山法恩之条、具弁其理専為幸耳、

一　凡住持職者、内心専慈悲、不于偏枯之情、守寺恵衆而専不可捨人者也、

一　両班進退者、住持量其才、当補其職之条、雖先規勿論也、宜有談合耆旧老僧者也、

一　直歳、守直歳弁事、堅鎮門戸災護火盗難、殊専寺中之掃地、宜修四方之墻者也、

一　門徒寺住持職事、宜以造営専之、有其器用者、於其寺可送一順一順終焉、又須自本寺充器用人者也、

一　凡門徒寺為住持人者、各向　開山之年忌而可致上洛云々、為行歩不槩老宿者、可差上代官僧者也、

一　寺領沙汰幷出官雑掌事、式日評定之外、加臨時之評定、住持・両班・老僧各有談合、可致其沙汰也、此事寺家之重事也、不可等閑矣、

一　諸荘園荘主職事者、来年荘主毎年十二月廿二日住持・両班耆旧幷老僧・同都鄙僧衆、就于開山塔、加無私評定一所択両人器用、宜差定也、但荘主職者、須自西秋限夏麦所務、就中荘主上洛之時、納所・両班及評定衆相共於函丈而須致微細之算用者也、賞罰宜在時哉、

一　米銭納所二人各可択其器用、法度宜同荘主之例、只住持両班相共毎月晦日、就于函丈、須遂巨細之結解者也、

一　当寺住持拝請事、不撰階級年老権勢等、云造営、云都鄙沙汰、全寺領、為寺家以有益人、可定器用、専以三人之公義、於開山塔、宜以拈鬮為験也、

一　守塔職者、専住持人宜相兼而勤仕、別勿請人、殊有深思云々、

一　侍影職者、自両班・大耆旧・老僧中、計器用可差定也、

一　当寺者、開山一力興行之寺也、殊任遺誡御骨幷御影安置方丈、然間別不置塔主、当住宜弁塔主事、蓋雲門庵之弁事、自当住方須弁之也、住持幷
東堂和尚(徹翁義亨)・両班・大衆評定之上者、子々孫々更不可存異義者也、

一　修造司者、住持幷両班・耆旧・老僧中、量其才格而須充其職、各勿拒也、

一　園頭職者、住持見稼穡堪忍之機、宜補其闕各勿拒也、

一　比丘尼幷女姓堅可停止寮舎出入者也、若有弁事者、啓案内於公所可弁之也、

一　宗得首座幷(関山)恵玄蔵主事、先師深御勘気之上者、更不可許門流之号、特恵玄蔵主事、大有子細　先師有遺言、各宜存知也、遺言記置一紙也、

受業小師〈但州〉宗沢判

（以下一五五人署判略）

御自筆

右法度者、当寺幷末寺都鄙老若人々各々抽無二忠心、不存熒衒意、堅可護守条目也、自今以後尽未来際、更不可有変易者也、若豪髪憚人情存私義、破此法度輩者、上背四恩下堕三有、専
当寺本尊、
釈迦牟尼如来、
大行普賢菩薩、大乗文殊師利菩薩、
般若会上十六善神、天帝釈、須菩提尊者、
玄奘三蔵、深沙大王、東土二三、西天四七、
開山国師(宗峰妙超)、東堂和尚(徹翁義亨)、
正法荷担諸大禅師、
当山土地諸大明神、諸大権現、合堂真宰、
三宝証明
諸天照鑑
　応安元年六月　日

とあり、宗峰妙超一流の相承を確認、寺内の役職である両班の進退は住持がその才を計り、耆旧老僧と談合すべしとした。門徒寺(末寺)の住持は造営を心がけ、本寺より派遣し順次交替するものとし、門徒寺の住持は開山忌に上洛すべ

しと定めた。寺領をはじめ、寺家の重要事項は住持・両班・老僧の評定で決定することとされ、荘園経営にあたる庄主は毎年十二月二十二日開山忌の時、住持以下都鄙僧衆が集い、評定で一庄につき二名を選び、任期は一年とした。算用は庄主上洛の時、納所・両班・評定衆立ち会いのもと行われ、毎月の結解が求められた。

住持については階級・年老・権勢を問わず、寺家にとって有益な人物を公の義を以て三人選出し、開山塔前で鬮によって選ぶとした。また、この法度の最後には、宗得首座、（関山）慧玄蔵主は宗峰妙超より義絶されたとし、門流からの追放を記し、徹翁以下一五五名の門徒の連署をなし、門派の結束を確認し、実質、徹翁門派が嫡流として大徳寺を維持することになった。

本文史料は、貞治六年（一三六七）九月、事前に足利義詮に提出されたようで、足利義詮御判御教書の写しが伝わり、

大徳寺并徳禅寺住持職、同法度之事、云開山国師（宗峰妙超）悉皆遺付之段、云東堂和尚今徳禅寺住徹翁規矩之篇、任皮（彼）行之旨、令門徒相承、可請器用之門徒、次徳禅寺住持之事、宜被天下安全祈之〔状脱カ〕如件、

貞治六年九月十三日　正二位判

（『龍宝山大徳寺誌』乾）

とあり、さらに後光厳天皇にも進覧され、公武権力による承認も得た（『大古』大徳寺一—一九三号。以下、『大古』一—一九三などと略記）。徹翁義亨は足利義詮の外護も受け、こうした処置がなされたのである（竹貫元勝『日本禅宗史研究』二二五頁、雄山閣出版、一九九三年）。

この他、自らの拠点である徳禅寺に関して、応安元年十月十八日には徳禅寺法度、同じく徹翁義亨の塔所正伝庵法度を定めている。さらに、応安元年十一月二十四日付で、大徳寺の東堂・西堂・両班と徳禅寺住持の席次についても定め、大徳寺内で徹翁派の徳禅寺が勢力を持つにあたり、本末の混乱が起こらないように配慮している（東京大学史料編纂所架蔵写真帳「真珠庵文書」二一）。

徹翁義亨の法度の特色は、百数十名の門弟連署のもと寺法を定めており、五山系禅院の法が官寺として幕府法の形で出されるのと異なり、一流相承の徒弟院としての面目を示している。

幕府は足利直義以来の五山法に基づき、貞治七年（応安元年）二月十三日沙汰で五山官寺に対して諸山入院禁制条々を定めており、着々と整備される五山法に対して、大徳寺側も法の整備をはかったといえよう。また、徹翁義亨は五山官寺である天龍寺住持として招かれたとされ、先にみたように足利義詮のもと幕府による林下も含めた臨済禅の編成意図があったともいえる。（原田）

**小宅**（七八七頁4）　小宅庄は揖保川下流兵庫県たつの市龍野町小宅にあたり、大覚寺領小宅庄と大徳寺領小宅三職方がある。三職とは公文職・田所職・惣追補使職を指すと考えられている（『龍野市史』一）。東には弘山庄、鵤庄、西には上揖保庄・浦上庄が広がる。

正中二年（一三二五）正二位前権大納言中御門経継が大徳寺に小宅庄三職を寄進（『大古』二—六六四）。元徳二年（一三三〇）後醍醐天皇がこれを安堵し（『同』一—三四）、建武二年（一三三五）には領有を争っていた大覚寺に替地を与えた。同三年に光厳上皇より知行安堵を受け（『同』一—六九）、康永三年（一三四四）には神役・国役の免除を受けている（『同』二—六五一、一—七一）。その後、「相伝領主之余胤」赤松貞興と知行をめぐる争いが起こり、折半が光厳上皇院宣によって命ぜられている（『同』一—七二）。文和三年（一三五四）に作成された「播磨国小宅庄三職方絵図」（『同』二—六五四・六五五）はこれに関するものといわれる。

相論は継続したようで、貞治二年（一三六四）足利義詮は相手の貞宗（貞興の子か）を退け、下地を寺家雑掌に沙汰するように命じ、その背後には赤松貞範（守護赤松則祐の兄）がいると目された（『大古』一—一八六・一八九）。貞治五年に貞宗は逐電、大徳寺は幕府から三職方の一円領掌を認められた。応安元年（一三六八）大徳寺は浦上氏に三職方を預け、屋敷地として三〇石の下地を与

えた(『同』一二—二九三三・二九三四)。関連研究としては絵図を中心に小林基伸「平野部の水利と荘園」(『荘園絵図とその世界』国立歴史民俗博物館、一九九三年)、同「水利と荘園」(国立歴史民俗博物館編『描かれた荘園の世界』新人物往来社、一九九五年)、弓野瑞子「播磨国小宅庄三職方絵図」(奥野中彦編『荘園絵図研究の視座』東京堂出版、二〇〇〇年)。

　年貢、荘園の規模については、応安四年、京着年貢三五〇貫文、夏麦三〇貫文が納入(『大古』一—一二四)、永和二年(一三七六)十二月の小宅庄三職方内検年貢目録(『大古』二—六六〇)によれば、惣田数五七町八段三五代(内五町余除田)、定田五二町八段一五代、分米二二五石九斗余、延米五一九石五斗余となっている。後には如意庵に一〇石、公文給三八石が下行されている。(原田)

**正伝庵**(七八九頁1)　正伝庵は徹翁義亨の塔所。徹翁義亨(一二九五〜一三六九)は、永仁三年(一二九五)出雲国に生まれる。一九才で出家、京都建仁寺の鏡堂覚円の室に入る。さらに東山雲居寺に隠棲していた宗峰妙超に師事し、その法を嗣いだ。建武四年(一三三七)宗峰妙超が没すると暦応元年(一三三八)大徳寺住持に就任。大徳寺では宗峰妙超を開山、徹翁義亨を第一世と称する。徹翁義亨は大徳寺の前(南)に霊山徳禅寺を開き、庭園を築いた。天台座主二品尊胤法親王(円融房)の帰依を受け、徳禅寺では尊胤の没後、その塔も置かれた。尊胤は徹翁に播磨国平位庄を寄進している(『大古』一—一三二)。この他、三宝院賢俊、花山院兼信(覚円)、日野中納言、足利尊氏、紀伊国造、住吉神主、赤松則祐などの帰依を受けたという。貞治六年(一三六七)には足利義詮が後光厳院に上表し、大徳寺・徳禅寺を徹翁義亨の子々孫々が住持となる甲乙院たることを認めた(『大古』一—一九三)。五山の天龍寺の住持として招かれたが、これを辞したという。応安二年(一三六九)五月十五日没。徳禅寺正伝庵を塔所とした。法嗣に言外宗忠・卓然宗立などがおり、この後、大徳寺教団をこの徹翁義亨の派がほぼ独占した。伝記として応永三十二年(一四二五)、徳禅寺第四世春作禅興の撰した「天応大現国師行状」(『続群』九下)がある。

　徹翁義亨は寺院の経営にも秀で、前出「大徳寺寺務定書」の項で紹介した応安元年六月付大徳寺法度をはじめ、応安元年十一月二十四日付大徳寺・徳禅寺位次定書、応安元年十月十八日付徳禅寺法度、応安元年十月十八日付正伝庵法度(以上、前掲「真珠庵文書」)を定め、大徳寺教団運営の基本法を定めた。また、建武四年の八代宗真を檀越とする末寺但馬安養寺制法(『大古』一三—三二一四)がある。

　徳禅寺法度によれば、寺内の組織、諸役の任期、給分を定めるとともに、境内には玲瓏閣・春日社・竹影閣などの建物と石木を配した庭園があったことがわかる。徹翁義亨は庭園の石木は諸尊像として移動させれば人を損ずるとしている。

　徳禅寺の末寺としては、但州安養寺・与(豫)州浄瑠璃寺・賀(加)州明谷寺・賀茂瑞鳳庵・摂州宝積庵・西宮正伝庵・天王寺清光庵・但州徳林寺・但州観音寺があり、徹翁義亨の門派の広がりをうかがうことができる。また、末寺住持の人事は「一巡」を任期とし、本寺よりの任命とした。また、開山忌(徹翁義亨の忌日)には上洛を義務づけ、行歩の不自由な老僧は代官を上らせるように規定している。

　徳禅寺の土貢の内、五分の一を大徳寺仏殿修造料ならびに堂舎修補料として寄付、同じく一〇分の一を本塔頭龍翔寺(宗峰妙超の師、南浦紹明の塔所、西京安井郷、天文年中大徳寺境内に移転)の堂舎修補料とした。大徳寺教団内における徳禅寺の経済的重みをみることができる(竹貫元勝前掲書)。

　正伝庵法度では塔主・荘主職などの規定に続き、庭園の石のことに及び重ねて弟子達に諸尊像と見なし崇めることを説いている。徹翁義亨の宗教観をみる上でも興味深いのが、感得の仏舎利本尊などで、この他、天龍より感得した銀塔入りの仏舎利、鹿島大明神よりの能作成宝、春日大明神よりの鹿玉、真珠、東山社壇よりの仏舎利、宝珠形仏舎利、大師御作の因果不動、北野よりの銭が列記され、弟子達に秘かに信心すべきことを定めている。

また、徳禅寺の敷地は尊胤法親王によって船岡山東麓の梶井門跡の一部を寄進され、船岡山と大徳寺の間に位置した。応仁の乱で焼失後、文明年間(一四六九～一四八七)に至り、一休宗純が尾和宗臨の援助によって現在地の三門の東南位置に移転再興し、塔頭の一つとなる(『龍宝山大徳寺誌』乾、『都林泉名勝図会』、竹貫元勝前掲書)。

このように徹翁義亨は大徳寺の隣に自らの門派の拠点として徳禅寺を開き、宗峰妙超没後、実質、大徳寺を支えた。これ故、歴代の住持のなかでも特別に扱われ、その塔所正伝庵へ大徳寺の公会計からの支給があったことが本文史料からわかる。(原田)

**およそ常住**…(七九一頁1) 本文史料にみえる常住からの下行については、この後、応安四年(一三七一)十月二十二日、大徳寺寺用下行定文(『大古』一―一二四)が出されており、その詳細がわかり、大徳寺の規模もうかがうことができる。これによれば、本尊への仏餉、僧衆の飯米として一四四石が下行され、同じく塩醤二〇貫文、薪料一五貫文が支出されている。僧衆は二〇人、行者五人、行力五人がいた。

行事は修正・三節・大般若会・春日諷経・観音懺法(毎月十九日)・三仏一祖忌・土地堂前大般若転読・開山忌・前住忌・宝篋院(足利義詮)忌・宗仏忌が営まれ、近接する今宮社には御簾三間代として一貫五〇〇文が歳末に進められ、年末には一堂諷経という大徳寺僧による法会もあった。

両班八人・納所・園頭・侍影・聖僧侍者・浄頭・堂主・修造主の役職者には衣物として人別一貫五〇〇文が支給された。

総計四〇四貫四二五文の下行があり、所領としては播磨国小宅三職、美濃国弓削庄があった。(原田)

**禅12**(七九一頁2) 鹿王院蔵。「鹿王院文書」原本によった。原本は巻子装。また、『鹿王院文書の研究』一七九号(思文閣出版、二〇〇〇年)所収。封紙ウハ書「春屋和尚禅室　右大将義満」、同端書「僧録御教書」、貼紙「鹿苑院殿」がある。(原田)

**僧録**(七九一頁3) 中国においては仏教諸宗派の諸事務・統轄を行う機関で、唐代に成立し、元和・長慶年間(八〇六～八二四)には左右僧録が設けられ、副僧録の称もあった。五代・宋にもこの制度は引き継がれ、明代には左善世・右善世・左闡教・右闡教など諸職員が置かれた。日本では本文史料にあるように康暦元年(一三七九)、春屋妙葩がこれに任ぜられたことに始まる。

本文史料とともに、後円融天皇綸旨(前掲『鹿王院文書の研究』一九〇号)が出されており、

智覚普明国師(春屋妙葩)可為僧録之由、被聞食畢之旨、可被仰遣武家之由、
天気所候也、以此旨可令洩申給、仍言上如件、家房、誠恐頓首謹言、
四月十二日　勘解由次官(清閑寺)家房奉
進上　前民部大輔殿

春屋妙葩を僧録に任命することは、公武政権共に承認することであった。足利義満の政策運営の過程にあって、禅宗の位置づけも単に武家の帰依する宗派というより、国家的に禅宗の地位を認定し、僧綱所などとは異なる、僧録という職を置き、禅宗の統轄にあたらせたことに意義がある。

一般にこの後円融天皇綸旨は本文史料、康暦元年十月十日付に先立ち同年出されたとされる。しかし、この時期の政治情勢は微妙で、春屋妙葩は時の管領細川頼之と不和で、応安四年(一三七一)以来、丹後国雲門寺に隠棲している。細川頼之が失脚するのは、康暦元年閏四月十四日、斯波義将を中心とした諸将が、足利義満に迫り細川頼之の更迭を実行する、いわゆる康暦の政変によるのであり(『愚管記』『花営三代記』)、四月十二日の時点では春屋妙葩はまだ丹後国にいたと考えられる。政変の直前に朝廷側がいちはやく僧録への任命をするというより、本文史料を受けて、翌康暦二年にこの綸旨は出されたとみられる。また、文中にある国師号

は、康暦元年十二月二十八日に、朝廷から春屋に与えられたものであり(前掲『鹿王院文書の研究』一八六号)、綸旨が出されたのは、同二年となる。

むろん、康暦の政変の背後では、様々な政治工作が水面下で行われていたことは想定され、康暦元年二月二十日には幕府の諸将が細川頼之の失脚を画策し、それを聞いた頼之が四国へ帰国しようとし、これを義満が慰留するといった事態もあり(『花営三代記』)、春屋妙葩復権の工作は既に進んでいたことも想定される。

僧録の変遷は、今枝愛真の研究に詳しいが(「禅律方と鹿苑僧録」『中世禅宗史の研究』東京大学出版会、一九七〇年)、本文史料以前に

先日高麗消息上処、為外国披見不足覚候、僧禄(録)二字可添給候也、恐々敬白、

(貞治六年)六月七日　　(足利)義詮

天龍寺東堂(春屋妙葩)

(『鹿王院文書の研究』一四一号)

が出されており、貞治六年(一三六七)には、外交文書の上で、僧録と称することが幕府によって要請されている。また、『雲門一曲』所収の明使趙秩への応安六年四月の書状には「前僧録」と記され、事実上、春屋が僧録の地位にあったことがわかる。本文史料は、細川頼之失脚後、足利義満による政治体制が整備されるなか、僧録の地位が確立されたものである。

春屋妙葩は永徳元年(一三八一)正月二十一日、僧録を辞そうとするが、慰留され(『空華日用工夫略集』)、遷化の嘉慶二年(一三八八)八月十三日頃まで在任したと考えられる。この後は、絶海中津が僧録をつかさどり、永徳三年九月二十日、絶海中津が相国寺鹿苑院主になることにより、僧録は鹿苑院主が兼帯するものとなり、鹿苑僧録といわれる。また、嘉慶元年頃より、鹿苑院内に蔭凉軒主が置かれ、実質蔭凉軒主が事務を取扱い、実権を持った。鹿苑院主、蔭凉軒主ともに将軍の御相伴衆として、宗教政策のみならず、世事にも容喙した。

これ以後、鹿苑院、蔭凉軒は元和元年(一六一五)七月の五山十刹諸山法度(禅18)により、廃止されるまで、臨済宗を中心とした禅林行政にあたった。(原田)

**春屋和尚**(七九三頁1)　春屋妙葩(一三一一～一三八八)は、鎌倉・南北朝時代の臨済宗の僧。芥室、不軽子(ふきょうし)、西河潜子(せいがせんす)とも称する。応長元年(一三一一)十二月二十二日、甲斐国に生まれる。姓は平氏。夢窓疎石の俗甥。正中二年(一三二五)に美濃国虎渓山(永保寺)にいた夢窓のもとで得度、受戒。夢窓に従い、鎌倉に行き、浄智寺の元僧竺仙梵僊に学ぶ。上洛し、夢窓のもとに行き、さらに南禅寺の元僧清拙正澄のもとで修学した。貞和元年(一三四五)天龍寺雲居庵主になり、夢窓に近侍し、その法を嗣ぎ、「春屋」の道号を与えられ、今にその墨蹟・偈頌が嵯峨鹿王院にのこる。等持寺、天龍寺の住持となり、これ以前火災により焼失した、天龍寺・臨川寺の復興に努めた。これらの寺院を拠点に夢窓派(嵯峨門派)を大門派として発展させていった。

応安二年(一三六九)南禅寺山門破却をめぐる、延暦寺をはじめとした顕密諸宗と禅宗の対立に際し、管領細川頼之の延暦寺寄りの処置に抗議して、丹後雲門寺に隠棲、門派の僧の多くも官寺を退いた。約一〇年の隠棲後、康暦の政変で管領細川頼之が失脚すると京都に戻り、足利義満の外護のもと南禅寺住持となるとともに僧録として全国の禅林の統轄を行った。後円融天皇から智覚普明国師の号を受け、嵯峨に宝幢寺を開き、自らの塔所として鹿王院をおいた。春屋に関する史料の多くはこの鹿王院にのこる(前掲『鹿王院文書の研究』参照)。

永徳元年(一三八一)天龍寺に再住、至徳元年(一三八四)足利義満により相国寺が創建されると、招かれ、師である夢窓疎石を勧請開山とし、春屋が実質の初代住持となった。嘉慶二年(一三八八)八月十二日、鹿王院にて没した。世寿七八歳。

著述には『夢窓国師年譜』、詩集『雲門一曲』、語録に『智覚普明国師語録』がある。また、開板事業にも熱心で嵯峨版と呼ばれる刊本を数多く出版した。弟子に厳中周噩などがおり、室町時

代禅林の主流派を占めた。（原田）

**禅13**（七九三頁2）　東福寺蔵。東京大学史料編纂所写真帳により、『大古』東福寺一―五五号を参照した。袖判は足利義満のもの。東福寺訴訟条々とされるが、足利義満の証判を受け、寺院法としての機能を持った文書。軸装。（原田）

**住持職**…（七九三頁3）　東福寺住持職は九条道家が円爾（聖一国師）を開山として迎え、円爾の置文により円爾門派（聖一派）の徒弟院として代々その門徒から選出された。創建の経緯から、九条・一条家が檀越となり、住持の任命も九条・一条家が任命した。元亨四年（一三二四）二月十五日には後醍醐天皇により一門の上首が東福寺を管領することが命じられ（「九条家文書」一―九―四号）、貞治年間（一三六二～一三六八）に九条経教と一条房経が東福寺の管領をめぐり争うが、二条良基の仲介もあり、一門の上首が管領することが確認され（「同」九―一一号）、貞治四年十一月二十九日、後光厳天皇綸旨案で九条経教が管領することを安堵された（「同」九―一号）。

　こうした性格から私寺、両家の墳寺とみなされ、五山官寺の列から外されようとしたこともあり（『海蔵和尚紀年録』建武二年〔一三三五〕五月条）、室町幕府のもとでも微妙な立場にあった。暦応四年（一三四一）八月二十三日評定による五山位次（禅8参照）では五山の第五に位置づけられているが、「住持家幷本所承諾、治定畢」（『扶桑五山記』）とされ、檀越家の了解を得て五山に列し、依然複雑な状況下にあった。しかし、その後、幕府は細川頼之執政下に深く東福寺に関与することになる。

　幕府は、応安五年（一三七二）八月十七日に東福寺に対して次のように申し渡した。

一　東福寺事〈応安五　八　十七　布弾入奉行（布施資連）〉

為大刹之位者、任被定置之法、住持者経歴三年、両班者可遂二節之処、既違背法則、任雅意朝進暮退之条、非五山之一列歟、所詮至如然之住持両班者、於公方不可用東堂耆旧名字之上、他寺会合之列座、同所被停止也、以此趣可被触寺家矣、

（室町幕府追加法一一四）

これによれば、東福寺内の住持・諸役職者が任期を全うせず、五山の法に則っていないとして、五山の列から外さねばならないかという。こうした状態では東福寺の住持経験者などが東堂・耆旧と称することを認めず、他の五山僧衆との会合列座を認めないと、厳しくその立場を糺している。

　応安五年八月二十八日には、

同廿八日御沙汰〈同奉行（布施資連）〉

一　東福寺事、背被定置之法、非五山列之間、武家雖不可相綺、自今以後可守法則之旨、大衆一同依申子細、所有其沙汰也、然早先以耆旧両班、可致勤行之由、可被仰寺家也、

（同追加法一一五）

とあり、幕府が東福寺を五山から外すという強硬姿勢に、東福寺僧は驚き、帰順を申し入れ、実質幕府の進退に任せることになった。

　次に、足利義満が実権を握ると以下のような動きがみえる。

（元表紙外題）「東福寺以下管領綸旨案幷将軍家内書」

（端裏書）「康暦元　十一　廿四」

東福寺事、返付進之由、可令啓達太閤（九条経教）給候、恐惶敬白、

（付箋）「康暦元」

十一月廿四日　（足利）義満（花押）

春屋（妙葩）和尚禅室

（端裏書）「康暦元　十一　廿七」

（付箋）「管領状」

先日言上候東福寺事、大樹之状進上候、此趣急可令申入給候、委細之旨、先日令言上候訖、以此旨可令披露給候、恐惶敬白、

（付箋）「康暦元」

十一月廿七日　（斯波）義将

侍者御中

（端裏書）「大樹〈康暦元　十二　七／東福寺奉行事〉」

東福寺奉行事、別当仰被候者、畏入可候、恐惶謹言、

(付箋)「康暦元」

十二月七日　(足利)義満

人々御中

(以上『図書寮叢刊九条家文書』一―二六号、明治書院、一九七一年)

第二通目の管領状のあとに、本文史料が出された。また、本文史料の添状として

貴寺御訴訟条々趣、令執達大(太)閤幷武家之処、無異義落居候、併開山冥感之所使然候乎、随而大(太)閤御書・将軍家御證判・管領裏封事書、進覧之候、貴寺末代亀鏡候之間、殊珎重之至候、恐惶謹言、

(押紙)「康暦元年」

十二月十三日　(春屋)妙葩(花押)

(『大古』東福寺二―三八一号)

がある。以上を検討すると、細川頼之による強硬な東福寺に対する五山体制への編入政策の後、足利義満は一旦、九条家に対して東福寺返付の申し出を行い、これに対し、東福寺寺僧は本文史料の訴状を提出し、五山官寺体制内に包含されることを望み、五山の第五位(後には第四位)の地位を守った。寺僧らにとっては、他の五山住持への昇進も望むところであり、五山に列し幕府の保護を受けることは大いに意味あることであった。また、この一連の動きの中では、僧録、春屋妙葩が介在していることがわかる。今も東福寺通天橋には春屋妙葩の額がかかるが、この額は聖一派の拠点寺院東福寺に、夢窓派(嵯峨門派)の春屋妙葩が大きな影響力を持った象徴ともいえよう。こうした一見回りくどい方法をとることにより、足利義満は九条家を懐柔し、東福寺僧衆による衆議のもと幕府・五山体制への確実な組み込みを計ったと考えられる。なお、文中の太閤は『大古』では二条良基とするが九条経教が適当と考えられる。この時期、九条経教の息、忠基が関白も経験しているが、東福寺管領次第(「九条家文書」一―二三二)には経教の次は満家となり、実質、経教が康安元年(一三六一)、関白・氏の長者を辞したあとも実権を握り、また、忠基が応永四年(一三九七)に早世することもあり、こうした管領次第から除かれているとも考えられる。また、この時期、二条良基は准后と呼ばれている。

この後も、九条・一条家による東福寺住持職への任命にあたり、檀那帖は発給されるが、幕府よりの公帖が重きをもった。こうした状況は寺僧らに反映し、東福寺住持就任時の重要な拈香儀式でも、将軍香が檀那香に優先して焚かれるようになる。(原田)

**禅14**(七九三頁4)　円覚寺蔵。「円覚寺文書」写真版によった。『鎌倉市史』史料篇二所収。(原田)

**足利義満禅院規式**(七九三頁5)　足利義満のもと室町幕府が円覚寺に出した規式。現存するのは円覚寺文書中だけであるが、京・鎌倉の五山に出されたと考えられる。室町幕府は鎌倉幕府の禅林保護統制政策を継承し、五山官寺に対して法を出しており、本文史料は足利義満期、幕府権力が極めて強大化した時期の法であり、五山にとっても最盛期を迎える時期の基本的な寺院運営の様相を示すものである。

室町幕府による五山に関係する主な法・規式としては、以下のものがある。

①暦応三年(一三四〇)十一月　足利直義円覚寺規式　(「円覚寺文書」〔禅6〕)

②暦応四年八月二十三日　大日本国禅院座位　(『扶桑五山記』〔禅8〕)

③暦応五年三月　足利直義円覚寺規式　(「円覚寺文書」〔禅7〕)

④文和三年(一三五四)九月二十二日　足利基氏円覚寺規式　(「円覚寺文書」『中世政治社会思想』上)

⑤貞治七年(一三六八)二月十三日　諸山入院禁制条々　(室町幕府追加法九一～九五)

⑥応安元年(一三六八)十月十三日　五山十刹已下住院年紀事　(同右九八)

⑦応安四年正月二十二日　五山十刹以下住持職

事
（同右一〇六）

⑧応安五年二月九日　諸山入院證明召請事
（同右一〇七）

⑨応安五年四月十五日　禅院法則条々
（同右一〇八〜一〇九）

本文史料は、上記の法を踏まえ、直接的には末尾に記されるように康永・貞治の規式を基本として重ねてこの法を定めたとしている。康永の年号を記す規式は現存しないが、足利直義による暦応五年(四月二十七日康永に改元)規式③を指すとも考えられ、貞治の規式は⑤である。また、⑤〜⑨は管領細川頼之執政期の禅林政策であり、一連の法を踏まえ、足利義満が実権を掌握した後、あらためて出されたのが本文史料といえる。

本文史料の公布の過程は『空華日用工夫略集』永徳元年(一三八一)十月二日条にみえる。規式の草稿は、僧録をはじめとした五山僧の内で議定し、その目子を春屋妙葩と義堂周信が足利義満に呈して、義満はこれを了承し口頭で固くこれを守り、みだりに改めることを禁じ、管領斯波義将にこの目子を渡したことがわかる。このように、幕府からの法とはいえ、五山僧たちによる衆議を経てこの規式が制定されたものといえる。現存する文書は円覚寺文書中だけであるが、京・鎌倉の五山に同様のものが出されたと考えられる。ただ、『空華日用工夫略集』の中では、袈裟・座具の規定に言及されているが、本文史料にはそれはなく、東西両班の交替も『空華日用工夫略集』では二節を原則とするが、本文史料では四節となり、管領のもとで五山僧と協議の上、より実態を踏まえ修訂が加えられたと考えられる。

内容としては第一・二条では、五山住持の選任方法が規定され、器用の仁を公平に選ぶという理念が確認されている。

第三・六条は新住持就任時の儀式の簡素化を定め、第五条では新住持による過剰な接待も禁じている。第四・七・八条では住持および両班諸役職の任期を定めている。当時の状況としては、両班の役職が単なる階梯となり、寺院運営の実務を担っていなかったことがわかる。

第一一条は五山の定員を定め、大刹は五〇〇人とする。貞治の法式で定めたとするが、⑤貞治七年二月十三日諸山入院禁制条々には定員のことはみえない。こうした規式は寺院毎に出され、特に定員については、異なって記される可能性もあり、追加法の中ではこの条項が落ちたとも考えられる。

第九・一〇条は侍者の選任方法と年齢を一六歳以上とする規定。第一二条は寺中に住む西堂の定員を一〇人とし、第一三条では寺内僧侶の休暇期間を一〇〇日とする。第一四条では三時諷経への出頭を義務づけ、第一五条では秉払の禅客を勤めない者は寺住を認めないとする。第一六条では両班・侍者の接待・会食を禁止している。(原田)

**白槌**（七九五頁1）　新住持が適確な人材であることを証明する白槌師についての規定は、⑤貞治七年(一三六八)二月十三日諸山入院禁制条々に

一　入院之時礼儀物、白槌以下、銀剣一腰、小袖一重、杉原一束外、武家御礼幷奉行人引出物、一向可停止之、諸山以下後日礼之時、子細同前、

とあり、これを踏襲している。(原田)

**住院の年紀**…（七九五頁2）　住持の任期について、⑤貞治七年(一三六八)二月十三日諸山入院禁制条々では、五山の住持は一年以上とし、これに満たない者は東堂と称することを禁止している。

⑥応安元年(一三六八)十月十三日五山十刹已下住院年紀事では、

如康永法者、限三箇年之処、近年僅四五ヶ月中退院之間、不経一回者、可止西堂名字之由、沙汰先畢、是併入院之連綿、為寺用失墜之条、不可然故也、若称過一回、被免退居者、毎年入院可相続之間、寺之煩費不可休歟、於自今以後者、住院可経中一年之旨、所被定置也、然者縦雖不過二夏、不足三十六月、退院可任意、将亦老躰現病之住持、不拘

此法、宜依時宜矣、

とあり、頻繁な住持の交替とそれに伴う寺家の出費の増加が問題となっていたことがわかる。日本の禅林においては、諸山・十刹の住持経験者は西堂と呼ばれるが(玉村竹二『五山禅僧伝記集成』新装版、思文閣出版、二〇〇三年)、この規定によれば、十刹・諸山住持は一年をこえて在職しないと西堂の位を得ることができないとし、中一年をへるならば二夏を過ごさず、三六カ月に満たない場合でも、退院は可としている。すなわち、毎年の住持の交替を避けるべきとしている。

本文史料の方は、東堂すなわち五山住持経験者に対する規定で、五山の住持は二夏を過ごさないと前住として位牌を住持となっていた寺に祀ることはできず、東堂と称することができないとしている。このように、住持の任期には異同があったことがわかる。また、衆の推すところがあれば、三年五年と勤めても可とされた。(原田)

**三時諷経**(七九九頁1)　五山内の僧衆は三時の読経への出頭を義務づけられ、本文史料中にあるように、禅宗は坐禅をもってその宗派名とするぐらいであるから、勤行を懈怠することが数度に及べば寺から追放するとしている。日本の禅林においては坐禅をしながら諷経を行い、このことにより坐禅と同様の行と見なし、読経が重視された。こうした傾向は、鎌倉時代からみられ、『雑談集』九「事理ノ行事」には東福寺開山円爾の言として、

宋朝ノ僧ハ坐禅ヲ如法ニシテ有限、四時ノ坐禅ノ外カニ常坐スル僧ナドモ有リ、大方国ノ風坐禅在家出家多分行之、仍事ノ行スクナシ、日本ノ僧ハ、坐禅行踈略也、事ノ行神咒等ナクハ、何ヲモテ信施ヲ消シ侍ルベキ、如宋朝坐禅スベクハ可止、

とあり、読経とくに陀羅尼の読誦が重視されたことがわかる。(原田)

**禅15**(八〇一頁1)　長福寺蔵。東京大学史料編纂所架蔵写真帳「長福寺文書」により、石井進編『長福寺文書の研究』(山川出版社、一九九二年)を参照した。署判者は住持(明窓)慈晃(花押)以下、蔵竜院(観叟)元荘(花押)・瑞篁院(天隠)心祐(花押)・長徳庵紹樾(花押)・神珠庵慈柏(花押)・即心院(友山)禅益(花押)・大慈院(学苑)慈勗(花押)・納所徳派(花押)・維那(寿林)元彭(花押)である。(原田)

**長福寺仏殿奉加銭法式**(八〇一頁2)　長福寺仏殿復興のため寄進された銭を元手に運用するための規式。祠堂銭運用の実態と京都西郊の一禅院の経済活動をみる上で注目される。本文史料から銭の貸出先が寺僧に限定され、質物が衣服に限定され、質物として不安定な年貢などではないことが注目される。「長福寺文書」中には、清涼院など塔頭が積極的に祠堂銭を運用し、借り手が返済できず、質流れとなった土地を売却した形で集積している様子がわかる(中島圭一「中世京都における祠堂銭金融の展開」『史学雑誌』一〇二―一二、一九九三年)。(原田)

**長福寺**(八〇一頁3)　大梅山長福寺は、梅津庄の領主梅津氏の子孫、尼真理によって仁安四年(一一六九)に園城寺末の寺院として創建され、さらに延暦寺の末寺となった。代々梅津氏が寺を運営した。この後、寺務職をめぐる相論なども複雑に展開していくが(中島圭一「寺院長福寺の成立と展開」、鴨川達夫「長福寺の禅院化と梅津氏」〔ともに前掲『長福寺文書の研究』所収〕)、永仁五年(一二九七)に寺務職を握った寛舜は肯心と名を変えて禅宗に帰し、花園天皇の帰依を受けた禅僧、月林道皎を招き、長福寺を禅院とした。

月林道皎(一二九八～一三五一)は、久我具房の子で、鎌倉建長寺の高峰顕日の弟子となり、その死後、京都で宗峰妙超とも交流した。元応二年(一三二〇)日野資朝が日頃師事する月林を花園天皇に紹介し、花園天皇の厚い帰依を受け、授衣した。月林は入元し、金陵保寧寺の古林清茂(くりんせいむ)に師事し、月林の道号を与えられた。帰国後、再び花園天皇の信任を得た(「月林皎禅師行状」〔『続群』九下〕)。月林は長福寺に迎えられ、長福寺はこの後、月林の弟子たちによって継承され存続する。また、陽禄門院(光厳

天皇妃)の葬儀は長福寺で行われた。

長福寺は花園天皇を中心とした公家方の保護を受けたが、室町幕府との関係も次第に強まり、足利直義から祈禱の礼を受けたり(前掲『長福寺文書の研究』所収文書二三一号、以下番号のみ)、観応の擾乱の折には、いちはやく祈禱の命を受けている(三九三号)。観応三年(一三五二)には足利義詮から天下静謐の祈禱命令を受け(四〇〇号)、応永六年(一三九九)には、足利義満から軍勢乱入を禁ずる禁制を獲得している(六八九号)。室町幕府のもと五山官寺体制の一角に位置づけられ、山名氏の保護も受けた。永享年間(一四二九～一四四一)以降、長福寺僧には、南禅寺など五山の住持として出世する僧もおり、用章如憲は南禅寺、心関清通は天龍寺、学苑慈勗は南禅寺住持職を得ている。また、足利義教は度々長福寺に御成りしている(前掲中島論文)。長福寺を林下禅院のように論ずる説もあるが、現実には禅宗四六流の内、古林(仏性)派として五山内に存在したといえよう。

豊臣政権のもと梅津の内六五〇石の寺領を安堵され(一二〇八号)、天正二十年(一五九二)諸山に列せられた(一二一一号)。寺内には塔頭として別伝院・清涼院(開山塔)・大崎寺(梅津氏菩提所)・天真寺・白西寺・保護庵・神珠院など盛時は二八余の塔頭を擁している。慶長十六年(一六一一)の指出によれば、方丈・開山塔の他、一三の塔頭があり、総石高一四二石七斗九升九合となっている(一二二一号)。近世には金地院崇伝により、臨済宗南禅寺派に属することになり、現在に至っている。長福寺に関する研究は前掲『長福寺文書の研究』所収論文、「小特集・長福寺文書の世界」『遥かなる中世』一三(一九九四年)所収論文がある。(原田)

**利平弐文子**(八〇一頁4)　長福寺は塔頭も含めて祠堂銭の貸し出しによって多大な利潤を得ており、現存の長福寺文書中には関連の史料が散見される。本坊の他に清涼院・佳徳院・大慈院などが祠堂銭運用を行い、清涼院は本坊に銭を貸し出したりもしている。長福寺とその塔頭は債務不履行が生じた場合、買得として土地を集積していることもわかる。売券の日付が二月晦日となったものが多く、これらは質流地と解されている(前掲中島論文)。

祠堂銭は禅宗寺院がはじめたもので、死者への追善供養のため位牌を寺内の位牌堂、祠堂に祀り、その供養法会のための布施として財物を寄進させ、これの運用利子で法会を営んだ。一五世紀初頭には寺内外への貸し付けが既に行われ、祠堂銭運用は一五世紀半ばには諸宗派にも広がり、寺院経済の重要な運営方法の一つとなっていった。『日葡辞書』の説明にあるように、元本は保全し、その運用益を消費することが定められていたことに特徴がある。

長福寺では月林道皎の塔所でもある清涼院の祠堂銭運用が盛んで、寛正六年(一四六五)祠堂方という部門も設置されていた(九三一号)。祠堂銭としての寄進は文明十七年(一四八五)からみえる(一〇三八号)が、これ以前から寺内の余剰金を充てた運用が行われていたと考えられる。

利率は祠堂銭運用の実態をふまえ、嘉吉元年(一四四一)閏九月の幕府法により二文子と規定され(室町幕府追加法二二一～二二四)、祠堂方帳への記載とともに、徳政令からの保護が定められている。年利計算は一年を一〇カ月と見なし二〇パーセントとされた(室町幕府法参考資料二四二)。貸出先は土倉などの金融業者や高利貸しを行う禅僧達であり、彼らは一般に五文子以上の高利で貸し出した(前掲中島論文)。このように祠堂銭は金融業者の資金源であり、寺院は低利ながら安定した運用を行うことができた。

畿内近国では室町幕府による保護規定があったが、地方においては文明三年九月、長曾我部文兼が土佐国吸江寺(ぎゅうこうじ)の祠堂銭の制を定めているように(「吸江寺文書」『大史』八—四—八三七頁)、守護・守護代による保護もあった。吸江寺の祠堂銭は月利三パーセントであった。この場合、戦国期になると、祠堂銭の保護は寺院の役負担と引き替えに安堵される特権となっていく。(原田)

**禅16**(八〇三頁1)　永平寺蔵。「永平寺文書」一

二号(『福井県史』資料編4)により、「永平寺文書」写真版(『大本山永平寺展』福井新聞社、一九九四年)を参照した。署判者である住山は永正六年(一五〇九)時の住持が宗縁であり、その花押と考えられる。宗縁については経歴など詳細は不明。文書裏には戦国大名朝倉氏四代、孝景(一四九三〜一五四八)の花押があり、永平寺が永正六年四月に作成したこの定めを孝景が当主となった永正九年以降に証判を受けたとみられる(永平寺史編纂委員会編『永平寺史』上、第四章広瀬良弘執筆、一九八二年)。朝倉孝景は加賀一向衆が超勝寺・本覚寺方と三カ寺方に分かれて抗争したときには、三カ寺方をたすけ、本願寺方と戦った。その後、本願寺と和議を結ぶが、一向宗対策には苦慮した。朝倉孝景は曹洞宗を保護し、特に宏智派(わんしは)と関係深く、英林寺・子春寺・天沢寺・遊楽寺を創建し、弘祥寺・心月寺を再興した。

　これ以前、明応四年(一四九五)十二月二十四日付越前国吉田郡志比庄永平寺并諸塔頭霊供田目録の紙背紙継目には朝倉貞景が花押を据えており(前掲『永平寺史』上)、永平寺が朝倉氏と関係を取り結び、所領関係文書や本文史料のような寺院法に効力を増すため、朝倉氏の署判を受けていたことがわかる。(原田)

**永平寺定書**(八〇三頁2)　全一二カ条からなり、史料に恵まれない永平寺においては、一六世紀初頭の状況をよく示す数少ない文書である。第一条には永平寺諸塔頭の規定があるが、明応四年(一四九五)十二月二十四日付越前国吉田郡志比庄永平寺并諸塔頭霊供田目録(『大本山永平寺展』、前掲『永平寺史』上)によると、この頃、開山(道元)の塔頭として承陽庵、中興(義雲)の塔頭として霊梅院、地蔵院・霊山院・如意庵・多福庵の名がみえる。

　第二〜四条には永平寺への入院規定がある。曹洞宗において永平寺は道元没後、永平寺三代をめぐる弟子達の争いから、永平寺自体が衰退していき、徹通義介らの門弟は大乗寺を中心とするようになる。この後、永平寺は義演・寂円の門派が住持を独占する。

　徹通義介の弟子、瑩山紹瑾やその弟子である峨山韶碩の門派は発展し、総持寺・永光寺などが繁栄するとともに、南北朝時代頃から各地に展開していった。

　しかし、道元の開創になる永平寺が曹洞宗僧侶にとって精神的な中心であったことは確かで、永享四年(一四三二)頃には肥後大慈寺の住持を勤めた智照なる人物が永平寺住持として出世している例がみえる(『洞谷記』巻末「明峯派峨山派儀(義)絶時管領畠山方訴訟目安」〔『曹洞宗全書』宗源下—五四一頁〕)。すなわち、寂円派以外からも住持が出ていたようで、従来の寂円派の歴代で住持を数える正住以外に、「永平寺住持」の称号を受ける制度があったようである。

　また、石屋真梁の孫弟子(石屋派)にあたり、周防国竜門寺、丹波国永沢寺の住持を勤めた器之為璠(一四〇四〜一四六八)は師の竹居正猷の「曩祖開闢之道場、而洞上之第一峯也、汲洞水流者、不可不歴此地」(「器之禅師塔銘」〔『曹洞宗全書』史伝下—二九七頁〕)の言葉を受け、永平寺を参拝している。この折に詠んだ偈が有名で、宗風の衰退を憂い、当時の永平寺が荒廃していた様を表したものと考えられる。

　その後、器之為璠の弟子、大庵須益(一四〇六〜一四七三)、さらにその弟子、為宗仲心などは諸国を勧化し、永平寺の復興に尽くした。こうした永平寺の曹洞宗内での地位の上昇確立により、諸国に展開した諸門派にとっても永平寺は重要な寺として再認識され、一五世紀後半以降入院し「永平寺住持」の称号を受ける者は増加していった。こうした出世は各門派の評定・衆議により推挙が行われたようで、如仲派・石屋派・了庵派などから出世者が出、永平寺側も地位向上と入院置銭による収入確保のためにも積極的に出世者を募ったとみられる。永平寺には総持寺のような『住山記』がのこらないが、数多くの入院者がいたのである。特に、関東の了庵派などは発言権を持ち(「安穏寺沙汰書」〔『結城市史』一、古代中世史料編〕)、この他九州・東海地方に教線を拡大していた寒巌派もまた、永平寺出世のための運動を行っている。こういった門派間では、他派を排斥する動きもみられ、総持寺を出世の中心に置く門派もあった(前掲『永平寺史』上)。

こうした経緯から曹洞宗においては永平寺・総持寺の両本山が並立するのである。天文八年(一五三九)には、永平寺に「日本曹洞第一出世道場」を再確認する綸旨が出され、おそらくこうした綸旨獲得のために各地の諸門派が運動し、綸旨獲得によりさらに永平寺住持を望む者が増加していく。

本文史料の永平寺入院規定は、一六世紀初頭の永平寺の位置、曹洞宗各派の本山に対する意識をうかがう上でも重要なものである。また、こうした入院規定を含む定めを戦国大名朝倉氏が保証していることは注目される。

また、第九条にある隔庵の意が不明ではあるが、前掲『永平寺史』上などの解釈にある離れた寺庵という意味以上に、僧の出入りの規制、洗濯という行為に絡めて、この場合の隔庵を尼の住する庵と考えることもできる。臨済・曹洞宗には数多くの尼寺が存在し、女性に対する布教も盛んであり、宗団内の女性の地位を考える上でも参考となろう。(原田)

**禅17**(八〇七頁1)　大徳寺蔵。東京大学史料編纂所影写本により、『大古』大徳寺七—二四七四号を参照した。署判者は、上段右より参雨軒(小渓)紹付(忿)在判・春松院(以天)宗清判・住山(古嶽)宗亘判、中段右より徳禅寺(笑雲)宗怡在判・(済岳)紹派判・養徳院(仁済)宗恕判・(功仲)宗全判、下段右より龍源院(大功)宗椿判・太清院宗虎判・真珠庵紹琢判・松源院・大用庵である。

春松院は不詳、参雨軒は悦渓宗忢を開山とする塔頭。徳禅寺は徹翁義亨を開山とする塔頭。養徳院は足利満詮の女、通玄尼寺竺英が春浦宗熙を開山とした寺。養徳院は満詮の法号である。大用庵は華叟宗曇を開山とする塔頭。真珠庵は一休宗純を開山とし、応仁の乱後、堺の豪商尾和宗臨によって復興。太清院は岐庵宗揚を開山とする塔頭。龍源院は畠山義元・大友義親・大内義興が東渓宗牧を開山として建立。(原田)

**大徳寺涅槃堂式目**(八〇七頁2)　鎌倉時代後期から禅宗が宋代禅林の清規に基づいた儀礼によって、北条得宗をはじめとし葬儀を執り行うようになり、南北朝期には五山僧が天皇の葬儀まで行うようになる。天皇の葬儀はその後、泉涌寺律が担当することになるが、これもまた禅宗と同様の大陸風のものであり、儀式の内容、読誦経典など共通のものであった。足利将軍とその近親者の葬儀は戦国期まで五山禅僧が独占するものであった。一方、地方に展開した臨済宗諸派や、曹洞宗も同様に在地領主や民衆も含め広範に葬儀に関わった。

禅宗の葬儀においては、足利将軍の葬礼を例にみても、五山の住持クラスが僧衆とともに荼毘所に赴き、秉炬(ひんこ)の法語を唱え、荼毘が執行された。秉炬は遺体に着火する松明を取るという意味である。このように禅僧達は顕密の国家的祈禱に出仕する僧たちが忌避した穢れに関わる儀礼に積極的に関与し、禅宗風の葬儀をもってその教線を広げた(原田正俊「中世の禅宗と葬送儀礼」『前近代日本の資料遺産プロジェクト研究集会報告集二〇〇一—二〇〇二』東京大学史料編纂所、二〇〇三年)。

こうした禅院が実際にどういった場で葬儀を行い、また葬送に密接に関わる聖や河原者などのような関係を取り結んでいるかの具体例を示すのが本文史料である。

この本文史料はこれまでも注目されるところであり、言及したものとして田良島哲「大徳寺の葬儀と蓮台野」(『京都部落史研究所報』五五、一九八二年)、高田陽介「寺僧の葬送活動と大徳寺涅槃堂式目」(『東京大学日本史学研究室紀要』創刊号、一九九七年)、山本尚友「上品蓮台寺と墓所聖について」(細川涼一編『三昧聖の研究』碩文社、二〇〇一年)がある。三者の史料解釈については幾分差異があり、誤解もあるので、頭注・補注では、新たな解釈を付し内容を整理した。

大徳寺の涅槃堂と荼毘所は寺僧のみならず広く使用が開放されたものであり、この時期、洛中洛外の葬儀の需要拡大に伴い涅槃堂における葬儀の規定が制定されたと考えられる。大徳寺は一六世紀のはじめ以降、諸大名を檀越に塔頭が開かれ、諸大名の墓寺・詣り墓としての性格を持つようになるが（赤田光男「大徳寺塔頭の葬墓制」『祭儀習俗の研究』弘文堂、一九八〇年）、その一方こうした庶民層にまで及ぶ葬儀に関与しだしていたことは注目される。もっとも、先の規定通りの布施・使用料を負担し、大徳寺僧を諷経に招く葬儀はかなり高級なものであったといえよう。

こうした禅寺に付属する葬場・荼毘所は大徳寺特有のものではなく相国寺にもあり（『山科家礼記』寛正四年〔一四六三〕八月二十六日条）、相国寺では延寿堂と呼ばれ、山科保宗の葬礼が行われた（高田前掲論文紹介）。本文史料とも関係する部分が多いので以下に示す。

一　過夜八時、北殿（山科保宗）円寂、御歳五十三、法名善本、道号、立之、御タミ（荼毘）、相国寺エンシュタウ（延寿堂）、今夜八時〈寅〉、火下、東福寺東堂太一、念誦テキシュソ（首座）、此外僧十五人、百文宛、カン（龕）ハカル、代五百文、キウヒサイ（九味斎）、エシュ（延寿堂）下行、二貫六百文、本所（山科言国）代越前、いろ（喪衣）、イハイ（位牌）ヲモツ、御雑色孫二郎・太郎二人、いろ（喪衣）、石河、いろ（喪衣）、御こし（輿）五帳、御布施、以上七貫文〈アンタウ力者マテ〉、御しゅこつ（収骨）、明日廿七日さるとき（申時）、今日、女中カミおろさる、東堂、かいのふせ絵引、侍者、あふき（扇）引、

これによれば、相国寺延寿堂で東福寺僧を導師に葬儀が行われ、棺を入れる龕は五〇〇文で借用、お供えの霊供の費用・道具の使用料として、二貫六〇〇文を延寿堂に下行している。

このほか、等持院は主に足利家の葬儀、荼毘所の機能を持ち、東福寺でも九条家の葬儀が行われ、南禅寺などにも近世初頭の地図上で荼毘所がみえる。また妙心寺では管領細川家やその有力被官に対する葬儀・荼毘も行われ、明応二年〔一四九三〕上原賢家の荼毘が妙心寺で行われている（『北野社家日記』同年十一月二十四日条）。

これらの葬場がどの程度一般に開放されていたかはわからないが、洛中洛外で時衆や浄土宗寺院と並び禅宗寺院が葬儀に関わる割合は極めて大きいといえよう。（原田）

**涅槃堂**（八〇七頁３）　延寿堂・安楽堂・省行堂・重病閣・将息寮ともいう。北宋崇寧二年（一一〇三）の序をもつ長蘆宗賾の『禅苑清規』には、第四巻「延寿堂主浄頭」、第六巻「将息参堂」の項があり、禅院内の病者の扱い、その世話をする延寿堂主の規定がある（延寿堂については禅2参照）。また、別に重病閣があり、

病僧如稍困重、報堂司抄劄、迁重病閣〈若非道眼精明、並勧令専念阿弥陀仏祈生浄土、若勧率同袍打磬念之極妙〉、

（『禅苑清規』四「延寿堂主浄頭」）

とあり、まさに死を迎えるための場所があった。こちらの方が涅槃堂の意に合うものといえる。また、第七巻「亡僧」の項には、病僧のもとで、維那が寿命慧命の延長を願うことや、重病の者には、阿弥陀仏を十念し、衆僧も長声に阿弥陀仏・四聖の名号を念ずるという（近藤良一「禅苑清規に於ける浄土思想」『北海道駒沢大学研究紀要』一、一九六七年）。

日本においては、永仁二年（一二九四）正月日付北条貞時禅院規式（禅2）に延寿堂の規定があるが、本文史料にあるような葬礼の場としての涅槃堂とは異なり、もともとの意味の病僧の収容場所である。

『禅林象器箋』が引用する清拙正澄の「円覚寺延寿堂、題亡僧名牌」には、延寿堂内に牌を安置し、名を記したという。或いは臨終に遺偈のあるものは、それを悉く記し、親族、友人などが、亡僧の遺したものを訪ね知ることができるようにしていた。清拙正澄は嘉暦元年（一三二六）に来日するので、鎌倉時代末の禅林内では、延寿堂は位牌堂的機能も有していたことがわかる。

室町時代になると『山科家礼記』寛正四年(一四六三)八月二十六日条にあるように、葬礼・荼毘が行われる場の呼称となっている。

本文史料にあるように、大徳寺では同様の機能を持つ場を涅槃堂と称していた。大徳寺涅槃堂の位置は、『山州名跡志』七(蓮台野)に「古老曰、古蓮台野ノ火葬場ハ、今、大徳寺塔頭龍光院ノ辺也」とあり、二〇間、四〇間の敷地内(『大古』大徳寺五―二〇一四号)に諷経を行う涅槃堂があり、その近隣で荼毘が行われたといえよう。(原田)

**多少に…**(八〇七頁4)　大永頃の大徳寺は寺僧の規模はわからないものの塔頭が増加傾向にあり、僧衆の多くは各塔頭に居住し、常住には、輪番で各塔頭の院主が詰めるとともに維那・侍真・納所の役職を置き、彼らが大徳寺の公界として常住の運営を担い、各塔頭の会計とは別に常住の会計があった。(原田)

**千本蓮台寺**(八〇七頁5)　寺伝では聖徳太子の建立になる香隆寺があり、宇多法皇の弟子として知られる寛空がこれを中興し、村上天皇より上品蓮台寺の勅額を受けたとする。仁和寺末寺として存続したが、応仁の乱で荒廃、天正・慶長年間(一五七三～一六一五)根来寺の性盛法印が住職となり、豊臣秀吉の保護を得て復興、その後、智積院より住職が出、江戸時代には塔中(頭)十二坊を有した(『山城名跡志』、「上品蓮台寺志稿」(『京都府寺誌稿』京都府総合資料館蔵))。「寛永十四年洛中絵図」によると十二坊とは千本通の東側に北から南之坊・石蔵坊・泉蔵坊・芝之坊・田中坊・願明坊、西側では真言坊・蓮台寺本坊・花之坊・泉蔵坊・中嶋坊・上之坊・手向坊があった。明治維新後の統廃合を経て、現在は真言院(真言坊)・宝泉院(藤之坊・池之坊・上之坊)・大慈院(芝之坊)がある。

平安時代から戦国時代にかけての蓮台寺については不明な点も多いが、山本尚友の論考(「上品蓮台寺と墓所聖について」『三昧聖の研究』碩文社、二〇〇一年)に主によりながらその沿革をみていく。

天徳四年(九六〇)権僧正寛空により北山蓮台寺の供養が行われ、これが当寺の創建にあたると考えられる(『日本紀略』同年九月九日条)。願文は『本朝文集』三六に収められ、宇多上皇より受法し、僧としての位を極めた寛空の隠居所として創建されたとみられる。仁和寺の末寺として師資相承された(『仁和寺諸院家記(心蓮院本)』『仁和寺史料』寺誌編一、奈良国立文化財研究所、一九六四年))。

永延元年(九八七)、宋より帰った奝然が経典や釈迦像を最初に運び込んだことでも知られる(『小右記』同年二月十一日条)。もっとも、蓮台寺の名はその後、一一世紀以後は史料上、姿を見せなくなる。

寛空が関係した寺としては香隆寺(現在の等持院の東)があるが、『中右記』嘉承二年(一一〇七)八月二日条には「抑香隆寺者本号蓮台寺、本是寛空僧正私坊」とあり、両寺が寛空の私坊であったことから混同が生じ、既に蓮台寺はなかった。香隆寺は嘉禎四年(一二三八)正月十四日焼失、香隆寺はすぐさま再建されるが、蓮台寺がもとあった、船岡山の西、蓮台野に場所を移したとみられる(『仁和寺諸院家記(心蓮院本)』)。先述のように寛空ゆかりの仁和寺末寺であったことから、両寺の間には什物・資財の継承があったと考えられる。その後の香隆寺の動向は不明ながら、先にみた寺伝にあるように、応仁の乱で衰微し、本文史料にみるように大永五年(一五二五)には「千本蓮台寺聖方」とあるように寺号を蓮台寺に変えて存在していたとみられる。

近世には一二の坊を抱え、「寛永十四年洛中絵図」(宮内庁書陵部所蔵『慶長昭和京都地図集成』柏書房、一九九四年)には千本通の両側に坊が立ち並んでいた。

蓮台寺があった蓮台野は平安時代末より葬地として有名で、西行の『山家集』にその名がみえ、早い例とされる。『左経記』長元八年(一〇三五)六月二十二日条には大斎院選子内親王の葬礼が蓮台廟で行われ、葬所の材木・絹布が蓮台廟聖に施行されている。この記事を、山本尚友は前掲論文で、この時点で蓮台野の呼称は未だないとし、葬地としても意識されていないとして、この場所を蓮台野ではなく、蓮台廟は葬地の普通名詞とする。

もっとも、先にみたように一〇世紀後半には蓮台寺が創建されていたのであり、この地が、紫野、船岡山の周辺として葬地とされてもおかしくはなく、この記事を葬地としての蓮台野の早い例としてみてよいであろう。また、蓮台廟聖は本文史料に出る蓮台寺聖方につながるものとみられる。

蓮台野には非人の居住もみられ、嘉元二年（一三〇四）後深草天皇五七日仏事の際には、東悲田院、清水坂とともに、蓮台野で一七〇人分の非人施行が行われている（『公衡公記』別記後深草院崩御記）。

本文史料の大永五年（一五二五）頃の蓮台寺と聖方がどのような関係を有するのかは不明であるが、蓮台寺聖は火葬の執行に関わる三昧聖とみられる。また、第二条目の河原者は廬山寺通り千本東入るにあった野口の河原者とされる（前掲山本論文）。本文史料は中世において河原者が葬儀に関わったことを示す貴重な史料でもある。

近世には上品蓮台寺十二坊の内、六坊が千本の火葬場の運営を支配し（『雍州府志』八「千本」の項目）、実務に携わる聖方をその支配下に置いていたとみられる。千本蓮台寺聖方は同時に大徳寺涅槃堂での火葬にも関わっていたのである。（原田）

**禅18**（八〇九頁1）　金地院蔵。東京大学史料編纂所影写本により、『大史』一二―一二所収「金地院文書」を参照した。包紙には「五山十刹諸法度」とある。

『大史』の按文によれば、同内容の法度が天龍寺・東福寺・両足院（建仁寺）にものこるが、いずれも写しで、天龍寺以下の五山には朱印の正文は発給されず、写しが下付されたとも考えられる。（原田）

**五山十刹諸法度**（八〇九頁2）　元和元年（一六一五）七月には、本文史料とともに、真言宗諸法度（「三宝院文書」）、高野山衆徒法度（「三宝院文書」）、妙心寺法度（「妙心寺文書」）、永平寺諸法度（「永平寺文書」）、総持寺法度（「総持寺文書」）、浄土宗法度（「知恩院文書」）、浄土西山派諸法度が出されている。徳川幕府による諸宗寺院法度の制定は、慶長六年（一六〇一）六月二十一日、高野山に対して行人学侶の分離を定めたものを早いものとし、同十三年八月八日の延暦寺、同年十月四日の近江国成菩提院、慶長十四年五月一日には園城寺・修験道、同年八月二十八日東寺・醍醐寺・高野山、同年同月関東真言宗古義諸寺、同年十一月二十一日東寺・醍醐寺・高野山と出されていく。当初は寺院内部での相論を契機として法度が制定されたり、寺領安堵とともに法度制定が行われた。

この時期、寺院内部の諸勢力の相論は幕府の裁定を受けるため訴え出られることが多く、慶長十五年、高野山の学侶・行人・聖の相論（『当代記』同年三月二十四日条）、慶長十六年の嵯峨清凉寺内部の真言宗と浄土宗の相論（「清凉史略」『大史』一二―八―五〇七頁）、慶長十八年の修験道当山・本山派の山伏の役料を支配をめぐる相論など、幕府の裁定を求めるものは多かった。こうしたなか、家康は「永代之法度」制定を目指すようになる（『本光国師日記』『大史』一二―一一―一八七頁）。こうした一連の寺院法度の集成が相次いで出されたのが、元和元年である。

徳川幕府による五山関係の法令としてはこれが最初のものであるが、五山僧は豊臣政権以来、統一政権のもとでその施策に関与することが多く、豊臣秀吉、徳川家康に仕えた相国寺の西笑承兌（さいしょうじょうたい）、家康によって足利学校より招かれ側近となった閑室元佶（かんしつげんきつ）、南禅寺金地院の以心崇伝が有名である。

特に崇伝は、寺院法度のみならず公家諸法度・武家諸法度の起草にも大きく関与した。慶長十九年には公家・武家法度制定のため、家康の命で五山僧たちは『群書治要』『貞観政要』などの抜き書きを進めている（『駿府記』同年四月五日条他)。さらに京都の公家・院が所蔵する書籍の大規模な書写が進められ、そのため天龍寺以下、各五山から能書の僧を各寺一〇人選出し、南禅寺金地院に詰めて作業にあたらせている(『大史』一二―一五―六七六頁)。写本は三部作成され、一本は禁中、一本は江戸、一本は駿河に置かれ、家康による古典籍の集成が行われたのである。

このように崇伝らを出す五山派は挙げて統一政権の文官的役割を果たした。比較的統制もとれており、法度の制定も比較的遅かった。また、西笑承兌が相国寺鹿苑僧録であったことや、家康が室町幕府が持っていた五山僧の公帖発給権を握っていたことからもわかるように、五山派支配は室町時代の鹿苑僧録・蔭凉軒主による支配を踏襲していた。

ここで本文史料七条目にみるように、南禅寺出身の崇伝は鹿苑・蔭凉軒の官職を「先代之規範」として廃止し、これ以後、幕府の帰依厚い五山長老一人をもってこれに宛てるとし、実質、江戸時代の金地院僧録の体制を作った。(原田)

**金地院文書**(八〇九頁3)　京都市左京区南禅寺福地町にある金地院所蔵の文書。金地院は室町時代初期に臨済宗大覚派(蘭溪道隆の門派)の大業徳基を開山として創建された。その後、以心崇伝(一五六九～一六三三)が復興して洛北鷹ヶ峰から南禅寺境内に移転した。崇伝は玄圃霊三に師事し、後に靖叔徳林の法を嗣ぎ大覚派の僧となった。慶長十年(一六〇五)に南禅寺住持となり、同寺の再興にも尽くした。崇伝は慶長十三年、徳川家康に招かれ、閑室元佶とともに幕府の寺社行政に携わった。元和五年(一六一九)には僧録となって五山を統轄した。金地院は、崇伝の拠点であり、徳川幕府による寺社行政、五山禅宗の行政に関する記録・文書が多数残されている。崇伝の日記『本光国師日記』はもとより、外交関係の記録『異国日記』、五山の人事に関わる「出世大望之衆目子留書〈付連署等〉」などがある。(原田)

**秉払**(八〇九頁4)　室町時代以来の五山では、蔵主・書記・後堂首座・前堂首座の位にある間に、秉払の頭首を勤めた。秉払の頭首は、住持に代わって払子を秉り、法堂の須弥壇上で法を説き、禅客(侍者の位にあるものが勤める)の問話に答え、これを批評し、自らの見解を表明しなければならなかった。

秉払後、住持は秉拂の頭首を勤めた者に対して謝語(じゃご)を述べ、これを後日書き記し与えた。秉払を勤めた者はこれを証明書として添え、鹿苑僧録に対して諸山住持への推挙を請い、この後、十刹、五山住持職への階梯を上ることになる。

このように五山僧にとって重要な登竜門としての儀式であったにもかかわらず、中世以来、秉払を遂げずに公帖を得て、諸山以上の住持職を得る「無払」の者は存在した。また、実際に住持として入寺しないで官寺の住持職を得る「坐公文」が幕府の財政を支えるため乱発されると、「坐公文」を受けるのであっても秉払は必要であるにもかかわらず、「無払」はさらに増加し、室町幕府の最末期にはとりわけ多かった。いくつかの例をみると『鹿苑院公文帳』永禄十年(一五六七)の条には光源院殿三回忌の仏事運営のための功徳成として坐公文が出され、無払にもかかわらず景徳寺の公文(公帖)が出されている。元亀二年(一五七一)には、大覚寺よりの口入、或いは将軍の上意により無払の者に公帖が出されている。

徳川幕府はこうした動向を問題視し、さらには公帖を受けず官寺の長老職に就いたことになっている者まであり、その実態調査を命じ、慶長二十年二月二十六日には、鹿苑院昕叔中璋・前鹿苑院主有節瑞保が慶長十四年十月から十七年六月にかけての二一名の「公帖無拝領衆」の書き上げを崇伝に提出している(『本光国師日記』四―四五頁)。これをみると入院や大法会があり、出世改衣を急ぐ場合は鹿苑院の専決で出世を認めていたことがわかる。また、関東の諸寺は遠方であることから、法会などの都合で急ぐ場合は公帖がなくても改衣してもよいというのが一般化していたようである(『出世大望之衆目子留書」(『大史』一二―一三―二七四頁))。本文史料はこうした事態を踏まえ、秉払の儀式の励行による五山僧の引き締めを計ったものである。(原田)

**南禅寺は…五山は黄衣**(八一一頁1)　中世の五山僧は諸山の住持職を得て西堂の位に昇るまでは黒衣(座元〔ぞげん〕まで)、諸山の公帖を得ると黄衣を着することを許されたとされる(玉村竹二『五山禅僧伝記集成』〔新装版〕用語解題、思文閣出版、二〇〇三年)。紫衣については、天龍寺住持職を得ると薄色の紫衣(浅紫衣)、五山之上南禅寺住持職を得ると濃い色の紫衣(深紫衣)といわれる。しかし、『蔭涼軒日録』延徳三年(一四九一)四月十七日条によれば、「紫衣之色南禅天龍有深浅之品、今時者皆同色也云々」とあり、この区別も既に曖昧であり、本文史料により、その区別の徹底をはかったことがわかる。(原田)

**碩学料**(八一一頁2)　五山の学問に優れた有能な人物に一代限りで与えられた役料。慶長年間にはじまり近世を通じて存在した。『本光国師日記』所収の慶長十九年(一六一四)三月二十九日付崇伝から板倉伊賀守(勝重)宛の書状によると、徳川家康は五山塔頭の院主の内、「学文者」と「無学者」との入れ替えを命じており、これに対して五山側は、諸塔頭は血脈(法系)によって相伝されており、これをみだりに交替することはできないとし、「学文者」には「学文領」を下されるように代替案を出している。各五山内においても、幕府の意向を実行するについては、面倒な手続きを要し、この書状で板倉勝重と五山衆との相談を要請している。

　また同四月十一日付崇伝書状では、五山への朱印状の案が出来、学、無学の衆を分かつのは家康の仏法再興の意図であるとしている。

　これより先、慶長十九年三月六日、家康は南禅寺以下、各山、四、五人の五山衆を駿府に招き、その由緒、仏法を問い、九日には題を与え、即席の頌を作成させている(『駿府記』『当代記』)。家康による五山衆の学問能力の試験ともいえる出来事であった。

　五山への寺領改めについては、『本光国師日記』にその経過が詳細に記されている。慶長十九年八月頃から朱印の下付が五山より要請され、同年九月、建仁寺、東福寺などの役者が駿府に下っている。石高については、慶長十六年の検地をもとにしている。慶長十九年になると寺領の出入りが調査され、四月十一日には案が作成されている。

　これ以前、三月には五山から寺領指出を提出している。天龍寺を例に採れば、

　　天龍寺并諸塔頭寮舎分
　高千七百弐拾斛
　　内　　　常住
百九拾壱石八斗九升七合〈此内九拾九斛弐斗弐升壱合、新御寄進三ヶ寺分也〉　方丈
参百斛　　碩学料
弐拾六斛八斗壱升　雲居庵
参拾参斛五斗六升四合　臨川寺
四拾斛五斗弐合　三会院
　合五百九拾弐斛七斗七升三合
九拾壱斛壱斗八升弐合　妙智院
六拾七斛八斗八升五合　西芳寺
拾三斛八斗七升七合　華蔵院
(以下二十八院略)
　合千七百弐拾七斛壱斗五升六合
都合千七百弐拾斛
　慶長十九〈甲寅〉年三月晦日
　　　去(マヽ)光在判
　　　寿洪在判
　　　元彭在判

相国寺では、

相国寺常住〈并〉諸塔頭知行之目録
大御所様御直判弐通御座候
　高千四百六十弐石壱斗五合
弐百拾六石三斗九升五夕九才　本寺
弐百五十石　碩学料
　以上四百九十六石三斗九升五夕九才
八十五石弐斗弐升五合弐夕五才　〈本院〉鹿苑院
三十石壱升六合五才　〈本院〉慈照院

拾壱石四斗八升七合四夕五才　〈本院〉大智院
(以下三十七ヵ寺略)
以上九百六十五石七斗壱升五合
惣以上千四百六拾弐石壱斗五合
慶長十九〈甲寅〉年三月廿九日　□□在判
承良在判
中啅在判
瑞保在判

とあり、建仁寺では高八二一石の内、碩学料一九〇石五斗七升六合、東福寺では高一五八四石の内、碩学料三一五石であった。惣石高の約一七から二三パーセントが碩学料に宛てられ、学問に優れた者に宛行われた。なお、五山への黒印状下付は、慶長十九年十二月二十八日となる(『大史』一二―一七―一八〇頁)。

この後、碩学料は対馬以酊庵における朝鮮修文職の役料的意味をも持つようになる。

また、家康は諸宗の僧を招き盛んに論義会・問答を行わせており、家康以降、こうした論義の場は催されなくなるので、家康の個人的関心に基づくところであり、天海との関係から天台宗の教学と家康神格化が結びつく過程を読みとろうとする考えもある(曽根原理『徳川家康神格化への道』第三部第二章、吉川弘文館、一九九六年)。もっとも、諸宗の論義・問答を家康の面前で行わせることは、宗学・学問を僧侶の本分であることを示す意味でも重要な場であり、家康が室町時代の武家八講の伝統を踏まえ、さらに、五山・曹洞・浄土など諸宗を総覧する立場を示したものともいえよう。(原田)

**鹿苑蔭凉の官職…兼補すべし**(八一一頁3)　本文史料が五山官寺体制の変更を行った大きな点としては、本条項にある相国寺内にあった鹿苑院・蔭凉軒の僧録機能の廃止がある。僧録は康暦元年(一三七九)十月十日付足利義満御内書(禅12)でみたように春屋妙葩が任ぜられ、「天下僧録禅家」として五山禅林の人事・訴訟をはじめとした事務を統轄した。また、僧録の職は後円融天皇綸旨(「鹿王院文書」一九〇号)によって、朝廷からの認定を受けたものであったことがわかる。

ともあれ、こうして成立した僧録は、その後は、一々任命の文書は出されないまま、絶海中津・空谷明応と夢窓派の禅僧に引き継がれ、絶海中津・大岳周崇が相国寺内鹿苑院に住したことから、鹿苑院主と僧録が兼帯されることになった。

これ以降、鹿苑院主が鹿苑僧録として五山支配にあたることとなり、鄂隠慧奯(がくいんえかつ)以下、著名な五山僧がその職に就いた。また鄂隠慧奯の在職頃から仲方中正が蔭凉軒主となり、次第に実権は蔭凉軒主に移り、季瓊真蘂や亀泉集証は権勢を誇った。鹿苑院主、蔭凉軒主は五山の有力僧とともに室町殿の御相伴衆として、絶えず近侍し、信任厚く、五山の特権を保持するため活躍した(今枝愛真「禅律方と鹿苑僧録」『中世禅宗史の研究』東京大学出版会、一九七〇年)。

室町幕府と密接に関係した五山は、幕府の衰退、崩壊によりその勢力は著しく低下するが、相国寺の西笑承兌は豊臣秀吉・徳川家康の信任厚く、出頭人の一人として僧録の地位を守り、機能し、西笑承兌は大和国などでは諸寺社の寺領確定にまで携わった(伊藤真昭「大和の寺社と西笑承兌」『仏教史学研究』四二―二、二〇〇〇年」、同「関ヶ原の戦い以前の西笑承兌」『戦国史研究』四五、二〇〇三年」)。西笑承兌の没後、南禅寺の金地院崇伝が、家康の信任を一身に受け、実質、五山全体に対する命令権を握った。

こうした実績の積み上げをもとに、本文史料中にあるように、これ以後、五山の長老中、帰依僧一員をもって、僧録の任にあたらせるとして、室町時代以来の相国寺の地位を奪い、実質、南禅寺の崇伝の弟子が僧録の任を担っていくことになる。

これに対して、寛永十一年(一六三四)閏七月十八日、崇伝の死去後の僧録空白期をねらい、相国寺側は開山堂において住持、鳳林承章以下、一山の東堂・西堂が評定を加え、訴状を草して、鹿苑僧録の復旧を幕府に訴えることになった。

しかし、板倉重宗・酒井忠勝・柳生宗矩などへの働きかけもむなしく、その復興はならず、これ以後、金地院僧録が定着する(「棲碧日録」『相国寺史料』二、思文閣出版、一九八六年)。

　その折の訴状には、本文史料が五山にもたらした影響を詳述しており、崇伝が権勢をもって、家康を動かし、相国寺の僧録を取り上げたこと、また、従来は五山の内より、高徳の僧は南禅寺住持職を容易に得ることができたのに、南禅寺派の僧に限定され、他の五山僧が南禅寺住持職を得ても、准南禅寺位とされ、崇伝のもとで南禅寺派、優遇策が著しく進んだことがわかる。本文史料により、中世以来の五山官寺制が大きく変化したことがわかるのである。(原田)

**禅19**(八一三頁1)　妙心寺蔵。東京大学史料編纂所影写本により、『大史』一二―二二―二八三頁を参照した。元和元年(一六一五)乙卯年七月日の下に徳川家康の朱印を捺す。本文書継目の裏に黒印一個を捺す。(原田)

**妙心寺諸法度**(八一三頁2)　本文史料と同年月日・同内容で大徳寺宛に法度が出されている。徳川幕府が、臨済宗内でも、五山とは別に、大徳寺・妙心寺を別個の集団として把握していたことを示す。原文書がのこることから、ここでは便宜上、妙心寺文書を掲載した。

　妙心寺は京都市右京区花園妙心寺町に所在し、臨済宗妙心寺派の大本山。山号は正法山。開山は大徳寺開山、宗峰妙超の弟子、関山慧玄。宗峰妙超が晩年、花園上皇から参禅の師の推挙を依頼され、弟子の内から関山慧玄を推したといわれる。花園上皇は花園の離宮を改め禅寺とし、美濃山中に隠棲していた関山慧玄を迎えたという。開創年次は諸説あり確実なところはわからないが、暦応五年(康永元年〈一三四二〉)に花園上皇の院宣を以て仁和寺領花園御所跡を関山に管領させており、この頃、寺として基盤が確定したとみられる。五山以下官寺の中には入らず、林下といわれる在野の禅宗寺院として発展し、大徳寺などとともに林下・山隣派と呼ばれた。

　応永六年(一三九九)、応永の乱で大内義弘が幕府に叛すると、時の妙心寺住持、拙堂宗朴は大内義弘と師檀関係にあったことから、足利義満は寺地寺領を没収し、青蓮院に与え、三年後には義満の弟、南禅寺徳雲院の廷用宗器(一山派)に管領させ、妙心寺は中絶した。永享年間(一四二九～一四四一)に一部寺地が返還され、尾張瑞泉寺の日峰宗舜が六世住持となり、再建を模索したといわれる。八世義天玄詔は、管領細川勝元の帰依を受け、妙心寺の北に龍安寺を開創、妙心寺派の拠点を形成し、妙心寺復興を図った。応仁の乱で再建は頓挫するが、雪江宗深の代には細川勝元・政元の援助のもと復興を果たし、後土御門天皇より再興の綸旨を得た。妙心寺派の台頭は、細川氏の力によるところが大きく、幕府管領職にある細川氏が、五山とは別個の妙心寺派を外護し、朝廷による住持補任権をもとに門派の地位向上を図ったことは、応仁の乱後の天皇権威を考える上でも注目される。

　雪江宗深の弟子、景川宗隆・悟渓宗頓・特芳禅傑・東陽英朝は各地に拠点を開き、龍泉派・東海派・霊雲派・聖沢派を形成し、妙心寺内に門派の中心地として塔頭を造った。龍泉庵・東海庵・霊雲院・聖沢院を四本庵という。本文史料の五条目、塔頭輪番の規定は、こうした門派の集合体としての妙心寺のありかたを踏まえてのものであるといえる。妙心寺派は細川氏の有力被官薬師寺氏などの外護により、塔頭を増やしていくとともに、細川氏とその被官の葬儀・追善を主管した。この他、美濃国斎藤氏の外護も大きく、美濃が重要な拠点でもあった。この後、戦国大名の帰依も多く、織田・豊臣の重臣達の外護者も獲得し、戦国期以後、その末寺を増やし、臨済宗の最大門派となる。玉村竹二「初期妙心寺史の二三の疑点」(『日本禅宗史論集』下之二、思文閣出版、一九八一年)、竹貫元勝『妙心寺教団の形成』(『日本禅宗史研究』雄山閣出版、一九九三年)参照。(原田)

**近年…**(八一三頁3)　妙心寺住持は綸旨によって任命されこれを綸帖と呼び、紫衣入寺を行った。近世以降も臨済宗の中で、五山は幕府から、大徳寺、妙心寺は朝廷の綸旨によって住持職が補任された(大徳寺については禅5の「大徳禅寺」の項参照)。大徳寺開山、宗峰妙超が妙心寺開山、関山慧玄の師であることから、綸旨による住持職任命は大徳寺の方が先であり、妙心寺は大徳寺の末寺的地位にあった。しかも、妙心寺は足利義満により、一時期廃絶の期間があったが、これが本格的に復興されるのは細川勝元の力による。勝元は美濃国瑞泉寺にいた関山派、日峯宗舜を招き、文安四年(一四四七)大徳寺住持とした。

大徳寺は本来、宗峰妙超の弟子の中でも、徹翁義亨の門派が住持職を独占していたが、時の実力者、細川勝元の力を以って、自らが帰依する日峯宗舜を妙心寺の本寺格の寺の住持としたのである。この事態に対し当然、大徳寺側は反発したが、妙心寺僧の大徳寺住持としての登用はこれ以後続いた。妙心寺は大徳寺の一末寺に過ぎないが妙心寺住持になる人物は、同時に勅住の大徳寺住持職を得ることになり、その権威を高めることになった。

細川勝元は妙心寺派僧(関山派)への帰依を深め、義天玄承(詔)を開山に、自らの菩提所として龍安寺を創建、さらに享徳元年(一四五二)朝廷に対し、義天玄承を大徳寺住持となし、紫衣勅許を願った。

長禄三年(一四五九)、細川勝元が妙心寺開山、関山慧玄の百年忌を龍安寺で催し、五山僧をも招き、盛大な仏事を営んだ。この折、招かれた僧録の瑞渓周鳳は時の妙心寺住持、義天玄承が導師として行道の先頭に立つことを許さなかった(『臥雲日件録』)。これからも、依然、五山僧からは妙心寺僧が下位に置かれたことがわかる。さらに、雪江宗深は寛正三年(一四六二)大徳寺住持となり、文明五年(一四七三)大徳寺に再住している。

この後、妙心寺の地位向上に寄与した人物としては鄧林宗棟がいる。鄧林宗棟は、細川野州家、細川教春の子、勝之で、細川勝元の養子となったが、出家して妙心寺派の禅僧となった。文亀二年(一五〇二)、細川政元の口入で大徳寺住持職を得た(末柄豊『妙心寺への紫衣出世勅許をめぐって』『禅文化研究所紀要』二八、二〇〇六年)。永正四年(一五〇七)、妙心寺入寺の際には、勅使の臨席を請い、盛大な入寺式を行った。永正六年には後柏原天皇の綸旨を受け

正法山妙心禅寺者、大燈国師上足之草創花園仙院御願蘭若也、是以綸命復旧再興得時、然則須着紫衣、刷入院儀式、位次等大徳寺、前後可守年月也、門徒相互専仏法紹隆、宜奉祈宝祚延長之由、
天気如件、仍執達如件、
永正六年二月廿五日　左少弁伊長
当寺長老禅室
(「妙心寺文書」)

妙心寺は紫衣勅許の寺となり、その寺格も大徳寺と相並ぶものとなった。

この処置に対して当然、大徳寺は朝廷に対して抗弁し、妙心寺はあくまで大徳寺の末寺であることを主張するが、細川高国などの外護のもと、妙心寺の地位は確定する(川上孤山『増補妙心寺史』思文閣出版、一九八五年)。

これにより、臨済宗の内でも、大徳寺、妙心寺が綸旨により住持職を与えられ、紫衣勅許の寺として確立する。南禅寺以下の五山が室町幕府からの公帖で補任されるのに対し、朝廷の叙任権のもと寺格を示すのである。

戦国期には室町幕府の衰退とともに相対的に朝廷権威が上昇し、これを頼る寺院も増え、織豊・徳川期にも一定度の寺格を誇った。徳川幕府が成立し、公家、寺院に対する位置づけが問題となると、幕府は諸宗、諸大寺に法度を出し、支配を強化する。

慶長十八年(一六一三)には公家衆に対して五カ条の「諸公家法度」が出され、公家衆が家々の学問を昼夜怠ることなく勤めよといった、元和元年(一六一五)の「禁中并公家諸法度」に先立つ法令が出された。寺院に対しても、

勅許紫衣之法度
大徳寺・妙心寺・知恩寺・知恩院・浄華院・粟生光明寺・黒谷金戒寺(泉涌寺)右住持職之事、不罷(被)成勅許以前、可被告知、撰其器

量(為仏法相続)可相計、以其上人入院之事、
可有(申)沙汰者也云々(ナシ)、
(慶長十八年六月十六日御朱印)(広橋大納言殿)
(『駿府記』、( )内の注は『本光国師日記』による『大史』一二―一一―二八五頁)

が出され、勅許の前に幕府への届け出を定めている。事実上、叙任権を幕府が掌握することになるのである。

実質の手続きは、妙心寺は五山(鹿苑僧録)に届けを出し南禅寺金地院崇伝が書状をもち、駿府へ下り、家康の御意を得た(『当代記』慶長十八年七月初)。また、

関山派妙心寺門徒、出世之長老近年多之、於向後者、駿府〈江〉令出仕、自駿府、五山・紫野〈江〉被相尋、找可被歴奏聞ト也、此儀付而、彼派出世大方相止分也、
(『当代記』慶長十九年二月)

とあるように妙心寺派の出世長老の増加がこの時期、問題視されている。

もっとも、この後、五山側でも大仏鐘銘事件にからみ五山の出世が公帖発給を待たずに行われることの非を幕府が追及している(『本光国師日記』元和二年七月)。

こうした幕府の臨済宗諸派に対する叙任権の掌握の強化、秩序化の流れのなか、本文史料の元和の法令が出されるのである。

この後、いまだ元和令の趣旨は徹底されなかったようで、寛永四年(一六二七)七月十九日には「上方諸出世御法度」が出され、諸宗の元和令以後の住持職、上人号は再吟味すべき事態となる。

こうした動向は、朝廷に斡旋して容易に綸旨を得ていた大徳寺・妙心寺にとって、多くの僧侶が住持職を得るための妨げとなり、また、京都の地にあって朝廷権威を頼み五山と競合してきた大徳寺・妙心寺にあっては、公然とこれを批判する者達があらわれた。妙心寺では東源などが強硬派で異議を唱えたが、龍安寺の伯浦恵稜など穏健派の取り成しで幕府に恭順の意を示した。

大徳寺では北派の沢庵宗彭・玉室宗珀が強硬派で幕府に対し抗弁書を提出し、公然と公儀を批判した。これにより崇伝らは厳科を主張、寛永六年大徳寺の沢庵は出羽国、玉室は陸奥国、妙心寺の東源は陸奥国、単伝士印は出羽に流罪となった。これが紫衣事件である。(原田)

**禅20**(八一五頁1) 永平寺蔵。『大史』一二―二二―二八四頁により、『大本山永平寺展』(福井新聞社、一九九四年)所収写真を参照した。(原田)

**永平寺諸法度**(八一五頁2) 曹洞宗に対する徳川幕府の法度は、元和元年(一六一五)七月永平寺・総持寺の両寺に出され、曹洞宗の本山として、両寺が認定された。曹洞宗に対する本格的な法度は、元和の法度(本文史料)以前、慶長十七年(一六一二)五月二十八日に「天下曹洞宗法度」が出されている。これをみると、

天下曹洞宗法度
一 不在三十年修行成就人、立法幢事、
一 不在二十年修行、致江湖頭事、
一 寺中追放之悪比丘僧於諸山許容事、
一 致江湖頭不経五年転衣之事、并修行不熟之□〔僧ヵ〕致□〔転ヵ〕衣事、
一 為末山、背本寺之掟事、
右条々、若於背此旨者、可追放寺中也、
慶長十七年五月廿八日 御判
竜穏寺〈武州〉ヲコセ
総寧寺〈下総〉関宿
大洞院〈遠州〉可睡
右従曹洞宗出案書也、
(『本光国師日記』一―二六四頁)

とあり、曹洞宗側より出された案文をもとに、以心崇伝が徳川家康と協議のもと竜穏寺・総寧寺・大洞院へ出された(『大史』一二―九―八七二頁)。幕府の法度が、宗派内の慣例をもとに、本寺格寺院の意向を受けて編纂されたことがわかる。宛所の武蔵国竜穏寺・下総国総寧寺・遠江国大洞院(可睡斎)は江戸時代、曹洞宗の大僧録として末寺支配を行った寺である。慶長二十年には竜穏寺・総寧寺とともに関東三ヵ寺として威勢を振るう下野国大中寺にも法度が下され

る(『駿府記』同年閏六月八日条)。これにより、竜穏寺・総寧寺・大中寺が全国の曹洞宗寺院を三分割して統轄し、大洞院(可睡斎)は三河・遠江・駿河と伊豆の如仲派を統轄した。

内容的には、この慶長十七年法度の第一・二・四条が本文史料(元和法度)の第一条に集約されている。慶長十七年法度ではこの他、悪僧の宗派内からの追放、末寺が本寺の掟に背くことを禁じている。元和法度では、新たに永平寺・総持寺への出世・開山忌の規定が盛り込まれ、永平寺・総持寺を頂点とする体制が完成された。このように、近世の曹洞宗は両本山・大僧録のもと支配体制が形成された。

徳川家康はこの頃、諸宗の僧侶を招き盛んに駿府・江戸で論議や問答を面前で行わせており、可睡斎宗珊など曹洞宗内の有力寺院の僧も招かれ(『駿府記』慶長十八年二月二十日条、同十九年九月十八日条等)、禅問答を披露している。この際に、宗派内の教学、宗派内の秩序を言上し、家康との関係を深めることにより、法度の内容や大僧録の認定がなされたと考えられる。

中世の曹洞宗の展開は、道元開山の永平寺よりも、道元下三世の徹通義介(一二一九～一三〇九)のもとから出た瑩山紹瑾(一二六八～一三二五)の瑩山派の展開がめざましく、永平寺をしのぐものであった。瑩山のもとからも峨山派、さらにそこから太源派・通玄派・大徹派・実峰派・無底派・源翁派などが各地に拠点寺院を造り、それぞれ独立した門派として存在した。これゆえ、法系上、瑩山開創の総持寺の地位は高く、実質、曹洞宗本山としての地位を確立していた。家康と関係深かった関東の曹洞宗禅僧も瑩山派の流れを汲むものであり、幕府もこの実状を踏まえ、元和元年の法度は同時に総持寺へも以下の文書が出された。

総持寺諸法度

一　遂二十年之修行、致江湖、経五年僧、有転衣之望者、以嗣法師之推挙状、致登山可申理之事、

一　従当寺、就伝奏申降綸旨、以其上、出世転衣可有披露、付非三拾年修行了畢者、不可立法幢之事、

一　出世之戒臘者、可為綸旨日付次第事、

一　至紫衣者、永平寺当寺為当住仁者、経奏問〔聞ヵ〕、勅許之時、可有着用、両寺之外一切不可有着用、於退院者可脱紫衣事、

一　開山・二代忌共、加賀・能登・越中三ヶ国之諸末寺、不残可出仕、但遠国者可為志趣次第事、

右近年法度相乱、往々紫衣黄衣着用之僧満巷衢、違仏制、受人嘲、法道陵夷無甚於此、且為仏法紹隆、且為宗門繁栄相定訖、若於違背之僧徒有之者、可処配流者也、仍如件、

元和元乙卯年七月日　(朱印)(家康)

(『大史』一二—二二—二八五頁)

本文史料永平寺諸法度と比較すると、永平寺諸法度の第一条が総持寺諸法度では二条に分けられている。永平寺諸法度第二・三条は総持寺法度三・四条と同内容である。開山忌の規定については、総持寺の方は開山(瑩山紹瑾)二代(峨山韶碩)の忌日の法会で、加賀・能登・越中の三カ国の諸末寺の参集を求めており、永平寺が越前一国であるのと異なる。また、総持寺諸法度第四条に永平寺・当寺(総持寺)との文言から、幕府は両本山制を認めるものの、あくまで道元開山の由緒から永平寺が筆頭に掲げられている。横関了胤『江戸時代洞門政要』(第2版、東洋書院、一九七七年)、永平寺史編纂委員会編『永平寺史』上(第五章〔広瀬良弘〕、一九八二年)参照。(原田)

**紫衣**(八一五頁3)　紫色の袈裟と法衣を指すが、日本では法衣の色を指す。もともとインドでは僧衣は糞掃衣とも呼ばれるように質素なものを求め、色も濁った地味なものが使用されるが、中国・日本においては皇帝・天皇より紫衣が下賜され、宋の賛寧による『僧史略』(『大正蔵』五四)によれば唐の則天武后より法朗らが紫衣を賜ったことが始まりとされる。日本では玄昉が入唐時に紫衣を下賜され、帰国後朝廷からも紫衣を受けたというのが早い例である(『続日

本紀』天平十八年(七四六)六月十八日条)。

中世・近世においては禅・律・浄土系の僧侶に朝廷から許可される場合が多かった。紫衣とは別に、黄衣もまた、朝廷から許可されることがあった。五山の禅宗寺院では室町幕府によって任命される南禅寺住持は深紫衣、天龍寺・建長寺の住持は浅紫衣を着し、その他五山の住持は黄衣を着した。

紫衣着用は朝廷によって許可されることにより、権威を持ち、禅宗のなかでも臨済宗の大徳寺・妙心寺、曹洞宗の永平寺・総持寺は綸旨を受け住持となるとき紫衣が勅許され、寺格の表象となった。

徳川幕府は、朝廷のこの権限を認めるものの、慶長十八(一六一三)年六月十六日の「紫衣法度」(『駿府記』『大史』一二―一一―二八五頁)では大徳寺・妙心寺・知恩寺・知恩院・浄華院・粟生光明寺・黒谷金戒寺・泉涌寺などに対して紫衣を勅許する場合は、幕府へ事前に届けを出し、その許可の後、各寺への入院を認めるよう、朝廷に法度を出している。この文書には永平寺・総持寺の名はみえないが、この規定に準拠し、勅許が行われていたと考えられる。

永平寺・総持寺の朝廷との関係は、室町時代の動向には、史料的に不確かなものが多く、よく分からない点も多いが、以下、交渉の過程をみていく。

『宣胤卿記』永正四年(一五〇七)十一月二十三日条に

自桃華坊有御書、〈越前〉永平寺額事被執申、住持所望分十字也、勅字可為如何哉御尋也、於禅師号著〈現存也〉已勅許云々、御月次懐紙付甘中、勅、為本朝第一曹洞道場〈此勅ノ字、幷為ノ字、不可有之由、申了、又第一ハ曹洞ノ下可然歟、此額(世尊寺)行季朝臣清書、後日持来、令一見了、本朝曹洞第一道場、此分二字ツヽ四行也〉、

とあり、永平寺住持からの申請で、朝廷から「本朝曹洞第一道場」の額が下され、永平寺側が「勅」の字にこだわっていることがわかる。なお、この額字は現存の山門額字とは異なる。

また、永正四年以前に朝廷から禅師号を受けていた僧を列挙した「諸宗勅号記」(『続群』二八下)によれば文亀三年(一五〇三)八月二十一日、近江国新豊寺、越渓麟易が真興正統禅師の号を受け、永正四年には常陸国竜谷院、秀峰宗岱が大功正伝禅師の号を受けている。両人とも永平寺に入院したのかは不明であるが、勅書のなかで道元の嫡孫であることが記され、秀峰宗岱には「永平中興之法匠」の文言が加えられている。「諸宗勅号記」にはこれ以後、享禄五年(一五三二)の恵旭まで二一人の曹洞宗僧侶の禅師号勅許がある(今枝愛真「中世禅林における住持制度の諸問題」前掲書所収)。この内何人が永平寺に入院したかはわからないものの、諸国の曹洞禅の禅僧が朝廷権威を利用しようとしていることがわかる。

『宣胤卿記』永正八年正月十六日条には

左大丞相来(状ヵ)来、問能州惣持寺住持紫衣綸旨事、不可然由答了、

の記事があり、同じ頃、総持寺が紫衣綸旨獲得に失敗したことがわかる。おそらく永平寺の動きに連動し、総持寺も寺格の上昇を図るものとみられる。

天文八年(一五三九)には、永平寺に対して後奈良天皇綸旨が出され、

当寺事、為日本曹洞宗第一道場可出世道場之旨、応安度被成勅裁之処、去文明五年、依回禄令紛失之由、被聞食訖、不可有相違之旨、天気所候也、仍執達如件、

天文八年十月七日

永平寺住持禅室

(「永平寺文書」一一号『曹洞宗古文書』上、一九六一年)

が出され、勅許による出世道場であることが確認されている。「応安度」(一三六八～一三七五)云々の先例は確認することはできず、これほど早く、出世道場として認められていたことは考えがたい。

また、総持寺文書のなかにある後奈良天皇綸旨写(『曹洞宗古文書』拾遺二〇〇二号)には前掲

の永平寺の願いは謀訴だとしてこれを撤回する綸旨が出されたとするが、この文書自体が疑わしい文書である。

もっとも、永平寺・総持寺の紫衣勅許にはかなり混乱があったようで、今川義元の側近であった臨済宗妙心寺派僧、太源崇孚は、

一　洞下の出世紫衣のあやまり有、能登総持寺の前住ハ位南禅寺ニ準へきよし綸旨依被下、紫衣を着せらるゝ事無余儀也、永平寺ハ不出世の寺なるを近年いかなる儀にか黄衣紫衣を随意に着せらるゝ事、心得さる次第也、

（「臨済寺文書」『静岡県史料』三〈復刻版〉五七三頁、臨川書店、一九九四年）

と記し、総持寺の方が出世寺院としている。こうした混乱が生じるのは両寺が盛んに朝廷権威を求め運動したことと、瑩山派の強い東海地方では実質、総持寺が重きを置かれ、また、勝手に紫衣黄衣を朝廷に願うものも多かったと考えられる。

この後、天正十七年（一五八九）六月二十七日に総持寺、天正十九年十月二十二日に永平寺が後陽成天皇綸旨を受け出世の道場であることを確認されている（前掲『永平寺史』上、第四章第一節〔広瀬良弘〕）。こうした状況をふまえて、元和の永平寺、總持寺諸法度が出された。（原田）

# あとがき

編纂作業を始めて二十五年余、難航をきわめたが、本書をようやく世に送り出すことができる。

黒田俊雄先生から『寺院法』作成準備会の案内が届いたのは、一九八七年十一月のこと。鴨川に面した京都くに荘で最初の会合をもった。先生は「寺院法の定義」「寺院法の範囲と分類」「寺院法編集の基準」などを記した周到な編集メモを用意しており、本書の意義をあつく語られた。

先生の編纂計画はよく練られていたが、いざ実際に着手すると、予想どおり編集作業は困難をきわめた。寺院法の全体像が分かるような包括的な研究があるわけでもない。そこでまず全員で分担して、主要な寺社に存在する成文法とその特徴について網羅的に報告しあった。その中には神社はもとより、東国・九州の寺院など、本書に収録できなかったものも数多い。

手探りのようにして何とか全体像を把握し、その上で採録寺院と担当者を決定。具体的な寺院法の選定に入った。また、新たに「中世国家と顕密寺院」の柱を立てることにした。章立てと採録史料を決定した時には、既に十年が経過していた。それから原稿執筆にとりかかったが、この分野は研究蓄積が十分でない上、寺院や宗派の枠を超えた研究が乏しい。そのため、全員参加の研究会で意見交換をしながら原稿作成を進めた。一月半に一度のペースで開催した寺院法研究会は八五回に及んだ。

多大の経費と歳月をかけながら、遅々として作業の進まない私たちを、集英社は本当に忍耐づよくお待ちくださった。本書の意義とその困難さへの深い御理解に、心より敬意を表したい。

残念ながら私たちは、一九九三年に黒田俊雄先生を、そして二〇一一年に佐々木令信氏を喪った。しかし本書は黒田先生の情熱なしには生まれなかった。本書は名実ともに、黒田俊雄先生の最後のお仕事である。

寺院法研究会では、大石雅章・長谷川賢二・白川哲郎・伊藤真昭・真木隆行・大田壮一郎の歴代諸氏に事務局の運営をお願いした。また、坂井英俊氏をはじめとする集英社の歴代編集長、そして富澤清人・仁平義孝・清武雄二氏には、たいへんお世話になった。それら多くの方に、篤くお礼を申し述べたい。

平　雅行

南13　凝然戒壇院定置　正和５年(1316)９月27日 ……………………… 奈良・東大寺図書館　670
南14　東大寺衆徒評定記録　嘉暦３年(1328)11月日 ………………… 奈良・東大寺図書館　676
南15　東大寺政所仰詞并衆議事書
①東大寺政所仰詞　嘉暦４年(1329)４月24日 ……………………… 奈良・東大寺図書館　682
②東大寺衆議事書　嘉暦４年(1329)４月24日 ……………………… 奈良・東大寺図書館　684
南16　東大寺衆議掟書　永正２年(1505)４月19日 ……………………… 奈良・東大寺図書館　686

第三章　西大寺

南17　西大寺別当乗範置文　弘安元年(1278)７月18日 ……………………… 奈良・西大寺　690
南18　西大寺門徒規式　徳治３年(1308)後８月20日 ……………………… 奈良・西大寺　694
南19　西大寺宝生護国院供養法衆密契　正和５年(1316)正月18日 ……………………… 個人蔵　702
南20　西大寺白衣寺僧等請文　文和３年(1354)８月９日 ……………………… 奈良・西大寺　704
南21　西大寺新池并井料米置文　延文４年(1359)11月10日 ……………………… 奈良・西大寺　708
南22　西大寺敷地四至内検断規式条々　貞治６年(1367)８月日 ……………… 奈良・西大寺　712

第四章　法隆寺

南23　法隆寺学道衆起請文　弘長３年(1263)３月日
①学道衆(衆分)起請文 ……………………………………………… 奈良・法隆寺　722
②学道衆(成業)起請文 ……………………………………………… 奈良・法隆寺　726
南24　法隆寺寺山制禁間条々起請文　文永２年(1265)閏４月26日 ……………… 奈良・法隆寺　728
南25　五師三綱連署紛失義絶間置文　文永11年(1274)２月26日 ……………… 奈良・法隆寺　732
南26　法隆寺東西両郷刀祢職置文　正和３年(1314)４月27日 ……………… 奈良・法隆寺　734
南27　法隆寺法服米種子置文　正中２年(1325)２月日 ……………………… 奈良・法隆寺　736
南28　法隆寺別当拝堂間条々契状　嘉暦３年(1328)７月28日 ……………… 奈良・法隆寺　742
南29　法隆寺三経院唯識講衆規式并追加　延文５年(1360)正月日 ……………… 奈良・法隆寺　746
南30　法隆寺廿人評議条々事書并追加　康応元年(1389)３月日 ……………… 奈良・法隆寺　750

## 第五編　禅 宗

禅１　円爾東福寺規式　弘安３年(1280)６月１日 ……………………… 京都・東福寺　756
禅２　北条貞時禅院規式　永仁２年(1294)正月日 ……………………… 神奈川・円覚寺　758
禅３　北条貞時円覚寺規式　乾元２年(1303)２月12日 ……………………… 神奈川・円覚寺　760
禅４　瑩山紹瑾永光寺置文　元応元年(1319)12月８日 ……………………… 石川・永光寺　764
禅５　後醍醐天皇宸翰大徳寺置文　元弘３年(1333)８月24日 ……………… 京都・大徳寺　766
禅６　足利直義円覚寺規式　暦応３年(1340)11月日 ……………………… 神奈川・円覚寺　768
禅７　足利直義円覚寺規式追加　暦応５年(1342)３月日 ……………………… 神奈川・円覚寺　772
禅８　大日本国禅院諸山座位条々　暦応５年(1342) ……………………… 神奈川・瑞泉寺　776
禅９　宝林寺規式　延文２年(1357)11月日 ……………………… 兵庫・宝林寺　780
禅10　東福寺天得庵規式　応安元年(1368)３月18日 ……………………… 岡山・寶福寺　784
禅11　大徳寺寺務定書　応安元年(1368)６月日 ……………………… 京都・大徳寺　786
禅12　足利義満御内書　康暦元年(1379)10月10日 ……………………… 京都・鹿王院　790
禅13　東福寺訴状　康暦元年(1379)11月晦日 ……………………… 京都・東福寺　792
禅14　足利義満禅院規式　永徳元年(1381)12月12日 ……………………… 神奈川・円覚寺　792
禅15　長福寺仏殿奉加銭法式　文明11年(1479)11月28日 ……………………… 京都・長福寺　800
禅16　永平寺定書　永正６年(1509)４月日 ……………………… 福井・永平寺　802
禅17　大徳寺涅槃堂式目　大永５年(1525)閏11月晦日 ……………………… 京都・大徳寺　806
禅18　五山十刹諸山諸法度　元和元年(1615)７月日 ……………………… 京都・金地院　808
禅19　妙心寺諸法度　元和元年(1615)７月日 ……………………… 京都・妙心寺　812
禅20　永平寺諸法度　元和元年(1615)７月日 ……………………… 福井・永平寺　814

真60　鳥羽院庁下文　保延５年(1139)７月28日 ……………………………… 京都・醍醐寺　398
真61　太政官符　承安３年(1173)３月３日 ……………………………………… 京都・醍醐寺　406

第五章　文覚と神護寺

真62　後白河法皇手印文覚起請　元暦２年(1185)正月19日 ………………… 京都・神護寺　410

第六章　地域寺院

真63　金剛寺阿観置文　建久２年(1191)６月１日 ……………………………… 大阪・金剛寺　450
真64　金剛寺学頭以下連署置文　延慶３年(1310)12月27日 ………………… 京都・仁和寺　452
真65　金剛寺条目　元亨４年(1324)10月24日 ………………………………… 大阪・金剛寺　456
真66　観心寺衆議評定事書　応永３年(1396)11月晦日 ……………………… 大阪・観心寺　458
真67　観心寺衆議評定事書　応永10年(1403)11月22日 ……………………… 大阪・観心寺　460
真68　観心寺衆議評定事書　応永26年(1419)９月26日 ……………………… 大阪・観心寺　462
真69　観心寺衆議評定事書　永享６年(1434)７月26日 ……………………… 大阪・観心寺　464
真70　観心寺学侶連判起請文　永正２年(1505)３月14日 …………………… 大阪・観心寺　466
真71　武田元光正昭院掟書　享禄５年(1532)３月21日 ……………………… 福井・萬徳寺　468
真72　武田信豊若狭国真言衆掟書　弘治３年(1557)11月10日 ……………… 福井・萬徳寺　472

## 第三編　天 台

天１　天台座主良源起請二十六箇条　天禄元年(970)７月16日 ……………… 京都・廬山寺　478
天２　慈円大懺法院条々起請　建永元年(1206) ………………………………… 京都・青蓮院　520
天３　天台山勧学講起請　承元２年(1208)２月 ………………………………… 京都・青蓮院　554
天４　官宣旨
①官宣旨　正元２年(1260)正月４日 ……………………………… 京都府立総合資料館　568
②官宣旨　正元２年(1260)正月19日 ……………………………… 京都府立総合資料館　568
天５　後嵯峨上皇院宣事書　文永２年(1265)８月21日 ………………… 京都府立総合資料館　570
天６　出雲国鰐淵寺定書　応永９年(1402)10月９日 …………………… 京都府立総合資料館　570
天７　延暦寺大講堂衆議条々　慶長６年(1601)２月 …………………………… 滋賀・叡山文庫　574

## 第四編　南 都

第一章　興福寺

南１　興福寺寺辺新制　治承５年(1181)６月日 ………………………………… 国立公文書館　594
南２　太政官牒　弘長３年(1263)10月17日 ……………………………………… 国立公文書館　600
南３　春日社条々定文　弘安元年(1278)６月１日 ………………………………………… 個人蔵　620
南４　興福寺大乗院評定事書　正安２年(1300)９月日 ………………… 石川武美記念図書館　624
南５　興福寺軌式　貞和４年(1348)４月４日 ……………………………………… 国立公文書館　630
南６　興福寺衆徒国民京都編目起請文　応永21年(1414)７月８日 ………… 国立公文書館　632
南７　興福寺六方衆集会事書　天文元年(1532)８月23日 ……………………… 奈良・春日大社　634

第二章　東大寺

南８　東大寺置文　承安５年(1175)２月日 ……………………………… 宮内庁正倉院事務所　638
南９　東大寺世親講始行勧進文幷条々事書
①東大寺世親講始行勧進文　建久６年(1195)10月日 ……………… 奈良・東大寺図書館　640
②東大寺世親講条々事書　正治元年(1199)８月６日 ……………… 奈良・東大寺図書館　642
南10　東大寺俊乗房重源譲状　建久８年(1197)６月15日 ………………… 東京大学史料編纂所　648
南11　東大寺衆議条々起請事書　寛喜２年(1230)10月27日 ………………… 奈良・東大寺図書館　658
南12　東大寺学侶連署起請　文永６年(1269)９月日 ………………………… 奈良・東大寺図書館　660

真24　東寺二季談義追加法式　文和２年(1353)２月27日 ……………………京都府立総合資料館　246
真25　東寺学衆追加条々置文　至徳元年(1384)10月日 ……………………………………京都・東寺　248
真26　東寺鎮守八幡宮供僧中評定式目　暦応５年(1342)２月日 …………京都府立総合資料館　256
真27　東寺鎮守八幡宮供僧連署置文　観応３年(1352)７月11日 ……………………京都・東寺　258
真28　東寺籠衆法式条々　永和３年(1377)２月日 ………………………………………京都・東寺　262
真29　東寺交衆器用法式置文　応永８年(1401)12月日 ……………………京都府立総合資料館　266
真30　東寺交衆仁躰俗姓法式　宝徳元年(1449)閏10月20日 ……………京都府立総合資料館　268
真31　東寺勧学会新法式　天文11年(1542)10月日 ………………………………………京都・東寺　270
真32　東寺寺僧規式条々　貞和２年(1346)10月日 ………………………京都府立総合資料館　272
真33　東寺僧坊法式置文　延文３年(1358)３月日 ………………………京都府立総合資料館　276
真34　東寺諸坊禁制文書　貞治５年(1366)７月
①東寺長者光済御教書　貞治５年(1366)７月25日 ……………………………京都・東寺　280
②東寺諸坊禁制条々　貞治５年(1366)７月日 ………………………………………京都・東寺　282
真35　東寺僧坊法式条々　貞治６年(1367)３月21日 ………………………………京都国立博物館　284
真36　供花衆中法度条々重置文　宝徳２年(1450)４月16日 ……………京都府立総合資料館　288
真37　公文所法眼浄聡等連署手猿楽禁制請文　長禄３年(1459)７月日
……………………………………………………………………………京都府立総合資料館　290
真38　北面預法会諸役規式置文　天文18年(1549)４月21日 ……………京都府立総合資料館　292
真39　東寺御影堂三上人定書　仁治３年(1242)３月21日 ………………………京都・高山寺　296
真40　光明真言講法度条々　嘉慶元年(1387)10月日 ……………………京都府立総合資料館　296
真41　東寺地蔵堂三昧免輿等置文　文安２年(1445)８月９日 …………京都府立総合資料館　298
真42　東寺諸経板木式目条々　享徳元年(1452)12月日 …………………京都府立総合資料館　300
真43　東寺諸合力法式　文明元年(1469)11月６日 …………………………京都府立総合資料館　302
真44　東寺若衆掃除方用脚法式　文明２年(1470)12月日 ………………京都府立総合資料館　304
真45　播磨国矢野庄条々置文　元応元年(1319)７月日 …………………京都府立総合資料館　306
真46　東寺鎮守八幡宮供僧連署状　貞治５年(1366)10月22日 …………京都府立総合資料館　312

第二章　仁和寺・大覚寺・醍醐寺

真47　兵範記　仁安２年(1167)12月13日 ………………………………………東京大学史料編纂所　314
真48　道法法親王起請　建仁２年(1202)８月８日 ……………………………………京都・仁和寺　316
真49　公衡公記　弘安11年(1288)３月28日 ……………………………………………宮内庁書陵部　316
真50　後宇多法皇置文　元亨４年(1324)６月23日 …………………………………京都・神護寺　322
真51　賢俊菩提寺規式　延文２年(1357)７月18日 …………………………………京都・醍醐寺　332
真52　三宝院門跡満済条々置文
①満済公武御祈以下条々置文　永享６年(1434)３月22日 …………………京都・醍醐寺　336
②三宝院満済条々置文　永享７年(1435)５月27日 ………………………………京都・醍醐寺　350

第三章　金剛峯寺

真53　後白河法皇手印起請　文治３年(1187)５月１日 ………………………和歌山・金剛峯寺　354
真54　金剛峯寺制条　延応元年(1239)６月５日 ……………………………………和歌山・金剛峯寺　362
真55　金剛三昧院条々事書并安堵外題　弘安４年(1281)３月21日
……………………………………………………………………………和歌山・金剛三昧院　370
真56　金剛峯寺衆徒一味契状　貞和４年(1348)３月日 …………………和歌山・金剛峯寺　382
真57　高野山禁制　応永21年(1414)２月22日 ……………………………………和歌山・金剛峯寺　388
真58　金剛峯寺小集会衆契状　永享11年(1439)４月日 …………………和歌山・金剛峯寺　390

第四章　大伝法院

真59　金剛峯寺官符請状　長承３年(1134)６月４日 ……………………………………京都・醍醐寺　396

国36　新御式目事書(1,2,8,20,38条)　弘安７年(1284)５月20日 ……………… 国立公文書館　120
国37　関東下文　弘安７年(1284)８月日 …………………………………… 前田育徳会　122
国38　関東評定事書　弘安８年(1285)４月８日 ………………………… 前田育徳会　122
国39　東使奏聞条々事書　元応元年(1319)閏７月28日 ………………… 国立公文書館　124
国40　建武式目(8,9,16条)　建武３年(1336)11月７日 …………………… 前田育徳会　124
国41　評定事書　応安元年(1368)６月17日 ……………………………… 国立公文書館　126
国42　評定事書　至徳３年(1386)８月25日 ……………………………… 国立公文書館　128
国43　評定事書　康正元年(1455)10月28日 ……………………………… 国立公文書館　130
国44　室町幕府奉行人奉書　天文５年(1536)閏10月７日 ……………… 京都・本能寺　130

第四章　天皇と護持僧

国45　長日如意輪法記　正安３年(1301) ………………………………… 京都・青蓮院　134
国46　長日如意輪法記(尊助法親王) …………………………………… 京都・青蓮院　140
国47　後冷泉天皇綸旨　天喜２年(1054)２月12日 ……………………… 京都・醍醐寺　152
国48　崇徳天皇綸旨　天承元年(1131)２月２日 ………………………… 京都・醍醐寺　154
国49　護持僧由来記　天承元年(1131) …………………………………… 京都・醍醐寺　154
国50　護持僧作法記　天承元年(1131) …………………………………… 京都・醍醐寺　162

## 第二編　真 言

### 第一章　東寺

真１　太政官符　承和元年(834)12月29日 ……………………………… 前田育徳会　174
真２　太政官牒　永久元年(1113)10月23日 ……………………………… 京都・東寺　174
真３　太政官牒　永久元年(1113)11月19日 ……………………… 京都府立総合資料館　178
真４　官宣旨　嘉禎２年(1236)８月２日 ………………………………… 京都・東寺　180
真５　東寺供僧十五口補任状　建長４年(1252)２月日 ………………… 京都・東寺　186
真６　後宇多法皇東寺興隆条々事書　徳治３年(1308) ………………… 京都・東寺　190
真７　後宇多法皇庄園敷地施入状　正和２年(1313)12月７日 ………… 京都・東寺　194
真８　太政官牒　正中３年(1326)３月18日 ……………………………… 京都・東寺　196
真９　足利尊氏御内書　暦応２年(1339)10月27日 …………… 京都府立総合資料館　208
真10　徳川家康黒印状　慶長14年(1609)８月28日 ……………………… 京都・東寺　210
真11　東寺十八口供僧置文　文永９年(1272)８月23日 ………………… 京都・東寺　212
真12　東寺供僧評定事書　応長元年(1311)10月11日 ………… 京都府立総合資料館　214
真13　東寺本新供僧連署置文　正和２年(1313)５月24日 …… 京都府立総合資料館　214
真14　東寺供僧中評定式目　暦応３年(1340)７月日 ………………… 京都国立博物館　216
真15　東寺根本廿一口供僧法式条々　貞和５年(1349)３月日 ………… 京都・東寺　220
真16　東寺供僧中合力沙汰契約状　貞治３年(1364)９月日 ………… 京都国立博物館　228
真17　伝奏松木宗量奉書　応永17年(1410)９月10日 …………………… 京都・東寺　230
真18　東寺西院諸仏事法度事書　永享10年(1438)12月24日 …… 京都府立総合資料館　232
真19　東寺廿一口供僧連署置文　文明16年(1484)12月日 ……………… 京都・東寺　234
真20　東寺学衆規式置文　文保２年(1318)４月日 …………… 京都府立総合資料館　236
真21　東寺学衆方補任式目　元徳元年(1329)10月11日 ……… 京都府立総合資料館　238
真22　東寺学衆補任法式文書
　①東寺学頭幷学衆補任法式　元徳２年(1330) ……………… 京都府立総合資料館　240
　②法印道我挙状　元徳２年(1330)７月16日 ………………… 京都府立総合資料館　240
　③九条光経書状　元徳２年(1330)７月24日 ………………… 京都府立総合資料館　242
　④後醍醐天皇綸旨　元徳２年(1330)８月８日 ……………… 京都府立総合資料館　242
真23　東寺学衆中評定式目　康永３年(1344)２月日 ………… 京都府立総合資料館　244

# 史料番号・史料名・所蔵一覧

※各行末の数字は原文の冒頭頁を示す。

## 第一編　中世国家と顕密寺院

### 第一章　釈家官班記


国1　釈家官班記　文和4年(1355)……………………前田育徳会　2


### 第二章　朝廷と寺院


国2　後白河天皇宣旨　保元元年(1156)閏9月18日……………………陽明文庫　54
国3　後鳥羽天皇宣旨第一条　建久2年(1191)3月28日……………………東京大学史料編纂所　62
国4　順徳天皇宣旨第二条　建暦2年(1212)3月22日……………………宮内庁書陵部　64
国5　後堀河天皇宣旨第一条　寛喜3年(1231)11月3日……………………東京大学史料編纂所　66
国6　後堀河天皇宣旨第二条　寛喜3年(1231)11月3日……………………東京大学史料編纂所　68
国7　後鳥羽天皇宣旨第四条　建久2年(1191)3月22日……………………東京大学史料編纂所　70
国8　後鳥羽天皇宣旨第五条　建久2年(1191)3月22日……………………東京大学史料編纂所　70
国9　順徳天皇宣旨第三条・第四条　建暦2年(1212)3月22日……………………宮内庁書陵部　72
国10　亀山天皇宣旨第一三条　弘長3年(1263)8月13日……………………国立公文書館　74
国11　太政官符第一一条　治承2年(1178)7月18日……………………宮内庁書陵部　74
国12　順徳天皇宣旨第五条　建暦2年(1212)3月22日……………………宮内庁書陵部　76
国13　順徳天皇宣旨第六条　建暦2年(1212)3月22日……………………宮内庁書陵部　76
国14　後宇多天皇宣旨第一条　弘安8年(1285)11月13日……………………京都・石清水八幡宮　78
国15　後鳥羽天皇宣旨第二五条　建久2年(1191)3月28日……………………東京大学史料編纂所　78
国16　順徳天皇宣旨第一七条　建暦2年(1212)3月22日……………………宮内庁書陵部　80
国17　亀山天皇宣旨第八条　弘長3年(1263)8月13日……………………国立公文書館　80
国18　亀山天皇宣旨第一一条　弘長3年(1263)8月13日……………………国立公文書館　82
国19　後堀河天皇宣旨第二一条　寛喜3年(1231)11月3日……………………東京大学史料編纂所　82
国20　亀山天皇宣旨第一三条　文永10年(1273)9月27日……………………東京大学史料編纂所　84
国21　亀山天皇宣旨第一二条　弘長3年(1263)8月13日……………………国立公文書館　86
国22　亀山天皇宣旨第二〇条　弘長3年(1263)8月13日……………………国立公文書館　86
国23　順徳天皇宣旨第一四条　建暦2年(1212)3月22日……………………宮内庁書陵部　88
国24　亀山天皇宣旨第一一条　文永10年(1273)9月27日……………………東京大学史料編纂所　90
国25　後鳥羽天皇宣旨第三六条　建久2年(1191)3月28日……………………東京大学史料編纂所　92


### 第三章　幕府と寺院


国26　御成敗式目(1,2,40条)　貞永元年(1232)8月日……………………前田育徳会　94
国27　関東御教書　文暦2年(1235)正月27日……………………国立公文書館　96
国28　関東評定事書　文暦2年(1235)7月14日……………………前田育徳会　98
国29　関東御教書　文暦2年(1235)7月24日……………………前田育徳会　98
国30　関東評定事書　暦仁元年(1238)12月7日……………………前田育徳会　100
国31　関東御教書　延応元年(1239)4月13日……………………前田育徳会　102
国32　関東御教書　延応元年(1239)4月24日……………………前田育徳会　102
国33　関東御教書　仁治3年(1242)3月3日……………………前田育徳会　104
国34　関東評定事書　仁治3年(1242)12月5日……………………前田育徳会　106
国35　関東新制(1〜3,8〜12,28,29,31,41,46,51条)　弘長元年(1261)2月30日……………………陽明文庫　108

## る



## れ



## ろ



## わ

## ら



## り

## ま



## み



## む

## へ



## ほ

## ふ

# ひ

## ぬ



## ね



## の



## は

## な



## に

## つ



## て

# ち

## た

## そ

## せ

# す

## し

## さ

## こ

## け

# き

# か

## お

## え

## う

# 索　引

・本索引は，頭注および補注に記載された寺社名，人名，地名(所領名)，職名，物品名などを索引項目として採録した。
・表示した頁は，索引項目を記載する頭注や補注に対応した読み下し文の頁を示した。
・索引項目が該当する頭注および補注の項目名と著しく異なるものについては，括弧で補った。

## あ



## い

【編 者】

**黒田俊雄**（くろだ としお）
一九二六年富山県生まれ。京都大学文学部卒業。文学博士。大阪大学名誉教授。一九九三年没。「中世の国家と天皇」「中世における顕密体制の展開」ほか、主な著作は『黒田俊雄著作集』全八巻にまとめられている。

【執筆者】（五十音順）

**馬田綾子**（うまた あやこ）
一九五一年兵庫県生まれ。京都大学大学院博士後期課程単位修得退学。梅花女子大学名誉教授。主要論文「中世京都における寺院と民衆」「赤松則尚の挙兵」。主要著書『相生市史〈共著〉』。

**大石雅章**（おおいし まさあき）
一九五三年大阪府生まれ。大阪大学大学院博士後期課程単位修得退学。鳴門教育大学大学院教授。主要論文「天台聖護院末粉河寺と聖の別院誓度院」。主要著書『日本中世社会と寺院』『徳島県の歴史〈共著〉』。

**佐々木令信**（ささき れいしん）
一九四二年ハルビン生まれ。大谷大学大学院博士後期課程満期退学。大谷大学名誉教授。二〇一一年没。主要論文「三国仏教史観と粟散辺土」「藤原実資の仏教信仰」。主要著書『中右記人名索引』。

**平 雅行**（たいら まさゆき）
一九五一年大阪府生まれ。京都大学大学院博士後期課程修了。博士（文学・大阪大学）。大阪大学名誉教授、京都学園大学教授。主要著書『日本中世の社会と仏教』『親鸞とその時代』『歴史のなかに見る親鸞』。

**富田正弘**（とみた まさひろ）
一九四二年福島県生まれ。山形大学文理学部卒業。富山大学名誉教授。主要論文「中世東寺の寺院組織と文書授受の構造」「中世東寺における法の制定と編纂」。主要著書『中世公家政治文書論』。

編集協力者／仁平義孝 清武雄二
篠崎尚子 富井 修 永島朋子

**橋本初子**（はしもと はつこ）
一九三四年滋賀県生まれ。愛知学院大学大学院博士課程修了。文学博士。京都精華大学名誉教授。主要論文「中世の検非違使庁関係文書について」。主要著書『中世東寺と弘法大師信仰』。

**原田正俊**（はらだ まさとし）
一九五九年福井県生まれ。関西大学大学院博士後期課程単位取得。博士（文学・大阪大学）。関西大学教授。主要論文「中世仏教再編期としての一四世紀」。主要著書『日本中世の禅宗と社会』『天龍寺文書の研究〈編著〉』。

**久野修義**（ひさの のぶよし）
一九五二年大阪府生まれ。京都大学大学院博士後期課程研究指導認定退学。博士（文学・京都大学）。岡山大学大学院教授。主要著書『博物館の古文書 第6輯 東大寺文書』『日本中世の寺院と社会』『重源と栄西』。

**真木隆行**（まき たかゆき）
一九六九年愛媛県生まれ。大阪大学大学院博士後期課程修了。博士（文学・大阪大学）。山口大学准教授。主要論文「後宇多天皇の密教受法」「中世東寺長者の成立」「周防国大内氏とその氏寺興隆寺の質的変容」。

**山陰加春夫**（やまかげ かずお）
一九五一年和歌山県生まれ。高野山大学大学院博士課程単位取得退学。博士（文学・大阪市立大学）。高野山大学名誉教授。主要著書『中世寺院と「悪党」』『新編中世高野山史の研究』『歴史の旅 中世の高野山を歩く』。

# 寺院法《じいんほう》

二〇一五年五月二〇日　第一刷発行

編　者——黒田俊雄《くろだとしお》
発行者——加藤　潤
発行所——株式会社　集英社
〒一〇一-八〇五〇　東京都千代田区一ツ橋二-五-一〇
電話
編集部（〇三）三二三〇-六一四一
読者係（〇三）三二三〇-六〇八〇
販売部（〇三）三二三〇-六三九三（書店専用）
印刷所・製本所——大日本印刷株式会社


ISBN978-4-08-197020-9　C3021